2017 K리그 연감

1983~2016

이 도서의 국립중앙도서관 출판예정도서목록(CIP)은 서지정보유통지원시스템 홈페이지(http://seoji.nl.go.kr)와 국가자료공동목록시스템(http://www.nl.go.kr/kolisnet)에서 이용하실 수 있습니다. (CIP제어번호 : CIP2017004163)

2017 K리그 연감 1983-2016

K LEAGUE Annual Report 2017

(사) 한국프로축구연맹

차 례 •

Section 5 • K리그 승강 플레이오프 기록

Section 6 • 프로축구 역대 통산 기록

Section 7 • 2016년 경기기록부

Section 8 • 시즌별 기타 기록

연감을 보기 전에 알아두어야 할 축구 기록 용어

축구장 규격 규정

형태	직사각형
길이	최소 90m(100야드) ~ 최대 120m(130야드)
너비	최소 45m(50야드) ~ 최대 90m(100야드)
길이(국제경기 기준)	최소 100m(110야드) ~ 최대 110m(120야드)
너비(국제경기 기준)	최소 64m(70야드) ~ 최대 75m(80야드)
골대 높이	2.44m(8피트)

축구장 약어 표시

E.L	엔드라인(End Line)
C.KL	코너킥 왼쪽 지점
PAL EL	페널티 에어리어 왼쪽 엔드라인 부근
GAL EL	골 에어리어 왼쪽 엔드라인 부근
GAL 내 EL	골 에어리어 왼쪽 안 엔드라인 부근
GAR 내 EL	골 에어리어 오른쪽 안 엔드라인 부근
GAR EL	골 에이리어 오른쪽 엔드라인 부근
PAR EL	페널티 에이리어 오른쪽 엔드라인 부근
C.KR	코너킥 오른쪽 지점
PAL CK	페널티 에어리어 왼쪽 코너킥 지점 부근
PAR CK	페널티 에어리어 오른쪽 코너킥 지점 부근
GAL 내	골 에어리어 왼쪽 안
GA 정면 내	골 에어리어 정면 안
GAR 내	골 에어리어 오른쪽 안
PAL	페널티 에어리어 왼쪽
PAR	페널티 에어리어 오른쪽
PAL TL	페널티 에어리어 왼쪽 터치라인 부근
GAL	골 에어리어 왼쪽
GA 정면	골 에어리어 정면
GAR	골 에어리어 오른쪽
PAR TR	페널티 에어리어 오른쪽 터치라인 부근
TL	터치라인(Touch Line)
PAL 내	페널티 에어리어 왼쪽 안
PA 정면 내	페널티 에어리어 정면 안
PAR 내	페널티 에어리어 오른쪽 안
PAL	페널티 에어리어 왼쪽
PA 정면	페널티 에어리어 정면
PAR	페널티 에어리어 오른쪽
AKL	아크서클 왼쪽
AK 정면	아크서클 정면
AKR	아크서클 오른쪽
MFL TL	미드필드 왼쪽 터치라인 부근
MFR TL	미드필드 오른쪽 터치라인 부근
MFL	미드필드 왼쪽
MF 정면	미드필드 정면
MFR	미드필드 오른쪽
HLL	하프라인(Half Live) 왼쪽
HL 정면	하프라인 정면
HLR	하프라인 오른쪽
자기 측 MFL	자기 측 미드필드 왼쪽
자기 측 MF 정면	자기 측 미드필드 정면
자기 측 MFR	자기 측 미드필드 오른쪽

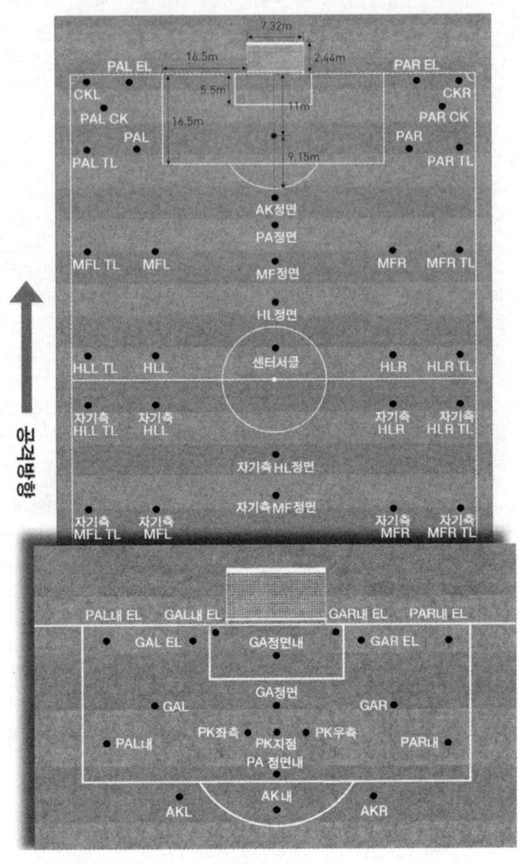

경기 기록 용어

1. 패스 종류	↷	머리 높이 이상의 패스
	→	무릎에서 가슴 높이 정도의 패스
	~	땅볼 패스
2. 기타 약어	B	공이 골대의 가로축(Cross Bar)에 맞을 때
	H	헤딩 패스나 슈팅 / Half time
	L	좌측(Left)
	P	공이 골대의 세로축(Post)에 맞을 때
	R	우측(Right)
	AK	아크서클(Arc Circle)
	CK	코너킥(Corner Kicks)
	FO	모든 종류의 파울
	GA	골 에어리어(Goal Area)
	GK	골키퍼 / 골킥(Goal Kick)
	MF	미드필더 / 미드필드(Midfield)
	OS	오프사이드(Offside)
	PA	페널티 에어리어(Penalty Area)
	PK	페널티킥(Penalty Kick)
	PSO	승부차기(Penalty Shoot-Out)
	GL	득점(Goal)
	AS	도움(Assist)
	ST	슈팅(Shoot)
	FK	프리킥(Free Kick)

감독상(클래식)
황선홍 FC서울

감독상(챌린지)
손현준 대구FC

MVP(클래식)
정조국 광주FC

MVP(챌린지)
김동찬 대전 시티즌

영플레이어상
안현범 제주 유나이티드

월	일	내용
1월	4일	2016 연맹 시무식
	18일	2016 제1차 이사회 및 총회 개최
	20일	2015 K리그 수입 - 지출 결산 경영공시
2월	4일	K리그 전 구성원 장기기증 동참, 심폐소생술 자격증 취득 교육 실시
	16일	K리그 - 에임헬스, K리그 공식 건강기능식품 지정 체결
	25일	축구팬과 함께 만든 K리그 캐치프레이즈 공개
3월	4일	클린축구위원회, 반스포츠적 비위행위 척결을 위한 3대 대책 수립
	4일	제1차 K리그 유소년 지도자 아카데미 실시
	7일	현대오일뱅크 K리그 2016 타이틀스폰서 조인식
	7일	현대오일뱅크 K리그 클래식 미디어데이
	12일	현대오일뱅크 K리그 클래식 2016 개막 (공식개막전 전북 - 서울)
	12일	2016 아디다스 K리그 주니어 전기리그 킥오프
	20일	축구산업아카데미 5기 개강
	22일	현대오일뱅크 K리그 챌린지 미디어데이
	26일	현대오일뱅크 K리그 챌린지 2016 개막
	29일	현대오일뱅크 R리그 개막
4월	5일	현대오일뱅크 '현대엑스티어 MVP' 선정, 상금 청년희망펀드 기부
	7일	상주상무 선수 7명 '선행상' 수여
	17일	먼데이나이트풋볼' 총 22경기 개최
	19일	김병지, 김태영 K리그 홍보대사 위촉
	21일	2016 제1차 CEO아카데미 개최
	25일	2016 제1차 PR아카데미 개최
	29일	2016 제1차 GM아카데미 개최
5월	12일	2016 제1차 마케팅아카데미 개최
	16일	성남FC U18, 2016 아디다스 K리그 주니어 전기리그 A조 우승
	17일	제1차 구단별 유료관중 현황 발표
	30일	울산현대 U18, 2016 아디다스 K리그 주니어 전기리그 B조 우승
6월	13일	한국축구 AFC 회원국 랭킹 3년 연속 1위
	15일	챌린지 1차 스타디움상, 팬 프렌들리 클럽 선정
	23일	2016 제2차 마케팅아카데미 개최
	23일	K리그 심판윤리 교육 특강 및 자정 결의 대회 개최
	24일	2016 제2차 GM아카데미 개최
	27일	2016 제2차 PR아카데미 개최
7월	6일	K리그 연고 지자체 공무원 - 구단 직원 간담회 개최
	7일	K리그 주니어 개인상 및 베스트 11 발표
	13일	제2차 구단별 유료관중 현황 발표
	18일	불법 스포츠베팅 근절 캠페인 실시
	20일	2016 K리그 U18 / U17 챔피언십 개막
	22일	안산, 아산시 프로축구단 창단 의향 발표
8월	3일	2016 K리그 U17 챔피언십 울산 현대 U17(현대고) 우승
	4일	2016 K리그 U18 챔피언십 부산 아이파크U18(개성고) 우승
	5일	2016 제1차 K리그 주장 간담회 개최
	11일	가수 박재정, K리그 홍보대사 위촉
	15일	2016 아디다스 K리그 주니어 후기리그 킥오프
	28일	축구산업아카데미 6기 개강
9월	5일	제7회 K리그컵 여자대학클럽 축구대회 개최
	9일	제2차 CEO아카데미 개최
	23일	제3차 GM아카데미 개최
	30일	K리그 챌린지 승격자격 의결 이사회 개최
10월	3일	제3차 구단별 유료관중 현황 발표
	4일	안산, 아산, 청주 3개시 프로축구단 창단 가입 신청서 제출
	6일	제3차 PR아카데미 개최
	12일	K리그 클래식 스플릿A 미디어데이 개최
	14일	구단별 2017 시즌 우선지명 선수 명단 발표
	15일	K리그 클래식 스플릿 라운드 돌입
	25일	'FUTURE GREAT' 킥 오프
	25일	현대오일뱅크 R리그 대회 종료
	30일	안산, K리그 챌린지 우승
	30일	대구, K리그 클래식 승격 확정
	30일	챌린지 3차 스타디움상, 팬 프렌들리 클럽 선정
11월	5일	수원 삼성 U18, 2016 아디다스 K리그 주니어 후기리그 A조 우승
	5일	울산 현대 U18, 2016 아디다스 K리그 주니어 후기리그 B조 우승
	6일	FC서울, K리그 클래식 우승 확정
	9일	2016 현대오일뱅크 K리그 대상 시상식
	9일	2016 제2차 K리그 주장 간담회 및 선수위원회 개최
	9일	2016년 프로축구연맹 제 5차 이사회
	10일	K리그 클래식 3차 스타디움상, 팬 프렌들리 클럽 선정
	20일	강원FC, K리그 클래식 승격 확정
	22일	제2차 K리그 유소년 지도자 아카데미 실시
	29일	프로스포츠 최초 한 시즌 스토리를 담은 2016 K리그 사진집 발매
12월	5일	2016 K리그 지도자 해외연수(영국, 독일)
	7일	2017년도 FA 자격 취득 선수 공시
	19일	K리그 의무세미나 개최
	21일	제4차 구단별 유료관중 현황 발표
	22일	2016시즌 K리그 구단별 연봉현황 발표
	26일	현대오일뱅크 K리그 2016, 스폰서십 효과 공개 (1,041억 2,831만 원)

Section 1

구단별 2016 기록포인트

FC서울
전북 현대 모터스
제주 유나이티드
울산 현대
전남 드래곤즈
상주 상무
수원 삼성 블루윙즈
광주FC
포항 스틸러스
인천 유나이티드
성남FC
수원FC

안산 무궁화
대구FC
강원FC
부천FC 1995
부산 아이파크
서울 이랜드 FC
대전 시티즌
경남FC
FC안양
충주 험멜
고양 자이크로 FC

FC서울

창단년도_ 1983년

전화_ 02-306-5050

팩스_ 02-306-1620

홈페이지_ www.fcseoul.com

주소_ 우 03932 서울특별시 마포구 월드컵로 240
서울월드컵경기장 내
Seoul World Cup Stadium, 240, World Cup-ro, Mapo-gu, Seoul, KOREA 03932

연혁

1983 럭키금성황소축구단 창단
제1대 구자경 구단주 취임
1985 85 축구대제전 수퍼리그 우승
1986 86 축구대제전 준우승
1987 제1회 윈풀라이컵 준우승
1988 제6회 홍콩 구정컵 3위
제43회 전국축구선수권대회 우승
1989 89 한국프로축구대회 준우승
1990 90 한국프로축구대회 우승
서울 연고지 이전
1991 구단명칭 'LG치타스'로 변경(마스코트: 황소 → 치타)
제2대 구본무 구단주 취임
1992 92 아디다스컵 준우승
1993 93 한국프로축구대회 준우승
1994 94 아디다스컵 준우승
1996 안양 연고지 이전(구단명칭 '안양LG치타스'로 변경)
1997 제2회 FA컵 3위
1998 제3대 허창수 구단주 취임
제3회 삼보체인지업 FA컵 우승
1999 99 아디다스컵 준우승
99 티켓링크 수퍼컵 준우승
2000 2000 삼성 디지털 K-리그 우승
2001 2001 포스데이타 수퍼컵 우승
2001 포스코 K-리그 준우승
2002 2001-02 아시안 클럽 챔피언십 준우승
2004 서울 연고지 복귀(구단명칭 'FC서울'로 변경)
2005 보카 주니어스 친선경기
K리그 단일 시즌 최다 관중 신기록 수립(45만 8,605명)
문화관광부 제정 제1회 스포츠산업대상 수상
2006 삼성 하우젠컵 2006 우승
FC 도쿄 친선경기
2007 삼성 하우젠컵 2007 준우승
프로스포츠 단일 경기 최다 관중 기록 수립(5만 5,397명)
맨체스터 유나이티드 친선경기, FC 도쿄 친선경기
2008 삼성 하우젠 K-리그 2008 준우승
LA 갤럭시 친선경기
2009 AFC 챔피언스리그 2009 8강
맨체스터 유나이티드 친선경기
2010 쏘나타 K리그 2010 우승
포스코컵 2010 우승
프로스포츠 단일 경기 최다 관중 신기록 수립(6만 747명)
K리그 단일 시즌 최다 총관중 신기록(54만 6,397명)
K리그 최다 홈 18연승 타이기록 수립
2011 AFC 챔피언스리그 2011 8강
구단 최다 7연승 신기록 수립
K리그 최초 2시즌 연속 50만 총관중 달성
2012 현대오일뱅크 K리그 2012 우승
K리그 단일 정규리그 최다 승점 신기록 수립(96점)
K리그 단일 정규리그 최다 승수 신기록 수립(29승)
K리그 3시즌 연속 최다 총관중 달성
2013 AFC 챔피언스리그 2013 준우승
K리그 통산 400승 달성
2014 제19회 하나은행 FA컵 준우승
AFC 챔피언스리그 2014 4강
K리그 최초 2년 연속 AFC 챔피언스리그 4강 진출
AFC 클럽랭킹 K리그 1위(아시아 2위)
K리그 역대 최다 관중 1~10위 석권
(7/12 對수원 46,549명 입장/K리그 역대 최다 관중 9위 기록)
바이엘 04 레버쿠젠 친선경기
2015 제20회 KEB하나은행 FA컵 우승
AFC 클럽랭킹 K리그 1위(아시아 4위)
K리그 최초 6년 연속 30만 관중 돌파
구단 통산 1,500호 골 달성(K리그 기준)
2016 현대오일뱅크 K리그 클래식 2016 우승
제21회 KEB하나은행 FA컵 준우승
2016 AFC 챔피언스리그 4강
K리그 단일 경기 최다 관중 기록 9위 달성(6월 18일 47,899명)
K리그 최초 7년 연속 30만 관중 돌파

FC서울 2016년 선수명단

대표이사_ 장기주　단장_ 이재하
감독_ 황선홍　수석코치_ 강철　코치_ 김동영 · 정상남 · 아디　GK코치_ 레안드로 · 백민철　트레이너_ 박성률 · 황보현 · 최규정
전력분석_ 신준용 · 김두원　통역_ 금호현 · 박재범　장비담당_ 이천길　주무_ 김철환

포지션	선수명		생년월일	출신학교	키(cm) / 몸무게(kg)
GK	유 현	劉 賢	1984.08.01	중앙대	184 / 82
	유 상 훈	柳 相 勳	1989.05.25	홍익대	194 / 84
	양 한 빈	梁 韓 彬	1991.08.30	백암고	195 / 90
	김 철 호	金 喆 鎬	1995.10.25	오산고	190 / 83
DF	곽 태 휘	郭 泰 輝	1981.07.08	중앙대	185 / 80
	이 규 로	李 奎 魯	1988.08.20	광양제철고	180 / 69
	심 우 연	沈 愚 燃	1985.04.03	건국대	196 / 88
	김 치 우	金 致 佑	1983.11.11	중앙대	175 / 68
	김 원 균	金 遠 均	1992.05.01	고려대	186 / 76
	황 현 수	黃 賢 秀	1995.07.22	오산고	183 / 80
	김 남 춘	金 南 春	1989.04.19	광운대	184 / 78
	김 동 우	金 東 佑	1988.02.05	조선대	189 / 87
	정 인 환	鄭 仁 煥	1986.12.15	연세대	187 / 86
	금 교 진	琴 敎 眞	1992.01.03	영남대	175 / 68
MF	다카하기	高萩 洋次郎(Takahagi Yojiro)	1986.08.02	*일본	183 / 72
	오스마르	Osmar Barba Ibanez	1988.06.05	*스페인	192 / 86
	이 석 현	李 碩 賢	1990.06.13	선문대	177 / 68
	주 세 종	朱 世 鐘	1990.10.30	건국대	174 / 68
	고 요 한	高 요 한	1988.03.10	토월중	170 / 65
	김 치 우	金 致 佑	1983.11.11	중앙대	175 / 68
	조 찬 호	趙 澯 鎬	1986.04.10	연세대	170 / 68
	김 원 식	金 元 植	1991.11.05	동북고	185 / 75
	고 광 민	高 光 民	1988.09.21	아주대	172 / 63
	이 상 협	李 相 協	1990.01.01	고려대	177 / 63
	이 민 규	李 敏 圭	1992.0424	고려대	175 / 69
	김 학 승	金 學 承	1993.04.07	동국대	180 / 69
	신 성 재	申 成 在	1997.01.29	오산고	179 / 68
	김 주 영	金 珠 榮	1997.05.05	중경고	174 / 68
	최 현 태	崔 玹 態	1987.09.15	동아대	179 / 75
	임 민 혁	淋 旼 赫	1997.03.05	수원공고	170 / 67
	주 형 준	朱 亨 峻	1993.05.12	배재대	172 / 70
	박 용 우	朴 鎔 宇	1993.09.10	건국대	186 / 80
	이 현 구	李 現 求	1997.03.13	오산고	173 / 67
	윤 승 원	尹 勝 圓	1995.02.11	오산고	186 / 74
FW	데 얀	Dejan Damjanovic	1981.07.27	*몬테네그로	187 / 81
	윤 일 록	尹 日 錄	1992.03.07	진주고	178 / 65
	김 정 환	金 正 桓	1997.01.04	신갈고	175 / 68
	윤 주 태	尹 柱 泰	1990.06.22	연세대	181 / 78
	아드리아노	Carlos Adriano De Sousa Cruz	1987.09.28	*브라질	171 / 68
	심 제 혁	沈 帝 赫	1995.03.05	오산고	176 / 74
	박 주 영	朴 主 永	1985.07.10	고려대	182 / 75

FC서울 2016년 개인기록 _ K리그 클래식

위치	배번	경기번호	01	11	16	22	28	33	39	43	53	58
		날짜	03.12	03.20	04.02	04.10	04.13	04.16	04.24	04.30	05.08	05.14
		홈/원정	원정	홈	홈	원정	원정	홈	원정	원정	홈	원정
		장소	전주W	서울W	서울W	광양	광주W	서울W	문수	수원W	서울W	탄천
		상대	전북	상주	인천	전남	광주	수원FC	울산	수원	포항	성남
		결과	패	승	승	승	승	승	승	무	패	승
		점수	0 : 1	4 : 0	3 : 1	2 : 1	2 : 1	3 : 0	2 : 1	1 : 1	1 : 3	3 : 2
		승점	0	3	6	9	12	15	18	19	19	22
		슈팅수	13 : 8	16 : 11	16 : 5	12 : 7	8 : 9	19 : 5	15 : 18	15 : 8	20 : 11	14 : 9
GK	1	유현	○ 0/0	○ 0/0		○ 0/0		○ 0/0	▽ 0/0			○ 0/0
	31	유상훈			○ 0/0		○ 0/0		△ 0/0	○ 0/0	○ 0/0	
DF	2	심상민										
	3	정인환										
	4	김동우	○ 0/0	○ 0/0		○ 0/0		○ 0/0	○ 0/0 C	○ 0/0	○ 0/0	
	7	김치우	△ 0/0	△ 0/0		○ 0/0	○ 0/0					
	23	심우연									△ 0/0	△ 0/0
	26	김남춘									▽ 0/0	○ 0/0 C
	55	곽태휘										
	88	이규로										
MF	2	다카하기	▽ 0/0	○ 0/1	▽ 0/1	○ 0/0	△ 0/0	○ 0/0	○ 0/0	○ 0/1 C	○ 0/0	○ 0/0 C
	5	오스마르	○ 0/0	○ 1/1 C	○ 0/0	○ 0/0	○ 0/0	○ 0/0	○ 0/0 C	○ 0/0 C		○ 0/1
	6	주세종	○ 0/0	○ 0/0	○ 0/1 C	○ 0/0 C	○ 0/0	▽ 0/0	▽ 0/0	○ 0/0	○ 0/0	○ 2/0
	13	고요한	▽ 0/0	▽ 0/0	○ 0/0	○ 0/0		○ 0/1	○ 0/1	○ 0/0	○ 0/0 C	○ 0/0
	14	조찬호										
	15	김원식	○ 0/0	○ 0/0	○ 0/0	△ 0/0	○ 0/0 C	△ 0/0	○ 0/0	○ 0/0 C	△ 0/0	○ 0/0
	22	박용우			○ 0/0	▽ 0/0	○ 0/0	○ 0/0	○ 0/0	▽ 0/0 C	▽ 0/0 C	○ 0/0
	25	이석현		△ 1/0	△ 0/0	▽ 1/0	▽ 0/0			△ 0/0	▽ 0/0	
	27	고광민	○ 0/0 C	○ 0/0	○ 0/0		○ 0/1	○ 0/0	○ 0/0	○ 0/0	○ 0/0	○ 0/0
	29	이상협										
	35	임민혁										
	37	신진호	○ 0/0	▽ 0/1 C	○ 0/0	△ 0/0	○ 0/0	○ 1/1				
	37	윤승원										
FW	9	데얀	○ 0/0	▽ 1/0	▽ 0/0	▽ 0/0	△ 0/0	▽ 1/0	○ 1/0	▽ 0/0	○ 1/0	▽ 0/0
	10	박주영	△ 0/0	△ 0/0	▽ 2/0	△ 0/0	▽ 1/0		△ 1/0	△ 0/0		△ 0/0
	11	아드리아노	○ 0/0	○ 1/1	△ 1/0	○ 1/1	▽ 1/0	▽ 1/0 C	○ 0/1 C	○ 1/0	○ 0/0	▽ 1/1
	16	심제혁			△ 0/0			△ 0/0				
	17	윤일록										
	19	윤주태					△ 0/0	△ 0/0			△ 0/0	
	34	김정환										

선수자료 : 득점 / 도움 ○ = 선발출장 △ = 교체 IN ▽ = 교체 OUT ◈ = 교체 IN / OUT C = 경고 S = 퇴장

위치	배번	경기번호	71	65	78	83	86	92	100	104	111	118
		날 짜	05.29	06.06	06.12	06.15	06.18	06.25	06.29	07.02	07.09	07.17
		홈/원정	홈	홈	원정	홈	홈	원정	홈	원정	홈	원정
		장 소	서울W	서울W	수원	서울W	서울W	포항	서울W	상주	서울W	인천
		상 대	전남	제주	수원FC	광주	수원	포항	성남	상주	울산	인천
		결 과	무	패	승	승	무	패	패	패	무	승
		점 수	1 : 1	3 : 4	3 : 0	3 : 2	1 : 1	1 : 2	1 : 3	1 : 2	0 : 0	2 : 1
		승 점	23	23	26	29	30	30	30	30	31	34
		슈팅수	14 : 10	19 : 13	17 : 12	12 : 10	18 : 4	10 : 11	12 : 8	11 : 10	10 : 8	6 : 12
GK	1	유 현		○ 0/0				○ 0/0		○ 0/0		
	31	유상훈	○ 0/0		○ 0/0	○ 0/0	○ 0/0		○ 0/0		○ 0/0	○ 0/0
DF	2	심상민	○ 0/0						▽ 0/0	△ 0/0 C		○ 0/0
	3	정인환			○ 0/0	○ 0/0 C		○ 0/0	○ 0/0	○ 0/0		○ 0/0
	4	김동우		○ 0/0		△ 0/0	○ 0/0		○ 0/0 C		▽ 0/0	
	7	김치우			△ 0/0	○ 0/1	△ 0/0	○ 0/0 C		▽ 0/0	△ 0/0	○ 0/0
	23	심우연					△ 0/0					
	26	김남춘	○ 0/0	△ 0/0								○ 0/0 C
	55	곽태휘										
	88	이규로										
MF	2	다카하기		○ 0/0	▽ 1/0 C		▽ 0/0		○ 0/0	○ 0/0 C	▽ 0/0	△ 0/1
	5	오스마르	○ 1/0	○ 0/0	○ 0/0	○ 0/0	○ 0/0	○ 0/0	○ 0/0	○ 0/0	○ 0/0	○ 0/0
	6	주세종	△ 0/0		○ 0/0 C							△ 0/0
	13	고요한	○ 0/0	○ 2/0	○ 0/1	○ 0/1	○ 0/0	○ 0/0 C	○ 0/0 C		○ 0/0	
	14	조찬호						△ 0/0		▽ 0/0	△ 0/0	▽ 0/0
	15	김원식	○ 0/0	▽ 0/0	○ 0/0	○ 0/0	○ 0/0	○ 0/0	▽ 0/0		○ 0/0	▽ 0/0
	22	박용우	○ 0/0			▽ 0/0	○ 0/0	○ 0/0 C		○ 0/0	○ 0/0	○ 0/0
	25	이석현	▽ 0/0					▽ 0/0				
	27	고광민		○ 0/0	○ 0/0	○ 0/0	○ 0/0 C		○ 0/1	○ 0/0	○ 0/0 C	
	29	이상협		▽ 0/0								
	35	임민혁										
	37	신진호										
	37	윤승원										
FW	9	데 얀	△ 0/0	○ 0/0	○ 0/1	▽ 2/0 C	▽ 0/0	▽ 0/0 C	▽ 0/0	○ 0/0	○ 0/0	○ 0/0
	10	박주영	○ 0/0 C	△ 0/0	△ 1/0	△ 0/0		△ 0/0	△ 0/0	▽ 0/0	▽ 0/0	▽ 1/0
	11	아드리아노	△ 0/0	▽ 0/0	▽ 1/0	▽ 0/0	○ 1/0	○ 1/0	○ 1/0 S			
	16	심제혁								△ 0/1		
	17	윤일록	▽ 0/0 C	○ 0/1	○ 0/1	○ 0/0	▽ 0/0	▽ 0/0	△ 0/0	○ 0/0	○ 0/0	
	19	윤주태	▽ 0/0 C	△ 1/0 C		△ 0/0	△ 0/0	△ 0/1	△ 0/0	△ 1/0	△ 0/0	△ 0/0 C
	34	김정환										

위치	배번	경기번호	124	131	137	157	139	147	151	168	189	169
		날 짜	07.20	07.24	07.31	08.03	08.10	08.13	08.17	08.28	09.03	09.10
		홈/원정	홈	원정	홈	원정	원정	홈	원정	홈	홈	원정
		장 소	서울W	제주W	서울W	탄천	상주	서울W	광양	서울W	서울W	인천
		상 대	전북	제주	포항	성남	상주	수원	전남	전북	울산	인천
		결 과	패	패	승	승	승	승	승	패	무	패
		점 수	2 : 3	2 : 3	2 : 0	2 : 1	2 : 1	1 : 0	4 : 1	1 : 3	2 : 2	0 : 1
		승 점	34	34	37	40	43	46	49	49	50	50
		슈팅수	12 : 9	15 : 12	15 : 4	16 : 4	9 : 10	10 : 16	11 : 15	20 : 12	11 : 10	9 : 7
GK	1	유 현				○ 0/0						
	31	유 상 훈	○ 0/0	○ 0/0	○ 0/0		○ 0/0	○ 0/0 C	○ 0/0	○ 0/0	○ 0/0	○ 0/0
DF	2	심 상 민										
	3	정 인 환										
	4	김 동 우	▽ 0/0									
	7	김 치 우	○ 0/0	○ 0/0 C	○ 0/0	○ 0/1	○ 0/0	○ 0/0	○ 0/1	▽ 0/0	○ 0/0	▽ 0/0
	23	심 우 연	△ 0/0	△ 0/0	△ 0/0		△ 0/0			△ 0/0		△ 0/0
	26	김 남 춘	○ 0/0	○ 0/0	○ 0/0	○ 0/0	○ 0/0	○ 0/0				
	55	곽 태 휘							○ 0/0 CC	○ 0/0	○ 0/0	○ 0/0 C
	88	이 규 로			▽ 0/0 C	▽ 0/0 C	△ 0/0	△ 0/0	▽ 0/0			
MF	2	다카하기	▽ 0/0	△ 0/0	▽ 0/0	▽ 0/0 C		△ 0/0	○ 0/0	○ 0/0		▽ 0/0
	5	오스마르	○ 1/0	○ 0/0 C	○ 1/0	○ 0/0	○ 0/0	○ 0/0	○ 0/0	○ 0/0 C	○ 0/0	○ 0/0
	6	주 세 종	○ 0/0 C	○ 0/0	○ 0/0 C	○ 0/0	○ 0/0	○ 0/0	△ 0/0		△ 0/0	○ 0/0
	13	고 요 한								△ 0/0	△ 0/0	○ 0/0
	14	조 찬 호	▽ 0/0	▽ 0/1	△ 0/0		△ 0/0	▽ 0/0	△ 0/0		△ 0/0	
	15	김 원 식										
	22	박 용 우									▽ 0/0	
	25	이 석 현				△ 0/0	○ 0/0	○ 0/0	○ 0/0 C	○ 0/0	○ 0/0	△ 0/0
	27	고 광 민	○ 0/0	○ 0/0	○ 0/0	○ 0/0	○ 0/0	○ 0/0	○ 0/0	○ 0/0	○ 1/0	○ 0/0 C
	29	이 상 협	△ 0/0			△ 0/0						
	35	임 민 혁		○ 0/0 CC	△ 0/0							
	37	신 진 호										
	37	윤 승 원										
FW	9	데 얀	○ 1/0	○ 0/0	○ 1/0	▽ 2/0	▽ 1/0	▽ 0/1	○ 2/0 C		○ 0/0	○ 0/0
	10	박 주 영	○ 0/0	▽ 1/0	▽ 0/1 C	○ 0/0	▽ 1/0	▽ 0/0	▽ 1/0	○ 0/0	○ 0/0	○ 0/0
	11	아드리아노				△ 0/0	▽ 0/1	△ 0/0		○ 1/0	▽ 1/0	
	16	심 제 혁		△ 0/0								▽ 0/0
	17	윤 일 록	△ 0/0	▽ 1/0	○ 0/0	○ 0/1	○ 0/1	○ 1/0	▽ 1/1	▽ 0/0	▽ 0/1	△ 0/0
	19	윤 주 태							△ 0/0	△ 0/0		
	34	김 정 환								▽ 0/0		

선수자료 : 득점/도움 ○ = 선발출장 △ = 교체 IN ▽ = 교체 OUT ◈ = 교체 IN/OUT C = 경고 S = 퇴장

위치	배번	경기번호	180	183	197	200	205	213	217	223		
		날 짜	09.18	09.21	10.02	10.15	10.22	10.30	11.02	11.06		
		홈/원정	홈	원정	원정	홈	홈	원정	홈	원정		
		장 소	서울W	수원	광주W	서울W	서울W	제주W	서울W	전주W		
		상 대	제주	수원FC	광주	울산	상주	제주	전남	전북		
		결 과	무	승	승	승	무	승	승	승		
		점 수	0 : 0	1 : 0	2 : 1	2 : 0	2 : 2	2 : 0	2 : 1	1 : 0		
		승 점	51	54	57	60	61	64	67	70		
		슈팅수	13 : 6	17 : 10	8 : 10	12 : 14	15 : 9	9 : 14	9 : 13	6 : 12		
GK	1	유 현	○ 0/0	○ 0/0	○ 0/0	○ 0/0	○ 0/0	○ 0/0	○ 0/0	○ 0/0		
	31	유 상 훈										
DF	2	심 상 민										
	3	정 인 환			○ 0/0 C							
	4	김 동 우										
	7	김 치 우		△ 0/0	○ 0/0	○ 0/0 C		▽ 0/0		△ 0/0		
	23	심 우 연										
	26	김 남 춘	○ 0/0	○ 0/0		○ 0/0	○ 0/1	○ 0/0	○ 0/0	○ 0/0		
	55	곽 태 휘	▽ 0/0		▽ 0/0	○ 0/0	▽ 0/0	○ 0/0	○ 0/0	○ 0/0		
	88	이 규 로			○ 0/0	○ 0/0	▽ 0/0					
MF	2	다카하기	▽ 0/0		○ 0/0	△ 0/0	△ 0/0	○ 0/0	○ 0/0	○ 0/0		
	5	오스마르	○ 0/0	○ 0/0	○ 0/0	○ 0/0	○ 0/0	○ 0/1	△ 0/0	○ 0/0 C		
	6	주 세 종	○ 0/0	○ 0/0	○ 1/0	▽ 1/0	○ 0/0	▽ 0/0	▽ 0/0	○ 0/0		
	13	고 요 한	○ 0/0	○ 0/1		○ 0/0	○ 0/0	○ 0/0	○ 0/0 C	▽ 0/0		
	14	조 찬 호										
	15	김 원 식		▽ 0/0								
	22	박 용 우		○ 0/0	▽ 0/0				▽ 1/0			
	25	이 석 현	△ 0/0	○ 0/0			△ 0/0	△ 0/0	△ 0/0			
	27	고 광 민	○ 0/0	○ 0/0		△ 0/0	○ 0/0	△ 0/0	○ 0/0	○ 0/0		
	29	이 상 협										
	35	임 민 혁	▽ 0/0									
	37	신 진 호										
	37	윤 승 원								▽ 0/0 C		
FW	9	데 얀	△ 0/0	△ 0/0	○ 0/0 C	△ 0/0	▽ 0/0		△ 0/0	▽ 0/0		
	10	박 주 영		▽ 0/0	△ 0/0	○ 0/0	○ 0/0	○ 0/0	○ 0/0	△ 1/0 C		
	11	아드리아노	○ 0/0	▽ 0/0	▽ 0/0	▽ 1/1	○ 2/0	○ 1/0	▽ 0/0	△ 0/0		
	16	심 제 혁										
	17	윤 일 록	△ 0/0		△ 1/0	▽ 0/0	△ 0/0	○ 1/0	○ 1/0	○ 0/1		
	19	윤 주 태	○ 0/0	△ 1/0	△ 0/1							
	34	김 정 환										

전 북 현 대 모 터 스

창단년도_ 1994년

전화_ 063-273-1763~5

팩스_ 063-273-1762

홈페이지_ www.hyundai-motorsfc.com

주소_ 우 54809 전라북도 전주시 기린대로 1055번지
전주월드컵경기장 2층
2F, Jeonju World Cup Stadium, 1055 Girin-daero,
Jeollabuk-do, KOREA 54809

연혁

1994 전북 다이노스 축구단 창단

1995 95 아디다스컵 4위 95 하이트배 코리안리그 7위

1996 96 아디다스컵 7위 96 라피도컵 프로축구대회 5위
96 프로축구 페어플레이상 수상

1997 구단명칭(전북 현대 다이노스 축구단) 및 심볼마크 변경
97 아디다스컵 9위 97 라피도컵 프로축구대회 6위
97 프로스펙스컵 9위 97 프로축구 공격상 수상

1998 98 아디다스코리아컵 B조 4위(B조 최다득점)
98 필립모리스코리아컵 7위
98 현대컵 K-리그 6위

1999 구단 CI 변경(엠블럼 제작 및 마스코트 변경)
제47회 대통령배 축구대회 준우승(2군)
현대자동차 직영 체제로 전환
새 경영진 체제 출범: 정몽구 구단주, 이용훈 단장(4대) 취임
99 대한화재컵 B조 3위(최다득점)
99 바이코리아컵 K-리그 7위
99 아디다스컵 5위
제4회 삼보컴퓨터 FA컵 준우승

2000 구단 명칭(전북 현대 다이노스 → 전북 현대 모터스) 및 엠블럼 변경
2000 대한화재컵 A조 3위
2000 삼성 디지털 K-리그 4위
제5회 서울은행 FA컵 우승

2001 제3회 2001 포스데이타 수퍼컵 준우승
2001 아디다스컵 B조 2위
중국 친선경기 독일 브레멘 친선경기
2001 포스코 K-리그 9위 제6회 서울은행 FA컵 3위

2002 제12회 아시안컵 위너스컵 준우승
아디다스컵 2002 A조 4위
2002 삼성 파브 K-리그 7위
제7회 서울-하나은행 FA컵 4위

2003 삼성 하우젠 K-리그 2003 5위
제8회 하나은행 FA컵 우승

2004 AFC 챔피언스리그 4강(총 10전 6승 1무 3패)
제5회 2004 K-리그 수퍼컵 우승
삼성 하우젠 K-리그 2004 전기 2위
삼성 하우젠컵 2004 3위
삼성 하우젠 K-리그 후기 12위(정규리그 통합 5위)
제9회 하나은행 FA컵 8강

2005 통영컵 국제프로축구대회(총 3전 1승 2패)
삼성 하우젠컵 2005 12위
삼성 하우젠 K-리그 2005 전기 11위
중국 노능태산 친선경기(총 1전 1패)
삼성 하우젠 K-리그 후기 12위(정규리그 통합 12위)
제10회 하나은행 FA컵 우승

2006 구단 엠블럼 변경
AFC 챔피언스리그 우승(총 12전 7승 1무 4패)
삼성 하우젠컵 2006 6위
삼성 하우젠 K-리그 2006 전기 7위
삼성 하우젠 K-리그 2006 후기 13위(정규리그 통합 11위)
제11회 하나은행 FA컵 8강(총 2전 1승 1패)
FIFA 클럽월드컵: 클럽 아메리카전(멕시코)

2007 삼성 하우젠컵 2007 6위
제12회 하나은행 FA컵 16강(0 : 1 패)
AFC 챔피언스리그 8강
삼성 하우젠 K-리그 8위

2008 삼성 하우젠컵 2008 B조 1위
제13회 하나은행 FA컵 8강
삼성 하우젠 K-리그 2008 4위

2009 피스컵 코리아 2009 B조 3위
2009 K-리그 정규리그 1위 / K-리그 챔피언십 우승

2010 쏘나타 K리그 정규 3위(총 28전 15승 6무 7패), 플레이오프 3위
포스코컵 2010(A조 1위) 준우승(7전 5승 2무 1패)
AFC 챔피언스리그 2010 (F조 2위) 8강(총 9전 6승 3패)

2011 현대오일뱅크 K리그 정규 1위 / 챔피언십 우승
AFC 챔피언스리그 2011 준우승

2012 현대오일뱅크 K리그 2012 준우승
제17회 하나은행 FA컵 8강
AFC 챔피언스리그 2012 H조 3위

2013 구단 CI 변경(엠블럼 및 캐릭터 변경)
현대오일뱅크 K리그 클래식 2013 3위
제18회 하나은행 FA컵 준우승
AFC 챔피언스리그 2013 16강

2014 현대오일뱅크 K리그 클래식 2014 우승
제19회 하나은행 FA컵 4강
AFC 챔피언스리그 2014 16강

2015 현대오일뱅크 K리그 클래식 2015 우승
제20회 KEB하나은행 FA컵 16강
AFC 챔피언스리그 2015 8강

2016 현대오일뱅크 K리그 클래식 2016 준우승
제21회 KEB하나은행 FA컵 8강
AFC 챔피언스리그 2016 우승
2016 FIFA 클럽월드컵 5위

전북 현대 모터스 2016년 선수명단

대표이사_ 이광국 단장_ 이철근 부단장_ 김동탁
감독_ 최강희 코치_ 박충균 코치_ 김상식 피지컬코치_ 파비오 GK코치_ 최은성
주무_ 최용원 의무_ 김병우 의무_ 김재오 의무_ 김병선 통역_ 김민수 장비_ 이민호 분석관_ 이재권

포지션	선수명		생년월일	출신교	키(cm) / 몸무게(kg)
GK	권 순 태	權 純 泰	1984.09.11	전주대	184 / 85
	홍 정 남	洪 正 男	1988.05.21	제주상업고	186 / 79
	김 태 호	金 鮐 壕	1992.06.05	단국대	186 / 81
	황 병 근	黃 秉 根	1994.06.14	국제사이버대	193 / 93
DF	김 형 일	金 亨 鎰	1984.04.27	경희대	187 / 88
	최 재 수	崔 在 洙	1983.05.02	연세대	175 / 69
	임 종 은	林 宗 垠	1990.06.18	영남사이버대	192 / 88
	박 원 재	朴 源 載	1984.05.28	위덕대	175 / 69
	최 규 백	崔 圭 伯	1994.01.23	대구대	188 / 77
	최 철 순	崔 喆 淳	1987.02.08	충북대	175 / 68
	최 동 근	崔 東 根	1995.01.04	서울문화예술대	179 / 74
	김 창 수	金 昌 洙	1985.09.12	동명정보고	178 / 74
	김 영 찬	金 英 讚	1993.09.04	고려대	189 / 80
	이 주 용	李 周 勇	1992.09.26	동아대	180 / 76
	박 정 호	朴 正 虎	1997.02.18	영생고	183 / 75
MF	이 우 혁	李 憂 赫	1993.02.24	강릉문성고	185 / 78
	신 형 민	辛 炯 旼	1986.07.18	홍익대	182 / 76
	이 호	李 浩	1984.01.22	울산과학대	183 / 76
	한 교 원	韓 敎 元	1990.06.15	조선이공대	182 / 73
	정 혁	鄭 赫	1986.05.21	전주대	175 / 70
	레오나르도	Leonardo Rodriguez Pereira	1986.09.22	*브라질	173 / 70
	김 보 경	金 甫 炅	1989.10.06	홍익대	177 / 73
	이 재 성	李 在 城	1992.08.10	고려대	180 / 70
	서 상 민	徐 相 民	1986.07.25	연세대	175 / 70
	명 준 재	明 俊 在	1994.07.02	고려대	174 / 74
	이 한 도	李 韓 道	1994.03.16	용인대	185 / 80
	장 윤 호	張 潤 鎬	1996.08.02	영생고	178 / 68
	김 진 세	金 鎭 世	1997.06.14	군산제일고	180 / 75
	이 승 기	李 承 琪	1988.06.02	울산대	177 / 67
FW	이 종 호	李 宗 浩	1992.02.24	광양제철고	180 / 78
	로 페 즈	Lopes Pereira Ricardo	1990.10.28	*브라질	184 / 78
	이 동 국	李 同 國	1979.04.29	위덕대	185 / 80
	에 두	Goncalves de Oliveira Eduardo	1981.11.30	*브라질	185 / 90
	김 신 욱	金 信 煜	1988.04.14	중앙대	196 / 93

전북 현대 모터스 2016년 개인기록 _ K리그 클래식

위치	배번	경기번호	01	10	15	23	27	32	41	45	54	63
		날 짜	03.12	03.20	04.02	04.10	04.13	04.16	04.24	04.30	05.08	05.21
		홈/원정	홈	원정	홈	원정	홈	홈	원정	홈	원정	원정
		장 소	전주W	문수	전주W	포항	전주W	전주W	상주	전주W	수원W	팔마
		상 대	서울	울산	제주	포항	인천	성남	상주	수원FC	수원	전남
		결 과	승	무	승	무	무	승	무	승	승	승
		점 수	1 : 0	0 : 0	2 : 1	1 : 1	1 : 1	3 : 2	2 : 2	3 : 1	3 : 2	2 : 1
		승 점	3	4	7	8	9	12	13	16	19	22
		슈팅수	8 : 13	13 : 16	8 : 16	11 : 7	14 : 9	18 : 8	14 : 9	17 : 19	14 : 10	15 : 6
GK	1	권순태	○ 0/0	○ 0/0	○ 0/0	○ 0/0	○ 0/0	○ 0/0	○ 0/0	○ 0/0	○ 0/0	○ 0/0
	41	황병근										
DF	3	김형일	○ 0/0	○ 0/0 C								△ 0/0
	6	최재수				△ 0/0	○ 0/0			▽ 0/0	○ 0/0	
	15	임종은		○ 0/0 C	○ 0/0	○ 0/0	○ 0/0	▽ 0/0 C	○ 0/0	○ 0/0	○ 0/0	
	16	조성환										○ 0/0
	19	박원재	○ 0/0 C		○ 0/0 C							
	23	최규백			○ 0/0	○ 0/0 C	○ 0/0 C	○ 0/0	○ 0/0		○ 0/0	
	25	최철순	○ 0/0	○ 0/0 C	○ 0/0	○ 0/0	○ 0/0	○ 0/0 C	○ 0/0	○ 0/0	○ 0/0 C	
	26	최동근										○ 0/0
	27	김창수	○ 0/0	○ 0/0		○ 0/0 S			○ 0/1			
	30	김영찬						△ 0/0		○ 0/0 C		○ 0/0
	32	이주용						○ 0/0		△ 0/0 CC		○ 0/0
MF	2	이우혁										○ 0/0
	4	신형민										
	5	이 호	○ 0/0	○ 0/0	○ 0/0							
	7	한교원		○ 0/0	△ 0/0			△ 0/0	○ 2/0	○ 1/0	▽ 1/0 C	
	8	정 혁										
	10	레오나르도	△ 0/0	△ 0/0	▽ 1/0		○ 0/0	△ 1/1	△ 0/0	△ 0/0	△ 0/0	
	13	김보경				▽ 0/0	○ 0/0	○ 1/0	○ 0/0	○ 0/1	○ 0/2	
	17	이재성	○ 0/1	○ 0/0	○ 0/1 C	○ 0/1	○ 0/0	○ 0/0	○ 0/0	▽ 0/1	○ 0/0 C	
	22	서상민									△ 0/0	△ 0/0
	34	장윤호				○ 0/0		▽ 0/1 C		○ 0/0 C	▽ 0/0 C	
	66	파탈루	▽ 0/0 C									▽ 0/0
	88	이승기										
FW	9	루이스	○ 0/0	▽ 0/0	▽ 0/0			○ 0/0	▽ 0/1		△ 1/0	▽ 2/0
	9	이종호			△ 0/0 C		△ 0/1		▽ 0/0 C	△ 0/0		○ 0/0
	11	로페즈	△ 0/0	▽ 0/0		▽ 0/0 C	△ 0/0	▽ 1/0	△ 0/0	○ 1/0 C	▽ 0/0	○ 0/2
	18	고무열			○ 0/1 C	○ 0/0 C	▽ 0/0		▽ 0/0 C			▽ 0/0
	20	이동국	▽ 0/0	△ 0/0	▽ 1/0	○ 1/0	○ 1/0	○ 0/0 C	△ 0/0	▽ 1/0	○ 1/0	
	81	에 두										
	99	김신욱	○ 1/0	○ 0/0	△ 0/0	△ 0/0	▽ 0/0					△ 0/0

선수자료 : 득점/도움 ○ = 선발출장 △ = 교체 IN ▽ = 교체 OUT ◈ = 교체 IN/OUT C = 경고 S = 퇴장

위치	배번	경기번호	72	55	76	81	85	95	97	108	112	116
		날 짜	05.29	06.04	06.12	06.15	06.18	06.26	06.29	07.03	07.10	07.16
		홈/원정	홈	원정	원정	홈	원정	원정	홈	원정	홈	원정
		장 소	전주W	광주W	탄천	전주W	인천	광주W	전주W	수원	전주W	제주W
		상 대	상주	광주	성남	수원	인천	광주	전남	수원FC	포항	제주
		결 과	승	무	무	승	무	무	승	무	승	승
		점 수	3 : 2	1 : 1	2 : 2	2 : 1	0 : 0	1 : 1	2 : 1	2 : 2	3 : 0	2 : 1
		승 점	25	26	27	30	31	32	35	36	39	42
		슈팅수	23 : 7	10 : 9	21 : 15	14 : 12	13 : 11	8 : 7	17 : 6	28 : 5	14 : 12	14 : 11
GK	1	권순태	○ 0/0 C	○ 0/0	○ 0/0	○ 0/0	○ 0/0	○ 0/0	○ 0/0	○ 0/0	○ 0/0	○ 0/0
	41	황병근										
DF	3	김형일										
	6	최재수	○ 0/1	○ 0/0 C	○ 0/0 C		▽ 0/0					
	15	임종은	○ 0/0 C		○ 0/0 C	○ 0/0	○ 0/0	○ 0/0	○ 0/0	○ 0/0 C	○ 0/0 C	
	16	조성환		○ 0/0								○ 0/0 C
	19	박원재				○ 0/0			○ 0/1	○ 0/0	○ 0/0 C	
	23	최규백	○ 1/0 C		○ 0/0 C	○ 0/0 C	○ 0/0 C			○ 0/0 C	○ 0/0 S	○ 0/0
	25	최철순	○ 0/1	○ 0/1 C	○ 0/0 C	▽ 0/0 C				○ 0/0	○ 0/0	○ 0/0
	26	최동근										
	27	김창수										
	30	김영찬		○ 0/0 C			○ 0/0	○ 0/0	○ 0/0			
	32	이주용						○ 0/0				○ 0/0
MF	2	이우혁					○ 0/0					
	4	신형민										
	5	이호						▽ 0/0 C			▽ 0/0 C	▽ 0/0
	7	한교원	▽ 0/0	▽ 0/0	○ 0/0	△ 0/0	○ 0/0	○ 0/0 C	○ 0/0			
	8	정혁										
	10	레오나르도	○ 1/0	△ 0/0	△ 2/0	○ 0/0	△ 0/0	▽ 0/0	△ 0/0	▽ 1/0	▽ 1/0	○ 0/0
	13	김보경	▽ 0/0	○ 0/0	○ 0/0	○ 0/0	○ 0/0 C	○ 0/0	○ 0/0 C	○ 0/0	○ 2/0	○ 0/0
	17	이재성	○ 0/0 C		○ 0/0	○ 0/0	○ 0/0 C	○ 0/0	○ 1/0	○ 0/0	○ 0/1	○ 0/0
	22	서상민	△ 0/0		▽ 0/0				△ 0/0 C	▽ 0/0	△ 0/0 C	
	34	장윤호		○ 0/0 C				△ 0/0 C				
	66	파탈루										
	88	이승기										
FW	9	루이스	▽ 0/0	▽ 0/0		▽ 0/0			▽ 0/1			
	9	이종호				△ 1/0	▽ 0/0	△ 0/0	○ 1/0	○ 1/0	▽ 0/1	▽ 1/1
	11	로페즈	△ 1/1	○ 0/0	△ 0/0	○ 0/1	△ 0/0	▽ 0/0	▽ 0/0	○ 0/0	○ 0/1	○ 1/0
	18	고무열			▽ 0/0			△ 0/0	▽ 0/0	△ 0/0	△ 0/0	△ 0/0
	20	이동국	○ 0/0	○ 1/0	▽ 0/0	▽ 0/0	△ 0/0	○ 1/0				
	81	에두										
	99	김신욱	△ 0/0	△ 0/0	△ 0/0	△ 0/0	▽ 0/0		△ 0/0	△ 0/0	△ 0/0	△ 0/0

위치	배번	경기번호	124	130	133	160	141	149	156	168	170	179
		날 짜	07.20	07.24	07.30	08.03	08.10	08.14	08.17	08.28	09.10	09.18
		홈/원정	원정	홈	홈	홈	홈	원정	원정	원정	홈	홈
		장 소	서울W	전주W	전주W	전주W	전주W	포항	인천	서울W	전주W	전주W
		상 대	서울	울산	광주	울산	수원FC	포항	인천	서울	전남	수원
		결 과	승	승	승	무	승	무	승	승	무	무
		점 수	3 : 2	2 : 1	3 : 0	1 : 1	2 : 1	0 : 0	3 : 1	3 : 1	2 : 2	1 : 1
		승 점	45	48	51	52	55	56	59	62	63	64
		슈팅수	9 : 12	20 : 7	16 : 8	14 : 9	24 : 10	12 : 13	16 : 7	12 : 20	13 : 12	9 : 11
GK	1	권 순 태	○ 0/0	○ 0/0	○ 0/0	○ 0/0	○ 0/0	○ 0/0		○ 0/0		○ 0/0
	41	황 병 근							○ 0/0		○ 0/0	
DF	3	김 형 일	○ 0/0	○ 0/0	○ 0/0			○ 0/0	○ 0/0 C	○ 0/0	○ 0/0	○ 0/0 C
	6	최 재 수	△ 0/0	▽ 0/0					▽ 0/0		○ 0/0 C	
	15	임 종 은				○ 0/0	○ 0/0 C	△ 0/0	○ 0/0	△ 0/0		
	16	조 성 환	○ 0/0	○ 0/0	○ 0/0	○ 0/0 C	○ 1/0	○ 0/0 C		○ 0/0	○ 0/0	○ 0/0 CC
	19	박 원 재	▽ 0/0	△ 0/1	○ 0/0	▽ 0/0	▽ 0/0			○ 0/0		○ 0/0
	23	최 규 백										
	25	최 철 순	○ 0/1	○ 0/0 CC		○ 0/0	○ 1/0	○ 0/0 C		○ 0/1	○ 0/0	○ 0/0
	26	최 동 근										
	27	김 창 수										
	30	김 영 찬				△ 0/0			△ 0/0			
	32	이 주 용										
MF	2	이 우 혁										
	4	신 형 민									○ 0/0	△ 0/0
	5	이 호	○ 0/0	○ 0/0	○ 0/0	▽ 0/0		▽ 0/0 C				
	7	한 교 원			○ 0/0 C		○ 0/0	○ 0/0 C	○ 0/0 C			▽ 0/0
	8	정 혁									○ 0/0	
	10	레오나르도	▽ 0/0	▽ 0/0	△ 1/1	○ 0/0	○ 0/0	○ 0/0 C	△ 0/0	○ 2/0	○ 1/0	○ 1/0
	13	김 보 경	○ 1/1	○ 0/0	○ 0/0	○ 0/1	○ 0/1 C		○ 0/0	▽ 0/0		○ 0/0
	17	이 재 성	○ 0/0	○ 0/1	○ 1/1	○ 0/0 C	○ 0/0	○ 0/0 C		○ 0/1		○ 0/0
	22	서 상 민										
	34	장 윤 호							○ 0/1	○ 1/0		▽ 0/0 C
	66	파 탈 루										
	88	이 승 기										
FW	9	루 이 스										
	9	이 종 호	▽ 0/0 C		▽ 0/0	△ 0/0	▽ 0/0		○ 1/0 C	△ 0/0	▽ 0/0	
	11	로 페 즈	○ 2/0	○ 1/0	▽ 1/0	○ 0/0 C		○ 0/0 C	○ 1/0 C	▽ 0/0	▽ 0/1 C	
	18	고 무 열	△ 0/0	△ 0/0	▽ 0/1		△ 0/0	△ 0/0	▽ 0/0		△ 0/0 C	
	20	이 동 국			△ 0/0	△ 1/0	△ 0/0	▽ 0/0			△ 1/0	△ 0/0
	81	에 두					▽ 0/0	▽ 0/0	▽ 0/0 C	△ 0/0	▽ 0/0	▽ 0/0
	99	김 신 욱	△ 0/0	○ 1/0	△ 0/0	▽ 0/0	△ 0/0 C	△ 0/0	△ 1/1	▽ 0/0	△ 0/0	△ 0/0

선수자료 : 득점/도움 ○ = 선발출장 △ = 교체 IN ▽ = 교체 OUT ◈ = 교체 IN/OUT C = 경고 S = 퇴장

위치	배번	경기번호	186	188	194	199	206	211	219	223		
		날 짜	09.21	09.24	10.02	10.15	10.22	10.29	11.02	11.06		
		홈/원정	원정	홈	원정	홈	원정	원정	홈	홈		
		장 소	제주W	전주W	상주	전주W	문수	팔마	전주W	전주W		
		상 대	제주	성남	상주	제주	울산	전남	상주	서울		
		결 과	무	승	무	패	무	승	승	패		
		점 수	2 : 2	1 : 0	1 : 1	2 : 3	0 : 0	5 : 0	4 : 1	0 : 1		
		승 점	65	59	60	60	61	64	67	67		
		슈팅수	11 : 11	16 : 4	14 : 7	19 : 14	13 : 9	14 : 9	15 : 12	12 : 6		
GK	1	권 순 태	○ 0/0		○ 0/0	○ 0/0	○ 0/0	○ 0/0	○ 0/0	○ 0/0		
	41	황 병 근		○ 0/0								
DF	3	김 형 일		○ 0/0 C						○ 0/0		
	6	최 재 수										
	15	임 종 은	○ 0/0	○ 0/0	○ 0/0	○ 0/0 C	○ 0/0	○ 0/0	○ 0/0			
	16	조 성 환							○ 0/0	▽ 0/0		
	19	박 원 재		○ 0/0		○ 0/0		○ 0/0	○ 0/0	○ 0/0		
	23	최 규 백	○ 0/0 C					△ 0/0				
	25	최 철 순		○ 0/0	○ 0/0	○ 0/0	○ 0/0 C	○ 0/0		○ 0/0		
	26	최 동 근										
	27	김 창 수	○ 0/0			○ 0/0	○ 0/0		○ 0/0			
	30	김 영 찬	△ 0/0				○ 0/0	○ 0/0				
	32	이 주 용	○ 0/0		○ 0/0							
MF	2	이 우 혁										
	4	신 형 민	○ 0/0	○ 0/0 C	○ 0/0	○ 1/0	○ 0/0 C	○ 0/0	○ 0/0	○ 0/0		
	5	이 호										
	7	한 교 원					▽ 0/0					
	8	정 혁	○ 0/1 C			○ 0/0	○ 0/0					
	10	레오나르도	△ 0/0	▽ 0/0	○ 0/1			△ 0/3	▽ 0/0	▽ 0/0		
	13	김 보 경		▽ 0/0	○ 0/0			○ 0/1	○ 0/0	○ 0/0		
	17	이 재 성		○ 0/0	○ 0/0	△ 0/1		▽ 0/1	○ 1/1	○ 0/0		
	22	서 상 민	▽ 0/0									
	34	장 윤 호			▽ 0/0	▽ 0/0 C						
	66	파 탈 루										
	88	이 승 기	▽ 0/1	△ 0/0	△ 0/0		▽ 0/0					
FW	9	루 이 스										
	9	이 종 호	▽ 0/0			▽ 0/0		▽ 0/0 C				
	11	로 페 즈	△ 0/0	○ 1/0	▽ 0/0	△ 0/0 C	△ 0/0 C	○ 3/0	△ 0/0	○ 0/0 C		
	18	고 무 열					○ 0/0	▽ 1/0	△ 0/0	△ 0/0		
	20	이 동 국		▽ 0/0	△ 0/0	○ 1/0	△ 0/0		▽ 2/0	△ 0/0		
	81	에 두		△ 0/0	△ 0/0 C	▽ 0/1	▽ 0/0		△ 1/0			
	99	김 신 욱	○ 2/0	△ 0/0	▽ 1/0	△ 0/0	△ 0/0	△ 1/0	▽ 0/1	○ 0/0		

제 주 유 나 이 티 드

창단년도_ 1982년
전화_ 064-738-0934~6
팩스_ 064-738-0600
홈페이지_ www.jeju-utd.com
주소_ 우 63558 제주특별자치도 서귀포시 일주서로 166-31 (강정동)
166-31, Iljuseo-ro(Gangjeong-dong), Seogwipo-si, Jeju-do, KOREA 63558

연혁

1982 유공 코끼리 축구단 창단
(프로축구단 제2호)
초대 최종현 구단주, 조규향 단장 취임
초대 이종환 감독 취임
1983 프로축구 원년 구단으로 리그 참가
(연고지: 서울, 인천, 경기)
83 수퍼리그 3위
1984 84 축구대제전 수퍼리그 전반기 우승
84 축구대제전 수퍼리그 챔피언결정전 준우승
1985 제2대 김정남 감독 취임
제1회 일본 국제평화기원 축구대회 우승
1989 89 한국프로축구대회 우승
1990 2군 창설(함흥철 감독, 조윤환 코치 취임)
제21회 태국 킹스컵 축구대회 3위
90 한국프로축구 2군리그 준우승
인천, 경기 → 서울 연고지 이전 (12월)
1992 제2대 이계원 단장 취임
제3대 박성화 감독 취임
1993 제2대 김항덕 구단주 취임
1994 94 아디다스컵 우승
94 하이트배 코리안리그 준우승
제4대 니폼니시 감독(러시아) 취임
1996 서울 → 부천 연고지 이전 (1월)
유공 코끼리 → 부천 유공 구단명칭 변경
96 아디다스컵 우승
1997 부천 유공 → 부천 SK 구단명칭 변경(10월)
1998 98 아디다스컵 코리아컵 준우승
98 필립모리스코리아컵 준우승
제5대 조윤환 감독 취임
1999 제3대 강성길 단장 취임
99 바이코리아컵 K-리그 3위
2000 2000 대한화재컵 우승
2000 삼성 디지털 K-리그 준우승
2001 제6대 최윤겸 감독 취임
2002 제7대 트나즈 트르판 감독(터키) 취임
2003 제8대 하재훈 감독 취임
2004 제9대 정해성 감독 취임
제9회 하나은행 FA컵 준우승
2005 제4대 정순기 단장 취임
제3대 신헌철 SK(주) 대표이사 구단주 취임
2006 부천 → 제주 연고지 이전
부천 SK → 제주 유나이티드 FC 구단명칭 변경
2007 제주 유나이티드 FC 클럽하우스 준공
2008 제10대 알툴 감독 취임
제주유나이티드에프씨 주식회사로 독립법인 전환
2009 제1대 변명기 대표이사 취임
제11대 박경훈 감독 취임
코리안 풋볼 드림매치 2009 연변FC 초청경기
2010 제4대 구자영 구단주 취임
쏘나타 K리그 2010 준우승
제15회 하나은행 FA컵 공동 3위 및 페어플레이상 수상
K리그 개인상 수상(감독상, MVP, 'FAN'tastic Player)
2011 AFC 챔피언스리그 2011 조별예선 3위
2012 축구단 창단 30주년
제17회 하나은행 FA컵 페어플레이상 수상
2013 팬 프렌들리 클럽 수상
2014 대한민국 스포츠산업대상 대통령표창 수상(프로구단 최초)
2015 제12대 조성환 감독 취임
송진형, K리그 대상 '베스트11' 선정
2016 현대오일뱅크 K리그 클래식 2016 3위
K리그 대상 '페어플레이상' 수상
정운, K리그 대상 '베스트11' 선정
안현범, K리그 대상 '영플레이어상' 수상
이근호, K리그 대상 '사랑나눔상' 수상

제주 유나이티드 2016년 선수명단

대표이사_ 장석수 단장_ 조영수
감독_ 조성환 수석코치_ 박동우 코치_ 백승우 코치_ 변재섭 코치_ 김한윤 스카우트_ 김지운 재활트레이너_ 김장열 재활트레이너_ 피민혁
재활트레이너_ 강대성 비디오분석관_ 권혁수 주무 겸 통역_ 이도윤

포지션	성명	한자명	생년월일	출신교	키(cm) / 몸무게(kg)
GK	김 호 준	金 鎬 浚	1984.06.21	고려대	190 / 89
	김 경 민	金 耿 民	1991.11.01	한양대	190 / 78
	전 수 현	全 首 泫	1986.08.18	울산대	196 / 86
	박 하 람	朴 夏 濫	1993.08.11	관동대	184 / 82
DF	김 수 범	金 洙 範	1990.10.02	상지대	174 / 66
	김 상 원	金 相 元	1992.02.20	울산대	175 / 71
	오 반 석	吳 반 석	1988.05.20	건국대	189 / 79
	권 한 진	權 韓 眞	1988.05.19	경희대	188 / 81
	정 운	鄭 澐	1989.06.30	명지대	180 / 78
	백 동 규	白 棟 圭	1991.05.30	동아대	186 / 79
	배 재 우	裵 栽 釪	1993.05.17	용인대	174 / 71
	이 우 진	李 玗 晉	1986.04.25	중동중(중퇴)	181 / 70
	이 광 선	李 光 善	1989.09.06	경희대	195 / 90
	강 준 우	康 準 佑	1982.06.03	인천대	186 / 78
	곽 해 성	郭 海 盛	1991.12.06	광운대	180 / 70
MF	김 선 우	金 善 佑	1993.04.19	울산대	173 / 73
	권 순 형	權 純 亨	1986.06.16	고려대	177 / 71
	이 창 민	李 昌 珉	1994.01.20	중앙대	178 / 74
	안 현 범	安 鉉 範	1994.12.21	동국대	178 / 74
	문 상 윤	文 相 閏	1991.01.09	아주대	179 / 70
	좌 준 협	左 峻 協	1991.05.07	전주대	177 / 72
	고 윤 철	高 潤 哲	1994.01.20	울산대	178 / 73
	김 재 성	金 在 成	1983.10.03	아주대	180 / 70
FW	황 일 수	黃 一 琇	1987.08.08	동아대	173 / 72
	완 델 손	Carvalho Oliveira Wanderson	1989.03.31	*브라질	172 / 60
	마르셀로	Marcelo Aparecido Toscano	1985.05.12	*브라질	184 / 83
	김 호 남	金 浩 男	1989.06.14	광주대	178 / 72
	정 영 총	鄭 永 寵	1992.06.24	한양대	180 / 72
	이 근 호	李 根 鎬	1985.04.11	부평고	177 / 75
	배 일 환	裵 日 換	1988.07.20	단국대	180 / 75
	왕 건 명	王 建 明	1993.07.04	단국대	180 / 74
	헤 난	Faria Silveira Henan	1987.04.03	*브라질	182 / 75

제주 유나이티드 2016년 개인기록 _ K리그 클래식

위치	배번	경기번호	05	08	15	24	29	36	37	44	52	60
		날 짜	03.13	03.19	04.02	04.10	04.13	04.17	04.23	04.30	05.07	05.15
		홈/원정	홈	원정	원정	홈	홈	원정	홈	원정	원정	홈
		장 소	제주W	광주W	전주W	제주W	제주W	문수	제주W	포항	수원	제주W
		상 대	인천	광주	전북	수원	상주	울산	성남	포항	수원FC	전남
		결 과	승	패	패	무	승	승	무	패	승	승
		점 수	3 : 1	0 : 1	1 : 2	2 : 2	4 : 2	1 : 0	2 : 2	0 : 1	5 : 2	3 : 0
		승 점	3	3	3	4	7	10	11	11	14	17
		슈팅수	16 : 20	7 : 12	16 : 8	21 : 12	18 : 12	12 : 10	21 : 10	16 : 6	11 : 12	20 : 14
GK	1	김호준	○ 0/0	○ 0/0	○ 0/0	○ 0/0	○ 0/0	○ 0/0	○ 0/0		○ 0/0	○ 0/0
	21	김경민								○ 0/0		
	23	전수현										
DF	3	김상원								△ 0/0	○ 0/0	▽ 0/0
	4	오반석								○ 0/0	○ 0/0	○ 0/0
	5	권한진	○ 1/0	○ 0/0	○ 0/0 C	○ 0/0	○ 0/0	○ 0/0	○ 0/0	○ 0/0	○ 0/0	▽ 0/0
	13	정 운	○ 1/0	○ 0/0	○ 0/0	○ 0/2 C	○ 0/0	○ 0/1	▽ 0/0			○ 0/0 C
	15	백동규									○ 0/0	△ 0/0
	18	배재우	○ 0/0	○ 0/0	○ 0/0			△ 0/0	△ 0/0	▽ 0/0 C		○ 0/1
	19	이우진					△ 0/0					
	20	이광선	○ 1/0	○ 0/0	○ 0/0	○ 1/0	○ 0/0	○ 1/0	○ 0/0			○ 0/0 C
	25	강준우									△ 0/0	
	26	곽해성										
	27	김봉래			△ 0/0	○ 0/0	○ 0/0	○ 0/0	○ 0/0	○ 0/0		
MF	6	김선우										
	7	권순형	○ 0/1	○ 0/0	○ 0/0	○ 0/0	▽ 0/0	○ 0/0	○ 0/1	○ 0/0	○ 1/0	○ 0/0
	14	이창민	△ 0/0	△ 0/0	○ 0/0	○ 0/0 C	△ 0/0	▽ 0/0		○ 0/0	△ 0/0 C	△ 0/0
	17	안현범			△ 0/0	△ 0/0	○ 2/0	▽ 0/0	▽ 0/0		▽ 0/1	
	24	문상윤					▽ 1/0	△ 0/0	○ 0/0	△ 0/0	▽ 0/0	
	28	좌준협										
	31	권용현	△ 0/0	▽ 0/0 C	△ 0/0						△ 0/0	
	37	송진형	○ 0/1	○ 0/0	▽ 0/0 C	○ 0/0	○ 1/1	○ 0/0	○ 0/0	○ 0/0	○ 1/1	▽ 2/0
	77	김재성										
FW	9	완델손										
	10	마르셀로	▽ 0/0	▽ 0/0		△ 1/0	○ 0/2	○ 0/0	▽ 0/1	▽ 0/0	▽ 2/0	○ 1/0
	11	김호남	▽ 0/0	▽ 0/0 C	▽ 1/0	▽ 0/0	▽ 0/0		△ 0/0	▽ 0/0		△ 0/0
	16	정영총	▽ 0/0		▽ 0/0	▽ 0/0		▽ 0/0				
	18	김 현	△ 0/0	△ 0/0	○ 0/0	▽ 0/0			△ 0/0	△ 0/0 C		
	22	이근호				△ 0/0 C	△ 0/1	△ 0/0	○ 2/0	○ 0/0	○ 0/0	○ 0/1
	86	모이세스		△ 0/0								
	89	헤 난										
	91	까랑가	○ 0/0	○ 0/0 C								

선수자료 : 득점/도움 ○ = 선발출장 △ = 교체 IN ▽ = 교체 OUT ◈ = 교체 IN/OUT C = 경고 S = 퇴장

위치	배번	경기번호	68	65	75	79	87	91	102	106	110	116
		날 짜	05.28	06.06	06.11	06.15	06.18	06.25	06.29	07.03	07.09	07.16
		홈/원정	홈	원정	홈	원정	홈	원정	홈	원정	원정	홈
		장 소	제주W	서울W	제주W	상주	제주W	수원W	제주W	인천	광양	제주W
		상 대	울산	서울	광주	상주	포항	수원	수원FC	인천	전남	전북
		결 과	패	승	승	패	승	패	무	패	패	패
		점 수	1 : 2	4 : 3	3 : 2	0 : 4	3 : 1	0 : 1	0 : 0	1 : 2	1 : 2	1 : 2
		승 점	17	20	23	23	26	26	27	27	27	27
		슈팅수	24 : 16	13 : 19	13 : 11	9 : 13	11 : 13	8 : 17	12 : 10	7 : 15	9 : 9	11 : 14
GK	1	김 호 준	○ 0/0	○ 0/0	○ 0/0		○ 0/0	▽ 0/0				
	21	김 경 민				○ 0/0		△ 0/0	○ 0/0	○ 0/0	○ 0/0	○ 0/0
	23	전 수 현										
DF	3	김 상 원		△ 0/0	○ 0/0	○ 0/0 C	○ 0/0	○ 0/0		△ 0/1	▽ 0/0 C	○ 0/0 C
	4	오 반 석	○ 0/0	○ 0/0	○ 0/0							
	5	권 한 진	▽ 0/0	○ 0/0	○ 0/0	○ 0/0	○ 0/0	○ 0/0 C	○ 0/0	○ 0/0	○ 0/0	○ 0/0 C
	13	정 운	○ 0/0	○ 0/1 C			○ 0/0	○ 0/0	○ 0/0	○ 0/0	○ 0/1	○ 0/0
	15	백 동 규	△ 0/0	○ 0/0	△ 0/0	○ 0/0	△ 0/0	△ 0/0		○ 0/0		
	18	배 재 우	○ 0/0	▽ 0/0	○ 0/0		○ 0/0	▽ 0/0 C				
	19	이 우 진										
	20	이 광 선	○ 0/0		○ 0/0	○ 0/0	○ 0/0	○ 0/0	○ 0/0	○ 0/0	○ 0/0	○ 0/0 C
	25	강 준 우										
	26	곽 해 성									△ 0/0 C	
	27	김 봉 래		△ 0/0		○ 0/0			○ 0/0	○ 0/0		
MF	6	김 선 우				△ 0/0	△ 0/0		▽ 0/0 C		○ 0/0	
	7	권 순 형	○ 0/0	○ 1/0 C	○ 1/0	▽ 0/0	○ 1/0	○ 0/0	○ 0/0	○ 0/0	○ 0/0	▽ 0/0
	14	이 창 민	△ 0/0									△ 0/0 C
	17	안 현 범							△ 0/0	▽ 0/0	△ 0/0	▽ 0/0 C
	24	문 상 윤	△ 0/0		▽ 1/0	○ 0/0			△ 0/0	▽ 0/0		▽ 0/0
	28	좌 준 협										
	31	권 용 현				▽ 0/0						
	37	송 진 형	▽ 0/0	○ 0/0	△ 0/0		▽ 0/0 C	○ 0/0	○ 0/0	○ 0/0	○ 1/0	○ 0/0
	77	김 재 성										
FW	9	완 델 손										
	10	마르셀로	▽ 0/0	▽ 1/1	○ 1/2	○ 0/0	○ 0/2	○ 0/0	○ 0/0	▽ 0/0	○ 0/0	○ 0/0
	11	김 호 남	○ 1/0	△ 1/2	△ 0/0	▽ 0/0	△ 1/0	△ 0/0	▽ 0/0	△ 0/0		△ 0/0
	16	정 영 총		▽ 1/0	▽ 0/0	△ 0/0	▽ 0/0	▽ 0/0	△ 0/0		▽ 0/0	△ 0/0
	18	김 현										
	22	이 근 호	○ 0/1	○ 0/0	▽ 0/0	△ 0/0	▽ 1/0	○ 0/0	▽ 0/0	△ 1/0	▽ 0/0	○ 0/0
	86	모이세스										
	89	헤 난									△ 0/0	
	91	까 랑 가										

위치	배번	경기번호	126	131	138	144	148	153	161	163	173	180
		날 짜	07.20	07.24	07.31	08.10	08.14	08.17	08.21	08.27	09.11	09.18
		홈/원정	원정	홈	원정	홈	홈	원정	원정	홈	홈	원정
		장 소	탄천	제주W	수원W	제주W	제주W	수원	인천	제주W	제주W	서울W
		상 대	성남	서울	수원	포항	광주	수원FC	인천	성남	울산	서울
		결 과	무	승	패	승	패	패	승	승	무	무
		점 수	0 : 0	3 : 2	3 : 5	3 : 0	1 : 2	3 : 5	1 : 0	1 : 0	1 : 1	0 : 0
		승 점	28	31	31	34	34	34	37	40	41	42
		슈팅수	14 : 9	12 : 15	21 : 9	17 : 9	15 : 11	11 : 22	9 : 8	16 : 8	12 : 15	6 : 13
GK	1	김호준				○ 0/0	○ 0/0	○ 0/0 C	○ 0/0 C	○ 0/0	○ 0/0	○ 0/0
	21	김경민	○ 0/0	○ 0/0 C	○ 0/0							
	23	전수현										
DF	3	김상원		▽ 0/0	○ 0/0		△ 0/0	○ 0/0 CC				
	4	오반석	○ 0/0	○ 0/0	○ 1/0			▽ 0/0				
	5	권한진		○ 1/0	△ 0/0 C	○ 2/0	○ 0/0	△ 0/0	○ 0/0	○ 0/0 C	○ 0/0	○ 0/0
	13	정 운	○ 0/0	△ 0/0	○ 0/0	○ 0/0	○ 0/0		○ 0/0	▽ 0/0	○ 0/0	○ 0/0
	15	백동규	○ 0/0 C	▽ 0/0					○ 0/0	○ 0/0	○ 0/0	○ 0/0
	18	배재우								△ 0/0		
	19	이우진				△ 0/0						
	20	이광선	○ 0/0	△ 0/0	○ 0/0	○ 0/0	○ 1/0	○ 0/0	○ 0/0	○ 0/0	○ 0/0	○ 0/0
	25	강준우										
	26	곽해성				○ 1/0	○ 0/1	○ 0/0				△ 0/0
	27	김봉래										
MF	6	김선우										
	7	권순형	○ 0/0	○ 0/1	○ 0/1	○ 0/0	○ 0/0 C	△ 0/0	○ 0/1	▽ 0/0	▽ 0/0	▽ 0/0
	14	이창민								△ 0/0	△ 0/0	○ 0/0
	17	안현범	○ 0/0	○ 0/0	▽ 0/1	▽ 0/0	△ 0/0	○ 1/0	○ 0/0	○ 1/0	○ 0/0	▽ 0/0
	24	문상윤	△ 0/0		△ 1/0	△ 0/1	○ 0/0	▽ 0/1	△ 0/0		△ 0/0	▽ 0/0
	28	좌준협										
	31	권용현										
	37	송진형	○ 0/0	○ 2/0	○ 0/0	○ 0/0	○ 0/0	○ 0/0	○ 0/0	○ 0/1	○ 0/0	
	77	김재성				△ 0/1		▽ 0/0 C				△ 0/0
FW	9	완델손	▽ 0/0	▽ 0/1	△ 0/0	○ 0/1	▽ 0/0	△ 0/0	▽ 1/0	○ 0/0	▽ 0/0	△ 0/0
	10	마르셀로	△ 0/0	○ 0/0	○ 0/0	▽ 0/0	△ 0/0	○ 1/0	○ 0/0	▽ 0/0 C	▽ 1/0	○ 0/0
	11	김호남	△ 0/0	△ 0/0	▽ 1/0		▽ 0/0		△ 0/0		△ 0/0	
	16	정영총							◈ 0/0			
	18	김 현										
	22	이근호	▽ 0/0	○ 0/1	▽ 0/0	▽ 0/0	▽ 0/0	○ 1/0	▽ 0/0	○ 0/0	○ 0/0	○ 0/0
	86	모이세스										
	89	헤 난	▽ 0/0							△ 0/0		
	91	까랑가										

선수자료 : 득점/도움 ○ = 선발출장 △ = 교체 IN ▽ = 교체 OUT ◈ = 교체 IN/OUT C = 경고 S = 퇴장

위치	배번	경기번호	186	191	198	199	207	213	218	225		
		날 짜	09.21	09.25	10.02	10.15	10.23	10.30	11.02	11.06		
		홈/원정	홈	원정	원정	원정	홈	홈	원정	홈		
		장 소	제주W	상주	팔마	전주W	제주W	제주W	문수	제주W		
		상 대	전북	상주	전남	전북	전남	서울	울산	상주		
		결 과	무	승	승	승	승	패	무	승		
		점 수	2 : 2	5 : 1	2 : 0	3 : 2	5 : 3	0 : 2	0 : 0	3 : 0		
		승 점	43	46	49	52	55	55	56	59		
		슈팅수	11 : 11	15 : 16	15 : 9	14 : 19	21 : 11	14 : 9	15 : 8	14 : 6		
GK	1	김호준	○ 0/0	○ 0/0	○ 0/0	○ 0/0	○ 0/0	○ 0/0	○ 0/0			
	21	김경민										
	23	전수현								○ 0/0		
DF	3	김상원								○ 0/0		
	4	오반석			△ 0/0	○ 0/0	○ 0/0	○ 0/0	○ 0/0	○ 0/0		
	5	권한진	○ 0/0	○ 1/1	○ 0/0	○ 0/0	○ 0/0	○ 0/0	△ 0/0	△ 0/0		
	13	정운	○ 0/0	○ 0/0	○ 0/0	○ 0/0	○ 0/0	○ 0/0	○ 0/0			
	15	백동규	○ 0/0	○ 0/0	○ 0/1		△ 0/0		○ 0/0	○ 0/0		
	18	배재우	△ 0/0			△ 0/0			▽ 0/0			
	19	이우진								▽ 1/0		
	20	이광선	○ 1/0	○ 0/0	▽ 0/0	○ 0/1	▽ 0/0	○ 0/0	○ 0/0			
	25	강준우										
	26	곽해성				○ 0/0	○ 1/0	▽ 0/0				
	27	김봉래										
MF	6	김선우								△ 0/0		
	7	권순형		○ 0/1	▽ 0/0	▽ 0/0	▽ 1/0	▽ 0/0	○ 0/0	○ 0/2		
	14	이창민	○ 0/0	○ 0/1	○ 1/1	○ 0/1	○ 1/0	○ 0/0	○ 0/0			
	17	안현범	▽ 0/0	○ 0/1	○ 0/0	▽ 1/1	○ 2/0	○ 0/0	○ 0/0 C	○ 1/0		
	24	문상윤	▽ 0/0					△ 0/0		▽ 0/0		
	28	좌준협								▽ 0/0 C		
	31	권용현										
	37	송진형										
	77	김재성	○ 0/0	△ 0/0	△ 0/0	△ 0/0	△ 0/0					
FW	9	완델손	○ 1/0	▽ 1/1	○ 1/0			△ 0/0				
	10	마르셀로	△ 0/0	▽ 2/0	○ 0/0	▽ 1/0 C	▽ 0/0	▽ 0/0	○ 0/0	○ 0/1		
	11	김호남	△ 0/0	△ 1/0	△ 0/0	△ 1/0	△ 0/1	△ 0/0	△ 0/0	○ 1/0		
	16	정영총										
	18	김현										
	22	이근호	▽ 0/0	▽ 0/0	▽ 0/0	○ 0/0	○ 0/2	○ 0/0	▽ 0/0	△ 0/0		
	86	모이세스										
	89	헤난		△ 0/0								
	91	까랑가										

울산 현대

창단년도_ 1983년
전화_ 052-209-7000
숙소전화_ 052-209-7114
팩스_ 052-202-6145
홈페이지_ www.uhfc.tv
트위터_ twitter.com/@ulsanfc
페이스북_ www.facebook.com/ulsanfc
주소_ 우 44018 울산광역시 동구 봉수로 507(서부동) 현대스포츠클럽
Hyundai Sports Club, 507, Bongsuro(Seobu-dong), Dong-gu, Ulsan, KOREA 44018

연혁

1983	12월 6일 현대 호랑이 축구단 창단(인천/경기 연고)
1984	84 축구대제전 수퍼리그 종합 3위
1985	85 축구대제전 수퍼리그 종합 4위
1986	86 프로축구선수권대회 우승, 86 축구대제전 종합 3위
1987	강원도로 연고지 이전
	87 한국프로축구대회 4위
1988	88 한국프로축구대회 2위
1989	89 한국프로축구대회 6위
1990	울산광역시로 연고지 이전
	90 한국프로축구대회 5위
1991	91 한국프로축구대회 2위
1992	92 한국프로축구대회 3위, 92 아디다스컵 5위
1993	93 한국프로축구대회 3위, 93 아디다스컵 2위
1994	94 하이트배 코리안리그 4위
	94 아디다스컵 5위
1995	95 하이트배 코리안리그 3위(전기 2위, 후기 3위)
	95 아디다스컵 우승
1996	96 라피도컵 프로축구대회 통합우승(전기 우승, 후기 9위)
	96 아디다스컵 4위, 아시안컵 위너스컵 3위
1997	97 라피도컵 프로축구대회 전기리그 우승
	97 아디다스컵 3위, 97 프로스펙스컵 A조 4위
1998	모기업 현대자동차에서 현대중공업으로 이전
	98 아디다스코리아컵 우승
	98 필립모리스코리아컵 8위
	98 현대컵 K-리그 준우승
	제3회 삼보체인지업 FA컵 준우승
1999	99 바이코리아컵 K-리그 6위
	99 대한화재컵 3위
	99 아디다스컵 8강
	제4회 삼보컴퓨터 FA컵 3위
2000	2000 삼성 디지털 K-리그 10위
	2000 대한화재컵 B조 3위
	2000 아디다스컵 8강 6위
2001	2001 포스코 K-리그 6위
	아디다스컵 2001 B조 4위
2002	2002 삼성 파브 K-리그 준우승
	아디다스컵 2002 준우승
2003	삼성 하우젠 K-리그 2003 준우승
	제8회 하나은행 FA컵 3위
2004	삼성 하우젠 K-리그 2004 통합순위 1위(전기 3위, 후기 3위)
	삼성 하우젠컵 2004 5위
2005	삼성 하우젠 K-리그 2005 우승(전기 3위, 후기 3위)
	삼성 하우젠컵 2005 준우승
2006	제7회 삼성 하우젠 수퍼컵 2006 우승(3월 4일)
	A3 챔피언스컵 2006 우승 / AFC 챔피언스리그 공동 3위
2007	삼성 하우젠컵 2007 우승
	삼성 하우젠 K-리그 2007 정규리그 4위
2008	법인설립 (주)울산 현대 축구단
	'울산 현대 호랑이 축구단'에서 '울산 현대 축구단'으로 구단명칭 변경
	삼성 하우젠컵 2008 B조 3위
	삼성 하우젠 K-리그 2008 플레이오프 최종 3위(정규리그 4위)
2009	'(주)울산 현대 축구단'에서 '(주)현대중공업 스포츠'로 법인 변경
	아시아축구연맹 챔피언스리그 E조 3위
	피스컵 코리아 2009 4강
	2009 K-리그 8위
2010	포스코컵 2010 8강
	쏘나타 K리그 2010 플레이오프 최종 5위(정규리그 4위)
2011	제16회 하나은행 FA컵 4강
	러시앤캐시컵 2011 우승, 득점왕(김신욱), 도움왕(최재수) 배출
	현대오일뱅크 K리그 2011 6위
	현대오일뱅크 K리그 2011 챔피언십 준우승
	K리그 통산 최초 400승 달성(7월 16일 강원전, 강릉종합운동장)
	곽태휘 · 김영광 2011 K리그 대상 베스트 11 선정
2012	제17회 하나은행 FA컵 4강
	현대오일뱅크 K리그 2012 5위
	2012 K리그 대상 페어플레이상 수상, 이근호 · 곽태휘 베스트 11 선정
	김호곤 감독 통산 100승 달성(8월 8일 성남일화전, 탄천종합운동장)
	AFC 챔피언스리그 2012 우승(10승 2무) / 페어플레이상 / MVP(이근호)
	AFC 올해의 클럽상 / 올해의 감독상(김호곤) / 올해의 선수상(이근호)
	FIFA 클럽 월드컵 6위
2013	현대오일뱅크 K리그 클래식 2013 준우승
	김신욱 · 김치곤 · 김승규 · 이용, 2013 K리그 대상 베스트 11 선정
	김신욱, 2013 K리그 대상 MVP, 아디다스 올인 팬타스틱 플레이어 선정
2014	현대오일뱅크 K리그 클래식 2014 6위
2015	제20회 KEB하나은행 FA컵 4강
	2015 K리그 대상 김신욱(득점상) / 유소년 클럽상
2016	현대오일뱅크 K리그 클래식 2016 4위
	제21회 KEB하나은행 FA컵 4강
	K리그 최다 488승 기록 중

울산 현대 2016년 선수명단

대표이사_ 김광국 사무국장_ 김현희
감독_ 윤정환 수석코치_ 이민성 코치_ 김도균 코치_ 이성재 피지컬코치_ 토모 GK코치_ 권찬수 주무_ 장민기
주치의_ 염윤석 트레이너_ 안덕수·송영식·정성덕 통역_ 박용수·신향 기술이사_ 신현호 전력분석관_ 사토시

포지션	선수명		생년월일	출신교	키(cm) / 몸무게(kg)
GK	김 용 대	金 龍 大	1979.10.11	연세대	189 / 82
	정 산	鄭 山	1989.02.10	경희대	190/83
	장 대 희	張 大 熙	1994.04.19	중앙대	187/75
	정 현 철	鄭 鉉 澈	1993.05.25	명지대	188/80
DF	정 동 호	鄭 東 浩	1990.03.07	부경고	174/68
	정 승 현	鄭 昇 炫	1994.04.03	연세대	188/74
	이 명 재	李 明 載	1993.11.04	홍익대	182/68
	이 재 성	李 宰 誠	1988.07.05	고려대	187/75
	김 치 곤	金 致 坤	1983.07.29	동래고	183/76
	장 순 혁	張 淳 赫	1993.04.16	중원대	188/74
	유 동 곤	兪 東 坤	1992.12.18	고려대	187/74
	셀 리 오	Ferreira dos Santos	1987.07.20	브라질*	189/88
	이 기 제	李 基 濟	1991.07.09	동국대	176/68
	김 영 삼	金 英 三	1982.04.04	고려대	174/71
	박 지 우	朴 智 佑	1993.11.23	숭실대	183/79
	강 민 수	姜 敏 壽	1986.02.14	고양고	186/76
	이 용	李 鎔	1986.12.24	중앙대	180/74
MF	구 본 상	具 本 想	1989.10.04	명지대	179/70
	이 창 용	李 昌 勇	1990.08.27	용인대	180/75
	마 스 다	Masuda Chikashi	1985.06.19	*일본	179/75
	하 성 민	河 成 敏	1987.06.13	부평고	184/78
	김 태 환	金 太 煥	1989.07.24	울산대	180/72
	김 건 웅	金 健 雄	1997.08.29	현대고	188/81
	정 재 용	鄭 宰 溶	1990.09.14	고려대	188/80
	설 태 수	薛 泰 洙	1995.02.06	울산대	172/63
	코 바	Kovacec Ivan	1988.06.27	*크로아티아	188/84
	김 성 환	金 城 煥	1986.12.15	동아대	184/78
	베르나르도	Bernardo Vieira de Souza	1990.05.20	*브라질	177/76
FW	김 인 성	金 仁 成	1989.09.09	성균관대	180/74
	박 성 호	朴 成 鎬	1982.07.27	부평고	193/83
	멘 디	Mendy Frederic	1988.09.18	*프랑스	193/82
	서 명 원	徐 明 原	1995.04.19	신평고	179/70
	이 정 협	李 廷 記	1991.06.24	숭실대	185/75
	김 승 준	金 承 俊	1994.09.11	숭실대	180/70
	한 상 운	韓 相 云	1986.05.03	단국대	182/76
	김 민 규	金 民 奎	1993.10.18	단국대	184/75
	전 원 석	全 原 奭	1993.10.21	광주남부대	182/65

울산 현대 2016년 개인기록 _ K리그 클래식

위치	배번	경기번호	06	10	18	20	30	36	39	46	49	57
		날 짜	03.13	03.20	04.03	04.09	04.13	04.17	04.24	05.01	05.05	05.14
		홈/원정	원정	홈	홈	원정	원정	홈	홈	원정	홈	홈
		장 소	상주	문수	문수	광주W	수원	문수	문수	인천	문수	문수
		상 대	상주	전북	전남	광주	수원FC	제주	서울	인천	성남	포항
		결 과	패	무	승	승	무	패	패	승	패	무
		점 수	0 : 2	0 : 0	2 : 1	2 : 0	1 : 1	0 : 1	1 : 2	1 : 0	0 : 3	0 : 0
		승 점	0	1	4	7	8	8	8	11	11	12
		슈팅수	4 : 10	16 : 13	19 : 13	9 : 6	12 : 16	10 : 12	18 : 15	5 : 10	17 : 11	14 : 13
GK	1	김용대	○ 0/0	○ 0/0	○ 0/0	○ 0/0	○ 0/0	○ 0/0		○ 0/0 C	○ 0/0	○ 0/0
	21	정 산										
	31	장대희							○ 0/0			
DF	2	정동호	△ 0/0									△ 0/0
	3	정승현	△ 0/0		△ 0/0 S				△ 0/0	○ 0/0	○ 0/0	○ 0/0 C
	11	김태환	○ 0/0	○ 0/0	○ 0/0	○ 0/0	○ 0/0	○ 0/0	○ 0/0 C	○ 0/0	○ 0/0	○ 0/0
	13	이명재						▽ 0/0				
	15	이재성										○ 0/0
	22	김치곤	○ 0/0	○ 0/0	○ 0/0	○ 1/0	○ 0/0	▽ 0/0	▽ 1/0			
	29	셀리오										
	33	이기제	▽ 0/0	○ 0/0 C	○ 0/0	○ 0/0	○ 0/0	△ 0/0	○ 0/0	○ 0/0	○ 0/0	○ 0/0
	34	김영삼										
	75	강민수	○ 0/0	○ 0/0	○ 0/0	○ 0/0	○ 0/0	○ 0/0 C	○ 0/0	○ 0/0	▽ 0/0	
	99	이 용										
MF	4	구본상	○ 0/0	▽ 0/0	○ 0/0	▽ 0/0	○ 0/0	○ 0/0	○ 0/0 C	○ 0/0	▽ 0/0	△ 0/0
	5	이창용		△ 0/0	△ 0/0		△ 0/0	○ 0/0 C	△ 0/0		△ 0/0	△ 0/0
	6	마스다	○ 0/0	○ 0/0	○ 0/0 C	○ 0/0	▽ 0/0		○ 0/0	○ 0/0	○ 0/0 C	○ 0/0
	8	하성민		△ 0/0	△ 0/0	△ 0/0		△ 0/0			△ 0/0	▽ 0/0 C
	14	서명원										
	16	김건웅								△ 0/0		
	17	정재용										
	20	한상운		▽ 0/0	▽ 0/1	○ 0/0	○ 0/0	○ 0/0 C	▽ 0/0			
	44	코 바	▽ 0/0	○ 0/0	○ 2/0 C	○ 0/1 C	○ 0/0	○ 0/0	○ 0/0	○ 0/1	▽ 0/0	○ 0/0
	88	김성환										
FW	7	김인성	▽ 0/0					▽ 0/0	△ 0/0	△ 0/0		
	9	박성호				△ 0/0	△ 0/0	○ 0/0		△ 0/0	△ 0/0	○ 0/0
	9	서정진	○ 0/0	△ 0/0		△ 0/0	△ 0/0			▽ 0/0	○ 0/0	
	10	멘 디										
	18	이정협	○ 0/0	○ 0/0	▽ 0/0	▽ 1/0	▽ 0/0		▽ 0/0 C	▽ 0/0	○ 0/0	▽ 0/0
	19	김승준	△ 0/0	▽ 0/0	▽ 0/0	▽ 0/0	▽ 1/0	△ 0/0	○ 0/0	▽ 1/0	○ 0/0	▽ 0/0

선수자료 : 득점/도움 ○ = 선발출장 △ = 교체 IN ▽ = 교체 OUT ◈ = 교체 IN/OUT C = 경고 S = 퇴장

위치	배번	경기번호	62	68	73	80	88	94	98	103	111	115
		날 짜	05.21	05.28	06.11	06.15	06.19	06.26	06.29	07.02	07.09	07.16
		홈/원정	원정	원정	홈	원정	홈	원정	원정	홈	원정	홈
		장 소	수원W	제주W	문수	광양	문수	탄천	포항	문수	서울W	문수
		상 대	수원	제주	상주	전남	수원FC	성남	포항	수원	서울	광주
		결 과	승	승	승	패	승	승	패	승	무	승
		점 수	4 : 2	2 : 1	1 : 0	1 : 3	1 : 0	1 : 0	0 : 4	2 : 1	0 : 0	3 : 2
		승 점	15	18	21	21	24	27	27	30	31	34
		슈팅수	13 : 12	16 : 24	5 : 17	9 : 9	10 : 14	16 : 8	10 : 7	12 : 9	8 : 10	10 : 20
GK	1	김 용 대	○ 0/0	○ 0/0	○ 0/0	○ 0/0	○ 0/0	○ 0/0	○ 0/0	○ 0/0		
	21	정 산									○ 0/0	○ 0/0 C
	31	장 대 희										
DF	2	정 동 호	▽ 0/0	○ 0/0	○ 0/0	△ 0/0	▽ 0/0	○ 0/0	○ 0/0	○ 0/0	○ 0/0	○ 0/0
	3	정 승 현	○ 1/0	○ 0/0	○ 0/0		○ 0/0	○ 0/0 C		○ 0/0 C		○ 0/0
	11	김 태 환	▽ 0/1	▽ 1/0	○ 0/0	○ 0/0	○ 1/0	○ 1/0		▽ 0/0	○ 0/0	▽ 0/0
	13	이 명 재				○ 0/1		△ 0/0	▽ 0/0	○ 0/0		
	15	이 재 성	○ 0/0 C	○ 0/0	○ 0/0		○ 0/0	○ 0/0		○ 1/0	○ 0/0	○ 1/0
	22	김 치 곤				○ 0/0			○ 0/0			
	29	셀 리 오										
	33	이 기 제	○ 0/0	○ 0/0	○ 0/0	△ 0/0	○ 0/0 C	○ 0/0	○ 0/0 C		○ 0/0	○ 0/0
	34	김 영 삼										
	75	강 민 수	△ 0/0	△ 0/0	△ 0/0	○ 0/0			○ 0/0		○ 0/0	△ 0/0
	99	이 용										
MF	4	구 본 상	○ 0/0	△ 0/0	△ 0/0	▽ 0/0						
	5	이 창 용			△ 0/0	○ 0/0	△ 0/0	△ 0/0	○ 0/0			
	6	마 스 다	△ 0/0	○ 0/0	○ 0/0	△ 0/0	○ 0/0	○ 0/0	△ 0/0	○ 0/0	○ 0/0	△ 0/0
	8	하 성 민	○ 0/0	○ 0/0 C	▽ 1/0 C		▽ 0/0	△ 0/0	○ 0/0	▽ 0/0	▽ 0/0 C	▽ 0/0
	14	서 명 원										
	16	김 건 웅					△ 0/0	○ 0/0		△ 0/0	△ 0/0	○ 0/0 C
	17	정 재 용										
	20	한 상 운			▽ 0/0						△ 0/0	○ 1/1
	44	코 바	○ 2/1	○ 0/1	○ 0/0	▽ 0/0	○ 0/0	▽ 0/0	△ 0/0	○ 0/2	○ 0/0	
	88	김 성 환										
FW	7	김 인 성	△ 0/0	△ 0/0			△ 0/0		○ 0/0	△ 0/0		△ 0/0
	9	박 성 호				○ 1/0			▽ 0/0 C			
	9	서 정 진				▽ 0/0		▽ 0/0 C	▽ 0/0			
	10	멘 디								△ 1/0	△ 0/0	○ 0/0 C
	18	이 정 협	▽ 0/1	▽ 1/0	▽ 0/0 C		▽ 0/0	▽ 0/0	△ 0/0	○ 0/0	▽ 0/0	
	19	김 승 준	○ 1/0	▽ 0/1		○ 0/0	○ 0/0			▽ 0/0	▽ 0/0	▽ 1/1

위치	배번	경기번호	123	130	134	160	143	150	152	164	189	173
		날 짜	07.20	07.24	07.30	08.03	08.10	08.14	08.17	08.27	09.03	09.11
		홈/원정	홈	원정	홈	원정	원정	원정	홈	홈	원정	원정
		장 소	문수	전주W	문수	전주W	수원W	수원	문수	문수	서울W	제주W
		상 대	인천	전북	전남	전북	수원	수원FC	상주	광주	서울	제주
		결 과	패	패	패	무	무	승	패	무	무	무
		점 수	1 : 3	1 : 2	0 : 2	1 : 1	0 : 0	2 : 1	2 : 3	1 : 1	2 : 2	1 : 1
		승 점	34	34	34	35	36	39	39	40	41	42
		슈팅수	17 : 13	7 : 20	14 : 11	9 : 14	9 : 12	9 : 23	8 : 16	12 : 12	10 : 11	15 : 12
GK	1	김용대										○ 0/0
	21	정 산	○ 0/0			○ 0/1	○ 0/0	○ 0/0	○ 0/0	○ 0/0	○ 0/0	
	31	장대희		○ 0/0	○ 0/0							
DF	2	정동호	○ 0/0	▽ 0/0	○ 0/0	○ 0/0	○ 0/0	○ 0/1	○ 0/0	○ 0/0 C	○ 0/0	○ 0/1
	3	정승현								▽ 0/0	○ 0/0	
	11	김태환	○ 0/0	○ 0/0	▽ 0/0	○ 0/0	○ 0/0 C	○ 0/0	○ 0/1	○ 1/0	▽ 0/0	○ 0/0
	13	이명재										
	15	이재성	▽ 0/0		○ 0/0	○ 0/0	○ 0/0 C	○ 0/0	○ 0/0	○ 0/0	○ 0/0	○ 0/0
	22	김치곤	△ 0/0	▽ 0/0								
	29	셀리오			△ 0/0	○ 0/0 C	○ 0/0	○ 0/0 CC		△ 0/0		○ 0/0 C
	33	이기제	○ 0/1	○ 0/0	○ 0/0 C	○ 0/0		○ 0/0 C	○ 0/1	○ 0/0	○ 0/0	○ 0/0
	34	김영삼										
	75	강민수	○ 0/0	○ 0/0 C	○ 0/0		○ 0/0	△ 0/0	○ 0/0			
	99	이 용										
MF	4	구본상										
	5	이창용		△ 0/0		△ 0/0		△ 0/0		△ 0/0		
	6	마스다	○ 0/0	○ 0/0	○ 0/0	○ 0/0 C		○ 0/0		○ 0/0	○ 0/1	○ 0/0 C
	8	하성민		○ 0/0		○ 0/0	▽ 0/0		○ 0/0		○ 0/0 S	
	14	서명원			△ 0/0 C	△ 0/0	△ 0/0				△ 0/0	△ 0/0
	16	김건웅	○ 0/0		○ 0/0 C		△ 0/0		▽ 0/0	△ 0/0		△ 0/0
	17	정재용					○ 0/0	○ 0/0	△ 0/0	○ 0/0	△ 0/1	▽ 0/0 C
	20	한상운	▽ 0/0	○ 0/0 C			▽ 0/0	▽ 0/0	▽ 0/0	▽ 0/0	○ 0/0 C	
	44	코 바	△ 0/0	○ 0/0	△ 0/0	▽ 0/0	▽ 0/0	▽ 2/0	▽ 0/0	▽ 0/0	▽ 1/0	○ 0/0
	88	김성환										
FW	7	김인성		◈ 1/0								
	9	박성호										
	9	서정진										
	10	멘 디	○ 0/0	○ 0/1	○ 0/0	○ 1/0 C	○ 0/0	▽ 0/0	○ 1/0	○ 0/0 C		△ 1/0
	18	이정협	△ 1/0		▽ 0/0	▽ 0/0 C		△ 0/0	△ 0/0		▽ 0/0 C	▽ 0/0
	19	김승준	▽ 0/0	△ 0/0	▽ 0/0		△ 0/0		△ 1/0		△ 1/0	▽ 0/0

선수자료 : 득점/도움 ○ = 선발출장 △ = 교체 IN ▽ = 교체 OUT ◈ = 교체 IN/OUT C = 경고 S = 퇴장

위치	배번	경기번호	178	184	195	200	206	212	218	224		
		날 짜	09.18	09.21	10.02	10.15	10.22	10.30	11.02	11.06		
		홈/원정	홈	홈	홈	원정	홈	원정	홈	원정		
		장 소	문수	문수	문수	서울W	문수	상주	문수	팔마		
		상 대	포항	성남	인천	서울	전북	상주	제주	전남		
		결 과	승	승	패	패	무	승	무	무		
		점 수	1 : 0	2 : 1	2 : 3	0 : 2	0 : 0	2 : 1	0 : 0	1 : 1		
		승 점	45	48	48	48	49	52	53	54		
		슈팅수	16 : 9	19 : 15	10 : 13	14 : 12	9 : 13	7 : 14	8 : 15	7 : 20		
GK	1	김용대	○ 0/0	○ 0/0	○ 0/0		○ 0/0	○ 0/0	○ 0/0			
	21	정 산				○ 0/0 C				○ 0/0		
	31	장대희										
DF	2	정동호	○ 0/0 C	○ 0/0	○ 0/0	○ 0/0	○ 0/0	○ 0/0	○ 0/0 C			
	3	정승현				○ 0/0 C	○ 0/0	○ 0/0 C		○ 0/0 C		
	11	김태환	▽ 0/0	○ 0/0	▽ 0/0		○ 0/0	○ 0/1	△ 0/0	○ 0/0		
	13	이명재										
	15	이재성	○ 0/0	○ 0/0	○ 0/0	○ 0/0	▽ 0/0	○ 0/0	○ 0/0 C			
	22	김치곤					△ 0/0			△ 0/0		
	29	셀리오	○ 0/0	○ 1/0	○ 0/0	▽ 0/0						
	33	이기제	○ 0/0		○ 0/0	△ 0/0	○ 0/0	○ 0/0	▽ 0/0	○ 0/0 C		
	34	김영삼							△ 0/0			
	75	강민수	△ 0/0					△ 0/0	○ 0/0	○ 0/0		
	99	이 용		○ 0/1								
MF	4	구본상										
	5	이창용										
	6	마스다	○ 0/0 C		○ 0/0		○ 0/0		○ 0/0	△ 0/0		
	8	하성민		▽ 0/0		○ 0/0 C		▽ 1/0		○ 0/0		
	14	서명원	△ 0/0	△ 0/0	△ 0/0	△ 0/0 C			▽ 0/0 C			
	16	김건웅										
	17	정재용	○ 0/0 C					△ 0/0	○ 0/0	▽ 0/0 C		
	20	한상운	▽ 0/0	▽ 0/0	▽ 0/1		○ 0/0	▽ 0/1		○ 0/0		
	44	코 바	△ 0/1	△ 0/1	△ 0/1	▽ 0/0	▽ 0/0		△ 0/0	▽ 0/0		
	88	김성환		○ 0/0	○ 0/0 C	○ 0/0 C	○ 0/0	○ 0/0	○ 0/0 C			
FW	7	김인성				△ 0/0	△ 0/0	△ 0/0	▽ 0/0	△ 0/0		
	9	박성호										
	9	서정진										
	10	멘 디	○ 1/0	○ 0/0	○ 1/0	○ 0/0	△ 0/0		○ 0/0			
	18	이정협		△ 1/0	△ 0/0	○ 0/0	▽ 0/0	▽ 0/0		▽ 0/0		
	19	김승준	▽ 0/0 C	▽ 0/0	▽ 1/0	▽ 0/0		○ 1/0		○ 0/0		

전남 드래곤즈

창단년도_ 1994년
전화_ 061-815-0114
팩스_ 061-815-0119
홈페이지_ www.dragons.co.kr
주소_ 우 57807 전라남도 광양시 백운로 1641 광양축구전용구장 내
1641 Baegun-ro, Gwangyang-si, Jeonnam, KOREA 57807

연혁

1994 (주)전남 프로축구 설립(11월 1일)
전남 드래곤즈 프로축구단 창단(12월 16일)
(사장: 한경식, 단장: 서정복, 감독: 정병탁)
1995 95 하이트배 코리안리그 전기 6위, 후기 5위
1996 제2대 단장 및 감독 이취임식(단장: 조병옥 감독: 허정무)
96 라피도컵 프로축구대회 전기 6위, 후기 6위
1997 제2대 사장 및 3대 단장 이취임식(사장: 박종태, 단장: 김영석)
97 아디다스컵 준우승, 페어플레이상
97 라피도컵 프로축구대회 준우승
제2회 FA컵 우승, 페어플레이상
1998 제3회 삼보체인지 FA컵 3위
제3대 감독 취임(감독: 이회택)
1999 제9회 아시안컵 위너스컵 준우승
바이코리아컵 K-리그 3위
제3대 사장 취임(사장: 한경식)
프로축구 올해의 페어플레이팀
2000 대한화재컵 준우승
아디다스컵 공동 3위
2001 2001 포스코 K-리그 8위
제4대 사장, 단장 취임(사장: 김문순, 단장: 서정복)
2002 삼성 파브 K-리그 5위
2003 삼성 하우젠 K-리그 4위
제8회 하나은행 FA컵 준우승, 페어플레이상
대한민국 최초 클럽시스템 도입
U-15 광양제철중학교 전국대회 2관왕
U-12 광양제철남초등학교 동원컵 왕중왕전 우승
2004 제4대 감독 취임(감독: 이장수)
제1회 통영컵 대회 우승
제5대 사장, 단장 취임(사장: 박성주, 단장: 김종대)
삼성 하우젠 K-리그 3위
2005 제5대 감독 취임(감독: 허정무)
J리그 오이타 트리니타와 자매결연(8월 4일)
삼성 하우젠 K-리그 11위
11월 6일 창단멤버 김태영 통산 250경기 출장 뒤 은퇴
제10회 하나은행 FA컵 3위
2006 제6대 사장 취임(사장: 공윤찬)
삼성 하우젠 K-리그 6위 제11회 하나은행 FA컵 우승
올해의 프로축구대상 특별상 팀 통산 500득점 달성
2007 제7대 사장 취임(사장: 이건수)
제12회 하나은행 FA컵 우승(사상 최초 2연패)
삼성 하우젠 K-리그 10위 AFC 챔피언스리그 출전
팀 통산 홈 구장 100승 달성
허정무 감독 국가대표 감독 선임
2008 제6대 감독 취임(감독: 박항서)
제6대 단장 취임(단장: 김영훈)
AFC 챔피언스리그 출전 삼성 하우젠 K-리그 9위
삼성 하우젠컵 준우승
2009 2009 K-리그 4위
2010 쏘나타 K리그 10위 2010 하나은행 FA컵 3위
지동원, 윤석영 2010 광저우아시안게임 동메달
제7대 감독 취임(감독: 정해성)
2011 제8대 사장 취임(사장: 유종호)
현대오일뱅크 K리그 2011 7위
팀 통산 200승 달성 팀 통산 700골 달성(지동원)
유스 출신 지동원 잉글랜드 프리미어리그 선더랜드 이적
2012 윤석영 2012 런던 올림픽 동메달
제8대 감독 취임(감독: 하석주/ 08.16)
감사나눔운동 시작 현대오일뱅크 K리그 2012 11위
2013 유스 출신 윤석영 잉글랜드 프리미어리그 QPR 이적
제9대 사장 취임(사장: 박세연 / 8월)
현대오일뱅크 K리그 클래식 2013 10위
팀 통산 800호골 달성(임경현)
2014 현대오일뱅크 K리그 클래식 2014 7위
제9대 감독 취임(감독: 노상래 / 11.29)
2015 현대오일뱅크 K리그 클래식 2015 9위
제20회 KEB하나은행 FA컵 4강
2015 광양제철고 전국대회 2연패
(K리그 U-18 챔피언십 우승, 백운기 전구고교축구대회 우승)
광양제철중 제51회 춘계중등연맹전 우승
광양제철남초 제주칠십리배 우승
2015 광양제철고 전국대회 2연패
(K리그 U-18 챔피언십 우승, 백운기 전국고교축구대회 우승)
2016 현대오일뱅크 K리그 클래식 2016 5위
K리그 대상 사회공헌상 수상
화랑대기 전국 유소년 축구대회 우승(광양제철남초)
제52회 추계중등 축구연맹전 우승(광양제철중)

전남 드래곤즈 2016년 선수명단

대표이사_ 박세연 사무국장_ 백형군
감독_ 송경섭 수석코치_ 노상래 코치_ 김효일 GK코치_ 이광석 의무트레이너_ 강훈·남기원 분석관_ 심기웅
장비사_ 김현중 통역관_ 김재방 주무_ 유기남

포지션	성명		생년월일	출신교	키(cm) / 몸무게(kg)
GK	김 민 식	金 敏 植	1985.10.29	호남대	187 / 84
	이 호 승	李 昊 乘	1989.12.21	동국대	188 / 80
	한 유 성	韓 侑 成	1991.06.09	경희대	190 / 75
	김 교 빈	金 敎 彬	1987.12.29	광운대	193 / 75
DF	최 효 진	崔 孝 鎭	1983.08.18	아주대	172 / 70
	이 슬 찬	李 슬 찬	1993.08.15	전남유소년(광양제철고)	169 / 65
	홍 진 기	洪 眞 基	1990.10.20	홍익대	182 / 82
	고 태 원	高 兌 沅	1993.05.10	호남대	181 / 80
	현 영 민	玄 泳 民	1979.12.25	건국대	179 / 73
	방 대 종	方 大 鍾	1985.01.28	전남유소년(광양제철고)	184 / 80
	이 지 남	李 志 南	1984.11.21	안양공고	184 / 75
	이 지 민	李 智 玟	1993.09.04	아주대	171 / 65
	김 경 재	金 徑 載	1993.07.24	아주대	183 / 73
	토 미	Tomislav Mrcela	1990.10.01	*호주	195 / 88
MF	유고비치	Vedran Jugovic	1989.07.31	*크로아티아	178 / 69
	김 영 욱	金 泳 旭	1991.04.29	전남유소년(광양제철고)	177 / 70
	한 찬 희	韓 贊 熙	1997.03.17	전남유소년(광양제철고)	181 / 75
	양 준 아	梁 準 我	1989.06.13	고려대	188 / 81
	전 우 영	全 旴 營	1987.12.27	광운대	181 / 76
	한 지 원	韓 知 圓	1994.04.09	건국대	181 / 80
	오 영 준	吳 泳 俊	1993.01.16	전남유소년(광양제철고)	178 / 72
	송 창 호	宋 昌 鎬	1986.02.20	동아대	180 / 76
FW	마우링요	Job Pontes Junior Mauro	1989.12.10	*브라질	176 / 76
	조 석 재	趙 錫 宰	1993.03.24	건국대	181 / 80
	자 일	Britto da Silva Jair Eduardo	1988.06.10	*브라질	179 / 72
	안 용 우	安 庸 佑	1991.08.10	동의대	176 / 69
	배 천 석	裵 千 奭	1990.04.27	숭실대	187 / 78
	허 용 준	許 熔 埈	1993.01.08	전남유소년(광양제철고)	184 / 75
	박 기 동	朴 基 棟	1988.11.01	숭실대	191 / 83
	박 준 태	朴 俊 泰	1989.12.02	고려대	172 / 63

전남 드래곤즈 2016년 개인기록 _ K리그 클래식

위치	배번	경기번호	04	12	18	22	26	35	42	47	50	60
		날 짜	03.13	03.20	04.03	04.10	04.13	04.17	04.24	05.01	05.05	05.15
		홈/원정	홈	원정	원정	홈	원정	홈	원정	홈	원정	원정
		장 소	광양	수원W	문수	광양	탄천	광양	포항	광양	인천	제주W
		상 대	수원FC	수원	울산	서울	성남	광주	포항	상주	인천	제주
		결 과	무	무	패	패	무	패	승	패	무	패
		점 수	0 : 0	2 : 2	1 : 2	1 : 2	0 : 0	1 : 2	1 : 0	3 : 4	0 : 0	0 : 3
		승 점	1	2	2	2	3	3	6	6	7	7
		슈팅수	9 : 17	6 : 7	13 : 19	7 : 12	19 : 12	13 : 6	9 : 2	11 : 16	3 : 9	14 : 20
GK	1	김민식	○ 0/0	○ 0/0		○ 0/0			○ 0/0	○ 0/0	○ 0/0	○ 0/0
	21	이호승			○ 0/0		○ 0/0	○ 0/0				
	27	한유성										
	29	김교빈										
DF	2	최효진	○ 0/0 C	○ 0/0		○ 0/0	○ 0/0	▽ 0/0	○ 0/0	○ 0/1 C		○ 0/0
	3	이슬찬			△ 0/0			△ 0/0	▽ 0/0 C	△ 0/0	○ 0/0	○ 0/0
	4	홍진기	△ 0/0	○ 0/0	○ 0/0	▽ 0/0					△ 0/0	
	5	고태원		△ 0/0		△ 0/0	○ 0/0	○ 0/0	○ 0/0	○ 0/0 C	○ 0/0	○ 0/0 C
	13	현영민	○ 0/0 C	○ 0/1		○ 0/0			○ 0/0	○ 0/0	▽ 0/0	▽ 0/0
	15	방대종			▽ 0/0	○ 0/0						
	17	이지남	○ 0/0		○ 0/0	○ 0/0	○ 0/0	○ 0/0	○ 0/0	○ 0/0	○ 0/0 C	○ 0/0
	19	이지민	△ 0/0		△ 0/0		○ 0/0 C	○ 0/0	▽ 0/0	△ 0/0		
	24	김경재										
	28	토미										
MF	6	정석민			▽ 0/0		▽ 0/0	▽ 0/0 C	○ 0/0		▽ 0/0 C	▽ 0/0
	8	유고비치	▽ 0/0	△ 1/0		○ 0/1 C		○ 0/0	○ 0/1	▽ 1/0	○ 0/0	○ 0/0
	12	김평래	○ 0/0	○ 0/0	○ 0/0					○ 0/0	▽ 0/0	
	14	김영욱			○ 0/0	○ 0/0	○ 0/0 C	○ 0/0 C	△ 0/0		△ 0/0	△ 0/0
	16	한찬희					△ 0/0				△ 0/0	
	20	양준아	○ 0/0	▽ 0/0						○ 0/0 CC		○ 0/0
	22	전우영	○ 0/0 C	▽ 0/0								
	25	한지원										
	26	오영준					△ 0/0					
	86	송창호										
FW	7	오르샤	▽ 0/0	○ 1/1	○ 0/1	○ 0/0	○ 0/0	○ 1/0	○ 1/0 C	▽ 0/0	○ 0/0	○ 0/0
	7	마우링요										
	9	조석재			▽ 1/0 C	▽ 0/0		△ 0/0				△ 0/0
	10	스테보	▽ 0/0	○ 0/0	○ 0/0	△ 0/0	○ 0/0	○ 0/0	△ 0/0 C	○ 2/0	○ 0/0	▽ 0/0
	10	자일										
	11	안용우	△ 0/0	▽ 0/0		▽ 0/0	▽ 0/0 C	▽ 0/0		▽ 0/0		
	18	배천석		△ 0/0	△ 0/0	△ 1/0	△ 0/0	△ 0/0 C	▽ 0/0			△ 0/0
	23	허용준	○ 0/0 C	○ 0/0 C	○ 0/0 C		▽ 0/0		△ 0/0	△ 0/0	○ 0/0	
	88	박기동										
	89	박준태										

선수자료 : 득점/도움 ○ = 선발출장 △ = 교체 IN ▽ = 교체 OUT ◈ = 교체 IN/OUT C = 경고 S = 퇴장

위치	배번	경기번호	63	71	77	80	89	93	97	105	110	117
		날 짜	05.21	05.29	06.12	06.15	06.19	06.25	06.29	07.02	07.09	07.16
		홈/원정	홈	원정	홈	홈	원정	홈	원정	홈	홈	원정
		장 소	팔마	서울W	광양	광양	상주	광양	전주W	광양	광양	수원
		상 대	전북	서울	포항	울산	상주	인천	전북	성남	제주	수원FC
		결 과	패	무	무	승	패	승	패	패	승	승
		점 수	1 : 2	1 : 1	0 : 0	3 : 1	2 : 3	1 : 0	1 : 2	0 : 1	2 : 1	2 : 1
		승 점	7	8	9	12	12	15	15	15	18	21
		슈팅수	6 : 15	10 : 14	17 : 5	9 : 9	7 : 11	13 : 14	6 : 17	12 : 12	9 : 9	16 : 15
GK	1	김 민 식										
	21	이 호 승	○ 0/0	○ 0/0	○ 0/0	○ 0/0	○ 0/0	○ 0/0	○ 0/0	○ 0/0	○ 0/0	○ 0/0
	27	한 유 성										
	29	김 교 빈										
DF	2	최 효 진			○ 0/0	○ 0/0	○ 0/0	○ 0/0 CC		○ 0/0	○ 0/0 C	
	3	이 슬 찬	○ 0/0 C	○ 0/0				△ 0/0	○ 0/1			○ 0/0 C
	4	홍 진 기		△ 0/0								
	5	고 태 원	○ 0/0	○ 0/0	○ 0/0 C		△ 0/0	○ 0/0	○ 0/0	○ 0/0 C	○ 0/0	○ 0/0
	13	현 영 민		△ 0/0		○ 0/0	○ 0/0	○ 0/0		▽ 0/0	○ 0/0	▽ 0/0
	15	방 대 종				○ 0/0	○ 0/0	○ 0/0 C	▽ 0/0	▽ 0/0		
	17	이 지 남	○ 0/0	▽ 0/0	▽ 0/0 C	○ 0/0	▽ 0/0 C		▽ 0/0 C		○ 0/0	○ 0/0
	19	이 지 민	○ 0/0	○ 0/0	○ 0/0				○ 1/0 C	○ 0/0		
	24	김 경 재						△ 0/0	△ 0/0			
	28	토 미								△ 0/0	○ 0/0	○ 0/0
MF	6	정 석 민										
	8	유고비치	○ 0/0	▽ 0/0	▽ 0/0	△ 0/0	△ 0/0	▽ 0/0		○ 0/0	▽ 0/0 C	△ 0/0
	12	김 평 래	○ 0/0 C	○ 0/0	△ 0/0	△ 0/0		○ 0/0	○ 0/0	△ 0/0		
	14	김 영 욱	▽ 1/0	○ 0/0	○ 0/0	▽ 0/0	○ 0/0 C		○ 0/0 C	▽ 0/0	○ 1/0	○ 0/0
	16	한 찬 희		△ 0/0	○ 0/0	○ 0/0	▽ 0/0	△ 0/0	○ 0/0	△ 0/0	○ 0/0	▽ 0/0
	20	양 준 아	▽ 0/0	○ 0/0 C	○ 0/0	○ 1/0 C	○ 1/0	○ 0/0 CC		○ 0/0		
	22	전 우 영							▽ 0/0			
	25	한 지 원										
	26	오 영 준										
	86	송 창 호										
FW	7	오 르 샤	○ 0/0	○ 0/0	○ 0/0	○ 1/1	○ 0/1	▽ 1/0				
	7	마우링요										
	9	조 석 재		▽ 0/0							▽ 0/0	▽ 0/0
	10	스 테 보	△ 0/0		△ 0/0	△ 0/0	△ 0/0					
	10	자 일									△ 1/0	○ 0/2
	11	안 용 우	▽ 0/0		▽ 0/0	▽ 0/0	▽ 1/0	▽ 0/0	△ 0/0	○ 0/0	△ 0/0	○ 0/0
	18	배 천 석	△ 0/0		△ 0/0	▽ 0/0	○ 0/1	○ 0/0	△ 0/0	○ 0/0	▽ 0/0	△ 1/0
	23	허 용 준	△ 0/0						○ 0/0		△ 0/1	△ 1/0
	88	박 기 동										
	89	박 준 태										

위치	배번	경기번호	122	129	134	142	145	151	158	167	170	177
		날 짜	07.20	07.23	07.30	08.10	08.13	08.17	08.20	08.28	09.10	09.17
		홈/원정	원정	홈	원정	원정	홈	홈	원정	홈	원정	홈
		장 소	광주W	광양	문수	탄천	광양	광양	수원W	광양	전주W	광양
		상 대	광주	수원	울산	성남	인천	서울	수원	포항	전북	광주
		결 과	무	승	승	패	승	패	무	승	무	승
		점 수	0 : 0	3 : 0	2 : 0	0 : 2	2 : 1	1 : 4	1 : 1	2 : 1	2 : 2	2 : 0
		승 점	22	25	28	28	31	31	32	35	36	39
		슈팅수	10 : 6	8 : 15	11 : 14	25 : 16	16 : 12	15 : 11	9 : 20	17 : 9	12 : 13	11 : 5
GK	1	김민식										
	21	이호승	○ 0/0	○ 0/0	○ 0/1 C	○ 0/0	○ 0/0	○ 0/0	○ 0/0	○ 0/0	○ 0/0	○ 0/0
	27	한유성										
	29	김교빈										
DF	2	최효진	○ 0/0	○ 0/0	○ 0/1	○ 0/0 C	○ 0/0	○ 0/0	○ 0/0	○ 0/0 C	○ 0/1	○ 0/0
	3	이슬찬									△ 0/0	
	4	홍진기								△ 0/0		
	5	고태원	○ 0/0	○ 0/0	○ 0/0 C	○ 0/0	○ 0/1 C		○ 0/0	○ 0/0	○ 0/0	▽ 0/0
	13	현영민	△ 0/0	▽ 0/0 C	▽ 0/0 C		○ 0/0	○ 0/0 C		▽ 0/0	▽ 0/0	○ 0/0
	15	방대종			○ 0/0	▽ 0/0						
	17	이지남	○ 0/0 C	▽ 0/0 C				○ 0/0	○ 0/0		○ 0/0	○ 0/0
	19	이지민	▽ 0/0	△ 0/0 C		○ 0/0		△ 0/0	○ 0/0			▽ 0/0
	24	김경재		△ 0/0								
	28	토 미	○ 0/0	○ 0/0	○ 0/0	○ 0/0	○ 0/0	○ 0/0	○ 0/0 C	○ 0/1	○ 0/0	○ 0/0
MF	6	정석민										
	8	유고비치	○ 0/0	○ 0/1	○ 0/0	○ 0/0 C		○ 0/0	○ 0/0	○ 0/0	○ 1/0	○ 0/0
	12	김평래										
	14	김영욱	○ 0/0	○ 0/0	○ 0/0	○ 0/0	○ 0/0 C	▽ 0/0	▽ 0/0	○ 0/0	○ 0/0	○ 0/0
	16	한찬희	▽ 0/0				▽ 0/0	△ 0/0		△ 0/1	△ 1/0	△ 0/0 C
	20	양준아			△ 0/0	△ 0/0	○ 0/0	○ 0/0	△ 0/0	▽ 0/0		
	22	전우영										
	25	한지원		△ 0/0	△ 0/0		△ 0/0					△ 0/0
	26	오영준										
	86	송창호										
FW	7	오르샤										
	7	마우링요			▽ 0/0	▽ 0/0	△ 0/0	△ 0/0	◆ 0/0	▽ 0/0	▽ 0/0	
	9	조석재	▽ 0/0					▽ 0/0				
	10	스테보										
	10	자 일	△ 0/0	▽ 1/0	▽ 1/0 C	○ 0/0	▽ 1/0	○ 1/0	▽ 0/1	○ 1/0	○ 0/0 C	▽ 1/0
	11	안용우	△ 0/0	○ 1/0	○ 0/0	▽ 0/0	▽ 0/0		○ 1/0	○ 0/0	▽ 0/0	○ 1/0
	18	배천석		○ 1/1 C		△ 0/0	○ 0/1 C		○ 0/0			
	23	허용준	○ 0/0 C		△ 1/0	△ 0/0	△ 1/0	▽ 0/0	△ 0/0	△ 1/0	△ 0/1	△ 0/0
	88	박기동										
	89	박준태										

선수자료 : 득점/도움 ○ = 선발출장 △ = 교체 IN ▽ = 교체 OUT ◆ = 교체 IN/OUT C = 경고 S = 퇴장

위치	배번	경기번호	181	192	198	201	207	211	217	224		
		날 짜	09.21	09.25	10.02	10.16	10.23	10.29	11.02	11.06		
		홈/원정	홈	원정	홈	원정	원정	홈	원정	홈		
		장 소	광양	수원	팔마	상주	제주W	팔마	서울W	팔마		
		상 대	상주	수원FC	제주	상주	제주	전북	서울	울산		
		결 과	승	무	패	승	패	패	패	무		
		점 수	1 : 0	0 : 0	0 : 2	1 : 0	3 : 5	0 : 5	1 : 2	1 : 1		
		승 점	42	43	43	46	46	46	46	47		
		슈팅수	8 : 7	10 : 17	9 : 15	13 : 13	11 : 21	9 : 14	13 : 9	20 : 7		
GK	1	김 민 식										
	21	이 호 승	○ 0/0	○ 0/0	○ 0/0	○ 0/0	▽ 0/0					
	27	한 유 성					△ 0/0	○ 0/0		○ 0/0		
	29	김 교 빈							○ 0/0			
DF	2	최 효 진	○ 1/0	○ 0/0 C		○ 0/0	○ 1/1 C	○ 0/0	○ 0/0	○ 0/0		
	3	이 슬 찬							△ 0/0	△ 0/0		
	4	홍 진 기		▽ 0/0	○ 0/0							
	5	고 태 원										
	13	현 영 민	○ 0/0	○ 0/0	○ 0/0	○ 0/0		○ 0/0	○ 0/0	○ 0/0		
	15	방 대 종						○ 0/0	○ 0/0			
	17	이 지 남	○ 0/0	○ 0/0	○ 0/0	○ 0/0	○ 0/0 C		○ 0/0 C	○ 0/0		
	19	이 지 민		△ 0/0	▽ 0/0			△ 0/0				
	24	김 경 재	○ 0/0			○ 0/0	▽ 0/0	○ 0/0				
	28	토 미	○ 0/0	○ 0/0	○ 0/0	○ 0/0	○ 0/0	○ 0/0	○ 0/0	○ 0/1		
MF	6	정 석 민										
	8	유고비치	○ 0/0	○ 0/0	○ 0/0	○ 1/0 C	○ 0/0 CC		○ 1/0	○ 0/0		
	12	김 평 래										
	14	김 영 욱	○ 0/0 C		○ 0/0 C	▽ 0/0	○ 0/0	○ 0/0 C	○ 0/0	○ 0/0		
	16	한 찬 희	△ 0/0 C	○ 0/0	△ 0/0			△ 0/0	△ 0/0	▽ 0/0		
	20	양 준 아										
	22	전 우 영										
	25	한 지 원					○ 0/0 C					
	26	오 영 준										
	86	송 창 호				△ 0/0		▽ 0/0		△ 0/0		
FW	7	오 르 샤										
	7	마우링요										
	9	조 석 재										
	10	스 테 보										
	10	자 일	▽ 0/1	○ 0/0	○ 0/0	▽ 0/1	△ 2/1	○ 0/0	○ 0/0	○ 1/0		
	11	안 용 우	▽ 0/0	▽ 0/0	△ 0/0	▽ 0/0	○ 0/0 C	▽ 0/0	▽ 0/0	▽ 0/0		
	18	배 천 석				○ 0/0	▽ 0/0	▽ 0/0				
	23	허 용 준	△ 0/0	△ 0/0	△ 0/0	△ 0/0	△ 0/0	△ 0/0	▽ 0/1	▽ 0/0		
	88	박 기 동	▽ 0/0	▽ 0/0	▽ 0/0	△ 0/0	○ 0/0					
	89	박 준 태	△ 0/0	△ 0/0	▽ 0/0					△ 0/0		

상 주 상 무

창단년도_ 2011년
전화_ 054-537-7220
팩스_ 054-534-8170
홈페이지_ www.sangjufc.co.kr
주소_ 우 37159 경상북도 상주시 북상주로 24-7(계산동 474-1)
24-7, Buksangju-ro(474-1, Gyesan-dong), Sangju-si,
Gyeongsangbuk-do, KOREA 37159

연혁

2010 상주 연고 프로축구단 유치 신청(12월)
한국프로축구연맹 상무축구팀 상주시 연고 확정

2011 상주시와 국군체육부대 연고 협약
한국프로축구연맹 대의원총회 인가 신청
상무축구단 운영주체를 상주시로 결정
성백영 구단주 취임, 이재철 단장 취임
상주상무피닉스프로축구단 K리그 참가
현대오일뱅크 K리그 2011 14위

2012 사단법인 상주시민프로축구단 법인 설립(11.26)
이재철 대표이사 취임
현대오일뱅크 K리그 2012 16위

2013 '상주상무피닉스프로축구단'에서 '상주상무프로축구단'으로 구단명칭 변경
현대오일뱅크 K리그 챌린지 우승
K리그 최초 11연승 (13.09.01 vs안양 ~13.11.10 vs고양)
현대오일뱅크 K리그 챌린지 초대 감독상 박항서, 득점왕 이근호
K리그 최초 클래식 승격

2014 슬로건 '상(주)상(무)하라! 2014' 확정
현대오일뱅크 K리그 클래식 2014 참가
제2대 이정백 구단주 취임
제19회 하나은행 FA컵 4강
현대오일뱅크 K리그 클래식 2014 12위

2015 슬로건 'Begin Again' 확정
현대오일뱅크 K리그 챌린지 2015 참가
백만흠 대표이사 취임
현대오일뱅크 K리그 챌린지 2015 우승(K리그 클래식 승격)

2016 조진호 감독 선임
슬로건 'Together, 상주상무!' 확정
현대오일뱅크 K리그 클래식 2016 참가
현대오일뱅크 K리그 클래식 2016 6위
(창단 최초 상위스플릿 진출)
U-18 용운고 '2016 베이징 Great Wall Cup 국제축구대회' 우승

상주 상무 2016년 선수명단

대표이사_ 백만흠

감독_ 조진호 수석코치_ 김태완 코치_ 김현수·김상록 GK코치_ 곽상득 재활트레이너_이종규·정민건 영상분석관_ 안세형 주무_ 오세진

포지션	선수명		생년월일	출신교	키(cm) / 몸무게(kg)	전 소속팀
GK	양동원 *	梁棟原	1987.02.05	백암고	189 / 85	강원
	윤평국 *	尹平國	1992.02.08	인천대	189 / 85	인천
	오승훈	吳承訓	1988.06.30	호남대	193 / 83	대전
	제종현	諸鐘炫	1991.12.06	숭실대	191 / 73	광주
DF	박진포 *	朴珍鋪	1987.08.13	대구대	173 / 72	성남
	이 용 *	李 鎔	1986.12.24	중앙대	180 / 74	울산
	여성해 *	呂成海	1987.08.06	한양대	189 / 81	경남
	최종환 *	催鍾桓	1987.08.12	부경대	178 / 66	인천
	김오규	金吾奎	1989.06.20	관동대	183 / 74	강원
	권진영	權鎭永	1991.10.23	숭실대	180 / 72	부산
	이경렬	李京烈	1988.01.16	고려대	186 / 80	부산
	이재명	李在明	1991.07.25	진주고	182 / 72	전북
	윤준성	尹准聖	1989.09.28	경희대	187 / 82	대전
	정준연	鄭俊硯	1989.04.30	광양제철고	178 / 70	광주
	김창훈	金暢訓	1990.02.17	광운대	189 / 79	수원FC
	이웅희	李雄熙	1988.07.18	배재대	183 / 83	서울
	박준강	朴埈江	1991.06.06	상지대	173 / 68	부산
	윤영선	尹榮善	1988.10.04	단국대	185 / 78	성남
MF	김성환 *	金城煥	1986.12.15	동아대	184 / 78	울산
	최현태 *	崔玹態	1987.09.15	동아대	178 / 75	서울
	김대열 *	金大烈	1987.04.12	단국대	175 / 68	대구
	신영준	辛映俊	1989.09.06	호남대	179 / 71	강원
	임성택	林成澤	1988.07.19	아주대	178 / 74	수원FC
	김성주	金成柱	1990.11.15	숭실대	179 / 73	서울E
	황순민	黃順旻	1990.09.14	카미무라고	178 / 68	대구
	박수창	朴壽昶	1989.06.20	경희대	174 / 71	제주
	조지훈	趙志焄	1990.05.29	연세대	189 / 81	수원
	김성준	金聖埈	1988.04.08	홍익대	174 / 71	성남
	신진호	申嗔浩	1988.09.07	영남대	177 / 72	서울
FW	이승기 *	李承琪	1988.06.02	울산대	177 / 67	전북
	임상협 *	林相協	1988.07.08	류츠케이자이대	180 / 73	부산
	박기동 *	朴基東	1988.11.01	숭실대	191 / 83	전남
	김도엽 *	金度燁	1988.11.26	선문대	180 / 74	경남
	황일수 *	黃一琇	1987.08.08	동아대	173 / 72	제주
	배일환 **	裵日換	1988.07.20	단국대	178 / 77	제주
	박준태 *	朴俊泰	1989.12.20	고려대	172 / 63	전남
	이창훈 *	李昶勳	1986.12.17	인천대	173 / 67	성남
	윤동민	尹東民	1988.07.24	경희대	176 / 73	부산
	조영철	曺永哲	1989.05.31	학성고	181 / 75	울산
	박희성	朴喜成	1990.04.07	고려대	187 / 80	서울
	유준수	柳俊秀	1988.05.08	고려대	184 / 80	울산

* 2016.09.14 전역, ** 2016.06.07 의병전역

상주 상무 2016년 개인기록 _ K리그 클래식

위치	배번	경기번호	06	11	13	19	29	34	41	47	51	59
		날 짜	03.13	03.20	04.02	04.09	04.13	04.16	04.24	05.01	05.05	05.15
		홈/원정	홈	원정	원정	홈	원정	홈	홈	원정	원정	홈
		장 소	상주	서울W	수원W	상주	제주W	상주	상주	광양	광주W	상주
		상 대	울산	서울	수원	수원FC	제주	포항	전북	전남	광주	인천
		결 과	승	패	패	무	패	승	무	승	패	승
		점 수	2 : 0	0 : 4	1 : 2	1 : 1	2 : 4	2 : 0	2 : 2	4 : 3	0 : 1	4 : 2
		승 점	3	3	3	4	4	7	8	11	11	14
		슈팅수	10 : 4	11 : 16	11 : 14	8 : 12	12 : 18	16 : 10	9 : 14	16 : 11	5 : 5	13 : 6
GK	31	양 동 원	○ 0/0	○ 0/0				○ 0/0		○ 0/0		○ 0/0
	31	오 승 훈							○ 0/0		○ 0/0	
	41	제 종 현			○ 0/0	○ 0/0	○ 0/0					
DF	3	이 웅 희				○ 0/0	○ 0/0	○ 0/0	○ 0/0 C	○ 0/0	○ 0/0	○ 1/0
	5	이 경 렬				△ 0/0						
	22	권 진 영										
	24	정 준 연					△ 0/0 C					
	25	김 오 규	○ 0/0	○ 0/0	○ 0/0			○ 0/0 C	○ 0/0	○ 0/0 C	○ 0/0	○ 0/0
	28	윤 준 성										
	30	최 종 환		○ 0/0		○ 0/0 C	▽ 0/0	△ 0/0	△ 0/0			△ 0/0
	33	이 재 명							▽ 0/0			
	34	김 창 훈										
	39	박 준 강										
	40	윤 영 선										
	87	박 진 포	○ 0/0	○ 0/0	○ 0/0		△ 0/0 C	○ 0/0	○ 0/0	○ 0/0	○ 0/0	○ 0/0
	90	여 성 해	○ 0/0		○ 0/0	○ 0/0	○ 0/0					
	99	이 용	○ 0/0	○ 0/0	○ 0/1	○ 0/0	▽ 0/0	○ 0/0		○ 0/0	○ 0/0	○ 0/0
MF	11	임 상 협	▽ 0/0		▽ 0/0	▽ 0/0 C	○ 1/0	△ 0/0	△ 0/1 C	△ 0/0	▽ 0/0	○ 1/0
	16	김 성 준	△ 0/0	○ 0/0	○ 0/0	○ 0/0	○ 1/0 C	▽ 0/0	○ 0/0	○ 0/0	○ 0/0 C	○ 0/0
	23	임 성 택										
	29	김 성 주									△ 0/0	
	30	황 순 민										
	32	조 지 훈						△ 0/0	△ 0/0	▽ 0/0		
	36	박 수 창										
	37	신 진 호										
	61	최 현 태										
	87	김 대 열				△ 0/0		○ 0/0	▽ 0/0 C			△ 0/0
	88	김 성 환	○ 0/0	○ 0/0 C	○ 0/0	○ 0/0	○ 0/0			△ 2/0	○ 0/0	○ 0/1 C
	88	이 승 기	○ 1/0	△ 0/0				○ 0/0	○ 0/0	▽ 0/0	▽ 0/0	▽ 0/1
FW	8	황 일 수	△ 0/0	▽ 0/0	△ 0/0	○ 0/1		○ 0/0	○ 1/0	○ 0/1 C	▽ 0/0	▽ 0/0
	17	윤 동 민										
	26	신 영 준			△ 0/0			▽ 2/0	▽ 0/0	△ 0/0	△ 0/0	
	27	조 영 철	△ 0/0 C	▽ 0/0	▽ 0/0	△ 0/0	▽ 0/0					△ 0/0
	30	배 일 환	○ 0/0 C	○ 0/0	○ 0/0	▽ 0/0						
	35	박 희 성										
	38	유 준 수										
	88	김 도 엽	▽ 1/0	▽ 0/0 C			○ 0/0					
	88	박 기 동	▽ 0/0	△ 0/0	▽ 1/0		△ 0/1	▽ 0/1	○ 1/1	○ 2/0	○ 0/0	▽ 2/1
	89	박 준 태		△ 0/0	△ 0/0	▽ 1/0	○ 0/0			▽ 0/0	△ 0/0	

선수자료 : 득점/도움 ○ = 선발출장 △ = 교체 IN ▽ = 교체 OUT ◈ = 교체 IN/OUT C = 경고 S = 퇴장

위치	배번	경기번호	61	72	73	79	89	96	101	104	113	120
		날 짜	05.21	05.29	06.11	06.15	06.19	06.26	06.29	07.02	07.10	07.17
		홈/원정	홈	원정	원정	홈	홈	원정	원정	홈	원정	원정
		장 소	상주	전주W	문수	상주	상주	수원	인천	상주	탄천	포항
		상 대	성남	전북	울산	제주	전남	수원FC	인천	서울	성남	포항
		결 과	패	패	패	승	승	승	패	승	승	승
		점 수	2 : 3	2 : 3	0 : 1	4 : 0	3 : 2	3 : 0	0 : 1	2 : 1	3 : 2	2 : 0
		승 점	14	14	14	17	20	23	23	26	29	32
		슈팅수	17 : 9	7 : 23	17 : 5	13 : 9	11 : 7	14 : 10	8 : 17	10 : 11	17 : 8	10 : 13
GK	31	양동원	○ 0/0	○ 0/0						○ 0/0	○ 0/0	○ 0/0
	31	오승훈				○ 0/0	○ 0/0	○ 0/0	○ 0/0			
	41	제종현			○ 0/0							
DF	3	이웅희	○ 0/0	○ 0/0	○ 0/0							
	5	이경렬										
	22	권진영										
	24	정준연				○ 0/0				△ 0/0 C		
	25	김오규	○ 0/0	○ 0/0	○ 0/0 C		○ 0/0 C	○ 0/0	○ 0/0 C	○ 0/0	○ 0/0	○ 0/0
	28	윤준성				○ 0/0	○ 0/0	○ 0/0	○ 0/0	○ 0/0	○ 0/0	○ 0/0
	30	최종환		○ 0/0 C	○ 0/0		△ 0/0	○ 0/0				
	33	이재명		△ 0/0						▽ 0/0		
	34	김창훈		△ 0/0								
	39	박준강										
	40	윤영선										
	87	박진포	○ 0/1 C			○ 0/0	▽ 0/0 C		○ 0/0	○ 0/0	○ 0/0	○ 0/0
	90	여성해										
	99	이 용	○ 0/0	○ 0/0 CC	○ 0/0	○ 0/0	○ 1/1	○ 1/0	○ 0/0		○ 0/0	○ 0/0 C
MF	11	임상협	○ 1/0		△ 0/0	▽ 1/0		△ 1/0	▽ 0/0	△ 1/0	△ 0/0	▽ 1/0
	16	김성준	▽ 0/0	○ 0/0	○ 0/0	△ 0/0	△ 0/0	△ 0/0	▽ 0/0	○ 0/0	▽ 0/0	▽ 0/0
	23	임성택										
	29	김성주										
	30	황순민										
	32	조지훈										
	36	박수창							▽ 0/0			
	37	신진호				△ 0/0	△ 0/0	△ 0/0	△ 0/0	○ 0/0	○ 0/1	○ 0/1
	61	최현태				▽ 0/0	▽ 0/0	▽ 0/0	△ 0/0 C			△ 0/0
	87	김대열	▽ 0/1	△ 0/0						△ 0/0		
	88	김성환	○ 0/0	○ 1/0	▽ 0/0	○ 1/0	○ 0/0	○ 0/0	○ 0/0 C		○ 2/0	○ 0/0
	88	이승기	△ 0/0	▽ 0/0	○ 0/0		▽ 0/0					
FW	8	황일수	▽ 0/0	▽ 0/0	▽ 0/0	▽ 1/0	○ 0/0	○ 0/2	△ 0/0	▽ 0/0	▽ 0/0	
	17	윤동민										
	26	신영준			△ 0/0						△ 0/0	△ 0/0
	27	조영철	△ 1/0		○ 0/0	△ 0/0	○ 1/0	▽ 0/0		▽ 0/0	△ 0/0	△ 0/0
	30	배일환										
	35	박희성										
	38	유준수										
	88	김도엽										
	88	박기동	○ 0/0 C	○ 1/0 C	▽ 0/0	○ 0/1 C		○ 0/0	○ 0/0	○ 0/1	▽ 0/0	▽ 0/1
	89	박준태	△ 0/0	▽ 0/1	△ 0/0 C	○ 1/0	○ 1/0	▽ 1/0	○ 0/0	○ 1/0	○ 1/0	○ 1/0

위치	배번	경기번호	121	128	135	139	146	152	159	166	174	175
		날 짜	07.20	07.23	07.30	08.10	08.13	08.17	08.20	08.28	09.11	09.18
		홈/원정	홈	홈	원정	홈	홈	원정	원정	홈	원정	원정
		장 소	상주	상주	수원	상주	상주	문수	포항	상주	광주W	인천
		상 대	수원	광주	수원FC	서울	성남	울산	포항	수원	광주	인천
		결 과	패	패	승	패	무	승	패	무	패	무
		점 수	0 : 1	0 : 4	2 : 0	1 : 2	2 : 2	3 : 2	0 : 1	1 : 1	0 : 1	0 : 0
		승 점	32	32	35	35	36	39	39	40	40	41
		슈팅수	12 : 9	6 : 12	12 : 16	10 : 9	19 : 12	16 : 8	8 : 9	16 : 15	11 : 6	3 : 7
GK	31	양 동 원	○ 0/0	○ 0/0			○ 0/0		○ 0/0			
	31	오 승 훈			○ 0/0 C	○ 0/0		○ 0/0		○ 0/0	○ 0/0	
	41	제 종 현										○ 0/0
DF	3	이 웅 희		○ 0/0	○ 0/0	○ 1/0	○ 0/0	○ 0/0	○ 0/0 C	○ 0/0	○ 0/0	
	5	이 경 렬									○ 0/0	△ 0/0 C
	22	권 진 영										
	24	정 준 연		△ 0/0								
	25	김 오 규	○ 0/0	○ 0/0 CC			○ 0/0	○ 0/0	○ 0/0	○ 0/0 C		▽ 0/0
	28	윤 준 성	○ 0/0	▽ 0/0								
	30	최 종 환		○ 0/0 C								
	33	이 재 명					○ 0/0 C					
	34	김 창 훈										
	39	박 준 강						○ 0/0	○ 0/0 C	○ 0/0	○ 0/0	○ 0/0
	40	윤 영 선									○ 0/0 C	
	87	박 진 포	○ 0/0	○ 0/0	○ 0/0	○ 0/0						
	90	여 성 해										
	99	이 용	○ 0/0			△ 0/0	○ 0/0	○ 0/0	○ 0/0 C			
MF	11	임 상 협	▽ 0/0	○ 0/0	△ 0/0	△ 0/1	○ 0/1	▽ 1/0	△ 0/0	○ 0/0 C		
	16	김 성 준	△ 0/0	○ 0/0	○ 1/0	○ 0/0	▽ 0/0		○ 0/0	△ 0/0	○ 0/0 C	
	23	임 성 택										△ 0/0
	29	김 성 주			○ 0/0	▽ 0/0						○ 0/0
	30	황 순 민									△ 0/0	
	32	조 지 훈									▽ 0/0	○ 0/0 C
	36	박 수 창			△ 0/0 C		▽ 0/0		▽ 0/0	△ 0/0	△ 0/0	○ 0/0
	37	신 진 호	○ 0/0	○ 0/0	○ 0/0	○ 0/0	○ 0/1	○ 0/1	△ 0/0	○ 0/0	○ 0/0 C	○ 0/0
	61	최 현 태	▽ 0/0									
	87	김 대 열										
	88	김 성 환	○ 0/0	▽ 0/0			○ 0/0	○ 1/0	△ 0/0	▽ 0/0		
	88	이 승 기			▽ 0/0 C	▽ 0/0		△ 0/0	○ 0/0			
FW	8	황 일 수		△ 0/0	▽ 0/0	▽ 0/0						
	17	윤 동 민										△ 0/0
	26	신 영 준	△ 0/0								▽ 0/0	▽ 0/0
	27	조 영 철	△ 0/0	▽ 0/0			△ 0/0	▽ 0/0		▽ 0/0	▽ 0/0	▽ 0/0
	30	배 일 환										
	35	박 희 성			△ 0/0	△ 0/0	▽ 1/0	○ 1/0	▽ 0/0	△ 0/0	○ 0/0	○ 0/0
	38	유 준 수			○ 0/0	○ 0/0		△ 0/0		○ 0/0	△ 0/0	○ 0/0
	88	김 도 엽										
	88	박 기 동	▽ 0/0		○ 1/0	○ 0/0	△ 1/0	▽ 0/0	○ 0/0	▽ 0/1		
	89	박 준 태	○ 0/0	△ 0/0	▽ 0/0	○ 0/0	△ 0/0	△ 0/0	▽ 0/0	○ 1/0		

선수자료 : 득점/도움 ○ = 선발출장 △ = 교체 IN ▽ = 교체 OUT ◈ = 교체 IN/OUT C = 경고 S = 퇴장

위치	배번	경기번호	181	191	194	201	205	212	219	225		
		날 짜	09.21	09.25	10.02	10.16	10.22	10.30	11.02	11.06		
		홈/원정	원정	홈	홈	홈	원정	홈	원정	원정		
		장 소	광양	상주	상주	상주	서울 W	상주	전주 W	제주 W		
		상 대	전남	제주	전북	전남	서울	울산	전북	제주		
		결 과	패	패	무	패	무	패	패	패		
		점 수	0 : 1	1 : 5	1 : 1	0 : 1	2 : 2	1 : 2	1 : 4	0 : 3		
		승 점	41	41	42	42	43	43	43	43		
		슈팅수	7 : 8	16 : 15	7 : 14	13 : 13	9 : 15	14 : 7	12 : 15	6 : 14		
GK	31	양 동 원										
	31	오 승 훈		○ 0/0	○ 0/0 C	○ 0/0	○ 0/0	○ 0/0	○ 0/0	○ 0/0		
	41	제 종 현	○ 0/0									
DF	3	이 웅 희	○ 0/0	○ 0/0			○ 0/0 C		▽ 0/0	○ 0/0		
	5	이 경 렬	○ 0/0	▽ 0/0				○ 0/0 C	○ 1/0	○ 0/0		
	22	권 진 영			▽ 0/0 C	▽ 0/0	△ 0/0	▽ 0/0	△ 0/0	▽ 0/0		
	24	정 준 연	○ 0/0 C		○ 0/0	○ 0/0		△ 0/0	◆ 0/0			
	25	김 오 규										
	28	윤 준 성							○ 0/0			
	30	최 종 환										
	33	이 재 명	▽ 0/0	○ 0/0			▽ 0/0 C	○ 0/0		○ 0/0		
	34	김 창 훈										
	39	박 준 강		△ 0/0 C			○ 0/0	○ 0/0 C		○ 0/0		
	40	윤 영 선	○ 0/0	○ 0/0 C	○ 0/0	○ 0/0 C	○ 0/0 C					
	87	박 진 포										
	90	여 성 해										
	99	이 용										
MF	11	임 상 협										
	16	김 성 준	○ 0/0	○ 0/0	○ 0/0	○ 0/0	○ 1/0	○ 0/0	○ 0/0	○ 0/0		
	23	임 성 택	△ 0/0		◆ 0/0					△ 0/0		
	29	김 성 주	△ 0/0	△ 0/0	○ 0/1	○ 0/0	△ 0/0		○ 0/0	▽ 0/0		
	30	황 순 민		▽ 0/0	△ 0/0			△ 0/0	△ 0/0			
	32	조 지 훈	△ 0/0	▽ 0/0	△ 0/0	△ 0/0		△ 0/0				
	36	박 수 창	▽ 0/0	○ 0/0	○ 0/0	△ 0/0	○ 0/0	○ 0/0		△ 0/0		
	37	신 진 호	▽ 0/0 C			△ 0/0	○ 0/1	○ 0/1	○ 0/0	○ 0/0		
	61	최 현 태										
	87	김 대 열										
	88	김 성 환										
	88	이 승 기										
FW	8	황 일 수										
	17	윤 동 민			▽ 1/0	○ 0/0		▽ 0/0	○ 0/0	▽ 0/0		
	26	신 영 준		○ 0/0		▽ 0/0	▽ 0/0		▽ 0/0	△ 0/0		
	27	조 영 철	○ 0/0	△ 1/0	○ 0/0	○ 0/0	▽ 0/0		○ 0/0			
	30	배 일 환										
	35	박 희 성		○ 0/0	○ 0/0 C	▽ 0/0	△ 0/0	○ 1/0	○ 0/0	○ 0/0		
	38	유 준 수	○ 0/0		○ 0/0	○ 0/0	○ 1/0	▽ 0/0				
	88	김 도 엽										
	88	박 기 동										
	89	박 준 태										

수원 삼성 블루윙즈

창단년도_ 1995년

전화_ 031-247-2002

팩스_ 031-257-0766

홈페이지_ www.bluewings.kr

주소_ 우 16230 경기도 수원시 팔달구 월드컵로 310(우만동)
수원월드컵경기장 4층
4F, Suwon World Cup Stadium, 310, World cup-ro(Uman-dong), Paldal-gu, Suwon-si, Gyeonggi-do, KOREA 16230

연혁

1995 수원 삼성 블루윙즈 축구단 창단식
제1대 윤성규 단장 취임

1996 라피도컵 프로축구대회 후기리그 우승

1998 제2대 허영호 단장 취임
98 현대컵 K-리그 우승

1999 시즌 전관왕 달성
제1회 99 티켓링크 수퍼컵 우승
대한화재컵 우승
아디다스컵 우승
99 K-리그 우승

2000 제2회 2000 티켓링크 수퍼컵 우승
2000 아디다스컵 우승

2001 아디다스컵 2001 우승
제20회 아시안 클럽 챔피언십 우승
제7회 아시안 슈퍼컵 우승
K리그 사상 최단기간 100승 달성(3/31)

2002 제21회 아시안 클럽 챔피언십 우승
제8회 아시안 슈퍼컵 우승
제7회 서울-하나은행 FA컵 우승

2004 제3대 안기헌 단장 취임, 차범근 감독 취임
삼성 하우젠 K-리그 2004 후기 우승
삼성 하우젠 K-리그 2004 우승

2005 A3 챔피언스컵 우승
제6회 K-리그 수퍼컵 2005 우승
삼성 하우젠컵 2005 우승

2006 삼성 하우젠 K-리그 2006 후기 우승
제11회 하나은행 FA컵 준우승

2007 K리그 사상 최단기간 200승 달성(3/17)
K리그 사상 최단기간 총관중 400만 기록(234경기)

2008 삼성 하우젠컵 2008 우승
삼성 하우젠 K리그 2008 우승

2009 제14회 하나은행 FA컵 우승

2010 윤성효 감독 취임
제15회 하나은행 FA컵 우승

2011 제4대 오근영 단장 취임
수원월드컵경기장 첫 만석(10/3 서울전, 44,537명)

2012 제5대 이석명 단장 취임(6/1)
수원월드컵경기장 최다 관중 경신(4/1 서울전 45,192명)
K리그 최초 30경기 홈 연속득점(6/27 전남전, 3 : 2 승)
K리그 최단기간 300승 달성(10/3 서울전, 1 : 0 승)
K리그 연고도시 최초 600만 관중 달성(11/25 부산전, 2 : 1 승)

2013 서정원 감독 취임
풀 스타디움상 수상

2014 박찬형 대표이사 취임
구단 통산 1000호골 기록 (4/1 포항전 고차원)
풀 스타디움상, 팬프렌들리 클럽상 수상

2015 현대오일뱅크 K리그 클래식 2015 준우승
K리그 페어플레이상 수상

2016 김준식 대표이사, 제6대 박창수 단장 취임
제21회 KEB하나은행 FA컵 우승

수원 삼성 블루윙즈 2016년 선수명단

대표이사_ 김준식 단장_ 박창수 사무국장_ 리호승
감독_ 서정원 수석코치_ 이병근 코치_ 최성용 코치_ 고종수 피지컬코치_ 반델레이 GK코치_ 신범철 주무_ 정동은
트레이너_ 유환모 트레이너_ 김광태 트레이너_ 윤청구 비디오분석관_ 전택수 통역_ 김민석 장비_ 엽현수

포지션	선수명		생년월일	출신교	키(cm) / 몸무게(kg)
GK	노 동 건	盧 東 件	1991.10.04	고려대	191 / 83
	양 형 모	梁 馨 模	1991.07.16	충북대	185 / 81
	이 상 욱	李 相 旭	1990.03.09	호남대	190 / 89
	김 선 우	金 善 于	1993.04.22	성균관대	188 / 81
DF	양 상 민	梁 相 珉	1984.02.24	숭실대	182 / 78
	연 제 민	涎 濟 民	1993.05.28	한남대	183 / 72
	조 원 희	趙 源 熙	1983.04.17	배재고	177 / 72
	구 자 룡	具 滋 龍	1992.04.06	매탄고	182 / 75
	곽 희 주	郭 熙 柱	1981.10.05	광운대	184 / 77
	신 세 계	申 世 界	1990.09.16	성균관대	178 / 73
	강 성 진	姜 成 陳	1993.03.26	숭실대	185 / 77
	홍 철	洪 喆	1990.09.17	단국대	176 / 67
	이 정 수	李 正 秀	1980.01.08	경희대	184 / 74
	곽 광 선	郭 珖 善	1986.03.28	숭실대	186 / 76
	김 진 래	金 進 來	1997.05.01	매탄고	182 / 68
	유 한 솔	柳 翰 率	1997.07.26	매탄고	178 / 71
	민 상 기	閔 尙 基	1991.08.27	매탄고	184 / 79
	장 호 익	張 鎬 翼	1993.12.04	호남대	173 / 62
MF	이 용 래	李 容 來	1986.04.17	고려대	175 / 71
	박 현 범	朴 玹 範	1987.05.07	연세대	194 / 86
	이 상 호	李 相 湖	1987.05.09	울산대	173 / 65
	고 차 원	高 次 願	1986.04.30	아주대	169 / 69
	카스텔렌	Romeo Erwin Marius Castelen	1983.05.03	*네덜란드	170 / 69
	이 종 성	李 宗 成	1992.08.05	매탄고	187 / 72
	김 종 우	金 鍾 佑	1993.10.01	선문대	176 / 58
	백 지 훈	白 智 勳	1985.02.28	안동고	175 / 65
	권 창 훈	權 昶 勳	1994.06.30	매탄고	174 / 69
	전 현 욱	田 鉉 煜	1992.03.16	전주대	177 / 68
	고 승 범	高 丞 範	1994.04.24	경희대	174 / 72
	염 기 훈	廉 基 勳	1983.03.30	호남대	182 / 78
	은 성 수	殷 成 洙	1993.06.22	숭실대	182 / 75
	문 준 호	文 竣 湖	1993.07.12	용인대	175 / 68
	오 장 은	吳 章 銀	1985.07.24	조천중	175 / 73
	최 주 용	崔 珠 龍	1996.11.08	매탄고	177 / 62
FW	조 동 건	趙 東 建	1986.04.16	건국대	180 / 74
	산 토 스	Natanael de Sousa Santos Junior	1985.12.25	*브라질	165 / 64
	김 건 희	金 健 熙	1995.02.22	고려대	186 / 79
	김 종 민	金 宗 珉	1992.08.11	장훈고	188 / 78
	조 나 탄	Jonathan Aparecido da Silva Vilela	1990.03.29	*브라질	184 / 74
	이 고 르	Garcia Silva Hygor Cleber	1992.08.13	*브라질	187 / 80

수원 삼성 블루윙즈 2016년 개인기록 _ K리그 클래식

위치	배번	경기번호	02	12	13	24	25	31	40	43	54	56
		날 짜	03.12	03.20	04.02	04.10	04.13	04.16	04.24	04.30	05.08	05.14
		홈/원정	원정	홈	홈	원정	홈	원정	원정	홈	홈	원정
		장 소	탄천	수원W	수원W	제주W	수원W	인천	광주W	수원W	수원W	수원
		상 대	성남	전남	상주	제주	포항	인천	광주	서울	전북	수원FC
		결 과	패	무	승	무	무	무	무	무	패	승
		점 수	0 : 2	2 : 2	2 : 1	2 : 2	1 : 1	1 : 1	1 : 1	1 : 1	2 : 3	2 : 1
		승 점	0	1	4	5	6	7	8	9	9	12
		슈팅수	21 : 12	7 : 6	14 : 11	12 : 21	20 : 9	13 : 11	8 : 8	8 : 15	10 : 14	16 : 16
GK	1	노동건	○ 0/0	○ 0/0	○ 0/0	○ 0/0	○ 0/0	○ 0/0 C	○ 0/0	○ 0/0	○ 0/0	○ 0/0
	21	양형모										
DF	3	양상민	○ 0/0 C	○ 0/0	○ 0/0 C	○ 0/0	○ 0/0		○ 0/0	○ 0/0	▽ 0/0 C	
	6	연제민										
	8	조원희		○ 0/0	○ 0/0		○ 0/0	○ 0/0	△ 0/0	○ 0/0	○ 0/0	○ 0/0
	15	구자룡	○ 0/0	○ 0/0	○ 0/0	○ 0/0 C		○ 0/0 C	○ 0/0	○ 0/0	○ 1/0	○ 0/0
	29	곽희주			△ 0/0					△ 0/0 C		
	30	신세계	○ 0/0			○ 0/0	○ 0/0		○ 0/0		○ 0/0 CC	
	33	홍철										
	34	곽광선				△ 0/0	○ 0/0	○ 0/0 C			△ 0/0	○ 0/0 C
	39	민상기						○ 0/0	△ 0/0			○ 0/0
	40	이정수	○ 0/0	○ 0/0	○ 0/0	▽ 0/0			○ 0/0 C	▽ 0/0 C	○ 0/0 C	
	77	장호익										
MF	4	이용래										
	5	박현범	▽ 0/0	○ 0/0	▽ 0/0							
	7	이상호			△ 0/0	○ 0/0	△ 0/0	▽ 0/0	○ 0/0	○ 0/0	▽ 0/0	▽ 0/0
	10	산토스	▽ 0/0	○ 1/0	▽ 1/0	○ 0/0	△ 0/0	▽ 0/0	▽ 0/1	○ 1/0	○ 0/0	○ 1/0
	12	고차원	○ 0/0	▽ 0/1	▽ 0/0		▽ 0/0	○ 0/0	▽ 0/0			
	16	이종성						△ 0/0				
	17	김종우	△ 0/0				▽ 0/0					
	20	백지훈	△ 0/0	△ 0/0	△ 0/0	○ 0/0	○ 0/1		△ 0/0	△ 0/0	△ 0/0	▽ 0/0
	22	권창훈	○ 0/0	○ 0/0	○ 1/0	△ 2/0	○ 1/0	△ 0/0 C		○ 0/0	▽ 0/0	○ 0/0
	24	고승범									△ 0/0	△ 0/0
	26	염기훈	○ 0/0	○ 0/1	○ 0/1	○ 0/1	○ 0/0	△ 0/0	○ 1/0	○ 0/0	○ 1/0	○ 1/0
	66	오장은				▽ 0/0		○ 1/0 C	▽ 0/0	▽ 0/0		△ 0/0
	79	장현수						▽ 0/0 C				
FW	9	조동건	▽ 0/0	▽ 1/0	○ 0/0	△ 0/1	▽ 0/0	○ 0/0		△ 0/0		
	11	이고르										△ 0/0
	13	김건희				▽ 0/0	△ 0/0		○ 0/0	▽ 0/0	○ 0/1	▽ 0/1 C
	14	카스텔렌										
	18	김종민	△ 0/0	△ 0/0								
	70	조나탄										

선수자료 : 득점/도움 ○ = 선발출장 △ = 교체 IN ▽ = 교체 OUT ◈ = 교체 IN/OUT C = 경고 S = 퇴장

위치	배번	경기번호	62	70	74	81	86	91	99	103	114	119
		날 짜	05.21	05.29	06.11	06.15	06.18	06.25	06.29	07.02	07.10	07.17
		홈/원정	홈	원정	홈	원정	원정	홈	홈	원정	홈	홈
		장 소	수원W	포항	수원W	전주W	서울W	수원W	수원W	문수	수원W	수원W
		상 대	울산	포항	인천	전북	서울	제주	광주	울산	수원FC	성남
		결 과	패	무	무	패	무	승	패	패	승	패
		점 수	2 : 4	2 : 2	2 : 2	1 : 2	1 : 1	1 : 0	0 : 2	1 : 2	1 : 0	1 : 2
		승 점	12	13	14	14	15	18	18	18	21	21
		슈팅수	12 : 13	13 : 10	19 : 7	12 : 14	4 : 18	17 : 8	8 : 9	9 : 12	17 : 5	22 : 8
GK	1	노동건	○ 0/0	○ 0/0	△ 0/0							
	21	양형모			▽ 0/0	○ 0/0	○ 0/0	○ 0/0	○ 0/0	○ 0/0	○ 0/0	○ 0/0
DF	3	양상민		○ 0/0 C				▽ 0/0	○ 0/0			
	6	연제민				△ 0/0				△ 0/0		
	8	조원희	○ 0/0		○ 0/0 C	○ 0/0	○ 0/0	○ 0/0	○ 0/0			△ 0/0
	15	구자룡	○ 0/0	○ 0/0 C			▽ 0/0	○ 0/0	○ 0/0 C		○ 0/0	○ 0/0
	29	곽희주	▽ 0/0			○ 0/0	△ 1/0 C	△ 0/0		○ 0/0		
	30	신세계	○ 0/1	○ 0/0	○ 0/0	○ 0/0	○ 0/0	○ 0/0	▽ 0/0	○ 0/0		▽ 0/0
	33	홍 철										
	34	곽광선			○ 0/0 C		○ 0/0	○ 1/0 C	○ 0/0		○ 0/0	○ 0/0
	39	민상기		○ 0/0	○ 0/0	▽ 0/0				○ 0/0		
	40	이정수	△ 0/0 C	△ 0/0	○ 0/0	○ 0/0	○ 0/0	○ 0/0	○ 0/0 C		○ 0/0	○ 0/0
	77	장호익				▽ 0/0	○ 0/0			○ 0/0	○ 0/0	
MF	4	이용래										
	5	박현범								○ 0/0		
	7	이상호	▽ 0/0 C	△ 1/0	○ 0/0					▽ 0/0	▽ 0/0	○ 0/0 C
	10	산토스	○ 1/0	○ 0/0	○ 2/0		▽ 0/0	○ 0/0	○ 0/0		○ 0/0	○ 1/0
	12	고차원		▽ 0/0								▽ 0/0
	16	이종성								○ 0/0	○ 0/0	○ 0/0
	17	김종우			△ 0/0							
	20	백지훈		△ 0/0 C	▽ 0/0	○ 0/0	○ 0/0	▽ 0/0	▽ 0/0			
	22	권창훈	○ 0/0	○ 0/0		△ 0/0	△ 0/0		△ 0/0	▽ 0/0	▽ 1/0	△ 0/0
	24	고승범	△ 0/0			○ 0/0		△ 0/0	△ 0/0 C	○ 0/0	△ 0/0	▽ 0/0
	26	염기훈	○ 0/1	○ 0/1	○ 0/0	○ 0/1	○ 0/1	○ 0/0	○ 0/0	△ 0/0	○ 0/0 C	△ 0/1
	66	오장은	○ 0/0	▽ 0/0								
	79	장현수										
FW	9	조동건	△ 1/0	▽ 1/0	△ 0/0		▽ 0/0 C	△ 0/0	△ 0/0	▽ 0/0	△ 0/0	
	11	이고르				△ 1/0						
	13	김건희	▽ 0/0 C		▽ 0/0	▽ 0/0	△ 0/0	▽ 0/1	▽ 0/0		△ 0/0	
	14	카스텔렌										
	18	김종민										
	70	조나탄								△ 0/0	▽ 0/0	○ 0/0

위치	배번	경기번호	121	129	138	143	147	155	158	166	172	179
		날 짜	07.20	07.23	07.31	08.10	08.13	08.17	08.20	08.28	09.10	09.18
		홈/원정	원정	원정	홈	홈	원정	홈	홈	원정	원정	원정
		장 소	상주	광양	수원W	수원W	서울W	수원W	수원W	상주	탄천	전주W
		상 대	상주	전남	제주	울산	서울	포항	전남	상주	성남	전북
		결 과	승	패	승	무	패	무	무	무	승	무
		점 수	1 : 0	0 : 3	5 : 3	0 : 0	0 : 1	1 : 1	1 : 1	1 : 1	2 : 1	1 : 1
		승 점	24	24	27	28	28	29	30	31	34	35
		슈팅수	9 : 12	15 : 8	9 : 21	12 : 9	16 : 10	15 : 9	20 : 9	15 : 16	13 : 11	11 : 9
GK	1	노동건								○ 0/0	○ 0/0	○ 0/0
	21	양형모	○ 0/0	○ 0/0	○ 0/0	○ 0/0	○ 0/0	○ 0/0	○ 0/0			
DF	3	양상민										
	6	연제민					△ 0/0		○ 1/0	○ 0/0	▽ 0/0	○ 0/0
	8	조원희	○ 0/0		△ 1/0	○ 0/0	○ 0/0		○ 0/0 C		△ 0/0	
	15	구자룡	○ 0/0	○ 0/0	○ 0/0	○ 0/0	○ 0/0	○ 0/0 C		○ 0/0	○ 0/0	○ 0/0
	29	곽희주	○ 0/0		▽ 0/0		▽ 0/0 C					
	30	신세계			○ 0/0			▽ 0/0	○ 0/0		○ 0/0	○ 0/0
	33	홍철						△ 0/0	○ 0/0	○ 0/0	○ 0/1	○ 0/0
	34	곽광선		○ 0/0 C							△ 0/0	○ 0/0
	39	민상기										
	40	이정수		○ 0/0	△ 1/0	○ 0/0 C		○ 1/0	○ 0/0 C		○ 0/0	
	77	장호익	○ 0/0	○ 0/0	○ 0/0	○ 0/0 C	○ 0/0 C	○ 0/0		○ 0/0		
MF	4	이용래		△ 0/0	○ 0/0	▽ 0/0	○ 0/0	▽ 0/0	○ 0/0	○ 0/0 C	▽ 0/0	▽ 0/0
	5	박현범	○ 0/0	○ 0/0		△ 0/0						△ 0/0
	7	이상호			○ 1/1	▽ 0/0	○ 0/0	○ 0/0	△ 0/0	○ 0/0	○ 0/1	▽ 0/0
	10	산토스	▽ 0/1	▽ 0/0	▽ 1/1	▽ 0/0	△ 0/0	○ 0/0	△ 0/0	▽ 1/0	○ 1/0	▽ 0/0
	12	고차원	△ 0/0						▽ 0/0			
	16	이종성	○ 0/0 C	▽ 0/0	○ 0/0	○ 0/0	○ 0/0	○ 0/0		○ 0/0 C	○ 0/0	○ 0/0 CC
	17	김종우										
	20	백지훈						△ 0/0	▽ 0/0			
	22	권창훈								△ 0/0		△ 0/0
	24	고승범	△ 0/0	▽ 0/0		△ 0/0						
	26	염기훈	○ 0/0	○ 0/0	○ 0/3	○ 0/0	○ 0/0	○ 0/1	△ 0/0	▽ 0/0		
	66	오장은										
	79	장현수										
FW	9	조동건	▽ 0/0							△ 0/0	△ 0/0	△ 0/0
	11	이고르										
	13	김건희	△ 0/0	△ 0/0	▽ 1/0 C		▽ 0/0	△ 0/0	○ 0/0			
	14	카스텔렌		△ 0/0		△ 0/0 C	▽ 0/0					
	18	김종민			△ 0/0	○ 0/0	△ 0/0	▽ 0/0	▽ 0/1	△ 0/0		
	70	조나탄	▽ 1/0	○ 0/0 C						▽ 0/1	▽ 1/0 C	○ 1/0 C

선수자료 : 득점/도움 ○ = 선발출장 △ = 교체 IN ▽ = 교체 OUT ◈ = 교체 IN/OUT C = 경고 S = 퇴장

위치	배번	경기번호	182	190	193	202	208	216	221	228		
		날 짜	09.21	09.24	10.02	10.15	10.22	10.30	11.02	11.05		
		홈/원정	원정	원정	홈	원정	홈	원정	홈	홈		
		장 소	광주W	인천	수원W	포항	수원W	수원	수원W	수원W		
		상 대	광주	인천	수원FC	포항	성남	수원FC	인천	광주		
		결 과	무	무	패	무	승	승	승	무		
		점 수	1 : 1	2 : 2	4 : 5	2 : 2	2 : 0	3 : 2	3 : 2	1 : 1		
		승 점	36	37	37	38	41	44	47	48		
		슈팅수	6 : 11	13 : 11	18 : 24	7 : 6	16 : 9	21 : 12	14 : 9	11 : 9		
GK	1	노동건	○ 0/0	○ 0/0	○ 0/0	○ 0/0	○ 0/0	○ 0/0				
	21	양형모							○ 0/0 C	○ 0/0		
DF	3	양상민		△ 0/0			△ 0/0	△ 0/0	△ 0/0	○ 0/0		
	6	연제민	○ 0/0 C		▽ 0/0 C					○ 0/0		
	8	조원희	▽ 0/0			○ 0/0	○ 0/0	○ 0/0 C		○ 0/0		
	15	구자룡	○ 0/0	○ 0/0		○ 0/0	○ 0/0	○ 0/0	○ 0/0	○ 0/0 C		
	29	곽희주										
	30	신세계		○ 0/0 C	○ 0/0					○ 0/0		
	33	홍 철	○ 0/1	▽ 0/0	○ 0/0	△ 0/0	○ 0/0	▽ 0/1	▽ 0/0			
	34	곽광선	○ 0/0	○ 0/0	△ 0/0	○ 0/0	▽ 0/0	○ 0/0	○ 0/0			
	39	민상기		▽ 0/0								
	40	이정수			○ 0/0	○ 0/0	○ 0/0	○ 1/0 C	○ 0/0 C			
	77	장호익	▽ 0/0			○ 0/0	○ 0/0	○ 0/0	○ 0/0			
MF	4	이용래	△ 0/0	○ 0/0	○ 0/0				▽ 0/0			
	5	박현범										
	7	이상호	○ 1/0	△ 0/0	○ 0/0	▽ 0/0	○ 0/0	▽ 1/0	○ 0/0			
	10	산토스	△ 0/0	▽ 0/0	▽ 0/0	▽ 0/0 C				▽ 1/0		
	12	고차원					△ 0/0					
	16	이종성		○ 0/1 C		○ 0/0 C	○ 0/0	○ 0/0	○ 0/0 C	○ 0/0		
	17	김종우										
	20	백지훈	▽ 0/0									
	22	권창훈	○ 0/0	○ 0/0	○ 0/1	▽ 0/1	▽ 1/1	○ 0/1	○ 1/0	△ 0/0		
	24	고승범								▽ 0/0		
	26	염기훈		△ 1/0	▽ 0/0	△ 0/0		△ 0/1	△ 0/1	○ 0/1		
	66	오장은										
	79	장현수										
FW	9	조동건	○ 0/0				△ 0/0	△ 0/0	△ 1/0	▽ 0/0		
	11	이고르										
	13	김건희								△ 0/0 C		
	14	카스텔렌			△ 0/0					△ 0/0		
	18	김종민	△ 0/0		△ 1/0	△ 0/0						
	70	조나탄		○ 1/1	○ 2/0	○ 2/0	▽ 1/0	▽ 1/0 C	▽ 0/0			

광 주 FC

창단년도_ 2010년
전화_ 062-373-7733
팩스_ 062-371-7734
홈페이지_ www.gwangjuifc.com
주소_ 우 62048 광주광역시 서구 금화로 240(풍암동) 월드컵경기장 2층
2F, Gwangju World Cup Stadium, 240, Geumhwa-ro, Seo-gu, Gwangju, KOREA 62048

연혁

2010 광주시민프로축구단 창단발표
범시민 창단준비위원회 발족
(주)광주시민프로축구단 법인 설립
시민주 공모 2,146백만 원, 430,376주(40,432명)
축구단 명칭 공모(881명, 10월 말 선정)
→ 구단 명칭 선정: 광주FC
축구단 창단신청 및 승인(프로축구연맹)
단장 및 감독 선임
창단식

2011 현대오일뱅크 K리그 2011 시즌 11위
시·도민구단 창단 최다승 달성
러시앤캐시컵 2011 시즌 11위
이승기 선수 2011 신인상 수상

2012 현대오일뱅크 K리그 2012 15위
제17회 하나은행 FA컵 16강
U-18 14회 백운기 전국고등학교 축구대회 우승
U-18 2012 챌린지리그 2위(금호고)
U-18 2012 챌린지리그 페어플레이상(금호고)
U-15 금석배 전국학생 축구대회 저학년부 우승(광덕중)
U-15 금석배 전국학생 축구대회 고학년부 준우승(광덕중)
U-15 2012 권역별 초중고 주말리그 3위(광덕중)

2013 현대오일뱅크 K리그 챌린지 2013 3위
광주시민프로축구단 창단 첫 3연승 달성
광주시민프로축구단 창단 첫 100호골 기록
제18회 하나은행 FA컵 16강
U-18 금호고 아디다스 올인 챌린지리그 5위(왕중왕전)
U-15 광덕중 추계중등축구연맹회장배 준우승(청룡)
U-15 광덕중 제42회 전국소년체육대회 동메달

2014 현대오일뱅크 K리그 챌린지 2014 정규리그 4위
현대오일뱅크 K리그 승강 플레이오프 우승
(2015 클래식 승격)
제19회 하나은행 FA컵 16강
U-18 2014 아디다스 올인 K리그 주니어 우승(금호고)
U-18 제22회 백록기 전국고등학교축구대회 우승(금호고)
U-15 2014 금석배 전국 중학생 축구대회 3위(광덕중)
U-15 제15회 오룡기 전국 중학교 축구대회 3위(광덕중)

2015 현대오일뱅크 K리그 클래식 정규리그 10위
현대오일뱅크 K리그 클래식 승격팀 최초 잔류
광주FC 팀 창단 최다승 달성 (10승)
제20회 KEB하나은행 FA컵 32강
U-18 제17회 백운기 전국고교축구대회 3위(금호고)
U-18 제96회 전국체육대회 고등부 3위 동메달(금호고)
U-15 제51회 추계중등축구연맹전 프로산하 3위(광덕중)

2016 현대오일뱅크 K리그 클래식 2016 8위(역대 최고 순위)
현대오일뱅크 K리그 클래식 승격팀 최초 2년 연속 잔류
광주FC 팀 창단 최다승 신기록(11승)
제21회 KEB 하나은행 FA컵 16강
광주FC 정조국 K리그 대상 3관왕
(MVP, 최다득점상, FW부분 베스트11)
U-18 제18회 백운기 전국고교축구대회 우승(금호고)
U-15 2016 예산사과기 전국중등축구대회 우승
(광덕중_ 저학년부)
U-12 2016 화랑대기 전국 유소년 축구대회 우승
U-12 2016 금석배 전국학생축구대회 준우승
U-12 2016 대교눈높이 전국초등축구리그 왕중왕대회 3위

광주FC 2016년 선수명단

대표이사_ 정원주　단장_ 기영옥
감독_ 남기일　수석코치_ 이정효　코치_ 마철준　피지컬코치_ 길레미　GK코치_ 기우성
주무_ 정민화　트레이너_ 김범수　트레이너_ 김용호　통역_안영재

포지션	선수명		생년월일	출신교	키(cm) / 몸무게(kg)
GK	최 봉 진	崔 鳳 珍	1992.04.06	중앙대	193 / 83
	윤 보 상	尹 普 相	1993.09.09	울산대	185 / 83
	황 인 재	黃 仁 載	1994.04.22	남주대	187 / 73
DF	정 호 정	鄭 好 正	1988.09.01	광운대	180 / 76
	김 영 빈	金 榮 彬	1991.09.20	광주대	181 / 74
	웰 링 톤	Wellington Cirino Priori	1990.02.21	*브라질	194 / 80
	박 동 진	朴 東 眞	1994.12.10	한남대	182 / 72
	오 도 현	吳 到 炫	1994.12.06	금호고	186 / 75
	이 으 뜸	李 으 뜸	1989.09.02	용인대	178 / 68
	이 민 기	李 旼 氣	1993.05.19	전주대	177 / 66
	김 진 환	金 眞 煥	1989.03.01	경희대	186 / 78
	이 종 민	李 宗 珉	1983.09.01	서귀포고	175 / 68
	정 동 윤	鄭 東 潤	1994.04.03	성균관대	174 / 62
	홍 준 호	洪 俊 豪	1993.10.11	전주대	190 / 77
MF	여　　름	呂　　름	1989.06.22	광주대	175 / 62
	조 성 준	趙 聖 俊	1990.11.27	청주대	176 / 67
	주 현 우	朱 眩 宇	1990.09.12	동신대	173 / 67
	박 선 홍	朴 善 洪	1993.11.05	전주대	178 / 68
	김 정 현	金 楨 鉉	1993.06.01	중동고	185 / 74
	조 용 태	趙 容 泰	1986.03.31	연세대	180 / 69
	김 민 혁	金 珉 赫	1992.08.16	광운대	183 / 71
	김 의 신	金 義 信	1992.11.26	호원대	183 / 70
	와　　다	Wada Tomoki	1994.10.30	*일본	172 / 57
	이 찬 동	李 燦 東	1993.01.10	인천대	183 / 83
	김 진 수	金 鎭 秀	1995.02.28	신갈고	181 / 75
	본　　즈	Bonnes Olivier, Haroung	1990.02.07	*프랑스	187 / 80
FW	정 조 국	鄭 조 국	1984.04.03	대신고	186 / 78
	파 비 오	Neves Florentino Fabio	1986.10.04	*브라질	171 / 66
	송 승 민	宋 承 珉	1992.01.11	인천대	186 / 77
	조 주 영	曺 主 煐	1994.02.04	아주대	186 / 80
	김 성 현	金 成 賢	1990.07.01	남부대	175 / 70
	김 시 우	金 始 佑	1997.06.26	안동고	179 / 70
	심 광 욱	深 光 昱	1994.01.03	아주대	170 / 60
	김 상 욱	金 相 昱	1994.01.04	대불대	178 / 68

광주FC 2016년 개인기록 _ K리그 클래식

위치	배번	경기번호	03	08	17	20	28	35	40	48	51	66
		날 짜	03.12	03.19	04.03	04.09	04.13	04.17	04.24	05.01	05.05	05.22
		홈/원정	원정	홈	원정	홈	홈	원정	홈	원정	홈	원정
		장 소	포항	광주W	수원	광주W	광주W	광양	광주W	탄천	광주W	인천
		상 대	포항	제주	수원FC	울산	서울	전남	수원	성남	상주	인천
		결 과	무	승	패	패	패	승	무	패	승	승
		점 수	3 : 3	1 : 0	1 : 2	0 : 2	1 : 2	2 : 1	1 : 1	0 : 2	1 : 0	1 : 0
		승 점	1	4	4	4	4	7	8	8	11	14
		슈팅수	6 : 10	12 : 7	10 : 12	6 : 9	9 : 8	6 : 13	8 : 8	19 : 13	5 : 5	9 : 4
GK	1	최봉진	○ 0/0	○ 0/0	○ 0/0	○ 0/0	○ 0/0					
	21	윤보상						○ 0/0	○ 0/0	○ 0/0	○ 0/0 C	○ 0/0
	31	황인재										
DF	2	정호정									○ 0/0	○ 0/0
	3	김영빈	○ 0/0 C	○ 0/0	○ 0/0	○ 0/0	○ 0/0 C	○ 0/0 C				
	4	웰링톤										
	5	박동진	△ 0/0			△ 0/0		△ 0/0	△ 0/0 C			○ 0/0
	6	오도현		△ 0/0							△ 0/0	
	8	이으뜸	○ 0/1 CC		○ 0/0	▽ 0/0					▽ 0/0	○ 0/0 C
	12	이민기										
	17	이종민	○ 0/0 C	○ 0/0		▽ 0/0	○ 0/0	▽ 0/1	○ 0/0	○ 0/0	○ 0/0	▽ 0/0
	18	정동윤		○ 0/0	○ 0/0	△ 0/0	○ 0/0	○ 0/0	○ 0/0	○ 0/0 C	△ 0/0	△ 0/0
	25	홍준호	○ 0/0 C	▽ 0/0	○ 0/0	○ 0/0	○ 0/0	○ 1/0	○ 0/0 C	○ 0/0	○ 0/0 C	
	55	김진환	△ 0/0	△ 0/0				△ 0/0	○ 0/0	○ 0/0		
MF	7	여름	○ 0/0	○ 0/0	○ 0/0	○ 0/0	▽ 0/0					△ 0/0
	11	조성준	○ 0/0	▽ 0/0	▽ 0/0	▽ 0/0	△ 0/0	○ 0/0	▽ 0/0	▽ 0/0 C	△ 0/0	○ 0/0
	13	주현우		△ 0/0 C	△ 0/0						▽ 0/0	
	19	박선홍										
	20	김정현	△ 1/0				△ 0/0					
	22	조용태										
	23	김민혁	▽ 0/1	▽ 0/0	▽ 0/1 C	○ 0/0	○ 0/1	○ 0/1	○ 0/0	○ 0/0	○ 0/0 C	○ 1/0
	33	와다								△ 0/0		
	34	본즈										
	40	이찬동	▽ 0/0	○ 0/0 C	○ 0/0	○ 0/0	▽ 0/0 C	○ 0/0	▽ 0/0	○ 0/0	○ 0/0	○ 0/0
FW	9	정조국	▽ 2/0	○ 1/0 C	○ 1/0	○ 0/0	○ 0/0	▽ 0/0	○ 1/0	▽ 0/0	○ 1/0	▽ 0/0
	10	파비오			△ 0/0		△ 0/0 C	▽ 0/0	▽ 0/0	▽ 0/0	▽ 0/0	▽ 0/0
	16	송승민	○ 0/0	○ 0/1	○ 0/0	○ 0/0	○ 1/0	○ 0/0 C	○ 0/0	○ 0/0	○ 0/0	○ 0/0
	24	조주영						△ 1/0 C	△ 0/1	△ 0/0		△ 0/1 C
	27	김진수										
	30	심광욱				△ 0/0	▽ 0/0		△ 0/0	△ 0/0		
	32	김상욱										

선수자료 : 득점/도움 ○ = 선발출장 △ = 교체 IN ▽ = 교체 OUT ◈ = 교체 IN/OUT C = 경고 S = 퇴장

위치	배번	경기번호	69	55	75	83	90	95	99	107	109	115
		날 짜	05.28	06.04	06.11	06.15	06.19	06.26	06.29	07.03	07.09	07.16
		홈/원정	홈	홈	원정	원정	홈	홈	원정	홈	홈	원정
		장 소	광주W	광주W	제주W	서울W	광주W	광주W	수원W	광주W	광주W	문수
		상 대	수원FC	전북	제주	서울	성남	전북	수원	포항	인천	울산
		결 과	승	무	패	패	무	무	승	패	무	패
		점 수	1 : 0	1 : 1	2 : 3	2 : 3	1 : 1	1 : 1	2 : 0	0 : 1	2 : 2	2 : 3
		승 점	17	18	18	18	19	20	23	23	24	24
		슈팅수	8 : 15	9 : 10	11 : 13	10 : 12	11 : 9	7 : 8	9 : 8	10 : 5	6 : 7	20 : 10
GK	1	최 봉 진				△ 0/0	○ 0/0 C	○ 0/0	○ 0/0 C	○ 0/0	○ 0/0	○ 0/0
	21	윤 보 상	○ 0/0	○ 0/0	○ 0/0	▽ 0/0						
	31	황 인 재										
DF	2	정 호 정	○ 0/0	○ 0/0	○ 0/0		○ 0/0 C	○ 0/0	○ 0/0	○ 0/0	○ 0/0	○ 0/0
	3	김 영 빈		○ 0/0		○ 0/0	○ 0/0 C	▽ 0/0 C	○ 0/0 C		○ 0/0 C	○ 0/0 C
	4	웰 링 톤		△ 0/0	△ 0/0					△ 0/0		
	5	박 동 진	○ 0/0 C		△ 0/0	○ 0/0		△ 0/0	○ 0/0 C		○ 0/0	○ 0/0
	6	오 도 현	△ 0/0									
	8	이 으 뜸	○ 0/0	○ 0/1	○ 0/0 C		○ 0/0	▽ 0/0	▽ 0/1	▽ 0/0	○ 0/0 C	
	12	이 민 기				○ 1/0				△ 0/0		
	17	이 종 민		▽ 0/0	▽ 0/0							
	18	정 동 윤		△ 0/0			○ 0/0	○ 0/0	△ 0/0	○ 0/0	△ 0/0	○ 0/0 C
	25	홍 준 호	○ 0/0		○ 0/0	○ 0/0 C		△ 0/0	△ 0/0	○ 0/0	△ 0/0	
	55	김 진 환										
MF	7	여 름	○ 0/0 C	○ 0/0 C	○ 0/0 C		○ 1/0	○ 0/0	○ 0/0	○ 0/0	▽ 0/0	▽ 0/0
	11	조 성 준	△ 0/0	▽ 0/0		○ 0/0 C	▽ 0/0	△ 0/0	▽ 0/1	▽ 0/0	△ 0/0	▽ 1/0
	13	주 현 우	▽ 0/0	△ 0/0	▽ 1/0	○ 0/1	▽ 0/0	▽ 0/0	△ 0/0		▽ 0/1 C	△ 0/0
	19	박 선 홍								△ 0/0		
	20	김 정 현		▽ 0/0		▽ 0/0 C						
	22	조 용 태					△ 0/0					
	23	김 민 혁	▽ 0/0	○ 0/0	○ 0/1	○ 0/0	△ 0/0	○ 0/0	○ 1/0 C		○ 0/0	○ 0/0 C
	33	와 다					▽ 0/0					
	34	본 즈										
	40	이 찬 동	○ 0/0 C		○ 0/0	△ 0/0 C	○ 0/0 C	○ 0/0	○ 0/0	▽ 0/0	○ 0/0	○ 0/0 C
FW	9	정 조 국	▽ 1/0	○ 0/0	▽ 1/0	○ 1/0	△ 0/0 C	○ 1/0 C		○ 0/0	▽ 2/0	△ 1/0
	10	파 비 오								○ 0/0		△ 0/0
	16	송 승 민	○ 0/0	○ 1/0	○ 0/0	△ 0/0	○ 0/0	○ 0/0	○ 1/0 C	○ 0/0	○ 0/0	○ 0/0
	24	조 주 영	△ 0/0 C		△ 0/0				▽ 0/0			▽ 0/0
	27	김 진 수				▽ 0/0						
	30	심 광 욱										
	32	김 상 욱										

위치	배번	경기번호	122	128	133	140	148	154	162	164	174	177
		날 짜	07.20	07.23	07.30	08.10	08.14	08.17	08.21	08.27	09.11	09.17
		홈/원정	홈	원정	원정	홈	원정	원정	홈	원정	홈	원정
		장 소	광주W	상주	전주W	광주W	제주W	탄천	광주W	문수	광주W	광양
		상 대	전남	상주	전북	인천	제주	성남	수원FC	울산	상주	전남
		결 과	무	승	패	무	승	승	무	무	승	패
		점 수	0 : 0	4 : 0	0 : 3	1 : 1	2 : 1	1 : 0	0 : 0	1 : 1	1 : 0	0 : 2
		승 점	25	28	28	29	32	35	36	37	40	40
		슈팅수	6 : 10	12 : 6	8 : 16	6 : 5	11 : 15	11 : 8	8 : 6	12 : 12	6 : 11	5 : 11
GK	1	최 봉 진	○ 0/0	○ 0/0	○ 0/0	○ 0/0						
	21	윤 보 상					○ 0/0	○ 0/0	○ 0/0	○ 0/0	○ 0/0	○ 0/0
	31	황 인 재										
DF	2	정 호 정	○ 0/0	○ 0/1	○ 0/0	○ 0/0	○ 0/0 C	○ 0/0	▽ 0/0		○ 0/0	○ 0/0
	3	김 영 빈	○ 0/0	▽ 0/0	▽ 0/0	○ 0/0	○ 0/0	○ 0/0	○ 0/0	○ 0/0	○ 0/0	○ 0/0 C
	4	웰 링 톤										
	5	박 동 진							△ 0/0	○ 0/0	△ 0/0	○ 0/0
	6	오 도 현		△ 1/0			△ 1/0	△ 0/0	△ 0/0	○ 0/0	△ 0/0	△ 0/0
	8	이 으 뜸	▽ 0/0		△ 0/0		○ 0/0	○ 0/0	○ 0/0	○ 0/0	○ 0/0	▽ 0/0
	12	이 민 기	△ 0/0	○ 0/0	▽ 0/0	○ 0/0 C		△ 0/0	△ 0/0			
	17	이 종 민						▽ 0/0	▽ 0/0	▽ 0/0	▽ 0/0	
	18	정 동 윤	○ 0/0	○ 0/0	○ 0/0	○ 0/0	○ 0/0	△ 0/0 C				△ 0/0
	25	홍 준 호			△ 0/0							
	55	김 진 환										
MF	7	여 름	○ 0/0	○ 0/0	○ 0/0		○ 0/0	○ 0/0	○ 0/0	▽ 0/0	○ 0/0	○ 0/0
	11	조 성 준	△ 0/0				△ 0/1 C		▽ 0/0	△ 0/0	△ 0/0 C	▽ 0/0
	13	주 현 우	▽ 0/0	△ 1/0	○ 0/0	○ 0/0		▽ 0/0				△ 0/0
	19	박 선 홍										
	20	김 정 현	○ 0/0 C	▽ 0/0 C		▽ 0/0						
	22	조 용 태		▽ 0/1		▽ 0/0	▽ 0/0			△ 0/0	▽ 0/0 C	
	23	김 민 혁	○ 0/0	○ 0/0	○ 0/0	○ 0/1	△ 0/0	○ 0/0	○ 0/0	○ 0/1	○ 0/1	○ 0/0
	33	와 다										
	34	본 즈			○ 0/0	○ 0/0	○ 0/0	○ 0/0	○ 0/0	○ 0/0	○ 0/0	○ 0/0
	40	이 찬 동										
FW	9	정 조 국	○ 0/0 C	△ 1/0	△ 0/0	▽ 1/0	▽ 0/1		○ 0/0	△ 1/0		
	10	파 비 오		○ 0/1	▽ 0/0	△ 0/0	▽ 1/0			▽ 0/0		
	16	송 승 민	○ 0/0	○ 1/0	○ 0/0	△ 0/0	○ 0/0	○ 0/0	○ 0/0	○ 0/0	○ 0/0	○ 0/0
	24	조 주 영				△ 0/0		▽ 0/0			▽ 1/0	▽ 0/0 C
	27	김 진 수										
	30	심 광 욱										
	32	김 상 욱										

선수자료 : 득점/도움 ○ = 선발출장 △ = 교체 IN ▽ = 교체 OUT ◈ = 교체 IN/OUT C = 경고 S = 퇴장

위치	배번	경기번호	182	187	197	204	210	215	220	228		
		날 짜	09.21	09.24	10.02	10.16	10.23	10.29	11.02	11.05		
		홈/원정	홈	원정	홈	원정	원정	홈	홈	원정		
		장 소	광주W	포항	광주W	수원	인천	광주W	광주W	수원W		
		상 대	수원	포항	서울	수원FC	인천	성남	포항	수원		
		결 과	무	패	패	승	패	무	무	무		
		점 수	1 : 1	0 : 1	1 : 2	2 : 1	0 : 2	0 : 0	1 : 1	1 : 1		
		승 점	41	41	41	44	44	45	46	47		
		슈팅수	11 : 6	12 : 10	10 : 8	8 : 12	15 : 12	7 : 11	9 : 2	9 : 11		
GK	1	최 봉 진								○ 0/0 S		
	21	윤 보 상	○ 0/0	○ 0/0	○ 0/0 C	○ 0/0	○ 0/0	○ 0/0	○ 0/0			
	31	황 인 재								△ 0/0		
DF	2	정 호 정	○ 0/0	○ 0/0	△ 0/0	○ 0/0	○ 0/0	○ 0/0	○ 0/0	○ 0/0		
	3	김 영 빈		○ 0/0	○ 0/0	○ 0/0 C	▽ 0/0					
	4	웰 링 톤										
	5	박 동 진	○ 0/0	○ 0/0 C	○ 0/0	△ 0/0	△ 0/0	○ 0/0	○ 0/0	○ 0/0		
	6	오 도 현	△ 0/0			△ 0/0		△ 0/0				
	8	이 으 뜸	○ 0/1 C	○ 0/0 C	▽ 0/0							
	12	이 민 기				▽ 0/0						
	17	이 종 민	▽ 0/0	▽ 0/0	○ 0/0 C	▽ 0/0	○ 0/0		△ 0/0			
	18	정 동 윤			△ 0/0 C	○ 0/0 C	○ 0/0	○ 0/0	○ 0/0	○ 0/0		
	25	홍 준 호			△ 0/0		△ 0/0	○ 0/0	○ 0/0	○ 0/0 C		
	55	김 진 환										
MF	7	여 름	○ 0/0	▽ 0/0	○ 1/0	○ 0/0	▽ 0/0 C	▽ 0/0 C				
	11	조 성 준	△ 0/0	△ 0/0		△ 0/0	△ 0/0	▽ 0/0	△ 0/0	△ 0/0		
	13	주 현 우	▽ 0/0 C					△ 0/0				
	19	박 선 홍										
	20	김 정 현										
	22	조 용 태			▽ 0/0		▽ 0/0		▽ 0/0	▽ 0/0		
	23	김 민 혁	○ 1/0	○ 0/0	○ 0/0	○ 0/0 CC		▽ 0/0 C	○ 0/0	○ 0/0		
	33	와 다		▽ 0/0					△ 0/0	○ 0/0		
	34	본 즈	○ 0/0	○ 0/0	▽ 0/0		○ 0/0 C	○ 0/0	▽ 0/0	▽ 0/0		
	40	이 찬 동	△ 0/0 C	△ 0/0		○ 0/0 C	○ 0/0	△ 0/0	▽ 0/0 C			
FW	9	정 조 국				▽ 2/0	○ 0/0	○ 0/0	○ 1/0	△ 1/0		
	10	파 비 오										
	16	송 승 민	○ 0/0	○ 0/0	○ 0/0	○ 0/1	○ 0/0	○ 0/0	○ 0/1	○ 0/0		
	24	조 주 영	▽ 0/0	△ 0/0	○ 0/0							
	27	김 진 수										
	30	심 광 욱										
	32	김 상 욱								▽ 0/0		

포 항 스 틸 러 스

창단년도_ 1973년

전화_ 054-282-2002

팩스_ 054-282-9500

홈페이지_ www.steelers.co.kr

주소_ 우 37751 경상북도 포항시 북구 중흥로 231 동양빌딩 7층
7F Dongyang Bld., 231 Jungheung-ro, Buk-gu,
Pohang-si, Gyeongbuk, KOREA 37751

연혁

1973 실업축구단 창단
한홍기 1대 감독 취임
1974 제22회 대통령배 전국축구대회 우승
1975 제12회 전국실업축구연맹전 춘계 우승
1977 제14회 전국실업축구연맹전 준우승
제32회 전국축구선수권대회 준우승
1978 제2회 실업축구회장배 준우승
1979 제3회 실업축구회장배 우승
1981 제18회 전국실업축구연맹전 추계 우승
1982 코리언리그(제19회 전국실업축구연맹전) 우승
1983 수퍼리그 참가
1984 프로축구단 전환
1985 최은택 2대 감독 취임
팀명 변경(돌핀스 → 아톰즈)
85 축구대제전 수퍼리그 준우승
신인선수상 수상자(이흥실) 배출
1986 86 축구대제전 우승
1987 이회택 3대 감독 취임
87 한국프로축구대회 준우승
1988 88 한국프로축구대회 우승
1990 국내최초 축구전용구장 준공(11월 1일)
1992 국내 최초 프로팀 통산 200승 달성(8월 26일 vs 천안일화)
92 한국프로축구대회 우승
1993 허정무 4대 감독 취임
93 아디다스컵 우승
1995 ㈜포항프로축구 법인 출범(5월 29일)
95 하이트배 코리안리그 준우승
1996 박성화 5대 감독 취임
제1회 FA컵 우승
96 아디다스컵 준우승
1997 팀명 변경(아톰즈 → 스틸러스)
96-97 Asian Club Championship 우승
97 Asian Super Cup 준우승
97 프로스펙스컵 준우승
1998 97-98 Asian Club Championship 우승(2연패)
98 Asian Super Cup 준우승
신인선수상 수상자(이동국) 배출
2001 최순호 6대 감독 취임
클럽하우스 준공
제6회 서울은행 FA컵 준우승
2002 제7회 하나-서울은행 FA컵 준우승
2003 사명 변경 ㈜포항프로축구 → ㈜포항스틸러스
산하 유소년 육성시스템 구축
2004 삼성하우젠 K-리그 2004 준우승
신인선수상 배출(문민귀)
2005 파리아스 7대 감독 취임
국내 최초 팀 통산 1,000호골 달성(이정호)
팀 통산 300승 달성(10월 23일 vs 광주상무)
A3 NISSAN CHAMPIONS CUP 2005 준우승
2007 삼성하우젠 K-리그 2007 우승
제12회 하나은행 FA컵 준우승
2008 제13회 하나은행 FA컵 우승
2009 AFC Champions League 2009 우승
피스컵 코리아 2009 우승
FIFA Club Worldcup 3위
AFC 선정 2009 올해의 아시아 최고 클럽
2010 레모스 8대 감독 취임
홍콩구정컵 국제축구대회 우승
2011 황선홍 9대 감독 취임
2012 팀 통산 400승 달성(3월 25일 vs 상주상무)
제17회 하나은행 FA컵 우승
신인선수상(現 영플레이어상) 수상자(이명주) 배출
2013 제18회 하나은행 FA컵 우승(2연패)
현대오일뱅크 K리그 클래식 2013 우승
영플레이어상 수상자(고무열) 배출(2년 연속)
2014 영플레이어상 수상자(김승대) 배출(3년 연속)
그린스타디움상 수상
2015 그린스타디움상 수상(2년 연속)
2016 최진철 10대 감독 취임
최순호 11대 감독 취임
그린스타디움상 수상(3년 연속)

포항 스틸러스 2016년 선수명단

대표이사_ 신영권　단장_ 이재열
감독_ 최순호　수석코치_ 김기동　코치_ 박진섭　피지컬코치_ 이르윙　GK코치_ 서동명　주무_ 정태영
재활트레이너_ 이인철 · 박준영　장비_ 이상열　통역_ 공완배 · 이상민　분석관_ 임재훈

포지션	선수명		생년월일	출신교	키(cm) / 몸무게(kg)
GK	신 화 용	申 和 容	1983.04.13	포철공고	182 / 81
	김 진 영	金 珍 英	1992.03.02	이리고	195 / 87
	강 현 무	姜 賢 茂	1995.03.13	포철고	185 / 78
	김 로 만	金 로 만	1996.08.03	포철고	192 / 89
DF	박 선 용	朴 宣 勇	1989.03.12	광양제철고	173 / 63
	김 광 석	金 光 碩	1982.02.12	청평공고	182 / 75
	박 준 희	朴 俊 熙	1991.03.01	광명공고	184 / 78
	김 준 수	金 俊 洙	1991.07.29	포철공고	185 / 78
	김 원 일	金 源 一	1986.10.18	통진고	186 / 77
	이 재 원	李 哉 沅	1983.03.04	군산제일고	182 / 74
	알　리	Al Hilfi Ali Abbas Mshehid	1986.08.30	*호주	170 / 67
	강 상 우	姜 傷 佑	1993.10.07	재현고	174 / 68
	배 슬 기	裵 슬 기	1985.06.09	광양제철고	183 / 78
	박 선 주	朴 宣 住	1992.03.26	언남고	174 / 62
	우 찬 양	禹 讚 揚	1997.04.27	포철공고	184 / 75
	신 광 훈	申 光 勳	1987.03.18	포철공고	178 / 75
	박 희 철	朴 喜 撤	1986.01.07	안양공고	178 / 73
MF	무 랄 랴	Luiz Philipe Lima de Oliveira	1993.01.21	*브라질	177 / 79
	문 창 진	文 昶 辰	1993.07.12	포철공고	170 / 63
	황 지 수	黃 智 秀	1981.03.27	신한고	175 / 72
	오 창 현	吳 昌 炫	1993.03.02	부경고	178 / 74
	조 수 철	趙 秀 哲	1990.10.30	서울대동세무고	180 / 70
	손 준 호	孫 準 浩	1992.05.12	포철공고	178 / 73
	김 동 현	金 東 炫	1994.07.14	포철공고	180 / 75
	정 원 진	鄭 願 眞	1994.08.10	포철공고	174 / 64
	이 래 준	李 來 俊	1997.03.19	동래고	189 / 71
	룰 리 냐	Morais Dos Reis Luiz Marcelo	1990.04.10	*브라질	170 / 71
FW	라 자 르	Lazar Veselinovic	1986.08.04	*세르비아	187 / 87
	심 동 운	沈 東 雲	1990.03.03	신갈고	169 / 67
	이 광 혁	李 侊 赫	1995.09.11	포철고	169 / 63
	양 동 현	梁 東 炫	1986.03.28	동북고	188 / 83
	최 호 주	崔 浩 周	1992.03.10	전주공고	187 / 78
	김 종 석	金 鍾 錫	1994.12.11	포철공고	181 / 74

포항 스틸러스 2016년 개인기록 _ K리그 클래식

위치	배번	경기번호	03	09	14	23	25	34	42	44	53	57
		날 짜	03.12	03.20	04.02	04.10	04.13	04.16	04.24	04.30	05.08	05.14
		홈/원정	홈	원정	원정	홈	원정	원정	홈	홈	원정	원정
		장 소	포항	인천	탄천	포항	수원W	상주	포항	포항	서울W	문수
		상 대	광주	인천	성남	전북	수원	상주	전남	제주	서울	울산
		결 과	무	승	패	무	무	패	패	승	승	무
		점 수	3 : 3	2 : 0	0 : 1	1 : 1	1 : 1	0 : 2	0 : 1	1 : 0	3 : 1	0 : 0
		승 점	1	4	4	5	6	6	6	9	12	13
		슈팅수	10 : 6	11 : 5	18 : 10	7 : 11	9 : 20	10 : 16	2 : 9	6 : 16	11 : 20	13 : 14
GK	1	신화용	○ 0/0	○ 0/0	○ 0/0	○ 0/0	▽ 0/0		○ 0/0	○ 0/0	○ 0/0 C	▽ 0/0
	21	김진영					△ 0/0	○ 0/0				△ 0/0
DF	2	박선용	○ 0/0	○ 0/0	○ 0/0	○ 0/0 C	○ 0/0	○ 0/0	○ 0/0	○ 0/0	○ 0/0	○ 0/0
	3	김광석	△ 0/0	○ 0/0	○ 0/0	○ 0/0	○ 0/0	○ 0/0	○ 0/0	○ 0/0	○ 0/0	○ 0/0
	4	박준희		▽ 0/0			△ 0/0	△ 0/0	△ 0/0	▽ 0/0	○ 0/0 C	△ 0/0
	6	김준수							○ 0/0	○ 0/0 C	○ 0/0 C	○ 0/0
	13	김원일	○ 0/0							○ 0/0	○ 0/0	○ 0/0
	15	이재원				○ 0/0	○ 0/0		○ 0/0	○ 0/0	△ 0/0	▽ 0/0
	22	알리										
	24	배슬기	▽ 0/0	○ 0/0 C	○ 0/0 C	○ 0/0	○ 0/0	○ 0/0				
	27	박선주		○ 0/0	○ 0/0 C			○ 0/0 C	△ 0/0	○ 0/1	○ 0/0 C	
	33	이남규								△ 0/0		△ 0/0
	35	김대호	○ 0/0 C			○ 0/0 C	▽ 0/0					
	35	우찬양										
	46	신광훈										
MF	5	무랄랴										
	7	문창진	▽ 0/0	△ 1/0	○ 0/0		○ 0/0	○ 0/0	▽ 0/0			
	9	황지수	○ 1/0	▽ 0/0	▽ 0/0	○ 0/0	▽ 0/0	▽ 0/0	○ 0/0			▽ 0/0
	14	오창현										
	26	조수철										
	28	손준호	○ 0/0	○ 0/0	○ 0/0	▽ 0/0						
	29	김동현	△ 0/1	△ 0/0	△ 0/0	△ 0/1	△ 0/0 C	○ 0/0	○ 0/0 S			
FW	8	라자르	○ 0/2	▽ 0/0	▽ 0/0	▽ 0/0			▽ 0/0	△ 0/0	△ 1/0 C	
	10	룰리냐										
	11	심동운	○ 1/0	○ 1/0	○ 0/0	○ 1/0	○ 0/0	○ 0/0	▽ 0/0	○ 0/0	▽ 1/0	○ 0/0
	12	이광혁						△ 0/0	○ 0/0 C	▽ 0/0	▽ 0/1	○ 0/0
	17	강상우		○ 0/1	△ 0/0	◆ 0/0					○ 0/0	○ 0/0 C
	18	양동현	△ 1/0			△ 0/0	○ 1/0 C	○ 0/0		▽ 1/0	▽ 1/1	○ 0/0
	20	최호주		△ 0/0	△ 0/0						△ 0/1	
	30	정원진	▽ 0/0		▽ 0/0	○ 0/0	○ 0/0	▽ 0/0	△ 0/0	△ 0/0		
	34	김종석										

선수자료 : 득점/도움 ○ = 선발출장 △ = 교체 IN ▽ = 교체 OUT ◆ = 교체 IN/OUT C = 경고 S = 퇴장

위치	배번	경기번호	64	70	77	84	87	92	98	107	112	120
		날 짜	05.22	05.29	06.12	06.15	06.18	06.25	06.29	07.03	07.10	07.17
		홈/원정	홈	홈	원정	홈	원정	홈	홈	원정	원정	홈
		장 소	포항	포항	광양	포항	제주W	포항	포항	광주W	전주W	포항
		상 대	수원FC	수원	전남	성남	제주	서울	울산	광주	전북	상주
		결 과	패	무	무	승	패	승	승	승	패	패
		점 수	0 : 1	2 : 2	0 : 0	3 : 1	1 : 3	2 : 1	4 : 0	1 : 0	0 : 3	0 : 2
		승 점	13	14	15	18	18	21	24	27	27	27
		슈팅수	6 : 9	10 : 13	5 : 17	10 : 6	13 : 11	11 : 10	7 : 10	5 : 10	12 : 14	13 : 10
GK	1	신화용	○ 0/0	○ 0/0	○ 0/0	○ 0/0	○ 0/0	○ 0/0			○ 0/0	○ 0/0
	21	김진영							○ 0/0	○ 0/0		
DF	2	박선용	○ 0/0	○ 0/0	○ 0/0	○ 0/1	▽ 0/0	○ 0/0	○ 0/0	○ 0/0	○ 0/0	▽ 0/0
	3	김광석	○ 0/0	○ 1/0	○ 0/0	○ 0/0	○ 0/0	○ 0/0	○ 0/0	○ 0/0	○ 0/0	○ 0/0 C
	4	박준희	△ 0/0						△ 0/0			
	6	김준수	○ 0/0 C			○ 0/0 C	○ 0/0	○ 0/0	○ 0/0	○ 0/0	○ 0/0	○ 0/0 C
	13	김원일	○ 0/0 C	○ 0/0	○ 0/0			○ 0/0	○ 0/0 C	○ 0/0	▽ 0/0	
	15	이재원		▽ 0/0	△ 0/0	△ 0/0	△ 0/0					
	22	알리										
	24	배슬기		○ 0/0	○ 0/0	○ 0/0	○ 0/0					○ 0/0 C
	27	박선주	○ 0/0 C			○ 0/0	○ 0/0	○ 0/0	○ 0/1		▽ 0/0	
	33	이남규										
	35	김대호										
	35	우찬양								▽ 0/0		
	46	신광훈										
MF	5	무랄랴								△ 0/0		▽ 0/0 C
	7	문창진	▽ 0/0	△ 0/0	△ 0/0	▽ 0/0	▽ 0/0	▽ 0/0	▽ 0/0			
	9	황지수	▽ 0/0	○ 0/0	▽ 0/0							
	14	오창현			△ 0/0 C	▽ 0/0	△ 0/0	△ 0/0	▽ 1/1	▽ 0/0	△ 0/0	△ 0/0
	26	조수철			○ 0/0	○ 0/0	○ 0/0	○ 0/0	○ 1/0	○ 0/0 C	○ 0/0 C	○ 0/0
	28	손준호										
	29	김동현		△ 0/0 C			△ 0/0		△ 0/0	△ 0/0	△ 0/0	
FW	8	라자르										△ 0/0
	10	룰리냐								▽ 0/0	△ 0/0	△ 0/0
	11	심동운	△ 0/0	▽ 1/0	▽ 0/0	△ 1/0 C	▽ 0/0	▽ 1/0	○ 1/1	△ 0/0	○ 0/0	○ 0/0
	12	이광혁	▽ 0/0	○ 0/1	▽ 0/0 C	△ 0/0 C					▽ 0/0	▽ 0/0
	17	강상우	○ 0/0	▽ 0/0	○ 0/0	○ 0/0 C	○ 0/0	○ 0/1 C		○ 0/0	○ 0/0	○ 0/0
	18	양동현	○ 0/0	○ 0/0	○ 0/0	▽ 1/0	○ 0/0 C	○ 1/1	▽ 1/1	○ 1/0	○ 0/0	○ 0/0
	20	최호주	△ 0/0	△ 0/0					△ 0/0			
	30	정원진										
	34	김종석						△ 0/0				

위치	배번	경기번호	125	127	137	144	149	155	159	167	171	178
		날짜	07.20	07.23	07.31	08.10	08.14	08.17	08.20	08.28	09.10	09.18
		홈/원정	원정	홈	원정	원정	홈	원정	홈	원정	홈	원정
		장소	수원	포항	서울W	제주W	포항	수원W	포항	광양	포항	문수
		상대	수원FC	인천	서울	제주	전북	수원	상주	전남	수원FC	울산
		결과	패	승	패	패	무	무	승	패	패	패
		점수	0 : 1	3 : 1	0 : 2	0 : 3	0 : 0	1 : 1	1 : 0	1 : 2	2 : 3	0 : 1
		승점	27	30	30	30	31	32	35	35	35	35
		슈팅수	15 : 12	14 : 9	4 : 15	9 : 17	13 : 12	9 : 15	9 : 8	9 : 17	13 : 5	9 : 16
GK	1	신화용		○ 0/0	○ 0/0	○ 0/0					○ 0/0	
	21	김진영	○ 0/0				○ 0/0	○ 0/0	○ 0/0	○ 0/0		○ 0/0
DF	2	박선용	○ 0/0	△ 0/0	○ 0/0	○ 0/0	○ 0/0	○ 0/0	○ 0/0	○ 0/0	△ 0/0	△ 0/0 S
	3	김광석	○ 0/0 C	○ 0/0	○ 0/0	○ 0/0	○ 0/0	○ 0/0	○ 0/0	○ 0/0	○ 0/0 C	
	4	박준희							△ 0/0 C	▽ 0/0 C		
	6	김준수		○ 0/0	○ 0/0		▽ 0/0 C					△ 0/0
	13	김원일	○ 0/0 C									○ 0/0 C
	15	이재원										
	22	알리		○ 0/0 C	○ 0/0	○ 0/0	▽ 0/0	○ 0/0	▽ 0/0 C			
	24	배슬기		○ 0/0 C	○ 0/0	○ 0/0	○ 0/0	○ 0/0	○ 0/0	○ 0/0	○ 0/0	○ 0/0
	27	박선주										
	33	이남규										
	35	김대호										
	35	우찬양	○ 0/0									
	46	신광훈									○ 0/0	○ 0/0
MF	5	무랄랴	△ 0/0	△ 0/0	△ 0/0	○ 0/0	○ 0/0 C	○ 0/0	○ 0/0	○ 0/0	○ 0/0	○ 0/0
	7	문창진								○ 0/1	▽ 0/1	○ 0/0
	9	황지수	▽ 0/0 C	▽ 0/0	▽ 0/0	○ 0/0	○ 0/0	▽ 0/0	▽ 0/0	○ 0/0	▽ 0/0	▽ 0/0
	14	오창현			△ 0/0	▽ 0/0	△ 0/0	▽ 0/0	▽ 0/0			
	26	조수철	○ 0/0	▽ 0/0								
	28	손준호										
	29	김동현				△ 0/0		△ 0/0	△ 0/0	◈ 0/0 C		
FW	8	라자르	○ 0/0	△ 0/1	△ 0/0	▽ 0/0	△ 0/0	○ 1/0 C	○ 0/0	△ 0/0	△ 0/0	
	10	룰리냐	▽ 0/0	▽ 1/0	▽ 0/0	▽ 0/0	△ 0/0	▽ 0/0	△ 0/1 C	△ 0/0	○ 0/0	▽ 0/0 C
	11	심동운	▽ 0/0	○ 0/0	▽ 0/0 C	○ 0/0	▽ 0/0			○ 1/0	▽ 0/0	▽ 0/0
	12	이광혁										
	17	강상우	○ 0/0	○ 0/0	○ 0/0 CC		○ 0/0	○ 0/0 C	○ 1/0	○ 0/0 C	○ 0/0	○ 0/0 C
	18	양동현	△ 0/0	○ 2/0	○ 0/0		○ 0/0 C		○ 0/0	▽ 0/0	○ 2/0	○ 0/0
	20	최호주				△ 0/0		△ 0/0			△ 0/0	△ 0/0
	30	정원진	△ 0/0			△ 0/0		△ 0/0 C				
	34	김종석										

선수자료 : 득점/도움 ○ = 선발출장 △ = 교체 IN ▽ = 교체 OUT ◈ = 교체 IN/OUT C = 경고 S = 퇴장

위치	배번	경기번호	185	187	196	202	209	214	220	227		
		날 짜	09.21	09.24	10.02	10.15	10.23	10.29	11.02	11.05		
		홈/원정	홈	홈	원정	홈	홈	원정	원정	홈		
		장 소	포항	포항	탄천	포항	포항	인천	광주W	포항		
		상 대	인천	광주	성남	수원	수원FC	인천	광주	성남		
		결 과	패	승	승	무	패	패	무	승		
		점 수	0 : 1	1 : 0	4 : 1	2 : 2	0 : 1	2 : 3	1 : 1	1 : 0		
		승 점	35	38	41	42	42	42	43	46		
		슈팅수	8 : 5	10 : 12	16 : 14	6 : 7	15 : 11	9 : 11	2 : 9	7 : 4		
GK	1	신화용							○ 0/0	○ 0/0		
	21	김진영	○ 0/0	○ 0/0	○ 0/0	○ 0/0	○ 0/0	○ 0/0				
DF	2	박선용				△ 0/0						
	3	김광석	○ 0/0 C	○ 0/0	○ 0/0	○ 0/0	○ 0/0	○ 0/0	○ 0/0	○ 0/0		
	4	박준희	○ 0/0	▽ 0/0								
	6	김준수	○ 0/0		▽ 0/0	▽ 0/0	○ 0/0	▽ 0/0	▽ 0/0 C			
	13	김원일	○ 0/0		△ 0/0		○ 0/0	△ 0/0				
	15	이재원										
	22	알리		○ 0/0		△ 1/0			○ 0/0	○ 0/0		
	24	배슬기		○ 0/0	○ 0/0	○ 1/0		○ 0/0	○ 0/0	○ 0/0		
	27	박선주										
	33	이남규										
	35	김대호										
	35	우찬양										
	46	신광훈	○ 0/0	○ 0/0	○ 0/0	○ 0/0		○ 0/0 CC		○ 0/0 C		
MF	5	무랄랴	○ 0/0	△ 0/0	○ 1/0	○ 0/0	○ 0/0	△ 0/0	△ 0/0	○ 0/0		
	7	문창진	○ 0/0	○ 0/0	○ 1/1 C	▽ 0/1	▽ 0/0		△ 1/0	▽ 0/0		
	9	황지수	△ 0/0		○ 0/0	▽ 0/0		▽ 0/0 C	○ 0/0 C			
	14	오창현		▽ 0/0	△ 1/1							
	26	조수철					○ 0/0	○ 0/0	▽ 0/0	▽ 0/1 C		
	28	손준호										
	29	김동현										
FW	8	라자르	▽ 0/0	△ 1/0	△ 0/1	△ 0/0	○ 0/0	△ 1/0	△ 0/0	△ 0/0		
	10	룰리냐	△ 0/0				△ 0/0	▽ 1/0	○ 0/0	△ 0/0		
	11	심동운	▽ 0/0	▽ 0/0	▽ 1/0	○ 0/0	▽ 0/0	○ 0/0	○ 0/0	▽ 0/0		
	12	이광혁					△ 0/0					
	17	강상우		○ 0/0	▽ 0/0	○ 0/0	○ 0/0	○ 0/0	○ 0/0	○ 0/0		
	18	양동현	△ 0/0 C	○ 0/1 C	○ 0/0	○ 0/0	○ 0/0	○ 0/0 C		○ 1/0		
	20	최호주		△ 0/0					▽ 0/0	△ 0/0		
	30	정원진	▽ 0/0 C									
	34	김종석										

인 천 유 나 이 티 드

창단년도_ 2003년
전화_ 032-880-5500
팩스_ 032-423-1509
홈페이지_ www.incheonutd.com
주소_ 우 22328 인천광역시 중구 참외전로 246
(도원동 7-1) 인천축구전용경기장 내
Incheon Football Stadium, 246, Chamoejeon-ro(7-1, Dowon-dong), Jung-gu, Incheon, KOREA 22328

연혁

2003 인천시민프로축구단 창단발표(안상수 인천광역시장)
인천시민프로축구단 발기인 총회, (주)인천시민프로축구단 법인 설립
안종복 단장 임용
'인천 유나이티드' 명칭 공모 최우수작 선정
인천시민프로축구단 1차 시민주 공모 실시
한국프로축구연맹 창단 승인
베르너 로란트 초대감독 선임

2004 2차 시민주 공모
캐치프레이즈 'Blue Hearts 2004', 캐릭터 '유티' 확정
창단식 및 일본 감바 오사카 초청경기(문학경기장)
K-리그 데뷔, 장외룡 감독대행체제 출범
삼성 하우젠 K-리그 2004 통합 12위(전기 13위, 후기 4위)

2005 캐치프레이즈 '푸른물결 2005' 확정
장외룡 감독 취임
삼성 하우젠 K-리그 2005 정규리그 통합 1위(전기 2위, 후기 4위)로 플레이오프 진출, 삼성 하우젠 K-리그 2005 준우승
삼성 하우젠 K-리그 2005 정규리그 관중 1위
(총 관중 31만 6,591명, 평균관중 2만 4,353명)
삼성 하우젠컵 2005 8위
장외룡 감독 삼성 하우젠 K-리그 대상, 올해의 감독상 수상
삼성 하우젠 K-리그 2005 베스트11 수비수 부문 수상(임중용)
인천 유나이티드 서포터즈 삼성 하우젠 K-리그 대상 공로상 수상

2006 프로축구 최초의 23억여 원 경영흑자 달성
캐치프레이즈 '시민속으로(into the community)' 확정
인천 유나이티드 소재 다큐멘터리 영화 〈비상〉 개봉
'아이(i)-유나이티드' 어린이 축구교실 운영 실시
U-12팀 창단
2군리그 우승
삼성 하우젠 K-리그 2006 통합 13위(전기 10위, 후기 6위)
제11회 하나은행 FA컵 3위

2007 안종복 사장 취임, 7억여 원 경영흑자 달성
캐치프레이즈 'My Pride My United' 확정
장외룡 감독 잉글랜드 프리미어리그 유학, 박이천 감독대행 취임
기사자료집 'My Pride My United 창단에서 흑자경영까지' 발간
삼성 하우젠 K-리그 2007 9위, 삼성 하우젠컵 2007 3위
제12회 하나은행 FA컵 3위

2008 3년 연속 경영흑자 달성
'인천축구전용경기장' (가칭) 착공
장외룡 감독 복귀
U-18 대건고 창단
2군리그 우승
삼성 하우젠 K-리그 7위 / 삼성 하우젠컵 A조 6위

2009 일리야 페트코비치 감독 선임
2009 K-리그 5위(플레이오프 진출),
피스컵 코리아 A조 2위(플레이오프 진출)
2군리그 2년 연속 우승
U-15팀 광성중 창단

2010 2010남아공 월드컵 대표 감독 출신 허정무 감독 선임
프랑스 AS모나코와 친선경기
U-12 제8회 MBC꿈나무리그 전국 결선 우승
U-15 광성중 11회 오룡기 전국 중등 축구대회 우승
2010 K리그 득점왕 수상(유병수)

2011 조건도 대표이사 취임
U-12 제9회 MBC 꿈나무리그 전국 결승 우승

2012 인천축구전용경기장 준공 및 개막전(2012년 3월 11일 VS 수원)
조동암 대표이사 취임, 김봉길 감독 취임
현대오일뱅크 K리그 2012 B그룹 1위(통합 9위)
현대오일뱅크 K리그 2012 베스트11 수비수 부문 수상(정인환)
19경기 연속 무패 팀최다 기록 수립

2013 현대 오일뱅크 K-리그 클래식 상위스플릿 진출
인천유나이티드 주주명판 및 주주동산 건립
창단 10주년 기념 경기 개최 (2013년 10월 6일, 인천 vs 서울)
현대오일뱅크 K리그 클래식 2013 그룹A 7위 (통합 7위)
캐치프레이즈 '인천축구지대본' 확정
U-15 광성중 2013 금강대기 전국중학생축구대회 우승
U-18 대건고 제94회 전국체육대회 준우승

2014 캐치프레이즈 '승리, 그 이상의 감동' 확정
김광석 대표이사 취임
2014년도 2차(13~25R) 그린스타디움상 수상

2015 김도훈 감독 선임, 정의석 단장 취임
캐치프레이즈 'Play, Together!' 확정
현대오일뱅크 K리그 클래식 2015 B그룹 2위(통합 8위)
2015 KEB하나은행 FA컵 준우승
U-18 대건고 2015 아디다스 K리그 주니어 A조 전, 후기 통합 우승
U-15 광성중 2015 대교눈높이 전국중등축구리그 왕중왕전 우승
현대오일뱅크 K리그 클래식 2015 베스트11 수비수 부문 수상(요니치)

2016 박영복 대표이사 취임, 김석현 단장 취임
캐치프레이즈 '우리는 인천' 확정
U-15 광성중 '제 45회 전국소년체육대회' 우승
U-18 대건고 '2016 아디다스 K리그 주니어 A조 후기리그' 준우승
2016년도 1차(1~12R) 그린스타디움상 수상
현대오일뱅크 K리그 클래식 2016 베스트11 수비수 부문 수상(요니치)

인천 유나이티드 2016년 선수명단

대표이사_ 박영복 단장_ 김석현
감독대행_ 이기형 코치_ 김성일·박성철 GK코치_ 김이섭 팀매니저_ 신창훈 의무트레이너_이승재·이동원·양승민

포지션	선수명		생년월일	출신교	키(cm) / 몸무게(kg)
GK	조 수 혁	趙 秀 赫	1987.03.18	건국대	187 / 80
	윤 평 국	尹 平 國	1992.02.08	인천대	189 / 85
	이 태 희	李 太 熙	1995.04.26	대건고	188 / 81
	김 다 솔	金 다 솔	1989.01.04	연세대	189 / 84
DF	김 용 환	金 容 奐	1993.05.25	숭실대	176 / 68
	김 경 민	金 耿 民	1990.08.15	연세대	185 / 80
	김 대 중	金 大 中	1992.10.13	홍익대	188 / 83
	이 윤 표	李 允 杓	1984.09.94	한남대	184 / 79
	권 완 규	權 完 規	1991.11.20	성균관대	183 / 73
	요 니 치	Matej Jonjic	1991.01.29	*크로아티아	187 / 83
	박 대 한	朴 大 韓	1991.05.01	성균관대	175 / 70
	조 병 국	曺 秉 局	1981.07.01	연세대	183 / 78
	최 종 환	崔 鐘 桓	1987.08.12	부경대	178 / 66
	안 재 준	安 宰 畯	1986.02.08	고려대	186 / 79
MF	김 태 수	金 泰 洙	1981.08.25	광운대	180 / 78
	이 중 권	李 重 券	1992.01.01	명지대	176 / 73
	김 도 혁	金 鍍 焃	1992.02.08	연세대	174 / 69
	김 동 석	金 東 錫	1987.03.26	용강중	174 / 68
	이 현 성	李 現 星	1993.05.20	용인대	172 / 69
	윤 상 호	尹 相 皓	1992.06.04	호남대	178 / 67
	김 세 훈	金 世 勳	1991.12.27	중앙대	184 / 75
	박 세 직	朴 世 直	1989.05.25	한양대	178 / 79
	박 종 진	朴 宗 眞	1987.06.24	숭실대	177 / 74
	배 승 진	裵 乘 振	1987.11.03	울산대	182 / 75
	조 영 준	趙 渶 俊	1991.08.24	건국대	186 / 78
	쯔 엉	Luong Xuan Truong	1995.04.28	*베트남	178 / 68
FW	송 제 헌	宋 制 憲	1986.07.17	선문대	177 / 77
	케 빈	Kevin Oris	1984.12.06	*벨기에	190 / 91
	진 성 욱	陳 成 昱	1993.12.16	대건고	183 / 82
	송 시 우	宋 治 雨	1993.08.28	단국대	173 / 71
	이 진 욱	李 眞 旭	1992.09.11	관동대	177 / 73
	김 대 경	金 大 景	1991.09.02	숭실대	179 / 69
	벨코스키	Krste Velkoski	1988.02.20	*마케도니아	179 / 80

인천 유나이티드 2016년 개인기록 _ K리그 클래식

위치	배번	경기번호	05	09	16	21	27	31	38	46	50	59
		날 짜	03.13	03.20	04.02	04.09	04.13	04.16	04.23	05.01	05.05	05.15
		홈/원정	원정	홈	원정	홈	원정	홈	원정	홈	홈	원정
		장 소	제주W	인천	서울W	인천	전주W	인천	수원	인천	인천	상주
		상 대	제주	포항	서울	성남	전북	수원	수원FC	울산	전남	상주
		결 과	패	패	패	패	무	무	무	패	무	패
		점 수	1 : 3	0 : 2	1 : 3	2 : 3	1 : 1	1 : 1	0 : 0	0 : 1	0 : 0	2 : 4
		승 점	0	0	0	0	1	2	3	3	4	4
		슈팅수	20 : 16	5 : 11	5 : 16	10 : 5	9 : 14	11 : 13	6 : 17	10 : 5	9 : 3	6 : 13
GK	1	조수혁										
	21	이태희		○ 0/0			○ 0/0	○ 0/0	○ 0/0	○ 0/0	○ 0/0	○ 0/0
	29	김교빈	○ 0/0									
	41	김다솔			○ 0/0	○ 0/0						
DF	3	김용환			○ 0/0	▽ 0/0				△ 0/0	○ 0/0	○ 0/0
	4	김경민	○ 0/0 C	○ 0/0								
	15	김대중			○ 0/0		△ 0/0					
	16	이윤표	○ 0/0 C	○ 0/0		○ 0/0					○ 0/0	
	17	권완규	○ 0/0	▽ 0/0								
	20	요니치	○ 0/0 C	○ 0/0	○ 0/0	○ 0/0 C	○ 0/0	○ 0/0	○ 0/0	○ 0/0 C		○ 0/0
	25	박대한	○ 0/0	○ 0/0	○ 0/0 C	○ 0/0	○ 0/0 C	○ 0/0	○ 0/0 C		○ 0/0	○ 0/0
	29	조병국					▽ 0/0	○ 0/0	○ 0/0	○ 0/0	○ 0/0	○ 0/1 C
	30	최종환										
	35	유재호			○ 0/0							
MF	5	김태수		▽ 0/0					▽ 0/0	○ 0/0	▽ 0/0	▽ 0/1
	7	김도혁	△ 0/0		▽ 0/0	○ 0/0	○ 0/0	○ 0/0	○ 0/0	○ 0/0		○ 0/0
	8	김동석	▽ 0/0	△ 0/0		○ 0/0	▽ 0/0	○ 0/0	○ 0/0		○ 0/0	
	13	이현성	▽ 0/0		△ 0/0		△ 0/0	△ 0/0		▽ 0/0		
	14	윤상호	○ 0/0 C	○ 0/0	▽ 0/0	▽ 0/0	○ 0/0	▽ 0/0 C	△ 0/0	○ 0/0	○ 0/0	○ 0/0
	23	김세훈										
	44	배승진										
	60	쯔엉										
FW	6	이중권								▽ 0/0		
	9	송제헌	△ 0/0	△ 0/0	△ 1/0	▽ 1/0		▽ 0/0	▽ 0/0		▽ 0/0	▽ 1/0
	10	케빈	○ 0/0 C	▽ 0/0	△ 0/1	○ 1/0	○ 0/1	○ 0/0	○ 0/0 C	▽ 0/0	△ 0/0	○ 1/0 C
	11	진성욱	△ 0/0	○ 0/0	○ 0/0	△ 0/0			△ 0/0	△ 0/0	○ 0/0	△ 0/0
	19	송시우				△ 0/0	△ 1/0	△ 1/0	△ 0/0 C	△ 0/0	△ 0/0	
	24	박세직	▽ 1/0	○ 0/0	○ 0/0		○ 0/0	△ 0/0		○ 0/0	△ 0/0 C	△ 0/0
	27	이진욱										
	28	이효균			▽ 0/0						▽ 0/0	△ 0/0
	36	김대경		△ 0/0		△ 0/0	○ 0/0	○ 0/0	○ 0/0	○ 0/0		
	37	박종진										
	88	벨코스키				○ 0/1	▽ 0/0	▽ 0/0	▽ 0/0			▽ 0/0

선수자료 : 득점/도움 ○ = 선발출장 △ = 교체 IN ▽ = 교체 OUT ◈ = 교체 IN/OUT C = 경고 S = 퇴장

위치	배번	경기번호	66	67	74	82	85	93	101	106	109	118
		날 짜	05.22	05.28	06.11	06.15	06.18	06.25	06.29	07.03	07.09	07.17
		홈/원정	홈	원정	원정	홈	홈	원정	홈	홈	원정	홈
		장 소	인천	탄천	수원W	인천	인천	광양	인천	인천	광주W	인천
		상 대	광주	성남	수원	수원FC	전북	전남	상주	제주	광주	서울
		결 과	패	승	무	승	무	패	승	승	무	패
		점 수	0 : 1	1 : 0	2 : 2	2 : 0	0 : 0	0 : 1	1 : 0	2 : 1	2 : 2	1 : 2
		승 점	4	7	8	11	12	12	15	18	19	19
		슈팅수	4 : 9	12 : 15	7 : 19	15 : 10	11 : 13	14 : 13	17 : 8	15 : 7	7 : 6	12 : 6
GK	1	조수혁	○ 0/0	○ 0/0 C	○ 0/0	○ 0/0	○ 0/0		○ 0/0	○ 0/0	○ 0/0	○ 0/0
	21	이태희										
	29	김교빈										
	41	김다솔						○ 0/0				
DF	3	김용환		○ 0/0 C	○ 0/0	○ 0/0	○ 0/0	○ 0/0	○ 0/0 C	○ 0/0	○ 0/0	○ 0/0
	4	김경민										
	15	김대중		△ 0/0	○ 0/0 C	○ 0/0			○ 0/0	△ 1/0		○ 0/0
	16	이윤표		○ 0/0	○ 0/0 CC		○ 0/0	○ 0/0 CC		○ 0/0	○ 1/0	○ 0/0
	17	권완규	○ 0/0	○ 0/0	○ 0/0	○ 0/0 C	○ 0/0 C	○ 0/0	○ 0/0	○ 0/0	△ 0/0 C	
	20	요니치	○ 0/0	○ 0/0	○ 0/0	○ 0/0	○ 0/0	○ 0/0 C	○ 0/0	○ 0/0	○ 0/0	
	25	박대한	○ 0/0									○ 0/0
	29	조병국	○ 0/0 C	▽ 0/0		○ 0/0	○ 0/0	○ 0/0	○ 0/0	○ 0/0	○ 0/1	○ 0/0
	30	최종환										
	35	유재호										
MF	5	김태수	○ 0/0	○ 0/0	▽ 0/0	▽ 0/0	▽ 0/0	▽ 0/0	▽ 0/0	▽ 0/0	○ 1/0	▽ 0/0
	7	김도혁		△ 0/0	△ 1/0	▽ 0/0	▽ 0/0	○ 0/0 C	○ 0/0	▽ 0/0		▽ 0/0
	8	김동석										
	13	이현성										
	14	윤상호		○ 0/0	▽ 0/0		△ 0/0		▽ 0/0	○ 0/0 C		○ 0/0 C
	23	김세훈									▽ 0/0	
	44	배승진										
	60	쯔엉	▽ 0/0									
FW	6	이중권										
	9	송제헌	○ 0/0	△ 0/1	△ 0/0							
	10	케빈		○ 1/0	○ 0/1	○ 0/0	○ 0/0	○ 0/0 C	○ 0/1	○ 0/2	○ 0/0 C	○ 1/0
	11	진성욱	△ 0/0			△ 1/0	△ 0/0	△ 0/0			△ 0/0	○ 0/1
	19	송시우	▽ 0/0 C		△ 1/0	△ 0/0	△ 0/0	△ 0/0	△ 0/0	△ 1/0	△ 0/1 C	
	24	박세직	▽ 0/0	▽ 0/0 C	○ 0/0	○ 0/0	○ 0/0	▽ 0/0	△ 0/0	△ 0/0	○ 0/0	△ 0/0
	27	이진욱										
	28	이효균	○ 0/0 S									
	36	김대경	△ 0/0			△ 0/0		△ 0/0			▽ 0/0	
	37	박종진	△ 0/0						△ 0/0			
	88	벨코스키		▽ 0/0	▽ 0/0	▽ 1/0	▽ 0/0	▽ 0/0	▽ 1/0	▽ 0/0	▽ 0/0	△ 0/0

위치	배번	경기번호	123	127	136	140	145	156	161	165	169	175
		날 짜	07.20	07.23	07.31	08.10	08.13	08.17	08.21	08.27	09.10	09.18
		홈/원정	원정	원정	홈	원정	원정	홈	홈	원정	홈	홈
		장 소	문수	포항	인천	광주W	광양	인천	인천	수원	인천	인천
		상 대	울산	포항	성남	광주	전남	전북	제주	수원FC	서울	상주
		결 과	승	패	무	무	패	패	패	패	승	무
		점 수	3 : 1	1 : 3	2 : 2	1 : 1	1 : 2	1 : 3	0 : 1	0 : 2	1 : 0	0 : 0
		승 점	22	22	23	24	24	24	24	24	27	28
		슈팅수	13 : 17	9 : 14	13 : 15	5 : 6	12 : 16	7 : 16	8 : 9	13 : 16	7 : 9	7 : 3
GK	1	조 수 혁	○ 0/0	○ 0/0	○ 0/0	○ 0/0	○ 0/0	○ 0/0	○ 0/0	○ 0/0 C	○ 0/0	○ 0/0
	21	이 태 희										
	29	김 교 빈										
	41	김 다 솔										
DF	3	김 용 환	○ 0/0	○ 0/1	○ 0/1	○ 0/0 C		○ 0/0	○ 0/0	○ 0/0	○ 0/0	▽ 0/0
	4	김 경 민									△ 0/0 C	
	15	김 대 중		△ 0/0			△ 0/0	○ 0/0	○ 0/0	△ 0/0	△ 0/0	
	16	이 윤 표	○ 0/0	○ 0/0	○ 0/0	○ 0/0	○ 0/0	○ 0/0	○ 0/0	○ 0/0 C		
	17	권 완 규									△ 0/0	△ 0/0
	20	요 니 치	○ 0/0	○ 0/0	○ 0/0	○ 0/0	○ 0/0	○ 0/0		○ 0/0	○ 0/0	○ 0/0 C
	25	박 대 한	○ 0/0 C	○ 0/0	○ 0/0	○ 0/0	○ 0/0	○ 0/1 C	○ 0/0	△ 0/0	○ 0/0	○ 0/0
	29	조 병 국	○ 0/0	○ 0/0	○ 0/0	○ 0/0	▽ 0/0 C		○ 0/0	○ 0/0 C	▽ 1/0	○ 0/0
	30	최 종 환										
	35	유 재 호										
MF	5	김 태 수	○ 0/0	▽ 0/0	▽ 0/0	○ 0/0	○ 0/0	▽ 0/0	△ 0/0			
	7	김 도 혁	○ 0/1	▽ 0/0	▽ 1/0	○ 1/0 C	○ 0/0	○ 0/0	▽ 0/0	○ 0/0	○ 0/0 C	
	8	김 동 석						▽ 0/0	○ 0/0 C	○ 0/0		
	13	이 현 성				△ 0/0						▽ 0/0
	14	윤 상 호			▽ 0/0	▽ 0/0	○ 0/0	△ 0/0	▽ 0/0		○ 0/0	▽ 0/0 C
	23	김 세 훈										
	44	배 승 진									▽ 0/0	○ 0/0
	60	쯔 엉										
FW	6	이 중 권										
	9	송 제 헌	△ 0/0			△ 0/0				▽ 0/0		
	10	케 빈	▽ 2/1	○ 1/0	○ 1/0 C				○ 0/0 C	▽ 0/0 C	○ 0/0	○ 0/0
	11	진 성 욱	△ 0/0	△ 0/0	△ 0/0	▽ 0/0	○ 0/0 C	▽ 0/0 C	△ 0/0	△ 0/0	○ 0/1	○ 0/0
	19	송 시 우	△ 0/0	△ 0/0	△ 0/0	△ 0/0	△ 0/0	△ 0/0	△ 0/0			
	24	박 세 직	▽ 1/0	○ 0/0	△ 0/0							
	27	이 진 욱					△ 0/0	△ 0/0				
	28	이 효 균										
	36	김 대 경										△ 0/0
	37	박 종 진					▽ 0/0 C			▽ 0/0	▽ 0/0	○ 0/0
	88	벨코스키	▽ 0/1	▽ 0/0	○ 0/0	▽ 0/0	▽ 1/0	○ 1/0	▽ 0/0	○ 0/0		△ 0/0

선수자료 : 득점/도움 ○ = 선발출장 △ = 교체 IN ▽ = 교체 OUT ◈ = 교체 IN/OUT C = 경고 S = 퇴장

위치	배번	경기번호	185	190	195	203	210	214	221	226		
		날 짜	09.21	09.24	10.02	10.16	10.23	10.29	11.02	11.05		
		홈/원정	원정	홈	원정	원정	홈	홈	원정	홈		
		장 소	포항	인천	문수	탄천	인천	인천	수원W	인천		
		상 대	포항	수원	울산	성남	광주	포항	수원	수원FC		
		결 과	승	무	승	무	승	승	패	승		
		점 수	1 : 0	2 : 2	3 : 2	0 : 0	2 : 0	3 : 2	2 : 3	1 : 0		
		승 점	31	32	35	36	39	42	42	45		
		슈팅수	5 : 8	11 : 13	13 : 10	8 : 15	12 : 15	11 : 9	9 : 14	13 : 19		
GK	1	조수혁	○ 0/0	○ 0/0	○ 0/0	○ 0/0	○ 0/0	○ 0/0	○ 0/0			
	21	이태희								○ 0/0 C		
	29	김교빈										
	41	김다솔										
DF	3	김용환		△ 1/0 C		△ 0/0	○ 1/0 C	○ 0/0 C		▽ 1/0		
	4	김경민	○ 0/0		△ 0/0	○ 0/0	△ 0/0	△ 0/0		○ 0/0		
	15	김대중		○ 0/0 C						△ 0/0		
	16	이윤표	○ 0/0 C		○ 0/0		△ 0/0	○ 0/0 C	▽ 0/0			
	17	권완규	○ 0/0	○ 0/0 C	○ 1/0	▽ 0/0	○ 0/0	○ 1/0	○ 0/0	○ 0/1		
	20	요니치	○ 0/0 C		○ 0/0	○ 0/0	○ 0/0	○ 0/0	○ 0/0	○ 0/0		
	25	박대한	△ 0/0			△ 0/0	○ 0/0	○ 0/1 C		○ 0/0		
	29	조병국		▽ 0/0		○ 0/0	○ 0/0		○ 0/0	○ 0/0 C		
	30	최종환	▽ 0/0	○ 0/0	○ 0/0	○ 0/0				△ 0/0		
	35	유재호										
MF	5	김태수	▽ 0/0									
	7	김도혁	○ 0/0	○ 0/0	○ 0/0 C	○ 0/0	○ 0/0	○ 0/0 C	○ 0/1	○ 0/0		
	8	김동석										
	13	이현성			△ 0/0				△ 0/0			
	14	윤상호		▽ 0/0	▽ 0/0	○ 0/0 C		▽ 0/0	▽ 0/0			
	23	김세훈										
	44	배승진		○ 0/0 C	▽ 0/0							
	60	쯔엉					▽ 0/0	▽ 0/0	△ 0/0			
FW	6	이중권										
	9	송제헌										
	10	케빈	△ 0/0	○ 0/1	○ 0/0	○ 0/0	○ 0/1	○ 1/0	○ 0/1 C			
	11	진성욱	○ 0/0	△ 1/1	○ 0/0	▽ 0/0	▽ 1/0	△ 0/0	○ 2/0 C			
	19	송시우	△ 0/0	▽ 0/0	△ 1/0	△ 0/0	▽ 0/0	△ 0/0	▽ 0/0			
	24	박세직	○ 1/0	○ 0/0	▽ 0/0	▽ 0/0 C			△ 0/0	○ 0/0		
	27	이진욱										
	28	이효균										
	36	김대경	▽ 0/0				△ 0/0	▽ 1/1	○ 0/0	▽ 0/0		
	37	박종진		△ 0/0						△ 0/0		
	88	벨코스키								▽ 0/0		

성 남 FC

창단년도_ 1989년

전화_ 031-709-4133

팩스_ 031-709-4443

홈페이지_ www.seongnamfc.com

주소_ 우 13495 경기도 성남시 분당구 탄천로 215(야탑동)
탄천종합운동장
Tancheon Sports Complex, 215, Tancheon-ro(Yatap-dong)
Bundang-gu, Seongnam-si, Gyeonggi-do, KOREA 13495

연혁

1988 일화프로축구단 창단인가(9월 20일)
㈜ 통일스포츠 설립(10월 28일)

1989 창단식(3월 18일)
89 한국프로축구대회 5위

1992 92 아디다스컵 우승
92 한국프로축구대회 준우승

1993 92 한국프로축구대회 우승

1994 94 하이트배 코리안리그 우승

1995 95 하이트배 코리안리그 챔피언결정전 우승
제15회 아시안 클럽 챔피언십 우승
95 하이트배 코리안리그 전기 우승

1996 제11회 아프로-아시안 클럽 챔피언십 우승, 그랜드슬램 달성
제2회 아시안 슈퍼컵 우승
연고지 이전(3월 27일, 서울 강북 → 충남 천안)
96 AFC 선정 최우수클럽상 수상

1997 제16회 아시안 클럽 챔피언십 준우승
제2회 FA컵 준우승

1999 제4회 삼보컴퓨터 FA컵 우승
제47회 대통령배 전국축구대회 우승(2군)
연고지 이전(12월 27일, 충남 천안 → 경기 성남)

2000 제2회 2000 티켓링크 수퍼컵 준우승
대한화재컵 3위
아디다스컵 축구대회 준우승
삼성 디지털 K-리그 3위
제5회 서울은행 FA컵 3위

2001 2001 포스코 K-리그 우승
2군리그 우승
아디다스컵 축구대회 3위
제6회 서울은행 FA컵 8강

2002 삼성 파브 K-리그 우승
아디다스컵 우승
제3회 2001 포스데이타 수퍼컵 우승
제7회 서울-하나은행 FA컵 3위

2003 삼성 하우젠 K-리그 우승
2군리그 우승(중부)

2004 삼성 하우젠컵 2004 우승
A3 챔피언스컵 우승
AFC 챔피언스리그 준우승
제5회 2004 K-리그 수퍼컵 준우승
2군리그 준우승

2005 삼성 하우젠 K-리그 2005 후기리그 우승

2006 삼성 하우젠 K-리그 2006 우승(전기 1위 / 후기 9위)
삼성 하우젠컵 2006 준우승

2007 삼성 하우젠 K-리그 2007 준우승(정규리그 1위)

2008 삼성 하우젠 K-리그 2008 5위(정규리그 3위)

2009 2009 K-리그 준우승(정규리그 4위)
제14회 2009 하나은행 FA컵 준우승
2군리그 준우승

2010 AFC 챔피언스리그 2010 우승
FIFA클럽월드컵 4강
쏘나타 K리그 2010 4위(정규리그 5위)
AFC '올해의 클럽' 수상

2011 제16회 2011 하나은행 FA컵 우승
R리그 A조 1위

2012 홍콩 아시안챌린지컵 우승
2012 피스컵수원 준우승

2013 현대오일뱅크 K리그 클래식 2013 8위
성남시민프로축구단 창단발표
성남시와 통일그룹 간 양해각서 체결
시민구단 지원조례 제정
성남일화천마프로축구단 인수계약서 체결
초대 박종환 감독 취임, 초대 신문선 대표이사 취임

2014 구단명칭 법원 등기 이전 완료, 엠블럼 및 마스코트 확정
창단식 개최
제2대 김학범 감독 취임
제19회 하나은행 FA컵 우승
현대오일뱅크 K리그 클래식 2014 9위

2015 제2대 곽선우 대표이사 취임
시민구단 최초 AFC 챔피언스리그 16강 진출
김학범 감독 K리그 통산 100승 달성
현대오일뱅크 K리그 클래식 2015 5위

2016 제3대 이석훈 대표이사 취임
2016 K리그 '팬 프렌들리 클럽상' 수상

성남FC 2016년 선수명단

대표이사_ 이석훈
감독대행_ 구상범 수석코치_ 변성환 코치_ 남궁도 코치_ 정경호 GK코치_ 박지훈 주무_ 김주환
트레이너_ 김정훈 트레이너_ 고봉종 트레이너_ 전우람 장비사_ 곽재승 통역_ 박은규

포지션	선수명		생년월일	출신교	키(cm) / 몸무게(kg)
GK	전 상 욱	全 相 昱	1979.09.22	단국대	191 / 83
	김 근 배	金 根 培	1986.08.07	고려대	187 / 79
	김 동 준	金 東 俊	1994.12.19	연세대	189 / 85
DF	장 학 영	張 學 榮	1981.08.24	경기대	170 / 63
	김 태 윤	金 台 潤	1986.07.25	풍생고	181 / 76
	이 용	李 龍	1989.01.21	고려대	187 / 80
	장 석 원	張 碩 元	1989.08.11	단국대	184 / 80
	임 채 민	林 採 民	1990.11.28	영남대	189 / 83
	이 태 희	李 台 熙	1992.06.16	숭실대	183 / 75
	이 원 규	李 原 圭	1992.07.16	인천대	180 / 75
	김 명 수	金 命 洙	1992.08.10	관동대	183 / 80
	유 청 윤	柳 清 潤	1992.09.07	경희대	184 / 76
	연 제 운	鍊 題 友	1994.08.28	선문대	185 / 78
	권 혁 준	權 赫 駿	1995.01.11	문경대	174 / 68
MF	김 두 현	金 斗 炫	1982.07.14	용인대	175 / 66
	피 투	Miguel Sebastian Garcia	1984.01.27	*아르헨티나	174 / 73
	황 진 성	黃 辰 成	1984.05.05	포철공고	177 / 70
	안 상 현	安 相 炫	1986.03.05	능곡중	180 / 75
	조 재 철	趙 載 喆	1986.05.18	아주대	178 / 64
	박 진 포	朴 珍 鋪	1987.08.13	대구대	173 / 72
	이 종 원	李 鐘 元	1989.03.14	성균관대	176 / 70
	정 선 호	鄭 先 皓	1989.03.25	동의대	182 / 76
	최 호 정	崔 皓 程	1989.12.08	관동대	182 / 75
	이 후 권	李 厚 權	1990.10.30	광운대	180 / 75
	염 유 신	廉 裕 申	1992.08.10	선문대	186 / 70
	박 재 우	朴 宰 佑	1993.01.26	제주오현고	178 / 72
	이 범 수	李 範 洙	1993.06.07	명지대	176 / 70
	박 인 우	朴 寅 佑	1993-12-04	원광디지털대	170 / 60
	최 명 진	崔 明 眞	1994.05.02	광주대	178 / 74
FW	이 창 훈	李 昶 勳	1986.12.17	인천대	173 / 67
	김 동 희	金 東 熙	1989.05.06	연세대	169 / 62
	실 빙 요	Silvio Jose Cardoso Reis Junior	1990.07.01.	*브라질	175 / 75
	황 의 조	黃 義 助	1992.08.28	연세대	184 / 73
	문 창 현	文 昶 現	1992.11.12	명지대	181 / 78
	박 용 지	朴 勇 智	1992.10.09	중앙대	183 / 73
	성 봉 재	成 奉 宰	1993.04.29	동국대	183 / 76
	김 현	金 玄	1993.05.03	영생고	188 / 80

성남FC 2016년 개인기록 _ K리그 클래식

위치	배번	경기번호	02	07	14	21	26	32	37	48	49	58
		날 짜	03.12	03.19	04.02	04.09	04.13	04.16	04.23	05.01	05.05	05.14
		홈/원정	홈	원정	홈	원정	홈	원정	원정	홈	원정	홈
		장 소	탄천	수원	탄천	인천	탄천	전주W	제주W	탄천	문수	탄천
		상 대	수원	수원FC	포항	인천	전남	전북	제주	광주	울산	서울
		결 과	승	무	승	승	무	패	무	승	승	패
		점 수	2 : 0	1 : 1	1 : 0	3 : 2	0 : 0	2 : 3	2 : 2	2 : 0	3 : 0	2 : 3
		승 점	3	4	7	10	11	11	12	15	18	18
		슈팅수	12 : 21	7 : 15	10 : 18	5 : 10	12 : 19	8 : 18	10 : 21	13 : 19	11 : 17	9 : 14
GK	1	전상욱								△ 0/0		
	21	김근배										
	31	김동준	○ 0/0	○ 0/0	○ 0/0	○ 0/0	○ 0/0	○ 0/0	○ 0/0	▽ 0/0	○ 0/0	○ 0/0
	41	박준혁										
DF	4	김태윤	○ 0/0	○ 0/0	○ 0/0	▽ 0/0		○ 0/0 C	○ 0/0	○ 0/0	○ 0/0	○ 1/0
	5	임채민										△ 0/0
	6	이태희	○ 0/1	○ 0/0	○ 0/0			○ 0/0	○ 0/0		○ 0/0	○ 0/0
	17	박태민										
	24	장석원	△ 0/0			△ 0/0	○ 0/0		○ 0/0 C		△ 0/0	
	26	곽해성			△ 0/0	○ 0/1	○ 0/0			○ 0/0	△ 0/0	
	32	연제운										
	33	장학영	○ 0/0	○ 0/0	○ 0/0	○ 0/0	○ 0/0	○ 0/0	○ 0/0	○ 0/0	○ 0/1	○ 0/0 C
	40	윤영선	○ 0/0	○ 0/0 C	○ 0/0	○ 0/0	○ 0/0	○ 0/0		○ 0/0	○ 1/0	○ 0/0 C
	87	박진포										
MF	3	이후권										
	7	황진성										
	8	김두현	▽ 1/0	▽ 0/0		△ 0/0			△ 1/0	▽ 0/0 C	▽ 0/0	▽ 0/0
	14	정선호										△ 0/0
	15	최호정						○ 0/0	△ 0/0			
	16	안상현	○ 0/0	○ 0/0	○ 0/0	○ 0/0	○ 0/0		○ 0/0	△ 0/1	○ 0/0 C	▽ 0/0 C
	22	이종원	▽ 0/0	△ 0/0	○ 0/0 C	○ 0/0	○ 0/0 C	▽ 0/0 C		○ 0/0 CC	○ 0/0	○ 0/0 C
	26	피투	△ 0/0 C	▽ 0/0	▽ 0/0	▽ 0/0	▽ 0/0	△ 0/1	▽ 0/0	△ 0/0	○ 1/0	○ 0/0
	30	조재철		△ 0/0	△ 0/0		▽ 0/0	○ 1/0	○ 0/0	○ 0/0 C	△ 0/0	
FW	10	유창현			△ 0/0 C							
	10	황의조	○ 0/0	○ 0/0	○ 0/1	○ 2/0	○ 0/0	○ 0/0	○ 0/0	○ 1/0	▽ 1/1	○ 0/0
	11	실빙요										
	13	김동희	△ 0/0	△ 0/0		△ 0/0	△ 0/0	△ 0/0				
	17	이창훈										
	18	김현										
	19	박용지	▽ 0/0	▽ 0/0	▽ 0/0	▽ 0/0	△ 0/0	▽ 0/0	▽ 1/0	▽ 0/0		△ 0/0
	27	성봉재							△ 0/0			
	55	티아고	○ 1/0	○ 1/0	▽ 1/0	○ 1/1	○ 0/0	○ 1/1	▽ 0/2	○ 1/0	▽ 0/0	▽ 1/0

선수자료 : 득점/도움 ○ = 선발출장 △ = 교체 IN ▽ = 교체 OUT ◈ = 교체 IN/OUT C = 경고 S = 퇴장

위치	배번	경기번호	61	67	76	84	90	94	100	105	113	119
		날 짜	05.21	05.28	06.12	06.15	06.19	06.26	06.29	07.02	07.10	07.17
		홈/원정	원정	홈	홈	원정	원정	홈	원정	원정	홈	원정
		장 소	상주	탄천	탄천	포항	광주W	탄천	서울W	광양	탄천	수원W
		상 대	상주	인천	전북	포항	광주	울산	서울	전남	상주	수원
		결 과	승	패	무	패	무	패	승	승	패	승
		점 수	3 : 2	0 : 1	2 : 2	1 : 3	1 : 1	0 : 1	3 : 1	1 : 0	2 : 3	2 : 1
		승 점	21	21	22	22	23	23	26	29	29	32
		슈팅수	9 : 17	15 : 12	15 : 21	6 : 10	9 : 11	8 : 16	8 : 12	12 : 12	8 : 17	8 : 22
GK	1	전상욱										
	21	김근배										○ 0/0
	31	김동준	○ 0/0 C	○ 0/0	○ 0/0	○ 0/0	○ 0/0	○ 0/0	○ 0/0	○ 0/0	○ 0/0	
	41	박준혁										
DF	4	김태윤	○ 0/0	○ 0/0 C	○ 0/0	○ 0/0 C			○ 0/0	○ 0/0	○ 0/0	○ 0/0
	5	임채민		○ 0/0 C			○ 0/0	○ 0/0	△ 0/0	△ 0/0	○ 0/0	○ 0/0
	6	이태희		○ 0/0			○ 0/1	○ 0/0	△ 0/0	○ 0/0 C	○ 0/0	△ 0/0
	17	박태민										○ 0/0
	24	장석원	△ 0/0								△ 0/0	△ 0/0
	26	곽해성	○ 0/0		○ 0/0	○ 0/0 C			▽ 0/0			
	32	연제운			△ 0/0					▽ 0/0	○ 1/0 C	○ 0/0 C
	33	장학영	○ 0/0	○ 0/0	○ 0/0	○ 0/1	○ 0/0 C	○ 0/0	○ 0/0	○ 0/0	○ 0/0	
	40	윤영선	○ 0/0 C		○ 0/0	○ 0/0	○ 0/0	○ 0/0 C	○ 0/0	○ 0/0 C		
	87	박진포										
MF	3	이후권										▽ 0/0 C
	7	황진성										
	8	김두현	△ 0/0	△ 0/0	▽ 0/0	▽ 0/0	○ 0/0	○ 0/0	△ 0/0	▽ 0/0	○ 0/0 CC	
	14	정선호				△ 0/0	○ 0/0	▽ 0/0		○ 0/0	▽ 0/0	○ 0/1
	15	최호정										
	16	안상현	○ 0/1	○ 0/0	○ 0/0 C		▽ 0/0	▽ 0/0	○ 0/0	△ 0/0		
	22	이종원	○ 0/0	○ 0/0	△ 0/0	▽ 0/0	△ 0/0		○ 0/0 C		△ 0/0	
	26	피투	○ 0/0	○ 0/0	▽ 0/0	○ 0/0	▽ 1/0	▽ 0/0	▽ 0/1	△ 0/0	▽ 0/0	○ 0/0
	30	조재철				△ 1/0		△ 0/0	▽ 0/0	○ 0/0	△ 0/0	○ 1/0
FW	10	유창현	▽ 0/0			△ 0/0						
	10	황의조	△ 0/0	○ 0/0	○ 0/0	○ 0/0	○ 0/0	○ 0/0	○ 1/0	○ 0/0	○ 1/0	△ 0/1
	11	실빙요										
	13	김동희	▽ 0/0	▽ 0/0	△ 0/0							
	17	이창훈										
	18	김현										▽ 1/0
	19	박용지		△ 0/0	▽ 0/0	▽ 0/0 C	△ 0/0	△ 0/0				▽ 0/0
	27	성봉재						△ 0/0				
	55	티아고	▽ 2/0	▽ 0/0	○ 2/0	○ 0/0	○ 0/0	○ 0/0	○ 1/1	▽ 1/0	▽ 0/0	

위치	배번	경기번호	126	132	136	157	142	146	154	163	172	176
		날 짜	07.20	07.24	07.31	08.03	08.10	08.13	08.17	08.27	09.10	09.17
		홈/원정	홈	홈	원정	홈	홈	원정	홈	원정	홈	홈
		장 소	탄천	탄천	인천	탄천	탄천	상주	탄천	제주W	탄천	탄천
		상 대	제주	수원FC	인천	서울	전남	상주	광주	제주	수원	수원FC
		결 과	무	패	무	패	승	무	패	패	패	승
		점 수	0 : 0	1 : 2	2 : 2	1 : 2	2 : 0	2 : 2	0 : 1	0 : 1	1 : 2	2 : 1
		승 점	33	33	34	34	37	38	38	38	38	41
		슈팅수	9 : 14	16 : 12	15 : 13	4 : 16	16 : 25	12 : 19	8 : 11	8 : 16	11 : 13	13 : 10
GK	1	전 상 욱										
	21	김 근 배	○ 0/0	○ 0/0	○ 0/0	○ 0/0	○ 0/0	○ 0/0			○ 0/0	○ 0/0
	31	김 동 준										
	41	박 준 혁							○ 0/0	○ 0/0		
DF	4	김 태 윤	○ 0/0	○ 0/0	○ 0/0	○ 0/0	○ 0/0	○ 0/0 C	○ 0/0	○ 0/0 C	○ 0/0	○ 0/0
	5	임 채 민	○ 0/0	○ 0/0	○ 0/0	○ 0/0 C	○ 0/0	○ 0/0 C			○ 0/0	○ 0/0
	6	이 태 희	○ 0/0	○ 0/1	○ 0/0 C	○ 0/0	△ 0/0		○ 0/0	○ 0/0	○ 1/0	○ 0/0
	17	박 태 민										
	24	장 석 원				△ 0/0			▽ 0/0 C	○ 0/0		△ 0/0
	26	곽 해 성										
	32	연 제 운	○ 0/0	▽ 0/0	○ 0/0 C		○ 0/0	○ 0/0	○ 0/0 C	▽ 0/0		
	33	장 학 영	○ 0/0	○ 0/0	△ 0/0	○ 0/0	○ 0/0	○ 0/0 C		○ 0/0	○ 0/0 C	▽ 0/0
	40	윤 영 선										
	87	박 진 포										
MF	3	이 후 권	△ 0/0 C		▽ 0/0		○ 0/0	○ 0/0	○ 0/0			△ 0/0
	7	황 진 성		△ 1/0	○ 0/1	▽ 0/1	△ 0/0	▽ 0/0	▽ 0/0	△ 0/0	△ 0/0	
	8	김 두 현	▽ 0/0	▽ 0/0	△ 1/0 C	○ 0/0	▽ 0/0 C		▽ 0/0	▽ 0/0		
	14	정 선 호	○ 0/0	△ 0/0	▽ 0/0		▽ 0/0	▽ 1/0		△ 0/0	○ 0/0	
	15	최 호 정					△ 0/0	△ 0/0 C	△ 0/0	○ 0/0		
	16	안 상 현				△ 0/0						
	22	이 종 원		○ 0/0		○ 0/0					▽ 0/0	○ 0/0
	26	피 투		○ 0/0	○ 0/1		○ 0/2	○ 0/1 C	○ 0/0	○ 0/0	○ 0/1 C	
	30	조 재 철	○ 0/0	▽ 0/0								○ 0/0
FW	10	유 창 현										
	10	황 의 조	○ 0/0	○ 0/0	○ 0/0	○ 0/0	○ 1/0 C	○ 1/0	○ 0/0	○ 0/0	△ 0/0	▽ 0/0
	11	실 빙 요			△ 0/0	▽ 1/0	▽ 1/0	▽ 0/0	○ 0/0	○ 0/0	○ 0/0	▽ 0/0
	13	김 동 희	△ 0/0						△ 0/0		▽ 0/0	△ 0/0
	17	이 창 훈										
	18	김 현		△ 0/0		△ 0/0		△ 0/0	△ 0/0 C		▽ 0/0	○ 2/0
	19	박 용 지	▽ 0/0			▽ 0/0		△ 0/0			△ 0/0	○ 0/1
	27	성 봉 재			▽ 1/0							
	55	티 아 고										

선수자료 : 득점/도움 ○ = 선발출장 △ = 교체 IN ▽ = 교체 OUT ◈ = 교체 IN/OUT C = 경고 S = 퇴장

위치	배번	경기번호	184	188	196	203	208	215	222	227	승강PO 01	승강PO 02
		날 짜	09.21	09.24	10.02	10.16	10.22	10.29	11.02	11.05	11.17	11.20
		홈/원정	원정	원정	홈	홈	원정	원정	홈	원정	원정	홈
		장 소	문수	전주W	탄천	탄천	수원W	광주W	탄천	포항	강릉	탄천
		상 대	울산	전북	포항	인천	수원	광주	수원FC	포항	강원	강원
		결 과	패	패	패	무	패	무	패	패	무	무
		점 수	1 : 2	0 : 1	1 : 4	0 : 0	0 : 2	0 : 0	1 : 2	0 : 1	0 : 0	1 : 1
		승 점	41	41	41	42	42	43	43	43	0	0
		슈팅수	15 : 19	4 : 16	14 : 16	15 : 8	9 : 16	11 : 7	19 : 13	4 : 7	7 : 9	11 : 11
GK	1	전상욱										
	21	김근배										○ 0/0
	31	김동준		○ 0/0	○ 0/0	○ 0/0	○ 0/0	○ 0/0	○ 0/0	○ 0/0	○ 0/0	
	41	박준혁	○ 0/0									
DF	4	김태윤	○ 0/0	○ 0/0	○ 0/0			○ 0/0	○ 0/0	○ 0/0 C	○ 0/0	○ 0/0
	5	임채민	○ 0/0	○ 0/0 C	○ 0/0	○ 0/0	○ 0/0				○ 0/0 C	○ 0/0 C
	6	이태희	○ 0/0 C			△ 0/0		○ 0/0	○ 0/0	▽ 0/0 C		
	17	박태민										
	24	장석원	△ 0/0			▽ 0/0						
	26	곽해성										
	32	연제운				△ 0/0	○ 0/0	○ 0/0	○ 0/0	○ 0/0		
	33	장학영		○ 0/0					○ 0/0	○ 0/0	○ 0/0	○ 0/0 C
	40	윤영선										
	87	박진포		○ 0/0	○ 0/0 C	▽ 0/0						○ 0/0
MF	3	이후권	○ 0/0		○ 0/0 C		○ 0/0					
	7	황진성	△ 0/0					▽ 0/0			○ 0/0 C	△ 1/0
	8	김두현				▽ 0/0	▽ 0/0	△ 0/0	△ 1/0	○ 0/0	▽ 0/0	△ 0/0
	14	정선호			△ 0/0						○ 0/0	▽ 0/0 C
	15	최호정				○ 0/0	○ 0/0	○ 0/0		○ 0/0	○ 0/0	
	16	안상현	○ 0/0	○ 0/0	○ 0/0	○ 0/0	○ 0/0	▽ 0/0 C			△ 0/0	○ 0/0 CC
	22	이종원	○ 0/0	○ 0/0 S			▽ 0/0		○ 0/0	○ 0/0 C		
	26	피투	▽ 0/0	▽ 0/0	▽ 1/0	△ 0/0		△ 0/0	▽ 0/0		▽ 0/0	
	30	조재철		△ 0/0	▽ 0/0	○ 0/0 C	△ 0/0	○ 0/0	○ 0/0	△ 0/0		▽ 0/0
FW	10	유창현										
	10	황의조	○ 1/0	○ 0/0	○ 0/0	○ 0/0	○ 0/0	○ 0/0	▽ 0/0			○ 0/0
	11	실빙요		▽ 0/0	△ 0/0		△ 0/0		▽ 0/0	△ 0/0		
	13	김동희	△ 0/0	△ 0/0	▽ 0/0		△ 0/0		△ 0/0 S		△ 0/0	△ 0/0
	17	이창훈			△ 0/0					○ 0/0 C	○ 0/0	
	18	김현	▽ 0/0	△ 0/0	○ 0/0	○ 0/0	○ 0/0	△ 0/0	○ 0/0	△ 0/0 C	△ 0/0	○ 0/0 C
	19	박용지	▽ 0/1 C	▽ 0/0 C		○ 0/0	▽ 0/0	▽ 0/0	△ 0/0 C	▽ 0/0	▽ 0/0	▽ 0/0
	27	성봉재						○ 0/0 C		▽ 0/0		
	55	티아고										

수 원 F C

창단년도_ 2003년

전화_ 031-228-4521~3

팩스_ 031-228-4458

홈페이지_ www.suwonfc.com

주소_ 우 16308 경기도 수원시 장안구 경수대로 893 수원종합운동장 내
Suwon Sports Complex, 893, Gyeongsu-daero, Jangan-gu, Suwon-si, Gyeonggi-do, KOREA 16308

연혁

2003	수원시청축구단 창단
	제49회 경기도체육대회 우승
	인터막스 K2 전기리그 6위
	인터막스 K2 후기리그 3위
	제8회 하나은행 FA컵 16강
2004	제52회 대통령배 전국축구대회 16강
	제50회 경기도체육대회 우승
	현대자동차 K2 전기리그 5위
	2004 K2 선수권대회 준우승
	제9회 하나은행 FA컵 16강
	현대자동차 K2 후기리그 3위
2005	제53회 대통령배 전국축구대회 16강
	제51회 경기도체육대회 우승
	국민은행 K2 전기리그 우승
	생명과학기업 STC 2005 K2 선수권대회 우승
	국민은행 K2 챔피언결정전 준우승 / 후기리그 5위
2006	제54회 대통령배 전국축구대회 8강
	제52회 경기도체육대회 우승
	STC내셔널리그 전기리그 6위
	제87회 전국체육대회 축구 준우승
	STC내셔널리그 후기리그 3위
2007	제55회 대통령배 전국축구대회 우승
	제53회 경기도체육대회 우승
	KB국민은행 내셔널리그 전기리그 4위
	한국수력원자력 2007내셔널축구 선수권대회 우승
	제88회 전국체육대회 축구 준우승
	KB국민은행 내셔널리그 챔피언결정전 준우승
	KB국민은행 내셔널리그 후기리그 우승
2008	제56회 대통령배 전국축구대회 16강
	제54회 경기도 체육대회 우승
	KB국민은행 내셔널리그 전기리그 3위
	KB국민은행 내셔널리그 챔피언결정전 준우승
	KB국민은행 내셔널리그 후기리그 우승
2009	교보생명 내셔널리그 통합1위 / 후기리그 준우승
2010	제56회 경기도 체육대회 축구 준우승
	대한생명 내셔널리그 통합우승 / 후기리그 준우승
2011	제57회 경기도 체육대회 축구 우승
	제92회 전국체육대회 일반부 우승
2012	우리은행 2012 내셔널축구선수권대회 우승
	프로축구 2부 리그 참가 확정
2013	현대오일뱅크 K리그 챌린지 참가
	제18회 하나은행 FA컵 8강 진출(챌린지팀 중 유일)
	현대오일뱅크 K리그 챌린지 4위
2014	2014 하나은행 FA컵 16강 진출
	현대오일뱅크 K리그 챌린지 정규리그 6위
2015	제4대 김춘호 이사장 취임
	현대오일뱅크 K리그 챌린지 2위(K리그 클래식 승격)
2016	현대오일뱅크 K리그 클래식 12위

수원FC 2016년 선수명단

이사장_ 김춘호 단장_ 김응렬 사무국장_ 전우찬
감독_ 조덕제 수석코치_ 조종화 코치_ 양종후 GK코치_ 이승준 스카우터_ 이진행, 피지컬 코치_ 세자르,
주무_ 임승희, 의무트레이너_ 김동영 · 유재승

포지션	선수명		생년월일	출신교	키(cm) / 몸무게(kg)
GK	이 창 근	李 昌 根	1993.08.30	동래고	186 / 75
	이 인 수	李 寅 洙	1993.11.16	선문대	191 / 78
	김 지 훈	金 智 訓	1992.02.09	광운대	185 / 80
	박 형 순	朴 炯 淳	1989.10.23	광운대	185 / 78
DF	블 라 단	Vladan Adzic	1987.07.05	*몬테네그로	192 / 85
	레 이 어	Adrian Leijer	1986.03.25	*호주	187 / 83
	유 지 노	柳 志 弩	1989.11.06	광양제철고	180 / 70
	임 하 람	林 하 람	1990.11.18	연세대	186 / 87
	이 준 호	李 俊 號	1989.01.27	중앙대	180 / 74
	김 민 제	金 旼 弟	1989.09.12	중앙대	168 / 71
	김 성 현	金 晟 賢	1993.06.04	성균관대	186 / 82
	김 근 환	金 根 煥	1986.08.12	경희대	193 / 86
MF	황 재 훈	黃 在 焄	1990.11.25	진주고	178 / 71
	김 종 국	金 鍾 局	1989.01.08	울산대	180 / 71
	이 광 진	李 廣 鎭	1991.07.23	동북고	179 / 66
	이 승 현	李 昇 鉉	1985.07.25	한양대	175 / 71
	김 혁 진	金 奕 辰	1991.03.06	경희대	175 / 72
	가 빌 란	Jaime Gavilan Martinez	1985.05.12	*스페인	178 / 75
	권 혁 진	權 赫 珍	1988.03.23	숭실대	182 / 77
	여 인 언	呂 仁 言	1992.04.29	한남대	171 / 64
	이 창 무	李 倉 武	1993.03.01	홍익대	177 / 70
	권 용 현	權 容 玄	1991.10.23	호원대	170 / 70
	김 철 호	金 喆 淏	1983.09.26	강원관광대	177 / 69
	김 부 관	金 附 罐	1990.09.03	광주대	170 / 68
	임 창 균	林 昌 均	1990.04.19	경희대	173 / 70
	이 재 안	李 宰 安	1988.06.21	한라대	181 / 81
FW	김 병 오	金 炳 旿	1989.06.26	성균관대	181 / 78
	김 한 원	李 昇 烈	1981.08.06	세경대	181 / 75
	브 루 스	Bruce Jose Djite	1987.03.25	*호주	185 / 85
	정 민 우	鄭 珉 優	1992.12.01	호남대	177 / 73
	윤 태 수	尹 太 秀	1993.04.16	아주대	178 / 73
	이 광 훈	李 侊 勳	1993.11.26	포철고	170 / 67
	정 기 운	鄭 기 운	1992.07.05	광운대	186 / 78
	서 동 현	徐 東 鉉	1985.06.05	건국대	188 / 70
	오군지미	Marvin Olalekan Ogunjimi	1987.10.12	*벨기에	185 / 82

수원FC 2016년 개인기록 _ K리그 클래식

위치	배번	경기번호	04	07	17	19	30	33	38	45	52	56
		날 짜	03.13	03.19	04.03	04.09	04.13	04.16	04.23	04.30	05.07	05.14
		홈/원정	원정	홈	홈	원정	홈	원정	홈	원정	홈	홈
		장 소	광양	수원	수원	상주	수원	서울W	수원	전주W	수원	수원
		상 대	전남	성남	광주	상주	울산	서울	인천	전북	제주	수원
		결 과	무	무	승	무	무	패	무	패	패	패
		점 수	0 : 0	1 : 1	2 : 1	1 : 1	1 : 1	0 : 3	0 : 0	1 : 3	2 : 5	1 : 2
		승 점	1	2	5	6	7	7	8	8	8	8
		슈팅수	17 : 9	15 : 7	12 : 10	12 : 8	16 : 12	5 : 19	17 : 6	19 : 17	12 : 11	16 : 16
GK	21	이 인 수							○ 0/0	○ 0/0	○ 0/0	
	23	박 형 순	○ 0/0	○ 0/0	○ 0/0	○ 0/0	○ 0/0	○ 0/0				○ 0/0
	40	이 창 근										
DF	2	유 지 노										
	4	임 하 람										
	5	블 라 단	○ 0/0	○ 0/0 C	○ 0/0	○ 0/0	○ 0/0 C	○ 0/0	○ 0/0	○ 1/0	○ 0/0	○ 0/0 C
	14	이 준 호	○ 0/0 C	○ 0/0	○ 0/0	○ 0/0	○ 0/0 C	○ 0/0	▽ 0/0			
	19	김 민 제										
	24	레 이 어	○ 0/0	○ 0/0	○ 0/0	○ 0/0	○ 0/0 C	○ 0/0	○ 0/0	○ 0/0 C	○ 0/0	○ 0/0 C
	38	김 근 환	○ 0/0	○ 0/0	○ 0/1	○ 0/0	○ 0/0	○ 0/0	○ 0/0	○ 0/0	○ 0/0	○ 0/0
MF	3	황 재 훈	○ 0/0	△ 0/0 C	○ 0/0	○ 0/0			○ 0/0 C	○ 0/0	○ 1/0 C	
	6	유 수 현										
	6	김 종 국			△ 0/0		○ 0/0 C		○ 0/0 C			○ 0/0
	8	이 광 진	○ 0/0	○ 0/0	▽ 0/0	▽ 0/0	△ 0/0	△ 0/0			△ 0/0	
	8	배 신 영		△ 0/0		△ 0/0				△ 0/0	○ 0/0 C	▽ 0/0
	11	이 승 현	▽ 0/0	○ 0/0	○ 1/0	○ 1/0	○ 0/0	△ 0/0	▽ 0/0	○ 0/0	○ 0/0	○ 0/0
	16	김 혁 진				△ 0/1				△ 0/0	△ 0/0	
	20	가 빌 란					▽ 0/0	▽ 0/0	○ 0/0	▽ 0/1		○ 0/0 C
	22	권 혁 진							△ 0/0		▽ 0/0 C	
	29	김 재 웅	○ 0/0	▽ 0/0	○ 0/0 C	○ 0/0 C		▽ 0/0		○ 0/0	▽ 0/0	
	29	이 창 무									△ 0/0	
	31	권 용 현										
	44	김 철 호										
	77	김 부 관	△ 0/0				△ 0/0		△ 0/0	▽ 0/0		△ 0/0
	90	임 창 균										
FW	7	김 병 오	△ 0/0	△ 1/0	△ 0/0 C	▽ 0/0	△ 0/0	○ 0/0 C	○ 0/0 C		○ 0/1 C	○ 1/0
	9	이 승 렬						△ 0/0 C				△ 0/0
	10	김 한 원		▽ 0/0 C			○ 0/0 C	○ 0/0		○ 0/0 C		▽ 0/0 C
	15	브 루 스										
	17	이 재 안	▽ 0/0	○ 0/1	▽ 0/0	▽ 0/0			▽ 0/0			
	18	정 민 우								▽ 0/0		
	28	윤 태 수	▽ 0/0 C	▽ 0/0	▽ 0/0		▽ 0/0					
	30	이 광 훈						▽ 0/0				
	33	정 기 운	△ 0/0 C									
	75	오군지미			△ 1/0	△ 0/0 C	▽ 1/0 C	○ 0/0	△ 0/0	△ 0/0	▽ 1/0	○ 0/0
	85	서 동 현										

선수자료 : 득점/도움 ○ = 선발출장 △ = 교체 IN ▽ = 교체 OUT ◆ = 교체 IN/OUT C = 경고 S = 퇴장

위치	배번	경기번호	64	69	78	82	88	96	102	108	114	117
		날 짜	05.22	05.28	06.12	06.15	06.19	06.26	06.29	07.03	07.10	07.16
		홈/원정	원정	원정	홈	원정	원정	홈	원정	홈	원정	홈
		장 소	포항	광주W	수원	인천	문수	수원	제주W	수원	수원W	수원
		상 대	포항	광주	서울	인천	울산	상주	제주	전북	수원	전남
		결 과	승	패	패	패	패	패	무	무	패	패
		점 수	1 : 0	0 : 1	0 : 3	0 : 2	0 : 1	0 : 3	0 : 0	2 : 2	0 : 1	1 : 2
		승 점	11	11	11	11	11	11	12	13	13	13
		슈팅수	9 : 6	15 : 8	12 : 17	10 : 15	14 : 10	10 : 14	10 : 12	5 : 28	5 : 17	15 : 16
GK	21	이 인 수					○ 0/0		○ 0/0			
	23	박 형 순	○ 0/0	○ 0/0	○ 0/0	○ 0/0		○ 0/0				
	40	이 창 근								○ 0/0	○ 0/0	○ 0/0
DF	2	유 지 노			○ 0/0 C	▽ 0/0		○ 0/0				
	4	임 하 람	○ 0/0	△ 0/0	○ 0/0	○ 0/0 CC		○ 0/0 C				
	5	블 라 단		○ 0/0 C					○ 0/0	○ 1/0	○ 0/0	○ 0/0
	14	이 준 호					○ 0/0	○ 0/0	○ 0/0		△ 0/0	○ 0/0
	19	김 민 제								○ 0/0	○ 0/0	
	24	레 이 어		○ 0/0 C	○ 0/0 C	○ 0/0 C			○ 0/0	○ 0/0 C	○ 0/0	○ 0/0 C
	38	김 근 환	○ 0/0	○ 0/0 C	○ 0/0	○ 0/0	○ 0/0	○ 0/0	△ 0/0	○ 0/0	△ 0/0	△ 0/0
MF	3	황 재 훈	○ 0/0	○ 0/0	○ 0/0	○ 0/0	○ 0/0		○ 0/0	○ 0/0 C	▽ 0/0	
	6	유 수 현			○ 0/0						△ 0/0	
	6	김 종 국	○ 0/0 C		▽ 0/0		▽ 0/0		○ 0/0	▽ 0/0	○ 0/0	○ 0/0
	8	이 광 진	▽ 0/0 C	▽ 0/0			▽ 0/0	△ 0/0	○ 0/0 C	○ 0/0	▽ 0/0	○ 0/0
	8	배 신 영	△ 0/0	○ 0/0 S				△ 0/0	△ 0/0			
	11	이 승 현	○ 1/0	▽ 0/0	○ 0/0	△ 0/0	○ 0/0	○ 0/0		▽ 0/1		
	16	김 혁 진										
	20	가 빌 란	▽ 0/0 C			○ 0/0	△ 0/0	▽ 0/0 C		▽ 0/0 C	▽ 0/0	▽ 0/0 C
	22	권 혁 진	○ 0/0						△ 0/0			
	29	김 재 웅										
	29	이 창 무										△ 0/0
	31	권 용 현										
	44	김 철 호										
	77	김 부 관	△ 0/1	△ 0/0	△ 0/0	△ 0/0	○ 0/0		▽ 0/0	△ 0/0		○ 0/1
	90	임 창 균										
FW	7	김 병 오	○ 0/0	○ 0/0 C	○ 0/0	○ 0/0	△ 0/0	○ 0/0	○ 0/0 C		○ 0/0	
	9	이 승 렬			△ 0/0 C	○ 0/0 C						
	10	김 한 원		○ 0/0 C		△ 0/0	○ 0/0	○ 0/0 C		○ 1/0	○ 0/0	○ 0/0 C
	15	브 루 스										
	17	이 재 안	△ 0/0	△ 0/0				▽ 0/0 C	▽ 0/0	△ 0/0	○ 0/0	▽ 0/0
	18	정 민 우					○ 0/0	▽ 0/0	▽ 0/0			▽ 1/0
	28	윤 태 수	▽ 0/0			▽ 0/0						
	30	이 광 훈		▽ 0/0	▽ 0/0							
	33	정 기 운					▽ 0/0	△ 0/0		△ 0/0		△ 0/0
	75	오군지미				▽ 0/0	△ 0/0 C					
	85	서 동 현										

위치	배번	경기번호	125	132	135	141	150	153	162	165	171	176
		날 짜	07.20	07.24	07.30	08.10	08.14	08.17	08.21	08.27	09.10	09.17
		홈/원정	홈	원정	홈	원정	홈	홈	원정	홈	원정	원정
		장 소	수원	탄천	수원	전주W	수원	수원	광주W	수원	포항	탄천
		상 대	포항	성남	상주	전북	울산	제주	광주	인천	포항	성남
		결 과	승	승	패	패	패	승	무	승	승	패
		점 수	1 : 0	2 : 1	0 : 2	1 : 2	1 : 2	5 : 3	0 : 0	2 : 0	3 : 2	1 : 2
		승 점	16	19	19	19	19	22	23	26	29	29
		슈팅수	12 : 15	12 : 16	16 : 12	10 : 24	23 : 9	22 : 11	6 : 8	16 : 13	5 : 13	10 : 13
GK	21	이 인 수										
	23	박 형 순										
	40	이 창 근	○ 0/0	○ 0/0	○ 0/0	○ 0/0	○ 0/0	○ 0/0	○ 0/0	○ 0/0	○ 0/0	○ 0/0
DF	2	유 지 노						○ 0/0				
	4	임 하 람		○ 0/0	○ 0/0	○ 0/0		○ 0/0	○ 0/0	▽ 0/0		△ 0/0
	5	블 라 단	○ 0/0 C	○ 0/0	○ 0/0 C		○ 0/0 C	○ 1/0	○ 0/0	○ 0/0	▽ 0/0	
	14	이 준 호	○ 0/0	○ 0/0	○ 0/0 C		○ 0/0	○ 0/0	○ 0/0	○ 0/0	○ 0/0	○ 0/0
	19	김 민 제			○ 0/0					○ 0/0	○ 0/0	○ 0/0 C
	24	레 이 어	○ 0/0 S			○ 0/0	○ 0/0				○ 0/0	○ 0/0
	38	김 근 환	△ 0/0 C	○ 0/0	△ 0/0	△ 0/0	△ 0/0			△ 0/0	△ 0/0	○ 0/0
MF	3	황 재 훈	▽ 0/0 C	○ 0/0		○ 0/0			○ 0/0			
	6	유 수 현										
	6	김 종 국	○ 0/0	▽ 0/0		○ 0/0	○ 0/0	△ 0/1	△ 0/0	△ 0/0		△ 0/0
	8	이 광 진	○ 0/0 C		▽ 0/0							
	8	배 신 영										
	11	이 승 현					△ 0/0	△ 1/0	△ 0/0	△ 0/0	△ 0/0 C	○ 0/0
	16	김 혁 진		△ 0/0		△ 0/0						
	20	가 빌 란						▽ 2/0	▽ 0/0	▽ 0/0	▽ 1/0	▽ 0/1
	22	권 혁 진					▽ 0/0					
	29	김 재 웅										
	29	이 창 무										
	31	권 용 현	○ 1/0 C	▽ 1/1 C		○ 0/1	○ 0/0		▽ 0/0	○ 0/0	○ 1/0	○ 1/0
	44	김 철 호						▽ 0/0	○ 0/0	○ 0/0	○ 0/0	▽ 0/0
	77	김 부 관	▽ 0/0	▽ 0/0	▽ 0/0			○ 1/0		▽ 0/0	○ 0/1 C	
	90	임 창 균	△ 0/1	△ 1/0 C	○ 0/0	○ 0/0						△ 0/0
FW	7	김 병 오			○ 0/0	▽ 1/0	○ 0/0	○ 0/1 C	○ 0/0 C			
	9	이 승 렬										
	10	김 한 원	△ 0/0	△ 0/0		○ 0/0 C	△ 0/0					
	15	브 루 스			△ 0/0	△ 0/0	▽ 0/0	○ 0/1	△ 0/0	○ 2/0	▽ 0/0 C	
	17	이 재 안	▽ 0/0	○ 0/0	○ 0/0	▽ 0/0	▽ 0/1	▽ 0/0	○ 0/0	○ 0/0	○ 0/0	▽ 0/0
	18	정 민 우	○ 0/0	○ 0/0	▽ 0/0			△ 0/0				
	28	윤 태 수										
	30	이 광 훈										
	33	정 기 운										
	75	오군지미										
	85	서 동 현			△ 0/0	▽ 0/0	○ 1/0		▽ 0/0		△ 0/0	○ 0/0

선수자료 : 득점/도움 ○ = 선발출장 △ = 교체 IN ▽ = 교체 OUT ◈ = 교체 IN/OUT C = 경고 S = 퇴장

위치	배번	경기번호	183	192	193	204	209	216	222	226		
		날 짜	09.21	09.25	10.02	10.16	10.23	10.30	11.02	11.05		
		홈/원정	홈	홈	원정	홈	원정	홈	원정	원정		
		장 소	수원	수원	수원W	수원	포항	수원	탄천	인천		
		상 대	서울	전남	수원	광주	포항	수원	성남	인천		
		결 과	패	무	승	패	승	패	승	패		
		점 수	0 : 1	0 : 0	5 : 4	1 : 2	1 : 0	2 : 3	2 : 1	0 : 1		
		승 점	29	30	33	33	36	36	39	39		
		슈팅수	10 : 17	17 : 10	24 : 18	12 : 8	11 : 15	12 : 21	13 : 19	19 : 13		
GK	21	이 인 수										
	23	박 형 순										
	40	이 창 근	○ 0/0	○ 0/0	○ 0/0	○ 0/0	○ 0/0	○ 0/0 C	○ 0/0	○ 0/0		
DF	2	유 지 노										
	4	임 하 람	○ 0/0	○ 0/0	○ 0/0				○ 0/0	○ 0/0		
	5	블 라 단				○ 0/0 C	○ 0/0	○ 0/0 C		○ 0/0		
	14	이 준 호	○ 0/0	○ 0/0	○ 0/0 C	○ 0/0	○ 0/0 C	○ 0/0	○ 0/0 C			
	19	김 민 제	○ 0/0		○ 1/0	○ 0/0	○ 0/0	○ 0/0		○ 0/0		
	24	레 이 어	○ 0/0	○ 0/0 C		○ 0/0 C	○ 0/0	○ 0/0	○ 0/0 C			
	38	김 근 환				△ 0/0		△ 0/0				
MF	3	황 재 훈		○ 0/0					○ 0/0	○ 0/0 C		
	6	유 수 현										
	6	김 종 국	○ 0/0	△ 0/0	○ 0/1		△ 0/0	▽ 1/0	○ 1/0	○ 0/0 C		
	8	이 광 진	○ 0/0 C	○ 0/0	○ 0/0	○ 0/0	○ 0/0	○ 0/0 C	○ 0/0	○ 0/0		
	8	배 신 영										
	11	이 승 현	○ 0/0	△ 0/0	▽ 1/0	○ 1/0	▽ 0/0	△ 0/0	△ 0/0	▽ 0/0		
	16	김 혁 진		△ 0/0								
	20	가 빌 란		▽ 0/0		▽ 0/0	○ 0/0		▽ 0/0	▽ 0/0		
	22	권 혁 진										
	29	김 재 웅										
	29	이 창 무										
	31	권 용 현	△ 0/0	○ 0/0	○ 1/0	▽ 0/0	△ 0/0	▽ 0/0	○ 0/0	○ 0/0		
	44	김 철 호										
	77	김 부 관	▽ 0/0	○ 0/0	▽ 0/0	▽ 0/0	△ 0/0	▽ 0/0				
	90	임 창 균	△ 0/0	▽ 0/0	▽ 0/0 C	○ 0/0	▽ 0/0	○ 0/0	△ 0/0			
FW	7	김 병 오			△ 1/1	△ 0/0	▽ 0/0	△ 0/0	▽ 0/0	△ 0/0		
	9	이 승 렬										
	10	김 한 원			○ 0/0					△ 0/0		
	15	브 루 스			△ 1/0	△ 0/0	○ 1/0	○ 1/0	▽ 0/0 C	▽ 0/0 C		
	17	이 재 안	▽ 0/0		△ 0/0							
	18	정 민 우	△ 0/0	▽ 0/0								
	28	윤 태 수										
	30	이 광 훈										
	33	정 기 운										
	75	오군지미										
	85	서 동 현	▽ 0/0 C						△ 0/0	△ 0/0		

안 산 무 궁 화

창단년도_ 1996년
전화_ 031-480-2002
팩스_ 031-480-2055
홈페이지_ www.ansanfc.com
주소_ 우 15396 경기도 안산시 단원구 화랑로 260 와 스타디움 3층
Wa Stadium 3F, 260, Hwarang-ro, Danwon-gu, Ansan-si, Gyeonggi-do, KOREA 15396

연혁

1995	경찰축구단 창단 결정
	경찰과 대한축구협회 간 약정서 체결
1996	축구협회로부터 선수 20명 추천받아 의무경찰로 배치
	경찰축구단 창단
	제15회 서울시장기 겸 제77회 전국체전 서울시 예선 우승
1997	제78회 전국체육대회 3위
1998	제46회 대통령배 축구대회 3위
1998	1998년 한국추계실업축구연맹전 준우승
1999	1999년 한국춘계실업축구연맹전 3위
	제80회 전국체육대회 3위
2000	제48회 대통령배 축구대회 3위
	제10회 전국실업축구선수권대회 3위
	2000년 한국추계실업축구연맹전 3위
	제81회 전국체육대회 준우승
2001	2001년 한국춘계실업축구연맹전 준우승
	제11회 전국실업축구선수권대회 3위
	2001년 한국추계실업축구연맹전 준우승
2002	한국춘계실업축구연맹전 3위
	제12회 전국실업축구선수권대회 3위
	한국추계실업축구연맹전 우승(PK 7 : 6)
	제83회 전국체육대회 3위(동메달)
2003	제51회 대통령배 전국축구대회 준우승
	제8회 하나은행 FA컵 8강
2004	제52회 대통령배 전국축구대회 8강
2005	K2 축구선수권대회 준우승
2006	상반기 프로2군리그 조 1위
2007	제55회 대통령배 전국축구대회 8강
2008	제89회 전국체육대회 준우승
2009	R-리그(프로2군) 전체 2위
2011	NATIONAL 축구선수권대회 3위
	R리그(프로2군) 조 2위
2012	NATIONAL 축구선수권대회 3위
	R리그(프로2군) A조 1위 우승
2013	현대오일뱅크 K리그 챌린지 2013 2위 준우승
2014	안산시와 경찰축구단 연고협약
	안산 경찰청 프로축구단 창단
	제1대 구단주 취임(김철민 안산시장)
	제1대 대표이사 취임(함정대)
	제2대 구단주 취임(제종길 안산시장)
	현대오일뱅크 K리그 챌린지 2014 3위
2015	이흥실 감독 취임
	제2대 대표이사 취임(김필호)
	현대오일뱅크 K리그 챌린지 2015 10위
	제20회 KEB하나은행 FA컵 32강
	2015한중일 포럼 개최
2016	'안산 무궁화 프로축구단'으로 팀 명칭 변경
	제21회 KEB하나은행 FA컵 16강
	현대오일뱅크 K리그 챌린지 2016 정규리그 우승

안산 무궁화 2016년 선수명단

대표이사_ 김필호 단장_ 박공원
감독_ 이흥실 수석코치_ 임완섭 코치_ 서동원 의무트레이너_ 최종욱·정성령 주무_ 김영진

포지션	선수명		생년월일	출신교	키(cm) / 몸무게(kg)	전 소속팀
GK	김 대 호 *	金 大 乎	1986.04.15	숭실대	185 / 84	전남
	손 정 현	孫 政 玄	1991.11.25	광주대	191 / 87	경남
DF	안 영 규	安 泳 奎	1989.12.04	울산대	185 / 73	광주
	조 성 진	趙 成 鎭	1990.12.14	유성생명과학고	187 / 78	수원
	김 준 엽	金 俊 燁	1988.05.10	홍익대	178 / 72	경남
	박 요 한	朴 요 한	1989.01.16	연세대	177 / 73	충주
	정 다 훤	鄭 多 烜	1987.12.22	충북대	180 / 82	제주
	하 인 호	河 仁 鎬	1989.10.10	인천대	180 / 78	고양
	황 도 연	黃 渡 然	1991.02.27	광양제철고	183 / 74	제주
MF	김 대 호	金 大 虎	1988.05.15	숭실대	180 / 78	포항
	강 승 조 **	康 承 助	1986.01.20	단국대	182 / 73	서울
	하 정 헌 **	河 廷 憲	1987.10.14	우석대	178 / 68	수원FC
	이 준 호 **	李 準 鎬	1991.11.07	중앙대	175 / 65	충주
	이 현 승	李 弦 昇	1988.12.14	수원공고	171 / 72	대전
	황 지 웅	黃 明 圭	1989.04.30	동국대	178 / 65	대전
	임 선 영	林 善 永	1988.03.21	수원대	185 / 78	광주
	주 현 재	周 鉉 宰	1989.05.26	홍익대	180 / 74	안양
	최 진 수	催 進 樹	1990.06.17	현대고	178 / 71	안양
	남 준 재	南 濬 在	1988.04.07	연세대	183 / 75	성남
	김 재 웅	金 裁 雄	1988.01.01	경희대	173 / 68	수원FC
	김 은 선	金 恩 宣	1988.03.30	대구대	182 / 78	수원
	최 보 경	崔 普 慶	1988.04.12	동국대	184 / 79	전북
FW	한 홍 규 *	韓 洪 奎	1990.07.26	성균관대	180 / 68	충주
	한 지 호	韓 志 皓	1988.12.15	홍익대	179 / 73	부산
	김 동 섭	金 東 燮	1989.03.29	장훈고	188 / 80	부산
	공 민 현	孔 敏 懸	1990.01.19	청주대	182 / 70	부천
	정 성 민	鄭 成 民	1989.05.02	광운대	184 / 77	경남

* : 2016.11.25 전역 **: 2016.12.25 전역

안산 무궁화 2016년 개인기록 _ K리그 챌린지

위치	배번	경기번호	02	10	11	17	22	30	33	37	44	47
		날 짜	03.26	04.03	04.09	04.13	04.16	04.24	04.30	05.05	05.08	05.14
		홈/원정	원정	홈	원정	원정	홈	홈	홈	원정	홈	홈
		장 소	부산A	안산	대전W	강릉	안산	안산	안산	부천	안산	안산
		상 대	부산	고양	대전	강원	충주	경남	서울E	부천	대구	안양
		결 과	승	승	승	패	승	승	승	패	패	승
		점 수	3 : 1	1 : 0	1 : 0	0 : 2	2 : 1	5 : 0	1 : 0	1 : 3	0 : 2	2 : 1
		승 점	3	6	9	9	12	15	18	18	18	21
		슈팅수	7 : 12	11 : 10	17 : 8	6 : 5	11 : 8	13 : 10	9 : 10	10 : 15	4 : 12	14 : 5
GK	1	이 진 형	○ 0/0 C	○ 0/0	○ 0/0	○ 0/0	○ 0/0	○ 0/0	○ 0/0	○ 0/0 C		○ 0/0
	31	김 대 호										
	34	손 정 현									○ 0/0	
DF	2	정 다 훤	○ 0/0	○ 0/0	○ 0/0	○ 0/0	○ 0/0	○ 1/0 C	○ 1/0 C	○ 0/1 C		▽ 0/0
	6	조 성 진	○ 0/0	○ 0/0	○ 0/0 C	○ 0/0	○ 0/0	○ 0/0	○ 0/0	○ 0/0	○ 0/0	○ 0/0
	20	안 영 규							△ 0/0		○ 0/0	○ 0/0
	22	김 준 엽	○ 0/0	○ 0/0	○ 0/0		△ 0/0		△ 0/0	△ 0/0	○ 0/0	△ 0/0
	27	박 요 한										
	32	하 인 호										
	35	김 대 호										
	46	신 광 훈				○ 0/0	○ 0/0	○ 0/1	○ 0/0	○ 0/0	△ 0/0	○ 0/0
	47	박 희 철									▽ 0/0	
	77	안 재 준						△ 0/0	○ 0/0 C	○ 0/0	○ 0/0	
MF	4	신 형 민	○ 0/0	○ 0/0	○ 0/0	○ 0/0	○ 0/0 C	▽ 0/0	○ 0/0	○ 0/0 CC		○ 0/0
	8	정 혁	○ 0/0	▽ 0/0	▽ 0/0 C	△ 0/0	○ 0/0	○ 1/0	▽ 0/0 C	▽ 0/0 C		○ 0/0
	10	이 현 승	△ 0/0	○ 0/0	○ 0/1	○ 0/0	▽ 0/0	○ 1/0	○ 0/0 C	○ 1/0	△ 0/0	○ 1/0
	12	하 정 헌		◆ 0/0								
	14	김 은 선										
	15	최 보 경	○ 0/0	○ 1/0	○ 0/0	○ 0/0 C	○ 0/0	▽ 0/1 C				
	16	임 선 영	○ 1/0	○ 0/0	▽ 0/0							
	17	강 승 조			△ 0/0	▽ 0/0	△ 0/0			△ 0/0	▽ 0/0	
	19	주 현 재	▽ 1/0	△ 0/0	△ 0/0	▽ 0/0	▽ 0/1 C	▽ 0/0	▽ 0/0	▽ 0/0 C	○ 0/0	▽ 0/0 C
	25	최 진 수	△ 0/0	△ 0/0							○ 0/0	
	26	최 영 준						△ 0/0				
	29	김 재 웅										
	44	배 승 진										
	86	송 창 호										
FW	7	한 지 호	▽ 1/0 C	○ 0/1	○ 1/0	○ 0/0 C	○ 1/0	○ 0/1	▽ 0/0	○ 0/0	△ 0/0	○ 1/1
	9	김 동 섭										
	11	황 지 웅	△ 0/0		△ 0/0	△ 0/0						
	18	공 민 현	▽ 0/0	▽ 0/0	▽ 0/0	▽ 0/0 C	▽ 1/0	○ 1/0	△ 0/0	△ 0/0	○ 0/0	▽ 0/0
	23	남 준 재				△ 0/0	△ 0/0	△ 1/0	○ 0/0	▽ 0/0		△ 0/0 C
	30	한 홍 규									▽ 0/0	△ 0/0
	33	정 성 민										

선수자료 : 득점/도움 ○ = 선발출장 △ = 교체 IN ▽ = 교체 OUT ◆ = 교체 IN/OUT C = 경고 S = 퇴장

위치	배번	경기번호	59	65	68	75	76	90	95	97	105	107
		날 짜	05.25	05.29	06.01	06.05	06.08	06.19	06.26	06.29	07.04	07.09
		홈/원정	홈	원정	홈	홈	원정	홈	원정	원정	홈	원정
		장 소	안산	창원C	안산	안산	고양	안산	충주	대구	안산	안양
		상 대	부산	경남	부천	서울E	고양	강원	충주	대구	대전	안양
		결 과	무	승	무	승	무	승	승	승	승	패
		점 수	1 : 1	1 : 0	0 : 0	2 : 0	0 : 0	3 : 1	2 : 1	2 : 1	2 : 1	0 : 1
		승 점	22	25	26	29	30	33	36	39	42	42
		슈팅수	19 : 3	7 : 12	11 : 5	12 : 11	13 : 7	12 : 11	17 : 4	7 : 16	15 : 9	7 : 15
GK	1	이 진 형	○ 0/0	○ 0/0	○ 0/0	○ 0/0	○ 0/0	○ 0/0	○ 0/0	○ 0/0	○ 0/0	○ 0/0
	31	김 대 호										
	34	손 정 현										
DF	2	정 다 훤	○ 0/0 C	○ 0/0 C	○ 0/0	○ 0/1	○ 0/0	○ 0/0	○ 0/0	○ 0/0	○ 0/0	○ 0/0
	6	조 성 진	○ 0/0	○ 0/0	○ 0/0							
	20	안 영 규	○ 0/0			○ 0/0		○ 0/0	○ 0/0	▽ 0/0 C	▽ 0/0	
	22	김 준 엽		▽ 0/0		△ 0/1	△ 0/0	○ 1/0	○ 0/1	○ 0/0	○ 0/1	○ 0/0
	27	박 요 한										△ 0/0
	32	하 인 호										
	35	김 대 호										
	46	신 광 훈	○ 0/0	○ 0/0	○ 0/0	○ 0/0	○ 0/0	○ 0/0 C		○ 0/0		
	47	박 희 철										
	77	안 재 준				△ 0/0						
MF	4	신 형 민	○ 0/0	○ 0/0	▽ 0/0	○ 0/0	○ 0/0	▽ 0/0 C		○ 0/0	○ 0/0	○ 0/0
	8	정 혁	▽ 0/0		○ 0/0	○ 0/0	○ 0/0	△ 0/0	△ 0/0	▽ 0/1	△ 0/0	
	10	이 현 승	○ 0/0	△ 0/0	○ 0/0	○ 0/0	○ 0/0	○ 0/2	○ 1/0	△ 0/0	○ 1/1	○ 0/0
	12	하 정 헌										
	14	김 은 선	△ 0/0	△ 0/0		○ 0/0	▽ 0/0	○ 0/0 C	▽ 0/0		○ 0/0	
	15	최 보 경		○ 0/0	○ 0/0 C		○ 0/0	○ 1/0	○ 0/1	○ 0/0	○ 0/0	○ 0/0 C
	16	임 선 영					△ 0/0					
	17	강 승 조		▽ 0/0								
	19	주 현 재		○ 0/0	△ 0/0	▽ 0/0	▽ 0/0	▽ 0/0	▽ 0/0	○ 1/0	▽ 0/0	○ 0/0
	25	최 진 수		▽ 0/0	△ 0/0							△ 0/0
	26	최 영 준							▽ 0/0	○ 0/0		▽ 0/0
	29	김 재 웅										
	44	배 승 진							△ 0/0			
	86	송 창 호									△ 0/0	▽ 0/0
FW	7	한 지 호	○ 0/0	△ 0/0	▽ 0/0	▽ 0/0	▽ 0/0	△ 0/0	○ 0/0	△ 0/0	○ 1/0	○ 0/0 C
	9	김 동 섭										
	11	황 지 웅	△ 0/0		▽ 0/0	△ 1/0	△ 0/0	△ 0/0	△ 1/0	△ 0/0	△ 0/0	▽ 0/0
	18	공 민 현	○ 1/0	○ 1/0	○ 0/0	▽ 1/0	○ 0/0	▽ 1/0 C	○ 0/0	▽ 1/0	▽ 0/0	
	23	남 준 재	▽ 0/1									
	30	한 홍 규	◈ 0/0		△ 0/0 C							
	33	정 성 민										△ 0/0

위치	배번	경기번호	115	117	123	128	133	137	143	153	157	161
		날 짜	07.18	07.23	07.27	07.31	08.10	08.13	08.17	08.28	09.03	09.07
		홈/원정	원정	홈	원정	홈	홈	원정	홈	원정	홈	원정
		장 소	잠실	안산	부천	안산	안산	부산A	안산	대전W	안산	평창
		상 대	서울E	충주	부천	대구	안양	부산	고양	대전	경남	강원
		결 과	무	무	승	승	무	패	승	패	승	패
		점 수	0 : 0	1 : 1	2 : 0	4 : 1	2 : 2	0 : 4	2 : 1	0 : 5	2 : 0	0 : 1
		승 점	43	44	47	50	51	51	54	54	57	57
		슈팅수	15 : 4	14 : 8	11 : 11	11 : 14	12 : 8	3 : 8	17 : 7	16 : 20	10 : 8	9 : 6
GK	1	이 진 형	○ 0/0	○ 0/0	○ 0/0	○ 0/0	○ 0/0		○ 0/0	○ 0/0		
	31	김 대 호										
	34	손 정 현						○ 0/0			○ 0/0	○ 0/0
DF	2	정 다 훤	○ 0/0 C		▽ 0/1		○ 0/0	○ 0/0		○ 0/0 C		
	6	조 성 진									○ 0/0	○ 0/0
	20	안 영 규						○ 0/0			○ 0/0	○ 0/0 C
	22	김 준 엽		○ 0/0	○ 0/0	▽ 0/0 C					○ 0/0	○ 0/0
	27	박 요 한							○ 0/0			
	32	하 인 호									○ 0/0	▽ 0/0
	35	김 대 호	○ 0/0	○ 0/0	○ 0/0	○ 0/0	○ 0/0 C	▽ 0/0	○ 0/1			
	46	신 광 훈								▽ 0/0		
	47	박 희 철										
	77	안 재 준					○ 0/0 C		○ 0/0	○ 0/0		
MF	4	신 형 민	○ 0/0	○ 0/0	○ 0/0	○ 0/0	○ 0/0	○ 0/0 C		○ 0/0		
	8	정 혁		▽ 0/1		○ 1/0	▽ 0/0 C	△ 0/0	○ 0/0	○ 0/0		
	10	이 현 승	○ 0/0	○ 0/0	○ 1/0	○ 0/2	▽ 0/0		▽ 0/0	○ 0/0	○ 0/0	▽ 0/0 C
	12	하 정 헌						▽ 0/0	△ 0/0 C			
	14	김 은 선				△ 0/0	△ 0/0	○ 0/0	△ 0/0	△ 0/0		
	15	최 보 경	○ 0/0	○ 0/0								
	16	임 선 영						▽ 0/0	○ 0/0	▽ 0/0		
	17	강 승 조										
	19	주 현 재	▽ 0/0	△ 0/0	△ 0/0	▽ 0/0		○ 0/0				
	25	최 진 수	△ 0/0					○ 0/0				
	26	최 영 준									▽ 0/1	▽ 0/0
	29	김 재 웅	○ 0/0	▽ 0/0		▽ 0/0 C	△ 0/0		▽ 0/0		△ 0/0	△ 0/0
	44	배 승 진	▽ 0/0		○ 1/0	○ 0/0	▽ 0/0		○ 1/0 C	○ 0/0		
	86	송 창 호									○ 0/0	○ 0/0
FW	7	한 지 호		○ 0/0	○ 0/0	○ 0/0	○ 1/1	△ 0/0	○ 0/1	○ 0/0	○ 2/0	○ 0/0
	9	김 동 섭	△ 0/0	○ 0/0	▽ 0/0	△ 0/0	△ 0/0	○ 0/0	△ 1/0	△ 0/0	▽ 0/0	○ 0/0
	11	황 지 웅	○ 0/0	△ 0/0	△ 0/0	△ 0/0					△ 0/0	△ 0/0
	18	공 민 현		▽ 0/0	○ 0/0 C		○ 0/0 C			△ 0/0	▽ 0/0	○ 0/0 C
	23	남 준 재										
	30	한 홍 규	△ 0/0		△ 0/0							
	33	정 성 민	▽ 0/0	△ 1/0	▽ 0/0	○ 3/0	○ 1/0	△ 0/0	▽ 0/0	▽ 0/0	△ 0/0	△ 0/0

선수자료 : 득점/도움 ○ = 선발출장 △ = 교체 IN ▽ = 교체 OUT ◈ = 교체 IN/OUT C = 경고 S = 퇴장

위치	배번	경기번호	166	172	179	183	187	199	203	206	212	220
		날 짜	09.10	09.17	09.25	09.28	10.01	10.10	10.15	10.19	10.22	10.30
		홈/원정	홈	원정	원정	홈	원정	홈	원정	원정	홈	원정
		장 소	안산	잠실	고양	안산	대구	안산	충주	창원C	안산	안양
		상 대	부천	서울E	고양	대전	대구	부산	충주	경남	강원	안양
		결 과	패	패	승	승	무	패	패	승	패	승
		점 수	2 : 3	0 : 2	4 : 0	1 : 0	2 : 2	0 : 2	1 : 8	2 : 1	0 : 4	3 : 2
		승 점	57	57	60	63	64	64	64	67	67	70
		슈팅수	13 : 8	6 : 5	10 : 12	16 : 11	10 : 19	6 : 12	11 : 14	8 : 10	16 : 11	10 : 9
GK	1	이 진 형										
	31	김 대 호					△ 0/0	○ 0/0	○ 0/0	○ 0/0	○ 0/0	○ 0/0
	34	손 정 현	○ 0/0	○ 0/0	○ 0/0	○ 0/0	○ 0/0 S					
DF	2	정 다 훤	○ 0/0	▽ 0/0	▽ 0/0	○ 0/0	○ 0/0 C	○ 0/0	○ 0/0			
	6	조 성 진	○ 0/0 C	○ 0/0 S				○ 0/0 C				
	20	안 영 규	○ 0/0 C		○ 0/1	△ 0/0	○ 0/0	○ 0/0	○ 0/0			
	22	김 준 엽			△ 0/0	○ 0/0	○ 0/0 C	▽ 0/0	○ 0/0 C		○ 0/0	○ 0/0
	27	박 요 한						△ 0/0	○ 0/0	○ 0/0		
	32	하 인 호		○ 0/0 C								
	35	김 대 호										
	46	신 광 훈										
	47	박 희 철										
	77	안 재 준										
MF	4	신 형 민										
	8	정 혁										
	10	이 현 승	▽ 0/0	△ 0/0	○ 1/0	▽ 0/0	△ 0/0	▽ 0/0	△ 0/0	▽ 1/0	▽ 0/0 C	
	12	하 정 헌	△ 0/0							△ 0/1 C		▽ 0/0 C
	14	김 은 선	○ 0/0	○ 0/0	○ 0/0	○ 0/0 C	○ 0/0	○ 0/0 C		○ 0/0	○ 0/0	○ 0/0
	15	최 보 경								○ 0/0	○ 0/0	○ 0/0
	16	임 선 영										
	17	강 승 조			△ 0/0 C	○ 0/0	○ 0/0 C	△ 0/0	○ 1/0	○ 0/0	○ 0/0	○ 1/0
	19	주 현 재	▽ 0/0	△ 0/0	○ 0/0	○ 0/0 C	▽ 0/1	△ 0/0 C		△ 0/0 C		○ 0/0
	25	최 진 수			▽ 2/0				▽ 0/0	▽ 1/0	▽ 0/0	
	26	최 영 준		▽ 0/0								
	29	김 재 웅	△ 0/0	○ 0/0	○ 0/0	▽ 1/0	▽ 0/0	○ 0/0 C	▽ 0/0 C		△ 0/0	○ 1/0 C
	44	배 승 진										
	86	송 창 호	○ 0/0									
FW	7	한 지 호		○ 0/0	○ 1/0	△ 0/0	▽ 0/1	○ 0/0	○ 0/0	○ 0/0	○ 0/0 C	○ 1/0
	9	김 동 섭	○ 2/0 C	▽ 0/0	▽ 0/1	▽ 0/0	○ 1/0	○ 0/0				
	11	황 지 웅								○ 0/0 C	○ 0/0	○ 0/0
	18	공 민 현	○ 0/0	○ 0/0	△ 0/0	○ 0/0	△ 0/0 C		○ 0/0 C	▽ 0/1	▽ 0/0 C	▽ 0/0
	23	남 준 재	▽ 0/0	○ 0/0	○ 0/0	○ 0/1	○ 1/0 C	▽ 0/0	△ 0/0	△ 0/0	△ 0/0	△ 0/0
	30	한 홍 규				△ 0/0			▽ 0/0		△ 0/0 C	
	33	정 성 민	△ 0/0	△ 0/0					△ 0/0	○ 0/0	○ 0/0	△ 0/0

대 구 FC

창단년도_ 2002년

전화_ 053-256-2003

팩스_ 053-746-9199

홈페이지_ www.daegufc.co.kr

주소_ 우 42250 대구광역시 수성구 유니버시아드로 180(대흥동 504)
대구스타디움
Daegu Stadium, 180, Universiade-ro(504, Daeheung-dong), Suseong-gu, Daegu, KOREA 42250

연혁

2002 발기인 총회
(주)대구시민프로축구단 창립총회
대표이사 노희찬 선임 초대 감독 박종환 선임
1차 시민주 공모 대구FC로 구단명칭 결정
한국프로축구연맹 창단 인가 승인

2003 초대단장 이대섭 선임 2차 시민주 공모
엠블럼 및 유니폼 선정 대구FC 창단식
삼성 하우젠 K-리그 2003 11위

2004 주주동산 건립
삼성 하우젠 K-리그 2004 통합 10위
삼성 하우젠컵 2004 9위

2005 대구스포츠기념관 개관
대구FC컵 달구벌 축구대회 창설
삼성 하우젠 K-리그 2005 전기 12위, 후기 3위

2006 대구FC 통영컵 우승
제2기 이인중 대표이사 취임 제2기 최종준 단장 취임
김범일(대구광역시 시장) 구단주 취임
제3기 최종준 대표이사 취임
삼성 하우젠 K-리그 2006 통합 7위
삼성 하우젠컵 2006 13위
제2대 변병주 감독 취임

2007 삼성 하우젠 K-리그 2007 12위
삼성 하우젠컵 2007 A조 3위
유소년 클럽 창단
'삼성 하우젠 K-리그 대상' 페어플레이팀상 수상

2008 삼성 하우젠 K-리그 2008 11위
삼성 하우젠컵 2008 B조 5위
대구FC U-18클럽 창단(현풍고)
대구FC U-15 청소년 축구대회 개최

2009 제3기 박종선 단장 취임 제4기 박종선 대표이사 취임
2009 K-리그 15위 피스컵 코리아 2009 A조 3위
대구FC 유소년축구센터 개관 제3대 이영진 감독 취임

2010 쏘나타 K리그 2010 15위
포스코컵 2010 C조 2위(8강 진출)
U-12 '2010 동원컵 전국초등축구리그' 왕중왕전 32강

2011 제4기 김재하 단장 취임 제5기 김재하 대표이사 취임
현대오일뱅크 K리그 2011 12위
러시앤캐시컵 2011 B조 5위
U-12 제21회 히로시마 유소년 축구대회 우승
U-18 제52회 청룡기 전국고교축구대회 우승(현풍고등학교)
대구FC U-15클럽 창단(율원중학교)
제4대 모아시르 페레이라(브라질) 감독 취임

2012 2012년 제1차(1R~15R) 플러스 스타디움상 수상
U-18 대구시 축구협회장기 우승(현풍고)
U-15 대구시 축구협회장기 준우승(율원중)
현대오일뱅크 K리그 2012 10위(역대 최다승 기록)

2013 교육기부 인증기관 선정(교육과학기술부)
대구사랑나눔 교육기부 감사패 수여(대구광역시교육청)
경북교육기부기관 선정(경상북도 교육청)
2013년 제2차 팬 프렌들리 클럽 수상 (프로축구연맹)
적십자회원 유공장 금장 수상 (대한적십자사)
공로상: 사랑나눔상 수상(프로축구연맹)
현대오일뱅크 K리그 클래식 2013 13위

2014 제7대 최덕주 감독 취임
U-18 문체부장관기 준우승(현풍고)
제5기 조광래 단장 취임
제6기 조광래 대표이사 취임
현대오일뱅크 K리그 챌린지 2014 7위

2015 제8대 감독 이영진 선임
K리그 챌린지 한 경기 최다관중 기록(3.29 對강원FC / 20,157명)
제4회 영남일보 국제축구대회 개최
제1차 풀스타디움상, 플러스스타디움상, 그린스타디움상 수상
K리그 팀통산 최다 연속득점 타이기록 달성(2014.9.14~2015.7. 22)
U-10(신흥초) 화랑대기 전국 유소년 축구대회 우승
U-15(율원중) 무학기 전국 중학교 축구대회 우승, 전국 중등 축구리그 권역 우승, 제34회 대구시협회장기 축구대회 우승
조나탄 팀 내 최다득점 기록 경신(40득점)
조현우 국가대표 발탁
이영진 감독 10월 K리그 'danill 테일러 이달의 감독' 선정
제3차 풀스타디움상, 플러스스타디움상
K리그 대상 2015 '득점왕, MVP, 베스트일레븐 FW' 수상(조나탄),
조현우 K리그 대상 2015 '베스트일레븐 GK' 수상

2016 K리그 챌린지 한 경기 최다 관중 기록 경신
(4.10 대구FC VS 경남FC / 23,015명)
제1차 K리그 챌린지 풀스타디움·플러스스타디움·그린스타디움상 수상
대구FC 유소년 축구센터 개관
대구FC U-12(신흥초) 2016 전국 초등 축구리그 대구권역 우승
K리그 클래식 승격
제3차 K리그 챌린지 풀스타디움·플러스스타디움상 수상
손현준 감독대행 2016 K리그 대상 챌린지 '감독상' 수상
조현우·정우재·황재원·세징야 2016 K리그 대상 챌린지 '베스트11' 수상
U-12(신흥초), U-15(율원중), U-18(현풍고) 제35회 대구광역시 협회장기 우승
제9대 감독 손현준 선임

대구FC 2016년 선수명단

대표이사_ 조광래　단장_ 조광래
감독_ 손현준　코치_ 안드레　GK코치_ 이용발　주무_ 김태철　트레이너_ 노현욱·박해승　통역 및 전력분석_ 이종현

포지션	선수명		생년월일	출신교	신장(cm)/체중(kg)
GK	이 양 종	李洋鍾	1989.07.17	관동대	191 / 86
	조 현 우	趙賢祐	1991.09.25	선문대	189 / 73
	송 영 민	宋映旻	1995.03.11	동의대	192 / 87
	박 수 환	朴秀桓	1993.04.29	조선대	183 / 78
DF	오 광 진	吳光珍	1987.06.04	울산대	172 / 64
	정 우 재	鄭宇宰	1992.06.28	예원예술대	179 / 70
	박 태 홍	朴台洪	1991.03.25	연세대	185 / 80
	홍 정 운	洪定㚱	1994.11.29	명지대	187 / 76
	조 영 훈	趙榮勳	1989.04.13	동국대	178 / 63
	김 동 진	金東珍	1992.12.28	아주대	178 / 70
	박 세 진	朴世秦	1995.12.15	영남대	176 / 67
	황 재 원	黃載元	1981.04.13	아주대	186 / 80
	감 한 솔	甘한솔	1993.11.19	경희대	174 / 65
	신 희 재	申熙梓	1992.12.27	선문대	174 / 73
	김 우 석	金佑錫	1996.08.04	신갈고	187 / 74
	이 수 정	李修定	1992.04.27	연세대	174 / 69
	서 재 민	徐在民	1997.12.04	현풍고	169 / 60
	황 준 석	黃俊錫	1996.03.19	보인고	188 / 72
	문 진 용	文眞勇	1991.12.14	경희대	192 / 85
	최 원 권	崔源權	1981.11.08	동북고	175 / 70
MF	이 재 권	李在權	1987.07.30	연세대	176 / 72
	배 신 영	裵信泳	1992.06.11	단국대	180 / 69
	최 수 현	確守現	1993.12.09	명지대	174 / 69
	김 래 훈	金來勳	1993.01.26	명지대	175 / 72
	유 태 민	兪泰頣	1994.08.08	호원대	173 / 68
	류 재 문	柳在文	1993.11.08	영남대	184 / 72
	우 상 호	禹相皓	1992.12.07	메이카이대학	174 / 74
	박 한 빈	朴閑彬	1997.09.21	신갈고	183 / 80
	김 대 열	金大烈	1987.04.12	단국대	177 / 68
FW	최 정 한	崔正漢	1989.06.03	연세대	178 / 78
	파 울 로	Paulo Sergio Luiz De Souza	1989.06.11	*브라질	181 / 70
	에 델	Eder Luiz Lima De Sousa	1987.01.09	*팔레스타인	179 / 71
	세 징 야	Cesar Fernando Silva Melo	1989.11.29	*브라질	177 / 74
	신 창 무	申昶武	1992.09.17	우석대	170 / 67
	한 재 웅	漢載雄	1984.09.28	부평고	178 / 72
	노 병 준	盧炳俊	1979.09.29	한양대	177 / 67
	유 강 현	柳康鉉	1996.04.27	서해고	182 / 64
	정 치 인	正治仁	1997.08.21	대구공고	182 / 71
	홍 승 현	洪昇鉉	1996.12.28	동북고	180 / 69
	김 대 원	金大元	1997.02.10	보인고	171 / 65
	정 승 원	鄭承源	1997.02.27	안동고	170 / 68
	임 영 웅	林榮熊	1997.04.01	보인고	171 / 70
	조 귀 범	趙貴範	1996.08.09	예원예술대	184 / 79
	알 렉 스	Wesley Alex Maiolino Alex	1988.02.10	*브라질	177 / 78

대구FC 2016년 개인기록 _ K리그 챌린지

위치	배번	경기번호	01	14	16	24	27	35	39	44	50	54
		날 짜	03.26	04.10	04.13	04.18	04.23	05.01	05.05	05.08	05.16	05.22
		홈/원정	원정	홈	원정	홈	원정	홈	홈	원정	원정	홈
		장 소	대전W	대구	고양	대구	부천	대구	대구	안산	잠실	대구
		상 대	대전	경남	고양	안양	부천	충주	부산	안산무	서울E	강원
		결 과	승	무	승	무	무	승	승	승	무	무
		점 수	2 : 0	0 : 0	3 : 1	1 : 1	0 : 0	2 : 1	1 : 0	2 : 0	1 : 1	0 : 0
		승 점	3	4	7	8	9	12	15	18	19	20
		슈팅수	11 : 9	11 : 12	11 : 6	13 : 10	9 : 6	16 : 9	10 : 11	12 : 4	11 : 6	13 : 11
GK	1	이 양 종										
	21	조 현 우	○ 0/0	○ 0/0	○ 0/0	○ 0/0 C	○ 0/0	○ 0/0	○ 0/0	○ 0/0 C	○ 0/0	○ 0/0
DF	2	오 광 진										
	3	정 우 재	○ 0/0	○ 0/0	○ 0/1	○ 0/0	○ 0/0 C	▽ 0/0	○ 0/0	○ 0/0	○ 0/0	○ 0/0 C
	4	박 태 홍	○ 0/0	○ 0/0	○ 0/0	○ 0/0	○ 0/0	○ 1/0 C	○ 0/0	○ 0/0	○ 0/0	○ 0/0
	5	홍 정 운										
	13	조 영 훈							△ 0/0			
	19	박 세 진	○ 0/0	○ 0/0	○ 0/0 C	○ 0/0	○ 0/0	○ 0/0	○ 0/1	○ 0/0	▽ 0/0	
	20	황 재 원	○ 0/0	○ 0/0	○ 0/0 C	○ 0/0	○ 0/0 C	△ 0/0 C				△ 0/0
	22	감 한 솔								△ 0/0	△ 0/1	○ 0/0
MF	6	이 재 권	▽ 0/2	▽ 0/0	○ 1/0	○ 0/0	▽ 0/0	▽ 0/0	△ 0/0	○ 0/0	○ 0/0	○ 0/0 C
	8	배 신 영										
	8	데이비드	△ 0/0	△ 0/0			△ 0/0	△ 0/1	▽ 0/0 C	△ 0/0	△ 0/0	
	14	신 창 무	△ 0/0		△ 0/0		△ 0/0	○ 0/0 C	○ 0/0 C	○ 0/0	○ 0/0	○ 0/0 C
	16	김 동 진	○ 0/0	○ 0/0 C	○ 0/0	○ 0/0	○ 0/0	○ 0/0	○ 0/0	○ 0/0	○ 0/0	○ 0/0
	25	김 현 수									△ 0/0	
	29	류 재 문	○ 0/0	▽ 0/0	○ 0/0	○ 0/0 C	○ 0/0					
	33	우 상 호										
	36	박 한 빈										
	87	김 대 열										
FW	7	최 정 한		△ 0/0	△ 0/0		△ 0/0	△ 0/0	△ 0/0	△ 0/0	○ 0/0	△ 0/0
	9	파 울 로	▽ 1/0	○ 0/0	▽ 1/0	○ 1/0	○ 0/0	○ 0/0	▽ 0/0	▽ 1/0	○ 1/0	○ 0/0 CC
	10	에 델	○ 1/0 C	▽ 0/0	▽ 1/0	○ 0/0	▽ 0/0	○ 0/0	○ 0/0 C	▽ 1/0	▽ 0/0	▽ 0/0 C
	11	세 징 야	▽ 0/0	○ 0/0	▽ 0/1	▽ 0/0	▽ 0/0 C	○ 1/0 C	○ 1/0	▽ 0/0 C		○ 0/0
	15	한 재 웅			△ 0/0			▽ 0/0	▽ 0/0	○ 0/0	▽ 0/0	▽ 0/0
	17	노 병 준	△ 0/0	△ 0/0		△ 0/0						
	37	김 대 원										
	88	알 렉 스										

선수자료 : 득점/도움 ○ = 선발출장 △ = 교체 IN ▽ = 교체 OUT ◈ = 교체 IN/OUT C = 경고 S = 퇴장

위치	배번	경기번호	60	63	72	79	81	87	94	97	102	106
		날 짜	05.25	05.29	06.04	06.08	06.11	06.18	06.26	06.29	07.02	07.09
		홈/원정	원정	홈	원정	홈	홈	원정	원정	홈	원정	홈
		장 소	안양	대구	충주	대구	대구	진주J	춘천	대구	부산A	대구
		상 대	안양	고양	충주	부천	서울E	경남	강원	안산무	부산	대전
		결 과	패	무	승	무	무	패	승	패	승	승
		점 수	2 : 3	2 : 2	1 : 0	1 : 1	0 : 0	1 : 2	2 : 1	1 : 2	4 : 1	2 : 1
		승 점	20	21	24	25	26	26	29	29	32	35
		슈팅수	15 : 14	20 : 9	14 : 8	11 : 10	24 : 11	13 : 9	13 : 11	16 : 7	12 : 12	21 : 7
GK	1	이 양 종										
	21	조 현 우	○ 0/0	○ 0/0	○ 0/0	○ 0/0	○ 0/0	○ 0/0	○ 0/0	○ 0/0	○ 0/0	○ 0/0
DF	2	오 광 진							△ 0/0	△ 0/0	△ 0/0	
	3	정 우 재	○ 0/0 C		○ 0/0	○ 0/0	○ 0/0	○ 1/0 C	○ 1/0	○ 0/1	○ 0/0	○ 1/0
	4	박 태 홍	○ 0/0	○ 0/0	○ 0/0 C	○ 0/0	○ 0/0	○ 0/0	○ 0/0	○ 0/0	○ 0/0 C	
	5	홍 정 운	△ 0/0		△ 0/0							▽ 0/0
	13	조 영 훈									◆ 0/0	
	19	박 세 진		○ 1/0	○ 0/0	○ 0/0	○ 0/0	○ 0/0	○ 0/0	○ 0/0 C	○ 1/0	○ 0/1 C
	20	황 재 원	○ 0/0	○ 0/0	○ 0/0		△ 0/0	△ 0/0			▽ 0/0	○ 0/0
	22	감 한 솔	▽ 0/0	○ 0/0								
MF	6	이 재 권	○ 0/0 C	○ 0/0	○ 0/0	○ 0/0	○ 0/0	○ 0/0	○ 0/0	○ 0/0	○ 1/0	○ 0/0
	8	배 신 영										
	8	데 이 비 드	▽ 0/0		▽ 0/0		▽ 0/0	△ 0/0	△ 0/0	▽ 0/0		
	14	신 창 무		○ 0/0 C	○ 0/0 C	○ 0/0	○ 0/0	▽ 0/0	▽ 0/0	▽ 0/0	○ 0/0 C	
	16	김 동 진				○ 0/0	○ 0/0	○ 0/0	○ 0/0	○ 0/0 C	○ 0/0	○ 0/0
	25	김 현 수	△ 0/0 C									
	29	류 재 문										
	33	우 상 호										
	36	박 한 빈	△ 0/0					△ 0/0				▽ 0/0
	87	김 대 열										
FW	7	최 정 한	○ 0/2	▽ 0/0	△ 0/0	△ 0/0	△ 0/0	▽ 0/0	△ 0/0	△ 0/0		△ 0/0
	9	파 울 로		○ 1/0	▽ 0/1 C	○ 1/0 CC		○ 0/1	○ 1/0	○ 1/0	○ 1/1	○ 0/0
	10	에 델		▽ 0/0	▽ 1/0	▽ 0/0	○ 0/0	▽ 0/0	▽ 0/0	○ 0/0	▽ 0/0	○ 0/0
	11	세 징 야	○ 1/0	○ 0/1	○ 0/0	○ 0/0 C	○ 0/0	○ 0/0 C	○ 0/0 C		○ 1/1 C	▽ 1/0
	15	한 재 웅	○ 0/0 C			▽ 0/0			▽ 0/0	▽ 0/0		△ 0/0
	17	노 병 준		△ 0/0	△ 0/0	△ 0/0	▽ 0/0				△ 0/0	△ 0/0
	37	김 대 원	▽ 1/0	△ 0/0						△ 0/0		
	88	알 렉 스										

위치	배번	경기번호	118	124	128	132	136	141	148	154	160	163
		날 짜	07.23	07.27	07.31	08.10	08.13	08.17	08.21	08.29	09.03	09.07
		홈/원정	홈	원정	원정	홈	원정	홈	홈	원정	홈	원정
		장 소	대구	잠실	안산	대구	고양	대구	대구	부천	대구	대전W
		상 대	안양	서울E	안산무	경남	고양	강원	부산	부천	충주	대전
		결 과	무	승	패	패	승	패	패	승	승	무
		점 수	1 : 1	2 : 0	1 : 4	1 : 2	1 : 0	1 : 3	0 : 1	3 : 2	1 : 0	1 : 1
		승 점	36	39	39	39	42	42	42	45	48	49
		슈팅수	20 : 8	11 : 9	14 : 11	14 : 10	12 : 6	8 : 7	14 : 3	17 : 8	20 : 4	22 : 8
GK	1	이 양 종							○ 0/0			
	21	조 현 우	○ 0/0	○ 0/0	○ 0/0	○ 0/0	○ 0/0	○ 0/0		○ 0/0	○ 0/0	○ 0/0
DF	2	오 광 진					○ 0/0		▽ 0/0			
	3	정 우 재	○ 0/0 C	○ 0/0	○ 0/0	▽ 0/0		▽ 0/0 C		○ 0/0	○ 0/1	▽ 0/0
	4	박 태 홍	○ 0/0	○ 0/0	○ 0/0 C	○ 0/0	○ 0/0	○ 0/0 C	○ 0/0	○ 0/0 C		○ 0/0
	5	홍 정 운	○ 0/0	○ 0/0	○ 0/0	○ 0/0	△ 0/0	▽ 0/0 C			○ 0/0	○ 0/0
	13	조 영 훈							○ 0/0		△ 0/0	
	19	박 세 진		○ 0/0	○ 0/1	○ 0/0	○ 0/0	○ 0/1	○ 0/0	○ 0/0	○ 0/0	○ 0/0 C
	20	황 재 원								○ 0/1 C	○ 0/0	○ 0/0
	22	감 한 솔										
MF	6	이 재 권	○ 0/1	▽ 0/0	▽ 0/0	▽ 0/0	○ 0/0	○ 0/0	○ 0/0 C		▽ 0/0	○ 0/0
	8	배 신 영					△ 0/0		▽ 0/0	△ 0/0		
	8	데이비드										
	14	신 창 무	○ 1/0 C	○ 0/0	○ 0/0	△ 0/0 C	△ 0/0	△ 0/0			△ 0/0	△ 0/0 C
	16	김 동 진	○ 0/0	○ 0/0	▽ 0/0	○ 0/0	○ 0/0	○ 0/0	○ 0/0	○ 0/0	○ 0/0	△ 0/0
	25	김 현 수										
	29	류 재 문										
	33	우 상 호			△ 0/0	○ 0/0	○ 1/0	○ 0/0	○ 0/0	▽ 0/0	○ 0/0	▽ 0/0
	36	박 한 빈			▽ 0/0							
	87	김 대 열										
FW	7	최 정 한	△ 0/0	△ 0/0	△ 1/0	△ 0/0				△ 0/0	▽ 0/0	▽ 0/0
	9	파 울 로	▽ 0/0	▽ 2/0	○ 0/0	○ 1/0	▽ 0/0 C	▽ 0/0 C		▽ 0/0		△ 1/0
	10	에 델	▽ 0/0	○ 0/1	○ 0/0	▽ 0/0	▽ 0/0	△ 0/0	△ 0/0	△ 0/0 S		
	11	세 징 야	○ 0/0 C	▽ 0/0 C		○ 0/0	○ 0/0 C	○ 0/0	○ 0/0	○ 1/1	○ 1/0 C	○ 0/0
	15	한 재 웅	▽ 0/0								△ 0/0	
	17	노 병 준	△ 0/0	△ 0/0								
	37	김 대 원						△ 0/0	△ 0/0	▽ 0/0		
	88	알 렉 스	△ 0/0	△ 0/0	△ 0/0	△ 0/0	▽ 0/0	○ 1/0	○ 0/0	○ 2/0	▽ 0/0	○ 0/0 C

선수자료 : 득점/도움 ○ = 선발출장 △ = 교체 IN ▽ = 교체 OUT ◈ = 교체 IN/OUT C = 경고 S = 퇴장

위치	배번	경기번호	175	176	185	187	191	200	202	208	214	217
		날 짜	09.19	09.24	09.28	10.01	10.05	10.10	10.15	10.19	10.23	10.30
		홈/원정	홈	원정	원정	홈	원정	원정	홈	홈	원정	홈
		장 소	대구	평창	구덕	대구	충주	안양	대구	대구	창원C	대구
		상 대	고양	강원	부산	안산무	충주	안양	서울E	부천	경남	대전
		결 과	승	무	승	무	승	승	패	무	승	승
		점 수	1 : 0	1 : 1	2 : 0	2 : 2	3 : 0	1 : 0	0 : 1	0 : 0	2 : 1	1 : 0
		승 점	52	53	56	57	60	63	63	64	67	70
		슈팅수	12 : 2	14 : 12	10 : 9	19 : 10	18 : 9	6 : 13	9 : 8	7 : 6	12 : 8	21 : 4
GK	1	이 양 종										
	21	조 현 우	○ 0/0	○ 0/0	○ 0/0	○ 0/0	○ 0/0	○ 0/0	○ 0/0	○ 0/0	○ 0/0	○ 0/0
DF	2	오 광 진					△ 0/0				▽ 0/0	
	3	정 우 재	○ 0/0	○ 0/0	○ 0/0	○ 0/0	○ 0/0	○ 0/0	○ 0/0 C	○ 0/0	○ 0/0	○ 0/0
	4	박 태 홍	○ 0/0 C	○ 0/0 C	○ 0/0	○ 0/0	○ 0/0	○ 0/0	○ 0/0	○ 0/0	○ 0/0	○ 0/0
	5	홍 정 운	△ 0/0		○ 0/0	▽ 0/0	○ 0/0	○ 0/0	○ 0/0	○ 0/0	○ 0/0	○ 0/0
	13	조 영 훈										
	19	박 세 진	○ 0/0	○ 0/0 CC		△ 0/0						
	20	황 재 원	○ 0/0	○ 0/0	○ 0/0	○ 0/0	▽ 1/0	○ 0/0 C	○ 0/0	○ 0/0	○ 1/0	○ 0/0
	22	감 한 솔										
MF	6	이 재 권	○ 0/0	▽ 0/0	○ 0/0 C	○ 0/0	○ 0/0	○ 0/0	○ 0/0	○ 0/0	▽ 0/0	▽ 0/0
	8	배 신 영										
	8	데이비드										
	14	신 창 무			▽ 0/0 C		△ 0/0	△ 0/0	△ 0/0	▽ 0/0	△ 0/0	▽ 0/0
	16	김 동 진	▽ 0/0	○ 0/0	▽ 0/0	○ 0/0	○ 0/0	○ 0/0	○ 0/0	○ 0/0 C		○ 0/0 C
	25	김 현 수										
	29	류 재 문										
	33	우 상 호	○ 0/0 C	○ 0/0	○ 0/0 CC		○ 0/0	○ 0/0 C	▽ 0/0	○ 0/0	△ 0/0	○ 0/0
	36	박 한 빈		△ 0/0								△ 0/0
	87	김 대 열			△ 0/0	▽ 0/0						
FW	7	최 정 한						△ 0/0		△ 0/0		
	9	파 울 로	△ 1/0	△ 0/0		△ 2/0	▽ 0/0		△ 0/0		▽ 0/0	△ 0/1
	10	에 델	▽ 0/0	▽ 1/0	△ 1/0	○ 0/1 C	△ 0/0	▽ 0/0	▽ 0/0	○ 0/0	○ 0/0	○ 0/0
	11	세 징 야	▽ 0/0	○ 0/0	○ 1/1	○ 0/0	▽ 2/1	▽ 0/0	○ 0/0 C		○ 0/2	▽ 1/0
	15	한 재 웅			△ 0/0						△ 0/0 C	
	17	노 병 준	△ 0/0	△ 0/0					△ 0/0			
	37	김 대 원										
	88	알 렉 스	○ 0/0	▽ 0/0	▽ 0/0	○ 0/0 C	○ 0/0	○ 1/0	▽ 0/0	○ 0/0	○ 1/0	△ 0/0

강 원 FC

창단년도_ 2008년

전화_ 033-655-0500

팩스_ 033-655-6660

홈페이지_ www.gangwon-fc.com

주소_ 우 25611 강원도 강릉시 남부로 222 강남축구공원 강원FC 사무국
GangwonFC in Gangnam Football Park, 222, Nambu-ro, Gangneung-si, Gangwon-do, KOREA 25611

연혁

2008	강원도민프로축구단 창단추진 발표
	강원도민프로축구단 창단준비팀 구성
	강원도민프로축구단 창단준비위원회 발족
	강원도민프로축구단 발기인 총회, 김병두 초대 대표이사 취임
	(주)강원도민프로축구단 법인 설립
	도민주 공모
	한국프로축구연맹 창단승인
	제4차 이사회 - 신임 김원동 대표이사 취임
	초대 최순호 감독 선임
	창단식 및 엠블럼 공개
2009	김영후 조모컵 2009 한일올스타전 선발
	2009 K-리그 홈경기 20만 관중(관중동원 3위) 돌파
	2009 K-리그 13위
	제5회 대한민국 스포츠산업대상 프로스포츠 부문 최우수마케팅상 대상 수상
	2009 K-리그 대상 김영후 신인선수상, 페어플레이상, 서포터스 나르샤 공로상 수상
	김원동 대표이사 2009 대한축구협회 특별공헌상 수상
2010	캐치프레이즈 '무한비상' 확정
	선수단 숙소 '오렌지하우스' 개관
	유소년클럽 창단
	소나타 K리그 2010 12위
	2010 K리그 대상 페어플레이상 수상
2011	캐치프레이즈 '강원천하' 확정
	김상호 감독 선임
	마스코트 '강웅이' 탄생
	남종현 대표이사 취임
	U-15 및 U-18 유스팀 창단
	R리그 정성민 득점왕 수상
	현대오일뱅크 K리그 2011 16위
2012	캐치프레이즈 'stand up! 2012!!' 확정
	오재석 2012 런던올림픽 최종멤버 선발
	김학범 감독 선임
	김은중 K리그 통산 8번째 400경기 출장
	현대오일뱅크 K리그 2012 14위
2013	캐치프레이즈'투혼 2013'확정
	임은주 대표이사 취임
	김용갑 감독 선임
	현대오일뱅크 K리그 클래식 2013 12위
2014	캐치프레이즈 'Power of Belief 2014 Born again GWFC' 확정
	알툴 감독 선임
	현대오일뱅크 K리그 챌린지 2014 4위
2015	캐치프레이즈 'Power of GangwonFC 2015' 확정
	최윤겸 감독 선임
	현대오일뱅크 K리그 챌린지 2015 7위
2016	조태룡 대표이사 취임
	K리그 클래식(1부리그) 승격
	(현대오일뱅크 K리그 챌린지 2016 3위)
	제2차 플러스 스타디움상 수상
	세계 최초 스키점프장의 축구장 활용

강원FC 2016년 선수명단

대표이사_ 조태룡　사무국장_ 고정배
감독_ 최윤겸　수석코치_ 박효진　피지컬코치_ 한상혁　GK코치_ 정길용　플레잉코치_ 박용호
수석트레이너_ 차창일　의무트레이너_ 김찬종　통역_ 김봉기　전력분석관_ 이승민　주무_ 윤상진

포지션	선수명		생년월일	출신교	키(cm) / 몸무게(kg)
GK	송 유 걸	宋 裕 傑	1985.02.16	경희대	187 / 84
	함 석 민	咸 錫 敏	1994.02.14	숭실대	190 / 80
	양 동 원	梁 棟 原	1987.02.05	백암고	188 / 82
	안 지 현	安 祉 炫	1994.03.25	건국대	190 / 80
DF	최 우 재	崔 佑 在	1990.03.27	중앙대	185 / 77
	이　완	李　宛	1984.05.03	연세대	181 / 76
	안 현 식	安 顯 植	1987.04.24	연세대	183 / 75
	박 천 호	朴 天 虎	1994.08.08	서울디지털대	185 / 78
	길 영 태	吉 永 泰	1991.06.15	관동대	185 / 79
	정 승 용	鄭 昇 勇	1991.03.25	동북고	182 / 76
	이 한 샘	李 한 샘	1989.10.18	건국대	185 / 80
	정 준 혁	鄭 俊 爀	1995.12.08	사이버한국외국어대	178 / 72
	최 영 광	崔 榮 光	1990.05.20	한남대	185 / 72
	백 종 환	白 鐘 煥	1985.04.18	인천대	178 / 66
MF	오 승 범	吳 承 範	1981.02.26	제주오현고	174 / 69
	박 희 도	朴 禧 燾	1986.03.20	동국대	183 / 71
	허 범 산	許 範 山	1989.09.14	우석대	177 / 70
	서 보 민	徐 保 閔	1990.06.22	관동대	175 / 64
	허 창 수	許 暢 秀	1992.01.19	호남대	175 / 68
	김 윤 호	金 倫 滸	1990.09.21	관동대	178 / 65
	손 설 민	孫 雪 旼	1990.04.26	관동대	176 / 74
	한 석 종	韓 石 種	1992.07.19	숭실대	184 / 72
	고 민 성	高 旼 成	1995.11.20	매탄고	176 / 68
	이 동 재	李 動 在	1996.07.20	강릉문성고	179 / 57
	박 요 한	朴 耀 韓	1994.12.17	단국대	180 / 75
	정 찬 일	丁 粲 佾	1991.04.27	동국대	175 / 71
	이 남 수	李 南 手	1992.07.18	광운대	180 / 75
	장 혁 진	張 爀 鎭	1989.12.06	대경대	178 / 71
	루 이 스	Da Silva Alves Luiz Henrique	1981.07.02	*브라질	170 / 76
	세르징요	Sergio Paulo Nascimento Filho	1988.04.27	*시리아	188 / 77
FW	최 진 호	崔 診 護	1989.09.22	관동대	170 / 70
	심 영 성	沈 永 星	1987.01.15	제주제일고	178 / 73
	전 병 수	全 昞 壽	1992.03.14	동국대	184 / 78
	고　룡	高　龍	1993.04.12	호원대	185 / 74
	방 찬 준	方 讚 晙	1994.04.15	한남대	184 / 78
	마 라 냥	Luis Carlos Dos Santos Martins	1984.06.19	*브라질	175 / 73
	마테우스	Matheus Alves Leandro	1993.05.19	*브라질	187 / 92

강원FC 2016년 개인기록 _ K리그 챌린지

위치	배번	경기번호	03	07	12	17	21	32	36	42	49	54
		날 짜	03.26	04.02	04.09	04.13	04.16	04.30	05.05	05.08	05.16	05.22
		홈/원정	원정	홈	원정	홈	홈	원정	홈	원정	원정	원정
		장 소	창원C	강릉	충주	강릉	강릉	안양	원주	대전W	부천	대구
		상 대	경남	부산	충주	안산무	고양	안양	서울E	대전	부천	대구
		결 과	패	패	승	승	승	승	승	승	패	무
		점 수	0 : 1	0 : 1	2 : 1	2 : 0	4 : 0	2 : 0	2 : 1	1 : 0	1 : 3	0 : 0
		승 점	0	0	3	6	9	12	15	18	18	19
		슈팅수	12 : 8	10 : 7	12 : 7	5 : 6	10 : 4	6 : 11	23 : 6	11 : 13	9 : 11	11 : 13
GK	1	송 유 걸				○ 0/0	○ 0/0	○ 0/0	○ 0/0	○ 0/0	○ 0/0 C	○ 0/0
	18	함 석 민	○ 0/0	○ 0/0	○ 0/0							
	31	양 동 원										
DF	3	최 우 재										
	6	안 현 식		○ 0/0	○ 0/0	○ 0/0	○ 0/0	○ 0/0	○ 0/0	○ 0/0 C	○ 0/0	○ 0/0
	19	길 영 태										
	20	김 원 균	○ 0/0 C									
	33	이 한 샘	○ 0/0 C	○ 0/0	○ 0/0	○ 0/0	○ 0/1 C	○ 0/0	○ 0/0	○ 0/0	○ 0/0	○ 0/0
	77	백 종 환	○ 0/0 CC		○ 0/0	○ 0/1	○ 0/0	○ 0/0 C	○ 0/0	○ 0/0	○ 0/1	○ 0/0
MF	4	오 승 범	○ 0/0	○ 0/0	○ 0/0	○ 0/0	○ 0/1	○ 0/0	○ 0/0	○ 0/0	○ 0/0	○ 0/0
	7	박 희 도										
	8	허 범 산	○ 0/0	▽ 0/0	▽ 0/0 C	▽ 0/0 C	▽ 0/0	○ 0/0 C		▽ 0/0 C	○ 0/0	△ 0/0 C
	11	서 보 민	○ 0/0	▽ 0/0	○ 0/0	▽ 0/0		▽ 0/0	▽ 0/0	○ 0/0	▽ 0/0 C	△ 0/0
	13	김 윤 호		▽ 0/0	△ 0/0	△ 0/0		△ 0/0				
	14	손 설 민		△ 0/0								
	16	한 석 종	△ 0/0	○ 0/0	○ 0/0	○ 0/0	○ 0/0	○ 0/0	▽ 0/0	△ 0/0	△ 0/0 C	○ 0/0 C
	22	정 승 용	▽ 0/0	○ 0/0	○ 0/1	○ 0/0	○ 0/0	○ 0/0	○ 0/0	○ 0/0	○ 0/0 C	○ 0/0
	24	고 민 성	△ 0/0	△ 0/0					▽ 0/0	▽ 0/0	▽ 0/0	▽ 0/0
	26	박 요 한					△ 0/0					
	27	정 찬 일					△ 0/0					
	88	세르징요										
	99	장 혁 진	▽ 0/0	○ 0/0	△ 0/0	△ 0/0	○ 1/2 C	▽ 0/0	○ 0/0	○ 0/0	○ 0/0	▽ 0/0
FW	9	루 이 스										
	9	파 체 코										
	10	최 진 호	△ 0/0	○ 0/0	▽ 0/0	▽ 1/0 C	▽ 0/0	△ 1/0	△ 1/0	△ 1/0	△ 0/0	▽ 0/0
	17	심 영 성	▽ 0/0	△ 0/0	△ 1/0	△ 1/0	△ 2/0	△ 0/1	△ 0/1	△ 0/0	△ 0/0	△ 0/0
	23	마테우스	○ 0/0		▽ 1/0	○ 0/0			○ 0/0	▽ 0/0	▽ 1/0	○ 0/0
	32	방 찬 준					▽ 1/0	▽ 1/0	△ 1/0			
	84	마 라 냥										

선수자료 : 득점/도움 ○ = 선발출장 △ = 교체 IN ▽ = 교체 OUT ◈ = 교체 IN/OUT C = 경고 S = 퇴장

57	64	66	77	83	90	94	100	104	109	114	120
05.25	05.29	06.01	06.08	06.12	06.19	06.26	06.29	07.04	07.10	07.18	07.24
원정	홈	홈	홈	원정	원정	홈	원정	홈	원정	원정	홈
고양	원주	춘천	춘천	부산A	안산	춘천	잠실	강릉	부천	창원C	강릉
고양	안양	대전	경남	부산	안산무	대구	서울E	충주	부천	경남	고양
승	승	승	무	무	패	패	무	승	승	패	무
1 : 0	4 : 1	1 : 0	0 : 0	0 : 0	1 : 3	1 : 2	1 : 1	2 : 0	1 : 0	0 : 2	0 : 0
22	25	28	29	30	30	30	31	34	37	37	38
12 : 7	15 : 4	8 : 8	7 : 7	10 : 8	11 : 12	11 : 13	14 : 9	16 : 6	10 : 10	10 : 9	20 : 9
	○ 0/0	○ 0/0	○ 0/0	○ 0/0	○ 0/0	○ 0/0	○ 0/0				
○ 0/0								○ 0/0	○ 0/0	○ 0/0	○ 0/0
○ 1/0	○ 0/0	○ 0/0	○ 0/0	○ 0/0	○ 0/0 S			○ 0/0	○ 0/0	○ 0/0	○ 0/0
			△ 0/0		○ 0/0 C	○ 0/0	○ 0/0	○ 1/0	△ 0/0		○ 0/0 C
○ 0/0	○ 0/0	○ 0/0	○ 0/0	○ 0/0 C		○ 0/0	○ 1/0 C	○ 0/0	○ 0/0 C	○ 0/0 C	
○ 0/0	▽ 0/0	○ 0/0	○ 0/0	○ 0/0	○ 0/0	○ 0/0	○ 0/0	○ 0/0	○ 0/0	○ 0/0	○ 0/0
○ 0/0	○ 1/0	○ 0/0	○ 0/0	○ 0/0	○ 0/0 C	▽ 0/0			○ 0/0	○ 0/0	○ 0/0
									△ 0/0 C	△ 0/0	△ 0/0
▽ 0/0 C		△ 0/0	▽ 0/0	▽ 0/0	▽ 0/0	▽ 1/0 C	▽ 0/0	▽ 0/0	○ 0/0 C	○ 0/0	▽ 0/0
△ 0/0	○ 0/1	▽ 0/0	▽ 0/0	○ 0/0	▽ 0/0	○ 0/0	▽ 0/0	△ 0/0		▽ 0/0	
	△ 0/0	△ 0/0						△ 0/0			
						△ 0/0	△ 0/1 C			△ 0/0	
○ 0/0	○ 0/0	○ 0/0 C		○ 0/0	○ 0/0 C	○ 0/0 C	○ 0/0	○ 1/0	▽ 0/0	▽ 0/0	
○ 0/0	○ 1/0	○ 1/0	○ 0/0	○ 0/0	○ 0/1	○ 0/0	○ 0/0	○ 0/0 C	○ 0/0	○ 0/0	○ 0/0
	▽ 0/0	▽ 0/1	▽ 0/0		△ 0/0		▽ 0/0				
						△ 0/0	△ 0/0				
								○ 0/0	○ 0/0 C		○ 0/0
○ 0/0 C	○ 0/0	○ 0/0	○ 0/0	○ 0/0	▽ 0/0	○ 0/0	○ 0/0	▽ 0/1	▽ 0/0		
											▽ 0/0
▽ 0/0 C											
△ 0/0	△ 1/0										
△ 0/0	△ 0/0	△ 0/0 C	△ 0/0	△ 0/0	△ 0/0	△ 0/0	△ 0/0	△ 0/0	△ 0/0	▽ 0/0	△ 0/0
▽ 0/0 C	▽ 1/0 C	▽ 0/0	○ 0/0	▽ 0/0	○ 1/0 C		○ 0/0	▽ 0/0	▽ 1/0	○ 0/0 C	○ 0/0
			△ 0/0	△ 0/0	△ 0/0	▽ 0/0					△ 0/0
										△ 0/0	▽ 0/0

위치	배번	경기번호	127	135	139	141	147	152	158	161	169	176
		날 짜	07.30	08.10	08.14	08.17	08.20	08.27	09.03	09.07	09.12	09.24
		홈/원정	홈	홈	원정	원정	홈	원정	원정	홈	원정	홈
		장 소	강릉	강릉	대전W	대구	평창	충주	안양	평창	고양	평창
		상 대	서울E	부산	대전	대구	부천	충주	안양	안산무	고양	대구
		결 과	승	패	패	승	패	무	무	승	승	무
		점 수	1 : 0	1 : 2	0 : 1	3 : 1	0 : 2	2 : 2	0 : 0	1 : 0	1 : 0	1 : 1
		승 점	41	41	41	44	44	45	46	49	52	53
		슈팅수	12 : 6	14 : 17	19 : 8	7 : 8	14 : 3	13 : 10	5 : 12	6 : 9	8 : 14	12 : 14
GK	1	송 유 걸			○ 0/0							
	18	함 석 민	○ 0/0 C	○ 0/0		○ 0/0	○ 0/0	○ 0/0	○ 0/0	○ 0/0	○ 0/0	○ 0/0
	31	양 동 원										
DF	3	최 우 재								○ 0/0		
	6	안 현 식	○ 0/0	○ 0/0 C	○ 0/0	○ 0/0	○ 0/0	○ 0/0	○ 0/0 C		○ 0/0 C	○ 0/0
	19	길 영 태								○ 0/0		
	20	김 원 균										
	33	이 한 샘	○ 0/0	○ 0/0 C	○ 0/0	○ 0/0	○ 0/0 C	○ 1/0	○ 0/0 C		○ 0/0 C	○ 0/0
	77	백 종 환	○ 0/0 C	○ 0/0	○ 0/0 C		○ 0/0	○ 0/0	○ 0/0	○ 0/0 C	○ 0/0	○ 0/0
MF	4	오 승 범	○ 0/0	○ 0/0	○ 0/0	○ 0/0 C		○ 0/0	○ 0/0	○ 0/0	△ 0/0	▽ 0/0
	7	박 희 도	△ 0/0	△ 0/0		▽ 0/0	▽ 0/0	▽ 0/0	▽ 0/0			
	8	허 범 산	▽ 1/0	▽ 0/0	○ 0/0	▽ 0/0	▽ 0/0 C		▽ 0/0 C	▽ 0/0	▽ 0/0	▽ 0/0
	11	서 보 민			▽ 0/0	△ 0/0	▽ 0/0	△ 0/0	△ 0/0	△ 0/0		○ 0/0
	13	김 윤 호										
	14	손 설 민										
	16	한 석 종	△ 0/0			○ 0/0	○ 0/0	○ 0/1	○ 0/0	○ 0/0	○ 0/0	△ 0/0 C
	22	정 승 용	○ 0/0	○ 0/0	○ 0/0	○ 1/0	○ 0/0	○ 0/0	○ 0/0	○ 0/0	○ 0/0	○ 0/0
	24	고 민 성										
	26	박 요 한										
	27	정 찬 일										
	88	세르징요	▽ 0/0	○ 0/0	▽ 0/0 C	○ 0/1 C		▽ 0/0	○ 0/0	○ 0/0 C	○ 0/0	○ 0/0
	99	장 혁 진	○ 0/0	▽ 0/0	△ 0/0	○ 1/0	○ 0/0	○ 0/1	△ 0/0	△ 0/0	▽ 0/0	
FW	9	루 이 스	○ 0/1	○ 1/0	○ 0/0	△ 0/1	△ 0/0	△ 0/0		▽ 1/0	▽ 1/0	○ 0/1
	9	파 체 코										
	10	최 진 호								△ 0/0 C	△ 0/0	△ 0/0
	17	심 영 성		△ 0/0 C			△ 0/0			▽ 0/0	△ 0/0	△ 0/0
	23	마테우스	▽ 0/0	▽ 0/0	△ 0/0	▽ 0/0	○ 0/0 C	▽ 1/0	○ 0/0 C		○ 0/0	▽ 1/0
	32	방 찬 준			▽ 0/0							
	84	마 라 냥	△ 0/0	△ 0/0	△ 0/0	△ 1/0	△ 0/0	△ 0/0				

선수자료 : 득점/도움 ○ = 선발출장 △ = 교체 IN ▽ = 교체 OUT ◈ = 교체 IN/OUT C = 경고 S = 퇴장

182	190	193	196	201	209	212	216	221	222	승강PO 01	승강PO 02
09.28	10.02	10.05	10.08	10.15	10.19	10.22	10.30	11.02	11.05	11.17	11.20
홈	원정	홈	홈	홈	원정	원정	홈	홈	원정	홈	원정
평창	잠실	강릉	강릉	강릉	구덕	안산	강릉	강릉	부천	강릉	탄천
안양	서울E	부천	충주	대전	부산	안산무	경남	부산	부천	성남	성남
승	승	패	승	패	패	승	무	승	승	무	무
3 : 0	2 : 1	0 : 1	2 : 1	1 : 2	1 : 2	4 : 0	1 : 1	1 : 0	2 : 1	0 : 0	1 : 1
56	59	59	62	62	62	65	66	66	66	0	0
19 : 8	11 : 13	17 : 7	7 : 12	14 : 11	8 : 15	11 : 16	21 : 10	11 : 9	16 : 11	9 : 7	11 : 11
○ 0/0		○ 0/0	○ 0/0	○ 0/0 C	○ 0/0 C		○ 0/0	○ 0/0	○ 0/0	○ 0/0	○ 0/0
	○ 0/0					○ 0/0					
			▽ 0/0 C			○ 0/0	○ 0/0	△ 0/0			
○ 1/0	○ 0/0 C	○ 0/0	○ 0/0	○ 0/0	○ 0/0 C					○ 0/0	○ 0/0
					△ 0/0	○ 0/0	○ 0/0 C	○ 0/0	○ 0/0 CC		△ 0/0
○ 0/0	○ 0/0	○ 0/0 C	○ 0/0	○ 0/0	○ 0/0	○ 0/0	○ 0/0	○ 0/0	○ 0/0 C	○ 0/0 C	○ 0/0 C
○ 0/0 C	○ 0/0	▽ 0/0 C									
▽ 0/0		○ 0/0		○ 0/0	○ 0/0 C		○ 0/0	○ 0/0	○ 0/0	○ 0/0 C	○ 0/0
△ 0/0		△ 0/0		△ 0/0				△ 0/0		△ 0/0	
△ 1/0	△ 0/0	▽ 0/0 C	△ 0/0	▽ 0/0	△ 0/0 C			▽ 0/0 C	▽ 0/1	▽ 0/0 C	▽ 0/1
○ 0/2	○ 1/0 C	△ 0/0	○ 1/0	○ 0/0	▽ 0/0	▽ 1/0	▽ 0/0	△ 0/0	△ 0/0	○ 0/0	▽ 0/0
			○ 0/0 C	○ 0/0	○ 0/0 C	○ 0/0 C		▽ 0/0	▽ 0/0 C		△ 0/0
	○ 0/1	○ 0/0 C	○ 0/0 C	△ 0/0	○ 0/1	○ 0/0 C		○ 0/0 C	▽ 0/0	▽ 0/0	○ 1/0
○ 0/0	○ 0/0	○ 0/0 C		○ 0/0 C	○ 0/0	○ 0/0	○ 0/0	○ 0/0	○ 1/0	○ 0/0	○ 0/0
						△ 0/0					
○ 0/1	○ 0/0	○ 0/0	○ 0/0				○ 0/0	○ 0/0	○ 0/0	○ 0/0	○ 0/0 C
▽ 0/0	▽ 0/0		▽ 0/1	▽ 0/0	▽ 0/0	▽ 0/0	▽ 0/0		△ 0/0	△ 0/0	△ 0/0
○ 1/0 C	▽ 0/0	△ 0/0 C	○ 0/0	○ 1/0	○ 0/0	○ 1/0	○ 1/0	▽ 0/1	○ 0/0	○ 0/0	○ 0/0 C
	△ 0/0		△ 0/0	△ 0/0		△ 1/0	△ 0/0				
			△ 0/0		△ 0/0		△ 0/0				
▽ 0/0	△ 1/0	○ 0/0	▽ 1/0	▽ 0/0	▽ 1/0	▽ 1/1 C	▽ 0/0	○ 1/0 C	○ 0/0	▽ 0/0	▽ 0/0
	▽ 0/0										
△ 0/0		▽ 0/0				△ 0/0	△ 0/0		△ 1/0	△ 0/0	

부천 FC 1995

창단년도_ 2007년
전화_ 032-655-1995
팩스_ 032-655-1996
홈페이지_ www.bfc1995.com
주소_ 우 14655 경기도 부천시 원미구 소사로 482(춘의동 8)
482, Sosa-ro, Wonmi-gu, Bucheon-si, Gyounggi-do, KOREA 14655

연혁

2006 새로운 부천축구클럽 창단 시민모임 발족
2007 창단 캠페인 'BUCHEON IS BACK' 시작
부천시와 연고지 협약
부천FC1995 창단
제1대 배기선 구단주 취임
정해춘 단장 취임
곽경근 감독 취임
2008 K3리그 데뷔
KFA 2008 풋살대회 3위
부천FC 사랑의 자선경기 개최
2009 AFC Wimbledon과 자매결연
FC United of Manchester 월드풋볼드림매치 개최
2010 (주)부천에프씨1995 발기인 총회
원미구내 부천FC 거리 탄생
(주)부천에프씨1995 법인 설립
1차 시민주 공모
정해춘 대표이사 취임
2011 U-10 클럽팀 창단
챌린저스 컵대회 3위
곽경근 2대 감독 취임
2012 프로축구단 가입 신청서 제출
부천시의회 부천FC 지원 조례안 가결
프로축구연맹 가입 승인
2013 2차 시민주 공모
2013 프로시즌 출정식
U-18 클럽팀 창단
K리그 데뷔
현대오일뱅크 K리그 챌린지 2013 7위
U-12 클럽팀 창단
U-15 클럽팀 창단
2014 신경학 대표이사 취임
최진한 감독 취임
정홍연 선수 K리그 100경기 출장 기록
U-12 2014 전국 초등 축구리그 경기서부권역 준우승
2014 전국 초등 축구리그 경기서부권역 수비상, 이재하
제12회 MBC 꿈나무축구리그 전국결선 3위
김종구 단장 취임
현대오일뱅크 K리그 챌린지 2014 10위
2015 제9회 MBC 꿈나무축구 윈터리그 전국 결선 3위
정해춘 대표이사 취임
K리그 최초 CGV 브랜드관 오픈(CGV 부천역점 부천FC관)
부천FC VS 뒤셀도르프 U-23 아프리카 어린이를 위한 솔라등 기부 자선경기
2015'영천대마(馬)컵 전국유소년축구대회 U-12 준우승 (U-11 3위)
K리그 3개년 운영성과보고회
온라인쇼핑몰 오픈
부천FC K리그 통산 100경기
부천역CGV 멤버십시사회
제4대 송선호 감독 선임
K리그 최초 프로스포츠발전을 위한 업무협약 (부천FC1995 – 넥센히어로즈)
부천FC 2015 제1회 레이디스 월드컵 인 풋살 개최
현대오일뱅크 K리그 챌린지 2015 5위
2016 02.02 부천FC 사회적협동조합 발대식
06.22 팀 최초 FA컵 16강 진출 (vs 경주시민축구단)
07.13 팀 최초 FA컵 8강 진출 (vs 전북현대모터스)
08.18 부천FC1995 U-12 화랑대기 3위
10.15 복합 팬서비스 공간 레드바코드 오픈
10.26 K리그 챌린지 최초 FA컵 4강 진출 (vs FC서울)
10.30 현대오일뱅크 K리그 챌린지 2016 종료 (3위)
11.05 팀 최초 플레이오프 진출 (vs 강원FC)
11.19 부천FC 2016 제2회 레이디스 월드컵 인 풋살 대회 개최

부천FC 1995 2016년 선수명단

대표이사_ 정해춘 단장_ 김종구
감독_ 정갑석 수석코치_ 송선호 GK코치_ 박종문 피지컬코치_ 셀소실바 의무트레이너_ 엄성현 · 심명보
통역_ 강샛별 전력분석원_ 박성동 스카우터_ 김현재 주무_ 박재홍

포지션	선수명		생년월일	출신교	키(cm) / 몸무게(kg)
GK	류 원 우	申 和 容	90.08.05	광양제철고	186 / 84
	한 상 진	韓 相 振	95.08.01	세종대	188 / 84
	최 철 원	崔 哲 原	94.07.23	광주대	193 / 89
DF	최 병 도	崔 柄 燾	84.01.18	경기대	185 / 77
	한 희 훈	韓 熙 訓	90.08.10	상지대	181 / 74
	임 동 혁	林 東 奕	93.06.08	숭실대	190 / 85
	강 지 용	姜 地 龍	89.11.23	한양대	187 / 85
	서 명 식	徐 明 植	92.05.31	관동대	184 / 72
	이 학 민	李 學 玟	91.03.11	상지대	175 / 68
	유 대 현	柳 大 鉉	90.02.28	홍익대	175 / 68
	박 경 민	朴 敬 民	90.08.22	대경대	178 / 69
	배 준 렬	裵 俊 烈	96.09.23	대건고	174 / 68
	정 준 현	鄭 埈 炫	94.08.26	중앙대	178 / 70
	이 영 훈	李 榮 勳	92.09.26	선문대	170 / 65
	정 대 현	鄭 大 賢	93.08.16	한중대	175 / 72
	김 형 섭	金 亨 燮	93.01.11	광주대	183 / 77
	지 병 주	池 秉 珠	90.03.20	인천대	180 / 73
	김 진 현	金 眞 賢	97.07.29	광양제철고	177 / 71
MF	문 기 한	文 起 韓	89.03.17	동북고	177 / 72
	송 원 재	宋 愿 宰	89.02.21	고려대	175 / 73
	바그닝요	Wagner Da Silva Souza	90.01.30	*브라질	178 / 69
	조 범 석	曺 帆 奭	90.01.09	신갈고	182 / 76
	전 기 성	全 基 成	93.04.29	광주대	182 / 67
	김 대 광	金 大 光	92.04.10	동국대	177 / 74
	한 성 규	韓 成 圭	93.01.27	광운대	180 / 70
	하 지 원	河 志 元	97.10.16	부천FC1995 U.18	180 / 78
	이 동 호	李 東 浩	93.11.19	서남대	183 / 75
	한 동 욱	韓 棟 旭	92.10.13	전주대	175 / 67
	고 병 욱	高 秉 煜	93.05.09	인제대	180 / 70
	김 서 준	金 書 俊	93.06.22	연세대	180 / 70
	난 송	南 松	97.06.21	*중국	170 / 61
	김 영 남	金 榮 男	91.03.24	중앙대	178 / 75
FW	루 키 안	Lukian Araujo De Almeida	91.09.21	*브라질	182 / 80
	에 드 손	Edson Rodrigues Farias	92.01.12	*브라질	168 / 68
	진 창 수	秦 昌 守	85.10.26	도쿄조선대	175 / 67
	김 신 철	金 伸 哲	90.11.29	연세대	178 / 76
	유 준 영	柳 晙 永	90.02.17	경희대	177 / 70
	김 륜 도	金 侖 度	91.07.09	광운대	187 / 76
	황 신 영	黃 信 永	94.04.04	동북고	172 / 70
	이 윤 환	李 閏 煥	96.10.16	부천FC1995 U.18	180 / 73
	이 효 균	李 孝 均	88.03.12	동아대	185 / 80
	신 현 준	申 賢 儁	92.06.15	세종대	173 / 68
	홍 석 준	洪 碩 儁	94.12.15	건국대	180 / 72

부천FC 1995 2016년 개인기록 _ K리그 챌린지

위치	배번	경기번호	09	13	19	23	27	31	37	41	49	52
		날 짜	04.03	04.09	04.13	04.17	04.23	04.30	05.05	05.08	05.16	05.21
		홈/원정	원정	홈	홈	홈	홈	원정	홈	원정	홈	홈
		장 소	충주	부천	부천	부천	부천	창원C	부천	고양	부천	부천
		상 대	충주	서울E	안양	대전	대구	경남	안산무	고양	강원	부산
		결 과	승	패	무	승	무	승	승	무	승	무
		점 수	1 : 0	0 : 1	1 : 1	3 : 1	0 : 0	2 : 0	3 : 1	0 : 0	3 : 1	1 : 1
		승 점	3	3	4	7	8	11	14	15	18	19
		슈팅수	10 : 13	17 : 10	13 : 8	13 : 5	6 : 9	7 : 6	15 : 10	13 : 11	11 : 9	14 : 20
GK	1	류원우	○ 0/0	○ 0/0 C	○ 0/0	○ 0/0	○ 0/0	○ 0/0	○ 0/0	○ 0/0	○ 0/0	○ 0/0
	30	최철원										
DF	4	한희훈	○ 0/0	○ 0/0	○ 0/0 C	○ 1/0 C	○ 0/0	○ 0/0	○ 0/0	○ 0/0	○ 0/0	○ 0/0
	5	임동혁										
	6	강지용	○ 0/0 C	○ 0/0	○ 0/0	○ 0/0 C	○ 0/0	○ 0/0	▽ 0/0 C		○ 0/0	○ 0/0
	13	서명식							△ 0/0	○ 0/0		
	14	이학민	○ 0/0	○ 0/0	○ 0/0	○ 0/0	○ 0/0	○ 0/0	○ 0/0	○ 0/0	○ 0/0	○ 0/0 C
	22	유대현			△ 0/0	○ 0/0	○ 0/0	○ 0/0	○ 0/0	○ 0/0	○ 0/0	○ 0/0 C
	32	배준렬										
	45	지병주										
MF	3	이후권	○ 0/0	○ 0/0	▽ 0/0							
	7	문기한	○ 0/1	○ 0/0	○ 0/0	▽ 0/1	▽ 0/0	▽ 1/0	▽ 0/1	▽ 0/0	▽ 1/0 C	▽ 0/1
	8	송원재	○ 0/0	○ 0/0	△ 0/0	○ 0/0	○ 0/0	▽ 0/0	○ 0/0	○ 0/0	△ 0/0	△ 0/0
	10	바그닝요	○ 0/0 C	○ 0/0	○ 0/0	○ 1/1	○ 0/0 C	○ 0/0	○ 2/0	○ 0/0	○ 1/0	○ 1/0
	15	조범석			○ 0/0	△ 0/0	△ 0/0	△ 0/0	△ 0/0		○ 0/1 C	▽ 0/0
	16	진창수	▽ 0/0	▽ 0/0		○ 0/1	○ 0/0	△ 0/0	△ 1/0	◆ 0/0	△ 0/0	△ 0/0
	21	김대광										
	24	한성규								△ 0/0		
	77	김영남	△ 0/0	▽ 0/0	▽ 0/0	▽ 0/0	▽ 0/0	○ 0/1 C	○ 0/0	○ 0/0 C	▽ 0/0	○ 0/0
	87	김진현										
FW	9	루키안	○ 0/0	△ 0/0	○ 1/0	○ 1/0	○ 0/0 C	○ 1/0	○ 0/1 C	○ 0/0	○ 1/1	○ 0/0
	11	에벨톤	△ 1/0	△ 0/0								
	11	에드손										
	20	김륜도	▽ 0/0	○ 0/0 C	○ 0/0	△ 0/0	△ 0/0	△ 0/0	▽ 0/0	△ 0/0	○ 0/0	○ 0/0 C
	23	황신영						▽ 0/0		▽ 0/0		
	28	이효균										
	29	신현준										

선수자료 : 득점/도움 ○ = 선발출장 △ = 교체 IN ▽ = 교체 OUT ◆ = 교체 IN/OUT C = 경고 S = 퇴장

위치	배번	경기번호	62	68	71	79	84	86	93	98	103	109
		날 짜	05.28	06.01	06.04	06.08	06.13	06.18	06.25	06.29	07.03	07.10
		홈/원정	홈	원정	원정	원정	홈	원정	홈	원정	원정	홈
		장 소	부천	안산	안양	대구	부천	부산A	부천	대전W	잠실	부천
		상 대	충주	안산무	안양	대구	고양	부산	경남	대전	서울E	강원
		결 과	패	무	승	무	승	승	승	패	패	패
		점 수	0 : 1	0 : 0	1 : 0	1 : 1	1 : 0	2 : 0	1 : 0	0 : 2	1 : 2	0 : 1
		승 점	19	20	23	24	27	30	33	33	33	33
		슈팅수	15 : 5	5 : 11	10 : 8	10 : 11	13 : 8	10 : 5	15 : 10	10 : 7	12 : 14	10 : 10
GK	1	류 원 우	○ 0/0	○ 0/0 C	▽ 0/0	○ 0/0	○ 0/0	○ 0/0	○ 0/0	○ 0/0	○ 0/0	○ 0/0
	30	최 철 원			△ 0/0							
DF	4	한 희 훈	○ 0/0	○ 0/0	○ 0/0	○ 0/0	○ 0/0	○ 1/0	○ 0/0	○ 0/0	○ 0/0	○ 0/0
	5	임 동 혁		△ 0/0				△ 0/0	△ 0/0		△ 0/0	
	6	강 지 용	○ 0/0	○ 0/0	○ 0/0	○ 0/0	○ 0/0	○ 0/0	○ 0/1	○ 0/0 C	○ 0/0 C	○ 0/0
	13	서 명 식										
	14	이 학 민	○ 0/0	○ 0/0 C	○ 0/0	○ 1/0 C		○ 0/0	○ 0/0	○ 0/0 C	○ 0/0 C	○ 0/0
	22	유 대 현	○ 0/0 C	○ 0/0	○ 0/0	○ 0/0	○ 0/0 C		○ 0/0	○ 0/0		○ 0/0
	32	배 준 렬										
	45	지 병 주					○ 0/0	○ 0/0			○ 1/0 CC	
MF	3	이 후 권										
	7	문 기 한	▽ 0/0	▽ 0/0	▽ 0/0	▽ 0/0	△ 0/0 C	△ 0/1	▽ 0/0	△ 0/0	△ 0/0	▽ 0/0
	8	송 원 재		○ 0/0	○ 0/0 C	○ 0/0	△ 0/0		△ 0/0	▽ 0/0		
	10	바그닝요	○ 0/0 C		○ 0/0	○ 0/1 C	○ 1/0	○ 0/1	○ 0/0	○ 0/0 S		
	15	조 범 석	○ 0/0	▽ 0/0	△ 0/0	○ 0/0	○ 0/0	○ 0/0	○ 0/0		○ 0/0	○ 0/0
	16	진 창 수	▽ 0/0		△ 1/0	△ 0/0	△ 0/0 C	△ 1/0	△ 0/0	△ 0/0	○ 0/0	○ 0/0
	21	김 대 광		△ 0/0		△ 0/0						
	24	한 성 규	△ 0/0									
	77	김 영 남	○ 0/0	○ 0/0	○ 0/0 C		○ 0/0	○ 0/0	○ 0/0	○ 0/0 C	○ 0/0 C	○ 0/0
	87	김 진 현										
FW	9	루 키 안	○ 0/0	○ 0/0 C		○ 0/0 C	▽ 0/0	▽ 0/0	▽ 1/0 C	○ 0/0	○ 0/0	○ 0/0
	11	에 벨 톤										
	11	에 드 손										▽ 0/0
	20	김 륜 도	△ 0/0	▽ 0/0	○ 0/1	◆ 0/0	▽ 0/0	▽ 0/0		▽ 0/0	▽ 0/0	
	23	황 신 영			▽ 0/0 C	▽ 0/0	▽ 0/0	▽ 0/0	▽ 0/0	▽ 0/0		
	28	이 효 균									▽ 0/0	△ 0/0
	29	신 현 준		△ 0/0						△ 0/0		△ 0/0

위치	배번	경기번호	112	123	129	134	138	142	147	154	156	164
		날 짜	07.16	07.27	08.01	08.10	08.13	08.17	08.20	08.29	09.03	09.07
		홈/원정	원정	홈	원정	홈	원정	홈	원정	홈	원정	홈
		장 소	안양	부천	충주	부천	창원C	부천	평창	부천	고양	부천
		상 대	안양	안산무	충주	서울E	경남	대전	강원	대구	고양	부산
		결 과	무	패	승	패	승	승	승	패	승	승
		점 수	2 : 2	0 : 2	1 : 0	0 : 2	1 : 0	2 : 0	2 : 0	2 : 3	3 : 0	1 : 0
		승 점	34	34	37	37	40	43	46	46	49	52
		슈팅수	12 : 11	11 : 11	11 : 2	10 : 14	8 : 9	16 : 5	3 : 14	8 : 17	12 : 12	9 : 12
GK	1	류원우	○ 0/0	○ 0/0	○ 0/0	○ 0/0	○ 0/0	○ 0/0	○ 0/0	○ 0/0	○ 0/0	○ 0/0
	30	최철원										
DF	4	한희훈	○ 0/0	○ 0/0	○ 0/0	○ 0/0	○ 0/0	○ 0/0	○ 0/0 C		○ 0/0	○ 0/0
	5	임동혁		○ 0/0	△ 0/0	△ 0/0						
	6	강지용	○ 0/0 C		○ 0/0	○ 0/0	○ 0/0	○ 0/0	○ 0/0 C	○ 0/0 C	○ 1/0	○ 0/0 C
	13	서명식								○ 0/0		
	14	이학민	○ 0/0	○ 0/0	○ 1/0	▽ 0/0 C		○ 0/0			○ 0/0	○ 0/0 C
	22	유대현	○ 0/0 C	△ 0/0								
	32	배준렬					▽ 0/0 C	▽ 0/0				▽ 0/0
	45	지병주		○ 0/0			○ 0/0 C		○ 0/0	○ 0/0 S		
MF	3	이후권										
	7	문기한		▽ 0/0	△ 0/0	▽ 0/0	○ 0/0 C		▽ 0/1	▽ 0/0	○ 1/1	▽ 0/0
	8	송원재	▽ 0/0	○ 0/0			▽ 0/0	○ 0/0 C	△ 0/0	○ 0/0	◈ 0/0	△ 0/0
	10	바그닝요	○ 0/0 CC		○ 0/0	○ 0/0 C	○ 0/0	○ 1/0	▽ 1/0 C		▽ 0/0	△ 0/0
	15	조범석	○ 0/0	○ 0/0	▽ 0/0	○ 0/0	△ 0/0	○ 0/0 C	○ 0/0	○ 0/0	○ 1/0	○ 0/0
	16	진창수	△ 0/1	△ 0/0	○ 0/0 C	○ 0/0	△ 0/0	△ 0/0	○ 0/0	▽ 0/0	○ 0/1	▽ 1/0
	21	김대광										
	24	한성규										
	77	김영남	○ 1/0 CC		○ 0/0	○ 0/0	○ 0/0 C		○ 0/0	○ 0/0	○ 0/0	○ 0/0 CC
	87	김진현			○ 0/0 C	○ 0/0	○ 0/0	○ 0/0	○ 0/0	○ 0/0	○ 0/0	○ 0/0
FW	9	루키안	○ 1/0 C		○ 0/1	○ 0/0	△ 1/0	▽ 0/0	○ 0/0	○ 2/0 C	○ 0/0	○ 0/0
	11	에벨톤										
	11	에드손	▽ 0/0	▽ 0/0								
	20	김륜도		○ 0/0				▽ 0/0		△ 0/0		△ 0/0
	23	황신영										
	28	이효균	△ 0/0	△ 0/0	▽ 0/0	△ 0/0	▽ 0/0	△ 0/0 C		△ 0/0		
	29	신현준		▽ 0/0				△ 1/0 C	△ 0/0		△ 0/0 C	

선수자료 : 득점/도움 ○ = 선발출장 △ = 교체 IN ▽ = 교체 OUT ◈ = 교체 IN/OUT C = 경고 S = 퇴장

경기번호	166	174	178	184	188	193	204	208	213	219	222
날 짜	09.10	09.19	09.24	09.28	10.01	10.05	10.15	10.19	10.23	10.30	11.05
홈/원정	원정	원정	홈	원정	홈	원정	홈	원정	원정	홈	홈
장 소	안산	대전W	부천	잠실	부천	강릉	부천	대구	구덕	부천	부천
상 대	안산무	대전	경남	서울E	충주	강원	안양	대구	부산	고양	강원
결 과	승	무	패	무	패	승	승	무	패	승	패
점 수	3 : 2	0 : 0	1 : 2	1 : 1	2 : 3	1 : 0	1 : 0	0 : 0	1 : 2	4 : 1	1 : 2
승 점	55	56	56	57	57	60	63	64	64	67	67
슈팅수	8 : 13	12 : 7	16 : 13	8 : 14	13 : 10	7 : 17	8 : 11	6 : 7	5 : 7	12 : 6	11 : 16
류 원 우	○ 0/0 C		○ 0/0	○ 0/0	○ 0/0	○ 0/0	○ 0/0	○ 0/0	○ 0/0	○ 0/0	○ 0/0
최 철 원		○ 0/0									
한 희 훈	○ 0/0	○ 0/0	○ 0/0	○ 0/0	○ 0/0	○ 0/0	○ 0/0	○ 0/0	○ 0/0	○ 0/0 C	○ 1/0
임 동 혁				△ 0/0							
강 지 용		○ 0/0	○ 0/0	○ 0/0	○ 0/0	○ 0/0	○ 0/0 C	○ 0/0	○ 0/0 C	○ 0/0	○ 0/0
서 명 식	○ 0/0					○ 0/0			▽ 0/0		
이 학 민	○ 0/0 C	○ 0/0	○ 0/0	○ 0/0	○ 0/0 C		○ 0/1	○ 0/0	○ 0/1	○ 0/0	○ 0/0
유 대 현	△ 0/0	▽ 0/0	△ 0/0								△ 0/0
배 준 렬			▽ 0/0	▽ 0/0							
지 병 주				○ 0/0		○ 0/0	○ 0/0	○ 0/0		△ 0/0 C	○ 0/0 C
이 후 권											
문 기 한	▽ 1/0	▽ 0/0	▽ 0/0	△ 0/0	▽ 0/0	○ 0/0 C	▽ 0/0	▽ 0/0	△ 0/0		○ 0/1
송 원 재	▽ 0/0	△ 0/0 C		▽ 0/0	○ 0/1	△ 0/0				○ 0/0 C	△ 0/0
바그닝요	○ 0/0	○ 0/0	△ 0/0 C	○ 1/0	○ 0/0 C	○ 0/0	○ 0/0	○ 0/0	○ 0/0	○ 0/0	○ 0/0 S
조 범 석	○ 0/1	○ 0/0	○ 0/0	○ 0/0	▽ 0/0		○ 0/0	○ 0/0	○ 0/0	○ 0/0	○ 0/0
진 창 수	▽ 1/0 C		○ 0/0	○ 0/0	○ 0/1	○ 0/1	▽ 0/0	▽ 0/0	△ 1/0	○ 1/1	▽ 0/0
김 대 광											
한 성 규											
김 영 남		○ 0/0	▽ 0/0	△ 0/0	△ 0/0	○ 0/0	○ 0/0	○ 0/0	○ 0/0	▽ 0/0	▽ 0/0
김 진 현	○ 0/0	○ 0/0	○ 0/0		○ 0/0 C				○ 0/0	▽ 0/0 C	
루 키 안	○ 1/0	○ 0/0	○ 1/0	▽ 0/0	○ 2/0	○ 1/0	○ 1/0	○ 0/0	○ 0/0	○ 0/1	○ 0/0
에 벨 톤											
에 드 손			△ 0/0								
김 륜 도	△ 0/1					▽ 0/0	△ 0/0	△ 0/0	▽ 0/0		
황 신 영											
이 효 균					△ 0/0					△ 2/0	
신 현 준	△ 0/0	△ 0/0					△ 0/0	△ 0/0			

부산 아이파크

창단년도_ 1983년

전화_ 051-941-1100

팩스_ 051-941-6715

홈페이지_ www.busanipark.com

주소_ 우 46703 부산광역시 강서구 체육공원로 43(대저1동, 강서체육공원)
43, Cheyukgongwon-ro, Gangseo-gu, Busan, KOREA 46703

연혁

1983 대우 로얄즈 프로축구단 창단(전신)
1984 84 축구대제전 수퍼리그 종합우승
1986 제5회 아시안 클럽 챔피언십 우승
프로선수권대회 준우승
1987 제1회 아프로 - 아시안 클럽 챔피언십 우승
87 한국프로축구대회 종합우승
1989 전국축구선수권대회(왕중왕전) 우승
1990 전국축구선수권대회(왕중왕전) 우승
1991 91 한국프로축구대회 종합우승
1997 97 아디다스컵 우승
97 라피도컵 프로축구대회 우승
97 프로스펙스컵 우승
1998 98 필립모리스코리아컵 우승
1999 99 바이코리아컵 K-리그 준우승
2000 구단 인수(현대산업개발)
부산 아이콘스 프로축구단 재창단
제5회 서울은행 FA컵 3위
2001 아디다스컵 2001 준우승
2003 부산 아이콘스 클럽하우스 완공
주식회사 부산 아이콘스 독립 법인 출범
2004 삼성 하우젠 K-리그 2004 통합 7위
제9회 하나은행 FA컵 우승
2005 구단명 부산 아이파크, 사명 아이파크스포츠㈜ 변경
삼성 하우젠 K-리그 2005 전기리그 우승
AFC 챔피언스리그 4강 진출
삼성 하우젠 K-리그 2005 공동 3위
2006 삼성 하우젠 K-리그 2006 전기 6위 / 후기 8위
2007 삼성 하우젠 K-리그 2007 13위
2008 삼성 하우젠컵 2008 6강 진출
삼성 하우젠 K리그 2008 12위
2009 2009 K리그 12위
피스컵 코리아 2009 2위
2010 쏘나타 K-리그 2010 8위
제15회 하나은행 FA컵 준우승
2011 러시앤캐시컵 2011 준우승
현대오일뱅크 K리그 2011 정규 5위 / 챔피언십 6위
2012 현대오일뱅크 K리그 2012 그룹A(상위 스플릿), 7위
2013 현대오일뱅크 K리그 클래식 2013 그룹A(상위 스플릿), 6위
2014 현대오일뱅크 K리그 클래식 2014 그룹B 8위
2015 현대오일뱅크 K리그 클래식 2015 11위
2016 현대오일뱅크 K리그 챌린지 2016 5위

부산 아이파크 2016년 선수명단

대표이사_ 변명기 사무국장_ 김병석
감독_ 최영준 코치_ 김희호 코치_ 김용호 GK코치_ 이충호 피지컬코치_ 데니스
스카우터_ 김정찬 트레이너_ 박해일·김정원 통역_ 김민수 주무_ 박성민

포지션	선수명		생년월일	출신교	키(cm) / 몸무게(kg)
GK	구 상 민	具想珉	1991.10.31	동의대	186 / 82
	김 형 근	金亨根	1994.01.06	영남대	188 / 78
	김 기 용	金基容	1990.12.07	고려대	191 / 85
DF	이 원 영	李元榮	1981.03.13	보인고	186 / 82
	차 영 환	車永煥	1990.07.16	홍익사이버대	183 / 78
	김 종 혁	金鍾赫	1994.05.13	영남대	184 / 78
	박 병 현	朴炳玹	1993.03.28	상지대	184 / 83
	김 재 현	金裁玹	1987.03.09	연세대	185 / 80
	장 현 우	張現宇	1993.05.26	동북고	176 / 71
	구 현 준	具賢俊	1993.12.13	동래고	183 / 75
	이 동 일	李東日	1995.08.01	성균관대	180 / 66
	유 지 훈	劉志訓	1988.06.09	한양대	173 / 67
	서 홍 민	徐洪旻	1991.12.23	한양대	175 / 68
	박 경 록	朴景祿	1994.09.30	동아대	185 / 80
	이 준 서	李峻瑞	1997.10.15	개성고	194 / 84
	용 재 현	龍齎弦	1988.07.19	건국대	178 / 77
	닐손주니어	Nilson Ricardo Da Silva Junior	1989.03.31	*브라질	184 / 85
MF	전 현 철	全玄哲	1990.07.03	아주대	175 / 72
	임 상 협	林相協	1988.07.08	류츠케이자이대	180 / 74
	김 진 규	金進圭	1997.02.24	개성고	176 / 67
	정 석 화	鄭錫華	1991.05.17	고려대	171 / 63
	김 지 민	金智珉	1993.06.05	동래고	182 / 68
	이 청 웅	李淸熊	1993.03.15	영남대	186 / 78
	고 경 민	高敬旻	1987.04.11	한양교육대학원	177 / 71
	이 규 성	李奎宬	1994.05.10	홍익대	172 / 66
	고 재 성	高在成	1985.01.28	대구대	175 / 70
	김 대 호	金大好	1994.03.22	울산대	179 / 73
	김 종 민	金鍾敏	1993.10.03	충북대	171 / 66
	이 정 근	李廷根	1994.04.22	문경대	186 / 75
	최 광 희	崔光熙	1984.05.17	울산대	172 / 65
	장 현 수	張鉉洙	1993.01.01	용인대	179 / 75
	김 영 신	金映伸	1986.02.28	연세대	175 / 69
	이 영 재	李英才	1994.09.13	용인대	176 / 68
FW	홍 동 현	洪東賢	1991.10.30	숭실대	181 / 73
	김 현 성	金賢聖	1989.09.27	동북고	187 / 80
	최 승 인	崔昇仁	1991.03.05	동래고	180 / 78
	스토야노비치	Milos Stojanovic	1984.12.25	*세르비아	183 / 80
	이 정 진	李正進	1993.12.23	배재대	172 / 70
	포 프	Willian Popp	1994.10.01	*브라질	176 / 78

부산 아이파크 2016년 개인기록 _ K리그 챌린지

위치	배번	경기번호	02	07	15	20	25	29	39	45	48	52
		날 짜	03.26	04.02	04.10	04.13	04.18	04.24	05.05	05.08	05.15	05.21
		홈/원정	홈	원정	원정	홈	홈	원정	원정	홈	홈	원정
		장 소	부산A	강릉	고양	부산A	부산A	대전W	대구	부산A	부산A	부천
		상 대	안산무	강원	고양	서울E	경남	대전	대구	안양	충주	부천
		결 과	패	승	승	패	무	패	패	승	승	무
		점 수	1 : 3	1 : 0	1 : 0	1 : 2	1 : 1	1 : 2	0 : 1	3 : 1	2 : 1	1 : 1
		승 점	0	3	6	6	7	7	7	10	13	14
		슈팅수	12 : 7	7 : 10	13 : 14	17 : 6	17 : 10	15 : 18	11 : 10	10 : 7	11 : 10	20 : 14
GK	21	구상민		○ 0/0	○ 0/0	○ 0/0			○ 0/0	○ 0/0	○ 0/0	
	31	김형근										○ 0/0
	40	이창근	○ 0/0				○ 0/0	○ 0/0				
DF	3	이원영	○ 0/0 C	○ 0/0	○ 0/0	○ 0/0	○ 0/0 C	○ 0/0	○ 0/0 C		○ 0/0	○ 1/0
	4	사무엘	○ 0/0 C	○ 0/0	▽ 0/0							
	5	차영환	○ 1/0 C	○ 0/0	○ 0/0	○ 0/0	○ 0/0	○ 0/0	○ 0/0	○ 0/0		
	6	김종혁							△ 0/0 C	○ 0/0	○ 0/0	○ 0/0
	17	이청웅	▽ 0/0	○ 0/0	○ 0/0	▽ 0/0	○ 0/0		▽ 0/0			
	20	박병현							▽ 0/0			
	23	김재현										
	25	장현우										
	26	김대호	○ 0/0	○ 0/0	○ 0/0	○ 0/0	○ 0/0	○ 0/0 C	▽ 0/0		○ 0/0	△ 0/0
	27	구현준					▽ 0/0	○ 0/1			○ 0/0 C	○ 0/0 C
	29	이동일										
	33	유지훈	▽ 0/0		▽ 0/0	○ 0/0	△ 0/0		○ 0/0	○ 0/0		
	36	박경록										
	88	용재현								○ 1/0	○ 0/0	○ 0/0 C
MF	11	임상협										
	13	김진규	△ 0/0							▽ 0/0		
	14	정석화	△ 0/0	△ 0/0	△ 0/1	△ 0/0	△ 0/1	△ 0/0	○ 0/0	▽ 0/0	▽ 1/0	△ 0/0
	19	고경민	○ 0/0	▽ 0/1	△ 1/0	△ 1/0	△ 0/0	▽ 0/0	△ 0/0			
	22	이규성	○ 0/0 C	○ 0/0 C		○ 0/0 C		○ 0/0	○ 0/0	△ 0/0	▽ 0/0	
	30	이정진				▽ 0/0				△ 0/0 C		▽ 0/0
	37	이정근										
	77	최광희										
	79	장현수										
	86	김영신										
	89	이영재		○ 1/0	○ 0/0	○ 0/0	○ 0/0	○ 0/0	△ 0/0		○ 0/0	○ 0/1
	93	닐손주니어										
	99	다이고	▽ 0/0		▽ 0/0		○ 0/0	▽ 0/0		▽ 0/0		
FW	7	전현철		△ 0/0	△ 0/0		▽ 0/0					
	8	홍동현	○ 0/0	△ 0/0		▽ 0/0				○ 0/0	△ 0/0 C	○ 0/0
	9	김현성										
	10	최승인		▽ 0/0				▽ 0/0			△ 0/0	△ 0/0
	15	김지민						△ 0/0				
	18	스토야노비치	△ 0/0		○ 0/0	△ 0/0	○ 0/0	△ 0/0	○ 0/0	○ 1/1 C	○ 1/0	○ 0/0
	28	김종민								△ 0/0	△ 0/0	▽ 0/0
	94	포프		▽ 0/0 C	○ 0/0	○ 0/0	▽ 1/0	○ 1/0	○ 0/0	○ 1/2 C	▽ 0/0	▽ 0/0

선수자료 : 득점/도움 ○ = 선발출장 △ = 교체 IN ▽ = 교체 OUT ◈ = 교체 IN/OUT C = 경고 S = 퇴장

위치	배번	경기번호	59	61	69	74	83	86	91	99	102	110
		날 짜	05.25	05.28	06.01	06.05	06.12	06.18	06.25	06.29	07.02	07.10
		홈/원정	원정	홈	원정	원정	홈	홈	원정	홈	홈	원정
		장 소	안산	부산A	안양	창원C	부산A	부산A	잠실	부산A	부산A	충주
		상 대	안산무	대전	안양	경남	강원	부천	서울E	고양	대구	충주
		결 과	무	무	패	패	무	패	패	승	패	승
		점 수	1 : 1	0 : 0	0 : 1	2 : 3	0 : 0	0 : 2	0 : 1	2 : 0	1 : 4	4 : 0
		승 점	15	16	16	16	17	17	17	20	20	23
		슈팅수	3 : 19	10 : 7	15 : 10	11 : 5	8 : 10	5 : 10	10 : 12	20 : 4	12 : 12	16 : 10
GK	21	구 상 민		○ 0/0	○ 0/0		○ 0/0	○ 0/0	○ 0/0			○ 0/0
	31	김 형 근	○ 0/0			○ 0/0				○ 0/0	○ 0/0	
	40	이 창 근										
DF	3	이 원 영	○ 1/0	○ 0/0	○ 0/0	○ 0/0	○ 0/0	○ 0/0	○ 0/0		△ 0/0	
	4	사 무 엘										
	5	차 영 환		○ 0/0	○ 0/0	○ 0/0		○ 0/0		○ 0/0	○ 0/0 C	
	6	김 종 혁	○ 0/0 C	○ 0/0	○ 0/0	○ 0/0	○ 0/0 C		○ 0/0 C	○ 0/1 C	○ 0/0	○ 0/0 C
	17	이 청 웅								△ 0/0 C		
	20	박 병 현										
	23	김 재 현							○ 0/0			○ 0/0
	25	장 현 우										
	26	김 대 호					△ 0/0					
	27	구 현 준	○ 0/0	△ 0/0	○ 0/0 CC		○ 0/0	○ 0/0		○ 0/0	○ 0/0	△ 0/0
	29	이 동 일										
	33	유 지 훈	△ 0/0	▽ 0/0		○ 0/0	▽ 0/0 C	▽ 0/0	○ 0/0		▽ 0/0	
	36	박 경 록							○ 0/0			
	88	용 재 현	○ 0/0 CC		○ 0/0	○ 0/0	○ 0/0	○ 0/0	○ 0/0	○ 0/0	○ 0/0	○ 0/0
MF	11	임 상 협										
	13	김 진 규			▽ 0/0			○ 0/0	▽ 0/0			
	14	정 석 화	△ 0/0	○ 0/0	○ 0/0	○ 0/1 C	△ 0/0	△ 0/0	○ 0/0	○ 0/0	▽ 0/1	△ 0/0
	19	고 경 민								△ 0/0		○ 0/2
	22	이 규 성			▽ 0/0	△ 0/0	○ 0/0	○ 0/0		▽ 0/0	▽ 0/0	○ 0/1
	30	이 정 진	▽ 0/0	○ 0/0 C			○ 0/0 C		△ 0/0			△ 1/0
	37	이 정 근								▽ 0/0	○ 0/0	
	77	최 광 희					▽ 0/0	○ 0/0				▽ 0/0
	79	장 현 수										
	86	김 영 신										
	89	이 영 재	○ 0/1	○ 0/0	△ 0/0	▽ 0/0	○ 0/0	△ 0/0	▽ 0/0 C		△ 0/0	
	93	닐손주니어										○ 0/0
	99	다 이 고										
FW	7	전 현 철		△ 0/0			△ 0/0		△ 0/0	△ 0/0		
	8	홍 동 현	○ 0/0 C	○ 0/0	○ 0/0	△ 0/0			△ 0/0	○ 1/0	○ 0/0	
	9	김 현 성										
	10	최 승 인	▽ 0/0			▽ 1/0	▽ 0/0	▽ 0/0		○ 0/1	○ 0/0	▽ 1/0 C
	15	김 지 민										
	18	스토야노비치	△ 0/0	▽ 0/0 C	△ 0/0	○ 0/0 C		△ 0/0				
	28	김 종 민	▽ 0/0	△ 0/0	△ 0/0	△ 0/0						▽ 0/0
	94	포 프	○ 0/0	▽ 0/0	▽ 0/0	▽ 1/0 C		▽ 0/0	▽ 0/0	▽ 1/0	△ 1/0	○ 2/0

위치	배번	경기번호	111	119	122	135	137	144	148	155	159	164
		날 짜	07.16	07.24	07.27	08.10	08.13	08.17	08.21	08.29	09.04	09.07
		홈/원정	원정	홈	원정	원정	홈	홈	원정	홈	홈	원정
		장 소	대전W	부산A	고양	강릉	부산A	부산A	대구	부산A	부산A	부천
		상 대	대전	경남	고양	강원	안산무	충주	대구	안양	서울E	부천
		결 과	패	패	승	승	승	무	승	승	무	패
		점 수	1 : 2	2 : 3	1 : 0	2 : 1	4 : 0	0 : 0	1 : 0	2 : 0	1 : 1	0 : 1
		승 점	23	23	26	29	32	33	36	39	40	40
		슈팅수	12 : 11	15 : 9	9 : 10	17 : 14	8 : 3	12 : 10	3 : 14	14 : 7	11 : 13	12 : 9
GK	21	구 상 민	○ 0/0	○ 0/0	○ 0/0	○ 0/0 C	○ 0/0		○ 0/0 C	○ 0/0	○ 0/0	○ 0/0
	31	김 형 근						○ 0/0				
	40	이 창 근										
DF	3	이 원 영								△ 0/0		△ 0/0
	4	사 무 엘										
	5	차 영 환	○ 0/0	△ 0/0		○ 0/0	○ 0/0	○ 0/0	○ 0/0	○ 0/0	○ 0/0	○ 0/0
	6	김 종 혁		○ 0/0 C	○ 0/0							▽ 0/0
	17	이 청 웅										
	20	박 병 현										
	23	김 재 현	○ 0/0	○ 0/0	○ 0/0		○ 0/1	○ 0/0 C	○ 0/0	○ 0/0	○ 0/0	○ 0/0
	25	장 현 우		○ 0/0								
	26	김 대 호										
	27	구 현 준			○ 0/0	○ 0/0						
	29	이 동 일										
	33	유 지 훈							△ 0/0			
	36	박 경 록				○ 0/0						
	88	용 재 현	○ 0/0	○ 0/0		○ 0/0	○ 0/0	○ 0/0	○ 0/0	○ 0/0 C	○ 0/0 C	
MF	11	임 상 협										
	13	김 진 규	△ 0/0									
	14	정 석 화	○ 1/0	▽ 0/2	○ 0/0 C	▽ 0/0	▽ 0/0 C		○ 0/0	○ 1/0	○ 0/0	○ 0/0
	19	고 경 민	▽ 0/0	△ 0/0	▽ 0/0	△ 0/0	△ 3/0	△ 0/0 C	△ 0/0	△ 1/1	△ 0/0	△ 0/0
	22	이 규 성	▽ 0/1	○ 0/0	○ 0/0	▽ 0/1 C	▽ 0/0			▽ 0/0	▽ 0/0	▽ 0/0
	30	이 정 진	○ 0/0		△ 0/0 C	△ 0/0						
	37	이 정 근	△ 0/0	▽ 0/0 C		▽ 0/0 C	○ 0/0	▽ 0/0	○ 0/0	▽ 0/0	○ 0/0	
	77	최 광 희			▽ 0/0		○ 0/0	○ 0/0	○ 0/0	○ 0/0	○ 0/1	○ 0/0 C
	79	장 현 수		○ 1/0	▽ 0/1						△ 1/0	▽ 0/0
	86	김 영 신		△ 0/0	△ 0/0	△ 0/0	△ 0/1	△ 0/0	▽ 0/1 C	△ 0/1	△ 0/0	△ 0/0
	89	이 영 재						▽ 0/0				
	93	닐손주니어	○ 0/0 CC		○ 1/0	○ 0/0	○ 0/0	○ 0/0	○ 0/0 C	○ 0/0	○ 0/0	○ 0/0
	99	다 이 고										
FW	7	전 현 철	△ 0/0									
	8	홍 동 현			△ 0/0	○ 1/0	○ 0/0	○ 0/0	▽ 0/0	○ 0/0	▽ 0/0	○ 0/0
	9	김 현 성										
	10	최 승 인	▽ 0/0	▽ 0/0								
	15	김 지 민										
	18	스토야노비치						▽ 0/0				
	28	김 종 민					△ 0/1	△ 0/0	△ 0/0			
	94	포 프	○ 0/0	○ 1/0	○ 0/0	○ 1/0 C	▽ 1/0	○ 0/0	▽ 1/0	▽ 0/0	▽ 0/0	○ 0/0

선수자료 : 득점/도움 ○ = 선발출장 △ = 교체 IN ▽ = 교체 OUT ◈ = 교체 IN/OUT C = 경고 S = 퇴장

경기번호	167	171	180	185	189	195	199	209	213	218	221
날 짜	09.11	09.17	09.25	09.28	10.02	10.05	10.10	10.19	10.23	10.30	11.02
홈/원정	홈	원정	원정	홈	원정	홈	원정	홈	홈	원정	원정
장 소	부산A	창원C	충주	구덕	안양	구덕	안산	구덕	구덕	잠실	강릉
상 대	대전	경남	충주	대구	안양	고양	안산무	강원	부천	서울E	강원
결 과	승	승	승	패	승	승	승	승	승	패	패
점 수	3 : 0	3 : 1	1 : 0	0 : 2	1 : 0	2 : 0	2 : 0	2 : 1	2 : 1	0 : 2	0 : 1
승 점	43	46	49	49	52	55	58	61	64	64	64
슈팅수	16 : 3	15 : 12	8 : 5	9 : 10	9 : 3	6 : 9	12 : 6	15 : 8	7 : 5	11 : 7	9 : 11
구 상 민	○ 0/0	○ 0/0	○ 0/0	○ 0/0	○ 0/0	○ 0/0	○ 0/0	○ 0/0	○ 0/0	○ 0/0	○ 0/0
김 형 근											
이 창 근											
이 원 영				△ 0/0	○ 0/0 C			△ 0/1		△ 0/0	△ 0/0
사 무 엘											
차 영 환	○ 0/0	○ 0/0	○ 0/0	○ 0/0 C		○ 0/0	○ 0/0	○ 0/0	○ 0/0	○ 0/0	○ 0/0
김 종 혁											
이 청 웅											
박 병 현											
김 재 현	○ 0/0	○ 0/0	○ 0/0 C	○ 0/0	○ 0/0	○ 0/0	○ 0/0	▽ 0/0	○ 1/0	○ 0/0	○ 0/0
장 현 우											
김 대 호											
구 현 준											
이 동 일						△ 0/0					
유 지 훈											
박 경 록											
용 재 현	○ 0/0	○ 0/0	○ 0/0	○ 0/0	○ 0/0 C	○ 0/1 C	○ 0/0 C		○ 0/0 C	○ 0/0	○ 0/0 C
임 상 협			△ 0/0	△ 0/0	△ 0/0	○ 0/0	△ 0/0	▽ 0/0	△ 1/0	▽ 0/0	
김 진 규											
정 석 화	▽ 0/0	▽ 1/0	○ 0/0	○ 0/0	▽ 0/0	○ 0/1 C	○ 0/2 C	○ 0/0	○ 0/1	○ 0/0	○ 0/0
고 경 민	△ 0/0 C	△ 0/0 C				▽ 0/0	△ 1/0	▽ 0/0	△ 0/0		△ 0/0
이 규 성		○ 0/0	▽ 0/0	○ 0/0	△ 0/0	○ 1/0	○ 0/0	○ 0/0	▽ 0/0	▽ 0/0	▽ 0/0
이 정 진	△ 1/0				○ 0/0				△ 0/0		
이 정 근	○ 0/0 C				▽ 0/0	▽ 0/0 C					
최 광 희	○ 1/0	○ 0/1 C	○ 0/0	○ 0/0			○ 0/0	○ 0/0	○ 0/1	○ 0/0	○ 0/0
장 현 수	▽ 0/0	▽ 0/0	▽ 0/0		▽ 0/0	▽ 0/0	▽ 0/0 C	○ 0/0	▽ 0/0	△ 0/0	
김 영 신	△ 0/0	▽ 0/0 C	○ 0/0	▽ 0/0	○ 0/0	△ 0/0	▽ 0/0	○ 0/0	▽ 0/0	▽ 0/0	▽ 0/0 C
이 영 재											
닐손주니어	○ 0/0	○ 0/1	○ 0/0 C	○ 0/0	○ 0/0	○ 0/0	○ 0/0	○ 0/0	○ 0/0	○ 0/0	○ 0/0
다 이 고											
전 현 철											
홍 동 현	○ 1/1 C		△ 0/0	▽ 0/0			△ 1/0	△ 1/1	○ 0/0	△ 0/0	○ 0/0 C
김 현 성		△ 0/0	△ 0/0	△ 0/0 C							
최 승 인											▽ 0/0
김 지 민											
스토야노비치											
김 종 민		△ 0/0 S			△ 0/0						
포 프	▽ 0/1	○ 2/1	▽ 1/0 C	▽ 0/0	○ 1/0	△ 1/0	▽ 0/0	△ 1/0 C		○ 0/0	△ 0/0

서울 이랜드 FC

창단년도_ 2014년

전화_ 02-3431-5470

팩스_ 02-3431-5480

홈페이지_ www.seoulelandfc.com

주소_ 우 05500 서울 송파구 올림픽로25 잠실종합운동장 내 주경기장 B-03

B-03 Main Staium, Sports Complex, 25 Olympic-ro, Songpa-gu, Seoul, KOREA 05500

연혁

2014	창단 의향서 제출(4월)
	제1대 박상균 대표이사 취임
	서울시와 프로축구연고협약 체결
	초대감독 '마틴 레니' 선임(7월)
	프로축구연맹 이사회 축구단 가입 승인(8월)
	팀명칭 '서울 이랜드 FC' 확정(8월)
2015	공식 엠블럼 발표(2월)
	창단 유니폼 발표(2월)
	K리그 챌린지 참가
	현대오일뱅크 K리그 챌린지 2015 4위
2016	제2대 박건하 감독 취임(6월)

서울 이랜드 FC 2016년 선수명단

대표이사_ 박상균　사무국장_ 권성진
감독_ 박건하　코치_ 인창수　GK코치_ 황희훈　피지컬코치_ Harris Daniel　의무트레이너_ 안승훈 · 조민우
주무_ 김동연　주치의_ 김진수　비디오분석관_ 강정승

포지션	선수명		생년월일	출신교	키(cm) / 몸무게(kg)
GK	김 영 광	金 永 光	1983.06.28	한려대	184 / 86
	이 상 기	李 相 基	1987.03.08	성균관대	190 / 85
	김 현 성	金 炫 成	1993.03.28	광주대	192 / 87
DF	심 상 민	沈 相 旼	1993.05.21	중앙대	172 / 70
	이 재 훈	李 在 勳	1990.01.10	연세대	177 / 70
	칼라일미첼	Carlyle Mitchell	1987.08.08	*트리니다드토바고	188 / 80
	김 동 철	金 東 徹	1990.10.01	고려대	181 / 76
	김 태 은	金 兌 恩	1989.09.21	배재대	180 / 77
	조 향 기	趙 香 氣	1992.03.23	광운대	188 / 81
	전 민 광	全 珉 洸	1993.01.17	중원대	187 / 73
	김 봉 래	金 鳳 來	1990.07.02	명지대	177 / 63
	구 대 엽	具 代 燁	1992.11.17	광주대	185 / 78
	김 지 훈	金 知 訓	1997.09.30	원주공고	170 / 65
	고 경 준	高 敬 竣	1987.03.07	제주제일고	187 / 83
	김 동 진	金 東 進	1982.01.29	안양공고	184 / 80
MF	김 준 태	金 俊 泰	1985.05.31	한남대	180 / 73
	신 일 수	申 一 守	1994.09.04	고려대	189 / 83
	김 창 욱	金 滄 旭	1992.12.04	동의대	169 / 64
	김 재 연	金 載 淵	1989.02.08	연세대	179 / 76
	최 치 원	確 致 遠	1993.06.11	연세대	179 / 72
FW	서 정 진	徐 訂 晋	1989.09.06	보인정보산업고	175 / 65
	유 창 현	劉 昌 鉉	1985.05.14	대구대	181 / 75
	타라바이	Edison Luis dos Santos	1985.12.09	*브라질	169 / 73
	조 우 진	趙 佑 辰	1993.11.25	한남대	182 / 69
	안 태 현	安 邰 鉉	1993.03.01	홍익대	175 / 71
	주 민 규	周 敏 圭	1990.04.13	한양대	183 / 82
	최 오 백	崔 午 百	1992.03.10	조선대	177 / 69
	김 현 규	金 賢 圭	1997.08.23	경희고	177 / 73
	김 현 솔	金 현 솔	1991.05.17		176 / 75
	유 제 호	劉 題 昊	1992.08.10	아주대	174 / 71

서울 이랜드 FC 2016년 개인기록 _ K리그 챌린지

위치	배번	경기번호	05	06	13	20	28	33	36	43	50	53
		날 짜	03.27	04.02	04.09	04.13	04.23	04.30	05.05	05.08	05.16	05.21
		홈/원정	홈	홈	원정	원정	홈	원정	원정	원정	홈	원정
		장 소	잠실	잠실	부천	부산A	잠실	안산	원주	거제	잠실	안양
		상 대	충주	대전	부천	부산	고양	안산무	강원	경남	대구	안양
		결 과	무	승	승	승	무	패	패	승	무	패
		점 수	0 : 0	2 : 0	1 : 0	2 : 1	1 : 1	0 : 1	1 : 2	1 : 0	1 : 1	1 : 2
		승 점	1	4	7	10	11	11	11	14	15	15
		슈팅수	7 : 12	5 : 14	10 : 17	6 : 17	8 : 17	10 : 9	6 : 23	9 : 11	6 : 11	11 : 9
GK	1	김영광	○ 0/0	○ 0/0	○ 0/0	○ 0/0	○ 0/0	○ 0/0	○ 0/0 C	○ 0/0	○ 0/0	○ 0/0
	21	이상기										
DF	2	심상민										
	3	이재훈	○ 0/0	○ 0/0	○ 0/0	○ 0/0	○ 0/0 C	○ 0/0	○ 0/0 C	○ 0/0	○ 0/0 C	
	5	칼라일 미첼	○ 0/0	○ 0/0	○ 0/0 C	○ 0/0	○ 0/0	○ 0/0	○ 0/0 CC		○ 0/0	○ 0/0
	6	김동철	○ 0/0	○ 0/0 C	○ 0/0	○ 0/0	○ 0/1	○ 0/0	○ 0/0 C	○ 0/0 C		○ 0/0
	15	김태은				○ 0/0	○ 0/0	△ 0/0 C			○ 0/0	○ 0/0
	19	김민제	△ 0/0	△ 0/0	△ 0/0	△ 0/0		▽ 0/0	△ 0/0			
	20	양기훈							○ 0/0			
	22	전민광	△ 0/0		△ 0/0		○ 0/0	○ 0/0	○ 0/0	○ 0/0	○ 0/0	▽ 0/0
	27	김봉래										
	30	구대엽										
	55	고경준										
	63	김동진	○ 0/0	○ 0/0 C	○ 0/0 C	○ 0/0 C				○ 0/0	○ 0/0	○ 0/0
	88	이규로	▽ 0/0	○ 0/0	○ 0/0 C			▽ 0/0	○ 0/0 C	○ 0/0		
MF	4	김준태										
	8	윤성열					▽ 0/0	○ 0/0		○ 0/1	○ 0/1	○ 0/0
	16	신일수								▽ 0/0 C	▽ 0/0	▽ 0/0
	17	안태현		△ 0/0		▽ 0/1	△ 0/0	△ 0/0	○ 0/0	△ 1/0	△ 0/0 C	△ 0/0 C
	25	김현솔										
	26	김창욱	○ 0/0	○ 0/0	▽ 0/0	○ 0/0			▽ 0/0			
	47	김재연										
	77	김재성	○ 0/0 C	○ 0/0	○ 0/0	○ 0/0	▽ 0/0	○ 0/0		○ 0/0	○ 0/0	△ 0/0 C
FW	9	서정진										
	10	유창현										
	10	벨루소	▽ 0/0 C	▽ 0/0	▽ 0/0 C	▽ 2/0	○ 0/0 C		○ 0/1	▽ 0/0	△ 0/0	○ 1/0
	11	타라바이	○ 0/0	○ 2/0	○ 0/0 C	○ 0/1 C	○ 0/0	○ 0/0	▽ 1/0	○ 0/0	○ 1/0	○ 0/0
	14	조우진					△ 0/0	△ 0/0 C	△ 0/0			
	18	주민규	○ 0/0	▽ 0/1	○ 0/0	△ 0/0	○ 1/0	▽ 0/0				
	19	조향기									▽ 0/0	○ 0/0
	23	최오백										
	24	김현규								△ 0/0		
	77	유제호										

선수자료 : 득점/도움 ○ = 선발출장 △ = 교체 IN ▽ = 교체 OUT ◆ = 교체 IN/OUT C = 경고 S = 퇴장

위치	배번	경기번호	58	70	75	78	81	89	91	100	103	108
		날 짜	05.25	06.01	06.05	06.08	06.11	06.19	06.25	06.29	07.03	07.09
		홈/원정	원정	홈	원정	원정	원정	홈	홈	홈	홈	원정
		장 소	대전W	잠실	안산	충주	대구	잠실	잠실	잠실	잠실	고양
		상 대	대전	경남	안산무	충주	대구	안양	부산	강원	부천	고양
		결 과	패	승	패	패	무	무	승	무	승	승
		점 수	1 : 2	2 : 1	0 : 2	1 : 3	0 : 0	0 : 0	1 : 0	1 : 1	2 : 1	3 : 0
		승 점	15	18	18	18	19	20	23	24	27	30
		슈팅수	16 : 12	13 : 8	11 : 12	20 : 16	11 : 24	16 : 15	12 : 10	9 : 14	14 : 12	12 : 9
GK	1	김영광	○ 0/0	○ 0/0	○ 0/0	○ 0/0	○ 0/0	○ 0/0	○ 0/0	○ 0/0	○ 0/0 C	○ 0/0
	21	이상기										
DF	2	심상민										
	3	이재훈	○ 0/0			▽ 0/0						
	5	칼라일 미첼	○ 1/0	○ 0/0	○ 0/0	○ 0/0	○ 0/0 C				△ 0/0	○ 0/0
	6	김동철	○ 0/0	○ 0/0 C	○ 0/0 C	○ 0/0	○ 0/0	○ 0/0	○ 0/0	○ 0/0	○ 0/0	○ 0/0
	15	김태은	▽ 0/0 C	▽ 0/0	○ 0/0 C		○ 0/0	○ 0/0		△ 0/0		○ 0/0
	19	김민제			△ 0/0	○ 0/0	○ 0/0	○ 0/0				
	20	양기훈										
	22	전민광		▽ 0/0	▽ 0/0							△ 0/0
	27	김봉래										
	30	구대엽				○ 0/0						
	55	고경준										
	63	김동진	○ 0/0	○ 0/0	▽ 0/0 C		○ 0/0	○ 0/0	○ 0/0	○ 0/0 C	○ 0/0 C	
	88	이규로						▽ 0/0	○ 1/0	▽ 1/0	○ 0/0 C	
MF	4	김준태		○ 0/0	○ 0/0 C	△ 0/0 C	○ 0/0	○ 0/0	○ 0/0	○ 0/1	○ 0/0	○ 0/0
	8	윤성열	○ 0/0	○ 0/1	○ 0/0	○ 1/0	○ 0/0		○ 0/0	○ 0/0	○ 0/0	▽ 0/1
	16	신일수				▽ 0/0			△ 0/1	○ 0/0	○ 0/0	○ 0/0
	17	안태현	○ 0/0	○ 0/0	○ 0/0	△ 0/0	▽ 0/0	○ 0/0	○ 0/0	▽ 0/0	○ 1/0 CC	
	25	김현솔										
	26	김창욱		△ 0/1	△ 0/0	▽ 0/0			▽ 0/0			
	47	김재연										△ 0/0
	77	김재성	○ 0/0					○ 0/0	○ 0/0 C		○ 0/0	▽ 1/1
FW	9	서정진										
	10	유창현										
	10	벨루소	▽ 0/0	△ 1/0	△ 0/0	△ 0/0	△ 0/0 C	△ 0/0	△ 0/0	○ 0/0		
	11	타라바이	○ 0/0	○ 1/0	○ 0/0 C		○ 0/0	○ 0/0 C	○ 0/0	○ 0/0	▽ 1/0 C	▽ 1/0
	14	조우진				○ 0/0 C	▽ 0/0 C					△ 0/0
	18	주민규						▽ 0/0		▽ 0/0	○ 0/0	○ 1/0
	19	조향기	△ 0/0	△ 0/0		○ 0/0	△ 0/0	△ 0/0		△ 0/0		
	23	최오백							▽ 0/0	△ 0/0		○ 0/0 C
	24	김현규	△ 0/1	▽ 0/0	▽ 0/0							
	77	유제호										

위치	배번	경기번호	115	116	124	127	134	140	149	151	159	165
		날 짜	07.18	07.23	07.27	07.30	08.10	08.14	08.22	08.27	09.04	09.07
		홈/원정	홈	홈	홈	원정	원정	원정	원정	홈	원정	홈
		장 소	잠실	잠실	잠실	강릉	부천	안양	창원C	잠실	부산A	잠실
		상 대	안산무	대전	대구	강원	부천	안양	경남	고양	부산	충주
		결 과	무	무	패	패	승	패	무	무	무	승
		점 수	0 : 0	1 : 1	0 : 2	0 : 1	2 : 0	1 : 3	1 : 1	1 : 1	1 : 1	2 : 0
		승 점	31	32	32	32	35	35	36	37	38	41
		슈팅수	4 : 15	15 : 4	9 : 11	6 : 12	14 : 10	9 : 15	12 : 8	9 : 6	13 : 11	16 : 5
GK	1	김 영 광	○ 0/0	○ 0/0	○ 0/0	○ 0/0	○ 0/0 C		○ 0/0	○ 0/0	○ 0/0	○ 0/0
	21	이 상 기						○ 0/0				
DF	2	심 상 민								○ 0/0	○ 0/0	○ 0/0
	3	이 재 훈										
	5	칼라일 미첼	○ 0/0	○ 1/0	△ 0/0	○ 0/0 CC		○ 0/0 C				
	6	김 동 철		○ 0/1	○ 0/0	○ 0/0	○ 0/0	▽ 0/0	○ 0/0		○ 0/0	△ 0/0
	15	김 태 은		○ 0/0		○ 0/0 C	▽ 0/0	○ 0/0 C	○ 0/0	▽ 0/0 C		
	19	김 민 제										
	20	양 기 훈										
	22	전 민 광			○ 0/0	○ 0/0 C	○ 0/0	○ 0/0	○ 0/0	○ 0/0	○ 0/0	▽ 0/0
	27	김 봉 래					○ 0/0	○ 0/0	○ 0/1	△ 0/0	▽ 0/0	○ 0/0
	30	구 대 엽										
	55	고 경 준			▽ 0/0							
	63	김 동 진	○ 0/0	○ 0/0	○ 0/0	○ 0/0 C	○ 0/0	○ 0/1 C	○ 0/0	○ 0/0 C		○ 0/0
	88	이 규 로	○ 0/0									
MF	4	김 준 태	○ 0/0	△ 0/0			△ 0/0	△ 0/0			○ 0/0	○ 0/0 C
	8	윤 성 열	○ 0/0									
	16	신 일 수	○ 0/0 C	▽ 0/0 C		▽ 0/0	○ 0/0	▽ 0/0 C	▽ 0/0	○ 0/0	○ 0/0	○ 0/0
	17	안 태 현	▽ 0/0	○ 0/0		▽ 0/0	▽ 0/0			△ 0/0	△ 0/0	◈ 1/0
	25	김 현 솔					△ 0/0	△ 0/0	△ 0/0		△ 0/0 C	
	26	김 창 욱			○ 0/0							
	47	김 재 연							△ 0/0	○ 0/0		
	77	김 재 성	○ 0/0	○ 0/0 C	○ 0/0							
FW	9	서 정 진		○ 0/0	○ 0/0	○ 0/0	○ 0/1	○ 0/0	▽ 0/0	▽ 0/1	○ 0/0	○ 0/0
	10	유 창 현		△ 0/0	▽ 0/0 C	△ 0/0					△ 0/0	△ 0/0
	10	벨 루 소										
	11	타라바이	○ 0/0	△ 0/0	○ 0/0	△ 0/0	△ 0/0	△ 0/0	△ 0/0	△ 0/0	▽ 0/0	▽ 0/0
	14	조 우 진										
	18	주 민 규	▽ 0/0	▽ 0/0	○ 0/0	○ 0/0	○ 2/0	○ 1/0	○ 1/0	○ 0/0 CC		○ 1/0
	19	조 향 기	△ 0/0			△ 0/0						
	23	최 오 백	△ 0/0	▽ 0/0		▽ 0/0			▽ 0/0	○ 1/0	○ 1/0 C	○ 0/1
	24	김 현 규										
	77	유 제 호			△ 0/0		▽ 0/0	▽ 0/0	○ 0/0	▽ 0/0	▽ 0/0	

선수자료 : 득점/도움 ○ = 선발출장 △ = 교체 IN ▽ = 교체 OUT ◈ = 교체 IN/OUT C = 경고 S = 퇴장

위치	배번	경기번호	168	172	184	190	194	197	202	207	211	218
		날 짜	09.11	09.17	09.28	10.02	10.05	10.08	10.15	10.19	10.22	10.30
		홈/원정	홈	홈	홈	홈	원정	홈	원정	원정	원정	홈
		장 소	잠실	잠실	잠실	잠실	대전W	잠실	대구	충주	고양	잠실
		상 대	안양	안산무	부천	강원	대전	경남	대구	충주	고양	부산
		결 과	무	승	무	패	승	승	승	승	승	승
		점 수	2 : 2	2 : 0	1 : 1	1 : 2	3 : 2	2 : 0	1 : 0	1 : 0	2 : 0	2 : 0
		승 점	42	45	46	46	49	52	55	58	61	64
		슈팅수	12 : 8	5 : 6	14 : 8	13 : 11	17 : 13	13 : 12	8 : 9	9 : 10	15 : 9	7 : 11
GK	1	김 영 광	○ 0/0	○ 0/0	○ 0/0	○ 0/0	○ 0/0	○ 0/0	○ 0/0	○ 0/0	○ 0/0	○ 0/0
	21	이 상 기										
DF	2	심 상 민	○ 0/0	○ 1/0	○ 0/0	○ 0/0	○ 0/0	○ 0/0	○ 0/0	○ 0/0	○ 0/0	○ 0/0
	3	이 재 훈										
	5	칼라일 미첼		△ 0/0			○ 1/0	○ 0/0	○ 0/0 C	○ 0/0	▽ 0/0 C	○ 0/0 CC
	6	김 동 철		▽ 0/0	○ 0/0	△ 0/0	○ 0/0 C		○ 0/0		○ 1/0	○ 0/0 C
	15	김 태 은		○ 0/0 C						○ 0/0	○ 0/0	○ 0/0 C
	19	김 민 제										
	20	양 기 훈										
	22	전 민 광	○ 0/0	○ 0/0		▽ 0/0		△ 0/0	○ 0/0	△ 0/0		△ 0/0
	27	김 봉 래	○ 0/1		○ 0/0	○ 0/1	○ 0/0	○ 0/0	○ 0/0			
	30	구 대 엽										
	55	고 경 준										
	63	김 동 진	○ 1/0 C	○ 0/0	○ 0/0	○ 0/0	○ 0/1	○ 0/0	○ 0/0	○ 0/0	○ 0/1	○ 0/0
	88	이 규 로										
MF	4	김 준 태		○ 0/0	▽ 0/0	○ 0/0	○ 1/0 C	○ 0/0	○ 0/0	○ 0/0	○ 0/0	○ 0/1
	8	윤 성 열										
	16	신 일 수	▽ 0/0		▽ 0/0	○ 0/0 C		▽ 0/0		▽ 0/0 C		
	17	안 태 현			△ 0/0	▽ 0/0	◈ 0/0	△ 0/0	△ 0/0	△ 0/0		△ 0/0
	25	김 현 솔	△ 0/0						△ 0/0 C	△ 0/0		
	26	김 창 욱	▽ 0/0									
	47	김 재 연	△ 0/0 C	△ 0/0	△ 0/0		△ 0/0				△ 0/0	
	77	김 재 성										
FW	9	서 정 진	○ 0/0	○ 0/0	○ 0/0	△ 0/0	○ 0/1 C	○ 0/1	▽ 0/1	○ 0/0	▽ 0/0	○ 0/0
	10	유 창 현	▽ 0/0			△ 0/0	△ 0/0	△ 0/0				
	10	벨 루 소										
	11	타라바이	△ 0/0	▽ 0/1	○ 0/1	○ 1/0	▽ 1/0	▽ 0/0 C		▽ 1/0	○ 1/0	▽ 1/0
	14	조 우 진							△ 0/0		△ 0/0	
	18	주 민 규	○ 1/0	○ 1/1	○ 1/0	○ 0/0	▽ 0/1	○ 2/0	○ 1/0	○ 0/0	○ 0/0	○ 1/0
	19	조 향 기										
	23	최 오 백	○ 0/0	▽ 0/0	▽ 0/0	▽ 0/0		▽ 0/1 C		▽ 0/1	△ 0/1	◈ 0/0 C
	24	김 현 규					▽ 0/0		▽ 0/0		▽ 0/0	▽ 0/0
	77	유 제 호		△ 0/0	△ 0/0							

대전 시티즌

창단년도_ 1997년
전화_ 042-824-2002
팩스_ 042-824-7048
홈페이지_ www.DCFC.co.kr
트위터_ http://twitter.com/daejeonfc (@daejeonfc)
페이스북_ http://www.facebook.com/dcfc1997
유튜브_ http://www.youtube.com/user/1997dcfc
주소_ 우 34148 대전광역시 유성구 월드컵대로 32(노은동) 대전 월드컵경기장 서관 3층
3F, West Gate, Daejeon World Cup Stadium, 32, World Cup-daero(Noeun-dong), Yuseong-gu, Daejeon, KOREA 34148

연혁

1996 (주)대전프로축구 창설
1997 대전 시티즌 프로축구단 창설
97 라피도컵 프로축구대회 7위
97 아디다스컵 페어플레이팀 수상
97 라피도컵 '올해의 페어플레이'팀 수상
1998 98 현대컵 K-리그 9위
1999 99 바이코리아컵 K-리그 8위
2000 2000 삼성 디지털 K-리그 8위
2001 2001 포스코 K-리그 10위
제6회 서울은행 FA컵 우승
2002 2002 삼성 파브 K-리그 10위
제7회 하나-서울은행 FA컵 4강
2003 AFC 챔피언스리그 본선진출
삼성 하우젠 K-리그 6위
제8회 하나은행 FA컵 8강
2004 삼성 하우젠 K-리그 2004 통합 11위(전기 11위, 후기 11위)
삼성 하우젠컵 2004 준우승
제9회 하나은행 FA컵 4강
2005 삼성 하우젠컵 2005 10위
삼성 하우젠 K-리그 2005 10위
삼성 하우젠 K-리그 2005 전기 8위, 후기 7위
1차 시민주 공모
2006 2차 시민주 공모
삼성 하우젠 K-리그 2006 전기 3위, 후기 12위
삼성 하우젠컵 2006 4위 (B조 5위)
2007 삼성 하우젠컵 2007 10위 (B조 5위)
삼성 하우젠 K-리그 6위 (6강 진출)
2008 삼성 하우젠컵 2008년 B조 4위
삼성 하우젠 K-리그 13위
2009 2009 K-리그 9위
피스컵 A조 5위
제14회 하나은행 FA컵 4강
제14회 하나은행 FA컵 페어플레이팀 수상
2010 쏘나타 K리그 2010 13위
포스코컵 2010 C조 5위
2011 현대오일뱅크 K리그 2011 15위
러시앤캐시컵 2011 A조 6위
2012 현대오일뱅크 K리그 2012 13위
2013 현대오일뱅크 K리그 클래식 2013 14위
2014 현대오일뱅크 K리그 챌린지 2014 우승
2015 현대오일뱅크 K리그 클래식 2015 12위
2016 현대오일뱅크 K리그 챌린지 2016 7위

대전 시티즌 2016년 선수명단

대표이사_ 윤정섭 사무국장_ 황의경
감독_ 최문식 수석코치_ 이창원 코치_ 김종현 GK코치_ 김일진 스카우터_ 김영근 주무_ 윤영재 트레이너_ 이규성·노진상
통역_ 이찬호 장비_ 김선기 비디오분석_ 안재섭

포지션	선수명		생년월일	출신교	키(cm) / 몸무게(kg)
GK	박 주 원	朴 柱 元	1990.10.19	홍익대	191 / 80
	이 범 수	李 範 守	1990.12.10	경희대	190 / 84
	김 지 철	金 知 澈	1995.04.06	예원예대	188 / 83
DF	김 태 봉	金 泰 奉	1988.02.28	한민대	175 / 65
	김 형 진	金 炯 眞	1993.12.20	배재대	186 / 75
	우 현	禹 賢	1987.01.05	전주대	186 / 70
	박 재 우	朴 宰 祐	1995.10.11	건국대	176 / 70
	장클로드	Jane Claude Adrimer Bozga	1984.06.01	*루마니아	194 / 93
	변 정 석	邊 晶 錫	1993.03.04	인천대	188 / 78
	장 준 영	張 峻 榮	1993.02.04	용인대	184 / 77
	오 창 현	吳 昌 炫	1989.05.04	광운대	181 / 73
	김 동 곤	金 董 坤	1993.06.11	인천대	184 / 75
	김 해 식	金 해 식	1996.02.12	한남대	171 / 63
	실 바	Silva Alvaro	1984.03.30	*필리핀	185 / 75
MF	김 병 석	金 秉 析	1985.09.17	숭실대	183 / 76
	황 인 범	黃 仁 範	1996.09.20	충남기계공고	177 / 70
	김 선 민	金 善 民	1991.12.12	예원예대	168 / 65
	강 영 제	姜 永 堤	1994.08.11	조선대	182 / 75
	이 동 수	李 東 秀	1994.06.03	관동대	185 / 72
	조 예 찬	趙 藝 燦	1992.10.30	용인대	172 / 70
	염 광 빈	廉 光 彬	1994.07.27	수원대	176 / 70
	강 윤 성	姜 允 盛	1997.07.01	대구공고	172 / 67
	최 영 효	崔 榮 孝	1993.03.16	성균관대	183 / 76
	박 준 경	朴 峻 慶	1993.05.18	한남대	183 / 73
	오 혁 진	吳 赫 鎭	1994.01.21	조선대	175 / 68
	고 민 혁	高 敏 赫	1996.02.10	현대고	172 / 65
FW	김 동 찬	金 東 燦	1986.04.19	호남대	169 / 70
	유 승 완	劉 丞 婉	1992.02.06	성균관대	179 / 78
	진 대 성	晋 大 星	1989.09.19	전주대	180 / 75
	박 대 훈	朴 大 勳	1996.03.30	서남대	175 / 71
	남 윤 재	南 潤 宰	1996.05.31	충남기계공고	181 / 68
	임 준 식	林 俊 植	1997.02.14	충남기계공고	179 / 68
	구스타보	Gustavo Affonso Sauerbeck	1993.04.30	*브라질	181 / 72

대전 시티즌 2016년 개인기록 _ K리그 챌린지

위치	배번	경기번호	01	06	11	23	29	34	38	42	46	51
		날 짜	03.26	04.02	04.09	04.17	04.24	05.01	05.05	05.08	05.14	05.21
		홈/원정	홈	원정	홈	원정	홈	원정	원정	홈	홈	원정
		장 소	대전W	잠실	대전W	부천	대전W	고양	안양	대전W	대전W	충주
		상 대	대구	서울E	안산무	부천	부산	고양	안양	강원	경남	충주
		결 과	패	패	패	패	승	승	무	패	승	무
		점 수	0 : 2	0 : 2	0 : 1	1 : 3	2 : 1	1 : 0	2 : 2	0 : 1	3 : 1	1 : 1
		승 점	0	0	0	0	3	6	7	7	10	11
		슈팅수	9 : 11	14 : 5	8 : 17	5 : 13	18 : 15	9 : 4	10 : 16	13 : 11	12 : 12	14 : 10
GK	1	박주원		○ 0/0			○ 0/0	○ 0/0	○ 0/0	○ 0/0	○ 0/0	
	25	이범수	○ 0/0		○ 0/0	○ 0/0						○ 0/0
DF	2	김태봉		○ 0/0		▽ 0/0						
	4	우현	▽ 0/0				▽ 0/0			▽ 0/0		△ 0/0
	12	박재우	△ 0/0	○ 0/0	▽ 0/0							
	13	장클로드	○ 0/0 C	○ 0/0 C	○ 0/0	○ 0/0 C		○ 0/0	○ 0/0 C	○ 0/0 C	○ 0/0	○ 0/0
	14	변정석										
	20	장준영		○ 0/0	○ 0/0							
	22	오창현									○ 0/0	○ 0/0
	26	김동곤				△ 0/0	△ 0/0					
	29	김해식										
	50	실바					○ 0/0 C	○ 0/0	○ 0/0	○ 0/0	○ 0/0	○ 0/0 C
MF	3	김형진	○ 0/0 C		○ 0/0	○ 0/0	▽ 0/0	○ 0/0 C	○ 0/0 C			
	5	김병석	○ 0/0 C	▽ 0/0	○ 0/0	○ 0/0	○ 0/0	○ 0/0	○ 0/0	○ 0/0 C	○ 0/0	▽ 0/0
	6	황인범				○ 0/0 C	○ 0/1	▽ 0/0	○ 1/0	○ 0/0	▽ 0/0	○ 0/0
	8	김선민	○ 0/0	○ 0/0	○ 0/0	▽ 0/0				△ 0/0		
	15	강영제		△ 0/0		△ 0/0					△ 0/0	
	16	이동수	○ 0/0	▽ 0/0	○ 0/0		○ 0/1 C	○ 0/0	○ 0/0	○ 0/0 C	○ 0/0	○ 0/0 C
	23	조예찬					○ 0/0	○ 0/0 C	○ 0/0	▽ 0/0	▽ 1/0	○ 0/0
	27	강윤성			△ 0/0	○ 0/0	△ 0/0 C	△ 0/0		△ 0/0	△ 0/0	
	88	고민혁										
FW	7	한의권			○ 0/0	○ 0/0						
	9	완델손	○ 0/0	○ 0/0	▽ 0/0	▽ 0/0		△ 0/0	▽ 0/0	○ 0/0	○ 1/1 C	○ 0/0
	10	김동찬	△ 0/0	▽ 0/0	△ 0/0	○ 1/0 C	○ 1/0	▽ 1/0	▽ 1/0		▽ 1/0	▽ 1/0
	11	유승완	△ 0/0	△ 0/0	▽ 0/0		△ 1/0	△ 0/0	△ 0/0 C	△ 0/0	△ 0/0	
	17	진대성	▽ 0/0		△ 0/0		○ 0/0	▽ 0/1				
	19	박대훈		△ 0/0			▽ 0/0	○ 0/0	▽ 0/0	▽ 0/0	○ 0/0	▽ 0/0
	30	남윤재							△ 0/0			
	85	서동현	○ 0/0						△ 0/0	○ 0/0 C		△ 0/0
	99	구스타보	▽ 0/0 C	○ 0/0		△ 0/0						△ 0/0

선수자료 : 득점/도움 ○ = 선발출장 △ = 교체 IN ▽ = 교체 OUT ◈ = 교체 IN/OUT C = 경고 S = 퇴장

위치	배번	경기번호	58	61	66	73	80	82	88	98	105	106
		날 짜	05.25	05.28	06.01	06.04	06.08	06.11	06.18	06.29	07.04	07.09
		홈/원정	홈	원정	원정	홈	홈	원정	홈	홈	원정	원정
		장 소	대전W	부산A	춘천	대전W	대전W	양산	대전W	대전W	안산	대구
		상 대	서울E	부산	강원	고양	안양	경남	충주	부천	안산무	대구
		결 과	승	무	패	무	무	무	승	승	패	패
		점 수	2 : 1	0 : 0	0 : 1	0 : 0	1 : 1	4 : 4	3 : 1	2 : 0	1 : 2	1 : 2
		승 점	14	15	15	16	17	18	21	24	24	24
		슈팅수	12 : 16	7 : 10	8 : 8	21 : 14	18 : 9	14 : 14	15 : 5	7 : 10	9 : 15	7 : 21
GK	1	박 주 원							○ 0/0	○ 0/0 C	○ 0/0	
	25	이 범 수	○ 0/0 C	○ 0/0	○ 0/0	○ 0/0	○ 0/0	○ 0/0				○ 0/0
DF	2	김 태 봉										
	4	우 현	△ 0/0 C	△ 0/0 C	○ 0/0 C						○ 0/1	△ 0/0
	12	박 재 우										
	13	장클로드	○ 0/0	○ 0/0 C		○ 0/0 C	○ 0/0	○ 1/0 C	○ 0/0	○ 0/0 C		○ 0/0
	14	변 정 석										
	20	장 준 영			○ 0/0							
	22	오 창 현	○ 0/0 CC		○ 0/0	○ 0/0	○ 0/0	○ 0/0	○ 0/0	○ 0/0	○ 0/0	○ 0/0
	26	김 동 곤										
	29	김 해 식		△ 0/0			△ 0/0				△ 0/0	○ 0/0 C
	50	실 바	○ 0/0	▽ 0/0 C		○ 0/0	○ 0/0	○ 0/0	○ 0/0	○ 0/0	○ 0/0	○ 0/0 CC
MF	3	김 형 진	▽ 0/0						○ 0/0	△ 0/0	▽ 0/0	
	5	김 병 석	○ 0/0	○ 0/0	○ 0/0 C		▽ 0/0	○ 0/0	△ 0/0	○ 0/0 S		
	6	황 인 범	○ 0/1	○ 0/0 C	○ 0/0	○ 0/0	○ 0/0	▽ 0/1	▽ 0/0	▽ 0/0 C		○ 0/0
	8	김 선 민			▽ 0/0		○ 1/0	○ 1/0 C	○ 0/1 C	○ 0/0	○ 0/0	○ 0/0
	15	강 영 제				▽ 0/0					△ 0/0	
	16	이 동 수		○ 0/0	○ 0/0	○ 0/0	○ 0/0	▽ 0/1	○ 0/0	○ 0/0	○ 0/0	○ 0/0
	23	조 예 찬	○ 0/0	○ 0/0 C	△ 0/0	▽ 0/0		△ 0/0		△ 0/0	▽ 0/0	
	27	강 윤 성	△ 0/0	▽ 0/0 C	▽ 0/0	△ 0/0 C		△ 0/0				
	88	고 민 혁										
FW	7	한 의 권									△ 0/0	
	9	완 델 손	○ 0/0	○ 0/0	△ 0/0	○ 0/0	○ 0/0 C	○ 2/0	○ 1/1	○ 0/0 C		○ 1/0
	10	김 동 찬	▽ 1/0	○ 0/0	○ 0/0	○ 0/0	○ 0/0	○ 0/1	▽ 0/0	▽ 1/0	○ 1/0	▽ 0/1
	11	유 승 완	△ 0/0	△ 0/0		△ 0/0	◆ 0/0					△ 0/0
	17	진 대 성							△ 0/0	△ 0/0	▽ 0/0	▽ 0/0
	19	박 대 훈	▽ 1/0	▽ 0/0	△ 0/0	▽ 0/0	△ 0/0	△ 0/1				
	30	남 윤 재										
	85	서 동 현			▽ 0/0	△ 0/0			△ 1/0		○ 0/0	
	99	구스타보					▽ 0/0	▽ 0/0	▽ 1/1	▽ 1/1		

위치	배번	경기번호	111	116	125	130	131	139	142	150	153	163
		날 짜	07.16	07.23	07.27	08.01	08.10	08.14	08.17	08.22	08.28	09.07
		홈/원정	홈	원정	원정	홈	원정	홈	원정	원정	홈	홈
		장 소	대전W	잠실	안양	대전W	충주	대전W	부천	고양	대전W	대전W
		상 대	부산	서울E	안양	경남	충주	강원	부천	고양	안산무	대구
		결 과	승	무	패	승	승	승	패	승	승	무
		점 수	2 : 1	1 : 1	0 : 1	3 : 1	2 : 1	1 : 0	0 : 2	2 : 1	5 : 0	1 : 1
		승 점	27	28	28	31	34	37	37	40	43	44
		슈팅수	11 : 12	4 : 15	14 : 10	16 : 13	11 : 18	8 : 19	5 : 16	8 : 16	20 : 16	8 : 22
GK	1	박주원		○ 0/0		○ 0/0	○ 0/0	○ 0/0	○ 0/0	○ 0/0	○ 0/0	○ 0/0
	25	이범수	○ 0/0		○ 0/0							
DF	2	김태봉									△ 0/0	△ 0/0
	4	우 현								△ 0/0		△ 0/0 C
	12	박재우										
	13	장클로드	○ 0/0	○ 0/0	○ 0/0	▽ 0/0 C	▽ 0/0	▽ 0/0	○ 0/0 C	▽ 0/0	○ 0/0	○ 0/0
	14	변정석										
	20	장준영			○ 0/0	○ 0/0	○ 0/0	○ 0/0	○ 0/0 C	○ 0/0 C	○ 0/0	▽ 0/0
	22	오창현	○ 0/0	○ 0/0	○ 0/0	○ 0/0	○ 0/0	○ 0/0	○ 0/0	○ 0/0 CC		
	26	김동곤										
	29	김해식	○ 0/0	○ 0/0	○ 0/0 C	○ 0/0	○ 1/0	○ 0/0	○ 0/0 C		▽ 0/0	▽ 0/0
	50	실 바										
MF	3	김형진				△ 0/0				△ 0/0		
	5	김병석	○ 0/0	○ 0/0	○ 0/0	○ 0/0	○ 0/0	○ 0/0	○ 0/0	○ 0/0	○ 0/0	○ 0/0
	6	황인범	○ 1/1	▽ 1/0	○ 0/0	○ 0/0	○ 0/0	▽ 1/0		○ 0/0	○ 1/0	○ 0/0
	8	김선민	○ 0/0	○ 0/1	▽ 0/0	○ 0/0	○ 0/0	○ 0/0	○ 0/0	○ 0/0	○ 0/1	○ 0/0
	15	강영제										
	16	이동수	○ 0/0	○ 0/0			△ 0/0	△ 0/0	○ 0/0	○ 0/0	○ 0/0	○ 0/0
	23	조예찬		△ 0/0		△ 0/0	△ 0/0	△ 0/0 C		△ 0/0		
	27	강윤성	△ 0/0	△ 0/0	△ 0/0	△ 0/0	△ 0/0	△ 0/0	△ 0/0		△ 0/0	△ 0/0
	88	고민혁										
FW	7	한의권	△ 0/0 C	△ 0/0	△ 0/0							
	9	완델손										
	10	김동찬	○ 0/0	○ 0/0	▽ 0/0	○ 1/0	○ 1/1	○ 0/1	▽ 0/0 C	▽ 2/0	▽ 1/2	○ 1/0
	11	유승완	▽ 1/1	▽ 0/0	○ 0/0				△ 0/0			
	17	진대성	▽ 0/0 C	▽ 0/0	▽ 0/0	▽ 1/1	▽ 0/0	▽ 0/0	▽ 0/0	○ 0/1	▽ 1/0	
	19	박대훈							△ 0/0		△ 0/0	▽ 0/0
	30	남윤재										
	85	서동현										
	99	구스타보			△ 0/0	▽ 1/0	▽ 0/1 C	○ 0/0	▽ 0/0	▽ 0/0	○ 2/0	○ 0/0

선수자료 : 득점/도움 ○ = 선발출장 △ = 교체 IN ▽ = 교체 OUT ◈ = 교체 IN/OUT C = 경고 S = 퇴장

위치	배번	경기번호	167	174	177	183	186	194	198	201	215	217
		날 짜	09.11	09.19	09.24	09.28	10.01	10.05	10.09	10.15	10.23	10.30
		홈/원정	원정	홈	홈	원정	원정	홈	홈	원정	홈	원정
		장 소	부산A	대전W	대전W	안산	창원C	대전W	대전W	강릉	대전W	대구
		상 대	부산	부천	안양	안산무	경남	서울E	고양	강원	충주	대구
		결 과	패	무	승	패	패	패	승	승	무	패
		점 수	0 : 3	0 : 0	3 : 2	0 : 1	3 : 4	2 : 3	3 : 0	2 : 1	2 : 2	0 : 1
		승 점	44	45	48	48	48	48	51	54	55	55
		슈팅수	3 : 16	7 : 12	21 : 18	11 : 16	12 : 17	13 : 17	16 : 20	11 : 14	13 : 11	4 : 21
GK	1	박주원	○ 0/0	○ 0/0	○ 0/0	○ 0/0	○ 0/0	○ 0/0	○ 0/0	○ 0/0	○ 0/0	○ 0/0
	25	이범수										
DF	2	김태봉	▽ 0/0	▽ 0/0								
	4	우 현										
	12	박재우										
	13	장클로드	○ 0/0	○ 0/0	○ 0/0	○ 0/0	○ 0/1	○ 1/0	○ 0/0	○ 0/0	○ 0/0	○ 0/0 C
	14	변정석		△ 0/0								
	20	장준영	○ 0/0	○ 0/0	○ 0/0	○ 0/0	○ 0/0	○ 0/0	○ 1/0	○ 0/0 C		○ 0/0 C
	22	오창현	○ 0/0	○ 0/0	△ 0/0	△ 0/0		△ 0/0	△ 0/0		○ 0/0	△ 0/0
	26	김동곤								▽ 0/0	▽ 0/0	
	29	김해식	△ 0/0	○ 0/0	○ 0/0 C	○ 0/0	○ 0/0	○ 0/0	▽ 0/0			
	50	실 바										
MF	3	김형진							▽ 0/0	○ 0/0 C	○ 0/0	▽ 0/0
	5	김병석	○ 0/0	○ 0/0	○ 1/0	▽ 0/0	▽ 0/0	▽ 0/0	△ 0/0			
	6	황인범	○ 0/0	○ 0/0 C	○ 0/0	○ 0/0	○ 0/0	○ 0/0	○ 0/0	○ 0/0	○ 0/1	○ 0/0
	8	김선민	▽ 0/0 C		○ 0/0	○ 0/0	○ 0/0	▽ 0/0	○ 1/0	▽ 0/0	○ 1/0 C	
	15	강영제								△ 0/0		▽ 0/0 C
	16	이동수	○ 0/0	○ 0/0	○ 0/0	○ 0/0	○ 1/0	○ 0/0	○ 0/0 C	○ 0/0	○ 0/0	○ 0/0
	23	조예찬				△ 0/0	△ 0/0	△ 0/0		△ 0/0 C	△ 0/0	▽ 0/0
	27	강윤성		▽ 0/0 C	△ 0/0	▽ 0/0	△ 0/0 C				△ 0/0	○ 0/0
	88	고민혁										△ 0/0
FW	7	한의권										
	9	완델손										
	10	김동찬	○ 0/0	▽ 0/0	○ 1/0	○ 0/0	○ 2/1	○ 0/1	○ 1/0	○ 0/0	○ 1/0	○ 0/0
	11	유승완	▽ 0/0	△ 0/0	◆ 0/0 C		△ 0/0					○ 0/0
	17	진대성				△ 0/0	▽ 0/0	○ 1/1	▽ 0/1	▽ 0/0	○ 0/0	△ 0/0
	19	박대훈	△ 0/0	△ 0/0	▽ 1/0	▽ 0/0	▽ 0/0	△ 0/0	△ 0/0	△ 1/0	◆ 0/0	
	30	남윤재										
	85	서동현										
	99	구스타보	△ 0/0 C		▽ 0/1			▽ 0/0	○ 0/2	○ 1/0	▽ 0/0	

경 남 FC

창단년도_ 2006년

전화_ 055-283-2020

팩스_ 055-283-2992

홈페이지_ www.gyeongnamfc.com

주소_ 우 51460 경상남도 창원시 성산구 비음로 97 창원축구센터
1F Changwon Football Center, 97, Bieum-ro (Sapajeong-dong), Seongsan-gu, Changwon-si, Gyeongsangnam-do, KOREA 51460

연혁

2005 발기인 총회 및 이사회 개최(대표이사 박창식 취임)
법인설립 등기
법인설립 신고 및 사업자 등록
제1차 공개 선수선발 테스트 실시
구단 홈페이지 및 주주관리 시스템 운영
(주)STX와 메인스폰서 계약
구단CI 공모작 발표(명칭, 엠블럼, 캐릭터)
도민주 공모 실시
제2차 공개 선수선발 테스트 실시
경남FC 창단 만장일치 승인(한국프로축구연맹 이사회)

2006 창단식(창원경륜경기장)
K-리그 데뷔

2007 제2대 대표이사 전형두 취임
삼성 하우젠 K-리그 2006 6강 플레이오프 진출, 종합 4위
제3대 김영조 대표이사 취임
제4대 김영만 대표이사 취임

2008 제13회 하나은행 FA컵 준우승

2010 새 엠블럼 및 유니폼 발표
제2대 김두관 구단주 취임
제5대 전형두 대표이사 취임

2011 사무국 이전 및 메가스토어 오픈

2012 제6대 권영민 대표이사 취임
제17회 하나은행 FA컵 준우승
제3대 홍준표 구단주 취임

2013 제7대 안종복 대표이사 취임
대우조선해양과 메인스폰서 계약
플러스 스타디움 상, 팬 프랜들리 상 수상
현대오일뱅크 K리그 2013 대상 플러스 스타디움상 수상
현대오일뱅크 K리그 대상 팬 프렌들리 클럽상 수상

2014 경남FC vs 아인트호벤(박지성 선수 은퇴)경기 개최

2015 제8대 김형동 대표이사 취임
제9대 박치근 대표이사 취임

2016 제10대 조기호 대표이사 선임

경남FC 2016년 선수명단

대표이사_ 조기호

감독_ 김종부 수석코치_ 이영익 코치_ 김영철 트레이너_ 김도완 트레이너_ 김진욱, 주무_ 최규민

포지션	선수명		생년월일	출신교	키(cm)/ 몸무게(kg)
GK	권 정 혁	權 正 赫	1978-08-02	고려대	193 / 83
	이 준 희	李 俊 喜	1993-12-10	인천대	192 / 89
	하 강 진	河 康 鎭	1989-01-30	숭실대	193 / 90
DF	이 원 재	李 源 在	1986-02-24	포철공고	185 / 81
	박 주 성	朴 住 成	1984-02-20	마산공고	183 / 83
	여 성 해	呂 成 海	1987-08-06	한양대	186 / 77
	우 주 성	禹 周 成	1993-06-08	중앙대	183 / 75
	전 상 훈	田 尙 勳	1989-09-10	연세대	175 / 69
	김 성 현	金 成 炫	1993-06-25	진주고	180 / 72
	박 현 우	朴 賢 優	1997-02-21	진주고	185 / 78
	박 지 수	朴 志 水	1994-06-13	대건고	184 / 70
	송 주 한	宋 柱 韓	1993-06-16	인천대	180 / 72
	이 준 희	李 準 熙	1988-06-01	경희대	182 / 78
	이 반	Ivan Herceg	1990-02-10	*크로아티아	187 / 78
	이 상 현	李 相 賢	1996-03-13	진주고	175 / 68
MF	신 학 영	申 學 榮	1994-03-04	동북고	175 / 67
	남 광 현	南 侊 炫	1987-08-25	경기대	179 / 74
	마르코비치	Ivan Markovic	1994-06-20	*세르비아	185 / 80
	박 태 웅	朴 泰 雄	1988-01-30	숭실대	170 / 70
	안 성 남	安 成 男	1984-04-17	중앙대	174 / 68
	장 은 규	張 殷 圭	1992-08-15	건국대	173 / 70
	진 경 선	陳 慶 先	1980-04-10	아주대	178 / 72
	차 태 영	車 泰 泳	1991-02-06	울산대	178 / 70
	최 영 준	崔 榮 峻	1991-12-15	건국대	181 / 73
	이 관 표	李 官 表	1994-09-07	중앙대	183 / 69
	김 정 빈	金 楨 彬	1987-08-23	선문대	176 / 70
FW	송 수 영	宋 修 映	1991-07-08	연세대	175 / 70
	이 호 석	李 鎬 碩	1991-05-21	동국대	176 / 68
	오 상 헌	吳 尙 憲	1994-08-31	문성대	168 / 52
	김 영 욱	金 永 旭	1994-10-29	한양대	187 / 80
	김 슬 기	金 슬 기	1992-11-06	전주대	176 / 67
	배 기 종	裵 起 鐘	1983-05-26	광운대	180 / 85
	크리스찬	Cristian Costin Danalache	1982-07-15	*루마니아	192 / 85
	김 도 엽	金 仁 漢	1988-11-26	선문대	180 / 74
	이 상 협	李 相 俠	1986-08-03	동북고	179 / 81

경남FC 2016년 개인기록 _ K리그 챌린지

위치	배번	경기번호	03	08	14	18	25	30	31	43	46	55
		날 짜	03.26	04.02	04.10	04.13	04.18	04.24	04.30	05.08	05.14	05.22
		홈/원정	홈	원정	원정	홈	원정	원정	홈	홈	원정	홈
		장 소	창원C	안양	대구	창원C	부산A	안산	창원C	거제	대전W	창원C
		상 대	강원	안양	대구	충주	부산	안산무	부천	서울E	대전	고양
		결 과	승	패	무	승	무	패	패	패	패	승
		점 수	1 : 0	0 : 1	0 : 0	2 : 1	1 : 1	0 : 5	0 : 2	0 : 1	1 : 3	2 : 1
		승 점	-7	-7	-6	-3	-2	-2	-2	-2	-2	1
		슈팅수	8 : 12	6 : 13	12 : 11	14 : 9	10 : 17	10 : 13	6 : 7	11 : 9	12 : 12	13 : 3
GK	1	이준희			○ 0/0	○ 0/0		○ 0/0		○ 0/0		○ 0/0
	21	이기현	○ 0/0	○ 0/0			○ 0/0		○ 0/0		○ 0/0	
	29	하강진										
	99	권정혁										
DF	4	이 반	△ 0/0	△ 0/0				○ 0/0		▽ 0/0		○ 0/0
	5	이원재	○ 0/0	○ 0/0	○ 0/0	○ 0/0	○ 1/0		○ 0/0 C			
	12	전상훈										
	15	우주성						△ 0/0	○ 0/0		△ 0/0	○ 0/0 C
	23	박지수	○ 0/0	○ 0/0	○ 0/0	○ 0/0	▽ 0/0	○ 0/0	○ 0/0	○ 0/0	○ 0/0	○ 0/0
	27	박주성		△ 0/0	○ 0/0 C	○ 0/0 C	△ 0/0		▽ 0/0	○ 0/0	▽ 0/0	
	55	이준희										
	90	여성해										
MF	6	박태웅	▽ 0/0 C	▽ 0/0							△ 0/0	▽ 0/0 C
	7	배기종								△ 0/0	△ 0/1	△ 0/0
	8	안성남	▽ 0/0		▽ 0/0	△ 0/1	○ 0/0		△ 0/0	▽ 0/0	▽ 0/0	○ 1/0
	13	신학영										
	14	남광현										
	17	이호석										
	22	김정빈	○ 0/0	○ 0/0	○ 0/0 C	○ 0/0	○ 0/0	▽ 0/0	△ 0/0	○ 0/0 C	○ 0/0 C	
	24	정현철	△ 0/0	▽ 0/0				▽ 0/0				△ 0/0
	26	최영준										
	36	이관표	○ 0/0			△ 1/0	○ 0/1	○ 0/0 C		○ 0/0	○ 0/0 C	
	37	장은규	○ 0/0 C	○ 0/0	○ 0/0 C	○ 0/0	○ 0/0	○ 0/0	○ 0/0	○ 0/0	○ 0/0	○ 0/0
	77	마르코비치										
	80	진경선			○ 0/0	▽ 0/0	○ 0/0	○ 0/0	○ 0/0 C	△ 0/0	▽ 0/0	○ 0/0
	90	임창균	○ 0/1	○ 0/0	○ 0/0	△ 0/0	○ 0/0	○ 0/0	○ 0/0 C	○ 0/0	○ 0/0	▽ 0/0
FW	9	크리스찬	○ 0/0	○ 0/0	△ 0/0	○ 1/0	▽ 0/0	○ 0/0 C		○ 0/0	○ 1/0	○ 1/0
	10	이상협		△ 0/0								
	11	김슬기	△ 0/0		▽ 0/0	○ 0/0	△ 0/0	△ 0/0	△ 0/0		○ 0/0	▽ 0/0
	16	송수영	▽ 1/0	○ 0/0	△ 0/0	▽ 0/0	▽ 0/0 C	△ 0/0	▽ 0/0	▽ 0/0		
	18	김영욱				▽ 0/1			▽ 0/0			△ 0/0
	33	정성민			△ 0/0							
	88	김도엽										
	99	김형필		▽ 0/0 C	▽ 0/0		△ 0/0	▽ 0/0	○ 0/0	△ 0/0		

선수자료 : 득점/도움 ○ = 선발출장 △ = 교체 IN ▽ = 교체 OUT ◈ = 교체 IN/OUT C = 경고 S = 퇴장

위치	배번	경기번호	56	65	70	74	77	82	87	93	96	101
		날 짜	05.25	05.29	06.01	06.05	06.08	06.11	06.18	06.25	06.29	07.02
		홈/원정	원정	홈	원정	홈	원정	홈	홈	원정	홈	원정
		장 소	충주	창원C	잠실	창원C	춘천	양산	진주J	부천	창원C	고양
		상 대	충주	안산무	서울E	부산	강원	대전	대구	부천	안양	고양
		결 과	승	패	패	승	무	무	승	패	승	승
		점 수	3 : 1	0 : 1	1 : 2	3 : 2	0 : 0	4 : 4	2 : 1	0 : 1	2 : 0	2 : 1
		승 점	4	4	4	7	8	9	12	12	15	18
		슈팅수	13 : 8	12 : 7	8 : 13	5 : 11	7 : 7	14 : 14	9 : 13	10 : 15	15 : 7	6 : 12
GK	1	이 준 희	○ 0/0	○ 0/0					○ 0/0 C	○ 0/0	○ 0/0	○ 0/0
	21	이 기 현										
	29	하 강 진			○ 0/0	○ 0/0	○ 0/0	○ 0/0				
	99	권 정 혁										
DF	4	이 반	○ 0/0	○ 0/0 C	○ 0/0	○ 0/0	○ 0/0 C	○ 0/0	○ 0/0	○ 0/0	○ 0/0	○ 0/0
	5	이 원 재										
	12	전 상 훈							▽ 0/0			
	15	우 주 성	○ 0/1 C	○ 0/0	○ 0/0	○ 0/0	○ 0/0	○ 0/1	○ 0/0	○ 0/0	○ 0/0 C	
	23	박 지 수	○ 0/0	○ 0/0	○ 0/0	○ 0/0 C	○ 0/0		○ 0/0 C	○ 0/0 C		○ 0/0
	27	박 주 성	△ 0/0									
	55	이 준 희										
	90	여 성 해										
MF	6	박 태 웅	▽ 0/0	▽ 0/0			△ 0/0					
	7	배 기 종	△ 2/0			△ 0/0	△ 0/0	△ 0/0	△ 0/1	△ 0/0	▽ 1/0	▽ 0/0
	8	안 성 남	○ 0/0	○ 0/0	△ 0/0	○ 0/1	○ 0/0	▽ 1/0	▽ 0/0	△ 0/0	▽ 0/0 C	△ 0/0
	13	신 학 영		△ 0/0	△ 0/0			○ 0/0	○ 0/0	○ 0/0 C	▽ 0/0	△ 0/0 C
	14	남 광 현										
	17	이 호 석		▽ 0/0	▽ 1/0	▽ 1/0	▽ 0/0	▽ 1/1	○ 0/1 C	▽ 0/0	○ 1/0	○ 0/2
	22	김 정 빈		○ 0/0	▽ 0/0	○ 0/0	○ 0/0	○ 0/0	△ 0/0	○ 0/0	○ 0/0	○ 0/0
	24	정 현 철	△ 0/0	○ 0/0	○ 0/0	○ 0/0 C	▽ 0/0	▽ 0/0	△ 1/0		○ 0/0	○ 1/0
	26	최 영 준										
	36	이 관 표										▽ 0/0
	37	장 은 규	○ 0/0 C		○ 0/0 C	▽ 0/0 C	○ 0/0	△ 0/0	▽ 0/0	○ 0/0	○ 0/0	○ 0/0
	77	마르코비치										
	80	진 경 선	▽ 0/0	▽ 0/0	△ 0/0	△ 0/0		○ 0/0			△ 0/0	
	90	임 창 균	○ 0/1	△ 0/0	○ 0/1	▽ 0/0	△ 0/0			▽ 0/0	△ 0/0	△ 0/0
FW	9	크리스찬	○ 1/1	○ 0/0	○ 0/0	○ 0/1	○ 0/0	○ 2/0 C	○ 0/0	○ 0/0	○ 0/1	○ 0/0
	10	이 상 협										
	11	김 슬 기	▽ 0/0	△ 0/0	▽ 0/0							
	16	송 수 영						○ 0/0	○ 1/0	▽ 0/0	△ 0/1	▽ 1/0
	18	김 영 욱										
	33	정 성 민										
	88	김 도 엽										
	99	김 형 필				△ 2/0	▽ 0/0	△ 0/0		△ 0/0		

위치	배번	경기번호	114	119	121	130	132	138	145	149	157	162
		날 짜	07.18	07.24	07.27	08.01	08.10	08.13	08.17	08.22	09.03	09.07
		홈/원정	홈	원정	홈	원정	원정	홈	원정	홈	원정	홈
		장 소	창원C	부산A	창원C	대전W	대구	창원C	안양	창원C	안산	창원C
		상 대	강원	부산	충주	대전	대구	부천	안양	서울E	안산무	고양
		결 과	승	승	승	패	승	패	승	무	패	승
		점 수	2 : 0	3 : 2	2 : 0	1 : 3	2 : 1	0 : 1	2 : 1	1 : 1	0 : 2	7 : 0
		승 점	21	24	27	27	30	30	33	34	34	37
		슈팅수	9 : 10	9 : 15	10 : 6	13 : 16	10 : 14	9 : 8	10 : 20	8 : 12	8 : 10	13 : 9
GK	1	이 준 희	○ 0/0	○ 0/0	○ 0/0							
	21	이 기 현										
	29	하 강 진				○ 0/0	○ 0/0	○ 0/0				
	99	권 정 혁							○ 0/0 C	○ 0/0	○ 0/0	○ 0/0
DF	4	이 반	○ 0/1	○ 0/0								
	5	이 원 재				△ 0/0	○ 0/0	▽ 0/0		△ 0/0		○ 0/0
	12	전 상 훈					○ 0/0			○ 0/0	△ 0/0	
	15	우 주 성	○ 0/0	○ 0/0	○ 0/0	○ 0/0	○ 0/0	○ 0/0	○ 0/0	○ 0/0	○ 0/0	○ 0/0
	23	박 지 수	○ 0/0 C	○ 0/0	▽ 0/0			○ 0/0	○ 0/0 C	▽ 0/0	○ 0/0	○ 0/0
	27	박 주 성										
	55	이 준 희								△ 0/0	▽ 0/0 C	
	90	여 성 해										
MF	6	박 태 웅										
	7	배 기 종	▽ 1/1	○ 0/0	△ 0/0	▽ 0/0						
	8	안 성 남	△ 0/0	▽ 0/0	▽ 0/0	△ 0/0	▽ 0/0	▽ 0/0	▽ 0/0	○ 0/0	▽ 0/0	▽ 1/0
	13	신 학 영	△ 0/0		○ 0/0	○ 0/0	○ 0/1	△ 0/0	○ 0/0	○ 0/0	△ 0/0	△ 0/0
	14	남 광 현			△ 0/0	▽ 0/0				△ 0/0		
	17	이 호 석	○ 0/0	○ 0/1	▽ 0/0	△ 0/0	△ 0/0	△ 0/0	○ 1/0		○ 0/0	▽ 1/4
	22	김 정 빈	○ 0/0	○ 0/0	○ 0/0	○ 0/0	○ 0/0	○ 0/0	○ 0/1	▽ 0/0	○ 0/0	
	24	정 현 철	○ 0/0	○ 0/0	○ 0/0	○ 0/0	○ 0/1 C	○ 0/0	▽ 0/0	○ 0/1	○ 0/0	▽ 0/0
	26	최 영 준										
	36	이 관 표		▽ 0/0 C					△ 0/0	○ 1/0	△ 0/0	○ 0/0
	37	장 은 규	▽ 0/0	△ 1/0	○ 0/0	○ 0/0	△ 0/0	○ 0/0	○ 0/0 C		▽ 0/0	○ 0/1
	77	마르코비치		△ 0/0		▽ 0/0						
	80	진 경 선	△ 0/0		△ 1/0		▽ 0/0	▽ 0/0	△ 0/0			△ 0/0
	90	임 창 균										
FW	9	크리스찬	○ 0/0	▽ 0/0	○ 1/0	○ 1/0	○ 1/0	○ 0/0	○ 1/0	○ 0/0	○ 0/0	○ 4/1
	10	이 상 협										
	11	김 슬 기					△ 0/0	△ 0/0	◆ 0/0	▽ 0/0		△ 0/0
	16	송 수 영	▽ 1/0 C	△ 2/1	○ 0/1	○ 0/0	▽ 1/0	○ 0/0	○ 0/0 C		○ 0/0	○ 1/0 C
	18	김 영 욱										
	33	정 성 민										
	88	김 도 엽										
	99	김 형 필										

선수자료 : 득점/도움 ○ = 선발출장 △ = 교체 IN ▽ = 교체 OUT ◆ = 교체 IN/OUT C = 경고 S = 퇴장

위치	배번	경기번호	170	171	178	186	192	197	205	206	214	216
		날 짜	09.12	09.17	09.24	10.01	10.05	10.08	10.16	10.19	10.23	10.30
		홈/원정	원정	홈	원정	홈	홈	원정	원정	홈	홈	원정
		장 소	충주	창원C	부천	창원C	창원C	잠실	고양	창원C	창원C	강릉
		상 대	충주	부산	부천	대전	안양	서울E	고양	안산무	대구	강원
		결 과	패	패	승	승	승	패	승	패	패	무
		점 수	2 : 3	1 : 3	2 : 1	4 : 3	2 : 0	0 : 2	3 : 2	1 : 2	1 : 2	1 : 1
		승 점	37	37	40	43	46	46	49	49	49	50
		슈팅수	14 : 16	12 : 15	13 : 16	17 : 12	19 : 5	12 : 13	17 : 19	10 : 8	8 : 12	10 : 21
GK	1	이준희										
	21	이기현										
	29	하강진							○ 0/0 C			
	99	권정혁	○ 0/0	○ 0/0	○ 0/0	○ 0/0	○ 0/0	○ 0/0		○ 0/0	○ 0/0	○ 0/0
DF	4	이 반			△ 0/0 C			△ 0/0		△ 0/0	○ 0/0 C	▽ 0/0 C
	5	이원재	○ 0/0	○ 0/0								
	12	전상훈			○ 0/0	○ 0/0	○ 0/0	○ 0/0				△ 0/0
	15	우주성	○ 0/0	○ 0/0	○ 0/0	○ 0/0	○ 0/0	▽ 0/0	○ 0/0	○ 0/0	○ 0/0	○ 0/0 C
	23	박지수	○ 0/0 C		○ 0/0	○ 0/0	○ 0/0 C	○ 0/0	○ 1/0	○ 0/0	△ 0/0	○ 0/0
	27	박주성										
	55	이준희		△ 0/0								
	90	여성해			○ 0/0	○ 0/0	○ 0/0	○ 0/0	○ 0/0	○ 0/0	○ 0/0	○ 0/0
MF	6	박태웅										
	7	배기종										
	8	안성남	▽ 0/0	△ 1/0	▽ 0/0	△ 0/0 C	△ 0/0		▽ 0/0	▽ 0/0	▽ 0/0	○ 0/0
	13	신학영	△ 0/0	△ 0/0	○ 0/0	○ 0/0		△ 0/0	△ 0/0		▽ 1/0	△ 0/0
	14	남광현			△ 1/0		△ 0/1	△ 0/0	△ 0/0 C			
	17	이호석	▽ 1/0	○ 0/0	▽ 1/0 C	△ 1/0	▽ 0/0	○ 0/0	○ 0/1	▽ 0/0	○ 0/0 C	
	22	김정빈	△ 0/0	○ 0/1					○ 0/0	○ 0/0		△ 0/0
	24	정현철	○ 0/0	○ 0/0	○ 0/1	▽ 1/0	○ 1/1	○ 0/0	○ 0/0	△ 1/0	△ 0/0 C	
	26	최영준								○ 0/0	○ 0/0	▽ 0/0
	36	이관표	▽ 0/0	▽ 0/0	△ 0/0	△ 0/0	○ 0/0				△ 0/0	○ 0/0
	37	장은규	○ 0/0	▽ 0/0		▽ 0/0	△ 0/0	○ 0/0 C	○ 0/0 C	○ 0/0	○ 0/0 S	
	77	마르코비치										
	80	진경선		▽ 0/0								
	90	임창균										
FW	9	크리스찬	○ 0/2	○ 0/0 C		○ 2/0	○ 1/0 C	○ 0/0	▽ 2/0	○ 0/0	○ 0/0	○ 0/0
	10	이상협										
	11	김슬기										
	16	송수영	○ 1/0	○ 0/0	○ 0/1 C	▽ 0/1	▽ 0/0	▽ 0/0	△ 0/0	▽ 0/0		▽ 0/1
	18	김영욱	△ 0/0									
	33	정성민										
	88	김도엽			▽ 0/0 C	○ 0/2	▽ 0/0	▽ 0/0	▽ 0/1	△ 0/0	▽ 0/1	○ 1/0
	99	김형필										

FC 안 양

창단년도_ 2013년
전화_ 031-476-3377
팩스_ 031-476-2020
홈페이지_ www.fc-anyang.com
주소_ 우 13918 경기도 안양시 동안구 평촌대로 389
389, Pyeongchon-daero, Dongan-gu, Anyang-si, Gyeonggi-do, KOREA 13918

연혁

2012 창단 및 지원 조례안 가결
프로축구연맹 리그 참가 승인
재단법인 설립 승인
초대 이우형 감독 취임
구단명 확정

2013 초대 오근영 단장 취임
프로축구단 창단식
현대오일뱅크 K리그 챌린지 2013 5위(12승 9무 14패)
K리그 대상 챌린지 베스트 11(최진수, MF)

2014 현대오일뱅크 K리그 챌린지 2014 5위(15승 6무 15패)
K리그대상 사랑나눔상
챌린지 베스트 11(최진수, MF)
제2대 이필운 구단주, 박영조 단장 취임

2015 현대오일뱅크 K리그 챌린지 2015 6위(13승 15무 12패)
K리그대상 챌린지 베스트 11(고경민, MF) 수상
제3대 이강호 단장 취임 / 제4대 김기용 단장 취임

2016 현대오일뱅크 K리그 챌린지 2016 9위(11승 13무 16패)
제5대 송기찬 단장 취임

FC안양 2016년 선수명단

구단주_ 이필운 단장_ 김기용
감독_ 이영민 수석코치_ 유병훈 GK코치_ 최익형 스카우터_ 김효준 피지컬코치_ 바우지니
주무·통역_ 한승수 의무팀장_ 고영재 의무트레이너_ 서준석

포지션	선수명		생년월일	출신교	키(cm) / 몸무게(kg)
GK	김 선 규	金 善 奎	1987.10.07	동아대	185 / 79
	최 필 수	崔 弼 守	1991.06.20	성균관대	190 / 80
	남 지 훈	南 知 訓	1992.12.19	수원대	187 / 73
	이 진 형	李 鎭 亨	1988.02.22	단국대	189 / 85
DF	채 광 훈	蔡 光 勳	1993.08.17	상지대	175 / 70
	백 재 우	白 裁 宇	1991.04.27	광주대	182 / 72
	안 세 희	安 世 熙	1991.02.08	원주한라대	186 / 79
	이 재 억	李 在 億	1989.06.03	아주대	180 / 75
	가 솔 현	賈 率 賢	1991.02.12	고려대	195 / 86
	김 진 환	金 眞 煥	1989.03.01	경희대	186 / 78
	김 태 호	金 台 鎬	1989.09.22	아주대	182 / 77
	유 동 원	兪 東 沅	1992.04.11	경희대	176 / 68
	구 대 영	具 大 榮	1992.05.09	홍익대	177 / 72
	유 종 현	劉 宗 賢	1988.03.14	건국대	195 / 90
	이 상 우	李 相 雨	1985.04.10	홍익대	178 / 75
	안 성 빈	安 聖 彬	1988.10.03	수원대	180 / 75
MF	김 민 균	金 民 均	1988.11.30	명지대	173 / 68
	이 슬 기	李 슬 기	1986.09.24	동국대	186 / 76
	유 수 현	柳 秀 賢	1986.05.13	선문대	175 / 68
	박 승 일	朴 乘 一	1989.01.08	경희대	178 / 75
	서 용 덕	徐 庸 德	1989.09.10	연세대	175 / 65
	안 진 범	安 進 範	1992.03.10	고려대	175 / 68
	박 한 준	朴 漢 峻	1997.09.12	안양공고	177 / 64
	이 태 현	李 太 賢	1993.03.13	한남대	179 / 68
	최 영 훈	崔 榮 熏	1993.05.29	연세대	185 / 70
	정 재 희	鄭 在 熙	1994.04.28	상지대	174 / 70
	정 재 용	鄭 宰 溶	1990.09.14	고려대	188 / 80
	김 대 한	金 大 韓	1994.04.21	선문대	181 / 70
FW	김 영 후	金 泳 厚	1983.03.11	숭실대	183 / 78
	김 효 기	金 孝 基	1986.07.03	조선대	180 / 75
	김 동 기	金 東 期	1989.05.27	경희대	187 / 80
	김 영 도	金 榮 道	1994.04.04	동아대	180 / 70
	자 이 로	Jairo Silva Santos	1989.10.31	*브라질	183 / 85
	오르시니	Nicolas Orsini	1994.09.12	*아르헨티나	187 / 80
	브루닝요	Bruno Cardoso Goncalves Santos	1990.02.25	*브라질	169 / 70

FC안양 2016년 개인기록 _ K리그 챌린지

위치	배번	경기번호	04	08	19	24	26	32	38	45	47	53
		날 짜	03.27	04.02	04.13	04.18	04.23	04.30	05.05	05.08	05.14	05.21
		홈/원정	원정	홈	원정	원정	원정	홈	홈	원정	원정	홈
		장 소	고양	안양	부천	대구	충주	안양	안양	부산A	안산	안양
		상 대	고양	경남	부천	대구	충주	강원	대전	부산	안산무	서울E
		결 과	무	승	무	무	패	패	무	패	패	승
		점 수	0 : 0	1 : 0	1 : 1	1 : 1	0 : 1	0 : 2	2 : 2	1 : 3	1 : 2	2 : 1
		승 점	1	4	5	6	6	6	7	7	7	10
		슈팅수	12 : 9	13 : 6	8 : 13	10 : 13	16 : 6	11 : 6	16 : 10	7 : 10	5 : 14	9 : 11
GK	1	이 진 형										
	21	최 필 수							○ 0/0	○ 0/0	○ 0/0	○ 0/0
	87	김 선 규	○ 0/0	○ 0/0	○ 0/0	○ 0/0	○ 0/0	○ 0/0				
DF	2	채 광 훈						△ 0/0		○ 0/0		
	3	안 세 희	○ 0/0	△ 0/0	○ 0/0 CC		○ 0/0	○ 0/0 C	○ 0/0			△ 0/0
	4	이 상 우				△ 0/0	○ 0/0	○ 0/0 C	○ 0/0		○ 1/0	
	5	유 종 현		▽ 0/0								
	14	안 성 빈	○ 0/0	○ 0/0	○ 0/1 C	▽ 0/0						○ 0/1
	15	김 태 호	○ 0/0	○ 0/0	○ 0/0	○ 0/0 C	○ 0/0	○ 0/0	○ 0/0	○ 0/0	○ 0/0 C	○ 0/0
	20	가 솔 현								○ 0/0	○ 0/0 C	○ 0/0
	33	이 재 억			△ 0/0	○ 0/0					▽ 0/0	
	55	김 진 환										
	90	구 대 영	○ 0/0	○ 0/0	○ 0/0	○ 0/0	○ 0/0 C	▽ 0/0	○ 0/0	○ 0/0 C	○ 0/0	○ 0/0 C
MF	6	유 수 현										
	7	김 민 균	○ 0/0	○ 0/0	▽ 0/0	△ 0/1	○ 0/0	○ 0/0	▽ 0/1	▽ 0/1	△ 0/0	▽ 1/0
	8	서 용 덕	▽ 0/0	○ 0/0	○ 0/0	○ 0/0	○ 0/0	▽ 0/0 C	▽ 0/0 C	△ 0/0	○ 0/0	△ 0/0
	10	이 슬 기								△ 0/0 C		
	16	안 진 범	△ 0/0	○ 0/0 C		○ 0/0	○ 0/0 C	△ 0/0	○ 0/0	▽ 0/0	○ 0/0	○ 0/0
	17	박 승 일	△ 0/0	△ 0/0	△ 0/0			△ 0/0	○ 0/0	○ 0/0	▽ 0/0	△ 0/0
	17	정 재 용	○ 0/0 C	○ 1/0				○ 0/0 C	▽ 0/0	○ 0/0	○ 0/0	○ 1/0
	18	김 대 한										
	24	최 영 훈			○ 0/0	▽ 0/0	△ 0/0		△ 0/0			○ 0/0 C
	26	이 태 현										
	27	정 재 희	▽ 0/0		▽ 0/0		△ 0/0	▽ 0/0	△ 0/0	○ 0/0	△ 0/0	▽ 0/0
	30	박 한 준										
FW	9	김 영 후	△ 0/0		△ 0/0	○ 1/0	△ 0/0					
	11	자 이 로	▽ 0/0	○ 0/1 C	▽ 0/0	△ 0/0	▽ 0/0	○ 0/0 C	△ 0/0	△ 0/0	▽ 0/0 C	
	19	김 동 기										
	23	김 영 도				▽ 0/0	▽ 0/0		○ 1/0	▽ 1/0		▽ 0/0
	28	브루닝요										
	70	김 효 기										
	77	오르시니	○ 0/0	▽ 0/0	○ 1/0 C	○ 0/0	▽ 0/0	○ 0/0			△ 0/0	

선수자료 : 득점/도움 ○ = 선발출장 △ = 교체 IN ▽ = 교체 OUT ◆ = 교체 IN/OUT C = 경고 S = 퇴장

위치	배번	경기번호	60	64	69	71	80	85	89	92	96	107
		날 짜	05.25	05.29	06.01	06.04	06.08	06.13	06.19	06.25	06.29	07.09
		홈/원정	홈	원정	홈	홈	원정	홈	원정	홈	원정	홈
		장 소	안양	원주	안양	안양	대전W	안양	잠실	안양	창원C	안양
		상 대	대구	강원	부산	부천	대전	충주	서울E	고양	경남	안산무
		결 과	승	패	승	패	무	승	무	무	패	승
		점 수	3 : 2	1 : 4	1 : 0	0 : 1	1 : 1	2 : 1	0 : 0	1 : 1	0 : 2	1 : 0
		승 점	13	13	16	16	17	20	21	22	22	25
		슈팅수	14 : 15	4 : 15	10 : 15	8 : 10	9 : 18	13 : 9	15 : 16	19 : 4	7 : 15	15 : 7
GK	1	이 진 형										
	21	최 필 수	○ 0/0 C	○ 0/0 C	○ 0/0	○ 0/0	○ 0/0	○ 0/0	○ 0/0	○ 0/0		
	87	김 선 규									○ 0/0	○ 0/0
DF	2	채 광 훈		○ 0/0	△ 0/0 C					○ 0/0		
	3	안 세 희	△ 0/0	○ 0/0 C	○ 0/0 C		○ 0/0	○ 0/0	○ 0/0	○ 0/0 C	○ 0/0	○ 0/0
	4	이 상 우	○ 0/0	○ 0/0	○ 0/1		○ 0/0 CC		○ 0/0		○ 0/0	
	5	유 종 현								△ 0/0	○ 0/0	
	14	안 성 빈	○ 0/0		○ 0/0 C	○ 0/0	○ 0/0	○ 0/1	○ 0/0	○ 0/0	○ 0/0	○ 0/0
	15	김 태 호	○ 0/0		○ 0/0	○ 0/0	○ 0/0	▽ 0/0				
	20	가 솔 현	○ 0/0		○ 0/0 C	○ 0/0	△ 0/0	○ 0/0	○ 0/0	○ 0/0	○ 0/0	△ 0/0
	33	이 재 억		○ 0/0		○ 0/0		△ 0/0				○ 0/0
	55	김 진 환										
	90	구 대 영										○ 0/0
MF	6	유 수 현										
	7	김 민 균	▽ 1/0	△ 1/0	▽ 0/0	△ 0/0	○ 0/0	▽ 1/0	▽ 0/0	▽ 0/0	○ 0/0	▽ 1/0
	8	서 용 덕	△ 0/0	○ 0/0 C		○ 0/0 C		○ 0/0	△ 0/0	○ 0/1	△ 0/0	△ 0/1
	10	이 슬 기		▽ 0/0								
	16	안 진 범	▽ 0/2		▽ 0/0	▽ 0/0	△ 0/1	○ 0/0	○ 0/0		▽ 0/0	
	17	박 승 일		▽ 0/0		▽ 0/0	○ 0/0	○ 1/0 C	▽ 0/0	△ 0/0	○ 0/0	△ 0/0
	17	정 재 용	○ 2/0 C		○ 0/0 C	○ 0/0	▽ 0/0	△ 0/0	○ 0/0	○ 0/0 C	▽ 0/0	○ 0/0 C
	18	김 대 한		▽ 0/0								
	24	최 영 훈	○ 0/0 C	△ 0/0 C		○ 0/0	○ 0/0	○ 0/0 C	○ 0/0	○ 0/0		○ 0/0 C
	26	이 태 현		○ 0/0	△ 0/0 C							
	27	정 재 희	○ 0/0	△ 0/0	○ 1/0	△ 0/0	△ 1/0	▽ 0/0	▽ 0/0	▽ 0/0	△ 0/0	○ 0/0
	30	박 한 준										
FW	9	김 영 후			△ 0/0	△ 0/0		△ 0/0	△ 0/0	▽ 1/0	△ 0/0	▽ 0/0
	11	자 이 로	△ 0/1	○ 0/0 C			▽ 0/0					
	19	김 동 기										
	23	김 영 도	▽ 0/0 C		▽ 0/0	▽ 0/0	▽ 0/0		△ 0/0 C	△ 0/0	▽ 0/0	
	28	브루닝요										
	70	김 효 기										▽ 0/0
	77	오르시니										

위치	배번	경기번호	112	118	125	126	133	140	145	146	155	158
		날 짜	07.16	07.23	07.27	07.30	08.10	08.14	08.17	08.20	08.29	09.03
		홈/원정	홈	원정	홈	원정	원정	홈	홈	원정	원정	홈
		장 소	안양	대구	안양	고양	안산	안양	안양	충주	부산A	안양
		상 대	부천	대구	대전	고양	안산무	서울E	경남	충주	부산	강원
		결 과	무	무	승	승	무	승	패	승	패	무
		점 수	2 : 2	1 : 1	1 : 0	1 : 0	2 : 2	3 : 1	1 : 2	1 : 0	0 : 2	0 : 0
		승 점	26	27	30	33	34	37	37	40	40	41
		슈팅수	11 : 12	8 : 20	10 : 14	11 : 9	8 : 12	15 : 9	20 : 10	14 : 11	7 : 14	12 : 5
GK	1	이 진 형										
	21	최 필 수			△ 0/0							
	87	김 선 규	○ 0/0	○ 0/0	▽ 0/0 C	○ 0/0	○ 0/0	○ 0/0	○ 0/0	○ 0/0	○ 0/0	○ 0/0
DF	2	채 광 훈										○ 0/0
	3	안 세 희	○ 0/0	○ 0/0	○ 0/0	○ 0/0	▽ 0/0	○ 0/0	○ 0/0	○ 0/0		○ 0/0
	4	이 상 우		△ 0/0	○ 0/1	○ 0/0	○ 0/0		△ 0/0			
	5	유 종 현	△ 0/0									
	14	안 성 빈	○ 0/0	○ 0/1	○ 0/0	○ 0/0	○ 0/0	○ 0/0	○ 1/0	○ 0/1	○ 0/0 C	
	15	김 태 호										
	20	가 솔 현		○ 0/0 C			▽ 0/0			○ 0/0 C	▽ 0/0 C	
	33	이 재 억	○ 0/0				△ 0/0	△ 0/0			○ 0/0	
	55	김 진 환		○ 0/0	○ 0/0 C	○ 0/0	○ 0/0	○ 0/0	○ 0/0	○ 0/0 C	○ 0/0	○ 0/0
	90	구 대 영	○ 0/0	▽ 0/0 C				○ 0/0	○ 0/0	○ 0/0	○ 0/0 C	○ 0/0
MF	6	유 수 현		△ 0/0	▽ 0/0	▽ 0/0	○ 1/0	▽ 0/1	△ 0/0	▽ 0/0	○ 0/0	○ 0/0
	7	김 민 균	▽ 0/0	○ 1/0	○ 1/0	○ 0/0	▽ 0/0	○ 1/0	▽ 0/0	▽ 0/0	▽ 0/0 C	○ 0/0
	8	서 용 덕	△ 0/0	○ 0/0	○ 0/0	○ 1/0	○ 0/2	▽ 1/0		○ 0/0	○ 0/0	○ 0/0 C
	10	이 슬 기										
	16	안 진 범	▽ 0/0	△ 0/0	○ 0/0	▽ 0/0		△ 0/0	▽ 0/0			
	17	박 승 일	△ 0/0 C	▽ 0/0	△ 0/0	△ 0/0				△ 0/0	△ 0/0	△ 0/0
	17	정 재 용										
	18	김 대 한										▽ 0/0
	24	최 영 훈	○ 0/0		△ 0/0	△ 0/0		○ 0/0	○ 0/0	△ 0/0		
	26	이 태 현										
	27	정 재 희	▽ 0/1	○ 0/0	○ 0/0	○ 0/0 C	○ 0/0	○ 1/0	○ 0/0	▽ 0/0	▽ 0/0	
	30	박 한 준										
FW	9	김 영 후	○ 1/0	▽ 0/0		▽ 0/1	△ 0/0		△ 0/0			
	11	자 이 로										
	19	김 동 기										
	23	김 영 도			▽ 0/0						△ 0/0	
	28	브루닝요				△ 0/0	△ 0/0	△ 0/0 C	▽ 0/0	△ 0/0	△ 0/0	○ 0/0
	70	김 효 기	○ 1/0 C				○ 1/0	▽ 0/0	○ 0/0	○ 1/0	○ 0/0	○ 0/0
	77	오르시니										

선수자료 : 득점/도움 ○ = 선발출장 △ = 교체 IN ▽ = 교체 OUT ◆ = 교체 IN/OUT C = 경고 S = 퇴장

위치	배번	경기번호	168	173	177	182	189	192	200	204	210	220
		날 짜	09.11	09.18	09.24	09.28	10.02	10.05	10.10	10.15	10.19	10.30
		홈/원정	원정	홈	원정	원정	홈	원정	홈	원정	홈	홈
		장 소	잠실	안양	대전W	평창	안양	창원C	안양	부천	안양	안양
		상 대	서울E	충주	대전	강원	부산	경남	대구	부천	고양	안산무
		결 과	무	무	패	패	패	패	패	패	승	패
		점 수	2 : 2	0 : 0	2 : 3	0 : 3	0 : 1	0 : 2	0 : 1	0 : 1	3 : 2	2 : 3
		승 점	42	43	43	43	43	43	43	43	46	46
		슈팅수	8 : 12	12 : 11	18 : 21	8 : 19	3 : 9	5 : 19	13 : 6	11 : 8	20 : 11	9 : 10
GK	1	이진형		○ 0/0	○ 0/0	○ 0/0	○ 0/0 C		○ 0/0	○ 0/0	○ 0/0	
	21	최필수										
	87	김선규	○ 0/0					○ 0/0 C				○ 0/0
DF	2	채광훈						○ 0/0	○ 0/0 C		▽ 0/0	
	3	안세희	○ 0/0	○ 0/0	○ 0/0		△ 0/0	△ 0/0	○ 0/0	○ 0/0	○ 0/0	○ 0/0
	4	이상우					△ 0/0	○ 0/0 CC			△ 0/1	○ 0/0
	5	유종현				○ 0/0	○ 0/0	○ 0/0 C		○ 0/0 C		○ 0/0 C
	14	안성빈	○ 0/0	○ 0/0	○ 0/0 C	○ 0/0	▽ 0/0					
	15	김태호										
	20	가솔현		△ 0/0	○ 0/0	△ 0/0	○ 0/0					
	33	이재억			▽ 0/0							
	55	김진환	○ 0/0	○ 0/0 C		○ 0/0 C	○ 0/0	○ 0/0	○ 0/0	○ 0/0	○ 0/0 CC	
	90	구대영	○ 0/0	○ 0/0	○ 0/0	○ 0/0	▽ 0/0		○ 0/0	○ 0/0	○ 0/0	○ 0/0
MF	6	유수현	○ 0/0	○ 0/0	▽ 0/0	▽ 0/0 C	○ 0/0	▽ 0/0				
	7	김민균	▽ 1/1	▽ 0/0		○ 0/0 CC		○ 0/0	△ 0/0	▽ 0/0 C	○ 1/0	○ 1/0
	8	서용덕	▽ 0/0	○ 0/0	△ 1/0	○ 0/0		○ 0/0	○ 0/0	▽ 0/0		
	10	이슬기										
	16	안진범	△ 0/0				○ 0/0	▽ 0/0	○ 0/0 C		▽ 0/0	
	17	박승일	△ 0/0	▽ 0/0	△ 1/0	△ 0/0			▽ 0/0	△ 0/0		
	17	정재용										
	18	김대한	▽ 1/0	▽ 0/0			○ 0/0		▽ 0/0 C		▽ 0/0	▽ 1/0
	24	최영훈	○ 0/0 C		○ 0/0 C	○ 0/0 C		△ 0/0			○ 0/1	○ 0/0 C
	26	이태현			▽ 0/0					△ 0/0		
	27	정재희		△ 0/0	○ 0/0	▽ 0/0	△ 0/0	○ 0/0	△ 0/0	○ 0/0	△ 0/0	△ 0/0
	30	박한준										△ 0/0
FW	9	김영후	△ 0/0	△ 0/0	△ 0/0		○ 0/0 C					
	11	자이로										
	19	김동기				▽ 0/0	▽ 0/0	▽ 0/0	▽ 0/0	▽ 0/0		△ 0/0
	23	김영도								△ 0/0	△ 1/0	▽ 0/0
	28	브루닝요	○ 0/0 C	○ 0/0	○ 0/0	△ 0/0			△ 0/0	○ 0/0	○ 0/0	▽ 0/0
	70	김효기						△ 0/0	○ 0/0	○ 0/0	○ 1/0	○ 0/0
	77	오르시니										

충 주 험 멜

창단년도_ 1999년

전화_ 043-723-2090~1

팩스_ 043-723-2092

홈페이지_ www.hummelfc.com

주소_ 우 27371 충청북도 충주시 예성로 266 충주종합운동장
Chungju Sports Complex, 266, Yeseong-ro, Chungju-si, Chungcheongbuk-do, KOREA 27371

연혁

1999 험멜코리아 축구단 창단
제1대 구단주 취임

2000 대통령배 8강
서울시장기배 우승
전국체전 서울대표

2001 대통령배 8강

2002 덴마크 험멜컵 준우승

2003 대통령배 24강
K2리그 참가, K2 후기리그 6위
전국체전 3위(동메달)

2010 충주시와 연고체결

2012 1만 4,000여 명 관중동원(내셔널리그 역대 최다기록)
프로 전환 선언
프로축구연맹으로부터 공식2부리그 참가 승인

2013 충주 험멜 프로축구단 창단식
초대 이재철 감독 취임
제2대 김종필 감독 취임

2014 마스코트 '충이 & 메리' 탄생

2016 제3대 안승인 감독 취임

충주 험멜 2016년 선수명단

대표이사_ 변석화　단장_ 한규정　사무국장_ 장재현
감독_안승인, 코치_이재철, 코치_공문배, 코치_강태성, GK코치_김동훈, 의무트레이너_이춘호, 주무_이형민

포지션	선수명		생년월일	출신교	키(cm) / 몸무게(kg)
GK	권 태 안	權泰安	1992.04.09	매탄고	190 / 90
	이 영 창	李伶昶	1993.01.10	홍익대	188 / 78
	홍 상 준	洪尙儁	1990.05.10	건국대	187 / 83
DF	정 인 탁	鄭因託	1994.01.24	성균관대	186 / 73
	송 성 범	宋成範	1992.06.10	호원대	183 / 73
	배 효 성	裵曉星	1982.01.01	관동대	183 / 82
	김 현 진	金炫辰	1993.02.12	아주대	168 / 64
	김 한 빈	金漢彬	1991.03.31	선문대	173 / 63
	옹 동 균	邕東均	1991.11.23	건국대	178 / 70
	정 우 인	鄭愚仁	1988.02.01	경희대	185 / 76
	김 종 국	金鍾國	1993.06.23	선문대	182 / 68
	김 상 필	金相泌	1989.04.26	성균관대	188 / 84
	김 태 환	金泰換	1993.12.11	남부대학교	175 / 73
	허 웅	許 雄	1995.02.21	일동고	179 / 72
	황 수 남	黃秀南	1993.02.22	관동대	184 / 74
	마 우 콘	Malcon Marschel Silva Carvalho Santos	1995.07.05	*브라질	183 / 83
MF	쿠 아 쿠	Aubin Kouakou	1991.06.01	*코트디부아르	185 / 78
	최 승 호	最勝湖	1992.03.31	예원예술대	182 / 73
	오 규 빈	吳圭彬	1992.09.04	관동대	182 / 76
	엄 진 태	嚴鎭泰	1992.03.28	경희대	181 / 63
	김 정 훈	金正訓	1991.12.23	관동대	175 / 62
	홍 준 기	洪俊基	1997.05.11	장훈고	190 / 78
	이 태 영	李泰英	1992.05.15	관동대	172 / 60
	김 용 태	金龍泰	1984.05.20	울산대	176 / 65
	김 충 현	金忠現	1997.01.03	오상고	175 / 65
	박 시 윤	朴始潤	1993.05.02	한국국제대	173 / 62
	정 인 권	鄭寅權	1996.04.24	제주 U-18	173 / 65
	양 세 운	梁世運	1990.12.23	남부대학교	181 / 74
	신 동 일	申東一	1993.07.09	광주대	178 / 70
	임 동 준	林東俊	1993.05.07	관동대	173 / 60
FW	김 신	金 信	1995.03.30	영생고	180 / 73
	김 도 형	金度亨	1990.10.06	동아대	182 / 75
	박 지 민	朴智敏	1994.03.07	경희대	183 / 70
	장 백 규	張伯圭	1991.10.09	선문대	175 / 61
	김 용 진	金勇辰	1993.06.10	건국대	192 / 80
	곽 성 환	郭誠煥	1992.03.29	동의대	184 / 72
	김 재 하	金材昰	1992.05.23	울산대	186 / 74
	박 세 환	朴世桓	1993.06.05	고려사이버대	170 / 65
	하 파 엘	Rogerio da Silva Rafael	1995.11.30	*브라질	176 / 71
	최 유 상	崔楡尙	1989.08.25	관동대	180 / 70

충주 험멜 2016년 개인기록 _ K리그 챌린지

위치	배번	경기번호	05	09	12	18	22	26	35	40	48	51
		날 짜	03.27	04.03	04.09	04.13	04.16	04.23	05.01	05.05	05.15	05.21
		홈/원정	원정	홈	홈	원정	원정	홈	원정	홈	원정	홈
		장 소	잠실	충주	충주	창원C	안산	충주	대구	충주	부산A	충주
		상 대	서울E	부천	강원	경남	안산무	안양	대구	고양	부산	대전
		결 과	무	패	패	패	패	승	패	패	패	무
		점 수	0 : 0	0 : 1	1 : 2	1 : 2	1 : 2	1 : 0	1 : 2	2 : 3	1 : 2	1 : 1
		승 점	1	1	1	1	1	4	4	4	4	5
		슈팅수	12 : 7	13 : 10	7 : 12	9 : 14	8 : 11	6 : 16	9 : 16	12 : 11	10 : 11	10 : 14
GK	1	권 태 안										
	26	이 영 창	○ 0/0	○ 0/0	○ 0/0	○ 0/0	○ 0/0	○ 0/0	○ 0/0	○ 0/0	○ 0/0	○ 0/0
	41	홍 상 준										
DF	2	노 연 빈				○ 0/0	○ 0/0					
	3	정 인 탁										
	4	송 성 범										
	5	배 효 성	○ 0/0	○ 0/0 C	○ 0/0 C	○ 0/0	○ 0/0	○ 0/0	○ 0/0	○ 0/0 C		
	22	김 한 빈	○ 0/0	○ 0/0	○ 0/0	○ 0/0	○ 0/0	○ 0/0 C	○ 0/0	○ 0/1 C	○ 0/0	○ 0/0
	25	옹 동 균										
	29	정 우 인		○ 0/0		○ 0/0 C	○ 0/0	○ 0/0	○ 0/0 C		△ 0/0	○ 0/0
	31	김 상 필						△ 0/0			○ 0/1 C	○ 0/0
	33	김 태 환								▽ 0/0 C		
	50	황 수 남	○ 0/0		○ 0/0 C					○ 0/0	○ 0/0	
	68	마 우 콘										
MF	6	까스띠쇼	△ 0/0									
	6	쿠 아 쿠										
	7	최 승 호				○ 0/0	○ 0/0	○ 0/0			○ 0/0	○ 0/0
	8	오 규 빈	○ 0/0 C	○ 0/0	○ 0/0	○ 0/0	▽ 0/0	○ 0/0 C	○ 0/0	○ 0/0	○ 0/0	○ 0/0
	13	엄 진 태	○ 0/0	○ 0/0	▽ 0/0			▽ 0/0	○ 0/0	○ 0/0 C	○ 0/0 C	○ 0/0
	14	김 정 훈	○ 0/0	▽ 0/0	△ 0/0	△ 0/0	△ 0/0 C		△ 0/0	△ 0/0		△ 0/0
	15	홍 준 기										
	21	이 유 준							△ 0/0			
	23	이 태 영		△ 0/0	▽ 0/0				▽ 0/1	△ 0/1		
	24	김 용 태	▽ 0/0	○ 0/0	○ 0/0		○ 0/0	○ 0/1	○ 0/0			
	28	곽 성 환										
	36	양 세 운										
	38	신 동 일										
FW	9	김 신		△ 0/0	○ 0/0	△ 1/0	△ 0/0	▽ 1/0	▽ 0/0	△ 1/0	△ 0/0	△ 1/0
	10	김 도 형	○ 0/0	▽ 0/0	▽ 0/0		○ 0/0	○ 0/0	○ 1/0	○ 0/0	○ 0/0	○ 0/1
	11	이 한 음	△ 0/0	△ 0/0 C	△ 0/0	▽ 0/0		△ 0/0			△ 1/0	△ 0/0
	18	박 지 민	▽ 0/0	○ 0/0		▽ 0/0	▽ 1/0	▽ 0/0	▽ 0/0	○ 1/0	▽ 0/0	▽ 0/0 C
	19	장 백 규	▽ 0/0	▽ 0/0 C	△ 1/0	▽ 0/0	△ 0/0			▽ 0/0	▽ 0/0	▽ 0/0
	20	김 용 진	△ 0/0			△ 0/0				▽ 0/0		
	77	하 파 엘										
	99	최 유 상			○ 0/1	○ 0/0	▽ 0/0	△ 0/0	△ 0/0		▽ 0/0	▽ 0/0

선수자료 : 득점/도움 ○ = 선발출장 △ = 교체 IN ▽ = 교체 OUT ◈ = 교체 IN/OUT C = 경고 S = 퇴장

위치	배번	경기번호	56	62	67	72	78	85	88	95	104	110
		날 짜	05.25	05.28	06.01	06.04	06.08	06.13	06.18	06.26	07.04	07.10
		홈/원정	홈	원정	원정	홈	홈	원정	원정	홈	원정	홈
		장 소	충주	부천	고양	충주	충주	안양	대전W	충주	강릉	충주
		상 대	경남	부천	고양	대구	서울E	안양	대전	안산무	강원	부산
		결 과	패	승	승	패	승	패	패	패	패	패
		점 수	1 : 3	1 : 0	4 : 2	0 : 1	3 : 1	1 : 2	1 : 3	1 : 2	0 : 2	0 : 4
		승 점	5	8	11	11	14	14	14	14	14	14
		슈팅수	8 : 13	5 : 15	10 : 7	8 : 14	16 : 20	9 : 13	5 : 15	4 : 17	6 : 16	10 : 16
GK	1	권 태 안										
	26	이 영 창	○ 0/0	○ 0/0	○ 0/0	○ 0/0	○ 0/0 C	○ 0/0	○ 0/0	○ 0/0	○ 0/0	○ 0/0
	41	홍 상 준										
DF	2	노 연 빈										
	3	정 인 탁										
	4	송 성 범		△ 0/0						△ 0/0		
	5	배 효 성										
	22	김 한 빈	○ 0/0	○ 0/0	○ 0/0	○ 0/0	○ 0/0	○ 0/0	○ 0/0	○ 0/0	○ 0/0	○ 0/0
	25	옹 동 균										
	29	정 우 인	○ 0/0	○ 0/0	▽ 0/0	○ 0/0	○ 0/0 C		○ 0/0 C	○ 0/0		○ 0/0
	31	김 상 필	○ 0/0	○ 0/0	○ 0/0	○ 0/0	○ 0/0	○ 0/0 C	○ 0/0	○ 0/0	○ 0/0	○ 0/0
	33	김 태 환			○ 0/0							
	50	황 수 남			△ 0/0		▽ 0/0	○ 0/0	▽ 0/0		○ 0/0	○ 0/0
	68	마 우 콘										
MF	6	까스띠쇼										
	6	쿠 아 쿠										
	7	최 승 호	○ 0/0 CC		○ 0/0	▽ 0/0	○ 0/0	▽ 0/0		○ 0/0	▽ 0/0	▽ 0/0
	8	오 규 빈	○ 0/0	○ 0/0	○ 1/0	○ 0/0 C		○ 0/0 C	○ 0/0 C			
	13	엄 진 태	○ 0/0	○ 0/0 C		○ 0/0 C	○ 0/0	○ 0/0	○ 0/0	○ 0/0	○ 0/0 C	○ 0/0
	14	김 정 훈	○ 0/0	▽ 0/0			△ 0/0	▽ 0/0				△ 0/0
	15	홍 준 기										
	21	이 유 준										
	23	이 태 영			▽ 1/1	▽ 0/0	○ 0/1		▽ 0/0			
	24	김 용 태						△ 0/0	▽ 0/0	○ 0/0	○ 0/0	▽ 0/0 C
	28	곽 성 환										
	36	양 세 운									△ 0/0	
	38	신 동 일		△ 0/0		△ 0/0						
FW	9	김 신	▽ 1/0	▽ 0/1	○ 1/0	○ 0/0	▽ 1/0	○ 0/1	○ 1/0	▽ 0/0		▽ 0/0 C
	10	김 도 형	△ 0/0	○ 0/0	○ 0/1	○ 0/0	△ 0/0		△ 0/1	○ 1/0	▽ 0/0 C	
	11	이 한 음	△ 0/0	△ 0/0		△ 0/0		△ 0/0	△ 0/0	△ 0/0	△ 0/0	
	18	박 지 민	▽ 0/0	○ 1/0	▽ 0/1	△ 0/0	▽ 0/0 C		○ 0/0	△ 0/0	▽ 0/0	○ 0/0
	19	장 백 규	△ 0/0		△ 0/0		○ 1/0	▽ 0/0	△ 0/0	▽ 0/0	○ 0/0	△ 0/0
	20	김 용 진					△ 0/0	△ 0/0			△ 0/0	△ 0/0
	77	하 파 엘										
	99	최 유 상	▽ 0/0	▽ 0/0	△ 1/0 C	▽ 0/0		○ 1/0		▽ 0/0	○ 0/0	○ 0/0

위치	배번	경기번호	113	117	121	129	131	144	146	152	160	165
		날 짜	07.17	07.23	07.27	08.01	08.10	08.17	08.20	08.27	09.03	09.07
		홈/원정	홈	원정	원정	홈	홈	원정	홈	홈	원정	원정
		장 소	충주	안산	창원C	충주	충주	부산A	충주	충주	대구	잠실
		상 대	고양	안산무	경남	부천	대전	부산	안양	강원	대구	서울E
		결 과	무	무	패	패	패	무	패	무	패	패
		점 수	0 : 0	1 : 1	0 : 2	0 : 1	1 : 2	0 : 0	0 : 1	2 : 2	0 : 1	0 : 2
		승 점	15	16	16	16	16	17	17	18	18	18
		슈팅수	10 : 10	8 : 14	6 : 10	2 : 11	18 : 11	10 : 12	11 : 14	10 : 13	4 : 20	5 : 16
GK	1	권 태 안						○ 0/0	○ 0/0	○ 0/0		
	26	이 영 창	○ 0/0	○ 0/0	○ 0/0	○ 0/0	○ 0/0					
	41	홍 상 준									○ 0/0	○ 0/0
DF	2	노 연 빈										
	3	정 인 탁		○ 0/0								
	4	송 성 범										
	5	배 효 성							○ 0/0		△ 0/0	
	22	김 한 빈	○ 0/0	○ 0/0	○ 0/0	○ 0/0	○ 0/0	○ 0/0	○ 0/0	○ 0/0	○ 0/0	○ 0/0
	25	옹 동 균						▽ 0/0	▽ 0/0			
	29	정 우 인	△ 0/0			△ 0/0	△ 0/0				△ 0/0	▽ 0/0
	31	김 상 필	○ 0/0 C		○ 0/0	○ 0/0	○ 0/0	○ 0/0	▽ 0/0	○ 0/0	○ 0/0 C	○ 0/0
	33	김 태 환										
	50	황 수 남	○ 0/0	○ 0/0	○ 0/0							
	68	마 우 콘				○ 0/0 C	○ 0/0	○ 0/0	○ 0/0	○ 0/0	○ 0/0 C	○ 0/0
MF	6	까스띠쇼										
	6	쿠 아 쿠		△ 0/0	○ 0/0	○ 0/0 C	○ 0/0	○ 0/0 C	○ 0/0	○ 0/0	○ 0/0 C	
	7	최 승 호	○ 0/0	▽ 0/0		▽ 0/0	○ 0/0	○ 0/0	○ 0/0	▽ 0/0		○ 0/0
	8	오 규 빈		○ 0/0	○ 0/0							▽ 0/0
	13	엄 진 태	▽ 0/0									▽ 0/0
	14	김 정 훈				△ 0/0	▽ 0/0	○ 0/0	▽ 0/0	△ 0/0	▽ 0/0	△ 0/0
	15	홍 준 기										
	21	이 유 준										
	23	이 태 영	▽ 0/0									
	24	김 용 태	○ 0/0	○ 0/1	○ 0/0	○ 0/0	○ 0/0			○ 0/1	▽ 0/0	△ 0/0
	28	곽 성 환		▽ 0/0	▽ 0/0							○ 0/0
	36	양 세 운										
	38	신 동 일										
FW	9	김 신	▽ 0/0		△ 0/0	○ 0/0	○ 1/0	△ 0/0	○ 0/0	○ 0/0	△ 0/0	○ 0/0
	10	김 도 형	○ 0/0 C	△ 0/0	△ 0/0	△ 0/0	△ 0/0	△ 0/0	○ 0/0	▽ 0/0	○ 0/0	
	11	이 한 음	△ 0/0	▽ 0/0								
	18	박 지 민	○ 0/0	△ 1/0	▽ 0/0	▽ 0/0	▽ 0/0	▽ 0/0	△ 0/0	△ 1/0	○ 0/0	
	19	장 백 규	△ 0/0	○ 0/0	○ 0/0	▽ 0/0	△ 0/0	○ 0/0		△ 1/0		○ 0/0
	20	김 용 진										
	77	하 파 엘			△ 0/0	○ 0/0	▽ 0/0	▽ 0/0	△ 0/0	▽ 0/0	▽ 0/0	△ 0/0
	99	최 유 상		○ 0/0	▽ 0/0			△ 0/0	△ 0/0	○ 0/0 C	○ 0/0 C	

선수자료 : 득점/도움 ○ = 선발출장 △ = 교체 IN ▽ = 교체 OUT ◈ = 교체 IN/OUT C = 경고 S = 퇴장

위치	배번	경기번호	170	173	180	181	188	191	196	203	207	215
		날 짜	09.12	09.18	09.25	09.28	10.01	10.05	10.08	10.15	10.19	10.23
		홈/원정	홈	원정	홈	원정	원정	홈	원정	홈	홈	원정
		장 소	충주	안양	충주	고양	부천	충주	강릉	충주	충주	대전W
		상 대	경남	안양	부산	고양	부천	대구	강원	안산무	서울E	대전
		결 과	승	무	패	패	승	패	패	승	패	무
		점 수	3 : 2	0 : 0	0 : 1	0 : 1	3 : 2	0 : 3	1 : 2	8 : 1	0 : 1	2 : 2
		승 점	21	22	22	22	25	25	25	28	28	29
		슈팅수	16 : 14	11 : 12	5 : 8	12 : 7	10 : 13	9 : 18	12 : 7	14 : 11	10 : 9	11 : 13
GK	1	권 태 안						○ 0/0				○ 0/0
	26	이 영 창					○ 0/0				○ 0/0	
	41	홍 상 준	○ 0/0	○ 0/0	○ 0/0	○ 0/0			○ 0/0	○ 0/0 C		
DF	2	노 연 빈										
	3	정 인 탁			△ 0/0							
	4	송 성 범										
	5	배 효 성	○ 0/0	○ 0/0	○ 0/0 C		○ 0/0	▽ 0/0	▽ 0/0	○ 0/0	○ 0/0	○ 0/0
	22	김 한 빈	○ 0/0	○ 0/0	○ 0/0	○ 0/0	○ 1/1	○ 0/0	○ 0/0	○ 0/0	○ 0/0	○ 0/0
	25	옹 동 균										
	29	정 우 인				△ 0/0						
	31	김 상 필	○ 0/0	○ 0/0	○ 0/0	○ 0/0	○ 0/0	○ 0/0	○ 0/0	○ 0/0	○ 0/0	▽ 1/0
	33	김 태 환										
	50	황 수 남			▽ 0/0 C	○ 0/0		○ 0/0		○ 0/0	○ 0/0	○ 0/0
	68	마 우 콘	○ 0/0	○ 0/0 C		○ 0/0	○ 0/0	○ 0/0	○ 0/0 C			
MF	6	까스띠쇼										
	6	쿠 아 쿠	○ 1/0 C	○ 0/0	○ 0/0	○ 0/0	○ 0/0 C	▽ 0/0	○ 0/0	▽ 1/0 C		○ 0/0
	7	최 승 호	○ 0/0	○ 0/0	○ 0/0	▽ 0/0	○ 0/0	○ 0/0	△ 0/0	△ 0/0	○ 0/0 C	○ 0/0 C
	8	오 규 빈					△ 0/0					△ 0/0
	13	엄 진 태								△ 0/0	▽ 0/0	
	14	김 정 훈	▽ 0/0	▽ 0/0	▽ 0/0		▽ 0/1	△ 0/0	○ 0/0 CC		▽ 0/0	▽ 0/0
	15	홍 준 기									▽ 0/0	
	21	이 유 준										
	23	이 태 영									△ 0/0	
	24	김 용 태		△ 0/0				△ 0/0	▽ 0/0	▽ 0/1	○ 0/0	▽ 0/0
	28	곽 성 환	△ 0/0				▽ 1/0	▽ 0/0	▽ 0/0	△ 0/0	△ 0/0	
	36	양 세 운										
	38	신 동 일										
FW	9	김 신	△ 1/0	▽ 0/0		△ 0/0	▽ 0/1	○ 0/0	○ 1/0	▽ 2/2		○ 0/1 C
	10	김 도 형	▽ 0/1	▽ 0/0	△ 0/0	○ 0/0	△ 0/0		△ 0/0	○ 1/1	○ 0/0 C	
	11	이 한 음										
	18	박 지 민	▽ 0/0 C		▽ 0/0	▽ 0/0						△ 0/0
	19	장 백 규		△ 0/0	○ 0/0	▽ 0/0						△ 1/0
	20	김 용 진										
	77	하 파 엘	△ 0/0	△ 0/0 C	△ 0/0	△ 0/0	△ 1/0 C	△ 0/0	△ 0/1	○ 4/1	△ 0/0	
	99	최 유 상	○ 1/0	○ 0/0	○ 0/0	○ 0/0	○ 0/0	○ 0/0	○ 0/0	○ 0/0		○ 0/0 C

고양 자이크로 FC

창단년도_ 1999년
전화_ 031-923-4642/4630
팩스_ 031-923-4631
홈페이지_ www.gyhifc.com
주소_ 우 10223 경기도 고양시 일산서구 중앙로 1601(대화동 2320) 고양종합운동장 내
Goyang Sports Complex, 1601 Joongang-ro, Ilsanseo-gu, Kyeonggi-do, KOREA 10223

연혁

2006 제54회 대통령배 전국축구대회 우승
생명과학기업 STC 컵 2006 내셔널 후기리그 우승
생명과학기업 STC 컵 2006 내셔널리그 통합 준우승

2007 안산 연고지 이전 (안산 할렐루야)
안산할렐루야축구단 유소년 창단

2008 내셔널 선수권 대회 준우승

2009 제33회 태국 퀸스컵 국제축구대회 우승

2010 다문화가정과 함께하는 자선축구경기
(국가대표 올스타팀 vs 안산할렐루야축구단)

2010 다문화 M키즈 유소년FC 창단

2012 안산 Hi FC 팀 명칭 변경
고양시 연고지 체결
K리그(챌린저) 고양 Hi FC 출범

2013 프로구단 최초 예비 사회적 기업 인증
삼성 꿈나무 장학재단 후원 지역저소득층 가정 어린이 축구단 '하이드림' 시작

2014 고양 Hi FC 유소년 U-12, 15, 18 육성반 창단
기획재정부지정 지정기부금단체 선정
스포츠마케팅어워드코리아 2014 '올해의 스포츠 마케터 대상' 수상

2015 태국 PAT INVITATION 2015 우승
독일 포르투나 뒤셀도르프1895 U23 친선경기 개최
(아프리카 솔라등 기부 자선경기)
스페인 레알마드리드 재단 & YKK 아시아 그룹 어린이 축구클리닉 개최
스페인 유소년 축구 클럽 초청 '국제축구교류전' 개최
제1회 한민족 통합축구대회 개최

2016 '고양 자이크로 FC'로 팀 명칭 변경
제2회 한민족 통합축구대회 개최

고양 자이크로 FC 2016년 선수명단

대표이사_ 이영무
감독_ 이낙영 코치_ 서현철 주무_ 김학수 의무트레이너_ 윤찬희 팀닥터_ 김창원 · 조현우 · 박정준

포지션	선수명		생년월일	출신교	키(cm)/ 몸무게(kg)
GK	강 진 웅	姜 珍 熊	1985.05.01	선문대	185 / 77
	이 승 규	李 承 圭	1992.07.27	선문대	192 / 82
	임 홍 현	林 弘 賢	1994.01.03	홍익대	193 / 84
DF	김 지 훈	金 志 訓	1993.06.16	청주대	185 / 78
	조 성 채	趙 誠 彩	1995.06.13	충의중	184 / 77
	이 상 돈	李 相 燉	1985.08.12	울산대	180 / 72
	박 승 우	林 承 祜	1992.06.08	청주대	175 / 74
	손 세 범	孫 世 凡	1992.03.07	용인대	180 / 70
	박 태 형	朴 泰 炯	1992.04.07	단국대	184 / 77
	권 영 호	權 英 鎬	1993.07.31	금호고	190 / 80
	김 종 원	金 鍾 沅	1993.04.10	세종대	173 / 68
	우 혜 성	禹 惠 成	1992.01.21	홍익대	175 / 68
	지 구 민	地 求 民	1993.04.18	용인대	185 / 79
MF	인 준 연	印 峻 延	1991.03.12	신평고	180 / 78
	허 재 원	許 宰 原	1992.04.04	제주국제대	178 / 70
	이 도 성	李 道 成	1984.03.22	배재대	170 / 61
	오 기 재	吳 起 在	1983.09.26	영남대	182 / 76
	김 필 호	金 珌 淏	1994.03.31	광주대	178 / 72
	김 성 수	金 聖 洙	1992.12.26	배재대	177 / 62
	김 민 수	金 旻 秀	1994.03.04	홍익대	172 / 68
FW	데파울라	Felipe De Paula	1988.01.17	*브라질	181 / 80
	김 상 준	金 相 濬	1993.06.25	남부대	181 / 73
	남 하 늘	南 하 늘	1995.10.27	한남대	184 / 74
	박 정 훈	朴 正 勳	1988.06.28	고려대	180 / 74
	윤 영 준	尹 詠 準	1993.09.01	상지대	171 / 66
	윤 석 희	尹 錫 熙	1993.07.21	울산대	186 / 78
	이 예 찬	李 예 찬	1996.05.01	대신고	170 / 64
	김 유 성	金 侑 聖	1988.12.04	경희대	182 / 76
	빅 토 르	Paulo Victor Costa Soares	1994.09.13	*브라질	178 / 76

고양 자이크로 FC 2016년 개인기록 _ K리그 챌린지

위치	배번	경기번호	04	10	15	16	21	28	34	40	41	55
		날 짜	03.27	04.03	04.10	04.13	04.16	04.23	05.01	05.05	05.08	05.22
		홈/원정	홈	원정	홈	홈	원정	원정	홈	원정	홈	원정
		장 소	고양	안산	고양	고양	강릉	잠실	고양	충주	고양	창원C
		상 대	안양	안산무	부산	대구	강원	서울E	대전	충주	부천	경남
		결 과	무	패	패	패	패	무	패	승	무	패
		점 수	0 : 0	0 : 1	0 : 1	1 : 3	0 : 4	1 : 1	0 : 1	3 : 2	0 : 0	1 : 2
		승 점	1	1	1	1	1	2	2	5	6	6
		슈팅수	9 : 12	10 : 11	14 : 13	6 : 11	4 : 10	17 : 8	4 : 9	11 : 12	11 : 13	3 : 13
GK	1	강진웅	○ 0/0	○ 0/0	○ 0/0	○ 0/0	○ 0/0	○ 0/0	○ 0/0	○ 0/0	○ 0/0	○ 0/0
	21	이승규										
	31	임홍현										
DF	4	김지훈								△ 0/0		
	12	이상돈	○ 0/0	○ 0/0	○ 0/0	○ 0/0	○ 0/0	○ 0/0	○ 0/0	○ 0/0	○ 0/0	○ 0/0
	13	박승우										
	15	손세범		△ 0/0		△ 0/0						○ 0/0 C
	16	박태형	○ 0/0	○ 0/0	○ 0/0 C	○ 0/0 C	○ 0/0	○ 0/0	○ 0/0	○ 0/0	○ 0/0	○ 0/0
	18	권영호	○ 0/0		○ 0/0	○ 0/0	○ 0/0	○ 0/0	○ 0/0	○ 0/0	○ 0/0 C	○ 0/0
	27	김종원										
	30	우혜성	○ 0/0	○ 0/0	○ 0/0 C	○ 0/0	○ 0/0	○ 0/0 C	○ 0/0	○ 0/0	○ 0/0 C	
	33	지구민	△ 0/0	○ 0/0					△ 0/0	▽ 0/0		
MF	5	인준연	△ 0/0 C	○ 0/0	○ 0/0	○ 0/0	▽ 0/0	△ 0/0	△ 0/0 C	▽ 0/0	○ 0/0 C	
	6	허재원				△ 0/0	○ 0/0	○ 0/0	○ 0/0		▽ 0/0 C	▽ 0/0
	17	이도성	▽ 0/0				△ 0/0 C				△ 0/0 C	△ 0/0
	20	오기재	○ 0/0	○ 0/0	○ 0/0	○ 0/0 C	○ 0/0	○ 0/0 C	○ 0/0	○ 0/0 C		○ 0/0
	22	김필호		▽ 0/0	△ 0/0	○ 0/0	△ 0/0			△ 0/1 C	○ 0/0 C	▽ 0/0 C
	25	김성수										
	26	김민수										
FW	7	데파울라			△ 0/0 C	▽ 0/0		▽ 0/0	▽ 0/0	▽ 1/0	▽ 0/0	▽ 0/0
	9	김상준	▽ 0/0	△ 0/0	▽ 0/0 C	▽ 1/0	▽ 0/0	○ 1/0	▽ 0/0			△ 0/0
	10	남하늘		△ 0/0	△ 0/0	△ 0/0	▽ 0/0 C		▽ 0/0		△ 0/0	
	11	박정훈	○ 0/0	▽ 0/0 C	▽ 0/0					△ 1/0	△ 0/0	
	14	윤영준	▽ 0/0				△ 0/0	△ 0/0	△ 0/0	○ 1/0	▽ 0/0	○ 1/0 C
	23	이예찬	○ 0/0	○ 0/0	○ 0/0	▽ 0/0	○ 0/0	○ 0/0	○ 0/0	○ 0/1	○ 0/0	○ 0/0
	24	김유성										△ 0/0
	77	빅토르	△ 0/0	▽ 0/0	▽ 0/0			▽ 0/0 C				

선수자료 : 득점/도움 ○ = 선발출장 △ = 교체 IN ▽ = 교체 OUT ◈ = 교체 IN/OUT C = 경고 S = 퇴장

위치	배번	경기번호	57	63	67	73	76	84	92	99	101	108
		날 짜	05.25	05.29	06.01	06.04	06.08	06.13	06.25	06.29	07.02	07.09
		홈/원정	홈	원정	홈	원정	홈	원정	원정	원정	홈	홈
		장 소	고양	대구	고양	대전W	고양	부천	안양	부산A	고양	고양
		상 대	강원	대구	충주	대전	안산무	부천	안양	부산	경남	서울E
		결 과	패	무	패	무	무	패	무	패	패	패
		점 수	0 : 1	2 : 2	2 : 4	0 : 0	0 : 0	0 : 1	1 : 1	0 : 2	1 : 2	0 : 3
		승 점	6	7	7	8	9	9	10	10	10	10
		슈팅수	7 : 12	9 : 20	7 : 10	14 : 21	7 : 13	8 : 13	4 : 19	4 : 20	12 : 6	9 : 12
GK	1	강진웅	○ 0/0	○ 0/0 C	○ 0/0	○ 0/0	○ 0/0	○ 0/0	○ 0/0	○ 0/0	○ 0/0	○ 0/0
	21	이승규										
	31	임홍현										
DF	4	김지훈		○ 0/0	△ 0/0		○ 0/0		○ 0/1	○ 0/0 C	▽ 0/0	
	12	이상돈	△ 0/0	△ 0/0	○ 0/0	○ 0/0		△ 0/0	○ 0/0	▽ 0/0	▽ 0/0	△ 0/0
	13	박승우	▽ 0/0	▽ 0/0			○ 0/0	○ 0/0 C		△ 0/0	△ 0/0	▽ 0/0
	15	손세범										
	16	박태형	○ 0/0		○ 0/0	○ 0/0	○ 0/0	○ 0/0			○ 0/0	○ 0/0
	18	권영호	○ 0/0	○ 0/0 C	▽ 0/0	○ 0/0	○ 0/0	○ 0/0	○ 0/0	○ 0/0 S		
	27	김종원										
	30	우혜성	○ 0/0 C	○ 0/0	○ 0/0 C	○ 0/0 C		○ 0/0 C	○ 0/0	○ 0/0	○ 0/0	○ 0/0
	33	지구민										
MF	5	인준연	○ 0/0	○ 0/0	△ 0/1 C	○ 0/0	○ 0/0	○ 0/0 C	△ 0/0 C			
	6	허재원	△ 0/0		▽ 0/0						△ 0/0	○ 0/0
	17	이도성		△ 0/0	○ 0/0	△ 0/0	△ 0/0		▽ 0/0	▽ 0/0	○ 0/0 C	
	20	오기재	○ 0/0	○ 0/0 C	○ 0/1	○ 0/0	○ 0/0	○ 0/0	○ 0/0	○ 0/0	○ 0/0	○ 0/0 C
	22	김필호						▽ 0/0	△ 0/0	△ 0/0		○ 0/0 C
	25	김성수										
	26	김민수										△ 0/0
FW	7	데파울라	○ 0/0	○ 2/0	▽ 2/0							
	9	김상준	△ 0/0	▽ 0/0 C	△ 0/0	▽ 0/0	▽ 0/0	▽ 0/0				
	10	남하늘								△ 0/0		△ 0/0
	11	박정훈				△ 0/0	△ 0/0	△ 0/0	▽ 0/0 C	▽ 0/0	△ 0/0	○ 0/0
	14	윤영준	▽ 0/0 C	△ 0/0		○ 0/0	▽ 0/0	○ 0/0	▽ 0/0	○ 0/0	○ 0/0	
	23	이예찬	○ 0/0	○ 0/0	○ 0/0	▽ 0/0	○ 0/0		○ 0/0	○ 0/0 C	○ 1/0	▽ 0/0
	24	김유성	▽ 0/0 C	▽ 0/0	○ 0/0	▽ 0/0	▽ 0/0	▽ 0/0	△ 0/0	○ 0/0	○ 0/0	○ 0/0
	77	빅토르				△ 0/0	△ 0/0	△ 0/0 C	○ 1/0 C		▽ 0/0	▽ 0/0 C

위치	배번	경기번호	113	120	122	126	136	143	150	151	156	162
		날 짜	07.17	07.24	07.27	07.30	08.13	08.17	08.22	08.27	09.03	09.07
		홈/원정	원정	원정	홈	홈	홈	원정	홈	원정	홈	원정
		장 소	충주	강릉	고양	고양	고양	안산	고양	잠실	고양	창원C
		상 대	충주	강원	부산	안양	대구	안산무	대전	서울E	부천	경남
		결 과	무	무	패	패	패	패	패	무	패	패
		점 수	0 : 0	0 : 0	0 : 1	0 : 1	0 : 1	1 : 2	1 : 2	1 : 1	0 : 3	0 : 7
		승 점	11	12	12	12	12	12	12	13	13	13
		슈팅수	10 : 10	9 : 20	10 : 9	9 : 11	6 : 12	7 : 17	16 : 8	6 : 9	12 : 12	9 : 13
GK	1	강진웅	○ 0/0	○ 0/0	○ 0/0	○ 0/0	○ 0/0	○ 0/0	○ 0/0	○ 0/0	○ 0/0	○ 0/0
	21	이승규										
	31	임홍현										
DF	4	김지훈		△ 0/0		○ 0/0		○ 0/0				▽ 0/0
	12	이상돈	▽ 0/0	○ 0/0	○ 0/0	○ 0/0 C	○ 0/0	○ 0/0	○ 0/1	○ 0/0	○ 0/0	○ 0/0
	13	박승우	○ 0/0	○ 0/0	○ 0/0	○ 0/0	○ 0/0	○ 0/0	○ 0/0	○ 0/1	○ 0/0	
	15	손세범									○ 0/0 C	○ 0/0
	16	박태형	○ 0/0	○ 0/0	○ 0/0 C		○ 0/0 C	○ 0/0	○ 0/0	○ 0/0	○ 0/0	△ 0/0
	18	권영호				○ 0/0	○ 0/0	○ 0/0	○ 0/0	○ 0/0	○ 0/0	○ 0/0
	27	김종원										
	30	우혜성	△ 0/0									
	33	지구민										
MF	5	인준연			△ 0/0			▽ 1/0	○ 1/0	▽ 0/0	▽ 0/0 C	○ 0/0 S
	6	허재원	○ 0/0	○ 0/0	○ 0/0	○ 0/0			○ 0/0	○ 0/0		△ 0/0
	17	이도성	○ 0/0	▽ 0/0 C	▽ 0/0	▽ 0/0	○ 0/0 C	○ 0/1	○ 0/0	▽ 0/0	○ 0/0	▽ 0/0
	20	오기재	○ 0/0	○ 0/0	○ 0/0 C		▽ 0/0					
	22	김필호				△ 0/0	△ 0/0				△ 0/0	
	25	김성수										
	26	김민수	△ 0/0	△ 0/0 C	△ 0/0	▽ 0/0		△ 0/0	△ 0/0 C	△ 0/0		
FW	7	데파울라				△ 0/0	○ 0/0	△ 0/0			△ 0/0	△ 0/0
	9	김상준							△ 0/0	△ 0/0	△ 0/0	○ 0/0
	10	남하늘			△ 0/0 C							
	11	박정훈	▽ 0/0	△ 0/0	○ 0/0	○ 0/0	△ 0/0	▽ 0/0	▽ 0/0	○ 0/0	▽ 0/0	○ 0/0
	14	윤영준	▽ 0/0	▽ 0/0 C			▽ 0/0					
	23	이예찬	○ 0/0	○ 0/0	○ 0/0	▽ 0/0	▽ 0/0	▽ 0/0	▽ 0/0	▽ 0/0	▽ 0/0	▽ 0/0 C
	24	김유성	○ 0/0	○ 0/0	▽ 0/0	○ 0/0	○ 0/0	○ 0/0	▽ 0/0	○ 1/0 C	○ 0/0	○ 0/0 C
	77	빅토르	△ 0/0	▽ 0/0	▽ 0/0	△ 0/0	△ 0/0 C	△ 0/0	△ 0/0	△ 0/0		

선수자료 : 득점/도움 ○ = 선발출장 △ = 교체 IN ▽ = 교체 OUT ◈ = 교체 IN/OUT C = 경고 S = 퇴장

위치	배번	경기번호	169	175	179	181	195	198	205	210	211	219
		날 짜	09.12	09.19	09.25	09.28	10.05	10.09	10.16	10.19	10.22	10.30
		홈/원정	홈	원정	홈	홈	원정	원정	홈	원정	홈	원정
		장 소	고양	대구	고양	고양	구덕	대전W	고양	안양	고양	부천
		상 대	강원	대구	안산무	충주	부산	대전	경남	안양	서울E	부천
		결 과	패	패	패	승	패	패	패	패	패	패
		점 수	0 : 1	0 : 1	0 : 4	1 : 0	0 : 2	0 : 3	2 : 3	2 : 3	0 : 2	1 : 4
		승 점	13	13	13	16	16	16	16	16	16	16
		슈팅수	14 : 8	2 : 12	12 : 10	7 : 12	9 : 6	20 : 16	19 : 17	11 : 20	9 : 15	6 : 12
GK	1	강 진 웅			○ 0/0	○ 0/0						○ 0/0
	21	이 승 규					○ 0/0	○ 0/0	○ 0/0			
	31	임 홍 현	○ 0/0	○ 0/0						○ 0/0	○ 0/0	
DF	4	김 지 훈	△ 0/0 C			△ 0/0	○ 0/0	▽ 0/0	○ 0/0			
	12	이 상 돈	○ 0/0	○ 0/0	○ 0/0	○ 0/0	○ 0/0	○ 0/0 C	○ 0/0	○ 0/0		○ 0/0
	13	박 승 우	○ 0/0 C	○ 0/0	○ 0/0	○ 0/0 C		○ 0/0	○ 0/0	○ 0/0 C	○ 0/0	○ 0/0 CC
	15	손 세 범		△ 0/0								
	16	박 태 형	○ 0/0	○ 0/0	○ 0/0	○ 0/0	○ 0/0 C	○ 0/0 C		○ 0/0	○ 0/0 C	
	18	권 영 호	▽ 0/0	○ 0/0	○ 0/0	○ 0/0	○ 0/0	○ 0/0	○ 0/0	○ 0/0	○ 0/0	○ 0/0
	27	김 종 원									○ 0/0	○ 0/0
	30	우 혜 성										
	33	지 구 민										△ 0/0
MF	5	인 준 연			△ 0/0	○ 0/0	○ 0/0	▽ 0/0	○ 0/0	○ 0/0 C	△ 0/0	○ 0/0 C
	6	허 재 원	○ 0/0	○ 0/0	○ 0/0	○ 0/0	○ 0/0			○ 0/0 C	▽ 0/0	▽ 0/0
	17	이 도 성	○ 0/0	○ 0/0	▽ 0/0	▽ 0/0		○ 0/0	○ 0/2	▽ 1/0	○ 0/0 C	
	20	오 기 재										
	22	김 필 호	△ 0/0	▽ 0/0		△ 0/0	△ 0/0					
	25	김 성 수		△ 0/0	△ 0/0	○ 0/0	▽ 0/0	△ 0/0 C	△ 0/0	△ 0/0		△ 0/0
	26	김 민 수										
FW	7	데파울라	△ 0/0	○ 0/0	○ 0/0 C			△ 0/0	△ 0/0	△ 0/0	○ 0/0	
	9	김 상 준	○ 0/0	▽ 0/0	△ 0/0	△ 0/0	△ 0/0	△ 0/0			△ 0/0	△ 0/0
	10	남 하 늘		△ 0/0		▽ 1/0	▽ 0/0	○ 0/0	▽ 1/0	▽ 0/0 C		▽ 0/0
	11	박 정 훈	▽ 0/0	▽ 0/0	○ 0/0	▽ 0/1	▽ 0/0 C		▽ 1/0	▽ 0/0 C	○ 0/0	▽ 1/0 C
	14	윤 영 준					△ 0/0	▽ 0/0	▽ 0/0		△ 0/0	○ 0/0 C
	23	이 예 찬	▽ 0/0 C		▽ 0/0		○ 0/0	○ 0/0	○ 0/0	○ 0/0	▽ 0/0	○ 0/0
	24	김 유 성										
	77	빅 토 르	○ 0/0 C		▽ 0/0				△ 0/0	△ 1/0 C	▽ 0/0	

Section 2

2016 시즌 기록

2016년 구단별 관중 및 입장수입 현황 _K리그 클래식

구단	경기수	관중수					입장수입		전년대비	
		총관중수	유료	평균관중수	평균유료	유료비율(%)	총입장수입	객단가	'15 객단가	증감액
서 울	19	342,134	295,733	18,007	15,565	86%	3,519,507,978	10,287	9,485	802
전 북	19	318,921	234,516	16,785	12,343	74%	1,523,079,552	4,776	4,374	402
수 원	19	202,214	184,378	10,643	9,704	91%	1,382,662,899	6,838	6,058	780
울 산	19	166,132	122,400	8,744	6,442	74%	528,043,979	3,178	3,718	-539
성 남	20	134,408	93,351	6,720	4,668	69%	514,921,873	3,831	3,079	752
인 천	20	121,068	63,501	6,053	3,175	52%	454,564,936	3,755	4,839	-1,084
포 항	19	145,937	140,544	7,681	7,397	**96%**	401,616,797	2,752	2,603	149
전 남	19	78,169	71,302	4,114	3,753	91%	265,285,309	3,394	2,470	924
수원FC	19	83,345	41,789	4,387	2,199	50%	244,020,686	2,928	1,717	1,211
제 주	19	108,068	44,775	5,688	2,357	41%	165,260,286	1,529	1,008	521
광 주	19	66,031	26,864	3,475	1,414	41%	134,174,360	2,032	2,455	-423
상 주	18	34,976	31,369	1,943	1,743	90%	127,995,520	3,660	1,111	2,549
합 계	229	1,801,403	1,350,522	7,866	5,897	75%	9,261,134,174	5,141	4,775	366

* 승강PO 1경기 포함.

2016년 구단별 관중 및 입장수입 현황 _K리그 챌린지

구단	경기수	관중수					입장수입		전년대비	
		총관중수	유료	평균관중수	평균유료	유료비율(%)	총 입장수입	객단가	'15 객단가	증감액
대 구	20	**54,246**	24,165	**2,712**	1,208	45%	**252,041,972**	4,646	2,209	**2,438**
대 전	20	50,797	**24,476**	2,540	**1,224**	48%	126,806,811	2,496	3,227	-731
서울E	20	26,218	14,219	1,311	711	54%	118,577,995	4,523	**8,175**	-3,652
경 남	20	24,011	10,424	1,201	521	43%	114,894,487	**4,785**	2,839	1,946
안 양	20	36,529	21,152	1,826	1,058	58%	102,816,679	2,815	3,180	-365
강 원	22	25,234	14,978	1,147	681	59%	99,905,778	3,959	2,793	1,166
부 천	21	44,740	21,652	2,130	1,031	48%	74,700,502	1,670	2,103	-433
부 산	20	30,670	10,772	1,534	539	35%	44,586,970	1,454	1,349	104
안 산	20	20,093	14,177	1,005	709	**71%**	40,569,906	2,019	1,123	896
충 주	20	18,831	8,488	942	424	45%	35,726,500	1,897	1,589	308
고 양	20	7,054	2,417	353	121	34%	21,381,763	3,031	2,632	400
합 계	223	338,423	166,920	1,518	749	49%	1,032,009,363	3,049	2,763	286

* 승강PO 1경기 포함.
* 시즌권 판매수입 산출(연맹 제출 관중명세서 기준으로 실입장 수만큼 시즌권 판매금액 삽입).
* 시즌권 대량 단체판매 후 입장실적 저조한 경우 객단가가 과대계상되므로, (판매액↑ ÷ 관중수↓) 실질 보정값을 산출하여 활용.
(ex. 13 시즌 안양 시즌권매출 12억 원이었으나 시즌권으로 입장한 관중이 연간 18,000명밖에 되지 않아 객단가가 34,000원을 기록)

2016년 전 경기 전 시간 출장자

구분	출장 내용	선수명	소속	출장수	교체수
클래식	전 경기·전 시간 출장				
	전 경기 출장	송 승 민	광주	38	2
챌린지	전 경기·전 시간 출장	김 한 빈	충주	40	0
	전 경기 출장				

2016년 심판배정 기록

성명	심판구분	대회명	횟수
강동호	부심	클래식	38
	합 계		38
고형진	주심	클래식	23
		챌린지	3
	대기심	클래식	15
		챌린지	1
	합 계		42
곽승순	부심	클래식	36
		챌린지	2
	합 계		38
김계용	부심	클래식	36
		챌린지	2
	합 계		38
김대용	주심	클래식	3
		챌린지	14
	추가심	클래식	1
		챌린지	1
	대기심	클래식	10
		챌린지	13
	합 계		42
김덕철	대기심	챌린지	2
	합 계		2
김동인	주심	챌린지	17
	추가심	클래식	1
	대기심	클래식	4
		챌린지	19
	합 계		41
김동진	주심	클래식	19
		챌린지	4
	대기심	클래식	16
		챌린지	1
	합 계		40
김상우	주심	클래식	9
	대기심	클래식	7
	합 계		16
김성일	부심	클래식	36
		챌린지	2
	합 계		38
김성호	주심	클래식	24
		챌린지	3
		승강PO	1
	대기심	클래식	9
		챌린지	1
	합 계		38
김연승	대기심	챌린지	2
	합 계		2
김영수	주심	챌린지	16
	대기심	클래식	5
		챌린지	22
	합 계		43

성명	심판구분	대회명	횟수
김영하	부심	클래식	4
		챌린지	36
	합 계		40
김우성	주심	클래식	18
		챌린지	1
	대기심	클래식	12
		챌린지	2
		승강PO	1
	합 계		34
김종혁	주심	클래식	20
		챌린지	4
	추가심	승강PO	1
	대기심	클래식	8
		챌린지	2
	합 계		35
김지욱	부심	클래식	5
		챌린지	37
	합 계		42
김희곤	주심	클래식	5
		챌린지	21
		승강PO	1
	추가심	챌린지	1
	대기심	클래식	5
		챌린지	14
	합 계		47
노수용	부심	클래식	38
	합 계		38
노태식	부심	클래식	36
		챌린지	1
	합 계		37
매호영	주심	챌린지	23
	추가심	챌린지	1
	대기심	클래식	10
		챌린지	12
	합 계		46
박균용	부심	챌린지	41
	합 계		41
박병진	주심	클래식	4
	주심	챌린지	13
	추가심	클래식	1
		챌린지	1
	대기심	클래식	19
		챌린지	4
	합 계		42
박상준	부심	클래식	31
		챌린지	1
		승강PO	1
	합 계		33
박영록	주심	챌린지	14
	대기심	클래식	3

성명	심판구분	대회명	횟수
		챌린지	17
	합 계		34
박인선	부심	클래식	32
		챌린지	2
	합 계		34
박진호	주심	챌린지	13
	대기심	클래식	11
		챌린지	23
	합 계		47
박필준	주심	클래식	20
		챌린지	3
	대기심	클래식	16
		챌린지	1
	합 계		40
방기열	부심	클래식	35
		챌린지	3
	합 계		38
서동진	주심	챌린지	16
	추가심	클래식	1
	대기심	클래식	5
		챌린지	21
	합 계		43
성덕효	주심	챌린지	13
	추가심	클래식	1
	대기심	클래식	1
		챌린지	24
	합 계		39
손재선	부심	클래식	5
		챌린지	40
	합 계		45
송민석	주심	클래식	21
		챌린지	4
	대기심	클래식	19
		챌린지	2
		승강PO	1
	합 계		47
송봉근	부심	클래식	6
		챌린지	29
	합 계		35
안광진	부심	챌린지	1
	합 계		1
양재용	부심	클래식	4
		챌린지	40
	합 계		44
우상일	주심	클래식	20
		챌린지	2
	추가심	승강PO	2
	대기심	클래식	12
	합 계		36

성명	심판구분	대회명	횟수
윤광열	부심	클래식	37
		승강PO	1
	합 계		38
윤창수	대기심	챌린지	1
	합 계		1
이동준	주심	클래식	23
	추가심	승강PO	1
	대기심	클래식	15
		챌린지	1
	합 계		40
이상민	부심	챌린지	41
	합 계		41
이영운	부심	클래식	1
	추가심	클래식	1
	부심	챌린지	42
	합 계		44
이정민	부심	클래식	37
		챌린지	3
		승강PO	1
	합 계		41
임정수	주심	챌린지	17
	대기심	클래식	8
		챌린지	18
	합 계		43
장종필	부심	클래식	1
		챌린지	42
	합 계		43
장준모	부심	클래식	37
		승강PO	1
	합 계		38
정동식	주심	클래식	19
		챌린지	4
	대기심	클래식	14
		챌린지	1
	합 계		38
조지음	대기심	챌린지	1
	합 계		1
지승민	부심	클래식	1
		챌린지	39
	합 계		40
차상욱	부심	챌린지	40
	합 계		40
최광호	대기심	챌린지	2
	합 계		2
최대우	주심	챌린지	17
	대기심	클래식	4
		챌린지	15
	합 계		36

2016년 구단별 신인선수선발 기록

구단명	인원	구분	선수명
전 북	7명	자유선발	최규백 명준재 이한도 최동근 김진세 최정우
		우선지명	박정호
수 원	9명	자유선발	고승범 문준호 장호익
		우선지명	김건희 은성수 강성진 김진래 유한솔 김선우
포 항	6명	자유선발	이래준
		우선지명	김동현 정원진 김종석 우찬양 김로만
서 울	9명	자유선발	임민혁 김정환 김주영 정예찬 이민규
		우선지명	주형준 김학승 신성재 이현구
성 남	8명	자유선발	박인우 이범수 김명수 권혁준 최명진 박재우
		우선지명	김동준 연제운
제 주	5명	자유선발	권한진 이광선 박하람
		우선지명	고윤철 왕건명
울 산	10명	자유선발	장순혁 이기제 박지우 설태수 유동곤 정현철 전원석
		우선지명	김건웅 김민규 이병화
인 천	9명	자유선발	이현성 송시우 곽성욱 김태훈 김세훈 원동근 홍정률 박병현
		우선지명	한남규
전 남	5명	자유선발	고태원 김경재 한지원
		우선지명	한찬희 허용준
광 주	11명	자유선발	이민기 윤보상 정동윤 박동진 김정현 홍준호 김진수 김시우 황인재 김상욱
		우선지명	조주영
부 산	10명	자유선발	김형근 이동일 구상민 김종민 박병현 김대호 이정진 박경록 이정근
		우선지명	이준서
대 전	17명	자유선발	변정석 강영제 장준영 조예찬 김동곤 김형진 염광빈 최영효 김해식 김지철 박준경 오혁진 유승완 강윤성 박대훈
		우선지명	임준식 이동수
수원FC	5명	자유선발	김지훈 여인언 김성현 윤태수 이창무
		우선지명	
대 구	17명	자유선발	홍정운 박한빈 김대원 최수현 박세진 김우석 정치인 홍승현 정승원 황준석 유태민 이수정 임영웅 박수환 조귀범
		우선지명	송영민 서재민
서울E	3명	자유선발	안태현 김현규 김지훈
		우선지명	
부 천	15명	자유선발	임동혁 김대광 한상진 박경민 최철원 배준렬 하지원 이영훈 정대현 이동호 고병욱 김형섭 김서준 홍석준
		우선지명	이윤환
안 양	8명	자유선발	정재희 백재우 유동원 최영훈 이태현 채광훈 김영도
		우선지명	박한준
강 원	9명	자유선발	허창수 박천호 고 롱 이남수 안지현 정준혁 최영광 김성우
		우선지명	박요한
고 양	14명	자유선발	조성채 김지훈 허재원 김상준 남하늘 박승우 윤영준 김필호 이예찬 김민수 김종원 임흥현 지구민 우혜성
		우선지명	
경 남	2명	자유선발	오상현
		우선지명	박현우
충 주	14명	자유선발	정인탁 홍준기 김현진 김충현 곽성환 김종국 박시윤 김태환 김재하 허 웅 신동일 임동준 신성용 김재현
		우선지명	

Section 3

K리그 클래식 기록

현대오일뱅크 K리그 클래식 2016 경기일정표

번호	라운드	스플릿	경기일자	시간	홈팀	원정팀	구장명
1	1	일반	03.12	14:00	전북	서울	전주 월드컵
2	1	일반	03.12	14:00	성남	수원	탄천 종합
3	1	일반	03.12	16:00	포항	광주	포항 스틸야드
4	1	일반	03.13	14:00	전남	수원FC	광양 전용
5	1	일반	03.13	14:00	제주	인천	제주 월드컵
6	1	일반	03.13	16:00	상주	울산	상주 시민
7	2	일반	03.19	15:00	수원FC	성남	수원 종합
8	2	일반	03.19	16:00	광주	제주	광주 월드컵
9	2	일반	03.20	14:00	인천	포항	인천 전용
10	2	일반	03.20	14:00	울산	전북	울산 문수
11	2	일반	03.20	14:00	서울	상주	서울 월드컵
12	2	일반	03.20	16:00	수원	전남	수원 월드컵
13	3	일반	04.02	14:00	수원	상주	수원 월드컵
14	3	일반	04.02	14:00	성남	포항	탄천 종합
15	3	일반	04.02	14:00	전북	제주	전주 월드컵
16	3	일반	04.02	16:00	서울	인천	서울 월드컵
17	3	일반	04.03	14:00	수원FC	광주	수원 종합
18	3	일반	04.03	16:00	울산	전남	울산 문수
19	4	일반	04.09	14:00	상주	수원FC	상주 시민
20	4	일반	04.09	14:00	광주	울산	광주 월드컵
21	4	일반	04.09	16:00	인천	성남	인천 전용
22	4	일반	04.10	14:00	전남	서울	광양 전용
23	4	일반	04.10	14:00	포항	전북	포항 스틸야드
24	4	일반	04.10	16:00	제주	수원	제주 월드컵
25	5	일반	04.13	14:00	수원	포항	수원 월드컵
26	5	일반	04.13	14:00	성남	전남	탄천 종합
27	5	일반	04.13	14:00	전북	인천	전주 월드컵
28	5	일반	04.13	14:00	광주	서울	광주 월드컵
29	5	일반	04.13	16:00	제주	상주	제주 월드컵
30	5	일반	04.13	16:00	수원FC	울산	수원 종합
31	6	일반	04.16	14:00	인천	수원	인천 전용
32	6	일반	04.16	15:00	전북	성남	전주 월드컵
33	6	일반	04.16	14:00	서울	수원FC	서울 월드컵
34	6	일반	04.16	16:00	상주	포항	상주 시민
35	6	일반	04.17	14:00	전남	광주	광양 전용
36	6	일반	04.17	16:00	울산	제주	울산 문수
37	7	일반	04.23	14:00	제주	성남	제주 월드컵
38	7	일반	04.23	16:00	수원FC	인천	수원 종합
39	7	일반	04.24	14:00	울산	서울	울산 문수
40	7	일반	04.24	14:00	광주	수원	광주 월드컵
41	7	일반	04.24	14:00	상주	전북	상주 시민
42	7	일반	04.24	15:00	포항	전남	포항 스틸야드
43	8	일반	04.30	15:00	수원	서울	수원 월드컵
44	8	일반	04.30	14:00	포항	제주	포항 스틸야드
45	8	일반	04.30	16:00	전북	수원FC	전주 월드컵
46	8	일반	05.01	14:00	인천	울산	인천 전용
47	8	일반	05.01	14:00	전남	상주	광양 전용
48	8	일반	05.01	16:00	성남	광주	탄천 종합
49	9	일반	05.05	14:00	울산	성남	울산 문수
50	9	일반	05.05	14:00	인천	전남	인천 전용
51	9	일반	05.05	16:00	광주	상주	광주 월드컵
52	9	일반	05.07	14:00	수원FC	제주	수원 종합
53	9	일반	05.08	14:00	서울	포항	서울 월드컵
54	9	일반	05.08	17:00	수원	전북	수원 월드컵
55	10	일반	06.04	19:00	광주	전북	광주 월드컵
56	10	일반	05.14	17:00	수원FC	수원	수원 종합
57	10	일반	05.14	15:00	울산	포항	울산 문수
58	10	일반	05.14	15:00	성남	서울	탄천 종합
59	10	일반	05.15	14:00	상주	인천	상주 시민
60	10	일반	05.15	16:00	제주	전남	제주 월드컵
61	11	일반	05.21	14:00	상주	성남	상주 시민
62	11	일반	05.21	14:00	수원	울산	수원 월드컵
63	11	일반	05.21	15:00	전남	전북	순천 팔마
64	11	일반	05.22	14:00	포항	수원FC	포항 스틸야드
65	11	일반	06.06	17:50	서울	제주	서울 월드컵
66	11	일반	05.22	16:00	인천	광주	인천 전용
67	12	일반	05.28	14:00	성남	인천	탄천 종합
68	12	일반	05.28	15:00	제주	울산	제주 월드컵
69	12	일반	05.28	16:00	광주	수원FC	광주 월드컵
70	12	일반	05.29	17:00	포항	수원	포항 스틸야드
71	12	일반	05.29	14:00	서울	전남	서울 월드컵
72	12	일반	05.29	16:00	전북	상주	전주 월드컵
73	13	일반	06.11	17:00	울산	상주	울산 문수
74	13	일반	06.11	18:00	수원	인천	수원 월드컵
75	13	일반	06.11	19:00	제주	광주	제주 월드컵
76	13	일반	06.12	16:00	성남	전북	탄천 종합
77	13	일반	06.12	19:00	전남	포항	광양 전용
78	13	일반	06.12	19:00	수원FC	서울	수원 종합
79	14	일반	06.15	19:00	상주	제주	상주 시민
80	14	일반	06.15	19:00	전남	울산	광양 전용
81	14	일반	06.15	19:00	전북	수원	전주 월드컵
82	14	일반	06.15	19:30	인천	수원FC	인천 전용

번호	라운드	스플릿	경기일자	시간	홈팀	원정팀	구장명
83	14	일반	06.15	19:30	서울	광주	서울 월드컵
84	14	일반	06.15	19:30	포항	성남	포항 스틸야드
85	15	일반	06.18	18:00	인천	전북	인천 전용
86	15	일반	06.18	19:00	서울	수원	서울 월드컵
87	15	일반	06.18	19:00	제주	포항	제주 월드컵
88	15	일반	06.19	17:00	울산	수원FC	울산 문수
89	15	일반	06.19	19:00	상주	전남	상주 시민
90	15	일반	06.19	19:00	광주	성남	광주 월드컵
91	16	일반	06.25	18:00	수원	제주	수원 월드컵
92	16	일반	06.25	19:00	포항	서울	포항 스틸야드
93	16	일반	06.25	19:00	전남	인천	광양 전용
94	16	일반	06.26	19:00	성남	울산	탄천 종합
95	16	일반	06.26	19:00	광주	전북	광주 월드컵
96	16	일반	06.26	19:00	수원FC	상주	수원 종합
97	17	일반	06.29	19:00	전북	전남	전주 월드컵
98	17	일반	06.29	19:30	포항	울산	포항 스틸야드
99	17	일반	06.29	19:30	수원	광주	수원 월드컵
100	17	일반	06.29	19:30	서울	성남	서울 월드컵
101	17	일반	06.29	19:30	인천	상주	인천 전용
102	17	일반	06.29	20:00	제주	수원FC	제주 월드컵
103	18	일반	07.02	19:00	울산	수원	울산 문수
104	18	일반	07.02	19:00	상주	서울	상주 시민
105	18	일반	07.02	19:00	전남	성남	광양 전용
106	18	일반	07.03	18:00	인천	제주	인천 전용
107	18	일반	07.03	19:00	광주	포항	광주 월드컵
108	18	일반	07.03	19:00	수원FC	전북	수원 종합
109	19	일반	07.09	19:00	광주	인천	광주 월드컵
110	19	일반	07.09	19:00	전남	제주	광양 전용
111	19	일반	07.09	19:00	서울	울산	서울 월드컵
112	19	일반	07.10	19:00	전북	포항	전주 월드컵
113	19	일반	07.10	19:00	성남	상주	탄천 종합
114	19	일반	07.10	19:00	수원	수원FC	수원 월드컵
115	20	일반	07.16	19:00	울산	광주	울산 문수
116	20	일반	07.16	19:00	제주	전북	제주 월드컵
117	20	일반	07.16	19:00	수원FC	전남	수원 종합
118	20	일반	07.17	18:00	인천	서울	인천 전용
119	20	일반	07.17	19:00	수원	성남	수원 월드컵
120	20	일반	07.17	19:00	포항	상주	포항 스틸야드
121	21	일반	07.20	19:00	상주	수원	상주 시민
122	21	일반	07.20	19:00	광주	전남	광주 월드컵
123	21	일반	07.20	19:30	울산	인천	울산 문수
124	21	일반	07.20	19:30	서울	전북	서울 월드컵

번호	라운드	스플릿	경기일자	시간	홈팀	원정팀	구장명
125	21	일반	07.20	19:30	수원FC	포항	수원 종합
126	21	일반	07.20	19:30	성남	제주	탄천 종합
127	22	일반	07.23	19:00	포항	인천	포항 스틸야드
128	22	일반	07.23	19:00	상주	광주	상주 시민
129	22	일반	07.23	19:00	전남	수원	광양 전용
130	22	일반	07.24	19:00	전북	울산	전주 월드컵
131	22	일반	07.24	19:00	제주	서울	제주 월드컵
132	22	일반	07.24	19:00	성남	수원FC	탄천 종합
133	23	일반	07.30	19:00	전북	광주	전주 월드컵
134	23	일반	07.30	19:00	울산	전남	울산 문수
135	23	일반	07.30	19:00	수원FC	상주	수원 종합
136	23	일반	07.31	18:00	인천	성남	인천 전용
137	23	일반	07.31	19:00	서울	포항	서울 월드컵
138	23	일반	07.31	19:00	수원	제주	수원 월드컵
139	24	일반	08.10	19:00	상주	서울	상주 시민
140	24	일반	08.10	19:00	광주	인천	광주 월드컵
141	24	일반	08.10	19:00	전북	수원FC	전주 월드컵
142	24	일반	08.10	19:30	성남	전남	탄천 종합
143	24	일반	08.10	19:30	수원	울산	수원 월드컵
144	24	일반	08.10	20:00	제주	포항	제주 월드컵
145	25	일반	08.13	19:00	전남	인천	광양 전용
146	25	일반	08.13	19:00	상주	성남	상주 시민
147	25	일반	08.13	19:00	서울	수원	서울 월드컵
148	25	일반	08.14	19:00	제주	광주	제주 월드컵
149	25	일반	08.14	19:00	포항	전북	포항 스틸야드
150	25	일반	08.14	19:00	수원FC	울산	수원 종합
151	26	일반	08.17	19:00	전남	서울	광양 전용
152	26	일반	08.17	19:30	울산	상주	울산 문수
153	26	일반	08.17	19:30	수원FC	제주	수원 종합
154	26	일반	08.17	19:30	성남	광주	탄천 종합
155	26	일반	08.17	19:30	수원	포항	수원 월드컵
156	26	일반	08.17	20:00	인천	전북	인천 전용
157	27	일반	08.03	19:30	성남	서울	탄천 종합
158	27	일반	08.20	19:00	수원	전남	수원 월드컵
159	27	일반	08.20	19:00	포항	상주	포항 스틸야드
160	27	일반	08.03	19:00	전북	울산	전주 월드컵
161	27	일반	08.21	18:00	인천	제주	인천 전용
162	27	일반	08.21	19:00	광주	수원FC	광주 월드컵
163	28	일반	08.27	19:00	제주	성남	제주 월드컵
164	28	일반	08.27	19:00	울산	광주	울산 문수
165	28	일반	08.27	19:00	수원FC	인천	수원 종합
166	28	일반	08.28	19:00	상주	수원	상주 시민

번호	라운드	스플릿	경기일자	시간	홈팀	원정팀	구장명
167	28	일반	08.28	19:00	전남	포항	광양 전용
168	28	일반	08.28	19:00	서울	전북	서울 월드컵
169	29	일반	09.10	18:00	인천	서울	인천 전용
170	29	일반	09.10	15:00	전북	전남	전주 월드컵
171	29	일반	09.10	19:00	포항	수원FC	포항 스틸야드
172	29	일반	09.10	18:00	성남	수원	탄천 종합
173	29	일반	09.11	18:00	제주	울산	제주 월드컵
174	29	일반	09.11	18:00	광주	상주	광주 월드컵
175	30	일반	09.18	18:00	인천	상주	인천 전용
176	30	일반	09.17	18:00	성남	수원FC	탄천 종합
177	30	일반	09.17	19:00	전남	광주	광양 전용
178	30	일반	09.18	18:00	울산	포항	울산 문수
179	30	일반	09.18	18:00	전북	수원	전주 월드컵
180	30	일반	09.18	16:00	서울	제주	서울 월드컵
181	31	일반	09.21	19:00	전남	상주	광양 전용
182	31	일반	09.21	19:00	광주	수원	광주 월드컵
183	31	일반	09.21	19:30	수원FC	서울	수원 종합
184	31	일반	09.21	19:30	울산	성남	울산 문수
185	31	일반	09.21	19:30	포항	인천	포항 스틸야드
186	31	일반	09.21	20:00	제주	전북	제주 월드컵
187	32	일반	09.24	19:00	포항	광주	포항 스틸야드
188	32	일반	09.24	18:00	전북	성남	전주 월드컵
189	32	일반	09.03	19:00	서울	울산	서울 월드컵
190	32	일반	09.24	15:00	인천	수원	인천 전용
191	32	일반	09.25	16:00	상주	제주	상주 시민
192	32	일반	09.25	16:00	수원FC	전남	수원 종합
193	33	일반	10.02	14:00	수원	수원FC	수원 월드컵
194	33	일반	10.02	14:00	상주	전북	상주 시민
195	33	일반	10.02	14:00	울산	인천	울산 문수
196	33	일반	10.02	14:00	성남	포항	탄천 종합
197	33	일반	10.02	14:00	광주	서울	광주 월드컵

번호	라운드	스플릿	경기일자	시간	홈팀	원정팀	구장명
198	33	일반	10.02	14:00	전남	제주	순천 팔마
199	34	A	10.15	15:00	전북	제주	전주 월드컵
200	34	A	10.15	15:00	서울	울산	서울 월드컵
201	34	A	10.16	15:00	상주	전남	상주 시민
202	34	B	10.15	15:00	포항	수원	포항 스틸야드
203	34	B	10.16	15:00	성남	인천	탄천 종합
204	34	B	10.16	15:00	수원FC	광주	수원 종합
205	35	A	10.22	15:20	서울	상주	서울 월드컵
206	35	A	10.22	15:00	울산	전북	울산 문수
207	35	A	10.23	15:00	제주	전남	제주 월드컵
208	35	B	10.22	15:00	수원	성남	수원 월드컵
209	35	B	10.23	15:00	포항	수원FC	포항 스틸야드
210	35	B	10.23	15:00	인천	광주	인천 전용
211	36	A	10.29	15:00	전남	전북	순천 팔마
212	36	A	10.30	15:00	상주	울산	상주 시민
213	36	A	10.30	15:00	제주	서울	제주 월드컵
214	36	B	10.29	15:00	인천	포항	인천 전용
215	36	B	10.29	15:00	광주	성남	광주 월드컵
216	36	B	10.30	16:00	수원FC	수원	수원 종합
217	37	A	11.02	19:30	서울	전남	서울 월드컵
218	37	A	11.02	19:30	울산	제주	울산 문수
219	37	A	11.02	19:00	전북	상주	전주 월드컵
220	37	B	11.02	19:00	광주	포항	광주 월드컵
221	37	B	11.02	19:30	수원	인천	수원 월드컵
222	37	B	11.02	19:30	성남	수원FC	탄천 종합
223	38	A	11.06	15:00	전북	서울	전주 월드컵
224	38	A	11.06	15:00	전남	울산	순천 팔마
225	38	A	11.06	15:00	제주	상주	제주 월드컵
226	38	B	11.05	15:00	인천	수원FC	인천 전용
227	38	B	11.05	15:00	포항	성남	포항 스틸야드
228	38	B	11.05	15:00	수원	광주	수원 월드컵

2016년 클래식 팀별 연속 승패 · 득실점 기록 | 서울

일자	상대	홈/원정	승	무	패	득점	실점	연속기록 승	연속기록 무	연속기록 패	연속기록 득점	연속기록 실점	연속기록 무득점	연속기록 무실점
03.12	전북	원정			▼	0	1							
03.20	상주	홈	▲			4	0							
04.02	인천	홈	▲			3	1							
04.10	전남	원정	▲			2	1							
04.13	광주	원정	▲			2	1							
04.16	수원FC	홈	▲			3	0							
04.24	울산	원정	▲			2	1							
04.30	수원	원정		■		1	1							
05.08	포항	홈			▼	1	3							
05.14	성남	원정	▲			3	2							
05.29	전남	홈		■		1	1							
06.06	제주	홈			▼	3	4							
06.12	수원FC	원정	▲			3	0							
06.15	광주	홈	▲			3	2							
06.18	수원	홈		■		1	1							
06.25	포항	원정			▼	1	2							
06.29	성남	홈			▼	1	3							
07.02	상주	원정			▼	1	2							
07.09	울산	홈		■		0	0							
07.17	인천	원정	▲			2	1							
07.20	전북	홈			▼	2	3							
07.24	제주	원정			▼	2	3							
07.31	포항	홈	▲			2	0							
08.03	성남	원정	▲			2	1							
08.10	상주	원정	▲			2	1							
08.13	수원	홈	▲			1	0							
08.17	전남	원정	▲			4	1							
08.28	전북	홈			▼	1	3							
09.03	울산	홈		■		2	2							
09.10	인천	원정			▼	0	1							
09.18	제주	홈		■		0	0							
09.21	수원FC	원정	▲			1	0							
10.02	광주	원정	▲			2	1							
10.15	울산	홈	▲			2	0							
10.22	상주	홈		■		2	2							
10.30	제주	원정	▲			2	0							
11.02	전남	홈	▲			2	1							
11.06	전북	원정	▲			1	0							

2016년 클래식 팀별 연속 승패 · 득실점 기록 | 전북

일자	상대	홈.원정	승	무	패	득점	실점	연속기록 승	연속기록 무	연속기록 패	연속기록 득점	연속기록 실점	연속기록 무득점	연속기록 무실점
03.12	서울	홈	▲			1	0							
03.20	울산	원정		■		0	0							
04.02	제주	홈	▲			2	1							
04.10	포항	원정		■		1	1							
04.13	인천	홈		■		1	1							
04.16	성남	홈	▲			3	2							
04.24	상주	원정		■		2	2							
04.30	수원FC	홈	▲			3	1							
05.08	수원	원정	▲			3	2							
05.21	전남	원정	▲			2	1							
05.29	상주	홈	▲			3	2							
06.04	광주	원정		■		1	1							
06.12	성남	원정		■		2	2							
06.15	수원	홈	▲			2	1							
06.18	인천	원정		■		0	0							
06.26	광주	원정		■		1	1							
06.29	전남	홈	▲			2	1							
07.03	수원FC	원정		■		2	2							
07.10	포항	홈	▲			3	0							
07.16	제주	원정	▲			2	1							
07.20	서울	원정	▲			3	2							
07.24	울산	홈	▲			2	1							
07.30	광주	홈	▲			3	0							
08.03	울산	홈		■		1	1							
08.10	수원FC	홈	▲			2	1							
08.14	포항	원정		■		0	0							
08.17	인천	원정	▲			3	1							
08.28	서울	원정	▲			3	1							
09.10	전남	홈		■		2	2							
09.18	수원	홈		■		1	1							
09.21	제주	원정		■		2	2							
09.24	성남	홈	▲			1	0							
10.02	상주	원정		■		1	1							
10.15	제주	홈			▼	2	3							
10.22	울산	원정		■		0	0							
10.29	전남	원정	▲			5	0							
11.02	상주	홈	▲			4	1							
11.06	서울	홈			▼	0	1							

Section 3 클래식 기록

2016년 클래식 팀별 연속 승패 · 득실점 기록 | 제주

일자	상대	홈.원정	승	무	패	득점	실점	연속기록						
								승	무	패	득점	실점	무득점	무실점
03.13	인천	홈	▲			3	1							
03.19	광주	원정			▼	0	1							
04.02	전북	원정			▼	1	2							
04.10	수원	홈		■		2	2							
04.13	상주	홈	▲			4	2							
04.17	울산	원정	▲			1	0							
04.23	성남	홈		■		2	2							
04.30	포항	원정			▼	0	1							
05.07	수원FC	원정	▲			5	2							
05.15	전남	홈	▲			3	0							
05.28	울산	홈			▼	1	2							
06.06	서울	원정	▲			4	3							
06.11	광주	홈	▲			3	2							
06.15	상주	원정			▼	0	4							
06.18	포항	홈	▲			3	1							
06.25	수원	원정			▼	0	1							
06.29	수원FC	홈		■		0	0							
07.03	인천	원정			▼	1	2							
07.09	전남	원정			▼	1	2							
07.16	전북	홈			▼	1	2							
07.20	성남	원정		■		0	0							
07.24	서울	홈	▲			3	2							
07.31	수원	원정			▼	3	5							
08.10	포항	홈	▲			3	0							
08.14	광주	홈			▼	1	2							
08.17	수원FC	원정			▼	3	5							
08.21	인천	원정	▲			1	0							
08.27	성남	홈	▲			1	0							
09.11	울산	홈		■		1	1							
09.18	서울	원정		■		0	0							
09.21	전북	홈		■		2	2							
09.25	상주	원정	▲			5	1							
10.02	전남	원정	▲			2	0							
10.15	전북	원정	▲			3	2							
10.23	전남	홈	▲			5	3							
10.30	서울	홈			▼	0	2							
11.02	울산	원정		■		0	0							
11.06	상주	홈	▲			3	0							

2016년 클래식 팀별 연속 승패 · 득실점 기록 | 울산

일자	상대	홈.원정	승	무	패	득점	실점	연속기록						
								승	무	패	득점	실점	무득점	무실점
03.13	상주	원정			▼	0	2							
03.20	전북	홈		■		0	0							
04.03	전남	홈	▲			2	1							
04.09	광주	원정	▲			2	0							
04.13	수원FC	원정		■		1	1							
04.17	제주	홈			▼	0	1							
04.24	서울	홈			▼	1	2							
05.01	인천	원정	▲			1	0							
05.05	성남	홈			▼	0	3							
05.14	포항	홈		■		0	0							
05.21	수원	원정	▲			4	2							
05.28	제주	원정	▲			2	1							
06.11	상주	홈	▲			1	0							
06.15	전남	원정			▼	1	3							
06.19	수원FC	홈	▲			1	0							
06.26	성남	원정	▲			1	0							
06.29	포항	원정			▼	0	4							
07.02	수원	홈	▲			2	1							
07.09	서울	원정		■		0	0							
07.16	광주	홈	▲			3	2							
07.20	인천	홈			▼	1	3							
07.24	전북	원정			▼	1	2							
07.30	전남	홈			▼	0	2							
08.03	전북	원정		■		1	1							
08.10	수원	원정		■		0	0							
08.14	수원FC	원정	▲			2	1							
08.17	상주	홈			▼	2	3							
08.27	광주	홈		■		1	1							
09.03	서울	원정		■		2	2							
09.11	제주	원정		■		1	1							
09.18	포항	홈	▲			1	0							
09.21	성남	홈	▲			2	1							
10.02	인천	홈			▼	2	3							
10.15	서울	원정			▼	0	2							
10.22	전북	홈		■		0	0							
10.30	상주	원정	▲			2	1							
11.02	제주	홈		■		0	0							
11.06	전남	원정		■		1	1							

2016년 클래식 팀별 연속 승패 · 득실점 기록 | 전남

일자	상대	홈. 원정	승	무	패	득점	실점	연속기록						
								승	무	패	득점	실점	무득점	무실점
03.13	수원FC	홈		■		0	0							
03.20	수원	원정		■		2	2							
04.03	울산	원정			▼	1	2							
04.10	서울	홈			▼	1	2							
04.13	성남	원정		■		0	0							
04.17	광주	홈			▼	1	2							
04.24	포항	원정	▲			1	0							
05.01	상주	홈			▼	3	4							
05.05	인천	원정		■		0	0							
05.15	제주	원정			▼	0	3							
05.21	전북	홈			▼	1	2							
05.29	서울	원정		■		1	1							
06.12	포항	홈		■		0	0							
06.15	울산	홈	▲			3	1							
06.19	상주	원정			▼	2	3							
06.25	인천	홈	▲			1	0							
06.29	전북	원정			▼	1	2							
07.02	성남	홈			▼	0	1							
07.09	제주	홈	▲			2	1							
07.16	수원FC	원정	▲			2	1							
07.20	광주	원정		■		0	0							
07.23	수원	홈	▲			3	0							
07.30	울산	원정	▲			2	0							
08.10	성남	원정			▼	0	2							
08.13	인천	홈	▲			2	1							
08.17	서울	홈			▼	1	4							
08.20	수원	원정		■		1	1							
08.28	포항	홈	▲			2	1							
09.10	전북	원정		■		2	2							
09.17	광주	홈	▲			2	0							
09.21	상주	홈	▲			1	0							
09.25	수원FC	원정		■		0	0							
10.02	제주	홈			▼	0	2							
10.16	상주	원정	▲			1	0							
10.23	제주	원정			▼	3	5							
10.29	전북	홈			▼	0	5							
11.02	서울	원정			▼	1	2							
11.06	울산	홈		■		1	1							

2016년 클래식 팀별 연속 승패 · 득실점 기록 | 상주

일자	상대	홈. 원정	승	무	패	득점	실점	연속기록						
								승	무	패	득점	실점	무득점	무실점
03.13	울산	홈	▲			2	0							
03.20	서울	원정			▼	0	4							
04.02	수원	원정			▼	1	2							
04.09	수원FC	홈		■		1	1							
04.13	제주	원정			▼	2	4							
04.16	포항	홈	▲			2	0							
04.24	전북	홈		■		2	2							
05.01	전남	원정	▲			4	3							
05.05	광주	원정			▼	0	1							
05.15	인천	홈	▲			4	2							
05.21	성남	홈			▼	2	3							
05.29	전북	원정			▼	2	3							
06.11	울산	원정			▼	0	1							
06.15	제주	홈	▲			4	0							
06.19	전남	홈	▲			3	2							
06.26	수원FC	원정	▲			3	0							
06.29	인천	원정			▼	0	1							
07.02	서울	홈	▲			2	1							
07.10	성남	원정	▲			3	2							
07.17	포항	원정	▲			2	0							
07.20	수원	홈			▼	0	1							
07.23	광주	홈			▼	0	4							
07.30	수원FC	원정	▲			2	0							
08.10	서울	홈			▼	1	2							
08.13	성남	홈		■		2	2							
08.17	울산	원정	▲			3	2							
08.20	포항	원정			▼	0	1							
08.28	수원	홈		■		1	1							
09.11	광주	원정			▼	0	1							
09.18	인천	원정		■		0	0							
09.21	전남	원정			▼	0	1							
09.25	제주	홈			▼	1	5							
10.02	전북	홈		■		1	1							
10.16	전남	홈			▼	0	1							
10.22	서울	원정		■		2	2							
10.30	울산	홈			▼	1	2							
11.02	전북	원정			▼	1	4							
11.06	제주	원정			▼	0	3							

2016년 클래식 팀별 연속 승패 · 득실점 기록 | 수원

일자	상대	홈.원정	승	무	패	득점	실점	연속기록						
								승	무	패	득점	실점	무득점	무실점
03.12	성남	원정			▼	0	2							
03.20	전남	홈		■		2	2							
04.02	상주	홈	▲			2	1							
04.10	제주	원정		■		2	2							
04.13	포항	홈		■		1	1							
04.16	인천	원정		■		1	1							
04.24	광주	원정		■		1	1							
04.30	서울	홈		■		1	1							
05.08	전북	홈			▼	2	3							
05.14	수원FC	원정	▲			2	1							
05.21	울산	홈			▼	2	4							
05.29	포항	원정		■		2	2							
06.11	인천	홈		■		2	2							
06.15	전북	원정			▼	1	2							
06.18	서울	원정		■		1	1							
06.25	제주	홈	▲			1	0							
06.29	광주	홈			▼	0	2							
07.02	울산	원정			▼	1	2							
07.10	수원FC	홈	▲			1	0							
07.17	성남	홈			▼	1	2							
07.20	상주	원정	▲			1	0							
07.23	전남	원정			▼	0	3							
07.31	제주	홈	▲			5	3							
08.10	울산	홈		■		0	0							
08.13	서울	원정			▼	0	1							
08.17	포항	홈		■		1	1							
08.20	전남	홈		■		1	1							
08.28	상주	원정		■		1	1							
09.10	성남	원정	▲			2	1							
09.18	전북	원정		■		1	1							
09.21	광주	원정		■		1	1							
09.24	인천	원정		■		2	2							
10.02	수원FC	홈			▼	4	5							
10.15	포항	원정		■		2	2							
10.22	성남	홈	▲			2	0							
10.30	수원FC	원정	▲			3	2							
11.02	인천	홈	▲			3	2							
11.05	광주	홈		■		1	1							

2016년 클래식 팀별 연속 승패 · 득실점 기록 | 광주

일자	상대	홈.원정	승	무	패	득점	실점	연속기록						
								승	무	패	득점	실점	무득점	무실점
03.12	포항	원정		■		3	3							
03.19	제주	홈	▲			1	0							
04.03	수원FC	원정			▼	1	2							
04.09	울산	홈			▼	0	2							
04.13	서울	홈			▼	1	2							
04.17	전남	원정	▲			2	1							
04.24	수원	홈		■		1	1							
05.01	성남	원정			▼	0	2							
05.05	상주	홈	▲			1	0							
05.22	인천	원정	▲			1	0							
05.28	수원FC	홈	▲			1	0							
06.04	전북	홈		■		1	1							
06.11	제주	원정			▼	2	3							
06.15	서울	원정			▼	2	3							
06.19	성남	홈		■		1	1							
06.26	전북	홈		■		1	1							
06.29	수원	원정	▲			2	0							
07.03	포항	홈			▼	0	1							
07.09	인천	홈		■		2	2							
07.16	울산	원정			▼	2	3							
07.20	전남	홈		■		0	0							
07.23	상주	원정	▲			4	0							
07.30	전북	원정			▼	0	3							
08.10	인천	홈		■		1	1							
08.14	제주	원정	▲			2	1							
08.17	성남	원정	▲			1	0							
08.21	수원FC	홈		■		0	0							
08.27	울산	원정		■		1	1							
09.11	상주	홈	▲			1	0							
09.17	전남	원정			▼	0	2							
09.21	수원	홈		■		1	1							
09.24	포항	원정			▼	0	1							
10.02	서울	홈			▼	1	2							
10.16	수원FC	원정	▲			2	1							
10.23	인천	원정			▼	0	2							
10.29	성남	홈		■		0	0							
11.02	포항	홈		■		1	1							
11.05	수원	원정		■		1	1							

2016년 클래식 팀별 연속 승패 · 득실점 기록 | 포항

일자	상대	홈/원정	승	무	패	득점	실점	연속기록 승	연속기록 무	연속기록 패	연속기록 득점	연속기록 실점	연속기록 무득점	연속기록 무실점
03.12	광주	홈		■		3	3							
03.20	인천	원정	▲			2	0							
04.02	성남	원정			▼	0	1							
04.10	전북	홈		■		1	1							
04.13	수원	원정		■		1	1							
04.16	상주	원정			▼	0	2							
04.24	전남	홈			▼	0	1							
04.30	제주	홈	▲			1	0							
05.08	서울	원정	▲			3	1							
05.14	울산	원정		■		0	0							
05.22	수원FC	홈			▼	0	1							
05.29	수원	홈		■		2	2							
06.12	전남	원정		■		0	0							
06.15	성남	홈	▲			3	1							
06.18	제주	원정			▼	1	3							
06.25	서울	홈	▲			2	1							
06.29	울산	홈	▲			4	0							
07.03	광주	원정	▲			1	0							
07.10	전북	원정			▼	0	3							
07.17	상주	홈			▼	0	2							
07.20	수원FC	원정			▼	0	1							
07.23	인천	홈	▲			3	1							
07.31	서울	원정			▼	0	2							
08.10	제주	원정			▼	0	3							
08.14	전북	홈		■		0	0							
08.17	수원	원정		■		1	1							
08.20	상주	홈	▲			1	0							
08.28	전남	원정			▼	1	2							
09.10	수원FC	홈			▼	2	3							
09.18	울산	원정			▼	0	1							
09.21	인천	홈			▼	0	1							
09.24	광주	홈	▲			1	0							
10.02	성남	원정	▲			4	1							
10.15	수원	홈		■		2	2							
10.23	수원FC	홈			▼	0	1							
10.29	인천	원정			▼	2	3							
11.02	광주	원정		■		1	1							
11.05	성남	홈	▲			1	0							

2016년 클래식 팀별 연속 승패 · 득실점 기록 | 인천

일자	상대	홈/원정	승	무	패	득점	실점	연속기록 승	연속기록 무	연속기록 패	연속기록 득점	연속기록 실점	연속기록 무득점	연속기록 무실점
03.13	제주	원정			▼	1	3							
03.20	포항	홈			▼	0	2							
04.02	서울	원정			▼	1	3							
04.09	성남	홈			▼	2	3							
04.13	전북	원정		■		1	1							
04.16	수원	홈		■		1	1							
04.23	수원FC	원정		■		0	0							
05.01	울산	홈			▼	0	1							
05.05	전남	홈		■		0	0							
05.15	상주	원정			▼	2	4							
05.22	광주	홈			▼	0	1							
05.28	성남	원정	▲			1	0							
06.11	수원	원정		■		2	2							
06.15	수원FC	홈	▲			2	0							
06.18	전북	홈		■		0	0							
06.25	전남	원정			▼	0	1							
06.29	상주	홈	▲			1	0							
07.03	제주	홈	▲			2	1							
07.09	광주	원정		■		2	2							
07.17	서울	홈			▼	1	2							
07.20	울산	원정	▲			3	1							
07.23	포항	원정			▼	1	3							
07.31	성남	홈		■		2	2							
08.10	광주	원정		■		1	1							
08.13	전남	원정			▼	1	2							
08.17	전북	홈			▼	1	3							
08.21	제주	홈			▼	0	1							
08.27	수원FC	원정			▼	0	2							
09.10	서울	홈	▲			1	0							
09.18	상주	홈		■		0	0							
09.21	포항	원정	▲			1	0							
09.24	수원	홈		■		2	2							
10.02	울산	원정	▲			3	2							
10.16	성남	원정		■		0	0							
10.23	광주	홈	▲			2	0							
10.29	포항	홈	▲			3	2							
11.02	수원	원정			▼	2	3							
11.05	수원FC	홈	▲			1	0							

2016년 클래식 팀별 연속 승패 · 득실점 기록 | 성남

일자	상대	홈. 원정	승	무	패	득점	실점	연속기록						
								승	무	패	득점	실점	무득점	무실점
03.12	수원	홈	▲			2	0							
03.19	수원FC	원정		■		1	1							
04.02	포항	홈	▲			1	0							
04.09	인천	원정	▲			3	2							
04.13	전남	홈		■		0	0							
04.16	전북	원정			▼	2	3							
04.23	제주	원정		■		2	2							
05.01	광주	홈	▲			2	0							
05.05	울산	원정	▲			3	0							
05.14	서울	홈			▼	2	3							
05.21	상주	원정	▲			3	2							
05.28	인천	홈			▼	0	1							
06.12	전북	홈		■		2	2							
06.15	포항	원정			▼	1	3							
06.19	광주	원정		■		1	1							
06.26	울산	홈			▼	0	1							
06.29	서울	원정	▲			3	1							
07.02	전남	원정	▲			1	0							
07.10	상주	홈			▼	2	3							
07.17	수원	원정	▲			2	1							
07.20	제주	홈		■		0	0							
07.24	수원FC	홈			▼	1	2							
07.31	인천	원정		■		2	2							
08.03	서울	홈			▼	1	2							
08.10	전남	홈	▲			2	0							
08.13	상주	원정		■		2	2							
08.17	광주	홈			▼	0	1							
08.27	제주	원정			▼	0	1							
09.10	수원	홈			▼	1	2							
09.17	수원FC	홈	▲			2	1							
09.21	울산	원정			▼	1	2							
09.24	전북	원정			▼	0	1							
10.02	포항	홈			▼	1	4							
10.16	인천	홈		■		0	0							
10.22	수원	원정			▼	0	2							
10.29	광주	원정		■		0	0							
11.02	수원FC	홈			▼	1	2							
11.05	포항	원정			▼	0	1							
11.17	강원	원정		■		0	0							
11.20	강원	홈		■		1	1							

: 승강 플레이오프

2016년 클래식 팀별 연속 승패 · 득실점 기록 | 수원FC

일자	상대	홈. 원정	승	무	패	득점	실점	연속기록						
								승	무	패	득점	실점	무득점	무실점
03.13	전남	원정		■		0	0							
03.19	성남	홈		■		1	1							
04.03	광주	홈	▲			2	1							
04.09	상주	원정		■		1	1							
04.13	울산	홈		■		1	1							
04.16	서울	원정			▼	0	3							
04.23	인천	홈		■		0	0							
04.30	전북	원정			▼	1	3							
05.07	제주	홈			▼	2	5							
05.14	수원	홈			▼	1	2							
05.22	포항	원정	▲			1	0							
05.28	광주	원정			▼	0	1							
06.12	서울	홈			▼	0	3							
06.15	인천	원정			▼	0	2							
06.19	울산	원정			▼	0	1							
06.26	상주	홈			▼	0	3							
06.29	제주	원정		■		0	0							
07.03	전북	홈		■		2	2							
07.10	수원	원정			▼	0	1							
07.16	전남	홈			▼	1	2							
07.20	포항	홈	▲			1	0							
07.24	성남	원정	▲			2	1							
07.30	상주	홈			▼	0	2							
08.10	전북	원정			▼	1	2							
08.14	울산	홈			▼	1	2							
08.17	제주	홈	▲			5	3							
08.21	광주	원정		■		0	0							
08.27	인천	홈	▲			2	0							
09.10	포항	원정	▲			3	2							
09.17	성남	원정			▼	1	2							
09.21	서울	홈			▼	0	1							
09.25	전남	홈		■		0	0							
10.02	수원	원정	▲			5	4							
10.16	광주	홈			▼	1	2							
10.23	포항	원정	▲			1	0							
10.30	수원	홈			▼	2	3							
11.02	성남	원정	▲			2	1							
11.05	인천	원정			▼	0	1							

2016년 클래식 팀 간 경기 기록

팀명	승점	상대팀	승	무	패	득점	실점	자책	득실	도움	코너킥	파울	파울득	오프사이드	슈팅(유효)	PK득점	PK실패	경고	퇴장
서울	70	합계	21	7	10	67	46	2	21	41	159	483	446	81	494(259)	8	1	63	1
	9	광주	3	0	0	7	4	0	3	4	14	30	41	14	28 (17)	1	1	5	0
	7	상주	2	1	1	9	5	0	4	8	16	54	42	5	51 (31)	1	0	4	0
	6	성남	2	0	1	6	6	1	0	5	19	46	35	5	42 (25)	0	0	6	1
	5	수원	1	2	0	3	2	0	1	2	10	33	44	5	43 (18)	1	0	6	0
	9	수원FC	3	0	0	7	0	0	7	6	16	41	33	4	53 (30)	0	0	3	0
	8	울산	2	2	0	6	3	0	3	4	18	53	50	5	48 (26)	1	0	5	0
	6	인천	2	0	1	5	3	0	2	3	6	28	37	4	31 (16)	1	0	5	0
	10	전남	3	1	0	9	4	1	5	3	15	57	48	8	46 (23)	2	0	9	0
	3	전북	1	0	3	4	7	0	-3	1	15	72	52	8	51 (25)	1	0	6	0
	4	제주	1	1	2	7	7	0	0	3	14	26	26	13	56 (29)	0	0	5	0
	3	포항	1	0	2	4	5	0	-1	2	16	43	38	10	45 (19)	0	0	9	0

팀명	승점	상대팀	승	무	패	득점	실점	자책	득실	도움	코너킥	파울	파울득	오프사이드	슈팅(유효)	PK득점	PK실패	경고	퇴장
전북	67	합계	20	16	2	71	40	1	31	52	223	582	505	76	553(273)	6	1	99	2
	5	광주	1	2	0	5	2	0	3	4	17	53	45	7	34 (14)	1	0	8	0
	8	상주	2	2	0	10	6	0	4	8	17	58	33	5	66 (33)	1	0	7	0
	9	서울	3	0	1	7	4	0	3	5	17	53	70	7	41 (20)	0	0	4	0
	-2	성남	2	1	0	6	4	0	2	2	17	69	40	5	55 (30)	1	0	10	0
	7	수원	2	1	0	6	4	0	2	3	23	37	41	6	37 (24)	0	0	10	0
	7	수원FC	2	1	0	7	4	0	3	3	33	44	47	7	69 (38)	2	0	10	0
	6	울산	1	3	0	3	2	0	1	3	25	59	61	5	60 (30)	0	0	11	0
	5	인천	1	2	0	4	2	0	2	3	16	43	29	7	43 (25)	0	0	9	0
	10	전남	3	1	0	11	4	0	7	10	22	59	47	12	59 (24)	1	0	6	0
	7	제주	2	1	1	8	7	1	1	7	17	55	52	9	52 (19)	0	1	10	0
	5	포항	1	2	0	4	1	0	3	4	19	52	40	6	37 (16)	0	0	14	2

팀명	승점	상대팀	승	무	패	득점	실점	자책	득실	도움	코너킥	파울	파울득	오프사이드	슈팅(유효)	PK득점	PK실패	경고	퇴장
제주	59	합계	17	8	13	71	57	1	14	54	172	436	393	83	527(218)	4	1	41	0
	3	광주	1	0	2	4	5	0	-1	3	18	44	35	9	35 (11)	0	0	4	0
	9	상주	3	0	1	12	7	0	5	12	17	51	28	10	56 (24)	0	0	2	0
	7	서울	2	1	1	7	7	0	0	7	20	27	24	8	45 (19)	0	0	3	0
	5	성남	1	2	0	3	2	0	1	3	17	41	26	3	51 (17)	0	0	3	0
	1	수원	0	1	2	5	8	0	-3	4	16	27	36	5	50 (21)	0	0	6	0
	4	수원FC	1	1	1	8	7	0	1	3	16	33	37	7	34 (18)	2	0	6	0
	5	울산	1	2	1	3	3	0	0	2	24	34	64	4	63 (28)	1	1	1	0
	6	인천	2	0	1	5	3	0	2	4	10	43	35	3	32 (12)	0	0	1	0
	9	전남	3	0	1	11	5	0	6	8	11	49	36	15	65 (30)	0	0	4	0
	4	전북	1	1	2	7	8	0	-1	3	15	57	51	9	52 (20)	1	0	8	0
	6	포항	2	0	1	6	2	1	4	5	8	30	21	10	44 (18)	0	0	3	0

팀명	승점	상대팀	승	무	패	득점	실점	자책	득실	도움	코너킥	파울	파울득	오프사이드	슈팅(유효)	PK득점	PK실패	경고	퇴장
울산	54	합계	14	12	12	41	47	3	-6	29	218	487	411	92	433(224)	3	0	67	2
	7	광주	2	1	0	6	3	0	3	3	13	30	34	7	31 (21)	0	0	6	0
	6	상주	2	0	2	5	6	0	-1	4	9	49	41	5	24 (13)	0	0	3	0
	2	서울	0	2	2	3	6	0	-3	2	24	51	49	11	50 (27)	0	0	11	1
	6	성남	2	0	1	3	4	0	-1	2	21	40	27	11	52 (20)	1	0	3	0
	7	수원	2	1	0	6	3	1	3	5	20	33	31	8	34 (20)	1	0	4	0
	7	수원FC	2	1	0	4	2	0	2	1	13	32	32	4	31 (20)	1	0	4	0
	3	인천	1	0	2	4	6	1	-2	4	24	33	40	9	32 (18)	0	0	2	0
	4	전남	1	1	2	4	7	1	-3	2	18	51	43	14	49 (22)	0	0	8	1
	3	전북	0	3	1	2	3	0	-1	2	27	62	57	8	41 (23)	0	0	7	0
	5	제주	1	2	1	3	3	0	0	3	16	65	31	7	49 (18)	0	0	11	0
	4	포항	1	1	1	1	4	0	-3	1	33	41	26	8	40 (22)	0	0	8	0

팀명	승점	상대팀	승	무	패	득점	실점	자책	득실	도움	코너킥	파울	파울득	오프사이드	슈팅(유효)	PK득점	PK실패	경고	퇴장
전남	47	합계	12	11	15	44	53	1	-9	30	167	484	483	58	436(177)	2	1	77	0
	4	광주	1	1	1	3	2	0	1	0	13	39	50	6	34 (13)	1	1	6	0
	6	상주	2	0	2	7	7	0	0	5	11	55	44	5	39 (17)	0	0	9	0
	1	서울	0	1	3	4	9	0	-5	2	14	51	55	10	45 (15)	1	0	4	0
	1	성남	0	1	2	0	3	0	-3	0	22	36	32	4	56 (21)	0	0	6	0
	5	수원	1	2	0	6	3	0	3	5	7	26	34	5	23 (9)	0	0	6	0
	5	수원FC	1	2	0	2	1	0	1	2	12	46	38	0	35 (17)	0	0	6	0
	7	울산	2	1	1	7	4	1	3	5	22	46	49	4	53 (29)	0	0	7	0
	7	인천	2	1	0	3	1	0	2	2	14	56	41	3	32 (12)	0	0	10	0
	1	전북	0	1	3	4	11	0	-7	3	18	49	58	9	33 (11)	0	0	7	0
	3	제주	1	0	3	5	11	0	-6	3	14	38	46	7	43 (16)	0	0	10	0
	7	포항	2	1	0	3	1	0	2	3	20	42	36	5	43 (17)	0	0	6	0

팀명	승점	상대팀	승	무	패	득점	실점	자책	득실	도움	코너킥	파울	파울득	오프사이드	슈팅(유효)	PK득점	PK실패	경고	퇴장
상주	43	합계	12	7	19	54	65	1	-11	29	200	420	522	87	432(209)	9	1	63	0
	0	광주	0	0	3	0	6	0	-6	0	11	34	56	10	22 (6)	0	0	7	0
	4	서울	1	1	2	5	9	0	-4	3	22	44	51	9	40 (17)	2	0	6	0
	4	성남	1	1	1	7	7	1	0	5	27	36	32	4	53 (22)	1	0	3	0
	1	수원	0	1	2	2	4	0	-2	2	21	36	49	14	39 (20)	0	0	2	0
	7	수원FC	2	1	0	6	1	0	5	3	11	40	37	8	34 (22)	1	0	5	0
	6	울산	2	0	2	6	5	0	1	2	28	44	49	7	57 (30)	1	0	6	0
	4	인천	1	1	1	4	3	0	1	3	11	34	55	9	24 (14)	0	0	6	0
	6	전남	2	0	2	7	7	0	0	2	25	46	50	8	47 (23)	2	0	7	0
	2	전북	0	2	2	6	10	0	-4	4	10	34	55	5	35 (17)	1	0	10	0
	3	제주	1	0	3	7	12	0	-5	2	19	29	47	5	47 (18)	1	0	6	0
	6	포항	2	0	1	4	1	0	3	3	15	43	41	8	34 (20)	0	1	5	0

팀명	승점	상대팀	승	무	패	득점	실점	자책	득실	도움	코너킥	파울	파울득	오프사이드	슈팅(유효)	PK득점	PK실패	경고	퇴장
수원	48	합계	10	18	10	56	59	1	-3	38	174	509	419	85	503(234)	1	0	66	0
	3	광주	0	3	1	3	5	0	-2	3	12	52	46	18	33 (11)	0	0	7	0
	7	상주	2	1	0	4	2	0	2	3	10	51	32	6	38 (12)	0	0	4	0
	2	서울	0	2	1	2	3	0	-1	1	4	48	31	5	28 (15)	0	0	6	0
	6	성남	2	0	2	5	5	0	0	4	25	42	47	3	72 (31)	0	0	3	0
	9	수원FC	3	0	1	10	8	0	2	5	17	46	54	10	72 (31)	0	0	7	0
	1	울산	0	1	2	3	6	0	-3	2	17	33	31	6	33 (21)	0	0	6	0
	6	인천	1	3	0	8	7	0	1	3	20	61	52	8	59 (33)	1	0	13	0
	2	전남	0	2	1	3	6	0	-3	3	20	36	24	10	42 (12)	0	0	4	0
	1	전북	0	1	2	4	6	1	-2	2	10	42	36	3	33 (19)	0	0	7	0
	7	제주	2	1	0	8	5	0	3	8	13	39	25	8	38 (27)	0	0	3	0
	4	포항	0	4	0	6	6	0	0	4	26	59	41	8	55 (22)	0	0	6	0

팀명	승점	상대팀	승	무	패	득점	실점	자책	득실	도움	코너킥	파울	파울득	오프사이드	슈팅(유효)	PK득점	PK실패	경고	퇴장
광주	47	합계	11	14	13	41	45	1	-4	26	175	556	450	62	357(178)	9	0	84	1
	9	상주	3	0	0	6	0	0	6	4	12	60	33	4	23 (14)	1	0	6	0
	0	서울	0	0	3	4	7	1	-3	2	12	44	28	3	29 (13)	1	0	10	0
	5	성남	1	2	1	2	3	0	-1	0	13	56	41	8	48 (22)	0	0	10	0
	6	수원	1	3	0	5	3	0	2	4	19	48	46	8	37 (16)	1	0	11	1
	7	수원FC	2	1	1	4	3	0	1	2	23	58	37	9	34 (20)	2	0	10	0
	1	울산	0	1	2	3	6	0	-3	1	23	37	29	3	38 (25)	1	0	4	0
	5	인천	1	2	1	4	5	0	-1	3	15	63	62	4	36 (14)	1	0	8	0
	4	전남	1	1	1	2	3	0	-1	2	10	54	39	5	17 (5)	0	0	7	0
	2	전북	0	2	1	2	5	0	-3	1	13	47	50	5	24 (9)	1	0	3	0
	6	제주	2	0	1	5	4	0	1	4	15	35	44	5	34 (18)	0	0	7	0
	2	포항	0	2	2	4	6	0	-2	3	20	54	41	8	37 (22)	1	0	8	0

팀명	승점	상대팀	승	무	패	득점	실점	자책	득실	도움	코너킥	파울	파울득	오프사이드	슈팅(유효)	PK득점	PK실패	경고	퇴장
포항	46	합계	12	10	16	43	46	1	-3	27	164	479	504	54	366(183)	3	2	73	3
	8	광주	2	2	0	6	4	0	2	4	13	44	50	10	27 (17)	0	0	5	1
	3	상주	1	0	2	1	4	0	-3	1	13	41	40	5	32 (10)	0	0	8	0
	6	서울	2	0	1	5	4	0	1	5	5	45	42	1	26 (15)	0	1	9	0
	9	성남	3	0	1	8	3	0	5	5	22	53	47	6	51 (31)	1	0	9	0
	4	수원	0	4	0	6	6	0	0	2	15	43	56	5	34 (17)	1	0	6	0
	0	수원FC	0	0	4	2	6	1	-4	1	24	65	62	4	49 (16)	0	0	7	0
	4	울산	1	1	1	4	1	0	3	4	14	31	39	2	29 (18)	0	0	5	1
	6	인천	2	0	2	7	5	0	2	2	27	54	49	9	42 (26)	1	0	10	0
	1	전남	0	1	2	1	3	0	-2	1	7	38	42	4	16 (5)	0	0	6	1
	2	전북	0	2	1	1	4	0	-3	1	7	43	49	5	32 (19)	0	1	6	0
	3	제주	1	0	2	2	6	0	-4	1	17	22	28	3	28 (9)	0	0	2	0

팀명	승점	상대팀	승	무	패	득점	실점	자책	득실	도움	코너킥	파울	파울득	오프사이드	슈팅(유효)	PK득점	PK실패	경고	퇴장
인천	45	합계	11	12	15	43	51	2	-8	28	137	542	475	60	381(203)	2	2	74	1
	5	광주	1	2	1	5	4	0	1	3	13	66	60	13	28 (16)	0	0	8	1
	4	상주	1	1	1	3	4	0	-1	3	10	58	29	3	30 (13)	0	0	5	0
	3	서울	1	0	2	3	5	1	-2	3	11	39	27	3	24 (13)	0	1	4	0
	5	성남	1	2	1	5	5	0	0	3	13	57	37	7	43 (21)	1	0	7	0
	3	수원	0	3	1	7	8	1	-1	5	14	56	58	4	38 (16)	0	0	10	0
	7	수원FC	2	1	1	3	2	0	1	1	18	60	49	6	47 (30)	0	0	10	0
	6	울산	2	0	1	6	4	0	2	3	9	42	30	3	36 (28)	0	0	3	0
	1	전남	0	1	2	1	3	0	-2	0	15	41	55	5	35 (18)	0	0	9	0
	2	전북	0	2	1	2	4	0	-2	2	6	32	42	4	27 (14)	0	0	4	0
	3	제주	1	0	2	3	5	0	-2	2	16	39	39	3	43 (19)	0	1	8	0
	6	포항	2	0	2	5	7	0	-2	3	12	52	49	9	30 (15)	1	0	6	0

팀명	승점	상대팀	승	무	패	득점	실점	자책	득실	도움	코너킥	파울	파울득	오프사이드	슈팅(유효)	PK득점	PK실패	경고	퇴장
성남	43	합계	11	10	17	47	51	3	-4	28	157	440	514	76	398(200)	2	1	68	3
	5	광주	1	2	1	3	2	1	1	2	19	44	53	5	41 (19)	1	0	10	0
	4	상주	1	1	1	7	7	0	0	2	5	34	33	5	29 (14)	0	0	10	0
	3	서울	1	0	2	6	6	0	0	3	5	39	43	9	21 (13)	0	0	6	0
	6	수원	2	0	2	5	5	0	0	4	13	50	42	10	40 (21)	0	0	5	0
	4	수원FC	1	1	2	5	6	1	-1	2	22	53	63	4	55 (22)	1	0	2	1
	3	울산	1	0	2	4	3	0	1	3	12	28	39	7	34 (25)	0	0	4	0
	5	인천	1	2	1	5	5	0	0	4	22	41	56	7	50 (24)	0	0	6	0
	7	전남	2	1	0	3	0	0	3	2	22	33	36	8	40 (22)	0	0	5	0
	1	전북	0	1	2	4	6	0	-2	2	9	42	63	9	27 (16)	0	1	5	1
	2	제주	0	2	1	2	3	0	-1	2	10	28	37	4	27 (6)	0	0	3	0
	3	포항	1	0	3	3	8	1	-5	2	18	48	49	8	34 (18)	0	0	12	1

팀명	승점	상대팀	승	무	패	득점	실점	자책	득실	도움	코너킥	파울	파울득	오프사이드	슈팅(유효)	PK득점	PK실패	경고	퇴장
수원FC	39	합계	10	9	19	40	58	2	-18	19	202	515	488	71	496(241)	5	2	93	2
	4	광주	1	1	2	3	4	0	-1	1	22	41	57	12	45 (22)	0	0	10	1
	1	상주	0	1	2	1	6	0	-5	1	20	39	36	5	38 (11)	0	0	8	0
	0	서울	0	0	3	0	7	0	-7	0	12	36	38	6	27 (9)	0	0	7	0
	7	성남	2	1	1	6	5	0	1	3	17	65	47	4	50 (27)	1	0	9	0
	3	수원	1	0	3	8	10	1	-2	2	29	58	43	7	57 (33)	1	0	9	0
	1	울산	0	1	2	2	4	0	-2	1	23	35	29	3	53 (25)	1	0	8	0
	4	인천	1	1	2	2	3	0	-1	0	24	52	58	6	62 (30)	1	0	10	0
	2	전남	0	2	1	1	2	0	-1	1	15	40	45	7	49 (21)	0	0	7	0
	1	전북	0	1	2	4	7	0	-3	3	13	48	44	5	34 (17)	0	0	6	0
	4	제주	1	1	1	7	8	1	-1	4	11	38	31	9	44 (28)	0	1	7	0
	12	포항	4	0	0	6	2	0	4	3	16	63	60	7	37 (18)	1	1	12	1

2016년 클래식 팀별 경기기록 및 승률

팀명		서울		전북		제주		울산		수원		광주		전남		포항		인천		성남		상주		수원FC	
합산	승점	70		67		59		54		48		47		47		46		45		43		43		39	
	승	21		20		17		14		10		11		12		12		11		11		12		10	
	무	7		16		8		12		18		14		11		10		12		10		7		9	
	패	10		2		13		12		10		13		15		16		15		17		19		19	
	득	67		71		71		41		56		41		44		43		43		47		54		40	
	실	46		40		57		47		59		45		53		46		51		51		65		58	
	차	21		31		14		-6		-3		-4		-9		-3		-8		-4		-11		-18	
	승률	64.5		73.7		55.3		52.6		50		47.4		46.1		44.7		44.7		42.1		40.8		38.2	
홈/원정	구분	홈	원정	홈	원정	홈	원정	홈	원정	홈	원정	홈	원정	홈	원정	홈	원정	홈	원정	홈	원정	홈	원정	홈	원정
	승	8	13	13	7	10	7	7	7	6	4	4	7	8	4	8	4	7	4	5	6	6	6	4	6
	무	6	1	4	12	5	3	5	7	8	10	11	3	3	8	5	5	6	6	4	6	5	2	5	4
	패	5	5	2	0	4	9	7	5	5	5	4	9	8	7	6	10	7	8	10	7	7	12	10	9
	득	34	33	38	33	41	30	19	22	32	24	15	26	24	20	26	17	21	22	20	27	29	25	22	18
	실	26	20	20	20	26	31	23	24	31	28	16	29	27	26	20	26	21	30	24	27	30	35	33	25
	차	8	13	18	13	15	-1	-4	-2	1	-4	-1	-3	-3	-6	6	-9		-8	-4		-1	-10	-11	-7
	승률	57.9	71.1	78.9	68.4	65.8	44.7	50	55.3	52.6	47.4	50.0	44.7	50.0	42.1	55.3	34.2	50.0	38.9	36.8	47.4	47.2	35.0	34.2	42.1

2016년 클래식 팀별 개인 기록 | 서울

선수명	대회	출장	교체	득점	도움	코너킥	파울	파울득	오프사이드	슈팅	유효슈팅	경고	퇴장	실점	자책
고광민	클	33	2	1	2	0	40	36	1	14	6	4	0	0	0
고요한	클	27	5	2	5	0	28	49	4	17	9	4	0	0	0
곽태휘	클	11	3	0	0	0	13	6	0	2	0	3	0	0	0
김남춘	클	18	2	0	1	0	17	8	0	3	0	2	0	0	0
김동우	클	13	3	0	0	0	9	3	0	3	0	2	0	0	0
김원균	챌	8	2	1	0	0	15	3	0	3	2	3	0	0	0
김원식	클	20	7	0	0	0	19	10	0	4	2	2	0	0	0
김정환	클	1	1	0	0	0	0	1	0	0	0	0	0	0	0
김치우	클	26	11	0	3	13	16	10	1	3	2	3	0	0	0
다카하기	클	32	16	1	4	24	26	36	1	25	9	5	0	0	0
데 얀	클	36	21	13	2	0	51	28	16	108	69	4	0	0	0
박용우	클	19	7	1	0	0	24	12	0	5	1	3	0	0	0
박주영	클	34	24	10	1	2	35	37	7	51	29	3	0	0	0
심우연	클	9	9	0	0	0	3	2	0	2	2	0	0	0	0
심제혁	클	5	5	0	1	0	2	1	0	2	2	0	0	0	0
아드리아노	클	30	17	17	6	2	30	52	34	77	49	2	1	0	0
오스마르	클	37	1	4	3	0	31	20	1	33	16	6	0	0	1
유상훈	클	21	1	0	0	0	0	7	0	0	0	1	0	28	1
유 현	클	18	1	0	0	0	0	1	0	0	0	0	0	18	0
윤승원	클	1	1	0	0	1	1	0	0	1	0	1	0	0	0
윤일록	클	26	14	6	7	37	30	21	8	38	20	1	0	0	0
윤주태	클	17	16	3	2	0	11	9	2	28	14	3	0	0	0
이규로	클	8	6	0	0	0	10	8	0	2	2	2	0	0	0
	챌	11	4	2	0	0	12	17	1	4	3	3	0	0	0
	계	19	10	2	0	0	22	25	1	6	5	5	0	0	0
이상협	클	3	3	0	0	0	3	0	0	0	0	0	0	0	0
이석현	클	20	14	2	0	5	13	24	3	17	7	1	0	0	0
임민혁	클	3	2	0	0	0	5	0	1	3	0	2	0	0	0
정인환	클	7	0	0	0	0	8	7	0	1	0	2	0	0	0
조찬호	클	11	11	0	1	0	1	6	0	5	1	0	0	0	0
주세종	클	30	9	4	1	58	46	42	1	42	15	5	0	0	0
최현태	클	6	6	0	0	0	5	5	0	3	0	1	0	0	0

클: K리그 클래식 / 챌: K리그 챌린지

2016년 클래식 팀별 개인 기록 | 전북

선수명	대회	출장	교체	득점	도움	코너킥	파울	파울득	오프사이드	슈팅	유효슈팅	경고	퇴장	실점	자책
고무열	클	22	19	1	2	0	15	16	4	21	12	4	0	0	0
권순태	클	35	0	0	0	0	0	4	0	0	0	1	0	37	0
김보경	클	29	4	4	7	46	30	44	3	28	13	3	0	0	1
김신욱	클	33	28	7	2	0	35	38	5	50	26	1	0	0	0
김영찬	클	12	4	0	0	0	9	9	2	1	1	2	0	0	0
김창수	클	8	0	0	1	0	6	6	0	3	3	0	1	0	0
김형일	클	13	1	0	0	0	20	9	1	4	0	4	0	0	0
레오나르도	클	34	23	12	6	75	13	28	13	89	42	1	0	0	0
로페즈	클	35	20	13	6	28	59	40	11	83	38	9	0	0	0
박원재	클	18	4	0	2	1	34	18	1	6	1	3	0	0	0
서상민	클	8	8	0	0	0	10	10	2	3	0	2	0	0	0
신형민	클	10	1	1	0	0	11	9	0	8	3	2	0	0	0
	챌	25	3	0	0	0	30	39	0	12	1	5	0	0	0
	계	35	4	1	0	0	41	48	0	20	4	7	0	0	0
에 두	클	11	11	1	1	0	12	13	7	16	12	2	0	0	0
이동국	클	27	19	12	0	0	17	19	8	84	54	1	0	0	0
이승기	클	19	14	1	2	25	15	28	3	15	3	1	0	0	0
이우혁	클	2	0	0	0	0	2	1	0	2	1	0	0	0	0
이재성	클	32	3	3	11	37	40	52	2	42	21	6	0	0	0
이종호	클	22	18	5	3	0	28	32	6	29	14	5	0	0	0
이주용	클	7	1	0	0	0	12	5	0	7	0	2	0	0	0
이 호	클	11	5	0	0	0	22	8	0	5	2	3	0	0	0
임종은	클	28	3	0	0	0	28	5	1	7	0	8	0	0	0
장윤호	클	11	6	1	2	0	25	6	0	4	1	7	0	0	0
정 혁	클	4	0	0	1	6	8	4	0	11	4	1	0	0	0
	챌	23	13	2	2	0	19	18	2	43	19	4	0	0	0
	계	27	13	2	3	6	27	22	2	54	23	5	0	0	0
조성환	클	14	1	1	0	0	11	11	0	2	1	5	0	0	0
최규백	클	15	1	1	0	0	21	16	0	3	1	8	1	0	0
최동근	클	1	0	0	0	0	1	1	0	0	0	0	0	0	0
최재수	클	12	6	0	1	17	16	20	1	4	1	3	0	0	0
최철순	클	30	1	1	4	0	58	39	1	5	3	10	0	0	0
파탈루	클	2	2	0	0	0	2	1	0	0	0	1	0	0	0
한교원	클	19	8	4	0	0	24	18	5	15	8	5	0	0	0
황병근	클	3	0	0	0	0	0	0	0	0	0	0	0	3	0

2016년 클래식 팀별 개인 기록 | 제주

선수명	대회	출장	교체	득점	도움	코너킥	파울	파울득	오프사이드	슈팅	유효슈팅	경고	퇴장	실점	자책
강준우	클	1	1	0	0	0	0	0	0	0	0	0	0	0	0
곽해성	클	17	6	2	2	1	14	6	1	7	3	2	0	0	0
권순형	클	37	11	5	8	86	34	37	0	49	15	2	0	0	0
권한진	클	37	6	5	1	0	33	13	1	15	8	5	0	0	0
김경민	클	10	1	0	0	0	0	0	0	0	0	1	0	18	0
김상원	클	16	7	0	1	1	26	10	3	6	2	5	0	0	0
김선우	클	5	4	0	0	0	4	1	0	0	0	1	0	0	0
김재성	클	8	7	0	1	0	6	4	0	2	0	1	0	0	0
	챌	17	3	1	1	70	21	20	1	16	3	4	0	0	0
	계	25	10	1	2	70	27	24	1	18	3	5	0	0	0
김호남	클	31	29	8	3	0	10	14	5	37	14	1	0	0	0
김호준	클	28	1	0	0	0	1	1	0	0	0	2	0	39	0
까랑가	클	2	0	0	0	0	2	4	5	1	0	1	0	0	0
마르셀로	클	37	19	11	9	2	26	31	16	11	49	2	0	0	0
모이세스	클	1	1	0	0	0	1	0	0	0	0	0	0	0	0
문상윤	클	22	19	3	2	14	11	8	1	23	15	0	0	0	0
배일환	클	4	1	0	0	0	6	8	1	9	6	1	0	0	0
배재우	클	16	9	0	1	0	13	10	0	8	1	2	0	0	0
백동규	클	21	7	0	1	0	24	5	0	5	2	1	0	0	1
송진형	클	28	5	7	4	2	16	19	2	51	21	2	0	0	0
안현범	클	28	15	8	4	0	30	58	12	32	16	2	0	0	0
오반석	클	16	2	1	0	0	16	7	0	5	2	0	0	0	0
완델손	클	14	10	4	3	23	18	16	8	25	11	0	0	0	0
	챌	18	5	5	2	14	24	34	11	48	22	3	0	0	0
	계	32	15	9	5	37	42	50	19	73	33	3	0	0	0
이광선	클	34	3	5	1	0	52	26	4	25	12	2	0	0	0
이근호	클	35	19	5	6	0	39	52	20	51	21	1	0	0	0
이우진	클	3	3	1	0	0	1	0	0	1	1	0	0	0	0
이창민	클	21	10	2	3	5	7	7	0	39	13	3	0	0	0
전수현	클	1	0	0	0	0	0	0	0	0	0	0	0	0	0
정영총	클	13	14	1	0	0	5	20	4	10	5	0	0	0	0
정 운	클	32	3	1	5	39	38	32	2	8	3	3	0	0	0
좌준협	클	1	1	0	0	0	2	0	0	0	0	1	0	0	0
헤 난	클	4	4	0	0	0	4	0	0	4	2	0	0	0	0
황일수	클	21	15	2	4	42	14	21	8	33	16	1	0	0	0

2016년 클래식 팀별 개인 기록 | 울산

선수명	대회	출장	교체	득점	도움	코너킥	파울	파울득	오프사이드	슈팅	유효슈팅	경고	퇴장	실점	자책
강민수	클	26	8	0	0	0	20	13	1	4	3	2	0	0	0
구본상	클	14	7	0	0	0	20	17	0	7	3	1	0	0	0
김건웅	클	12	8	0	0	0	12	7	0	8	2	2	0	0	0
김성환	클	29	5	7	1	0	37	40	1	26	13	6	0	0	0
김승준	클	30	23	8	2	0	15	21	6	32	17	1	0	0	0
김영삼	클	1	1	0	0	0	0	0	0	1	0	0	0	0	0
김용대	클	24	0	0	0	0	0	5	0	0	0	1	0	25	2
김인성	클	16	16	1	0	0	15	9	3	10	5	0	0	0	0
김치곤	클	13	6	2	0	0	7	6	0	6	3	0	0	0	0
김태환	클	36	9	4	3	2	49	24	7	23	15	2	0	0	0
마스다	클	32	6	0	1	9	38	24	1	33	16	5	0	0	0
멘 디	클	18	5	6	1	0	23	33	18	36	17	3	0	0	0
박성호	클	8	5	1	0	0	12	9	3	7	4	1	0	0	0
서명원	클	10	10	0	0	0	7	1	0	6	2	3	0	0	0
셀리오	클	10	3	1	0	0	11	3	0	8	3	4	0	0	0
이기제	클	35	5	0	2	48	40	22	2	19	9	6	0	0	0
이명재	클	5	3	0	1	0	6	10	0	2	0	0	0	0	0
이 용	클	24	2	2	3	0	21	16	0	11	7	4	0	0	0
이재성	클	25	2	2	0	0	15	16	2	11	5	3	0	0	0
이정협	클	30	25	4	1	0	25	37	12	42	18	4	0	0	0
이창용	클	16	13	0	0	1	14	9	0	4	3	1	0	0	0
장대희	클	3	0	0	0	0	0	1	0	0	0	0	0	6	0
정동호	클	29	6	0	2	0	30	38	1	6	2	3	0	0	1
정 산	클	11	0	0	1	0	1	2	0	0	0	2	0	16	0
정승현	클	19	4	1	0	0	26	13	0	4	3	6	1	0	0
정재용	클	10	5	0	1	1	12	8	0	5	1	3	0	0	0
	챌	16	4	4	0	2	35	13	1	25	16	6	0	0	0
	계	26	9	4	1	3	47	21	1	30	17	9	0	0	0
코 바	클	36	20	7	9	10(	18	26	30	11(	69	2	0	0	0
하성민	클	24	15	2	0	0	34	5	1	7	5	5	1	0	0
한상운	클	22	14	1	4	51	20	28	3	29	15	3	0	0	0

클: K리그 클래식 / 챌: K리그 챌린지

2016년 클래식 팀별 개인 기록 l 전남

선수명	대회	출장	교체	득점	도움	코너킥	파울	파울득	오프사이드	슈팅	유효슈팅	경고	퇴장	실점	자책
고태원	클	26	4	0	1	0	35	27	1	3	1	6	0	0	0
김경재	클	7	4	0	0	0	1	4	0	2	0	0	0	0	0
김교빈	클	2	0	0	0	0	0	0	0	0	0	0	0	5	0
김민식	클	7	0	0	0	0	0	1	0	0	0	0	0	11	0
김영욱	클	33	9	2	0	40	60	48	0	36	13	8	0	0	0
김평래	클	12	4	0	0	1	25	17	0	6	0	1	0	0	0
마우링요	클	7	8	0	0	4	11	11	1	15	3	0	0	0	0
박기동	클	30	17	9	8	0	27	77	30	64	33	3	0	0	0
박준태	클	28	18	8	1	5	16	45	5	41	22	1	0	0	0
방대종	클	11	4	0	0	0	9	10	0	1	0	1	0	0	0
배천석	클	23	16	3	3	0	12	14	4	13	4	3	0	0	0
송창호	클	3	3	0	0	0	0	0	0	1	0	0	0	0	0
	챌	5	2	0	0	3	4	5	0	5	2	0	0	0	0
	계	8	5	0	0	3	4	5	0	6	2	0	0	0	0
스테보	클	14	8	2	0	0	8	9	2	20	13	1	0	0	0
안용우	클	32	24	4	0	37	24	36	7	36	17	2	0	0	0
양준아	클	17	6	2	0	1	27	20	0	11	5	6	0	0	0
오르샤	클	16	3	5	4	47	12	7	9	44	11	1	0	0	0
오영준	클	1	1	0	0	0	0	0	0	0	0	0	0	0	0
유고비치	클	33	10	5	3	0	25	36	3	39	21	6	0	0	0
이슬찬	클	14	8	0	1	0	14	12	2	8	2	3	0	0	0
이지남	클	30	5	0	0	0	24	20	0	8	1	8	0	0	0
이지민	클	20	11	1	0	7	20	25	1	9	4	3	0	0	0
이호승	클	28	1	0	1	0	0	1	0	0	0	1	0	34	0
자 일	클	20	10	10	6	4	13	18	9	67	37	2	0	0	0
전우영	클	3	2	0	0	0	8	2	0	2	1	1	0	0	0
정석민	클	6	5	0	0	0	15	7	0	5	0	2	0	0	0
조석재	클	9	9	1	0	1	3	3	5	9	4	1	0	0	0
최효진	클	31	1	2	4	0	41	43	1	24	9	9	0	0	1
토 미	클	21	1	0	2	0	13	9	3	9	3	1	0	0	0
한유성	클	3	1	0	0	0	0	0	0	0	0	0	0	6	0
한지원	클	5	4	0	0	0	2	3	0	1	0	1	0	0	0
한찬희	클	23	18	1	1	10	9	16	1	23	6	2	0	0	0
허용준	클	28	22	4	3	0	18	35	6	33	15	4	0	0	0
현영민	클	29	10	0	1	15	41	34	0	5	4	4	0	0	0
홍진기	클	9	6	0	0	0	5	4	0	1	0	0	0	0	0

2016년 클래식 팀별 개인 기록 l 상주

선수명	대회	출장	교체	득점	도움	코너킥	파울	파울득	오프사이드	슈팅	유효슈팅	경고	퇴장	실점	자책
권진영	클	6	6	0	0	0	5	2	0	0	0	1	0	0	0
김성주	클	11	6	0	1	10	3	7	0	4	0	0	0	0	0
김성준	클	36	12	3	0	13	33	37	1	21	8	3	0	0	0
김오규	클	24	1	0	0	0	28	21	2	13	6	8	0	0	0
김창훈	클	1	1	0	0	0	0	0	0	0	0	0	0	0	0
박수창	클	14	9	0	0	1	11	17	8	15	8	1	0	0	0
박준강	클	9	1	0	0	0	12	12	0	2	0	3	0	0	0
박희성	클	15	7	3	0	0	17	29	6	27	17	1	0	0	0
신영준	클	16	15	2	0	12	9	9	0	23	10	0	0	0	0
신진호	클	29	9	1	8	108	46	39	1	40	19	3	0	0	0
오승훈	클	18	0	0	0	0	1	2	0	0	0	2	0	30	0
유준수	클	11	3	1	0	0	4	3	1	4	3	0	0	0	0
윤동민	클	6	4	1	0	0	2	5	2	4	2	0	0	0	0
윤영선	클	22	0	1	0	0	19	12	0	4	2	9	0	0	0
윤준성	클	10	1	0	0	0	10	1	0	1	0	0	0	0	0
이경렬	클	8	3	1	0	0	4	7	0	2	2	2	0	0	0
이웅희	클	23	1	2	0	0	14	23	0	6	3	3	0	0	1
이재명	클	9	5	0	0	0	7	10	0	2	1	2	0	0	0
임성택	클	4	5	0	0	0	0	0	0	2	1	0	0	0	0
정준연	클	9	6	0	0	0	8	7	0	2	0	3	0	0	0
제종현	클	6	0	0	0	0	0	0	0	0	0	0	0	9	0
조영철	클	27	21	3	0	0	26	16	7	36	14	1	0	0	0
조지훈	클	10	9	0	0	0	5	1	0	6	4	1	0	0	0
황순민	클	5	5	0	0	0	3	1	0	1	0	0	0	0	0

Section 3 클래식 기록

2016년 클래식 팀별 개인 기록 | 수원

선수명	대회	출장	교체	득점	도움	코너킥	파울	파울득	오프사이드	슈팅	유효슈팅	경고	퇴장	실점	자책
고승범	클	13	11	0	0	4	12	6	0	8	4	1	0	0	0
고차원	클	11	9	0	1	0	8	11	4	11	2	0	0	0	0
곽광선	클	21	5	1	0	0	21	11	0	10	5	5	0	0	0
곽희주	클	10	7	1	0	0	12	3	0	1	1	3	0	0	0
구자룡	클	32	1	1	0	0	42	25	1	7	3	6	0	0	0
권창훈	클	27	14	7	4	30	22	31	3	61	36	1	0	0	0
김건희	클	20	17	1	3	0	30	18	16	24	13	4	0	0	0
김종민	클	11	10	1	1	0	10	4	8	16	6	0	0	0	0
김종우	클	3	3	0	0	0	2	0	0	4	2	0	0	0	0
노동건	클	22	1	0	0	0	0	5	0	0	0	1	0	37	0
민상기	클	8	3	0	0	0	11	2	0	2	0	0	0	0	1
박현범	클	8	4	0	0	0	7	3	0	2	2	0	0	0	0
백지훈	클	18	14	0	1	0	9	5	0	15	5	1	0	0	0
산토스	클	33	19	12	3	1	30	26	14	79	44	1	0	0	0
신세계	클	22	3	0	1	0	26	9	3	11	3	3	0	0	0
양상민	클	16	6	0	0	0	17	8	2	9	2	4	0	0	0
양형모	클	17	1	0	0	0	0	1	0	0	0	1	0	22	0
연제민	클	10	5	1	0	0	10	3	0	3	1	2	0	0	0
염기훈	클	34	10	4	15	109	21	63	7	54	27	1	0	0	0
오장은	클	7	5	1	0	0	11	6	0	2	1	1	0	0	0
이고르	클	2	2	1	0	0	0	1	0	3	1	0	0	0	0
이상호	클	29	15	4	2	0	34	44	5	32	15	2	0	0	0
이용래	클	13	7	0	0	3	9	11	0	6	0	1	0	0	0
이정수	클	27	5	3	0	0	22	16	1	11	5	9	0	0	0
이종성	클	19	2	0	1	0	30	15	0	12	3	7	0	0	0
장호익	클	16	2	0	0	0	27	27	0	6	3	2	0	0	0
조나탄	클	14	8	10	2	0	19	14	3	52	24	4	0	0	0
조동건	클	24	21	4	1	0	20	17	16	35	17	1	0	0	0
조원희	클	26	5	1	0	0	33	22	0	17	5	3	0	0	0
카스텔렌	클	5	5	0	0	0	2	2	1	6	2	1	0	0	0
홍 철	클	12	5	0	3	23	10	9	1	4	2	0	0	0	0

2016년 클래식 팀별 개인 기록 | 광주

선수명	대회	출장	교체	득점	도움	코너킥	파울	파울득	오프사이드	슈팅	유효슈팅	경고	퇴장	실점	자책
김민혁	클	36	7	3	8	0	66	58	6	25	13	7	0	0	0
김상욱	클	1	1	0	0	0	0	0	1	4	2	0	0	0	0
김영빈	클	27	4	0	0	0	30	5	0	3	1	10	0	0	0
김정현	클	7	6	1	0	1	14	2	0	4	2	3	0	0	0
김진수	클	1	1	0	0	0	1	1	0	0	0	0	0	0	0
박동진	클	24	10	0	0	0	14	11	0	4	0	4	0	0	0
박선홍	클	1	1	0	0	1	0	0	0	0	0	0	0	0	0
본 즈	클	15	3	0	0	0	27	9	0	9	4	1	0	0	0
송승민	클	38	2	4	3	0	60	77	21	55	26	2	0	0	0
심광욱	클	4	4	0	0	1	0	0	0	1	0	0	0	0	0
여 름	클	30	8	2	0	15	40	28	1	25	10	5	0	0	0
오도현	클	13	12	2	0	0	2	1	0	3	3	0	0	0	0
와 다	클	5	4	0	0	8	1	6	0	4	1	0	0	0	0
웰링톤	클	3	3	0	0	0	1	0	0	0	0	0	0	0	0
윤보상	클	22	1	0	0	0	0	2	0	0	0	2	0	21	0
이민기	클	9	6	1	0	1	8	4	1	3	1	1	0	0	0
이으뜸	클	24	9	0	4	70	21	31	1	11	2	7	0	0	0
이종민	클	21	13	0	1	49	19	15	1	12	6	2	0	0	0
이찬동	클	25	9	0	0	0	55	33	0	11	2	9	0	0	0
정동윤	클	29	9	0	0	2	34	30	1	8	3	5	0	0	0
정조국	클	31	16	20	1	0	38	26	15	89	58	4	0	0	0
정호정	클	28	2	0	1	0	13	19	0	3	1	2	0	0	0
조성준	클	32	28	1	2	10	34	31	5	20	9	4	0	0	0
조용태	클	10	10	0	1	2	8	7	0	8	4	1	0	0	0
조주영	클	15	14	2	2	0	6	8	4	9	7	4	0	0	0
주현우	클	20	17	2	2	3	17	21	2	16	10	3	0	0	0
최봉진	클	17	1	0	0	0	1	2	0	1	0	2	1	24	0
파비오	클	14	12	1	1	12	17	10	1	18	9	1	0	0	0
홍준호	클	22	7	1	0	0	28	12	1	10	3	5	0	0	1
황인재	클	1	1	0	0	0	0	0	0	0	0	0	0	0	0

클: K리그 클래식 / 챌: K리그 챌린지

2016년 클래식 팀별 개인 기록 | 포항

선수명	대회	출장	교체	득점	도움	코너킥	파울	파울득	오프사이드	슈팅	유효슈팅	경고	퇴장	실점	자책
강상우	클	30	5	1	2	0	56	53	5	22	12	8	0	0	0
김광석	클	37	1	1	0	0	28	18	0	8	4	4	0	0	0
김동현	클	16	15	0	2	0	11	3	0	5	2	3	1	0	0
김원일	클	17	3	0	0	0	25	8	0	3	2	4	1	0	0
김종석	클	1	1	0	0	0	0	0	0	0	0	0	0	0	0
김준수	클	22	6	0	0	0	21	25	0	1	1	7	0	0	0
김진영	클	17	2	0	0	0	1	3	0	0	0	0	0	15	0
라자르	클	25	20	4	4	1	18	20	10	26	20	2	0	0	0
룰리냐	클	18	16	2	1	26	25	27	2	14	6	2	0	0	0
무랄라	클	20	8	1	0	2	11	11	1	30	9	2	0	0	0
문창진	클	23	15	3	4	35	12	41	4	35	15	1	0	0	0
박선용	클	31	6	0	1	3	40	49	1	11	5	1	1	0	0
박선주	클	12	2	0	2	2	10	18	0	6	1	4	0	0	0
박준희	클	13	11	0	0	0	14	8	0	4	1	3	0	0	0
박희철	챌	1	1	0	0	0	0	0	0	0	0	0	0	0	0
배슬기	클	26	1	1	0	0	28	16	0	3	1	4	0	0	0
손준호	클	4	1	0	0	0	5	7	0	3	0	0	0	0	0
신광훈	클	8	0	0	0	0	18	7	0	0	0	3	0	0	1
	챌	15	2	0	1	0	17	20	0	2	1	1	0	0	0
	계	23	2	0	1	0	35	27	0	2	1	4	0	0	1
신화용	클	23	2	0	0	0	0	3	0	0	0	1	0	31	0
심동운	클	36	19	10	1	44	16	40	5	70	31	2	0	0	0
알리	클	10	3	1	0	0	9	2	0	2	1	2	0	0	0
양동현	클	32	9	13	4	0	37	60	22	72	43	6	0	0	0
오창현	클	15	15	2	2	21	5	10	0	11	5	1	0	0	0
우찬양	클	2	1	0	0	0	2	1	0	0	0	0	0	0	0
이광혁	클	12	9	0	2	17	14	22	3	8	3	3	0	0	0
이남규	클	2	2	0	0	0	0	0	0	0	0	0	0	0	0
이재원	클	10	6	0	0	0	10	9	0	2	2	0	0	0	0
정원진	클	11	9	0	0	13	11	8	1	6	4	2	0	0	0
조수철	클	14	3	1	1	0	13	8	0	16	9	3	0	0	0
최호주	클	13	13	0	1	0	4	6	0	4	3	0	0	0	0
황지수	클	26	17	1	0	0	32	20	0	4	3	3	0	0	0

2016년 클래식 팀별 개인 기록 | 인천

선수명	대회	출장	교체	득점	도움	코너킥	파울	파울득	오프사이드	슈팅	유효슈팅	경고	퇴장	실점	자책
권완규	클	21	5	2	1	0	38	15	1	15	6	4	0	0	0
김경민	클	9	4	0	0	0	11	5	0	2	0	2	0	0	0
김다솔	클	3	0	0	0	0	0	0	0	0	0	0	0	7	0
김대경	클	16	11	1	1	4	8	10	1	6	5	0	0	0	0
김대중	클	16	8	1	0	0	5	4	1	2	1	2	0	0	0
김도혁	클	33	11	3	2	46	35	31	1	39	21	5	0	0	0
김동석	클	10	4	0	0	9	10	10	0	8	3	1	0	0	0
김세훈	클	1	1	0	0	0	1	1	0	0	0	0	0	0	0
김용환	클	28	6	3	2	0	28	52	11	15	11	6	0	0	0
김태수	클	23	16	1	1	0	14	17	0	4	3	0	0	0	1
박대한	클	26	3	0	2	0	31	14	0	4	1	6	0	0	0
박세직	클	27	15	3	0	37	27	28	0	26	12	3	0	0	0
박종진	클	8	7	0	0	4	3	4	0	3	2	1	0	0	0
배승진	클	4	2	0	0	0	8	3	0	1	0	1	0	0	0
	챌	7	3	2	0	0	7	4	0	10	3	1	0	0	0
	계	11	5	2	0	0	15	7	0	11	3	2	0	0	0
벨코스키	클	24	20	4	2	27	19	16	7	35	21	0	0	0	0
송시우	클	28	28	5	1	1	19	49	2	21	12	3	0	0	0
송제헌	클	14	13	3	1	0	13	9	2	12	5	0	0	0	0
안재준	챌	8	2	0	0	0	8	4	0	2	2	2	0	0	0
	계	8	2	0	0	0	8	4	0	2	2	2	0	0	0
요니치	클	34	0	0	0	0	24	10	5	5	2	6	0	0	1
유재호	클	1	0	0	0	0	0	1	0	0	0	0	0	0	0
윤상호	클	28	16	0	0	2	44	34	1	13	6	6	0	0	0
이윤표	클	24	2	1	0	0	40	24	1	2	1	8	0	0	0
이중권	클	1	1	0	0	0	1	1	0	0	0	0	0	0	0
이진욱	클	2	2	0	0	0	1	0	0	0	0	0	0	0	0
이태희	클	8	0	0	0	0	1	1	0	0	0	1	0	9	0
이현성	클	9	9	0	0	2	9	7	1	0	0	0	0	0	0
조병국	클	29	5	1	2	0	21	12	3	7	4	5	0	0	0
조수혁	클	26	0	0	0	0	2	1	0	0	0	2	0	32	0
진성욱	클	31	21	5	3	0	47	50	4	27	16	3	0	0	0
쯔엉	클	4	4	0	0	3	2	0	0	1	0	0	0	0	0
최종환	클	16	7	0	0	2	10	8	1	5	2	3	0	0	0
케빈	클	33	7	9	10	0	73	57	18	12	69	9	0	0	0

2016년 클래식 팀별 개인 기록 I 성남

선수명	대회	출장	교체	득점	도움	코너킥	파울	파울득	오프사이드	슈팅	유효슈팅	경고	퇴장	실점	자책
김근배	클	9	0	0	0	0	0	2	0	0	0	0	0	12	0
김동준	클	26	1	0	0	0	0	4	0	0	0	1	0	35	0
김동희	클	17	17	0	0	0	7	6	3	9	5	0	1	0	0
김두현	클	28	23	4	0	54	25	22	2	26	16	5	0	0	0
김태윤	클	33	1	1	0	0	12	13	1	5	2	6	0	0	0
김 현	클	21	15	3	0	0	29	13	1	27	10	3	0	0	0
박용지	클	27	25	1	2	0	23	42	4	18	8	4	0	0	0
박준혁	클	3	0	0	0	0	0	0	0	0	0	0	0	4	1
박진포	클	23	3	0	1	0	27	33	1	9	1	4	0	0	0
박태민	클	1	0	0	0	0	0	0	0	0	0	0	0	0	0
성봉재	클	5	4	1	0	0	5	3	0	4	2	1	0	0	0
실빙요	클	13	10	2	0	6	9	16	2	22	6	0	0	0	0
안상현	클	23	7	0	2	0	43	29	0	4	2	4	0	0	0
연제운	클	16	5	1	0	0	16	13	0	4	2	4	0	0	1
이종원	클	25	9	0	0	4	39	26	0	18	5	8	2	0	0
이창훈	클	2	1	0	0	0	3	4	0	0	0	1	0	0	0
이태희	클	28	5	1	3	1	24	25	0	8	5	4	0	0	0
이후권	클	10	4	0	0	0	12	6	0	2	0	3	0	0	0
임채민	클	21	3	0	0	0	14	22	1	10	3	4	0	0	0
장석원	클	14	11	0	0	0	5	10	0	1	0	2	0	0	0
장학영	클	31	2	0	2	0	36	32	0	7	4	4	0	0	0
전상욱	클	1	1	0	0	0	0	0	0	0	0	0	0	0	0
정선호	클	15	10	1	1	1	8	8	0	9	4	0	0	0	0
조재철	클	23	13	3	0	9	20	26	2	15	8	2	0	0	0
최호정	클	10	4	0	0	0	9	13	1	2	2	1	0	0	0
티아고	클	19	8	13	5	47	16	43	9	66	38	0	0	0	0
피 투	클	33	20	3	7	28	18	48	3	41	19	3	0	0	0
황의조	클	37	6	9	3	2	36	69	45	92	48	1	0	0	1
황진성	클	10	9	1	2	4	9	6	1	9	8	0	0	0	0

2016년 클래식 팀별 개인 기록 I 수원FC

선수명	대회	출장	교체	득점	도움	코너킥	파울	파울득	오프사이드	슈팅	유효슈팅	경고	퇴장	실점	자책
가빌란	클	22	18	3	2	62	26	23	1	45	23	5	0	0	0
권용현	클	21	11	5	2	3	31	30	2	21	15	3	0	0	0
권혁진	클	5	4	0	0	0	9	3	0	2	1	1	0	0	0
김근환	클	30	11	0	1	0	17	15	5	12	7	2	0	0	0
김민제	클	12	0	1	0	2	16	7	1	4	3	1	0	0	0
	챌	10	7	0	0	5	6	5	0	3	1	0	0	0	0
	계	22	7	1	0	7	22	12	1	7	4	1	0	0	0
김병오	클	28	13	4	3	1	50	41	13	55	25	8	0	0	0
김부관	클	25	20	1	3	1	13	33	2	32	16	1	0	0	0
김종국	클	26	12	2	2	14	21	4	0	26	12	4	0	0	0
김철호	클	5	2	0	0	0	10	6	0	2	0	0	0	0	0
김한원	클	18	7	1	0	9	21	14	0	14	7	8	0	0	0
김혁진	클	6	6	0	1	0	0	1	1	3	2	0	0	0	0
레이어	클	28	0	0	0	0	32	13	1	9	3	11	1	0	0
박형순	클	12	0	0	0	0	0	1	0	0	0	0	0	18	0
브루스	클	13	9	5	1	0	20	10	6	40	24	3	0	0	0
블라단	클	27	1	3	0	0	33	21	0	15	7	9	0	0	1
서동현	클	9	7	1	0	0	7	8	5	12	5	1	0	0	0
	챌	8	5	1	0	0	5	7	1	9	4	1	0	0	0
	계	17	12	2	0	0	12	15	6	21	9	2	0	0	0
오군지미	클	10	8	3	0	0	8	2	7	13	10	3	0	0	0
유지노	클	4	1	0	0	6	7	6	1	2	1	1	0	0	0
윤태수	클	6	6	0	0	0	5	1	0	5	1	1	0	0	0
이광진	클	25	11	0	0	33	26	49	4	23	6	5	0	0	0
이광훈	클	3	3	0	0	0	0	2	0	1	0	0	0	0	0
이승렬	클	4	3	0	0	3	8	5	0	5	2	3	0	0	0
이승현	클	31	17	6	1	1	28	26	16	42	23	1	0	0	0
이인수	클	5	0	0	0	0	0	0	0	0	0	0	0	9	0
이재안	클	24	17	0	2	7	9	18	3	19	11	1	0	0	0
이준호	클	28	2	0	0	1	26	37	0	21	6	6	0	0	0
이창근	클	21	0	0	0	0	1	4	0	0	0	1	0	31	0
	챌	3	0	0	0	0	0	0	0	0	0	0	0	6	0
	계	24	0	0	0	0	1	4	0	0	0	1	0	37	0
이창무	클	2	2	0	0	0	0	1	0	1	0	0	0	0	0
임창균	클	12	8	1	1	38	14	16	0	16	7	2	0	0	0
임창균	챌	18	8	0	3	45	12	34	5	31	16	1	0	0	0
임창균	계	30	16	1	4	83	26	50	5	47	23	3	0	0	0
임하람	클	17	3	0	0	0	21	17	0	3	0	3	0	0	1
정기운	클	5	5	0	0	0	2	1	1	1	1	1	0	0	0
정민우	클	11	8	1	0	0	10	12	2	16	7	0	0	0	0
황재훈	클	22	3	1	0	0	26	20	0	16	8	6	0	0	0

클: K리그 클래식 / 챌: K리그 챌린지:

2016년 클래식 득점 순위

순위	선수명	소속	경기수	득점수	경기당 득점률	교체 IN/OUT
1	정조국	광주	31	20	64.5	16
2	아드리아노	서울	30	17	56.7	17
3	티아고	성남	19	13	68.4	8
4	양동현	포항	32	13	40.6	9
5	로페즈	전북	35	13	37.1	20
6	데얀	서울	36	13	36.1	21
7	이동국	전북	27	12	44.4	19
8	산토스	수원	33	12	36.4	19
9	레오나르도	전북	34	12	35.3	23
10	마르셀로	제주	37	11	29.7	19
11	조나탄	수원	14	10	71.4	8
12	자일	전남	20	10	50.0	10
13	박주영	서울	34	10	29.4	24
14	심동운	포항	36	10	27.8	19
15	박기동	전남	30	9	30	17
16	케빈	인천	33	9	27.3	7
17	황의조	성남	37	9	24.3	6
18	임상협	상주	25	8	32	19
19	박준태	전남	28	8	28.6	18
20	안현범	제주	28	8	28.6	15
21	김승준	울산	30	8	26.7	23
22	김호남	제주	31	8	25.8	29
23	권창훈	수원	27	7	25.9	14
24	송진형	제주	28	7	25	5
25	김성환	울산	29	7	24.1	5
26	김신욱	전북	33	7	21.2	28
27	코바	울산	36	7	19.4	20
28	멘디	울산	18	6	33.3	5
29	윤일록	서울	26	6	23.1	14
30	이승현	수원FC	31	6	19.4	17
31	브루스	수원FC	13	5	38.5	9
32	오르샤	전남	16	5	31.3	3
33	권용현	수원FC	21	5	23.8	11
34	이종호	전북	22	5	22.7	18
35	송시우	인천	28	5	17.9	28
36	진성욱	인천	31	5	16.1	21
37	유고비치	전남	33	5	15.2	10
38	이광선	제주	34	5	14.7	3
39	이근호	제주	35	5	14.3	19
40	권한진	제주	37	5	13.5	6
41	권순형	제주	37	5	13.5	11
42	완델손	제주	14	4	28.6	10
43	한교원	전북	19	4	21.1	8
44	조동건	수원	24	4	16.7	21
45	벨코스키	인천	24	4	16.7	20
46	라자르	포항	25	4	16	20
47	허용준	전남	28	4	14.3	22
48	김두현	성남	28	4	14.3	23
49	김병오	수원FC	28	4	14.3	13
50	이상호	수원	29	4	13.8	15
51	김보경	전북	29	4	13.8	4
52	이정협	울산	30	4	13.3	25
53	주세종	서울	30	4	13.3	9
54	안용우	전남	32	4	12.5	24
55	염기훈	수원	34	4	11.8	10
56	김태환	울산	36	4	11.1	9
57	오스마르	서울	37	4	10.8	1
58	송승민	광주	38	4	10.5	2
59	오군지미	수원FC	10	3	30.0	8
60	루이스	전북	11	3	27.3	9
61	송제헌	인천	14	3	21.4	13
62	박희성	상주	15	3	20.0	7
63	윤주태	서울	17	3	17.7	16
64	김현	성남	21	3	14.3	15
65	문상윤	제주	22	3	13.6	19
66	가빌란	수원FC	22	3	13.6	18
67	배천석	전남	23	3	13	16
68	조재철	성남	23	3	13	13
69	문창진	포항	23	3	13	15
70	조영철	상주	27	3	11.1	21
71	박세직	인천	27	3	11.1	15
72	이정수	수원	27	3	11.1	5
73	블라단	수원FC	27	3	11.1	1
74	김용환	인천	28	3	10.7	6
75	이재성	전북	32	3	9.4	3
76	피투	성남	33	3	9.1	20
77	김도혁	인천	33	3	9.1	11
78	김성준	상주	36	3	8.3	12
79	김민혁	광주	36	3	8.3	7
80	오도현	광주	13	2	15.4	12
81	실빙요	성남	13	2	15.4	10
82	김치곤	울산	13	2	15.4	6
83	스테보	전남	14	2	14.3	8
84	오창현	포항	15	2	13.3	15
85	조주영	광주	15	2	13.3	14
86	신영준	상주	16	2	12.5	15
87	곽해성	제주	17	2	11.8	6
88	양준아	전남	17	2	11.8	6
89	룰리냐	포항	18	2	11.1	16
90	주현우	광주	20	2	10.0	17
91	이석현	서울	20	2	10.0	14
92	이창민	제주	21	2	9.5	10
93	황일수	상주	21	2	9.5	15
94	권완규	인천	21	2	9.5	5
95	이웅희	상주	23	2	8.7	1
96	하성민	울산	24	2	8.3	15
97	이용	울산	24	2	8.3	2
98	이재성	울산	25	2	8	2
99	김종국	수원FC	26	2	7.7	12
100	고요한	서울	27	2	7.4	5

순위	선수명	소속	경기수	득점수	경기당 득점률	교체 IN/OUT
101	여 름	광주	30	2	6.7	8
102	최 효 진	전남	31	2	6.5	1
103	김 영 욱	전남	33	2	6.1	9
104	이 고 르	수원	2	1	50.0	2
105	이 우 진	제주	3	1	33.3	3
106	김 도 엽	상주	3	1	33.3	2
107	성 봉 재	성남	5	1	20.0	4
108	윤 동 민	상주	6	1	16.7	4
109	김 정 현	광주	7	1	14.3	6
110	오 장 은	수원	7	1	14.3	5
111	박 성 호	울산	8	1	12.5	5
112	이 경 렬	상주	8	1	12.5	3
113	조 석 재	전남	9	1	11.1	9
114	이 민 기	광주	9	1	11.1	6
115	서 동 현	수원FC	9	1	11.1	7
116	황 진 성	성남	10	1	10	9
117	곽 희 주	수원	10	1	10	7
118	연 제 민	수원	10	1	10	5
119	셀 리 오	울산	10	1	10	3
120	알 리	포항	10	1	10	3
121	신 형 민	전북	10	1	10	1
122	김 종 민	수원	11	1	9.1	10
123	에 두	전북	11	1	9.1	11
124	정 민 우	수원FC	11	1	9.1	8
125	장 윤 호	전북	11	1	9.1	6
126	유 준 수	상주	11	1	9.1	3
127	임 창 균	수원FC	12	1	8.3	8
128	김 민 제	수원FC	12	1	8.3	0
129	정 영 총	제주	13	1	7.7	14
130	파 비 오	광주	14	1	7.1	12
131	조 수 철	포항	14	1	7.1	3
132	조 성 환	전북	14	1	7.1	1
133	정 선 호	성남	15	1	6.7	10
134	최 규 백	전북	15	1	6.7	1
135	김 인 성	울산	16	1	6.3	16
136	김 대 경	인천	16	1	6.3	11
137	김 대 중	인천	16	1	6.3	8
138	연 제 운	성남	16	1	6.3	5
139	오 반 석	제주	16	1	6.3	2
140	김 한 원	수원FC	18	1	5.6	7
141	이 승 기	전북	19	1	5.3	14
142	정 승 현	울산	19	1	5.3	4
143	박 용 우	서울	19	1	5.3	7
144	김 건 희	수원	20	1	5.0	17
145	이 지 민	전남	20	1	5.0	11
146	무 랄 라	포항	20	1	5.0	8
147	곽 광 선	수원	21	1	4.8	5
148	고 무 열	전북	22	1	4.6	19
149	홍 준 호	광주	22	1	4.6	7
150	한 상 운	울산	22	1	4.6	14
151	황 재 훈	수원FC	22	1	4.6	3
152	윤 영 선	상주	22	1	4.6	0
153	한 찬 희	전남	23	1	4.4	18
154	김 태 수	인천	23	1	4.4	16
155	이 윤 표	인천	24	1	4.2	2
156	김 부 관	수원FC	25	1	4.0	20
157	황 지 수	포항	26	1	3.9	17
158	조 원 희	수원	26	1	3.9	5
159	배 슬 기	포항	26	1	3.9	1
160	박 용 지	성남	27	1	3.7	25
161	이 태 희	성남	28	1	3.6	5
162	신 진 호	상주	29	1	3.5	9
163	조 병 국	인천	29	1	3.5	5
164	강 상 우	포항	30	1	3.3	5
165	최 철 순	전북	30	1	3.3	1
166	조 성 준	광주	32	1	3.1	28
167	다카하기	서울	32	1	3.1	16
168	정 운	제주	32	1	3.1	3
169	구 자 룡	수원	32	1	3.1	1
170	고 광 민	서울	33	1	3.0	2
171	김 태 윤	성남	33	1	3.0	1
172	김 광 석	포항	37	1	2.7	1

2016년 클래식 도움 순위

순위	선수명	소속	경기수	도움수	경기당 도움률	교체 IN/OUT
1	염 기 훈	수원	34	15	44.1	10
2	이 재 성	전북	32	11	34.4	3
3	케 빈	인천	33	10	30.3	7
4	코 바	울산	36	9	25.0	20
5	마르셀로	제주	37	9	24.3	19
6	신 진 호	상주	29	8	27.6	9
7	박 기 동	전남	30	8	26.7	17
8	김 민 혁	광주	36	8	22.2	7
9	권 순 형	제주	37	8	21.6	11
10	윤 일 록	서울	26	7	26.9	14
11	김 보 경	전북	29	7	24.1	4
12	피 투	성남	33	7	21.2	20
13	자 일	전남	20	6	30.0	10
14	아드리아노	서울	30	6	20.0	17
15	레오나르도	전북	34	6	17.7	23
16	로 페 즈	전북	35	6	17.1	20
17	이 근 호	제주	35	6	17.1	19
18	티 아 고	성남	19	5	26.3	8
19	고 요 한	서울	27	5	18.5	5
20	정 운	제주	32	5	15.6	3
21	오 르 샤	전남	16	4	25.0	3
22	황 일 수	상주	21	4	19.1	15
23	한 상 운	울산	22	4	18.2	14
24	문 창 진	포항	23	4	17.4	15
25	이 으 뜸	광주	24	4	16.7	9
26	라 자 르	포항	25	4	16.0	20

순위	선수명	소속	경기수	득점수	경기당 도움률	교체 IN/OUT
27	권창훈	수원	27	4	14.8	14
28	안현범	제주	28	4	14.3	15
29	송진형	제주	28	4	14.3	5
30	최철순	전북	30	4	13.3	1
31	최효진	전남	31	4	12.9	1
32	다카하기	서울	32	4	12.5	16
33	양동현	포항	32	4	12.5	9
34	홍 철	수원	12	3	25.0	5
35	완델손	제주	14	3	21.4	10
36	김건희	수원	20	3	15.0	17
37	이창민	제주	21	3	14.3	10
38	이종호	전북	22	3	13.6	18
39	배천석	전남	23	3	13.0	16
40	이 용	울산	24	3	12.5	2
41	김부관	수원FC	25	3	12.0	20
42	임상협	상주	25	3	12.0	19
43	김치우	서울	26	3	11.5	11
44	허용준	전남	28	3	10.7	22
45	김병오	수원FC	28	3	10.7	13
46	이태희	성남	28	3	10.7	5
47	김호남	제주	31	3	9.7	29
48	진성욱	인천	31	3	9.7	21
49	산토스	수원	33	3	9.1	19
50	유고비치	전남	33	3	9.1	10
51	김태환	울산	36	3	8.3	9
52	황의조	성남	37	3	8.1	6
53	오스마르	서울	37	3	8.1	1
54	송승민	광주	38	3	7.9	2
55	황진성	성남	10	2	20	9
56	루이스	전북	11	2	18.2	9
57	장윤호	전북	11	2	18.2	6
58	이광혁	포항	12	2	16.7	9
59	박선주	포항	12	2	16.7	2
60	조나탄	수원	14	2	14.3	8
61	오창현	포항	15	2	13.3	15
62	조주영	광주	15	2	13.3	14
63	김동현	포항	16	2	12.5	15
64	윤주태	서울	17	2	11.8	16
65	곽해성	제주	17	2	11.8	6
66	박원재	전북	18	2	11.1	4
67	이승기	전북	19	2	10.5	14
68	주현우	광주	20	2	10	17
69	권용현	수원FC	21	2	9.5	11
70	토 미	전남	21	2	9.5	1
71	고무열	전북	22	2	9.1	19
72	문상윤	제주	22	2	9.1	19
73	가빌란	수원FC	22	2	9.1	18
74	안상현	성남	23	2	8.7	7
75	이재안	수원FC	24	2	8.3	17
76	벨코스키	인천	24	2	8.3	20
77	김종국	수원FC	26	2	7.7	12
78	박대한	인천	26	2	7.7	3
79	박용지	성남	27	2	7.4	25
80	김용환	인천	28	2	7.1	6
81	이상호	수원	29	2	6.9	15
82	정동호	울산	29	2	6.9	6
83	조병국	인천	29	2	6.9	5
84	김승준	울산	30	2	6.7	23
85	강상우	포항	30	2	6.7	5
86	장학영	성남	31	2	6.5	2
87	조성준	광주	32	2	6.3	28
88	김신욱	전북	33	2	6.1	28
89	김도혁	인천	33	2	6.1	11
90	고광민	서울	33	2	6.1	2
91	이기제	울산	35	2	5.7	5
92	데 얀	서울	36	2	5.6	21
93	정 혁	전북	4	1	25	0
94	심제혁	서울	5	1	20	5
95	이명재	울산	5	1	20	3
96	김혁진	수원FC	6	1	16.7	6
97	김대열	상주	7	1	14.3	6
98	김재성	제주	8	1	12.5	7
99	김창수	전북	8	1	12.5	0
100	조용태	광주	10	1	10	10
101	정재용	울산	10	1	10	5
102	김종민	수원	11	1	9.1	10
103	조찬호	서울	11	1	9.1	11
104	에 두	전북	11	1	9.1	11
105	고차원	수원	11	1	9.1	9
106	김성주	상주	11	1	9.1	6
107	정 산	울산	11	1	9.1	0
108	임창균	수원FC	12	1	8.3	8
109	최재수	전북	12	1	8.3	6
110	최호주	포항	13	1	7.7	13
111	브루스	수원FC	13	1	7.7	9
112	송제헌	인천	14	1	7.1	13
113	이슬찬	전남	14	1	7.1	8
114	파비오	광주	14	1	7.1	12
115	조수철	포항	14	1	7.1	3
116	정선호	성남	15	1	6.7	10
117	김대경	인천	16	1	6.3	11
118	배재우	제주	16	1	6.3	9
119	김상원	제주	16	1	6.3	7
120	백지훈	수원	18	1	5.6	14
121	룰리냐	포항	18	1	5.6	16
122	멘 디	울산	18	1	5.6	5
123	김남춘	서울	18	1	5.6	2
124	이종성	수원	19	1	5.3	2
125	백동규	제주	21	1	4.8	7
126	이종민	광주	21	1	4.8	13
127	권완규	인천	21	1	4.8	5
128	신세계	수원	22	1	4.6	3

순위	선수명	소속	경기수	득점수	경기당 도움률	교체 IN/OUT
129	한 찬 희	전남	23	1	4.4	18
130	김 태 수	인천	23	1	4.4	16
131	박 진 포	성남	23	1	4.4	3
132	조 동 건	수원	24	1	4.2	21
133	고 태 원	전남	26	1	3.9	4
134	송 시 우	인천	28	1	3.6	28
135	박 준 태	전남	28	1	3.6	18
136	정 호 정	광주	28	1	3.6	2
137	이 호 승	전남	28	1	3.6	1
138	현 영 민	전남	29	1	3.5	10
139	김 성 환	울산	29	1	3.5	5
140	이 정 협	울산	30	1	3.3	25
141	김 근 환	수원FC	30	1	3.3	11
142	주 세 종	서울	30	1	3.3	9
143	이 승 현	수원FC	31	1	3.2	17
144	정 조 국	광주	31	1	3.2	16
145	박 선 용	포항	31	1	3.2	6
146	마 스 다	울산	32	1	3.1	6
147	박 주 영	서울	34	1	2.9	24
148	이 광 선	제주	34	1	2.9	3
149	심 동 운	포항	36	1	2.8	19
150	권 한 진	제주	37	1	2.7	6

2016년 클래식 골키퍼 실점 기록

선수명	소속	경기수	출전경기	실점	1경기당 실점
전 상 욱	성남	38	1	0	0.00
전 수 현	제주	38	1	0	0.00
김 진 영	포항	38	17	15	0.88
윤 보 상	광주	38	22	21	0.95
박 준 혁	성남	38	3	4	1.33
황 병 근	전북	38	3	3	1.00
이 인 수	수원FC	38	5	9	1.80
제 종 현	상주	38	6	9	1.50
김 민 식	전남	38	7	11	1.57
이 태 희	인천	38	8	9	1.13
김 근 배	성남	38	9	12	1.33
김 경 민	제주	38	10	18	1.80
정 산	울산	38	11	16	1.45
박 형 순	수원FC	38	12	18	1.50
양 동 원	상주	38	14	26	1.86
양 형 모	수원	38	17	22	1.29
최 봉 진	광주	38	17	24	1.41
오 승 훈	상주	38	18	30	1.67
유 현	서울	38	18	18	1.00
유 상 훈	서울	38	21	28	1.33
이 창 근	수원FC	38	21	31	1.48
노 동 건	수원	38	22	37	1.68
신 화 용	포항	38	23	31	1.35
김 용 대	울산	38	24	25	1.04
김 동 준	성남	38	26	35	1.35
조 수 혁	인천	38	26	32	1.23
김 호 준	제주	38	28	39	1.39
이 호 승	전남	38	28	34	1.21
권 순 태	전북	38	35	37	1.06
김 교 빈	전남	38	1	2	2.00
김 다 솔	인천	38	3	7	2.33
장 대 희	울산	38	3	6	2.00
한 유 성	전남	38	3	6	2.00
김 교 빈	인천	38	1	3	2.00

클래식 통산 팀 간 경기기록

팀명	상대팀	승	무	패	득점	실점	도움	코너킥	파울	파울득	오프사이드	슈팅(유효)	PK득점	경고	퇴장
전북	강원	2	0	0	7	2	7	14	33	25	5	34(25)	0	4	0
	경남	4	1	0	14	3	8	21	72	77	4	74(35)	2	7	0
	광주	3	3	0	11	6	8	37	107	82	12	74(31)	1	17	0
	대구	2	0	0	3	0	1	8	31	40	2	28(15)	0	4	0
	대전	4	1	0	13	7	10	23	85	70	7	69(34)	0	7	0
	부산	8	1	1	19	10	11	45	162	133	17	124(65)	2	14	0
	상주	4	3	0	18	6	16	29	106	70	8	114(51)	1	12	0
	서울	7	5	4	20	16	14	63	250	238	30	169(82)	2	39	0
	성남	7	2	3	19	12	8	54	195	173	24	179(100)	3	28	1
	수원	7	3	5	24	21	14	72	185	241	33	207(108)	1	27	1
	수원FC	2	1	0	7	4	3	33	44	47	7	69(38)	2	10	0
	울산	7	6	2	15	12	11	81	208	238	26	208(105)	2	26	0
	인천	6	5	2	15	8	12	60	190	213	25	165(79)	1	28	1
	전남	7	3	2	24	13	19	62	164	153	25	182(76)	2	23	0
	제주	9	2	3	26	14	20	71	183	198	34	207(97)	1	27	0
	포항	5	5	5	15	16	12	59	267	279	36	173(85)	2	40	3
	소계	84	41	27	250	150	174	732	2282	2277	295	2,076(1,026)	22	313	6

팀명	상대팀	승	무	패	득점	실점	도움	코너킥	파울	파울득	오프사이드	슈팅(유효)	PK득점	경고	퇴장
서 울	강 원	2	0	0	4	2	4	12	28	24	6	30(19)	0	4	0
	경 남	0	5	0	4	4	3	25	63	76	10	59(23)	0	5	0
	광 주	4	2	0	12	7	7	21	65	73	20	56(30)	2	7	0
	대 구	2	0	0	5	0	4	6	26	32	1	25(14)	1	6	0
	대 전	5	0	0	10	4	9	25	40	53	8	71(35)	0	3	0
	부 산	5	3	2	12	7	7	45	119	141	29	108(57)	5	9	0
	상 주	3	1	3	12	9	10	32	99	90	7	80(45)	1	10	0
	서 울	6	3	3	17	13	11	54	171	141	13	138(68)	1	15	1
	성 남	8	4	3	20	16	14	52	165	211	32	177(86)	2	27	0
	수 원	3	0	0	7	0	6	16	41	33	4	53(30)	0	3	0
	수원FC	4	5	6	16	18	13	65	203	204	26	177(83)	1	25	0
	울 산	7	3	3	24	14	15	46	128	207	29	149(82)	3	16	0
	인 천	8	2	2	24	13	14	53	144	172	14	145(65)	3	19	0
	전 남	4	5	7	16	20	8	65	247	243	21	183(101)	1	28	0
	제 주	6	5	3	24	18	14	64	136	158	44	181(84)	3	13	0
	포 항	3	4	8	13	19	8	57	203	224	42	161(80)	1	23	0
	소 계	70	42	40	220	164	147	638	1878	2082	306	1,793(902)	24	213	1

팀명	상대팀	승	무	패	득점	실점	도움	코너킥	파울	파울득	오프사이드	슈팅(유효)	PK득점	경고	퇴장
포 항	강 원	2	0	0	7	0	6	3	37	32	7	26(16)	0	2	0
	경 남	1	3	1	5	3	2	13	65	60	4	42(15)	0	12	0
	광 주	3	4	0	8	5	5	31	91	85	13	56(29)	1	9	1
	대 구	2	0	0	5	2	2	7	32	23	2	28(16)	0	4	0
	대 전	5	0	0	9	1	8	29	67	69	9	83(46)	1	10	0
	부 산	4	3	3	14	11	10	62	169	143	14	97(44)	1	17	0
	상 주	4	0	2	10	6	7	24	99	74	11	61(23)	0	14	0
	서 울	8	4	3	19	13	13	36	242	196	24	129(63)	2	36	0
	성 남	8	3	2	20	11	13	66	203	169	15	136(80)	4	32	1
	수 원	5	6	5	20	21	12	61	234	203	25	149(71)	2	27	0
	수원FC	0	0	4	2	6	1	24	65	62	4	49(16)	0	7	0
	울 산	4	5	5	18	17	17	70	218	184	18	149(85)	0	31	1
	인 천	5	4	5	20	16	10	80	232	202	17	150(84)	6	28	0
	전 남	5	4	2	16	10	9	38	169	123	11	98(48)	1	20	1
	전 북	5	5	5	16	15	14	61	294	253	25	146(91)	1	33	0
	제 주	6	2	5	16	18	8	68	165	156	27	135(55)	3	25	0
	소 계	67	43	42	205	155	137	673	2382	2034	226	1,534(782)	22	307	4

팀명	상대팀	승	무	패	득점	실점	도움	코너킥	파울	파울득	오프사이드	슈팅(유효)	PK득점	경고	퇴장
수 원	강 원	1	0	1	2	2	1	9	28	29	3	38(20)	0	7	0
	경 남	2	3	0	6	2	4	24	67	65	9	62(26)	0	3	0
	광 주	2	3	2	9	8	7	26	95	83	21	58(25)	1	9	0
	대 구	2	0	0	5	1	4	7	41	26	5	29(17)	1	7	0
	대 전	4	0	1	12	6	7	30	84	63	8	80(38)	2	7	0
	부 산	5	3	2	13	8	6	44	165	116	20	112(57)	1	16	0
	상 주	3	3	0	8	5	5	34	96	69	9	84(33)	0	6	0
	서 울	3	4	8	16	20	12	58	224	157	33	173(80)	0	33	0
	성 남	4	5	4	16	16	10	65	185	168	23	194(92)	0	12	0
	수원FC	3	0	1	10	8	5	17	46	54	10	72(31)	0	7	0
	울 산	5	4	5	22	18	13	50	186	179	27	141(83)	1	17	0
	인 천	6	6	2	23	18	14	60	199	238	24	183(100)	3	22	0
	전 남	4	4	3	11	12	9	55	139	115	22	148(61)	1	16	1
	전 북	5	3	7	21	24	13	58	248	177	24	152(77)	0	33	0
	제 주	9	2	2	23	14	18	64	147	153	27	167(88)	0	13	0
	포 항	5	6	5	21	20	15	60	217	222	33	172(82)	0	28	0
	소 계	63	46	43	218	182	143	661	2167	1914	298	1,865(910)	10	236	1

팀명	상대팀	승	무	패	득점	실점	도움	코너킥	파울	파울득	오프사이드	슈팅(유효)	PK득점	경고	퇴장
울산	강원	2	0	0	5	1	2	2	31	15	5	20(10)	0	1	0
	경남	5	0	0	13	3	8	20	65	67	7	56(30)	1	7	0
	광주	5	1	1	11	5	6	32	83	88	19	74(44)	0	13	0
	대구	1	0	1	5	6	4	14	26	30	4	25(11)	2	4	0
	대전	4	2	0	12	3	12	30	99	56	10	87(41)	0	12	0
	부산	4	4	3	13	9	8	47	169	166	19	108(61)	2	19	1
	상주	4	1	2	11	8	8	24	96	76	13	64(35)	2	8	0
	서울	6	5	4	18	16	12	64	212	193	50	152(74)	0	32	2
	성남	3	2	6	9	15	5	59	161	135	25	141(68)	2	15	0
	수원	5	4	5	18	22	14	67	192	175	36	130(73)	2	21	0
	수원FC	2	1	0	4	2	1	13	32	32	4	31(20)	1	4	0
	인천	5	6	3	21	19	19	69	182	218	24	159(84)	0	19	1
	전남	6	3	4	19	16	13	51	177	172	29	152(69)	2	22	2
	전북	2	6	7	12	15	11	70	245	201	27	154(75)	0	29	0
	제주	3	4	6	14	14	8	57	190	139	30	143(63)	6	31	1
	포항	5	5	4	17	18	9	72	194	205	33	145(81)	1	35	0
	소계	62	44	46	202	172	140	691	2154	1968	335	1,641(839)	21	272	7

팀명	상대팀	승	무	패	득점	실점	도움	코너킥	파울	파울득	오프사이드	슈팅(유효)	PK득점	경고	퇴장
제주	강원	2	1	1	9	4	7	18	65	49	12	51(27)	0	8	0
	경남	3	2	2	10	8	6	27	97	126	13	82(37)	2	7	0
	광주	3	0	3	7	7	5	31	86	68	16	62(27)	0	12	0
	대구	1	2	1	4	4	4	13	60	59	7	45(10)	0	9	0
	대전	4	2	1	16	8	12	33	105	99	15	88(42)	2	14	0
	부산	5	2	1	12	6	9	40	90	102	15	98(44)	0	13	0
	상주	5	0	2	17	11	15	33	91	58	18	103(45)	1	3	0
	서울	3	5	6	18	24	13	57	162	131	25	158(64)	2	27	1
	성남	5	7	2	19	16	12	57	200	166	17	166(67)	2	23	2
	수원	2	2	9	14	23	11	56	161	141	38	149(58)	1	20	0
	수원FC	1	1	1	8	7	3	16	33	37	7	34(18)	2	6	0
	울산	6	4	3	14	14	11	58	151	182	24	155(69)	2	13	0
	인천	3	4	4	7	8	4	51	174	155	9	139(50)	1	16	0
	전남	10	2	2	29	14	21	45	191	142	34	190(86)	0	20	0
	전북	3	2	9	14	26	9	60	208	175	17	166(66)	1	33	1
	포항	5	2	6	18	16	14	51	166	158	25	147(62)	1	24	1
	소계	61	38	53	216	196	156	646	2040	1848	292	1,833(772)	17	248	5

팀명	상대팀	승	무	패	득점	실점	도움	코너킥	파울	파울득	오프사이드	슈팅(유효)	PK득점	경고	퇴장
성남	강원	2	0	2	6	4	4	26	69	56	9	50(30)	1	10	1
	경남	6	1	1	11	4	4	50	112	129	14	92(45)	1	13	0
	광주	2	4	1	6	4	5	32	91	98	14	65(35)	1	16	0
	대구	0	3	1	2	3	1	21	84	70	6	42(20)	0	13	0
	대전	5	1	1	16	6	12	43	116	87	12	95(45)	1	17	0
	부산	5	0	4	7	8	3	53	131	122	16	93(53)	2	17	1
	상주	1	5	1	10	10	5	30	86	89	13	80(42)	0	12	0
	서울	3	3	6	13	17	10	29	150	163	25	109(57)	0	22	1
	수원	4	5	4	16	16	11	60	174	179	28	119(61)	1	22	0
	수원FC	1	1	2	5	6	2	22	53	63	4	55(22)	1	2	1
	울산	6	2	3	15	9	11	57	139	158	23	128(78)	1	26	0
	인천	6	5	2	16	10	11	68	182	193	23	154(75)	1	26	0
	전남	4	5	5	9	10	6	78	187	193	25	160(72)	2	27	0
	전북	3	2	7	12	19	6	56	184	183	26	122(65)	1	23	2
	제주	2	7	5	16	19	12	82	172	191	31	157(67)	5	22	0
	포항	2	3	8	11	20	6	60	183	193	24	103(48)	1	23	1
	소계	52	47	53	171	165	109	767	2113	2167	293	1,624(815)	19	291	7

팀명	상대팀	승	무	패	득점	실점	도움	코너킥	파울	파울득	오프사이드	슈팅(유효)	PK득점	경고	퇴장
전남	강원	1	2	1	3	3	1	25	65	54	10	46(19)	0	12	0
	경남	4	2	2	12	11	10	42	107	111	7	90(37)	0	14	0
	광주	2	2	3	8	8	4	35	103	99	17	63(29)	2	17	0
	대구	1	2	1	4	4	2	19	62	65	4	45(20)	0	2	1
	대전	3	3	2	11	10	7	38	107	120	11	125(50)	0	15	0
	부산	5	4	1	16	10	9	51	142	143	13	110(56)	3	19	0
	상주	5	0	3	16	13	12	34	108	97	12	85(40)	0	13	0
	서울	2	2	8	13	24	8	48	177	140	18	126(44)	2	25	0
	성남	5	5	4	10	9	4	69	193	183	17	173(79)	2	21	0
	수원	3	4	4	12	11	9	36	121	133	27	88(39)	0	20	0
	수원FC	1	2	0	2	1	2	12	46	38	0	35(17)	0	6	0
	울산	4	3	6	16	19	11	59	179	167	12	148(78)	2	22	0
	인천	5	6	2	12	10	7	48	190	191	20	128(57)	1	30	0
	전북	2	3	7	13	24	10	46	158	161	18	108(43)	0	19	0
	제주	2	2	10	14	29	8	82	145	187	20	181(69)	2	20	0
	포항	2	4	5	10	16	8	46	128	164	22	118(43)	0	19	0
	소계	47	46	59	172	202	112	690	2031	2053	228	1,669(720)	14	274	1

팀명	상대팀	승	무	패	득점	실점	도움	코너킥	파울	파울득	오프사이드	슈팅(유효)	PK득점	경고	퇴장
인천	강원	2	0	0	3	1	2	15	39	41	6	21(13)	1	3	0
	경남	1	3	2	3	3	1	32	112	114	7	55(24)	1	9	0
	광주	2	4	2	8	7	4	22	126	103	19	46(28)	0	17	1
	대구	2	0	0	5	2	2	10	52	34	3	23(13)	1	3	0
	대전	5	0	1	10	4	3	21	102	72	16	65(42)	0	16	0
	부산	5	4	3	16	9	11	56	215	153	17	110(53)	2	22	0
	상주	2	3	2	8	9	7	27	118	90	9	90(44)	1	7	0
	서울	3	3	7	14	24	12	39	215	123	21	127(68)	2	28	1
	성남	2	5	6	10	16	6	39	200	172	20	128(61)	1	23	0
	수원	2	6	6	18	23	13	49	253	188	33	144(62)	0	27	0
	수원FC	2	1	1	3	2	1	18	60	49	6	47(30)	0	10	0
	울산	3	6	5	19	21	11	59	222	170	23	145(87)	1	21	1
	전남	2	6	5	10	12	6	59	195	187	19	125(62)	0	25	0
	전북	2	5	6	8	15	6	44	227	184	19	132(64)	1	31	0
	제주	4	4	3	8	7	4	49	164	162	19	131(62)	1	24	0
	포항	5	4	5	16	20	9	47	220	218	31	102(55)	1	26	1
	소계	44	54	54	159	175	98	586	2520	2060	268	1,491(768)	13	292	4

팀명	상대팀	승	무	패	득점	실점	도움	코너킥	파울	파울득	오프사이드	슈팅(유효)	PK득점	경고	퇴장
부산	강원	0	2	0	4	4	3	10	32	37	8	29(17)	1	3	0
	경남	3	2	1	13	5	9	22	80	101	8	62(33)	0	12	0
	광주	1	1	2	3	4	1	17	47	60	8	26(14)	2	8	0
	대구	2	0	0	2	0	2	2	24	25	4	22(9)	0	3	0
	대전	2	3	1	5	4	4	24	96	83	13	79(36)	1	13	1
	상주	1	2	1	5	6	4	23	53	60	3	50(21)	0	4	2
	서울	2	3	5	7	12	3	35	148	117	22	92(40)	1	26	0
	성남	4	0	5	8	7	2	30	129	121	12	87(40)	2	25	0
	수원	2	3	5	8	13	4	72	123	157	22	96(51)	2	18	0
	울산	3	4	4	9	13	5	52	175	162	24	100(60)	1	28	0
	인천	3	4	5	9	16	5	60	165	207	16	111(52)	2	21	0
	전남	1	4	5	10	16	6	49	145	138	8	94(44)	0	22	1
	전북	1	1	8	10	19	8	37	140	152	18	96(55)	1	19	0
	제주	1	2	5	6	12	4	34	110	83	16	69(28)	0	8	0
	포항	3	3	4	11	14	7	33	146	164	28	65(33)	0	17	0
	소계	29	34	51	110	145	67	500	1613	1667	210	1,078(533)	13	227	4

팀명	상대팀	승	무	패	득점	실점	도움	코너킥	파울	파울득	오프사이드	슈팅(유효)	PK득점	경고	퇴장
광 주	대 전	2	1	1	5	3	5	17	66	52	7	43(16)	0	7	0
	부 산	2	1	1	4	3	3	17	64	42	4	27(11)	1	7	0
	상 주	3	0	0	6	0	4	12	60	33	4	23(14)	1	6	0
	서 울	0	2	4	7	12	4	27	77	62	11	55(26)	2	14	0
	성 남	1	4	2	4	6	1	19	103	85	13	74(32)	1	17	0
	수 원	2	3	2	8	9	5	29	87	87	19	59(28)	2	17	1
	수원FC	2	1	1	4	3	2	23	58	37	9	34(20)	2	10	0
	울 산	1	1	5	5	11	1	36	93	80	10	80(49)	1	11	0
	인 천	2	4	2	7	8	4	36	110	120	12	68(24)	1	17	0
	전 남	3	2	2	8	8	6	28	104	102	10	55(19)	0	16	0
	전 북	0	3	3	6	11	4	24	86	101	9	38(20)	1	5	0
	제 주	3	0	3	7	7	5	33	70	84	10	56(27)	1	11	0
	포 항	0	4	3	5	8	4	32	90	87	9	61(33)	2	16	0
	소 계	21	26	29	76	89	48	333	1068	972	127	673(319)	15	154	1

팀명	상대팀	승	무	패	득점	실점	도움	코너킥	파울	파울득	오프사이드	슈팅(유효)	PK득점	경고	퇴장
상 주	경 남	1	1	2	4	5	4	13	55	58	4	51(18)	0	6	1
	광 주	0	0	3	0	6	0	11	34	56	10	22(6)	0	7	0
	부 산	1	2	1	6	5	5	19	62	52	6	51(25)	1	8	1
	서 울	3	1	3	9	12	7	36	93	96	16	66(31)	2	16	2
	성 남	1	5	1	10	10	6	39	94	81	6	93(35)	2	11	0
	수 원	0	3	3	5	8	5	29	76	93	21	67(34)	0	7	0
	수원FC	2	1	0	6	1	3	11	40	37	8	34(22)	1	5	0
	울 산	2	1	4	8	11	3	44	81	92	11	105(49)	1	16	0
	인 천	2	3	2	9	8	6	29	99	113	11	61(27)	2	15	0
	전 남	3	0	5	13	16	6	50	100	101	8	94(44)	2	17	0
	전 북	0	3	4	6	18	4	19	75	100	5	59(31)	1	17	1
	제 주	2	0	5	11	17	4	37	61	85	8	90(34)	1	9	0
	포 항	2	0	4	6	10	4	25	80	97	15	55(29)	1	10	0
	소 계	19	20	37	93	127	57	362	950	1061	129	848(385)	14	144	5

팀명	상대팀	승	무	패	득점	실점	도움	코너킥	파울	파울득	오프사이드	슈팅(유효)	PK득점	경고	퇴장
경 남	강원	0	2	2	4	6	2	16	68	68	4	50(17)	1	5	0
	대구	2	1	1	8	4	2	12	71	55	5	35(18)	4	14	0
	대전	2	2	0	9	2	6	15	87	69	10	50(18)	1	12	0
	부산	1	2	3	5	13	4	37	106	79	17	61(36)	0	10	0
	상주	2	1	1	5	4	1	14	61	51	6	59(24)	1	7	0
	서울	0	5	0	4	4	1	25	79	58	10	46(19)	0	14	1
	성남	1	1	6	4	11	1	26	132	107	12	59(20)	1	10	0
	수원	0	3	2	2	6	2	24	70	65	12	56(22)	1	7	0
	울산	0	0	5	3	13	3	20	69	58	12	50(14)	0	8	0
	인천	2	3	1	3	3	0	17	122	105	11	61(29)	1	8	0
	전남	2	2	4	11	12	4	43	115	102	5	90(34)	4	15	0
	전북	0	1	4	3	14	3	15	80	72	9	42(17)	0	13	0
	제주	2	2	3	8	10	5	30	130	90	16	93(36)	3	19	0
	포항	1	3	1	3	5	1	16	63	62	8	43(15)	2	11	0
	소계	15	28	33	72	107	35	310	1253	1041	137	795(319)	19	153	1

팀명	상대팀	승	무	패	득점	실점	도움	코너킥	파울	파울득	오프사이드	슈팅(유효)	PK득점	경고	퇴장
대 전	강원	2	1	1	7	5	2	10	63	65	7	52(28)	2	5	0
	경남	0	2	2	2	9	2	12	73	84	4	43(9)	0	6	0
	광주	1	1	2	3	5	2	12	54	61	7	24(10)	0	8	0
	대구	1	2	1	6	7	2	29	73	54	3	74(27)	0	11	1
	부산	1	3	2	4	5	4	20	90	93	6	55(23)	0	9	0
	서울	0	0	5	4	10	4	11	60	40	6	51(26)	0	6	0
	성남	1	1	5	6	16	5	25	92	113	17	60(30)	1	15	0

	수원	1	0	4	6	12	4	13	67	83	16	43(24)	1	16	0
	울산	0	2	4	3	12	0	27	60	97	11	70(33)	1	7	0
	인천	1	0	5	4	10	2	26	75	99	9	70(29)	1	7	1
	전남	2	3	3	10	11	7	31	124	103	11	77(21)	0	21	0
	전북	0	1	4	7	13	5	9	73	83	6	53(24)	1	10	0
	제주	1	2	4	8	16	5	40	104	100	18	112(32)	0	9	0
	포항	0	0	5	1	9	1	14	72	63	8	48(19)	0	10	0
	소계	11	18	47	71	140	45	279	1080	1138	129	832(335)	7	140	2

팀명	상대팀	승	무	패	득점	실점	도움	코너킥	파울	파울득	오프사이드	슈팅(유효)	PK득점	경고	퇴장
수원FC	광 주	1	1	2	3	4	1	22	41	57	12	45(22)	0	10	1
	상 주	0	1	2	1	6	1	20	39	36	5	38(11)	0	8	0
	서 울	0	0	3	0	7	0	12	36	38	6	27(9)	0	7	0
	성 남	2	1	1	6	5	3	17	65	47	4	50(27)	1	9	0
	수 원	1	0	3	8	10	2	29	58	43	7	57(33)	1	9	0
	울 산	0	1	2	2	4	1	23	35	29	3	53(25)	1	8	0
	인 천	1	1	2	2	3	0	24	52	58	6	62(30)	1	10	0
	전 남	0	2	1	1	2	1	15	40	45	7	49(21)	0	7	0
	전 북	0	1	2	4	7	3	13	48	44	5	34(17)	0	6	0
	제 주	1	1	1	7	8	4	11	38	31	9	44(28)	1	7	0
	포 항	4	0	0	6	2	3	16	63	60	7	37(18)	2	12	1
	소 계	10	9	19	40	58	19	202	515	488	71	496(241)	7	93	2

팀명	상대팀	승	무	패	득점	실점	도움	코너킥	파울	파울득	오프사이드	슈팅(유효)	PK득점	경고	퇴장
강 원	경남	2	2	0	6	4	5	12	74	64	11	29(14)	1	6	0
	대구	0	4	0	3	3	3	11	86	52	3	31(13)	0	10	0
	대전	1	1	2	5	7	4	16	71	62	9	56(22)	0	10	0
	부산	0	2	0	4	4	3	10	38	30	3	14(10)	1	4	1
	서울	0	0	2	2	4	1	10	25	27	9	20(12)	0	3	0
	성남	2	0	2	4	6	2	11	59	65	12	35(19)	3	10	0
	수원	1	0	1	2	2	0	6	30	28	5	17(7)	1	5	0
	울산	0	0	2	1	5	1	7	18	30	3	17(10)	0	4	0
	인천	0	0	2	1	3	1	1	41	38	2	15(13)	0	8	0
	전남	1	2	1	3	3	1	14	57	63	7	42(17)	2	11	0
	전북	0	0	2	2	7	2	8	25	33	4	23(15)	0	6	0
	제주	1	1	2	4	9	1	16	53	62	13	44(17)	0	8	0
	포항	0	0	2	0	7	0	7	33	37	6	18(6)	0	4	1
	소계	8	12	18	37	64	24	129	610	591	87	361(175)	8	89	2

팀명	상대팀	승	무	패	득점	실점	도움	코너킥	파울	파울득	오프사이드	슈팅(유효)	PK득점	경고	퇴장
대 구	강원	0	4	0	3	3	2	19	55	80	4	47(20)	0	6	0
	경남	1	1	2	4	8	3	18	62	68	11	47(18)	3	10	0
	대전	1	2	1	7	6	3	15	54	71	12	66(24)	0	3	0
	부산	0	0	2	0	2	0	8	29	23	2	17(1)	0	3	0
	서울	0	0	2	0	5	0	8	33	26	10	32(8)	0	6	0
	성남	1	3	0	3	2	3	17	73	84	8	39(15)	0	7	0
	수원	0	0	2	1	5	0	8	29	40	5	22(9)	0	3	1
	울산	1	0	1	6	5	5	7	34	25	3	19(12)	0	4	0
	인천	0	0	2	2	5	1	13	34	49	4	26(14)	0	6	0
	전남	1	2	1	4	4	3	15	71	60	7	52(13)	0	10	0
	전북	0	0	2	0	3	0	4	42	30	2	25(9)	0	3	0
	제주	1	2	1	4	4	3	15	62	60	7	51(16)	0	8	0
	포항	0	0	2	2	5	2	15	24	29	1	28(12)	1	5	0
	소계	6	14	18	36	57	25	162	602	645	76	471(171)	4	74	1

클래식 통산 팀 최다 기록

기록구분	기록	구단명
승 리	84	전북
패 전	59	전남
무승부	54	인천
득 점	250	전북
실 점	202	전남
도 움	174	전북
코너킥	767	성남
파 울	2,520	인천
오프사이드	335	울산
슈 팅	2,076	전북
페널티킥	24	서울
페널티킥 득점	21	서울
페널티킥 실축	10	포항
경 고	313	전북
퇴 장	7	성남, 울산

클래식 통산 팀 최소 기록

기록구분	기록	구단명
승 리	6	대구
패 전	18	강원, 대구
무승부	9	수원FC
득 점	36	대구
실 점	57	대구
도 움	19	수원FC
코너킥	129	강원
파 울	515	수원FC
오프사이드	71	수원FC
슈 팅	361	강원
페널티킥	4	대구
페널티킥 득점	1	대구
페널티킥 실축	0	수원
경 고	74	대구
퇴 장	1	경남, 광주, 대구, 서울, 수원, 전남

클래식 통산 팀 최다 연속 기록

기록구분	기록	구단명(기간)
연속 승	9	전북 (2014.10.01 ~ 2014.11.22)
연속 무승부	5	경남 (2013.03.16 ~ 2013.04.21) 성남 (2015.04.15 ~ 2015.05.10) 수원 (2016.04.10 ~ 2016.04.30) 인천 (2013.09.11 ~ 2013.10.27)
연속 패	8	강원 (2013.07.16 ~ 2013.09.01) 대전 (2015.06.28 ~ 2015.08.15)
연속 정규승	9	전북 (2014.10.01 ~ 2014.11.22)
연속 정규패	8	강원 (2013.07.16 ~ 2013.09.01) 대전 (2015.06.28 ~ 2015.08.15)
연속 득점	26	전북 (2013.03.03 ~ 2013.09.01)
연속 무득점	9	인천 (2014.03.15 ~ 2014.04.27)
연속 무승	19	대전 (2013.04.07 ~ 2013.08.15)
연속 무패	23	전북 (2016.03.12 ~ 2016.10.02)
연속 실점	20	강원 (2013.07.13 ~ 2013.11.27)
연속 무실점	8	전북 (2014.10.01 ~ 2014.11.15)

클래식 통산 선수 득점 순위

순위	선수명	팀명	득점	경기수	교체수	경기당득점
1	김신욱	전북	53	127	48	0.42
2	이동국	전북	51	121	61	0.42
3	산토스	수원	46	116	76	0.40
4	레오나르도	전북	35	143	98	0.24
5	양동현	포항	33	101	38	0.33
6	이종호	전북	33	116	72	0.28
7	아드리아노	서울	32	60	23	0.53
8	데 얀	서울	32	65	26	0.49
9	스테보	전남	32	97	27	0.33
10	황의조	성남	30	121	44	0.25

클래식 통산 선수 도움 순위

순위	선수명	팀명	득점	경기수	교체수	경기당도움
1	염기훈	수원	41	113	20	0.36
2	레오나르도	전북	32	143	98	0.22
3	몰리나	서울	27	89	43	0.30
4	이재성	전북	19	92	11	0.21
5	케 빈	인천	19	99	39	0.19
6	김승대	포항	18	85	27	0.21
7	한상운	울산	18	85	45	0.21
8	김태환	울산	18	139	23	0.13
9	로페즈	전북	17	68	26	0.25
10	송진형	제주	17	126	50	0.13

클래식 통산 선수 공격포인트 순위

순위	선수명	팀명	공격포인트	경기수	경기당공격P
1	김신욱	전북	67	127	0.53
	레오나르도	전북	67	143	0.47
3	이동국	전북	64	121	0.53
4	염기훈	수원	58	113	0.51
	산토스	수원	58	116	0.5
6	케 빈	인천	48	99	0.48
7	양동현	포항	46	101	0.46
8	몰리나	서울	45	89	0.51
	이종호	전북	45	116	0.39
10	로페즈	전북	41	68	0.6
	스테보	전남	41	97	0.42

클래식 통산 골키퍼 무실점 순위

순위	선수명	팀명	무실점 경기수
1	신 화 용	포항	48
2	권 순 태	전북	40
3	박 준 혁	성남	32
4	김 승 규	울산	31
	김 용 대	울산	31
	정 성 룡	수원	31
7	김 병 지	전남	27
8	김 호 준	제주	26
	이 범 영	부산	26
10	권 정 혁	경남	25

클래식 통산 선수 연속 득점 순위

순위	선수명	연속경기수	비고
1	이 동 국	7	2013.05.11 ~ 2013.07.13
	조 나 탄	7	2016.09.10 ~ 2016.10.30
3	김 승 대	5	2014.03.26 ~ 2014.04.20
	아드리아노	5	2016.03.20 ~ 2016.04.16
5	데 얀	4	2013.11.20 ~ 2013.12.01
	진 성 욱	4	2014.08.02 ~ 2014.08.16
	스 테 보	4	2014.08.17 ~ 2014.09.06
	임 상 협	4	2014.10.12 ~ 2014.11.02
	오 르 샤	4	2015.06.06 ~ 2015.06.28
	티 아 고	4	2016.03.12 ~ 2016.04.09
	로 페 즈	4	2016.07.16 ~ 2016.07.30
	케 빈	4	2016.07.17 ~ 2016.07.31

클래식 통산 선수 연속 도움 순위

순위	선수명	연속경기수	비고
1	레오나르도	4	2013.08.04 ~ 2013.08.24
	에스쿠데로	4	2013.11.02 ~ 2013.11.24
	유 지 훈	4	2014.04.27 ~ 2014.07.06
	염 기 훈	4	2015.04.04 ~ 2015.04.18
	코 바	4	2015.08.29 ~ 2015.09.19
	권 창 훈	4	2016.10.02 ~ 2016.10.30

클래식 통산 선수 연속 공격포인트 순위

순위	선수명	연속경기수	비고
1	이 명 주	10	2014.03.15 ~ 2014.05.10
2	조 나 탄	8	2016.08.28 ~ 2016.10.30
	이 동 국	7	2013.05.11 ~ 2013.07.13
	김 동 섭	7	2013.07.31 ~ 2013.09.07
	염 기 훈	7	2015.03.14 ~ 2015.04.26
	아드리아노	7	2016.03.20 ~ 2016.04.30
7	김 승 대	6	2014.03.26 ~ 2014.04.27

클래식 통산 골키퍼 연속 무실점 경기 순위

순위	선수명	연속경기수	비고
1	신 화 용	6	2014.07.05 ~ 2014.08.09
	권 순 태	6	2014.10.01 ~ 2014.11.15
3	신 화 용	5	2013.07.16 ~ 2013.08.18
4	김 용 대	4	2013.09.01 ~ 2013.10.06
	신 화 용	4	2014.04.09 ~ 2014.04.27
	유 상 훈	4	2015.05.10 ~ 2015.06.03
	신 화 용	4	2015.09.19 ~ 2015.10.17

Section 4

K리그 챌린지 기록

현대오일뱅크 K리그 챌린지 2016 경기일정표
2016년 챌린지 팀별 연속 승패 · 득실점 기록
안산 무궁화 | 대구 | 강원 | 부천 | 부산 |
서울E | 대전 | 경남 | 안양 | 충주 | 고양
2016년 챌린지 팀 간 경기 기록
2016년 챌린지 팀별 경기기록 및 승률
2016년 챌린지 팀별 개인 기록
안산 무궁화 | 대구 | 강원 | 부천 | 부산 |
서울E | 대전 | 경남 | 안양 | 충주 | 고양
2016년 챌린지 득점 순위
2016년 챌린지 도움 순위
2016년 챌린지 골키퍼 실점 기록
챌린지 통산 팀 간 경기기록
챌린지 통산 팀 최다 기록
챌린지 통산 팀 최소 기록
챌린지 통산 팀 최다 연속 기록
챌린지 통산 선수 득점 순위
챌린지 통산 선수 도움 순위
챌린지 통산 선수 공격포인트 순위
챌린지 통산 골키퍼 무실점 순위
챌린지 통산 선수 파울 순위
챌린지 통산 선수 경고 순위
챌린지 통산 선수 연속 득점 순위
챌린지 통산 선수 연속 도움 순위
챌린지 통산 선수 연속 공격포인트 순위
챌린지 통산 골키퍼 연속 무실점 경기 순위

현대오일뱅크 K리그 챌린지 2016 경기일정표

번호	라운드	구분	일자	시간	홈팀	원정팀	구장명
1	1	일반	2016.03.26	14:00	대전	대구	대전 월드컵
2	1	일반	2016.03.26	14:00	부산	안산무	부산 아시아드
3	1	일반	2016.03.26	14:00	경남	강원	창원 축구센터
4	1	일반	2016.03.27	14:00	고양	안양	고양 종합
5	1	일반	2016.03.27	14:00	서울E	충주	잠실
6	2	일반	2016.04.02	14:00	서울E	대전	잠실
7	2	일반	2016.04.02	14:00	강원	부산	강릉 종합
8	2	일반	2016.04.02	15:00	안양	경남	안양 종합
9	2	일반	2016.04.03	13:30	충주	부천	충주 종합
10	2	일반	2016.04.03	15:00	안산무	고양	안산 와스타디움
11	3	일반	2016.04.09	14:00	대전	안산무	대전 월드컵
12	3	일반	2016.04.09	15:00	충주	강원	충주 종합
13	3	일반	2016.04.09	16:00	부천	서울E	부천 종합
14	3	일반	2016.04.10	14:00	대구	경남	대구 스타디움
15	3	일반	2016.04.10	14:00	고양	부산	고양 종합
16	4	일반	2016.04.13	14:00	고양	대구	고양 종합
17	4	일반	2016.04.13	14:00	강원	안산무	강릉 종합
18	4	일반	2016.04.13	14:00	경남	충주	창원 축구센터
19	4	일반	2016.04.13	15:00	부천	안양	부천 종합
20	4	일반	2016.04.13	16:00	부산	서울E	부산 아시아드
21	5	일반	2016.04.16	14:00	강원	고양	강릉 종합
22	5	일반	2016.04.16	15:00	안산무	충주	안산 와스타디움
23	5	일반	2016.04.17	14:00	부천	대전	부천 종합
24	5	일반	2016.04.18	19:30	대구	안양	대구 스타디움
25	5	일반	2016.04.18	20:00	부산	경남	부산 아시아드
26	6	일반	2016.04.23	15:00	충주	안양	충주 종합
27	6	일반	2016.04.23	16:00	부천	대구	부천 종합
28	6	일반	2016.04.23	16:00	서울E	고양	잠실
29	6	일반	2016.04.24	14:00	대전	부산	대전 월드컵
30	6	일반	2016.04.24	15:00	안산무	경남	안산 와스타디움
31	7	일반	2016.04.30	14:00	경남	부천	창원 축구센터
32	7	일반	2016.04.30	15:00	안양	강원	안양 종합
33	7	일반	2016.04.30	15:00	안산무	서울E	안산 와스타디움
34	7	일반	2016.05.01	14:00	고양	대전	고양 종합
35	7	일반	2016.05.01	14:00	대구	충주	대구 스타디움
36	8	일반	2016.05.05	14:00	강원	서울E	원주
37	8	일반	2016.05.05	14:00	부천	안산무	부천 종합
38	8	일반	2016.05.05	14:00	안양	대전	안양 종합
39	8	일반	2016.05.05	15:00	대구	부산	대구 스타디움
40	8	일반	2016.05.05	15:00	충주	고양	충주 종합
41	9	일반	2016.05.08	14:00	고양	부천	고양 종합
42	9	일반	2016.05.08	14:00	대전	강원	대전 월드컵
43	9	일반	2016.05.08	14:00	경남	서울E	거제 공설
44	9	일반	2016.05.08	15:00	안산무	대구	안산 와스타디움
45	9	일반	2016.05.08	13:30	부산	안양	부산 아시아드
46	10	일반	2016.05.14	14:00	대전	경남	대전 월드컵
47	10	일반	2016.05.14	15:00	안산무	안양	안산 와스타디움
48	10	일반	2016.05.15	16:00	부산	충주	부산 아시아드
49	10	일반	2016.05.16	19:30	부천	강원	부천 종합
50	10	일반	2016.05.16	20:00	서울E	대구	잠실
51	11	일반	2016.05.21	15:00	충주	대전	충주 종합
52	11	일반	2016.05.21	19:00	부천	부산	부천 종합
53	11	일반	2016.05.21	19:00	안양	서울E	안양 종합
54	11	일반	2016.05.22	14:00	대구	강원	대구 스타디움
55	11	일반	2016.05.22	19:00	경남	고양	창원 축구센터
56	12	일반	2016.05.25	19:00	충주	경남	충주 종합
57	12	일반	2016.05.25	19:00	고양	강원	고양 종합
58	12	일반	2016.05.25	19:30	대전	서울E	대전 월드컵
59	12	일반	2016.05.25	19:30	안산무	부산	안산 와스타디움
60	12	일반	2016.05.25	20:00	안양	대구	안양 종합
61	13	일반	2016.05.28	16:00	부산	대전	부산 아시아드
62	13	일반	2016.05.28	19:00	부천	충주	부천 종합
63	13	일반	2016.05.29	14:00	대구	고양	대구 스타디움
64	13	일반	2016.05.29	14:00	강원	안양	원주
65	13	일반	2016.05.29	14:00	경남	안산무	창원 축구센터
66	14	일반	2016.06.01	19:00	강원	대전	춘천 송암
67	14	일반	2016.06.01	19:00	고양	충주	고양 종합
68	14	일반	2016.06.01	19:30	안산무	부천	안산 와스타디움
69	14	일반	2016.06.01	20:00	안양	부산	안양 종합
70	14	일반	2016.06.01	20:00	서울E	경남	잠실
71	15	일반	2016.06.04	19:00	안양	부천	안양 종합
72	15	일반	2016.06.04	19:00	충주	대구	충주 종합
73	15	일반	2016.06.04	19:00	대전	고양	대전 월드컵
74	15	일반	2016.06.05	19:00	경남	부산	창원 축구센터
75	15	일반	2016.06.05	19:00	안산무	서울E	안산 와스타디움
76	16	일반	2016.06.08	19:00	고양	안산무	고양 종합
77	16	일반	2016.06.08	19:00	강원	경남	춘천 송암
78	16	일반	2016.06.08	19:00	충주	서울E	충주 종합
79	16	일반	2016.06.08	19:30	대구	부천	대구 스타디움
80	16	일반	2016.06.08	19:30	대전	안양	대전 월드컵
81	17	일반	2016.06.11	16:00	대구	서울E	대구 스타디움
82	17	일반	2016.06.11	17:00	경남	대전	양산 종합
83	17	일반	2016.06.12	19:00	부산	강원	부산 아시아드
84	17	일반	2016.06.13	19:30	부천	고양	부천 종합
85	17	일반	2016.06.13	20:00	안양	충주	안양 종합
86	18	일반	2016.06.18	19:00	부산	부천	부산 아시아드
87	18	일반	2016.06.18	19:00	경남	대구	진주 종합
88	18	일반	2016.06.18	19:00	대전	충주	대전 월드컵

번호	라운드	구분	일자	시간	홈팀	원정팀	구장명
89	18	일반	2016.06.19	18:00	서울E	안양	잠실
90	18	일반	2016.06.19	19:00	안산무	강원	안산 와스타디움
91	19	일반	2016.06.25	18:00	서울E	부산	잠실
92	19	일반	2016.06.25	19:00	안양	고양	안양 종합
93	19	일반	2016.06.25	19:00	부천	경남	부천 종합
94	19	일반	2016.06.26	16:00	강원	대구	춘천 송암
95	19	일반	2016.06.26	19:00	충주	안산무	충주 종합
96	20	일반	2016.06.29	19:00	경남	안양	창원 축구센터
97	20	일반	2016.06.29	19:30	대구	안산무	대구 스타디움
98	20	일반	2016.06.29	19:30	대전	부천	대전 월드컵
99	20	일반	2016.06.29	20:00	부산	고양	부산 아시아드
100	20	일반	2016.06.29	20:00	서울E	강원	잠실
101	21	일반	2016.07.02	19:00	고양	경남	고양 종합
102	21	일반	2016.07.02	19:00	부산	대구	부산 아시아드
103	21	일반	2016.07.03	19:00	서울E	부천	잠실
104	21	일반	2016.07.04	19:00	강원	충주	강릉 종합
105	21	일반	2016.07.04	19:30	안산무	대전	안산 와스타디움
106	22	일반	2016.07.09	19:00	대구	대전	대구 스타디움
107	22	일반	2016.07.09	19:00	안양	안산무	안양 종합
108	22	일반	2016.07.09	19:00	고양	서울E	고양 종합
109	22	일반	2016.07.10	19:00	부천	강원	부천 종합
110	22	일반	2016.07.10	19:00	충주	부산	충주 종합
111	23	일반	2016.07.16	19:00	대전	부산	대전 월드컵
112	23	일반	2016.07.16	19:00	안양	부천	안양 종합
113	23	일반	2016.07.17	19:00	충주	고양	충주 종합
114	23	일반	2016.07.18	19:00	경남	강원	창원 축구센터
115	23	일반	2016.07.18	20:00	서울E	안산무	잠실
116	24	일반	2016.07.23	19:00	서울E	대전	잠실
117	24	일반	2016.07.23	19:00	안산무	충주	안산 와스타디움
118	24	일반	2016.07.23	19:00	대구	안양	대구 스타디움
119	24	일반	2016.07.24	19:00	부산	경남	부산 아시아드
120	24	일반	2016.07.24	20:00	강원	고양	강릉 종합
121	25	일반	2016.07.27	19:00	경남	충주	창원 축구센터
122	25	일반	2016.07.27	19:00	고양	부산	고양 종합
123	25	일반	2016.07.27	19:30	부천	안산무	부천 종합
124	25	일반	2016.07.27	20:00	서울E	대구	잠실
125	25	일반	2016.07.27	20:00	안양	대전	안양 종합
126	26	일반	2016.07.30	19:00	고양	안양	고양 종합
127	26	일반	2016.07.30	19:00	강원	서울E	강릉 종합
128	26	일반	2016.07.31	19:00	안산무	대구	안산 와스타디움
129	26	일반	2016.08.01	19:00	충주	부천	충주 종합
130	26	일반	2016.08.01	19:30	대전	경남	대전 월드컵
131	27	일반	2016.08.10	19:00	충주	대전	충주 종합
132	27	일반	2016.08.10	19:30	대구	경남	대구 스타디움
133	27	일반	2016.08.10	19:30	안산무	안양	안산 와스타디움

번호	라운드	구분	일자	시간	홈팀	원정팀	구장명
134	27	일반	2016.08.10	19:30	부천	서울E	부천 종합
135	27	일반	2016.08.10	20:00	강원	부산	강릉 종합
136	28	일반	2016.08.13	19:00	고양	대구	고양 종합
137	28	일반	2016.08.13	19:00	부산	안산무	부산 아시아드
138	28	일반	2016.08.13	19:00	경남	부천	창원 축구센터
139	28	일반	2016.08.14	19:00	대전	강원	대전 월드컵
140	28	일반	2016.08.14	19:00	안양	서울E	안양 종합
141	29	일반	2016.08.17	19:30	대구	강원	대구 스타디움
142	29	일반	2016.08.17	19:30	부천	대전	부천 종합
143	29	일반	2016.08.17	19:30	안산무	고양	안산 와스타디움
144	29	일반	2016.08.17	19:00	부산	충주	부산 아시아드
145	29	일반	2016.08.17	20:00	안양	경남	안양 종합
146	30	일반	2016.08.20	19:00	충주	안양	충주 종합
147	30	일반	2016.08.20	18:00	강원	부천	평창 알펜시아
148	30	일반	2016.08.21	19:00	대구	부산	대구 스타디움
149	30	일반	2016.08.22	19:00	경남	서울E	창원 축구센터
150	30	일반	2016.08.22	19:00	고양	대전	고양 종합
151	31	일반	2016.08.27	19:00	서울E	고양	잠실
152	31	일반	2016.08.27	19:00	충주	강원	충주 종합
153	31	일반	2016.08.28	19:00	대전	안산무	대전 월드컵
154	31	일반	2016.08.29	19:30	부천	대구	부천 종합
155	31	일반	2016.08.29	19:00	부산	안양	부산 아시아드
156	32	일반	2016.09.03	18:00	고양	부천	고양 종합
157	32	일반	2016.09.03	15:00	안산무	경남	안산 와스타디움
158	32	일반	2016.09.03	19:00	안양	강원	안양 종합
159	32	일반	2016.09.04	18:00	부산	서울E	부산 아시아드
160	32	일반	2016.09.03	16:00	대구	충주	대구 스타디움
161	33	일반	2016.09.07	19:00	강원	안산무	평창 알펜시아
162	33	일반	2016.09.07	19:00	경남	고양	창원 축구센터
163	33	일반	2016.09.07	19:30	대전	대구	대전 월드컵
164	33	일반	2016.09.07	19:30	부천	부산	부천 종합
165	33	일반	2016.09.07	20:00	서울E	충주	잠실
166	34	일반	2016.09.10	16:00	안산무	부천	안산 와스타디움
167	34	일반	2016.09.11	14:00	부산	대전	부산 아시아드
168	34	일반	2016.09.11	19:00	서울E	안양	잠실
169	34	일반	2016.09.12	19:00	고양	강원	고양 종합
170	34	일반	2016.09.12	19:00	충주	경남	충주 종합
171	35	일반	2016.09.17	16:00	경남	부산	창원 축구센터
172	35	일반	2016.09.17	19:00	서울E	안산무	잠실
173	35	일반	2016.09.18	19:00	안양	충주	안양 종합
174	35	일반	2016.09.19	19:30	대전	부천	대전 월드컵
175	35	일반	2016.09.19	19:30	대구	고양	대구 스타디움
176	36	일반	2016.09.24	18:00	강원	대구	평창 알펜시아
177	36	일반	2016.09.24	19:00	대전	안양	대전 월드컵
178	36	일반	2016.09.24	19:00	부천	경남	부천 종합

번호	라운드	구분	일자	시간	홈팀	원정팀	구장명
179	36	일반	2016.09.25	16:00	고양	안산무	고양 종합
180	36	일반	2016.09.25	15:00	충주	부산	충주 종합
181	37	일반	2016.09.28	19:00	고양	충주	고양 종합
182	37	일반	2016.09.28	18:00	강원	안양	평창 알펜시아
183	37	일반	2016.09.28	19:30	안산무	대전	안산 와스타디움
184	37	일반	2016.09.28	20:00	서울E	부천	잠실
185	37	일반	2016.09.28	19:00	부산	대구	부산 구덕
186	38	일반	2016.10.01	14:00	경남	대전	창원 축구센터
187	38	일반	2016.10.01	15:00	대구	안산무	대구 스타디움
188	38	일반	2016.10.01	16:00	부천	충주	부천 종합
189	38	일반	2016.10.02	15:00	안양	부산	안양 종합
190	38	일반	2016.10.02	16:00	서울E	강원	잠실
191	39	일반	2016.10.05	19:00	충주	대구	충주 종합
192	39	일반	2016.10.05	19:00	경남	안양	창원 축구센터
193	39	일반	2016.10.05	19:00	강원	부천	강릉 종합
194	39	일반	2016.10.05	19:30	대전	서울E	대전 월드컵
195	39	일반	2016.10.05	19:00	부산	고양	부산 구덕
196	40	일반	2016.10.08	14:00	강원	충주	강릉 종합
197	40	일반	2016.10.08	16:00	서울E	경남	잠실
198	40	일반	2016.10.09	14:00	대전	고양	대전 월드컵
199	40	일반	2016.10.10	19:30	안산무	부산	안산 와스타디움
200	40	일반	2016.10.10	20:00	안양	대구	안양 종합
201	41	일반	2016.10.15	13:00	강원	대전	강릉 종합
202	41	일반	2016.10.15	14:00	대구	서울E	대구 스타디움
203	41	일반	2016.10.15	15:00	충주	안산무	충주 종합
204	41	일반	2016.10.15	16:00	부천	안양	부천 종합
205	41	일반	2016.10.16	14:00	고양	경남	고양 종합
206	42	일반	2016.10.19	19:00	경남	안산무	창원 축구센터
207	42	일반	2016.10.19	19:00	충주	서울E	충주 종합
208	42	일반	2016.10.19	19:30	대구	부천	대구 스타디움
209	42	일반	2016.10.19	19:00	부산	강원	부산 구덕
210	42	일반	2016.10.19	20:00	안양	고양	안양 종합
211	43	일반	2016.10.22	14:00	고양	서울E	고양 종합
212	43	일반	2016.10.22	15:00	안산무	강원	안산 와스타디움
213	43	일반	2016.10.23	13:30	부산	부천	부산 구덕
214	43	일반	2016.10.23	14:00	경남	대구	창원 축구센터
215	43	일번	2016.10.23	14:00	대전	충주	대전 월드컵
216	44	일반	2016.10.30	14:00	강원	경남	강릉 종합
217	44	일반	2016.10.30	14:00	대구	대전	대구 스타디움
218	44	일반	2016.10.30	14:00	서울E	부산	잠실
219	44	일반	2016.10.30	14:00	부천	고양	부천 종합
220	44	일반	2016.10.30	14:00	안양	안산무	안양 종합
221	45	플레이오프	2016.11.02	19:00	강원	부산	강릉 종합
222	46	플레이오프	2016.11.05	14:00	부천	강원	부천 종합

2016년 챌린지 팀별 연속 승패 · 득실점 기록 | 안산 무궁화

일자	상대	홈. 원정	승	무	패	득점	실점	연속기록						
								승	무	패	득점	실점	무득점	무실점
03.26	부산	원정	▲			3	1							
04.03	고양	홈	▲			1	0							
04.09	대전	원정	▲			1	0							
04.13	강원	원정			▼	0	2							
04.16	충주	홈	▲			2	1							
04.24	경남	홈	▲			5	0							
04.30	서울E	홈	▲			1	0							
05.05	부천	원정			▼	1	3							
05.08	대구	홈			▼	0	2							
05.14	안양	홈	▲			2	1							
05.25	부산	홈		■		1	1							
05.29	경남	원정	▲			1	0							
06.01	부천	홈		■		0	0							
06.05	서울E	홈	▲			2	0							
06.08	고양	원정		■		0	0							
06.19	강원	홈	▲			3	1							
06.26	충주	원정	▲			2	1							
06.29	대구	원정	▲			2	1							
07.04	대전	홈	▲			2	1							
07.09	안양	원정			▼	0	1							
07.18	서울E	원정		■		0	0							
07.23	충주	홈		■		1	1							
07.27	부천	원정	▲			2	0							
07.31	대구	홈	▲			4	1							
08.10	안양	홈		■		2	2							
08.13	부산	원정			▼	0	4							
08.17	고양	홈	▲			2	1							
08.28	대전	원정			▼	0	5							
09.03	경남	홈	▲			2	0							
09.07	강원	원정			▼	0	1							
09.10	부천	홈			▼	2	3							
09.17	서울E	원정			▼	0	2							
09.25	고양	원정	▲			4	0							
09.28	대전	홈	▲			1	0							
10.01	대구	원정		■		2	2							
10.10	부산	홈			▼	0	2							
10.15	충주	원정			▼	1	8							
10.19	경남	원정	▲			2	1							
10.22	강원	홈			▼	0	4							
10.30	안양	원정	▲			3	2							

2016년 챌린지 팀별 연속 승패 · 득실점 기록 I 대구

일자	상대	홈. 원정	승	무	패	득점	실점	연속기록						
								승	무	패	득점	실점	무득점	무실점
03.26	대전	원정	▲			2	0							
04.10	경남	홈		■		0	0							
04.13	고양	원정	▲			3	1							
04.18	안양	홈		■		1	1							
04.23	부천	원정		■		0	0							
05.01	충주	홈	▲			2	1							
05.05	부산	홈	▲			1	0							
05.08	안산무	원정	▲			2	0							
05.16	서울E	원정		■		1	1							
05.22	강원	홈		■		0	0							
05.25	안양	원정			▼	2	3							
05.29	고양	홈		■		2	2							
06.04	충주	원정	▲			1	0							
06.08	부천	홈		■		1	1							
06.11	서울E	홈		■		0	0							
06.18	경남	원정			▼	1	2							
06.26	강원	원정	▲			2	1							
06.29	안산무	홈			▼	1	2							
07.02	부산	원정	▲			4	1							
07.09	대전	홈	▲			2	1							
07.23	안양	홈		■		1	1							
07.27	서울E	원정	▲			2	0							
07.31	안산무	원정			▼	1	4							
08.10	경남	홈			▼	1	2							
08.13	고양	원정	▲			1	0							
08.17	강원	홈			▼	1	3							
08.21	부산	홈			▼	0	1							
08.29	부천	원정	▲			3	2							
09.03	충주	홈	▲			1	0							
09.07	대전	원정		■		1	1							
09.19	고양	홈	▲			1	0							
09.24	강원	원정		■		1	1							
09.28	부산	원정	▲			2	0							
10.01	안산무	홈		■		2	2							
10.05	충주	원정	▲			3	0							
10.10	안양	원정	▲			1	0							
10.15	서울E	홈			▼	0	1							
10.19	부천	홈		■		0	0							
10.23	경남	원정	▲			2	1							
10.30	대전	홈	▲			1	0							

2016년 챌린지 팀별 연속 승패 · 득실점 기록 I 강원

일자	상대	홈. 원정	승	무	패	득점	실점	연속기록						
								승	무	패	득점	실점	무득점	무실점
03.26	경남	원정			▼	0	1							
04.02	부산	홈			▼	0	1							
04.09	충주	원정	▲			2	1							
04.13	안산무	홈	▲			2	0							
04.16	고양	홈	▲			4	0							
04.30	안양	원정	▲			2	0							
05.05	서울E	홈	▲			2	1							
05.08	대전	원정	▲			1	0							
05.16	부천	원정			▼	1	3							
05.22	대구	원정		■		0	0							
05.25	고양	원정	▲			1	0							
05.29	안양	홈	▲			4	1							
06.01	대전	홈	▲			1	0							
06.08	경남	홈		■		0	0							
06.12	부산	원정		■		0	0							
06.19	안산무	원정			▼	1	3							
06.26	대구	홈			▼	1	2							
06.29	서울E	원정		■		1	1							
07.04	충주	홈	▲			2	0							
07.10	부천	원정	▲			1	0							
07.18	경남	원정			▼	0	2							
07.24	고양	홈		■		0	0							
07.30	서울E	홈	▲			1	0							
08.10	부산	홈			▼	1	2							
08.14	대전	원정			▼	0	1							
08.17	대구	원정	▲			3	1							
08.20	부천	홈			▼	0	2							
08.27	충주	원정		■		2	2							
09.03	안양	원정		■		0	0							
09.07	안산무	홈	▲			1	0							
09.12	고양	원정	▲			1	0							
09.24	대구	홈		■		1	1							
09.28	안양	홈	▲			3	0							
10.02	서울E	원정	▲			2	1							
10.05	부천	홈			▼	0	1							
10.08	충주	홈	▲			2	1							
10.15	대전	홈			▼	1	2							
10.19	부산	원정			▼	1	2							
10.22	안산무	원정	▲			4	0							
10.30	경남	홈		■		1	1							
11.02	부산	홈	▲			1	0							
11.05	부천	원정	▲			2	1							
11.17	성남	홈		■		0	0							
11.20	성남	원정		■		1	1							

(음영) : 승강 플레이오프

2016년 챌린지 팀별 연속 승패 · 득실점 기록 | 부천

일자	상대	홈. 원정	승	무	패	득점	실점	연속기록 승	연속기록 무	연속기록 패	연속기록 득점	연속기록 실점	연속기록 무득점	연속기록 무실점
04.03	충주	원정	▲			1	0							
04.09	서울E	홈			▼	0	1							
04.13	안양	홈		■		1	1							
04.17	대전	홈	▲			3	1							
04.23	대구	홈		■		0	0							
04.30	경남	원정	▲			2	0							
05.05	안산무	홈	▲			3	1							
05.08	고양	원정		■		0	0							
05.16	강원	홈	▲			3	1							
05.21	부산	홈		■		1	1							
05.28	충주	홈			▼	0	1							
06.01	안산무	원정		■		0	0							
06.04	안양	원정	▲			1	0							
06.08	대구	원정		■		1	1							
06.13	고양	홈	▲			1	0							
06.18	부산	원정	▲			2	0							
06.25	경남	홈	▲			1	0							
06.29	대전	원정			▼	0	2							
07.03	서울E	원정			▼	1	2							
07.10	강원	홈			▼	0	1							
07.16	안양	원정		■		2	2							
07.27	안산무	홈			▼	0	2							
08.01	충주	원정	▲			1	0							
08.10	서울E	홈			▼	0	2							
08.13	경남	원정	▲			1	0							
08.17	대전	홈	▲			2	0							
08.20	강원	원정	▲			2	0							
08.29	대구	홈			▼	2	3							
09.03	고양	원정	▲			3	0							
09.07	부산	홈	▲			1	0							
09.10	안산무	원정	▲			3	2							
09.19	대전	원정		■		0	0							
09.24	경남	홈			▼	1	2							
09.28	서울E	원정		■		1	1							
10.01	충주	홈			▼	2	3							
10.05	강원	원정	▲			1	0							
10.15	안양	홈	▲			1	0							
10.19	대구	원정		■		0	0							
10.23	부산	원정			▼	1	2							
10.30	고양	홈	▲			4	1							
11.05	강원	홈			▼	1	2							

2016년 챌린지 팀별 연속 승패 · 득실점 기록 | 부산

일자	상대	홈. 원정	승	무	패	득점	실점	연속기록 승	연속기록 무	연속기록 패	연속기록 득점	연속기록 실점	연속기록 무득점	연속기록 무실점
03.26	안산무	홈			▼	1	3							
04.02	강원	원정	▲			1	0							
04.10	고양	원정	▲			1	0							
04.13	서울E	홈			▼	1	2							
04.18	경남	홈		■		1	1							
04.24	대전	원정			▼	1	2							
05.05	대구	원정			▼	0	1							
05.08	안양	홈	▲			3	1							
05.15	충주	홈	▲			2	1							
05.21	부천	원정		■		1	1							
05.25	안산무	원정		■		1	1							
05.28	대전	홈		■		0	0							
06.01	안양	원정			▼	0	1							
06.05	경남	원정			▼	2	3							
06.12	강원	홈		■		0	0							
06.18	부천	홈			▼	0	2							
06.25	서울E	원정			▼	0	1							
06.29	고양	홈	▲			2	0							
07.02	대구	홈			▼	1	4							
07.10	충주	원정	▲			4	0							
07.16	대전	원정			▼	1	2							
07.24	경남	홈			▼	2	3							
07.27	고양	원정	▲			1	0							
08.10	강원	원정	▲			2	1							
08.13	안산무	홈	▲			4	0							
08.17	충주	홈		■		0	0							
08.21	대구	원정	▲			1	0							
08.29	안양	홈	▲			2	0							
09.04	서울E	홈		■		1	1							
09.07	부천	원정			▼	0	1							
09.11	대전	홈	▲			3	0							
09.17	경남	원정	▲			3	1							
09.25	충주	원정	▲			1	0							
09.28	대구	홈			▼	0	2							
10.02	안양	원정	▲			1	0							
10.05	고양	홈	▲			2	0							
10.10	안산무	원정	▲			2	0							
10.19	강원	홈	▲			2	1							
10.23	부천	홈	▲			2	1							
10.30	서울E	원정			▼	0	2							
11.02	강원	원정			▼	0	1							

2016년 챌린지 팀별 연속 승패 · 득실점 기록 | 서울E

일자	상대	홈.원정	승	무	패	득점	실점	연속기록						
								승	무	패	득점	실점	무득점	무실점
03.27	충주	홈		■		0	0							
04.02	대전	홈	▲			2	0							
04.09	부천	원정	▲			1	0							
04.13	부산	원정	▲			2	1							
04.23	고양	홈		■		1	1							
04.30	안산무	원정			▼	0	1							
05.05	강원	원정			▼	1	2							
05.08	경남	원정	▲			1	0							
05.16	대구	홈		■		1	1							
05.21	안양	원정			▼	1	2							
05.25	대전	원정			▼	1	2							
06.01	경남	홈	▲			2	1							
06.05	안산무	원정			▼	0	2							
06.08	충주	원정			▼	1	3							
06.11	대구	원정		■		0	0							
06.19	안양	홈		■		0	0							
06.25	부산	홈	▲			1	0							
06.29	강원	홈		■		1	1							
07.03	부천	홈	▲			2	1							
07.09	고양	원정	▲			3	0							
07.18	안산무	홈		■		0	0							
07.23	대전	홈		■		1	1							
07.27	대구	홈			▼	0	2							
07.30	강원	원정			▼	0	1							
08.10	부천	원정	▲			2	0							
08.14	안양	원정			▼	1	3							
08.22	경남	원정		■		1	1							
08.27	고양	홈		■		1	1							
09.04	부산	원정		■		1	1							
09.07	충주	홈	▲			2	0							
09.11	안양	홈		■		2	2							
09.17	안산무	홈	▲			2	0							
09.28	부천	홈		■		1	1							
10.02	강원	홈			▼	1	2							
10.05	대전	원정	▲			3	2							
10.08	경남	홈	▲			2	0							
10.15	대구	원정	▲			1	0							
10.19	충주	원정	▲			1	0							
10.22	고양	원정	▲			2	0							
10.30	부산	홈	▲			2	0							

2016년 챌린지 팀별 연속 승패 · 득실점 기록 | 대전

일자	상대	홈.원정	승	무	패	득점	실점	연속기록						
								승	무	패	득점	실점	무득점	무실점
03.26	대구	홈			▼	0	2							
04.02	서울E	원정			▼	0	2							
04.09	안산무	홈			▼	0	1							
04.17	부천	원정			▼	1	3							
04.24	부산	홈	▲			2	1							
05.01	고양	원정	▲			1	0							
05.05	안양	원정		■		2	2							
05.08	강원	홈			▼	0	1							
05.14	경남	홈	▲			3	1							
05.21	충주	원정		■		1	1							
05.25	서울E	홈	▲			2	1							
05.28	부산	원정		■		0	0							
06.01	강원	원정			▼	0	1							
06.04	고양	홈		■		0	0							
06.08	안양	홈		■		1	1							
06.11	경남	원정		■		4	4							
06.18	충주	홈	▲			3	1							
06.29	부천	홈	▲			2	0							
07.04	안산무	원정			▼	1	2							
07.09	대구	원정			▼	1	2							
07.16	부산	홈	▲			2	1							
07.23	서울E	원정		■		1	1							
07.27	안양	원정			▼	0	1							
08.01	경남	홈	▲			3	1							
08.10	충주	원정	▲			2	1							
08.14	강원	홈	▲			1	0							
08.17	부천	원정			▼	0	2							
08.22	고양	원정	▲			2	1							
08.28	안산무	홈	▲			5	0							
09.07	대구	홈		■		1	1							
09.11	부산	원정			▼	0	3							
09.19	부천	홈		■		0	0							
09.24	안양	홈	▲			3	2							
09.28	안산무	원정			▼	0	1							
10.01	경남	원정			▼	3	4							
10.05	서울E	홈			▼	2	3							
10.09	고양	홈	▲			3	0							
10.15	강원	원정	▲			2	1							
10.23	충주	홈		■		2	2							
10.30	대구	원정			▼	0	1							

2016년 챌린지 팀별 연속 승패 · 득실점 기록 | 경남

일자	상대	홈.원정	승	무	패	득점	실점	연속기록						
								승	무	패	득점	실점	무득점	무실점
03.26	강원	홈	▲			1	0							
04.02	안양	원정			▼	0	1							
04.10	대구	원정		■		0	0							
04.13	충주	홈	▲			2	1							
04.18	부산	원정		■		1	1							
04.24	안산무	원정			▼	0	5							
04.30	부천	홈			▼	0	2							
05.08	서울E	홈			▼	0	1							
05.14	대전	원정			▼	1	3							
05.22	고양	홈	▲			2	1							
05.25	충주	원정	▲			3	1							
05.29	안산무	홈			▼	0	1							
06.01	서울E	원정			▼	1	2							
06.05	부산	홈	▲			3	2							
06.08	강원	원정		■		0	0							
06.11	대전	홈		■		4	4							
06.18	대구	홈	▲			2	1							
06.25	부천	원정			▼	0	1							
06.29	안양	홈	▲			2	0							
07.02	고양	원정	▲			2	1							
07.18	강원	홈	▲			2	0							
07.24	부산	원정	▲			3	2							
07.27	충주	홈	▲			2	0							
08.01	대전	원정			▼	1	3							
08.10	대구	원정	▲			2	1							
08.13	부천	홈			▼	0	1							
08.17	안양	원정	▲			2	1							
08.22	서울E	홈		■		1	1							
09.03	안산무	원정			▼	0	2							
09.07	고양	홈	▲			7	0							
09.12	충주	원정			▼	2	3							
09.17	부산	홈			▼	1	3							
09.24	부천	원정	▲			2	1							
10.01	대전	홈	▲			4	3							
10.05	안양	홈	▲			2	0							
10.08	서울E	원정			▼	0	2							
10.16	고양	원정	▲			3	2							
10.19	안산무	홈			▼	1	2							
10.23	대구	홈			▼	1	2							
10.30	강원	원정		■		1	1							

2016년 챌린지 팀별 연속 승패 · 득실점 기록 | 안양

일자	상대	홈.원정	승	무	패	득점	실점	연속기록						
								승	무	패	득점	실점	무득점	무실점
03.27	고양	원정		■		0	0							
04.02	경남	홈	▲			1	0							
04.13	부천	원정		■		1	1							
04.18	대구	원정		■		1	1							
04.23	충주	원정			▼	0	1							
04.30	강원	홈			▼	0	2							
05.05	대전	홈		■		2	2							
05.08	부산	원정			▼	1	3							
05.14	안산무	원정			▼	1	2							
05.21	서울E	홈	▲			2	1							
05.25	대구	홈	▲			3	2							
05.29	강원	원정			▼	1	4							
06.01	부산	홈	▲			1	0							
06.04	부천	홈			▼	0	1							
06.08	대전	원정		■		1	1							
06.13	충주	홈	▲			2	1							
06.19	서울E	원정		■		0	0							
06.25	고양	홈		■		1	1							
06.29	경남	원정			▼	0	2							
07.09	안산무	홈	▲			1	0							
07.16	부천	홈		■		2	2							
07.23	대구	원정		■		1	1							
07.27	대전	홈	▲			1	0							
07.30	고양	원정	▲			1	0							
08.10	안산무	원정		■		2	2							
08.14	서울E	홈	▲			3	1							
08.17	경남	홈			▼	1	2							
08.20	충주	원정	▲			1	0							
08.29	부산	원정			▼	0	2							
09.03	강원	홈		■		0	0							
09.11	서울E	원정		■		2	2							
09.18	충주	홈		■		0	0							
09.24	대전	원정			▼	2	3							
09.28	강원	원정			▼	0	3							
10.02	부산	홈			▼	0	1							
10.05	경남	원정			▼	0	2							
10.10	대구	홈			▼	0	1							
10.15	부천	원정			▼	0	1							
10.19	고양	홈	▲			3	2							
10.30	안산무	홈			▼	2	3							

2016년 챌린지 팀별 연속 승패 · 득실점 기록 | 충주

일자	상대	홈. 원정	승	무	패	득점	실점	연속기록 승	무	패	득점	실점	무득점	무실점
03.27	서울E	원정		■		0	0							
04.03	부천	홈			▼	0	1							
04.09	강원	홈			▼	1	2							
04.13	경남	원정			▼	1	2							
04.16	안산무	원정			▼	1	2							
04.23	안양	홈	▲			1	0							
05.01	대구	원정			▼	1	2							
05.05	고양	홈			▼	2	3							
05.15	부산	원정			▼	1	2							
05.21	대전	홈		■		1	1							
05.25	경남	홈			▼	1	3							
05.28	부천	원정	▲			1	0							
06.01	고양	원정	▲			4	2							
06.04	대구	홈			▼	0	1							
06.08	서울E	홈	▲			3	1							
06.13	안양	원정			▼	1	2							
06.18	대전	원정			▼	1	3							
06.26	안산무	홈			▼	1	2							
07.04	강원	원정			▼	0	2							
07.10	부산	홈			▼	0	4							
07.17	고양	홈		■		0	0							
07.23	안산무	원정		■		1	1							
07.27	경남	원정			▼	0	2							
08.01	부천	홈			▼	0	1							
08.10	대전	홈			▼	1	2							
08.17	부산	원정		■		0	0							
08.20	안양	홈			▼	0	1							
08.27	강원	홈		■		2	2							
09.03	대구	원정			▼	0	1							
09.07	서울E	원정			▼	0	2							
09.12	경남	홈	▲			3	2							
09.18	안양	원정		■		0	0							
09.25	부산	홈			▼	0	1							
09.28	고양	원정			▼	0	1							
10.01	부천	원정	▲			3	2							
10.05	대구	홈			▼	0	3							
10.08	강원	원정			▼	1	2							
10.15	안산무	홈	▲			8	1							
10.19	서울E	홈			▼	0	1							
10.23	대전	원정		■		2	2							

2016년 챌린지 팀별 연속 승패 · 득실점 기록 | 고양

일자	상대	홈. 원정	승	무	패	득점	실점	연속기록 승	무	패	득점	실점	무득점	무실점
03.27	안양	홈		■		0	0							
04.03	안산무	원정			▼	0	1							
04.10	부산	홈			▼	0	1							
04.13	대구	홈			▼	1	3							
04.16	강원	원정			▼	0	4							
04.23	서울E	원정		■		1	1							
05.01	대전	홈			▼	0	1							
05.05	충주	원정	▲			3	2							
05.08	부천	홈		■		0	0							
05.22	경남	원정			▼	1	2							
05.25	강원	홈			▼	0	1							
05.29	대구	원정		■		2	2							
06.01	충주	홈			▼	2	4							
06.04	대전	원정		■		0	0							
06.08	안산무	홈		■		0	0							
06.13	부천	원정			▼	0	1							
06.25	안양	원정		■		1	1							
06.29	부산	원정			▼	0	2							
07.02	경남	홈			▼	1	2							
07.09	서울E	홈			▼	0	3							
07.17	충주	원정		■		0	0							
07.24	강원	원정		■		0	0							
07.27	부산	홈			▼	0	1							
07.30	안양	홈			▼	0	1							
08.13	대구	홈			▼	0	1							
08.17	안산무	원정			▼	1	2							
08.22	대전	홈			▼	1	2							
08.27	서울E	원정		■		1	1							
09.03	부천	홈			▼	0	3							
09.07	경남	원정			▼	0	7							
09.12	강원	홈			▼	0	1							
09.19	대구	원정			▼	0	1							
09.25	안산무	홈			▼	0	4							
09.28	충주	홈	▲			1	0							
10.05	부산	원정			▼	0	2							
10.09	대전	원정			▼	0	3							
10.16	경남	홈			▼	2	3							
10.19	안양	원정			▼	2	3							
10.22	서울E	홈			▼	0	2							
10.30	부천	원정			▼	1	4							

2016년 챌린지 팀 간 경기 기록

팀명	승점	상대팀	승	무	패	득점	실점	자책	득실	도움	코너킥	파울	파울득	오프사이드	슈팅(유효)	PK득점	PK실패	경고	퇴장
안산 무궁화	70	합계	21	7	12	57	55	0	2	33	203	585	523	54	446(230)	5	2	77	3
	3	강원	1	0	3	3	8	0	-5	2	22	56	74	5	43 (18)	0	0	14	0
	12	경남	4	0	0	10	1	0	9	6	15	56	47	5	38 (20)	1	1	6	0
	10	고양	3	1	0	7	1	0	6	5	25	57	50	8	51 (31)	0	0	3	0
	7	대구	2	1	1	8	6	0	2	5	15	73	57	6	32 (22)	1	0	8	1
	9	대전	3	0	1	4	6	0	-2	4	29	48	43	6	64 (27)	0	0	5	1
	4	부산	1	1	2	4	8	0	-4	1	20	61	52	3	35 (17)	0	0	8	0
	4	부천	1	1	2	5	6	0	-1	2	17	58	45	7	45 (26)	2	1	12	0
	7	서울E	2	1	1	3	2	0	1	2	16	63	57	4	42 (20)	0	0	6	1
	7	안양	2	1	1	7	6	0	1	2	17	64	61	3	43 (23)	0	0	10	0
	7	충주	2	1	1	6	11	0	-5	4	27	49	37	7	53 (26)	1	0	5	0

팀명	승점	상대팀	승	무	패	득점	실점	자책	득실	도움	코너킥	파울	파울득	오프사이드	슈팅(유효)	PK득점	PK실패	경고	퇴장
대구	70	합계	19	13	8	53	36	0	17	29	180	594	598	104	556(279)	4	0	81	1
	5	강원	1	2	1	4	5	0	-1	1	18	76	67	2	48 (25)	1	0	14	0
	4	경남	1	1	2	4	5	0	-1	3	19	57	47	10	50 (26)	0	0	5	0
	10	고양	3	1	0	7	3	0	4	3	18	58	70	20	55 (33)	0	0	7	0
	10	대전	3	1	0	6	2	0	4	4	15	53	59	14	75 (36)	1	0	6	0
	9	부산	3	0	1	7	2	0	5	4	17	60	45	7	46 (25)	1	0	11	0
	6	부천	1	3	0	4	3	0	1	2	9	61	70	7	44 (19)	0	0	9	1
	5	서울E	1	2	1	3	2	0	1	2	18	55	56	10	55 (25)	0	0	3	0
	4	안산무	1	1	2	6	8	0	-2	3	28	59	71	11	61 (37)	1	0	7	0
	5	안양	1	2	1	5	5	0	0	3	13	51	60	9	54 (23)	0	0	11	0
	12	충주	4	0	0	7	1	0	6	4	25	64	53	14	68 (30)	0	0	8	0

팀명	승점	상대팀	승	무	패	득점	실점	자책	득실	도움	코너킥	파울	파울득	오프사이드	슈팅(유효)	PK득점	PK실패	경고	퇴장
강원	66	합계	21	9	12	53	34	1	19	29	175	612	663	64	498(260)	6	3	96	1
	2	경남	0	2	2	1	4	0	-3	0	22	61	64	6	50 (25)	1	1	7	0
	10	고양	3	1	0	6	0	0	6	4	22	51	59	9	50 (27)	1	0	9	0
	5	대구	1	2	1	5	4	0	1	3	10	72	74	4	41 (21)	0	0	7	0
	6	대전	2	0	2	3	3	0	0	1	22	42	63	7	52 (25)	0	0	8	0
	1	부산	1	1	3	3	5	0	-2	2	19	66	70	10	53 (28)	1	0	12	0
	3	부천	2	0	3	4	7	1	-3	2	27	89	92	4	66 (34)	0	0	21	0
	10	서울E	3	1	0	6	3	0	3	4	14	51	67	5	60 (30)	0	0	6	0
	9	안산무	3	0	1	8	3	0	5	3	8	75	54	9	33 (20)	0	1	12	1
	10	안양	3	1	0	9	1	0	8	5	21	50	70	4	45 (24)	2	0	9	0
	10	충주	3	1	0	8	4	0	4	5	10	55	50	6	48 (26)	1	1	5	0

* 강원 플레이오프 경기결과 승점 누계 없음

팀명	승점	상대팀	승	무	패	득점	실점	자책	득실	도움	코너킥	파울	파울득	오프사이드	슈팅(유효)	PK득점	PK실패	경고	퇴장
부천	67	합계	19	10	12	50	35	1	15	30	172	669	564	68	435(207)	4	0	86	3
	9	강원	3	0	2	7	4	0	3	5	17	99	82	4	42 (21)	0	0	7	1
	9	경남	3	0	1	5	2	0	3	2	19	67	55	11	46 (22)	1	0	7	0
	10	고양	3	1	0	8	1	0	7	4	22	56	55	10	50 (25)	0	0	9	0
	3	대구	0	3	1	3	4	0	-1	1	15	71	58	3	30 (11)	1	0	7	1
	7	대전	2	1	1	5	3	0	2	3	20	64	62	11	51 (19)	1	0	10	1
	7	부산	2	1	1	5	3	0	2	4	11	60	47	9	38 (16)	0	0	8	0
	1	서울E	0	1	3	2	6	1	-4	0	20	72	48	1	47 (24)	0	0	9	0
	7	안산무	2	1	1	6	5	0	1	4	5	49	57	10	39 (20)	0	0	8	0
	8	안양	2	2	0	5	3	0	2	3	14	68	56	2	43 (22)	1	0	12	0
	6	충주	2	0	2	4	4	0	0	4	29	63	44	7	49 (27)	0	0	9	0

팀명	승점	상대팀	승	무	패	득점	실점	자책	득실	도움	코너킥	파울	파울득	오프사이드	슈팅(유효)	PK득점	PK실패	경고	퇴장
부산	64	합계	19	7	15	52	40	0	12	41	208	527	560	74	473(227)	4	0	82	1

팀명	승점	상대팀	승	무	패	득점	실점	자책	득실	도움	코너킥	파울	파울득	오프사이드	슈팅(유효)	PK득점	PK실패	경고	퇴장
	10	강원	3	1	1	5	3	0	2	4	20	73	62	8	56 (26)	0	0	13	0
	4	경남	1	1	2	8	8	0	0	7	30	55	42	11	58 (25)	1	0	9	1
	12	고양	4	0	0	6	0	0	6	6	21	52	52	9	48 (21)	0	0	7	0
	3	대구	1	0	3	2	7	0	-5	2	11	50	56	9	35 (19)	0	0	8	0
	4	대전	1	1	2	5	4	0	1	4	22	43	48	5	53 (17)	0	0	8	0
	4	부천	1	1	2	3	5	0	-2	3	28	49	55	4	44 (22)	0	0	4	0
	1	서울E	0	1	3	2	6	0	-4	1	19	44	66	5	49 (25)	1	0	4	0
	7	안산무	2	1	1	8	4	0	4	6	21	52	58	9	35 (18)	1	0	12	0
	9	안양	3	0	1	6	2	0	4	5	18	62	66	7	48 (29)	0	0	8	0
	10	충주	3	1	0	7	1	0	6	3	18	47	55	7	47 (25)	1	0	9	0
팀명	승점	상대팀	승	무	패	득점	실점	자책	득실	도움	코너킥	파울	파울득	오프사이드	슈팅(유효)	PK득점	PK실패	경고	퇴장
서울E	64	합계	17	13	10	47	35	1	12	35	175	579	534	78	432(210)	2	1	88	0
	1	강원	0	1	3	3	6	0	-3	3	10	73	50	1	34 (16)	0	0	13	0
	10	경남	3	1	0	6	2	0	4	6	22	58	32	11	47 (21)	0	0	5	0
	8	고양	2	2	0	7	2	0	5	6	18	49	64	15	44 (29)	0	0	8	0
	5	대구	1	2	1	2	3	0	-1	2	16	64	51	4	34 (13)	0	0	8	0
	7	대전	2	1	1	7	5	0	2	6	21	53	48	11	53 (24)	1	0	8	0
	10	부산	3	1	0	6	2	0	4	4	16	71	42	5	38 (19)	0	0	10	0
	10	부천	3	1	0	6	2	0	4	2	24	49	70	4	52 (28)	0	0	12	0
	4	안산무	1	1	2	2	3	0	-1	2	13	58	60	10	30 (13)	0	1	9	0
	2	안양	0	2	2	4	7	0	-3	2	20	54	62	10	48 (24)	0	0	9	0
	7	충주	2	1	1	4	3	1	1	2	15	50	55	7	52 (23)	1	0	6	0
팀명	승점	상대팀	승	무	패	득점	실점	자책	득실	도움	코너킥	파울	파울득	오프사이드	슈팅(유효)	PK득점	PK실패	경고	퇴장
대전	55	합계	15	10	15	56	52	1	4	35	139	573	468	63	446(212)	5	4	77	1
	6	강원	2	0	2	3	3	0	0	1	12	63	41	5	40 (20)	0	1	10	0
	7	경남	2	1	1	13	10	0	3	8	14	62	48	8	54 (31)	0	0	5	0
	10	고양	3	1	0	6	1	0	5	5	14	56	45	10	54 (23)	0	0	8	0
	1	대구	0	1	3	2	6	0	-4	1	6	65	45	4	28 (7)	1	1	11	0
	7	부산	2	1	1	4	5	0	-1	4	17	51	42	6	39 (15)	0	0	13	0
	4	부천	1	1	2	3	5	0	-2	1	12	61	64	5	24 (11)	0	0	13	1
	4	서울E	1	1	2	5	7	0	-2	4	19	51	53	5	43 (25)	1	0	5	0
	3	안산무	1	0	3	6	4	0	2	4	13	45	42	9	48 (27)	0	1	0	0
	5	안양	1	2	1	6	6	1	0	1	15	62	48	5	63 (28)	1	1	7	0
	8	충주	2	2	0	8	5	0	3	6	17	57	40	6	53 (25)	2	0	5	0
팀명	승점	상대팀	승	무	패	득점	실점	자책	득실	도움	코너킥	파울	파울득	오프사이드	슈팅(유효)	PK득점	PK실패	경고	퇴장
경남	50	합계	18	6	16	61	58	0	3	48	181	494	533	88	432(200)	2	0	63	1
	-2	강원	2	2	0	4	1	0	3	4	21	68	58	4	34 (16)	0	0	7	0
	12	고양	4	0	0	14	4	0	10	10	17	37	49	13	49 (30)	1	0	7	0
	7	대구	2	1	1	5	4	0	1	5	20	55	49	5	39 (14)	0	0	10	1
	4	대전	1	1	2	10	13	0	-3	6	17	52	61	4	56 (28)	1	0	4	0
	7	부산	2	1	1	8	8	0	0	6	18	44	51	8	36 (24)	0	0	6	0
	3	부천	1	0	3	2	5	0	-3	2	18	60	63	11	38 (14)	0	0	9	0
	1	서울E	0	1	3	2	6	0	-4	2	13	35	54	14	39 (15)	0	0	3	0
	0	안산무	0	0	4	1	10	0	-9	0	18	53	53	14	40 (14)	0	0	4	0
	9	안양	3	0	1	6	2	0	4	5	18	43	50	10	50 (23)	0	0	9	0
	9	충주	3	0	1	9	5	0	4	8	21	47	45	5	51 (22)	0	0	4	0
팀명	승점	상대팀	승	무	패	득점	실점	자책	득실	도움	코너킥	파울	파울득	오프사이드	슈팅(유효)	PK득점	PK실패	경고	퇴장
안양	46	합계	11	13	16	40	53	0	-13	25	189	614	522	61	444(215)	3	3	88	0
	1	강원	0	1	3	1	9	0	-8	0	14	74	49	5	35 (20)	0	0	16	0
	3	경남	1	0	3	2	6	0	-4	1	31	54	37	7	45 (17)	0	0	6	0
	8	고양	2	2	0	5	3	0	2	4	31	60	54	4	62 (34)	0	0	6	0
	5	대구	1	2	1	5	5	0	0	5	14	64	50	6	45 (21)	0	1	10	0

팀명	승점	상대팀	승	무	패	득점	실점	자책	득실	도움	코너킥	파울	파울득	오프사이드	슈팅(유효)	PK득점	PK실패	경고	퇴장
	5	대전	1	2	1	6	6	0	0	3	14	53	61	8	53 (23)	1	1	7	0
	3	부산	1	0	3	2	6	0	-4	2	15	67	57	7	27 (9)	0	0	14	0
	2	부천	0	2	2	3	5	0	-2	2	15	60	62	3	38 (19)	1	0	9	0
	8	서울E	2	2	0	7	4	0	3	3	18	65	49	5	47 (27)	1	1	6	0
	4	안산무	1	1	2	6	7	0	-1	3	16	66	63	10	37 (18)	0	0	7	0
	7	충주	2	1	1	3	2	0	1	2	21	51	40	6	55 (27)	0	0	7	0

팀명	승점	상대팀	승	무	패	득점	실점	자책	득실	도움	코너킥	파울	파울득	오프사이드	슈팅(유효)	PK득점	PK실패	경고	퇴장
충주	29	합계	7	8	25	42	62	0	-20	27	126	488	497	49	371(186)	2	1	63	0
	1	강원	0	1	3	4	8	0	-4	3	16	52	53	1	35 (22)	0	0	8	0
	3	경남	1	0	3	5	9	0	-4	1	18	47	42	7	39 (23)	0	0	5	0
	4	고양	1	1	2	6	6	0	0	5	5	49	52	6	44 (19)	0	0	7	0
	0	대구	0	0	4	1	7	0	-6	1	5	57	60	4	30 (11)	0	0	7	0
	2	대전	0	2	2	5	8	0	-3	3	12	41	55	7	44 (18)	1	0	6	0
	1	부산	0	1	3	1	7	0	-6	1	14	57	44	3	35 (20)	0	0	7	0
	6	부천	2	0	2	4	4	0	0	4	11	47	60	7	30 (13)	0	0	8	0
	4	서울E	1	1	2	3	4	0	-1	1	13	57	42	6	43 (17)	1	1	6	0
	4	안산무	1	1	2	11	6	0	5	6	14	38	43	4	34 (20)	0	0	3	0
	4	안양	1	1	2	2	3	0	-1	2	18	43	46	4	37 (23)	0	0	6	0

팀명	승점	상대팀	승	무	패	득점	실점	자책	득실	도움	코너킥	파울	파울득	오프사이드	슈팅(유효)	PK득점	PK실패	경고	퇴장
고양	16	합계	2	10	28	21	72	1	-51	11	158	576	497	40	373(160)	3	0	88	2
	1	강원	0	1	3	0	6	0	-6	0	17	61	48	3	34 (21)	0	0	12	0
	0	경남	0	0	4	4	14	0	-10	2	15	53	36	5	43 (19)	0	0	6	1
	1	대구	0	1	3	3	7	0	-4	0	11	74	58	2	23 (12)	1	0	9	0
	1	대전	0	1	3	1	6	0	-5	1	21	47	54	7	54 (16)	0	0	6	0
	0	부산	0	0	4	0	6	0	-6	0	20	54	50	3	37 (11)	0	0	11	1
	1	부천	0	1	3	1	8	1	-7	0	8	57	51	2	37 (15)	1	0	17	0
	2	서울E	0	2	2	2	7	0	-5	1	16	65	44	3	41 (18)	0	0	9	0
	1	안산무	0	1	3	1	7	0	-6	1	10	54	55	9	36 (17)	0	0	2	0
	2	안양	0	2	2	3	5	0	-2	1	17	59	56	3	33 (17)	0	0	11	0
	7	충주	2	1	1	6	6	0	0	5	23	52	45	3	35 (14)	1	0	5	0

Section 4 챌린지 기록

2016년 챌린지 팀별 경기기록 및 승률

팀명		대구		안산무		부천		강원		서울E		부산		대전		경남		안양		충주		고양	
합산	승점	70		70		67		66		64		64		55		50		46		29		16	
	승	19		21		19		21		17		19		15		18		11		7		2	
	무	13		7		10		9		13		7		10		6		13		8		10	
	패	8		12		12		12		10		15		15		16		16		25		28	
	득	53		57		50		53		47		52		56		61		40		42		21	
	실	36		55		35		34		35		40		52		58		53		62		72	
	차	17		2		15		19		12		12		4		3		-13		-20		-51	
	승률	63.8		61.3		58.5		60.7		58.8		54.9		50.0		52.5		43.8		27.5		17.5	
홈/원정	구분	홈	원정	홈	원정	홈	원정	홈	원정	홈	원정	홈	원정	홈	원정	홈	원정	홈	원정	홈	원정	홈	원정
	승	6	13	12	9	9	10	11	10	8	9	9	10	11	4	11	7	9	2	4	3	1	1
	무	9	4	4	3	3	7	4	5	10	3	5	2	5	5	2	4	5	8	3	5	3	7
	패	5	3	4	8	9	3	6	6	2	8	6	9	4	11	7	9	6	10	13	12	16	12
	득	18	35	33	24	27	23	28	25	24	23	29	23	35	21	37	24	25	15	24	18	8	13
	실	18	18	21	34	23	12	15	19	14	21	22	18	19	33	25	33	22	31	32	30	33	39
	차	0	17	12	-10	4	11	13	6	10	2	7	5	16	-12	12	-9	3	-16	-8	-12	-25	-26
	승률	52.5	75	70	52.5	50	67.5	61.9	59.5	65	52.5	57.5	52.4	67.5	32.5	60	45	57.5	30	27.5	27.5	12.5	22.5

2016년 챌린지 팀별 개인 기록 | 안산 무궁화

선수명	대회	출장	교체	득점	도움	코너킥	파울	파울득	오프사이드	슈팅	유효슈팅	경고	퇴장	실점	자책
강승조	챌	14	8	2	0	10	12	12	0	8	7	2	0	0	0
공민현	챌	34	20	7	1	0	52	31	9	45	28	8	0	0	0
김대호	클	3	1	0	0	0	3	1	0	0	0	2	0	0	0
	챌	6	1	0	0	0	0	0	0	0	0	0	0	17	0
	챌	7	1	0	1	0	12	10	0	2	1	1	0	0	0
	계	10	2	0	1	0	15	11	0	2	1	3	0	0	0
김동섭	챌	16	10	4	1	0	16	13	4	18	11	1	0	0	0
김은선	챌	21	8	0	0	0	26	14	0	11	4	3	0	0	0
김재웅	클	7	3	0	0	8	17	22	0	12	5	2	0	0	0
	챌	16	11	2	0	3	35	37	0	17	6	4	0	0	0
	계	23	14	2	0	11	52	59	0	29	11	6	0	0	0
김준엽	챌	28	10	1	3	36	28	21	0	9	4	3	0	0	0
남준재	챌	17	12	2	2	0	11	24	4	15	8	2	0	0	0
박요한	챌	5	2	0	0	0	1	2	0	1	0	0	0	0	0
손정현	챌	9	0	0	0	0	1	3	0	0	0	0	1	14	0
안영규	챌	18	4	0	1	0	20	10	0	1	0	3	0	0	0
이현승	챌	38	16	8	6	34	49	51	13	49	33	3	0	0	0
임선영	챌	7	4	1	0	0	8	6	1	16	4	0	0	0	0
정다훤	챌	31	4	2	3	0	39	29	1	15	9	8	1	0	0
정성민	챌	18	14	5	0	0	12	20	4	19	11	0	0	0	0
조성진	챌	18	0	0	0	0	27	9	0	4	4	3	1	0	0
주현재	챌	32	24	2	2	0	34	33	6	17	6	6	0	0	0
최보경	챌	19	1	2	2	0	15	6	0	15	6	4	0	0	0
최진수	챌	12	10	3	0	13	7	13	0	8	5	0	0	0	0
하인호	챌	3	1	0	0	0	3	3	0	1	0	1	0	0	0
하정헌	챌	6	7	0	1	0	10	1	3	4	4	3	0	0	0
한지호	챌	38	12	10	6	10[illegible]	52	51	5	68	37	4	0	0	0
한홍규	챌	9	10	0	0	0	9	4	1	2	1	2	0	0	0
황지웅	챌	21	17	2	0	1	14	16	1	25	12	1	0	0	0

2016년 챌린지 팀별 개인 기록 | 대구

선수명	대회	출장	교체	득점	도움	코너킥	파울	파울득	오프사이드	슈팅	유효슈팅	경고	퇴장	실점	자책
감한솔	챌	5	3	0	1	0	4	2	0	2	2	0	0	0	0
김대열	클	7	6	0	1	0	7	3	0	0	0	1	0	0	0
	챌	2	2	0	0	0	1	0	0	0	0	0	0	0	0
	계	9	8	0	1	0	8	3	0	0	0	1	0	0	0
김대원	챌	6	6	1	0	0	1	1	0	5	4	0	0	0	0
김동진	챌	36	4	0	0	0	37	42	1	4	2	4	0	0	0
김현수	챌	2	2	0	0	0	1	1	0	0	0	1	0	0	0
노병준	챌	14	14	0	0	0	4	8	3	7	5	0	0	0	0
데이비드	챌	13	13	0	1	8	6	7	0	14	5	1	0	0	0
류재문	챌	5	1	0	0	0	4	1	0	3	2	1	0	0	0
박세진	챌	30	2	2	4	45	38	38	1	15	7	6	0	0	0
박태홍	챌	38	0	1	0	0	64	30	7	27	11	8	0	0	0
박한빈	챌	6	6	0	0	0	4	0	0	3	2	0	0	0	0
배신영	클	9	7	0	0	8	2	10	0	9	4	1	1	0	0
	챌	3	3	0	0	1	2	1	1	2	0	0	0	0	0
	계	12	10	0	0	9	4	11	1	11	4	1	1	0	0
세징야	챌	36	11	11	8	83	79	97	13	13[illegible]	64	12	0	0	0
신창무	챌	31	18	1	0	41	41	20	1	11	3	10	0	0	0
알렉스	챌	20	10	5	0	0	20	14	5	55	32	2	0	0	0
에델	챌	37	24	6	2	0	54	65	14	71	42	4	1	0	0
오광진	챌	7	6	0	0	0	4	1	0	1	1	0	0	0	0
우상호	챌	17	5	1	0	0	30	20	1	7	2	4	0	0	0
이양종	챌	1	0	0	0	0	0	0	0	0	0	0	0	1	0
이재권	챌	39	12	2	3	1	53	85	1	31	18	4	0	0	0
정우재	챌	37	4	3	3	0	41	66	4	16	6	7	0	0	0
조영훈	챌	4	4	0	0	0	1	1	0	1	0	0	0	0	0
조현우	챌	39	0	0	0	0	0	5	0	0	0	2	0	35	0
최정한	챌	26	24	1	2	1	9	12	7	21	6	0	0	0	0
파울로	챌	33	18	17	4	0	46	26	40	10[illegible]	59	7	0	0	0
한재웅	챌	15	13	0	0	0	12	19	5	3	1	2	0	0	0
홍정운	챌	20	7	0	0	0	21	6	0	5	0	1	0	0	0
황재원	챌	27	6	2	1	0	17	30	0	14	5	5	0	0	0

클: K리그 클래식 / 챌: K리그 챌린지

2016년 챌린지 팀별 개인 기록 | 강원

선수명	대회	출장	교체	득점	도움	코너킥	파울	파울득	오프사이드	슈팅	유효슈팅	경고	퇴장	실점	자책
고민성	챌	11	11	0	1	2	8	7	0	13	4	0	0	0	0
길영태	챌	6	1	0	0	0	12	1	0	1	1	3	0	0	0
김윤호	챌	13	9	0	0	0	17	13	0	4	2	4	0	0	0
루이스	클	11	9	3	2	13	10	18	1	19	10	0	0	0	0
	챌	20	9	7	4	38	21	29	5	47	33	2	0	0	0
	계	31	18	10	6	51	31	47	6	66	43	2	0	0	0
마라냥	챌	13	13	2	0	0	6	10	5	19	12	0	0	0	0
마테우스	챌	37	22	12	1	0	69	94	22	78	41	8	0	0	0
박요한	챌	2	2	0	0	0	0	1	0	0	0	0	0	0	0
박희도	챌	13	13	0	0	0	10	4	0	3	2	1	0	0	0
방찬준	챌	10	10	3	0	0	4	5	2	12	6	0	0	0	0
백종환	챌	33	2	0	2	0	45	38	1	11	5	8	0	0	0
서보민	챌	36	25	3	3	3	19	16	2	67	32	2	0	0	0
세르징요	챌	19	3	0	2	0	38	39	2	27	12	4	0	0	0
손설민	챌	4	4	0	1	4	0	2	0	1	0	1	0	0	0
송유걸	챌	15	0	0	0	0	0	2	0	0	0	1	0	12	0
심영성	챌	30	30	4	2	2	16	28	6	20	16	2	0	0	0
안현식	챌	34	0	2	0	0	38	18	0	11	6	6	1	0	1
양동원	클	14	0	0	0	0	0	1	0	0	0	0	0	26	0
	챌	2	0	0	0	0	0	1	0	0	0	0	0	1	0
	계	16	0	0	0	0	0	2	0	0	0	0	0	27	0
오승범	챌	36	4	1	1	1	37	61	0	18	8	3	0	0	0
이한샘	챌	39	0	2	1	0	54	25	2	13	6	12	0	0	0
장혁진	챌	37	21	2	5	64	30	78	3	37	18	2	0	0	0
정승용	챌	41	1	4	2	12	52	91	0	36	18	4	0	0	0
정찬일	챌	3	3	0	0	0	0	2	1	0	0	0	0	0	0
최우재	챌	5	2	0	0	0	5	5	0	2	1	1	0	0	0
최진호	챌	20	19	6	0	4	12	16	6	21	13	2	0	0	0
파체코	챌	1	1	0	0	1	1	0	0	2	2	1	0	0	0
한석종	챌	36	10	1	3	0	40	35	0	23	3	10	0	0	0
함석민	챌	25	0	0	0	0	0	5	0	0	0	3	0	21	0
허범산	챌	37	31	3	1	44	63	34	7	29	17	13	0	0	0

2016년 챌린지 팀별 개인 기록 | 부천

선수명	대회	출장	교체	득점	도움	코너킥	파울	파울득	오프사이드	슈팅	유효슈팅	경고	퇴장	실점	자책
강지용	챌	38	1	1	1	0	49	39	0	13	7	11	0	0	0
김대광	챌	2	2	0	0	0	1	0	0	1	0	0	0	0	0
김륜도	챌	27	22	0	2	1	24	14	2	13	7	2	0	0	0
김영남	챌	37	11	1	1	26	55	52	1	46	12	10	0	0	1
김진현	챌	14	1	0	0	12	16	10	0	6	2	3	0	0	0
루키안	챌	39	7	15	4	0	71	10[illegible]	19	89	44	7	0	0	0
류원우	챌	40	1	0	0	0	1	15	0	0	0	3	0	35	0
문기한	챌	38	31	4	8	93	47	18	3	42	25	4	0	0	0
바그닝요	챌	36	4	9	3	8	13	78	14	80	45	10	2	0	0
배준렬	챌	5	5	0	0	0	6	1	0	2	0	1	0	0	0
서명식	챌	6	2	0	0	0	6	2	0	1	1	0	0	0	0
송원재	챌	31	18	0	1	1	32	16	0	11	2	4	0	0	0
신현준	챌	11	11	1	0	0	6	3	1	2	1	2	0	0	0
에드손	챌	4	4	0	0	1	3	8	0	2	1	0	0	0	0
에벨톤	챌	2	2	1	0	0	0	0	0	2	1	0	0	0	0
유대현	챌	22	6	0	0	2	24	22	1	3	1	4	0	0	0
이학민	챌	36	1	2	2	1	41	39	1	26	9	9	0	0	0
이효균	클	4	3	0	0	0	5	6	0	2	1	0	1	0	0
	챌	11	11	2	0	0	11	9	2	8	6	1	0	0	0
	계	15	14	2	0	0	16	15	2	10	7	1	1	0	0
임동혁	챌	8	7	0	0	0	3	2	0	0	0	0	0	0	0
조범석	챌	36	10	1	2	20	17	27	0	15	7	2	0	0	0
지병주	챌	13	1	1	0	0	27	16	0	6	2	5	1	0	0
진창수	챌	38	26	7	6	6	71	38	18	40	23	3	0	0	0
최철원	챌	2	1	0	0	0	0	0	0	0	0	0	0	0	0
한성규	챌	2	2	0	0	0	0	1	0	1	1	0	0	0	0
한희훈	챌	40	0	3	0	0	21	45	5	17	7	4	0	0	0
황신영	챌	8	8	0	0	1	3	3	1	7	2	1	0	0	0

K리그 클래식 / 챌: K리그 챌린지

2016년 챌린지 팀별 개인 기록 | 부산

선수명	대회	출장	교체	득점	도움	코너킥	파울	파울득	오프사이드	슈팅	유효슈팅	경고	퇴장	실점	자책
고경민	챌	26	24	7	4	1	18	26	5	28	23	3	0	0	0
구상민	챌	32	0	0	0	0	1	8	0	0	0	2	0	25	0
구현준	챌	14	3	0	1	0	16	10	0	12	2	4	0	0	0
김대호	챌	10	3	0	0	0	8	11	1	3	0	1	0	0	0
김영신	챌	20	17	0	3	18	10	12	0	5	2	3	0	0	0
김재현	챌	22	1	1	1	0	23	47	0	9	5	2	0	0	0
김종민	챌	13	13	0	1	0	3	8	1	4	2	0	1	0	0
김종혁	챌	16	2	0	1	0	21	10	1	3	2	7	0	0	0
김지민	챌	1	1	0	0	0	1	0	0	0	0	0	0	0	0
김진규	챌	6	5	0	0	8	6	1	1	4	2	0	0	0	0
김현성	챌	3	3	0	0	0	1	0	0	1	1	1	0	0	0
김형근	챌	6	0	0	0	0	0	2	0	0	0	0	0	9	0
닐손주니어	챌	21	0	1	1	0	26	10	2	13	3	4	0	0	0
다이고	챌	5	4	0	0	2	4	0	1	2	0	0	0	0	0
박경록	챌	2	0	0	0	0	0	1	0	1	1	0	0	0	0
박병현	챌	1	1	0	0	0	0	0	0	0	0	0	0	0	0
사무엘	챌	3	1	0	0	0	5	0	0	2	1	1	0	0	0
스토야노비치	챌	15	8	2	1	0	32	17	13	25	15	3	0	0	0
용재현	챌	30	0	1	1	1	38	20	2	8	4	10	0	0	0
유지훈	챌	14	9	0	0	0	13	9	0	5	2	1	0	0	0
이규성	챌	32	17	1	3	78	29	27	1	23	7	4	0	0	0
이동일	챌	1	1	0	0	0	0	0	0	0	0	0	0	0	0
이영재	챌	17	7	1	2	66	7	17	0	22	6	1	0	0	0
이원영	챌	24	7	2	1	0	16	12	4	26	10	4	0	0	0
이정근	챌	13	8	0	0	0	24	10	0	5	3	4	0	0	0
이정진	챌	14	10	2	0	0	14	6	2	7	2	4	0	0	0
이청웅	챌	7	4	0	0	0	13	7	0	3	0	1	0	0	0
임상협	클	25	19	8	3	1	14	20	16	25	19	3	0	0	0
	챌	8	7	1	0	1	4	11	4	3	2	0	0	0	0
	계	33	26	9	3	2	18	31	20	28	21	3	0	0	0
장현수	클	1	1	0	0	4	2	1	0	0	0	1	0	0	0
	챌	13	11	2	1	20	11	16	5	8	4	1	0	0	0
	계	14	12	2	1	24	13	17	5	8	4	2	0	0	0
장현우	챌	1	0	0	0	0	2	0	0	0	0	0	0	0	0
전현철	챌	8	8	0	0	0	1	5	1	3	0	0	0	0	0
정석화	챌	40	20	4	10	1	16	36	4	41	25	5	0	0	0
차영환	챌	33	1	1	0	0	26	22	1	19	8	3	0	0	0
최광희	챌	19	3	1	3	8	17	31	3	13	7	2	0	0	0
최승인	챌	14	12	2	1	0	15	19	4	15	7	1	0	0	0
포프	챌	38	22	18	4	2	63	83	13	102	60	6	0	0	0
홍동현	챌	29	13	5	2	2	43	66	5	58	21	4	0	0	0

2016년 챌린지 팀별 개인 기록 | 서울E

선수명	대회	출장	교체	득점	도움	코너킥	파울	파울득	오프사이드	슈팅	유효슈팅	경고	퇴장	실점	자책
고경준	챌	1	1	0	0	0	1	0	0	1	0	0	0	0	0
구대엽	챌	1	0	0	0	0	1	2	0	2	0	0	0	0	0
김동진	챌	34	1	1	3	40	39	27	0	8	6	10	0	0	0
김동철	챌	34	4	1	2	1	68	25	2	14	6	7	0	0	0
김봉래	클	10	2	0	0	0	3	8	0	4	0	0	0	0	0
	챌	12	2	0	3	3	8	14	2	8	4	0	0	0	0
	계	22	4	0	3	3	11	22	2	12	4	0	0	0	0
김영광	챌	39	0	0	0	0	0	3	0	0	0	3	0	32	0
김재연	챌	8	7	0	0	0	5	5	0	3	1	1	0	0	0
김준태	챌	24	5	1	2	12	41	32	0	33	15	4	0	0	0
김창욱	챌	11	7	0	1	0	12	8	0	14	5	0	0	0	0
김태은	챌	22	6	0	0	0	44	14	0	3	1	8	0	0	0
김현규	챌	8	8	0	1	0	4	2	0	4	1	0	0	0	0
김현솔	챌	7	7	0	0	1	9	3	0	3	3	2	0	0	0
벨루소	챌	17	13	4	1	4	20	13	7	29	13	4	0	0	0
서정진	클	9	7	0	0	6	6	13	2	4	0	1	0	0	0
	챌	19	5	0	5	25	20	23	5	13	5	1	0	0	0
	계	28	12	0	5	31	26	36	7	17	5	2	0	0	0
신일수	챌	22	13	0	1	0	36	23	0	21	6	6	0	0	0
심상민	클	4	2	0	0	0	2	6	0	0	0	1	0	0	0
	챌	13	0	1	0	4	6	34	0	4	3	0	0	0	0
	계	17	2	1	0	4	8	40	0	4	3	1	0	0	0
안태현	챌	31	25	3	1	0	18	35	2	19	10	4	0	0	0
양기훈	챌	1	0	0	0	0	2	2	0	0	0	0	0	0	0
유제호	챌	8	7	0	0	0	7	6	2	7	5	0	0	0	0
유창현	클	3	3	0	0	0	2	0	0	1	0	1	0	0	0
	챌	9	9	0	0	0	7	5	2	3	2	1	0	0	0
	계	12	12	0	0	0	9	5	2	4	2	2	0	0	0
윤성열	챌	15	2	1	4	4	6	7	1	12	5	0	0	0	1
이상기	챌	1	0	0	0	0	0	1	0	0	0	0	0	3	0
이재훈	챌	11	1	0	0	0	20	7	0	0	0	3	0	0	0
전민광	챌	26	11	0	0	0	21	21	0	9	3	1	0	0	0
조우진	챌	8	7	0	0	0	5	5	2	5	3	3	0	0	0
조향기	챌	10	8	0	0	0	5	10	1	10	4	0	0	0	0
주민규	챌	29	8	14	3	0	38	63	19	74	36	2	0	0	0
최오백	챌	18	14	2	4	0	15	17	4	25	13	4	0	0	0
칼라일 미첼	챌	28	4	3	0	0	31	24	0	18	9	11	0	0	0
타라바이	챌	38	17	12	3	6	51	61	27	67	44	6	0	0	0

2016년 챌린지 팀별 개인 기록 | 대전

선수명	대회	출장	교체	득점	도움	코너킥	파울	파울득	오프사이드	슈팅	유효슈팅	경고	퇴장	실점	자책
강영제	챌	7	7	0	0	0	3	4	0	3	0	1	0	0	0
강윤성	챌	26	24	0	0	1	27	22	2	6	4	5	0	0	0
고민혁	챌	1	1	0	0	0	0	0	0	0	0	0	0	0	0
구스타보	챌	22	16	6	6	33	44	31	0	19	12	3	0	0	0
김동곤	챌	4	4	0	0	0	4	2	0	0	0	0	0	0	0
김동찬	챌	39	16	20	8	2	31	54	27	128	72	2	0	0	0
김병석	챌	34	8	1	0	0	34	43	0	10	5	3	1	0	0
김선민	챌	30	7	4	3	22	31	36	1	39	18	4	0	0	0
김태봉	챌	6	5	0	0	3	2	2	0	0	0	0	0	0	0
김해식	챌	20	7	1	0	0	21	13	0	5	2	4	0	0	0
김형진	챌	16	8	0	0	0	29	6	2	2	1	4	0	0	0
남윤재	챌	1	1	0	0	0	1	0	0	0	0	0	0	0	0
박대훈	챌	25	24	3	1	1	23	8	5	11	7	0	0	0	0
박재우	챌	3	2	0	0	0	0	0	0	0	0	0	0	0	0
박주원	챌	27	0	0	0	0	1	4	0	0	0	1	0	34	1
변정석	챌	1	1	0	0	0	0	0	0	0	0	0	0	0	0
실 바	챌	15	1	0	0	0	24	10	1	6	1	5	0	0	0
오창현	챌	27	5	0	0	0	31	19	0	10	3	4	0	0	0
우 현	챌	11	9	0	1	0	12	2	0	2	1	4	0	0	0
유승완	챌	22	22	2	1	0	11	17	2	13	4	2	0	0	0
이동수	챌	36	4	1	2	0	40	23	1	9	2	4	0	0	0
이범수	챌	13	0	0	0	0	1	4	0	0	0	1	0	18	0
장준영	챌	20	1	1	0	0	33	19	0	4	1	4	0	0	0
장클로드	챌	37	4	2	1	0	57	13	0	17	4	12	0	0	0
조예찬	챌	24	18	1	0	51	24	23	1	20	8	4	0	0	0
진대성	챌	24	20	3	5	1	21	13	8	26	17	1	0	0	0
한의권	챌	6	4	0	0	0	8	5	1	3	2	1	0	0	0
황인범	챌	35	7	5	5	11	31	54	0	56	22	4	0	0	0

2016년 챌린지 팀별 개인 기록 | 경남

선수명	대회	출장	교체	득점	도움	코너킥	파울	파울득	오프사이드	슈팅	유효슈팅	경고	퇴장	실점	자책
권정혁	챌	13	0	0	0	0	1	1	0	0	0	1	0	21	0
김도엽	클	3	2	1	0	0	1	4	0	8	3	1	0	0	0
	챌	8	6	1	4	4	6	1	2	1	5	1	0	0	0
	계	11	8	2	4	4	7	15	2	22	8	2	0	0	0
김슬기	챌	16	15	0	0	7	9	9	1	7	2	0	0	0	0
김영욱	챌	4	4	0	1	0	2	2	0	2	1	0	0	0	0
김정빈	챌	32	7	0	2	0	31	22	2	11	5	3	0	0	0
김형필	챌	10	9	2	0	0	6	4	1	9	5	1	0	0	0
남광현	챌	7	7	1	1	0	7	5	0	3	1	1	0	0	0
마르코비치	챌	2	2	0	0	0	2	0	0	1	0	0	0	0	0
박주성	챌	8	5	0	0	0	7	2	0	1	0	2	0	0	0
박지수	챌	35	4	1	0	0	40	25	1	15	4	7	0	0	0
박태웅	챌	7	7	0	0	1	17	9	1	2	1	2	0	0	0
배기종	챌	15	14	4	3	2	14	13	3	17	8	0	0	0	0
송수영	챌	31	19	9	6	50	17	30	8	60	23	5	0	0	0
신학영	챌	24	14	1	1	0	19	33	0	9	4	2	0	0	0
안성남	챌	37	29	4	2	40	14	51	8	38	19	2	0	0	0
여성해	클	4	0	0	0	0	2	2	0	0	0	0	0	0	0
	챌	8	0	0	0	0	12	4	0	2	1	0	0	0	0
	계	12	0	0	0	0	14	6	0	2	1	0	0	0	0
우주성	챌	33	3	0	2	0	26	43	4	15	2	4	0	0	0
이관표	챌	19	10	2	1	6	14	15	0	15	9	3	0	0	0
이기현	챌	5	0	0	0	0	0	4	0	0	0	0	0	7	0
이 반	챌	22	7	0	1	0	23	9	0	4	2	5	0	0	0
이상협	챌	1	1	0	0	1	0	2	0	2	0	0	0	0	0
이원재	챌	13	3	1	0	0	12	3	0	1	1	1	0	0	0
이준희	챌	3	3	0	0	0	4	0	0	0	0	1	0	0	0
이호석	챌	27	16	9	10	19	39	40	9	36	21	3	0	0	0
장은규	챌	36	10	1	1	5	61	39	1	12	5	8	1	0	0
전상훈	챌	9	3	0	0	0	8	5	0	1	0	0	0	0	0
정현철	챌	32	13	5	4	0	22	22	6	24	12	3	0	0	0
진경선	챌	21	15	1	0	1	11	20	0	9	6	1	0	0	0
최영준	챌	10	7	0	1	0	11	14	0	4	2	0	0	0	0
크리스찬	챌	38	4	19	6	0	52	65	36	89	46	4	0	0	0
하강진	챌	8	0	0	0	0	1	3	0	0	0	1	0	15	0

K리그 클래식 / 챌: K리그 챌린지

2016년 챌린지 팀별 개인 기록 | 안양

선수명	대회	출장	교체	득점	도움	코너킥	파울	파울득	오프사이드	슈팅	유효슈팅	경고	퇴장	실점	자책
가솔현	챌	20	6	0	0	0	24	12	0	6	1	5	0	0	0
구대영	챌	27	3	0	0	0	18	41	0	6	1	5	0	0	0
김대한	챌	8	7	2	0	0	11	6	3	8	4	1	0	0	0
김동기	챌	6	6	0	0	0	5	9	4	4	3	0	0	0	0
김민균	챌	38	23	11	4	12	36	48	3	78	44	4	0	0	0
김선규	챌	21	1	0	0	0	0	4	0	0	0	2	0	24	0
김영도	챌	17	16	3	0	1	20	12	1	14	8	2	0	0	0
김영후	챌	20	17	3	1	0	20	25	8	30	12	1	0	0	0
김진환	클	5	3	0	0	0	1	1	1	1	1	0	0	0	0
	챌	17	0	0	0	0	23	7	2	1	0	6	0	0	0
	계	22	3	0	0	0	24	8	3	2	1	6	0	0	0
김태호	챌	15	1	0	0	0	21	18	0	5	0	2	0	0	0
김효기	클	0	0	0	0	0	0	0	0	0	0	0	0	0	0
	챌	13	3	4	0	0	20	30	5	24	11	1	0	0	0
	계	13	3	4	0	0	20	30	5	24	11	1	0	0	0
박승일	챌	29	24	2	0	0	23	26	4	33	20	2	0	0	0
박한준	챌	1	1	0	0	0	0	0	0	0	0	0	0	0	0
브루닝요	챌	15	9	0	0	0	19	18	4	20	10	2	0	0	0
서용덕	챌	34	14	3	4	51	47	40	1	36	14	5	0	0	0
안성빈	챌	28	2	1	5	5	34	20	3	16	6	4	0	0	0
안세희	챌	34	6	0	0	0	27	25	1	13	5	6	0	0	0
안진범	챌	27	16	0	3	21	35	26	5	10	6	3	0	0	0
오르시니	챌	7	3	1	0	0	11	6	4	12	6	1	0	0	0
유수현	클	2	1	0	0	5	4	10	0	1	1	0	0	0	0
	챌	15	9	1	1	1	18	31	0	10	4	1	0	0	0
	계	17	10	1	1	6	22	41	0	11	5	1	0	0	0
유종현	챌	9	3	0	0	0	14	11	0	2	0	3	0	0	0
이상우	챌	20	5	1	3	60	16	10	1	9	6	5	0	0	0
이슬기	챌	2	2	0	0	1	2	0	0	0	0	1	0	0	0
이재억	챌	12	6	0	0	0	6	8	0	2	0	0	0	0	0
이진형	챌	33	0	0	0	0	0	10	0	0	0	3	0	35	0
이태현	챌	4	3	0	0	0	6	3	0	1	1	1	0	0	0
자이로	챌	12	9	0	2	0	27	5	4	20	11	4	0	0	0
정재희	챌	36	23	3	1	2	14	20	7	46	19	1	0	0	0
채광훈	챌	9	3	0	0	33	7	9	0	4	2	2	0	0	0
최영훈	챌	25	8	0	1	0	74	32	0	9	5	9	0	0	0
최필수	챌	13	1	0	0	0	1	4	0	0	0	2	0	18	0

2016년 챌린지 팀별 개인 기록 | 충주

선수명	대회	출장	교체	득점	도움	코너킥	파울	파울득	오프사이드	슈팅	유효슈팅	경고	퇴장	실점	자책
곽성환	챌	9	8	1	0	0	8	10	1	8	4	0	0	0	0
권태안	챌	5	0	0	0	0	0	1	0	0	0	0	0	8	0
김도형	챌	34	17	3	5	21	21	51	5	45	22	3	0	0	0
김상필	챌	32	3	1	1	0	29	20	1	9	1	4	0	0	0
김 신	챌	35	22	13	6	31	23	29	10	69	46	2	0	0	0
김용진	챌	7	7	0	0	0	7	3	0	1	1	0	0	0	0
김용태	챌	25	11	0	4	0	19	26	1	11	7	1	0	0	0
김정훈	챌	28	24	0	1	1	28	22	4	23	11	3	0	0	0
김태환	챌	2	1	0	0	0	2	1	0	0	0	1	0	0	0
김한빈	챌	40	0	1	2	0	21	57	3	8	3	2	0	0	0
까스띠쇼	챌	1	1	0	0	0	1	0	0	0	0	0	0	0	0
노연빈	챌	2	0	0	0	0	5	5	0	2	2	0	0	0	0
마우콘	챌	13	0	0	0	0	16	10	0	3	0	4	0	0	0
박지민	챌	31	24	5	1	0	27	35	8	27	14	3	0	0	0
배효성	챌	19	3	0	0	0	17	9	0	7	2	4	0	0	0
송성범	챌	2	2	0	0	0	0	0	0	0	0	0	0	0	0
신동일	챌	2	2	0	0	0	2	1	0	2	1	0	0	0	0
양세운	챌	1	1	0	0	0	1	0	0	0	0	0	0	0	0
엄진태	챌	21	6	0	0	0	23	18	1	9	4	5	0	0	0
오규빈	챌	21	4	1	0	0	20	21	0	7	3	5	0	0	0
옹동균	챌	2	2	0	0	0	1	1	0	0	0	0	0	0	0
이영창	챌	27	0	0	0	0	1	2	0	0	0	1	0	44	0
이유준	챌	1	1	0	0	0	0	2	0	0	0	0	0	0	0
이태영	챌	10	9	1	4	0	8	10	0	8	2	0	0	0	0
이한음	챌	16	16	1	0	0	4	14	3	10	3	1	0	0	0
장백규	챌	28	21	4	0	20	23	32	4	31	16	1	0	0	0
정우인	챌	21	8	0	0	0	19	10	0	3	1	4	0	0	0
정인탁	챌	2	1	0	0	0	3	0	0	0	0	0	0	0	0
최승호	챌	31	10	0	0	41	33	31	0	15	2	4	0	0	0
최유상	챌	30	13	3	1	12	53	33	4	24	16	4	0	0	0
쿠아쿠	챌	17	3	2	0	0	36	16	0	10	2	6	0	0	0
하파엘	챌	17	15	5	2	0	13	11	4	39	23	2	0	0	0
홍상준	챌	8	0	0	0	0	1	2	0	0	0	1	0	10	0
홍준기	챌	1	1	0	0	0	2	0	0	0	0	0	0	0	0
황수남	챌	19	4	0	0	0	21	14	0	0	0	2	0	0	0

2016년 챌린지 팀별 개인 기록 | 고양

선수명	대회	출장	교체	득점	도움	코너킥	파울	파울득	오프사이드	슈팅	유효슈팅	경고	퇴장	실점	자책
강 진 웅	챌	33	0	0	0	0	1	10	0	0	0	1	0	57	0
권 영 호	챌	34	2	0	0	0	35	35	0	11	3	2	1	0	0
김 민 수	챌	8	8	0	0	1	9	6	0	5	2	2	0	0	0
김 상 준	챌	26	23	2	0	0	32	19	1	22	9	2	0	0	0
김 성 수	챌	8	7	0	0	6	6	10	0	7	2	1	0	0	0
김 유 성	챌	21	9	1	0	0	43	29	8	27	17	3	0	0	0
김 종 원	챌	2	0	0	0	1	2	1	0	0	0	0	0	0	0
김 지 훈	챌	16	8	0	1	0	15	7	0	1	1	2	0	0	0
김 필 호	챌	18	15	0	1	25	15	10	0	9	5	4	0	0	0
남 하 늘	챌	16	15	2	0	0	18	12	2	14	8	3	0	0	0
데파울라	챌	22	16	5	0	0	25	27	7	48	20	2	0	0	0
박 승 우	챌	25	5	0	1	3	13	8	0	4	0	6	0	0	0
박 정 훈	챌	31	23	3	1	0	27	61	1	26	12	5	0	0	0
박 태 형	챌	34	1	0	0	0	25	29	0	6	3	7	0	0	0
빅 토 르	챌	23	21	2	0	0	44	12	8	31	17	7	0	0	0
손 세 범	챌	6	3	0	0	0	8	5	1	5	4	2	0	0	0
오 기 재	챌	23	1	0	1	0	31	39	0	13	7	6	0	0	0
우 혜 성	챌	19	1	0	0	0	28	11	0	4	0	7	0	0	0
윤 영 준	챌	23	16	2	0	0	31	29	2	15	8	4	0	0	0
이 도 성	챌	29	17	1	3	25	35	28	3	12	3	6	0	0	0
이 상 돈	챌	38	7	0	1	49	24	24	0	11	2	2	0	0	0
이 승 규	챌	3	0	0	0	0	0	0	0	0	0	0	0	8	0
이 예 찬	챌	37	13	1	1	0	34	50	7	43	18	3	0	0	0
인 준 연	챌	30	14	2	1	47	45	28	0	49	17	9	1	0	0
임 홍 현	챌	4	0	0	0	0	0	2	0	0	0	0	0	7	0
지 구 민	챌	5	4	0	0	0	5	0	0	2	0	0	0	0	1
허 재 원	챌	25	9	0	0	1	25	5	0	8	2	2	0	0	0

K리그 클래식 / 챌: K리그 챌린지

2016년 챌린지 득점 순위

순위	선수명	소속	경기수	득점수	경기당 득점률	교체 IN/OUT
1	김 동 찬	대전	39	20	51.3	16
2	크리스찬	경남	38	19	50.0	4
3	포 프	부산	37	18	48.7	21
4	파 울 로	대구	33	17	51.5	18
5	루 키 안	부천	38	15	39.5	7
6	주 민 규	서울E	29	14	48.3	8
7	김 신	충주	35	13	37.1	22
8	타라바이	서울E	38	12	31.6	17
9	마테우스	강원	35	11	31.4	22
10	세 징 야	대구	36	11	30.6	11
11	김 민 균	안양	38	11	29.0	23
12	한 지 호	안산무	38	10	26.3	12
13	이 호 석	경남	27	9	33.3	16
14	송 수 영	경남	31	9	29.0	19
15	바그닝요	부천	35	9	25.7	4
16	이 현 승	안산무	38	8	21.1	16
17	루 이 스	강원	18	7	38.9	8
18	고 경 민	부산	25	7	28.0	23
19	공 민 현	안산무	34	7	20.6	20
20	진 창 수	부천	37	7	18.9	25
21	최 진 호	강원	20	6	30.0	19
22	구스타보	대전	22	6	27.3	16
23	에 델	대구	37	6	16.2	24
24	하 파 엘	충주	17	5	29.4	15
25	정 성 민	안산무	18	5	27.8	14
26	완 델 손	대전	18	5	27.8	5
27	알렉스8	대구	20	5	25.0	10
28	데파울라	고양	22	5	22.7	16
29	홍 동 현	부산	28	5	17.9	13
30	박 지 민	충주	31	5	16.1	24
31	정 현 철	경남	32	5	15.6	13
32	황 인 범	대전	35	5	14.3	7
33	김 효 기	안양	13	4	30.8	3
34	배 기 종	경남	15	4	26.7	14
35	김 동 섭	안산무	16	4	25.0	10
36	정 재 용	안양	16	4	25.0	4
37	벨 루 소	서울E	17	4	23.5	13
38	장 백 규	충주	28	4	14.3	21
39	심 영 성	강원	30	4	13.3	30
40	김 선 민	대전	30	4	13.3	7
41	안 성 남	경남	37	4	10.8	29
42	문 기 한	부천	37	4	10.8	31
43	정 석 화	부산	39	4	10.3	20
44	방 찬 준	강원	10	3	30.0	10
45	최 진 수	안산무	12	3	25.0	10
46	김 영 도	안양	17	3	17.7	16
47	김 영 후	안양	20	3	15.0	17
48	진 대 성	대전	24	3	12.5	20
49	박 대 훈	대전	25	3	12.0	24
50	칼라일 미첼	서울E	28	3	10.7	4
51	최 유 상	충주	30	3	10.0	13
52	안 태 현	서울E	31	3	9.7	25
53	박 정 훈	고양	31	3	9.7	23
54	서 보 민	강원	34	3	8.8	23
55	김 도 형	충주	34	3	8.8	17
56	서 용 덕	안양	34	3	8.8	14

순위	선수명	소속	경기수	득점수	경기당 득점률	교체 IN/OUT
57	허 범 산	강원	35	3	8.6	29
58	정 재 희	안양	36	3	8.3	23
59	정 우 재	대구	37	3	8.1	4
60	정 승 용	강원	39	3	7.7	1
61	배 승 진	안산무	7	2	28.6	3
62	김 대 한	안양	8	2	25.0	7
63	김 형 필	경남	10	2	20.0	9
64	이 효 균	부천	11	2	18.2	11
65	이 규 로	서울E	11	2	18.2	4
66	최 승 인	부산	13	2	15.4	11
67	장 현 수	부산	13	2	15.4	11
68	이 정 진	부산	14	2	14.3	10
69	강 승 조	안산무	14	2	14.3	8
70	스토야노비치	부산	15	2	13.3	8
71	남 하 늘	고양	16	2	12.5	15
72	김 재 웅	안산무	16	2	12.5	11
73	남 준 재	안산무	17	2	11.8	12
74	쿠 아 쿠	충주	17	2	11.8	3
75	최 오 백	서울E	18	2	11.1	14
76	이 관 표	경남	19	2	10.5	10
77	최 보 경	안산무	19	2	10.5	1
78	황 지 웅	안산무	21	2	9.5	17
79	유 승 완	대전	22	2	9.1	22
80	빅 토 르	고양	23	2	8.7	21
81	윤 영 준	고양	23	2	8.7	16
82	정 혁	안산무	23	2	8.7	13
83	이 원 영	부산	23	2	8.7	6
84	김 상 준	고양	26	2	7.7	23
85	황 재 원	대구	27	2	7.4	6
86	박 승 일	안양	29	2	6.9	24
87	인 준 연	고양	30	2	6.7	14
88	박 세 진	대구	30	2	6.7	2
89	정 다 훤	안산무	31	2	6.5	4
90	주 현 재	안산무	32	2	6.3	24
91	안 현 식	강원	34	2	5.9	0
92	이 학 민	부천	35	2	5.7	1
93	장 혁 진	강원	36	2	5.6	20
94	장클로드	대전	37	2	5.4	4
95	이 한 샘	강원	37	2	5.4	0
96	이 재 권	대구	39	2	5.1	12
97	한 희 훈	부천	39	2	5.1	0
98	에 벨 톤	부천	2	1	50.0	2
99	김 대 원	대구	6	1	16.7	6
100	남 광 현	경남	7	1	14.3	7
101	임 선 영	안산무	7	1	14.3	4
102	오르시니	안양	7	1	14.3	3
103	임 상 협	부산	8	1	12.5	7
104	서 동 현	대전	8	1	12.5	5
105	김 도 엽	경남	8	1	12.5	6
106	김 원 균	강원	8	1	12.5	2
107	곽 성 환	충주	9	1	11.1	8
108	이 태 영	충주	10	1	10.0	9
109	신 현 준	부천	11	1	9.1	11
110	마 라 냥	강원	12	1	8.3	12
111	지 병 주	부천	12	1	8.3	1
112	이 원 재	경남	13	1	7.7	3
113	심 상 민	서울E	13	1	7.7	0
114	유 수 현	안양	15	1	6.7	9

순위	선수명	소속	경기수	득점수	경기당 득점률	교체 IN/OUT
115	윤 성 열	서울E	15	1	6.7	2
116	이 한 음	충주	16	1	6.3	16
117	이 영 재	부산	17	1	5.9	7
118	우 상 호	대구	17	1	5.9	5
119	김 재 성	서울E	17	1	5.9	3
120	최 광 희	부산	18	1	5.6	3
121	이 상 우	안양	20	1	5.0	5
122	김 해 식	대전	20	1	5.0	7
123	장 준 영	대전	20	1	5.0	1
124	닐손주니어	부산	20	1	5.0	0
125	진 경 선	경남	21	1	4.8	15
126	김 유 성	고양	21	1	4.8	9
127	오 규 빈	충주	21	1	4.8	4
128	김 재 현	부산	21	1	4.8	1
129	조 예 찬	대전	24	1	4.2	18
130	신 학 영	경남	24	1	4.2	14
131	김 준 태	서울E	24	1	4.2	5
132	최 정 한	대구	26	1	3.9	24
133	김 준 엽	안산무	28	1	3.6	10
134	안 성 빈	안양	28	1	3.6	2
135	이 도 성	고양	29	1	3.5	17
136	용 재 현	부산	29	1	3.5	0
137	신 창 무	대구	31	1	3.2	18
138	이 규 성	부산	31	1	3.2	16
139	김 상 필	충주	32	1	3.1	3
140	차 영 환	부산	32	1	3.1	1
141	한 석 종	강원	34	1	2.9	9
142	김 병 석	대전	34	1	2.9	8
143	김 동 철	서울E	34	1	2.9	4
144	오 승 범	강원	34	1	2.9	4
145	김 동 진	서울E	34	1	2.9	1
146	조 범 석	부천	35	1	2.9	10
147	박 지 수	경남	35	1	2.9	4
148	장 은 규	경남	36	1	2.8	10
149	김 영 남	부천	36	1	2.8	10
150	이 동 수	대전	36	1	2.8	4
151	이 예 찬	고양	37	1	2.7	13
152	강 지 용	부천	37	1	2.7	1
153	박 태 홍	대구	38	1	2.6	0
154	김 한 빈	충주	40	1	2.5	0

2016년 챌린지 도움 순위

순위	선수명	소속	경기수	도움수	경기당 도움률	교체 IN/OUT
1	이 호 석	경남	27	10	37.0	16
2	정 석 화	부산	39	10	25.6	20
3	세 징 야	대구	36	8	22.2	11
4	김 동 찬	대전	39	8	20.5	16
5	문 기 한	부천	37	7	18.9	31
6	구스타보	대전	22	6	27.3	16
7	송 수 영	경남	31	6	19.4	19
8	김 신	충주	35	6	17.1	22
9	진 창 수	부천	37	6	16.2	25
10	이 현 승	안산무	38	6	15.8	16
11	한 지 호	안산무	38	6	15.8	12
12	크리스찬	경남	38	6	15.8	4
13	서 정 진	서울E	19	5	26.3	5
14	진 대 성	대전	24	5	20.8	20

순위	선수명	소속	경기수	도움수	경기당 도움률	교체 IN/OUT
15	안성빈	안양	28	5	17.9	2
16	김도형	충주	34	5	14.7	17
17	황인범	대전	35	5	14.3	7
18	장혁진	강원	36	5	13.9	20
19	김도엽	경남	8	4	50.0	6
20	이태영	충주	10	4	40.0	9
21	윤성열	서울E	15	4	26.7	2
22	최오백	서울E	18	4	22.2	14
23	고경민	부산	25	4	16.0	23
24	김용태	충주	25	4	16.0	11
25	박세진	대구	30	4	13.3	2
26	정현철	경남	32	4	12.5	13
27	파울로	대구	33	4	12.1	18
28	서용덕	안양	34	4	11.8	14
29	포프	부산	37	4	10.8	21
30	김민균	안양	38	4	10.5	23
31	루키안	부천	38	4	10.5	7
32	김봉래	서울E	12	3	25.0	2
33	배기종	경남	15	3	20.0	14
34	임창균	경남	18	3	16.7	8
35	루이스	강원	18	3	16.7	8
36	최광희	부산	18	3	16.7	3
37	김영신	부산	19	3	15.8	16
38	이상우	안양	20	3	15.0	5
39	안진범	안양	27	3	11.1	16
40	김준엽	안산무	28	3	10.7	10
41	이도성	고양	29	3	10.3	17
42	주민규	서울E	29	3	10.3	8
43	김선민	대전	30	3	10.0	7
44	이규성	부산	31	3	9.7	16
45	정다훤	안산무	31	3	9.7	4
46	서보민	강원	34	3	8.8	23
47	한석종	강원	34	3	8.8	9
48	김동진	서울E	34	3	8.8	1
49	바그닝요	부천	35	3	8.6	4
50	정우재	대구	37	3	8.1	4
51	타라바이	서울E	38	3	7.9	17
52	이재권	대구	39	3	7.7	12
53	자이로	안양	12	2	16.7	9
54	하파엘	충주	17	2	11.8	15
55	남준재	안산무	17	2	11.8	12
56	이영재	부산	17	2	11.8	7
57	세르징요	강원	17	2	11.8	3
58	완델손	대전	18	2	11.1	5
59	최보경	안산무	19	2	10.5	1
60	정혁	안산무	23	2	8.7	13
61	김준태	서울E	24	2	8.3	5
62	최정한	대구	26	2	7.7	24
63	김륜도	부천	27	2	7.4	22
64	홍동현	부산	28	2	7.1	13
65	심영성	강원	30	2	6.7	30
66	주현재	안산무	32	2	6.3	24
67	김정빈	경남	32	2	6.3	7
68	백종환	강원	33	2	6.1	2
68	우주성	경남	33	2	6.1	3
70	김동철	서울E	34	2	5.9	4
71	조범석	부천	35	2	5.7	10
72	이학민	부천	35	2	5.7	1
73	이동수	대전	36	2	5.6	4
74	안성남	경남	37	2	5.4	29
75	에델	대구	37	2	5.4	24
76	정승용	강원	39	2	5.1	1
77	김한빈	충주	40	2	5.0	0
78	손설민	강원	4	1	25.0	4
79	김영욱	경남	4	1	25.0	4
80	감한솔	대구	5	1	20.0	3
81	하정헌	안산무	6	1	16.7	7
82	남광현	경남	7	1	14.3	7
83	김대호	안산무	7	1	14.3	1
84	김현규	서울E	8	1	12.5	8
85	최영준	경남	10	1	10.0	7
86	고민성	강원	11	1	9.1	11
87	우현	대전	11	1	9.1	9
88	김창욱	서울E	11	1	9.1	7
89	김종민	부산	13	1	7.7	13
90	데이비드	대구	13	1	7.7	13
91	최승인	부산	13	1	7.7	11
92	장현수	부산	13	1	7.7	11
93	구현준	부산	14	1	7.1	3
94	스토야노비치	부산	15	1	6.7	8
95	유수현	안양	15	1	6.7	9
96	신광훈	안산무	15	1	6.7	2
97	김동섭	안산무	16	1	6.3	10
98	김지훈	고양	16	1	6.3	8
99	김종혁	부산	16	1	6.3	2
100	벨루소	서울E	17	1	5.9	13
101	김재성	서울E	17	1	5.9	3
102	김필호	고양	18	1	5.6	15
103	안영규	안산무	18	1	5.6	4
104	이관표	경남	19	1	5.3	10
105	김영후	안양	20	1	5.0	17
106	닐손주니어	부산	20	1	5.0	0
107	김재현	부산	21	1	4.8	1
108	유승완	대전	22	1	4.6	22
109	이반	경남	22	1	4.6	7
110	신일수	서울E	22	1	4.6	13
111	이원영	부산	23	1	4.4	6
112	오기재	고양	23	1	4.4	1
113	신학영	경남	24	1	4.2	14
114	박대훈	대전	25	1	4.0	24
115	최영훈	안양	25	1	4.0	8
116	박승우	고양	25	1	4.0	5
117	황재원	대구	27	1	3.7	6
118	김정훈	충주	28	1	3.6	24
119	용재현	부산	29	1	3.5	0
120	송원재	부천	30	1	3.3	17
121	인준연	고양	30	1	3.3	14
122	최유상	충주	30	1	3.3	13
123	안태현	서울E	31	1	3.2	25
124	박지민	충주	31	1	3.2	24
125	박정훈	고양	31	1	3.2	23
126	김상필	충주	32	1	3.1	3
127	공민현	안산무	34	1	2.9	20
128	오승범	강원	34	1	2.9	4
129	마테우스	강원	35	1	2.9	22
130	정재희	안양	36	1	2.8	23

순위	선수명	소속	경기수	도움수	경기당 도움률	교체 IN/OUT
131	장 은 규	경남	36	1	2.8	10
132	김 영 남	부천	36	1	2.8	10
133	이 예 찬	고양	37	1	2.7	13
134	장클로드	대전	37	1	2.7	4
135	이 한 샘	강원	37	1	2.7	0
136	강 지 용	부천	37	1	2.7	1
137	이 상 돈	고양	38	1	2.6	7

2016년 챌린지 골키퍼 실점 기록

선수명	소속	경기수	출전경기	실점	1경기당 실점
양 동 원	강원	42	2	1	0.50
최 철 원	부천	41	2	0	0.00
송 유 걸	강원	42	15	12	0.80
함 석 민	강원	42	25	21	0.84
이 진 형	안산무	40	26	24	0.92
구 상 민	부산	41	32	25	0.78
김 영 광	서울E	40	39	32	0.82
조 현 우	대구	40	39	35	0.90
류 원 우	부천	41	40	35	0.88
이 양 종	대구	40	1	1	1.00
임 홍 현	고양	40	4	7	1.75
권 태 안	충주	40	5	8	1.60
이 기 현	경남	40	5	7	1.40
김 형 근	부산	41	6	9	1.50
이 진 형	안양	40	7	11	1.57
하 강 진	경남	40	8	15	1.88
홍 상 준	충주	40	8	10	1.25
손 정 현	안산무	40	9	14	1.56
권 정 혁	경남	40	13	21	1.62
이 범 수	대전	40	13	18	1.38
최 필 수	안양	40	13	18	1.38
이 준 희	경남	40	14	15	1.07
김 선 규	안양	40	21	24	1.14
박 주 원	대전	40	27	34	1.26
이 영 창	충주	40	27	44	1.63
강 진 웅	고양	40	33	57	1.73
이 승 규	고양	40	3	8	2.67
이 창 근	부산	41	3	6	2.00
이 상 기	서울E	40	1	3	3.00
김 대 호	안산무	40	5	17	3.40

챌린지 통산 팀 간 경기기록

팀명	상대팀	승	무	패	득점	실점	도움	코너킥	파울	파울득	오프사이드	슈팅(유효)	페널티킥	경고	퇴장
안양	강원	2	4	6	8	20	3	54	201	182	13	120(62)	1	37	1
	경남	2	3	3	7	9	5	52	104	87	11	99(40)	0	11	1
	고양	8	4	5	21	15	16	113	235	270	26	228(112)	2	30	0
	광주	3	2	4	12	17	7	43	128	159	10	81(50)	2	19	0
	대구	4	6	2	19	16	13	45	182	171	26	133(62)	2	25	0
	대전	2	3	3	12	15	8	24	104	111	17	111(49)	2	13	0
	부산	1	0	3	2	6	2	15	67	57	7	27(9)	0	14	0
	부천	6	6	5	18	17	14	69	267	287	20	179(82)	4	38	0
	상주	3	1	5	13	21	7	32	128	124	16	75(34)	2	16	0
	서울E	2	3	3	11	11	5	35	116	93	18	96(49)	3	13	0
	수원FC	4	3	6	17	21	9	68	259	193	21	135(68)	2	31	0
	안산무	6	3	8	24	20	14	73	296	285	41	189(107)	3	35	0
	충주	8	5	4	28	20	19	76	268	222	42	207(95)	5	27	0
	소계	51	43	57	192	208	122	699	2355	2241	268	1,680(819)	28	309	2

팀명	상대팀	승	무	패	득점	실점	도움	코너킥	파울	파울득	오프사이드	슈팅(유효)	페널티킥	경고	퇴장
대구	강원	6	2	4	20	16	11	54	197	171	11	153(66)	3	24	0
	경남	5	1	2	12	6	9	40	113	92	16	105(55)	2	10	0
	고양	6	2	4	21	16	11	48	187	184	38	153(82)	1	19	0
	광주	1	1	2	4	5	0	19	61	74	6	27(13)	1	6	0
	대전	4	2	2	9	6	6	36	118	98	18	119(54)	1	16	0
	부산	3	0	1	7	2	4	17	60	45	7	46(25)	1	11	0
	부천	6	4	2	13	7	10	39	192	193	17	129(55)	0	26	1
	상주	2	1	1	10	5	6	13	65	40	5	47(25)	1	10	0
	서울E	3	4	1	10	6	8	44	108	102	20	108(54)	0	6	0
	수원FC	2	3	4	13	15	6	33	176	120	14	122(54)	2	28	0
	안산무	3	4	5	17	18	10	55	201	183	37	158(76)	1	25	0
	안양	2	6	4	16	19	14	55	179	174	27	158(67)	0	33	0
	충주	7	4	1	19	11	11	63	190	160	30	175(78)	1	18	0
	소계	50	34	33	171	132	106	516	1847	1636	246	1,500(704)	14	232	1

팀명	상대팀	승	무	패	득점	실점	도움	코너킥	파울	파울득	오프사이드	슈팅(유효)	페널티킥	경고	퇴장
강원	경남	0	5	3	2	6	1	40	119	106	11	100(45)	3	11	0
	고양	6	3	3	16	9	11	52	199	161	32	151(86)	2	23	1
	광주	1	1	3	5	9	4	19	72	94	4	48(29)	0	4	1
	대구	4	2	6	16	20	10	43	180	189	17	157(70)	1	23	0
	대전	2	1	5	7	13	5	33	106	121	13	90(40)	0	15	1
	부산	1	1	3	3	5	2	19	66	70	10	53(28)	1	12	0
	부천	5	2	6	18	19	11	50	194	199	8	145(79)	2	39	1
	상주	1	0	3	5	7	1	11	68	57	5	51(23)	1	9	0
	서울E	5	3	0	17	10	10	30	98	108	12	115(66)	1	16	0
	수원FC	4	2	2	13	10	10	30	155	118	24	102(52)	1	24	0
	안산무	7	1	4	19	11	8	38	209	162	24	134(76)	5	24	1
	안양	6	4	2	20	8	10	56	186	189	16	158(87)	4	27	2
	충주	8	2	2	24	14	15	47	163	144	26	154(83)	4	18	0
	소계	50	27	42	165	141	98	468	1815	1718	202	1,458(764)	25	245	7

팀명	상대팀	승	무	패	득점	실점	도움	코너킥	파울	파울득	오프사이드	슈팅(유효)	페널티킥	경고	퇴장
부천	강원	6	2	5	19	18	10	48	213	185	16	113(57)	2	21	3
	경남	5	0	3	9	6	3	40	110	106	21	90(41)	1	10	0
	고양	9	4	4	27	17	17	87	278	262	29	234(107)	1	34	0
	광주	1	3	5	9	13	5	34	169	158	14	81(37)	1	16	0
	대구	2	4	6	7	13	2	48	198	185	16	115(46)	1	19	1
	대전	2	2	4	7	8	5	33	127	120	21	96(36)	1	15	1
	부산	2	1	1	5	3	4	11	60	47	9	38(16)	0	8	0
	상주	2	2	5	10	14	6	31	117	126	22	85(40)	2	17	0
	서울E	1	2	5	5	11	3	41	119	95	12	99(53)	0	14	0
	수원FC	2	5	6	22	26	10	61	229	203	26	183(95)	5	30	0
	안산무	4	4	9	19	28	14	46	263	236	44	202(105)	3	30	0
	안양	5	6	6	17	18	12	70	301	246	17	211(107)	2	37	0
	충주	7	3	7	15	18	12	84	290	222	23	199(95)	1	38	0
	소계	48	38	66	171	193	103	634	2474	2191	270	1,746(835)	20	289	5

팀명	상대팀	승	무	패	득점	실점	도움	코너킥	파울	파울득	오프사이드	슈팅(유효)	페널티킥	경고	퇴장
수원FC	강원	2	2	4	10	13	9	48	122	150	14	112(57)	1	19	0
	경남	2	1	1	5	3	4	25	52	46	7	63(35)	0	5	0
	고양	4	6	3	15	12	7	70	224	231	34	154(79)	3	31	2
	광주	3	2	4	11	12	9	47	137	176	17	96(40)	0	18	0
	대구	4	3	2	15	13	13	49	127	163	16	134(58)	2	19	0
	대전	1	1	2	8	10	3	25	48	74	11	60(23)	2	6	0
	부천	6	5	2	26	22	19	44	208	225	31	162(80)	3	32	1
	상주	2	4	3	10	11	6	30	154	143	17	95(37)	1	20	0
	서울E	2	1	2	11	12	6	27	72	67	12	90(51)	3	14	0
	안산무	5	1	7	20	21	13	61	219	243	52	169(87)	1	28	0
	안양	6	3	4	21	17	12	52	203	254	27	181(86)	2	31	1
	충주	7	3	3	22	12	14	83	200	234	29	166(79)	0	16	0
	소계	44	32	37	174	158	115	561	1766	2006	267	1,482(712)	18	239	4

팀명	상대팀	승	무	패	득점	실점	도움	코너킥	파울	파울득	오프사이드	슈팅(유효)	페널티킥	경고	퇴장
상주	강원	3	0	1	7	5	5	11	58	67	6	55(26)	2	6	0
	경남	3	0	1	8	4	6	28	46	58	11	49(20)	2	0	0
	고양	6	2	1	20	6	16	47	130	122	22	124(57)	1	17	0
	광주	4	0	1	10	5	6	15	68	82	6	47(26)	2	12	1
	대구	1	1	2	5	10	1	26	47	62	8	47(21)	2	12	0
	부천	5	2	2	14	10	6	48	131	111	16	118(57)	3	17	1
	서울E	2	1	1	7	6	6	16	51	61	8	61(28)	0	6	0

팀명	상대팀	승	무	패	득점	실점	도움	코너킥	파울	파울득	오프사이드	슈팅(유효)	페널티킥	경고	퇴장
	수원FC	3	4	2	11	10	6	57	151	149	15	126(56)	2	18	0
	안산무	6	2	1	20	7	15	46	129	141	24	123(49)	0	12	0
	안 양	5	1	3	21	13	12	64	131	124	7	128(60)	3	17	1
	충 주	5	2	2	19	12	13	43	134	142	23	144(67)	1	10	0
	소 계	43	15	17	142	88	92	401	1076	1119	146	1,022(467)	18	127	3

팀명	상대팀	승	무	패	득점	실점	도움	코너킥	파울	파울득	오프사이드	슈팅(유효)	페널티킥	경고	퇴장
대 전	강 원	5	1	2	13	7	10	37	127	103	19	92(48)	1	15	0
	경 남	2	1	1	13	10	8	14	62	48	8	54(31)	0	5	0
	고 양	5	3	0	13	4	8	28	121	106	14	104(45)	0	11	0
	광 주	2	0	2	6	2	4	18	65	69	12	34(15)	0	6	0
	대 구	2	2	4	6	9	5	28	104	109	18	70(23)	2	14	0
	부 산	2	1	1	4	5	4	17	51	42	6	39(15)	0	13	0
	부 천	4	2	2	8	7	4	31	124	125	13	71(30)	0	18	1
	서울E	1	1	2	5	7	4	19	51	53	5	43(25)	1	5	0
	수원FC	2	1	1	10	8	4	17	77	47	9	42(24)	3	9	0
	안산무	2	2	4	10	11	7	28	105	104	28	107(55)	1	5	0
	안 양	3	3	2	15	12	8	41	120	97	9	128(61)	2	12	0
	충 주	5	3	0	17	6	12	35	129	95	16	110(46)	2	8	0
	소 계	35	20	21	120	88	78	313	1136	998	157	894(418)	12	121	1

팀명	상대팀	승	무	패	득점	실점	도움	코너킥	파울	파울득	오프사이드	슈팅(유효)	페널티킥	경고	퇴장
서 울 E	강 원	0	3	5	10	17	6	31	116	94	5	88(39)	1	21	0
	경 남	4	3	1	10	6	8	47	93	71	18	92(44)	0	13	0
	고 양	4	3	1	15	7	11	34	103	123	23	86(53)	1	13	0
	대 구	1	4	3	6	10	6	33	114	101	7	75(35)	0	14	0
	대 전	2	1	1	7	5	6	21	53	48	11	53(24)	1	8	0
	부 산	3	1	0	6	2	4	16	71	42	5	38(19)	0	10	0
	부 천	5	2	1	11	5	5	35	98	114	11	105(56)	1	19	0
	상 주	1	1	2	6	7	5	14	63	46	5	38(19)	0	8	0
	수원FC	2	1	2	12	11	9	22	74	70	12	56(33)	2	6	1
	안산무	2	4	2	8	8	7	28	115	110	14	72(36)	2	16	0
	안 양	3	3	2	11	11	4	39	101	109	18	98(45)	2	15	0
	충 주	6	1	1	17	7	13	29	101	102	19	105(53)	3	11	0
	소 계	33	27	21	119	96	84	349	1102	1030	148	906(456)	13	154	1

팀명	상대팀	승	무	패	득점	실점	도움	코너킥	파울	파울득	오프사이드	슈팅(유효)	페널티킥	경고	퇴장
광 주	강 원	3	1	1	9	5	7	17	94	71	17	40(20)	1	6	1
	고 양	3	3	3	11	13	6	49	162	136	17	109(52)	2	14	0
	대 구	2	1	1	5	4	5	20	75	60	9	48(19)	0	9	0
	대 전	2	0	2	2	6	2	22	74	62	15	51(19)	0	7	0
	부 천	5	3	1	13	9	10	46	164	161	19	108(47)	2	14	0
	상 주	1	0	4	5	10	4	24	88	63	9	73(32)	1	8	0
	수원FC	4	2	3	12	11	9	47	178	136	25	109(52)	1	23	0
	안산무	4	1	5	14	13	10	43	174	167	50	120(63)	0	21	1
	안 양	4	2	3	17	12	10	56	165	123	10	107(47)	1	13	0
	충 주	3	4	2	11	6	6	47	179	130	22	107(59)	2	14	0
	소 계	31	17	25	99	89	69	371	1353	1109	193	872(410)	10	129	2

팀명	상대팀	승	무	패	득점	실점	도움	코너킥	파울	파울득	오프사이드	슈팅(유효)	페널티킥	경고	퇴장
경 남	강 원	3	5	0	6	2	6	33	113	115	7	79(32)	0	11	0
	고 양	5	1	2	16	7	12	34	94	98	25	87(44)	1	17	0
	대 구	2	1	5	6	12	6	30	104	101	7	81(24)	0	15	2
	대 전	1	1	2	10	13	6	17	52	61	4	56(28)	1	4	0
	부 산	2	1	1	8	8	6	18	44	51	8	36(24)	0	6	0
	부 천	3	0	5	6	9	4	37	114	102	21	70(30)	1	18	1

팀명	상대팀	승	무	패	득점	실점	도움	코너킥	파울	파울득	오프사이드	슈팅(유효)	페널티킥	경고	퇴장
	상주	1	0	3	4	8	1	10	60	43	10	37(18)	2	10	0
	서울E	1	3	4	6	10	4	36	78	85	22	100(48)	0	11	0
	수원FC	1	1	2	3	5	2	20	50	49	12	44(20)	0	10	0
	안산무	1	2	5	4	13	3	30	101	106	17	87(33)	0	12	0
	안 양	3	3	2	9	7	7	33	96	97	16	90(39)	1	16	0
	충 주	5	1	2	13	7	12	33	100	86	11	98(38)	0	12	0
	소 계	28	19	33	91	101	69	331	1006	994	160	865(378)	6	142	3

팀명	상대팀	승	무	패	득점	실점	도움	코너킥	파울	파울득	오프사이드	슈팅(유효)	페널티킥	경고	퇴장
부 산	강 원	3	1	1	5	3	4	20	73	62	8	56(26)	0	13	0
	경 남	1	1	2	8	8	7	30	55	42	11	58(25)	1	9	1
	고 양	4	0	0	6	0	6	21	52	52	9	48(21)	0	7	0
	대 구	1	0	3	2	7	2	11	50	56	9	35(19)	0	8	0
	대 전	1	1	2	5	4	4	22	43	48	5	53(17)	0	8	0
	부 천	1	1	2	3	5	3	28	49	55	4	44(22)	0	4	0
	서울E	0	1	3	2	6	1	19	44	66	5	49(25)	1	4	0
	안산무	2	1	1	8	4	6	21	52	58	9	35(18)	1	12	0
	안 양	3	0	1	6	2	5	18	62	66	7	48(29)	0	8	0
	충 주	3	1	0	7	1	3	18	47	55	7	47(25)	1	9	0
	소 계	19	7	15	52	40	41	208	527	560	74	473(227)	4	82	1

팀명	상대팀	승	무	패	득점	실점	도움	코너킥	파울	파울득	오프사이드	슈팅(유효)	페널티킥	경고	퇴장
안 산 무궁화	강 원	4	1	7	11	19	5	64	166	204	17	124(58)	1	35	0
	경 남	5	2	1	13	4	9	26	112	93	16	84(34)	2	14	0
	고 양	8	6	3	28	13	21	81	262	231	33	177(101)	2	40	1
	광 주	5	1	4	13	14	9	30	173	169	21	89(42)	2	29	2
	대 구	5	4	3	18	17	12	51	193	194	20	116(66)	2	20	1
	대 전	4	2	2	11	10	8	45	115	100	13	127(61)	1	14	1
	부 산	1	1	2	4	8	1	20	61	52	3	35(17)	0	8	0
	부 천	9	4	4	28	19	17	62	242	249	22	223(116)	4	53	1
	상 주	1	2	6	7	20	5	33	145	123	17	93(38)	0	30	0
	서울E	2	4	2	8	8	3	36	117	111	12	86(37)	2	11	1
	수원FC	7	1	5	21	20	11	49	250	216	28	144(73)	2	32	1
	안 양	8	3	6	20	24	11	51	293	284	26	184(94)	1	48	0
	충 주	7	6	4	24	25	14	80	251	203	35	193(87)	2	32	0
	소 계	66	37	49	206	201	126	628	2380	2229	263	1,675(824)	21	366	8

팀명	상대팀	승	무	패	득점	실점	도움	코너킥	파울	파울득	오프사이드	슈팅(유효)	페널티킥	경고	퇴장
고 양	강 원	3	3	6	9	16	4	46	171	188	15	112(54)	1	29	0
	경 남	2	1	5	7	16	5	29	105	92	17	88(37)	0	17	1
	광 주	3	3	3	13	11	6	29	148	155	16	88(42)	0	19	0
	대 구	4	2	6	16	21	4	53	196	182	19	124(65)	4	28	1
	대 전	0	3	5	4	13	2	41	112	114	20	102(35)	1	15	1
	부 산	0	0	4	0	6	0	20	54	50	3	37(11)	0	11	1
	부 천	4	4	9	17	27	8	62	270	263	16	195(87)	3	39	0
	상 주	1	2	6	6	20	1	28	129	126	18	96(37)	0	8	1
	서울E	1	3	4	7	15	4	32	127	94	16	92(38)	0	19	0
	수원FC	3	6	4	12	15	6	53	241	212	29	142(70)	3	27	0
	안산무	3	6	8	13	28	9	63	246	253	50	207(99)	2	22	0
	안 양	5	4	8	15	21	7	80	282	219	17	183(90)	1	42	0
	충 주	7	8	2	27	22	21	64	257	215	52	170(85)	3	32	2
	소 계	36	45	70	146	231	77	600	2338	2163	288	1,636(750)	18	308	7

팀명	상대팀	승	무	패	득점	실점	도움	코너킥	파울	파울득	오프사이드	슈팅(유효)	페널티킥	경고	퇴장
충 주	강 원	2	2	8	14	24	7	42	148	156	14	125(61)	0	21	0
	경 남	2	1	5	7	13	2	38	88	92	14	73(33)	0	11	0

고 양	2	8	7	22	27	15	51	225	246	22	196(84)	2	30	0
광 주	2	4	3	6	11	3	30	136	173	14	87(37)	1	19	1
대 구	1	4	7	11	19	9	57	169	179	10	122(51)	0	18	0
대 전	0	3	5	6	17	4	29	99	124	18	86(37)	1	11	0
부 산	0	1	3	1	7	1	14	57	44	3	35(20)	0	7	0
부 천	7	3	7	18	15	15	53	234	277	27	185(91)	0	44	0
상 주	2	2	5	12	19	8	27	152	130	9	89(33)	0	19	0
서울E	1	1	6	7	17	3	36	107	88	11	99(33)	3	14	0
수원FC	3	3	7	12	22	7	71	242	192	17	187(78)	0	23	0
안산무	4	6	7	25	24	16	55	212	238	35	201(101)	3	24	0
안 양	4	5	8	20	28	13	79	233	255	17	218(107)	1	32	0
소 계	30	43	78	161	243	103	582	2102	2194	211	1,703(766)	11	273	1

챌린지 통산 팀 최다 기록

기록구분	기록	구단명
승 점	235	안산 무궁화(66승 37무 49패)
승 리	66	안산 무궁화
패 전	78	충주
무승부	45	고양
득 점	206	안산 무궁화
실 점	243	충주
도 움	126	안산 무궁화
코너킥	699	안양
파 울	2,474	부천
오프사이드	288	고양
슈 팅	1,746	부천
페널티킥	28	안양
페널티킥 득점	20	안양
페널티킥 실축	8	안양
경 고	366	안산 무궁화
퇴 장	8	안산 무궁화

챌린지 통산 팀 최소 기록

기록구분	기록	구단명
승 점	64	부산(19승 7무 15패)
승 리	19	부산
패 전	15	부산
무승부	7	부산
득 점	52	부산
실 점	40	부산
도 움	41	부산
코너킥	208	부산
파 울	527	부산
오프사이드	74	부산
슈 팅	473	부산
페널티킥	4	부산
페널티킥 득점	4	부산
페널티킥 실축	0	경남, 부산
경 고	82	부산
퇴 장	1	대구, 대전, 부산, 서울E, 충주

챌린지 통산 팀 최다 연속 기록

기록구분	기록	구단명(기간)
연속 승	11	상주 (2013.09.01 ~ 2013.11.10)
연속 무승부	5	고양 (2013.04.20 ~ 2013.05.19) 안양 (2015.04.15 ~ 2015.05.13)
연속 패	6	고양 (2016.10.05 ~ 2016.10.30) 안양 (2016.09.24~ 2016.10.15) 부천 (2014.06.07~ 2014.07.13) 충주 (2013.07.06~ 2013.08.25)
연속 정규승	11	상주 (2013.09.01~ 2013.11.10)
연속 정규패	6	부천 (2014.06.07~ 2014.07.13) 충주 (2013.07.06~ 2013.08.25)
연속 득점	31	대구 (2014.09.14~ 2015.07.11)
연속 무득점	6	고양 (2016.07.09~ 2016.08.13)
연속 무승	25	고양 (2016.05.08~ 2016.09.25)
연속 무패	14	대전 (2014.03.30~ 2014.06.21)
연속 실점	16	안산 무궁화 (2013.08.19~ 2013.11.30)
연속 무실점	6	상주 (2013.09.01~ 2013.10.05)

챌린지 통산 선수 득점 순위

순위	선수명	팀명	득점	경기수	교체수	경기당득점
1	주 민 규	서울E	44	125	48	0.35
2	고 경 민	부 산	42	120	55	0.35
3	조 나 탄	수 원	40	68	21	0.59
4	알 렉 스	대 구	36	81	25	0.44
5	타라바이	서울E	30	73	35	0.41
6	자 파	수원FC	28	53	20	0.53
7	아드리아노	서 울	27	32	5	0.84
8	김 동 찬	대 전	26	66	34	0.39
9	공 민 현	안산무	24	129	56	0.19
10	호드리고	부 천	22	67	18	0.33

챌린지 통산 선수 도움 순위

순위	선수명	팀명	득점	경기수	교체수	경기당도움
1	문 기 한	부 천	26	125	85	0.21
2	최 진 수	안산무	23	108	46	0.21
3	임 창 균	수원FC	19	85	42	0.22

4	권용현	수원FC	17	89	44	0.19
5	김재성	제주	15	82	22	0.18
6	진창수	부천	15	110	72	0.14
7	안성빈	안양	14	102	49	0.14
8	박성진	안양	13	66	13	0.2
9	서보민	강원	13	103	59	0.13
10	김동찬	대전	12	66	34	0.18

챌린지 통산 선수 공격포인트 순위

순위	선수명	팀명	공격포인트	경기수	경기당공격P
1	주민규	서울E	56	125	0.45
2	고경민	부산	53	120	0.44
3	조나탄	수원	48	68	0.71
4	알렉스	대구	46	81	0.57
5	김동찬	대전	38	66	0.58
5	최진수	안산무	38	108	0.35
7	자 파	수원FC	36	53	0.68
7	타라바이	서울E	36	73	0.49
9	진창수	부천	34	110	0.31
9	문기한	부천	34	125	0.27

챌린지 통산 골키퍼 무실점 순위

순위	선수명	팀명	무실점 경기수
1	조현우	대구	34
2	김영광	서울E	29
2	이진형	안양	29
4	류원우	부천	28
5	박형순	수원FC	21
6	강진웅	고양	20
7	손정현	안산무	19
8	김선규	안양	17
9	여명용	고양	16
9	제종현	상주	16

챌린지 통산 선수 연속 득점 순위

순위	선수명	연속경기수	비고
1	주민규	7	2015.05.10 ~ 2015.06.10
	김동찬	7	2016.04.17 ~ 2016.05.25
3	아드리아노	6	2014.03.22 ~ 2014.04.27
4	알렉스	5	2013.08.10 ~ 2013.09.08
	김한원	5	2014.09.01 ~ 2014.09.28
	조나탄	5	2015.09.20 ~ 2015.10.18
7	양동현	4	2013.05.12 ~ 2013.06.01
	이상협	4	2013.09.08 ~ 2013.09.30
	김유성	4	2015.06.10 ~ 2015.06.27
	조나탄	4	2015.06.20 ~ 2015.07.05
	조나탄	4	2015.08.08 ~ 2015.08.30
	타라바이	4	2015.09.23 ~ 2015.10.10
	김효기	4	2015.10.03 ~ 2015.10.24
	주민규	4	2016.09.07 ~ 2016.09.28

챌린지 통산 선수 연속 도움 순위

순위	선수명	연속경기수	비고
1	염기훈	3	2013.04.06 ~ 2013.05.05
	이근호	3	2013.05.12 ~ 2013.06.30
	백종환	3	2013.06.01 ~ 2013.06.17
	이상호	3	2013.08.04 ~ 2013.11.10
	임선영	3	2013.11.10 ~ 2013.11.30
	송주한	3	2014.04.05 ~ 2014.04.19
	이광재	3	2014.06.21 ~ 2014.07.05
	김종우	3	2015.08.08 ~ 2015.08.17
	임창균	3	2015.10.03 ~ 2015.10.10
	이태영	3	2016.05.01 ~ 2016.06.01
	서정진	3	2016.10.05 ~ 2016.10.15
	최오백	3	2016.10.08 ~ 2016.10.22

챌린지 통산 선수 연속 공격포인트 순위

순위	선수명	연속경기수	비고
1	이근호	9	2013.04.13 ~ 2013.08.04
2	주민규	8	2015.05.02 ~ 2015.06.10
3	김동찬	7	2016.04.17 ~ 2016.05.25
	파울로	7	2016.05.29 ~ 2016.07.02
5	아드리아노	6	2014.03.22 ~ 2014.04.27
6	알렉스	5	2013.08.10 ~ 2013.09.08
	김한원	5	2013.10.26 ~ 2014.03.22
	임선영	5	2013.11.10 ~ 2014.03.30
	김한원	5	2014.09.01 ~ 2014.09.28
	노병준	5	2015.06.06 ~ 2015.07.05
	조나탄	5	2015.09.20 ~ 2015.10.18
	임창균	5	2015.09.23 ~ 2015.10.19
	심영성	5	2016.04.09 ~ 2016.05.05
	송수영	5	2016.06.29 ~ 2016.07.27

챌린지 통산 골키퍼 연속 무실점 경기 순위

순위	선수명	연속경기수	비고
1	김호준	6	2013.09.01 ~ 2013.10.05
2	김선규	5	2014.05.18 ~ 2014.06.16
	김영광	5	2016.10.08 ~ 2016.10.30
4	제종현	4	2014.08.10 ~ 2014.08.31
	제종현	4	2014.11.08 ~ 2014.11.29
	이진형	4	2016.05.29 ~ 2016.06.08

Section 5

K리그 승강 플레이오프 기록

현대오일뱅크 K리그 승강 플레이오프 2016 경기일정표

날짜	시간	홈팀	원정팀	장소
2016.11.17	19:00	강원	성남	강릉 종합
2016.11.20	15:00	성남	강원	탄천 종합

2016년 승강 플레이오프 팀 간 경기 기록

팀명	상대팀	승	무	패	득점	실점	자책	득실	도움	코너킥	파울	파울득	오프사이드	슈팅(유효)	PK득점	PK실패	경고	퇴장
성 남	강 원	0	2	0	1	1	0	0	0	10	35	40	0	18(6)	0	0	8	0
강 원	성 남	0	2	0	1	1	0	0	1	6	41	34	5	20(9)	0	0	6	0

2016년 승강 플레이오프 팀별 개인 기록 I 성남

선수명	출장	교체	득점	도움	코너킥	파울	파울득	오프사이드	슈팅	유효슈팅	경고	퇴장	실점	자책
김동준	1	0	0	0	0	0	2	0	0	0	0	0	0	0
김동희	2	2	0	0	0	0	2	0	0	0	0	0	0	0
김두현	2	2	0	0	2	2	1	0	4	0	0	0	0	0
김태윤	2	0	0	0	0	1	2	0	1	0	0	0	0	0
김 현	2	1	0	0	0	5	3	0	2	1	1	0	0	0
박용지	2	2	0	0	0	2	5	0	0	0	0	0	0	0
박진포	1	0	0	0	0	1	1	0	0	0	0	0	0	0
실빙요	0	0	0	0	0	0	0	0	0	0	0	0	0	0
안상현	2	1	0	0	0	5	2	0	0	0	2	0	0	0
연제운	0	0	0	0	0	0	0	0	0	0	0	0	0	0
이창훈	1	0	0	0	3	2	2	0	0	0	0	0	0	0
이태희	0	0	0	0	0	0	0	0	0	0	0	0	0	0
이후권	3	1	0	0	0	3	1	0	2	1	0	0	0	0
임채민	2	0	0	0	0	4	1	0	3	1	2	0	0	0
장학영	2	0	0	0	0	1	5	0	0	0	1	0	0	0
정선호	2	1	0	0	2	2	2	0	2	1	1	0	0	0
조재철	1	1	0	0	1	1	0	0	1	1	0	0	0	0
최호정	1	0	0	0	0	2	4	0	1	0	0	0	0	0
피 투	1	1	0	0	1	0	1	0	1	0	0	0	0	0
황의조	1	0	0	0	0	1	2	0	2	1	0	0	0	0
황진성	2	1	1	0	1	6	5	0	1	1	1	0	0	0

2016년 승강 플레이오프 팀별 개인 기록 I 강원

선수명	출장	교체	득점	도움	코너킥	파울	파울득	오프사이드	슈팅	유효슈팅	경고	퇴장	실점	자책
길영태	1	1	0	0	0	0	0	0	0	0	0	0	0	0
김윤호	1	1	0	0	0	0	0	0	0	0	0	0	0	0
루이스	2	0	0	0	3	3	4	3	4	1	1	0	0	0
마라냥	1	1	0	0	0	0	0	1	0	0	0	0	0	0
마테우스	2	2	0	0	0	7	5	0	4	3	0	0	0	0
박희도	1	1	0	0	0	1	0	0	0	0	0	0	0	0
서보민	2	1	0	0	0	1	2	0	4	0	0	0	0	0
세르징요	2	0	0	0	0	5	3	0	1	0	1	0	0	0
송유걸	0	0	0	0	0	0	0	0	0	0	0	0	0	0
심영성	0	0	0	0	0	0	0	0	0	0	0	0	0	0
안현식	2	0	0	0	0	2	1	0	0	0	0	0	0	0
오승범	2	0	0	0	0	4	3	0	0	0	1	0	0	0
이한샘	2	0	0	0	0	5	1	0	1	1	2	0	0	0
장혁진	2	2	0	0	0	0	1	1	2	2	0	0	0	0
정승용	2	0	0	0	0	5	2	0	1	0	0	0	0	0
최진호	0	0	0	0	0	0	0	0	0	0	0	0	0	0
한석종	2	1	1	0	0	4	4	0	2	2	0	0	0	0
함석민	2	0	0	0	0	0	1	0	0	0	0	0	1	0
허범산	2	2	0	1	3	4	7	0	1	0	1	0	0	0

2016년 승강 플레이오프 선수 득점 기록

성명	소속	경기수	득점수	경기당득점	교체 IN/OUT
황진성	성남	2	1	50	1
한석종	강원	2	1	50	1

2016년 승강 플레이오프 선수 도움 기록

성명	소속	경기수	도움수	경기당도움 율	교체 IN/OUT
허범산	강원	2	1	50	2

2016년 승강 플레이오프 골키퍼 실점 기록

소속	선수명	총경기수	경기수	실점	1경기당 실점
성남	김동준	2	1	0	0.0
강원	함석민	2	2	1	0.5
성남	김근배	2	1	1	1.0

Section 6

프로축구 역대 통산 기록

프로축구 통산 팀별 경기 기록
프로축구 통산 팀 최다 기록
프로축구 통산 팀 최소 기록
프로축구 통산 팀 최다 연승
프로축구 통산 팀 최다 연패
프로축구 통산 팀 최다 연속 무승
프로축구 통산 팀 최다 연속 무패
프로축구 통산 팀 최다 연속 무승부
프로축구 통산 팀 최다 연속 득점
프로축구 통산 팀 최다 연속 실점
프로축구 통산 팀 최다 연속 무득점
프로축구 통산 팀 최다 연속 무실점
프로축구 통산 팀 200승 · 300승 · 400승 기록
프로축구 통산 선수 최다 기록
프로축구 통산 선수 출전 순위
프로축구 통산 선수 득점 순위
프로축구 통산 선수 도움 순위
프로축구 통산 선수 공격포인트 순위
프로축구 통산 선수 파울 순위
프로축구 통산 선수 경고 순위

프로축구 통산 골키퍼 무실점 순위
프로축구 통산 선수 연속 득점 순위
프로축구 통산 선수 연속 도움 순위
프로축구 통산 선수 연속 공격포인트 순위
프로축구 통산 골키퍼 연속 무실점 경기 순위
프로축구 통산 선수 연속 무교체 순위
프로축구 통산 최단시간 골 순위
프로축구 통산 최장거리 골 순위
역대 시즌별 최다 득점 기록
역대 시즌별 최다 도움 기록
역대 득점 해트트릭 기록
K리그 BC* | K리그 클래식 | K리그 챌린지
역대 도움 해트트릭 기록
K리그 BC* | K리그 클래식 | K리그 챌린지
역대 자책골 기록
K리그 BC* | K리그 클래식 | K리그 챌린지
| K리그 승강 플레이오프
역대 한 시즌 득점 · 도움 10-10 기록
역대 대회별 전 경기, 전 시간 출장자
역대 감독별 승 · 무 · 패 기록
역대 선수별 경기기록

*BC(Before Classic): 1983~2012년

프로축구 통산 팀별 경기 기록

팀명	상대팀	승	무	패	득점	실점	도움	경고	퇴장
포항	강원	7	1	2	19	6	15	19	0
	경남	14	6	4	42	23	27	48	0
	광주	6	5	0	16	7	11	17	1
	광주상무	16	4	1	37	17	22	40	0
	국민은행	4	1	3	14	9	11	5	0
	대구	15	10	6	51	33	37	63	1
	대전	27	17	8	76	39	54	79	1
	버팔로	4	2	0	13	5	10	4	1
	부산	49	47	54	174	179	120	194	3
	상무	2	1	0	4	2	3	3	0
	상주	7	0	3	19	12	15	22	0
	서울	56	47	47	219	192	151	221	7
	성남	55	33	32	162	126	113	169	1
	수원	30	26	28	101	94	64	147	3
	수원FC	0	0	4	2	6	1	7	0
	울산	57	49	47	183	178	136	226	7
	인천	14	13	12	58	52	37	76	2
	전남	27	23	22	84	77	57	141	3
	전북	30	22	28	108	97	72	137	3
	제주	59	42	53	202	195	139	188	5
	한일은행	5	4	2	12	8	7	3	0
	할렐루야	5	3	3	15	11	8	6	0
	소계	489	356	359	1,611	1,368	1,110	1,815	38

팀명	상대팀	승	무	패	득점	실점	도움	경고	퇴장
울산	강원	8	1	2	21	13	14	20	1
	경남	16	3	4	39	17	30	40	1
	광주	9	2	1	18	8	11	18	0
	광주상무	15	6	3	35	13	26	40	0
	국민은행	4	0	0	14	3	11	0	0
	대구	17	8	6	49	30	34	66	0
	대전	32	17	11	98	52	74	97	2
	버팔로	3	2	1	10	5	7	10	0
	부산	53	45	53	169	167	117	207	13
	상무	2	1	0	4	1	2	0	0
	상주	8	2	2	24	16	17	13	0
	서울	55	49	50	189	180	128	212	11
	성남	42	35	42	139	140	93	166	4
	수원	27	19	25	87	90	70	124	2
	수원FC	2	1	0	4	2	1	4	0
	인천	18	10	11	56	41	42	77	2
	전남	32	22	21	96	78	63	145	4
	전북	34	22	29	120	109	77	148	4
	제주	55	51	44	175	157	119	201	5
	포항	47	49	57	178	183	127	215	4
	한일은행	5	5	1	16	8	14	9	0
	할렐루야	4	2	1	13	7	10	1	0
	소계	488	352	364	1,554	1,320	1,087	1,813	53

팀명	상대팀	승	무	패	득점	실점	도움	경고	퇴장
서울	강원	9	0	1	26	12	17	19	1
	경남	12	9	6	33	23	26	58	0
	광주	7	2	1	21	12	14	13	0
	광주상무	15	5	4	38	14	19	33	0
	국민	2	2	0	6	2	4	0	0

팀명	상대팀	승	무	패	득점	실점	도움	경고	퇴장
	대구	13	7	8	47	27	32	47	2
	대전	25	18	12	77	54	49	85	1
	버팔로	6	0	0	17	5	12	4	0
	부산	54	47	44	184	162	119	179	9
	상무	1	2	0	3	2	3	1	0
	상주	7	1	3	22	14	18	20	0
	성남	36	40	41	143	154	100	198	7
	수원	28	19	32	91	106	59	179	0
	수원FC	3	0	0	7	0	6	3	0
	울산	50	49	55	180	189	127	227	10
	인천	17	14	8	62	40	44	72	2
	전남	33	24	18	109	80	67	144	2
	전북	32	23	24	118	105	70	147	1
	제주	58	49	44	203	175	133	192	5
	포항	47	47	56	192	219	136	217	10
	한일은행	8	1	2	26	9	20	7	0
	할렐루야	3	1	3	9	7	8	4	0
	소계	466	360	362	1,614	1,411	1,083	1,849	50

팀명	상대팀	승	무	패	득점	실점	도움	경고	퇴장
부산	강원	8	6	2	20	11	12	38	0
	경남	11	5	16	39	40	30	77	4
	고양	4	0	0	6	0	6	7	0
	광주	3	3	3	10	9	6	18	1
	광주상무	8	7	9	25	24	21	29	1
	국민은행	6	2	0	18	6	11	3	0
	대구	11	7	14	44	55	28	62	2
	대전	38	12	18	107	73	71	120	1
	버팔로	3	0	3	13	12	9	10	0
	부천	1	1	2	3	5	3	4	0
	상무	1	0	2	5	6	4	0	0
	상주	4	4	1	14	12	11	12	2
	서울	44	47	54	162	184	87	226	12
	서울E	0	1	3	2	6	1	4	0
	성남	35	36	41	123	138	77	199	4
	수원	17	21	41	82	120	51	166	5
	수원FC	0	0	2	0	3	0	10	0
	안산무	2	1	1	8	4	6	12	0
	안양	3	0	1	6	2	5	8	0
	울산	53	45	53	167	169	111	249	15
	인천	8	17	12	31	41	16	71	0
	전남	25	16	31	93	109	62	150	7
	전북	21	17	31	79	102	48	142	2
	제주	50	50	50	152	162	79	224	3
	충주	3	1	0	7	1	3	9	0
	포항	54	47	49	179	174	107	225	7
	한일은행	8	1	2	22	11	17	5	0
	할렐루야	3	5	3	13	10	7	9	1
	소계	424	352	444	1,430	1,489	889	2,089	67

팀명	상대팀	승	무	패	득점	실점	도움	경고	퇴장
제주	강원	7	2	3	28	12	18	20	0
	경남	8	12	8	34	35	19	52	0
	광주	4	1	5	13	15	10	18	0
	광주상무	13	5	5	29	14	19	36	1
	국민은행	5	1	2	13	7	8	4	0
	대구	14	10	7	42	28	24	58	0

팀명	상대팀	승	무	패	득점	실점	도움	경고	퇴장
	대전	25	12	19	77	60	55	94	2
	버팔로	6	0	0	16	5	11	4	1
	부산	50	50	50	162	152	109	204	4
	상무	1	1	1	4	2	3	2	0
	상주	6	2	3	24	18	18	10	0
	서울	44	49	58	175	203	122	214	8
	성남	33	44	43	148	169	96	181	10
	수원	21	15	39	89	127	55	139	3
	수원FC	1	1	1	8	7	3	6	0
	울산	44	51	55	157	175	100	201	4
	인천	11	14	11	32	32	19	58	3
	전남	35	19	16	111	81	81	119	5
	전북	25	17	40	102	124	64	144	4
	포항	53	42	59	195	202	139	190	5
	한일은행	4	4	3	15	9	11	6	0
	할렐루야	4	5	2	22	16	15	4	0
	소계	414	357	430	1,496	1,493	999	1,764	50

팀명	상대팀	승	무	패	득점	실점	도움	경고	퇴장
성남	강원	9	3	5	26	16	16	43	1
	경남	14	5	5	40	25	18	45	0
	광주	5	4	4	19	18	12	27	1
	광주상무	13	5	6	34	21	24	26	2
	대구	19	9	7	56	34	37	66	0
	대전	39	13	8	101	51	78	105	3
	버팔로	4	1	1	8	5	4	8	1
	부산	41	36	35	138	123	101	144	7
	상주	5	6	2	23	15	11	16	0
	서울	41	40	36	154	143	106	185	4
	수원	21	24	27	95	107	55	140	2
	수원FC	1	1	2	5	6	2	2	1
	울산	42	35	42	140	139	101	189	7
	인천	15	17	7	53	32	33	81	1
	전남	32	26	21	87	69	55	159	3
	전북	28	18	31	99	106	67	138	4
	제주	43	44	33	169	148	103	160	5
	포항	32	33	55	126	162	81	194	8
	소계	404	320	327	1,373	1,220	904	1,728	50

팀명	상대팀	승	무	패	득점	실점	도움	경고	퇴장
수원	강원	7	2	2	21	10	15	24	2
	경남	11	9	7	36	26	26	46	2
	광주	5	4	2	18	12	12	22	0
	광주상무	15	4	4	33	13	23	25	1
	대구	19	6	2	45	23	30	51	0
	대전	29	16	11	87	45	55	99	1
	부산	41	21	17	120	82	69	144	7
	상주	6	3	1	17	7	9	14	0
	서울	32	19	28	106	91	70	178	4
	수원FC	27	24	21	107	95	70	128	0
	성남	3	0	1	10	8	5	7	0
	울산	25	19	27	90	87	46	137	3
	인천	21	11	5	58	36	34	77	0
	전남	29	17	19	91	76	53	106	3
	전북	29	20	22	104	107	68	142	4
	제주	39	15	21	127	89	92	113	5
	포항	28	26	30	94	101	59	156	4

팀명	상대팀	승	무	패	득점	실점	도움	경고	퇴장
	소계	366	216	220	1,164	908	736	1,469	36

팀명	상대팀	승	무	패	득점	실점	도움	경고	퇴장
전북	강원	9	0	2	27	15	19	30	0
	경남	16	4	6	54	31	34	53	2
	광주	6	4	0	26	10	20	27	0
	광주상무	13	7	4	36	21	25	37	0
	대구	17	7	7	55	33	33	58	1
	대전	20	15	17	71	64	48	89	2
	부산	31	17	21	102	79	70	100	4
	상주	8	3	0	31	7	24	16	0
	서울	24	23	32	105	118	65	162	2
	성남	31	18	28	106	99	64	170	4
	수원	22	20	29	107	104	70	147	3
	수원FC	2	1	0	7	4	3	10	0
	울산	29	22	34	109	120	74	172	5
	인천	12	12	12	43	38	31	88	1
	전남	28	25	20	103	81	64	152	2
	제주	40	17	25	124	102	83	164	2
	포항	28	22	30	97	108	62	167	4
	소계	336	217	267	1,203	1,034	789	1,642	32

팀명	상대팀	승	무	패	득점	실점	도움	경고	퇴장
전남	강원	8	7	2	28	20	19	38	0
	경남	12	5	7	32	27	24	47	0
	광주	3	5	6	13	20	8	31	0
	광주상무	12	6	3	27	14	16	34	0
	대구	14	10	8	54	44	40	72	4
	대전	25	17	17	77	57	48	90	1
	부산	31	16	25	109	93	70	111	2
	상주	10	1	4	24	15	15	20	0
	서울	18	24	33	80	109	54	127	3
	성남	21	26	32	69	87	42	156	4
	수원	19	17	29	76	91	48	122	2
	수원FC	1	2	0	2	1	2	6	0
	울산	21	22	32	78	96	48	144	2
	인천	10	17	11	32	31	21	84	3
	전북	20	25	28	81	103	59	128	3
	제주	16	19	35	81	111	50	104	3
	포항	22	23	27	77	84	45	138	1
	소계	263	242	299	940	1,003	609	1,452	28

팀명	상대팀	승	무	패	득점	실점	도움	경고	퇴장
대전	강원	12	4	7	39	33	26	51	1
	경남	6	11	9	32	47	21	47	0
	고양	5	3	0	13	4	8	11	0
	광주	6	3	5	17	13	11	31	0
	광주상무	10	10	5	30	20	12	35	0
	대구	13	18	13	59	56	39	112	3
	부산	18	12	38	73	107	49	129	3
	부천	4	2	2	8	7	4	18	1
	상주	3	2	1	9	6	5	10	0
	서울	12	18	25	54	77	38	100	3
	서울E	1	1	2	5	7	4	5	0
	성남	8	13	39	51	101	33	105	3
	수원	11	16	29	45	87	31	113	3
	수원FC	2	1	1	10	8	4	9	0
	안산무	2	2	4	10	11	7	5	0

팀명	상대팀	승	무	패	득점	실점	도움	경고	퇴장
	안양	3	3	2	15	12	8	12	0
	울산	11	17	32	52	98	24	107	1
	인천	5	6	21	23	46	11	65	1
	전남	17	17	25	57	77	38	120	4
	전북	17	15	20	64	71	44	98	1
	제주	19	12	25	60	77	36	84	1
	충주	5	3	0	17	6	12	8	0
	포항	8	17	27	39	76	19	92	2
	소계	198	206	332	782	1,047	484	1,367	27

팀명	상대팀	승	무	패	득점	실점	도움	경고	퇴장
대구	강원	10	9	8	36	34	22	55	0
	경남	8	3	17	31	51	22	56	1
	고양	6	2	4	21	16	11	19	0
	광주	2	4	4	13	14	4	21	0
	광주상무	14	5	4	42	25	26	43	0
	대전	13	18	13	56	59	38	88	2
	부산	14	7	11	55	44	34	73	2
	부천	6	4	2	13	7	10	26	1
	상주	6	3	1	19	8	8	18	0
	서울	8	7	13	27	47	17	69	0
	서울E	3	4	1	10	6	8	6	0
	성남	7	9	19	34	56	18	72	1
	수원	2	6	19	23	45	13	58	2
	수원FC	2	3	4	13	15	6	28	0
	안산무	3	4	5	17	18	10	25	0
	안양	2	6	4	16	19	14	33	0
	울산	6	8	17	30	49	16	60	2
	인천	7	11	12	41	44	26	80	0
	전남	8	10	14	44	54	27	69	3
	전북	7	7	17	33	55	24	72	0
	제주	7	10	14	28	42	19	63	2
	충주	7	4	1	19	11	11	18	0
	포항	6	10	15	33	51	24	61	1
	소계	154	154	219	654	770	408	1,113	17

팀명	상대팀	승	무	패	득점	실점	도움	경고	퇴장
인천	강원	8	1	4	22	16	16	20	0
	경남	4	11	9	25	27	16	47	0
	광주	4	8	2	16	13	9	23	1
	광주상무	7	4	6	20	17	11	24	0
	대구	12	11	7	44	41	26	69	2
	대전	21	6	5	46	23	24	79	1
	부산	12	17	8	41	31	26	68	0
	상주	5	4	4	13	12	8	14	0
	서울	8	14	17	40	62	28	79	2
	성남	7	17	15	32	53	22	83	1
	수원	5	11	21	36	58	20	84	4
	수원FC	2	1	1	3	2	1	10	0
	울산	11	10	18	41	56	24	72	1
	전남	11	17	10	31	32	15	78	4
	전북	12	12	12	38	43	27	84	0
	제주	11	14	11	32	32	14	68	1
	포항	12	13	14	52	58	28	83	3
	소계	152	171	164	532	576	315	985	20

팀명	상대팀	승	무	패	득점	실점	도움	경고	퇴장
경남	강원	9	9	3	24	13	20	32	0
	고양	5	1	2	16	7	12	17	0
	광주	4	1	1	8	5	7	12	0
	광주상무	7	4	3	14	9	9	20	0
	대구	17	3	8	51	31	29	54	4
	대전	9	11	6	47	32	28	50	1
	부산	16	5	11	40	39	30	61	1
	부천	3	0	5	6	9	4	18	1
	상주	4	1	7	14	18	7	23	0
	서울	6	9	12	23	33	12	58	1
	서울E	1	3	4	6	10	4	11	0
	성남	5	5	14	25	40	13	42	0
	수원	7	9	11	26	36	18	50	0
	수원FC	1	1	2	3	5	2	10	0
	안산무	1	2	5	4	13	3	12	0
	안양	3	3	2	9	7	7	16	0
	울산	4	3	16	17	39	14	39	1
	인천	9	11	4	27	25	16	36	1
	전남	7	5	12	27	32	17	56	1
	전북	6	4	16	31	54	20	58	1
	제주	8	12	8	35	34	18	60	0
	충주	5	1	2	13	7	12	12	0
	포항	4	6	14	23	42	13	58	0
	소계	141	109	168	489	540	315	805	12

팀명	상대팀	승	무	패	득점	실점	도움	경고	퇴장
강원	경남	3	9	9	13	24	7	31	0
	고양	6	3	3	16	9	11	23	1
	광주	3	4	5	13	14	10	17	1
	광주상무	1	1	2	4	6	3	4	0
	대구	8	9	10	34	36	23	54	0
	대전	7	4	12	33	39	24	43	1
	부산	2	6	8	11	20	8	29	1
	부천	5	2	6	18	19	11	39	1
	상주	5	1	7	15	18	6	20	0
	서울	1	0	9	12	26	6	19	0
	서울E	5	3	0	17	10	10	16	0
	성남	5	3	9	16	26	11	26	0
	수원	2	2	7	10	21	5	13	0
	수원FC	4	2	2	13	10	10	24	0
	안산	7	1	4	19	11	8	24	1
	안양	6	4	2	20	8	10	27	2
	울산	2	1	8	13	21	11	15	0
	인천	4	1	8	16	22	13	30	0
	전남	2	7	8	20	28	11	35	0
	전북	2	0	9	15	27	10	25	0
	제주	3	2	7	12	28	5	21	0
	충주	8	2	2	24	14	15	18	0
	포항	2	1	7	6	19	3	17	1
	소계	93	68	144	370	456	231	570	9

팀명	상대팀	승	무	패	득점	실점	도움	경고	퇴장
상주	강원	7	1	5	18	15	13	17	0
	경남	7	1	4	18	14	14	22	1
	고양	6	2	1	20	6	16	17	0
	광주	5	1	9	14	20	9	29	1
	대구	1	3	6	8	19	4	19	0
	대전	1	2	3	6	9	4	5	0

팀명	상대팀	승	무	패	득점	실점	도움	경고	퇴장
	부산	1	4	4	12	14	8	17	1
	부천	5	2	2	14	10	6	17	1
	서울	3	1	7	14	22	9	24	3
	서울E	2	1	1	7	6	6	6	0
	성남	2	6	5	15	23	9	21	0
	수원	1	3	6	7	17	7	14	0
	수원FC	5	5	2	17	11	9	23	0
	안산무	6	2	1	20	7	15	12	0
	안양	5	1	3	21	13	12	17	1
	울산	2	2	8	16	24	10	27	0
	인천	4	4	5	12	13	7	25	0
	전남	4	1	10	15	24	7	29	0
	전북	0	3	8	7	31	5	23	2
	제주	3	2	6	18	24	8	19	0
	충주	5	2	2	19	12	13	10	0
	포항	3	0	7	12	19	7	24	0
	소계	78	49	105	310	353	198	417	10

팀명	상대팀	승	무	패	득점	실점	도움	경고	퇴장
광주	강원	5	4	3	14	13	9	20	1
	경남	1	1	4	5	8	3	14	0
	고양	3	3	3	11	13	6	14	0
	대구	4	4	2	14	13	10	23	0
	대전	5	3	6	13	17	11	25	1
	부산	3	3	3	9	10	8	22	0
	부천	5	3	1	13	9	10	14	0
	상주	9	1	5	20	14	12	29	0
	서울	1	2	7	12	21	7	27	0
	성남	4	4	5	18	19	10	33	0
	수원	2	4	5	12	18	5	30	1
	수원FC	6	3	4	16	14	11	33	0
	안산무	4	1	5	14	13	10	21	1
	안양	4	2	3	17	12	10	13	0
	울산	1	2	9	8	18	4	22	0
	인천	2	8	4	13	16	8	31	0
	전남	6	5	3	20	13	16	30	0
	전북	0	4	6	10	26	8	14	0
	제주	5	1	4	15	13	10	16	0
	충주	3	4	2	11	6	6	14	0
	포항	0	5	6	7	16	5	32	0
	소계	73	67	90	272	302	179	477	4

팀명	상대팀	승	무	패	득점	실점	도움	경고	퇴장
수원FC	강원	2	2	4	10	13	9	19	0
	경남	2	1	1	5	3	4	5	0
	고양	4	6	3	15	12	7	31	2
	광주	4	3	6	14	16	10	28	1
	대구	4	3	2	15	13	13	19	0
	대전	1	1	2	8	10	3	6	0
	부산	2	0	0	3	0	2	3	1
	부천	6	5	2	26	22	19	32	1
	상주	2	5	5	11	17	7	28	0
	서울	0	0	3	0	7	0	7	0
	서울E	2	1	2	11	12	6	14	0
	성남	2	1	1	6	5	3	9	0
	수원	1	0	3	8	10	2	9	0
	안산무	5	1	7	20	21	13	28	0
	안양	6	3	4	21	17	12	31	1
	울산	0	1	2	2	4	1	8	0
	인천	1	1	2	2	3	0	10	0
	전남	0	2	1	1	2	1	7	0
	전북	0	1	2	4	7	3	6	0
	제주	1	1	1	7	8	4	7	0
	충주	7	3	3	22	12	14	16	0
	포항	4	0	0	6	2	3	12	1
	소계	56	41	56	217	216	136	335	7

팀명	상대팀	승	무	패	득점	실점	도움	경고	퇴장
안양	강원	2	4	6	8	20	3	37	1
	경남	2	3	3	7	9	5	11	1
	고양	8	4	5	21	15	16	30	0
	광주	3	2	4	12	17	7	19	0
	대구	4	6	2	19	16	13	25	0
	대전	2	3	3	12	15	8	13	0
	부산	1	0	3	2	6	2	14	0
	부천	6	6	5	18	17	14	38	0
	상주	3	1	5	13	21	7	16	0
	서울E	2	3	3	11	11	5	13	0
	수원FC	4	3	6	17	21	9	31	0
	안산무	6	3	8	24	20	14	35	0
	충주	8	5	4	28	20	19	27	0
	소계	51	43	57	192	208	122	309	2

팀명	상대팀	승	무	패	득점	실점	도움	경고	퇴장
부천	강원	6	2	5	19	18	10	21	3
	경남	5	0	3	9	6	3	10	0
	고양	9	4	4	27	17	17	34	0
	광주	1	3	5	9	13	5	16	0
	대구	2	4	6	7	13	2	19	1
	대전	2	2	4	7	8	5	15	1
	부산	2	1	1	5	3	4	8	0
	상주	2	2	5	10	14	6	17	0
	서울E	1	2	5	5	11	3	14	0
	수원FC	2	5	6	22	26	10	30	0
	안산무	4	4	9	19	28	14	30	0
	안양	5	6	6	17	18	12	37	0
	충주	7	3	7	15	18	12	38	0
	소계	48	38	66	171	193	103	289	5

팀명	상대팀	승	무	패	득점	실점	도움	경고	퇴장
서울E	강원	0	3	5	10	17	6	21	0
	경남	4	3	1	10	6	8	13	0
	고양	4	3	1	15	7	11	13	0
	대구	1	4	3	6	10	6	14	0
	대전	2	1	1	7	5	6	8	0
	부산	3	1	0	6	2	4	10	0
	부천	5	2	1	11	5	5	19	0
	상주	1	1	2	6	7	5	8	0
	수원FC	2	1	2	12	11	9	6	1
	안산	2	4	2	8	8	7	16	0
	안양	3	3	2	11	11	4	15	0
	충주	6	1	1	17	7	13	11	0
	소계	33	27	21	119	96	84	154	1

팀명	상대팀	승	무	패	득점	실점	도움	경고	퇴장
안산 무궁화	강원	4	1	7	11	19	5	35	0
	경남	5	2	1	13	4	9	14	0
	고양	8	6	3	28	13	21	40	1
	광주	5	1	4	13	14	9	29	2
	대구	5	4	3	18	17	12	20	1
	대전	4	2	2	11	10	8	14	1
	부산	1	1	2	4	8	1	8	0
	부천	9	4	4	28	19	17	53	1
	상주	1	2	6	7	20	5	30	0
	서울E	2	4	2	8	8	3	11	1
	수원FC	7	1	5	21	20	11	32	1
	안양	8	3	6	20	24	11	48	0
	충주	7	6	4	24	25	14	32	0
	소계	66	37	49	206	201	126	366	8

팀명	상대팀	승	무	패	득점	실점	도움	경고	퇴장
광주 상무	강원	2	1	1	6	4	2	9	0
	경남	3	4	7	9	14	8	24	0
	대구	4	5	14	25	42	18	34	0
	대전	5	10	10	20	30	13	41	0
	부산	9	7	8	24	25	18	38	1
	서울	4	5	15	14	38	9	38	0
	성남	6	5	13	21	34	17	45	0
	수원	4	4	15	13	33	6	37	2
	울산	3	6	15	13	35	7	35	0
	인천	6	4	7	17	20	13	23	1
	전남	3	6	12	14	27	11	30	0
	전북	4	7	13	21	36	11	35	0
	제주	5	5	13	14	29	7	32	3
	포항	1	4	16	17	37	9	27	0
	소계	59	73	159	228	404	149	448	7

팀명	상대팀	승	무	패	득점	실점	도움	경고	퇴장
고양	강원	3	3	6	9	16	4	29	0
	경남	2	1	5	7	16	5	17	1
	광주	3	3	3	13	11	6	19	0
	대구	4	2	6	16	21	4	28	1
	대전	0	3	5	4	13	2	15	1
	부산	0	0	4	0	6	0	11	1
	부천	4	4	9	17	27	8	39	0
	상주	1	2	6	6	20	1	8	1
	서울E	1	3	4	7	15	4	19	0
	수원FC	3	6	4	12	15	6	27	0
	안산무	3	6	8	13	28	9	22	0
	안양	5	4	8	15	21	7	42	0
	충주	7	8	2	27	22	21	32	2
	소계	36	45	70	146	231	77	308	7

팀명	상대팀	승	무	패	득점	실점	도움	경고	퇴장
충주	강원	2	2	8	14	24	7	21	0
	경남	2	1	5	7	13	2	11	0
	고양	2	8	7	22	27	15	30	0
	광주	2	4	3	6	11	3	19	1
	대구	1	4	7	11	19	9	18	0
	대전	0	3	5	6	17	4	11	0
	부산	0	1	3	1	7	1	7	0
	부천	7	3	7	18	15	15	44	0
	상주	2	2	5	12	19	8	19	0
	서울E	1	1	6	7	17	3	14	0
	수원FC	3	3	7	12	22	7	23	0
	안산무	4	6	7	25	24	16	24	0
	안양	4	5	8	20	28	13	32	0
	소계	30	43	78	161	243	103	273	1

팀명	상대팀	승	무	패	득점	실점	도움	경고	퇴장
할렐 루야	국민은행	6	2	-	17	4	9	1	0
	부산	3	5	3	10	13	8	8	0
	상무	1	-	2	5	4	3	2	0
	서울	3	1	3	7	9	7	4	0
	울산	1	2	4	7	13	6	3	0
	제주	2	5	4	16	22	10	9	1
	포항	3	3	5	11	15	11	3	1
	한일은행	-	6	1	4	5	3	3	0
	소계	19	24	22	77	85	57	33	2

팀명	상대팀	승	무	패	득점	실점	도움	경고	퇴장
한일 은행	국민은행	1	2	1	6	7	4	2	0
	부산	2	1	8	11	22	7	10	0
	상무	0	2	1	5	6	4	1	0
	서울	2	1	8	9	26	7	8	0
	울산	1	5	5	8	16	4	7	0
	제주	3	4	4	9	15	8	6	0
	포항	2	4	5	8	12	8	4	0
	할렐루야	1	6	0	5	4	3	2	0
	소계	12	25	32	61	108	45	40	0

팀명	상대팀	승	무	패	득점	실점	도움	경고	퇴장
국민 은행	부산	0	2	6	6	18	2	2	0
	서울	0	2	2	2	6	2	2	0
	울산	0	0	4	3	14	3	1	0
	제주	2	1	5	7	13	4	9	1
	포항	3	1	4	9	14	6	4	0
	한일은행	1	2	1	7	6	5	3	0
	할렐루야	0	2	6	4	17	3	3	1
	소계	6	10	28	38	88	25	24	2

팀명	상대팀	승	무	패	득점	실점	도움	경고	퇴장
상무	부산	2	-	1	6	5	6	1	0
	서울	0	2	1	2	3	2	2	0
	울산	0	1	2	1	4	0	4	0
	제주	1	1	1	2	4	1	0	0
	포항	0	1	2	2	4	2	3	0
	한일은행	1	2	0	6	5	6	1	0
	할렐루야	2	0	1	4	5	2	0	0
	소계	6	7	8	23	30	19	11	0

팀명	상대팀	승	무	패	득점	실점	도움	경고	퇴장
전북 버팔로	부산	3	0	3	12	13	7	12	0
	서울	0	0	6	5	17	4	6	1
	성남	1	1	4	5	8	4	10	1
	울산	1	2	3	5	10	4	10	0
	제주	0	0	6	5	16	2	6	1
	포항	0	2	4	5	13	4	4	1
	소계	5	5	26	37	77	25	48	4

프로축구 통산 팀 최다 기록

구분	기록	구단명
승점	1,706	포항(489승 356무 359패)
승리	489	포항
패전	444	부산
무승부	360	서울
득점	1,614	서울
실점	1,493	제주
도움	1,110	포항
코너킥	5,676	부산
파울	19,926	포항
오프사이드	3,088	울산
슈팅	14,513	서울
페널티킥	155	부산
페널티킥 득점	125	부산
페널티킥 실축	43	울산
경고	2,089	부산
퇴장	67	부산

프로축구 통산 팀 최소 기록

구분	기록	구단명
승점	19	상무(6승 7무 8패)
승리	5	버팔로
패전	8	상무
무승부	5	버팔로
득점	23	상무
실점	30	상무
도움	19	상무
코너킥	84	상무
파울	243	상무
오프사이드	28	상무
슈팅	263	상무
페널티킥	1	상무
페널티킥 득점	0	상무
페널티킥 실축	0	버팔로, 한일, 할렐
경고	11	상무
퇴장	0	상무, 한일

프로축구 통산 팀 최다 연승

순위	연속기록	리그	팀명	기록 내용
1	11경기	챌린지	상주	2013.09.01~2013.11.10
2	9경기	BC	울산	2002.10.19~2003.03.23
		BC	성남일화	2002.11.10~2003.04.30
		클래식	전북	2014.10.01~2014.11.22
5	8경기	BC	부산	1998.05.23~1998.07.26
		BC	수원	1999.07.29~1999.08.29
		BC	울산	2003.05.24~2003.07.06
		BC	성남일화	2003.08.03~2003.09.14
		BC	수원	2008.03.19~2008.04.26
		BC	포항	2009.06.21~2009.07.25
		BC	전북	2010.06.06~2010.08.08
		BC	전북	2012.05.11~2012.07.01

프로축구 통산 팀 최다 연패

순위	연속기록	리그	팀명	기록 내용
1	14경기	BC	상주*	2012.09.16~2012.12.01
2	10경기	BC	전북버팔로	1994.09.10~1994.11.12
3	8경기	BC	대우[부산]	1994.08.13~1994.09.10
		BC	광주상무	2008.08.24~2008.09.28
		BC	광주상무	2009.09.13~2009.11.01
		BC	강원	2010.05.05~2010.07.24
		BC	강원	2011.06.18~2011.08.13
		클래식	강원	2013.07.16~2013.09.01
		챌린지	대전	2015.06.28~2015.08.15

* 2012년 상주 기권으로 인한 14경기 연패

프로축구 통산 팀 최다 연속 무승

순위	연속기록	리그	팀명	기록 내용
1	25경기	챌린지	고양	2016.05.08~2016.09.25
2	23경기	BC	광주상무	2008.04.30~2008.10.18
3	22경기	BC	대전	1997.05.07~1997.10.12
		BC	부천SK[제주]	2002.11.17~2003.07.12
		BC	부산	2005.07.06~2006.04.05
6	21경기	BC	안양LG[서울]	1997.03.22~1997.07.13
		BC	광주상무	2010.05.23~2010.11.07
8	20경기	BC	대전	2002.08.04~2003.03.23
9	19경기	BC	상주*	2012.08.08~2012.12.01
		클래식	대전	2013.04.07~2013.08.15

* 2012년 상주 기권패(연속 14경기) 포함

프로축구 통산 팀 최다 연속 무패

순위	연속기록	리그	팀명	기록 내용
1	33경기	BC	전북	2016.03.12~2016.10.02
2	22경기	BC	전북	2014.09.06~2015.04.18
3	21경기	BC	대우[부산]	1991.05.08~1991.08.31
		BC	전남	1997.05.10~1997.09.27
5	20경기	BC	전북	2011.07.03~2012.03.17
6	19경기	BC	성남일화	2006.10.22~2007.05.26
		BC	울산	2007.05.09~2007.09.29
		BC	인천	2012.08.04~2012.11.28
		BC	포항	2012.10.28~2013.05.11
10	18경기	BC	수원	2008.03.09~2008.06.28

프로축구 통산 팀 최다 연속 무승부

순위	연속기록	리그	팀명	기록 내용
1	10경기	BC	안양LG[서울]	1997.05.10~1997.07.13
2	9경기	BC	일화[성남]	1992.05.09~1992.06.20
		BC	전남	2006.03.18~2006.04.29
4	7경기	BC	전남	1997.05.18~1997.07.09
		BC	대구	2004.08.01~2004.08.29
		BC	포항	2005.03.16~2005.04.27
7	6경기	BC	유공[제주]	1986.05.31~1986.07.06
		BC	대우[부산]	1992.05.09~1992.06.06
		BC	부산	2000.07.01~2000.07.22
		BC	부천SK[제주]	2004.04.10~2004.05.23

		BC	포항	2004.05.26~2004.07.11
		BC	전북	2004.08.08~2004.09.01
		BC	경남	2009.03.08~2009.04.12

프로축구 통산 팀 최다 연속 득점

순위	연속기록	리그	팀명	기록 내용
1	31경기	BC	럭키금성[서울]	1989.09.23~1990.09.01
		챌린지	대구	2014.09.14~2015.07.11
3	26경기	BC	수원	2011.07.02~2012.04.14
		클래식	전북	2013.03.03~2013.09.01
5	25경기	BC	안양LG[서울]	2000.04.29~2000.09.30
6	24경기	BC	대구	2008.05.05~2008.10.29
		BC	전북	2009.12.06~2010.08.22
		BC	포항	2012.10.28~2013.07.03

프로축구 통산 팀 최다 연속 실점

순위	연속기록	리그	팀명	기록 내용
1	27경기	BC	부산	2005.07.06~2006.05.05
2	24경기	BC	강원	2009.04.26~2009.10.24
3	23경기	BC	천안[성남]	1996.07.04~1996.10.30
4	22경기	BC	전북	2005.05.08~2005.10.23
		BC	대구	2010.04.11~2010.10.03
6	21경기	BC	대전	1998.09.19~1999.07.03
		BC	서울	2010.10.09~2011.06.11
8	20경기	BC	전북	1998.05.23~1998.09.26
		BC	수원	2000.04.09~2000.07.23
		클래식	강원	2013.07.13~2013.11.27

프로축구 통산 팀 최다 연속 무득점

순위	연속기록	리그	팀명	기록 내용
1	15경기	BC	상주	2012.08.26~2012.12.01
2	7경기	BC	대전	2008.10.19~2009.03.14
3	6경기	BC	대우[부산]	1992.09.02~1992.09.26
		BC	인천	2005.03.13~2005.04.09
		BC	제주	2009.09.19~2009.11.01
		클래식	부산	2013.09.08~2013.10.27
		클래식	수원FC	2016.05.28~2016.06.29
		챌린지	고양	2016.07.09~2016.08.13

* 2012년 상주 14경기 연속 기권패(2012.09.16~2012.12.01)

프로축구 통산 팀 최다 연속 무실점

순위	연속기록	리그	팀명	기록 내용
1	8경기	BC	일화[성남]	1993.04.10~1993.05.29
		클래식	전북	2014.10.01~2014.11.15
2	7경기	BC	수원	2008.03.19~2008.04.20
3	6경기	BC	대우[부산]	1987.04.04~1987.04.19
		BC	일화[성남]	1993.08.14~1993.09.08
		BC	성남일화[성남]	2008.07.12~2008.08.30
		챌린지	상주	2013.09.01~2013.10.05

프로축구 통산 팀 200승 · 300승 · 400승 기록

구분	구단명	일자	경기수	비고
200승	포항	98.08.26	516경기	천안 : 포항
	부산	98.08.29	516경기	포항 : 부산
	울산	99.06.26	527경기	울산 : 천안
	부천SK[제주]	99.10.06	560경기	부천SK : 천안
	안양LG[서울]	01.08.29	610경기	안양LG : 울산
	성남일화[성남]	03.09.03	547경기	성남일화 : 울산
	수원	07.03.17	433경기	수원 : 부산
	전북	10.07.28	572경기	전북 : 경남
	전남	11.07.10	595경기	전남 : 수원
300승	울산	05.10.02	772경기	부산 : 울산
	포항	05.10.23	792경기	광주상무 : 포항
	부산	06.07.19	820경기	제주 : 부산
	서울	08.08.30	876경기	서울 : 광주상무
	제주	09.04.22	912경기	제주 : 광주상무
	성남일화[성남]	09.05.23	758경기	성남일화 : 전남
	수원	12.10.03	640경기	수원 : 서울
	전북	15.04.18	751경기	전북 : 제주
400승	울산	11.07.16	991경기	강원 : 울산
	포항	12.03.25	1,021경기	상주 : 포항
	서울	13.06.01	1,049경기	서울 : 전남
	부산	14.11.22	1,138경기	부산 : 경남
	제주	16.04.17	1,169경기	울산 : 제주
	성남	16.06.29	1,028경기	서울 : 성남

프로축구 통산 선수 최다 기록

구분	기록	선수명	소속팀	소속팀별 득점	비고
최다 득점	192골	이동국	전북	128	
			성남일화	2	
			포항	47	
			광주상무	15	
최다 도움	88개	염기훈	수원	65	
			경찰〈챌〉	11	
			울산	4	
			전북	8	
최다 페널티킥	33번	이동국	전북	23	
			성남일화	1	
			포항	4	
			광주상무	5	
최다 코너킥	847개	신태용	성남일화	847	
최다 슈팅	1345개	이동국	전북	783	
			성남일화	39	
			포항	370	
			광주상무	153	
최다 오프사이드	398개	샤샤	성남일화	163	
			수원	152	
			부산	83	
최다 파울	970개	김상식	전북	260	
			성남	593	
			광주상무	117	

최다 경고	143개	김한윤	성남일화	12	
			부산	30	
			서울	48	
			부천SK	48	
			포항	5	
1게임 최다 득점	5골	샤샤	성남일화	5	2002.03.17(성남일) 성남일: vs 부천SK
가장 빠른 골		방승환	인천	0:11 (분:초)	2007.05.23(인천W) 인천 vs 포항
가장 늦은 골		이성재	부천SK	119:34 (분:초)	1999.10.13(구덕) 부산 vs 부천SK

프로축구 통산 선수 출전 순위

순위	선수명	최종 소속	출전				
			프로통산	BC	클래식	챌린지	승강PO
1	김병지	전남	706	605	101	-	-
2	최은성	전북	532	498	34	-	-
3	김기동	포항	501	501	-	-	-
4	김상식	전북	458	438	20	-	-
5	김은중	대전	444	405	22	17	-
6	우성용	인천	439	439	-	-	-
6	이동국	전북	439	318	121	-	-
8	김한윤	성남일화	430	403	27	-	-
9	오승범	강원	424	303	46	73	2
10	김용대	울산	418	323	95	-	-

프로축구 통산 선수 득점 순위

순위	선수명	최종 소속	득점				
			프로통산	BC	클래식	챌린지	승강PO
1	이동국	전북	192	141	51	-	-
2	데 얀	서울	154	122	32	-	-
3	김은중	대전	123	119	1	3	-
4	우성용	인천	116	116	-	-	-
5	김도훈	성남일화	114	114	-	-	-

프로축구 통산 선수 도움 순위

순위	선수명	최종 소속	도움				
			프로통산	BC	클래식	챌린지	승강PO
1	염기훈	수원	88	36	41	11	-
2	몰리나	서울	69	42	27	-	-
3	신태용	성남일화	68	68	-	-	-
4	에닝요	전북	66	53	13	-	-
5	이동국	전북	66	58	8	-	-

프로축구 통산 선수 공격포인트 순위

순위	선수명	최종 소속	공격포인트				
			프로통산	BC	클래식	챌린지	승강PO
1	이동국	전북	258	194	64	-	-
3	데 얀	서울	192	153	39	-	-
2	김은중	대전	179	173	2	4	-
4	신태용	성남일화	167	167	-	-	-
5	김현석	울산	164	164	-	-	-

프로축구 통산 선수 파울 순위

순위	선수명	최종 소속	파울				
			프로통산	BC	클래식	챌린지	승강PO
1	김상식	전북	970	936	34	-	-
2	김한윤	성남일화	905	853	52	-	-
3	김진우	경남	795	795	-	-	-
4	유경렬	대구	741	705	36	-	-
5	오범석	수원	710	535	70	105	-

프로축구 통산 선수 경고 순위

순위	선수명	최종 소속	경고				
			프로통산	BC	클래식	챌린지	승강PO
1	김한윤	성남일화	143	131	12	-	-
2	양상민	수원	87	61	7	19	-
3	현영민	전북	81	53	28	-	-
3	오범석	수원	80	50	11	19	-
5	강민수	울산	79	57	17	5	-
4	김상식	전북	79	73	6	-	-

프로축구 통산 골키퍼 무실점 순위

순위	선수명	최종 소속	무실점경기				
			프로통산	BC	클래식	챌린지	승강PO
1	김병지	전남	229	202	27	-	-
2	최은성	전북	152	140	12	-	-
3	이운재	전남	140	140	-	-	-
4	김용대	울산	125	94	31	-	-
5	김영광	서울E	124	85	10	29	-

프로축구 통산 선수 연속 득점 순위

순위	선수명	소속팀	구분	연속	기간
1	황선홍	포항	BC	8경기	95.08.19 ~ 95.10.04
	김도훈	전북	BC	8경기	00.06.17 ~ 00.07.16
3	안정환	부산	BC	7경기	99.07.24 ~ 99.09.04
	이동국	전북	BC	7경기	13.05.11 ~ 13.07.13
	주민규	서울E	챌린지	7경기	15.05.10 ~ 15.06.10
	김동찬	대전	챌린지	7경기	16.04.17 ~ 16.05.25
	조나탄	수원	클래식	7경기	16.09.10 ~ 16.10.30
8	조영증 외 8명			6경기	

프로축구 통산 선수 연속 도움 순위

순위	선수명	소속팀	구분	연속	기간
1	라 데	포항	BC	6경기	96.07.28 ~ 96.09.04
2	몰리나	서울	BC	5경기	12.04.29 ~ 12.05.28
3	김용세 외 19명			4경기	

프로축구 통산 선수 연속 공격포인트 순위

순위	선수명	소속팀	구분	연속	기간
1	이명주	포항	클래식	10경기	14.03.15 ~ 14.05.10
2	마니치	부산	BC	9경기	97.09.07 ~ 97.10.19
	까보레	경남	BC	9경기	07.08.15 ~ 07.10.06
	에닝요	대구	BC	9경기	08.07.12 ~ 08.09.28

	이근호	상주	챌린지	9경기	13.04.13 ~ 13.08.04
6	김용세 외 7명			8경기	

프로축구 통산 골키퍼 연속 무실점 경기 순위

순위	선수명	소속팀	구분	연속 경기수	비고
1	신의손	일화[성남]	BC	8	93.04.10 ~ 93.05.29
2	조병득	할렐루야	BC	7	85.04.20 ~ 85.06.18
	이운재	수원	BC	7	08.03.19 ~ 08.04.20
4	김풍주	대우[부산]	BC	6	87.07.25 ~ 87.09.26
	신의손	일화[성남]	BC	6	93.08.14 ~ 93.09.08
	김대환	수원	BC	6	04.08.04 ~ 04.10.31
	김승규	울산	BC	6	10.06.06 ~ 12.04.11
	김호준	상주	챌린지	6	13.09.01 ~ 13.10.05
	신화용	포항	클래식	6	14.07.05 ~ 14.08.09
	권순태	전북	클래식	6	14.10.01 ~ 14.11.15

프로축구 통산 선수 연속 무교체 순위

순위	선수명	소속팀	구분	기록	기간
1	김병지	서울	BC	153경기	04.04.03 ~ 07.10.14
2	이용발	전북	BC	151경기	99.03.31 ~ 02.11.17
3	신의손	일화	BC	136경기	92.03.28 ~ 95.09.06
4	조준호	제주	BC	93경기	04.04.03 ~ 06.07.09
5	신의손	안양LG	BC	70경기	01.03.25 ~ 02.11.13

프로축구 통산 최단시간 골 순위

순위	경기일자	대회구분	시간	선수	소속	구분
1	07.05.23	BC / 리그컵	전반 00:11	방승환	인천	BC
2	13.10.05	BC / 리그	전반 00:17	곽광선	포항	클래식
3	86.04.12	BC / 리그	전반 00:19	권혁표	한일은행	BC
4	09.10.07	BC / 리그	전반 00:22	스테보	포항	BC
5	03.04.13	BC / 리그	전반 00:23	노정윤	부산	BC

프로축구 통산 최장거리 골 순위

순위	기록	선수명	소속팀	구분	일자	대진
1	85m	권정혁	인천	클래식	13.07.21	제주 : 인천
2	67m	김 현	성남	클래식	16.07.17	수원 : 성남
3	65m	도화성	부산	BC	05.05.29	부천SK : 부산
4	57m	고종수	수원	BC	02.09.04	전북 : 수원
5	55m	도 도	울산	BC	04.04.10	울산 : 전남

역대 시즌별 최다 득점 기록

연도	대회명	득점(경기수)	선수명(소속팀)
83	수퍼리그	9(14)	박윤기(유공)
84	축구대제전 수퍼리그	16(28)	백종철(현대)
85	축구대제전 수퍼리그	12(21)	피아퐁(럭금), 김용세(유공)
86	축구대제전	10(19)	정해원(대우)
	프로축구선수권대회	9(15)	함현기(현대)
87	한국프로축구대회	15(30)	최상국(포철)
88	한국프로축구대회	12(23)	이기근(포철)
89	한국프로축구대회	20(39)	조긍연(포철)
90	한국프로축구대회	12(30)	윤상철(럭금)
91	한국프로축구대회	16(37)	이기근(포철)
92	한국프로축구대회	10(30)	임근재(LG)
	아디다스컵	5 (6)	노수진(유공)
93	한국프로축구대회	10(23)	차상해(포철)
	아디다스컵	3 (5)	임근재(LG), 강재훈(현대)
		3 (2)	최문식(포철)
94	하이트배 코리안리그	21(28)	윤상철(LG)
	아디다스컵	4 (6)	라데(포철)
95	하이트배 코리안리그	15(26)	노상래(전남)
	아디다스컵	6 (7)	김현석(현대)
96	라피도컵 프로축구대회	18(24)	신태용(천안)
	아디다스컵	5 (8)	세르게이(부천SK)
		5 (6)	이원식(부천SK)
97	라피도컵 프로축구대회	9(17)	김현석(울산)
	아디다스컵	8 (9)	서정원(안양LG)
	프로스펙스컵	6 (7)	마니치(부산)
98	현대컵 K-리그	14(20)	유상철(울산)
	필립모리스코리아컵	7 (9)	김종건(울산)
	아디다스코리아컵	11(10)	김현석(울산)
99	바이코리아컵 K-리그	18(26)	샤샤(수원)
	대한화재컵	6 (9)	안정환(부산)
		6 (8)	김종건(울산)
	아디다스컵	3 (3)	데니스(수원)
00	삼성 디지털 K-리그	12(20)	김도훈(전북)
	대한화재컵	6(10)	이원식(부천SK)
	아디다스컵	2 (3)	서정원(수원), 김현수(성남일화),
		2 (2)	이상윤(성남일화), 고종수(수원), 왕정현(안양LG)
01	포스코 K-리그	13(22)	산드로(수원)
	아디다스컵	7 (9)	김도훈(전북)
02	삼성 파브 K-리그	14(27)	에드밀손(전북)
	아디다스컵	10(11)	샤샤(성남일화)
03	삼성 하우젠 K-리그	28(40)	김도훈(성남일화)
04	삼성 하우젠 K-리그	14(22)	모따(전남)
	삼성 하우젠컵	7 (7)	카르로스(울산)
05	삼성 하우젠 K-리그	13(17)	마차도(울산)
	삼성 하우젠컵	7(12)	산드로(대구)
06	삼성 하우젠 K-리그	16(28)	우성용(성남일화)
	삼성 하우젠컵	8(13)	최성국(울산)
07	삼성 하우젠 K-리그	18(26)	까보레(경남)
	삼성 하우젠컵	7 (9)	루이지뉴(대구)
08	삼성 하우젠 K-리그	16(27)	두두(성남일화)
	삼성 하우젠컵	9 (8)	에닝요(대구)
09	K-리그	21(29)	이동국(전북)
	피스컵 코리아	4 (5)	유창현(포항), 노병준(포항)
10	쏘나타 K리그	22(28)	유병수(인천)
	포스코컵	6 (7)	데얀(서울)
11	현대오일뱅크 K리그	24(30)	데얀(서울)
	러시앤캐시컵	11 (8)	김신욱(울산)

연도	대회명	득점(경기수)	선수명(소속팀)
12	현대오일뱅크 K리그	31(42)	데얀(서울)
13	현대오일뱅크 K리그 클래식	19(29)	데얀(서울)
		19(36)	김신욱(울산)
	현대오일뱅크 K리그 챌린지	15(25)	이근호(상주)
		15(29)	이상협(상주)
		15(32)	알렉스(고양)
14	현대오일뱅크 K리그 클래식	14(35)	산토스(수원)
	현대오일뱅크 K리그 챌린지	27(32)	아드리아노(대전)
15	현대오일뱅크 K리그 클래식	18(38)	김신욱(울산)
	현대오일뱅크 K리그 챌린지	26(39)	조나탄(대구)
16	현대오일뱅크 K리그 클래식	20(31)	정조국(광주)
	현대오일뱅크 K리그 챌린지	20(39)	김동찬(대전)

역대 시즌별 최다 도움 기록

연도	대회명	도움(경기수)	선수명(소속팀)
83	수퍼리그	6(15)	박창선(할렐루야)
84	축구대제전 수퍼리그	9(27)	렌스베르겐(현대)
85	축구대제전 수퍼리그	6(21)	피아퐁(럭키금성)
86	축구대제전	8(15)	강득수(럭키금성)
	프로축구선수권대회	4(12)	전영수(현대)
		4(14)	여범규(대우)
		4(16)	신동철(유공)
87	한국프로축구대회	8(30)	최상국(포항)
88	한국프로축구대회	5(15)	김종부(포항)
		5(23)	함현기(현대), 황보관(유공), 강득수(럭키금성)
89	한국프로축구대회	11(39)	이흥실(포항)
90	한국프로축구대회	7(29)	송주석(현대)
91	한국프로축구대회	8(29)	김준현(유공)
92	한국프로축구대회	8(25)	신동철(유공)
	아디다스컵	3 (6)	이기근(포항)
		3 (7)	이인재(LG)
93	한국프로축구대회	8(27)	윤상철(LG)
	아디다스컵	2 (5)	루벤(대우) 外3명
94	하이트배 코리안리그	10(21)	고정운(일화)
	아디다스컵	4 (5)	조정현(유공)
95	하이트배 코리안리그	7(26)	아미르(대우)
	아디다스컵	3 (5)	윤정환(유공)
		3 (6)	아미르(대우)
96	라피도컵 프로축구대회	14(32)	라데(포항)
	아디다스컵	3 (7)	윤정환(부천SK)
		3 (8)	윤정춘(부천SK)
97	라피도컵 프로축구대회	5(10)	이성남(수원)
		5(14)	정정수(울산)
		5(16)	신홍기(울산)
	아디다스컵	4 (8)	고종수(수원)
		4 (9)	김범수(전북), 박건하(수원), 김현석(울산)
	프로스펙스컵	5 (7)	올레그(안양LG)
98	현대컵 K-리그	9(19)	정정수(울산)
	필립모리스코리아컵	4 (8)	윤정환(부천SK)
	아디다스코리아컵	3 (9)	장철민(울산), 강준호(안양LG)
99	바이코리아컵 K-리그	8(25)	변재섭(전북)
	대한화재컵	4 (8)	서혁수(전북), 조성환(부천SK)
	아디다스컵	3 (3)	이성남(수원)
00	삼성 디지털 K-리그	10(29)	안드레(안양LG)
	대한화재컵	4 (9)	전경준(부천SK)
	아디다스컵	4(10)	최문식(전남)
		4 (3)	이성남(수원)
01	포스코 K-리그	10(23)	우르모브(부산)
	아디다스컵	5(11)	마니치(부산)
02	삼성 파브 K-리그	9(18)	이천수(울산)
		9(27)	김대의(성남일화)
	아디다스컵	4 (9)	안드레(안양LG)
		4(11)	샤샤(성남일화)
03	삼성 하우젠 K-리그	14(39)	에드밀손(전북)
04	삼성 하우젠 K-리그	6(18)	홍순학(대구)
	삼성 하우젠컵	5(11)	따바레즈(포항)
05	삼성 하우젠 K-리그	9	히칼도(서울)
	삼성 하우젠컵	5	세자르(전북), 히칼도(서울)
06	삼성 하우젠 K-리그	8(24)	슈바(대전)
	삼성 하우젠컵	5 (9)	두두(성남일화)
07	삼성 하우젠 K-리그	11(23)	따바레즈(포항)
	삼성 하우젠컵	5 (8)	이청용(서울)
08	삼성 하우젠 K-리그	6(14)	브라질리아(울산)
	삼성 하우젠컵	9 (3)	변성환(제주)
09	K-리그	12(30)	루이스(전북)
	피스컵 코리아	3 (4)	조찬호(포항), 이슬기(대구), 오장은(울산)
10	쏘나타 K리그	11(26)	구자철(제주)
	포스코컵	4 (5)	장남석(대구)
11	현대오일뱅크 K리그	15(29)	이동국(전북)
	러시앤캐시컵	4 (6)	최재수(울산)
12	현대오일뱅크 K리그	19(41)	몰리나(서울)
13	현대오일뱅크 K리그 클래식	13(35)	몰리나(서울)
	현대오일뱅크 K리그 챌린지	11(21)	염기훈(경찰)
14	현대오일뱅크 K리그 클래식	10(26)	이승기(전북)
		10(35)	레오나르도(전북)
	현대오일뱅크 K리그 챌린지	9(33)	최진호(강원)
		9(36)	권용현(수원FC)
15	현대오일뱅크 K리그 클래식	17(35)	염기훈(수원)
	현대오일뱅크 K리그 챌린지	12(39)	김재성(서울E)
16	현대오일뱅크 K리그 클래식	15(34)	염기훈(수원)
	현대오일뱅크 K리그 챌린지	10(27)	이호석(경남)

역대 득점 해트트릭 기록_ K리그 BC

번호	경기일자	선수명	소속	상대팀	경기장	대회구분	득점
1	83.08.25	김 희 철	포철	유공	동대문	정규리그	3
2	83.09.22	박 윤 기	유공	국민은	동대문	정규리그	3
3	84.07.22	정 해 원	대우	럭금	부산 구덕	정규리그	3
4	84.07.28	이 태 호	대우	한일은	동대문	정규리그	3

번호	경기일자	선수명	소속	상대팀	경기장	대회구분	득점
5	84.08.26	백종철	현대	국민은	울산 공설	정규리그	3
6	86.10.19	정해원	대우	유공	대구 시민	정규리그	3
7	86.10.22	정해원	대우	한일은	포항 종합	정규리그	3
8	87.07.27	이태호	대우	럭금	대전 한밭	정규리그	3
9	88.06.04	조긍연	포철	럭금	포항 종합	정규리그	3
10	89.05.20	조긍연	포철	대우	포항 종합	정규리그	3
11	89.10.21	조긍연	포철	현대	강릉 종합	정규리그	3
12	92.06.13	임근재	LG	대우	마산	정규리그	3
13	93.07.07	차상해	포철	대우	광양 전용	정규리그	3
14	93.08.25	윤상철	LG	유공	동대문	정규리그	3
15	93.09.28	강재순	현대	일화	동대문	정규리그	3
16	93.11.06	최문식	포철	일화	목동	리그컵	3
17	94.05.25	윤상철	LG	버팔로	동대문	리그컵	3
18	94.06.01	라데	포철	버팔로	포항 스틸야드	리그컵	3
19	94.07.23	이상윤	일화	LG	동대문	정규리그	3
20	94.07.30	라데	포철	LG	동대문	정규리그	4
21	94.08.27	김상훈	LG	대우	부산 구덕	정규리그	3
22	94.10.22	황보관	유공	버팔로	동대문	정규리그	3
23	94.11.05	라데	포철	LG	동대문	정규리그	4
24	94.11.05	윤상철	LG	포철	동대문	정규리그	3
25	95.08.30	노상래	전남	대우	광양 전용	정규리그	3
26	95.09.06	황선홍	포항	대우	부산 구덕	정규리그	3
27	96.04.07	김도훈	전북	안양LG	안양	리그컵	3
28	96.04.24	세르게이	부천SK	부산	속초	리그컵	3
29	96.06.22	조셉	부천SK	천안	목동	정규리그	3
30	96.08.18	신태용	천안	울산	보령	정규리그	3
31	96.08.22	신태용	천안	포항	포항 스틸야드	정규리그	3
32	96.08.25	조정현	부천SK	천안	목동	정규리그	3
33	96.08.25	홍명보	포항	전북	전주	정규리그	3
34	96.09.12	세르게이	부천SK	안양LG	동대문	정규리그	3
35	96.11.02	세르게이	부천SK	안양LG	목동	정규리그	3
36	97.04.12	윤정춘	부천SK	안양LG	목동	리그컵	3
37	97.04.16	이원식	부천SK	울산	목동	리그컵	3
38	97.09.27	김현석	울산	천안	울산 공설	정규리그	3
39	98.03.31	김현석	울산	대전	대전 한밭	리그컵	4
40	98.04.22	제용삼	안양LG	부산	부산 구덕	리그컵	3
41	98.05.23	김종건	울산	천안	울산 공설	리그컵	3
42	98.07.25	최진철	전북	천안	전주	정규리그	3
43	98.08.26	유상철	울산	대전	울산 공설	정규리그	3
44	98.09.26	샤샤	수원	대전	수원 종합	정규리그	3
45	99.06.23	안정환	부산	대전	속초	정규리그	3
46	99.07.28	이성재	부천SK	전북	목동	정규리그	3
47	99.08.18	고정운	포항	울산	울산 공설	정규리그	3
48	99.08.18	최용수	안양LG	전북	안양	정규리그	3
49	99.08.21	샤샤	수원	부천SK	목동	정규리그	4
50	99.08.25	김종건	울산	부산	부산 구덕	정규리그	3
51	99.10.13	샤샤	수원	대전	대전 한밭	정규리그	3
52	00.06.21	김도훈	전북	대전	대전 한밭	정규리그	3
53	00.08.19	왕정현	안양LG	전북	안양	정규리그	3
54	00.08.30	데니스	수원	대전	대전 한밭	정규리그	3
55	00.09.03	이상윤	성남일화	부천SK	목동	정규리그	3
56	00.10.11	데니스	수원	전남	광양 전용	정규리그	3
57	00.10.11	산드로C	수원	전남	광양 전용	정규리그	3
58	01.06.24	샤샤	성남일화	부천SK	부천 종합	정규리그	3
59	01.06.27	코난	포항	대전	대전 한밭	정규리그	3
60	01.07.11	샤샤	성남일화	대전	대전 한밭	정규리그	3
61	01.09.09	산드로C	수원	전북	수원 월드컵	정규리그	3
62	01.09.26	박정환	안양LG	부산	부산 구덕	정규리그	3
63	02.03.17	샤샤	성남일화	부천SK	성남 종합	리그컵	5
64	02.04.10	뚜따	안양LG	부산	부산 구덕	리그컵	3
65	02.11.17	서정원	수원	부천SK	부천 종합	정규리그	3
66	02.11.17	유상철	울산	부산	울산 문수	정규리그	4
67	03.03.26	마그노	전북	부산	전주 월드컵	정규리그	3
68	03.05.04	이동국	광주상무	부산	부산 아시아드	정규리그	3
69	03.08.06	김도훈	성남일화	부천SK	부천 종합	정규리그	3
70	03.09.03	이따마르	전남	포항	포항 스틸야드	정규리그	3
71	03.10.05	김도훈	성남일화	안양LG	성남 종합	정규리그	3
72	03.11.09	김도훈	성남일화	대구	대구 시민	정규리그	3
73	03.11.16	도도	울산	광주상무	울산 문수	정규리그	4
74	04.04.10	훼이종	대구	광주상무	대구 스타디움	정규리그	3
75	04.06.13	나드손	수원	광주상무	수원 월드컵	정규리그	3
76	04.08.04	제칼로	울산	부산	울산 문수	리그컵	3
77	04.08.21	코난	포항	서울	포항 스틸야드	리그컵	3
78	04.11.20	우성용	포항	광주상무	광주 월드컵	정규리그	3
79	05.03.06	노나또	서울	전남	광양 전용	리그컵	3
80	05.05.05	나드손	수원	대구	대구 스타디움	리그컵	3
81	05.05.15	네아가	전남	대구	광양 전용	정규리그	3
82	05.05.18	박주영	서울	광주상무	서울 월드컵	정규리그	3
83	05.05.29	산드로	대구	수원	대구 스타디움	정규리그	3
84	05.07.03	남기일	성남일화	서울	탄천 종합	정규리그	3
85	05.07.10	박주영	서울	포항	서울 월드컵	정규리그	3
86	05.08.31	김도훈	성남일화	인천	탄천 종합	정규리그	3
87	05.11.27	이천수	울산	인천	인천 월드컵	정규리그	3
88	06.09.23	오장은	대구	전북	전주 월드컵	정규리그	3
89	07.03.14	안정환	수원	대전	수원 월드컵	리그컵	3
90	07.03.21	박주영	서울	수원	서울 월드컵	리그컵	3
91	07.05.20	스테보	전북	대구	전주 월드컵	정규리그	3
92	07.09.22	데닐손	대전	대구	대전 월드컵	정규리그	3
93	08.04.27	라돈치치	인천	대구	대구 스타디움	정규리그	3
94	08.05.24	호물로	제주	광주상무	제주 월드컵	정규리그	3
95	08.07.05	데얀	서울	포항	서울 월드컵	정규리그	3
96	08.08.27	에닝요	대구	대전	대구 시민	리그컵	3
97	09.04.04	최태욱	전북	성남일화	전주 월드컵	정규리그	3
98	09.05.02	이동국	전북	제주	제주 종합	정규리그	3
99	09.07.04	이동국	전북	광주상무	광주 월드컵	정규리그	3
100	09.08.26	노병준	포항	서울	포항 스틸야드	리그컵	3
101	10.03.20	모따	포항	강원	포항 스틸야드	정규리그	3
102	10.03.28	김영후	강원	전남	강릉 종합	정규리그	3
103	10.04.18	유병수	인천	포항	인천 월드컵	정규리그	4
104	10.05.05	데얀	서울	성남일화	서울 월드컵	정규리그	3

번호	경기일자	선수명	소속	상대팀	경기장	대회구분	득점
105	10.08.14	몰 리 나	성남일화	인천	인천 월드컵	정규리그	3
106	10.08.29	한 상 운	부산	전남	부산 아시아드	정규리그	3
107	10.10.02	오르티고사	울산	대전	대전 월드컵	정규리그	3
108	10.10.09	유 병 수	인천	대전	인천 월드컵	정규리그	3
109	11.05.08	데 얀	서울	상주	상주 시민	정규리그	3
110	11.06.18	염 기 훈	수원	대구	수원 월드컵	정규리그	3
111	11.07.06	김 신 욱	울산	경남	울산 문수	리그컵	4
112	11.08.06	김 동 찬	전북	강원	강릉 종합	정규리그	3
113	11.08.21	이 동 국	전북	포항	전주 월드컵	정규리그	3
114	11.08.27	몰 리 나	서울	강원	서울 월드컵	정규리그	3
115	11.09.24	데 얀	서울	대전	서울 월드컵	정규리그	3
116	11.10.30	하 대 성	서울	경남	진주 종합	정규리그	3
117	12.03.16	이 근 호	울산	성남일화	울산 문수	스플릿일반	3
118	12.04.22	에 벨 톤	성남일화	광주	탄천 종합	스플릿일반	3
119	12.05.13	자 일	제주	강원	제주 월드컵	스플릿일반	3
120	12.06.24	이 동 국	전북	경남	전주 월드컵	스플릿일반	3
121	12.07.11	웨 슬 리	강원	대전	대전 월드컵	스플릿일반	3
122	12.07.21	서 동 현	제주	전남	제주 월드컵	스플릿일반	3
123	12.08.04	까 이 끼	경남	대구	창원 축구센터	스플릿일반	3
124	12.08.22	김 신 욱	울산	상주	상주 시민	스플릿일반	3
125	12.10.07	지 쿠	강원	대전	대전 월드컵	스플릿B	3
126	12.10.07	케 빈	대전	강원	대전 월드컵	스플릿B	3
127	12.11.29	조 찬 호	포항	서울	포항 스틸야드	스플릿A	3

※ 단일 라운드 2회 해트트릭:
조정현(부천SK), 홍명보(포항): 부천SK vs 천안 / 전북 vs 포항 96.08.25
유상철(울산), 서정원(수원): 울산 vs 부산 / 부천SK vs 수원 02.11.17

※ 단일 경기 양 팀 선수 동시 해트트릭:
윤상철(LG), 라데(포철): LG vs 포철 94.11.05
케빈(대전), 지쿠(강원): 대전 vs 강원 12.10.07

※ 단일 경기 한 팀 선수 동시 해트트릭:
데니스(수원), 산드로C(수원): 전남 vs 수원 00.10.11

※ 단일 경기 한 팀 선수 득점 - 도움 해트트릭
박주영(서울 / 득점), 히칼도(서울 / 도움): 서울 vs 포항 05.07.10

※ 단일 경기 한 선수 득점 - 도움 해트트릭
몰리나(서울): 서울 vs 강원 11.08.27

※ 한 시즌 개인 최다 해트트릭(3회):
라데(포항,1994), 세르게이(부천SK,1996), 김도훈(성남일화,2003)

역대 득점 해트트릭 기록_ K리그 클래식

번호	경기일자	선수명	소속	상대팀	경기장	대회구분	득점
1	13.04.20	정 대 세	수원	대전	대전 월드컵	스플릿일반	3
2	13.05.26	페 드 로	제주	서울	제주 월드컵	스플릿일반	3
3	13.07.06	페 드 로	제주	경남	창원 축구센터	스플릿일반	3
4	13.07.31	조 찬 호	포항	강원	포항 스틸야드	스플릿일반	3
5	13.08.03	임 상 협	부산	경남	부산 아시아드	스플릿일반	3
6	13.10.30	김 형 범	경남	전남	창원 축구센터	스플릿B	3
7	13.11.20	데 얀	서울	전북	서울 월드컵	스플릿A	3
8	13.11.30	김 동 기	강원	제주	강릉 종합	스플릿B	3
9	14.09.06	박 수 창	제주	전남	제주 월드컵	스플릿일반	4
10	15.04.04	김 두 현	성남일화	대전	대전 월드컵	스플릿일반	3
11	15.09.09	로 페 즈	제주	대전	대전 월드컵	스플릿일반	3
12	15.10.04	산 토 스	수원	광주	광주 월드컵	스플릿일반	3
13	15.10.25	코 바	울산	전남	광양 전용	스플릿B	3
14	15.11.07	윤 주 태	서울	수원	서울 월드컵	스플릿A	4
15	16.10.29	로 페 즈	전북	전남	순천 팔마	스플릿A	3

※ 단일 경기 한 팀 선수 득점 - 도움 해트트릭:
산토스(수원/득점), 염기훈(수원/도움): 광주 vs 수원 15.10.04

역대 득점 해트트릭 기록_ K리그 챌린지

번호	경기일자	선수명	소속	상대팀	경기장	대회구분	득점
1	13.09.29	정 성 민	충주	부천	부천 종합	일반	3
2	14.03.29	이 재 권	안산	대구	안산 와스타디움	일반	3
3	14.05.14	최 진 호	강원	고양	고양 종합	일반	3
4	14.05.25	최 진 호	강원	충주	춘천 송암	일반	3
5	14.06.15	조 엘 손	강원	안산	강릉 종합	일반	3
6	14.07.13	아드리아노	대전	안양	대전 월드컵	일반	3
7	14.09.17	최 진 호	강원	대구	춘천 송암	일반	3
8	14.11.02	조 나 탄	대구	강원	대구 스타디움	일반	4
9	15.06.03	이 정 협	상주	경남	상주 시민	일반	3
10	15.06.03	주 민 규	서울E	부천	부천 종합	일반	3
11	15.09.23	조 나 탄	대구	상주	대구 스타디움	일반	3
12	15.10.03	타라바이	서울E	안양	안양 종합	일반	3
13	15.11.22	조 석 재	충주	고양	고양 종합	일반	3
14	16.07.31	정 성 민	안산	대구	안산 와스타디움	일반	3
15	16.08.13	고 경 민	부산	안산	부산 아시아드	일반	3
16	16.09.07	크리스찬	경남	고양	창원축구센터	일반	4
17	16.10.15	하 파 엘	충주	안산	충주 종합	일반	4

※ 한 시즌 개인 최다 해트트릭(3회): 최진호(강원, 2014)

역대 도움 해트트릭 기록_ K리그 BC

번호	경기일자	선수명	소속	상대팀	경기장	대회구분	도움
1	83.07.02	김 창 호	유공	포철	대전 한밭	정규리그	3
2	84.06.17	노 인 호	현대	할렐루야	전주	정규리그	3
3	84.11.03	김 한 봉	현대	국민은행	동대문	정규리그	3
4	86.10.12	강 득 수	럭금	포철	안동	정규리그	3
5	91.05.11	강 득 수	현대	LG	울산 공설	정규리그	3
6	91.09.11	이 영 진	LG	일화	동대문	정규리그	3
7	93.09.28	김 종 건	현대	일화	동대문	정규리그	3
8	93.10.16	김 용 갑	일화	포철	동대문	정규리그	3
9	96.06.19	신 홍 기	울산	전남	울산 공설	정규리그	3
10	97.08.13	올 레 그	안양LG	전북	안양	리그컵	3
11	97.08.23	샤 샤	부산	포항	포항 스틸야드	정규리그	3
12	98.08.26	정 정 수	울산	대전	울산 공설	정규리그	3
13	00.10.15	데 니 스	수원	포항	동대문	리그컵	3
14	01.06.27	박 태 하	포항	대전	대전 한밭	정규리그	3
15	02.11.17	이 천 수	울산	부산	울산 문수	정규리그	3
16	03.03.26	에드밀손	전북	부산	전주 월드컵	정규리그	3
17	03.05.11	김 도 훈	성남일화	안양LG	안양	정규리그	3
18	03.09.03	마 리 우	안양LG	부천SK	부천 종합	정규리그	3
19	05.05.05	세 자 르	전북	서울	전주 월드컵	리그컵	3
20	05.07.10	히 칼 도	서울	포항	서울 월드컵	정규리그	3

번호	경기일자	선수명	소속	상대팀	경기장	대회구분	도움
21	05.08.28	김도훈	성남일화	전북	전주 월드컵	정규리그	3
22	06.03.25	최원권	서울	제주	제주 월드컵	정규리그	3
23	07.04.04	이현승	전북	포항	전주 월드컵	리그컵	3
24	08.07.19	이근호	대구	부산	부산 아시아드	정규리그	3
25	09.03.07	이청용	서울	전남	광양 전용	정규리그	3
26	09.07.22	오장은	울산	제주	울산 문수	리그컵	3
27	10.04.04	데 안	서울	수원	서울 월드컵	정규리그	3
28	10.09.10	김영후	강원	전북	전주 월드컵	정규리그	3
29	11.04.16	이동국	전북	광주	전주 월드컵	정규리그	3
30	11.06.18	모 따	포항	상주	포항 스틸야드	정규리그	3
31	11.08.27	몰리나	서울	강원	서울 월드컵	정규리그	3
32	12.06.23	이승기	광주	전남	광주 월드컵	스플릿일반	3

※ 단일 경기 한 선수 득점 - 도움 해트트릭
몰리나(서울): 서울 vs 강원 11.08.27

역대 도움 해트트릭 기록_ K리그 클래식

번호	경기일자	선수명	소속	상대팀	경기장	대회구분	도움
1	13.04.20	홍 철	수원	대전	대전 월드컵	스플릿일반	3
2	15.06.17	홍 철	수원	제주	제주 월드컵	스플릿일반	3
3	15.10.04	염기훈	수원	광주	광주 월드컵	스플릿일반	3
4	16.07.31	염기훈	수원	제주	수원 월드컵	스플릿일반	3
5	16.10.29	레오나르도	전북	전남	순천 팔마	스플릿A	3

※ 단일 경기 한 팀 선수 득점 - 도움 해트트릭:
산토스(수원/득점), 염기훈(수원/도움): 광주 vs 수원 15.10.04

역대 득점 해트트릭 기록_ K리그 챌린지

번호	경기일자	선수명	소속	상대팀	경기장	대회구분	도움
1	13.06.06	유수현	수원FC	경찰	수원종합	일반	3
2	13.09.08	알렉스	고양	광주	고양종합	일반	3
3	15.11.11	자 파	수원FC	상주	상주시민	일반	3
4	16.09.07	이호석	경남	고양	창원축구센터	일반	4

역대 자책골 기록_ K리그 BC

경기일자	선수명	소속	상대팀	경기구분			시간
83.06.25	강 신 우	대우	유공	원정	정규리그	전기	후반 44
83.09.10	김 형 남	포철	유공	원정	정규리그	후기	후반 10
84.05.12	김 광 훈	럭금	대우	원정	정규리그	전기	후반 16
84.06.28	김 경 식	한일	럭금	홈	정규리그	전기	후반 30
84.06.28	문 영 서	할렐	대우	원정	정규리그	전기	후반 40
84.06.30	주 영 만	국민	럭금	홈	정규리그	전기	후반 29
84.08.17	김 경 식	한일	현대	홈	정규리그	후기	전반 19
84.11.04	정 태 영	럭금	대우	원정	정규리그	후기	후반 08
85.07.02	이 돈 철	현대	럭금	원정	정규리그	일반	후반 44
86.03.23	김 흥 권	현대	유공	홈	정규리그	전기	전반 34
86.07.06	박 경 훈	포철	현대	홈	리그컵	일반	전반 41
86.09.11	손 형 선	대우	현대	홈	리그컵	일반	후반 04
86.09.14	이 재 희	대우	럭금	원정	리그컵	일반	전반 38
86.10.26	박 연 혁	유공	현대	원정	정규리그	후기	전반 13
87.04.11	조 영 증	럭금	대우	원정	정규리그	일반	전반 15
87.08.17	김 문 경	현대	포철	원정	정규리그	일반	전반 40
87.09.20	남 기 영	포철	현대	원정	정규리그	일반	후반 13
88.04.02	강 태 식	포철	럭금	홈	정규리그	일반	후반 45
88.07.10	정 종 수	유공	포철	홈	정규리그	일반	전반 17
89.04.16	이 화 열	포철	럭금	원정	정규리그	일반	후반 23
89.10.25	공 문 배	포철	유공	홈	정규리그	일반	전반 31
90.04.08	이 영 진	럭금	현대	원정	정규리그	일반	후반 18
90.04.22	안 익 수	일화	유공	원정	정규리그	일반	후반 23
91.05.04	하 성 준	일화	유공	원정	정규리그	일반	후반 39
91.06.22	최 윤 겸	유공	현대	홈	정규리그	일반	전반 45
91.09.07	박 현 용	대우	LG	원정	정규리그	일반	후반 33
91.09.14	권 형 정	포철	현대	원정	정규리그	일반	전반 14
92.09.30	이 재 일	현대	포철	원정	리그컵	일반	전반 35
92.11.07	조 민 국	LG	현대	원정	정규리그	일반	후반 10
93.05.08	김 삼 수	LG	현대	홈	정규리그	일반	전반 30
93.07.07	차 석 준	유공	일화	원정	정규리그	일반	후반 40
93.08.14	알 미 르	대우	LG	홈	정규리그	일반	후반 26
94.05.21	유 동 관	포철	LG	홈	리그컵	일반	전반 21
94.08.13	조 덕 제	대우	일화	원정	정규리그	일반	후반 27
94.08.27	정 인 호	유공	현대	홈	정규리그	일반	후반 43
94.09.10	최 영 희	대우	일화	홈	정규리그	일반	후반 27
94.09.24	김 판 근	LG	현대	홈	정규리그	일반	후반 26
94.11.09	이 종 화	일화	유공	홈	정규리그	일반	전반 09
95.03.25	손 종 찬	유공	LG	홈	리그컵	일반	전반 38
95.06.21	김 경 래	전북	포항	홈	정규리그	전기	전반 07
95.08.30	이 영 진	일화	전북	홈	정규리그	후기	전반 26
95.08.30	정 인 호	유공	포항	원정	정규리그	후기	후반 22
96.04.18	신 성 환	수원	부천SK	홈	리그컵	일반	후반 31
96.05.12	박 광 현	천안	포항	홈	정규리그	전기	전반 40
96.05.15	정 영 호	전남	안양LG	원정	정규리그	전기	후반 36
96.06.29	하 상 수	부산	부천SK	홈	정규리그	전기	전반 44
96.07.06	이 민 성	부산	전남	홈	정규리그	전기	후반 28
97.04.12	김 주 성	부산	수원	원정	리그컵	일반	후반 16
97.05.10	신 성 환	수원	울산	원정	정규리그	일반	전반 45
97.07.12	최 영 일	부산	포항	홈	정규리그	일반	후반 38
97.07.13	무 탐 바	안양LG	천안	홈	정규리그	일반	후반 38
97.07.23	마 시 엘	전남	안양LG	홈	리그컵	A조	후반 21
97.09.24	김 현 수	전남	울산	원정	리그컵	A조	후반 43
98.06.06	김 봉 현	전북	부천SK	홈	리그컵	일반	전반 30
98.07.25	김 태 영	전남	안양LG	홈	정규리그	일반	전반 43
98.08.01	신 성 환	수원	천안	원정	정규리그	일반	전반 03
98.08.19	김 재 형	부산	안양LG	홈	정규리그	일반	전반 21
98.08.29	무 탐 바	안양LG	전북	원정	정규리그	일반	후반 43
98.09.23	이 영 상	포항	부천SK	홈	정규리그	일반	후반 47
98.10.14	보 리 스	부천SK	수원	홈	정규리그	일반	전반 19
99.06.27	유 동 우	대전	수원	홈	정규리그	일반	후반 13
99.07.03	호제리오	전북	울산	원정	정규리그	일반	후반 25
99.07.07	이 임 생	부천SK	전남	홈	정규리그	일반	전반 35
99.07.17	김 학 철	안양LG	전남	원정	정규리그	일반	후반 14
99.07.28	장 민 석	전북	부천SK	원정	정규리그	일반	전반 36
99.08.18	이 경 춘	전북	안양LG	원정	정규리그	일반	후반 15

경기일자	선수명	소속	상대팀	경기구분			시간
99.08.25	이 기 형	수원	포항	홈	정규리그	일반	전반 29
99.10.09	김 영 철	천안	대전	홈	정규리그	일반	연(후) 01
99.10.31	손 현 준	부산	수원	원정	정규리그	PO	후반 36
00.03.19	이 창 엽	대전	부산	홈	리그컵	B조	후반 05
00.05.17	이 정 효	부산	포항	홈	정규리그	일반	후반 33
00.10.01	호제리오	전북	포항	중립	정규리그	일반	전반 29
00.10.07	최 진 철	전북	성남일화	홈	정규리그	일반	전반 13
01.05.05	졸 리	수원	전북	홈	리그컵	4강전	후반 08
01.08.01	이 창 원	전남	부천SK	홈	정규리그	일반	후반 16
01.09.08	박 종 문	전남	울산	원정	정규리그	일반	후반 24
01.09.26	이 싸 빅	포항	울산	원정	정규리그	일반	후반 52
02.04.06	이 임 생	부천SK	전북	원정	리그컵	A조	전반 33
02.04.27	윤 희 준	부산	울산	원정	리그컵	B조	전반 28
02.07.28	김 현 수	성남일화	수원	원정	정규리그	일반	후반 16
02.08.28	심 재 원	부산	전북	홈	정규리그	일반	전반 38
02.11.06	왕 정 현	안양LG	대전	원정	정규리그	일반	후반 13
03.04.30	윤 원 철	부천SK	대구	홈	정규리그	일반	전반 08
03.05.21	김 치 곤	안양LG	광주상무	원정	정규리그	일반	전반 03
03.05.21	박 준 홍	광주상무	안양LG	홈	정규리그	일반	후반 32
03.09.07	조 병 국	수원	부산	원정	정규리그	일반	전반 42
03.09.24	보 리 스	부천SK	안양LG	원정	정규리그	일반	전반 26
03.09.24	유 경 렬	울산	성남일화	홈	정규리그	일반	전반 42
03.10.05	김 치 곤	안양LG	성남일화	원정	정규리그	일반	후반 02
03.11.09	이 응 제	전북	부산	원정	정규리그	일반	후반 22
04.04.10	곽 희 주	수원	전북	원정	정규리그	전기	전반 24
04.04.17	쏘 우 자	서울	부천SK	원정	정규리그	전기	전반 13
04.04.17	이 싸 빅	성남일화	인천	원정	정규리그	전기	후반 10
04.04.24	조 병 국	수원	성남일화	원정	정규리그	전기	전반 34
04.05.08	이 싸 빅	성남일화	포항	홈	정규리그	전기	전반 20
04.07.11	성 한 수	전남	전북	원정	리그컵	일반	전반 27
04.07.18	한 정 국	대전	부산	홈	리그컵	일반	전반 22
04.07.25	김 현 수	전북	성남일화	원정	리그컵	일반	전반 25
04.09.11	강 용	포항	서울	홈	정규리그	후기	전반 06
05.04.13	윤 희 준	부산	부천SK	원정	리그컵	일반	전반 45
05.05.01	산 토 스	포항	부산	원정	리그컵	일반	전반 10
05.05.05	이 상 호	부천SK	포항	원정	리그컵	일반	전반 08
05.05.08	김 한 윤	부천SK	전남	홈	리그컵	일반	전반 38
05.08.31	유 경 렬	울산	부천SK	홈	정규리그	후기	후반 14
05.09.04	이 창 원	전남	부천SK	홈	정규리그	후기	전반 47
05.10.16	마 토	수원	전북	홈	정규리그	후기	후반 00
05.10.30	박 재 홍	전남	전북	원정	정규리그	후기	후반 35
05.11.09	장 경 진	인천	광주상무	홈	정규리그	후기	후반 18
06.04.01	박 규 선	울산	수원	홈	정규리그	전기	후반 34
06.05.10	김 광 석	광주상무	대구	원정	정규리그	전기	전반 45
06.05.10	전 광 환	전북	수원	원정	정규리그	전기	후반 37
06.05.27	마 토	수원	인천	원정	리그컵	일반	후반 42
06.07.26	김 윤 식	포항	울산	홈	리그컵	일반	전반 21
06.08.30	이 장 관	부산	대구	홈	정규리그	후기	후반 11
06.09.09	김 영 선	전북	인천	홈	정규리그	후기	후반 08
06.09.23	이 동 원	전남	부산	홈	정규리그	후기	후반 01

경기일자	선수명	소속	상대팀	경기구분			시간
06.09.30	이 민 성	서울	대구	원정	정규리그	후기	전반 16
06.09.30	조 성 환	포항	인천	원정	정규리그	후기	후반 18
06.10.04	유 경 렬	울산	서울	원정	정규리그	후기	전반 18
07.03.10	니 콜 라	제주	성남일화	홈	정규리그	일반	후반 07
07.05.05	김 진 규	전남	포항	홈	정규리그	일반	전반 36
07.05.05	김 동 규	광주상무	수원	홈	정규리그	일반	전반 42
07.08.15	이 준 기	전남	인천	원정	정규리그	일반	후반 40
07.08.18	심 재 원	부산	포항	홈	정규리그	일반	후반 30
07.08.29	김 성 근	포항	서울	원정	정규리그	일반	전반 12
07.08.29	황 재 원	포항	서울	원정	정규리그	일반	전반 22
07.09.01	조 네 스	포항	대구	원정	정규리그	일반	전반 21
07.09.02	배 효 성	부산	전북	원정	정규리그	일반	후반 40
08.04.16	김 영 철	성남일화	전북	원정	리그컵	B조	전반 05
08.05.03	김 영 철	성남일화	포항	홈	정규리그	일반	후반 26
08.05.25	이 상 일	전남	대구	홈	정규리그	일반	전반 45
08.06.25	김 주 환	대구	성남일화	원정	리그컵	B조	전반 23
08.06.25	아 디	서울	경남	홈	리그컵	A조	전반 43
08.07.02	강 민 수	전북	울산	원정	리그컵	B조	전반 02
08.07.12	진 경 선	대구	경남	홈	정규리그	일반	전반 38
08.08.23	강 선 규	대전	전남	홈	정규리그	일반	후반 42
08.08.24	김 명 중	광주상무	부산	홈	정규리그	일반	전반 32
08.09.13	현 영 민	울산	수원	홈	정규리그	일반	후반 07
08.09.20	안 현 식	인천	대구	홈	정규리그	일반	전반 15
08.10.25	알렉산더	전북	인천	홈	정규리그	일반	후반 28
08.11.01	김 민 오	울산	경남	원정	정규리그	일반	후반 25
08.11.02	송 한 복	광주상무	인천	홈	정규리그	일반	전반 43
08.11.09	김 태 영	부산	울산	원정	정규리그	일반	전반 17
09.05.09	김 정 겸	포항	제주	홈	정규리그	일반	후반 07
09.05.27	김 상 식	전북	제주	원정	리그컵	B조	후반 05
09.05.27	김 형 호	전남	강원	원정	리그컵	A조	후반 07
09.06.21	챠 디	인천	포항	홈	정규리그	일반	전반 47
09.07.12	김 한 섭	대전	강원	홈	정규리그	일반	전반 02
09.07.12	김 주 영	경남	성남일화	원정	정규리그	일반	후반 12
09.09.06	김 승 현	전남	경남	원정	정규리그	일반	전반 38
09.09.06	이 원 재	울산	부산	홈	정규리그	일반	후반 47
09.09.20	이 강 진	부산	전북	원정	정규리그	일반	전반 01
09.10.02	곽 태 휘	전남	전북	원정	정규리그	일반	후반 27
09.10.24	황 선 필	광주상무	포항	홈	정규리그	일반	후반 25
09.11.01	이 범 영	부산	인천	홈	정규리그	일반	전반 48
10.03.06	이 요 한	전북	제주	원정	정규리그	일반	전반 07
10.04.11	안 현 식	인천	부산	원정	정규리그	일반	후반 32
10.04.18	김 인 호	제주	수원	홈	정규리그	일반	후반 39
10.07.28	김 진 규	서울	수원	홈	리그컵	PO	후반 17
10.07.28	심 우 연	전북	경남	홈	리그컵	PO	후반 36
10.08.07	안 재 준	인천	수원	홈	정규리그	일반	전반 37
10.08.15	양 승 원	대구	포항	홈	정규리그	일반	후반 48
10.08.22	신 광 훈	포항	인천	홈	정규리그	일반	후반 24
10.08.28	김 진 규	서울	수원	원정	정규리그	일반	전반 03
10.09.01	김 형 일	포항	서울	홈	정규리그	일반	후반 46
10.09.04	안 현 식	인천	부산	홈	정규리그	일반	후반 27

경기일자	선수명	소속	상대팀	경기구분			시간
10.09.04	모따	수원	강원	원정	정규리그	일반	후반 46
10.10.30	유지노	전남	전북	원정	정규리그	일반	전반 10
10.11.03	김종수	경남	포항	원정	정규리그	일반	전반 11
11.03.12	황재훈	대전	서울	홈	정규리그	일반	전반 34
11.03.16	강민수	울산	부산	홈	리그컵	B조	후반 18
11.03.20	백종환	강원	제주	원정	정규리그	일반	후반 22
11.04.24	이용기	경남	수원	원정	정규리그	일반	후반 20
11.04.24	김성환	성남일화	제주	원정	정규리그	일반	후반 29
11.04.30	이용기	경남	성남일화	홈	정규리그	일반	전반 12
11.05.08	박용호	서울	상주	원정	정규리그	일반	전반 18
11.05.21	김한윤	부산	수원	원정	정규리그	일반	후반 19
11.05.21	김인한	경남	상주	홈	정규리그	일반	후반 36
11.06.11	이정호	부산	강원	원정	정규리그	일반	전반 41
11.06.11	윤시호	대구	대전	홈	정규리그	일반	후반 12
11.06.18	김인호	제주	전북	원정	정규리그	일반	후반 37
11.07.09	유경렬	대구	부산	홈	정규리그	일반	후반 15
11.07.10	사사	성남일화	인천	홈	정규리그	일반	후반 01
11.07.10	배효성	인천	성남일화	원정	정규리그	일반	후반 11:
11.07.16	김수범	광주	전북	홈	정규리그	일반	후반 17
11.07.24	정호정	성남일화	전북	원정	정규리그	일반	전반 15
11.08.06	이동원	부산	포항	원정	정규리그	일반	전반 15
12.03.10	김창수	부산	제주	홈	정규리그	스일반	후반 13
12.04.11	김기희	대구	경남	홈	정규리그	스일반	전반 45
12.05.13	유종현	광주	수원	원정	정규리그	스일반	후반 17
12.05.13	황순민	대구	부산	원정	정규리그	스일반	후반 48
12.06.17	송진형	제주	수원	원정	정규리그	스일반	전반 24
12.06.24	고슬기	울산	서울	원정	정규리그	스일반	전반 39
12.06.30	한그루	대전	부산	원정	정규리그	스일반	전반 03
12.07.01	양상민	수원	포항	원정	정규리그	스일반	전반 09
12.10.06	에델	부산	수원	홈	정규리그	스A	전반 33
12.10.27	마르케스	제주	부산	홈	정규리그	스A	전반 45
12.11.18	마다스치	제주	부산	원정	정규리그	스A	후반 30
12.11.21	이명주	포항	부산	원정	정규리그	스A	전반 05

역대 자책골 기록_ K리그 클래식

경기일자	선수명	소속	상대팀	경기구분		시간
13.03.09	박진포	성남	제주	원정	스플릿일반	전반 43
13.04.06	보스나	수원	대구	홈	스플릿일반	전반 43
13.04.07	윤영선	성남	부산	원정	스플릿일반	후반 26
13.04.13	이윤표	인천	대구	원정	스플릿일반	후반 28
13.04.28	아디	서울	강원	원정	스플릿일반	전반 38
13.05.18	신광훈	포항	울산	홈	스플릿일반	전반 24
13.06.23	이강진	대전	경남	원정	스플릿일반	전반 02
13.07.03	이웅희	대전	수원	원정	스플릿일반	전반 24
13.07.03	최은성	전북	성남	홈	스플릿일반	후반 34
13.09.01	최우재	강원	울산	롬	스플릿일반	전반 32
13.09.28	윤영선	성남	경남	원정	스플릿B	전반 29
13.10.05	곽광선	수원	포항	원정	스플릿A	전반 00
13.10.09	이용	제주	강원	홈	스플릿B	후반 24
13.10.20	황도연	제주	대전	홈	스플릿B	후반 34
13.11.10	김평래	성남	제주	원정	스플릿B	전반 19
14.03.09	이용	제주	수원	홈	스플릿일반	후반 24
14.03.16	이용	제주	전남	원정	스플릿일반	후반 17
14.03.16	우주성	경남	울산	원정	스플릿일반	후반 25
14.03.29	최철순	상주	포항	원정	스플릿일반	전반 37
14.04.26	알렉스	제주	부산	홈	스플릿일반	전반 12
14.04.26	스레텐	경남	전북	원정	스플릿일반	전반 28
14.05.04	이경렬	부산	경남	홈	스플릿일반	후반 23
14.05.10	이근호	상주	수원	홈	스플릿일반	후반 49
14.09.10	김근환	울산	수원	원정	스플릿일반	전반 28
14.11.01	이재원	울산	수원	홈	스플릿A	후반 11
15.03.07	정준연	광주	인천	원정	스플릿일반	후반 46
15.03.21	제종현	광주	부산	원정	스플릿일반	전반 23
15.04.05	정준연	광주	울산	원정	스플릿일반	전반 15
15.04.12	김기희	전북	광주	원정	스플릿일반	후반 45
15.05.16	김동철	전남	서울	원정	스플릿일반	전반 31
15.05.17	요니치	인천	부산	원정	스플릿일반	전반 12
15.06.03	양준아	제주	성남	홈	스플릿일반	전반 31
15.06.07	양상민	수원	광주	홈	스플릿일반	후반 33
15.07.08	오반석	제주	포항	원정	스플릿일반	후반 24
15.07.11	강준우	제주	전북	홈	스플릿일반	후반 45
15.08.12	유지훈	부산	전북	원정	스플릿일반	후반 40
15.09.12	김태윤	성남	포항	원정	스플릿일반	후반 30
15.03.07	김대중	인천	광주	홈	스플릿일반	전반 32
16.05.07	블라단	수원FC	제주	홈	스플릿일반	전반 32
16.05.21	이웅희	상주	성남	홈	스플릿일반	후반 12
16/5/29	오스마르	서울	전남	홈	스플릿일반	전반 10
16.06.15	김용대	울산	전남	원정	스플릿일반	전반 03
16.06.15	황의조	성남	포항	원정	스플릿일반	전반 12
16.06.15	민상기	수원	전북	원정	스플릿일반	전반 37
16.06.15	홍준호	광주	서울	원정	스플릿일반	후반 10
16.06.18	백동규	제주	포항	홈	스플릿일반	후반 49
16.06.29	유상훈	서울	성남	홈	스플릿일반	후반 08
16.07.02	정동호	울산	수원	홈	스플릿일반	전반 10
16.07.16	김보경	전북	제주	원정	스플릿일반	후반 18
16.07.17	김태수	인천	서울	홈	스플릿일반	전반 26
16.08.17	박준혁	성남	광주	홈	스플릿일반	후반 08
16.09.10	신광훈	포항	수원FC	홈	스플릿일반	후반 41
16.10.02	김용대	울산	인천	홈	스플릿일반	전반 03
16.10.02	임하람	수원FC	수원	원정	스플릿일반	전반 45
16.11.02	요니치	인천	수원	원정	스플릿B	전반 05
16.11.02	연제운	성남	수원FC	홈	스플릿B	후반 37
16.11.06	최효진	전남	울산	홈	스플릿A	전반 22

역대 자책골 기록_ K리그 챌린지

경기일자	선수명	소속	상대팀	경기구분		시간
13.05.12	방대종	상주	부천	원정	일반	후반 09
13.05.13	백성우	안양	광주	원정	일반	후반 47
13.07.06	김동우	경찰	수원FC	원정	일반	후반 12
13.07.13	윤성우	고양	경찰	홈	일반	전반 16

경기일자	선수명	소속	상대팀	경기구분		시간
13.07.13	김 태 준	고양	경찰	홈	일반	전반 40
13.08.25	유 현	경찰	상주	원정	일반	후반 31
13.09.09	가 솔 현	안양	경찰	홈	일반	후반 36
13.11.30	송 승 주	경찰	안양	원정	일반	후반 38
14.04.27	양 상 민	안산	광주	원정	일반	전반 27
14.05.24	이 준 희	대구	안양	원정	일반	전반 42
14.06.21	장 원 석	대전	대구	원정	일반	전반 40
14.07.05	임 선 영	광주	고양	원정	일반	후반 23
14.07.26	허 재 원	대구	안양	홈	일반	전반 39
14.11.01	마 철 준	광주	안산	원정	일반	후반 17
15.05.16	노 형 구	충주	서울E	원정	일반	후반 08
15.08.02	진 창 수	고양	상주	홈	일반	전반 20
15.09.13	김 재 웅	수원FC	안양	원정	일반	후반 29
15.10.11	서 명 식	강원	부천	원정	일반	후반 22
15.10.26	배 일 환	상주	고양	홈	일반	후반 32
15.11.01	김 원 균	강원	고양	원정	일반	후반 14
16.04.09	김 영 남	부천	서울E	홈	일반	전반 24
16.05.05	박 주 원	대전	안양	원정	일반	후반 16
16.06.08	윤 성 열	서울E	충주	원정	일반	전반 18
16.08.20	안 현 식	강원	부천	홈	일반	전반 44
16.10.30	지 구 민	고양	부천	원정	일반	후반 29

역대 자책골 기록_ K리그 승강 플레이오프

경기일자	선수명	소속	상대팀	경기구분		시간
14.12.03	스 레 텐	경남	광주	원정	승강 플레이오프	후반 40
15.11.25	김 영 광	서울E	수원FC	원정	승강 플레이오프	후반 10

역대 한 시즌 득점 · 도움 10-10 기록

선수명	구단	출장-득점-도움	연도	기록달성	비고
라 데	포항	39 - 13 - 16	1996	28경기째	BC
비탈리	수원	36 - 10 - 10	1999	35경기째	BC
최용수	안양	34 - 14 - 10	2000	33경기째	BC
김대의	성남일	38 - 17 - 12	2002	26경기째	BC
에드밀손	전북	39 - 17 - 14	2003	32경기째	BC
김도훈	성남일	40 - 28 - 13	2003	37경기째	BC
에닝요	전북	28 - 10 - 12	2009	28경기째	BC
데 얀	서울	35 - 19 - 10	2010	28경기째(10.09)	BC
김은중	제주	34 - 17 - 11	2010	32경기째(10.31)	BC
루시오	경남	32 - 15 - 10	2010	31경기째(11.07)	BC
에닝요	전북	33 - 18 - 10	2010	31경기째(11.20)	2년연속/BC
이동국	전북	29 - 16 - 15	2011	20경기째(08.06)	BC
몰리나	서울	29 - 10 - 12	2011	27경기째(10.23)	BC
몰리나	서울	41 - 19 - 10	2012	22경기째(07.28)	2년연속/BC
에닝요	전북	38 - 15 - 13	2012	26경기째(08.23)	BC
산토스	제주	35 - 14 - 11	2012	31경기째(11.18)	BC
루시오	광주	32 - 13 - 10	2013	32경기째(11.10)	챌린지
로페즈	제주	33 - 11 - 11	2015	30경기째(10.04)	클래식

역대 대회별 전 경기, 전 시간 출장자

연도	시즌	경기수	전 경기 전 시간	전 경기
83	수퍼리그	16	최기봉, 이강조(이상 유공), 유태목(대우), 김성부(포철)	최종덕,홍성호,박상인,오석재, 이강석(이상 할렐루야), 김용세(유공), 이춘석(대우), 최상국(포항제철)
84	축구대제전 수퍼리그	28	최기봉, 오연교(이상 유공), 김평석(현대), 조병득(할렐루야), 박창선(대우)	신문선, 김용세(이상 유공), 조영증(럭키금성), 백종철(현대), 박상인(할렐루야), 이재희(대우)
85	축구대제전 수퍼리그	21	최강희, 김문경(이상 현대), 전차식(포항제철), 김현태, 강득수(이상 럭키금성), 김풍주(대우)	한문배, 이상래, 피아퐁(이상 럭키금성), 신문선(유공), 김영세(유공) 박상인(할렐루야), 신제경(상무), 김대흠(상
			최영희(한일은행), 황정현(할렐루야)	무), 최태진(대우), 조성규(한일은행), 이흥실(포항제철)
86	축구대제전	20	박노봉(대우)	민진홍(유공), 함현기(현대), 윤성효(한일은행)
	프로축구선수권대회	16	최기봉(유공)	민진홍,신동철(이상 유공), 권오손, 구상범, 박항서, 이상래(이상 럭키금성)
87	한국프로축구대회	32	최기봉(유공)	
88	한국프로축구대회	24	이문영(유공)	이광종(유공), 김문경(현대)
89	한국프로축구대회	40	임종헌(일화), 강재순(현대)	
90	한국프로축구대회	30		윤상철(럭키금성)
91	한국프로축구대회	40		고정운(일화)
92	한국프로축구대회	30	사리체프(일화), 정종선(현대)	신홍기(현대), 임근재(LG)
	아디다스컵	10	사리체프(일화), 정용환(대우)	
93	한국프로축구대회	30	사리체프(일화), 최영일(현대)	이광종(유공)
	아디다스컵	5	사리체프(일화)	
94	하이트배 코리안리그	30	사리체프(일화), 이명열(포항제철)	
	아디다스컵	6	사리체프(일화) 外 다수	
95	하이트배 코리안리그	28	사샤(유공)	
	아디다스컵	7	사샤(유공) 外 다수	
96	라피도컵 프로축구대회	32		라데(포항)

연도	시즌	경기수	전 경기 전 시간	전 경기
	아디다스컵	8	공문배(포항) 外 다수	박태하(포항) 外 다수
97	라피도컵 프로축구대회	18	김봉현(전북), 최은성(대전)	황연석(천안)
	아디다스컵	9	아보라(천안) 外 다수	정성천(대전) 外 다수
	프로스펙스컵	11	김이섭(포항)	
98	현대컵 K-리그	22	김병지(울산)	이문석(울산) 外 다수
	필립모리스코리아컵	9	박태하(포항) 外 다수	무탐바(안양LG) 外 다수
	아디다스코리아컵	11	김상훈(울산) 外 다수	김기동(부천SK) 外 다수
99	바이코리아컵 K-리그	32~27	이용발(부천SK)	이원식(부천SK), 김정혁(전남), 김현석(울산), 황승주(울산)
	대한화재컵	8~11	김봉현(전북) 外 다수	김기동(부천SK) 外 다수
	아디다스컵	1~4	곽경근(부천SK) 外 다수	공오균(대전) 外 다수
00	삼성 디지털 K-리그	32~27	이용발(부천SK), 조성환(부천SK)	박남열(성남일화), 신홍기(수원), 안드레(안양LG), 세자르(전남), 김종천(포항)
	대한화재컵	8~11	이용발(부천SK), 조성환(부천SK) 外 다수	신의손(안양LG) 外 다수
	아디다스컵	1~4	이용발(부천SK), 조성환(부천SK) 外 다수	김대환(수원) 外 다수
01	포스코 K-리그	27	김기동(부천SK), 이용발(부천SK), 신의손(안양LG)	남기일(부천SK), 신태용(성남일화), 이기형(수원)
	아디다스컵	8~11	심재원(부산), 산드로(수원) 外 다수	하리(부산), 윤희준(부산) 外 다수
02	삼성파브 K-리그	27	김기동(부천SK), 이용발(부천SK), 박종문(전남)	이영수(전남), 김대의(성남일화), 이병근(수원), 에드밀손(전북), 추운기(전북)
	아디다스컵	8~11	신태용(성남일화), 서정원(수원) 外 다수	김현수(성남일화), 신의손(안양LG) 外 다수
03	삼성 하우젠 K-리그	44		마그노(전북), 도도(울산)
04	삼성 하우젠 K-리그	24~27	김병지(포항), 유경렬(울산), 서동명(울산), 조준호(부천SK), 윤희준(부산)	김은중(서울)
	삼성 하우젠컵	12	김병지(포항), 곽희주(수원), 이용발(전북), 조준호(부천SK), 한태유(서울), 이반, 박우현(이상 성남일화)	최성용(수원), 임중용(인천), 김기형(부천SK), 손대호(수원), 김경량(전북) 外 다수
05	삼성 하우젠 K-리그	24~27	김병지(포항), 조준호(부천SK), 임중용(인천)	산드로(대구), 김기동(포항)
	삼성 하우젠컵	12	김병지(포항), 조준호(부천SK), 김성근(포항), 산토스(포항), 주승진(대전), 김영철, 배효성(이상 성남일화), 송정현(대구), 산드로(대구), 전재호(인천)	현영민(울산) 外 다수
06	삼성 하우젠 K-리그	26~29	김병지(서울), 최은성(대전), 이정래(경남)	장학영, 박진섭(이상 성남일화), 박종진(대구), 루시아노(경남)
	삼성 하우젠컵	13	배효성(부산), 장학영(성남일화), 김병지(서울), 최은성(대전), 이정래(경남)	박동혁(울산), 이종민(울산), 김치우(인천), 박용호(광주상무), 이정수(수원), 최성국(울산), 장남석(대구), 이승현(부산), 우성용(성남일화), 박재현(인천), 최영훈(전북), 주광윤(전남)
07	삼성 하우젠 K-리그	31~26	김용대, 장학영, 김영철(이상 성남일화), 염동균(전남), 김병지(서울)	데얀(인천), 산드로(전남), 송정현(전남), 김상록(인천)
	삼성 하우젠컵	10~12	김병지(서울), 김현수(대구) 外 다수	아디(서울), 데닐손(대전), 박성호(부산)
08	삼성 하우젠 K-리그	28~26	이운재(수원), 정성룡(포항), 백민철(대구)	데얀(서울), 두두(성남일화), 이근호(대구), 라돈치치(인천), 김영빈(인천)
	삼성 하우젠컵	10~12	백민철(대구)	서동현(수원), 김상식, 박진섭, 장학영(이상 성남일화), 김영삼(울산), 현영민(울산), 이승렬(서울), 조형익(대구)
09	K-리그	28~30	김영광(울산)	김상식(전북), 루이스(전북), 윤준하(강원)
	피스컵 코리아	2~10	조병국, 이호(이상 성남일화), 신형민(포항), 백민철(대구) 外 다수	박희도(부산), 장학영(성남), 구자철(제주) 外 다수
10	쏘나타 K리그	28~31	김호준(제주), 김용대(서울), 정성룡(성남일화), 김병지(경남), 백민철(대구)	김영후(강원), 유병수(인천)
	포스코컵	4~7	김용대(서울) 외 다수	아디(서울) 外 다수
11	현대오일뱅크 K리그	30~35	박호진(광주), 김병지(경남), 이운재(전남) 外 다수	김신욱(울산) 外 다수
	러시앤캐시컵	1~8	윤시호(대구), 조동건(성남일화), 박준혁(대구) 外 다수	고슬기(울산), 김신욱(울산) 外 다수
12	현대오일뱅크 K리그	44	김용대(서울)	자일(제주), 한지호(부산)
13	현대오일뱅크 K리그 클래식	38	권정혁(인천)	전상욱(성남일화), 김치곤(울산)
14	현대오일뱅크 K리그 클래식	38	김병지(전남)	
	현대오일뱅크 K리그 챌린지	36		권용현(수원FC)
15	현대오일뱅크 K리그 클래식	38	신화용(포항), 오스마르(서울)	김신욱(울산)
	현대오일뱅크 K리그 챌린지	41		조현우(대구)

연도	시즌	경기수	전 경기 전 시간	전 경기
16	현대오일뱅크 K리그 클래식	38		송승민(광주)
	현대오일뱅크 K리그 챌린지	40	김한빈(충주)	

역대 감독별 승 · 무 · 패 기록

감독명	기간	구단명	재임년도	승	무	패	비고
고 재 욱	통산			154	134	126	
	BC	럭키금성	1988	6	11	7	
	BC	럭키금성	1989	15	17	8	
	BC	럭키금성	1990	14	11	5	
	BC	LG	1991	9	15	16	
	BC	LG	1992	12	16	12	
	BC	LG	1993	11	12	12	
	BC	현대	1995	16	14	5	
	BC	울산	1996	19	5	16	
	BC	울산	1997	13	13	9	
	BC	울산	1998	20	10	12	
	BC	울산	1999	15	6	16	
	BC	울산	2000	4	4	8	~00.06.14
구 상 범	통산			1	4	6	
	클래식	성남	2016	1	2	6	16.09.13~
	승강PO	성남	2016	0	2	0	16.09.13~
곽 경 근	통산			8	9	18	
	챌린지	부천	2013	8	9	18	
귀 네 슈	통산			51	37	22	
	BC	서울	2007	14	17	7	
	BC	서울	2008	20	12	7	
	BC	서울	2009	17	8	8	
김 귀 화	통산			5	5	5	
	BC	경남	2010	5	5	5	10.08.01~10.11.29
김 기 복	통산			40	31	107	
	BC	전북버팔로	1994	5	5	26	
	BC	대전	1997	4	12	19	
	BC	대전	1998	11	3	21	
	BC	대전	1999	12	1	23	
	BC	대전	2000	8	10	18	
김 도 훈	통산			18	21	27	
	클래식	인천	2015	13	12	13	15.01.03~
	클래식	인천	2016	5	9	14	~16.08.31
김 봉 길	통산			36	44	38	
	BC	인천	2010	0	0	5	10.06.09~10.08.22
	BC	인천	2012	16	14	7	12.04.12~
	클래식	인천	2013	12	14	12	
	클래식	인천	2013	8	16	14	
김 상 호	통산			8	8	32	
	BC	강원	2011	3	6	20	11.04.08~
	BC	강원	2012	5	2	12	~12.07.01
김 성 재	통산			5	5	5	
	BC	경남	2010	5	5	5	10.08.01~10.11.29
김 용 갑	통산			7	3	8	
	클래식	강원	2013	6	3	7	13.08.14~13.12.10

감독명	기간	구단명	재임년도	승	무	패	비고
	승강PO	강원	2013	1	0	1	13.08.14~13.12.10
김 인 수	통산			3	1	1	
	클래식	제주	2016	3	1	1	16.10.15~
김 인 완	통산			2	9	19	
	클래식	대전	2013	2	9	19	~13.10.02
김 정 남	통산			210	168	159	
	BC	유공	1985	3	1	3	85.07.22~
	BC	유공	1986	11	12	13	
	BC	유공	1987	9	9	14	
	BC	유공	1988	8	8	8	
	BC	유공	1989	17	15	8	
	BC	유공	1990	8	12	10	
	BC	유공	1991	10	17	13	
	BC	유공	1992	1	0	6	~92.05.12
	BC	울산	2000	3	3	4	00.08.22~
	BC	울산	2001	13	6	16	
	BC	울산	2002	18	11	9	
	BC	울산	2003	20	13	11	
	BC	울산	2004	15	13	9	
	BC	울산	2005	21	9	9	
	BC	울산	2006	14	14	11	
	BC	울산	2007	20	13	7	
	BC	울산	2008	19	12	8	
김 종 부	통산			18	6	16	
	챌린지	경남	2016	18	6	16	
김 종 필	통산			20	32	42	
	챌린지	충주	2013	4	5	9	13.07.22~
	챌린지	충주	2014	6	16	14	
	챌린지	충주	2015	10	11	19	
김 태 수	통산			5	6	6	
	BC	부산	1996	5	6	6	96.07.22~
김 태 완	통산			2	2	9	
	BC	상주	2011	2	2	9	11.07.14~11.12.28
김 판 곤	통산			10	7	16	
	BC	부산	2006	8	3	9	06.04.04~06.08.22
	BC	부산	2007	2	4	7	07.08.07~
김 학 범	통산			116	79	80	
	BC	성남일화	2005	15	12	10	05.01.05~
	BC	성남일화	2006	23	11	8	
	BC	성남일화	2007	16	7	6	
	BC	성남일화	2008	21	7	10	
	BC	강원	2012	9	5	11	12.07.09~
	클래식	강원	2013	2	9	11	~13.08.10
	클래식	성남	2014	5	5	5	14.09.05~
	클래식	성남	2015	15	15	8	
	클래식	성남	2016	10	8	11	

감독명	기간	구단명	재임년도	승	무	패	비고
김 형 렬	통산			2	1	4	
	BC	전북	2005	2	1	4	05.06.13~05.07.10
김 호	통산			207	154	180	
	BC	한일은행	1984	5	11	12	
	BC	한일은행	1985	3	10	8	
	BC	한일은행	1986	4	4	12	
	BC	현대	1988	10	5	9	
	BC	현대	1989	7	15	18	
	BC	현대	1990	6	14	10	
	BC	수원	1996	21	11	8	
	BC	수원	1997	14	13	9	
	BC	수원	1998	18	7	12	
	BC	수원	1999	31	4	8	
	BC	수원	2000	15	11	12	
	BC	수원	2001	19	6	13	
	BC	수원	2002	16	10	10	
	BC	수원	2003	19	15	10	
	BC	대전	2007	8	0	6	07.07.01~
	BC	대전	2008	7	14	15	
	BC	대전	2009	4	4	8	~09.06.26
김 호 곤	통산			126	76	95	
	BC	부산	2000	13	10	14	
	BC	부산	2001	16	13	9	
	BC	부산	2002	8	8	15	~02.11.05
	BC	울산	2009	11	9	12	
	BC	울산	2010	16	7	11	
	BC	울산	2011	22	8	13	
	BC	울산	2012	18	14	12	
	클래식	울산	2013	22	7	9	~13.12.04
김 희 태	통산			11	6	13	
	BC	대우	1994	4	0	5	94.09.08~
	BC	대우	1995	7	6	8	~95.08.03
남 기 일	통산			46	39	47	
	챌린지	광주	2013	9	0	7	13.08.18~
	챌린지	광주	2014	15	12	11	
	승강PO	광주	2014	1	1	0	
	클래식	광주	2015	10	12	6	
	클래식	광주	2016	11	14	13	
남 대 식	통산			2	6	6	
	BC	전북	2001	2	6	6	01.07.19~01.10.03
노 상 래	통산			23	23	25	
	클래식	전남	2015	12	13	13	
	클래식	전남	2015	11	10	12	~16.10.14
노 흥 섭	통산			3	2	11	
	BC	국민은행	1983	3	2	11	
니폼니시	통산			57	38	53	
	BC	유공	1995	11	11	13	
	BC	부천SK	1996	18	11	11	
	BC	부천SK	1997	8	12	15	
	BC	부천SK	1998	20	4	14	
당 성 증	통산			0	3	5	
	클래식	대구	2013	0	3	5	~13.04.22
데 니 스	통산			1	4	6	
	클래식	부산	2015	1	4	6	15.07.13~15.10.07
레 네	통산			14	18	30	
	BC	천안	1997	8	13	14	97.03.01~
	BC	천안	1998	6	5	16	~98.09.08
레 모 스	통산			2	3	6	
	BC	포항	2010	2	3	6	~10.05.10
로 란 트	통산			5	9	10	
	BC	인천	2004	5	9	10	04.03.01~04.08.30
마틴 레니	통산			21	18	17	
	챌린지	서울E	2015	16	14	11	
	챌린지	서울E	2016	5	4	6	
모아시르	통산			16	13	15	
	BC	대구	2012	16	13	15	~12.12.01
문 정 식	통산			25	18	16	
	BC	현대	1984	13	10	5	
	BC	현대	1985	10	4	7	
	BC	현대	1986	2	4	4	~86.04.22
민 동 성	통산			1	0	2	
	챌린지	충주	2013	1	0	2	13.06.20~13.07.21
박 건 하	통산			11	8	4	
	챌린지	서울E	2016	11	8	4	16.06.28~17.01.10
박 경 훈	통산			76	59	56	
	BC	부산	2002	0	0	4	02.11.06~02.11.21
	BC	제주	2010	20	11	5	
	BC	제주	2011	10	11	10	
	BC	제주	2012	16	15	13	
	클래식	제주	2013	16	10	12	
	클래식	제주	2014	14	12	12	~14.12.18
박 병 주	통산			20	22	29	
	BC	안양LG	1997	3	18	14	
	BC	안양LG	1998	17	4	15	
박 성 화	통산			118	94	110	
	BC	유공	1992	10	10	13	92.05.13~
	BC	유공	1993	7	15	13	
	BC	유공	1994	15	9	8	~94.10.29
	BC	포항	1996	20	13	7	
	BC	포항	1997	15	15	8	
	BC	포항	1998	18	6	15	
	BC	포항	1999	16	4	18	
	BC	포항	2000	7	9	11	~00.07.31
	챌린지	경남	2015	10	13	17	15.01.06~15.11.23
박 세 학	통산			39	32	46	
	BC	럭키금성	1984	8	6	14	
	BC	럭키금성	1985	10	7	4	
	BC	럭키금성	1986	14	12	10	
	BC	럭키금성	1987	7	7	18	
박 이 천	통산			15	11	12	
	BC	인천	2007	15	11	12	
박 종 환	통산			126	157	137	
	BC	일화	1989	6	21	13	89.03.19~
	BC	일화	1990	7	10	13	

감독명	기간 / 구단명 / 재임년도			승	무	패	비고
	BC	일화	1991	13	11	16	
	BC	일화	1992	13	19	8	
	BC	일화	1993	14	12	9	
	BC	일화	1994	17	11	8	
	BC	일화	1995	16	13	6	
	BC	대구	2003	7	16	21	03.03.19~
	BC	대구	2004	9	16	11	
	BC	대구	2005	12	9	15	
	BC	대구	2006	10	16	13	
	클래식	성남	2014	2	3	4	~14.04.22
박 창 현	통산			7	8	6	
	BC	포항	2010	7	8	6	10.05.11~10.12.12
박 항 서	통산			118	75	138	
	BC	경남	2006	14	6	19	
	BC	경남	2007	14	10	13	
	BC	전남	2008	10	5	14	
	BC	전남	2009	13	11	11	
	BC	전남	2010	9	9	14	~10.11.09
	BC	상주	2012	7	6	31	
	챌린지	상주	2013	23	8	4	
	승강PO	상주	2013	1	0	1	
	클래식	상주	2014	7	13	18	
	챌린지	상주	2015	20	7	13	
박 효 진	통산			5	0	5	
	챌린지	강원	2014	5	0	5	14.09.19~
백 종 철	통산			6	11	13	
	클래식	대구	2013	6	11	13	13.04.23~13.11.30
변 병 주	통산			28	20	57	
	BC	대구	2007	10	7	19	
	BC	대구	2008	11	4	21	
	BC	대구	2009	7	9	17	
브 랑 코	통산			5	7	8	
	클래식	경남	2014	5	6	7	14.08.15~
	승강PO	경남	2014	0	1	1	
비츠케이	통산			17	18	5	
	BC	대우	1991	17	18	5	
빙 가 다	통산			25	6	6	
	BC	서울	2010	25	6	6	~10.12.13
샤키(세	통산			7	6	10	
큘라리치)	BC	부산	1996	7	6	10	~96.07.21
서 정 원	통산			63	46	43	
	클래식	수원	2013	15	8	15	
	클래식	수원	2014	19	10	9	
	클래식	수원	2015	19	10	9	
	클래식	수원	2016	10	18	10	
손 현 준	통산			9	4	3	
	챌린지	대구	2016	9	4	3	16.08.13~
송 경 섭	통산			1	1	3	
	클래식	전남	2016	1	1	3	16.10.15~
송 광 환	통산			0	1	1	
	클래식	경남	2013	0	1	1	13.05.23~13.06.01
송 선 호	통산			30	16	20	

감독명	기간 / 구단명 / 재임년도			승	무	패	비고
	챌린지	부천	2015	13	7	10	15.05.29~
	챌린지	부천	2016	17	9	10	~16.10.14
신 우 성	통산			4	2	8	
	BC	대우	1995	4	2	8	1995.08.04~
신 윤 기	통산			6	3	8	
	BC	부산	1999	6	3	8	99.06.10~99.09.08
신 진 원	통산			0	0	2	
	BC	대전	2011	0	0	2	11.07.06~11.07.17
신 태 용	통산			58	42	53	
	BC	성남일화	2009	19	10	11	
	BC	성남일화	2010	14	12	8	
	BC	성남일화	2011	11	10	14	
	BC	성남일화	2012	14	10	20	~12.12.08
신 홍 기	통산			0	0	1	
	클래식	전북	2013	0	0	1	13.06.20~13.06.27
안 승 인	통산			7	8	25	
	챌린지	충주	2016	7	8	25	
안 익 수	통산			49	30	42	
	BC	부산	2011	19	7	13	
	BC	부산	2012	13	14	17	~12.12.13
	클래식	성남	2013	17	9	12	~13.12.22
알 툴	통산			30	23	41	
	BC	제주	2008	9	10	17	
	BC	제주	2009	10	7	14	~09.10.14
	챌린지	강원	2014	11	6	10	~14.09.18
앤 디	통산			9	12	15	
에 글 리	BC	부산	2006	5	3	5	06.08.23~
	BC	부산	2007	4	9	10	~07.06.30
엥 겔	통산			12	11	7	
	BC	대우	1990	12	11	7	
여 범 규	통산			7	5	7	
	챌린지	광주	2013	7	5	7	~13.08.16
왕 선 재	통산			15	20	35	
	BC	대전	2009	6	5	6	09.06.27~
	BC	대전	2010	6	8	18	
	BC	대전	2011	3	7	11	~11.07.05
유 상 철	통산			16	14	26	
	BC	대전	2011	3	3	6	11.07.18~
	BC	대전	2012	13	11	20	~12.12.01
윤 덕 여	통산			0	0	1	
	BC	전남	2012	0	0	1	12.08.12~~12.08.12
윤 성 효	통산			76	52	67	
	BC	수원	2010	10	5	4	10.06.08~
	BC	수원	2011	18	6	10	
	BC	수원	2012	20	13	11	~12.12.11
	클래식	부산	2013	14	10	14	
	클래식	부산	2014	10	13	15	
	클래식	부산	2015	13	14	11	~15.07.12
윤 정 환	통산			27	26	23	
	클래식	울산	2015	13	14	11	
	클래식	울산	2016	14	12	12	
이 강 조	통산			59	72	157	

감독명	기간	구단명	재임년도	승	무	패	비고
	BC	광주상무	2003	13	7	24	
	BC	광주상무	2004	10	13	13	
	BC	광주상무	2005	7	8	21	
	BC	광주상무	2006	9	10	20	
	BC	광주상무	2007	5	9	22	
	BC	광주상무	2008	3	10	23	
	BC	광주상무	2009	9	4	19	
	BC	광주상무	2010	3	11	15	~10.10.27
이기형		통산		6	3	1	
	클래식	인천	2016	6	3	1	16.09.01~
이낙영		통산		6	10	28	
	챌린지	고양	2016	6	10	28	
이상윤		통산		2	4	7	
	클래식	성남	2014	2	4	7	14.04.23~14.08.26
이성길		통산		4	9	5	
	챌린지	고양	2014	2	4	7	14.07.25~
이수철		통산		6	7	12	
	BC	광주상무	2010	0	1	2	10.10.28~
	BC	상주	2011	6	6	10	11.01.12~11.07.13
이영무		통산		30	26	37	
	챌린지	고양	2013	10	11	14	
	챌린지	고양	2014	7	5	6	~14.07.24
	챌린지	고양	2015	13	10	17	15.02.16~
이영민		통산		60	49	49	
	챌린지	안양	2015	12	7	7	15.06.16~
	챌린지	안양	2016	11	13	16	
이영진		통산		34	29	46	
	BC	대구	2010	7	5	21	
	BC	대구	2011	9	11	15	~11.11.01
	챌린지	대구	2015	18	13	10	
	챌린지	대구	2016	10	9	5	~16.08.12
이영진		통산		0	1		
	클래식	성남	2014	0	1	0	14.08.27~14.09.04
이우형		통산		28	23	34	
	챌린지	안양	2013	12	9	14	
	챌린지	안양	2014	15	6	15	
	챌린지	안양	2015	1	8	5	~15.06.16
이장수		통산		55	46	52	
	BC	천안	1996	11	10	19	
	BC	전남	2004	14	11	12	~04.12.13
	BC	서울	2005	13	10	13	05.01.03~
	BC	서울	2006	17	15	8	
이재철		통산		2	3	9	
	챌린지	충주	2013	2	3	9	~13.06.19
이종환		통산		22	20	16	
	BC	유공	1983	5	7	4	
	BC	유공	1984	13	9	6	
	BC	유공	1985	4	4	6	~85.07.21
이차만		통산		90	74	65	
	BC	대우	1987	16	14	2	
	BC	대우	1988	8	5	11	
	BC	대우	1989	14	14	12	

감독명	기간	구단명	재임년도	승	무	패	비고
	BC	대우	1992	4	13	9	~92.09.23
	BC	부산	1997	22	11	5	
	BC	부산	1998	17	6	12	
	BC	부산	1999	7	2	5	~99.06.09
	클래식	경남	2014	2	9	9	~14.08.14
이태호		통산		13	22	35	
	BC	대전	2001	9	10	16	
	BC	대전	2002	4	12	19	
이회택		통산		139	129	130	
	BC	포항제철	1987	16	8	8	
	BC	포항제철	1988	9	9	6	
	BC	포항제철	1989	13	14	13	
	BC	포항제철	1990	9	10	11	
	BC	포항제철	1991	12	15	13	
	BC	포항제철	1992	16	14	10	
	BC	전남	1998	0	1	0	98.10.15~
	BC	전남	1999	14	6	18	
	BC	전남	2000	14	10	15	
	BC	전남	2001	8	11	16	
	BC	전남	2002	11	11	13	
	BC	전남	2003	17	20	7	
이흥실		통산		52	35	37	
	BC	전북	2012	22	13	9	12.01.05~12.12.12
	챌린지	안산	2015	9	15	16	15.02.14~
	챌린지	안산	2016	21`	7	12	
임창수		통산		3	8	17	
	BC	국민은행	1984	3	8	17	
장외룡		통산		50	42	47	
	BC	부산	1999	8	0	5	99.09.09~
	BC	인천	2004	4	5	3	04.08.31~
	BC	인천	2005	19	9	11	
	BC	인천	2006	8	16	15	
	BC	인천	2008	11	12	13	
장운수		통산		45	23	25	
	BC	대우	1983	6	7	3	
	BC	대우	1984	13	5	2	84.06.21~
	BC	대우	1985	9	7	5	
	BC	대우	1986	17	4	15	
장종대		통산		6	7	8	
	BC	상무	1985	6	7	8	
정갑석		통산		2	1	2	
	챌린지	부천	2016	2	1	2	16.10.15~
정병탁		통산		10	12	23	
	BC	전남	1995	9	10	16	
	BC	전남	1996	1	2	7	~96.05.27
정종수		통산		4	3	4	
	BC	울산	2000	4	3	4	00.06.15~00.08.21
정해성		통산		63	67	78	
	BC	부천SK	2004	6	19	11	
	BC	부천SK	2005	17	9	10	
	BC	제주	2006	11	12	16	
	BC	제주	2007	10	8	18	

감독명	기간 / 구단명 / 재임년도			승	무	패	비고
	BC	전남	2011	14	11	10	
	BC	전남	2012	5	8	13	~12.08.10
정 해 원	통산			1	1	7	
	BC	대우	1994	1	1	7	94.06.22~94.09.07
조 광 래	통산			140	119	125	
	BC	대우	1992	5	6	3	92.09.24~
	BC	대우	1993	8	15	12	
	BC	대우	1994	4	8	6	~94.06.21
	BC	안양LG	1999	14	6	19	
	BC	안양LG	2000	20	9	10	
	BC	안양LG	2001	14	11	10	
	BC	안양LG	2002	17	9	10	
	BC	안양LG	2003	14	14	16	
	BC	서울	2004	9	16	11	
	BC	경남	2008	13	9	14	
	BC	경남	2009	11	11	10	
	BC	경남	2010	11	5	4	~10.07.31
조 덕 제	통산			56	41	56	
	챌린지	수원FC	2013	13	8	14	
	챌린지	수원FC	2014	12	12	12	
	챌린지	수원FC	2015	19	12	11	
	승강PO	수원FC	2015	2	0	0	
	클래식	수원FC	2016	10	9	19	
조 동 현	통산			36	15	21	
	챌린지	경찰	2013	20	4	11	
	챌린지	안산	2014	16	11	10	
조 민 국	통산			13	11	14	
	클래식	울산	2014	13	11	14	~14.11.30
조 성 환	통산			28	15	28	
	클래식	제주	2015	14	8	16	
	클래식	제주	2016	14	7	12	~16.10.14
조 영 증	통산			31	33	47	
	BC	LG	1994	15	9	12	
	BC	LG	1995	6	13	16	
	BC	안양LG	1996	10	11	19	
조 윤 옥	통산			4	1	3	
	BC	대우	1984	4	1	3	~84.06.20
조 윤 환	통산			94	67	81	
	BC	유공	1994	2	2	0	94.11.01~
	BC	부천SK	1999	22	0	16	
	BC	부천SK	2000	19	11	13	
	BC	부천SK	2001	4	6	10	~01.08.14
	BC	전북	2001	3	2	0	01.10.04~
	BC	전북	2002	11	12	12	
	BC	전북	2003	18	15	11	
	BC	전북	2004	13	12	11	
	BC	전북	2005	2	7	8	~05.06.13
조 중 연	통산			22	19	17	
	BC	현대	1986	15	7	4	86.04.23~
	BC	현대	1987	7	12	13	
조 진 호	통산			38	22	36	
	BC	제주	2009	0	1	2	09.10.15~09.11.01

감독명	기간 / 구단명 / 재임년도			승	무	패	비고
	클래식	대전	2013	5	2	1	13.10.05~
	챌린지	대전	2014	20	10	6	
	클래식	대전	2015	1	2	8	~15.05.21
	클래식	상주	2016	12	7	19	
차 경 복	통산			131	83	101	
	BC	전북	1995	11	6	18	
	BC	전북	1996	12	10	18	~96.12.05
	BC	천안	1998	2	1	5	98.09.09~
	BC	천안	1999	12	7	18	
	BC	성남일화	2000	19	12	10	
	BC	성남일화	2001	16	13	7	
	BC	성남일화	2002	19	12	7	
	BC	성남일화	2003	27	10	7	
	BC	성남일화	2004	13	12	11	
차 범 근	통산			157	119	116	
	BC	현대	1991	13	16	11	
	BC	현대	1992	16	8	16	
	BC	현대	1993	14	10	11	
	BC	현대	1994	12	16	8	
	BC	수원	2004	17	14	8	
	BC	수원	2005	13	14	9	
	BC	수원	2006	14	16	12	
	BC	수원	2007	21	8	10	
	BC	수원	2008	25	8	7	
	BC	수원	2009	8	8	14	
	BC	수원	2010	4	1	10	~10.06.07
최 강 희	통산			161	82	88	
	BC	전북	2005	2	3	7	05.07.11~
	BC	전북	2006	11	13	15	
	BC	전북	2007	12	12	12	
	BC	전북	2008	17	8	14	
	BC	전북	2009	19	8	7	
	BC	전북	2010	22	7	9	
	BC	전북	2011	20	9	4	~11.12.21
	클래식	전북	2013	12	6	6	13.06.27~
	클래식	전북	2014	24	9	5	
	클래식	전북	2015	22	7	9	
	클래식	전북	2016	20	16	2	
최 덕 주	통산			13	8	15	
	챌린지	대구	2014	13	8	15	~14.11.18
최 만 희	통산			73	55	111	
	BC	전북	1997	7	14	14	
	BC	전북	1998	14	4	17	
	BC	전북	1999	14	5	17	
	BC	전북	2000	14	6	17	
	BC	전북	2001	4	3	10	~01.07.18
	BC	광주	2011	10	8	17	
	BC	광주	2012	10	15	19	~12.12.02
최 문 식	통산			18	15	33	
	클래식	대전	2015	3	5	18	15.06.01~
	클래식	대전	2016	15	10	15	
최 순 호	통산			74	61	99	

감독명	기간	구단명	재임년도	승	무	패	비고
	BC	포항	2000	2	2	6	00.08.01~
	BC	포항	2001	14	8	13	
	BC	포항	2002	11	11	13	
	BC	포항	2003	17	13	14	
	BC	포항	2004	13	13	13	
	BC	강원	2009	8	7	18	
	BC	강원	2010	8	6	18	
	BC	강원	2011	1	1	4	~11.04.07
	클래식	포항	2016	2	2	2	16.10.01~
최영준	통산			19	9	20	
	클래식	부산	2015	0	2	3	15.10.12~
	승강PO	부산	2015	0	0	2	
	챌린지	부산	2016	19	7	15	
최용수	통산			102	51	45	
	BC	서울	2011	15	4	6	11.04.27~
	BC	서울	2012	29	9	6	
	클래식	서울	2013	17	11	10	
	클래식	서울	2014	15	13	10	
	클래식	서울	2015	17	11	10	
	클래식	서울	2016	9	3	3	~16.06.22
최윤겸	통산			101	104	93	
	BC	부천SK	2001	5	9	1	01.08.15~
	BC	부천	2002	8	4	9	~02.09.01
	BC	대전	2003	18	11	15	03.01.03~
	BC	대전	2004	11	13	12	
	BC	대전	2005	9	16	11	
	BC	대전	2006	12	16	11	
	BC	대전	2007	4	12	7	~07.06.30
	챌린지	강원	2015	13	12	15	
	챌린지	강원	2016	13	12	15	
	승강PO	강원	2016	0	2	0	
최은택	통산			20	16	21	
	BC	포항제철	1985	9	7	5	
	BC	포항제철	1986	11	9	16	
최진철	통산			10	8	14	
	클래식	포항	2016	10	8	14	~16.09.24
최진한	통산			40	33	65	
	BC	경남	2011	16	7	14	
	BC	경남	2012	14	8	22	
	클래식	경남	2013	2	6	3	~13.05.22
	챌린지	부천	2014	6	9	21	14.02.06~
	챌린지	부천	2015	2	3	5	~15.05.29
트나즈 트르판	통산			3	7	13	
	BC	부천SK	2002	3	6	5	02.09.02~
	BC	부천SK	2003	0	1	8	~03.05.15
파리야스	통산			83	55	43	
	BC	포항	2005	15	15	6	
	BC	포항	2006	19	9	12	
	BC	포항	2007	17	12	12	
	BC	포항	2008	14	7	8	
	BC	포항	2009	18	12	5	
파비오	통산			6	3	4	
	클래식	전북	2013	6	3	4	~13.06.19
페트코비치	통산			26	23	28	
	BC	인천	2009	13	15	8	
	BC	인천	2010	7	2	7	~10.06.08
	클래식	경남	2013	6	6	13	13.06.02~13.12.16
포터필드	통산			30	40	53	
	BC	부산	2003	13	10	21	
	BC	부산	2004	8	16	12	
	BC	부산	2005	9	11	17	
	BC	부산	2006	0	3	3	~06.04.03
하석주	통산			31	28	34	
	BC	전남	2012	8	6	3	12.08.14~
	클래식	전남	2013	9	13	16	
	클래식	전남	2014	14	9	15	~14.11.30
하재훈	통산			3	11	21	
	BC	부천SK	2003	3	11	21	03.05.16~03.11.20
한홍기	통산			16	11	17	
	BC	포항제철	1983	6	4	6	
	BC	포항제철	1984	10	7	11	
함흥철	통산			19	24	22	
	BC	할렐루야	1983	6	8	2	
	BC	할렐루야	1984	10	9	9	
	BC	할렐루야	1985	3	7	11	
허정무	통산			121	128	113	
	BC	포항제철	1993	12	14	9	
	BC	포항제철	1994	14	13	9	
	BC	포항	1995	16	13	6	
	BC	전남	1996	9	9	12	96.05.28~
	BC	전남	1997	17	15	4	
	BC	전남	1998	13	5	17	~98.10.14
	BC	전남	2005	10	11	15	05.01.03~
	BC	전남	2006	13	15	11	
	BC	전남	2007	7	9	11	
	BC	인천	2010	2	6	3	10.08.23~
	BC	인천	2011	7	16	12	
	BC	인천	2012	1	2	4	~12.04.11
황보관	통산			1	3	3	
	BC	서울	2011	1	3	3	11.01.05~11.04.26
황선홍	통산			132	78	93	
	BC	부산	2008	10	8	19	
	BC	부산	2009	12	11	15	
	BC	부산	2010	11	10	12	~10.12.12
	BC	포항	2011	21	8	8	
	BC	포항	2012	23	8	13	
	클래식	포항	2013	21	11	6	
	클래식	포항	2014	16	10	12	
	클래식	포항	2015	18	12	8	
	클래식	서울	2016	12	4	6	16.06.27~

가브리엘 (Gabriel Lima) 브라질 1978.06.13

리그	연도	소속	출전	교체	득점	도움	파울	경고	퇴장
BC	2006	대구	17	15	2	3	35	3	0
	합계		17	15	2	3	35	3	0
프로통산			17	15	2	3	35	3	0

가비 (Gabriel Popescu) 루마니아 1973.12.25

리그	연도	소속	출전	교체	득점	도움	파울	경고	퇴장
BC	2002	수원	24	10	6	1	59	8	0
	2003	수원	31	4	6	2	61	6	0
	2004	수원	4	4	0	1	2	0	0
	합계		59	18	12	4	122	14	0
프로통산			59	18	12	4	122	14	0

가빌란 (Jaime Gavilan Martinez) 스페인 1985.05.12

리그	연도	소속	출전	교체	득점	도움	파울	경고	퇴장
클	2016	수원FC	22	18	3	2	26	5	0
	합계		22	18	3	2	26	5	0
프로통산			22	18	3	2	26	5	0

가솔현 (賈率賢) 고려대 1991.02.12

리그	연도	소속	출전	교체	득점	도움	파울	경고	퇴장
챌	2013	안양	20	0	3	0	37	5	0
	2014	안양	26	1	1	2	35	6	0
	2015	안양	26	1	1	0	28	7	0
	2016	안양	20	6	0	0	24	5	0
	합계		92	8	5	2	124	23	0
프로통산			92	8	5	2	124	23	0

가우초 (Eric Freire Gomes) 브라질 1972.09.22

리그	연도	소속	출전	교체	득점	도움	파울	경고	퇴장
BC	2004	부산	13	8	4	0	26	3	0
	합계		13	8	4	0	26	3	0
프로통산			13	8	4	0	26	3	0

가이모토 (Kaimoto Kojiro) 일본 1977.10.14

리그	연도	소속	출전	교체	득점	도움	파울	경고	퇴장
BC	2001	성남일	1	1	0	0	4	1	0
	2002	성남일	21	11	0	1	36	2	0
	합계		22	12	0	1	40	3	0
프로통산			22	12	0	1	40	3	0

감한솔 (甘한솔) 경희대 1993.11.19

리그	연도	소속	출전	교체	득점	도움	파울	경고	퇴장
챌	2015	대구	7	6	0	0	5	1	0
	2016	대구	5	3	0	1	4	0	0
	합계		12	9	0	1	9	1	0
프로통산			12	9	0	1	9	1	0

강경호 (姜京昊) 한양대 1957.02.02

리그	연도	소속	출전	교체	득점	도움	파울	경고	퇴장
BC	1983	국민	5	4	0	0	1	0	0
	1984	국민	11	3	3	0	11	1	0
	합계		16	7	3	0	12	1	0
프로통산			16	7	3	0	12	1	0

강구남 (姜求南) 경희대 1987.07.31

리그	연도	소속	출전	교체	득점	도움	파울	경고	퇴장
BC	2008	대전	4	4	0	1	3	0	0
	2009	광주상	2	2	0	0	4	0	0
	2010	광주상	6	5	0	0	8	0	0
	2011	대전	6	5	0	0	5	1	0
	합계		18	16	0	1	20	1	0
프로통산			18	16	0	1	20	1	0

강금철 (姜錦哲) 전주대 1972.03.19

리그	연도	소속	출전	교체	득점	도움	파울	경고	퇴장
BC	1995	전북	2	2	0	0	5	0	0
	1996	전북	0	0	0	0	0	0	0
	1999	전북	10	9	1	1	10	1	0
	2000	전북	5	4	0	0	5	2	0
	2001	전북	13	3	0	0	28	1	0
	합계		30	18	1	1	48	4	0
프로통산			30	18	1	1	48	4	0

강기원 (康己源) 고려대 1981.10.07

리그	연도	소속	출전	교체	득점	도움	파울	경고	퇴장
BC	2004	울산	11	10	0	0	11	1	0
	2005	울산	4	2	0	0	4	0	0
	2006	경남	18	11	0	0	23	2	0
	2007	경남	30	15	0	0	30	5	0
	2008	경남	2	1	0	0	1	1	0
	합계		65	39	0	0	69	9	0
프로통산			65	39	0	0	69	9	0

강대희 (姜大熙) 경희고 1977.02.02

리그	연도	소속	출전	교체	득점	도움	파울	경고	퇴장
BC	2000	수원	15	11	0	0	18	0	0
	2003	대구	4	4	0	0	2	0	0
	합계		19	15	0	0	20	0	0
프로통산			19	15	0	0	20	0	0

강동구 (姜冬求) 관동대 1983.08.04

리그	연도	소속	출전	교체	득점	도움	파울	경고	퇴장
BC	2007	제주	4	2	0	0	5	1	0
	2008	제주	12	7	0	0	7	0	0
	합계		16	9	0	0	12	1	0
프로통산			16	9	0	0	12	1	0

강두호 (康斗豪) 건국대 1978.03.28

리그	연도	소속	출전	교체	득점	도움	파울	경고	퇴장
BC	2007	제주	4	3	0	0	8	1	0
	합계		4	3	0	0	8	1	0
프로통산			4	3	0	0	8	1	0

강득수 (姜得壽) 연세대 1961.08.16

리그	연도	소속	출전	교체	득점	도움	파울	경고	퇴장
BC	1984	럭금	27	4	2	6	25	1	0
	1985	럭금	21	0	5	3	18	1	0
	1986	럭금	17	1	2	10	19	0	0
	1987	럭금	31	7	4	3	24	0	0
	1988	럭금	23	1	3	5	19	2	0
	1989	럭금	20	1	4	7	21	1	0
	1990	현대	20	1	1	4	24	0	0
	1991	현대	19	14	1	4	19	0	0
	합계		178	29	22	42	169	5	0
프로통산			178	29	22	42	169	5	0

강만영 (姜萬永) 인천대 1962.06.14

리그	연도	소속	출전	교체	득점	도움	파울	경고	퇴장
BC	1988	럭금	15	7	2	1	13	1	0
	1989	럭금	12	12	0	1	7	0	0
	합계		27	19	2	2	20	1	0
프로통산			27	19	2	2	20	1	0

강명철 (姜明鐵) 경희대 1984.06.20

리그	연도	소속	출전	교체	득점	도움	파울	경고	퇴장
BC	2007	서울	1	1	0	0	1	0	0
	합계		1	1	0	0	1	0	0
프로통산			1	1	0	0	1	0	0

강민 (康忞) 건국대 1989.06.07

리그	연도	소속	출전	교체	득점	도움	파울	경고	퇴장
챌	2013	광주	6	2	0	0	2	0	0
	합계		6	2	0	0	2	0	0
프로통산			6	2	0	0	2	0	0

강민수 (姜敏壽) 고양고 1986.02.14

리그	연도	소속	출전	교체	득점	도움	파울	경고	퇴장
BC	2005	전남	13	4	0	0	33	6	0
	2006	전남	28	3	0	0	38	9	0
	2007	전남	18	0	1	0	27	3	1
	2008	전북	28	6	0	0	48	8	0
	2009	제주	22	2	0	0	35	11	0
	2010	수원	24	5	2	0	40	6	0
	2011	울산	32	10	2	0	34	7	0
	2012	울산	32	7	2	0	40	7	0
	합계		197	37	7	0	295	57	1
클	2013	울산	37	0	2	1	47	5	0
	2014	울산	11	0	0	1	15	4	0
	2014	상주	19	2	1	0	25	6	0
	2016	울산	26	8	0	0	20	2	0
	합계		93	10	3	2	107	17	0
챌	2015	상주	27	7	0	1	28	5	0
	합계		27	7	0	1	28	5	0
프로통산			317	54	10	3	430	79	1

강민우 (姜民右) 동국대 1987.03.26

리그	연도	소속	출전	교체	득점	도움	파울	경고	퇴장
BC	2010	강원	0	0	0	0	0	0	0
	2011	상주	2	2	0	0	0	0	0
	2012	상주	0	0	0	0	0	0	0
	합계		2	2	0	0	0	0	0
프로통산			2	2	0	0	0	0	0

강민혁 (康珉赫) 대구대 1982.07.10

리그	연도	소속	출전	교체	득점	도움	파울	경고	퇴장
BC	2006	경남	35	1	1	0	59	9	0
	2007	제주	18	2	1	0	17	3	0
	2008	광주상	19	3	0	0	11	1	0
	2009	광주상	27	1	0	0	25	3	0
	2009	제주	2	0	0	0	2	0	0
	2010	제주	29	4	0	0	26	2	0
	2011	제주	21	3	0	0	21	3	1
	2012	경남	41	6	0	2	57	8	0
	합계		192	20	2	2	218	29	1
클	2013	경남	27	6	0	0	37	3	0
	합계		27	6	0	0	37	3	0
프로통산			219	26	2	2	255	32	1

강상우 (姜祥佑) 경희대 1993.10.07

리그	연도	소속	출전	교체	득점	도움	파울	경고	퇴장
클	2014	포항	8	8	0	0	10	1	0
	2015	포항	5	4	1	0	6	0	0
	2016	포항	30	5	1	2	56	8	0
	합계		43	17	2	2	72	9	0
프로통산			43	17	2	2	72	9	0

강상진 (姜相珍) 중앙대 1970.12.03

리그	연도	소속	출전	교체	득점	도움	파울	경고	퇴장
BC	1993	대우	9	6	0	0	15	3	0
	1994	대우	2	2	0	0	0	0	0
	합계		11	8	0	0	15	3	0
프로통산			11	8	0	0	15	3	0

강상협 (姜尙協) 동래고 1977.12.17

리그	연도	소속	출전	교체	득점	도움	파울	경고	퇴장
BC	1995	포항	0	0	0	0	0	0	0
	1996	포항	0	0	0	0	0	0	0
	합계		0	0	0	0	0	0	0
프로통산			0	0	0	0	0	0	0

강선규 (康善圭) 건국대 1986.04.20

리그	연도	소속	출전	교체	득점	도움	파울	경고	퇴장
BC	2008	대전	17	4	0	1	36	3	0
	2010	강원	5	0	0	1	10	0	0
	합계		22	4	0	2	46	3	0
프로통산			22	4	0	2	46	3	0

강성관 (姜聖觀) 상지대 1987.11.06

리그	연도	소속	출전	교체	실점	도움	파울	경고	퇴장
BC	2010	성남일	3	0	4	0	0	0	0
	2011	성남일	4	0	4	0	1	0	0
	2012	상주	0	0	0	0	0	0	0
	합계		7	0	8	0	1	0	0
클	2013	성남일	0	0	0	0	0	0	0

리그	연도	소속	출전	교체	득점	도움	파울	경고	퇴장
	합계		0	0	0	0	0	0	0
챌	2013	상주	0	0	0	0	0	0	0
	2014	강원	1	0	2	0	0	0	0
	2015	강원	12	2	11	0	0	0	0
	합계		13	2	13	0	0	0	0
프로통산			20	2	21	0	1	0	0

강성민 (姜成敏) 경희대 1974.04.24

리그	연도	소속	출전	교체	득점	도움	파울	경고	퇴장
BC	1995	전북	10	6	2	0	4	1	0
	1996	전북	7	7	0	0	1	0	0
	1998	전북	2	2	0	1	0	0	0
	합계		19	15	2	1	5	1	0
프로통산			19	15	2	1	5	1	0

강성일 (姜成一) 한양대 1979.06.04

리그	연도	소속	출전	교체	실점	도움	파울	경고	퇴장
BC	2002	대전	1	0	2	0	0	0	0
	2003	대전	0	0	0	0	0	0	0
	2004	대전	0	0	0	0	0	0	0
	합계		1	0	2	0	0	0	0
프로통산			1	0	2	0	0	0	0

강성호 (姜聲浩) 여주상고 1971.02.22

리그	연도	소속	출전	교체	득점	도움	파울	경고	퇴장
BC	1998	전북	9	7	0	0	14	0	0
	합계		9	7	0	0	14	0	0
프로통산			9	7	0	0	14	0	0

강수일 (姜修一) 상지대 1987.07.15

리그	연도	소속	출전	교체	득점	도움	파울	경고	퇴장
BC	2007	인천	2	2	0	1	0	0	0
	2008	인천	5	4	0	0	3	0	0
	2009	인천	26	17	5	1	12	5	0
	2010	인천	25	21	4	1	15	2	0
	2011	제주	25	20	3	1	17	1	0
	2012	제주	32	23	3	2	27	2	0
	합계		115	87	15	6	74	10	0
클	2013	제주	27	20	1	3	21	4	0
	2014	포항	29	21	6	3	36	2	0
	2015	제주	14	7	5	2	8	1	0
	합계		70	48	12	8	65	7	0
프로통산			185	135	27	14	139	17	0

강승조 (康承助) 단국대 1986.01.20

리그	연도	소속	출전	교체	득점	도움	파울	경고	퇴장
BC	2008	부산	5	4	0	0	7	2	0
	2009	부산	22	13	4	1	36	8	0
	2010	전북	29	15	5	2	43	7	0
	2011	전북	4	4	0	0	2	1	0
	2011	경남	9	1	1	1	17	6	0
	2012	경남	32	9	5	4	57	4	1
	합계		101	46	15	8	162	28	1
클	2013	경남	26	14	4	6	26	4	1
	2014	서울	17	14	0	1	18	2	0
	합계		43	28	4	7	44	6	1
챌	2015	안산경	19	8	2	2	27	7	0
	2016	안산무	14	8	2	0	12	2	0
	합계		33	16	4	2	39	9	0
프로통산			177	90	23	17	245	43	2

강신우 (姜信寓) 서울대 1959.03.18

리그	연도	소속	출전	교체	득점	도움	파울	경고	퇴장
BC	1983	대우	15	1	0	0	26	2	0
	1984	대우	27	6	5	3	29	2	0
	1985	대우	13	2	1	1	14	0	0
	1986	대우	29	11	1	0	36	0	0
	1987	럭금	18	8	0	0	11	1	0
	합계		102	28	7	4	116	5	0
프로통산			102	28	7	4	116	5	0

강영제 (姜永提) 조선대 1994.08.11

리그	연도	소속	출전	교체	득점	도움	파울	경고	퇴장
챌	2016	대전	7	7	0	0	3	1	0
	합계		7	7	0	0	3	1	0
프로통산			7	7	0	0	3	1	0

강영철 (姜英喆)

리그	연도	소속	출전	교체	득점	도움	파울	경고	퇴장
BC	1983	대우	1	2	0	0	0	0	0
	합계		1	2	0	0	0	0	0
프로통산			1	2	0	0	0	0	0

강용 (康勇) 고려대 1979.01.14

리그	연도	소속	출전	교체	득점	도움	파울	경고	퇴장
BC	2001	포항	10	3	0	1	23	2	0
	2002	포항	7	6	0	0	6	2	0
	2003	포항	37	6	2	4	73	3	1
	2004	포항	31	13	1	1	52	4	0
	2005	전남	12	6	0	0	27	1	0
	2006	광주상	25	6	4	2	45	3	0
	2007	광주상	26	3	0	1	50	2	1
	2008	전남	0	0	0	0	0	0	0
	2009	강원	14	1	0	1	20	0	0
	2011	대구	9	1	0	0	15	3	0
	2012	대구	10	6	1	0	14	5	0
	합계		181	51	8	10	325	25	2
클	2013	인천	4	1	0	0	5	1	0
	합계		4	1	0	0	5	1	0
프로통산			185	52	8	10	330	26	2

강용국 (康龍國) 동국대 1961.11.17

리그	연도	소속	출전	교체	득점	도움	파울	경고	퇴장
BC	1985	한일	19	11	1	1	22	0	0
	1986	한일	5	5	0	1	3	0	0
	합계		24	16	1	2	25	0	0
프로통산			24	16	1	2	25	0	0

강우람 (姜우람) 광운대 1986.05.04

리그	연도	소속	출전	교체	득점	도움	파울	경고	퇴장
BC	2012	대전	0	0	0	0	0	0	0
	합계		0	0	0	0	0	0	0
프로통산			0	0	0	0	0	0	0

강원길 (姜源吉) 전북대 1968.03.17

리그	연도	소속	출전	교체	득점	도움	파울	경고	퇴장
BC	1994	버팔로	26	7	0	0	31	1	0
	1995	전북	25	5	1	0	31	4	0
	합계		51	12	1	0	62	5	0
프로통산			51	12	1	0	62	5	0

강윤성 (姜允盛) 대구공고 1997.07.01

리그	연도	소속	출전	교체	득점	도움	파울	경고	퇴장
챌	2016	대전	26	24	0	0	27	5	0
	합계		26	24	0	0	27	5	0
프로통산			26	24	0	0	27	5	0

강인준 (康仁準) 호남대 1987.10.27

리그	연도	소속	출전	교체	득점	도움	파울	경고	퇴장
BC	2010	제주	0	0	0	0	0	0	0
	2011	제주	0	0	0	0	0	0	0
	2011	대전	1	1	0	0	1	0	1
	합계		1	1	0	0	1	0	1
프로통산			1	1	0	0	1	0	1

강재순 (姜才淳) 성균관대 1964.12.15

리그	연도	소속	출전	교체	득점	도움	파울	경고	퇴장
BC	1987	현대	5	5	0	0	0	0	0
	1988	현대	22	3	4	3	32	3	0
	1989	현대	40	0	6	6	52	0	0
	1991	현대	27	19	3	1	19	1	0
	1992	현대	29	22	4	3	39	1	0
	1993	현대	32	8	9	3	43	2	0
	1994	현대	25	10	0	3	25	0	0
	1995	현대	16	17	2	2	12	1	0
	합계		196	84	28	21	222	8	0
프로통산			196	84	28	21	222	8	0

강재욱 (姜宰旭) 홍익대 1985.04.05

리그	연도	소속	출전	교체	득점	도움	파울	경고	퇴장
BC	2009	서울	0	0	0	0	0	0	0
	합계		0	0	0	0	0	0	0
프로통산			0	0	0	0	0	0	0

강정대 (姜征大) 한양대 1971.08.22

리그	연도	소속	출전	교체	득점	도움	파울	경고	퇴장
BC	1997	대전	17	0	0	0	25	2	0
	1998	대전	20	6	0	1	26	3	0
	1999	대전	20	10	1	1	26	1	0
	2000	대전	3	3	0	0	1	0	0
	합계		60	19	1	2	78	6	0
프로통산			60	19	1	2	78	6	0

강정훈 (姜正勳) 건국대 1987.12.16

리그	연도	소속	출전	교체	득점	도움	파울	경고	퇴장
BC	2010	서울	4	3	0	0	9	1	0
	2011	서울	9	10	2	1	7	1	0
	2012	서울	3	2	0	0	3	0	0
	합계		16	15	2	1	19	2	0
클	2013	서울	0	0	0	0	0	0	0
	2013	강원	13	11	0	1	10	2	0
	합계		13	11	0	1	10	2	0
프로통산			29	26	2	2	29	4	0

강정훈 (姜政勳) 한양대 1976.02.20

리그	연도	소속	출전	교체	득점	도움	파울	경고	퇴장
BC	1998	대전	21	20	1	1	13	3	0
	1999	대전	25	21	1	2	28	1	0
	2000	대전	27	20	1	3	25	2	0
	2001	대전	6	6	0	0	10	1	0
	2002	대전	25	8	0	1	39	5	0
	2003	대전	28	12	1	2	52	1	0
	2004	대전	33	8	1	1	71	8	0
	2005	대전	34	4	2	2	92	5	0
	2006	대전	34	6	1	0	72	6	0
	2007	대전	26	10	0	0	51	4	0
	합계		259	115	8	12	453	36	0
프로통산			259	115	8	12	453	36	0

강종구 (姜宗求) 동의대 1989.05.08

리그	연도	소속	출전	교체	득점	도움	파울	경고	퇴장
BC	2011	포항	1	1	0	0	0	0	0
	합계		1	1	0	0	0	0	0
프로통산			1	1	0	0	0	0	0

강종국 (姜種麴) 홍익대 1991.11.12

리그	연도	소속	출전	교체	득점	도움	파울	경고	퇴장
클	2013	경남	14	13	2	1	18	2	0
	합계		14	13	2	1	18	2	0
챌	2014	안산경	12	9	0	0	5	1	0
	2015	안산경	6	6	0	1	4	1	0
	2015	경남	1	1	0	0	0	0	0
	합계		19	16	0	1	9	2	0
프로통산			33	29	2	2	27	4	0

* 실점: 2014년 2 / 통산 2

강주호 (姜周澔) 경희대 1989.03.26

리그	연도	소속	출전	교체	득점	도움	파울	경고	퇴장
BC	2012	전북	2	2	0	0	2	0	0
	합계		2	2	0	0	2	0	0
챌	2013	충주	31	19	3	3	58	9	0
	합계		31	19	3	3	58	9	0
프로통산			33	21	3	3	60	9	0

강준우 (康準佑) 인천대 1982.06.03

리그	연도	소속	출전	교체	득점	도움	파울	경고	퇴장
BC	2007	제주	15	10	0	0	20	1	0
	2008	제주	19	3	1	0	23	6	0
	2009	제주	19	4	0	1	27	6	0
	2010	제주	4	0	0	0	10	1	0
	2011	제주	23	5	0	1	28	9	0
	합계		80	22	1	2	108	23	0
클	2014	제주	4	4	0	0	0	0	0
	2015	제주	10	7	0	0	6	2	0

리그	연도	소속	출전	교체	득점	도움	파울	경고	퇴장
	2016	제주	1	1	0	0	0	0	0
	합계		15	12	0	0	6	2	0
프로통산			95	34	1	2	114	25	0

강준호 (姜俊好) 제주제일고 1971.11.27

리그	연도	소속	출전	교체	득점	도움	파울	경고	퇴장
BC	1994	LG	21	9	0	5	27	4	0
	1995	LG	10	5	0	1	11	1	0
	1996	안양L	22	18	0	1	15	2	0
	1997	안양L	26	3	0	0	51	5	1
	1998	안양L	29	2	1	4	61	11	0
	1999	안양L	11	8	0	1	7	1	0
	2000	안양L	10	7	1	2	9	1	0
	2001	안양L	2	2	0	0	1	0	0
	합계		131	54	2	14	182	25	1
프로통산			131	54	2	14	182	25	1

강지용 (姜大浩 / ← 강대호) 한양대 1989.11.23

리그	연도	소속	출전	교체	득점	도움	파울	경고	퇴장
BC	2009	포항	0	0	0	0	0	0	0
	2010	포항	5	2	0	0	13	2	0
	2011	포항	0	0	0	0	0	0	0
	2012	부산	1	1	0	0	0	0	0
	합계		6	3	0	0	13	2	0
챌	2014	부천	30	2	5	1	55	8	0
	2015	부천	34	2	0	0	37	6	1
	2016	부천	38	1	1	1	49	11	0
	합계		102	5	6	2	141	25	1
프로통산			108	8	6	2	154	27	1

강진규 (康晉奎) 중앙대 1983.09.10

리그	연도	소속	출전	교체	득점	도움	파울	경고	퇴장
BC	2006	전남	0	0	0	0	0	0	0
	2008	광주상	8	6	0	0	5	0	0
	2009	광주상	22	17	3	1	5	0	0
	2009	전남	0	0	0	0	0	0	0
	2010	전남	3	2	0	0	3	1	0
	2011	전남	1	0	0	0	1	0	0
	합계		34	25	3	1	14	1	0
프로통산			34	25	3	1	14	1	0

강진욱 (姜珍旭) 중동고 1986.02.13

리그	연도	소속	출전	교체	득점	도움	파울	경고	퇴장
BC	2006	제주	3	1	0	0	6	0	0
	2008	광주상	14	3	0	0	34	2	0
	2009	울산	11	3	0	1	12	1	0
	2010	울산	16	12	0	1	11	1	0
	2011	울산	17	7	1	3	15	4	0
	2012	울산	19	6	0	2	19	3	0
	합계		80	32	1	7	97	11	0
클	2013	성남일	6	2	0	0	4	1	0
	2015	성남	0	0	0	0	0	0	0
	합계		6	2	0	0	4	1	0
프로통산			86	34	1	7	101	12	0

강진웅 (姜珍熊) 선문대 1985.05.01

리그	연도	소속	출전	교체	실점	도움	파울	경고	퇴장
챌	2013	고양	13	1	15	0	1	0	0
	2014	고양	17	1	19	0	0	0	0
	2015	고양	18	1	35	0	0	0	0
	2016	고양	33	0	57	0	1	1	0
	합계		81	3	126	0	2	1	0
프로통산			81	3	126	0	2	1	0

강창근 (姜昌根) 울산대 1956.04.28

리그	연도	소속	출전	교체	실점	도움	파울	경고	퇴장
BC	1983	국민	8	0	13	0	0	0	0
	합계		8	0	13	0	0	0	0
프로통산			8	0	13	0	0	0	0

강철 (姜喆) 연세대 1971.11.02

리그	연도	소속	출전	교체	득점	도움	파울	경고	퇴장
BC	1993	유공	9	1	1	1	15	2	0
	1994	유공	13	3	0	2	12	1	0
	1995	유공	17	0	1	2	41	2	0
	1998	부천S	30	5	2	4	64	5	0
	1999	부천S	34	2	1	1	46	3	0
	2000	부천S	35	1	4	3	55	3	0
	2001	전남	18	8	1	2	25	1	0
	2002	전남	29	2	0	0	21	3	0
	2003	전남	22	3	0	0	15	1	0
	합계		207	25	10	15	294	21	0
프로통산			207	25	10	15	294	21	0

강철민 (姜澈珉) 단국대 1988.08.09

리그	연도	소속	출전	교체	득점	도움	파울	경고	퇴장
BC	2011	경남	5	1	0	0	6	0	0
	합계		5	1	0	0	6	0	0
챌	2013	경찰	4	4	0	0	1	0	0
	2014	안산경	1	1	0	0	0	0	0
	합계		5	5	0	0	1	0	0
프로통산			10	6	0	0	7	0	0

강태식 (姜太植) 한양대 1963.03.15

리그	연도	소속	출전	교체	득점	도움	파울	경고	퇴장
BC	1986	포철	22	2	0	5	31	3	0
	1987	포철	30	1	3	2	52	5	0
	1988	포철	23	2	0	1	42	2	0
	1989	포철	25	7	0	2	42	1	0
	합계		100	12	3	10	167	11	0
프로통산			100	12	3	10	167	11	0

강한상 (姜漢相) 안동대 1966.03.20

리그	연도	소속	출전	교체	득점	도움	파울	경고	퇴장
BC	1988	유공	12	0	0	0	21	4	0
	1989	유공	17	1	0	0	9	2	0
	합계		29	1	0	0	30	6	0
프로통산			29	1	0	0	30	6	0

강현무 (姜賢茂) 포철고 1995.03.13

리그	연도	소속	출전	교체	득점	도움	파울	경고	퇴장
클	2015	포항	0	0	0	0	0	0	0
	2016	포항	0	0	0	0	0	0	0
	합계		0	0	0	0	0	0	0
프로통산			0	0	0	0	0	0	0

강현영 (姜鉉映) 중앙대 1989.05.20

리그	연도	소속	출전	교체	득점	도움	파울	경고	퇴장
BC	2012	대구	0	0	0	0	0	0	0
	합계		0	0	0	0	0	0	0
프로통산			0	0	0	0	0	0	0

강현욱 (姜鉉旭) 충주험멜 1985.11.04

리그	연도	소속	출전	교체	득점	도움	파울	경고	퇴장
BC	2008	대전	1	0	0	0	1	0	0
	합계		1	0	0	0	1	0	0
프로통산			1	0	0	0	1	0	0

강호광 (姜鎬光) 경상대 1961.01.22

리그	연도	소속	출전	교체	득점	도움	파울	경고	퇴장
BC	1984	국민	6	3	0	0	4	0	0
	합계		6	3	0	0	4	0	0
프로통산			6	3	0	0	4	0	0

강훈 (姜訓) 광운대 1991.05.15

리그	연도	소속	출전	교체	실점	도움	파울	경고	퇴장
챌	2014	부천	19	0	26	0	2	1	0
	2015	부천	0	0	0	0	0	0	0
	합계		19	0	26	0	2	1	0
프로통산			19	0	26	0	2	1	0

게인리히 (Alexander Geynrikh) 우즈베키스탄 1984.10.06

리그	연도	소속	출전	교체	득점	도움	파울	경고	퇴장
BC	2011	수원	20	19	3	0	38	5	0
	합계		20	19	3	0	38	5	0
프로통산			20	19	3	0	38	5	0

겐나디 (Gennadi Styopushkin) 러시아 1964.06.20

리그	연도	소속	출전	교체	득점	도움	파울	경고	퇴장
BC	1995	일화	24	14	1	0	24	7	1
	1996	천안	31	2	0	1	30	8	0
	1997	안양L	4	2	0	0	5	1	0
	합계		59	18	1	1	59	16	1
프로통산			59	18	1	1	59	16	1

견희재 (甄熙材) 고려대 1988.11.27

리그	연도	소속	출전	교체	득점	도움	파울	경고	퇴장
BC	2012	성남일	0	0	0	0	0	0	0
	합계		0	0	0	0	0	0	0
프로통산			0	0	0	0	0	0	0

경재윤 (慶宰允) 동국대 1988.04.06

리그	연도	소속	출전	교체	득점	도움	파울	경고	퇴장
챌	2013	고양	0	0	0	0	0	0	0
	2014	부천	4	4	0	0	4	0	0
	합계		4	4	0	0	4	0	0
프로통산			4	4	0	0	4	0	0

고경민 (高敬旻) 한양대 1987.04.11

리그	연도	소속	출전	교체	득점	도움	파울	경고	퇴장
BC	2010	인천	2	2	0	0	0	0	0
	합계		2	2	0	0	0	0	0
챌	2013	안양	18	11	6	2	24	4	0
	2013	경찰	9	0	2	0	12	2	0
	2014	안산경	34	11	11	4	40	3	0
	2015	안산경	8	2	1	0	7	0	0
	2015	안양	25	7	15	1	21	3	0
	2016	부산	26	24	7	4	18	3	0
	합계		120	55	42	11	122	15	0
프로통산			122	57	42	11	122	15	0

고경준 (高敬竣) 제주제일고 1987.03.07

리그	연도	소속	출전	교체	득점	도움	파울	경고	퇴장
BC	2006	수원	9	4	1	0	19	4	0
	2008	경남	0	0	0	0	0	0	0
	합계		9	4	1	0	19	4	0
챌	2016	서울E	1	1	0	0	1	0	0
	합계		1	1	0	0	1	0	0
프로통산			10	5	1	0	20	4	0

고광민 (高光民) 아주대 1988.09.21

리그	연도	소속	출전	교체	득점	도움	파울	경고	퇴장
BC	2011	서울	7	6	0	1	10	1	0
	2012	서울	11	12	0	0	5	0	0
	합계		18	18	0	1	15	1	0
클	2013	서울	3	3	0	0	1	0	0
	2014	서울	20	9	1	3	12	2	0
	2015	서울	28	4	0	3	20	1	0
	2016	서울	33	2	1	2	40	4	0
	합계		84	18	2	8	73	7	0
프로통산			102	36	2	9	88	8	0

고기구 (高基龝) 숭실대 1980.07.31

리그	연도	소속	출전	교체	득점	도움	파울	경고	퇴장
BC	2004	부천S	18	7	0	2	24	1	0
	2005	부천S	30	16	5	1	56	5	0
	2006	포항	27	18	9	3	42	0	0
	2007	포항	24	18	2	0	45	2	0
	2008	전남	18	13	3	2	14	1	0
	2009	전남	12	10	0	0	15	0	0
	2010	포항	7	6	1	0	5	1	0
	2010	대전	6	5	0	1	12	0	0
	합계		142	93	20	9	213	10	0
프로통산			142	93	20	9	213	10	0

고대서 (高大舒) 관동대 1991.11.10

리그	연도	소속	출전	교체	득점	도움	파울	경고	퇴장
챌	2015	경남	6	6	0	0	5	1	0
	합계		6	6	0	0	5	1	0
프로통산			6	6	0	0	5	1	0

고대우 (高大佑) 배재대 1987.02.09

리그	연도	소속	출전	교체	득점	도움	파울	경고	퇴장
BC	2010	대전	1	1	0	0	0	0	0
	2011	대전	5	5	0	0	1	1	0

리그	연도	소속	출전	교체	득점	도움	파울	경고	퇴장
	2012	대전	2	2	0	0	0	0	0
	합계		8	8	0	0	1	1	0
챌	2014	안양	0	0	0	0	0	0	0
	합계		0	0	0	0	0	0	0
프로통산			8	8	0	0	1	1	0

고란 (Goran Jevtic) 유고슬라비아 1970.08.10

리그	연도	소속	출전	교체	득점	도움	파울	경고	퇴장
BC	1993	현대	13	8	0	0	13	2	0
	1994	현대	18	1	0	0	21	4	0
	1995	현대	16	14	0	1	18	6	0
	합계		47	23	0	1	52	12	0
프로통산			47	23	0	1	52	12	0

고래세 (高来世) 진주고 1992.03.23

리그	연도	소속	출전	교체	득점	도움	파울	경고	퇴장
BC	2011	경남	1	1	0	0	0	0	0
	2012	경남	2	3	0	0	0	0	0
	합계		3	4	0	0	0	0	0
클	2013	경남	2	1	0	0	0	1	0
	2014	경남	1	1	0	0	0	0	0
	합계		3	2	0	0	0	1	0
프로통산			6	6	0	0	0	1	0

고메스 (Anicio Gomes) 브라질 1982.04.01

리그	연도	소속	출전	교체	득점	도움	파울	경고	퇴장
BC	2010	제주	6	6	1	0	1	0	0
	합계		6	6	1	0	1	0	0
프로통산			6	6	1	0	1	0	0

고메즈 (Andre Gomes) 브라질 1975.12.23

리그	연도	소속	출전	교체	득점	도움	파울	경고	퇴장
BC	2004	전북	26	7	2	1	56	5	1
	2005	포항	7	6	0	0	9	0	1
	합계		33	13	2	1	65	5	2
프로통산			33	13	2	1	65	5	2

고명진 (高明振) 석관중 1988.01.09

리그	연도	소속	출전	교체	득점	도움	파울	경고	퇴장
BC	2004	서울	5	3	0	0	4	0	0
	2005	서울	1	0	0	0	1	0	0
	2006	서울	19	7	1	0	30	2	0
	2007	서울	12	6	1	1	15	3	0
	2008	서울	14	10	1	0	15	1	0
	2009	서울	23	16	2	1	14	4	0
	2010	서울	9	8	0	0	9	1	0
	2011	서울	24	4	2	7	42	6	0
	2012	서울	39	9	1	3	61	1	0
	합계		146	63	8	12	191	18	0
클	2013	서울	30	4	3	2	27	8	0
	2014	서울	31	4	2	1	31	3	0
	2015	서울	20	8	1	0	18	5	0
	합계		81	16	6	3	76	16	0
프로통산			227	79	14	15	267	34	0

고무열 (高武烈) 포철공고 1990.09.05

리그	연도	소속	출전	교체	득점	도움	파울	경고	퇴장
BC	2011	포항	28	16	10	3	29	2	0
	2012	포항	39	32	6	6	61	2	0
	합계		67	48	16	9	90	4	0
클	2013	포항	34	23	8	5	48	5	0
	2014	포항	27	19	5	1	47	2	0
	2015	포항	30	19	6	2	42	3	1
	2016	전북	22	19	1	2	15	4	0
	합계		113	80	20	10	152	14	1
프로통산			180	128	36	19	242	18	1

고민기 (高旼奇) 고려대 1978.07.01

리그	연도	소속	출전	교체	득점	도움	파울	경고	퇴장
BC	2001	전북	1	1	0	0	1	0	0
	합계		1	1	0	0	1	0	0
프로통산			1	1	0	0	1	0	0

고민성 (高旼成) 매탄고 1995.11.20

리그	연도	소속	출전	교체	득점	도움	파울	경고	퇴장
클	2014	수원	0	0	0	0	0	0	0
	2015	수원	1	1	0	0	0	0	0
	합계		1	1	0	0	0	0	0
챌	2016	강원	11	11	0	1	8	0	0
	합계		11	11	0	1	8	0	0
프로통산			12	12	0	1	8	0	0

고민혁 (高敏赫) 현대고 1996.02.10

리그	연도	소속	출전	교체	득점	도움	파울	경고	퇴장
클	2015	대전	11	9	1	1	6	1	0
	합계		11	9	1	1	6	1	0
챌	2016	대전	1	1	0	0	0	0	0
	합계		1	1	0	0	0	0	0
프로통산			12	10	1	1	6	1	0

고백진 (高白鎭) 건국대 1966.05.03

리그	연도	소속	출전	교체	득점	도움	파울	경고	퇴장
BC	1989	유공	1	1	0	0	0	0	0
	합계		1	1	0	0	0	0	0
프로통산			1	1	0	0	0	0	0

고범수 (高範壽) 선문대 1980.04.16

리그	연도	소속	출전	교체	득점	도움	파울	경고	퇴장
BC	2006	광주상	8	2	0	0	12	1	0
	합계		8	2	0	0	12	1	0
프로통산			8	2	0	0	12	1	0

고병욱 (高竝旭) 광양제철고 1992.08.21

리그	연도	소속	출전	교체	득점	도움	파울	경고	퇴장
클	2015	전남	4	4	0	0	1	0	0
	합계		4	4	0	0	1	0	0
프로통산			4	4	0	0	1	0	0

고병운 (高炳運) 광운대 1973.09.28

리그	연도	소속	출전	교체	득점	도움	파울	경고	퇴장
BC	1996	포항	29	12	0	0	38	3	0
	1997	포항	33	10	0	0	57	4	0
	1998	포항	32	9	0	1	45	3	0
	2001	포항	23	11	0	1	28	1	0
	2002	포항	34	0	0	1	68	3	0
	2003	포항	42	4	0	2	90	4	0
	2005	대전	13	7	0	0	14	0	0
	2006	대전	32	8	0	1	53	4	0
	합계		238	61	0	6	393	22	0
프로통산			238	61	0	6	393	22	0

고보연 (高輔演) 아주대 1991.07.11

리그	연도	소속	출전	교체	득점	도움	파울	경고	퇴장
챌	2014	부천	11	11	1	0	13	1	0
	합계		11	11	1	0	13	1	0
프로통산			11	11	1	0	13	1	0

고봉현 (高奉玄) 홍익대 1979.07.02

리그	연도	소속	출전	교체	득점	도움	파울	경고	퇴장
BC	2003	대구	18	8	2	1	46	2	0
	2004	대구	11	7	2	0	18	1	0
	2005	대구	10	10	1	0	13	2	0
	합계		39	25	5	1	77	5	0
프로통산			39	25	5	1	77	5	0

고성민 (高成敏) 명지대 1972.09.07

리그	연도	소속	출전	교체	득점	도움	파울	경고	퇴장
BC	1995	전북	23	15	2	1	29	5	0
	1996	전북	29	20	2	1	36	2	0
	1997	전북	16	9	0	2	27	3	0
	1998	전북	1	1	0	0	0	0	0
	합계		69	45	4	4	92	10	0
프로통산			69	45	4	4	92	10	0

고슬기 (고슬기) 오산고 1986.04.21

리그	연도	소속	출전	교체	득점	도움	파울	경고	퇴장
BC	2007	포항	0	0	0	0	0	0	0
	2008	광주상	28	13	3	1	37	3	0
	2009	광주상	20	16	2	2	26	3	0
	2009	포항	1	0	0	0	4	1	0
	2010	울산	15	11	1	1	26	5	0
	2011	울산	37	10	7	2	72	10	0
	2012	울산	40	13	4	8	51	4	0
	합계		141	63	17	14	216	26	0
프로통산			141	63	17	14	216	26	0

고승범 (高丞範) 경희대 1994.04.24

리그	연도	소속	출전	교체	득점	도움	파울	경고	퇴장
클	2016	수원	13	11	0	0	12	1	0
	합계		13	11	0	0	12	1	0
프로통산			13	11	0	0	12	1	0

고요한 (高요한) 토월중 1988.03.10

리그	연도	소속	출전	교체	득점	도움	파울	경고	퇴장
BC	2006	서울	1	0	0	0	0	0	0
	2007	서울	6	6	0	0	14	1	0
	2008	서울	4	3	0	0	9	2	0
	2009	서울	16	11	0	0	26	5	0
	2010	서울	7	7	1	0	11	0	0
	2011	서울	19	6	3	0	29	4	0
	2012	서울	38	4	1	2	45	7	0
	합계		91	37	5	2	134	19	0
클	2013	서울	37	25	5	3	52	3	0
	2014	서울	32	19	4	3	38	3	0
	2015	서울	33	22	2	1	34	2	0
	2016	서울	27	5	2	5	28	4	0
	합계		129	71	13	12	152	12	0
프로통산			220	108	18	14	286	31	0

고은성 (高銀成) 단국대 1988.06.23

리그	연도	소속	출전	교체	득점	도움	파울	경고	퇴장
BC	2011	광주	1	0	0	0	0	1	0
	합계		1	0	0	0	0	1	0
프로통산			1	0	0	0	0	1	0

고의석 (高義錫) 명지대 1962.10.15

리그	연도	소속	출전	교체	득점	도움	파울	경고	퇴장
BC	1983	대우	4	3	0	0	5	0	0
	1983	유공	6	3	0	1	1	1	0
	1984	유공	2	1	0	0	0	0	0
	1985	상무	14	2	0	1	17	1	0
	합계		26	9	0	2	23	2	0
프로통산			26	9	0	2	23	2	0

고재성 (高在成) 대구대 1985.01.28

리그	연도	소속	출전	교체	득점	도움	파울	경고	퇴장
BC	2009	성남일	25	8	1	1	49	9	0
	2010	성남일	17	6	0	1	30	3	0
	2012	경남	31	18	2	5	42	5	0
	합계		73	32	3	7	121	17	0
클	2014	상주	12	10	0	1	8	0	0
	2014	경남	12	6	1	0	14	2	0
	합계		24	16	1	1	22	2	0
챌	2013	상주	28	18	3	2	33	2	0
	2015	경남	11	9	2	1	14	0	0
	합계		39	27	5	3	47	2	0
승	2013	상주	1	1	0	0	0	0	0
	2014	경남	2	2	0	1	1	0	0
	합계		3	3	0	1	1	0	0
프로통산			139	78	9	12	191	21	0

고정빈 (高正彬) 한남대 1984.02.09

리그	연도	소속	출전	교체	득점	도움	파울	경고	퇴장
BC	2007	대구	0	0	0	0	0	0	0
	합계		0	0	0	0	0	0	0
프로통산			0	0	0	0	0	0	0

고정운 (高正云) 건국대 1966.06.27

리그	연도	소속	출전	교체	득점	도움	파울	경고	퇴장
BC	1989	일화	31	3	4	8	51	0	0
	1990	일화	21	3	4	3	46	2	0
	1991	일화	40	3	13	7	82	0	0
	1992	일화	33	3	7	4	67	4	0
	1993	일화	2	1	0	0	2	0	0
	1994	일화	21	3	4	10	29	1	0

리그	연도	소속	출전	교체	득점	도움	파울	경고	퇴장
	1995	일화	29	3	5	4	65	2	0
	1996	천안	12	2	4	1	20	2	0
	1998	포항	16	1	5	6	39	4	0
	1999	포항	21	8	9	5	39	1	0
	2001	포항	4	4	0	0	2	0	0
	합계		230	34	55	48	442	16	0
프로통산			230	34	55	48	442	16	0

고종수 (高宗秀) 금호고 1978.10.30

리그	연도	소속	출전	교체	득점	도움	파울	경고	퇴장
BC	1996	수원	14	15	1	4	5	0	0
	1997	수원	15	10	3	5	30	2	1
	1998	수원	20	2	3	4	38	3	0
	1999	수원	21	4	4	7	29	1	0
	2000	수원	13	6	7	3	21	3	0
	2001	수원	20	10	10	6	29	2	0
	2002	수원	20	16	4	3	10	0	0
	2004	수원	5	5	0	0	2	0	0
	2005	전남	16	13	2	0	12	0	0
	2007	대전	11	5	1	1	12	1	0
	2008	대전	16	2	2	1	17	3	1
	합계		171	88	37	34	205	15	2
프로통산			171	88	37	34	205	15	2

고차원 (高次願) 아주대 1986.04.30

리그	연도	소속	출전	교체	득점	도움	파울	경고	퇴장
BC	2009	전남	22	14	2	2	20	3	0
	2010	전남	9	8	0	1	2	0	0
	2011	상주	33	22	4	1	41	2	0
	2012	상주	18	15	3	1	26	2	0
	2012	전남	4	3	2	0	1	0	0
	합계		86	62	11	5	90	7	0
클	2013	수원	1	1	0	0	0	0	0
	2014	수원	26	21	3	1	14	1	0
	2015	수원	25	16	0	0	18	2	0
	2016	수원	11	9	0	1	8	0	0
	합계		63	47	3	2	40	3	0
프로통산			149	109	14	7	130	10	0

고창현 (高昌賢) 초당대 1983.09.15

리그	연도	소속	출전	교체	득점	도움	파울	경고	퇴장
BC	2002	수원	5	4	0	0	5	0	0
	2003	수원	17	15	0	1	26	0	0
	2004	수원	6	6	0	1	4	0	0
	2005	부산	9	7	0	0	7	1	0
	2006	부산	19	15	2	0	25	2	0
	2007	광주상	24	11	0	1	29	4	0
	2008	광주상	29	16	4	1	27	4	0
	2009	대전	23	6	12	3	18	12	0
	2010	대전	12	2	4	1	19	4	1
	2010	울산	18	8	6	4	16	2	0
	2011	울산	32	26	3	5	27	6	0
	2012	울산	19	14	2	1	15	0	1
	합계		213	130	33	18	218	35	2
클	2013	울산	10	10	0	1	5	2	0
	2014	울산	25	21	4	3	31	5	0
	2015	울산	8	8	0	1	3	1	0
	합계		43	39	4	5	39	8	0
프로통산			256	169	37	23	257	43	2

고태원 (高兌沅) 호남대 1993.05.10

리그	연도	소속	출전	교체	득점	도움	파울	경고	퇴장
클	2016	전남	26	4	0	1	35	6	0
	합계		26	4	0	1	35	6	0
프로통산			26	4	0	1	35	6	0

고티 (Petr Gottwald) 체코 1973.04.28

리그	연도	소속	출전	교체	득점	도움	파울	경고	퇴장
BC	1998	전북	9	9	0	0	11	2	0
	합계		9	9	0	0	11	2	0
프로통산			9	9	0	0	11	2	0

고현 (高賢) 대구대 1973.02.01

리그	연도	소속	출전	교체	득점	도움	파울	경고	퇴장
BC	1996	안양L	2	2	0	0	0	1	0
	합계		2	2	0	0	0	1	0
프로통산			2	2	0	0	0	1	0

공문배 (孔文培) 건국대 1964.08.28

리그	연도	소속	출전	교체	득점	도움	파울	경고	퇴장
BC	1987	포철	5	4	0	0	3	0	0
	1988	포철	14	2	0	0	26	5	0
	1989	포철	34	7	0	2	65	1	0
	1990	포철	27	5	0	0	25	1	0
	1991	포철	28	6	0	1	37	1	1
	1992	포철	11	7	0	0	20	4	0
	1993	포철	28	12	0	0	40	4	0
	1994	포철	22	6	0	0	25	4	0
	1995	포항	24	20	0	1	23	5	0
	1996	포항	32	4	0	0	24	3	0
	1997	포항	28	4	0	1	28	4	0
	1998	포항	15	9	0	0	24	3	0
	합계		268	86	0	5	340	35	1
프로통산			268	86	0	5	340	35	1

공민현 (孔敏懸) 청주대 1990.01.19

리그	연도	소속	출전	교체	득점	도움	파울	경고	퇴장
챌	2013	부천	28	14	7	0	47	4	0
	2014	부천	31	6	4	2	76	3	0
	2015	부천	36	16	6	1	80	4	0
	2016	안산무	34	20	7	1	52	8	0
	합계		129	56	24	4	255	19	0
프로통산			129	56	24	4	255	19	0

공오균 (孔吳均) 관동대 1974.09.10

리그	연도	소속	출전	교체	득점	도움	파울	경고	퇴장
BC	1997	대전	33	10	1	2	64	4	0
	1998	대전	25	15	5	2	56	3	0
	1999	대전	31	13	6	3	44	5	0
	2000	대전	24	19	2	0	37	4	0
	2001	대전	29	19	9	2	57	8	0
	2002	대전	20	19	1	0	37	3	0
	2003	대전	31	19	5	6	49	4	0
	2004	대전	32	24	4	1	53	2	0
	2005	대전	30	22	3	2	54	4	0
	2006	대전	36	30	2	0	49	5	0
	2007	경남	14	13	2	0	13	4	0
	2008	경남	14	14	3	0	29	3	0
	합계		319	217	43	18	542	49	0
프로통산			319	217	43	18	542	49	0

공용석 (孔用錫) 건국대 1995.11.15

리그	연도	소속	출전	교체	득점	도움	파울	경고	퇴장
클	2015	대전	0	0	0	0	0	0	0
	합계		0	0	0	0	0	0	0
프로통산			0	0	0	0	0	0	0

공태하 (孔泰賀 / ← 공영선) 연세대 1987.05.09

리그	연도	소속	출전	교체	득점	도움	파울	경고	퇴장
BC	2010	전남	5	3	2	0	9	0	0
	2011	전남	8	4	1	0	15	0	0
	2012	전남	10	8	0	0	17	1	0
	합계		23	15	3	0	41	1	0
클	2013	전남	7	5	0	0	1	0	0
	2015	대전	10	9	0	0	4	1	0
	합계		17	14	0	0	5	1	0
프로통산			40	29	3	0	46	2	0

곽경근 (郭慶根) 고려대 1972.10.10

리그	연도	소속	출전	교체	득점	도움	파울	경고	퇴장
BC	1998	부천S	30	14	9	2	57	5	0
	1999	부천S	36	12	13	8	72	3	0
	2000	부천S	39	11	9	4	94	2	0
	2001	부천S	29	13	2	6	41	1	0
	2002	부천S	21	15	3	0	29	3	1
	2003	부산	27	14	0	3	36	2	0
	2004	부산	30	3	0	0	28	3	0
	합계		212	82	36	23	357	19	1
프로통산			212	82	36	23	357	19	1

곽광선 (郭珖善) 숭실대 1986.03.28

리그	연도	소속	출전	교체	득점	도움	파울	경고	퇴장
BC	2009	강원	28	0	3	0	36	3	0
	2010	강원	30	1	2	0	39	6	0
	2011	강원	27	1	0	0	28	6	0
	2012	수원	30	4	0	0	28	11	0
	합계		115	6	5	0	131	26	0
클	2013	수원	23	5	0	0	26	5	0
	2014	수원	4	0	0	0	4	0	0
	2014	상주	18	5	0	0	25	5	0
	2016	수원	21	5	1	0	21	5	0
	합계		66	15	1	0	76	15	0
챌	2015	상주	25	4	0	0	30	7	0
	합계		25	4	0	0	30	7	0
프로통산			206	25	6	0	237	48	0

곽기훈 (郭奇勳) 중앙대 1979.11.05

리그	연도	소속	출전	교체	득점	도움	파울	경고	퇴장
BC	2002	울산	1	1	0	0	1	1	0
	합계		1	1	0	0	1	1	0
프로통산			1	1	0	0	1	1	0

곽래승 (郭來昇) 우석대 1990.09.11

리그	연도	소속	출전	교체	득점	도움	파울	경고	퇴장
챌	2014	부천	4	4	0	0	3	0	0
	합계		4	4	0	0	3	0	0
프로통산			4	4	0	0	3	0	0

곽성호 (郭星浩) 한양대 1961.12.24

리그	연도	소속	출전	교체	득점	도움	파울	경고	퇴장
BC	1985	현대	9	7	0	0	1	0	0
	합계		9	7	0	0	1	0	0
프로통산			9	7	0	0	1	0	0

곽성환 (郭誠煥) 동의대 1992.03.29

리그	연도	소속	출전	교체	득점	도움	파울	경고	퇴장
챌	2016	충주	9	8	1	0	8	0	0
	합계		9	8	1	0	8	0	0
프로통산			9	8	1	0	8	0	0

곽완섭 (郭完燮) 경일대 1980.07.07

리그	연도	소속	출전	교체	득점	도움	파울	경고	퇴장
BC	2003	울산	0	0	0	0	0	0	0
	합계		0	0	0	0	0	0	0
프로통산			0	0	0	0	0	0	0

곽재민 (郭在旻) 한남대 1991.10.23

리그	연도	소속	출전	교체	득점	도움	파울	경고	퇴장
챌	2014	대전	1	1	0	0	1	0	0
	합계		1	1	0	0	1	0	0
프로통산			1	1	0	0	1	0	0

곽정술 (郭釘술) 울산대 1990.03.11

리그	연도	소속	출전	교체	득점	도움	파울	경고	퇴장
챌	2013	고양	2	2	0	0	1	0	0
	합계		2	2	0	0	1	0	0
프로통산			2	2	0	0	1	0	0

곽창규 (郭昌奎) 아주대 1962.09.01

리그	연도	소속	출전	교체	득점	도움	파울	경고	퇴장
BC	1986	대우	10	5	1	0	19	1	0
	1987	대우	21	17	0	1	25	1	0
	1988	대우	11	7	0	1	17	0	0
	1989	대우	20	14	0	0	22	2	0
	1990	대우	6	3	0	0	3	1	0
	1991	대우	6	6	0	1	5	0	0
	합계		74	52	1	3	91	5	0
프로통산			74	52	1	3	91	5	0

곽창희 (郭昌熙) 조선대 1987.07.26

리그	연도	소속	출전	교체	득점	도움	파울	경고	퇴장
BC	2010	대전	19	16	2	1	27	1	0
	2011	대전	5	3	0	0	13	1	0

리그	연도	소속	출전	교체	득점	도움	파울	경고	퇴장
	합계		24	19	2	1	40	2	0
프로통산			24	19	2	1	40	2	0

곽철호 (郭喆鎬) 명지대 1986.05.08

리그	연도	소속	출전	교체	득점	도움	파울	경고	퇴장
BC	2008	대전	13	9	1	0	24	4	0
	2009	대전	5	6	0	0	5	1	0
	2010	광주상	1	1	0	0	0	0	0
	2011	상주	7	6	0	1	7	1	0
	합계		26	22	1	1	36	6	0
프로통산			26	22	1	1	36	6	0

곽태휘 (郭泰輝) 중앙대 1981.07.08

리그	연도	소속	출전	교체	득점	도움	파울	경고	퇴장
BC	2005	서울	19	6	1	1	42	8	1
	2006	서울	23	8	1	1	37	1	0
	2007	서울	12	5	0	0	16	3	0
	2007	전남	13	0	1	0	26	2	0
	2008	전남	13	5	2	1	13	2	0
	2009	전남	10	2	0	1	20	0	0
	2011	울산	41	0	9	2	39	4	0
	2012	울산	32	4	3	0	26	4	0
	합계		163	30	17	6	219	24	1
클	2016	서울	11	3	0	0	13	3	0
	합계		11	3	0	0	13	3	0
프로통산			174	33	17	6	232	27	1

곽해성 (郭海盛) 광운대 1991.12.06

리그	연도	소속	출전	교체	득점	도움	파울	경고	퇴장
클	2014	성남	15	6	1	0	9	1	0
	2015	성남	23	5	0	3	10	0	0
	2016	성남	9	3	0	1	11	1	0
	2016	제주	8	3	2	1	3	1	0
	합계		55	17	3	5	33	3	0
프로통산			55	17	3	5	33	3	0

곽희주 (郭熙柱) 광운대 1981.10.05

리그	연도	소속	출전	교체	득점	도움	파울	경고	퇴장
BC	2003	수원	11	4	0	0	13	0	0
	2004	수원	37	0	0	0	106	7	0
	2005	수원	30	3	4	1	98	5	0
	2006	수원	20	3	1	1	53	4	0
	2007	수원	26	6	1	1	40	3	0
	2008	수원	35	1	3	1	58	5	0
	2009	수원	22	1	0	0	45	5	1
	2010	수원	26	0	3	1	54	8	0
	2011	수원	19	6	3	0	39	3	0
	2012	수원	33	11	1	1	54	10	0
	합계		259	35	16	6	560	50	1
클	2013	수원	26	10	1	0	40	5	0
	2015	수원	13	11	1	0	14	1	0
	2016	수원	10	7	1	0	12	3	0
	합계		49	28	3	0	66	9	0
프로통산			308	63	19	6	626	59	1

구경현 (具景炫) 전주대 1981.04.30

리그	연도	소속	출전	교체	득점	도움	파울	경고	퇴장
BC	2003	안양L	4	1	0	0	9	0	0
	2004	서울	10	5	0	0	9	0	0
	2005	서울	1	1	0	0	2	0	0
	2006	광주상	24	8	1	0	20	3	0
	2007	광주상	28	4	0	1	30	5	0
	2008	서울	10	8	1	0	6	0	1
	2009	제주	17	11	0	1	11	0	0
	2010	제주	9	4	0	0	1	0	0
	합계		103	42	2	2	88	8	1
프로통산			103	42	2	2	88	8	1

구대령 (具大領) 동국대 1979.10.24

리그	연도	소속	출전	교체	득점	도움	파울	경고	퇴장
BC	2003	대구	10	10	1	0	14	3	0
	합계		10	10	1	0	14	3	0
프로통산			10	10	1	0	14	3	0

구대엽 (具代燁) 광주대 1992.11.17

리그	연도	소속	출전	교체	득점	도움	파울	경고	퇴장
챌	2015	서울E	0	0	0	0	0	0	0
	2016	서울E	1	0	0	0	1	0	0
	합계		1	0	0	0	1	0	0
프로통산			1	0	0	0	1	0	0

구대영 (具大榮) 홍익대 1992.05.09

리그	연도	소속	출전	교체	득점	도움	파울	경고	퇴장
챌	2014	안양	14	6	0	0	18	5	0
	2015	안양	34	6	0	1	31	9	0
	2016	안양	27	3	0	0	18	5	0
	합계		75	15	0	1	67	19	0
프로통산			75	15	0	1	67	19	0

구본상 (具本想) 명지대 1989.10.04

리그	연도	소속	출전	교체	득점	도움	파울	경고	퇴장
BC	2012	인천	20	7	0	0	35	5	0
	합계		20	7	0	0	35	5	0
클	2013	인천	30	14	0	1	56	6	0
	2014	인천	33	7	0	3	86	6	0
	2015	울산	30	15	1	0	43	13	0
	2016	울산	14	7	0	0	20	1	0
	합계		107	43	1	4	205	26	0
프로통산			127	50	1	4	240	31	0

구본석 (具本錫) 경남상고 1962.09.05

리그	연도	소속	출전	교체	득점	도움	파울	경고	퇴장
BC	1985	유공	11	6	2	1	5	1	0
	1986	유공	33	8	10	3	28	1	0
	1987	유공	18	10	2	2	8	0	0
	1988	유공	6	2	1	1	4	0	0
	1989	유공	9	6	1	0	5	0	0
	1990	유공	10	5	2	0	9	2	0
	1991	유공	37	4	0	1	20	2	1
	1992	유공	22	0	0	0	6	0	0
	1993	유공	9	0	0	0	3	0	0
	1994	유공	19	6	4	0	8	1	0
	합계		174	47	22	8	96	7	1
프로통산			174	47	22	8	96	7	1

구상민 (具相珉) 동의대 1991.10.31

리그	연도	소속	출전	교체	실점	도움	파울	경고	퇴장
챌	2016	부산	32	0	25	0	1	2	0
	합계		32	0	25	0	1	2	0
프로통산			32	0	25	0	1	2	0

구상민 (具相敏) 상지대 1976.04.04

리그	연도	소속	출전	교체	득점	도움	파울	경고	퇴장
BC	1999	전남	0	0	0	0	0	0	0
	합계		0	0	0	0	0	0	0
프로통산			0	0	0	0	0	0	0

구상범 (具相範) 인천대 1964.06.15

리그	연도	소속	출전	교체	득점	도움	파울	경고	퇴장
BC	1986	럭금	26	1	5	0	34	2	0
	1987	럭금	31	1	3	1	21	4	0
	1988	럭금	10	0	2	0	11	0	0
	1989	럭금	9	0	0	0	9	1	0
	1990	럭금	9	1	1	0	12	1	0
	1991	LG	36	5	2	5	41	1	0
	1992	LG	26	4	1	5	20	3	0
	1993	LG	11	1	1	1	9	1	0
	1994	대우	24	4	0	6	21	2	0
	1995	포항	16	11	1	2	18	3	0
	합계		198	28	16	20	196	18	0
프로통산			198	28	16	20	196	18	0

구스타보 (Gustavo Affonso Sauerbeck) 브라질 1993.04.30

리그	연도	소속	출전	교체	득점	도움	파울	경고	퇴장
챌	2016	대전	22	16	6	6	44	3	0
	합계		22	16	6	6	44	3	0
프로통산			22	16	6	6	44	3	0

구아라 (Paulo Roberto Chamon de Castilho) 브라질 1979.08.29

리그	연도	소속	출전	교체	득점	도움	파울	경고	퇴장
BC	2008	부산	7	3	2	1	7	0	0
	2009	부산	5	3	0	0	4	0	0
	합계		12	6	2	1	11	0	0
프로통산			12	6	2	1	11	0	0

구자룡 (具滋龍) 매탄고 1992.04.06

리그	연도	소속	출전	교체	득점	도움	파울	경고	퇴장
BC	2011	수원	1	1	0	0	2	0	0
	합계		1	1	0	0	2	0	0
클	2013	수원	3	2	0	0	3	0	0
	2014	수원	7	6	0	0	2	0	0
	2015	수원	25	5	0	0	15	4	0
	2016	수원	32	1	1	0	42	6	0
	합계		67	14	1	0	62	10	0
챌	2013	경찰	6	5	0	0	3	0	0
	합계		6	5	0	0	3	0	0
프로통산			74	20	1	0	67	10	0

구자철 (具慈哲) 보인정보산업고 1989.02.27

리그	연도	소속	출전	교체	득점	도움	파울	경고	퇴장
BC	2007	제주	16	11	1	2	20	2	0
	2008	제주	14	5	0	1	36	5	0
	2009	제주	28	7	2	4	66	8	0
	2010	제주	30	6	5	12	50	5	0
	합계		88	29	8	19	172	20	0
프로통산			88	29	8	19	172	20	0

구즈노프 (Yevgeni Kuznetsov) 러시아 1961.08.30

리그	연도	소속	출전	교체	득점	도움	파울	경고	퇴장
BC	1996	전남	15	7	1	2	10	1	1
	합계		15	7	1	2	10	1	1
프로통산			15	7	1	2	10	1	1

구한식 (具漢湜) 전남체고 1962.04.08

리그	연도	소속	출전	교체	득점	도움	파울	경고	퇴장
BC	1987	유공	3	3	0	0	2	0	0
	합계		3	3	0	0	2	0	0
프로통산			3	3	0	0	2	0	0

구현서 (具鉉書) 중앙대 1982.05.13

리그	연도	소속	출전	교체	득점	도움	파울	경고	퇴장
BC	2005	전북	3	3	0	0	1	0	0
	2006	전남	9	9	2	2	7	1	0
	합계		12	12	2	2	8	1	0
프로통산			12	12	2	2	8	1	0

구현준 (具賢俊) 동래고 1993.12.13

리그	연도	소속	출전	교체	득점	도움	파울	경고	퇴장
BC	2012	부산	1	1	0	0	1	0	0
	합계		1	1	0	0	1	0	0
클	2013	부산	1	0	0	0	2	0	0
	2014	부산	2	0	0	0	2	0	0
	2015	부산	11	2	0	1	13	1	0
	합계		14	2	0	1	17	1	0
챌	2016	부산	14	3	0	1	16	4	0
	합계		14	3	0	1	16	4	0
승	2015	부산	0	0	0	0	0	0	0
	합계		0	0	0	0	0	0	0
프로통산			29	6	0	2	34	5	0

권경원 (權敬源) 동아대 1992.01.31

리그	연도	소속	출전	교체	득점	도움	파울	경고	퇴장
클	2013	전북	20	8	0	1	37	6	0
	2014	전북	5	4	0	0	4	1	0
	합계		25	12	0	1	41	7	0
프로통산			25	12	0	1	41	7	0

권경호 (權景昊) 동국대 1986.07.12

리그	연도	소속	출전	교체	득점	도움	파울	경고	퇴장
BC	2009	강원	3	2	0	0	3	0	0
	합계		3	2	0	0	3	0	0

리그	연도	소속	출전	교체	득점	도움	파울	경고	퇴장
프로통산			3	2	0	0	3	0	0

권기보 (權寄補) 운봉공고 1982.05.04

리그	연도	소속	출전	교체	실점	도움	파울	경고	퇴장
BC	2004	수원	0	0	0	0	0	0	0
	2005	수원	0	0	0	0	0	0	0
	2006	수원	1	0	1	0	0	0	0
	2007	수원	0	0	0	0	0	0	0
	2008	수원	0	0	0	0	0	0	0
	합계		1	0	1	0	0	0	0
프로통산			1	0	1	0	0	0	0

권덕용 (權德容) 인천대 1982.05.03

리그	연도	소속	출전	교체	득점	도움	파울	경고	퇴장
BC	2005	대전	2	2	0	0	1	1	0
	합계		2	2	0	0	1	1	0
프로통산			2	2	0	0	1	1	0

권석근 (權錫根) 고려대 1983.05.08

리그	연도	소속	출전	교체	득점	도움	파울	경고	퇴장
BC	2006	울산	3	3	0	0	0	0	0
	2007	울산	1	1	0	0	1	0	0
	합계		4	4	0	0	1	0	0
프로통산			4	4	0	0	1	0	0

권세진 (權世鎭) 명지대 1973.05.20

리그	연도	소속	출전	교체	득점	도움	파울	경고	퇴장
BC	1996	안양L	22	9	0	1	28	5	0
	1997	안양L	14	4	0	0	24	3	0
	1999	포항	0	0	0	0	0	0	0
	합계		36	13	0	1	52	8	0
프로통산			36	13	0	1	52	8	0

권수현 (權修鉉) 아주대 1991.03.26

리그	연도	소속	출전	교체	득점	도움	파울	경고	퇴장
챌	2014	광주	2	1	0	0	7	0	0
	합계		2	1	0	0	7	0	0
프로통산			2	1	0	0	7	0	0

권순태 (權純泰) 전주대 1984.09.11

리그	연도	소속	출전	교체	실점	도움	파울	경고	퇴장
BC	2006	전북	30	1	33	0	0	2	0
	2007	전북	27	1	29	0	1	1	0
	2008	전북	33	0	41	0	0	2	0
	2009	전북	33	1	40	0	0	3	0
	2010	전북	30	2	28	0	0	1	0
	2011	상주	17	1	34	0	2	3	0
	2012	상주	16	1	19	0	1	2	0
	2012	전북	2	0	2	0	0	0	0
	합계		188	7	226	0	4	14	0
클	2013	전북	8	1	17	0	0	0	0
	2014	전북	34	2	19	0	1	2	0
	2015	전북	36	0	35	0	2	4	0
	2016	전북	35	0	37	0	0	1	0
	합계		113	3	108	0	3	7	0
프로통산			301	10	334	0	7	21	0

권순학 (權純鶴) 전주대 1987.09.02

리그	연도	소속	출전	교체	득점	도움	파울	경고	퇴장
BC	2010	전북	1	1	0	0	0	0	0
	합계		1	1	0	0	0	0	0
프로통산			1	1	0	0	0	0	0

권순형 (權純亨) 고려대 1986.06.16

리그	연도	소속	출전	교체	득점	도움	파울	경고	퇴장
BC	2009	강원	18	6	0	2	14	2	0
	2010	강원	26	10	1	0	19	1	0
	2011	강원	25	10	1	0	31	3	0
	2012	제주	40	28	1	0	34	5	0
	합계		109	54	3	2	98	11	0
클	2013	제주	14	9	0	0	10	2	0
	2014	상주	27	9	2	3	20	4	0
	2015	제주	4	2	1	0	5	0	0
	2016	제주	37	11	5	8	34	2	0
	합계		82	31	8	11	69	8	0
챌	2015	상주	23	7	2	3	16	3	0
	합계		23	7	2	3	16	3	0
프로통산			214	92	13	16	183	22	0

권영대 (權寧大) 호남대 1963.03.13

리그	연도	소속	출전	교체	득점	도움	파울	경고	퇴장
BC	1989	현대	15	5	0	0	17	2	0
	1990	현대	13	8	0	0	4	1	0
	합계		28	13	0	0	21	3	0
프로통산			28	13	0	0	21	3	0

권영진 (權永秦) 성균관대 1991.01.23

리그	연도	소속	출전	교체	득점	도움	파울	경고	퇴장
클	2013	전북	2	1	0	0	7	2	0
	2014	전북	1	1	0	0	0	0	0
	합계		3	2	0	0	7	2	0
프로통산			3	2	0	0	7	2	0

권영호 (權英鎬) 명지대 1992.07.31

리그	연도	소속	출전	교체	득점	도움	파울	경고	퇴장
클	2015	광주	4	3	0	0	2	0	0
	합계		4	3	0	0	2	0	0
챌	2016	고양	34	2	0	0	35	2	1
	합계		34	2	0	0	35	2	1
프로통산			38	5	0	0	37	2	1

권오손 (權五孫) 서울시립대 1959.02.03

리그	연도	소속	출전	교체	득점	도움	파울	경고	퇴장
BC	1983	국민	1	0	0	0	0	0	0
	1984	럭금	12	2	0	0	7	0	0
	1985	럭금	16	1	0	1	13	2	0
	1986	럭금	26	2	0	0	29	1	0
	1987	럭금	2	2	0	0	0	0	0
	1988	현대	3	1	0	0	3	1	0
	합계		60	8	0	1	52	4	0
프로통산			60	8	0	1	52	4	0

권완규 (權完規) 성균관대 1991.11.20

리그	연도	소속	출전	교체	득점	도움	파울	경고	퇴장
클	2014	경남	17	3	1	0	27	3	0
	2015	인천	34	0	1	0	50	8	0
	2016	인천	21	5	2	1	38	4	0
	합계		72	8	4	1	115	15	0
프로통산			72	8	4	1	115	15	0

권용남 (權容南) 단국대 1985.12.02

리그	연도	소속	출전	교체	득점	도움	파울	경고	퇴장
BC	2009	제주	6	5	0	0	6	0	0
	2011	제주	11	11	2	1	1	0	0
	2012	제주	8	9	0	0	4	1	0
	합계		25	25	2	1	11	1	0
챌	2013	광주	10	10	0	1	5	0	0
	합계		10	10	0	1	5	0	0
프로통산			35	35	2	2	16	1	0

권용현 (權容賢) 호원대 1991.10.23

리그	연도	소속	출전	교체	득점	도움	파울	경고	퇴장
클	2016	제주	5	5	0	0	5	1	0
	2016	수원FC	16	6	5	2	26	2	0
	합계		21	11	5	2	31	3	0
챌	2013	수원FC	13	8	4	2	15	2	0
	2014	수원FC	36	24	2	9	33	1	0
	2015	수원FC	40	12	7	6	69	5	0
	합계		89	44	13	17	117	8	0
승	2015	수원FC	2	1	0	0	2	0	0
	합계		2	1	0	0	2	0	0
프로통산			112	56	18	19	150	11	0

권재곤 (權在坤) 광운대 1961.09.19

리그	연도	소속	출전	교체	득점	도움	파울	경고	퇴장
BC	1984	현대	6	4	2	1	4	0	0
	합계		6	4	2	1	4	0	0
프로통산			6	4	2	1	4	0	0

권정혁 (權正赫) 고려대 1978.08.02

리그	연도	소속	출전	교체	실점	도움	파울	경고	퇴장
BC	2001	울산	14	0	26	0	0	0	0
	2002	울산	8	0	9	0	0	0	0
	2003	울산	2	0	4	0	0	1	0
	2004	울산	1	0	3	0	0	0	0
	2005	광주상	0	0	0	0	0	0	0
	2006	광주상	22	1	21	0	1	0	0
	2007	포항	2	2	1	0	0	0	0
	2011	인천	14	0	18	0	0	0	0
	2012	인천	7	0	8	0	0	0	0
	합계		70	3	90	0	1	1	0
클	2013	인천	38	0	46	0	0	1	0
	2014	인천	28	0	35	0	0	0	0
	2015	광주	17	0	16	0	1	0	0
	합계		83	0	97	0	1	1	0
챌	2016	경남	13	0	21	0	1	1	0
	합계		13	0	21	0	1	1	0
프로통산			166	3	208	0	3	3	0

* 득점: 2013년 1 / 통산 1

권중화 (權重華) 강원대 1968.02.11

리그	연도	소속	출전	교체	득점	도움	파울	경고	퇴장
BC	1990	유공	8	8	3	0	12	1	0
	1991	유공	9	9	1	0	11	1	0
	1992	유공	13	7	1	2	13	1	0
	1993	LG	17	14	1	0	15	1	0
	1994	LG	20	18	3	0	11	1	0
	1995	전남	6	5	0	1	2	0	0
	1996	전남	11	6	0	0	13	2	0
	합계		84	67	9	3	77	7	0
프로통산			84	67	9	3	77	7	0

권진영 (權鎭永) 숭실대 1991.10.23

리그	연도	소속	출전	교체	득점	도움	파울	경고	퇴장
클	2013	부산	3	1	0	0	1	0	0
	2014	부산	6	4	0	0	13	3	0
	2016	상주	6	6	0	0	5	1	0
	합계		15	11	0	0	19	4	0
챌	2015	상주	1	1	0	0	2	0	0
	합계		1	1	0	0	2	0	0
프로통산			16	12	0	0	21	4	0

권집 (權輯) 동북고 1984.02.13

리그	연도	소속	출전	교체	득점	도움	파울	경고	퇴장
BC	2003	수원	14	2	0	1	28	1	0
	2004	수원	3	1	0	0	5	0	0
	2005	전남	2	2	0	0	3	0	0
	2005	전북	13	4	0	0	21	0	0
	2006	전북	18	4	2	1	36	5	0
	2007	전북	23	14	0	2	49	3	0
	2008	포항	3	3	0	0	2	0	0
	2008	대전	13	4	0	0	15	4	0
	2009	대전	26	11	0	1	33	5	0
	2010	대전	25	11	1	3	40	4	0
	합계		140	56	3	8	232	22	0
프로통산			140	56	3	8	232	22	0

권찬수 (權贊修) 단국대 1974.05.30

리그	연도	소속	출전	교체	실점	도움	파울	경고	퇴장
BC	1999	천안	22	4	33	0	0	0	0
	2000	성남일	14	0	21	0	0	2	0
	2001	성남일	7	1	4	0	0	0	0
	2002	성남일	15	1	15	0	0	0	0
	2003	성남일	22	0	27	0	1	1	0
	2004	인천	8	0	13	0	1	2	0
	2005	인천	4	0	2	0	0	0	0
	2005	성남일	10	0	11	0	0	2	0
	2006	인천	3	0	6	0	0	0	0
	2007	인천	12	0	18	0	1	1	0
	합계		117	6	150	0	3	8	0
클	2013	성남일	0	0	0	0	0	0	0
	합계		0	0	0	0	0	0	0

리그	연도	소속	출전	교체	득점	도움	파울	경고	퇴장
프로통산			117	6	150	0	3	8	0

권창훈 (權昶勳) 매탄고 1994.06.30

리그	연도	소속	출전	교체	득점	도움	파울	경고	퇴장
클	2013	수원	8	8	0	1	5	0	0
	2014	수원	20	19	1	2	12	1	0
	2015	수원	35	15	10	0	25	1	0
	2016	수원	27	14	7	4	22	1	0
	합계		90	56	18	7	64	3	0
프로통산			90	56	18	7	64	3	0

권태규 (權泰圭) 상지대 1971.02.14

리그	연도	소속	출전	교체	득점	도움	파울	경고	퇴장
BC	1990	유공	4	5	0	0	1	0	0
	1991	유공	8	8	1	0	1	0	0
	1992	유공	7	7	1	0	5	1	0
	1993	유공	10	10	0	0	8	0	0
	1994	유공	9	9	1	2	5	0	0
	1995	유공	11	9	2	1	9	0	0
	1996	부천S	14	10	2	1	13	1	0
	1997	안양L	16	14	1	1	19	4	0
	합계		79	72	8	5	61	6	0
프로통산			79	72	8	5	61	6	0

권태안 (權泰安) 매탄고 1992.04.09

리그	연도	소속	출전	교체	실점	도움	파울	경고	퇴장
BC	2011	수원	0	0	0	0	0	0	0
	2012	수원	0	0	0	0	0	0	0
	합계		0	0	0	0	0	0	0
챌	2016	충주	5	0	8	0	0	0	0
	합계		5	0	8	0	0	0	0
프로통산			5	0	8	0	0	0	0

권한진 (權韓眞) 경희대 1988.05.19

리그	연도	소속	출전	교체	득점	도움	파울	경고	퇴장
클	2016	제주	37	6	5	1	33	5	0
	합계		37	6	5	1	33	5	0
프로통산			37	6	5	1	33	5	0

권해창 (權海昶) 동아대 1972.09.02

리그	연도	소속	출전	교체	득점	도움	파울	경고	퇴장
BC	1995	대우	26	24	0	1	13	2	0
	1996	부산	14	12	0	1	16	4	0
	1998	부산	9	8	0	0	4	1	0
	1999	부산	15	15	2	0	6	0	0
	2000	부산	16	14	0	0	8	2	0
	합계		80	73	2	2	47	9	0
프로통산			80	73	2	2	47	9	0

권혁관 (權赫寬) 관동대 1990.09.09

리그	연도	소속	출전	교체	득점	도움	파울	경고	퇴장
챌	2013	충주	6	6	0	0	4	2	0
	합계		6	6	0	0	4	2	0
프로통산			6	6	0	0	4	2	0

권혁진 (權赫珍) 숭실대 1988.03.23

리그	연도	소속	출전	교체	득점	도움	파울	경고	퇴장
BC	2011	인천	2	2	0	0	2	0	0
	합계		2	2	0	0	2	0	0
클	2013	인천	0	0	0	0	0	0	0
	2014	인천	6	6	0	0	4	1	0
	2016	수원FC	5	4	0	0	9	1	0
	합계		11	10	0	0	13	2	0
챌	2013	경찰	17	14	0	2	17	2	0
	합계		17	14	0	2	17	2	0
프로통산			30	26	0	2	32	4	0

권혁진 (權赫辰) 울산대 1984.12.25

리그	연도	소속	출전	교체	득점	도움	파울	경고	퇴장
BC	2007	울산	9	8	1	0	10	0	0
	2008	대전	18	12	2	3	30	1	0
	2009	광주상	3	2	0	0	2	0	0
	2010	대전	2	2	0	0	0	0	0
	합계		32	24	3	3	42	1	0
프로통산			32	24	3	3	42	1	0

권혁태 (權赫台) 경희대 1985.08.28

리그	연도	소속	출전	교체	득점	도움	파울	경고	퇴장
BC	2008	대전	0	0	0	0	0	0	0
	합계		0	0	0	0	0	0	0
프로통산			0	0	0	0	0	0	0

권혁표 (權赫杓) 중앙대 1962.05.25

리그	연도	소속	출전	교체	득점	도움	파울	경고	퇴장
BC	1985	한일	17	7	2	0	15	0	0
	1986	한일	15	3	2	0	28	0	0
	합계		32	10	4	0	43	0	0
프로통산			32	10	4	0	43	0	0

권현민 (權賢旼) 대구대 1991.04.11

리그	연도	소속	출전	교체	득점	도움	파울	경고	퇴장
챌	2014	충주	0	0	0	0	0	0	0
	합계		0	0	0	0	0	0	0
프로통산			0	0	0	0	0	0	0

권형선 (權亨宣) 단국대 1987.05.22

리그	연도	소속	출전	교체	득점	도움	파울	경고	퇴장
BC	2010	제주	1	1	0	0	0	0	0
	2011	전남	0	0	0	0	0	0	0
	합계		1	1	0	0	0	0	0
프로통산			1	1	0	0	0	0	0

권형정 (權衡正) 한양대 1967.05.19

리그	연도	소속	출전	교체	득점	도움	파울	경고	퇴장
BC	1990	포철	21	3	1	0	26	1	0
	1991	포철	37	9	1	0	26	1	0
	1992	포철	35	4	0	1	33	3	0
	1993	포철	33	1	0	0	30	3	0
	1994	포철	19	3	1	3	16	1	0
	합계		145	20	3	4	131	9	0
프로통산			145	20	3	4	131	9	0

금교진 (琴敎眞) 영남대 1992.01.03

리그	연도	소속	출전	교체	득점	도움	파울	경고	퇴장
클	2015	대전	15	5	0	0	14	1	0
	합계		15	5	0	0	14	1	0
챌	2014	대구	15	1	2	0	21	3	0
	2015	대구	2	2	0	0	0	0	0
	합계		17	3	2	0	21	3	0
프로통산			32	8	2	0	35	4	0

기가 (Ivan Giga Vukovic) 몬테네그로 1987.02.09

리그	연도	소속	출전	교체	득점	도움	파울	경고	퇴장
클	2013	성남일	11	12	3	0	10	3	0
	2014	성남	1	1	0	0	0	0	0
	합계		12	13	3	0	10	3	0
프로통산			12	13	3	0	10	3	0

기성용 (奇誠庸) 금호고 1989.01.24

리그	연도	소속	출전	교체	득점	도움	파울	경고	퇴장
BC	2006	서울	0	0	0	0	0	0	0
	2007	서울	22	11	0	0	49	4	0
	2008	서울	27	10	4	2	44	10	0
	2009	서울	31	8	4	10	50	6	0
	합계		80	29	8	12	143	20	0
프로통산			80	29	8	12	143	20	0

기현서 (奇賢舒) 고려대 1984.05.06

리그	연도	소속	출전	교체	득점	도움	파울	경고	퇴장
BC	2007	경남	4	1	0	0	7	1	0
	2008	경남	0	0	0	0	0	0	0
	합계		4	1	0	0	7	1	0
프로통산			4	1	0	0	7	1	0

기호영 (奇豪榮) 경기대 1977.01.20

리그	연도	소속	출전	교체	득점	도움	파울	경고	퇴장
BC	1999	부산	0	0	0	0	0	0	0
	합계		0	0	0	0	0	0	0
프로통산			0	0	0	0	0	0	0

길영태 (吉永泰) 관동대 1991.06.15

리그	연도	소속	출전	교체	득점	도움	파울	경고	퇴장
클	2014	포항	1	0	0	0	3	1	0
	합계		1	0	0	0	3	1	0
챌	2016	강원	6	1	0	0	12	3	0
	합계		6	1	0	0	12	3	0
승	2016	강원	1	1	0	0	0	0	0
	합계		1	1	0	0	0	0	0
프로통산			8	2	0	0	15	4	0

김강남 (金岡南) 고려대 1954.07.19

리그	연도	소속	출전	교체	득점	도움	파울	경고	퇴장
BC	1983	유공	13	5	1	2	9	1	0
	1984	대우	3	3	0	0	0	1	0
	합계		16	8	1	2	9	2	0
프로통산			16	8	1	2	9	2	0

김강선 (金强善) 호남대 1979.05.23

리그	연도	소속	출전	교체	득점	도움	파울	경고	퇴장
BC	2002	전남	5	4	0	0	7	0	0
	2003	전남	1	1	0	0	1	0	0
	합계		6	5	0	0	8	0	0
프로통산			6	5	0	0	8	0	0

김건웅 (金健雄) 울산현대고 1997.08.29

리그	연도	소속	출전	교체	득점	도움	파울	경고	퇴장
클	2016	울산	12	8	0	0	12	2	0
	합계		12	8	0	0	12	2	0
프로통산			12	8	0	0	12	2	0

김건형 (金建衡) 경희대 1979.09.11

리그	연도	소속	출전	교체	득점	도움	파울	경고	퇴장
BC	2000	울산	25	10	1	2	43	2	1
	2001	울산	1	1	0	0	1	0	0
	2002	울산	2	2	0	0	3	0	0
	2003	대구	8	8	2	0	11	1	0
	2004	대구	5	5	1	0	6	1	0
	합계		41	26	4	2	64	4	1
프로통산			41	26	4	2	64	4	1

김건호 (金乾鎬) 단국대 1990.11.28

리그	연도	소속	출전	교체	득점	도움	파울	경고	퇴장
챌	2013	부천	22	3	0	0	32	2	0
	2014	부천	4	0	0	0	10	3	0
	합계		26	3	0	0	42	5	0
프로통산			26	3	0	0	42	5	0

김건희 (金健熙) 고려대 1995.02.22

리그	연도	소속	출전	교체	득점	도움	파울	경고	퇴장
클	2016	수원	20	17	1	3	30	4	0
	합계		20	17	1	3	30	4	0
프로통산			20	17	1	3	30	4	0

김경국 (金慶國) 부경대 1988.10.29

리그	연도	소속	출전	교체	득점	도움	파울	경고	퇴장
BC	2011	대전	1	1	0	0	0	0	0
	합계		1	1	0	0	0	0	0
프로통산			1	1	0	0	0	0	0

김경도 (金炅度) 경기대 1985.06.02

리그	연도	소속	출전	교체	득점	도움	파울	경고	퇴장
BC	2009	대전	1	1	0	0	0	0	0
	2010	대전	1	1	0	0	0	0	0
	합계		2	2	0	0	0	0	0
프로통산			2	2	0	0	0	0	0

김경래 (金京來) 명지대 1964.03.18

리그	연도	소속	출전	교체	득점	도움	파울	경고	퇴장
BC	1988	대우	11	9	0	0	2	0	0
	1989	대우	10	9	0	0	3	0	0
	1990	대우	5	5	0	0	3	0	0
	1991	대우	16	7	0	0	13	0	0
	1992	대우	11	8	0	1	5	1	0
	1993	대우	8	8	0	0	6	0	0
	1994	버팔로	35	1	11	3	20	4	0
	1995	전북	29	4	1	0	25	1	0
	1996	전북	19	8	2	1	17	2	0
	1997	전북	24	15	0	0	27	3	0
	합계		168	74	14	5	121	11	0

리그	연도	소속	출전	교체	득점	도움	파울	경고	퇴장
프로통산			168	74	14	5	121	11	0

김경량(金京亮) 숭실대 1973.12.22

리그	연도	소속	출전	교체	득점	도움	파울	경고	퇴장
BC	1996	전북	21	15	0	1	29	6	0
	1997	전북	4	3	0	0	3	1	0
	1998	전북	32	8	0	2	61	4	0
	1999	전북	24	7	0	2	46	1	1
	2000	전북	36	9	1	1	55	3	0
	2001	전북	26	12	0	0	40	3	0
	2002	전북	31	2	0	2	77	6	1
	2003	전북	41	6	0	4	139	7	0
	2004	전북	32	7	1	2	78	6	0
	2005	전북	14	5	0	0	39	2	0
	2006	전북	0	0	0	0	0	0	0
	합계		261	74	2	14	567	39	2
프로통산			261	74	2	14	567	39	2

김경렬(金敬烈) 영남대 1974.05.15

리그	연도	소속	출전	교체	득점	도움	파울	경고	퇴장
BC	1997	울산	3	3	0	0	3	1	0
	1998	전남	6	7	0	0	4	0	0
	합계		9	10	0	0	7	1	0
프로통산			9	10	0	0	7	1	0

김경민(金耿民) 연세대 1990.08.15

리그	연도	소속	출전	교체	득점	도움	파울	경고	퇴장
클	2014	상주	0	0	0	0	0	0	0
	2015	인천	1	0	0	0	2	1	0
	2016	인천	9	4	0	0	11	2	0
	합계		10	4	0	0	13	3	0
챌	2013	부천	13	2	1	0	16	4	0
	2015	상주	1	1	0	0	0	0	0
	합계		14	3	1	0	16	4	0
프로통산			24	7	1	0	29	7	0

김경민(金耿民) 한양대 1991.11.01

리그	연도	소속	출전	교체	실점	도움	파울	경고	퇴장
클	2014	제주	2	1	0	0	0	0	0
클	2015	제주	7	0	11	0	1	1	0
	2016	제주	10	1	18	0	0	1	0
	합계		19	2	29	0	1	2	0
프로통산			19	2	29	0	1	2	0

김경범(金暻範) 여주상고 1965.03.05

리그	연도	소속	출전	교체	득점	도움	파울	경고	퇴장
BC	1985	유공	16	5	0	1	10	2	0
	1986	유공	32	1	1	2	24	3	0
	1989	일화	37	2	1	1	33	3	0
	1990	일화	29	0	1	3	21	3	0
	1991	일화	34	7	3	3	31	4	0
	1992	일화	29	11	0	3	23	2	0
	1993	일화	18	9	0	0	10	0	0
	1994	일화	17	4	1	2	18	2	0
	1995	일화	29	6	1	2	35	2	0
	1996	천안	34	4	0	8	28	4	0
	1997	천안	27	9	1	1	18	5	0
	1998	부천S	36	7	0	7	34	2	0
	합계		338	65	9	33	285	32	0
프로통산			338	65	9	33	285	32	0

김경식(金京植) 중앙대 1961.09.15

리그	연도	소속	출전	교체	득점	도움	파울	경고	퇴장
BC	1984	한일	25	0	0	1	23	2	0
	1985	한일	14	1	1	0	17	0	0
	합계		39	1	1	1	40	2	0
프로통산			39	1	1	1	40	2	0

김경일(金景一) 광양제철고 1980.08.30

리그	연도	소속	출전	교체	득점	도움	파울	경고	퇴장
BC	1999	전남	3	2	0	0	3	0	0
	2000	전남	8	7	0	0	2	1	0
	2001	전남	12	11	0	0	8	1	0
	2004	대구	6	6	0	1	4	1	0
	합계		29	26	0	1	17	3	0
프로통산			29	26	0	1	17	3	0

김경재(金徑栽) 아주대 1993.07.24

리그	연도	소속	출전	교체	득점	도움	파울	경고	퇴장
클	2016	전남	7	4	0	0	1	0	0
	합계		7	4	0	0	1	0	0
프로통산			7	4	0	0	1	0	0

김경진(金慶鎭) 숭실대 1978.03.15

리그	연도	소속	출전	교체	득점	도움	파울	경고	퇴장
BC	2002	부산	0	0	0	0	0	0	0
	합계		0	0	0	0	0	0	0
프로통산			0	0	0	0	0	0	0

김경춘(金敬春) 부경대 1984.01.27

리그	연도	소속	출전	교체	득점	도움	파울	경고	퇴장
BC	2010	강원	2	1	0	0	0	0	0
	합계		2	1	0	0	0	0	0
프로통산			2	1	0	0	0	0	0

김경태(金炅泰) 경북산업대(경일대) 1973.07.05

리그	연도	소속	출전	교체	득점	도움	파울	경고	퇴장
BC	1997	부천S	16	3	0	0	30	4	0
	1998	부천S	6	6	0	0	4	1	0
	2000	부천S	1	1	0	0	1	0	0
	2001	부천S	4	2	0	0	3	0	0
	합계		27	12	0	0	38	5	0
프로통산			27	12	0	0	38	5	0

김경호(金景浩) 영남대 1961.10.17

리그	연도	소속	출전	교체	득점	도움	파울	경고	퇴장
BC	1983	포철	14	1	1	0	7	0	1
	1984	포철	26	1	7	3	13	0	0
	1985	포철	12	5	0	0	11	0	0
	1988	포철	5	5	0	0	0	0	0
	합계		57	12	8	3	31	0	1
프로통산			57	12	8	3	31	0	1

김관규

리그	연도	소속	출전	교체	득점	도움	파울	경고	퇴장
BC	1995	대우	1	1	1	0	3	1	0
	합계		1	1	1	0	3	1	0
프로통산			1	1	1	0	3	1	0

김관규(金官奎) 명지대 1976.10.10

리그	연도	소속	출전	교체	득점	도움	파울	경고	퇴장
BC	2000	부산	0	0	0	0	0	0	0
	2002	부산	1	1	0	0	2	0	0
	2003	대구	1	1	0	0	0	0	0
	합계		2	2	0	0	2	0	0
프로통산			2	2	0	0	2	0	0

김광명(金光明) 경상대 1961.09.09

리그	연도	소속	출전	교체	득점	도움	파울	경고	퇴장
BC	1985	상무	7	4	1	0	10	0	0
	합계		7	4	1	0	10	0	0
프로통산			7	4	1	0	10	0	0

김광석(金光奭) 청평고 1983.02.12

리그	연도	소속	출전	교체	득점	도움	파울	경고	퇴장
BC	2003	포항	9	1	0	0	15	3	0
	2004	포항	0	0	0	0	0	0	0
	2005	광주상	10	1	1	0	16	1	0
	2006	광주상	14	2	0	0	11	1	0
	2007	포항	17	10	0	1	29	2	0
	2008	포항	21	3	1	3	42	5	0
	2009	포항	19	5	0	0	13	1	0
	2010	포항	16	6	0	0	12	1	0
	2011	포항	34	1	0	0	30	0	0
	2012	포항	41	0	1	0	51	4	0
	합계		181	29	3	4	219	18	0
클	2013	포항	36	0	0	0	35	2	0
	2014	포항	33	0	2	0	37	2	0
	2015	포항	24	0	0	0	14	0	0
	2016	포항	37	1	1	0	28	4	0
	합계		130	1	3	0	114	8	0
프로통산			311	30	6	4	333	26	0

김광선(金光善) 안양공고 1983.06.17

리그	연도	소속	출전	교체	득점	도움	파울	경고	퇴장
BC	2002	대전	7	7	0	0	8	2	0
	합계		7	7	0	0	8	2	0
프로통산			7	7	0	0	8	2	0

김광수(金光洙) 경신고 1977.03.10

리그	연도	소속	출전	교체	득점	도움	파울	경고	퇴장
BC	1996	수원	0	0	0	0	0	0	0
	2002	수원	0	0	0	0	0	0	0
	2003	수원	0	0	0	0	0	0	0
	합계		0	0	0	0	0	0	0
프로통산			0	0	0	0	0	0	0

김광훈(金光勳) 한양대 1961.02.20

리그	연도	소속	출전	교체	득점	도움	파울	경고	퇴장
BC	1983	유공	2	2	0	0	1	0	0
	1984	럭금	23	4	0	1	23	2	0
	1985	럭금	13	3	0	0	25	1	0
	합계		38	9	0	1	49	3	0
프로통산			38	9	0	1	49	3	0

김굉명(金宏明) 서산시민 1984.02.25

리그	연도	소속	출전	교체	득점	도움	파울	경고	퇴장
BC	2008	경남	1	1	0	0	0	0	0
	합계		1	1	0	0	0	0	0
프로통산			1	1	0	0	0	0	0

김교빈(金敎彬) 광운대 1987.12.29

리그	연도	소속	출전	교체	실점	도움	파울	경고	퇴장
BC	2011	전남	0	0	0	0	0	0	0
	2012	대구	3	1	2	0	0	0	0
	합계		3	1	2	0	0	0	0
클	2014	경남	0	0	0	0	0	0	0
	2016	인천	1	0	3	0	0	0	0
	2016	전남	1	0	2	0	0	0	0
	합계		2	0	5	0	0	0	0
챌	2015	경남	1	0	1	0	0	0	0
	합계		1	0	1	0	0	0	0
프로통산			6	1	8	0	0	0	0

김국진(金國鎭) 동의대 1978.02.09

리그	연도	소속	출전	교체	득점	도움	파울	경고	퇴장
BC	2002	대전	13	9	1	0	14	2	0
	2003	대전	2	2	0	0	2	0	0
	합계		15	11	1	0	16	2	0
프로통산			15	11	1	0	16	2	0

김국환(金國煥) 청주대 1972.09.13

리그	연도	소속	출전	교체	득점	도움	파울	경고	퇴장
BC	1995	일화	2	2	1	1	2	1	0
	1996	천안	3	2	0	0	2	0	0
	1997	천안	4	3	1	0	5	1	0
	합계		9	7	2	1	9	2	0
프로통산			9	7	2	1	9	2	0

김귀현(金貴鉉) 남해해성중 1990.01.04

리그	연도	소속	출전	교체	득점	도움	파울	경고	퇴장
클	2013	대구	0	0	0	0	0	0	0
	합계		0	0	0	0	0	0	0
챌	2014	대구	18	11	1	0	36	4	0
	합계		18	11	1	0	36	4	0
프로통산			18	11	1	0	36	4	0

김귀화(金貴華) 아주대 1970.03.15

리그	연도	소속	출전	교체	득점	도움	파울	경고	퇴장
BC	1991	대우	19	19	1	0	3	0	0
	1992	대우	21	3	0	1	15	1	0
	1993	대우	31	13	2	5	16	1	0
	1994	대우	34	10	9	3	28	2	0
	1997	부산	10	5	1	1	9	0	0
	1998	안양L	26	20	1	4	33	4	0
	1999	안양L	29	12	2	5	21	1	0

리그	연도	소속	출전	교체	득점	도움	파울	경고	퇴장
	2000	안양L	33	23	0	1	27	1	0
	합계		203	105	16	20	152	10	0
프로통산			203	105	16	20	152	10	0

김규남 (金奎男) 전주대 1992.11.26

리그	연도	소속	출전	교체	득점	도움	파울	경고	퇴장
챌	2015	충주	1	1	0	0	0	1	0
	합계		1	1	0	0	0	1	0
프로통산			1	1	0	0	0	1	0

김근배 (金根培) 고려대 1986.08.07

리그	연도	소속	출전	교체	실점	도움	파울	경고	퇴장
BC	2009	강원	4	0	10	0	0	0	0
	2010	강원	6	2	10	0	0	0	0
	2011	강원	12	0	18	0	1	1	0
	2012	강원	17	1	34	0	2	5	0
	합계		39	3	72	0	3	6	0
클	2013	강원	23	0	34	0	0	0	0
	2014	상주	5	0	12	0	0	1	0
	2016	성남	9	0	12	0	0	0	0
	합계		37	0	58	0	0	1	0
챌	2015	상주	20	0	26	0	1	1	0
	2015	강원	3	1	3	0	0	0	0
	합계		23	1	29	0	1	1	0
승	2013	강원	2	0	4	0	0	0	0
	2016	성남	1	0	1	0	0	0	0
	합계		3	0	5	0	0	0	0
프로통산			102	4	164	0	4	8	0

김근철 (金根哲) 배재대 1983.06.24

리그	연도	소속	출전	교체	득점	도움	파울	경고	퇴장
BC	2005	대구	7	7	0	1	4	0	0
	2006	경남	25	14	3	3	27	3	0
	2007	경남	27	8	1	2	40	5	0
	2008	경남	17	4	1	0	39	3	0
	2009	경남	5	5	0	0	3	0	0
	2010	부산	30	15	2	5	48	8	0
	2011	부산	6	6	0	0	6	2	0
	2012	전남	13	11	0	0	10	2	0
	합계		130	70	7	11	177	23	0
프로통산			130	70	7	11	177	23	0

김근환 (金根煥) 천안중 1986.08.12

리그	연도	소속	출전	교체	득점	도움	파울	경고	퇴장
클	2014	울산	17	6	0	0	11	0	0
	2015	울산	18	3	0	1	10	0	0
	2016	수원FC	30	11	0	1	17	2	0
	합계		65	20	0	2	38	2	0
프로통산			65	20	0	2	38	2	0

김기남 (金期南) 울산대 1973.07.20

리그	연도	소속	출전	교체	득점	도움	파울	경고	퇴장
BC	1996	울산	20	14	5	3	13	3	0
	1997	울산	29	28	6	2	24	0	0
	1998	울산	36	34	4	5	38	3	0
	1999	울산	31	25	5	3	39	0	0
	2000	울산	8	8	4	0	5	0	0
	2001	울산	19	15	2	0	12	0	0
	합계		143	124	26	13	131	6	0
프로통산			143	124	26	13	131	6	0

김기남 (金起南) 중앙대 1971.01.18

리그	연도	소속	출전	교체	득점	도움	파울	경고	퇴장
BC	1993	포철	10	7	0	2	14	0	0
	1994	포철	22	11	1	1	34	3	0
	1995	포항	30	7	2	5	44	8	0
	1998	안양L	17	13	0	0	31	3	0
	1999	부천S	25	17	1	4	51	6	0
	2000	포항	27	18	1	2	47	1	0
	2001	포항	18	6	1	2	41	1	0
	2002	포항	31	13	1	0	46	2	0
	합계		180	92	7	16	308	24	0
프로통산			180	92	7	16	308	24	0

김기동 (金基東) 신평고 1972.01.12

리그	연도	소속	출전	교체	득점	도움	파울	경고	퇴장
BC	1993	유공	7	4	0	0	8	0	0
	1994	유공	15	12	0	0	12	0	0
	1995	유공	29	2	0	1	39	3	0
	1996	부천S	33	0	2	3	38	2	1
	1997	부천S	14	1	5	0	15	2	0
	1998	부천S	34	7	1	3	32	3	1
	1999	부천S	36	19	3	3	47	2	0
	2000	부천S	41	7	1	3	67	6	0
	2001	부천S	30	0	1	2	28	1	0
	2002	부천S	35	0	4	2	56	2	0
	2003	포항	30	5	3	1	57	2	0
	2004	포항	25	12	1	0	28	0	0
	2005	포항	36	20	3	5	75	2	0
	2006	포항	25	12	0	7	33	3	0
	2007	포항	36	10	4	1	69	3	0
	2008	포항	19	12	3	3	30	1	0
	2009	포항	23	15	4	5	25	1	0
	2010	포항	13	11	0	0	16	2	0
	2011	포항	20	17	4	1	13	0	0
	합계		501	166	39	40	688	35	2
프로통산			501	166	39	40	688	35	2

김기범 (金起範) 동아대 1976.08.14

리그	연도	소속	출전	교체	득점	도움	파울	경고	퇴장
BC	1999	수원	1	1	0	0	1	0	0
	2000	수원	12	7	1	1	25	5	0
	2001	수원	21	13	0	3	42	3	0
	2002	수원	11	6	0	0	24	3	0
	2003	수원	8	7	0	0	11	0	0
	2004	수원	1	1	0	0	1	0	0
	합계		54	35	1	4	104	11	0
프로통산			54	35	1	4	104	11	0

김기선 (金基善) 숭실대 1969.02.27

리그	연도	소속	출전	교체	득점	도움	파울	경고	퇴장
BC	1992	유공	14	5	2	0	14	1	0
	1993	유공	26	6	1	1	15	1	0
	1994	유공	26	15	6	1	15	1	0
	1995	유공	17	11	0	0	12	0	0
	1996	부천S	9	7	0	1	7	0	0
	1996	전남	13	12	3	1	4	1	0
	1997	전남	32	21	8	1	19	5	0
	1998	전남	33	25	2	3	27	1	0
	합계		170	102	22	8	113	10	0
프로통산			170	102	22	8	113	10	0

김기수 (金起秀) 선문대 1987.12.13

리그	연도	소속	출전	교체	득점	도움	파울	경고	퇴장
BC	2009	부산	9	6	0	0	12	1	0
	2010	부산	3	2	0	0	5	1	0
	합계		12	8	0	0	17	2	0
클	2015	대전	7	1	0	0	8	3	0
	합계		7	1	0	0	8	3	0
프로통산			19	9	0	0	25	5	0

김기완 (金起完) 건국대 1966.03.16

리그	연도	소속	출전	교체	득점	도움	파울	경고	퇴장
BC	1989	일화	9	8	1	0	7	1	0
	합계		9	8	1	0	7	1	0
프로통산			9	8	1	0	7	1	0

김기용 (金基鏞) 고려대 1990.12.07

리그	연도	소속	출전	교체	실점	도움	파울	경고	퇴장
클	2013	부산	2	0	3	0	1	1	0
	2014	부산	0	0	0	0	0	0	0
	2015	부산	0	0	0	0	0	0	0
	합계		2	0	3	0	1	1	0
프로통산			2	0	3	0	1	1	0

김기윤 (金基潤) 관동대 1961.05.05

리그	연도	소속	출전	교체	득점	도움	파울	경고	퇴장
BC	1984	대우	15	6	4	2	13	1	0
	1985	대우	16	0	0	0	24	0	1
	1987	럭금	1	1	0	0	0	0	0
	합계		32	7	4	2	37	1	1
프로통산			32	7	4	2	37	1	1

김기종 (金基鍾) 숭실대 1975.05.22

리그	연도	소속	출전	교체	득점	도움	파울	경고	퇴장
BC	2001	부산	3	4	0	0	5	0	0
	2002	부산	7	6	0	0	5	0	0
	합계		10	10	0	0	10	0	0
프로통산			10	10	0	0	10	0	0

김기태 (金基太) 홍익대 1993.11.10

리그	연도	소속	출전	교체	득점	도움	파울	경고	퇴장
챌	2015	안양	0	0	0	0	0	0	0
	합계		0	0	0	0	0	0	0
프로통산			0	0	0	0	0	0	0

김기현 (金基鉉) 경희대 1978.10.07

리그	연도	소속	출전	교체	득점	도움	파울	경고	퇴장
BC	1999	안양L	1	1	0	0	0	0	0
	2000	안양L	1	1	0	0	0	0	0
	2003	대구	16	10	0	0	12	3	0
	합계		18	12	0	0	12	3	0
프로통산			18	12	0	0	12	3	0

김기형 (金基炯) 아주대 1977.07.10

리그	연도	소속	출전	교체	득점	도움	파울	경고	퇴장
BC	2000	부천S	1	1	1	0	0	0	0
	2001	부천S	4	4	0	0	4	0	0
	2002	부천S	8	5	1	0	13	3	0
	2003	부천S	17	9	0	1	30	3	0
	2004	부천S	28	7	6	1	44	2	0
	2005	부천S	29	13	2	3	32	3	0
	2006	제주	26	16	4	2	39	1	0
	2007	제주	19	13	1	1	22	2	0
	합계		132	68	15	8	184	14	0
프로통산			132	68	15	8	184	14	0

김기홍 (金基弘) 울산대 1981.03.21

리그	연도	소속	출전	교체	득점	도움	파울	경고	퇴장
BC	2004	대전	6	5	0	0	5	1	0
	2005	대전	1	1	0	0	0	0	0
	합계		7	6	0	0	5	1	0
프로통산			7	6	0	0	5	1	0

김기효 (金基孝) 진주고 1958.02.09

리그	연도	소속	출전	교체	득점	도움	파울	경고	퇴장
BC	1983	국민	8	1	1	0	5	0	0
	1984	국민	2	1	0	0	1	0	0
	합계		10	2	1	0	6	0	0
프로통산			10	2	1	0	6	0	0

김기희 (金基熙) 홍익대 1989.07.13

리그	연도	소속	출전	교체	득점	도움	파울	경고	퇴장
BC	2011	대구	14	3	0	0	14	1	0
	2012	대구	17	2	2	0	17	2	1
	합계		31	5	2	0	31	3	1
클	2013	전북	19	1	0	0	21	5	0
	2014	전북	28	1	0	2	41	4	0
	2015	전북	33	2	0	0	31	6	0
	합계		80	4	0	2	93	15	0
프로통산			111	9	2	2	124	18	1

김길식 (金吉植) 단국대 1978.08.24

리그	연도	소속	출전	교체	득점	도움	파울	경고	퇴장
BC	2001	전남	6	4	1	0	6	0	0
	2003	전남	6	6	1	0	3	0	0
	2004	부천S	24	14	1	0	30	4	0
	2005	부천S	31	24	5	2	38	2	0
	2006	제주	31	19	3	0	61	2	0
	2008	대전	10	8	0	0	20	2	0
	합계		108	75	11	2	158	10	0
프로통산			108	75	11	2	158	10	0

김남건(金南建) 선문대 1990.08.06

리그	연도	소속	출전	교체	득점	도움	파울	경고	퇴장
클	2014	성남	2	2	0	0	0	0	0
	합계		2	2	0	0	0	0	0
프로통산			2	2	0	0	0	0	0

김남우(金南佑) 전주대 1980.05.14

리그	연도	소속	출전	교체	득점	도움	파울	경고	퇴장
BC	2003	대구	7	1	0	0	20	3	0
	합계		7	1	0	0	20	3	0
프로통산			7	1	0	0	20	3	0

김남일(金南一) 한양대 1977.03.14

리그	연도	소속	출전	교체	득점	도움	파울	경고	퇴장
BC	2000	전남	30	19	1	1	57	2	0
	2001	전남	25	5	0	3	79	2	0
	2002	전남	15	6	0	2	44	2	1
	2003	전남	23	3	6	1	65	6	0
	2004	전남	10	2	1	2	30	3	0
	2005	수원	6	2	0	0	18	1	0
	2006	수원	26	2	0	0	77	9	0
	2007	수원	28	6	0	0	51	9	0
	2012	인천	34	10	0	3	78	12	0
	합계		197	55	8	12	499	46	1
클	2013	인천	25	11	0	0	60	13	0
	2014	전북	20	13	2	0	42	8	0
	합계		45	24	2	0	102	21	0
프로통산			242	79	10	12	601	67	1

김남춘(金南春) 광운대 1989.04.19

리그	연도	소속	출전	교체	득점	도움	파울	경고	퇴장
클	2013	서울	0	0	0	0	0	0	0
	2014	서울	7	2	1	0	5	1	0
	2015	서울	17	3	1	0	12	2	0
	2016	서울	18	2	0	1	17	2	0
	합계		42	7	2	1	34	5	0
프로통산			42	7	2	1	34	5	0

김남탁(金南卓) 광운대 1992.09.28

리그	연도	소속	출전	교체	득점	도움	파울	경고	퇴장
챌	2015	안양	0	0	0	0	0	0	0
	합계		0	0	0	0	0	0	0
프로통산			0	0	0	0	0	0	0

김남호(金南浩) 연세대 1965.10.17

리그	연도	소속	출전	교체	득점	도움	파울	경고	퇴장
BC	1988	럭금	8	6	0	0	4	1	0
	1989	럭금	1	1	0	0	0	0	0
	합계		9	7	0	0	4	1	0
프로통산			9	7	0	0	4	1	0

김다빈(金茶彬) 고려대 1989.08.29

리그	연도	소속	출전	교체	득점	도움	파울	경고	퇴장
BC	2009	대전	3	3	0	0	3	0	0
	2010	대전	1	1	0	0	0	0	0
	2010	울산	3	3	0	0	2	0	0
	2011	울산	0	0	0	0	0	0	0
	2012	울산	2	2	0	0	0	0	0
	합계		9	9	0	0	5	0	0
챌	2013	충주	4	4	0	0	3	0	0
	합계		4	4	0	0	3	0	0
프로통산			13	13	0	0	8	0	0

김다솔(金다솔) 연세대 1989.01.04

리그	연도	소속	출전	교체	실점	도움	파울	경고	퇴장
BC	2010	포항	1	1	1	0	0	1	0
	2011	포항	8	0	8	0	0	0	0
	2012	포항	12	0	14	0	0	0	0
	합계		21	1	23	0	0	1	0
클	2013	포항	5	0	7	0	0	1	0
	2014	포항	7	0	9	0	0	0	0
	2015	대전	0	0	0	0	0	0	0
	2016	인천	3	0	7	0	0	0	0
	합계		15	0	23	0	0	1	0
프로통산			36	1	46	0	0	2	0

김대건(金大健) 배재대 1977.04.27

리그	연도	소속	출전	교체	득점	도움	파울	경고	퇴장
BC	2001	부천S	2	1	0	0	5	0	0
	2002	전북	9	4	1	0	12	2	0
	2003	광주상	35	6	0	1	48	3	0
	2004	광주상	27	4	0	1	33	1	0
	2005	전북	8	1	1	0	24	0	0
	2006	경남	19	4	1	0	31	2	0
	2007	경남	29	3	0	0	36	3	0
	2008	경남	27	8	1	1	40	6	0
	2009	수원	1	1	0	0	3	0	0
	2010	부산	7	6	0	0	17	3	0
	합계		164	38	4	3	249	20	0
프로통산			164	38	4	3	249	20	0

김대경(金大景) 숭실대 1991.09.02

리그	연도	소속	출전	교체	득점	도움	파울	경고	퇴장
클	2013	수원	22	21	1	1	12	3	0
	2014	수원	1	1	0	0	0	0	0
	2015	인천	18	13	0	1	10	0	0
	2016	인천	16	11	1	1	8	0	0
	합계		57	46	2	3	30	3	0
프로통산			57	46	2	3	30	3	0

김대경(金大慶) 부평고 1987.10.17

리그	연도	소속	출전	교체	득점	도움	파울	경고	퇴장
BC	2007	제주	0	0	0	0	0	0	0
	2008	제주	1	1	0	0	4	0	0
	합계		1	1	0	0	4	0	0
프로통산			1	1	0	0	4	0	0

김대광(金大光) 동국대 1992.04.10

리그	연도	소속	출전	교체	득점	도움	파울	경고	퇴장
챌	2016	부천	2	2	0	0	1	0	0
	합계		2	2	0	0	1	0	0
프로통산			2	2	0	0	1	0	0

김대성(金大成) 대구대 1972.05.10

리그	연도	소속	출전	교체	득점	도움	파울	경고	퇴장
BC	1995	LG	23	8	4	2	23	1	0
	1996	안양L	38	12	1	3	40	5	0
	1997	안양L	30	12	4	0	28	2	1
	1998	안양L	31	10	0	4	39	2	0
	1999	안양L	22	14	1	0	15	2	0
	합계		144	56	10	9	145	12	1
프로통산			144	56	10	9	145	12	1

김대수(金大樹) 울산대 1975.03.20

리그	연도	소속	출전	교체	득점	도움	파울	경고	퇴장
BC	1997	대전	5	1	0	0	6	1	0
	1998	대전	8	5	0	0	8	0	1
	1999	대전	9	6	0	0	7	0	0
	2000	대전	8	2	0	0	10	0	0
	2001	대전	3	2	0	0	0	0	0
	2002	대전	11	1	0	0	13	2	0
	2003	대구	11	2	0	0	11	2	0
	2004	부천S	11	5	0	0	16	1	0
	합계		66	24	0	0	71	6	1
프로통산			66	24	0	0	71	6	1

김대식(金大植) 인천대 1973.03.02

리그	연도	소속	출전	교체	득점	도움	파울	경고	퇴장
BC	1995	전북	27	4	1	1	20	4	0
	1996	전북	34	4	0	2	31	4	0
	1999	전북	22	7	0	2	9	1	0
	2000	전북	32	9	1	2	33	3	0
	2001	전북	28	2	0	2	20	1	0
	합계		143	26	2	9	113	13	0
프로통산			143	26	2	9	113	13	0

김대열(金大烈) 단국대 1987.04.12

리그	연도	소속	출전	교체	득점	도움	파울	경고	퇴장
BC	2010	대구	6	6	0	0	12	4	0
	2011	대구	8	2	0	0	14	2	1
	2012	대구	37	23	1	0	43	5	0
	합계		51	31	1	0	69	11	1
클	2013	대구	19	13	0	0	24	2	0
	2016	상주	7	6	0	1	7	1	0
	합계		26	19	0	1	31	3	0
챌	2014	대구	26	6	3	2	51	3	0
	2015	상주	7	1	0	0	13	3	0
	2016	대구	2	2	0	0	1	0	0
	합계		35	9	3	2	65	6	0
프로통산			112	59	4	3	165	20	1

김대영(金大英)

리그	연도	소속	출전	교체	득점	도움	파울	경고	퇴장
BC	1988	대우	9	6	0	0	13	1	0
	합계		9	6	0	0	13	1	0
프로통산			9	6	0	0	13	1	0

김대욱(金大旭) 호남대 1978.04.02

리그	연도	소속	출전	교체	득점	도움	파울	경고	퇴장
BC	2001	전남	4	4	0	0	9	1	0
	2003	광주상	0	0	0	0	0	0	0
	합계		4	4	0	0	9	1	0
프로통산			4	4	0	0	9	1	0

김대욱(金旲昱) 조선대 1987.11.23

리그	연도	소속	출전	교체	득점	도움	파울	경고	퇴장
BC	2010	대전	2	1	0	0	2	1	0
	합계		2	1	0	0	2	1	0
프로통산			2	1	0	0	2	1	0

김대원(金大元) 보인고 1997.02.10

리그	연도	소속	출전	교체	득점	도움	파울	경고	퇴장
챌	2016	대구	6	6	1	0	1	0	0
	합계		6	6	1	0	1	0	0
프로통산			6	6	1	0	1	0	0

김대의(金大儀) 고려대 1974.05.30

리그	연도	소속	출전	교체	득점	도움	파울	경고	퇴장
BC	2000	성남일	24	23	5	4	23	0	0
	2001	성남일	30	24	2	3	36	3	0
	2002	성남일	38	6	17	12	53	2	0
	2003	성남일	25	17	3	2	25	3	0
	2004	수원	36	10	7	3	49	3	0
	2005	수원	25	10	5	2	28	1	0
	2006	수원	36	12	5	2	45	2	0
	2007	수원	27	18	5	3	30	1	0
	2008	수원	30	17	1	4	29	2	0
	2009	수원	26	12	1	4	24	2	0
	2010	수원	11	7	0	2	6	1	0
	합계		308	156	51	41	348	20	0
프로통산			308	156	51	41	348	20	0

김대중(金大中) 홍익대 1992.10.13

리그	연도	소속	출전	교체	득점	도움	파울	경고	퇴장
클	2015	인천	16	7	0	0	8	0	0
	2016	인천	16	8	1	0	5	2	0
	합계		32	15	1	0	13	2	0
챌	2014	대전	8	6	0	0	3	0	0
	합계		8	6	0	0	3	0	0
프로통산			40	21	1	0	16	2	0

김대진(金大鎭) 강원대 1969.05.10

리그	연도	소속	출전	교체	득점	도움	파울	경고	퇴장
BC	1992	일화	17	13	0	0	21	1	0
	1993	일화	4	4	0	0	2	0	0
	합계		21	17	0	0	23	1	0
프로통산			21	17	0	0	23	1	0

김대철(金大哲) 인천대 1977.08.26

리그	연도	소속	출전	교체	득점	도움	파울	경고	퇴장
BC	2000	부천S	7	6	0	0	13	2	0
	2001	전남	1	1	0	0	2	0	0
	합계		8	7	0	0	15	2	0
프로통산			8	7	0	0	15	2	0

김대한 (金大韓) 선문대 1994.04.21

리그	연도	소속	출전	교체	득점	도움	파울	경고	퇴장
챌	2015	안양	14	14	0	1	7	1	0
	2016	안양	8	7	2	0	11	1	0
	합계		22	21	2	1	18	2	0
프로통산			22	21	2	1	18	2	0

김대현 (金大顯) 대신고 1981.09.02

리그	연도	소속	출전	교체	득점	도움	파울	경고	퇴장
BC	2000	수원	0	0	0	0	0	0	0
	합계		0	0	0	0	0	0	0
프로통산			0	0	0	0	0	0	0

김대호 (金大虎) 숭실대 1988.05.15

리그	연도	소속	출전	교체	득점	도움	파울	경고	퇴장
BC	2010	포항	5	4	0	0	9	2	0
	2011	포항	13	4	0	0	22	1	0
	2012	포항	16	7	5	0	28	3	0
	합계		34	15	5	0	59	6	0
클	2013	포항	25	6	0	3	42	6	0
	2014	포항	24	8	0	1	33	6	0
	2015	포항	18	4	1	0	30	7	0
	2016	포항	3	1	0	0	3	2	0
	합계		70	19	1	4	108	21	0
챌	2016	안산무	7	1	0	1	12	1	0
	합계		7	1	0	1	12	1	0
프로통산			111	35	6	5	179	28	0

김대호 (金大乎) 숭실대 1986.04.15

리그	연도	소속	출전	교체	실점	도움	파울	경고	퇴장
BC	2012	전남	1	0	1	0	0	0	0
	합계		1	0	1	0	0	0	0
클	2013	포항	0	0	0	0	0	0	0
	2014	전남	0	0	0	0	0	0	0
	합계		0	0	0	0	0	0	0
챌	2015	안산경	1	1	1	0	0	0	0
	2016	안산무	6	1	17	0	0	0	0
	합계		7	2	18	0	0	0	0
프로통산			8	2	19	0	0	0	0

김대호 (金大浩) 부산정보산업고 1994.03.22

리그	연도	소속	출전	교체	득점	도움	파울	경고	퇴장
챌	2016	부산	10	3	0	0	8	1	0
	합계		10	3	0	0	8	1	0
프로통산			10	3	0	0	8	1	0

김대환 (金大煥) 경성고 1959.10.23

리그	연도	소속	출전	교체	득점	도움	파울	경고	퇴장
BC	1983	국민	4	4	0	0	2	0	0
	합계		4	4	0	0	2	0	0
프로통산			4	4	0	0	2	0	0

김대환 (金大桓) 한양대 1976.01.01

리그	연도	소속	출전	교체	실점	도움	파울	경고	퇴장
BC	1998	수원	4	1	6	0	0	0	0
	1999	수원	4	0	4	0	0	0	0
	2000	수원	37	0	55	0	2	2	0
	2003	수원	2	0	2	0	0	0	0
	2004	수원	13	0	9	0	1	1	0
	2005	수원	6	0	7	0	1	1	0
	2006	수원	3	0	5	0	0	0	0
	2007	수원	0	0	0	0	0	0	0
	2008	수원	1	0	1	0	0	1	0
	2009	수원	0	0	0	0	0	0	0
	2010	수원	6	0	13	0	0	0	0
	2011	수원	0	0	0	0	0	0	0
	합계		76	1	102	0	4	5	0
프로통산			76	1	102	0	4	5	0

김대흠 (金大欽) 경희대 1961.07.08

리그	연도	소속	출전	교체	득점	도움	파울	경고	퇴장
BC	1985	상무	21	1	4	3	31	1	0
	합계		21	1	4	3	31	1	0
프로통산			21	1	4	3	31	1	0

김덕수 (金德洙) 우석대 1987.04.24

리그	연도	소속	출전	교체	실점	도움	파울	경고	퇴장
챌	2013	부천	28	0	51	0	1	1	0
	합계		28	0	51	0	1	1	0
프로통산			28	0	51	0	1	1	0

김덕일 (金德一) 풍생고 1990.07.11

리그	연도	소속	출전	교체	득점	도움	파울	경고	퇴장
BC	2011	성남일	6	6	1	0	5	1	0
	2012	성남일	7	7	0	0	4	1	0
	합계		13	13	1	0	9	2	0
프로통산			13	13	1	0	9	2	0

김덕중 (金德重) 연세대 1980.06.05

리그	연도	소속	출전	교체	득점	도움	파울	경고	퇴장
BC	2003	대구	30	10	0	1	14	3	0
	2004	대구	3	2	0	0	1	0	0
	합계		33	12	0	1	15	3	0
프로통산			33	12	0	1	15	3	0

김도균 (金徒均) 울산대 1977.01.13

리그	연도	소속	출전	교체	득점	도움	파울	경고	퇴장
BC	1999	울산	11	6	0	0	9	1	0
	2000	울산	14	2	1	1	21	1	0
	2001	울산	27	9	1	1	31	1	0
	2002	울산	18	4	1	3	21	1	0
	2003	울산	34	11	0	2	41	4	0
	2005	성남일	7	3	0	0	22	1	0
	2005	전남	10	1	0	0	19	1	0
	2006	전남	7	5	0	0	17	3	0
	합계		128	41	3	7	181	13	0
프로통산			128	41	3	7	181	13	0

김도근 (金道根) 한양대 1972.03.02

리그	연도	소속	출전	교체	득점	도움	파울	경고	퇴장
BC	1995	전남	10	6	0	0	12	1	1
	1996	전남	36	7	10	2	60	4	0
	1997	전남	21	1	7	3	29	3	0
	1998	전남	20	3	6	3	40	3	0
	1999	전남	25	18	2	4	51	1	0
	2000	전남	11	1	5	2	26	2	0
	2001	전남	3	2	0	0	3	0	0
	2002	전남	30	16	3	2	58	4	0
	2003	전남	41	20	1	5	72	5	0
	2004	전남	5	2	0	0	4	0	0
	2005	전남	4	4	0	1	4	0	0
	2005	수원	12	9	0	0	14	0	0
	2006	경남	23	21	0	2	12	1	0
	합계		241	110	34	24	385	24	1
프로통산			241	110	34	24	385	24	1

김도연 (金度延) 예원예술대 1989.01.01

리그	연도	소속	출전	교체	득점	도움	파울	경고	퇴장
BC	2011	대전	9	9	0	0	6	2	0
	합계		9	9	0	0	6	2	0
프로통산			9	9	0	0	6	2	0

김도엽 (金度燁 / ←김인한) 선문대 1988.11.26

리그	연도	소속	출전	교체	득점	도움	파울	경고	퇴장
BC	2010	경남	23	17	7	2	33	2	0
	2011	경남	29	18	5	1	20	2	0
	2012	경남	40	25	10	2	38	4	0
	합계		92	60	22	5	91	8	0
클	2013	경남	8	6	0	1	7	1	0
	2014	경남	27	18	1	0	19	3	0
	2016	상주	3	2	1	0	1	1	0
	합계		38	26	2	1	27	5	0
챌	2015	상주	18	12	6	0	16	2	1
	2016	경남	8	6	1	4	6	1	0
	합계		26	18	7	4	22	3	1
프로통산			156	104	31	10	140	16	1

김도용 (金道瑢) 홍익대 1976.05.28

리그	연도	소속	출전	교체	득점	도움	파울	경고	퇴장
BC	1999	안양L	23	12	0	2	43	6	0
	2000	안양L	13	7	0	0	22	5	0
	2001	안양L	0	0	0	0	0	0	0
	2003	안양L	14	8	0	0	22	2	0
	2004	성남일	13	9	0	0	25	2	0
	2005	전남	24	3	0	1	51	7	0
	2006	전남	12	7	0	1	21	2	0
	합계		99	46	0	4	184	24	0
프로통산			99	46	0	4	184	24	0

김도혁 (金鍍爀) 연세대 1992.02.08

리그	연도	소속	출전	교체	득점	도움	파울	경고	퇴장
클	2014	인천	26	20	2	2	37	6	0
	2015	인천	23	13	1	1	43	3	0
	2016	인천	33	11	3	2	35	5	0
	합계		82	44	6	5	115	14	0
프로통산			82	44	6	5	115	14	0

김도형 (金度亨) 동아대 1990.10.06

리그	연도	소속	출전	교체	득점	도움	파울	경고	퇴장
클	2013	부산	2	2	0	0	0	0	0
	합계		2	2	0	0	0	0	0
챌	2015	충주	19	12	5	4	10	2	0
	2016	충주	34	17	3	5	21	3	0
	합계		53	29	8	9	31	5	0
프로통산			55	31	8	9	31	5	0

김도훈 (金度勳) 한양대 1988.07.26

리그	연도	소속	출전	교체	득점	도움	파울	경고	퇴장
챌	2013	경찰	10	6	0	0	19	0	0
	2014	안산경	4	4	0	0	3	1	0
	합계		14	10	0	0	22	1	0
프로통산			14	10	0	0	22	1	0

김도훈 (金度勳) 연세대 1970.07.21

리그	연도	소속	출전	교체	득점	도움	파울	경고	퇴장
BC	1995	전북	25	5	9	5	37	3	0
	1996	전북	22	9	10	3	23	0	0
	1997	전북	14	2	4	1	31	2	0
	2000	전북	27	2	15	0	68	2	0
	2001	전북	35	1	15	5	80	5	0
	2002	전북	30	11	10	4	50	2	0
	2003	성남일	40	1	28	13	87	2	0
	2004	성남일	32	6	10	3	63	3	0
	2005	성남일	32	18	13	7	58	3	0
	합계		257	55	114	41	497	22	0
프로통산			257	55	114	41	497	22	0

김동건 (金東建) 단국대 1990.05.07

리그	연도	소속	출전	교체	득점	도움	파울	경고	퇴장
챌	2013	수원FC	0	0	0	0	0	0	0
	합계		0	0	0	0	0	0	0
프로통산			0	0	0	0	0	0	0

김동곤 (金董坤) 인천대 1993.06.11

리그	연도	소속	출전	교체	득점	도움	파울	경고	퇴장
챌	2016	대전	4	4	0	0	4	0	0
	합계		4	4	0	0	4	0	0
프로통산			4	4	0	0	4	0	0

김동군 (金東君) 호남대 1971.07.22

리그	연도	소속	출전	교체	득점	도움	파울	경고	퇴장
BC	1994	일화	5	5	1	0	2	0	0
	1995	일화	9	9	2	1	11	0	0
	1996	천안	3	4	0	0	3	0	0
	1997	천안	17	8	0	0	29	2	0
	1998	천안	28	12	3	2	37	5	0
	2000	전북	0	0	0	0	0	0	0
	합계		62	38	6	3	82	7	0
프로통산			62	38	6	3	82	7	0

김동권 (金東權) 청구고 1992.04.04

리그	연도	소속	출전	교체	득점	도움	파울	경고	퇴장
챌	2013	충주	21	0	0	0	39	9	0
	2014	충주	6	0	0	0	10	5	0

리그	연도	소속	출전	교체	득점	도움	파울	경고	퇴장
	합계		27	0	0	0	49	14	0
프로통산			27	0	0	0	49	14	0

김동규 (金東奎) 경희대 1980.04.19

리그	연도	소속	출전	교체	득점	도움	파울	경고	퇴장
BC	2003	부천S	12	7	0	1	9	1	0
	2004	부천S	30	5	0	1	40	2	0
	합계		42	12	0	2	49	3	0
프로통산			42	12	0	2	49	3	0

김동규 (金東圭) 연세대 1981.05.13

리그	연도	소속	출전	교체	득점	도움	파울	경고	퇴장
BC	2004	울산	8	6	0	0	13	3	0
	2005	울산	0	0	0	0	0	0	0
	2006	광주상	11	5	0	0	21	2	0
	2007	광주상	10	4	0	0	7	2	0
	2008	울산	7	2	0	0	9	1	0
	2009	울산	0	0	0	0	0	0	0
	합계		36	17	0	0	50	8	0
프로통산			36	17	0	0	50	8	0

김동근 (金東根) 중대부고 1961.05.20

리그	연도	소속	출전	교체	득점	도움	파울	경고	퇴장
BC	1985	상무	6	1	1	0	5	0	0
	합계		6	1	1	0	5	0	0
프로통산			6	1	1	0	5	0	0

김동기 (金東期) 경희대 1989.05.27

리그	연도	소속	출전	교체	득점	도움	파울	경고	퇴장
BC	2012	강원	7	7	0	0	17	0	0
	합계		7	7	0	0	17	0	0
클	2013	강원	22	14	5	4	62	9	0
	합계		22	14	5	4	62	9	0
챌	2014	강원	27	21	4	0	45	7	1
	2015	강원	7	5	2	1	9	0	1
	2015	안양	16	11	2	3	19	4	0
	2016	안양	6	6	0	0	5	0	0
	합계		56	43	8	4	78	11	2
승	2013	강원	2	1	0	0	2	0	0
	합계		2	1	0	0	2	0	0
프로통산			87	65	13	8	159	20	2

김동기 (金東基) 한성대 1971.05.22

리그	연도	소속	출전	교체	득점	도움	파울	경고	퇴장
BC	1994	대우	22	8	0	0	22	6	1
	1995	포항	4	3	0	0	1	0	0
	1996	포항	3	3	0	0	3	1	0
	1997	포항	17	6	0	1	23	2	0
	1998	포항	6	5	0	0	7	0	0
	합계		52	25	0	1	56	9	1
프로통산			52	25	0	1	56	9	1

김동룡 (金東龍) 홍익대 1975.05.08

리그	연도	소속	출전	교체	득점	도움	파울	경고	퇴장
BC	1999	전북	0	0	0	0	0	0	0
	합계		0	0	0	0	0	0	0
프로통산			0	0	0	0	0	0	0

김동민 (金東敏) 연세대 1987.06.23

리그	연도	소속	출전	교체	득점	도움	파울	경고	퇴장
BC	2009	울산	0	0	0	0	0	0	0
	합계		0	0	0	0	0	0	0
프로통산			0	0	0	0	0	0	0

김동석 (金東錫) 용강중 1987.03.26

리그	연도	소속	출전	교체	득점	도움	파울	경고	퇴장
BC	2006	서울	7	6	0	1	11	1	0
	2007	서울	28	20	2	2	37	4	0
	2008	울산	6	5	0	0	3	0	0
	2010	대구	19	9	1	0	31	4	0
	2011	울산	10	8	0	0	5	1	0
	2012	울산	23	16	0	2	19	2	0
	합계		93	64	3	5	106	12	0
클	2013	울산	4	4	0	0	1	0	0
	2014	서울	3	3	0	0	4	1	0
	2015	인천	28	15	2	2	30	5	0
	2016	인천	10	4	0	0	10	1	0
	합계		45	26	2	2	45	7	0
프로통산			138	90	5	7	151	19	0

김동선 (金東先) 명지대 1978.03.15

리그	연도	소속	출전	교체	득점	도움	파울	경고	퇴장
BC	2001	대전	15	15	1	1	11	1	0
	2002	대전	8	8	0	0	8	0	0
	합계		23	23	1	1	19	1	0
프로통산			23	23	1	1	19	1	0

김동섭 (金東燮) 장훈고 1989.03.29

리그	연도	소속	출전	교체	득점	도움	파울	경고	퇴장
BC	2011	광주	27	22	7	2	70	3	0
	2012	광주	32	25	7	0	64	6	0
	합계		59	47	14	2	134	9	0
클	2013	성남일	36	7	14	3	80	4	0
	2014	성남	34	29	4	0	30	2	0
	2015	성남	5	5	0	0	6	1	0
	2015	부산	8	6	0	0	4	0	0
	합계		83	47	18	3	120	7	0
챌	2016	안산무	16	10	4	1	16	1	0
	합계		16	10	4	1	16	1	0
프로통산			158	104	36	6	270	17	0

김동우 (金東佑) 한양대 1975.07.27

리그	연도	소속	출전	교체	득점	도움	파울	경고	퇴장
BC	1998	전남	6	5	0	1	9	0	0
	1999	전남	17	11	0	0	11	2	0
	합계		23	16	0	1	20	2	0
프로통산			23	16	0	1	20	2	0

김동우 (金東佑) 조선대 1988.02.05

리그	연도	소속	출전	교체	득점	도움	파울	경고	퇴장
BC	2010	서울	10	4	0	0	17	2	0
	2011	서울	16	1	0	0	24	2	0
	2012	서울	23	6	0	0	25	2	0
	합계		49	11	0	0	66	6	0
클	2014	서울	0	0	0	0	0	0	0
	2015	서울	20	2	1	0	19	3	0
	2016	서울	13	3	0	0	9	2	0
	합계		33	5	1	0	28	5	0
챌	2013	경찰	27	7	3	0	26	2	1
	2014	안산경	11	1	1	0	6	3	1
	합계		38	8	4	0	32	5	2
프로통산			120	24	5	0	126	16	2

김동욱 (金東煜) 예원예술대 1991.03.10

리그	연도	소속	출전	교체	득점	도움	파울	경고	퇴장
챌	2013	충주	0	0	0	0	0	0	0
	합계		0	0	0	0	0	0	0
프로통산			0	0	0	0	0	0	0

김동준 (金東俊) 연세대 1994.12.19

리그	연도	소속	출전	교체	실점	도움	파울	경고	퇴장
클	2016	성남	26	1	35	0	0	1	0
	합계		26	1	35	0	0	1	0
승	2016	성남	1	0	0	0	0	0	0
	합계		1	0	0	0	0	0	0
프로통산			27	1	35	0	0	1	0

김동진 (金東珍) 아주대 1992.12.28

리그	연도	소속	출전	교체	득점	도움	파울	경고	퇴장
챌	2014	대구	10	3	0	0	18	2	0
	2015	대구	18	1	0	1	24	4	0
	2016	대구	36	4	0	0	37	4	0
	합계		64	8	0	1	79	10	0
프로통산			64	8	0	1	79	10	0

김동진 (金東進) 안양공고 1982.01.29

리그	연도	소속	출전	교체	득점	도움	파울	경고	퇴장
BC	2000	안양L	7	2	1	1	10	1	0
	2001	안양L	6	3	0	0	7	2	0
	2002	안양L	8	6	0	0	11	1	0
	2003	안양L	35	15	5	2	60	3	0
	2004	서울	18	5	3	2	51	2	0
	2005	서울	32	5	3	1	79	6	0
	2006	서울	13	1	1	0	33	2	0
	2010	울산	23	3	0	1	31	5	0
	2011	서울	9	6	1	0	8	1	0
	합계		151	46	14	7	290	23	0
챌	2016	서울E	34	1	1	3	39	10	0
	합계		34	1	1	3	39	10	0
프로통산			185	47	15	10	329	33	0

김동진 (金東珍) 상지대 1989.07.13

리그	연도	소속	출전	교체	득점	도움	파울	경고	퇴장
BC	2010	성남일	0	0	0	0	0	0	0
BC	합계		0	0	0	0	0	0	0
프로통산			0	0	0	0	0	0	0

김동찬 (金東燦) 호남대 1986.04.19

리그	연도	소속	출전	교체	득점	도움	파울	경고	퇴장
BC	2006	경남	3	3	0	0	5	0	0
	2007	경남	10	7	1	0	13	1	0
	2008	경남	25	11	7	3	29	3	0
	2009	경남	30	21	12	8	15	2	0
	2010	경남	21	17	2	4	16	2	0
	2011	전북	23	23	10	3	16	3	0
	2012	전북	20	21	2	0	13	1	0
	합계		132	103	34	18	107	12	0
클	2014	상주	17	15	2	0	13	1	0
	2014	전북	5	5	2	1	2	0	0
	2015	전북	15	15	0	2	4	0	0
	합계		37	35	4	3	19	1	0
챌	2013	상주	27	18	6	4	26	0	0
	2016	대전	39	16	20	8	31	2	0
	합계		66	34	26	12	57	2	0
승	2013	상주	2	2	0	0	1	0	0
	합계		2	2	0	0	1	0	0
프로통산			237	174	64	33	184	15	0

김동철 (金東澈) 고려대 1990.10.01

리그	연도	소속	출전	교체	득점	도움	파울	경고	퇴장
BC	2012	전남	9	3	0	0	19	1	0
	합계		9	3	0	0	19	1	0
클	2013	전남	21	2	0	0	26	6	0
	2014	전남	11	7	0	0	10	3	0
	2015	전남	29	11	0	0	37	4	0
	합계		61	20	0	0	73	13	0
챌	2016	서울E	34	4	1	2	68	7	0
	합계		34	4	1	2	68	7	0
프로통산			104	27	1	2	160	21	0

김동철 (金東鐵) 한양대 1972.04.19

리그	연도	소속	출전	교체	득점	도움	파울	경고	퇴장
BC	1994	대우	4	4	0	0	3	3	0
	합계		4	4	0	0	3	3	0
프로통산			4	4	0	0	3	3	0

김동해 (金東海) 한양대 1966.03.16

리그	연도	소속	출전	교체	득점	도움	파울	경고	퇴장
BC	1989	럭금	23	16	0	2	19	0	0
	1990	럭금	8	8	0	0	2	0	0
	1992	LG	10	6	0	1	10	2	0
	1993	LG	33	8	4	0	33	3	0
	1994	LG	30	12	2	5	22	3	0
	1995	LG	25	11	3	1	35	6	0
	1996	수원	10	3	0	1	19	2	0
	합계		139	64	9	10	140	16	0
프로통산			139	64	9	10	140	16	0

김동혁 (金東奕) 조선대 1991.01.25

리그	연도	소속	출전	교체	득점	도움	파울	경고	퇴장
클	2013	대전	0	0	0	0	0	0	0
	합계		0	0	0	0	0	0	0
프로통산			0	0	0	0	0	0	0

김동현 (金東炫) 동아대 1994.07.14

리그	연도	소속	출전	교체	득점	도움	파울	경고	퇴장
클	2016	포항	16	15	0	2	11	3	1
	합계		16	15	0	2	11	3	1
프로통산			16	15	0	2	11	3	1

김동현 (金東眩) 경희고 1980.08.17

리그	연도	소속	출전	교체	득점	도움	파울	경고	퇴장
BC	1999	수원	3	3	0	0	3	1	0
	2003	수원	2	2	0	0	6	0	0
	2005	수원	1	1	0	0	1	0	0
	2007	전북	6	5	0	0	14	0	0
	합계		12	11	0	0	24	1	0
프로통산			12	11	0	0	24	1	0

김동현 (金東炫) 한양대 1984.05.20

리그	연도	소속	출전	교체	득점	도움	파울	경고	퇴장
BC	2004	수원	26	22	4	1	51	1	0
	2005	수원	29	12	6	5	95	4	0
	2007	성남일	26	14	5	2	69	6	0
	2008	성남일	30	26	4	4	33	1	0
	2009	경남	15	12	1	0	33	2	0
	2010	광주상	19	12	3	0	37	5	0
	2011	상주	10	7	2	2	11	1	0
	합계		155	105	25	14	329	20	0
프로통산			155	105	25	14	329	20	0

김동환 (金東煥) 울산대 1983.01.17

리그	연도	소속	출전	교체	득점	도움	파울	경고	퇴장
BC	2004	울산	2	2	0	0	3	1	0
	2005	수원	1	0	0	0	3	1	0
	합계		3	2	0	0	6	2	0
프로통산			3	2	0	0	6	2	0

김동효 (金桐孝) 동래고 1990.04.05

리그	연도	소속	출전	교체	득점	도움	파울	경고	퇴장
BC	2009	경남	2	2	0	0	2	0	0
	합계		2	2	0	0	2	0	0
프로통산			2	2	0	0	2	0	0

김동훈 (金東勳) 한양대 1966.09.11

리그	연도	소속	출전	교체	실점	도움	파울	경고	퇴장
BC	1988	대우	11	2	13	0	0	0	0
	1989	대우	27	1	28	0	1	2	0
	1990	대우	22	0	18	0	0	0	0
	1992	대우	19	0	14	0	1	3	0
	1993	대우	8	1	7	0	0	0	0
	1994	버팔로	15	4	29	0	1	0	0
	합계		102	8	109	0	3	5	0
프로통산			102	8	109	0	3	5	0

김동휘 (金東輝) 수원대 1989.12.23

리그	연도	소속	출전	교체	득점	도움	파울	경고	퇴장
챌	2013	안양	0	0	0	0	0	0	0
	합계		0	0	0	0	0	0	0
프로통산			0	0	0	0	0	0	0

김동희 (金東熙) 연세대 1989.05.06

리그	연도	소속	출전	교체	득점	도움	파울	경고	퇴장
BC	2011	포항	1	1	0	0	1	0	0
	2012	대전	9	9	0	0	5	1	0
	합계		10	10	0	0	6	1	0
클	2014	성남	32	25	5	2	26	2	0
	2015	성남	28	26	2	2	13	2	0
	2016	성남	17	17	0	0	7	0	1
	합계		77	68	7	4	46	4	1
승	2016	성남	2	2	0	0	0	0	0
	합계		2	2	0	0	0	0	0
프로통산			89	80	7	4	52	5	1

김두함 (金豆咸) 안동대 1970.03.08

리그	연도	소속	출전	교체	득점	도움	파울	경고	퇴장
BC	1996	수원	1	1	0	0	0	0	0
	합계		1	1	0	0	0	0	0
프로통산			1	1	0	0	0	0	0

김두현 (金斗炫) 용인대학원 1982.07.14

리그	연도	소속	출전	교체	득점	도움	파울	경고	퇴장
BC	2001	수원	15	16	0	1	16	2	0
	2002	수원	20	16	2	1	29	2	0
	2003	수원	34	18	4	2	61	4	0
	2004	수원	22	5	1	4	46	6	0
	2005	수원	9	1	1	1	13	4	0
	2005	성남일	21	7	2	3	41	1	0
	2006	성남일	33	2	8	4	82	4	0
	2007	성남일	28	14	7	2	51	3	0
	2009	수원	12	3	4	4	18	0	0
	2010	수원	19	13	3	1	30	4	0
	2012	수원	8	8	1	1	13	1	0
	합계		221	103	33	24	400	31	0
클	2013	수원	6	5	1	0	2	1	0
	2014	수원	31	20	3	4	37	1	0
	2015	성남	35	21	7	8	29	0	0
	2016	성남	28	23	4	0	25	5	0
	합계		100	69	15	12	93	7	0
승	2016	성남	2	2	0	0	2	0	0
	합계		2	2	0	0	2	0	0
프로통산			323	174	48	36	495	38	0

김륜도 (金侖度) 광운대 1991.07.09

리그	연도	소속	출전	교체	득점	도움	파울	경고	퇴장
챌	2014	부천	34	5	1	0	47	5	0
	2015	부천	39	6	5	3	56	5	0
	2016	부천	27	22	0	2	24	2	0
	합계		100	33	6	5	127	12	0
프로통산			100	33	6	5	127	12	0

김만수 (金萬壽) 광운대 1961.06.19

리그	연도	소속	출전	교체	득점	도움	파울	경고	퇴장
BC	1983	포철	4	4	0	0	0	0	0
	1985	포철	1	1	0	0	0	0	0
	합계		5	5	0	0	0	0	0
프로통산			5	5	0	0	0	0	0

김만중 (金萬中) 명지대 1978.11.04

리그	연도	소속	출전	교체	득점	도움	파울	경고	퇴장
BC	2001	부천S	2	2	0	0	0	0	0
	합계		2	2	0	0	0	0	0
프로통산			2	2	0	0	0	0	0

김만태 (金萬泰) 광운대 1964.01.30

리그	연도	소속	출전	교체	득점	도움	파울	경고	퇴장
BC	1990	현대	3	3	0	0	2	0	0
	합계		3	3	0	0	2	0	0
프로통산			3	3	0	0	2	0	0

김명곤 (金明坤) 중앙대 1974.04.15

리그	연도	소속	출전	교체	득점	도움	파울	경고	퇴장
BC	1997	포항	31	25	1	2	46	4	0
	1998	포항	17	16	2	0	17	2	0
	1999	포항	13	7	1	3	18	1	0
	2000	포항	31	10	5	4	47	5	0
	2002	전남	4	4	0	0	2	1	0
	합계		96	62	9	9	130	13	0
프로통산			96	62	9	9	130	13	0

김명관 (金明寬) 광운전자공고 1959.11.27

리그	연도	소속	출전	교체	득점	도움	파울	경고	퇴장
BC	1983	유공	15	2	0	1	10	0	0
	1984	유공	26	8	1	0	24	1	0
	1985	유공	16	4	0	2	17	1	0
	1986	유공	29	1	0	0	67	0	0
	1987	유공	18	10	0	1	12	2	0
	합계		104	25	1	4	130	4	0
프로통산			104	25	1	4	130	4	0

김명광 (金明光) 대구대 1984.05.07

리그	연도	소속	출전	교체	득점	도움	파울	경고	퇴장
BC	2007	대구	0	0	0	0	0	0	0
	합계		0	0	0	0	0	0	0
프로통산			0	0	0	0	0	0	0

김명규 (金明圭) 수원대 1990.08.29

리그	연도	소속	출전	교체	득점	도움	파울	경고	퇴장
챌	2013	부천	1	1	0	0	0	0	0
	합계		1	1	0	0	0	0	0
프로통산			1	1	0	0	0	0	0

김명운 (金明雲) 숭실대 1987.11.01

리그	연도	소속	출전	교체	득점	도움	파울	경고	퇴장
BC	2007	전남	2	2	0	0	0	0	0
	2008	전남	18	15	1	0	19	0	0
	2009	전남	20	19	2	2	18	2	0
	2010	전남	3	2	0	0	5	0	0
	2011	인천	12	11	1	1	22	0	0
	2012	상주	15	10	1	1	19	0	0
	합계		70	59	5	4	83	2	0
챌	2013	상주	5	5	2	0	2	0	0
	합계		5	5	2	0	2	0	0
프로통산			75	64	7	4	85	2	0

김명중 (金明中) 동국대 1985.02.06

리그	연도	소속	출전	교체	득점	도움	파울	경고	퇴장
BC	2005	포항	8	7	0	0	26	2	0
	2006	포항	13	12	0	0	16	3	0
	2007	포항	11	7	0	0	19	3	0
	2008	광주상	31	8	7	2	67	5	0
	2009	광주상	26	6	8	5	74	1	0
	2009	포항	2	2	1	0	0	0	0
	2010	전남	26	20	3	3	52	4	0
	2011	전남	27	14	5	1	65	6	0
	2012	강원	22	22	2	1	28	1	0
	합계		166	98	26	12	347	25	0
프로통산			166	98	26	12	347	25	0

김명진 (金明眞) 부평고 1985.03.23

리그	연도	소속	출전	교체	득점	도움	파울	경고	퇴장
BC	2006	포항	0	0	0	0	0	0	0
	합계		0	0	0	0	0	0	0
프로통산			0	0	0	0	0	0	0

김명환 (金名煥) 정명고 1987.03.06

리그	연도	소속	출전	교체	득점	도움	파울	경고	퇴장
BC	2006	제주	2	2	0	0	1	0	0
	2007	제주	5	1	0	0	8	1	0
	2008	제주	13	5	0	0	14	1	0
	2009	제주	12	3	0	1	16	0	0
	2010	제주	8	4	0	0	1	0	0
	합계		40	15	0	1	40	2	0
프로통산			40	15	0	1	40	2	0

김명휘(金明輝) 일본 하쓰시바하시모고 1981.05.08

리그	연도	소속	출전	교체	득점	도움	파울	경고	퇴장
BC	2002	성남일	0	0	0	0	0	0	0
	합계		0	0	0	0	0	0	0
프로통산			0	0	0	0	0	0	0

김문경 (金文經) 단국대 1960.01.06

리그	연도	소속	출전	교체	득점	도움	파울	경고	퇴장
BC	1984	현대	13	0	0	0	3	0	0
	1985	현대	21	0	0	0	5	0	0
	1987	현대	16	1	0	1	7	0	0
	1988	현대	24	1	0	2	11	1	0
	1989	현대	11	3	0	1	9	1	0
	합계		85	5	0	4	35	2	0
프로통산			85	5	0	4	35	2	0

김문수 (金文殊) 관동대 1989.07.14

리그	연도	소속	출전	교체	득점	도움	파울	경고	퇴장
BC	2011	강원	1	0	0	0	4	1	0
	합계		1	0	0	0	4	1	0
챌	2013	경찰	1	0	0	0	0	1	0
	합계		1	0	0	0	0	1	0
프로통산			2	0	0	0	4	2	0

김문주 (金汶柱) 건국대 1990.03.24

리그	연도	소속	출전	교체	득점	도움	파울	경고	퇴장
클	2013	대전	0	0	0	0	0	0	0
	합계		0	0	0	0	0	0	0
프로통산			0	0	0	0	0	0	0

김민구 (金敏九) 영남대 1964.01.29

리그	연도	소속	출전	교체	득점	도움	파울	경고	퇴장
BC	1988	포철	19	6	0	2	32	1	0
	1989	포철	6	1	0	0	11	2	0
	1990	포철	3	3	0	0	4	0	0
	합계		28	10	0	2	47	3	0
프로통산			28	10	0	2	47	3	0

김민구 (金旻九) 연세대 1985.06.06

리그	연도	소속	출전	교체	득점	도움	파울	경고	퇴장
BC	2008	인천	1	1	0	0	0	0	0
	합계		1	1	0	0	0	0	0
프로통산			1	1	0	0	0	0	0

김민구 (金玟究) 관동대 1984.05.07

리그	연도	소속	출전	교체	득점	도움	파울	경고	퇴장
BC	2011	대구	21	17	1	1	22	2	1
	합계		21	17	1	1	22	2	1
프로통산			21	17	1	1	22	2	1

김민규 (金民奎) 단국대 1993.10.18

리그	연도	소속	출전	교체	득점	도움	파울	경고	퇴장
클	2016	울산	0	0	0	0	0	0	0
	합계		0	0	0	0	0	0	0
프로통산			0	0	0	0	0	0	0

김민규 (金閔圭) 숭실대 1982.12.24

리그	연도	소속	출전	교체	득점	도움	파울	경고	퇴장
BC	2005	전북	0	0	0	0	0	0	0
	합계		0	0	0	0	0	0	0
프로통산			0	0	0	0	0	0	0

김민균 (金民均) 명지대 1988.11.30

리그	연도	소속	출전	교체	득점	도움	파울	경고	퇴장
BC	2009	대구	31	12	1	2	43	3	0
	2010	대구	15	15	1	1	5	0	0
	합계		46	27	2	3	48	3	0
클	2014	울산	14	10	2	0	10	0	0
	합계		14	10	2	0	10	0	0
챌	2016	안양	38	23	11	4	36	4	0
	합계		38	23	11	4	36	4	0
프로통산			98	60	15	7	94	7	0

김민기 (金珉基) 건국대 1990.06.21

리그	연도	소속	출전	교체	득점	도움	파울	경고	퇴장
챌	2014	수원FC	4	3	0	0	4	2	0
	합계		4	3	0	0	4	2	0
프로통산			4	3	0	0	4	2	0

김민섭 (金民燮) 숭실대 1987.09.22

리그	연도	소속	출전	교체	득점	도움	파울	경고	퇴장
BC	2009	대전	18	9	0	0	19	2	0
	합계		18	9	0	0	19	2	0
프로통산			18	9	0	0	19	2	0

김민수 (金旼洙) 한남대 1984.12.14

리그	연도	소속	출전	교체	득점	도움	파울	경고	퇴장
BC	2008	대전	17	14	2	2	19	2	1
	2009	인천	21	11	2	3	21	2	0
	2010	인천	4	3	0	1	4	0	0
	2011	상주	16	12	2	3	8	3	0
	2012	상주	10	10	0	1	6	1	0
	2012	인천	1	1	0	0	0	0	0
	합계		69	51	6	10	58	8	1
클	2013	경남	16	14	0	0	19	1	0
	합계		16	14	0	0	19	1	0
챌	2014	광주	19	18	2	2	26	2	0
	합계		19	18	2	2	26	2	0
프로통산			104	83	8	12	103	11	1

김민수 (金頣洙) 용인대 1989.07.13

리그	연도	소속	출전	교체	득점	도움	파울	경고	퇴장
챌	2013	부천	0	0	0	0	0	0	0
	합계		0	0	0	0	0	0	0
프로통산			0	0	0	0	0	0	0

김민수 (金旻秀) 홍익대 1994.03.04

리그	연도	소속	출전	교체	득점	도움	파울	경고	퇴장
챌	2016	고양	8	8	0	0	9	2	0
	합계		8	8	0	0	9	2	0
프로통산			8	8	0	0	9	2	0

김민식 (金敏植) 호남대 1985.10.29

리그	연도	소속	출전	교체	실점	도움	파울	경고	퇴장
BC	2008	전북	0	0	0	0	0	0	0
	2009	전북	2	1	3	0	0	0	0
	2010	전북	7	0	11	0	0	0	0
	2011	전북	17	0	17	0	0	2	0
	2012	전북	9	1	11	0	0	0	0
	합계		35	2	42	0	0	2	0
클	2014	상주	18	0	29	0	0	2	0
	2014	전북	3	1	0	0	0	0	0
	2015	전남	10	0	21	0	0	0	0
	2016	전남	7	0	11	0	0	0	0
	합계		38	1	61	0	0	2	0
챌	2013	상주	3	0	5	0	0	0	0
	합계		3	0	5	0	0	0	0
승	2013	상주	2	0	2	0	0	0	0
	합계		2	0	2	0	0	0	0
프로통산			78	3	110	0	0	4	0

김민오 (金敏吾) 울산대 1983.05.08

리그	연도	소속	출전	교체	득점	도움	파울	경고	퇴장
BC	2006	울산	9	4	0	0	16	0	0
	2007	울산	18	16	0	0	27	5	0
	2008	울산	18	14	0	0	27	2	0
	2009	울산	1	1	0	0	1	0	0
	2010	광주상	4	2	0	0	2	0	0
	2011	상주	10	0	0	0	8	2	0
	합계		60	37	0	0	81	9	0
프로통산			60	37	0	0	81	9	0

김민제 (金旼第) 중앙대 1989.09.12

리그	연도	소속	출전	교체	득점	도움	파울	경고	퇴장
클	2016	수원FC	12	0	1	0	16	1	0
	합계		12	0	1	0	16	1	0
챌	2015	서울E	22	12	1	1	22	4	0
	2016	서울E	10	7	0	0	6	0	0
	합계		32	19	1	1	28	4	0
프로통산			44	19	2	1	44	5	0

김민철 (金敏哲) 건국대 1972.03.01

리그	연도	소속	출전	교체	실점	도움	파울	경고	퇴장
BC	1994	유공	5	0	5	0	0	1	0
	1996	전남	16	0	34	0	1	1	0
	합계		21	0	39	0	1	2	0
프로통산			21	0	39	0	1	2	0

김민학 (金民學) 선문대 1988.10.04

리그	연도	소속	출전	교체	득점	도움	파울	경고	퇴장
BC	2010	전북	5	1	1	0	7	0	0
	2011	전북	1	1	0	0	2	1	0
	합계		6	2	1	0	9	1	0
프로통산			6	2	1	0	9	1	0

김민혁 (金珉赫) 광운대 1992.08.16

리그	연도	소속	출전	교체	득점	도움	파울	경고	퇴장
클	2015	서울	6	6	0	0	8	1	0
	2016	광주	36	7	3	8	66	7	0
	합계		42	13	3	8	74	8	0
프로통산			42	13	3	8	74	8	0

김민혜 (金敏慧) 영동고 1954.12.04

리그	연도	소속	출전	교체	득점	도움	파울	경고	퇴장
BC	1983	대우	9	3	0	3	5	0	0
	1984	할렐	8	4	0	0	4	0	0
	1985	할렐	9	0	0	0	13	0	0
	합계		26	7	0	3	22	0	0
프로통산			26	7	0	3	22	0	0

김민호 (金敏浩) 인천대 1990.10.01

리그	연도	소속	출전	교체	득점	도움	파울	경고	퇴장
챌	2013	부천	19	2	1	1	28	1	0
	합계		19	2	1	1	28	1	0
프로통산			19	2	1	1	28	1	0

김민호 (金珉浩) 건국대 1985.05.13

리그	연도	소속	출전	교체	득점	도움	파울	경고	퇴장
BC	2007	성남일	7	7	0	0	2	1	0
	2008	성남일	1	1	0	0	0	0	0
	2008	전남	13	5	1	2	26	3	0
	2009	전남	9	7	1	0	8	2	0
	2010	대구	2	2	0	0	0	0	0
	합계		32	22	2	2	36	6	0
프로통산			32	22	2	2	36	6	0

김바우 (金바우) 한양대 1984.01.12

리그	연도	소속	출전	교체	득점	도움	파울	경고	퇴장
BC	2007	서울	1	1	0	0	1	0	0
	2008	대전	1	1	0	0	1	1	0
	2009	포항	2	2	0	0	3	1	0
	2010	포항	1	1	0	0	1	1	0
	2011	대전	9	6	0	0	15	1	0
	합계		14	11	0	0	21	4	0
프로통산			14	11	0	0	21	4	0

김백근 (金伯根) 동아대 1975.10.12

리그	연도	소속	출전	교체	득점	도움	파울	경고	퇴장
BC	1998	부산	10	7	0	1	4	0	0
	합계		10	7	0	1	4	0	0
프로통산			10	7	0	1	4	0	0

김범기 (金範基) 호남대 1974.03.01

리그	연도	소속	출전	교체	득점	도움	파울	경고	퇴장
BC	1996	전남	3	3	0	0	2	0	0
	합계		3	3	0	0	2	0	0
프로통산			3	3	0	0	2	0	0

김범수 (金範洙) 고려대 1972.05.16

리그	연도	소속	출전	교체	득점	도움	파울	경고	퇴장
BC	1995	전북	25	5	7	3	45	8	0
	1996	전북	33	9	3	5	49	7	0
	1997	전북	28	10	2	7	51	8	0
	1998	전북	23	17	2	1	39	4	1
	1999	전북	12	12	0	1	10	1	0
	2000	안양L	2	2	0	0	0	0	0
	합계		123	55	14	17	194	28	1
프로통산			123	55	14	17	194	28	1

김범수 (金範洙) 관동대 1986.01.13

리그	연도	소속	출전	교체	득점	도움	파울	경고	퇴장
BC	2010	광주상	5	5	0	0	1	1	0
	합계		5	5	0	0	1	1	0
프로통산			5	5	0	0	1	1	0

김범준 (金汎峻) 경희대 1988.07.14

리그	연도	소속	출전	교체	득점	도움	파울	경고	퇴장
BC	2011	상주	10	6	0	0	9	0	0
	합계		10	6	0	0	9	0	0
프로통산			10	6	0	0	9	0	0

김병관 (金炳官) 광운대 1966.02.16

리그	연도	소속	출전	교체	득점	도움	파울	경고	퇴장
BC	1984	한일	11	1	0	0	8	2	0
	1985	한일	2	0	0	0	0	0	0
	1990	현대	3	3	0	0	0	0	0
	합계		16	4	0	0	8	2	0
프로통산			16	4	0	0	8	2	0

김병석 (金秉析) 한양공고 1985.09.17

리그	연도	소속	출전	교체	득점	도움	파울	경고	퇴장
BC	2012	대전	18	13	4	0	32	3	0
	합계		18	13	4	0	32	3	0

리그	연도	소속	출전	교체	득점	도움	파울	경고	퇴장
클	2013	대전	31	14	2	3	39	5	1
	2015	대전	6	0	1	0	4	1	0
	합계		37	14	3	3	43	6	1
챌	2014	안산경	28	5	0	0	21	1	0
	2015	안산경	23	9	1	3	28	3	0
	2016	대전	34	8	1	0	34	3	1
	합계		85	22	2	3	83	7	1
프로통산			140	49	9	6	158	16	2

김병오(金炳旿) 성균관대 1989.06.26

리그	연도	소속	출전	교체	득점	도움	파울	경고	퇴장
클	2016	수원FC	28	13	4	3	50	8	0
	합계		28	13	4	3	50	8	0
챌	2013	안양	17	16	1	1	18	0	0
	2015	충주	33	10	9	3	49	4	0
	합계		50	26	10	4	67	4	0
프로통산			78	39	14	7	117	12	0

김병지(金秉址) 알로이시오기계공고 1970.04.08

리그	연도	소속	출전	교체	실점	도움	파울	경고	퇴장
BC	1992	현대	10	1	11	0	0	0	0
	1993	현대	25	2	19	0	0	1	0
	1994	현대	27	0	27	0	2	1	0
	1995	현대	35	1	26	0	2	1	0
	1996	울산	30	0	37	0	1	1	0
	1997	울산	20	0	17	0	0	1	0
	1998	울산	25	0	33	0	2	2	0
	1999	울산	20	0	32	0	1	1	0
	2000	울산	31	0	38	0	1	2	0
	2001	포항	25	1	24	0	1	1	0
	2002	포항	21	0	27	0	1	1	0
	2003	포항	43	1	43	0	1	2	0
	2004	포항	39	0	39	0	0	1	0
	2005	포항	36	0	31	0	1	1	0
	2006	서울	40	0	34	0	0	0	0
	2007	서울	38	0	25	0	0	0	0
	2008	서울	6	0	7	0	0	0	0
	2009	경남	29	1	30	0	0	1	0
	2010	경남	35	0	41	0	0	2	0
	2011	경남	33	0	44	0	1	2	0
	2012	경남	37	0	44	0	1	2	0
	합계		605	7	629	0	15	23	0
클	2013	전남	36	0	42	0	2	2	0
	2014	전남	38	0	53	0	0	0	0
	2015	전남	27	0	30	0	1	0	0
	합계		101	0	125	0	3	2	0
프로통산			706	7	754	0	18	25	0

* 득점: 1998년 1, 2000년 2 / 통산 3

김병채(金昞蔡) 동북고 1981.04.14

리그	연도	소속	출전	교체	득점	도움	파울	경고	퇴장
BC	2000	안양L	1	1	0	0	1	0	0
	2001	안양L	2	2	0	0	0	0	0
	2002	안양L	0	0	0	0	0	0	0
	2003	광주상	39	20	3	1	37	4	0
	2004	광주상	33	29	4	1	9	1	0
	2005	서울	7	4	0	0	16	0	0
	2006	경남	5	5	0	0	3	0	0
	2007	부산	3	3	0	0	6	0	0
	합계		90	64	7	2	72	5	0
프로통산			90	64	7	2	72	5	0

김병탁(金丙卓) 동아대 1970.09.18

리그	연도	소속	출전	교체	득점	도움	파울	경고	퇴장
BC	1997	부산	6	5	0	0	2	1	0
	1998	부산	16	8	0	0	18	0	0
	합계		22	13	0	0	20	1	0
프로통산			22	13	0	0	20	1	0

김병환(金秉桓) 국민대 1956.10.10

리그	연도	소속	출전	교체	득점	도움	파울	경고	퇴장
BC	1984	국민	18	4	3	0	19	2	0
	합계		18	4	3	0	19	2	0
프로통산			18	4	3	0	19	2	0

김보경(金甫炅) 홍익대 1989.10.06

리그	연도	소속	출전	교체	득점	도움	파울	경고	퇴장
클	2016	전북	29	4	4	7	30	3	0
	합계		29	4	4	7	30	3	0
프로통산			29	4	4	7	30	3	0

김보성(金保成) 동아대 1989.04.04

리그	연도	소속	출전	교체	득점	도움	파울	경고	퇴장
BC	2012	경남	3	3	0	0	1	1	0
	합계		3	3	0	0	1	1	0
프로통산			3	3	0	0	1	1	0

김본광(金本光) 탐라대 1988.09.30

리그	연도	소속	출전	교체	득점	도움	파울	경고	퇴장
챌	2013	수원FC	18	8	3	4	28	3	0
	2014	수원FC	29	8	3	0	39	9	0
	합계		47	16	6	4	67	12	0
프로통산			47	16	6	4	67	12	0

김봉겸(金奉謙) 고려대 1984.05.01

리그	연도	소속	출전	교체	득점	도움	파울	경고	퇴장
BC	2009	강원	17	2	2	0	13	3	0
	2010	강원	9	2	0	1	5	0	0
	합계		26	4	2	1	18	3	0
프로통산			26	4	2	1	18	3	0

김봉길(金奉吉) 연세대 1966.03.15

리그	연도	소속	출전	교체	득점	도움	파울	경고	퇴장
BC	1989	유공	24	21	5	0	15	1	0
	1990	유공	27	17	5	2	19	0	0
	1991	유공	6	3	0	0	5	0	0
	1992	유공	34	18	4	2	31	2	1
	1993	유공	30	16	8	4	23	0	0
	1994	유공	30	23	1	2	11	0	0
	1995	전남	32	5	8	3	21	4	0
	1996	전남	36	18	7	2	25	1	1
	1997	전남	33	29	6	1	26	2	0
	1998	전남	13	12	0	0	16	2	0
	합계		265	162	44	16	192	12	2
프로통산			265	162	44	16	192	12	2

김봉래(金奉來) 명지대 1990.07.02

리그	연도	소속	출전	교체	득점	도움	파울	경고	퇴장
클	2013	제주	23	5	1	0	23	3	0
	2014	제주	7	6	0	1	1	0	0
	2015	제주	21	12	1	1	9	2	0
	2016	제주	10	2	0	0	3	0	0
	합계		61	25	2	2	36	5	0
챌	2016	서울E	12	2	0	3	8	0	0
	합계		12	2	0	3	8	0	0
프로통산			73	27	2	5	44	5	0

김봉성(金峯成) 아주대 1962.11.28

리그	연도	소속	출전	교체	득점	도움	파울	경고	퇴장
BC	1986	대우	5	5	0	0	5	0	0
	1988	대우	13	9	0	0	12	0	0
	1989	대우	7	8	0	0	5	0	0
	합계		25	22	0	0	22	0	0
프로통산			25	22	0	0	22	0	0

김봉수(金奉洙) 고려대 1970.12.05

리그	연도	소속	출전	교체	실점	도움	파울	경고	퇴장
BC	1992	LG	14	0	13	0	0	0	0
	1993	LG	7	1	5	0	0	0	0
	1994	LG	18	2	25	0	2	1	0
	1995	LG	14	0	18	0	1	1	0
	1996	안양L	12	0	23	0	1	1	0
	1997	안양L	10	0	22	0	0	0	0
	1998	안양L	19	2	23	0	0	2	0
	1999	안양L	12	0	26	0	1	3	0
	2000	울산	3	1	4	0	0	0	0
	합계		109	6	159	0	5	8	0
프로통산			109	6	159	0	5	8	0

김봉진(金奉眞) 동의대 1990.07.18

리그	연도	소속	출전	교체	득점	도움	파울	경고	퇴장
클	2013	강원	12	1	2	1	16	3	0
	합계		12	1	2	1	16	3	0
챌	2015	경남	7	3	0	0	9	1	0
	합계		7	3	0	0	9	1	0
승	2013	강원	1	0	0	0	0	0	0
	합계		1	0	0	0	0	0	0
프로통산			20	4	2	1	25	4	0

김봉현(金奉鉉 / → 김인수) 호남대 1974.07.07

리그	연도	소속	출전	교체	득점	도움	파울	경고	퇴장
BC	1995	전북	6	5	0	0	4	2	0
	1996	전북	26	4	1	1	53	7	0
	1997	전북	33	2	4	0	82	7	0
	1998	전북	33	0	3	1	72	7	0
	1999	전북	30	3	2	3	31	3	0
	2001	전북	5	0	0	0	7	2	0
	2002	전북	1	1	0	0	1	0	0
	합계		134	15	10	5	250	28	0
프로통산			134	15	10	5	250	28	0

김부관(金附罐) 광주대 1990.09.03

리그	연도	소속	출전	교체	득점	도움	파울	경고	퇴장
클	2016	수원FC	25	20	1	3	13	1	0
	합계		25	20	1	3	13	1	0
챌	2015	수원FC	27	25	3	3	26	3	0
	합계		27	25	3	3	26	3	0
프로통산			52	45	4	6	39	4	0

김부만(金富萬) 영남대 1965.05.07

리그	연도	소속	출전	교체	득점	도움	파울	경고	퇴장
BC	1988	포철	4	4	1	0	2	1	0
	1989	포철	34	11	0	0	26	1	0
	1990	포철	8	7	0	0	3	0	0
	1991	포철	3	3	0	0	0	0	0
	합계		49	25	1	0	31	2	0
프로통산			49	25	1	0	31	2	0

김삼수(金三秀) 동아대 1963.02.08

리그	연도	소속	출전	교체	득점	도움	파울	경고	퇴장
BC	1986	현대	13	2	3	5	20	1	0
	1987	현대	29	4	2	2	40	2	0
	1988	현대	13	8	0	0	13	0	0
	1989	럭금	30	16	1	0	43	3	0
	1990	럭금	14	9	1	0	22	2	0
	1991	LG	17	10	1	0	19	2	0
	1992	LG	28	10	1	2	35	4	0
	1993	LG	19	9	0	1	29	7	0
	1994	대우	25	14	1	0	24	4	1
	합계		188	82	10	10	245	25	1
프로통산			188	82	10	10	245	25	1

김상규(金相圭) 광운대 1973.11.02

리그	연도	소속	출전	교체	득점	도움	파울	경고	퇴장
BC	1996	부천S	2	2	0	0	1	0	0
	합계		2	2	0	0	1	0	0
프로통산			2	2	0	0	1	0	0

김상균(金相均) 동신대 1991.02.13

리그	연도	소속	출전	교체	득점	도움	파울	경고	퇴장
챌	2013	고양	2	1	0	0	1	1	0
	2014	고양	2	2	0	0	0	0	0
	합계		4	3	0	0	1	1	0
프로통산			4	3	0	0	1	1	0

김상기(金尙基) 광운대 1982.04.05

리그	연도	소속	출전	교체	득점	도움	파울	경고	퇴장
BC	2005	수원	0	0	0	0	0	0	0
	2006	수원	2	2	0	0	0	0	0
	합계		2	2	0	0	0	0	0
프로통산			2	2	0	0	0	0	0

김상덕(金相德) 주문진중 1985.01.01

리그	연도	소속	출전	교체	득점	도움	파울	경고	퇴장
BC	2005	수원	1	1	0	0	2	1	0
	2010	대전	0	0	0	0	0	0	0
	합계		1	1	0	0	2	1	0
프로통산			1	1	0	0	2	1	0

김상록 (金相綠) 고려대 1979.02.25

리그	연도	소속	출전	교체	득점	도움	파울	경고	퇴장
BC	2001	포항	34	16	4	1	23	1	0
	2002	포항	15	12	1	2	23	0	0
	2003	포항	28	20	2	2	32	2	0
	2004	광주상	31	10	1	1	29	3	0
	2005	광주상	30	14	5	5	19	0	0
	2006	제주	32	8	6	3	35	0	0
	2007	인천	37	16	10	6	24	2	0
	2008	인천	27	25	1	2	19	0	0
	2009	인천	15	14	1	0	8	0	0
	2010	부산	13	12	0	0	6	0	0
	합계		262	147	31	22	218	8	0
챌	2013	부천	19	19	1	1	6	0	0
	합계		19	19	1	1	6	0	0
프로통산			281	166	32	23	224	8	0

김상문 (金相文) 고려대 1967.04.08

리그	연도	소속	출전	교체	득점	도움	파울	경고	퇴장
BC	1990	유공	26	4	1	2	35	4	0
	1991	유공	37	4	2	2	53	3	1
	1992	유공	18	5	2	2	30	1	0
	1993	유공	34	5	3	0	54	2	0
	1994	유공	14	6	3	0	14	0	0
	1995	유공	5	5	0	0	1	0	0
	1995	대우	12	8	2	0	18	1	0
	1996	부산	17	7	0	0	27	3	0
	1997	부산	30	13	2	2	28	4	0
	1998	부산	28	13	3	3	48	0	0
	합계		221	70	18	11	308	18	1
프로통산			221	70	18	11	308	18	1

김상식 (金相植) 대구대 1976.12.17

리그	연도	소속	출전	교체	득점	도움	파울	경고	퇴장
BC	1999	천안	36	4	1	2	73	5	0
	2000	성남일	27	2	3	1	62	6	0
	2001	성남일	32	1	0	0	93	6	0
	2002	성남일	36	0	4	4	88	6	0
	2003	광주상	42	1	2	2	69	4	0
	2004	광주상	31	2	2	1	48	2	0
	2005	성남일	30	0	1	1	65	3	1
	2006	성남일	29	4	1	0	58	4	0
	2007	성남일	28	1	4	2	68	4	0
	2008	성남일	37	2	0	1	86	6	0
	2009	전북	33	2	0	0	51	3	0
	2010	전북	28	9	0	2	82	11	0
	2011	전북	22	5	0	0	56	9	0
	2012	전북	27	13	0	1	37	4	0
	합계		438	46	18	17	936	73	1
클	2013	전북	20	6	1	0	34	6	1
	합계		20	6	1	0	34	6	1
프로통산			458	52	19	17	970	79	2

김상욱 (金相昱) 대불대 1994.01.04

리그	연도	소속	출전	교체	득점	도움	파울	경고	퇴장
클	2016	광주	1	1	0	0	0	0	0
	합계		1	1	0	0	0	0	0
프로통산			1	1	0	0	0	0	0

김상원 (金相沅) 울산대 1992.02.20

리그	연도	소속	출전	교체	득점	도움	파울	경고	퇴장
클	2014	제주	1	1	0	0	0	0	0
	2015	제주	21	4	3	3	25	6	0
	2016	제주	16	7	0	1	26	5	0
	합계		38	12	3	4	51	11	0
프로통산			38	12	3	4	51	11	0

김상준 (金相濬) 남부대 1993.06.25

리그	연도	소속	출전	교체	득점	도움	파울	경고	퇴장
챌	2016	고양	26	23	2	0	32	2	0
	합계		26	23	2	0	32	2	0
프로통산			26	23	2	0	32	2	0

김상진 (金尙鎭) 한양대 1967.02.15

리그	연도	소속	출전	교체	득점	도움	파울	경고	퇴장
BC	1990	럭금	26	18	2	2	58	3	0
	1991	LG	27	17	6	2	39	7	1
	1992	LG	29	20	6	0	35	4	0
	1993	LG	3	3	0	0	3	0	0
	1994	LG	11	11	1	1	11	3	1
	1995	유공	14	14	0	0	13	3	0
	1996	부천S	1	1	0	0	2	1	0
	합계		111	84	15	5	161	21	2
프로통산			111	84	15	5	161	21	2

김상필 (金相泌) 성균관대 1989.04.26

리그	연도	소속	출전	교체	득점	도움	파울	경고	퇴장
클	2015	대전	24	5	0	0	9	1	0
	합계		24	5	0	0	9	1	0
챌	2014	대전	1	0	0	0	0	0	0
	2016	충주	32	3	1	1	29	4	0
	합계		33	3	1	1	29	4	0
프로통산			57	8	1	1	38	5	0

김상호 (金相鎬) 동아대 1964.10.05

리그	연도	소속	출전	교체	득점	도움	파울	경고	퇴장
BC	1987	포철	29	11	3	1	23	2	0
	1988	포철	15	4	0	4	10	0	0
	1989	포철	14	5	0	2	8	0	0
	1990	포철	22	2	2	2	20	0	0
	1991	포철	36	9	5	6	21	0	0
	1992	포철	9	1	0	0	7	0	0
	1993	포철	14	6	0	3	1	0	0
	1994	포철	10	7	0	0	3	0	0
	1995	전남	25	5	1	3	8	2	0
	1996	전남	27	17	0	2	8	1	0
	1997	전남	27	21	3	1	19	1	0
	1998	전남	4	4	1	0	1	1	0
	합계		232	92	15	24	129	7	0
프로통산			232	92	15	24	129	7	0

김상화 (金相華) 동국대 1968.08.25

리그	연도	소속	출전	교체	득점	도움	파울	경고	퇴장
BC	1991	유공	2	1	0	0	0	1	0
	1994	대우	2	2	0	0	0	0	0
	합계		4	3	0	0	0	1	0
프로통산			4	3	0	0	0	1	0

김상훈 (金相勳) 고려대 1967.12.19

리그	연도	소속	출전	교체	득점	도움	파울	경고	퇴장
BC	1990	럭금	2	3	0	0	0	0	0
	1991	LG	12	6	5	0	23	2	0
	1993	LG	17	9	1	1	25	2	2
	1994	LG	25	24	3	0	15	1	0
	1995	LG	7	6	1	0	8	3	0
	합계		63	48	10	1	71	8	2
프로통산			63	48	10	1	71	8	2

김상훈 (金湘勳) 숭실대 1973.06.08

리그	연도	소속	출전	교체	득점	도움	파울	경고	퇴장
BC	1996	울산	15	5	0	0	26	2	0
	1997	울산	20	3	2	0	53	1	1
	1998	울산	36	1	0	2	57	8	0
	1999	울산	32	5	1	1	82	6	0
	2000	울산	34	2	1	0	87	7	0
	2001	울산	17	6	0	1	33	3	0
	2002	포항	11	2	0	1	22	5	0
	2003	포항	37	13	1	1	57	4	0
	2004	성남일	10	4	0	0	18	2	0
	합계		212	41	5	6	435	38	1
프로통산			212	41	5	6	435	38	1

김서준 (金胥寯 / 김현기) 한남대 1989.03.24

리그	연도	소속	출전	교체	득점	도움	파울	경고	퇴장
챌	2013	수원FC	19	12	2	2	32	2	0
	2014	수원FC	32	11	6	6	32	5	0
	2015	수원FC	21	4	1	4	31	4	0
	합계		72	27	9	12	95	11	0
승	2015	수원FC	0	0	0	0	0	0	0
	합계		0	0	0	0	0	0	0
프로통산			72	27	9	12	95	11	0

김석만 (金石萬) 호남대 1982.07.01

리그	연도	소속	출전	교체	득점	도움	파울	경고	퇴장
BC	2005	전남	1	1	0	0	1	0	0
	합계		1	1	0	0	1	0	0
프로통산			1	1	0	0	1	0	0

김석우 (金錫佑) 중경고 1983.05.06

리그	연도	소속	출전	교체	득점	도움	파울	경고	퇴장
BC	2004	포항	14	5	0	0	11	0	0
	2005	광주상	4	3	0	0	3	0	0
	2007	부산	6	5	0	0	6	1	0
	2008	부산	5	0	0	0	8	0	0
	합계		29	13	0	0	28	1	0
프로통산			29	13	0	0	28	1	0

김석원 (金錫垣) 고려대 1960.11.07

리그	연도	소속	출전	교체	득점	도움	파울	경고	퇴장
BC	1983	유공	9	2	3	0	2	0	0
	1984	유공	17	6	5	1	8	0	0
	1985	유공	2	0	0	0	3	1	0
	합계		28	8	8	1	13	1	0
프로통산			28	8	8	1	13	1	0

김선규 (金善奎) 동아대 1987.10.07

리그	연도	소속	출전	교체	**실점**	도움	파울	경고	퇴장
BC	2010	경남	0	0	0	0	0	0	0
	2011	경남	0	0	0	0	0	0	0
	2012	대전	35	1	55	0	1	3	0
	합계		35	1	55	0	1	3	0
클	2013	대전	22	0	38	0	0	0	0
	합계		22	0	38	0	0	0	0
챌	2014	대전	21	1	24	1	0	0	0
	2015	안양	6	0	8	0	1	0	1
	2016	안양	21	1	24	0	0	2	0
	합계		48	2	56	1	1	2	1
프로통산			105	3	149	1	2	5	1

김선민 (金善民) 예원예술대 1991.12.12

리그	연도	소속	출전	교체	득점	도움	파울	경고	퇴장
클	2014	울산	18	16	0	0	10	0	0
	합계		18	16	0	0	10	0	0
챌	2015	안양	32	11	6	2	34	3	0
	2016	대전	30	7	4	3	31	4	0
	합계		62	18	10	5	65	7	0
프로통산			80	34	10	5	75	7	0

김선우 (金善友) 동국대 1983.10.17

리그	연도	소속	출전	교체	득점	도움	파울	경고	퇴장
BC	2007	인천	9	8	0	1	13	1	0
	2008	인천	1	1	0	0	0	0	0
	2011	포항	1	1	0	0	0	0	0
	2012	포항	6	6	0	1	5	1	0
	합계		17	16	0	2	18	2	0
클	2013	성남일	2	2	0	0	0	0	0
	합계		2	2	0	0	0	0	0
프로통산			19	18	0	2	18	2	0

김선우 (金善佑) 울산대 1993.04.19

리그	연도	소속	출전	교체	득점	도움	파울	경고	퇴장
클	2015	제주	2	1	0	0	0	0	0
	2016	제주	5	4	0	0	4	1	0
	합계		7	5	0	0	4	1	0
챌	2015	경남	18	0	1	1	14	3	0

리그	연도	소속	출전	교체	득점	도움	파울	경고	퇴장
	합계		18	0	1	1	14	3	0
프로통산			25	5	1	1	18	4	0

김선우(金善于) 성균관대 1993.04.22

리그	연도	소속	출전	교체	득점	도움	파울	경고	퇴장
클	2016	수원	0	0	0	0	0	0	0
	합계		0	0	0	0	0	0	0
프로통산			0	0	0	0	0	0	0

김선우(金宣羽) 한양대 1986.01.23

리그	연도	소속	출전	교체	득점	도움	파울	경고	퇴장
BC	2008	인천	6	4	0	0	4	1	0
	2010	광주상	6	6	0	0	11	0	0
	2011	상주	7	5	0	0	10	2	0
	합계		19	15	0	0	25	3	0
챌	2013	수원FC	6	3	0	0	10	1	0
	합계		6	3	0	0	10	1	0
프로통산			25	18	0	0	35	4	0

김선일(金善壹) 동국대 1985.06.11

리그	연도	소속	출전	교체	득점	도움	파울	경고	퇴장
BC	2009	수원	0	0	0	0	0	0	0
	합계		0	0	0	0	0	0	0
프로통산			0	0	0	0	0	0	0

김선진(金善進) 전주대 1990.10.01

리그	연도	소속	출전	교체	득점	도움	파울	경고	퇴장
BC	2012	제주	0	0	0	0	0	0	0
	합계		0	0	0	0	0	0	0
프로통산			0	0	0	0	0	0	0

김선태(金善泰) 중앙대 1971.05.29

리그	연도	소속	출전	교체	득점	도움	파울	경고	퇴장
BC	1994	현대	3	3	0	0	1	0	0
	합계		3	3	0	0	1	0	0
프로통산			3	3	0	0	1	0	0

김성경(金成經) 한양대 1976.05.15

리그	연도	소속	출전	교체	득점	도움	파울	경고	퇴장
BC	1999	전남	5	5	0	0	7	1	0
	합계		5	5	0	0	7	1	0
프로통산			5	5	0	0	7	1	0

김성구(金聖求) 숭실대 1969.03.15

리그	연도	소속	출전	교체	득점	도움	파울	경고	퇴장
BC	1992	현대	20	20	2	1	9	1	0
	1993	현대	24	24	1	0	7	0	0
	1994	현대	22	13	2	3	17	0	0
	1995	현대	4	4	0	0	3	0	0
	1997	전북	25	19	4	0	18	1	0
	1998	전북	34	3	1	3	52	4	0
	1999	전북	6	6	0	0	0	0	0
	합계		135	89	10	7	106	6	0
프로통산			135	89	10	7	106	6	0

김성국(金成國) 광운대 1990.03.01

리그	연도	소속	출전	교체	득점	도움	파울	경고	퇴장
챌	2013	안양	1	0	0	0	3	0	0
	합계		1	0	0	0	3	0	0
프로통산			1	0	0	0	3	0	0

김성국(金成國) 충북대 1980.03.01

리그	연도	소속	출전	교체	득점	도움	파울	경고	퇴장
BC	2003	부산	0	0	0	0	0	0	0
	합계		0	0	0	0	0	0	0
프로통산			0	0	0	0	0	0	0

김성규(金星圭) 현대고 1981.06.05

리그	연도	소속	출전	교체	득점	도움	파울	경고	퇴장
BC	2000	울산	9	8	0	0	1	0	0
	2001	울산	3	2	0	0	2	0	0
	합계		12	10	0	0	3	0	0
프로통산			12	10	0	0	3	0	0

김성근(金成根) 연세대 1977.06.20

리그	연도	소속	출전	교체	득점	도움	파울	경고	퇴장
BC	2000	대전	17	3	1	0	12	1	0
	2001	대전	27	3	0	0	37	1	0
	2002	대전	32	2	1	0	40	5	0
	2003	대전	40	0	2	0	42	8	0
	2004	포항	24	1	0	0	19	2	0
	2005	포항	33	1	0	0	53	7	0
	2006	포항	31	0	0	0	47	3	0
	2007	포항	23	3	0	0	33	5	0
	2008	전북	10	2	0	0	9	2	0
	2008	수원	7	5	0	0	2	0	0
	합계		244	20	4	0	294	34	0
프로통산			244	20	4	0	294	34	0

김성기(金聖基) 한양대 1961.11.21

리그	연도	소속	출전	교체	득점	도움	파울	경고	퇴장
BC	1985	유공	17	0	1	1	29	4	0
	1986	유공	14	7	0	0	15	2	0
	1987	유공	27	7	4	1	33	3	0
	1988	유공	13	3	0	0	28	2	0
	1989	유공	9	2	0	0	15	0	1
	1990	유공	1	2	0	0	0	0	0
	1990	대우	17	2	0	0	37	5	0
	1991	대우	34	3	0	0	45	5	1
	1992	대우	8	4	0	1	17	4	0
	합계		140	30	5	3	219	25	2
프로통산			140	30	5	3	219	25	2

김성길(金聖吉) 일본 동명고 1983.07.08

리그	연도	소속	출전	교체	득점	도움	파울	경고	퇴장
BC	2003	울산	1	1	0	0	0	0	0
	2004	광주상	12	6	0	0	11	1	0
	2005	광주상	20	17	0	1	19	0	0
	2006	경남	30	17	2	4	50	2	0
	2007	경남	26	15	1	3	38	3	0
	2008	경남	12	8	1	1	14	3	0
	2009	경남	5	3	0	0	3	1	0
	합계		106	67	4	9	135	10	0
프로통산			106	67	4	9	135	10	0

김성남(金成男) 고려대 1954.07.19

리그	연도	소속	출전	교체	득점	도움	파울	경고	퇴장
BC	1983	유공	9	5	0	0	7	1	0
	1984	대우	6	6	0	0	2	0	0
	1985	대우	3	3	1	0	4	0	0
	합계		18	14	1	0	13	1	0
프로통산			18	14	1	0	13	1	0

김성민(金成珉) 고려대 1981.02.06

리그	연도	소속	출전	교체	실점	도움	파울	경고	퇴장
BC	2005	부천S	0	0	0	0	0	0	0
	2006	광주상	3	0	4	0	0	0	0
	2007	광주상	2	0	5	0	0	0	0
	2008	제주	0	0	0	0	0	0	0
	2009	제주	16	0	28	0	0	1	0
	합계		21	0	37	0	0	1	0
프로통산			21	0	37	0	0	1	0

김성민(金成民) 고려대 1985.04.19

리그	연도	소속	출전	교체	득점	도움	파울	경고	퇴장
챌	2014	충주	1	1	0	0	0	0	0
	합계		1	1	0	0	0	0	0
BC	2008	울산	7	6	1	0	3	0	0
	2009	울산	2	2	0	0	1	0	0
	2011	광주	4	4	1	0	3	0	0
	2012	상주	1	1	0	0	0	0	0
	합계		14	13	2	0	7	0	0
프로통산			15	14	2	0	7	0	0

김성민(金聖民) 호남대 1987.05.11

리그	연도	소속	출전	교체	득점	도움	파울	경고	퇴장
BC	2011	광주	2	1	1	0	1	0	0
	합계		2	1	1	0	1	0	0
프로통산			2	1	1	0	1	0	0

김성배(金成培) 배재대 1975.05.25

리그	연도	소속	출전	교체	득점	도움	파울	경고	퇴장
BC	1998	부산	19	7	0	0	42	6	1
	1999	부산	20	5	0	0	47	5	0
	2000	부산	7	1	0	0	8	1	0
	합계		46	13	0	0	97	12	1
프로통산			46	13	0	0	97	12	1

김성부(金成富) 진주고 1954.07.09

리그	연도	소속	출전	교체	득점	도움	파울	경고	퇴장
BC	1983	포철	16	0	0	0	6	0	0
	1984	포철	17	4	0	0	10	0	0
	합계		33	4	0	0	16	0	0
프로통산			33	4	0	0	16	0	0

김성수(金聖洙) 배재대 1992.12.26

리그	연도	소속	출전	교체	득점	도움	파울	경고	퇴장
클	2013	대전	11	10	0	0	13	3	0
	2015	대전	4	4	0	0	2	0	0
	합계		15	14	0	0	15	3	0
챌	2014	대전	4	4	0	0	0	0	0
	2016	고양	8	7	0	0	6	1	0
	합계		12	11	0	0	6	1	0
프로통산			27	25	0	0	21	4	0

김성수(金星洙) 연세대 1963.03.12

리그	연도	소속	출전	교체	실점	도움	파울	경고	퇴장
BC	1986	한일	16	1	23	0	1	0	0
	합계		16	1	23	0	1	0	0
프로통산			16	1	23	0	1	0	0

김성식(金星式) 연세대 1992.05.24

리그	연도	소속	출전	교체	득점	도움	파울	경고	퇴장
챌	2015	고양	11	6	0	0	9	2	1
	합계		11	6	0	0	9	2	1
프로통산			11	6	0	0	9	2	1

김성일(金成鎰) 연세대 1973.04.13

리그	연도	소속	출전	교체	득점	도움	파울	경고	퇴장
BC	1998	안양L	27	7	0	1	70	10	0
	1999	안양L	35	1	0	0	49	5	0
	2000	안양L	32	1	0	1	56	1	0
	2001	안양L	25	2	0	0	24	2	0
	2002	안양L	0	0	0	0	0	0	0
	2003	안양L	14	1	0	0	24	8	0
	2004	성남일	22	12	0	1	29	1	0
	2005	성남일	3	1	0	0	6	1	0
	합계		158	25	0	3	258	28	0
프로통산			158	25	0	3	258	28	0

김성일(金成一) 홍익대 1975.11.02

리그	연도	소속	출전	교체	득점	도움	파울	경고	퇴장
BC	1998	대전	11	11	0	1	8	0	0
	1999	대전	6	5	0	0	8	0	0
	합계		17	16	0	1	16	0	0
프로통산			17	16	0	1	16	0	0

김성재(金聖宰) 한양대 1976.09.17

리그	연도	소속	출전	교체	득점	도움	파울	경고	퇴장
BC	1999	안양L	34	15	5	1	33	2	0
	2000	안양L	34	15	3	6	44	4	0
	2001	안양L	29	5	2	1	53	6	0
	2002	안양L	29	11	3	0	41	2	0
	2003	안양L	29	14	0	1	45	3	0
	2004	서울	21	10	0	1	28	4	0
	2005	서울	27	16	0	0	40	3	0
	2006	경남	23	11	0	0	35	4	0
	2007	전남	16	10	0	0	30	1	0
	2008	전남	25	9	0	1	28	3	0
	2009	전남	2	2	0	0	0	0	0
	합계		269	118	13	11	377	32	0
프로통산			269	118	13	11	377	32	0

김성주(金成柱/←김영근) 숭실대 1990.11.15

리그	연도	소속	출전	교체	득점	도움	파울	경고	퇴장
클	2016	상주	11	6	0	1	3	0	0
	합계		11	6	0	1	3	0	0

리그	연도	소속	출전	교체	득점	도움	파울	경고	퇴장
챌	2015	서울E	37	14	5	6	30	4	0
	합계		37	14	5	6	30	4	0
프로통산			48	20	5	7	33	4	0

김성준(金聖埈) 홍익대 1988.04.08

리그	연도	소속	출전	교체	득점	도움	파울	경고	퇴장
BC	2009	대전	15	7	1	1	34	3	0
	2010	대전	26	14	1	1	52	6	0
	2011	대전	30	3	2	5	46	4	0
	2012	성남일	37	7	3	5	49	6	0
	합계		108	31	7	12	181	19	0
클	2013	성남일	26	15	4	3	37	7	0
	2014	성남	5	5	0	0	3	0	0
	2015	성남	31	15	3	2	35	3	0
	2016	상주	36	12	3	0	33	3	0
	합계		98	47	10	5	108	13	0
프로통산			206	78	17	17	289	32	0

김성진(金成珍) 명지대 1990.07.02

리그	연도	소속	출전	교체	득점	도움	파울	경고	퇴장
챌	2013	광주	2	2	0	0	0	0	0
	합계		2	2	0	0	0	0	0
프로통산			2	2	0	0	0	0	0

김성진(金成陳) 중동고 1975.05.06

리그	연도	소속	출전	교체	득점	도움	파울	경고	퇴장
BC	1993	LG	1	1	0	0	0	0	0
	합계		1	1	0	0	0	0	0
프로통산			1	1	0	0	0	0	0

김성철(金成喆) 숭실대 1980.05.12

리그	연도	소속	출전	교체	득점	도움	파울	경고	퇴장
BC	2003	부천S	15	2	0	0	23	5	0
	2004	부천S	15	3	0	0	36	4	0
	합계		30	5	0	0	59	9	0
프로통산			30	5	0	0	59	9	0

김성현(金成炫) 진주고 1993.06.25

리그	연도	소속	출전	교체	득점	도움	파울	경고	퇴장
BC	2012	경남	5	2	0	0	9	1	0
	합계		5	2	0	0	9	1	0
클	2013	경남	11	7	0	0	17	3	0
	합계		11	7	0	0	17	3	0
챌	2014	충주	3	1	0	0	2	0	0
	2014	안산경	9	1	0	0	13	3	0
	2015	안산경	2	2	0	0	0	0	0
	2016	안산무	0	0	0	0	0	0	0
	2016	경남	0	0	0	0	0	0	0
	합계		14	4	0	0	15	3	0
프로통산			30	13	0	0	41	7	0

김성현(金成賢) 남부대 1990.07.01

리그	연도	소속	출전	교체	득점	도움	파울	경고	퇴장
클	2015	광주	4	4	0	0	3	0	0
	합계		4	4	0	0	3	0	0
프로통산			4	4	0	0	3	0	0

김성현(金晟賢) 성균관대 1993.06.04

리그	연도	소속	출전	교체	득점	도움	파울	경고	퇴장
클	2016	수원FC	0	0	0	0	0	0	0
	합계		0	0	0	0	0	0	0
프로통산			0	0	0	0	0	0	0

김성호(金聖昊) 국민대 1970.05.16

리그	연도	소속	출전	교체	득점	도움	파울	경고	퇴장
BC	1994	버팔로	33	11	5	5	42	1	0
	1995	전북	19	14	1	1	28	0	0
	합계		52	25	6	6	70	1	0
프로통산			52	25	6	6	70	1	0

김성환(金城煥) 동아대 1986.12.15

리그	연도	소속	출전	교체	득점	도움	파울	경고	퇴장
BC	2009	성남일	33	6	4	3	56	8	0
	2010	성남일	32	1	1	0	46	7	0
	2011	성남일	34	3	1	2	69	5	0
	2012	성남일	23	2	2	1	42	7	0
	합계		122	12	8	6	213	27	0
클	2013	울산	34	7	2	2	56	9	0
	2014	울산	28	6	1	1	42	12	0
	2016	상주	23	5	7	1	26	3	0
	2016	울산	6	0	0	0	11	3	0
	합계		91	18	10	4	135	27	0
챌	2015	상주	28	12	9	2	46	9	0
	합계		28	12	9	2	46	9	0
프로통산			241	42	27	12	394	63	0

김성훈(金盛勳) 경희대 1991.05.24

리그	연도	소속	출전	교체	득점	도움	파울	경고	퇴장
챌	2015	고양	1	0	0	0	0	0	0
	합계		1	0	0	0	0	0	0
프로통산			1	0	0	0	0	0	0

김세인(金世仁) 영남대 1976.10.02

리그	연도	소속	출전	교체	득점	도움	파울	경고	퇴장
BC	1999	포항	30	20	4	4	24	1	0
	합계		30	20	4	4	24	1	0
프로통산			30	20	4	4	24	1	0

김세일(金世一) 동국대 1958.07.25

리그	연도	소속	출전	교체	득점	도움	파울	경고	퇴장
BC	1984	한일	19	8	2	1	10	1	0
	합계		19	8	2	1	10	1	0
프로통산			19	8	2	1	10	1	0

김세준(金世埈) 청구고 1992.04.11

리그	연도	소속	출전	교체	득점	도움	파울	경고	퇴장
BC	2012	경남	0	0	0	0	0	0	0
	합계		0	0	0	0	0	0	0
프로통산			0	0	0	0	0	0	0

김세훈(金世勳) 중앙대 1991.12.27

리그	연도	소속	출전	교체	득점	도움	파울	경고	퇴장
클	2016	인천	1	1	0	0	1	0	0
	합계		1	1	0	0	1	0	0
프로통산			1	1	0	0	1	0	0

김수길(金秀吉) 명지대 1959.03.06

리그	연도	소속	출전	교체	득점	도움	파울	경고	퇴장
BC	1983	국민	14	4	3	0	14	0	0
	1984	국민	5	1	0	1	5	0	0
	1985	럭금	2	2	0	0	0	0	0
	합계		21	7	3	1	19	0	0
프로통산			21	7	3	1	19	0	0

김수범(金洙範) 상지대 1990.10.02

리그	연도	소속	출전	교체	득점	도움	파울	경고	퇴장
BC	2011	광주	23	6	0	3	44	7	0
	2012	광주	38	2	0	4	80	11	0
	합계		61	8	0	7	124	18	0
클	2014	제주	31	8	1	1	46	10	0
	2015	제주	17	4	0	0	27	4	0
	2016	제주	0	0	0	0	0	0	0
	합계		48	12	1	1	73	14	0
챌	2013	광주	31	2	2	0	42	2	0
	합계		31	2	2	0	42	2	0
프로통산			140	22	3	8	239	34	0

김수연(金水連) 동국대 1983.04.17

리그	연도	소속	출전	교체	득점	도움	파울	경고	퇴장
BC	2006	포항	4	1	0	0	8	1	0
	2007	포항	13	2	2	0	45	6	1
	2008	포항	2	1	0	0	3	0	0
	2009	광주상	4	3	0	0	10	1	0
	2010	광주상	3	1	1	0	6	1	0
	합계		26	8	3	0	72	9	1
프로통산			26	8	3	0	72	9	1

김수진(金壽珍) 대구대 1977.06.13

리그	연도	소속	출전	교체	득점	도움	파울	경고	퇴장
BC	2000	포항	0	0	0	0	0	0	0
	합계		0	0	0	0	0	0	0
프로통산			0	0	0	0	0	0	0

김수현(金樹炫) 고려대 1967.07.28

리그	연도	소속	출전	교체	득점	도움	파울	경고	퇴장
BC	1990	현대	1	1	0	0	0	0	0
	합계		1	1	0	0	0	0	0
프로통산			1	1	0	0	0	0	0

김수형(金洙亨) 부경대 1983.03.26

리그	연도	소속	출전	교체	득점	도움	파울	경고	퇴장
BC	2003	부산	4	4	0	1	2	1	0
	2004	부산	4	4	0	0	1	0	0
	2006	광주상	13	7	0	0	22	1	0
	합계		21	15	0	1	25	2	0
프로통산			21	15	0	1	25	2	0

김순호(金淳昊) 경신고 1982.10.08

리그	연도	소속	출전	교체	득점	도움	파울	경고	퇴장
BC	2004	성남일	1	1	0	0	0	0	0
	합계		1	1	0	0	0	0	0
프로통산			1	1	0	0	0	0	0

김슬기(金슬기) 전주대 1992.11.06

리그	연도	소속	출전	교체	득점	도움	파울	경고	퇴장
클	2014	경남	20	18	0	1	8	1	0
	합계		20	18	0	1	8	1	0
챌	2015	경남	15	10	1	1	10	0	0
	2016	경남	16	15	0	0	9	0	0
	합계		31	25	1	1	19	0	0
승	2014	경남	0	0	0	0	0	0	0
	합계		0	0	0	0	0	0	0
프로통산			51	43	1	2	27	1	0

김승규(金承奎) 현대고 1990.09.30

리그	연도	소속	출전	교체	실점	도움	파울	경고	퇴장
BC	2008	울산	2	2	0	0	0	0	0
	2009	울산	0	0	0	0	0	0	0
	2010	울산	7	1	7	0	0	1	0
	2011	울산	2	1	0	0	0	0	0
	2012	울산	12	0	20	0	0	0	0
	합계		23	4	27	0	0	1	0
클	2013	울산	32	0	27	0	1	2	0
	2014	울산	29	0	28	0	1	3	0
	2015	울산	34	1	42	0	0	3	0
	합계		95	1	97	0	2	8	0
프로통산			118	5	124	0	2	9	0

김승대(金承大) 영남대 1991.04.01

리그	연도	소속	출전	교체	득점	도움	파울	경고	퇴장
클	2013	포항	21	12	3	6	27	1	0
	2014	포항	30	6	10	8	34	4	0
	2015	포항	34	9	8	4	17	1	0
	합계		85	27	21	18	78	6	0
프로통산			85	27	21	18	78	6	0

김승명(金承明) 전주대 1987.09.01

리그	연도	소속	출전	교체	득점	도움	파울	경고	퇴장
BC	2010	강원	3	2	0	0	2	0	0
	합계		3	2	0	0	2	0	0
프로통산			3	2	0	0	2	0	0

김승민(金承敏) 매탄고 1992.09.16

리그	연도	소속	출전	교체	득점	도움	파울	경고	퇴장
BC	2011	수원	0	0	0	0	0	0	0
	합계		0	0	0	0	0	0	0
프로통산			0	0	0	0	0	0	0

김승안(金承安) 한양대 1972.09.24

리그	연도	소속	출전	교체	실점	도움	파울	경고	퇴장
BC	1994	포철	1	0	3	0	0	0	0
	1995	포항	1	0	1	0	0	0	0
	1997	대전	2	2	5	0	0	0	0
	합계		4	2	9	0	0	0	0
프로통산			4	2	9	0	0	0	0

김승용(金承龍) 방송대 1985.03.14

리그	연도	소속	출전	교체	득점	도움	파울	경고	퇴장
BC	2004	서울	14	8	0	2	23	0	0

리그	연도	소속	출전	교체	득점	도움	파울	경고	퇴장
	2005	서울	20	11	1	2	30	1	0
	2006	서울	13	12	1	2	16	0	0
	2007	광주상	23	11	0	2	25	1	0
	2008	광주상	19	16	3	2	28	1	0
	2008	서울	1	1	1	1	2	0	0
	2009	서울	27	22	1	4	25	4	1
	2010	전북	5	5	1	0	9	1	0
	2012	울산	34	26	3	6	47	6	0
	합계		156	112	11	21	205	14	1
클	2013	울산	27	27	2	3	15	2	0
	합계		27	27	2	3	15	2	0
프로통산			183	139	13	24	220	16	1

김승준 (金承俊) 숭실대 1994.09.11

리그	연도	소속	출전	교체	득점	도움	파울	경고	퇴장
클	2015	울산	11	8	4	0	5	0	0
	2016	울산	30	23	8	2	15	1	0
	합계		41	31	12	2	20	1	0
프로통산			41	31	12	2	20	1	0

김승한 (金昇漢) 울산대 1974.05.11

리그	연도	소속	출전	교체	득점	도움	파울	경고	퇴장
BC	1997	대전	22	20	2	1	20	2	0
	1998	대전	24	22	2	1	18	1	0
	1999	대전	13	14	0	1	11	1	0
	합계		59	56	4	3	49	4	0
프로통산			59	56	4	3	49	4	0

김승현 (金承鉉) 호남대 1979.08.18

리그	연도	소속	출전	교체	득점	도움	파울	경고	퇴장
BC	2002	전남	16	8	3	0	11	3	0
	2003	전남	9	8	0	2	18	1	0
	2004	광주상	13	10	3	0	21	1	0
	2005	광주상	12	9	0	0	10	0	0
	2006	전남	8	7	0	0	11	0	0
	2007	전남	5	5	0	0	3	1	0
	2008	부산	25	16	5	2	35	1	1
	2009	전남	24	9	4	5	34	5	0
	2010	전남	9	6	2	0	9	1	0
	합계		121	78	17	9	152	13	1
프로통산			121	78	17	9	152	13	1

김승호 (金承鎬) 명지대 1978.05.19

리그	연도	소속	출전	교체	득점	도움	파울	경고	퇴장
BC	2001	안양L	2	2	0	0	1	0	0
	합계		2	2	0	0	1	0	0
프로통산			2	2	0	0	1	0	0

김승호 (金承湖) 예원예술대 1989.04.24

리그	연도	소속	출전	교체	득점	도움	파울	경고	퇴장
BC	2011	인천	0	0	0	0	0	0	0
	합계		0	0	0	0	0	0	0
프로통산			0	0	0	0	0	0	0

김시만 (金時萬) 홍익대 1975.03.03

리그	연도	소속	출전	교체	득점	도움	파울	경고	퇴장
BC	1998	전남	3	4	0	0	5	0	0
	합계		3	4	0	0	5	0	0
프로통산			3	4	0	0	5	0	0

김신 (金信) 영생고 1995.03.30

리그	연도	소속	출전	교체	득점	도움	파울	경고	퇴장
클	2014	전북	1	1	0	0	1	0	0
	합계		1	1	0	0	1	0	0
챌	2016	충주	35	22	13	6	23	2	0
	합계		35	22	13	6	23	2	0
프로통산			36	23	13	6	24	2	0

김신영 (金信泳) 한양대 1983.06.16

리그	연도	소속	출전	교체	득점	도움	파울	경고	퇴장
BC	2012	전남	11	7	1	2	9	0	0
	2012	전북	11	11	0	0	9	1	0
	합계		22	18	1	2	18	1	0
클	2013	전북	17	16	1	0	18	3	0
	2014	부산	8	7	0	0	4	1	0
	합계		25	23	1	0	22	4	0
프로통산			47	41	2	2	40	5	0

김신영 (金信榮) 관동대 1958.07.29

리그	연도	소속	출전	교체	득점	도움	파울	경고	퇴장
BC	1986	유공	16	9	0	2	8	1	0
	합계		16	9	0	2	8	1	0
프로통산			16	9	0	2	8	1	0

김신욱 (金信煜) 중앙대 1988.04.14

리그	연도	소속	출전	교체	득점	도움	파울	경고	퇴장
BC	2009	울산	27	12	7	1	58	5	0
	2010	울산	33	21	10	3	36	1	0
	2011	울산	43	22	19	4	80	1	0
	2012	울산	35	13	13	2	89	5	0
	합계		138	68	49	10	263	12	0
클	2013	울산	36	2	19	6	86	6	0
	2014	울산	20	4	9	2	33	2	0
	2015	울산	38	14	18	4	41	1	0
	2016	전북	33	28	7	2	35	1	0
	합계		127	48	53	14	195	10	0
프로통산			265	116	102	24	458	22	0

김신철 (金伸哲) 연세대 1990.11.29

리그	연도	소속	출전	교체	득점	도움	파울	경고	퇴장
챌	2013	부천	25	24	2	2	34	3	0
	2014	안산경	11	8	0	2	11	1	0
	2015	안산경	2	2	0	0	2	0	0
	2015	부천	0	0	0	0	0	0	0
	2016	부천	0	0	0	0	0	0	0
	합계		38	34	2	4	47	4	0
프로통산			38	34	2	4	47	4	0

김연건 (金演健) 단국대 1981.03.12

리그	연도	소속	출전	교체	득점	도움	파울	경고	퇴장
BC	2002	전북	14	14	0	0	28	1	0
	2003	전북	2	2	0	0	3	0	0
	2004	전북	16	15	0	0	28	2	0
	2005	전북	6	6	0	0	22	2	0
	2008	성남일	5	5	0	0	5	1	0
	합계		43	42	0	0	86	6	0
프로통산			43	42	0	0	86	6	0

김연수 (金演收) 충남기계공고 1995.01.16

리그	연도	소속	출전	교체	득점	도움	파울	경고	퇴장
챌	2014	대전	0	0	0	0	0	0	0
	합계		0	0	0	0	0	0	0
프로통산			0	0	0	0	0	0	0

김영광 (金永光) 한려대 1983.06.28

리그	연도	소속	출전	교체	실점	도움	파울	경고	퇴장
BC	2002	전남	0	0	0	0	0	0	0
	2003	전남	11	0	15	0	1	0	0
	2004	전남	22	0	19	0	1	2	0
	2005	전남	32	0	34	1	2	3	0
	2006	전남	13	0	16	0	1	1	0
	2007	울산	36	0	26	0	1	4	1
	2008	울산	33	2	33	0	2	2	0
	2009	울산	32	0	33	0	0	1	0
	2010	울산	28	1	35	0	0	2	0
	2011	울산	34	1	36	0	1	5	0
	2012	울산	32	0	32	0	1	4	0
	합계		273	4	279	1	10	24	1
클	2013	울산	6	0	10	0	0	0	0
	2014	경남	32	0	43	0	0	2	0
	합계		38	0	53	0	0	2	0
챌	2015	서울E	38	0	52	0	2	2	1
	2016	서울E	39	0	32	0	0	3	0
	합계		77	0	84	0	2	5	1
승	2014	경남	1	0	1	0	0	0	0
	합계		1	0	1	0	0	0	0
프로통산			389	4	417	1	12	31	2

김영규 (金泳奎) 국민대 1962.03.01

리그	연도	소속	출전	교체	득점	도움	파울	경고	퇴장
BC	1985	유공	8	2	0	0	7	0	0
	1986	유공	23	11	2	2	24	1	0
	1987	유공	27	14	0	2	29	1	0
	합계		58	27	2	4	60	2	0
프로통산			58	27	2	4	60	2	0

김영근 (金榮根) 경희대 1978.10.12

리그	연도	소속	출전	교체	득점	도움	파울	경고	퇴장
BC	2001	대전	32	5	1	0	54	6	0
	2002	대전	23	5	1	1	45	4	0
	2003	대전	26	9	1	1	51	4	1
	2004	대전	19	2	0	0	25	0	0
	2005	대전	10	3	0	0	29	2	0
	2006	광주상	23	8	1	0	28	1	0
	2007	광주상	29	6	0	0	37	1	0
	2008	경남	1	1	0	0	0	0	0
	합계		163	39	4	2	269	18	1
프로통산			163	39	4	2	269	18	1

김영기 (金永奇) 안동대 1973.12.25

리그	연도	소속	출전	교체	득점	도움	파울	경고	퇴장
BC	1998	수원	2	1	0	0	4	1	0
	합계		2	1	0	0	4	1	0
프로통산			2	1	0	0	4	1	0

김영남 (金榮男) 중앙대 1991.03.24

리그	연도	소속	출전	교체	득점	도움	파울	경고	퇴장
클	2013	성남일	3	2	0	0	4	0	0
	2014	성남	4	2	0	0	4	2	0
	합계		7	4	0	0	8	2	0
챌	2015	부천	29	13	4	3	29	7	0
	2016	부천	37	11	1	1	55	10	0
	합계		66	24	5	4	84	17	0
프로통산			73	28	5	4	92	19	0

김영남 (金榮男) 초당대 1986.04.02

리그	연도	소속	출전	교체	득점	도움	파울	경고	퇴장
챌	2013	안양	6	5	0	1	7	1	0
	합계		6	5	0	1	7	1	0
프로통산			6	5	0	1	7	1	0

김영도 (金榮道) 안동과학대 1994.04.04

리그	연도	소속	출전	교체	득점	도움	파울	경고	퇴장
챌	2016	안양	17	16	3	0	20	2	0
	합계		17	16	3	0	20	2	0
프로통산			17	16	3	0	20	2	0

김영무 (金英務) 숭실대 1984.03.19

리그	연도	소속	출전	교체	실점	도움	파울	경고	퇴장
BC	2007	대구	3	0	11	0	0	0	0
	2008	대구	0	0	0	0	0	0	0
	합계		3	0	11	0	0	0	0
프로통산			3	0	11	0	0	0	0

김영빈 (金榮彬) 고려대 1984.04.08

리그	연도	소속	출전	교체	득점	도움	파울	경고	퇴장
BC	2007	인천	6	2	0	0	15	1	0
	2008	인천	28	7	3	0	53	4	0
	2009	인천	27	16	0	0	34	4	0
	2010	인천	12	4	1	0	25	2	0
	2011	인천	2	1	0	0	2	0	0
	2011	대전	9	4	0	0	11	1	0
	합계		84	34	4	0	140	12	0
클	2014	경남	6	0	0	0	8	0	0
	합계		6	0	0	0	8	0	0
승	2014	경남	1	1	0	0	0	0	0
	합계		1	1	0	0	0	0	0
프로통산			91	35	4	0	148	12	0

김영빈 (金榮彬) 광주대 1991.09.20

리그	연도	소속	출전	교체	득점	도움	파울	경고	퇴장
클	2015	광주	28	3	2	0	23	6	0
	2016	광주	27	4	0	0	30	10	0
	합계		55	7	2	0	53	16	0

리그	연도	소속	출전	교체	득점	도움	파울	경고	퇴장
챌	2014	광주	26	2	1	1	39	6	0
	합계		26	2	1	1	39	6	0
승	2014	광주	2	0	0	0	1	0	0
	합계		2	0	0	0	1	0	0
프로통산			83	9	3	1	93	22	0

김영삼(金英三) 고려대 1982.04.04

리그	연도	소속	출전	교체	득점	도움	파울	경고	퇴장
BC	2005	울산	16	12	2	0	18	1	0
	2006	울산	29	8	0	0	53	5	0
	2007	울산	33	15	1	2	63	6	0
	2008	울산	34	1	0	1	35	4	0
	2009	울산	1	1	0	0	1	0	0
	2010	광주상	19	1	0	0	14	3	0
	2011	상주	16	2	0	0	23	3	0
	2011	울산	3	0	0	0	3	2	0
	2012	울산	28	9	0	2	29	4	0
	합계		179	49	3	5	239	28	0
클	2013	울산	26	3	1	1	45	5	0
	2014	울산	24	2	0	0	31	6	0
	2015	울산	5	4	0	0	5	1	0
	2016	울산	1	1	0	0	0	0	0
	합계		56	10	1	1	81	12	0
프로통산			235	59	4	6	320	40	0

김영삼(金泳三) 연세대 1980.03.12

리그	연도	소속	출전	교체	득점	도움	파울	경고	퇴장
BC	2003	전북	1	1	0	0	2	0	0
	2004	전북	1	1	0	0	0	0	0
	합계		2	2	0	0	2	0	0
프로통산			2	2	0	0	2	0	0

김영선(金永善) 경희대 1975.04.03

리그	연도	소속	출전	교체	득점	도움	파울	경고	퇴장
BC	1998	수원	33	0	0	0	68	5	0
	1999	수원	24	4	0	0	55	4	0
	2000	수원	7	2	0	0	14	3	0
	2001	수원	21	6	0	0	17	2	0
	2002	수원	30	0	0	0	33	3	0
	2003	수원	29	1	0	2	35	2	1
	2005	수원	0	0	0	0	0	0	0
	2006	전북	19	0	0	0	24	1	0
	2007	전북	22	0	0	0	30	5	0
	합계		185	13	0	2	276	25	1
프로통산			185	13	0	2	276	25	1

김영섭(金永燮) 숭실대 1970.08.13

리그	연도	소속	출전	교체	득점	도움	파울	경고	퇴장
BC	1993	대우	1	1	0	0	1	0	0
	1994	버팔로	17	3	0	0	18	3	0
	합계		18	4	0	0	19	3	0
프로통산			18	4	0	0	19	3	0

김영승(金泳勝) 호원대 1993.02.22

리그	연도	소속	출전	교체	득점	도움	파울	경고	퇴장
클	2015	대전	1	1	0	0	0	0	0
	합계		1	1	0	0	0	0	0
챌	2014	대전	5	4	1	0	0	0	0
	합계		5	4	1	0	0	0	0
프로통산			6	5	1	0	0	0	0

김영신(金映伸) 연세대 1986.02.28

리그	연도	소속	출전	교체	득점	도움	파울	경고	퇴장
BC	2006	전북	8	8	0	0	15	1	0
	2007	전북	6	4	0	0	12	2	0
	2008	제주	9	6	0	1	9	0	0
	2009	제주	24	18	1	0	25	5	0
	2010	제주	33	22	2	4	26	2	0
	2011	제주	23	13	1	0	17	3	0
	2012	상주	20	3	1	0	21	2	0
	합계		123	74	5	5	125	15	0
클	2014	제주	6	2	0	0	6	1	0
	2015	제주	14	11	2	0	8	1	0
	합계		20	13	2	0	14	2	0
챌	2013	상주	12	4	0	1	15	1	0
	2016	부산	20	17	0	3	10	3	0
	합계		32	21	0	4	25	4	0
프로통산			175	108	7	9	164	21	0

김영우(金永佑) 경기대 1984.06.15

리그	연도	소속	출전	교체	득점	도움	파울	경고	퇴장
BC	2007	경남	6	3	0	0	10	1	0
	2008	경남	26	24	3	1	14	3	0
	2009	경남	24	13	1	5	23	2	0
	2010	경남	28	12	2	2	40	6	0
	2011	경남	16	8	3	3	15	4	0
	2011	전북	7	0	0	0	11	0	0
	합계		107	60	9	11	113	16	0
클	2013	전북	3	0	0	0	8	0	0
	2014	전남	19	16	0	0	13	3	0
	합계		22	16	0	0	21	3	0
챌	2013	경찰	2	2	0	0	2	0	0
	합계		2	2	0	0	2	0	0
프로통산			131	78	9	11	136	19	0

김영욱(金泳旭) 광양제철고 1991.04.29

리그	연도	소속	출전	교체	득점	도움	파울	경고	퇴장
BC	2010	전남	4	4	0	0	5	0	0
	2011	전남	23	18	1	0	24	2	0
	2012	전남	35	10	3	5	65	5	0
	합계		62	32	4	5	94	7	0
클	2013	전남	14	11	0	0	15	1	0
	2014	전남	11	10	0	0	12	1	0
	2015	전남	27	19	2	2	24	4	0
	2016	전남	33	9	2	0	60	8	0
	합계		85	49	4	2	111	14	0
프로통산			147	81	8	7	205	21	0

김영욱(金永旭) 한양대 1994.10.29

리그	연도	소속	출전	교체	득점	도움	파울	경고	퇴장
챌	2015	경남	21	12	2	0	12	0	1
	2016	경남	4	4	0	1	2	0	0
	합계		25	16	2	1	14	0	1
프로통산			25	16	2	1	14	0	1

김영주(金榮珠) 서울시립대 1964.01.01

리그	연도	소속	출전	교체	득점	도움	파울	경고	퇴장
BC	1989	일화	35	18	6	5	36	0	0
	1990	일화	24	17	3	0	23	1	0
	1991	일화	21	20	0	0	7	0	0
	합계		80	55	9	5	66	1	0
프로통산			80	55	9	5	66	1	0

김영준(金榮俊) 홍익대 1985.07.15

리그	연도	소속	출전	교체	득점	도움	파울	경고	퇴장
BC	2009	광주상	0	0	0	0	0	0	0
	합계		0	0	0	0	0	0	0
프로통산			0	0	0	0	0	0	0

김영진(金永眞) 전주대 1970.06.16

리그	연도	소속	출전	교체	득점	도움	파울	경고	퇴장
BC	1994	버팔로	24	10	0	1	22	3	2
	합계		24	10	0	1	22	3	2
프로통산			24	10	0	1	22	3	2

김영찬(金榮讚) 고려대 1993.09.04

리그	연도	소속	출전	교체	득점	도움	파울	경고	퇴장
클	2013	전북	1	0	0	0	0	0	0
	2013	대구	6	1	0	0	5	0	0
	2015	전북	5	2	0	0	3	1	0
	2016	전북	12	4	0	0	9	2	0
	합계		24	7	0	0	17	3	0
챌	2014	수원FC	19	5	0	1	24	5	0
	합계		19	5	0	1	24	5	0
프로통산			43	12	0	1	41	8	0

김영철(金永徹) 건국대 1976.06.30

리그	연도	소속	출전	교체	득점	도움	파울	경고	퇴장
BC	1999	천안	33	1	0	1	38	3	0
	2000	성남일	38	3	0	3	33	4	0
	2001	성남일	35	0	0	1	47	4	0
	2002	성남일	36	0	0	0	53	2	0
	2003	광주상	35	1	0	0	40	7	0
	2004	광주상	30	0	0	0	28	4	0
	2005	성남일	36	1	0	0	49	3	0
	2006	성남일	32	2	0	0	38	5	0
	2007	성남일	29	0	1	2	28	3	0
	2008	성남일	32	1	0	0	40	3	0
	2009	전남	20	9	0	0	13	2	0
	합계		356	18	1	7	407	40	0
프로통산			356	18	1	7	407	40	0

김영철(金永哲) 광운전자공고 1960.04.28

리그	연도	소속	출전	교체	득점	도움	파울	경고	퇴장
BC	1984	국민	21	6	3	3	12	1	1
	합계		21	6	3	3	12	1	1
프로통산			21	6	3	3	12	1	1

김영철(金榮哲) 아주대 1967.10.10

리그	연도	소속	출전	교체	득점	도움	파울	경고	퇴장
BC	1990	현대	2	2	0	0	0	0	0
	1996	수원	1	1	0	0	0	0	0
	합계		3	3	0	0	0	0	0
프로통산			3	3	0	0	0	0	0

김영철(金永哲) 풍생고 1984.04.08

리그	연도	소속	출전	교체	득점	도움	파울	경고	퇴장
BC	2003	전남	7	7	0	0	4	1	0
	2005	광주상	2	2	0	0	0	0	0
	2007	경남	3	3	0	0	2	1	0
	합계		12	12	0	0	6	2	0
프로통산			12	12	0	0	6	2	0

김영호(金榮浩) 단국대 1961.04.20

리그	연도	소속	출전	교체	실점	도움	파울	경고	퇴장
BC	1985	유공	13	0	14	0	0	0	0
	1986	유공	24	0	28	0	0	0	0
	1989	일화	18	2	25	0	0	0	0
	1990	일화	21	0	25	0	0	2	0
	1991	일화	22	3	35	0	1	2	0
	합계		98	5	127	0	1	4	0
프로통산			98	5	127	0	1	4	0

김영호(金永湖) 주문진수도공고 1972.06.06

리그	연도	소속	출전	교체	득점	도움	파울	경고	퇴장
BC	1995	포항	0	0	0	0	0	0	0
	1996	포항	0	0	0	0	0	0	0
	합계		0	0	0	0	0	0	0
프로통산			0	0	0	0	0	0	0

김영후(金泳厚) 숭실대 1983.03.11

리그	연도	소속	출전	교체	득점	도움	파울	경고	퇴장
BC	2009	강원	30	6	13	8	29	4	0
	2010	강원	32	2	14	5	39	1	0
	2011	강원	31	19	6	0	36	0	0
	합계		93	27	33	13	104	5	0
클	2013	강원	5	4	1	0	7	0	0
	합계		5	4	1	0	7	0	0
챌	2013	경찰	23	15	10	3	19	3	0
	2014	강원	23	17	4	1	27	3	1
	2016	안양	20	17	3	1	20	1	0
	합계		66	49	17	5	66	7	1
승	2013	강원	1	0	0	0	3	0	0
	합계		1	0	0	0	3	0	0
프로통산			165	80	51	18	180	12	1

김오규(金吾奎) 관동대 1989.06.20

리그	연도	소속	출전	교체	득점	도움	파울	경고	퇴장
BC	2011	강원	1	0	0	0	2	0	0
	2012	강원	33	6	0	0	44	4	0
	합계		34	6	0	0	46	4	0
클	2013	강원	34	1	0	0	35	8	0

리그	연도	소속	출전	교체	득점	도움	파울	경고	퇴장
	2016	상주	24	1	0	0	28	8	0
	합계		58	2	0	0	63	16	0
챌	2014	강원	31	0	1	0	28	6	1
	2015	강원	14	0	0	0	18	1	0
	2015	상주	11	1	0	1	11	2	0
	합계		56	1	1	1	57	9	1
승	2013	강원	2	0	0	1	7	2	0
	합계		2	0	0	1	7	2	0
프로통산			150	9	1	2	173	31	1

김오성 (金五星) 고려대 1986.08.16

리그	연도	소속	출전	교체	득점	도움	파울	경고	퇴장
BC	2009	대구	5	5	0	0	3	0	0
	2010	대구	1	1	0	0	2	0	0
	합계		6	6	0	0	5	0	0
프로통산			6	6	0	0	5	0	0

김완수 (金完洙) 전북대 1962.01.13

리그	연도	소속	출전	교체	득점	도움	파울	경고	퇴장
BC	1983	포철	7	3	2	0	5	0	0
	1984	포철	9	4	1	0	5	1	0
	1985	포철	16	0	0	1	36	1	0
	1986	포철	22	4	4	1	25	1	0
	합계		54	11	7	2	71	3	0
프로통산			54	11	7	2	71	3	0

김완수 (金完秀) 중앙대 1981.06.05

리그	연도	소속	출전	교체	득점	도움	파울	경고	퇴장
BC	2004	대구	12	11	0	0	14	2	0
	2005	대구	9	7	0	0	9	1	0
	합계		21	18	0	0	23	3	0
프로통산			21	18	0	0	23	3	0

김왕주 (金旺珠) 연세대 1968.06.12

리그	연도	소속	출전	교체	득점	도움	파울	경고	퇴장
BC	1991	일화	10	10	0	0	5	1	0
	1993	일화	3	5	0	0	1	0	0
	합계		13	15	0	0	6	1	0
프로통산			13	15	0	0	6	1	0

김요환 (金耀煥) 연세대 1977.05.23

리그	연도	소속	출전	교체	득점	도움	파울	경고	퇴장
BC	2002	전남	8	8	0	0	4	0	0
	2003	전남	5	5	0	0	3	0	0
	2004	전남	6	7	0	0	3	0	0
	2005	전남	9	10	0	0	7	0	0
	합계		28	30	0	0	17	0	0
프로통산			28	30	0	0	17	0	0

김용갑 (金龍甲) 동국대 1969.10.29

리그	연도	소속	출전	교체	득점	도움	파울	경고	퇴장
BC	1991	일화	10	10	0	1	7	1	0
	1992	일화	6	3	0	0	5	0	0
	1993	일화	8	6	0	3	3	0	0
	1994	일화	6	7	1	0	6	2	0
	1995	일화	6	7	0	1	2	0	0
	1996	전북	35	13	9	5	29	2	0
	1997	전북	27	21	4	3	12	0	0
	1998	전북	22	19	3	3	15	0	0
	1999	전북	1	1	0	0	1	0	0
	합계		121	87	17	16	80	5	0
프로통산			121	87	17	16	80	5	0

김용구 (金勇九) 인천대 1981.03.08

리그	연도	소속	출전	교체	득점	도움	파울	경고	퇴장
BC	2004	인천	8	8	0	0	9	1	0
	합계		8	8	0	0	9	1	0
프로통산			8	8	0	0	9	1	0

김용대 (金龍大) 연세대 1979.10.11

리그	연도	소속	출전	교체	실점	도움	파울	경고	퇴장
BC	2002	부산	9	1	10	0	0	0	0
	2003	부산	36	0	54	0	0	1	0
	2004	부산	29	0	29	0	1	2	0
	2005	부산	29	1	36	0	2	0	0
	2006	성남일	28	0	28	0	0	2	0
	2007	성남일	29	0	26	0	0	0	0
	2008	광주상	25	0	46	0	0	0	0
	2009	광주상	26	0	34	0	0	0	0
	2009	성남일	2	1	0	0	0	0	0
	2010	서울	37	0	35	0	0	0	0
	2011	서울	29	1	37	0	2	1	0
	2012	서울	44	0	42	0	0	2	0
	합계		323	4	385	0	5	8	0
클	2013	서울	35	0	42	0	0	1	0
	2014	서울	24	1	19	0	0	0	0
	2015	서울	12	0	21	0	0	0	0
	2016	울산	24	0	25	0	0	1	0
	합계		95	1	107	0	0	2	0
프로통산			418	5	492	0	5	10	0

김용범 (金龍凡) 고려대 1971.06.16

리그	연도	소속	출전	교체	득점	도움	파울	경고	퇴장
BC	1998	대전	29	5	0	1	32	3	0
	1999	대전	26	8	0	1	31	2	0
	2000	대전	15	5	0	0	14	1	0
	2001	대전	1	0	0	0	1	0	0
	합계		71	18	0	2	78	6	0
프로통산			71	18	0	2	78	6	0

김용세 (金鏞世) 중동고 1960.04.21

리그	연도	소속	출전	교체	득점	도움	파울	경고	퇴장
BC	1983	유공	16	2	2	4	10	1	0
	1984	유공	28	2	14	2	40	1	0
	1985	유공	21	1	12	0	19	1	0
	1986	유공	13	0	6	7	17	2	0
	1987	유공	18	4	1	2	16	1	0
	1988	유공	11	1	4	1	23	2	0
	1989	일화	21	9	6	0	27	3	1
	1990	일화	24	9	7	1	18	0	0
	1991	일화	13	10	1	1	9	1	0
	합계		165	38	53	18	179	12	1
프로통산			165	38	53	18	179	12	1

김용진 (金勇辰) 건국대 1993.06.10

리그	연도	소속	출전	교체	득점	도움	파울	경고	퇴장
챌	2015	강원	14	7	0	2	10	2	0
	2016	충주	7	7	0	0	7	0	0
	합계		21	14	0	2	17	2	0
프로통산			21	14	0	2	17	2	0

김용찬 (金容燦) 아주대 1990.04.08

리그	연도	소속	출전	교체	득점	도움	파울	경고	퇴장
클	2013	경남	23	7	0	0	41	6	0
	2014	인천	0	0	0	0	0	0	0
	합계		23	7	0	0	41	6	0
챌	2015	충주	6	2	0	1	8	1	0
	합계		6	2	0	1	8	1	0
프로통산			29	9	0	1	49	7	0

김용태 (金龍泰) 울산대 1984.05.20

리그	연도	소속	출전	교체	득점	도움	파울	경고	퇴장
BC	2006	대전	28	19	2	3	25	0	0
	2007	대전	22	16	0	0	26	3	0
	2008	대전	22	14	1	1	27	2	0
	2009	울산	21	13	0	0	13	2	0
	2010	울산	4	5	0	0	0	0	0
	2011	상주	18	5	1	0	16	2	0
	2012	상주	21	13	1	4	12	2	0
	2012	울산	7	5	0	1	3	0	0
	합계		143	90	5	9	122	11	0
클	2013	울산	27	22	2	3	16	1	0
	2014	울산	12	6	2	0	8	3	0
	2014	부산	14	8	1	1	11	0	0
	2015	부산	21	15	0	0	10	1	0
	합계		74	51	5	4	45	5	0
챌	2016	충주	25	11	0	4	19	1	0
	합계		25	11	0	4	19	1	0
프로통산			242	152	10	17	186	17	0

김용한 (金容漢) 수원대 1990.07.30

리그	연도	소속	출전	교체	득점	도움	파울	경고	퇴장
챌	2013	수원FC	8	9	0	0	5	0	0
	합계		8	9	0	0	5	0	0
프로통산			8	9	0	0	5	0	0

김용한 (金龍漢) 강릉농공고 1986.06.28

리그	연도	소속	출전	교체	득점	도움	파울	경고	퇴장
BC	2006	인천	3	3	0	0	3	1	0
	합계		3	3	0	0	3	1	0
프로통산			3	3	0	0	3	1	0

김용해 (金龍海) 동국대 1958.05.24

리그	연도	소속	출전	교체	득점	도움	파울	경고	퇴장
BC	1983	유공	2	2	0	0	0	0	0
	1984	럭금	9	8	0	1	4	0	0
	1985	럭금	2	2	1	0	0	0	0
	합계		13	12	1	1	4	0	0
프로통산			13	12	1	1	4	0	0

김용호 (金龍虎) 수도전기공고 1971.03.20

리그	연도	소속	출전	교체	득점	도움	파울	경고	퇴장
BC	1990	대우	2	2	0	0	1	0	0
	1994	대우	4	4	0	0	1	0	0
	합계		6	6	0	0	2	0	0
프로통산			6	6	0	0	2	0	0

김용환 (金容奐) 숭실대 1993.05.25

리그	연도	소속	출전	교체	득점	도움	파울	경고	퇴장
클	2014	인천	14	2	0	0	23	1	0
	2015	인천	3	3	0	0	0	1	0
	2016	인천	28	6	3	2	28	6	0
	합계		45	11	3	2	51	8	0
프로통산			45	11	3	2	51	8	0

김용훈 (金龍勳) 경북산업대(경일대) 1969.09.15

리그	연도	소속	출전	교체	득점	도움	파울	경고	퇴장
BC	1994	버팔로	1	1	0	0	0	0	0
	합계		1	1	0	0	0	0	0
프로통산			1	1	0	0	0	0	0

김용희 (金容熙) 중앙대 1978.10.15

리그	연도	소속	출전	교체	득점	도움	파울	경고	퇴장
BC	2001	성남일	27	1	1	0	37	4	0
	2002	성남일	18	8	0	1	19	3	0
	2003	성남일	2	1	0	0	6	0	0
	2004	부산	31	3	0	1	47	9	0
	2005	광주상	34	6	1	0	43	5	0
	2006	광주상	32	11	3	2	27	2	0
	2007	부산	6	3	0	0	5	1	0
	2008	전북	1	0	0	0	1	0	0
	합계		151	33	5	4	185	24	0
프로통산			151	33	5	4	185	24	0

김우경 (金祐經) 묵호고 1991.12.04

리그	연도	소속	출전	교체	득점	도움	파울	경고	퇴장
BC	2011	강원	0	0	0	0	0	0	0
	합계		0	0	0	0	0	0	0
프로통산			0	0	0	0	0	0	0

김우석 (金祐錫) 신갈고 1996.08.04

리그	연도	소속	출전	교체	득점	도움	파울	경고	퇴장
챌	2016	대구	0	0	0	0	0	0	0
	합계		0	0	0	0	0	0	0
프로통산			0	0	0	0	0	0	0

김우재 (金佑載) 경희대 1976.09.13

리그	연도	소속	출전	교체	득점	도움	파울	경고	퇴장
BC	1999	천안	7	7	0	0	5	0	0
	2000	성남일	2	2	0	0	3	0	0
	2001	성남일	1	1	0	0	2	0	0
	2002	성남일	8	8	0	0	8	0	0
	2003	성남일	30	7	2	0	60	8	0
	2004	인천	32	6	1	1	93	8	0

리그	연도	소속	출전	교체	득점	도움	파울	경고	퇴장
	2005	전남	15	8	0	1	28	3	0
	합계		95	39	3	2	199	19	0
프로통산			95	39	3	2	199	19	0

김우진 (金佑鎭) 경기대 1989.09.17

리그	연도	소속	출전	교체	득점	도움	파울	경고	퇴장
BC	2012	대전	1	1	0	0	1	0	0
	합계		1	1	0	0	1	0	0
챌	2013	부천	1	1	0	0	0	0	0
	합계		1	1	0	0	0	0	0
프로통산			2	2	0	0	1	0	0

김우철 (金禹哲) 단국대 1989.07.04

리그	연도	소속	출전	교체	득점	도움	파울	경고	퇴장
BC	2012	전북	2	2	0	0	1	0	0
	합계		2	2	0	0	1	0	0
클	2013	전북	0	0	0	0	0	0	0
	합계		0	0	0	0	0	0	0
챌	2014	광주	4	3	0	0	8	0	0
	합계		4	3	0	0	8	0	0
프로통산			6	5	0	0	9	0	0

김우철 (金禹喆) 상지대 1982.10.01

리그	연도	소속	출전	교체	득점	도움	파울	경고	퇴장
BC	2007	전북	1	1	0	0	0	0	0
	합계		1	1	0	0	0	0	0
프로통산			1	1	0	0	0	0	0

김우현 동아대 1974.01.01

리그	연도	소속	출전	교체	득점	도움	파울	경고	퇴장
BC	1996	부천S	0	0	0	0	0	0	0
	합계		0	0	0	0	0	0	0
프로통산			0	0	0	0	0	0	0

김운오 (金雲五) 고려대 1961.04.14

리그	연도	소속	출전	교체	득점	도움	파울	경고	퇴장
BC	1984	한일	6	2	0	0	1	0	0
	합계		6	2	0	0	1	0	0
프로통산			6	2	0	0	1	0	0

김원균 (金遠均) 고려대 1992.05.01

리그	연도	소속	출전	교체	득점	도움	파울	경고	퇴장
클	2015	서울	1	1	0	0	1	1	0
	합계		1	1	0	0	1	1	0
챌	2015	강원	15	1	0	0	21	2	0
	2016	강원	8	2	1	0	15	3	0
	합계		23	3	1	0	36	5	0
프로통산			24	4	1	0	37	6	0

김원근 (金元根) 성균관대 1958.07.28

리그	연도	소속	출전	교체	득점	도움	파울	경고	퇴장
BC	1984	한일	5	4	0	0	1	0	0
	합계		5	4	0	0	1	0	0
프로통산			5	4	0	0	1	0	0

김원민 (金元敏) 건국대 1987.08.12

리그	연도	소속	출전	교체	득점	도움	파울	경고	퇴장
챌	2013	안양	29	26	4	4	31	1	0
	2014	안양	25	25	2	2	17	1	0
	합계		54	51	6	6	48	2	0
프로통산			54	51	6	6	48	2	0

김원식 (金元植) 동북고 1991.11.05

리그	연도	소속	출전	교체	득점	도움	파울	경고	퇴장
클	2015	인천	31	3	0	0	83	15	0
	2016	서울	20	7	0	0	19	2	0
	합계		51	10	0	0	102	17	0
챌	2013	경찰	8	7	0	0	11	2	0
	2014	안산경	2	2	0	0	0	0	0
	합계		10	9	0	0	11	2	0
프로통산			61	19	0	0	113	19	0

김원일 (金源一) 숭실대 1986.10.18

리그	연도	소속	출전	교체	득점	도움	파울	경고	퇴장
BC	2010	포항	13	2	0	0	21	2	0
	2011	포항	23	5	0	1	44	8	0
	2012	포항	32	3	4	0	63	5	0
	합계		68	10	4	1	128	15	0
클	2013	포항	34	1	3	0	56	8	0
	2014	포항	18	2	1	0	40	5	0
	2015	포항	24	1	0	0	36	5	0
	2016	포항	17	3	0	0	25	4	1
	합계		93	7	4	0	157	22	1
프로통산			161	17	8	1	285	37	1

김유성 (金侑聖) 경희대 1988.12.04

리그	연도	소속	출전	교체	득점	도움	파울	경고	퇴장
BC	2010	경남	3	1	0	0	3	0	0
	2011	경남	4	2	0	1	11	0	0
	2011	대구	6	4	0	0	7	1	0
	2012	대구	12	11	2	0	7	1	1
	합계		25	18	2	1	28	2	1
클	2013	대구	0	0	0	0	0	0	0
	합계		0	0	0	0	0	0	0
챌	2014	광주	11	10	0	0	9	2	0
	2015	고양	36	14	12	3	65	2	0
	2016	고양	21	9	1	0	43	3	0
	합계		68	33	13	3	117	7	0
프로통산			93	51	15	4	145	9	1

김유진 (金裕晋) 부산정보산업고 1983.06.19

리그	연도	소속	출전	교체	득점	도움	파울	경고	퇴장
BC	2002	수원	0	0	0	0	0	0	0
	2005	부산	25	1	0	0	27	3	0
	2007	부산	11	0	1	0	10	0	0
	2008	부산	25	5	2	0	33	5	0
	2009	부산	10	3	0	1	13	0	0
	합계		71	9	3	1	83	8	0
프로통산			71	9	3	1	83	8	0

김윤구 (金潤求) 경희대 1979.09.01

리그	연도	소속	출전	교체	득점	도움	파울	경고	퇴장
BC	2002	울산	4	2	0	0	5	0	0
	2003	울산	2	2	0	0	1	0	0
	2004	울산	2	2	0	0	1	0	0
	합계		8	6	0	0	7	0	0
프로통산			8	6	0	0	7	0	0

김윤구 (金允求) 광운대 1985.02.25

리그	연도	소속	출전	교체	득점	도움	파울	경고	퇴장
BC	2007	광주상	14	3	0	0	14	2	0
	합계		14	3	0	0	14	2	0
프로통산			14	3	0	0	14	2	0

김윤근 (金允根) 동아대 1972.09.22

리그	연도	소속	출전	교체	득점	도움	파울	경고	퇴장
BC	1995	유공	15	15	2	0	17	0	0
	1996	부천S	25	19	7	2	18	1	0
	1999	부천S	0	0	0	0	0	0	0
	합계		40	34	9	2	35	1	0
프로통산			40	34	9	2	35	1	0

김윤식 (金潤植) 홍익대 1984.01.29

리그	연도	소속	출전	교체	득점	도움	파울	경고	퇴장
BC	2006	포항	22	18	0	1	31	2	0
	2007	포항	13	9	0	1	24	1	0
	2008	포항	2	2	0	0	1	0	0
	합계		37	29	0	2	56	3	0
프로통산			37	29	0	2	56	3	0

김윤재 (金潤載) 홍익대 1992.05.14

리그	연도	소속	출전	교체	득점	도움	파울	경고	퇴장
챌	2014	대전	0	0	0	0	0	0	0
	2015	수원FC	3	3	1	0	0	1	0
	합계		3	3	1	0	0	1	0
프로통산			3	3	1	0	0	1	0

김윤호 (金倫滸) 관동대 1990.09.21

리그	연도	소속	출전	교체	득점	도움	파울	경고	퇴장
클	2013	강원	4	4	0	0	5	0	0
	합계		4	4	0	0	5	0	0
챌	2014	강원	25	15	0	2	29	5	0
	2015	강원	21	18	1	0	27	4	0
	2016	강원	13	9	0	0	17	4	0
	합계		59	42	1	2	73	13	0
승	2013	강원	1	1	0	0	2	0	0
	2016	강원	1	1	0	0	0	0	0
	합계		2	2	0	0	2	0	0
프로통산			65	48	1	2	80	13	0

김은석 (金恩奭) 경기대 1972.03.14

리그	연도	소속	출전	교체	득점	도움	파울	경고	퇴장
BC	1999	포항	23	3	0	0	17	1	0
	2000	포항	22	1	0	0	19	2	0
	2001	포항	22	5	1	1	21	1	0
	2002	포항	26	5	0	0	50	5	0
	합계		93	14	1	1	107	9	0
프로통산			93	14	1	1	107	9	0

김은선 (金恩宣) 대구대 1988.03.30

리그	연도	소속	출전	교체	득점	도움	파울	경고	퇴장
BC	2011	광주	27	4	0	1	79	9	0
	2012	광주	34	4	8	1	78	10	0
	합계		61	8	8	2	157	19	0
클	2014	수원	37	5	3	0	80	4	0
	2015	수원	9	2	1	0	13	1	0
	합계		46	7	4	0	93	5	0
챌	2013	광주	27	2	7	2	82	9	0
	2016	안산무	21	8	0	0	26	3	0
	합계		48	10	7	2	108	12	0
프로통산			155	25	19	4	358	36	0

김은중 (金殷中) 동북고 1979.04.08

리그	연도	소속	출전	교체	득점	도움	파울	경고	퇴장
BC	1997	대전	14	14	0	0	3	0	0
	1998	대전	29	8	6	2	32	0	0
	1999	대전	24	9	4	1	38	1	0
	2000	대전	20	8	5	2	18	2	0
	2001	대전	31	5	9	5	60	4	0
	2002	대전	27	1	7	1	35	2	1
	2003	대전	22	4	11	2	38	5	0
	2004	서울	29	11	8	2	58	3	0
	2005	서울	30	18	7	7	59	0	0
	2006	서울	37	26	14	5	59	2	0
	2007	서울	16	10	4	2	26	1	0
	2008	서울	21	17	5	4	21	1	0
	2010	제주	34	4	17	11	43	4	0
	2011	제주	30	11	6	8	32	1	0
	2012	강원	41	21	16	2	48	3	0
	합계		405	167	119	54	570	29	1
클	2013	강원	13	11	0	1	13	0	0
	2013	포항	9	9	1	0	4	0	0
	합계		22	20	1	1	17	0	0
챌	2014	대전	17	16	3	1	6	0	0
	합계		17	16	3	1	6	0	0
프로통산			444	203	123	56	593	29	1

김은철 (金恩徹) 경희대 1968.05.29

리그	연도	소속	출전	교체	득점	도움	파울	경고	퇴장
BC	1991	유공	31	15	1	2	32	3	0
	1992	유공	11	8	2	1	8	0	0
	1993	유공	9	9	0	0	3	0	0
	1996	부천S	31	12	0	1	24	2	0
	1997	부천S	16	11	0	0	14	3	0
	1998	부천S	2	2	0	0	0	0	0
	합계		100	57	3	4	81	8	0
프로통산			100	57	3	4	81	8	0

김은후 (金珢侯 / ← 김의범) 신갈고 1990.05.23

리그	연도	소속	출전	교체	득점	도움	파울	경고	퇴장
BC	2010	전북	1	1	0	0	1	0	0
	2011	강원	6	6	0	1	5	1	0
	합계		7	7	0	1	6	1	0
프로통산			7	7	0	1	6	1	0

김의섭 (金義燮) 경기대 1987.09.22

리그	연도	소속	출전	교체	득점	도움	파울	경고	퇴장
BC	2010	전북	1	1	0	0	0	0	0
	합계		1	1	0	0	0	0	0
프로통산			1	1	0	0	0	0	0

김의신 (金義信) 호원대 1992.11.26

리그	연도	소속	출전	교체	득점	도움	파울	경고	퇴장
클	2015	광주	1	1	0	0	0	0	0
	합계		1	1	0	0	0	0	0
프로통산			1	1	0	0	0	0	0

김이섭 (金利燮) 전주대 1974.04.27

리그	연도	소속	출전	교체	실점	도움	파울	경고	퇴장
BC	1997	포항	28	0	28	0	0	1	0
	1998	포항	31	1	47	0	1	0	0
	1999	포항	13	0	20	0	0	0	0
	2000	포항	5	0	8	0	1	0	0
	2002	전북	0	0	0	0	0	0	0
	2003	전북	19	0	28	0	0	0	0
	2004	인천	15	0	15	0	0	0	0
	2005	인천	20	0	25	0	1	2	0
	2006	인천	11	0	9	0	0	0	0
	2007	인천	26	0	31	0	0	0	0
	2008	인천	13	1	13	0	0	0	0
	2009	인천	24	0	24	0	0	0	0
	2010	인천	12	1	25	0	0	0	0
	합계		217	3	273	0	3	3	0
프로통산			217	3	273	0	3	3	0

김이주 (金利主) 전주대 1966.03.01

리그	연도	소속	출전	교체	득점	도움	파울	경고	퇴장
BC	1989	일화	36	23	3	3	30	1	0
	1990	일화	24	18	2	2	24	2	0
	1991	일화	35	27	8	5	36	1	0
	1992	일화	34	28	2	1	49	0	0
	1993	일화	29	17	7	3	36	1	0
	1994	일화	30	18	7	1	39	1	0
	1995	일화	27	24	2	3	32	0	0
	1996	수원	5	6	0	1	7	0	0
	1997	수원	1	1	0	0	2	0	0
	1997	천안	18	10	8	2	26	2	0
	1998	천안	27	21	0	2	38	0	0
	합계		266	193	39	23	319	8	0
프로통산			266	193	39	23	319	8	0

김익현 (金益現) 고려대 1989.04.30

리그	연도	소속	출전	교체	득점	도움	파울	경고	퇴장
BC	2009	부산	2	1	0	0	2	0	0
	2010	부산	0	0	0	0	0	0	0
	2011	부산	6	6	0	0	4	3	0
	2012	부산	6	6	0	0	8	2	0
	합계		14	13	0	0	14	5	0
클	2013	부산	22	7	1	1	16	6	0
	2014	부산	19	14	1	0	24	4	0
	2015	부산	7	4	0	0	7	2	0
	합계		48	25	2	1	47	12	0
승	2015	부산	1	1	0	0	2	0	0
	합계		1	1	0	0	2	0	0
프로통산			63	39	2	1	63	17	0

김익형 (金翼亨) 한양대 1958.06.17

리그	연도	소속	출전	교체	득점	도움	파울	경고	퇴장
BC	1985	포철	16	0	0	1	12	1	0
	1986	포철	25	7	0	0	20	0	0
	합계		41	7	0	1	32	1	0
프로통산			41	7	0	1	32	1	0

김인석 (金仁錫) 군장대 1992.04.23

리그	연도	소속	출전	교체	득점	도움	파울	경고	퇴장
클	2015	제주	0	0	0	0	0	0	0
	합계		0	0	0	0	0	0	0
프로통산			0	0	0	0	0	0	0

김인섭 (金仁燮) 동국대 1972.07.09

리그	연도	소속	출전	교체	득점	도움	파울	경고	퇴장
BC	1995	포항	1	1	0	0	0	0	0
	합계		1	1	0	0	0	0	0
프로통산			1	1	0	0	0	0	0

김인성 (金仁成) 성균관대 1989.09.09

리그	연도	소속	출전	교체	득점	도움	파울	경고	퇴장
클	2013	성남일	31	31	2	2	23	1	0
	2014	전북	11	10	0	0	13	1	0
	2015	인천	32	19	5	0	58	3	0
	2016	울산	16	16	1	0	15	0	0
	합계		90	76	8	2	109	5	0
프로통산			90	76	8	2	109	5	0

김인완 (金仁完) 경희대 1971.02.13

리그	연도	소속	출전	교체	득점	도움	파울	경고	퇴장
BC	1995	전남	24	14	2	4	33	2	1
	1996	전남	31	19	3	2	46	4	0
	1997	전남	22	7	6	4	31	2	0
	1998	전남	33	11	8	2	52	3	0
	1999	전남	15	11	1	2	22	1	0
	1999	천안	11	2	3	1	29	0	0
	2000	성남일	10	9	0	0	16	1	0
	합계		146	73	23	15	229	13	1
프로통산			146	73	23	15	229	13	1

김인호 (金仁鎬) 마산공고 1983.06.09

리그	연도	소속	출전	교체	득점	도움	파울	경고	퇴장
BC	2006	전북	28	11	0	0	41	5	1
	2007	전북	18	6	0	0	27	6	0
	2008	전북	17	8	0	2	18	0	0
	2009	전북	1	1	0	0	2	1	0
	2009	제주	6	2	0	0	9	2	0
	2010	제주	10	3	0	0	14	2	0
	2011	제주	11	1	2	0	23	4	0
	합계		91	32	2	2	134	20	1
프로통산			91	32	2	2	134	20	1

김일진 (金一鎭) 영남대 1970.04.05

리그	연도	소속	출전	교체	실점	도움	파울	경고	퇴장
BC	1993	포철	2	0	3	0	0	0	0
	1998	포항	9	1	5	0	1	0	0
	1999	포항	0	0	0	0	0	0	0
	2000	포항	2	0	5	0	0	0	0
	합계		13	1	13	0	1	0	0
프로통산			13	1	13	0	1	0	0

김재구 (金在九) 단국대 1977.03.12

리그	연도	소속	출전	교체	득점	도움	파울	경고	퇴장
BC	2000	성남일	1	0	0	0	3	0	0
	2001	성남일	1	1	0	0	0	0	0
	합계		2	1	0	0	3	0	0
프로통산			2	1	0	0	3	0	0

김재성 (金在成) 아주대 1983.10.03

리그	연도	소속	출전	교체	득점	도움	파울	경고	퇴장
BC	2005	부천S	35	10	2	1	69	4	0
	2006	제주	31	4	2	2	53	6	0
	2007	제주	24	4	2	4	52	6	0
	2008	포항	26	16	2	2	26	6	0
	2009	포항	26	15	1	4	52	4	0
	2010	포항	24	11	1	2	45	6	0
	2011	포항	30	5	5	4	44	8	0
	2012	상주	24	0	4	2	34	10	0
	합계		220	65	19	21	375	50	0
클	2013	포항	3	1	0	1	5	2	0
	2014	포항	29	15	7	4	36	6	0
	2016	제주	8	7	0	1	6	1	0
	합계		40	23	7	6	47	9	0
챌	2013	상주	26	15	3	2	43	6	0
	2015	서울E	39	4	4	12	48	7	0
	2016	서울E	17	3	1	1	21	4	0
	합계		82	22	8	15	112	17	0
프로통산			342	110	34	42	534	76	0

김재소 (金在昭) 경희고 1965.11.06

리그	연도	소속	출전	교체	득점	도움	파울	경고	퇴장
BC	1989	일화	20	11	0	1	22	1	0
	1990	일화	10	6	0	1	15	2	0
	1991	일화	29	18	0	0	37	2	0
	1992	일화	10	7	0	0	11	0	0
	1993	일화	1	1	0	0	0	0	0
	합계		70	43	0	2	85	5	0
프로통산			70	43	0	2	85	5	0

김재신 (金在新) 숭실대 1975.03.03

리그	연도	소속	출전	교체	득점	도움	파울	경고	퇴장
BC	1999	전북	1	1	0	0	0	0	0
	2000	전북	18	16	0	1	20	2	0
	2001	전북	10	10	0	0	7	1	0
	합계		29	27	0	1	27	3	0
프로통산			29	27	0	1	27	3	0

김재신 (金在信) 건국대 1973.08.30

리그	연도	소속	출전	교체	득점	도움	파울	경고	퇴장
BC	1998	수원	7	5	1	0	8	0	0
	1999	수원	7	5	0	0	7	0	0
	2000	수원	6	2	0	0	9	0	0
	합계		20	12	1	0	24	0	0
프로통산			20	12	1	0	24	0	0

김재연 (金載淵) 연세대 1989.02.08

리그	연도	소속	출전	교체	득점	도움	파울	경고	퇴장
챌	2013	수원FC	8	3	0	0	12	2	0
	2014	수원FC	15	8	0	0	17	0	0
	2016	서울E	8	7	0	0	5	1	0
	합계		31	18	0	0	34	3	0
프로통산			31	18	0	0	34	3	0

김재웅 (金裁雄) 경희대 1988.01.01

리그	연도	소속	출전	교체	득점	도움	파울	경고	퇴장
BC	2011	인천	17	10	4	1	49	7	0
	2012	인천	18	16	0	4	47	4	0
	합계		35	26	4	5	96	11	0
클	2013	인천	7	7	1	0	10	1	0
	2015	인천	1	1	0	0	1	1	0
	2016	수원FC	7	3	0	0	17	2	0
	합계		15	11	1	0	28	4	0
챌	2014	안양	27	23	7	0	67	7	0
	2015	수원FC	17	1	4	1	46	7	0
	2016	안산무	16	11	2	0	35	4	0
	합계		60	35	13	1	148	18	0
승	2015	수원FC	2	0	0	0	6	1	0
	합계		2	0	0	0	6	1	0
프로통산			112	72	18	6	278	34	0

김재윤 (金재윤/←김성균) 서귀포고 1990.09.04

리그	연도	소속	출전	교체	득점	도움	파울	경고	퇴장
BC	2009	성남일	4	5	0	0	4	2	0
	2010	강원	1	1	0	0	0	0	0
	2011	전남	0	0	0	0	0	0	0
	합계		5	6	0	0	4	2	0
프로통산			5	6	0	0	4	2	0

김재현 (金載玹/←김응진) 광양제철고 1987.03.09

리그	연도	소속	출전	교체	득점	도움	파울	경고	퇴장
BC	2007	전남	1	1	0	0	1	0	0
	2008	전남	4	2	0	0	2	2	0
	2009	전남	8	0	1	0	14	3	0
	2010	부산	26	4	2	0	40	9	0
	2011	부산	17	3	1	0	17	3	0
	합계		56	10	4	0	74	17	0
클	2013	부산	8	1	0	0	9	0	0
	2014	부산	5	2	0	1	8	2	0

리그	연도	소속	출전	교체	득점	도움	파울	경고	퇴장
	합계		13	3	0	1	17	2	0
챌	2016	부산	22	1	1	1	23	2	0
	합계		22	1	1	1	23	2	0
프로통산			91	14	5	2	114	21	0

김재형 (金載瀅 / ← 김재영) 아주대 1973.09.02

리그	연도	소속	출전	교체	득점	도움	파울	경고	퇴장
BC	1996	부산	32	8	6	2	46	5	0
	1997	부산	24	10	0	1	31	8	0
	1998	부산	7	5	0	0	12	2	0
	1999	부산	31	17	0	2	68	1	0
	2000	부산	19	12	0	1	29	1	1
	2001	부산	32	19	1	2	42	3	0
	2002	부산	16	9	0	0	33	3	0
	2004	부산	18	13	2	0	26	3	1
	2005	부산	21	6	1	0	50	3	1
	2006	전북	14	7	0	1	38	1	0
	2007	전북	15	14	0	0	21	0	0
	합계		229	120	10	9	396	30	3
프로통산			229	120	10	9	396	30	3

김재홍 (金在鴻) 숭실대 1984.08.10

리그	연도	소속	출전	교체	득점	도움	파울	경고	퇴장
BC	2007	대구	1	0	0	1	2	0	0
	합계		1	0	0	1	2	0	0
프로통산			1	0	0	1	2	0	0

김재환 (金載桓) 전주대 1988.05.27

리그	연도	소속	출전	교체	득점	도움	파울	경고	퇴장
BC	2011	전북	3	0	0	0	11	3	0
	2012	전북	1	0	0	0	2	0	0
	합계		4	0	0	0	13	3	0
클	2013	전북	5	2	0	0	6	1	0
	합계		5	2	0	0	6	1	0
챌	2014	수원FC	4	1	0	0	1	0	0
	합계		4	1	0	0	1	0	0
프로통산			13	3	0	0	20	4	0

김재환 (金才煥) 마산공고 1958.08.10

리그	연도	소속	출전	교체	득점	도움	파울	경고	퇴장
BC	1985	현대	4	1	0	1	3	0	0
	합계		4	1	0	1	3	0	0
프로통산			4	1	0	1	3	0	0

김재훈 (金載薰) 건국대 1988.02.21

리그	연도	소속	출전	교체	득점	도움	파울	경고	퇴장
BC	2011	전남	1	1	0	0	1	1	0
	2012	대전	7	1	0	0	7	3	0
	합계		8	2	0	0	8	4	0
챌	2014	충주	19	4	1	1	21	2	0
	합계		19	4	1	1	21	2	0
프로통산			27	6	1	1	29	6	0

김정겸 (金正謙) 동국대 1976.06.09

리그	연도	소속	출전	교체	득점	도움	파울	경고	퇴장
BC	1999	전남	13	13	0	0	6	0	0
	2000	전남	29	6	1	1	57	3	0
	2001	전남	16	6	0	0	25	4	0
	2002	전남	5	5	0	0	1	0	0
	2003	전남	27	4	0	2	39	4	0
	2004	전남	26	5	1	2	43	3	0
	2005	전북	34	3	1	0	52	3	0
	2006	전북	13	0	0	0	16	2	0
	2007	전북	12	5	0	0	26	2	1
	2008	포항	3	2	0	1	2	0	0
	2009	포항	23	3	1	1	38	4	0
	2010	포항	16	2	1	0	23	3	0
	2011	포항	9	2	0	0	9	2	0
	합계		226	56	5	7	337	30	1
프로통산			226	56	5	7	337	30	1

김정광 (金正光) 영남대 1988.03.14

리그	연도	소속	출전	교체	득점	도움	파울	경고	퇴장
BC	2011	성남일	0	0	0	0	0	0	0
	합계		0	0	0	0	0	0	0
프로통산			0	0	0	0	0	0	0

김정빈 (金楨彬) 선문대 1987.08.23

리그	연도	소속	출전	교체	득점	도움	파울	경고	퇴장
BC	2012	상주	2	2	0	0	8	0	0
	합계		2	2	0	0	8	0	0
챌	2014	수원FC	31	6	4	2	53	2	0
	2015	수원FC	20	6	0	2	31	6	0
	2016	경남	32	7	0	2	31	3	0
	합계		83	19	4	6	115	11	0
프로통산			85	21	4	6	123	11	0

김정수 (金廷洙) 중앙대 1975.01.17

리그	연도	소속	출전	교체	득점	도움	파울	경고	퇴장
BC	1997	대전	25	1	3	0	9	1	0
	1999	대전	4	3	0	1	6	0	0
	2000	대전	0	0	0	0	0	0	0
	2001	대전	29	1	0	0	12	1	0
	2002	대전	30	1	0	0	12	4	0
	2003	대전	36	13	0	2	36	1	0
	2004	부천S	30	6	0	0	27	2	0
	2005	부천S	4	2	0	0	2	0	0
	합계		158	27	3	3	104	9	0
프로통산			158	27	3	3	104	9	0

김정우 (金正友) 고려대 1982.05.09

리그	연도	소속	출전	교체	득점	도움	파울	경고	퇴장
BC	2003	울산	34	8	1	3	38	7	0
	2004	울산	18	4	0	0	49	4	1
	2005	울산	32	4	0	2	91	9	0
	2008	성남일	30	26	5	4	41	3	0
	2009	성남일	35	11	5	4	63	10	0
	2010	광주상	19	2	3	0	19	3	0
	2011	상주	26	6	18	1	30	5	0
	2011	성남일	2	3	0	0	3	0	0
	2012	전북	33	14	5	2	50	4	0
	합계		229	78	37	16	384	45	1
클	2013	전북	8	4	0	1	8	1	0
	합계		8	4	0	1	8	1	0
프로통산			237	82	37	17	392	46	1

김정욱 (金晶昱) 아주대 1976.03.01

리그	연도	소속	출전	교체	득점	도움	파울	경고	퇴장
BC	1998	부산	3	3	1	0	4	0	0
	2000	울산	4	4	0	0	1	0	0
	합계		7	7	1	0	5	0	0
프로통산			7	7	1	0	5	0	0

김정은 (金政銀) 동국대 1963.11.27

리그	연도	소속	출전	교체	득점	도움	파울	경고	퇴장
BC	1986	한일	10	5	0	0	10	0	0
	합계		10	5	0	0	10	0	0
프로통산			10	5	0	0	10	0	0

김정재 (金正才) 경희대 1974.05.22

리그	연도	소속	출전	교체	득점	도움	파울	경고	퇴장
BC	1997	천안	20	8	0	0	37	4	0
	1998	천안	24	9	0	0	47	5	0
	1999	천안	11	2	0	1	30	6	0
	2000	성남일	23	7	1	1	53	7	0
	2001	성남일	14	12	0	0	16	2	0
	2002	성남일	24	16	0	0	27	2	0
	2003	성남일	14	12	0	0	25	2	0
	2004	인천	9	4	1	0	25	4	0
	합계		139	70	2	2	260	32	0
프로통산			139	70	2	2	260	32	0

김정주 (金正柱) 강릉제일고 1991.09.26

리그	연도	소속	출전	교체	득점	도움	파울	경고	퇴장
BC	2010	강원	7	7	0	0	3	0	0
	2011	강원	5	2	0	0	7	1	0
	2012	강원	3	1	0	0	1	0	0
	합계		15	10	0	0	11	1	0
프로통산			15	10	0	0	11	1	0

김정혁 (金正赫) 명지대 1968.11.30

리그	연도	소속	출전	교체	득점	도움	파울	경고	퇴장
BC	1992	대우	34	9	2	2	50	6	0
	1993	대우	10	7	0	0	15	2	0
	1994	대우	11	12	0	0	15	1	0
	1996	부산	11	8	0	0	13	0	0
	1996	전남	21	8	0	3	39	10	0
	1997	전남	34	3	1	3	66	6	0
	1998	전남	26	10	0	2	42	2	0
	1999	전남	35	3	1	3	44	1	0
	2000	전남	23	2	0	2	30	1	0
	2001	전남	28	6	0	0	22	1	0
	2002	전남	6	3	0	0	5	1	0
	합계		239	71	4	15	341	31	0
프로통산			239	71	4	15	341	31	0

김정현 (金楨鉉) 중동고 1993.06.01

리그	연도	소속	출전	교체	득점	도움	파울	경고	퇴장
클	2016	광주	7	6	1	0	14	3	0
	합계		7	6	1	0	14	3	0
프로통산			7	6	1	0	14	3	0

김정현 (金正炫) 호남대 1979.04.01

리그	연도	소속	출전	교체	득점	도움	파울	경고	퇴장
BC	2003	부천S	0	0	0	0	0	0	0
	합계		0	0	0	0	0	0	0
프로통산			0	0	0	0	0	0	0

김정현 (金正炫) 강릉제일고 1988.05.16

리그	연도	소속	출전	교체	득점	도움	파울	경고	퇴장
BC	2007	인천	0	0	0	0	0	0	0
	2008	인천	1	1	0	0	1	0	0
	합계		1	1	0	0	1	0	0
프로통산			1	1	0	0	1	0	0

김정환 (金正桓) 신갈고 1997.01.04

리그	연도	소속	출전	교체	득점	도움	파울	경고	퇴장
클	2016	서울	1	1	0	0	0	0	0
	합계		1	1	0	0	0	0	0
프로통산			1	1	0	0	0	0	0

김정훈 (金正訓) 관동대 1991.12.23

리그	연도	소속	출전	교체	득점	도움	파울	경고	퇴장
챌	2014	충주	29	19	3	1	28	4	0
	2015	충주	23	18	1	1	27	0	0
	2016	충주	28	24	0	1	28	3	0
	합계		80	61	4	3	83	7	0
프로통산			80	61	4	3	83	7	0

김정훈 (金正勳) 독일 FSV Mainz05 1989.02.13

리그	연도	소속	출전	교체	득점	도움	파울	경고	퇴장
BC	2008	대전	5	5	1	0	7	1	0
	2009	대전	0	0	0	0	0	0	0
	합계		5	5	1	0	7	1	0
프로통산			5	5	1	0	7	1	0

김정희 (金正熙) 한양대 1956.01.13

리그	연도	소속	출전	교체	득점	도움	파울	경고	퇴장
BC	1983	할렐	15	4	2	1	6	1	0
	1984	할렐	26	7	1	3	8	1	0
	1985	할렐	9	3	0	0	4	0	0
	합계		50	14	3	4	18	2	0
프로통산			50	14	3	4	18	2	0

김제환 (金濟煥) 명지대 1985.06.07

리그	연도	소속	출전	교체	득점	도움	파울	경고	퇴장
챌	2013	경찰	17	13	2	1	11	2	0
	합계		17	13	2	1	11	2	0
프로통산			17	13	2	1	11	2	0

김종건 (金鍾建) 서울시립대 1964.03.29

리그	연도	소속	출전	교체	득점	도움	파울	경고	퇴장
BC	1985	현대	17	4	2	1	15	1	0
	1986	현대	28	10	2	4	38	3	0
	1987	현대	27	3	2	3	38	2	0

리그	연도	소속	출전	교체	득점	도움	파울	경고	퇴장
	1988	현대	15	7	0	2	18	1	0
	1989	현대	18	3	8	2	41	2	0
	1990	현대	5	5	0	0	4	0	0
	1991	현대	5	5	0	0	2	0	0
	1991	일화	1	2	0	0	0	0	0
	1992	일화	11	11	0	0	8	1	0
	합계		127	50	14	12	164	10	0
프로통산			127	50	14	12	164	10	0

김종건 (金鐘建) 한양대 1969.05.10

리그	연도	소속	출전	교체	득점	도움	파울	경고	퇴장
BC	1992	현대	12	13	1	0	11	0	0
	1993	현대	14	15	2	4	11	3	0
	1994	현대	26	15	9	0	21	1	0
	1995	현대	27	21	4	1	22	0	0
	1996	울산	18	11	4	2	20	0	0
	1997	울산	19	13	4	0	36	3	0
	1998	울산	31	20	12	2	41	3	0
	1999	울산	33	18	15	5	32	0	0
	2000	울산	13	10	1	1	14	0	0
	합계		193	136	52	15	208	10	0
프로통산			193	136	52	15	208	10	0

김종경 (金種慶) 홍익대 1982.05.09

리그	연도	소속	출전	교체	득점	도움	파울	경고	퇴장
BC	2004	광주상	5	2	0	0	3	2	0
	2005	광주상	1	0	0	0	0	0	0
	2006	경남	23	7	4	0	67	9	0
	2007	전북	17	9	1	0	27	6	0
	2008	대구	2	1	0	0	2	0	0
	합계		48	19	5	0	99	17	0
프로통산			48	19	5	0	99	17	0

김종국 (金鐘局) 울산대 1989.01.08

리그	연도	소속	출전	교체	득점	도움	파울	경고	퇴장
BC	2011	울산	3	2	0	0	0	0	0
	2012	울산	0	0	0	0	0	0	0
	2012	강원	16	7	0	4	20	3	0
	합계		19	9	0	4	20	3	0
클	2013	울산	5	5	0	0	1	0	0
	2015	대전	30	6	1	3	37	4	0
	2016	수원FC	26	12	2	2	21	4	0
	합계		61	23	3	5	59	8	0
챌	2014	대전	22	9	1	1	26	5	0
	합계		22	9	1	1	26	5	0
프로통산			102	41	4	10	105	16	0

김종만 (金鐘萬) 동아대 1959.06.30

리그	연도	소속	출전	교체	득점	도움	파울	경고	퇴장
BC	1983	국민	11	0	0	0	15	1	1
	1984	국민	3	0	0	0	2	0	0
	1986	럭금	15	2	0	0	19	0	0
	1987	럭금	13	4	0	0	10	1	0
	합계		42	6	0	0	46	2	1
프로통산			42	6	0	0	46	2	1

김종민 (金宗珉) 장훈고 1992.08.11

리그	연도	소속	출전	교체	득점	도움	파울	경고	퇴장
클	2016	수원	11	10	1	1	10	0	0
	합계		11	10	1	1	10	0	0
프로통산			11	10	1	1	10	0	0

김종민 (金種珉) 충북대 1993.10.03

리그	연도	소속	출전	교체	득점	도움	파울	경고	퇴장
챌	2016	부산	13	13	0	1	3	0	1
	합계		13	13	0	1	3	0	1
프로통산			13	13	0	1	3	0	1

김종민 (金鍾珉) 한양대 1965.01.06

리그	연도	소속	출전	교체	득점	도움	파울	경고	퇴장
BC	1987	럭금	10	3	2	0	9	1	0
	1988	럭금	3	3	0	0	3	0	0
	1989	럭금	1	1	0	0	0	0	0
	1990	럭금	1	1	0	0	0	0	0
	합계		15	8	2	0	12	1	0
프로통산			15	8	2	0	12	1	0

김종복 (金鍾福) 중앙대 1984.11.10

리그	연도	소속	출전	교체	득점	도움	파울	경고	퇴장
BC	2006	대구	0	0	0	0	0	0	0
	합계		0	0	0	0	0	0	0
프로통산			0	0	0	0	0	0	0

김종부 (金鍾夫) 고려대 1965.01.13

리그	연도	소속	출전	교체	득점	도움	파울	경고	퇴장
BC	1988	포철	15	7	0	5	17	0	0
	1989	포철	18	14	1	2	19	1	0
	1990	대우	22	5	5	1	19	1	0
	1991	대우	7	7	0	0	6	0	0
	1992	대우	6	6	0	0	5	0	0
	1993	대우	2	2	0	0	0	0	0
	1993	일화	3	3	0	0	1	0	0
	1994	일화	3	2	0	0	0	0	0
	1995	대우	5	5	0	0	5	0	0
	합계		81	51	6	8	72	2	0
프로통산			81	51	6	8	72	2	0

김종석 (金綜錫) 상지대 1994.12.11

리그	연도	소속	출전	교체	득점	도움	파울	경고	퇴장
클	2016	포항	1	1	0	0	0	0	0
	합계		1	1	0	0	0	0	0
프로통산			1	1	0	0	0	0	0

김종석 (金宗錫) 경상대 1963.05.31

리그	연도	소속	출전	교체	득점	도움	파울	경고	퇴장
BC	1986	럭금	27	13	0	0	8	0	0
	1987	럭금	7	4	0	0	2	0	0
	합계		34	17	0	0	10	0	0
프로통산			34	17	0	0	10	0	0

김종설 (金鐘卨) 중앙대 1960.03.16

리그	연도	소속	출전	교체	득점	도움	파울	경고	퇴장
BC	1983	국민	1	0	0	0	2	1	0
	합계		1	0	0	0	2	1	0
프로통산			1	0	0	0	2	1	0

김종성 (金鍾城) 아주대 1988.03.12

리그	연도	소속	출전	교체	득점	도움	파울	경고	퇴장
챌	2013	수원FC	24	9	2	0	41	8	1
	2014	안양	26	9	1	0	49	8	0
	2015	안양	16	6	0	0	19	4	0
	합계		66	24	3	0	109	20	1
프로통산			66	24	3	0	109	20	1

김종수 (金鐘洙) 동국대 1986.07.25

리그	연도	소속	출전	교체	득점	도움	파울	경고	퇴장
BC	2009	경남	17	2	1	0	50	5	0
	2010	경남	7	4	0	0	12	1	0
	2011	경남	1	0	0	0	2	0	0
	2012	경남	19	9	0	0	17	4	0
	합계		44	15	1	0	81	10	0
클	2013	대전	5	2	0	1	8	3	0
	합계		5	2	0	1	8	3	0
프로통산			49	17	1	1	89	13	0

김종식 (金鍾植) 울산대 1967.03.18

리그	연도	소속	출전	교체	득점	도움	파울	경고	퇴장
BC	1990	현대	1	1	0	0	0	0	0
	1991	현대	8	6	0	0	18	2	0
	1992	현대	17	12	0	1	29	1	0
	1993	현대	10	6	0	0	14	2	0
	1994	현대	17	12	0	0	15	3	0
	1995	현대	25	19	1	1	35	6	0
	1996	울산	13	9	0	1	16	1	0
	1997	울산	2	1	0	0	3	1	0
	합계		93	66	1	3	130	16	0
프로통산			93	66	1	3	130	16	0

김종연 (金鍾然) 조선대 1975.11.11

리그	연도	소속	출전	교체	득점	도움	파울	경고	퇴장
BC	1997	안양L	16	13	3	0	21	1	0
	1998	안양L	20	19	2	1	15	2	0
	1999	안양L	6	7	1	1	9	1	0
	합계		42	39	6	2	45	4	0
프로통산			42	39	6	2	45	4	0

김종우 (金鍾佑) 선문대 1993.10.01

리그	연도	소속	출전	교체	득점	도움	파울	경고	퇴장
클	2016	수원	3	3	0	0	2	0	0
	합계		3	3	0	0	2	0	0
챌	2015	수원FC	32	15	4	9	48	3	0
	합계		32	15	4	9	48	3	0
승	2015	수원FC	2	2	0	1	2	0	0
	합계		2	2	0	1	2	0	0
프로통산			37	20	4	10	52	3	0

김종원 (金鍾沅) 세종대 1993.04.10

리그	연도	소속	출전	교체	득점	도움	파울	경고	퇴장
챌	2016	고양	2	0	0	0	2	0	0
	합계		2	0	0	0	2	0	0
프로통산			2	0	0	0	2	0	0

김종천 (金鍾天) 중앙대 1976.07.07

리그	연도	소속	출전	교체	득점	도움	파울	경고	퇴장
BC	1999	포항	30	23	1	3	20	1	0
	2000	포항	36	17	5	2	30	1	0
	2001	포항	9	7	0	0	2	0	0
	2003	광주상	34	8	1	2	46	1	0
	2004	포항	15	13	0	0	9	0	0
	2005	포항	2	1	0	0	1	0	0
	2006	전북	2	1	0	0	1	0	0
	합계		128	70	7	7	109	3	0
프로통산			128	70	7	7	109	3	0

김종철 (金鍾哲) 인천대 1983.11.09

리그	연도	소속	출전	교체	득점	도움	파울	경고	퇴장
BC	2006	울산	1	1	0	0	3	0	0
	합계		1	1	0	0	3	0	0
프로통산			1	1	0	0	3	0	0

김종필 (金宗弼) 동국대 1967.11.11

리그	연도	소속	출전	교체	득점	도움	파울	경고	퇴장
BC	1994	대우	4	5	0	1	0	0	0
	합계		4	5	0	1	0	0	0
프로통산			4	5	0	1	0	0	0

김종혁 (金鐘赫) 영남대 1994.05.13

리그	연도	소속	출전	교체	득점	도움	파울	경고	퇴장
클	2015	부산	16	3	1	0	21	4	0
	합계		16	3	1	0	21	4	0
챌	2016	부산	16	2	0	1	21	7	0
	합계		16	2	0	1	21	7	0
승	2015	부산	2	1	0	0	6	1	0
	합계		2	1	0	0	6	1	0
프로통산			34	6	1	1	48	12	0

김종현 (金宗賢) 충북대 1973.07.10

리그	연도	소속	출전	교체	득점	도움	파울	경고	퇴장
BC	1998	전남	24	18	3	3	18	1	0
	1999	전남	34	18	4	8	33	3	0
	2000	전남	37	26	5	3	31	1	0
	2001	전남	33	24	2	9	26	1	0
	2002	전남	12	12	1	0	3	0	0
	2003	대전	42	25	10	2	31	0	0
	2004	대전	26	22	4	1	19	2	1
	2005	대전	31	27	1	2	19	0	0
	합계		239	172	30	28	180	8	1
프로통산			239	172	30	28	180	8	1

김종환 (金鍾煥) 서울대 1962.11.15

리그	연도	소속	출전	교체	득점	도움	파울	경고	퇴장
BC	1985	현대	15	2	4	3	27	1	0
	1986	현대	22	12	2	3	16	0	0
	1988	유공	15	13	0	1	12	0	0
	합계		52	27	6	7	55	1	0

리그	연도	소속	출전	교체	득점	도움	파울	경고	퇴장
프로통산			52	27	6	7	55	1	0

김종훈(金鍾勳) 홍익대 1980.12.17

리그	연도	소속	출전	교체	득점	도움	파울	경고	퇴장
BC	2007	경남	14	6	0	0	24	2	0
	2008	경남	21	4	1	0	39	3	0
	2009	경남	5	3	0	0	3	1	0
	2010	부산	7	5	0	0	6	2	0
	합계		47	18	1	0	72	8	0
프로통산			47	18	1	0	72	8	0

김주봉(金胄奉) 숭실대 1986.04.07

리그	연도	소속	출전	교체	득점	도움	파울	경고	퇴장
BC	2009	강원	3	1	0	0	2	1	0
	합계		3	1	0	0	2	1	0
프로통산			3	1	0	0	2	1	0

김주빈(金周彬) 관동대 1990.12.07

리그	연도	소속	출전	교체	득점	도움	파울	경고	퇴장
챌	2014	대구	14	8	1	1	14	2	0
	합계		14	8	1	1	14	2	0
프로통산			14	8	1	1	14	2	0

김주성(金鑄城) 조선대 1966.01.17

리그	연도	소속	출전	교체	득점	도움	파울	경고	퇴장
BC	1987	대우	28	5	10	4	52	4	0
	1988	대우	10	4	3	0	18	0	0
	1989	대우	8	1	2	1	22	0	0
	1990	대우	9	4	2	0	27	3	0
	1991	대우	37	10	14	5	88	4	0
	1992	대우	9	4	0	1	23	1	0
	1994	대우	3	1	0	0	6	0	0
	1995	대우	30	10	2	1	46	6	0
	1996	부산	26	0	2	2	49	5	0
	1997	부산	34	0	0	1	33	3	0
	1998	부산	28	1	0	1	45	6	1
	1999	부산	33	5	0	1	57	5	0
	합계		255	45	35	17	466	37	1
프로통산			255	45	35	17	466	37	1

김주영(金周榮) 연세대 1988.07.09

리그	연도	소속	출전	교체	득점	도움	파울	경고	퇴장
BC	2009	경남	21	1	0	0	26	4	0
	2010	경남	30	1	0	0	31	4	0
	2011	경남	4	0	1	0	2	0	0
	2012	서울	33	7	0	0	12	4	0
	합계		88	9	1	0	71	12	0
클	2013	서울	31	2	2	1	24	4	0
	2014	서울	29	1	2	0	21	5	0
	합계		60	3	4	1	45	9	0
프로통산			148	12	5	1	116	21	0

김주영(金周寧) 건국대 1977.06.06

리그	연도	소속	출전	교체	득점	도움	파울	경고	퇴장
BC	2000	안양L	1	1	0	0	0	0	0
	합계		1	1	0	0	0	0	0
프로통산			1	1	0	0	0	0	0

김주일(金住鎰) 대구대 1974.03.05

리그	연도	소속	출전	교체	득점	도움	파울	경고	퇴장
BC	1997	천안	6	3	0	0	7	2	0
	합계		6	3	0	0	7	2	0
프로통산			6	3	0	0	7	2	0

김주형(金柱亨) 동의대 1989.08.23

리그	연도	소속	출전	교체	득점	도움	파울	경고	퇴장
BC	2010	대전	2	2	0	0	1	0	0
	2011	대전	2	2	0	0	2	0	0
	합계		4	4	0	0	3	0	0
챌	2014	충주	0	0	0	0	0	0	0
	합계		0	0	0	0	0	0	0
프로통산			4	4	0	0	3	0	0

김주환(金周奐) 아주대 1982.04.24

리그	연도	소속	출전	교체	득점	도움	파울	경고	퇴장
BC	2005	대구	15	7	1	2	23	2	0
	2006	대구	19	9	0	0	34	4	0
	2007	대구	22	6	1	4	29	2	0
	2008	대구	10	3	2	1	11	0	0
	2009	대구	17	2	1	0	26	7	0
	2010	광주상	1	1	0	0	0	0	0
	2011	상주	9	2	0	0	10	3	0
	2011	대구	0	0	0	0	0	0	0
	합계		93	30	5	7	133	18	0
프로통산			93	30	5	7	133	18	0

김주훈(金柱薰) 동아대 1959.02.27

리그	연도	소속	출전	교체	득점	도움	파울	경고	퇴장
BC	1983	국민	5	1	0	1	3	0	0
	합계		5	1	0	1	3	0	0
프로통산			5	1	0	1	3	0	0

김준(金俊) 대월중 1986.12.09

리그	연도	소속	출전	교체	득점	도움	파울	경고	퇴장
BC	2003	수원	0	0	0	0	0	0	0
	합계		0	0	0	0	0	0	0
프로통산			0	0	0	0	0	0	0

김준민(金俊旻) 동의대 1983.09.07

리그	연도	소속	출전	교체	득점	도움	파울	경고	퇴장
BC	2007	대전	1	1	0	0	0	0	0
	합계		1	1	0	0	0	0	0
프로통산			1	1	0	0	0	0	0

김준범(金峻範) 호남대 1986.06.23

리그	연도	소속	출전	교체	득점	도움	파울	경고	퇴장
BC	2012	강원	1	1	0	0	0	0	0
	합계		1	1	0	0	0	0	0
프로통산			1	1	0	0	0	0	0

김준석(金俊錫) 고려대 1976.04.21

리그	연도	소속	출전	교체	실점	도움	파울	경고	퇴장
BC	1999	부산	6	1	11	0	0	0	0
	2000	부산	0	0	0	0	0	0	0
	합계		6	1	11	0	0	0	0
프로통산			6	1	11	0	0	0	0

김준수(金俊洙) 영남대 1991.07.29

리그	연도	소속	출전	교체	득점	도움	파울	경고	퇴장
클	2013	포항	7	4	1	0	2	1	0
	2014	포항	10	4	0	0	14	4	0
	2015	포항	18	2	2	0	34	3	0
	2016	포항	22	6	0	0	21	7	0
	합계		57	16	3	0	71	15	0
프로통산			57	16	3	0	71	15	0

김준엽(金俊燁) 홍익대 1988.05.10

리그	연도	소속	출전	교체	득점	도움	파울	경고	퇴장
BC	2010	제주	1	1	0	0	0	0	0
	2011	제주	2	0	0	0	3	0	0
	2012	제주	11	5	0	0	12	3	0
	합계		14	6	0	0	15	3	0
클	2014	경남	13	4	0	0	18	2	0
	합계		13	4	0	0	18	2	0
챌	2013	광주	29	13	5	2	50	3	0
	2015	경남	34	3	0	1	41	6	0
	2016	안산무	28	10	1	3	28	3	0
	합계		91	26	6	6	119	12	0
승	2014	경남	2	1	0	0	1	1	0
	합계		2	1	0	0	1	1	0
프로통산			120	37	6	6	153	18	0

김준태(金俊泰) 한남대 1985.05.31

리그	연도	소속	출전	교체	득점	도움	파울	경고	퇴장
BC	2010	강원	4	3	0	0	3	0	0
	합계		4	3	0	0	3	0	0
챌	2015	고양	38	7	2	4	48	8	0
	2016	서울E	24	5	1	2	41	4	0
	합계		62	12	3	6	89	12	0
프로통산			66	15	3	6	92	12	0

김준현(金俊鉉) 연세대 1964.01.20

리그	연도	소속	출전	교체	득점	도움	파울	경고	퇴장
BC	1986	대우	11	9	3	0	8	2	0
	1987	유공	26	13	3	4	22	3	1
	1988	유공	10	8	0	0	14	0	0
	1989	유공	33	33	5	4	20	3	0
	1990	유공	17	16	1	0	12	1	0
	1991	유공	29	25	0	8	23	3	0
	1992	유공	2	2	0	0	1	0	0
	합계		128	106	12	16	100	12	1
프로통산			128	106	12	16	100	12	1

김준협(金俊協) 오현고 1978.11.11

리그	연도	소속	출전	교체	득점	도움	파울	경고	퇴장
BC	2004	울산	1	1	0	0	1	0	0
	합계		1	1	0	0	1	0	0
프로통산			1	1	0	0	1	0	0

김지민(金智珉) 동래고 1993.06.05

리그	연도	소속	출전	교체	득점	도움	파울	경고	퇴장
BC	2012	부산	7	6	0	0	6	1	0
	합계		7	6	0	0	6	1	0
클	2013	부산	3	3	0	0	0	0	0
	2014	부산	3	3	0	0	2	0	0
	2015	부산	1	1	0	0	2	0	0
	합계		7	7	0	0	4	0	0
챌	2016	부산	1	1	0	0	1	0	0
	합계		1	1	0	0	1	0	0
프로통산			15	14	0	0	11	1	0

김지민(金智敏) 한양대 1984.11.27

리그	연도	소속	출전	교체	득점	도움	파울	경고	퇴장
BC	2007	울산	0	0	0	0	0	0	0
	2008	포항	1	1	0	0	0	0	0
	2009	대전	7	5	0	0	10	2	0
	2010	광주상	2	0	0	0	2	0	0
	2011	상주	8	3	0	0	7	2	0
	합계		18	9	0	0	19	4	0
챌	2013	수원FC	0	0	0	0	0	0	0
	합계		0	0	0	0	0	0	0
프로통산			18	9	0	0	19	4	0

김지성(金志成) 동의대 1987.11.08

리그	연도	소속	출전	교체	실점	도움	파울	경고	퇴장
챌	2013	광주	25	0	39	0	2	1	0
	합계		25	0	39	0	2	1	0
프로통산			25	0	39	0	2	1	0

김지운(金지운) 아주대 1976.11.13

리그	연도	소속	출전	교체	실점	도움	파울	경고	퇴장
BC	1999	부천S	0	0	0	0	0	0	0
	2000	부천S	0	0	0	0	0	0	0
	2001	부천S	0	0	0	0	0	0	0
	2003	광주상	0	0	0	0	0	0	0
	2004	부천S	0	0	0	0	0	0	0
	2006	대구	6	1	5	0	0	0	0
	합계		6	1	5	0	0	0	0
프로통산			6	1	5	0	0	0	0

김지웅(金知雄) 경희대 1989.01.14

리그	연도	소속	출전	교체	득점	도움	파울	경고	퇴장
BC	2010	전북	16	15	1	2	23	4	0
	2011	전북	13	12	3	0	27	6	0
	2012	경남	2	2	1	0	1	0	0
	합계		31	29	5	2	51	10	0
클	2013	부산	2	2	0	0	2	1	0
	합계		2	2	0	0	2	1	0
챌	2014	고양	4	1	1	0	8	0	1
	2015	고양	5	5	1	1	1	1	0
	합계		9	6	2	1	9	1	1
프로통산			42	37	7	3	62	12	1

김지웅(金智雄) 광운대 1990.05.19

리그	연도	소속	출전	교체	득점	도움	파울	경고	퇴장
클	2014	상주	0	0	0	0	0	0	0

리그	연도	소속	출전	교체	득점	도움	파울	경고	퇴장
	합계		0	0	0	0	0	0	0
챌	2013	부천	4	4	0	0	1	0	0
	2015	상주	0	0	0	0	0	0	0
	합계		4	4	0	0	1	0	0
프로통산			4	4	0	0	1	0	0

김지철 (金地鐵) 예원예술대 1995.04.06

리그	연도	소속	출전	교체	득점	도움	파울	경고	퇴장
챌	2016	대전	0	0	0	0	0	0	0
	합계		0	0	0	0	0	0	0
프로통산			0	0	0	0	0	0	0

김지혁 (金志赫) 경남상고 1981.10.26

리그	연도	소속	출전	교체	실점	도움	파울	경고	퇴장
BC	2001	부산	3	0	4	0	0	0	0
	2002	부산	0	0	0	0	0	0	0
	2003	부산	0	0	0	0	0	0	0
	2004	부산	2	0	8	0	0	0	0
	2005	울산	4	1	4	0	0	0	0
	2006	울산	29	2	27	0	0	1	0
	2007	울산	5	1	3	0	0	0	0
	2008	포항	21	1	25	0	0	1	0
	2009	포항	10	1	14	0	1	0	0
	2010	광주상	26	1	39	0	0	2	0
	2011	상주	11	0	12	0	0	2	0
	합계		111	7	136	0	1	6	0
프로통산			111	7	136	0	1	6	0

김지환 (金智煥) 영동대 1988.04.21

리그	연도	소속	출전	교체	득점	도움	파울	경고	퇴장
BC	2011	부산	0	0	0	0	0	0	0
	합계		0	0	0	0	0	0	0
프로통산			0	0	0	0	0	0	0

김지훈 (金志訓) 청주대 1993.06.16

리그	연도	소속	출전	교체	득점	도움	파울	경고	퇴장
챌	2016	고양	16	8	0	1	15	2	0
	합계		16	8	0	1	15	2	0
프로통산			16	8	0	1	15	2	0

김지훈 (金志勳) 원주공고 1997.09.30

리그	연도	소속	출전	교체	득점	도움	파울	경고	퇴장
챌	2016	서울E	0	0	0	0	0	0	0
	합계		0	0	0	0	0	0	0
프로통산			0	0	0	0	0	0	0

김진국 (金鎭國) 건국대 1951.09.14

리그	연도	소속	출전	교체	득점	도움	파울	경고	퇴장
BC	1984	국민	15	10	2	3	5	0	0
	합계		15	10	2	3	5	0	0
프로통산			15	10	2	3	5	0	0

김진규 (金珍圭) 안동고 1985.02.16

리그	연도	소속	출전	교체	득점	도움	파울	경고	퇴장
BC	2003	전남	11	4	1	0	12	2	0
	2004	전남	15	0	1	1	22	5	0
	2007	전남	9	0	2	0	14	4	0
	2007	서울	9	1	0	0	19	1	0
	2008	서울	29	4	0	0	51	7	1
	2009	서울	32	4	0	3	45	6	0
	2010	서울	30	4	1	0	33	3	1
	2012	서울	37	2	4	1	49	7	0
	합계		172	19	9	5	245	35	2
클	2013	서울	35	1	6	1	25	3	0
	2014	서울	33	3	2	2	43	3	0
	2015	서울	15	5	0	0	15	1	0
	합계		83	9	8	3	83	7	0
프로통산			255	28	17	8	328	42	2

김진규 (金鎭圭) 개성고 1997.02.24

리그	연도	소속	출전	교체	득점	도움	파울	경고	퇴장
클	2015	부산	14	10	1	2	11	3	0
	합계		14	10	1	2	11	3	0
챌	2016	부산	6	5	0	0	6	0	0
	합계		6	5	0	0	6	0	0
승	2015	부산	1	1	0	0	1	0	0
	합계		1	1	0	0	1	0	0
프로통산			21	16	1	2	18	3	0

김진만 (金眞萬) 선문대 1990.05.03

리그	연도	소속	출전	교체	득점	도움	파울	경고	퇴장
BC	2011	대전	1	1	0	0	0	0	0
	합계		1	1	0	0	0	0	0
프로통산			1	1	0	0	0	0	0

김진솔 (金眞率) 우석대 1989.01.11

리그	연도	소속	출전	교체	득점	도움	파울	경고	퇴장
BC	2010	대전	4	4	0	0	4	1	0
	2011	대전	4	3	0	0	8	2	0
	합계		8	7	0	0	12	3	0
프로통산			8	7	0	0	12	3	0

김진수 (金鎭秀) 신갈고 1995.02.28

리그	연도	소속	출전	교체	득점	도움	파울	경고	퇴장
클	2016	광주	1	1	0	0	1	0	0
	합계		1	1	0	0	1	0	0
프로통산			1	1	0	0	1	0	0

김진수 (金珍洙) 창원기계공고 1984.07.02

리그	연도	소속	출전	교체	득점	도움	파울	경고	퇴장
BC	2006	인천	0	0	0	0	0	0	0
	2007	인천	0	0	0	0	0	0	0
	합계		0	0	0	0	0	0	0
프로통산			0	0	0	0	0	0	0

김진식 (金珍植) 전주대 1977.03.16

리그	연도	소속	출전	교체	실점	도움	파울	경고	퇴장
BC	2003	대구	22	1	33	0	1	0	0
	2004	대구	2	0	4	0	1	0	0
	2005	대구	16	0	21	0	0	2	0
	합계		40	1	58	0	2	2	0
프로통산			40	1	58	0	2	2	0

김진영 (金珍英) 건국대 1992.03.02

리그	연도	소속	출전	교체	실점	도움	파울	경고	퇴장
클	2014	포항	1	1	1	0	0	0	0
	2015	포항	0	0	0	0	0	0	0
	2016	포항	17	2	15	0	1	0	0
	합계		18	3	16	0	1	0	0
프로통산			18	3	16	0	1	0	0

김진옥 (金鎭玉) 영남대 1952.12.17

리그	연도	소속	출전	교체	득점	도움	파울	경고	퇴장
BC	1983	할렐	5	2	0	0	5	0	0
	1984	할렐	17	0	0	0	22	2	0
	1985	할렐	18	3	0	0	35	2	0
	합계		40	5	0	0	62	4	0
프로통산			40	5	0	0	62	4	0

김진용 (金鎭用) 대구대 1973.05.05

리그	연도	소속	출전	교체	득점	도움	파울	경고	퇴장
BC	1996	안양L	12	12	0	1	7	0	0
	1997	안양L	1	1	0	0	0	0	0
	2000	안양L	1	1	0	0	0	0	0
	합계		14	14	0	1	7	0	0
프로통산			14	14	0	1	7	0	0

김진용 (金珍龍) 한양대 1982.10.09

리그	연도	소속	출전	교체	득점	도움	파울	경고	퇴장
BC	2004	울산	29	22	3	3	34	2	0
	2005	울산	27	24	8	2	27	1	0
	2006	경남	30	16	7	4	41	3	0
	2008	경남	31	26	6	3	36	1	0
	2009	성남일	37	34	7	5	43	4	0
	2010	성남일	11	11	0	2	8	1	0
	2011	성남일	13	13	2	0	9	2	0
	2011	강원	12	9	2	0	15	3	0
	2012	포항	21	21	1	1	28	8	0
	합계		211	176	36	20	241	25	0
클	2013	강원	7	6	0	0	7	0	0
	합계		7	6	0	0	7	0	0
프로통산			218	182	36	20	248	25	0

김진우 (金珍友) 대구대 1975.10.09

리그	연도	소속	출전	교체	득점	도움	파울	경고	퇴장
BC	1996	수원	23	10	0	1	60	5	0
	1997	수원	30	8	0	0	59	8	0
	1998	수원	33	6	0	2	93	7	0
	1999	수원	41	2	0	4	142	7	0
	2000	수원	34	0	1	3	99	8	0
	2001	수원	27	1	1	2	64	3	0
	2002	수원	13	4	0	0	15	0	0
	2003	수원	26	8	0	2	56	2	0
	2004	수원	35	4	0	3	105	3	0
	2005	수원	18	8	0	0	34	1	0
	2006	수원	22	12	0	0	48	1	0
	2007	수원	8	5	0	1	20	1	0
	합계		310	68	2	18	795	46	0
프로통산			310	68	2	18	795	46	0

김진일 (金鎭一) 마산공고 1985.10.26

리그	연도	소속	출전	교체	득점	도움	파울	경고	퇴장
BC	2009	강원	5	3	1	0	8	0	0
	2010	강원	1	1	0	0	1	0	0
	합계		6	4	1	0	9	0	0
프로통산			6	4	1	0	9	0	0

김진혁 (金鎭爀) 숭실대 1993.06.03

리그	연도	소속	출전	교체	득점	도움	파울	경고	퇴장
챌	2015	대구	12	12	0	0	4	1	0
	합계		12	12	0	0	4	1	0
프로통산			12	12	0	0	4	1	0

김진현 (金眞賢) 광양제철고 1987.07.29

리그	연도	소속	출전	교체	득점	도움	파울	경고	퇴장
BC	2007	전남	0	0	0	0	0	0	0
	2008	전남	8	1	2	0	9	2	0
	2009	전남	8	4	0	0	9	1	0
	2010	경남	12	11	0	1	6	1	0
	2011	경남	8	6	0	1	8	0	0
	합계		36	22	2	2	32	4	0
클	2013	대전	2	0	0	1	3	1	0
	합계		2	0	0	1	3	1	0
챌	2016	부천	14	1	0	0	16	3	0
	합계		14	1	0	0	16	3	0
프로통산			52	23	2	3	51	8	0

김진형 (金鎭亨) 한양대 1969.04.10

리그	연도	소속	출전	교체	득점	도움	파울	경고	퇴장
BC	1992	유공	22	10	0	0	19	1	0
	1993	유공	33	4	0	0	39	2	0
	1994	유공	14	5	0	0	10	2	0
	1995	유공	22	8	0	0	44	6	0
	1996	부천S	29	23	1	0	40	3	0
	1997	부천S	1	1	0	0	0	0	0
	1997	천안	10	5	0	0	5	0	0
	1998	전남	1	1	0	0	0	0	0
	1998	포항	11	11	0	0	12	3	0
	1999	포항	20	11	1	0	26	3	0
	합계		163	79	2	0	195	20	0
프로통산			163	79	2	0	195	20	0

김진환 (金眞煥) 경희대 1989.03.01

리그	연도	소속	출전	교체	득점	도움	파울	경고	퇴장
BC	2011	강원	19	1	0	0	27	2	0
	2012	강원	19	3	0	0	23	4	0
	합계		38	4	0	0	50	6	0
클	2013	강원	12	3	0	0	15	3	0
	2014	인천	2	1	0	0	0	0	0
	2015	인천	20	3	3	0	17	3	0
	2016	광주	5	3	0	0	1	0	0
	합계		39	10	3	0	33	6	0
챌	2016	안양	17	0	0	0	23	6	0
	합계		17	0	0	0	23	6	0

리그	연도	소속	출전	교체	득점	도움	파울	경고	퇴장
프로통산			94	14	3	0	106	18	0

김찬영 (金燦榮) 경희대 1989.04.01

리그	연도	소속	출전	교체	득점	도움	파울	경고	퇴장
클	2014	부산	23	13	0	0	16	3	0
	2015	부산	9	4	0	0	9	0	0
	합계		32	17	0	0	25	3	0
프로통산			32	17	0	0	25	3	0

김찬중 (金燦中) 건국대 1976.06.14

리그	연도	소속	출전	교체	득점	도움	파울	경고	퇴장
BC	1999	대전	28	14	0	0	37	2	0
	2000	대전	28	11	0	0	24	1	0
	2001	대전	2	1	0	1	3	0	0
	2002	대전	2	2	0	0	0	1	0
	2003	대전	2	1	0	0	3	0	0
	합계		62	29	0	1	67	4	0
프로통산			62	29	0	1	67	4	0

김찬희 (金燦喜) 한양대 1990.06.25

리그	연도	소속	출전	교체	득점	도움	파울	경고	퇴장
BC	2012	포항	2	2	0	0	4	0	0
	합계		2	2	0	0	4	0	0
클	2015	대전	5	5	0	0	7	0	0
	합계		5	5	0	0	7	0	0
챌	2014	대전	27	19	8	5	79	6	0
	합계		27	19	8	5	79	6	0
프로통산			34	26	8	5	90	6	0

김창대 (金昌大) 한남대 1992.11.02

리그	연도	소속	출전	교체	득점	도움	파울	경고	퇴장
챌	2013	충주	19	17	0	1	8	1	0
	합계		19	17	0	1	8	1	0
프로통산			19	17	0	1	8	1	0

김창수 (金昌洙) 동명정보고 1985.09.12

리그	연도	소속	출전	교체	득점	도움	파울	경고	퇴장
BC	2004	울산	1	1	0	0	2	1	0
	2006	대전	10	5	0	0	5	1	0
	2007	대전	23	4	1	3	42	8	0
	2008	부산	28	3	1	2	48	5	0
	2009	부산	29	1	1	2	36	6	0
	2010	부산	32	1	2	3	62	8	0
	2011	부산	35	0	1	5	49	6	0
	2012	부산	28	2	2	0	25	2	0
	합계		186	17	8	15	269	37	0
클	2016	전북	8	0	0	1	6	0	1
	합계		8	0	0	1	6	0	1
프로통산			194	17	8	16	275	37	1

김창오 (金昌五) 연세대 1978.01.10

리그	연도	소속	출전	교체	득점	도움	파울	경고	퇴장
BC	2002	부산	18	15	2	1	29	1	0
	2003	부산	5	4	0	0	8	0	0
	합계		23	19	2	1	37	1	0
프로통산			23	19	2	1	37	1	0

김창욱 (金滄旭) 동의대 1992.12.04

리그	연도	소속	출전	교체	득점	도움	파울	경고	퇴장
챌	2015	서울E	29	18	0	2	27	2	0
	2016	서울E	11	7	0	1	12	0	0
	합계		40	25	0	3	39	2	0
프로통산			40	25	0	3	39	2	0

김창원 (金昌源) 국민대 1971.06.22

리그	연도	소속	출전	교체	득점	도움	파울	경고	퇴장
BC	1994	일화	8	3	0	0	8	1	0
	1995	일화	2	1	0	0	2	1	0
	1997	천안	31	15	2	1	19	3	0
	1998	천안	34	5	0	1	43	4	0
	1999	천안	3	0	0	0	2	0	0
	2000	성남일	18	2	0	0	22	0	0
	합계		96	26	2	2	96	9	0
프로통산			96	26	2	2	96	9	0

김창현 (金昌炫) 배재대 1993.02.09

리그	연도	소속	출전	교체	득점	도움	파울	경고	퇴장
클	2015	대전	2	2	0	0	5	1	0
	합계		2	2	0	0	5	1	0
프로통산			2	2	0	0	5	1	0

김창호 (金昌浩) 전남기공 1956.06.06

리그	연도	소속	출전	교체	득점	도움	파울	경고	퇴장
BC	1983	유공	11	8	0	3	4	0	0
	1984	유공	10	8	0	2	7	1	0
	합계		21	16	0	5	11	1	0
프로통산			21	16	0	5	11	1	0

김창효 (金昌孝) 고려대 1959.05.07

리그	연도	소속	출전	교체	득점	도움	파울	경고	퇴장
BC	1984	한일	19	7	0	0	11	0	0
	1985	한일	13	0	1	0	17	3	0
	1986	포철	13	2	0	0	13	0	0
	1987	럭금	2	1	0	0	0	0	0
	합계		47	10	1	0	41	3	0
프로통산			47	10	1	0	41	3	0

김창훈 (金彰勳) 고려대 1987.04.03

리그	연도	소속	출전	교체	득점	도움	파울	경고	퇴장
BC	2008	제주	1	1	0	0	1	0	0
	2009	포항	8	2	1	0	18	0	0
	2010	포항	1	1	0	0	3	0	0
	2011	대전	29	0	1	0	25	4	0
	2012	대전	38	0	2	4	39	8	0
	합계		77	4	4	4	86	12	0
클	2013	인천	14	0	0	2	13	2	0
	2014	상주	13	8	1	1	12	2	0
	2015	인천	1	0	0	0	1	0	0
	합계		28	8	1	3	26	4	0
챌	2015	상주	1	0	0	0	0	0	0
	합계		1	0	0	0	0	0	0
프로통산			106	12	5	7	112	16	0

김창훈 (金暢訓) 광운대 1990.02.17

리그	연도	소속	출전	교체	득점	도움	파울	경고	퇴장
클	2016	상주	1	1	0	0	0	0	0
	합계		1	1	0	0	0	0	0
챌	2014	수원FC	20	1	1	0	24	4	0
	2015	수원FC	33	6	0	0	23	4	0
	합계		53	7	1	0	47	8	0
승	2015	수원FC	2	1	0	0	1	0	0
	합계		2	1	0	0	1	0	0
프로통산			56	9	1	0	48	8	0

김창희 (金昌熙) 건국대 1986.12.05

리그	연도	소속	출전	교체	득점	도움	파울	경고	퇴장
BC	2009	대구	12	12	0	0	8	1	0
	2010	대구	0	0	0	0	0	0	0
	합계		12	12	0	0	8	1	0
프로통산			12	12	0	0	8	1	0

김창희 (金昌希) 영남대 1987.06.08

리그	연도	소속	출전	교체	득점	도움	파울	경고	퇴장
BC	2010	강원	10	3	0	0	9	0	0
	합계		10	3	0	0	9	0	0
프로통산			10	3	0	0	9	0	0

김철기 (金哲起) 강동고 1977.12.27

리그	연도	소속	출전	교체	득점	도움	파울	경고	퇴장
BC	2001	대전	3	3	0	0	5	1	0
	합계		3	3	0	0	5	1	0
프로통산			3	3	0	0	5	1	0

김철명 (金喆明) 인천대 1972.10.24

리그	연도	소속	출전	교체	득점	도움	파울	경고	퇴장
BC	1993	포철	1	1	0	0	1	0	0
	합계		1	1	0	0	1	0	0
프로통산			1	1	0	0	1	0	0

김철수 (金哲洙) 한양대 1952.07.06

리그	연도	소속	출전	교체	득점	도움	파울	경고	퇴장
BC	1983	포철	15	0	0	0	13	3	0
	1984	포철	10	1	0	0	10	1	0
	1985	포철	18	1	0	1	5	1	0
	1986	포철	4	0	0	0	2	0	0
	합계		47	2	0	1	30	5	0
프로통산			47	2	0	1	30	5	0

김철웅 (金哲雄) 한성대 1979.12.19

리그	연도	소속	출전	교체	득점	도움	파울	경고	퇴장
BC	2004	울산	14	9	0	0	11	1	0
	합계		14	9	0	0	11	1	0
프로통산			14	9	0	0	11	1	0

김철호 (金喆淏) 강원관광대 1983.09.26

리그	연도	소속	출전	교체	득점	도움	파울	경고	퇴장
BC	2004	성남일	18	4	0	2	53	3	0
	2005	성남일	33	8	1	0	96	4	0
	2006	성남일	26	8	1	1	80	5	0
	2007	성남일	9	4	1	0	18	2	0
	2008	성남일	29	14	0	2	52	6	0
	2009	성남일	32	22	0	0	56	3	0
	2010	성남일	27	19	3	2	50	3	0
	2011	상주	29	7	1	4	48	4	0
	2012	상주	19	10	2	0	23	1	0
	2012	성남일	7	5	0	1	16	3	0
	합계		229	101	9	12	492	34	0
클	2013	성남일	29	9	1	2	45	5	1
	2014	성남	29	9	2	1	43	2	0
	2015	성남	32	7	0	0	63	5	0
	2016	수원FC	5	2	0	0	10	0	0
	합계		95	27	3	3	161	12	1
프로통산			324	128	12	15	653	46	1

김철호 (金喆鎬) 오산고 1995.10.25

리그	연도	소속	출전	교체	득점	도움	파울	경고	퇴장
클	2014	서울	0	0	0	0	0	0	0
	2016	서울	0	0	0	0	0	0	0
	합계		0	0	0	0	0	0	0
프로통산			0	0	0	0	0	0	0

김충현 (金忠現) 오상고 1997.01.03

리그	연도	소속	출전	교체	득점	도움	파울	경고	퇴장
챌	2016	충주	0	0	0	0	0	0	0
	합계		0	0	0	0	0	0	0
프로통산			0	0	0	0	0	0	0

김충환 (金忠煥) 연세대 1961.01.29

리그	연도	소속	출전	교체	득점	도움	파울	경고	퇴장
BC	1985	유공	1	1	0	0	1	1	0
	1985	한일	5	3	1	0	6	0	0
	1986	한일	12	9	1	1	5	1	0
	합계		18	13	2	1	12	2	0
프로통산			18	13	2	1	12	2	0

김치곤 (金致坤) 동래고 1983.07.29

리그	연도	소속	출전	교체	득점	도움	파울	경고	퇴장
BC	2002	안양L	14	3	1	0	34	3	1
	2003	안양L	20	4	0	0	43	6	0
	2004	서울	19	2	0	0	38	7	0
	2005	서울	20	4	0	2	49	8	0
	2006	서울	24	4	0	0	41	7	0
	2007	서울	33	4	1	0	39	4	0
	2008	서울	30	6	0	0	38	10	0
	2009	서울	22	5	1	0	34	7	0
	2010	울산	33	5	0	0	27	4	0
	2011	상주	19	4	0	0	32	3	1
	2012	상주	23	1	1	0	31	3	0
	2012	울산	13	3	0	0	11	0	0
	합계		270	45	4	2	417	62	2
클	2013	울산	38	3	3	0	43	3	0
	2014	울산	34	2	2	0	37	3	1
	2015	울산	20	6	1	0	18	4	0
	2016	울산	13	6	2	0	7	0	0
	합계		105	17	8	0	105	10	1

리그	연도	소속	출전	교체	득점	도움	파울	경고	퇴장
프로통산			375	62	12	2	522	72	3

김치우 (金致佑) 중앙대 1983.11.11

리그	연도	소속	출전	교체	득점	도움	파울	경고	퇴장
BC	2004	인천	19	11	1	0	22	0	0
	2005	인천	11	8	0	0	10	1	0
	2006	인천	37	2	2	4	34	6	0
	2007	전남	25	0	1	4	28	3	1
	2008	전남	13	2	1	1	10	2	0
	2008	서울	14	6	3	2	16	2	0
	2009	서울	22	5	3	4	26	3	1
	2010	서울	23	18	2	0	13	2	0
	2011	상주	28	5	2	0	29	5	0
	2012	상주	12	1	0	5	11	4	0
	2012	서울	8	6	0	0	4	0	0
	합계		212	64	15	20	203	28	2
클	2013	서울	24	2	1	2	14	3	0
	2014	서울	25	6	1	3	15	1	0
	2015	서울	17	1	1	1	15	2	0
	2016	서울	26	11	0	3	16	3	0
	합계		92	20	3	9	60	9	0
프로통산			304	84	18	29	263	37	2

김태근 (金泰根) 아주대 1961.02.23

리그	연도	소속	출전	교체	득점	도움	파울	경고	퇴장
BC	1985	포철	4	1	0	1	8	2	0
	합계		4	1	0	1	8	2	0
프로통산			4	1	0	1	8	2	0

김태민 (金泰民) 고려대 1960.08.10

리그	연도	소속	출전	교체	득점	도움	파울	경고	퇴장
BC	1984	할렐	3	3	0	0	0	0	0
	1985	할렐	2	2	0	0	0	0	0
	합계		5	5	0	0	0	0	0
프로통산			5	5	0	0	0	0	0

김태민 (金泰敏) 청구고 1982.05.25

리그	연도	소속	출전	교체	득점	도움	파울	경고	퇴장
BC	2002	부산	0	0	0	0	0	0	0
	2003	부산	35	11	1	1	54	2	0
	2004	부산	28	11	1	2	36	6	0
	2005	부산	27	14	2	0	32	3	0
	2006	부산	20	11	0	0	23	4	0
	2007	부산	20	14	0	0	25	5	0
	2008	제주	16	10	0	0	32	8	0
	2009	광주상	20	9	2	0	29	5	0
	2010	광주상	12	3	0	0	15	3	0
	2010	제주	0	0	0	0	0	0	0
	2011	제주	4	3	0	0	5	2	0
	2012	강원	26	15	0	0	42	7	0
	합계		208	101	6	3	293	45	0
프로통산			208	101	6	3	293	45	0

김태봉 (金泰奉) 한민대 1988.02.28

리그	연도	소속	출전	교체	득점	도움	파울	경고	퇴장
클	2015	대전	19	0	3	2	13	2	0
	합계		19	0	3	2	13	2	0
챌	2013	안양	24	1	0	1	17	1	0
	2014	안양	35	3	1	5	21	1	0
	2015	안양	15	0	1	0	7	5	0
	2016	대전	6	5	0	0	2	0	0
	합계		80	9	2	6	47	7	0
프로통산			99	9	5	8	60	9	0

김태수 (金泰洙) 광운대 1981.08.25

리그	연도	소속	출전	교체	득점	도움	파울	경고	퇴장
BC	2004	전남	21	15	0	0	31	3	0
	2005	전남	28	5	1	0	75	8	0
	2006	전남	33	8	3	1	43	4	0
	2007	전남	24	3	3	0	54	3	0
	2008	전남	21	8	1	0	35	4	0
	2009	포항	27	9	6	0	55	3	0
	2010	포항	23	8	0	2	32	3	0
	2011	포항	24	13	2	1	28	3	0
	2012	포항	8	5	0	2	7	0	0
	합계		209	74	16	6	360	31	0
클	2013	포항	18	10	0	0	24	3	0
	2014	포항	28	11	0	1	37	1	0
	2015	포항	26	18	1	0	19	2	0
	2016	인천	23	16	1	1	14	0	0
	합계		95	55	2	2	94	6	0
프로통산			304	129	18	8	454	37	0

김태수 (金泰洙) 연세대 1958.02.25

리그	연도	소속	출전	교체	득점	도움	파울	경고	퇴장
BC	1983	대우	12	7	0	0	7	2	0
	1984	대우	7	7	0	0	2	0	0
	1985	대우	5	3	0	0	5	0	0
	합계		24	17	0	0	14	2	0
프로통산			24	17	0	0	14	2	0

김태수 (金泰洙) 관동대 1975.11.15

리그	연도	소속	출전	교체	득점	도움	파울	경고	퇴장
BC	2003	안양L	1	0	0	0	0	0	0
	2004	서울	0	0	0	0	0	0	0
	합계		1	0	0	0	0	0	0
프로통산			1	0	0	0	0	0	0

김태연 (金泰燃) 장훈고 1988.06.27

리그	연도	소속	출전	교체	득점	도움	파울	경고	퇴장
BC	2011	대전	11	1	0	0	17	1	0
	2012	대전	34	6	3	0	37	7	0
	합계		45	7	3	0	54	8	0
클	2013	대전	34	4	2	1	33	6	0
	2015	부산	0	0	0	0	0	0	0
	합계		34	4	2	1	33	6	0
프로통산			79	11	5	1	87	14	0

김태엽 (金泰燁) 아주대 1972.03.02

리그	연도	소속	출전	교체	득점	도움	파울	경고	퇴장
BC	1995	전남	6	6	0	0	7	2	0
	1996	전남	12	7	0	0	8	3	0
	1997	전남	1	0	1	0	1	0	0
	1998	전남	18	14	0	0	13	1	0
	합계		37	27	1	0	29	6	0
프로통산			37	27	1	0	29	6	0

김태영 (金兌映) 예원예술대 1987.09.14

리그	연도	소속	출전	교체	득점	도움	파울	경고	퇴장
챌	2013	부천	24	5	1	1	39	4	0
	2014	부천	15	14	1	1	8	1	0
	합계		39	19	2	2	47	5	0
프로통산			39	19	2	2	47	5	0

김태영 (金泰映) 동아대 1970.11.08

리그	연도	소속	출전	교체	득점	도움	파울	경고	퇴장
BC	1995	전남	32	0	2	0	60	8	0
	1996	전남	28	2	1	0	57	5	0
	1997	전남	17	0	1	0	26	3	0
	1998	전남	19	4	0	2	55	3	0
	1999	전남	30	7	0	2	73	5	0
	2000	전남	31	6	0	4	53	2	1
	2001	전남	26	4	1	1	40	3	0
	2002	전남	24	9	0	1	41	2	0
	2003	전남	29	5	0	1	42	5	0
	2004	전남	12	3	0	1	26	1	0
	2005	전남	2	2	0	0	4	0	0
	합계		250	42	5	12	477	37	1
프로통산			250	42	5	12	477	37	1

김태영 (金兌炯) 협성고 1962.01.13

리그	연도	소속	출전	교체	득점	도움	파울	경고	퇴장
BC	1986	럭금	3	3	0	0	1	0	0
	합계		3	3	0	0	1	0	0
프로통산			3	3	0	0	1	0	0

김태영 (金泰榮) 건국대 1982.01.17

리그	연도	소속	출전	교체	득점	도움	파울	경고	퇴장
BC	2004	전북	28	6	0	0	68	4	0
	2005	전북	6	1	0	0	13	1	0
	2006	부산	18	8	0	1	24	4	0
	2007	부산	6	0	0	0	7	2	0
	2008	부산	13	1	0	0	26	4	1
	2009	부산	9	1	0	0	19	3	0
	합계		80	17	0	1	157	18	1
프로통산			80	17	0	1	157	18	1

김태완 (金泰完) 홍익대 1971.06.01

리그	연도	소속	출전	교체	득점	도움	파울	경고	퇴장
BC	1997	대전	21	6	1	0	18	1	0
	1998	대전	30	1	1	1	13	2	0
	1999	대전	27	8	3	1	32	4	0
	2000	대전	24	4	0	0	27	4	0
	2001	대전	14	4	0	0	17	6	0
	합계		116	23	5	2	107	17	0
프로통산			116	23	5	2	107	17	0

김태왕 (金泰旺) 상지대 1988.11.16

리그	연도	소속	출전	교체	득점	도움	파울	경고	퇴장
BC	2011	성남일	1	2	0	0	0	0	0
	합계		1	2	0	0	0	0	0
프로통산			1	2	0	0	0	0	0

김태욱 (金兌昱) 선문대 1987.07.09

리그	연도	소속	출전	교체	득점	도움	파울	경고	퇴장
BC	2009	경남	27	10	2	0	45	2	0
	2010	경남	32	3	2	2	59	3	0
	2011	경남	16	4	1	0	33	5	0
	합계		75	17	5	2	137	10	0
프로통산			75	17	5	2	137	10	0

김태윤 (金台潤) 풍생고 1986.07.25

리그	연도	소속	출전	교체	득점	도움	파울	경고	퇴장
BC	2005	성남일	18	12	0	0	16	1	0
	2006	성남일	21	14	1	0	31	2	0
	2007	성남일	1	1	0	0	1	0	0
	2008	광주상	28	6	0	0	30	4	0
	2009	광주상	18	12	0	0	17	2	0
	2009	성남일	1	0	0	0	3	1	0
	2010	성남일	9	1	0	0	11	0	0
	2011	성남일	28	2	0	3	39	3	0
	2012	인천	16	5	1	0	11	0	0
	합계		140	53	2	3	159	13	0
클	2013	인천	15	6	0	0	15	2	0
	2015	성남	16	1	0	0	17	3	0
	2016	성남	33	1	1	0	12	6	0
	합계		64	8	1	0	44	11	0
승	2016	성남	2	0	0	0	1	0	0
	합계		2	0	0	0	1	0	0
프로통산			206	61	3	3	204	24	0

김태은 (金兌恩) 배재대 1989.09.21

리그	연도	소속	출전	교체	득점	도움	파울	경고	퇴장
BC	2011	인천	1	1	0	0	1	0	0
	합계		1	1	0	0	1	0	0
챌	2015	서울E	15	2	0	0	11	4	0
	2016	서울E	22	6	0	0	44	8	0
	합계		37	8	0	0	55	12	0
프로통산			38	9	0	0	56	12	0

김태인 (金泰仁) 영남대 1972.05.21

리그	연도	소속	출전	교체	득점	도움	파울	경고	퇴장
BC	1995	전북	1	1	0	0	1	0	0
	1997	전북	1	1	0	0	0	0	0
	합계		2	2	0	0	1	0	0
프로통산			2	2	0	0	1	0	0

김태종 (金泰鍾) 단국대 1982.10.29

리그	연도	소속	출전	교체	득점	도움	파울	경고	퇴장
BC	2006	제주	2	0	0	0	2	0	0
	2007	제주	3	2	0	0	4	0	0
	합계		5	2	0	0	6	0	0

프로통산			5	2	0	0	6	0	0

김태준(金泰俊) 일본 류츠케이자이대 1989.04.25

리그	연도	소속	출전	교체	득점	도움	파울	경고	퇴장
BC	2011	부산	2	2	0	0	0	0	0
	2012	부산	1	2	0	0	1	1	0
	합계		3	4	0	0	1	1	0
챌	2013	고양	5	1	0	0	10	2	0
	합계		5	1	0	0	10	2	0
프로통산			8	5	0	0	11	3	0

김태진(金泰眞) 동아대 1969.08.09

리그	연도	소속	출전	교체	득점	도움	파울	경고	퇴장
BC	1992	대우	4	3	0	0	3	0	0
	1993	대우	20	20	2	1	12	1	0
	1994	대우	11	8	2	1	7	1	0
	1995	대우	5	5	0	1	0	0	0
	합계		40	36	4	3	22	2	0
프로통산			40	36	4	3	22	2	0

김태진(金泰鎭) 경희대 1977.04.02

리그	연도	소속	출전	교체	실점	도움	파울	경고	퇴장
BC	2000	전남	0	0	0	0	0	0	0
	2001	전남	9	1	10	0	1	0	0
	2003	대구	23	1	27	0	0	2	0
	2004	대구	34	0	47	0	0	4	0
	2005	대구	18	0	27	0	1	2	0
	2006	대구	11	1	20	0	1	3	0
	합계		95	3	131	0	3	11	0
프로통산			95	3	131	0	3	11	0

김태진(金泰振) 강릉농공고 1984.08.30

리그	연도	소속	출전	교체	득점	도움	파울	경고	퇴장
BC	2006	수원	1	1	0	0	0	0	0
	합계		1	1	0	0	0	0	0
클	2013	대구	0	0	0	0	0	0	0
	합계		0	0	0	0	0	0	0
프로통산			1	1	0	0	0	0	0

김태진(金泰鎭) 연세대 1984.10.29

리그	연도	소속	출전	교체	득점	도움	파울	경고	퇴장
BC	2006	서울	1	0	0	0	3	0	0
	2007	서울	14	8	0	0	27	2	0
	2008	인천	15	12	0	0	28	3	0
	합계		30	20	0	0	58	5	0
프로통산			30	20	0	0	58	5	0

김태형(金兌炯) 진주상고 1960.02.18

리그	연도	소속	출전	교체	실점	도움	파울	경고	퇴장
BC	1983	국민	5	0	10	0	0	0	0
	1984	국민	13	0	32	0	0	0	0
	합계		18	0	42	0	0	0	0
프로통산			18	0	42	0	0	0	0

김태호(金台鎬) 아주대 1989.09.22

리그	연도	소속	출전	교체	득점	도움	파울	경고	퇴장
클	2013	전남	26	2	0	1	30	6	0
	2014	전남	32	6	0	3	43	5	0
	2015	전남	6	2	0	0	12	2	0
	합계		64	10	0	4	85	13	0
챌	2016	안양	15	1	0	0	21	2	0
	합계		15	1	0	0	21	2	0
프로통산			79	11	0	4	106	15	0

김태호(金鮐壕/←김준호) 단국대 1992.06.05

리그	연도	소속	출전	교체	실점	도움	파울	경고	퇴장
클	2015	전북	0	0	0	0	0	0	0
	2016	전북	0	0	0	0	0	0	0
	합계		0	0	0	0	0	0	0
프로통산			0	0	0	0	0	0	0

김태호(金泰昊) 숭실대 1985.01.26

리그	연도	소속	출전	교체	득점	도움	파울	경고	퇴장
BC	2010	강원	0	0	0	0	0	0	0
	합계		0	0	0	0	0	0	0
프로통산			0	0	0	0	0	0	0

김태환(金太煥) 울산대 1989.07.24

리그	연도	소속	출전	교체	득점	도움	파울	경고	퇴장
BC	2010	서울	19	15	0	3	20	3	0
	2011	서울	17	14	1	0	27	2	0
	2012	서울	19	19	1	0	11	3	0
	합계		55	48	2	3	58	8	0
클	2013	성남일	34	4	3	4	65	4	1
	2014	성남	36	3	5	4	71	7	0
	2015	울산	33	7	1	7	50	7	1
	2016	울산	36	9	4	3	49	2	0
	합계		139	23	13	18	235	20	2
프로통산			194	71	15	21	293	28	2

김태환(金泰煥) 연세대 1958.03.20

리그	연도	소속	출전	교체	득점	도움	파울	경고	퇴장
BC	1984	할렐	7	6	0	1	5	0	0
	1985	할렐	18	6	0	1	9	1	0
	1987	유공	15	11	0	0	6	1	0
	합계		40	23	0	2	20	2	0
프로통산			40	23	0	2	20	2	0

김태환(金泰換) 남부대 1993.12.11

리그	연도	소속	출전	교체	득점	도움	파울	경고	퇴장
챌	2016	충주	2	1	0	0	2	1	0
	합계		2	1	0	0	2	1	0
프로통산			2	1	0	0	2	1	0

김판곤(金判坤) 호남대 1969.05.01

리그	연도	소속	출전	교체	득점	도움	파울	경고	퇴장
BC	1992	현대	10	7	0	1	12	2	1
	1993	현대	29	15	0	0	38	7	0
	1995	현대	6	1	0	0	12	3	0
	1996	울산	2	1	0	0	0	0	0
	1997	전북	6	4	0	0	11	2	0
	합계		53	28	0	1	73	14	1
프로통산			53	28	0	1	73	14	1

김판근(金判根) 고려대 1966.03.05

리그	연도	소속	출전	교체	득점	도움	파울	경고	퇴장
BC	1987	대우	30	5	2	3	41	1	0
	1988	대우	3	1	2	0	0	0	0
	1989	대우	30	17	2	5	25	1	0
	1990	대우	20	3	0	2	21	0	0
	1991	대우	37	6	2	2	46	3	0
	1992	대우	23	9	1	0	27	1	0
	1993	대우	24	10	2	2	29	2	0
	1994	LG	23	4	0	3	21	4	0
	1995	LG	35	2	1	1	22	2	0
	1996	안양L	15	2	0	0	17	1	0
	1997	안양L	27	6	1	3	16	1	0
	합계		267	65	13	21	265	16	0
프로통산			267	65	13	21	265	16	0

김평래(金平來) 중앙대 1987.11.09

리그	연도	소속	출전	교체	득점	도움	파울	경고	퇴장
BC	2011	성남일	1	1	0	0	1	0	0
	2012	성남일	18	8	0	0	24	1	0
	합계		19	9	0	0	25	1	0
클	2013	성남일	22	15	0	1	30	3	0
	2014	성남	22	9	0	0	15	4	0
	2015	전남	29	10	0	0	26	3	0
	2016	전남	12	4	0	0	25	1	0
	합계		85	38	0	1	96	11	0
프로통산			104	47	0	1	121	12	0

김평석(金平錫) 광운대 1958.09.22

리그	연도	소속	출전	교체	득점	도움	파울	경고	퇴장
BC	1984	현대	28	0	0	5	27	1	0
	1985	현대	10	0	0	0	20	0	0
	1986	현대	13	0	0	2	17	1	0
	1987	현대	27	0	0	2	40	4	1
	1988	현대	8	1	0	0	14	1	0
	1989	유공	21	4	0	0	31	2	0
	1990	유공	20	1	0	0	10	1	0
	합계		127	6	0	9	159	10	1
프로통산			127	6	0	9	159	10	1

김평진(金平鎭) 한남대 1990.08.11

리그	연도	소속	출전	교체	득점	도움	파울	경고	퇴장
클	2013	대전	2	1	0	0	2	1	0
	합계		2	1	0	0	2	1	0
프로통산			2	1	0	0	2	1	0

김풍주(金豊柱) 양곡종고 1964.10.01

리그	연도	소속	출전	교체	실점	도움	파울	경고	퇴장
BC	1983	대우	1	0	0	0	0	0	0
	1984	대우	17	0	9	0	0	0	0
	1985	대우	21	0	16	0	0	1	0
	1986	대우	24	0	21	0	0	0	0
	1987	대우	15	1	9	0	1	0	0
	1988	대우	7	1	5	0	0	0	0
	1989	대우	6	1	5	0	0	0	0
	1990	대우	8	0	7	0	0	1	0
	1991	대우	37	0	27	0	0	0	0
	1993	대우	24	0	23	0	0	1	0
	1994	대우	17	1	29	0	0	0	0
	1996	부산	4	0	7	0	0	1	0
	합계		181	4	158	0	1	4	0
프로통산			181	4	158	0	1	4	0

김풍해(金豊海) 고려대 1960.07.13

리그	연도	소속	출전	교체	득점	도움	파울	경고	퇴장
BC	1985	상무	1	0	0	0	0	0	0
	합계		1	0	0	0	0	0	0
프로통산			1	0	0	0	0	0	0

김필호(金珌淏) 광주대 1994.03.31

리그	연도	소속	출전	교체	득점	도움	파울	경고	퇴장
챌	2016	고양	18	15	0	1	15	4	0
	합계		18	15	0	1	15	4	0
프로통산			18	15	0	1	15	4	0

김학범(金鶴範) 명지대 1960.03.01

리그	연도	소속	출전	교체	득점	도움	파울	경고	퇴장
BC	1984	국민	13	4	1	0	9	0	0
	합계		13	4	1	0	9	0	0
프로통산			13	4	1	0	9	0	0

김학범(金學範) 조선대 1962.06.07

리그	연도	소속	출전	교체	득점	도움	파울	경고	퇴장
BC	1986	유공	1	1	0	0	1	0	0
	합계		1	1	0	0	1	0	0
프로통산			1	1	0	0	1	0	0

김학수(金鶴守) 경희대 1958.10.18

리그	연도	소속	출전	교체	득점	도움	파울	경고	퇴장
BC	1985	대우	13	8	0	0	18	0	0
	1986	대우	10	7	0	0	5	0	0
	합계		23	15	0	0	23	0	0
프로통산			23	15	0	0	23	0	0

김학순(金鶴淳) 전주대 1972.03.09

리그	연도	소속	출전	교체	득점	도움	파울	경고	퇴장
BC	1995	LG	0	0	0	0	0	0	0
	합계		0	0	0	0	0	0	0
프로통산			0	0	0	0	0	0	0

김학진(金學鎭) 광운대 1988.10.25

리그	연도	소속	출전	교체	득점	도움	파울	경고	퇴장
BC	2011	전북	1	1	0	0	1	1	0
	합계		1	1	0	0	1	1	0
프로통산			1	1	0	0	1	1	0

김학철(金學喆) 인천대 1970.05.05

리그	연도	소속	출전	교체	득점	도움	파울	경고	퇴장
BC	1992	일화	8	7	0	0	4	0	0
	1993	일화	22	9	0	0	33	2	0
	1994	일화	17	3	0	0	19	2	0
	1996	천안	15	7	0	0	22	1	0

리그	연도	소속	출전	교체	득점	도움	파울	경고	퇴장
	1997	포항	3	1	0	0	2	0	0
	1998	안양L	31	13	0	1	49	2	0
	1999	안양L	18	5	1	0	24	3	1
	합계		114	45	1	1	153	10	1
프로통산			114	45	1	1	153	10	1

김학철 (金學哲) 중앙대 1959.10.19

리그	연도	소속	출전	교체	득점	도움	파울	경고	퇴장
BC	1984	한일	21	9	1	2	15	0	0
	1985	한일	2	2	0	0	4	0	0
	합계		23	11	1	2	19	0	0
프로통산			23	11	1	2	19	0	0

김학철 (金學喆) 국민대 1972.11.04

리그	연도	소속	출전	교체	득점	도움	파울	경고	퇴장
BC	1995	대우	7	2	0	0	16	4	0
	1996	부산	15	5	1	0	38	2	1
	1997	부산	32	6	0	1	40	6	0
	2000	부산	29	1	0	0	32	5	0
	2001	부산	16	1	0	0	28	1	0
	2002	부산	25	4	0	1	40	1	0
	2003	대구	35	2	0	2	49	7	0
	2004	인천	28	4	0	0	40	3	0
	2005	인천	36	2	0	0	47	5	0
	2006	인천	32	1	0	0	57	5	0
	2007	인천	26	9	0	0	44	8	0
	2008	인천	3	1	0	0	4	0	0
	합계		284	38	1	4	435	47	1
프로통산			284	38	1	4	435	47	1

김한봉 (金漢奉) 부산상고 1957.12.15

리그	연도	소속	출전	교체	득점	도움	파울	경고	퇴장
BC	1984	현대	27	0	3	5	19	2	0
	1985	현대	18	1	4	5	20	0	0
	1986	현대	2	1	0	0	5	0	0
	합계		47	2	7	10	44	2	0
프로통산			47	2	7	10	44	2	0

김한빈 (金漢彬) 선문대 1991.03.31

리그	연도	소속	출전	교체	득점	도움	파울	경고	퇴장
챌	2014	충주	19	3	0	2	14	1	0
	2015	충주	3	0	0	0	7	1	0
	2016	충주	40	0	1	2	21	2	0
	합계		62	3	1	4	42	4	0
프로통산			62	3	1	4	42	4	0

김한섭 (金翰燮) 동국대 1982.05.08

리그	연도	소속	출전	교체	득점	도움	파울	경고	퇴장
BC	2009	대전	11	0	1	0	25	1	0
	2010	대전	18	3	0	0	29	2	0
	2011	대전	19	0	0	1	25	5	0
	2011	인천	8	1	0	0	9	2	0
	2012	인천	15	3	0	0	20	2	0
	합계		71	7	1	1	108	12	0
클	2013	대전	11	6	0	1	11	3	0
	합계		11	6	0	1	11	3	0
챌	2014	대전	18	15	1	2	13	0	0
	합계		18	15	1	2	13	0	0
프로통산			100	28	2	4	132	15	0

김한욱 (金漢旭) 숭실대 1972.06.08

리그	연도	소속	출전	교체	득점	도움	파울	경고	퇴장
BC	1999	포항	22	19	0	1	36	3	0
	2000	포항	25	8	0	2	48	3	0
	2001	성남일	5	2	0	0	2	0	0
	합계		52	29	0	3	86	6	0
프로통산			52	29	0	3	86	6	0

김한원 (金漢元) 세경대 1981.08.06

리그	연도	소속	출전	교체	득점	도움	파울	경고	퇴장
BC	2006	인천	15	12	3	1	20	2	0
	2007	전북	10	9	0	0	12	1	0
	2008	전북	4	2	0	0	11	0	0
	합계		29	23	3	1	43	3	0
클	2016	수원FC	18	7	1	0	21	8	0
	합계		18	7	1	0	21	8	0
챌	2013	수원FC	30	13	8	6	33	9	0
	2014	수원FC	24	4	8	3	30	11	0
	2015	수원FC	26	9	1	0	22	5	0
	합계		80	26	17	9	85	25	0
승	2015	수원FC	1	1	0	0	0	0	0
	합계		1	1	0	0	0	0	0
프로통산			128	57	21	10	149	36	0

김한윤 (金漢潤) 광운대 1974.07.11

리그	연도	소속	출전	교체	득점	도움	파울	경고	퇴장
BC	1997	부천S	28	14	1	0	73	7	0
	1998	부천S	24	11	1	0	36	4	0
	1999	부천S	8	8	0	0	16	2	0
	1999	포항	14	7	0	0	33	1	0
	2000	포항	22	19	1	0	25	4	0
	2001	부천S	16	6	0	0	34	3	0
	2002	부천S	15	4	1	0	32	4	0
	2003	부천S	34	0	0	1	72	10	0
	2004	부천S	20	4	0	0	47	7	0
	2005	부천S	28	2	1	0	63	11	0
	2006	서울	31	4	0	0	69	11	1
	2007	서울	29	9	0	0	61	12	0
	2008	서울	26	11	0	0	54	9	0
	2009	서울	25	10	0	1	70	11	0
	2010	서울	20	16	0	1	33	5	1
	2011	부산	27	6	3	1	53	12	0
	2012	부산	36	2	2	0	82	18	1
	합계		403	133	10	4	853	131	3
클	2013	성남일	27	16	1	2	52	12	0
	합계		27	16	1	2	52	12	0
프로통산			430	149	11	6	905	143	3

김해국 (金海國) 경상대 1974.05.20

리그	연도	소속	출전	교체	득점	도움	파울	경고	퇴장
BC	1997	전남	21	10	2	0	29	3	0
	1998	전남	6	0	0	0	17	2	0
	1999	전남	7	4	0	0	3	0	0
	2000	전남	3	2	0	0	7	0	0
	합계		37	16	2	0	56	5	0
프로통산			37	16	2	0	56	5	0

김해년 (金海年) 중앙대 1964.07.05

리그	연도	소속	출전	교체	득점	도움	파울	경고	퇴장
BC	1986	한일	8	1	0	0	11	1	0
	합계		8	1	0	0	11	1	0
프로통산			8	1	0	0	11	1	0

김해식 (金海植) 한남대 1996.02.12

리그	연도	소속	출전	교체	득점	도움	파울	경고	퇴장
챌	2016	대전	20	7	1	0	21	4	0
	합계		20	7	1	0	21	4	0
프로통산			20	7	1	0	21	4	0

김해운 (金海雲) 대구대 1973.12.25

리그	연도	소속	출전	교체	실점	도움	파울	경고	퇴장
BC	1996	천안	1	0	1	0	0	0	0
	1997	천안	7	1	5	0	0	0	0
	1998	천안	30	0	39	0	5	3	0
	1999	천안	19	4	25	0	0	0	0
	2000	성남일	27	0	33	0	1	1	0
	2001	성남일	30	1	24	0	1	0	0
	2002	성남일	24	1	30	0	0	1	0
	2003	성남일	22	0	21	0	2	1	0
	2004	성남일	22	2	25	0	1	0	0
	2005	성남일	9	0	7	0	2	1	0
	2006	성남일	6	1	4	0	0	1	0
	2007	성남일	0	0	0	0	0	0	0
	2008	성남일	4	0	5	0	0	0	0
	합계		201	10	219	0	12	8	0
프로통산			201	10	219	0	12	8	0

김해원 (金海元) 한남대 1986.05.23

리그	연도	소속	출전	교체	득점	도움	파울	경고	퇴장
BC	2009	전남	9	2	1	0	16	2	0
	2010	대구	1	1	0	0	1	0	0
	합계		10	3	1	0	17	2	0
프로통산			10	3	1	0	17	2	0

김해출 (金海出) 광양제철고 1981.02.03

리그	연도	소속	출전	교체	득점	도움	파울	경고	퇴장
BC	1999	전남	2	2	0	0	0	0	0
	2000	전남	1	1	0	0	0	0	0
	합계		3	3	0	0	0	0	0
프로통산			3	3	0	0	0	0	0

김혁 (金赫) 연세대 1985.05.04

리그	연도	소속	출전	교체	득점	도움	파울	경고	퇴장
BC	2008	인천	7	3	0	0	12	0	0
	합계		7	3	0	0	12	0	0
프로통산			7	3	0	0	12	0	0

김혁진 (金奕辰) 경희대 1991.03.06

리그	연도	소속	출전	교체	득점	도움	파울	경고	퇴장
클	2016	수원FC	6	6	0	1	0	0	0
	합계		6	6	0	1	0	0	0
챌	2014	수원FC	27	20	0	0	27	4	0
	2015	수원FC	14	12	0	2	12	3	0
	합계		41	32	0	2	39	7	0
프로통산			47	38	0	3	39	7	0

김현 (金玄) 영생고 1993.05.03

리그	연도	소속	출전	교체	득점	도움	파울	경고	퇴장
BC	2012	전북	9	9	1	0	11	3	0
	합계		9	9	1	0	11	3	0
클	2013	성남일	4	4	0	0	1	0	0
	2014	제주	33	23	2	5	60	2	0
	2015	제주	26	21	3	1	34	3	0
	2016	제주	6	5	0	0	6	1	0
	2016	성남	15	10	3	0	23	2	0
	합계		84	63	8	6	124	8	0
승	2016	성남	2	1	0	0	5	1	0
	합계		2	1	0	0	5	1	0
프로통산			95	73	9	6	140	12	0

김현관 (金賢官) 동국대 1985.04.20

리그	연도	소속	출전	교체	득점	도움	파울	경고	퇴장
BC	2008	서울	1	1	0	0	0	0	0
	합계		1	1	0	0	0	0	0
프로통산			1	1	0	0	0	0	0

김현규 (金賢圭) 경희고 1997.08.23

리그	연도	소속	출전	교체	득점	도움	파울	경고	퇴장
챌	2016	서울E	8	8	0	1	4	0	0
	합계		8	8	0	1	4	0	0
프로통산			8	8	0	1	4	0	0

김현기 (金賢技) 상지대 1985.12.16

리그	연도	소속	출전	교체	득점	도움	파울	경고	퇴장
BC	2006	포항	2	2	0	0	0	0	0
	합계		2	2	0	0	0	0	0
프로통산			2	2	0	0	0	0	0

김현동 (金鉉東) 강원대 1972.08.25

리그	연도	소속	출전	교체	득점	도움	파울	경고	퇴장
BC	1996	안양L	14	14	1	1	14	0	0
	1997	안양L	11	7	0	0	15	0	0
	합계		25	21	1	1	29	0	0
프로통산			25	21	1	1	29	0	0

김현민 (金鉉敏) 한성대 1970.04.09

리그	연도	소속	출전	교체	득점	도움	파울	경고	퇴장
BC	1997	대전	28	21	5	4	47	2	0
	1998	대전	4	5	0	1	3	0	0
	1999	대전	17	16	2	0	10	3	0
	2000	대전	12	13	2	1	17	2	0
	합계		61	55	9	6	77	7	0
프로통산			61	55	9	6	77	7	0

김현배 (金賢培) 고려대 1976.06.09

리그	연도	소속	출전	교체	득점	도움	파울	경고	퇴장
BC	1999	울산	0	0	0	0	0	0	0
	2000	울산	3	1	1	0	9	1	0
	합계		3	1	1	0	9	1	0
프로통산			3	1	1	0	9	1	0

김현복 (金顯福) 중앙대 1954.12.09

리그	연도	소속	출전	교체	득점	도움	파울	경고	퇴장
BC	1983	할렐	12	9	2	1	4	0	0
	1984	할렐	19	5	0	0	28	0	0
	1985	할렐	16	5	0	1	25	3	0
	합계		47	19	2	2	57	3	0
프로통산			47	19	2	2	57	3	0

김현석 (金賢錫) 서울시립대 1966.09.14

리그	연도	소속	출전	교체	득점	도움	파울	경고	퇴장
BC	1989	일화	27	6	0	0	50	5	0
	1990	일화	14	2	0	0	21	4	0
	합계		41	8	0	0	71	9	0
프로통산			41	8	0	0	71	9	0

김현석 (金鉉錫) 연세대 1967.05.05

리그	연도	소속	출전	교체	득점	도움	파울	경고	퇴장
BC	1990	현대	28	1	5	3	41	3	0
	1991	현대	39	10	14	4	50	2	0
	1992	현대	37	12	13	7	62	2	0
	1993	현대	11	8	1	1	12	0	0
	1995	현대	33	2	18	7	34	5	0
	1996	울산	34	5	9	9	43	4	0
	1997	울산	30	2	13	5	54	5	0
	1998	울산	37	8	17	5	84	6	0
	1999	울산	36	3	8	6	41	2	0
	2001	울산	31	9	6	5	41	3	1
	2002	울산	35	3	6	2	30	5	0
	2003	울산	20	8	0	0	16	3	0
	합계		371	71	110	54	508	40	1
프로통산			371	71	110	54	508	40	1

김현성 (金賢聖) 동북고 1989.09.27

리그	연도	소속	출전	교체	득점	도움	파울	경고	퇴장
BC	2010	대구	10	6	1	0	13	1	0
	2011	대구	29	9	7	2	63	2	0
	2012	서울	13	13	1	0	13	1	0
	합계		52	28	9	2	89	4	0
클	2013	서울	17	16	1	1	13	0	0
	2014	서울	6	4	0	1	6	0	0
	2015	서울	17	14	4	0	18	3	0
	합계		40	34	5	2	37	3	0
챌	2016	부산	3	3	0	0	1	1	0
	합계		3	3	0	0	1	1	0
프로통산			95	65	14	4	127	8	0

김현성 (金炫成) 광주대 1993.03.28

리그	연도	소속	출전	교체	실점	도움	파울	경고	퇴장
챌	2015	서울E	1	0	4	0	0	0	0
	2016	서울E	0	0	0	0	0	0	0
	합계		1	0	4	0	0	0	0
프로통산			1	0	4	0	0	0	0

김현솔 (金현솔) 브라질 카피바리아누 1991.05.17

리그	연도	소속	출전	교체	득점	도움	파울	경고	퇴장
챌	2016	서울E	7	7	0	0	9	2	0
	합계		7	7	0	0	9	2	0
프로통산			7	7	0	0	9	2	0

김현수 (金鉉洙) 아주대 1973.03.13

리그	연도	소속	출전	교체	득점	도움	파울	경고	퇴장
BC	1995	대우	32	3	1	0	44	4	0
	1996	부산	29	7	2	1	22	1	0
	1997	부산	29	6	3	0	31	3	0
	1998	부산	19	4	2	0	21	1	0
	1999	부산	27	4	1	0	35	2	0
	2000	성남일	40	0	3	1	60	5	0
	2001	성남일	35	1	2	0	42	3	0
	2002	성남일	36	2	4	0	49	3	0
	2003	성남일	38	7	3	1	42	2	0
	2004	인천	30	0	1	0	23	6	0
	2005	전남	5	3	0	0	6	0	0
	2006	대구	35	2	1	2	20	5	0
	2007	대구	28	2	1	0	43	3	0
	합계		383	41	24	5	438	38	0
프로통산			383	41	24	5	438	38	0

김현수 (金顯秀) 연세대 1992.04.05

리그	연도	소속	출전	교체	득점	도움	파울	경고	퇴장
챌	2015	대구	3	3	0	0	0	0	0
	2016	대구	2	2	0	0	1	1	0
	합계		5	5	0	0	1	1	0
프로통산			5	5	0	0	1	1	0

김현수 (金鉉洙) 연세대 1973.02.14

리그	연도	소속	출전	교체	득점	도움	파울	경고	퇴장
BC	1995	전남	26	0	1	2	52	3	0
	1996	전남	20	8	0	2	26	5	0
	1997	전남	30	10	0	1	20	1	1
	2000	전남	8	8	0	0	3	0	0
	2001	전남	17	8	0	0	25	4	0
	2002	전남	30	3	1	2	65	4	0
	2003	전북	42	20	0	1	76	3	0
	2004	전북	29	7	0	0	26	4	0
	2005	전북	25	5	0	0	35	2	0
	2006	전북	24	5	1	1	58	6	0
	2007	전북	25	6	0	0	51	7	1
	2008	전북	15	10	1	0	28	2	0
	합계		291	90	4	9	465	41	2
프로통산			291	90	4	9	465	41	2

김현승 (金炫承) 홍익대 1984.11.16

리그	연도	소속	출전	교체	득점	도움	파울	경고	퇴장
BC	2008	광주상	4	5	0	0	5	0	0
	2009	광주상	1	1	0	0	1	0	0
	합계		5	6	0	0	6	0	0
프로통산			5	6	0	0	6	0	0

김현우 (金玄雨) 광운대 1989.04.17

리그	연도	소속	출전	교체	득점	도움	파울	경고	퇴장
BC	2012	성남일	8	7	0	0	11	3	0
	합계		8	7	0	0	11	3	0
프로통산			8	7	0	0	11	3	0

김현태 (金鉉泰) 용인대 1992.05.13

리그	연도	소속	출전	교체	득점	도움	파울	경고	퇴장
챌	2015	수원FC	0	0	0	0	0	0	0
	합계		0	0	0	0	0	0	0
프로통산			0	0	0	0	0	0	0

김현태 (金顯泰) 고려대 1961.05.01

리그	연도	소속	출전	교체	실점	도움	파울	경고	퇴장
BC	1984	럭금	23	1	37	0	0	0	0
	1985	럭금	21	0	19	0	0	1	0
	1986	럭금	30	1	32	0	0	0	0
	1987	럭금	18	0	36	0	1	0	1
	1988	럭금	8	0	12	0	0	0	0
	1989	럭금	9	1	9	0	0	0	0
	1990	럭금	2	0	2	0	0	0	0
	1991	LG	3	2	4	0	0	0	0
	1996	안양L	0	0	0	0	0	0	0
	합계		114	5	151	0	1	1	1
프로통산			114	5	151	0	1	1	1

김현호 (金鉉浩) 신평고 1981.09.30

리그	연도	소속	출전	교체	득점	도움	파울	경고	퇴장
BC	1995	포항	0	0	0	0	0	0	0
	합계		0	0	0	0	0	0	0
프로통산			0	0	0	0	0	0	0

김형근 (金亨根) 영남대 1994.01.06

리그	연도	소속	출전	교체	실점	도움	파울	경고	퇴장
챌	2016	부산	6	0	9	0	0	0	0
	합계		6	0	9	0	0	0	0
프로통산			6	0	9	0	0	0	0

김형남 (金炯男) 중대부고 1956.12.18

리그	연도	소속	출전	교체	득점	도움	파울	경고	퇴장
BC	1983	포철	13	2	0	0	17	2	0
	1984	포철	13	6	0	0	11	0	0
	합계		26	8	0	0	28	2	0
프로통산			26	8	0	0	28	2	0

김형록 (金洞錄) 동아대 1991.06.17

리그	연도	소속	출전	교체	득점	도움	파울	경고	퇴장
클	2014	제주	0	0	0	0	0	0	0
	2015	제주	0	0	0	0	0	0	0
	합계		0	0	0	0	0	0	0
챌	2015	경남	0	0	0	0	0	0	0
	합계		0	0	0	0	0	0	0
프로통산			0	0	0	0	0	0	0

김형범 (金炯氾) 건국대 1984.01.01

리그	연도	소속	출전	교체	득점	도움	파울	경고	퇴장
BC	2004	울산	29	25	1	5	36	2	0
	2005	울산	14	13	4	1	5	1	0
	2006	전북	28	12	7	4	35	4	0
	2007	전북	6	5	2	0	6	1	0
	2008	전북	31	25	7	4	20	2	0
	2009	전북	1	1	0	0	0	0	0
	2010	전북	9	8	1	0	8	1	0
	2011	전북	4	4	0	0	3	0	0
	2012	대전	32	18	5	10	35	3	0
	합계		154	111	27	24	148	14	0
클	2013	경남	22	18	8	0	27	1	0
	합계		22	18	8	0	27	1	0
프로통산			176	129	35	24	175	15	0

김형일 (金亨鎰) 경희대 1984.04.27

리그	연도	소속	출전	교체	득점	도움	파울	경고	퇴장
BC	2007	대전	29	2	0	1	68	11	0
	2008	대전	16	3	0	0	22	7	0
	2008	포항	3	0	0	0	7	1	0
	2009	포항	30	1	2	1	40	9	0
	2010	포항	22	2	2	1	27	8	0
	2011	포항	21	2	0	0	26	3	0
	2012	상주	17	2	1	0	19	3	0
	합계		138	12	5	3	209	42	0
클	2013	포항	2	2	0	0	0	0	0
	2014	포항	14	3	1	0	13	3	0
	2015	전북	24	2	0	0	29	4	0
	2016	전북	13	1	0	0	20	4	0
	합계		53	8	1	0	62	11	0
챌	2013	상주	26	0	0	0	29	3	1
	합계		26	0	0	0	29	3	1
프로통산			217	20	6	3	300	56	1

김형진 (金炯進) 배재대 1993.12.20

리그	연도	소속	출전	교체	득점	도움	파울	경고	퇴장
챌	2016	대전	16	8	0	0	29	4	0
	합계		16	8	0	0	29	4	0
프로통산			16	8	0	0	29	4	0

김형철 (金亨哲) 동아대 1983.10.02

리그	연도	소속	출전	교체	득점	도움	파울	경고	퇴장
BC	2006	수원	1	1	0	0	0	1	0
	합계		1	1	0	0	0	1	0
프로통산			1	1	0	0	0	1	0

김형필 (金炯必) 경희대 1987.01.13

리그	연도	소속	출전	교체	득점	도움	파울	경고	퇴장
BC	2010	전남	11	10	3	0	5	1	0
	2011	전남	3	3	0	0	0	0	0
	2012	부산	1	1	0	0	2	1	0
	합계		15	14	3	0	7	2	0
챌	2016	경남	10	9	2	0	6	1	0

	합계		10	9	2	0	6	1	0
프로통산			25	23	5	0	13	3	0

김형호 (金瀅鎬) 광양제철고 1987.03.25

리그	연도	소속	출전	교체	득점	도움	파울	경고	퇴장
BC	2009	전남	21	2	0	1	25	2	0
	2010	전남	23	3	1	1	35	7	0
	2011	전남	9	0	0	0	7	0	0
	합계		53	5	1	2	67	9	0
프로통산			53	5	1	2	67	9	0

김호남 (金浩男) 광주대 1989.06.14

리그	연도	소속	출전	교체	득점	도움	파울	경고	퇴장
BC	2011	광주	2	2	0	0	2	1	0
	2012	광주	1	1	0	0	3	0	0
	합계		3	3	0	0	5	1	0
클	2015	광주	29	13	8	1	27	4	0
	2016	제주	31	29	8	3	10	1	0
	합계		60	42	16	4	37	5	0
챌	2013	광주	28	15	7	6	36	4	0
	2014	광주	35	13	7	5	51	5	0
	합계		63	28	14	11	87	9	0
승	2014	광주	2	0	1	0	4	0	0
	합계		2	0	1	0	4	0	0
프로통산			128	73	31	15	133	15	0

김호유 (金浩猷) 성균관대 1981.02.19

리그	연도	소속	출전	교체	득점	도움	파울	경고	퇴장
BC	2003	전남	0	0	0	0	0	0	0
	2004	전남	14	4	1	0	20	2	0
	2005	전남	10	6	0	0	13	0	0
	2006	전남	10	3	1	0	15	3	0
	2007	제주	14	6	0	2	17	3	0
	합계		48	19	2	2	65	8	0
프로통산			48	19	2	2	65	8	0

김호준 (金鎬浚) 고려대 1984.06.21

리그	연도	소속	출전	교체	실점	도움	파울	경고	퇴장
BC	2005	서울	3	0	6	0	1	0	0
	2007	서울	0	0	0	0	0	0	0
	2008	서울	31	0	32	0	0	2	0
	2009	서울	24	1	26	0	1	2	0
	2010	제주	35	0	32	0	2	2	0
	2011	제주	24	0	36	0	0	2	0
	2012	상주	9	0	17	0	0	0	0
	합계		126	1	149	0	4	8	0
클	2014	제주	37	1	37	1	0	1	0
	2015	제주	31	0	45	0	0	1	0
	2016	제주	28	1	39	0	1	2	0
	합계		96	2	121	1	1	4	0
챌	2013	상주	30	0	23	0	0	2	0
	합계		30	0	23	0	0	2	0
프로통산			252	3	293	1	5	14	0

김호철 (金虎喆) 숭실대 1971.01.05

리그	연도	소속	출전	교체	득점	도움	파울	경고	퇴장
BC	1993	유공	1	1	0	0	1	0	0
	1995	유공	2	2	0	0	3	0	0
	1996	부천S	0	0	0	0	0	0	0
	합계		3	3	0	0	4	0	0
프로통산			3	3	0	0	4	0	0

김홍기 (金弘冀) 중앙대 1976.03.14

리그	연도	소속	출전	교체	득점	도움	파울	경고	퇴장
BC	1999	전북	2	2	0	0	0	0	0
	2000	전북	4	4	0	0	2	0	0
	합계		6	6	0	0	2	0	0
프로통산			6	6	0	0	2	0	0

김홍운 (金弘運) 건국대 1964.03.21

리그	연도	소속	출전	교체	득점	도움	파울	경고	퇴장
BC	1987	포철	26	20	9	3	19	3	0
	1988	포철	21	7	1	2	24	1	0
	1989	포철	7	7	1	0	2	0	0
	1990	포철	15	11	1	2	23	2	0
	1991	포철	3	3	0	0	1	0	0
	1991	유공	8	7	0	0	3	0	0
	1992	LG	8	7	1	0	13	0	0
	1993	현대	5	5	0	0	1	1	0
	합계		93	67	13	7	86	7	0
프로통산			93	67	13	7	86	7	0

김홍일 (金弘一) 연세대 1987.09.29

리그	연도	소속	출전	교체	득점	도움	파울	경고	퇴장
BC	2009	수원	5	2	0	0	7	0	0
	2011	광주	2	2	0	1	2	0	0
	합계		7	4	0	1	9	0	0
챌	2014	수원FC	5	5	0	0	4	1	0
	합계		5	5	0	0	4	1	0
프로통산			12	9	0	1	13	1	0

김홍주 (金洪柱) 한양대 1955.03.21

리그	연도	소속	출전	교체	득점	도움	파울	경고	퇴장
BC	1983	국민	13	0	0	0	7	2	0
	1984	국민	7	2	0	0	3	1	0
	합계		20	2	0	0	10	3	0
프로통산			20	2	0	0	10	3	0

김홍철 (金弘哲) 한양대 1979.06.02

리그	연도	소속	출전	교체	득점	도움	파울	경고	퇴장
BC	2002	전남	6	1	1	0	4	0	0
	2003	전남	25	9	0	3	17	1	0
	2004	전남	17	6	0	0	24	3	0
	2005	포항	22	14	1	0	21	0	0
	2006	부산	2	2	0	0	1	0	0
	합계		72	32	2	3	67	4	0
프로통산			72	32	2	3	67	4	0

김황정 (金晃正) 한남대 1975.11.19

리그	연도	소속	출전	교체	득점	도움	파울	경고	퇴장
BC	2001	울산	7	7	0	0	7	0	0
	합계		7	7	0	0	7	0	0
프로통산			7	7	0	0	7	0	0

김황호 (金黃鎬) 경희대 1954.08.15

리그	연도	소속	출전	교체	실점	도움	파울	경고	퇴장
BC	1984	현대	7	1	3	0	0	0	0
	1985	현대	18	1	18	0	0	0	0
	1986	현대	2	0	3	0	0	0	0
	합계		27	2	24	0	0	0	0
프로통산			27	2	24	0	0	0	0

김효기 (金孝基) 조선대 1986.07.03

리그	연도	소속	출전	교체	득점	도움	파울	경고	퇴장
BC	2010	울산	1	1	0	0	0	0	0
	2011	울산	0	0	0	0	0	0	0
	2012	울산	4	4	0	0	2	0	0
	합계		5	5	0	0	2	0	0
클	2016	전북	0	0	0	0	0	0	0
	합계		0	0	0	0	0	0	0
챌	2015	안양	15	7	8	2	35	3	0
	2016	안양	13	3	4	0	20	1	0
	합계		28	10	12	2	55	4	0
프로통산			33	15	12	2	57	4	0

김효일 (金孝日) 경상대 1978.09.07

리그	연도	소속	출전	교체	득점	도움	파울	경고	퇴장
BC	2003	전남	19	11	0	0	24	2	0
	2004	전남	16	9	0	0	23	0	0
	2005	전남	17	3	0	0	41	3	0
	2006	전남	35	10	1	2	67	6	0
	2007	경남	29	11	1	0	45	1	0
	2008	경남	25	8	1	1	32	5	0
	2009	부산	12	4	0	0	18	0	0
	2010	부산	11	8	0	0	5	0	0
	합계		164	64	3	3	255	17	0
챌	2014	충주	0	0	0	0	0	0	0
	합계		0	0	0	0	0	0	0
프로통산			164	64	3	3	255	17	0

김효준 (金孝埈) 경일대 1978.10.13

리그	연도	소속	출전	교체	득점	도움	파울	경고	퇴장
BC	2006	경남	8	3	0	0	12	1	0
	2007	경남	5	3	0	0	8	1	0
	합계		13	6	0	0	20	2	0
챌	2013	안양	25	0	2	0	33	3	0
	2014	안양	11	2	0	0	7	3	0
	합계		36	2	2	0	40	6	0
프로통산			49	8	2	0	60	8	0

김효진 (金孝鎭) 연세대 1990.10.22

리그	연도	소속	출전	교체	득점	도움	파울	경고	퇴장
클	2013	강원	1	1	0	0	1	0	0
	합계		1	1	0	0	1	0	0
프로통산			1	1	0	0	1	0	0

김후석 (金厚奭) 영남대 1974.03.20

리그	연도	소속	출전	교체	득점	도움	파울	경고	퇴장
BC	1997	포항	7	7	0	0	4	2	0
	1998	포항	6	5	0	0	6	0	0
	합계		13	12	0	0	10	2	0
프로통산			13	12	0	0	10	2	0

김훈성 (金勳成) 고려대 1991.05.20

리그	연도	소속	출전	교체	득점	도움	파울	경고	퇴장
챌	2015	고양	2	2	0	0	0	0	0
	합계		2	2	0	0	0	0	0
프로통산			2	2	0	0	0	0	0

김흥권 (金興權) 전남대 1963.12.02

리그	연도	소속	출전	교체	득점	도움	파울	경고	퇴장
BC	1984	현대	9	2	1	2	8	0	0
	1985	현대	11	1	0	0	7	0	0
	1986	현대	31	1	2	1	41	4	0
	1987	현대	4	4	0	0	1	1	0
	1989	현대	19	8	1	2	18	0	0
	합계		74	16	4	5	75	5	0
프로통산			74	16	4	5	75	5	0

김흥일 (金興一) 동아대 1992.11.02

리그	연도	소속	출전	교체	득점	도움	파울	경고	퇴장
클	2013	대구	14	14	0	0	6	0	0
	합계		14	14	0	0	6	0	0
챌	2014	대구	9	8	0	0	4	0	0
	합계		9	8	0	0	4	0	0
프로통산			23	22	0	0	10	0	0

김희철 (金熙澈) 충북대 1960.09.03

리그	연도	소속	출전	교체	득점	도움	파울	경고	퇴장
BC	1983	포철	13	4	5	3	4	0	0
	1984	포철	8	6	0	1	4	0	0
	1985	상무	11	6	2	1	8	0	0
	합계		32	16	7	5	16	0	0
프로통산			32	16	7	5	16	0	0

김희태 (金熙泰) 연세대 1953.07.10

리그	연도	소속	출전	교체	득점	도움	파울	경고	퇴장
BC	1983	대우	2	2	0	0	0	0	0
	합계		2	2	0	0	0	0	0
프로통산			2	2	0	0	0	0	0

까랑가 (da Silva Monte Luiz Fernando) 브라질 1991.04.14

리그	연도	소속	출전	교체	득점	도움	파울	경고	퇴장
클	2015	제주	16	8	5	3	34	3	0
	2016	제주	2	0	0	0	2	1	0
	합계		18	8	5	3	36	4	0
프로통산			18	8	5	3	36	4	0

까르멜로 (Carmelo Enrique Valencia Chaverra) 콜롬비아 1984.07.13

리그	연도	소속	출전	교체	득점	도움	파울	경고	퇴장
BC	2010	울산	24	20	8	3	20	1	0
	합계		24	20	8	3	20	1	0
프로통산			24	20	8	3	20	1	0

까를로스 (Jose Carlos Santos da Silva) 브라질 1975.03.19

리그	연도	소속	출전	교체	득점	도움	파울	경고	퇴장
BC	2004	포항	25	20	4	2	48	3	0
	합계		25	20	4	2	48	3	0
프로통산			25	20	4	2	48	3	0

까를로스 (Jean Carlos Donde) 브라질 1983.08.12

리그	연도	소속	출전	교체	득점	도움	파울	경고	퇴장
BC	2011	성남일	3	3	0	0	1	0	0
	합계		3	3	0	0	1	0	0
프로통산			3	3	0	0	1	0	0

까밀로 (Camilo da Silva Sanvezzo) 브라질 1988.07.21

리그	연도	소속	출전	교체	득점	도움	파울	경고	퇴장
BC	2010	경남	9	8	0	1	22	1	0
	합계		9	8	0	1	22	1	0
프로통산			9	8	0	1	22	1	0

까보레 (Everaldo de Jesus Pereira) 브라질 1980.02.19

리그	연도	소속	출전	교체	득점	도움	파울	경고	퇴장
BC	2007	경남	31	5	18	8	48	5	0
	합계		31	5	18	8	48	5	0
프로통산			31	5	18	8	48	5	0

까스띠쇼 (Jonathan Emanuel Castillo) 아르헨티나 1993.01.05

리그	연도	소속	출전	교체	득점	도움	파울	경고	퇴장
챌	2016	충주	1	1	0	0	1	0	0
	합계		1	1	0	0	1	0	0
프로통산			1	1	0	0	1	0	0

까시아노 (Dias Moreira Cassiano) 브라질 1989.06.16

리그	연도	소속	출전	교체	득점	도움	파울	경고	퇴장
클	2015	광주	11	8	1	0	16	2	0
	합계		11	8	1	0	16	2	0
프로통산			11	8	1	0	16	2	0

까시아노 (Cassiano Mendes da Rocha) 브라질 1975.12.04

리그	연도	소속	출전	교체	득점	도움	파울	경고	퇴장
BC	2003	포항	15	13	4	0	15	1	0
	합계		15	13	4	0	15	1	0
프로통산			15	13	4	0	15	1	0

까이끼 (Caique Silva Rocha) 브라질 1987.01.10

리그	연도	소속	출전	교체	득점	도움	파울	경고	퇴장
BC	2012	경남	41	10	12	7	60	5	0
	합계		41	10	12	7	60	5	0
클	2013	울산	18	14	3	4	19	2	0
	2014	울산	1	1	0	0	0	0	0
	합계		19	15	3	4	19	2	0
프로통산			60	25	15	11	79	7	0

까이오 (Antonio Caio Silva Souza) 브라질 1980.10.11

리그	연도	소속	출전	교체	득점	도움	파울	경고	퇴장
BC	2004	전남	15	14	0	2	18	0	0
	합계		15	14	0	2	18	0	0
프로통산			15	14	0	2	18	0	0

까이용 (Herlison Caion) 브라질 1990.10.05

리그	연도	소속	출전	교체	득점	도움	파울	경고	퇴장
BC	2009	강원	9	7	1	2	14	1	0
	합계		9	7	1	2	14	1	0
프로통산			9	7	1	2	14	1	0

깔레오 (Coelho Goncalves) 브라질 1995.09.22

리그	연도	소속	출전	교체	득점	도움	파울	경고	퇴장
챌	2014	충주	4	4	0	0	1	0	0
	합계		4	4	0	0	1	0	0
프로통산			4	4	0	0	1	0	0

꼬레아 (Nestor Correa) 우루과이 1974.08.23

리그	연도	소속	출전	교체	득점	도움	파울	경고	퇴장
BC	2000	전북	23	15	3	4	45	1	1
	2002	전남	15	12	0	2	36	3	0
	합계		38	27	3	6	81	4	1
프로통산			38	27	3	6	81	4	1

끌레베르 (Cleber Arildo da Silva) 브라질 1969.01.21

리그	연도	소속	출전	교체	득점	도움	파울	경고	퇴장
BC	2001	울산	30	2	2	2	53	7	0
	2002	울산	34	6	0	0	63	7	0
	2003	울산	33	5	1	1	54	6	1
	합계		97	13	3	3	170	20	1
프로통산			97	13	3	3	170	20	1

끌레오 (Cleomir Mala dos Santos) 브라질 1972.02.02

리그	연도	소속	출전	교체	득점	도움	파울	경고	퇴장
BC	1997	전남	5	3	0	2	6	1	0
	합계		5	3	0	2	6	1	0
프로통산			5	3	0	2	6	1	0

끼리노 (Thiago Quirino da silva) 브라질 1985.01.04

리그	연도	소속	출전	교체	득점	도움	파울	경고	퇴장
BC	2011	대구	14	10	3	1	24	2	1
	합계		14	10	3	1	24	2	1
프로통산			14	10	3	1	24	2	1

나광현 (羅光鉉) 명지대 1982.06.21

리그	연도	소속	출전	교체	득점	도움	파울	경고	퇴장
BC	2006	대전	1	1	0	0	0	0	0
	2007	대전	8	7	1	0	10	1	0
	2008	대전	18	9	1	0	26	7	0
	2009	대전	14	11	0	1	8	2	0
	합계		41	28	2	1	44	10	0
프로통산			41	28	2	1	44	10	0

나드손 (Nadson Rodrigues de Souza) 브라질 1982.01.30

리그	연도	소속	출전	교체	득점	도움	파울	경고	퇴장
BC	2003	수원	18	9	14	1	25	2	0
	2004	수원	38	27	14	4	66	5	0
	2005	수원	15	14	7	1	17	1	0
	2007	수원	15	14	8	5	10	2	0
	합계		86	64	43	11	118	10	0
프로통산			86	64	43	11	118	10	0

나승화 (羅承和) 한양대 1969.10.08

리그	연도	소속	출전	교체	득점	도움	파울	경고	퇴장
BC	1991	포철	17	4	0	3	14	0	0
	1992	포철	16	5	0	1	18	0	0
	1993	포철	16	9	0	2	13	2	0
	1994	포철	25	7	0	3	26	2	0
	합계		74	25	0	9	71	4	0
프로통산			74	25	0	9	71	4	0

나일균 (羅一均) 경일대 1977.08.02

리그	연도	소속	출전	교체	득점	도움	파울	경고	퇴장
BC	2000	울산	1	1	0	0	2	0	0
	합계		1	1	0	0	2	0	0
프로통산			1	1	0	0	2	0	0

나지 (Naji Mohammed A Majrashi) 사우디아라비아 1984.02.02

리그	연도	소속	출전	교체	득점	도움	파울	경고	퇴장
BC	2011	울산	9	9	0	1	2	1	0
	합계		9	9	0	1	2	1	0
프로통산			9	9	0	1	2	1	0

나치선 (羅治善) 국민대 1966.03.07

리그	연도	소속	출전	교체	**실점**	도움	파울	경고	퇴장
BC	1989	일화	23	2	26	0	1	1	0
	1990	일화	1	0	3	0	0	0	0
	합계		24	2	29	0	1	1	0
프로통산			24	2	29	0	1	1	0

나희근 (羅熙根) 아주대 1979.05.05

리그	연도	소속	출전	교체	득점	도움	파울	경고	퇴장
BC	2001	포항	1	1	0	0	1	0	0
	2003	포항	0	0	0	0	0	0	0
	2004	대구	12	3	0	0	23	1	0
	2005	대구	21	11	1	0	48	1	0
	2006	대구	5	2	2	0	6	0	1
	2007	대구	1	1	0	0	0	0	0
	합계		40	18	3	0	78	2	1
프로통산			40	18	3	0	78	2	1

난도 (Ferdinando Pereira Leda) 브라질 1980.04.22

리그	연도	소속	출전	교체	득점	도움	파울	경고	퇴장
BC	2012	인천	19	4	0	0	31	2	0
	합계		19	4	0	0	31	2	0
프로통산			19	4	0	0	31	2	0

남광현 (南侊炫) 경기대 1987.08.25

리그	연도	소속	출전	교체	득점	도움	파울	경고	퇴장
BC	2010	전남	5	2	1	1	17	1	0
	합계		5	2	1	1	17	1	0
챌	2016	경남	7	7	1	1	7	1	0
	합계		7	7	1	1	7	1	0
프로통산			12	9	2	2	24	2	0

남궁도 (南宮 道) 경희고 1982.06.04

리그	연도	소속	출전	교체	득점	도움	파울	경고	퇴장
BC	2001	전북	6	6	0	0	9	1	0
	2002	전북	3	3	0	1	4	0	0
	2003	전북	18	16	5	2	16	2	0
	2004	전북	21	16	3	1	35	0	0
	2005	전북	2	1	0	0	3	0	0
	2005	전남	24	17	2	4	31	2	0
	2006	광주상	30	27	4	2	48	5	0
	2007	광주상	28	19	9	1	48	2	0
	2008	포항	25	21	6	1	28	4	0
	2009	포항	5	4	1	0	9	0	0
	2010	성남일	22	20	2	0	13	1	0
	2011	성남일	20	19	3	1	20	1	0
	2012	대전	18	16	0	1	22	3	0
	합계		222	185	35	14	286	21	0
챌	2013	안양	29	29	1	1	19	2	0
	2014	안양	3	3	0	0	4	0	0
	합계		32	32	1	1	23	2	0
프로통산			254	217	36	15	309	23	0

남궁웅 (南宮雄) 경희고 1984.03.29

리그	연도	소속	출전	교체	득점	도움	파울	경고	퇴장
BC	2003	수원	22	20	1	3	21	0	0
	2004	수원	5	5	0	0	2	0	0
	2005	광주상	29	23	0	2	31	1	0
	2006	광주상	30	20	0	3	43	6	0
	2006	수원	1	1	0	0	0	0	0
	2007	수원	9	9	1	0	6	1	0
	2008	수원	15	14	0	1	26	2	0
	2011	성남일	5	5	0	0	1	1	0
	2012	성남일	30	15	0	1	38	7	0
	합계		146	112	2	10	168	18	0
클	2013	강원	21	8	0	2	16	3	0
	합계		21	8	0	2	16	3	0
승	2013	강원	1	1	0	0	2	0	0
	합계		1	1	0	0	2	0	0
프로통산			168	121	2	12	186	21	0

남기설 (南起雪) 영남대 1970.12.08

리그	연도	소속	출전	교체	득점	도움	파울	경고	퇴장
BC	1993	대우	16	14	1	0	18	3	0
	1994	LG	20	17	3	1	17	1	0
	1995	LG	4	4	0	0	2	1	0
	합계		40	35	4	1	37	5	0
프로통산			40	35	4	1	37	5	0

남기성 (南基成) 한양대 1977.10.10

리그	연도	소속	출전	교체	득점	도움	파울	경고	퇴장
BC	2000	수원	2	1	0	0	1	0	0

리그	연도	소속	출전	교체	득점	도움	파울	경고	퇴장
	합계		2	1	0	0	1	0	0
프로통산			2	1	0	0	1	0	0

남기영 (南基永) 경희대 1962.07.10

리그	연도	소속	출전	교체	득점	도움	파울	경고	퇴장
BC	1986	포철	23	2	0	0	26	3	0
	1987	포철	30	7	0	0	43	4	0
	1988	포철	6	2	0	0	9	0	0
	1989	포철	21	12	0	0	30	3	1
	1990	포철	19	9	0	0	36	3	0
	1991	포철	32	11	1	0	43	5	1
	1992	포철	14	7	0	1	18	4	0
	합계		145	50	1	1	205	22	2
프로통산			145	50	1	1	205	22	2

남기일 (南基一) 경희대 1974.08.17

리그	연도	소속	출전	교체	득점	도움	파울	경고	퇴장
BC	1997	부천S	18	14	0	3	14	0	0
	1998	부천S	15	16	1	1	17	2	0
	1999	부천S	20	18	1	3	23	1	0
	2000	부천S	11	9	1	1	12	0	0
	2001	부천S	35	15	9	2	41	2	0
	2002	부천S	32	3	4	6	50	5	1
	2003	부천S	30	8	5	5	50	4	1
	2004	전남	29	22	2	2	40	3	0
	2005	성남일	28	22	7	4	47	0	0
	2006	성남일	32	27	8	2	51	1	0
	2007	성남일	20	19	2	4	27	3	0
	2008	성남일	7	7	0	1	8	1	0
	합계		277	180	40	34	380	22	2
프로통산			277	180	40	34	380	22	2

남대식 (南大植) 건국대 1990.03.07

리그	연도	소속	출전	교체	득점	도움	파울	경고	퇴장
챌	2013	충주	20	2	2	0	14	2	0
	2014	안양	0	0	0	0	0	0	0
	합계		20	2	2	0	14	2	0
프로통산			20	2	2	0	14	2	0

남민호 (南民浩) 동국대 1980.12.17

리그	연도	소속	출전	교체	실점	도움	파울	경고	퇴장
BC	2003	부천S	1	0	4	0	0	0	0
	합계		1	0	4	0	0	0	0
프로통산			1	0	4	0	0	0	0

남설현 (南설현) 부경대 1990.02.10

리그	연도	소속	출전	교체	득점	도움	파울	경고	퇴장
BC	2012	경남	2	2	0	0	1	0	0
	합계		2	2	0	0	1	0	0
프로통산			2	2	0	0	1	0	0

남세인 (南世仁) 동의대 1993.01.15

리그	연도	소속	출전	교체	득점	도움	파울	경고	퇴장
챌	2014	대구	0	0	0	0	0	0	0
	합계		0	0	0	0	0	0	0
프로통산			0	0	0	0	0	0	0

남영열 (南永烈) 한남대 1981.07.10

리그	연도	소속	출전	교체	득점	도움	파울	경고	퇴장
BC	2005	대구	24	9	1	0	39	6	0
	합계		24	9	1	0	39	6	0
프로통산			24	9	1	0	39	6	0

남영훈 (男泳勳) 명지대 1979.09.22

리그	연도	소속	출전	교체	득점	도움	파울	경고	퇴장
BC	2003	광주상	16	12	0	1	8	3	0
	2004	포항	15	15	0	0	17	2	0
	2005	포항	7	7	0	0	6	2	0
	2006	경남	15	8	1	0	25	6	0
	2007	경남	12	6	0	0	13	2	0
	합계		65	48	1	1	69	15	0
프로통산			65	48	1	1	69	15	0

남웅기 (南雄基) 동국대 1976.05.20

리그	연도	소속	출전	교체	득점	도움	파울	경고	퇴장
BC	1999	전북	5	5	1	0	3	0	0
	합계		5	5	1	0	3	0	0
프로통산			5	5	1	0	3	0	0

남윤재 (南潤宰) 충남기계공고 1996.05.31

리그	연도	소속	출전	교체	득점	도움	파울	경고	퇴장
챌	2016	대전	1	1	0	0	1	0	0
	합계		1	1	0	0	1	0	0
프로통산			1	1	0	0	1	0	0

남익경 (南翼璟) 포철공고 1983.01.26

리그	연도	소속	출전	교체	득점	도움	파울	경고	퇴장
BC	2002	포항	0	0	0	0	0	0	0
	2003	포항	8	8	1	0	3	0	0
	2004	포항	12	11	1	1	8	1	0
	2005	포항	13	12	0	0	15	0	0
	2006	포항	3	3	1	0	2	0	0
	2007	광주상	18	14	0	0	17	0	0
	2008	광주상	20	14	2	4	19	1	0
	합계		74	62	5	5	64	2	0
프로통산			74	62	5	5	64	2	0

남일우 (南溢祐) 광주대 1989.08.28

리그	연도	소속	출전	교체	득점	도움	파울	경고	퇴장
BC	2012	인천	1	1	0	0	0	0	0
	합계		1	1	0	0	0	0	0
프로통산			1	1	0	0	0	0	0

남준재 (南濬在) 연세대 1988.04.07

리그	연도	소속	출전	교체	득점	도움	파울	경고	퇴장
BC	2010	인천	28	26	3	5	18	3	0
	2011	전남	9	8	1	0	16	1	0
	2011	제주	3	3	0	0	1	0	0
	2012	제주	0	0	0	0	0	0	0
	2012	인천	22	11	8	1	37	5	0
	합계		62	48	12	6	72	9	0
클	2013	인천	32	19	4	1	42	3	0
	2014	인천	17	13	3	0	18	0	0
	2015	성남	30	28	4	2	45	3	0
	합계		79	60	11	3	105	6	0
챌	2016	안산무	17	12	2	2	11	2	0
	합계		17	12	2	2	11	2	0
프로통산			158	120	25	11	188	17	0

남지훈 (南知訓) 수원대 1992.12.19

리그	연도	소속	출전	교체	득점	도움	파울	경고	퇴장
챌	2015	안양	0	0	0	0	0	0	0
	2016	안양	0	0	0	0	0	0	0
	합계		0	0	0	0	0	0	0
프로통산			0	0	0	0	0	0	0

남하늘 (南하늘) 한남대 1995.10.27

리그	연도	소속	출전	교체	득점	도움	파울	경고	퇴장
챌	2016	고양	16	15	2	0	18	3	0
	합계		16	15	2	0	18	3	0
프로통산			16	15	2	0	18	3	0

남현성 (南縣成) 성균관대 1985.05.06

리그	연도	소속	출전	교체	득점	도움	파울	경고	퇴장
BC	2008	대구	4	2	0	0	3	2	0
	2009	대구	10	8	0	1	10	0	0
	합계		14	10	0	1	13	2	0
프로통산			14	10	0	1	13	2	0

남현우 (南賢宇) 인천대 1979.04.20

리그	연도	소속	출전	교체	득점	도움	파울	경고	퇴장
BC	2002	부천S	0	0	0	0	0	0	0
	합계		0	0	0	0	0	0	0
프로통산			0	0	0	0	0	0	0

남호상 (南虎相) 동아대 1966.01.17

리그	연도	소속	출전	교체	득점	도움	파울	경고	퇴장
BC	1989	일화	1	2	0	0	2	0	0
	합계		1	2	0	0	2	0	0
프로통산			1	2	0	0	2	0	0

내마냐 (Nemanja Dancetovic) 유고슬라비아 1973.07.25

리그	연도	소속	출전	교체	득점	도움	파울	경고	퇴장
BC	2000	울산	6	5	0	1	6	1	0
	합계		6	5	0	1	6	1	0
프로통산			6	5	0	1	6	1	0

네또 (Euvaldo Jose de Aguiar Neto) 브라질 1982.09.17

리그	연도	소속	출전	교체	득점	도움	파울	경고	퇴장
BC	2005	전북	30	15	8	1	121	9	0
	합계		30	15	8	1	121	9	0
프로통산			30	15	8	1	121	9	0

네벨톤 (Neverton Inacio Dionizio) 브라질 1992.06.07

리그	연도	소속	출전	교체	득점	도움	파울	경고	퇴장
챌	2014	대구	1	1	0	0	0	0	0
	합계		1	1	0	0	0	0	0
프로통산			1	1	0	0	0	0	0

네아가 (Adrian Constantin Neaga) 루마니아 1979.06.04

리그	연도	소속	출전	교체	득점	도움	파울	경고	퇴장
BC	2005	전남	26	6	11	2	47	6	1
	2006	전남	21	12	2	3	36	1	0
	2006	성남일	15	8	4	1	29	3	0
	2007	성남일	11	9	0	1	13	3	0
	합계		73	35	17	7	125	13	1
프로통산			73	35	17	7	125	13	1

네코 (Danilo Montecino Neco) 브라질 1986.01.27

리그	연도	소속	출전	교체	득점	도움	파울	경고	퇴장
BC	2010	제주	32	28	6	5	45	2	0
	합계		32	28	6	5	45	2	0
프로통산			32	28	6	5	45	2	0

노경민 (魯京旻) 숭실대 1987.11.01

리그	연도	소속	출전	교체	득점	도움	파울	경고	퇴장
BC	2009	대전	5	4	0	0	4	1	0
	합계		5	4	0	0	4	1	0
프로통산			5	4	0	0	4	1	0

노경태 (盧炅兌) 전주대 1986.09.20

리그	연도	소속	출전	교체	득점	도움	파울	경고	퇴장
BC	2009	강원	7	3	0	0	6	0	0
	합계		7	3	0	0	6	0	0
프로통산			7	3	0	0	6	0	0

노경환 (盧慶煥) 한양대 1967.05.06

리그	연도	소속	출전	교체	득점	도움	파울	경고	퇴장
BC	1989	대우	37	26	4	2	38	2	0
	1990	대우	26	17	4	2	34	3	0
	1991	대우	19	18	1	0	9	1	0
	1992	대우	22	16	0	4	29	1	0
	1994	대우	27	20	9	3	30	1	0
	1995	대우	18	19	3	1	16	2	0
	합계		149	116	21	12	156	10	0
프로통산			149	116	21	12	156	10	0

노나또 (Raimundo Nonato de Lima Ribeiro) 브라질 1979.07.05

리그	연도	소속	출전	교체	득점	도움	파울	경고	퇴장
BC	2004	대구	32	9	19	3	48	6	0
	2005	서울	17	16	7	0	19	0	0
	합계		49	25	26	3	67	6	0
프로통산			49	25	26	3	67	6	0

노대호 (盧大鎬) 광운대 1990.01.26

리그	연도	소속	출전	교체	득점	도움	파울	경고	퇴장
챌	2013	부천	14	14	3	1	11	3	0
	합계		14	14	3	1	11	3	0
프로통산			14	14	3	1	11	3	0

노동건 (盧東件) 고려대 1991.10.04

리그	연도	소속	출전	교체	실점	도움	파울	경고	퇴장
클	2014	수원	4	0	4	0	0	0	0
	2015	수원	16	0	20	0	0	1	0
	2016	수원	22	1	37	0	0	1	0

리그	연도	소속	출전	교체	득점	도움	파울	경고	퇴장
	합계		42	1	61	0	0	2	0
프로통산			42	1	61	0	0	2	0

노병준 (盧柄俊) 한양대 1979.09.29

리그	연도	소속	출전	교체	득점	도움	파울	경고	퇴장
BC	2002	전남	5	5	0	0	4	0	0
	2003	전남	39	36	7	4	19	6	0
	2004	전남	28	27	3	3	24	4	1
	2005	전남	29	27	6	1	37	1	0
	2008	포항	21	19	5	0	16	1	0
	2009	포항	27	19	7	5	27	3	0
	2010	포항	6	5	1	0	10	1	0
	2010	울산	14	14	1	1	7	0	0
	2011	포항	34	29	5	2	39	2	0
	2012	포항	35	33	7	2	24	1	0
	합계		238	214	42	18	207	19	1
클	2013	포항	26	26	6	1	21	1	0
	합계		26	26	6	1	21	1	0
챌	2014	대구	19	12	4	3	15	4	0
	2015	대구	34	29	7	4	22	5	0
	2016	대구	14	14	0	0	4	0	0
	합계		67	55	11	7	41	9	0
프로통산			331	295	59	26	269	29	1

노상래 (盧相來) 숭실대 1970.12.15

리그	연도	소속	출전	교체	득점	도움	파울	경고	퇴장
BC	1995	전남	33	2	16	6	68	4	0
	1996	전남	32	14	13	7	47	5	1
	1997	전남	17	9	7	3	18	2	0
	1998	전남	31	8	10	8	71	7	0
	1999	전남	36	11	11	6	50	1	0
	2000	전남	37	21	9	5	44	0	0
	2001	전남	27	19	5	4	31	0	0
	2002	전남	6	5	0	0	9	1	0
	2003	대구	21	18	4	1	31	4	1
	2004	대구	6	5	1	0	8	1	0
	합계		246	112	76	40	377	25	2
프로통산			246	112	76	40	377	25	2

노수만 (魯秀晩) 울산대 1975.12.22

리그	연도	소속	출전	교체	실점	도움	파울	경고	퇴장
BC	1998	울산	2	0	5	0	0	0	0
	1999	전남	3	0	4	0	0	0	0
	합계		5	0	9	0	0	0	0
프로통산			5	0	9	0	0	0	0

노수진 (魯壽珍) 고려대 1962.02.10

리그	연도	소속	출전	교체	득점	도움	파울	경고	퇴장
BC	1986	유공	13	4	4	1	14	1	0
	1987	유공	30	4	12	6	37	4	0
	1988	유공	10	3	2	1	10	1	0
	1989	유공	30	4	16	7	27	3	0
	1990	유공	13	3	1	1	11	0	0
	1991	유공	20	10	5	1	10	1	0
	1992	유공	19	7	5	2	10	2	0
	1993	유공	1	1	0	0	0	0	0
	합계		136	36	45	19	119	12	0
프로통산			136	36	45	19	119	12	0

노연빈 (盧延貧) 청주대 1990.04.02

리그	연도	소속	출전	교체	득점	도움	파울	경고	퇴장
챌	2014	충주	25	3	1	0	48	4	0
	2015	충주	22	2	0	0	33	7	0
	2016	충주	2	0	0	0	5	0	0
	합계		49	5	1	0	86	11	0
프로통산			49	5	1	0	86	11	0

노용훈 (盧勇勳) 연세대 1986.03.29

리그	연도	소속	출전	교체	득점	도움	파울	경고	퇴장
BC	2009	경남	10	5	0	0	13	3	0
	2011	부산	1	1	0	0	1	1	0
	2011	대전	10	3	0	1	20	4	0
	2012	대전	9	8	0	0	18	4	0
	합계		30	17	0	1	52	12	0
프로통산			30	17	0	1	52	12	0

노인호 (盧仁鎬) 명지대 1960.09.10

리그	연도	소속	출전	교체	득점	도움	파울	경고	퇴장
BC	1984	현대	14	9	0	5	4	0	0
	1985	현대	4	1	2	0	6	0	0
	1986	유공	5	4	0	0	6	1	0
	1987	현대	5	4	0	1	3	0	0
	합계		28	18	2	6	19	1	0
프로통산			28	18	2	6	19	1	0

노재승 (盧載承) 경희대 1990.04.19

리그	연도	소속	출전	교체	득점	도움	파울	경고	퇴장
챌	2015	충주	1	1	0	0	0	0	0
	합계		1	1	0	0	0	0	0
프로통산			1	1	0	0	0	0	0

노정윤 (盧廷潤) 고려대 1971.03.28

리그	연도	소속	출전	교체	득점	도움	파울	경고	퇴장
BC	2003	부산	27	13	2	5	64	2	0
	2004	부산	30	17	4	6	41	5	0
	2005	울산	35	35	0	5	31	4	0
	2006	울산	8	8	0	0	7	0	0
	합계		100	73	6	16	143	11	0
프로통산			100	73	6	16	143	11	0

노종건 (盧鍾健) 인천대 1981.02.24

리그	연도	소속	출전	교체	득점	도움	파울	경고	퇴장
BC	2004	인천	7	2	0	0	15	0	0
	2005	인천	30	8	1	0	67	6	0
	2006	인천	28	10	0	0	62	7	0
	2007	인천	23	14	0	0	51	5	0
	2008	인천	23	9	0	2	44	7	0
	2009	인천	19	9	0	0	36	3	0
	2010	인천	2	2	0	0	5	0	0
	합계		132	54	1	2	280	28	0
프로통산			132	54	1	2	280	28	0

노주섭 (盧周燮) 전주대 1970.09.13

리그	연도	소속	출전	교체	득점	도움	파울	경고	퇴장
BC	1994	버팔로	33	2	0	0	23	3	0
	1995	포항	7	5	0	1	4	2	0
	1996	포항	1	1	0	0	0	0	0
	1996	안양L	5	2	1	0	13	1	0
	1997	안양L	4	4	0	0	3	0	0
	합계		50	14	1	1	43	6	0
프로통산			50	14	1	1	43	6	0

노진호 (盧振鎬) 광운대 1969.04.09

리그	연도	소속	출전	교체	득점	도움	파울	경고	퇴장
BC	1992	대우	2	2	0	0	0	0	0
	합계		2	2	0	0	0	0	0
프로통산			2	2	0	0	0	0	0

노태경 (盧泰景) 포철공고 1972.04.22

리그	연도	소속	출전	교체	득점	도움	파울	경고	퇴장
BC	1992	포철	7	4	0	1	6	1	0
	1993	포철	26	5	0	3	25	4	0
	1994	포철	17	3	0	0	18	2	0
	1995	포항	24	6	1	0	25	5	0
	1996	포항	39	2	1	1	31	4	0
	1997	포항	27	5	1	4	25	2	0
	2000	포항	15	10	0	1	5	2	0
	합계		155	35	3	10	135	20	0
프로통산			155	35	3	10	135	20	0

노행석 (魯幸錫) 동국대 1988.11.17

리그	연도	소속	출전	교체	득점	도움	파울	경고	퇴장
BC	2011	광주	1	0	0	0	1	0	0
	2012	광주	11	1	1	0	32	7	0
	합계		12	1	1	0	33	7	0
클	2015	부산	23	5	1	0	36	5	0
	합계		23	5	1	0	36	5	0
챌	2014	대구	31	5	3	0	58	7	0
	합계		31	5	3	0	58	7	0
프로통산			66	11	5	0	127	19	0

노형구 (盧亨求) 매탄고 1992.04.29

리그	연도	소속	출전	교체	득점	도움	파울	경고	퇴장
BC	2011	수원	2	0	0	0	3	1	0
	2012	수원	0	0	0	0	0	0	0
	합계		2	0	0	0	3	1	0
챌	2015	충주	23	9	0	0	24	5	0
	합계		23	9	0	0	24	5	0
프로통산			25	9	0	0	27	6	0

논코비치 (Nonkovic) 유고슬라비아 1970.10.01

리그	연도	소속	출전	교체	득점	도움	파울	경고	퇴장
BC	1996	천안	18	15	3	0	22	4	0
	합계		18	15	3	0	22	4	0
프로통산			18	15	3	0	22	4	0

니콜라 (Nikola Vasiljevic) 보스니아 헤르체고비나 1983.12.19

리그	연도	소속	출전	교체	득점	도움	파울	경고	퇴장
BC	2006	제주	13	1	0	0	29	2	0
	2007	제주	11	4	0	1	23	2	0
	합계		24	5	0	1	52	4	0
프로통산			24	5	0	1	52	4	0

니콜리치 (Stefan Nikolic) 몬테네그로 1990.04.16

리그	연도	소속	출전	교체	득점	도움	파울	경고	퇴장
클	2014	인천	7	5	0	0	11	0	1
	합계		7	5	0	0	11	0	1
프로통산			7	5	0	0	11	0	1

닐손주니어 (Nilson Ricardo da Silva Junior) 브라질 1989.03.3

리그	연도	소속	출전	교체	득점	도움	파울	경고	퇴장
클	2014	부산	30	4	2	0	42	2	0
	2015	부산	9	4	0	0	10	1	0
	합계		39	8	2	0	52	3	0
챌	2016	부산	21	0	1	1	26	4	0
	합계		21	0	1	1	26	4	0
프로통산			60	8	3	1	78	7	0

닐톤 (Soares Rodrigues Nilton) 브라질 1993.09.11

리그	연도	소속	출전	교체	득점	도움	파울	경고	퇴장
클	2015	대전	12	11	0	1	13	2	0
	합계		12	11	0	1	13	2	0
프로통산			12	11	0	1	13	2	0

다니엘 (Oliveira Moreira Daniel) 브라질 1991.03.14

리그	연도	소속	출전	교체	득점	도움	파울	경고	퇴장
클	2015	광주	2	2	0	0	1	0	0
	합계		2	2	0	0	1	0	0
프로통산			2	2	0	0	1	0	0

다니엘 (Daniel Freire Mendes) 브라질 1981.01.18

리그	연도	소속	출전	교체	득점	도움	파울	경고	퇴장
BC	2004	울산	10	9	0	1	8	1	0
	합계		10	9	0	1	8	1	0
프로통산			10	9	0	1	8	1	0

다닐요 (Damilo da Cruz Oliveira) 브라질 1979.02.25

리그	연도	소속	출전	교체	득점	도움	파울	경고	퇴장
BC	2004	대구	3	3	0	1	3	0	0
	합계		3	3	0	1	3	0	0
프로통산			3	3	0	1	3	0	0

다보 (Cheick Oumar Dabo) 말리 1981.01.12

리그	연도	소속	출전	교체	득점	도움	파울	경고	퇴장
BC	2002	부천S	28	20	10	4	41	0	0
	2003	부천S	28	23	5	2	34	2	0
	2004	부천S	21	11	6	0	38	1	0
	합계		77	54	21	6	113	3	0
프로통산			77	54	21	6	113	3	0

다실바 (Cleonesio Carlos da Silva) 브라질 1976.04.12

리그	연도	소속	출전	교체	득점	도움	파울	경고	퇴장
BC	2005	포항	24	11	8	1	33	1	0

리그	연도	소속	출전	교체	득점	도움	파울	경고	퇴장
	2005	부산	12	6	4	1	19	3	0
	2006	제주	14	7	4	1	18	0	0
	합계		50	24	16	3	70	4	0
프로통산			50	24	16	3	70	4	0

다오 (Dao Cheick Tidiani) 말리 1982.09.25

리그	연도	소속	출전	교체	득점	도움	파울	경고	퇴장
BC	2002	부천S	4	2	0	0	7	3	0
	합계		4	2	0	0	7	3	0
프로통산			4	2	0	0	7	3	0

다이고 (Daigoh Watanabe) 일본 1984.12.03

리그	연도	소속	출전	교체	득점	도움	파울	경고	퇴장
챌	2016	부산	5	4	0	0	4	0	0
	합계		5	4	0	0	4	0	0
프로통산			5	4	0	0	4	0	0

다이치 (Jusuf Dajic) 보스니아 헤르체고비나 1984.08.21

리그	연도	소속	출전	교체	득점	도움	파울	경고	퇴장
BC	2008	전북	14	12	7	1	23	1	0
	합계		14	12	7	1	23	1	0
프로통산			14	12	7	1	23	1	0

다카하기 (Takahagi Yojiro, 高萩 洋次郎) 일본 1986.08.02

리그	연도	소속	출전	교체	득점	도움	파울	경고	퇴장
클	2015	서울	14	11	2	0	15	2	0
	2016	서울	32	16	1	4	26	5	0
	합계		46	27	3	4	41	7	0
프로통산			46	27	3	4	41	7	0

다카하라 (Takahara Naohiro, 高原直泰) 일본 1979.06.04

리그	연도	소속	출전	교체	득점	도움	파울	경고	퇴장
BC	2010	수원	12	7	4	0	18	1	0
	합계		12	7	4	0	18	1	0
프로통산			12	7	4	0	18	1	0

당성증 (唐聖增) 국민대 1966.01.04

리그	연도	소속	출전	교체	득점	도움	파울	경고	퇴장
BC	1991	LG	1	1	0	0	0	0	0
	합계		1	1	0	0	0	0	0
프로통산			1	1	0	0	0	0	0

데니스 [Denis Laktionov / ← 이성남(李城南)] 1977.09.04

리그	연도	소속	출전	교체	득점	도움	파울	경고	퇴장
BC	1996	수원	20	23	5	0	16	2	0
	1997	수원	20	20	3	6	31	2	0
	1998	수원	18	9	5	4	46	5	1
	1999	수원	20	16	7	10	38	4	0
	2000	수원	27	13	10	7	54	7	0
	2001	수원	36	12	7	3	76	5	0
	2002	수원	20	15	5	7	31	5	0
	2003	성남일	38	16	9	10	67	6	0
	2004	성남일	21	10	4	2	27	1	0
	2005	성남일	20	6	1	6	39	6	0
	2005	부산	5	4	0	0	9	1	0
	2006	수원	16	14	0	2	19	4	0
	2012	강원	10	10	1	2	7	1	0
	합계		271	168	57	59	460	49	1
클	2013	강원	1	1	0	0	0	0	0
	합계		1	1	0	0	0	0	0
프로통산			272	169	57	59	460	49	1

데닐손 (Denilson Martins Nascimento) 브라질 1976.09.04

리그	연도	소속	출전	교체	득점	도움	파울	경고	퇴장
BC	2006	대전	26	11	9	3	79	4	0
	2007	대전	34	4	19	5	80	7	0
	2008	포항	19	9	6	6	27	4	0
	2009	포항	28	14	10	3	43	6	0
	합계		107	38	44	17	229	21	0
프로통산			107	38	44	17	229	21	0

데얀 (Dejan Damjanovic) 몬테네그로 1981.07.27

리그	연도	소속	출전	교체	득점	도움	파울	경고	퇴장
BC	2007	인천	36	6	19	3	58	4	1
	2008	서울	33	13	15	6	47	2	0
	2009	서울	25	12	14	1	46	9	1
	2010	서울	35	12	19	10	51	5	0
	2011	서울	30	5	24	7	46	4	0
	2012	서울	42	8	31	4	57	5	0
	합계		201	56	122	31	305	29	2
클	2013	서울	29	5	19	5	46	2	0
	2016	서울	36	21	13	2	51	4	0
	합계		65	26	32	7	97	6	0
프로통산			266	82	154	38	402	35	2

데이비드 (Deyvid Franck Silva Sacconi) 브라질 1987.04.10

리그	연도	소속	출전	교체	득점	도움	파울	경고	퇴장
챌	2016	대구	13	13	0	1	6	1	0
	합계		13	13	0	1	6	1	0
프로통산			13	13	0	1	6	1	0

데파울라 (Felipe de Paula) 브라질 1988.01.17

리그	연도	소속	출전	교체	득점	도움	파울	경고	퇴장
챌	2016	고양	22	16	5	0	25	2	0
	합계		22	16	5	0	25	2	0
프로통산			22	16	5	0	25	2	0

델리치 (Mateas Delic) 크로아티아 1988.06.17

리그	연도	소속	출전	교체	득점	도움	파울	경고	퇴장
BC	2011	강원	13	11	0	0	10	0	0
	합계		13	11	0	0	10	0	0
프로통산			13	11	0	0	10	0	0

도도 (Ricardo Lucas Dodo) 브라질 1974.02.05

리그	연도	소속	출전	교체	득점	도움	파울	경고	퇴장
BC	2003	울산	44	12	27	3	34	2	0
	2004	울산	18	8	6	1	24	0	0
	합계		62	20	33	4	58	2	0
프로통산			62	20	33	4	58	2	0

도재준 (都在俊) 배재대 1980.05.06

리그	연도	소속	출전	교체	득점	도움	파울	경고	퇴장
BC	2003	성남일	0	0	0	0	0	0	0
	2004	성남일	12	4	1	0	14	2	0
	2005	성남일	16	13	1	0	21	2	0
	2006	성남일	2	2	0	0	0	0	0
	2008	인천	3	3	0	0	3	1	0
	2009	인천	1	1	0	0	0	0	0
	합계		34	23	2	0	38	5	0
프로통산			34	23	2	0	38	5	0

도화성 (都和成) 숭실대 1980.06.27

리그	연도	소속	출전	교체	득점	도움	파울	경고	퇴장
BC	2003	부산	24	10	0	0	42	5	1
	2004	부산	30	9	2	0	69	9	0
	2005	부산	26	8	1	3	43	4	1
	2006	부산	10	4	0	0	14	2	0
	2008	부산	17	5	0	2	28	6	0
	2009	인천	26	14	2	2	44	3	0
	2010	인천	13	8	2	2	17	3	0
	합계		146	58	7	9	257	32	2
프로통산			146	58	7	9	257	32	2

돈지덕 (頓智德) 인천대 1980.04.28

리그	연도	소속	출전	교체	득점	도움	파울	경고	퇴장
챌	2013	안양	15	1	0	1	26	4	0
	합계		15	1	0	1	26	4	0
프로통산			15	1	0	1	26	4	0

두경수 (杜敬秀) 관동대 1974.10.17

리그	연도	소속	출전	교체	득점	도움	파울	경고	퇴장
BC	1997	천안	1	0	0	0	2	0	0
	합계		1	0	0	0	2	0	0
프로통산			1	0	0	0	2	0	0

두두 (Eduardo Francisco de Silva Neto) 브라질 1980.02.02

리그	연도	소속	출전	교체	득점	도움	파울	경고	퇴장
BC	2004	성남일	17	4	7	2	18	0	0
	2005	성남일	29	13	10	6	24	2	0
	2006	성남일	22	4	4	6	28	4	0
	2006	서울	13	4	3	2	14	1	0
	2007	서울	20	9	6	1	14	1	0
	2008	성남일	37	14	18	7	18	1	0
	합계		138	48	48	24	116	9	0
프로통산			138	48	48	24	116	9	0

둘카 (Cristian Alexandru Dulca) 루마니아 1972.10.25

리그	연도	소속	출전	교체	득점	도움	파울	경고	퇴장
BC	1999	포항	17	10	1	2	27	1	0
	합계		17	10	1	2	27	1	0
프로통산			17	10	1	2	27	1	0

드라간 (Dragan Skrba) 세르비아 1965.08.26

리그	연도	소속	출전	교체	실점	도움	파울	경고	퇴장
BC	1995	포항	32	0	25	0	3	4	0
	1996	포항	17	2	22	0	1	2	0
	1997	포항	10	0	11	0	0	2	0
	합계		59	2	58	0	4	8	0
프로통산			59	2	58	0	4	8	0

드라간 (Dragan Stojisavljevic) 세르비아 몬테네그로 1974.01.

리그	연도	소속	출전	교체	득점	도움	파울	경고	퇴장
BC	2000	안양L	19	5	2	4	35	2	0
	2001	안양L	29	19	4	6	47	5	0
	2003	안양L	18	9	5	5	40	2	0
	2004	인천	4	4	0	0	2	1	0
	합계		70	37	11	15	124	10	0
프로통산			70	37	11	15	124	10	0

드라간 (Dragan Mladenovic) 세르비아 몬테네그로 1976.02.16

리그	연도	소속	출전	교체	득점	도움	파울	경고	퇴장
BC	2006	인천	12	4	2	2	26	1	0
	2007	인천	29	7	3	3	62	13	1
	2008	인천	25	4	2	4	41	6	0
	2009	인천	6	4	0	0	5	1	0
	합계		72	19	7	9	134	21	1
프로통산			72	19	7	9	134	21	1

드라젠 (Drazen Podunavac) 유고슬라비아 1969.04.30

리그	연도	소속	출전	교체	득점	도움	파울	경고	퇴장
BC	1996	부산	16	8	0	0	13	4	0
	합계		16	8	0	0	13	4	0
프로통산			16	8	0	0	13	4	0

드로겟 (Droguett Diocares Hugo Patrici) 칠레 1982.09.02

리그	연도	소속	출전	교체	득점	도움	파울	경고	퇴장
BC	2012	전북	37	19	10	9	42	3	0
	합계		37	19	10	9	42	3	0
클	2014	제주	36	11	10	3	27	2	0
	합계		36	11	10	3	27	2	0
프로통산			73	30	20	12	69	5	0

디디 (Sebastiao Pereira Do Nascimento) 브라질 1976.02.24

리그	연도	소속	출전	교체	득점	도움	파울	경고	퇴장
BC	2002	부산	23	10	5	3	58	2	0
	합계		23	10	5	3	58	2	0
프로통산			23	10	5	3	58	2	0

디마 (Dmitri Karsakov) 러시아 1971.12.29

리그	연도	소속	출전	교체	득점	도움	파울	경고	퇴장
BC	1996	부천S	3	3	0	0	1	0	0
	합계		3	3	0	0	1	0	0
프로통산			3	3	0	0	1	0	0

디마스 (Dimas Roberto da Silva) 브라질

1977.08.01

리그	연도	소속	출전	교체	득점	도움	파울	경고	퇴장
BC	2000	전남	1	1	0	0	1	0	0
	합계		1	1	0	0	1	0	0
프로통산			1	1	0	0	1	0	0

디아스 에콰도르 1969.09.15

리그	연도	소속	출전	교체	득점	도움	파울	경고	퇴장
BC	1996	전남	9	6	1	1	12	0	0
	합계		9	6	1	1	12	0	0
프로통산			9	6	1	1	12	0	0

디에고 (Diego da Silva Giaretta) 이탈리아 1983.11.27

리그	연도	소속	출전	교체	득점	도움	파울	경고	퇴장
BC	2011	인천	9	3	1	0	13	1	0
	합계		9	3	1	0	13	1	0
프로통산			9	3	1	0	13	1	0

디에고 (Diego Oliveira de Queiroz) 브라질 1990.06.22

리그	연도	소속	출전	교체	득점	도움	파울	경고	퇴장
BC	2011	수원	4	4	0	0	2	0	0
	합계		4	4	0	0	2	0	0
프로통산			4	4	0	0	2	0	0

디에고 (Diego Pelicles da Silva) 브라질 1982.10.23

리그	연도	소속	출전	교체	득점	도움	파울	경고	퇴장
챌	2014	광주	14	8	3	2	27	3	0
	합계		14	8	3	2	27	3	0
승	2014	광주	2	2	1	0	0	0	0
	합계		2	2	1	0	0	0	0
프로통산			16	10	4	2	27	3	0

디오고 (Diogo da Silva Farias) 브라질 1990.06.13

리그	연도	소속	출전	교체	득점	도움	파울	경고	퇴장
클	2013	인천	32	26	7	2	57	6	0
	2014	인천	11	9	1	0	24	1	0
	합계		43	35	8	2	81	7	0
프로통산			43	35	8	2	81	7	0

따르따 (Vinicius Silva Soares) 브라질 1989.04.13

리그	연도	소속	출전	교체	득점	도움	파울	경고	퇴장
클	2014	울산	20	11	3	3	46	0	0
	2015	울산	15	14	0	2	23	3	0
	합계		35	25	3	5	69	3	0
프로통산			35	25	3	5	69	3	0

따바레즈 (Andre Luiz Tavares) 브라질 1983.07.30

리그	연도	소속	출전	교체	득점	도움	파울	경고	퇴장
BC	2004	포항	34	11	6	9	47	4	0
	2005	포항	19	10	5	3	22	0	1
	2006	포항	25	17	6	4	26	3	0
	2007	포항	35	14	3	13	41	1	1
	합계		113	52	20	29	136	8	2
프로통산			113	52	20	29	136	8	2

뚜따 (Moacir Bastosa) 브라질 1974.06.20

리그	연도	소속	출전	교체	득점	도움	파울	경고	퇴장
BC	2002	안양L	26	9	13	4	76	8	0
	2003	수원	31	12	14	6	68	3	0
	합계		57	21	27	10	144	11	0
프로통산			57	21	27	10	144	11	0

뚜레 (Dzevad Turkovic) 크로아티아 1972.08.17

리그	연도	소속	출전	교체	득점	도움	파울	경고	퇴장
BC	1996	부산	6	5	0	1	16	2	0
	1997	부산	28	17	3	3	59	9	0
	1998	부산	30	13	6	6	65	8	0
	1999	부산	26	16	2	2	34	4	0
	2000	부산	21	16	0	0	32	5	0
	2001	부산	2	3	0	0	6	0	0
	2001	성남일	2	2	0	0	3	0	0
	합계		115	72	11	12	215	28	0
프로통산			115	72	11	12	215	28	0

뚜찡야 (Bruno Marques Ostapenco) 브라질 1992.05.20

리그	연도	소속	출전	교체	득점	도움	파울	경고	퇴장
챌	2013	충주	13	13	1	0	5	1	0
	합계		13	13	1	0	5	1	0
프로통산			13	13	1	0	5	1	0

라경호 (羅勁皓) 인천대 1981.03.15

리그	연도	소속	출전	교체	득점	도움	파울	경고	퇴장
BC	2004	인천	6	5	0	0	2	0	0
	2005	인천	1	1	0	0	0	0	0
	합계		7	6	0	0	2	0	0
프로통산			7	6	0	0	2	0	0

라데 (Rade Bogdanovic) 유고슬라비아 1970.05.21

리그	연도	소속	출전	교체	득점	도움	파울	경고	퇴장
BC	1992	포철	17	11	3	3	14	1	0
	1993	포철	27	7	9	4	37	2	1
	1994	포철	33	10	22	6	47	2	0
	1995	포항	31	10	8	6	65	5	1
	1996	포항	39	6	13	16	55	2	0
	합계		147	44	55	35	218	12	2
프로통산			147	44	55	35	218	12	2

라덱 (Radek Divecky) 체코 1974.03.21

리그	연도	소속	출전	교체	득점	도움	파울	경고	퇴장
BC	2000	전남	9	9	2	0	18	1	0
	합계		9	9	2	0	18	1	0
프로통산			9	9	2	0	18	1	0

라돈치치 (Dzenan Radoncic) 몬테네그로 1983.08.02

리그	연도	소속	출전	교체	득점	도움	파울	경고	퇴장
BC	2004	인천	16	13	0	1	50	4	0
	2005	인천	27	12	13	2	91	5	0
	2006	인천	31	20	2	2	69	4	1
	2007	인천	16	12	2	2	39	2	0
	2008	인천	32	7	14	2	102	3	0
	2009	성남일	32	23	5	2	86	8	0
	2010	성남일	31	12	13	6	96	7	0
	2011	성남일	10	9	3	2	19	2	0
	2012	수원	31	21	12	5	77	6	0
	합계		226	129	64	24	629	41	1
클	2013	수원	12	8	4	0	22	2	0
	합계		12	8	4	0	22	2	0
프로통산			238	137	68	24	651	43	1

라이언존슨 (Ryan Johnson) 미국 1984.11.26

리그	연도	소속	출전	교체	득점	도움	파울	경고	퇴장
챌	2015	서울E	31	31	1	3	16	0	0
	합계		31	31	1	3	16	0	0
프로통산			31	31	1	3	16	0	0

라임 (Rahim Besirovic) 유고슬라비아 1971.01.02

리그	연도	소속	출전	교체	득점	도움	파울	경고	퇴장
BC	1998	부산	12	10	2	0	18	3	0
	1999	부산	9	8	2	0	13	0	0
	합계		21	18	4	0	31	3	0
프로통산			21	18	4	0	31	3	0

라자르 (Lazar Veselinovic) 세르비아 1986.08.04

리그	연도	소속	출전	교체	득점	도움	파울	경고	퇴장
클	2015	포항	16	14	0	0	15	1	0
	2016	포항	25	20	4	4	18	2	0
	합계		41	34	4	4	33	3	0
프로통산			41	34	4	4	33	3	0

라피치 (Stipe Lapić) 크로아티아 1983.01.22

리그	연도	소속	출전	교체	득점	도움	파울	경고	퇴장
BC	2009	강원	11	1	2	0	12	2	0
	2010	강원	20	1	0	1	18	8	0
	2011	강원	1	0	0	0	0	0	0
	합계		32	2	2	1	30	10	0
프로통산			32	2	2	1	30	10	0

라힘 (Rahim Zafer) 터키 1971.01.25

리그	연도	소속	출전	교체	득점	도움	파울	경고	퇴장
BC	2003	대구	14	4	0	0	21	2	0
	합계		14	4	0	0	21	2	0
프로통산			14	4	0	0	21	2	0

란코비치 (Ljubisa Rankovic) 유고슬라비아 1973.12.10

리그	연도	소속	출전	교체	득점	도움	파울	경고	퇴장
BC	1996	천안	17	17	0	1	7	1	0
	합계		17	17	0	1	7	1	0
프로통산			17	17	0	1	7	1	0

레스 (Leszek Iwanicki) 폴란드 1959.08.12

리그	연도	소속	출전	교체	득점	도움	파울	경고	퇴장
BC	1989	유공	8	9	0	0	3	0	0
	합계		8	9	0	0	3	0	0
프로통산			8	9	0	0	3	0	0

레안드로 (Leandro Bernardi Silva) 브라질 1979.10.06

리그	연도	소속	출전	교체	득점	도움	파울	경고	퇴장
BC	2008	대구	13	1	0	0	21	4	0
	합계		13	1	0	0	21	4	0
프로통산			13	1	0	0	21	4	0

레안드롱 (Leandro Costa Miranda) 브라질 1983.07.18

리그	연도	소속	출전	교체	득점	도움	파울	경고	퇴장
BC	2005	대전	30	2	9	2	94	8	0
	2006	울산	33	19	6	1	79	7	0
	2007	전남	13	13	1	1	26	1	0
	합계		76	34	16	4	199	16	0
프로통산			76	34	16	4	199	16	0

레안드리뉴 (George Leandro Abreu de Lima) 브라질 1985.11.09

리그	연도	소속	출전	교체	득점	도움	파울	경고	퇴장
BC	2012	대구	29	14	4	2	42	5	0
	합계		29	14	4	2	42	5	0
클	2013	대구	21	9	1	3	33	2	1
	2014	전남	30	30	3	3	26	2	0
	2015	전남	20	17	1	1	26	3	0
	합계		71	56	5	7	85	7	1
프로통산			100	70	9	9	127	12	1

레오 (Leonardo de Oliveira Clemente Marins) 브라질 1989.04.01

리그	연도	소속	출전	교체	득점	도움	파울	경고	퇴장
클	2015	수원	11	10	1	0	10	0	0
	합계		11	10	1	0	10	0	0
프로통산			11	10	1	0	10	0	0

레오 (Leo Jaime da Silva Pinheiro) 브라질 1986.03.28

리그	연도	소속	출전	교체	득점	도움	파울	경고	퇴장
챌	2015	대구	38	6	5	3	45	6	0
	합계		38	6	5	3	45	6	0
프로통산			38	6	5	3	45	6	0

레오 (Leopoldo Roberto Markovsky) 브라질 1983.08.29

리그	연도	소속	출전	교체	득점	도움	파울	경고	퇴장
BC	2009	대구	14	2	4	1	41	2	0
	2010	대구	22	17	5	0	41	6	0
	합계		36	19	9	1	82	8	0
프로통산			36	19	9	1	82	8	0

레오 (Santos de Souza Leonardo Henrique) 브라질 1990.03.10

리그	연도	소속	출전	교체	득점	도움	파울	경고	퇴장
BC	2010	제주	2	2	0	0	0	0	0
	합계		2	2	0	0	0	0	0
프로통산			2	2	0	0	0	0	0

레오 (Leonardo Ferreira) 브라질 1988.06.07

리그	연도	소속	출전	교체	득점	도움	파울	경고	퇴장
BC	2012	대전	9	5	0	0	10	1	0
	합계		9	5	0	0	10	1	0

리그	연도	소속	출전	교체	득점	도움	파울	경고	퇴장
프로통산			9	5	0	0	10	1	0

레오 (Cesar Leonardo Torres) 아르헨티나 1975.10.27

리그	연도	소속	출전	교체	득점	도움	파울	경고	퇴장
BC	2001	전북	3	3	0	0	5	0	0
	합계		3	3	0	0	5	0	0
프로통산			3	3	0	0	5	0	0

레오 (Leonard Bisaku) 크로아티아 1974.10.22

리그	연도	소속	출전	교체	득점	도움	파울	경고	퇴장
BC	2002	포항	13	12	3	0	21	3	0
	2003	성남일	9	10	1	0	19	2	0
	합계		22	22	4	0	40	5	0
프로통산			22	22	4	0	40	5	0

레오나르도 (Rodrigues Pereira Leonard) 브라질 1986.09.22

리그	연도	소속	출전	교체	득점	도움	파울	경고	퇴장
BC	2012	전북	17	13	5	2	11	3	0
	합계		17	13	5	2	11	3	0
클	2013	전북	37	22	7	13	43	2	0
	2014	전북	35	28	6	10	24	5	0
	2015	전북	37	25	10	3	11	3	0
	2016	전북	34	23	12	6	13	1	0
	합계		143	98	35	32	91	11	0
프로통산			160	111	40	34	102	14	0

레오마르 (Leomar Leiria) 브라질 1971.06.26

리그	연도	소속	출전	교체	득점	도움	파울	경고	퇴장
BC	2002	전북	10	5	0	0	11	1	0
	합계		10	5	0	0	11	1	0
프로통산			10	5	0	0	11	1	0

레이나 (Javier Arley Reina Calvo) 콜롬비아 1989.01.04

리그	연도	소속	출전	교체	득점	도움	파울	경고	퇴장
BC	2011	전남	22	13	3	2	39	2	0
	2012	성남일	20	7	5	3	28	5	0
	합계		42	20	8	5	67	7	0
클	2013	성남일	0	0	0	0	0	0	0
	2015	성남	15	7	1	3	28	3	0
	합계		15	7	1	3	28	3	0
프로통산			57	27	9	8	95	10	0

레이어 (Adrian Leijer) 호주 1986.03.25

리그	연도	소속	출전	교체	득점	도움	파울	경고	퇴장
클	2016	수원FC	28	0	0	0	32	11	1
	합계		28	0	0	0	32	11	1
프로통산			28	0	0	0	32	11	1

렌스베르겐 (Rob Landsberge) 네덜란드 1960.02.25

리그	연도	소속	출전	교체	득점	도움	파울	경고	퇴장
BC	1984	현대	27	4	9	9	37	2	0
	1985	현대	11	7	2	1	20	0	0
	합계		38	11	11	10	57	2	0
프로통산			38	11	11	10	57	2	0

로만 (Gibala Roman) 체코 1972.10.05

리그	연도	소속	출전	교체	득점	도움	파울	경고	퇴장
BC	2003	대구	19	16	1	1	15	2	0
	합계		19	16	1	1	15	2	0
프로통산			19	16	1	1	15	2	0

로브렉 (Lovrek Kruno Hrvatsko) 크로아티아 1979.09.11

리그	연도	소속	출전	교체	득점	도움	파울	경고	퇴장
BC	2010	전북	30	25	13	1	36	4	0
	2011	전북	25	19	2	2	37	4	0
	합계		55	44	15	3	73	8	0
프로통산			55	44	15	3	73	8	0

로시 (Ruben Dario Rossi) 아르헨티나 1973.10.28

리그	연도	소속	출전	교체	득점	도움	파울	경고	퇴장
BC	1994	대우	7	4	1	0	7	0	0
	합계		7	4	1	0	7	0	0
프로통산			7	4	1	0	7	0	0

로저 (Roger Rodrigues da Silva) 브라질 1985.01.07

리그	연도	소속	출전	교체	득점	도움	파울	경고	퇴장
클	2014	수원	32	19	7	2	62	6	0
	합계		32	19	7	2	62	6	0
프로통산			32	19	7	2	62	6	0

로페즈 (Lopes Pereira Ricardo) 브라질 1990.10.28

리그	연도	소속	출전	교체	득점	도움	파울	경고	퇴장
클	2015	제주	33	6	11	11	44	6	0
	2016	전북	35	20	13	6	59	9	0
	합계		68	26	24	17	103	15	0
프로통산			68	26	24	17	103	15	0

로페즈 (Vinicius Silva Souto Lopes) 브라질 1988.01.29

리그	연도	소속	출전	교체	득점	도움	파울	경고	퇴장
BC	2011	광주	5	5	0	0	2	0	0
	합계		5	5	0	0	2	0	0
프로통산			5	5	0	0	2	0	0

롤란 (Kartchemarkis Rolandas) 리투아니아 1980.09.07

리그	연도	소속	출전	교체	득점	도움	파울	경고	퇴장
BC	2000	부천S	15	15	3	1	26	3	0
	2001	부천S	8	7	1	0	11	1	0
	2002	부천S	2	2	0	0	3	0	0
	합계		25	24	4	1	40	4	0
프로통산			25	24	4	1	40	4	0

루벤 (Ruben Bernuncio) 아르헨티나 1976.01.19

리그	연도	소속	출전	교체	득점	도움	파울	경고	퇴장
BC	1993	대우	5	2	1	2	15	1	0
	1994	대우	4	5	0	0	1	0	0
	합계		9	7	1	2	16	1	0
프로통산			9	7	1	2	16	1	0

루비 (Rubenilson Monteiro Ferreira) 브라질 1972.08.07

리그	연도	소속	출전	교체	득점	도움	파울	경고	퇴장
BC	1997	천안	25	12	6	1	25	4	0
	1998	천안	29	12	7	0	33	5	1
	합계		54	24	13	1	58	9	1
프로통산			54	24	13	1	58	9	1

루사르도 (Arsenio Luzardo) 우루과이 1959.09.03

리그	연도	소속	출전	교체	득점	도움	파울	경고	퇴장
BC	1992	LG	7	3	2	1	10	0	0
	1993	LG	11	9	1	1	4	1	0
	합계		18	12	3	2	14	1	0
프로통산			18	12	3	2	14	1	0

루시아노 (LucianoValentede Deus) 브라질 1981.06.12

리그	연도	소속	출전	교체	득점	도움	파울	경고	퇴장
BC	2004	대전	20	2	5	0	52	0	0
	2005	부산	31	12	9	3	75	1	0
	2006	경남	36	9	7	2	79	2	0
	2007	부산	30	12	5	1	71	0	0
	합계		117	35	26	6	277	3	0
프로통산			117	35	26	6	277	3	0

루시오 (Lucio Teofilo da Silva) 브라질 1984.07.02

리그	연도	소속	출전	교체	득점	도움	파울	경고	퇴장
BC	2010	경남	32	10	15	10	68	5	0
	2011	경남	10	6	6	3	10	2	0
	2011	울산	15	10	0	2	12	2	0
	합계		57	26	21	15	90	9	0
챌	2013	광주	32	10	13	10	47	2	0
	합계		32	10	13	10	47	2	0
프로통산			89	36	34	25	137	11	0

루시오 (Lucio Filomelo) 아르헨티나 1980.05.08

리그	연도	소속	출전	교체	득점	도움	파울	경고	퇴장
BC	2005	부산	8	7	0	1	22	1	0
	합계		8	7	0	1	22	1	0
프로통산			8	7	0	1	22	1	0

루시오 (Lucio Flavio da Silva Oliva) 브라질 1986.08.29

리그	연도	소속	출전	교체	득점	도움	파울	경고	퇴장
BC	2012	전남	15	14	6	1	28	2	0
	합계		15	14	6	1	28	2	0
클	2013	대전	7	6	1	0	11	2	0
	합계		7	6	1	0	11	2	0
프로통산			22	20	7	1	39	4	0

루시우 (Lucenble Pereira da Silva) 브라질 1975.01.14

리그	연도	소속	출전	교체	득점	도움	파울	경고	퇴장
BC	2003	울산	14	14	0	3	12	0	0
	합계		14	14	0	3	12	0	0
프로통산			14	14	0	3	12	0	0

루아티 (Louati Imed) 튀니지 1993.08.11

리그	연도	소속	출전	교체	득점	도움	파울	경고	퇴장
챌	2015	경남	12	5	2	0	23	2	0
	합계		12	5	2	0	23	2	0
프로통산			12	5	2	0	23	2	0

루이 (Rui Manuel Guerreiro Nobre Esteves) 포르투갈 1967.01.

리그	연도	소속	출전	교체	득점	도움	파울	경고	퇴장
BC	1997	부산	5	5	1	1	5	0	0
	1998	부산	17	14	2	3	27	1	1
	합계		22	19	3	4	32	1	1
프로통산			22	19	3	4	32	1	1

루이스 (Marques Lima Luiz Carlos) 브라질 1989.05.30

리그	연도	소속	출전	교체	득점	도움	파울	경고	퇴장
클	2014	제주	7	7	1	0	7	0	0
	합계		7	7	1	0	7	0	0
프로통산			7	7	1	0	7	0	0

루이스 브라질 1962.03.16

리그	연도	소속	출전	교체	득점	도움	파울	경고	퇴장
BC	1984	포철	17	3	0	0	31	4	0
	합계		17	3	0	0	31	4	0
프로통산			17	3	0	0	31	4	0

루이스 (da Silva Alves Luiz Henrique) 브라질 1981.07.02

리그	연도	소속	출전	교체	득점	도움	파울	경고	퇴장
BC	2008	수원	7	7	0	0	6	0	0
	2008	전북	16	5	5	2	10	4	0
	2009	전북	34	10	9	13	40	3	0
	2010	전북	28	12	5	3	15	3	0
	2011	전북	24	18	4	2	22	2	0
	2012	전북	15	11	3	4	18	1	0
	합계		124	63	26	24	111	13	0
클	2015	전북	16	13	1	2	9	2	0
	2016	전북	11	9	3	2	10	0	0
	합계		27	22	4	4	19	2	0
챌	2016	강원	20	9	7	4	21	2	0
	합계		20	9	7	4	21	2	0
승	2016	강원	2	0	0	0	3	1	0
	합계		2	0	0	0	3	1	0
프로통산			173	94	37	32	154	18	0

루이지뉴 (Luis Carlos Fernandes) 브라질 1985.07.25

리그	연도	소속	출전	교체	득점	도움	파울	경고	퇴장
BC	2007	대구	32	11	18	0	50	5	0
	2008	울산	24	21	11	3	31	1	0
	2009	울산	2	2	0	0	0	0	0
	2011	인천	10	9	2	1	18	4	0
	합계		68	43	31	4	99	10	0
챌	2013	광주	4	4	1	0	4	0	0
	합계		4	4	1	0	4	0	0

프로통산 72 47 32 4 103 10 0

루츠 (Ion Ionut Lutu) 루마니아 1975.08.03

리그	연도	소속	출전	교체	득점	도움	파울	경고	퇴장
BC	2000	수원	19	13	2	3	28	2	1
	2001	수원	9	7	1	4	10	0	0
	2002	수원	9	7	3	2	11	0	0
	합계		37	27	6	9	49	2	1
프로통산			37	27	6	9	49	2	1

루카스 (Lucas Douglas) 브라질 1994.01.19

리그	연도	소속	출전	교체	득점	도움	파울	경고	퇴장
클	2015	성남	15	14	0	0	15	0	0
	합계		15	14	0	0	15	0	0
프로통산			15	14	0	0	15	0	0

루카스 (Waldir Lucas Pereira Filho) 브라질 1982.02.05

리그	연도	소속	출전	교체	득점	도움	파울	경고	퇴장
BC	2008	수원	6	7	0	1	11	0	0
	합계		6	7	0	1	11	0	0
프로통산			6	7	0	1	11	0	0

루크 (Luke Ramon de Vere) 호주 1989.11.05

리그	연도	소속	출전	교체	득점	도움	파울	경고	퇴장
BC	2011	경남	34	2	2	0	34	3	0
	2012	경남	26	3	3	1	23	3	0
	합계		60	5	5	1	57	6	0
클	2013	경남	9	4	0	0	3	1	0
	2014	경남	13	3	1	0	12	5	0
	합계		22	7	1	0	15	6	0
프로통산			82	12	6	1	72	12	0

루키 (Lucky Isibor) 나이지리아 1977.01.01

리그	연도	소속	출전	교체	득점	도움	파울	경고	퇴장
BC	2000	수원	5	3	1	0	6	0	0
	합계		5	3	1	0	6	0	0
프로통산			5	3	1	0	6	0	0

루키안 (Araujo de Almeida Lukian) 브라질 1991.09.21

리그	연도	소속	출전	교체	득점	도움	파울	경고	퇴장
챌	2015	부천	22	18	4	4	25	1	0
	2016	부천	39	7	15	4	71	7	0
	합계		61	25	19	8	96	8	0
프로통산			61	25	19	8	96	8	0

룰리냐 (Morais dos Reis Luiz Marcelo) 브라질 1990.04.10

리그	연도	소속	출전	교체	득점	도움	파울	경고	퇴장
클	2016	포항	18	16	2	1	25	2	0
	합계		18	16	2	1	25	2	0
프로통산			18	16	2	1	25	2	0

류범희 (柳範熙) 광주대 1991.07.29

리그	연도	소속	출전	교체	득점	도움	파울	경고	퇴장
클	2015	광주	2	2	0	0	2	1	0
	합계		2	2	0	0	2	1	0
챌	2015	경남	19	14	0	0	18	3	0
	합계		19	14	0	0	18	3	0
프로통산			21	16	0	0	20	4	0

류봉기 (柳奉基) 단국대 1968.09.02

리그	연도	소속	출전	교체	득점	도움	파울	경고	퇴장
BC	1991	일화	16	8	0	0	21	1	1
	1992	일화	28	6	0	1	46	3	0
	1993	일화	17	10	0	0	15	3	0
	1994	일화	1	1	0	0	0	0	0
	1995	일화	1	2	0	0	1	1	0
	1996	천안	23	5	1	0	31	4	0
	1997	천안	29	8	0	0	61	2	0
	1998	천안	25	7	0	0	45	4	0
	1999	천안	6	3	0	0	8	0	0
	합계		146	50	1	1	228	18	1
프로통산			146	50	1	1	228	18	1

류영록 (柳永祿) 건국대 1969.08.04

리그	연도	소속	출전	교체	실점	도움	파울	경고	퇴장
BC	1992	포철	1	0	4	0	0	0	0
	1993	대우	1	0	2	0	0	0	0
	1994	대우	9	1	12	0	1	1	0
	1995	대우	0	0	0	0	0	0	0
	1996	전남	0	0	0	0	0	0	0
	합계		11	1	18	0	1	1	0
프로통산			11	1	18	0	1	1	0

류웅렬 (柳雄烈) 명지대 1968.04.25

리그	연도	소속	출전	교체	득점	도움	파울	경고	퇴장
BC	1993	대우	21	8	3	0	26	6	0
	1994	대우	10	4	1	0	15	2	0
	1995	대우	8	3	0	0	12	5	0
	1996	부산	11	4	0	0	12	2	0
	1997	부산	24	7	2	0	28	4	0
	1998	부산	11	3	1	0	15	0	0
	1999	부산	16	1	3	0	26	1	1
	2000	부산	16	3	1	0	21	3	0
	2000	수원	10	3	3	2	17	2	1
	2001	수원	13	7	0	0	9	2	0
	합계		140	43	14	2	181	27	2
프로통산			140	43	14	2	181	27	2

류원우 (流垣宇) 광양제철고 1990.08.05

리그	연도	소속	출전	교체	실점	도움	파울	경고	퇴장
BC	2009	전남	0	0	0	0	0	0	0
	2010	전남	0	0	0	0	0	0	0
	2011	전남	1	0	1	0	0	0	0
	2012	전남	8	0	21	0	1	2	0
	합계		9	0	22	0	1	2	0
클	2013	전남	2	0	3	0	0	0	0
	합계		2	0	3	0	0	0	0
챌	2014	광주	8	0	11	0	0	0	0
	2015	부천	28	0	28	0	1	4	0
	2016	부천	40	1	36	0	1	3	0
	합계		76	1	74	0	2	7	0
프로통산			87	1	99	0	3	9	0

류재문 (柳在文) 영남대 1993.11.08

리그	연도	소속	출전	교체	득점	도움	파울	경고	퇴장
챌	2015	대구	36	2	6	3	54	3	0
	2016	대구	5	1	0	0	4	1	0
	합계		41	3	6	3	58	4	0
프로통산			41	3	6	3	58	4	0

류제식 (柳濟植) 인천대 1972.01.03

리그	연도	소속	출전	교체	실점	도움	파울	경고	퇴장
BC	1991	대우	3	0	5	0	2	1	0
	1992	대우	7	1	9	0	0	0	0
	1993	대우	1	1	0	0	0	0	0
	합계		11	2	14	0	2	1	0
프로통산			11	2	14	0	2	1	0

류형렬 (柳亨烈) 선문대 1985.11.02

리그	연도	소속	출전	교체	득점	도움	파울	경고	퇴장
BC	2009	성남일	0	0	0	0	0	0	0
	합계		0	0	0	0	0	0	0
프로통산			0	0	0	0	0	0	0

리마 (Joao Maria Lima Do Nascimento) 브라질 1982.09.04

리그	연도	소속	출전	교체	득점	도움	파울	경고	퇴장
BC	2010	서울	0	0	0	0	0	0	0
	합계		0	0	0	0	0	0	0
프로통산			0	0	0	0	0	0	0

리웨이펑 (李瑋鋒, Li Weifeng) 중국 1978.01.26

리그	연도	소속	출전	교체	득점	도움	파울	경고	퇴장
BC	2009	수원	26	0	1	0	42	7	0
	2010	수원	29	0	1	1	62	9	0
	합계		55	0	2	1	104	16	0
프로통산			55	0	2	1	104	16	0

리챠드 (Richard Offiong Edet) 영국 1983.12.17

리그	연도	소속	출전	교체	득점	도움	파울	경고	퇴장
BC	2005	전남	1	1	0	0	1	0	0
	합계		1	1	0	0	1	0	0
프로통산			1	1	0	0	1	0	0

리춘유 (Li Chun Yu) 중국 1986.10.09

리그	연도	소속	출전	교체	득점	도움	파울	경고	퇴장
BC	2010	강원	7	2	0	2	15	2	0
	합계		7	2	0	2	15	2	0
프로통산			7	2	0	2	15	2	0

리치 (Cunha Reche Vinivius) 브라질 1984.01.28

리그	연도	소속	출전	교체	득점	도움	파울	경고	퇴장
클	2014	전북	2	2	0	0	4	0	0
	합계		2	2	0	0	4	0	0
프로통산			2	2	0	0	4	0	0

링꼰 (Joao Paulo da Silva Neto Rincon) 브라질 1975.10.27

리그	연도	소속	출전	교체	득점	도움	파울	경고	퇴장
BC	2001	전북	6	4	0	0	11	0	0
	합계		6	4	0	0	11	0	0
프로통산			6	4	0	0	11	0	0

마그노 (Magno Alves de Araujo) 브라질 1976.01.13

리그	연도	소속	출전	교체	득점	도움	파울	경고	퇴장
BC	2003	전북	44	8	27	8	25	2	0
	합계		44	8	27	8	25	2	0
프로통산			44	8	27	8	25	2	0

마니 (Jeannot Giovanny) 모리셔스 1975.09.25

리그	연도	소속	출전	교체	득점	도움	파울	경고	퇴장
BC	1996	울산	11	10	3	0	5	0	0
	1997	울산	12	10	2	1	10	0	0
	합계		23	20	5	1	15	0	0
프로통산			23	20	5	1	15	0	0

마니치 (Radivoje Manic) 세르비아 몬테네그로 1972.01.16

리그	연도	소속	출전	교체	득점	도움	파울	경고	퇴장
BC	1996	부산	24	16	8	0	25	6	0
	1997	부산	28	15	13	6	20	5	0
	1999	부산	39	11	9	9	46	7	1
	2000	부산	34	19	8	9	27	5	0
	2001	부산	27	17	8	8	18	5	0
	2002	부산	20	13	7	2	11	3	1
	2004	인천	16	4	7	1	15	5	0
	2005	인천	17	17	2	4	11	3	0
	합계		205	112	62	39	173	39	2
프로통산			205	112	62	39	173	39	2

마다스치 (Adrian Anthony Madaschi) 호주 1982.07.11

리그	연도	소속	출전	교체	득점	도움	파울	경고	퇴장
BC	2012	제주	26	2	0	1	33	10	0
	합계		26	2	0	1	33	10	0
클	2013	제주	9	4	0	1	9	1	0
	합계		9	4	0	1	9	1	0
프로통산			35	6	0	2	42	11	0

마라냥 (Luis Carlos dos Santos Martins) 브라질 1984.06.19

리그	연도	소속	출전	교체	득점	도움	파울	경고	퇴장
BC	2012	울산	39	33	13	4	48	5	0
	합계		39	33	13	4	48	5	0
클	2013	제주	31	20	7	7	33	4	0
	합계		31	20	7	7	33	4	0
챌	2016	강원	13	13	2	0	6	0	0
	합계		13	13	2	0	6	0	0
승	2016	강원	1	1	0	0	0	0	0
	합계		1	1	0	0	0	0	0
프로통산			84	67	22	11	87	9	0

마라냥 (Francinilson Santos Meirelles) 브라질 1990.05.03

리그 연도 소속 출전 교체 득점 도움 파울 경고 퇴장

리그	연도	소속	출전	교체	득점	도움	파울	경고	퇴장
챌	2014	대전	16	8	0	1	17	0	0
	합계		16	8	0	1	17	0	0
프로통산			16	8	0	1	17	0	0

마르셀 (Marcel Augusto Ortolan) 브라질 1981.11.12

리그	연도	소속	출전	교체	득점	도움	파울	경고	퇴장
BC	2004	수원	36	20	12	2	106	4	0
	2011	수원	11	8	3	2	21	2	0
	합계		47	28	15	4	127	6	0
프로통산			47	28	15	4	127	6	0

마르셀 (Marcelo de Paula Pinheiro) 브라질 1983.05.11

리그	연도	소속	출전	교체	득점	도움	파울	경고	퇴장
BC	2009	경남	6	1	0	0	11	0	0
	합계		6	1	0	0	11	0	0
프로통산			6	1	0	0	11	0	0

마르셀로 (Marcelo Aparecido Toscano) 브라질 1985.05.12

리그	연도	소속	출전	교체	득점	도움	파울	경고	퇴장
클	2016	제주	37	19	11	9	26	2	0
	합계		37	19	11	9	26	2	0
프로통산			37	19	11	9	26	2	0

마르셀로 (Marcelo Macedo) 브라질 1983.02.01

리그	연도	소속	출전	교체	득점	도움	파울	경고	퇴장
Bc	2004	성남일	13	11	4	1	30	0	0
	합계		13	11	4	1	30	0	0
프로통산			13	11	4	1	30	0	0

마르셀로 (Marcelo Bras Ferreira da Silva) 브라질 1981.02.03

리그	연도	소속	출전	교체	득점	도움	파울	경고	퇴장
BC	2010	경남	4	5	0	0	1	0	0
	합계		4	5	0	0	1	0	0
프로통산			4	5	0	0	1	0	0

마르시오 (Marcio Diogo Lobato Rodrigues) 브라질 1985.09.22

리그	연도	소속	출전	교체	득점	도움	파울	경고	퇴장
BC	2010	수원	9	9	1	0	12	0	0
	합계		9	9	1	0	12	0	0
프로통산			9	9	1	0	12	0	0

마르싱요 (Maxsuel Rodrigo Lino) 브라질 1985.09.08

리그	연도	소속	출전	교체	득점	도움	파울	경고	퇴장
클	2013	전남	1	1	0	0	2	0	0
	합계		1	1	0	0	2	0	0
프로통산			1	1	0	0	2	0	0

마르싱유 (Amarel de Oliveira Junior Marcio) 브라질 1991.03.2

리그	연도	소속	출전	교체	득점	도움	파울	경고	퇴장
챌	2015	충주	32	23	1	2	24	1	0
	합계		32	23	1	2	24	1	0
프로통산			32	23	1	2	24	1	0

마르첼 (Marcel Lazareanu) 루마니아 1959.06.21

리그	연도	소속	출전	교체	실점	도움	파울	경고	퇴장
BC	1990	일화	8	0	12	0	0	1	0
	1991	일화	21	3	28	0	1	1	1
	합계		29	3	40	0	1	2	1
프로통산			29	3	40	0	1	2	1

마르케스 (Agustinho Marques Renanl) 브라질 1983.03.08

리그	연도	소속	출전	교체	득점	도움	파울	경고	퇴장
BC	2012	제주	13	12	1	1	13	0	0
	합계		13	12	1	1	13	0	0
프로통산			13	12	1	1	13	0	0

마르코 (Marco Aurelio Wagner Pereira) 브라질 1980.04.22

리그	연도	소속	출전	교체	득점	도움	파울	경고	퇴장
BC	2006	제주	1	0	0	0	4	0	0
	합계		1	0	0	0	4	0	0
프로통산			1	0	0	0	4	0	0

마르코 (Marco Aurelio Martins Ivo) 브라질 1976.12.03

리그	연도	소속	출전	교체	득점	도움	파울	경고	퇴장
BC	2002	안양L	32	25	9	1	26	1	0
	합계		32	25	9	1	26	1	0
프로통산			32	25	9	1	26	1	0

마르코비치 (Ivan Markovic) 세르비아 1994.06.20

리그	연도	소속	출전	교체	득점	도움	파울	경고	퇴장
챌	2016	경남	2	2	0	0	2	0	0
	합계		2	2	0	0	2	0	0
프로통산			2	2	0	0	2	0	0

마르코스 (Marcos Aurelio de Oliveira Lima) 브라질 1984.02.10

리그	연도	소속	출전	교체	득점	도움	파울	경고	퇴장
클	2014	전북	5	5	0	0	1	0	0
	합계		5	5	0	0	1	0	0
프로통산			5	5	0	0	1	0	0

마르코스 (Marcos Antonio da Silva) 브라질 1977.04.07

리그	연도	소속	출전	교체	득점	도움	파울	경고	퇴장
BC	2001	울산	31	23	4	3	24	2	0
	2002	울산	2	2	0	0	0	0	0
	합계		33	25	4	3	24	2	0
프로통산			33	25	4	3	24	2	0

마르크 (Benie Bolou Jean Marck) 코트디부아르 1982.11.09

리그	연도	소속	출전	교체	득점	도움	파울	경고	퇴장
BC	2000	성남일	5	5	0	0	11	1	0
	합계		5	5	0	0	11	1	0
프로통산			5	5	0	0	11	1	0

마리우 (Luis Mario Miranda da Silva) 브라질 1976.11.01

리그	연도	소속	출전	교체	득점	도움	파울	경고	퇴장
BC	2003	안양L	20	8	4	8	26	3	0
	합계		20	8	4	8	26	3	0
프로통산			20	8	4	8	26	3	0

마말리 (Emeka Esanga Mamale) DR콩고 1977.10.21

리그	연도	소속	출전	교체	득점	도움	파울	경고	퇴장
BC	1996	포항	5	5	0	0	9	0	0
	1997	포항	3	2	1	0	7	0	0
	합계		8	7	1	0	16	0	0
프로통산			8	7	1	0	16	0	0

마사 (Ohasi Masahiro) 일본 1981.06.23

리그	연도	소속	출전	교체	득점	도움	파울	경고	퇴장
BC	2009	강원	22	11	4	2	11	0	0
	2011	강원	5	5	0	1	1	0	0
	합계		27	16	4	3	12	0	0
프로통산			27	16	4	3	12	0	0

마상훈 (馬相訓) 순천고 1991.07.25

리그	연도	소속	출전	교체	득점	도움	파울	경고	퇴장
BC	2012	강원	0	0	0	0	0	0	0
	합계		0	0	0	0	0	0	0
클	2014	전남	1	1	0	0	0	0	0
	합계		1	1	0	0	0	0	0
프로통산			1	1	0	0	0	0	0

마스다 (Masuda Chikashi) 일본 1985.06.19

리그	연도	소속	출전	교체	득점	도움	파울	경고	퇴장
클	2013	울산	35	12	4	3	43	3	0
	2014	울산	0	0	0	0	0	0	0
	2015	울산	31	12	3	0	32	1	0
	2016	울산	32	6	0	1	38	5	0
	합계		98	30	7	4	113	9	0
프로통산			98	30	7	4	113	9	0

마스덴 (Christopher Marsden) 영국 1969.01.03

리그	연도	소속	출전	교체	득점	도움	파울	경고	퇴장
BC	2004	부산	2	0	1	0	4	2	0
	합계		2	0	1	0	4	2	0
프로통산			2	0	1	0	4	2	0

마시엘 (Maciel Luiz Franco) 브라질 1972.03.15

리그	연도	소속	출전	교체	득점	도움	파울	경고	퇴장
BC	1997	전남	19	0	3	0	42	1	0
	1998	전남	27	3	1	1	66	9	0
	1999	전남	36	2	2	1	78	3	0
	2000	전남	36	2	1	0	78	7	0
	2001	전남	29	1	0	0	60	7	0
	2002	전남	27	5	2	1	57	3	0
	2003	전남	10	4	1	0	17	4	0
	합계		184	17	10	3	398	34	0
프로통산			184	17	10	3	398	34	0

마에조노 (Maezono Masakiyo) 일본 1973.10.29

리그	연도	소속	출전	교체	득점	도움	파울	경고	퇴장
BC	2003	안양L	16	10	0	4	11	1	0
	2004	인천	13	8	1	1	13	2	0
	합계		29	18	1	5	24	3	0
프로통산			29	18	1	5	24	3	0

마우리 (Mauricio de Oliveira Anastacio) 브라질 1962.09.29

리그	연도	소속	출전	교체	득점	도움	파울	경고	퇴장
BC	1994	현대	14	11	2	2	8	0	0
	1995	현대	4	4	0	1	3	0	0
	합계		18	15	2	3	11	0	0
프로통산			18	15	2	3	11	0	0

마우리시오 (Mauricio Fernandes) 브라질 1976.07.05

리그	연도	소속	출전	교체	득점	도움	파울	경고	퇴장
BC	2007	포항	8	3	0	0	23	3	0
	합계		8	3	0	0	23	3	0
프로통산			8	3	0	0	23	3	0

마우링요 (Mauro Job Pontes Junior) 브라질 1989.12.10

리그	연도	소속	출전	교체	득점	도움	파울	경고	퇴장
클	2016	전남	7	8	0	0	11	0	0
	합계		7	8	0	0	11	0	0
프로통산			7	8	0	0	11	0	0

마우콘 (Malcon Marschel Silva Carvalho Santos) 브라질 1995.07.05

리그	연도	소속	출전	교체	득점	도움	파울	경고	퇴장
챌	2016	충주	13	0	0	0	16	4	0
	합계		13	0	0	0	16	4	0
프로통산			13	0	0	0	16	4	0

마이콘 (Maycon Carvalho Inez) 브라질 1986.07.21

리그	연도	소속	출전	교체	득점	도움	파울	경고	퇴장
챌	2014	고양	3	3	0	0	0	0	0
	합계		3	3	0	0	0	0	0
프로통산			3	3	0	0	0	0	0

마징요 (Marcio de Souza Gregorio Junio) 브라질 1986.05.14

리그	연도	소속	출전	교체	득점	도움	파울	경고	퇴장
BC	2010	경남	3	3	0	0	7	0	0
	합계		3	3	0	0	7	0	0
프로통산			3	3	0	0	7	0	0

마차도 (Leandro Machado) 브라질 1976.03.22

리그	연도	소속	출전	교체	득점	도움	파울	경고	퇴장
BC	2005	울산	17	8	13	1	42	5	0
	2006	울산	26	18	1	3	34	2	0
	2007	울산	10	9	2	0	8	3	0
	합계		53	35	16	4	84	10	0
프로통산			53	35	16	4	84	10	0

마철준 (馬哲俊) 경희대 1980.11.16

리그	연도	소속	출전	교체	득점	도움	파울	경고	퇴장
BC	2004	부천S	22	12	1	0	30	2	0

리그	연도	소속	출전	교체	득점	도움	파울	경고	퇴장
	2005	부천S	18	7	1	0	22	4	0
	2006	제주	33	7	0	0	71	4	0
	2007	광주상	25	7	0	0	47	3	0
	2008	광주상	16	8	0	1	15	4	0
	2009	제주	25	10	0	0	50	9	0
	2010	제주	29	9	0	0	42	9	0
	2011	제주	16	9	0	0	19	5	0
	2012	제주	0	0	0	0	0	0	0
	2012	전북	7	6	0	0	7	2	0
	합계		191	75	2	1	303	42	0
클	2015	광주	1	1	0	0	0	0	0
	합계		1	1	0	0	0	0	0
챌	2013	광주	12	3	0	2	13	3	1
	2014	광주	16	4	1	0	11	3	0
	합계		28	7	1	2	24	6	1
승	2014	광주	0	0	0	0	0	0	0
	합계		0	0	0	0	0	0	0
프로통산			220	83	3	3	327	48	1

마테우스 (Matheus Humberto Maximiano) 브라질 1989.05.31

리그	연도	소속	출전	교체	득점	도움	파울	경고	퇴장
BC	2011	대구	9	8	1	0	6	0	0
	2012	대구	23	15	2	2	37	5	0
	합계		32	23	3	2	43	5	0
챌	2014	대구	18	14	2	1	32	2	0
	합계		18	14	2	1	32	2	0
프로통산			50	37	5	3	75	7	0

마테우스 (Matheus Alves Leandro) 브라질 1993.05.19

리그	연도	소속	출전	교체	득점	도움	파울	경고	퇴장
챌	2016	강원	37	22	12	1	69	8	0
	합계		37	22	12	1	69	8	0
승	2016	강원	2	2	0	0	7	0	0
	합계		2	2	0	0	7	0	0
프로통산			39	24	12	1	76	8	0

마토 (Mato Neretljak) 크로아티아 1979.06.03

리그	연도	소속	출전	교체	득점	도움	파울	경고	퇴장
BC	2005	수원	31	2	10	2	102	7	0
	2006	수원	37	1	4	2	96	7	0
	2007	수원	35	1	7	0	87	7	0
	2008	수원	29	1	0	4	46	3	0
	2011	수원	25	0	8	0	39	6	0
	합계		157	5	29	8	370	30	0
프로통산			157	5	29	8	370	30	0

막스 유고슬라비아 1965.12.10

리그	연도	소속	출전	교체	득점	도움	파울	경고	퇴장
BC	1994	일화	11	10	2	0	15	5	0
	합계		11	10	2	0	15	5	0
프로통산			11	10	2	0	15	5	0

매그넘 (Magnum Rafael Farias Tavares) 브라질 1982.03.24

리그	연도	소속	출전	교체	득점	도움	파울	경고	퇴장
BC	2011	울산	5	5	0	0	3	0	0
	합계		5	5	0	0	3	0	0
프로통산			5	5	0	0	3	0	0

맥카이 (Matthew Graham McKay) 호주 1983.01.11

리그	연도	소속	출전	교체	득점	도움	파울	경고	퇴장
BC	2012	부산	27	8	1	6	45	7	0
	합계		27	8	1	6	45	7	0
프로통산			27	8	1	6	45	7	0

맹수일 (孟秀一) 동아대 1961.03.22

리그	연도	소속	출전	교체	득점	도움	파울	경고	퇴장
BC	1985	럭금	8	5	1	0	4	0	0
	1986	유공	21	6	1	1	21	2	0
	1987	유공	1	1	0	0	0	0	0
	합계		30	12	2	1	25	2	0
프로통산			30	12	2	1	25	2	0

맹진오 (孟珍吾) 호남대 1986.03.06

리그	연도	소속	출전	교체	득점	도움	파울	경고	퇴장
BC	2009	포항	0	0	0	0	0	0	0
	2010	대구	3	3	0	0	5	0	0
	합계		3	3	0	0	5	0	0
프로통산			3	3	0	0	5	0	0

메도 (Ivan Medvid) 크로아티아 1977.10.13

리그	연도	소속	출전	교체	득점	도움	파울	경고	퇴장
BC	2002	포항	18	3	1	7	53	6	0
	2003	포항	29	13	0	4	47	4	0
	합계		47	16	1	11	100	10	0
프로통산			47	16	1	11	100	10	0

메조이 (Geza Meszoly) 헝가리 1967.02.25

리그	연도	소속	출전	교체	득점	도움	파울	경고	퇴장
BC	1990	포철	12	1	2	1	28	1	0
	1991	포철	4	2	0	0	11	0	0
	합계		16	3	2	1	39	1	0
프로통산			16	3	2	1	39	1	0

멘도사 (Mendoza Renreria Mauricio) 콜롬비아 1981.12.28

리그	연도	소속	출전	교체	득점	도움	파울	경고	퇴장
BC	2011	경남	1	1	0	1	1	0	0
	합계		1	1	0	1	1	0	0
프로통산			1	1	0	1	1	0	0

멘디 (Mendy Frederic) 프랑스 1988.09.18

리그	연도	소속	출전	교체	득점	도움	파울	경고	퇴장
클	2016	울산	18	5	6	1	23	3	0
	합계		18	5	6	1	23	3	0
프로통산			18	5	6	1	23	3	0

명재용 (明載容) 조선대 1973.02.26

리그	연도	소속	출전	교체	득점	도움	파울	경고	퇴장
BC	1997	전북	9	4	1	0	18	2	0
	1998	전북	26	19	2	1	41	2	0
	1999	전북	29	22	2	2	31	2	0
	2000	전북	23	11	4	1	35	1	0
	2001	전북	12	7	1	1	16	2	0
	2002	전북	6	6	0	0	7	1	0
	합계		105	69	10	5	148	10	0
프로통산			105	69	10	5	148	10	0

명준재 (明俊在) 고려대 1994.07.02

리그	연도	소속	출전	교체	득점	도움	파울	경고	퇴장
클	2016	전북	0	0	0	0	0	0	0
	합계		0	0	0	0	0	0	0
프로통산			0	0	0	0	0	0	0

명진영 (明珍榮) 아주대 1973.05.20

리그	연도	소속	출전	교체	득점	도움	파울	경고	퇴장
BC	1996	부산	9	6	1	1	9	2	0
	1997	부산	3	3	0	0	2	0	0
	1998	부산	9	9	1	1	8	1	1
	1999	부산	9	10	0	0	7	1	0
	합계		30	28	2	2	26	4	1
프로통산			30	28	2	2	26	4	1

모나또 (Andrew Erick Feitosa) 브라질 1992.09.01

리그	연도	소속	출전	교체	득점	도움	파울	경고	퇴장
BC	2011	경남	6	5	0	0	5	0	0
	합계		6	5	0	0	5	0	0
프로통산			6	5	0	0	5	0	0

모따 (Joao Soares da Mota Neto) 브라질 1980.11.21

리그	연도	소속	출전	교체	득점	도움	파울	경고	퇴장
BC	2004	전남	29	11	14	2	65	12	0
	2005	성남일	9	3	7	4	29	5	1
	2006	성남일	19	11	7	2	19	1	0
	2007	성남일	21	7	9	2	39	9	0
	2008	성남일	30	6	9	5	48	12	0
	2009	성남일	11	2	2	4	17	1	0
	2010	포항	28	9	9	7	42	7	0
	2011	포항	31	19	14	8	56	10	0
	합계		178	68	71	34	315	57	1
프로통산			178	68	71	34	315	57	1

모따 (Jose Rorberto Rodrigues Mota / ← 호세모따) 브라질 1979.05.10

리그	연도	소속	출전	교체	득점	도움	파울	경고	퇴장
BC	2010	수원	25	14	11	0	29	5	1
	2012	부산	2	2	0	0	0	0	0
	합계		27	16	11	0	29	5	1
프로통산			27	16	11	0	29	5	1

모리츠 (Andre Francisco Moritz) 이탈리아 1986.08.06

리그	연도	소속	출전	교체	득점	도움	파울	경고	퇴장
클	2015	포항	11	9	0	1	12	2	0
	합계		11	9	0	1	12	2	0
프로통산			11	9	0	1	12	2	0

모이세스 (Moises Oliveira Brito) 브라질 1986.07.17

리그	연도	소속	출전	교체	득점	도움	파울	경고	퇴장
클	2016	제주	1	1	0	0	1	0	0
	합계		1	1	0	0	1	0	0
프로통산			1	1	0	0	1	0	0

몰리나 (Mauricio Alejandro Molina Uribe) 콜롬비아 1980.04.30

리그	연도	소속	출전	교체	득점	도움	파울	경고	퇴장
BC	2009	성남일	17	5	10	3	17	4	0
	2010	성남일	33	13	12	8	28	6	0
	2011	서울	29	8	10	12	30	5	0
	2012	서울	41	6	18	19	45	4	0
	합계		120	32	50	42	120	19	0
클	2013	서울	35	13	9	13	24	3	0
	2014	서울	19	10	5	3	9	1	0
	2015	서울	35	20	4	11	23	5	0
	합계		89	43	18	27	56	9	0
프로통산			209	75	68	69	176	28	0

무랄랴 (Luiz Philipe Lima de Oliveira) 브라질 1993.01.21

리그	연도	소속	출전	교체	득점	도움	파울	경고	퇴장
클	2016	포항	20	8	1	0	11	2	0
	합계		20	8	1	0	11	2	0
프로통산			20	8	1	0	11	2	0

무사 (Javier Martin Musa) 아르헨티나 1979.01.15

리그	연도	소속	출전	교체	득점	도움	파울	경고	퇴장
BC	2004	수원	19	6	1	1	47	1	0
	2005	수원	9	1	0	0	16	3	0
	2005	울산	7	0	0	0	18	1	0
	합계		35	7	1	1	81	5	0
프로통산			35	7	1	1	81	5	0

무삼파 (Kizito Musampa) 네덜란드 1977.07.20

리그	연도	소속	출전	교체	득점	도움	파울	경고	퇴장
BC	2008	서울	5	3	0	0	7	0	0
	합계		5	3	0	0	7	0	0
프로통산			5	3	0	0	7	0	0

무스타파 (Gonden Mustafa) 터키 1975.08.01

리그	연도	소속	출전	교체	득점	도움	파울	경고	퇴장
BC	2002	부천S	6	6	0	0	3	0	0
	2003	부천S	1	1	0	0	3	0	0
	합계		7	7	0	0	6	0	0
프로통산			7	7	0	0	6	0	0

무탐바 (Mutamba Kabongo) DR콩고 1972.12.09

리그	연도	소속	출전	교체	득점	도움	파울	경고	퇴장
BC	1997	안양L	32	5	3	0	55	4	0
	1998	안양L	34	4	4	2	59	5	0
	1999	안양L	28	6	2	1	45	5	0
	2000	안양L	15	6	0	0	26	5	0
	합계		109	21	9	3	185	19	0

리그	연도	소속	출전	교체	득점	도움	파울	경고	퇴장
프로통산			109	21	9	3	185	19	0

문기한 (文記韓) 영남사이버대 1989.03.17

리그	연도	소속	출전	교체	득점	도움	파울	경고	퇴장
BC	2008	서울	3	2	0	0	3	0	0
	2009	서울	0	0	0	0	0	0	0
	2010	서울	0	0	0	0	0	0	0
	2011	서울	13	12	0	0	14	2	0
	2012	서울	1	1	0	0	1	0	0
	합계		17	15	0	0	18	2	0
챌	2013	경찰	28	7	2	6	57	7	0
	2014	안산무	21	15	1	2	32	6	0
	2015	대구	38	32	1	10	56	9	0
	2016	부천	38	31	4	8	47	4	0
	합계		125	85	8	26	192	26	0
프로통산			142	100	8	26	210	28	0

문대성 (文大成) 중앙대 1986.03.15

리그	연도	소속	출전	교체	득점	도움	파울	경고	퇴장
BC	2007	전북	4	4	0	1	3	1	0
	2008	전북	11	9	1	2	15	2	0
	2009	성남일	14	11	0	0	12	3	0
	2010	성남일	9	9	2	0	4	1	0
	2011	울산	2	2	0	0	0	0	0
	합계		40	35	3	3	34	7	0
프로통산			40	35	3	3	34	7	0

문동주 (文棟柱) 대구대 1990.07.08

리그	연도	소속	출전	교체	득점	도움	파울	경고	퇴장
클	2013	서울	0	0	0	0	0	0	0
	합계		0	0	0	0	0	0	0
프로통산			0	0	0	0	0	0	0

문민귀 (文民貴) 호남대 1981.11.15

리그	연도	소속	출전	교체	득점	도움	파울	경고	퇴장
BC	2004	포항	35	8	1	2	39	4	0
	2005	포항	17	11	0	1	20	4	0
	2006	경남	12	2	0	0	18	3	0
	2006	수원	10	3	0	1	15	1	0
	2007	수원	7	5	0	1	11	0	0
	2008	수원	5	2	0	0	14	1	0
	2009	수원	9	4	0	1	16	2	0
	2010	수원	4	1	0	0	14	1	0
	2011	제주	2	1	0	0	4	0	0
	합계		101	37	1	6	151	16	0
프로통산			101	37	1	6	151	16	0

문민호 (文敏鎬) 광운대 1958.09.18

리그	연도	소속	출전	교체	득점	도움	파울	경고	퇴장
BC	1985	유공	5	5	1	0	1	0	0
	합계		5	5	1	0	1	0	0
프로통산			5	5	1	0	1	0	0

문병우 (文炳祐) 명지대 1986.05.03

리그	연도	소속	출전	교체	득점	도움	파울	경고	퇴장
BC	2009	강원	3	3	0	0	4	0	0
	합계		3	3	0	0	4	0	0
클	2013	강원	9	9	0	1	8	1	0
	합계		9	9	0	1	8	1	0
프로통산			12	12	0	1	12	1	0

문삼진 (文三鎭) 성균관대 1973.03.03

리그	연도	소속	출전	교체	득점	도움	파울	경고	퇴장
BC	1999	천안	29	9	0	0	48	3	0
	2000	성남일	31	13	1	4	43	4	0
	2001	성남일	11	10	0	0	4	0	0
	2002	성남일	19	10	0	2	45	2	0
	2003	성남일	0	0	0	0	0	0	0
	합계		90	42	1	6	140	9	0
프로통산			90	42	1	6	140	9	0

문상윤 (文相閏) 아주대 1991.01.09

리그	연도	소속	출전	교체	득점	도움	파울	경고	퇴장
BC	2012	인천	26	19	1	1	18	1	0
	합계		26	19	1	1	18	1	0
클	2013	인천	29	18	3	2	29	1	0
	2014	인천	31	17	3	3	17	2	0
	2015	전북	9	8	0	2	15	1	0
	2016	제주	22	19	3	2	11	0	0
	합계		91	62	9	9	72	4	0
프로통산			117	81	10	10	90	5	0

문영래 (文永來) 국민대 1964.03.06

리그	연도	소속	출전	교체	득점	도움	파울	경고	퇴장
BC	1988	유공	15	15	0	1	19	3	0
	1989	유공	33	25	2	5	49	4	0
	1990	유공	15	13	1	1	18	0	0
	1991	유공	14	7	0	0	19	3	0
	1992	유공	1	1	0	0	1	0	0
	1993	유공	10	10	0	1	10	1	0
	1994	버팔로	32	9	3	3	47	8	0
	1995	전북	16	12	0	0	17	2	0
	합계		136	92	6	11	180	21	0
프로통산			136	92	6	11	180	21	0

문영서 (文永瑞) 안양공고 1956.12.20

리그	연도	소속	출전	교체	득점	도움	파울	경고	퇴장
BC	1984	할렐	15	2	0	1	20	1	0
	1985	할렐	12	0	0	1	21	0	0
	합계		27	2	0	2	41	1	0
프로통산			27	2	0	2	41	1	0

문원근 (文元根) 동아대 1963.09.16

리그	연도	소속	출전	교체	득점	도움	파울	경고	퇴장
BC	1989	일화	18	5	0	4	36	4	0
	1990	일화	2	1	0	0	3	1	0
	합계		20	6	0	4	39	5	0
프로통산			20	6	0	4	39	5	0

문정주 (文禎珠) 선문대 1990.03.22

리그	연도	소속	출전	교체	득점	도움	파울	경고	퇴장
챌	2013	충주	29	24	2	1	41	4	0
	합계		29	24	2	1	41	4	0
프로통산			29	24	2	1	41	4	0

문주원 (文周元) 경희대 1983.05.08

리그	연도	소속	출전	교체	득점	도움	파울	경고	퇴장
BC	2006	대구	19	13	1	1	33	3	0
	2007	대구	18	13	1	0	40	1	0
	2008	대구	26	19	2	2	34	3	0
	2009	강원	12	11	1	0	8	0	0
	합계		75	56	5	3	115	7	0
클	2013	경남	4	4	0	0	3	1	0
	2014	경남	7	3	0	0	11	1	0
	합계		11	7	0	0	14	2	0
프로통산			86	63	5	3	129	9	0

문준호 (文竣湖) 용인대 1993.07.12

리그	연도	소속	출전	교체	득점	도움	파울	경고	퇴장
클	2016	수원	0	0	0	0	0	0	0
	합계		0	0	0	0	0	0	0
프로통산			0	0	0	0	0	0	0

문진용 (文眞勇) 경희대 1991.12.14

리그	연도	소속	출전	교체	득점	도움	파울	경고	퇴장
클	2013	전북	4	4	0	0	5	1	0
	합계		4	4	0	0	5	1	0
챌	2015	대구	1	0	0	0	2	0	0
	합계		1	0	0	0	2	0	0
프로통산			5	4	0	0	7	1	0

문창진 (文昶眞) 위덕대 1993.07.12

리그	연도	소속	출전	교체	득점	도움	파울	경고	퇴장
BC	2012	포항	4	4	0	0	0	0	0
	합계		4	4	0	0	0	0	0
클	2013	포항	7	7	1	0	3	0	0
	2014	포항	24	17	2	2	20	1	0
	2015	포항	11	6	4	2	10	1	0
	2016	포항	23	15	3	4	12	1	0
	합계		65	45	10	8	45	3	0
프로통산			69	49	10	8	45	3	0

문창현 (文昶現) 명지대 1992.11.12

리그	연도	소속	출전	교체	득점	도움	파울	경고	퇴장
클	2015	성남	0	0	0	0	0	0	0
	합계		0	0	0	0	0	0	0
프로통산			0	0	0	0	0	0	0

문태권 (文泰權) 명지대 1968.05.14

리그	연도	소속	출전	교체	득점	도움	파울	경고	퇴장
BC	1993	현대	9	1	0	0	12	2	0
	1994	현대	11	5	0	0	12	2	0
	1995	전남	2	2	0	1	3	0	0
	1996	전남	4	4	0	0	4	0	0
	합계		26	12	0	1	31	4	0
프로통산			26	12	0	1	31	4	0

문태혁 (文泰赫) 광양제철고 1983.03.31

리그	연도	소속	출전	교체	득점	도움	파울	경고	퇴장
BC	2000	수원	0	0	0	0	0	0	0
	합계		0	0	0	0	0	0	0
프로통산			0	0	0	0	0	0	0

미구엘 (Miguel Antonio Bianconi Kohl) 브라질 1992.05.14

리그	연도	소속	출전	교체	득점	도움	파울	경고	퇴장
챌	2013	충주	8	7	0	0	12	1	0
	합계		8	7	0	0	12	1	0
프로통산			8	7	0	0	12	1	0

미니치 유고슬라비아 1966.10.24

리그	연도	소속	출전	교체	득점	도움	파울	경고	퇴장
BC	1995	전남	22	7	1	2	22	4	0
	합계		22	7	1	2	22	4	0
프로통산			22	7	1	2	22	4	0

미르코 (Mirko Jovanovic) 유고슬라비아 1971.03.14

리그	연도	소속	출전	교체	득점	도움	파울	경고	퇴장
BC	1999	전북	14	8	4	1	22	0	0
	2000	전북	7	7	0	1	2	0	0
	합계		21	15	4	2	24	0	0
프로통산			21	15	4	2	24	0	0

미샤 (Miodrag Vasiljevic) 유고슬라비아 1980.08.21

리그	연도	소속	출전	교체	득점	도움	파울	경고	퇴장
BC	2001	성남일	4	5	0	0	4	0	0
	합계		4	5	0	0	4	0	0
프로통산			4	5	0	0	4	0	0

미셀 (Michel Neves Dias) 브라질 1980.07.13

리그	연도	소속	출전	교체	득점	도움	파울	경고	퇴장
BC	2003	전남	13	9	4	3	17	3	0
	합계		13	9	4	3	17	3	0
프로통산			13	9	4	3	17	3	0

미첼 (Michel Pensee Billong) 카메룬 1973.06.16

리그	연도	소속	출전	교체	득점	도움	파울	경고	퇴장
BC	1997	천안	3	2	1	0	7	0	1
	1998	천안	15	3	1	0	29	4	0
	1999	천안	32	0	0	0	66	5	0
	합계		50	5	2	0	102	9	1
프로통산			50	5	2	0	102	9	1

미카엘 (Karapet Mikaelyan) 아르메니아 1968.09.27

리그	연도	소속	출전	교체	득점	도움	파울	경고	퇴장
BC	1997	부천S	15	15	1	2	11	1	0
	합계		15	15	1	2	11	1	0
프로통산			15	15	1	2	11	1	0

미트로 (Slavisa Mitrović) 보스니아 헤르체고비나 1977.07.05

리그	연도	소속	출전	교체	득점	도움	파울	경고	퇴장
BC	2002	수원	7	6	0	1	25	3	0
	합계		7	6	0	1	25	3	0
프로통산			7	6	0	1	25	3	0

미하이 (Dragus Mihai) 루마니아 1973.03.13

리그	연도	소속	출전	교체	득점	도움	파울	경고	퇴장
BC	1998	수원	21	17	6	2	45	3	1
	합계		21	17	6	2	45	3	1
프로통산			21	17	6	2	45	3	1

미하일 (Radmilo Mihajlovic) 유고슬라비아 1964.11.19

리그	연도	소속	출전	교체	득점	도움	파울	경고	퇴장
BC	1997	포항	3	3	0	0	2	1	0
	합계		3	3	0	0	2	1	0
프로통산			3	3	0	0	2	1	0

민경인 (閔庚仁) 고려대 1979.05.09

리그	연도	소속	출전	교체	득점	도움	파울	경고	퇴장
BC	2003	성남일	1	1	0	0	2	0	0
	합계		1	1	0	0	2	0	0
프로통산			1	1	0	0	2	0	0

민병욱

리그	연도	소속	출전	교체	득점	도움	파울	경고	퇴장
BC	1983	대우	5	6	1	0	2	0	0
	합계		5	6	1	0	2	0	0
프로통산			5	6	1	0	2	0	0

민상기 (閔尙基) 매탄고 1991.08.27

리그	연도	소속	출전	교체	득점	도움	파울	경고	퇴장
BC	2010	수원	1	0	0	0	1	0	0
	2011	수원	1	1	0	0	0	0	0
	2012	수원	5	4	0	0	8	0	0
	합계		7	5	0	0	9	0	0
클	2013	수원	30	6	0	0	41	3	0
	2014	수원	20	4	0	1	30	2	0
	2015	수원	7	2	1	0	8	1	0
	2016	수원	8	3	0	0	11	0	0
	합계		65	15	1	1	90	6	0
프로통산			72	20	1	1	99	6	0

민영기 (閔榮基) 경상대 1976.03.28

리그	연도	소속	출전	교체	득점	도움	파울	경고	퇴장
BC	1999	울산	5	1	0	0	7	0	0
	2000	울산	14	5	0	0	16	1	0
	2004	대구	25	1	0	0	48	9	0
	2005	대구	28	4	0	0	37	8	0
	2006	대전	37	3	1	0	27	5	0
	2007	대전	32	6	0	0	33	2	0
	2008	대전	23	5	0	1	31	2	0
	2009	부산	18	14	1	0	13	3	0
	합계		182	39	2	1	212	30	0
프로통산			182	39	2	1	212	30	0

민진홍 (閔鎭泓) 동대문상고 1960.03.11

리그	연도	소속	출전	교체	득점	도움	파울	경고	퇴장
BC	1983	대우	2	1	0	0	0	0	0
	1984	럭금	16	8	0	1	5	0	0
	1985	유공	2	1	0	0	1	0	0
	1986	유공	36	4	2	2	35	3	0
	1987	유공	15	6	0	0	21	0	1
	1988	유공	3	3	0	0	0	0	0
	합계		74	23	2	3	62	3	1
프로통산			74	23	2	3	62	3	1

밀톤 (Milton Fabian Rodriguez Suarez) 콜롬비아 1976.04.28

리그	연도	소속	출전	교체	득점	도움	파울	경고	퇴장
BC	2005	전북	11	7	4	0	25	1	0
	2006	전북	10	8	2	0	14	0	0
	합계		21	15	6	0	39	1	0
프로통산			21	15	6	0	39	1	0

바그너 (Qerino da Silva Wagner) 브라질 1987.01.31

리그	연도	소속	출전	교체	득점	도움	파울	경고	퇴장
BC	2011	대전	27	17	7	1	29	2	0
	합계		27	17	7	1	29	2	0
챌	2014	안양	17	16	1	0	7	1	0
	합계		17	16	1	0	7	1	0
프로통산			44	33	8	1	36	3	0

바그너 (Wagner Luiz da Silva) 브라질 1981.09.13

리그	연도	소속	출전	교체	득점	도움	파울	경고	퇴장
BC	2009	포항	5	5	0	0	1	1	0
	합계		5	5	0	0	1	1	0
프로통산			5	5	0	0	1	1	0

바그닝요 (Wagner da Silva Souza) 브라질 1990.01.30

리그	연도	소속	출전	교체	득점	도움	파울	경고	퇴장
챌	2016	부천	36	4	9	3	131	10	2
	합계		36	4	9	3	131	10	2
프로통산			36	4	9	3	131	10	2

바데아 (Pavel Badea) 루마니아 1967.06.10

리그	연도	소속	출전	교체	득점	도움	파울	경고	퇴장
BC	1996	수원	32	6	4	4	41	4	0
	1997	수원	33	3	3	4	45	7	0
	1998	수원	15	2	4	2	17	4	0
	합계		80	11	11	10	103	15	0
프로통산			80	11	11	10	103	15	0

바락신 러시아 1974.08.03

리그	연도	소속	출전	교체	득점	도움	파울	경고	퇴장
BC	1995	유공	7	5	1	0	10	0	0
	합계		7	5	1	0	10	0	0
프로통산			7	5	1	0	10	0	0

바바 (Baba Yuta, 馬場憂太) 일본 1984.01.22

리그	연도	소속	출전	교체	득점	도움	파울	경고	퇴장
BC	2011	대전	6	5	1	0	7	0	0
	2012	대전	30	9	4	2	44	9	0
	합계		36	14	5	2	51	9	0
클	2013	대전	7	5	0	0	4	1	0
	합계		7	5	0	0	4	1	0
프로통산			43	19	5	2	55	10	0

바바라데 (Ajibade Kunde Babalade) 나이지리아 1972.03.29

리그	연도	소속	출전	교체	득점	도움	파울	경고	퇴장
BC	1997	안양L	3	2	0	0	4	2	0
	합계		3	2	0	0	4	2	0
프로통산			3	2	0	0	4	2	0

바벨 (Vaber Mendes Ferreira) 브라질 1981.09.22

리그	연도	소속	출전	교체	득점	도움	파울	경고	퇴장
BC	2009	대전	24	3	1	3	49	4	0
	2010	대전	12	6	0	0	12	0	0
	합계		36	9	1	3	61	4	0
프로통산			36	9	1	3	61	4	0

바우지비아 (Ferreira da Silva Leite Caique) 브라질 1992.10.2

리그	연도	소속	출전	교체	득점	도움	파울	경고	퇴장
클	2014	성남	13	12	1	1	16	1	0
	합계		13	12	1	1	16	1	0
프로통산			13	12	1	1	16	1	0

바우텔 (Walter Junio da Silva Clementino) 브라질 1982.01.12

리그	연도	소속	출전	교체	득점	도움	파울	경고	퇴장
BC	2008	대전	9	3	1	1	12	1	0
	합계		9	3	1	1	12	1	0
프로통산			9	3	1	1	12	1	0

바울 (Valdeir da Silva Santos) 브라질 1977.04.12

리그	연도	소속	출전	교체	득점	도움	파울	경고	퇴장
BC	2009	대구	15	8	2	0	24	2	0
	합계		15	8	2	0	24	2	0
프로통산			15	8	2	0	24	2	0

바이아노 (Claudio Celio Cunha Defensor) 브라질 1974.02.19

리그	연도	소속	출전	교체	득점	도움	파울	경고	퇴장
BC	2001	울산	6	6	0	0	3	0	0
	합계		6	6	0	0	3	0	0
프로통산			6	6	0	0	3	0	0

바이아 (Santos Fabio Junior Nascimento) 브라질 1983.11.02

리그	연도	소속	출전	교체	득점	도움	파울	경고	퇴장
BC	2011	인천	31	12	2	1	32	1	0
	합계		31	12	2	1	32	1	0
프로통산			31	12	2	1	32	1	0

바조 (Blaze Ilijoski) 마케도니아 1984.07.09

리그	연도	소속	출전	교체	득점	도움	파울	경고	퇴장
BC	2006	인천	14	12	3	0	28	2	0
	2010	강원	7	5	1	1	8	2	0
	합계		21	17	4	1	36	4	0
프로통산			21	17	4	1	36	4	0

바티스타 (Edinaldo Batista Libanio) 브라질 1979.04.02

리그	연도	소속	출전	교체	득점	도움	파울	경고	퇴장
BC	2003	안양L	9	4	0	0	39	4	0
	합계		9	4	0	0	39	4	0
프로통산			9	4	0	0	39	4	0

바하 (Mahmadu Alphajor Bah) 시에라리온 1977.01.01

리그	연도	소속	출전	교체	득점	도움	파울	경고	퇴장
BC	1997	전남	12	13	0	1	23	2	0
	1998	전남	18	18	0	2	30	2	1
	합계		30	31	0	3	53	4	1
프로통산			30	31	0	3	53	4	1

박강조 (朴康造) 일본 다키가와다고 1980.01.24

리그	연도	소속	출전	교체	득점	도움	파울	경고	퇴장
BC	2000	성남일	31	8	0	1	41	1	0
	2001	성남일	20	15	1	2	12	1	0
	2002	성남일	18	17	0	0	19	2	0
	합계		69	40	1	3	72	4	0
프로통산			69	40	1	3	72	4	0

박건영 (朴建映) 영남대 1987.03.14

리그	연도	소속	출전	교체	득점	도움	파울	경고	퇴장
BC	2011	대전	9	3	0	0	6	1	0
	2012	대전	0	0	0	0	0	0	0
	합계		9	3	0	0	6	1	0
프로통산			9	3	0	0	6	1	0

박건하 (朴建夏) 경희대 1971.07.25

리그	연도	소속	출전	교체	득점	도움	파울	경고	퇴장
BC	1996	수원	34	0	14	6	56	2	0
	1997	수원	19	3	2	4	38	2	0
	1998	수원	22	9	2	0	45	6	0
	1999	수원	39	18	12	6	59	5	0
	2000	수원	19	2	6	5	31	2	0
	2001	수원	30	15	4	4	41	2	0
	2002	수원	26	12	2	2	29	1	0
	2003	수원	31	11	0	0	50	3	0
	2004	수원	31	9	1	0	49	3	0
	2005	수원	26	1	1	0	47	5	0
	2006	수원	15	4	0	0	15	2	1
	합계		292	84	44	27	460	33	1
프로통산			292	84	44	27	460	33	1

박건희 (朴建熙) 한라대 1990.08.27

리그	연도	소속	출전	교체	득점	도움	파울	경고	퇴장
챌	2013	부천	0	0	0	0	0	0	0
	합계		0	0	0	0	0	0	0
프로통산			0	0	0	0	0	0	0

박경규 (朴景奎) 연세대 1977.03.10

리그	연도	소속	출전	교체	득점	도움	파울	경고	퇴장
BC	2000	대전	12	12	1	0	6	0	0
	2001	대전	17	17	3	0	11	1	0
	2002	대전	6	6	1	0	2	0	0
	2003	대전	5	5	0	0	6	0	0
	합계		40	40	5	0	25	1	0
프로통산			40	40	5	0	25	1	0

박경록 (朴景祿) 동아대 1994.09.30

리그	연도	소속	출전	교체	득점	도움	파울	경고	퇴장
챌	2016	부산	2	0	0	0	0	0	0
	합계		2	0	0	0	0	0	0
프로통산			2	0	0	0	0	0	0

박경삼 (朴瓊三) 한성대 1978.06.06

리그	연도	소속	출전	교체	득점	도움	파울	경고	퇴장
BC	2001	울산	7	3	0	0	5	1	0
	2002	울산	1	1	0	0	2	0	0
	2003	광주상	22	7	1	0	34	3	0
	2009	제주	1	0	0	0	3	1	0
	합계		31	11	1	0	44	5	0
프로통산			31	11	1	0	44	5	0

박경순 (朴敬淳) 인천대 1988.09.30

리그	연도	소속	출전	교체	득점	도움	파울	경고	퇴장
BC	2011	인천	0	0	0	0	0	0	0
	합계		0	0	0	0	0	0	0
프로통산			0	0	0	0	0	0	0

박경완 (朴景浣) 아주대 1988.07.22

리그	연도	소속	출전	교체	득점	도움	파울	경고	퇴장
챌	2014	부천	5	5	0	0	4	1	0
	합계		5	5	0	0	4	1	0
프로통산			5	5	0	0	4	1	0

박경익 (朴慶益) 광주대 1991.08.13

리그	연도	소속	출전	교체	득점	도움	파울	경고	퇴장
BC	2012	울산	0	0	0	0	0	0	0
	합계		0	0	0	0	0	0	0
클	2014	상주	10	10	1	1	7	3	0
	합계		10	10	1	1	7	3	0
챌	2015	상주	3	1	0	1	7	1	0
	합계		3	1	0	1	7	1	0
프로통산			13	11	1	2	14	4	0

박경환 (朴景晥) 고려대 1976.12.29

리그	연도	소속	출전	교체	득점	도움	파울	경고	퇴장
BC	2001	전북	8	8	1	0	6	2	0
	2003	대구	19	1	0	2	37	8	0
	2004	대구	22	5	0	0	33	5	1
	2005	포항	0	0	0	0	0	0	0
	합계		49	14	1	2	76	15	1
프로통산			49	14	1	2	76	15	1

박경훈 (朴景勳) 한양대 1961.01.19

리그	연도	소속	출전	교체	득점	도움	파울	경고	퇴장
BC	1984	포철	21	4	0	2	13	1	0
	1985	포철	4	0	0	0	6	0	0
	1986	포철	3	1	0	0	4	0	0
	1987	포철	31	0	0	3	31	2	0
	1988	포철	12	2	0	0	15	2	0
	1989	포철	5	1	1	0	1	0	0
	1990	포철	8	3	0	0	13	1	0
	1991	포철	23	13	3	0	22	2	0
	1992	포철	27	10	0	3	35	0	0
	합계		134	34	4	8	140	8	0
프로통산			134	34	4	8	140	8	0

박공재 (朴攻在) 조선대 1964.03.06

리그	연도	소속	출전	교체	득점	도움	파울	경고	퇴장
BC	1986	한일	4	2	0	0	6	1	0
	합계		4	2	0	0	6	1	0
프로통산			4	2	0	0	6	1	0

박광민 (朴光民) 배재대 1982.05.14

리그	연도	소속	출전	교체	득점	도움	파울	경고	퇴장
BC	2006	성남일	5	4	1	1	4	0	0
	2007	성남일	1	1	0	0	0	0	0
	2008	광주상	3	3	0	0	4	0	0
	2009	광주상	1	1	0	0	1	0	0
	합계		10	9	1	1	9	0	0
프로통산			10	9	1	1	9	0	0

박광현 (朴光鉉) 구룡포종고 1967.07.24

리그	연도	소속	출전	교체	득점	도움	파울	경고	퇴장
BC	1989	현대	14	6	0	0	26	3	0
	1990	현대	7	3	0	0	9	0	0
	1991	현대	10	7	0	0	14	1	0
	1992	일화	17	6	0	0	25	5	0
	1993	일화	23	14	1	0	36	7	0
	1994	일화	14	7	1	0	19	2	1
	1995	일화	29	6	0	0	52	9	1
	1996	천안	30	6	3	0	66	9	2
	1997	천안	30	7	0	0	63	9	0
	1998	천안	23	9	0	0	55	6	1
	1999	천안	11	8	0	0	13	3	0
	합계		208	79	5	0	378	54	5
프로통산			208	79	5	0	378	54	5

박국창 (朴國昌) 조선대 1963.08.15

리그	연도	소속	출전	교체	득점	도움	파울	경고	퇴장
BC	1985	유공	8	8	0	0	6	0	0
	1986	유공	3	3	0	0	3	0	0
	1986	럭금	6	6	1	0	9	0	0
	1987	럭금	11	10	0	1	13	0	0
	합계		28	27	1	1	31	0	0
프로통산			28	27	1	1	31	0	0

박규선 (朴圭善) 서울체고 1981.09.24

리그	연도	소속	출전	교체	득점	도움	파울	경고	퇴장
BC	2000	울산	11	11	1	0	12	1	0
	2001	울산	26	20	0	0	13	1	0
	2002	울산	25	11	0	2	17	3	0
	2003	울산	8	6	0	0	4	0	0
	2004	전북	17	4	1	0	15	1	0
	2005	전북	21	9	1	0	30	4	0
	2006	울산	28	13	0	3	37	4	0
	2007	부산	18	16	0	2	26	3	0
	2008	광주상	32	13	4	3	38	3	0
	합계		186	103	7	10	192	20	0
프로통산			186	103	7	10	192	20	0

박금렬 (朴錦烈) 단국대 1972.05.05

리그	연도	소속	출전	교체	득점	도움	파울	경고	퇴장
BC	1998	천안	5	5	0	0	1	0	0
	합계		5	5	0	0	1	0	0
프로통산			5	5	0	0	1	0	0

박기동 (朴己東) 숭실대 1988.11.01

리그	연도	소속	출전	교체	득점	도움	파울	경고	퇴장
BC	2011	광주	31	15	3	5	60	2	0
	2012	광주	31	16	5	5	50	1	0
	합계		62	31	8	10	110	3	0
클	2013	제주	6	6	0	0	4	0	0
	2013	전남	18	12	1	1	18	0	0
	2014	전남	7	5	0	0	4	1	0
	2016	상주	25	13	9	8	21	3	0
	2016	전남	5	4	0	0	6	0	0
	합계		61	40	10	9	53	4	0
챌	2015	상주	35	30	6	5	40	6	0
	합계		35	30	6	5	40	6	0
프로통산			158	101	24	24	203	13	0

박기욱 (朴起旭) 울산대 1978.12.22

리그	연도	소속	출전	교체	득점	도움	파울	경고	퇴장
BC	2001	울산	28	11	0	3	44	5	0
	2002	울산	5	5	0	0	6	0	0
	2003	광주상	8	8	0	0	10	0	0
	2004	광주상	9	9	1	0	7	0	0
	2005	부천S	14	15	1	1	24	2	0
	2006	제주	13	12	0	2	16	2	0
	합계		77	60	2	6	107	9	0
프로통산			77	60	2	6	107	9	0

박기필 (朴起必) 건국대 1984.07.29

리그	연도	소속	출전	교체	득점	도움	파울	경고	퇴장
BC	2005	부산	1	0	0	0	2	1	0
	2006	부산	9	8	1	1	6	1	0
	합계		10	8	1	1	8	2	0
프로통산			10	8	1	1	8	2	0

박기형 (朴基亨) 천안농고 1963.04.21

리그	연도	소속	출전	교체	득점	도움	파울	경고	퇴장
BC	1983	포철	4	5	0	0	0	0	0
	1989	포철	1	1	0	0	0	0	0
	합계		5	6	0	0	0	0	0
프로통산			5	6	0	0	0	0	0

박남열 (朴南烈) 대구대 1970.05.04

리그	연도	소속	출전	교체	득점	도움	파울	경고	퇴장
BC	1993	일화	27	23	3	1	13	2	0
	1994	일화	27	19	4	2	34	4	0
	1995	일화	24	20	2	2	26	2	0
	1996	천안	35	5	9	8	45	2	1
	1999	천안	27	11	4	2	48	5	0
	2000	성남일	41	14	13	3	63	2	0
	2001	성남일	24	11	3	3	27	3	0
	2002	성남일	31	28	1	3	53	3	0
	2003	성남일	11	9	1	0	26	2	0
	2004	수원	3	3	0	0	0	0	0
	합계		250	143	40	24	335	25	1
프로통산			250	143	40	24	335	25	1

박내인 (朴來仁) 전북대 1962.08.20

리그	연도	소속	출전	교체	득점	도움	파울	경고	퇴장
BC	1985	상무	6	1	0	0	4	0	0
	합계		6	1	0	0	4	0	0
프로통산			6	1	0	0	4	0	0

박노봉 (朴魯鳳) 고려대 1961.06.19

리그	연도	소속	출전	교체	득점	도움	파울	경고	퇴장
BC	1985	대우	16	0	1	0	18	1	0
	1986	대우	32	0	1	0	36	4	0
	1987	대우	29	1	0	0	14	0	0
	1988	대우	17	3	1	0	14	0	0
	1989	대우	38	9	1	0	41	3	0
	1990	대우	21	0	0	2	14	1	0
	1991	대우	1	1	0	0	0	0	0
	합계		154	14	4	2	137	9	0
프로통산			154	14	4	2	137	9	0

박대식 (朴大植) 중앙대 1984.03.03

리그	연도	소속	출전	교체	득점	도움	파울	경고	퇴장
BC	2007	부산	1	0	0	0	1	0	0
	합계		1	0	0	0	1	0	0
프로통산			1	0	0	0	1	0	0

박대제 (朴大濟) 서울시립대 1958.10.14

리그	연도	소속	출전	교체	득점	도움	파울	경고	퇴장
BC	1984	한일	14	6	1	0	8	1	0
	1985	한일	4	3	0	0	7	0	0
	합계		18	9	1	0	15	1	0
프로통산			18	9	1	0	15	1	0

박대한 (朴大韓) 성균관대 1991.05.01

리그	연도	소속	출전	교체	득점	도움	파울	경고	퇴장
클	2015	인천	35	3	1	1	44	8	0
	2016	인천	26	3	0	2	31	6	0
	합계		61	6	1	3	75	14	0
챌	2014	강원	3	1	0	0	5	0	0
	합계		3	1	0	0	5	0	0
프로통산			64	7	1	3	80	14	0

박대훈 (朴大勳) 서남대 1996.03.30

리그	연도	소속	출전	교체	득점	도움	파울	경고	퇴장
챌	2016	대전	25	24	3	1	23	0	0
	합계		25	24	3	1	23	0	0
프로통산			25	24	3	1	23	0	0

박도현 (朴度賢) 배재대 1980.07.04

리그	연도	소속	출전	교체	득점	도움	파울	경고	퇴장
BC	2003	부천S	2	2	0	0	0	0	0
	2007	대전	15	15	0	0	18	2	0

리그	연도	소속	출전	교체	득점	도움	파울	경고	퇴장
	합계		17	17	0	0	18	2	0
프로통산			17	17	0	0	18	2	0

박동균 (朴東均) 중앙대 1964.10.15

리그	연도	소속	출전	교체	득점	도움	파울	경고	퇴장
BC	1988	럭금	15	3	0	0	11	4	0
	합계		15	3	0	0	11	4	0
프로통산			15	3	0	0	11	4	0

박동석 (朴東錫) 아주대 1981.05.03

리그	연도	소속	출전	교체	실점	도움	파울	경고	퇴장
BC	2002	안양L	1	0	1	0	0	0	0
	2003	안양L	25	0	39	0	0	0	0
	2004	서울	12	0	7	0	1	0	0
	2005	서울	21	0	25	0	0	1	0
	2006	서울	0	0	0	0	0	0	0
	2007	광주상	19	1	22	0	1	1	0
	2008	광주상	8	0	10	0	0	0	0
	2009	서울	10	1	9	0	0	0	0
	합계		96	2	113	0	2	2	0
프로통산			96	2	113	0	2	2	0

박동수 (朴東洙) 서귀포고 1982.02.25

리그	연도	소속	출전	교체	득점	도움	파울	경고	퇴장
BC	2000	포항	6	5	0	0	3	1	0
	합계		6	5	0	0	3	1	0
프로통산			6	5	0	0	3	1	0

박동우 (朴東佑) 국민대 1970.11.03

리그	연도	소속	출전	교체	실점	도움	파울	경고	퇴장
BC	1995	일화	1	0	2	0	0	0	0
	1996	천안	12	0	22	0	0	0	0
	1997	부천S	15	0	28	0	1	1	0
	1998	부천S	36	0	48	0	0	1	0
	1999	부천S	0	0	0	0	0	0	0
	2000	전남	27	0	30	0	0	0	0
	합계		91	0	130	0	1	2	0
프로통산			91	0	130	0	1	2	0

박동진 (朴東眞) 한남대 1994.12.10

리그	연도	소속	출전	교체	득점	도움	파울	경고	퇴장
클	2016	광주	24	10	0	0	14	4	0
	합계		24	10	0	0	14	4	0
프로통산			24	10	0	0	14	4	0

박동혁 (朴東赫) 고려대 1979.04.18

리그	연도	소속	출전	교체	득점	도움	파울	경고	퇴장
BC	2002	전북	21	3	2	0	35	2	0
	2003	전북	31	12	1	0	65	8	0
	2004	전북	22	5	4	0	42	7	0
	2005	전북	27	2	5	0	49	7	0
	2006	울산	34	4	4	0	54	5	1
	2007	울산	32	5	4	1	39	4	0
	2008	울산	37	3	1	2	55	5	0
	합계		204	34	21	3	339	38	1
클	2013	울산	25	19	0	0	5	1	0
	2014	울산	15	11	1	0	14	2	0
	합계		40	30	1	0	19	3	0
프로통산			244	64	22	3	358	41	1

박동혁 (朴東爀) 현대고 1992.03.11

리그	연도	소속	출전	교체	득점	도움	파울	경고	퇴장
BC	2012	울산	0	0	0	0	0	0	0
	합계		0	0	0	0	0	0	0
프로통산			0	0	0	0	0	0	0

박두흥 (朴斗興) 성균관대 1964.04.01

리그	연도	소속	출전	교체	득점	도움	파울	경고	퇴장
BC	1989	일화	27	10	1	0	40	2	0
	1990	일화	2	1	0	0	2	0	0
	1991	일화	24	12	0	4	26	1	0
	1992	일화	9	5	1	1	11	1	0
	합계		62	28	2	5	79	4	0
프로통산			62	28	2	5	79	4	0

박래철 (朴徠徹) 호남대 1977.08.20

리그	연도	소속	출전	교체	득점	도움	파울	경고	퇴장
BC	2000	대전	7	2	0	0	10	1	0
	2001	대전	10	8	0	0	16	4	0
	2002	대전	10	7	0	0	12	1	0
	2005	대전	1	1	0	0	0	0	0
	2006	대전	1	1	0	0	0	0	0
	합계		29	19	0	0	38	6	0
프로통산			29	19	0	0	38	6	0

박무홍 (朴武洪) 영남대 1957.08.19

리그	연도	소속	출전	교체	득점	도움	파울	경고	퇴장
BC	1983	포철	6	6	0	1	2	1	0
	1984	포철	2	1	0	0	1	0	0
	합계		8	7	0	1	3	1	0
프로통산			8	7	0	1	3	1	0

박문기 (朴雯璣) 전주대 1983.11.15

리그	연도	소속	출전	교체	득점	도움	파울	경고	퇴장
BC	2006	전남	1	1	0	0	0	0	0
	합계		1	1	0	0	0	0	0
프로통산			1	1	0	0	0	0	0

박민 (朴愍) 대구대 1986.05.06

리그	연도	소속	출전	교체	득점	도움	파울	경고	퇴장
BC	2009	경남	21	5	2	0	38	5	0
	2010	경남	4	1	0	0	3	0	0
	2011	경남	8	7	1	0	19	3	0
	2012	광주	21	1	2	0	41	3	0
	합계		54	14	5	0	101	11	0
클	2013	강원	20	12	1	0	17	2	0
	합계		20	12	1	0	17	2	0
챌	2014	안양	23	1	2	1	19	0	0
	합계		23	1	2	1	19	0	0
승	2013	강원	1	1	0	0	1	0	0
	합계		1	1	0	0	1	0	0
프로통산			98	28	8	1	138	13	0

박민근 (朴敏根) 한남대 1984.02.27

리그	연도	소속	출전	교체	득점	도움	파울	경고	퇴장
BC	2011	대전	18	13	1	1	30	5	0
	2012	대전	6	3	0	0	12	3	0
	합계		24	16	1	1	42	8	0
프로통산			24	16	1	1	42	8	0

박민서 (朴玟緖) 고려대 1976.08.24

리그	연도	소속	출전	교체	득점	도움	파울	경고	퇴장
BC	1999	부산	27	10	0	0	38	5	0
	2000	부산	26	10	2	0	29	2	2
	2001	부산	14	10	0	0	3	0	0
	2002	포항	11	8	0	0	17	3	0
	2003	부천S	7	1	0	0	13	3	0
	2004	부천S	1	1	0	0	0	0	0
	합계		86	40	2	0	100	13	2
프로통산			86	40	2	0	100	13	2

박민선 (朴玟宣) 용인대 1991.04.04

리그	연도	소속	출전	교체	실점	도움	파울	경고	퇴장
챌	2014	대구	3	1	5	0	0	0	0
	합계		3	1	5	0	0	0	0
프로통산			3	1	5	0	0	0	0

박민영 (朴民迎) 원주학성중 1987.04.02

리그	연도	소속	출전	교체	득점	도움	파울	경고	퇴장
BC	2004	성남일	0	0	0	0	0	0	0
	합계		0	0	0	0	0	0	0
프로통산			0	0	0	0	0	0	0

박병규 (朴炳圭) 고려대 1982.03.01

리그	연도	소속	출전	교체	득점	도움	파울	경고	퇴장
BC	2005	울산	34	0	0	1	22	5	0
	2006	울산	28	0	0	1	18	7	0
	2007	울산	38	0	0	1	46	3	0
	2008	울산	18	2	0	0	9	2	0
	2009	광주상	8	2	0	1	10	1	0
	2010	광주상	26	4	0	0	19	2	0
	2010	울산	0	0	0	0	0	0	0
	2011	울산	10	5	0	0	2	0	0
	합계		162	13	0	4	126	20	0
프로통산			162	13	0	4	126	20	0

박병원 (朴炳垣) 경희대 1983.09.02

리그	연도	소속	출전	교체	득점	도움	파울	경고	퇴장
챌	2013	안양	29	15	6	1	47	2	0
	2014	고양	34	16	3	3	51	2	0
	합계		63	31	9	4	98	4	0
프로통산			63	31	9	4	98	4	0

박병주 (朴秉柱) 한성대 1977.10.05

리그	연도	소속	출전	교체	득점	도움	파울	경고	퇴장
BC	2003	대구	10	3	0	1	20	3	0
	합계		10	3	0	1	20	3	0
프로통산			10	3	0	1	20	3	0

박병주 (朴炳柱) 단국대 1985.03.24

리그	연도	소속	출전	교체	득점	도움	파울	경고	퇴장
BC	2011	광주	23	4	0	0	50	6	1
	2012	제주	19	7	0	0	16	4	0
	합계		42	11	0	0	66	10	1
챌	2013	광주	4	0	0	0	4	0	0
	합계		4	0	0	0	4	0	0
프로통산			46	11	0	0	70	10	1

박병철 (朴炳澈) 한양대 1954.11.25

리그	연도	소속	출전	교체	득점	도움	파울	경고	퇴장
BC	1984	럭금	16	0	0	0	7	2	0
	합계		16	0	0	0	7	2	0
프로통산			16	0	0	0	7	2	0

박병현 (朴炳玹) 상지대 1993.03.28

리그	연도	소속	출전	교체	득점	도움	파울	경고	퇴장
챌	2016	부산	1	1	0	0	0	0	0
	합계		1	1	0	0	0	0	0
프로통산			1	1	0	0	0	0	0

박복준 (朴福濬) 연세대 1960.04.21

리그	연도	소속	출전	교체	득점	도움	파울	경고	퇴장
BC	1983	대우	3	1	0	0	2	0	0
	1984	현대	9	1	1	0	9	0	0
	1986	럭금	4	2	0	0	2	1	0
	합계		16	4	1	0	13	1	0
프로통산			16	4	1	0	13	1	0

박상록 (朴相錄) 경희대 1957.03.18

리그	연도	소속	출전	교체	득점	도움	파울	경고	퇴장
BC	1984	국민	2	2	0	0	1	0	0
	합계		2	2	0	0	1	0	0
프로통산			2	2	0	0	1	0	0

박상록 (朴常綠) 안동대 1965.08.13

리그	연도	소속	출전	교체	득점	도움	파울	경고	퇴장
BC	1989	일화	16	12	0	0	17	1	0
	1990	일화	2	2	0	0	2	0	0
	합계		18	14	0	0	19	1	0
프로통산			18	14	0	0	19	1	0

박상신 (朴相信) 동아대 1978.01.23

리그	연도	소속	출전	교체	득점	도움	파울	경고	퇴장
BC	2000	부산	3	3	0	0	1	0	0
	2001	부산	3	4	0	0	2	0	0
	2003	광주상	5	5	1	0	6	0	0
	2004	부산	11	11	0	0	4	1	0
	합계		22	23	1	0	13	1	0
프로통산			22	23	1	0	13	1	0

박상욱 (朴相旭) 대구예술대 1986.01.30

리그	연도	소속	출전	교체	득점	도움	파울	경고	퇴장
BC	2009	광주상	2	2	0	0	0	0	0
	2010	광주상	1	0	0	0	0	0	0
	2011	대전	1	1	0	0	4	0	0
	합계		4	3	0	0	4	0	0
프로통산			4	3	0	0	4	0	0

박상인 (朴商寅) 동래고 1952.11.15

리그	연도	소속	출전	교체	득점	도움	파울	경고	퇴장
BC	1983	할렐	16	4	4	3	1	1	0
	1984	할렐	28	5	7	2	10	0	0
	1985	할렐	21	5	6	2	9	1	0
	1986	현대	20	12	3	0	6	1	0
	1987	현대	1	1	0	0	1	0	0
	합계		86	27	20	7	27	3	0
프로통산			86	27	20	7	27	3	0

박상인 (朴相麟) 제주제일고 1976.03.10

리그	연도	소속	출전	교체	득점	도움	파울	경고	퇴장
BC	1995	포항	1	1	1	0	1	0	0
	1998	포항	2	3	0	0	1	0	0
	1999	포항	11	11	3	1	7	0	0
	2000	포항	4	6	0	0	0	0	0
	2001	포항	5	6	0	2	3	0	0
	2002	포항	8	8	0	0	8	0	0
	합계		31	35	4	3	20	0	0
프로통산			31	35	4	3	20	0	0

박상진 (朴相珍) 경희대 1987.03.03

리그	연도	소속	출전	교체	득점	도움	파울	경고	퇴장
BC	2010	강원	22	3	0	1	21	1	0
	2011	강원	24	8	0	0	12	3	0
	2012	강원	15	5	0	0	4	0	0
	합계		61	16	0	1	37	4	0
클	2013	강원	18	4	0	1	19	2	0
	합계		18	4	0	1	19	2	0
챌	2014	강원	4	1	0	0	5	2	0
	2015	강원	0	0	0	0	0	0	0
	합계		4	1	0	0	5	2	0
승	2013	강원	1	0	0	0	1	0	0
	합계		1	0	0	0	1	0	0
프로통산			84	21	0	2	62	8	0

박상철 (朴相澈) 배재대 1984.02.03

리그	연도	소속	출전	교체	실점	도움	파울	경고	퇴장
BC	2004	성남일	8	0	11	0	0	0	0
	2005	성남일	17	0	16	0	0	0	0
	2006	성남일	6	0	4	0	0	0	0
	2008	전남	4	1	2	0	0	0	0
	2009	전남	11	0	16	0	0	4	0
	2010	전남	9	1	10	0	0	2	0
	2011	상주	2	0	4	0	0	1	0
	합계		57	2	63	0	0	7	0
프로통산			57	2	63	0	0	7	0

박상현 (朴相泫) 고려대 1987.02.11

리그	연도	소속	출전	교체	득점	도움	파울	경고	퇴장
BC	2011	광주	0	0	0	0	0	0	0
	합계		0	0	0	0	0	0	0
프로통산			0	0	0	0	0	0	0

박상희 (朴商希) 상지대 1987.12.02

리그	연도	소속	출전	교체	득점	도움	파울	경고	퇴장
BC	2010	성남일	6	6	0	0	5	0	0
	2011	성남일	3	3	0	0	1	0	0
	2012	상주	12	11	2	0	21	2	0
	합계		21	20	2	0	27	2	0
챌	2013	상주	1	1	0	0	0	0	0
	합계		1	1	0	0	0	0	0
프로통산			22	21	2	0	27	2	0

박석호 (朴石浩) 청주대 1961.05.20

리그	연도	소속	출전	교체	실점	도움	파울	경고	퇴장
BC	1989	포철	1	0	3	0	0	0	0
	합계		1	0	3	0	0	0	0
프로통산			1	0	3	0	0	0	0

박선용 (朴宣勇) 호남대 1989.03.12

리그	연도	소속	출전	교체	득점	도움	파울	경고	퇴장
BC	2012	전남	36	3	2	0	55	5	0
	합계		36	3	2	0	55	5	0
클	2013	전남	31	9	0	2	30	5	0
	2014	전남	9	1	0	0	13	0	0
	2015	포항	22	4	0	2	28	3	0
	2016	포항	31	6	0	1	40	1	1
	합계		93	20	0	5	111	9	1
프로통산			129	23	2	5	166	14	1

박선우 (朴善禹) 건국대 1986.09.08

리그	연도	소속	출전	교체	득점	도움	파울	경고	퇴장
BC	2010	대전	1	1	0	0	0	0	0
	합계		1	1	0	0	0	0	0
프로통산			1	1	0	0	0	0	0

박선주 (朴宣柱) 연세대 1992.03.26

리그	연도	소속	출전	교체	득점	도움	파울	경고	퇴장
클	2013	포항	3	2	0	0	5	2	0
	2014	포항	18	12	0	0	27	4	0
	2015	포항	11	4	0	0	19	5	0
	2016	포항	12	2	0	2	10	4	0
	합계		44	20	0	2	61	15	0
프로통산			44	20	0	2	61	15	0

박선홍 (朴善洪) 전주대 1993.11.05

리그	연도	소속	출전	교체	득점	도움	파울	경고	퇴장
클	2015	광주	10	10	1	1	1	1	0
	2016	광주	1	1	0	0	0	0	0
	합계		11	11	1	1	1	1	0
프로통산			11	11	1	1	1	1	0

박성배 (朴成培) 숭실대 1975.11.28

리그	연도	소속	출전	교체	득점	도움	파울	경고	퇴장
BC	1998	전북	32	6	12	3	47	5	1
	1999	전북	30	10	11	1	30	2	0
	2000	전북	32	7	11	3	49	2	1
	2001	전북	23	11	3	4	26	1	0
	2002	전북	25	19	4	1	28	1	0
	2003	광주상	26	19	2	1	44	2	0
	2004	광주상	31	15	3	4	55	2	0
	2005	부산	25	19	7	2	56	2	0
	2007	수원	19	18	2	1	33	6	0
	합계		243	124	55	20	368	23	2
프로통산			243	124	55	20	368	23	2

박성용 (朴成庸) 단국대 1991.06.26

리그	연도	소속	출전	교체	득점	도움	파울	경고	퇴장
챌	2014	대구	11	5	1	0	8	1	0
	2015	대구	10	2	0	0	15	2	0
	합계		21	7	1	0	23	3	0
프로통산			21	7	1	0	23	3	0

박성진 (朴省珍) 동국대 1985.01.28

리그	연도	소속	출전	교체	득점	도움	파울	경고	퇴장
챌	2013	안양	32	7	6	7	32	2	0
	2014	안양	34	6	8	6	40	3	0
	합계		66	13	14	13	72	5	0
프로통산			66	13	14	13	72	5	0

박성철 (朴聖哲) 동아대 1975.03.16

리그	연도	소속	출전	교체	득점	도움	파울	경고	퇴장
BC	1997	부천S	18	14	4	0	18	1	0
	1998	부천S	15	13	0	0	27	0	0
	1999	부천S	10	10	3	0	13	1	0
	2002	부천S	22	22	3	3	21	2	0
	2003	부천S	30	18	5	0	39	2	0
	2004	부천S	7	6	0	0	21	1	0
	2005	성남일	0	0	0	0	0	0	0
	2006	경남	16	12	1	0	24	4	0
	2007	경남	14	10	1	0	20	0	0
	합계		132	105	17	3	183	11	0
프로통산			132	105	17	3	183	11	0

박성호 (朴成鎬) 부평고 1982.07.27

리그	연도	소속	출전	교체	득점	도움	파울	경고	퇴장
BC	2001	안양L	5	4	0	0	12	0	0
	2003	안양L	2	2	0	0	0	0	0
	2006	부산	27	18	2	1	53	3	0
	2007	부산	33	13	5	2	68	2	1
	2008	대전	31	3	7	4	79	7	0
	2009	대전	28	6	9	2	69	3	0
	2010	대전	15	1	6	3	30	3	0
	2011	대전	29	6	8	1	75	7	0
	2012	포항	39	32	9	8	58	2	0
	합계		209	85	46	21	444	27	1
클	2013	포항	32	24	8	2	44	3	0
	2015	포항	26	26	3	0	18	3	0
	2016	울산	8	5	1	0	12	1	0
	합계		66	55	12	2	74	7	0
프로통산			275	140	58	23	518	34	1

박성호 (朴成皓) 호남대 1992.05.18

리그	연도	소속	출전	교체	득점	도움	파울	경고	퇴장
챌	2014	고양	5	5	0	0	3	0	0
	2015	고양	0	0	0	0	0	0	0
	합계		5	5	0	0	3	0	0
프로통산			5	5	0	0	3	0	0

박성홍 (朴成弘) 호남대 1980.03.01

리그	연도	소속	출전	교체	득점	도움	파울	경고	퇴장
BC	2003	대구	26	5	0	2	52	4	0
	합계		26	5	0	2	52	4	0
프로통산			26	5	0	2	52	4	0

박성화 (朴成華) 고려대 1955.05.07

리그	연도	소속	출전	교체	득점	도움	파울	경고	퇴장
BC	1983	할렐	14	2	3	1	4	0	0
	1984	할렐	23	2	6	2	8	0	0
	1986	포철	29	3	0	1	8	0	0
	1987	포철	16	10	0	0	4	0	0
	합계		82	17	9	4	24	0	0
프로통산			82	17	9	4	24	0	0

박세영 (朴世英) 동아대 1989.10.03

리그	연도	소속	출전	교체	득점	도움	파울	경고	퇴장
BC	2012	성남일	4	3	2	0	0	0	0
	합계		4	3	2	0	0	0	0
프로통산			4	3	2	0	0	0	0

박세직 (朴世直) 한양대 1989.05.25

리그	연도	소속	출전	교체	득점	도움	파울	경고	퇴장
BC	2012	전북	15	11	0	1	8	1	0
	합계		15	11	0	1	8	1	0
클	2013	전북	11	9	1	0	6	1	0
	2015	인천	30	27	4	2	16	0	0
	2016	인천	27	15	3	0	27	3	0
	합계		68	51	8	2	49	4	0
프로통산			83	62	8	3	57	5	0

박세진 (朴世秦) 영남대 1995.12.15

리그	연도	소속	출전	교체	득점	도움	파울	경고	퇴장
챌	2016	대구	30	2	2	4	38	6	0
	합계		30	2	2	4	38	6	0
프로통산			30	2	2	4	38	6	0

박세환 (朴世桓) 고려사이버대 1993.06.05

리그	연도	소속	출전	교체	득점	도움	파울	경고	퇴장
챌	2014	충주	4	4	0	0	2	0	0
	2014	안산무	3	2	0	0	3	0	0
	2015	안산무	7	7	0	0	5	0	0
	합계		14	13	0	0	10	0	0
프로통산			14	13	0	0	10	0	0

박수창 (朴壽昶) 경희대 1989.06.20

리그	연도	소속	출전	교체	득점	도움	파울	경고	퇴장
BC	2012	대구	1	1	0	0	1	0	0
	합계		1	1	0	0	1	0	0
클	2014	제주	21	16	6	1	19	1	0
	2015	제주	20	17	3	1	13	1	0
	2016	상주	14	9	0	0	11	1	0
	합계		55	42	9	2	43	3	0
챌	2013	충주	29	10	0	2	41	3	0
	합계		29	10	0	2	41	3	0

			출전	교체	득점	도움	파울	경고	퇴장
프로통산			85	53	9	4	85	6	0

박순배 (朴淳培) 인천대 1969.04.22

리그	연도	소속	출전	교체	득점	도움	파울	경고	퇴장
BC	1997	포항	6	3	0	3	9	1	0
	1998	포항	2	2	0	0	3	0	0
	합계		8	5	0	3	12	1	0
프로통산			8	5	0	3	12	1	0

박승광 (朴承光) 광운대 1981.02.13

리그	연도	소속	출전	교체	득점	도움	파울	경고	퇴장
BC	2003	부천S	3	0	0	0	6	0	0
	합계		3	0	0	0	6	0	0
프로통산			3	0	0	0	6	0	0

박승국 (朴勝國) 경희대 1969.08.08

리그	연도	소속	출전	교체	득점	도움	파울	경고	퇴장
BC	1994	버팔로	8	7	0	1	7	0	0
	1995	전북	1	1	0	0	2	0	0
	합계		9	8	0	1	9	0	0
프로통산			9	8	0	1	9	0	0

박승기 (朴昇基) 동아대 1960.09.03

리그	연도	소속	출전	교체	득점	도움	파울	경고	퇴장
BC	1984	국민	26	0	1	1	12	3	0
	합계		26	0	1	1	12	3	0
프로통산			26	0	1	1	12	3	0

박승렬 (朴丞烈) 동북고 1994.01.07

리그	연도	소속	출전	교체	득점	도움	파울	경고	퇴장
챌	2015	안양	9	9	0	0	12	1	0
	합계		9	9	0	0	12	1	0
프로통산			9	9	0	0	12	1	0

박승민 (朴昇敏) 경희대 1983.04.21

리그	연도	소속	출전	교체	득점	도움	파울	경고	퇴장
BC	2006	인천	14	14	1	0	7	1	0
	2007	인천	7	7	0	0	2	0	0
	2008	인천	11	9	0	0	21	4	0
	2009	광주상	5	5	0	0	6	0	0
	2010	광주상	12	10	0	0	7	0	0
	합계		49	45	1	0	43	5	0
프로통산			49	45	1	0	43	5	0

박승수 (朴昇洙) 호남대 1972.05.13

리그	연도	소속	출전	교체	득점	도움	파울	경고	퇴장
BC	1995	전남	0	0	0	0	0	0	0
	합계		0	0	0	0	0	0	0
프로통산			0	0	0	0	0	0	0

박승우 (朴承祐) 청주대 1992.06.08

리그	연도	소속	출전	교체	득점	도움	파울	경고	퇴장
챌	2016	고양	25	5	0	1	13	6	0
	합계		25	5	0	1	13	6	0
프로통산			25	5	0	1	13	6	0

박승일 (朴乘一) 경희대 1989.01.08

리그	연도	소속	출전	교체	득점	도움	파울	경고	퇴장
BC	2010	울산	0	0	0	0	0	0	0
	2011	울산	21	16	2	1	21	0	0
	2012	울산	6	4	0	0	3	0	0
	합계		27	20	2	1	24	0	0
클	2013	전남	1	1	0	0	1	0	0
	2013	제주	3	3	0	1	1	0	0
	2014	상주	11	9	0	1	9	0	0
	합계		15	13	0	2	11	0	0
챌	2015	상주	0	0	0	0	0	0	0
	2016	안양	29	24	2	0	23	2	0
	합계		29	24	2	0	23	2	0
프로통산			71	57	4	3	58	2	0

박신영 (朴信永) 조선대 1977.12.21

리그	연도	소속	출전	교체	득점	도움	파울	경고	퇴장
BC	2004	인천	3	1	0	0	8	1	0
	합계		3	1	0	0	8	1	0
프로통산			3	1	0	0	8	1	0

박양하 (朴良夏) 고려대 1962.05.28

리그	연도	소속	출전	교체	득점	도움	파울	경고	퇴장
BC	1986	대우	20	1	1	6	19	0	0
	1987	대우	5	2	0	1	1	0	0
	1988	대우	14	3	1	2	25	1	0
	1989	대우	5	5	0	0	1	0	0
	1990	대우	5	5	0	0	5	0	0
	합계		49	16	2	9	51	1	0
프로통산			49	16	2	9	51	1	0

박연혁 (朴鍊赫) 광운대 1960.04.25

리그	연도	소속	출전	교체	실점	도움	파울	경고	퇴장
BC	1986	유공	9	0	11	0	0	0	0
	합계		9	0	11	0	0	0	0
프로통산			9	0	11	0	0	0	0

박영근 (朴永根) 고려대 1981.09.13

리그	연도	소속	출전	교체	득점	도움	파울	경고	퇴장
BC	2004	부천S	2	2	0	0	1	0	0
	2005	부천S	3	3	0	0	1	0	0
	합계		5	5	0	0	2	0	0
프로통산			5	5	0	0	2	0	0

박영섭 (朴榮燮) 성균관대 1972.07.29

리그	연도	소속	출전	교체	득점	도움	파울	경고	퇴장
BC	1995	포항	20	12	2	0	26	3	0
	1996	포항	11	12	1	0	5	1	0
	1997	포항	9	9	1	0	4	0	0
	1998	포항	13	8	0	1	18	1	1
	합계		53	41	4	1	53	5	1
프로통산			53	41	4	1	53	5	1

박영수 (朴泳洙) 충남기계공고 1995.06.19

리그	연도	소속	출전	교체	득점	도움	파울	경고	퇴장
클	2015	대전	3	3	0	0	0	0	0
	합계		3	3	0	0	0	0	0
프로통산			3	3	0	0	0	0	0

박영수 (朴英洙) 경희고 1959.01.18

리그	연도	소속	출전	교체	실점	도움	파울	경고	퇴장
BC	1983	유공	7	0	12	0	0	0	0
	1985	유공	3	0	7	0	0	0	0
	합계		10	0	19	0	0	0	0
프로통산			10	0	19	0	0	0	0

박영순 (朴榮淳) 아주대 1977.03.25

리그	연도	소속	출전	교체	득점	도움	파울	경고	퇴장
BC	1995	대우	0	0	0	0	0	0	0
	2000	부산	0	0	0	0	0	0	0
	2001	부산	0	0	0	0	0	0	0
	합계		0	0	0	0	0	0	0
프로통산			0	0	0	0	0	0	0

박영준 (朴榮埈) 의정부고 1990.05.04

리그	연도	소속	출전	교체	득점	도움	파울	경고	퇴장
BC	2011	전남	2	2	0	0	0	0	0
	2012	전남	1	1	0	0	1	0	0
	합계		3	3	0	0	1	0	0
프로통산			3	3	0	0	1	0	0

박요셉 (朴요셉) 전주대 1980.12.03

리그	연도	소속	출전	교체	득점	도움	파울	경고	퇴장
BC	2002	안양L	19	1	0	0	10	0	0
	2003	안양L	16	10	3	0	28	1	0
	2004	서울	25	6	1	1	37	5	0
	2005	광주상	15	1	1	1	15	2	0
	2006	광주상	34	2	0	0	27	6	0
	2007	서울	3	3	0	0	8	0	0
	2008	서울	0	0	0	0	0	0	0
	합계		112	23	5	2	125	14	0
프로통산			112	23	5	2	125	14	0

박요한 (朴요한) 연세대 1989.01.16

리그	연도	소속	출전	교체	득점	도움	파울	경고	퇴장
BC	2011	광주	0	0	0	0	0	0	0
	2012	광주	5	3	0	0	5	1	0
	합계		5	3	0	0	5	1	0
챌	2013	충주	11	0	0	0	9	5	0
	2014	충주	26	4	0	2	20	2	0
	2015	충주	26	7	0	1	21	7	0
	2016	안산무	5	2	0	0	1	0	0
	합계		68	13	0	3	51	14	0
프로통산			73	16	0	3	56	15	0

박요한 (朴耀韓) 단국대 1994.12.17

리그	연도	소속	출전	교체	득점	도움	파울	경고	퇴장
챌	2016	강원	2	2	0	0	0	0	0
	합계		2	2	0	0	0	0	0
프로통산			2	2	0	0	0	0	0

박용우 (朴鎔宇) 건국대 1993.09.10

리그	연도	소속	출전	교체	득점	도움	파울	경고	퇴장
클	2015	서울	26	8	0	0	23	3	0
	2016	서울	19	7	1	0	24	3	0
	합계		45	15	1	0	47	6	0
프로통산			45	15	1	0	47	6	0

박용재 (朴容材) 아주대 1989.11.28

리그	연도	소속	출전	교체	득점	도움	파울	경고	퇴장
BC	2012	수원	0	0	0	0	0	0	0
	합계		0	0	0	0	0	0	0
클	2013	전남	4	3	0	0	5	0	0
	2014	전남	2	2	0	1	2	0	0
	합계		6	5	0	1	7	0	0
프로통산			6	5	0	1	7	0	0

박용주 (朴龍柱) 한양대 1954.10.13

리그	연도	소속	출전	교체	득점	도움	파울	경고	퇴장
BC	1984	대우	4	2	0	0	3	0	0
	1985	대우	10	6	0	1	11	0	0
	합계		14	8	0	1	14	0	0
프로통산			14	8	0	1	14	0	0

박용준 (朴鏞峻) 선문대 1993.06.21

리그	연도	소속	출전	교체	득점	도움	파울	경고	퇴장
클	2013	수원	0	0	0	0	0	0	0
	합계		0	0	0	0	0	0	0
챌	2014	부천	5	5	1	0	3	0	0
	2015	부천	13	13	0	0	11	0	0
	합계		18	18	1	0	14	0	0
프로통산			18	18	1	0	14	0	0

박용지 (朴勇智) 중앙대 1992.10.09

리그	연도	소속	출전	교체	득점	도움	파울	경고	퇴장
클	2013	울산	16	15	1	1	21	4	0
	2014	울산	6	6	0	0	7	0	0
	2014	부산	21	14	2	0	29	6	0
	2015	부산	16	14	1	0	11	0	0
	2015	성남	17	17	1	3	9	2	0
	2016	성남	27	25	1	2	23	4	0
	합계		103	91	6	6	100	16	0
승	2016	성남	2	2	0	0	2	0	0
	합계		2	2	0	0	2	0	0
프로통산			105	93	6	6	102	16	0

박용호 (朴容昊) 부평고 1981.03.25

리그	연도	소속	출전	교체	득점	도움	파울	경고	퇴장
BC	2000	안양L	8	0	0	0	9	0	0
	2001	안양L	23	8	2	0	16	1	0
	2002	안양L	9	3	1	0	11	1	0
	2003	안양L	21	5	2	0	14	2	0
	2004	서울	5	5	0	0	1	1	0
	2005	광주상	28	2	3	0	24	3	0
	2006	광주상	37	5	2	1	41	3	0
	2007	서울	9	4	0	0	5	1	0
	2008	서울	26	8	0	0	16	2	0
	2009	서울	23	3	2	0	33	3	0
	2010	서울	24	7	0	1	19	2	0
	2011	서울	18	4	1	0	14	2	0
	2012	부산	32	9	2	1	20	2	0
	합계		263	63	15	3	223	23	0

리그	연도	소속	출전	교체	득점	도움	파울	경고	퇴장
클	2013	부산	25	5	2	1	12	3	0
	합계		25	5	2	1	12	3	0
챌	2015	강원	10	4	0	0	7	1	0
	합계		10	4	0	0	7	1	0
프로통산			298	72	17	4	242	27	0

박우현(朴雨賢) 인천대 1980.04.28

리그	연도	소속	출전	교체	득점	도움	파울	경고	퇴장
BC	2004	성남일	24	1	0	1	53	3	0
	2005	성남일	12	8	1	0	18	2	0
	2006	성남일	14	3	1	0	17	6	0
	2008	성남일	17	5	0	0	29	3	0
	2009	성남일	11	5	0	0	10	1	0
	2010	부산	15	4	0	1	34	4	0
	2011	강원	6	1	0	0	9	5	0
	2012	강원	34	9	0	0	40	4	0
	합계		133	36	2	2	210	28	0
프로통산			133	36	2	2	210	28	0

박원길(朴元吉) 울산대 1977.08.13

리그	연도	소속	출전	교체	득점	도움	파울	경고	퇴장
BC	2000	울산	1	1	0	0	1	0	0
	합계		1	1	0	0	1	0	0
프로통산			1	1	0	0	1	0	0

박원재(朴源載) 위덕대 1984.05.28

리그	연도	소속	출전	교체	득점	도움	파울	경고	퇴장
BC	2003	포항	1	1	0	0	0	0	0
	2004	포항	29	20	0	1	22	0	0
	2005	포항	21	9	0	3	34	2	0
	2006	포항	24	10	3	3	28	2	0
	2007	포항	25	7	3	1	28	2	0
	2008	포항	26	5	4	3	32	4	0
	2010	전북	20	7	0	5	47	6	0
	2011	전북	27	0	1	4	49	6	0
	2012	전북	31	3	0	1	49	6	0
	합계		204	62	11	21	289	28	0
클	2013	전북	15	0	0	2	20	3	1
	2014	전북	3	1	0	0	5	0	0
	2015	전북	9	2	0	1	13	1	0
	2016	전북	18	4	0	2	34	3	0
	합계		45	7	0	5	72	7	1
프로통산			249	69	11	26	361	35	1

박원홍(朴元弘) 울산대 1984.04.07

리그	연도	소속	출전	교체	득점	도움	파울	경고	퇴장
BC	2006	울산	1	1	0	0	0	0	0
	2007	울산	0	0	0	0	0	0	0
	2009	광주상	6	5	0	0	4	0	0
	2010	광주상	9	9	1	0	3	0	0
	합계		16	15	1	0	7	0	0
프로통산			16	15	1	0	7	0	0

박윤기(朴潤基) 서울시립대 1960.06.10

리그	연도	소속	출전	교체	득점	도움	파울	경고	퇴장
BC	1983	유공	14	2	9	2	12	0	0
	1984	유공	27	6	5	5	30	0	0
	1985	유공	18	9	2	2	20	1	0
	1986	유공	25	11	3	1	23	1	0
	1987	럭금	13	4	2	0	16	1	0
	합계		97	32	21	10	101	3	0
프로통산			97	32	21	10	101	3	0

박윤화(朴允和) 숭실대 1978.06.13

리그	연도	소속	출전	교체	득점	도움	파울	경고	퇴장
BC	2001	안양L	3	1	0	1	9	1	0
	2002	안양L	15	13	1	0	14	1	0
	2003	안양L	9	6	0	1	10	0	0
	2004	광주상	23	21	1	1	26	1	0
	2005	광주상	24	12	0	1	27	3	0
	2007	대구	28	3	0	4	49	5	0
	2008	경남	2	2	0	0	1	1	0
	2009	경남	1	0	0	0	4	0	0
	합계		105	58	2	8	140	12	0
프로통산			105	58	2	8	140	12	0

박인철(朴仁哲) 영남대 1976.04.17

리그	연도	소속	출전	교체	득점	도움	파울	경고	퇴장
BC	1999	전남	5	0	0	0	0	0	0
	합계		5	0	0	0	0	0	0
프로통산			5	0	0	0	0	0	0

박일권(朴一權) 금호고 1995.03.04

리그	연도	소속	출전	교체	득점	도움	파울	경고	퇴장
클	2015	광주	5	5	0	0	2	1	0
	합계		5	5	0	0	2	1	0
프로통산			5	5	0	0	2	1	0

박임수(朴林洙) 아주대 1989.02.07

리그	연도	소속	출전	교체	득점	도움	파울	경고	퇴장
챌	2013	수원FC	1	1	0	0	0	0	0
	합계		1	1	0	0	0	0	0
프로통산			1	1	0	0	0	0	0

박재권(朴在權) 한양대

리그	연도	소속	출전	교체	득점	도움	파울	경고	퇴장
BC	1988	대우	5	2	0	0	3	0	0
	합계		5	2	0	0	3	0	0
프로통산			5	2	0	0	3	0	0

박재성(朴財成) 대구대 1991.06.19

리그	연도	소속	출전	교체	득점	도움	파울	경고	퇴장
클	2014	성남	1	1	0	0	0	0	0
	합계		1	1	0	0	0	0	0
프로통산			1	1	0	0	0	0	0

박재용(朴宰用) 명지대 1985.12.30

리그	연도	소속	출전	교체	득점	도움	파울	경고	퇴장
BC	2006	성남일	3	0	0	0	2	2	0
	2007	성남일	0	0	0	0	0	0	0
	2008	성남일	3	3	0	0	0	0	0
	합계		6	3	0	0	2	2	0
프로통산			6	3	0	0	2	2	0

박재우(朴宰佑) 건국대 1995.10.11

리그	연도	소속	출전	교체	득점	도움	파울	경고	퇴장
클	2015	대전	10	6	0	0	1	0	0
	합계		10	6	0	0	1	0	0
챌	2016	대전	3	2	0	0	0	0	0
	합계		3	2	0	0	0	0	0
프로통산			13	8	0	0	1	0	0

박재철(朴宰徹) 한양대 1990.03.29

리그	연도	소속	출전	교체	득점	도움	파울	경고	퇴장
챌	2014	부천	8	6	1	0	5	0	0
	합계		8	6	1	0	5	0	0
프로통산			8	6	1	0	5	0	0

박재현(朴栽賢) 상지대 1980.10.29

리그	연도	소속	출전	교체	득점	도움	파울	경고	퇴장
BC	2003	대구	3	3	0	0	6	0	0
	2005	인천	4	4	0	0	7	0	0
	2006	인천	17	11	0	1	30	3	0
	2007	인천	31	24	5	2	60	5	0
	2008	인천	29	27	0	2	42	1	0
	2009	인천	16	8	0	4	39	4	0
	합계		100	77	5	9	184	13	0
프로통산			100	77	5	9	184	13	0

박재홍(朴載泓) 명지대 1978.11.10

리그	연도	소속	출전	교체	득점	도움	파울	경고	퇴장
BC	2003	전북	35	5	2	1	78	10	0
	2004	전북	15	1	0	2	41	4	0
	2005	전남	23	2	0	0	66	9	0
	2006	전남	30	4	0	1	63	5	1
	2008	경남	27	1	0	0	46	5	0
	2009	경남	5	1	0	0	4	1	0
	2011	경남	24	5	0	0	28	4	0
	합계		159	19	2	4	326	38	1
프로통산			159	19	2	4	326	38	1

박재홍(朴栽弘) 연세대 1990.04.06

리그	연도	소속	출전	교체	득점	도움	파울	경고	퇴장
챌	2013	부천	32	0	1	0	46	7	0
	2014	부천	18	6	0	0	21	4	0
	2015	부천	2	2	0	0	0	0	0
	합계		52	8	1	0	67	11	0
프로통산			52	8	1	0	67	11	0

박정민(朴正珉) 한남대 1988.10.25

리그	연도	소속	출전	교체	득점	도움	파울	경고	퇴장
BC	2012	광주	8	8	1	1	8	2	0
	합계		8	8	1	1	8	2	0
챌	2013	광주	14	14	3	1	19	2	0
	합계		14	14	3	1	19	2	0
프로통산			22	22	4	2	27	4	0

박정민(朴廷珉) 고려대 1973.05.04

리그	연도	소속	출전	교체	득점	도움	파울	경고	퇴장
BC	1998	울산	13	11	0	0	11	0	0
	1999	울산	7	6	0	0	7	1	0
	2000	울산	1	0	0	0	3	1	0
	합계		21	17	0	0	21	2	0
프로통산			21	17	0	0	21	2	0

박정배(朴正倍) 성균관대 1967.02.19

리그	연도	소속	출전	교체	득점	도움	파울	경고	퇴장
BC	1990	럭금	26	6	1	0	30	1	0
	1991	LG	38	2	4	4	51	3	0
	1992	LG	35	1	3	0	35	2	0
	1993	LG	12	2	1	0	16	1	0
	1994	대우	14	2	1	0	12	1	0
	1995	대우	23	5	0	1	25	4	0
	1996	부산	17	7	0	0	21	7	0
	1997	울산	22	2	0	0	26	4	0
	1998	울산	37	3	2	0	55	4	0
	1999	울산	3	3	0	0	0	0	0
	합계		227	33	12	5	271	27	0
프로통산			227	33	12	5	271	27	0

박정석(朴庭奭) 동북고 1977.04.19

리그	연도	소속	출전	교체	득점	도움	파울	경고	퇴장
BC	2001	안양L	31	1	1	0	69	5	0
	2002	안양L	9	3	0	0	26	2	0
	2003	안양L	19	1	0	0	67	5	0
	2004	서울	28	0	0	2	85	8	0
	2005	서울	18	6	0	0	55	9	0
	2006	서울	3	1	0	0	5	0	0
	합계		108	12	1	2	307	29	0
프로통산			108	12	1	2	307	29	0

박정수(朴庭秀) 상지대 1987.01.13

리그	연도	소속	출전	교체	득점	도움	파울	경고	퇴장
챌	2015	고양	15	3	2	0	26	9	0
	합계		15	3	2	0	26	9	0
프로통산			15	3	2	0	26	9	0

박정식(朴正植) 광운대 1988.01.20

리그	연도	소속	출전	교체	득점	도움	파울	경고	퇴장
챌	2013	안양	23	6	1	1	28	6	0
	2014	안양	13	7	0	0	10	0	0
	합계		36	13	1	1	38	6	0
프로통산			36	13	1	1	38	6	0

박정식(朴正植) 호남대 1983.03.07

리그	연도	소속	출전	교체	득점	도움	파울	경고	퇴장
BC	2006	대구	11	7	0	0	17	0	0
	2007	대구	18	3	1	0	41	7	0
	2008	대구	21	7	0	1	26	4	0
	2009	대구	12	5	0	1	8	4	0
	2010	광주상	0	0	0	0	0	0	0
	2011	상주	0	0	0	0	0	0	0
	합계		62	22	1	2	92	15	0
프로통산			62	22	1	2	92	15	0

박정일(朴晶一) 건국대 1959.11.19

리그	연도	소속	출전	교체	득점	도움	파울	경고	퇴장
BC	1984	럭금	18	11	4	2	10	0	0
	합계		18	11	4	2	10	0	0
프로통산			18	11	4	2	10	0	0

박정주(朴廷柱) 한양대 1979.06.26

리그	연도	소속	출전	교체	득점	도움	파울	경고	퇴장
BC	2003	부천S	4	4	0	0	3	1	0
	합계		4	4	0	0	3	1	0
프로통산			4	4	0	0	3	1	0

박정현 동아대 1974.05.28

리그	연도	소속	출전	교체	득점	도움	파울	경고	퇴장
BC	1999	전북	0	0	0	0	0	0	0
	합계		0	0	0	0	0	0	0
프로통산			0	0	0	0	0	0	0

박정혜(朴炡慧) 숭실대 1987.04.21

리그	연도	소속	출전	교체	득점	도움	파울	경고	퇴장
BC	2009	대전	27	5	1	0	42	3	0
	2010	대전	23	6	1	0	34	4	0
	2011	대전	10	1	0	0	14	1	0
	합계		60	12	2	0	90	8	0
프로통산			60	12	2	0	90	8	0

박정환(朴晶煥) 인천대 1977.01.14

리그	연도	소속	출전	교체	득점	도움	파울	경고	퇴장
BC	1999	안양L	0	0	0	0	0	0	0
	2000	안양L	5	5	1	0	6	1	0
	2001	안양L	16	10	9	2	25	2	0
	2002	안양L	18	18	2	1	25	1	0
	2004	광주상	28	22	6	2	65	3	0
	2005	광주상	18	15	2	0	28	0	0
	2006	전북	4	4	0	0	9	0	0
	2007	전북	5	5	1	0	5	1	0
	합계		94	79	21	5	163	8	0
프로통산			94	79	21	5	163	8	0

박정훈(朴正勳) 고려대 1988.06.28

리그	연도	소속	출전	교체	득점	도움	파울	경고	퇴장
BC	2011	전북	1	0	1	0	1	0	0
	2012	강원	3	4	1	0	7	1	0
	합계		4	4	2	0	8	1	0
챌	2014	부천	7	6	0	0	6	2	0
	2015	고양	22	10	5	0	23	3	0
	2016	고양	31	23	3	1	27	5	0
	합계		60	39	8	1	56	10	0
프로통산			64	43	10	1	64	11	0

박종대(朴鍾大) 동아대 1966.01.12

리그	연도	소속	출전	교체	득점	도움	파울	경고	퇴장
BC	1989	일화	10	8	2	0	7	1	0
	1990	일화	24	15	3	1	12	0	0
	1991	일화	13	6	4	1	9	0	0
	합계		47	29	9	2	28	1	0
프로통산			47	29	9	2	28	1	0

박종문 전주대 1970.10.02

리그	연도	소속	출전	교체	실점	도움	파울	경고	퇴장
BC	1995	전남	10	4	11	0	0	0	0
	1997	전남	28	0	22	0	0	0	0
	1998	전남	21	0	32	0	2	0	0
	1999	전남	12	1	11	0	0	0	0
	2000	전남	12	0	17	0	1	1	0
	2001	전남	27	1	35	0	1	0	0
	2002	전남	33	0	29	0	0	0	0
	2003	전남	33	0	33	0	0	1	0
	2004	전남	13	0	16	0	1	1	0
	2005	전남	3	0	5	0	0	0	0
	2006	전남	0	0	0	0	0	0	0
	합계		192	6	211	0	5	3	0
프로통산			192	6	211	0	5	3	0

박종오(朴宗吾) 한양대 1991.04.12

리그	연도	소속	출전	교체	득점	도움	파울	경고	퇴장
챌	2014	부천	2	2	0	0	1	0	0
	합계		2	2	0	0	1	0	0
프로통산			2	2	0	0	1	0	0

박종우(朴鍾佑) 연세대 1989.03.10

리그	연도	소속	출전	교체	득점	도움	파울	경고	퇴장
BC	2010	부산	13	7	0	1	20	1	0
	2011	부산	30	5	2	3	49	9	0
	2012	부산	28	13	3	5	61	10	0
	합계		71	25	5	9	130	20	0
클	2013	부산	31	1	2	6	81	9	0
	합계		31	1	2	6	81	9	0
프로통산			102	26	7	15	211	29	0

박종우(朴鐘佑) 숭실대 1979.04.11

리그	연도	소속	출전	교체	득점	도움	파울	경고	퇴장
BC	2002	전남	24	4	1	2	32	2	0
	2003	전남	26	7	0	4	26	4	0
	2004	광주상	32	8	3	1	41	5	0
	2005	광주상	28	9	1	3	35	1	0
	2006	전남	31	8	0	2	48	5	0
	2007	경남	29	11	3	3	43	3	0
	2008	경남	28	7	1	2	34	7	0
	2009	경남	1	0	0	0	3	1	0
	합계		199	54	9	17	262	28	0
프로통산			199	54	9	17	262	28	0

박종욱(朴鍾旭) 울산대 1975.01.11

리그	연도	소속	출전	교체	득점	도움	파울	경고	퇴장
BC	1997	울산	20	6	1	0	34	4	0
	1998	울산	1	1	0	0	0	0	0
	1999	울산	21	9	0	0	30	3	0
	2000	울산	18	2	0	1	29	3	0
	2001	울산	7	7	0	0	3	1	0
	2002	울산	9	8	0	0	7	1	0
	합계		76	33	1	1	103	12	0
프로통산			76	33	1	1	103	12	0

박종원(朴鍾遠) 연세대 1955.04.12

리그	연도	소속	출전	교체	득점	도움	파울	경고	퇴장
BC	1983	대우	10	6	0	1	7	0	0
	1984	대우	9	5	1	0	10	0	0
	1985	대우	3	2	0	0	3	0	0
	합계		22	13	1	1	20	0	0
프로통산			22	13	1	1	20	0	0

박종윤(朴鐘允) 호남대 1987.12.17

리그	연도	소속	출전	교체	득점	도움	파울	경고	퇴장
BC	2010	경남	3	1	0	0	0	0	0
	합계		3	1	0	0	0	0	0
프로통산			3	1	0	0	0	0	0

박종인(朴鍾仁) 호남대 1988.11.12

리그	연도	소속	출전	교체	득점	도움	파울	경고	퇴장
BC	2012	광주	1	1	0	0	0	0	0
	합계		1	1	0	0	0	0	0
챌	2013	광주	10	10	0	1	12	2	0
	합계		10	10	0	1	12	2	0
프로통산			11	11	0	1	12	2	0

박종인(朴鍾仁) 동아대 1974.04.10

리그	연도	소속	출전	교체	득점	도움	파울	경고	퇴장
BC	1997	안양L	8	6	2	0	5	0	0
	1998	안양L	18	11	2	1	29	2	0
	1999	안양L	15	15	2	1	10	3	0
	2000	안양L	3	3	0	0	1	0	0
	합계		44	35	6	2	45	5	0
프로통산			44	35	6	2	45	5	0

박종진(朴宗眞) 숭실대 1987.06.24

리그	연도	소속	출전	교체	득점	도움	파울	경고	퇴장
BC	2009	강원	26	23	1	3	9	1	0
	2010	강원	4	4	0	0	2	0	0
	2010	수원	12	11	0	0	13	0	0
	2011	수원	21	17	1	2	21	3	0
	2012	수원	17	17	1	2	13	0	0
	합계		80	72	3	7	58	4	0
클	2013	수원	4	4	0	0	2	0	0
	2015	수원	0	0	0	0	0	0	0
	2016	인천	8	7	0	0	3	1	0
	합계		12	11	0	0	5	1	0
챌	2013	경찰	5	1	0	0	8	0	0
	2014	안산무	25	11	0	1	24	6	0
	2015	안산무	8	5	0	0	9	0	0
	합계		38	17	0	1	41	6	0
프로통산			130	100	3	8	104	11	0

박종진(朴鍾珍) 호남대 1980.05.04

리그	연도	소속	출전	교체	득점	도움	파울	경고	퇴장
BC	2003	대구	39	5	0	1	47	4	0
	2004	대구	27	4	0	0	27	4	0
	2005	대구	30	9	0	1	54	5	0
	2006	대구	36	3	0	1	76	7	0
	2007	대구	28	1	1	0	24	3	0
	2008	광주상	28	3	0	0	36	7	0
	2009	대구	1	1	0	0	1	0	0
	2010	대구	21	7	0	1	31	5	0
	2011	대구	18	6	0	0	17	3	0
	2012	대구	24	2	0	0	36	6	0
	합계		252	41	1	4	349	44	0
클	2013	대구	11	1	0	0	14	2	0
	합계		11	1	0	0	14	2	0
챌	2014	대구	7	3	0	0	3	0	0
	합계		7	3	0	0	3	0	0
프로통산			270	45	1	4	366	46	0

박종찬(朴鍾燦) 한남대 1981.10.02

리그	연도	소속	출전	교체	득점	도움	파울	경고	퇴장
BC	2005	인천	1	1	0	0	0	0	0
	합계		1	1	0	0	0	0	0
챌	2013	수원FC	31	11	11	1	46	7	1
	2014	수원FC	20	15	3	1	21	3	0
	2015	수원FC	7	7	1	0	3	0	0
	합계		58	33	15	2	70	10	1
프로통산			59	34	15	2	70	10	1

박종찬(朴鍾瓚) 서울시립대 1971.02.08

리그	연도	소속	출전	교체	득점	도움	파울	경고	퇴장
BC	1993	일화	22	18	0	0	7	1	0
	1994	일화	1	1	0	0	0	0	0
	1995	일화	3	2	0	0	0	0	0
	1996	천안	1	1	0	0	0	0	0
	합계		27	22	0	0	7	1	0
프로통산			27	22	0	0	7	1	0

박종필(朴鍾弼) 한양공고 1976.10.17

리그	연도	소속	출전	교체	득점	도움	파울	경고	퇴장
BC	1995	전북	3	3	0	0	0	0	0
	1996	전북	3	3	0	0	0	0	0
	1997	전북	2	2	0	0	0	0	0
	합계		8	8	0	0	0	0	0
프로통산			8	8	0	0	0	0	0

박주성(朴住成) 마산공고 1984.02.20

리그	연도	소속	출전	교체	득점	도움	파울	경고	퇴장
BC	2003	수원	11	9	0	0	12	0	0
	2004	수원	7	5	0	1	8	2	0
	2005	광주상	3	1	0	0	2	0	0
	2006	광주상	25	12	0	1	29	6	1
	2006	수원	1	1	0	0	0	0	0
	2007	수원	6	1	0	0	7	0	0
	2008	수원	1	1	0	0	0	0	0
	합계		54	30	0	2	58	8	1
클	2013	경남	17	9	0	0	33	3	0
	2014	경남	35	2	1	0	36	2	0
	합계		52	11	1	0	69	5	0
챌	2016	경남	8	5	0	0	7	2	0

리그	연도	소속	출전	교체	득점	도움	파울	경고	퇴장
	합계		8	5	0	0	7	2	0
승	2014	경남	1	0	0	0	0	0	0
	합계		1	0	0	0	0	0	0
프로통산			115	46	1	2	134	15	1

박주영 (朴主永) 고려대 1985.07.10

리그	연도	소속	출전	교체	득점	도움	파울	경고	퇴장
BC	2005	서울	30	5	18	4	35	2	0
	2006	서울	30	16	8	1	25	0	0
	2007	서울	14	7	5	0	7	0	0
	2008	서울	17	7	2	4	19	2	0
	합계		91	35	33	9	86	4	0
클	2015	서울	23	13	7	2	24	2	0
	2016	서울	34	24	10	1	35	3	0
	합계		57	37	17	3	59	5	0
프로통산			148	72	50	12	145	9	0

박주원 (朴株元) 홍익대 1990.10.19

리그	연도	소속	출전	교체	실점	도움	파울	경고	퇴장
클	2013	대전	0	0	0	0	0	0	0
	2015	대전	22	0	41	0	0	2	0
	합계		22	0	41	0	0	2	0
챌	2014	대전	16	1	12	0	2	2	0
	2016	대전	27	0	34	0	1	1	0
	합계		43	1	46	0	3	3	0
프로통산			65	1	87	0	3	5	0

박주원 (朴周元) 부산대 1960.01.28

리그	연도	소속	출전	교체	득점	도움	파울	경고	퇴장
BC	1984	현대	5	4	0	0	0	0	0
	합계		5	4	0	0	0	0	0
프로통산			5	4	0	0	0	0	0

박주현 (朴株炫) 관동대 1984.09.29

리그	연도	소속	출전	교체	득점	도움	파울	경고	퇴장
BC	2007	대전	6	5	1	0	11	0	0
	2008	대전	8	4	2	0	14	3	0
	2010	대전	2	2	1	0	0	0	0
	합계		16	11	4	0	25	3	0
프로통산			16	11	4	0	25	3	0

박준강 (朴埈江) 상지대 1991.06.06

리그	연도	소속	출전	교체	득점	도움	파울	경고	퇴장
클	2013	부산	30	0	1	0	35	8	0
	2014	부산	14	1	0	1	20	5	0
	2015	부산	20	7	0	0	13	1	0
	2016	상주	9	1	0	0	12	3	0
	합계		73	9	1	1	80	17	0
승	2015	부산	2	1	0	0	2	1	0
	합계		2	1	0	0	2	1	0
프로통산			75	10	1	1	82	18	0

박준성 (朴俊成) 조선대 1984.09.11

리그	연도	소속	출전	교체	득점	도움	파울	경고	퇴장
BC	2007	제주	6	5	0	0	10	1	0
	합계		6	5	0	0	10	1	0
프로통산			6	5	0	0	10	1	0

박준승 (朴俊勝) 홍익대 1990.02.27

리그	연도	소속	출전	교체	득점	도움	파울	경고	퇴장
챌	2013	경찰	6	6	0	0	0	0	0
	합계		6	6	0	0	0	0	0
프로통산			6	6	0	0	0	0	0

박준영 (朴俊英) 광양제철고 1981.07.08

리그	연도	소속	출전	교체	실점	도움	파울	경고	퇴장
BC	2000	전남	0	0	0	0	0	0	0
	2003	대구	0	0	0	0	0	0	0
	2004	대구	0	0	0	0	0	0	0
	2005	대구	2	0	6	0	0	0	0
	합계		2	0	6	0	0	0	0
프로통산			2	0	6	0	0	0	0

박준오 (朴俊五) 대구대 1986.03.01

리그	연도	소속	출전	교체	득점	도움	파울	경고	퇴장
BC	2010	대구	0	0	0	0	0	0	0
	합계		0	0	0	0	0	0	0
프로통산			0	0	0	0	0	0	0

박준태 (朴俊泰) 고려대 1989.12.02

리그	연도	소속	출전	교체	득점	도움	파울	경고	퇴장
BC	2009	울산	8	8	0	0	4	0	0
	2010	울산	1	1	0	0	0	0	0
	2011	인천	26	25	5	1	10	2	0
	2012	인천	27	26	3	0	21	2	0
	합계		62	60	8	1	35	4	0
클	2013	전남	27	17	1	1	22	1	0
	2014	전남	7	9	0	0	3	0	0
	2016	상주	24	14	8	1	13	1	0
	2016	전남	4	4	0	0	3	0	0
	합계		62	44	9	2	41	2	0
챌	2015	상주	2	2	0	0	3	1	0
	합계		2	2	0	0	3	1	0
프로통산			126	106	17	3	79	7	0

박준혁 (朴俊赫) 전주대 1987.04.11

리그	연도	소속	출전	교체	실점	도움	파울	경고	퇴장
BC	2010	경남	0	0	0	0	0	0	0
	2011	대구	24	0	32	0	1	4	1
	2012	대구	38	0	53	0	2	2	0
	합계		62	0	85	0	3	6	1
클	2013	제주	31	0	38	0	1	4	0
	2014	성남	35	0	33	0	0	2	0
	2015	성남	32	0	26	0	0	4	0
	2016	성남	3	0	4	0	0	0	0
	합계		101	0	101	0	1	10	0
프로통산			163	0	186	0	4	16	1

박준홍 (朴埈弘) 연세대 1978.04.13

리그	연도	소속	출전	교체	득점	도움	파울	경고	퇴장
BC	2001	부산	7	7	0	0	4	0	0
	2002	부산	10	6	0	0	10	0	0
	2003	광주상	20	7	0	0	13	3	0
	2004	광주상	15	1	0	0	25	1	0
	2005	부산	16	3	0	0	26	3	0
	2006	부산	5	4	0	0	3	1	0
	합계		73	28	0	0	81	8	0
프로통산			73	28	0	0	81	8	0

박준희 (朴畯熙) 건국대 1991.03.01

리그	연도	소속	출전	교체	득점	도움	파울	경고	퇴장
클	2014	포항	1	0	0	0	3	0	0
	2015	포항	3	2	0	0	4	0	0
	2016	포항	13	11	0	0	14	3	0
	합계		17	13	0	0	21	3	0
프로통산			17	13	0	0	21	3	0

박중천 (朴重天) 명지대 1983.10.11

리그	연도	소속	출전	교체	득점	도움	파울	경고	퇴장
BC	2006	제주	0	0	0	0	0	0	0
	2009	제주	0	0	0	0	0	0	0
	합계		0	0	0	0	0	0	0
프로통산			0	0	0	0	0	0	0

박지민 (朴智敏) 경희대 1994.03.07

리그	연도	소속	출전	교체	득점	도움	파울	경고	퇴장
클	2014	경남	4	4	0	0	0	1	0
	합계		4	4	0	0	0	1	0
챌	2015	충주	12	12	1	0	6	0	0
	2016	충주	31	24	5	1	27	3	0
	합계		43	36	6	1	33	3	0
프로통산			47	40	6	1	33	4	0

박지수 (朴志水) 대건고 1994.06.13

리그	연도	소속	출전	교체	득점	도움	파울	경고	퇴장
챌	2015	경남	28	16	1	1	17	4	0
	2016	경남	35	4	1	0	40	7	0
	합계		63	20	2	1	57	11	0
프로통산			63	20	2	1	57	11	0

박지영 (朴至永) 건국대 1987.02.07

리그	연도	소속	출전	교체	실점	도움	파울	경고	퇴장
BC	2010	수원	0	0	0	0	0	0	0
	합계		0	0	0	0	0	0	0
클	2014	상주	1	0	1	0	1	0	0
	합계		1	0	1	0	1	0	0
챌	2013	안양	2	0	3	0	0	0	0
	2015	상주	1	0	0	0	0	0	0
	2015	안양	0	0	0	0	0	0	0
	합계		3	0	3	0	0	0	0
프로통산			4	0	4	0	1	0	0

박지용 (朴志容) 대전상업정보고 1983.05.28

리그	연도	소속	출전	교체	득점	도움	파울	경고	퇴장
BC	2004	전남	3	2	0	0	2	0	0
	2007	전남	8	4	0	0	19	5	0
	2008	전남	12	3	0	0	16	5	0
	2009	전남	23	6	0	1	30	7	0
	2010	전남	4	2	0	0	1	0	0
	2011	강원	12	0	0	0	26	7	0
	합계		62	17	0	1	94	24	0
프로통산			62	17	0	1	94	24	0

박지호 (朴志鎬) 인천대 1970.07.04

리그	연도	소속	출전	교체	득점	도움	파울	경고	퇴장
BC	1993	LG	26	22	0	0	18	4	0
	1994	LG	4	4	0	1	5	1	0
	1995	포항	6	5	0	1	13	0	0
	1996	포항	9	7	1	0	7	3	0
	1997	포항	20	14	5	0	31	3	0
	1999	천안	5	5	0	1	6	0	0
	합계		70	57	6	3	80	11	0
프로통산			70	57	6	3	80	11	0

박진섭 (朴珍燮) 고려대 1977.03.11

리그	연도	소속	출전	교체	득점	도움	파울	경고	퇴장
BC	2002	울산	33	10	2	4	51	3	1
	2003	울산	41	10	1	6	65	6	0
	2004	울산	28	2	0	2	42	6	0
	2005	울산	14	0	0	2	17	3	0
	2005	성남일	21	5	0	1	25	3	0
	2006	성남일	35	18	0	3	34	2	0
	2007	성남일	24	8	0	4	27	7	0
	2008	성남일	35	3	0	2	31	6	0
	2009	부산	27	1	0	1	29	8	0
	2010	부산	26	3	0	2	27	9	0
	합계		284	60	3	27	348	53	1
프로통산			284	60	3	27	348	53	1

박진수 (朴鎭秀) 고려대 1987.03.01

리그	연도	소속	출전	교체	득점	도움	파울	경고	퇴장
챌	2013	충주	33	3	3	1	63	7	0
	2014	충주	30	13	1	2	34	2	0
	2015	충주	11	10	0	0	3	0	0
	합계		74	26	4	3	100	9	0
프로통산			74	26	4	3	100	9	0

박진옥 (朴鎭玉) 경희대 1982.05.28

리그	연도	소속	출전	교체	득점	도움	파울	경고	퇴장
BC	2005	부천S	29	25	1	0	15	1	0
	2006	제주	24	11	0	0	28	4	0
	2007	제주	28	4	1	0	36	1	0
	2008	제주	15	10	0	0	14	0	0
	2009	광주상	11	8	0	0	15	0	0
	2010	광주상	10	7	0	0	9	0	0
	2010	제주	0	0	0	0	0	0	0
	2011	제주	21	6	0	1	27	2	0
	2012	제주	16	9	0	0	16	3	0
	합계		154	80	2	1	160	11	0
클	2013	대전	30	5	0	0	31	2	0
	합계		30	5	0	0	31	2	0
챌	2014	광주	8	2	0	0	16	1	0
	합계		8	2	0	0	16	1	0

리그	연도	소속	출전	교체	득점	도움	파울	경고	퇴장
프로통산			192	87	2	1	207	14	0

박진이 (朴眞伊) 아주대 1983.04.05

리그	연도	소속	출전	교체	득점	도움	파울	경고	퇴장
BC	2007	경남	7	5	0	0	4	1	0
	2008	경남	20	4	0	1	26	2	0
	2009	경남	3	2	0	0	4	0	0
	합계		30	11	0	1	34	3	0
프로통산			30	11	0	1	34	3	0

박진포 (朴珍鋪) 대구대 1987.08.13

리그	연도	소속	출전	교체	득점	도움	파울	경고	퇴장
BC	2011	성남일	32	2	0	3	62	6	0
	2012	성남일	40	0	0	3	74	7	0
	합계		72	2	0	6	136	13	0
클	2013	성남일	35	3	1	5	55	8	0
	2014	성남	32	2	1	2	45	6	0
	2016	상주	20	2	0	1	24	3	0
	2016	성남	3	1	0	0	3	1	0
	합계		90	8	2	8	127	18	0
챌	2015	상주	32	3	3	3	35	4	0
	합계		32	3	3	3	35	4	0
승	2016	성남	1	0	0	0	1	0	0
	합계		1	0	0	0	1	0	0
프로통산			195	13	5	17	299	35	0

박창선 (朴昌善) 경희대 1954.02.02

리그	연도	소속	출전	교체	득점	도움	파울	경고	퇴장
BC	1983	할렐	15	1	3	6	24	3	0
	1984	대우	28	0	6	7	29	0	0
	1985	대우	5	0	0	2	6	1	0
	1986	대우	12	4	0	1	16	0	0
	1987	유공	13	3	2	1	24	0	0
	합계		73	8	11	17	99	4	0
프로통산			73	8	11	17	99	4	0

박창주 (朴昌宙) 단국대 1972.09.30

리그	연도	소속	출전	교체	실점	도움	파울	경고	퇴장
BC	1999	울산	2	1	5	0	0	0	0
	2000	울산	0	0	0	0	0	0	0
	2001	울산	0	0	0	0	0	0	0
	합계		2	1	5	0	0	0	0
프로통산			2	1	5	0	0	0	0

박창헌 (朴昌憲) 동국대 1985.12.12

리그	연도	소속	출전	교체	득점	도움	파울	경고	퇴장
BC	2008	인천	14	6	0	0	21	3	0
	2009	인천	14	11	0	0	16	1	0
	2010	인천	11	10	0	0	12	1	0
	2011	경남	4	3	0	0	5	0	0
	합계		43	30	0	0	54	5	0
프로통산			43	30	0	0	54	5	0

박창현 (朴昶鉉) 한양대 1966.06.08

리그	연도	소속	출전	교체	득점	도움	파울	경고	퇴장
BC	1989	포철	29	13	3	2	23	3	0
	1992	포철	28	8	7	4	26	1	0
	1993	포철	23	16	4	2	27	0	0
	1994	포철	20	15	1	0	15	2	0
	1995	전남	8	7	0	0	6	0	0
	합계		108	59	15	8	97	6	0
프로통산			108	59	15	8	97	6	0

박천신 (朴天申) 동의대 1983.11.04

리그	연도	소속	출전	교체	득점	도움	파울	경고	퇴장
BC	2006	전남	2	2	0	0	4	1	0
	2007	전남	3	3	0	0	2	0	0
	합계		5	5	0	0	6	1	0
프로통산			5	5	0	0	6	1	0

박철 (朴徹) 대구대 1973.08.20

리그	연도	소속	출전	교체	득점	도움	파울	경고	퇴장
BC	1994	LG	25	2	2	0	22	3	0
	1995	LG	23	0	2	1	47	5	0
	1996	안양L	19	10	1	0	18	2	0
	1999	부천S	27	2	0	0	32	5	0
	2000	부천S	32	2	1	1	27	1	0
	2001	부천S	27	2	0	1	24	1	0
	2002	부천S	27	3	1	0	15	1	0
	2003	대전	25	5	0	0	14	2	0
	2004	대전	24	1	0	0	10	1	0
	2005	대전	16	3	0	1	15	0	0
	합계		245	30	7	4	224	21	0
프로통산			245	30	7	4	224	21	0

박철우 (朴哲祐) 청주상고 1965.09.29

리그	연도	소속	출전	교체	실점	도움	파울	경고	퇴장
BC	1985	포철	11	0	7	0	0	0	0
	1986	포철	3	0	5	0	0	0	0
	1991	포철	28	1	31	0	2	0	0
	1992	LG	13	1	17	0	0	0	0
	1993	LG	29	1	30	0	2	1	0
	1994	LG	20	2	30	0	1	0	0
	1995	전남	11	5	15	0	0	0	0
	1996	수원	22	0	18	0	2	2	0
	1997	수원	19	0	23	0	1	2	0
	1998	전남	15	0	12	0	0	1	0
	1999	전남	19	1	29	0	0	0	0
	합계		190	11	217	0	8	6	0
프로통산			190	11	217	0	8	6	0

박철웅 (朴鐵雄) 영남대 1958.04.15

리그	연도	소속	출전	교체	득점	도움	파울	경고	퇴장
BC	1983	포철	4	4	0	0	0	0	0
	1984	포철	1	0	0	0	0	0	0
	합계		5	4	0	0	0	0	0
프로통산			5	4	0	0	0	0	0

박철형 (朴哲亨) 울산대 1982.03.17

리그	연도	소속	출전	교체	득점	도움	파울	경고	퇴장
BC	2005	부천S	2	2	0	0	0	0	0
	2006	제주	4	4	0	0	2	0	0
	합계		6	6	0	0	2	0	0
프로통산			6	6	0	0	2	0	0

박청효 (朴青孝) 연세대 1990.02.13

리그	연도	소속	출전	교체	실점	도움	파울	경고	퇴장
클	2013	경남	10	0	21	0	0	1	0
	2014	경남	0	0	0	0	0	0	0
	합계		10	0	21	0	0	1	0
챌	2014	충주	8	0	14	0	0	1	0
	2015	충주	4	0	4	0	0	0	0
	합계		12	0	18	0	0	1	0
프로통산			22	0	39	0	0	2	0

박충균 (朴忠均) 건국대 1973.06.20

리그	연도	소속	출전	교체	득점	도움	파울	경고	퇴장
BC	1996	수원	10	3	0	0	14	1	0
	1997	수원	12	4	0	0	30	3	0
	1998	수원	2	1	0	0	3	0	0
	2001	수원	2	1	0	0	0	0	0
	2001	성남일	9	4	1	1	12	2	0
	2002	성남일	10	4	0	1	14	2	0
	2003	성남일	25	9	0	1	45	4	0
	2004	부산	14	9	0	0	12	3	0
	2005	부산	10	1	0	0	16	0	0
	2006	대전	22	8	0	0	43	4	0
	2007	부산	10	6	0	0	14	2	0
	합계		126	50	1	3	203	21	0
프로통산			126	50	1	3	203	21	0

박태민 (朴太民) 연세대 1986.01.21

리그	연도	소속	출전	교체	득점	도움	파울	경고	퇴장
BC	2008	수원	6	3	0	0	12	0	0
	2009	수원	2	1	0	0	3	0	0
	2010	수원	2	1	0	0	3	0	0
	2011	부산	23	7	1	1	34	4	0
	2012	인천	40	5	0	4	44	3	0
	합계		73	17	1	5	96	7	0
클	2013	인천	36	1	3	0	46	6	0
	2014	인천	36	1	1	2	37	4	0
	2015	성남	20	2	0	1	30	3	0
	2016	성남	1	0	0	0	0	0	0
	합계		93	4	4	3	113	13	0
프로통산			166	21	5	8	209	20	0

박태수 (朴太洙) 홍익대 1989.12.01

리그	연도	소속	출전	교체	득점	도움	파울	경고	퇴장
BC	2011	인천	6	3	0	0	10	2	0
	2012	인천	2	1	0	0	3	0	0
	합계		8	4	0	0	13	2	0
클	2013	대전	14	5	0	0	33	5	0
	합계		14	5	0	0	33	5	0
챌	2014	충주	25	1	1	4	59	10	0
	2015	안양	22	10	0	1	28	3	0
	합계		47	11	1	5	87	13	0
프로통산			69	20	1	5	133	20	0

박태웅 (朴泰雄) 숭실대 1988.01.30

리그	연도	소속	출전	교체	득점	도움	파울	경고	퇴장
BC	2010	경남	2	1	0	0	2	1	0
	2011	강원	14	5	0	1	30	5	0
	2012	강원	8	6	0	0	16	3	0
	2012	수원	8	5	0	1	14	3	0
	합계		32	17	0	2	62	12	0
클	2013	수원	0	0	0	0	0	0	0
	2014	상주	0	0	0	0	0	0	0
	합계		0	0	0	0	0	0	0
챌	2013	상주	2	0	0	0	5	2	0
	2016	경남	7	7	0	0	17	2	0
	합계		9	7	0	0	22	4	0
승	2013	상주	0	0	0	0	0	0	0
	합계		0	0	0	0	0	0	0
프로통산			41	24	0	2	84	16	0

박태원 (朴泰元) 순천고 1977.04.12

리그	연도	소속	출전	교체	득점	도움	파울	경고	퇴장
BC	2000	전남	1	1	0	0	1	0	0
	합계		1	1	0	0	1	0	0
프로통산			1	1	0	0	1	0	0

박태윤 (朴泰潤) 중앙대 1991.04.05

리그	연도	소속	출전	교체	득점	도움	파울	경고	퇴장
클	2014	울산	0	0	0	0	0	0	0
	합계		0	0	0	0	0	0	0
프로통산			0	0	0	0	0	0	0

박태하 (朴泰夏) 대구대 1968.05.29

리그	연도	소속	출전	교체	득점	도움	파울	경고	퇴장
BC	1991	포철	31	6	3	0	52	4	0
	1992	포철	35	11	5	7	55	4	0
	1993	포철	5	4	0	0	2	0	0
	1996	포항	36	7	9	4	64	3	0
	1997	포항	18	0	6	4	15	1	0
	1998	포항	38	9	9	10	65	3	0
	1999	포항	31	4	5	4	53	3	0
	2000	포항	35	4	8	2	42	2	0
	2001	포항	32	14	1	6	37	5	0
	합계		261	59	46	37	385	25	0
프로통산			261	59	46	37	385	25	0

박태형 (朴泰炯) 단국대 1992.04.07

리그	연도	소속	출전	교체	득점	도움	파울	경고	퇴장
챌	2015	고양	15	4	0	0	10	4	0
	2016	고양	34	1	0	0	25	7	0
	합계		49	5	0	0	35	11	0
프로통산			49	5	0	0	35	11	0

박태홍 (朴台洪) 연세대 1991.03.25

리그	연도	소속	출전	교체	득점	도움	파울	경고	퇴장
챌	2016	대구	38	0	1	0	64	8	0
	합계		38	0	1	0	64	8	0

리그	연도	소속	출전	교체	득점	도움	파울	경고	퇴장
프로통산			38	0	1	0	64	8	0

박한빈 (朴限彬) 신갈고 1997.09.21

리그	연도	소속	출전	교체	득점	도움	파울	경고	퇴장
챌	2016	대구	6	6	0	0	4	0	0
	합계		6	6	0	0	4	0	0
프로통산			6	6	0	0	4	0	0

박한석

리그	연도	소속	출전	교체	득점	도움	파울	경고	퇴장
BC	1995	대우	0	0	0	0	0	0	0
	1996	부산	0	0	0	0	0	0	0
	합계		0	0	0	0	0	0	0
프로통산			0	0	0	0	0	0	0

박한준 (朴漢峻) 안양공고 1997.09.12

리그	연도	소속	출전	교체	득점	도움	파울	경고	퇴장
챌	2016	안양	1	1	0	0	0	0	0
	합계		1	1	0	0	0	0	0
프로통산			1	1	0	0	0	0	0

박항서 (朴恒緖) 한양대 1959.01.04

리그	연도	소속	출전	교체	득점	도움	파울	경고	퇴장
BC	1984	럭금	21	3	2	1	21	2	0
	1985	럭금	19	3	4	3	32	3	0
	1986	럭금	35	3	6	3	65	4	0
	1987	럭금	28	1	7	0	39	3	1
	1988	럭금	12	5	1	1	18	2	0
	합계		115	15	20	8	175	14	1
프로통산			115	15	20	8	175	14	1

박헌균 (朴憲均) 안양공고 1971.05.29

리그	연도	소속	출전	교체	득점	도움	파울	경고	퇴장
BC	1990	유공	4	4	0	0	1	0	0
	합계		4	4	0	0	1	0	0
프로통산			4	4	0	0	1	0	0

박혁순 (朴赫淳) 연세대 1980.03.06

리그	연도	소속	출전	교체	득점	도움	파울	경고	퇴장
BC	2003	안양L	7	7	0	0	4	1	0
	2006	광주상	15	11	1	0	7	0	0
	2007	경남	5	4	1	1	9	1	0
	2008	경남	2	1	0	0	1	0	0
	합계		29	23	2	1	21	2	0
프로통산			29	23	2	1	21	2	0

박현 (朴賢) 인천대 1988.09.24

리그	연도	소속	출전	교체	득점	도움	파울	경고	퇴장
BC	2011	광주	4	1	0	2	7	0	0
	2012	광주	13	13	2	0	10	0	0
	합계		17	14	2	2	17	0	0
챌	2013	광주	23	17	4	3	25	3	0
	2014	광주	12	9	0	0	12	1	0
	합계		35	26	4	3	37	4	0
프로통산			52	40	6	5	54	4	0

박현범 (朴玹範) 연세대 1987.05.07

리그	연도	소속	출전	교체	득점	도움	파울	경고	퇴장
BC	2008	수원	18	10	2	2	19	0	0
	2009	수원	14	11	1	0	8	0	0
	2010	제주	26	4	3	2	28	3	1
	2011	제주	18	1	6	2	20	0	0
	2011	수원	13	3	0	2	23	2	0
	2012	수원	38	8	4	0	63	6	0
	합계		127	37	16	8	161	11	1
클	2013	수원	14	6	0	0	15	0	0
	2015	수원	2	2	0	0	0	1	0
	2016	수원	8	4	0	0	7	0	0
	합계		24	12	0	0	22	1	0
챌	2014	안산경	21	15	0	0	28	3	0
	2015	안산경	19	11	1	0	13	1	0
	합계		40	26	1	0	41	4	0
프로통산			191	75	17	8	224	16	1

박현순 경북산업대(경일대) 1972.01.02

리그	연도	소속	출전	교체	득점	도움	파울	경고	퇴장
BC	1995	포항	0	0	0	0	0	0	0
	합계		0	0	0	0	0	0	0
프로통산			0	0	0	0	0	0	0

박현용 (朴鉉用) 아주대 1964.04.06

리그	연도	소속	출전	교체	득점	도움	파울	경고	퇴장
BC	1987	대우	12	10	0	0	7	0	0
	1988	대우	10	10	1	0	10	0	0
	1989	대우	17	3	2	0	28	1	0
	1990	대우	28	3	3	0	46	2	0
	1991	대우	39	0	7	2	35	3	0
	1992	대우	29	0	1	0	36	3	1
	1993	대우	34	0	3	2	37	3	0
	1994	대우	10	0	0	0	6	0	0
	1995	대우	19	5	0	0	21	3	0
	합계		198	31	17	4	226	15	1
프로통산			198	31	17	4	226	15	1

박현우 (朴賢優) 진주고 1997.02.21

리그	연도	소속	출전	교체	득점	도움	파울	경고	퇴장
챌	2016	경남	0	0	0	0	0	0	0
	합계		0	0	0	0	0	0	0
프로통산			0	0	0	0	0	0	0

박형근 (朴亨根) 경희대 1985.12.14

리그	연도	소속	출전	교체	득점	도움	파울	경고	퇴장
BC	2008	인천	5	5	0	0	1	0	0
	합계		5	5	0	0	1	0	0
프로통산			5	5	0	0	1	0	0

박형순 (朴炯淳) 광운대 1989.10.23

리그	연도	소속	출전	교체	실점	도움	파울	경고	퇴장
클	2016	수원FC	12	0	18	0	0	0	0
	합계		12	0	18	0	0	0	0
챌	2013	수원FC	16	0	20	0	1	1	1
	2014	수원FC	18	1	21	1	0	0	0
	2015	수원FC	22	0	23	0	1	1	0
	합계		56	1	64	1	2	2	1
승	2015	수원FC	2	0	0	0	0	0	0
	합계		2	0	0	0	0	0	0
프로통산			70	1	82	1	2	2	1

박형주 (朴亨珠) 한양대 1972.02.02

리그	연도	소속	출전	교체	득점	도움	파울	경고	퇴장
BC	1999	포항	23	7	0	1	23	0	0
	2000	포항	27	8	0	2	34	4	0
	2001	포항	17	10	0	0	27	5	0
	합계		67	25	0	3	84	9	0
프로통산			67	25	0	3	84	9	0

박호용 (朴鎬用) 안동고 1991.06.30

리그	연도	소속	출전	교체	득점	도움	파울	경고	퇴장
BC	2011	인천	3	2	0	0	6	2	0
	합계		3	2	0	0	6	2	0
프로통산			3	2	0	0	6	2	0

박호진 (朴虎珍) 연세대 1976.10.22

리그	연도	소속	출전	교체	실점	도움	파울	경고	퇴장
BC	1999	수원	0	0	0	0	0	0	0
	2000	수원	1	0	1	0	1	0	0
	2001	수원	11	0	13	0	0	0	0
	2002	수원	5	0	3	0	0	0	0
	2003	광주상	6	0	9	0	0	0	0
	2004	광주상	17	1	16	0	0	0	0
	2005	수원	4	0	3	0	0	0	0
	2006	수원	25	1	19	0	0	0	0
	2007	수원	4	0	6	0	0	0	0
	2009	수원	4	0	10	0	0	0	0
	2011	광주	31	0	44	0	1	2	0
	2012	광주	35	0	52	0	0	2	0
	합계		143	2	176	0	2	4	0
클	2013	강원	15	0	30	0	1	1	0
	합계		15	0	30	0	1	1	0
승	2013	강원	0	0	0	0	0	0	0
	합계		0	0	0	0	0	0	0
프로통산			158	2	206	0	3	5	0

박효빈 (朴孝彬) 한양대 1972.01.07

리그	연도	소속	출전	교체	득점	도움	파울	경고	퇴장
BC	1995	유공	18	12	0	0	16	1	0
	1996	부천S	11	7	0	0	8	3	0
	1997	부천S	21	20	1	1	15	3	0
	1998	부천S	7	6	3	0	6	0	0
	1999	안양L	3	3	0	0	5	0	0
	합계		60	48	4	1	50	7	0
프로통산			60	48	4	1	50	7	0

박효진 (朴孝鎭) 한양대 1972.07.22

리그	연도	소속	출전	교체	득점	도움	파울	경고	퇴장
BC	1999	천안	1	1	0	0	0	0	0
	합계		1	1	0	0	0	0	0
프로통산			1	1	0	0	0	0	0

박훈 (朴勳) 성균관대 1978.02.02

리그	연도	소속	출전	교체	득점	도움	파울	경고	퇴장
BC	2000	대전	6	5	0	0	10	3	0
	2001	대전	1	1	0	0	5	0	0
	합계		7	6	0	0	15	3	0
프로통산			7	6	0	0	15	3	0

박희도 (朴禧燾) 동국대 1986.03.20

리그	연도	소속	출전	교체	득점	도움	파울	경고	퇴장
BC	2008	부산	26	19	4	4	48	4	0
	2009	부산	35	10	8	7	66	10	0
	2010	부산	22	10	7	6	46	3	0
	2011	부산	14	8	2	1	24	3	0
	2012	서울	17	17	1	1	18	3	0
	합계		114	64	22	19	202	23	0
클	2013	전북	34	31	3	3	49	2	0
	2015	전북	0	0	0	0	0	0	0
	합계		34	31	3	3	49	2	0
챌	2014	안산경	22	11	4	4	27	4	0
	2015	안산경	27	12	4	0	34	3	0
	2016	강원	13	13	0	0	10	1	0
	합계		62	36	8	4	71	8	0
승	2016	강원	1	1	0	0	1	0	0
	합계		1	1	0	0	1	0	0
프로통산			211	132	33	26	323	33	0

박희성 (朴喜成) 고려대 1990.04.07

리그	연도	소속	출전	교체	득점	도움	파울	경고	퇴장
클	2013	서울	15	15	1	1	11	1	0
	2014	서울	19	19	2	0	21	1	0
	2015	서울	2	2	0	0	2	1	0
	2016	상주	15	7	3	0	17	1	0
	합계		51	43	6	1	51	4	0
프로통산			51	43	6	1	51	4	0

박희성 (朴熙成) 호남대 1987.04.07

리그	연도	소속	출전	교체	득점	도움	파울	경고	퇴장
BC	2011	광주	27	9	0	1	29	2	0
	2012	광주	23	3	2	0	31	2	0
	합계		50	12	2	1	60	4	0
클	2014	성남	22	4	0	1	8	3	0
	합계		22	4	0	1	8	3	0
챌	2013	광주	23	2	0	1	37	2	0
	합계		23	2	0	1	37	2	0
프로통산			95	18	2	3	105	9	0

박희성 (朴喜成) 원광대 1990.03.22

리그	연도	소속	출전	교체	득점	도움	파울	경고	퇴장
챌	2014	충주	1	0	0	0	5	1	0
	합계		1	0	0	0	5	1	0
프로통산			1	0	0	0	5	1	0

박희완 (朴喜完) 단국대 1975.05.09

리그	연도	소속	출전	교체	득점	도움	파울	경고	퇴장
BC	1999	전남	2	2	0	0	2	0	0
	2006	대구	2	2	0	0	1	1	0

리그	연도	소속	출전	교체	득점	도움	파울	경고	퇴장
	합계		4	4	0	0	3	1	0
프로통산			4	4	0	0	3	1	0

박희원(朴喜遠) 영남대 1962.03.06

리그	연도	소속	출전	교체	득점	도움	파울	경고	퇴장
BC	1986	포철	1	0	0	0	1	0	0
	합계		1	0	0	0	1	0	0
프로통산			1	0	0	0	1	0	0

박희철(朴喜撤) 홍익대 1986.01.07

리그	연도	소속	출전	교체	득점	도움	파울	경고	퇴장
BC	2006	포항	6	5	0	0	15	0	0
	2007	포항	6	5	0	0	5	1	0
	2008	경남	1	0	0	0	1	0	0
	2008	포항	6	3	0	2	12	2	0
	2009	포항	11	2	0	0	37	2	0
	2010	포항	11	7	0	1	30	5	0
	2011	포항	16	4	0	1	38	4	0
	2012	포항	32	1	0	2	74	14	0
	합계		89	27	0	6	212	28	0
클	2013	포항	22	7	0	0	24	5	0
	2014	포항	19	9	0	0	39	6	0
	합계		41	16	0	0	63	11	0
챌	2015	안산경	22	8	0	0	30	5	0
	2016	안산무	1	1	0	0	0	0	0
	합계		23	9	0	0	30	5	0
프로통산			153	52	0	6	305	44	0

박희탁(朴熙卓) 한양대 1967.05.18

리그	연도	소속	출전	교체	득점	도움	파울	경고	퇴장
BC	1990	대우	4	4	0	1	2	1	0
	1992	대우	7	6	0	0	7	3	0
	합계		11	10	0	1	9	4	0
프로통산			11	10	0	1	9	4	0

반데르 (Wander Luiz Bitencourt Junior) 브라질 1987.05.30

리그	연도	소속	출전	교체	득점	도움	파울	경고	퇴장
클	2014	울산	4	3	0	1	4	0	0
	합계		4	3	0	1	4	0	0
프로통산			4	3	0	1	4	0	0

반덴브링크 (Sebastiaan Van Den Brink) 네덜란드 1982.09.11

리그	연도	소속	출전	교체	득점	도움	파울	경고	퇴장
BC	2011	부산	3	3	0	0	1	0	0
	합계		3	3	0	0	1	0	0
프로통산			3	3	0	0	1	0	0

반델레이 (Vanderlei Francisco) 브라질 1987.09.25

리그	연도	소속	출전	교체	득점	도움	파울	경고	퇴장
챌	2014	대전	23	20	7	3	34	1	0
	합계		23	20	7	3	34	1	0
프로통산			23	20	7	3	34	1	0

반도 (Wando da Costa Silva) 브라질 1980.05.18

리그	연도	소속	출전	교체	득점	도움	파울	경고	퇴장
BC	2011	수원	0	0	0	0	0	0	0
	합계		0	0	0	0	0	0	0
프로통산			0	0	0	0	0	0	0

발라웅 (Balao Junior Cavalcante da Costa) 브라질 1975.05.08

리그	연도	소속	출전	교체	득점	도움	파울	경고	퇴장
BC	2003	울산	17	14	4	1	22	2	0
	합계		17	14	4	1	22	2	0
프로통산			17	14	4	1	22	2	0

발랑가 (Bollanga Priso Gustave) 카메룬 1972.02.13

리그	연도	소속	출전	교체	득점	도움	파울	경고	퇴장
BC	1996	전북	10	9	2	1	4	1	0
	합계		10	9	2	1	4	1	0
프로통산			10	9	2	1	4	1	0

발레리 (Valery Vyalichka) 벨라루스 1966.09.12

리그	연도	소속	출전	교체	득점	도움	파울	경고	퇴장
BC	1996	천안	2	2	0	0	2	0	0
	합계		2	2	0	0	2	0	0
프로통산			2	2	0	0	2	0	0

발렌찡 (Francisco de assis Clarentino Valentim) 브라질 1977.06.20

리그	연도	소속	출전	교체	득점	도움	파울	경고	퇴장
BC	2004	서울	6	3	0	0	5	0	0
	합계		6	3	0	0	5	0	0
프로통산			6	3	0	0	5	0	0

방대종(方大鍾) 동아대 1985.01.28

리그	연도	소속	출전	교체	득점	도움	파울	경고	퇴장
BC	2008	대구	7	5	0	0	5	2	0
	2009	대구	25	4	2	0	31	6	0
	2010	대구	23	2	0	1	31	4	0
	2011	전남	14	5	0	0	17	3	0
	2012	상주	19	2	2	1	17	2	0
	합계		88	18	4	2	101	17	0
클	2013	전남	2	0	0	0	0	1	0
	2014	전남	32	3	1	0	36	3	0
	2015	전남	24	9	0	0	16	5	0
	2016	전남	11	4	0	0	9	1	0
	합계		69	16	1	0	61	10	0
챌	2013	상주	15	1	1	0	18	0	1
	합계		15	1	1	0	18	0	1
프로통산			172	35	6	2	180	27	1

방승환(方承奐) 동국대 1983.02.25

리그	연도	소속	출전	교체	득점	도움	파울	경고	퇴장
BC	2004	인천	25	18	4	0	46	3	0
	2005	인천	31	21	5	2	67	4	0
	2006	인천	30	22	3	0	65	5	0
	2007	인천	28	15	6	5	69	9	0
	2008	인천	13	8	1	2	22	2	1
	2009	제주	27	16	5	0	63	6	0
	2010	서울	21	18	4	3	31	6	0
	2011	서울	16	14	2	1	18	3	0
	2012	부산	33	25	5	2	73	3	0
	합계		224	157	35	15	454	41	1
클	2013	부산	14	11	0	0	22	2	0
	합계		14	11	0	0	22	2	0
프로통산			238	168	35	15	476	43	1

방윤출(方允出) 대신고 1957.05.15

리그	연도	소속	출전	교체	득점	도움	파울	경고	퇴장
BC	1984	한일	17	13	0	2	2	0	0
	합계		17	13	0	2	2	0	0
프로통산			17	13	0	2	2	0	0

방인웅(方寅雄) 인천대 1962.01.31

리그	연도	소속	출전	교체	득점	도움	파울	경고	퇴장
BC	1986	유공	7	1	0	0	18	1	0
	1987	유공	6	1	0	0	8	1	0
	1989	일화	19	4	0	0	39	4	0
	1991	일화	23	5	0	0	35	5	1
	1992	일화	26	7	1	1	41	6	0
	1993	일화	28	6	0	0	33	5	1
	1994	일화	9	5	0	0	12	1	0
	1995	일화	10	0	0	1	15	0	0
	합계		128	29	1	2	201	23	2
프로통산			128	29	1	2	201	23	2

방찬준(方讚晙) 한남대 1994.04.15

리그	연도	소속	출전	교체	득점	도움	파울	경고	퇴장
클	2015	수원	1	1	0	0	0	0	0
	합계		1	1	0	0	0	0	0
챌	2016	강원	10	10	3	0	4	0	0
	합계		10	10	3	0	4	0	0
프로통산			11	11	3	0	4	0	0

배관영(裵寬榮) 울산대 1982.04.13

리그	연도	소속	출전	교체	득점	도움	파울	경고	퇴장
BC	2005	울산	0	0	0	0	0	0	0
	2006	울산	0	0	0	0	0	0	0
	2007	울산	0	0	0	0	0	0	0
	2008	울산	0	0	0	0	0	0	0
	합계		0	0	0	0	0	0	0
프로통산			0	0	0	0	0	0	0

배기종(裵起鐘) 광운대 1983.05.26

리그	연도	소속	출전	교체	득점	도움	파울	경고	퇴장
BC	2006	대전	27	22	7	3	50	3	0
	2007	수원	17	13	0	2	19	0	0
	2008	수원	16	16	5	3	28	1	0
	2009	수원	19	14	2	1	29	3	0
	2010	제주	24	18	5	1	40	1	0
	2011	제주	26	15	3	6	40	2	0
	합계		129	98	22	16	206	10	0
클	2013	제주	8	2	2	1	15	2	0
	2014	수원	14	12	3	1	12	0	0
	2015	제주	9	8	2	3	11	2	0
	합계		31	22	7	5	38	4	0
챌	2013	경찰	18	10	3	4	15	3	1
	2016	경남	15	14	4	3	14	0	0
	합계		33	24	7	7	29	3	1
프로통산			193	144	36	28	273	17	1

배민호(裵珉鎬) 한양대 1991.10.25

리그	연도	소속	출전	교체	득점	도움	파울	경고	퇴장
챌	2014	고양	19	6	0	0	14	1	0
	합계		19	6	0	0	14	1	0
프로통산			19	6	0	0	14	1	0

배성재(裵城裁) 한양대 1979.07.01

리그	연도	소속	출전	교체	득점	도움	파울	경고	퇴장
BC	2002	대전	8	6	0	0	14	2	0
	2003	대전	4	0	0	0	4	0	0
	2004	대전	6	4	0	0	7	0	0
	합계		18	10	0	0	25	2	0
프로통산			18	10	0	0	25	2	0

배세현(裵世玹) 제주 U-18 1995.03.27

리그	연도	소속	출전	교체	득점	도움	파울	경고	퇴장
클	2015	제주	1	1	0	0	2	0	0
	합계		1	1	0	0	2	0	0
프로통산			1	1	0	0	2	0	0

배수한(裵洙漢) 예원예술대 1988.09.15

리그	연도	소속	출전	교체	득점	도움	파울	경고	퇴장
챌	2013	수원FC	2	2	0	0	2	0	0
	합계		2	2	0	0	2	0	0
프로통산			2	2	0	0	2	0	0

배수현(裵洙鉉) 건국대 1969.10.30

리그	연도	소속	출전	교체	득점	도움	파울	경고	퇴장
BC	1992	현대	2	2	0	0	2	0	0
	합계		2	2	0	0	2	0	0
프로통산			2	2	0	0	2	0	0

배슬기(裵슬기) 광양제철고 1985.06.09

리그	연도	소속	출전	교체	득점	도움	파울	경고	퇴장
BC	2012	포항	0	0	0	0	0	0	0
	합계		0	0	0	0	0	0	0
클	2013	포항	3	1	0	0	4	1	0
	2014	포항	14	3	1	0	22	3	0
	2015	포항	27	0	0	1	42	8	0
	2016	포항	26	1	1	0	28	4	0
	합계		70	5	2	1	96	16	0
프로통산			70	5	2	1	96	16	0

배승진(裵乘振) 오산중 1987.11.03

리그	연도	소속	출전	교체	득점	도움	파울	경고	퇴장
클	2014	인천	11	2	0	0	26	3	0
	2016	인천	4	2	0	0	8	1	0
	합계		15	4	0	0	34	4	0
챌	2015	안산경	33	6	0	0	58	10	0
	2016	안산무	7	3	2	0	7	1	0
	합계		40	9	2	0	65	11	0

리그	연도	소속	출전	교체	득점	도움	파울	경고	퇴장
프로통산			55	13	2	0	99	15	0

배신영 (裵信泳) 단국대 1992.06.11

리그	연도	소속	출전	교체	득점	도움	파울	경고	퇴장
클	2016	수원FC	9	7	0	0	2	1	1
	합계		9	7	0	0	2	1	1
챌	2015	수원FC	26	14	5	0	21	2	0
	2016	대구	3	3	0	0	2	0	0
	합계		29	17	5	0	23	2	0
승	2015	수원FC	2	2	0	0	0	0	0
	합계		2	2	0	0	0	0	0
프로통산			40	26	5	0	25	3	1

배실용 (裵實龍) 광운대 1962.04.11

리그	연도	소속	출전	교체	득점	도움	파울	경고	퇴장
BC	1985	한일	4	2	0	0	3	0	0
	1986	한일	9	1	0	0	18	0	0
	합계		13	3	0	0	21	0	0
프로통산			13	3	0	0	21	0	0

배인영 (裵仁英) 영남대 1990.03.12

리그	연도	소속	출전	교체	득점	도움	파울	경고	퇴장
클	2013	대구	0	0	0	0	0	0	0
	합계		0	0	0	0	0	0	0
프로통산			0	0	0	0	0	0	0

배일환 (裵日換) 단국대 1988.07.20

리그	연도	소속	출전	교체	득점	도움	파울	경고	퇴장
BC	2011	제주	2	2	0	0	2	0	0
	2012	제주	40	29	5	2	56	1	0
	합계		42	31	5	2	58	1	0
클	2013	제주	31	22	2	6	46	2	0
	2014	제주	26	22	0	2	22	1	0
	2016	상주	4	1	0	0	6	1	0
	합계		61	45	2	8	74	4	0
챌	2015	상주	24	18	3	2	24	0	0
	합계		24	18	3	2	24	0	0
프로통산			127	94	10	12	156	5	0

배재우 (裵栽釪) 용인대 1993.05.17

리그	연도	소속	출전	교체	득점	도움	파울	경고	퇴장
클	2015	제주	6	2	0	0	8	3	0
	2016	제주	16	9	0	1	13	2	0
	합계		22	11	0	1	21	5	0
프로통산			22	11	0	1	21	5	0

배주익 (裵住翊) 서울시립대 1976.09.09

리그	연도	소속	출전	교체	득점	도움	파울	경고	퇴장
BC	1999	천안	2	2	0	0	2	0	0
	합계		2	2	0	0	2	0	0
프로통산			2	2	0	0	2	0	0

배준렬 (裵俊烈) 대건고 1996.09.23

리그	연도	소속	출전	교체	득점	도움	파울	경고	퇴장
챌	2016	부천	5	5	0	0	6	1	0
	합계		5	5	0	0	6	1	0
프로통산			5	5	0	0	6	1	0

배진수 (裵眞誰) 중앙대 1976.01.25

리그	연도	소속	출전	교체	득점	도움	파울	경고	퇴장
BC	2001	성남일	2	3	0	0	4	0	0
	2004	성남일	1	1	0	0	3	0	0
	합계		3	4	0	0	7	0	0
프로통산			3	4	0	0	7	0	0

배창근 (裵昌根) 영남대 1971.03.16

리그	연도	소속	출전	교체	득점	도움	파울	경고	퇴장
BC	1994	포철	9	9	0	1	4	0	0
	1995	포항	6	5	1	0	3	1	0
	합계		15	14	1	1	7	1	0
프로통산			15	14	1	1	7	1	0

배천석 (裵千奭) 숭실대 1990.04.27

리그	연도	소속	출전	교체	득점	도움	파울	경고	퇴장
클	2013	포항	20	17	4	2	19	0	0
	2014	포항	4	4	0	0	5	0	0
	2015	부산	21	7	1	1	36	0	0
	2016	전남	23	16	3	3	12	3	0
	합계		68	44	8	6	72	3	0
프로통산			68	44	8	6	72	3	0

배해민 (裵海珉) 중앙중 1988.04.25

리그	연도	소속	출전	교체	득점	도움	파울	경고	퇴장
BC	2007	서울	0	0	0	0	0	0	0
	2008	서울	1	1	0	0	1	0	0
	2011	서울	4	4	0	0	1	0	0
	합계		5	5	0	0	2	0	0
챌	2015	고양	13	13	1	0	3	0	0
	합계		13	13	1	0	3	0	0
프로통산			18	18	1	0	5	0	0

배효성 (裵曉星) 관동대 1982.01.01

리그	연도	소속	출전	교체	득점	도움	파울	경고	퇴장
BC	2004	부산	12	2	0	1	15	2	0
	2005	부산	34	0	0	0	44	2	0
	2006	부산	38	0	1	0	42	3	0
	2007	부산	29	0	0	0	36	7	1
	2008	부산	12	3	0	0	17	4	0
	2009	광주상	25	2	0	0	41	9	0
	2010	광주상	26	1	0	1	28	6	0
	2011	인천	31	2	1	0	28	5	0
	2012	강원	27	2	2	2	22	4	0
	합계		234	12	4	4	273	42	1
클	2013	강원	34	0	4	0	32	5	1
	합계		34	0	4	0	32	5	1
챌	2014	강원	27	3	2	0	29	9	1
	2015	경남	22	3	0	0	21	5	0
	2016	충주	19	3	0	0	17	4	0
	합계		68	9	2	0	67	18	1
승	2013	강원	2	0	0	0	5	2	0
	합계		2	0	0	0	5	2	0
프로통산			338	21	10	4	377	67	3

백기홍 (白起洪) 경북산업대(경일대) 1971.03.11

리그	연도	소속	출전	교체	득점	도움	파울	경고	퇴장
BC	1990	포철	1	1	0	0	0	0	0
	1991	포철	1	1	0	1	1	0	0
	1992	포철	15	11	2	1	16	1	0
	1993	포철	26	15	0	4	35	4	0
	1994	포철	22	11	1	1	20	1	0
	1996	포항	19	16	0	2	24	1	0
	1997	포항	5	3	0	0	2	0	0
	1997	천안	17	12	0	0	20	2	0
	1998	천안	11	10	0	0	11	0	0
	1999	안양L	4	2	0	1	3	0	0
	합계		121	82	3	10	132	9	0
프로통산			121	82	3	10	132	9	0

백남수 (白南秀) 한양대 1961.11.10

리그	연도	소속	출전	교체	득점	도움	파울	경고	퇴장
BC	1983	유공	14	6	0	1	11	2	0
	1984	유공	17	11	1	2	13	0	0
	1985	유공	8	3	1	0	11	2	0
	1986	포철	19	10	1	0	14	0	0
	합계		58	30	3	3	49	4	0
프로통산			58	30	3	3	49	4	0

백동규 (白棟圭) 동아대 1991.05.30

리그	연도	소속	출전	교체	득점	도움	파울	경고	퇴장
클	2015	제주	16	2	0	0	27	3	0
	2016	제주	21	7	0	1	24	1	0
	합계		37	9	0	1	51	4	0
챌	2014	안양	24	9	0	0	30	4	0
	2015	안양	12	0	0	0	19	4	0
	합계		36	9	0	0	49	8	0
프로통산			73	18	0	1	100	12	0

백민철 (白珉喆) 동국대 1977.07.28

리그	연도	소속	출전	교체	실점	도움	파울	경고	퇴장
BC	2000	안양L	0	0	0	0	0	0	0
	2002	안양L	0	0	0	0	0	0	0
	2003	광주상	5	0	0	0	0	0	0
	2004	광주상	6	0	0	0	0	0	0
	2005	서울	0	0	0	0	0	0	0
	2006	대구	23	0	26	0	1	1	0
	2007	대구	33	0	51	1	1	2	0
	2008	대구	36	0	77	0	2	2	0
	2009	대구	20	1	22	0	0	0	0
	2010	대구	33	0	68	0	0	3	0
	2011	대구	10	0	18	0	0	1	0
	2012	경남	8	1	16	0	0	0	0
	합계		174	2	291	1	4	9	0
클	2013	경남	21	0	20	0	0	1	0
	합계		21	0	20	0	0	1	0
챌	2014	광주	6	0	7	0	0	1	0
	합계		6	0	7	0	0	1	0
승	2014	광주	0	0	0	0	0	0	0
	합계		0	0	0	0	0	0	0
프로통산			201	2	318	1	4	11	0

백선규 (白善圭) 한남대 1989.05.02

리그	연도	소속	출전	교체	실점	도움	파울	경고	퇴장
BC	2011	인천	1	0	4	0	0	0	0
	2012	인천	0	0	0	0	0	0	0
	합계		1	0	4	0	0	0	0
프로통산			1	0	4	0	0	0	0

백성우 (白成右) 단국대 1990.04.08

리그	연도	소속	출전	교체	득점	도움	파울	경고	퇴장
챌	2013	안양	2	0	0	0	0	0	0
	합계		2	0	0	0	0	0	0
프로통산			2	0	0	0	0	0	0

백성진 (白聖辰) 중앙대 1954.05.12

리그	연도	소속	출전	교체	득점	도움	파울	경고	퇴장
BC	1983	국민	14	3	0	0	10	0	0
	합계		14	3	0	0	10	0	0
프로통산			14	3	0	0	10	0	0

백송 (白松) 아주대 1966.08.15

리그	연도	소속	출전	교체	득점	도움	파울	경고	퇴장
BC	1989	유공	15	12	0	0	18	2	0
	1990	유공	1	1	0	0	0	0	0
	1993	유공	12	11	0	0	12	0	0
	1994	버팔로	30	19	8	2	20	8	0
	1995	전북	11	12	1	0	19	2	0
	합계		69	55	9	2	69	12	0
프로통산			69	55	9	2	69	12	0

백수현 (白守鉉) 상지대 1986.07.20

리그	연도	소속	출전	교체	득점	도움	파울	경고	퇴장
BC	2010	경남	1	1	0	0	1	0	0
	합계		1	1	0	0	1	0	0
프로통산			1	1	0	0	1	0	0

백승대 (白承大) 아주대 1970.03.02

리그	연도	소속	출전	교체	득점	도움	파울	경고	퇴장
BC	1991	현대	9	2	0	0	10	0	0
	1992	현대	33	6	0	2	35	1	0
	1993	현대	26	6	1	0	30	3	0
	1997	안양L	11	5	0	0	16	2	0
	합계		79	19	1	2	91	6	0
프로통산			79	19	1	2	91	6	0

백승민 (白承敏) 백암고 1986.03.12

리그	연도	소속	출전	교체	득점	도움	파울	경고	퇴장
BC	2006	전남	18	15	0	1	25	0	0
	2007	전남	16	13	0	0	18	1	0
	2008	전남	17	4	0	1	29	4	0
	2009	전남	20	7	0	1	24	3	0
	2010	전남	21	12	3	2	32	2	0
	2011	전남	1	1	0	0	0	0	0
	합계		93	52	3	5	128	10	0
프로통산			93	52	3	5	128	10	0

백승우 (白承祐) 동아대 1973.05.28

리그	연도	소속	출전	교체	득점	도움	파울	경고	퇴장
BC	1996	부천S	5	3	0	0	3	0	0
	1997	부천S	3	3	0	0	1	0	0
	합계		8	6	0	0	4	0	0
프로통산			8	6	0	0	4	0	0

백승원 (白承原) 강원대 1992.04.18

리그	연도	소속	출전	교체	득점	도움	파울	경고	퇴장
클	2015	인천	3	2	0	0	7	2	0
	합계		3	2	0	0	7	2	0
프로통산			3	2	0	0	7	2	0

백승철 (白承哲) 영남대 1975.03.09

리그	연도	소속	출전	교체	득점	도움	파울	경고	퇴장
BC	1998	포항	35	21	12	3	65	3	0
	1999	포항	21	11	8	1	42	1	0
	합계		56	32	20	4	107	4	0
프로통산			56	32	20	4	107	4	0

백영철 (白榮喆) 경희대 1978.11.11

리그	연도	소속	출전	교체	득점	도움	파울	경고	퇴장
BC	2001	성남일	11	6	2	1	24	3	0
	2002	성남일	18	16	0	2	26	1	1
	2003	성남일	1	1	0	0	0	0	0
	2004	성남일	7	7	0	0	13	0	0
	2005	포항	22	20	0	1	18	2	0
	2006	경남	21	13	1	2	46	5	1
	2007	경남	16	11	0	0	20	2	0
	2008	대구	28	8	0	1	54	8	0
	2009	대구	25	5	1	2	43	7	1
	2010	대구	8	1	0	0	15	2	0
	합계		157	88	4	9	259	30	3
프로통산			157	88	4	9	259	30	3

백자건 (Zijian Baii, 白子建) 중국 1992.10.16

리그	연도	소속	출전	교체	득점	도움	파울	경고	퇴장
BC	2011	대전	14	14	0	1	4	1	0
	합계		14	14	0	1	4	1	0
프로통산			14	14	0	1	4	1	0

백재우 (白裁宇) 광주대 1991.04.27

리그	연도	소속	출전	교체	득점	도움	파울	경고	퇴장
챌	2016	안양	0	0	0	0	0	0	0
	합계		0	0	0	0	0	0	0
프로통산			0	0	0	0	0	0	0

백종철 (白鍾哲) 경희대 1961.03.09

리그	연도	소속	출전	교체	득점	도움	파울	경고	퇴장
BC	1984	현대	28	9	16	4	19	0	0
	1985	현대	6	4	0	0	5	0	0
	1986	현대	12	12	3	0	10	0	0
	1987	현대	25	19	3	2	11	0	0
	1988	현대	20	15	2	1	16	0	0
	1989	일화	22	6	10	2	19	1	0
	1990	일화	26	13	1	2	16	1	0
	1991	일화	4	2	1	0	4	0	0
	합계		143	80	36	11	100	2	0
프로통산			143	80	36	11	100	2	0

백종환 (白鐘煥) 인천대 1985.04.18

리그	연도	소속	출전	교체	득점	도움	파울	경고	퇴장
BC	2008	제주	7	6	0	0	7	2	0
	2009	제주	5	3	0	0	7	1	0
	2010	제주	0	0	0	0	0	0	0
	2010	강원	7	6	1	1	8	1	0
	2011	강원	20	13	0	0	24	2	0
	2012	강원	36	20	2	0	56	7	0
	합계		75	48	3	1	102	13	0
클	2014	상주	16	8	1	0	31	4	0
	합계		16	8	1	0	31	4	0
챌	2013	상주	32	7	0	7	49	6	0
	2014	강원	9	2	0	0	21	2	0
	2015	강원	34	4	2	1	54	9	0
	2016	강원	33	2	0	2	45	8	0
	합계		108	15	2	10	169	25	0
승	2013	상주	2	0	0	0	1	0	0
	합계		2	0	0	0	1	0	0
프로통산			201	71	6	11	303	42	0

백주현 (白周俔) 조선대 1984.02.09

리그	연도	소속	출전	교체	득점	도움	파울	경고	퇴장
BC	2006	수원	6	5	0	0	10	2	0
	2008	광주상	1	1	0	0	0	0	0
	합계		7	6	0	0	10	2	0
프로통산			7	6	0	0	10	2	0

백지훈 (白智勳) 안동고 1985.02.28

리그	연도	소속	출전	교체	득점	도움	파울	경고	퇴장
BC	2003	전남	4	4	0	0	1	0	0
	2004	전남	18	10	1	0	32	1	1
	2005	서울	22	16	2	0	33	2	0
	2006	서울	15	10	1	0	19	3	0
	2006	수원	14	4	5	0	27	2	0
	2007	수원	23	6	6	1	27	3	0
	2008	수원	22	12	4	2	19	2	0
	2009	수원	23	15	1	2	19	4	0
	2010	수원	15	8	2	3	10	1	0
	2012	상주	14	13	0	1	8	2	0
	합계		170	98	22	9	195	20	1
클	2014	울산	19	19	2	0	5	0	0
	2015	수원	21	16	0	0	11	2	0
	2016	수원	18	14	0	1	9	1	0
	합계		58	49	2	1	25	3	0
챌	2013	상주	11	11	1	0	6	0	0
	합계		11	11	1	0	6	0	0
프로통산			239	158	25	10	226	23	1

백진철 (白進哲) 중앙대 1982.02.03

리그	연도	소속	출전	교체	득점	도움	파울	경고	퇴장
BC	2006	전남	2	2	1	0	0	0	0
	합계		2	2	1	0	0	0	0
프로통산			2	2	1	0	0	0	0

백치수 (白致守) 한양대 1962.09.03

리그	연도	소속	출전	교체	득점	도움	파울	경고	퇴장
BC	1984	포철	23	4	0	0	22	1	0
	1985	포철	20	3	0	2	20	0	0
	1986	포철	20	8	0	1	17	0	0
	1987	포철	6	6	0	0	3	0	0
	1988	포철	18	3	1	0	23	2	0
	1989	포철	20	13	1	0	17	1	0
	합계		107	37	2	3	102	4	0
프로통산			107	37	2	3	102	4	0

백현영 (白鉉英) 고려대 1958.07.29

리그	연도	소속	출전	교체	득점	도움	파울	경고	퇴장
BC	1984	유공	19	17	0	0	8	0	0
	1985	유공	12	5	4	0	7	0	0
	1986	유공	21	10	4	1	11	0	0
	합계		52	32	8	1	26	0	0
프로통산			52	32	8	1	26	0	0

백형진 (白亨珍) 건국대 1970.07.01

리그	연도	소속	출전	교체	득점	도움	파울	경고	퇴장
BC	1998	안양L	19	16	2	1	20	3	0
	1999	안양L	20	21	1	0	16	2	0
	합계		39	37	3	1	36	5	0
프로통산			39	37	3	1	36	5	0

번즈 (Nathan Joel Burns) 호주 1988.05.07

리그	연도	소속	출전	교체	득점	도움	파울	경고	퇴장
BC	2012	인천	3	3	0	0	4	0	0
	합계		3	3	0	0	4	0	0
프로통산			3	3	0	0	4	0	0

베르나르도 (Bernardo Vieira de Souza) 브라질 1990.05.20

리그	연도	소속	출전	교체	득점	도움	파울	경고	퇴장
클	2016	울산	0	0	0	0	0	0	0
	합계		0	0	0	0	0	0	0
프로통산			0	0	0	0	0	0	0

베르손 (Bergson Gustavo Silveira da Silva) 브라질 1991.02.0

리그	연도	소속	출전	교체	득점	도움	파울	경고	퇴장
BC	2011	수원	8	8	0	0	5	2	0
	합계		8	8	0	0	5	2	0
클	2015	부산	7	7	0	0	9	1	0
	합계		7	7	0	0	9	1	0
프로통산			15	15	0	0	14	3	0

베리 (Greggory Austin Berry) 미국 1988.10.06

리그	연도	소속	출전	교체	득점	도움	파울	경고	퇴장
챌	2015	안양	34	1	1	0	34	2	0
	합계		34	1	1	0	34	2	0
프로통산			34	1	1	0	34	2	0

베리발두 (Perivaldo Lucio Dantas) 브라질 1953.07.12

리그	연도	소속	출전	교체	득점	도움	파울	경고	퇴장
BC	1987	유공	1	1	0	0	0	0	0
	합계		1	1	0	0	0	0	0
프로통산			1	1	0	0	0	0	0

베크리치 (Samir Bekric) 보스니아 헤르체고비나 1984.10.20

리그	연도	소속	출전	교체	득점	도움	파울	경고	퇴장
BC	2010	인천	16	7	2	0	7	0	0
	합계		16	7	2	0	7	0	0
프로통산			16	7	2	0	7	0	0

베하 헝가리 1963.10.26

리그	연도	소속	출전	교체	득점	도움	파울	경고	퇴장
BC	1990	포철	10	4	0	0	12	0	0
	1991	포철	5	5	0	1	4	0	0
	합계		15	9	0	1	16	0	0
프로통산			15	9	0	1	16	0	0

벨루소 (Belusso Jonatas Elias) 시리아 1988.06.10

리그	연도	소속	출전	교체	득점	도움	파울	경고	퇴장
챌	2015	강원	31	21	15	1	31	2	0
	2016	서울E	17	13	4	1	20	4	0
	합계		48	34	19	2	51	6	0
프로통산			48	34	19	2	51	6	0

벨코스키 (Krste Velkoski) 마케도니아 1988.02.20

리그	연도	소속	출전	교체	득점	도움	파울	경고	퇴장
클	2016	인천	24	20	4	2	19	0	0
	합계		24	20	4	2	19	0	0
프로통산			24	20	4	2	19	0	0

변병주 (邊炳柱) 연세대 1961.04.26

리그	연도	소속	출전	교체	득점	도움	파울	경고	퇴장
BC	1983	대우	4	0	1	1	8	0	0
	1984	대우	19	9	4	1	18	1	0
	1985	대우	4	1	1	2	7	0	0
	1986	대우	12	5	2	3	13	0	0
	1987	대우	30	15	5	4	43	1	0
	1988	대우	11	6	2	3	12	0	0
	1989	대우	19	5	7	1	33	0	0
	1990	현대	10	3	3	0	10	1	0
	1991	현대	22	15	3	1	31	1	0
	합계		131	59	28	16	175	4	0
프로통산			131	59	28	16	175	4	0

변성환 (卞盛奐) 울산대 1979.12.22

리그	연도	소속	출전	교체	득점	도움	파울	경고	퇴장
BC	2002	울산	25	12	0	0	40	1	0
	2003	울산	14	7	0	0	15	0	1
	2004	울산	15	3	0	0	14	1	0
	2005	울산	5	1	0	0	6	1	0
	2006	울산	27	17	0	0	25	1	1
	2007	부산	23	3	0	1	22	3	0
	2008	제주	25	9	1	3	28	1	0

리그	연도	소속	출전	교체	득점	도움	파울	경고	퇴장
	2012	성남일	5	1	0	0	10	4	0
	합계		139	53	1	4	160	12	2
챌	2013	안양	21	2	0	0	36	3	0
	2014	안양	1	1	0	0	0	0	0
	합계		22	3	0	0	36	3	0
프로통산			161	56	1	4	196	15	2

변웅(卞雄) 울산대 1986.05.07

리그	연도	소속	출전	교체	득점	도움	파울	경고	퇴장
BC	2009	울산	0	0	0	0	0	0	0
	2010	광주상	10	5	0	1	13	0	0
	2011	상주	9	7	0	0	6	0	0
	합계		19	12	0	1	19	0	0
클	2013	울산	1	1	1	0	1	0	0
	합계		1	1	1	0	1	0	0
챌	2014	충주	16	7	1	0	31	4	0
	합계		16	7	1	0	31	4	0
프로통산			36	20	2	1	51	4	0

변일우(邊一雨) 경희대 1959.03.01

리그	연도	소속	출전	교체	득점	도움	파울	경고	퇴장
BC	1984	할렐	23	13	3	1	21	0	0
	1985	할렐	14	7	2	1	15	1	0
	합계		37	20	5	2	36	1	0
프로통산			37	20	5	2	36	1	0

변재섭(邊載燮) 전주대 1975.09.17

리그	연도	소속	출전	교체	득점	도움	파울	경고	퇴장
BC	1997	전북	26	9	2	2	31	0	0
	1998	전북	25	12	3	4	36	6	0
	1999	전북	34	13	2	8	27	4	0
	2000	전북	32	21	0	5	24	0	0
	2001	전북	25	11	2	3	33	3	0
	2002	전북	7	7	0	0	3	0	0
	2003	전북	0	0	0	0	0	0	0
	2004	부천S	15	6	1	1	22	3	0
	2005	부천S	33	21	1	2	36	4	0
	2006	제주	25	17	2	0	26	2	0
	2007	전북	8	3	0	1	9	2	0
	합계		230	120	13	26	247	24	0
프로통산			230	120	13	26	247	24	0

변정석(邊晶錫) 인천대 1993.03.04

리그	연도	소속	출전	교체	득점	도움	파울	경고	퇴장
챌	2016	대전	1	1	0	0	0	0	0
	합계		1	1	0	0	0	0	0
프로통산			1	1	0	0	0	0	0

보그단 (Bogdan Milic / ← 복이) 몬테네그로 1987.11.24

리그	연도	소속	출전	교체	득점	도움	파울	경고	퇴장
BC	2012	광주	36	20	5	3	74	6	0
	합계		36	20	5	3	74	6	0
챌	2013	수원FC	28	16	3	5	38	2	0
	합계		28	16	3	5	38	2	0
프로통산			64	36	8	8	112	8	0

보띠 (Raphael Jose Botti Zacarias Sena) 브라질 1981.02.23

리그	연도	소속	출전	교체	득점	도움	파울	경고	퇴장
BC	2002	전북	19	19	0	0	28	1	0
	2003	전북	29	15	5	1	71	1	0
	2004	전북	21	4	3	2	51	5	0
	2005	전북	30	8	2	4	68	3	1
	2006	전북	30	16	4	0	51	5	0
	합계		129	62	14	7	269	15	1
프로통산			129	62	14	7	269	15	1

보로 (Boro Janicić) 유고슬라비아 1967

리그	연도	소속	출전	교체	득점	도움	파울	경고	퇴장
BC	1994	LG	28	7	0	3	30	5	0
	1995	LG	15	9	0	0	15	1	0
	합계		43	16	0	3	45	6	0
프로통산			43	16	0	3	45	6	0

보르코 (Borko Veselinovic) 세르비아 몬테네그로 1986.01.06

리그	연도	소속	출전	교체	득점	도움	파울	경고	퇴장
BC	2008	인천	30	16	7	3	30	3	0
	2009	인천	19	13	1	0	36	1	0
	합계		49	29	8	3	66	4	0
프로통산			49	29	8	3	66	4	0

보리스 (Boris Yakovlevich Tropanets) 몰도바 1964.10.11

리그	연도	소속	출전	교체	득점	도움	파울	경고	퇴장
BC	1996	부천S	1	1	0	0	0	0	0
	합계		1	1	0	0	0	0	0
프로통산			1	1	0	0	0	0	0

보리스 (Boris Vostrosablin) 러시아 1968.10.07

리그	연도	소속	출전	교체	득점	도움	파울	경고	퇴장
BC	1997	부천S	28	0	5	0	34	3	1
	1998	부천S	19	15	1	0	16	4	0
	합계		47	15	6	0	50	7	1
프로통산			47	15	6	0	50	7	1

보리스 (Boris Raic) 크로아티아 1976.12.03

리그	연도	소속	출전	교체	득점	도움	파울	경고	퇴장
BC	2003	부천S	15	1	0	0	18	5	0
	2004	부천S	26	3	0	0	49	7	0
	2005	부천S	7	1	0	0	13	2	0
	합계		48	5	0	0	80	14	0
프로통산			48	5	0	0	80	14	0

보비 (Robert Cullen) 일본 1985.06.07

리그	연도	소속	출전	교체	득점	도움	파울	경고	퇴장
챌	2015	서울E	35	20	2	4	37	2	0
	합계		35	20	2	4	37	2	0
프로통산			35	20	2	4	37	2	0

보산치치 (Milos Bosancic) 세르비아 1988.05.22

리그	연도	소속	출전	교체	득점	도움	파울	경고	퇴장
클	2013	경남	31	10	9	1	43	5	0
	2014	경남	10	9	0	1	8	0	0
	합계		41	19	9	2	51	5	0
프로통산			41	19	9	2	51	5	0

보스나 (Eddy Bosnar) 호주 1980.04.29

리그	연도	소속	출전	교체	득점	도움	파울	경고	퇴장
BC	2012	수원	36	6	2	0	38	7	1
	합계		36	6	2	0	38	7	1
클	2013	수원	10	2	0	1	11	3	0
	합계		10	2	0	1	11	3	0
프로통산			46	8	2	1	49	10	1

보아텔 (Ricardo Resende Silva) 브라질 1976.02.18

리그	연도	소속	출전	교체	득점	도움	파울	경고	퇴장
BC	2001	포항	10	7	2	1	9	1	0
	합계		10	7	2	1	9	1	0
프로통산			10	7	2	1	9	1	0

본즈 (Bonnes Olivier, Harouna) 프랑스 1990.02.07

리그	연도	소속	출전	교체	득점	도움	파울	경고	퇴장
클	2016	광주	15	3	0	0	27	1	0
	합계		15	3	0	0	27	1	0
프로통산			15	3	0	0	27	1	0

부발로 (Milan Bubalo) 세르비아 1990.08.05

리그	연도	소속	출전	교체	득점	도움	파울	경고	퇴장
클	2013	경남	34	11	6	0	39	3	0
	합계		34	11	6	0	39	3	0
프로통산			34	11	6	0	39	3	0

부영태(夫英太) 탐라대 1985.09.02

리그	연도	소속	출전	교체	득점	도움	파울	경고	퇴장
BC	2003	부산	2	2	0	0	1	0	0
	2004	부산	1	1	0	0	1	1	0
	2005	부산	0	0	0	0	0	0	0
	2008	대전	6	4	0	1	5	0	0
	2009	대전	1	1	0	0	2	0	0
	합계		10	8	0	1	9	1	0
프로통산			10	8	0	1	9	1	0

뷔텍 (Witold Bendkowski) 폴란드 1961.09.02

리그	연도	소속	출전	교체	득점	도움	파울	경고	퇴장
BC	1990	유공	21	5	1	0	32	1	0
	1991	유공	11	0	1	0	18	1	0
	1992	유공	20	6	0	0	35	5	0
	합계		52	11	2	0	85	7	0
프로통산			52	11	2	0	85	7	0

브라운 (Greg Brown) 호주 1962.07.29

리그	연도	소속	출전	교체	득점	도움	파울	경고	퇴장
BC	1991	포철	2	1	0	1	1	0	0
	합계		2	1	0	1	1	0	0
프로통산			2	1	0	1	1	0	0

브라질리아 (Cristiano Pereira de Souza) 브라질 1977.07.28

리그	연도	소속	출전	교체	득점	도움	파울	경고	퇴장
BC	2007	대전	13	5	3	2	33	3	0
	2008	울산	19	10	3	6	32	5	0
	2009	포항	6	6	0	0	4	0	0
	2009	전북	15	12	6	2	7	1	0
	합계		53	33	12	10	76	9	0
프로통산			53	33	12	10	76	9	0

브랑코 (Branko Radovanović) 유고슬라비아 1969.10.21

리그	연도	소속	출전	교체	득점	도움	파울	경고	퇴장
BC	1996	울산	14	11	0	3	26	3	0
	합계		14	11	0	3	26	3	0
프로통산			14	11	0	3	26	3	0

브랑코 (Branko Bradovanović) 유고슬라비아 1981.02.18

리그	연도	소속	출전	교체	득점	도움	파울	경고	퇴장
BC	1999	부산	4	4	0	0	5	1	0
	합계		4	4	0	0	5	1	0
프로통산			4	4	0	0	5	1	0

브루노 (Bruno Cazarine Constantino) 브라질 1985.05.06

리그	연도	소속	출전	교체	득점	도움	파울	경고	퇴장
BC	2009	경남	3	2	0	0	4	0	0
	합계		3	2	0	0	4	0	0
프로통산			3	2	0	0	4	0	0

브루노 (Bruno Cesar) 브라질 1986.03.22

리그	연도	소속	출전	교체	득점	도움	파울	경고	퇴장
BC	2010	인천	19	17	1	3	17	1	0
	합계		19	17	1	3	17	1	0
프로통산			19	17	1	3	17	1	0

브루닝요 (Bruno Cardoso Goncalves Santos) 브라질 1990.02.25

리그	연도	소속	출전	교체	득점	도움	파울	경고	퇴장
챌	2016	안양	15	9	0	0	19	2	0
	합계		15	9	0	0	19	2	0
프로통산			15	9	0	0	19	2	0

브루스 (Bruce Jose Djite) 호주 1987.03.25

리그	연도	소속	출전	교체	득점	도움	파울	경고	퇴장
클	2016	수원FC	13	9	5	1	20	3	0
	합계		13	9	5	1	20	3	0
프로통산			13	9	5	1	20	3	0

블라단 (Vladan Adzic) 세르비아 몬테네그로 1987.07.05

리그	연도	소속	출전	교체	득점	도움	파울	경고	퇴장
클	2016	수원FC	27	1	3	0	33	9	0
	합계		27	1	3	0	33	9	0
챌	2014	수원FC	14	1	0	0	22	3	0
	2015	수원FC	24	1	0	1	39	8	0
	합계		38	2	0	1	61	11	0
승	2015	수원FC	2	0	0	0	2	0	0
	합계		2	0	0	0	2	0	0
프로통산			67	3	3	1	96	20	0

비니시우스 (Vinicius Conceicao da Silva) 브라질 1977.03.07

리그	연도	소속	출전	교체	득점	도움	파울	경고	퇴장
BC	2006	울산	29	14	1	1	68	9	0
	합계		29	14	1	1	68	9	0
프로통산			29	14	1	1	68	9	0

비니시우스 (Marcos Vinicius dos Santod Ros) 브라질 1988.09

리그	연도	소속	출전	교체	득점	도움	파울	경고	퇴장
BC	2011	울산	1	1	0	0	0	0	0
	합계		1	1	0	0	0	0	0
프로통산			1	1	0	0	0	0	0

비에라 (Julio Cesar Gouveia Vieira) 브라질 1974.02.25

리그	연도	소속	출전	교체	득점	도움	파울	경고	퇴장
BC	2001	전북	14	2	3	1	24	1	0
	2002	전북	31	16	4	5	61	5	0
	2003	전남	33	19	0	10	75	6	0
	2004	전남	19	3	2	2	44	5	0
	합계		97	40	9	18	204	17	0
프로통산			97	40	9	18	204	17	0

비에리 (Jorge Luis Barbieri) 브라질 1979.05.01

리그	연도	소속	출전	교체	득점	도움	파울	경고	퇴장
BC	2005	울산	3	3	0	1	1	0	0
	합계		3	3	0	1	1	0	0
프로통산			3	3	0	1	1	0	0

비케라 (Gilvan Gomes Vieira) 브라질 1984.04.09

리그	연도	소속	출전	교체	득점	도움	파울	경고	퇴장
BC	2009	제주	9	4	0	1	14	2	0
	합계		9	4	0	1	14	2	0
프로통산			9	4	0	1	14	2	0

비탈리 (Vitaliy Parakhnevych) 우크라이나 1969.05.04

리그	연도	소속	출전	교체	득점	도움	파울	경고	퇴장
BC	1995	전북	10	2	4	0	6	2	0
	1996	전북	33	9	10	3	25	6	0
	1997	전북	29	13	7	2	24	6	0
	1998	전북	9	6	1	0	10	1	0
	1998	수원	21	7	7	4	39	5	0
	1999	수원	36	22	10	10	35	5	0
	2000	수원	8	7	5	0	4	3	0
	2001	안양L	9	6	2	0	6	0	0
	2002	부천S	8	7	4	1	6	1	0
	합계		163	79	50	20	155	29	0
프로통산			163	79	50	20	155	29	0

빅 (Victor Rodrigues da Silva) 브라질 1976.02.10

리그	연도	소속	출전	교체	득점	도움	파울	경고	퇴장
BC	2003	안양L	3	3	0	0	0	0	0
	합계		3	3	0	0	0	0	0
프로통산			3	3	0	0	0	0	0

빅토르 (Paulo Victo Costa Soares) 브라질 1994.09.13

리그	연도	소속	출전	교체	득점	도움	파울	경고	퇴장
챌	2016	고양	23	21	2	0	44	7	0
	합계		23	21	2	0	44	7	0
프로통산			23	21	2	0	44	7	0

빅토르 (Victor Shaka) 나이지리아 1975.05.01

리그	연도	소속	출전	교체	득점	도움	파울	경고	퇴장
BC	1997	안양L	19	6	5	2	48	7	0
	1998	안양L	32	19	8	2	67	4	0
	1999	안양L	15	15	1	1	37	2	0
	1999	울산	11	0	7	3	23	1	1
	2000	울산	22	8	1	2	65	4	0
	2001	부산	5	2	2	0	9	1	1
	2002	부산	4	4	1	0	4	0	0
	합계		108	54	25	10	253	19	2
프로통산			108	54	25	10	253	19	2

빌 (Amancio Rosimar) 브라질 1984.07.02

리그	연도	소속	출전	교체	득점	도움	파울	경고	퇴장
클	2015	부산	4	4	0	0	5	0	0
	합계		4	4	0	0	5	0	0
승	2015	부산	1	0	0	0	1	0	0
	합계		1	0	0	0	1	0	0
프로통산			5	4	0	0	6	0	0

빌라 (Ricardo Villar) 브라질 1979.08.11

리그	연도	소속	출전	교체	득점	도움	파울	경고	퇴장
BC	2005	전남	4	4	0	0	10	1	0
	합계		4	4	0	0	10	1	0
프로통산			4	4	0	0	10	1	0

빠울로 (Paulo Roberto Morais Junior) 브라질 1984.02.25

리그	연도	소속	출전	교체	득점	도움	파울	경고	퇴장
BC	2012	인천	5	5	1	0	5	0	0
	합계		5	5	1	0	5	0	0
프로통산			5	5	1	0	5	0	0

빠찌 (Rafael Sobreira da Costa) 브라질 1981.03.15

리그	연도	소속	출전	교체	득점	도움	파울	경고	퇴장
BC	2008	제주	9	3	1	1	12	0	0
	합계		9	3	1	1	12	0	0
프로통산			9	3	1	1	12	0	0

뻬드롱 (Christiano Florencio da Silva) 브라질 1978.04.05

리그	연도	소속	출전	교체	득점	도움	파울	경고	퇴장
BC	2008	성남일	3	2	1	0	2	0	0
	합계		3	2	1	0	2	0	0
프로통산			3	2	1	0	2	0	0

뽀뽀 (Adilson Rerreira de Souza) 브라질 1978.09.01

리그	연도	소속	출전	교체	득점	도움	파울	경고	퇴장
BC	2005	부산	30	8	4	6	66	7	1
	2006	부산	36	5	20	8	47	6	0
	2007	경남	25	10	8	10	23	3	1
	합계		91	23	32	24	136	16	2
프로통산			91	23	32	24	136	16	2

뻬레스 (Jose Sebastiao Pires Neto) 브라질 1956.02.03

리그	연도	소속	출전	교체	득점	도움	파울	경고	퇴장
BC	1994	현대	16	11	0	2	9	1	0
	합계		16	11	0	2	9	1	0
프로통산			16	11	0	2	9	1	0

삥요 (Felipe Barreto da Silva) 브라질 1992.01.29

리그	연도	소속	출전	교체	득점	도움	파울	경고	퇴장
BC	2011	제주	2	2	0	0	0	0	0
	합계		2	2	0	0	0	0	0
프로통산			2	2	0	0	0	0	0

사디크 (Sadiq Saadoun Abdul Ridha) 이라크 1973.10.01

리그	연도	소속	출전	교체	득점	도움	파울	경고	퇴장
BC	1996	안양L	16	2	1	0	38	7	0
	합계		16	2	1	0	38	7	0
프로통산			16	2	1	0	38	7	0

사무엘 (Samuel Firmino de Jesus) 브라질 1986.04.07

리그	연도	소속	출전	교체	득점	도움	파울	경고	퇴장
챌	2016	부산	3	1	0	0	5	1	0
	합계		3	1	0	0	5	1	0
프로통산			3	1	0	0	5	1	0

사브첸코 (Volodymyr Savchenko) 우크라이나 1973.09.09

리그	연도	소속	출전	교체	실점	도움	파울	경고	퇴장
BC	1996	안양L	12	0	22	0	1	1	0
	합계		12	0	22	0	1	1	0
프로통산			12	0	22	0	1	1	0

사사 (Sasa Ognenovski) 호주 1979.04.03

리그	연도	소속	출전	교체	득점	도움	파울	경고	퇴장
BC	2009	성남일	31	3	2	1	75	11	2
	2010	성남일	29	1	3	0	49	7	1
	2011	성남일	28	1	5	0	47	10	1
	2012	성남일	11	1	0	0	18	3	0
	합계		99	6	10	1	189	31	4
프로통산			99	6	10	1	189	31	4

사싸 (Jefferson Gomes de Oliveira) 브라질 1988.01.26

리그	연도	소속	출전	교체	득점	도움	파울	경고	퇴장
클	2015	대전	7	3	0	0	11	3	0
	합계		7	3	0	0	11	3	0
프로통산			7	3	0	0	11	3	0

사이먼 (Matthew Blake Simon) 호주 1986.01.22

리그	연도	소속	출전	교체	득점	도움	파울	경고	퇴장
BC	2012	전남	6	2	0	0	19	2	0
	합계		6	2	0	0	19	2	0
프로통산			6	2	0	0	19	2	0

산델 (Marcelo Sander Lima de Souza) 브라질 1972.12.28

리그	연도	소속	출전	교체	득점	도움	파울	경고	퇴장
BC	1998	부천S	7	7	0	0	10	1	0
	합계		7	7	0	0	10	1	0
프로통산			7	7	0	0	10	1	0

산드로 (Sandro Hiroshi Parreao Oi) 브라질 1979.11.19

리그	연도	소속	출전	교체	득점	도움	파울	경고	퇴장
BC	2005	대구	36	7	17	3	49	2	0
	2006	전남	3	2	2	0	4	0	0
	2007	전남	27	6	8	1	36	1	0
	2008	전남	1	0	0	0	0	0	0
	2009	수원	8	7	0	0	10	0	0
	합계		75	22	27	4	99	3	0
프로통산			75	22	27	4	99	3	0

산드로 (Sandro da Silva Mendonca) 브라질 1983.10.01

리그	연도	소속	출전	교체	득점	도움	파울	경고	퇴장
클	2013	대구	15	13	1	2	18	0	0
	합계		15	13	1	2	18	0	0
프로통산			15	13	1	2	18	0	0

산드로C (Sandro Cardoso dos Santos) 브라질 1980.03.22

리그	연도	소속	출전	교체	득점	도움	파울	경고	퇴장
BC	2000	수원	11	5	5	4	10	2	0
	2001	수원	33	1	17	3	46	8	1
	2002	수원	29	1	10	2	63	8	1
	2005	수원	26	16	5	1	22	3	1
	2006	수원	15	6	0	3	11	2	0
	2006	전남	13	12	3	0	3	1	0
	2007	전남	4	3	1	0	3	1	0
	합계		131	44	41	13	158	25	3
프로통산			131	44	41	13	158	25	3

산타나 (Rinaldo Santana dos Santos) 브라질 1975.08.24

리그	연도	소속	출전	교체	득점	도움	파울	경고	퇴장
BC	2004	서울	15	7	2	0	14	0	0
	합계		15	7	2	0	14	0	0
프로통산			15	7	2	0	14	0	0

산토스 (Natanael de Sousa Santos Junior) 브라질 1985.12.25

리그	연도	소속	출전	교체	득점	도움	파울	경고	퇴장
BC	2010	제주	28	18	14	5	45	0	0
	2011	제주	29	6	14	4	33	2	0
	2012	제주	35	12	14	11	33	0	0
	합계		92	36	42	20	111	2	0
클	2013	수원	19	7	8	1	25	1	0
	2014	수원	35	27	14	7	27	2	0

리그	연도	소속	출전	교체	득점	도움	파울	경고	퇴장
	2015	수원	29	23	12	1	23	0	0
	2016	수원	33	19	12	3	30	1	0
	합계		116	76	46	12	105	4	0
프로통산			208	112	88	32	216	6	0

산토스 (Diogo Santos Rangel) 브라질 1991.08.19

리그	연도	소속	출전	교체	득점	도움	파울	경고	퇴장
챌	2014	대전	1	1	0	0	3	0	0
	2014	강원	1	1	0	0	1	0	0
	합계		2	2	0	0	4	0	0
프로통산			2	2	0	0	4	0	0

산토스 (Remerson dos Santos) 브라질 1972.07.13

리그	연도	소속	출전	교체	득점	도움	파울	경고	퇴장
BC	1999	울산	4	3	0	0	4	0	0
	2000	울산	28	2	1	0	51	7	0
	합계		32	5	1	0	55	7	0
프로통산			32	5	1	0	55	7	0

산토스 (Rogerio Pinheiro dos Santos) 브라질 1972.04.21

리그	연도	소속	출전	교체	득점	도움	파울	경고	퇴장
BC	2003	포항	29	1	3	0	55	5	0
	2004	포항	33	6	2	0	58	10	0
	2005	포항	33	1	1	0	71	8	0
	2006	경남	34	0	2	0	67	7	0
	2007	경남	25	1	1	2	18	5	0
	2008	경남	30	4	1	0	42	3	0
	합계		184	13	10	2	311	38	0
프로통산			184	13	10	2	311	38	0

산토스 (alexandre) 브라질 1982.10.23

리그	연도	소속	출전	교체	득점	도움	파울	경고	퇴장
BC	2010	대전	16	5	0	0	31	4	0
	합계		16	5	0	0	31	4	0
프로통산			16	5	0	0	31	4	0

산티아고 (Petrony Santiago de Barros) 브라질 1980.02.18

리그	연도	소속	출전	교체	득점	도움	파울	경고	퇴장
BC	2004	대구	10	5	0	0	20	3	0
	2005	대구	17	4	0	2	37	6	0
	합계		27	9	0	2	57	9	0
프로통산			27	9	0	2	57	9	0

살람쇼 (Abdule Salam Sow) 기니 1970.08.13

리그	연도	소속	출전	교체	득점	도움	파울	경고	퇴장
BC	1996	전남	3	3	0	0	5	1	0
	합계		3	3	0	0	5	1	0
프로통산			3	3	0	0	5	1	0

샤리 (Yary David Silvera) 우루과이 1976.02.20

리그	연도	소속	출전	교체	득점	도움	파울	경고	퇴장
BC	2000	부천S	32	30	3	6	24	3	0
	2001	부천S	14	13	2	1	8	2	0
	2003	부천S	23	14	2	1	17	1	0
	합계		69	57	7	8	49	6	0
프로통산			69	57	7	8	49	6	0

샤샤 (Aleksandr Podshivalov) 러시아 1964.09.06

리그	연도	소속	출전	교체	실점	도움	파울	경고	퇴장
BC	1994	유공	2	0	2	0	0	0	0
	1995	유공	35	0	41	0	3	1	0
	1996	부천S	26	1	38	0	0	1	0
	1997	부천S	10	0	13	0	0	0	0
	합계		73	1	94	0	3	2	0
프로통산			73	1	94	0	3	2	0

샤샤 (Sasa Drakulic) 유고슬라비아 1972.08.28

리그	연도	소속	출전	교체	득점	도움	파울	경고	퇴장
BC	1995	대우	31	18	8	0	45	4	0
	1996	부산	20	12	3	5	51	5	0
	1997	부산	28	14	11	5	57	5	0
	1998	부산	13	4	4	0	38	6	0
	1998	수원	18	6	8	1	36	4	0
	1999	수원	37	6	23	4	78	7	1
	2000	수원	14	3	5	1	30	3	0
	2001	성남일	34	11	15	4	40	3	0
	2002	성남일	37	10	19	8	71	4	0
	2003	성남일	39	27	8	9	58	2	1
	합계		271	111	104	37	504	43	2
프로통산			271	111	104	37	504	43	2

샤샤 (Sasa Milaimovic) 크로아티아 1975.08.27

리그	연도	소속	출전	교체	득점	도움	파울	경고	퇴장
BC	2000	포항	12	9	6	0	24	3	0
	2001	포항	13	9	2	0	20	1	0
	합계		25	18	8	0	44	4	0
프로통산			25	18	8	0	44	4	0

샤흐트 (Dietmar Schacht) 독일 1960.04.06

리그	연도	소속	출전	교체	득점	도움	파울	경고	퇴장
BC	1985	포철	7	0	2	0	5	1	0
	합계		7	0	2	0	5	1	0
프로통산			7	0	2	0	5	1	0

샴 (Same Nkwelle Corentin) 카메룬 1979.04.30

리그	연도	소속	출전	교체	득점	도움	파울	경고	퇴장
BC	2002	대전	27	13	1	1	59	2	0
	합계		27	13	1	1	59	2	0
프로통산			27	13	1	1	59	2	0

서경조 (徐庚祚) 동아대 1969.09.28

리그	연도	소속	출전	교체	득점	도움	파울	경고	퇴장
BC	1988	현대	2	2	0	0	0	0	0
	합계		2	2	0	0	0	0	0
프로통산			2	2	0	0	0	0	0

서관수 (徐冠秀) 단국대 1980.02.25

리그	연도	소속	출전	교체	득점	도움	파울	경고	퇴장
BC	2003	성남일	3	2	0	0	4	0	0
	2005	성남일	1	1	0	0	1	0	0
	2006	대구	1	1	0	0	3	0	0
	합계		5	4	0	0	8	0	0
프로통산			5	4	0	0	8	0	0

서기복 (徐基復) 연세대 1979.01.28

리그	연도	소속	출전	교체	득점	도움	파울	경고	퇴장
BC	2003	전북	17	17	0	3	11	1	0
	2004	인천	19	17	0	3	26	4	0
	2005	인천	13	10	1	1	11	4	0
	2006	인천	17	17	1	0	24	1	0
	2007	인천	9	8	0	0	17	2	0
	합계		75	69	2	7	89	12	0
프로통산			75	69	2	7	89	12	0

서덕규 (徐德圭) 숭실대 1978.10.22

리그	연도	소속	출전	교체	득점	도움	파울	경고	퇴장
BC	2001	울산	32	2	0	0	48	5	0
	2002	울산	29	6	0	0	44	5	0
	2003	울산	8	4	0	0	4	0	0
	2004	광주상	32	1	0	0	39	2	0
	2005	광주상	16	5	0	0	19	3	0
	2006	울산	11	8	0	0	18	0	0
	2007	울산	18	10	0	0	19	1	0
	2008	울산	7	4	0	0	8	2	0
	합계		153	40	0	0	199	18	0
프로통산			153	40	0	0	199	18	0

서동명 (徐東明) 울산대 1974.05.04

리그	연도	소속	출전	교체	실점	도움	파울	경고	퇴장
BC	1996	울산	7	0	17	0	0	0	0
	1997	울산	15	0	26	0	0	1	0
	2000	전북	30	1	43	0	0	0	0
	2001	전북	27	3	32	0	0	2	0
	2002	울산	26	0	27	0	0	1	0
	2003	울산	42	0	40	0	0	2	0
	2004	울산	36	0	25	0	0	1	0
	2005	울산	26	1	25	0	1	1	0
	2006	울산	12	2	7	0	1	1	0
	2007	부산	9	1	9	0	1	0	0
	2008	부산	9	0	13	0	0	1	0
	합계		239	8	264	0	3	10	0
프로통산			239	8	264	0	3	10	0

* 득점: 2000년 1 / 통산 1

서동욱 (徐東煜) 대신고 1993.10.15

리그	연도	소속	출전	교체	득점	도움	파울	경고	퇴장
챌	2013	부천	0	0	0	0	0	0	0
	합계		0	0	0	0	0	0	0
프로통산			0	0	0	0	0	0	0

서동원 (徐東原) 연세대 1975.08.14

리그	연도	소속	출전	교체	득점	도움	파울	경고	퇴장
BC	1998	대전	29	0	1	0	48	6	0
	1999	대전	28	2	3	1	53	7	0
	2000	대전	28	9	4	4	51	5	0
	2001	수원	10	9	0	0	11	0	0
	2001	전북	15	5	1	1	18	5	0
	2002	전북	7	4	0	0	6	1	0
	2003	광주상	19	9	0	0	22	2	0
	2004	광주상	29	10	1	1	42	5	0
	2005	인천	30	13	5	3	53	2	0
	2006	인천	8	5	0	0	11	2	0
	2006	성남일	13	13	0	0	14	3	0
	2007	성남일	7	7	0	0	3	0	0
	2008	부산	18	6	1	2	32	7	0
	2009	부산	27	13	0	2	51	9	0
	2010	부산	5	4	0	0	3	1	0
	합계		273	109	16	14	418	55	0
프로통산			273	109	16	14	418	55	0

서동원 (徐東元) 고려대 1973.12.12

리그	연도	소속	출전	교체	득점	도움	파울	경고	퇴장
BC	1997	울산	20	19	2	0	31	1	0
	1998	울산	1	1	0	0	2	0	0
	1999	울산	1	1	0	0	0	0	0
	합계		22	21	2	0	33	1	0
프로통산			22	21	2	0	33	1	0

서동현 (徐東鉉) 건국대 1985.06.05

리그	연도	소속	출전	교체	득점	도움	파울	경고	퇴장
BC	2006	수원	26	18	2	2	51	1	0
	2007	수원	12	7	4	1	21	0	0
	2008	수원	35	22	13	2	50	7	0
	2009	수원	15	11	0	1	30	2	0
	2010	수원	12	8	2	0	21	4	0
	2010	강원	13	9	5	0	30	4	0
	2011	강원	28	15	4	1	29	6	0
	2012	제주	43	20	12	3	49	5	0
	합계		184	110	42	10	281	29	0
클	2013	제주	24	13	5	6	32	5	0
	2015	제주	4	0	1	0	7	1	0
	2016	수원FC	9	7	1	0	7	1	0
	합계		37	20	7	6	46	7	0
챌	2014	안산경	30	19	7	2	50	8	0
	2015	안산경	19	4	6	2	31	3	0
	2016	대전	8	5	1	0	5	1	0
	합계		57	28	14	4	86	12	0
프로통산			278	158	63	20	413	48	0

서명식 (徐明植) 관동대 1992.05.31

리그	연도	소속	출전	교체	득점	도움	파울	경고	퇴장
클	2015	대전	7	3	0	0	7	0	0
	합계		7	3	0	0	7	0	0
챌	2015	강원	14	6	0	1	11	0	0
	2016	부천	6	2	0	0	6	0	0
	합계		20	8	0	1	17	0	0
프로통산			27	11	0	1	24	0	0

서명원 (徐明原) 신평고 1995.04.19

리그	연도	소속	출전	교체	득점	도움	파울	경고	퇴장
클	2015	대전	24	15	5	0	27	3	0
	2016	울산	10	10	0	0	7	3	0

리그	연도	소속	출전	교체	득점	도움	파울	경고	퇴장
	합계		34	25	5	0	34	6	0
챌	2014	대전	26	14	4	5	27	0	0
	합계		26	14	4	5	27	0	0
프로통산			60	39	9	5	61	6	0

서민국 (徐愍國) 인천대 1983.11.23

리그	연도	소속	출전	교체	득점	도움	파울	경고	퇴장
BC	2006	인천	9	8	0	1	4	0	0
	2007	인천	19	13	1	2	30	5	0
	2008	인천	1	1	0	0	1	1	0
	2009	광주상	5	4	0	0	7	1	0
	2010	광주상	23	17	0	1	21	1	0
	2010	인천	1	1	0	0	0	0	0
	합계		58	44	1	4	63	8	0
프로통산			58	44	1	4	63	8	0

서민환 (徐民煥) 광양제철고 1992.05.09

리그	연도	소속	출전	교체	득점	도움	파울	경고	퇴장
클	2015	전남	0	0	0	0	0	0	0
	합계		0	0	0	0	0	0	0
프로통산			0	0	0	0	0	0	0

서병환 (徐炳煥) 고려대 1984.06.01

리그	연도	소속	출전	교체	득점	도움	파울	경고	퇴장
BC	2008	울산	2	2	0	0	0	0	0
	합계		2	2	0	0	0	0	0
프로통산			2	2	0	0	0	0	0

서보민 (徐保閔) 관동대 1990.06.22

리그	연도	소속	출전	교체	득점	도움	파울	경고	퇴장
챌	2014	강원	31	26	3	1	15	2	0
	2015	강원	36	8	3	9	31	2	0
	2016	강원	36	25	3	3	19	2	0
	합계		103	59	9	13	65	6	0
승	2016	강원	2	1	0	0	1	0	0
	합계		2	1	0	0	1	0	0
프로통산			105	60	9	13	66	6	0

서상민 (徐相民) 연세대 1986.07.25

리그	연도	소속	출전	교체	득점	도움	파울	경고	퇴장
BC	2008	경남	32	11	5	0	78	10	0
	2009	경남	18	14	1	1	26	3	1
	2010	경남	32	26	4	2	60	5	0
	2011	경남	21	16	2	2	32	2	1
	2012	전북	22	11	4	5	49	4	0
	합계		125	78	16	10	245	24	2
클	2013	전북	25	19	3	1	38	7	0
	2014	상주	30	14	2	1	48	5	0
	2015	전북	3	3	1	0	5	2	0
	2016	전북	8	8	0	0	10	2	0
	합계		66	44	6	2	101	16	0
챌	2015	상주	2	1	0	0	2	0	0
	합계		2	1	0	0	2	0	0
프로통산			193	123	22	12	348	40	2

서석범 (徐錫範) 건국대 1960.09.12

리그	연도	소속	출전	교체	득점	도움	파울	경고	퇴장
BC	1984	럭금	6	1	0	0	0	0	0
	합계		6	1	0	0	0	0	0
프로통산			6	1	0	0	0	0	0

서석원 (徐錫元) 일본 류츠케이자이대 1985.05.19

리그	연도	소속	출전	교체	득점	도움	파울	경고	퇴장
BC	2009	성남일	3	3	0	0	2	1	0
	합계		3	3	0	0	2	1	0
프로통산			3	3	0	0	2	1	0

서승훈 (徐承勳) 중원대 1991.08.31

리그	연도	소속	출전	교체	득점	도움	파울	경고	퇴장
챌	2014	대전	0	0	0	0	0	0	0
	합계		0	0	0	0	0	0	0
프로통산			0	0	0	0	0	0	0

서영덕 (徐營德) 고려대 1987.05.09

리그	연도	소속	출전	교체	득점	도움	파울	경고	퇴장
BC	2010	경남	0	0	0	0	0	0	0
	합계		0	0	0	0	0	0	0
프로통산			0	0	0	0	0	0	0

서용덕 (徐庸德) 연세대 1989.09.10

리그	연도	소속	출전	교체	득점	도움	파울	경고	퇴장
클	2014	울산	13	12	1	0	14	0	0
	2015	울산	7	7	0	1	5	0	0
	합계		20	19	1	1	19	0	0
챌	2016	안양	34	14	3	4	47	5	0
	합계		34	14	3	4	47	5	0
프로통산			54	33	4	5	66	5	0

서정원 (徐正源) 고려대 1970.12.17

리그	연도	소속	출전	교체	득점	도움	파울	경고	퇴장
BC	1992	LG	21	2	4	0	17	0	0
	1993	LG	11	5	2	1	14	2	0
	1994	LG	4	2	1	0	5	0	0
	1995	LG	4	2	0	1	5	0	0
	1996	안양L	27	15	6	5	23	1	0
	1997	안양L	17	0	9	1	26	1	0
	1999	수원	27	5	11	5	32	1	0
	2000	수원	25	13	4	1	17	1	0
	2001	수원	33	10	11	2	31	3	0
	2002	수원	32	15	9	1	42	1	0
	2003	수원	43	7	10	5	58	1	0
	2004	수원	25	16	1	3	18	1	0
	합계		269	92	68	25	288	12	0
프로통산			269	92	68	25	288	12	0

서정진 (徐訂晋) 보인정보산업고 1989.09.06

리그	연도	소속	출전	교체	득점	도움	파울	경고	퇴장
BC	2008	전북	22	15	1	2	30	7	0
	2009	전북	15	13	2	1	17	1	0
	2010	전북	17	12	0	0	17	2	0
	2011	전북	9	8	1	2	7	0	0
	2012	수원	39	21	3	6	58	9	0
	합계		102	69	7	11	129	19	0
클	2013	수원	35	12	6	5	39	4	0
	2014	수원	29	21	2	4	27	1	0
	2015	수원	24	16	1	0	14	0	0
	2016	울산	9	7	0	0	6	1	0
	합계		97	56	9	9	86	6	0
챌	2016	서울E	19	5	0	5	20	1	0
	합계		19	5	0	5	20	1	0
프로통산			218	130	16	25	235	26	0

서지원 (徐志源) 천안농고 1967.09.15

리그	연도	소속	출전	교체	득점	도움	파울	경고	퇴장
BC	1986	포철	1	2	0	0	0	0	0
	합계		1	2	0	0	0	0	0
프로통산			1	2	0	0	0	0	0

서진섭 (徐震燮) 울산대 1967.11.25

리그	연도	소속	출전	교체	득점	도움	파울	경고	퇴장
BC	1990	현대	1	1	0	0	1	0	0
	합계		1	1	0	0	1	0	0
프로통산			1	1	0	0	1	0	0

서창호 (徐彰浩) 국민대 1960.03.16

리그	연도	소속	출전	교체	득점	도움	파울	경고	퇴장
BC	1985	상무	2	2	0	0	3	0	0
	합계		2	2	0	0	3	0	0
프로통산			2	2	0	0	3	0	0

서혁수 (徐赫秀) 경희대 1973.10.01

리그	연도	소속	출전	교체	득점	도움	파울	경고	퇴장
BC	1998	전북	26	4	0	1	29	5	0
	1999	전북	34	0	5	8	91	5	0
	2000	전북	32	2	0	6	72	2	0
	2001	전북	34	1	0	2	76	3	0
	2002	전북	31	4	0	2	73	6	0
	2003	전북	31	9	2	4	68	4	0
	2004	성남일	28	4	0	0	60	5	0
	합계		216	24	7	23	469	30	0
프로통산			216	24	7	23	469	30	0

서형승 (徐亨承) 한남대 1992.09.22

리그	연도	소속	출전	교체	득점	도움	파울	경고	퇴장
챌	2015	고양	26	26	3	1	16	3	0
	합계		26	26	3	1	16	3	0
프로통산			26	26	3	1	16	3	0

서홍민 (徐洪旻) 한양대 1991.12.23

리그	연도	소속	출전	교체	득점	도움	파울	경고	퇴장
챌	2016	부산	0	0	0	0	0	0	0
	합계		0	0	0	0	0	0	0
프로통산			0	0	0	0	0	0	0

서효원 (徐孝源) 숭실대 1967.09.15

리그	연도	소속	출전	교체	득점	도움	파울	경고	퇴장
BC	1994	포철	23	11	4	3	31	2	1
	1995	포항	29	5	4	2	60	4	0
	1996	포항	33	8	2	2	55	4	0
	1997	포항	34	7	1	1	43	2	1
	1998	포항	38	7	2	6	60	1	0
	합계		157	38	13	14	249	13	2
프로통산			157	38	13	14	249	13	2

석동우 (石東祐) 용인대 1990.05.27

리그	연도	소속	출전	교체	득점	도움	파울	경고	퇴장
챌	2014	부천	17	6	0	1	21	2	0
	합계		17	6	0	1	21	2	0
프로통산			17	6	0	1	21	2	0

선명진 (宣明辰) 건국대 1986.12.15

리그	연도	소속	출전	교체	득점	도움	파울	경고	퇴장
BC	2010	인천	2	1	0	0	0	0	0
	합계		2	1	0	0	0	0	0
프로통산			2	1	0	0	0	0	0

설기현 (薛琦鉉) 광운대 1979.01.08

리그	연도	소속	출전	교체	득점	도움	파울	경고	퇴장
BC	2010	포항	16	4	7	3	38	0	0
	2011	울산	41	16	7	10	80	8	0
	2012	인천	40	14	7	3	113	4	0
	합계		97	34	21	16	231	12	0
클	2013	인천	26	19	4	4	88	2	0
	2014	인천	7	7	0	0	18	0	0
	합계		33	26	4	4	106	2	0
프로통산			130	60	25	20	337	14	0

설익찬 (薛益贊) 학성고 1978.03.25

리그	연도	소속	출전	교체	득점	도움	파울	경고	퇴장
BC	1996	수원	0	0	0	0	0	0	0
	1999	수원	7	6	1	1	15	0	0
	2000	수원	8	3	0	0	7	2	0
	합계		15	9	1	1	22	2	0
프로통산			15	9	1	1	22	2	0

설정현 (薛廷賢) 단국대 1959.03.06

리그	연도	소속	출전	교체	득점	도움	파울	경고	퇴장
BC	1984	한일	26	1	2	0	17	0	0
	1985	한일	10	0	0	0	8	2	0
	1986	한일	14	3	0	0	16	0	0
	합계		50	4	2	0	41	2	0
프로통산			50	4	2	0	41	2	0

성경모 (成京模) 동의대 1980.06.26

리그	연도	소속	출전	교체	실점	도움	파울	경고	퇴장
BC	2003	전북	0	0	0	0	0	0	0
	2004	전북	0	0	0	0	0	0	0
	2005	인천	15	0	15	0	1	1	0
	2006	인천	25	0	30	0	0	0	0
	2007	인천	0	0	0	0	0	0	0
	2008	인천	12	0	16	0	0	0	0
	2009	인천	2	0	2	0	0	0	0
	2010	인천	1	0	2	0	0	0	0
	2011	광주	4	0	11	0	0	1	0
	합계		59	0	76	0	1	2	0
프로통산			59	0	76	0	1	2	0

성경일 (成京一) 건국대 1983.03.01

리그	연도	소속	출전	교체	실점	도움	파울	경고	퇴장
BC	2005	전북	0	0	0	0	0	0	0
	2006	전북	8	1	10	0	0	1	0
	2007	전북	10	1	13	0	0	0	0
	2008	경남	3	0	6	0	1	1	0
	2009	광주상	2	0	6	0	1	1	0
	2010	광주상	6	0	6	0	1	1	1
	합계		29	2	41	0	3	4	1
프로통산			29	2	41	0	3	4	1

성봉재 (成奉宰) 동국대 1993.04.29

리그	연도	소속	출전	교체	득점	도움	파울	경고	퇴장
클	2015	성남	3	3	0	0	6	0	0
	2016	성남	5	4	1	0	5	1	0
	합계		8	7	1	0	11	1	0
프로통산			8	7	1	0	11	1	0

성원종 (成元鍾) 경상대 1970.09.27

리그	연도	소속	출전	교체	실점	도움	파울	경고	퇴장
BC	1992	대우	15	1	20	0	1	1	0
	1994	버팔로	25	3	48	0	2	3	1
	1995	전북	16	1	22	0	2	3	0
	1996	전북	14	1	23	0	2	2	0
	1997	전북	17	0	31	0	1	1	0
	1998	부산	5	1	4	0	0	0	0
	1999	대전	4	0	9	0	2	1	0
	2000	대전	0	0	0	0	0	0	0
	합계		96	7	157	0	10	11	1
프로통산			96	7	157	0	10	11	1

성은준 (成殷準) 호남대 1970.08.20

리그	연도	소속	출전	교체	득점	도움	파울	경고	퇴장
BC	1994	버팔로	16	7	0	0	4	1	0
	합계		16	7	0	0	4	1	0
프로통산			16	7	0	0	4	1	0

성종현 (成宗鉉) 울산대 1979.04.02

리그	연도	소속	출전	교체	득점	도움	파울	경고	퇴장
BC	2004	전북	3	1	0	0	4	0	0
	2005	전북	13	2	0	1	31	3	0
	2006	광주상	0	0	0	0	0	0	0
	2007	광주상	6	2	0	0	2	0	0
	2008	전북	7	2	1	1	15	1	0
	2009	전북	5	2	0	0	8	0	0
	2010	전북	9	3	0	1	15	4	0
	합계		43	12	1	3	75	8	0
프로통산			43	12	1	3	75	8	0

성한수 (成漢洙) 연세대 1976.03.10

리그	연도	소속	출전	교체	득점	도움	파울	경고	퇴장
BC	1999	대전	14	7	4	2	16	2	0
	2000	대전	13	11	2	0	18	3	0
	2001	대전	12	12	0	0	10	1	0
	2002	전남	7	5	2	0	9	0	0
	2003	전남	6	6	0	1	4	0	0
	2004	전남	7	7	0	0	6	0	0
	합계		59	48	8	3	63	6	0
프로통산			59	48	8	3	63	6	0

세르게이 (Sergey Burdin) 러시아 1970.03.02

리그	연도	소속	출전	교체	득점	도움	파울	경고	퇴장
BC	1996	부천S	36	12	22	5	47	9	0
	1997	부천S	27	8	6	1	37	7	0
	1999	천안	33	22	7	4	58	6	0
	2000	성남일	0	0	0	0	0	0	0
	합계		96	42	35	10	142	22	0
프로통산			96	42	35	10	142	22	0

세르지오 (Sergio Luis Cogo) 브라질 1960.09.28

리그	연도	소속	출전	교체	득점	도움	파울	경고	퇴장
BC	1983	포철	2	2	0	0	0	0	0
	합계		2	2	0	0	0	0	0
프로통산			2	2	0	0	0	0	0

세르지오 (Sergio Ricardo dos Santos Vieira) 브라질 1975.05.

리그	연도	소속	출전	교체	득점	도움	파울	경고	퇴장
BC	2001	안양L	13	13	2	0	15	1	0
	합계		13	13	2	0	15	1	0
프로통산			13	13	2	0	15	1	0

세르징요 (Sergio Paulo Nascimento Filho) 시리아 1988.04.27

리그	연도	소속	출전	교체	득점	도움	파울	경고	퇴장
챌	2015	대구	36	23	4	2	73	6	0
	2016	강원	19	3	0	2	38	4	0
	합계		55	26	4	4	111	10	0
승	2016	강원	2	0	0	0	5	1	0
	합계		2	0	0	0	5	1	0
프로통산			57	26	4	4	116	11	0

세바스티안 (Sebastjan Cimirotić) 슬로베니아 1974.09.14

리그	연도	소속	출전	교체	득점	도움	파울	경고	퇴장
BC	2005	인천	3	3	1	0	3	0	0
	합계		3	3	1	0	3	0	0
프로통산			3	3	1	0	3	0	0

세베로 브라질

리그	연도	소속	출전	교체	득점	도움	파울	경고	퇴장
BC	1995	현대	18	9	4	4	43	6	0
	합계		18	9	4	4	43	6	0
프로통산			18	9	4	4	43	6	0

세이트 (Seyit Cem Unsal) 터키 1975.10.09

리그	연도	소속	출전	교체	득점	도움	파울	경고	퇴장
BC	1997	안양L	3	2	0	1	3	0	0
	1998	안양L	6	5	0	0	5	0	0
	합계		9	7	0	1	8	0	0
프로통산			9	7	0	1	8	0	0

세자르 브라질 1959.02.21

리그	연도	소속	출전	교체	득점	도움	파울	경고	퇴장
BC	1984	포철	12	6	0	1	20	2	0
	합계		12	6	0	1	20	2	0
프로통산			12	6	0	1	20	2	0

세자르 (Cezar da Costa Oliveira) 브라질 1973.12.09

리그	연도	소속	출전	교체	득점	도움	파울	경고	퇴장
BC	1999	전남	31	9	13	2	82	2	0
	2000	전남	39	13	11	0	77	2	0
	2001	전남	32	14	12	4	57	2	0
	2002	전남	6	4	0	0	9	1	0
	합계		108	40	36	6	225	7	0
프로통산			108	40	36	6	225	7	0

세자르 (Paulo Cesar de Souza) 브라질 1979.02.16

리그	연도	소속	출전	교체	득점	도움	파울	경고	퇴장
BC	2005	전북	12	11	0	5	30	2	0
	합계		12	11	0	5	30	2	0
프로통산			12	11	0	5	30	2	0

세지오 (Sergio Guimaraes da Silva Junior) 브라질 1979.02.19

리그	연도	소속	출전	교체	득점	도움	파울	경고	퇴장
BC	2005	부천S	11	6	2	3	18	1	0
	합계		11	6	2	3	18	1	0
프로통산			11	6	2	3	18	1	0

세징야 (Cesar Fernando Silva Melo) 브라질 1989.11.29

리그	연도	소속	출전	교체	득점	도움	파울	경고	퇴장
챌	2016	대구	36	11	11	8	79	12	0
	합계		36	11	11	8	79	12	0
프로통산			36	11	11	8	79	12	0

셀리오 (Ferreira dos Santos) 브라질 1987.07.20

리그	연도	소속	출전	교체	득점	도움	파울	경고	퇴장
클	2016	울산	10	3	1	0	11	4	0
	합계		10	3	1	0	11	4	0
프로통산			10	3	1	0	11	4	0

셀린 (Alessandro Padovani Celin) 브라질 1989.09.11

리그	연도	소속	출전	교체	득점	도움	파울	경고	퇴장
BC	2011	광주	1	1	0	0	0	0	0
	합계		1	1	0	0	0	0	0
프로통산			1	1	0	0	0	0	0

셀미르 (Selmir dos Santos Bezerra) 브라질 1979.08.23

리그	연도	소속	출전	교체	득점	도움	파울	경고	퇴장
BC	2005	인천	31	17	9	6	84	3	0
	2006	인천	13	4	5	0	34	2	0
	2006	전남	14	4	5	1	29	0	0
	2007	대구	18	16	3	0	21	2	0
	2008	대전	12	8	4	1	25	1	0
	합계		88	49	26	8	193	8	0
프로통산			88	49	26	8	193	8	0

소광호 (蘇光鎬) 한양대 1961.03.27

리그	연도	소속	출전	교체	득점	도움	파울	경고	퇴장
BC	1984	럭금	13	7	0	2	5	0	0
	1985	상무	20	2	0	3	22	1	0
	합계		33	9	0	5	27	1	0
프로통산			33	9	0	5	27	1	0

소말리아 (Waderson de Paula Sabino) 브라질 1977.06.22

리그	연도	소속	출전	교체	득점	도움	파울	경고	퇴장
BC	2006	부산	22	12	9	6	56	3	1
	합계		22	12	9	6	56	3	1
프로통산			22	12	9	6	56	3	1

소우자 (Jose Augusto Freitas Sousa) 브라질 1978.08.02

리그	연도	소속	출전	교체	득점	도움	파울	경고	퇴장
BC	2008	부산	3	3	0	0	0	0	0
	합계		3	3	0	0	0	0	0
프로통산			3	3	0	0	0	0	0

소콜 (Cikalleshi Sokol) 알바니아 1990.07.27

리그	연도	소속	출전	교체	득점	도움	파울	경고	퇴장
BC	2012	인천	6	6	0	0	10	0	0
	합계		6	6	0	0	10	0	0
프로통산			6	6	0	0	10	0	0

손국회 (孫國會) 초당대 1987.05.15

리그	연도	소속	출전	교체	득점	도움	파울	경고	퇴장
챌	2013	충주	18	2	1	0	19	0	0
	합계		18	2	1	0	19	0	0
프로통산			18	2	1	0	19	0	0

손대원 (孫大源) 강원대 1975.02.10

리그	연도	소속	출전	교체	득점	도움	파울	경고	퇴장
BC	1997	울산	4	3	0	0	3	0	0
	1999	울산	2	2	0	0	1	0	0
	2000	울산	24	3	1	2	24	4	0
	2001	울산	2	2	0	0	1	0	0
	합계		32	10	1	2	29	4	0
프로통산			32	10	1	2	29	4	0

손대호 (孫大鎬) 명지대 1981.09.11

리그	연도	소속	출전	교체	득점	도움	파울	경고	퇴장
BC	2002	수원	14	4	0	0	28	3	0
	2003	수원	8	7	1	0	10	2	0
	2004	수원	20	6	0	1	54	4	0
	2005	전남	6	5	0	0	8	1	0
	2005	성남일	6	1	0	0	17	1	0
	2006	성남일	10	6	0	0	29	4	0
	2007	성남일	26	16	2	1	71	7	0
	2008	성남일	29	12	1	1	83	5	0
	2009	인천	10	5	0	0	15	2	1
	2012	인천	22	20	0	0	11	4	0
	합계		151	82	4	3	326	33	1
클	2013	인천	23	13	1	2	27	2	0

리그	연도	소속	출전	교체	득점	도움	파울	경고	퇴장
	합계		23	13	1	2	27	2	0
프로통산			174	95	5	5	353	35	1

손상호 (孫祥豪) 울산대 1974.05.04

리그	연도	소속	출전	교체	득점	도움	파울	경고	퇴장
BC	1997	울산	3	3	0	0	1	0	0
	2001	울산	5	1	0	0	10	0	1
	2002	울산	12	6	0	0	20	2	0
	합계		20	10	0	0	31	2	1
프로통산			20	10	0	0	31	2	1

손설민 (孫雪旼) 관동대 1990.04.26

리그	연도	소속	출전	교체	득점	도움	파울	경고	퇴장
BC	2012	전남	15	13	2	1	17	2	0
	합계		15	13	2	1	17	2	0
클	2015	대전	9	5	0	0	14	5	0
	합계		9	5	0	0	14	5	0
챌	2015	강원	4	4	0	0	3	0	0
	2016	강원	4	4	0	1	0	1	0
	합계		8	8	0	1	3	1	0
프로통산			32	26	2	2	34	8	0

손세범 (孫世凡) 용인대 1992.03.07

리그	연도	소속	출전	교체	득점	도움	파울	경고	퇴장
챌	2016	고양	6	3	0	0	8	2	0
	합계		6	3	0	0	8	2	0
프로통산			6	3	0	0	8	2	0

손승준 (孫昇準) 통진종고 1982.05.16

리그	연도	소속	출전	교체	득점	도움	파울	경고	퇴장
BC	2001	수원	9	8	0	0	9	2	0
	2002	수원	17	6	0	2	41	1	0
	2003	수원	22	12	0	0	37	5	0
	2005	광주상	19	2	1	2	52	6	0
	2007	수원	4	2	0	0	14	0	0
	2008	수원	1	1	0	0	1	0	0
	2009	전북	9	1	0	0	37	2	1
	2010	전북	22	11	3	0	79	17	0
	2011	전북	9	4	0	0	26	6	0
	합계		112	47	4	4	296	39	1
프로통산			112	47	4	4	296	39	1

손시헌 (孫時憲) 숭실대 1992.09.18

리그	연도	소속	출전	교체	득점	도움	파울	경고	퇴장
챌	2013	수원FC	6	3	0	0	4	0	0
	2014	수원FC	0	0	0	0	0	0	0
	합계		6	3	0	0	4	0	0
프로통산			6	3	0	0	4	0	0

손웅정 (孫雄政) 명지대 1966.06.16

리그	연도	소속	출전	교체	득점	도움	파울	경고	퇴장
BC	1985	상무	7	5	0	0	5	1	0
	1987	현대	16	14	5	0	11	1	0
	1988	현대	4	4	0	0	2	1	0
	1989	일화	10	11	2	0	10	0	0
	합계		37	34	7	0	28	3	0
프로통산			37	34	7	0	28	3	0

손일표 (孫一杓) 선문대 1981.03.29

리그	연도	소속	출전	교체	득점	도움	파울	경고	퇴장
BC	2004	대구	0	0	0	0	0	0	0
	합계		0	0	0	0	0	0	0
프로통산			0	0	0	0	0	0	0

손재영 (孫材榮) 숭실대 1991.09.09

리그	연도	소속	출전	교체	득점	도움	파울	경고	퇴장
클	2014	울산	0	0	0	0	0	0	0
	합계		0	0	0	0	0	0	0
프로통산			0	0	0	0	0	0	0

손정탁 (孫禎鐸) 울산대 1976.05.31

리그	연도	소속	출전	교체	득점	도움	파울	경고	퇴장
BC	1999	울산	16	16	2	2	14	0	0
	2000	울산	18	17	2	2	16	0	0
	2001	울산	1	1	0	0	4	0	0
	2003	광주상	34	25	4	1	49	3	0
	2004	전북	15	12	2	1	24	1	0
	2005	전북	12	7	1	1	18	2	0
	2005	수원	4	4	0	0	4	0	0
	2006	수원	6	6	0	0	4	1	0
	합계		106	88	11	7	133	7	0
프로통산			106	88	11	7	133	7	0

손정현 (孫政玄) 광주대 1991.11.25

리그	연도	소속	출전	교체	실점	도움	파울	경고	퇴장
클	2014	경남	6	0	9	0	1	1	0
	합계		6	0	9	0	1	1	0
챌	2015	경남	39	0	42	0	2	3	0
	2016	안산경	9	0	14	0	1	0	1
	합계		48	0	56	0	3	3	1
승	2014	경남	1	0	3	0	0	0	0
	합계		1	0	3	0	0	0	0
프로통산			55	0	68	0	4	4	1

손종석 (孫宗錫) 서울시립대 1954.03.10

리그	연도	소속	출전	교체	득점	도움	파울	경고	퇴장
BC	1984	현대	3	3	0	0	0	0	0
	합계		3	3	0	0	0	0	0
프로통산			3	3	0	0	0	0	0

손종찬 (孫宗贊) 아주대 1966.11.01

리그	연도	소속	출전	교체	득점	도움	파울	경고	퇴장
BC	1989	대우	6	4	0	0	4	1	0
	1990	유공	3	3	0	0	1	0	0
	1991	유공	15	8	0	1	10	1	0
	1992	유공	29	17	0	0	28	1	0
	1993	유공	22	20	0	1	8	1	0
	1994	유공	23	15	0	1	14	2	0
	1995	유공	10	7	0	0	11	1	0
	합계		108	74	0	3	76	7	0
프로통산			108	74	0	3	76	7	0

손준호 (孫準浩) 영남대 1992.05.12

리그	연도	소속	출전	교체	득점	도움	파울	경고	퇴장
클	2014	포항	25	4	1	2	66	8	0
	2015	포항	35	3	9	4	87	9	0
	2016	포항	4	1	0	0	5	0	0
	합계		64	8	10	6	158	17	0
프로통산			64	8	10	6	158	17	0

손창후 (孫昌厚) 우신고 1957.02.05

리그	연도	소속	출전	교체	득점	도움	파울	경고	퇴장
BC	1983	할렐	10	4	0	1	1	0	0
	합계		10	4	0	1	1	0	0
프로통산			10	4	0	1	1	0	0

손현준 (鄭喆鎬) 동아대 1972.03.20

리그	연도	소속	출전	교체	득점	도움	파울	경고	퇴장
BC	1995	LG	20	6	1	0	57	8	0
	1996	안양L	37	3	0	0	66	4	0
	1997	안양L	22	8	0	0	32	3	0
	1998	안양L	17	12	0	0	28	1	0
	1999	부산	13	8	0	0	29	4	0
	2000	안양L	20	15	0	0	37	8	0
	2001	안양L	16	8	0	0	33	1	0
	2002	안양L	25	6	0	0	43	0	0
	합계		170	66	1	0	325	29	0
프로통산			170	66	1	0	325	29	0

손형선 (孫炯先) 광운대 1964.02.22

리그	연도	소속	출전	교체	득점	도움	파울	경고	퇴장
BC	1986	대우	27	2	1	0	36	2	0
	1987	대우	24	2	1	0	44	2	0
	1988	대우	23	4	3	1	33	1	0
	1989	대우	34	3	1	1	62	2	0
	1990	포철	23	1	1	4	44	1	0
	1991	포철	21	9	0	0	42	3	0
	1992	LG	20	1	1	0	38	6	0
	1993	LG	10	3	0	0	20	1	0
	합계		182	25	8	6	319	18	0
프로통산			182	25	8	6	319	18	0

손형준 (孫亨準) 진주고 1995.01.13

리그	연도	소속	출전	교체	득점	도움	파울	경고	퇴장
클	2013	경남	0	0	0	0	0	0	0
	합계		0	0	0	0	0	0	0
챌	2015	경남	10	5	0	0	5	1	0
	합계		10	5	0	0	5	1	0
프로통산			10	5	0	0	5	1	0

솔로 (Andrei Solomatin) 러시아 1975.09.09

리그	연도	소속	출전	교체	득점	도움	파울	경고	퇴장
BC	2004	성남일	4	4	0	0	2	0	0
	합계		4	4	0	0	2	0	0
프로통산			4	4	0	0	2	0	0

솔로비 러시아 1968.12.23

리그	연도	소속	출전	교체	득점	도움	파울	경고	퇴장
BC	1992	일화	6	6	0	0	4	0	0
	합계		6	6	0	0	4	0	0
프로통산			6	6	0	0	4	0	0

송경섭 (宋京燮) 단국대 1971.02.25

리그	연도	소속	출전	교체	득점	도움	파울	경고	퇴장
BC	1996	수원	2	2	0	0	2	0	0
	합계		2	2	0	0	2	0	0
프로통산			2	2	0	0	2	0	0

송광환 (宋光煥) 연세대 1966.02.01

리그	연도	소속	출전	교체	득점	도움	파울	경고	퇴장
BC	1989	대우	31	18	1	2	30	0	0
	1990	대우	25	5	0	1	27	3	0
	1991	대우	1	1	0	0	1	0	0
	1992	대우	17	3	0	1	30	2	0
	1993	대우	14	4	0	0	27	3	0
	1994	대우	14	2	0	0	25	3	0
	1995	전남	34	2	0	2	43	3	0
	1996	전남	32	8	0	1	43	3	0
	1997	전남	32	8	0	3	53	2	0
	1998	전남	26	12	0	1	41	1	0
	합계		226	63	1	11	320	20	0
프로통산			226	63	1	11	320	20	0

송근수 (宋根琇) 창원기계공고 1984.05.06

리그	연도	소속	출전	교체	득점	도움	파울	경고	퇴장
BC	2005	부산	3	2	0	0	1	0	0
	2006	광주상	1	2	0	0	3	0	0
	2008	경남	0	0	0	0	0	0	0
	합계		4	4	0	0	4	0	0
프로통산			4	4	0	0	4	0	0

송덕균 (宋德均) 홍익대 1970.03.13

리그	연도	소속	출전	교체	실점	도움	파울	경고	퇴장
BC	1995	전북	10	1	15	0	1	1	0
	1999	전북	0	0	0	0	0	0	0
	합계		10	1	15	0	1	1	0
프로통산			10	1	15	0	1	1	0

송동진 (宋東晉) 포철공고 1984.05.12

리그	연도	소속	출전	교체	실점	도움	파울	경고	퇴장
BC	2008	포항	0	0	0	0	0	0	0
	2009	포항	0	0	0	0	0	0	0
	2010	포항	1	0	5	0	0	0	0
	합계		1	0	5	0	0	0	0
프로통산			1	0	5	0	0	0	0

송만호 (宋萬浩) 고려대 1969.07.06

리그	연도	소속	출전	교체	득점	도움	파울	경고	퇴장
BC	1991	유공	2	2	0	0	2	0	0
	1992	유공	1	1	0	0	0	0	0
	합계		3	3	0	0	2	0	0
프로통산			3	3	0	0	2	0	0

송민국 (宋旻鞠) 광운대 1985.04.25

리그	연도	소속	출전	교체	득점	도움	파울	경고	퇴장
BC	2008	경남	2	1	0	0	0	0	0
	합계		2	1	0	0	0	0	0

리그	연도	소속	출전	교체	득점	도움	파울	경고	퇴장
챌	2013	충주	1	0	0	0	1	0	0
	2014	충주	0	0	0	0	0	0	0
	합계		1	0	0	0	1	0	0
프로통산			3	1	0	0	1	0	0

송병용(宋炳龍) 한남대 1991.03.03

리그	연도	소속	출전	교체	득점	도움	파울	경고	퇴장
챌	2014	안양	0	0	0	0	0	0	0
	합계		0	0	0	0	0	0	0
프로통산			0	0	0	0	0	0	0

송선호(宋先浩) 인천대 1966.01.24

리그	연도	소속	출전	교체	득점	도움	파울	경고	퇴장
BC	1988	유공	16	7	1	0	27	2	0
	1989	유공	35	19	3	3	40	5	0
	1990	유공	24	16	0	2	30	2	0
	1991	유공	19	17	0	0	21	2	0
	1992	유공	11	5	0	0	11	5	0
	1993	유공	21	8	0	0	31	3	1
	1994	유공	15	7	0	0	15	4	0
	1995	유공	15	8	0	0	18	4	0
	1996	부천S	10	8	0	0	10	3	0
	합계		166	95	4	5	203	30	1
프로통산			166	95	4	5	203	30	1

송성범(宋成範) 호원대 1992.06.10

리그	연도	소속	출전	교체	득점	도움	파울	경고	퇴장
클	2015	광주	3	2	0	0	2	1	0
	합계		3	2	0	0	2	1	0
챌	2016	충주	2	2	0	0	0	0	0
	합계		2	2	0	0	0	0	0
프로통산			5	4	0	0	2	1	0

송성현(宋性玄) 광운대 1988.02.14

리그	연도	소속	출전	교체	득점	도움	파울	경고	퇴장
BC	2011	성남일	0	0	0	0	0	0	0
	합계		0	0	0	0	0	0	0
프로통산			0	0	0	0	0	0	0

송수영(宋修映) 연세대 1991.07.08

리그	연도	소속	출전	교체	득점	도움	파울	경고	퇴장
클	2014	경남	33	26	4	3	22	1	0
	2015	제주	4	4	0	0	1	0	0
	합계		37	30	4	3	23	1	0
챌	2015	경남	15	11	0	1	12	1	0
	2016	경남	31	19	9	6	17	5	0
	합계		46	30	9	7	29	6	0
승	2014	경남	2	0	1	0	2	0	0
	합계		2	0	1	0	2	0	0
프로통산			85	60	14	10	54	7	0

송승민(宋承珉) 인천대 1992.01.11

리그	연도	소속	출전	교체	득점	도움	파울	경고	퇴장
클	2015	광주	33	7	3	4	47	4	0
	2016	광주	38	2	4	3	60	2	0
	합계		71	9	7	7	107	6	0
챌	2014	광주	19	11	0	2	22	1	0
	합계		19	11	0	2	22	1	0
승	2014	광주	2	2	0	0	3	1	0
	합계		2	2	0	0	3	1	0
프로통산			92	22	7	9	132	8	0

송승주(宋承柱) 동북고 1991.04.26

리그	연도	소속	출전	교체	득점	도움	파울	경고	퇴장
BC	2011	서울	1	1	0	0	1	1	0
	합계		1	1	0	0	1	1	0
챌	2013	경찰	12	8	0	0	19	2	0
	2014	안산경	2	2	1	0	0	0	0
	합계		14	10	1	0	19	2	0
프로통산			15	11	1	0	20	3	0

송시영(宋時永) 한양대 1962.08.15

리그	연도	소속	출전	교체	득점	도움	파울	경고	퇴장
BC	1986	한일	2	2	0	0	3	0	0
	합계		2	2	0	0	3	0	0
프로통산			2	2	0	0	3	0	0

송시우(宋治雨) 단국대 1993.08.28

리그	연도	소속	출전	교체	득점	도움	파울	경고	퇴장
클	2016	인천	28	28	5	1	19	3	0
	합계		28	28	5	1	19	3	0
프로통산			28	28	5	1	19	3	0

송영록(宋永錄) 조선대 1961.03.13

리그	연도	소속	출전	교체	득점	도움	파울	경고	퇴장
BC	1984	국민	18	3	0	0	13	0	0
	합계		18	3	0	0	13	0	0
프로통산			18	3	0	0	13	0	0

송영민(宋靈民) 동의대 1995.03.11

리그	연도	소속	출전	교체	득점	도움	파울	경고	퇴장
챌	2016	대구	0	0	0	0	0	0	0
	합계		0	0	0	0	0	0	0
프로통산			0	0	0	0	0	0	0

송용진(宋勇眞) 안동고 1985.01.01

리그	연도	소속	출전	교체	득점	도움	파울	경고	퇴장
BC	2004	부산	1	1	0	0	2	0	0
	합계		1	1	0	0	2	0	0
프로통산			1	1	0	0	2	0	0

송원재(宋原宰) 고려대 1989.02.21

리그	연도	소속	출전	교체	득점	도움	파울	경고	퇴장
클	2014	상주	13	9	0	0	3	0	0
	합계		13	9	0	0	3	0	0
챌	2013	부천	4	0	0	0	2	0	0
	2013	상주	2	0	0	1	4	0	0
	2015	부천	28	19	0	0	45	6	0
	2016	부천	31	18	0	1	32	4	0
	합계		65	37	0	2	83	10	0
승	2013	상주	2	0	0	0	3	0	0
	합계		2	0	0	0	3	0	0
프로통산			80	46	0	2	89	10	0

송유걸(宋裕傑) 경희대 1985.02.16

리그	연도	소속	출전	교체	실점	도움	파울	경고	퇴장
BC	2006	전남	1	0	4	0	0	0	0
	2007	전남	0	0	0	0	0	0	0
	2007	인천	0	0	0	0	0	0	0
	2008	인천	12	1	12	0	1	0	0
	2009	인천	10	0	11	0	0	0	0
	2010	인천	19	1	31	0	1	0	0
	2011	인천	13	0	17	0	0	1	0
	2012	강원	25	1	33	0	0	2	0
	합계		80	3	108	0	2	3	0
클	2015	울산	1	0	2	0	0	0	0
	합계		1	0	2	0	0	0	0
챌	2013	경찰	11	1	15	0	1	2	0
	2014	안산경	3	0	7	0	0	0	0
	2016	강원	15	0	12	0	0	1	0
	합계		29	1	34	0	1	3	0
승	2016	강원	0	0	0	0	0	0	0
	합계		0	0	0	0	0	0	0
프로통산			110	4	144	0	3	6	0

송윤석(宋允石) 호남대 1977.09.20

리그	연도	소속	출전	교체	득점	도움	파울	경고	퇴장
BC	2000	전남	12	9	0	0	9	1	0
	2001	전남	4	3	0	0	1	0	0
	2003	광주상	0	0	0	0	0	0	0
	합계		16	12	0	0	10	1	0
프로통산			16	12	0	0	10	1	0

송재용

리그	연도	소속	출전	교체	실점	도움	파울	경고	퇴장
BC	1983	국민	1	0	3	0	0	0	0
	합계		1	0	3	0	0	0	0
프로통산			1	0	3	0	0	0	0

송재한(宋在漢) 동아대 1987.11.24

리그	연도	소속	출전	교체	득점	도움	파울	경고	퇴장
BC	2010	전북	0	0	0	0	0	0	0
	합계		0	0	0	0	0	0	0
프로통산			0	0	0	0	0	0	0

송정우(宋楨佑) 아주대 1982.03.22

리그	연도	소속	출전	교체	득점	도움	파울	경고	퇴장
BC	2005	대구	12	13	1	1	14	2	0
	2006	대구	20	18	2	1	20	2	0
	2007	대구	8	8	0	2	8	1	0
	합계		40	39	3	4	42	5	0
프로통산			40	39	3	4	42	5	0

송정현(宋町賢) 아주대 1976.05.28

리그	연도	소속	출전	교체	득점	도움	파울	경고	퇴장
BC	1999	전남	5	5	1	1	6	0	0
	2000	전남	13	11	2	0	11	1	0
	2001	전남	5	5	0	0	1	0	0
	2003	대구	37	26	3	1	59	4	0
	2004	대구	25	16	1	2	44	3	0
	2005	대구	34	1	3	6	61	3	0
	2006	전남	35	13	6	5	85	4	0
	2007	전남	27	7	3	2	34	2	0
	2008	전남	20	13	4	2	30	3	0
	2009	울산	6	6	0	0	4	0	0
	2009	전남	15	9	2	2	20	3	0
	2010	전남	17	11	2	2	22	1	0
	2011	전남	12	9	0	0	12	3	0
	합계		251	132	27	23	389	27	0
프로통산			251	132	27	23	389	27	0

송제헌(宋制憲) 선문대 1986.07.17

리그	연도	소속	출전	교체	득점	도움	파울	경고	퇴장
BC	2009	포항	3	2	0	0	6	0	0
	2010	대구	19	13	2	1	31	0	0
	2011	대구	25	10	8	0	33	6	1
	2012	대구	36	25	11	1	54	7	0
	합계		83	50	21	2	124	13	1
클	2013	전북	14	15	1	0	2	0	0
	2014	상주	6	6	0	0	4	1	0
	2016	인천	14	13	3	1	13	0	0
	합계		34	34	4	1	19	1	0
챌	2015	상주	1	1	0	1	2	0	0
	합계		1	1	0	1	2	0	0
프로통산			118	85	25	4	145	14	1

송종국(宋鍾國) 연세대 1979.02.20

리그	연도	소속	출전	교체	득점	도움	파울	경고	퇴장
BC	2001	부산	35	12	2	1	42	2	0
	2002	부산	10	4	2	0	8	3	0
	2005	수원	20	7	1	1	52	2	0
	2006	수원	27	6	0	3	55	2	0
	2007	수원	33	4	0	4	70	3	0
	2008	수원	29	2	2	1	59	1	1
	2009	수원	22	4	0	0	49	3	0
	2010	수원	10	3	0	1	17	1	0
	2011	울산	18	4	0	0	21	4	0
	합계		204	46	7	11	373	21	1
프로통산			204	46	7	11	373	21	1

송주석(宋柱錫) 고려대 1967.02.26

리그	연도	소속	출전	교체	득점	도움	파울	경고	퇴장
BC	1990	현대	29	4	3	7	68	3	0
	1991	현대	30	17	3	0	45	3	1
	1992	현대	30	17	5	1	44	4	1
	1993	현대	26	16	3	1	26	2	1
	1994	현대	15	8	2	1	15	3	0
	1995	현대	29	4	10	4	56	5	1
	1996	울산	32	13	8	4	57	8	0
	1997	울산	28	11	10	3	71	6	0
	1998	울산	20	14	3	0	37	4	1
	1999	울산	9	9	0	1	9	0	0
	합계		248	113	47	22	428	38	5

리그	연도	소속	출전	교체	득점	도움	파울	경고	퇴장
프로통산			248	113	47	22	428	38	5

송주한 (宋柱韓) 인천대 1993.06.16

리그	연도	소속	출전	교체	득점	도움	파울	경고	퇴장
클	2015	대전	12	3	0	0	6	1	0
	합계		12	3	0	0	6	1	0
챌	2014	대전	30	12	1	5	19	2	0
	2015	경남	17	5	0	1	20	5	0
	2016	경남	0	0	0	0	0	0	0
	합계		47	17	1	6	39	7	0
프로통산			59	20	1	6	45	8	0

송지용 (宋智庸) 고려대 1989.04.12

리그	연도	소속	출전	교체	득점	도움	파울	경고	퇴장
BC	2012	전남	0	0	0	0	0	0	0
	합계		0	0	0	0	0	0	0
프로통산			0	0	0	0	0	0	0

송진형 (宋珍炯) 당산서중 1987.08.13

리그	연도	소속	출전	교체	득점	도움	파울	경고	퇴장
BC	2004	서울	1	1	0	0	0	0	0
	2006	서울	8	8	0	0	9	1	0
	2007	서울	11	10	0	0	5	1	0
	2012	제주	39	9	10	5	41	6	0
	합계		59	28	10	5	55	8	0
클	2013	제주	33	11	3	4	15	3	0
	2014	제주	36	15	3	3	23	3	0
	2015	제주	29	19	6	6	25	3	0
	2016	제주	28	5	7	4	16	2	0
	합계		126	50	19	17	79	11	0
프로통산			185	78	29	22	134	19	0

송창남 (宋昌南) 배재대 1977.12.31

리그	연도	소속	출전	교체	득점	도움	파울	경고	퇴장
BC	2000	대전	1	1	0	0	1	0	0
	2001	부천S	6	4	0	0	2	1	0
	2002	부천S	1	1	0	0	0	0	0
	2003	부천S	0	0	0	0	0	0	0
	합계		8	6	0	0	3	1	0
프로통산			8	6	0	0	3	1	0

송창좌 (宋昌左) 관동대 1977.04.26

리그	연도	소속	출전	교체	득점	도움	파울	경고	퇴장
BC	2000	대전	0	0	0	0	0	0	0
	합계		0	0	0	0	0	0	0
프로통산			0	0	0	0	0	0	0

송창호 (宋昌鎬) 동아대 1986.02.20

리그	연도	소속	출전	교체	득점	도움	파울	경고	퇴장
BC	2009	포항	12	10	1	3	6	1	0
	2010	포항	11	6	0	0	5	0	0
	2011	대구	26	8	2	3	31	6	0
	2012	대구	37	13	0	1	36	4	0
	합계		86	37	3	7	78	11	0
클	2013	대구	34	13	5	1	23	5	0
	2014	전남	28	14	4	1	23	4	0
	2016	전남	3	3	0	0	0	0	0
	합계		65	30	9	2	46	9	0
챌	2015	안산경	34	9	3	1	35	4	0
	2016	안산무	5	2	0	0	4	0	0
	합계		39	11	3	1	39	4	0
프로통산			190	78	15	10	163	24	0

송치훈 (宋致勳) 광운대 1991.09.24

리그	연도	소속	출전	교체	득점	도움	파울	경고	퇴장
챌	2013	부천	20	12	2	1	17	2	0
	합계		20	12	2	1	17	2	0
프로통산			20	12	2	1	17	2	0

송태림 (宋泰林) 중앙대 1984.02.20

리그	연도	소속	출전	교체	득점	도움	파울	경고	퇴장
BC	2006	전남	3	0	0	0	9	0	0
	2007	전남	4	4	0	0	1	0	0
	2008	부산	1	1	0	0	3	1	0
	합계		8	5	0	0	13	1	0
프로통산			8	5	0	0	13	1	0

송태철 (宋泰喆) 중앙대 1961.11.12

리그	연도	소속	출전	교체	득점	도움	파울	경고	퇴장
BC	1986	한일	6	2	0	0	2	0	0
	합계		6	2	0	0	2	0	0
프로통산			6	2	0	0	2	0	0

송한기 (宋漢基) 우석대 1988.08.07

리그	연도	소속	출전	교체	득점	도움	파울	경고	퇴장
챌	2015	고양	2	1	0	0	0	0	0
	합계		2	1	0	0	0	0	0
프로통산			2	1	0	0	0	0	0

송한복 (宋韓福) 배재고 1984.04.12

리그	연도	소속	출전	교체	득점	도움	파울	경고	퇴장
BC	2005	전남	0	0	0	0	0	0	0
	2006	전남	4	2	0	0	4	1	0
	2007	전남	1	1	0	0	1	0	0
	2008	광주상	21	14	0	1	29	4	0
	2009	광주상	16	11	0	1	35	4	0
	2009	전남	3	1	0	0	7	1	0
	2010	전남	14	13	0	1	19	4	0
	2011	대구	24	11	0	2	55	7	0
	2012	대구	11	4	0	0	30	4	0
	합계		94	57	0	5	180	25	0
클	2013	대구	6	3	0	0	9	1	0
	합계		6	3	0	0	9	1	0
챌	2014	광주	6	5	0	0	13	0	0
	합계		6	5	0	0	13	0	0
프로통산			106	65	0	5	202	26	0

송호영 (宋號營) 한양대 1988.01.21

리그	연도	소속	출전	교체	득점	도움	파울	경고	퇴장
BC	2009	경남	26	20	3	3	26	2	0
	2010	성남일	29	28	0	0	17	3	0
	2011	성남일	16	11	2	0	12	1	0
	2012	제주	3	3	0	0	1	0	0
	합계		74	62	5	3	56	6	0
클	2013	전남	5	5	1	0	3	0	0
	2014	경남	3	3	0	0	2	0	0
	합계		8	8	1	0	5	0	0
프로통산			82	70	6	3	61	6	0

송홍섭 (宋洪燮) 경희대 1976.11.28

리그	연도	소속	출전	교체	득점	도움	파울	경고	퇴장
BC	1999	수원	1	1	0	0	0	0	0
	2003	대구	4	2	0	0	5	0	0
	합계		5	3	0	0	5	0	0
프로통산			5	3	0	0	5	0	0

수호자 (Mario Sergio Aumarante Santana) 브라질 1977.01.30

리그	연도	소속	출전	교체	득점	도움	파울	경고	퇴장
BC	2004	울산	31	21	2	1	24	4	0
	합계		31	21	2	1	24	4	0
프로통산			31	21	2	1	24	4	0

슈마로프 (Valeri Schmarov) 러시아 1965.02.23

리그	연도	소속	출전	교체	득점	도움	파울	경고	퇴장
BC	1996	전남	4	2	0	0	7	0	0
	합계		4	2	0	0	7	0	0
프로통산			4	2	0	0	7	0	0

슈바 (Adriano Neves Pereira) 브라질 1979.05.24

리그	연도	소속	출전	교체	득점	도움	파울	경고	퇴장
BC	2006	대전	32	9	6	10	110	7	0
	2007	대전	14	2	8	1	52	3	0
	2008	전남	22	8	10	3	67	3	0
	2009	전남	30	5	16	4	83	6	0
	2010	전남	19	7	6	3	40	4	0
	2011	포항	15	10	6	3	25	1	1
	2012	광주	3	4	1	0	0	0	0
	합계		135	45	53	24	377	24	1
프로통산			135	45	53	24	377	24	1

슈벵크 (Cleber Schwenck Tiene) 브라질 1979.02.28

리그	연도	소속	출전	교체	득점	도움	파울	경고	퇴장
BC	2007	포항	17	12	4	1	50	4	0
	합계		17	12	4	1	50	4	0
프로통산			17	12	4	1	50	4	0

스레텐 (Sreten Sretenovic) 세르비아 1985.01.12

리그	연도	소속	출전	교체	득점	도움	파울	경고	퇴장
클	2013	경남	33	1	0	0	68	11	0
	2014	경남	32	0	2	1	62	7	0
	합계		65	1	2	1	130	18	0
승	2014	경남	2	0	0	0	5	1	0
	합계		2	0	0	0	5	1	0
프로통산			67	1	2	1	135	19	0

스카첸코 (Serhiy Skachenko) 우크라이나 1972.11.18

리그	연도	소속	출전	교체	득점	도움	파울	경고	퇴장
BC	1996	안양L	39	3	15	3	55	4	0
	1997	안양L	12	3	3	1	19	1	0
	1997	전남	17	14	7	2	17	1	0
	합계		68	20	25	6	91	6	0
프로통산			68	20	25	6	91	6	0

스테반 (Stevan Racic) 세르비아 1984.01.17

리그	연도	소속	출전	교체	득점	도움	파울	경고	퇴장
BC	2009	대전	13	12	0	2	22	4	0
	합계		13	12	0	2	22	4	0
프로통산			13	12	0	2	22	4	0

스테보 (Stevica Ristic) 마케도니아 1982.05.23

리그	연도	소속	출전	교체	득점	도움	파울	경고	퇴장
BC	2007	전북	29	9	15	5	75	2	0
	2008	전북	14	6	4	2	23	3	1
	2008	포항	14	11	6	4	34	1	0
	2009	포항	24	20	8	4	48	5	0
	2011	수원	13	4	9	1	28	2	0
	2012	수원	35	20	10	3	61	6	0
	합계		129	70	52	19	269	19	1
클	2013	수원	13	7	5	2	25	3	0
	2014	전남	35	4	13	4	64	2	0
	2015	전남	35	8	12	3	42	3	0
	2016	전남	14	8	2	0	8	1	0
	합계		97	27	32	9	139	9	0
프로통산			226	97	84	28	408	28	1

스토야노비치 (Milos Stojanović) 세르비아 1984.12.25

리그	연도	소속	출전	교체	득점	도움	파울	경고	퇴장
클	2014	경남	30	19	7	0	51	4	0
	합계		30	19	7	0	51	4	0
챌	2015	경남	23	9	9	0	53	5	0
	2016	부산	15	8	2	1	32	3	0
	합계		38	17	11	1	85	8	0
승	2014	경남	2	0	1	0	4	0	0
	합계		2	0	1	0	4	0	0
프로통산			70	36	19	1	140	12	0

스토키치 (Joco Stokic) 보스니아 1987.07.04

리그	연도	소속	출전	교체	득점	도움	파울	경고	퇴장
클	2014	제주	5	5	0	0	7	1	0
	합계		5	5	0	0	7	1	0
프로통산			5	5	0	0	7	1	0

슬라브코 (Seorgievski Slavcho) 마케도니아 1980.03.30

리그	연도	소속	출전	교체	득점	도움	파울	경고	퇴장
BC	2009	울산	29	9	3	3	17	5	0
	합계		29	9	3	3	17	5	0
프로통산			29	9	3	3	17	5	0

시로 (Alves Ferreira E Silva Ciro Henrique) 브라질 1989.04.18

리그	연도	소속	출전	교체	득점	도움	파울	경고	퇴장

리그	연도	소속	출전	교체	득점	도움	파울	경고	퇴장
클	2015	제주	7	8	0	0	6	1	0
	합계		7	8	0	0	6	1	0
프로통산			7	8	0	0	6	1	0

시마다 (Shimada Yusuke) 일본 1982.01.19

리그	연도	소속	출전	교체	득점	도움	파울	경고	퇴장
BC	2012	강원	23	10	1	2	34	2	0
	합계		23	10	1	2	34	2	0
프로통산			23	10	1	2	34	2	0

시모 (Simo Krunic) 보스니아 헤르체고비나 1969.01.03

리그	연도	소속	출전	교체	득점	도움	파울	경고	퇴장
BC	1996	포항	6	6	2	0	14	2	0
	합계		6	6	2	0	14	2	0
프로통산			6	6	2	0	14	2	0

시몬 (Victor Simoes de Oliveira) 브라질 1981.03.23

리그	연도	소속	출전	교체	득점	도움	파울	경고	퇴장
BC	2007	전남	10	5	1	3	21	0	0
	2008	전남	14	11	2	1	20	3	0
	합계		24	16	3	4	41	3	0
프로통산			24	16	3	4	41	3	0

시미치 (Dusan Simic) 세르비아 몬테네그로 1980.07.22

리그	연도	소속	출전	교체	득점	도움	파울	경고	퇴장
BC	2003	부산	28	16	0	0	19	5	0
	합계		28	16	0	0	19	5	0
프로통산			28	16	0	0	19	5	0

시미치 (Josip Simic) 크로아티아 1977.09.16

리그	연도	소속	출전	교체	득점	도움	파울	경고	퇴장
BC	2004	울산	25	24	2	2	26	1	0
	합계		25	24	2	2	26	1	0
프로통산			25	24	2	2	26	1	0

시시 (Gonzalez Martinez Sisinio) 스페인 1986.04.22

리그	연도	소속	출전	교체	득점	도움	파울	경고	퇴장
챌	2015	수원FC	17	9	0	1	25	6	0
	합계		17	9	0	1	25	6	0
승	2015	수원FC	2	1	0	0	1	0	0
	합계		2	1	0	0	1	0	0
프로통산			19	10	0	1	26	6	0

신경모 (辛景模) 중앙대 1987.12.12

리그	연도	소속	출전	교체	득점	도움	파울	경고	퇴장
BC	2011	수원	2	2	0	0	4	0	0
	합계		2	2	0	0	4	0	0
프로통산			2	2	0	0	4	0	0

신광훈 (申光勳) 포철공고 1987.03.18

리그	연도	소속	출전	교체	득점	도움	파울	경고	퇴장
BC	2006	포항	10	6	1	1	23	5	0
	2007	포항	5	4	1	0	2	3	0
	2008	포항	4	4	0	1	5	1	0
	2008	전북	19	1	1	3	31	3	0
	2009	전북	14	5	0	0	26	3	0
	2010	전북	12	0	0	1	32	3	0
	2010	포항	8	0	0	0	17	3	0
	2011	포항	26	0	1	4	62	10	0
	2012	포항	37	0	0	3	48	7	1
	합계		135	20	4	13	246	38	1
클	2013	포항	33	1	0	4	53	10	0
	2014	포항	33	0	3	2	46	8	0
	2016	포항	8	0	0	0	18	3	0
	합계		74	1	3	6	117	21	0
챌	2015	안산경	28	2	1	1	45	9	0
	2016	안산무	15	2	0	1	17	1	0
	합계		43	4	1	2	62	10	0
프로통산			252	25	8	21	425	69	1

신대경 (申大京) 경희대 1982.04.15

리그	연도	소속	출전	교체	득점	도움	파울	경고	퇴장
BC	2005	부천S	0	0	0	0	0	0	0
	2006	제주	0	0	0	0	0	0	0
	합계		0	0	0	0	0	0	0
프로통산			0	0	0	0	0	0	0

신동근 (申東根) 연세대 1981.02.15

리그	연도	소속	출전	교체	득점	도움	파울	경고	퇴장
BC	2004	성남일	3	3	0	0	2	0	0
	2005	성남일	1	1	0	0	1	0	0
	2006	성남일	7	7	0	0	4	0	0
	2008	광주상	22	12	0	0	15	2	0
	2009	광주상	5	2	0	0	3	0	0
	합계		38	25	0	0	25	2	0
프로통산			38	25	0	0	25	2	0

신동빈 (申東彬) 선문대 1985.06.11

리그	연도	소속	출전	교체	득점	도움	파울	경고	퇴장
BC	2008	전북	1	1	0	0	1	0	0
	합계		1	1	0	0	1	0	0
프로통산			1	1	0	0	1	0	0

신동일 (申東一) 광주대 1993.07.09

리그	연도	소속	출전	교체	득점	도움	파울	경고	퇴장
챌	2016	충주	2	2	0	0	2	0	0
	합계		2	2	0	0	2	0	0
프로통산			2	2	0	0	2	0	0

신동철 (申東喆) 명지대 1962.11.09

리그	연도	소속	출전	교체	득점	도움	파울	경고	퇴장
BC	1983	국민	2	0	1	1	3	0	0
	1986	유공	29	6	2	6	16	1	0
	1987	유공	4	3	0	1	1	1	0
	1988	유공	23	3	8	3	13	2	0
	1989	유공	9	6	0	0	1	0	0
	1990	유공	10	5	1	0	4	0	0
	1991	유공	24	17	1	1	7	1	0
	1992	유공	34	3	3	10	16	3	0
	1993	유공	13	5	0	0	3	0	0
	합계		148	48	16	22	64	8	0
프로통산			148	48	16	22	64	8	0

신동혁 (新洞革) 대화중 1987.07.17

리그	연도	소속	출전	교체	득점	도움	파울	경고	퇴장
BC	2011	인천	4	5	0	0	1	0	0
	합계		4	5	0	0	1	0	0
챌	2014	대전	3	4	0	0	2	0	0
	합계		3	4	0	0	2	0	0
프로통산			7	9	0	0	3	0	0

신문선 (辛文善) 연세대 1958.03.11

리그	연도	소속	출전	교체	득점	도움	파울	경고	퇴장
BC	1983	유공	15	5	1	1	9	2	0
	1984	유공	28	2	2	1	11	0	0
	1985	유공	21	3	0	2	22	0	0
	합계		64	10	3	4	42	2	0
프로통산			64	10	3	4	42	2	0

신범철 (申凡喆) 아주대 1970.09.27

리그	연도	소속	출전	교체	실점	도움	파울	경고	퇴장
BC	1993	대우	2	0	3	0	0	0	0
	1994	대우	11	0	20	0	0	0	0
	1995	대우	6	1	6	0	1	1	0
	1997	부산	21	0	15	0	0	1	0
	1998	부산	31	1	36	0	2	3	0
	1999	부산	36	3	41	0	2	2	0
	2000	부산	16	1	26	0	1	0	0
	2000	수원	0	0	0	0	0	0	0
	2001	수원	27	0	33	0	0	2	0
	2002	수원	12	0	20	0	0	0	0
	2003	수원	1	0	0	0	0	0	0
	2004	인천	13	0	15	0	2	1	0
	합계		176	6	215	0	8	10	0
프로통산			176	6	215	0	8	10	0

신병호 (申秉澔) 건국대 1977.04.26

리그	연도	소속	출전	교체	득점	도움	파울	경고	퇴장
BC	2002	울산	7	6	1	0	12	1	0
	2002	전남	26	8	8	1	42	0	0
	2003	전남	42	22	16	4	61	3	0
	2004	전남	21	14	3	2	37	3	0
	2005	전남	8	7	0	0	13	0	0
	2006	경남	26	21	5	0	51	3	0
	2007	제주	14	12	0	0	25	1	0
	2008	제주	6	6	2	0	1	0	0
	합계		150	96	35	7	242	11	0
프로통산			150	96	35	7	242	11	0

신상근 (申相根) 청주상고 1961.04.24

리그	연도	소속	출전	교체	득점	도움	파울	경고	퇴장
BC	1984	포철	21	10	3	7	17	0	0
	1985	포철	11	6	1	0	5	1	0
	1986	포철	6	6	0	1	2	0	0
	1987	럭금	31	7	3	3	27	1	0
	1988	럭금	15	12	1	0	15	1	0
	1989	럭금	5	5	0	0	5	0	0
	합계		89	46	8	11	71	3	0
프로통산			89	46	8	11	71	3	0

신상우 (申相又) 광운대 1976.03.10

리그	연도	소속	출전	교체	득점	도움	파울	경고	퇴장
BC	1999	대전	31	8	5	0	67	4	0
	2000	대전	30	7	1	2	59	4	0
	2001	대전	32	2	1	1	70	7	0
	2004	대전	15	4	0	0	32	0	0
	2005	성남일	1	1	0	0	0	0	0
	2006	성남일	1	1	0	0	0	0	0
	합계		110	23	7	3	228	15	0
프로통산			110	23	7	3	228	15	0

신상훈 (申相訓) 중앙대 1983.06.20

리그	연도	소속	출전	교체	득점	도움	파울	경고	퇴장
BC	2006	전북	4	2	0	0	5	0	0
	2007	전북	0	0	0	0	0	0	0
	합계		4	2	0	0	5	0	0
프로통산			4	2	0	0	5	0	0

신성환 (申聖煥) 인천대 1968.10.10

리그	연도	소속	출전	교체	득점	도움	파울	경고	퇴장
BC	1992	포철	16	10	0	0	17	1	0
	1993	포철	15	11	0	0	9	0	0
	1994	포철	27	13	0	0	35	8	0
	1995	포항	22	10	1	0	28	3	0
	1996	수원	32	0	1	1	75	8	2
	1997	수원	30	3	3	0	79	9	0
	1998	수원	15	6	1	0	27	3	0
	합계		157	53	6	1	270	32	2
프로통산			157	53	6	1	270	32	2

신세계 (申世界) 성균관대 1990.09.16

리그	연도	소속	출전	교체	득점	도움	파울	경고	퇴장
BC	2011	수원	11	5	0	0	25	6	0
	2012	수원	7	5	0	0	13	2	0
	합계		18	10	0	0	38	8	0
클	2013	수원	16	2	0	0	24	3	0
	2014	수원	20	4	0	0	28	2	0
	2015	수원	18	8	1	0	21	2	0
	2016	수원	22	3	0	1	26	3	0
	합계		76	17	1	1	99	10	0
프로통산			94	27	1	1	137	18	0

신수진 (申洙鎭) 고려대 1982.10.26

리그	연도	소속	출전	교체	득점	도움	파울	경고	퇴장
BC	2005	부산	6	3	0	0	5	0	0
	2006	부산	1	0	0	0	3	0	0
	2008	광주상	5	1	0	0	4	0	0
	합계		12	4	0	0	12	0	0
프로통산			12	4	0	0	12	0	0

신승경 (辛承庚) 호남대 1981.09.07

리그	연도	소속	출전	교체	실점	도움	파울	경고	퇴장
BC	2004	부산	5	0	9	0	0	1	0

리그	연도	소속	출전	교체	득점	도움	파울	경고	퇴장
	2005	부산	9	1	11	0	0	1	0
	2006	부산	3	0	7	0	0	0	0
	2007	부산	2	0	2	0	1	0	0
	2008	부산	1	0	2	0	0	0	0
	2008	경남	0	0	0	0	0	0	0
	2009	경남	2	0	4	0	0	1	0
	합계		22	1	35	0	1	3	0
프로통산			22	1	35	0	1	3	0

신승호 (申陞昊) 아주대 1975.05.13

리그	연도	소속	출전	교체	득점	도움	파울	경고	퇴장
BC	1999	전남	9	10	0	1	3	0	0
	2000	부천S	2	1	0	0	4	0	0
	2001	부천S	0	0	0	0	0	0	0
	2002	부천S	27	8	0	0	43	5	0
	2003	부천S	22	3	0	0	20	1	0
	2004	부천S	22	12	0	0	31	0	0
	2005	부천S	23	7	1	0	32	3	0
	2006	경남	33	2	1	3	59	7	0
	합계		138	43	2	4	192	16	0
프로통산			138	43	2	4	192	16	0

신연수 (申燃秀) 매탄고 1992.04.06

리그	연도	소속	출전	교체	득점	도움	파울	경고	퇴장
BC	2011	수원	1	1	0	0	0	0	0
	2012	상주	1	1	0	0	0	0	0
	합계		2	2	0	0	0	0	0
클	2014	부산	1	1	0	0	2	1	0
	합계		1	1	0	0	2	1	0
프로통산			3	3	0	0	2	1	0

신연호 (申連浩) 고려대 1964.05.08

리그	연도	소속	출전	교체	득점	도움	파울	경고	퇴장
BC	1987	현대	9	5	0	0	5	1	0
	1988	현대	21	2	1	0	22	2	0
	1989	현대	21	7	3	2	31	0	0
	1990	현대	17	4	3	0	26	0	0
	1991	현대	36	4	0	1	30	1	0
	1992	현대	23	9	2	0	13	0	0
	1993	현대	28	10	2	3	19	2	1
	1994	현대	15	13	1	1	16	1	0
	합계		170	54	12	7	162	7	1
프로통산			170	54	12	7	162	7	1

신영록 (辛泳錄) 세일중 1987.03.27

리그	연도	소속	출전	교체	득점	도움	파울	경고	퇴장
BC	2003	수원	3	4	0	0	0	0	0
	2004	수원	6	6	0	0	2	0	0
	2005	수원	7	7	1	0	7	1	0
	2006	수원	12	12	2	1	20	2	0
	2007	수원	3	1	2	0	11	1	0
	2008	수원	23	16	7	4	43	0	0
	2010	수원	9	4	3	1	24	3	0
	2011	제주	8	7	0	0	16	2	0
	합계		71	57	15	6	123	9	0
프로통산			71	57	15	6	123	9	0

신영록 (申榮綠) 호남대 1981.09.07

리그	연도	소속	출전	교체	득점	도움	파울	경고	퇴장
BC	2003	부산	7	4	0	0	12	0	0
	2004	부산	1	1	0	0	1	0	0
	2005	부산	14	0	0	0	24	5	0
	합계		22	5	0	0	37	5	0
프로통산			22	5	0	0	37	5	0

신영준 (辛映俊) 호남대 1989.09.06

리그	연도	소속	출전	교체	득점	도움	파울	경고	퇴장
BC	2011	전남	20	17	3	1	14	0	0
	2012	전남	20	19	3	1	18	0	0
	합계		40	36	6	2	32	0	0
클	2013	전남	3	3	0	0	1	0	0
	2013	포항	13	13	2	2	5	0	0
	2014	포항	15	14	0	0	11	3	0
	2016	상주	16	15	2	0	9	0	0
	합계		47	45	4	2	26	3	0
챌	2015	강원	19	15	3	3	12	1	0
	합계		19	15	3	3	12	1	0
프로통산			106	96	13	7	70	4	0

신영철 (申映哲) 풍생고 1986.03.14

리그	연도	소속	출전	교체	득점	도움	파울	경고	퇴장
BC	2005	성남일	3	3	0	0	0	0	0
	2006	성남일	4	4	1	0	7	0	0
	2009	성남일	0	0	0	0	0	0	0
	2010	성남일	0	0	0	0	0	0	0
	합계		7	7	1	0	7	0	0
프로통산			7	7	1	0	7	0	0

신완희 (申頑熙) 탐라대 1988.05.12

리그	연도	소속	출전	교체	득점	도움	파울	경고	퇴장
BC	2011	부산	0	0	0	0	0	0	0
	합계		0	0	0	0	0	0	0
프로통산			0	0	0	0	0	0	0

신우식 (申友植) 연세대 1968.03.25

리그	연도	소속	출전	교체	득점	도움	파울	경고	퇴장
BC	1990	럭금	3	3	0	0	0	0	0
	1991	LG	2	1	0	0	1	0	0
	1994	LG	12	2	0	0	16	1	0
	1995	LG	1	0	0	0	1	1	0
	합계		18	6	0	0	18	2	0
프로통산			18	6	0	0	18	2	0

신윤기 (辛允基) 영남상고 1957.03.23

리그	연도	소속	출전	교체	득점	도움	파울	경고	퇴장
BC	1983	유공	8	2	0	1	5	1	0
	합계		8	2	0	1	5	1	0
프로통산			8	2	0	1	5	1	0

신의손 [申宜孫 / ← 사리체프(Valeri Sarychev)] 1960.01.12

리그	연도	소속	출전	교체	실점	도움	파울	경고	퇴장
BC	1992	일화	40	0	31	0	0	1	0
	1993	일화	35	0	33	0	0	0	0
	1994	일화	36	0	33	0	1	0	0
	1995	일화	34	0	27	0	2	3	0
	1996	천안	27	0	51	0	0	0	0
	1997	천안	16	2	28	0	1	0	0
	1998	천안	5	0	16	0	0	0	0
	2000	안양L	32	1	35	0	0	1	0
	2001	안양L	35	0	29	0	1	0	0
	2002	안양L	35	0	36	0	1	1	0
	2003	안양L	18	0	26	0	0	1	0
	2004	서울	7	0	12	0	0	0	0
	합계		320	3	357	0	6	7	0
프로통산			320	3	357	0	6	7	0

신인섭 (申仁燮) 건국대 1989.06.01

리그	연도	소속	출전	교체	득점	도움	파울	경고	퇴장
BC	2011	부산	0	0	0	0	0	0	0
	합계		0	0	0	0	0	0	0
프로통산			0	0	0	0	0	0	0

신일수 (申一守) 고려대 1994.09.04

리그	연도	소속	출전	교체	득점	도움	파울	경고	퇴장
챌	2015	서울E	12	7	0	0	20	5	0
	2016	서울E	22	13	0	1	36	6	0
	합계		34	20	0	1	56	11	0
프로통산			34	20	0	1	56	11	0

신재필 (申栽必) 안양공고 1982.05.25

리그	연도	소속	출전	교체	득점	도움	파울	경고	퇴장
BC	2002	안양L	0	0	0	0	0	0	0
	2003	안양L	1	2	0	0	2	1	0
	합계		1	2	0	0	2	1	0
챌	2013	고양	26	10	0	0	43	7	0
	2014	고양	14	12	0	0	9	1	1
	합계		40	22	0	0	52	8	1
프로통산			41	24	0	0	54	9	1

신재흠 (申在欽) 연세대 1959.03.26

리그	연도	소속	출전	교체	득점	도움	파울	경고	퇴장
BC	1983	대우	1	1	0	0	2	1	0
	1984	럭금	27	3	1	2	21	1	0
	합계		28	4	1	2	23	2	0
프로통산			28	4	1	2	23	2	0

신정환 (申正桓) 관동대 1986.08.18

리그	연도	소속	출전	교체	득점	도움	파울	경고	퇴장
BC	2008	제주	0	0	0	0	0	0	0
	2011	전남	0	0	0	0	0	0	0
	합계		0	0	0	0	0	0	0
프로통산			0	0	0	0	0	0	0

신제경 (辛齊耕) 중앙대 1961.01.25

리그	연도	소속	출전	교체	득점	도움	파울	경고	퇴장
BC	1985	상무	21	2	0	0	26	0	0
	합계		21	2	0	0	26	0	0
프로통산			21	2	0	0	26	0	0

신제호 (辛齊虎) 중앙대 1962.10.03

리그	연도	소속	출전	교체	득점	도움	파울	경고	퇴장
BC	1985	한일	14	0	0	0	24	2	0
	1986	한일	10	0	0	0	12	1	0
	합계		24	0	0	0	36	3	0
프로통산			24	0	0	0	36	3	0

신종혁 (辛鍾赫) 대구대 1976.03.04

리그	연도	소속	출전	교체	득점	도움	파울	경고	퇴장
BC	1999	포항	0	0	0	0	0	0	0
	2000	포항	5	3	0	1	8	0	0
	합계		5	3	0	1	8	0	0
프로통산			5	3	0	1	8	0	0

신준배 (辛俊培) 선문대 1985.10.26

리그	연도	소속	출전	교체	실점	도움	파울	경고	퇴장
BC	2009	대전	3	0	4	0	0	0	0
	2010	대전	9	0	14	0	1	1	0
	2011	대전	3	1	4	0	0	0	0
	합계		15	1	22	0	1	1	0
프로통산			15	1	22	0	1	1	0

신진원 (申晉遠) 연세대 1974.09.27

리그	연도	소속	출전	교체	득점	도움	파울	경고	퇴장
BC	1997	대전	32	19	6	1	52	3	0
	1998	대전	32	12	8	3	41	5	0
	1999	대전	7	6	1	1	3	1	0
	2000	대전	30	20	1	6	38	2	0
	2001	전남	26	20	2	1	29	2	0
	2002	전남	8	8	0	0	2	1	0
	2003	대전	10	10	0	0	7	0	0
	2004	대전	2	2	0	0	6	1	0
	합계		147	97	18	12	178	15	0
프로통산			147	97	18	12	178	15	0

신진호 (申嗔浩) 영남대 1988.09.07

리그	연도	소속	출전	교체	득점	도움	파울	경고	퇴장
BC	2011	포항	6	6	0	1	5	2	0
	2012	포항	23	10	1	6	49	5	1
	합계		29	16	1	7	54	7	1
클	2013	포항	20	6	2	2	34	3	0
	2015	포항	17	0	3	3	39	5	0
	2016	서울	6	2	1	2	9	1	0
	2016	상주	23	7	0	6	37	2	0
	합계		66	15	6	13	119	11	0
프로통산			95	31	7	20	173	18	1

신창무 (申昶武) 우석대 1992.09.17

리그	연도	소속	출전	교체	득점	도움	파울	경고	퇴장
챌	2014	대구	12	11	0	1	12	0	0
	2015	대구	10	9	0	0	15	3	0
	2016	대구	31	18	1	0	41	10	0
	합계		53	38	1	1	68	13	0
프로통산			53	38	1	1	68	13	0

신태용 (申台龍) 영남대 1970.10.11

리그	연도	소속	출전	교체	득점	도움	파울	경고	퇴장
BC	1992	일화	23	10	9	5	39	0	0
	1993	일화	33	5	6	7	43	2	0
	1994	일화	29	11	8	4	33	0	0
	1995	일화	33	9	6	4	40	4	0
	1996	천안	29	3	21	3	48	3	0
	1997	천안	19	7	3	2	34	1	1
	1998	천안	24	9	3	6	36	2	0
	1999	천안	35	14	9	2	54	3	0
	2000	성남일	34	13	9	7	43	4	0
	2001	성남일	36	8	5	10	43	0	0
	2002	성남일	37	5	6	7	60	4	0
	2003	성남일	38	9	8	7	60	3	0
	2004	성남일	31	11	6	4	39	4	1
	합계		401	114	99	68	572	30	2
프로통산			401	114	99	68	572	30	2

*실점: 2002년 2 / 통산 2

신학영 (申學榮) 동북고 1994.03.04

리그	연도	소속	출전	교체	득점	도움	파울	경고	퇴장
챌	2015	경남	7	6	0	0	8	0	0
	2016	경남	24	14	1	1	19	2	0
	합계		31	20	1	1	27	2	0
프로통산			31	20	1	1	27	2	0

신현준 (申賢儁) 세종대 1992.06.15

리그	연도	소속	출전	교체	득점	도움	파울	경고	퇴장
챌	2016	부천	11	11	1	0	6	2	0
	합계		11	11	1	0	6	2	0
프로통산			11	11	1	0	6	2	0

신현준 (申鉉俊) 명지대 1986.03.08

리그	연도	소속	출전	교체	득점	도움	파울	경고	퇴장
BC	2009	강원	0	0	0	0	0	0	0
	합계		0	0	0	0	0	0	0
프로통산			0	0	0	0	0	0	0

신현호 (申鉉浩) 한양대 1953.09.21

리그	연도	소속	출전	교체	득점	도움	파울	경고	퇴장
BC	1984	할렐	26	16	1	4	7	0	0
	1985	할렐	10	7	1	2	5	0	0
	합계		36	23	2	6	12	0	0
프로통산			36	23	2	6	12	0	0

신현호 (辛賢浩) 연세대 1977.07.07

리그	연도	소속	출전	교체	득점	도움	파울	경고	퇴장
BC	2000	부천S	3	3	0	0	1	0	0
	2001	부천S	0	0	0	0	0	0	0
	2002	부천S	10	9	0	0	11	0	0
	2003	부천S	20	9	0	0	31	6	0
	합계		33	21	0	0	43	6	0
프로통산			33	21	0	0	43	6	0

신형민 (辛炯旼) 홍익대 1986.07.18

리그	연도	소속	출전	교체	득점	도움	파울	경고	퇴장
BC	2008	포항	24	12	3	1	40	4	0
	2009	포항	28	6	4	2	50	5	0
	2010	포항	22	1	0	0	50	11	0
	2011	포항	28	1	4	1	45	7	0
	2012	포항	25	0	1	2	47	8	0
	합계		127	20	12	6	232	35	0
클	2014	전북	25	2	0	0	39	4	0
	2016	전북	10	1	1	0	11	2	0
	합계		35	3	1	0	50	6	0
챌	2015	안산경	38	0	4	0	35	8	0
	2016	안산무	25	3	0	0	30	5	0
	합계		63	3	4	0	65	13	0
프로통산			225	26	17	6	347	54	0

신호은 (申鎬殷) 영남대 1991.06.16

리그	연도	소속	출전	교체	득점	도움	파울	경고	퇴장
챌	2014	부천	1	1	0	0	0	0	0
	합계		1	1	0	0	0	0	0
프로통산			1	1	0	0	0	0	0

신홍기 (辛弘基) 한양대 1968-05-04

리그	연도	소속	출전	교체	득점	도움	파울	경고	퇴장
BC	1991	현대	39	5	1	4	33	3	0
	1992	현대	39	2	8	6	56	1	0
	1993	현대	12	2	2	1	6	2	0
	1994	현대	20	6	1	2	16	1	0
	1995	현대	34	3	4	6	37	4	0
	1996	울산	30	1	4	8	51	7	0
	1997	울산	30	6	2	6	33	5	0
	1998	수원	26	2	5	3	60	1	0
	1999	수원	39	0	3	5	69	7	0
	2000	수원	37	0	4	1	57	4	0
	2001	수원	30	14	1	0	41	3	1
	합계		336	41	35	42	459	38	1
프로통산			336	41	35	42	459	38	1

신화용 (申和容) 청주대 1983.04.13

리그	연도	소속	출전	교체	실점	도움	파울	경고	퇴장
BC	2004	포항	0	0	0	0	0	0	0
	2005	포항	0	0	0	0	0	0	0
	2006	포항	13	0	21	0	0	0	0
	2007	포항	26	3	25	0	0	2	0
	2008	포항	9	1	9	0	0	0	0
	2009	포항	26	1	26	0	0	2	0
	2010	포항	27	1	43	0	0	2	0
	2011	포항	29	1	29	0	1	2	0
	2012	포항	32	0	33	0	1	1	1
	합계		162	7	186	0	2	9	1
클	2013	포항	33	0	31	0	0	2	0
	2014	포항	31	1	29	0	1	3	0
	2015	포항	38	0	32	0	0	3	0
	2016	포항	23	2	31	0	0	1	0
	합계		125	3	123	0	1	9	0
프로통산			287	10	309	0	3	18	1

신희재 (申熙梓) 선문대 1992.12.27

리그	연도	소속	출전	교체	득점	도움	파울	경고	퇴장
챌	2015	대구	1	1	0	0	0	0	0
	2016	대구	0	0	0	0	0	0	0
	합계		1	1	0	0	0	0	0
프로통산			1	1	0	0	0	0	0

실바 (Silva Alvaro) 필리핀 1984.03.30

리그	연도	소속	출전	교체	득점	도움	파울	경고	퇴장
클	2015	대전	7	1	0	0	2	0	0
	합계		7	1	0	0	2	0	0
챌	2016	대전	15	1	0	0	24	5	0
	합계		15	1	0	0	24	5	0
프로통산			22	2	0	0	26	5	0

실바 (Alexandre Capelin E Silva) 브라질 1989.01.11

리그	연도	소속	출전	교체	득점	도움	파울	경고	퇴장
BC	2012	전남	1	1	0	0	1	0	0
	합계		1	1	0	0	1	0	0
프로통산			1	1	0	0	1	0	0

실바 (Marcelo da Silva Santos) 브라질 1978.11.30

리그	연도	소속	출전	교체	득점	도움	파울	경고	퇴장
BC	2000	성남일	7	4	0	0	18	2	0
	합계		7	4	0	0	18	2	0
프로통산			7	4	0	0	18	2	0

실바 (Antonio Marcos da Silva) 브라질 1977.06.20

리그	연도	소속	출전	교체	득점	도움	파울	경고	퇴장
BC	2002	전남	10	8	0	0	6	0	0
	합계		10	8	0	0	6	0	0
프로통산			10	8	0	0	6	0	0

실바 (Valdenir da Silva Vitalino) 브라질 1977.02.21

리그	연도	소속	출전	교체	득점	도움	파울	경고	퇴장
BC	2005	서울	8	1	0	0	20	3	0
	합계		8	1	0	0	20	3	0
프로통산			8	1	0	0	20	3	0

실바 (Elpidio Pereira da Silva Fihlo) 브라질 1975.07.19

리그	연도	소속	출전	교체	득점	도움	파울	경고	퇴장
BC	2006	수원	14	14	2	1	15	0	0
	합계		14	14	2	1	15	0	0
프로통산			14	14	2	1	15	0	0

실바 (Welington da Silva de Souza) 브라질 1987.05.27

리그	연도	소속	출전	교체	득점	도움	파울	경고	퇴장
BC	2008	경남	7	6	0	0	11	0	0
	합계		7	6	0	0	11	0	0
프로통산			7	6	0	0	11	0	0

실반 (Silvan Lopes) 브라질 1973.07.20

리그	연도	소속	출전	교체	득점	도움	파울	경고	퇴장
BC	1994	포철	16	4	2	3	31	2	0
	1995	포항	22	8	0	3	37	4	0
	합계		38	12	2	6	68	6	0
프로통산			38	12	2	6	68	6	0

실빙요 (Silvio Jose Cardoso Reis Junior) 브라질 1990.07.01

리그	연도	소속	출전	교체	득점	도움	파울	경고	퇴장
클	2016	성남	13	10	2	0	9	0	0
	합계		13	10	2	0	9	0	0
승	2016	성남	0	0	0	0	0	0	0
	합계		0	0	0	0	0	0	0
프로통산			13	10	2	0	9	0	0

심광욱 (深光昱) 아주대 1994.01.03

리그	연도	소속	출전	교체	득점	도움	파울	경고	퇴장
클	2015	제주	8	9	0	1	6	1	0
	2016	광주	4	4	0	0	0	0	0
	합계		12	13	0	1	6	1	0
프로통산			12	13	0	1	6	1	0

심규선 (沈規善) 명지대 1962.01.14

리그	연도	소속	출전	교체	득점	도움	파울	경고	퇴장
BC	1986	포철	22	14	1	1	15	1	0
	합계		22	14	1	1	15	1	0
프로통산			22	14	1	1	15	1	0

심동운 (沈東雲) 홍익대 1990.03.03

리그	연도	소속	출전	교체	득점	도움	파울	경고	퇴장
BC	2012	전남	30	19	4	0	22	2	0
	합계		30	19	4	0	22	2	0
클	2013	전남	29	3	5	3	22	4	0
	2014	전남	20	11	2	1	16	1	0
	2015	포항	28	23	1	3	14	1	0
	2016	포항	36	19	10	1	16	2	0
	합계		113	56	18	8	68	8	0
프로통산			143	75	22	8	90	10	0

심민석 (沈敏錫) 관동대 1977.10.21

리그	연도	소속	출전	교체	득점	도움	파울	경고	퇴장
BC	2000	성남일	0	0	0	0	0	0	0
	2004	성남일	1	1	0	0	2	0	0
	합계		1	1	0	0	2	0	0
프로통산			1	1	0	0	2	0	0

심봉섭 (沈鳳燮) 한양대 1966.09.10

리그	연도	소속	출전	교체	득점	도움	파울	경고	퇴장
BC	1989	대우	23	11	2	3	27	0	0
	1990	대우	24	19	1	1	23	1	0
	1991	대우	30	32	3	1	30	2	0
	1992	대우	28	21	5	1	24	2	0
	1993	대우	27	17	2	0	25	3	0
	1994	대우	18	16	0	1	9	2	0
	1995	LG	6	7	0	0	5	0	0
	합계		156	123	13	7	143	10	0
프로통산			156	123	13	7	143	10	0

심상민 (沈相旼) 중앙대 1993.05.21

리그	연도	소속	출전	교체	득점	도움	파울	경고	퇴장
클	2014	서울	2	2	0	0	1	0	0

	2015	서울	12	6	0	2	14	0	0
	2016	서울	4	2	0	0	2	1	0
	합계		18	10	0	2	17	1	0
챌	2016	서울E	13	0	1	0	6	0	0
	합계		13	0	1	0	6	0	0
프로통산			31	10	1	2	23	1	0

심영성 (沈永星) 제주제일고 1987.01.15

리그	연도	소속	출전	교체	득점	도움	파울	경고	퇴장
BC	2004	성남일	7	7	0	0	7	0	0
	2005	성남일	2	2	0	0	1	0	0
	2006	성남일	7	5	0	0	15	1	0
	2006	제주	8	4	0	1	10	1	0
	2007	제주	25	14	5	1	20	0	0
	2008	제주	23	14	7	3	14	1	0
	2009	제주	25	17	2	1	14	1	0
	2011	제주	8	8	0	0	0	0	0
	2012	제주	1	1	0	0	0	0	0
	2012	강원	9	8	1	0	8	2	0
	합계		115	80	15	6	89	6	0
클	2015	제주	0	0	0	0	0	0	0
	합계		0	0	0	0	0	0	0
챌	2016	강원	30	30	4	2	16	2	0
	합계		30	30	4	2	16	2	0
승	2016	강원	0	0	0	0	0	0	0
	합계		0	0	0	0	0	0	0
프로통산			145	110	19	8	105	8	0

심우연 (沈愚燃) 건국대 1985.04.03

리그	연도	소속	출전	교체	득점	도움	파울	경고	퇴장
BC	2006	서울	9	9	2	0	7	0	0
	2007	서울	15	12	2	0	13	0	0
	2008	서울	0	0	0	0	0	0	0
	2009	서울	2	2	0	0	2	0	0
	2010	전북	29	11	2	1	28	2	0
	2011	전북	21	4	2	0	30	5	0
	2012	전북	31	7	0	1	29	8	0
	합계		107	45	8	2	109	15	0
클	2013	성남일	11	4	0	0	5	2	0
	2014	성남	5	3	0	0	2	0	0
	2015	성남	1	1	0	0	0	0	0
	2016	서울	9	9	0	0	3	0	0
	합계		26	17	0	0	10	2	0
프로통산			133	62	8	2	119	17	0

심재명 (沈載明) 중앙대 1989.06.07

리그	연도	소속	출전	교체	득점	도움	파울	경고	퇴장
BC	2011	성남일	10	10	0	1	5	0	0
	2012	성남일	2	2	0	0	2	0	0
	합계		12	12	0	1	7	0	0
프로통산			12	12	0	1	7	0	0

심재원 (沈載源) 연세대 1977.03.11

리그	연도	소속	출전	교체	득점	도움	파울	경고	퇴장
BC	2000	부산	13	4	0	0	19	2	0
	2001	부산	18	0	1	0	19	1	0
	2002	부산	14	3	0	0	21	2	0
	2003	부산	25	7	0	2	30	7	0
	2004	광주상	7	2	0	0	11	1	0
	2005	광주상	29	1	2	1	71	5	0
	2006	부산	28	2	1	0	50	3	0
	2007	부산	25	1	0	1	43	5	1
	2008	부산	7	4	0	1	7	2	0
	합계		166	24	4	5	271	28	1
프로통산			166	24	4	5	271	28	1

심제혁 (沈帝赫) 오산고 1995.03.05

리그	연도	소속	출전	교체	득점	도움	파울	경고	퇴장
클	2014	서울	4	4	0	0	6	0	0
	2015	서울	8	8	0	0	11	1	0
	2016	서울	5	5	0	1	2	0	0
	합계		17	17	0	1	19	1	0
프로통산			17	17	0	1	19	1	0

심종보 (沈宗輔) 진주국제대 1984.05.21

리그	연도	소속	출전	교체	득점	도움	파울	경고	퇴장
BC	2007	경남	4	3	0	0	4	0	0
	합계		4	3	0	0	4	0	0
프로통산			4	3	0	0	4	0	0

심진의 (沈眞意) 선문대 1992.04.16

리그	연도	소속	출전	교체	득점	도움	파울	경고	퇴장
챌	2015	충주	28	25	2	1	11	0	0
	합계		28	25	2	1	11	0	0
프로통산			28	25	2	1	11	0	0

심진형 (沈珍亨) 연세대 1987.03.18

리그	연도	소속	출전	교체	득점	도움	파울	경고	퇴장
BC	2011	경남	1	1	0	0	0	0	0
	합계		1	1	0	0	0	0	0
프로통산			1	1	0	0	0	0	0

싸비치 (Dusan Savic) 마케도니아 1985.10.01

리그	연도	소속	출전	교체	득점	도움	파울	경고	퇴장
BC	2010	인천	2	2	0	0	3	0	0
	합계		2	2	0	0	3	0	0
프로통산			2	2	0	0	3	0	0

싼더 (Sander Oostrom) 네덜란드 1967.07.14

리그	연도	소속	출전	교체	득점	도움	파울	경고	퇴장
BC	1997	포항	20	16	4	2	24	3	0
	1998	포항	1	1	0	0	1	0	0
	합계		21	17	4	2	25	3	0
프로통산			21	17	4	2	25	3	0

쏘우자 (Marcelo Tome de Souza) 브라질 1969.04.21

리그	연도	소속	출전	교체	득점	도움	파울	경고	퇴장
BC	2004	서울	30	2	0	0	27	5	0
	합계		30	2	0	0	27	5	0
프로통산			30	2	0	0	27	5	0

쏘자 (Ednilton Souza de Brito) 브라질 1981.06.04

리그	연도	소속	출전	교체	득점	도움	파울	경고	퇴장
BC	2008	제주	10	7	0	0	8	0	0
	합계		10	7	0	0	8	0	0
프로통산			10	7	0	0	8	0	0

씨마오 (Simao Pedro Goncalves de Figueire do Costa) 포르투갈

리그	연도	소속	출전	교체	득점	도움	파울	경고	퇴장
BC	2001	대전	5	5	0	0	1	0	0
	합계		5	5	0	0	1	0	0
프로통산			5	5	0	0	1	0	0

씨엘 (Jociel Ferreira da Silva) 브라질 1982.03.31

리그	연도	소속	출전	교체	득점	도움	파울	경고	퇴장
BC	2007	부산	13	9	1	1	29	1	0
	합계		13	9	1	1	29	1	0
프로통산			13	9	1	1	29	1	0

아가시코프 러시아 1962.11.06

리그	연도	소속	출전	교체	득점	도움	파울	경고	퇴장
BC	1992	포철	4	3	1	0	3	0	0
	합계		4	3	1	0	3	0	0
프로통산			4	3	1	0	3	0	0

아고스 (Agostinho Petronilo de Oliveira Filho) 브라질 1978.1

리그	연도	소속	출전	교체	득점	도움	파울	경고	퇴장
BC	2005	부천S	19	13	2	1	45	1	1
	합계		19	13	2	1	45	1	1
프로통산			19	13	2	1	45	1	1

아그보 (Agbo Alex) 나이지리아 1977.07.01

리그	연도	소속	출전	교체	득점	도움	파울	경고	퇴장
BC	1996	천안	6	6	1	0	18	2	0
	1997	천안	17	12	1	0	47	2	0
	합계		23	18	2	0	65	4	0
프로통산			23	18	2	0	65	4	0

아기치 (Jasmin Agić) 크로아티아 1974.12.26

리그	연도	소속	출전	교체	득점	도움	파울	경고	퇴장
BC	2005	인천	33	10	3	4	72	8	0
	2006	인천	16	4	2	3	36	4	0
	합계		49	14	5	7	108	12	0
프로통산			49	14	5	7	108	12	0

아다오 (Jose Adao Fonseca) 브라질 1972.11.30

리그	연도	소속	출전	교체	득점	도움	파울	경고	퇴장
BC	1998	전남	22	20	7	0	30	4	0
	합계		22	20	7	0	30	4	0
프로통산			22	20	7	0	30	4	0

아데마 (Adhemar Ferreira de Camargo Neto) 브라질 1972.04.27

리그	연도	소속	출전	교체	득점	도움	파울	경고	퇴장
BC	2004	성남일	10	8	0	0	18	0	0
	합계		10	8	0	0	18	0	0
프로통산			10	8	0	0	18	0	0

아도 (Agnaldo Cordeiro Pereira) 브라질 1975.01.25

리그	연도	소속	출전	교체	득점	도움	파울	경고	퇴장
BC	2003	안양L	17	14	5	1	40	1	0
	합계		17	14	5	1	40	1	0
프로통산			17	14	5	1	40	1	0

아드리아노 (Carlos Adriano de Sousa Cruz) 브라질 1987.09.28

리그	연도	소속	출전	교체	득점	도움	파울	경고	퇴장
클	2015	대전	17	3	7	1	25	4	1
	2015	서울	13	3	8	1	28	3	0
	2016	서울	30	17	17	6	30	2	1
	합계		60	23	32	8	83	9	2
챌	2014	대전	32	5	27	4	76	5	0
	합계		32	5	27	4	76	5	0
프로통산			92	28	59	12	159	14	2

아드리아노 (Adriano Bizerra Melo) 브라질 1981.03.07

리그	연도	소속	출전	교체	득점	도움	파울	경고	퇴장
BC	2004	부산	13	7	2	1	36	0	0
	합계		13	7	2	1	36	0	0
프로통산			13	7	2	1	36	0	0

아드리아노 (Antonio Adriano Antunes de Pau) 브라질 1987.04.21

리그	연도	소속	출전	교체	득점	도움	파울	경고	퇴장
클	2013	대구	9	9	0	0	14	0	0
	합계		9	9	0	0	14	0	0
프로통산			9	9	0	0	14	0	0

아드리안 (Zazi Chaminga Adrien) DR콩고 1975.03.26

리그	연도	소속	출전	교체	득점	도움	파울	경고	퇴장
BC	1997	천안	9	8	1	1	12	2	0
	합계		9	8	1	1	12	2	0
프로통산			9	8	1	1	12	2	0

아드리안 (Dumitru Adrian Mihalcea) 루마니아 1976.05.24

리그	연도	소속	출전	교체	득점	도움	파울	경고	퇴장
BC	2005	전남	3	3	0	0	5	0	0
	합계		3	3	0	0	5	0	0
프로통산			3	3	0	0	5	0	0

아디 (Adnan Ocell) 알바니아 1966.03.06

리그	연도	소속	출전	교체	득점	도움	파울	경고	퇴장
BC	1996	수원	16	2	1	0	27	7	1
	합계		16	2	1	0	27	7	1
프로통산			16	2	1	0	27	7	1

아디 (Adilson dos Santos) 브라질 1976.05.12

리그	연도	소속	출전	교체	득점	도움	파울	경고	퇴장
BC	2006	서울	34	3	1	2	67	4	0
	2007	서울	36	4	2	1	56	5	0
	2008	서울	34	4	3	1	32	5	0
	2009	서울	28	1	3	1	34	2	1
	2010	서울	31	4	5	1	48	5	0

리그	연도	소속	출전	교체	득점	도움	파울	경고	퇴장
	2011	서울	30	0	0	1	14	5	0
	2012	서울	38	5	1	3	27	4	0
	합계		231	21	15	10	278	30	1
클	2013	서울	33	3	3	2	27	5	0
	합계		33	3	3	2	27	5	0
프로통산			264	24	18	12	305	35	1

아르체 (Jusan Carlos Arce Justiniano) 볼리비아 1985.04.10

리그	연도	소속	출전	교체	득점	도움	파울	경고	퇴장
BC	2008	성남일	15	15	0	1	10	2	0
	합계		15	15	0	1	10	2	0
프로통산			15	15	0	1	10	2	0

아리넬송 (Arinelson Freire Nunes) 브라질 1973.01.27

리그	연도	소속	출전	교체	득점	도움	파울	경고	퇴장
BC	2001	전북	11	9	2	3	5	3	0
	2002	울산	8	10	0	2	7	2	0
	합계		19	19	2	5	12	5	0
프로통산			19	19	2	5	12	5	0

아리아스 (Arias Moros Cesar Augusto) 콜롬비아 1988.04.02

리그	연도	소속	출전	교체	득점	도움	파울	경고	퇴장
클	2013	대전	15	4	6	0	37	3	0
	합계		15	4	6	0	37	3	0
프로통산			15	4	6	0	37	3	0

아미르 (Amir Teljigović) 보스니아 헤르체고비나 1966.08.07

리그	연도	소속	출전	교체	득점	도움	파울	경고	퇴장
BC	1994	대우	24	12	1	3	38	5	2
	1995	대우	32	14	2	10	50	7	0
	1996	부산	18	11	0	2	22	4	0
	합계		74	37	3	15	110	16	2
프로통산			74	37	3	15	110	16	2

아보라 (Stanley Aborah) 가나 1969.08.25

리그	연도	소속	출전	교체	득점	도움	파울	경고	퇴장
BC	1997	천안	30	3	2	1	80	8	1
	1998	천안	6	2	0	0	14	2	0
	합계		36	5	2	1	94	10	1
프로통산			36	5	2	1	94	10	1

아사모아 (Derek asamoah) 영국 1981.05.01

리그	연도	소속	출전	교체	득점	도움	파울	경고	퇴장
BC	2011	포항	31	22	7	5	60	3	0
	2012	포항	30	25	6	1	46	1	0
	합계		61	47	13	6	106	4	0
클	2013	대구	33	13	4	1	49	5	0
	합계		33	13	4	1	49	5	0
프로통산			94	60	17	7	155	9	0

아지마 (Mohamed Semida Abdel Azim) 이집트 1968.10.17

리그	연도	소속	출전	교체	득점	도움	파울	경고	퇴장
BC	1996	울산	18	14	1	1	21	3	0
	합계		18	14	1	1	21	3	0
프로통산			18	14	1	1	21	3	0

아지송 (Waldison Rodrigues de Souza) 브라질 1984.06.17

리그	연도	소속	출전	교체	득점	도움	파울	경고	퇴장
클	2013	제주	3	3	0	0	4	0	0
	합계		3	3	0	0	4	0	0
프로통산			3	3	0	0	4	0	0

아첼 (Zoltan Aczel) 헝가리 1967.03.13

리그	연도	소속	출전	교체	득점	도움	파울	경고	퇴장
BC	1991	대우	6	0	0	1	4	2	0
	합계		6	0	0	1	4	2	0
프로통산			6	0	0	1	4	2	0

아키 (Ienaga Akihiro) 일본 1986.06.13

리그	연도	소속	출전	교체	득점	도움	파울	경고	퇴장
BC	2012	울산	12	12	1	1	8	1	0
	합계		12	12	1	1	8	1	0
프로통산			12	12	1	1	8	1	0

아킨슨 (Dalian Robert Atkinson) 영국 1968.03.21

리그	연도	소속	출전	교체	득점	도움	파울	경고	퇴장
BC	2001	대전	4	5	1	0	6	2	0
	2001	전북	4	4	0	0	1	0	0
	합계		8	9	1	0	7	2	0
프로통산			8	9	1	0	7	2	0

아톰 (Artem Yashkin) 우크라이나 1975.04.29

리그	연도	소속	출전	교체	득점	도움	파울	경고	퇴장
BC	2004	부천S	23	17	0	2	36	3	0
	합계		23	17	0	2	36	3	0
프로통산			23	17	0	2	36	3	0

아트 (Gefferson da Silva Goulart) 브라질 1978.01.09

리그	연도	소속	출전	교체	득점	도움	파울	경고	퇴장
BC	2006	부산	5	2	1	1	5	0	0
	합계		5	2	1	1	5	0	0
프로통산			5	2	1	1	5	0	0

아틸라 (Attila Kaman) 헝가리 1969.11.20

리그	연도	소속	출전	교체	득점	도움	파울	경고	퇴장
BC	1994	유공	12	8	1	1	20	1	1
	1995	유공	3	3	1	0	1	0	0
	합계		15	11	2	1	21	1	1
프로통산			15	11	2	1	21	1	1

안광호 (安光鎬) 연세대 1968.12.19

리그	연도	소속	출전	교체	득점	도움	파울	경고	퇴장
BC	1992	대우	10	5	0	0	8	1	0
	1993	대우	4	3	0	0	8	1	0
	합계		14	8	0	0	16	2	0
프로통산			14	8	0	0	16	2	0

안광호 (安光鎬) 배재대 1979.01.10

리그	연도	소속	출전	교체	득점	도움	파울	경고	퇴장
BC	2002	전북	1	1	0	0	1	0	0
	합계		1	1	0	0	1	0	0
프로통산			1	1	0	0	1	0	0

안기철 (安基喆) 아주대 1962.04.24

리그	연도	소속	출전	교체	득점	도움	파울	경고	퇴장
BC	1986	대우	17	9	2	1	17	2	0
	1987	대우	27	23	1	1	17	2	0
	1988	대우	23	10	1	3	20	0	0
	1989	대우	18	16	0	1	10	1	0
	합계		85	58	4	6	64	5	0
프로통산			85	58	4	6	64	5	0

안대현 (安大賢) 전주대 1977.08.20

리그	연도	소속	출전	교체	득점	도움	파울	경고	퇴장
BC	2000	전북	3	3	0	0	3	0	0
	2001	전북	13	8	0	0	16	2	0
	2002	전북	1	1	0	0	1	0	0
	2003	전북	0	0	0	0	0	0	0
	합계		17	12	0	0	20	2	0
프로통산			17	12	0	0	20	2	0

안데르손 (Anderson Ricardo dos Santos) 브라질 1983.03.22

리그	연도	소속	출전	교체	득점	도움	파울	경고	퇴장
BC	2009	서울	13	10	4	1	24	2	0
	합계		13	10	4	1	24	2	0
프로통산			13	10	4	1	24	2	0

안델손 (Anderson Andrade Antunes) 브라질 1981.11.15

리그	연도	소속	출전	교체	득점	도움	파울	경고	퇴장
BC	2010	대구	11	4	2	1	28	0	0
	합계		11	4	2	1	28	0	0
프로통산			11	4	2	1	28	0	0

안동은 (安東銀) 경운대 1988.10.01

리그	연도	소속	출전	교체	득점	도움	파울	경고	퇴장
챌	2013	고양	28	9	0	0	52	4	0
	2014	안산경	6	5	0	0	4	1	0
	2015	고양	3	0	0	0	6	1	0
	합계		37	14	0	0	62	6	0
프로통산			37	14	0	0	62	6	0

안동혁 (安東赫) 광운대 1988.11.11

리그	연도	소속	출전	교체	득점	도움	파울	경고	퇴장
BC	2011	광주	23	15	0	1	17	2	0
	2012	광주	28	11	1	2	42	7	0
	합계		51	26	1	3	59	9	0
챌	2013	광주	20	19	1	1	23	0	0
	2015	안양	24	12	0	2	35	1	0
	합계		44	31	1	3	58	1	0
프로통산			95	57	2	6	117	10	0

안드레 (Andre Luis Alves Santos) 브라질 1972.11.16

리그	연도	소속	출전	교체	득점	도움	파울	경고	퇴장
BC	2000	안양L	38	4	9	14	74	4	0
	2001	안양L	27	19	2	4	36	3	0
	2002	안양L	31	19	7	9	41	4	1
	합계		96	42	18	27	151	11	1
프로통산			96	42	18	27	151	11	1

안드레이 (Andriy Sydelnykov) 우크라이나 1967.09.27

리그	연도	소속	출전	교체	득점	도움	파울	경고	퇴장
BC	1995	전남	28	7	4	1	60	9	1
	1996	전남	29	5	3	0	31	8	0
	합계		57	12	7	1	91	17	1
프로통산			57	12	7	1	91	17	1

안병태 (安炳泰) 한양대 1959.02.22

리그	연도	소속	출전	교체	득점	도움	파울	경고	퇴장
BC	1983	포철	10	2	0	0	10	0	0
	1984	포철	14	5	0	0	6	1	0
	1986	포철	12	4	0	0	12	1	0
	합계		36	11	0	0	28	2	0
프로통산			36	11	0	0	28	2	0

안상현 (安相炫) 능곡중 1986.03.05

리그	연도	소속	출전	교체	득점	도움	파울	경고	퇴장
BC	2003	안양L	0	0	0	0	0	0	0
	2004	서울	1	1	0	0	3	0	0
	2005	서울	1	1	0	0	0	0	0
	2006	서울	1	1	1	0	1	1	0
	2007	서울	11	10	1	0	9	1	0
	2008	서울	1	0	0	0	1	1	1
	2009	경남	9	8	0	0	14	1	0
	2010	경남	24	18	0	1	31	5	1
	2011	대구	15	11	0	0	33	8	0
	2012	대구	32	10	0	1	57	14	0
	합계		95	60	2	2	149	31	2
클	2013	대구	33	6	0	1	49	11	0
	2015	대전	25	7	0	0	30	8	0
	2016	성남	23	7	0	2	43	4	0
	합계		81	20	0	3	122	23	0
챌	2014	대구	32	2	1	1	50	7	0
	합계		32	2	1	1	50	7	0
승	2016	성남	2	1	0	0	5	2	0
	합계		2	1	0	0	5	2	0
프로통산			210	83	3	6	326	63	2

안선진 (安鮮鎭) 고려대 1975.09.19

리그	연도	소속	출전	교체	득점	도움	파울	경고	퇴장
BC	2003	포항	16	14	0	0	15	0	0
	합계		16	14	0	0	15	0	0
프로통산			16	14	0	0	15	0	0

안성규 (安聖奎) 충북대

리그	연도	소속	출전	교체	득점	도움	파울	경고	퇴장
BC	1995	대우	1	1	0	0	2	1	0
	합계		1	1	0	0	2	1	0
프로통산			1	1	0	0	2	1	0

안성남 (安成男) 중앙대 1984.04.17

리그	연도	소속	출전	교체	득점	도움	파울	경고	퇴장
BC	2009	강원	21	15	1	1	9	2	0
	2010	강원	26	22	5	3	14	2	0
	2011	광주	22	18	2	0	17	3	0
	2012	광주	25	24	0	1	22	5	0
	합계		94	79	8	5	62	12	0
클	2015	광주	8	7	0	0	3	0	0
	합계		8	7	0	0	3	0	0
챌	2014	광주	8	5	2	1	14	0	0
	2015	강원	7	4	0	0	12	2	0
	2016	경남	37	29	4	2	14	2	0
	합계		52	38	6	3	40	4	0
승	2014	광주	0	0	0	0	0	0	0
	합계		0	0	0	0	0	0	0
프로통산			154	124	14	8	105	16	0

안성민 (安成民) 건국대 1985.11.03

리그	연도	소속	출전	교체	득점	도움	파울	경고	퇴장
BC	2007	부산	18	13	1	1	29	1	0
	2008	부산	17	14	1	0	28	4	0
	2009	부산	20	10	1	0	37	8	0
	2010	대구	28	9	3	1	33	5	0
	2011	대구	11	7	3	0	21	4	0
	합계		94	53	9	2	148	22	0
프로통산			94	53	9	2	148	22	0

안성빈 (安聖彬) 수원대 1988.10.03

리그	연도	소속	출전	교체	득점	도움	파울	경고	퇴장
BC	2010	경남	8	8	1	0	6	1	0
	2011	경남	5	5	0	0	2	0	0
	2012	경남	11	10	1	0	12	1	0
	합계		24	23	2	0	20	2	0
클	2014	경남	7	3	1	0	9	1	0
	합계		7	3	1	0	9	1	0
챌	2013	경찰	23	13	1	2	31	2	0
	2014	안산경	15	15	1	3	13	3	0
	2015	안양	36	19	8	4	66	6	0
	2016	안양	28	2	1	5	34	4	0
	합계		102	49	11	14	144	15	0
승	2014	경남	2	1	0	0	3	1	0
	합계		2	1	0	0	3	1	0
프로통산			135	76	14	14	176	19	0

안성열 (安星烈) 국민대 1958.08.01

리그	연도	소속	출전	교체	득점	도움	파울	경고	퇴장
BC	1983	국민	10	4	0	1	8	1	0
	1985	상무	18	2	0	0	10	1	0
	합계		28	6	0	1	18	2	0
프로통산			28	6	0	1	18	2	0

안성일 (安聖逸) 아주대 1966.09.10

리그	연도	소속	출전	교체	득점	도움	파울	경고	퇴장
BC	1989	대우	21	13	6	0	17	1	0
	1990	대우	14	8	1	0	23	1	0
	1991	대우	36	7	2	3	49	5	1
	1992	대우	35	12	5	0	49	7	0
	1993	대우	24	18	1	2	25	3	0
	1994	포철	22	15	0	3	19	2	0
	1995	대우	30	11	4	0	52	11	0
	1996	부산	18	12	0	0	35	3	0
	합계		200	96	19	8	269	33	1
프로통산			200	96	19	8	269	33	1

안성호 (安成皓) 대구대 1976.03.30

리그	연도	소속	출전	교체	득점	도움	파울	경고	퇴장
BC	1999	수원	1	1	0	0	2	0	0
	합계		1	1	0	0	2	0	0
프로통산			1	1	0	0	2	0	0

안성훈 (安成勳) 한려대 1982.09.11

리그	연도	소속	출전	교체	득점	도움	파울	경고	퇴장
BC	2002	안양L	11	5	0	0	11	2	0
	2003	안양L	11	6	0	0	8	0	0
	2004	인천	19	10	0	0	30	1	0
	2005	인천	10	6	0	0	3	1	0
	2006	인천	9	7	0	2	19	1	0
	2007	인천	4	4	0	0	4	2	0
	합계		64	38	0	2	75	7	0
프로통산			64	38	0	2	75	7	0

안세희 (安世熙) 원주한라대 1991.02.08

리그	연도	소속	출전	교체	득점	도움	파울	경고	퇴장
클	2015	부산	5	1	0	0	9	1	1
	2015	대전	4	0	0	0	2	1	0
	합계		9	1	0	0	11	2	1
챌	2016	안양	34	6	0	0	27	6	0
	합계		34	6	0	0	27	6	0
프로통산			43	7	0	0	38	8	1

안수현 (安壽賢) 조선대 1992.06.13

리그	연도	소속	출전	교체	득점	도움	파울	경고	퇴장
클	2015	전남	1	1	0	0	1	0	0
	합계		1	1	0	0	1	0	0
프로통산			1	1	0	0	1	0	0

안승인 (徐東喆) 경원대학원 1973.03.14

리그	연도	소속	출전	교체	득점	도움	파울	경고	퇴장
BC	1999	부천S	15	15	0	2	7	0	0
	2000	부천S	9	9	1	0	13	2	0
	2001	부천S	25	20	3	1	24	0	0
	2002	부천S	25	18	2	2	47	0	0
	2003	부천S	38	25	1	3	55	4	0
	2004	부천S	5	5	0	0	3	0	0
	합계		117	92	7	8	149	6	0
프로통산			117	92	7	8	149	6	0

안영규 (安泳奎) 울산대 1989.12.04

리그	연도	소속	출전	교체	득점	도움	파울	경고	퇴장
BC	2012	수원	0	0	0	0	0	0	0
	합계		0	0	0	0	0	0	0
클	2015	광주	33	6	2	0	36	6	0
	합계		33	6	2	0	36	6	0
챌	2014	대전	34	2	1	1	45	5	0
	2016	안산무	18	4	0	1	20	3	0
	합계		52	6	1	2	65	8	0
프로통산			85	12	3	2	101	14	0

안영진 (安映珍) 울산대 1988.04.01

리그	연도	소속	출전	교체	득점	도움	파울	경고	퇴장
챌	2013	부천	7	7	0	0	1	0	0
	합계		7	7	0	0	1	0	0
프로통산			7	7	0	0	1	0	0

안영학 (安英學, An Yong Hak) 북한 1978.10.25

리그	연도	소속	출전	교체	득점	도움	파울	경고	퇴장
BC	2006	부산	29	8	3	2	57	0	0
	2007	부산	30	3	4	0	65	2	0
	2008	수원	9	7	0	0	13	2	0
	2009	수원	14	6	2	0	24	1	0
	합계		82	24	9	2	159	5	0
프로통산			82	24	9	2	159	5	0

안용우 (安庸佑) 동의대 1991.08.10

리그	연도	소속	출전	교체	득점	도움	파울	경고	퇴장
클	2014	전남	31	7	6	6	19	4	0
	2015	전남	34	18	3	4	22	1	0
	2016	전남	32	24	4	0	24	2	0
	합계		97	49	13	10	65	7	0
프로통산			97	49	13	10	65	7	0

안원응 (安元應) 성균관대 1961.01.14

리그	연도	소속	출전	교체	득점	도움	파울	경고	퇴장
BC	1984	한일	6	2	0	0	5	2	0
	합계		6	2	0	0	5	2	0
프로통산			6	2	0	0	5	2	0

안익수 (安益秀) 인천대 1965.05.06

리그	연도	소속	출전	교체	득점	도움	파울	경고	퇴장
BC	1989	일화	22	6	0	0	23	3	0
	1990	일화	29	1	0	1	35	2	0
	1991	일화	12	4	0	0	19	1	0
	1992	일화	27	3	0	0	46	6	0
	1993	일화	26	3	0	0	37	2	1
	1994	일화	20	3	1	1	31	3	0
	1995	일화	17	3	0	0	25	4	0
	1996	포항	30	11	0	0	39	3	0
	1997	포항	34	6	1	0	52	6	0
	1998	포항	36	1	0	1	63	6	0
	합계		253	41	2	3	370	36	1
프로통산			253	41	2	3	370	36	1

안일주 (安一柱) 동국대 1988.05.02

리그	연도	소속	출전	교체	득점	도움	파울	경고	퇴장
BC	2011	포항	0	0	0	0	0	0	0
	2012	상주	1	1	0	0	0	0	0
	합계		1	1	0	0	0	0	0
챌	2013	상주	0	0	0	0	0	0	0
	2014	부천	20	1	0	0	21	2	0
	2015	부천	16	5	0	0	16	2	0
	합계		36	6	0	0	37	4	0
프로통산			37	7	0	0	37	4	0

안재곤 (安載坤) 아주대 1984.08.15

리그	연도	소속	출전	교체	득점	도움	파울	경고	퇴장
BC	2008	인천	4	1	0	0	9	1	0
	2010	인천	1	1	0	0	0	0	0
	2011	인천	5	4	0	0	12	1	0
	2012	인천	0	0	0	0	0	0	0
	합계		10	6	0	0	21	2	0
프로통산			10	6	0	0	21	2	0

안재준 (安宰晙) 고려대 1986.02.08

리그	연도	소속	출전	교체	득점	도움	파울	경고	퇴장
BC	2008	인천	28	1	0	0	44	9	0
	2009	인천	33	1	0	1	50	6	0
	2010	인천	28	0	1	3	58	4	1
	2011	전남	27	2	1	0	35	5	0
	2012	전남	32	1	1	0	40	4	0
	합계		148	5	3	4	227	28	1
클	2013	인천	31	0	4	0	64	8	0
	2014	인천	36	1	0	0	49	5	0
	합계		67	1	4	0	113	13	0
챌	2015	안산경	35	0	1	0	55	10	0
	2016	안산무	8	2	0	0	8	2	0
	합계		43	2	1	0	63	12	0
프로통산			258	8	8	4	403	53	1

안재훈 (安在勳) 건국대 1988.02.01

리그	연도	소속	출전	교체	득점	도움	파울	경고	퇴장
BC	2011	대구	20	1	0	2	27	2	0
	2012	대구	9	3	1	0	11	2	0
	합계		29	4	1	2	38	4	0
클	2013	대구	5	1	0	0	5	1	0
	2014	상주	22	3	1	0	25	4	1
	합계		27	4	1	0	30	5	1
챌	2013	수원FC	16	1	0	0	18	2	0
	2015	상주	8	3	0	0	8	1	0
	2015	대구	3	0	0	0	2	0	0
	합계		27	4	0	0	28	3	0
프로통산			83	12	2	2	96	12	1

안정환 (安貞桓) 아주대 1976.01.27

리그	연도	소속	출전	교체	득점	도움	파울	경고	퇴장
BC	1998	부산	33	8	13	4	31	4	0
	1999	부산	34	9	21	7	26	3	1
	2000	부산	20	8	10	0	20	0	0
	2007	수원	25	20	5	0	22	4	0
	2008	부산	27	8	6	3	47	6	1
	합계		139	53	55	14	146	17	2
프로통산			139	53	55	14	146	17	2

안젤코비치 (Miodrag Andjelković) 세르비아 몬테

네그로 1977.12

리그	연도	소속	출전	교체	득점	도움	파울	경고	퇴장
BC	2004	인천	11	5	4	0	26	1	1
	합계		11	5	4	0	26	1	1
프로통산			11	5	4	0	26	1	1

안종관 (安種官) 광운대 1966.08.30

리그	연도	소속	출전	교체	득점	도움	파울	경고	퇴장
BC	1989	현대	28	6	0	1	31	2	0
	1990	현대	20	6	0	1	21	0	0
	합계		48	12	0	2	52	2	0
프로통산			48	12	0	2	52	2	0

안종훈 (安鍾薰) 조선대 1989.07.05

리그	연도	소속	출전	교체	득점	도움	파울	경고	퇴장
BC	2011	제주	2	2	0	0	3	0	0
	합계		2	2	0	0	3	0	0
클	2013	제주	15	14	1	0	17	0	0
	합계		15	14	1	0	17	0	0
챌	2014	광주	15	8	0	2	17	1	0
	합계		15	8	0	2	17	1	0
프로통산			32	24	1	2	37	1	0

안준원 (安俊垣) 부산상고 1961.03.10

리그	연도	소속	출전	교체	득점	도움	파울	경고	퇴장
BC	1985	상무	20	0	1	0	11	2	0
	1986	포철	7	2	0	0	8	1	0
	합계		27	2	1	0	19	3	0
프로통산			27	2	1	0	19	3	0

안지현 (安祉炫) 건국대 1994.03.25

리그	연도	소속	출전	교체	득점	도움	파울	경고	퇴장
챌	2016	강원	0	0	0	0	0	0	0
	합계		0	0	0	0	0	0	0
프로통산			0	0	0	0	0	0	0

안진규 (安眞圭) 연세대 1970.10.18

리그	연도	소속	출전	교체	득점	도움	파울	경고	퇴장
BC	1994	현대	4	4	0	0	2	0	0
	1995	현대	7	7	0	0	4	0	1
	1996	울산	3	1	0	0	2	1	0
	1996	전남	3	3	0	0	1	0	0
	합계		17	15	0	0	9	1	1
프로통산			17	15	0	0	9	1	1

안진범 (安進範) 고려대 1992.03.10

리그	연도	소속	출전	교체	득점	도움	파울	경고	퇴장
클	2014	울산	24	18	2	2	23	1	0
	2015	인천	9	8	0	0	10	1	0
	합계		33	26	2	2	33	2	0
챌	2016	안양	27	16	0	3	35	3	0
	합계		27	16	0	3	35	3	0
프로통산			60	42	2	5	68	5	0

안태은 (安太銀) 조선대 1985.09.17

리그	연도	소속	출전	교체	득점	도움	파울	경고	퇴장
BC	2006	서울	26	7	0	0	39	4	0
	2007	서울	4	3	0	0	3	0	0
	2008	서울	10	3	0	1	19	4	0
	2009	서울	19	8	0	1	24	3	0
	2010	포항	8	3	0	0	13	3	1
	2011	인천	9	8	0	1	13	0	0
	합계		76	32	0	3	111	14	1
프로통산			76	32	0	3	111	14	1

안태현 (安部鉉) 홍익대 1993.03.01

리그	연도	소속	출전	교체	득점	도움	파울	경고	퇴장
챌	2016	서울E	31	25	3	1	18	4	0
	합계		31	25	3	1	18	4	0
프로통산			31	25	3	1	18	4	0

안토니오 (Marco Antonio de Freitas Filho) 브라질 1978.10.23

리그	연도	소속	출전	교체	득점	도움	파울	경고	퇴장
BC	2005	전북	5	4	1	0	4	0	0
	합계		5	4	1	0	4	0	0
프로통산			5	4	1	0	4	0	0

안툰 (Antun Matthew Kovacic) 호주 1981.07.10

리그	연도	소속	출전	교체	득점	도움	파울	경고	퇴장
BC	2009	울산	4	3	0	0	2	1	0
	합계		4	3	0	0	2	1	0
프로통산			4	3	0	0	2	1	0

안현범 (安鉉範) 동국대 1994.12.21

리그	연도	소속	출전	교체	득점	도움	파울	경고	퇴장
클	2015	울산	17	16	0	1	16	2	0
	2016	제주	28	15	8	4	30	2	0
	합계		45	31	8	5	46	4	0
프로통산			45	31	8	5	46	4	0

안현식 (安顯植) 연세대 1987.04.24

리그	연도	소속	출전	교체	득점	도움	파울	경고	퇴장
BC	2008	인천	21	4	0	0	41	3	0
	2009	인천	2	0	0	0	0	0	0
	2010	인천	12	3	0	0	13	3	0
	2011	경남	14	1	1	0	23	5	1
	합계		49	8	1	0	77	11	1
챌	2014	고양	25	4	0	0	34	4	0
	2015	고양	30	1	0	0	30	5	1
	2016	강원	34	0	2	0	38	6	1
	합계		89	5	2	0	102	15	2
승	2016	강원	2	0	0	0	2	0	0
	합계		2	0	0	0	2	0	0
프로통산			140	13	3	0	181	26	3

안홍민 (安洪珉) 관동대 1971.09.06

리그	연도	소속	출전	교체	득점	도움	파울	경고	퇴장
BC	1996	울산	25	16	10	1	40	2	0
	1997	울산	24	23	2	3	41	3	1
	1998	울산	23	22	3	2	38	3	0
	1999	울산	28	24	2	5	42	3	0
	2000	울산	19	14	1	3	36	2	0
	2001	전북	18	18	1	0	9	2	0
	합계		137	117	19	14	206	15	1
프로통산			137	117	19	14	206	15	1

안효연 (安孝鍊) 동국대 1978.04.16

리그	연도	소속	출전	교체	득점	도움	파울	경고	퇴장
BC	2003	부산	14	12	0	2	8	0	0
	2004	부산	30	20	6	3	22	1	0
	2005	수원	30	20	3	5	24	1	0
	2006	성남일	28	26	1	1	13	1	0
	2007	수원	12	10	1	2	3	0	0
	2008	수원	15	15	2	2	9	0	0
	2009	전남	5	5	0	0	0	0	0
	합계		134	108	13	15	79	3	0
프로통산			134	108	13	15	79	3	0

안효철 (安孝哲) 성균관대 1965.05.15

리그	연도	소속	출전	교체	실점	도움	파울	경고	퇴장
BC	1989	일화	1	0	1	0	0	0	0
	합계		1	0	1	0	0	0	0
프로통산			1	0	1	0	0	0	0

알도 (Clodoaldo Paulino de Lima) 브라질 1978.11.25

리그	연도	소속	출전	교체	득점	도움	파울	경고	퇴장
BC	2008	포항	2	1	0	0	5	0	0
	합계		2	1	0	0	5	0	0
프로통산			2	1	0	0	5	0	0

알라올 (Alaor) 브라질 1968.12.12

리그	연도	소속	출전	교체	득점	도움	파울	경고	퇴장
BC	1996	수원	9	8	1	0	14	1	0
	합계		9	8	1	0	14	1	0
프로통산			9	8	1	0	14	1	0

알란 (Allan Rodrigo Aal) 브라질 1979.03.12

리그	연도	소속	출전	교체	득점	도움	파울	경고	퇴장
BC	2004	대전	4	1	0	0	11	1	0
	합계		4	1	0	0	11	1	0
프로통산			4	1	0	0	11	1	0

알랭 (Noudjeu Mbianda Nicolas Alain) 카메룬 1976.07.12

리그	연도	소속	출전	교체	득점	도움	파울	경고	퇴장
BC	2000	전북	17	13	0	0	25	0	0
	합계		17	13	0	0	25	0	0
프로통산			17	13	0	0	25	0	0

알레 (Alexandre Garcia Ribeiro) 브라질 1984.05.08

리그	연도	소속	출전	교체	득점	도움	파울	경고	퇴장
BC	2009	대전	10	8	0	4	20	0	0
	2010	대전	21	10	1	3	40	2	1
	합계		31	18	1	7	60	2	1
프로통산			31	18	1	7	60	2	1

알렉산더 (Aleksandar Petrovic) 세르비아 1983.03.22

리그	연도	소속	출전	교체	득점	도움	파울	경고	퇴장
BC	2008	전북	15	1	0	0	22	6	0
	2009	전북	9	5	0	0	11	2	0
	2009	전남	6	5	1	0	13	2	0
	합계		30	11	1	0	46	10	0
프로통산			30	11	1	0	46	10	0

알렉산드로 (Alessandro Lopes Pereira) 브라질 1984.02.13

리그	연도	소속	출전	교체	득점	도움	파울	경고	퇴장
BC	2012	대전	21	2	0	0	51	8	0
	합계		21	2	0	0	51	8	0
챌	2013	충주	11	1	0	0	26	2	0
	합계		11	1	0	0	26	2	0
프로통산			32	3	0	0	77	10	0

알렉산드로 (Alexsandro Ribeiro da Silva) 브라질 1980.04.13

리그	연도	소속	출전	교체	득점	도움	파울	경고	퇴장
BC	2008	대구	14	9	1	1	11	0	0
	합계		14	9	1	1	11	0	0
프로통산			14	9	1	1	11	0	0

알렉산드로 (Alexandro da Silva Batista) 브라질 1986.11.06

리그	연도	소속	출전	교체	득점	도움	파울	경고	퇴장
BC	2010	포항	9	6	1	1	20	2	0
	합계		9	6	1	1	20	2	0
프로통산			9	6	1	1	20	2	0

알렉세이 (Alexey Sudarikov) 러시아 1971.05.01

리그	연도	소속	출전	교체	득점	도움	파울	경고	퇴장
BC	1994	LG	3	3	0	0	4	0	0
	합계		3	3	0	0	4	0	0
프로통산			3	3	0	0	4	0	0

알렉세이 (Aleksei Prudnikov) 러시아 1960.03.20

리그	연도	소속	출전	교체	실점	도움	파울	경고	퇴장
BC	1995	전북	10	0	11	0	0	0	0
	1996	전북	27	1	34	0	2	2	0
	1997	전북	18	0	23	0	0	0	0
	1998	전북	1	0	2	0	0	0	0
	합계		56	1	70	0	2	2	0
프로통산			56	1	70	0	2	2	0

알렉세이 (Aleksey Shichogolev) 러시아 1972.09.18

리그	연도	소속	출전	교체	득점	도움	파울	경고	퇴장
BC	1996	부천S	22	5	0	0	16	5	0
	합계		22	5	0	0	16	5	0
프로통산			22	5	0	0	16	5	0

알렉스 (Aleksandar Jovanovic) 호주 1989.08.04

리그	연도	소속	출전	교체	득점	도움	파울	경고	퇴장
클	2014	제주	31	3	1	1	36	4	1
	2015	제주	22	6	0	0	16	4	0
	합계		53	9	1	1	52	8	1
챌	2013	수원FC	24	3	0	0	30	6	0
	합계		24	3	0	0	30	6	0
프로통산			77	12	1	1	82	14	1

알렉스 (Aleksandar Jozevic) 유고슬라비아

리그	연도	소속	출전	교체	득점	도움	파울	경고	퇴장
BC	1993	대우	6	4	0	0	9	2	0
	합계		6	4	0	0	9	2	0
프로통산			6	4	0	0	9	2	0

알렉스 (Aleksandar Vlahovic) 유고슬라비아 1969.07.24

리그	연도	소속	출전	교체	득점	도움	파울	경고	퇴장
BC	1997	부산	1	1	1	0	1	0	0
	합계		1	1	1	0	1	0	0
프로통산			1	1	1	0	1	0	0

알렉스 (Alexander Popovich) 몰도바 1977.04.09

리그	연도	소속	출전	교체	득점	도움	파울	경고	퇴장
BC	2001	성남일	6	5	0	0	3	0	0
	합계		6	5	0	0	3	0	0
프로통산			6	5	0	0	3	0	0

알렉스 (Alex Oliveira) 브라질 1977.12.21

리그	연도	소속	출전	교체	득점	도움	파울	경고	퇴장
BC	2003	대전	28	23	4	2	60	1	0
	합계		28	23	4	2	60	1	0
프로통산			28	23	4	2	60	1	0

알렉스 (Alexsandro Marques de Oliveira) 브라질 1978.06.17

리그	연도	소속	출전	교체	득점	도움	파울	경고	퇴장
BC	2007	제주	1	1	0	0	0	0	0
	합계		1	1	0	0	0	0	0
프로통산			1	1	0	0	0	0	0

알렉스 (Alex asamoah) 가나 1986.08.28

리그	연도	소속	출전	교체	득점	도움	파울	경고	퇴장
BC	2010	경남	2	3	0	0	2	1	0
	합계		2	3	0	0	2	1	0
프로통산			2	3	0	0	2	1	0

알렉스 (Wesley Alex Maiolino Alex) 브라질 1988.02.10

리그	연도	소속	출전	교체	득점	도움	파울	경고	퇴장
챌	2013	고양	32	10	15	6	44	4	0
	2014	고양	14	0	11	3	24	1	0
	2014	강원	15	5	5	1	20	1	0
	2016	대구	20	10	5	0	20	2	0
	합계		81	25	36	10	108	8	0
프로통산			81	25	36	10	108	8	0

알렌 (Alen Avdic) 보스니아 헤르체고비나 1977.04.03

리그	연도	소속	출전	교체	득점	도움	파울	경고	퇴장
BC	2001	수원	5	5	1	0	6	1	0
	2002	수원	3	3	0	0	10	1	0
	2003	수원	2	2	0	0	6	0	0
	합계		10	10	1	0	22	2	0
프로통산			10	10	1	0	22	2	0

알리 (Al Hilfi Ali Abbas Mshehid) 호주 1986.08.30

리그	연도	소속	출전	교체	득점	도움	파울	경고	퇴장
클	2016	포항	10	3	1	0	9	2	0
	합계		10	3	1	0	9	2	0
프로통산			10	3	1	0	9	2	0

알리 (Marian Aliuta) 루마니아 1978.02.04

리그	연도	소속	출전	교체	득점	도움	파울	경고	퇴장
BC	2005	전남	0	0	0	0	0	0	0
	합계		0	0	0	0	0	0	0
프로통산			0	0	0	0	0	0	0

알리송 (Alison Barros Moraes) 브라질 1982.06.30

리그	연도	소속	출전	교체	득점	도움	파울	경고	퇴장
BC	2002	울산	10	11	2	3	9	0	0
	2003	울산	7	8	0	0	3	1	0
	2003	대전	19	18	5	2	10	1	0
	2004	대전	24	23	1	1	15	3	0
	2005	대전	18	18	2	0	14	2	0
	합계		78	78	10	6	51	7	0
프로통산			78	78	10	6	51	7	0

알미르 (Jose Almir Barros Neto) 브라질 1985.08.22

리그	연도	소속	출전	교체	득점	도움	파울	경고	퇴장
BC	2008	경남	7	4	1	1	18	1	0
	합계		7	4	1	1	18	1	0
클	2014	울산	2	2	0	0	3	0	0
	합계		2	2	0	0	3	0	0
챌	2013	고양	18	6	6	3	40	3	0
	2014	강원	12	7	3	0	30	2	0
	2015	부천	28	19	1	3	43	2	0
	합계		58	32	10	6	113	7	0
프로통산			67	38	11	7	134	8	0

알미르 (Almir Lopes de Luna) 브라질 1982.05.20

리그	연도	소속	출전	교체	득점	도움	파울	경고	퇴장
BC	2007	울산	36	24	8	6	69	3	0
	2008	울산	17	8	6	2	31	0	0
	2009	울산	29	13	7	2	61	5	0
	2010	포항	25	18	4	4	16	1	0
	2011	인천	5	3	0	0	2	0	0
	합계		112	66	25	14	179	9	0
프로통산			112	66	25	14	179	9	0

알미르 (Almir Kayumov) 러시아 1964.12.30

리그	연도	소속	출전	교체	득점	도움	파울	경고	퇴장
BC	1993	대우	18	3	0	0	35	8	0
	합계		18	3	0	0	35	8	0
프로통산			18	3	0	0	35	8	0

알베스 (Jorge Luiz Alves Justino) 브라질 1982.04.02

리그	연도	소속	출전	교체	득점	도움	파울	경고	퇴장
BC	2009	수원	4	2	0	0	10	1	0
	합계		4	2	0	0	10	1	0
프로통산			4	2	0	0	10	1	0

알파이 (Fehmi Alpay Ozalan) 터키 1973.05.29

리그	연도	소속	출전	교체	득점	도움	파울	경고	퇴장
BC	2004	인천	8	0	0	0	17	2	1
	합계		8	0	0	0	17	2	1
프로통산			8	0	0	0	17	2	1

알핫산 (George Alhassan) 가나 1955.11.11

리그	연도	소속	출전	교체	득점	도움	파울	경고	퇴장
BC	1984	현대	11	4	4	3	2	0	0
	합계		11	4	4	3	2	0	0
프로통산			11	4	4	3	2	0	0

애드깔로스 (Edcarlos Conceicao Santos) 브라질 1985.05.10

리그	연도	소속	출전	교체	득점	도움	파울	경고	퇴장
클	2013	성남일	17	6	0	0	14	2	0
	합계		17	6	0	0	14	2	0
프로통산			17	6	0	0	14	2	0

얀 (Kraus Jan) 체코 1979.08.28

리그	연도	소속	출전	교체	득점	도움	파울	경고	퇴장
BC	2003	대구	28	24	5	1	43	6	0
	합계		28	24	5	1	43	6	0
프로통산			28	24	5	1	43	6	0

양기훈 (梁璂勳) 성균관대 1992.04.09

리그	연도	소속	출전	교체	득점	도움	파울	경고	퇴장
챌	2015	서울E	17	4	0	1	17	4	0
	2016	서울E	1	0	0	0	2	0	0
	합계		18	4	0	1	19	4	0
프로통산			18	4	0	1	19	4	0

양동연 (梁東燕) 경희대 1970.04.30

리그	연도	소속	출전	교체	득점	도움	파울	경고	퇴장
BC	1995	전남	12	7	0	0	9	0	1
	1996	전남	35	5	0	0	54	8	0
	1997	전남	25	2	0	2	48	4	0
	1998	전남	23	9	1	0	52	4	0
	2000	전남	4	4	0	0	1	0	0
	합계		99	27	1	2	164	16	1
프로통산			99	27	1	2	164	16	1

양동원 (梁棟原) 백암고 1987.02.05

리그	연도	소속	출전	교체	실점	도움	파울	경고	퇴장
BC	2005	대전	0	0	0	0	0	0	0
	2006	대전	0	0	0	0	0	0	0
	2007	대전	3	1	1	0	0	0	0
	2008	대전	6	1	10	0	0	1	0
	2009	대전	1	0	3	0	0	0	0
	2010	대전	10	0	21	0	0	1	0
	2011	수원	3	0	4	0	0	0	0
	2012	수원	11	0	13	0	0	1	0
	합계		34	2	52	0	0	3	0
클	2013	수원	3	0	2	0	0	1	0
	2016	상주	14	0	26	0	0	0	0
	합계		17	0	28	0	0	1	0
챌	2014	강원	16	1	26	0	0	0	0
	2015	상주	17	0	29	0	0	1	0
	2016	강원	2	0	1	0	0	0	0
	합계		35	1	56	0	0	1	0
프로통산			86	3	136	0	0	5	0

양동철 (梁東哲) 부경대 1985.08.26

리그	연도	소속	출전	교체	득점	도움	파울	경고	퇴장
BC	2010	전북	3	1	0	0	7	1	0
	합계		3	1	0	0	7	1	0
프로통산			3	1	0	0	7	1	0

양동현 (梁東炫) 동북고 1986.03.28

리그	연도	소속	출전	교체	득점	도움	파울	경고	퇴장
BC	2005	울산	0	0	0	0	0	0	0
	2006	울산	13	13	1	0	19	0	0
	2007	울산	16	13	6	0	31	2	0
	2008	울산	14	13	0	2	18	0	0
	2009	부산	33	18	8	5	38	2	0
	2010	부산	27	23	1	4	16	2	0
	2011	부산	31	25	11	4	30	5	0
	합계		134	105	27	15	152	11	0
클	2013	부산	9	2	3	3	19	2	0
	2014	부산	14	2	4	1	25	2	0
	2014	울산	16	7	5	2	20	3	0
	2015	울산	30	18	8	3	51	2	0
	2016	포항	32	9	13	4	37	6	0
	합계		101	38	33	13	152	15	0
챌	2013	경찰	21	10	11	4	39	3	0
	합계		21	10	11	4	39	3	0
프로통산			256	153	71	32	343	29	0

양동협 (梁棟硤) 관동대 1989.04.25

리그	연도	소속	출전	교체	득점	도움	파울	경고	퇴장
챌	2013	충주	20	14	1	4	21	3	0
	2014	충주	7	6	1	1	14	0	0
	합계		27	20	2	5	35	3	0
프로통산			27	20	2	5	35	3	0

양상민 (梁相珉) 숭실대 1984.02.24

리그	연도	소속	출전	교체	득점	도움	파울	경고	퇴장
BC	2005	전남	29	6	1	5	66	6	0
	2006	전남	26	2	3	2	54	9	0
	2007	전남	2	0	0	0	7	1	0
	2007	수원	31	2	0	5	55	3	0
	2008	수원	22	7	0	2	36	3	1
	2009	수원	18	5	0	0	23	5	1
	2010	수원	23	4	0	3	51	10	0
	2011	수원	24	8	0	1	40	10	0
	2012	수원	29	5	2	3	62	14	0
	합계		204	39	6	21	394	61	2
클	2014	수원	3	2	0	0	3	1	0
	2015	수원	28	11	3	0	16	2	0
	2016	수원	16	6	0	0	17	4	0
	합계		47	19	3	0	36	7	0
챌	2013	경찰	27	1	1	2	46	15	0

리그	연도	소속	출전	교체	득점	도움	파울	경고	퇴장
	2014	안산경	14	1	1	0	30	4	0
	합계		41	2	2	2	76	19	0
프로통산			292	60	11	23	506	87	2

양상준 (梁相俊) 홍익대 1988.11.21

리그	연도	소속	출전	교체	득점	도움	파울	경고	퇴장
BC	2010	경남	4	4	0	0	8	0	0
	합계		4	4	0	0	8	0	0
챌	2014	충주	7	5	0	0	12	0	0
	2015	충주	5	5	0	1	10	0	0
	합계		12	10	0	1	22	0	0
프로통산			16	14	0	1	30	0	0

양세근 (梁世根) 탐라대 1988.10.08

리그	연도	소속	출전	교체	득점	도움	파울	경고	퇴장
BC	2009	제주	7	4	0	0	11	2	0
	2010	제주	3	3	0	0	3	0	0
	합계		10	7	0	0	14	2	0
프로통산			10	7	0	0	14	2	0

양세운 (梁世運) 남부대 1990.12.23

리그	연도	소속	출전	교체	득점	도움	파울	경고	퇴장
챌	2013	광주	1	1	0	0	0	0	0
	2015	충주	0	0	0	0	0	0	0
	2016	충주	1	1	0	0	1	0	0
	합계		2	2	0	0	1	0	0
프로통산			2	2	0	0	1	0	0

양승원 (梁勝源) 대구대 1985.07.15

리그	연도	소속	출전	교체	득점	도움	파울	경고	퇴장
BC	2008	대구	10	5	1	0	14	3	0
	2009	대구	20	3	0	1	33	4	0
	2010	대구	16	5	0	0	26	3	0
	합계		46	13	1	1	73	10	0
클	2013	대구	1	1	0	0	0	0	0
	합계		1	1	0	0	0	0	0
프로통산			47	14	1	1	73	10	0

양영민 (楊泳民) 명지대 1974.07.19

리그	연도	소속	출전	교체	실점	도움	파울	경고	퇴장
BC	1999	천안	0	0	0	0	0	0	0
	2000	성남일	0	0	0	0	0	0	0
	2002	성남일	0	0	0	0	0	0	0
	2003	성남일	0	0	0	0	0	0	0
	2004	성남일	8	2	6	0	1	0	0
	2005	성남일	1	0	1	0	0	0	0
	합계		9	2	7	0	1	0	0
프로통산			9	2	7	0	1	0	0

양익전 (梁益銓) 서울대 1966.03.20

리그	연도	소속	출전	교체	득점	도움	파울	경고	퇴장
BC	1989	유공	2	2	0	0	0	0	0
	합계		2	2	0	0	0	0	0
프로통산			2	2	0	0	0	0	0

양정민 (梁正玟) 부경대 1986.05.21

리그	연도	소속	출전	교체	득점	도움	파울	경고	퇴장
BC	2009	대전	22	6	0	0	64	5	0
	2010	대전	21	4	0	0	55	12	0
	2011	대전	5	3	0	0	10	4	1
	합계		48	13	0	0	129	21	1
프로통산			48	13	0	0	129	21	1

양정민 (梁政民) 대신고 1992.07.22

리그	연도	소속	출전	교체	득점	도움	파울	경고	퇴장
BC	2011	강원	1	1	0	0	0	0	0
	합계		1	1	0	0	0	0	0
프로통산			1	1	0	0	0	0	0

양정원 (梁政元) 단국대 1976.05.22

리그	연도	소속	출전	교체	득점	도움	파울	경고	퇴장
BC	1999	부산	3	3	0	0	1	0	0
	합계		3	3	0	0	1	0	0
프로통산			3	3	0	0	1	0	0

양정환 (梁禎桓) 고려대 1966.07.26

리그	연도	소속	출전	교체	득점	도움	파울	경고	퇴장
BC	1988	럭금	9	8	0	2	6	0	0
	1989	럭금	5	5	0	0	3	0	0
	합계		14	13	0	2	9	0	0
프로통산			14	13	0	2	9	0	0

양종후 (梁鐘厚) 고려대 1974.04.05

리그	연도	소속	출전	교체	득점	도움	파울	경고	퇴장
BC	1998	수원	4	3	0	0	4	1	0
	1999	수원	26	3	1	0	47	5	0
	2000	수원	29	4	3	0	81	11	0
	2001	수원	5	2	0	0	7	2	0
	합계		64	12	4	0	139	19	0
프로통산			64	12	4	0	139	19	0

양준아 (梁準我) 고려대 1989.06.13

리그	연도	소속	출전	교체	득점	도움	파울	경고	퇴장
BC	2010	수원	9	7	0	1	13	3	0
	2011	수원	7	3	2	0	15	2	0
	2011	제주	6	3	1	0	17	3	1
	2012	제주	0	0	0	0	0	0	0
	2012	전남	9	4	0	1	12	2	0
	합계		31	17	3	2	57	10	1
클	2013	제주	2	0	1	0	7	2	0
	2014	상주	30	3	3	1	47	6	1
	2015	제주	31	9	0	0	35	4	0
	2016	전남	17	6	2	0	27	6	0
	합계		80	18	6	1	116	18	1
챌	2013	상주	4	1	0	0	7	1	0
	합계		4	1	0	0	7	1	0
승	2013	상주	2	0	0	0	0	0	0
	합계		2	0	0	0	0	0	0
프로통산			117	36	9	3	180	29	2

양지원 (梁志源) 울산대 1974.04.28

리그	연도	소속	출전	교체	실점	도움	파울	경고	퇴장
BC	1998	울산	15	0	20	0	3	0	0
	1999	울산	16	1	22	0	0	0	0
	2000	울산	4	0	8	0	1	0	1
	2001	울산	21	0	26	0	2	3	0
	2002	울산	0	0	0	0	0	0	0
	합계		56	1	76	0	6	3	1
프로통산			56	1	76	0	6	3	1

양진웅 (梁眞熊) 울산대 1991.01.24

리그	연도	소속	출전	교체	실점	도움	파울	경고	퇴장
챌	2013	부천	7	0	10	0	0	0	0
	2014	부천	4	0	8	0	0	0	0
	합계		11	0	18	0	0	0	0
프로통산			11	0	18	0	0	0	0

양한빈 (梁韓彬) 백암고 1991.08.30

리그	연도	소속	출전	교체	실점	도움	파울	경고	퇴장
BC	2011	강원	0	0	0	0	0	0	0
	2012	강원	1	0	1	0	0	0	0
	합계		1	0	1	0	0	0	0
클	2013	성남일	1	1	1	0	0	0	0
	2014	서울	0	0	0	0	0	0	0
	2015	서울	0	0	0	0	0	0	0
	합계		1	1	1	0	0	0	0
프로통산			2	1	2	0	0	0	0

양현정 (梁鉉正) 단국대 1977.07.25

리그	연도	소속	출전	교체	득점	도움	파울	경고	퇴장
BC	2000	전북	32	23	6	7	27	3	0
	2001	전북	23	20	2	2	22	0	0
	2002	전북	25	24	3	4	36	7	0
	2003	전북	1	1	0	0	1	0	0
	2005	대구	5	5	0	0	7	0	0
	합계		86	73	11	13	93	10	0
프로통산			86	73	11	13	93	10	0

양형모 (梁馨模) 충북대 1991.07.16

리그	연도	소속	출전	교체	실점	도움	파울	경고	퇴장
클	2016	수원	17	1	22	0	0	1	0
	합계		17	1	22	0	0	1	0
프로통산			17	1	22	0	0	1	0

얜 (Yan Song) 중국 1981.03.20

리그	연도	소속	출전	교체	득점	도움	파울	경고	퇴장
BC	2010	제주	0	0	0	0	0	0	0
	합계		0	0	0	0	0	0	0
프로통산			0	0	0	0	0	0	0

어경준 (漁慶俊) 용강중 1987.12.10

리그	연도	소속	출전	교체	득점	도움	파울	경고	퇴장
BC	2009	성남일	11	10	0	0	10	2	0
	2009	서울	1	1	0	0	1	0	0
	2010	서울	1	1	0	0	1	0	0
	2010	대전	16	4	4	1	11	2	0
	2011	서울	9	10	0	0	7	0	0
	합계		38	26	4	1	30	4	0
프로통산			38	26	4	1	30	4	0

엄영식 (嚴泳植) 풍기고 1970.06.23

리그	연도	소속	출전	교체	득점	도움	파울	경고	퇴장
BC	1994	LG	1	1	0	0	0	0	0
	1995	전남	6	6	0	0	3	0	0
	1996	전남	11	6	0	0	8	1	0
	1997	전남	3	3	0	0	2	0	0
	합계		21	16	0	0	13	1	0
프로통산			21	16	0	0	13	1	0

엄진태 (嚴鎭泰) 경희대 1992.03.28

리그	연도	소속	출전	교체	득점	도움	파울	경고	퇴장
챌	2015	충주	15	8	0	1	14	1	0
	2016	충주	21	6	0	0	23	5	0
	합계		36	14	0	1	37	6	0
프로통산			36	14	0	1	37	6	0

에니키 (Henrique Dias de Carvalho) 브라질 1984.05.23

리그	연도	소속	출전	교체	득점	도움	파울	경고	퇴장
BC	2004	대전	15	11	2	2	39	1	0
	2005	대전	14	14	1	0	22	3	0
	합계		29	25	3	2	61	4	0
프로통산			29	25	3	2	61	4	0

에닝요 (Oliveira Junior Enio / ← 에니오) 브라질 1981.05.16

리그	연도	소속	출전	교체	득점	도움	파울	경고	퇴장
BC	2003	수원	21	19	2	2	20	2	1
	2007	대구	28	7	4	8	34	7	0
	2008	대구	27	13	17	8	25	6	1
	2009	전북	28	17	10	12	17	4	1
	2010	전북	33	12	18	10	23	6	0
	2011	전북	26	17	11	5	23	4	0
	2012	전북	38	17	15	13	34	11	0
	합계		201	102	77	58	176	40	3
클	2013	전북	13	11	3	6	10	2	0
	2015	전북	17	14	1	2	9	3	0
	합계		30	25	4	8	19	5	0
프로통산			231	127	81	66	195	45	3

에델 (Eder Luiz Lima da Sousa) 팔레스타인 1987.01.09

리그	연도	소속	출전	교체	득점	도움	파울	경고	퇴장
챌	2015	대구	39	24	10	4	59	3	0
	2016	대구	37	24	6	2	54	4	1
	합계		76	48	16	6	113	7	1
프로통산			76	48	16	6	113	7	1

에델 (Eder Luis Carvalho) 브라질 1984.05.14

리그	연도	소속	출전	교체	득점	도움	파울	경고	퇴장
BC	2011	부산	12	0	1	0	20	1	0
	2012	부산	41	1	0	0	54	10	0
	합계		53	1	1	0	74	11	0
프로통산			53	1	1	0	74	11	0

에두 (Goncalves de Oliveira Eduardo) 브라질 1981.11.30

리그	연도	소속	출전	교체	득점	도움	파울	경고	퇴장
BC	2007	수원	34	15	7	4	71	3	1
	2008	수원	38	8	16	7	57	6	0
	2009	수원	23	7	7	4	40	3	1
	합계		95	30	30	15	168	12	2
클	2015	전북	20	6	11	3	23	3	0
	2016	전북	11	11	1	1	12	2	0
	합계		31	17	12	4	35	5	0
프로통산			126	47	42	19	203	17	2

에듀 (Eduardo J. Salles) 브라질 1977.12.13

리그	연도	소속	출전	교체	득점	도움	파울	경고	퇴장
BC	2004	전북	21	19	4	1	34	2	0
	합계		21	19	4	1	34	2	0
프로통산			21	19	4	1	34	2	0

에듀 (Eduardo Marques de Jesus Passos) 브라질 1976.06.26

리그	연도	소속	출전	교체	득점	도움	파울	경고	퇴장
BC	2006	대구	28	15	3	1	61	5	0
	합계		28	15	3	1	61	5	0
프로통산			28	15	3	1	61	5	0

에드밀손 (Edmilson Dias de Lucena) 포르투갈 1968.05.29

리그	연도	소속	출전	교체	득점	도움	파울	경고	퇴장
BC	2002	전북	27	9	14	3	36	2	0
	2003	전북	39	4	17	14	59	7	1
	2004	전북	1	1	0	0	0	0	0
	2005	전북	3	3	0	0	0	0	0
	합계		70	17	31	17	95	9	1
프로통산			70	17	31	17	95	9	1

에드손 (Edson Rodrigues Farias) 브라질 1992.01.12

리그	연도	소속	출전	교체	득점	도움	파울	경고	퇴장
챌	2016	부천	4	4	0	0	3	0	0
	합계		4	4	0	0	3	0	0
프로통산			4	4	0	0	3	0	0

에드손 (Edson Araujo da Silva) 브라질 1980.07.26

리그	연도	소속	출전	교체	득점	도움	파울	경고	퇴장
BC	2008	대전	10	5	0	1	22	2	0
	합계		10	5	0	1	22	2	0
프로통산			10	5	0	1	22	2	0

에디 (Edmilson Akves) 브라질 1976.02.17

리그	연도	소속	출전	교체	득점	도움	파울	경고	퇴장
BC	2002	울산	19	4	4	0	27	3	0
	2003	울산	22	16	0	0	20	0	0
	합계		41	20	4	0	47	3	0
프로통산			41	20	4	0	47	3	0

에딘 (Edin Junuzovic) 크로아티아 1986.04.28

리그	연도	소속	출전	교체	득점	도움	파울	경고	퇴장
클	2014	경남	15	14	2	0	26	1	0
	합계		15	14	2	0	26	1	0
프로통산			15	14	2	0	26	1	0

에릭 (Eriks Pelcis) 라트비아 1978.06.25

리그	연도	소속	출전	교체	득점	도움	파울	경고	퇴장
BC	1999	안양L	22	15	4	0	32	1	0
	2000	안양L	1	1	0	0	1	0	0
	합계		23	16	4	0	33	1	0
프로통산			23	16	4	0	33	1	0

에릭 (Eric Obinna) 프랑스 1981.06.10

리그	연도	소속	출전	교체	득점	도움	파울	경고	퇴장
BC	2008	대전	18	15	2	0	21	0	0
	합계		18	15	2	0	21	0	0
프로통산			18	15	2	0	21	0	0

에벨찡요 (Heverton duraes coutinho alves) 브라질 1985.10.28

리그	연도	소속	출전	교체	득점	도움	파울	경고	퇴장
BC	2011	성남일	12	5	6	2	22	2	0
	2012	성남일	18	12	1	1	27	5	0
	합계		30	17	7	3	49	7	0
프로통산			30	17	7	3	49	7	0

에벨톤 (Everton Leandro dos Santos Pinto) 브라질 1986.10.14

리그	연도	소속	출전	교체	득점	도움	파울	경고	퇴장
BC	2011	성남일	28	11	5	1	31	3	0
	2012	성남일	36	7	12	2	51	2	0
	합계		64	18	17	3	82	5	0
클	2014	서울	16	7	3	1	22	0	0
	2015	서울	16	14	4	0	4	0	0
	2015	울산	8	8	0	0	4	0	0
	합계		40	29	7	1	30	0	0
프로통산			104	47	24	4	112	5	0

에벨톤 (Everton Nascimento de Mendonca) 브라질 1993.07.03

리그	연도	소속	출전	교체	득점	도움	파울	경고	퇴장
챌	2016	부천	2	2	1	0	0	0	0
	합계		2	2	1	0	0	0	0
프로통산			2	2	1	0	0	0	0

에벨톤C (Everton Cardoso da Silva) 브라질 1988.12.11

리그	연도	소속	출전	교체	득점	도움	파울	경고	퇴장
BC	2012	수원	29	18	7	4	55	6	0
	합계		29	18	7	4	55	6	0
프로통산			29	18	7	4	55	6	0

에스쿠데로 (Sergio Escudero) 일본 1988.09.01

리그	연도	소속	출전	교체	득점	도움	파울	경고	퇴장
BC	2012	서울	20	18	4	3	48	1	0
	합계		20	18	4	3	48	1	0
클	2013	서울	34	23	4	7	56	2	0
	2014	서울	32	20	6	4	42	2	0
	합계		66	43	10	11	98	4	0
프로통산			86	61	14	14	146	5	0

에스테베즈 (Ricardo Felipe dos Santos Esteves) 포르투갈 1979.09.16

리그	연도	소속	출전	교체	득점	도움	파울	경고	퇴장
BC	2010	서울	14	4	4	5	30	4	0
	합계		14	4	4	5	30	4	0
프로통산			14	4	4	5	30	4	0

에스티벤 (Juan Estiven Velez Upegui) 콜롬비아 1982.02.09

리그	연도	소속	출전	교체	득점	도움	파울	경고	퇴장
BC	2010	울산	32	10	1	1	32	2	0
	2011	울산	35	12	0	0	53	6	0
	2012	울산	39	13	0	0	42	3	0
	합계		106	35	1	1	127	11	0
클	2014	제주	12	8	0	0	11	0	0
	합계		12	8	0	0	11	0	0
프로통산			118	43	1	1	138	11	0

엔리끼 (Luciano Henrique de Gouvea) 브라질 1978.10.10

리그	연도	소속	출전	교체	득점	도움	파울	경고	퇴장
BC	2006	포항	29	19	7	6	33	3	0
	합계		29	19	7	6	33	3	0
프로통산			29	19	7	6	33	3	0

엘리아스 (Fernandes de Oliveira Elias) 브라질 1992.05.22

리그	연도	소속	출전	교체	득점	도움	파울	경고	퇴장
클	2015	부산	8	8	0	0	3	1	0
	합계		8	8	0	0	3	1	0
승	2015	부산	0	0	0	0	0	0	0
	합계		0	0	0	0	0	0	0
프로통산			8	8	0	0	3	1	0

엘리오 (Eionar Nascimento Ribeiro) 브라질 1982.06.10

리그	연도	소속	출전	교체	득점	도움	파울	경고	퇴장
BC	2011	인천	6	4	1	0	7	0	0
	합계		6	4	1	0	7	0	0
프로통산			6	4	1	0	7	0	0

엘리치 (Ahmad Elrich) 호주 1981.05.30

리그	연도	소속	출전	교체	득점	도움	파울	경고	퇴장
BC	2004	부산	10	3	1	3	24	4	0
	합계		10	3	1	3	24	4	0
프로통산			10	3	1	3	24	4	0

여름 (呂름) 광주대 1989.06.22

리그	연도	소속	출전	교체	득점	도움	파울	경고	퇴장
클	2015	광주	31	8	1	2	48	6	0
	2016	광주	30	8	2	0	40	5	0
	합계		61	16	3	2	88	11	0
챌	2013	광주	29	22	2	1	50	8	0
	2014	광주	27	11	0	2	46	5	0
	합계		56	33	2	3	96	13	0
승	2014	광주	2	0	0	2	2	0	0
	합계		2	0	0	2	2	0	0
프로통산			119	49	5	7	186	24	0

여명용 (呂明龍) 한양대 1987.06.11

리그	연도	소속	출전	교체	실점	도움	파울	경고	퇴장
챌	2013	고양	23	1	35	0	1	1	0
	2014	고양	20	1	22	0	0	4	0
	2015	고양	22	0	33	0	0	3	0
	합계		65	2	90	0	1	8	0
프로통산			65	2	90	0	1	8	0

여범규 (余範奎) 연세대 1962.06.24

리그	연도	소속	출전	교체	득점	도움	파울	경고	퇴장
BC	1986	대우	27	1	1	5	30	5	0
	1987	대우	27	11	3	0	25	0	0
	1988	대우	12	5	1	0	16	0	0
	1989	대우	38	15	4	3	69	1	0
	1990	대우	10	7	1	0	18	3	0
	1991	대우	16	14	1	0	24	3	0
	1992	대우	11	8	0	0	13	1	0
	합계		141	61	11	8	195	13	0
프로통산			141	61	11	8	195	13	0

여성해 (呂成海) 한양대 1987.08.06

리그	연도	소속	출전	교체	득점	도움	파울	경고	퇴장
클	2014	경남	20	3	1	0	28	3	0
	2016	상주	4	0	0	0	2	0	0
	합계		24	3	1	0	30	3	0
챌	2015	상주	19	2	2	0	27	2	0
	2016	경남	8	0	0	0	12	0	0
	합계		27	2	2	0	39	2	0
승	2014	경남	1	0	0	0	3	1	0
	합계		1	0	0	0	3	1	0
프로통산			52	5	3	0	72	6	0

여승원 (呂承垣) 광운대 1984.05.01

리그	연도	소속	출전	교체	득점	도움	파울	경고	퇴장
BC	2004	인천	9	4	1	0	20	0	0
	2005	인천	4	4	0	0	5	0	0
	2006	광주상	21	16	2	2	32	4	0
	2007	광주상	27	21	2	1	48	4	0
	2008	인천	12	10	0	0	12	2	0
	2010	수원	5	4	0	0	3	0	0
	합계		78	59	5	3	120	10	0
프로통산			78	59	5	3	120	10	0

여인언 (呂仁言) 한남대 1992.04.29

리그	연도	소속	출전	교체	득점	도움	파울	경고	퇴장
클	2016	수원FC	0	0	0	0	0	0	0
	합계		0	0	0	0	0	0	0
프로통산			0	0	0	0	0	0	0

여재항 (余在恒) 서울시립대 1962.06.28

리그	연도	소속	출전	교체	득점	도움	파울	경고	퇴장
BC	1985	상무	2	0	0	0	3	0	0
	합계		2	0	0	0	3	0	0
프로통산			2	0	0	0	3	0	0

여효진 (余孝珍) 고려대 1983.04.25

리그	연도	소속	출전	교체	득점	도움	파울	경고	퇴장
BC	2007	광주상	27	6	2	1	55	7	0
	2008	광주상	4	3	0	0	3	1	0
	2011	서울	9	2	0	1	22	5	0
	2012	부산	0	0	0	0	0	0	0
	합계		40	11	2	2	80	13	0
챌	2013	고양	14	6	0	0	19	2	0
	2014	고양	30	5	1	1	54	12	0
	2015	고양	27	1	0	0	31	6	0
	합계		71	12	1	1	104	20	0
프로통산			111	23	3	3	184	33	0

연재천 (延才千) 울산대 1978.01.17

리그	연도	소속	출전	교체	득점	도움	파울	경고	퇴장
BC	2000	울산	2	1	0	0	3	0	0
	2001	울산	2	1	0	0	3	0	0
	2003	광주상	1	1	0	0	1	0	0
	합계		5	3	0	0	7	0	0
프로통산			5	3	0	0	7	0	0

연제민 (延濟民) 한남대 1993.05.28

리그	연도	소속	출전	교체	득점	도움	파울	경고	퇴장
클	2013	수원	4	4	0	0	2	0	0
	2014	수원	0	0	0	0	0	0	0
	2014	부산	20	0	0	0	28	2	0
	2015	수원	22	7	0	0	23	1	0
	2016	수원	10	5	1	0	10	2	0
	합계		56	16	1	0	63	5	0
프로통산			56	16	1	0	63	5	0

연제운 (延濟運) 선문대 1994.08.28

리그	연도	소속	출전	교체	득점	도움	파울	경고	퇴장
클	2016	성남	16	5	1	0	16	4	0
	합계		16	5	1	0	16	4	0
승	2016	성남	0	0	0	0	0	0	0
	합계		0	0	0	0	0	0	0
프로통산			16	5	1	0	16	4	0

염기훈 (廉基勳) 호남대 1983.03.30

리그	연도	소속	출전	교체	득점	도움	파울	경고	퇴장
BC	2006	전북	31	7	7	5	37	1	0
	2007	전북	18	3	5	3	23	1	0
	2007	울산	3	3	1	0	1	0	0
	2008	울산	19	11	5	1	11	0	0
	2009	울산	20	10	3	3	24	0	0
	2010	수원	19	4	1	10	23	0	0
	2011	수원	29	11	9	14	24	0	0
	합계		139	49	31	36	143	2	0
클	2013	수원	9	1	1	1	8	0	0
	2014	수원	35	5	4	8	15	1	0
	2015	수원	35	4	8	17	26	1	0
	2016	수원	34	10	4	15	21	1	0
	합계		113	20	17	41	70	3	0
챌	2013	경찰	21	1	7	11	14	1	0
	합계		21	1	7	11	14	1	0
프로통산			273	70	55	88	227	6	0

염동균 (廉東均) 강릉상고 1983.09.06

리그	연도	소속	출전	교체	**실점**	도움	파울	경고	퇴장
BC	2002	전남	1	1	0	0	0	0	0
	2003	전남	0	0	0	0	0	0	0
	2005	광주상	9	0	15	0	1	2	0
	2006	전남	25	0	18	0	1	2	0
	2007	전남	27	0	29	0	0	0	0
	2008	전남	26	1	41	0	0	2	0
	2009	전남	24	0	35	0	1	1	0
	2010	전남	24	1	44	0	0	2	0
	2011	전북	14	0	17	0	0	0	0
	합계		150	3	199	0	3	9	0
프로통산			150	3	199	0	3	9	0

염유신 (廉裕申) 선문대 1992.08.10

리그	연도	소속	출전	교체	득점	도움	파울	경고	퇴장
클	2014	성남	0	0	0	0	0	0	0
	합계		0	0	0	0	0	0	0
프로통산			0	0	0	0	0	0	0

염호덕 (廉皓德 / → 염강륜) 연세대 1992.04.13

리그	연도	소속	출전	교체	득점	도움	파울	경고	퇴장
챌	2013	안양	1	1	0	0	0	0	0
	합계		1	1	0	0	0	0	0
프로통산			1	1	0	0	0	0	0

옐라 (Josko Jelicic) 크로아티아 1971.01.05

리그	연도	소속	출전	교체	득점	도움	파울	경고	퇴장
BC	2002	포항	5	4	0	0	3	0	0
	합계		5	4	0	0	3	0	0
프로통산			5	4	0	0	3	0	0

오경석 (吳敬錫) 동아대 1973.02.24

리그	연도	소속	출전	교체	득점	도움	파울	경고	퇴장
BC	1995	전남	22	15	4	0	15	2	0
	1996	전남	15	12	2	0	8	2	0
	1996	부천S	2	3	0	1	2	0	0
	1997	부천S	16	15	2	0	12	1	0
	합계		55	45	8	1	37	5	0
프로통산			55	45	8	1	37	5	0

오광진 (吳光珍) 울산대 1987.06.04

리그	연도	소속	출전	교체	득점	도움	파울	경고	퇴장
챌	2013	수원FC	20	6	0	0	23	2	0
	2014	수원FC	2	1	0	0	3	0	0
	2015	수원FC	22	8	0	2	26	2	0
	2016	대구	7	6	0	0	4	0	0
	합계		51	21	0	2	56	4	0
승	2015	수원FC	0	0	0	0	0	0	0
	합계		0	0	0	0	0	0	0
프로통산			51	21	0	2	56	4	0

오광훈 (吳侊勳) 단국대 1973.12.12

리그	연도	소속	출전	교체	득점	도움	파울	경고	퇴장
BC	1999	전북	31	23	3	0	20	0	0
	2000	전북	14	13	1	0	9	1	0
	2001	전북	4	4	0	0	5	1	0
	합계		49	40	4	0	34	2	0
프로통산			49	40	4	0	34	2	0

오군지미 (Marvin Ogunjimi) 벨기에 1987.10.12

리그	연도	소속	출전	교체	득점	도움	파울	경고	퇴장
클	2016	수원FC	10	8	3	0	8	3	0
	합계		10	8	3	0	8	3	0
프로통산			10	8	3	0	8	3	0

오규빈 (吳圭彬) 가톨릭관동대 1992.09.04

리그	연도	소속	출전	교체	득점	도움	파울	경고	퇴장
챌	2015	서울E	0	0	0	0	0	0	0
	2016	충주	21	4	1	0	20	5	0
	합계		21	4	1	0	20	5	0
프로통산			21	4	1	0	20	5	0

오규찬 (吳圭贊) 수원공고 1982.08.28

리그	연도	소속	출전	교체	득점	도움	파울	경고	퇴장
BC	2001	수원	3	3	0	0	1	0	0
	2003	수원	6	6	1	0	8	0	0
	합계		9	9	1	0	9	0	0
프로통산			9	9	1	0	9	0	0

오기재 (吳起在) 영남대 1983.09.26

리그	연도	소속	출전	교체	득점	도움	파울	경고	퇴장
챌	2013	고양	32	9	3	2	47	2	0
	2014	고양	22	12	0	1	29	5	0
	2015	고양	37	8	4	2	47	6	0
	2016	고양	23	1	0	1	31	6	0
	합계		114	30	7	6	154	19	0
프로통산			114	30	7	6	154	19	0

오까야마 (Okayama Kazunari, 岡山一成) 일본 1978.04.24

리그	연도	소속	출전	교체	득점	도움	파울	경고	퇴장
BC	2009	포항	9	5	1	0	11	2	0
	2010	포항	8	2	0	0	10	1	0
	합계		17	7	1	0	21	3	0
프로통산			17	7	1	0	21	3	0

오도현 (吳到炫) 금호고 1994.12.06

리그	연도	소속	출전	교체	득점	도움	파울	경고	퇴장
클	2015	광주	23	22	0	0	17	1	0
	2016	광주	13	12	2	0	2	0	0
	합계		36	34	2	0	19	1	0
챌	2013	광주	13	7	0	0	22	2	0
	2014	광주	20	15	0	0	26	3	0
	합계		33	22	0	0	48	5	0
승	2014	광주	2	2	0	0	1	0	0
	합계		2	2	0	0	1	0	0
프로통산			71	58	2	0	68	6	0

오동천 (吳東天) 영남상고 1966.01.20

리그	연도	소속	출전	교체	득점	도움	파울	경고	퇴장
BC	1989	일화	27	13	1	2	26	1	0
	1990	일화	25	10	0	1	27	1	0
	1991	일화	37	14	6	6	49	4	0
	1992	일화	33	19	3	2	37	6	0
	1993	일화	30	19	4	3	35	1	1
	1994	일화	24	18	2	0	21	1	0
	1995	전북	28	15	1	2	28	2	0
	1996	전북	23	20	3	1	12	0	0
	합계		227	128	20	17	235	16	1
프로통산			227	128	20	17	235	16	1

오르샤 (Mislav Orsic) 크로아티아 1992.12.29

리그	연도	소속	출전	교체	득점	도움	파울	경고	퇴장
클	2015	전남	33	17	9	7	29	4	0
	2016	전남	16	3	5	4	12	1	0
	합계		49	20	14	11	41	5	0
프로통산			49	20	14	11	41	5	0

오르시니 (Nicolas Orsini) 아르헨티나 1994.09.12

리그	연도	소속	출전	교체	득점	도움	파울	경고	퇴장
챌	2016	안양	7	3	1	0	11	1	0
	합계		7	3	1	0	11	1	0
프로통산			7	3	1	0	11	1	0

오르티고사 (Jose Maria Ortigoza Ortiz) 파라과이 1987.04.01

리그	연도	소속	출전	교체	득점	도움	파울	경고	퇴장
BC	2010	울산	27	13	17	3	65	5	0
	합계		27	13	17	3	65	5	0
프로통산			27	13	17	3	65	5	0

오명관 (吳明官) 한양대 1974.04.29

리그	연도	소속	출전	교체	득점	도움	파울	경고	퇴장
BC	1997	안양L	24	9	0	0	42	5	0
	1998	안양L	10	6	0	1	17	1	1
	1998	포항	3	2	0	1	8	1	0
	1999	포항	14	5	0	0	18	2	0
	2000	포항	18	8	0	0	13	2	1
	2001	포항	24	3	0	0	42	3	0
	2002	포항	1	2	0	0	0	0	0
	2003	부천S	11	2	0	0	20	2	0
	2004	부천S	1	1	0	0	1	0	0
	합계		106	38	0	2	161	16	2
프로통산			106	38	0	2	161	16	2

오민엽 (吳民曄) 명지대 1990.06.23

리그	연도	소속	출전	교체	득점	도움	파울	경고	퇴장
챌	2013	충주	3	1	0	0	1	0	0
	합계		3	1	0	0	1	0	0
프로통산			3	1	0	0	1	0	0

오반석 (吳反錫) 건국대 1988.05.20

리그	연도	소속	출전	교체	득점	도움	파울	경고	퇴장
BC	2012	제주	25	5	1	0	32	6	0
	합계		25	5	1	0	32	6	0
클	2013	제주	30	3	1	0	48	8	0

리그	연도	소속	출전	교체	득점	도움	파울	경고	퇴장
	2014	제주	36	4	0	1	40	4	0
	2015	제주	34	2	1	0	32	4	1
	2016	제주	16	2	1	0	16	0	0
	합계		116	11	3	1	136	16	1
프로통산			141	16	4	1	168	22	1

오범석 (吳範錫) 포철공고 1984.07.29

리그	연도	소속	출전	교체	득점	도움	파울	경고	퇴장
BC	2003	포항	1	1	0	0	1	0	0
	2004	포항	25	7	1	0	49	3	0
	2005	포항	33	2	2	0	78	7	0
	2006	포항	33	7	2	2	128	10	0
	2007	포항	16	8	0	0	42	6	0
	2009	울산	14	1	0	0	37	2	0
	2010	울산	21	3	4	2	33	5	0
	2011	수원	29	3	0	1	66	6	0
	2012	수원	39	1	0	1	101	11	0
	합계		211	33	9	6	535	50	0
클	2014	수원	11	0	0	0	17	2	0
	2015	수원	29	5	1	1	53	9	0
	합계		40	5	1	1	70	11	0
챌	2013	경찰	23	3	2	2	69	10	0
	2014	안산경	16	1	2	0	36	9	0
	합계		39	4	4	2	105	19	0
프로통산			290	42	14	9	710	80	0

오베라 (Jobson Leandro Pereira de Oliv) 브라질 1988.02.15

리그	연도	소속	출전	교체	득점	도움	파울	경고	퇴장
BC	2009	제주	23	9	7	4	46	3	0
	합계		23	9	7	4	46	3	0
프로통산			23	9	7	4	46	3	0

오병민 (吳秉旻) 선문대 1988.06.28

리그	연도	소속	출전	교체	득점	도움	파울	경고	퇴장
BC	2012	경남	0	0	0	0	0	0	0
	합계		0	0	0	0	0	0	0
프로통산			0	0	0	0	0	0	0

오봉진 (吳鳳鎭) 유성생명과학고 1989.06.30

리그	연도	소속	출전	교체	득점	도움	파울	경고	퇴장
BC	2008	제주	0	0	0	0	0	0	0
	2009	제주	4	2	1	0	15	1	0
	2011	상주	2	1	0	0	3	0	0
	2012	상주	0	0	0	0	0	0	0
	합계		6	3	1	0	18	1	0
클	2013	대전	1	1	0	0	0	0	0
	합계		1	1	0	0	0	0	0
프로통산			7	4	1	0	18	1	0

오봉철 (吳奉哲) 건국대 1966.12.17

리그	연도	소속	출전	교체	득점	도움	파울	경고	퇴장
BC	1989	현대	25	8	0	2	27	2	0
	1991	현대	3	2	0	0	3	0	0
	합계		28	10	0	2	30	2	0
프로통산			28	10	0	2	30	2	0

오비나 (Obinna John Nkedoi) 나이지리아 1980.06.03

리그	연도	소속	출전	교체	득점	도움	파울	경고	퇴장
BC	2002	대전	2	2	0	0	2	0	0
	합계		2	2	0	0	2	0	0
프로통산			2	2	0	0	2	0	0

오상헌 (吳尙憲) 문성대 1994.08.31

리그	연도	소속	출전	교체	득점	도움	파울	경고	퇴장
챌	2016	경남	0	0	0	0	0	0	0
	합계		0	0	0	0	0	0	0
프로통산			0	0	0	0	0	0	0

오석재 (吳錫載) 건국대 1958.10.13

리그	연도	소속	출전	교체	득점	도움	파울	경고	퇴장
BC	1983	할렐	16	2	6	2	19	0	0
	1984	할렐	22	5	9	3	24	0	0
	1985	할렐	17	4	3	1	35	3	0
	합계		55	11	18	6	78	3	0
프로통산			55	11	18	6	78	3	0

오세종 (吳世宗) 경기대 1976.03.09

리그	연도	소속	출전	교체	득점	도움	파울	경고	퇴장
BC	1999	대전	1	1	0	0	0	0	0
	합계		1	1	0	0	0	0	0
프로통산			1	1	0	0	0	0	0

오셀리 (Adnan Ocelli) 알바니아 1966.03.06

리그	연도	소속	출전	교체	득점	도움	파울	경고	퇴장
BC	1996	수원	0	0	0	0	0	0	0
	합계		0	0	0	0	0	0	0
프로통산			0	0	0	0	0	0	0

오스마르 (Osmar Barba Ibañez) 스페인 1988.06.05

리그	연도	소속	출전	교체	득점	도움	파울	경고	퇴장
클	2014	서울	34	3	2	1	33	5	0
	2015	서울	38	0	3	1	42	2	0
	2016	서울	37	1	4	3	31	6	0
	합계		109	4	9	5	106	13	0
프로통산			109	4	9	5	106	13	0

오승범 (吳承範) 오현고 1981.02.26

리그	연도	소속	출전	교체	득점	도움	파울	경고	퇴장
BC	1999	천안	0	0	0	0	0	0	0
	2003	광주상	40	4	2	1	73	3	0
	2004	성남일	14	7	0	0	26	1	0
	2005	포항	29	19	2	0	28	4	0
	2006	포항	34	20	2	0	40	0	0
	2007	포항	35	20	1	0	40	3	0
	2008	제주	24	15	1	1	29	2	0
	2009	제주	29	6	1	2	51	2	0
	2010	제주	32	18	1	2	45	6	0
	2011	제주	29	1	0	4	55	5	0
	2012	제주	37	22	0	3	32	2	0
	합계		303	132	10	13	419	28	0
클	2013	제주	31	12	0	1	24	2	0
	2014	제주	15	12	0	0	12	0	0
	합계		46	24	0	1	36	2	0
챌	2015	충주	37	6	3	4	44	6	0
	2016	강원	36	4	1	1	37	3	0
	합계		73	10	4	5	81	9	0
승	2016	강원	2	0	0	0	4	1	0
	합계		2	0	0	0	4	1	0
프로통산			424	166	14	19	540	40	0

오승인 (吳承仁) 광운대 1965.12.20

리그	연도	소속	출전	교체	득점	도움	파울	경고	퇴장
BC	1988	포철	1	1	0	0	0	0	0
	1991	유공	4	4	0	0	8	0	0
	1992	유공	27	18	2	0	14	1	0
	1993	유공	14	5	0	0	11	1	0
	1994	유공	15	3	0	0	13	1	0
	합계		61	31	2	0	46	3	0
프로통산			61	31	2	0	46	3	0

오승혁 (吳昇爀) 중앙대 1961.02.08

리그	연도	소속	출전	교체	득점	도움	파울	경고	퇴장
BC	1985	상무	4	1	0	0	1	0	0
	합계		4	1	0	0	1	0	0
프로통산			4	1	0	0	1	0	0

오승훈 (吳承訓) 호남대 1988.06.30

리그	연도	소속	출전	교체	실점	도움	파울	경고	퇴장
클	2015	대전	16	0	31	0	2	1	0
	2016	상주	18	0	30	0	1	2	0
	합계		34	0	61	0	3	3	0
프로통산			34	0	61	0	3	3	0

오연교 (吳連敎) 한양대 1960.05.25

리그	연도	소속	출전	교체	실점	도움	파울	경고	퇴장
BC	1983	유공	9	0	10	0	0	0	0
	1984	유공	28	0	22	0	1	0	0
	1985	유공	5	0	5	0	0	0	0
	1986	유공	3	0	3	0	0	0	0
	1987	유공	3	1	8	0	0	0	0
	1988	현대	17	0	12	0	0	0	0
	1989	현대	13	1	13	0	1	1	0
	1990	현대	19	0	24	1	1	0	0
	합계		97	2	97	1	3	1	0
프로통산			97	2	97	1	3	1	0

오영섭 (吳榮燮) 전남대 1962.05.12

리그	연도	소속	출전	교체	득점	도움	파울	경고	퇴장
BC	1984	국민	17	7	1	6	15	0	0
	합계		17	7	1	6	15	0	0
프로통산			17	7	1	6	15	0	0

오영준 (吳泳俊) 광양제철고 1993.01.16

리그	연도	소속	출전	교체	득점	도움	파울	경고	퇴장
클	2015	전남	4	3	0	0	0	0	0
	2016	전남	1	1	0	0	0	0	0
	합계		5	4	0	0	0	0	0
프로통산			5	4	0	0	0	0	0

오원종 (吳源鍾) 연세대 1983.06.17

리그	연도	소속	출전	교체	득점	도움	파울	경고	퇴장
BC	2006	경남	8	6	0	0	9	0	0
	2009	강원	19	19	4	1	7	0	0
	2010	강원	9	8	0	1	4	1	0
	2011	상주	5	4	0	0	1	1	0
	합계		41	37	4	2	21	2	0
프로통산			41	37	4	2	21	2	0

오유진 (吳柳珍) 국민대 1970.07.30

리그	연도	소속	출전	교체	득점	도움	파울	경고	퇴장
BC	1994	버팔로	4	4	0	0	4	0	0
	합계		4	4	0	0	4	0	0
프로통산			4	4	0	0	4	0	0

오윤기 (吳潤基) 전주대학원 1971.04.13

리그	연도	소속	출전	교체	득점	도움	파울	경고	퇴장
BC	1998	수원	1	1	0	0	1	0	0
	1999	수원	1	1	0	0	1	0	0
	합계		2	2	0	0	2	0	0
프로통산			2	2	0	0	2	0	0

오인환 (吳仁煥) 홍익대 1976.11.30

리그	연도	소속	출전	교체	득점	도움	파울	경고	퇴장
BC	1999	포항	3	2	0	0	2	0	0
	합계		3	2	0	0	2	0	0
프로통산			3	2	0	0	2	0	0

오장은 (吳章銀) 조천중 1985.07.24

리그	연도	소속	출전	교체	득점	도움	파울	경고	퇴장
BC	2005	대구	23	13	3	2	40	1	0
	2006	대구	32	9	6	2	51	3	0
	2007	울산	24	9	0	1	45	5	0
	2008	울산	33	3	2	1	66	5	0
	2009	울산	28	4	4	6	57	5	0
	2010	울산	33	3	2	3	74	4	0
	2011	수원	30	5	4	2	48	2	0
	2012	수원	26	5	1	0	40	5	0
	합계		229	51	22	17	421	30	0
클	2013	수원	34	6	1	4	60	6	0
	2014	수원	12	2	0	0	16	2	0
	2016	수원	7	5	1	0	11	1	0
	합계		53	13	2	4	87	9	0
프로통산			282	64	24	21	508	39	0

오재석 (吳宰碩) 경희대 1990.01.04

리그	연도	소속	출전	교체	득점	도움	파울	경고	퇴장
BC	2010	수원	7	5	0	0	10	1	0
	2011	강원	24	1	1	1	41	5	0
	2012	강원	31	4	2	3	43	3	0
	합계		62	10	3	4	94	9	0
프로통산			62	10	3	4	94	9	0

오재혁 (吳宰赫) 건동대 1989.02.20

리그	연도	소속	출전	교체	득점	도움	파울	경고	퇴장
챌	2013	부천	8	3	0	0	13	1	0
	합계		8	3	0	0	13	1	0
프로통산			8	3	0	0	13	1	0

오정석 (吳政錫) 아주대 1978.09.05

리그	연도	소속	출전	교체	득점	도움	파울	경고	퇴장
BC	2001	부산	6	6	1	0	4	1	0
	2002	부산	5	5	0	0	4	1	0
	2003	부산	1	1	0	0	2	0	0
	2004	광주상	1	1	0	0	0	0	0
	2005	광주상	3	3	0	0	1	0	0
	합계		16	16	1	0	11	2	0
프로통산			16	16	1	0	11	2	0

오종철 (吳宗哲) 한양대 1988.08.21

리그	연도	소속	출전	교체	득점	도움	파울	경고	퇴장
BC	2012	전북	0	0	0	0	0	0	0
	합계		0	0	0	0	0	0	0
챌	2013	충주	3	1	0	0	2	2	0
	합계		3	1	0	0	2	2	0
프로통산			3	1	0	0	2	2	0

오주포 (吳柱捕) 건국대 1973.06.21

리그	연도	소속	출전	교체	득점	도움	파울	경고	퇴장
BC	1995	일화	6	5	0	0	11	3	0
	1996	천안	1	1	0	0	1	0	0
	1998	전남	8	5	0	0	19	4	0
	1999	전남	6	3	0	0	9	0	0
	2000	전남	7	5	0	0	8	1	0
	2003	대구	16	12	1	1	25	3	0
	2004	대구	3	2	0	0	6	1	0
	2006	대구	2	2	0	0	3	0	0
	합계		49	35	1	1	82	12	0
프로통산			49	35	1	1	82	12	0

오주현 (吳周炫) 고려대 1987.04.02

리그	연도	소속	출전	교체	득점	도움	파울	경고	퇴장
BC	2010	대구	19	6	0	2	32	5	1
	2011	대구	4	0	0	0	4	2	0
	합계		23	6	0	2	36	7	1
클	2013	제주	18	3	0	0	32	4	0
	합계		18	3	0	0	32	4	0
프로통산			41	9	0	2	68	11	1

오주호 (吳周昊) 동아대 1992.04.02

리그	연도	소속	출전	교체	득점	도움	파울	경고	퇴장
챌	2015	고양	7	2	0	0	11	0	0
	합계		7	2	0	0	11	0	0
프로통산			7	2	0	0	11	0	0

오창식 (吳昶食) 건국대 1984.03.27

리그	연도	소속	출전	교체	득점	도움	파울	경고	퇴장
BC	2007	울산	1	0	0	0	3	0	0
	2008	울산	14	0	0	0	20	3	0
	2009	울산	4	1	0	0	1	0	0
	2010	광주상	2	0	0	0	5	0	0
	2011	상주	3	1	0	0	2	1	0
	합계		24	2	0	0	31	4	0
프로통산			24	2	0	0	31	4	0

오창현 (吳昌炫) 단국대 1993.03.02

리그	연도	소속	출전	교체	득점	도움	파울	경고	퇴장
클	2016	포항	15	15	2	2	5	1	0
	합계		15	15	2	2	5	1	0
프로통산			15	15	2	2	5	1	0

오창현 (吳昌炫) 단국대 1989.05.04

리그	연도	소속	출전	교체	득점	도움	파울	경고	퇴장
챌	2015	서울E	3	3	0	0	2	0	0
	2016	대전	27	5	0	0	31	4	0
	합계		30	8	0	0	33	4	0
프로통산			30	8	0	0	33	4	0

오철석 (吳哲錫) 연세대 1982.03.23

리그	연도	소속	출전	교체	득점	도움	파울	경고	퇴장
BC	2005	부산	0	0	0	0	0	0	0
	2006	부산	20	17	1	3	31	2	0
	2008	부산	6	6	0	0	10	0	0
	2009	부산	14	14	0	0	21	1	0
	합계		40	37	1	3	62	3	0
프로통산			40	37	1	3	62	3	0

오태동 (吳太東) 전주대 1972.07.14

리그	연도	소속	출전	교체	득점	도움	파울	경고	퇴장
BC	1995	전남	0	0	0	0	0	0	0
	합계		0	0	0	0	0	0	0
프로통산			0	0	0	0	0	0	0

오필환 (吳必煥) 청주상고 1958.11.12

리그	연도	소속	출전	교체	득점	도움	파울	경고	퇴장
BC	1983	할렐	12	9	2	1	5	0	0
	1984	할렐	13	11	1	0	6	0	0
	1985	할렐	9	5	2	0	7	0	0
	합계		34	25	5	1	18	0	0
프로통산			34	25	5	1	18	0	0

오혁진 (吳赫鎭) 조선대 1994.01.21

리그	연도	소속	출전	교체	득점	도움	파울	경고	퇴장
챌	2016	대전	0	0	0	0	0	0	0
	합계		0	0	0	0	0	0	0
프로통산			0	0	0	0	0	0	0

온병훈 (溫炳勳) 숭실대 1985.08.07

리그	연도	소속	출전	교체	득점	도움	파울	경고	퇴장
BC	2006	포항	1	1	0	0	0	0	0
	2007	포항	1	1	0	0	4	1	0
	2008	전북	9	9	2	0	11	1	0
	2009	전북	3	3	0	0	1	0	0
	2010	대구	28	18	4	2	30	5	0
	2011	대구	13	8	0	1	17	1	0
	합계		55	40	6	3	63	8	0
클	2013	대구	2	2	0	0	3	1	0
	합계		2	2	0	0	3	1	0
프로통산			57	42	6	3	66	9	0

올레그 (Oleg Elyshev) 러시아 1971.05.30

리그	연도	소속	출전	교체	득점	도움	파울	경고	퇴장
BC	1997	안양L	18	2	2	6	31	5	1
	1998	안양L	34	9	7	4	53	5	0
	1999	안양L	31	14	5	5	43	5	0
	합계		83	25	14	15	127	15	1
프로통산			83	25	14	15	127	15	1

올리 (Aurelian Cosmi Olaroiu) 루마니아 1969.06.10

리그	연도	소속	출전	교체	득점	도움	파울	경고	퇴장
BC	1997	수원	32	4	5	0	61	9	0
	1998	수원	25	11	0	1	55	6	1
	1999	수원	30	0	2	0	76	11	1
	2000	수원	11	3	0	1	15	3	0
	합계		98	18	7	2	207	29	2
프로통산			98	18	7	2	207	29	2

올리베 (Alcir de Oliveira Fonseca) 브라질 1977.11.14

리그	연도	소속	출전	교체	득점	도움	파울	경고	퇴장
BC	2002	성남일	18	18	0	2	38	5	0
	합계		18	18	0	2	38	5	0
프로통산			18	18	0	2	38	5	0

올리베라 (Juan Manuel Olivera Lopez) 우루과이 1981.08.14

리그	연도	소속	출전	교체	득점	도움	파울	경고	퇴장
BC	2006	수원	15	12	5	0	25	1	0
	합계		15	12	5	0	25	1	0
프로통산			15	12	5	0	25	1	0

옹동균 (邕東均) 건국대 1991.11.23

리그	연도	소속	출전	교체	득점	도움	파울	경고	퇴장
클	2015	전북	1	1	0	0	1	0	0
	합계		1	1	0	0	1	0	0
챌	2016	충주	2	2	0	0	1	0	0
	합계		2	2	0	0	1	0	0
프로통산			3	3	0	0	2	0	0

와다 (Wada Tomoki) 일본 1994.10.30

리그	연도	소속	출전	교체	득점	도움	파울	경고	퇴장
클	2015	인천	3	3	1	0	0	0	0
	2016	광주	5	4	0	0	1	0	0
	합계		8	7	1	0	1	0	0
프로통산			8	7	1	0	1	0	0

완델손 (Carvalho Oliveira Wanderson) 브라질 1989.03.31

리그	연도	소속	출전	교체	득점	도움	파울	경고	퇴장
클	2015	대전	15	2	6	1	25	2	0
	2016	제주	14	10	4	3	18	0	0
	합계		29	12	10	4	43	2	0
챌	2016	대전	18	5	5	2	24	3	0
	합계		18	5	5	2	24	3	0
프로통산			47	17	15	6	67	5	0

완호우량 (Wan Houliang) 중국 1986.02.25

리그	연도	소속	출전	교체	득점	도움	파울	경고	퇴장
BC	2009	전북	4	1	0	0	18	3	0
	합계		4	1	0	0	18	3	0
프로통산			4	1	0	0	18	3	0

왕선재 (王善財) 연세대 1959.03.16

리그	연도	소속	출전	교체	득점	도움	파울	경고	퇴장
BC	1984	한일	27	6	7	8	20	0	0
	1985	럭금	14	6	1	5	9	0	0
	1986	럭금	7	6	0	2	5	0	0
	1987	포철	2	2	0	0	4	0	0
	1988	포철	1	1	0	0	2	0	0
	1988	현대	5	5	0	0	4	0	1
	1989	현대	18	16	0	1	13	2	0
	합계		74	42	8	16	57	2	1
프로통산			74	42	8	16	57	2	1

왕정현 (王淨鉉) 배재대 1976.08.30

리그	연도	소속	출전	교체	득점	도움	파울	경고	퇴장
BC	1999	안양L	13	13	0	2	16	0	0
	2000	안양L	25	21	9	2	32	2	0
	2001	안양L	18	16	0	0	22	1	0
	2002	안양L	25	8	1	2	28	3	0
	2003	안양L	24	6	1	1	27	1	0
	2004	서울	14	14	2	0	11	2	0
	2005	전북	24	19	3	2	26	1	0
	2006	전북	23	7	0	1	24	3	0
	합계		166	104	16	10	186	13	0
프로통산			166	104	16	10	186	13	0

외슬 (Wesley Braz de Almeida) 브라질 1981.05.07

리그	연도	소속	출전	교체	득점	도움	파울	경고	퇴장
BC	2011	대전	2	2	0	0	1	1	0
	합계		2	2	0	0	1	1	0
프로통산			2	2	0	0	1	1	0

요니치 (Matej Jonjic) 크로아티아 1991.01.29

리그	연도	소속	출전	교체	득점	도움	파울	경고	퇴장
클	2015	인천	37	0	0	0	23	4	0
	2016	인천	34	0	0	0	24	6	0
	합계		71	0	0	0	47	10	0
프로통산			71	0	0	0	47	10	0

요반치치 (Jovancic) 세르비아 1987.05.31

리그	연도	소속	출전	교체	득점	도움	파울	경고	퇴장
BC	2012	성남일	16	11	3	0	26	5	0
	합계		16	11	3	0	26	5	0
프로통산			16	11	3	0	26	5	0

요한 (Jovan Sarcevic) 유고슬라비아 1966.01.07

리그	연도	소속	출전	교체	득점	도움	파울	경고	퇴장
BC	1994	LG	11	2	1	0	22	3	0
	1995	LG	24	4	0	1	43	2	1
	합계		35	6	1	1	65	5	1
프로통산			35	6	1	1	65	5	1

용재현 (龍齋弦 / ← 용현진) 건국대 1988.07.19

리그	연도	소속	출전	교체	득점	도움	파울	경고	퇴장
BC	2010	성남일	7	1	0	1	20	4	0
	2011	성남일	16	7	0	0	23	4	0
	2012	상주	12	2	0	0	29	4	0
	합계		35	10	0	1	72	12	0
클	2014	인천	24	3	0	0	33	6	0
	2015	인천	5	1	0	0	3	3	0
	합계		29	4	0	0	36	9	0
챌	2013	상주	1	1	0	0	0	0	0
	2016	부산	30	0	1	1	38	10	0
	합계		31	1	1	1	38	10	0
프로통산			95	15	1	2	146	31	0

우르모브 (Zoran Urumov) 유고슬라비아 1977.08.30

리그	연도	소속	출전	교체	득점	도움	파울	경고	퇴장
BC	1999	부산	12	8	1	0	20	4	0
	2000	부산	21	13	3	2	31	7	0
	2001	부산	33	12	3	11	46	11	0
	2002	부산	25	9	3	3	24	4	1
	2003	부산	14	7	7	1	8	2	1
	2003	수원	8	8	1	0	6	0	0
	2004	수원	21	20	1	3	15	2	0
	합계		134	77	19	20	150	30	2
프로통산			134	77	19	20	150	30	2

우르코 베라 (Vera Mateos Urko) 스페인 1987.05.14

리그	연도	소속	출전	교체	득점	도움	파울	경고	퇴장
클	2015	전북	6	6	0	0	7	0	0
	합계		6	6	0	0	7	0	0
프로통산			6	6	0	0	7	0	0

우상호 (禹相皓) 일본 메이카이대 1992.12.07

리그	연도	소속	출전	교체	득점	도움	파울	경고	퇴장
챌	2016	대구	17	5	1	0	30	4	0
	합계		17	5	1	0	30	4	0
프로통산			17	5	1	0	30	4	0

우성문 (禹成汶) 경희대 1975.10.19

리그	연도	소속	출전	교체	득점	도움	파울	경고	퇴장
BC	1998	부산	28	19	1	1	50	2	1
	1999	부산	30	11	1	0	34	4	0
	2000	성남일	38	9	2	5	62	3	0
	2005	부산	3	1	0	0	4	0	0
	합계		99	40	4	6	150	9	1
프로통산			99	40	4	6	150	9	1

우성용 (禹成用) 아주대 1973.08.18

리그	연도	소속	출전	교체	득점	도움	파울	경고	퇴장
BC	1996	부산	31	21	4	2	34	2	0
	1997	부산	30	13	2	1	37	3	0
	1998	부산	25	20	4	3	41	2	0
	1999	부산	38	24	9	2	52	4	0
	2000	부산	34	10	6	3	51	3	0
	2001	부산	33	8	16	3	37	1	0
	2002	부산	26	4	13	3	31	3	0
	2003	포항	40	3	15	8	78	4	0
	2004	포항	27	2	10	0	50	4	0
	2005	성남일	30	21	3	2	60	0	0
	2006	성남일	41	17	19	5	72	3	0
	2007	울산	35	15	9	8	55	5	0
	2008	울산	31	26	5	3	30	6	0
	2009	인천	18	16	1	0	15	1	0
	합계		439	200	116	43	643	41	0
프로통산			439	200	116	43	643	41	0

우승제 (禹承濟) 배재대 1982.10.23

리그	연도	소속	출전	교체	득점	도움	파울	경고	퇴장
BC	2005	대전	6	3	0	0	6	0	0
	2006	대전	12	12	0	0	14	1	0
	2007	대전	20	17	1	2	26	3	0
	2008	대전	25	6	0	0	32	5	0
	2009	대전	28	10	1	1	30	2	0
	2010	대전	24	0	1	1	33	4	1
	2011	수원	15	11	0	0	6	0	0
	합계		130	59	3	4	147	15	1
프로통산			130	59	3	4	147	15	1

우제원 (禹濟元) 성보고 1972.08.09

리그	연도	소속	출전	교체	득점	도움	파울	경고	퇴장
BC	1998	안양L	1	1	0	0	0	0	0
	1999	안양L	4	4	0	0	4	0	0
	합계		5	5	0	0	4	0	0
프로통산			5	5	0	0	4	0	0

우주성 (禹周成) 중앙대 1993.06.08

리그	연도	소속	출전	교체	득점	도움	파울	경고	퇴장
클	2014	경남	9	0	0	0	6	1	0
	합계		9	0	0	0	6	1	0
챌	2015	경남	33	0	2	1	26	5	0
	2016	경남	33	3	0	2	26	4	0
	합계		66	3	2	3	52	9	0
프로통산			75	3	2	3	58	10	0

우찬양 (禹贊梁) 포철공고 1997.04.27

리그	연도	소속	출전	교체	득점	도움	파울	경고	퇴장
클	2016	포항	2	1	0	0	2	0	0
	합계		2	1	0	0	2	0	0
프로통산			2	1	0	0	2	0	0

우치체 (Nebojsa Vucicevic) 유고슬라비아 1962.07.30

리그	연도	소속	출전	교체	득점	도움	파울	경고	퇴장
BC	1991	대우	6	6	0	0	3	2	0
	1992	대우	26	22	1	0	35	4	0
	1993	대우	13	11	0	1	15	3	0
	합계		45	39	1	1	53	9	0
프로통산			45	39	1	1	53	9	0

우현 (禹賢) 태성고 1987.01.05

리그	연도	소속	출전	교체	득점	도움	파울	경고	퇴장
챌	2016	대전	11	9	0	1	12	4	0
	합계		11	9	0	1	12	4	0
프로통산			11	9	0	1	12	4	0

우혜성 (禹惠成) 홍익대 1992.01.21

리그	연도	소속	출전	교체	득점	도움	파울	경고	퇴장
챌	2016	고양	19	1	0	0	28	7	0
	합계		19	1	0	0	28	7	0
프로통산			19	1	0	0	28	7	0

우홍균 (禹弘均) 전주대 1969.07.21

리그	연도	소속	출전	교체	득점	도움	파울	경고	퇴장
BC	1997	포항	1	1	0	0	1	0	0
	합계		1	1	0	0	1	0	0
프로통산			1	1	0	0	1	0	0

원종덕 (元鍾悳) 홍익대 1977.08.16

리그	연도	소속	출전	교체	실점	도움	파울	경고	퇴장
BC	2001	안양L	0	0	0	0	0	0	0
	2004	서울	17	0	16	0	0	0	0
	2005	서울	12	0	19	0	0	0	0
	2007	서울	0	0	0	0	0	0	0
	합계		29	0	35	0	0	0	0
프로통산			29	0	35	0	0	0	0

월신요 브라질 1956.10.03

리그	연도	소속	출전	교체	득점	도움	파울	경고	퇴장
BC	1984	포철	7	5	1	1	7	1	0
	합계		7	5	1	1	7	1	0
프로통산			7	5	1	1	7	1	0

웨슬리 (Alves Feitosa Weslley Smith) 브라질 1992.04.21

리그	연도	소속	출전	교체	득점	도움	파울	경고	퇴장
BC	2011	전남	25	12	4	1	72	6	0
	2012	강원	36	13	9	4	101	9	0
	합계		61	25	13	5	173	15	0
클	2013	전남	23	15	5	3	58	7	0
	2015	부산	30	11	8	1	58	10	0
	합계		53	26	13	4	116	17	0
승	2015	부산	2	1	0	0	4	1	0
	합계		2	1	0	0	4	1	0
프로통산			116	52	26	9	293	33	0

웨슬리 (Wesley Barbosa de Morais) 브라질 1981.11.10

리그	연도	소속	출전	교체	득점	도움	파울	경고	퇴장
BC	2009	전남	26	11	3	4	57	5	0
	합계		26	11	3	4	57	5	0
클	2013	강원	32	16	2	1	70	8	0
	합계		32	16	2	1	70	8	0
프로통산			58	27	5	5	127	13	0

웰링턴 (Welington Goncalves Amorim) 브라질 1977.01.23

리그	연도	소속	출전	교체	득점	도움	파울	경고	퇴장
BC	2005	포항	12	7	2	2	30	2	0
	합계		12	7	2	2	30	2	0
프로통산			12	7	2	2	30	2	0

웰링톤 (Wellington Cirino Priori) 브라질 1990.02.21

리그	연도	소속	출전	교체	득점	도움	파울	경고	퇴장
클	2016	광주	3	3	0	0	1	0	0
	합계		3	3	0	0	1	0	0
프로통산			3	3	0	0	1	0	0

윌리안 (William Junior Salles de Lima Souza) 브라질 1983.05.14

리그	연도	소속	출전	교체	득점	도움	파울	경고	퇴장
BC	2007	부산	4	3	0	0	14	2	0
	합계		4	3	0	0	14	2	0
프로통산			4	3	0	0	14	2	0

윌리암 (William Fernando da Silva) 브라질 1986.11.20

리그	연도	소속	출전	교체	득점	도움	파울	경고	퇴장
클	2013	부산	25	25	2	0	34	4	0
	합계		25	25	2	0	34	4	0
프로통산			25	25	2	0	34	4	0

윌킨슨 (Wilkinson Alexander William) 호주 1984.08.13

리그	연도	소속	출전	교체	득점	도움	파울	경고	퇴장
BC	2012	전북	15	3	0	0	8	0	0
	합계		15	3	0	0	8	0	0
클	2013	전북	25	1	2	2	18	3	0
	2014	전북	25	1	0	0	23	4	0
	2015	전북	21	3	0	0	9	1	0
	합계		71	5	2	2	50	8	0
프로통산			86	8	2	2	58	8	0

유경렬 (柳俓烈) 단국대 1978.08.15

리그	연도	소속	출전	교체	득점	도움	파울	경고	퇴장
BC	2003	울산	34	0	1	1	83	7	0
	2004	울산	36	0	2	0	72	3	0
	2005	울산	32	0	2	0	72	8	0
	2006	울산	34	2	1	1	75	10	0
	2007	울산	38	1	2	0	94	6	0
	2008	울산	35	2	4	1	83	5	0
	2009	울산	26	2	1	0	49	5	0
	2010	울산	28	2	1	2	58	9	1
	2011	대구	21	1	2	0	31	4	0
	2012	대구	31	1	1	2	88	8	0
	합계		315	11	17	7	705	65	1
클	2013	대구	20	2	1	0	36	5	0
	합계		20	2	1	0	36	5	0
프로통산			335	13	18	7	741	70	1

유고비치 (Vedran Jugovic) 크로아티아 1989.07.31

리그	연도	소속	출전	교체	득점	도움	파울	경고	퇴장

리그	연도	소속	출전	교체	득점	도움	파울	경고	퇴장
클	2016	전남	33	10	5	3	25	6	0
	합계		33	10	5	3	25	6	0
프로통산			33	10	5	3	25	6	0

유대순 (劉大淳) 고려대 1965.03.04

리그	연도	소속	출전	교체	실점	도움	파울	경고	퇴장
BC	1989	유공	23	0	22	0	1	1	0
	1990	유공	22	0	18	0	0	0	0
	1991	유공	12	0	9	0	1	1	0
	1992	유공	13	0	21	0	2	1	0
	1993	유공	27	1	31	0	1	0	0
	1994	유공	5	0	7	0	1	0	0
	합계		102	1	108	0	6	3	0
프로통산			102	1	108	0	6	3	0

유대현 (柳大鉉) 홍익대 1990.02.28

리그	연도	소속	출전	교체	득점	도움	파울	경고	퇴장
챌	2014	부천	29	5	0	3	37	2	0
	2015	부천	27	13	0	0	31	4	0
	2016	부천	22	6	0	0	24	4	0
	합계		78	24	0	3	92	10	0
프로통산			78	24	0	3	92	10	0

유동관 (柳東官) 한양대 1963.05.12

리그	연도	소속	출전	교체	득점	도움	파울	경고	퇴장
BC	1986	포철	15	6	0	1	18	1	0
	1987	포철	25	10	1	1	18	0	0
	1988	포철	16	5	1	2	19	2	0
	1989	포철	30	9	0	0	29	3	0
	1990	포철	13	3	0	0	26	3	0
	1991	포철	34	4	2	0	52	6	0
	1992	포철	20	10	0	0	37	2	0
	1993	포철	29	4	1	0	45	5	0
	1994	포철	19	8	0	0	27	3	0
	1995	포항	6	3	0	0	14	0	0
	합계		207	62	5	4	285	25	0
프로통산			207	62	5	4	285	25	0

유동민 (柳東玟) 초당대 1989.03.27

리그	연도	소속	출전	교체	득점	도움	파울	경고	퇴장
BC	2011	광주	18	18	2	0	12	0	0
	2012	광주	2	2	0	0	0	0	0
	합계		20	20	2	0	12	0	0
프로통산			20	20	2	0	12	0	0

유동우 (柳東雨) 한양대 1968.03.07

리그	연도	소속	출전	교체	득점	도움	파울	경고	퇴장
BC	1995	전남	34	3	0	0	30	3	0
	1996	전남	24	2	0	0	14	1	1
	1997	전남	22	12	0	1	9	2	0
	1998	전남	31	7	0	0	17	0	0
	1999	대전	32	3	0	0	18	2	0
	2000	대전	32	0	0	1	23	2	0
	2001	대전	5	1	0	0	5	0	0
	합계		180	28	0	2	116	10	1
프로통산			180	28	0	2	116	10	1

유리 (Yuri Matveev) 러시아 1967.06.08

리그	연도	소속	출전	교체	득점	도움	파울	경고	퇴장
BC	1996	수원	10	2	2	2	32	4	0
	1997	수원	20	16	4	0	40	6	0
	합계		30	18	6	2	72	10	0
프로통산			30	18	6	2	72	10	0

유리쉬쉬킨 러시아 1963.09.01

리그	연도	소속	출전	교체	실점	도움	파울	경고	퇴장
BC	1995	전남	19	1	26	0	1	1	0
	합계		19	1	26	0	1	1	0
프로통산			19	1	26	0	1	1	0

유만기 (劉萬基) 성균관대 1988.03.22

리그	연도	소속	출전	교체	득점	도움	파울	경고	퇴장
챌	2013	고양	28	25	3	0	25	0	0
	합계		28	25	3	0	25	0	0
프로통산			28	25	3	0	25	0	0

유민철 (柳敏哲) 중앙대 1984.09.16

리그	연도	소속	출전	교체	득점	도움	파울	경고	퇴장
BC	2009	대전	1	1	0	0	1	0	0
	합계		1	1	0	0	1	0	0
프로통산			1	1	0	0	1	0	0

유병수 (兪炳守) 홍익대 1988.03.26

리그	연도	소속	출전	교체	득점	도움	파울	경고	퇴장
BC	2009	인천	34	19	14	4	67	7	0
	2010	인천	31	9	22	0	73	4	0
	2011	인천	13	6	4	2	22	3	0
	합계		78	34	40	6	162	14	0
프로통산			78	34	40	6	162	14	0

유병옥 (兪炳玉) 한양대 1964.03.02

리그	연도	소속	출전	교체	득점	도움	파울	경고	퇴장
BC	1987	포철	27	5	0	0	13	1	0
	1988	포철	14	1	0	0	16	0	0
	1989	포철	29	4	0	1	28	2	0
	1990	포철	8	5	0	0	6	0	0
	1991	포철	23	17	0	0	13	0	0
	1992	LG	18	9	0	1	19	2	0
	1993	LG	19	4	0	0	10	1	0
	1994	LG	28	7	0	2	36	3	0
	1995	LG	17	8	0	0	31	3	0
	합계		183	60	0	4	172	12	0
프로통산			183	60	0	4	172	12	0

유병훈 (柳炳勳) 원주공고 1976.07.03

리그	연도	소속	출전	교체	득점	도움	파울	경고	퇴장
BC	1995	대우	2	2	0	0	4	1	0
	1996	부산	13	7	0	0	19	3	0
	1997	부산	10	9	1	0	6	1	0
	1998	부산	12	7	0	0	14	2	0
	1999	부산	8	5	0	0	6	0	0
	2000	부산	11	7	0	0	6	0	0
	2001	부산	0	0	0	0	0	0	0
	2002	부산	10	6	0	0	6	0	1
	2003	부산	20	8	0	0	19	1	1
	합계		86	51	1	0	80	8	2
프로통산			86	51	1	0	80	8	2

유상수 (柳商秀) 고려대 1973.08.28

리그	연도	소속	출전	교체	득점	도움	파울	경고	퇴장
BC	1996	부천S	33	5	0	2	83	7	0
	1997	부천S	30	4	0	2	58	10	0
	1998	부천S	38	1	0	0	51	1	0
	1999	안양L	11	6	0	0	17	3	0
	2000	안양L	15	13	0	1	22	1	1
	2001	안양L	15	13	0	0	26	2	0
	2002	안양L	21	13	0	1	34	2	0
	2003	전남	39	12	3	1	59	6	0
	2004	전남	31	3	0	0	41	4	1
	2005	전남	33	2	3	1	32	4	0
	2006	전남	31	4	0	1	25	6	0
	합계		297	76	6	9	448	46	2
프로통산			297	76	6	9	448	46	2

유상철 (柳想鐵) 건국대 1971.10.18

리그	연도	소속	출전	교체	득점	도움	파울	경고	퇴장
BC	1994	현대	26	9	5	1	29	2	0
	1995	현대	33	1	2	2	40	5	0
	1996	울산	6	2	1	0	11	2	0
	1997	울산	17	1	1	0	18	1	0
	1998	울산	23	2	15	3	49	2	1
	2002	울산	8	1	9	0	19	0	0
	2003	울산	10	2	3	2	23	1	1
	2005	울산	18	8	1	1	15	1	0
	2006	울산	1	1	0	0	1	0	0
	합계		142	27	37	9	205	14	2
프로통산			142	27	37	9	205	14	2

유상훈 (柳相勳) 홍익대 1989.05.25

리그	연도	소속	출전	교체	실점	도움	파울	경고	퇴장
BC	2011	서울	1	1	0	0	0	0	0
	합계		1	1	0	0	0	0	0
클	2013	서울	3	0	4	0	0	0	0
	2014	서울	15	1	9	0	0	0	0
	2015	서울	26	0	23	0	0	2	0
	2016	서울	21	1	28	0	0	1	0
	합계		65	2	64	0	0	3	0
프로통산			66	3	64	0	0	3	0

유성민 (柳聖敏) 호남대 1972.05.11

리그	연도	소속	출전	교체	득점	도움	파울	경고	퇴장
BC	1995	전남	1	1	0	0	0	0	0
	합계		1	1	0	0	0	0	0
프로통산			1	1	0	0	0	0	0

유성우 (劉成佑) 서울시립대 1971.05.23

리그	연도	소속	출전	교체	득점	도움	파울	경고	퇴장
BC	1994	대우	5	1	0	0	7	1	0
	1995	전북	9	8	0	1	10	1	0
	1996	전북	1	1	0	0	2	0	0
	1997	전북	11	7	0	1	15	1	0
	1998	전북	1	1	0	0	1	0	0
	합계		27	18	0	2	35	3	0
프로통산			27	18	0	2	35	3	0

유성조 (兪誠朝) 동국대 1957.12.27

리그	연도	소속	출전	교체	득점	도움	파울	경고	퇴장
BC	1985	한일	13	4	0	0	13	3	0
	합계		13	4	0	0	13	3	0
프로통산			13	4	0	0	13	3	0

유수상 (柳秀相) 연세대 1967.12.10

리그	연도	소속	출전	교체	득점	도움	파울	경고	퇴장
BC	1990	대우	18	11	2	0	10	0	0
	1991	대우	35	25	2	5	22	1	0
	1992	대우	13	8	2	0	12	0	0
	1995	대우	25	13	1	1	15	1	0
	1996	부산	28	13	0	2	25	2	0
	1997	부산	9	8	0	1	5	1	0
	1998	부산	1	1	0	0	1	0	0
	합계		129	79	7	9	90	5	0
프로통산			129	79	7	9	90	5	0

유수현 (柳秀賢) 선문대 1986.05.13

리그	연도	소속	출전	교체	득점	도움	파울	경고	퇴장
BC	2010	전남	1	1	0	0	1	0	0
	합계		1	1	0	0	1	0	0
클	2014	상주	3	3	0	0	2	0	0
	2016	수원FC	2	1	0	0	4	0	0
	합계		5	4	0	0	6	0	0
챌	2013	수원FC	34	4	5	6	67	5	0
	2014	수원FC	7	1	1	0	8	1	0
	2015	상주	1	0	0	0	2	0	0
	2016	안양	15	9	1	1	18	1	0
	합계		57	14	7	7	95	7	0
프로통산			63	19	7	7	102	7	0

유순열 (柳洵烈) 청주대 1959.01.07

리그	연도	소속	출전	교체	득점	도움	파울	경고	퇴장
BC	1983	포철	1	1	0	0	0	0	0
	합계		1	1	0	0	0	0	0
프로통산			1	1	0	0	0	0	0

유승관 (劉承官) 건국대 1966.01.22

리그	연도	소속	출전	교체	득점	도움	파울	경고	퇴장
BC	1989	일화	25	22	5	1	16	0	0
	1990	일화	11	12	0	0	6	0	0
	1991	일화	1	1	0	0	0	0	0
	1994	버팔로	17	16	2	1	5	0	0
	1995	전북	5	5	0	0	4	0	0
	합계		59	56	7	2	31	0	0
프로통산			59	56	7	2	31	0	0

유승완 (劉丞婉) 성균관대 1992.02.06

리그	연도	소속	출전	교체	득점	도움	파울	경고	퇴장
챌	2016	대전	22	22	2	1	11	2	0
	합계		22	22	2	1	11	2	0
프로통산			22	22	2	1	11	2	0

유양준 (兪亮濬) 경기대 1985.09.22

리그	연도	소속	출전	교체	득점	도움	파울	경고	퇴장
BC	2008	수원	1	0	0	0	1	0	0
	합계		1	0	0	0	1	0	0
프로통산			1	0	0	0	1	0	0

유연승 (兪盛棋 / ← 유성기) 연세대 1991.12.21

리그	연도	소속	출전	교체	득점	도움	파울	경고	퇴장
클	2015	대전	16	10	1	2	17	4	0
	합계		16	10	1	2	17	4	0
챌	2014	대전	9	6	0	2	19	1	0
	합계		9	6	0	2	19	1	0
프로통산			25	16	1	4	36	5	0

유우람 (兪우람) 인천대 1984.03.16

리그	연도	소속	출전	교체	득점	도움	파울	경고	퇴장
BC	2009	대전	4	3	0	0	7	2	0
	2012	대전	0	0	0	0	0	0	0
	합계		4	3	0	0	7	2	0
프로통산			4	3	0	0	7	2	0

유인 (劉人) 연세대 1975.08.08

리그	연도	소속	출전	교체	득점	도움	파울	경고	퇴장
BC	1998	천안	15	11	1	1	16	1	0
	1999	울산	1	1	0	0	0	0	0
	합계		16	12	1	1	16	1	0
프로통산			16	12	1	1	16	1	0

유재영 (劉在永) 성균관대 1958.12.06

리그	연도	소속	출전	교체	득점	도움	파울	경고	퇴장
BC	1985	한일	17	12	2	1	10	0	0
	1986	한일	19	2	0	0	27	1	0
	합계		36	14	2	1	37	1	0
프로통산			36	14	2	1	37	1	0

유재원 (柳在垣) 고려대 1990.02.24

리그	연도	소속	출전	교체	득점	도움	파울	경고	퇴장
클	2013	강원	2	2	0	0	0	0	0
	합계		2	2	0	0	0	0	0
프로통산			2	2	0	0	0	0	0

유재형 (劉在炯) 명지대 1977.08.24

리그	연도	소속	출전	교체	득점	도움	파울	경고	퇴장
BC	2002	울산	5	5	0	0	7	1	0
	합계		5	5	0	0	7	1	0
프로통산			5	5	0	0	7	1	0

유재호 (柳載澔) 우석대 1989.05.07

리그	연도	소속	출전	교체	득점	도움	파울	경고	퇴장
클	2013	인천	3	3	0	0	0	0	0
	2016	인천	1	0	0	0	0	0	0
	합계		4	3	0	0	0	0	0
프로통산			4	3	0	0	0	0	0

유재훈 (兪在勳) 울산대 1983.07.07

리그	연도	소속	출전	교체	실점	도움	파울	경고	퇴장
BC	2006	대전	0	0	0	0	0	0	0
	2007	대전	3	0	2	0	0	0	0
	2008	대전	0	0	0	0	0	0	0
	2009	대전	1	0	3	0	0	0	0
	합계		4	0	5	0	0	0	0
프로통산			4	0	5	0	0	0	0

유제호 (劉齊昊) 아주대 1992.08.10

리그	연도	소속	출전	교체	득점	도움	파울	경고	퇴장
클	2014	포항	0	0	0	0	0	0	0
	2015	포항	1	1	0	0	1	0	0
	합계		1	1	0	0	1	0	0
챌	2016	서울E	8	7	0	0	7	0	0
	합계		8	7	0	0	7	0	0
프로통산			9	8	0	0	8	0	0

유종완 (兪鍾完) 경희대 1959.08.12

리그	연도	소속	출전	교체	득점	도움	파울	경고	퇴장
BC	1983	대우	7	3	0	0	4	1	1
	1984	대우	2	1	0	0	1	0	0
	1985	대우	4	2	0	0	5	0	0
	합계		13	6	0	0	10	1	1
프로통산			13	6	0	0	10	1	1

유종현 (劉宗賢) 건국대 1988.03.14

리그	연도	소속	출전	교체	득점	도움	파울	경고	퇴장
BC	2011	광주	26	4	2	1	36	13	0
	2012	광주	21	10	0	0	30	6	0
	합계		47	14	2	1	66	19	0
챌	2013	광주	20	2	1	1	32	6	0
	2014	충주	30	2	2	0	42	3	0
	2015	안양	15	5	0	0	13	3	0
	2016	안양	9	3	0	0	14	3	0
	합계		74	12	3	1	101	15	0
프로통산			121	26	5	2	167	34	0

유준수 (柳俊秀) 고려대 1988.05.08

리그	연도	소속	출전	교체	득점	도움	파울	경고	퇴장
BC	2011	인천	18	14	0	1	27	4	0
	2012	인천	9	8	0	0	14	0	0
	합계		27	22	0	1	41	4	0
클	2014	울산	23	10	3	1	19	1	0
	2015	울산	16	1	1	0	7	1	2
	2016	상주	11	3	1	0	4	0	0
	합계		50	14	5	1	30	2	2
프로통산			77	36	5	2	71	6	2

유준영 (柳晙永) 경희대 1990.02.17

리그	연도	소속	출전	교체	득점	도움	파울	경고	퇴장
챌	2013	부천	15	9	3	1	14	1	0
	2014	부천	31	24	3	5	23	3	0
	2015	부천	4	5	0	0	0	0	0
	2015	경남	3	3	0	0	2	0	0
	합계		53	41	6	6	39	4	0
프로통산			53	41	6	6	39	4	0

유지노 (柳志弩) 광양제철고 1989.11.06

리그	연도	소속	출전	교체	득점	도움	파울	경고	퇴장
BC	2008	전남	11	2	0	1	6	1	0
	2009	전남	16	5	0	0	15	1	0
	2010	전남	13	5	0	0	12	3	0
	2011	전남	20	3	0	1	13	3	0
	2012	전남	12	2	0	0	19	4	0
	합계		72	17	0	2	65	12	0
클	2013	부산	6	1	0	0	8	1	0
	2014	부산	19	1	0	0	23	3	0
	2015	부산	26	2	1	0	35	3	0
	2016	수원FC	4	1	0	0	7	1	0
	합계		55	5	1	0	73	8	0
승	2015	부산	1	1	0	0	1	0	0
	합계		1	1	0	0	1	0	0
프로통산			128	23	1	2	139	20	0

유지훈 (柳志訓) 한양대 1988.06.09

리그	연도	소속	출전	교체	득점	도움	파울	경고	퇴장
BC	2010	경남	2	2	0	0	3	0	0
	2011	부산	5	3	0	0	8	2	0
	2012	부산	31	16	1	0	28	2	0
	합계		38	21	1	0	39	4	0
클	2014	상주	18	2	1	4	25	6	2
	2014	부산	9	0	0	0	9	0	0
	2015	부산	23	4	1	1	37	7	0
	합계		50	6	2	5	71	13	2
챌	2013	상주	5	2	0	0	7	0	0
	2016	부산	14	9	0	0	13	1	0
	합계		19	11	0	0	20	1	0
승	2013	상주	0	0	0	0	0	0	0
	2015	부산	2	0	0	0	5	2	0
	합계		2	0	0	0	5	2	0
프로통산			109	38	3	5	135	20	2

유진오 (兪鎭午) 연세대 1976.03.10

리그	연도	소속	출전	교체	득점	도움	파울	경고	퇴장
BC	1999	안양L	14	7	0	0	42	3	0
	2000	안양L	2	2	0	0	0	0	0
	합계		16	9	0	0	42	3	0
프로통산			16	9	0	0	42	3	0

유창균 (劉昶均) 울산대 1992.07.02

리그	연도	소속	출전	교체	득점	도움	파울	경고	퇴장
챌	2015	부천	0	0	0	0	0	0	0
	합계		0	0	0	0	0	0	0
프로통산			0	0	0	0	0	0	0

유창현 (柳昌鉉) 대구대 1985.05.14

리그	연도	소속	출전	교체	득점	도움	파울	경고	퇴장
BC	2009	포항	25	18	11	5	24	0	0
	2010	포항	15	12	2	2	6	0	0
	2011	상주	21	13	2	2	16	4	0
	2012	상주	24	16	4	2	33	5	0
	2012	포항	10	9	1	1	6	0	0
	합계		95	68	20	12	85	9	0
클	2013	포항	4	4	0	0	3	0	0
	2014	포항	28	27	4	3	25	1	0
	2015	전북	7	7	2	0	10	0	0
	2016	성남	3	3	0	0	2	1	0
	합계		42	41	6	3	40	2	0
챌	2016	서울E	9	9	0	0	7	1	0
	합계		9	9	0	0	7	1	0
프로통산			146	118	26	15	132	12	0

유청윤 (柳淸潤) 경희대 1992.09.07

리그	연도	소속	출전	교체	득점	도움	파울	경고	퇴장
클	2014	성남	2	1	0	0	1	0	0
	2015	성남	0	0	0	0	0	0	0
	합계		2	1	0	0	1	0	0
프로통산			2	1	0	0	1	0	0

유카 (Jukka Koskinen) 핀란드 1972.11.29

리그	연도	소속	출전	교체	득점	도움	파울	경고	퇴장
BC	1999	안양L	14	5	0	0	14	1	0
	합계		14	5	0	0	14	1	0
프로통산			14	5	0	0	14	1	0

유태목 (柳泰穆) 연세대 1957.04.30

리그	연도	소속	출전	교체	득점	도움	파울	경고	퇴장
BC	1983	대우	16	0	1	0	7	0	0
	1984	대우	22	5	2	0	23	1	0
	1985	대우	9	3	0	0	6	0	0
	1986	현대	29	1	0	1	27	0	0
	1987	현대	19	9	1	0	7	1	0
	합계		95	18	4	1	70	2	0
프로통산			95	18	4	1	70	2	0

유현 (劉賢) 중앙대 1984.08.01

리그	연도	소속	출전	교체	실점	도움	파울	경고	퇴장
BC	2009	강원	29	0	56	1	0	0	0
	2010	강원	28	2	51	0	0	0	0
	2011	강원	23	0	33	0	0	0	0
	2012	인천	35	0	32	0	1	1	0
	합계		115	2	172	1	1	1	0
클	2014	인천	10	0	11	0	1	0	0
	2015	인천	26	1	25	0	2	2	0
	2016	서울	18	1	18	0	0	0	0
	합계		54	2	54	0	3	2	0
챌	2013	경찰	23	2	31	0	0	1	0
	2014	안산경	20	1	23	0	3	2	0
	합계		43	3	54	0	3	3	0
프로통산			212	7	280	1	7	6	0

유현구 (柳鉉口) 보인정보산업고 1983.01.25

리그	연도	소속	출전	교체	득점	도움	파울	경고	퇴장
BC	2005	부천S	7	7	0	0	8	0	0
	2006	제주	11	9	1	0	10	2	0

리그	연도	소속	출전	교체	득점	도움	파울	경고	퇴장
	2007	광주상	19	18	0	1	17	1	0
	2008	광주상	7	6	1	0	6	1	0
	합계		44	40	2	1	41	4	0
프로통산			44	40	2	1	41	4	0

유호준 (柳好俊) 광운대 1985.01.14

리그	연도	소속	출전	교체	득점	도움	파울	경고	퇴장
BC	2008	울산	31	16	2	3	38	5	0
	2009	울산	6	5	0	0	2	0	0
	2010	부산	29	5	5	3	53	4	0
	2011	부산	18	10	0	0	23	1	0
	2012	경남	17	16	0	0	16	3	0
	합계		101	52	7	6	132	13	0
클	2013	경남	5	5	0	1	3	1	0
	합계		5	5	0	1	3	1	0
챌	2014	안산경	13	9	0	0	17	1	0
	2015	안산경	10	8	0	0	14	2	0
	2015	경남	1	1	0	0	2	1	0
	합계		24	18	0	0	33	4	0
프로통산			130	75	7	7	168	18	0

유홍열 (柳弘烈) 숭실대 1983.12.30

리그	연도	소속	출전	교체	득점	도움	파울	경고	퇴장
BC	2006	전남	4	4	0	0	5	0	0
	2007	전남	0	0	0	0	0	0	0
	2008	전남	9	6	1	2	9	1	0
	2009	전남	6	6	0	0	5	0	0
	2010	전남	1	1	0	0	1	0	0
	합계		20	17	1	2	20	1	0
프로통산			20	17	1	2	20	1	0

윤광복 (尹光卜) 조선대 1989.01.25

리그	연도	소속	출전	교체	득점	도움	파울	경고	퇴장
BC	2011	광주	0	0	0	0	0	0	0
	합계		0	0	0	0	0	0	0
프로통산			0	0	0	0	0	0	0

윤근호 (尹根鎬) 동국대 1977.11.08

리그	연도	소속	출전	교체	득점	도움	파울	경고	퇴장
BC	2000	전북	1	1	0	0	1	0	0
	2001	전북	1	1	0	0	0	0	0
	합계		2	2	0	0	1	0	0
프로통산			2	2	0	0	1	0	0

윤기원 (尹基源) 아주대 1987.05.20

리그	연도	소속	출전	교체	실점	도움	파울	경고	퇴장
BC	2010	인천	1	0	0	0	0	1	0
	2011	인천	7	0	7	0	0	0	0
	합계		8	0	7	0	0	1	0
프로통산			8	0	7	0	0	1	0

윤기해 (尹期海) 초당대 1991.02.09

리그	연도	소속	출전	교체	실점	도움	파울	경고	퇴장
BC	2012	광주	5	0	9	0	1	0	0
	합계		5	0	9	0	1	0	0
챌	2013	광주	5	0	11	0	0	0	0
	합계		5	0	11	0	0	0	0
프로통산			10	0	20	0	1	0	0

윤덕여 (尹德汝) 성균관대 1961.03.25

리그	연도	소속	출전	교체	득점	도움	파울	경고	퇴장
BC	1984	한일	26	4	0	0	23	2	0
	1985	한일	19	0	0	0	23	1	0
	1986	현대	5	1	0	0	2	0	0
	1987	현대	18	7	1	0	14	0	0
	1988	현대	17	2	1	1	31	2	0
	1989	현대	8	1	1	0	7	2	0
	1990	현대	10	0	0	0	13	0	0
	1991	현대	14	3	0	0	16	2	0
	1992	포철	12	9	0	0	14	1	0
	합계		129	27	3	1	143	10	0
프로통산			129	27	3	1	143	10	0

윤동민 (尹東民) 경희대 1988.07.24

리그	연도	소속	출전	교체	득점	도움	파울	경고	퇴장
BC	2011	부산	18	16	2	0	8	0	0
	2012	부산	22	22	4	0	19	1	0
	합계		40	38	6	0	27	1	0
클	2013	부산	14	15	0	3	8	1	0
	2014	부산	2	2	0	0	2	0	0
	2015	부산	16	16	0	0	7	0	0
	2016	상주	6	4	1	0	2	0	0
	합계		38	37	1	3	19	1	0
승	2015	부산	1	1	0	0	0	0	0
	합계		1	1	0	0	0	0	0
프로통산			79	76	7	3	46	2	0

윤동민 (尹東珉) 성균관대 1986.07.18

리그	연도	소속	출전	교체	득점	도움	파울	경고	퇴장
챌	2013	수원FC	8	7	1	1	3	0	0
	합계		8	7	1	1	3	0	0
프로통산			8	7	1	1	3	0	0

윤동헌 (尹東憲) 고려대 1983.05.02

리그	연도	소속	출전	교체	득점	도움	파울	경고	퇴장
BC	2007	울산	1	0	0	0	2	0	0
	합계		1	0	0	0	2	0	0
챌	2013	고양	32	6	2	3	23	3	0
	2014	고양	33	20	3	5	18	1	0
	합계		65	26	5	8	41	4	0
프로통산			66	26	5	8	43	4	0

윤병기 (尹炳基) 숭실대 1973.04.22

리그	연도	소속	출전	교체	득점	도움	파울	경고	퇴장
BC	1999	전남	12	9	0	1	14	3	0
	2000	전남	11	8	0	0	7	1	0
	2001	전남	2	1	0	0	4	1	0
	합계		25	18	0	1	25	5	0
프로통산			25	18	0	1	25	5	0

윤보상 (尹普相) 울산대 1993.09.09

리그	연도	소속	출전	교체	실점	도움	파울	경고	퇴장
클	2016	광주	22	1	21	0	0	2	0
	합계		22	1	21	0	0	2	0
프로통산			22	1	21	0	0	2	0

윤보영 (尹寶營) 울산대 1978.04.29

리그	연도	소속	출전	교체	득점	도움	파울	경고	퇴장
BC	2001	포항	4	4	0	0	0	0	0
	2002	포항	30	13	5	2	28	2	0
	2003	포항	11	11	0	1	4	0	0
	합계		45	28	5	3	32	2	0
프로통산			45	28	5	3	32	2	0

윤빛가람 (尹빛가람) 중앙대 1990.05.07

리그	연도	소속	출전	교체	득점	도움	파울	경고	퇴장
BC	2010	경남	29	5	9	7	28	1	0
	2011	경남	32	9	8	7	38	10	0
	2012	성남일	31	20	1	3	34	5	1
	합계		92	34	18	17	100	16	1
클	2013	제주	31	14	1	2	30	5	0
	2014	제주	37	11	4	4	28	3	0
	2015	제주	36	3	6	7	31	7	0
	합계		104	28	11	13	89	15	0
프로통산			196	62	29	30	189	31	1

윤상철 (尹相喆) 건국대 1965.06.14

리그	연도	소속	출전	교체	득점	도움	파울	경고	퇴장
BC	1988	럭금	18	6	4	1	23	0	0
	1989	럭금	38	10	17	6	60	3	0
	1990	럭금	30	4	12	2	45	0	0
	1991	LG	31	16	7	2	38	0	0
	1992	LG	34	22	7	2	43	2	0
	1993	LG	32	6	9	8	50	0	1
	1994	LG	34	6	24	1	34	3	0
	1995	LG	31	19	4	2	20	0	0
	1996	안양L	33	21	14	4	23	1	0
	1997	안양L	19	13	3	3	15	0	0
	합계		300	123	101	31	351	9	1
프로통산			300	123	101	31	351	9	1

윤상호 (尹相皓) 호남대 1992.06.04

리그	연도	소속	출전	교체	득점	도움	파울	경고	퇴장
클	2015	인천	13	9	0	1	16	2	0
	2016	인천	28	16	0	0	44	6	0
	합계		41	25	0	1	60	8	0
챌	2014	광주	13	12	0	0	16	1	0
	합계		13	12	0	0	16	1	0
승	2014	광주	0	0	0	0	0	0	0
	합계		0	0	0	0	0	0	0
프로통산			54	37	0	1	76	9	0

윤석 (尹石) 전북대 1985.02.28

리그	연도	소속	출전	교체	득점	도움	파울	경고	퇴장
BC	2007	제주	1	1	0	0	0	0	0
	합계		1	1	0	0	0	0	0
프로통산			1	1	0	0	0	0	0

윤석영 (尹錫榮) 광양제철고 1990.02.13

리그	연도	소속	출전	교체	득점	도움	파울	경고	퇴장
BC	2009	전남	21	4	1	0	17	0	0
	2010	전남	19	5	0	5	16	1	0
	2011	전남	21	2	1	1	11	6	0
	2012	전남	25	1	2	4	14	4	0
	합계		86	12	4	10	58	11	0
프로통산			86	12	4	10	58	11	0

윤석희 (尹錫熙) 울산대 1993.07.21

리그	연도	소속	출전	교체	득점	도움	파울	경고	퇴장
챌	2015	고양	6	6	2	0	3	0	0
	2016	고양	0	0	0	0	0	0	0
	합계		6	6	2	0	3	0	0
프로통산			6	6	2	0	3	0	0

윤성열 (尹誠悅) 배재대 1987.12.22

리그	연도	소속	출전	교체	득점	도움	파울	경고	퇴장
챌	2015	서울E	38	3	1	3	14	2	0
	2016	서울E	15	2	1	4	6	0	0
	합계		53	5	2	7	20	2	0
프로통산			53	5	2	7	20	2	0

윤성우 (尹星宇) 상지대 1989.11.08

리그	연도	소속	출전	교체	득점	도움	파울	경고	퇴장
BC	2012	서울	1	1	0	0	0	0	0
	합계		1	1	0	0	0	0	0
챌	2013	고양	22	21	0	1	2	2	0
	합계		22	21	0	1	2	2	0
프로통산			23	22	0	1	2	2	0

윤성효 (尹星孝) 연세대 1962.05.18

리그	연도	소속	출전	교체	득점	도움	파울	경고	퇴장
BC	1986	한일	20	1	5	1	31	3	0
	1987	포철	20	8	2	1	21	0	0
	1988	포철	7	1	1	0	12	1	0
	1989	포철	22	9	1	2	31	1	0
	1990	포철	25	7	0	0	35	2	0
	1991	포철	21	10	0	1	28	2	0
	1992	포철	33	10	0	3	54	4	0
	1993	포철	34	21	2	1	23	1	0
	1994	대우	20	4	2	1	34	2	0
	1995	대우	27	7	0	2	40	7	0
	1996	수원	34	2	5	1	72	9	0
	1997	수원	26	2	3	1	53	3	0
	1998	수원	19	16	2	0	37	2	0
	2000	수원	3	3	0	0	2	1	0
	합계		311	101	23	14	473	38	0
프로통산			311	101	23	14	473	38	0

윤승원 (尹承圓 / ← 윤현오) 오산고 1995.02.11

리그	연도	소속	출전	교체	득점	도움	파울	경고	퇴장
클	2016	서울	1	1	0	0	1	1	0
	합계		1	1	0	0	1	1	0
프로통산			1	1	0	0	1	1	0

윤승현 (尹勝鉉) 연세대 1988.12.13

리그	연도	소속	출전	교체	득점	도움	파울	경고	퇴장
BC	2012	서울	1	1	0	0	1	0	0
	2012	성남일	5	5	0	0	7	0	0
	합계		6	6	0	0	8	0	0
프로통산			6	6	0	0	8	0	0

윤시호 (尹施淏 / ← 윤홍창) 동북고 1984.05.12

리그	연도	소속	출전	교체	득점	도움	파울	경고	퇴장
BC	2007	서울	7	7	0	0	5	2	0
	2008	서울	11	10	0	0	10	1	0
	2009	서울	0	0	0	0	0	0	0
	2010	서울	0	0	0	0	0	0	0
	2011	대구	25	3	0	3	23	4	0
	2012	서울	3	3	0	0	1	0	0
	합계		46	23	0	3	39	7	0
프로통산			46	23	0	3	39	7	0

윤신영 (尹信榮) 경기대 1987.05.22

리그	연도	소속	출전	교체	득점	도움	파울	경고	퇴장
BC	2009	대전	6	5	0	0	4	1	0
	2010	광주상	2	2	0	0	1	0	0
	2011	상주	17	8	0	0	20	5	0
	2012	경남	31	0	0	0	44	6	0
	합계		56	15	0	0	69	12	0
클	2013	경남	32	2	2	2	51	7	0
	2015	대전	15	4	0	0	10	1	0
	합계		47	6	2	2	61	8	0
프로통산			103	21	2	2	130	20	0

윤여산 (尹如山) 한남대 1982.07.09

리그	연도	소속	출전	교체	득점	도움	파울	경고	퇴장
BC	2005	인천	0	0	0	0	0	0	0
	2006	대구	11	3	0	0	22	0	0
	2007	대구	18	12	0	0	29	3	0
	2008	대구	13	6	1	0	22	1	0
	2009	대구	24	3	0	1	50	7	0
	2010	광주상	16	4	0	0	23	7	0
	2011	상주	12	1	0	0	22	6	1
	합계		94	29	1	1	168	24	1
프로통산			94	29	1	1	168	24	1

윤영노 (尹英老) 숭실대 1989.05.01

리그	연도	소속	출전	교체	득점	도움	파울	경고	퇴장
BC	2012	부산	1	1	0	0	2	0	0
	합계		1	1	0	0	2	0	0
프로통산			1	1	0	0	2	0	0

윤영선 (尹榮善) 단국대 1988.10.04

리그	연도	소속	출전	교체	득점	도움	파울	경고	퇴장
BC	2010	성남일	5	2	0	0	6	0	0
	2011	성남일	18	3	0	0	31	2	0
	2012	성남일	34	5	0	0	45	3	1
	합계		57	10	0	0	82	5	1
클	2013	성남일	36	6	2	0	41	7	0
	2014	성남	19	3	0	0	17	2	0
	2015	성남	35	1	2	0	37	11	0
	2016	성남	16	0	1	0	12	5	0
	2016	상주	6	0	0	0	7	4	0
	합계		112	10	5	0	114	29	0
프로통산			169	20	5	0	196	34	1

윤영승 (尹英勝) 일본 도쿄 조선대 1991.08.13

리그	연도	소속	출전	교체	득점	도움	파울	경고	퇴장
클	2013	대구	1	1	0	0	0	0	0
	합계		1	1	0	0	0	0	0
챌	2014	대구	8	8	0	0	9	2	0
	합계		8	8	0	0	9	2	0
프로통산			9	9	0	0	9	2	0

윤영종 (尹英鍾) 인천대 1979.01.23

리그	연도	소속	출전	교체	득점	도움	파울	경고	퇴장
BC	2001	전남	1	1	0	0	0	0	0
	합계		1	1	0	0	0	0	0
프로통산			1	1	0	0	0	0	0

윤영준 (尹詠準) 상지대 1993.09.01

리그	연도	소속	출전	교체	득점	도움	파울	경고	퇴장
챌	2016	고양	23	16	2	0	31	4	0
	합계		23	16	2	0	31	4	0
프로통산			23	16	2	0	31	4	0

윤용구 (尹勇九) 건국대 1977.08.08

리그	연도	소속	출전	교체	득점	도움	파울	경고	퇴장
BC	2000	전남	13	13	0	0	3	0	0
	2001	전남	2	2	1	0	1	0	0
	2004	부천S	20	14	0	1	25	2	0
	합계		35	29	1	1	29	2	0
프로통산			35	29	1	1	29	2	0

윤원일 (尹遠溢) 선문대 1986.10.23

리그	연도	소속	출전	교체	득점	도움	파울	경고	퇴장
BC	2008	제주	5	5	0	0	7	1	0
	2009	제주	2	3	0	0	2	0	0
	2011	제주	6	4	0	0	8	2	0
	2012	제주	2	2	0	0	0	0	0
	합계		15	14	0	0	17	3	0
클	2013	대전	20	3	1	0	14	3	0
	2015	대전	3	0	0	0	3	1	0
	합계		23	3	1	0	17	4	0
챌	2014	대전	27	3	0	0	23	1	0
	합계		27	3	0	0	23	1	0
프로통산			65	20	1	0	57	8	0

윤원일 (尹元一) 포철공고 1983.03.31

리그	연도	소속	출전	교체	득점	도움	파울	경고	퇴장
BC	2003	수원	0	0	0	0	0	0	0
	2004	대구	23	12	1	1	54	5	0
	2005	대구	6	2	0	0	9	1	0
	2006	인천	18	11	0	1	34	2	0
	2007	인천	20	8	0	0	49	6	0
	2008	인천	17	7	0	0	33	4	0
	2009	인천	18	3	1	0	34	7	0
	2010	인천	17	3	0	2	28	4	1
	2011	포항	1	1	0	0	2	1	0
	2012	포항	1	1	0	0	2	1	0
	합계		121	48	2	4	245	31	1
프로통산			121	48	2	4	245	31	1

윤원철 (尹元喆) 경희대 1979.01.06

리그	연도	소속	출전	교체	득점	도움	파울	경고	퇴장
BC	2001	부천S	4	4	0	0	9	0	0
	2002	부천S	2	2	0	0	1	0	0
	2003	부천S	13	6	0	0	33	2	0
	2004	부천S	9	8	1	0	16	2	0
	합계		28	20	1	0	59	4	0
프로통산			28	20	1	0	59	4	0

윤일록 (尹日錄) 진주고 1992.03.07

리그	연도	소속	출전	교체	득점	도움	파울	경고	퇴장
BC	2011	경남	26	15	4	6	34	2	0
	2012	경남	42	18	6	2	40	5	0
	합계		68	33	10	8	74	7	0
클	2013	서울	29	23	2	0	19	1	0
	2014	서울	27	15	7	2	35	0	0
	2015	서울	20	13	1	3	27	2	0
	2016	서울	26	14	6	7	30	1	0
	합계		102	65	16	12	111	4	0
프로통산			170	98	26	20	185	11	0

윤재훈 (尹在訓) 울산대 1973.12.25

리그	연도	소속	출전	교체	득점	도움	파울	경고	퇴장
BC	1996	울산	30	3	0	1	78	8	0
	1997	울산	22	6	0	0	51	6	0
	1998	울산	25	6	0	3	74	7	0
	1999	울산	23	10	0	1	35	9	0
	2000	전북	26	4	0	1	54	7	0
	2001	전북	0	0	0	0	0	0	0
	합계		126	29	0	6	292	37	0
프로통산			126	29	0	6	292	37	0

윤정규 (尹正奎) 명지대 1991.12.04

리그	연도	소속	출전	교체	득점	도움	파울	경고	퇴장
클	2014	부산	0	0	0	0	0	0	0
	합계		0	0	0	0	0	0	0
프로통산			0	0	0	0	0	0	0

윤정춘 (尹晶椿) 순천고 1973.02.18

리그	연도	소속	출전	교체	득점	도움	파울	경고	퇴장
BC	1994	유공	1	1	0	0	0	0	0
	1995	유공	9	8	2	0	7	0	0
	1996	부천S	30	18	3	5	23	2	0
	1997	부천S	29	10	8	5	41	3	0
	1998	부천S	32	22	5	3	30	2	0
	1999	부천S	35	18	5	3	41	4	0
	2000	부천S	41	24	4	3	59	5	0
	2001	부천S	32	17	1	3	36	6	0
	2002	부천S	27	13	1	4	29	2	0
	2003	부천S	32	16	1	1	32	0	0
	2004	부천S	5	3	0	0	8	0	0
	2005	대전	12	11	1	0	13	1	0
	합계		285	161	31	27	319	25	0
프로통산			285	161	31	27	319	25	0

윤정환 (宋善榮) 동아대 1973.02.16

리그	연도	소속	출전	교체	득점	도움	파울	경고	퇴장
BC	1995	유공	24	7	3	5	47	9	0
	1996	부천S	22	1	2	8	42	2	0
	1997	부천S	16	10	3	3	38	4	0
	1998	부천S	28	13	4	8	41	4	0
	1999	부천S	18	3	3	4	37	1	0
	2003	성남일	30	26	1	3	44	2	0
	2004	전북	34	5	2	8	76	6	0
	2005	전북	31	20	2	5	45	6	0
	합계		203	85	20	44	370	34	0
프로통산			203	85	20	44	370	34	0

윤종현 (尹鐘玄) 동아대 1961.07.03

리그	연도	소속	출전	교체	득점	도움	파울	경고	퇴장
BC	1984	국민	1	1	0	0	0	0	0
	합계		1	1	0	0	0	0	0
프로통산			1	1	0	0	0	0	0

윤주열 (尹周烈) 인천대 1992.05.10

리그	연도	소속	출전	교체	득점	도움	파울	경고	퇴장
클	2015	인천	0	0	0	0	0	0	0
	합계		0	0	0	0	0	0	0
프로통산			0	0	0	0	0	0	0

윤주일 (尹柱日) 동아대 1980.03.10

리그	연도	소속	출전	교체	득점	도움	파울	경고	퇴장
BC	2003	대구	36	16	5	3	74	8	0
	2004	대구	29	8	3	3	56	5	0
	2005	대구	26	10	1	2	34	4	0
	2006	대구	13	9	1	1	19	2	0
	2007	인천	6	5	0	0	7	0	0
	2007	전남	8	6	0	0	15	1	0
	2008	전남	4	1	0	0	4	0	0
	2009	전남	4	2	0	0	10	2	0
	2010	부산	0	0	0	0	0	0	0
	합계		126	57	10	9	219	22	0
프로통산			126	57	10	9	219	22	0

윤주태 (尹柱泰) 연세대 1990.06.22

리그	연도	소속	출전	교체	득점	도움	파울	경고	퇴장
클	2014	서울	10	9	2	0	2	0	0
	2015	서울	26	26	9	1	17	0	0
	2016	서울	17	16	3	2	11	3	0
	합계		53	51	14	3	30	3	0
프로통산			53	51	14	3	30	3	0

윤준성 (尹准聖) 경희대 1989.09.28

리그	연도	소속	출전	교체	득점	도움	파울	경고	퇴장
BC	2012	포항	1	0	0	0	1	1	0

리그	연도	소속	출전	교체	득점	도움	파울	경고	퇴장
	합계		1	0	0	0	1	1	0
클	2013	포항	1	1	0	0	0	0	0
	2014	포항	11	11	0	1	2	1	0
	2015	대전	15	1	0	0	9	2	0
	2016	상주	10	1	0	0	10	0	0
	합계		37	14	0	1	21	3	0
프로통산			38	14	0	1	22	4	0

윤준수 (尹晙洙) 경기대 1986.03.28

리그	연도	소속	출전	교체	득점	도움	파울	경고	퇴장
BC	2007	전남	1	1	0	0	1	0	0
	합계		1	1	0	0	1	0	0
프로통산			1	1	0	0	1	0	0

윤준하 (尹俊河) 대구대 1987.01.04

리그	연도	소속	출전	교체	득점	도움	파울	경고	퇴장
BC	2009	강원	30	20	7	5	21	2	0
	2010	강원	17	14	0	1	12	1	0
	2011	강원	30	23	1	4	32	2	0
	2012	인천	3	3	0	0	8	1	0
	합계		80	60	8	10	73	6	0
클	2013	대전	6	6	0	0	1	0	0
	2015	대전	0	0	0	0	0	0	0
	합계		6	6	0	0	1	0	0
챌	2014	안산경	23	18	4	3	42	1	0
	2015	안산경	15	14	1	1	18	4	0
	합계		38	32	5	4	60	5	0
프로통산			124	98	13	14	134	11	0

윤중희 (尹重熙) 중앙대 1975.12.08

리그	연도	소속	출전	교체	득점	도움	파울	경고	퇴장
BC	1999	부천S	9	7	0	0	4	0	0
	2000	부천S	11	6	0	0	20	1	0
	2001	부천S	22	8	1	0	30	3	0
	2002	부천S	5	3	0	0	7	1	0
	2003	부천S	21	3	0	1	23	6	0
	2004	부천S	2	2	0	0	1	0	0
	합계		70	29	1	1	85	11	0
프로통산			70	29	1	1	85	11	0

윤태수 (尹太秀) 아주대 1993.04.16

리그	연도	소속	출전	교체	득점	도움	파울	경고	퇴장
클	2016	수원FC	6	6	0	0	5	1	0
	합계		6	6	0	0	5	1	0
프로통산			6	6	0	0	5	1	0

윤평국 (尹平國) 인천대 1992.02.08

리그	연도	소속	출전	교체	실점	도움	파울	경고	퇴장
클	2016	상주	0	0	0	0	0	0	0
	합계		0	0	0	0	0	0	0
챌	2015	상주	2	0	2	0	0	1	0
	합계		2	0	2	0	0	1	0
프로통산			2	0	2	0	0	1	0

윤화평 (尹和平) 강릉농공고 1983.03.26

리그	연도	소속	출전	교체	득점	도움	파울	경고	퇴장
BC	2002	수원	1	1	0	0	0	0	0
	2006	수원	4	4	0	0	3	0	0
	합계		5	5	0	0	3	0	0
프로통산			5	5	0	0	3	0	0

윤희준 (尹熙俊) 연세대 1972.11.01

리그	연도	소속	출전	교체	득점	도움	파울	경고	퇴장
BC	1995	대우	8	1	0	1	21	2	0
	1996	부산	23	3	1	0	48	8	2
	1997	부산	22	8	0	2	36	3	0
	2000	부산	24	3	1	0	39	6	0
	2001	부산	33	5	3	2	58	6	0
	2002	부산	31	4	1	1	56	6	0
	2003	부산	36	5	2	1	52	7	0
	2004	부산	34	0	1	0	69	6	0
	2005	부산	15	1	0	0	11	6	1
	2006	전남	26	20	1	1	23	4	0
	합계		252	50	10	8	413	54	3
프로통산			252	50	10	8	413	54	3

율리안 (Archire Iulian) 루마니아 1976.03.17

리그	연도	소속	출전	교체	득점	도움	파울	경고	퇴장
BC	1999	포항	7	6	0	0	6	2	0
	합계		7	6	0	0	6	2	0
프로통산			7	6	0	0	6	2	0

은종구 (殷鍾九) 전주대 1968.08.01

리그	연도	소속	출전	교체	득점	도움	파울	경고	퇴장
BC	1993	현대	17	15	0	2	10	0	0
	1994	현대	1	1	0	0	1	0	0
	합계		18	16	0	2	11	0	0
프로통산			18	16	0	2	11	0	0

음밤바 (Emile Bertrand Mbamba) 카메룬 1982.10.27

리그	연도	소속	출전	교체	득점	도움	파울	경고	퇴장
BC	2009	대구	7	6	0	0	12	1	0
	합계		7	6	0	0	12	1	0
프로통산			7	6	0	0	12	1	0

이강민 (李康敏) 연세대 1954.07.21

리그	연도	소속	출전	교체	득점	도움	파울	경고	퇴장
BC	1984	현대	10	8	3	1	2	0	0
	합계		10	8	3	1	2	0	0
프로통산			10	8	3	1	2	0	0

이강민 (李康敏) 경희대 1985.08.29

리그	연도	소속	출전	교체	득점	도움	파울	경고	퇴장
BC	2009	강원	10	7	0	1	7	0	0
	합계		10	7	0	1	7	0	0
프로통산			10	7	0	1	7	0	0

이강석 (李康錫) 서울대 1958.05.21

리그	연도	소속	출전	교체	득점	도움	파울	경고	퇴장
BC	1983	할렐	16	7	2	3	11	1	0
	1984	할렐	15	10	1	1	20	2	0
	1985	할렐	11	8	1	0	12	0	0
	합계		42	25	4	4	43	3	0
프로통산			42	25	4	4	43	3	0

이강욱 (李康旭) 서울대 1963.05.07

리그	연도	소속	출전	교체	득점	도움	파울	경고	퇴장
BC	1986	유공	5	5	0	0	3	0	0
	합계		5	5	0	0	3	0	0
프로통산			5	5	0	0	3	0	0

이강일 (李康一) 광운대 1981.06.26

리그	연도	소속	출전	교체	득점	도움	파울	경고	퇴장
BC	2004	대전	1	1	0	0	0	0	0
	합계		1	1	0	0	0	0	0
프로통산			1	1	0	0	0	0	0

이강조 (李康助) 고려대 1954.10.27

리그	연도	소속	출전	교체	득점	도움	파울	경고	퇴장
BC	1983	유공	16	0	2	3	6	0	0
	1984	유공	27	0	4	5	19	0	0
	1985	유공	7	5	1	3	3	0	0
	합계		50	5	7	11	28	0	0
프로통산			50	5	7	11	28	0	0

이겨레 (李겨레) 동북중 1985.08.22

리그	연도	소속	출전	교체	득점	도움	파울	경고	퇴장
BC	2008	대전	1	1	0	0	0	0	0
	합계		1	1	0	0	0	0	0
프로통산			1	1	0	0	0	0	0

이경근 (李景根) 숭실고 1978.06.16

리그	연도	소속	출전	교체	득점	도움	파울	경고	퇴장
BC	1999	수원	1	0	0	0	5	0	0
	2000	수원	6	1	0	0	10	2	0
	합계		7	1	0	0	15	2	0
프로통산			7	1	0	0	15	2	0

이경남 (李敬男) 경희대 1961.11.04

리그	연도	소속	출전	교체	득점	도움	파울	경고	퇴장
BC	1985	현대	10	9	1	0	3	0	0
	1986	현대	1	1	0	0	0	0	0
	합계		11	10	1	0	3	0	0
프로통산			11	10	1	0	3	0	0

이경렬 (李京烈) 고려대 1988.01.16

리그	연도	소속	출전	교체	득점	도움	파울	경고	퇴장
BC	2010	경남	6	2	0	0	8	1	0
	2011	경남	26	7	2	0	20	4	0
	2012	부산	39	6	1	0	25	6	0
	합계		71	15	3	0	53	11	0
클	2013	부산	22	3	0	1	35	4	0
	2014	부산	30	1	2	0	39	8	0
	2015	부산	34	0	3	0	31	10	0
	2016	상주	8	3	1	0	4	2	0
	합계		94	7	6	1	109	24	0
승	2015	부산	2	0	0	0	5	1	0
	합계		2	0	0	0	5	1	0
프로통산			167	22	9	1	167	36	0

이경수 (李經受) 수원대 1991.07.21

리그	연도	소속	출전	교체	득점	도움	파울	경고	퇴장
챌	2014	부천	9	8	0	0	7	2	0
	합계		9	8	0	0	7	2	0
프로통산			9	8	0	0	7	2	0

이경수 (李慶洙) 숭실대 1973.10.28

리그	연도	소속	출전	교체	득점	도움	파울	경고	퇴장
BC	1996	수원	6	2	0	0	7	1	0
	1998	울산	25	15	0	0	37	4	0
	1999	천안	16	11	1	0	22	0	0
	2000	전북	3	2	0	0	8	0	0
	2001	전북	14	11	1	0	37	2	0
	2003	대구	22	17	1	0	34	4	0
	2004	대구	13	8	1	0	19	3	0
	2005	대전	29	10	1	1	52	6	0
	합계		128	76	5	1	216	20	0
프로통산			128	76	5	1	216	20	0

이경수 (李炅秀) 천안제일고 1992.10.23

리그	연도	소속	출전	교체	득점	도움	파울	경고	퇴장
BC	2011	강원	0	0	0	0	0	0	0
	합계		0	0	0	0	0	0	0
프로통산			0	0	0	0	0	0	0

이경우 (李庚祐) 주문진수도공고 1977.05.03

리그	연도	소속	출전	교체	득점	도움	파울	경고	퇴장
BC	1999	수원	3	3	0	0	1	0	0
	2000	수원	13	9	3	1	18	2	0
	2001	수원	0	0	0	0	0	0	0
	2004	수원	1	1	0	0	1	1	0
	합계		17	13	3	1	20	3	0
프로통산			17	13	3	1	20	3	0

이경춘 (李炅春) 아주대 1969.04.14

리그	연도	소속	출전	교체	득점	도움	파울	경고	퇴장
BC	1992	대우	14	12	0	0	11	2	0
	1993	대우	4	4	0	0	2	0	0
	1994	버팔로	23	1	2	0	38	5	0
	1995	전북	31	2	0	0	70	8	0
	1996	전북	33	2	0	0	62	5	0
	1997	전북	31	1	2	0	62	7	0
	1998	전북	32	5	1	2	81	5	0
	1999	전북	16	6	0	0	39	4	0
	2000	전북	1	1	0	0	3	0	0
	합계		185	34	5	2	368	36	0
프로통산			185	34	5	2	368	36	0

이경환 (李京煥) 명신대 1988.03.21

리그	연도	소속	출전	교체	득점	도움	파울	경고	퇴장
BC	2009	대전	22	16	0	1	30	7	0
	2010	대전	20	15	1	1	31	4	0
	2011	수원	2	1	0	0	1	0	0
	합계		44	32	1	2	62	11	0
프로통산			44	32	1	2	62	11	0

이계원 (李啓源) 인천대 1965.03.16

Section 6 역대 통산 기록

리그	연도	소속	출전	교체	득점	도움	파울	경고	퇴장
BC	1985	상무	17	2	2	2	19	1	0
	1988	포철	19	13	0	0	11	0	0
	1989	포철	20	11	1	2	19	1	0
	1990	포철	26	5	4	2	30	1	0
	1991	포철	30	11	2	2	26	1	0
	1992	포철	16	10	1	0	14	0	0
	1993	포철	13	11	1	1	8	1	0
	합계		141	63	11	9	127	5	0
프로통산			141	63	11	9	127	5	0

이고르 (Garcia Silva Hygor Cleber) 브라질 1992.08.13

리그	연도	소속	출전	교체	득점	도움	파울	경고	퇴장
클	2016	수원	2	2	1	0	0	0	0
	합계		2	2	1	0	0	0	0
프로통산			2	2	1	0	0	0	0

이관우 (李官雨) 한양대 1978.02.25

리그	연도	소속	출전	교체	득점	도움	파울	경고	퇴장
BC	2000	대전	12	9	1	1	14	2	0
	2001	대전	12	8	6	4	15	2	0
	2002	대전	19	8	2	1	15	6	0
	2003	대전	38	30	4	5	47	5	0
	2004	대전	29	19	5	2	34	8	0
	2005	대전	32	10	4	5	64	9	0
	2006	대전	23	12	3	3	28	2	0
	2006	수원	15	7	2	4	18	2	0
	2007	수원	35	23	4	5	50	2	0
	2008	수원	28	28	2	3	24	3	0
	2009	수원	3	2	0	0	4	1	0
	2010	수원	5	5	0	0	9	2	0
	합계		251	161	33	33	322	44	0
프로통산			251	161	33	33	322	44	0

이관표 (李官表) 중앙대 1994.09.07

리그	연도	소속	출전	교체	득점	도움	파울	경고	퇴장
챌	2015	수원FC	23	11	2	3	25	3	0
	2016	경남	19	10	2	1	14	3	0
	합계		42	21	4	4	39	6	0
프로통산			42	21	4	4	39	6	0

이관호 (李寬鎬) 명지대 1960.06.28

리그	연도	소속	출전	교체	실점	도움	파울	경고	퇴장
BC	1985	상무	18	1	24	0	0	0	0
	합계		18	1	24	0	0	0	0
프로통산			18	1	24	0	0	0	0

이광래 (李光來) 중앙고 1972.05.24

리그	연도	소속	출전	교체	득점	도움	파울	경고	퇴장
BC	1992	LG	2	2	0	0	7	1	0
	1993	LG	2	2	0	0	0	0	0
	합계		4	4	0	0	7	1	0
프로통산			4	4	0	0	7	1	0

이광석 (李光錫) 중앙대 1975.03.05

리그	연도	소속	출전	교체	실점	도움	파울	경고	퇴장
BC	1998	전북	34	0	58	0	4	2	0
	1999	전북	33	0	54	0	1	1	0
	2000	전북	8	1	12	0	1	1	0
	2001	전북	11	1	14	0	0	0	0
	2003	광주상	33	0	43	0	2	2	0
	2004	전북	5	0	5	0	0	1	0
	2005	전북	20	1	28	0	1	0	0
	2006	전북	2	0	4	0	0	0	0
	2007	경남	8	1	10	0	0	0	0
	2008	경남	33	0	45	0	2	3	0
	2009	경남	2	1	4	0	0	0	0
	합계		189	5	277	0	11	10	0
프로통산			189	5	277	0	11	10	0

이광선 (李光善) 경희대 1989.09.06

리그	연도	소속	출전	교체	득점	도움	파울	경고	퇴장
클	2016	제주	34	3	5	1	52	2	0
	합계		34	3	5	1	52	2	0
프로통산			34	3	5	1	52	2	0

이광재 (李珖載) 대구대 1980.01.01

리그	연도	소속	출전	교체	득점	도움	파울	경고	퇴장
BC	2003	광주상	17	5	5	1	33	4	0
	2004	전남	9	10	0	0	7	0	0
	2005	전남	15	14	1	2	31	4	0
	2006	전남	22	17	5	1	43	3	0
	2007	포항	29	24	7	1	36	4	0
	2008	포항	9	10	0	1	5	2	0
	2009	포항	4	4	0	0	5	0	0
	2009	전북	11	10	1	1	10	3	0
	2010	전북	12	11	1	1	10	2	0
	2012	대구	8	8	0	0	7	1	0
	합계		136	113	20	8	187	23	0
챌	2013	고양	12	9	0	0	17	1	0
	2014	고양	28	18	2	4	29	3	0
	2015	고양	25	24	3	0	21	2	0
	합계		65	51	5	4	67	6	0
프로통산			201	164	25	12	254	29	0

이광조 (李光照) 한양대 1962.08.20

리그	연도	소속	출전	교체	득점	도움	파울	경고	퇴장
BC	1986	현대	3	2	0	0	2	0	0
	1987	현대	2	1	0	0	2	0	0
	1988	현대	8	5	0	0	11	1	0
	1989	유공	24	7	0	0	17	2	0
	1990	유공	20	2	0	0	31	2	0
	1991	유공	16	6	0	0	12	1	0
	1992	유공	9	1	0	0	4	1	0
	1993	LG	20	3	0	0	4	4	0
	합계		102	27	0	0	83	11	0
프로통산			102	27	0	0	83	11	0

이광종 (李光鍾) 중앙대 1964.04.01

리그	연도	소속	출전	교체	득점	도움	파울	경고	퇴장
BC	1988	유공	24	5	1	2	34	1	0
	1989	유공	37	7	2	6	40	1	1
	1990	유공	25	8	4	1	35	1	0
	1991	유공	11	6	1	0	8	1	0
	1992	유공	28	15	5	1	33	1	0
	1993	유공	35	10	4	2	48	1	0
	1994	유공	35	14	9	3	54	2	0
	1995	유공	28	3	4	2	49	2	0
	1996	수원	30	16	5	4	51	3	0
	1997	수원	13	14	1	0	17	0	0
	합계		266	98	36	21	369	13	1
프로통산			266	98	36	21	369	13	1

이광진 (李廣鎭) 동북고 1991.07.23

리그	연도	소속	출전	교체	득점	도움	파울	경고	퇴장
BC	2010	서울	0	0	0	0	0	0	0
	2011	서울	0	0	0	0	0	0	0
	2011	대구	0	0	0	0	0	0	0
	2012	대구	1	1	0	0	0	0	0
	합계		1	1	0	0	0	0	0
클	2015	대전	2	2	0	0	2	0	0
	2016	수원FC	25	11	0	0	26	5	0
	합계		27	13	0	0	28	5	0
챌	2013	광주	16	3	4	2	29	2	0
	2014	대전	7	1	0	0	9	1	0
	2015	대구	5	4	0	0	4	0	0
	합계		28	8	4	2	42	3	0
프로통산			56	22	4	2	70	8	0

이광진 (李光振) 경일대 1972.05.27

리그	연도	소속	출전	교체	득점	도움	파울	경고	퇴장
BC	2002	대전	7	7	0	0	7	0	0
	합계		7	7	0	0	7	0	0
프로통산			7	7	0	0	7	0	0

이광혁 (李侊赫) 포철고 1995.09.11

리그	연도	소속	출전	교체	득점	도움	파울	경고	퇴장
클	2014	포항	9	9	0	0	6	1	0
	2015	포항	19	16	2	0	11	0	0
	2016	포항	12	9	0	2	14	3	0
	합계		40	34	2	2	31	4	0
프로통산			40	34	2	2	31	4	0

이광현 (李光鉉) 중앙대 1973.03.16

리그	연도	소속	출전	교체	득점	도움	파울	경고	퇴장
BC	1996	천안	9	9	1	0	3	1	0
	1997	천안	12	8	0	0	8	0	0
	합계		21	17	1	0	11	1	0
프로통산			21	17	1	0	11	1	0

이광현 (李光鉉) 고려대 1981.07.18

리그	연도	소속	출전	교체	득점	도움	파울	경고	퇴장
BC	2004	전북	2	1	0	0	3	0	0
	2005	전북	7	2	0	0	11	0	0
	2006	전북	9	4	0	0	7	0	0
	2008	광주상	7	0	0	0	7	2	0
	2009	전북	4	2	0	0	2	1	0
	2010	전북	6	4	0	0	5	0	0
	2011	전북	4	2	0	0	5	0	0
	2012	대전	2	0	0	0	2	1	0
	합계		41	15	0	0	42	4	0
프로통산			41	15	0	0	42	4	0

이광호 (李光好) 상지대 1977.05.24

리그	연도	소속	출전	교체	득점	도움	파울	경고	퇴장
BC	2000	수원	1	0	0	0	2	0	0
	합계		1	0	0	0	2	0	0
프로통산			1	0	0	0	2	0	0

이광훈 (李侊勳) 포철공고 1993.11.26

리그	연도	소속	출전	교체	득점	도움	파울	경고	퇴장
BC	2012	포항	0	0	0	0	0	0	0
	합계		0	0	0	0	0	0	0
클	2013	포항	1	1	0	0	0	0	0
	2014	포항	4	4	0	0	4	0	0
	2015	대전	1	1	0	0	1	0	0
	2016	수원FC	3	3	0	0	0	0	0
	합계		9	9	0	0	5	0	0
프로통산			9	9	0	0	5	0	0

이규로 (李奎魯) 광양제철고 1988.08.20

리그	연도	소속	출전	교체	득점	도움	파울	경고	퇴장
BC	2007	전남	8	3	1	0	9	0	0
	2008	전남	19	11	1	1	19	2	0
	2009	전남	28	6	5	0	34	7	0
	2010	서울	2	1	0	0	2	0	0
	2011	서울	14	6	0	1	23	2	0
	2012	인천	23	3	1	2	39	5	0
	합계		94	30	8	4	126	16	0
클	2013	전북	15	5	0	0	17	1	0
	2014	전북	14	4	0	1	16	3	0
	2015	전북	2	0	0	0	3	0	0
	2016	서울	8	6	0	0	10	2	0
	합계		39	15	0	1	46	6	0
챌	2016	서울E	11	4	2	0	12	3	0
	합계		11	4	2	0	12	3	0
프로통산			144	49	10	5	184	25	0

이규성 (李奎成) 홍익대 1994.05.10

리그	연도	소속	출전	교체	득점	도움	파울	경고	퇴장
클	2015	부산	18	10	1	2	14	2	0
	합계		18	10	1	2	14	2	0
챌	2016	부산	32	17	1	3	29	4	0
	합계		32	17	1	3	29	4	0
승	2015	부산	2	2	0	0	2	0	0
	합계		2	2	0	0	2	0	0
프로통산			52	29	2	5	45	6	0

이규철 (李揆喆) 울산대 1982.05.01

리그	연도	소속	출전	교체	득점	도움	파울	경고	퇴장

리그	연도	소속	출전	교체	득점	도움	파울	경고	퇴장
BC	2006	대전	5	3	0	0	5	0	0
	합계		5	3	0	0	5	0	0
프로통산			5	3	0	0	5	0	0

이규칠 (李圭七) 영남대 1975.11.28

리그	연도	소속	출전	교체	득점	도움	파울	경고	퇴장
BC	1998	포항	7	7	0	0	8	1	0
	1999	포항	5	4	0	0	8	0	0
	합계		12	11	0	0	16	1	0
프로통산			12	11	0	0	16	1	0

이규호 (李圭鎬) 연세대 1979.07.13

리그	연도	소속	출전	교체	득점	도움	파울	경고	퇴장
BC	2002	부산	24	3	0	0	15	3	0
	2004	부산	0	0	0	0	0	0	0
	합계		24	3	0	0	15	3	0
프로통산			24	3	0	0	15	3	0

이근표 (李根杓) 수원대 1992.02.06

리그	연도	소속	출전	교체	득점	도움	파울	경고	퇴장
BC	2012	경남	0	0	0	0	0	0	0
	합계		0	0	0	0	0	0	0
클	2013	강원	0	0	0	0	0	0	0
	합계		0	0	0	0	0	0	0
프로통산			0	0	0	0	0	0	0

이근호 (李根鎬) 부평고 1985.04.11

리그	연도	소속	출전	교체	득점	도움	파울	경고	퇴장
BC	2005	인천	5	5	0	0	3	0	0
	2006	인천	3	3	0	0	3	0	0
	2007	대구	27	5	10	3	32	3	0
	2008	대구	32	4	13	6	31	2	0
	2012	울산	33	11	8	6	41	3	0
	합계		100	28	31	15	110	8	0
클	2014	상주	18	6	4	2	13	1	0
	2015	전북	15	7	4	1	14	0	0
	2016	제주	35	19	5	6	39	1	0
	합계		68	32	13	9	66	2	0
챌	2013	상주	25	6	15	6	26	3	0
	합계		25	6	15	6	26	3	0
승	2013	상주	2	0	0	1	2	1	0
	합계		2	0	0	1	2	1	0
프로통산			195	66	59	31	204	14	0

이기근 (李基根) 한양대 1965.08.13

리그	연도	소속	출전	교체	득점	도움	파울	경고	퇴장
BC	1987	포철	26	19	6	0	18	2	0
	1988	포철	23	6	12	1	22	1	0
	1989	포철	33	16	6	2	32	4	0
	1990	포철	21	17	3	0	11	0	0
	1991	포철	37	19	16	1	38	1	0
	1992	포철	16	10	2	3	9	1	0
	1993	대우	28	21	7	2	32	3	0
	1994	대우	23	22	4	4	21	0	0
	1996	수원	32	27	11	6	49	3	0
	1997	수원	25	24	3	0	27	1	0
	합계		264	181	70	19	259	16	0
프로통산			264	181	70	19	259	16	0

이기동 (李期東) 연세대 1984.05.11

리그	연도	소속	출전	교체	득점	도움	파울	경고	퇴장
BC	2010	포항	3	2	1	0	3	2	0
	2011	포항	1	1	0	0	0	0	0
	합계		4	3	1	0	3	2	0
프로통산			4	3	1	0	3	2	0

이기범 (李基汎) 경북산업대(경일대) 1970.08.08

리그	연도	소속	출전	교체	득점	도움	파울	경고	퇴장
BC	1993	일화	10	7	1	2	14	0	1
	1994	일화	21	16	2	2	12	1	0
	1995	일화	7	5	1	0	11	1	0
	1996	천안	34	25	5	0	45	3	0
	1997	천안	20	11	1	3	41	3	0
	1998	천안	26	18	0	3	37	8	0
	1999	울산	27	26	1	4	34	1	0
	2000	수원	14	12	0	0	21	3	0
	합계		159	120	11	14	215	20	1
프로통산			159	120	11	14	215	20	1

이기부 (李基富) 아주대 1976.03.16

리그	연도	소속	출전	교체	득점	도움	파울	경고	퇴장
BC	1999	부산	17	14	1	0	25	1	0
	2000	부산	34	11	8	4	64	5	0
	2001	부산	26	17	1	0	28	2	0
	2002	포항	6	6	1	1	13	1	0
	2004	인천	1	1	0	0	0	0	0
	합계		84	49	11	5	130	9	0
프로통산			84	49	11	5	130	9	0

이기제 (李基濟) 동국대 1991.07.09

리그	연도	소속	출전	교체	득점	도움	파울	경고	퇴장
클	2016	울산	35	5	0	2	40	6	0
	합계		35	5	0	2	40	6	0
프로통산			35	5	0	2	40	6	0

이기현 (李起現) 동국대 1993.12.16

리그	연도	소속	출전	교체	실점	도움	파울	경고	퇴장
챌	2015	부천	12	0	17	0	0	0	0
	2016	경남	5	0	7	0	0	0	0
	합계		17	0	24	0	0	0	0
프로통산			17	0	24	0	0	0	0

이기형 (李祺炯) 고려대 1974.09.28

리그	연도	소속	출전	교체	득점	도움	파울	경고	퇴장
BC	1996	수원	22	0	3	2	31	0	0
	1997	수원	15	3	1	0	24	3	0
	1998	수원	24	10	4	4	48	1	0
	1999	수원	36	6	3	4	55	3	0
	2000	수원	3	4	0	0	2	0	0
	2001	수원	27	12	1	1	30	1	0
	2002	수원	29	7	6	3	38	4	0
	2003	성남일	38	1	3	4	53	5	0
	2004	성남일	27	5	2	2	37	5	0
	2005	서울	16	8	0	1	30	4	0
	2006	서울	17	10	0	2	13	0	0
	합계		254	66	23	23	361	26	0
프로통산			254	66	23	23	361	26	0

이기형 (李奇炯) 한양대 1957.06.11

리그	연도	소속	출전	교체	실점	도움	파울	경고	퇴장
BC	1984	한일	4	0	4	0	0	0	0
	합계		4	0	4	0	0	0	0
프로통산			4	0	4	0	0	0	0

이기형 (李基炯) 동국대 1981.05.09

리그	연도	소속	출전	교체	득점	도움	파울	경고	퇴장
BC	2004	수원	2	2	0	0	3	0	0
	2005	수원	0	0	0	0	0	0	0
	합계		2	2	0	0	3	0	0
프로통산			2	2	0	0	3	0	0

이길용 (李吉龍) 고려대 1959.09.29

리그	연도	소속	출전	교체	득점	도움	파울	경고	퇴장
BC	1983	포철	13	3	7	1	15	2	0
	1984	포철	22	10	5	7	15	1	0
	1985	포철	13	11	0	1	19	1	0
	1986	포철	14	11	2	0	10	1	0
	1987	포철	18	16	3	3	12	3	0
	1988	포철	7	8	0	0	1	0	0
	1989	포철	5	5	0	0	1	0	0
	합계		92	64	17	12	73	8	0
프로통산			92	64	17	12	73	8	0

이길용 (李佶勇) 광운대 1976.03.30

리그	연도	소속	출전	교체	득점	도움	파울	경고	퇴장
BC	1999	울산	21	17	5	2	19	1	0
	2000	울산	18	15	1	0	17	1	0
	2001	울산	15	11	5	0	11	0	0
	2002	울산	34	20	8	1	40	1	0
	2003	포항	26	22	2	3	31	1	1
	2004	포항	1	1	0	0	1	0	0
	2004	부천S	11	11	1	0	7	0	0
	합계		126	97	22	6	126	4	1
프로통산			126	97	22	6	126	4	1

이길훈 (李吉薰) 고려대 1983.03.06

리그	연도	소속	출전	교체	득점	도움	파울	경고	퇴장
BC	2006	수원	21	15	0	1	32	2	0
	2007	광주상	33	24	0	1	58	1	0
	2008	광주상	13	11	1	0	11	2	0
	2009	수원	10	8	1	2	6	2	0
	2010	수원	5	5	0	0	8	0	0
	2010	부산	1	1	0	0	1	0	0
	2011	부산	1	1	0	0	1	0	0
	합계		84	65	2	4	117	7	0
프로통산			84	65	2	4	117	7	0

이남규 (李南揆) 한양대 1993.03.18

리그	연도	소속	출전	교체	득점	도움	파울	경고	퇴장
클	2015	포항	0	0	0	0	0	0	0
	2016	포항	2	2	0	0	0	0	0
	합계		2	2	0	0	0	0	0
프로통산			2	2	0	0	0	0	0

이남수 (李南洙) 광운대 1987.03.15

리그	연도	소속	출전	교체	득점	도움	파울	경고	퇴장
BC	2010	전북	0	0	0	0	0	0	0
	합계		0	0	0	0	0	0	0
프로통산			0	0	0	0	0	0	0

이남용 (李南容) 중앙대 1988.06.13

리그	연도	소속	출전	교체	득점	도움	파울	경고	퇴장
BC	2011	전남	0	0	0	0	0	0	0
	합계		0	0	0	0	0	0	0
프로통산			0	0	0	0	0	0	0

이대명 (李大明) 홍익대 1991.01.08

리그	연도	소속	출전	교체	득점	도움	파울	경고	퇴장
클	2013	인천	0	0	0	0	0	0	0
	합계		0	0	0	0	0	0	0
프로통산			0	0	0	0	0	0	0

이대희 (李大喜) 아주대 1974.04.26

리그	연도	소속	출전	교체	실점	도움	파울	경고	퇴장
BC	1997	부천S	10	0	22	0	1	0	0
	1998	부천S	2	0	3	0	0	0	0
	2001	포항	0	0	0	0	0	0	0
	2002	포항	8	0	11	0	0	0	0
	2003	포항	0	0	0	0	0	0	0
	합계		20	0	36	0	1	0	0
프로통산			20	0	36	0	1	0	0

이도권 (李度權) 성균관대 1979.08.08

리그	연도	소속	출전	교체	득점	도움	파울	경고	퇴장
BC	2006	전북	5	4	0	0	3	1	0
	합계		5	4	0	0	3	1	0
프로통산			5	4	0	0	3	1	0

이도성 (李道成) 배재대 1984.03.22

리그	연도	소속	출전	교체	득점	도움	파울	경고	퇴장
BC	2007	대전	2	1	0	0	4	0	0
	합계		2	1	0	0	4	0	0
챌	2013	고양	33	10	0	0	74	8	0
	2014	고양	33	3	1	1	63	10	0
	2015	고양	34	10	0	1	48	10	0
	2016	고양	29	17	1	3	35	6	0
	합계		129	40	2	5	220	34	0
프로통산			131	41	2	5	224	34	0

이돈철 (李敦哲) 동아대 1961.01.13

리그	연도	소속	출전	교체	득점	도움	파울	경고	퇴장
BC	1985	현대	14	1	0	0	12	0	0
	1986	현대	17	0	0	1	25	1	0
	1988	현대	6	3	0	0	6	0	0
	합계		37	4	0	1	43	1	0

리그	연도	소속	출전	교체	득점	도움	파울	경고	퇴장
프로통산			37	4	0	1	43	1	0

이동국 (李同國) 위덕대 1979.04.29

리그	연도	소속	출전	교체	득점	도움	파울	경고	퇴장
BC	1998	포항	24	10	11	2	25	1	0
	1999	포항	19	5	8	4	28	1	0
	2000	포항	8	1	4	1	9	0	0
	2001	포항	17	5	3	1	23	1	0
	2002	포항	21	12	7	3	24	4	0
	2003	광주상	27	4	11	6	33	1	0
	2004	광주상	23	7	4	5	32	2	0
	2005	광주상	1	1	0	0	0	0	0
	2005	포항	24	4	7	4	40	3	0
	2006	포항	10	4	7	1	17	1	0
	2008	성남일	13	10	2	2	20	0	0
	2009	전북	32	5	22	0	46	2	0
	2010	전북	30	8	13	3	20	2	1
	2011	전북	29	6	16	15	33	2	0
	2012	전북	40	12	26	6	69	7	0
	합계		318	94	141	53	419	27	1
클	2013	전북	30	10	13	2	32	2	0
	2014	전북	31	15	13	6	25	1	0
	2015	전북	33	17	13	5	26	4	0
	2016	전북	27	19	12	0	17	1	0
	합계		121	61	51	13	100	8	0
프로통산			439	155	192	66	519	35	1

이동근 (李東根) 경희대 1981.01.23

리그	연도	소속	출전	교체	득점	도움	파울	경고	퇴장
BC	2003	부천S	21	9	2	1	26	3	0
	2004	부천S	6	6	0	0	3	1	0
	2005	광주상	2	2	0	0	2	0	0
	2006	광주상	5	3	0	0	3	1	0
	2008	대전	16	8	0	2	18	1	0
	2009	울산	3	3	0	0	4	0	0
	합계		53	31	2	3	56	6	0
프로통산			53	31	2	3	56	6	0

이동근 (李東根) 울산대 1988.11.28

리그	연도	소속	출전	교체	득점	도움	파울	경고	퇴장
BC	2011	경남	3	3	1	0	0	0	0
	합계		3	3	1	0	0	0	0
프로통산			3	3	1	0	0	0	0

이동명 (李東明) 부평고 1987.10.04

리그	연도	소속	출전	교체	득점	도움	파울	경고	퇴장
BC	2006	제주	5	4	0	0	2	0	0
	2007	제주	10	8	0	0	8	0	0
	2008	부산	8	8	0	0	6	1	0
	2009	부산	5	5	0	0	7	1	0
	합계		28	25	0	0	23	2	0
클	2013	대구	2	1	0	0	2	0	0
	합계		2	1	0	0	2	0	0
챌	2014	대구	4	1	0	0	5	1	0
	합계		4	1	0	0	5	1	0
프로통산			34	27	0	0	30	3	0

이동수 (李東洙) 관동대 1994.06.03

리그	연도	소속	출전	교체	득점	도움	파울	경고	퇴장
챌	2016	대전	36	4	1	2	40	4	0
	합계		36	4	1	2	40	4	0
프로통산			36	4	1	2	40	4	0

이동식 (李東植) 홍익대 1979.03.15

리그	연도	소속	출전	교체	득점	도움	파울	경고	퇴장
BC	2002	포항	0	0	0	0	0	0	0
	2003	포항	0	0	0	0	0	0	0
	2004	부천S	18	10	1	1	39	4	0
	2005	부천S	26	10	3	1	50	3	0
	2006	광주상	28	6	0	0	70	5	0
	2007	광주상	18	9	2	2	44	3	1
	2008	제주	27	2	0	1	91	11	0
	2009	제주	21	8	0	0	42	7	0
	2010	수원	4	3	0	0	11	1	0
	합계		142	48	6	5	347	34	1
프로통산			142	48	6	5	347	34	1

이동우 (李東雨) 동국대 1985.07.31

리그	연도	소속	출전	교체	득점	도움	파울	경고	퇴장
챌	2013	충주	11	1	0	0	10	3	0
	합계		11	1	0	0	10	3	0
프로통산			11	1	0	0	10	3	0

이동욱 (李東昱) 연세대 1976.04.10

리그	연도	소속	출전	교체	득점	도움	파울	경고	퇴장
BC	2001	수원	3	3	0	0	1	0	0
	2002	수원	1	1	0	0	0	0	0
	합계		4	4	0	0	1	0	0
프로통산			4	4	0	0	1	0	0

이동원 (李東遠) 숭실대 1983.11.07

리그	연도	소속	출전	교체	득점	도움	파울	경고	퇴장
BC	2005	전남	10	3	0	2	18	0	0
	2006	전남	24	9	2	0	45	3	0
	2007	인천	30	13	1	1	60	4	0
	2008	대전	28	2	3	0	55	6	0
	2009	울산	27	7	1	0	53	6	0
	2010	울산	4	1	0	0	7	1	0
	2011	울산	0	0	0	0	0	0	0
	2011	부산	6	1	0	0	7	2	0
	합계		129	36	7	3	245	22	0
프로통산			129	36	7	3	245	22	0

이동일 (李東日) 성균관대 1995.08.01

리그	연도	소속	출전	교체	득점	도움	파울	경고	퇴장
챌	2016	부산	1	1	0	0	0	0	0
	합계		1	1	0	0	0	0	0
프로통산			1	1	0	0	0	0	0

이동재 (李動在) 문성고 1996.07.20

리그	연도	소속	출전	교체	득점	도움	파울	경고	퇴장
챌	2015	강원	1	1	0	0	1	0	0
	합계		1	1	0	0	1	0	0
프로통산			1	1	0	0	1	0	0

이동현 (李東炫) 경희대 1989.11.19

리그	연도	소속	출전	교체	득점	도움	파울	경고	퇴장
BC	2010	강원	5	5	0	0	1	1	0
	합계		5	5	0	0	1	1	0
클	2013	대전	27	23	3	3	33	3	0
	합계		27	23	3	3	33	3	0
챌	2014	대전	2	1	0	0	2	0	0
	2015	안양	12	12	1	0	10	1	0
	합계		14	13	1	0	12	1	0
프로통산			46	41	4	3	46	5	0

이따마르 (Itamar Batista da Silva) 브라질 1980.04.12

리그	연도	소속	출전	교체	득점	도움	파울	경고	퇴장
BC	2003	전남	34	6	23	5	67	9	1
	2004	전남	31	10	11	3	64	9	0
	2005	포항	16	10	4	2	30	3	0
	2005	수원	10	1	4	0	23	2	0
	2006	수원	17	9	4	0	33	4	0
	2006	성남일	14	8	3	2	26	3	0
	2007	성남일	20	15	5	2	37	3	0
	합계		142	59	54	14	280	33	1
프로통산			142	59	54	14	280	33	1

이래준 (李來俊) 동래고 1997.03.19

리그	연도	소속	출전	교체	득점	도움	파울	경고	퇴장
클	2016	포항	0	0	0	0	0	0	0
	합계		0	0	0	0	0	0	0
프로통산			0	0	0	0	0	0	0

이레마 (Oleg Eremin) 러시아 1967.10.28

리그	연도	소속	출전	교체	득점	도움	파울	경고	퇴장
BC	1997	포항	4	3	0	0	11	1	0
	합계		4	3	0	0	11	1	0
프로통산			4	3	0	0	11	1	0

이리네 (Irineu Ricardo) 브라질 1977.07.12

리그	연도	소속	출전	교체	득점	도움	파울	경고	퇴장
BC	2001	성남일	15	3	3	0	55	2	0
	2002	성남일	20	13	8	4	43	3	0
	2003	성남일	38	22	9	5	90	3	0
	2004	성남일	16	9	5	1	28	2	0
	2004	부천S	15	2	4	0	45	2	0
	2005	부천S	9	1	4	1	26	1	0
	2006	제주	19	10	6	0	25	0	0
	2007	제주	31	16	6	1	59	9	0
	합계		163	76	45	12	371	22	0
프로통산			163	76	45	12	371	22	0

이명열 (李明烈) 인천대 1968.06.25

리그	연도	소속	출전	교체	실점	도움	파울	경고	퇴장
BC	1991	포철	1	0	2	0	0	0	0
	1992	포철	6	0	4	0	0	1	0
	1993	포철	26	0	22	0	0	1	0
	1994	포철	35	0	42	0	1	0	0
	1995	포항	2	0	4	0	0	1	0
	1996	포항	25	2	24	0	2	1	0
	1999	포항	5	0	10	0	0	0	0
	합계		100	2	108	0	3	4	0
프로통산			100	2	108	0	3	4	0

이명재 (李明載) 홍익대 1993.11.04

리그	연도	소속	출전	교체	득점	도움	파울	경고	퇴장
클	2014	울산	2	2	0	0	2	0	0
	2015	울산	19	10	0	3	23	2	0
	2016	울산	5	3	0	1	6	0	0
	합계		26	15	0	4	31	2	0
프로통산			26	15	0	4	31	2	0

이명주 (李明周) 영남대 1990.04.24

리그	연도	소속	출전	교체	득점	도움	파울	경고	퇴장
BC	2012	포항	35	12	5	6	71	4	0
	합계		35	12	5	6	71	4	0
클	2013	포항	34	4	7	4	61	7	0
	2014	포항	11	2	5	9	19	3	0
	합계		45	6	12	13	80	10	0
프로통산			80	18	17	19	151	14	0

이명철 (李明哲) 인제대 1989.05.29

리그	연도	소속	출전	교체	득점	도움	파울	경고	퇴장
BC	2011	대전	2	1	0	0	4	0	0
	합계		2	1	0	0	4	0	0
프로통산			2	1	0	0	4	0	0

이무형 (李武炯) 배재대 1980.11.08

리그	연도	소속	출전	교체	득점	도움	파울	경고	퇴장
BC	2003	대전	2	2	0	0	1	0	0
	2004	대전	10	6	0	0	13	1	0
	합계		12	8	0	0	14	1	0
프로통산			12	8	0	0	14	1	0

이문석 (李文奭) 인천대 1970.03.06

리그	연도	소속	출전	교체	득점	도움	파울	경고	퇴장
BC	1993	현대	3	3	0	0	1	0	0
	1994	현대	10	8	0	0	4	0	0
	1995	현대	12	12	0	1	4	0	0
	1996	울산	31	8	0	0	24	2	1
	1997	울산	22	6	0	1	15	2	1
	1998	울산	42	13	2	1	72	2	0
	1999	울산	31	17	0	1	41	6	0
	2000	부산	0	0	0	0	0	0	0
	합계		151	67	2	4	161	12	2
프로통산			151	67	2	4	161	12	2

이문선 (李文善) 단국대 1983.01.21

리그	연도	소속	출전	교체	득점	도움	파울	경고	퇴장
BC	2005	대구	7	3	0	0	5	2	0
	2006	대구	12	6	0	1	19	1	0
	합계		19	9	0	1	24	3	0

리그	연도	소속	출전	교체	득점	도움	파울	경고	퇴장
프로통산			19	9	0	1	24	3	0

이문영(李文榮) 서울시립대 1965.05.05

리그	연도	소속	출전	교체	실점	도움	파울	경고	퇴장
BC	1987	유공	30	1	35	0	0	2	0
	1988	유공	24	0	24	0	0	1	0
	1989	유공	17	0	18	0	0	1	0
	1990	유공	8	0	12	0	0	2	0
	1991	유공	28	0	31	0	0	1	0
	1992	유공	27	0	31	0	1	0	0
	합계		134	1	151	0	1	7	0
프로통산			134	1	151	0	1	7	0

이민규(李敏圭) 홍익대 1989.01.06

리그	연도	소속	출전	교체	득점	도움	파울	경고	퇴장
BC	2011	강원	14	2	0	0	13	2	0
	2012	강원	9	5	0	0	2	2	0
	합계		23	7	0	0	15	4	0
챌	2013	충주	16	0	0	1	26	4	1
	2014	충주	11	4	0	0	12	2	0
	합계		27	4	0	1	38	6	1
프로통산			50	11	0	1	53	10	1

이민기(李旼氣) 전주대 1993.05.19

리그	연도	소속	출전	교체	득점	도움	파울	경고	퇴장
클	2016	광주	9	6	1	0	8	1	0
	합계		9	6	1	0	8	1	0
프로통산			9	6	1	0	8	1	0

이민선(李珉善) 선문대 1983.10.21

리그	연도	소속	출전	교체	득점	도움	파울	경고	퇴장
BC	2004	대구	4	4	0	0	2	1	0
	2006	대전	0	0	0	0	0	0	0
	합계		4	4	0	0	2	1	0
프로통산			4	4	0	0	2	1	0

이민섭(李珉攝) 동아대 1990.08.24

리그	연도	소속	출전	교체	득점	도움	파울	경고	퇴장
클	2013	대구	0	0	0	0	0	0	0
	합계		0	0	0	0	0	0	0
프로통산			0	0	0	0	0	0	0

이민성(李敏成) 아주대 1973.06.23

리그	연도	소속	출전	교체	득점	도움	파울	경고	퇴장
BC	1996	부산	29	3	3	0	64	8	0
	1997	부산	12	2	0	1	30	3	0
	1998	부산	10	7	1	0	13	3	0
	2001	부산	22	2	1	0	19	3	0
	2002	부산	22	13	1	0	20	4	0
	2003	포항	39	7	1	1	53	11	0
	2004	포항	26	4	2	2	34	1	1
	2005	서울	32	6	0	0	45	8	0
	2006	서울	34	3	0	1	27	4	0
	2007	서울	7	2	0	1	11	1	0
	2008	서울	14	5	0	0	19	2	0
	합계		247	54	9	6	335	48	1
프로통산			247	54	9	6	335	48	1

이민우(李珉雨) 광주대 1991.12.01

리그	연도	소속	출전	교체	득점	도움	파울	경고	퇴장
클	2014	성남	15	15	0	0	6	0	0
	합계		15	15	0	0	6	0	0
챌	2015	부천	17	16	2	0	16	1	0
	합계		17	16	2	0	16	1	0
프로통산			32	31	2	0	22	1	0

이바노프 (Dimitre Vladev Ivanov) 불가리아 1970.10.07

리그	연도	소속	출전	교체	득점	도움	파울	경고	퇴장
BC	1998	부천S	12	13	2	1	13	0	0
	합계		12	13	2	1	13	0	0
프로통산			12	13	2	1	13	0	0

이반 (Ivan Herceg) 크로아티아 1990.02.10

리그	연도	소속	출전	교체	득점	도움	파울	경고	퇴장
챌	2016	경남	22	7	0	1	23	5	0
	합계		22	7	0	1	23	5	0
프로통산			22	7	0	1	23	5	0

이반 (Ivan Peric) 세르비아 1982.05.05

리그	연도	소속	출전	교체	득점	도움	파울	경고	퇴장
BC	2007	제주	7	6	0	0	22	2	0
	합계		7	6	0	0	22	2	0
프로통산			7	6	0	0	22	2	0

이반 (Testemitanu Ivan) 몰도바 1974.04.27

리그	연도	소속	출전	교체	득점	도움	파울	경고	퇴장
BC	2001	성남일	30	7	2	2	42	5	0
	2004	성남일	27	9	1	0	41	3	0
	합계		57	16	3	2	83	8	0
프로통산			57	16	3	2	83	8	0

이반 (Ivan Ricardo Alves de Oliveira) 브라질 1974.10.27

리그	연도	소속	출전	교체	득점	도움	파울	경고	퇴장
BC	2001	전남	15	9	4	1	10	0	0
	2002	전남	27	21	0	1	22	1	0
	합계		42	30	4	2	32	1	0
프로통산			42	30	4	2	32	1	0

이반코비치 (Mario Ivankovic) 크로아티아 1975.02.08

리그	연도	소속	출전	교체	득점	도움	파울	경고	퇴장
BC	2001	수원	3	3	0	0	2	0	0
	2002	수원	2	2	0	0	0	0	0
	합계		5	5	0	0	2	0	0
프로통산			5	5	0	0	2	0	0

이범수(李範守) 경희대 1990.12.10

리그	연도	소속	출전	교체	실점	도움	파울	경고	퇴장
BC	2010	전북	1	0	3	0	0	0	0
	2011	전북	2	0	4	0	0	0	0
	2012	전북	0	0	0	0	0	0	0
	합계		3	0	7	0	0	0	0
클	2013	전북	0	0	0	0	0	0	0
	2014	전북	0	0	0	0	0	0	0
	합계		0	0	0	0	0	0	0
챌	2015	서울E	2	0	4	0	0	0	0
	2016	대전	13	0	18	0	1	1	0
	합계		15	0	22	0	1	1	0
프로통산			18	0	29	0	1	1	0

이범수(李範洙) 울산대 1978.01.27

리그	연도	소속	출전	교체	득점	도움	파울	경고	퇴장
BC	2000	울산	6	6	0	1	7	0	0
	2001	울산	2	2	0	0	2	0	0
	합계		8	8	0	1	9	0	0
프로통산			8	8	0	1	9	0	0

이범영(李範永) 신갈고 1989.04.02

리그	연도	소속	출전	교체	실점	도움	파울	경고	퇴장
BC	2008	부산	16	0	25	0	0	1	0
	2009	부산	6	1	7	0	0	0	0
	2010	부산	6	0	8	0	0	0	0
	2011	부산	18	0	29	0	0	1	0
	2012	부산	12	0	17	0	0	0	0
	합계		58	1	86	0	0	2	0
클	2013	부산	31	0	33	0	1	1	0
	2014	부산	31	0	38	0	0	3	0
	2015	부산	27	0	37	1	0	2	0
	합계		89	0	108	1	1	6	0
승	2015	부산	2	0	3	0	0	0	0
	합계		2	0	3	0	0	0	0
프로통산			149	1	197	1	1	8	0

이병근(李昞根) 한양대 1973.04.28

리그	연도	소속	출전	교체	득점	도움	파울	경고	퇴장
BC	1996	수원	30	10	0	1	57	7	1
	1997	수원	33	14	2	1	43	4	0
	1998	수원	29	13	1	1	47	5	0
	1999	수원	39	21	2	2	57	2	0
	2000	수원	25	3	0	1	40	1	0
	2001	수원	31	5	0	0	55	5	0
	2002	수원	36	8	0	2	39	2	0
	2003	수원	38	2	2	5	81	4	0
	2004	수원	16	9	0	0	24	3	0
	2005	수원	28	15	0	1	38	3	0
	2006	수원	4	3	0	0	4	0	0
	2006	대구	10	3	2	1	23	3	0
	2007	대구	5	2	1	0	7	0	0
	합계		324	108	10	15	515	39	1
프로통산			324	108	10	15	515	39	1

이병기(李丙基) 고려대 1963.02.22

리그	연도	소속	출전	교체	득점	도움	파울	경고	퇴장
BC	1986	대우	11	11	0	1	2	0	0
	1988	대우	8	7	0	0	14	0	0
	합계		19	18	0	1	16	0	0
프로통산			19	18	0	1	16	0	0

이병윤(李炳允) 예산FC 1986.04.26

리그	연도	소속	출전	교체	득점	도움	파울	경고	퇴장
BC	2011	전남	7	6	1	0	8	1	0
	합계		7	6	1	0	8	1	0
프로통산			7	6	1	0	8	1	0

이보 (Olivio da Rosa) 브라질 1986.10.02

리그	연도	소속	출전	교체	득점	도움	파울	경고	퇴장
BC	2012	인천	27	16	4	6	26	2	0
	합계		27	16	4	6	26	2	0
클	2014	인천	33	12	7	6	39	2	0
	합계		33	12	7	6	39	2	0
프로통산			60	28	11	12	65	4	0

이봉준(李奉埈) 삼일고등학교 1992.04.11

리그	연도	소속	출전	교체	득점	도움	파울	경고	퇴장
BC	2012	강원	1	1	0	0	0	0	0
	합계		1	1	0	0	0	0	0
프로통산			1	1	0	0	0	0	0

이부열(李富烈) 마산공고 1958.10.16

리그	연도	소속	출전	교체	득점	도움	파울	경고	퇴장
BC	1983	국민	15	3	1	1	9	2	0
	1984	국민	28	3	3	3	12	0	0
	1985	럭금	19	6	1	0	20	0	0
	1986	럭금	30	5	1	0	20	1	0
	1987	럭금	10	4	0	0	4	1	0
	1988	럭금	7	4	0	0	4	0	0
	합계		109	25	6	4	69	4	0
프로통산			109	25	6	4	69	4	0

이삭 (Victor Issac Acosta) 아르헨티나 1986.12.04

리그	연도	소속	출전	교체	득점	도움	파울	경고	퇴장
BC	2010	대구	3	3	0	0	7	0	0
	합계		3	3	0	0	7	0	0
프로통산			3	3	0	0	7	0	0

이상규(李相奎) 광운대 1977.09.05

리그	연도	소속	출전	교체	득점	도움	파울	경고	퇴장
BC	2000	대전	6	6	0	0	1	0	0
	2001	대전	11	7	0	0	11	1	0
	2002	대전	2	1	0	0	1	0	0
	합계		19	14	0	0	13	1	0
프로통산			19	14	0	0	13	1	0

이상기(李相基) 성균관대 1987.03.08

리그	연도	소속	출전	교체	실점	도움	파울	경고	퇴장
BC	2011	상주	4	1	7	0	0	0	0
	2012	상주	6	1	10	0	0	1	0
	합계		10	2	17	0	0	1	0
클	2013	수원	1	0	0	0	0	0	0
	합계		1	0	0	0	0	0	0
챌	2013	상주	0	0	0	0	0	0	0
	2014	수원FC	19	1	28	0	0	2	0
	2015	수원FC	1	0	2	0	0	0	0
	2015	강원	12	3	15	0	0	1	0

	2016	서울E	1	0	3	0	0	0	0
	합계		33	4	48	0	0	3	0
프로통산			44	6	65	0	0	4	0

이상기 (李相紀) 관동대 1970.03.20

리그	연도	소속	출전	교체	득점	도움	파울	경고	퇴장
BC	1992	포철	8	7	0	0	10	0	0
	합계		8	7	0	0	10	0	0
프로통산			8	7	0	0	10	0	0

이상덕 (李相德) 동아대 1986.11.05

리그	연도	소속	출전	교체	득점	도움	파울	경고	퇴장
BC	2009	대구	7	3	3	0	2	0	0
	2010	대구	26	6	1	1	31	3	0
	2011	대구	16	1	1	0	18	3	0
	합계		49	10	5	1	51	6	0
프로통산			49	10	5	1	51	6	0

이상돈 (李相燉) 울산대 1985.08.12

리그	연도	소속	출전	교체	득점	도움	파울	경고	퇴장
BC	2008	울산	8	5	0	0	15	1	0
	2009	울산	8	7	0	1	11	2	0
	2010	수원	5	2	1	0	2	2	0
	2010	강원	16	1	0	1	12	1	0
	2011	강원	23	1	0	2	24	2	0
	2012	강원	11	4	0	0	8	1	0
	합계		71	20	1	4	72	9	0
챌	2015	고양	32	1	1	0	18	3	0
	2016	고양	38	7	0	1	24	2	0
	합계		70	8	1	1	42	5	0
프로통산			141	28	2	5	114	14	0

이상래 (李相來) 중앙고 1961.07.12

리그	연도	소속	출전	교체	득점	도움	파울	경고	퇴장
BC	1984	럭금	15	15	0	0	9	1	0
	1985	럭금	21	6	7	5	17	0	0
	1986	럭금	35	11	7	6	39	1	0
	1987	럭금	19	8	0	1	24	0	0
	1988	유공	15	8	0	0	24	3	0
	합계		105	48	14	12	113	5	0
프로통산			105	48	14	12	113	5	0

이상민 (李相敏) 묵호중 1986.09.14

리그	연도	소속	출전	교체	득점	도움	파울	경고	퇴장
BC	2008	경남	7	6	0	0	11	1	0
	합계		7	6	0	0	11	1	0
프로통산			7	6	0	0	11	1	0

이상석 (李相錫) 고려대 1985.01.06

리그	연도	소속	출전	교체	득점	도움	파울	경고	퇴장
BC	2007	대구	1	1	0	0	1	0	0
	합계		1	1	0	0	1	0	0
프로통산			1	1	0	0	1	0	0

이상용 (李相容) 연세대 1986.01.09

리그	연도	소속	출전	교체	득점	도움	파울	경고	퇴장
BC	2008	전남	1	1	0	0	0	0	0
	합계		1	1	0	0	0	0	0
프로통산			1	1	0	0	0	0	0

이상용 (李相龍) 조선대 1963.04.29

리그	연도	소속	출전	교체	득점	도움	파울	경고	퇴장
BC	1985	럭금	5	5	0	0	4	0	0
	1986	럭금	5	6	0	0	4	0	0
	1987	유공	1	1	0	0	0	0	0
	합계		11	12	0	0	8	0	0
프로통산			11	12	0	0	8	0	0

이상용 (李相龍) 고려대 1961.01.25

리그	연도	소속	출전	교체	득점	도움	파울	경고	퇴장
BC	1984	유공	11	5	2	0	8	0	0
	1985	유공	7	6	0	0	4	1	0
	1987	유공	5	5	0	0	4	0	0
	합계		23	16	2	0	16	1	0
프로통산			23	16	2	0	16	1	0

이상우 (李相雨) 홍익대 1985.04.10

리그	연도	소속	출전	교체	득점	도움	파울	경고	퇴장
BC	2008	서울	3	3	0	0	2	1	0
	합계		3	3	0	0	2	1	0
챌	2013	안양	18	2	2	1	16	3	0
	2016	안양	20	5	1	3	16	5	0
	합계		38	7	3	4	32	8	0
프로통산			41	10	3	4	34	9	0

이상우 (李相禹) 한양대 1976.08.01

리그	연도	소속	출전	교체	득점	도움	파울	경고	퇴장
BC	1999	안양L	0	0	0	0	0	0	0
	합계		0	0	0	0	0	0	0
프로통산			0	0	0	0	0	0	0

이상욱 (李相旭) 호남대 1990.03.09

리그	연도	소속	출전	교체	득점	도움	파울	경고	퇴장
클	2014	수원	0	0	0	0	0	0	0
	2015	수원	0	0	0	0	0	0	0
	2016	수원	0	0	0	0	0	0	0
	합계		0	0	0	0	0	0	0
프로통산			0	0	0	0	0	0	0

이상욱 (李商旭) 연세대 1973.05.27

리그	연도	소속	출전	교체	득점	도움	파울	경고	퇴장
BC	1999	수원	5	5	0	0	3	0	0
	합계		5	5	0	0	3	0	0
프로통산			5	5	0	0	3	0	0

이상원 (李相元) 아주대 1991.04.24

리그	연도	소속	출전	교체	득점	도움	파울	경고	퇴장
챌	2014	안양	2	2	0	0	2	1	0
	합계		2	2	0	0	2	1	0
프로통산			2	2	0	0	2	1	0

이상윤 (李相潤) 건국대 1969.04.10

리그	연도	소속	출전	교체	득점	도움	파울	경고	퇴장
BC	1990	일화	14	7	4	1	16	1	0
	1991	일화	35	15	15	5	41	4	0
	1992	일화	35	22	12	2	35	3	0
	1993	일화	32	15	7	6	34	3	0
	1994	일화	31	15	6	5	29	2	0
	1995	일화	24	16	1	5	39	2	0
	1996	천안	25	16	5	7	28	1	0
	1997	천안	12	0	1	0	19	2	0
	1998	천안	13	1	3	0	36	3	1
	1999	천안	16	5	3	2	17	2	0
	2000	성남일	36	14	13	6	44	4	0
	2001	부천S	20	20	1	4	17	0	0
	합계		293	146	71	43	355	27	1
프로통산			293	146	71	43	355	27	1

이상일 (李相一) 중앙대 1979.05.25

리그	연도	소속	출전	교체	득점	도움	파울	경고	퇴장
BC	2003	대구	28	7	2	1	43	2	0
	2004	대구	17	4	1	3	18	2	0
	2005	대구	14	14	1	0	10	1	0
	2006	대구	32	14	1	4	49	5	0
	2007	전남	16	6	0	1	16	2	0
	2008	전남	18	7	1	0	22	3	0
	합계		125	52	6	9	158	15	0
프로통산			125	52	6	9	158	15	0

이상철 (李相哲) 고려대 1958.08.04

리그	연도	소속	출전	교체	득점	도움	파울	경고	퇴장
BC	1984	현대	12	9	2	2	4	0	0
	1985	현대	15	7	5	0	12	0	0
	1986	현대	28	16	7	3	28	2	0
	1987	현대	28	13	8	1	16	2	0
	합계		83	45	22	6	60	4	0
프로통산			83	45	22	6	60	4	0

이상태 (李相泰) 대구대 1977.10.25

리그	연도	소속	출전	교체	득점	도움	파울	경고	퇴장
BC	2000	수원	4	3	0	0	4	2	0
	2004	수원	10	5	0	0	22	3	0
	2005	수원	1	1	0	0	0	0	0
	2006	수원	5	4	0	0	9	0	0
	2006	경남	5	4	0	0	7	2	0
	합계		25	17	0	0	42	7	0
프로통산			25	17	0	0	42	7	0

이상헌 (李相憲) 동국대 1975.10.11

리그	연도	소속	출전	교체	득점	도움	파울	경고	퇴장
BC	1998	안양L	3	3	0	0	3	0	0
	1999	안양L	19	4	0	0	34	6	0
	2000	안양L	31	8	2	0	58	6	0
	2001	안양L	1	1	0	0	3	1	0
	2002	안양L	1	1	0	0	1	1	0
	2003	안양L	20	5	1	1	46	4	0
	2004	인천	20	8	1	0	35	3	0
	2005	인천	8	6	1	0	6	1	0
	2006	인천	11	2	1	0	21	1	1
	합계		114	38	6	1	207	23	1
프로통산			114	38	6	1	207	23	1

이상현 (李相賢) 진주고 1996.03.13

리그	연도	소속	출전	교체	득점	도움	파울	경고	퇴장
챌	2015	경남	12	9	1	0	7	0	0
	2016	경남	0	0	0	0	0	0	0
	합계		12	9	1	0	7	0	0
프로통산			12	9	1	0	7	0	0

이상협 (李相協) 고려대 1990.01.01

리그	연도	소속	출전	교체	득점	도움	파울	경고	퇴장
클	2013	서울	5	4	0	0	4	0	0
	2014	서울	21	19	1	0	16	2	0
	2015	서울	10	11	0	0	7	0	0
	2016	서울	3	3	0	0	3	0	0
	합계		39	37	1	0	30	2	0
프로통산			39	37	1	0	30	2	0

이상협 (李相俠) 동북고 1986.08.03

리그	연도	소속	출전	교체	득점	도움	파울	경고	퇴장
BC	2006	서울	2	1	1	0	8	0	0
	2007	서울	24	19	6	2	60	5	0
	2008	서울	17	16	3	1	19	3	0
	2009	서울	21	19	2	1	26	5	0
	2010	제주	17	14	6	1	29	4	0
	2011	제주	3	3	0	0	5	1	0
	2011	대전	7	7	1	0	6	1	1
	2012	상주	9	6	3	1	20	3	0
	합계		100	85	22	6	173	22	1
클	2014	상주	1	1	0	0	1	1	0
	2014	전북	23	22	3	0	17	0	0
	2015	전북	8	8	0	0	4	2	0
	2015	성남	3	3	0	0	1	0	0
	합계		35	34	3	0	23	3	0
챌	2013	상주	29	25	15	3	34	3	0
	2016	경남	1	1	0	0	0	0	0
	합계		30	26	15	3	34	3	0
승	2013	상주	2	2	2	0	1	0	0
	합계		2	2	2	0	1	0	0
프로통산			167	147	42	9	231	28	1

이상호 (李相湖) 울산대 1987.05.09

리그	연도	소속	출전	교체	득점	도움	파울	경고	퇴장
BC	2006	울산	17	9	2	2	39	4	0
	2007	울산	22	14	4	1	49	3	0
	2008	울산	20	7	5	0	50	4	0
	2009	수원	20	10	1	1	32	1	0
	2010	수원	20	9	1	3	29	3	0
	2011	수원	29	13	6	3	51	5	0
	2012	수원	16	2	2	0	25	4	0
	합계		144	64	21	10	275	24	0
클	2014	상주	17	5	5	2	18	2	0
	2014	수원	9	8	1	1	10	0	0
	2015	수원	30	17	5	2	30	3	0

리그	연도	소속	출전	교체	득점	도움	파울	경고	퇴장
	2016	수원	29	15	4	2	34	2	0
	합계		85	45	15	7	92	7	0
챌	2013	상주	21	10	3	4	36	1	0
	합계		21	10	3	4	36	1	0
승	2013	상주	2	2	1	1	2	0	0
	합계		2	2	1	1	2	0	0
프로통산			252	121	40	22	405	32	0

이상호 (李尙浩) 단국대 1981.11.18

리그	연도	소속	출전	교체	득점	도움	파울	경고	퇴장
BC	2004	부천S	0	0	0	0	0	0	0
	2005	부천S	27	1	0	1	44	4	0
	2006	제주	23	0	1	0	33	4	1
	2007	제주	30	1	0	0	33	8	0
	2008	제주	20	6	0	0	17	6	1
	2009	제주	30	10	0	0	39	6	1
	2010	제주	33	4	0	1	37	4	0
	2011	전남	9	2	0	0	7	0	0
	2012	전남	16	3	0	0	19	3	0
	합계		188	27	1	2	229	35	3
클	2013	전남	3	1	0	0	1	0	0
	합계		3	1	0	0	1	0	0
프로통산			191	28	1	2	230	35	3

이상홍 (李相洪) 연세대 1979.02.04

리그	연도	소속	출전	교체	득점	도움	파울	경고	퇴장
BC	2003	부천S	11	4	0	1	33	3	0
	2004	부천S	22	8	0	0	56	3	0
	2005	부천S	6	1	0	1	12	1	0
	2006	제주	25	18	0	0	35	1	0
	2007	경남	31	1	0	0	57	3	0
	2008	경남	26	5	0	1	47	4	0
	2009	경남	24	3	0	0	51	4	0
	2010	전남	25	5	0	1	65	6	0
	2011	부산	11	3	0	0	9	3	0
	합계		181	48	0	4	365	28	0
프로통산			181	48	0	4	365	28	0

이상희 (李祥喜) 홍익대 1988.05.18

리그	연도	소속	출전	교체	득점	도움	파울	경고	퇴장
BC	2011	대전	6	2	0	0	11	1	1
	합계		6	2	0	0	11	1	1
클	2014	인천	0	0	0	0	0	0	0
	합계		0	0	0	0	0	0	0
프로통산			6	2	0	0	11	1	1

이석 (李錫) 전주대 1979.02.01

리그	연도	소속	출전	교체	득점	도움	파울	경고	퇴장
BC	2001	전북	8	8	1	0	3	0	0
	2002	대전	11	10	0	0	9	0	0
	합계		19	18	1	0	12	0	0
프로통산			19	18	1	0	12	0	0

이석경 (李錫景) 경희대 1969.01.19

리그	연도	소속	출전	교체	득점	도움	파울	경고	퇴장
BC	1991	유공	3	3	0	0	2	0	0
	1991	포철	4	4	0	0	2	0	0
	1992	유공	3	3	0	0	0	0	0
	1993	유공	5	5	0	0	5	0	0
	1994	유공	12	12	0	0	12	0	0
	1995	유공	15	6	2	0	19	5	0
	1996	부천S	7	6	1	2	6	2	0
	1997	부천S	12	12	0	0	12	1	0
	1998	천안	28	17	9	3	44	4	0
	1999	천안	15	14	4	1	17	2	0
	2000	성남일	3	4	0	0	1	0	0
	합계		107	86	16	6	120	14	0
프로통산			107	86	16	6	120	14	0

이석종 (李碩鐘) 광운대 1960.02.20

리그	연도	소속	출전	교체	득점	도움	파울	경고	퇴장
BC	1984	한일	6	4	0	0	5	0	0
	합계		6	4	0	0	5	0	0
프로통산			6	4	0	0	5	0	0

이석현 (李碩賢) 선문대 1990.06.13

리그	연도	소속	출전	교체	득점	도움	파울	경고	퇴장
클	2013	인천	33	15	7	3	19	1	0
	2014	인천	25	21	1	1	6	0	0
	2015	서울	9	9	0	0	4	0	0
	2016	서울	20	14	2	0	13	1	0
	합계		87	59	10	4	42	2	0
프로통산			87	59	10	4	42	2	0

이선우 (李善雨) 일본 모모야마대 1978.04.01

리그	연도	소속	출전	교체	득점	도움	파울	경고	퇴장
BC	2002	수원	7	8	0	1	12	0	0
	2003	수원	3	3	0	0	3	0	0
	2006	수원	3	4	0	0	2	0	0
	합계		13	15	0	1	17	0	0
프로통산			13	15	0	1	17	0	0

이선재 (李善宰) 대구대 1972.03.28

리그	연도	소속	출전	교체	득점	도움	파울	경고	퇴장
BC	1997	부산	1	0	0	0	2	0	0
	1999	부산	0	0	0	0	0	0	0
	합계		1	0	0	0	2	0	0
프로통산			1	0	0	0	2	0	0

이성길 (李聖吉) 동아대 1958.04.20

리그	연도	소속	출전	교체	득점	도움	파울	경고	퇴장
BC	1983	국민	9	5	0	0	4	0	0
	1985	상무	5	4	0	1	4	0	0
	합계		14	9	0	1	8	0	0
프로통산			14	9	0	1	8	0	0

이성덕 (李成德) 동국대 1976.05.09

리그	연도	소속	출전	교체	득점	도움	파울	경고	퇴장
BC	1999	울산	4	5	0	0	1	1	0
	2000	울산	0	0	0	0	0	0	0
	합계		4	5	0	0	1	1	0
프로통산			4	5	0	0	1	1	0

이성민 (李聖敏) 호남대 1986.05.16

리그	연도	소속	출전	교체	득점	도움	파울	경고	퇴장
BC	2009	강원	16	15	2	0	28	2	0
	2011	대구	1	1	0	0	2	1	0
	합계		17	16	2	0	30	3	0
프로통산			17	16	2	0	30	3	0

이성우 (安成佑) 단국대 1992.07.11

리그	연도	소속	출전	교체	득점	도움	파울	경고	퇴장
클	2015	인천	7	8	0	0	3	0	0
	합계		7	8	0	0	3	0	0
프로통산			7	8	0	0	3	0	0

이성운 (李城芸) 경기대 1978.12.25

리그	연도	소속	출전	교체	득점	도움	파울	경고	퇴장
BC	2001	성남일	0	0	0	0	0	0	0
	2002	성남일	1	1	0	0	2	0	0
	2003	성남일	10	10	0	0	17	0	0
	2004	성남일	4	4	0	0	5	1	0
	2007	대전	24	14	0	2	51	4	0
	2008	대전	26	7	1	0	57	6	0
	2009	대전	16	10	1	0	25	1	0
	2011	부산	6	6	0	0	7	2	0
	2012	부산	9	7	0	0	10	1	0
	합계		96	59	2	2	174	15	0
클	2013	부산	1	0	0	0	1	0	0
	합계		1	0	0	0	1	0	0
프로통산			97	59	2	2	175	15	0

이성재 (李成宰) 고려대 1976.05.16

리그	연도	소속	출전	교체	득점	도움	파울	경고	퇴장
BC	1999	부천S	32	32	9	2	41	1	0
	2000	부천S	39	37	7	2	46	2	0
	2001	부천S	9	8	1	0	8	0	0
	2002	부천S	15	8	1	0	35	3	0
	2003	부천S	20	17	1	0	15	0	0
	2004	부산	18	14	2	2	20	1	0
	2006	울산	6	4	0	0	7	0	0
	합계		139	120	21	6	172	7	0
프로통산			139	120	21	6	172	7	0

이성재 (李成宰) 고양고 1987.09.16

리그	연도	소속	출전	교체	득점	도움	파울	경고	퇴장
BC	2007	포항	0	0	0	0	0	0	0
	2008	포항	1	1	0	0	0	1	0
	2009	인천	1	1	0	0	1	0	0
	2010	포항	5	5	0	0	6	0	0
	2011	상주	12	12	2	0	17	3	0
	2012	상주	17	17	3	1	12	0	0
	합계		36	36	5	1	36	4	0
챌	2013	수원FC	6	6	0	0	7	1	0
	2014	고양	15	13	2	0	25	5	0
	합계		21	19	2	0	32	6	0
프로통산			57	55	7	1	68	10	0

이성현 (李聖賢) 연세대 1989.10.09

리그	연도	소속	출전	교체	득점	도움	파울	경고	퇴장
클	2013	제주	3	1	0	0	4	0	0
	합계		3	1	0	0	4	0	0
프로통산			3	1	0	0	4	0	0

이성환 (李星煥) 건국대 1984.05.28

리그	연도	소속	출전	교체	득점	도움	파울	경고	퇴장
BC	2007	대구	0	0	0	0	0	0	0
	합계		0	0	0	0	0	0	0
프로통산			0	0	0	0	0	0	0

이세인 (李世仁) 한양대 1980.06.16

리그	연도	소속	출전	교체	득점	도움	파울	경고	퇴장
BC	2005	대전	3	2	0	0	4	0	0
	2006	대전	10	4	0	0	21	3	0
	2007	대전	8	3	0	0	14	4	0
	2008	부산	5	4	0	0	6	1	0
	2009	강원	10	2	1	0	4	0	0
	합계		36	15	1	0	49	8	0
프로통산			36	15	1	0	49	8	0

이세주 (李世周) 주엽공고 1987.10.02

리그	연도	소속	출전	교체	득점	도움	파울	경고	퇴장
BC	2006	인천	1	1	0	0	0	0	0
	2007	인천	4	2	0	0	2	0	0
	2008	인천	3	1	0	0	2	1	0
	2009	인천	13	4	0	1	18	3	0
	2010	인천	15	8	1	0	10	2	0
	합계		36	16	1	1	32	6	0
프로통산			36	16	1	1	32	6	0

이세준 (李世侏) 포철공고 1984.07.24

리그	연도	소속	출전	교체	득점	도움	파울	경고	퇴장
BC	2004	포항	5	5	0	1	3	0	0
	합계		5	5	0	1	3	0	0
프로통산			5	5	0	1	3	0	0

이세환 (李世煥) 고려대 1986.04.21

리그	연도	소속	출전	교체	득점	도움	파울	경고	퇴장
BC	2008	울산	16	13	0	0	15	3	0
	2009	울산	7	3	0	1	10	1	0
	합계		23	16	0	1	25	4	0
챌	2013	고양	25	4	3	0	27	4	0
	2014	고양	25	3	1	0	28	5	0
	합계		50	7	4	0	55	9	0
프로통산			73	23	4	1	80	13	0

이수길 (李秀吉) 경일대 1979.04.09

리그	연도	소속	출전	교체	득점	도움	파울	경고	퇴장
챌	2013	수원FC	9	6	0	0	9	1	0
	합계		9	6	0	0	9	1	0
프로통산			9	6	0	0	9	1	0

이수철 (李壽澈) 영남대 1966.05.20

리그	연도	소속	출전	교체	득점	도움	파울	경고	퇴장
BC	1989	현대	27	15	4	1	24	2	0

리그	연도	소속	출전	교체	득점	도움	파울	경고	퇴장
	1990	현대	3	3	0	0	1	0	0
	1991	현대	8	7	1	0	2	1	0
	1992	현대	7	8	2	0	1	0	0
	1993	현대	26	18	1	2	23	3	0
	1994	현대	13	3	1	1	14	1	0
	1995	현대	7	7	0	0	1	0	0
	합계		91	61	9	4	66	7	0
프로통산			91	61	9	4	66	7	0

이수철 (李洙澈) 단국대 1979.05.26

리그	연도	소속	출전	교체	득점	도움	파울	경고	퇴장
BC	2002	전북	1	1	0	0	1	0	0
	합계		1	1	0	0	1	0	0
프로통산			1	1	0	0	1	0	0

이수환 (李受奐) 포철공고 1984.03.03

리그	연도	소속	출전	교체	득점	도움	파울	경고	퇴장
BC	2004	포항	6	4	0	0	5	0	0
	2005	포항	1	1	0	0	0	0	0
	2006	포항	0	0	0	0	0	0	0
	2008	광주상	1	1	0	0	1	0	0
	합계		8	6	0	0	6	0	0
프로통산			8	6	0	0	6	0	0

이순석 (李淳碩) 여의도고 1991.12.22

리그	연도	소속	출전	교체	득점	도움	파울	경고	퇴장
챌	2013	부천	6	4	0	0	12	2	0
	합계		6	4	0	0	12	2	0
프로통산			6	4	0	0	12	2	0

이순우 (李淳雨) 건국대 1974.08.23

리그	연도	소속	출전	교체	득점	도움	파울	경고	퇴장
BC	1999	부천S	0	0	0	0	0	0	0
	합계		0	0	0	0	0	0	0
프로통산			0	0	0	0	0	0	0

이순행 (李順行) 국민대 1974.04.02

리그	연도	소속	출전	교체	득점	도움	파울	경고	퇴장
BC	2000	포항	6	6	0	0	7	0	0
	합계		6	6	0	0	7	0	0
프로통산			6	6	0	0	7	0	0

이스트반 (Istvan Nyul) 헝가리 1961.02.25

리그	연도	소속	출전	교체	득점	도움	파울	경고	퇴장
BC	1990	럭금	6	4	2	0	10	0	0
	합계		6	4	2	0	10	0	0
프로통산			6	4	2	0	10	0	0

이슬기 (李슬기) 동국대 1986.09.24

리그	연도	소속	출전	교체	득점	도움	파울	경고	퇴장
BC	2009	대구	29	1	3	7	50	4	0
	2010	대구	23	20	1	4	36	2	0
	2011	포항	5	3	0	0	12	2	0
	2012	대전	1	1	0	0	0	0	0
	합계		58	25	4	11	98	8	0
클	2013	대전	4	2	0	0	7	1	0
	2015	인천	1	0	0	0	3	0	0
	합계		5	2	0	0	10	1	0
챌	2016	안양	2	2	0	0	2	1	0
	합계		2	2	0	0	2	1	0
프로통산			65	29	4	11	110	10	0

이슬찬 (李슬찬) 광양제철고 1993.08.15

리그	연도	소속	출전	교체	득점	도움	파울	경고	퇴장
BC	2012	전남	4	4	0	0	6	0	0
	합계		4	4	0	0	6	0	0
클	2013	전남	3	3	0	0	3	0	0
	2014	전남	1	1	0	0	1	0	0
	2015	전남	22	9	0	0	40	7	0
	2016	전남	14	8	0	1	14	3	0
	합계		40	21	0	1	58	10	0
프로통산			44	25	0	1	64	10	0

이승규 (李承圭) 선문대 1992.07.27

리그	연도	소속	출전	교체	실점	도움	파울	경고	퇴장
챌	2015	고양	1	1	0	0	0	0	0
	2016	고양	3	0	8	0	0	0	0
	합계		4	1	8	0	0	0	0
프로통산			4	1	8	0	0	0	0

이승규 (李承奎) 중앙대 1970.01.17

리그	연도	소속	출전	교체	득점	도움	파울	경고	퇴장
BC	1994	버팔로	35	0	0	1	29	3	0
	1995	전남	1	1	0	0	0	0	0
	합계		36	1	0	1	29	3	0
프로통산			36	1	0	1	29	3	0

이승근 (李昇根) 한남대 1981.11.10

리그	연도	소속	출전	교체	득점	도움	파울	경고	퇴장
BC	2004	대구	22	10	0	0	26	4	0
	2005	대구	6	4	0	0	4	1	0
	합계		28	14	0	0	30	5	0
프로통산			28	14	0	0	30	5	0

이승기 (李承琪) 울산대 1988.06.02

리그	연도	소속	출전	교체	득점	도움	파울	경고	퇴장
BC	2011	광주	27	4	8	2	33	0	0
	2012	광주	40	6	4	12	49	1	0
	합계		67	10	12	14	82	1	0
클	2013	전북	21	5	5	3	19	2	0
	2014	전북	26	8	5	10	30	0	0
	2016	상주	15	10	1	1	12	1	0
	2016	전북	4	4	0	1	3	0	0
	합계		66	27	11	15	64	3	0
챌	2015	상주	22	11	5	5	18	1	0
	합계		22	11	5	5	18	1	0
프로통산			155	48	28	34	164	5	0

이승렬 (李昇烈) 신갈고 1989.03.06

리그	연도	소속	출전	교체	득점	도움	파울	경고	퇴장
BC	2008	서울	31	24	5	1	43	1	0
	2009	서울	26	20	7	1	33	6	0
	2010	서울	28	21	10	6	32	6	0
	2011	서울	19	20	1	0	22	2	0
	2012	울산	14	9	2	1	24	2	0
	합계		118	94	25	9	154	17	0
클	2013	성남일	23	16	3	1	39	6	0
	2014	전북	9	9	0	1	13	2	0
	2015	전북	3	3	0	0	2	1	1
	2016	수원FC	4	3	0	0	8	3	0
	합계		39	31	3	2	62	12	1
프로통산			157	125	28	11	216	29	1

이승렬 (李承烈) 한라대 1983.09.28

리그	연도	소속	출전	교체	득점	도움	파울	경고	퇴장
BC	2007	포항	1	1	0	0	0	0	0
	합계		1	1	0	0	0	0	0
프로통산			1	1	0	0	0	0	0

이승목 (李昇穆) 관동대 1984.07.18

리그	연도	소속	출전	교체	득점	도움	파울	경고	퇴장
BC	2007	제주	5	4	0	0	11	1	0
	2010	대전	0	0	0	0	0	0	0
	합계		5	4	0	0	11	1	0
프로통산			5	4	0	0	11	1	0

이승엽 (李昇燁) 연세대 1975.10.12

리그	연도	소속	출전	교체	득점	도움	파울	경고	퇴장
BC	1998	포항	11	9	0	1	17	3	0
	1999	포항	25	9	0	1	36	2	0
	2000	포항	26	5	0	2	45	4	0
	2001	포항	29	9	1	0	53	4	0
	2002	포항	22	10	0	1	42	2	1
	2003	부천S	2	2	0	0	1	0	0
	합계		115	44	1	5	194	15	1
프로통산			115	44	1	5	194	15	1

이승원 (李昇元) 숭실대 1986.10.14

리그	연도	소속	출전	교체	득점	도움	파울	경고	퇴장
BC	2010	대전	2	1	0	0	3	0	0
	합계		2	1	0	0	3	0	0
프로통산			2	1	0	0	3	0	0

이승재 광운대 1971.11.02

리그	연도	소속	출전	교체	득점	도움	파울	경고	퇴장
BC	1999	전북	14	14	0	0	9	2	0
	합계		14	14	0	0	9	2	0
프로통산			14	14	0	0	9	2	0

이승준 (李承俊) 성균관대 1972.09.01

리그	연도	소속	출전	교체	실점	도움	파울	경고	퇴장
BC	2000	대전	4	1	5	0	0	1	0
	2001	대전	2	0	4	0	0	0	0
	2002	대전	9	0	14	0	0	0	0
	2003	대전	8	1	12	0	0	0	0
	2004	대전	4	0	9	0	0	0	0
	2005	대전	4	1	5	0	0	0	0
	2006	부산	2	0	4	0	0	0	0
	합계		33	3	53	0	0	1	0
프로통산			33	3	53	0	0	1	0

이승태 (李承泰) 연세대 1972.03.28

리그	연도	소속	출전	교체	실점	도움	파울	경고	퇴장
BC	1996	부산	9	0	19	0	0	0	0
	합계		9	0	19	0	0	0	0
프로통산			9	0	19	0	0	0	0

이승현 (李昇鉉) 한양대 1985.07.25

리그	연도	소속	출전	교체	득점	도움	파울	경고	퇴장
BC	2006	부산	36	22	7	3	38	1	0
	2007	부산	18	15	0	0	16	0	0
	2008	부산	19	14	3	1	20	0	0
	2009	부산	33	20	5	1	42	1	0
	2010	부산	19	16	1	1	14	1	0
	2011	전북	29	21	7	3	27	1	0
	2012	전북	32	24	5	5	25	4	0
	합계		186	132	28	14	182	8	0
클	2014	상주	17	14	2	2	18	1	0
	2014	전북	7	6	1	0	4	0	0
	2015	전북	10	10	0	0	11	0	0
	2016	수원FC	31	17	6	1	28	1	0
	합계		65	47	9	3	61	2	0
챌	2013	상주	26	22	4	0	17	1	0
	합계		26	22	4	0	17	1	0
승	2013	상주	2	2	1	0	2	0	0
	합계		2	2	1	0	2	0	0
프로통산			279	203	42	17	262	11	0

이승협 (李承協) 연세대 1971.04.15

리그	연도	소속	출전	교체	득점	도움	파울	경고	퇴장
BC	1995	포항	10	6	0	1	7	2	0
	1996	포항	2	1	0	0	1	0	0
	1997	포항	8	2	0	0	11	0	0
	1998	포항	20	6	0	0	28	4	0
	합계		40	15	0	1	47	6	0
프로통산			40	15	0	1	47	6	0

이승호 (李承鎬) 충북대 1970.08.25

리그	연도	소속	출전	교체	득점	도움	파울	경고	퇴장
BC	1997	대전	18	18	1	0	9	0	0
	합계		18	18	1	0	9	0	0
프로통산			18	18	1	0	9	0	0

이승희 (李承熙) 홍익대 1988.06.10

리그	연도	소속	출전	교체	득점	도움	파울	경고	퇴장
BC	2010	전남	21	7	0	1	22	7	0
	2011	전남	28	2	0	1	56	9	0
	2012	전남	7	4	0	0	6	1	0
	2012	제주	10	6	0	0	19	2	0
	합계		66	19	0	2	103	19	0
클	2013	전남	33	1	0	1	43	6	0
	2014	전남	31	6	1	0	51	9	0
	합계		64	7	1	1	94	15	0
프로통산			130	26	1	3	197	34	0

이싸빅 [李싸빅 / ← 싸빅(Jasenko Sabitović)]

1973.03.29

리그	연도	소속	출전	교체	득점	도움	파울	경고	퇴장
BC	1998	포항	32	6	1	1	62	6	0
	1999	포항	29	0	0	0	47	5	0
	2000	포항	34	1	1	1	46	5	0
	2001	포항	33	0	3	0	59	3	0
	2002	포항	24	4	1	0	83	4	0
	2003	성남일	33	7	2	1	67	4	0
	2004	성남일	34	22	0	2	47	4	0
	2005	성남일	9	1	0	0	17	1	0
	2005	수원	8	1	0	1	34	2	0
	2006	수원	20	7	1	1	22	2	0
	2007	수원	10	3	0	0	25	3	0
	2008	전남	5	2	0	0	9	2	0
	합계		271	54	9	7	518	41	0
프로통산			271	54	9	7	518	41	0

이안 (Iain Stuart Fyfe) 호주 1982.04.03

리그	연도	소속	출전	교체	득점	도움	파울	경고	퇴장
BC	2011	부산	15	4	1	0	20	1	0
	합계		15	4	1	0	20	1	0
프로통산			15	4	1	0	20	1	0

이양종 (李洋鍾) 관동대 1989.07.17

리그	연도	소속	출전	교체	실점	도움	파울	경고	퇴장
BC	2011	대구	1	0	1	0	0	1	0
	2012	대구	2	1	1	0	0	0	0
	합계		3	1	2	0	0	1	0
클	2013	대구	24	0	35	0	1	1	0
	합계		24	0	35	0	1	1	0
챌	2014	대구	19	1	21	0	0	0	0
	2015	대구	1	1	0	0	0	0	0
	2016	대구	1	0	1	0	0	0	0
	합계		21	2	22	0	0	0	0
프로통산			48	3	59	0	1	2	0

이여성 (李如星) 대신고 1983.01.05

리그	연도	소속	출전	교체	득점	도움	파울	경고	퇴장
BC	2002	수원	3	2	0	0	4	0	0
	2006	부산	11	9	0	0	11	0	0
	2007	부산	24	12	1	4	25	0	0
	2008	대전	26	17	1	1	27	3	0
	2009	대전	4	4	0	0	3	1	0
	합계		68	44	2	5	70	4	0
프로통산			68	44	2	5	70	4	0

이영길 (李永吉) 경희대 1957.03.01

리그	연도	소속	출전	교체	득점	도움	파울	경고	퇴장
BC	1983	할렐	1	1	0	0	0	0	0
	1984	할렐	1	1	0	0	0	0	0
	합계		2	2	0	0	0	0	0
프로통산			2	2	0	0	0	0	0

이영덕 (李永德) 동국대 1990.03.18

리그	연도	소속	출전	교체	득점	도움	파울	경고	퇴장
챌	2013	충주	22	13	0	2	22	0	0
	합계		22	13	0	2	22	0	0
프로통산			22	13	0	2	22	0	0

이영배 (李映培) 명지대 1975.03.25

리그	연도	소속	출전	교체	득점	도움	파울	경고	퇴장
BC	1999	천안	16	16	3	1	22	1	0
	2000	성남일	2	2	0	0	0	0	0
	합계		18	18	3	1	22	1	0
프로통산			18	18	3	1	22	1	0

이영상 (李永相) 한양대 1967.02.24

리그	연도	소속	출전	교체	득점	도움	파울	경고	퇴장
BC	1990	포철	18	11	0	0	14	1	0
	1991	포철	4	2	0	0	8	0	0
	1992	포철	27	12	1	0	36	2	0
	1993	포철	27	3	1	0	48	6	0
	1994	포철	31	5	1	0	54	8	0
	1995	포항	27	2	1	0	42	4	1
	1996	포항	30	8	2	1	38	7	0
	1997	포항	20	11	0	0	24	3	0
	1998	포항	30	7	0	0	34	6	0
	1999	포항	22	6	0	0	28	3	0
	합계		236	67	6	1	326	40	1
프로통산			236	67	6	1	326	40	1

이영수 (李榮洙) 호남대 1978.07.30

리그	연도	소속	출전	교체	득점	도움	파울	경고	퇴장
BC	2001	전남	7	6	0	1	3	0	0
	2002	전남	27	2	0	4	47	1	0
	2003	전남	18	6	0	0	37	3	0
	2004	전남	14	2	0	0	33	4	0
	2007	전남	8	3	0	0	9	2	0
	합계		74	19	0	5	129	10	0
프로통산			74	19	0	5	129	10	0

이영우 (李英雨) 동아대 1972.01.19

리그	연도	소속	출전	교체	득점	도움	파울	경고	퇴장
BC	1994	대우	1	0	0	0	1	0	0
	합계		1	0	0	0	1	0	0
프로통산			1	0	0	0	1	0	0

이영익 (李榮益) 고려대 1966.08.30

리그	연도	소속	출전	교체	득점	도움	파울	경고	퇴장
BC	1989	럭금	39	1	3	0	56	3	0
	1990	럭금	26	5	1	2	31	1	0
	1991	LG	17	4	0	0	27	3	0
	1992	LG	9	2	1	1	13	2	0
	1993	LG	33	2	1	0	43	1	0
	1994	LG	2	2	0	0	3	0	0
	1995	LG	32	12	0	3	52	5	0
	1996	안양L	21	8	0	0	10	1	0
	1997	안양L	11	7	0	0	6	0	0
	합계		190	43	6	6	241	16	0
프로통산			190	43	6	6	241	16	0

이영재 (李英才) 용인대 1994.09.13

리그	연도	소속	출전	교체	득점	도움	파울	경고	퇴장
클	2015	울산	10	8	1	2	7	0	0
	합계		10	8	1	2	7	0	0
챌	2016	부산	17	7	1	2	7	1	0
	합계		17	7	1	2	7	1	0
프로통산			27	15	2	4	14	1	0

이영진 (李永眞) 인천대 1963.10.27

리그	연도	소속	출전	교체	득점	도움	파울	경고	퇴장
BC	1986	럭금	28	6	3	3	19	4	0
	1987	럭금	26	11	2	1	18	2	1
	1988	럭금	19	0	1	2	37	4	0
	1989	럭금	13	0	0	2	28	1	0
	1990	럭금	5	0	0	2	13	2	0
	1991	LG	34	1	3	7	57	8	0
	1992	LG	32	5	2	3	38	7	1
	1993	LG	22	5	0	3	32	4	0
	1994	LG	15	1	0	3	22	3	1
	1995	LG	17	8	0	1	16	1	0
	1997	안양L	9	9	0	1	14	3	0
	합계		220	46	11	28	294	39	3
프로통산			220	46	11	28	294	39	3

이영진 (李永鎭) 대구대 1972.03.27

리그	연도	소속	출전	교체	득점	도움	파울	경고	퇴장
BC	1994	일화	31	6	1	3	39	6	0
	1995	일화	31	4	0	0	37	8	0
	1996	천안	17	6	1	0	28	5	0
	1999	천안	17	10	0	0	20	3	1
	2000	성남일	0	0	0	0	0	0	0
	2002	성남일	4	4	0	0	5	1	0
	2003	성남일	27	7	0	1	27	3	0
	2004	성남일	4	2	0	0	7	0	0
	합계		131	39	2	4	163	26	1
프로통산			131	39	2	4	163	26	1

이영창 (李伶昶) 홍익대 1993.01.10

리그	연도	소속	출전	교체	실점	도움	파울	경고	퇴장
챌	2015	충주	3	0	4	0	1	0	0
	2016	충주	27	0	44	0	1	1	0
	합계		30	0	48	0	2	1	0
프로통산			30	0	48	0	2	1	0

이영표 (李榮杓) 건국대 1977.04.23

리그	연도	소속	출전	교체	득점	도움	파울	경고	퇴장
BC	2000	안양L	18	0	2	1	26	2	0
	2001	안양L	29	3	0	1	47	2	0
	2002	안양L	23	2	1	5	24	3	0
	합계		70	5	3	7	97	7	0
프로통산			70	5	3	7	97	7	0

이영훈 (李映勳) 광양제철고 1980.03.23

리그	연도	소속	출전	교체	득점	도움	파울	경고	퇴장
BC	1999	전남	3	2	0	0	6	0	0
	2001	전남	2	2	0	0	2	0	0
	2003	광주상	0	0	0	0	0	0	0
	2004	전남	1	1	0	0	1	1	0
	2005	전남	4	3	0	0	3	1	0
	합계		10	8	0	0	12	2	0
프로통산			10	8	0	0	12	2	0

이예찬 (李예찬) 대신고 1996.05.01

리그	연도	소속	출전	교체	득점	도움	파울	경고	퇴장
챌	2016	고양	37	13	1	1	34	3	0
	합계		37	13	1	1	34	3	0
프로통산			37	13	1	1	34	3	0

이완 (李宛) 연세대 1984.05.03

리그	연도	소속	출전	교체	득점	도움	파울	경고	퇴장
BC	2006	전남	4	4	0	0	7	2	0
	2007	전남	6	4	0	0	10	0	0
	2008	광주상	5	0	1	0	7	0	0
	2009	광주상	29	12	1	2	27	1	0
	2009	전남	4	1	0	1	7	0	0
	2010	전남	18	3	0	1	14	4	0
	2011	전남	18	3	1	2	17	6	0
	2012	전남	8	4	0	0	9	1	0
	합계		92	31	3	6	98	14	0
클	2013	울산	4	2	0	0	3	1	0
	합계		4	2	0	0	3	1	0
챌	2014	광주	19	4	3	2	27	2	0
	2015	강원	4	0	0	0	3	0	0
	합계		23	4	3	2	30	2	0
승	2014	광주	2	0	0	0	2	1	0
	합계		2	0	0	0	2	1	0
프로통산			121	37	6	8	133	18	0

이완희 (李完熙) 홍익대 1987.07.10

리그	연도	소속	출전	교체	득점	도움	파울	경고	퇴장
챌	2013	안양	14	12	1	1	15	0	0
	2014	충주	17	15	3	1	16	1	0
	2015	충주	1	1	0	0	1	0	0
	합계		32	28	4	2	32	1	0
프로통산			32	28	4	2	32	1	0

이요한 (李曜漢) 동북고 1985.12.18

리그	연도	소속	출전	교체	득점	도움	파울	경고	퇴장
BC	2004	인천	8	7	0	0	8	0	0
	2005	인천	17	9	0	0	22	4	0
	2006	인천	17	9	0	0	17	1	1
	2007	제주	21	7	0	1	36	5	0
	2008	전북	15	1	1	0	27	3	1
	2009	전북	13	4	0	0	11	2	0
	2010	전북	10	4	2	0	18	2	0
	2011	부산	18	9	0	1	20	3	0
	2012	부산	0	0	0	0	0	0	0
	합계		119	50	3	2	159	20	2
클	2013	성남일	3	2	0	0	6	2	0
	2014	성남	17	12	0	0	10	5	0

리그	연도	소속	출전	교체	득점	도움	파울	경고	퇴장
	2015	성남	6	6	0	0	1	0	0
	합계		26	20	0	0	17	7	0
프로통산			145	70	3	2	176	27	2

이용 (李龍) 고려대 1989.01.21

리그	연도	소속	출전	교체	득점	도움	파울	경고	퇴장
BC	2011	광주	29	1	0	0	25	4	0
	2012	광주	18	7	1	1	24	7	0
	합계		47	8	1	1	49	11	0
클	2013	제주	27	2	2	0	31	4	0
	2014	제주	18	8	0	0	10	2	1
	2015	제주	7	3	1	0	8	2	0
	2016	성남	0	0	0	0	0	0	0
	합계		52	13	3	0	49	8	1
승	2016	성남	0	0	0	0	0	0	0
	합계		0	0	0	0	0	0	0
프로통산			99	21	4	1	98	19	1

이용 (李鎔) 중앙대 1986.12.24

리그	연도	소속	출전	교체	득점	도움	파울	경고	퇴장
BC	2010	울산	25	3	0	3	31	5	0
	2011	울산	28	12	0	1	26	1	0
	2012	울산	22	5	0	5	24	1	0
	합계		75	20	0	9	81	7	0
클	2013	울산	37	1	1	2	36	3	0
	2014	울산	31	5	0	3	32	4	0
	2016	상주	23	2	2	2	21	4	0
	2016	울산	1	0	0	1	0	0	0
	합계		92	8	3	8	89	11	0
챌	2015	상주	33	1	0	4	31	9	0
	합계		33	1	0	4	31	9	0
프로통산			200	29	3	21	201	27	0

이용 (李龍) 명지대 1960.03.16

리그	연도	소속	출전	교체	득점	도움	파울	경고	퇴장
BC	1984	국민	9	4	3	0	4	0	0
	합계		9	4	3	0	4	0	0
프로통산			9	4	3	0	4	0	0

이용기 (李龍起) 연세대 1985.05.30

리그	연도	소속	출전	교체	득점	도움	파울	경고	퇴장
BC	2009	경남	0	0	0	0	0	0	0
	2010	경남	20	6	0	0	35	7	0
	2011	경남	9	4	0	0	11	5	0
	2012	경남	7	3	0	0	14	2	1
	합계		36	13	0	0	60	14	1
클	2014	상주	5	3	0	0	8	4	0
	합계		5	3	0	0	8	4	0
챌	2013	상주	1	1	0	0	1	0	0
	2015	충주	16	2	0	0	11	4	0
	합계		17	3	0	0	12	4	0
승	2013	상주	0	0	0	0	0	0	0
	합계		0	0	0	0	0	0	0
프로통산			58	19	0	0	80	22	1

이용래 (李容來) 고려대 1986.04.17

리그	연도	소속	출전	교체	득점	도움	파울	경고	퇴장
BC	2009	경남	30	3	6	6	38	4	0
	2010	경남	32	4	4	1	33	4	0
	2011	수원	28	2	0	3	53	5	0
	2012	수원	25	1	2	2	41	5	0
	합계		115	10	12	12	165	18	0
클	2013	수원	20	9	1	1	24	1	0
	2016	수원	13	7	0	0	9	1	0
	합계		33	16	1	1	33	2	0
챌	2014	안산경	33	3	3	3	37	6	0
	2015	안산경	14	4	1	1	23	3	0
	합계		47	7	4	4	60	9	0
프로통산			195	33	17	17	258	29	0

이용발 (李容跋) 동아대 1973.03.15

리그	연도	소속	출전	교체	실점	도움	파울	경고	퇴장
BC	1994	유공	2	0	3	0	0	0	0
	1995	유공	0	0	0	0	0	0	0
	1996	부천S	14	1	19	0	2	1	0
	1999	부천S	38	0	55	0	1	1	0
	2000	부천S	43	0	59	3	3	1	0
	2001	부천S	35	0	42	0	2	1	0
	2002	전북	35	0	48	0	0	1	0
	2003	전북	25	0	30	0	0	0	0
	2004	전북	31	0	25	0	0	1	0
	2005	전북	17	1	27	0	0	1	0
	2006	경남	0	0	0	0	0	0	0
	합계		240	2	308	3	8	7	0
프로통산			240	2	308	3	8	7	0

*득점: 2000년 1 / 통산 1

이용설 (李容設) 중앙대 1958.01.26

리그	연도	소속	출전	교체	득점	도움	파울	경고	퇴장
BC	1983	대우	2	1	0	0	1	0	0
	1984	럭금	2	1	0	0	1	0	0
	합계		4	2	0	0	2	0	0
프로통산			4	2	0	0	2	0	0

이용성 (李龍成) 단국대 1956.03.27

리그	연도	소속	출전	교체	득점	도움	파울	경고	퇴장
BC	1983	국민	6	1	0	0	3	0	0
	합계		6	1	0	0	3	0	0
프로통산			6	1	0	0	3	0	0

이용수 (李容秀) 서울대 1959.12.27

리그	연도	소속	출전	교체	득점	도움	파울	경고	퇴장
BC	1984	럭금	25	3	8	0	8	0	0
	1985	할렐	10	8	0	2	4	0	0
	합계		35	11	8	2	12	0	0
프로통산			35	11	8	2	12	0	0

이용승 (李勇承) 영남대 1984.08.28

리그	연도	소속	출전	교체	득점	도움	파울	경고	퇴장
BC	2007	경남	29	23	1	2	60	6	0
	2008	경남	11	9	0	0	16	2	0
	합계		40	32	1	2	76	8	0
클	2013	전남	3	2	0	0	2	1	0
	합계		3	2	0	0	2	1	0
프로통산			43	34	1	2	78	9	0

이용우 (李鎔宇) 수원공고 1977.07.20

리그	연도	소속	출전	교체	득점	도움	파울	경고	퇴장
BC	1998	수원	2	1	0	0	9	0	0
	2001	수원	2	2	0	0	0	0	0
	2002	수원	4	4	0	0	6	0	0
	2003	수원	3	3	0	0	7	0	0
	합계		11	10	0	0	22	0	0
프로통산			11	10	0	0	22	0	0

이용재 (李龍宰) 관동대 1971.03.30

리그	연도	소속	출전	교체	득점	도움	파울	경고	퇴장
BC	1996	전남	1	0	0	0	2	0	0
	합계		1	0	0	0	2	0	0
프로통산			1	0	0	0	2	0	0

이용준 (李鎔駿) 현대고 1990.04.03

리그	연도	소속	출전	교체	실점	도움	파울	경고	퇴장
BC	2010	울산	0	0	0	0	0	0	0
	합계		0	0	0	0	0	0	0
프로통산			0	0	0	0	0	0	0

이용하 (李龍河) 전북대 1973.12.15

리그	연도	소속	출전	교체	득점	도움	파울	경고	퇴장
BC	1997	부산	1	1	0	0	1	0	0
	1998	부산	13	11	2	0	12	4	0
	1999	부산	33	30	1	1	29	4	0
	2000	부산	14	13	1	0	16	1	0
	2001	부산	31	27	3	2	33	7	0
	2002	부산	14	11	0	0	29	1	0
	2003	부산	20	16	0	0	25	5	0
	2004	인천	13	11	1	1	10	1	0
	합계		139	120	8	4	155	23	0
프로통산			139	120	8	4	155	23	0

이우영 (李宇映) 연세대 1973.08.19

리그	연도	소속	출전	교체	득점	도움	파울	경고	퇴장
BC	1998	안양L	2	3	0	0	0	0	0
	합계		2	3	0	0	0	0	0
프로통산			2	3	0	0	0	0	0

이우진 (李玗晉 / ← 이강진) 중동중 1986.04.25

리그	연도	소속	출전	교체	득점	도움	파울	경고	퇴장
BC	2003	수원	1	1	0	0	2	0	0
	2006	부산	20	0	0	1	20	0	0
	2007	부산	6	2	0	0	11	2	0
	2008	부산	21	6	0	0	21	1	0
	2009	부산	32	3	2	1	42	4	0
	2012	전북	0	0	0	0	0	0	0
	합계		80	12	2	2	96	7	0
클	2013	대전	32	5	1	0	29	2	0
	2014	전북	2	1	0	0	2	1	0
	2015	대전	20	6	0	0	8	3	0
	2016	제주	3	3	1	0	1	0	0
	합계		57	15	2	0	40	6	0
프로통산			137	27	4	2	136	13	0

이우찬 (李又燦) 영남상고 1963.06.09

리그	연도	소속	출전	교체	득점	도움	파울	경고	퇴장
BC	1984	대우	2	2	0	0	0	0	0
	1985	대우	9	5	2	1	5	2	0
	1986	대우	11	8	3	1	11	0	0
	합계		22	15	5	2	16	2	0
프로통산			22	15	5	2	16	2	0

이우혁 (李愚赫) 강릉 문성고 1993.02.24

리그	연도	소속	출전	교체	득점	도움	파울	경고	퇴장
BC	2011	강원	7	7	0	0	5	1	0
	2012	강원	8	6	0	0	3	1	0
	합계		15	13	0	0	8	2	0
클	2013	강원	12	8	1	1	12	3	0
	2016	전북	2	0	0	0	2	0	0
	합계		14	8	1	1	14	3	0
챌	2014	강원	30	8	2	5	38	0	0
	2015	강원	21	14	0	5	29	2	0
	합계		51	22	2	10	67	2	0
승	2013	강원	2	2	0	0	1	0	0
	합계		2	2	0	0	1	0	0
프로통산			82	45	3	11	90	7	0

이운재 (李雲在) 경희대 1973.04.26

리그	연도	소속	출전	교체	실점	도움	파울	경고	퇴장
BC	1996	수원	13	0	14	0	1	1	0
	1997	수원	17	0	27	0	2	1	0
	1998	수원	34	1	31	0	2	0	1
	1999	수원	39	0	37	0	2	2	0
	2002	수원	19	0	17	0	0	0	0
	2003	수원	41	0	44	0	2	0	0
	2004	수원	26	0	24	0	0	0	0
	2005	수원	26	0	33	0	0	0	0
	2006	수원	14	1	14	0	0	1	0
	2007	수원	35	0	33	0	0	1	0
	2008	수원	39	0	29	0	1	0	0
	2009	수원	26	0	26	0	1	2	0
	2010	수원	14	0	29	0	0	0	0
	2011	전남	34	0	29	0	0	0	0
	2012	전남	33	0	38	0	0	0	0
	합계		410	2	425	0	11	8	1
프로통산			410	2	425	0	11	8	1

이웅희 (李雄熙) 배재대 1988.07.18

리그	연도	소속	출전	교체	득점	도움	파울	경고	퇴장
BC	2011	대전	17	11	1	0	8	1	0
	2012	대전	34	5	0	0	52	9	0
	합계		51	16	1	0	60	10	0
클	2013	대전	32	3	3	1	29	2	0

리그	연도	소속	출전	교체	득점	도움	파울	경고	퇴장
	2014	서울	24	1	0	1	28	2	0
	2015	서울	32	1	0	1	29	5	0
	2016	상주	23	1	2	0	14	3	0
	합계		111	6	5	3	100	12	0
프로통산			162	22	6	3	160	22	0

이원규 (李源規) 연세대 1988.05.01

리그	연도	소속	출전	교체	득점	도움	파울	경고	퇴장
BC	2011	부산	3	1	1	0	3	0	0
	2012	부산	1	2	0	0	1	0	0
	합계		4	3	1	0	4	0	0
프로통산			4	3	1	0	4	0	0

이원식 (李元植) 한양대 1973.05.16

리그	연도	소속	출전	교체	득점	도움	파울	경고	퇴장
BC	1996	부천S	21	21	7	1	19	2	0
	1997	부천S	29	14	11	2	38	4	1
	1998	부천S	26	19	10	3	22	1	0
	1999	부천S	38	31	9	4	33	2	0
	2000	부천S	32	33	13	1	24	1	0
	2001	부천S	29	27	5	2	21	3	0
	2002	부천S	29	27	4	2	17	2	0
	2003	부천S	38	35	10	2	29	4	0
	2004	서울	10	8	1	1	8	0	0
	2005	서울	17	17	3	0	11	5	0
	2006	대전	1	1	0	0	2	1	0
	합계		270	233	73	18	224	25	1
프로통산			270	233	73	18	224	25	1

이원영 (李元煐 / ← 이정호) 보인정보산업고 1981.03.13

리그	연도	소속	출전	교체	득점	도움	파울	경고	퇴장
BC	2005	포항	20	9	2	0	37	2	0
	2006	포항	21	3	3	0	60	7	0
	2007	전북	25	11	2	1	33	5	0
	2008	제주	32	3	2	0	41	6	0
	2009	부산	25	3	3	2	39	4	0
	2010	부산	27	3	1	1	42	4	0
	2011	부산	14	2	2	1	18	3	0
	합계		164	34	15	5	270	31	0
클	2013	부산	32	7	2	1	40	7	0
	2014	부산	14	5	0	0	14	4	0
	합계		46	12	2	1	54	11	0
챌	2016	부산	24	7	2	1	16	4	0
	합계		24	7	2	1	16	4	0
프로통산			234	53	19	7	340	46	0

이원재 (李源在) 포철공고 1986.02.24

리그	연도	소속	출전	교체	득점	도움	파울	경고	퇴장
BC	2005	포항	2	2	0	0	1	0	0
	2006	포항	9	1	0	0	12	5	0
	2007	포항	5	0	1	0	7	0	0
	2008	전북	6	5	0	0	4	1	0
	2009	울산	18	5	2	0	20	3	0
	2010	울산	0	0	0	0	0	0	0
	2010	포항	3	0	0	0	3	1	0
	2011	포항	2	2	0	0	0	0	0
	2012	포항	3	1	0	0	4	1	0
	합계		48	16	3	0	51	11	0
챌	2013	경찰	28	6	0	0	34	9	0
	2014	안산경	11	3	1	0	8	1	0
	2015	대구	26	6	1	0	23	7	0
	2016	경남	13	3	1	0	12	1	0
	합계		78	18	3	0	77	18	0
프로통산			126	34	6	0	128	29	0

이원준 (李元準) 중앙대 1972.04.02

리그	연도	소속	출전	교체	득점	도움	파울	경고	퇴장
BC	1995	LG	15	13	0	0	5	1	0
	1996	안양L	11	11	0	0	4	1	0
	1997	안양L	8	5	0	0	7	1	0
	1998	안양L	1	1	0	0	1	0	0
	합계		35	30	0	0	17	3	0
프로통산			35	30	0	0	17	3	0

이원철 (李元哲) 전주대 1967.05.10

리그	연도	소속	출전	교체	득점	도움	파울	경고	퇴장
BC	1990	포철	16	14	1	1	26	1	0
	1991	포철	34	14	7	1	43	2	0
	1992	포철	25	11	8	3	42	1	1
	1993	포철	30	17	4	1	49	1	0
	1994	포철	18	13	3	0	24	0	0
	1995	포항	19	16	3	1	29	1	0
	1996	포항	14	14	0	1	17	1	0
	합계		156	99	26	8	230	7	1
프로통산			156	99	26	8	230	7	1

이유민 (李裕珉) 동국대 1971.01.09

리그	연도	소속	출전	교체	득점	도움	파울	경고	퇴장
BC	1995	포항	2	2	0	0	6	0	0
	합계		2	2	0	0	6	0	0
프로통산			2	2	0	0	6	0	0

이유성 (李有成) 중앙대 1977.05.20

리그	연도	소속	출전	교체	득점	도움	파울	경고	퇴장
BC	2000	전북	0	0	0	0	0	0	0
	2001	전북	2	2	0	0	1	0	0
	합계		2	2	0	0	1	0	0
프로통산			2	2	0	0	1	0	0

이유준 (李洧樽) 오산중 1989.09.26

리그	연도	소속	출전	교체	득점	도움	파울	경고	퇴장
클	2013	강원	10	7	0	0	3	0	0
	합계		10	7	0	0	3	0	0
챌	2014	강원	2	2	0	0	1	0	0
	2016	충주	1	1	0	0	0	0	0
	합계		3	3	0	0	1	0	0
프로통산			13	10	0	0	4	0	0

이윤규 (李允揆) 관동대 1989.05.29

리그	연도	소속	출전	교체	실점	도움	파울	경고	퇴장
BC	2012	대구	0	0	0	0	0	0	0
	합계		0	0	0	0	0	0	0
챌	2013	충주	1	0	3	0	0	0	0
	합계		1	0	3	0	0	0	0
프로통산			1	0	3	0	0	0	0

이윤섭 (李允燮) 순천향대학원 1979.07.30

리그	연도	소속	출전	교체	득점	도움	파울	경고	퇴장
BC	2002	울산	0	0	0	0	0	0	0
	2003	울산	6	2	0	0	6	0	0
	2004	울산	15	5	1	0	16	1	0
	2005	울산	1	1	0	0	0	0	0
	2006	광주상	9	2	1	0	15	2	0
	2007	광주상	25	5	2	0	35	9	0
	합계		56	15	4	0	72	12	0
프로통산			56	15	4	0	72	12	0

이윤의 (李阮儀) 광운대 1987.07.25

리그	연도	소속	출전	교체	득점	도움	파울	경고	퇴장
BC	2010	강원	0	0	0	0	0	0	0
	2011	상주	4	3	0	0	4	0	0
	2012	상주	1	2	0	0	0	0	0
	2012	강원	4	4	0	0	7	0	0
	합계		9	9	0	0	11	0	0
챌	2013	부천	21	3	2	3	27	4	0
	합계		21	3	2	3	27	4	0
프로통산			30	12	2	3	38	4	0

* 실점: 2011년 3 / 총실점 3

이윤표 (李允杓) 한남대 1984.09.04

리그	연도	소속	출전	교체	득점	도움	파울	경고	퇴장
BC	2008	전남	1	1	0	0	0	0	0
	2009	대전	17	4	0	0	34	6	0
	2010	서울	0	0	0	0	0	0	0
	2011	인천	24	5	0	1	40	7	0
	2012	인천	37	1	3	1	70	12	0
	합계		79	11	3	2	144	25	0
클	2013	인천	30	1	1	1	57	10	0
	2014	인천	37	1	0	1	56	2	0
	2015	인천	15	3	0	0	10	2	0
	2016	인천	24	2	1	0	40	8	0
	합계		106	7	2	2	163	22	0
프로통산			185	18	5	4	307	47	0

이윤호 (李尹鎬) 고려대 1990.03.20

리그	연도	소속	출전	교체	득점	도움	파울	경고	퇴장
BC	2011	제주	0	0	0	0	0	0	0
	합계		0	0	0	0	0	0	0
프로통산			0	0	0	0	0	0	0

이윤환 (理尹煥) 대신고 1996.10.16

리그	연도	소속	출전	교체	득점	도움	파울	경고	퇴장
챌	2016	부천	0	0	0	0	0	0	0
	합계		0	0	0	0	0	0	0
프로통산			0	0	0	0	0	0	0

이으뜸 (李으뜸) 용인대 1989.09.02

리그	연도	소속	출전	교체	득점	도움	파울	경고	퇴장
클	2015	광주	24	6	0	4	27	5	0
	2016	광주	24	9	0	4	21	7	0
	합계		48	15	0	8	48	12	0
챌	2013	안양	10	1	0	1	12	2	0
	2014	안양	31	3	1	2	33	4	0
	합계		41	4	1	3	45	6	0
프로통산			89	19	1	11	93	18	0

이을용 (李乙容) 강릉상고 1975.09.08

리그	연도	소속	출전	교체	득점	도움	파울	경고	퇴장
BC	1998	부천S	33	6	3	0	74	7	0
	1999	부천S	25	5	1	0	49	2	0
	2000	부천S	37	6	5	1	71	4	0
	2001	부천S	26	4	2	1	39	3	0
	2002	부천S	7	3	0	1	5	1	0
	2003	안양L	17	2	0	2	38	5	0
	2004	서울	10	1	0	0	25	3	0
	2006	서울	14	0	0	0	34	4	0
	2007	서울	30	8	1	2	42	6	0
	2008	서울	30	16	0	2	40	3	0
	2009	강원	24	3	0	2	26	3	0
	2010	강원	17	10	0	0	16	2	0
	2011	강원	20	10	1	1	27	2	0
	합계		290	74	13	12	486	45	0
프로통산			290	74	13	12	486	45	0

이응제 (李應濟) 고려대 1980.04.07

리그	연도	소속	출전	교체	득점	도움	파울	경고	퇴장
BC	2003	전북	3	1	0	0	5	1	0
	2004	전북	3	1	0	0	6	0	0
	2005	광주상	13	8	0	0	18	4	0
	2006	광주상	6	2	0	0	3	1	0
	2007	전북	5	3	0	0	6	0	0
	합계		30	15	0	0	38	6	0
프로통산			30	15	0	0	38	6	0

이인규 (李寅圭) 남부대 1992.09.16

리그	연도	소속	출전	교체	득점	도움	파울	경고	퇴장
클	2014	전남	4	4	0	0	2	0	0
	합계		4	4	0	0	2	0	0
프로통산			4	4	0	0	2	0	0

이인수 (李寅洙) 선문대 1993.11.16

리그	연도	소속	출전	교체	실점	도움	파울	경고	퇴장
클	2016	수원FC	5	0	9	0	0	0	0
	합계		5	0	9	0	0	0	0
챌	2015	수원FC	19	0	33	0	0	0	0
	합계		19	0	33	0	0	0	0
승	2015	수원FC	0	0	0	0	0	0	0
	합계		0	0	0	0	0	0	0
프로통산			24	0	42	0	0	0	0

이인식 (李仁植) 중앙대 1991.09.20

리그	연도	소속	출전	교체	득점	도움	파울	경고	퇴장
챌	2014	대전	6	5	0	0	11	1	0
	합계		6	5	0	0	11	1	0
프로통산			6	5	0	0	11	1	0

이인식(李仁植) 단국대 1983.02.14

리그	연도	소속	출전	교체	득점	도움	파울	경고	퇴장
BC	2005	전북	0	0	0	0	0	0	0
	2006	전북	2	1	0	0	5	0	0
	2008	제주	2	1	0	0	3	0	0
	2010	제주	3	3	0	0	0	0	0
	합계		7	5	0	0	8	0	0
프로통산			7	5	0	0	8	0	0

이인재(李仁載) 중앙대 1967.01.02

리그	연도	소속	출전	교체	득점	도움	파울	경고	퇴장
BC	1989	럭금	30	19	5	3	27	2	0
	1990	럭금	17	16	2	2	5	0	0
	1991	LG	14	13	0	0	3	0	0
	1992	LG	21	16	0	3	18	1	0
	1993	LG	21	21	1	0	22	2	0
	1994	LG	19	8	4	1	15	3	0
	1996	안양L	11	10	0	1	5	0	0
	1997	안양L	4	5	0	0	4	1	0
	합계		137	108	12	10	99	9	0
프로통산			137	108	12	10	99	9	0

이임생(李林生) 고려대학원 1971.11.18

리그	연도	소속	출전	교체	득점	도움	파울	경고	퇴장
BC	1994	유공	13	0	0	0	19	1	0
	1995	유공	24	5	0	1	30	3	0
	1996	부천S	22	7	0	0	38	6	0
	1997	부천S	2	2	0	0	0	0	0
	1998	부천S	26	3	0	1	47	2	0
	1999	부천S	34	3	2	0	62	4	0
	2000	부천S	39	0	5	2	77	4	1
	2001	부천S	11	0	1	0	16	1	0
	2002	부천S	29	2	3	0	44	6	0
	2003	부산	29	2	0	1	38	6	0
	합계		229	24	11	5	371	33	1
프로통산			229	24	11	5	371	33	1

이장관(李將寬) 아주대 1974.07.04

리그	연도	소속	출전	교체	득점	도움	파울	경고	퇴장
BC	1997	부산	26	20	2	0	30	3	0
	1998	부산	32	5	0	2	53	4	0
	1999	부산	34	7	0	1	62	8	0
	2000	부산	33	6	1	1	59	8	0
	2001	부산	32	22	0	0	39	2	0
	2002	부산	25	21	0	1	26	2	0
	2003	부산	41	1	0	1	55	4	1
	2004	부산	34	2	0	1	50	6	0
	2005	부산	32	1	0	0	33	5	0
	2006	부산	33	3	1	1	44	3	0
	2007	부산	26	3	0	1	25	2	0
	2008	인천	6	3	0	0	11	0	0
	합계		354	94	4	9	487	47	1
프로통산			354	94	4	9	487	47	1

이장군(李長君) 조선대 1971.03.15

리그	연도	소속	출전	교체	득점	도움	파울	경고	퇴장
BC	1994	유공	1	1	0	0	0	0	0
	1995	유공	0	0	0	0	0	0	0
	합계		1	1	0	0	0	0	0
프로통산			1	1	0	0	0	0	0

이장수(李章洙) 연세대 1956.10.15

리그	연도	소속	출전	교체	득점	도움	파울	경고	퇴장
BC	1983	유공	10	0	6	1	9	3	0
	1984	유공	24	9	2	1	20	0	0
	1985	유공	12	2	0	0	17	1	0
	1986	유공	12	3	0	1	7	1	0
	합계		58	14	8	3	53	5	0
프로통산			58	14	8	3	53	5	0

이장욱(李章旭) 통진종고 1970.07.02

리그	연도	소속	출전	교체	득점	도움	파울	경고	퇴장
BC	1989	럭금	19	17	1	0	7	2	0
	1990	럭금	8	6	0	0	5	0	0
	1991	LG	27	21	2	0	23	3	0
	합계		54	44	3	0	35	5	0
프로통산			54	44	3	0	35	5	0

이재광(李在光) 인천대 1989.10.19

리그	연도	소속	출전	교체	득점	도움	파울	경고	퇴장
BC	2012	성남일	3	2	0	0	3	0	0
	합계		3	2	0	0	3	0	0
프로통산			3	2	0	0	3	0	0

이재권(李在權) 고려대 1987.07.30

리그	연도	소속	출전	교체	득점	도움	파울	경고	퇴장
BC	2010	인천	30	8	1	1	53	5	0
	2011	인천	29	6	0	4	43	9	0
	2012	서울	6	6	0	0	5	1	0
	합계		65	20	1	5	101	15	0
클	2013	서울	1	1	0	0	0	0	0
	합계		1	1	0	0	0	0	0
챌	2014	안산경	35	12	6	2	49	10	0
	2015	안산경	10	7	0	1	9	4	0
	2016	대구	39	12	2	3	53	4	0
	합계		84	31	8	6	111	18	0
프로통산			150	52	9	11	212	33	0

이재명(李在明) 진주고 1991.07.25

리그	연도	소속	출전	교체	득점	도움	파울	경고	퇴장
BC	2010	경남	9	4	0	0	11	1	0
	2011	경남	18	6	0	0	33	3	0
	2012	경남	33	1	0	3	35	2	0
	합계		60	11	0	3	79	6	0
클	2013	전북	23	1	0	2	32	4	0
	2014	전북	8	1	0	2	12	2	0
	2015	전북	3	1	1	0	3	0	0
	2016	상주	9	5	0	0	7	2	0
	합계		43	8	1	4	54	8	0
프로통산			103	19	1	7	133	14	0

이재민(李載珉) 명지대 1991.02.05

리그	연도	소속	출전	교체	득점	도움	파울	경고	퇴장
클	2013	경남	3	2	0	0	2	0	0
	합계		3	2	0	0	2	0	0
프로통산			3	2	0	0	2	0	0

이재성(李宰誠) 고려대 1988.07.05

리그	연도	소속	출전	교체	득점	도움	파울	경고	퇴장
BC	2009	수원	11	2	1	0	16	3	0
	2010	울산	15	9	0	0	10	1	0
	2011	울산	27	5	2	1	31	5	0
	2012	울산	35	9	2	0	46	4	0
	합계		88	25	5	1	103	13	0
클	2014	상주	10	1	0	0	7	0	1
	2014	울산	9	1	1	0	8	0	0
	2015	울산	11	2	0	0	8	3	0
	2016	울산	25	2	2	0	15	3	0
	합계		55	6	3	0	38	6	1
챌	2013	상주	27	3	2	1	21	3	0
	합계		27	3	2	1	21	3	0
승	2013	상주	2	0	0	0	3	0	0
	합계		2	0	0	0	3	0	0
프로통산			172	34	10	2	165	22	1

이재성(李在成) 고려대 1992.08.10

리그	연도	소속	출전	교체	득점	도움	파울	경고	퇴장
클	2014	전북	26	4	4	3	25	2	0
	2015	전북	34	4	7	5	37	2	0
	2016	전북	32	3	3	11	40	6	0
	합계		92	11	14	19	102	10	0
프로통산			92	11	14	19	102	10	0

이재성(李在成) 한양대 1985.06.06

리그	연도	소속	출전	교체	득점	도움	파울	경고	퇴장
BC	2008	전남	3	3	0	0	3	0	0
	2009	전남	1	1	0	0	1	0	0
	합계		4	4	0	0	4	0	0
프로통산			4	4	0	0	4	0	0

이재안(李宰安) 한라대 1988.06.21

리그	연도	소속	출전	교체	득점	도움	파울	경고	퇴장
BC	2011	서울	7	7	0	0	0	0	0
	2012	경남	24	20	3	0	14	2	0
	합계		31	27	3	0	14	2	0
클	2013	경남	37	14	7	1	15	3	0
	2014	경남	26	15	3	3	19	0	0
	2016	수원FC	24	17	0	2	9	1	0
	합계		87	46	10	6	43	4	0
챌	2015	서울E	9	7	1	1	4	2	0
	합계		9	7	1	1	4	2	0
승	2014	경남	1	1	0	0	0	0	0
	합계		1	1	0	0	0	0	0
프로통산			128	81	14	7	61	8	0

이재억(李在億) 아주대 1989.06.03

리그	연도	소속	출전	교체	득점	도움	파울	경고	퇴장
클	2013	전남	5	3	0	0	9	1	0
	2014	전남	6	2	0	0	7	1	0
	2015	전남	2	2	0	0	3	1	0
	합계		13	7	0	0	19	3	0
챌	2016	안양	12	6	0	0	6	0	0
	합계		12	6	0	0	6	0	0
프로통산			25	13	0	0	25	3	0

이재원(李哉沅) 고려대 1983.03.04

리그	연도	소속	출전	교체	득점	도움	파울	경고	퇴장
BC	2006	울산	8	8	0	1	5	1	0
	2007	울산	1	1	0	0	2	0	0
	합계		9	9	0	1	7	1	0
클	2014	울산	13	3	1	0	17	5	1
	2015	포항	9	5	0	0	7	0	0
	2016	포항	10	6	0	0	10	0	0
	합계		32	14	1	0	34	5	1
프로통산			41	23	1	1	41	6	1

이재일(李在日) 성균관대 1988.11.16

리그	연도	소속	출전	교체	득점	도움	파울	경고	퇴장
BC	2011	수원	2	0	0	0	3	1	0
	합계		2	0	0	0	3	1	0
프로통산			2	0	0	0	3	1	0

이재일(李裁一) 이리고 1955.05.30

리그	연도	소속	출전	교체	실점	도움	파울	경고	퇴장
BC	1983	할렐	1	0	1	0	0	0	1
	1984	포철	13	0	16	0	0	1	0
	합계		14	0	17	0	0	1	1
프로통산			14	0	17	0	0	1	1

이재일(李在日) 건국대 1968.03.15

리그	연도	소속	출전	교체	득점	도움	파울	경고	퇴장
BC	1990	현대	7	1	0	0	13	0	0
	1991	현대	11	8	0	1	9	2	0
	1992	현대	9	5	0	0	8	2	0
	합계		27	14	0	1	30	4	0
프로통산			27	14	0	1	30	4	0

이재천 한성대 1977.03.08

리그	연도	소속	출전	교체	득점	도움	파울	경고	퇴장
BC	2000	안양L	0	0	0	0	0	0	0
	합계		0	0	0	0	0	0	0
프로통산			0	0	0	0	0	0	0

이재철(李在哲) 광운대 1975.12.25

리그	연도	소속	출전	교체	득점	도움	파울	경고	퇴장
BC	1999	수원	3	2	0	0	2	0	0
	합계		3	2	0	0	2	0	0
프로통산			3	2	0	0	2	0	0

이재현(李在玹) 건국대 1981.01.25

리그	연도	소속	출전	교체	득점	도움	파울	경고	퇴장
BC	2003	전북	1	0	0	0	5	0	0
	2004	전북	1	0	0	0	1	0	0
	합계		2	0	0	0	6	0	0
프로통산			2	0	0	0	6	0	0

이재현(李在玄) 전주대 1983.05.13

리그	연도	소속	출전	교체	득점	도움	파울	경고	퇴장
BC	2006	전북	2	1	0	0	3	1	0
	합계		2	1	0	0	3	1	0
프로통산			2	1	0	0	3	1	0

이재형(李宰馨) 한양대 1976.09.06

리그	연도	소속	출전	교체	득점	도움	파울	경고	퇴장
BC	1998	대전	1	1	0	0	0	0	0
	합계		1	1	0	0	0	0	0
프로통산			1	1	0	0	0	0	0

이재훈(李在勳) 연세대 1990.01.10

리그	연도	소속	출전	교체	득점	도움	파울	경고	퇴장
BC	2012	강원	10	2	0	0	15	1	0
	합계		10	2	0	0	15	1	0
클	2013	강원	7	4	0	0	8	1	0
	합계		7	4	0	0	8	1	0
챌	2014	강원	34	1	0	3	39	3	0
	2015	강원	31	1	0	0	65	5	0
	2016	서울E	11	1	0	0	20	3	0
	합계		76	3	0	3	124	11	0
승	2013	강원	1	0	0	0	2	0	0
	합계		1	0	0	0	2	0	0
프로통산			94	9	0	3	149	13	0

이재희(李在熙) 경희대 1959.04.15

리그	연도	소속	출전	교체	득점	도움	파울	경고	퇴장
BC	1983	대우	13	2	0	1	15	1	0
	1984	대우	28	4	0	4	38	2	0
	1985	대우	1	0	0	0	3	0	0
	1986	대우	23	4	0	0	49	7	0
	1987	대우	26	2	1	1	54	5	0
	1988	대우	13	2	0	0	24	3	0
	1989	대우	27	5	0	0	39	4	0
	1990	대우	27	8	0	1	45	5	0
	1991	대우	28	7	0	0	57	3	0
	1992	대우	12	6	0	0	22	2	0
	합계		198	40	1	7	346	32	0
프로통산			198	40	1	7	346	32	0

이정국(李政國) 한양대 1973.03.22

리그	연도	소속	출전	교체	득점	도움	파울	경고	퇴장
BC	1999	포항	4	3	0	0	4	2	0
	합계		4	3	0	0	4	2	0
프로통산			4	3	0	0	4	2	0

이정근(李禎根) 건국대 1990.02.02

리그	연도	소속	출전	교체	득점	도움	파울	경고	퇴장
클	2015	대전	10	0	0	0	5	1	0
	합계		10	0	0	0	5	1	0
프로통산			10	0	0	0	5	1	0

이정근(李正根) 문경대 1994.04.22

리그	연도	소속	출전	교체	득점	도움	파울	경고	퇴장
챌	2016	부산	13	8	0	0	24	4	0
	합계		13	8	0	0	24	4	0
프로통산			13	8	0	0	24	4	0

이정래(李廷來) 건국대 1979.11.12

리그	연도	소속	출전	교체	실점	도움	파울	경고	퇴장
BC	2002	전남	2	1	2	0	0	0	0
	2003	전남	0	0	0	0	0	0	0
	2004	전남	2	0	3	0	0	0	0
	2005	전남	1	0	2	0	0	0	0
	2006	경남	39	0	49	0	1	1	0
	2007	경남	29	1	32	0	0	2	0
	2008	광주상	3	0	7	0	0	0	0
	2009	광주상	4	0	9	0	0	0	0
	2010	경남	0	0	0	0	0	0	0
	2011	경남	4	0	2	0	0	0	0
	2012	광주	2	0	6	0	0	0	0
	합계		86	2	112	0	1	3	0
챌	2014	충주	7	0	11	0	0	1	0
	2015	충주	0	0	0	0	0	0	0
	합계		7	0	11	0	0	1	0
프로통산			93	2	123	0	1	4	0

이정문(李廷文) 숭실대 1971.03.05

리그	연도	소속	출전	교체	실점	도움	파울	경고	퇴장
BC	1994	현대	3	0	5	0	0	0	0
	1995	현대	0	0	0	0	0	0	0
	1996	울산	3	0	8	0	1	0	0
	합계		6	0	13	0	1	0	0
프로통산			6	0	13	0	1	0	0

이정수(李正秀) 경희대 1980.01.08

리그	연도	소속	출전	교체	득점	도움	파울	경고	퇴장
BC	2002	안양L	11	12	1	2	10	0	1
	2003	안양L	18	1	1	0	22	2	0
	2004	서울	2	2	0	0	1	0	0
	2004	인천	20	1	0	0	41	9	0
	2005	인천	17	3	1	1	37	1	0
	2006	수원	36	7	2	0	63	5	0
	2007	수원	10	2	0	0	19	6	0
	2008	수원	24	0	1	1	50	7	0
	합계		138	28	6	4	243	30	1
클	2016	수원	27	5	3	0	22	9	0
	합계		27	5	3	0	22	9	0
프로통산			165	33	9	4	265	39	1

이정열(李正烈) 숭실대 1981.08.16

리그	연도	소속	출전	교체	득점	도움	파울	경고	퇴장
BC	2004	서울	20	4	0	0	14	0	0
	2005	서울	19	3	0	0	33	3	0
	2007	서울	21	10	0	0	16	2	0
	2008	인천	8	4	0	0	4	0	0
	2008	성남일	1	1	0	0	1	0	0
	2009	전남	7	2	1	0	8	1	0
	2010	서울	5	2	0	0	1	0	0
	2011	서울	3	2	0	0	0	0	0
	2012	서울	0	0	0	0	0	0	0
	2012	대전	12	0	0	0	1	1	0
	합계		96	28	1	0	78	7	0
클	2013	대전	1	1	0	0	0	0	0
	합계		1	1	0	0	0	0	0
프로통산			97	29	1	0	78	7	0

이정용(李貞龍) 연세대 1983.07.06

리그	연도	소속	출전	교체	득점	도움	파울	경고	퇴장
BC	2004	울산	4	1	0	1	11	0	0
	합계		4	1	0	1	11	0	0
프로통산			4	1	0	1	11	0	0

이정운(李正雲) 호남대 1978.04.19

리그	연도	소속	출전	교체	득점	도움	파울	경고	퇴장
BC	2001	포항	11	11	1	2	14	2	1
	2002	포항	21	15	0	2	27	2	0
	2005	광주상	0	0	0	0	0	0	0
	합계		32	26	1	4	41	4	1
프로통산			32	26	1	4	41	4	1

이정운(李楨雲) 성균관대 1980.05.05

리그	연도	소속	출전	교체	득점	도움	파울	경고	퇴장
BC	2003	전남	1	1	0	0	0	0	0
	2004	전남	8	6	1	0	7	0	0
	2005	전남	22	15	4	0	47	4	0
	2010	강원	1	1	0	0	0	1	0
	2011	강원	11	5	1	0	8	0	0
	2012	강원	0	0	0	0	0	0	0
	합계		43	28	6	0	62	5	0
프로통산			43	28	6	0	62	5	0

이정인(李正寅) 안동대 1973.02.10

리그	연도	소속	출전	교체	득점	도움	파울	경고	퇴장
BC	1996	전북	3	3	0	0	3	0	0
	1997	전북	1	1	0	0	1	0	0
	합계		4	4	0	0	4	0	0
프로통산			4	4	0	0	4	0	0

이정일(李正日) 고려대 1956.11.04

리그	연도	소속	출전	교체	득점	도움	파울	경고	퇴장
BC	1983	할렐	9	2	3	0	5	0	0
	1984	할렐	21	9	2	4	11	1	0
	1985	할렐	12	3	0	0	12	0	0
	합계		42	14	5	4	28	1	0
프로통산			42	14	5	4	28	1	0

이정진(李正進) 배재대 1993.12.23

리그	연도	소속	출전	교체	득점	도움	파울	경고	퇴장
챌	2016	부산	14	10	2	0	14	4	0
	합계		14	10	2	0	14	4	0
프로통산			14	10	2	0	14	4	0

이정필(李正泌) 울산대 1992.07.28

리그	연도	소속	출전	교체	득점	도움	파울	경고	퇴장
챌	2015	서울E	1	0	0	0	4	1	0
	합계		1	0	0	0	4	1	0
프로통산			1	0	0	0	4	1	0

이정헌(李柾憲) 조선대 1990.05.16

리그	연도	소속	출전	교체	득점	도움	파울	경고	퇴장
챌	2013	수원FC	17	5	0	0	28	3	0
	합계		17	5	0	0	28	3	0
프로통산			17	5	0	0	28	3	0

이정협(李廷記/←이정기) 숭실대 1991.06.24

리그	연도	소속	출전	교체	득점	도움	파울	경고	퇴장
클	2013	부산	27	25	2	2	18	2	0
	2014	상주	25	23	4	0	15	2	0
	2015	부산	3	2	0	1	2	0	0
	2016	울산	30	25	4	1	25	4	0
	합계		85	75	10	4	60	8	0
챌	2015	상주	17	8	7	6	19	0	0
	합계		17	8	7	6	19	0	0
프로통산			102	83	17	10	79	8	0

이정형(李正螢) 고려대 1981.04.16

리그	연도	소속	출전	교체	실점	도움	파울	경고	퇴장
챌	2013	수원FC	9	0	13	0	0	1	0
	2014	수원FC	0	0	0	0	0	0	0
	합계		9	0	13	0	0	1	0
프로통산			9	0	13	0	0	1	0

이정호(李正鎬) 명지대 1972.11.10

리그	연도	소속	출전	교체	득점	도움	파울	경고	퇴장
BC	1995	LG	24	13	2	0	17	1	0
	1996	안양L	33	4	0	5	37	5	0
	1997	안양L	4	1	0	0	5	0	0
	합계		61	18	2	5	59	6	0
프로통산			61	18	2	5	59	6	0

이정환(李楨桓) 경기대 1988.12.02

리그	연도	소속	출전	교체	득점	도움	파울	경고	퇴장
클	2013	경남	2	2	0	0	4	0	0
	합계		2	2	0	0	4	0	0
프로통산			2	2	0	0	4	0	0

이정환(李政桓) 숭실대 1991.03.23

리그	연도	소속	출전	교체	득점	도움	파울	경고	퇴장
클	2014	부산	0	0	0	0	0	0	0
	합계		0	0	0	0	0	0	0
프로통산			0	0	0	0	0	0	0

이정효(李正孝) 아주대 1975.07.23

리그	연도	소속	출전	교체	득점	도움	파울	경고	퇴장
BC	1999	부산	15	5	0	0	23	1	0
	2000	부산	9	1	0	0	12	0	0
	2001	부산	22	17	0	0	23	0	0

	2002	부산	32	8	2	1	58	5	0
	2003	부산	19	9	0	0	29	4	0
	2004	부산	22	12	3	0	39	4	0
	2005	부산	32	9	2	3	64	5	0
	2006	부산	28	12	3	3	49	6	0
	2007	부산	32	13	3	2	47	6	0
	2008	부산	11	2	0	0	17	3	0
	합계		222	88	13	9	361	34	0
프로통산			222	88	13	9	361	34	0

이제규(李濟圭) 청주대 1986.07.10

리그	연도	소속	출전	교체	득점	도움	파울	경고	퇴장
BC	2009	대전	12	11	1	0	15	0	1
	2010	광주상	0	0	0	0	0	0	0
	2011	상주	8	6	0	0	15	2	0
	합계		20	17	1	0	30	2	1
프로통산			20	17	1	0	30	2	1

이제승(李濟昇) 청주대 1991.11.29

리그	연도	소속	출전	교체	득점	도움	파울	경고	퇴장
챌	2014	부천	28	21	1	2	40	1	0
	합계		28	21	1	2	40	1	0
프로통산			28	21	1	2	40	1	0

이제승(李濟承) 중앙대 1973.04.25

리그	연도	소속	출전	교체	득점	도움	파울	경고	퇴장
BC	1996	전남	3	2	0	0	6	1	0
	합계		3	2	0	0	6	1	0
프로통산			3	2	0	0	6	1	0

이종광(李鍾光) 광운대 1961.04.19

리그	연도	소속	출전	교체	득점	도움	파울	경고	퇴장
BC	1984	럭금	17	10	0	1	6	0	0
	1985	럭금	4	4	0	0	2	0	0
	합계		21	14	0	1	8	0	0
프로통산			21	14	0	1	8	0	0

이종묵(李鍾默) 강원대 1973.06.16

리그	연도	소속	출전	교체	득점	도움	파울	경고	퇴장
BC	1998	안양L	4	4	0	0	6	1	0
	합계		4	4	0	0	6	1	0
프로통산			4	4	0	0	6	1	0

이종민(李宗珉) 서귀포고 1983.09.01

리그	연도	소속	출전	교체	득점	도움	파울	경고	퇴장
BC	2002	수원	0	0	0	0	0	0	0
	2003	수원	16	12	0	2	16	0	0
	2004	수원	5	5	0	0	3	0	0
	2005	울산	35	25	5	3	52	5	0
	2006	울산	24	4	2	4	37	4	0
	2007	울산	33	5	2	4	46	8	0
	2008	울산	3	0	0	1	3	0	0
	2008	서울	15	4	0	1	16	2	0
	2009	서울	10	4	0	0	12	1	0
	2010	서울	6	4	0	1	4	2	0
	2011	상주	23	14	0	1	15	2	0
	2012	상주	15	11	0	0	12	4	0
	2012	서울	3	2	0	0	3	0	0
	합계		188	90	9	17	219	28	0
클	2013	수원	7	2	1	0	10	1	0
	2015	광주	33	5	5	4	41	6	0
	2016	광주	21	13	0	1	19	2	0
	합계		61	20	6	5	70	9	0
챌	2014	광주	28	2	3	6	40	4	1
	합계		28	2	3	6	40	4	1
승	2014	광주	2	0	0	0	2	0	0
	합계		2	0	0	0	2	0	0
프로통산			279	112	18	28	331	41	1

이종민(李鐘敏) 정명고 1983.08.01

리그	연도	소속	출전	교체	득점	도움	파울	경고	퇴장
BC	2003	부천S	7	6	0	0	2	1	0
	2004	부천S	4	3	0	0	4	0	0
	합계		11	9	0	0	6	1	0
프로통산			11	9	0	0	6	1	0

이종성(李宗成) 매탄고 1992.08.05

리그	연도	소속	출전	교체	득점	도움	파울	경고	퇴장
BC	2011	수원	2	0	0	0	8	1	0
	2012	상주	0	0	0	0	0	0	0
	합계		2	0	0	0	8	1	0
클	2014	수원	3	3	0	0	1	0	0
	2016	수원	19	2	0	1	30	7	0
	합계		22	5	0	1	31	7	0
챌	2015	대구	31	3	0	2	51	10	0
	합계		31	3	0	2	51	10	0
프로통산			55	8	0	3	90	18	0

이종원(李鍾元) 성균관대 1989.03.14

리그	연도	소속	출전	교체	득점	도움	파울	경고	퇴장
BC	2011	부산	4	3	1	1	1	1	0
	2012	부산	37	17	2	3	69	9	0
	합계		41	20	3	4	70	10	0
클	2013	부산	11	2	0	0	17	5	0
	2013	성남일	13	12	4	1	19	1	0
	2014	성남	22	8	0	0	34	2	0
	2015	성남	21	10	0	1	24	2	0
	2016	성남	25	9	0	0	39	8	2
	합계		92	41	4	2	133	18	2
프로통산			133	61	7	6	203	28	2

이종찬(李種讚) 단국대 1989.08.17

리그	연도	소속	출전	교체	득점	도움	파울	경고	퇴장
클	2013	강원	6	4	0	0	2	0	0
	합계		6	4	0	0	2	0	0
프로통산			6	4	0	0	2	0	0

이종찬(李鍾贊) 배재대 1987.05.26

리그	연도	소속	출전	교체	득점	도움	파울	경고	퇴장
BC	2007	제주	0	0	0	0	0	0	0
	2008	제주	0	0	0	0	0	0	0
	2010	대전	2	2	0	1	6	1	0
	2011	상주	5	0	0	0	5	0	0
	2012	상주	1	1	0	0	0	0	0
	합계		8	3	0	1	11	1	0
프로통산			8	3	0	1	11	1	0

이종현(李鐘賢) 브라질 파울리스타 축구학교 1987.01.08

리그	연도	소속	출전	교체	득점	도움	파울	경고	퇴장
BC	2011	인천	5	4	0	0	5	0	0
	합계		5	4	0	0	5	0	0
프로통산			5	4	0	0	5	0	0

이종호(李宗浩) 광양제철고 1992.02.24

리그	연도	소속	출전	교체	득점	도움	파울	경고	퇴장
BC	2011	전남	21	20	2	3	24	5	0
	2012	전남	33	24	6	2	63	3	1
	합계		54	44	8	5	87	8	1
클	2013	전남	32	21	6	4	50	3	0
	2014	전남	31	18	10	2	43	2	0
	2015	전남	31	15	12	3	54	6	0
	2016	전북	22	18	5	3	28	5	0
	합계		116	72	33	12	175	16	0
프로통산			170	116	41	17	262	24	1

이종화(李鍾和) 인천대 1963.07.20

리그	연도	소속	출전	교체	득점	도움	파울	경고	퇴장
BC	1986	현대	6	1	1	0	6	0	0
	1989	현대	35	8	4	1	64	7	1
	1990	현대	16	8	2	1	26	6	0
	1991	현대	1	1	0	0	0	1	0
	1991	일화	15	11	1	0	20	3	0
	1992	일화	31	2	0	0	28	3	0
	1993	일화	32	0	0	0	28	6	0
	1994	일화	21	3	0	1	23	3	0
	1995	일화	25	2	1	0	22	5	1
	1996	천안	9	3	0	0	8	2	0
	합계		191	39	9	3	225	36	2
프로통산			191	39	9	3	225	36	2

이종훈(李鍾勳) 중앙대 1970.09.03

리그	연도	소속	출전	교체	득점	도움	파울	경고	퇴장
BC	1994	버팔로	11	8	0	0	16	1	0
	합계		11	8	0	0	16	1	0
프로통산			11	8	0	0	16	1	0

이주상(李柱尙) 전주대 1981.11.11

리그	연도	소속	출전	교체	득점	도움	파울	경고	퇴장
BC	2006	제주	10	9	0	1	12	0	0
	합계		10	9	0	1	12	0	0
프로통산			10	9	0	1	12	0	0

이주영(李柱永) 영남대 1970.07.25

리그	연도	소속	출전	교체	득점	도움	파울	경고	퇴장
BC	1994	버팔로	26	22	3	0	5	1	0
	합계		26	22	3	0	5	1	0
프로통산			26	22	3	0	5	1	0

이주영(李柱永) 관동대 1977.09.15

리그	연도	소속	출전	교체	득점	도움	파울	경고	퇴장
BC	2000	성남일	6	6	0	1	2	0	0
	합계		6	6	0	1	2	0	0
프로통산			6	6	0	1	2	0	0

이주용(李周勇) 동아대 1992.09.26

리그	연도	소속	출전	교체	득점	도움	파울	경고	퇴장
클	2014	전북	22	0	1	1	42	4	0
	2015	전북	20	4	1	0	36	4	0
	2016	전북	7	1	0	0	12	2	0
	합계		49	5	2	1	90	10	0
프로통산			49	5	2	1	90	10	0

이주용(李周勇) 홍익대 1992.05.18

리그	연도	소속	출전	교체	득점	도움	파울	경고	퇴장
클	2015	부산	1	1	0	0	2	0	0
	합계		1	1	0	0	2	0	0
프로통산			1	1	0	0	2	0	0

이주한(李柱翰) 동국대 1962.04.27

리그	연도	소속	출전	교체	실점	도움	파울	경고	퇴장
BC	1985	한일	14	1	16	0	0	0	0
	1986	한일	5	1	10	0	0	0	0
	합계		19	2	26	0	0	0	0
프로통산			19	2	26	0	0	0	0

이준(李俊) 고려대 1974.05.28

리그	연도	소속	출전	교체	득점	도움	파울	경고	퇴장
BC	1997	대전	14	9	4	0	22	4	0
	1998	대전	15	14	0	0	13	2	0
	합계		29	23	4	0	35	6	0
프로통산			29	23	4	0	35	6	0

이준근(李埈根) 초당대 1987.03.30

리그	연도	소속	출전	교체	득점	도움	파울	경고	퇴장
BC	2010	대전	0	0	0	0	0	0	0
	합계		0	0	0	0	0	0	0
프로통산			0	0	0	0	0	0	0

이준기(李俊基) 단국대 1982.04.25

리그	연도	소속	출전	교체	득점	도움	파울	경고	퇴장
BC	2002	안양L	2	2	0	0	1	0	0
	2006	서울	0	0	0	0	0	0	0
	2006	전남	6	5	0	0	2	1	0
	2007	전남	16	6	0	0	16	2	0
	2008	전남	17	4	0	0	20	2	0
	2009	전남	9	1	0	0	13	1	0
	2010	전남	20	12	0	0	11	1	0
	2011	전남	8	7	0	0	6	0	0
	합계		78	37	0	0	69	7	0
프로통산			78	37	0	0	69	7	0

이준식(李俊植) 남부대 1991.10.14

리그	연도	소속	출전	교체	실점	도움	파울	경고	퇴장
클	2014	울산	1	1	1	0	1	1	0
	합계		1	1	1	0	1	1	0

리그	연도	소속	출전	교체	득점	도움	파울	경고	퇴장
프로통산			1	1	1	0	1	1	0

이준엽 (李埈燁) 명지대 1990.05.21

리그	연도	소속	출전	교체	득점	도움	파울	경고	퇴장
클	2013	강원	27	20	1	1	36	4	0
	합계		27	20	1	1	36	4	0
챌	2014	강원	1	1	0	0	2	0	0
	합계		1	1	0	0	2	0	0
프로통산			28	21	1	1	38	4	0

이준영 (李俊永) 경희대 1982.12.26

리그	연도	소속	출전	교체	득점	도움	파울	경고	퇴장
BC	2003	안양L	33	23	7	1	42	1	0
	2004	서울	22	20	0	1	31	3	0
	2005	인천	14	14	1	0	13	1	0
	2006	인천	25	21	2	0	22	0	0
	2007	인천	26	20	2	1	20	6	0
	2008	인천	28	6	2	2	39	4	0
	2009	인천	12	9	0	1	6	2	0
	2010	인천	29	15	4	3	33	3	0
	합계		189	128	18	9	206	20	0
프로통산			189	128	18	9	206	20	0

이준택 (李濬澤) 울산대 1966.01.24

리그	연도	소속	출전	교체	득점	도움	파울	경고	퇴장
BC	1989	현대	17	17	0	1	12	1	0
	1990	현대	11	10	2	0	15	2	0
	1992	현대	14	11	0	0	12	1	0
	1993	현대	4	4	0	0	2	0	0
	1994	현대	2	1	0	0	4	0	0
	합계		48	43	2	1	45	4	0
프로통산			48	43	2	1	45	4	0

이준협 (李俊協) 관동대 1989.03.30

리그	연도	소속	출전	교체	득점	도움	파울	경고	퇴장
BC	2010	강원	3	3	0	0	3	1	0
	합계		3	3	0	0	3	1	0
프로통산			3	3	0	0	3	1	0

이준형 (李濬榮) 조선대 1988.08.24

리그	연도	소속	출전	교체	득점	도움	파울	경고	퇴장
BC	2011	강원	3	3	0	0	1	0	0
	2012	강원	1	1	0	0	0	0	0
	합계		4	4	0	0	1	0	0
프로통산			4	4	0	0	1	0	0

이준호 (李俊浩) 중앙대 1989.01.27

리그	연도	소속	출전	교체	득점	도움	파울	경고	퇴장
클	2016	수원FC	28	2	0	0	26	6	0
	합계		28	2	0	0	26	6	0
챌	2013	수원FC	22	4	3	0	28	5	0
	2014	수원FC	19	2	0	1	20	1	0
	2015	수원FC	25	3	1	1	34	7	0
	합계		66	9	4	2	82	13	0
승	2015	수원FC	2	0	0	0	2	1	0
	합계		2	0	0	0	2	1	0
프로통산			96	11	4	2	110	20	0

이준호 (李準鎬) 중앙대 1991.11.07

리그	연도	소속	출전	교체	득점	도움	파울	경고	퇴장
챌	2014	충주	10	10	0	0	3	1	0
	2015	안산경	5	5	0	0	5	1	0
	2016	안산무	0	0	0	0	0	0	0
	합계		15	15	0	0	8	2	0
프로통산			15	15	0	0	8	2	0

이준호 (李峻豪) 연세대 1967.06.06

리그	연도	소속	출전	교체	득점	도움	파울	경고	퇴장
BC	1990	대우	5	1	0	0	6	2	0
	합계		5	1	0	0	6	2	0
프로통산			5	1	0	0	6	2	0

이준희 (李準熙) 경희대 1988.06.01

리그	연도	소속	출전	교체	득점	도움	파울	경고	퇴장
BC	2012	대구	19	2	0	0	44	6	0
	합계		19	2	0	0	44	6	0
클	2013	대구	30	1	0	2	34	5	0
	합계		30	1	0	2	34	5	0
챌	2014	대구	31	2	1	4	49	8	0
	2015	대구	29	4	3	1	47	10	0
	2016	경남	3	3	0	0	4	1	0
	합계		63	9	4	5	100	19	0
프로통산			112	12	4	7	178	30	0

이준희 (李俊喜) 인천대 1993.12.10

리그	연도	소속	출전	교체	실점	도움	파울	경고	퇴장
클	2015	포항	0	0	0	0	0	0	0
	합계		0	0	0	0	0	0	0
챌	2016	경남	14	0	15	0	1	1	0
	합계		14	0	15	0	1	1	0
프로통산			14	0	15	0	1	1	0

이중갑 (李中甲) 명지대 1962.07.06

리그	연도	소속	출전	교체	득점	도움	파울	경고	퇴장
BC	1983	국민	2	0	0	0	0	0	0
	1986	현대	19	1	0	0	11	0	0
	1987	현대	25	6	1	0	17	0	0
	1988	현대	6	3	0	1	7	2	0
	합계		52	10	1	1	35	2	0
프로통산			52	10	1	1	35	2	0

이중권 (李重券) 명지대 1992.01.01

리그	연도	소속	출전	교체	득점	도움	파울	경고	퇴장
클	2013	전남	11	7	0	1	8	1	0
	2014	전남	1	1	0	0	0	0	0
	2016	인천	1	1	0	0	1	0	0
	합계		13	9	0	1	9	1	0
프로통산			13	9	0	1	9	1	0

이중원 (李重元) 숭실대 1989.07.27

리그	연도	소속	출전	교체	득점	도움	파울	경고	퇴장
BC	2010	대전	7	7	0	0	2	0	0
	2011	대전	8	6	0	0	4	1	0
	합계		15	13	0	0	6	1	0
프로통산			15	13	0	0	6	1	0

이중재 (李重宰) 경성고 1963.01.27

리그	연도	소속	출전	교체	득점	도움	파울	경고	퇴장
BC	1985	상무	11	4	1	3	10	0	0
	합계		11	4	1	3	10	0	0
프로통산			11	4	1	3	10	0	0

이지남 (李指南) 안양공고 1984.11.21

리그	연도	소속	출전	교체	득점	도움	파울	경고	퇴장
BC	2004	서울	4	1	0	0	2	0	0
	2008	경남	8	5	1	0	18	2	0
	2009	경남	7	3	0	0	7	0	0
	2010	경남	23	8	1	0	32	7	0
	2011	대구	28	7	2	1	33	4	0
	2012	대구	32	0	3	0	41	13	0
	합계		102	24	7	1	133	26	0
클	2013	대구	28	2	2	0	31	1	0
	2015	전남	19	3	0	0	22	3	0
	2016	전남	30	5	0	0	24	8	0
	합계		77	10	2	0	77	12	0
프로통산			179	34	9	1	210	38	0

이지민 (李智旼) 아주대 1993.09.04

리그	연도	소속	출전	교체	득점	도움	파울	경고	퇴장
클	2015	전남	14	11	1	1	9	1	0
	2016	전남	20	11	1	0	20	3	0
	합계		34	22	2	1	29	4	0
프로통산			34	22	2	1	29	4	0

이진규 (李眞奎) 동의대 1988.05.20

리그	연도	소속	출전	교체	득점	도움	파울	경고	퇴장
BC	2012	성남일	0	0	0	0	0	0	0
	합계		0	0	0	0	0	0	0
프로통산			0	0	0	0	0	0	0

이진석 (李振錫) 영남대 1991.09.10

리그	연도	소속	출전	교체	득점	도움	파울	경고	퇴장
클	2013	포항	0	0	0	0	0	0	0
	2014	포항	1	1	0	0	1	0	0
	합계		1	1	0	0	1	0	0
프로통산			1	1	0	0	1	0	0

이진우 (李鎭宇) 고려대 1982.09.03

리그	연도	소속	출전	교체	득점	도움	파울	경고	퇴장
BC	2007	울산	8	8	0	1	12	1	0
	2008	울산	3	3	0	0	2	0	0
	2009	대전	1	1	0	0	3	0	0
	합계		12	12	0	1	17	1	0
프로통산			12	12	0	1	17	1	0

이진욱 (李眞旭) 관동대 1992.09.11

리그	연도	소속	출전	교체	득점	도움	파울	경고	퇴장
클	2015	인천	4	4	1	0	0	0	0
	2016	인천	2	2	0	0	1	0	0
	합계		6	6	1	0	1	0	0
프로통산			6	6	1	0	1	0	0

이진행 (李晉行) 연세대 1971.07.10

리그	연도	소속	출전	교체	득점	도움	파울	경고	퇴장
BC	1996	수원	21	16	4	0	27	3	0
	1997	수원	25	14	3	3	31	2	0
	1998	수원	23	16	2	0	31	2	0
	1999	수원	14	10	2	1	17	0	0
	2000	수원	1	0	0	0	2	0	0
	합계		84	56	11	4	108	7	0
프로통산			84	56	11	4	108	7	0

이진형 (李鎭亨) 단국대 1988.02.22

리그	연도	소속	출전	교체	실점	도움	파울	경고	퇴장
BC	2011	제주	0	0	0	0	0	0	0
	2012	제주	0	0	0	0	0	0	0
	합계		0	0	0	0	0	0	0
챌	2013	안양	25	1	31	0	2	1	0
	2014	안양	34	0	50	0	0	1	0
	2015	안산경	23	1	26	0	0	2	0
	2016	안산무	26	0	24	0	0	2	0
	2016	안양	7	0	11	0	0	1	0
	합계		115	2	142	0	2	7	0
프로통산			115	2	142	0	2	7	0

이진호 (李鎭鎬) 호남대 1969.03.01

리그	연도	소속	출전	교체	득점	도움	파울	경고	퇴장
BC	1992	대우	17	4	0	0	11	1	0
	1993	대우	12	3	0	0	20	6	0
	1995	대우	10	3	0	0	15	3	0
	1996	부산	4	2	0	0	8	1	0
	합계		43	12	0	0	54	11	0
프로통산			43	12	0	0	54	11	0

이진호 (李珍浩) 울산과학대 1984.09.03

리그	연도	소속	출전	교체	득점	도움	파울	경고	퇴장
BC	2003	울산	1	2	0	0	1	0	0
	2004	울산	3	3	0	0	8	0	0
	2005	울산	25	24	5	1	30	1	0
	2006	광주상	11	9	2	1	18	1	0
	2007	광주상	24	17	2	0	27	2	0
	2008	울산	34	28	7	6	47	8	0
	2009	울산	23	20	6	0	41	2	0
	2010	울산	10	9	2	0	14	2	0
	2010	포항	12	10	4	1	18	4	1
	2011	울산	26	23	5	0	29	3	0
	2012	대구	39	23	9	1	94	9	0
	합계		208	168	42	10	327	32	1
클	2013	대구	10	7	0	0	19	4	0
	2013	제주	17	14	3	3	23	2	1
	합계		27	21	3	3	42	6	1
챌	2014	광주	7	4	0	0	17	1	0
	합계		7	4	0	0	17	1	0
프로통산			242	193	45	13	386	39	2

이찬동 (李燦東) 인천대 1993.01.10

리그	연도	소속	출전	교체	득점	도움	파울	경고	퇴장
클	2015	광주	30	5	0	1	57	10	0
	2016	광주	25	9	0	0	55	9	0
	합계		55	14	0	1	112	19	0
챌	2014	광주	31	13	1	0	75	11	0
	합계		31	13	1	0	75	11	0
승	2014	광주	2	1	0	0	5	0	0
	합계		2	1	0	0	5	0	0
프로통산			88	28	1	1	192	30	0

이찬행(李粲行) 단국대 1968.07.14

리그	연도	소속	출전	교체	득점	도움	파울	경고	퇴장
BC	1991	유공	6	4	0	0	7	2	0
	1992	유공	1	1	0	0	1	0	0
	1993	유공	8	6	0	0	11	0	0
	1994	유공	11	8	2	0	7	1	0
	1995	유공	9	6	0	0	4	2	0
	1996	부천S	17	5	1	1	22	1	0
	1997	부천S	11	3	1	1	18	5	0
	합계		63	33	4	2	70	11	0
프로통산			63	33	4	2	70	11	0

이창근(李昌根) 동래고 1993.08.30

리그	연도	소속	출전	교체	실점	도움	파울	경고	퇴장
BC	2012	부산	0	0	0	0	0	0	0
	합계		0	0	0	0	0	0	0
클	2013	부산	5	0	5	0	0	1	0
	2014	부산	7	0	11	0	0	0	0
	2015	부산	11	0	18	0	1	0	0
	2016	수원FC	21	0	31	0	1	1	0
	합계		44	0	65	0	2	2	0
챌	2016	부산	3	0	6	0	0	0	0
	합계		3	0	6	0	0	0	0
승	2015	부산	0	0	0	0	0	0	0
	합계		0	0	0	0	0	0	0
프로통산			47	0	71	0	2	2	0

이창덕(李昌德) 수원공고 1981.06.05

리그	연도	소속	출전	교체	득점	도움	파울	경고	퇴장
BC	2000	수원	0	0	0	0	0	0	0
	2001	수원	0	0	0	0	0	0	0
	합계		0	0	0	0	0	0	0
프로통산			0	0	0	0	0	0	0

이창무(李昌茂) 홍익대 1993.03.01

리그	연도	소속	출전	교체	득점	도움	파울	경고	퇴장
클	2016	수원FC	2	2	0	0	0	0	0
	합계		2	2	0	0	0	0	0
프로통산			2	2	0	0	0	0	0

이창민(李昌珉) 중앙대 1994.01.20

리그	연도	소속	출전	교체	득점	도움	파울	경고	퇴장
클	2014	경남	32	11	2	3	26	3	0
	2015	전남	21	15	2	2	13	2	0
	2016	제주	21	10	2	3	7	3	0
	합계		74	36	6	8	46	8	0
승	2014	경남	2	2	0	0	7	0	0
	합계		2	2	0	0	7	0	0
프로통산			76	38	6	8	53	8	0

이창민(李昌民) 울산대 1980.01.25

리그	연도	소속	출전	교체	득점	도움	파울	경고	퇴장
BC	2002	전북	0	0	0	0	0	0	0
	합계		0	0	0	0	0	0	0
프로통산			0	0	0	0	0	0	0

이창민(李昌珉) 진주고 1984.06.01

리그	연도	소속	출전	교체	득점	도움	파울	경고	퇴장
BC	2004	부산	0	0	0	0	0	0	0
	2005	부산	0	0	0	0	0	0	0
	2006	부산	0	0	0	0	0	0	0
	합계		0	0	0	0	0	0	0
프로통산			0	0	0	0	0	0	0

이창엽(李昌燁) 홍익대 1974.11.19

리그	연도	소속	출전	교체	득점	도움	파울	경고	퇴장
BC	1997	대전	34	1	0	3	60	3	0
	1998	대전	30	3	0	3	43	2	0
	1999	대전	14	5	0	1	13	0	0
	2000	대전	31	2	0	0	27	4	0
	2001	대전	11	7	0	1	19	3	0
	2002	대전	19	14	1	3	32	2	0
	2003	대전	33	15	2	3	62	3	0
	2004	대전	27	18	2	1	41	2	0
	2005	대전	8	8	0	0	8	3	0
	2006	경남	6	5	0	0	12	0	0
	합계		213	78	5	15	317	22	0
프로통산			213	78	5	15	317	22	0

이창용(李昌勇) 용인대 1990.08.27

리그	연도	소속	출전	교체	득점	도움	파울	경고	퇴장
클	2013	강원	15	6	0	0	25	6	0
	2015	울산	17	10	0	0	16	3	0
	2016	울산	16	13	0	0	14	1	0
	합계		48	29	0	0	55	10	0
챌	2014	강원	22	4	1	1	41	3	1
	합계		22	4	1	1	41	3	1
프로통산			70	33	1	1	96	13	1

이창원(李昌源) 영남대 1975.07.10

리그	연도	소속	출전	교체	득점	도움	파울	경고	퇴장
BC	2001	전남	15	2	0	0	11	0	0
	2002	전남	11	3	0	0	20	3	0
	2003	전남	8	2	0	0	18	0	0
	2004	전남	29	3	0	1	43	3	0
	2005	전남	26	1	1	0	70	7	0
	2006	포항	27	8	0	0	60	8	0
	2007	포항	22	6	0	0	35	3	0
	2008	포항	5	0	0	0	7	1	0
	2009	포항	0	0	0	0	0	0	0
	합계		143	25	1	1	264	25	0
프로통산			143	25	1	1	264	25	0

이창호(李昶浩) 숭실대 1989.04.05

리그	연도	소속	출전	교체	득점	도움	파울	경고	퇴장
챌	2013	수원FC	22	13	1	3	29	0	0
	합계		22	13	1	3	29	0	0
프로통산			22	13	1	3	29	0	0

이창훈(李昶勳) 인천대 1986.12.17

리그	연도	소속	출전	교체	득점	도움	파울	경고	퇴장
BC	2009	강원	24	18	1	4	20	3	0
	2010	강원	25	23	2	1	13	0	0
	2011	강원	16	12	1	2	12	0	0
	2011	성남일	9	9	0	2	7	1	0
	2012	성남일	23	19	2	2	25	2	0
	합계		97	81	6	11	77	6	0
클	2013	성남일	7	7	0	0	4	2	0
	2014	성남	21	14	0	1	21	4	0
	2016	성남	2	1	0	0	3	1	0
	합계		30	22	0	1	28	7	0
챌	2015	상주	22	17	4	1	20	2	0
	합계		22	17	4	1	20	2	0
승	2016	성남	1	0	0	0	2	0	0
	합계		1	0	0	0	2	0	0
프로통산			150	120	10	13	127	15	0

이천수(李天秀) 고려대 1981.07.09

리그	연도	소속	출전	교체	득점	도움	파울	경고	퇴장
BC	2002	울산	18	5	7	9	35	2	0
	2003	울산	18	8	8	6	24	0	0
	2005	울산	14	6	7	5	34	5	0
	2006	울산	24	5	7	1	58	6	1
	2007	울산	26	12	7	3	52	4	0
	2008	수원	4	3	1	0	5	0	0
	2009	전남	8	6	4	1	13	1	0
	합계		112	45	41	25	221	18	1
클	2013	인천	19	13	2	5	18	2	0
	2014	인천	28	23	1	3	41	5	1
	2015	인천	20	19	2	2	22	4	0
	합계		67	55	5	10	81	11	1
프로통산			179	100	46	35	302	29	2

이천흥(李千興) 명지대 1960.10.22

리그	연도	소속	출전	교체	득점	도움	파울	경고	퇴장
BC	1983	대우	1	1	0	0	0	0	0
	1984	대우	10	6	0	0	2	0	0
	1985	대우	13	8	0	0	5	0	0
	1986	대우	13	5	1	2	14	2	0
	합계		37	20	1	2	21	2	0
프로통산			37	20	1	2	21	2	0

이철희(李喆熙) 배재대 1985.08.06

리그	연도	소속	출전	교체	득점	도움	파울	경고	퇴장
BC	2008	대전	2	2	0	0	2	0	0
	합계		2	2	0	0	2	0	0
프로통산			2	2	0	0	2	0	0

이청용(李青龍) 도봉중 1988.07.02

리그	연도	소속	출전	교체	득점	도움	파울	경고	퇴장
BC	2004	서울	0	0	0	0	0	0	0
	2006	서울	4	2	0	1	9	2	0
	2007	서울	23	11	3	6	39	6	0
	2008	서울	25	5	6	6	36	5	2
	2009	서울	16	5	3	4	9	0	0
	합계		68	23	12	17	93	13	2
프로통산			68	23	12	17	93	13	2

이청웅(李清熊) 영남대 1993.03.15

리그	연도	소속	출전	교체	득점	도움	파울	경고	퇴장
클	2015	부산	6	1	0	0	10	1	0
	합계		6	1	0	0	10	1	0
챌	2016	부산	7	4	0	0	13	1	0
	합계		7	4	0	0	13	1	0
승	2015	부산	2	0	0	0	3	1	0
	합계		2	0	0	0	3	1	0
프로통산			15	5	0	0	26	3	0

이총희(李聰熙) 통진고 1992.04.21

리그	연도	소속	출전	교체	득점	도움	파울	경고	퇴장
BC	2011	수원	1	1	0	0	3	0	0
	합계		1	1	0	0	3	0	0
프로통산			1	1	0	0	3	0	0

이춘석(李春錫) 연세대 1959.02.03

리그	연도	소속	출전	교체	득점	도움	파울	경고	퇴장
BC	1983	대우	16	3	8	1	10	0	0
	1985	상무	19	3	5	1	24	2	0
	1986	대우	9	4	0	0	9	0	0
	1987	대우	23	22	3	2	15	0	0
	합계		67	32	16	4	58	2	0
프로통산			67	32	16	4	58	2	0

이춘섭(李春燮) 동국대 1958.11.17

리그	연도	소속	출전	교체	실점	도움	파울	경고	퇴장
BC	1984	한일	24	0	41	0	0	0	0
	1985	한일	8	1	14	0	1	1	0
	합계		32	1	55	0	1	1	0
프로통산			32	1	55	0	1	1	0

이충호(李忠昊) 한양대 1968.07.04

리그	연도	소속	출전	교체	실점	도움	파울	경고	퇴장
BC	1991	현대	5	1	10	0	0	0	0
	합계		5	1	10	0	0	0	0
프로통산			5	1	10	0	0	0	0

이치준(李治準) 중앙대 1985.01.20

리그	연도	소속	출전	교체	득점	도움	파울	경고	퇴장
BC	2009	성남일	1	1	0	0	0	0	0
	2010	성남일	0	0	0	0	0	0	0
	2011	성남일	0	0	0	0	0	0	0
	합계		1	1	0	0	0	0	0
챌	2013	경찰	20	9	0	1	37	8	1

리그	연도	소속	출전	교체	득점	도움	파울	경고	퇴장
	2014	수원FC	21	9	0	0	26	5	0
	합계		41	18	0	1	63	13	1
프로통산			42	19	0	1	63	13	1

이칠성 (李七星) 서울시립대 1963.08.25

리그	연도	소속	출전	교체	득점	도움	파울	경고	퇴장
BC	1987	유공	20	5	4	3	12	0	0
	1988	유공	5	4	0	1	3	0	0
	1989	유공	2	1	0	0	0	0	0
	합계		27	10	4	4	15	0	0
프로통산			27	10	4	4	15	0	0

이태권 (李泰權) 연세대 1980.07.14

리그	연도	소속	출전	교체	득점	도움	파울	경고	퇴장
BC	2005	수원	1	1	0	0	1	0	0
	합계		1	1	0	0	1	0	0
프로통산			1	1	0	0	1	0	0

이태엽 (李太燁) 서울시립대 1959.06.16

리그	연도	소속	출전	교체	득점	도움	파울	경고	퇴장
BC	1983	국민	15	2	1	0	7	1	0
	1984	국민	17	10	2	0	15	3	0
	합계		32	12	3	0	22	4	0
프로통산			32	12	3	0	22	4	0

이태영 (李泰英) 관동대 1992.05.15

리그	연도	소속	출전	교체	득점	도움	파울	경고	퇴장
챌	2015	안양	1	1	0	0	1	0	0
	2016	충주	10	9	1	4	8	0	0
	합계		11	10	1	4	9	0	0
프로통산			11	10	1	4	9	0	0

이태영 (李太永) 풍생고 1987.07.01

리그	연도	소속	출전	교체	득점	도움	파울	경고	퇴장
BC	2007	포항	0	0	0	0	0	0	0
	합계		0	0	0	0	0	0	0
프로통산			0	0	0	0	0	0	0

이태우 (李泰雨) 경희대 1984.01.08

리그	연도	소속	출전	교체	득점	도움	파울	경고	퇴장
BC	2006	대구	2	2	0	0	2	1	0
	2007	대구	3	2	0	0	1	0	0
	합계		5	4	0	0	3	1	0
프로통산			5	4	0	0	3	1	0

이태현 (李太賢) 한남대 1993.03.13

리그	연도	소속	출전	교체	득점	도움	파울	경고	퇴장
챌	2016	안양	4	3	0	0	6	1	0
	합계		4	3	0	0	6	1	0
프로통산			4	3	0	0	6	1	0

이태형 (李太炯) 한양대 1963.06.04

리그	연도	소속	출전	교체	득점	도움	파울	경고	퇴장
BC	1987	대우	19	18	1	0	23	0	0
	1988	대우	18	14	1	1	18	1	0
	1989	대우	19	15	2	0	20	1	0
	1990	대우	8	6	1	0	13	2	0
	합계		64	53	5	1	74	4	0
프로통산			64	53	5	1	74	4	0

이태형 (李太炯) 한양대 1964.09.01

리그	연도	소속	출전	교체	득점	도움	파울	경고	퇴장
BC	1991	포철	8	6	1	1	9	0	0
	1992	포철	6	4	0	0	9	1	0
	1994	버팔로	8	6	0	0	4	1	0
	합계		22	16	1	1	22	2	0
프로통산			22	16	1	1	22	2	0

이태호 (李泰昊) 고려대 1961.01.29

리그	연도	소속	출전	교체	득점	도움	파울	경고	퇴장
BC	1983	대우	8	2	3	3	13	2	0
	1984	대우	20	1	11	3	15	4	0
	1985	대우	5	1	4	0	3	0	0
	1986	대우	12	2	3	4	18	2	0
	1987	대우	19	14	6	2	10	0	1
	1988	대우	12	6	5	3	12	0	0
	1989	대우	25	7	8	3	34	1	0
	1990	대우	19	1	6	3	19	0	0
	1991	대우	33	26	5	5	28	0	0
	1992	대우	28	24	6	1	28	1	0
	합계		181	84	57	27	180	10	1
프로통산			181	84	57	27	180	10	1

이태홍 (李太洪) 대구대 1971.10.01

리그	연도	소속	출전	교체	득점	도움	파울	경고	퇴장
BC	1992	일화	32	27	2	2	39	4	0
	1993	일화	27	6	6	4	55	4	0
	1994	일화	18	14	1	0	30	6	0
	1995	일화	26	20	3	1	24	3	1
	1996	천안	32	13	3	0	60	5	0
	1997	부천S	11	4	1	0	24	3	1
	1999	부천S	16	15	4	1	19	2	0
	합계		162	99	20	8	251	27	2
프로통산			162	99	20	8	251	27	2

이태훈 (李太燻) 전북대 1971.06.07

리그	연도	소속	출전	교체	득점	도움	파울	경고	퇴장
BC	1994	버팔로	17	5	1	1	11	0	0
	1996	전북	9	7	0	0	14	0	0
	1997	전북	7	3	0	1	13	1	0
	1998	전북	6	5	1	0	2	1	0
	합계		39	20	2	2	40	2	0
프로통산			39	20	2	2	40	2	0

이태희 (李太凞) 대건고 1995.04.26

리그	연도	소속	출전	교체	실점	도움	파울	경고	퇴장
클	2015	인천	4	1	3	0	0	0	0
	2016	인천	8	0	9	0	1	1	0
	합계		12	1	12	0	1	1	0
프로통산			12	1	12	0	1	1	0

이태희 (李台熙) 숭실대 1992.06.16

리그	연도	소속	출전	교체	득점	도움	파울	경고	퇴장
클	2015	성남	13	1	1	1	23	0	0
	2016	성남	28	5	1	3	24	4	0
	합계		41	6	2	4	47	4	0
승	2016	성남	0	0	0	0	0	0	0
	합계		0	0	0	0	0	0	0
프로통산			41	6	2	4	47	4	0

이태희 (李台熙) 서울시립대 1959.08.10

리그	연도	소속	출전	교체	득점	도움	파울	경고	퇴장
BC	1983	국민	14	7	1	0	9	2	0
	1984	국민	14	7	1	1	15	0	0
	합계		28	14	2	1	24	2	0
프로통산			28	14	2	1	24	2	0

이택기 (李宅基) 아주대 1989.03.31

리그	연도	소속	출전	교체	득점	도움	파울	경고	퇴장
BC	2012	서울	1	0	0	0	1	1	0
	합계		1	0	0	0	1	1	0
클	2013	서울	1	1	0	0	1	0	0
	합계		1	1	0	0	1	0	0
챌	2014	충주	15	1	0	0	5	1	0
	2015	충주	29	2	0	0	17	1	0
	합계		44	3	0	0	22	2	0
프로통산			46	4	0	0	24	3	0

이평재 (李平宰) 동아대 1969.03.24

리그	연도	소속	출전	교체	득점	도움	파울	경고	퇴장
BC	1991	현대	8	6	0	0	9	1	0
	1995	전남	6	5	0	0	7	1	0
	1996	전남	19	13	3	1	15	2	0
	합계		33	24	3	1	31	4	0
프로통산			33	24	3	1	31	4	0

이필주 (李泌周) 동아대 1982.03.11

리그	연도	소속	출전	교체	득점	도움	파울	경고	퇴장
BC	2005	대전	1	1	0	0	2	0	0
	합계		1	1	0	0	2	0	0
프로통산			1	1	0	0	2	0	0

이하늘 (李하늘) 원광대 1993.02.08

리그	연도	소속	출전	교체	득점	도움	파울	경고	퇴장
챌	2015	안양	0	0	0	0	0	0	0
	합계		0	0	0	0	0	0	0
프로통산			0	0	0	0	0	0	0

이학민 (李學玟) 상지대 1991.03.11

리그	연도	소속	출전	교체	득점	도움	파울	경고	퇴장
클	2014	경남	19	8	1	0	32	5	0
	합계		19	8	1	0	32	5	0
챌	2015	부천	38	2	2	6	37	5	0
	2016	부천	36	1	2	2	41	9	0
	합계		74	3	4	8	78	14	0
승	2014	경남	1	0	0	0	1	0	0
	합계		1	0	0	0	1	0	0
프로통산			94	11	5	8	111	19	0

이학종 (李學種) 고려대 1961.02.17

리그	연도	소속	출전	교체	득점	도움	파울	경고	퇴장
BC	1985	한일	19	0	1	3	21	2	0
	1986	한일	10	0	4	2	12	1	0
	1986	현대	3	2	0	1	3	0	0
	1987	현대	6	6	0	0	1	0	0
	1988	현대	17	3	7	1	18	2	0
	1989	현대	16	1	2	1	32	2	0
	1990	현대	3	1	0	0	2	0	0
	1991	현대	16	12	0	1	9	0	0
	합계		90	25	14	9	98	7	0
프로통산			90	25	14	9	98	7	0

이한도 (李韓道) 용인대 1994.03.16

리그	연도	소속	출전	교체	득점	도움	파울	경고	퇴장
클	2016	전북	0	0	0	0	0	0	0
	합계		0	0	0	0	0	0	0
프로통산			0	0	0	0	0	0	0

이한샘 (李한샘) 건국대 1989.10.18

리그	연도	소속	출전	교체	득점	도움	파울	경고	퇴장
BC	2012	광주	29	3	2	0	87	14	0
	합계		29	3	2	0	87	14	0
클	2013	경남	16	7	0	2	47	6	0
	2014	경남	12	4	0	0	14	4	0
	합계		28	11	0	2	61	10	0
챌	2015	강원	33	1	1	0	57	12	0
	2016	강원	39	0	2	1	54	12	0
	합계		72	1	3	1	111	24	0
승	2016	강원	2	0	0	0	5	2	0
	합계		2	0	0	0	5	2	0
프로통산			131	15	5	3	264	50	0

이한수 (李韓洙) 동의대 1986.12.17

리그	연도	소속	출전	교체	득점	도움	파울	경고	퇴장
BC	2009	경남	3	1	0	0	4	0	0
	합계		3	1	0	0	4	0	0
프로통산			3	1	0	0	4	0	0

이한음 (李漢音) 광운대 1991.02.22

리그	연도	소속	출전	교체	득점	도움	파울	경고	퇴장
챌	2015	강원	4	4	0	0	2	0	0
	2016	충주	16	16	1	0	4	1	0
	합계		20	20	1	0	6	1	0
프로통산			20	20	1	0	6	1	0

이행수 (李烆守) 남부대 1990.08.27

리그	연도	소속	출전	교체	득점	도움	파울	경고	퇴장
BC	2012	대구	6	6	0	0	3	0	0
	합계		6	6	0	0	3	0	0
프로통산			6	6	0	0	3	0	0

이헌구 (李憲球) 한양대 1961.04.13

리그	연도	소속	출전	교체	득점	도움	파울	경고	퇴장
BC	1985	상무	4	4	0	0	2	0	0
	합계		4	4	0	0	2	0	0
프로통산			4	4	0	0	2	0	0

이현규 (李鉉奎) 강원대 1970.08.16

리그	연도	소속	출전	교체	득점	도움	파울	경고	퇴장

BC	1993	대우	2	2	0	0	0	0	0
	합계		2	2	0	0	0	0	0
프로통산			2	2	0	0	0	0	0

이현도 (李泫都) 영남대 1989.03.06

리그	연도	소속	출전	교체	득점	도움	파울	경고	퇴장
BC	2012	부산	0	0	0	0	0	0	0
	합계		0	0	0	0	0	0	0
프로통산			0	0	0	0	0	0	0

이현동 (李炫東) 청주대 1976.03.30

리그	연도	소속	출전	교체	득점	도움	파울	경고	퇴장
BC	1999	포항	3	2	0	1	10	0	0
	2000	포항	13	9	1	0	33	2	0
	2001	포항	9	8	0	1	11	2	0
	2003	광주상	7	8	0	0	8	1	0
	2004	대구	3	2	0	0	7	0	0
	합계		35	29	1	2	69	5	0
프로통산			35	29	1	2	69	5	0

이현민 (李賢民) 예원예술대 1991.05.21

리그	연도	소속	출전	교체	득점	도움	파울	경고	퇴장
챌	2013	충주	15	1	0	1	9	0	0
	합계		15	1	0	1	9	0	0
프로통산			15	1	0	1	9	0	0

이현민 (李賢民) 울산대 1984.07.09

리그	연도	소속	출전	교체	득점	도움	파울	경고	퇴장
BC	2006	울산	4	4	0	0	4	0	0
	2007	울산	3	3	0	0	0	0	0
	2008	광주상	7	3	0	0	9	0	0
	합계		14	10	0	0	13	0	0
프로통산			14	10	0	0	13	0	0

이현석 (李玄錫) 서울대 1968.05.17

리그	연도	소속	출전	교체	득점	도움	파울	경고	퇴장
BC	1991	현대	9	9	0	0	4	0	0
	1992	현대	1	1	0	0	0	0	0
	1996	울산	18	19	4	1	5	0	0
	1997	울산	15	15	3	0	7	0	0
	합계		43	44	7	1	16	0	0
프로통산			43	44	7	1	16	0	0

이현성 (李現星) 용인대 1993.05.20

리그	연도	소속	출전	교체	득점	도움	파울	경고	퇴장
클	2016	인천	9	9	0	0	9	0	0
	합계		9	9	0	0	9	0	0
프로통산			9	9	0	0	9	0	0

이현승 (李弦昇) 수원공고 1988.12.14

리그	연도	소속	출전	교체	득점	도움	파울	경고	퇴장
BC	2006	전북	17	13	3	1	21	2	0
	2007	전북	28	21	1	6	41	3	0
	2008	전북	19	15	2	2	30	1	0
	2009	전북	20	21	4	2	10	1	0
	2010	서울	3	3	0	0	2	1	0
	2011	전남	28	14	4	2	47	2	0
	2012	전남	32	15	1	4	63	6	0
	합계		147	102	15	17	214	16	0
클	2013	전남	27	23	1	1	29	1	0
	2014	전남	19	11	2	2	20	3	0
	2015	대전	14	10	0	1	7	2	0
	합계		60	44	3	4	56	6	0
챌	2015	부천	17	7	3	0	24	1	0
	2016	안산무	38	16	8	6	49	3	0
	합계		55	23	11	6	73	4	0
프로통산			262	169	29	27	343	26	0

이현웅 (李鉉雄) 연세대 1988.04.27

리그	연도	소속	출전	교체	득점	도움	파울	경고	퇴장
BC	2010	대전	28	21	2	1	30	1	0
	2011	대전	5	4	0	1	6	0	0
	2012	대전	36	13	0	4	68	8	0
	합계		69	38	2	6	104	9	0
클	2013	수원	3	3	0	0	0	0	0
	2014	상주	5	5	0	1	2	0	0
	합계		8	8	0	1	2	0	0
챌	2015	상주	1	1	0	0	1	0	0
	합계		1	1	0	0	1	0	0
프로통산			78	47	2	7	107	9	0

이현진 (李炫珍) 고려대 1984.05.15

리그	연도	소속	출전	교체	득점	도움	파울	경고	퇴장
BC	2005	수원	10	10	0	1	10	1	0
	2006	수원	23	14	2	0	29	1	0
	2007	수원	15	12	1	1	19	0	0
	2008	수원	2	2	0	0	5	0	0
	2009	수원	2	2	0	0	3	0	0
	2010	수원	25	24	3	2	20	3	0
	2011	수원	6	6	0	0	4	0	0
	2012	수원	11	11	0	0	2	0	0
	합계		94	81	6	4	92	5	0
클	2013	제주	7	7	0	0	9	2	0
	합계		7	7	0	0	9	2	0
프로통산			101	88	6	4	101	7	0

이현창 (李炫昌) 영남대 1985.11.02

리그	연도	소속	출전	교체	득점	도움	파울	경고	퇴장
BC	2009	대구	21	6	1	0	43	3	0
	2010	대구	22	3	1	0	30	2	0
	합계		43	9	2	0	73	5	0
챌	2013	고양	12	0	0	1	13	3	0
	2015	충주	24	10	1	2	25	2	0
	합계		36	10	1	3	38	5	0
프로통산			79	19	3	3	111	10	0

이현호 (李賢皓) 탐라대 1988.11.29

리그	연도	소속	출전	교체	득점	도움	파울	경고	퇴장
BC	2010	제주	31	31	4	3	15	1	0
	2011	제주	28	24	2	2	8	1	0
	2012	성남일	10	9	0	1	4	0	0
	합계		69	64	6	6	27	2	0
클	2013	성남일	6	6	0	0	3	0	0
	2014	제주	11	9	0	0	1	0	0
	2015	대전	12	12	0	1	3	1	0
	합계		29	27	0	1	7	1	0
프로통산			98	91	6	7	34	3	0

이현호 (李賢虎) 인천대 1984.02.08

리그	연도	소속	출전	교체	득점	도움	파울	경고	퇴장
BC	2006	수원	0	0	0	0	0	0	0
	합계		0	0	0	0	0	0	0
프로통산			0	0	0	0	0	0	0

이현호 (李賢虎) 동아대 1987.05.11

리그	연도	소속	출전	교체	득점	도움	파울	경고	퇴장
BC	2010	대전	0	0	0	0	0	0	0
	2011	대전	1	1	0	0	2	0	0
	합계		1	1	0	0	2	0	0
프로통산			1	1	0	0	2	0	0

이형기 (李炯奇) 한라대 1989.07.22

리그	연도	소속	출전	교체	득점	도움	파울	경고	퇴장
BC	2012	전북	0	0	0	0	0	0	0
	합계		0	0	0	0	0	0	0
프로통산			0	0	0	0	0	0	0

이형상 (李形象) 브라질 유학 1985.05.05

리그	연도	소속	출전	교체	득점	도움	파울	경고	퇴장
BC	2006	대전	1	1	0	0	0	0	0
	2007	대전	0	0	0	0	0	0	0
	2011	대구	7	7	0	1	11	1	0
	합계		8	8	0	1	11	1	0
프로통산			8	8	0	1	11	1	0

이형진 (李炯瑨) 성균관대 1992.08.30

리그	연도	소속	출전	교체	득점	도움	파울	경고	퇴장
클	2015	대전	3	3	0	0	0	0	0
	합계		3	3	0	0	0	0	0
프로통산			3	3	0	0	0	0	0

이혜강 (李慧剛) 동의대 1987.03.28

리그	연도	소속	출전	교체	득점	도움	파울	경고	퇴장
BC	2010	경남	4	4	0	0	3	1	0
	2011	경남	7	5	0	0	5	0	0
	합계		11	9	0	0	8	1	0
프로통산			11	9	0	0	8	1	0

이호 (李浩) 울산과학대 1984.10.22

리그	연도	소속	출전	교체	득점	도움	파울	경고	퇴장
BC	2003	울산	9	5	1	0	9	2	0
	2004	울산	29	5	1	0	57	5	1
	2005	울산	36	3	1	3	84	9	0
	2006	울산	7	0	1	2	17	1	1
	2009	성남일	35	3	2	2	93	10	0
	2011	울산	40	14	0	3	46	5	0
	2012	울산	30	9	0	0	44	4	0
	합계		186	39	6	10	350	36	2
클	2014	상주	17	2	2	1	13	3	0
	2014	울산	10	1	1	0	10	1	0
	2015	전북	11	7	0	0	17	4	0
	2016	전북	11	5	0	0	22	3	0
	합계		49	15	3	1	62	11	0
챌	2013	상주	32	7	0	2	44	6	0
	합계		32	7	0	2	44	6	0
승	2013	상주	2	0	0	0	2	0	0
	합계		2	0	0	0	2	0	0
프로통산			269	61	9	13	458	53	2

이호 (李虎) 경희대 1986.01.06

리그	연도	소속	출전	교체	득점	도움	파울	경고	퇴장
BC	2009	강원	1	0	0	0	1	0	0
	2010	대전	7	4	0	0	9	2	0
	2011	대전	25	3	1	1	41	9	0
	2012	대전	23	5	0	0	47	10	0
	합계		56	12	1	1	98	21	0
챌	2013	경찰	25	18	2	2	27	8	0
	2014	안산경	3	2	0	0	2	1	0
	2014	대전	5	1	0	0	5	1	0
	합계		33	21	2	2	34	10	0
프로통산			89	33	3	3	132	31	0

이호석 (李鎬碩) 동국대 1991.05.21

리그	연도	소속	출전	교체	득점	도움	파울	경고	퇴장
클	2014	경남	12	11	0	0	21	3	0
	합계		12	11	0	0	21	3	0
챌	2015	경남	16	12	2	1	21	4	0
	2016	경남	27	16	9	10	39	3	0
	합계		43	28	11	11	60	7	0
승	2014	경남	1	1	0	0	0	0	0
	합계		1	1	0	0	0	0	0
프로통산			56	40	11	11	81	10	0

이호성 (李浩成) 중앙대 1974.09.12

리그	연도	소속	출전	교체	득점	도움	파울	경고	퇴장
BC	1997	대전	18	16	1	0	25	1	0
	1998	대전	15	15	2	0	11	0	0
	1999	대전	23	15	5	1	23	2	0
	2000	대전	13	12	1	0	27	1	0
	2001	대전	5	5	0	0	7	0	0
	합계		74	63	9	1	93	4	0
프로통산			74	63	9	1	93	4	0

이호승 (李昊乘) 동국대 1989.12.21

리그	연도	소속	출전	교체	실점	도움	파울	경고	퇴장
클	2016	전남	28	1	34	1	0	1	0
	합계		28	1	34	1	0	1	0
프로통산			28	1	34	1	0	1	0

이호창 (李浩昌) 동국대 1988.10.11

리그	연도	소속	출전	교체	득점	도움	파울	경고	퇴장
BC	2011	인천	2	1	0	0	2	1	0
	합계		2	1	0	0	2	1	0
프로통산			2	1	0	0	2	1	0

이화열 (李化烈) 관동대 1962.11.20

리그	연도	소속	출전	교체	득점	도움	파울	경고	퇴장
BC	1986	포철	1	1	0	0	0	0	0
	1989	포철	13	6	2	0	13	2	0
	합계		14	7	2	0	13	2	0
프로통산			14	7	2	0	13	2	0

이효균 (李孝均) 동아대 1988.03.12

리그	연도	소속	출전	교체	득점	도움	파울	경고	퇴장
BC	2011	경남	13	8	3	0	31	2	0
	2012	인천	1	1	0	0	1	0	0
	합계		14	9	3	0	32	2	0
클	2013	인천	13	13	3	0	2	0	0
	2014	인천	29	20	4	1	31	4	0
	2015	인천	11	9	1	1	13	1	0
	2016	인천	4	3	0	0	5	0	1
	합계		57	45	8	2	51	5	1
챌	2015	안양	15	13	2	1	28	2	0
	2016	부천	11	11	2	0	11	1	0
	합계		26	24	4	1	39	3	0
프로통산			97	78	15	3	122	10	1

이효용 (李孝用) 창신고 1970.06.06

리그	연도	소속	출전	교체	득점	도움	파울	경고	퇴장
BC	1989	현대	14	12	1	2	5	0	0
	1990	현대	4	4	0	0	2	1	0
	합계		18	16	1	2	7	1	0
프로통산			18	16	1	2	7	1	0

이후권 (李厚權) 광운대 1990.10.30

리그	연도	소속	출전	교체	득점	도움	파울	경고	퇴장
클	2014	상주	15	9	0	0	18	5	0
	2016	성남	10	4	0	0	12	3	0
	합계		25	13	0	0	30	8	0
챌	2013	부천	31	3	3	3	98	8	0
	2015	상주	0	0	0	0	0	0	0
	2015	부천	3	3	0	0	1	0	0
	2016	부천	3	1	0	0	3	0	0
	합계		37	7	3	3	102	8	0
프로통산			62	20	3	3	132	16	0

이훈 (李訓) 아주대 1991.04.02

리그	연도	소속	출전	교체	득점	도움	파울	경고	퇴장
챌	2014	고양	9	6	0	0	8	0	0
	합계		9	6	0	0	8	0	0
프로통산			9	6	0	0	8	0	0

이훈 (李勳) 성균관대 1970.04.07

리그	연도	소속	출전	교체	득점	도움	파울	경고	퇴장
BC	1993	LG	5	5	0	1	1	0	0
	합계		5	5	0	1	1	0	0
프로통산			5	5	0	1	1	0	0

이훈 (李訓) 연세대 1986.04.29

리그	연도	소속	출전	교체	득점	도움	파울	경고	퇴장
BC	2009	경남	20	15	3	0	38	0	0
	2010	경남	23	18	1	0	26	1	0
	2011	경남	18	10	3	1	29	1	0
	합계		61	43	7	1	93	2	0
프로통산			61	43	7	1	93	2	0

이훈 (李訓) 제주중앙고 1991.09.22

리그	연도	소속	출전	교체	득점	도움	파울	경고	퇴장
BC	2011	강원	0	0	0	0	0	0	0
	합계		0	0	0	0	0	0	0
프로통산			0	0	0	0	0	0	0

이휘수 (李輝洙) 대구대 1990.05.28

리그	연도	소속	출전	교체	득점	도움	파울	경고	퇴장
클	2013	전남	0	0	0	0	0	0	0
	합계		0	0	0	0	0	0	0
프로통산			0	0	0	0	0	0	0

이흥실 (李興實) 한양대 1961.07.10

리그	연도	소속	출전	교체	득점	도움	파울	경고	퇴장
BC	1985	포철	21	5	10	2	19	1	0
	1986	포철	28	3	6	3	17	0	0
	1987	포철	29	4	12	6	20	3	0
	1988	포철	16	6	1	2	14	2	0
	1989	포철	39	6	4	11	33	3	0
	1990	포철	19	1	7	5	17	1	0
	1991	포철	15	11	4	6	6	0	0
	1992	포철	15	7	4	0	16	0	0
	합계		182	43	48	35	142	10	0
프로통산			182	43	48	35	142	10	0

이희성 (李熹性) 숭실대 1990.05.27

리그	연도	소속	출전	교체	실점	도움	파울	경고	퇴장
클	2014	울산	9	1	14	0	0	1	0
	2015	울산	1	1	0	0	0	0	0
	합계		10	2	14	0	0	1	0
프로통산			10	2	14	0	0	1	0

이희찬 (李熙燦) 포철공고 1995.03.02

리그	연도	소속	출전	교체	득점	도움	파울	경고	퇴장
챌	2014	고양	0	0	0	0	0	0	0
	2014	부천	6	4	0	0	11	2	1
	2015	부천	0	0	0	0	0	0	0
	합계		6	4	0	0	11	2	1
프로통산			6	4	0	0	11	2	1

이희현 (李熙鉉) 한려대 1986.10.07

리그	연도	소속	출전	교체	득점	도움	파울	경고	퇴장
챌	2014	부천	0	0	0	0	0	0	0
	합계		0	0	0	0	0	0	0
프로통산			0	0	0	0	0	0	0

인디오 (Antonio Rogerio Silva Oliveira) 브라질 1981.11.21

리그	연도	소속	출전	교체	득점	도움	파울	경고	퇴장
BC	2008	경남	27	12	10	6	24	2	0
	2009	경남	30	12	9	5	27	2	0
	2010	전남	25	11	8	5	17	1	0
	2011	전남	17	17	2	1	5	1	0
	합계		99	52	29	17	73	6	0
프로통산			99	52	29	17	73	6	0

인준연 (印峻延) 신평고 1991.03.12

리그	연도	소속	출전	교체	득점	도움	파울	경고	퇴장
BC	2012	대구	11	8	1	0	16	1	0
	합계		11	8	1	0	16	1	0
챌	2013	충주	14	11	2	1	17	3	0
	2014	대구	2	2	0	0	1	0	0
	2016	고양	30	14	2	1	45	9	1
	합계		46	27	4	2	63	12	1
프로통산			57	35	5	2	79	13	1

인지오 (Jose Satiro Do Nascimento) 브라질 1975.04.03

리그	연도	소속	출전	교체	득점	도움	파울	경고	퇴장
BC	2003	대구	19	2	3	3	28	1	0
	2004	대구	29	8	1	3	62	4	0
	2005	대구	15	8	0	1	14	2	0
	합계		63	18	4	7	104	7	0
프로통산			63	18	4	7	104	7	0

일리안 (Ilian Emilov Micanski) 불가리아 1985.12.20

리그	연도	소속	출전	교체	득점	도움	파울	경고	퇴장
클	2015	수원	8	7	0	0	11	1	0
	합계		8	7	0	0	11	1	0
프로통산			8	7	0	0	11	1	0

일리치 (Sasa Ilic) 마케도니아 1970.09.05

리그	연도	소속	출전	교체	실점	도움	파울	경고	퇴장
BC	1995	대우	30	1	42	0	0	0	0
	1996	부산	27	0	35	0	0	1	0
	1997	부산	17	0	11	0	0	1	0
	합계		74	1	88	0	0	2	0
프로통산			74	1	88	0	0	2	0

임호 (林虎) 경상대 1979.04.25

리그	연도	소속	출전	교체	득점	도움	파울	경고	퇴장
BC	2000	전남	4	4	0	1	2	0	0
	2001	전남	3	3	0	0	0	0	0
	2005	대구	11	5	0	0	35	3	0
	합계		18	12	0	1	37	3	0
프로통산			18	12	0	1	37	3	0

임경현 (林京鉉) 숭실대 1986.10.06

리그	연도	소속	출전	교체	득점	도움	파울	경고	퇴장
BC	2009	부산	9	10	0	0	10	1	0
	2010	부산	1	1	0	0	1	0	0
	2010	수원	6	5	0	0	7	2	0
	2011	수원	3	2	0	1	10	2	0
	2012	수원	1	1	0	0	1	1	0
	합계		20	19	0	1	29	6	0
클	2013	수원	2	2	0	0	0	0	0
	2013	전남	13	10	2	3	28	1	0
	합계		15	12	2	3	28	1	0
챌	2015	부천	13	13	2	1	19	5	0
	합계		13	13	2	1	19	5	0
프로통산			48	44	4	5	76	12	0

임경훈 (林敬勳) 포철공고 1984.03.19

리그	연도	소속	출전	교체	득점	도움	파울	경고	퇴장
BC	2004	포항	0	0	0	0	0	0	0
	2006	경남	0	0	0	0	0	0	0
	2007	경남	0	0	0	0	0	0	0
	합계		0	0	0	0	0	0	0
프로통산			0	0	0	0	0	0	0

임고석 (林告石) 성균관대 1960.02.18

리그	연도	소속	출전	교체	득점	도움	파울	경고	퇴장
BC	1983	대우	9	8	0	0	9	2	0
	1984	대우	11	8	4	0	4	0	0
	1985	대우	13	6	2	0	17	0	0
	1986	대우	25	8	5	2	35	1	0
	1987	현대	14	4	4	0	26	3	0
	1988	현대	19	10	4	1	31	1	0
	1989	유공	15	12	5	1	22	0	0
	1990	유공	5	5	0	0	5	2	0
	합계		111	61	24	4	149	9	0
프로통산			111	61	24	4	149	9	0

임관식 (林官植) 호남대 1975.07.28

리그	연도	소속	출전	교체	득점	도움	파울	경고	퇴장
BC	1998	전남	27	14	0	1	39	4	0
	1999	전남	35	4	3	1	60	2	0
	2000	전남	34	9	1	2	61	4	0
	2001	전남	24	10	0	0	34	4	0
	2002	전남	27	14	0	0	55	1	0
	2003	전남	8	6	1	0	13	0	0
	2004	부산	28	16	0	3	65	2	0
	2005	부산	26	11	1	0	48	4	0
	2006	부산	29	15	0	3	55	2	0
	2007	전남	14	13	0	0	21	2	1
	2008	전남	3	3	0	0	3	1	0
	합계		255	115	6	10	454	26	1
프로통산			255	115	6	10	454	26	1

임규식 (林奎植) 중앙대 1975.05.09

리그	연도	소속	출전	교체	득점	도움	파울	경고	퇴장
BC	1998	천안	11	10	0	0	6	2	0
	합계		11	10	0	0	6	2	0
프로통산			11	10	0	0	6	2	0

임근영 (林根永) 울산현대고 1995.05.15

리그	연도	소속	출전	교체	득점	도움	파울	경고	퇴장
챌	2014	대구	0	0	0	0	0	0	0
	합계		0	0	0	0	0	0	0
프로통산			0	0	0	0	0	0	0

임근재 (林根載) 연세대 1969.11.05

리그	연도	소속	출전	교체	득점	도움	파울	경고	퇴장
BC	1992	LG	37	20	10	2	34	0	0
	1993	LG	24	20	6	1	20	1	0

리그	연도	소속	출전	교체	득점	도움	파울	경고	퇴장
	1994	LG	24	22	2	1	8	0	0
	1995	포항	2	2	0	0	1	0	0
	1996	포항	4	4	0	0	3	1	0
	합계		91	68	18	4	66	2	0
프로통산			91	68	18	4	66	2	0

임기한 (林基漢) 대구대 1973.11.20

리그	연도	소속	출전	교체	득점	도움	파울	경고	퇴장
BC	1994	유공	5	5	2	0	1	0	0
	1995	유공	1	1	0	0	0	0	0
	1999	부천S	6	6	0	0	2	0	0
	합계		12	12	2	0	3	0	0
프로통산			12	12	2	0	3	0	0

임동준 (任東俊) 단국대 1987.07.13

리그	연도	소속	출전	교체	득점	도움	파울	경고	퇴장
BC	2011	전북	1	1	0	0	1	0	0
	합계		1	1	0	0	1	0	0
프로통산			1	1	0	0	1	0	0

임동진 (任東鎭) 명지대 1976.03.21

리그	연도	소속	출전	교체	득점	도움	파울	경고	퇴장
BC	1999	천안	6	2	0	0	14	1	0
	합계		6	2	0	0	14	1	0
프로통산			6	2	0	0	14	1	0

임동천 (林東天) 고려대 1992.11.13

리그	연도	소속	출전	교체	득점	도움	파울	경고	퇴장
클	2014	울산	0	0	0	0	0	0	0
	합계		0	0	0	0	0	0	0
프로통산			0	0	0	0	0	0	0

임동혁 (林東奕) 숭실대 1993.06.08

리그	연도	소속	출전	교체	득점	도움	파울	경고	퇴장
챌	2016	부천	8	7	0	0	3	0	0
	합계		8	7	0	0	3	0	0
프로통산			8	7	0	0	3	0	0

임민혁 (淋旼赫) 수원공고 1997.03.05

리그	연도	소속	출전	교체	득점	도움	파울	경고	퇴장
클	2016	서울	3	2	0	0	5	2	0
	합계		3	2	0	0	5	2	0
프로통산			3	2	0	0	5	2	0

임상협 (林相協) 일본 류츠케이자이대 1988.07.08

리그	연도	소속	출전	교체	득점	도움	파울	경고	퇴장
BC	2009	전북	17	16	1	1	10	1	0
	2010	전북	7	5	0	0	4	0	0
	2011	부산	34	11	10	2	66	9	0
	2012	부산	39	19	3	1	41	6	0
	합계		97	51	14	4	121	16	0
클	2013	부산	36	6	9	4	36	5	0
	2014	부산	35	5	11	2	64	4	1
	2016	상주	25	19	8	3	14	3	0
	합계		96	30	28	9	114	12	1
챌	2015	상주	34	20	12	3	29	4	0
	2016	부산	8	7	1	0	4	0	0
	합계		42	27	13	3	33	4	0
프로통산			235	108	55	16	268	32	1

임석현 (林錫炫) 연세대 1960.10.13

리그	연도	소속	출전	교체	득점	도움	파울	경고	퇴장
BC	1983	국민	12	6	3	2	7	0	0
	1984	국민	22	7	3	1	10	1	0
	1985	상무	2	2	0	0	1	0	0
	합계		36	15	6	3	18	1	0
프로통산			36	15	6	3	18	1	0

임선영 (林善永) 수원대 1988.03.21

리그	연도	소속	출전	교체	득점	도움	파울	경고	퇴장
BC	2011	광주	20	14	0	1	14	2	0
	2012	광주	23	23	1	0	19	0	0
	합계		43	37	1	1	33	2	0
클	2015	광주	29	11	4	1	31	0	0
	합계		29	11	4	1	31	0	0
챌	2013	광주	21	11	4	5	27	3	0
	2014	광주	22	6	7	1	33	1	0
	2016	안산무	7	4	1	0	8	0	0
	합계		50	21	12	6	68	4	0
승	2014	광주	2	1	0	0	4	0	0
	합계		2	1	0	0	4	0	0
프로통산			124	70	17	8	136	6	0

임성근 (林聖根) 경상대 1963.10.01

리그	연도	소속	출전	교체	득점	도움	파울	경고	퇴장
BC	1987	럭금	11	11	1	0	3	0	0
	합계		11	11	1	0	3	0	0
프로통산			11	11	1	0	3	0	0

임성택 (林成澤) 아주대 1988.07.19

리그	연도	소속	출전	교체	득점	도움	파울	경고	퇴장
BC	2011	대구	0	0	0	0	0	0	0
	합계		0	0	0	0	0	0	0
클	2016	상주	4	5	0	0	0	0	0
	합계		4	5	0	0	0	0	0
챌	2013	수원FC	28	18	4	4	28	2	0
	2014	수원FC	34	17	6	3	35	2	0
	2015	수원FC	22	14	9	2	14	2	0
	합계		84	49	19	9	77	6	0
승	2015	수원FC	2	1	1	0	8	0	0
	합계		2	1	1	0	8	0	0
프로통산			90	55	20	9	85	6	0

임세진 (任世鎭) 성균관대 1977.09.20

리그	연도	소속	출전	교체	득점	도움	파울	경고	퇴장
BC	2000	수원	0	0	0	0	0	0	0
	합계		0	0	0	0	0	0	0
프로통산			0	0	0	0	0	0	0

임세현 (任世賢) 선문대 1988.05.30

리그	연도	소속	출전	교체	득점	도움	파울	경고	퇴장
BC	2011	성남일	5	5	0	0	3	0	0
	합계		5	5	0	0	3	0	0
프로통산			5	5	0	0	3	0	0

임영주 (林暎周) 동국대 1976.03.08

리그	연도	소속	출전	교체	득점	도움	파울	경고	퇴장
BC	1999	대전	27	21	3	2	24	0	0
	2000	대전	21	21	0	0	17	2	0
	2001	대전	4	2	0	2	2	0	0
	2002	대전	9	5	0	0	14	0	0
	2003	대전	26	17	2	0	29	2	0
	2004	대전	18	10	0	0	25	0	0
	2005	대전	20	16	0	0	16	3	0
	2006	대전	24	20	0	1	26	1	0
	2007	대전	25	13	1	1	31	2	0
	합계		174	125	6	6	184	10	0
프로통산			174	125	6	6	184	10	0

임용주 (林龍柱) 경원고 1959.03.08

리그	연도	소속	출전	교체	실점	도움	파울	경고	퇴장
BC	1983	포철	4	0	3	0	0	0	0
	합계		4	0	3	0	0	0	0
프로통산			4	0	3	0	0	0	0

임유환 (林裕煥) 한양대 1983.12.02

리그	연도	소속	출전	교체	득점	도움	파울	경고	퇴장
BC	2004	전북	12	3	1	0	29	1	0
	2005	전북	16	6	0	0	20	2	1
	2006	전북	3	0	1	0	10	2	0
	2007	울산	16	5	0	0	19	2	0
	2007	전북	7	2	0	0	13	1	0
	2008	전북	34	1	3	0	50	6	0
	2009	전북	23	3	0	0	16	5	0
	2010	전북	19	3	0	1	35	3	0
	2011	전북	11	1	2	0	14	2	0
	2012	전북	27	3	2	0	32	5	0
	합계		168	27	9	1	238	29	1
클	2013	전북	8	0	0	1	16	4	0
	합계		8	0	0	1	16	4	0
프로통산			176	27	9	2	254	33	1

임인성 (林忍星) 홍익대 1985.07.23

리그	연도	소속	출전	교체	실점	도움	파울	경고	퇴장
BC	2010	광주상	1	0	3	0	0	0	0
	2011	상주	1	0	2	0	0	0	0
	합계		2	0	5	0	0	0	0
프로통산			2	0	5	0	0	0	0

임장묵 (林張默) 경희대 1961.05.10

리그	연도	소속	출전	교체	득점	도움	파울	경고	퇴장
BC	1985	한일	4	4	0	0	1	0	0
	1986	한일	1	0	0	0	0	0	0
	합계		5	4	0	0	1	0	0
프로통산			5	4	0	0	1	0	0

임재선 (林財善) 인천대 1968.06.10

리그	연도	소속	출전	교체	득점	도움	파울	경고	퇴장
BC	1991	LG	3	3	0	0	3	0	0
	1991	현대	16	11	1	1	16	2	0
	1992	현대	27	5	3	2	49	2	0
	1993	현대	31	7	6	3	50	5	0
	1994	현대	23	7	7	1	31	5	0
	1995	현대	21	21	1	1	21	2	0
	1996	울산	23	18	4	4	25	1	0
	1997	전남	22	17	1	1	31	2	0
	1998	천안	9	9	0	1	7	0	0
	합계		175	98	23	14	233	19	0
프로통산			175	98	23	14	233	19	0

임재훈 (林在勳) 명지대 1987.01.01

리그	연도	소속	출전	교체	득점	도움	파울	경고	퇴장
BC	2009	성남일	2	2	0	0	0	0	0
	합계		2	2	0	0	0	0	0
프로통산			2	2	0	0	0	0	0

임종국 (林鍾國) 단국대학원 1968.04.13

리그	연도	소속	출전	교체	실점	도움	파울	경고	퇴장
BC	1991	LG	4	1	6	0	0	0	0
	1992	LG	14	1	16	0	0	0	0
	1995	LG	6	0	13	0	0	0	0
	1996	안양L	16	0	21	0	0	0	0
	1997	안양L	25	0	38	0	1	2	0
	1998	안양L	19	2	20	0	2	1	0
	1999	안양L	27	0	41	0	3	3	0
	2001	부산	0	0	0	0	0	0	0
	합계		111	4	155	0	6	6	0
프로통산			111	4	155	0	6	6	0

임종욱 (林鍾旭) 경희대 1986.08.26

리그	연도	소속	출전	교체	득점	도움	파울	경고	퇴장
챌	2013	충주	30	23	4	2	50	10	0
	합계		30	23	4	2	50	10	0
프로통산			30	23	4	2	50	10	0

임종은 (林宗垠) 현대고 1990.06.18

리그	연도	소속	출전	교체	득점	도움	파울	경고	퇴장
BC	2009	울산	19	1	0	0	25	3	1
	2012	성남일	38	5	2	1	30	4	0
	합계		57	6	2	1	55	7	1
클	2013	전남	34	3	2	0	24	4	0
	2014	전남	29	6	0	0	19	2	0
	2015	전남	28	5	1	0	24	5	0
	2016	전북	28	3	0	0	28	8	0
	합계		119	17	3	0	95	19	0
프로통산			176	23	5	1	150	26	1

임종헌 (林鍾憲) 고려대 1966.03.08

리그	연도	소속	출전	교체	득점	도움	파울	경고	퇴장
BC	1989	일화	40	0	0	1	19	0	0
	1990	일화	28	1	0	2	23	4	0
	1991	일화	30	4	0	0	19	2	0
	1992	일화	15	8	0	0	8	1	0
	1993	일화	7	6	0	0	1	0	0
	1994	현대	16	4	0	0	8	3	0

리그	연도	소속	출전	교체	득점	도움	파울	경고	퇴장
	1995	현대	29	6	0	1	14	4	0
	1996	울산	13	6	1	0	7	4	0
	합계		178	35	1	4	99	18	0
프로통산			178	35	1	4	99	18	0

임종훈 (林鍾勳) 배재대 1976.06.14

리그	연도	소속	출전	교체	득점	도움	파울	경고	퇴장
BC	1999	전북	0	0	0	0	0	0	0
	2002	전북	11	4	0	1	12	3	0
	2003	전북	21	9	1	0	23	4	0
	2004	인천	3	1	0	0	5	1	0
	2004	전북	17	4	0	0	26	4	0
	2005	전북	7	3	0	0	10	3	0
	합계		59	21	1	1	76	15	0
프로통산			59	21	1	1	76	15	0

임준식 (林俊植) 충남기계공고 1997.02.14

리그	연도	소속	출전	교체	득점	도움	파울	경고	퇴장
챌	2016	대전	0	0	0	0	0	0	0
	합계		0	0	0	0	0	0	0
프로통산			0	0	0	0	0	0	0

임준식 (林俊植) 영남대 1981.09.13

리그	연도	소속	출전	교체	득점	도움	파울	경고	퇴장
BC	2004	전남	1	0	0	0	0	1	0
	합계		1	0	0	0	0	1	0
프로통산			1	0	0	0	0	1	0

임중용 (林重容) 성균관대 1975.04.21

리그	연도	소속	출전	교체	득점	도움	파울	경고	퇴장
BC	1999	부산	34	14	1	2	53	5	0
	2000	부산	24	14	0	1	33	3	1
	2001	부산	2	1	0	0	0	0	0
	2003	대구	15	9	1	0	33	2	0
	2004	인천	29	4	1	0	29	3	1
	2005	인천	39	1	3	2	31	2	0
	2006	인천	32	0	1	0	18	3	0
	2007	인천	33	2	0	0	27	3	1
	2008	인천	25	3	0	0	21	4	0
	2009	인천	34	0	1	0	44	7	0
	2010	인천	26	2	0	0	21	4	0
	2011	인천	1	1	0	0	0	0	0
	합계		294	51	8	5	310	36	3
프로통산			294	51	8	5	310	36	3

임진영 (林眞潁) 울산과학대 1980.05.11

리그	연도	소속	출전	교체	득점	도움	파울	경고	퇴장
BC	2006	성남일	7	5	0	0	13	1	0
	합계		7	5	0	0	13	1	0
프로통산			7	5	0	0	13	1	0

임진욱 (林珍旭) 동국대 1991.04.22

리그	연도	소속	출전	교체	득점	도움	파울	경고	퇴장
챌	2014	충주	21	11	7	0	22	0	0
	2015	충주	18	11	2	1	9	2	0
	합계		39	22	9	1	31	2	0
프로통산			39	22	9	1	31	2	0

임창균 (林昌均) 경희대 1990.04.19

리그	연도	소속	출전	교체	득점	도움	파울	경고	퇴장
클	2014	경남	5	5	0	0	4	1	0
	2016	수원FC	12	8	1	1	14	2	0
	합계		17	13	1	1	18	3	0
챌	2013	부천	32	10	5	7	24	6	0
	2015	경남	35	24	4	9	18	3	0
	2016	경남	18	8	0	3	12	1	0
	합계		85	42	9	19	54	10	0
프로통산			102	55	10	20	72	13	0

임창우 (任倉佑) 현대고 1992.02.13

리그	연도	소속	출전	교체	득점	도움	파울	경고	퇴장
BC	2011	울산	0	0	0	0	0	0	0
	2012	울산	6	1	0	0	5	1	0
	합계		6	1	0	0	5	1	0
클	2013	울산	0	0	0	0	0	0	0
	2015	울산	27	3	1	0	25	6	0
	합계		27	3	1	0	25	6	0
챌	2014	대전	28	3	2	0	29	1	0
	합계		28	3	2	0	29	1	0
프로통산			61	7	3	0	59	8	0

임채민 (林採民) 영남대 1990.11.18

리그	연도	소속	출전	교체	득점	도움	파울	경고	퇴장
클	2013	성남일	21	3	3	0	20	5	2
	2014	성남	34	1	0	1	37	9	0
	2015	성남	13	0	0	1	13	3	0
	2016	성남	21	3	0	0	14	4	0
	합계		89	7	3	2	84	21	2
승	2016	성남	2	0	0	0	4	2	0
	합계		2	0	0	0	4	2	0
프로통산			91	7	3	2	88	23	2

임충현 (林忠炫) 광운대 1983.07.20

리그	연도	소속	출전	교체	득점	도움	파울	경고	퇴장
BC	2007	대전	15	2	0	0	38	3	0
	합계		15	2	0	0	38	3	0
프로통산			15	2	0	0	38	3	0

임태섭 (林太燮) 홍익대 1990.06.23

리그	연도	소속	출전	교체	득점	도움	파울	경고	퇴장
챌	2013	충주	12	12	2	1	12	1	0
	합계		12	12	2	1	12	1	0
프로통산			12	12	2	1	12	1	0

임하람 (林하람) 연세대 1990.11.18

리그	연도	소속	출전	교체	득점	도움	파울	경고	퇴장
BC	2011	광주	14	4	0	0	34	5	0
	2012	광주	12	2	0	0	20	2	0
	합계		26	6	0	0	54	7	0
클	2014	인천	12	8	0	0	10	1	0
	2016	수원FC	17	3	0	0	21	3	0
	합계		29	11	0	0	31	4	0
챌	2013	광주	28	3	0	0	46	3	0
	2015	수원FC	31	8	0	0	50	10	0
	합계		59	11	0	0	96	13	0
승	2015	수원FC	1	0	0	0	2	0	1
	합계		1	0	0	0	2	0	1
프로통산			115	28	0	0	183	24	1

임현우 (林炫佑) 아주대 1983.03.26

리그	연도	소속	출전	교체	득점	도움	파울	경고	퇴장
BC	2005	대구	1	1	0	0	0	0	0
	2006	대구	2	2	0	0	2	0	0
	2007	대구	19	12	0	1	8	0	0
	2008	대구	20	11	0	1	14	1	0
	2009	대구	3	3	0	0	0	0	0
	합계		45	29	0	2	24	1	0
프로통산			45	29	0	2	24	1	0

임홍현 (林弘賢) 홍익대 1994.01.03

리그	연도	소속	출전	교체	실점	도움	파울	경고	퇴장
챌	2016	고양	4	0	7	0	0	0	0
	합계		4	0	7	0	0	0	0
프로통산			4	0	7	0	0	0	0

자심 (Abbas Jassim) 이라크 1973.12.10

리그	연도	소속	출전	교체	득점	도움	파울	경고	퇴장
BC	1996	안양L	31	18	4	5	26	3	0
	1997	안양L	5	5	0	0	7	0	0
	1997	포항	15	11	2	1	12	3	0
	1998	포항	26	19	2	2	34	6	0
	1999	포항	19	18	2	4	14	0	0
	2000	포항	27	18	3	1	34	0	0
	2001	포항	7	5	2	1	3	1	0
	합계		130	94	15	14	130	13	0
프로통산			130	94	15	14	130	13	0

자엘 (Jael Ferreira Vieira) 브라질 1988.10.30

리그	연도	소속	출전	교체	득점	도움	파울	경고	퇴장
BC	2012	성남일	15	4	2	4	41	5	0
	합계		15	4	2	4	41	5	0
프로통산			15	4	2	4	41	5	0

자이로 (Jairo Silva Santos) 브라질 1989.10.31

리그	연도	소속	출전	교체	득점	도움	파울	경고	퇴장
챌	2016	안양	12	9	0	2	27	4	0
	합계		12	9	0	2	27	4	0
프로통산			12	9	0	2	27	4	0

자일 (Jair Eduardo Britto da Silva) 브라질 1988.06.10

리그	연도	소속	출전	교체	득점	도움	파울	경고	퇴장
BC	2011	제주	11	10	2	2	11	3	0
	2012	제주	44	16	18	9	49	0	0
	합계		55	26	20	11	60	3	0
클	2016	전남	20	10	10	6	13	2	0
	합계		20	10	10	6	13	2	0
프로통산			75	36	30	17	73	5	0

자크미치 (Muhamed Dzakmic) 보스니아 헤르체고비나 1985.08.23

리그	연도	소속	출전	교체	득점	도움	파울	경고	퇴장
BC	2011	강원	17	8	0	2	27	4	0
	2012	강원	21	9	0	0	41	3	0
	합계		38	17	0	2	68	7	0
프로통산			38	17	0	2	68	7	0

자파 (Jonas Augusto Bouvie) 브라질 1986.10.05

리그	연도	소속	출전	교체	득점	도움	파울	경고	퇴장
챌	2014	수원FC	18	5	7	1	27	2	0
	2015	수원FC	35	15	21	7	31	3	0
	합계		53	20	28	8	58	5	0
승	2015	수원FC	2	1	1	1	2	1	0
	합계		2	1	1	1	2	1	0
프로통산			55	21	29	9	60	6	0

잔코 (Zanko Savov) 마케도니아 1965.10.14

리그	연도	소속	출전	교체	득점	도움	파울	경고	퇴장
BC	1995	전북	8	1	1	1	17	2	0
	1996	전북	32	15	3	2	33	2	0
	1997	전북	28	13	8	3	36	2	0
	1998	전북	25	21	4	0	19	1	0
	합계		93	50	16	6	105	7	0
프로통산			93	50	16	6	105	7	0

장경영 (張景寧) 선문대 1982.03.12

리그	연도	소속	출전	교체	득점	도움	파울	경고	퇴장
BC	2006	인천	1	1	0	0	0	0	0
	합계		1	1	0	0	0	0	0
프로통산			1	1	0	0	0	0	0

장경진 (張敬珍) 광양제철고 1983.08.31

리그	연도	소속	출전	교체	득점	도움	파울	경고	퇴장
BC	2002	전남	0	0	0	0	0	0	0
	2004	전남	2	1	0	0	1	0	0
	2005	인천	14	2	1	0	17	2	0
	2006	인천	27	1	0	0	53	5	0
	2007	인천	29	5	3	0	62	3	0
	2008	광주상	12	1	0	0	15	6	0
	2009	광주상	13	10	0	0	14	0	0
	2011	인천	14	7	0	0	20	5	0
	2012	광주	6	3	0	0	8	2	0
	합계		117	30	4	0	190	23	0
프로통산			117	30	4	0	190	23	0

장기봉 (張基奉) 중앙대 1977.07.08

리그	연도	소속	출장	교체	득점	도움	파울	경고	퇴장
BC	2000	부산	0	0	0	0	0	0	0
	2001	부산	1	1	0	0	1	0	0
	합계		1	1	0	0	1	0	0
프로통산			1	1	0	0	1	0	0

장기정 (張起淨) 전주대 1971.06.27

리그	연도	소속	출전	교체	득점	도움	파울	경고	퇴장
BC	1994	버팔로	1	1	0	0	2	0	0
	합계		1	1	0	0	2	0	0

리그	연도	소속	출전	교체	득점	도움	파울	경고	퇴장
프로통산			1	1	0	0	2	0	0

장남석 (張南錫) 중앙대 1983.04.18

리그	연도	소속	출전	교체	득점	도움	파울	경고	퇴장
BC	2006	대구	36	23	9	4	39	3	0
	2007	대구	16	13	2	2	20	1	0
	2008	대구	29	21	11	4	44	2	0
	2009	대구	15	7	0	0	18	3	0
	2010	대구	24	12	4	5	36	2	0
	2011	상주	16	4	3	4	29	1	0
	합계		136	80	29	19	186	12	0
프로통산			136	80	29	19	186	12	0

장대일 (張大一) 연세대 1975.03.09

리그	연도	소속	출전	교체	득점	도움	파울	경고	퇴장
BC	1998	천안	14	5	2	0	10	0	0
	1999	천안	21	10	3	2	41	4	0
	2000	성남일	5	3	0	0	1	0	0
	2000	부산	11	1	0	0	9	1	0
	2001	부산	15	3	1	0	9	3	0
	2002	부산	5	3	0	0	2	0	0
	2003	부산	24	6	0	2	19	2	0
	합계		95	31	6	4	91	10	0
프로통산			95	31	6	4	91	10	0

장대희 (張大熙) 현대고 1994.04.19

리그	연도	소속	출전	교체	실점	도움	파울	경고	퇴장
클	2015	울산	3	0	1	0	0	0	0
	2016	울산	3	0	6	0	0	0	0
	합계		6	0	7	0	0	0	0
프로통산			6	0	7	0	0	0	0

장동혁 (張東爀) 명지대 1983.05.20

리그	연도	소속	출전	교체	득점	도움	파울	경고	퇴장
BC	2006	전남	12	9	0	0	26	3	0
	2007	전남	8	6	0	0	21	2	0
	2008	전남	1	1	0	0	0	0	0
	합계		21	16	0	0	47	5	0
프로통산			21	16	0	0	47	5	0

장동현 (張東炫) 원주공고 1982.03.19

리그	연도	소속	출전	교체	득점	도움	파울	경고	퇴장
BC	2004	성남일	4	4	1	0	5	0	0
	합계		4	4	1	0	5	0	0
프로통산			4	4	1	0	5	0	0

장민석 (張緡碩) 홍익대 1976.03.31

리그	연도	소속	출전	교체	득점	도움	파울	경고	퇴장
BC	1999	전북	13	13	1	0	17	1	0
	합계		13	13	1	0	17	1	0
프로통산			13	13	1	0	17	1	0

장백규 (張伯圭) 선문대 1991.10.09

리그	연도	소속	출전	교체	득점	도움	파울	경고	퇴장
챌	2014	대구	18	10	3	4	16	0	0
	2015	대구	29	26	2	7	16	1	0
	2016	충주	28	21	4	0	23	1	0
	합계		75	57	9	11	55	2	0
프로통산			75	57	9	11	55	2	0

장상원 (張相元) 전주대 1977.09.30

리그	연도	소속	출전	교체	득점	도움	파울	경고	퇴장
BC	2003	울산	9	3	0	0	16	0	0
	2004	울산	14	13	1	0	21	1	0
	2005	울산	25	15	2	0	21	3	0
	2006	울산	30	20	2	0	25	4	0
	2007	울산	12	9	0	0	8	1	0
	2008	대구	10	9	0	0	6	2	0
	2009	대구	2	2	0	0	0	0	0
	합계		102	71	5	0	97	11	0
프로통산			102	71	5	0	97	11	0

장석민 (張錫珉) 초당대 1989.07.25

리그	연도	소속	출전	교체	득점	도움	파울	경고	퇴장
BC	2011	강원	1	1	0	0	0	0	0
	합계		1	1	0	0	0	0	0
프로통산			1	1	0	0	0	0	0

장석원 (張碩元) 단국대 1989.08.11

리그	연도	소속	출전	교체	득점	도움	파울	경고	퇴장
BC	2010	성남일	3	3	0	0	0	0	0
	2011	성남일	1	0	0	0	0	0	0
	2012	상주	2	2	0	0	1	0	0
	합계		6	5	0	0	1	0	0
클	2014	성남	20	6	0	0	15	2	0
	2015	성남	18	3	0	0	14	2	0
	2016	성남	14	11	0	0	5	2	0
	합계		52	20	0	0	34	6	0
프로통산			58	25	0	0	35	6	0

장성욱 (張成旭) 한성대 1979.09.01

리그	연도	소속	출전	교체	득점	도움	파울	경고	퇴장
BC	2002	울산	0	0	0	0	0	0	0
	합계		0	0	0	0	0	0	0
프로통산			0	0	0	0	0	0	0

장성천 (張誠泉) 부산개성고 1989.05.05

리그	연도	소속	출전	교체	득점	도움	파울	경고	퇴장
BC	2008	제주	0	0	0	0	0	0	0
	합계		0	0	0	0	0	0	0
프로통산			0	0	0	0	0	0	0

장순혁 (張淳赫) 중원대 1993.04.16

리그	연도	소속	출전	교체	득점	도움	파울	경고	퇴장
클	2016	울산	0	0	0	0	0	0	0
	합계		0	0	0	0	0	0	0
프로통산			0	0	0	0	0	0	0

장영훈 (張永勳) 경북산업대(경일대) 1972.02.04

리그	연도	소속	출전	교체	득점	도움	파울	경고	퇴장
BC	1992	포철	21	15	1	2	19	1	0
	1993	포철	27	19	4	2	31	2	0
	1994	포철	5	3	0	0	8	2	0
	1995	포항	17	14	3	1	23	1	0
	1996	포항	24	19	1	2	43	5	0
	1997	포항	28	10	4	3	42	3	0
	1998	포항	7	5	1	1	3	0	0
	1998	안양L	5	4	0	0	6	2	0
	1999	안양L	11	9	1	1	13	1	0
	합계		145	98	15	12	188	17	0
프로통산			145	98	15	12	188	17	0

장외룡 (張外龍) 연세대 1959.04.05

리그	연도	소속	출전	교체	득점	도움	파울	경고	퇴장
BC	1983	대우	15	0	0	1	26	1	0
	1984	대우	18	3	0	0	14	4	1
	1985	대우	20	0	0	0	17	3	0
	1986	대우	24	6	0	1	18	3	0
	합계		77	9	0	2	75	11	1
프로통산			77	9	0	2	75	11	1

장용익 (張勇翼) 수원대 1989.01.01

리그	연도	소속	출전	교체	득점	도움	파울	경고	퇴장
BC	2011	전남	0	0	0	0	0	0	0
	합계		0	0	0	0	0	0	0
프로통산			0	0	0	0	0	0	0

장우창 (張佑暢) 광운대 1978.10.18

리그	연도	소속	출전	교체	득점	도움	파울	경고	퇴장
BC	2004	인천	8	5	0	1	16	3	0
	2005	인천	12	8	0	0	12	1	0
	2006	부산	7	4	0	0	3	1	0
	합계		27	17	0	1	31	5	0
프로통산			27	17	0	1	31	5	0

장원석 (張原碩) 호남대 1986.04.16

리그	연도	소속	출전	교체	득점	도움	파울	경고	퇴장
BC	2009	인천	16	7	1	0	37	6	0
	2010	인천	10	5	0	0	26	5	0
	2011	인천	24	5	2	3	51	8	0
	2012	인천	1	1	0	0	3	1	0
	2012	제주	9	2	0	1	13	1	0
	합계		60	20	3	4	130	21	0
클	2013	제주	10	5	0	0	10	1	0
	합계		10	5	0	0	10	1	0
챌	2014	대전	31	9	1	4	33	4	0
	합계		31	9	1	4	33	4	0
프로통산			101	34	4	8	173	26	0

장윤호 (張潤鎬) 영생고 1996.08.25

리그	연도	소속	출전	교체	득점	도움	파울	경고	퇴장
클	2015	전북	10	7	2	0	20	2	0
	2016	전북	11	6	1	2	25	7	0
	합계		21	13	3	2	45	9	0
프로통산			21	13	3	2	45	9	0

장은규 (張殷圭) 건국대 1992.08.15

리그	연도	소속	출전	교체	득점	도움	파울	경고	퇴장
클	2014	제주	22	5	0	0	51	7	0
	2015	제주	10	7	0	0	14	4	0
	합계		32	12	0	0	65	11	0
챌	2016	경남	36	10	1	1	61	8	1
	합계		36	10	1	1	61	8	1
프로통산			68	22	1	1	126	19	1

장재완 (張在完) 고려대 1983.06.04

리그	연도	소속	출전	교체	득점	도움	파울	경고	퇴장
BC	2006	울산	0	0	0	0	0	0	0
	합계		0	0	0	0	0	0	0
프로통산			0	0	0	0	0	0	0

장재우 (張在佑) 숭실대 1988.01.07

리그	연도	소속	출전	교체	득점	도움	파울	경고	퇴장
BC	2010	인천	0	0	0	0	0	0	0
	합계		0	0	0	0	0	0	0
프로통산			0	0	0	0	0	0	0

장재학 (張在學) 중앙대 1967.01.15

리그	연도	소속	출전	교체	득점	도움	파울	경고	퇴장
BC	1989	포철	15	7	0	1	17	1	0
	1991	현대	10	6	0	0	8	0	0
	합계		25	13	0	1	25	1	0
프로통산			25	13	0	1	25	1	0

장정 (張政) 아주대 1964.05.05

리그	연도	소속	출전	교체	득점	도움	파울	경고	퇴장
BC	1987	럭금	26	3	0	0	46	4	0
	1988	럭금	7	1	0	0	8	0	0
	합계		33	4	0	0	54	4	0
프로통산			33	4	0	0	54	4	0

장조윤 (張朝潤) 보인정보산업고 1988.01.01

리그	연도	소속	출전	교체	득점	도움	파울	경고	퇴장
BC	2007	전북	2	2	0	0	0	0	0
	합계		2	2	0	0	0	0	0
챌	2015	충주	11	10	1	0	4	0	0
	합계		11	10	1	0	4	0	0
프로통산			13	12	1	0	4	0	0

장준영 (張竣營) 용인대 1993.02.04

리그	연도	소속	출전	교체	득점	도움	파울	경고	퇴장
챌	2016	대전	20	1	1	0	33	4	0
	합계		20	1	1	0	33	4	0
프로통산			20	1	1	0	33	4	0

장지현 (張地鉉) 성균관대 1975.04.11

리그	연도	소속	출전	교체	득점	도움	파울	경고	퇴장
BC	1999	수원	18	8	0	2	31	4	0
	2000	수원	30	13	3	0	70	4	1
	2001	수원	8	7	0	1	16	0	0
	2004	수원	2	0	0	0	4	0	0
	2005	수원	8	4	0	0	19	1	0
	2006	전북	15	10	3	0	41	3	0
	2007	전북	13	9	0	1	17	3	0
	합계		94	51	6	4	198	15	1
프로통산			94	51	6	4	198	15	1

장창순 (張暢純) 전북대 1962.09.01

리그	연도	소속	출전	교체	득점	도움	파울	경고	퇴장

BC	1985	상무	10	6	0	2	9	1	0
	1989	일화	9	10	0	0	2	0	0
	합계		19	16	0	2	11	1	0
프로통산			19	16	0	2	11	1	0

장철민 (張鐵民) 부산공대(부경대) 1972.05.19

리그	연도	소속	출전	교체	득점	도움	파울	경고	퇴장
BC	1995	전북	17	15	1	0	12	1	0
	1996	전북	5	5	1	0	3	0	0
	1997	울산	7	6	0	1	5	0	0
	1998	울산	26	22	4	6	33	2	0
	1999	울산	6	5	0	0	2	0	0
	2000	울산	26	19	1	2	12	0	0
	2001	울산	9	7	1	3	11	0	0
	2002	울산	6	6	0	0	9	0	0
	합계		102	85	8	12	87	3	0
프로통산			102	85	8	12	87	3	0

장철우 (張鐵雨) 아주대 1971.04.01

리그	연도	소속	출전	교체	득점	도움	파울	경고	퇴장
BC	1997	대전	32	5	2	3	33	3	0
	1998	대전	28	9	5	3	33	2	0
	1999	대전	30	9	8	5	39	4	1
	2000	대전	21	6	5	0	32	3	0
	2001	대전	31	2	1	1	69	5	0
	2002	대전	32	5	2	3	58	7	0
	2003	대전	40	3	0	1	66	6	0
	2004	대전	31	2	0	6	39	5	0
	2005	대전	29	6	0	0	54	5	0
	합계		274	47	23	22	423	40	1
프로통산			274	47	23	22	423	40	1

장클로드 (Jane Claude Adrimer Bozga) 루마니아 1984.06.01

리그	연도	소속	출전	교체	득점	도움	파울	경고	퇴장
챌	2016	대전	37	4	2	1	57	12	0
	합계		37	4	2	1	57	12	0
프로통산			37	4	2	1	57	12	0

장태규 (張汰圭) 아주대 1976.04.25

리그	연도	소속	출전	교체	득점	도움	파울	경고	퇴장
BC	1999	부산	2	3	0	0	1	1	0
	2000	부산	0	0	0	0	0	0	0
	합계		2	3	0	0	1	1	0
프로통산			2	3	0	0	1	1	0

장학영 (張學榮) 경기대 1981.08.24

리그	연도	소속	출전	교체	득점	도움	파울	경고	퇴장
BC	2004	성남일	16	8	0	0	13	1	0
	2005	성남일	36	2	0	0	48	4	0
	2006	성남일	42	1	2	3	60	1	0
	2007	성남일	29	0	3	2	31	2	0
	2008	성남일	37	1	1	1	45	3	0
	2009	성남일	36	2	0	4	42	3	1
	2010	성남일	15	0	3	1	17	2	0
	2012	부산	23	2	0	0	32	7	0
	합계		234	16	9	11	288	23	1
클	2013	부산	37	0	3	2	16	3	0
	2014	부산	33	4	0	3	23	2	0
	2015	성남	17	2	0	1	14	3	0
	2016	성남	31	2	0	2	36	4	0
	합계		118	8	3	8	89	12	0
승	2016	성남	2	0	0	0	1	1	0
	합계		2	0	0	0	1	1	0
프로통산			354	24	12	19	378	36	1

장혁진 (張爀鎭) 대경대 1989.12.06

리그	연도	소속	출전	교체	득점	도움	파울	경고	퇴장
BC	2011	강원	8	7	0	0	8	0	0
	2012	강원	15	12	1	1	15	1	0
	합계		23	19	1	1	23	1	0
클	2014	상주	7	7	0	1	6	0	0
	합계		7	7	0	1	6	0	0
챌	2013	상주	10	10	1	0	13	0	0
	2014	강원	9	3	0	2	10	1	0
	2015	강원	29	11	2	2	43	6	0
	2016	강원	37	21	2	5	30	2	0
	합계		85	45	5	9	96	9	0
승	2016	강원	2	2	0	0	0	0	0
	합계		2	2	0	0	0	0	0
프로통산			117	73	6	11	125	10	0

장현규 (張鉉奎) 울산대 1981.08.22

리그	연도	소속	출전	교체	득점	도움	파울	경고	퇴장
BC	2004	대전	22	6	2	0	31	2	0
	2005	대전	24	4	0	0	45	5	0
	2006	대전	36	7	0	0	52	3	0
	2007	대전	19	5	0	0	27	4	0
	2008	포항	22	3	1	0	38	3	0
	2009	광주상	29	7	3	2	24	0	0
	2010	광주상	21	2	0	0	23	2	0
	2010	포항	1	1	0	0	3	1	0
	2011	포항	5	2	0	0	4	1	0
	합계		179	37	6	2	247	21	0
프로통산			179	37	6	2	247	21	0

장현수 (張鉉洙) 용인대 1993.01.01

리그	연도	소속	출전	교체	득점	도움	파울	경고	퇴장
클	2015	수원	4	4	0	1	2	0	0
	2016	수원	1	1	0	0	2	1	0
	합계		5	5	0	1	4	1	0
챌	2016	부산	13	11	2	1	11	1	0
	합계		13	11	2	1	11	1	0
프로통산			18	16	2	2	15	2	0

장현우 (張現宇) 동북고 1993.05.26

리그	연도	소속	출전	교체	득점	도움	파울	경고	퇴장
클	2014	상주	0	0	0	0	0	0	0
	합계		0	0	0	0	0	0	0
챌	2015	상주	1	1	0	0	3	0	0
	2016	부산	1	0	0	0	2	0	0
	합계		2	1	0	0	5	0	0
프로통산			2	1	0	0	5	0	0

장현호 (張現浩) 고려대 1972.10.14

리그	연도	소속	출전	교체	득점	도움	파울	경고	퇴장
BC	1995	포항	26	2	0	1	26	2	0
	1996	포항	26	4	0	0	31	2	1
	1997	포항	23	6	0	0	32	1	0
	2000	포항	10	2	0	0	10	3	0
	2001	성남일	0	0	0	0	0	0	0
	합계		85	14	0	1	99	8	1
프로통산			85	14	0	1	99	8	1

장형곤 (張炯坤) 경희고 1961.01.29

리그	연도	소속	출전	교체	득점	도움	파울	경고	퇴장
BC	1984	현대	1	1	0	0	2	0	0
	합계		1	1	0	0	2	0	0
프로통산			1	1	0	0	2	0	0

장형관 (張馨官) 인천대 1980.07.19

리그	연도	소속	출전	교체	득점	도움	파울	경고	퇴장
BC	2003	대구	14	12	0	0	10	2	0
	2004	대구	3	2	0	0	4	0	0
	합계		17	14	0	0	14	2	0
프로통산			17	14	0	0	14	2	0

장형석 (張亨碩) 성보고 1972.07.07

리그	연도	소속	출전	교체	득점	도움	파울	경고	퇴장
BC	1992	현대	12	9	1	0	10	1	0
	1993	현대	1	1	0	1	0	0	0
	1995	현대	3	1	0	0	7	1	0
	1996	울산	28	9	5	0	52	5	1
	1997	울산	25	1	1	2	46	6	0
	1998	울산	18	13	0	0	30	2	0
	1999	울산	21	5	1	0	33	1	0
	1999	안양L	10	4	0	1	18	3	0
	2002	부천S	17	10	0	0	19	3	0
	합계		135	53	8	4	215	22	1
프로통산			135	53	8	4	215	22	1

장호익 (張鎬翼) 호남대 1993.12.04

리그	연도	소속	출전	교체	득점	도움	파울	경고	퇴장
클	2016	수원	16	2	0	0	27	2	0
	합계		16	2	0	0	27	2	0
프로통산			16	2	0	0	27	2	0

쟈스민 (Jasmin Mujdza) 크로아티아 1974.03.02

리그	연도	소속	출전	교체	득점	도움	파울	경고	퇴장
BC	2002	성남일	16	5	0	0	25	0	0
	합계		16	5	0	0	25	0	0
프로통산			16	5	0	0	25	0	0

전경준 (全慶埈) 경북산업대(경일대) 1973.09.10

리그	연도	소속	출전	교체	득점	도움	파울	경고	퇴장
BC	1993	포철	8	7	0	1	5	0	0
	1994	포철	2	2	0	0	1	0	0
	1995	포항	19	19	0	1	13	3	0
	1996	포항	32	25	5	3	36	1	0
	1997	포항	33	18	2	3	33	3	0
	1998	포항	23	18	2	2	16	0	0
	1999	포항	10	7	0	0	10	0	0
	1999	부천S	17	15	2	4	17	1	0
	2000	부천S	38	37	7	13	24	4	1
	2001	부천S	30	28	3	3	18	0	1
	2002	전북	32	13	4	3	33	3	0
	2003	전북	25	18	2	4	32	1	0
	2004	전북	11	11	1	0	6	0	0
	2005	전북	7	7	0	0	5	1	0
	합계		287	225	28	37	249	17	2
프로통산			287	225	28	37	249	17	2

전경진 (全景鎭) 한양대 1976.02.10

리그	연도	소속	출전	교체	득점	도움	파울	경고	퇴장
BC	2000	성남일	2	2	0	0	1	0	0
	합계		2	2	0	0	1	0	0
프로통산			2	2	0	0	1	0	0

전경택 (田坰澤) 성균관대 1970.06.20

리그	연도	소속	출전	교체	득점	도움	파울	경고	퇴장
BC	1997	대전	22	5	0	0	36	2	0
	1998	대전	27	5	0	0	39	3	0
	1999	대전	5	4	0	0	7	1	0
	합계		54	14	0	0	82	6	0
프로통산			54	14	0	0	82	6	0

전광진 (全光眞) 명지대 1981.06.30

리그	연도	소속	출전	교체	득점	도움	파울	경고	퇴장
BC	2004	성남일	19	9	0	1	43	3	0
	2005	성남일	9	7	0	0	11	0	0
	2006	광주상	34	14	0	4	38	3	1
	2007	광주상	25	6	0	2	43	12	0
	2008	성남일	9	6	0	0	10	2	0
	2009	성남일	23	4	0	0	27	4	1
	2010	성남일	32	7	2	4	34	8	0
	합계		151	53	2	11	206	32	2
프로통산			151	53	2	11	206	32	2

전광철 (全光哲) 경신고 1982.07.16

리그	연도	소속	출전	교체	득점	도움	파울	경고	퇴장
BC	2001	울산	1	1	0	0	0	0	0
	2002	울산	1	1	0	0	3	0	0
	합계		2	2	0	0	3	0	0
프로통산			2	2	0	0	3	0	0

전광환 (田廣煥) 울산대 1982.07.29

리그	연도	소속	출전	교체	득점	도움	파울	경고	퇴장
BC	2005	전북	0	0	0	0	0	0	0
	2006	전북	18	3	0	0	35	3	0
	2007	전북	23	6	0	4	37	2	0
	2008	전북	4	1	0	0	4	1	0
	2009	광주상	28	15	0	0	15	2	0

리그	연도	소속	출전	교체	득점	도움	파울	경고	퇴장
	2010	광주상	26	5	0	0	28	1	0
	2010	전북	1	0	0	0	0	0	0
	2011	전북	7	1	0	0	10	1	0
	2012	전북	31	2	0	1	33	1	0
	합계		138	33	0	5	162	11	0
클	2013	전북	19	7	0	0	17	1	0
	합계		19	7	0	0	17	1	0
챌	2014	부천	20	4	0	0	24	1	0
	2015	부천	33	2	0	0	21	5	0
	합계		53	6	0	0	45	6	0
프로통산			210	46	0	5	224	18	0

전기성(全基成) 광주대 1993.04.29

리그	연도	소속	출전	교체	득점	도움	파울	경고	퇴장
챌	2015	서울E	1	0	0	0	1	0	0
	2016	부천	0	0	0	0	0	0	0
	합계		1	0	0	0	1	0	0
프로통산			1	0	0	0	1	0	0

전덕찬(全德燦) 계성고 1963.05.05

리그	연도	소속	출전	교체	득점	도움	파울	경고	퇴장
BC	1984	대우	1	1	0	0	1	0	0
	1986	대우	1	1	0	0	0	0	0
	합계		2	2	0	0	1	0	0
프로통산			2	2	0	0	1	0	0

전만호(田萬浩) 대구공고 1967.01.07

리그	연도	소속	출전	교체	득점	도움	파울	경고	퇴장
BC	1990	대우	1	1	0	0	1	1	0
	합계		1	1	0	0	1	1	0
프로통산			1	1	0	0	1	1	0

전명근(田明根) 호남대 1990.04.30

리그	연도	소속	출전	교체	득점	도움	파울	경고	퇴장
챌	2013	광주	10	9	0	0	8	0	0
	합계		10	9	0	0	8	0	0
프로통산			10	9	0	0	8	0	0

전민관(全珉寬) 고려대 1990.10.19

리그	연도	소속	출전	교체	득점	도움	파울	경고	퇴장
챌	2013	부천	13	1	0	1	12	2	0
	2014	부천	1	1	0	0	0	0	0
	합계		14	2	0	1	12	2	0
프로통산			14	2	0	1	12	2	0

전민광(全珉洸) 중원대 1993.01.17

리그	연도	소속	출전	교체	득점	도움	파울	경고	퇴장
챌	2015	서울E	18	7	1	1	14	1	0
	2016	서울E	26	11	0	0	21	1	0
	합계		44	18	1	1	35	2	0
프로통산			44	18	1	1	35	2	0

전병수(全昞壽) 동국대 1992.03.14

리그	연도	소속	출전	교체	득점	도움	파울	경고	퇴장
챌	2015	강원	8	8	0	0	16	0	0
	합계		8	8	0	0	16	0	0
프로통산			8	8	0	0	16	0	0

전보훈(全寶訓) 숭실대 1988.03.10

리그	연도	소속	출전	교체	득점	도움	파울	경고	퇴장
BC	2011	대전	5	5	0	0	6	0	0
	합계		5	5	0	0	6	0	0
프로통산			5	5	0	0	6	0	0

전봉성(全峰星) 경운대 1985.03.18

리그	연도	소속	출전	교체	득점	도움	파울	경고	퇴장
BC	2008	전남	0	0	0	0	0	0	0
	합계		0	0	0	0	0	0	0
프로통산			0	0	0	0	0	0	0

전상대(田相大) 숭실대 1982.04.10

리그	연도	소속	출전	교체	득점	도움	파울	경고	퇴장
BC	2006	경남	2	2	0	0	2	0	0
	2008	대구	0	0	0	0	0	0	0
	합계		2	2	0	0	2	0	0
프로통산			2	2	0	0	2	0	0

전상욱(全相昱) 단국대 1979.09.22

리그	연도	소속	출전	교체	실점	도움	파울	경고	퇴장
BC	2005	성남일	0	0	0	0	0	0	0
	2006	성남일	3	1	2	0	0	0	0
	2008	성남일	0	0	0	0	0	0	0
	2009	성남일	3	0	2	0	0	0	0
	2010	부산	26	0	36	0	1	4	0
	2011	부산	21	0	23	0	1	5	0
	2012	부산	32	0	34	0	1	2	0
	합계		85	1	97	0	3	11	0
클	2013	성남일	38	1	41	0	1	1	0
	2014	성남	3	0	6	0	0	0	0
	2015	성남	6	0	7	0	0	3	0
	2016	성남	1	1	1	0	0	0	0
	합계		48	2	54	0	1	4	0
프로통산			133	3	151	0	4	15	0

전상훈(田尙勳) 연세대 1989.09.10

리그	연도	소속	출전	교체	득점	도움	파울	경고	퇴장
BC	2011	대전	4	0	0	0	4	0	0
	합계		4	0	0	0	4	0	0
클	2014	경남	0	0	0	0	0	0	0
	합계		0	0	0	0	0	0	0
챌	2013	경찰	2	2	0	0	1	0	0
	2015	경남	26	9	0	1	21	3	0
	2016	경남	9	3	0	0	8	0	0
	합계		37	14	0	1	30	3	0
프로통산			41	14	0	1	34	3	0

전수현(全首泫/←전태현) 울산대 1986.08.18

리그	연도	소속	출전	교체	실점	도움	파울	경고	퇴장
BC	2009	제주	5	1	13	0	1	0	0
	2010	제주	0	0	0	0	0	0	0
	2011	제주	7	1	9	0	0	1	0
	2012	제주	15	1	19	0	1	1	0
	합계		27	3	41	0	2	2	0
클	2013	제주	7	0	8	0	0	1	0
	2015	제주	0	0	0	0	0	0	0
	2016	제주	1	0	0	0	0	0	0
	합계		8	0	8	0	0	1	0
챌	2014	안산경	14	1	19	0	2	0	0
	2015	안산경	17	0	21	0	0	1	0
	합계		31	1	40	0	2	1	0
프로통산			66	4	89	0	4	4	0

전영수(全榮秀) 성균관대 1963.02.19

리그	연도	소속	출전	교체	득점	도움	파울	경고	퇴장
BC	1986	현대	22	14	1	7	16	1	0
	1989	유공	12	11	1	1	7	0	0
	1990	유공	6	4	1	1	3	0	0
	1991	유공	3	3	0	0	4	0	0
	합계		43	32	3	9	30	1	0
프로통산			43	32	3	9	30	1	0

전우근(全雨根) 인천대 1977.02.25

리그	연도	소속	출전	교체	득점	도움	파울	경고	퇴장
BC	1999	부산	18	6	1	2	28	4	0
	2000	부산	29	12	6	1	45	1	0
	2001	부산	35	13	8	2	53	1	1
	2002	부산	23	7	1	1	32	3	0
	2003	부산	27	13	2	1	30	1	0
	2004	광주상	19	17	1	0	30	0	0
	2005	광주상	8	7	0	0	10	0	0
	2006	부산	10	10	1	2	19	0	0
	2007	부산	21	17	1	0	24	1	0
	2008	부산	1	1	0	0	1	0	0
	합계		191	103	21	9	272	11	1
프로통산			191	103	21	9	272	11	1

전우영(全旴營/←전성찬) 광운대 1987.12.27

리그	연도	소속	출전	교체	득점	도움	파울	경고	퇴장
BC	2011	성남일	24	7	3	2	38	4	0
	2012	성남일	6	6	0	0	6	0	0
	합계		30	13	3	2	44	4	0
클	2013	성남일	0	0	0	0	0	0	0
	2013	부산	11	10	0	0	10	0	0
	2014	부산	17	16	0	0	14	0	0
	2015	부산	24	12	0	1	20	3	0
	2016	전남	3	2	0	0	8	1	0
	합계		55	40	0	1	52	4	0
승	2015	부산	1	1	0	0	2	1	0
	합계		1	1	0	0	2	1	0
프로통산			86	54	3	3	98	9	0

전운선(全雲仙) 국민대 1960.12.23

리그	연도	소속	출전	교체	실점	도움	파울	경고	퇴장
BC	1984	국민	15	0	26	0	0	0	0
	합계		15	0	26	0	0	0	0
프로통산			15	0	26	0	0	0	0

전원근(全源根) 고려대 1986.11.13

리그	연도	소속	출전	교체	득점	도움	파울	경고	퇴장
BC	2009	강원	28	4	1	2	31	1	0
	2010	대구	3	1	0	0	7	3	0
	합계		31	5	1	2	38	4	0
프로통산			31	5	1	2	38	4	0

전인석(田仁錫) 고려대 1955.09.25

리그	연도	소속	출전	교체	득점	도움	파울	경고	퇴장
BC	1984	대우	18	3	0	0	17	0	0
	1985	대우	13	2	0	0	21	1	0
	합계		31	5	0	0	38	1	0
프로통산			31	5	0	0	38	1	0

전재복(全在福) 경희대 1972.11.05

리그	연도	소속	출전	교체	득점	도움	파울	경고	퇴장
BC	1996	수원	27	10	0	1	33	1	0
	1997	수원	6	3	0	0	9	0	0
	합계		33	13	0	1	42	1	0
프로통산			33	13	0	1	42	1	0

전재운(全才雲) 울산대 1981.03.18

리그	연도	소속	출전	교체	득점	도움	파울	경고	퇴장
BC	2002	울산	22	14	3	3	21	2	0
	2003	울산	26	23	2	4	12	3	0
	2004	울산	20	16	1	2	24	4	0
	2005	수원	10	9	1	2	6	1	0
	2005	전북	10	6	0	1	21	1	0
	2006	전북	4	3	1	0	4	2	0
	2007	제주	23	11	3	2	23	4	0
	2008	제주	26	18	2	2	24	6	0
	2009	제주	17	17	0	0	7	1	0
	합계		158	117	13	16	142	24	0
프로통산			158	117	13	16	142	24	0

전재호(田在浩) 홍익대 1979.08.08

리그	연도	소속	출전	교체	득점	도움	파울	경고	퇴장
BC	2002	성남일	3	3	0	0	4	1	0
	2003	성남일	31	6	0	0	74	5	0
	2004	인천	30	4	1	2	49	3	1
	2005	인천	35	3	1	1	49	6	0
	2006	인천	14	5	0	0	24	3	0
	2007	인천	31	5	0	3	41	4	1
	2008	인천	24	5	1	0	39	3	0
	2009	인천	31	4	0	3	48	11	0
	2010	인천	26	3	0	2	37	2	0
	2011	인천	21	4	1	1	29	5	0
	2012	부산	3	3	0	0	1	0	0
	2012	강원	13	1	0	0	18	5	0
	합계		262	46	4	12	413	48	2
클	2013	강원	26	13	2	3	32	6	1
	합계		26	13	2	3	32	6	1
승	2013	강원	2	2	0	0	3	1	0
	합계		2	2	0	0	3	1	0
프로통산			290	61	6	15	448	55	3

전종선(全鐘善) 서울체고 1962.02.15

리그	연도	소속	출전	교체	득점	도움	파울	경고	퇴장
BC	1983	유공	3	1	0	0	0	0	0
	1984	유공	11	6	0	1	4	0	0
	1985	유공	5	2	0	1	2	0	0
	합계		19	9	0	2	6	0	0
프로통산			19	9	0	2	6	0	0

전준형 (田俊亨) 용문중 1986.08.28

리그	연도	소속	출전	교체	득점	도움	파울	경고	퇴장
BC	2009	경남	4	1	0	0	5	0	0
	2010	경남	23	4	2	1	23	5	0
	2011	인천	9	3	0	0	8	0	0
	2012	인천	11	4	0	0	14	1	0
	합계		47	12	2	1	50	6	0
클	2013	인천	8	2	0	0	10	1	0
	합계		8	2	0	0	10	1	0
챌	2014	광주	8	2	0	0	8	1	0
	합계		8	2	0	0	8	1	0
프로통산			63	16	2	1	68	8	0

전차식 (全且植) 동래고 1959.09.27

리그	연도	소속	출전	교체	득점	도움	파울	경고	퇴장
BC	1983	포철	13	2	0	0	8	1	0
	1984	포철	16	1	0	0	10	0	0
	1985	포철	21	0	0	1	13	1	0
	1986	포철	24	2	0	2	25	2	0
	합계		74	5	0	3	56	4	0
프로통산			74	5	0	3	56	4	0

전현석 (田鉉錫) 울산대 1974.03.29

리그	연도	소속	출전	교체	득점	도움	파울	경고	퇴장
BC	1997	전북	16	13	1	3	11	3	0
	1998	전북	13	13	2	1	7	2	0
	1999	전북	19	20	3	3	10	1	0
	2000	전북	12	12	0	1	6	2	0
	합계		60	58	6	8	34	8	0
프로통산			60	58	6	8	34	8	0

전현욱 (田鉉煜) 전주대 1992.03.16

리그	연도	소속	출전	교체	득점	도움	파울	경고	퇴장
클	2015	수원	0	0	0	0	0	0	0
	합계		0	0	0	0	0	0	0
프로통산			0	0	0	0	0	0	0

전현재 (全玄載) 광운대 1992.07.12

리그	연도	소속	출전	교체	득점	도움	파울	경고	퇴장
챌	2015	서울E	0	0	0	0	0	0	0
	합계		0	0	0	0	0	0	0
프로통산			0	0	0	0	0	0	0

전현철 (全玄哲) 아주대 1990.07.03

리그	연도	소속	출전	교체	득점	도움	파울	경고	퇴장
BC	2012	성남일	22	20	3	0	15	0	0
	합계		22	20	3	0	15	0	0
클	2013	전남	30	26	6	1	8	1	0
	2014	전남	21	19	2	0	13	0	0
	2015	전남	20	19	1	0	7	0	0
	합계		71	64	9	1	28	1	0
챌	2016	부산	8	8	0	0	1	0	0
	합계		8	8	0	0	1	0	0
프로통산			101	92	12	1	44	1	0

전형섭 (全亨涉) 성균관대 1990.02.21

리그	연도	소속	출전	교체	득점	도움	파울	경고	퇴장
챌	2014	대구	0	0	0	0	0	0	0
	합계		0	0	0	0	0	0	0
프로통산			0	0	0	0	0	0	0

전홍석 (全弘錫) 선문대 1989.03.25

리그	연도	소속	출전	교체	득점	도움	파울	경고	퇴장
BC	2011	울산	0	0	0	0	0	0	0
	2012	울산	0	0	0	0	0	0	0
	합계		0	0	0	0	0	0	0
클	2013	울산	0	0	0	0	0	0	0
	합계		0	0	0	0	0	0	0
프로통산			0	0	0	0	0	0	0

정경구 (鄭敬九) 서울시립대 1970.10.01

리그	연도	소속	출전	교체	득점	도움	파울	경고	퇴장
BC	1995	전북	25	21	0	0	21	0	0
	1996	전북	21	18	1	2	18	0	0
	1997	전북	21	19	4	0	18	1	0
	1998	전북	21	19	0	1	34	3	0
	합계		88	77	5	3	91	4	0
프로통산			88	77	5	3	91	4	0

정경호 (鄭暻鎬) 울산대 1980.05.22

리그	연도	소속	출전	교체	득점	도움	파울	경고	퇴장
BC	2003	울산	38	38	5	4	28	2	0
	2004	울산	18	7	3	1	36	4	0
	2005	광주상	27	11	4	1	30	0	1
	2006	광주상	19	6	4	1	15	1	0
	2007	울산	23	14	2	0	25	2	0
	2007	전북	11	2	2	3	12	1	0
	2008	전북	32	20	5	2	31	4	0
	2009	강원	11	6	2	0	11	0	0
	2010	강원	26	8	3	1	20	4	0
	2011	강원	11	7	0	1	9	3	0
	2012	대전	22	7	0	0	18	2	1
	합계		238	126	30	14	235	23	2
프로통산			238	126	30	14	235	23	2

정경호 (鄭卿浩) 청구고 1987.01.12

리그	연도	소속	출전	교체	득점	도움	파울	경고	퇴장
BC	2006	경남	23	19	1	1	21	1	0
	2007	경남	30	25	0	0	24	3	0
	2009	전남	9	5	1	2	7	0	0
	2010	광주상	25	18	0	2	13	3	0
	2011	상주	11	1	0	2	19	3	0
	2012	제주	5	4	0	0	6	2	0
	합계		103	72	2	7	90	12	0
챌	2013	광주	17	15	0	0	23	1	0
	합계		17	15	0	0	23	1	0
프로통산			120	87	2	7	113	13	0

정광민 (丁光珉) 명지대 1976.01.08

리그	연도	소속	출전	교체	득점	도움	파울	경고	퇴장
BC	1998	안양L	35	8	11	1	68	1	0
	1999	안양L	38	15	8	7	49	4	0
	2000	안양L	34	23	13	3	26	2	0
	2001	안양L	16	15	0	2	11	3	0
	2002	안양L	14	7	2	1	14	1	0
	2007	서울	8	5	0	0	6	2	0
	2007	대구	2	3	0	0	2	0	0
	합계		147	76	34	14	176	13	0
프로통산			147	76	34	14	176	13	0

정광석 (鄭光錫) 성균관대 1970.12.01

리그	연도	소속	출전	교체	득점	도움	파울	경고	퇴장
BC	1993	대우	26	2	0	1	44	4	1
	1994	대우	14	5	1	0	18	0	0
	1997	부산	26	15	2	1	19	1	0
	1998	부산	13	5	0	0	13	1	0
	합계		79	27	3	2	94	6	1
프로통산			79	27	3	2	94	6	1

정규민 (鄭奎民) 서해고등학교 1995.04.01

리그	연도	소속	출전	교체	득점	도움	파울	경고	퇴장
챌	2014	고양	0	0	0	0	0	0	0
	합계		0	0	0	0	0	0	0
프로통산			0	0	0	0	0	0	0

정규진 (政圭振) 상지대 1989.06.20

리그	연도	소속	출전	교체	득점	도움	파울	경고	퇴장
BC	2011	대전	0	0	0	0	0	0	0
	합계		0	0	0	0	0	0	0
프로통산			0	0	0	0	0	0	0

정근희 (鄭根熹) 건국대 1988.12.08

리그	연도	소속	출전	교체	득점	도움	파울	경고	퇴장
BC	2011	전남	1	0	0	0	0	0	0
	2012	전남	4	0	0	0	6	1	0
	합계		5	0	0	0	6	1	0
클	2013	전남	2	2	0	0	2	0	0
	합계		2	2	0	0	2	0	0
챌	2014	충주	0	0	0	0	0	0	0
	합계		0	0	0	0	0	0	0
프로통산			7	2	0	0	8	1	0

정기동 (鄭基東) 청주상고 1961.05.13

리그	연도	소속	출전	교체	실점	도움	파울	경고	퇴장
BC	1983	포철	11	0	14	0	0	0	0
	1984	포철	15	0	28	0	0	1	0
	1985	포철	10	0	10	0	0	0	0
	1986	포철	32	0	36	0	0	1	0
	1987	포철	16	2	17	0	1	0	0
	1988	포철	18	0	24	0	0	0	0
	1989	포철	14	0	12	0	0	0	0
	1990	포철	7	0	5	0	0	0	0
	1991	포철	12	1	14	0	2	0	0
	합계		135	3	160	0	3	2	0
프로통산			135	3	160	0	3	2	0

정기운 (鄭氣云) 광운대 1992.07.05

리그	연도	소속	출전	교체	득점	도움	파울	경고	퇴장
클	2016	수원FC	5	5	0	0	2	1	0
	합계		5	5	0	0	2	1	0
챌	2015	수원FC	35	29	6	4	17	2	0
	합계		35	29	6	4	17	2	0
승	2015	수원FC	0	0	0	0	0	0	0
	합계		0	0	0	0	0	0	0
프로통산			40	34	6	4	19	3	0

정길용 (鄭吉容) 광운대 1975.06.21

리그	연도	소속	출전	교체	실점	도움	파울	경고	퇴장
BC	2000	안양L	7	0	10	0	2	0	0
	2001	안양L	0	0	0	0	0	0	0
	합계		7	0	10	0	2	0	0
프로통산			7	0	10	0	2	0	0

정다슬 (鄭다슬) 한양대 1987.04.18

리그	연도	소속	출전	교체	득점	도움	파울	경고	퇴장
BC	2011	제주	0	0	0	0	0	0	0
	합계		0	0	0	0	0	0	0
챌	2013	안양	23	10	3	0	30	4	0
	2014	안양	7	6	0	0	1	0	0
	2015	안양	0	0	0	0	0	0	0
	합계		30	16	3	0	31	4	0
프로통산			30	16	3	0	31	4	0

정다운 (鄭다운) 대구예술대 1989.07.13

리그	연도	소속	출전	교체	득점	도움	파울	경고	퇴장
클	2013	수원	0	0	0	0	0	0	0
	합계		0	0	0	0	0	0	0
프로통산			0	0	0	0	0	0	0

정다훤 (鄭多烜) 충북대 1987.12.22

리그	연도	소속	출전	교체	득점	도움	파울	경고	퇴장
BC	2009	서울	0	0	0	0	0	0	0
	2011	경남	32	8	0	4	41	8	0
	2012	경남	29	9	0	0	48	4	0
	합계		61	17	0	4	89	12	0
클	2013	경남	34	5	1	0	73	9	0
	2014	제주	34	5	1	0	55	4	0
	2015	제주	25	4	2	0	38	8	0
	합계		93	14	4	0	166	21	0
챌	2016	안산무	31	4	2	3	39	8	1
	합계		31	4	2	3	39	8	1
프로통산			185	35	6	7	294	41	1

정대교 (政代敎) 영남대 1992.04.27

리그	연도	소속	출전	교체	득점	도움	파울	경고	퇴장
챌	2014	대구	13	13	0	1	10	1	0
	2015	대구	0	0	0	0	0	0	0

리그	연도	소속	출전	교체	득점	도움	파울	경고	퇴장
	합계		13	13	0	1	10	1	0
프로통산			13	13	0	1	10	1	0

정대선(鄭大善) 중앙대 1987.06.27

리그	연도	소속	출전	교체	득점	도움	파울	경고	퇴장
BC	2010	울산	18	13	1	1	17	3	0
	2011	울산	10	8	1	0	9	1	0
	2011	경남	11	11	1	1	4	0	0
	2012	경남	7	6	1	0	7	1	0
	합계		46	38	4	2	37	5	0
클	2013	경남	10	10	0	0	8	1	0
	합계		10	10	0	0	8	1	0
챌	2014	안양	25	20	2	1	33	3	0
	합계		25	20	2	1	33	3	0
프로통산			81	68	6	3	78	9	0

정대세(鄭大世) 일본 조선대 1984.03.02

리그	연도	소속	출전	교체	득점	도움	파울	경고	퇴장
클	2013	수원	23	10	10	2	42	6	0
	2014	수원	28	16	7	1	55	2	0
	2015	수원	21	10	6	5	42	2	0
	합계		72	36	23	8	139	10	0
프로통산			72	36	23	8	139	10	0

정대훈(鄭大勳) 포철공고 1977.12.21

리그	연도	소속	출전	교체	득점	도움	파울	경고	퇴장
BC	1999	포항	26	21	5	4	26	4	0
	2000	포항	8	7	0	0	3	1	0
	2001	포항	8	8	0	0	10	2	0
	2003	대구	0	0	0	0	0	0	0
	합계		42	36	5	4	39	7	0
프로통산			42	36	5	4	39	7	0

정동복(鄭東福) 연세대 1962.01.22

리그	연도	소속	출전	교체	득점	도움	파울	경고	퇴장
BC	1986	현대	11	8	0	0	9	1	0
	1987	현대	16	9	2	1	17	0	0
	1988	현대	6	4	0	2	4	0	0
	1989	현대	30	21	1	0	37	3	0
	1990	현대	22	16	6	1	23	1	0
	1991	현대	4	4	0	1	6	0	0
	1992	현대	2	3	0	0	2	0	0
	합계		91	65	9	5	98	5	0
프로통산			91	65	9	5	98	5	0

정동윤(鄭東潤) 성균관대 1994.04.03

리그	연도	소속	출전	교체	득점	도움	파울	경고	퇴장
클	2016	광주	29	9	0	0	34	5	0
	합계		29	9	0	0	34	5	0
프로통산			29	9	0	0	34	5	0

정동진(鄭東珍) 조선대 1990.06.06

리그	연도	소속	출전	교체	득점	도움	파울	경고	퇴장
챌	2013	광주	1	1	0	0	0	0	0
	합계		1	1	0	0	0	0	0
프로통산			1	1	0	0	0	0	0

정동호(鄭東浩) 부경고 1990.03.07

리그	연도	소속	출전	교체	득점	도움	파울	경고	퇴장
클	2014	울산	20	6	0	1	24	3	0
	2015	울산	28	1	2	4	40	7	0
	2016	울산	29	6	0	2	30	3	0
	합계		77	13	2	7	94	13	0
프로통산			77	13	2	7	94	13	0

정명오(鄭明五) 아주대 1986.10.29

리그	연도	소속	출전	교체	득점	도움	파울	경고	퇴장
BC	2009	경남	7	6	0	0	10	0	0
	2010	경남	1	1	0	0	0	0	0
	2012	전남	22	8	0	0	24	6	0
	합계		30	15	0	0	34	6	0
프로통산			30	15	0	0	34	6	0

정민(鄭珉) 조선대 1970.11.29

리그	연도	소속	출전	교체	득점	도움	파울	경고	퇴장
BC	1993	대우	1	1	0	0	1	0	0
	합계		1	1	0	0	1	0	0
프로통산			1	1	0	0	1	0	0

정민교(鄭敏敎) 배재대 1987.04.22

리그	연도	소속	출전	교체	실점	도움	파울	경고	퇴장
챌	2013	안양	7	1	13	0	0	1	0
	2014	안양	0	0	0	0	0	0	0
	합계		7	1	13	0	0	1	0
프로통산			7	1	13	0	0	1	0

정민무(鄭旻武) 포철공고 1985.03.03

리그	연도	소속	출전	교체	득점	도움	파울	경고	퇴장
챌	2013	고양	17	13	3	1	28	4	0
	2014	고양	16	15	1	1	21	3	0
	합계		33	28	4	2	49	7	0
프로통산			33	28	4	2	49	7	0

정민우(鄭珉優) 호남대 1992.12.01

리그	연도	소속	출전	교체	득점	도움	파울	경고	퇴장
클	2016	수원FC	11	8	1	0	10	0	0
	합계		11	8	1	0	10	0	0
챌	2014	수원FC	31	22	8	5	26	3	0
	2015	수원FC	20	19	2	0	24	3	0
	합계		51	41	10	5	50	6	0
승	2015	수원FC	2	2	1	0	1	0	0
	합계		2	2	1	0	1	0	0
프로통산			64	51	12	5	61	6	0

정민형(鄭敏亨) 한국국제대 1987.05.14

리그	연도	소속	출전	교체	득점	도움	파울	경고	퇴장
BC	2011	부산	6	4	0	0	6	0	0
	2012	부산	2	2	0	0	0	0	0
	합계		8	6	0	0	6	0	0
프로통산			8	6	0	0	6	0	0

정산(鄭山) 경희대 1989.02.10

리그	연도	소속	출전	교체	실점	도움	파울	경고	퇴장
BC	2009	강원	0	0	0	0	0	0	0
	2010	강원	0	0	0	0	0	0	0
	2011	성남일	1	0	3	0	0	0	0
	2012	성남일	19	0	21	0	0	1	0
	합계		20	0	24	0	0	1	0
클	2013	성남일	0	0	0	0	0	0	0
	2014	성남	0	0	0	0	0	0	0
	2015	성남	0	0	0	0	0	0	0
	2016	울산	11	0	16	1	1	2	0
	합계		11	0	16	1	1	2	0
프로통산			31	0	40	1	1	3	0

정상남(丁祥楠) 연세대 1975.09.07

리그	연도	소속	출전	교체	득점	도움	파울	경고	퇴장
BC	1998	포항	2	2	0	0	3	0	0
	1999	포항	8	5	3	0	8	0	0
	합계		10	7	3	0	11	0	0
프로통산			10	7	3	0	11	0	0

정상모(鄭相摸) 울산대 1975.02.24

리그	연도	소속	출전	교체	득점	도움	파울	경고	퇴장
BC	1998	천안	11	7	1	0	14	0	0
	1999	천안	0	0	0	0	0	0	0
	합계		11	7	1	0	14	0	0
프로통산			11	7	1	0	14	0	0

정상훈(鄭相勳) 성균관대 1985.03.22

리그	연도	소속	출전	교체	득점	도움	파울	경고	퇴장
BC	2008	경남	6	4	0	0	7	1	0
	합계		6	4	0	0	7	1	0
프로통산			6	4	0	0	7	1	0

정서운(鄭署運) 서남대 1993.12.08

리그	연도	소속	출전	교체	득점	도움	파울	경고	퇴장
클	2015	대전	11	10	0	0	7	1	0
	합계		11	10	0	0	7	1	0
프로통산			11	10	0	0	7	1	0

정석근(鄭石根) 아주대 1977.11.25

리그	연도	소속	출전	교체	득점	도움	파울	경고	퇴장
BC	2000	부산	10	9	1	0	5	2	0
	2001	부산	2	2	0	0	1	0	0
	2003	광주상	1	1	0	0	0	0	0
	합계		13	12	1	0	6	2	0
프로통산			13	12	1	0	6	2	0

정석민(鄭錫珉) 인제대 1988.01.27

리그	연도	소속	출전	교체	득점	도움	파울	경고	퇴장
BC	2010	포항	5	3	1	0	7	1	0
	2011	포항	8	4	2	0	6	2	0
	2012	제주	3	3	0	0	1	0	0
	합계		16	10	3	0	14	3	0
클	2013	대전	36	14	4	1	49	4	0
	2015	전남	26	18	0	0	27	3	0
	2016	전남	6	5	0	0	15	2	0
	합계		68	37	4	1	91	9	0
챌	2014	대전	33	2	5	2	55	6	0
	합계		33	2	5	2	55	6	0
프로통산			117	49	12	3	160	18	0

정석화(鄭錫華) 고려대 1991.05.17

리그	연도	소속	출전	교체	득점	도움	파울	경고	퇴장
클	2013	부산	32	20	0	1	20	2	0
	2014	부산	26	19	1	0	14	3	0
	2015	부산	24	19	2	1	11	1	0
	합계		82	58	3	2	45	6	0
챌	2016	부산	40	20	4	10	16	5	0
	합계		40	20	4	10	16	5	0
승	2015	부산	1	1	0	0	0	0	0
	합계		1	1	0	0	0	0	0
프로통산			123	79	7	12	61	11	0

정선호(鄭先皓) 동의대 1989.03.25

리그	연도	소속	출전	교체	득점	도움	파울	경고	퇴장
클	2013	성남일	1	1	0	0	0	0	0
	2014	성남	28	6	2	2	30	5	0
	2015	성남	31	14	1	0	23	4	0
	2016	성남	15	10	1	1	8	0	0
	합계		75	31	4	3	61	9	0
승	2016	성남	2	1	0	0	2	1	0
	합계		2	1	0	0	2	1	0
프로통산			77	32	4	3	63	10	0

정섭의(鄭燮義) 전주농전 1954.12.20

리그	연도	소속	출전	교체	득점	도움	파울	경고	퇴장
BC	1983	국민	12	5	0	0	11	1	0
	1984	국민	10	1	0	0	10	0	0
	합계		22	6	0	0	21	1	0
프로통산			22	6	0	0	21	1	0

정성교(鄭聖較) 연세대 1960.05.30

리그	연도	소속	출전	교체	실점	도움	파울	경고	퇴장
BC	1983	대우	15	0	14	0	0	0	0
	1984	대우	11	0	14	0	0	0	0
	1986	대우	12	0	16	0	1	0	0
	1987	대우	16	1	11	0	2	1	0
	1988	대우	8	1	12	0	0	0	0
	1989	대우	8	0	11	0	1	0	0
	합계		70	2	78	0	4	1	0
프로통산			70	2	78	0	4	1	0

정성룡(鄭成龍) 서귀포고 1985.01.04

리그	연도	소속	출전	교체	실점	도움	파울	경고	퇴장
BC	2004	포항	0	0	0	0	0	0	0
	2005	포항	0	0	0	0	0	0	0
	2006	포항	26	0	27	0	1	1	0
	2007	포항	16	1	18	0	1	1	0
	2008	성남일	34	0	29	0	0	1	0
	2009	성남일	36	0	41	0	1	1	1
	2010	성남일	30	0	28	0	2	2	0
	2011	수원	31	0	32	0	1	2	0
	2012	수원	33	0	38	0	0	1	0
	합계		206	1	213	0	6	9	1

리그	연도	소속	출전	교체	득점	도움	파울	경고	퇴장
클	2013	수원	34	0	41	1	0	0	0
	2014	수원	34	0	33	0	1	1	0
	2015	수원	22	0	23	0	0	2	0
	합계		90	0	97	1	1	3	0
프로통산			296	1	310	1	7	12	1

정성민(鄭成民) 광운대 1989.05.02

리그	연도	소속	출전	교체	득점	도움	파울	경고	퇴장
BC	2011	강원	13	9	1	0	4	0	0
	2012	강원	25	17	5	3	17	1	0
	합계		38	26	6	3	21	1	0
클	2013	경남	1	1	0	0	1	0	0
	합계		1	1	0	0	1	0	0
챌	2013	충주	14	1	6	1	16	3	0
	2014	충주	30	15	7	0	29	2	0
	2015	경남	18	9	0	0	12	5	0
	2016	경남	1	1	0	0	0	0	0
	2016	안산무	17	13	5	0	12	0	0
	합계		80	39	18	1	69	10	0
프로통산			119	66	24	4	91	11	0

정성원(鄭盛元) 제주대 1976.05.26

리그	연도	소속	출전	교체	득점	도움	파울	경고	퇴장
BC	2000	수원	0	0	0	0	0	0	0
	합계		0	0	0	0	0	0	0
프로통산			0	0	0	0	0	0	0

정성진(鄭聖鎭) 단국대 1964.07.06

리그	연도	소속	출전	교체	**실점**	도움	파울	경고	퇴장
BC	1990	현대	1	0	3	0	0	0	0
	1991	현대	6	0	7	0	0	0	0
	1992	현대	4	1	7	0	1	2	0
	합계		11	1	17	0	1	2	0
프로통산			11	1	17	0	1	2	0

정성천(鄭性天) 성균관대 1971.05.30

리그	연도	소속	출전	교체	득점	도움	파울	경고	퇴장
BC	1997	대전	30	1	5	2	37	2	0
	1998	대전	28	17	5	1	37	2	0
	1999	대전	27	22	2	2	42	2	0
	2000	대전	31	16	6	1	61	3	0
	2001	대전	5	5	0	0	7	1	0
	합계		121	61	18	6	184	10	0
프로통산			121	61	18	6	184	10	0

정성호(鄭成浩) 대륜중 1986.04.07

리그	연도	소속	출전	교체	득점	도움	파울	경고	퇴장
BC	2007	서울	1	0	0	0	0	0	0
	2008	서울	1	0	0	0	0	0	0
	합계		2	0	0	0	0	0	0
프로통산			2	0	0	0	0	0	0

정성훈(鄭聖勳) 인천대 1968.09.14

리그	연도	소속	출전	교체	득점	도움	파울	경고	퇴장
BC	1993	포철	2	2	0	0	2	0	0
	1994	유공	7	6	0	0	2	0	0
	1995	유공	4	2	0	0	3	1	0
	1996	수원	29	2	0	0	42	3	0
	1997	수원	27	1	0	0	38	3	0
	1998	수원	20	7	0	0	36	3	0
	합계		89	20	0	0	123	10	0
프로통산			89	20	0	0	123	10	0

정성훈(丁成勳) 경희대 1979.07.04

리그	연도	소속	출전	교체	득점	도움	파울	경고	퇴장
BC	2002	울산	24	21	2	3	32	3	0
	2003	울산	15	15	0	1	20	2	0
	2004	대전	13	13	2	0	17	0	0
	2005	대전	5	5	1	0	6	1	0
	2006	대전	26	18	8	1	38	2	0
	2007	대전	19	15	3	0	30	2	1
	2008	부산	31	16	8	4	48	6	0
	2009	부산	16	10	8	1	17	4	0
	2010	부산	31	22	11	4	66	7	0
	2011	전북	27	24	5	6	29	1	0
	2012	전북	14	12	2	2	14	3	0
	2012	전남	13	9	3	2	12	1	0
	합계		234	180	53	24	329	32	1
클	2013	대전	6	4	2	0	6	0	0
	2013	경남	10	11	1	0	16	1	0
	합계		16	15	3	0	22	1	0
프로통산			250	195	56	24	351	33	1

정수남(鄭壽男) 중동고 1960.07.05

리그	연도	소속	출전	교체	득점	도움	파울	경고	퇴장
BC	1984	한일	16	6	0	0	11	1	0
	1985	한일	10	9	1	1	3	0	0
	합계		26	15	1	1	14	1	0
프로통산			26	15	1	1	14	1	0

정수종(鄭壽鍾) 수원고 1987.05.01

리그	연도	소속	출전	교체	득점	도움	파울	경고	퇴장
BC	2006	전북	10	6	0	0	8	2	0
	2007	전북	6	0	0	0	6	1	0
	2008	전북	3	1	0	0	3	1	0
	2009	전북	3	3	0	0	3	0	0
	합계		22	10	0	0	20	4	0
프로통산			22	10	0	0	20	4	0

정수호(鄭修昊/←정현윤) 한양대 1990.04.09

리그	연도	소속	출전	교체	득점	도움	파울	경고	퇴장
BC	2012	전남	2	0	0	0	1	0	0
	합계		2	0	0	0	1	0	0
챌	2013	안양	11	1	2	0	13	2	0
	2014	안양	4	0	0	0	2	0	0
	합계		15	1	2	0	15	2	0
프로통산			17	1	2	0	16	2	0

정승용(鄭昇勇) 동북고 1991.03.25

리그	연도	소속	출전	교체	득점	도움	파울	경고	퇴장
BC	2011	경남	5	4	0	1	12	1	0
	2012	서울	1	1	0	0	2	1	0
	합계		6	5	0	1	14	2	0
클	2013	서울	1	1	0	0	0	0	0
	2014	서울	0	0	0	0	0	0	0
	합계		1	1	0	0	0	0	0
챌	2016	강원	41	1	4	2	52	4	0
	합계		41	1	4	2	52	4	0
승	2016	강원	2	0	0	0	5	0	0
	합계		2	0	0	0	5	0	0
프로통산			50	7	4	3	71	6	0

정승현(鄭昇炫) 현대고 1994.04.03

리그	연도	소속	출전	교체	득점	도움	파울	경고	퇴장
클	2015	울산	18	8	0	0	24	1	0
	2016	울산	19	4	1	0	26	6	1
	합계		37	12	1	0	50	7	1
프로통산			37	12	1	0	50	7	1

정안모(鄭按模) 인천대 1989.03.17

리그	연도	소속	출전	교체	득점	도움	파울	경고	퇴장
BC	2012	대구	1	1	0	0	0	0	0
	합계		1	1	0	0	0	0	0
프로통산			1	1	0	0	0	0	0

정연웅(鄭然雄) 충남기계공고 1992.08.31

리그	연도	소속	출전	교체	득점	도움	파울	경고	퇴장
BC	2011	대전	1	1	0	0	2	0	0
	합계		1	1	0	0	2	0	0
프로통산			1	1	0	0	2	0	0

정영총(鄭永寵) 한양대 1992.06.24

리그	연도	소속	출전	교체	득점	도움	파울	경고	퇴장
클	2015	제주	17	15	0	0	15	1	0
	2016	제주	13	14	1	0	5	0	0
	합계		30	29	1	0	20	1	0
프로통산			30	29	1	0	20	1	0

정영호(鄭鈴湖) 서울시립대 1968.08.15

리그	연도	소속	출전	교체	득점	도움	파울	경고	퇴장
BC	1990	일화	29	5	0	0	55	3	0
	1991	일화	17	3	0	2	23	0	0
	1992	일화	26	3	0	0	43	5	0
	1993	일화	22	16	1	0	32	2	0
	1994	일화	20	3	0	0	29	1	0
	1995	전남	8	1	0	0	10	2	0
	1996	전남	8	4	0	0	12	4	0
	합계		130	35	1	2	204	17	0
프로통산			130	35	1	2	204	17	0

정영훈(丁永勳) 동의대 1975.05.01

리그	연도	소속	출전	교체	득점	도움	파울	경고	퇴장
BC	2001	대전	28	13	3	2	38	8	0
	2002	대전	21	16	2	2	18	3	0
	2003	대전	1	1	0	0	1	0	0
	2004	대구	7	8	1	2	2	0	0
	합계		57	38	6	6	59	11	0
프로통산			57	38	6	6	59	11	0

정용대(鄭容臺) 일본조선대 1978.02.04

리그	연도	소속	출전	교체	득점	도움	파울	경고	퇴장
BC	2001	포항	4	2	0	0	5	2	0
	합계		4	2	0	0	5	2	0
프로통산			4	2	0	0	5	2	0

정용환(鄭龍煥) 고려대 1960.02.10

리그	연도	소속	출전	교체	득점	도움	파울	경고	퇴장
BC	1984	대우	22	1	0	0	20	0	0
	1985	대우	2	0	0	0	1	0	0
	1986	대우	3	1	1	0	4	0	0
	1987	대우	19	0	1	1	22	0	0
	1988	대우	11	1	0	0	12	0	0
	1989	대우	9	0	0	1	14	0	0
	1990	대우	8	3	0	0	7	0	0
	1991	대우	33	1	2	0	40	0	0
	1992	대우	35	2	2	2	44	3	0
	1993	대우	6	3	2	0	11	2	0
	1994	대우	20	5	1	0	14	1	0
	합계		168	17	9	4	189	6	0
프로통산			168	17	9	4	189	6	0

정용훈(鄭湧勳) 대신고 1979.03.11

리그	연도	소속	출전	교체	득점	도움	파울	경고	퇴장
BC	1998	수원	26	19	3	3	24	1	0
	1999	수원	2	2	0	0	0	0	0
	2002	수원	16	12	0	0	17	0	0
	2003	수원	20	16	2	0	15	1	0
	합계		64	49	5	3	56	2	0
프로통산			64	49	5	3	56	2	0

정우성(鄭宇星) 중앙대 1986.06.19

리그	연도	소속	출전	교체	득점	도움	파울	경고	퇴장
BC	2009	대구	0	0	0	0	0	0	0
	합계		0	0	0	0	0	0	0
프로통산			0	0	0	0	0	0	0

정우승(鄭雨承) 단국대 1984.03.14

리그	연도	소속	출전	교체	득점	도움	파울	경고	퇴장
BC	2007	경남	2	0	0	0	2	0	0
	2008	경남	4	3	0	0	2	1	0
	합계		6	3	0	0	4	1	0
프로통산			6	3	0	0	4	1	0

정우영(鄭宇榮) 고려대 1971.12.08

리그	연도	소속	출전	교체	득점	도움	파울	경고	퇴장
BC	1994	현대	6	6	0	1	1	0	0
	1995	현대	0	0	0	0	0	0	0
	1998	울산	3	2	0	0	8	1	0
	합계		9	8	0	1	9	1	0
프로통산			9	8	0	1	9	1	0

정우인(鄭愚仁) 경희대 1988.02.01

리그	연도	소속	출전	교체	득점	도움	파울	경고	퇴장
BC	2011	광주	23	5	1	0	50	4	0
	2012	광주	34	6	1	0	62	15	0

	합계		57	11	2	0	112	19	0
챌	2013	광주	18	4	0	0	26	1	0
	2014	강원	28	5	1	1	43	6	0
	2015	강원	11	3	1	0	24	4	0
	2016	충주	21	8	0	0	19	4	0
	합계		78	20	2	1	112	15	0
프로통산			135	31	4	1	224	34	0

정우재 (鄭宇宰) 예원예술대 1992.06.28

리그	연도	소속	출전	교체	득점	도움	파울	경고	퇴장
클	2014	성남	2	2	0	0	1	1	0
	합계		2	2	0	0	1	1	0
챌	2015	충주	26	4	1	1	23	2	0
	2016	대구	37	4	3	3	41	7	0
	합계		63	8	4	4	64	9	0
프로통산			65	10	4	4	65	10	0

정우진 (鄭禹鎭) 전주대 1969.01.20

리그	연도	소속	출전	교체	득점	도움	파울	경고	퇴장
BC	1996	부천S	15	10	2	0	12	2	0
	1997	부천S	6	5	0	0	1	1	0
	1997	전북	8	8	1	0	5	0	0
	1998	전북	4	4	0	0	8	0	0
	합계		33	27	3	0	26	3	0
프로통산			33	27	3	0	26	3	0

정운 (鄭澐/←정부식) 명지대 1989.06.30

리그	연도	소속	출전	교체	득점	도움	파울	경고	퇴장
BC	2012	울산	0	0	0	0	0	0	0
	합계		0	0	0	0	0	0	0
클	2016	제주	32	3	1	5	38	3	0
	합계		32	3	1	5	38	3	0
프로통산			32	3	1	5	38	3	0

정웅일 (鄭雄一) 연세대 1962.11.05

리그	연도	소속	출전	교체	득점	도움	파울	경고	퇴장
BC	1986	대우	4	2	0	0	4	0	0
	합계		4	2	0	0	4	0	0
프로통산			4	2	0	0	4	0	0

정원서 (鄭源緖) 동아대 1959.04.16

리그	연도	소속	출전	교체	득점	도움	파울	경고	퇴장
BC	1983	포철	4	3	0	0	1	0	0
	합계		4	3	0	0	1	0	0
프로통산			4	3	0	0	1	0	0

정원진 (政原進) 영남대 1994.08.10

리그	연도	소속	출전	교체	득점	도움	파울	경고	퇴장
클	2016	포항	11	9	0	0	11	2	0
	합계		11	9	0	0	11	2	0
프로통산			11	9	0	0	11	2	0

정유석 (鄭裕錫) 아주대 1977.10.25

리그	연도	소속	출전	교체	실점	도움	파울	경고	퇴장
BC	2000	부산	22	4	28	0	1	1	0
	2001	부산	35	0	46	0	2	0	0
	2002	부산	27	1	43	0	1	2	0
	2003	부산	8	0	17	0	0	1	0
	2004	광주상	14	1	13	0	0	0	0
	2005	광주상	24	0	33	0	1	1	0
	2006	부산	34	0	48	0	3	4	0
	2007	부산	26	1	36	0	0	0	0
	2008	부산	7	0	9	0	0	2	0
	2009	부산	1	1	2	0	0	0	0
	2011	울산	7	0	7	0	0	1	0
	합계		205	8	282	0	8	12	0
프로통산			205	8	282	0	8	12	0

정윤길 (鄭允吉) 호남대 1976.10.23

리그	연도	소속	출전	교체	득점	도움	파울	경고	퇴장
BC	1999	전남	4	3	0	0	10	0	0
	합계		4	3	0	0	10	0	0
프로통산			4	3	0	0	10	0	0

정윤성 (鄭允成) 수원공고 1984.06.01

리그	연도	소속	출전	교체	득점	도움	파울	경고	퇴장
BC	2003	수원	11	9	1	1	18	1	0
	2004	수원	0	0	0	0	0	0	0
	2005	광주상	30	24	6	1	49	3	0
	2006	광주상	16	14	0	0	21	1	0
	2007	수원	2	1	0	0	5	0	0
	2007	경남	14	8	6	3	24	1	0
	2008	경남	14	11	1	2	18	3	0
	2009	전남	15	12	3	2	17	3	0
	2010	전남	22	17	4	3	27	3	1
	2011	전남	8	5	0	1	17	1	0
	합계		132	101	21	13	196	16	1
프로통산			132	101	21	13	196	16	1

정의도 (鄭義道) 연세대 1987.04.08

리그	연도	소속	출전	교체	실점	도움	파울	경고	퇴장
BC	2009	성남일	1	1	0	0	0	0	0
	2010	성남일	1	0	3	0	0	0	0
	합계		2	1	3	0	0	0	0
챌	2013	수원FC	11	1	18	0	0	0	0
	합계		11	1	18	0	0	0	0
프로통산			13	2	21	0	0	0	0

정인권 (鄭寅權) 제주 U-18 1996.04.24

리그	연도	소속	출전	교체	득점	도움	파울	경고	퇴장
챌	2016	충주	0	0	0	0	0	0	0
	합계		0	0	0	0	0	0	0
프로통산			0	0	0	0	0	0	0

정인탁 (鄭因託) 성균관대 1994.01.24

리그	연도	소속	출전	교체	득점	도움	파울	경고	퇴장
챌	2016	충주	2	1	0	0	3	0	0
	합계		2	1	0	0	3	0	0
프로통산			2	1	0	0	3	0	0

정인호 (鄭寅浩) 중앙대 1971.03.21

리그	연도	소속	출전	교체	득점	도움	파울	경고	퇴장
BC	1994	유공	8	4	0	0	3	1	0
	1995	유공	21	6	0	0	41	3	0
	1996	부천S	0	0	0	0	0	0	0
	합계		29	10	0	0	44	4	0
프로통산			29	10	0	0	44	4	0

정인환 (鄭仁煥) 연세대 1986.12.15

리그	연도	소속	출전	교체	득점	도움	파울	경고	퇴장
BC	2006	전북	10	4	0	0	12	3	0
	2007	전북	13	2	1	1	45	6	0
	2008	전남	21	2	0	2	23	7	0
	2009	전남	9	5	0	0	13	2	0
	2010	전남	21	2	3	0	34	7	0
	2011	인천	24	2	2	1	43	6	0
	2012	인천	38	0	4	1	41	7	0
	합계		136	17	10	5	211	38	0
클	2013	전북	25	2	4	0	28	3	0
	2014	전북	18	3	0	0	19	2	0
	2016	서울	7	0	0	0	8	2	0
	합계		50	5	4	0	55	7	0
프로통산			186	22	14	5	266	45	0

정일영

리그	연도	소속	출전	교체	득점	도움	파울	경고	퇴장
BC	1984	국민	1	0	0	0	0	0	0
	합계		1	0	0	0	0	0	0
프로통산			1	0	0	0	0	0	0

정재곤 (鄭在坤) 연세대 1976.03.17

리그	연도	소속	출전	교체	득점	도움	파울	경고	퇴장
BC	1999	포항	16	7	3	0	23	1	0
	2000	포항	4	4	0	0	5	2	0
	합계		20	11	3	0	28	3	0
프로통산			20	11	3	0	28	3	0

정재권 (鄭在權) 한양대 1970.11.05

리그	연도	소속	출전	교체	득점	도움	파울	경고	퇴장
BC	1994	대우	14	8	1	2	18	1	0
	1995	대우	25	14	5	1	53	2	0
	1996	부산	31	8	8	6	46	4	0
	1997	부산	28	14	6	5	41	3	0
	1998	부산	29	6	8	8	51	4	0
	1999	부산	20	17	0	0	21	0	0
	2000	포항	20	17	2	1	29	1	0
	2001	포항	12	9	0	0	14	0	0
	합계		179	93	30	23	273	15	0
프로통산			179	93	30	23	273	15	0

정재성 (鄭在星) 홍익대 1992.02.21

리그	연도	소속	출전	교체	득점	도움	파울	경고	퇴장
클	2015	대전	2	2	0	0	0	0	0
	합계		2	2	0	0	0	0	0
프로통산			2	2	0	0	0	0	0

정재열 (鄭在烈) 연세대 1972.08.10

리그	연도	소속	출전	교체	득점	도움	파울	경고	퇴장
BC	1995	전북	0	0	0	0	0	0	0
	1996	전북	0	0	0	0	0	0	0
	합계		0	0	0	0	0	0	0
프로통산			0	0	0	0	0	0	0

정재용 (鄭宰溶) 고려대 1990.09.14

리그	연도	소속	출전	교체	득점	도움	파울	경고	퇴장
클	2016	울산	10	5	0	1	12	3	0
	합계		10	5	0	1	12	3	0
챌	2013	안양	16	8	0	1	24	4	0
	2014	안양	25	10	6	2	40	6	0
	2015	안양	29	13	0	0	33	3	0
	2016	안양	16	4	4	0	35	6	0
	합계		86	35	10	3	132	19	0
프로통산			96	40	10	4	144	22	0

정재원 (鄭載園) 제주중앙고 1993.08.16

리그	연도	소속	출전	교체	득점	도움	파울	경고	퇴장
클	2013	전북	0	0	0	0	0	0	0
	합계		0	0	0	0	0	0	0
프로통산			0	0	0	0	0	0	0

정재윤 (鄭載潤) 홍익대 1981.05.28

리그	연도	소속	출전	교체	득점	도움	파울	경고	퇴장
BC	2004	서울	0	0	0	0	0	0	0
	합계		0	0	0	0	0	0	0
프로통산			0	0	0	0	0	0	0

정재희 (鄭在熙) 상지대 1994.04.28

리그	연도	소속	출전	교체	득점	도움	파울	경고	퇴장
챌	2016	안양	36	23	3	1	14	1	0
	합계		36	23	3	1	14	1	0
프로통산			36	23	3	1	14	1	0

정정석 (鄭井碩) 건국대 1988.01.20

리그	연도	소속	출전	교체	득점	도움	파울	경고	퇴장
BC	2010	포항	1	1	0	0	0	0	0
	합계		1	1	0	0	0	0	0
프로통산			1	1	0	0	0	0	0

정정수 (鄭正洙) 고려대 1969.11.20

리그	연도	소속	출전	교체	득점	도움	파울	경고	퇴장
BC	1994	현대	29	25	3	0	17	4	0
	1995	현대	25	18	2	2	27	2	0
	1996	울산	21	19	4	1	19	3	0
	1997	울산	19	11	0	5	35	7	0
	1998	울산	34	25	6	9	53	5	0
	1999	울산	26	17	4	7	22	1	0
	2000	울산	29	17	7	2	23	3	0
	2001	울산	31	13	7	5	32	2	0
	2002	울산	9	9	0	0	8	0	0
	합계		223	154	33	31	236	27	0
프로통산			223	154	33	31	236	27	0

정조국 (鄭조국) 대신고 1984.04.23

리그	연도	소속	출전	교체	득점	도움	파울	경고	퇴장
BC	2003	안양L	32	25	12	2	37	3	0
	2004	서울	30	22	8	2	42	2	0
	2005	서울	26	22	3	1	41	1	0

리그	연도	소속	출전	교체	득점	도움	파울	경고	퇴장
	2006	서울	27	25	6	3	45	2	0
	2007	서울	19	13	5	1	35	4	0
	2008	서울	21	13	9	5	34	4	0
	2009	서울	25	21	7	1	26	2	0
	2010	서울	29	23	13	4	26	1	0
	2012	서울	17	17	4	0	12	2	0
	합계		226	181	67	19	298	21	0
클	2014	서울	2	2	0	0	0	0	0
	2015	서울	11	10	1	1	4	0	0
	2016	광주	31	16	20	1	38	4	0
	합계		44	28	21	2	42	4	0
챌	2013	경찰	24	9	9	2	29	3	1
	2014	안산경	12	11	7	1	12	1	0
	합계		36	20	16	3	41	4	1
프로통산			306	229	104	24	381	29	1

정종관 (鄭鍾寬) 숭실대 1981.09.09

리그	연도	소속	출전	교체	득점	도움	파울	경고	퇴장
BC	2004	전북	16	16	0	1	6	0	0
	2005	전북	24	8	4	2	27	4	0
	2006	전북	17	7	0	1	27	3	0
	2007	전북	22	10	2	4	18	2	0
	합계		79	41	6	8	78	9	0
프로통산			79	41	6	8	78	9	0

정종선 (鄭鍾先) 연세대 1966.03.20

리그	연도	소속	출전	교체	득점	도움	파울	경고	퇴장
BC	1985	포철	1	1	0	0	0	0	0
	1989	현대	18	2	0	0	20	1	0
	1990	현대	28	2	0	0	33	3	0
	1991	현대	32	4	0	0	39	1	0
	1992	현대	38	0	1	1	40	2	1
	1993	현대	13	2	0	0	13	1	0
	1994	현대	20	1	0	0	19	0	0
	1995	전북	32	2	0	1	46	7	0
	1996	전북	26	1	0	0	39	3	0
	1997	전북	33	0	0	0	22	2	0
	1998	안양L	30	6	0	0	21	5	1
	합계		271	21	1	2	292	25	2
프로통산			271	21	1	2	292	25	2

정종수 (鄭種洙) 고려대 1961.03.27

리그	연도	소속	출전	교체	득점	도움	파울	경고	퇴장
BC	1984	유공	23	1	0	1	23	2	0
	1985	유공	5	0	0	2	8	1	0
	1986	유공	9	1	0	0	20	0	0
	1987	유공	28	0	1	1	45	2	1
	1988	유공	23	1	0	0	30	2	0
	1989	유공	17	0	0	0	24	2	0
	1990	현대	8	1	0	1	13	0	0
	1991	현대	29	4	0	1	37	6	0
	1992	현대	29	4	1	4	34	3	1
	1993	현대	29	4	0	0	34	3	0
	1994	현대	24	7	1	1	27	2	0
	1995	현대	1	1	0	0	0	0	0
	합계		225	24	3	11	295	23	2
프로통산			225	24	3	11	295	23	2

정종식

리그	연도	소속	출전	교체	득점	도움	파울	경고	퇴장
BC	1984	대우	1	1	0	0	0	0	0
	1985	대우	1	0	0	0	2	0	0
	합계		2	1	0	0	2	0	0
프로통산			2	1	0	0	2	0	0

정주영 (丁主榮) 배재대 1979.05.03

리그	연도	소속	출전	교체	득점	도움	파울	경고	퇴장
BC	2002	울산	1	1	0	0	1	0	0
	합계		1	1	0	0	1	0	0
프로통산			1	1	0	0	1	0	0

정주완 (鄭朱完) 중앙대 1974.03.08

리그	연도	소속	출전	교체	득점	도움	파울	경고	퇴장
BC	1998	전북	8	6	0	0	6	1	0
	합계		8	6	0	0	6	1	0
프로통산			8	6	0	0	6	1	0

정주일 (鄭珠日) 조선대 1991.03.06

리그	연도	소속	출전	교체	득점	도움	파울	경고	퇴장
챌	2014	부천	15	9	0	1	18	1	0
	합계		15	9	0	1	18	1	0
프로통산			15	9	0	1	18	1	0

정준연 (鄭俊硯) 광양제철고 1989.04.30

리그	연도	소속	출전	교체	득점	도움	파울	경고	퇴장
BC	2008	전남	3	3	0	0	1	0	0
	2009	전남	6	3	0	0	14	2	0
	2010	전남	22	9	0	2	34	3	0
	2011	전남	17	5	0	1	26	1	0
	2012	전남	11	1	0	0	20	3	0
	합계		59	21	0	3	95	9	0
클	2013	전남	23	6	1	1	28	3	0
	2015	광주	26	5	0	0	29	7	0
	2016	상주	9	6	0	0	8	3	0
	합계		58	17	1	1	65	13	0
챌	2014	광주	30	5	0	0	28	4	0
	합계		30	5	0	0	28	4	0
승	2014	광주	2	0	0	0	1	0	0
	합계		2	0	0	0	1	0	0
프로통산			149	43	1	4	189	26	0

정준현 (鄭埈炫) 중앙대 1994.08.26

리그	연도	소속	출전	교체	득점	도움	파울	경고	퇴장
챌	2016	부천	0	0	0	0	0	0	0
	합계		0	0	0	0	0	0	0
프로통산			0	0	0	0	0	0	0

정지안 (鄭至安) 대구대 1989.06.17

리그	연도	소속	출전	교체	득점	도움	파울	경고	퇴장
클	2013	성남일	0	0	0	0	0	0	0
	합계		0	0	0	0	0	0	0
프로통산			0	0	0	0	0	0	0

정찬일 (丁粲佾) 동국대 1991.04.27

리그	연도	소속	출전	교체	득점	도움	파울	경고	퇴장
챌	2014	강원	7	7	0	1	15	1	0
	2015	강원	13	9	1	1	9	2	0
	2016	강원	3	3	0	0	0	0	0
	합계		23	19	1	2	24	3	0
프로통산			23	19	1	2	24	3	0

정창근 (丁昌根) 황지중 1983.08.10

리그	연도	소속	출전	교체	득점	도움	파울	경고	퇴장
BC	1999	안양L	1	1	0	0	0	0	0
	합계		1	1	0	0	0	0	0
프로통산			1	1	0	0	0	0	0

정철운 (鄭喆云) 광운대 1986.07.30

리그	연도	소속	출전	교체	득점	도움	파울	경고	퇴장
BC	2009	강원	6	4	0	0	3	0	0
	2010	강원	11	4	0	0	3	1	0
	합계		17	8	0	0	6	1	0
프로통산			17	8	0	0	6	1	0

정철호 (鄭喆鎬) 서울시립대 1968.12.01

리그	연도	소속	출전	교체	득점	도움	파울	경고	퇴장
BC	1991	일화	5	5	0	0	4	0	0
	1992	일화	4	3	0	0	5	0	0
	1993	일화	3	2	0	0	4	0	0
	1995	전북	10	3	0	0	13	5	0
	1996	전북	2	2	0	0	0	0	0
	합계		24	15	0	0	26	5	0
프로통산			24	15	0	0	26	5	0

정태영 (鄭泰榮) 한양대 1956.08.04

리그	연도	소속	출전	교체	득점	도움	파울	경고	퇴장
BC	1984	럭금	14	4	0	0	5	0	0
	1985	럭금	13	2	0	0	11	1	0
	합계		27	6	0	0	16	1	0
프로통산			27	6	0	0	16	1	0

정필석 (鄭弼釋) 단국대 1978.07.23

리그	연도	소속	출전	교체	득점	도움	파울	경고	퇴장
BC	2001	부천S	5	6	0	0	10	1	0
	2003	부천S	4	4	0	0	3	0	0
	합계		9	10	0	0	13	1	0
프로통산			9	10	0	0	13	1	0

정한호 (政韓浩) 조선대 1970.06.04

리그	연도	소속	출전	교체	득점	도움	파울	경고	퇴장
BC	1994	버팔로	5	6	0	0	0	0	0
	합계		5	6	0	0	0	0	0
프로통산			5	6	0	0	0	0	0

정해성 (鄭海成) 고려대 1958.03.04

리그	연도	소속	출전	교체	득점	도움	파울	경고	퇴장
BC	1984	럭금	10	2	0	1	12	4	0
	1985	럭금	16	5	0	0	23	2	0
	1986	럭금	30	0	0	1	48	5	0
	1987	럭금	13	1	0	0	21	3	0
	1988	럭금	21	2	1	0	27	1	1
	1989	럭금	28	5	1	2	43	3	0
	합계		118	15	2	4	174	18	1
프로통산			118	15	2	4	174	18	1

정해원 (丁海遠) 연세대 1959.07.01

리그	연도	소속	출전	교체	득점	도움	파울	경고	퇴장
BC	1983	대우	13	3	4	1	19	3	0
	1984	대우	23	3	5	4	18	0	0
	1985	대우	17	1	7	1	17	1	1
	1986	대우	26	2	10	0	29	2	0
	1987	대우	28	1	6	4	48	4	0
	1988	대우	10	2	1	0	18	2	0
	1989	대우	24	11	1	1	29	3	0
	1990	대우	12	11	0	0	14	0	0
	1991	대우	1	1	0	0	0	0	0
	합계		154	35	34	11	192	15	1
프로통산			154	35	34	11	192	15	1

정헌식 (鄭軒植) 한양대 1991.03.03

리그	연도	소속	출전	교체	득점	도움	파울	경고	퇴장
챌	2014	강원	12	1	0	0	20	4	0
	합계		12	1	0	0	20	4	0
프로통산			12	1	0	0	20	4	0

정혁 (鄭赫) 전주대 1986.05.21

리그	연도	소속	출전	교체	득점	도움	파울	경고	퇴장
BC	2009	인천	16	13	1	1	31	5	0
	2010	인천	29	9	4	4	55	9	0
	2011	인천	15	8	1	2	25	3	1
	2012	인천	23	14	2	1	27	5	0
	합계		83	44	8	8	138	22	1
클	2013	전북	28	5	2	3	55	9	0
	2014	전북	19	7	3	0	44	3	0
	2016	전북	4	0	0	1	8	1	0
	합계		51	12	5	4	107	13	0
챌	2015	안산경	19	16	1	1	15	3	0
	2016	안산무	23	13	2	2	19	4	0
	합계		42	29	3	3	34	7	0
프로통산			176	85	16	15	279	42	1

정현철 (鄭鉉澈) 명지대 1993.05.25

리그	연도	소속	출전	교체	득점	도움	파울	경고	퇴장
클	2016	울산	0	0	0	0	0	0	0
	합계		0	0	0	0	0	0	0
프로통산			0	0	0	0	0	0	0

정현철 (鄭鉉哲) 동국대 1993.04.26

리그	연도	소속	출전	교체	득점	도움	파울	경고	퇴장
챌	2015	경남	14	10	1	0	19	4	0
	2016	경남	32	13	5	4	22	3	0
	합계		46	23	6	4	41	7	0
프로통산			46	23	6	4	41	7	0

정현호 (丁玄浩) 건국대 1974.02.13

리그	연도	소속	출전	교체	득점	도움	파울	경고	퇴장
BC	1996	안양L	21	10	0	0	39	3	0
	1997	안양L	4	3	0	0	5	1	0
	1998	안양L	5	5	0	0	5	0	0
	1999	안양L	10	1	1	0	32	1	0
	2000	안양L	5	5	0	0	2	0	0
	합계		45	24	1	0	83	5	0
프로통산			45	24	1	0	83	5	0

정형준 (丁瀅準) 숭실대 1986.04.26

리그	연도	소속	출전	교체	득점	도움	파울	경고	퇴장
BC	2010	대전	3	2	0	0	3	1	0
	합계		3	2	0	0	3	1	0
프로통산			3	2	0	0	3	1	0

정호정 (鄭好正) 광운대 1988.09.01

리그	연도	소속	출전	교체	득점	도움	파울	경고	퇴장
BC	2010	성남일	0	0	0	0	0	0	0
	2011	성남일	10	0	0	0	15	1	0
	2012	상주	15	7	0	0	12	1	0
	합계		25	7	0	0	27	2	0
클	2015	광주	28	7	0	0	18	2	0
	2016	광주	28	2	0	1	13	2	0
	합계		56	9	0	1	31	4	0
챌	2013	상주	6	2	0	0	1	0	0
	2014	광주	28	3	0	2	22	2	0
	합계		34	5	0	2	23	2	0
승	2014	광주	0	0	0	0	0	0	0
	합계		0	0	0	0	0	0	0
프로통산			115	21	0	3	81	8	0

정호진 (鄭豪鎭) 동의대 1984.05.30

리그	연도	소속	출전	교체	득점	도움	파울	경고	퇴장
BC	2007	대구	1	1	0	0	0	0	0
	합계		1	1	0	0	0	0	0
프로통산			1	1	0	0	0	0	0

정홍연 (鄭洪然) 동의대 1983.08.18

리그	연도	소속	출전	교체	득점	도움	파울	경고	퇴장
BC	2006	제주	29	8	1	0	35	2	0
	2007	제주	21	10	0	0	15	2	0
	2009	부산	0	0	0	0	0	0	0
	2010	포항	11	0	1	2	14	3	0
	2011	포항	10	4	0	0	8	1	0
	2012	포항	12	6	0	1	15	2	0
	합계		83	28	2	3	87	10	0
클	2013	포항	1	0	0	0	0	0	0
	2013	전남	4	1	0	0	5	2	0
	합계		5	1	0	0	5	2	0
챌	2014	부천	30	3	0	1	19	5	0
	2015	부천	18	9	1	0	7	2	0
	합계		48	12	1	1	26	7	0
프로통산			136	41	3	4	118	19	0

정후균 (鄭候均) 조선대 1961.02.21

리그	연도	소속	출전	교체	득점	도움	파울	경고	퇴장
BC	1984	국민	5	5	0	0	0	0	0
	합계		5	5	0	0	0	0	0
프로통산			5	5	0	0	0	0	0

정훈 (鄭勳) 동아대 1985.08.31

리그	연도	소속	출전	교체	득점	도움	파울	경고	퇴장
BC	2008	전북	13	5	0	1	22	4	0
	2009	전북	26	10	2	0	69	9	0
	2010	전북	14	11	0	0	35	6	0
	2011	전북	22	9	0	1	49	8	0
	2012	전북	34	11	0	1	65	8	0
	합계		109	46	2	3	240	35	0
클	2014	상주	5	4	0	0	10	1	0
	2014	전북	2	2	0	0	3	2	0
	2015	전북	20	13	0	1	27	2	0
	합계		27	19	0	1	40	5	0
챌	2013	상주	19	15	0	1	26	3	0
	합계		19	15	0	1	26	3	0
승	2013	상주	2	2	0	0	2	0	0
	합계		2	2	0	0	2	0	0
프로통산			157	82	2	5	308	43	0

정훈찬 (鄭薰瓚) 능곡고 1993.07.24

리그	연도	소속	출전	교체	득점	도움	파울	경고	퇴장
BC	2012	전남	2	2	0	0	2	0	0
	합계		2	2	0	0	2	0	0
프로통산			2	2	0	0	2	0	0

제니아 (Yevgeny Zhirov) 러시아 1969.01.10

리그	연도	소속	출전	교체	득점	도움	파울	경고	퇴장
BC	1994	LG	4	2	0	1	6	1	0
	합계		4	2	0	1	6	1	0
프로통산			4	2	0	1	6	1	0

제영진 (諸泳珍) 경일대 1975.03.10

리그	연도	소속	출전	교체	득점	도움	파울	경고	퇴장
BC	1998	울산	12	13	1	0	15	1	0
	1999	울산	2	2	1	0	0	0	0
	2000	울산	12	12	1	1	6	2	0
	합계		26	27	3	1	21	3	0
프로통산			26	27	3	1	21	3	0

제용삼 (諸龍三) 한성대 1972.01.25

리그	연도	소속	출전	교체	득점	도움	파울	경고	퇴장
BC	1998	안양L	33	20	10	4	57	4	0
	1999	안양L	15	15	1	1	14	1	0
	2000	안양L	11	11	1	0	4	1	0
	합계		59	46	12	5	75	6	0
프로통산			59	46	12	5	75	6	0

제이드 (Jade Bronson North) 호주 1982.01.07

리그	연도	소속	출전	교체	득점	도움	파울	경고	퇴장
BC	2009	인천	9	1	0	0	7	1	0
	합계		9	1	0	0	7	1	0
프로통산			9	1	0	0	7	1	0

제이미 (Jamie Cureton) 영국 1975.08.28

리그	연도	소속	출전	교체	득점	도움	파울	경고	퇴장
BC	2003	부산	21	12	4	1	20	2	0
	합계		21	12	4	1	20	2	0
프로통산			21	12	4	1	20	2	0

제이훈 (Ceyhun Eris) 터키 1977.05.15

리그	연도	소속	출전	교체	득점	도움	파울	경고	퇴장
BC	2008	서울	8	7	1	0	13	1	0
	합계		8	7	1	0	13	1	0
프로통산			8	7	1	0	13	1	0

제임스 (Augustine James) 나이지리아 1984.01.18

리그	연도	소속	출전	교체	득점	도움	파울	경고	퇴장
BC	2003	부천S	13	12	1	0	20	1	0
	합계		13	12	1	0	20	1	0
프로통산			13	12	1	0	20	1	0

제제 (Zeze Gomes) 브라질

리그	연도	소속	출전	교체	득점	도움	파울	경고	퇴장
BC	1984	포철	9	3	4	2	14	1	0
	합계		9	3	4	2	14	1	0
프로통산			9	3	4	2	14	1	0

제종현 (諸鐘炫) 숭실대 1991.12.06

리그	연도	소속	출전	교체	실점	도움	파울	경고	퇴장
클	2015	광주	8	0	11	0	0	1	0
	2016	상주	6	0	9	0	0	0	0
	합계		14	0	20	0	0	1	0
챌	2013	광주	5	0	4	0	0	1	0
	2014	광주	24	0	17	0	0	2	0
	합계		29	0	21	0	0	3	0
승	2014	광주	2	0	2	0	0	0	0
	합계		2	0	2	0	0	0	0
프로통산			45	0	43	0	0	4	0

제칼로 (Jose Carlos Ferreira) 브라질 1983.04.24

리그	연도	소속	출전	교체	득점	도움	파울	경고	퇴장
BC	2004	울산	19	6	14	1	55	6	0
	2005	울산	9	2	5	0	32	8	0
	2006	전북	24	11	6	1	57	10	0
	2007	전북	21	11	8	0	51	7	1
	2008	전북	7	6	1	0	9	1	0
	합계		80	36	34	2	204	32	1
프로통산			80	36	34	2	204	32	1

제파로프 (Server Jeparov) 우즈베키스탄 1982.10.03

리그	연도	소속	출전	교체	득점	도움	파울	경고	퇴장
BC	2010	서울	18	7	1	7	24	4	0
	2011	서울	15	5	0	1	21	2	0
	합계		33	12	1	8	45	6	0
클	2013	성남일	31	16	6	2	37	7	0
	2014	성남	24	9	7	3	26	2	0
	2015	울산	22	13	6	3	17	2	0
	합계		77	38	19	8	80	11	0
프로통산			110	50	20	16	125	17	0

제펠손 (Jefferson Gama Rodrigues) 브라질 1981.01.26

리그	연도	소속	출전	교체	득점	도움	파울	경고	퇴장
BC	2006	대구	3	3	0	0	2	0	0
	합계		3	3	0	0	2	0	0
프로통산			3	3	0	0	2	0	0

제프유 (Yu, Ji Young) 미국 1978.10.30

리그	연도	소속	출전	교체	득점	도움	파울	경고	퇴장
BC	2000	울산	3	3	0	0	3	0	0
	2001	부천S	2	2	0	0	2	0	0
	합계		5	5	0	0	5	0	0
프로통산			5	5	0	0	5	0	0

젠토이 (Lajos Zentai) 헝가리 1966.08.02

리그	연도	소속	출전	교체	득점	도움	파울	경고	퇴장
BC	1991	LG	23	9	1	0	25	2	0
	합계		23	9	1	0	25	2	0
프로통산			23	9	1	0	25	2	0

젤리코 (Zeljko Simovic) 유고슬라비아 1967.02.02

리그	연도	소속	출전	교체	득점	도움	파울	경고	퇴장
BC	1994	대우	3	1	1	0	6	1	0
	합계		3	1	1	0	6	1	0
프로통산			3	1	1	0	6	1	0

젤리코 (Zeljko Vyjeta) 유고슬라비아 1967.01.01

리그	연도	소속	출전	교체	득점	도움	파울	경고	퇴장
BC	1994	LG	9	8	3	0	2	1	0
	합계		9	8	3	0	2	1	0
프로통산			9	8	3	0	2	1	0

조광래 (趙廣來) 연세대 1954.03.19

리그	연도	소속	출전	교체	득점	도움	파울	경고	퇴장
BC	1983	대우	15	1	2	1	28	3	0
	1984	대우	13	6	1	1	23	1	0
	1985	대우	5	1	0	2	12	1	0
	1986	대우	9	2	0	0	19	1	0
	1987	대우	4	3	0	0	7	1	0
	합계		46	13	3	4	89	7	0
프로통산			46	13	3	4	89	7	0

조규승 (曺圭承) 선문대 1991.10.30

리그	연도	소속	출전	교체	득점	도움	파울	경고	퇴장
클	2013	대전	2	2	0	0	4	0	0
	합계		2	2	0	0	4	0	0
프로통산			2	2	0	0	4	0	0

조규태 (曺圭泰) 고려대 1957.01.18

리그	연도	소속	출전	교체	실점	도움	파울	경고	퇴장
BC	1985	할렐	3	1	5	0	0	0	0
	합계		3	1	5	0	0	0	0
프로통산			3	1	5	0	0	0	0

조긍연 (趙兢衍) 고려대 1961.03.18

리그	연도	소속	출전	교체	득점	도움	파울	경고	퇴장
BC	1985	포철	14	9	2	1	23	1	0
	1986	포철	27	14	8	1	29	0	0

리그	연도	소속	출전	교체	득점	도움	파울	경고	퇴장
	1987	포철	20	19	3	2	14	1	0
	1988	포철	15	12	5	0	13	1	0
	1989	포철	39	11	20	1	41	2	0
	1990	포철	13	8	0	1	16	1	0
	1991	포철	15	15	0	1	10	1	0
	1992	현대	10	10	1	0	7	0	0
	합계		153	98	39	7	153	7	0
프로통산			153	98	39	7	153	7	0

조나탄 (Jonathan Aparecido da Silva Vilela) 브라질 1990.03.29

리그	연도	소속	출전	교체	득점	도움	파울	경고	퇴장
클	2016	수원	14	8	10	2	19	4	0
	합계		14	8	10	2	19	4	0
챌	2014	대구	29	17	14	2	56	1	0
	2015	대구	39	4	26	6	77	4	0
	합계		68	21	40	8	133	5	0
프로통산			82	29	50	10	152	9	0

조남현 (趙南眩) 전북대 1981.09.20

리그	연도	소속	출전	교체	득점	도움	파울	경고	퇴장
BC	2005	전북	7	6	0	0	9	0	0
	합계		7	6	0	0	9	0	0
프로통산			7	6	0	0	9	0	0

조네스 (Jonhes Elias Pinto Santos) 브라질 1979.09.28

리그	연도	소속	출전	교체	득점	도움	파울	경고	퇴장
BC	2007	포항	14	11	4	0	33	1	0
	합계		14	11	4	0	33	1	0
프로통산			14	11	4	0	33	1	0

조덕제 (趙德濟) 아주대 1965.10.26

리그	연도	소속	출전	교체	득점	도움	파울	경고	퇴장
BC	1988	대우	18	4	1	1	25	2	0
	1989	대우	39	5	1	4	71	3	0
	1990	대우	20	14	0	2	18	1	0
	1991	대우	33	14	2	0	32	1	0
	1992	대우	24	6	2	0	38	5	0
	1993	대우	29	0	0	1	29	2	0
	1994	대우	35	0	2	2	33	4	0
	1995	대우	15	3	2	1	15	3	1
	합계		213	46	10	11	261	21	1
프로통산			213	46	10	11	261	21	1

조동건 (趙東建) 건국대 1986.04.16

리그	연도	소속	출전	교체	득점	도움	파울	경고	퇴장
BC	2008	성남일	12	11	4	4	9	1	0
	2009	성남일	39	16	8	5	57	2	0
	2010	성남일	18	14	2	1	29	1	0
	2011	성남일	32	13	8	2	39	0	0
	2012	수원	20	18	2	2	22	2	0
	합계		121	72	24	14	156	6	0
클	2013	수원	25	15	5	4	18	3	0
	2014	수원	4	4	0	1	0	0	0
	2014	상주	19	6	3	1	22	0	0
	2016	수원	24	21	4	1	20	1	0
	합계		72	46	12	7	60	4	0
챌	2015	상주	14	11	6	0	11	1	0
	합계		14	11	6	0	11	1	0
프로통산			207	129	42	21	227	11	0

조란 (Zoran Milosevic) 유고슬라비아 1975.11.23

리그	연도	소속	출전	교체	득점	도움	파울	경고	퇴장
BC	1999	전북	30	2	0	0	53	6	0
	2000	전북	18	13	0	0	18	1	1
	2001	전북	18	4	1	0	22	1	0
	합계		66	19	1	0	93	8	1
프로통산			66	19	1	0	93	8	1

조란 (Zoran Sprko Rendulic) 세르비아 1984.05.22

리그	연도	소속	출전	교체	득점	도움	파울	경고	퇴장
BC	2012	포항	15	2	0	0	34	4	0
	합계		15	2	0	0	34	4	0
프로통산			15	2	0	0	34	4	0

조란 (Zoran Vukcević) 유고슬라비아 1972.02.07

리그	연도	소속	출전	교체	득점	도움	파울	경고	퇴장
BC	1993	현대	10	10	1	0	6	0	0
	합계		10	10	1	0	6	0	0
프로통산			10	10	1	0	6	0	0

조란 (Zoran Durisić) 유고슬라비아 1971.04.29

리그	연도	소속	출전	교체	득점	도움	파울	경고	퇴장
BC	1996	울산	24	20	4	2	39	4	0
	합계		24	20	4	2	39	4	0
프로통산			24	20	4	2	39	4	0

조란 (Zoran Novakovic) 유고슬라비아 1975.08.22

리그	연도	소속	출전	교체	득점	도움	파울	경고	퇴장
BC	1998	부산	6	5	0	0	9	1	0
	1999	부산	9	8	0	0	18	1	0
	합계		15	13	0	0	27	2	0
프로통산			15	13	0	0	27	2	0

조르단 (Wilmar Jordan Gil) 콜롬비아 1990.10.17

리그	연도	소속	출전	교체	득점	도움	파울	경고	퇴장
BC	2011	경남	10	7	3	2	17	2	0
	2012	경남	22	19	2	0	31	1	0
	합계		32	26	5	2	48	3	0
클	2013	성남일	2	2	0	0	0	0	0
	합계		2	2	0	0	0	0	0
프로통산			34	28	5	2	48	3	0

조르징요 (Jorge Xavier de Sousa) 브라질 1991.01.05

리그	연도	소속	출전	교체	득점	도움	파울	경고	퇴장
클	2015	성남	11	7	1	0	12	3	0
	합계		11	7	1	0	12	3	0
프로통산			11	7	1	0	12	3	0

조만근 (趙萬根) 한양대 1977.11.28

리그	연도	소속	출전	교체	득점	도움	파울	경고	퇴장
BC	1998	수원	3	3	0	0	4	0	0
	1999	수원	2	1	0	1	3	0	0
	2002	수원	2	2	0	0	2	0	0
	합계		7	6	0	1	9	0	0
프로통산			7	6	0	1	9	0	0

조민국 (曺敏國) 고려대 1963.07.05

리그	연도	소속	출전	교체	득점	도움	파울	경고	퇴장
BC	1986	럭금	12	0	5	2	12	3	0
	1987	럭금	19	1	0	0	16	3	0
	1988	럭금	10	1	0	0	15	2	0
	1989	럭금	9	1	1	2	8	1	0
	1990	럭금	23	6	1	3	17	3	0
	1991	LG	32	4	6	2	31	7	1
	1992	LG	34	1	2	2	23	3	0
	합계		139	14	15	11	122	22	1
프로통산			139	14	15	11	122	22	1

조민우 (趙民宇) 동국대 1992.05.13

리그	연도	소속	출전	교체	득점	도움	파울	경고	퇴장
챌	2014	강원	3	3	0	0	3	0	0
	합계		3	3	0	0	3	0	0
프로통산			3	3	0	0	3	0	0

조민혁 (趙珉赫) 홍익대 1982.05.05

리그	연도	소속	출전	교체	득점	도움	파울	경고	퇴장
BC	2005	부천S	0	0	0	0	0	0	0
	2006	제주	0	0	0	0	0	0	0
	2007	전남	0	0	0	0	0	0	0
	2008	전남	0	0	0	0	0	0	0
	합계		0	0	0	0	0	0	0
프로통산			0	0	0	0	0	0	0

조민형 (曺民亨) 전주 기전대 1993.04.07

리그	연도	소속	출전	교체	득점	도움	파울	경고	퇴장
챌	2014	수원FC	0	0	0	0	0	0	0
	합계		0	0	0	0	0	0	0
프로통산			0	0	0	0	0	0	0

조범석 (曺帆奭) 신갈고 1990.01.09

리그	연도	소속	출전	교체	득점	도움	파울	경고	퇴장
BC	2011	인천	6	3	0	0	10	0	0
	합계		6	3	0	0	10	0	0
챌	2016	부천	36	10	1	2	17	2	0
	합계		36	10	1	2	17	2	0
프로통산			42	13	1	2	27	2	0

조병국 (曺秉局) 연세대 1981.07.01

리그	연도	소속	출전	교체	득점	도움	파울	경고	퇴장
BC	2002	수원	23	2	3	1	38	1	1
	2003	수원	29	5	0	1	47	1	0
	2004	수원	14	2	1	0	32	3	0
	2005	성남일	12	12	0	0	2	0	0
	2006	성남일	40	0	0	1	47	5	0
	2007	성남일	26	1	1	0	38	3	0
	2008	성남일	25	0	0	1	37	3	0
	2009	성남일	26	1	2	0	50	14	0
	2010	성남일	30	2	0	0	49	5	0
	합계		225	25	7	4	340	35	1
클	2016	인천	29	5	1	2	21	5	0
	합계		29	5	1	2	21	5	0
프로통산			254	30	8	6	361	40	1

조병득 (趙炳得) 명지대 1958.05.26

리그	연도	소속	출전	교체	실점	도움	파울	경고	퇴장
BC	1983	할렐	15	0	19	0	0	0	0
	1984	할렐	28	0	35	0	0	0	0
	1985	할렐	19	1	25	0	0	0	0
	1987	포철	18	2	24	0	1	0	0
	1988	포철	6	0	1	0	0	0	0
	1989	포철	25	0	35	1	0	0	0
	1990	포철	23	0	23	0	1	0	0
	합계		134	3	162	1	2	0	0
프로통산			134	3	162	1	2	0	0

조병영 (趙炳瑛) 안동대 1966.01.22

리그	연도	소속	출전	교체	득점	도움	파울	경고	퇴장
BC	1988	럭금	18	1	1	0	27	1	0
	1989	럭금	17	13	0	0	13	0	0
	1990	럭금	1	0	0	0	4	0	0
	1991	LG	13	5	0	1	12	2	1
	1992	LG	15	9	1	0	19	1	0
	1993	LG	23	4	0	0	34	5	1
	1994	LG	15	2	0	0	28	2	0
	1995	LG	18	3	0	0	36	6	0
	1996	안양L	33	6	0	0	48	7	1
	1997	안양L	25	16	1	0	56	5	0
	합계		178	59	3	1	277	29	3
프로통산			178	59	3	1	277	29	3

조상원 (趙相圓) 호남대 1976.05.06

리그	연도	소속	출전	교체	실점	도움	파울	경고	퇴장
BC	1999	전북	3	0	3	0	0	0	0
	2000	전북	0	0	0	0	0	0	0
	2001	전북	1	1	2	0	0	0	0
	합계		4	1	5	0	0	0	0
프로통산			4	1	5	0	0	0	0

조상준 (曺祥準) 대구대 1988.07.24

리그	연도	소속	출전	교체	실점	도움	파울	경고	퇴장
BC	2011	광주	0	0	1	0	0	0	0
	합계		0	0	1	0	0	0	0
챌	2013	경찰	4	3	0	0	0	1	0
	합계		4	3	0	0	0	1	0
프로통산			4	3	1	0	0	1	0

조석재 (趙錫宰) 건국대 1993.03.24

리그	연도	소속	출전	교체	득점	도움	파울	경고	퇴장
클	2016	전남	9	9	1	0	3	1	0
	합계		9	9	1	0	3	1	0
챌	2015	충주	36	18	19	5	44	6	0
	합계		36	18	19	5	44	6	0

리그	연도	소속	출전	교체	득점	도움	파울	경고	퇴장
프로통산			45	27	20	5	47	7	0

조성규 (趙星奎) 동국대 1959.05.22

리그	연도	소속	출전	교체	득점	도움	파울	경고	퇴장
BC	1984	한일	9	4	1	2	8	1	0
	1985	한일	21	4	3	4	25	0	0
	1986	한일	18	5	2	5	20	3	0
	합계		48	13	6	11	53	4	0
프로통산			48	13	6	11	53	4	0

조성래 (趙成來) 홍익대 1979.08.10

리그	연도	소속	출전	교체	득점	도움	파울	경고	퇴장
BC	2004	성남일	9	5	0	0	17	2	0
	합계		9	5	0	0	17	2	0
프로통산			9	5	0	0	17	2	0

조성윤 (趙成閏) 숭실대 1984.04.26

리그	연도	소속	출전	교체	득점	도움	파울	경고	퇴장
BC	2005	인천	2	1	0	0	1	0	0
	2006	광주상	0	0	0	0	0	0	0
	합계		2	1	0	0	1	0	0
프로통산			2	1	0	0	1	0	0

조성준 (趙聖俊) 청주대 1990.11.27

리그	연도	소속	출전	교체	득점	도움	파울	경고	퇴장
클	2016	광주	32	28	1	2	34	4	0
	합계		32	28	1	2	34	4	0
챌	2013	안양	24	20	4	2	35	4	0
	2014	안양	22	17	4	2	25	3	0
	2015	안양	36	26	2	3	29	3	0
	합계		82	63	10	7	89	10	0
프로통산			114	91	11	9	123	14	0

조성준 (趙星俊) 주엽공고 1988.06.07

리그	연도	소속	출전	교체	득점	도움	파울	경고	퇴장
BC	2007	전북	3	0	0	1	12	2	0
	2008	전북	8	2	0	0	18	5	0
	합계		11	2	0	1	30	7	0
프로통산			11	2	0	1	30	7	0

조성진 (趙成鎭) 유성생명과학고 1990.12.14

리그	연도	소속	출전	교체	득점	도움	파울	경고	퇴장
클	2014	수원	37	0	0	0	50	3	0
	2015	수원	29	2	3	0	56	11	0
	합계		66	2	3	0	106	14	0
챌	2016	안산무	18	0	0	0	27	3	1
	합계		18	0	0	0	27	3	1
프로통산			84	2	3	0	133	17	1

조성채 (趙誠彩) 대신고 1995.06.13

리그	연도	소속	출전	교체	득점	도움	파울	경고	퇴장
챌	2016	고양	0	0	0	0	0	0	0
	합계		0	0	0	0	0	0	0
프로통산			0	0	0	0	0	0	0

조성환 (趙星桓) 초당대 1982.04.09

리그	연도	소속	출전	교체	득점	도움	파울	경고	퇴장
BC	2001	수원	32	3	0	0	45	5	0
	2002	수원	23	2	2	0	47	5	0
	2003	수원	19	6	0	0	25	6	0
	2004	수원	19	6	1	0	27	3	0
	2005	수원	6	3	0	0	12	1	0
	2005	포항	4	2	0	0	8	1	0
	2006	포항	28	2	0	0	71	9	0
	2007	포항	27	1	0	0	43	7	1
	2008	포항	18	0	1	0	22	8	0
	2010	전북	11	0	2	0	28	3	0
	2011	전북	27	0	1	1	34	12	0
	2012	전북	9	1	0	1	15	3	0
	합계		223	26	7	2	377	63	1
클	2015	전북	17	4	0	0	17	7	0
	2016	전북	14	1	1	0	11	5	0
	합계		31	5	1	0	28	12	0
프로통산			254	31	8	2	405	75	1

조성환 (趙成煥) 아주대 1970.10.16

리그	연도	소속	출전	교체	득점	도움	파울	경고	퇴장
BC	1993	유공	16	4	0	1	17	4	0
	1994	유공	33	11	1	1	50	5	0
	1997	부천S	32	5	0	4	86	8	0
	1998	부천S	9	9	0	0	13	0	0
	1999	부천S	35	0	0	6	101	5	1
	2000	부천S	43	0	1	3	91	5	0
	2001	부천S	31	0	2	2	65	9	0
	2003	전북	31	5	0	2	82	12	0
	합계		230	34	4	19	505	48	1
프로통산			230	34	4	19	505	48	1

조세권 (趙世權) 고려대 1978.06.26

리그	연도	소속	출전	교체	득점	도움	파울	경고	퇴장
BC	2001	울산	28	2	0	0	25	7	0
	2002	울산	27	4	0	0	41	6	0
	2003	울산	39	2	1	1	57	7	0
	2004	울산	32	1	0	0	45	8	0
	2005	울산	31	2	0	0	63	5	0
	2006	울산	22	7	0	1	40	6	0
	2007	전남	1	1	0	0	1	0	0
	합계		180	19	1	2	272	39	0
프로통산			180	19	1	2	272	39	0

조셉 (Jozsef Somogyi) 헝가리 1968.05.23

리그	연도	소속	출전	교체	득점	도움	파울	경고	퇴장
BC	1994	유공	25	11	3	3	28	3	0
	1995	유공	21	8	3	5	25	4	0
	1996	부천S	35	9	12	6	70	10	0
	1997	부천S	24	8	1	3	37	4	0
	합계		105	36	19	17	160	21	0
프로통산			105	36	19	17	160	21	0

조수철 (趙秀哲) 우석대 1990.10.30

리그	연도	소속	출전	교체	득점	도움	파울	경고	퇴장
클	2013	성남일	0	0	0	0	0	0	0
	2014	인천	6	4	1	0	3	0	0
	2015	인천	27	6	2	1	28	4	0
	2016	포항	14	3	1	1	13	3	0
	합계		47	13	4	2	44	7	0
프로통산			47	13	4	2	44	7	0

조수혁 (趙秀赫) 건국대 1987.03.18

리그	연도	소속	출전	교체	실점	도움	파울	경고	퇴장
BC	2008	서울	2	0	0	0	0	0	0
	2010	서울	0	0	0	0	0	0	0
	2011	서울	1	0	4	0	0	0	0
	2012	서울	0	0	32	0	0	0	0
	합계		3	0	36	0	0	0	0
클	2013	인천	0	0	1	0	0	0	0
	2014	인천	0	0	0	0	0	0	0
	2015	인천	10	2	1	0	0	2	0
	2016	인천	26	0	0	0	2	2	0
	합계		36	2	2	0	2	4	0
프로통산			39	2	38	0	2	4	0

조시마 (Josimar de Carvalho Ferreira) 브라질 1972.04.09

리그	연도	소속	출전	교체	득점	도움	파울	경고	퇴장
BC	2000	포항	4	4	0	1	4	0	0
	합계		4	4	0	1	4	0	0
프로통산			4	4	0	1	4	0	0

조엘손 (Joelson Franca Dias) 브라질 1988.05.29

리그	연도	소속	출전	교체	득점	도움	파울	경고	퇴장
챌	2014	강원	19	17	6	0	26	0	0
	합계		19	17	6	0	26	0	0
프로통산			19	17	6	0	26	0	0

조영민 (趙永玟) 동아대 1982.08.20

리그	연도	소속	출전	교체	득점	도움	파울	경고	퇴장
BC	2005	부산	1	1	0	0	0	0	0
	2006	부산	12	7	0	1	12	3	0
	2007	부산	1	1	0	0	1	0	0
	합계		14	9	0	1	13	3	0
프로통산			14	9	0	1	13	3	0

조영우 (曺永雨) 전북대 1973.02.19

리그	연도	소속	출전	교체	득점	도움	파울	경고	퇴장
BC	1995	전북	6	5	1	0	0	0	0
	합계		6	5	1	0	0	0	0
프로통산			6	5	1	0	0	0	0

조영준 (曺泳俊) 경일대 1985.05.23

리그	연도	소속	출전	교체	득점	도움	파울	경고	퇴장
BC	2008	대구	0	0	0	0	0	0	0
	2009	대구	0	0	0	0	0	0	0
	2010	대구	0	0	0	0	0	0	0
	합계		0	0	0	0	0	0	0
프로통산			0	0	0	0	0	0	0

조영증 (趙榮增) 중앙대 1954.08.18

리그	연도	소속	출전	교체	득점	도움	파울	경고	퇴장
BC	1984	럭금	28	2	9	4	28	1	0
	1985	럭금	5	1	1	1	8	0	0
	1986	럭금	12	0	4	0	15	1	0
	1987	럭금	7	2	0	0	2	0	0
	합계		52	5	14	5	53	2	0
프로통산			52	5	14	5	53	2	0

조영철 (曺永哲) 학성고 1989.05.31

리그	연도	소속	출전	교체	득점	도움	파울	경고	퇴장
클	2015	울산	2	2	0	0	0	0	0
	2016	상주	27	21	3	0	26	1	0
	합계		29	23	3	0	26	1	0
프로통산			29	23	3	0	26	1	0

조영훈 (趙榮勳) 동국대 1989.04.13

리그	연도	소속	출전	교체	득점	도움	파울	경고	퇴장
BC	2012	대구	10	7	0	0	12	2	0
	합계		10	7	0	0	12	2	0
클	2013	대구	26	2	1	1	37	2	0
	합계		26	2	1	1	37	2	0
챌	2014	대구	7	2	1	0	9	0	0
	2015	대구	27	4	0	1	30	7	0
	2016	대구	4	4	0	0	1	0	0
	합계		38	10	1	1	40	7	0
프로통산			74	19	2	2	89	11	0

조예찬 (趙藝燦) 용인대 1992.10.30

리그	연도	소속	출전	교체	득점	도움	파울	경고	퇴장
챌	2016	대전	24	18	1	0	24	4	0
	합계		24	18	1	0	24	4	0
프로통산			24	18	1	0	24	4	0

조용기 (曺龍起) 아주대 1983.08.28

리그	연도	소속	출전	교체	득점	도움	파울	경고	퇴장
BC	2006	대구	0	0	0	0	0	0	0
	합계		0	0	0	0	0	0	0
프로통산			0	0	0	0	0	0	0

조용민 (趙庸珉) 광주대 1992.01.15

리그	연도	소속	출전	교체	득점	도움	파울	경고	퇴장
챌	2014	수원FC	6	6	1	0	0	0	0
	합계		6	6	1	0	0	0	0
프로통산			6	6	1	0	0	0	0

조용석 (曺庸碩) 경상대 1977.07.14

리그	연도	소속	출전	교체	득점	도움	파울	경고	퇴장
BC	2000	전남	16	11	1	0	22	1	0
	2001	전남	3	3	0	0	6	0	0
	합계		19	14	1	0	28	1	0
프로통산			19	14	1	0	28	1	0

조용태 (趙容泰) 연세대 1986.03.31

리그	연도	소속	출전	교체	득점	도움	파울	경고	퇴장
BC	2008	수원	17	17	2	3	10	0	0
	2009	수원	9	9	1	0	7	0	0
	2010	광주상	15	11	3	1	9	0	0
	2011	상주	12	11	1	0	7	0	0
	2011	수원	2	3	0	0	1	0	0

리그	연도	소속	출전	교체	득점	도움	파울	경고	퇴장
	2012	수원	12	12	1	1	5	0	0
	합계		67	63	8	5	39	0	0
클	2013	수원	14	12	1	1	10	0	0
	2014	경남	1	1	0	0	1	0	0
	2015	광주	22	22	2	2	9	0	0
	2016	광주	10	10	0	1	8	1	0
	합계		47	45	3	4	28	1	0
챌	2014	광주	17	14	2	0	10	0	0
	합계		17	14	2	0	10	0	0
승	2014	광주	2	2	1	0	0	0	0
	합계		2	2	1	0	0	0	0
프로통산			133	124	14	9	77	1	0

조용형 (趙容亨) 고려대 1983.11.03

리그	연도	소속	출전	교체	득점	도움	파울	경고	퇴장
BC	2005	부천S	34	1	0	0	33	6	0
	2006	제주	35	0	0	0	44	8	0
	2007	성남일	19	11	0	0	15	0	0
	2008	제주	31	1	0	1	33	4	1
	2009	제주	23	0	1	0	37	4	0
	2010	제주	15	2	0	0	28	1	0
	합계		157	15	1	1	190	23	1
프로통산			157	15	1	1	190	23	1

조우석 (趙祐奭) 대구대 1968.10.08

리그	연도	소속	출전	교체	득점	도움	파울	경고	퇴장
BC	1991	일화	37	6	3	4	42	2	0
	1992	일화	13	10	0	2	9	1	0
	1994	일화	15	9	0	2	16	5	0
	1995	일화	13	8	1	1	14	2	0
	1996	천안	20	8	1	1	23	1	0
	1997	천안	29	8	0	2	47	5	0
	1998	천안	27	7	1	1	21	2	0
	합계		154	56	6	13	172	18	0
프로통산			154	56	6	13	172	18	0

조우실바 (Jorge Santos Silva) 브라질 1988.02.23

리그	연도	소속	출전	교체	득점	도움	파울	경고	퇴장
BC	2008	대구	2	2	0	0	0	0	0
	합계		2	2	0	0	0	0	0
프로통산			2	2	0	0	0	0	0

조우진 (趙佑鎭) 포철공고 1987.07.07

리그	연도	소속	출전	교체	득점	도움	파울	경고	퇴장
BC	2011	광주	11	11	0	1	3	0	0
	2012	광주	9	9	1	0	3	1	0
	합계		20	20	1	1	6	1	0
클	2013	대구	3	3	0	0	0	0	0
	합계		3	3	0	0	0	0	0
프로통산			23	23	1	1	6	1	0

조우진 (趙佑辰) 한남대 1993.11.25

리그	연도	소속	출전	교체	득점	도움	파울	경고	퇴장
챌	2015	서울E	0	0	0	0	0	0	0
	2016	서울E	8	7	0	0	5	3	0
	합계		8	7	0	0	5	3	0
프로통산			8	7	0	0	5	3	0

조원광 (趙源光) 한양중 1985.08.23

리그	연도	소속	출전	교체	득점	도움	파울	경고	퇴장
BC	2008	인천	4	5	0	0	4	0	0
	합계		4	5	0	0	4	0	0
프로통산			4	5	0	0	4	0	0

조원득 (趙元得) 단국대 1991.06.21

리그	연도	소속	출전	교체	득점	도움	파울	경고	퇴장
클	2015	대전	7	4	0	0	7	1	0
	합계		7	4	0	0	7	1	0
프로통산			7	4	0	0	7	1	0

조원희 (趙源熙) 배재고 1983.04.17

리그	연도	소속	출전	교체	득점	도움	파울	경고	퇴장
BC	2002	울산	1	1	0	0	1	0	0
	2003	광주상	23	12	2	0	32	3	0
	2004	광주상	21	8	0	0	14	2	0
	2005	수원	29	13	0	1	39	2	0
	2006	수원	27	3	0	1	23	3	0
	2007	수원	19	1	0	1	39	4	0
	2008	수원	35	1	1	1	89	9	0
	2010	수원	26	3	1	0	41	2	0
	합계		181	42	4	4	278	25	0
클	2014	경남	12	1	0	1	16	2	0
	2016	수원	26	5	1	0	33	3	0
	합계		38	6	1	1	49	5	0
챌	2015	서울E	38	0	5	3	41	4	0
	합계		38	0	5	3	41	4	0
프로통산			257	48	10	8	368	34	0

조윤환 (趙允煥) 명지대 1961.05.24

리그	연도	소속	출전	교체	득점	도움	파울	경고	퇴장
BC	1985	할렐	14	0	0	0	21	2	0
	1987	유공	20	9	3	1	28	2	0
	1988	유공	21	0	0	0	24	4	1
	1989	유공	30	3	5	6	44	2	0
	1990	유공	17	3	1	2	38	2	2
	합계		102	15	9	9	155	12	3
프로통산			102	15	9	9	155	12	3

조인형 (趙仁衡) 인천대 1990.02.01

리그	연도	소속	출전	교체	득점	도움	파울	경고	퇴장
클	2013	울산	3	3	0	0	0	0	0
	2014	울산	1	1	0	0	3	0	0
	합계		4	4	0	0	3	0	0
챌	2015	수원FC	5	5	0	0	7	0	0
	합계		5	5	0	0	7	0	0
프로통산			9	9	0	0	10	0	0

조일수 (趙日秀) 춘천고 1972.11.05

리그	연도	소속	출전	교체	득점	도움	파울	경고	퇴장
BC	1991	일화	3	3	0	0	2	0	0
	1993	일화	4	5	1	0	1	0	0
	1994	일화	3	3	0	0	0	0	0
	1996	천안	5	2	0	0	7	0	0
	1997	천안	18	15	1	1	22	2	0
	합계		33	28	2	1	32	2	0
프로통산			33	28	2	1	32	2	0

조재민 (趙在珉) 중동고 1978.05.22

리그	연도	소속	출전	교체	득점	도움	파울	경고	퇴장
BC	2001	수원	3	2	0	0	2	1	0
	2002	수원	4	3	0	0	10	3	0
	2003	수원	6	5	0	0	14	1	0
	2004	수원	5	3	0	0	7	1	0
	2005	수원	11	6	0	0	15	2	0
	2006	수원	6	2	0	0	8	2	0
	2007	대전	17	11	0	0	30	2	0
	합계		52	32	0	0	86	12	0
프로통산			52	32	0	0	86	12	0

조재성 (趙載晟) 관동대 1972.05.25

리그	연도	소속	출전	교체	득점	도움	파울	경고	퇴장
BC	1995	일화	1	1	0	0	1	1	0
	합계		1	1	0	0	1	1	0
프로통산			1	1	0	0	1	1	0

조재용 (趙在勇) 연세대 1984.04.21

리그	연도	소속	출전	교체	득점	도움	파울	경고	퇴장
BC	2007	경남	7	6	0	0	4	0	0
	2009	경남	9	3	0	0	9	0	0
	2010	광주상	3	1	0	0	2	0	0
	2011	상주	1	0	0	0	3	0	0
	2012	경남	8	4	0	0	6	1	0
	합계		28	14	0	0	24	1	0
클	2013	경남	0	0	0	0	0	0	0
	합계		0	0	0	0	0	0	0
프로통산			28	14	0	0	24	1	0

조재진 (曺宰溱) 대신고 1981.07.09

리그	연도	소속	출전	교체	득점	도움	파울	경고	퇴장
BC	2000	수원	5	4	0	0	10	0	0
	2001	수원	3	3	0	0	0	0	0
	2003	광주상	31	8	3	3	57	5	0
	2004	수원	8	7	1	0	9	0	0
	2008	전북	31	7	10	3	57	4	0
	합계		78	29	14	6	133	9	0
프로통산			78	29	14	6	133	9	0

조재철 (趙載喆) 아주대 1986.05.18

리그	연도	소속	출전	교체	득점	도움	파울	경고	퇴장
BC	2010	성남일	33	16	4	2	37	4	0
	2011	성남일	33	13	0	5	33	1	0
	2012	경남	17	12	2	1	17	2	0
	합계		83	41	6	8	87	7	0
클	2013	경남	30	21	0	2	40	4	0
	2016	성남	23	13	3	0	20	2	0
	합계		53	34	3	2	60	6	0
챌	2014	안산경	32	7	7	1	35	4	0
	2015	안산경	21	19	0	3	21	1	0
	2015	경남	6	3	1	0	7	2	0
	합계		59	29	8	4	63	7	0
승	2016	성남	1	1	0	0	1	0	0
	합계		1	1	0	0	1	0	0
프로통산			196	105	17	14	211	20	0

조재현 (趙宰賢) 부경대 1985.05.13

리그	연도	소속	출전	교체	득점	도움	파울	경고	퇴장
BC	2006	부산	8	8	0	0	5	0	0
	합계		8	8	0	0	5	0	0
프로통산			8	8	0	0	5	0	0

조정현 (曺丁鉉) 대구대 1969.11.12

리그	연도	소속	출전	교체	득점	도움	파울	경고	퇴장
BC	1992	유공	18	12	4	2	27	2	0
	1993	유공	24	11	4	1	44	4	1
	1994	유공	29	8	7	9	49	3	0
	1995	유공	17	8	3	1	29	3	0
	1996	부천S	34	13	8	4	59	5	0
	1997	부천S	6	3	0	0	15	0	0
	1998	부천S	35	19	9	5	54	4	0
	1999	전남	12	12	0	0	16	1	0
	2000	포항	13	12	1	1	22	0	0
	합계		188	98	36	23	315	22	1
프로통산			188	98	36	23	315	22	1

조제 (Dorde Vasic) 유고슬라비아 1964.05.02

리그	연도	소속	출전	교체	득점	도움	파울	경고	퇴장
BC	1994	일화	8	8	0	0	4	1	0
	합계		8	8	0	0	4	1	0
프로통산			8	8	0	0	4	1	0

조종화 (趙鍾和) 고려대 1974.04.04

리그	연도	소속	출전	교체	득점	도움	파울	경고	퇴장
BC	1997	포항	6	4	0	0	2	0	0
	1998	포항	5	6	0	0	1	0	0
	2002	포항	5	1	0	0	5	0	0
	합계		16	11	0	0	8	0	0
프로통산			16	11	0	0	8	0	0

조주영 (曺主煐) 아주대 1994.02.04

리그	연도	소속	출전	교체	득점	도움	파울	경고	퇴장
클	2016	광주	15	14	2	2	6	4	0
	합계		15	14	2	2	6	4	0
프로통산			15	14	2	2	6	4	0

조준재 (趙儁宰) 홍익대 1990.08.31

리그	연도	소속	출전	교체	득점	도움	파울	경고	퇴장
챌	2014	충주	14	6	1	2	11	0	0
	합계		14	6	1	2	11	0	0
프로통산			14	6	1	2	11	0	0

조준현 (曺準鉉) 한남대 1989.09.26

리그	연도	소속	출전	교체	득점	도움	파울	경고	퇴장
클	2013	제주	0	0	0	0	0	0	0
	합계		0	0	0	0	0	0	0

리그	연도	소속	출전	교체	득점	도움	파울	경고	퇴장
챌	2013	충주	3	2	0	0	3	0	0
	합계		3	2	0	0	3	0	0
프로통산			3	2	0	0	3	0	0

조준호 (趙俊浩) 홍익대 1973.04.28

리그	연도	소속	출전	교체	실점	도움	파울	경고	퇴장
BC	1999	포항	20	0	30	0	1	1	0
	2000	포항	30	0	38	0	3	1	1
	2001	포항	11	1	13	0	0	0	0
	2002	포항	6	0	7	0	0	0	0
	2003	포항	2	1	3	0	0	0	0
	2004	부천S	36	0	36	0	0	0	0
	2005	부천S	36	0	31	0	0	0	0
	2006	제주	33	2	33	0	0	0	0
	2007	제주	15	1	17	0	0	0	0
	2008	제주	27	3	29	0	0	0	0
	2009	대구	14	1	29	0	1	2	0
	2010	대구	0	0	0	0	0	0	0
	합계		230	9	266	0	5	4	1
프로통산			230	9	266	0	5	4	1

조지훈 (趙志焄) 연세대 1990.05.29

리그	연도	소속	출전	교체	득점	도움	파울	경고	퇴장
BC	2011	수원	1	1	0	0	0	0	0
	2012	수원	11	11	0	1	6	1	0
	합계		12	12	0	1	6	1	0
클	2013	수원	20	18	1	1	15	3	0
	2014	수원	16	16	0	0	10	4	0
	2015	수원	4	4	0	1	0	1	0
	2016	상주	10	9	0	0	5	1	0
	합계		50	47	1	2	30	9	0
프로통산			62	59	1	3	36	10	0

조진수 (趙珍洙) 건국대 1983.09.02

리그	연도	소속	출전	교체	득점	도움	파울	경고	퇴장
BC	2003	전북	2	2	0	0	0	0	0
	2004	전북	0	0	0	0	0	0	0
	2005	전북	5	5	0	0	10	1	0
	2006	전북	23	20	1	1	52	4	0
	2007	제주	24	9	3	3	53	4	0
	2008	제주	30	10	3	2	51	3	0
	2009	울산	20	17	2	1	20	4	0
	2010	울산	6	5	0	1	7	0	0
	합계		110	68	9	8	193	16	0
챌	2014	수원FC	8	8	0	0	5	0	0
	합계		8	8	0	0	5	0	0
프로통산			118	76	9	8	198	16	0

조진호 (趙眞浩) 경희대 1973.08.02

리그	연도	소속	출전	교체	득점	도움	파울	경고	퇴장
BC	1994	포철	16	11	2	0	25	2	0
	1995	포항	13	11	2	0	21	2	0
	1996	포항	16	12	1	0	14	2	0
	1999	포항	21	13	2	3	35	3	0
	2000	부천S	26	26	6	3	30	2	0
	2001	성남일	21	20	2	2	23	3	0
	2002	성남일	6	6	0	0	13	1	0
	합계		119	99	15	8	161	15	0
프로통산			119	99	15	8	161	15	0

조징요 (Jorge Claudio) 브라질 1975.10.01

리그	연도	소속	출전	교체	득점	도움	파울	경고	퇴장
BC	2002	포항	3	2	0	0	4	1	0
	합계		3	2	0	0	4	1	0
프로통산			3	2	0	0	4	1	0

조찬호 (趙澯鎬) 연세대 1986.04.10

리그	연도	소속	출전	교체	득점	도움	파울	경고	퇴장
BC	2009	포항	11	11	3	6	6	0	0
	2010	포항	16	13	1	2	10	0	0
	2011	포항	26	23	4	2	18	0	0
	2012	포항	20	17	6	4	20	3	0
	합계		73	64	14	14	54	3	0
클	2013	포항	34	30	9	1	23	1	0
	2014	포항	3	2	0	0	6	0	0
	2015	포항	13	12	0	1	6	0	0
	2015	수원	6	6	2	2	5	1	0
	2016	서울	11	11	0	1	1	0	0
	합계		67	61	11	5	41	2	0
프로통산			140	125	25	19	95	5	0

조창근 (趙昌根) 동아고 1964.11.07

리그	연도	소속	출전	교체	득점	도움	파울	경고	퇴장
BC	1993	대우	6	7	1	0	1	0	0
	1994	대우	3	3	0	0	0	0	0
	합계		9	10	1	0	1	0	0
프로통산			9	10	1	0	1	0	0

조철인 (趙哲仁) 영남대 1990.09.15

리그	연도	소속	출전	교체	득점	도움	파울	경고	퇴장
챌	2014	안양	1	1	0	0	0	0	0
	합계		1	1	0	0	0	0	0
프로통산			1	1	0	0	0	0	0

조태우 (趙太羽) 아주대 1987.01.19

리그	연도	소속	출전	교체	득점	도움	파울	경고	퇴장
챌	2013	수원FC	28	2	1	0	34	5	1
	2014	수원FC	16	2	0	0	19	1	0
	합계		44	4	1	0	53	6	1
프로통산			44	4	1	0	53	6	1

조태천 (曺太千) 청구고 1956.07.19

리그	연도	소속	출전	교체	득점	도움	파울	경고	퇴장
BC	1983	포철	14	4	1	2	6	0	0
	1984	포철	18	8	0	1	8	0	0
	합계		32	12	1	3	14	0	0
프로통산			32	12	1	3	14	0	0

조한범 (趙韓範) 중앙대 1985.03.28

리그	연도	소속	출전	교체	득점	도움	파울	경고	퇴장
BC	2008	포항	2	2	0	0	1	0	0
	2009	포항	1	1	0	0	0	0	0
	2009	대구	5	3	0	0	5	1	0
	합계		8	6	0	0	6	1	0
프로통산			8	6	0	0	6	1	0

조향기 (趙香氣) 광운대 1992.03.23

리그	연도	소속	출전	교체	득점	도움	파울	경고	퇴장
챌	2015	서울E	6	6	1	0	3	0	0
	2016	서울E	10	8	0	0	5	0	0
	합계		16	14	1	0	8	0	0
프로통산			16	14	1	0	8	0	0

조현 (趙賢) 동국대 1974.02.24

리그	연도	소속	출전	교체	득점	도움	파울	경고	퇴장
BC	1996	수원	16	12	1	0	24	1	0
	1997	수원	12	13	1	0	16	2	0
	1998	수원	7	6	0	0	8	0	0
	1999	수원	19	17	2	1	28	2	0
	2000	수원	3	3	0	0	2	0	0
	2001	울산	4	4	0	0	8	0	0
	합계		61	55	4	1	86	5	0
프로통산			61	55	4	1	86	5	0

조현두 (趙顯斗) 한양대 1973.11.23

리그	연도	소속	출전	교체	득점	도움	파울	경고	퇴장
BC	1996	수원	29	11	7	2	36	2	0
	1997	수원	32	13	7	2	70	3	0
	1998	수원	14	6	0	3	30	2	0
	1999	수원	20	17	4	2	24	0	0
	2000	수원	19	14	0	4	30	1	0
	2001	수원	7	7	1	0	5	2	0
	2002	수원	14	14	1	3	19	0	0
	2003	전남	3	3	0	0	0	0	0
	2003	부천S	25	10	5	3	47	5	0
	2004	부천S	26	13	3	2	60	4	0
	2005	부천S	18	13	0	3	26	3	0
	합계		207	121	28	24	347	22	0
프로통산			207	121	28	24	347	22	0

조현우 (趙賢祐) 선문대 1991.09.25

리그	연도	소속	출전	교체	실점	도움	파울	경고	퇴장
클	2013	대구	14	0	22	0	0	0	0
	합계		14	0	22	0	0	0	0
챌	2014	대구	15	0	21	0	0	1	0
	2015	대구	41	1	49	1	0	2	0
	2016	대구	39	0	35	0	0	2	0
	합계		95	1	105	1	0	5	0
프로통산			109	1	127	1	0	5	0

조형익 (趙亨翼) 명지대 1985.09.13

리그	연도	소속	출전	교체	득점	도움	파울	경고	퇴장
BC	2008	대구	32	28	1	5	18	1	0
	2009	대구	32	17	6	0	44	5	0
	2010	대구	30	9	9	4	38	8	0
	2011	대구	17	8	1	2	37	4	0
	합계		111	62	17	11	137	18	0
클	2013	대구	27	21	1	5	34	3	0
	합계		27	21	1	5	34	3	0
챌	2014	대구	31	20	3	3	35	1	0
	합계		31	20	3	3	35	1	0
프로통산			169	103	21	19	206	22	0

조형재 (趙亨在) 한려대 1985.01.08

리그	연도	소속	출전	교체	득점	도움	파울	경고	퇴장
BC	2006	제주	5	4	1	1	3	1	0
	2007	제주	12	12	0	0	2	0	0
	2008	제주	27	18	1	3	34	5	0
	2009	제주	11	8	2	1	4	1	0
	합계		55	42	4	5	43	7	0
프로통산			55	42	4	5	43	7	0

조호연 (趙晧衍) 광운대 1988.06.05

리그	연도	소속	출전	교체	득점	도움	파울	경고	퇴장
클	2014	상주	0	0	0	0	0	0	0
	합계		0	0	0	0	0	0	0
챌	2013	상주	0	0	0	0	0	0	0
	합계		0	0	0	0	0	0	0
프로통산			0	0	0	0	0	0	0

조홍규 (曺弘圭) 상지대 1983.07.24

리그	연도	소속	출전	교체	득점	도움	파울	경고	퇴장
BC	2006	대구	12	1	0	0	27	4	0
	2007	대구	27	8	0	1	41	4	0
	2008	대구	6	2	0	0	5	2	0
	2009	포항	7	3	0	0	12	1	0
	2010	포항	4	2	0	0	8	1	0
	2011	대전	8	4	1	0	8	2	0
	합계		64	20	1	1	101	14	0
프로통산			64	20	1	1	101	14	0

존 (Jon Olav Hjelde) 노르웨이 1972.04.30

리그	연도	소속	출전	교체	득점	도움	파울	경고	퇴장
BC	2003	부산	16	2	0	0	22	3	1
	합계		16	2	0	0	22	3	1
프로통산			16	2	0	0	22	3	1

존자키 (John Jaki) 나이지리아 1973.07.10

리그	연도	소속	출전	교체	득점	도움	파울	경고	퇴장
BC	2000	전북	3	4	0	0	3	0	0
	합계		3	4	0	0	3	0	0
프로통산			3	4	0	0	3	0	0

졸리 (Zoltan Sabo) 유고슬라비아 1972.05.26

리그	연도	소속	출전	교체	득점	도움	파울	경고	퇴장
BC	2000	수원	22	1	0	0	37	6	0
	2001	수원	24	1	0	1	45	11	1
	2002	수원	2	1	0	0	5	0	1
	합계		48	3	0	1	87	17	2
프로통산			48	3	0	1	87	17	2

좌준협 (左峻協) 전주대 1991.05.07

리그	연도	소속	출전	교체	득점	도움	파울	경고	퇴장
클	2013	제주	2	0	0	0	6	1	0

리그	연도	소속	출전	교체	득점	도움	파울	경고	퇴장
	2014	제주	0	0	0	0	0	0	0
	2016	제주	1	1	0	0	2	1	0
	합계		3	1	0	0	8	2	0
챌	2014	안산경	4	2	0	0	4	0	0
	2015	안산경	15	12	0	0	17	2	0
	합계		19	14	0	0	21	2	0
프로통산			22	15	0	0	29	4	0

죠다쉬 (Idarko Cordas) 크로아티아 1976.12.16

리그	연도	소속	출전	교체	득점	도움	파울	경고	퇴장
BC	2001	포항	3	2	0	0	3	1	0
	합계		3	2	0	0	3	1	0
프로통산			3	2	0	0	3	1	0

죠이 (Joilson Rodrigues da Silva) 브라질 1976.12.08

리그	연도	소속	출전	교체	득점	도움	파울	경고	퇴장
BC	2000	성남일	30	19	7	1	50	2	0
	합계		30	19	7	1	50	2	0
프로통산			30	19	7	1	50	2	0

주경철 (周景喆) 영남대 1965.02.22

리그	연도	소속	출전	교체	득점	도움	파울	경고	퇴장
BC	1988	럭금	4	2	0	0	4	0	0
	1989	럭금	27	21	4	3	21	3	0
	1990	럭금	7	6	0	0	7	0	0
	1991	유공	10	7	0	0	14	1	0
	1994	버팔로	35	9	2	7	38	3	0
	1995	LG	7	5	0	1	9	0	0
	합계		90	50	6	11	93	7	0
프로통산			90	50	6	11	93	7	0

주광선 (朱廣先) 전주대 1991.04.13

리그	연도	소속	출전	교체	득점	도움	파울	경고	퇴장
챌	2015	부천	7	7	0	0	5	0	0
	합계		7	7	0	0	5	0	0
프로통산			7	7	0	0	5	0	0

주광윤 (朱光潤) 고려대 1982.10.23

리그	연도	소속	출전	교체	득점	도움	파울	경고	퇴장
BC	2003	전남	13	13	1	0	5	0	0
	2004	전남	7	6	0	1	7	1	0
	2005	전남	15	12	1	0	27	3	0
	2006	전남	31	28	5	2	35	6	0
	2007	전남	19	19	2	1	14	2	0
	2008	전남	18	14	0	0	22	2	0
	2009	전남	16	16	2	1	12	3	0
	2010	광주상	16	12	0	1	26	4	0
	2011	상주	4	4	0	1	3	0	0
	합계		139	124	11	7	151	21	0
프로통산			139	124	11	7	151	21	0

주기환 (朱基煥) 경일대 1981.12.20

리그	연도	소속	출전	교체	득점	도움	파울	경고	퇴장
BC	2005	전북	0	0	0	0	0	0	0
	합계		0	0	0	0	0	0	0
프로통산			0	0	0	0	0	0	0

주닝요 (Aselmo Vendrechovski Junior) 브라질 1982.09.16

리그	연도	소속	출전	교체	득점	도움	파울	경고	퇴장
BC	2010	수원	13	6	3	2	16	2	0
	합계		13	6	3	2	16	2	0
프로통산			13	6	3	2	16	2	0

주닝요 (Junio Cesar Arcanjo) 브라질 1983.01.11

리그	연도	소속	출전	교체	득점	도움	파울	경고	퇴장
BC	2011	대구	17	11	2	2	19	4	0
	합계		17	11	2	2	19	4	0
프로통산			17	11	2	2	19	4	0

주민규 (周敏圭) 한양대 1990.04.13

리그	연도	소속	출전	교체	득점	도움	파울	경고	퇴장
챌	2013	고양	26	15	2	1	38	1	0
	2014	고양	30	8	5	1	67	5	0
	2015	서울E	40	17	23	7	66	5	0
	2016	서울E	29	8	14	3	38	2	0
	합계		125	48	44	12	209	13	0
프로통산			125	48	44	12	209	13	0

주성환 (朱性奐) 한양대 1990.08.24

리그	연도	소속	출전	교체	득점	도움	파울	경고	퇴장
BC	2012	전남	17	16	2	1	12	1	0
	합계		17	16	2	1	12	1	0
프로통산			17	16	2	1	12	1	0

주세종 (朱世鐘) 건국대 1990.10.30

리그	연도	소속	출전	교체	득점	도움	파울	경고	퇴장
BC	2012	부산	1	1	0	0	0	0	0
	합계		1	1	0	0	0	0	0
클	2013	부산	0	0	0	0	0	0	0
	2014	부산	22	11	2	5	41	5	0
	2015	부산	35	3	3	6	60	7	0
	2016	서울	30	9	4	1	46	5	0
	합계		87	23	9	12	147	17	0
승	2015	부산	1	0	0	0	5	0	0
	합계		1	0	0	0	5	0	0
프로통산			89	24	9	12	152	17	0

주승진 (朱承進) 전주대 1975.03.12

리그	연도	소속	출전	교체	득점	도움	파울	경고	퇴장
BC	2003	대전	38	1	0	3	65	8	0
	2004	대전	26	2	1	2	60	1	0
	2005	대전	32	6	0	0	87	5	0
	2006	대전	32	4	2	3	69	5	0
	2007	대전	23	7	0	0	52	4	0
	2008	대전	11	2	0	0	15	1	0
	2008	부산	18	1	0	1	31	2	0
	2009	부산	6	3	0	0	9	0	1
	합계		186	26	3	9	388	26	1
프로통산			186	26	3	9	388	26	1

주앙파울로 (Joao Paulo da Silva Araujo) 브라질 1988.06.02

리그	연도	소속	출전	교체	득점	도움	파울	경고	퇴장
BC	2011	광주	30	27	8	1	35	1	0
	2012	광주	40	40	8	7	47	5	0
	합계		70	67	16	8	82	6	0
클	2013	대전	35	17	6	3	44	2	0
	2014	인천	5	5	0	0	1	0	0
	합계		40	22	6	3	45	2	0
프로통산			110	89	22	11	127	8	0

주영만 (朱榮萬) 국민대 1961.04.01

리그	연도	소속	출전	교체	득점	도움	파울	경고	퇴장
BC	1984	국민	17	1	0	0	15	0	0
	합계		17	1	0	0	15	0	0
프로통산			17	1	0	0	15	0	0

주영재 (朱英宰) 호주 John Paul College 1990.07.12

리그	연도	소속	출전	교체	득점	도움	파울	경고	퇴장
BC	2011	성남일	0	0	0	0	0	0	0
	합계		0	0	0	0	0	0	0
프로통산			0	0	0	0	0	0	0

주영호 (周永昊) 숭실대 1975.10.24

리그	연도	소속	출전	교체	득점	도움	파울	경고	퇴장
BC	1998	전남	7	6	0	0	3	3	0
	1999	전남	27	13	0	0	37	4	0
	2000	전남	34	4	0	0	59	6	0
	2001	전남	20	2	0	0	38	2	0
	2002	전남	19	3	2	2	33	3	0
	2003	전남	19	6	0	0	42	2	0
	2004	전남	6	2	0	0	16	2	0
	2007	전남	0	0	0	0	0	0	0
	합계		132	36	2	2	228	22	0
프로통산			132	36	2	2	228	22	0

주용국 (朱龍國) 경희대 1970.01.27

리그	연도	소속	출전	교체	득점	도움	파울	경고	퇴장
BC	1996	수원	0	0	0	0	0	0	0
	합계		0	0	0	0	0	0	0
프로통산			0	0	0	0	0	0	0

주용선 (朱容善) 동아대 1974.03.03

리그	연도	소속	출전	교체	득점	도움	파울	경고	퇴장
BC	1997	전남	1	1	0	0	0	0	0
	합계		1	1	0	0	0	0	0
프로통산			1	1	0	0	0	0	0

주익성 (朱益成) 태성고 1992.09.10

리그	연도	소속	출전	교체	득점	도움	파울	경고	퇴장
챌	2014	대전	2	2	0	0	0	0	0
	합계		2	2	0	0	0	0	0
프로통산			2	2	0	0	0	0	0

주인배 (朱仁培) 광주대 1989.09.16

리그	연도	소속	출전	교체	득점	도움	파울	경고	퇴장
BC	2012	경남	1	1	0	0	1	0	0
	합계		1	1	0	0	1	0	0
프로통산			1	1	0	0	1	0	0

주일태 (朱一泰) 수원대 1991.11.28

리그	연도	소속	출전	교체	득점	도움	파울	경고	퇴장
챌	2013	부천	3	2	0	0	3	1	0
	2014	부천	4	4	0	0	2	1	0
	합계		7	6	0	0	5	2	0
프로통산			7	6	0	0	5	2	0

주재덕 (周載德) 연세대 1985.07.25

리그	연도	소속	출전	교체	실점	도움	파울	경고	퇴장
BC	2006	경남	0	0	0	0	0	0	0
	2007	경남	1	0	1	0	0	0	0
	2009	전북	0	0	0	0	0	0	0
	합계		1	0	1	0	0	0	0
프로통산			1	0	1	0	0	0	0

주현우 (朱眩宇) 동신대 1990.09.12

리그	연도	소속	출전	교체	득점	도움	파울	경고	퇴장
클	2015	광주	28	25	0	1	14	1	0
	2016	광주	20	17	2	2	17	3	0
	합계		48	42	2	3	31	4	0
프로통산			48	42	2	3	31	4	0

주현재 (周鉉宰) 홍익대 1989.05.26

리그	연도	소속	출전	교체	득점	도움	파울	경고	퇴장
BC	2011	인천	0	0	0	0	0	0	0
	2012	인천	4	3	0	0	4	0	0
	합계		4	3	0	0	4	0	0
챌	2013	안양	11	10	1	0	12	1	0
	2014	안양	16	15	3	1	28	2	1
	2015	안양	36	17	4	3	50	6	0
	2016	안산무	32	24	2	2	34	6	0
	합계		95	66	10	6	124	15	1
프로통산			99	69	10	6	128	15	1

주호진 (朱浩眞) 인천대 1981.01.01

리그	연도	소속	출전	교체	득점	도움	파울	경고	퇴장
BC	2004	인천	1	0	0	0	0	1	0
	2005	인천	0	0	0	0	0	0	0
	합계		1	0	0	0	0	1	0
프로통산			1	0	0	0	0	1	0

주홍렬 (朱洪烈) 아주대 1972.08.02

리그	연도	소속	출전	교체	득점	도움	파울	경고	퇴장
BC	1995	전남	14	14	0	0	11	1	0
	1996	전남	17	10	0	1	30	3	0
	1997	전남	3	1	1	0	6	1	0
	1998	전남	10	7	0	0	16	4	0
	1999	천안	2	2	0	0	0	0	0
	합계		46	34	1	1	63	9	0
프로통산			46	34	1	1	63	9	0

줄루 (Carlos Eduardo Alves Albina) 브라질 1983.08.18

리그	연도	소속	출전	교체	득점	도움	파울	경고	퇴장
BC	2010	포항	1	1	0	0	0	0	0

리그	연도	소속	출전	교체	득점	도움	파울	경고	퇴장
	합계		1	1	0	0	0	0	0
프로통산			1	1	0	0	0	0	0

지경득 (池炅得) 배재대 1988.07.18

리그	연도	소속	출전	교체	득점	도움	파울	경고	퇴장
BC	2011	인천	4	3	0	0	3	1	0
	2012	대전	40	31	2	1	28	1	0
	합계		44	34	2	1	31	2	0
클	2013	대전	9	10	0	0	3	0	0
	합계		9	10	0	0	3	0	0
챌	2014	충주	12	12	0	3	6	0	0
	합계		12	12	0	3	6	0	0
프로통산			65	56	2	4	40	2	0

지구민 (池求民) 용인대 1993.04.18

리그	연도	소속	출전	교체	득점	도움	파울	경고	퇴장
챌	2016	고양	5	4	0	0	5	0	0
	합계		5	4	0	0	5	0	0
프로통산			5	4	0	0	5	0	0

지네이 (Ednet Luis de Oliveira) 브라질 1981.02.14

리그	연도	소속	출전	교체	득점	도움	파울	경고	퇴장
BC	2006	대구	26	14	4	1	63	2	0
	합계		26	14	4	1	63	2	0
프로통산			26	14	4	1	63	2	0

지넬손 (Dinelson dos Santos Lima) 브라질 1986.02.04

리그	연도	소속	출전	교체	득점	도움	파울	경고	퇴장
BC	2012	대구	26	21	3	5	32	2	0
	합계		26	21	3	5	32	2	0
프로통산			26	21	3	5	32	2	0

지뉴 (Claudio Wanderley Sarmento Neto) 브라질 1982.11.03

리그	연도	소속	출전	교체	득점	도움	파울	경고	퇴장
BC	2009	경남	8	4	0	0	23	1	0
	합계		8	4	0	0	23	1	0
프로통산			8	4	0	0	23	1	0

지동원 (池東沅) 광양제철고 1991.05.28

리그	연도	소속	출전	교체	득점	도움	파울	경고	퇴장
BC	2010	전남	26	3	8	4	43	3	0
	2011	전남	13	4	3	1	13	1	0
	합계		39	7	11	5	56	4	0
프로통산			39	7	11	5	56	4	0

지병주 (池秉珠) 인천대 1990.03.20

리그	연도	소속	출전	교체	득점	도움	파울	경고	퇴장
클	2015	인천	1	1	0	0	2	1	0
	합계		1	1	0	0	2	1	0
챌	2014	대구	0	0	0	0	0	0	0
	2016	부천	13	1	1	0	27	5	1
	합계		13	1	1	0	27	5	1
프로통산			14	2	1	0	29	6	1

지아고 (Tiago Cipreste Pereira) 브라질 1980.02.01

리그	연도	소속	출전	교체	득점	도움	파울	경고	퇴장
BC	2004	대전	9	6	3	1	31	2	0
	합계		9	6	3	1	31	2	0
프로통산			9	6	3	1	31	2	0

지안 (Barbu Constantin) 루마니아 1971.05.16

리그	연도	소속	출전	교체	득점	도움	파울	경고	퇴장
BC	1997	수원	6	4	2	0	3	1	0
	합계		6	4	2	0	3	1	0
프로통산			6	4	2	0	3	1	0

지오바니 (Jose Thomaz Geovane de Oliveira) 브라질 1985.08.05

리그	연도	소속	출전	교체	득점	도움	파울	경고	퇴장
BC	2008	대구	12	8	3	2	7	0	0
	합계		12	8	3	2	7	0	0
프로통산			12	8	3	2	7	0	0

지우 (Martins Ferreira Givanilton) 브라질 1991.04.13

리그	연도	소속	출전	교체	득점	도움	파울	경고	퇴장
챌	2015	강원	18	9	9	5	10	2	0
	합계		18	9	9	5	10	2	0
프로통산			18	9	9	5	10	2	0

지쿠 (Ianis Alin Zicu) 루마니아 1983.10.23

리그	연도	소속	출전	교체	득점	도움	파울	경고	퇴장
BC	2012	포항	15	12	6	0	12	1	0
	2012	강원	17	1	9	4	20	2	0
	합계		32	13	15	4	32	3	0
클	2013	강원	27	3	6	3	42	3	0
	합계		27	3	6	3	42	3	0
승	2013	강원	2	2	0	0	2	0	0
	합계		2	2	0	0	2	0	0
프로통산			61	18	21	7	76	6	0

진경선 (陳慶先) 아주대 1980.04.10

리그	연도	소속	출전	교체	득점	도움	파울	경고	퇴장
BC	2003	부천S	4	1	0	0	10	2	0
	2006	대구	17	3	1	0	51	4	0
	2007	대구	27	8	0	2	58	4	0
	2008	대구	34	0	0	5	52	4	0
	2009	전북	26	0	0	1	53	6	0
	2010	전북	29	5	0	0	63	8	0
	2011	전북	7	4	0	0	13	2	0
	2012	전북	22	2	1	1	38	6	0
	합계		166	23	2	9	338	36	0
클	2013	강원	35	5	1	1	55	7	0
	2014	경남	23	5	1	1	32	4	0
	합계		58	10	2	2	87	11	0
챌	2015	경남	22	3	0	0	31	2	0
	2016	경남	21	15	1	0	11	1	0
	합계		43	18	1	0	42	3	0
승	2013	강원	2	0	0	0	2	0	0
	2014	경남	2	0	0	0	3	0	0
	합계		4	0	0	0	5	0	0
프로통산			271	51	5	11	472	50	0

진대성 (晋大星) 전주대 1989.09.19

리그	연도	소속	출전	교체	득점	도움	파울	경고	퇴장
BC	2012	제주	1	1	0	0	1	0	0
	합계		1	1	0	0	1	0	0
클	2013	제주	0	0	0	0	0	0	0
	2014	제주	19	19	3	0	4	0	0
	2015	제주	11	9	2	1	8	0	0
	합계		30	28	5	1	12	0	0
챌	2016	대전	24	20	3	5	21	1	0
	합계		24	20	3	5	21	1	0
프로통산			55	49	8	6	34	1	0

진민호 (陳珉虎) 덕산중 1985.08.12

리그	연도	소속	출전	교체	득점	도움	파울	경고	퇴장
BC	2005	부산	0	0	0	0	0	0	0
	합계		0	0	0	0	0	0	0
프로통산			0	0	0	0	0	0	0

진성욱 (陳成昱) 대건고 1993.12.16

리그	연도	소속	출전	교체	득점	도움	파울	경고	퇴장
클	2014	인천	26	25	6	0	25	3	0
	2015	인천	27	27	4	1	31	3	0
	2016	인천	31	21	5	3	47	3	0
	합계		84	73	15	4	103	9	0
BC	2012	인천	2	2	0	0	2	0	0
	합계		2	2	0	0	2	0	0
프로통산			86	75	15	4	105	9	0

진순진 (陳順珍) 상지대 1974.03.01

리그	연도	소속	출전	교체	득점	도움	파울	경고	퇴장
BC	1999	안양L	11	9	1	0	11	0	0
	2000	안양L	6	3	0	0	12	3	0
	2002	안양L	18	10	6	0	36	2	0
	2003	안양L	40	28	10	2	67	3	0
	2004	대구	27	25	7	3	33	2	0
	2005	대구	28	27	7	1	33	3	0
	2006	전남	1	1	0	0	2	0	0
	합계		131	103	31	6	194	13	0
프로통산			131	103	31	6	194	13	0

* 실점: 2000년 1 / 통산 1

진장상곤 (陳章相坤) 경희대 1958.06.20

리그	연도	소속	출전	교체	득점	도움	파울	경고	퇴장
BC	1983	국민	3	1	0	0	4	0	0
	1984	현대	27	3	0	2	18	0	0
	1985	현대	20	1	0	0	22	1	0
	1986	현대	29	3	0	0	46	2	0
	1987	현대	16	5	0	0	12	3	0
	1988	현대	15	0	0	1	20	0	0
	1989	현대	18	8	0	0	24	1	0
	합계		128	21	0	3	146	7	0
프로통산			128	21	0	3	146	7	0

진창수 (秦昌守) 일본 도쿄 조선고 1985.10.26

리그	연도	소속	출전	교체	득점	도움	파울	경고	퇴장
챌	2013	고양	33	26	5	3	57	3	0
	2015	고양	39	20	7	6	60	2	0
	2016	부천	38	26	7	6	71	3	0
	합계		110	72	19	15	188	8	0
프로통산			110	72	19	15	188	8	0

질베르 (Gilbert Massock) 카메룬 1977.06.05

리그	연도	소속	출전	교체	득점	도움	파울	경고	퇴장
BC	1997	안양L	4	4	0	0	14	0	0
	합계		4	4	0	0	14	0	0
프로통산			4	4	0	0	14	0	0

질베르토 (Fortunato GilbeRto Valdenesio) 브라질 1987.07.11

리그	연도	소속	출전	교체	득점	도움	파울	경고	퇴장
클	2015	광주	6	5	1	0	19	1	0
	합계		6	5	1	0	19	1	0
프로통산			6	5	1	0	19	1	0

짜시오 (Jacio Marcos de Jesus) 브라질 1989.07.30

리그	연도	소속	출전	교체	득점	도움	파울	경고	퇴장
클	2014	부산	6	6	0	0	3	1	0
	합계		6	6	0	0	3	1	0
프로통산			6	6	0	0	3	1	0

쯔엉 (Luong Xuan Truong) 베트남 1995.04.28

리그	연도	소속	출전	교체	득점	도움	파울	경고	퇴장
클	2016	인천	4	4	0	0	2	0	0
	합계		4	4	0	0	2	0	0
프로통산			4	4	0	0	2	0	0

찌아고 (Thiago Elias Do Nascimento Sil) 브라질 1987.06.09

리그	연도	소속	출전	교체	득점	도움	파울	경고	퇴장
클	2013	인천	19	19	1	3	8	0	0
	합계		19	19	1	3	8	0	0
프로통산			19	19	1	3	8	0	0

찌아고 (Thiago Gentil) 브라질 1980.04.08

리그	연도	소속	출전	교체	득점	도움	파울	경고	퇴장
BC	2005	대구	30	15	6	0	40	1	0
	합계		30	15	6	0	40	1	0
프로통산			30	15	6	0	40	1	0

찌코 (Dilmar dos Santos Machado) 브라질 1975.01.26

리그	연도	소속	출전	교체	득점	도움	파울	경고	퇴장
BC	2001	전남	23	8	8	1	31	4	1
	2002	전남	12	9	3	0	17	3	0
	2003	전남	4	2	0	0	7	0	0
	합계		39	19	11	1	55	7	1
프로통산			39	19	11	1	55	7	1

차건명 (車建明) 관동대 1981.12.26

리그	연도	소속	출전	교체	득점	도움	파울	경고	퇴장
BC	2009	제주	2	1	0	0	8	1	0
	합계		2	1	0	0	8	1	0
프로통산			2	1	0	0	8	1	0

차광식 (車光植) 광운대 1963.05.09

리그	연도	소속	출전	교체	득점	도움	파울	경고	퇴장
BC	1986	한일	19	0	0	0	11	0	0
	1988	럭금	7	5	0	0	3	0	0
	1989	럭금	35	3	1	2	22	1	0
	1990	럭금	29	6	1	1	9	1	0
	1991	LG	23	8	0	0	11	0	0
	1992	LG	7	3	0	0	6	1	0
	합계		120	25	2	3	62	3	0
프로통산			120	25	2	3	62	3	0

차귀현 (車貴鉉) 한양대 1975.01.12

리그	연도	소속	출전	교체	득점	도움	파울	경고	퇴장
BC	1997	대전	17	12	3	1	24	1	0
	1998	대전	8	11	0	0	4	0	0
	1999	전남	15	16	1	0	12	0	0
	합계		40	39	4	1	40	1	0
프로통산			40	39	4	1	40	1	0

차기석 (車奇錫) 서울체고 1986.12.26

리그	연도	소속	출전	교체	득점	도움	파울	경고	퇴장
BC	2005	전남	0	0	0	0	0	0	0
	합계		0	0	0	0	0	0	0
프로통산			0	0	0	0	0	0	0

차두리 (車두리) 고려대 1980.07.25

리그	연도	소속	출전	교체	득점	도움	파울	경고	퇴장
클	2013	서울	30	7	0	3	25	2	0
	2014	서울	28	5	0	2	29	3	0
	2015	서울	24	5	2	2	23	6	0
	합계		82	17	2	7	77	11	0
프로통산			82	17	2	7	77	11	0

차상광 (車相光) 한양대 1963.05.31

리그	연도	소속	출전	교체	**실점**	도움	파울	경고	퇴장
BC	1986	럭금	7	1	7	0	1	0	0
	1987	럭금	15	1	19	0	0	0	0
	1988	럭금	16	0	17	0	0	0	0
	1989	럭금	32	1	31	0	0	1	0
	1990	럭금	28	0	23	0	0	1	0
	1991	LG	36	3	43	0	0	1	0
	1992	포철	33	0	32	0	1	0	0
	1993	포철	7	0	8	0	0	0	0
	1994	유공	22	0	21	0	1	0	0
	1995	LG	15	0	21	0	0	0	0
	1996	부천S	1	0	1	0	0	0	0
	1997	천안	14	1	17	0	0	0	0
	합계		226	7	240	0	3	3	0
프로통산			226	7	240	0	3	3	0

차상해 (車相海) 중동고 1965.10.20

리그	연도	소속	출전	교체	득점	도움	파울	경고	퇴장
BC	1989	럭금	22	16	6	4	22	0	0
	1991	대우	7	7	0	0	7	0	0
	1992	대우	1	1	0	0	1	0	0
	1992	포철	16	9	4	2	40	4	0
	1993	포철	27	19	10	2	33	1	0
	1994	포철	21	16	3	1	16	0	0
	1995	대우	10	8	1	0	15	3	0
	1995	유공	12	6	1	1	18	2	0
	1996	부천S	11	10	1	0	8	0	0
	1996	안양L	3	3	0	0	2	0	0
	합계		130	95	26	10	162	10	0
프로통산			130	95	26	10	162	10	0

차석준 (車錫俊) 동국대 1966.08.24

리그	연도	소속	출전	교체	득점	도움	파울	경고	퇴장
BC	1989	유공	29	9	0	1	37	1	0
	1990	유공	19	5	0	0	23	3	0
	1991	유공	20	9	1	1	19	1	0
	1992	유공	16	5	2	0	34	2	0
	1993	유공	12	7	0	1	10	2	0
	1994	유공	12	6	0	1	17	0	0
	1995	유공	4	0	0	0	5	2	0
	합계		112	41	3	4	145	11	0
프로통산			112	41	3	4	145	11	0

차영환 (車永煥) 홍익대 1990.07.16

리그	연도	소속	출전	교체	득점	도움	파울	경고	퇴장
챌	2016	부산	33	1	1	0	26	3	0
	합계		33	1	1	0	26	3	0
프로통산			33	1	1	0	26	3	0

차종윤 (車鐘允) 성균관대 1981.09.25

리그	연도	소속	출전	교체	득점	도움	파울	경고	퇴장
BC	2004	성남일	1	1	0	0	2	0	0
	합계		1	1	0	0	2	0	0
프로통산			1	1	0	0	2	0	0

차준엽 (車俊燁) 조선대 1992.02.20

리그	연도	소속	출전	교체	득점	도움	파울	경고	퇴장
챌	2014	수원FC	6	5	0	0	4	0	0
	합계		6	5	0	0	4	0	0
프로통산			6	5	0	0	4	0	0

차철호 (車哲昊) 영남대 1980.05.08

리그	연도	소속	출전	교체	득점	도움	파울	경고	퇴장
BC	2003	포항	2	2	0	0	1	0	0
	2004	포항	11	11	0	0	11	0	0
	2005	광주상	5	5	0	0	3	0	0
	2006	광주상	12	10	1	0	11	0	0
	2007	포항	1	1	0	0	1	0	0
	합계		31	29	1	0	27	0	0
프로통산			31	29	1	0	27	0	0

차치치 (Frane Cacic) 크로아티아 1980.06.25

리그	연도	소속	출전	교체	득점	도움	파울	경고	퇴장
BC	2007	부산	10	7	1	0	12	1	0
	합계		10	7	1	0	12	1	0
프로통산			10	7	1	0	12	1	0

차태영 (車泰泳) 울산대 1991.02.06

리그	연도	소속	출전	교체	득점	도움	파울	경고	퇴장
챌	2015	경남	2	2	0	0	0	0	0
	합계		2	2	0	0	0	0	0
프로통산			2	2	0	0	0	0	0

차희철 (車喜哲) 여주상고 1966.11.24

리그	연도	소속	출전	교체	득점	도움	파울	경고	퇴장
BC	1984	유공	22	10	1	3	10	0	0
	1985	유공	12	5	0	3	8	0	0
	1988	유공	13	8	1	0	13	1	0
	1989	유공	34	13	1	2	33	2	0
	1990	유공	15	13	0	0	9	1	0
	1991	유공	1	1	0	0	0	0	0
	합계		97	50	3	8	73	4	0
프로통산			97	50	3	8	73	4	0

채광훈 (蔡光勳) 상지대 1993.08.17

리그	연도	소속	출전	교체	득점	도움	파울	경고	퇴장
챌	2016	안양	9	3	0	0	7	2	0
	합계		9	3	0	0	7	2	0
프로통산			9	3	0	0	7	2	0

챠디 (Dragan Cadikovski) 마케도니아 1982.01.13

리그	연도	소속	출전	교체	득점	도움	파울	경고	퇴장
BC	2009	인천	20	14	5	1	27	4	0
	2010	인천	4	4	0	0	3	0	0
	합계		24	18	5	1	30	4	0
프로통산			24	18	5	1	30	4	0

천대환 (千大桓) 아주대 1980.12.06

리그	연도	소속	출전	교체	득점	도움	파울	경고	퇴장
BC	2003	성남일	2	2	0	0	2	1	0
	2004	성남일	4	3	0	0	5	0	0
	2005	성남일	7	1	0	0	10	1	0
	합계		13	6	0	0	17	2	0
프로통산			13	6	0	0	17	2	0

천병호 (千秉浩) 중앙대 1958.08.10

리그	연도	소속	출전	교체	득점	도움	파울	경고	퇴장
BC	1983	국민	12	5	0	0	3	1	0
	합계		12	5	0	0	3	1	0
프로통산			12	5	0	0	3	1	0

천성권 (千成權) 단국대 1976.09.26

리그	연도	소속	출전	교체	득점	도움	파울	경고	퇴장
BC	2000	부산	3	3	0	0	3	0	0
	합계		3	3	0	0	3	0	0
프로통산			3	3	0	0	3	0	0

천정희 (千丁熙) 한양대 1974.06.23

리그	연도	소속	출전	교체	득점	도움	파울	경고	퇴장
BC	1997	울산	12	4	0	1	18	1	0
	1998	울산	30	9	0	1	17	1	0
	1999	울산	10	3	0	0	12	1	0
	2000	울산	21	7	0	1	12	2	0
	합계		73	23	0	3	59	5	0
프로통산			73	23	0	3	59	5	0

천제훈 (千制訓) 한남대 1985.07.13

리그	연도	소속	출전	교체	득점	도움	파울	경고	퇴장
BC	2006	서울	6	5	1	0	11	0	0
	2007	서울	1	1	0	0	1	0	0
	2008	서울	1	0	0	0	0	0	0
	2009	광주상	2	2	0	0	1	1	0
	2010	광주상	1	1	0	0	0	0	0
	합계		11	9	1	0	13	1	0
프로통산			11	9	1	0	13	1	0

최강희 (崔康熙) 우신고 1959.04.12

리그	연도	소속	출전	교체	득점	도움	파울	경고	퇴장
BC	1983	포철	3	0	0	0	2	0	0
	1984	현대	26	1	0	2	17	1	0
	1985	현대	21	0	0	2	23	0	0
	1986	현대	31	1	0	3	47	1	0
	1987	현대	25	0	3	6	28	3	0
	1988	현대	20	1	0	2	27	1	0
	1989	현대	9	0	0	0	11	1	0
	1990	현대	13	1	2	3	19	2	1
	1991	현대	37	5	5	4	43	2	0
	1992	현대	20	6	0	0	14	1	0
	합계		205	15	10	22	231	12	1
프로통산			205	15	10	22	231	12	1

최거룩 (崔거룩) 중앙대 1976.06.26

리그	연도	소속	출전	교체	득점	도움	파울	경고	퇴장
BC	1999	부천S	21	13	1	0	26	5	0
	2000	부천S	27	4	0	0	37	5	1
	2001	부천S	19	2	1	0	18	1	1
	2002	부천S	17	7	0	0	37	5	0
	2003	부천S	3	0	1	0	9	2	1
	2003	전남	20	2	0	2	31	5	0
	2004	전남	17	0	0	0	40	7	0
	2005	대전	13	0	0	0	27	2	0
	2006	대전	12	8	0	0	27	3	0
	2007	대전	16	7	0	0	33	6	0
	합계		165	43	3	2	285	41	3
프로통산			165	43	3	2	285	41	3

최건택 (崔建澤) 중앙대 1965.03.23

리그	연도	소속	출전	교체	득점	도움	파울	경고	퇴장
BC	1988	현대	14	11	1	1	19	0	0
	1989	현대	15	13	1	1	18	0	0
	합계		29	24	2	2	37	0	0
프로통산			29	24	2	2	37	0	0

최경복 (崔景福) 광양제철고 1988.03.13

리그	연도	소속	출전	교체	득점	도움	파울	경고	퇴장
BC	2007	전남	2	2	0	0	1	0	0
	2008	전남	9	8	0	0	9	1	0
	합계		11	10	0	0	10	1	0
프로통산			11	10	0	0	10	1	0

최경식 (崔景植) 건국대 1957.02.01

리그	연도	소속	출전	교체	득점	도움	파울	경고	퇴장
BC	1983	유공	5	3	0	0	1	0	0

리그	연도	소속	출전	교체	득점	도움	파울	경고	퇴장
	1984	국민	26	4	0	0	21	0	0
	1985	포철	12	0	1	0	14	1	0
	합계		43	7	1	0	36	1	0
프로통산			43	7	1	0	36	1	0

최광수 (崔光洙) 동의대 1979.09.25

리그	연도	소속	출전	교체	득점	도움	파울	경고	퇴장
BC	2002	부산	12	9	1	0	14	1	0
	2003	부산	2	2	0	0	2	0	0
	합계		14	11	1	0	16	1	0
프로통산			14	11	1	0	16	1	0

최광지 (崔光志) 광운대 1963.06.05

리그	연도	소속	출전	교체	득점	도움	파울	경고	퇴장
BC	1986	현대	4	3	1	0	2	0	0
	1987	현대	5	4	0	0	4	1	0
	1989	현대	7	0	1	0	13	0	0
	1990	현대	5	5	0	0	6	0	0
	합계		21	12	2	0	25	1	0
프로통산			21	12	2	0	25	1	0

최광훈 (崔光勳) 인천대 1982.11.03

리그	연도	소속	출전	교체	득점	도움	파울	경고	퇴장
BC	2004	인천	0	0	0	0	0	0	0
	합계		0	0	0	0	0	0	0
프로통산			0	0	0	0	0	0	0

최광희 (崔光熙) 울산대 1984.05.17

리그	연도	소속	출전	교체	득점	도움	파울	경고	퇴장
BC	2006	울산	3	3	0	0	0	0	0
	2007	전북	2	2	0	0	1	0	0
	2008	부산	12	10	3	0	18	2	0
	2009	부산	4	1	0	0	1	1	0
	2010	부산	6	6	0	1	3	0	0
	2011	부산	13	9	0	0	4	0	0
	2012	부산	36	22	0	3	21	2	0
	합계		76	53	3	4	48	5	0
클	2014	부산	8	6	0	2	10	0	0
	2015	부산	24	14	1	0	16	3	0
	합계		32	20	1	2	26	3	0
챌	2013	경찰	33	4	2	1	30	5	0
	2014	안산경	20	7	0	5	22	5	0
	2016	부산	19	3	1	3	17	2	0
	합계		72	14	3	9	69	12	0
승	2015	부산	2	0	0	0	3	0	0
	합계		2	0	0	0	3	0	0
프로통산			182	87	7	15	146	20	0

최규백 (崔圭伯) 대구대 1994.01.23

리그	연도	소속	출전	교체	득점	도움	파울	경고	퇴장
클	2016	전북	15	1	1	0	21	8	1
	합계		15	1	1	0	21	8	1
프로통산			15	1	1	0	21	8	1

최규환 (崔奎奐) 홍익대 1987.03.28

리그	연도	소속	출전	교체	실점	도움	파울	경고	퇴장
챌	2013	충주	15	0	26	0	1	1	0
	합계		15	0	26	0	1	1	0
프로통산			15	0	26	0	1	1	0

최근식 (崔根植) 건국대 1981.04.25

리그	연도	소속	출전	교체	득점	도움	파울	경고	퇴장
BC	2006	대전	2	2	0	0	2	0	0
	2007	대전	9	9	0	0	11	0	0
	2008	대전	17	8	0	1	41	4	0
	합계		28	19	0	1	54	4	0
프로통산			28	19	0	1	54	4	0

최기봉 (崔基奉) 서울시립대 1958.11.13

리그	연도	소속	출전	교체	득점	도움	파울	경고	퇴장
BC	1983	유공	16	0	0	0	12	1	0
	1984	유공	28	0	0	0	19	1	0
	1985	유공	15	0	0	0	18	1	0
	1986	유공	33	0	0	0	20	4	0
	1987	유공	32	0	0	0	18	1	0
	합계		124	0	0	0	87	8	0
프로통산			124	0	0	0	87	8	0

최기석 (崔記碩) 한남대 1986.03.28

리그	연도	소속	출전	교체	득점	도움	파울	경고	퇴장
BC	2006	제주	9	9	0	0	2	1	0
	2007	제주	3	1	0	0	4	1	0
	2008	부산	7	8	0	0	7	2	0
	2009	부산	4	4	0	0	2	0	0
	2010	울산	0	0	0	0	0	0	0
	합계		23	22	0	0	15	4	0
프로통산			23	22	0	0	15	4	0

최낙민 (崔洛玟) 경기대 1989.05.27

리그	연도	소속	출전	교체	득점	도움	파울	경고	퇴장
챌	2013	부천	27	20	4	2	17	0	0
	2014	부천	1	1	0	0	3	0	0
	합계		28	21	4	2	20	0	0
프로통산			28	21	4	2	20	0	0

최남철 (崔南哲) 관동대 1977.11.15

리그	연도	소속	출전	교체	득점	도움	파울	경고	퇴장
BC	2000	수원	1	1	0	0	4	1	0
	합계		1	1	0	0	4	1	0
프로통산			1	1	0	0	4	1	0

최대식 (崔大植) 고려대 1965.01.10

리그	연도	소속	출전	교체	득점	도움	파울	경고	퇴장
BC	1988	대우	13	12	0	0	21	0	0
	1989	대우	10	10	0	0	5	0	0
	1990	럭금	29	2	4	7	26	3	0
	1991	LG	38	17	0	4	35	0	0
	1992	LG	34	19	1	6	33	3	0
	1993	LG	31	8	2	4	24	1	1
	1994	LG	12	4	0	4	7	0	0
	1995	LG	22	12	1	3	22	3	1
	합계		189	84	8	28	173	10	2
프로통산			189	84	8	28	173	10	2

최덕주 (崔德柱) 중앙대 1960.01.03

리그	연도	소속	출전	교체	득점	도움	파울	경고	퇴장
BC	1984	한일	19	3	7	1	19	1	0
	1985	포철	8	8	0	1	5	0	0
	합계		27	11	7	2	24	1	0
프로통산			27	11	7	2	24	1	0

최동근 (崔東根) 디지털서울문화예술대 1995.01.04

리그	연도	소속	출전	교체	득점	도움	파울	경고	퇴장
클	2016	전북	1	0	0	0	1	0	0
	합계		1	0	0	0	1	0	0
프로통산			1	0	0	0	1	0	0

최동필 (崔東弼) 인천대 1971.03.25

리그	연도	소속	출전	교체	득점	도움	파울	경고	퇴장
BC	1997	대전	10	9	1	0	10	1	0
	1998	대전	15	14	2	1	20	3	0
	1999	대전	13	14	0	1	11	0	0
	2000	대전	3	4	0	0	2	1	0
	합계		41	41	3	2	43	5	0
프로통산			41	41	3	2	43	5	0

최동혁 (崔東爀) 우석대 1993.12.25

리그	연도	소속	출전	교체	득점	도움	파울	경고	퇴장
챌	2015	안양	1	1	0	0	1	1	0
	합계		1	1	0	0	1	1	0
프로통산			1	1	0	0	1	1	0

최동호 (崔東昊) 아주대 1968.08.12

리그	연도	소속	출전	교체	득점	도움	파울	경고	퇴장
BC	1993	현대	24	6	0	0	41	5	0
	1994	현대	31	4	3	0	40	2	0
	1995	현대	33	1	0	1	40	1	1
	1996	울산	30	6	0	3	41	3	1
	1997	울산	23	3	0	0	45	4	0
	1998	울산	34	10	0	0	63	6	0
	1999	울산	33	0	0	0	48	4	1
	합계		208	30	3	4	318	25	3
프로통산			208	30	3	4	318	25	3

최명훈 (崔明訓) 숭실대 1993.01.03

리그	연도	소속	출전	교체	득점	도움	파울	경고	퇴장
클	2014	서울	0	0	0	0	0	0	0
	합계		0	0	0	0	0	0	0
챌	2015	수원FC	4	5	0	0	3	0	0
	합계		4	5	0	0	3	0	0
프로통산			4	5	0	0	3	0	0

최무림 (崔茂林) 대구대 1979.04.15

리그	연도	소속	출전	교체	실점	도움	파울	경고	퇴장
BC	2002	울산	4	0	5	0	0	0	0
	2003	울산	0	0	0	0	0	0	0
	2004	울산	0	0	0	0	0	0	0
	2005	울산	10	0	10	0	0	0	0
	2007	광주상	16	1	29	0	0	3	0
	2008	울산	6	0	7	0	0	1	0
	2009	울산	0	0	0	0	0	0	0
	2010	울산	0	0	0	0	0	0	0
	2011	울산	1	0	2	0	0	0	0
	합계		37	1	53	0	0	4	0
프로통산			37	1	53	0	0	4	0

최문식 (崔文植) 동대부고 1971.01.06

리그	연도	소속	출전	교체	득점	도움	파울	경고	퇴장
BC	1989	포철	17	13	6	1	6	0	0
	1990	포철	20	19	2	2	8	1	0
	1991	포철	18	15	1	1	9	0	0
	1992	포철	31	21	6	2	15	3	0
	1993	포철	13	4	5	1	13	0	0
	1994	포철	19	9	6	6	7	1	0
	1995	포항	6	4	1	0	2	1	0
	1998	포항	36	26	6	2	24	1	0
	1999	전남	33	11	7	3	16	0	0
	2000	전남	32	14	4	5	15	1	0
	2001	수원	12	9	0	1	6	0	0
	2002	부천S	27	12	3	1	15	0	0
	합계		264	157	47	25	136	8	0
프로통산			264	157	47	25	136	8	0

최배식 (崔培植) 학성고 1982.05.15

리그	연도	소속	출전	교체	득점	도움	파울	경고	퇴장
BC	2001	울산	3	2	0	0	4	1	0
	2003	광주상	8	8	0	1	4	0	0
	합계		11	10	0	1	8	1	0
프로통산			11	10	0	1	8	1	0

최병도 (崔炳燾) 경기대 1984.01.18

리그	연도	소속	출전	교체	득점	도움	파울	경고	퇴장
BC	2006	인천	9	2	0	0	12	3	0
	2007	인천	9	7	0	0	18	1	0
	2008	광주상	16	0	0	0	15	2	0
	2009	광주상	1	1	0	0	1	0	0
	2010	인천	2	3	0	0	0	0	0
	합계		37	13	0	0	46	6	0
챌	2013	고양	30	3	1	0	27	6	0
	2014	고양	34	2	1	2	11	2	0
	2015	부천	33	1	0	1	28	4	0
	합계		97	6	2	3	66	12	0
프로통산			134	19	2	3	112	18	0

최병호 (崔炳鎬) 충북대 1983.11.23

리그	연도	소속	출전	교체	득점	도움	파울	경고	퇴장
BC	2006	경남	0	0	0	0	0	0	0
	2007	경남	0	0	0	0	0	0	0
	합계		0	0	0	0	0	0	0
프로통산			0	0	0	0	0	0	0

최보경 (崔普慶) 동국대 1988.04.12

리그	연도	소속	출전	교체	득점	도움	파울	경고	퇴장
BC	2011	울산	0	0	0	0	0	0	0

	2012	울산	7	2	0	0	17	2	0
	합계		7	2	0	0	17	2	0
클	2013	울산	29	23	0	3	34	5	0
	2014	전북	19	8	0	1	18	2	0
	2015	전북	26	10	0	0	40	7	0
	합계		74	41	0	4	92	14	0
챌	2016	안산무	19	1	2	2	15	4	0
	합계		19	1	2	2	15	4	0
프로통산			100	44	2	6	124	20	0

최봉균 (崔逢均) 한양대 1991.06.24

리그	연도	소속	출전	교체	득점	도움	파울	경고	퇴장
챌	2014	고양	0	0	0	0	0	0	0
	합계		0	0	0	0	0	0	0
프로통산			0	0	0	0	0	0	0

최봉진 (崔鳳珍) 중앙대 1992.04.06

리그	연도	소속	출전	교체	실점	도움	파울	경고	퇴장
클	2015	광주	13	0	17	0	0	1	0
	2016	광주	17	1	24	0	1	2	1
	합계		30	1	41	0	1	3	1
챌	2015	경남	0	0	0	0	0	0	0
	합계		0	0	0	0	0	0	0
프로통산			30	1	41	0	1	3	1

최상국 (崔相國) 청주상고 1961.02.15

리그	연도	소속	출전	교체	득점	도움	파울	경고	퇴장
BC	1983	포철	16	1	2	4	15	0	0
	1984	포철	23	3	4	1	28	2	0
	1985	포철	20	3	2	2	24	0	0
	1986	포철	19	3	2	4	20	1	0
	1987	포철	30	7	15	8	29	3	0
	1988	포철	11	3	2	1	23	1	0
	1989	포철	8	3	2	0	14	2	0
	1990	포철	19	6	3	0	18	1	0
	1991	포철	13	10	0	2	20	0	0
	합계		159	39	32	22	191	10	0
프로통산			159	39	32	22	191	10	0

최상현 (崔相賢) 연세대 1984.03.18

리그	연도	소속	출전	교체	득점	도움	파울	경고	퇴장
BC	2009	대구	4	4	0	0	5	1	0
	합계		4	4	0	0	5	1	0
프로통산			4	4	0	0	5	1	0

최상훈 (崔相勳) 국민대 1971.09.28

리그	연도	소속	출전	교체	득점	도움	파울	경고	퇴장
BC	1994	포철	3	3	0	0	6	2	0
	1995	포항	2	2	0	0	0	0	0
	1996	포항	2	2	1	0	4	0	0
	1997	안양L	3	3	0	0	2	1	0
	합계		10	10	1	0	12	3	0
프로통산			10	10	1	0	12	3	0

최석도 (崔錫道) 중앙대 1982.05.01

리그	연도	소속	출전	교체	득점	도움	파울	경고	퇴장
BC	2005	대구	1	1	0	0	1	1	0
	2006	대구	2	1	0	0	0	0	0
	합계		3	2	0	0	1	1	0
프로통산			3	2	0	0	1	1	0

최선걸 (崔善傑) 서울시립대 1973.03.27

리그	연도	소속	출전	교체	득점	도움	파울	경고	퇴장
BC	1998	울산	4	4	0	0	5	0	0
	1999	울산	1	1	0	0	2	0	0
	2000	전남	17	9	3	2	41	1	0
	2001	전남	23	12	2	1	50	5	0
	합계		45	26	5	3	98	6	0
프로통산			45	26	5	3	98	6	0

최성국 (崔成國) 고려대 1983.02.08

리그	연도	소속	출전	교체	득점	도움	파울	경고	퇴장
BC	2003	울산	27	22	7	1	30	5	0
	2004	울산	19	10	1	4	19	2	0
	2005	울산	16	14	1	3	26	4	0
	2006	울산	35	13	9	4	40	3	0
	2007	성남일	28	20	3	2	36	3	0
	2008	성남일	26	24	7	3	8	3	0
	2009	광주상	28	5	9	3	41	2	0
	2010	광주상	24	4	4	2	43	5	1
	2010	성남일	4	3	0	1	4	1	0
	2011	수원	12	9	1	2	11	2	0
	합계		219	124	42	25	258	30	1
프로통산			219	124	42	25	258	30	1

최성민 (崔晟旼) 동국대 1991.08.20

리그	연도	소속	출전	교체	득점	도움	파울	경고	퇴장
클	2014	경남	3	2	0	0	5	1	0
	합계		3	2	0	0	5	1	0
챌	2015	경남	9	4	0	1	9	1	0
	2015	부천	2	2	0	0	1	0	0
	합계		11	6	0	1	10	1	0
승	2014	경남	0	0	0	0	0	0	0
	합계		0	0	0	0	0	0	0
프로통산			14	8	0	1	15	2	0

최성용 (崔成勇) 고려대 1975.12.25

리그	연도	소속	출전	교체	득점	도움	파울	경고	퇴장
BC	2002	수원	11	2	0	0	10	1	0
	2003	수원	23	5	0	0	17	2	0
	2004	수원	35	6	1	4	51	3	0
	2005	수원	23	8	0	0	28	5	0
	2006	수원	12	10	0	1	9	0	0
	2007	울산	9	8	0	0	3	0	0
	합계		113	39	1	5	118	11	0
프로통산			113	39	1	5	118	11	0

최성현 (崔星玄) 호남대 1982.05.02

리그	연도	소속	출전	교체	득점	도움	파울	경고	퇴장
BC	2005	수원	2	2	0	0	4	1	0
	2006	광주상	1	1	0	0	2	1	0
	2008	수원	8	6	0	0	6	0	0
	2009	수원	10	5	0	0	14	1	0
	2010	제주	1	1	0	0	1	0	0
	합계		22	15	0	0	27	3	0
프로통산			22	15	0	0	27	3	0

최성호 (崔聖鎬) 동아대 1969.07.17

리그	연도	소속	출전	교체	득점	도움	파울	경고	퇴장
BC	1992	일화	1	1	0	0	0	0	0
	1993	일화	2	3	0	0	0	0	0
	1995	일화	7	8	4	0	5	0	0
	1996	천안	6	6	0	0	7	1	0
	1997	수원	4	4	0	0	0	1	0
	합계		20	22	4	0	12	2	0
프로통산			20	22	4	0	12	2	0

최성환 (崔誠桓) 전주대 1981.10.06

리그	연도	소속	출전	교체	득점	도움	파울	경고	퇴장
BC	2005	대구	15	5	0	0	59	9	0
	2006	대구	29	4	2	2	69	10	0
	2007	수원	3	3	0	0	4	0	0
	2008	수원	8	1	0	0	20	5	0
	2009	수원	14	4	0	0	22	5	0
	2010	수원	12	8	0	0	16	2	0
	2011	수원	21	11	0	0	33	9	0
	2012	수원	0	0	0	0	0	0	0
	2012	울산	4	1	0	0	6	2	0
	합계		106	37	2	2	229	42	0
클	2013	울산	1	1	0	0	0	1	0
	합계		1	1	0	0	0	1	0
챌	2014	광주	5	1	0	0	6	2	0
	2015	경남	28	6	1	0	33	6	1
	합계		33	7	1	0	39	8	1
프로통산			140	45	3	2	268	51	1

최순호 (崔淳鎬) 광운대 1962.01.10

리그	연도	소속	출전	교체	득점	도움	파울	경고	퇴장
BC	1983	포철	2	1	2	0	3	0	0
	1984	포철	24	0	14	6	25	1	0
	1985	포철	5	1	2	0	3	1	0
	1986	포철	9	2	1	2	8	0	0
	1987	포철	16	7	2	5	23	0	0
	1988	럭금	11	0	1	2	16	0	0
	1989	럭금	9	0	0	1	17	1	0
	1990	럭금	8	4	1	2	7	1	0
	1991	포철	16	11	0	1	3	1	0
	합계		100	26	23	19	105	5	0
프로통산			100	26	23	19	105	5	0

최승범 (崔勝範) 홍익대 1974.09.23

리그	연도	소속	출전	교체	득점	도움	파울	경고	퇴장
BC	2000	안양L	1	1	0	0	2	0	0
	합계		1	1	0	0	2	0	0
프로통산			1	1	0	0	2	0	0

최승인 (崔承仁) 동래고 1991.03.05

리그	연도	소속	출전	교체	득점	도움	파울	경고	퇴장
클	2013	강원	10	10	2	1	5	1	0
	합계		10	10	2	1	5	1	0
챌	2014	강원	20	21	2	2	19	1	0
	2015	강원	31	20	11	3	34	4	0
	2016	부산	14	12	2	1	15	1	0
	합계		65	53	15	6	68	6	0
승	2013	강원	2	1	2	0	2	0	0
	합계		2	1	2	0	2	0	0
프로통산			77	64	19	7	75	7	0

최승호 (最勝湖) 예원예술대 1992.03.31

리그	연도	소속	출전	교체	득점	도움	파울	경고	퇴장
챌	2014	충주	24	11	0	3	22	5	0
	2015	충주	32	16	1	1	17	3	0
	2016	충주	31	10	0	0	33	4	0
	합계		87	37	1	4	72	12	0
프로통산			87	37	1	4	72	12	0

최연근 (崔延瑾) 중앙대 1988.04.01

리그	연도	소속	출전	교체	득점	도움	파울	경고	퇴장
BC	2011	성남일	0	0	0	0	0	0	0
	합계		0	0	0	0	0	0	0
프로통산			0	0	0	0	0	0	0

최영광 (崔榮光) 한남대 1990.05.20

리그	연도	소속	출전	교체	득점	도움	파울	경고	퇴장
챌	2016	강원	0	0	0	0	0	0	0
	합계		0	0	0	0	0	0	0
프로통산			0	0	0	0	0	0	0

최영근 (崔永根) 한양대 1972.07.16

리그	연도	소속	출전	교체	득점	도움	파울	경고	퇴장
BC	1998	부산	8	3	0	0	16	1	0
	1999	부산	6	6	0	0	1	0	0
	합계		14	9	0	0	17	1	0
프로통산			14	9	0	0	17	1	0

최영남 (崔永男) 아주대 1984.07.27

리그	연도	소속	출전	교체	득점	도움	파울	경고	퇴장
BC	2010	강원	13	2	1	2	7	0	0
	합계		13	2	1	2	7	0	0
프로통산			13	2	1	2	7	0	0

최영일 (崔英一) 동아대 1966.04.25

리그	연도	소속	출전	교체	득점	도움	파울	경고	퇴장
BC	1989	현대	29	3	0	0	62	4	0
	1990	현대	21	5	0	0	26	2	0
	1991	현대	34	5	0	0	59	6	0
	1992	현대	37	6	1	0	50	1	0
	1993	현대	35	0	0	1	40	1	0
	1994	현대	17	1	0	1	27	7	0
	1995	현대	33	0	0	1	49	5	0
	1996	울산	31	0	2	2	60	7	0
	1997	부산	16	3	0	0	29	2	0
	1998	부산	8	1	0	1	13	1	1

	2000	안양L	5	4	0	0	2	1	0
	합계		266	28	3	6	417	37	1
프로통산			266	28	3	6	417	37	1

최영일 (崔永一) 관동대 1984.03.10

리그	연도	소속	출전	교체	득점	도움	파울	경고	퇴장
BC	2007	서울	0	0	0	0	0	0	0
	합계		0	0	0	0	0	0	0
프로통산			0	0	0	0	0	0	0

최영준 (崔榮峻) 건국대 1991.12.15

리그	연도	소속	출전	교체	득점	도움	파울	경고	퇴장
BC	2011	경남	17	6	0	1	25	3	0
	2012	경남	35	9	0	1	39	3	0
	합계		52	15	0	2	64	6	0
클	2013	경남	18	10	0	0	22	3	0
	2014	경남	21	11	0	2	21	1	0
	합계		39	21	0	2	43	4	0
챌	2015	안산경	20	11	1	0	12	4	0
	2016	안산무	7	6	0	1	7	0	0
	2016	경남	3	1	0	0	4	0	0
	합계		30	18	1	1	23	4	0
승	2014	경남	2	1	0	1	5	1	0
	합계		2	1	0	1	5	1	0
프로통산			123	55	1	6	135	15	0

최영준 (崔榮俊) 연세대 1965.08.16

리그	연도	소속	출전	교체	득점	도움	파울	경고	퇴장
BC	1988	럭금	22	0	0	0	18	0	0
	1989	럭금	27	2	0	1	19	2	0
	1990	럭금	23	0	1	0	23	0	0
	1991	LG	37	5	0	1	34	1	0
	1992	LG	27	4	1	0	52	3	0
	1993	LG	27	0	1	0	39	3	0
	1994	LG	14	3	0	0	14	3	0
	1995	현대	21	2	1	1	12	0	0
	1996	울산	12	3	0	1	12	2	0
	합계		210	19	4	4	223	14	0
프로통산			210	19	4	4	223	14	0

최영회 (崔永回) 고려대 1960.02.14

리그	연도	소속	출전	교체	득점	도움	파울	경고	퇴장
BC	1984	한일	26	2	0	0	19	1	0
	1985	한일	21	0	3	2	14	0	0
	1986	한일	16	0	1	0	8	0	0
	합계		63	2	4	2	41	1	0
프로통산			63	2	4	2	41	1	0

최영훈 (崔榮熏) 연세대 1993.05.29

리그	연도	소속	출전	교체	득점	도움	파울	경고	퇴장
챌	2016	안양	25	8	0	1	74	9	0
	합계		25	8	0	1	74	9	0
프로통산			25	8	0	1	74	9	0

최영훈 (崔榮勳) 이리고 1981.03.18

리그	연도	소속	출전	교체	득점	도움	파울	경고	퇴장
BC	2000	전북	2	2	0	0	0	0	0
	2001	전북	5	5	0	0	2	0	0
	2002	전북	6	7	0	0	7	1	0
	2003	전북	23	23	1	1	22	1	0
	2004	전북	21	15	1	0	16	1	0
	2005	전북	2	2	0	0	1	1	0
	2006	전북	21	13	0	3	36	2	0
	2007	인천	5	5	0	0	3	0	0
	2008	인천	3	2	0	0	6	0	0
	합계		88	74	2	4	93	6	0
프로통산			88	74	2	4	93	6	0

최영희 (崔營喜) 아주대 1969.02.26

리그	연도	소속	출전	교체	득점	도움	파울	경고	퇴장
BC	1992	대우	17	13	1	0	7	1	0
	1993	대우	11	11	0	0	4	1	0
	1994	대우	14	1	2	0	18	0	0
	1995	대우	10	9	0	0	6	1	0
	1996	부산	12	7	0	0	5	0	0
	1997	전남	9	7	0	0	17	2	0
	1998	전남	3	2	0	0	6	0	0
	합계		76	50	3	0	63	5	0
프로통산			76	50	3	0	63	5	0

최오백 (崔午百) 조선대 1992.03.10

리그	연도	소속	출전	교체	득점	도움	파울	경고	퇴장
챌	2015	서울E	7	7	0	1	4	0	0
	2016	서울E	18	14	2	4	15	4	0
	합계		25	21	2	5	19	4	0
프로통산			25	21	2	5	19	4	0

최왕길 (催王吉) 한라대 1987.01.08

리그	연도	소속	출전	교체	득점	도움	파울	경고	퇴장
BC	2011	대전	1	1	0	0	0	0	0
	합계		1	1	0	0	0	0	0
프로통산			1	1	0	0	0	0	0

최용길 (崔溶吉) 연세대 1965.03.15

리그	연도	소속	출전	교체	득점	도움	파울	경고	퇴장
BC	1986	한일	12	9	1	0	9	0	0
	합계		12	9	1	0	9	0	0
프로통산			12	9	1	0	9	0	0

최용수 (崔龍洙) 연세대 1973.09.10

리그	연도	소속	출전	교체	득점	도움	파울	경고	퇴장
BC	1994	LG	35	10	10	7	31	2	0
	1995	LG	28	1	11	2	38	5	0
	1996	안양L	22	7	5	3	21	2	0
	1999	안양L	27	5	14	4	48	2	0
	2000	안양L	34	10	14	10	62	6	0
	2006	서울	2	2	0	0	2	0	0
	합계		148	35	54	26	202	17	0
프로통산			148	35	54	26	202	17	0

최우재 (崔佑在) 중앙대 1990.03.27

리그	연도	소속	출전	교체	득점	도움	파울	경고	퇴장
클	2013	강원	16	4	0	0	25	6	0
	합계		16	4	0	0	25	6	0
챌	2014	강원	15	8	1	0	15	4	0
	2015	강원	8	3	0	0	5	0	0
	2016	강원	5	2	0	0	5	1	0
	합계		28	13	1	0	25	5	0
승	2013	강원	1	0	0	0	3	0	0
	합계		1	0	0	0	3	0	0
프로통산			45	17	1	0	53	11	0

최원권 (崔源權) 동북고 1981.11.08

리그	연도	소속	출전	교체	득점	도움	파울	경고	퇴장
BC	2000	안양L	4	3	0	0	1	0	0
	2001	안양L	22	21	0	1	23	0	0
	2002	안양L	20	10	0	2	27	3	0
	2003	안양L	25	15	2	1	38	3	0
	2004	서울	19	8	1	2	41	3	0
	2005	서울	11	7	0	0	19	2	0
	2006	서울	14	4	0	3	19	3	0
	2007	서울	33	4	0	2	60	3	0
	2008	서울	20	9	0	3	38	4	0
	2009	광주상	26	2	5	5	27	6	0
	2010	광주상	24	8	3	0	29	6	0
	2011	제주	15	9	0	0	21	1	0
	2012	제주	27	11	0	0	31	7	0
	합계		260	111	11	19	374	41	0
클	2013	제주	2	2	0	0	3	1	0
	2013	대구	12	2	0	0	16	2	0
	합계		14	4	0	0	19	3	0
챌	2014	대구	15	1	1	0	16	4	0
	2015	대구	2	0	0	0	1	0	0
	합계		17	1	1	0	17	4	0
프로통산			291	116	12	19	410	48	0

최원우 (崔原友) 포철공고 1988.10.13

리그	연도	소속	출전	교체	득점	도움	파울	경고	퇴장
BC	2007	경남	1	1	0	0	1	0	0
	2008	광주상	2	2	0	0	1	0	0
	2010	경남	1	1	0	0	1	0	0
	합계		4	4	0	0	3	0	0
프로통산			4	4	0	0	3	0	0

최원욱 (崔源旭) 숭실대 1990.04.27

리그	연도	소속	출전	교체	득점	도움	파울	경고	퇴장
BC	2011	서울	0	0	0	0	0	0	0
	합계		0	0	0	0	0	0	0
챌	2013	경찰	1	1	0	0	4	0	0
	합계		1	1	0	0	4	0	0
프로통산			1	1	0	0	4	0	0

최월규 (崔月奎) 아주대 1973.06.28

리그	연도	소속	출전	교체	득점	도움	파울	경고	퇴장
BC	1996	부산	22	20	2	0	12	0	0
	1997	부산	3	3	0	0	3	0	0
	2000	부천S	3	3	0	0	0	0	0
	합계		28	26	2	0	15	0	0
프로통산			28	26	2	0	15	0	0

최유상 (崔楡尙) 관동대 1989.08.25

리그	연도	소속	출전	교체	득점	도움	파울	경고	퇴장
챌	2015	서울E	4	3	2	0	3	0	0
	2016	충주	30	13	3	1	53	4	0
	합계		34	16	5	1	56	4	0
프로통산			34	16	5	1	56	4	0

최윤겸 (崔允謙) 인천대학원 1962.04.21

리그	연도	소속	출전	교체	득점	도움	파울	경고	퇴장
BC	1986	유공	10	1	0	0	18	1	0
	1987	유공	27	7	1	0	40	4	0
	1988	유공	11	1	0	1	11	1	0
	1989	유공	30	6	1	0	45	3	0
	1990	유공	21	2	0	0	41	2	0
	1991	유공	37	12	1	0	63	3	0
	1992	유공	26	10	2	0	45	3	0
	합계		162	39	5	1	263	17	0
프로통산			162	39	5	1	263	17	0

최윤열 (崔潤烈) 경희대 1974.04.17

리그	연도	소속	출전	교체	득점	도움	파울	경고	퇴장
BC	1997	전남	29	6	0	1	72	6	0
	1998	전남	31	3	0	0	105	8	0
	1999	전남	21	5	1	0	46	3	0
	2000	전남	0	0	0	0	0	0	0
	2000	안양L	7	3	0	0	13	1	0
	2001	안양L	22	2	0	0	58	6	1
	2002	안양L	27	7	0	0	48	0	0
	2003	포항	34	6	2	0	51	5	0
	2004	대전	13	0	0	0	27	2	0
	2005	대전	26	1	1	0	56	7	0
	2006	대전	20	2	1	0	42	3	0
	2007	대전	20	2	0	0	37	4	0
	합계		250	37	5	1	555	45	1
프로통산			250	37	5	1	555	45	1

최윤호 (崔允浩) 아주대 1974.09.15

리그	연도	소속	출전	교체	득점	도움	파울	경고	퇴장
BC	1997	부산	10	10	0	0	8	0	0
	합계		10	10	0	0	8	0	0
프로통산			10	10	0	0	8	0	0

최은성 (崔殷誠) 인천대 1971.04.05

리그	연도	소속	출전	교체	실점	도움	파울	경고	퇴장
BC	1997	대전	35	2	46	0	0	0	0
	1998	대전	33	1	55	0	1	2	0
	1999	대전	32	0	55	0	1	0	1
	2000	대전	33	0	46	0	2	1	1
	2001	대전	33	0	42	0	0	0	0
	2002	대전	25	0	35	0	0	1	0
	2003	대전	37	1	39	0	1	2	0
	2004	대전	32	0	30	0	1	1	0

리그	연도	소속	출전	교체	득점	도움	파울	경고	퇴장
	2005	대전	33	1	26	0	2	1	0
	2006	대전	39	0	41	0	3	1	0
	2007	대전	32	1	36	0	0	1	0
	2008	대전	31	1	39	0	0	0	0
	2009	대전	28	0	35	0	0	2	0
	2010	대전	13	0	25	1	0	1	0
	2011	대전	28	1	53	0	0	0	0
	2012	전북	34	1	36	0	1	4	0
	합계		498	9	639	1	12	17	2
클	2013	전북	31	1	32	0	0	0	0
	2014	전북	3	1	3	0	0	0	0
	합계		34	2	35	0	0	0	0
프로통산			532	11	674	1	12	17	2

최익형 (崔益馨) 고려대 1973.08.05

리그	연도	소속	출전	교체	득점	도움	파울	경고	퇴장
BC	1999	전남	0	0	0	0	0	0	0
	합계		0	0	0	0	0	0	0
프로통산			0	0	0	0	0	0	0

최인석 (崔仁碩) 경일대 1979.08.07

리그	연도	소속	출전	교체	득점	도움	파울	경고	퇴장
BC	2002	울산	4	3	0	0	4	1	0
	합계		4	3	0	0	4	1	0
프로통산			4	3	0	0	4	1	0

최인영 (崔仁榮) 서울시립대 1962.03.05

리그	연도	소속	출전	교체	실점	도움	파울	경고	퇴장
BC	1983	국민	2	0	4	0	0	0	0
	1984	현대	22	0	26	0	0	0	1
	1985	현대	4	1	3	0	0	0	0
	1986	현대	17	0	14	0	0	1	0
	1987	현대	13	1	20	0	0	1	0
	1988	현대	4	0	7	0	1	0	0
	1989	현대	27	1	32	0	0	1	0
	1990	현대	10	0	11	0	1	1	0
	1991	현대	30	1	17	0	2	0	0
	1992	현대	28	2	26	0	1	3	0
	1993	현대	12	2	8	0	0	0	0
	1994	현대	6	0	6	0	0	0	0
	1995	현대	1	1	0	0	0	0	0
	1996	울산	0	0	0	0	0	0	0
	합계		176	9	174	0	5	7	1
프로통산			176	9	174	0	5	7	1

최인창 (崔仁暢) 한양대 1990.04.11

리그	연도	소속	출전	교체	득점	도움	파울	경고	퇴장
챌	2013	부천	10	9	1	0	7	2	0
	2014	부천	31	20	4	2	70	5	0
	합계		41	29	5	2	77	7	0
프로통산			41	29	5	2	77	7	0

최인후 (崔仁厚) 동북고 1995.05.04

리그	연도	소속	출전	교체	득점	도움	파울	경고	퇴장
챌	2014	강원	0	0	0	0	0	0	0
	2015	경남	7	7	0	0	0	0	0
	합계		7	7	0	0	0	0	0
프로통산			7	7	0	0	0	0	0

최재수 (崔在洙) 연세대 1983.05.02

리그	연도	소속	출전	교체	득점	도움	파울	경고	퇴장
BC	2004	서울	7	7	0	0	5	0	0
	2005	서울	17	6	1	1	29	6	0
	2006	서울	11	3	0	0	15	4	0
	2007	서울	1	0	0	0	1	0	0
	2008	광주상	26	14	0	4	33	3	0
	2009	광주상	18	9	3	3	21	2	0
	2010	울산	28	17	0	6	36	7	0
	2011	울산	40	6	1	11	44	8	0
	2012	울산	11	6	1	1	13	0	0
	2012	수원	19	12	1	1	19	5	0
	합계		178	80	7	27	216	35	0
클	2013	수원	26	7	0	0	34	7	0
	2014	수원	10	2	0	0	8	1	1
	2015	수원	5	2	0	1	8	1	0
	2015	포항	11	3	2	0	15	5	0
	2016	전북	12	6	0	1	16	3	0
	합계		64	20	2	2	81	17	1
프로통산			242	100	9	29	297	52	1

최재영 (崔宰榮) 홍익대 1983.07.14

리그	연도	소속	출전	교체	득점	도움	파울	경고	퇴장
BC	2005	광주상	2	2	0	0	1	0	0
	2009	성남일	2	1	0	0	5	0	0
	합계		4	3	0	0	6	0	0
프로통산			4	3	0	0	6	0	0

최재영 (崔在榮) 홍익대 1983.09.22

리그	연도	소속	출전	교체	득점	도움	파울	경고	퇴장
BC	2006	제주	9	8	0	1	12	1	0
	2007	제주	1	1	0	0	2	1	0
	합계		10	9	0	1	14	2	0
프로통산			10	9	0	1	14	2	0

최재은 (崔宰銀) 광운대 1988.06.08

리그	연도	소속	출전	교체	득점	도움	파울	경고	퇴장
BC	2010	인천	2	2	0	0	4	0	0
	합계		2	2	0	0	4	0	0
프로통산			2	2	0	0	4	0	0

최재혁 (崔宰赫) 통진종고 1964.09.17

리그	연도	소속	출전	교체	득점	도움	파울	경고	퇴장
BC	1984	현대	8	5	2	0	7	0	0
	1985	현대	15	9	0	3	15	1	0
	1986	현대	10	6	0	1	5	0	0
	합계		33	20	2	4	27	1	0
프로통산			33	20	2	4	27	1	0

최정민 (崔禎珉) 중앙대 1977.10.07

리그	연도	소속	출전	교체	득점	도움	파울	경고	퇴장
BC	2000	부천S	3	2	0	0	2	1	0
	2001	부천S	17	3	1	0	26	1	0
	2002	부천S	12	4	0	0	21	2	0
	2003	부천S	20	3	0	0	32	3	0
	합계		52	12	1	0	81	7	0
프로통산			52	12	1	0	81	7	0

최정한 (崔正漢) 연세대 1989.06.03

리그	연도	소속	출전	교체	득점	도움	파울	경고	퇴장
클	2014	서울	7	7	1	1	8	1	0
	2015	서울	0	0	0	0	0	0	0
	합계		7	7	1	1	8	1	0
챌	2016	대구	26	24	1	2	9	0	0
	합계		26	24	1	2	9	0	0
프로통산			33	31	2	3	17	1	0

최정호 (崔貞鎬) 한양대 1978.04.06

리그	연도	소속	출전	교체	득점	도움	파울	경고	퇴장
BC	2001	전남	0	0	0	0	0	0	0
	합계		0	0	0	0	0	0	0
프로통산			0	0	0	0	0	0	0

최종덕 (崔鍾德) 고려대 1954.06.24

리그	연도	소속	출전	교체	득점	도움	파울	경고	퇴장
BC	1983	할렐	16	2	1	1	7	0	0
	1984	할렐	25	1	3	0	18	1	1
	1985	럭금	17	3	1	0	11	1	0
	합계		58	6	5	1	36	2	1
프로통산			58	6	5	1	36	2	1

최종범 (崔鍾範) 영남대 1978.03.27

리그	연도	소속	출전	교체	득점	도움	파울	경고	퇴장
BC	2001	포항	4	4	0	0	2	0	1
	2002	포항	17	14	0	0	16	0	0
	2003	포항	30	12	1	1	45	3	0
	2004	포항	10	6	0	1	9	2	0
	2005	광주상	30	7	2	2	47	3	0
	2006	광주상	11	8	0	1	9	0	0
	2008	포항	0	0	0	0	0	0	0
	2009	대구	4	4	0	0	2	0	0
	합계		106	55	3	5	130	8	1
프로통산			106	55	3	5	130	8	1

최종학 (崔種學) 서울대 1962.05.10

리그	연도	소속	출전	교체	득점	도움	파울	경고	퇴장
BC	1984	현대	3	2	0	0	2	0	0
	1985	현대	1	0	0	0	2	0	0
	합계		4	2	0	0	4	0	0
프로통산			4	2	0	0	4	0	0

최종혁 (崔鍾赫) 호남대 1984.09.03

리그	연도	소속	출전	교체	득점	도움	파울	경고	퇴장
BC	2007	대구	17	11	0	2	27	5	0
	2008	대구	16	13	0	0	10	1	0
	2009	대구	18	8	0	0	20	6	0
	합계		51	32	0	2	57	12	0
프로통산			51	32	0	2	57	12	0

최종호 (崔鍾鎬) 고려대 1968.04.07

리그	연도	소속	출전	교체	득점	도움	파울	경고	퇴장
BC	1991	LG	1	1	0	0	0	0	0
	1992	LG	1	1	0	0	1	0	0
	합계		2	2	0	0	1	0	0
프로통산			2	2	0	0	1	0	0

최종환 (催鍾桓) 부경대 1987.08.12

리그	연도	소속	출전	교체	득점	도움	파울	경고	퇴장
BC	2011	서울	8	5	1	0	14	1	0
	2012	인천	13	11	1	0	20	1	0
	합계		21	16	2	0	34	2	0
클	2013	인천	21	0	0	2	43	2	0
	2014	인천	30	11	3	1	38	1	1
	2016	상주	11	5	0	0	8	3	0
	2016	인천	5	2	0	0	2	0	0
	합계		67	18	3	3	91	6	1
챌	2015	상주	14	8	0	0	12	3	0
	합계		14	8	0	0	12	3	0
프로통산			102	42	5	3	137	11	1

최지훈 (崔智薰) 경기대 1984.09.20

리그	연도	소속	출전	교체	득점	도움	파울	경고	퇴장
BC	2007	인천	7	5	0	0	5	1	0
	합계		7	5	0	0	5	1	0
프로통산			7	5	0	0	5	1	0

최진규 (崔軫圭) 동국대 1969.05.11

리그	연도	소속	출전	교체	득점	도움	파울	경고	퇴장
BC	1995	전북	33	1	1	4	18	4	0
	1996	전북	36	2	1	0	23	3	0
	1997	전북	24	13	0	2	38	3	0
	1998	전북	17	5	0	2	13	1	0
	1999	전북	3	1	0	0	3	2	0
	합계		113	22	2	8	95	13	0
프로통산			113	22	2	8	95	13	0

최진수 (催進樹) 현대고 1990.06.17

리그	연도	소속	출전	교체	득점	도움	파울	경고	퇴장
BC	2010	울산	7	6	1	0	3	0	0
	2011	울산	1	1	0	0	0	0	0
	2012	울산	4	4	0	0	0	0	0
	합계		12	11	1	0	3	0	0
챌	2013	안양	31	14	6	8	47	10	0
	2014	안양	31	6	5	8	55	11	0
	2015	안양	34	16	1	7	39	6	0
	2016	안산무	12	10	3	0	7	0	0
	합계		108	46	15	23	148	27	0
프로통산			120	57	16	23	151	27	0

최진욱 (崔珍煜) 관동대 1981.08.17

리그	연도	소속	출전	교체	득점	도움	파울	경고	퇴장
BC	2004	울산	0	0	0	0	0	0	0
	합계		0	0	0	0	0	0	0
프로통산			0	0	0	0	0	0	0

최진철 (崔眞喆) 숭실대 1971.03.26

리그	연도	소속	출전	교체	득점	도움	파울	경고	퇴장
BC	1996	전북	29	5	1	1	70	6	0
	1997	전북	21	1	2	0	67	6	0
	1998	전북	27	8	8	2	53	5	0
	1999	전북	35	16	9	6	56	3	0
	2000	전북	32	1	3	0	57	7	0
	2001	전북	25	5	0	0	44	6	0
	2002	전북	24	3	0	1	39	5	0
	2003	전북	33	2	1	1	85	7	0
	2004	전북	21	0	2	0	45	11	0
	2005	전북	30	2	1	0	58	9	0
	2006	전북	20	3	1	0	36	5	0
	2007	전북	15	2	0	0	22	5	1
	합계		312	48	28	11	632	75	1
프로통산			312	48	28	11	632	75	1

최진한(崔震澣) 명지대 1961.06.22

리그	연도	소속	출전	교체	득점	도움	파울	경고	퇴장
BC	1985	럭금	5	3	0	0	5	0	0
	1986	럭금	23	8	4	3	45	3	0
	1987	럭금	29	10	2	1	38	5	0
	1988	럭금	23	7	4	1	26	1	0
	1989	럭금	38	15	5	4	65	3	0
	1990	럭금	27	5	6	5	37	0	0
	1991	LG	6	5	0	1	5	1	0
	1991	유공	18	8	12	0	17	2	0
	1992	유공	17	11	2	1	25	1	0
	합계		186	72	35	16	263	16	0
프로통산			186	72	35	16	263	16	0

최진호(崔診護) 관동대 1989.09.22

리그	연도	소속	출전	교체	득점	도움	파울	경고	퇴장
BC	2011	부산	12	10	1	0	6	1	0
	2012	부산	7	7	1	0	2	0	0
	합계		19	17	2	0	8	1	0
클	2013	강원	22	16	6	1	11	3	0
	합계		22	16	6	1	11	3	0
챌	2014	강원	33	13	13	9	23	1	0
	2015	강원	26	19	1	0	15	3	0
	2016	강원	20	19	6	0	12	2	0
	합계		79	51	20	9	50	6	0
승	2013	강원	2	1	0	1	5	0	0
	2016	강원	0	0	0	0	0	0	0
	합계		2	1	0	1	5	0	0
프로통산			122	85	28	11	74	10	0

최창수(崔昌壽) 영남대 1955.11.20

리그	연도	소속	출전	교체	득점	도움	파울	경고	퇴장
BC	1983	포철	10	5	1	0	3	0	0
	1984	포철	6	4	0	0	2	1	0
	합계		16	9	1	0	5	1	0
프로통산			16	9	1	0	5	1	0

최창용(崔昌鎔) 연세대 1985.09.17

리그	연도	소속	출전	교체	득점	도움	파울	경고	퇴장
BC	2008	수원	3	2	0	0	3	1	0
	합계		3	2	0	0	3	1	0
프로통산			3	2	0	0	3	1	0

최창환(崔昌煥) 광운대 1962.08.09

리그	연도	소속	출전	교체	득점	도움	파울	경고	퇴장
BC	1985	현대	3	3	0	0	3	0	0
	합계		3	3	0	0	3	0	0
프로통산			3	3	0	0	3	0	0

최철순(崔喆淳) 충북대 1987.02.08

리그	연도	소속	출전	교체	득점	도움	파울	경고	퇴장
BC	2006	전북	23	2	0	1	39	4	1
	2007	전북	19	5	0	1	36	4	0
	2008	전북	36	1	0	1	63	7	0
	2009	전북	27	5	0	1	51	6	0
	2010	전북	21	0	0	0	49	7	0
	2011	전북	23	2	1	1	39	8	0
	2012	전북	12	2	0	0	13	1	0
	2012	상주	10	0	1	0	17	2	0
	합계		171	17	2	5	307	39	1
클	2014	상주	4	0	0	0	1	1	0
	2014	전북	30	1	0	2	39	5	0
	2015	전북	29	1	0	0	40	5	0
	2016	전북	30	1	1	4	58	10	0
	합계		93	3	1	6	138	21	0
챌	2013	상주	29	3	0	2	37	6	0
	합계		29	3	0	2	37	6	0
승	2013	상주	2	0	0	0	3	0	0
	합계		2	0	0	0	3	0	0
프로통산			295	23	3	13	485	66	1

최철우(崔喆宇) 고려대 1977.11.30

리그	연도	소속	출전	교체	득점	도움	파울	경고	퇴장
BC	2000	울산	12	7	5	0	15	2	0
	2001	울산	8	8	0	0	13	0	0
	2002	포항	27	21	4	1	29	0	0
	2003	포항	21	16	4	1	31	0	0
	2004	부천S	5	5	0	1	2	0	0
	2005	부천S	25	15	6	0	37	1	0
	2006	제주	24	13	4	1	28	3	0
	2007	전북	12	7	1	0	14	1	0
	2008	부산	9	7	0	0	12	2	0
	합계		143	99	24	4	181	9	0
프로통산			143	99	24	4	181	9	0

최철원(崔喆原) 광주대 1994.07.23

리그	연도	소속	출전	교체	실점	도움	파울	경고	퇴장
챌	2016	부천	2	1	0	0	0	0	0
	합계		2	1	0	0	0	0	0
프로통산			2	1	0	0	0	0	0

최철주(崔澈柱) 광양농고 1961.05.26

리그	연도	소속	출전	교체	득점	도움	파울	경고	퇴장
BC	1984	현대	1	1	0	0	0	0	0
	1985	현대	2	0	2	0	0	0	0
	합계		3	1	2	0	0	0	0
프로통산			3	1	2	0	0	0	0

최철희(崔哲熙) 동아대 1961.10.03

리그	연도	소속	출전	교체	득점	도움	파울	경고	퇴장
BC	1984	국민	18	15	1	0	12	0	0
	합계		18	15	1	0	12	0	0
프로통산			18	15	1	0	12	0	0

최청일(崔靑一) 연세대 1968.04.25

리그	연도	소속	출전	교체	득점	도움	파울	경고	퇴장
BC	1989	일화	13	11	1	1	15	0	0
	1990	일화	17	15	2	1	15	0	0
	1991	일화	7	8	0	0	2	0	0
	1991	현대	1	1	0	0	3	0	0
	1992	현대	6	6	0	1	9	0	0
	1993	현대	13	8	0	1	15	2	0
	1994	현대	3	2	0	1	2	1	0
	1996	전남	6	6	0	0	9	3	1
	합계		66	57	3	5	70	6	1
프로통산			66	57	3	5	70	6	1

최치원(崔致遠) 연세대 1993.06.11

리그	연도	소속	출전	교체	득점	도움	파울	경고	퇴장
클	2015	전북	1	1	0	0	1	0	0
	합계		1	1	0	0	1	0	0
챌	2015	서울E	8	8	1	1	11	1	0
	2016	서울E	0	0	0	0	0	0	0
	합계		8	8	1	1	11	1	0
프로통산			9	9	1	1	12	1	0

최태섭(崔台燮) 성균관대 1962.01.12

리그	연도	소속	출전	교체	득점	도움	파울	경고	퇴장
BC	1985	한일	1	1	0	0	0	0	0
	합계		1	1	0	0	0	0	0
프로통산			1	1	0	0	0	0	0

최태성(崔泰成) 신한고 1977.06.16

리그	연도	소속	출전	교체	득점	도움	파울	경고	퇴장
BC	1997	부산	2	2	0	0	2	0	0
	1998	부산	7	6	0	0	3	0	0
	2002	부산	0	0	0	0	0	0	0
	합계		9	8	0	0	5	0	0
프로통산			9	8	0	0	5	0	0

최태욱(崔兌旭) 부평고 1981.03.13

리그	연도	소속	출전	교체	득점	도움	파울	경고	퇴장
BC	2000	안양L	16	16	1	3	9	0	0
	2001	안양L	31	9	0	3	21	3	0
	2002	안양L	22	13	2	1	6	0	0
	2003	안양L	36	17	3	5	16	2	0
	2004	인천	23	11	5	3	29	1	0
	2006	포항	25	19	2	2	17	0	0
	2007	포항	19	11	1	1	5	0	0
	2008	전북	26	20	4	3	24	1	0
	2009	전북	32	16	9	12	30	1	0
	2010	전북	15	9	2	6	15	0	0
	2010	서울	16	10	6	2	19	0	0
	2011	서울	13	13	0	3	10	0	0
	2012	서울	28	29	2	7	11	0	0
	합계		302	193	37	51	212	8	0
클	2013	서울	10	11	0	0	0	0	0
	2014	울산	1	1	0	0	0	0	0
	합계		11	12	0	0	0	0	0
프로통산			313	205	37	51	212	8	0

최태진(崔泰鎭) 고려대 1961.05.14

리그	연도	소속	출전	교체	득점	도움	파울	경고	퇴장
BC	1985	대우	21	1	1	2	37	1	0
	1986	대우	26	5	4	2	32	1	1
	1987	대우	6	5	0	0	6	0	0
	1988	대우	22	4	5	1	29	2	0
	1989	럭금	34	2	3	0	37	3	0
	1990	럭금	29	1	4	2	31	2	0
	1991	LG	26	5	1	1	24	2	0
	1992	LG	17	10	0	0	14	0	0
	합계		181	33	18	8	210	11	1
프로통산			181	33	18	8	210	11	1

최필수(崔弼守) 성균관대 1991.06.20

리그	연도	소속	출전	교체	실점	도움	파울	경고	퇴장
챌	2014	안양	2	0	2	0	0	0	0
	2015	안양	34	0	44	0	0	1	0
	2016	안양	13	1	18	0	1	2	0
	합계		49	1	64	0	1	3	0
프로통산			49	1	64	0	1	3	0

최한욱(崔漢旭) 선문대 1981.03.02

리그	연도	소속	출전	교체	득점	도움	파울	경고	퇴장
BC	2004	대구	5	3	0	1	9	0	0
	2005	대구	1	1	0	0	1	0	0
	합계		6	4	0	1	10	0	0
프로통산			6	4	0	1	10	0	0

최현(崔炫) 중앙대 1978.11.07

리그	연도	소속	출전	교체	실점	도움	파울	경고	퇴장
BC	2002	부천S	26	0	40	0	1	1	0
	2003	부천S	13	1	24	0	0	1	0
	2004	부천S	0	0	0	0	0	0	0
	2005	부천S	0	0	0	0	0	0	0
	2006	제주	7	2	7	0	0	0	0
	2007	제주	16	1	19	0	0	4	0
	2008	경남	0	0	0	0	0	0	0
	2008	부산	4	0	3	0	0	0	0
	2009	부산	33	2	46	0	0	5	0
	2010	부산	1	0	1	0	0	0	0
	2011	대전	5	0	13	0	0	0	0
	2012	대전	8	1	12	0	0	1	0
	합계		113	7	165	0	1	12	0

리그	연도	소속	출전	교체	득점	도움	파울	경고	퇴장
프로통산			113	7	165	0	1	12	0

최현연 (崔玹蓮) 울산대 1984.04.16

리그	연도	소속	출전	교체	득점	도움	파울	경고	퇴장
BC	2006	제주	17	14	0	3	21	4	0
	2007	제주	20	11	3	0	19	1	0
	2008	제주	26	17	2	1	22	0	0
	2009	제주	17	10	1	4	31	3	0
	2010	포항	5	5	0	0	5	0	0
	2012	경남	26	20	1	1	29	3	0
	합계		111	77	7	9	127	11	0
클	2013	경남	17	9	0	1	19	5	0
	2014	경남	1	0	0	0	1	0	0
	합계		18	9	0	1	20	5	0
프로통산			129	86	7	10	147	16	0

최현태 (崔玹態) 동아대 1987.09.15

리그	연도	소속	출전	교체	득점	도움	파울	경고	퇴장
BC	2010	서울	22	16	0	0	21	3	0
	2011	서울	28	10	1	0	26	4	0
	2012	서울	27	11	0	1	36	4	0
	합계		77	37	1	1	83	11	0
클	2013	서울	14	10	0	1	11	1	0
	2014	서울	17	14	0	0	16	1	0
	2016	상주	6	6	0	0	5	1	0
	2016	서울	0	0	0	0	0	0	0
	합계		37	30	0	1	32	3	0
챌	2015	상주	26	17	2	1	23	1	0
	합계		26	17	2	1	23	1	0
프로통산			140	84	3	3	138	15	0

최형준 (崔亨俊) 경희대 1980.06.04

리그	연도	소속	출전	교체	득점	도움	파울	경고	퇴장
BC	2003	부천S	14	2	0	0	23	1	2
	2004	부천S	1	0	0	0	1	1	0
	2005	대전	4	3	0	0	10	1	0
	합계		19	5	0	0	34	3	2
프로통산			19	5	0	0	34	3	2

최호정 (崔皓程) 관동대 1989.12.08

리그	연도	소속	출전	교체	득점	도움	파울	경고	퇴장
BC	2010	대구	17	2	0	0	27	6	0
	2011	대구	8	7	0	0	5	1	0
	2012	대구	31	4	4	0	47	5	0
	합계		56	13	4	0	79	12	0
클	2013	대구	25	2	1	3	22	6	0
	2014	상주	27	7	0	1	36	3	0
	2016	성남	10	4	0	0	9	1	0
	합계		62	13	1	4	67	10	0
챌	2015	상주	18	0	0	1	13	1	0
	2015	대구	5	1	1	0	5	0	0
	합계		23	1	1	1	18	1	0
승	2016	성남	1	0	0	0	2	0	0
	합계		1	0	0	0	2	0	0
프로통산			142	27	6	5	166	23	0

최호주 (崔浩周) 단국대 1992.03.10

리그	연도	소속	출전	교체	득점	도움	파울	경고	퇴장
클	2015	포항	0	0	0	0	0	0	0
	2016	포항	13	13	0	1	4	0	0
	합계		13	13	0	1	4	0	0
프로통산			13	13	0	1	4	0	0

최홍식 (崔洪植) 강릉상고 1959.09.06

리그	연도	소속	출전	교체	득점	도움	파울	경고	퇴장
BC	1984	유공	10	8	1	1	7	0	0
	1985	할렐	15	8	0	1	3	0	0
	합계		25	16	1	2	10	0	0
프로통산			25	16	1	2	10	0	0

최효진 (崔孝鎭) 아주대 1983.08.18

리그	연도	소속	출전	교체	득점	도움	파울	경고	퇴장
BC	2005	인천	34	7	1	2	65	4	0
	2006	인천	36	6	4	1	59	5	0
	2007	포항	26	10	3	1	44	5	0
	2008	포항	26	3	2	3	42	4	0
	2009	포항	27	2	2	2	59	7	0
	2010	서울	34	1	3	4	58	9	0
	2011	상주	30	9	2	2	34	3	0
	2012	상주	23	2	0	1	33	5	0
	2012	서울	6	5	0	0	10	0	0
	합계		242	45	17	16	404	42	0
클	2013	서울	24	20	0	2	14	3	0
	2014	서울	13	3	0	1	15	2	0
	2015	전남	27	3	2	0	33	5	0
	2016	전남	31	1	2	4	41	9	0
	합계		95	27	4	7	103	19	0
프로통산			337	72	21	23	507	61	0

최훈 (崔勳) 건국대 1977.10.22

리그	연도	소속	출전	교체	득점	도움	파울	경고	퇴장
BC	1999	전남	1	1	0	0	0	0	0
	합계		1	1	0	0	0	0	0
프로통산			1	1	0	0	0	0	0

추성호 (秋性昊) 동아대 1987.08.26

리그	연도	소속	출전	교체	득점	도움	파울	경고	퇴장
BC	2010	부산	4	2	1	0	6	0	0
	2011	부산	11	4	1	0	6	4	0
	합계		15	6	2	0	12	4	0
프로통산			15	6	2	0	12	4	0

추운기 (秋云基) 한양대 1978.04.03

리그	연도	소속	출전	교체	득점	도움	파울	경고	퇴장
BC	2001	전북	22	19	1	3	10	1	0
	2002	전북	32	25	3	1	19	0	0
	2003	전북	31	30	2	4	24	2	0
	2004	전북	10	10	1	0	8	0	0
	2005	전북	13	13	0	1	8	0	0
	2006	전북	6	5	0	0	3	1	0
	2007	제주	5	4	0	0	6	2	1
	합계		119	106	7	9	78	6	1
프로통산			119	106	7	9	78	6	1

추정현 (鄒正賢) 명지대 1988.01.28

리그	연도	소속	출전	교체	득점	도움	파울	경고	퇴장
BC	2009	강원	2	2	0	0	1	0	0
	합계		2	2	0	0	1	0	0
프로통산			2	2	0	0	1	0	0

추종호 (秋鍾浩) 건국대 1960.01.22

리그	연도	소속	출전	교체	득점	도움	파울	경고	퇴장
BC	1984	현대	26	2	3	0	18	0	0
	1985	현대	10	6	0	1	3	2	0
	1986	유공	14	5	3	2	13	1	0
	1987	유공	7	6	0	0	3	0	0
	합계		57	19	6	3	37	3	0
프로통산			57	19	6	3	37	3	0

추평강 (秋平康) 동국대 1990.04.22

리그	연도	소속	출전	교체	득점	도움	파울	경고	퇴장
클	2013	수원	14	14	0	0	7	1	0
	합계		14	14	0	0	7	1	0
프로통산			14	14	0	0	7	1	0

치치 (Mion Varella Costa) 브라질 1982.06.17

리그	연도	소속	출전	교체	득점	도움	파울	경고	퇴장
BC	2009	대전	11	5	1	0	23	0	0
	합계		11	5	1	0	23	0	0
프로통산			11	5	1	0	23	0	0

치프리안 (Ciprian Vasilache) 루마니아 1983.09.14

리그	연도	소속	출전	교체	득점	도움	파울	경고	퇴장
챌	2014	강원	13	11	0	1	17	2	0
	2014	충주	13	10	0	0	18	3	0
	합계		26	21	0	1	35	5	0
프로통산			26	21	0	1	35	5	0

카를로스 (Carlos Eduardo Costro da Silva) 브라질 1982.04.23

리그	연도	소속	출전	교체	득점	도움	파울	경고	퇴장
BC	2003	전북	13	13	3	0	7	1	0
	합계		13	13	3	0	7	1	0
프로통산			13	13	3	0	7	1	0

카사 (Filip Kasalica) 세르비아 몬테네그로 1988.12.17

리그	연도	소속	출전	교체	득점	도움	파울	경고	퇴장
클	2014	울산	12	8	0	2	23	5	0
	2015	울산	2	2	0	0	3	1	0
	합계		14	10	0	2	26	6	0
프로통산			14	10	0	2	26	6	0

카송고 (Jean-Kasongo Banza) DR콩고 1974.06.26

리그	연도	소속	출전	교체	득점	도움	파울	경고	퇴장
BC	1997	전남	4	5	0	0	7	3	0
	1997	천안	1	1	0	0	2	1	0
	합계		5	6	0	0	9	4	0
프로통산			5	6	0	0	9	4	0

카스텔렌 (Romeo Erwin Marius Castelen) 네덜란드 1983.05.03

리그	연도	소속	출전	교체	득점	도움	파울	경고	퇴장
클	2016	수원	5	5	0	0	2	1	0
	합계		5	5	0	0	2	1	0
프로통산			5	5	0	0	2	1	0

카시오 (Cassio Vargas Barbosa) 브라질 1983.11.25

리그	연도	소속	출전	교체	득점	도움	파울	경고	퇴장
챌	2013	광주	2	2	0	0	7	1	0
	합계		2	2	0	0	7	1	0
프로통산			2	2	0	0	7	1	0

카이오 (Kaio Felipe Goncalves) 브라질 1987.07.06

리그	연도	소속	출전	교체	득점	도움	파울	경고	퇴장
클	2014	전북	32	27	9	1	42	6	0
	2015	수원	21	13	4	0	14	3	0
	합계		53	40	13	1	56	9	0
프로통산			53	40	13	1	56	9	0

카자란 폴란드 1961.10.28

리그	연도	소속	출전	교체	득점	도움	파울	경고	퇴장
BC	1992	유공	2	2	0	0	3	0	0
	합계		2	2	0	0	3	0	0
프로통산			2	2	0	0	3	0	0

카파제 (Timur Tajhirovich Kapadze) 우즈베키스탄 1981.09.05

리그	연도	소속	출전	교체	득점	도움	파울	경고	퇴장
BC	2011	인천	30	10	5	3	53	4	0
	합계		30	10	5	3	53	4	0
프로통산			30	10	5	3	53	4	0

칼라일 미첼 (Carlyle Mitchell) 트리니다드토바고 1987.08.08

리그	연도	소속	출전	교체	득점	도움	파울	경고	퇴장
챌	2015	서울E	29	3	4	0	32	8	0
	2016	서울E	28	4	3	0	31	11	0
	합계		57	7	7	0	63	19	0
프로통산			57	7	7	0	63	19	0

* 실점: 2015년 1 / 통산 1

칼레 (Zeljko Kalajdzic) 세르비아 1978.05.11

리그	연도	소속	출전	교체	득점	도움	파울	경고	퇴장
BC	2007	인천	12	4	0	0	31	4	0
	합계		12	4	0	0	31	4	0
프로통산			12	4	0	0	31	4	0

칼렝가 (N'Dayi Kalenga) DR콩고 1978.09.29

리그	연도	소속	출전	교체	득점	도움	파울	경고	퇴장
BC	1999	천안	7	8	0	1	13	0	0
	합계		7	8	0	1	13	0	0
프로통산			7	8	0	1	13	0	0

캄포스 (Jeaustin Campos) 코스타리카 1971.06.30

리그	연도	소속	출전	교체	득점	도움	파울	경고	퇴장

리그	연도	소속	출전	교체	득점	도움	파울	경고	퇴장
BC	1995	LG	12	7	2	4	7	2	0
	1996	안양L	7	6	0	1	10	2	0
	합계		19	13	2	5	17	4	0
프로통산			19	13	2	5	17	4	0

케빈 (Kevin Julienne Henricus Oris) 벨기에 1984.12.06

리그	연도	소속	출전	교체	득점	도움	파울	경고	퇴장
BC	2012	대전	37	15	16	4	128	11	0
	합계		37	15	16	4	128	11	0
클	2013	전북	31	17	14	5	59	4	0
	2015	인천	35	15	6	4	75	8	0
	2016	인천	33	7	9	10	73	9	0
	합계		99	39	29	19	207	21	0
프로통산			136	54	45	23	335	32	0

케빈 (Kevin Hatchi) 프랑스 1981.08.06

리그	연도	소속	출전	교체	득점	도움	파울	경고	퇴장
BC	2009	서울	11	6	0	2	24	2	1
	합계		11	6	0	2	24	2	1
프로통산			11	6	0	2	24	2	1

코난 (Goran Petreski) 마케도니아 1972.05.23

리그	연도	소속	출전	교체	득점	도움	파울	경고	퇴장
BC	2001	포항	33	21	10	2	48	2	0
	2002	포항	31	12	12	4	50	4	0
	2003	포항	40	29	10	3	54	4	1
	2004	포항	37	24	6	3	35	2	0
	합계		141	86	38	12	187	12	1
프로통산			141	86	38	12	187	12	1

코놀 (Serguei Konovalov) 우크라이나 1972.03.01

리그	연도	소속	출전	교체	득점	도움	파울	경고	퇴장
BC	1996	포항	13	11	0	1	15	0	0
	1997	포항	26	10	12	1	44	3	0
	1998	포항	13	8	2	1	22	0	0
	합계		52	29	14	3	81	3	0
프로통산			52	29	14	3	81	3	0

코니 (Robert Richard Cornthwaite) 호주 1985.10.24

리그	연도	소속	출전	교체	득점	도움	파울	경고	퇴장
BC	2011	전남	21	0	3	2	28	7	2
	2012	전남	31	6	3	1	47	10	0
	합계		52	6	6	3	75	17	2
클	2013	전남	22	17	1	0	11	3	1
	2014	전남	21	13	2	1	10	2	0
	합계		43	30	3	1	21	5	1
프로통산			95	36	9	4	96	22	3

코로만 (Ognjen Koroman) 세르비아 1978.09.19

리그	연도	소속	출전	교체	득점	도움	파울	경고	퇴장
BC	2009	인천	12	3	3	2	11	3	0
	2010	인천	15	9	1	1	15	2	0
	합계		27	12	4	3	26	5	0
프로통산			27	12	4	3	26	5	0

코마젝 (Komazec Nikola) 세르비아 1987.11.15

리그	연도	소속	출전	교체	득점	도움	파울	경고	퇴장
클	2014	부산	1	1	0	0	0	0	0
	합계		1	1	0	0	0	0	0
프로통산			1	1	0	0	0	0	0

코바 (Kovacec Ivan) 크로아티아 1988.06.27

리그	연도	소속	출전	교체	득점	도움	파울	경고	퇴장
클	2015	울산	17	7	6	6	7	1	0
	2016	울산	36	20	7	9	18	2	0
	합계		53	27	13	15	25	3	0
프로통산			53	27	13	15	25	3	0

콜리 (Coly Papa Oumar) 세네갈 1975.05.20

리그	연도	소속	출전	교체	득점	도움	파울	경고	퇴장
BC	2001	대전	18	5	0	0	35	6	1
	2002	대전	29	3	1	0	53	7	0
	2003	대전	20	16	0	0	17	3	0
	합계		67	24	1	0	105	16	1
프로통산			67	24	1	0	105	16	1

쿠벡 (Frantisek Koubek) 체코 1969.11.06

리그	연도	소속	출전	교체	득점	도움	파울	경고	퇴장
BC	2000	안양L	13	9	6	0	9	0	0
	2001	안양L	20	19	3	0	11	0	0
	합계		33	28	9	0	20	0	0
프로통산			33	28	9	0	20	0	0

쿠아쿠 (Aubin Kouakou) 코트디부아르 1991.06.01

리그	연도	소속	출전	교체	득점	도움	파울	경고	퇴장
챌	2016	충주	17	3	2	0	36	6	0
	합계		17	3	2	0	36	6	0
프로통산			17	3	2	0	36	6	0

쿠키 (Silvio Luis Borba de Silva) 브라질 1971.04.30

리그	연도	소속	출전	교체	득점	도움	파울	경고	퇴장
BC	2002	전북	2	2	0	0	0	0	0
	합계		2	2	0	0	0	0	0
프로통산			2	2	0	0	0	0	0

쿠키 (Andrew Cooke) 영국 1974.01.20

리그	연도	소속	출전	교체	득점	도움	파울	경고	퇴장
BC	2003	부산	22	2	13	0	88	6	0
	2004	부산	27	3	8	0	68	10	2
	합계		49	5	21	0	156	16	2
프로통산			49	5	21	0	156	16	2

쿤티치 (Zoran Kuntic) 유고슬라비아 1967.03.23

리그	연도	소속	출전	교체	득점	도움	파울	경고	퇴장
BC	1993	포철	7	5	1	1	11	0	0
	합계		7	5	1	1	11	0	0
프로통산			7	5	1	1	11	0	0

크리스 (Cristiano Espindola Avalos Passos) 브라질 1977.12.27

리그	연도	소속	출전	교체	득점	도움	파울	경고	퇴장
BC	2004	수원	1	1	0	0	2	1	0
	합계		1	1	0	0	2	1	0
프로통산			1	1	0	0	2	1	0

크리스찬 (Cristian Costin Danalache) 루마니아 1982.07.15

리그	연도	소속	출전	교체	득점	도움	파울	경고	퇴장
챌	2016	경남	38	4	19	6	52	4	0
	합계		38	4	19	6	52	4	0
프로통산			38	4	19	6	52	4	0

크리즈만 (Sandi Krizman) 크로아티아 1989.08.17

리그	연도	소속	출전	교체	득점	도움	파울	경고	퇴장
클	2014	전남	8	7	0	0	8	1	0
	합계		8	7	0	0	8	1	0
프로통산			8	7	0	0	8	1	0

클라우디 (Ngon A Djam Claude Parfait) 카메룬 1980.01.24

리그	연도	소속	출전	교체	득점	도움	파울	경고	퇴장
BC	1999	천안	4	4	0	0	7	0	0
	합계		4	4	0	0	7	0	0
프로통산			4	4	0	0	7	0	0

타라바이 (Edison Luis dos Santos) 브라질 1985.12.09

리그	연도	소속	출전	교체	득점	도움	파울	경고	퇴장
챌	2015	서울E	35	18	18	3	75	7	0
	2016	서울E	38	17	12	3	51	6	0
	합계		73	35	30	6	126	13	0
프로통산			73	35	30	6	126	13	0

타이슨 (Fabian Caballero) 스페인 1978.01.31

리그	연도	소속	출전	교체	득점	도움	파울	경고	퇴장
BC	2007	대전	6	6	0	0	9	0	0
	합계		6	6	0	0	9	0	0
프로통산			6	6	0	0	9	0	0

탁준석 (卓俊錫) 고려대 1978.03.24

리그	연도	소속	출전	교체	득점	도움	파울	경고	퇴장
BC	2001	대전	27	26	3	4	25	3	0
	2002	대전	14	14	1	0	13	0	0
	2003	대전	2	2	0	0	0	0	0
	합계		43	42	4	4	38	3	0
프로통산			43	42	4	4	38	3	0

태현찬 (太現贊) 중앙대 1990.09.14

리그	연도	소속	출전	교체	득점	도움	파울	경고	퇴장
BC	2012	경남	2	2	0	0	0	0	0
	합계		2	2	0	0	0	0	0
프로통산			2	2	0	0	0	0	0

테드 (Tadeusz Swiatek) 폴란드 1961.11.08

리그	연도	소속	출전	교체	득점	도움	파울	경고	퇴장
BC	1989	유공	18	7	1	0	16	2	0
	1990	유공	20	3	1	3	19	0	0
	1991	유공	34	5	5	3	34	3	0
	합계		72	15	7	6	69	5	0
프로통산			72	15	7	6	69	5	0

테하 (Alex Barboza de Azevedo Terra) 브라질 1982.09.02

리그	연도	소속	출전	교체	득점	도움	파울	경고	퇴장
BC	2012	대전	21	14	4	1	21	1	0
	합계		21	14	4	1	21	1	0
프로통산			21	14	4	1	21	1	0

토니 (Antonio Franja) 크로아티아 1978.06.08

리그	연도	소속	출전	교체	득점	도움	파울	경고	퇴장
BC	2007	전북	11	11	3	1	15	3	0
	2008	전북	3	2	0	1	1	0	0
	합계		14	13	3	2	16	3	0
프로통산			14	13	3	2	16	3	0

토다 (Kazuyuki Toda) 일본 1977.12.30

리그	연도	소속	출전	교체	득점	도움	파울	경고	퇴장
BC	2009	경남	7	5	0	0	4	2	0
	합계		7	5	0	0	4	2	0
프로통산			7	5	0	0	4	2	0

토마스 (Tomas Janda) 체코 1973.06.27

리그	연도	소속	출전	교체	득점	도움	파울	경고	퇴장
BC	2001	안양L	1	1	0	0	0	0	0
	합계		1	1	0	0	0	0	0
프로통산			1	1	0	0	0	0	0

토미 (Tomislav Mrcela) 호주 1990.10.01

리그	연도	소속	출전	교체	득점	도움	파울	경고	퇴장
클	2016	전남	21	1	0	2	13	1	0
	합계		21	1	0	2	13	1	0
프로통산			21	1	0	2	13	1	0

토미 (Tommy Mosquera Lozono) 콜롬비아 1976.09.27

리그	연도	소속	출전	교체	득점	도움	파울	경고	퇴장
BC	2003	부산	11	6	4	1	41	1	0
	합계		11	6	4	1	41	1	0
프로통산			11	6	4	1	41	1	0

토미치 (Dorde Tomić) 세르비아 몬테네그로 1972.11.11

리그	연도	소속	출전	교체	득점	도움	파울	경고	퇴장
BC	2004	인천	9	9	0	1	11	1	0
	합계		9	9	0	1	11	1	0
프로통산			9	9	0	1	11	1	0

토체프 (Slavchev Toshev) 불가리아 1960.06.13

리그	연도	소속	출전	교체	실점	도움	파울	경고	퇴장
BC	1993	유공	9	1	5	0	1	0	0
	합계		9	1	5	0	1	0	0
프로통산			9	1	5	0	1	0	0

투무 (Tomou Bertin Bayard) 카메룬 1978.08.08

리그	연도	소속	출전	교체	득점	도움	파울	경고	퇴장
BC	1997	포항	4	1	4	0	11	1	0
	합계		4	1	4	0	11	1	0
프로통산			4	1	4	0	11	1	0

티아고 (Tiago Alves Sales) 브라질 1993.01.12

리그	연도	소속	출전	교체	득점	도움	파울	경고	퇴장

리그	연도	소속	출전	교체	득점	도움	파울	경고	퇴장
클	2015	포항	25	24	4	3	12	6	0
	2016	성남	19	8	13	5	16	0	0
	합계		44	32	17	8	28	6	0
프로통산			44	32	17	8	28	6	0

티아고 (Tiago Jorge Honorio) 브라질 1977.12.04

리그	연도	소속	출전	교체	득점	도움	파울	경고	퇴장
BC	2009	수원	15	9	4	0	47	3	0
	합계		15	9	4	0	47	3	0
프로통산			15	9	4	0	47	3	0

티아고 (Thiago Jefferson da Silva) 브라질 1985.05.27

리그	연도	소속	출전	교체	득점	도움	파울	경고	퇴장
클	2013	전북	14	13	1	2	4	0	0
	합계		14	13	1	2	4	0	0
프로통산			14	13	1	2	4	0	0

파그너 (Jose Fagner Silva da Luz) 브라질 1988.05.25

리그	연도	소속	출전	교체	득점	도움	파울	경고	퇴장
BC	2011	부산	11	2	6	0	28	6	0
	2012	부산	25	23	2	1	35	7	0
	합계		36	25	8	1	63	13	0
클	2013	부산	31	26	8	1	23	5	1
	2014	부산	34	19	10	3	23	3	1
	합계		65	45	18	4	46	8	2
프로통산			101	70	26	5	109	21	2

파브리시오 (Fabricio da Silva Cabral) 브라질 1981.09.16

리그	연도	소속	출전	교체	득점	도움	파울	경고	퇴장
BC	2005	성남일	3	3	1	0	4	0	0
	합계		3	3	1	0	4	0	0
프로통산			3	3	1	0	4	0	0

파브리시오 (Fabricio Eduardo Souza) 브라질 1980.01.04

리그	연도	소속	출전	교체	득점	도움	파울	경고	퇴장
BC	2009	성남일	15	14	0	1	20	1	0
	2010	성남일	11	8	5	2	18	6	0
	합계		26	22	5	3	38	7	0
프로통산			26	22	5	3	38	7	0

파비아노 (Fabiano Ferreira Gadelha) 브라질 1979.01.09

리그	연도	소속	출전	교체	득점	도움	파울	경고	퇴장
BC	2008	포항	0	0	0	0	0	0	0
	합계		0	0	0	0	0	0	0
프로통산			0	0	0	0	0	0	0

파비안 (Fabijan Komljenović) 크로아티아 1968.01.16

리그	연도	소속	출전	교체	득점	도움	파울	경고	퇴장
BC	2000	포항	7	7	0	0	9	0	0
	합계		7	7	0	0	9	0	0
프로통산			7	7	0	0	9	0	0

파비오 (Jose Fabio Santos de Oliveira) 브라질 1987.06.13

리그	연도	소속	출전	교체	득점	도움	파울	경고	퇴장
클	2013	대구	2	2	0	0	6	1	0
	합계		2	2	0	0	6	1	0
프로통산			2	2	0	0	6	1	0

파비오 (Neves Florentino Fabio) 브라질 1986.10.04

리그	연도	소속	출전	교체	득점	도움	파울	경고	퇴장
클	2015	광주	37	30	2	1	31	2	0
	2016	광주	14	12	1	1	17	1	0
	합계		51	42	3	2	48	3	0
챌	2014	광주	26	20	10	2	30	1	0
	합계		26	20	10	2	30	1	0
승	2014	광주	2	2	0	0	1	0	0
	합계		2	2	0	0	1	0	0
프로통산			79	64	13	4	79	4	0

파비오 (Fabio Rogerio Correa Lopes) 브라질 1985.05.24

리그	연도	소속	출전	교체	득점	도움	파울	경고	퇴장
BC	2010	대전	13	10	5	1	33	1	0
	합계		13	10	5	1	33	1	0
프로통산			13	10	5	1	33	1	0

파비오 (Fabio Junior dos Santos) 브라질 1982.10.06

리그	연도	소속	출전	교체	득점	도움	파울	경고	퇴장
BC	2005	전남	9	9	0	1	8	0	0
	합계		9	9	0	1	8	0	0
프로통산			9	9	0	1	8	0	0

파비오 (Fabio Pereira da Silva) 브라질 1982.03.21

리그	연도	소속	출전	교체	득점	도움	파울	경고	퇴장
BC	2005	전남	7	3	0	0	16	3	0
	합계		7	3	0	0	16	3	0
프로통산			7	3	0	0	16	3	0

파비오 (Joao Paulo di Fabio) 브라질 1979.02.10

리그	연도	소속	출전	교체	득점	도움	파울	경고	퇴장
BC	2008	부산	15	0	0	1	25	3	0
	2009	부산	10	2	0	1	14	1	0
	합계		25	2	0	2	39	4	0
프로통산			25	2	0	2	39	4	0

파비오 (Fabio Luis Santos de Almeida) 브라질 1983.08.02

리그	연도	소속	출전	교체	득점	도움	파울	경고	퇴장
BC	2009	울산	5	5	1	1	6	0	0
	합계		5	5	1	1	6	0	0
프로통산			5	5	1	1	6	0	0

파울로 (Paulo Sergio Luiz de Souza) 브라질 1989.06.11

리그	연도	소속	출전	교체	득점	도움	파울	경고	퇴장
챌	2016	대구	33	18	17	4	46	7	0
	합계		33	18	17	4	46	7	0
프로통산			33	18	17	4	46	7	0

파울로 (Paulo Cesar da Silva) 브라질 1976.01.02

리그	연도	소속	출전	교체	득점	도움	파울	경고	퇴장
BC	2002	성남일	4	3	0	1	16	2	0
	합계		4	3	0	1	16	2	0
프로통산			4	3	0	1	16	2	0

파울링뇨 (Marcos Paulo Paulini) 브라질 1977.03.04

리그	연도	소속	출전	교체	득점	도움	파울	경고	퇴장
BC	2001	울산	28	20	13	2	37	1	0
	2002	울산	35	28	8	5	43	2	0
	합계		63	48	21	7	80	3	0
프로통산			63	48	21	7	80	3	0

파체코 (Edgar Ivan Pacheco Rodriguez) 멕시코 1990.01.22

리그	연도	소속	출전	교체	득점	도움	파울	경고	퇴장
챌	2016	강원	1	1	0	0	1	1	0
	합계		1	1	0	0	1	1	0
프로통산			1	1	0	0	1	1	0

파탈루 (Erik Endel Paartalu) 호주 1986.05.03

리그	연도	소속	출전	교체	득점	도움	파울	경고	퇴장
클	2016	전북	2	2	0	0	2	1	0
	합계		2	2	0	0	2	1	0
프로통산			2	2	0	0	2	1	0

패트릭 (Partrik Camilo Cornelio da Sil) 브라질 1990.07.19

리그	연도	소속	출전	교체	득점	도움	파울	경고	퇴장
클	2013	강원	11	8	1	1	16	2	0
	합계		11	8	1	1	16	2	0
프로통산			11	8	1	1	16	2	0

패트릭 (Patrick Villars) 가나 1984.05.21

리그	연도	소속	출전	교체	득점	도움	파울	경고	퇴장
BC	2003	부천S	11	3	0	0	23	4	0
	합계		11	3	0	0	23	4	0
프로통산			11	3	0	0	23	4	0

펑샤오팅 (馮瀟霆, Feng Xiaoting) 중국 1985.10.22

리그	연도	소속	출전	교체	득점	도움	파울	경고	퇴장
BC	2009	대구	20	2	0	0	12	3	0
	2010	전북	12	0	0	0	10	1	0
	합계		32	2	0	0	22	4	0
프로통산			32	2	0	0	22	4	0

페드로 (Pedro Bispo Moreira Junior) 브라질 1987.01.29

리그	연도	소속	출전	교체	득점	도움	파울	경고	퇴장
클	2013	제주	29	13	17	0	56	3	0
	합계		29	13	17	0	56	3	0
프로통산			29	13	17	0	56	3	0

페라소 (Walter Osvaldo Perazzo Otero) 아르헨티나 1962.08.02

리그	연도	소속	출전	교체	득점	도움	파울	경고	퇴장
BC	1994	대우	2	2	0	0	1	0	0
	합계		2	2	0	0	1	0	0
프로통산			2	2	0	0	1	0	0

페레이라 (Josiesley Perreira Rosa) 브라질 1979.02.21

리그	연도	소속	출전	교체	득점	도움	파울	경고	퇴장
BC	2008	울산	10	12	0	2	21	3	0
	합계		10	12	0	2	21	3	0
프로통산			10	12	0	2	21	3	0

페르난데스 (Rodrigo Fernandes) 브라질 1978.03.03

리그	연도	소속	출전	교체	득점	도움	파울	경고	퇴장
BC	2003	전북	29	25	3	4	15	0	0
	합계		29	25	3	4	15	0	0
프로통산			29	25	3	4	15	0	0

페르난도 (Luis Fernando Acuna Egidio) 브라질 1977.11.25

리그	연도	소속	출전	교체	득점	도움	파울	경고	퇴장
BC	2007	부산	9	8	0	1	18	1	0
	합계		9	8	0	1	18	1	0
프로통산			9	8	0	1	18	1	0

페르난도 (Luiz Fernando Pereira da Silva) 브라질 1985.11.25

리그	연도	소속	출전	교체	득점	도움	파울	경고	퇴장
BC	2007	대전	15	15	1	1	42	2	0
	합계		15	15	1	1	42	2	0
프로통산			15	15	1	1	42	2	0

페트로 (Petrovic Sasa) 유고슬라비아 1966.12.31

리그	연도	소속	출전	교체	**실점**	도움	파울	경고	퇴장
BC	1996	전남	24	0	33	0	2	3	0
	1997	전남	8	0	9	0	0	0	0
	합계		32	0	42	0	2	3	0
프로통산			32	0	42	0	2	3	0

펠리피 (Felipe Barreto Adao) 브라질 1985.11.26

리그	연도	소속	출전	교체	득점	도움	파울	경고	퇴장
챌	2014	안양	23	20	3	0	34	3	0
	합계		23	20	3	0	34	3	0
프로통산			23	20	3	0	34	3	0

펠리피 (Felipe Azevedo dos Santos) 브라질 1987.01.10

리그	연도	소속	출전	교체	득점	도움	파울	경고	퇴장
BC	2010	부산	9	8	3	0	15	1	0
	2011	부산	5	5	0	1	6	0	0
	합계		14	13	3	1	21	1	0
프로통산			14	13	3	1	21	1	0

펠릭스 (Felix Nzeina) 카메룬 1980.12.11

리그	연도	소속	출전	교체	득점	도움	파울	경고	퇴장
BC	2005	부산	24	22	2	1	50	4	0
	합계		24	22	2	1	50	4	0
프로통산			24	22	2	1	50	4	0

포섹 (Peter Fousek) 체코 1972.08.11

리그	연도	소속	출전	교체	득점	도움	파울	경고	퇴장
BC	2001	전남	2	2	0	0	3	0	0
	합계		2	2	0	0	3	0	0
프로통산			2	2	0	0	3	0	0

포포비치 (Lazar Popovic) 세르비아 1983.01.10

리그	연도	소속	출전	교체	득점	도움	파울	경고	퇴장
BC	2009	대구	13	9	2	0	21	3	0
	합계		13	9	2	0	21	3	0
프로통산			13	9	2	0	21	3	0

포프 (Willian Popp) 브라질 1994.04.13

리그	연도	소속	출전	교체	득점	도움	파울	경고	퇴장
챌	2016	부산	38	22	18	4	63	6	0
	합계		38	22	18	4	63	6	0
프로통산			38	22	18	4	63	6	0

푸마갈리 (Jose Fernando Fumagalli) 브라질 1977.10.05

리그	연도	소속	출전	교체	득점	도움	파울	경고	퇴장
BC	2004	서울	17	13	2	0	22	2	0
	합계		17	13	2	0	22	2	0
프로통산			17	13	2	0	22	2	0

프랑코 (Pedro Filipe Antunes Matias Silva Franco) 포르투갈 1974.04.18

리그	연도	소속	출전	교체	득점	도움	파울	경고	퇴장
BC	2005	서울	19	2	2	0	29	4	0
	합계		19	2	2	0	29	4	0
프로통산			19	2	2	0	29	4	0

프랑크 (Frank Lieberam) 독일 1962.12.17

리그	연도	소속	출전	교체	득점	도움	파울	경고	퇴장
BC	1992	현대	19	2	1	1	12	4	1
	합계		19	2	1	1	12	4	1
프로통산			19	2	1	1	12	4	1

프랭크 (Mendes Braga Fauver Frank) 브라질 1994.09.14

리그	연도	소속	출전	교체	득점	도움	파울	경고	퇴장
챌	2015	경남	6	6	0	0	3	0	0
	합계		6	6	0	0	3	0	0
프로통산			6	6	0	0	3	0	0

프론티니 (Carbs Esteban Frontini) 브라질 1981.08.19

리그	연도	소속	출전	교체	득점	도움	파울	경고	퇴장
BC	2006	포항	29	26	8	4	65	7	0
	2007	포항	9	7	0	0	12	1	0
	합계		38	33	8	4	77	8	0
프로통산			38	33	8	4	77	8	0

플라마 (Flamarion Petriv de Abreu) 브라질 1976.10.16

리그	연도	소속	출전	교체	득점	도움	파울	경고	퇴장
BC	2004	대전	17	2	0	0	37	3	0
	합계		17	2	0	0	37	3	0
프로통산			17	2	0	0	37	3	0

플라비오 (Flavio) 브라질 1959.01.01

리그	연도	소속	출전	교체	득점	도움	파울	경고	퇴장
BC	1985	포철	1	1	0	0	1	0	0
	합계		1	1	0	0	1	0	0
프로통산			1	1	0	0	1	0	0

플라타 (Anderson Daniel Plata Guillen) 콜롬비아 1990.11.08

리그	연도	소속	출전	교체	득점	도움	파울	경고	퇴장
클	2013	대전	21	7	1	1	56	4	0
	합계		21	7	1	1	56	4	0
프로통산			21	7	1	1	56	4	0

피아퐁 (Piyapong Pue-On) 태국 1959.11.14

리그	연도	소속	출전	교체	득점	도움	파울	경고	퇴장
BC	1984	럭금	5	1	4	0	0	0	0
	1985	럭금	21	4	12	6	10	1	0
	1986	럭금	17	4	2	0	7	0	1
	합계		43	9	18	6	17	1	1
프로통산			43	9	18	6	17	1	1

피투 (Miguel Sebastian Garcia) 아르헨티나 1984.01.27

리그	연도	소속	출전	교체	득점	도움	파울	경고	퇴장
클	2016	성남	33	20	3	7	18	3	0
	합계		33	20	3	7	18	3	0
승	2016	성남	1	1	0	0	0	0	0
	합계		1	1	0	0	0	0	0
프로통산			34	21	3	7	18	3	0

필립 (Filip Filipov) 불가리아 1971.01.31

리그	연도	소속	출전	교체	득점	도움	파울	경고	퇴장
BC	1992	유공	6	0	0	0	13	1	0
	1993	유공	7	3	0	0	7	0	0
	1998	부천S	26	12	0	0	52	7	0
	1999	부천S	11	5	0	0	7	4	0
	합계		50	20	0	0	79	12	0
프로통산			50	20	0	0	79	12	0

핑구 (Erison Carlos dos Santos Silva) 브라질 1980.05.22

리그	연도	소속	출전	교체	득점	도움	파울	경고	퇴장
BC	2008	부산	24	13	0	0	19	1	0
	합계		24	13	0	0	19	1	0
프로통산			24	13	0	0	19	1	0

핑팡 (Rodrigo Pimpao Vianna) 브라질 1987.10.23

리그	연도	소속	출전	교체	득점	도움	파울	경고	퇴장
클	2013	수원	1	1	0	0	1	0	0
	합계		1	1	0	0	1	0	0
프로통산			1	1	0	0	1	0	0

하강진 (河康鎭) 숭실대 1989.01.30

리그	연도	소속	출전	교체	**실점**	도움	파울	경고	퇴장
BC	2010	수원	14	0	18	0	1	1	0
	2011	성남일	30	0	43	0	0	2	0
	2012	성남일	23	0	35	0	0	0	0
	합계		67	0	96	0	1	3	0
클	2013	경남	7	0	14	0	0	0	0
	합계		7	0	14	0	0	0	0
챌	2014	부천	13	0	18	0	0	1	0
	2016	경남	8	0	15	0	1	1	0
	합계		21	0	33	0	1	2	0
프로통산			95	0	143	0	2	5	0

하광운 (河光云) 단국대 1972.03.21

리그	연도	소속	출전	교체	득점	도움	파울	경고	퇴장
BC	1995	전남	0	0	0	0	0	0	0
	합계		0	0	0	0	0	0	0
프로통산			0	0	0	0	0	0	0

하금진 (河今鎭) 홍익대 1974.08.16

리그	연도	소속	출전	교체	득점	도움	파울	경고	퇴장
BC	1997	대전	26	3	1	0	52	5	0
	1998	대전	13	5	0	0	23	1	0
	합계		39	8	1	0	75	6	0
프로통산			39	8	1	0	75	6	0

하기윤 (河基允) 금호고 1982.03.10

리그	연도	소속	출전	교체	득점	도움	파울	경고	퇴장
BC	2002	전남	0	0	0	0	0	0	0
	2003	광주상	0	0	0	0	0	0	0
	합계		0	0	0	0	0	0	0
프로통산			0	0	0	0	0	0	0

하대성 (河大成) 부평고 1985.03.02

리그	연도	소속	출전	교체	득점	도움	파울	경고	퇴장
BC	2004	울산	2	2	0	0	1	0	0
	2005	울산	0	0	0	0	0	0	0
	2006	대구	18	15	0	0	33	5	0
	2007	대구	25	10	2	2	52	3	0
	2008	대구	31	12	5	2	44	3	0
	2009	전북	30	22	2	2	45	7	1
	2010	서울	33	8	8	3	58	10	0
	2011	서울	18	9	6	2	29	2	0
	2012	서울	39	8	5	7	51	8	0
	합계		196	86	28	18	313	38	1
클	2013	서울	29	4	3	2	50	6	0
	합계		29	4	3	2	50	6	0
프로통산			225	90	31	20	363	44	1

하리 (Castilo Vallejo Harry German) 콜롬비아 1974.05.14

리그	연도	소속	출전	교체	득점	도움	파울	경고	퇴장
BC	2000	수원	5	4	1	0	7	0	1
	2000	부산	10	8	1	2	5	1	0
	2001	부산	34	3	5	5	52	6	1
	2002	부산	23	3	5	5	32	3	1
	2003	부산	27	11	4	2	51	5	0
	2004	성남일	8	6	0	0	10	0	0
	2006	경남	28	18	1	4	54	4	0
	합계		135	53	17	18	211	19	3
프로통산			135	53	17	18	211	19	3

하명훈 (河明勳) 명지대 1971.05.18

리그	연도	소속	출전	교체	득점	도움	파울	경고	퇴장
BC	1994	LG	1	1	0	1	1	0	0
	1995	LG	5	5	0	0	1	0	0
	합계		6	6	0	1	2	0	0
프로통산			6	6	0	1	2	0	0

하밀 (Brendan Hamill) 호주 1992.09.18

리그	연도	소속	출전	교체	득점	도움	파울	경고	퇴장
BC	2012	성남일	8	8	1	0	9	2	0
	합계		8	8	1	0	9	2	0
프로통산			8	8	1	0	9	2	0

하상수 (河相秀) 아주대 1973.07.25

리그	연도	소속	출전	교체	득점	도움	파울	경고	퇴장
BC	1996	부산	6	3	0	1	7	0	0
	합계		6	3	0	1	7	0	0
프로통산			6	3	0	1	7	0	0

하석주 (河錫舟) 아주대 1968.02.20

리그	연도	소속	출전	교체	득점	도움	파울	경고	퇴장
BC	1990	대우	24	12	4	3	36	0	0
	1991	대우	34	10	7	5	36	1	0
	1992	대우	29	6	5	2	40	3	0
	1993	대우	11	3	0	0	14	3	0
	1994	대우	16	3	4	2	17	1	0
	1995	대우	34	2	7	3	40	4	0
	1996	부산	26	5	11	2	46	3	0
	1997	부산	13	6	4	3	7	0	0
	2001	포항	31	0	3	2	46	6	0
	2002	포항	34	3	0	3	60	4	0
	2003	포항	6	6	0	0	5	0	0
	합계		258	56	45	25	347	25	0
프로통산			258	56	45	25	347	25	0

하성룡 (河成龍) 금호고 1982.02.03

리그	연도	소속	출전	교체	득점	도움	파울	경고	퇴장
BC	2002	전남	3	3	0	0	2	0	0
	2003	전남	2	2	0	0	2	0	0
	합계		5	5	0	0	4	0	0
프로통산			5	5	0	0	4	0	0

하성민 (河成敏) 부평고 1987.06.13

리그	연도	소속	출전	교체	득점	도움	파울	경고	퇴장
BC	2008	전북	10	6	0	1	19	1	0
	2009	전북	0	0	0	0	0	0	0
	2010	부산	1	1	0	0	1	0	0
	2011	전북	1	0	0	0	2	1	0
	2012	상주	26	7	0	2	47	9	0
	합계		38	14	0	3	69	11	0
클	2013	전북	1	1	0	0	2	0	0
	2014	울산	17	5	0	1	35	5	0
	2015	울산	28	9	0	0	39	8	0
	2016	울산	24	15	2	0	34	5	1
	합계		70	30	2	1	110	18	1

리그	연도	소속	출전	교체	득점	도움	파울	경고	퇴장
챌	2013	상주	13	6	0	2	22	2	0
	합계		13	6	0	2	22	2	0
프로통산			121	50	2	6	201	31	1

하성용 (河誠容) 광운대 1976.10.05

리그	연도	소속	출전	교체	득점	도움	파울	경고	퇴장
BC	2000	울산	20	2	1	0	37	2	0
	2001	울산	3	0	0	0	1	0	0
	2002	울산	9	4	0	0	14	0	0
	2003	울산	5	5	0	0	5	0	0
	합계		37	11	1	0	57	2	0
프로통산			37	11	1	0	57	2	0

하성준 (河成俊) 중대부고 1963.08.15

리그	연도	소속	출전	교체	득점	도움	파울	경고	퇴장
BC	1989	일화	28	14	1	2	35	3	0
	1990	일화	17	6	1	0	19	0	0
	1991	일화	38	6	1	2	61	2	0
	1992	일화	38	3	1	2	63	3	0
	1993	일화	25	7	1	0	22	3	0
	1994	일화	31	2	1	1	31	2	0
	1995	일화	29	5	1	1	39	4	0
	1996	천안	27	5	0	0	24	2	0
	합계		233	48	7	8	294	19	0
프로통산			233	48	7	8	294	19	0

하용우 (河龍雨) 경희대 1977.04.30

리그	연도	소속	출전	교체	득점	도움	파울	경고	퇴장
BC	2000	포항	10	7	0	0	10	2	0
	합계		10	7	0	0	10	2	0
프로통산			10	7	0	0	10	2	0

하은철 (河恩哲) 성균관대 1975.06.23

리그	연도	소속	출전	교체	득점	도움	파울	경고	퇴장
BC	1998	전북	21	16	7	2	28	3	0
	1999	전북	32	31	10	0	23	0	0
	2000	울산	23	12	5	1	29	0	0
	2001	울산	3	3	0	0	1	0	0
	2001	전북	2	2	0	0	0	0	0
	2003	전북	0	0	0	0	0	0	0
	2003	대구	12	12	3	0	10	0	0
	2004	대구	7	6	1	0	8	0	0
	합계		100	82	26	3	99	3	0
프로통산			100	82	26	3	99	3	0

하인호 (河仁鎬) 인천대 1989.10.10

리그	연도	소속	출전	교체	득점	도움	파울	경고	퇴장
BC	2012	경남	0	0	0	0	0	0	0
	합계		0	0	0	0	0	0	0
챌	2015	고양	26	3	1	1	45	4	0
	2016	안산무	3	1	0	0	3	1	0
	합계		29	4	1	1	48	5	0
프로통산			29	4	1	1	48	5	0

하재훈 (河在勳) 조선대 1965.08.15

리그	연도	소속	출전	교체	득점	도움	파울	경고	퇴장
BC	1987	유공	20	3	0	1	18	2	0
	1988	유공	15	1	0	3	27	1	0
	1989	유공	11	3	0	0	11	0	0
	1990	유공	18	10	3	4	22	2	0
	1991	유공	25	18	1	1	15	1	0
	1992	유공	21	13	0	1	37	3	0
	1993	유공	23	19	1	1	13	3	0
	1994	유공	6	4	0	0	3	0	0
	합계		139	71	5	11	146	12	0
프로통산			139	71	5	11	146	12	0

하재훈 (河在勳) 동국대 1984.10.03

리그	연도	소속	출전	교체	득점	도움	파울	경고	퇴장
BC	2009	강원	18	1	0	1	8	2	0
	2010	강원	11	2	0	1	6	0	0
	합계		29	3	0	2	14	2	0
프로통산			29	3	0	2	14	2	0

하정헌 (河廷憲) 우석대 1987.10.14

리그	연도	소속	출전	교체	득점	도움	파울	경고	퇴장
BC	2010	강원	17	12	2	1	27	2	0
	2011	강원	5	5	1	0	6	1	0
	합계		22	17	3	1	33	3	0
챌	2013	수원FC	16	16	4	0	32	7	0
	2014	수원FC	14	14	2	0	13	3	0
	2015	안산경	13	9	2	0	23	5	0
	2016	안산무	6	7	0	1	10	3	0
	합계		49	46	8	1	78	18	0
프로통산			71	63	11	2	111	21	0

하징요 (Luciano Ferreira Gabriel) 브라질 1979.10.18

리그	연도	소속	출전	교체	득점	도움	파울	경고	퇴장
BC	2005	대전	22	22	2	4	41	1	1
	합계		22	22	2	4	41	1	1
프로통산			22	22	2	4	41	1	1

하태균 (河太均) 단국대 1987.11.02

리그	연도	소속	출전	교체	득점	도움	파울	경고	퇴장
BC	2007	수원	18	13	5	1	33	1	0
	2008	수원	6	6	0	0	9	4	0
	2009	수원	12	11	2	1	21	1	0
	2010	수원	15	13	2	0	23	1	0
	2011	수원	19	18	3	1	19	3	1
	2012	수원	31	29	6	0	25	0	0
	합계		101	90	18	3	130	10	1
클	2014	상주	11	6	4	0	18	1	0
	2014	수원	3	3	0	0	3	1	0
	합계		14	9	4	0	21	2	0
챌	2013	상주	19	14	8	4	33	2	0
	합계		19	14	8	4	33	2	0
승	2013	상주	1	1	0	0	0	0	0
	합계		1	1	0	0	0	0	0
프로통산			135	114	30	7	184	14	1

하파엘 (Rafael Costa dos Santos) 브라질 1987.08.23

리그	연도	소속	출전	교체	득점	도움	파울	경고	퇴장
클	2014	서울	9	9	0	0	9	3	0
	합계		9	9	0	0	9	3	0
프로통산			9	9	0	0	9	3	0

하파엘 (Raphael Assis Martins Xavier) 브라질 1992.03.28

리그	연도	소속	출전	교체	득점	도움	파울	경고	퇴장
챌	2014	충주	2	1	0	0	0	0	0
	합계		2	1	0	0	0	0	0
프로통산			2	1	0	0	0	0	0

하파엘 (Rogerio da Silva Rafael) 브라질 1995.11.30

리그	연도	소속	출전	교체	득점	도움	파울	경고	퇴장
챌	2016	충주	17	15	5	2	13	2	0
	합계		17	15	5	2	13	2	0
프로통산			17	15	5	2	13	2	0

하피냐 (Rafael dos Santos de Oliveira) 브라질 1987.06.30

리그	연도	소속	출전	교체	득점	도움	파울	경고	퇴장
BC	2012	울산	17	13	6	2	23	2	0
	합계		17	13	6	2	23	2	0
클	2013	울산	24	8	11	4	45	3	0
	2014	울산	12	8	1	1	20	0	0
	합계		36	16	12	5	65	3	0
프로통산			53	29	18	7	88	5	0

하피냐 (Lima Pereira Rafael) 브라질 1993.04.01

리그	연도	소속	출전	교체	득점	도움	파울	경고	퇴장
클	2015	대전	7	8	0	0	3	0	0
	합계		7	8	0	0	3	0	0
프로통산			7	8	0	0	3	0	0

한경인 (韓京仁) 명지대 1987.05.28

리그	연도	소속	출전	교체	득점	도움	파울	경고	퇴장
BC	2011	경남	23	19	2	0	13	0	0
	2012	대전	12	11	1	0	5	1	0
	합계		35	30	3	0	18	1	0
클	2013	대전	6	6	2	0	7	1	0
	2014	상주	9	8	0	0	4	2	0
	합계		15	14	2	0	11	3	0
챌	2015	상주	1	1	0	0	0	0	0
	합계		1	1	0	0	0	0	0
프로통산			51	45	5	0	29	4	0

한교원 (韓教元) 조선이공대 1990.06.15

리그	연도	소속	출전	교체	득점	도움	파울	경고	퇴장
BC	2011	인천	29	22	3	2	40	2	0
	2012	인천	28	10	6	2	52	4	0
	합계		57	32	9	4	92	6	0
클	2013	인천	36	14	6	2	64	8	0
	2014	전북	32	20	11	3	44	1	0
	2015	전북	26	16	1	4	15	3	1
	2016	전북	19	8	4	0	24	5	0
	합계		113	58	22	9	147	17	1
프로통산			170	90	31	13	239	23	1

한그루 (韓그루) 단국대 1988.04.29

리그	연도	소속	출전	교체	득점	도움	파울	경고	퇴장
BC	2011	성남일	4	4	0	0	1	1	0
	2012	대전	9	8	0	0	11	1	0
	합계		13	12	0	0	12	2	0
클	2013	대전	5	5	0	0	4	0	0
	합계		5	5	0	0	4	0	0
프로통산			18	17	0	0	16	2	0

한길동 (韓吉童) 서울대 1963.01.15

리그	연도	소속	출전	교체	득점	도움	파울	경고	퇴장
BC	1986	럭금	20	6	0	0	16	1	0
	1987	럭금	16	5	0	3	12	0	0
	합계		36	11	0	3	28	1	0
프로통산			36	11	0	3	28	1	0

한덕희 (韓德熙) 아주대 1987.02.20

리그	연도	소속	출전	교체	득점	도움	파울	경고	퇴장
BC	2011	대전	16	6	1	2	26	3	0
	2012	대전	14	12	0	0	22	4	0
	합계		30	18	1	2	48	7	0
클	2013	대전	20	14	0	1	31	2	0
	2015	대전	4	2	0	0	6	1	0
	합계		24	16	0	1	37	3	0
챌	2014	안산경	8	7	0	0	5	2	0
	2015	안산경	23	10	0	0	36	4	0
	합계		31	17	0	0	41	6	0
프로통산			85	51	1	3	126	16	0

한동원 (韓東元) 남수원중 1986.04.06

리그	연도	소속	출전	교체	득점	도움	파울	경고	퇴장
BC	2002	안양L	1	1	0	0	0	0	0
	2003	안양L	4	4	0	0	3	1	0
	2004	서울	4	3	0	0	2	0	0
	2005	서울	3	3	0	0	0	0	0
	2006	서울	21	13	5	1	20	2	0
	2007	성남일	15	15	1	0	7	0	0
	2008	성남일	26	23	6	1	27	2	0
	2009	성남일	26	24	7	1	14	2	0
	2011	대구	14	13	0	0	8	1	0
	2012	강원	7	7	1	0	3	0	0
	합계		121	106	20	3	84	8	0
클	2013	강원	8	8	0	0	4	0	0
	합계		8	8	0	0	4	0	0
챌	2013	안양	2	2	0	0	0	0	0
	합계		2	2	0	0	0	0	0
프로통산			131	116	20	3	88	8	0

한동진 (韓動鎭) 상지대 1979.08.25

리그	연도	소속	출전	교체	실점	도움	파울	경고	퇴장
BC	2002	부천S	9	0	15	0	0	2	0

	2003	부천S	31	1	45	0	3	1	0
	2004	부천S	0	0	0	0	0	0	0
	2005	광주상	3	0	3	0	0	0	0
	2006	광주상	15	1	18	0	0	0	0
	2007	제주	6	0	8	0	1	0	0
	2008	제주	12	3	13	0	0	0	0
	2009	제주	14	1	11	0	0	1	0
	2010	제주	1	0	5	0	0	0	0
	2011	제주	1	1	0	0	0	0	0
	2012	제주	30	0	37	0	2	1	1
	합계		122	7	155	0	6	5	1
클	2013	제주	0	0	0	0	0	0	0
	합계		0	0	0	0	0	0	0
프로통산			122	7	155	0	6	5	1

한문배 (韓文培) 한양대 1954.03.22

리그	연도	소속	출전	교체	득점	도움	파울	경고	퇴장
BC	1984	럭금	27	4	6	2	25	2	0
	1985	럭금	21	3	0	2	19	1	0
	1986	럭금	27	5	1	0	37	3	0
	합계		75	12	7	4	81	6	0
프로통산			75	12	7	4	81	6	0

한병용 (韓炳容) 건국대 1983.11.27

리그	연도	소속	출전	교체	득점	도움	파울	경고	퇴장
BC	2006	수원	12	7	0	0	15	1	0
	2007	수원	2	2	0	0	1	0	0
	합계		14	9	0	0	16	1	0
프로통산			14	9	0	0	16	1	0

한봉현 (韓鳳顯) 학성고 1981.12.04

리그	연도	소속	출전	교체	득점	도움	파울	경고	퇴장
BC	2000	울산	0	0	0	0	0	0	0
	2001	울산	2	2	0	0	0	0	0
	2003	광주상	1	1	0	0	2	0	0
	합계		3	3	0	0	2	0	0
프로통산			3	3	0	0	2	0	0

한빛 (韓빛) 건국대 1992.03.17

리그	연도	소속	출전	교체	득점	도움	파울	경고	퇴장
챌	2014	고양	16	15	1	0	16	2	0
	합계		16	15	1	0	16	2	0
프로통산			16	15	1	0	16	2	0

한상건 (韓相健) 영등포공고 1975.01.22

리그	연도	소속	출전	교체	득점	도움	파울	경고	퇴장
BC	1994	포철	1	1	0	0	0	0	0
	합계		1	1	0	0	0	0	0
프로통산			1	1	0	0	0	0	0

한상구 (韓相九) 충남대 1976.08.15

리그	연도	소속	출전	교체	득점	도움	파울	경고	퇴장
BC	1999	안양L	11	8	0	0	14	2	0
	2000	안양L	29	4	0	0	30	2	0
	2001	안양L	4	2	0	0	3	2	0
	2003	광주상	40	8	3	3	31	4	0
	2004	서울	13	8	0	1	17	2	0
	합계		97	30	3	4	95	12	0
프로통산			97	30	3	4	95	12	0

한상민 (韓相旻) 천안농고 1985.03.10

리그	연도	소속	출전	교체	득점	도움	파울	경고	퇴장
BC	2009	울산	9	9	0	0	6	1	0
	합계		9	9	0	0	6	1	0
프로통산			9	9	0	0	6	1	0

한상수 (韓尙樹) 충북대 1977.02.27

리그	연도	소속	출전	교체	실점	도움	파울	경고	퇴장
BC	1999	부산	6	4	4	0	0	0	0
	2000	부산	3	3	0	0	0	0	0
	합계		9	7	4	0	0	0	0
프로통산			9	7	4	0	0	0	0

한상열 (韓相烈) 고려대 1972.09.24

리그	연도	소속	출전	교체	득점	도움	파울	경고	퇴장
BC	1997	수원	23	17	3	1	22	0	1
	1998	수원	6	6	0	0	7	2	0
	1999	수원	0	0	0	0	0	0	0
	합계		29	23	3	1	29	2	1
프로통산			29	23	3	1	29	2	1

한상운 (韓相云) 단국대 1986.05.03

리그	연도	소속	출전	교체	득점	도움	파울	경고	퇴장
BC	2009	부산	31	23	3	5	32	4	0
	2010	부산	31	12	7	5	33	1	0
	2011	부산	32	14	9	8	34	2	0
	2012	성남일	16	11	1	1	12	1	0
	합계		110	60	20	19	111	8	0
클	2013	울산	34	21	8	8	36	3	0
	2014	울산	12	5	2	2	7	0	0
	2014	상주	17	5	0	4	14	3	0
	2016	울산	22	14	1	4	20	3	0
	합계		85	45	11	18	77	9	0
챌	2015	상주	29	19	7	6	21	3	0
	합계		29	19	7	6	21	3	0
프로통산			224	124	38	43	209	20	0

한상진 (韓相振) 세종대 1995.08.01

리그	연도	소속	출전	교체	득점	도움	파울	경고	퇴장
챌	2016	부천	0	0	0	0	0	0	0
	합계		0	0	0	0	0	0	0
프로통산			0	0	0	0	0	0	0

한상학 (韓尙學) 숭실대 1990.07.16

리그	연도	소속	출전	교체	득점	도움	파울	경고	퇴장
챌	2014	충주	6	5	1	0	10	2	0
	합계		6	5	1	0	10	2	0
프로통산			6	5	1	0	10	2	0

한상혁 (韓祥赫) 배재대 1991.11.19

리그	연도	소속	출전	교체	득점	도움	파울	경고	퇴장
클	2015	대전	0	0	0	0	0	0	0
	합계		0	0	0	0	0	0	0
챌	2014	대전	0	0	0	0	0	0	0
	합계		0	0	0	0	0	0	0
프로통산			0	0	0	0	0	0	0

한상현 (韓相晛) 성균관대 1991.08.25

리그	연도	소속	출전	교체	득점	도움	파울	경고	퇴장
클	2015	성남	0	0	0	0	0	0	0
	합계		0	0	0	0	0	0	0
챌	2014	부천	1	1	0	0	0	0	0
	합계		1	1	0	0	0	0	0
프로통산			1	1	0	0	0	0	0

한석종 (韓石種) 숭실대 1992.07.19

리그	연도	소속	출전	교체	득점	도움	파울	경고	퇴장
챌	2014	강원	21	10	0	1	25	2	0
	2015	강원	25	12	4	1	34	7	0
	2016	강원	36	10	1	3	40	10	0
	합계		82	32	5	5	99	19	0
승	2016	강원	2	1	1	0	4	0	0
	합계		2	1	1	0	4	0	0
프로통산			84	33	6	5	103	19	0

한설 (韓雪) 동의대 1983.07.15

리그	연도	소속	출전	교체	득점	도움	파울	경고	퇴장
BC	2006	부산	7	7	0	0	6	1	0
	2008	광주상	1	1	0	0	0	0	0
	합계		8	8	0	0	6	1	0
프로통산			8	8	0	0	6	1	0

한성규 (韓成圭) 광운대 1993.01.27

리그	연도	소속	출전	교체	득점	도움	파울	경고	퇴장
클	2015	수원	0	0	0	0	0	0	0
	합계		0	0	0	0	0	0	0
챌	2016	부천	2	2	0	0	0	0	0
	합계		2	2	0	0	0	0	0
프로통산			2	2	0	0	0	0	0

한승엽 (韓承燁) 경기대 1990.11.04

리그	연도	소속	출전	교체	득점	도움	파울	경고	퇴장
클	2013	대구	26	22	3	1	43	4	0
	합계		26	22	3	1	43	4	0
챌	2014	대구	8	8	0	0	13	0	0
	합계		8	8	0	0	13	0	0
프로통산			34	30	3	1	56	4	0

한연수 (韓練洙) 동국대 1966.11.17

리그	연도	소속	출전	교체	득점	도움	파울	경고	퇴장
BC	1989	일화	6	4	0	0	7	1	0
	합계		6	4	0	0	7	1	0
프로통산			6	4	0	0	7	1	0

한연철 (韓煉哲) 고려대 1972.03.30

리그	연도	소속	출전	교체	득점	도움	파울	경고	퇴장
BC	1997	울산	2	2	0	0	3	0	0
	합계		2	2	0	0	3	0	0
프로통산			2	2	0	0	3	0	0

한영구 (韓英九) 호남대 1987.11.16

리그	연도	소속	출전	교체	득점	도움	파울	경고	퇴장
챌	2013	고양	11	5	0	0	6	0	0
	합계		11	5	0	0	6	0	0
프로통산			11	5	0	0	6	0	0

한영국 (韓榮國) 국민대 1964.11.26

리그	연도	소속	출전	교체	득점	도움	파울	경고	퇴장
BC	1993	현대	6	0	0	0	4	0	0
	1994	현대	8	1	0	0	6	2	0
	합계		14	1	0	0	10	2	0
프로통산			14	1	0	0	10	2	0

한영수 (韓英洙) 전북대 1960.08.14

리그	연도	소속	출전	교체	득점	도움	파울	경고	퇴장
BC	1985	유공	19	3	4	1	19	0	0
	1986	유공	10	6	0	0	4	0	0
	1987	유공	3	3	1	0	1	0	0
	합계		32	12	5	1	24	0	0
프로통산			32	12	5	1	24	0	0

한용수 (韓龍洙) 한양대 1990.05.05

리그	연도	소속	출전	교체	득점	도움	파울	경고	퇴장
BC	2012	제주	23	6	0	1	33	4	0
	합계		23	6	0	1	33	4	0
프로통산			23	6	0	1	33	4	0

한유성 (韓侑成) 경희대 1991.06.09

리그	연도	소속	출전	교체	실점	도움	파울	경고	퇴장
클	2014	전남	0	0	0	0	0	0	0
	2015	전남	1	0	0	0	0	1	0
	2016	전남	3	1	6	0	0	0	0
	합계		4	1	6	0	0	1	0
프로통산			4	1	6	0	0	1	0

한의권 (韓義權) 관동대 1994.06.30

리그	연도	소속	출전	교체	득점	도움	파울	경고	퇴장
클	2014	경남	11	11	0	1	11	0	0
	2015	대전	18	6	3	1	41	4	0
	합계		29	17	3	2	52	4	0
챌	2015	경남	10	6	0	1	13	3	0
	2016	대전	6	4	0	0	8	1	0
	합계		16	10	0	1	21	4	0
승	2014	경남	2	2	0	0	0	0	0
	합계		2	2	0	0	0	0	0
프로통산			47	29	3	3	73	8	0

한일구 (韓壹九) 고려대 1987.02.18

리그	연도	소속	출전	교체	실점	도움	파울	경고	퇴장
BC	2010	서울	0	0	0	0	0	0	0
	2011	서울	2	0	4	0	1	0	0
	2012	서울	0	0	0	0	0	0	0
	합계		2	0	4	0	1	0	0
클	2013	서울	0	0	0	0	0	0	0
	2014	서울	0	0	0	0	0	0	0
	합계		0	0	0	0	0	0	0
프로통산			2	0	4	0	1	0	0

한재만 (韓載滿) 동국대 1989.03.20

리그	연도	소속	출전	교체	득점	도움	파울	경고	퇴장
BC	2010	제주	7	6	0	1	2	0	0
	2011	제주	1	1	0	0	0	0	0
	합계		8	7	0	1	2	0	0
프로통산			8	7	0	1	2	0	0

한재식 (韓在植) 명지대 1968.03.17

리그	연도	소속	출전	교체	득점	도움	파울	경고	퇴장
BC	1990	포철	1	1	0	0	0	0	0
	합계		1	1	0	0	0	0	0
프로통산			1	1	0	0	0	0	0

한재웅 (韓載雄) 부평고 1984.09.28

리그	연도	소속	출전	교체	득점	도움	파울	경고	퇴장
BC	2003	부산	1	1	0	0	0	0	0
	2004	부산	4	4	0	0	4	0	0
	2005	부산	13	11	2	0	8	1	0
	2007	부산	1	1	0	0	3	0	1
	2008	부산	2	2	0	0	1	0	0
	2008	대전	13	13	1	1	20	3	0
	2009	대전	19	15	3	1	22	2	0
	2010	대전	23	8	3	1	36	5	0
	2011	대전	24	12	3	1	33	6	0
	2012	전남	24	12	0	1	27	4	0
	합계		124	79	12	5	154	21	1
클	2013	인천	3	3	0	0	0	0	0
	2014	울산	7	7	0	1	4	0	0
	합계		10	10	0	1	4	0	0
챌	2016	대구	15	13	0	0	12	2	0
	합계		15	13	0	0	12	2	0
프로통산			149	102	12	6	170	23	1

한정국 (韓正局) 한양대 1971.07.19

리그	연도	소속	출전	교체	득점	도움	파울	경고	퇴장
BC	1994	일화	25	15	1	1	34	4	0
	1995	일화	11	9	2	0	9	1	0
	1996	천안	34	21	1	3	31	3	0
	1999	천안	6	5	0	1	7	1	0
	1999	전남	14	13	2	1	15	1	0
	2000	전남	4	4	0	0	2	0	0
	2001	대전	15	13	1	3	24	2	0
	2002	대전	26	19	0	2	38	2	0
	2003	대전	28	17	3	1	55	2	1
	2004	대전	19	16	2	1	20	1	0
	합계		182	132	12	13	235	17	1
프로통산			182	132	12	13	235	17	1

한정화 (韓廷和) 안양공고 1982.10.31

리그	연도	소속	출전	교체	득점	도움	파울	경고	퇴장
BC	2001	안양L	11	11	0	0	5	1	0
	2002	안양L	7	9	1	0	3	1	0
	2003	안양L	2	2	0	0	0	0	0
	2004	광주상	1	1	0	0	0	0	0
	2005	광주상	1	1	0	0	0	0	0
	2007	부산	29	23	4	2	22	1	0
	2008	부산	26	14	2	1	36	1	0
	2009	대구	20	17	0	2	14	0	0
	합계		97	78	7	5	80	4	0
프로통산			97	78	7	5	80	4	0

한제광 (韓濟光) 울산대 1985.03.18

리그	연도	소속	출전	교체	득점	도움	파울	경고	퇴장
BC	2006	전북	2	1	0	0	3	0	0
	합계		2	1	0	0	3	0	0
프로통산			2	1	0	0	3	0	0

한종성 (韓鐘聲) 성균관대 1977.01.30

리그	연도	소속	출전	교체	득점	도움	파울	경고	퇴장
BC	2002	전북	14	2	0	0	22	2	0
	2003	전북	24	10	0	2	45	4	0
	2004	전북	8	5	0	0	12	0	0
	2005	전남	6	5	0	0	7	1	0
	합계		52	22	0	2	86	7	0
프로통산			52	22	0	2	86	7	0

한종우 (韓宗佑) 상지대 1986.03.17

리그	연도	소속	출전	교체	득점	도움	파울	경고	퇴장
챌	2013	부천	27	6	2	0	29	10	0
	2014	부천	6	3	0	0	9	0	0
	합계		33	9	2	0	38	10	0
프로통산			33	9	2	0	38	10	0

한주영 (韓周伶) 고려대 1976.06.10

리그	연도	소속	출전	교체	득점	도움	파울	경고	퇴장
BC	2000	전북	1	1	0	0	0	0	0
	합계		1	1	0	0	0	0	0
프로통산			1	1	0	0	0	0	0

한지원 (韓知員) 건국대 1994.04.09

리그	연도	소속	출전	교체	득점	도움	파울	경고	퇴장
클	2016	전남	5	4	0	0	2	1	0
	합계		5	4	0	0	2	1	0
프로통산			5	4	0	0	2	1	0

한지호 (韓志皓) 홍익대 1988.12.15

리그	연도	소속	출전	교체	득점	도움	파울	경고	퇴장
BC	2010	부산	9	9	0	0	6	1	0
	2011	부산	32	26	4	4	30	4	0
	2012	부산	44	20	6	3	47	2	0
	합계		85	55	10	7	83	7	0
클	2013	부산	28	17	5	1	23	1	0
	2014	부산	22	14	0	0	24	3	0
	2015	부산	20	16	2	0	14	1	0
	합계		70	47	7	1	61	5	0
챌	2016	안산무	38	12	10	6	52	4	0
	합계		38	12	10	6	52	4	0
승	2015	부산	1	1	0	0	1	0	0
	합계		1	1	0	0	1	0	0
프로통산			194	115	27	14	197	16	0

한찬희 (韓贊熙) 광양제철고 1997.03.17

리그	연도	소속	출전	교체	득점	도움	파울	경고	퇴장
클	2016	전남	23	18	1	1	9	2	0
	합계		23	18	1	1	9	2	0
프로통산			23	18	1	1	9	2	0

한창우 (韓昌祐) 동아대 1965.10.25

리그	연도	소속	출전	교체	득점	도움	파울	경고	퇴장
BC	1988	대우	9	1	0	0	4	0	0
	합계		9	1	0	0	4	0	0
프로통산			9	1	0	0	4	0	0

한창우 (韓昌祐) 광운대 1966.12.05

리그	연도	소속	출전	교체	득점	도움	파울	경고	퇴장
BC	1989	현대	5	5	0	0	6	2	0
	1991	현대	24	18	2	0	28	2	0
	1992	현대	19	17	0	0	27	1	0
	합계		48	40	2	0	61	5	0
프로통산			48	40	2	0	61	5	0

한태유 (韓泰酉) 명지대 1981.03.31

리그	연도	소속	출전	교체	득점	도움	파울	경고	퇴장
BC	2004	서울	25	4	0	0	49	4	0
	2005	서울	22	11	3	1	52	9	0
	2006	서울	28	23	0	2	42	5	0
	2007	광주상	30	8	1	0	55	5	0
	2008	광주상	23	5	1	0	56	8	0
	2008	서울	2	2	0	0	2	0	0
	2009	서울	10	3	0	1	23	3	0
	2010	서울	8	7	0	0	10	5	0
	2011	서울	3	1	0	0	2	0	0
	2012	서울	26	15	0	0	21	3	0
	합계		177	79	5	4	312	42	0
클	2013	서울	15	12	0	0	7	2	0
	2014	서울	0	0	0	0	0	0	0
	합계		15	12	0	0	7	2	0
프로통산			192	91	5	4	319	44	0

한태진 (韓台鎭) 1961.04.08

리그	연도	소속	출전	교체	실점	도움	파울	경고	퇴장
BC	1983	포철	1	0	4	0	0	0	0
	합계		1	0	4	0	0	0	0
프로통산			1	0	4	0	0	0	0

한홍규 (韓洪奎) 성균관대 1990.07.26

리그	연도	소속	출전	교체	득점	도움	파울	경고	퇴장
챌	2013	충주	29	7	5	3	63	5	0
	2014	충주	32	30	7	1	45	5	0
	2015	안산경	12	6	1	0	18	4	0
	2016	안산무	9	10	0	0	9	2	0
	합계		82	53	13	4	135	16	0
프로통산			82	53	13	4	135	16	0

한효혁 (韓孝赫) 동신대 1989.12.12

리그	연도	소속	출전	교체	득점	도움	파울	경고	퇴장
챌	2013	광주	2	2	0	0	1	0	0
	합계		2	2	0	0	1	0	0
프로통산			2	2	0	0	1	0	0

한희훈 (韓熙訓) 상지대 1990.08.10

리그	연도	소속	출전	교체	득점	도움	파울	경고	퇴장
챌	2016	부천	40	0	3	0	21	4	0
	합계		40	0	3	0	21	4	0
프로통산			40	0	3	0	21	4	0

함민석 (咸珉奭) 아주대 1985.08.03

리그	연도	소속	출전	교체	득점	도움	파울	경고	퇴장
BC	2008	인천	0	0	0	0	0	0	0
	2012	강원	0	0	0	0	0	0	0
	합계		0	0	0	0	0	0	0
프로통산			0	0	0	0	0	0	0

함상헌 (咸相憲) 서울시립대 1971.03.20

리그	연도	소속	출전	교체	득점	도움	파울	경고	퇴장
BC	1994	대우	9	8	2	0	12	2	0
	1995	포항	1	1	0	0	1	0	0
	1995	LG	18	16	2	0	16	5	0
	1996	안양L	17	15	2	1	15	3	0
	1997	안양L	26	15	2	2	44	8	0
	1998	안양L	2	3	0	0	2	0	0
	합계		73	58	8	3	90	18	0
프로통산			73	58	8	3	90	18	0

함석민 (咸錫敏) 숭실대 1994.02.14

리그	연도	소속	출전	교체	실점	도움	파울	경고	퇴장
챌	2016	강원	25	0	21	0	0	3	0
	합계		25	0	21	0	0	3	0
승	2016	강원	2	0	1	0	0	0	0
	합계		2	0	1	0	0	0	0
프로통산			27	0	22	0	0	3	0

함준영 (咸儁渶) 원광대 1986.03.15

리그	연도	소속	출전	교체	득점	도움	파울	경고	퇴장
BC	2009	인천	0	0	0	0	0	0	0
	합계		0	0	0	0	0	0	0
프로통산			0	0	0	0	0	0	0

함현기 (咸鉉起) 고려대 1963.04.26

리그	연도	소속	출전	교체	득점	도움	파울	경고	퇴장
BC	1986	현대	35	3	17	2	34	1	0
	1987	현대	29	10	1	2	26	0	0
	1988	현대	23	5	10	5	28	1	0
	1989	현대	13	4	0	0	21	0	0
	1990	현대	28	8	3	3	27	1	0
	1991	현대	5	5	0	0	2	0	0
	1991	LG	10	8	0	0	1	0	0
	1992	LG	18	14	0	1	12	0	0
	합계		161	57	31	13	151	3	0
프로통산			161	57	31	13	151	3	0

허건 (許建) 관동대 1988.01.03

리그	연도	소속	출전	교체	득점	도움	파울	경고	퇴장
챌	2013	부천	18	10	5	2	25	3	0
	합계		18	10	5	2	25	3	0
프로통산			18	10	5	2	25	3	0

허기수 (許起洙) 명지대 1965.01.05

리그	연도	소속	출전	교체	득점	도움	파울	경고	퇴장
BC	1989	현대	20	8	1	0	23	1	0
	1990	현대	19	5	1	0	22	2	0
	1991	현대	2	1	0	0	1	0	0
	1992	현대	9	7	1	1	7	1	0
	합계		50	21	3	1	53	4	0
프로통산			50	21	3	1	53	4	0

허기태 (許起泰) 고려대 1967.07.13

리그	연도	소속	출전	교체	득점	도움	파울	경고	퇴장
BC	1990	유공	7	1	0	0	12	1	0
	1991	유공	34	2	1	0	39	2	0
	1992	유공	37	5	2	0	52	2	0
	1993	유공	33	1	2	1	31	3	0
	1994	유공	34	0	2	2	26	4	0
	1995	유공	34	3	3	0	21	2	0
	1996	부천S	31	3	0	0	34	1	0
	1997	부천S	22	3	0	0	44	6	0
	1998	수원	11	3	0	0	10	0	0
	1999	수원	3	2	0	0	4	2	0
	합계		246	23	10	3	273	23	0
프로통산			246	23	10	3	273	23	0

허범산 (許範山) 우석대 1989.09.14

리그	연도	소속	출전	교체	득점	도움	파울	경고	퇴장
BC	2012	대전	8	6	1	0	11	2	0
	합계		8	6	1	0	11	2	0
클	2013	대전	29	15	0	5	53	6	0
	2014	제주	1	1	0	0	1	0	0
	2015	제주	16	11	0	1	23	6	0
	합계		46	27	0	6	77	12	0
챌	2016	강원	37	31	3	1	63	13	0
	합계		37	31	3	1	63	13	0
승	2016	강원	2	2	0	1	4	1	0
	합계		2	2	0	1	4	1	0
프로통산			93	66	4	8	155	28	0

허영석 (許榮碩) 마산공고 1993.04.29

리그	연도	소속	출전	교체	득점	도움	파울	경고	퇴장
BC	2012	경남	2	2	0	0	0	0	0
	합계		2	2	0	0	0	0	0
챌	2015	경남	3	2	0	0	4	0	0
	합계		3	2	0	0	4	0	0
프로통산			5	4	0	0	4	0	0

허영철 (許榮哲) 한남대 1992.09.07

리그	연도	소속	출전	교체	득점	도움	파울	경고	퇴장
클	2015	대전	2	1	0	0	0	0	0
	합계		2	1	0	0	0	0	0
프로통산			2	1	0	0	0	0	0

허용준 (許榕埈) 고려대 1993.01.08

리그	연도	소속	출전	교체	득점	도움	파울	경고	퇴장
클	2016	전남	28	22	4	3	18	4	0
	합계		28	22	4	3	18	4	0
프로통산			28	22	4	3	18	4	0

허인무 (許寅戊) 명지대 1978.04.14

리그	연도	소속	출전	교체	득점	도움	파울	경고	퇴장
BC	2001	포항	0	0	0	0	0	0	0
	합계		0	0	0	0	0	0	0
프로통산			0	0	0	0	0	0	0

허재녕 (許財寧) 아주대 1992.05.14

리그	연도	소속	출전	교체	득점	도움	파울	경고	퇴장
클	2015	광주	3	3	0	0	5	1	0
	합계		3	3	0	0	5	1	0
프로통산			3	3	0	0	5	1	0

허재원 (許宰源) 광운대 1984.07.01

리그	연도	소속	출전	교체	득점	도움	파울	경고	퇴장
BC	2006	수원	1	1	0	0	0	0	0
	2008	광주상	7	6	0	0	3	1	0
	2009	수원	6	3	0	0	8	1	0
	2010	수원	2	1	1	0	1	1	0
	2011	광주	29	7	1	1	45	8	0
	2012	제주	36	2	2	2	57	5	0
	합계		81	20	4	3	114	16	0
클	2013	제주	23	4	1	0	24	2	0
	합계		23	4	1	0	24	2	0
챌	2014	대구	33	2	3	2	31	8	0
	2015	대구	27	2	2	1	15	2	0
	합계		60	4	5	3	46	10	0
프로통산			164	28	10	6	184	28	0

허재원 (許宰源) 탐라대 1992.04.04

리그	연도	소속	출전	교체	득점	도움	파울	경고	퇴장
챌	2016	고양	25	9	0	0	25	2	0
	합계		25	9	0	0	25	2	0
프로통산			25	9	0	0	25	2	0

허정무 (許丁茂) 연세대 1955.01.13

리그	연도	소속	출전	교체	득점	도움	파울	경고	퇴장
BC	1984	현대	23	3	3	2	37	3	0
	1985	현대	5	0	1	0	7	0	0
	1986	현대	11	2	1	3	15	1	0
	합계		39	5	5	5	59	4	0
프로통산			39	5	5	5	59	4	0

허제정 (許齊廷) 건국대 1977.06.02

리그	연도	소속	출전	교체	득점	도움	파울	경고	퇴장
BC	2000	포항	11	6	0	2	6	1	0
	2001	포항	27	18	1	1	18	2	0
	2002	포항	10	10	2	2	6	1	0
	합계		48	34	3	5	30	4	0
프로통산			48	34	3	5	30	4	0

허청산 (許青山) 명지대 1986.12.26

리그	연도	소속	출전	교체	득점	도움	파울	경고	퇴장
BC	2011	수원	0	0	0	0	0	0	0
	합계		0	0	0	0	0	0	0
프로통산			0	0	0	0	0	0	0

허태식 (許泰植) 동래고 1961.01.06

리그	연도	소속	출전	교체	득점	도움	파울	경고	퇴장
BC	1985	포철	3	3	0	0	0	0	0
	1986	포철	22	5	1	2	18	1	0
	1987	포철	1	1	0	0	0	0	0
	1991	포철	1	1	0	0	0	0	0
	합계		27	10	1	2	18	1	0
프로통산			27	10	1	2	18	1	0

허화무 (許華武) 중앙대 1970.04.05

리그	연도	소속	출전	교체	득점	도움	파울	경고	퇴장
BC	1996	안양L	1	1	0	0	1	0	0
	합계		1	1	0	0	1	0	0
프로통산			1	1	0	0	1	0	0

허훈구 (許訓求) 선문대 1983.06.25

리그	연도	소속	출전	교체	득점	도움	파울	경고	퇴장
BC	2006	전북	6	3	0	0	9	1	0
	2007	전북	1	0	0	0	1	0	0
	합계		7	3	0	0	10	1	0
프로통산			7	3	0	0	10	1	0

헙슨 (Robson Souza dos Santos) 브라질 1982.08.19

리그	연도	소속	출전	교체	득점	도움	파울	경고	퇴장
BC	2006	대전	6	6	1	0	3	0	0
	합계		6	6	1	0	3	0	0
프로통산			6	6	1	0	3	0	0

헤나또 (Renato Netson Benatti) 브라질 1981.10.17

리그	연도	소속	출전	교체	득점	도움	파울	경고	퇴장
BC	2008	전남	13	2	1	0	11	0	0
	합계		13	2	1	0	11	0	0
프로통산			13	2	1	0	11	0	0

헤나우도 (Renaldo Lopes da Cruz) 브라질 1970.03.19

리그	연도	소속	출전	교체	득점	도움	파울	경고	퇴장
BC	2004	서울	11	6	1	1	23	2	0
	합계		11	6	1	1	23	2	0
프로통산			11	6	1	1	23	2	0

헤나토 (Renato) 브라질 1976.06.15

리그	연도	소속	출전	교체	득점	도움	파울	경고	퇴장
BC	2001	부산	0	0	0	0	0	0	0
	합계		0	0	0	0	0	0	0
프로통산			0	0	0	0	0	0	0

헤나토 (Renato Medeiros de Almeida) 브라질 1982.02.04

리그	연도	소속	출전	교체	득점	도움	파울	경고	퇴장
BC	2010	강원	4	4	0	0	4	0	0
	합계		4	4	0	0	4	0	0
프로통산			4	4	0	0	4	0	0

헤난 (Faria Silveira Henan) 브라질 1987.04.03

리그	연도	소속	출전	교체	득점	도움	파울	경고	퇴장
BC	2012	전남	11	6	1	1	8	3	0
	합계		11	6	1	1	8	3	0
클	2016	제주	4	4	0	0	4	0	0
	합계		4	4	0	0	4	0	0
챌	2015	강원	22	10	8	3	15	1	0
	합계		22	10	8	3	15	1	0
프로통산			37	20	9	4	27	4	0

헤이날도 (Reinaldo da Cruz Olvira) 브라질 1979.03.14

리그	연도	소속	출전	교체	득점	도움	파울	경고	퇴장
BC	2010	수원	4	4	0	0	3	0	0
	합계		4	4	0	0	3	0	0
프로통산			4	4	0	0	3	0	0

헤이날도 (Reinaldo de Souza) 브라질 1980.06.08

리그	연도	소속	출전	교체	득점	도움	파울	경고	퇴장
BC	2005	울산	8	9	0	0	12	0	0
	합계		8	9	0	0	12	0	0
프로통산			8	9	0	0	12	0	0

헤이날도 (Reinaldo Elias da Costa) 브라질 1984.06.13

리그	연도	소속	출전	교체	득점	도움	파울	경고	퇴장
BC	2008	부산	10	9	0	1	18	1	0
	합계		10	9	0	1	18	1	0
프로통산			10	9	0	1	18	1	0

헤이네르 (Reiner Ferreira Correa Gomes) 브라질 1985.11.17

리그	연도	소속	출전	교체	득점	도움	파울	경고	퇴장
클	2014	수원	17	2	0	0	19	0	0
	합계		17	2	0	0	19	0	0
프로통산			17	2	0	0	19	0	0

헤지스 (Regis Ferjandes Silva) 브라질 1976.09.22

리그	연도	소속	출전	교체	득점	도움	파울	경고	퇴장
BC	2006	대전	11	11	0	0	11	1	0
	합계		11	11	0	0	11	1	0
프로통산			11	11	0	0	11	1	0

헨릭 (Henrik Jorgensen) 덴마크 1966.02.12

리그	연도	소속	출전	교체	실점	도움	파울	경고	퇴장
BC	1996	수원	5	0	7	0	0	0	0
	합계		5	0	7	0	0	0	0
프로통산			5	0	7	0	0	0	0

현광우 (玄光宇) 선문대 1988.02.05

리그	연도	소속	출전	교체	득점	도움	파울	경고	퇴장
BC	2011	제주	0	0	0	0	0	0	0
	합계		0	0	0	0	0	0	0
프로통산			0	0	0	0	0	0	0

현기호 (玄基鎬) 연세대 1960.05.12

리그	연도	소속	출전	교체	득점	도움	파울	경고	퇴장
BC	1983	대우	7	3	1	3	7	0	0
	1984	대우	18	5	1	3	18	1	0
	1985	대우	18	3	2	0	27	0	0
	1986	대우	15	8	1	0	15	0	0
	1987	대우	2	2	0	0	1	0	0

리그	연도	소속	출전	교체	득점	도움	파울	경고	퇴장
	합계		60	21	5	6	68	1	0
프로통산			60	21	5	6	68	1	0

현영민 (玄泳民) 건국대 1979.12.25

리그	연도	소속	출전	교체	득점	도움	파울	경고	퇴장
BC	2002	울산	15	3	1	4	34	4	0
	2003	울산	32	3	1	2	59	8	1
	2004	울산	27	2	1	1	42	6	0
	2005	울산	38	1	0	4	66	4	0
	2007	울산	35	1	0	4	58	6	1
	2008	울산	30	3	0	6	62	5	0
	2009	울산	30	3	1	10	42	7	0
	2010	서울	33	6	1	5	49	7	0
	2011	서울	27	5	1	4	34	4	0
	2012	서울	18	6	1	0	27	2	1
	합계		285	33	7	40	473	53	3
클	2013	서울	1	0	0	0	2	1	0
	2013	성남일	30	1	1	4	42	7	0
	2014	전남	32	3	1	7	46	10	0
	2015	전남	29	1	0	2	28	6	0
	2016	전남	29	10	0	1	41	4	0
	합계		121	15	2	14	159	28	0
프로통산			406	48	9	54	632	81	3

호나우도 (Ronaldo Marques Sereno) 브라질 1962.03.14

리그	연도	소속	출전	교체	득점	도움	파울	경고	퇴장
BC	1994	현대	26	10	6	5	47	5	0
	합계		26	10	6	5	47	5	0
프로통산			26	10	6	5	47	5	0

호니 (Roniere Jose da Silva Filho) 브라질 1986.04.23

리그	연도	소속	출전	교체	득점	도움	파울	경고	퇴장
챌	2014	고양	21	20	2	1	7	0	0
	합계		21	20	2	1	7	0	0
프로통산			21	20	2	1	7	0	0

호니 (Ronieli Gomes dos santos) 브라질 1991.04.25

리그	연도	소속	출전	교체	득점	도움	파울	경고	퇴장
BC	2011	경남	10	7	1	0	19	3	0
	2012	경남	6	6	0	0	6	1	0
	합계		16	13	1	0	25	4	0
프로통산			16	13	1	0	25	4	0

호드리고 (Rodrigo Leandro da Costa) 브라질 1985.09.17

리그	연도	소속	출전	교체	득점	도움	파울	경고	퇴장
클	2013	부산	18	17	2	2	29	1	0
	합계		18	17	2	2	29	1	0
프로통산			18	17	2	2	29	1	0

호드리고 (Rodrigo Domingos dos Santos) 브라질 1987.01.25

리그	연도	소속	출전	교체	득점	도움	파울	경고	퇴장
챌	2014	부천	31	6	11	2	77	2	0
	2015	부천	36	12	11	4	64	9	0
	합계		67	18	22	6	141	11	0
프로통산			67	18	22	6	141	11	0

호드리고 (Jose Luiz Rodrigo Carbone) 브라질 1974.03.17

리그	연도	소속	출전	교체	득점	도움	파울	경고	퇴장
BC	1999	전남	8	7	1	2	6	0	0
	합계		8	7	1	2	6	0	0
프로통산			8	7	1	2	6	0	0

호드리고 (Rodrigo Marcos Marques da Silva) 브라질 1977.08

리그	연도	소속	출전	교체	득점	도움	파울	경고	퇴장
BC	2003	대전	17	11	0	0	26	3	0
	2004	대전	7	6	0	0	11	0	0
	합계		24	17	0	0	37	3	0
프로통산			24	17	0	0	37	3	0

호드리고 (Rodrigo Batista da Cruz) 브라질 1983.02.02

리그	연도	소속	출전	교체	득점	도움	파울	경고	퇴장
클	2013	제주	3	3	0	0	2	1	0
	합계		3	3	0	0	2	1	0
프로통산			3	3	0	0	2	1	0

호마 (Paulo Marcel Pereira Merabet) 브라질 1979.02.28

리그	연도	소속	출전	교체	득점	도움	파울	경고	퇴장
BC	2004	전북	23	18	7	2	37	7	0
	합계		23	18	7	2	37	7	0
프로통산			23	18	7	2	37	7	0

호마링요 (Jefferson Jose Lopes Andrade) 브라질 1989.11.14

리그	연도	소속	출전	교체	득점	도움	파울	경고	퇴장
챌	2014	광주	10	6	1	0	22	1	0
	합계		10	6	1	0	22	1	0
프로통산			10	6	1	0	22	1	0

호물로 (Romulo Marques Macedo) 브라질 1980.04.03

리그	연도	소속	출전	교체	득점	도움	파울	경고	퇴장
BC	2008	제주	27	10	10	2	67	7	1
	2009	부산	28	22	6	1	56	3	0
	2010	부산	3	3	1	0	2	0	0
	합계		58	35	17	3	125	10	1
프로통산			58	35	17	3	125	10	1

호베르또 (Roberto Cesar Zardim Rodrigues) 브라질 1985.12.19

리그	연도	소속	출전	교체	득점	도움	파울	경고	퇴장
클	2013	울산	18	15	1	4	16	1	0
	합계		18	15	1	4	16	1	0
프로통산			18	15	1	4	16	1	0

호벨치 (Robert de Pinho de Souza) 브라질 1981.02.27

리그	연도	소속	출전	교체	득점	도움	파울	경고	퇴장
BC	2012	제주	13	11	3	0	19	0	0
	합계		13	11	3	0	19	0	0
프로통산			13	11	3	0	19	0	0

호샤 브라질 1961.08.30

리그	연도	소속	출전	교체	득점	도움	파울	경고	퇴장
BC	1985	포철	16	9	5	5	8	0	0
	1986	포철	24	10	7	2	11	1	0
	합계		40	19	12	7	19	1	0
프로통산			40	19	12	7	19	1	0

호성호 (扈成鎬) 중앙대 1962.11.04

리그	연도	소속	출전	교체	실점	도움	파울	경고	퇴장
BC	1986	현대	16	0	9	0	0	0	0
	1987	현대	18	1	20	0	2	1	0
	1988	현대	3	0	6	0	0	0	0
	1989	현대	1	0	4	0	0	0	0
	합계		38	1	39	0	2	1	0
프로통산			38	1	39	0	2	1	0

호세 (Jose Roberto Alves) 브라질 1954.10.20

리그	연도	소속	출전	교체	득점	도움	파울	경고	퇴장
BC	1983	포철	5	5	0	0	1	0	0
	합계		5	5	0	0	1	0	0
프로통산			5	5	0	0	1	0	0

호세 (Alex Jose de Paula) 브라질 1981.09.13

리그	연도	소속	출전	교체	득점	도움	파울	경고	퇴장
BC	2003	포항	9	8	1	0	13	1	0
	합계		9	8	1	0	13	1	0
프로통산			9	8	1	0	13	1	0

호세 (Jose Luis Villanueva Ahumada) 칠레 1981.11.05

리그	연도	소속	출전	교체	득점	도움	파울	경고	퇴장
BC	2007	울산	5	4	1	0	13	0	0
	합계		5	4	1	0	13	0	0
프로통산			5	4	1	0	13	0	0

호제리오 (Rogerio Prateat) 브라질 1973.03.09

리그	연도	소속	출전	교체	득점	도움	파울	경고	퇴장
BC	1999	전북	29	0	2	0	97	13	1
	2000	전북	34	0	0	0	82	9	0
	2001	전북	30	2	2	0	98	8	2
	2002	전북	31	1	0	0	83	9	0
	2003	대구	34	1	2	0	87	9	1
	합계		158	4	6	0	447	48	4
프로통산			158	4	6	0	447	48	4

호제리오 (Rogrio dos Santos Conceiao) 브라질 1984.09.20

리그	연도	소속	출전	교체	득점	도움	파울	경고	퇴장
BC	2009	경남	10	0	0	0	22	5	0
	합계		10	0	0	0	22	5	0
프로통산			10	0	0	0	22	5	0

홍광철 (洪光喆) 한성대 1974.10.09

리그	연도	소속	출전	교체	득점	도움	파울	경고	퇴장
BC	1997	대전	21	7	0	2	26	4	0
	1998	대전	13	6	0	0	11	0	0
	2001	대전	13	8	0	1	14	2	0
	2002	대전	12	5	0	0	14	4	1
	2003	대전	6	1	0	0	9	1	0
	합계		65	27	0	3	74	11	1
프로통산			65	27	0	3	74	11	1

홍도표 (洪到杓) 영남대 1973.07.24

리그	연도	소속	출전	교체	득점	도움	파울	경고	퇴장
BC	1996	포항	1	1	0	0	0	0	0
	1997	포항	16	16	4	0	14	2	0
	1998	천안	7	1	0	0	17	2	0
	1999	천안	32	12	1	5	64	5	0
	2000	성남일	13	4	0	1	23	3	0
	2001	성남일	18	10	0	1	39	2	0
	2002	성남일	8	9	0	0	5	1	0
	2003	성남일	2	1	0	0	4	0	0
	2004	성남일	2	2	0	0	3	1	0
	합계		99	56	5	7	169	16	0
프로통산			99	56	5	7	169	16	0

홍동현 (洪東賢) 숭실대 1991.10.30

리그	연도	소속	출전	교체	득점	도움	파울	경고	퇴장
클	2014	부산	17	14	0	1	20	6	0
	2015	부산	5	5	1	0	6	1	0
	합계		22	19	1	1	26	7	0
챌	2016	부산	29	13	5	2	43	4	0
	합계		29	13	5	2	43	4	0
승	2015	부산	1	0	0	0	3	2	0
	합계		1	0	0	0	3	2	0
프로통산			52	32	6	3	72	13	0

홍명보 (洪明甫) 고려대 1969.02.12

리그	연도	소속	출전	교체	득점	도움	파울	경고	퇴장
BC	1992	포철	37	7	1	0	34	3	0
	1993	포철	12	1	1	0	8	1	0
	1994	포철	17	2	4	2	10	3	0
	1995	포항	31	1	1	2	19	4	0
	1996	포항	34	13	7	3	37	3	0
	1997	포항	6	3	0	0	9	1	0
	2002	포항	19	2	0	1	19	6	1
	합계		156	29	14	8	136	21	1
프로통산			156	29	14	8	136	21	1

홍복표 (洪福杓) 광운대 1979.10.28

리그	연도	소속	출전	교체	득점	도움	파울	경고	퇴장
BC	2003	광주상	4	4	0	0	5	0	0
	합계		4	4	0	0	5	0	0
프로통산			4	4	0	0	5	0	0

홍상준 (洪尙儁) 건국대 1990.05.10

리그	연도	소속	출전	교체	실점	도움	파울	경고	퇴장
BC	2012	대전	0	0	0	0	0	0	0

리그	연도	소속	출전	교체	득점	도움	파울	경고	퇴장
	합계		0	0	0	0	0	0	0
클	2013	대전	16	0	30	0	1	0	0
	합계		16	0	30	0	1	0	0
챌	2014	강원	0	0	0	0	0	0	0
	2015	강원	2	0	2	0	0	0	0
	2016	충주	8	0	10	0	1	1	0
	합계		10	0	12	0	1	1	0
프로통산			26	0	42	0	2	1	0

홍석민 (洪錫敏) 영남대 1961.01.06

리그	연도	소속	출전	교체	득점	도움	파울	경고	퇴장
BC	1984	포철	9	7	2	0	4	1	0
	1985	상무	18	11	6	2	18	0	0
	합계		27	18	8	2	22	1	0
프로통산			27	18	8	2	22	1	0

홍성요 (洪性耀) 건국대 1979.05.26

리그	연도	소속	출전	교체	득점	도움	파울	경고	퇴장
BC	2004	전남	9	5	1	0	22	3	0
	2005	광주상	15	4	0	0	23	3	0
	2006	광주상	8	7	0	0	16	1	0
	2007	전남	13	6	0	0	30	8	0
	2008	부산	20	6	0	0	42	12	0
	2009	부산	15	2	0	0	37	9	1
	2010	부산	21	5	2	0	38	6	0
	2011	부산	7	3	0	0	5	1	1
	합계		108	38	3	0	213	43	2
프로통산			108	38	3	0	213	43	2

홍성호 (洪性號) 연세대 1954.12.20

리그	연도	소속	출전	교체	득점	도움	파울	경고	퇴장
BC	1983	할렐	16	2	0	0	11	1	0
	1984	할렐	14	3	0	0	8	0	0
	1985	할렐	10	2	0	0	15	1	0
	합계		40	7	0	0	34	2	0
프로통산			40	7	0	0	34	2	0

홍순학 (洪淳學) 연세대 1980.09.19

리그	연도	소속	출전	교체	득점	도움	파울	경고	퇴장
BC	2003	대구	14	9	1	1	15	2	0
	2004	대구	27	15	0	7	47	6	1
	2005	대구	23	7	2	4	27	1	0
	2007	수원	18	9	0	1	27	2	0
	2008	수원	17	4	2	0	31	5	0
	2009	수원	14	7	0	1	11	3	0
	2010	수원	12	8	0	0	7	1	0
	2011	수원	12	2	0	1	23	4	0
	2012	수원	14	4	0	0	12	4	0
	합계		151	65	5	15	200	28	1
클	2013	수원	15	5	0	2	25	4	0
	2014	수원	0	0	0	0	0	0	0
	합계		15	5	0	2	25	4	0
챌	2015	고양	12	11	0	1	13	2	0
	합계		12	11	0	1	13	2	0
프로통산			178	81	5	18	238	34	1

홍승현 (洪昇鉉) 동북고 1996.12.28

리그	연도	소속	출전	교체	득점	도움	파울	경고	퇴장
챌	2016	대구	0	0	0	0	0	0	0
	합계		0	0	0	0	0	0	0
프로통산			0	0	0	0	0	0	0

홍연기 (洪淵麒) 단국대 1975.09.25

리그	연도	소속	출전	교체	득점	도움	파울	경고	퇴장
BC	1998	부산	1	1	0	0	4	0	0
	합계		1	1	0	0	4	0	0
프로통산			1	1	0	0	4	0	0

홍정남 (洪正男) 제주상고 1988.05.21

리그	연도	소속	출전	교체	실점	도움	파울	경고	퇴장
BC	2007	전북	0	0	0	0	0	0	0
	2008	전북	6	0	9	0	0	0	0
	2009	전북	0	0	0	0	0	0	0
	2010	전북	2	2	3	0	0	0	0
	2011	전북	0	0	0	0	0	0	0
	2012	전북	0	0	0	0	0	0	0
	합계		8	2	12	0	0	0	0
클	2014	상주	14	0	20	0	1	1	0
	2015	전북	2	0	4	0	0	0	0
	2016	전북	0	0	0	0	0	0	0
	합계		16	0	24	0	1	1	0
챌	2013	상주	2	0	3	0	0	0	0
	합계		2	0	3	0	0	0	0
승	2013	상주	0	0	0	0	0	0	0
	합계		0	0	0	0	0	0	0
프로통산			26	2	39	0	1	1	0

홍정운 (洪定芸) 명지대 1994.11.29

리그	연도	소속	출전	교체	득점	도움	파울	경고	퇴장
챌	2016	대구	20	7	0	0	21	1	0
	합계		20	7	0	0	21	1	0
프로통산			20	7	0	0	21	1	0

홍정호 (洪正好) 조선대 1989.08.12

리그	연도	소속	출전	교체	득점	도움	파울	경고	퇴장
클	2013	제주	11	5	1	0	8	3	1
	합계		11	5	1	0	8	3	1
BC	2010	제주	21	2	1	1	15	3	0
	2011	제주	16	0	0	1	19	1	1
	2012	제주	9	1	0	0	6	3	0
	합계		46	3	1	2	40	7	1
프로통산			57	8	2	2	48	10	2

홍종경 (洪腫境) 울산대 1973.05.11

리그	연도	소속	출전	교체	득점	도움	파울	경고	퇴장
BC	1996	천안	4	2	0	0	12	1	0
	1997	천안	8	5	0	1	16	0	1
	1998	천안	17	4	0	3	28	2	0
	1999	천안	0	0	0	0	0	0	0
	합계		29	11	0	4	56	3	1
프로통산			29	11	0	4	56	3	1

홍종원 (洪鍾元) 청주상고 1956.08.04

리그	연도	소속	출전	교체	득점	도움	파울	경고	퇴장
BC	1984	럭금	2	2	0	1	0	0	0
	합계		2	2	0	1	0	0	0
프로통산			2	2	0	1	0	0	0

홍주빈 (洪周彬) 동의대 1989.06.07

리그	연도	소속	출전	교체	득점	도움	파울	경고	퇴장
BC	2012	전북	0	0	0	0	0	0	0
	합계		0	0	0	0	0	0	0
챌	2013	충주	3	3	1	0	5	0	0
	합계		3	3	1	0	5	0	0
프로통산			3	3	1	0	5	0	0

홍주영 (洪柱榮) 고려대 1963.01.25

리그	연도	소속	출전	교체	득점	도움	파울	경고	퇴장
BC	1986	현대	3	1	0	0	2	0	0
	합계		3	1	0	0	2	0	0
프로통산			3	1	0	0	2	0	0

홍주완 (洪周完) 순천고 1979.06.07

리그	연도	소속	출전	교체	득점	도움	파울	경고	퇴장
BC	2004	부천S	2	2	0	0	0	0	0
	합계		2	2	0	0	0	0	0
프로통산			2	2	0	0	0	0	0

홍준기 (洪俊基) 장훈고 1997.05.11

리그	연도	소속	출전	교체	득점	도움	파울	경고	퇴장
챌	2016	충주	1	1	0	0	2	0	0
	합계		1	1	0	0	2	0	0
프로통산			1	1	0	0	2	0	0

홍준호 (洪俊豪) 전주대 1993.10.11

리그	연도	소속	출전	교체	득점	도움	파울	경고	퇴장
클	2016	광주	22	7	1	0	28	5	0
	합계		22	7	1	0	28	5	0
프로통산			22	7	1	0	28	5	0

홍진기 (洪眞基) 홍익대 1990.10.20

리그	연도	소속	출전	교체	득점	도움	파울	경고	퇴장
BC	2012	전남	20	6	1	2	25	4	0
	합계		20	6	1	2	25	4	0
클	2013	전남	30	5	2	2	34	6	0
	2014	전남	12	5	0	1	18	2	0
	2015	전남	6	2	0	0	5	1	0
	2016	전남	9	6	0	0	5	0	0
	합계		57	18	2	3	62	9	0
프로통산			77	24	3	5	87	13	0

홍진섭 (洪鎭燮) 대구대 1985.10.14

리그	연도	소속	출전	교체	득점	도움	파울	경고	퇴장
BC	2008	전북	20	15	2	1	31	2	0
	2009	성남일	9	8	0	0	18	2	0
	2011	성남일	17	16	2	1	23	3	0
	합계		46	39	4	2	72	7	0
프로통산			46	39	4	2	72	7	0

홍진호 (洪進浩) 경상대 1971.11.01

리그	연도	소속	출전	교체	득점	도움	파울	경고	퇴장
BC	1994	LG	10	6	0	0	16	4	0
	1995	LG	0	0	0	0	0	0	0
	합계		10	6	0	0	16	4	0
프로통산			10	6	0	0	16	4	0

홍철 (洪喆) 단국대 1990.09.17

리그	연도	소속	출전	교체	득점	도움	파울	경고	퇴장
BC	2010	성남일	22	7	2	0	30	2	0
	2011	성남일	24	4	4	2	29	4	1
	2012	성남일	30	13	2	2	43	6	1
	합계		76	24	8	4	102	12	2
클	2013	수원	34	11	2	10	42	4	0
	2014	수원	29	4	0	0	37	7	0
	2015	수원	30	6	0	3	30	1	0
	2016	수원	12	5	0	3	10	0	0
	합계		105	26	2	16	119	12	0
프로통산			181	50	10	20	221	24	2

홍태곤 (洪兌坤) 홍익대 1992.05.05

리그	연도	소속	출전	교체	득점	도움	파울	경고	퇴장
챌	2014	광주	5	5	0	0	1	1	0
	합계		5	5	0	0	1	1	0
프로통산			5	5	0	0	1	1	0

황교충 (黃敎忠) 한양대 1985.04.09

리그	연도	소속	출전	교체	실점	도움	파울	경고	퇴장
BC	2010	포항	4	0	4	0	0	0	0
	2011	포항	1	1	2	0	0	0	0
	2012	포항	0	0	0	0	0	0	0
	합계		5	1	6	0	0	0	0
클	2013	포항	0	0	0	0	0	0	0
	합계		0	0	0	0	0	0	0
챌	2014	강원	21	1	23	0	2	3	0
	2015	강원	14	0	25	0	1	4	0
	합계		35	1	48	0	3	7	0
프로통산			40	2	54	0	3	7	0

황규룡 (黃圭龍) 광운대 1971.03.12

리그	연도	소속	출전	교체	득점	도움	파울	경고	퇴장
BC	1992	대우	22	7	0	0	20	2	0
	1993	대우	30	4	1	0	40	1	0
	1994	대우	8	0	0	1	7	1	0
	1995	대우	3	2	0	0	1	0	0
	1997	안양L	12	3	0	1	13	0	0
	합계		75	16	1	2	81	4	0
프로통산			75	16	1	2	81	4	0

황규범 (黃圭範) 경희고 1989.08.30

리그	연도	소속	출전	교체	득점	도움	파울	경고	퇴장
챌	2013	고양	7	3	0	0	7	2	1
	2014	고양	26	7	0	0	60	8	0
	2015	고양	29	8	0	2	46	7	0
	합계		62	18	0	2	113	17	1
프로통산			62	18	0	2	113	17	1

황규환 (黃圭煥) 동북고 1986.06.18

리그	연도	소속	출전	교체	득점	도움	파울	경고	퇴장
BC	2005	수원	13	10	0	2	25	3	0
	2006	수원	4	3	0	0	4	0	0
	2007	대전	4	4	0	0	5	0	0
	합계		21	17	0	2	34	3	0
프로통산			21	17	0	2	34	3	0

황금성 (黃金星) 초당대 1984.04.26

리그	연도	소속	출전	교체	득점	도움	파울	경고	퇴장
BC	2006	대구	2	1	0	0	2	1	0
	합계		2	1	0	0	2	1	0
프로통산			2	1	0	0	2	1	0

황도연 (黃渡然) 광양제철고 1991.02.27

리그	연도	소속	출전	교체	득점	도움	파울	경고	퇴장
BC	2010	전남	7	2	0	0	9	1	0
	2011	전남	10	5	1	1	10	1	0
	2012	대전	10	4	0	0	9	3	0
	합계		27	11	1	1	28	5	0
클	2013	전남	3	0	0	0	2	0	0
	2013	제주	18	4	0	0	25	0	0
	2014	제주	12	6	0	0	13	3	0
	2016	제주	0	0	0	0	0	0	0
	합계		33	10	0	0	40	3	0
챌	2015	서울E	34	2	1	0	19	1	0
	2016	안산무	0	0	0	0	0	0	0
	합계		34	2	1	0	19	1	0
프로통산			94	23	2	1	87	9	0

황득하 (黃得夏) 안동대 1965.06.08

리그	연도	소속	출전	교체	득점	도움	파울	경고	퇴장
BC	1996	전북	7	7	0	0	4	0	0
	1997	전북	4	5	0	0	0	0	0
	합계		11	12	0	0	4	0	0
프로통산			11	12	0	0	4	0	0

황무규 (黃舞奎) 경기대 1982.08.19

리그	연도	소속	출전	교체	득점	도움	파울	경고	퇴장
BC	2005	수원	3	3	0	0	4	0	0
	합계		3	3	0	0	4	0	0
프로통산			3	3	0	0	4	0	0

황병근 (黃秉根) 국제사이버대 1994.06.14

리그	연도	소속	출전	교체	실점	도움	파울	경고	퇴장
클	2016	전북	3	0	3	0	0	0	0
	합계		3	0	3	0	0	0	0
프로통산			3	0	3	0	0	0	0

황병주 (黃炳柱) 숭실대 1984.03.05

리그	연도	소속	출전	교체	득점	도움	파울	경고	퇴장
BC	2007	대전	1	1	0	0	6	0	0
	2008	대전	11	6	1	0	17	6	0
	합계		12	7	1	0	23	6	0
프로통산			12	7	1	0	23	6	0

황보관 (皇甫官) 서울대 1965.03.01

리그	연도	소속	출전	교체	득점	도움	파울	경고	퇴장
BC	1988	유공	23	2	7	5	31	3	0
	1989	유공	8	2	2	1	7	0	0
	1990	유공	7	4	0	0	5	0	0
	1991	유공	22	7	3	2	28	2	0
	1992	유공	35	10	6	4	45	2	0
	1993	유공	18	2	2	3	32	1	0
	1994	유공	28	7	15	7	32	2	2
	1995	유공	30	6	9	5	36	2	0
	합계		171	40	44	27	216	12	2
프로통산			171	40	44	27	216	12	2

황보원 (Huang Bowen, 黃博文) 중국 1987.07.13

리그	연도	소속	출전	교체	득점	도움	파울	경고	퇴장
BC	2011	전북	20	5	2	1	37	5	0
	2012	전북	9	4	1	2	6	1	0
	합계		29	9	3	3	43	6	0
프로통산			29	9	3	3	43	6	0

황부철 (黃富喆) 아주대 1971.01.20

리그	연도	소속	출전	교체	득점	도움	파울	경고	퇴장
BC	1996	부산	3	2	0	0	5	1	0
	합계		3	2	0	0	5	1	0
프로통산			3	2	0	0	5	1	0

황상필 (黃相弼) 동국대 1981.02.01

리그	연도	소속	출전	교체	득점	도움	파울	경고	퇴장
BC	2003	광주상	2	2	0	0	3	0	0
	합계		2	2	0	0	3	0	0
프로통산			2	2	0	0	3	0	0

황석근 (黃石根) 고려대 1960.09.03

리그	연도	소속	출전	교체	득점	도움	파울	경고	퇴장
BC	1983	유공	2	2	0	0	0	0	0
	1984	한일	24	2	5	1	17	0	0
	1985	한일	14	3	2	1	15	0	0
	1986	한일	18	6	1	4	12	0	0
	합계		58	13	8	6	44	0	0
프로통산			58	13	8	6	44	0	0

황선일 (黃善一) 건국대 1984.07.29

리그	연도	소속	출전	교체	득점	도움	파울	경고	퇴장
BC	2006	울산	1	1	0	0	0	0	0
	2008	울산	5	4	0	0	5	1	0
	합계		6	5	0	0	5	1	0
프로통산			6	5	0	0	5	1	0

황선필 (黃善弼) 중앙대 1981.07.14

리그	연도	소속	출전	교체	득점	도움	파울	경고	퇴장
BC	2004	대구	20	2	0	0	38	2	0
	2005	대구	11	2	0	1	22	5	0
	2006	대구	24	7	0	0	39	3	0
	2007	대구	13	5	2	0	13	0	0
	2008	대구	31	11	1	0	26	3	0
	2009	광주상	8	4	0	0	11	2	0
	2010	광주상	13	5	0	0	10	4	0
	2011	전남	1	0	0	0	0	0	0
	2012	부산	1	1	0	0	0	0	0
	합계		122	37	3	1	159	19	0
프로통산			122	37	3	1	159	19	0

황선홍 (黃鮮洪) 건국대 1968.07.14

리그	연도	소속	출전	교체	득점	도움	파울	경고	퇴장
BC	1993	포철	1	1	0	0	1	0	0
	1994	포철	14	7	5	3	24	2	0
	1995	포항	26	6	11	6	58	4	0
	1996	포항	18	2	13	5	30	4	0
	1997	포항	1	1	0	1	2	0	0
	1998	포항	3	1	2	1	14	0	0
	2000	수원	1	0	0	0	3	0	0
	합계		64	18	31	16	132	10	0
프로통산			64	18	31	16	132	10	0

황성민 (黃聖珉) 한남대 1991.06.23

리그	연도	소속	출전	교체	실점	도움	파울	경고	퇴장
챌	2013	충주	19	0	30	0	1	0	0
	2014	충주	21	0	32	0	1	1	0
	2015	충주	33	0	57	0	0	2	0
	합계		73	0	119	0	2	3	0
프로통산			73	0	119	0	2	3	0

황세하 (黃世夏) 건국대 1975.06.26

리그	연도	소속	출전	교체	실점	도움	파울	경고	퇴장
BC	1998	대전	3	1	7	0	1	1	0
	1999	대전	0	0	0	0	0	0	0
	합계		3	1	7	0	1	1	0
프로통산			3	1	7	0	1	1	0

황수남 (黃秀南) 관동대 1993.02.22

리그	연도	소속	출전	교체	득점	도움	파울	경고	퇴장
챌	2015	충주	5	2	0	0	2	0	0
	2016	충주	19	4	0	0	21	2	0
	합계		24	6	0	0	23	2	0
프로통산			24	6	0	0	23	2	0

황순민 (黃順旻) 일본 가미무라고 1990.09.14

리그	연도	소속	출전	교체	득점	도움	파울	경고	퇴장
BC	2012	대구	11	11	0	0	8	1	0
	합계		11	11	0	0	8	1	0
클	2013	대구	30	23	6	1	23	3	0
	2016	상주	5	5	0	0	3	0	0
	합계		35	28	6	1	26	3	0
챌	2014	대구	33	14	5	5	32	3	0
	2015	대구	10	10	0	1	4	0	0
	합계		43	24	5	6	36	3	0
프로통산			89	63	11	7	70	7	0

황승주 (黃勝周) 한양중 1972.05.09

리그	연도	소속	출전	교체	득점	도움	파울	경고	퇴장
BC	1995	현대	1	1	0	0	1	0	0
	1996	울산	13	6	1	0	19	1	0
	1997	울산	20	12	1	0	29	3	0
	1998	울산	38	9	1	7	62	7	0
	1999	울산	36	4	0	3	58	4	0
	2000	울산	34	5	0	4	59	4	0
	2001	울산	34	3	0	1	43	3	0
	2002	전북	6	5	0	0	7	0	0
	합계		182	45	3	15	278	22	0
프로통산			182	45	3	15	278	22	0

황승회 (黃勝會) 경북산업대(경일대) 1970.06.18

리그	연도	소속	출전	교체	득점	도움	파울	경고	퇴장
BC	1993	대우	1	0	0	0	0	0	0
	합계		1	0	0	0	0	0	0
프로통산			1	0	0	0	0	0	0

황신영 (黃信永) 동북고 1994.04.04

리그	연도	소속	출전	교체	득점	도움	파울	경고	퇴장
챌	2015	부천	16	17	1	0	6	0	0
	2016	부천	8	8	0	0	3	1	0
	합계		24	25	1	0	9	1	0
프로통산			24	25	1	0	9	1	0

황연석 (黃淵奭) 대구대 1973.10.17

리그	연도	소속	출전	교체	득점	도움	파울	경고	퇴장
BC	1995	일화	30	19	9	3	48	3	0
	1996	천안	28	22	4	4	26	3	0
	1997	천안	34	14	6	5	55	1	0
	1998	천안	23	10	4	0	40	2	0
	1999	천안	29	8	8	4	77	2	0
	2000	성남일	31	26	5	1	42	2	0
	2001	성남일	28	26	6	2	46	3	0
	2002	성남일	30	31	8	3	26	1	0
	2003	성남일	37	33	5	6	49	1	0
	2004	인천	12	12	2	0	13	0	0
	2005	인천	18	18	1	0	10	0	0
	2006	대구	28	23	6	3	37	2	0
	2007	대구	20	18	0	1	18	0	0
	합계		348	260	64	32	487	20	0
프로통산			348	260	64	32	487	20	0

황영우 (黃永瑀) 동아대 1964.02.20

리그	연도	소속	출전	교체	득점	도움	파울	경고	퇴장
BC	1987	포철	20	17	4	0	15	0	0
	1988	포철	18	19	2	2	10	0	0
	1989	포철	19	14	0	1	26	0	0
	1990	포철	11	11	2	0	11	0	0
	1991	LG	26	21	5	2	23	0	0
	1992	LG	10	9	1	2	10	0	0
	1993	LG	7	8	1	0	6	1	0
	합계		111	99	15	7	101	1	0
프로통산			111	99	15	7	101	1	0

황의조 (黃義助) 연세대 1992.08.28

리그	연도	소속	출전	교체	득점	도움	파울	경고	퇴장
클	2013	성남일	22	14	2	1	24	3	0
	2014	성남	28	20	4	0	23	1	0
	2015	성남	34	4	15	3	42	4	0

리그	연도	소속	출전	교체	득점	도움	파울	경고	퇴장
	2016	성남	37	6	9	3	36	1	0
	합계		121	44	30	7	125	9	0
승	2016	성남	1	0	0	0	1	0	0
	합계		1	0	0	0	1	0	0
프로통산			122	44	30	7	126	9	0

황인범 (黃仁範) 충남기계공고 1996.09.20

리그	연도	소속	출전	교체	득점	도움	파울	경고	퇴장
클	2015	대전	14	7	4	1	16	2	0
	합계		14	7	4	1	16	2	0
챌	2016	대전	35	7	5	5	31	4	0
	합계		35	7	5	5	31	4	0
프로통산			49	14	9	6	47	6	0

황인성 (黃仁星) 동아대 1970.04.05

리그	연도	소속	출전	교체	득점	도움	파울	경고	퇴장
BC	1995	전남	28	19	4	1	23	3	0
	1996	전남	1	1	0	0	0	0	0
	1997	전남	9	10	0	1	2	0	0
	1998	부천S	7	8	1	0	4	1	0
	합계		45	38	5	2	29	4	0
프로통산			45	38	5	2	29	4	0

황인수 (黃仁洙) 대구대 1977.11.20

리그	연도	소속	출전	교체	득점	도움	파울	경고	퇴장
BC	2000	성남일	13	8	2	2	11	0	0
	2001	성남일	6	6	0	0	3	0	0
	2001	수원	3	3	0	0	6	0	0
	합계		22	17	2	2	20	0	0
프로통산			22	17	2	2	20	0	0

황인재 (黃仁載) 남부대 1994.04.22

리그	연도	소속	출전	교체	실점	도움	파울	경고	퇴장
클	2016	광주	1	1	0	0	0	0	0
	합계		1	1	0	0	0	0	0
프로통산			1	1	0	0	0	0	0

황인호 (黃仁浩) 대구대 1990.03.26

리그	연도	소속	출전	교체	득점	도움	파울	경고	퇴장
클	2013	제주	2	2	0	0	1	0	0
	합계		2	2	0	0	1	0	0
프로통산			2	2	0	0	1	0	0

황일수 (黃一秀) 동아대 1987.08.08

리그	연도	소속	출전	교체	득점	도움	파울	경고	퇴장
BC	2010	대구	30	19	4	5	23	0	0
	2011	대구	32	29	4	3	26	5	0
	2012	대구	40	26	6	8	42	3	0
	합계		102	74	14	16	91	8	0
클	2013	대구	32	16	8	4	46	7	0
	2014	제주	31	13	7	3	23	1	0
	2016	상주	21	15	2	4	14	1	0
	합계		84	44	17	11	83	9	0
챌	2015	상주	19	18	2	4	7	0	0
	합계		19	18	2	4	7	0	0
프로통산			205	136	33	31	181	17	0

황재만 (黃在萬) 고려대 1953.01.24

리그	연도	소속	출전	교체	득점	도움	파울	경고	퇴장
BC	1984	할렐	1	1	0	0	0	0	0
	합계		1	1	0	0	0	0	0
프로통산			1	1	0	0	0	0	0

황재원 (黃載元) 아주대 1981.04.13

리그	연도	소속	출전	교체	득점	도움	파울	경고	퇴장
BC	2004	포항	14	7	2	0	10	1	0
	2006	포항	12	1	2	0	28	5	0
	2007	포항	32	1	2	1	42	4	0
	2008	포항	21	0	1	0	27	4	0
	2009	포항	23	4	1	1	57	7	0
	2010	포항	9	1	0	0	23	5	0
	2010	수원	9	1	2	0	11	2	0
	2011	수원	9	1	0	0	10	2	0
	2012	성남일	9	2	1	0	18	4	0
	합계		138	18	11	2	226	34	0
클	2013	성남일	0	0	0	0	0	0	0
	합계		0	0	0	0	0	0	0
챌	2015	충주	23	9	2	0	18	8	0
	2016	대구	27	6	2	1	17	5	0
	합계		50	15	4	1	35	13	0
프로통산			188	33	15	3	261	47	0

황재필 (黃載弼) 연세대 1973.09.09

리그	연도	소속	출전	교체	득점	도움	파울	경고	퇴장
BC	1996	전남	2	2	0	0	2	0	0
	합계		2	2	0	0	2	0	0
프로통산			2	2	0	0	2	0	0

황재훈 (黃載訓/←황병인) 건국대 1986.03.10

리그	연도	소속	출전	교체	득점	도움	파울	경고	퇴장
BC	2010	포항	1	1	0	0	0	0	0
	2011	대전	14	3	1	1	15	2	1
	2011	부산	11	1	0	0	13	2	0
	2012	부산	0	0	0	0	0	0	0
	합계		26	5	1	1	28	4	1
클	2013	부산	5	3	0	0	5	1	0
	2014	부산	5	3	0	0	7	3	0
	합계		10	6	0	0	12	4	0
프로통산			36	11	1	1	40	8	1

황재훈 (黃在君) 진주고 1990.11.25

리그	연도	소속	출전	교체	득점	도움	파울	경고	퇴장
BC	2011	상주	4	0	0	0	5	0	0
	2012	상주	1	1	0	0	0	0	0
	2012	경남	1	1	0	0	0	0	0
	합계		6	2	0	0	5	0	0
클	2016	수원FC	22	3	1	0	26	6	0
	합계		22	3	1	0	26	6	0
챌	2014	충주	5	5	0	0	4	0	0
	2015	수원FC	13	3	0	0	18	2	0
	합계		18	8	0	0	22	2	0
승	2015	수원FC	2	0	0	0	2	0	0
	합계		2	0	0	0	2	0	0
프로통산			48	13	1	0	55	8	0

황정만 (黃晸萬) 숭실대 1978.01.05

리그	연도	소속	출전	교체	득점	도움	파울	경고	퇴장
BC	2000	수원	0	0	0	0	0	0	0
	합계		0	0	0	0	0	0	0
프로통산			0	0	0	0	0	0	0

황정연 (黃正然) 고려대 1953.03.13

리그	연도	소속	출전	교체	득점	도움	파울	경고	퇴장
BC	1983	할렐	13	1	0	1	17	1	0
	1984	할렐	25	0	0	2	33	2	0
	1985	할렐	21	0	0	0	25	1	0
	합계		59	1	0	3	75	4	0
프로통산			59	1	0	3	75	4	0

황지수 (黃智秀) 호남대 1981.03.27

리그	연도	소속	출전	교체	득점	도움	파울	경고	퇴장
BC	2004	포항	26	2	1	1	48	2	0
	2005	포항	31	2	1	0	65	2	0
	2006	포항	34	3	0	2	88	8	0
	2007	포항	31	5	1	0	78	5	0
	2008	포항	25	2	0	1	43	3	0
	2009	포항	18	3	0	0	39	2	0
	2012	포항	29	12	0	1	47	2	0
	합계		194	29	3	5	408	24	0
클	2013	포항	29	3	1	2	67	8	0
	2014	포항	21	8	1	1	31	7	0
	2015	포항	30	19	0	4	48	2	0
	2016	포항	26	17	1	0	32	3	0
	합계		106	47	3	7	178	20	0
프로통산			300	76	6	12	586	44	0

황지웅 (黃明圭/←황명규) 동국대 1989.04.30

리그	연도	소속	출전	교체	득점	도움	파울	경고	퇴장
BC	2012	대전	20	14	0	0	18	2	0
	합계		20	14	0	0	18	2	0
클	2013	대전	8	4	3	0	8	2	0
	2015	대전	21	16	0	3	24	0	0
	합계		29	20	3	3	32	2	0
챌	2014	대전	28	24	1	4	13	0	0
	2016	안산무	21	17	2	0	14	1	0
	합계		49	41	3	4	27	1	0
프로통산			98	75	6	7	77	5	0

황지윤 (黃智允) 아주대 1983.05.28

리그	연도	소속	출전	교체	득점	도움	파울	경고	퇴장
BC	2005	부천S	0	0	0	0	0	0	0
	2006	제주	8	3	0	0	6	1	0
	2007	제주	30	7	2	0	32	5	0
	2008	대구	31	2	2	0	29	3	0
	2009	대전	28	1	1	0	33	8	0
	2010	대전	23	4	1	0	30	7	0
	2011	상주	1	1	0	0	0	0	0
	합계		121	18	6	0	130	24	0
프로통산			121	18	6	0	130	24	0

황지준 (黃智俊) 광주대 1990.02.23

리그	연도	소속	출전	교체	득점	도움	파울	경고	퇴장
챌	2013	광주	1	1	0	0	0	0	0
	합계		1	1	0	0	0	0	0
프로통산			1	1	0	0	0	0	0

황진산 (黃鎭山) 현대고 1989.02.25

리그	연도	소속	출전	교체	득점	도움	파울	경고	퇴장
BC	2008	울산	0	0	0	0	0	0	0
	2009	대전	4	2	0	0	7	0	0
	2010	대전	18	16	0	2	15	4	0
	2011	대전	31	18	2	2	31	2	0
	2012	대전	9	9	0	0	11	0	0
	합계		62	45	2	4	64	6	0
클	2013	대전	18	10	1	4	20	2	0
	합계		18	10	1	4	20	2	0
챌	2014	대전	21	17	1	2	11	2	0
	합계		21	17	1	2	11	2	0
프로통산			101	72	4	10	95	10	0

황진성 (黃辰成) 포철공고 1984.05.05

리그	연도	소속	출전	교체	득점	도움	파울	경고	퇴장
BC	2003	포항	19	16	1	5	19	1	0
	2004	포항	24	20	3	2	17	0	0
	2005	포항	30	24	2	2	30	3	0
	2006	포항	23	16	4	5	47	1	0
	2007	포항	23	17	2	4	37	2	0
	2008	포항	24	22	2	4	35	1	0
	2009	포항	18	13	4	7	26	4	0
	2010	포항	25	16	5	5	35	2	0
	2011	포항	30	21	6	9	58	5	0
	2012	포항	41	11	12	8	63	6	0
	합계		257	176	41	51	367	25	0
클	2013	포항	22	13	6	7	34	1	0
	2016	성남	10	9	1	2	9	0	0
	합계		32	22	7	9	43	1	0
승	2016	성남	2	1	1	0	6	1	0
	합계		2	1	1	0	6	1	0
프로통산			291	199	49	60	416	27	0

황철민 (黃哲民) 동의대 1978.11.20

리그	연도	소속	출전	교체	득점	도움	파울	경고	퇴장
BC	2002	부산	23	15	2	2	26	3	0
	2003	부산	16	9	0	2	12	0	0
	2004	부산	2	2	0	0	0	0	0
	합계		41	26	2	4	38	3	0
프로통산			41	26	2	4	38	3	0

황현수 (黃賢秀) 오산고 1995.07.22

리그	연도	소속	출전	교체	득점	도움	파울	경고	퇴장
클	2014	서울	0	0	0	0	0	0	0
	2015	서울	0	0	0	0	0	0	0

리그	연도	소속	출전	교체	득점	도움	파울	경고	퇴장
	2016	서울	0	0	0	0	0	0	0
	합계		0	0	0	0	0	0	0
프로통산			0	0	0	0	0	0	0

황호령 (黃虎領) 동국대 1984.10.15

리그	연도	소속	출전	교체	득점	도움	파울	경고	퇴장
BC	2007	제주	3	1	0	0	4	1	0
	2009	제주	1	1	0	0	0	0	0
	합계		4	2	0	0	4	1	0
프로통산			4	2	0	0	4	1	0

황훈희 (黃勳熙) 성균관대 1987.04.06

리그	연도	소속	출전	교체	득점	도움	파울	경고	퇴장
BC	2011	대전	3	3	0	0	1	0	0
	합계		3	3	0	0	1	0	0
챌	2014	충주	4	3	0	0	2	0	0
	합계		4	3	0	0	2	0	0
프로통산			7	6	0	0	3	0	0

황희훈 (黃熙訓) 건국대 1979.09.20

리그	연도	소속	출전	교체	득점	도움	파울	경고	퇴장
챌	2013	고양	0	0	0	0	0	0	0
	합계		0	0	0	0	0	0	0
프로통산			0	0	0	0	0	0	0

후고 아르헨티나 1968.01.24

리그	연도	소속	출전	교체	득점	도움	파울	경고	퇴장
BC	1993	대우	3	2	0	0	9	0	0
	합계		3	2	0	0	9	0	0
프로통산			3	2	0	0	9	0	0

후치카 (Branko Hucika) 크로아티아 1977.07.10

리그	연도	소속	출전	교체	득점	도움	파울	경고	퇴장
BC	2000	울산	1	1	0	0	1	0	0
	합계		1	1	0	0	1	0	0
프로통산			1	1	0	0	1	0	0

훼이종 (Jefferson Marques da Conceicao) 브라질 1978.08.21

리그	연도	소속	출전	교체	득점	도움	파울	경고	퇴장
BC	2004	대구	29	13	11	2	81	4	0
	2005	성남일	5	4	1	0	13	1	0
	합계		34	17	12	2	94	5	0
프로통산			34	17	12	2	94	5	0

히카도 (Ricardo Weslei Campelo) 브라질 1983.11.19

리그	연도	소속	출전	교체	득점	도움	파울	경고	퇴장
BC	2009	제주	26	21	6	1	43	5	0
	합계		26	21	6	1	43	5	0
프로통산			26	21	6	1	43	5	0

히카르도 (Bueno da Silva Ricardo) 브라질 1987.08.15

리그	연도	소속	출전	교체	득점	도움	파울	경고	퇴장
클	2015	성남	16	15	2	1	9	1	0
	합계		16	15	2	1	9	1	0
프로통산			16	15	2	1	9	1	0

히카르도 브라질 1965.03.24

리그	연도	소속	출전	교체	득점	도움	파울	경고	퇴장
BC	1994	포철	11	3	0	0	12	1	0
	합계		11	3	0	0	12	1	0
프로통산			11	3	0	0	12	1	0

히카르도 (Ricardo Campos da Costa) 브라질 1976.06.08

리그	연도	소속	출전	교체	득점	도움	파울	경고	퇴장
BC	2000	안양L	14	11	2	1	22	3	0
	2001	안양L	33	4	8	2	63	6	0
	2002	안양L	33	5	1	3	46	3	1
	2003	안양L	36	6	6	4	50	4	1
	2004	서울	31	22	1	1	61	6	0
	2005	성남일	28	16	1	1	52	4	0
	2006	성남일	23	10	0	2	44	3	0
	2006	부산	10	7	0	1	12	2	0
	합계		208	81	19	15	350	31	2
프로통산			208	81	19	15	350	31	2

히칼도 (Ricardo Nuno Queiros Nascimento) 포르투갈 1974.04.19

리그	연도	소속	출전	교체	득점	도움	파울	경고	퇴장
BC	2005	서울	28	11	4	14	34	7	0
	2006	서울	30	18	3	6	38	9	0
	2007	서울	13	4	1	3	20	7	0
	합계		71	33	8	23	92	23	0
프로통산			71	33	8	23	92	23	0

히칼딩요 (Alves Pereira Ricardo) 브라질 1988.08.08

리그	연도	소속	출전	교체	득점	도움	파울	경고	퇴장
클	2015	대전	7	6	0	1	13	0	0
	합계		7	6	0	1	13	0	0
프로통산			7	6	0	1	13	0	0

히칼딩요 (Oliveira Jose Ricardo Santos) 브라질 1984.05.19

리그	연도	소속	출전	교체	득점	도움	파울	경고	퇴장
BC	2007	제주	12	8	3	2	15	0	0
	2008	제주	5	5	0	1	3	2	0
	합계		17	13	3	3	18	2	0
프로통산			17	13	3	3	18	2	0

힝키 (Paulo Roberto Rink) 독일 1973.02.21

리그	연도	소속	출전	교체	득점	도움	파울	경고	퇴장
BC	2004	전북	16	11	2	2	45	2	0
	합계		16	11	2	2	45	2	0
프로통산			16	11	2	2	45	2	0

Section 7

2016년 경기기록부

제1조 (목적)_ 본 대회요강은 (사)한국프로축구연맹(이하 '연맹')이 K LEAGUE CLASSIC(이하 'K리그 클래식')을 효율적으로 운영하기 위하여 대회 및 경기 운영에 관한 사항을 규정함을 목적으로 한다.

제2조 (용어의 정의)_ 본 대회요강에서 '대회'라 함은 정규 라운드(1~33R)와 스플릿 라운드(34~38R)를 모두 말하며, '클럽'이라 함은 연맹의 회원단체인 축구단을, '팀'이라 함은 해당 클럽의 팀을, '홈 클럽'이라 함은 홈경기를 개최하는 클럽을 지칭한다.

제3조 (명칭)_ 본 대회명은 '현대오일뱅크 K리그 클래식 2016'으로 한다.

제4조 (주최, 주관)_ 본 대회는 연맹이 주최(대회를 총괄하여 책임지는 자)하고, 홈 클럽이 주관(주최자의 위임을 받아 대회를 운영하는 자)한다. 홈 클럽의 주관권은 제3자에게 양도할 수 없다.

제5조 (참가 클럽)_ 본 대회 참가 클럽(팀)은 총 12팀(전북 현대 모터스, 수원 삼성 블루윙즈, 포항 스틸러스, FC서울, 성남FC, 제주 유나이티드, 울산 현대, 인천 유나이티드, 전남 드래곤즈, 광주FC, 상주상무, 수원FC)이다.

제6조 (일정)_

1. 본 대회는 2016.03.12(토) ~ 11.06(일)에 개최하며, 경기일정(대진)은 미리 정한 경기일정표에 의한다.

<table>
<tr><th colspan="2">구분</th><th>일정</th><th>방식</th><th>Round</th><th>팀수</th><th>경기수</th><th>장소</th></tr>
<tr><td colspan="2">정규 라운드</td><td>3.12(토)~
10.02(일)</td><td>3Round robin</td><td>33R</td><td>12팀</td><td>198경기
(팀당33)</td><td rowspan="4">홈 클럽
경기장</td></tr>
<tr><td rowspan="2">스플릿
라운드</td><td>그룹A</td><td rowspan="2">10.15(토)
~
11.06(일)</td><td rowspan="2">1Round robin</td><td rowspan="2">5R</td><td>상위 6팀</td><td>15경기
(팀당5)</td></tr>
<tr><td>그룹B</td><td>하위 6팀</td><td>15경기
(팀당5)</td></tr>
<tr><td colspan="5">계</td><td>228경기
(팀당38)</td></tr>
</table>

※본 대회 경기일정은 부득이한 사정에 따라 변경될 수 있음.

2. 스플릿 라운드(34~38R) 경기일정은 홈경기수 불일치를 최소화하고 대진의 공정성을 확보하기 위해 정규 라운드(1~33R) 홈경기 수 및 대진을 고려하여 최대한 보완되도록 생성하며, 스플릿 라운드 홈 3경기 배정 우선순위는 다음과 같다.
   1) 정규 라운드 홈경기를 적게 개최한 클럽(정규 라운드 홈 16경기)
   2) 정규 라운드 성적 상위 클럽

제7조 (대회방식)_

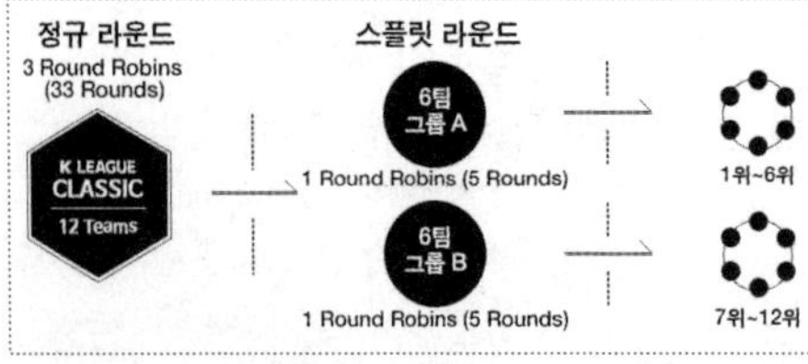

1. 12팀이 3Round robin(33라운드) 방식으로 정규 라운드 경쟁을 벌인다.
2. 정규 라운드(1~33R) 성적에 따라 6팀씩 2개 그룹(1~6위가 그룹 A, 7~12위가 그룹 B)로 분리하고 1Round robin(각 5라운드)으로 스플릿 라운드를 진행한다.
3. 최종 순위 결정은 제25조에 의한다.

제8조 (경기장)_

1. 모든 클럽은 최상의 상태에서 홈경기를 실시할 수 있도록 경기장을 유지·관리할 책임이 있다.
2. 본 대회는 원칙적으로 축구전용경기장에서 개최되어야 한다.
3. 경기장은 법령이 정하는 시설 안전기준을 충족하여야 한다.
4. 홈 클럽은 경기장을 방문하는 관람객을 위해 관중상해보험에 가입하여야 하며, 보험증권을 연맹에 경기 개최 전에 제출하여야 한다. 홈 클럽이 기타 경기장에서 K리그 경기를 개최하고자 할 경우에도 마찬가지다.
5. 각 클럽은 경기장 시설(물)에 대해 연맹의 승인을 득하여야 한다.
6. 경기장은 연맹의 경기장 시설 기준을 준수하여야 하며, 다음 각 호의 조건을 충족하여야 한다.
   1) 그라운드는 천연잔디구장으로 길이 105m, 너비 68m를 권고한다.
   2) 공식 경기의 잔디 길이는 2~2.5cm로 유지되어야 하며, 전체에 걸쳐 동일한 길이여야 한다.
   3) 그라운드 외측 주변에는 원칙적으로 축구전용경기장의 경우는 5m 이상, 육상경기겸용경기장의 경우 1.5m 이상의 잔디 부분이 확보되어야 한다.
   4) 골포스트 및 바는 흰색의 둥근 모양(직경 12cm)의 철제 관으로 제작되고, 원칙적으로 고정식이어야 한다. 또한 볼의 반발력에 영향을 줄 수 있는 비철제 보강재 사용을 금한다.
   5) 골네트는 원칙적으로 흰색(연맹의 승인을 득한 경우는 제외)이어야 하며, 골네트는 골대 후방에 폴을 세워 안전한 방법으로 부착하여야 한다. 폴은 골대와 구별되는 어두운 색상이어야 한다.
   6) 코너 깃발은 연맹이 지정한 것을 사용하여야 한다.
   7) 각종 라인은 국제축구연맹(이하 'FIFA') 또는 아시아축구연맹(이하 'AFC')이 정한 규격에 따라야 하며, 라인 폭은 12cm로 선명하고 명료하게 그려야 한다(원칙적으로 페인트 방식으로 한다).
7. 필드(그라운드 및 그 주변 부분)에는 경기 운영에 영향을 주거나 선수에게 위험의 우려가 있는 것을 방치 또는 설치해서는 안 된다.
8. 공식경기에서 그라운드에 물을 뿌리는 경우, 경기장 전체에 걸쳐 균등하게 해야 한다. 단, 그라운드 사전 훈련(하프타임 제외) 및 경기 진행 중에는 그라운드에 물을 뿌릴 수 없다.
9. 경기장 관중석은 좌석수 10,000석 이상을 충족하여야 한다. 이에 미달할 경우, 연맹의 사전 승인을 득하여야 한다.
10. 홈 클럽은 상대 클럽을 응원하는 관중을 위해 경기 개최 일주일 전까지 원정 클럽이 요청한 적정 수의 좌석을 원정팀과 협의하여 결정한다. 또한, 원정 클럽 관중을 위한 전용출입문, 화장실, 매점 시설 등을 독립적으로 사용할 수 있도록 마련하여야 한다.
11. 경기장은 다음 항목의 부대시설을 갖추도록 권고한다.
   1) 운영 본부실
   2) 양 팀 선수대기실(냉·난방 및 냉·온수 가능)
   3) 심판대기실(냉·난방 및 냉·온수 가능)
   4) 실내 워밍업 지역 5) 경기감독관석 및 매치코디네이터석
   6) 경기기록석 7) 의무실
   8) 도핑검사실(냉·난방 및 냉·온수 가능)
   9) 통제실, 경찰 대기실, 소방 대기실 10) 실내 기자회견장
   11) 기자실 및 사진기자실 12) 중계방송사룸(TV중계스태프용)
   13) VIP룸 14) 기자석
   15) 장내방송 시스템 및 장내방송실
   16) TV중계 및 라디오 중계용 방송부스
   17) 동영상 표출이 가능한 대형 전광판
   18) 출전선수명단 게시판
   19) 태극기, 대회기, 연맹기, 양 클럽 깃발을 게재할 수 있는 게양대
   20) 입장권 판매소 21) 종합 안내소
   22) 관중을 위한 응급실 23) 화장실
   24) 식음료 및 축구 관련 상품 판매소
   25) TV카메라 설치 공간 26) TV중계차 주차장 공간
   27) 케이블 시설 공간 28) 전송용기자재 등 설치 공간
   29) 믹스드 존(Mixed Zone) 30) 기타 연맹이 정하는 시설, 장비

제9조 (조명장치)_

1. 경기장에는 평균 1,200lux 이상 조도를 가진 조명 장치를 설치하여 조명의 밝음을 균일하게 유지하여야 한다. 또한 정전에 대비하여 1,000lux 이상의 조도를 갖춘 비상조명 장치를 구비하여야 한다.

2. 홈 클럽은 경기장 조명 장치의 이상 유·무를 사전에 확인하여 장애를 미연에 방지하는 한편, 고장 시 신속하게 수리할 수 있도록 모든 조치와 최선의 노력을 다하여야 한다.

제10조 (벤치)_

1. 팀 벤치는 원칙적으로 다음 요건을 충족하여야 한다.
   1) FIFA가 정한 규격의 기술지역(테크니컬에어리어) 내에 설치하여야 한다.
   2) 벤치 터치라인으로부터 5m 이상 떨어지는 한편 그 끝이 하프라인으로부터 8m 떨어지는 위치에 설치하여야 한다.
   3) 투명한 재질의 지붕을 갖추고 있어야 하며, 최소 20인 이상 앉을 수 있는 좌석이 준비되어야 한다(다만, 관중의 시야를 방해해서는 안 된다).
2. 홈 팀 벤치는 본부석에서 그라운드를 향해 좌측에 설치하여야 한다.
3. 홈, 원정 팀 벤치에는 팀명을 표기한 안내물을 부착하여야 한다.
4. 제4의 심판(대기심판) 벤치를 준비하여야 하며, 다음 요건을 충족하여야 한다.
   1) 벤치 터치라인으로부터 5m 이상 떨어지는 그라운드 중앙에 설치하여야 한다. 단, 방송사의 요청 시에는 카메라 위치에 방해가 되지 않는 위치에 설치하여야 한다.
   2) 투명한 재질의 지붕을 갖추고 있어야 한다.(다만, 관중의 시야를 방해해서는 안 된다)
   3) 대기심판 벤치 내에는 최소 3인 이상 앉을 수 있는 좌석과 테이블이 준비되어야 한다.

제11조 (의료시설)_ 홈 클럽은 선수단, 관계자, 관중 등을 위해 경기개시 90분 전부터 경기종료 후 모든 관중 및 관계자가 퇴장할 때까지 의료진(의사, 간호사, 1급 응급구조사)과 특수구급차를 반드시 대기시켜야 한다. 이를 위반할 경우, 본 대회요강 제35조 3항에 의한다.

제12조 (경기장에서의 고지)_

1. 홈 클럽은 경기장에서 다음 각 항목 사항을 전광판 및 장내 아나운서(멘트)를 통해 고지하여야 한다.
   1) 공식 대회명칭(반드시 지정된 방식 및 형태에 맞게 전광판 노출)
   2) 선수, 심판 및 경기감독관 소개 3) 대회방식 및 경기방식
   4) K리그 선수 입장곡(K리그 앤섬 'Here is the Glory' BGM)
   5) 선수 및 심판 교체 6) 득점자 및 득점시간(득점 직후에)
   7) 추가시간(전·후반 전광판 고지 및 장내아나운서 멘트 동시 실시)
   8) 다른 공식경기의 중간 결과 및 최종 결과
   9) 관중 수(후반전 15~30분 발표)
   10) 상기 1~10호 이외 연맹이 지정하는 사항
   11) 경기 중, 경기정보 전광판 표출(양팀 출전선수명단, 경고, 퇴장, 득점)
2. 홈 클럽은 경기 전·후 및 하프타임에 다음 각 항목 사항을 실시하는 것이 가능하다.
   1) 다음 경기예정 및 안내 2) 연맹의 사전 승인을 얻은 광고 선전
   3) 음악방송 4) 팀 또는 선수에 관한 정보 안내
   5) 상기 1~4호 이외 연맹의 승인을 얻은 사항

제13조 (홈 경기장에서의 경기개최)_ 각 클럽은 홈 경기의 과반 이상을 홈 경기장에서 실시하여야 한다. 다만, 이사회의 승인을 얻은 경우는 제외된다.

제14조 (경기장 점검)_

1. 홈 클럽이 기타 경기장에서 경기를 개최하고자 할 경우 해당 경기 개최 30일 전까지 연맹에 시설 점검을 요청하여 경기장 실사를 받아야 하며, 이때 제출하여야 하는 서류는 다음과 같다.
   1) 경기장 시설 현황 2) 홈 경기 안전계획서
2. 연맹의 보완 지시가 있을 경우 이에 대한 이행 결과를 경기 개최 15일 전까지 서면 보고하여야 한다.
3. 연맹은 서면보고접수 후 재점검을 통해 문제점 보완이 미흡하다고 판단될 경우 경기 개최를 불허한다. 이 경우 홈 클럽은 연고지역 내에서 「법령」「K리그 경기장 시설기준」에 부합하는 타 경기장(대체구장)을 선정하여 상기 1항, 2항의 절차에 따라 연맹의 승인을 받아야 한다.
3. 홈 클럽이 원하는 경기장에서 경기개최가 불가능하다고 판단될 경우, 본 대회요강 제17조 2항에 따른다 (연맹 규정 제3장 30조 2항).
4. 상기 3항을 이행하지 않는 클럽은 본 대회요강 제19조 1항에 따른다(연맹 규정 제3장 32조 1항).

제15조 (악천후의 경우 대비조치)_

1. 홈 클럽은 강설 또는 강우 등 악천후의 경우에도 홈경기를 개최할 수 있도록 최선의 노력을 다하여야 한다.
2. 악천후로 인하여 경기개최가 불가능하다고 판단될 경우, 경기감독관은 경기 개최 3시간 전까지 경기개최 중지를 결정하여야 한다.

제16조 (경기중지 결정)_

1. 경기 전 또는 경기 중 중대한 불상사 등으로 경기를 계속하기 어려운 사태가 발생하였을 경우, 주심은 경기감독관에게 경기중지를 요청할 수 있으며, 경기감독관은 동 요청에 의거하여 홈 클럽 및 원정 클럽 관계자의 의견을 참고한 후 경기중지를 결정할 수 있다.
2. 상기 1항의 경우 또는 관중의 난동 등으로 경기장의 질서 유지가 어려운 경우, 경기감독관은 주심의 경기중지 요청이 없더라도 경기중지를 결정할 수 있다.
3. 경기감독관은 경기중지 결정을 내린 후, 지체 없이 그 사유를 연맹에 보고하여야 한다.

제17조 (재경기)_

1. 경기가 악천후, 천재지변 등 불가항력에 의하여 경기개최 불능 또는 중지(중단)되었을 경우, 재경기는 원칙적으로 익일 동일 경기장에서 개최한다. 단, 연기된 경기가 불가피한 사유로 다시 연기될 경우 개최일시 및 장소는 연맹이 정하여 추후 공시한다.
2. 경기장 준비부족, 시설미비 등 점검 미비에 따른 홈 클럽의 귀책사유로 인하여 경기개최 불능 또는 중지(중단)되었을 경우, 재경기는 원정 클럽의 홈 경기장에서 개최한다.
3. 재경기 방식에 대해서는 다음 각 호에 의한다.
   1) 이전 경기에서 양 클럽의 득실차가 없을 때는 90분간 재경기를 실시한다.
   2) 이전 경기에서 양 클럽의 득실차가 있을 때는 중지 시점에서부터 잔여 시간만의 재경기를 실시한다.
4. 재경기 시, 앞 항 1호의 경우 이전 경기에서 발생된 경고, 퇴장 기록만이 인정되며 선수교체는 팀당 최대 3명까지 가능하다. 앞 항 2호의 경우 이전 경기에서 발생된 모든 기록이 인정되며 선수교체는 이전 경기를 포함하여 3명까지 할 수 있다.
5. 재경기 시 이전 경기에서 발생된 경고 및 퇴장은 유효하며, 경고 및 퇴장에 대한 처벌(징계)은 경기순서대로 연계 적용한다.

제18조 (귀책사유가 있는 클럽의 비용 보상)_

1. 홈 클럽의 귀책사유에 의해 경기개최 불능 또는 중지(중단)되었을 경우, 홈 클럽은 원정 클럽에 교통비 및 숙식비를 보상하여야 한다.
2. 원정 클럽의 귀책사유에 의해 경기개최 불능 또는 중지(중단)되었을 경우, 원정 클럽은 홈 클럽에 발생한 경기준비 비용 및 입장권 환불 수수료, 교통비 및 숙식비를 보상하여야 한다.
3. 상기 1항, 2항과 관련하여 천재지변 등 불가항력에 의한 경우는 제외한다.

제19조 (패배로 간주되는 경우)_

1. 경기개최 거부 또는 속행 거부 등(경기장 질서문란, 관중의 난동 포함) 어느 한 클럽의 귀책사유로 인하여 경기개최 불능 또는 중지(중단)되었을 경우, 그 귀책사유가 있는 클럽이 0 : 3 패배한 것으로 간주한다.
2. 공식 경기에 무자격 선수가 출장한 것이 경기 중 또는 경기 후 발각되어 경기종료 후 48시간 이내에 상대 클럽으로부터 이의가 제기된 경우, 무자격 선수가 출장한 클럽이 0 : 3 패배한 것으로 간주한다. 다만, 경기 중 무자격 선수가 출장한 것이 발각되었을 경우, 해당 선수를 퇴장시키고 경기는 속행한다.
3. 상기 1항, 2항에 따라 어느 한 클럽의 0 : 3 패배를 결정한 경우에도 양 클럽 선수의 개인기록(출장, 경고, 퇴장, 득점, 도움 등)은 그대로 인정한다.
4. 상기 2항의 무자격 선수는 연맹 미등록 선수, 경고누적 또는 퇴장으로 인하여 출전이 정지된 선수, 상벌위원회 징계, 외국인 출전제한 규정을 위반한 선수 등 그 시점에서 경기출전 자격이 없는 모든 선수를 의미한다.

제20조 (대회 중 잔여경기 포기)_ 대회 중 잔여 경기를 포기하는 경우, 다음 각 항에 의한다.

1. 대회 전체 경기수의 3분의 2 이상을 수행하였을 경우, 지난 경기 결과를 그대로 인정하고, 잔여 경기는 포기한 클럽이 0 : 3 패배한 것으로 간주한다.
2. 대회 전체 경기 수의 3분의 2 이상을 수행하지 못했을 경우, 포기한 클럽과의 경기 결과를 모두 무효 처리한다.

제21조 (경기결과 보고)_ 모든 경기결과의 보고는 경기감독관 보고서, 심판 보고서, 경기기록지에 의한다.

제22조 (경기규칙)_ 본 대회의 경기는 FIFA 및 KFA의 경기규칙에 따라 실시되며, 특별한 사항이 발생 시에는 연맹이 결정한다.

제23조 (경기시간 준수)_

1. 본 대회는 90분(전·후반 각 45분) 경기를 실시한다.
2. 모든 클럽은 미리 정해진 경기시작 시간(킥오프 타임)과 경기 중 휴식시간(하프타임)을 반드시 준수하여야 한다. 하프타임 휴식은 15분을 초과할 수 없으며, 양 팀 출전선수는 후반전 출전을 위해 후반전 개시 3분 전(하프타임 12분)까지 심판진과 함께 대기 장소에 집결하여야 한다.
3. 경기시작 시간과 하프타임 시간을 준수하지 않아 경기가 지연될 경우, 귀책사유가 있는 해당 클럽에 제재금(100만 원 이상)을 부과할 수 있다. 동일 클럽이 위반 행위를 반복할 경우, 직전에 부과한 제재금의 2배를 부과할 수 있다. 단, 1회 부과할 수 있는 최대 제재금은 400만 원 이내로 한다.

제24조 (승점)_ 본 대회의 승점은 승자 3점, 무승부 1점, 패자 0점을 부여한다.

제25조 (순위결정)_

1. 정규 라운드(1~33R) 순위는 승점 → 다득점 → 득실차 → 다승 → 승자승 → 벌점 → 추첨 순서로 결정한다.
2. 최종순위 결정방식은 다음과 같다.
   1) 정규 라운드(1~33R) 성적을 적용하여 6팀씩 2개 그룹(그룹 A, 그룹 B)으로 분할한다.
   2) 분할 후 그룹 A, 그룹 B는 별도 운영되며, 정규 라운드 성적을 포함하여 그룹 A에 속한 팀이 우승~6위, 그룹 B에 속한 팀이 7~12위로 결정한다. (승점 → 다득점 → 득실차 → 다승 → 승자승 → 벌점 → 추첨 순서)
   3) 그룹 B 팀의 승점이 그룹 A 팀보다 높더라도 최종 순위는 7~12위 내에서 결정된다.
3. 벌점에 대한 기준은 다음과 같다.
   1) 경고 및 퇴장 관련 벌점: ① 경고 1점
      ② 경고 2회 퇴장 2점 ③ 직접 퇴장 3점
      ④ 경고 1회 후 퇴장 4점
   2) 상벌위원회 징계 관련 벌점: ① 제재금 100만 원당 3점
      ② 출장정지 1경기당 3점
   3) 코칭스태프 및 팀 스태프 퇴장, 클럽(임직원 포함)에 부과된 징계는 팀 벌점에 포함한다.
   4) 사후징계 및 감면 결과는 팀 벌점에 포함한다.
4. 개인기록 순위결정:
   1) 개인기록순위 결정은 본 대회(1~38R) 성적으로 결정한다.
   2) 득점(Goal) 개인기록순위 결정의 우선 순서는 다음과 같다.
      ① 최다득점선수 ② 출장경기가 적은 선수
      ③ 출장시간이 적은 선수
   3) 도움(Assist) 개인기록순위 결정의 우선 순서는 다음과 같다.
      ① 최다도움선수 ② 출장경기가 적은 선수
      ③ 출장시간이 적은 선수

제26조 (시상)_

1. 본 대회의 단체상 및 개인상 시상내역은 다음과 같다.

구분		시상내역	비고
단체상	우승	상금 500,000,000원 +트로피+메달	
	준우승	상금 200,000,000원 +상패	
	페어플레이	상금 10,000,000원 +상패	각 팀 페어플레이 평점
개인상	최다득점선수	상금 5,000,000원 +상패	대회 개인기록
	최다도움선수	상금 3,000,000원 +상패	대회 개인기록

2. 페어플레이 평점은 다음과 같다.
   1) 페어플레이 평점은 각 클럽이 본 대회에서 받은 총 벌점을 해당 팀 경기수로 나눈 것으로 평점이 낮은 팀이 페어플레이상을 수상한다.
   2) 벌점에 대한 기준은 상기 제25조 3항에 따른다.
   3) 페어플레이 평점이 2개 팀 이상 동일할 경우, 성적 상위팀이 수상한다.
3. 우승 트로피 보관 및 각종 메달 수여는 다음과 같다.
   1) 우승 클럽(팀)에 본 대회 우승 트로피가 수여되며, 우승 트로피를 1년 동안 보관할 수 있다. 수여된 우승 트로피가 연맹에 반납되기 전까지 우승 트로피의 관리(보관, 훼손, 분실 등)에 대한 모든 책임은 해당 클럽(팀)에 있다.
   2) 전년도 우승 클럽(팀)은 우승 트로피를 정규 라운드(26R) 종료 후 연맹에 반납하여야 한다.
   3) 연맹은 아래와 같이 메달을 수여한다.
      ① 우승: 35개의 우승메달 ② 기타 기념메달

제27조 (출전자격)_

1. K리그 선수규정 4조에 의거하여 연맹 등록이 완료된 선수만이 경기에 출전할 자격을 갖는다.
2. K리그 선수규정 5조에 의거하여 연맹에 등록을 완료한 코칭스태프 및 팀 스태프 중 출전선수명단에 등재된 자만이 공식경기 중 벤치에 착석할 수 있으며, 경기 중 기술지역에서의 선수지도행위는 1명만이 할 수 있다(통역 1명 대동 가능).
3. 제재 중인 지도자(코칭스태프, 팀 스태프 포함)는 다음 항목을 준수하여야 한다.
   1) 출장정지 제재 중이거나 경기 중 퇴장 조치된 지도자는 관중석, 선수대기실을 제외한 지역에 대해 출입이 제한되며, 그라운드에서 사전 훈련 및 경기 중 어떠한 지도(지시) 행위도 불가하다.
   2) 징계 중인 지도자(원정 팀 포함)가 경기를 관전하고자 할 경우, 홈 클럽은 본부석 쪽에 좌석을 제공하여야 하며, 해당 지도자의 안전을 위한 조치를 취해야 한다.
   3) 상기 제1호를 위반할 경우, 연맹 상벌규정 제12조 제2항에 해당하는 제재를 부과할 수 있다.

제28조 (출전선수명단 제출의무)_

1. 공식경기에 참가하는 홈 클럽과 원정 클럽은 경기개시 90분 전까지 경기감독관에게 출전선수명단을 제출하여 승인을 받아야 하며, 출전선수 스타팅 포메이션(Starting Formation)을 별지로 함께 제출하여야 한다.
2. 출전선수명단에는 출전선수, 코칭스태프 및 팀 스태프 명단, 유니폼 색상이 포함되어야 하며, 제출된 인원만이 해당 공식경기 출전과 팀 벤치 착석 및 기술지역 출입, 선수 지도를 할 수 있다. 단, 출전선수명단에 등재할 수 있는 코칭스태프 및 팀 스태프의 수는 최대 8명(주치의, 통역 제외)까지로 한다.
3. 출전선수명단 승인 후에는 선수명단 변경을 할 수 없다. 다만, 경기 개시 전에 선발 출전선수 중 부상 등의 불가피한 사유로 경기출전이 불가능한 선수가 발생한 경우에 그 선발 선수를 후보 선수와 교체할 수 있다.
4. 본 대회의 출전선수명단은 18명을 원칙으로 하며, 다음 사항을 반드시 준수하여야 한다.
   1) 골키퍼(GK)는 반드시 국내 선수이어야 하며, 후보 골키퍼(GK)는 반드시 1명이 포함되어야 한다.
   2) 외국인선수의 경우, 출전선수명단에 3명까지 등록할 수 있으며 3명까지 경기 출전이 가능하다. 단, AFC 가맹국 국적의 외국인선수는 1명에 한하여 추가 등록과 출전이 가능하다.
   3) 23세 이하(1993.01.01 이후 출생자) 국내선수는 출전선수명단에 최소 2명 이상 포함(등록)되어야 한다. 만일 23세 이하 국내선수가 포함되어 있지 않을 경우, 해당 인원만큼 출전선수명단에서 제외한다(즉, 23세 이하 국내선수가 1명 포함될 경우 출전선수명단은 17명으로 하며, 전혀 포함되지 않을 경우 출전선수명단은 16명으로 한다).
   4) 출선선수명단에 포함된 23세 이하 선수 1명은 의무선발출전을 해야 한다. 만일 23세 이하 선수가 의무선발출전을 하지 않을 경우, 선수교체 가능인원은 2명으로 제한한다(29조 2항 참조).
   5) 단, 군/경 팀은 위 3항, 4항에 적용받지 않으며, 군/경 팀과 경기 시 그 상대팀도 위 3항, 4항에 한시적으로 적용받지 않는다.

6) 클럽에 등록된 23세 이하 국내선수 1명 이상이 KFA 각급 대표팀 선수로 소집(소집일~해산일)될 경우, 해당 클럽에 한해 소집 기간 동안 개최되는 경기에 의무선발출전 규정(상기 4호)을 적용하지 않으며, 차출된 선수의 수(인원)만큼 엔트리 등록 규정도 적용하지 않는다.

U23선수 각급대표 소집	출전선수 명단(엔트리)		U23선수 의무선발 출전	선수교체 가능인원	비고
	U23선수 포함 인원	등록가능 인원			
0명	0명	16명	0명	2명	
	1명	17명	1명	3명	U23 선수 의무선발 출전을 하지 않을 경우, 선수교체 가능 인원 2명으로 제한
	2명 이상	18명	1명	3명	
1명	0명	17명	0명	3명	
	1명 이상	18명	0명	3명	
2명 이상	0명	18명	0명	3명	

5. 순연 경기 및 재경기(90분 재경기에 한함)의 출전선수명단은 다시 제출하여야 한다.

제29조 (선수교체)_

1. 본 대회의 선수 교체는 경기감독관이 승인한 출전선수명단에 의해 후보선수 명단 내에서만 가능하다.
2. 선수 교체는 90분 경기에서 3명까지 가능하다. 단, 본 대회요강 제28조 4항-4)호에 의거, 23세 이하 국내선수가 선발출전하지 않을 경우 해당 클럽은 2명까지 선수교체가 가능하다. 이를 위반할 경우 제19조 2항~4항에 따른다.
3. 출전선수명단 승인(경기감독관 서명) 후, 선발출전선수 11명 중 경기출전이 불가한 선수가 발생할 경우, 전반전 킥오프 전까지 경기감독관의 승인 하에 출전선수명단의 교체 대상선수 7명에 한하여, 교체할 수 있으며, 교체된 선수는 후보선수명단으로 포함되나 해당 경기에 출전할 수 없다.
   1) 상기 3항의 경우, 선수교체 인원으로 적용되지 않으며, 3명의 선수교체 가능 인원 수는 유효하다.
   2) 선발출전선수 11명 중 23세 이하 (1993.01.01이후 출생자) 의무선발출전 선수가 출전이 불가하여 후보 선수명단 내의 23세 이하 선수와 교체될 경우 선수교체 가능 인원은 3명으로 유지된다. 단, 23세 이하가 아닌 선수와 교체될 경우 제28조 3-4)항에 의하여 선수교체 가능 인원은 2명으로 제한한다.
   3) 출전선수명단 내 교체 대상선수 7명 중 경기출전이 불가한 선수가 발생하더라도 해당 선수는 명단 외 선수와 교체할 수 없다.

제30조 (출전정지)_

1. 본 대회에서 경고누적에 의한 출전정지 및 퇴장(경고 2회 퇴장, 직접 퇴장, 경고 1회 후 직접 퇴장)에 의한 출전정지는 최종 라운드(1~38R)까지 연계 적용한다.
2. 경고누적에 의한 출전정지는 경고누적 3회 때마다 다음 1경기가 출전정지된다.
3. 1경기 경고 2회 퇴장에 의한 출전정지는 다음 1경기가 출전 정지되며, 제재금은 일백만 원(1,000,000원)이 부과된다. 이 경고는 누적에 산입되지 않는다.
4. 직접 퇴장에 의한 출전정지는 다음 2경기가 출전 정지되며, 제재금은 일백이십만 원(1,200,000원)이 부과된다.
5. 경고 1회 후 직접 퇴장에 의한 출전정지는 다음 2경기가 출전 정지되며, 제재금은 일백오십만 원(1,500,000원)이 부과된다. 경고 1회는 유효하며, 누적에 산입된다.
6. 제재금은 출전 가능경기 1일 전까지 반드시 해당자 명의로 납부하여야 한다. 이를 위반할 경우, 경기 출전이 불가하다. 출전 가능경기가 남아 있지 않을 경우, 본 대회 종료 15일 이내에 납부하여야 한다.
7. 상벌위원회 징계로 인한 출전정지는 시즌 및 대회에 관계없이 연계 적용한다.

제31조 (유니폼)_

1. 본 대회는 반드시 연맹이 승인한 유니폼을 착용해야 한다.
2. 선수 번호(배번은 1번~99번으로 한정하며, 배번 1번은 GK에 한함)는 출전선수명단에 기재된 선수 번호와 일치하여야 하며, 배번의 식별이 가능하도록 명확하게 표시되어 있어야 한다.
3. 팀의 주장은 주장인 것을 명확하게 표시하는 완장(Armband)을 착용하여야 한다.
4. 공식경기에 참가하는 모든 클럽은 제1유니폼과 제2유니폼을 필히 지참함을 원칙으로 하며, 경기 전 연맹 및 상대 클럽과 유니폼 착용 색상과 관련하여 사전 조율하여야 한다. 이를 따르지 않을 경우, 위반한 클럽에 제재금 500만 원을 부과할 수 있다.
5. 동절기 방한용 내피 상의 또는 하의(타이즈)를 착용하고자 할 때는 유니폼(상·하의) 색상과 동일한 색상을 착용하여야 한다. 이를 위반할 경우 공식경기 출전이 불가하다.
6. 스타킹과 발목밴드(테이핑)는 동일 색상(계열)이어야 한다. 이를 위반할 경우 경기출장이 불가하다.

제32조 (사용구)_ 본 대회의 공식 사용구는 아디다스 '에레조타 OMB(adidas Errejota OMB)'로 로 한다.

제33조 (인터뷰 실시)_

1. 홈 클럽은 공동취재구역인 믹스드 존(Mixed Zone)과 공식 기자회견장을 반드시 마련하고, 양 클럽 홍보담당자는 경기 전 인터뷰, 경기 후 플래시인터뷰, 공식기자회견, 믹스드 존 인터뷰가 원활히 이뤄질 수 있도록 협조하여야 한다.
2. 양 클럽 선수단은 경기장에 도착하여 라커룸으로 이동 시 믹스드 존에서 미디어(취재기자에 한함)의 인터뷰에 응하여야 한다.
3. 양 클럽 선수단은 경기개시 90분~70분 전까지 홈 클럽이 지정한 장소(라커 앞, 경기장 출입 통로, 그라운드 주변, 믹스드 존 등)에서 인터뷰에 응하여야 하며, 양 클럽 홍보담당자는 미디어(취재기자에 한함)가 요청하는 선수가 인터뷰에 응할 수 있도록 협조한다.
4. 양 클럽 감독은 경기 개시 60분~20분 전까지 미디어(취재기자에 한함)와 약식 인터뷰를 실시하여야 한다.
5. 홈 클럽은 경기종료 직후 중계방송사가 요청하는 감독 또는 선수에 대해 그라운드에서 플래시 인터뷰를 우선 실시하여야 하며, 양 클럽 홍보담당자는 인터뷰 대상자를 경기 종료 전 확인하여 경기종료 직후 인계한다.
6. 홈 클럽은 경기종료 후 15분 이내에 홈 클럽 홍보담당자의 진행하에 양 클럽 감독과 미디어가 요청하는 선수가 순차적으로 참석하는 공식기자회견을 개최하여야 하며, 양 클럽 홍보담당자는 감독 및 미디어 요청선수가 공식기자회견에 참석할 수 있도록 협조한다.
7. 공식기자회견은 원정 - 홈 클럽 순서로 진행하며, 선수의 순서는 양 클럽 홍보담당자가 협의하여 정한다.
8. 미디어 부재로 공식기자회견을 개최하지 않은 경우, 홈 클럽 홍보담당자는 양 클럽 감독의 코멘트를 경기 종료 1시간 이내에 각 언론사에 배포한다.
9. 제재 중인 지도자(코칭스태프 및 팀 스태프 포함)도 경기 전,후 인터뷰와 공식기자회견 등에 참석해야 한다.
10. 양 클럽 선수단은 공식기자회견이 종료된 이후에 선수단 라커룸을 출발하여 믹스트 존 인터뷰에 응하여야 한다(홈팀 필수 / 원정팀 권고).
11. 모든 기자회견은 연맹이 지정한 인터뷰 배경막(백드롭)을 배경으로 실시하여야 한다.
12. 인터뷰를 실시하지 않거나 공식기자회견에 참석하지 않을 경우, 해당 클럽과 선수, 감독에게 제재금(50만 원 이상)을 부과할 수 있다.
13. 인터뷰에서는 경기의 판정이나 심판과 관련하여 일체의 부정적인 언급이나 표현을 할 수 없으며, 위반 시 다음 각 호에 의한다.
    1) 각 클럽 소속 선수, 코칭스태프, 팀 스태프, 임직원 등 모든 관계자에게 적용되며, 위반할 시 상벌규정 유형별 징계 기준 제2조 가, 항 혹은 나, 항을 적용하여 제재를 부과한다.
    2) 공식 인터뷰뿐만 아니라 대중에게 공개될 수 있는 어떠한 경로를 통한 언급이나 표현에도 적용된다.
14. 그 밖의 사항은 '2016 K리그 미디어 가이드라인'을 따른다.

제34조 (중계방송협조)_

1. 본 대회의 경기 중계방송 시 카메라나 중계석 위치 확보, 방송 인터뷰를 위해 모든 클럽은 중계 방송사와 연맹의 요청에 최대한 협조한다.
2. 사전에 지정된 경기시간은 방송사의 요청에 따라 변경될 수 있다.

제35조 (경기장 안전과 질서유지)_

1. 홈 클럽은 경기개시 180분 전부터 경기종료 후 모든 관중 및 관계자가 퇴장할 때까지 선수, 팀 스태프, 심판을 비롯한 전 관계자와 관중의 안전 및 질서 유지에 대한 의무와 책임이 있다.
2. 홈 클럽은 상기 1항의 의무 실시를 위해 최선의 노력을 다해야 하며, 경기장 안전 및 질서를 어지럽히는 관중에 대해 그 입장을 제한하고 강제 퇴장시키는 등의 적정한 조치를 취할 수 있다.
3. 연맹, 홈 또는 원정 클럽, 선수, 코칭스태프 및 팀 스태프, 관계자를 비방하는 사안이나, 경기진행 및 안전에 지장을 줄 수 있는 모든 사안에 대해서는 경기감독관의 지시에 의해 관련 클럽은 즉각 이를 시정 조치하여야 한다. 만일, 경기감독관의 지시에도 불구하고 시정 조치되지 않을 경우 상벌규정 유형별 징계기준 제5조 마.항에 의거, 해당 클럽에 제재를 부과할 수 있다.
4. 관중의 소요, 난동으로 인하여 경기 진행에 문제가 발생하거나, 선수, 심판, 코칭스태프 및 팀 스태프를 비롯한 관중의 안전과 경기장 질서 유지에 문제가 발생할 경우에는 관련 클럽이 사유를 불문하고 그에 대한 일체의 책임을 부담한다.

제36조 (홈경기 관리책임자, 홈경기 안전책임자 선정 및 경기장 안전요강)_ 모든 클럽은 경기장 안전 및 원활한 진행을 위해 홈경기 관리책임자 및 홈경기 안전책임자를 선정하여 연맹에 보고하여야 하며, 아래의 경기장 안전요강을 숙지하여 실행하고 관중에게 사전 공지 또는 고지하여야 한다. 또한 홈경기 관리책임자 및 홈경기 안전책임자는 경기감독관 및 매치코디네이터의 업무 및 지시 사항에 대해 최대한 협조하여야 한다.

1. 반입금지물 : 경기장에 입장하려는 사람 또는 입장한 사람은 홈경기 관리책임자 및 홈경기 안전책임자가 특별히 필요사항에 의해 허락했을 경우를 제외하고 다음 각 호에 명시된 것을 가지고 입장할 수 없다.
   1) 경기장 관리자에 의해 반입을 금지하고 있는 것
   2) 정치적, 사상적, 종교적인 주의 또는 주장 또는 관념을 표시하거나 또는 연상시키고 혹은 대회의 운영에 지장을 미칠 우려가 있는 게시판, 간판, 현수막, 플래카드, 문서, 도면, 인쇄물 등
   3) 연맹의 승인을 득하지 않은 특정의 회사 또는 영리기업의 광고를 목적으로 하여 특정의 회사명, 제품명 등을 표시한 것 (특정 회사, 제품 등을 연상시키는 것 포함)
   4) 그 외 경기운영 또는 진행을 방해하여 타인에게 불편을 주거나 또는 위험하게 하거나 혹은 그러한 우려가 있거나 또는 운영담당·보안담당, 경비종사원이 위험성을 인정하는 것
2. 금지행위 : 경기장에 입장하려는 사람 또는 입장한 사람은 홈경기 관리책임자 및 홈경기 안전책임자가 특별히 필요사항에 의해 허락했을 경우를 제외하고는 다음 각 호에 명시되는 행위를 해서는 안 된다.
   1) 경기장 관리자에 의해 금지되고 있는 행위
   2) 정당한 입장권 또는 통행증을 소지하지 않고 입장하는 것
   3) 항의 집회, 데모 등 대회의 원활한 운영을 저해할 우려가 있는 행위
   4) 알코올, 약물 그 외 물질을 소유 및 복용한 상태로 경기장에 입장하는 행위 또는 경기장에 이러한 물질을 방치해 두어 이것들의 영향에 의해 경기운영 또는 타인의 행위 등을 저해하는 행위 (알코올 등의 영향에 의해 정상적인 행위를 할 수 없는 우려가 있는 상태일 경우 입장 불가)
   5) 해당 경기장(시설) 및 관련 장소에서 권유, 연설, 집회, 포교 등의 행위
   6) 정해진 장소 외에서 차량을 운전하거나 주차하는 것
   7) 상행위, 기부금 모집, 광고물의 게시 등의 행위
   8) 정해진 장소 외에 쓰레기 및 오물을 폐기하는 것
   9) 연맹의 승인 없이 영리목적으로 경기장면, 식전행사, 관객 등을 사진 또는 비디오로 촬영하는 것
   10) 연맹의 승인 없이 대회의 음성, 영상의 전부 또는 일부를 인터넷 및 미디어를 통해 전달하는 것
   11) 경기운영 또는 진행을 방해하여 타인에게 폐를 끼치거나 또는 위험을 미치거나 혹은 그러한 우려가 있으면서 경비종사원이 위험성을 인정한 행위
3. 경기장 관련 : 경기장에 입장하려는 사람 또는 입장한 사람은 다음 각 호에 명시하는 사항에 준수하여야 한다.
   1) 입장권, 신분증, 통행증 등의 제시가 요구되었을 때는 이것을 제시해야 함.
   2) 안전 확보를 위해 수화물, 소지품 등의 검사가 요구되었을 때는 이것에 따라야 함.
   3) 사건·사고가 발생하거나 또는 발생 우려가 예상되는 경우, 경비 종사원 또는 치안 당국의 지시, 안내, 유도 등에 따라 행동할 것.
4. 입장거부 또는 퇴장명령
   1) 홈경기 관리책임자 및 홈경기 안전책임자는 상기 3-1호, 2호, 3호의 경기장 안전요강을 위반한 사람의 입장을 거부하여 경기장으로부터의 퇴장을 명할 수 있으며, 상기 3항에 의거하여 반입금지물 몰수 등 필요한 조치를 취할 수 있다.
   2) 홈경기 관리책임자 및 홈경기 안전책임자는 상기 4-1호에 해당하는 사람 중에서 특히 고의, 상습으로 확인된 사람에 대해서는 이후 개최되는 연맹 주최의 공식경기에 입장을 거부할 수 있다.
   3) 홈경기 관리책임자 및 홈경기 안전책임자에 의해 입장이 거부되거나 경기장에서 퇴장을 받았던 사람은 입장권 구입 대금의 환불을 요구할 수 없다.
5. 권한의 위임 : 홈경기 관리책임자는 특정 시설에 대해 그 권한을 타인에게 위임할 수 있다.
6. 안전 가이드라인 준수 : 모든 클럽은 연맹이 정한 'K리그 안전가이드라인'을 준수하여야 한다.

제37조 (기타 유의사항)_ 각 클럽은 아래의 사항을 숙지하고 준수하여야 한다.

1. 모든 취재 및 방송중계 활동을 위한 미디어 관련 입장자는 2016년도 미디어 가이드라인에 따라 입장하여야 하며 이를 준수하여야 한다.
2. 경기에 참가하는 선수단(코칭스태프, 팀 스태프 포함)은 경기시작 100분 전에 경기장에 도착하여야 한다.
3. 오픈경기는 본 경기 개최 1시간(60분)전까지 반드시 종료되어야 하며, 연맹에 사전 승인을 받아야 한다.
4. 선수는 신체보호를 위해 반드시 정강이 보호대를 착용하고 경기에 임해야 한다.
5. 경기 중 클럽의 임원, 코칭스태프, 팀 스태프, 선수는 경기장 내에서 흡연을 할 수 없으며, 이를 위반할 경우 퇴장 조치한다.
6. 시상식에는 연맹이 지정한 클럽(팀)과 수상 후보자가 반드시 참석하여야 한다.
7. 체육진흥투표권(스포츠토토 등) 발매 이상 징후 대응경보 발생 시, 경기시작 90분 전 대응 미팅에 관계자(경기감독관, 매치코디네이터, 양 클럽 관계자 및 감독) 등이 참석하여야 한다.
8. 팀 벤치에서 무선통신기(휴대전화 포함) 시스템의 사용은 원칙적으로 불가하다.

제38조 (부칙)_ 본 대회요강에 명시되지 않은 사항은 연맹 규정에 의거하여 결정 및 시행한다.

3월 12일 14 : 00 맑음 전주 월드컵 32,695명
주심: 우상일 / 부심: 이정민 · 윤광열 / 대기심: 김동진 / 경기감독관: 전인석

전북 1 0 전반 0 / 1 후반 0 **0 서울**

퇴장	경고	파울	ST(유)	교체	선수명	배번	위치	위치	배번	선수명	교체	ST(유)	파울	경고	퇴장
0	0	0	0		권 순 태	1	GK	GK	1	유 현		0	0	0	0
0	0	2	0		김 형 일	3	DF	DF	4	김 동 우		0	0	0	0
0	0	0	0		최 철 순	25	DF	DF	5	오스마르		2	2	0	0
0	0	2	0		이 호	5	DF	DF	15	김 원 식		0	2	0	0
0	1	2	0		박 원 재	19	MF	MF	13	고 요 한	7	0	1	0	0
0	0	0	0		김 창 수	27	MF	MF	27	고 광 민		0	4	1	0
0	1	2	0	10	파 탈 루	66	MF	MF	2	다카하기	10	0	0	0	0
0	0	3	2(1)		루 이 스	8	MF	MF	6	주 세 종		1(1)	5	0	0
0	0	1	0		이 재 성	17	MF	MF	8	신 진 호		2(1)	3	0	0
0	0	0	2(2)		김 신 욱	99	FW	FW	9	데 얀		1	1	0	0
0	0	0	1	11	이 동 국	20	FW	FW	11	아드리아노		5(4)	2	0	0
0	0	0	0		황 병 근	41			31	유 상 훈		0	0	0	0
0	0	0	0		임 종 은	15			26	김 남 춘		0	0	0	0
0	0	0	0		이 종 호	9			7	김 치 우	후22	0	0	0	0
0	0	0	0		한 교 원	7	대기	대기	22	박 용 우		0	0	0	0
0	0	0	1	후0	레오나르도	10			25	이 석 현		0	0	0	0
0	0	1	2	후23	로 페 즈	11			10	박 주 영	후22	2(2)	0	0	0
0	0	0	0		장 윤 호	34			19	윤 주 태		0	0	0	0
0	2	13	8(3)			0			0			13(8)	20	1	0

- 후반 16분 이재성 C. KR ↷ 김신욱 GA 정면 내 H-ST-G (득점: 김신욱, 도움: 이재성) 왼쪽

3월 12일 14 : 00 맑음 탄천 종합 14,504명
주심: 김종혁 / 부심: 박상준 · 강동호 / 대기심: 고형진 / 경기감독관: 강창구

성남 2 0 전반 0 / 2 후반 0 **0 수원**

퇴장	경고	파울	ST(유)	교체	선수명	배번	위치	위치	배번	선수명	교체	ST(유)	파울	경고	퇴장
0	0	0	0		김 동 준	31	GK	GK	1	노 동 건		0	0	0	0
0	0	2	2(1)		장 학 영	33	DF	DF	3	양 상 민		3(1)	1	1	0
0	0	0	0		윤 영 선	20	DF	DF	40	이 정 수		0	1	0	0
0	0	0	0		김 태 윤	4	DF	DF	15	구 자 룡		0	0	0	0
0	0	1	1		이 태 희	6	DF	DF	30	신 세 계		0	0	0	0
0	0	5	1(1)	24	이 종 원	22	MF	MF	26	염 기 훈		6(4)	0	0	0
0	0	2	0		안 상 현	16	MF	MF	22	권 창 훈		4	0	0	0
0	0	2	5(3)		티 아 고	11	MF	MF	10	산 토 스	18	1(1)	1	0	0
0	0	1	1(1)	26	김 두 현	8	MF	MF	12	고 차 원		2	1	0	0
0	0	2	0	13	박 용 지	19	MF	MF	5	박 현 범	20	2(2)	1	0	0
0	0	1	2(1)		황 의 조	10	FW	FW	9	조 동 건	17	1	4	0	0
0	0	0	0		김 근 배	21			21	양 형 모		0	0	0	0
0	0	0	0		곽 해 성	2			34	곽 광 선		0	0	0	0
0	0	0	0	후41	장 석 원	24			8	조 원 희		0	0	0	0
0	0	0	0		조 재 철	30	대기	대기	20	백 지 훈	후27	0	2	0	0
0	0	0	0	후16	김 동 희	13			17	김 종 우	후35	0	0	0	0
0	1	1	0	후31	피 투	26			19	장 현 수		0	0	0	0
0	0	0	0		성 봉 재	27			18	김 종 민	후21	2(1)	0	0	0
0	1	17	12(7)			0			0			21(9)	11	1	0

- 후반 3분 김두현 AKL L-ST-G (득점: 김두현) 왼쪽
- 후반 10분 이태희 GAR EL ↷ 티아고 GAL L-ST-G (득점: 티아고, 도움: 이태희) 가운데

3월 12일 16 : 00 맑음 포항 스틸야드 12,141명
주심: 이동준 / 부심: 노수용 · 김성일 / 대기심: 박필준 / 경기감독관: 김용세

포항 3 0 전반 1 / 3 후반 2 **3 광주**

퇴장	경고	파울	ST(유)	교체	선수명	배번	위치	위치	배번	선수명	교체	ST(유)	파울	경고	퇴장
0	0	0	0		신 화 용	1	GK	GK	1	최 봉 진		0	0	0	0
0	1	3	0		김 대 호	22	DF	DF	17	이 종 민		0	3	1	0
0	0	0	0	18	배 슬 기	24	DF	DF	25	홍 준 호		0	3	1	0
0	0	1	0		김 원 일	13	DF	DF	3	김 영 빈		0	2	1	0
0	0	3	0		박 선 용	2	DF	DF	8	이 으 뜸		0	2	2	0
0	0	0	1		손 준 호	28	MF	MF	40	이 찬 동	20	0	2	0	0
0	0	3	1(1)		황 지 수	9	MF	MF	7	여 름		0	1	0	0
0	0	1	2(2)		심 동 운	11	MF	MF	23	김 민 혁	5	0	2	0	0
0	0	0	1	29	정 원 진	30	MF	FW	11	조 성 준		0	2	0	0
0	0	0	1	3	문 창 진	7	MF	FW	16	송 승 민		0	2	0	0
0	0	1	1(1)		라 자 르	8	FW	FW	9	정 조 국	14	5(5)	2	0	0
0	0	0	0		김 진 영	21			21	윤 보 상		0	0	0	0
0	0	0	0	후0	김 광 석	3			5	박 동 진	후28	0	0	0	0
0	0	0	0		이 재 원	15			10	파 비 오		0	0	0	0
0	0	0	0	후22	김 동 현	29	대기	대기	13	주 현 우		0	0	0	0
0	0	0	0		강 상 우	17			14	김 진 환	후46	0	0	0	0
0	0	0	0		최 호 주	20			18	정 동 윤		0	0	0	0
0	0	1	3(3)	후29	양 동 현	18			20	김 정 현	후29	1(1)	0	0	0
0	1	13	10(7)			0			0			6(6)	21	5	0

- 후반 42분 라자르 GAR ~ 양동현 PA 정면 내 R-ST-G (득점: 양동현, 도움: 라자르) 오른쪽
- 후반 45분 김동현 MF 정면 ~ 심동운 PA 정면 내 R-ST-G (득점: 심동운, 도움: 김동현) 왼쪽
- 후반 47분 라자르 PAL EL ~ 황지수 GA 정면 내 R-ST-G (득점: 황지수, 도움: 라자르) 가운데
- 전반 16분 김민혁 MF 정면 ~ 정조국 GAR R-ST-G (득점: 정조국, 도움: 김민혁) 왼쪽
- 후반 20분 이으뜸 PAL EL ~ 정조국 GA 정면 내 L-ST-G (득점: 정조국, 도움: 이으뜸) 가운데
- 후반 53분 김정현 PK-R-G (득점: 김정현) 오른쪽

3월 13일 14 : 00 흐림 광양 전용 12,808명
주심: 박병진 / 부심: 노태식 · 박인선 / 대기심: 김상우 / 경기감독관: 김수현

전남 0 0 전반 0 / 0 후반 0 **0 수원FC**

퇴장	경고	파울	ST(유)	교체	선수명	배번	위치	위치	배번	선수명	교체	ST(유)	파울	경고	퇴장
0	0	0	0		김 민 식	1	GK	GK	23	박 형 순		0	0	0	0
0	1	4	0		현 영 민	13	DF	DF	5	블 라 단		0	2	0	0
0	0	1	0		이 지 남	17	DF	DF	14	이 준 호		3(1)	2	1	0
0	0	2	0		양 준 아	20	DF	DF	24	레 이 어		0	3	0	0
0	1	2	0		최 효 진	2	DF	DF	3	황 재 훈		0	1	0	0
0	1	6	1		전 우 영	22	MF	MF	38	김 근 환		1	0	0	0
0	0	5	1		김 평 래	12	MF	MF	8	이 광 진		3	0	0	0
0	0	4	0	11	유고비치	8	FW	MF	99	김 재 웅		2	3	0	0
0	1	1	3(1)		허 용 준	23	FW	FW	11	이 승 현	77	2	2	0	0
0	0	0	2	19	오 르 샤	7	FW	FW	28	윤 태 수	7	1	3	1	0
0	0	0	2(2)	4	스 테 보	10	FW	FW	17	이 재 안	33	1(1)	0	0	0
0	0	0	0		이 호 승	21			21	이 인 수		0	0	0	0
0	0	0	0		이 슬 찬	3			6	김 종 국		0	0	0	0
0	0	0	0	후30	홍 진 기	4			13	배 신 영		0	0	0	0
0	0	0	0		고 태 원	5	대기	대기	77	김 부 관	후27	0	1	0	0
0	0	0	0		조 석 재	9			7	김 병 오	후0	3	0	0	0
0	0	0	0	후18	안 용 우	11			10	김 한 원		0	0	0	0
0	0	0	0	후40	이 지 민	19			33	정 기 운	후34	1(1)	1	1	0
0	4	25	9(3)			0			0			17(3)	18	3	0

3월 13일 14:00 비 제주 월드컵 6,261명
주심: 김성호 / 부심: 장준모 · 김계용 / 대기심: 송민석 / 경기감독관: 김진의

제주 3 1 전반 0 / 2 후반 1 **1 인천**

퇴장	경고	파울	ST(유)	교체	선수명	배번	위치	위치	배번	선수명	교체	ST(유)	파울	경고	퇴장
0	0	0	0		김호준	1	GK	GK	31	김교빈		0	0	0	0
0	0	3	1(1)		권한진	5	DF	DF	16	이윤표		0	4	1	0
0	0	1	1(1)		정운	13	DF	DF	20	요니치		0	1	1	0
0	0	2	1		배재우	18	DF	DF	17	권완규		2	0	0	0
0	0	3	1(1)		이광선	20	DF	DF	25	박대한		1	0	0	0
0	0	1	2(1)		권순형	7	MF	MF	4	김경민		0	1	1	0
0	0	2	3	9	마르셀로	10	MF	MF	8	김동석	7	1	1	0	0
0	0	1	0		송진형	37	MF	MF	14	윤상호		1(1)	2	1	0
0	0	0	0	14	김호남	11	FW	MF	24	박세직	9	3(2)	2	0	0
0	0	2	3(1)	77	정영총	16	FW	MF	13	이현성	11	0	1	0	0
0	0	1	1		까랑가	91	FW	FW	10	케빈		8(4)	3	1	0
0	0	0	0		김경민	21			21	이태희		0	0	0	0
0	0	0	0		황도연	26			29	조병국		0	0	0	0
0	0	0	0		김봉래	27			36	김대경		0	0	0	0
0	0	0	2	후14	이창민	14	대기	대기	5	김태수		0	0	0	0
0	0	1	1	후26	김현	9			7	김도혁	후13	1	0	0	0
0	0	0	0	후43	권용현	77			9	송제헌	후37	1	0	0	0
0	0	0	0		모이세스	86			11	진성욱	후0	2	3	0	0
0	0	17	16(5)			0			0			20(7)	18	5	0

- 전반 32분 권순형 MFL FK ↷ 이광선 GAR H-ST-G (득점: 이광선, 도움: 권순형) 왼쪽
- 후반 34분 정운 MFR FK L-ST-G (득점: 정운) 오른쪽
- 후반 38분 송진형 GAR 내 ~ 권한진 GAL 내 R-ST-G (득점: 권한진, 도움: 송진형) 왼쪽
- 후반 18분 박세직 GAL R-ST-G (득점: 박세직) 왼쪽

3월 13일 16:00 흐림 상주 시민 4,783명
주심: 정동식 / 부심: 방기열 · 곽승순 / 대기심: 김우성 / 경기감독관: 한병화

상주 2 0 전반 0 / 2 후반 0 **0 울산**

퇴장	경고	파울	ST(유)	교체	선수명	배번	위치	위치	배번	선수명	교체	ST(유)	파울	경고	퇴장
0	0	0	0		양동원	1	GK	GK	1	김용대		0	0	0	0
0	0	2	0		이용	2	DF	DF	11	김태환		0	0	0	0
0	0	1	0		박진포	6	DF	DF	75	강민수		0	1	0	0
0	0	0	0		여성해	20	DF	DF	22	김치곤		0	1	0	0
0	0	2	1		김오규	25	DF	DF	33	이기제	2	0	2	0	0
0	0	2	0		김성환	8	MF	MF	6	마스다		1(1)	3	0	0
0	0	1	0	16	임상협	11	MF	MF	4	구본상		0	1	0	0
0	0	1	2(1)		이승기	10	MF	MF	7	김인성	19	0	2	0	0
0	1	2	2		배일환	13	MF	MF	29	서정진		1	3	0	0
0	0	0	3(2)	7	김도엽	19	MF	MF	44	코바	3	0	0	0	0
0	0	3	2	27	박기동	9	FW	FW	18	이정협		1(1)	2	0	0
0	0	0	0		제종현	41			31	장대희		0	0	0	0
0	0	0	0		이웅희	3			2	정동호	후36	0	0	0	0
0	0	0	0		최종환	18			3	정승현	후24	0	1	0	0
0	0	0	0	후29	황일수	7	대기	대기	5	이창용		0	0	0	0
0	0	0	0		박준태	12			8	하성민		0	0	0	0
0	0	1	0	후0	김성준	16			19	김승준	후15	1	0	0	0
0	1	1	0	후36	조영철	27			9	박성호		0	0	0	0
0	2	16	10(3)			0			0			4(2)	16	0	0

- 후반 1분 이승기 PAR FK L-ST-G (득점: 이승기) 왼쪽
- 후반 8분 김도엽 GAL 내 L-ST-G (득점: 김도엽) 왼쪽

3월 19일 15:00 맑음 수원 종합 12,825명
주심: 이동준 / 부심: 노수용 · 곽승순 / 대기심: 김성호 / 경기감독관: 김형남

수원FC 1 0 전반 0 / 1 후반 1 **1 성남**

퇴장	경고	파울	ST(유)	교체	선수명	배번	위치	위치	배번	선수명	교체	ST(유)	파울	경고	퇴장
0	0	0	0		박형순	23	GK	GK	31	김동준		0	0	0	0
0	1	2	0		블라단	5	DF	DF	33	장학영		1(1)	0	0	0
0	0	2	0		이준호	14	DF	DF	20	윤영선		0	2	1	0
0	0	0	0		레이어	24	DF	DF	4	김태윤		0	0	0	0
0	1	1	1(1)	3	김한원	10	DF	DF	6	이태희		0	3	0	0
0	0	1	0		김근환	38	MF	MF	16	안상현		1	2	0	0
0	0	1	1		이광진	8	MF	MF	8	김두현	30	0	1	0	0
0	0	3	4(2)	13	김재웅	99	MF	MF	11	티아고		4(2)	1	0	0
0	0	2	3(2)		이승현	11	FW	MF	26	피투	22	0	2	0	0
0	0	1	2(2)		이재안	17	FW	MF	19	박용지	13	1	2	0	0
0	0	0	1	7	윤태수	28	FW	FW	10	황의조		0	4	0	0
0	0	0	0		이인수	21			21	김근배		0	0	0	0
0	1	2	0	후13	황재훈	3			2	곽해성		0	0	0	0
0	0	0	0		김종국	6			24	장석원		0	0	0	0
0	0	0	0	후39	배신영	13	대기	대기	22	이종원	후18	0	1	0	0
0	0	0	0		김부관	77			30	조재철	후40	0	0	0	0
0	0	1	3(2)	전43	김병오	7			13	김동희	후12	0	0	0	0
0	0	0	0		정기운	33			27	성봉재		0	0	0	0
0	3	16	15(9)			0			0			7(3)	18	1	0

- 후반 20분 이재안 PAR 내 ↷ 김병오 GAL L-ST-G (득점: 김병오, 도움: 이재안) 왼쪽
- 후반 15분 티아고 C, KR L-ST-G (득점: 티아고) 가운데

3월 19일 16:00 맑음 광주 월드컵 10,638명
주심: 김동진 / 부심: 이정민 · 박인선 / 대기심: 박병진 / 경기감독관: 김일호

광주 1 0 전반 0 / 1 후반 0 **0 제주**

퇴장	경고	파울	ST(유)	교체	선수명	배번	위치	위치	배번	선수명	교체	ST(유)	파울	경고	퇴장
0	0	0	0		최봉진	1	GK	GK	1	김호준		0	0	0	0
0	0	0	0		이종민	17	DF	DF	5	권한진		0	1	0	0
0	0	2	1	14	홍준호	25	DF	DF	13	정운		0	1	0	0
0	0	1	0		김영빈	3	DF	DF	18	배재우		0	3	0	0
0	0	0	0		정동윤	18	DF	DF	20	이광선		0	4	0	0
0	1	1	1		이찬동	40	MF	MF	7	권순형		2(1)	3	0	0
0	0	1	2		여름	7	MF	MF	10	마르셀로	14	1(1)	1	0	0
0	0	2	0	6	김민혁	23	MF	MF	37	송진형		1	0	0	0
0	0	1	1(1)	13	조성준	11	FW	FW	11	김호남	86	1	1	1	0
0	0	4	4(1)		송승민	16	FW	FW	77	권용현	9	1(1)	1	1	0
0	1	4	3(3)		정조국	9	FW	FW	91	까랑가		0	1	1	0
0	0	0	0		윤보상	21			21	김경민		0	0	0	0
0	0	0	0		박동진	5			25	강준우		0	0	0	0
0	0	0	0	후43	오도현	6			27	김봉래		0	0	0	0
0	0	0	0		파비오	10	대기	대기	14	이창민	후13	1(1)	0	0	0
0	1	0	0	후28	주현우	13			9	김현	후0	0	0	0	0
0	0	0	0	후45	김진환	14			16	정영총		0	0	0	0
0	0	0	0		심광욱	30			86	모이세스	후37	0	1	0	0
0	3	16	12(5)			0			0			7(4)	17	3	0

- 후반 19분 송승민 AK 정면 백헤딩패스 ↷ 정조국 GAR R-ST-G (득점: 정조국, 도움: 송승민) 오른쪽

3월 20일 14 : 00 맑음 인천 전용 10,722명
주심: 송민석 / 부심: 방기열·박상준 / 대기심: 정동식 / 경기감독관: 한병화

인천 0 | 0 전반 1 / 0 후반 1 | **2 포항**

퇴장	경고	파울	ST(유)	교체	선수명	배번	위치	위치	배번	선수명	교체	ST(유)	파울	경고	퇴장
0	0	0	0		이태희	21	GK	GK	1	신화용		0	0	0	0
0	0	2	0		박대한	25	DF	DF	27	박선주		0	2	0	0
0	0	1	0		이윤표	16	DF	DF	3	김광석		0	0	0	0
0	0	1	0		요니치	20	DF	DF	24	배슬기		0	1	1	0
0	0	2	1	36	권완규	17	DF	DF	2	박선용		0	0	0	0
0	0	2	0		김경민	4	MF	MF	28	손준호		0	2	0	0
0	0	1	0	8	김태수	5	MF	MF	9	황지수	7	0	1	0	0
0	0	2	0		윤상호	14	MF	MF	11	심동운		3(1)	1	0	0
0	0	0	1(1)		박세직	24	MF	MF	17	강상우		3(3)	3	0	0
0	0	1	0		진성욱	11	MF	MF	4	박준희	29	1(1)	3	0	0
0	0	1	3(2)	9	케빈	10	FW	FW	8	라자르	20	1(1)	2	0	0
0	0	0	0		김교빈	31			21	김진영		0	0	0	0
0	0	0	0	후30	송제헌	9			6	김준수		0	0	0	0
0	0	0	0		벨코스키	88			15	이재원		0	0	0	0
0	0	0	0		김도혁	7	대기	대기	29	김동현	후38	0	0	0	0
0	0	1	0	후16	김동석	8			7	문창진	후18	2(2)	0	0	0
0	0	0	0		조병국	29			12	이광혁		0	0	0	0
0	0	1	0	후19	김대경	36			20	최호주	후11	1(1)	0	0	0
0	0	15	5(3)			0			0			11(9)	15	1	0

- 전반 20분 심동운 PA 정면 FK R-ST-G (득점: 심동운) 왼쪽
- 후반 23분 강상우 GAR H → 문창진 GA 정면 L-ST-G (득점: 문창진, 도움: 강상우) 가운데

3월 20일 14 : 00 흐림 울산 문수 18,219명
주심: 김종혁 / 부심: 장준모·강동호 / 대기심: 김우성 / 경기감독관: 김정식

울산 0 | 0 전반 0 / 0 후반 0 | **0 전북**

퇴장	경고	파울	ST(유)	교체	선수명	배번	위치	위치	배번	선수명	교체	ST(유)	파울	경고	퇴장
0	0	0	0		김용대	1	GK	GK	1	권순태		0	0	0	0
0	0	0	0		김태환	11	DF	DF	27	김창수		2(2)	2	0	0
0	0	1	0		강민수	75	DF	DF	3	김형일		0	2	1	0
0	0	0	2(1)		김치곤	22	DF	DF	15	임종은		0	2	1	0
0	1	4	1(1)		이기제	33	DF	DF	25	최철순		0	2	1	0
0	0	0	1(1)		마스다	6	MF	MF	5	이호		2	5	0	0
0	0	2	2(2)	8	구본상	4	MF	MF	17	이재성		0	0	0	0
0	0	1	0	29	김승준	19	MF	MF	8	루이스	20	1(1)	0	0	0
0	0	1	2(2)	5	한상운	20	MF	MF	7	한교원		0	1	0	0
0	0	1	5(4)		코바	44	MF	MF	11	로페즈	10	1	2	0	0
0	0	1	3		이정협	18	FW	FW	99	김신욱		6(4)	1	0	0
0	0	0	0		장대희	31			41	황병근		0	0	0	0
0	0	0	0		정동호	2			23	최규백		0	0	0	0
0	0	0	0		정승현	3			66	파탈루		0	0	0	0
0	0	1	0	후41	이창용	5	대기	대기	18	고무열		0	0	0	0
0	0	0	0	후46	하성민	8			10	레오나르도	후23	0	0	0	0
0	0	1	0	후35	서정진	29			9	이종호		0	0	0	0
0	0	0	0		박성호	9			20	이동국	후17	1(1)	0	0	0
0	1	13	16(11)			0			0			13(8)	17	3	0

3월 20일 14 : 00 맑음 서울 월드컵 25,950명
주심: 김상우 / 부심: 노태식·김성일 / 대기심: 박필준 / 경기감독관: 하재훈

서울 4 | 2 전반 0 / 2 후반 0 | **0 상주**

퇴장	경고	파울	ST(유)	교체	선수명	배번	위치	위치	배번	선수명	교체	ST(유)	파울	경고	퇴장
0	0	0	0		유현	1	GK	GK	1	양동원		0	0	0	0
0	0	1	0		김동우	4	DF	DF	2	이용		0	2	0	0
0	1	1	3(3)		오스마르	5	DF	DF	8	김성환		1	2	1	0
0	0	1	0		김원식	15	DF	DF	25	김오규		0	3	0	0
0	0	0	0	7	고요한	13	MF	MF	6	박진포		0	0	0	0
0	0	0	0		고광민	27	MF	MF	7	황일수	10	0	1	0	0
0	0	0	2		다카하기	2	MF	MF	13	배일환		2(1)	0	0	0
0	0	1	2		주세종	6	MF	MF	16	김성준		1	3	0	0
0	1	4	0	25	신진호	8	MF	MF	18	최종환		0	0	0	0
0	0	3	3(3)	10	데얀	9	FW	FW	19	김도엽	9	1(1)	1	1	0
0	0	1	4(4)		아드리아노	11	FW	FW	27	조영철	12	3	2	0	0
0	0	0	0		유상훈	31			21	윤평국		0	0	0	0
0	0	0	0		김남춘	26			20	여성해		0	0	0	0
0	0	0	0	후0	김치우	7			3	이웅희		0	0	0	0
0	0	0	0		박용우	22	대기	대기	24	정준연		0	0	0	0
0	0	0	1(1)	후24	이석현	25			12	박준태	후20	0	0	0	0
0	0	0	1(1)	후39	박주영	10			9	박기동	후0	2(1)	0	0	0
0	0	0	0		윤주태	19			10	이승기	후0	1	0	0	0
0	2	12	16(12)			0			0			11(3)	14	2	0

- 전반 3분 신진호 C, KL ↷ 오스마르 GA 정면 내 L-ST-G (득점: 오스마르, 도움: 신진호) 오른쪽
- 전반 41분 오스마르 PAL 내 H ↷ 아드리아노 GA 정면 내 R-ST-G (득점: 아드리아노, 도움: 오스마르) 왼쪽
- 후반 38분 다카하기 GA 정면 ~ 데얀 GA 정면 내 R-ST-G (득점: 데얀, 도움: 다카하기) 왼쪽
- 후반 39분 아드리아노 GAR ~ 이석현 AK 정면 L-ST-G (득점: 이석현, 도움: 아드리아노) 가운데

3월 20일 16 : 00 맑음 수원 월드컵 13,794명
주심: 고형진 / 부심: 윤광열·김계용 / 대기심: 우상일 / 경기감독관: 김용세

수원 2 | 2 전반 0 / 0 후반 2 | **2 전남**

퇴장	경고	파울	ST(유)	교체	선수명	배번	위치	위치	배번	선수명	교체	ST(유)	파울	경고	퇴장
0	0	0	0		노동건	1	GK	GK	1	김민식		0	0	0	0
0	0	2	0		양상민	3	DF	DF	13	현영민		0	0	0	0
0	0	0	0		이정수	40	DF	DF	20	양준아	5	0	0	0	0
0	0	1	0		구자룡	15	DF	DF	4	홍진기		0	1	0	0
0	0	1	1(1)		조원희	8	DF	DF	2	최효진		0	0	0	0
0	0	0	0		염기훈	26	MF	MF	22	전우영	8	1(1)	1	0	0
0	0	0	1(1)		권창훈	22	MF	MF	12	김평래		0	3	0	0
0	0	0	4(3)		산토스	10	MF	FW	11	안용우	18	1	0	0	0
0	0	1	0	20	고차원	12	MF	FW	23	허용준		0	2	1	0
0	0	1	0		박현범	5	MF	FW	7	오르샤		1(1)	1	0	0
0	0	2	1(1)	18	조동건	9	FW	FW	10	스테보		1	0	0	0
0	0	0	0		양형모	21			21	이호승		0	0	0	0
0	0	0	0		곽희주	29			3	이슬찬		0	0	0	0
0	0	0	0		신세계	30			5	고태원	전5	0	0	0	0
0	0	0	0		장현수	19	대기	대기	6	정석민		0	0	0	0
0	0	0	0	후33	백지훈	20			8	유고비치	후0	2(1)	0	0	0
0	0	0	0		김건희	13			14	김영욱		0	0	0	0
0	0	1	0	후20	김종민	18			18	배천석	후34	0	0	0	0
0	0	9	7(6)			0			0			6(3)	8	1	0

- 전반 16분 고차원 PAR 내 → 산토스 GAR R-ST-G (득점: 산토스, 도움: 고차원) 왼쪽
- 전반 24분 염기훈 PAL TL ↷ 조동건 GAR H-ST-G (득점: 조동건, 도움: 염기훈) 오른쪽
- 후반 36분 현영민 MFL TL ~ 오르샤 MF 정면 R-ST-G (득점: 오르샤, 도움: 현영민) 왼쪽
- 후반 38분 오르샤 AKR ~ 유고비치 PAR 내 R-ST-G (득점: 유고비치, 도움: 오르샤) 오른쪽

4월 02일 14 : 00 맑음 수원 월드컵 8,937명

주심: 김우성 / 부심: 방기열 · 박인선 / 대기심: 이동준 / 경기감독관: 김진의

수원 2 　 1 전반 0 / 1 후반 1 　 **1 상주**

퇴장	경고	파울	ST(유)	교체	선수명	배번	위치	위치	배번	선수명	교체	ST(유)	파울	경고	퇴장
0	0	0	0		노동건	1	GK	GK	41	제종현		0	0	0	0
0	1	2	0		양상민	3	DF	DF	2	이 용		0	1	0	0
0	0	0	0		이정수	40	DF	DF	20	여성해		0	0	0	0
0	0	1	0		구자룡	15	DF	DF	25	김오규		0	2	0	0
0	0	1	0		조원희	8	DF	DF	6	박진포		1	0	0	0
0	0	3	0	20	박현범	5	MF	MF	8	김성환		1(1)	1	0	0
0	0	2	6(5)		권창훈	22	MF	MF	13	배일환		5(5)	2	0	0
0	0	0	5(1)	29	산토스	10	MF	MF	16	김성준		1(1)	2	0	0
0	0	1	1	7	고차원	12	MF	MF	11	임상협	26	0	1	0	0
0	0	1	0		염기훈	26	MF	MF	27	조영철	7	0	2	0	0
0	0	3	1(1)		조동건	9	FW	FW	9	박기동	12	2(2)	0	0	0
0	0	0	0		양형모	21			31	오승훈		0	0	0	0
0	0	0	0	후34	곽희주	29			18	최종환		0	0	0	0
0	0	0	0		신세계	30			3	이웅희		0	0	0	0
0	0	0	0		오장은	66	대기	대기	4	김대열		0	0	0	0
0	0	0	1	후27	백지훈	20			12	박준태	후32	0	0	0	0
0	0	0	0	후25	이상호	7			26	신영준	후16	0	0	0	0
0	0	0	0		김건희	13			7	황일수	후0	1(1)	1	0	0
0	1	14	14(7)			0			0			11(10)	12	0	0

- 전반 28분 권창훈 GA 정면 R-ST-G (득점: 권창훈) 오른쪽
- 후반 30분 염기훈 GAL ~ 산토스 PA 정면 내 L-ST-G (득점: 산토스, 도움: 염기훈) 가운데
- 후반 9분 이용 MFR FK ↷ 박기동 GA 정면 H-ST-G (득점: 박기동, 도움: 이용) 오른쪽

4월 02일 14 : 00 맑음 탄천 종합 7,312명

주심: 우상일 / 부심: 윤광열 · 송봉근 / 대기심: 김동진 / 경기감독관: 김수현

성남 1 　 0 전반 0 / 1 후반 0 　 **0 포항**

퇴장	경고	파울	ST(유)	교체	선수명	배번	위치	위치	배번	선수명	교체	ST(유)	파울	경고	퇴장
0	0	0	0		김동준	31	GK	GK	1	신화용		0	0	0	0
0	0	1	0		장학영	33	DF	DF	27	박선주		0	3	1	0
0	0	0	0		윤영선	20	DF	DF	3	김광석		1(1)	1	0	0
0	0	0	1		김태윤	4	DF	DF	24	배슬기		0	0	1	0
0	0	0	0		이태희	6	DF	DF	2	박선용		1(1)	1	0	0
0	0	2	0		안상현	16	MF	MF	28	손준호		2	2	0	0
0	1	3	0		이종원	22	MF	MF	9	황지수	29	1(1)	1	0	0
0	0	1	4(1)	23	티아고	11	MF	MF	7	문창진		4(3)	1	0	0
0	0	0	0	2	피 투	26	MF	FW	30	정원진	17	2(1)	0	0	0
0	0	1	1	30	박용지	19	MF	FW	11	심동운		5(2)	1	0	0
0	0	1	3(3)		황의조	10	FW	FW	8	라자르	20	1(1)	0	0	0
0	0	0	0		김근배	21			21	김진영		0	0	0	0
0	0	0	0	후35	곽해성	2			13	김원일		0	0	0	0
0	0	0	0		장석원	24			15	이재원		0	0	0	0
0	0	0	0		최호정	15	대기	대기	29	김동현	후19	0	0	0	0
0	0	0	1	후22	조재철	30			17	강상우	후11	1	2	0	0
0	0	0	0		성봉재	27			4	박준희		0	0	0	0
0	1	1	0	후45	유창현	23			20	최호주	후0	0	0	0	0
0	2	10	10(4)			0			0			18(10)	12	2	0

- 후반 23분 황의조 GAR ~ 티아고 GAR L-ST-G (득점: 티아고, 도움: 황의조) 왼쪽

4월 02일 14 : 00 맑음 전주 월드컵 16,363명

주심: 정동식 / 부심: 노수용 · 곽승순 / 대기심: 김종혁 / 경기감독관: 강창구

전북 2 　 2 전반 1 / 0 후반 0 　 **1 제주**

퇴장	경고	파울	ST(유)	교체	선수명	배번	위치	위치	배번	선수명	교체	ST(유)	파울	경고	퇴장
0	0	0	0		권순태	1	GK	GK	1	김호준		0	0	0	0
0	1	2	0		박원재	19	DF	DF	5	권한진		1(1)	1	1	0
0	0	0	0		임종은	15	DF	DF	13	정 운		0	1	0	0
0	0	0	0		최규백	23	DF	DF	18	배재우		0	1	0	0
0	0	2	0		최철순	25	DF	DF	20	이광선		1(1)	0	0	0
0	0	4	0		이 호	5	MF	MF	7	권순형		4(2)	1	0	0
0	1	0	1(1)		이재성	17	MF	MF	14	이창민		2	0	0	0
0	0	0	1(1)	99	루이스	8	MF	MF	37	송진형	17	1	1	1	0
0	0	1	3(1)	7	레오나르도	10	MF	FW	11	김호남	27	1(1)	2	0	0
0	1	1	1		고무열	18	MF	FW	16	정영총	77	1	0	0	0
0	0	1	2(2)	9	이동국	20	FW	FW	9	김 현		1(1)	1	0	0
0	0	0	0		홍정남	21			21	김경민		0	0	0	0
0	0	0	0		김영찬	30			19	이우진		0	0	0	0
0	0	0	0		김창수	27			25	강준우		0	0	0	0
0	0	0	0		파탈루	66	대기	대기	27	김봉래	후41	0	0	0	0
0	0	0	0	후33	한교원	7			10	마르셀로		0	0	0	0
0	1	1	0	후22	이종호	9			17	안현범	후10	3(1)	1	0	0
0	0	1	0	후22	김신욱	99			77	권용현	후24	1(1)	2	0	0
0	4	13	8(5)			0			0			16(8)	11	2	0

- 전반 14분 고무열 AK 정면 ~ 레오나르도 PAL R-ST-G (득점: 레오나르도, 도움: 고무열) 왼쪽
- 전반 24분 이재성 C, KR ↷ 이동국 GA 정면 내 H-ST-G (득점: 이동국, 도움: 이재성) 가운데
- 전반 32분 김호남 AKL R-ST-G (득점: 김호남) 왼쪽

4월 02일 16 : 00 맑음 서울 월드컵 19,318명

주심: 박필준 / 부심: 장준모 · 강동호 / 대기심: 매호영 / 경기감독관: 김정식

서울 3 　 1 전반 0 / 2 후반 1 　 **1 인천**

퇴장	경고	파울	ST(유)	교체	선수명	배번	위치	위치	배번	선수명	교체	ST(유)	파울	경고	퇴장
0	0	0	0		유상훈	31	GK	GK	41	김다솔		0	0	0	0
0	0	0	0		오스마르	5	DF	DF	25	박대한		1	3	1	0
0	0	1	0		김원식	15	DF	DF	15	김대중		0	1	0	0
0	0	0	0		박용우	22	DF	DF	20	요니치		0	0	0	0
0	0	1	2		고요한	13	MF	DF	3	김용환		0	0	0	0
0	0	2	1		고광민	27	MF	MF	35	유재호		0	0	0	0
0	0	0	1(1)	25	다카하기	2	MF	MF	7	김도혁	9	1(1)	0	0	0
0	1	2	1		주세종	6	MF	MF	24	박세직		0	0	0	0
0	0	0	2(1)		신진호	8	MF	MF	14	윤상호	13	0	2	0	0
0	0	2	3(3)	11	데 얀	9	FW	MF	11	진성욱		0	3	0	0
0	0	0	2(2)	16	박주영	10	FW	FW	28	이효균	10	0	0	0	0
0	0	0	0		유 현	1			21	이태희		0	0	0	0
0	0	0	0		김동우	4			16	이윤표		0	0	0	0
0	0	0	0		김치우	7			4	김경민		0	0	0	0
0	0	0	2	후31	이석현	25	대기	대기	9	송제헌	후13	1(1)	0	0	0
0	0	0	0	후48	심제혁	16			13	이현성	후30	0	0	0	0
0	0	0	2(1)	후21	아드리아노	11			10	케 빈	후19	2	0	0	0
0	0	0	0		윤주태	19			36	김대경		0	0	0	0
0	1	8	16(8)			0			0			5(2)	9	1	0

- 전반 14분 박주영 PK-R-G (득점: 박주영) 오른쪽
- 후반 15분 다카하기 PAL ~ 박주영 GAR R-ST-G (득점: 박주영, 도움: 다카하기) 가운데
- 후반 47분 주세종 MFR ~ 아드리아노 GAL L-ST-G (득점: 아드리아노, 도움: 주세종) 왼쪽
- 후반 49분 케빈 AK 정면 H ↷ 송제헌 GA 정면 R-ST-G (득점: 송제헌, 도움: 케빈) 오른쪽

4월 03일 14:00 흐리고 비 수원 종합 2,138명
주심: 박병진 / 부심: 노태식·김계용 / 대기심: 고형진 / 경기감독관: 전기록

수원FC 2 　 0 전반 0 / 2 후반 1 　 **1 광주**

퇴장	경고	파울	ST(유)	교체	선수명	배번	위치	위치	배번	선수명	교체	ST(유)	파울	경고	퇴장
0	0	0	0		박형순	23	GK	GK	1	최봉진		0	0	0	0
0	0	0	0		블라단	5	DF	DF	18	정동윤		0	1	0	0
0	0	0	1		이준호	14	DF	DF	25	홍준호		0	0	0	0
0	0	0	1(1)		레이어	24	DF	DF	3	김영빈		0	3	0	0
0	0	0	0		황재훈	3	DF	DF	8	이으뜸		0	1	0	0
0	0	2	0		김근환	38	MF	MF	40	이찬동		1(1)	1	0	0
0	0	1	0	6	이광진	8	MF	MF	7	여름		1	1	0	0
0	1	3	0		김재웅	99	MF	MF	23	김민혁	10	1(1)	2	1	0
0	0	2	4(3)		이승현	11	FW	FW	11	조성준	13	0	1	0	0
0	0	1	0	75	이재안	17	FW	FW	16	송승민		2	2	0	0
0	0	0	0	7	윤태수	28	FW	FW	9	정조국		4(3)	1	0	0
0	0	0	0		이인수	21	대기	대기	21	윤보상		0	0	0	0
0	0	0	0	후35	김종국	6			5	박동진		0	0	0	0
0	0	0	0		배신영	13			6	오도현		0	0	0	0
0	0	0	0		김부관	77			10	파비오	후29	1(1)	1	0	0
0	1	0	2(2)	전29	김병오	7			13	주현우	후41	0	0	0	0
0	0	0	0		김한원	10			14	김진환		0	0	0	0
0	0	1	4(4)	후15	오군지미	75			30	심광욱		0	0	0	0
0	2	10	12(10)			0			0			10(6)	14	1	0

- 후반 37분 김근환 PA 정면 내 H ↷ 오군지미 GAR R-ST-G (득점: 오군지미, 도움: 김근환) 가운데
- 후반 44분 이승현 GAR 내 R-ST-G (득점: 이승현) 오른쪽
- 후반 3분 김민혁 PK지점 ~ 정조국 PAL 내 L-ST-G (득점: 정조국, 도움: 김민혁) 왼쪽

4월 03일 16:00 비 울산 문수 4,113명
주심: 김성호 / 부심: 이정민·박상준 / 대기심: 송민석 / 경기감독관: 하재훈

울산 2 　 1 전반 1 / 1 후반 0 　 **1 전남**

퇴장	경고	파울	ST(유)	교체	선수명	배번	위치	위치	배번	선수명	교체	ST(유)	파울	경고	퇴장
0	0	0	0		김용대	1	GK	GK	21	이호승		0	0	0	0
0	0	1	0		김태환	11	DF	DF	4	홍진기		1	2	0	0
0	0	1	1		강민수	75	DF	DF	15	방대종	18	0	1	0	0
0	0	0	0		김치곤	22	DF	DF	17	이지남		0	2	0	0
0	0	1	0		이기제	33	DF	DF	14	김영욱		0	1	0	0
0	1	2	1(1)		마스다	6	MF	MF	12	김평래		0	1	0	0
0	0	1	1		구본상	4	MF	MF	6	정석민	19	1	0	0	0
0	0	1	2(1)	3	김승준	19	MF	FW	7	오르샤		1	1	0	0
0	0	3	2(1)	8	한상운	20	MF	FW	9	조석재	3	2(2)	1	1	0
0	1	1	9(7)		코바	44	MF	FW	23	허용준		5(2)	2	1	0
0	0	0	2(1)	5	이정협	18	FW	FW	10	스테보		2(1)	1	0	0
0	0	0	0		정산	21	대기	대기	1	김민식		0	0	0	0
0	0	0	0		이명재	13			2	최효진		0	0	0	0
1	0	1	0	후34	정승현	3			3	이슬찬	후0	1(1)	0	0	0
0	0	1	1(1)	후22	이창용	5			5	고태원		0	0	0	0
0	0	0	0	후38	하성민	8			11	안용우		0	0	0	0
0	0	0	0		서정진	29			18	배천석	후32	0	0	0	0
0	0	0	0		박성호	9			19	이지민	후24	0	0	0	0
1	2	13	19(12)			0			0			13(6)	12	2	0

- 전반 23분 코바 PAL R-ST-G (득점: 코바) 오른쪽
- 후반 23분 한상운 MFR ↷ 코바 PK 좌측지점 L-ST-G (득점: 코바, 도움: 한상운) 오른쪽
- 전반 39분 오르샤 PAR ~ 조석재 PK 좌측지점 R-ST-G (득점: 조석재, 도움: 오르샤) 왼쪽

4월 09일 14:00 맑음 상주 시민 1,228명
주심: 김희곤 / 부심: 장준모·박상준 / 대기심: 정동식 / 경기감독관: 전인석

상주 1 　 1 전반 0 / 0 후반 1 　 **1 수원FC**

퇴장	경고	파울	ST(유)	교체	선수명	배번	위치	위치	배번	선수명	교체	ST(유)	파울	경고	퇴장
0	0	0	0		제종현	41	GK	GK	23	박형순		0	0	0	0
0	0	1	0		이용	2	DF	DF	5	블라단		0	0	0	0
0	0	1	1		이웅희	3	DF	DF	14	이준호		0	0	0	0
0	1	0	0		최종환	18	DF	DF	24	레이어		0	3	0	0
0	0	1	0		여성해	20	DF	DF	3	황재훈		0	2	0	0
0	0	0	0		김성환	8	MF	MF	38	김근환		1(1)	0	0	0
0	0	1	2(2)	27	박준태	12	MF	MF	8	이광진	13	1	0	0	0
0	0	1	0		김성준	16	MF	MF	99	김재웅		2	2	1	0
0	0	1	5(3)		황일수	7	FW	FW	11	이승현		3(1)	1	0	0
0	1	1	0	5	임상협	11	FW	FW	7	김병오	16	2	1	0	0
0	0	2	0	4	배일환	13	FW	FW	17	이재안	75	2(1)	0	0	0
0	0	0	0		양동원	1	대기	대기	21	이인수		0	0	0	0
0	0	0	0	후21	이경렬	5			6	김종국		0	0	0	0
0	0	0	0		이재명	33			13	배신영	후20	1	0	0	0
0	0	0	0		김오규	25			16	김혁진	후33	0	0	0	0
0	0	1	0	후33	김대열	4			77	김부관		0	0	0	0
0	0	0	0		박수창	36			10	김한원		0	0	0	0
0	0	1	0	후39	조영철	27			75	오군지미	후0	0	2	1	0
0	2	11	8(5)			0			0			12(3)	11	2	0

- 전반 27분 황일수 GAR ~ 박준태 GAR 내 R-ST-G (득점: 박준태, 도움: 황일수) 오른쪽
- 후반 47분 김혁진 PAL ~ 이승현 GAL L-ST-G (득점: 이승현, 도움: 김혁진) 왼쪽

4월 09일 14:00 맑음 광주 월드컵 3,431명
주심: 고형진 / 부심: 방기열·양재용 / 대기심: 김우성 / 경기감독관: 김용세

광주 0 　 0 전반 1 / 0 후반 1 　 **2 울산**

퇴장	경고	파울	ST(유)	교체	선수명	배번	위치	위치	배번	선수명	교체	ST(유)	파울	경고	퇴장
0	0	0	0		최봉진	1	GK	GK	1	김용대		0	0	0	0
0	0	0	0	5	이종민	17	DF	DF	11	김태환		0	2	0	0
0	0	2	1		홍준호	25	DF	DF	75	강민수		1(1)	1	0	0
0	0	2	1(1)		김영빈	3	DF	DF	22	김치곤		1(1)	0	0	0
0	0	0	0	18	이으뜸	8	DF	DF	33	이기제		0	0	0	0
0	0	1	1		이찬동	40	MF	MF	6	마스다		1	1	0	0
0	0	1	0		여름	7	MF	MF	4	구본상	8	0	3	0	0
0	0	2	0		김민혁	23	MF	MF	19	김승준	29	0	0	0	0
0	0	2	0	30	조성준	11	FW	MF	20	한상운		0	1	0	0
0	0	2	1(1)		송승민	16	FW	MF	44	코바		5(4)	0	1	0
0	0	0	2(1)		정조국	9	FW	FW	18	이정협	9	1(1)	1	0	0
0	0	0	0		윤보상	21	대기	대기	21	정산		0	0	0	0
0	0	0	0	후34	박동진	5			23	장순혁		0	0	0	0
0	0	0	0		오도현	6			13	이명재		0	0	0	0
0	0	0	0		파비오	10			5	이창용		0	0	0	0
0	0	0	0		김진환	14			8	하성민	후34	0	0	0	0
0	0	1	0	후20	정동윤	18			29	서정진	후27	0	0	0	0
0	0	0	0	후20	심광욱	30			9	박성호	후36	0	0	0	0
0	0	13	6(3)			0			0			9(7)	9	1	0

- 전반 26분 김치곤 PK지점 R-ST-G (득점: 김치곤) 왼쪽
- 후반 5분 코바 PAL ~ 이정협 AK 내 R-ST-G (득점: 이정협, 도움: 코바) 오른쪽

4월 09일 16:00 흐림 인천 전용 2,850명
주심: 김상우 / 부심: 노수용·김계용 / 대기심: 박병진 / 경기감독관: 김형남

인천 2 　1 전반 2 / 1 후반 1　 **3 성남**

퇴장	경고	파울	ST(유)	교체	선수명	배번	위치	위치	배번	선수명	교체	ST(유)	파울	경고	퇴장
0	0	0	0		김다솔	41	GK	GK	31	김동준		0	0	0	0
0	0	4	0		박대한	25	DF	DF	33	장학영		0	1	0	0
0	0	0	0		이윤표	16	DF	DF	20	윤영선		0	0	0	0
0	1	1	0		요니치	20	DF	DF	4	김태윤	24	0	2	0	0
0	0	1	0	36	김용환	3	DF	DF	2	곽해성		0	3	0	0
0	0	2	0		김도혁	7	MF	MF	22	이종원		0	1	0	0
0	0	1	1(1)		김동석	8	MF	MF	16	안상현		0	0	0	0
0	0	1	0	19	윤상호	14	MF	MF	11	티아고		3(2)	2	0	0
0	0	1	2(1)		벨코스키	88	MF	MF	26	피투	8	0	0	0	0
0	0	1	1(1)	11	송제헌	9	MF	MF	19	박용지	13	0	0	0	0
0	0	4	5(3)		케빈	10	FW	FW	10	황의조		2(2)	2	0	0
0	0	0	0		이태희	21	대기	대기	21	김근배		0	0	0	0
0	0	0	0		김대중	15			15	최호정		0	0	0	0
0	0	0	0		김경민	4			24	장석원	후33	0	0	0	0
0	0	0	0		박세직	24			30	조재철		0	0	0	0
0	0	0	1	후39	송시우	19			8	김두현	후15	0	0	0	0
0	0	0	0	후29	진성욱	11			13	김동희	후22	0	0	0	0
0	0	0	0	전37	김대경	36			27	성봉재		0	0	0	0
0	1	16	10(6)			0			0			5(4)	11	0	0

- 전반 42분 송제헌 PK-R-G (득점: 송제헌) 오른쪽
- 후반 20분 벨코스키 PAL 내 ~ 케빈 GAR L-ST-G (득점: 케빈, 도움: 벨코스키) 오른쪽
- 전반 5분 티아고 PAL ↷ 황의조 GAL 내 H-ST-G (득점: 황의조, 도움: 티아고) 오른쪽
- 전반 21분 곽해성 PAR 내 ~ 황의조 GAR L-ST-G (득점: 황의조, 도움: 곽해성) 오른쪽
- 후반 22분 티아고 GA 정면 L-ST-G (득점: 티아고) 가운데

4월 10일 14:00 맑음 광양 전용 4,711명
주심: 김동진 / 부심: 윤광열·곽승순 / 대기심: 김대용 / 경기감독관: 김진의

전남 1 　0 전반 0 / 1 후반 2　 **2 서울**

퇴장	경고	파울	ST(유)	교체	선수명	배번	위치	위치	배번	선수명	교체	ST(유)	파울	경고	퇴장
0	0	0	0		김민식	1	GK	GK	1	유현		0	0	0	0
0	0	5	0		현영민	13	DF	DF	4	김동우		1	0	0	0
0	0	1	0	5	홍진기	4	DF	DF	5	오스마르		1	0	0	0
0	0	1	0		방대종	15	DF	DF	22	박용우	8	0	0	0	0
0	0	2	0		최효진	2	DF	MF	7	김치우		0	1	0	0
0	0	0	0		이지남	17	MF	MF	13	고요한		0	0	0	0
0	0	0	1		김영욱	14	MF	MF	2	다카하기		1	0	0	0
0	0	2	0		오르샤	7	FW	MF	6	주세종		2	2	1	0
0	1	1	2		유고비치	8	FW	MF	25	이석현	15	2(2)	1	0	0
0	0	2	0	18	안용우	11	FW	FW	9	데얀	10	2(1)	6	0	0
0	0	0	0	10	조석재	9	FW	FW	11	아드리아노		3(1)	1	0	0
0	0	0	0		이호승	21	대기	대기	31	유상훈		0	0	0	0
0	0	1	0	후12	고태원	5			15	김원식	후25	0	0	0	0
0	0	0	0		정석민	6			21	심상민		0	0	0	0
0	0	0	3	후21	스테보	10			27	고광민		0	0	0	0
0	0	0	1(1)	후21	배천석	18			8	신진호	후34	0	0	0	0
0	0	0	0		이지민	19			10	박주영	후29	0	0	0	0
0	0	0	0		오영준	26			19	윤주태		0	0	0	0
0	1	15	7(1)			0			0			12(4)	11	1	0

- 후반 31분 유고비치 MFR ~ 배천석 PK지점 R-ST-G (득점: 배천석, 도움: 유고비치) 오른쪽
- 후반 6분 아드리아노 AK 정면 ~ 이석현 GAL R-ST-G (득점: 이석현, 도움: 아드리아노) 오른쪽
- 후반 48분 아드리아노 PK-R-G (득점: 아드리아노) 오른쪽

4월 10일 14:00 흐림 포항 스틸야드 12,416명
주심: 이동준 / 부심: 노태식·강동호 / 대기심: 박필준 / 경기감독관: 한병화

포항 1 　0 전반 0 / 1 후반 1　 **1 전북**

퇴장	경고	파울	ST(유)	교체	선수명	배번	위치	위치	배번	선수명	교체	ST(유)	파울	경고	퇴장
0	0	0	0		신화용	1	GK	GK	1	권순태		0	0	0	0
0	1	0	0		김대호	22	DF	DF	25	최철순		0	4	0	0
0	0	0	0		배슬기	24	DF	DF	15	임종은		0	1	0	0
0	0	1	0		김광석	3	DF	DF	23	최규백		0	1	1	0
0	1	2	0		박선용	2	DF	DF	27	김창수		0	1	0	1
0	0	1	0	17	손준호	28	MF	MF	34	장윤호		0	3	0	0
0	0	3	0		황지수	9	MF	MF	17	이재성		2	2	0	0
0	0	4	0		이재원	15	MF	MF	13	김보경	99	0	0	0	0
0	0	2	1(1)		정원진	30	FW	FW	18	고무열		1(1)	2	1	0
0	0	0	2(2)		심동운	11	FW	FW	11	로페즈	6	1(1)	1	1	0
0	0	0	1	29	라자르	8	FW	FW	20	이동국		5(2)	1	0	0
0	0	0	0		김진영	21	대기	대기	21	홍정남		0	0	0	0
0	0	0	0		김원일	13			30	김영찬		0	0	0	0
0	0	0	0		김준수	6			6	최재수	후13	1	0	0	0
0	0	0	0		박준희	4			10	레오나르도		0	0	0	0
0	0	0	2(2)	전7/18	강상우	17			9	이종호		0	0	0	0
0	0	0	0	후32	김동현	29			7	한교원		0	0	0	0
0	0	0	1(1)	후7	양동현	18			99	김신욱	후13	1(1)	0	0	0
0	2	13	7(6)			0			0			11(5)	16	3	1

- 후반 44분 김동현 PAR ~ 심동운 PK 우측지점 L-ST-G (득점: 심동운, 도움: 김동현) 오른쪽
- 후반 13분 이재성 PK 좌측지점 H ↷ 이동국 PK 우측지점 R-ST-G (득점: 이동국, 도움: 이재성) 오른쪽

4월 10일 16:00 맑음 제주 월드컵 8,317명
주심: 송민석 / 부심: 이정민·김성일 / 대기심: 박진호 / 경기감독관: 전기록

제주 2 　0 전반 0 / 2 후반 2　 **2 수원**

퇴장	경고	파울	ST(유)	교체	선수명	배번	위치	위치	배번	선수명	교체	ST(유)	파울	경고	퇴장
0	0	0	0		김호준	1	GK	GK	1	노동건		0	0	0	0
0	1	4	0		정운	13	DF	DF	3	양상민		1	0	0	0
0	0	0	1(1)		이광선	20	DF	DF	40	이정수	34	0	0	0	0
0	0	0	1		권한진	5	DF	DF	15	구자룡		0	3	1	0
0	0	0	1		김봉래	27	DF	DF	30	신세계		0	0	0	0
0	0	0	1		권순형	7	MF	MF	66	오장은	22	0	2	0	0
0	1	1	3(1)		이창민	14	MF	MF	20	백지훈		1(1)	0	0	0
0	0	0	1(1)	17	정영총	16	MF	MF	10	산토스		2(1)	2	0	0
0	0	0	3(1)	22	김호남	11	FW	MF	7	이상호		0	1	0	0
0	0	0	5	10	김현	9	FW	MF	26	염기훈		4(2)	0	0	0
0	0	0	1		송진형	37	FW	FW	13	김건희	9	1(1)	1	0	0
0	0	0	0		전수현	23	대기	대기	21	양형모		0	0	0	0
0	0	0	0		배재우	18			34	곽광선	전38	0	1	0	0
0	0	0	0		이우진	19			8	조원희		0	0	0	0
0	0	0	2	후7	안현범	17			5	박현범		0	0	0	0
0	0	0	0		권용현	77			12	고차원		0	0	0	0
0	0	0	1(1)	후24	마르셀로	10			22	권창훈	후7	3(3)	0	0	0
0	1	1	1	후33	이근호	22			9	조동건	후26	0	1	0	0
0	3	6	21(5)			0			0			12(8)	11	1	0

- 후반 39분 정운 PAL TL ↷ 이광선 PK 우측지점 R-ST-G (득점: 이광선, 도움: 정운) 왼쪽
- 후반 41분 정운 C. KR ↷ 마르셀로 GAR H-ST-G (득점: 마르셀로, 도움: 정운) 왼쪽
- 후반 28분 조동건 PAR EL ~ 권창훈 PK지점 L-ST-G (득점: 권창훈, 도움: 조동건) 왼쪽
- 후반 43분 염기훈 PAL 내 ↷ 권창훈 PK지점 H-ST-G (득점: 권창훈, 도움: 염기훈) 오른쪽

4월 13일 14 : 00 흐림 수원 월드컵 11,600명
주심: 정동식 / 부심: 장준모 · 곽승순 / 대기심: 최대우 / 경기감독관: 김일호

수원 1 　 1 전반 1 / 0 후반 0 　 **1 포항**

퇴장	경고	파울	ST(유)	교체	선수명	배번	위치	위치	배번	선수명	교체	ST(유)	파울	경고	퇴장
0	0	0	0		노 동 건	1	GK	GK	1	신 화 용	21	0	0	0	0
0	0	3	0		조 원 희	8	DF	DF	22	김 대 호	29	0	0	0	0
0	0	1	0		양 상 민	3	DF	DF	24	배 슬 기		0	0	0	0
0	0	1	0		곽 광 선	34	DF	DF	3	김 광 석		0	0	0	0
0	0	1	1		신 세 계	30	DF	DF	2	박 선 용		0	1	0	0
0	0	0	3		백 지 훈	20	MF	MF	7	문 창 진		0	2	0	0
0	0	1	1		염 기 훈	26	MF	MF	9	황 지 수	4	0	1	0	0
0	0	0	3(1)		권 창 훈	22	MF	MF	15	이 재 원		0	0	0	0
0	0	2	4(2)	10	김 종 우	17	MF	MF	30	정 원 진		1(1)	0	0	0
0	0	0	0	7	고 차 원	12	MF	MF	11	심 동 운		3(1)	1	0	0
0	0	1	4(1)	13	조 동 건	9	FW	FW	18	양 동 현		3(1)	1	1	0
0	0	0	0		양 형 모	21			21	김 진 영	후45	0	0	0	0
0	0	0	0		민 상 기	39			13	김 원 일		0	0	0	0
0	0	0	0		구 자 룡	15			6	김 준 수		0	0	0	0
0	0	0	0		오 장 은	66	대기	대기	4	박 준 희	후29	1	0	0	0
0	0	0	3(2)	후14	산 토 스	10			17	강 상 우		0	0	0	0
0	0	1	1	후14	이 상 호	7			29	김 동 현	후0	1(1)	1	1	0
0	0	0	0	후32	김 건 희	13			8	라 자 르		0	0	0	0
0	0	11	20(6)			0			0			9(4)	7	2	0

●전반 36분 백지훈 GAL ~ 권창훈 GA 정면 L-ST-G (득점: 권창훈, 도움: 백지훈) 오른쪽

●전반 26분 양동현 PK-R-G (득점: 양동현) 왼쪽

4월 13일 14 : 00 맑음 탄천 종합 5,115명
주심: 박필준 / 부심: 이정민 · 강동호 / 대기심: 송민석 / 경기감독관: 김형남

성남 0 　 0 전반 0 / 0 후반 0 　 **0 전남**

퇴장	경고	파울	ST(유)	교체	선수명	배번	위치	위치	배번	선수명	교체	ST(유)	파울	경고	퇴장
0	0	0	0		김 동 준	31	GK	GK	21	이 호 승		0	0	0	0
0	0	1	0		장 학 영	33	DF	DF	19	이 지 민		0	3	1	0
0	0	0	0		윤 영 선	20	DF	DF	5	고 태 원		0	0	0	0
0	0	0	1		장 석 원	24	DF	DF	17	이 지 남		0	0	0	0
0	0	1	0		곽 해 성	2	DF	DF	2	최 효 진		1(1)	0	0	0
0	1	2	0		이 종 원	22	MF	MF	14	김 영 욱		1	3	1	0
0	0	1	0		안 상 현	16	MF	MF	6	정 석 민	26	3	4	0	0
0	0	1	1(1)	13	피　　투	26	MF	FW	7	오 르 샤		6(2)	0	0	0
0	0	1	0	19	조 재 철	30	MF	FW	23	허 용 준	18	5(2)	0	0	0
0	0	0	6(2)		티 아 고	11	MF	FW	11	안 용 우	16	2	3	1	0
0	0	3	4(3)		황 의 조	10	FW	FW	10	스 테 보		1(1)	1	0	0
0	0	0	0		김 근 배	21			1	김 민 식		0	0	0	0
0	0	0	0		박 태 민	17			8	유고비치		0	0	0	0
0	0	0	0		김 태 윤	4			13	현 영 민		0	0	0	0
0	0	0	0		최 호 정	15	대기	대기	15	방 대 종		0	0	0	0
0	0	0	0	후15	박 용 지	19			16	한 찬 희	후30	0	0	0	0
0	0	0	0	후37	김 동 희	13			18	배 천 석	후42	0	0	0	0
0	0	0	0		성 봉 재	27			26	오 영 준	후40	0	0	0	0
0	1	10	12(6)			0			0			19(6)	14	3	0

4월 13일 14 : 00 흐림 전주 월드컵 11,176명
주심: 박병진 / 부심: 김영하 · 김성일 / 대기심: 임정수 / 경기감독관: 전기록

전북 1 　 0 전반 0 / 1 후반 1 　 **1 인천**

퇴장	경고	파울	ST(유)	교체	선수명	배번	위치	위치	배번	선수명	교체	ST(유)	파울	경고	퇴장
0	0	0	0		권 순 태	1	GK	GK	21	이 태 희		0	0	0	0
0	0	1	0		최 재 수	6	DF	DF	25	박 대 한		0	1	1	0
0	0	1	0		임 종 은	15	DF	DF	29	조 병 국	15	0	0	0	0
0	1	1	0		최 규 백	23	DF	DF	20	요 니 치		0	1	0	0
0	0	0	0		최 철 순	25	DF	DF	36	김 대 경		0	0	0	0
0	0	0	8(2)		레오나르도	10	MF	MF	7	김 도 혁		1	1	0	0
0	0	1	1(1)		김 보 경	13	MF	MF	8	김 동 석	19	2(1)	1	0	0
0	0	4	0		이 재 성	17	MF	MF	14	윤 상 호		0	0	0	0
0	0	0	0	11	고 무 열	18	MF	MF	24	박 세 직		1	2	0	0
0	0	4	1	9	김 신 욱	99	FW	MF	88	벨코스키	13	0	2	0	0
0	0	2	3(3)		이 동 국	20	FW	FW	10	케　　빈		4(1)	2	0	0
0	0	0	0		김 태 호	31			41	김 다 솔		0	0	0	0
0	0	0	0		이 주 용	32			15	김 대 중	후29	0	0	0	0
0	0	0	0		김 영 찬	30			16	이 윤 표		0	0	0	0
0	0	0	0		장 윤 호	34	대기	대기	6	이 중 권		0	0	0	0
0	0	1	1	후7	로 페 즈	11			13	이 현 성	후34	0	0	0	0
0	0	0	0		한 교 원	7			19	송 시 우	후19	1(1)	0	0	0
0	0	1	0	후29	이 종 호	9			28	이 효 균		0	0	0	0
0	1	16	14(6)			0			0			9(3)	10	1	0

●후반 38분 이종호 GAR → 이동국 GAL R-ST-G (득점: 이동국, 도움: 이종호) 오른쪽

●후반 45분 케빈 MF 정면 H ↷ 송시우 PAL 내 L-ST-G (득점: 송시우, 도움: 케빈) 왼쪽

4월 13일 14 : 00 흐림 광주 월드컵 2,363명
주심: 김성호 / 부심: 노수용 · 김계용 / 대기심: 김상우 / 경기감독관: 하재훈

광주 1 　 1-2 / 0-0 　 **2 서울**

퇴장	경고	파울	ST(유)	교체	선수명	배번	위치	위치	배번	선수명	교체	ST(유)	파울	경고	퇴장
0	0	0	0		최 봉 진	1	GK	GK	31	유 상 훈		0	0	0	0
0	0	1	1		이 종 민	17	DF	DF	5	오스마르		0	0	0	0
0	0	1	0		홍 준 호	25	DF	DF	15	김 원 식		0	3	1	0
0	1	1	1		김 영 빈	3	DF	DF	22	박 용 우		0	1	0	0
0	0	2	0		정 동 윤	18	DF	MF	7	김 치 우		1	0	0	0
0	1	3	1	20	이 찬 동	40	MF	MF	27	고 광 민		0	0	0	0
0	0	1	0	10	여　　름	7	MF	MF	6	주 세 종		1(1)	1	0	0
0	0	4	1		김 민 혁	23	MF	MF	8	신 진 호		1	0	0	0
0	0	0	0	11	심 광 욱	30	FW	MF	25	이 석 현	2	0	1	0	0
0	0	0	1(1)		송 승 민	16	FW	FW	10	박 주 영	19	2(1)	2	0	0
0	0	3	2(1)		정 조 국	9	FW	FW	11	아드리아노	9	1(1)	0	0	0
0	0	0	0		윤 보 상	21			1	유　　현		0	0	0	0
0	0	0	0		박 동 진	5			4	김 동 우		0	0	0	0
0	1	1	0	후13	파 비 오	10			13	고 요 한		0	0	0	0
0	0	1	1(1)	후13	조 성 준	11	대기	대기	2	다카하기	후9	0	1	0	0
0	0	0	0		김 진 환	14			9	데　　얀	후0	2(1)	3	0	0
0	0	0	1(1)	후34	김 정 현	20			16	심 제 혁		0	0	0	0
0	0	0	0		조 주 영	24			19	윤 주 태	후38	0	0	0	0
0	3	18	9(4)			0			0			8(4)	12	1	0

●전반 41분 김민혁 MFR ~ 송승민 PAL R-ST-G (득점: 송승민, 도움: 김민혁) 오른쪽

●전반 18분 고광민 PAR ~ 박주영 PA 정면 내 R-ST-G (득점: 박주영, 도움: 고광민) 왼쪽

●전반 39분 아드리아노 PK-R-G (득점: 아드리아노) 왼쪽

4월 13일 16 : 00 흐림 제주 월드컵 4,268명
주심: 고형진 / 부심: 윤광열 · 방기열 / 대기심: 매호영 / 경기감독관: 김수현

제주 4 2 전반 0 / 2 후반 2 **2 상주**

퇴장	경고	파울	ST(유)	교체	선수명	배번	위치	위치	배번	선수명	교체	ST(유)	파울	경고	퇴장
0	0	0	0		김호준	1	GK	GK	41	제종현		0	0	0	0
0	0	1	1		정운	13	DF	DF	2	이용	24	0	0	0	0
0	0	4	0		이광선	20	DF	DF	3	이웅희		0	0	0	0
0	0	0	0		권한진	5	DF	DF	18	최종환	6	0	0	0	0
0	0	1	0		김봉래	27	DF	DF	20	여성해		0	1	0	0
0	0	2	2	14	권순형	7	MF	MF	8	김성환		1	1	0	0
0	0	1	1(1)	19	문상윤	24	MF	MF	16	김성준		1(1)	1	1	0
0	0	1	1(1)		송진형	37	MF	MF	19	김도엽		4	0	0	0
0	0	1	0	22	김호남	11	FW	MF	27	조영철	9	1	0	0	0
0	0	1	9(3)		마르셀로	10	FW	FW	11	임상협		1(1)	0	0	0
0	0	2	4(3)		안현범	17	FW	FW	12	박준태		2	2	0	0
0	0	0	0		김경민	21			1	양동원		0	0	0	0
0	0	0	0		배재우	18			6	박진포	전32	0	3	1	0
0	0	0	0	후34	이우진	19			25	김오규		0	0	0	0
0	0	0	0	후22	이창민	14	대기	대기	24	정준연	후8	1	1	1	0
0	0	0	0		정영총	16			26	신영준	1	0	0	0	0
0	0	0	0		김현	9			29	김성주		0	0	0	0
0	0	0	0	후10	이근호	22			9	박기동	후0	1(1)	0	0	0
0	0	14	18(8)			0			0			12(3)	9	3	0

- 전반 1분 마르셀로 PA 정면 내 ~ 송진형 GAR 내 R-ST-G (득점: 송진형, 도움: 마르셀로) 왼쪽
- 전반 5분 송진형 MFR ↷ 안현범 GAR R-ST-G (득점: 안현범, 도움: 송진형) 가운데
- 후반 1분 마르셀로 GAR 내 ~ 문상윤 GAR 내 L-ST-G (득점: 문상윤, 도움: 마르셀로) 왼쪽
- 후반 19분 이근호 PAR TL ~ 안현범 AKL R-ST-G (득점: 안현범, 도움: 이근호) 오른쪽
- 후반 42분 김성준 PAR FK L-ST-G (득점: 김성준) 왼쪽
- 후반 47분 박기동 PAR 내 → 임상협 PK지점 R-ST-G (득점: 임상협, 도움: 박기동) 왼쪽

4월 13일 16 : 00 맑음 수원 종합 3,996명
주심: 이동준 / 부심: 노태식 · 송봉근 / 대기심: 김동진 / 경기감독관: 김정식

수원FC 1 1 전반 0 / 0 후반 1 **1 울산**

퇴장	경고	파울	ST(유)	교체	선수명	배번	위치	위치	배번	선수명	교체	ST(유)	파울	경고	퇴장
0	0	0	0		박형순	23	GK	GK	1	김용대		0	0	0	0
0	1	2	0		블라단	5	DF	DF	11	김태환		0	2	0	0
0	1	1	0		이준호	14	DF	DF	75	강민수		0	1	0	0
0	1	1	0		레이어	24	DF	DF	22	김치곤		1	1	0	0
0	1	1	2		김한원	10	DF	DF	33	이기제		1	0	0	0
0	0	0	1(1)		김근환	38	MF	MF	6	마스다	5	1(1)	2	0	0
0	1	1	2		김종국	6	MF	MF	4	구본상		1	0	0	0
0	0	2	4(2)	8	가빌란	20	MF	MF	19	김승준	29	1(1)	0	0	0
0	0	0	1(1)		이승현	11	FW	MF	20	한상운		1(1)	0	0	0
0	0	0	2(1)	7	윤태수	28	FW	MF	44	코바		5(2)	0	0	0
0	1	1	2(2)	77	오군지미	75	FW	FW	18	이정협	9	1(1)	0	0	0
0	0	0	0		이인수	21			21	정산		0	0	0	0
0	0	1	0	후11	이광진	8			23	장순혁		0	0	0	0
0	0	0	0		김혁진	16			13	이명재		0	0	0	0
0	0	0	0		권혁진	22	대기	대기	5	이창용	후20	0	1	0	0
0	0	0	0	후27	김부관	77			8	하성민		0	0	0	0
0	0	2	2(1)	전38	김병오	7			29	서정진	후39	0	0	0	0
0	0	0	0		정기운	33			9	박성호	후20	0	0	0	0
0	6	12	16(8)			0			0			12(6)	7	0	0

- 전반 42분 오군지미 PK-L-G (득점: 오군지미) 오른쪽
- 후반 25분 김승준 GAR H-ST-G (득점: 김승준) 가운데

4월 16일 14 : 00 흐림 인천 전용 3,538명
주심: 김성호 / 부심: 윤광열 · 방기열 / 대기심: 고형진 / 경기감독관: 김용세

인천 1 0 전반 1 / 1 후반 0 **1 수원**

퇴장	경고	파울	ST(유)	교체	선수명	배번	위치	위치	배번	선수명	교체	ST(유)	파울	경고	퇴장
0	0	0	0		이태희	21	GK	GK	1	노동건		0	0	1	0
0	0	0	0		박대한	25	DF	DF	8	조원희		0	2	0	0
0	0	0	1(1)		조병국	29	DF	DF	15	구자룡		0	2	1	0
0	0	0	2		요니치	20	DF	DF	39	민상기		1	2	0	0
0	0	2	0		김대경	36	DF	DF	34	곽광선		0	3	1	0
0	0	1	2(1)		김도혁	7	MF	MF	66	오장은		1(1)	4	1	0
0	0	1	0		김동석	8	MF	MF	19	장현수	22	0	2	1	0
0	1	2	0	24	윤상호	14	MF	MF	7	이상호	26	0	0	0	0
0	0	1	2(2)	13	벨코스키	88	MF	MF	10	산토스	16	3(1)	1	0	0
0	0	1	1	19	송제헌	9	MF	MF	12	고차원		1(1)	0	0	0
0	0	4	1		케빈	10	FW	FW	9	조동건		5(1)	0	0	0
0	0	0	0		김다솔	41			21	양형모		0	0	0	0
0	0	0	0		김대중	15			6	연제민		0	0	0	0
0	0	0	0		이중권	6			4	이용래		0	0	0	0
0	0	0	1	후23	박세직	24	대기	대기	16	이종성	후44	0	0	0	0
0	0	0	0	후36	이현성	13			26	염기훈	후0	2(1)	0	0	0
0	0	0	1(1)	후10	송시우	19			22	권창훈	후0	0	1	1	0
0	0	0	0		이효균	28			17	김종우		0	0	0	0
0	1	12	11(5)			0			0			13(5)	17	6	0

- 후반 51분 송시우 GA 정면 내 L-ST-G (득점: 송시우) 가운데
- 전반 37분 오장은 PAR R-ST-G (득점: 오장은) 왼쪽

4월 16일 15 : 00 비 전주 월드컵 8,022명
주심: 김동진 / 부심: 장준모 · 김계용 / 대기심: 이동준 / 경기감독관: 김일호

전북 3 1 전반 0 / 2 후반 2 **2 성남**

퇴장	경고	파울	ST(유)	교체	선수명	배번	위치	위치	배번	선수명	교체	ST(유)	파울	경고	퇴장
0	0	0	0		권순태	1	GK	GK	31	김동준		0	0	0	0
0	0	3	2		이주용	32	DF	DF	33	장학영		0	1	0	0
0	1	1	0	30	임종은	15	DF	DF	20	윤영선		0	0	0	0
0	0	1	1		최규백	23	DF	DF	4	김태윤		0	0	1	0
0	1	3	0		최철순	25	DF	DF	6	이태희		0	0	0	0
0	1	3	0	10	장윤호	34	MF	MF	22	이종원	13	1	1	1	0
0	0	1	1(1)		김보경	13	MF	MF	15	최호정		0	1	0	0
0	0	3	2		루이스	8	MF	MF	19	박용지	26	1(1)	2	0	0
0	0	1	2(1)	7	로페즈	11	MF	MF	30	조재철		1(1)	1	0	0
0	0	3	1(1)		이재성	17	MF	MF	11	티아고		3(2)	2	0	0
0	1	3	6		이동국	20	FW	FW	10	황의조		2(1)	1	0	0
0	0	0	0		김태호	31			21	김근배		0	0	0	0
0	0	0	0	후43	김영찬	30			2	곽해성		0	0	0	0
0	0	1	1	후32	한교원	7			24	장석원		0	0	0	0
0	0	0	2(1)	후14	레오나르도	10	대기	대기	16	안상현		0	0	0	0
0	0	0	0		고무열	18			26	피투	후25	0	0	0	0
0	0	0	0		김신욱	99			13	김동희	후43	0	0	0	0
0	0	0	0		이종호	9			27	성봉재		0	0	0	0
0	4	23	18(4)			0			0			8(5)	9	2	0

- 전반 13분 장윤호 PAR 내 ~ 로페즈 GAR 내 R-ST-G (득점: 로페즈, 도움: 장윤호) 오른쪽
- 후반 24분 레오나르도 AK 정면 FK R-ST-G (득점: 레오나르도) 오른쪽
- 후반 40분 레오나르도 PA 정면 ~ 김보경 PAL 내 L-ST-G (득점: 김보경, 도움: 레오나르도) 오른쪽
- 후반 10분 티아고 C, KR ↷ 조재철 GA 정면 내 H-ST-G (득점: 조재철, 도움: 티아고) 왼쪽
- 후반 31분 피투 PA 정면 내 → 티아고 GAL 내 L-ST-G (득점: 티아고, 도움: 피투) 왼쪽

4월 16일 14:00 흐리고 비 서울 월드컵 13,190명
주심: 송민석 / 부심: 이정민 · 박인선 / 대기심: 박필준 / 경기감독관: 전인석

서울 3 1 전반 0 / 2 후반 0 **0 수원FC**

퇴장	경고	파울	ST(유)	교체	선수명	배번	위치	위치	배번	선수명	교체	ST(유)	파울	경고	퇴장
0	0	0	0		유현	1	GK	GK	23	박형순		0	0	0	0
0	0	0	0		김동우	4	DF	DF	5	블라단		0	2	0	0
0	0	0	2(2)		오스마르	5	DF	DF	14	이준호		0	1	0	0
0	0	2	0		박용우	22	DF	DF	24	레이어		0	2	0	0
0	0	1	0		고요한	13	MF	MF	38	김근환		0	1	0	0
0	0	0	0		고광민	27	MF	MF	20	가빌란	8	0	2	0	0
0	0	1	2(1)		다카하기	2	MF	MF	99	김재웅	9	0	1	0	0
0	0	0	2	15	주세종	6	MF	FW	7	김병오		2(1)	3	1	0
0	0	2	3(2)		신진호	8	MF	FW	10	김한원		0	1	0	0
0	0	1	3(2)	19	데얀	9	FW	FW	30	이광훈	11	0	0	0	0
0	1	0	2(1)	16	아드리아노	11	FW	FW	75	오군지미		1(1)	0	0	0
0	0	0	0		유상훈	31			21	이인수		0	0	0	0
0	0	0	0	후27	김원식	15			8	이광진	후25	1	0	0	0
0	0	0	0		김치우	7			11	이승현	전30	1(1)	1	0	0
0	0	0	0		이석현	25	대기	대기	16	김혁진		0	0	0	0
0	0	0	0		박주영	10			22	권혁진		0	0	0	0
0	0	1	2(2)	후40	심제혁	16			9	이승렬	후25	0	1	1	0
0	0	0	3(1)	후21	윤주태	19			17	이재안		0	0	0	0
0	1	8	19(11)			0			0			5(3)	15	2	0

- 전반 42분 고요한 GAR ~ 아드리아노 GA 정면발리슛 L-ST-G (득점: 아드리아노, 도움: 고요한) 왼쪽
- 후반 6분 신진호 AKL FK R-ST-G (득점: 신진호) 오른쪽
- 후반 11분 신진호 PA 정면 ↷ 데얀 GAL L-ST-G (득점: 데얀, 도움: 신진호) 왼쪽

4월 16일 16:00 비 상주 시민 971명
주심: 김상우 / 부심: 박상준 · 강동호 / 대기심: 김대용 / 경기감독관: 김수현

상주 2 2 전반 0 / 0 후반 0 **0 포항**

퇴장	경고	파울	ST(유)	교체	선수명	배번	위치	위치	배번	선수명	교체	ST(유)	파울	경고	퇴장
0	0	0	0		양동원	1	GK	GK	21	김진영		0	0	0	0
0	0	0	2(1)		이용	2	DF	DF	27	박선주		0	1	1	0
0	0	1	0		이웅희	3	DF	DF	24	배슬기		0	3	0	0
0	0	2	2		박진포	6	DF	DF	3	김광석		1	2	0	0
0	1	1	1		김오규	25	DF	DF	2	박선용		1	1	0	0
0	0	2	0		김대열	4	MF	MF	7	문창진		4(2)	0	0	0
0	0	1	2(1)		이승기	10	MF	MF	9	황지수	4	0	0	0	0
0	0	0	0	18	김성준	16	MF	MF	29	김동현		0	0	0	0
0	0	2	3(2)		황일수	7	FW	FW	30	정원진	12	0	2	0	0
0	0	3	3(2)	11	신영준	26	FW	FW	11	심동운		2	0	0	0
0	0	0	1(1)	32	박기동	9	FW	FW	18	양동현		0	3	0	0
0	0	0	0		오승훈	31			31	강현무		0	0	0	0
0	0	0	0	후45	최종환	18			13	김원일		0	0	0	0
0	0	0	0		정준연	24			6	김준수		0	0	0	0
0	0	0	0		박준태	12	대기	대기	4	박준희	후0	0	2	0	0
0	0	2	0	후23	조지훈	32			17	강상우		0	0	0	0
0	0	0	2(2)	후29	임상협	11			12	이광혁	후0	2	0	0	0
0	0	0	0		황순민	30			8	라자르		0	0	0	0
0	1	14	16(9)			0			0			10(2)	14	1	0

- 전반 1분 신영준 GA 정면 R-ST-G (득점: 신영준) 오른쪽
- 전반 43분 박기동 GAL ~ 신영준 GA 정면 L-ST-G (득점: 신영준, 도움: 박기동) 왼쪽

4월 17일 14:00 맑음 광양 전용 2,107명
주심: 우상일 / 부심: 노태식 · 곽승순 / 대기심: 박병진 / 경기감독관: 전기록

전남 1 1 전반 1 / 0 후반 1 **2 광주**

퇴장	경고	파울	ST(유)	교체	선수명	배번	위치	위치	배번	선수명	교체	ST(유)	파울	경고	퇴장
0	0	0	0		이호승	21	GK	GK	21	윤보상		0	0	0	0
0	0	0	1		이지민	19	DF	DF	17	이종민	5	0	1	0	0
0	0	0	1		고태원	5	DF	DF	25	홍준호		2(1)	1	0	0
0	0	2	1		이지남	17	DF	DF	3	김영빈		0	2	1	0
0	0	2	0	9	최효진	2	DF	DF	18	정동윤		0	4	0	0
0	1	6	1		김영욱	14	MF	MF	40	이찬동		0	5	0	0
0	0	0	5(2)		오르샤	7	MF	MF	10	파비오	14	1	3	0	0
0	0	1	1		유고비치	8	MF	MF	23	김민혁		0	1	0	0
0	1	2	0	18	정석민	6	MF	FW	11	조성준		0	2	0	0
0	0	0	0	3	안용우	11	MF	FW	16	송승민		0	4	1	0
0	0	1	2(2)		스테보	10	FW	FW	9	정조국	24	2	2	0	0
0	0	0	0		김민식	1			31	황인재		0	0	0	0
0	0	1	0	후18	이슬찬	3			5	박동진	후17	0	0	0	0
0	0	0	1	후42	조석재	9			6	오도현		0	0	0	0
0	0	0	0		김평래	12	대기	대기	14	김진환	후27	0	0	0	0
0	0	0	0		현영민	13			24	조주영	후33	1(1)	1	1	0
0	0	0	0		방대종	15			30	심광욱		0	0	0	0
0	1	1	0	후21	배천석	18			33	와다		0	0	0	0
0	3	16	13(4)			0			0			6(2)	26	3	0

- 전반 12분 오르샤 AKL FK R-ST-G (득점: 오르샤) 오른쪽
- 전반 17분 이종민 C. KR ↷ 홍준호 GAR H-ST-G (득점: 홍준호, 도움: 이종민) 왼쪽
- 후반 38분 김민혁 AK 정면 ~ 조주영 PAL 내 R-ST-G (득점: 조주영, 도움: 김민혁) 왼쪽

4월 17일 16:00 맑음 울산 문수 8,319명
주심: 김우성 / 부심: 노수용 · 김성일 / 대기심: 정동식 / 경기감독관: 한병화

울산 0 0 전반 0 / 0 후반 1 **1 제주**

퇴장	경고	파울	ST(유)	교체	선수명	배번	위치	위치	배번	선수명	교체	ST(유)	파울	경고	퇴장
0	0	0	0		김용대	1	GK	GK	1	김호준		0	0	0	0
0	0	3	0		김태환	11	DF	DF	13	정운		0	0	0	0
0	1	1	0		강민수	75	DF	DF	20	이광선		1(1)	2	0	0
0	0	2	0	8	김치곤	22	DF	DF	5	권한진		0	0	0	0
0	0	1	0	33	이명재	13	DF	DF	27	김봉래		0	0	0	0
0	1	3	1		이창용	5	MF	MF	7	권순형		0	1	0	0
0	0	0	2(1)		구본상	4	MF	MF	14	이창민	18	1	0	0	0
0	0	3	1(1)	19	김인성	7	MF	MF	37	송진형		3(1)	0	0	0
0	1	1	2(2)		한상운	20	MF	FW	16	정영총	24	1(1)	0	0	0
0	0	0	3(2)		코바	44	MF	FW	10	마르셀로		2	1	0	0
0	0	3	1(1)		박성호	9	FW	FW	17	안현범	22	1(1)	2	0	0
0	0	0	0		정산	21			23	전수현		0	0	0	0
0	0	0	0		이재성	15			18	배재우	후45	0	0	0	0
0	0	0	0	후22	이기제	33			19	이우진		0	0	0	0
0	0	0	0		김건웅	16	대기	대기	11	김호남		0	0	0	0
0	0	0	0	후33	하성민	8			24	문상윤	후6	1(1)	0	0	0
0	0	0	0		베르나르도	10			9	김현		0	0	0	0
0	0	1	0	후19	김승준	19			22	이근호	후22	2(2)	2	0	0
0	3	18	10(7)			0			0			12(7)	8	0	0

- 후반 43분 정운 PAR FK ↷ 이광선 GA 정면 H-ST-G (득점: 이광선, 도움: 정운) 가운데

4월 23일 14:00 흐림 제주 월드컵 4,572명
주심: 김성호 / 부심: 방기열·양재용 / 대기심: 박병진 / 경기감독관: 하재훈

제주 2 　 0 전반 1 / 2 후반 1 　 **2 성남**

퇴장	경고	파울	ST(유)	교체	선수명	배번	위치	위치	배번	선수명	교체	ST(유)	파울	경고	퇴장
0	0	0	0		김호준	1	GK	GK	31	김동준		0	0	0	0
0	0	1	0	18	정운	13	DF	DF	33	장학영		0	1	0	0
0	0	0	1		이광선	20	DF	DF	4	김태윤		1	0	0	0
0	0	1	1		권한진	5	DF	DF	24	장석원		0	2	1	0
0	0	1	0		김봉래	27	DF	DF	6	이태희		0	1	0	0
0	0	2	1		권순형	7	MF	MF	16	안상현		0	2	0	0
0	0	1	3(1)		송진형	37	MF	MF	30	조재철		1	0	0	0
0	0	3	5(3)		이근호	22	MF	MF	11	티아고	27	1(1)	1	0	0
0	0	2	2(1)		문상윤	24	FW	MF	26	피투	8	1	0	0	0
0	0	1	3	9	마르셀로	10	FW	MF	19	박용지	15	1(1)	1	0	0
0	0	3	1(1)	11	안현범	17	FW	FW	10	황의조		2	1	0	0
0	0	0	0		김경민	21			21	김근배		0	0	0	0
0	0	1	2	후29	배재우	18			2	곽해성		0	0	0	0
0	0	0	0		이우진	19			5	임채민		0	0	0	0
0	0	0	0		이창민	14	대기	대기	15	최호정	후23	0	0	0	0
0	0	2	0	후35	김현	9			8	김두현	후0	3(2)	0	0	0
0	0	0	2	후17	김호남	11			13	김동희		0	0	0	0
0	0	0	0		정영총	16			27	성봉재	후48	0	0	0	0
0	0	18	21(6)			0			0			10(4)	9	1	0

- 후반 14분 권순형 C. KL ↷ 이근호 GAL H-ST-G (득점: 이근호, 도움: 권순형) 왼쪽
- 후반 22분 마르셀로 AKR ~ 이근호 GAR R-ST-G (득점: 이근호, 도움: 마르셀로) 오른쪽

- 전반 36분 티아고 MF 정면 ~ 박용지 GAR L-ST-G (득점: 박용지, 도움: 티아고) 왼쪽
- 후반 10분 티아고 MF 정면 ~ 김두현 PK 좌측지점 L-ST-G (득점: 김두현, 도움: 티아고) 오른쪽

4월 23일 16:00 맑음 수원 종합 3,428명
주심: 김우성 / 부심: 박상준·강동호 / 대기심: 김상우 / 경기감독관: 김일호

수원FC 0 　 0 전반 0 / 0 후반 0 　 **0 인천**

퇴장	경고	파울	ST(유)	교체	선수명	배번	위치	위치	배번	선수명	교체	ST(유)	파울	경고	퇴장
0	0	0	0		이인수	21	GK	GK	21	이태희		0	0	0	0
0	0	2	0		블라단	5	DF	DF	25	박대한		0	1	1	0
0	0	0	0	22	이준호	14	DF	DF	29	조병국		0	1	0	0
0	0	0	0		레이어	24	DF	DF	20	요니치		0	0	0	0
0	1	3	1		황재훈	3	DF	DF	36	김대경		0	1	0	0
0	0	1	1		김근환	38	MF	MF	7	김도혁		1(1)	1	0	0
0	1	2	3(1)		김종국	6	MF	MF	8	김동석		0	0	0	0
0	0	1	4(1)		가빌란	20	MF	MF	5	김태수	14	1	1	0	0
0	0	0	2(1)	77	이승현	11	FW	MF	88	벨코스키	11	0	1	0	0
0	1	4	3(1)		김병오	7	FW	MF	9	송제헌	19	0	0	0	0
0	0	0	0	75	이재안	17	FW	FW	10	케빈		4(4)	2	1	0
0	0	0	0		박형순	23			41	김다솔		0	0	0	0
0	0	0	0		김성현	27			15	김대중		0	0	0	0
0	0	1	1(1)	전20	권혁진	22			6	이중권		0	0	0	0
0	0	0	0	후30	김부관	77	대기	대기	24	박세직		0	0	0	0
0	0	0	0		김재웅	99			14	윤상호	후41	0	0	0	0
0	0	0	0		이승렬	9			19	송시우	후17	0	0	1	0
0	0	0	2	후14	오군지미	75			11	진성욱	후7	0	0	0	0
0	3	14	17(5)			0			0			6(5)	8	3	0

4월 24일 14:00 맑음 울산 문수 6,244명
주심: 김종혁 / 부심: 노태식·곽승순 / 대기심: 우상일 / 경기감독관: 한병화

울산 1 　 1 전반 1 / 0 후반 1 　 **2 서울**

퇴장	경고	파울	ST(유)	교체	선수명	배번	위치	위치	배번	선수명	교체	ST(유)	파울	경고	퇴장
0	0	0	0		장대희	31	GK	GK	1	유현	31	0	0	0	0
0	1	4	0		김태환	11	DF	DF	4	김동우		0	2	1	0
0	0	1	1(1)		강민수	75	DF	DF	5	오스마르		0	2	1	0
0	0	1	1(1)	3	김치곤	22	DF	DF	15	김원식		0	1	0	0
0	0	0	3(1)		이기제	33	DF	MF	13	고요한		0	1	0	0
0	0	0	1		마스다	6	MF	MF	27	고광민		1(1)	0	0	0
0	1	2	0		구본상	4	MF	MF	2	다카하기		2	0	0	0
0	0	2	1(1)		김승준	19	MF	MF	6	주세종	10	3(3)	2	0	0
0	0	1	2	5	한상운	20	MF	MF	22	박용우		0	2	0	0
0	0	2	6(4)		코바	44	MF	FW	9	데얀		5(3)	4	0	0
0	1	1	2(1)	7	이정협	18	FW	FW	11	아드리아노		3(2)	1	1	0
0	0	0	0		정현철	41			31	유상훈	후0	0	0	0	0
0	0	0	0	후13	정승현	3			26	김남춘		0	0	0	0
0	0	0	0		이명재	13			7	김치우		0	0	0	0
0	0	0	0		서정진	29	대기	대기	25	이석현		0	0	0	0
0	0	0	1(1)	후28	이창용	5			29	이상협		0	0	0	0
0	0	0	0	후33	김인성	7			10	박주영	후40	1(1)	0	0	0
0	0	0	0		박성호	9			16	심제혁		0	0	0	0
0	3	14	18(10)			0			0			15(10)	15	3	0

- 전반 45분 김치곤 GA 정면 R-ST-G (득점: 김치곤) 가운데

- 전반 9분 아드리아노 PAR EL ~ 데얀 GAL L-ST-G (득점: 데얀, 도움: 아드리아노) 왼쪽
- 후반 47분 고요한 자기 측 HL 정면 ~ 박주영 PAR 내 R-ST-G (득점: 박주영, 도움: 고요한) 왼쪽

4월 24일 14:00 맑음 광주 월드컵 2,208명
주심: 이동준 / 부심: 장준모·송봉근 / 대기심: 송민석 / 경기감독관: 강창구

광주 1 　 0 전반 1 / 1 후반 0 　 **1 수원**

퇴장	경고	파울	ST(유)	교체	선수명	배번	위치	위치	배번	선수명	교체	ST(유)	파울	경고	퇴장
0	0	0	0		윤보상	21	GK	GK	1	노동건		0	0	0	0
0	0	1	1		이종민	17	DF	DF	30	신세계		0	1	0	0
0	1	2	0		홍준호	25	DF	DF	15	구자룡		0	0	0	0
0	0	0	0		김진환	14	DF	DF	40	이정수		0	0	1	0
0	0	1	1		정동윤	18	DF	DF	3	양상민		0	1	0	0
0	0	2	0	5	이찬동	40	MF	MF	66	오장은	8	1	1	0	0
0	0	1	1		김민혁	23	MF	MF	12	고차원	20	2	0	0	0
0	0	0	0	30	조성준	11	MF	MF	7	이상호		0	1	0	0
0	0	3	1	24	파비오	10	FW	MF	10	산토스	39	3	1	0	0
0	0	0	0		송승민	16	FW	MF	26	염기훈		2(2)	3	0	0
0	0	1	4(1)		정조국	9	FW	FW	13	김건희		0	2	0	0
0	0	0	0		황인재	31			21	양형모		0	0	0	0
0	1	1	0	후38	박동진	5			8	조원희	후35	0	0	0	0
0	0	0	0		오도현	6			39	민상기	후39	0	0	0	0
0	0	0	0		이으뜸	8	대기	대기	20	백지훈	후25	0	1	0	0
0	0	1	0	후31	조주영	24			4	이용래		0	0	0	0
0	0	0	0	후19	심광욱	30			22	권창훈		0	0	0	0
0	0	0	0		와다	33			9	조동건		0	0	0	0
0	2	13	8(1)			0			0			8(2)	11	1	0

- 후반 43분 조주영 GAR H → 정조국 GAL L-ST-G (득점: 정조국, 도움: 조주영) 오른쪽

- 전반 45분 산토스 AK 정면 ~ 염기훈 AK 정면 L-ST-G (득점: 염기훈, 도움: 산토스) 가운데

4월 24일 14:00 맑음 상주 시민 2,834명
주심: 박필준 / 부심: 노수용·김성일 / 대기심: 정동식 / 경기감독관: 김용세

상주 2 1 전반 2 / 1 후반 0 **2 전북**

퇴장	경고	파울	ST(유)	교체	선수명	배번	위치	위치	배번	선수명	교체	ST(유)	파울	경고	퇴장
0	0	0	0		오승훈	31	GK	GK	1	권순태		0	0	0	0
0	1	1	0		이웅희	3	DF	DF	25	최철순		0	2	0	0
0	0	1	0		박진포	6	DF	DF	15	임종은		0	1	0	0
0	0	2	0		김오규	25	DF	DF	23	최규백		1	3	0	0
0	0	1	0	18	이재명	33	DF	DF	27	김창수		0	0	0	0
0	1	2	0	32	김대열	4	MF	MF	17	이재성		0	0	0	0
0	0	0	2(2)		황일수	7	MF	MF	13	김보경		1(1)	3	0	0
0	0	0	2		이승기	10	MF	MF	8	루이스	20	1	1	0	0
0	0	0	1		김성준	16	MF	MF	18	고무열	10	1(1)	1	1	0
0	0	0	0	11	신영준	26	MF	FW	7	한교원		2(2)	0	0	0
0	0	1	4(3)		박기동	9	FW	FW	9	이종호	11	2	3	1	0
0	0	0	0		양동원	1			41	황병근		0	0	0	0
0	1	3	0	후0	임상협	11			19	박원재		0	0	0	0
0	0	0	0	후30	최종환	18			30	김영찬		0	0	0	0
0	0	0	0		정준연	24	대기	대기	34	장윤호		0	0	0	0
0	0	0	0		황순민	30			10	레오나르도	후0	3	0	0	0
0	0	0	0	후15	조지훈	32			11	로페즈	후22	1	2	0	0
0	0	0	0		김창훈	34			20	이동국	후19	2	0	0	0
0	3	11	9(5)			0			0			14(4)	16	2	0

● 전반 21분 박기동 GAR ~ 황일수 GAR R-ST-G (득점: 황일수, 도움: 박기동) 오른쪽
● 후반 17분 임상협 GA 정면 ~ 박기동 GAL 내 R-ST-G (득점: 박기동, 도움: 임상협) 왼쪽
● 전반 2분 김창수 MFL ~ 한교원 PA 정면 R-ST-G (득점: 한교원, 도움: 김창수) 왼쪽
● 전반 45분 루이스 HLL ↷ 한교원 GA 정면 L-ST-G (득점: 한교원, 도움: 루이스) 가운데

4월 24일 15:00 맑음 포항 스틸야드 3,815명
주심: 고형진 / 부심: 윤광열·김계용 / 대기심: 김동진 / 경기감독관: 김수현

포항 0 0 전반 1 / 0 후반 0 **1 전남**

퇴장	경고	파울	ST(유)	교체	선수명	배번	위치	위치	배번	선수명	교체	ST(유)	파울	경고	퇴장
0	0	0	0		신화용	1	GK	GK	1	김민식		0	0	0	0
0	0	2	1(1)		이재원	15	DF	DF	13	현영민		0	3	0	0
0	0	0	0		김준수	6	DF	DF	5	고태원		0	0	0	0
0	0	2	0		김광석	3	DF	DF	17	이지남		0	0	0	0
0	0	0	0		박선용	2	DF	DF	2	최효진		0	1	0	0
0	0	0	0	4	문창진	7	MF	MF	6	정석민		1	4	0	0
0	0	0	0		황지수	9	MF	MF	8	유고비치		1(1)	0	0	0
1	0	2	0		김동현	29	MF	MF	7	오르샤		3(2)	0	1	0
0	1	3	0		이광혁	12	FW	MF	19	이지민	14	1	2	0	0
0	0	1	0	27	심동운	11	FW	MF	3	이슬찬	23	1	1	1	0
0	0	1	0	30	라자르	8	FW	FW	18	배천석	10	0	1	0	0
0	0	0	0		김진영	21			27	한유성		0	0	0	0
0	0	0	0		김원일	13			4	홍진기		0	0	0	0
0	0	0	1	후22	박선주	27			10	스테보	후23	1(1)	1	1	0
0	0	0	0	전43	박준희	4	대기	대기	14	김영욱	후7	1	2	0	0
0	0	0	0		강상우	17			15	방대종		0	0	0	0
0	0	1	0	후0	정원진	30			16	한찬희		0	0	0	0
0	0	0	0		양동현	18			23	허용준	후46	0	0	0	0
1	1	12	2(1)			0			0			9(4)	15	3	0

● 전반 45분 유고비치 AKL ~ 오르샤 AKL R-ST-G (득점: 오르샤, 도움: 유고비치) 오른쪽

4월 30일 15:00 맑음 수원 월드컵 28,109명
주심: 김상우 / 부심: 윤광열·박상준 / 대기심: 고형진 / 경기감독관: 강창구

수원 1 1 전반 0 / 0 후반 1 **1 서울**

퇴장	경고	파울	ST(유)	교체	선수명	배번	위치	위치	배번	선수명	교체	ST(유)	파울	경고	퇴장
0	0	0	0		노동건	1	GK	GK	31	유상훈		0	0	0	0
0	0	0	1		조원희	8	DF	DF	4	김동우		0	3	0	0
0	0	2	0		구자룡	15	DF	DF	5	오스마르		0	0	1	0
0	1	2	0	29	이정수	40	DF	DF	15	김원식		0	1	1	0
0	0	3	0		양상민	3	DF	MF	13	고요한		1	2	0	0
0	0	1	0	20	오장은	66	MF	MF	27	고광민		1	0	0	0
0	0	2	3(2)		권창훈	22	MF	MF	2	다카하기		0	3	1	0
0	0	0	1(1)		산토스	10	MF	MF	6	주세종		2	1	0	0
0	0	1	1(1)		이상호	7	MF	MF	22	박용우	25	1	2	1	0
0	0	4	1(1)		염기훈	26	MF	FW	9	데얀	10	3(2)	0	0	0
0	0	3	0	9	김건희	13	FW	FW	11	아드리아노		4(2)	1	0	0
0	0	0	0		양형모	21			1	유현		0	0	0	0
0	0	0	0		신세계	30			26	김남춘		0	0	0	0
0	1	2	0	후35	곽희주	29			7	김치우		0	0	0	0
0	0	0	0	후29	백지훈	20	대기	대기	25	이석현	후11	1	0	0	0
0	0	0	0		이용래	4			10	박주영	후0	2(1)	0	0	0
0	0	0	0		장현수	19			16	심제혁		0	0	0	0
0	0	0	1	후21	조동건	9			17	윤일록		0	0	0	0
0	2	20	8(5)			0			0			15(5)	13	4	0

● 전반 6분 산토스 GAR 내 R-ST-G (득점: 산토스) 오른쪽
● 후반 12분 다카하기 MF 정면 ↷ 아드리아노 GAR 내 R-ST-G (득점: 아드리아노, 도움: 다카하기) 왼쪽

4월 30일 14:00 맑음 포항 스틸야드 4,324명
주심: 박병진 / 부심: 장준모·박인선 / 대기심: 김우성 / 경기감독관: 김형남

포항 1 1 전반 0 / 0 후반 0 **0 제주**

퇴장	경고	파울	ST(유)	교체	선수명	배번	위치	위치	배번	선수명	교체	ST(유)	파울	경고	퇴장
0	0	0	0		신화용	1	GK	GK	21	김경민		0	0	0	0
0	0	0	2(1)		박선주	27	DF	DF	18	배재우	3	0	1	1	0
0	1	0	0		김준수	6	DF	DF	4	오반석		1(1)	0	0	0
0	0	0	0		김광석	3	DF	DF	5	권한진		1(1)	1	0	0
0	0	1	1(1)		박선용	2	DF	DF	27	김봉래		1	0	0	0
0	0	0	0		김원일	13	DF	MF	7	권순형		2(1)	0	0	0
0	0	1	0	33	박준희	4	MF	MF	14	이창민		4(1)	0	0	0
0	0	2	0		이재원	15	MF	MF	37	송진형		1	0	0	0
0	0	2	0	30	이광혁	12	FW	FW	22	이근호		2	2	0	0
0	0	0	0		심동운	11	FW	FW	10	마르셀로	24	3(2)	1	0	0
0	0	0	3(3)	8	양동현	18	FW	FW	11	김호남	9	0	0	0	0
0	0	0	0		김진영	21			1	김호준		0	0	0	0
0	0	0	0		우찬양	35			3	김상원	후7	0	0	0	0
0	0	0	0	후35	이남규	33			19	이우진		0	0	0	0
0	0	0	0		이래준	36	대기	대기	24	문상윤	후33	0	0	0	0
0	0	0	0		문창진	7			9	김현	후14	1	2	1	0
0	0	2	0	후8	정원진	30			17	안현범		0	0	0	0
0	0	1	0	후45	라자르	8			77	권용현		0	0	0	0
0	1	9	6(5)			0			0			16(6)	7	2	0

● 전반 24분 박선주 PAL EL ↷ 양동현 GAL 내 H-ST-G (득점: 양동현, 도움: 박선주) 오른쪽

4월 30일 16:00 맑음 전주 월드컵 14,023명
주심: 우상일 / 부심: 노태식·곽승순 / 대기심: 김대용 / 경기감독관: 김정식

전북 3 3 전반 1 / 0 후반 0 **1 수원FC**

퇴장	경고	파울	ST(유)	교체	선수명	배번	위치	위치	배번	선수명	교체	ST(유)	파울	경고	퇴장
0	0	0	0		권순태	1	GK	GK	21	이인수		0	0	0	0
0	0	0	0	32	최재수	6	DF	DF	5	블라단		2(2)	1	0	0
0	0	0	1		임종은	15	DF	DF	24	레이어		1	3	1	0
0	1	3	0		김영찬	30	DF	DF	38	김근환		1(1)	0	0	0
0	0	3	0		최철순	25	DF	DF	3	황재훈		0	1	0	0
0	1	9	0		장윤호	34	MF	MF	11	이승현		1(1)	1	0	0
0	0	0	0		김보경	13	MF	MF	20	가빌란	13	3(1)	0	0	0
0	0	1	1	9	이재성	17	MF	MF	99	김재웅		1(1)	1	0	0
0	1	2	4(2)		로페즈	11	MF	FW	77	김부관	16	2(1)	1	0	0
0	0	1	1(1)		한교원	7	MF	FW	10	김한원		2	2	1	0
0	0	0	6(4)	10	이동국	20	FW	FW	18	정민우	75	2	2	0	0
0	0	0	0		김태호	31			23	박형순		0	0	0	0
0	0	0	0		최규백	23			27	김성현		0	0	0	0
0	2	1	0	후18	이주용	32			6	김종국		0	0	0	0
0	0	0	0		서상민	22	대기	대기	13	배신영	후31	1	0	0	0
0	0	1	3(1)	후23	레오나르도	10			16	김혁진	후14	3(2)	0	0	0
0	0	0	0		루이스	8			22	권혁진		0	0	0	0
0	0	0	1	후0	이종호	9			75	오군지미	후18	0	0	0	0
0	5	21	17(8)			0			0			19(9)	12	2	0

- ●전반 28분 이동국 PK-R-G (득점: 이동국) 왼쪽
- ●전반 30분 이재성 PAL 내 ~ 로페즈 PAL R-ST-G (득점: 로페즈, 도움: 이재성) 오른쪽
- ●전반 34분 김보경 PAR ~ 한교원 GAR 내 EL R-ST-G (득점: 한교원, 도움: 김보경) 왼쪽
- ●전반 44분 가빌란 MFL FK ↷ 블라단 GAR 내 H-ST-G (득점: 블라단, 도움: 가빌란) 왼쪽

5월 01일 14:00 맑음 인천 전용 4,395명
주심: 김동진 / 부심: 방기열·김계용 / 대기심: 이동준 / 경기감독관: 전인석

인천 0 0 전반 1 / 0 후반 0 **1 울산**

퇴장	경고	파울	ST(유)	교체	선수명	배번	위치	위치	배번	선수명	교체	ST(유)	파울	경고	퇴장
0	0	0	0		이태희	21	GK	GK	1	김용대		0	0	1	0
0	0	1	0	3	이중권	6	DF	DF	11	김태환		0	2	0	0
0	0	0	0		조병국	29	DF	DF	75	강민수		0	1	0	0
0	1	1	0		요니치	20	DF	DF	3	정승현		0	2	0	0
0	0	2	1(1)		김대경	36	DF	DF	33	이기제		0	0	0	0
0	0	3	2(1)		김도혁	7	MF	MF	6	마스다		1(1)	1	0	0
0	0	0	0		김태수	5	MF	MF	4	구본상		0	2	0	0
0	0	2	0	11	이현성	13	MF	MF	19	김승준	9	1(1)	1	0	0
0	0	2	0		윤상호	14	MF	MF	29	서정진	16	0	0	0	0
0	0	1	2(2)		박세직	24	MF	MF	44	코바		2(2)	2	0	0
0	0	3	3(3)	19	케빈	10	FW	FW	18	이정협	7	1	1	0	0
0	0	0	0		김교빈	31			31	장대희		0	0	0	0
0	0	0	0		김대중	15			23	장순혁		0	0	0	0
0	0	0	1(1)	후25	송시우	19			13	이명재		0	0	0	0
0	0	0	1(1)	후0	진성욱	11	대기	대기	5	이창용		0	0	0	0
0	0	0	0		김동석	8			16	김건웅	후34	0	1	0	0
0	0	0	0		김경민	4			7	김인성	후25	0	0	0	0
0	0	0	0	후33	김용환	3			9	박성호	후42	0	1	0	0
0	1	15	10(9)			0			0			5(4)	14	1	0

- ●전반 2분 코바 PAL 내 EL ~ 김승준 GAL 내 R-ST-G (득점: 김승준, 도움: 코바) 왼쪽

5월 01일 14:00 맑음 광양 전용 3,659명
주심: 송민석 / 부심: 이정민·강동호 / 대기심: 김성호 / 경기감독관: 한병화

전남 3 1 전반 1 / 2 후반 3 **4 상주**

퇴장	경고	파울	ST(유)	교체	선수명	배번	위치	위치	배번	선수명	교체	ST(유)	파울	경고	퇴장
0	0	0	0		김민식	1	GK	GK	1	양동원		0	0	0	0
0	0	2	0		현영민	13	DF	DF	2	이용		0	0	0	0
0	1	2	0		고태원	5	DF	DF	3	이웅희		0	0	0	0
0	0	0	0		이지남	17	DF	DF	6	박진포		1	1	0	0
0	1	2	0		최효진	2	DF	DF	25	김오규		1(1)	2	1	0
0	2	3	0		양준아	20	MF	MF	7	황일수		2(1)	2	1	0
0	0	5	0		김평래	12	MF	MF	10	이승기	26	0	0	0	0
0	0	0	2	19	오르샤	7	MF	MF	16	김성준		0	1	0	0
0	0	0	3(2)	3	유고비치	8	MF	MF	32	조지훈	8	0	2	0	0
0	0	2	0	23	안용우	11	MF	MF	12	박준태	11	3(1)	0	0	0
0	0	3	5(4)		스테보	10	FW	FW	9	박기동		6(2)	1	0	0
0	0	0	0		한유성	27			8	김성환	후0	2(2)	0	0	0
0	0	0	0	후35	이슬찬	3			11	임상협	후8	0	0	0	0
0	0	0	0		홍진기	4			14	최현태		0	0	0	0
0	0	0	0		정석민	6	대기	대기	18	최종환		0	0	0	0
0	0	0	0		배천석	18			26	신영준	후24	1	0	0	0
0	0	1	0	후35	이지민	19			27	조영철		0	0	0	0
0	0	0	1(1)	전35	허용준	23			41	제종현		0	0	0	0
0	4	20	11(7)			0			0			16(7)	9	2	0

- ●전반 34분 스테보 GAL R-ST-G (득점: 스테보) 왼쪽
- ●후반 12분 유고비치 GA 정면 H-ST-G (득점: 유고비치) 왼쪽
- ●후반 30분 최효진 PAR ↷ 스테보 GAL 내 H-ST-G (득점: 스테보, 도움: 최효진) 왼쪽
- ●전반 7분 박기동 GA 정면 L-ST-G (득점: 박기동) 왼쪽
- ●후반 38분 황일수 PAR 내 ↷ 박기동 GAL H-ST-G (득점: 박기동, 도움: 황일수) 왼쪽
- ●후반 43분 김성환 PK-R-G (득점: 김성환) 왼쪽
- ●후반 51분 김성환 PK-R-G (득점: 김성환) 왼쪽

5월 01일 16:00 맑음 탄천 종합 7,478명
주심: 정동식 / 부심: 노수용·김성일 / 대기심: 박필준 / 경기감독관: 김진의

성남 2 0 전반 0 / 2 후반 0 **0 광주**

퇴장	경고	파울	ST(유)	교체	선수명	배번	위치	위치	배번	선수명	교체	ST(유)	파울	경고	퇴장
0	0	0	0	1	김동준	31	GK	GK	21	윤보상		0	0	0	0
0	0	1	1(1)		장학영	33	DF	DF	17	이종민		1(1)	3	0	0
0	0	0	0		윤영선	20	DF	DF	25	홍준호		1(1)	2	0	0
0	0	0	0		김태윤	4	DF	DF	14	김진환		1(1)	1	0	0
0	0	1	1(1)		곽해성	2	DF	DF	18	정동윤		2	3	1	0
0	2	3	3(1)		이종원	22	MF	MF	40	이찬동		1	1	0	0
0	1	1	0		조재철	30	MF	MF	10	파비오	24	2	1	0	0
0	0	0	2(2)		티아고	11	MF	MF	23	김민혁		0	0	0	0
0	1	0	0	16	김두현	8	MF	FW	11	조성준	30	2(1)	0	1	0
0	0	0	1(1)	26	박용지	19	MF	FW	16	송승민		3(2)	1	0	0
0	0	3	5(3)		황의조	10	FW	FW	9	정조국	33	4(3)	2	0	0
0	0	0	0	후48	전상욱	1			1	최봉진		0	0	0	0
0	0	0	0		이태희	6			2	정호정		0	0	0	0
0	0	0	0		장석원	24			5	박동진		0	0	0	0
0	0	0	0	후33	안상현	16	대기	대기	6	오도현		0	0	0	0
0	0	0	0	후33	피투	26			24	조주영	후29	1(1)	0	0	0
0	0	0	0		김동희	13			30	심광욱	후29	1	0	0	0
0	0	0	0		성봉재	27			33	와다	후37	0	1	0	0
0	4	9	13(9)			0			0			19(10)	15	2	0

- ●후반 15분 티아고 PK-L-G (득점: 티아고) 오른쪽
- ●후반 35분 안상현 AKL ~ 황의조 GAL L-ST-G (득점: 황의조, 도움: 안상현) 오른쪽

5월 05일 14 : 00 맑음 울산 문수 11,319명
주심: 고형진 / 부심: 이정민 · 박인선 / 대기심: 송민석 / 경기감독관: 김일호

울산 0 | 0 전반 1 / 0 후반 2 | **3 성남**

퇴장	경고	파울	ST(유)	교체	선수명	배번	위치	위치	배번	선수명	교체	ST(유)	파울	경고	퇴장
0	0	0	0		김용대	1	GK	GK	31	김동준		0	0	0	0
0	0	2	0		김태환	11	DF	DF	33	장학영		0	0	0	0
0	0	1	0	5	강민수	75	DF	DF	20	윤영선		2(2)	1	0	0
0	0	3	0		정승현	3	DF	DF	4	김태윤		0	1	0	0
0	0	0	1		이기제	33	DF	DF	6	이태희		1(1)	0	0	0
0	1	1	4		마스다	6	MF	MF	22	이종원		0	2	0	0
0	0	4	1	8	구본상	4	MF	MF	16	안상현		0	2	1	0
0	0	0	3		김승준	19	MF	MF	11	티아고	30	2	0	0	0
0	0	1	1		서정진	29	MF	MF	8	김두현	2	1(1)	0	0	0
0	0	1	2	9	코바	44	MF	MF	26	피투		2(2)	0	0	0
0	0	0	3(2)		이정협	18	FW	FW	10	황의조	24	2(1)	1	0	0
0	0	0	0		장대희	31	대기	대기	21	김근배		0	0	0	0
0	0	0	0		장순혁	23			2	곽해성	후31	1	0	0	0
0	0	0	0		이명재	13			24	장석원	후46	0	0	0	0
0	0	2	0	후12	이창용	5			30	조재철	후20	0	1	0	0
0	0	0	1(1)	후28	하성민	8			19	박용지		0	0	0	0
0	0	0	0		김인성	7			13	김동희		0	0	0	0
0	0	1	1	후10	박성호	9			27	성봉재		0	0	0	0
0	1	16	17(3)			0			0			11(7)	8	1	0

- 전반 30분 윤영선 GA 정면 내 H-ST-G (득점: 윤영선) 가운데
- 후반 4분 장학영 자기 측 HLL ↷ 황의조 PAL 내 L-ST-G (득점: 황의조, 도움: 장학영) 오른쪽
- 후반 8분 황의조 GAR 내 EL ~ 피투 GAL L-ST-G (득점: 피투, 도움: 황의조) 왼쪽

5월 05일 14 : 00 맑음 인천 전용 6,268명
주심: 박필준 / 부심: 노태식 · 김성일 / 대기심: 박병진 / 경기감독관: 김용세

인천 0 | 0 전반 0 / 0 후반 0 | **0 전남**

퇴장	경고	파울	ST(유)	교체	선수명	배번	위치	위치	배번	선수명	교체	ST(유)	파울	경고	퇴장
0	0	0	0		이태희	21	GK	GK	1	김민식		0	0	0	0
0	0	1	0		김용환	3	DF	DF	13	현영민	4	0	1	0	0
0	0	0	1		조병국	29	DF	DF	5	고태원		0	5	0	0
0	0	0	0		이윤표	16	DF	DF	17	이지남		0	3	1	0
0	0	1	0		박대한	25	DF	DF	3	이슬찬		0	1	0	0
0	0	2	1(1)		김동석	8	MF	MF	6	정석민	14	0	4	1	0
0	0	0	0	24	김태수	5	MF	MF	12	김평래	16	0	3	0	0
0	0	2	1	19	송제헌	9	MF	MF	7	오르샤		1	0	0	0
0	0	3	2(1)		윤상호	14	MF	MF	8	유고비치		0	0	0	0
0	0	2	3(2)		진성욱	11	MF	MF	23	허용준		0	2	0	0
0	0	3	1(1)	10	이효균	28	FW	FW	10	스테보		2(1)	0	0	0
0	0	0	0		김교빈	31	대기	대기	27	한유성		0	0	0	0
0	0	0	0		김대중	15			2	최효진		0	0	0	0
0	0	0	0		이중권	6			4	홍진기	후24	0	1	0	0
0	0	0	0		김도혁	7			14	김영욱	후31	0	3	0	0
0	1	0	0	후37	박세직	24			16	한찬희	후31	0	1	0	0
0	0	0	0	후20	송시우	19			18	배천석		0	0	0	0
0	0	0	0	후17	케빈	10			19	이지민		0	0	0	0
0	1	14	9(5)			0			0			3(1)	24	2	0

5월 05일 16 : 00 맑음 광주 월드컵 5,003명
주심: 김우성 / 부심: 장준모 · 곽승순 / 대기심: 우상일 / 경기감독관: 김형남

광주 1 | 0 전반 0 / 1 후반 0 | **0 상주**

퇴장	경고	파울	ST(유)	교체	선수명	배번	위치	위치	배번	선수명	교체	ST(유)	파울	경고	퇴장
0	1	0	0		윤보상	21	GK	GK	31	오승훈		0	0	0	0
0	0	2	0		이종민	17	DF	DF	2	이용		1(1)	1	0	0
0	1	2	0		홍준호	25	DF	DF	3	이웅희		0	0	0	0
0	0	3	0		정호정	2	DF	DF	6	박진포		0	3	0	0
0	0	0	0	18	이으뜸	8	DF	DF	25	김오규		0	0	0	0
0	0	2	0		이찬동	40	MF	MF	7	황일수	12	1(1)	1	0	0
0	0	3	2(2)	6	파비오	10	MF	MF	8	김성환		0	1	0	0
0	1	4	0		김민혁	23	MF	MF	10	이승기	29	0	1	0	0
0	0	1	0	11	주현우	13	FW	MF	11	임상협	26	0	1	0	0
0	0	1	1(1)		송승민	16	FW	MF	16	김성준		0	2	1	0
0	0	1	2(1)		정조국	9	FW	FW	9	박기동		1	2	0	0
0	0	0	0		황인재	31	대기	대기	41	제종현		0	0	0	0
0	0	0	0		박동진	5			4	김대열		0	0	0	0
0	0	0	0	후25	오도현	6			12	박준태	후17	1	0	0	0
0	0	1	0	후13	조성준	11			26	신영준	후23	0	0	0	0
0	0	1	0	후32	정동윤	18			27	조영철		0	0	0	0
0	0	0	0		조주영	24			28	윤준성		0	0	0	0
0	0	0	0		김진수	27			29	김성주	후29	1	0	0	0
0	3	21	5(4)			0			0			5(2)	12	1	0

- 후반 19분 정조국 PK-R-G (득점: 정조국) 왼쪽

5월 08일 17 : 00 맑음 수원 월드컵 18,031명
주심: 김종혁 / 부심: 노수용 · 강동호 / 대기심: 김동진 / 경기감독관: 한병화

수원 2 | 1 전반 0 / 1 후반 3 | **3 전북**

퇴장	경고	파울	ST(유)	교체	선수명	배번	위치	위치	배번	선수명	교체	ST(유)	파울	경고	퇴장
0	0	0	0		노동건	1	GK	GK	1	권순태		0	0	0	0
0	2	1	0		신세계	30	DF	DF	6	최재수		1(1)	1	0	0
0	0	2	1(1)		구자룡	15	DF	DF	15	임종은		1	1	0	0
0	1	1	0		이정수	40	DF	DF	23	최규백		0	2	0	0
0	1	1	0	34	양상민	3	DF	DF	25	최철순		0	1	1	0
0	0	0	0		조원희	8	MF	MF	34	장윤호	8	0	1	1	0
0	0	1	2(2)	20	권창훈	22	MF	MF	13	김보경		0	1	0	0
0	0	1	0		산토스	10	MF	MF	17	이재성		1(1)	2	1	0
0	0	1	1(1)	24	이상호	7	MF	MF	11	로페즈	22	3(1)	0	0	0
0	0	1	1(1)		염기훈	26	MF	MF	7	한교원	10	2(2)	1	1	0
0	0	2	2(2)		김건희	13	FW	FW	20	이동국		3(3)	1	0	0
0	0	0	0		양형모	21	대기	대기	41	황병근		0	0	0	0
0	0	2	0	후15	곽광선	34			30	김영찬		0	0	0	0
0	0	0	0		민상기	39			19	박원재		0	0	0	0
0	0	0	1(1)	후25	백지훈	20			22	서상민	후7	0	1	0	0
0	0	1	2(2)	후15	고승범	24			10	레오나르도	후17	2(2)	0	0	0
0	0	0	0		고차원	12			8	루이스	후7	1(1)	0	0	0
0	0	0	0		조동건	9			9	이종호		0	0	0	0
0	4	14	10(10)			0			0			14(11)	12	4	0

- 전반 15분 구자룡 GAL 내 R-ST-G (득점: 구자룡) 왼쪽
- 후반 47분 김건희 GAR EL ~ 염기훈 GAR 내 R-ST-G (득점: 염기훈, 도움: 김건희) 왼쪽
- 후반 2분 김보경 GAR ↷ 한교원 GA 정면 H-ST-G (득점: 한교원, 도움: 김보경) 왼쪽
- 후반 10분 김보경 GAR ~ 루이스 GAR R-ST-G (득점: 루이스, 도움: 김보경) 오른쪽
- 후반 43분 이동국 PK지점 R-ST-G (득점: 이동국) 오른쪽

6월 04일 19 : 00 흐림 광주 월드컵 2,842명
주심: 박필준 / 부심: 노태식 · 박인선 / 대기심: 우상일 / 경기감독관: 김진의

광주 1 — 0 전반 0 / 1 후반 1 — **1 전북**

퇴장	경고	파울	ST(유)	교체	선수명	배번	위치	위치	배번	선수명	교체	ST(유)	파울	경고	퇴장
0	0	0	0		윤 보 상	21	GK	GK	1	권 순 태		0	0	0	0
0	0	1	1	18	이 종 민	17	DF	DF	6	최 재 수		0	4	1	0
0	0	0	0		김 영 빈	3	DF	DF	16	조 성 환		1	2	0	0
0	0	0	0		정 호 정	2	DF	DF	30	김 영 찬		0	3	1	0
0	0	0	1		이 으 뜸	8	DF	DF	25	최 철 순		0	1	1	0
0	0	3	1	4	김 정 현	20	MF	MF	34	장 윤 호		0	2	1	0
0	1	1	2		여 름	7	MF	MF	13	김 보 경		0	3	0	0
0	0	0	0		김 민 혁	23	MF	MF	8	루 이 스	10	3	0	0	0
0	0	1	0	13	조 성 준	11	FW	MF	7	한 교 원	99	1	1	0	0
0	0	6	2(2)		송 승 민	16	FW	MF	11	로 페 즈		2(1)	0	0	0
0	0	7	2(1)		정 조 국	9	FW	FW	20	이 동 국		2(2)	1	0	0
0	0	0	0		황 인 재	31			21	홍 정 남		0	0	0	0
0	0	0	0	후21	웰 링 톤	4			33	이 한 도		0	0	0	0
0	0	0	0		오 도 현	6			19	박 원 재		0	0	0	0
0	0	0	0		파 비 오	10	대기	대기	22	서 상 민		0	0	0	0
0	0	0	0		이 민 기	12			10	레오나르도	후14	1(1)	0	0	0
0	0	1	0	후30	주 현 우	13			9	이 종 호		0	0	0	0
0	0	0	0	후30	정 동 윤	18			99	김 신 욱	후20	0	1	0	0
0	1	20	9(3)			0			0			10(4)	18	4	0

● 후반 34분 이으뜸 PAL ↷ 송승민 GAL 내 H-ST-G (득점: 송승민, 도움: 이으뜸) 오른쪽

● 후반 29분 최철순 PAR 내 ↷ 이동국 GAL 내 H-ST-G (득점: 이동국, 도움: 최철순) 오른쪽

5월 14일 17 : 00 맑음 수원 종합 11,866명
주심: 우상일 / 부심: 이정민 · 노태식 / 대기심: 고형진 / 경기감독관: 김수현

수원FC 1 — 0 전반 1 / 1 후반 1 — **2 수원**

퇴장	경고	파울	ST(유)	교체	선수명	배번	위치	위치	배번	선수명	교체	ST(유)	파울	경고	퇴장
0	0	0	0		박 형 순	23	GK	GK	1	노 동 건		0	0	0	0
0	1	2	0		블 라 단	5	DF	DF	8	조 원 희		2(1)	2	0	0
0	1	4	2(2)		레 이 어	24	DF	DF	15	구 자 룡		0	1	0	0
0	0	2	0		김 종 국	6	DF	DF	39	민 상 기		0	0	0	0
0	1	3	0	77	김 한 원	10	DF	DF	34	곽 광 선		0	2	1	0
0	0	1	1(1)		김 근 환	38	MF	MF	20	백 지 훈	66	1	1	0	0
0	0	0	0	9	배 신 영	13	MF	MF	26	염 기 훈		3(2)	1	0	0
0	1	2	4(3)		가 빌 란	20	MF	MF	22	권 창 훈		4	0	0	0
0	0	2	3(2)		김 병 오	7	FW	MF	10	산 토 스		2(2)	1	0	0
0	0	1	2		이 승 현	11	FW	MF	7	이 상 호	24	3(2)	1	0	0
0	0	3	3(2)		오군지미	75	FW	FW	13	김 건 희	11	0	3	1	0
0	0	0	0		이 인 수	21			21	양 형 모		0	0	0	0
0	0	0	0		임 하 람	4			77	장 호 익		0	0	0	0
0	0	0	0		김 혁 진	16			6	연 제 민		0	0	0	0
0	0	0	0	후38	김 부 관	77	대기	대기	66	오 장 은	후30	0	0	0	0
0	0	2	1(1)	후7	이 승 렬	9			28	문 준 호		0	0	0	0
0	0	0	0		이 재 안	17			24	고 승 범	후39	0	0	0	0
0	4	22	16(11)			0			0			15(7)	12	2	0

● 후반 26분 김병오 PAL 내 L-ST-G (득점: 김병오) 오른쪽

● 전반 26분 김건희 PAL ~ 산토스 GA 정면 R-ST-G (득점: 산토스, 도움: 김건희) 오른쪽

● 후반 38분 염기훈 MFR FK L-ST-G (득점: 염기훈) 왼쪽

5월 14일 15 : 00 맑음 울산 문수 6,983명
주심: 송민석 / 부심: 김성일 · 박인선 / 대기심: 이동준 / 경기감독관: 강창구

울산 0 — 0 전반 0 / 0 후반 0 — **0 포항**

퇴장	경고	파울	ST(유)	교체	선수명	배번	위치	위치	배번	선수명	교체	ST(유)	파울	경고	퇴장
0	0	0	0		김 용 대	1	GK	GK	1	신 화 용	21	0	0	0	0
0	0	0	0		김 태 환	11	DF	DF	6	김 준 수		0	1	0	0
0	0	0	2(1)		이 재 성	15	DF	DF	3	김 광 석		0	0	0	0
0	1	1	1(1)		정 승 현	3	DF	DF	13	김 원 일		0	2	0	0
0	0	3	1(1)		이 기 제	33	DF	MF	15	이 재 원	33	1(1)	1	0	0
0	0	1	1		마 스 다	6	MF	MF	17	강 상 우		3(1)	3	1	0
0	1	2	0	4	하 성 민	8	MF	MF	2	박 선 용		0	2	0	0
0	0	1	0	2	김 승 준	19	MF	MF	9	황 지 수	4	1	3	0	0
0	0	3	4(3)		코 바	44	MF	FW	12	이 광 혁		0	1	0	0
0	0	0	2(2)		박 성 호	9	MF	FW	11	심 동 운		3(2)	0	0	0
0	0	0	2(2)	5	이 정 협	18	FW	FW	18	양 동 현		5(4)	0	0	0
0	0	0	0		장 대 희	31			21	김 진 영	후0	0	0	0	0
0	0	0	0		강 민 수	75			24	배 슬 기		0	0	0	0
0	0	0	0	후23	정 동 호	2			33	이 남 규	후33	0	0	0	0
0	0	1	1(1)	후30	이 창 용	5	대기	대기	14	오 창 현		0	0	0	0
0	0	0	0	후42	구 본 상	4			7	문 창 진		0	0	0	0
0	0	0	0		서 정 진	29			4	박 준 희	후0	0	0	0	0
0	0	0	0		김 민 규	24			8	라 자 르		0	0	0	0
0	2	12	14(11)			0			0			13(8)	13	1	0

5월 14일 15 : 00 맑음 탄천 종합 12,043명
주심: 박필준 / 부심: 장준모 · 노수용 / 대기심: 박병진 / 경기감독관: 전인석

성남 2 — 2 전반 1 / 0 후반 2 — **3 서울**

퇴장	경고	파울	ST(유)	교체	선수명	배번	위치	위치	배번	선수명	교체	ST(유)	파울	경고	퇴장
0	0	0	0		김 동 준	31	GK	GK	1	유 현		0	0	0	0
0	1	3	0		장 학 영	33	DF	DF	5	오스마르		1(1)	2	0	0
0	1	2	0		윤 영 선	20	DF	DF	15	김 원 식		0	1	0	0
0	0	0	1(1)		김 태 윤	4	DF	DF	26	김 남 춘		0	2	1	0
0	0	0	0		이 태 희	6	DF	MF	13	고 요 한		0	0	0	0
0	1	2	1		이 종 원	22	MF	MF	27	고 광 민		0	0	0	0
0	1	2	0	14	안 상 현	16	MF	MF	2	다카하기		1	1	1	0
0	0	1	1(1)		피 투	26	MF	MF	6	주 세 종		4(3)	2	0	0
0	0	1	0	19	김 두 현	8	MF	MF	22	박 용 우		0	3	0	0
0	0	0	2(2)	5	티 아 고	11	MF	FW	9	데 얀	10	3(1)	2	0	0
0	0	2	4(2)		황 의 조	10	FW	FW	11	아드리아노	23	4(3)	1	0	0
0	0	0	0		김 근 배	21			31	유 상 훈		0	0	0	0
0	0	0	0		곽 해 성	2			23	심 우 연	후49	0	0	0	0
0	0	0	0	후36	임 채 민	5			21	심 상 민		0	0	0	0
0	0	0	0	후33	정 선 호	14	대기	대기	25	이 석 현		0	0	0	0
0	0	1	0	후29	박 용 지	19			29	이 상 협		0	0	0	0
0	0	0	0		김 동 희	13			10	박 주 영	후0	1(1)	2	0	0
0	0	0	0		성 봉 재	27			19	윤 주 태		0	0	0	0
0	4	14	9(6)			0			0			14(9)	16	2	0

● 전반 17분 김태윤 GAL 내 L-ST-G (득점: 김태윤) 왼쪽

● 전반 31분 티아고 GAL L-ST-G (득점: 티아고) 왼쪽

● 전반 3분 오스마르 MFL ~ 주세종 MF 정면 R-ST-G (득점: 주세종, 도움: 오스마르) 왼쪽

● 후반 6분 아드리아노 GA 정면 R-ST-G (득점: 아드리아노) 가운데

● 후반 26분 아드리아노 GAR ~ 주세종 GA 정면 R-ST-G (득점: 주세종, 도움: 아드리아노) 오른쪽

5월 15일 14 : 00 맑음 상주 시민 1,937명
주심: 김상우 / 부심: 김계용 · 강동호 / 대기심: 김종혁 / 경기감독관: 전기록

상주 4 2 전반 2 / 2 후반 0 **2 인천**

퇴장	경고	파울	ST(유)	교체	선수명	배번	위치	위치	배번	선수명	교체	ST(유)	파울	경고	퇴장
0	0	0	0		양동원	1	GK	GK	21	이태희		0	1	0	0
0	0	1	0		이용	2	DF	DF	3	김용환		0	2	0	0
0	0	0	1(1)		이웅희	3	DF	DF	29	조병국		0	2	1	0
0	0	1	0		박진포	6	DF	DF	20	요니치		0	2	0	0
0	0	0	0		김오규	25	DF	DF	25	박대한		0	1	0	0
0	0	1	1(1)	18	황일수	7	MF	MF	7	김도혁		1	1	0	0
0	1	1	1		김성환	8	MF	MF	5	김태수	28	0	0	0	0
0	0	2	1	27	이승기	10	MF	MF	9	송제헌	11	1(1)	0	0	0
0	0	1	3(3)		임상협	11	MF	MF	14	윤상호		0	3	0	0
0	0	1	2(1)		김성준	16	MF	MF	88	벨코스키	24	0	2	0	0
0	0	0	4(3)	4	박기동	9	FW	FW	10	케빈		4(2)	3	1	0
0	0	0	0		오승훈	31	대기	대기	31	김교빈		0	0	0	0
0	0	1	0	후40	김대열	4	대기	대기	15	김대중		0	0	0	0
0	0	0	0		박준태	12	대기	대기	6	이중권		0	0	0	0
0	0	1	0	후37	최종환	18	대기	대기	4	김경민		0	0	0	0
0	0	1	0	후29	조영철	27	대기	대기	24	박세직	후5	0	0	0	0
0	0	0	0		윤준성	28	대기	대기	11	진성욱	후13	0	1	0	0
0	0	0	0		이재명	33	대기	대기	28	이효균	후21	0	1	0	0
0	1	11	13(9)			0			0			6(3)	19	2	0

- 전반 34분 김성환 GAL H ~ 이웅희 GA 정면 내 R-ST-G (득점: 이웅희, 도움: 김성환) 오른쪽
- 전반 41분 박기동 GA 정면 R-ST-G (득점: 박기동) 가운데
- 후반 10분 이승기 GA 정면 ~ 박기동 GA 정면 R-ST-G (득점: 박기동, 도움: 이승기) 오른쪽
- 후반 28분 박기동 MFR ~ 임상협 GAL L-ST-G (득점: 임상협, 도움: 박기동) 왼쪽
- 전반 10분 김태수 GAL ~ 송제헌 GA 정면 R-ST-G (득점: 송제헌, 도움: 김태수) 왼쪽
- 전반 25분 조병국 자기 측 HLL ↷ 케빈 GA 정면 R-ST-G (득점: 케빈, 도움: 조병국) 왼쪽

5월 15일 16 : 00 흐림 제주 월드컵 5,093명
주심: 김동진 / 부심: 박상준 · 윤광열 / 대기심: 김성호 / 경기감독관: 김정식

제주 3 1 전반 0 / 2 후반 0 **0 전남**

퇴장	경고	파울	ST(유)	교체	선수명	배번	위치	위치	배번	선수명	교체	ST(유)	파울	경고	퇴장
0	0	0	0		김호준	1	GK	GK	1	김민식		0	0	0	0
0	1	3	1		정운	13	DF	DF	13	현영민	18	0	1	0	0
0	1	2	2(1)		이광선	20	DF	DF	5	고태원		0	1	1	0
0	0	0	0		오반석	4	DF	DF	17	이지남		1	1	0	0
0	0	0	1		배재우	18	DF	DF	2	최효진		0	3	0	0
0	0	2	5(3)		이근호	22	MF	MF	20	양준아		0	1	0	0
0	0	0	1		권순형	7	MF	MF	6	정석민	14	0	1	0	0
0	0	1	4(3)	14	송진형	37	MF	MF	7	오르샤		6	0	0	0
0	0	2	0	15	권한진	5	MF	MF	8	유고비치		1(1)	0	0	0
0	0	0	0	11	김상원	3	MF	MF	3	이슬찬		2	3	0	0
0	0	0	2(1)		마르셀로	10	FW	FW	10	스테보	9	1(1)	0	0	0
0	0	0	0		전수현	23	대기	대기	27	한유성		0	0	0	0
0	0	0	0	후43	백동규	15	대기	대기	4	홍진기		0	0	0	0
0	0	0	0		김봉래	27	대기	대기	9	조석재	후15	1	0	0	0
0	0	0	3(1)	후18	이창민	14	대기	대기	12	김평래		0	0	0	0
0	0	0	0		문상윤	24	대기	대기	14	김영욱	후15	0	0	0	0
0	0	0	0		김현	9	대기	대기	18	배천석	후29	2	0	0	0
0	0	0	1	후28	김호남	11	대기	대기	23	허용준		0	0	0	0
0	2	10	20(9)			0			0			14(2)	11	1	0

- 전반 39분 배재우 AKR ~ 송진형 GAR R-ST-G (득점: 송진형, 도움: 배재우) 왼쪽
- 후반 8분 이근호 PAR ~ 송진형 PA 정면 R-ST-G (득점: 송진형, 도움: 이근호) 왼쪽
- 후반 28분 마르셀로 PA 정면 내 R-ST-G (득점: 마르셀로) 가운데

5월 21일 14 : 00 맑음 상주 시민 1,382명
주심: 이동준 / 부심: 김성일 · 방기열 / 대기심: 송민석 / 경기감독관: 김일호

상주 2 1 전반 2 / 1 후반 1 **3 성남**

퇴장	경고	파울	ST(유)	교체	선수명	배번	위치	위치	배번	선수명	교체	ST(유)	파울	경고	퇴장
0	0	0	0		양동원	1	GK	GK	31	김동준		0	0	1	0
0	0	0	0		이용	2	DF	DF	33	장학영		0	0	0	0
0	0	0	0		이웅희	3	DF	DF	4	김태윤		0	0	0	0
0	1	2	0		박진포	6	DF	DF	20	윤영선		0	2	1	0
0	0	0	0		김오규	25	DF	DF	2	곽해성		0	1	0	0
0	0	1	0	10	김대열	4	MF	MF	22	이종원		1	1	0	0
0	0	1	2(1)	27	황일수	7	MF	MF	16	안상현		0	1	0	0
0	0	1	1(1)		김성환	8	MF	MF	13	김동희	8	0	0	0	0
0	0	0	3(1)		임상협	11	MF	MF	26	피투		1	0	0	0
0	0	1	1	12	김성준	16	MF	MF	11	티아고	24	5(4)	1	0	0
0	1	0	4(1)		박기동	9	FW	FW	23	유창현	10	1	1	0	0
0	0	0	0		제종현	41	대기	대기	21	김근배		0	0	0	0
0	0	1	3	후0	이승기	10	대기	대기	6	이태희		0	0	0	0
0	0	0	0	후26	박준태	12	대기	대기	24	장석원	후29	0	0	0	0
0	0	0	0		최종환	18	대기	대기	14	정선호		0	0	0	0
0	0	0	3(1)	후0	조영철	27	대기	대기	8	김두현	후0	0	0	0	0
0	0	0	0		윤준성	28	대기	대기	19	박용지		0	0	0	0
0	0	0	0		이재명	33	대기	대기	10	황의조	후0	1	1	0	0
0	2	7	17(5)			0			0			9(4)	8	2	0

- 전반 10분 김대열 PAL ~ 임상협 PAL R-ST-G (득점: 임상협, 도움: 김대열) 왼쪽
- 후반 3분 박진포 GAL ~ 조영철 GA 정면 L-ST-G (득점: 조영철, 도움: 박진포) 오른쪽
- 전반 19분 티아고 C, KR L-ST-G (득점: 티아고) 가운데
- 전반 32분 안상현 PAL ~ 티아고 AK 정면 L-ST-G (득점: 티아고, 도움: 안상현) 왼쪽
- 후반 12분 이웅희 자기 측 GALR 자책골 (득점: 이웅희) 오른쪽

5월 21일 14 : 00 맑음 수원 월드컵 9,195명
주심: 김성호 / 부심: 윤광열 · 노수용 / 대기심: 김동진 / 경기감독관: 전기록

수원 2 0 전반 1 / 2 후반 3 **4 울산**

퇴장	경고	파울	ST(유)	교체	선수명	배번	위치	위치	배번	선수명	교체	ST(유)	파울	경고	퇴장
0	0	0	0		노동건	1	GK	GK	1	김용대		0	0	0	0
0	0	0	1		조원희	8	DF	DF	2	정동호	6	2(1)	3	0	0
0	0	0	0	40	곽희주	29	DF	DF	15	이재성		0	1	1	0
0	0	1	0		구자룡	15	DF	DF	3	정승현		2(2)	0	0	0
0	0	1	0		신세계	30	DF	DF	33	이기제		0	1	0	0
0	0	1	0		오장은	66	MF	MF	8	하성민		0	2	0	0
0	0	0	2		염기훈	26	MF	MF	4	구본상		0	1	0	0
0	0	0	2(2)		권창훈	22	MF	MF	11	김태환	75	0	2	0	0
0	0	0	2(1)		산토스	10	MF	MF	19	김승준		3(2)	1	0	0
0	1	1	2(1)	24	이상호	7	MF	MF	44	코바		6(4)	0	0	0
0	1	3	0	9	김건희	13	FW	FW	18	이정협	7	0	1	0	0
0	0	0	0		양형모	21	대기	대기	21	정산		0	0	0	0
0	1	1	1	후24	이정수	40	대기	대기	75	강민수	후15	0	0	0	0
0	0	0	0		곽광선	34	대기	대기	13	이명재		0	0	0	0
0	0	0	0		백지훈	20	대기	대기	5	이창용		0	0	0	0
0	0	0	0	후40	고승범	24	대기	대기	6	마스다	후43	0	0	0	0
0	0	0	2(2)	후10	조동건	9	대기	대기	7	김인성	후22	0	1	0	0
0	0	0	0		이고르	11	대기	대기	9	박성호		0	0	0	0
0	3	8	12(6)			0			0			13(9)	13	1	0

- 후반 10분 염기훈 PAL ↷ 산토스 PA 정면 R-ST-G (득점: 산토스, 도움: 염기훈) 왼쪽
- 후반 18분 신세계 PAR ↷ 조동건 GA 정면 H-ST-G (득점: 조동건, 도움: 신세계) 오른쪽
- 전반 10분 김태환 PAR ↷ 정승현 GA 정면 H-ST-G (득점: 정승현, 도움: 김태환) 오른쪽
- 후반 9분 코바 PK-R-G (득점: 코바) 왼쪽
- 후반 13분 이정협 MF 정면 ~ 코바 GAL L-ST-G (득점: 코바, 도움: 이정협) 왼쪽
- 후반 49분 코바 GAL ~ 김승준 GA 정면 R-ST-G (득점: 김승준, 도움: 코바) 오른쪽

5월 21일 15:00 맑음 순천 팔마 5,813명
주심: 김희곤 / 부심: 이정민 · 곽승순 / 대기심: 우상일 / 경기감독관: 김용세

전남 1 0 전반 0 / 1 후반 2 **2 전북**

퇴장	경고	파울	ST(유)	교체	선수명	배번	위치	위치	배번	선수명	교체	ST(유)	파울	경고	퇴장
0	0	0	0		이 호 승	21	GK	GK	1	권 순 태		0	0	0	0
0	0	4	0		이 지 민	19	DF	DF	32	이 주 용		2	0	0	0
0	0	1	1(1)		고 태 원	5	DF	DF	16	조 성 환		0	0	0	0
0	0	2	0		이 지 남	17	DF	DF	30	김 영 찬		0	2	0	0
0	1	2	0		이 슬 찬	3	DF	DF	26	최 동 근		0	1	0	0
0	1	2	1		김 평 래	12	MF	MF	66	파 탈 루	22	0	0	0	0
0	0	1	0	23	양 준 아	20	MF	MF	2	이 우 혁		1	1	0	0
0	0	1	1	18	안 용 우	11	MF	MF	8	루 이 스	3	2(2)	1	0	0
0	0	1	1		유고비치	8	MF	MF	18	고 무 열	99	1	0	0	0
0	0	0	1(1)	10	김 영 욱	14	MF	MF	11	로 페 즈		3(1)	2	0	0
0	0	1	1(1)		오 르 샤	7	FW	FW	9	이 종 호		1	1	0	0
0	0	0	0		한 유 성	27			41	황 병 근		0	0	0	0
0	0	0	0		홍 진 기	4			3	김 형 일	후49	0	0	0	0
0	0	0	0	후31	스 테 보	10			19	박 원 재		0	0	0	0
0	0	0	0	후49	배 천 석	18	대기	대기	29	명 준 재		0	0	0	0
0	0	0	0	후27	허 용 준	23			22	서 상 민	후7	2	0	0	0
0	0	0	0		김 경 재	24			28	김 효 기		0	0	0	0
0	0	0	0		한 지 원	25			99	김 신 욱	후20	3(1)	1	0	0
0	2	15	6(3)			0			0			15(4)	9	0	0

●후반 2분 김영욱 GAR 내 H-ST-G (득점: 김영욱) 오른쪽

●후반 12분 로페즈 MFR ~ 루이스 PA 정면 R-ST-G (득점: 루이스, 도움: 로페즈) 왼쪽
●후반 47분 로페즈 PK지점 ~ 루이스 PAR 내 R-ST-G (득점: 루이스, 도움: 로페즈) 오른쪽

5월 22일 14:00 맑음 포항 스틸야드 7,739명
주심: 김우성 / 부심: 김계용 · 강동호 / 대기심: 김상우 / 경기감독관: 하재훈

포항 0 0 전반 1 / 0 후반 0 **1 수원FC**

퇴장	경고	파울	ST(유)	교체	선수명	배번	위치	위치	배번	선수명	교체	ST(유)	파울	경고	퇴장
0	0	0	0		신 화 용	1	GK	GK	23	박 형 순		0	0	0	0
0	1	2	0		김 준 수	6	DF	DF	4	임 하 람		0	0	0	0
0	0	0	0		김 광 석	3	DF	DF	38	김 근 환		0	2	0	0
0	1	4	0		김 원 일	13	DF	DF	3	황 재 훈		2	2	0	0
0	1	1	0		박 선 주	27	MF	DF	22	권 혁 진		0	4	0	0
0	0	0	0		강 상 우	17	MF	MF	6	김 종 국		0	4	1	0
0	0	3	0	4	황 지 수	9	MF	MF	8	이 광 진	13	0	2	1	0
0	0	1	0		박 선 용	2	MF	MF	20	가 빌 란	17	2	0	1	0
0	0	2	0	20	이 광 혁	12	MF	FW	11	이 승 현		1(1)	0	0	0
0	0	1	3	11	문 창 진	7	FW	FW	7	김 병 오		1(1)	4	0	0
0	0	0	2(1)		양 동 현	18	FW	FW	28	윤 태 수	77	1	2	0	0
0	0	0	0		김 진 영	21			21	이 인 수		0	0	0	0
0	0	0	0		배 슬 기	24			26	여 인 언		0	0	0	0
0	0	0	0		이 재 원	15			27	김 성 현		0	0	0	0
0	0	0	0		김 동 현	29	대기	대기	13	배 신 영	후44	1(1)	0	0	0
0	0	0	0	후34	박 준 희	4			16	김 혁 진		0	0	0	0
0	0	2	1	후14	심 동 운	11			77	김 부 관	전35	0	1	0	0
0	0	1	0	후27	최 호 주	20			17	이 재 안	후28	1(1)	0	0	0
0	3	17	6(1)			0			0			9(4)	21	3	0

●전반 45분 김부관 PAL ↷ 이승현 GAR H-ST-G (득점: 이승현, 도움: 김부관) 왼쪽

6월 06일 17:50 흐림 서울 월드컵 17,466명
주심: 이동준 / 부심: 이정민 · 김성일 / 대기심: 송민석 / 경기감독관: 한병화

서울 3 0 전반 1 / 3 후반 3 **4 제주**

퇴장	경고	파울	ST(유)	교체	선수명	배번	위치	위치	배번	선수명	교체	ST(유)	파울	경고	퇴장
0	0	0	0		유 현	1	GK	GK	1	김 호 준		0	0	0	0
0	0	0	0		김 동 우	4	DF	DF	4	오 반 석		1	2	0	0
0	0	0	3(2)		오스마르	5	DF	DF	5	권 한 진		0	0	0	0
0	0	0	0	10	김 원 식	15	DF	DF	15	백 동 규		0	1	0	0
0	0	1	3(2)		고 요 한	13	MF	MF	7	권 순 형		1(1)	1	1	0
0	0	0	1		고 광 민	27	MF	MF	37	송 진 형		1	1	0	0
0	0	0	1		다카하기	2	MF	MF	13	정 운		0	3	1	0
0	0	1	2(1)		윤 일 록	17	MF	MF	18	배 재 우	11	0	0	0	0
0	0	1	0	26	이 상 협	29	MF	MF	10	마르셀로	3	3(2)	1	0	0
0	0	1	6(3)		데 얀	9	FW	FW	16	정 영 총	27	1(1)	0	0	0
0	0	0	1(1)	19	아드리아노	11	FW	FW	22	이 근 호		2(1)	0	0	0
0	0	0	0		유 상 훈	31			21	김 경 민		0	0	0	0
0	0	0	0		정 인 환	3			3	김 상 원	후44	1(1)	0	0	0
0	0	0	0	후32	김 남 춘	26			20	이 광 선		0	0	0	0
0	0	0	0		김 치 우	7	대기	대기	27	김 봉 래	후20	1	1	0	0
0	0	0	0		심 우 연	23			6	김 선 우		0	0	0	0
0	0	0	0	후40	박 주 영	10			24	문 상 윤		0	0	0	0
0	1	1	2(1)	후0	윤 주 태	19			11	김 호 남	후14	2(2)	0	0	0
0	1	5	19(10)			0			0			13(8)	10	2	0

●후반 2분 윤일록 MF 정면 ~ 고요한 PAR 내 L-ST-G (득점: 고요한, 도움: 윤일록) 왼쪽
●후반 10분 고요한 GA 정면 L-ST-G (득점: 고요한) 왼쪽
●후반 16분 윤주태 PA 정면 내 R-ST-G (득점: 윤주태) 가운데

●전반 41분 마르셀로 GAR ↷ 정영총 GAL 내 H-ST-G (득점: 정영총, 도움: 마르셀로) 왼쪽
●후반 22분 김호남 GAR 내 ~ 마르셀로 GA 정면 R-ST-G (득점: 마르셀로, 도움: 김호남) 오른쪽
●후반 32분 정운 PAL ↷ 김호남 GA 정면 H-ST-G (득점: 김호남, 도움: 정운) 오른쪽
●후반 34분 김호남 GAL ~ 권순형 AK 정면 R-ST-G (득점: 권순형, 도움: 김호남) 오른쪽

5월 22일 16:00 맑음 인천 전용 4,755명
주심: 고형진 / 부심: 노태식 · 박인선 / 대기심: 박필준 / 경기감독관: 김형남

인천 0 0 전반 0 / 0 후반 1 **1 광주**

퇴장	경고	파울	ST(유)	교체	선수명	배번	위치	위치	배번	선수명	교체	ST(유)	파울	경고	퇴장
0	0	0	0		조 수 혁	1	GK	GK	21	윤 보 상		0	0	0	0
0	0	2	0		권 완 규	17	DF	DF	17	이 종 민	18	1(1)	0	0	0
0	1	2	1		조 병 국	29	DF	DF	5	박 동 진		0	0	0	0
0	0	0	0		요 니 치	20	DF	DF	2	정 호 정		0	0	0	0
0	0	3	0		박 대 한	25	DF	DF	8	이 으 뜸		0	2	1	0
0	0	0	0	36	쯔 엉	60	MF	MF	40	이 찬 동		0	3	0	0
0	0	1	0		김 태 수	5	MF	MF	10	파 비 오	7	0	0	0	0
0	0	0	0	11	박 세 직	24	MF	MF	23	김 민 혁		3(1)	4	0	0
0	1	3	1(1)	37	송 시 우	19	MF	FW	11	조 성 준		0	2	0	0
0	0	3	1(1)		송 제 헌	9	MF	FW	16	송 승 민		1	0	0	0
1	0	1	1		이 효 균	28	FW	FW	9	정 조 국	24	2(1)	2	0	0
0	0	0	0		김 교 빈	31			31	황 인 재		0	0	0	0
0	0	0	0		김 대 중	15			6	오 도 현		0	0	0	0
0	0	1	0	후14	김 대 경	36			7	여 름	후17	2	1	0	0
0	0	0	0		김 경 민	4	대기	대기	12	이 민 기		0	0	0	0
0	0	0	0		김 도 혁	7			13	주 현 우		0	0	0	0
0	0	0	0	후32	박 종 진	37			18	정 동 윤	후32	0	0	0	0
0	0	1	0	후39	진 성 욱	11			24	조 주 영	후35	0	0	1	0
1	2	17	4(2)			0			0			9(3)	14	2	0

●후반 46분 조주영 PA 정면 내 H → 김민혁 GAR 내 R-ST-G (득점: 김민혁, 도움: 조주영) 오른쪽

5월 28일 14 : 00 맑음 탄천 종합 7,712명

주심: 김동진 / 부심: 노수용 · 강동호 / 대기심: 김우성 / 경기감독관: 김일호

성남 0 0 전반 0 / 0 후반 1 **1 인천**

퇴장	경고	파울	ST(유)	교체	선수명	배번	위치	위치	배번	선수명	교체	ST(유)	파울	경고	퇴장
0	0	0	0		김동준	31	GK	GK	1	조수혁		0	0	1	0
0	0	0	0		장학영	33	DF	DF	3	김용환		0	0	1	0
0	1	1	1		김태윤	4	DF	DF	16	이윤표		0	1	0	0
0	1	0	0		임채민	5	DF	DF	29	조병국	15	0	2	0	0
0	0	0	1(1)		이태희	6	DF	DF	20	요니치		0	1	0	0
0	0	3	2		이종원	22	MF	DF	17	권완규		1	2	0	0
0	0	3	1(1)		안상현	16	MF	MF	5	김태수		2(2)	1	0	0
0	0	2	2(2)	8	김동희	13	MF	MF	24	박세직	9	3	2	1	0
0	0	1	2(1)		피투	26	MF	MF	14	윤상호		0	4	0	0
0	0	0	3(2)	19	티아고	11	MF	MF	88	벨코스키	7	1(1)	0	0	0
0	0	1	3(2)		황의조	10	FW	FW	10	케빈		4(2)	3	0	0
0	0	0	0		김근배	21			31	김교빈		0	0	0	0
0	0	0	0		곽해성	2			25	박대한		0	0	0	0
0	0	0	0		장석원	24			15	김대중	후29	0	0	0	0
0	0	0	0		최호정	15	대기	대기	7	김도혁	후19	0	1	0	0
0	0	0	0	후17	김두현	8			13	이현성		0	0	0	0
0	0	1	0	후17	박용지	19			37	박종진		0	0	0	0
0	0	0	0		성봉재	27			9	송제헌	후25	1	2	0	0
0	2	12	15(9)			0			0			12(5)	19	3	0

● 후반 34분 송제헌 PK지점 ~ 케빈 PA 정면 내 R-ST-G (득점: 케빈, 도움: 송제헌) 왼쪽

5월 28일 15 : 00 맑음 제주 월드컵 4,798명

주심: 우상일 / 부심: 장준모 · 노태식 / 대기심: 고형진 / 경기감독관: 강창구

제주 1 1 전반 1 / 0 후반 1 **2 울산**

퇴장	경고	파울	ST(유)	교체	선수명	배번	위치	위치	배번	선수명	교체	ST(유)	파울	경고	퇴장
0	0	0	0		김호준	1	GK	GK	1	김용대		0	0	0	0
0	0	1	0		정운	13	DF	DF	2	정동호		0	1	0	0
0	0	0	3(1)		이광선	20	DF	DF	15	이재성		0	0	0	0
0	0	1	0		오반석	4	DF	DF	3	정승현		0	1	0	0
0	0	0	0		배재우	18	DF	DF	33	이기제		2(1)	2	0	0
0	0	0	3(1)	14	권한진	5	MF	MF	8	하성민		0	1	1	0
0	0	0	3(1)		권순형	7	MF	MF	6	마스다		1	2	0	0
0	0	0	2	24	송진형	37	MF	MF	11	김태환	7	2(1)	4	0	0
0	0	1	3(1)		김호남	11	MF	MF	19	김승준	75	1	1	0	0
0	0	0	3(1)		이근호	22	MF	MF	44	코바		5(3)	0	0	0
0	0	0	3(2)	15	마르셀로	10	FW	FW	18	이정협	4	5(2)	1	0	0
0	0	0	0		김경민	21			21	정산		0	0	0	0
0	0	0	0		김수범	2			75	강민수	후26	0	1	0	0
0	0	0	1	후20	백동규	15			13	이명재		0	0	0	0
0	0	0	0		김상원	3	대기	대기	5	이창용		0	0	0	0
0	0	0	3(1)	후31	이창민	14			4	구본상	후17	0	0	0	0
0	0	0	0	후38	문상윤	24			7	김인성	후39	0	1	0	0
0	0	0	0		정영총	16			9	박성호		0	0	0	0
0	0	3	24(8)			0			0			16(7)	15	1	0

● 전반 45분 이근호 PAR ↷ 김호남 GAL H-ST-G (득점: 김호남, 도움: 이근호) 오른쪽

● 전반 34분 코바 HLR ↷ 김태환 PAR 내 R-ST-G (득점: 김태환, 도움: 코바) 왼쪽

● 후반 6분 김승준 PAR → 이정협 GAL L-ST-G (득점: 이정협, 도움: 김승준) 오른쪽

5월 28일 16 : 00 맑음 광주 월드컵 5,140명

주심: 송민석 / 부심: 김성일 · 곽승순 / 대기심: 이동준 / 경기감독관: 김정식

광주 1 1 전반 0 / 0 후반 0 **0 수원FC**

퇴장	경고	파울	ST(유)	교체	선수명	배번	위치	위치	배번	선수명	교체	ST(유)	파울	경고	퇴장
0	0	0	0		윤보상	21	GK	GK	23	박형순		0	0	0	0
0	1	2	0		박동진	5	DF	DF	5	블라단		1	2	1	0
0	0	1	0		홍준호	25	DF	DF	24	레이어		1	2	1	0
0	0	0	0		정호정	2	DF	DF	3	황재훈		1(1)	0	0	0
0	0	0	1		이으뜸	8	DF	DF	10	김한원		1	2	1	0
0	1	2	1		이찬동	40	MF	MF	38	김근환		1(1)	0	1	0
0	1	3	0		여름	7	MF	MF	8	이광진	17	0	0	0	0
0	0	3	0	6	김민혁	23	MF	MF	13	배신영		2	1	0	1
0	0	1	1(1)	11	주현우	13	FW	FW	11	이승현	4	2(1)	1	0	0
0	0	2	0		송승민	16	FW	FW	7	김병오		2	2	1	0
0	0	0	4(4)	24	정조국	9	FW	FW	30	이광훈	77	1	0	0	0
0	0	0	0		황인재	31			21	이인수		0	0	0	0
0	0	0	0	후39	오도현	6			4	임하람	후33	1	0	0	0
0	0	0	0		파비오	10			22	권혁진		0	0	0	0
0	0	0	1	후17	조성준	11	대기	대기	26	여인언		0	0	0	0
0	0	0	0		이종민	17			42	유수현		0	0	0	0
0	0	0	0		정동윤	18			77	김부관	후14	2(1)	0	0	0
0	1	0	0	후25	조주영	24			17	이재안	후14	0	0	0	0
0	4	14	8(5)			0			0			15(4)	10	5	1

● 전반 36분 정조국 PK-R-G (득점: 정조국) 가운데

5월 29일 17 : 00 맑음 포항 스틸야드 11,624명

주심: 박필준 / 부심: 이정민 · 박상준 / 대기심: 정동식 / 경기감독관: 전인석

포항 2 1 전반 0 / 1 후반 2 **2 수원**

퇴장	경고	파울	ST(유)	교체	선수명	배번	위치	위치	배번	선수명	교체	ST(유)	파울	경고	퇴장
0	0	0	0		신화용	1	GK	GK	1	노동건		0	0	0	0
0	0	1	0	29	이재원	15	DF	DF	30	신세계		1(1)	4	0	0
0	0	2	0		배슬기	24	DF	DF	15	구자룡		1	2	1	0
0	0	1	1(1)		김광석	3	DF	DF	39	민상기		1	0	0	0
0	0	0	0		김원일	13	DF	DF	3	양상민		1	2	1	0
0	0	2	1		박선용	2	DF	MF	66	오장은	20	0	2	0	0
0	0	1	0		황지수	9	MF	MF	22	권창훈		4(2)	0	0	0
0	0	1	0	7	강상우	17	FW	MF	12	고차원	7	0	2	0	0
0	0	0	2(2)		이광혁	12	FW	MF	26	염기훈		1	1	0	0
0	0	1	2(1)	20	심동운	11	FW	MF	10	산토스		0	3	0	0
0	0	0	1		양동현	18	FW	FW	9	조동건	40	3(2)	1	0	0
0	0	0	0		김진영	21			21	양형모		0	0	0	0
0	0	0	0		우찬양	35			34	곽광선		0	0	0	0
0	0	0	0		오창현	14			40	이정수	후34	0	0	0	0
0	1	2	1	후0	김동현	29	대기	대기	8	조원희		0	0	0	0
0	0	0	0		박준희	4			20	백지훈	후14	0	1	1	0
0	0	0	0	후34	문창진	7			7	이상호	후14	1(1)	1	0	0
0	0	0	2(1)	후27	최호주	20			13	김건희		0	0	0	0
0	1	11	10(5)			0			0			13(6)	19	3	0

● 전반 23분 심동운 MFL FK R-ST-G (득점: 심동운) 오른쪽

● 후반 47분 이광혁 PAR EL ↷ 김광석 GAL 내 H-ST-G (득점: 김광석, 도움: 이광혁) 가운데

● 후반 17분 이상호 GAL H-ST-G (득점: 이상호) 왼쪽

● 후반 24분 염기훈 GA 정면 ~ 조동건 GAL L-ST-G (득점: 조동건, 도움: 염기훈) 왼쪽

5월 29일 14 : 00 맑음 서울 월드컵 15,851명
주심: 김상우 / 부심: 윤광열 · 방기열 / 대기심: 김우성 / 경기감독관: 김진의

서울 1 | 1 전반 1 / 0 후반 0 | **1 전남**

퇴장	경고	파울	ST(유)	교체	선수명	배번	위치	위치	배번	선수명	교체	ST(유)	파울	경고	퇴장
0	0	0	0		유 상 훈	31	GK	GK	21	이 호 승		0	0	0	0
0	0	1	3(2)		오스마르	5	DF	DF	17	이 지 남	4	0	1	0	0
0	0	0	1		김 원 식	15	DF	DF	20	양 준 아		0	2	1	0
0	0	2	1		김 남 춘	26	DF	DF	5	고 태 원		0	1	0	0
0	0	0	0		고 요 한	13	MF	MF	19	이 지 민		1	1	0	0
0	0	0	0		심 상 민	21	MF	MF	3	이 슬 찬		1	4	0	0
0	0	0	0		박 용 우	22	MF	MF	12	김 평 래		0	2	0	0
0	1	1	1	9	윤 일 록	17	MF	MF	14	김 영 욱		0	1	0	0
0	0	1	0	6	이 석 현	25	MF	MF	8	유고비치	13	2(1)	2	0	0
0	1	1	3(1)		박 주 영	10	FW	FW	9	조 석 재	16	2(1)	0	0	0
0	1	1	4(4)	11	윤 주 태	19	FW	FW	7	오 르 샤		4	2	0	0
0	0	0	0		유 현	1			27	한 유 성		0	0	0	0
0	0	0	0		정 인 환	3			2	최 효 진		0	0	0	0
0	0	0	0		김 동 우	4			4	홍 진 기	후25	0	0	0	0
0	0	0	0	후0	주 세 종	6	대기	대기	10	스 테 보		0	0	0	0
0	0	0	0		고 광 민	27			13	현 영 민	후43	0	0	0	0
0	0	0	0	후29	데 얀	9			16	한 찬 희	후11	0	0	0	0
0	0	0	1	후22	아드리아노	11			18	배 천 석		0	0	0	0
0	3	7	14(7)			0			0			10(2)	16	1	0

- ●전반 41분 오스마르 AK 정면 FK L-ST-G (득점: 오스마르) 왼쪽
- ●전반 10분 오스마르 자기 측 PAL L 자책골 (득점: 오스마르) 가운데

5월 29일 16 : 00 맑음 전주 월드컵 16,655명
주심: 김종혁 / 부심: 김계용 · 박인선 / 대기심: 박진호 / 경기감독관: 하재훈

전북 3 | 0 전반 0 / 3 후반 2 | **2 상주**

퇴장	경고	파울	ST(유)	교체	선수명	배번	위치	위치	배번	선수명	교체	ST(유)	파울	경고	퇴장
0	1	0	0		권 순 태	1	GK	GK	1	양 동 원		0	0	0	0
0	0	1	0		최 재 수	6	DF	DF	2	이 용		0	1	2	0
0	1	1	0		임 종 은	15	DF	DF	3	이 웅 희		0	0	0	0
0	1	2	1(1)		최 규 백	23	DF	DF	18	최 종 환		0	2	1	0
0	0	2	0		최 철 순	25	DF	DF	25	김 오 규		0	0	0	0
0	1	2	1(1)		이 재 성	17	MF	MF	7	황 일 수	34	1	1	0	0
0	0	1	2	22	김 보 경	13	MF	MF	8	김 성 환		2(1)	0	0	0
0	0	2	2(2)	11	루 이 스	8	MF	MF	10	이 승 기	33	0	0	0	0
0	0	1	4(2)		레오나르도	10	MF	MF	16	김 성 준		2	1	0	0
0	0	2	1	99	한 교 원	7	MF	FW	9	박 기 동		2(1)	2	1	0
0	0	0	6(3)		이 동 국	20	FW	FW	12	박 준 태	4	0	0	0	0
0	0	0	0		홍 정 남	21			41	제 종 현		0	0	0	0
0	0	0	0		김 영 찬	30			4	김 대 열	후23	0	0	0	0
0	0	0	0		박 원 재	19			26	신 영 준		0	0	0	0
0	0	2	0	후37	서 상 민	22	대기	대기	27	조 영 철		0	0	0	0
0	0	1	2(2)	후10	로 페 즈	11			30	황 순 민		0	0	0	0
0	0	0	0		이 종 호	9			33	이 재 명	후8	0	0	0	0
0	0	0	4(3)	후10	김 신 욱	99			34	김 창 훈	후14	0	0	0	0
0	4	17	23(14)			0			0			7(2)	7	4	0

- ●후반 19분 로페즈 PAR ~ 레오나르도 PA 정면 R-ST-G (득점: 레오나르도, 도움: 로페즈) 오른쪽
- ●후반 24분 최재수 PAL ↷ 최규백 GAL H-ST-G (득점: 최규백, 도움: 최재수) 왼쪽
- ●후반 36분 최철순 MFR ↷ 로페즈 GAL R-ST-G (득점: 로페즈, 도움: 최철순) 오른쪽
- ●후반 2분 김성환 PK-R-G (득점: 김성환) 오른쪽
- ●후반 7분 박준태 PAR ~ 박기동 AK 정면 L-ST-G (득점: 박기동, 도움: 박준태) 왼쪽

6월 11일 17 : 00 맑음 울산 문수 18,255명
주심: 김우성 / 부심: 윤광열 · 이정민 / 대기심: 김동진 / 경기감독관: 김수현

울산 1 | 1 전반 0 / 0 후반 0 | **0 상주**

퇴장	경고	파울	ST(유)	교체	선수명	배번	위치	위치	배번	선수명	교체	ST(유)	파울	경고	퇴장
0	0	0	0		김 용 대	1	GK	GK	41	제 종 현		0	0	0	0
0	0	1	0		정 동 호	2	DF	DF	2	이 용		1(1)	0	0	0
0	0	0	1(1)		이 재 성	15	DF	DF	3	이 웅 희		0	1	0	0
0	0	1	0		정 승 현	3	DF	DF	18	최 종 환		1(1)	1	0	0
0	0	1	0		이 기 제	33	DF	DF	25	김 오 규		0	2	1	0
0	1	3	1(1)	4	하 성 민	8	MF	MF	7	황 일 수	26	3	0	0	0
0	0	1	0		마 스 다	6	MF	MF	8	김 성 환	11	0	2	0	0
0	0	2	1		김 태 환	11	MF	MF	10	이 승 기		1	1	0	0
0	0	0	1	5	한 상 운	20	MF	MF	16	김 성 준		1(1)	0	0	0
0	0	1	1		코 바	44	MF	MF	27	조 영 철		4(3)	2	0	0
0	1	1	0	75	이 정 협	18	FW	FW	9	박 기 동	12	3(1)	1	0	0
0	0	0	0		정 산	21			31	오 승 훈		0	0	0	0
0	0	0	0	후22	강 민 수	75			11	임 상 협	후27	1(1)	1	0	0
0	0	0	0		이 명 재	13			12	박 준 태	후9	2(2)	1	1	0
0	0	1	0	후31	이 창 용	5	대기	대기	14	최 현 태		0	0	0	0
0	0	2	0	후26	구 본 상	4			24	정 준 연		0	0	0	0
0	0	0	0		김 승 준	19			26	신 영 준	후9	0	0	0	0
0	0	0	0		박 성 호	9			28	윤 준 성		0	0	0	0
0	2	14	5(2)			0			0			17(10)	12	2	0

- ●전반 14분 하성민 GAR 내 L-ST-G (득점: 하성민) 오른쪽

6월 11일 18 : 00 맑음 수원 월드컵 12,828명
주심: 이동준 / 부심: 노태식 · 박인선 / 대기심: 김대용 / 경기감독관: 김용세

수원 2 | 0 전반 0 / 2 후반 2 | **2 인천**

퇴장	경고	파울	ST(유)	교체	선수명	배번	위치	위치	배번	선수명	교체	ST(유)	파울	경고	퇴장
0	0	0	0	1	양 형 모	21	GK	GK	1	조 수 혁		0	0	0	0
0	0	1	1		신 세 계	30	DF	DF	3	김 용 환		0	1	0	0
0	0	2	0		민 상 기	39	DF	DF	16	이 윤 표		0	3	2	0
0	0	2	0		이 정 수	40	DF	DF	15	김 대 중		0	1	1	0
0	1	2	2(2)		곽 광 선	34	DF	DF	17	권 완 규		0	2	0	0
0	0	1	3(1)	17	백 지 훈	20	MF	MF	20	요 니 치		0	0	0	0
0	1	3	1		조 원 희	8	MF	MF	5	김 태 수	19	0	1	0	0
0	0	4	0		이 상 호	7	MF	MF	24	박 세 직		1	0	0	0
0	0	0	3		염 기 훈	26	MF	MF	14	윤 상 호	7	0	1	0	0
0	0	2	7(5)		산 토 스	10	MF	MF	88	벨코스키	9	0	0	0	0
0	0	1	1	9	김 건 희	13	FW	FW	10	케 빈		2(1)	2	0	0
0	0	0	0	후39	노 동 건	1			31	김 교 빈		0	0	0	0
0	0	0	0		곽 희 주	29			36	김 대 경		0	0	0	0
0	0	0	0		장 호 익	77			29	조 병 국		0	0	0	0
0	0	0	0		박 현 범	5	대기	대기	7	김 도 혁	후0	1(1)	0	0	0
0	0	0	0	후44	김 종 우	17			19	송 시 우	후25	2(1)	0	0	0
0	0	0	0		문 준 호	28			37	박 종 진		0	0	0	0
0	0	0	1	후13	조 동 건	9			9	송 제 헌	후9	1	1	0	0
0	2	18	19(8)			0			0			7(3)	12	3	0

- ●후반 19분 산토스 PK-R-G (득점: 산토스) 오른쪽
- ●후반 51분 산토스 GAL L-ST-G (득점: 산토스) 오른쪽
- ●후반 30분 김도혁 GAR L-ST-G (득점: 김도혁) 가운데
- ●후반 47분 케빈 MFRH ↷ 송시우 GAR R-ST-G (득점: 송시우, 도움: 케빈) 왼쪽

6월 11일 19 : 00 흐림 제주 월드컵 5,339명
주심: 송민석 / 부심: 노수용·방기열 / 대기심: 박진호 / 경기감독관: 김일호

제주 3 — 2 전반 1 / 1 후반 1 — **2 광주**

퇴장	경고	파울	ST(유)	교체	선수명	배번	위치	위치	배번	선수명	교체	ST(유)	파울	경고	퇴장
0	0	0	0		김호준	1	GK	GK	21	윤보상		0	0	0	0
0	0	3	1		김상원	3	DF	DF	17	이종민	5	0	0	0	0
0	0	1	0		오반석	4	DF	DF	25	홍준호		2(1)	0	0	0
0	0	1	1		이광선	20	DF	DF	2	정호정		0	0	0	0
0	0	3	1		배재우	18	DF	DF	8	이으뜸		1	1	1	0
0	0	4	1		권한진	5	DF	MF	40	이찬동		2(1)	2	0	0
0	0	4	1(1)		권순형	7	MF	MF	7	여름		0	2	1	0
0	0	1	2(1)	37	문상윤	24	MF	MF	23	김민혁		1	1	0	0
0	0	2	0	15	이근호	22	FW	FW	13	주현우	4	2(2)	0	0	0
0	0	2	2(1)		마르셀로	10	FW	FW	16	송승민		1	0	0	0
0	0	0	1	11	정영총	16	FW	FW	9	정조국	24	2(1)	0	0	0
0	0	0	0		김경민	21			31	황인재		0	0	0	0
0	0	0	0	후40	백동규	15			3	김영빈		0	0	0	0
0	0	0	0		김봉래	27			4	웰링톤	후31	0	1	0	0
0	0	0	0		김선우	6	대기	대기	5	박동진	후0	0	0	0	0
0	0	0	1	후24	송진형	37			10	파비오		0	0	0	0
0	0	0	2	후12	김호남	11			11	조성준		0	0	0	0
0	0	0	0		권용현	77			24	조주영	후25	0	0	0	0
0	0	21	13(3)			0			0			11(5)	7	2	0

- 전반 12분 마르셀로 PAL 내 ~ 문상윤 GAR R-ST-G (득점: 문상윤, 도움: 마르셀로) 왼쪽
- 전반 28분 마르셀로 GAR R-ST-G (득점: 마르셀로) 왼쪽
- 후반 38분 마르셀로 PK 우측지점 ~ 권순형 PA 정면 R-ST-G (득점: 권순형, 도움: 마르셀로) 오른쪽
- 전반 45분 김민혁 PAR ↷ 주현우 PK 우측지점 R-ST-G (득점: 주현우, 도움: 김민혁) 왼쪽
- 후반 16분 정조국 AKL FK R-ST-G (득점: 정조국) 오른쪽

6월 12일 16 : 00 맑음 탄천 종합 9,018명
주심: 우상일 / 부심: 박상준·곽승순 / 대기심: 김상우 / 경기감독관: 한병화

성남 2 — 0 전반 0 / 2 후반 2 — **2 전북**

퇴장	경고	파울	ST(유)	교체	선수명	배번	위치	위치	배번	선수명	교체	ST(유)	파울	경고	퇴장
0	0	0	0		김동준	31	GK	GK	1	권순태		0	0	0	0
0	0	1	0		장학영	33	DF	DF	6	최재수		1	2	1	0
0	0	0	0		윤영선	20	DF	DF	15	임종은		1	1	1	0
0	0	3	0		김태윤	4	DF	DF	23	최규백		0	3	1	0
0	0	3	0		곽해성	2	DF	DF	25	최철순		1	6	1	0
0	0	2	2(2)	22	김두현	8	MF	MF	13	김보경		1(1)	3	0	0
0	1	2	1		안상현	16	MF	MF	17	이재성		2(1)	2	0	0
0	0	2	7(6)		티아고	11	MF	MF	22	서상민	11	0	1	0	0
0	0	1	1	32	피투	26	MF	MF	7	한교원		2(2)	3	0	0
0	0	1	0	13	박용지	19	MF	MF	18	고무열	10	2(2)	0	0	0
0	0	1	4(1)		황의조	10	FW	FW	20	이동국	99	5(4)	0	0	0
0	0	0	0		김근배	21			21	홍정남		0	0	0	0
0	0	0	0		이태희	6			30	김영찬		0	0	0	0
0	0	0	0		장석원	24			2	이우혁		0	0	0	0
0	0	0	0	후36	연제운	32	대기	대기	10	레오나르도	후22	4(4)	0	0	0
0	0	0	0	후16	이종원	22			11	로페즈	후12	2	0	0	0
0	0	0	0		조재철	30			9	이종호		0	0	0	0
0	0	0	0	후23	김동희	13			99	김신욱	후26	0	2	0	0
0	1	16	15(9)			0			0			21(14)	23	4	0

- 후반 30분 티아고 MFR FK L-ST-G (득점: 티아고) 오른쪽
- 후반 50분 티아고 GA 정면 내 기타 L-ST-G (득점: 티아고) 왼쪽
- 후반 38분 레오나르도 GAL 기타 R-ST-G (득점: 레오나르도) 왼쪽
- 후반 46분 레오나르도 PK-R-G (득점: 레오나르도) 오른쪽

6월 12일 19 : 00 흐림 광양 전용 2,968명
주심: 고형진 / 부심: 김성일·강동호 / 대기심: 박필준 / 경기감독관: 김정식

전남 0 — 0 전반 0 / 0 후반 0 — **0 포항**

퇴장	경고	파울	ST(유)	교체	선수명	배번	위치	위치	배번	선수명	교체	ST(유)	파울	경고	퇴장
0	0	0	0		이호승	21	GK	GK	1	신화용		0	0	0	0
0	0	2	0		이지민	19	DF	MF	17	강상우		0	3	0	0
0	1	4	0		고태원	5	DF	DF	24	배슬기		0	0	0	0
0	1	1	1	12	이지남	17	DF	DF	3	김광석		0	0	0	0
0	0	2	4(2)		최효진	2	DF	DF	13	김원일		0	1	0	0
0	0	3	0		양준아	20	MF	MF	2	박선용		0	0	0	0
0	0	1	3(1)		오르샤	7	MF	MF	9	황지수	14	0	0	0	0
0	0	0	1	18	유고비치	8	MF	MF	26	조수철		0	3	0	0
0	0	4	1		김영욱	14	MF	FW	12	이광혁	15	2	2	1	0
0	0	0	2(1)	10	안용우	11	MF	FW	11	심동운	7	0	2	0	0
0	0	0	4(1)		한찬희	16	FW	FW	18	양동현		2(1)	1	0	0
0	0	0	0		한유성	27			21	김진영		0	0	0	0
0	0	0	0		조석재	9			6	김준수		0	0	0	0
0	0	0	0	후24	스테보	10			4	박준희		0	0	0	0
0	0	1	1	후28	김평래	12	대기	대기	14	오창현	후12	0	1	1	0
0	0	0	0		현영민	13			7	문창진	후18	1	0	0	0
0	0	0	0		방대종	15			30	정원진		0	0	0	0
0	0	0	0	후39	배천석	18			15	이재원	후37	0	0	0	0
0	2	18	17(5)			0			0			5(1)	13	2	0

6월 12일 19 : 00 흐림 수원 종합 4,446명
주심: 정동식 / 부심: 장준모·김계용 / 대기심: 김종혁 / 경기감독관: 김진의

수원FC 0 — 0 전반 1 / 0 후반 2 — **3 서울**

퇴장	경고	파울	ST(유)	교체	선수명	배번	위치	위치	배번	선수명	교체	ST(유)	파울	경고	퇴장
0	0	0	0		박형순	23	GK	GK	31	유상훈		0	0	0	0
0	1	3	1		유지노	2	DF	DF	3	정인환		0	2	0	0
0	0	1	1		임하람	4	DF	DF	5	오스마르		2(1)	0	0	0
0	1	1	0		레이어	24	DF	DF	15	김원식		0	1	0	0
0	0	0	1		황재훈	3	DF	MF	13	고요한		0	1	0	0
0	0	0	0		김근환	38	MF	MF	27	고광민		0	2	0	0
0	0	0	0	9	김종국	6	MF	MF	2	다카하기	10	1(1)	2	1	0
0	0	3	1(1)		유수현	42	MF	MF	6	주세종		2(1)	0	1	0
0	0	0	1		이승현	11	FW	MF	17	윤일록		3(1)	5	0	0
0	0	0	3(2)		김병오	7	FW	FW	9	데얀		2(2)	1	0	0
0	0	0	0	77	이광훈	30	FW	FW	11	아드리아노	7	5(3)	1	0	0
0	0	0	0		이인수	21			1	유현		0	0	0	0
0	0	0	0		이광진	8			4	김동우		0	0	0	0
0	0	0	0		권혁진	22			22	박용우		0	0	0	0
0	0	1	3	후7	김부관	77	대기	대기	7	김치우	후37	0	1	0	0
0	1	2	1	후35	이승렬	9			10	박주영	후22	2(1)	0	0	0
0	0	0	0		김한원	10			16	심제혁		0	0	0	0
0	0	0	0		정기운	33			19	윤주태		0	0	0	0
0	3	11	12(3)			0			0			17(10)	16	2	0

- 전반 7분 윤일록 MF 정면 ~ 아드리아노 GAR L-ST-G (득점: 아드리아노, 도움: 윤일록) 왼쪽
- 후반 2분 데얀 AKL → 다카하기 GA 정면 L-ST-G (득점: 다카하기, 도움: 데얀) 왼쪽
- 후반 38분 고요한 GAR ~ 박주영 GAL 내 R-ST-G (득점: 박주영, 도움: 고요한) 왼쪽

6월 15일 19 : 00 흐리고 비 상주 시민 1,086명
주심: 김상우 / 부심: 노태식·곽승순 / 대기심: 고형진 / 경기감독관: 김형남

상주 4 3 전반 0 / 1 후반 0 **0 제주**

퇴장	경고	파울	ST(유)	교체	선수명	배번	위치	위치	배번	선수명	교체	ST(유)	파울	경고	퇴장
0	0	0	0		오승훈	31	GK	GK	21	김경민		0	0	0	0
0	0	0	0		이 용	2	DF	DF	20	이광선		0	2	0	0
0	0	1	0		박진포	6	DF	DF	5	권한진		0	2	0	0
0	0	0	0		정준연	24	DF	DF	15	백동규		0	3	0	0
0	0	0	0		윤준성	28	DF	MF	3	김상원		1	3	1	0
0	0	0	4(1)	37	황일수	7	MF	MF	7	권순형	6	0	4	0	0
0	0	0	1(1)		김성환	8	MF	MF	24	문상윤		1(1)	0	0	0
0	0	0	1(1)	27	임상협	11	MF	MF	27	김봉래		0	0	0	0
0	0	1	1	16	최현태	14	MF	FW	11	김호남	16	2	0	0	0
0	1	0	1(1)		박기동	9	FW	FW	10	마르셀로		3(2)	0	0	0
0	0	0	2(2)		박준태	12	MF	FW	77	권용현	22	0	2	0	0
0	0	0	0		양동원	1			1	김호준		0	0	0	0
0	0	0	0	후33	김성준	16			18	배재우		0	0	0	0
0	0	0	0		최종환	18			19	이우진		0	0	0	0
0	0	0	0		신영준	26	대기	대기	6	김선우	후29	0	0	0	0
0	0	2	3	후6	조영철	27			37	송진형		0	0	0	0
0	0	0	0		박수창	36			16	정영총	후22	0	0	0	0
0	0	0	0	후26	신진호	37			22	이근호	후0	2(1)	0	0	0
0	1	4	13(6)			0			0			9(4)	16	1	0

- 전반 21분 김성환 PK-R-G (득점: 김성환) 가운데
- 전반 29분 황일수 PAL L-ST-G (득점: 황일수) 왼쪽
- 전반 41분 임상협 GA 정면 L-ST-G (득점: 임상협) 오른쪽
- 후반 19분 박기동 자기 측 HL 정면 ~ 박준태 AKL R-ST-G (득점: 박준태, 도움: 박기동) 가운데

6월 15일 19 : 00 흐림 광양 전용 2,052명
주심: 김성호 / 부심: 박상준·김계용 / 대기심: 박진호 / 경기감독관: 전인석

전남 3 2 전반 1 / 1 후반 0 **1 울산**

퇴장	경고	파울	ST(유)	교체	선수명	배번	위치	위치	배번	선수명	교체	ST(유)	파울	경고	퇴장
0	0	0	0		이호승	21	GK	GK	1	김용대		0	0	0	0
0	0	3	1(1)		현영민	13	DF	DF	11	김태환		0	0	0	0
0	0	1	0		방대종	15	DF	DF	75	강민수		0	1	0	0
0	0	2	0		이지남	17	DF	DF	22	김치곤		1	1	0	0
0	0	2	0		최효진	2	DF	DF	13	이명재		0	2	0	0
0	1	3	1(1)		양준아	20	MF	MF	4	구본상	6	0	2	0	0
0	0	3	1(1)	12	김영욱	14	MF	MF	5	이창용		0	2	0	0
0	0	2	4(1)		오르샤	7	MF	MF	29	서정진	2	0	0	0	0
0	0	1	1		한찬희	16	MF	MF	19	김승준		1	0	0	0
0	0	1	0	8	안용우	11	MF	MF	44	코 바	33	4(1)	1	0	0
0	0	1	1	10	배천석	18	FW	FW	9	박성호		2(1)	3	0	0
0	0	0	0		한유성	27			21	정 산		0	0	0	0
0	0	0	0		정석민	6			3	정승현		0	0	0	0
0	0	0	0	후39	유고비치	8			33	이기제	후36	0	0	0	0
0	0	0	0		조석재	9	대기	대기	2	정동호	후19	0	0	0	0
0	0	0	0	후48	스테보	10			16	김건웅		0	0	0	0
0	0	0	0	후47	김평래	12			6	마스다	전39	1	1	0	0
0	0	0	0		이지민	19			18	이정협		0	0	0	0
0	1	19	9(4)			0			0			9(2)	13	0	0

- 전반 3분 김용대 자기 측 GA 정면 내 자책골 (득점: 김용대) 오른쪽
- 전반 42분 오르샤 MFL FK R-ST-G (득점: 오르샤) 오른쪽
- 후반 16분 오르샤 AK 정면 ~ 양준아 PA 정면 내 L-ST-G (득점: 양준아, 도움: 오르샤) 오른쪽
- 전반 26분 이명재 PAR FK ↷ 박성호 GA 정면 H-ST-G (득점: 박성호, 도움: 이명재) 왼쪽

6월 15일 19 : 00 비 전주 월드컵 13,977명
주심: 김동진 / 부심: 노수용·장종필 / 대기심: 정동식 / 경기감독관: 김용세

전북 2 1 전반 0 / 1 후반 1 **1 수원**

퇴장	경고	파울	ST(유)	교체	선수명	배번	위치	위치	배번	선수명	교체	ST(유)	파울	경고	퇴장
0	0	0	0		권순태	1	GK	GK	21	양형모		0	0	0	0
0	0	1	0		박원재	19	DF	DF	29	곽희주		0	3	0	0
0	0	2	0		임종은	15	DF	DF	40	이정수		1	1	0	0
0	1	2	0		최규백	23	DF	DF	39	민상기	22	0	4	0	0
0	1	1	0	7	최철순	25	DF	MF	30	신세계		1(1)	1	0	0
0	0	1	1(1)		이재성	17	MF	MF	77	장호익	6	1	3	0	0
0	0	0	1		김보경	13	MF	MF	8	조원희		1	1	0	0
0	0	0	2(1)	9	루이스	8	MF	MF	20	백지훈		2	0	0	0
0	0	2	0		로페즈	11	MF	FW	24	고승범		0	3	0	0
0	0	1	4(1)		레오나르도	10	MF	FW	26	염기훈		0	0	0	0
0	0	1	2(1)	99	이동국	20	FW	FW	13	김건희	11	2(1)	1	0	0
0	0	0	0		홍정남	21			1	노동건		0	0	0	0
0	0	0	0		김영찬	30			6	연제민	후37	0	0	0	0
0	0	0	0		최재수	6			16	이종성		0	0	0	0
0	0	0	0		장윤호	34	대기	대기	4	이용래		0	0	0	0
0	0	1	0	후17	한교원	7			5	박현범		0	0	0	0
0	0	0	3(2)	후22	이종호	9			22	권창훈	후10	2(2)	0	0	0
0	0	0	1(1)	후31	김신욱	99			11	이고르	후21	2(1)	0	0	0
0	2	12	14(7)			0			0			12(5)	17	0	0

- 전반 37분 민상기 자기 측 AKL R 자책골 (득점: 민상기) 오른쪽
- 후반 49분 로페즈 PAR EL ↷ 이종호 GA 정면 R-ST-G (득점: 이종호, 도움: 로페즈) 가운데
- 후반 34분 염기훈 AK 내 → 이고르 PA 정면 내 몸 맞고 골(득점: 이고르, 도움: 염기훈) 오른쪽

6월 15일 19 : 30 비 인천 전용 3,247명
주심: 김우성 / 부심: 윤광열·강동호 / 대기심: 송민석 / 경기감독관: 하재훈

인천 2 1 전반 0 / 1 후반 0 **0 수원FC**

퇴장	경고	파울	ST(유)	교체	선수명	배번	위치	위치	배번	선수명	교체	ST(유)	파울	경고	퇴장
0	0	0	0		조수혁	1	GK	GK	23	박형순		0	0	0	0
0	0	0	0		김용환	3	DF	DF	2	유지노	10	0	1	0	0
0	0	1	0		조병국	29	DF	DF	4	임하람		0	3	2	0
0	0	0	0		김대중	15	DF	DF	24	레이어		0	1	1	0
0	0	2	0		요니치	20	DF	DF	3	황재훈		1(1)	1	0	0
0	1	4	1(1)		권완규	17	DF	MF	38	김근환		0	0	0	0
0	0	4	0	36	김태수	5	MF	MF	20	가빌란		4(2)	0	0	0
0	0	3	1		박세직	24	MF	MF	9	이승렬		3(1)	3	1	0
0	0	2	1	19	김도혁	7	MF	FW	7	김병오		0	1	0	0
0	0	0	2(1)	11	벨코스키	88	FW	FW	28	윤태수	11	0	0	0	0
0	0	2	7(4)		케 빈	10	FW	FW	75	오군지미	77	0	0	0	0
0	0	0	0		김교빈	31			21	이인수		0	0	0	0
0	0	0	0	후37	김대경	36			8	이광진		0	0	0	0
0	0	0	0		유재호	35			11	이승현	전33	0	0	0	0
0	0	0	0		이현성	13	대기	대기	22	권혁진		0	0	0	0
0	0	0	0	후25	송시우	19			77	김부관	후20	1(1)	1	0	0
0	0	0	0		박종진	37			10	김한원	후35	1(1)	0	0	0
0	0	3	3(2)	후12	진성욱	11			33	정기운		0	0	0	0
0	1	21	15(8)			0			0			10(6)	11	4	0

- 전반 41분 벨코스키 MF 정면 FK R-ST-G (득점: 벨코스키) 오른쪽
- 후반 12분 진성욱 GAL L-ST-G (득점: 진성욱) 왼쪽

6월 15일 19 : 30 흐리고 비 서울 월드컵 5,505명
주심: 박필준 / 부심: 이정민 · 김성일 / 대기심: 우상일 / 경기감독관: 전기록

서울 3 1 전반 0 / 2 후반 2 **2 광주**

퇴장	경고	파울	ST(유)	교체	선수명	배번	위치	위치	배번	선수명	교체	ST(유)	파울	경고	퇴장
0	0	0	0		유상훈	31	GK	GK	21	윤보상	1	0	0	0	0
0	1	0	0		정인환	3	DF	DF	5	박동진		1	1	0	0
0	0	0	0		오스마르	5	DF	DF	25	홍준호		0	1	1	0
0	0	0	0		김원식	15	DF	DF	3	김영빈		0	2	0	0
0	0	0	0		김치우	7	MF	DF	12	이민기		1(1)	2	0	0
0	0	0	1		고광민	27	MF	MF	20	김정현	40	0	2	1	0
0	0	1	3(3)		고요한	13	MF	MF	27	김진수	16	0	1	0	0
0	0	1	2(1)		윤일록	17	MF	MF	23	김민혁		1	3	0	0
0	0	0	0	4	박용우	22	MF	FW	13	주현우		1(1)	1	0	0
0	1	1	3(3)	10	데얀	9	FW	FW	11	조성준		2	1	1	0
0	0	2	3(2)	19	아드리아노	11	FW	FW	9	정조국		4(2)	2	0	0
0	0	0	0		유현	1			1	최봉진	후0	0	0	0	0
0	0	1	0	후17	김동우	4			2	정호정		0	0	0	0
0	0	0	0		심상민	21			4	웰링톤		0	0	0	0
0	0	0	0		이상협	29	대기	대기	10	파비오		0	0	0	0
0	0	0	0	후35	박주영	10			16	송승민	후19	0	1	0	0
0	0	0	0	후40	윤주태	19			18	정동윤		0	0	0	0
0	0	0	0		심우연	23			40	이찬동	후0	0	0	1	0
0	2	6	12(9)			0			0			10(4)	17	4	0

- ●전반 41분 김치우 PAL ↷ 데얀 GA 정면 R-ST-G (득점: 데얀, 도움: 김치우) 오른쪽
- ●후반 10분 홍준호 자기 측 GA 정면 자책골 (득점: 홍준호) 왼쪽
- ●후반 25분 고요한 GAR EL ~ 데얀 GA 정면 내 R-ST-G (득점: 데얀, 도움: 고요한) 가운데
- ●후반 14분 주현우 GAL ~ 이민기 AKL R-ST-G (득점: 이민기, 도움: 주현우) 왼쪽
- ●후반 24분 정조국 GAL L-ST-G (득점: 정조국) 오른쪽

6월 15일 19 : 30 흐림 포항 스틸야드 5,209명
주심: 김종혁 / 부심: 장준모 · 박인선 / 대기심: 이동준 / 경기감독관: 강창구

포항 3 1 전반 0 / 2 후반 1 **1 성남**

퇴장	경고	파울	ST(유)	교체	선수명	배번	위치	위치	배번	선수명	교체	ST(유)	파울	경고	퇴장
0	0	0	0		신화용	1	GK	GK	31	김동준		0	0	0	0
0	0	0	0		배슬기	24	DF	DF	33	장학영		0	1	0	0
0	0	0	0		김광석	3	DF	DF	20	윤영선		0	1	0	0
0	1	1	1(1)		김준수	6	DF	DF	4	김태윤		0	0	1	0
0	0	0	0		박선주	27	MF	DF	2	곽해성		0	1	1	0
0	1	2	2(1)		강상우	17	MF	MF	22	이종원	14	0	3	0	0
0	0	3	1		조수철	26	MF	MF	8	김두현	23	1	2	0	0
0	0	2	0		박선용	2	MF	MF	11	티아고		2(1)	1	0	0
0	0	1	1	12	오창현	14	MF	MF	26	피투		1(1)	1	0	0
0	0	1	1	11	문창진	7	FW	MF	19	박용지	30	0	0	1	0
0	0	1	2(2)	15	양동현	18	FW	FW	10	황의조		1(1)	0	0	0
0	0	0	0		김진영	21			21	김근배		0	0	0	0
0	0	0	0		김원일	13			6	이태희		0	0	0	0
0	0	0	0		박준희	4			24	장석원		0	0	0	0
0	0	0	0		정원진	30	대기	대기	14	정선호	후0	0	0	0	0
0	1	1	0	후7	이광혁	12			32	연제운		0	0	0	0
0	1	0	2(2)	후25	심동운	11			30	조재철	후18	1(1)	0	0	0
0	0	0	0	후47	이재원	15			23	유창현	후39	0	0	0	0
0	4	12	10(6)			0			0			6(4)	10	3	0

- ●전반 12분 황의조 자기 측 GAL 내 H 자책골 (득점: 황의조) 왼쪽
- ●후반 15분 양동현 PAL 내 R-ST-G (득점: 양동현) 오른쪽
- ●후반 41분 박선용 MF 정면 ~ 심동운 AK 정면 R-ST-G (득점: 심동운, 도움: 박선용) 오른쪽
- ●후반 20분 장학영 MFL ~ 조재철 GAR R-ST-G (득점: 조재철, 도움: 장학영) 가운데

6월 18일 18 : 00 맑음 인천 전용 9,639명
주심: 고형진 / 부심: 장준모 · 박인선 / 대기심: 매호영 / 경기감독관: 김정식

인천 0 0 전반 0 / 0 후반 0 **0 전북**

퇴장	경고	파울	ST(유)	교체	선수명	배번	위치	위치	배번	선수명	교체	ST(유)	파울	경고	퇴장
0	0	0	0		조수혁	1	GK	GK	1	권순태		0	0	0	0
0	0	1	0		김용환	3	DF	DF	15	임종은		1	1	0	0
0	0	0	1		조병국	29	DF	DF	30	김영찬		0	0	0	0
0	0	2	0		이윤표	16	DF	DF	23	최규백		0	1	1	0
0	0	0	0		요니치	20	DF	MF	6	최재수	10	1	0	0	0
0	1	1	1(1)		권완규	17	DF	MF	7	한교원		1(1)	3	0	0
0	0	1	0	14	김태수	5	MF	MF	2	이우혁		1(1)	1	0	0
0	0	3	1(1)		박세직	24	MF	MF	17	이재성		0	3	1	0
0	0	2	0	19	김도혁	7	MF	MF	13	김보경		0	1	1	0
0	0	2	2(1)	11	벨코스키	88	FW	FW	99	김신욱	20	4(1)	2	0	0
0	0	1	4(4)		케빈	10	FW	FW	9	이종호	11	0	0	0	0
0	0	0	0		김교빈	31			21	홍정남		0	0	0	0
0	0	0	0		김대경	36			33	이한도		0	0	0	0
0	0	0	0		김대중	15			34	장윤호		0	0	0	0
0	0	0	0		김경민	4	대기	대기	19	박원재		0	0	0	0
0	0	2	2(1)	후9	송시우	19			10	레오나르도	후26	3(2)	0	0	0
0	0	0	0	후29	윤상호	14			11	로페즈	후19	0	2	0	0
0	0	0	0	후23	진성욱	11			20	이동국	후19	2(2)	0	0	0
0	1	15	11(8)			0			0			13(7)	14	3	0

6월 18일 19 : 00 맑음 서울 월드컵 47,899명
주심: 송민석 / 부심: 노태식 · 곽승순 / 대기심: 서동진 / 경기감독관: 김형남

서울 1 0 전반 0 / 1 후반 1 **1 수원**

퇴장	경고	파울	ST(유)	교체	선수명	배번	위치	위치	배번	선수명	교체	ST(유)	파울	경고	퇴장
0	0	0	0		유상훈	31	GK	GK	21	양형모		0	0	0	0
0	0	0	0		김동우	4	DF	DF	15	구자룡	29	0	2	0	0
0	0	1	2		오스마르	5	DF	DF	40	이정수		0	3	0	0
0	0	1	0		김원식	15	DF	DF	34	곽광선		0	0	0	0
0	0	2	1		고요한	13	MF	MF	30	신세계		0	1	0	0
0	1	2	2(1)		고광민	27	MF	MF	77	장호익		0	1	0	0
0	0	0	0	23	다카하기	2	MF	MF	8	조원희		0	0	0	0
0	0	1	0	7	윤일록	17	MF	MF	20	백지훈		0	1	0	0
0	0	3	1		박용우	22	MF	MF	10	산토스	13	2(2)	1	0	0
0	0	0	3(3)	19	데얀	9	FW	FW	26	염기훈		0	2	0	0
0	0	1	5(2)		아드리아노	11	FW	FW	9	조동건	22	1	1	1	0
0	0	0	0		유현	1			1	노동건		0	0	0	0
0	0	0	0		정인환	3			29	곽희주	후21	1(1)	2	1	0
0	0	0	0		심상민	21			16	이종성		0	0	0	0
0	0	0	0	후23	김치우	7	대기	대기	5	박현범		0	0	0	0
0	0	0	0		박주영	10			22	권창훈	후30	0	1	0	0
0	0	2	2(1)	후23	윤주태	19			7	이상호		0	0	0	0
0	0	0	2(2)	후43	심우연	23			13	김건희	후44	0	0	0	0
0	1	13	18(9)			0			0			4(3)	15	2	0

- ●후반 29분 아드리아노 PK-R-G (득점: 아드리아노) 왼쪽
- ●후반 36분 염기훈 MFL FK ↷ 곽희주 GA 정면 H-ST-G (득점: 곽희주, 도움: 염기훈) 가운데

6월 18일 19:00 비 제주 월드컵 1,919명
주심: 정동식 / 부심: 노수용·김계용 / 대기심: 김우성 / 경기감독관: 전기록

제주 3 0 전반 0 / 3 후반 1 **1 포항**

퇴장	경고	파울	ST(유)	교체	선수명	배번	위치	위치	배번	선수명	교체	ST(유)	파울	경고	퇴장
0	0	0	0		김호준	1	GK	GK	1	신화용		0	0	0	0
0	0	0	0		정운	13	DF	DF	24	배슬기		1	0	0	0
0	0	4	0		이광선	20	DF	DF	3	김광석		0	0	0	0
0	0	2	0		권한진	5	DF	DF	6	김준수		0	1	0	0
0	0	1	1(1)		배재우	18	DF	MF	17	강상우		1	2	0	0
0	0	1	3(1)		권순형	7	MF	MF	27	박선주		1	0	0	0
0	1	1	1	6	송진형	37	MF	MF	2	박선용	29	1	0	0	0
0	0	4	1		김상원	3	MF	MF	26	조수철		0	0	0	0
0	0	1	0	11	정영총	16	MF	FW	7	문창진	15	4(1)	0	0	0
0	0	1	1(1)	15	이근호	22	MF	FW	11	심동운	14	1	0	0	0
0	0	1	3(1)		마르셀로	10	FW	FW	18	양동현		2	2	1	0
0	0	0	0		김경민	21			21	김진영		0	0	0	0
0	0	0	0	후43	백동규	15			13	김원일		0	0	0	0
0	0	0	0		김봉래	27			4	박준희		0	0	0	0
0	0	0	0	후37	김선우	6	대기	대기	14	오창현	후0	1(1)	0	0	0
0	0	0	0		문상윤	24			29	김동현	후16	1	0	0	0
0	0	0	0		권용현	77			30	정원진		0	0	0	0
0	0	0	1(1)	후20	김호남	11			15	이재원	후41	0	0	0	0
0	1	16	11(5)			0			0			13(2)	5	1	0

● 후반 5분 마르셀로 PAR ~ 이근호 GA 정면 L-ST-G (득점: 이근호, 도움: 마르셀로) 가운데
● 후반 9분 권순형 AKR R-ST-G (득점: 권순형) 왼쪽
● 후반 47분 마르셀로 PAR 내 ↷ 김호남 GA 정면 R-ST-G (득점: 김호남, 도움: 마르셀로) 오른쪽

● 후반 49분 백동규 자기 측 GAR R 자책골 (득점: 백동규) 오른쪽

6월 19일 17:00 맑음 울산 문수 9,082명
주심: 이동준 / 부심: 김성일·송봉근 / 대기심: 매호영 / 경기감독관: 전인석

울산 1 1 전반 0 / 0 후반 0 **0 수원FC**

퇴장	경고	파울	ST(유)	교체	선수명	배번	위치	위치	배번	선수명	교체	ST(유)	파울	경고	퇴장
0	0	0	0		김용대	1	GK	GK	21	이인수		0	0	0	0
0	0	0	1	7	정동호	2	DF	DF	14	이준호		0	1	0	0
0	0	1	0		이재성	15	DF	DF	38	김근환		0	1	0	0
0	0	2	0		정승현	3	DF	DF	3	황재훈		2(1)	0	0	0
0	1	2	0		이기제	33	DF	DF	10	김한원		0	0	0	0
0	0	2	0	5	하성민	8	MF	MF	6	김종국	7	0	1	0	0
0	0	0	1(1)		마스다	6	MF	MF	8	이광진	20	3(2)	2	0	0
0	0	0	2(2)		김태환	11	MF	MF	18	정민우		2(2)	2	0	0
0	0	2	2(2)		김승준	19	MF	FW	11	이승현		1	0	0	0
0	0	0	3(2)		코바	44	MF	FW	77	김부관		2(1)	0	0	0
0	0	0	0	16	이정협	18	FW	FW	33	정기운	75	0	0	0	0
0	0	0	0		정산	21			23	박형순		0	0	0	0
0	0	0	0		강민수	75			2	유지노		0	0	0	0
0	0	0	0		이명재	13			27	김성현		0	0	0	0
0	0	0	0	후17	이창용	5	대기	대기	13	배신영		0	0	0	0
0	0	0	0	후46	김건웅	16			20	가빌란	후12	4(3)	1	0	0
0	0	1	1	후22	김인성	7			7	김병오	후24	0	0	0	0
0	0	0	0		박성호	9			75	오군지미	후12	0	1	1	0
0	1	10	10(7)			0			0			14(9)	9	1	0

● 전반 3분 김태환 GAR R-ST-G (득점: 김태환) 오른쪽

6월 19일 19:00 맑음 상주 시민 1,661명
주심: 우상일 / 부심: 윤광열·이영운 / 대기심: 박필준 / 경기감독관: 김진의

상주 3 1 전반 1 / 2 후반 1 **2 전남**

퇴장	경고	파울	ST(유)	교체	선수명	배번	위치	위치	배번	선수명	교체	ST(유)	파울	경고	퇴장
0	0	0	0		오승훈	31	GK	GK	21	이호승		0	0	0	0
0	0	0	2(1)		이용	2	DF	DF	13	현영민		0	2	0	0
0	1	2	0	18	박진포	6	DF	DF	15	방대종		0	0	0	0
0	1	1	0		김오규	25	DF	DF	17	이지남	5	0	1	1	0
0	0	2	0		윤준성	28	DF	DF	2	최효진		0	2	0	0
0	0	1	2(1)		황일수	7	MF	MF	20	양준아		2(1)	2	0	0
0	0	2	1		김성환	8	MF	MF	7	오르샤		0	1	0	0
0	0	2	1	37	이승기	10	MF	MF	14	김영욱		2(1)	3	1	0
0	0	1	1	16	최현태	14	MF	MF	16	한찬희	8	0	1	0	0
0	0	0	3(2)		박준태	12	FW	MF	11	안용우	10	2(2)	1	0	0
0	0	0	1(1)		조영철	27	FW	FW	18	배천석		1	1	0	0
0	0	0	0		양동원	1			27	한유성		0	0	0	0
0	0	1	0	후23	김성준	16			3	이슬찬		0	0	0	0
0	0	1	0	후0	최종환	18			5	고태원	후42	0	0	0	0
0	0	0	0		정준연	24	대기	대기	8	유고비치	후20	0	0	0	0
0	0	0	0		신영준	26			9	조석재		0	0	0	0
0	0	0	0		박수창	36			10	스테보	후18	0	1	0	0
0	0	1	0	후30	신진호	37			19	이지민		0	0	0	0
0	2	14	11(5)			0			0			7(4)	15	2	0

● 전반 16분 조영철 GA 정면 내 R-ST-G (득점: 조영철) 왼쪽
● 후반 11분 이용 AK 정면 FK R-ST-G (득점: 이용) 오른쪽
● 후반 42분 이용 PAR → 박준태 GAL 내 R-ST-G (득점: 박준태, 도움: 이용) 왼쪽

● 전반 3분 배천석 MFR ~ 안용우 GAR L-ST-G (득점: 안용우, 도움: 배천석) 오른쪽
● 후반 24분 오르샤 MFR FK ↷ 양준아 GA 정면 H-ST-G (득점: 양준아, 도움: 오르샤) 오른쪽

6월 19일 19:00 흐림 광주 월드컵 3,044명
주심: 김성호 / 부심: 박상준·강동호 / 대기심: 김상우 / 경기감독관: 김수현

광주 1 1 전반 0 / 0 후반 1 **1 성남**

퇴장	경고	파울	ST(유)	교체	선수명	배번	위치	위치	배번	선수명	교체	ST(유)	파울	경고	퇴장
0	1	0	0		최봉진	1	GK	GK	31	김동준		0	0	0	0
0	0	0	0		정동윤	18	DF	DF	33	장학영		0	3	1	0
0	1	1	0		김영빈	3	DF	DF	20	윤영선		0	1	0	0
0	1	1	0		정호정	2	DF	DF	5	임채민		1	0	0	0
0	0	0	1(1)		이으뜸	8	DF	DF	6	이태희		0	2	0	0
0	1	4	1		이찬동	40	MF	MF	14	정선호		0	1	0	0
0	0	1	2(2)		여름	7	MF	MF	16	안상현	19	0	2	0	0
0	0	0	1(1)	23	와다	33	MF	MF	26	피투	22	2(1)	0	0	0
0	0	0	3(1)	22	주현우	13	FW	MF	8	김두현		0	1	0	0
0	0	1	1	9	조성준	11	FW	MF	11	티아고		4(1)	2	0	0
0	0	1	1		송승민	16	FW	FW	10	황의조		0	0	0	0
0	0	0	0		황인재	31			21	김근배		0	0	0	0
0	0	0	0		박동진	5			2	곽해성		0	0	0	0
0	1	0	1(1)	후31	정조국	9			24	장석원		0	0	0	0
0	0	0	0		이민기	12	대기	대기	22	이종원	후30	0	0	0	0
0	0	0	0		김진환	14			30	조재철		0	0	0	0
0	0	0	0	후49	조용태	22			19	박용지	후0	2	0	0	0
0	0	2	0	후9	김민혁	23			27	성봉재		0	0	0	0
0	5	11	11(6)			0			0			9(2)	12	1	0

● 전반 2분 여름 AK 정면 R-ST-G (득점: 여름) 왼쪽

● 후반 25분 이태희 PAR TL ~ 피투 MFR L-ST-G (득점: 피투, 도움: 이태희) 오른쪽

6월 25일 18 : 00 맑음 수원 월드컵 10,844명
주심: 고형진 / 부심: 박상준 · 김성일 / 대기심: 박병진 / 경기감독관: 하재훈

수원 1 1 전반 0 / 0 후반 0 **0 제주**

퇴장	경고	파울	ST(유)	교체	선수명	배번	위치	위치	배번	선수명	교체	ST(유)	파울	경고	퇴장
0	0	0	0		양 형 모	21	GK	GK	1	김 호 준	21	0	0	0	0
0	0	1	1(1)		구 자 룡	15	DF	DF	13	정 운		0	2	0	0
0	0	1	0		이 정 수	40	DF	DF	20	이 광 선		1	0	0	0
0	1	1	2(1)		곽 광 선	34	DF	DF	5	권 한 진		0	2	1	0
0	0	1	1		신 세 계	30	MF	DF	18	배 재 우	15	0	1	1	0
0	0	2	0		조 원 희	8	MF	MF	7	권 순 형		2	0	0	0
0	0	0	1(1)	24	백 지 훈	20	MF	MF	37	송 진 형		2(1)	0	0	0
0	0	2	0	29	양 상 민	3	MF	MF	3	김 상 원		0	0	0	0
0	0	0	2(1)		염 기 훈	26	FW	MF	16	정 영 총	11	1(1)	2	0	0
0	0	4	6(5)		산 토 스	10	FW	MF	22	이 근 호		1	1	0	0
0	0	2	2(1)	9	김 건 희	13	FW	FW	10	마르셀로		1(1)	0	0	0
0	0	0	0		노 동 건	1			21	김 경 민	전36	0	0	0	0
0	0	0	0		장 호 익	77			15	백 동 규	후12	0	1	0	0
0	0	0	0	후30	곽 희 주	29			27	김 봉 래		0	0	0	0
0	0	0	0		박 현 범	5	대기	대기	6	김 선 우		0	0	0	0
0	0	0	0		이 상 호	7			24	문 상 윤		0	0	0	0
0	0	1	1(1)	후23	고 승 범	24			77	권 용 현		0	0	0	0
0	0	1	1(1)	후13	조 동 건	9			11	김 호 남	후30	0	0	0	0
0	1	16	17(12)			0			0			8(3)	9	2	0

● 전반 30분 김건희 PAR 내 ~ 곽광선 AKL R-ST-G (득점: 곽광선, 도움: 김건희) 오른쪽

6월 25일 19 : 00 맑음 포항 스틸야드 16,509명
주심: 김동진 / 부심: 장준모 · 강동호 / 대기심: 이동준 / 경기감독관: 김일호

포항 2 2 전반 0 / 0 후반 1 **1 서울**

퇴장	경고	파울	ST(유)	교체	선수명	배번	위치	위치	배번	선수명	교체	ST(유)	파울	경고	퇴장
0	0	0	0		신 화 용	1	GK	GK	1	유 현		0	0	0	0
0	0	3	0		김 원 일	13	DF	DF	3	정 인 환		0	1	0	0
0	0	1	0		김 광 석	3	DF	DF	5	오스마르		0	2	0	0
0	0	0	0		김 준 수	6	DF	DF	15	김 원 식		1(1)	2	0	0
0	0	0	1		박 선 주	27	MF	MF	7	김 치 우		0	1	1	0
0	1	1	0		강 상 우	17	MF	MF	13	고 요 한		0	2	1	0
0	0	1	2(2)		조 수 철	26	MF	MF	17	윤 일 록	10	1(1)	0	0	0
0	0	2	1(1)		박 선 용	2	MF	MF	22	박 용 우		0	2	1	0
0	0	0	3(2)	34	심 동 운	11	FW	MF	25	이 석 현	19	0	2	0	0
0	0	2	1(1)	14	문 창 진	7	FW	FW	9	데 얀	14	1(1)	5	1	0
0	0	2	3(3)		양 동 현	18	FW	FW	11	아드리아노		5(1)	0	0	0
0	0	0	0		김 진 영	21			31	유 상 훈		0	0	0	0
0	0	0	0		배 슬 기	24			4	김 동 우		0	0	0	0
0	0	0	0		박 준 희	4			21	심 상 민		0	0	0	0
0	0	0	0		정 원 진	30	대기	대기	27	고 광 민		0	0	0	0
0	0	0	0	후45	김 종 석	34			10	박 주 영	후34	0	0	0	0
0	0	0	0	후38	오 창 현	14			14	조 찬 호	후27	0	0	0	0
0	0	0	0		이 재 원	15			19	윤 주 태	후0	2	1	0	0
0	1	12	11(9)			0			0			10(4)	18	4	0

● 전반 4분 강상우 PAR ~ 양동현 GAL 내 L-ST-G (득점: 양동현, 도움: 강상우) 왼쪽
● 전반 30분 양동현 PAR 내 ~ 심동운 PK 좌측지점 L-ST-G (득점: 심동운, 도움: 양동현) 오른쪽
● 후반 30초 윤주태 AKR ~ 아드리아노 PA 정면 R-ST-G (득점: 아드리아노, 도움: 윤주태) 왼쪽

6월 25일 19 : 00 맑음 광양 전용 3,349명
주심: 김상우 / 부심: 김계용 · 방기열 / 대기심: 김성호 / 경기감독관: 강창구

전남 1 1 전반 0 / 0 후반 0 **0 인천**

퇴장	경고	파울	ST(유)	교체	선수명	배번	위치	위치	배번	선수명	교체	ST(유)	파울	경고	퇴장
0	0	0	0		이 호 승	21	GK	GK	41	김 다 솔		0	0	0	0
0	0	0	1(1)		현 영 민	13	DF	DF	3	김 용 환		1(1)	2	0	0
0	0	1	1		고 태 원	5	DF	DF	29	조 병 국		0	3	0	0
0	1	1	0		방 대 종	15	DF	DF	16	이 윤 표		0	2	2	0
0	2	2	1		최 효 진	2	DF	DF	20	요 니 치		0	0	1	0
0	2	3	1		양 준 아	20	MF	DF	17	권 완 규		2	1	0	0
0	0	3	1		김 평 래	12	MF	MF	5	김 태 수	36	0	0	0	0
0	0	1	5(1)	24	오 르 샤	7	MF	MF	24	박 세 직	19	0	1	0	0
0	0	1	1(1)	16	유고비치	8	MF	MF	7	김 도 혁		2	1	1	0
0	0	1	1	3	안 용 우	11	MF	FW	88	벨코스키	11	1(1)	1	0	0
0	0	2	0		배 천 석	18	FW	FW	10	케 빈		7(3)	2	1	0
0	0	0	0		한 유 성	27			1	조 수 혁		0	0	0	0
0	0	0	0	후48	이 슬 찬	3			25	박 대 한		0	0	0	0
0	0	0	0		조 석 재	9			15	김 대 중		0	0	0	0
0	0	4	1	후1	한 찬 희	16	대기	대기	14	윤 상 호		0	0	0	0
0	0	0	0		이 지 민	19			19	송 시 우	후6	1	0	0	0
0	0	0	0		허 용 준	23			36	김 대 경	후28	0	0	0	0
0	0	0	0	후45	김 경 재	24			11	진 성 욱	후14	0	1	0	0
0	5	19	13(3)			0			0			14(5)	14	5	0

● 전반 7분 오르샤 PAL FK R-ST-G (득점: 오르샤) 오른쪽

6월 26일 19 : 00 맑음 탄천 종합 5,545명
주심: 김우성 / 부심: 노수용 · 곽승순 / 대기심: 송민석 / 경기감독관: 김형남

성남 0 0 전반 0 / 0 후반 1 **1 울산**

퇴장	경고	파울	ST(유)	교체	선수명	배번	위치	위치	배번	선수명	교체	ST(유)	파울	경고	퇴장
0	0	0	0		김 동 준	31	GK	GK	1	김 용 대		0	0	0	0
0	0	2	0		장 학 영	33	DF	DF	2	정 동 호		0	1	0	0
0	1	2	1		윤 영 선	20	DF	DF	15	이 재 성		0	1	0	0
0	0	1	0		임 채 민	5	DF	DF	3	정 승 현		0	3	1	0
0	0	2	0		이 태 희	6	DF	DF	33	이 기 제		0	1	0	0
0	0	1	0	27	정 선 호	14	MF	MF	6	마 스 다		1	1	0	0
0	0	0	0	19	안 상 현	16	MF	MF	16	김 건 웅		1	3	0	0
0	0	0	1(1)	30	피 투	26	MF	MF	11	김 태 환		1(1)	3	0	0
0	0	1	0		김 두 현	8	MF	MF	29	서 정 진	5	0	1	1	0
0	0	0	2(1)		티 아 고	11	MF	MF	44	코 바	13	8(6)	0	0	0
0	0	1	2(1)		황 의 조	10	FW	FW	18	이 정 협	8	4(1)	2	0	0
0	0	0	0		김 근 배	21			21	정 산		0	0	0	0
0	0	0	0		곽 해 성	2			75	강 민 수		0	0	0	0
0	0	0	0		김 태 윤	4			13	이 명 재	후37	1	0	0	0
0	0	0	0		이 종 원	22	대기	대기	5	이 창 용	후34	0	0	0	0
0	0	0	2(2)	후37	조 재 철	30			8	하 성 민	후46	0	0	0	0
0	0	1	0	후16	박 용 지	19			7	김 인 성		0	0	0	0
0	0	0	0	후47	성 봉 재	27			9	박 성 호		0	0	0	0
0	1	11	8(5)			0			0			16(8)	16	2	0

● 후반 45분 김태환 PK-R-G (득점: 김태환) 왼쪽

6월 26일 19 : 00 맑음 광주 월드컵 3,403명
주심: 정동식 / 부심: 노태식 · 윤광열 / 대기심: 우상일 / 경기감독관: 한병화

광주 1 0 전반 1 / 1 후반 0 **1 전북**

퇴장	경고	파울	ST(유)	교체	선수명	배번	위치	위치	배번	선수명	교체	ST(유)	파울	경고	퇴장
0	0	0	0		최 봉 진	1	GK	GK	1	권 순 태		0	0	0	0
0	0	2	0		정 동 윤	18	DF	DF	32	이 주 용		1	1	0	0
0	1	1	1	25	김 영 빈	3	DF	DF	15	임 종 은		0	1	0	0
0	0	1	0		정 호 정	2	DF	DF	30	김 영 찬		0	0	0	0
0	0	1	0	5	이 으 뜸	8	DF	DF	7	한 교 원		1	1	1	0
0	0	3	0		이 찬 동	40	MF	MF	5	이 호	34	0	3	1	0
0	0	2	1		여 름	7	MF	MF	17	이 재 성		0	1	0	0
0	0	1	1		김 민 혁	23	MF	MF	13	김 보 경		0	0	0	0
0	0	1	1		송 승 민	16	FW	MF	10	레오나르도	9	1	0	0	0
0	0	0	0	11	주 현 우	13	FW	MF	11	로 페 즈	18	2	4	0	0
0	1	1	3(2)		정 조 국	9	FW	FW	20	이 동 국		3(2)	1	0	0
0	0	0	0		황 인 재	31			21	홍 정 남		0	0	0	0
0	0	0	0		웰 링 톤	4			3	김 형 일		0	0	0	0
0	0	0	0	후31	박 동 진	5			19	박 원 재		0	0	0	0
0	0	0	0		오 도 현	6	대기	대기	34	장 윤 호	후0	0	3	1	0
0	0	0	0	전41	조 성 준	11			18	고 무 열	후27	0	1	0	0
0	0	0	0		박 선 홍	19			9	이 종 호	후27	0	0	0	0
0	0	1	0	후8	홍 준 호	25			99	김 신 욱		0	0	0	0
0	2	14	7(2)			0			0			8(2)	16	3	0

●후반 39분 정조국 PK-R-G (득점: 정조국) 왼쪽

●전반 19분 이동국 PK-R-G (득점: 이동국) 왼쪽

6월 26일 19 : 00 맑음 수원 종합 3,324명
주심: 박필준 / 부심: 이정민 · 박인선 / 대기심: 박병진 / 경기감독관: 김진의

수원FC 0 0 전반 1 / 0 후반 2 **3 상주**

퇴장	경고	파울	ST(유)	교체	선수명	배번	위치	위치	배번	선수명	교체	ST(유)	파울	경고	퇴장
0	0	0	0		박 형 순	23	GK	GK	31	오 승 훈		0	0	0	0
0	0	1	0		유 지 노	2	DF	DF	2	이 용		1(1)	1	0	0
0	1	3	0		임 하 람	4	DF	DF	18	최 종 환		0	1	0	0
0	0	0	1		이 준 호	14	DF	DF	25	김 오 규		1(1)	1	0	0
0	1	2	1		김 한 원	10	DF	DF	28	윤 준 성		1	1	0	0
0	0	1	2		김 근 환	38	MF	MF	7	황 일 수		1(1)	1	0	0
0	1	4	1(1)	8	가 빌 란	20	MF	MF	8	김 성 환		1	1	0	0
0	1	2	0	13	이 재 안	17	MF	MF	14	최 현 태	16	1	1	0	0
0	0	1	1		이 승 현	11	FW	MF	27	조 영 철	37	0	1	0	0
0	0	1	3(1)		김 병 오	7	FW	FW	9	박 기 동		3(2)	2	0	0
0	0	0	0	33	정 민 우	18	FW	FW	12	박 준 태	11	4(3)	1	0	0
0	0	0	0		이 인 수	21			1	양 동 원		0	0	0	0
0	0	0	0		블 라 단	5			16	김 성 준	후31	0	2	0	0
0	0	0	0		황 재 훈	3			11	임 상 협	후26	1(1)	0	0	0
0	0	0	1	후26	이 광 진	8	대기	대기	24	정 준 연		0	0	0	0
0	0	0	0	후15	배 신 영	13			26	신 영 준		0	0	0	0
0	0	0	0		김 부 관	77			33	이 재 명		0	0	0	0
0	0	1	0	후30	정 기 운	33			37	신 진 호	후11	0	2	0	0
0	4	16	10(2)			0			0			14(9)	15	0	0

●전반 33분 이용 MF 정면 FK R-ST-G (득점: 이용) 왼쪽
●후반 9분 황일수 PAR ~ 박준태 GAL 내 L-ST-G (득점: 박준태, 도움: 황일수) 왼쪽
●후반 36분 황일수 GAR 내 → 임상협 GA 정면 내 L-ST-G (득점: 임상협, 도움: 황일수) 가운데

6월 29일 19 : 00 흐림 전주 월드컵 11,324명
주심: 김희곤 / 부심: 이정민 · 강동호 / 대기심: 김동진 / 경기감독관: 김수현

전북 2 2 전반 1 / 0 후반 0 **1 전남**

퇴장	경고	파울	ST(유)	교체	선수명	배번	위치	위치	배번	선수명	교체	ST(유)	파울	경고	퇴장
0	0	0	0		권 순 태	1	GK	GK	21	이 호 승		0	0	0	0
0	0	5	0		박 원 재	19	DF	DF	5	고 태 원		0	1	0	0
0	0	1	1		임 종 은	15	DF	DF	17	이 지 남	18	0	1	1	0
0	0	1	1(1)		김 영 찬	30	DF	DF	15	방 대 종	24	0	0	0	0
0	0	1	1		한 교 원	7	DF	MF	19	이 지 민		1(1)	2	1	0
0	0	0	2(2)		이 재 성	17	MF	MF	12	김 평 래		0	0	0	0
0	1	0	1		김 보 경	13	MF	MF	14	김 영 욱		1	3	1	0
0	0	0	2(1)	99	루 이 스	8	MF	MF	3	이 슬 찬		0	1	0	0
0	0	2	1(1)	10	로 페 즈	11	MF	MF	22	전 우 영	11	0	1	0	0
0	0	1	2(1)	22	고 무 열	18	MF	FW	16	한 찬 희		2	1	0	0
0	0	1	2(1)		이 종 호	9	FW	FW	23	허 용 준		1	2	0	0
0	0	0	0		홍 정 남	21			27	한 유 성		0	0	0	0
0	0	0	0		김 형 일	3			6	정 석 민		0	0	0	0
0	0	0	0		최 규 백	23			11	안 용 우	후10	1	0	0	0
0	1	2	0	후26	서 상 민	22	대기	대기	13	현 영 민		0	0	0	0
0	0	0	0		장 윤 호	34			18	배 천 석	후21	0	1	0	0
0	0	0	2(1)	후14	레오나르도	10			24	김 경 재	후41	0	0	0	0
0	0	2	2(1)	후21	김 신 욱	99			25	한 지 원		0	0	0	0
0	2	16	17(9)			0			0			6(1)	13	3	0

●전반 26분 루이스 MF 정면 ↷ 이재성 GAL 내 L-ST-G (득점: 이재성, 도움: 루이스) 왼쪽
●전반 33분 박원재 PAL EL ↷ 이종호 GA 정면 H-ST-G (득점: 이종호, 도움: 박원재) 가운데

●전반 59초 이슬찬 PAR ↷ 이지민 GA 정면 H-ST-G (득점: 이지민, 도움: 이슬찬) 왼쪽

6월 29일 19 : 30 흐림 포항 스틸야드 6,889명
주심: 김성호 / 부심: 김성일 · 김계용 / 대기심: 정동식 / 경기감독관: 김정식

포항 4 2 전반 0 / 2 후반 0 **0 울산**

퇴장	경고	파울	ST(유)	교체	선수명	배번	위치	위치	배번	선수명	교체	ST(유)	파울	경고	퇴장
0	0	0	0		김 진 영	21	GK	GK	1	김 용 대		0	0	0	0
0	1	3	0		김 원 일	13	DF	DF	2	정 동 호		0	0	0	0
0	0	3	0		김 광 석	3	DF	DF	75	강 민 수		1(1)	1	0	0
0	0	0	0		김 준 수	6	DF	DF	22	김 치 곤		0	0	0	0
0	0	1	0		박 선 주	27	MF	DF	33	이 기 제		0	4	1	0
0	0	0	0		박 선 용	2	MF	MF	8	하 성 민		0	3	0	0
0	0	0	1(1)		조 수 철	26	MF	MF	5	이 창 용		0	1	0	0
0	0	0	1(1)	29	오 창 현	14	MF	MF	7	김 인 성		2	1	0	0
0	0	0	3(2)		심 동 운	11	FW	MF	29	서 정 진	6	2	0	0	0
0	0	0	0	4	문 창 진	7	FW	MF	13	이 명 재	44	0	1	0	0
0	0	4	1(1)	20	양 동 현	18	FW	FW	9	박 성 호	18	1	4	1	0
0	0	0	0		강 현 무	31			21	정 산		0	0	0	0
0	0	0	0		배 슬 기	24			15	이 재 성		0	0	0	0
0	0	1	0	후21	박 준 희	4			3	정 승 현		0	0	0	0
0	0	0	0		정 원 진	30	대기	대기	6	마 스 다	후22	0	0	0	0
0	0	0	0	후15	김 동 현	29			16	김 건 웅		0	0	0	0
0	0	0	1(1)	후39	최 호 주	20			44	코 바	후22	2(1)	1	0	0
0	0	0	0		이 재 원	15			18	이 정 협	후26	2	0	0	0
0	1	12	7(6)			0			0			10(2)	16	2	0

●전반 9분 오창현 MFR TL FK ↷ 양동현 GA 정면 내 H-ST-G (득점: 양동현, 도움: 오창현) 왼쪽
●전반 13분 박선주 PAL ~ 오창현 AKL L-ST-G (득점: 오창현, 도움: 박선주) 오른쪽
●후반 17분 양동현 PA 정면 ~ 심동운 GAL L-ST-G (득점: 심동운, 도움: 양동현) 오른쪽
●후반 35분 심동운 PAL ~ 조수철 GAL R-ST-G (득점: 조수철, 도움: 심동운) 오른쪽

6월 29일 19 : 30 맑음 수원 월드컵 8,246명
주심: 이동준 / 부심: 노수용·방기열 / 대기심: 박필준 / 경기감독관: 전기록

수원 0 0 전반 0 / 0 후반 2 **2 광주**

퇴장	경고	파울	ST(유)	교체	선수명	배번	위치	위치	배번	선수명	교체	ST(유)	파울	경고	퇴장
0	0	0	0		양형모	21	GK	GK	1	최봉진		0	0	1	0
0	1	1	0		구자룡	15	DF	DF	5	박동진		0	2	1	0
0	1	1	1		이정수	40	DF	DF	3	김영빈		0	1	1	0
0	0	0	0		곽광선	34	DF	DF	2	정호정		0	0	0	0
0	0	0	0	24	신세계	30	MF	DF	8	이으뜸	18	2	0	0	0
0	0	1	1		조원희	8	MF	MF	40	이찬동		0	2	0	0
0	0	0	0	22	백지훈	20	MF	MF	7	여름		0	1	0	0
0	0	1	2(1)		양상민	3	MF	MF	23	김민혁		1(1)	2	1	0
0	0	0	0		염기훈	26	FW	FW	16	송승민		4(4)	2	1	0
0	0	1	1		산토스	10	FW	FW	11	조성준	13	1	0	0	0
0	0	2	0	9	김건희	13	FW	FW	24	조주영	25	0	1	0	0
0	0	0	0		노동건	1			31	황인재		0	0	0	0
0	0	0	0		장호익	77			4	웰링톤		0	0	0	0
0	0	0	0		곽희주	29			12	이민기		0	0	0	0
0	0	1	2(1)	후14	권창훈	22	대기	대기	13	주현우	후29	1(1)	0	0	0
0	0	0	0		이상호	7			18	정동윤	후46	0	0	0	0
0	1	1	1	후0	고승범	24			19	박선홍		0	0	0	0
0	0	1	0	후20	조동건	9			25	홍준호	후23	0	1	0	0
0	3	10	8(2)			0			0			9(6)	12	5	0

● 후반 7분 조성준 PAR ↷ 김민혁 GA 정면 내 H-ST-G (득점: 김민혁, 도움: 조성준) 왼쪽
● 후반 14분 이으뜸 C, KR ↷ 송승민 GA 정면 내 몸 맞고 골 (득점: 송승민, 도움: 이으뜸) 오른쪽

6월 29일 19 : 30 흐림 서울 월드컵 7,865명
주심: 우상일 / 부심: 박상준·박인선 / 대기심: 고형진 / 경기감독관: 강창구

서울 1 1 전반 2 / 0 후반 1 **3 성남**

퇴장	경고	파울	ST(유)	교체	선수명	배번	위치	위치	배번	선수명	교체	ST(유)	파울	경고	퇴장
0	0	0	0		유상훈	31	GK	GK	31	김동준		0	0	0	0
0	0	1	0		정인환	3	DF	DF	33	장학영		0	0	0	0
0	1	1	1		김동우	4	DF	DF	20	윤영선		0	1	0	0
0	0	0	0	17	김원식	15	DF	DF	4	김태윤		0	0	0	0
0	0	0	0	19	심상민	21	MF	DF	2	곽해성	6	0	1	0	0
0	0	1	0		고광민	27	MF	MF	22	이종원		0	3	1	0
0	0	2	1(1)		다카하기	2	MF	MF	16	안상현		0	2	0	0
0	0	1	0		오스마르	5	MF	MF	30	조재철	5	1	1	0	0
0	1	2	1(1)		고요한	13	MF	MF	26	피투	8	0	0	0	0
0	0	0	5(2)	10	데얀	9	FW	MF	11	티아고		5(3)	0	0	0
1	0	4	1(1)		아드리아노	11	FW	FW	10	황의조		2(2)	0	0	0
0	0	0	0		유현	1			21	김근배		0	0	0	0
0	0	0	0		김치우	7			6	이태희	후38	0	1	0	0
0	0	0	1(1)	후11	윤일록	17			5	임채민	후0	0	1	0	0
0	0	0	0		임민혁	35	대기	대기	32	연제운		0	0	0	0
0	0	0	0	후33	박주영	10			14	정선호		0	0	0	0
0	0	1	2	후0	윤주태	19			8	김두현	후25	0	0	0	0
0	0	0	0		심우연	23			19	박용지		0	0	0	0
1	2	13	12(6)			0			0			8(5)	10	1	0

● 전반 13분 고광민 PAR ↷ 아드리아노 GA 정면 H-ST-G (득점: 아드리아노, 도움: 고광민) 오른쪽
● 전반 19분 피투 HL 정면 ~ 티아고 AK 정면 L-ST-G (득점: 티아고, 도움: 피투) 왼쪽
● 전반 33분 티아고 PAR ~ 황의조 PA 정면 내 R-ST-G (득점: 황의조, 도움: 티아고) 왼쪽
● 후반 8분 유상훈 자기 측 GAL 내 자책골 (득점: 유상훈) 오른쪽

6월 29일 19 : 30 흐림 인천 전용 2,922명
주심: 김종혁 / 부심: 장준모·윤광열 / 대기심: 매호영 / 경기감독관: 김진의

인천 1 0 전반 0 / 1 후반 0 **0 상주**

퇴장	경고	파울	ST(유)	교체	선수명	배번	위치	위치	배번	선수명	교체	ST(유)	파울	경고	퇴장
0	0	0	0		조수혁	1	GK	GK	31	오승훈		0	0	0	0
0	1	3	1(1)		김용환	3	DF	DF	2	이용		0	2	0	0
0	0	0	0		김대중	15	DF	DF	6	박진포		0	2	0	0
0	0	1	0		조병국	29	DF	DF	25	김오규		0	2	1	0
0	0	0	0		요니치	20	DF	DF	28	윤준성		0	1	0	0
0	0	3	2(2)		권완규	17	MF	MF	8	김성환		1	1	1	0
0	0	1	0	19	김태수	5	MF	MF	11	임상협	37	0	0	0	0
0	0	0	0		김도혁	7	MF	MF	16	김성준	14	0	0	0	0
0	0	2	2(1)	24	윤상호	14	MF	MF	36	박수창	7	1(1)	1	0	0
0	0	2	3(2)	37	벨코스키	88	FW	FW	9	박기동		3(1)	0	0	0
0	0	4	9(3)		케빈	10	FW	FW	12	박준태		0	0	0	0
0	0	0	0		김다솔	41			1	양동원		0	0	0	0
0	0	0	0		김경민	4			7	황일수	후0	2(1)	1	0	0
0	0	0	0		김대경	36			14	최현태	후9	0	0	1	0
0	0	2	0	후29	박세직	24	대기	대기	18	최종환		0	0	0	0
0	0	1	0	후36	송시우	19			24	정준연		0	0	0	0
0	0	0	0	후47	박종진	37			26	신영준		0	0	0	0
0	0	0	0		진성욱	11			37	신진호	후22	1	0	0	0
0	1	19	17(9)			0			0			8(3)	10	3	0

● 후반 21분 케빈 MF 정면 H → 벨코스키 AKR R-ST-G (득점: 벨코스키, 도움: 케빈) 오른쪽

6월 29일 20 : 00 흐림 제주 월드컵 1,850명
주심: 송민석 / 부심: 노태식·송봉근 / 대기심: 김상우 / 경기감독관: 전인석

제주 0 0 전반 0 / 0 후반 0 **0 수원FC**

퇴장	경고	파울	ST(유)	교체	선수명	배번	위치	위치	배번	선수명	교체	ST(유)	파울	경고	퇴장
0	0	0	0		김경민	21	GK	GK	21	이인수		0	0	0	0
0	0	2	0		정운	13	DF	DF	5	블라단		0	1	0	0
0	0	0	0		이광선	20	DF	DF	14	이준호		0	0	0	0
0	0	0	0		권한진	5	DF	DF	24	레이어		0	0	0	0
0	0	0	1		김봉래	27	DF	MF	3	황재훈		0	1	0	0
0	1	2	0	24	김선우	6	MF	MF	6	김종국		1	1	0	0
0	0	0	1		권순형	7	MF	MF	8	이광진		0	2	1	0
0	0	1	2(1)		송진형	37	MF	MF	17	이재안	38	2(1)	0	0	0
0	0	0	1	17	김호남	11	MF	FW	77	김부관	22	0	1	0	0
0	0	1	2	16	이근호	22	MF	FW	7	김병오		3	3	1	0
0	0	0	5(2)		마르셀로	10	FW	FW	18	정민우	13	2	1	0	0
0	0	0	0		전수현	23			23	박형순		0	0	0	0
0	0	0	0		김상원	3			4	임하람		0	0	0	0
0	0	0	0		백동규	15			38	김근환	후32	0	0	0	0
0	0	0	0		이우진	19	대기	대기	13	배신영	후11	1(1)	0	0	0
0	0	0	0	후38	안현범	17			22	권혁진	후19	1	1	0	0
0	0	0	0	후0	문상윤	24			29	이창무		0	0	0	0
0	0	0	0	후20	정영총	16			33	정기운		0	0	0	0
0	1	6	12(3)			0			0			10(2)	11	2	0

7월 02일 19:00 비 울산 문수 5,027명
주심: 김대용 / 부심: 이정민·박인선 / 대기심: 김종혁 / 경기감독관: 김형남

울산 2 | 0 전반 1 / 2 후반 0 | **1 수원**

퇴장	경고	파울	ST(유)	교체	선수명	배번	위치	위치	배번	선수명	교체	ST(유)	파울	경고	퇴장
0	0	0	0		김용대	1	GK	GK	21	양형모		0	0	0	0
0	0	0	0		정동호	2	DF	DF	30	신세계		0	0	0	0
0	0	0	2(1)		이재성	15	DF	DF	39	민상기		0	1	0	0
0	1	1	0		정승현	3	DF	DF	29	곽희주		0	1	0	0
0	0	2	1		이명재	13	DF	DF	77	장호익		1	1	0	0
0	0	1	1	16	하성민	8	MF	MF	16	이종성		0	1	0	0
0	0	3	3(2)		마스다	6	MF	MF	5	박현범		0	0	0	0
0	0	0	1(1)	10	김태환	11	MF	MF	7	이상호	26	1(1)	3	0	0
0	0	0	0	7	김승준	19	MF	MF	22	권창훈	6	1(1)	3	0	0
0	0	0	3(2)		코바	44	MF	MF	24	고승범		1(1)	1	0	0
0	0	0	0		이정협	18	FW	FW	9	조동건	70	1(1)	1	0	0
0	0	0	0		정산	21			1	노동건		0	0	0	0
0	0	0	0		강민수	75			6	연제민	후44	0	0	0	0
0	0	0	0		이창용	5			8	조원희		0	0	0	0
0	0	0	0	후43	김건웅	16	대기	대기	17	김종우		0	0	0	0
0	0	0	0		한상운	20			10	산토스		0	0	0	0
0	0	0	0	후25	김인성	7			26	염기훈	후27	0	0	0	0
0	0	1	1(1)	후18	멘디	10			70	조나탄	후19	4(3)	0	0	0
0	1	8	12(7)			0			0			9(7)	12	0	0

- 후반 47분 코바 C, KL ↷ 이재성 GAL H-ST-G (득점: 이재성, 도움: 코바) 왼쪽
- 후반 49분 코바 PAL ↷ 멘디 GAR H-ST-G (득점: 멘디, 도움: 코바) 오른쪽
- 전반 10분 정동호 자기 측 PK지점R 자책골 (득점: 정동호) 오른쪽

7월 02일 19:00 흐림 상주 시민 2,238명
주심: 정동식 / 부심: 노태식·방기열 / 대기심: 이동준 / 경기감독관: 김정식

상주 2 | 0 전반 0 / 2 후반 1 | **1 서울**

퇴장	경고	파울	ST(유)	교체	선수명	배번	위치	위치	배번	선수명	교체	ST(유)	파울	경고	퇴장
0	0	0	0		양동원	1	GK	GK	1	유현		0	0	0	0
0	0	0	0		박진포	6	DF	DF	3	정인환		1	2	0	0
0	0	0	1		김오규	25	DF	DF	5	오스마르		0	1	0	0
0	0	0	0		윤준성	28	DF	DF	7	김치우	21	0	0	0	0
0	0	0	0	24	이재명	33	DF	DF	27	고광민		0	0	0	0
0	0	1	2(2)		박준태	12	MF	MF	2	다카하기		1	3	1	0
0	0	0	0		김성준	16	MF	MF	22	박용우		0	2	0	0
0	0	2	2(1)		신진호	37	MF	MF	14	조찬호	19	0	0	0	0
0	0	0	0	11	황일수	7	FW	MF	17	윤일록		2	0	0	0
0	0	4	3		박기동	9	FW	FW	9	데얀		5(3)	0	0	0
0	0	0	0	4	조영철	27	FW	FW	10	박주영	16	0	1	0	0
0	0	0	0		제종현	41			31	유상훈		0	0	0	0
0	0	0	0	후37	김대열	4			4	김동우		0	0	0	0
0	0	0	2(2)	후26	임상협	11			21	심상민	후0	0	1	1	0
0	1	0	0	전30	정준연	24	대기	대기	29	이상협		0	0	0	0
0	0	0	0		신영준	26			16	심제혁	후30	0	1	0	0
0	0	0	0		김성주	29			19	윤주태	후20	2(1)	2	0	0
0	0	0	0		박수창	36			23	심우연		0	0	0	0
0	1	7	10(5)			0			0			11(4)	13	2	0

- 후반 20분 박기동 GAR ~ 박준태 GAL 내 R-ST-G (득점: 박준태, 도움: 박기동) 왼쪽
- 후반 47분 임상협 PK-R-G (득점: 임상협) 왼쪽
- 후반 35분 심제혁 PA 정면 ~ 윤주태 PA 정면 L-ST-G (득점: 윤주태, 도움: 심제혁) 왼쪽

7월 02일 19:00 흐림 광양 전용 1,918명
주심: 박필준 / 부심: 윤광열·김계용 / 대기심: 송민석 / 경기감독관: 김일호

전남 0 | 0 전반 1 / 0 후반 0 | **1 성남**

퇴장	경고	파울	ST(유)	교체	선수명	배번	위치	위치	배번	선수명	교체	ST(유)	파울	경고	퇴장
0	0	0	0		이호승	21	GK	GK	31	김동준		0	0	0	0
0	0	0	0	16	현영민	13	DF	DF	33	장학영		0	0	0	0
0	0	1	0	12	방대종	15	DF	DF	20	윤영선		0	0	1	0
0	1	3	0		고태원	5	DF	DF	4	김태윤		0	0	0	0
0	0	1	1		최효진	2	DF	DF	6	이태희		0	1	1	0
0	0	2	3(2)		양준아	20	MF	MF	14	정선호		1	0	0	0
0	0	0	2	28	김영욱	14	MF	MF	32	연제운	5	1	1	0	0
0	0	1	1		이지민	19	MF	MF	30	조재철		1(1)	2	0	0
0	0	1	2(1)		유고비치	8	MF	MF	8	김두현	26	0	4	0	0
0	0	1	0		안용우	11	MF	MF	11	티아고	16	3(1)	1	0	0
0	0	0	0		배천석	18	FW	FW	10	황의조		5(2)	2	0	0
0	0	0	0		한유성	27			21	김근배		0	0	0	0
0	0	0	0		이슬찬	3			2	곽해성		0	0	0	0
0	0	0	0		조석재	9			5	임채민	후28	1	0	0	0
0	0	0	2	후7	김평래	12	대기	대기	16	안상현	후38	0	1	0	0
0	0	0	1	후7	한찬희	16			26	피투	후28	0	0	0	0
0	0	0	0		허용준	23			19	박용지		0	0	0	0
0	0	2	0	후39	토미	28			23	유창현		0	0	0	0
0	1	12	12(3)			0			0			12(4)	12	2	0

- 전반 43분 티아고 GAL L-ST-G(득점: 티아고) 왼쪽

7월 03일 18:00 맑음 인천 전용 2,829명
주심: 김동진 / 부심: 노수용·김성일 / 대기심: 김성호 / 경기감독관: 강창구

인천 2 | 0 전반 0 / 2 후반 1 | **1 제주**

퇴장	경고	파울	ST(유)	교체	선수명	배번	위치	위치	배번	선수명	교체	ST(유)	파울	경고	퇴장
0	0	0	0		조수혁	1	GK	GK	21	김경민		0	0	0	0
0	0	2	0		이윤표	16	DF	DF	5	권한진		0	0	0	0
0	0	0	1(1)		조병국	29	DF	DF	15	백동규		0	0	0	0
0	0	0	0		요니치	20	DF	DF	20	이광선		0	3	0	0
0	0	0	1(1)		김용환	3	MF	MF	13	정운		1	1	0	0
0	0	3	1		권완규	17	MF	MF	7	권순형		1	0	0	0
0	0	1	0	19	김태수	5	MF	MF	37	송진형		0	2	0	0
0	0	0	2(2)	24	김도혁	7	MF	MF	27	김봉래		0	0	0	0
0	1	0	2(2)		윤상호	14	MF	MF	24	문상윤	11	1(1)	2	0	0
0	0	1	1(1)	15	벨코스키	88	FW	FW	10	마르셀로	3	0	2	0	0
0	0	2	5(3)		케빈	10	FW	FW	17	안현범	22	0	2	0	0
0	0	0	0		김다솔	41			23	전수현		0	0	0	0
0	0	0	1(1)	후42	김대중	15			3	김상원	후36	0	1	0	0
0	0	0	0		김대경	36			19	이우진		0	0	0	0
0	0	0	0	후22	박세직	24	대기	대기	6	김선우		0	0	0	0
0	0	0	1(1)	후32	송시우	19			11	김호남	후20	2(1)	0	0	0
0	0	0	0		박종진	37			22	이근호	후9	2(2)	1	0	0
0	0	0	0		진성욱	11			89	헤난		0	0	0	0
0	1	9	15(12)			0			0			7(4)	14	0	0

- 후반 44분 케빈 AKR ~ 송시우 PA 정면 내 L-ST-G (득점: 송시우, 도움: 케빈) 왼쪽
- 후반 48분 케빈 MFR ↷ 김대중 GAL H-ST-G (득점: 김대중, 도움: 케빈) 왼쪽
- 후반 40분 김상원 AKR H → 이근호 PK 좌측지점 R-ST-G (득점: 이근호, 도움: 김상원) 오른쪽

7월 03일 19:00 비 광주 월드컵 926명
주심: 김상우 / 부심: 박상준·강동호 / 대기심: 박병진 / 경기감독관: 김용세

광주 0 (0 전반 1 / 0 후반 0) **1 포항**

퇴장	경고	파울	ST(유)	교체	선수명	배번	위치	위치	배번	선수명	교체	ST(유)	파울	경고	퇴장
0	0	0	0		최 봉 진	1	GK	GK	21	김 진 영		0	0	0	0
0	0	1	1		정 동 윤	18	DF	DF	13	김 원 일		1	0	0	0
0	0	2	1		홍 준 호	25	DF	DF	3	김 광 석		0	0	0	0
0	0	0	0		정 호 정	2	DF	DF	6	김 준 수		0	0	0	0
0	0	0	0	12	이 으 뜸	8	DF	MF	17	강 상 우		1(1)	2	0	0
0	0	3	0	4	이 찬 동	40	MF	MF	35	우 찬 양	29	0	0	0	0
0	0	1	0		여 름	7	MF	MF	2	박 선 용		0	1	0	0
0	0	1	3(2)		파 비 오	10	MF	MF	26	조 수 철		1(1)	1	1	0
0	0	1	0		송 승 민	16	FW	MF	14	오 창 현	11	0	0	0	0
0	0	1	0	19	조 성 준	11	FW	FW	10	룰 리 냐	5	0	1	0	0
0	0	1	4(3)		정 조 국	9	FW	FW	18	양 동 현		1(1)	0	0	0
0	0	0	0		황 인 재	31			31	강 현 무		0	0	0	0
0	0	0	0	후29	웰 링 톤	4			24	배 슬 기		0	0	0	0
0	0	0	1	후17	이 민 기	12			22	알 리		0	0	0	0
0	0	0	0		주 현 우	13	대기	대기	5	무 랄 랴	후21	0	0	0	0
0	0	0	0		김 진 환	14			29	김 동 현	후35	0	1	0	0
0	0	0	0	후38	박 선 홍	19			11	심 동 운	후0	1	0	0	0
0	0	0	0		조 주 영	24			8	라 자 르		0	0	0	0
0	0	11	10(5)			0			0			5(3)	6	1	0

● 전반 9분 양동현 GAR 내 L-ST-G (득점: 양동현) 가운데

7월 03일 19:00 맑음 수원 종합 3,619명
주심: 고형진 / 부심: 장준모·김지욱 / 대기심: 우상일 / 경기감독관: 한병화

수원FC 2 (1 전반 0 / 1 후반 2) **2 전북**

퇴장	경고	파울	ST(유)	교체	선수명	배번	위치	위치	배번	선수명	교체	ST(유)	파울	경고	퇴장
0	0	0	0		이 창 근	40	GK	GK	1	권 순 태		0	0	0	0
0	0	2	3(1)		블 라 단	5	DF	DF	19	박 원 재		0	0	0	0
0	1	1	0		레 이 어	24	DF	DF	15	임 종 은		0	2	1	0
0	0	0	1(1)		김 한 원	10	DF	DF	23	최 규 백		0	1	1	0
0	0	1	0		김 민 제	19	MF	DF	25	최 철 순		0	2	0	0
0	1	4	0		황 재 훈	3	MF	MF	17	이 재 성		5(3)	0	0	0
0	0	0	1	33	김 종 국	6	MF	MF	13	김 보 경		2(2)	0	0	0
0	0	2	0		이 광 진	8	MF	MF	22	서 상 민	99	0	0	0	0
0	0	4	0		김 근 환	38	FW	MF	10	레오나르도	18	5(4)	1	0	0
0	0	2	0	17	이 승 현	11	FW	MF	11	로 페 즈		6	1	0	0
0	1	2	0	77	가 빌 란	20	FW	FW	9	이 종 호		6(4)	2	0	0
0	0	0	0		이 인 수	21			21	홍 정 남		0	0	0	0
0	0	0	0		유 지 노	2			3	김 형 일		0	0	0	0
0	0	0	0		임 하 람	4			30	김 영 찬		0	0	0	0
0	0	0	0		유 수 현	42	대기	대기	32	이 주 용		0	0	0	0
0	0	0	0	후14	김 부 관	77			34	장 윤 호		0	0	0	0
0	0	0	0	후25	이 재 안	17			18	고 무 열	후40	1	0	0	0
0	0	0	0	후47	정 기 운	33			99	김 신 욱	후0	3(1)	1	0	0
0	3	18	5(2)			0			0			28(14)	10	2	0

● 전반 5분 이승현 PAR 내 ~ 블라단 GA 정면 L-ST-G (득점: 블라단, 도움: 이승현) 왼쪽
● 후반 37분 김한원 MF 정면 FK R-ST-G (득점: 김한원) 오른쪽
● 후반 25분 이종호 GAL R-ST-G (득점: 이종호) 오른쪽
● 후반 29분 레오나르도 PK-R-G (득점: 레오나르도) 왼쪽

7월 09일 19:00 맑음 광주 월드컵 2,231명
주심: 우상일 / 부심: 윤광열·김계용 / 대기심: 김대용 / 경기감독관: 김진의

광주 2 (2 전반 0 / 0 후반 2) **2 인천**

퇴장	경고	파울	ST(유)	교체	선수명	배번	위치	위치	배번	선수명	교체	ST(유)	파울	경고	퇴장
0	0	0	0		최 봉 진	1	GK	GK	1	조 수 혁		0	0	0	0
0	0	1	0		박 동 진	5	DF	DF	29	조 병 국		0	0	0	0
0	1	1	0		김 영 빈	3	DF	DF	16	이 윤 표		1(1)	4	0	0
0	0	0	0		정 호 정	2	DF	DF	20	요 니 치		0	2	0	0
0	1	3	1		이 으 뜸	8	DF	MF	3	김 용 환		0	0	0	0
0	0	2	0		이 찬 동	40	MF	MF	36	김 대 경	19	0	0	0	0
0	0	0	0	25	여 름	7	MF	MF	5	김 태 수		1(1)	0	0	0
0	0	2	0		김 민 혁	23	MF	MF	24	박 세 직		2(1)	3	0	0
0	0	1	1		송 승 민	16	FW	MF	23	김 세 훈	17	0	1	0	0
0	1	2	0	11	주 현 우	13	FW	FW	88	벨코스키	11	1(1)	1	0	0
0	0	3	3(3)	18	정 조 국	9	FW	FW	10	케 빈		2(2)	2	1	0
0	0	0	0		황 인 재	31			41	김 다 솔		0	0	0	0
0	0	0	0		웰 링 톤	4			15	김 대 중		0	0	0	0
0	0	0	0		파 비 오	10			17	권 완 규	후0	0	1	1	0
0	0	1	1	후3	조 성 준	11	대기	대기	6	이 중 권		0	0	0	0
0	0	1	0	후34	정 동 윤	18			37	박 종 진		0	0	0	0
0	0	0	0		조 주 영	24			19	송 시 우	후14	0	0	1	0
0	0	0	0	후18	홍 준 호	25			11	진 성 욱	후23	0	1	0	0
0	3	17	6(3)			0			0			7(6)	15	3	0

● 전반 12분 주현우 GAL ~ 정조국 GAR R-ST-G (득점: 정조국, 도움: 주현우) 오른쪽
● 전반 27분 정조국 PK-R-G (득점: 정조국) 오른쪽
● 후반 30분 송시우 PAR ↷ 김태수 GAR L-ST-G (득점: 김태수, 도움: 송시우) 오른쪽
● 후반 35분 조병국 GAL H ↷ 이윤표 GAR 내 H-ST-G (득점: 이윤표, 도움: 조병국) 오른쪽

7월 09일 19:00 맑음 광양 전용 3,379명
주심: 김성호 / 부심: 이정민·방기열 / 대기심: 정동식 / 경기감독관: 하재훈

전남 2 (0 전반 0 / 2 후반 1) **1 제주**

퇴장	경고	파울	ST(유)	교체	선수명	배번	위치	위치	배번	선수명	교체	ST(유)	파울	경고	퇴장
0	0	0	0		이 호 승	21	GK	GK	21	김 경 민		0	0	0	0
0	0	2	0		고 태 원	5	DF	DF	13	정 운		0	0	0	0
0	0	1	0		이 지 남	17	DF	DF	20	이 광 선		0	0	0	0
0	0	0	1		토 미	28	DF	DF	5	권 한 진		0	1	0	0
0	0	2	0		현 영 민	13	MF	DF	3	김 상 원	89	0	1	1	0
0	1	1	0	11	유고비치	8	MF	MF	6	김 선 우		0	1	0	0
0	0	0	1(1)		김 영 욱	14	MF	MF	7	권 순 형		1(1)	0	0	0
0	1	1	0		최 효 진	2	MF	MF	10	마르셀로		2	1	0	0
0	0	0	4(2)		한 찬 희	16	MF	MF	16	정 영 총	17	1	0	0	0
0	0	1	0	10	조 석 재	9	FW	MF	37	송 진 형		4(2)	1	0	0
0	0	0	0	23	배 천 석	18	FW	FW	22	이 근 호	26	1(1)	2	0	0
0	0	0	0		김 민 식	1			23	전 수 현		0	0	0	0
0	0	0	0		이 슬 찬	3			15	백 동 규		0	0	0	0
0	0	0	2(1)	후13	자 일	10			26	곽 해 성	후35	0	1	1	0
0	0	0	1	후17	안 용 우	11	대기	대기	14	이 창 민		0	0	0	0
0	0	0	0		이 지 민	19			24	문 상 윤		0	0	0	0
0	0	1	0	후31	허 용 준	23			17	안 현 범	후9	0	1	0	0
0	0	0	0		김 경 재	24			89	헤 난	후41	0	1	0	0
0	2	9	9(4)			0			0			9(4)	10	2	0

● 후반 36분 허용준 PAL 내 H → 자일 GA 정면 내 R-ST-G (득점: 자일, 도움: 허용준) 오른쪽
● 후반 42분 김영욱 PAR 내 R-ST-G (득점: 김영욱) 오른쪽
● 후반 18분 정운 MFL TL ↷ 송진형 PK지점 L-ST-G (득점: 송진형, 도움: 정운) 오른쪽

7월 09일 19 : 00 맑음 서울 월드컵 18,372명
주심: 송민석 / 부심: 노수용·박상준 / 대기심: 김동진 / 경기감독관: 김정식

서울 0 　 0 전반 0 / 0 후반 0 　 **0 울산**

퇴장	경고	파울	ST(유)	교체	선수명	배번	위치	위치	배번	선수명	교체	ST(유)	파울	경고	퇴장
0	0	0	0		유 상 훈	31	GK	GK	21	정 산		0	0	0	0
0	0	0	0	14	김 동 우	4	DF	DF	2	정 동 호		0	0	0	0
0	0	0	0		오스마르	5	DF	DF	15	이 재 성		0	1	0	0
0	0	0	0		김 원 식	15	DF	DF	75	강 민 수		0	1	0	0
0	0	0	1		고 요 한	13	MF	DF	33	이 기 제		1	1	0	0
0	1	3	0		고 광 민	27	MF	MF	8	하 성 민	16	0	2	1	0
0	0	0	1(1)	7	다카하기	2	MF	MF	6	마 스 다		1(1)	1	0	0
0	0	1	2		윤 일 록	17	MF	MF	11	김 태 환		0	0	0	0
0	0	0	1		박 용 우	22	MF	MF	19	김 승 준	10	0	0	0	0
0	0	2	4(3)		데 얀	9	FW	MF	44	코 바		4(1)	0	0	0
0	0	2	0	19	박 주 영	10	FW	FW	18	이 정 협	20	2(1)	1	0	0
0	0	0	0		유 현	1			31	장 대 희		0	0	0	0
0	0	0	0		정 인 환	3			13	이 명 재		0	0	0	0
0	0	0	0	후0	김 치 우	7			5	이 창 용		0	0	0	0
0	0	0	0	후33	조 찬 호	14	대기	대기	16	김 건 웅	후27	0	0	0	0
0	0	0	0		임 민 혁	35			20	한 상 운	후15	0	0	0	0
0	0	1	1(1)	후23	윤 주 태	19			7	김 인 성		0	0	0	0
0	0	0	0		심 우 연	23			10	멘 디	후6	0	0	0	0
0	1	9	10(5)			0			0			8(3)	7	1	0

7월 10일 19 : 00 흐림 전주 월드컵 17,829명
주심: 이동준 / 부심: 김성일·곽승순 / 대기심: 김대용 / 경기감독관: 김일호

전북 3 　 1 전반 0 / 2 후반 0 　 **0 포항**

퇴장	경고	파울	ST(유)	교체	선수명	배번	위치	위치	배번	선수명	교체	ST(유)	파울	경고	퇴장
0	0	0	0		권 순 태	1	GK	GK	1	신 화 용		0	0	0	0
0	1	3	0		박 원 재	19	DF	DF	27	박 선 주	29	0	1	0	0
0	1	2	1		임 종 은	15	DF	DF	6	김 준 수		0	1	0	0
1	0	2	0		최 규 백	23	DF	DF	13	김 원 일	14	0	0	0	0
0	0	2	0		최 철 순	25	DF	DF	17	강 상 우		0	1	0	0
0	1	3	1	99	이 호	5	MF	MF	3	김 광 석		1(1)	0	0	0
0	0	1	1		이 재 성	17	MF	MF	26	조 수 철		3(3)	1	1	0
0	0	2	3(3)		김 보 경	13	MF	MF	2	박 선 용		1(1)	2	0	0
0	0	0	2(1)	18	레오나르도	10	MF	FW	11	심 동 운		2(1)	1	0	0
0	0	1	3		로 페 즈	11	MF	FW	18	양 동 현		1(1)	1	0	0
0	0	1	2(2)	22	이 종 호	9	FW	FW	12	이 광 혁	10	1(1)	1	0	0
0	0	0	0		홍 정 남	21			21	김 진 영		0	0	0	0
0	0	0	0		조 성 환	16			24	배 슬 기		0	0	0	0
0	0	0	0		이 주 용	32			22	알 리		0	0	0	0
0	0	0	0		장 윤 호	34	대기	대기	14	오 창 현	후0	2(1)	0	0	0
0	1	3	0	후13	서 상 민	22			5	무 랄 라		0	0	0	0
0	0	2	1	후31	고 무 열	18			29	김 동 현	후28	1	1	0	0
0	0	3	0	후13	김 신 욱	99			10	룰 리 냐	후0	0	0	0	0
1	4	25	14(6)			0			0			12(9)	10	1	0

●전반 15분 이종호 PAR ~ 레오나르도 AKL R-ST-G (득점: 레오나르도, 도움: 이종호) 왼쪽
●후반 3분 로페즈 GA 정면 ~ 김보경 GAR R-ST-G (득점: 김보경, 도움: 로페즈) 오른쪽
●후반 10분 이재성 AK 정면 ~ 김보경 GAR R-ST-G (득점: 김보경, 도움: 이재성) 오른쪽

7월 10일 19 : 00 맑음 탄천 종합 6,021명
주심: 김종혁 / 부심: 장준모·박인선 / 대기심: 고형진 / 경기감독관: 전기록

성남 2 　 1 전반 2 / 1 후반 1 　 **3 상주**

퇴장	경고	파울	ST(유)	교체	선수명	배번	위치	위치	배번	선수명	교체	ST(유)	파울	경고	퇴장
0	0	0	0		김 동 준	31	GK	GK	1	양 동 원		0	0	0	0
0	0	0	0		장 학 영	33	DF	DF	2	이 용		0	1	0	0
0	0	0	0		김 태 윤	4	DF	DF	6	박 진 포		0	1	0	0
0	0	0	2(1)		임 채 민	5	DF	DF	25	김 오 규		1(1)	0	0	0
0	0	1	1(1)		이 태 희	6	DF	DF	28	윤 준 성		0	1	0	0
0	0	0	0	22	정 선 호	14	MF	MF	8	김 성 환		2(2)	1	0	0
0	1	3	1(1)		연 제 운	32	MF	MF	16	김 성 준	27	1	2	0	0
0	0	0	0	30	피 투	26	MF	MF	37	신 진 호		2(1)	3	0	0
0	2	3	0		김 두 현	8	MF	FW	12	박 준 태		5(2)	1	0	0
0	0	0	3(2)	24	티 아 고	11	MF	FW	7	황 일 수	11	0	0	0	0
0	0	0	1(1)		황 의 조	10	FW	FW	9	박 기 동	26	0	1	0	0
0	0	0	0		김 근 배	21			41	제 종 현		0	0	0	0
0	0	0	0		이 후 권	3			11	임 상 협	후5	2(1)	0	0	0
0	0	0	0	후45	장 석 원	24			18	최 종 환		0	0	0	0
0	0	0	0	후40	이 종 원	22	대기	대기	24	정 준 연		0	0	0	0
0	0	2	0	후0	조 재 철	30			26	신 영 준	후30	3(1)	1	0	0
0	0	0	0		박 용 지	19			27	조 영 철	후17	1	0	0	0
0	0	0	0		김 현	18			36	박 수 창		0	0	0	0
0	3	9	8(6)			0			0			17(8)	12	0	0

●전반 36분 연제운 AKL R-ST-G (득점: 연제운) 왼쪽
●후반 15분 황의조 AK 정면 FK R-ST-G (득점: 황의조) 오른쪽

●전반 20분 김성환 PK-R-G (득점: 김성환) 오른쪽
●전반 46분 신진호 MFR ↷ 박준태 GAR R-ST-G (득점: 박준태, 도움: 신진호) 왼쪽
●후반 47분 김성환 PA 정면 내 R-ST-G (득점: 김성환) 오른쪽

7월 10일 19 : 00 맑음 수원 월드컵 18,891명
주심: 김우성 / 부심: 노태식·강동호 / 대기심: 김동진 / 경기감독관: 전인석

수원 1 　 1 전반 0 / 0 후반 0 　 **0 수원FC**

퇴장	경고	파울	ST(유)	교체	선수명	배번	위치	위치	배번	선수명	교체	ST(유)	파울	경고	퇴장
0	0	0	0		양 형 모	21	GK	GK	40	이 창 근		0	0	0	0
0	0	1	0		장 호 익	77	DF	DF	5	블 라 단		1	1	0	0
0	0	2	0		구 자 룡	15	DF	DF	24	레 이 어		0	0	0	0
0	0	0	0		이 정 수	40	DF	DF	10	김 한 원		0	1	0	0
0	0	1	0		곽 광 선	34	DF	MF	19	김 민 제		1	0	0	0
0	0	1	0		이 종 성	16	MF	MF	3	황 재 훈	14	1	1	0	0
0	0	0	2	9	이 상 호	7	MF	MF	6	김 종 국		0	1	0	0
0	0	0	6(2)		산 토 스	10	MF	MF	8	이 광 진	42	0	0	0	0
0	0	0	3(3)	24	권 창 훈	22	MF	MF	20	가 빌 란	38	1(1)	0	0	0
0	1	1	2(1)		염 기 훈	26	MF	FW	7	김 병 오		1(1)	4	0	0
0	0	0	2(1)	13	조 나 탄	70	FW	FW	17	이 재 안		0	1	0	0
0	0	0	0		노 동 건	1			21	이 인 수		0	0	0	0
0	0	0	0		곽 희 주	29			4	임 하 람		0	0	0	0
0	0	0	0		조 원 희	8			14	이 준 호	후33	0	0	0	0
0	0	0	0		박 현 범	5	대기	대기	38	김 근 환	후13	0	0	0	0
0	0	0	0	후41	고 승 범	24			42	유 수 현	후17	0	1	0	0
0	0	1	0	후45	김 건 희	13			77	김 부 관		0	0	0	0
0	0	1	2(1)	후25	조 동 건	9			18	정 민 우		0	0	0	0
0	1	8	17(8)			0			0			5(2)	10	0	0

●전반 17분 권창훈 AK 정면 L-ST-G (득점: 권창훈) 왼쪽

7월 16일 19 : 00 흐림 울산 문수 5,165명
주심: 정동식 / 부심: 노태식 · 김성일 / 대기심: 김영수 / 경기감독관: 김진의

울산 3 3 전반 1 / 0 후반 1 **2 광주**

퇴장	경고	파울	ST(유)	교체	선수명	배번	위치	위치	배번	선수명	교체	ST(유)	파울	경고	퇴장
0	1	0	0		정산	21	GK	GK	1	최봉진		1	0	0	0
0	0	1	0		정동호	2	DF	DF	5	박동진		0	1	0	0
0	0	0	1(1)		이재성	15	DF	DF	3	김영빈		0	1	1	0
0	0	1	0		정승현	3	DF	DF	2	정호정		2(1)	1	0	0
0	0	1	1(1)		이기제	33	DF	DF	18	정동윤		1(1)	3	1	0
0	0	0	0	6	하성민	8	MF	MF	40	이찬동		0	6	1	0
0	1	1	2(2)		김건웅	16	MF	MF	7	여름	10	1(1)	3	0	0
0	0	1	0	75	김태환	11	MF	MF	23	김민혁		2(1)	0	1	0
0	0	2	1(1)		한상운	20	MF	FW	16	송승민		3(2)	1	0	0
0	0	0	2(1)	7	김승준	19	MF	FW	11	조성준	13	3(3)	2	0	0
0	1	3	2(1)		멘디	10	FW	FW	24	조주영	9	2(2)	0	0	0
0	0	0	0		장대희	31			31	황인재		0	0	0	0
0	0	0	0		이명재	13			6	오도현		0	0	0	0
0	0	0	0	후34	강민수	75			9	정조국	전37	4(4)	0	0	0
0	0	0	0		이창용	5	대기	대기	10	파비오	후34	1(1)	0	0	0
0	0	0	0	후21	마스다	6			12	이민기		0	0	0	0
0	0	1	1	후12	김인성	7			13	주현우	후28	0	0	0	0
0	0	0	0		이정협	18			20	김정현		0	0	0	0
0	3	11	10(7)			0			0			20(16)	18	4	0

● 전반 10분 김승준 PAL ↷ 한상운 GAR H-ST-G (득점: 한상운, 도움: 김승준) 오른쪽
● 전반 15분 김승준 AKL R-ST-G (득점: 김승준) 오른쪽
● 전반 42분 한상운 PAR FK ↷ 이재성 GAL H-ST-G (득점: 이재성, 도움: 한상운) 왼쪽

● 전반 40분 정조국 PK-R-G (득점: 정조국) 가운데
● 후반 7분 조성준 AKL R-ST-G (득점: 조성준) 오른쪽

7월 16일 19 : 00 맑음 제주 월드컵 8,724명
주심: 김우성 / 부심: 노수용 · 박인선 / 대기심: 박병진 / 경기감독관: 하재훈

제주 1 0 전반 1 / 1 후반 1 **2 전북**

퇴장	경고	파울	ST(유)	교체	선수명	배번	위치	위치	배번	선수명	교체	ST(유)	파울	경고	퇴장
0	0	0	0		김경민	21	GK	GK	1	권순태		0	0	0	0
0	0	3	0		정운	13	DF	DF	32	이주용		0	3	0	0
0	1	1	0		이광선	20	DF	DF	16	조성환		0	1	1	0
0	1	3	0		권한진	5	DF	DF	23	최규백		0	0	0	0
0	1	2	0		김상원	3	DF	DF	25	최철순		0	2	0	0
0	0	1	2(1)	14	문상윤	24	MF	MF	5	이호	99	0	0	0	0
0	0	1	1	16	권순형	7	MF	MF	17	이재성		2(1)	2	0	0
0	0	1	5(1)		마르셀로	10	MF	MF	13	김보경		3(1)	1	0	0
0	0	0	2(1)		송진형	37	MF	MF	10	레오나르도		3	1	0	0
0	1	2	0	11	안현범	17	MF	MF	11	로페즈		3(2)	4	0	0
0	0	2	1		이근호	22	FW	FW	9	이종호	18	2(1)	2	0	0
0	0	0	0		전수현	23			21	홍정남		0	0	0	0
0	0	0	0		백동규	15			3	김형일		0	0	0	0
0	0	0	0		곽해성	26			30	김영찬		0	0	0	0
0	1	1	0	후18	이창민	14	대기	대기	2	이우혁		0	0	0	0
0	0	1	0	후11	김호남	11			33	이한도		0	0	0	0
0	0	0	0	후38	정영총	16			18	고무열	후43	0	0	0	0
0	0	0	0		헤난	89			99	김신욱	후37	1	0	0	0
0	5	18	11(3)			0			0			14(5)	16	1	0

● 후반 18분 김보경 자기 측 GAR 내 EL R 자책골 (득점: 김보경) 오른쪽

● 전반 32분 이종호 PK 우측지점 L-ST-G (득점: 이종호) 오른쪽
● 후반 27분 이종호 PAR 내 ~ 로페즈 PA 정면 내 R-ST-G (득점: 로페즈, 도움: 이종호) 오른쪽

7월 16일 19 : 00 비 수원 종합 1,512명
주심: 송민석 / 부심: 윤광열 · 곽승순 / 대기심: 김대용 / 경기감독관: 강창구

수원FC 1 1 전반 0 / 0 후반 2 **2 전남**

퇴장	경고	파울	ST(유)	교체	선수명	배번	위치	위치	배번	선수명	교체	ST(유)	파울	경고	퇴장
0	0	0	0		이창근	40	GK	GK	21	이호승		0	0	0	0
0	0	0	0		블라단	5	DF	DF	5	고태원		0	0	0	0
0	0	0	2(2)		이준호	14	DF	DF	17	이지남		0	0	0	0
0	1	1	0		레이어	24	DF	DF	28	토미		0	0	0	0
0	1	3	1		김한원	10	DF	MF	13	현영민	18	0	0	0	0
0	0	0	3(2)		김종국	6	MF	MF	14	김영욱		2(1)	2	0	0
0	0	1	1		이광진	8	MF	MF	16	한찬희	8	1	0	0	0
0	1	2	1(1)	38	가빌란	20	MF	MF	3	이슬찬		3(1)	1	1	0
0	0	2	2(2)		김부관	77	FW	FW	10	자일		3(2)	2	0	0
0	0	0	2(1)	29	이재안	17	FW	FW	9	조석재	23	2	0	0	0
0	0	1	3(3)	33	정민우	18	FW	FW	11	안용우		0	1	0	0
0	0	0	0		박형순	23			27	한유성		0	0	0	0
0	0	0	0		임하람	4			8	유고비치	후0	1(1)	0	0	0
0	0	1	0	후0	김근환	38			15	방대종		0	0	0	0
0	0	0	0		황재훈	3	대기	대기	18	배천석	후33	2(2)	0	0	0
0	0	0	0	후44	이창무	29			19	이지민		0	0	0	0
0	0	0	0		유수현	42			23	허용준	후6	2(2)	0	0	0
0	0	0	0	후37	정기운	33			24	김경재		0	0	0	0
0	3	11	15(11)			0			0			16(9)	6	1	0

● 전반 40분 김부관 PAR ~ 정민우 GAR 내 R-ST-G (득점: 정민우, 도움: 김부관) 왼쪽

● 후반 39분 자일 PAL → 허용준 GAL L-ST-G (득점: 허용준, 도움: 자일) 왼쪽
● 후반 41분 자일 PAL 내 ↷ 배천석 GA 정면 L-ST-G (득점: 배천석, 도움: 자일) 왼쪽

7월 17일 18 : 00 흐림 인천 전용 14,246명
주심: 박필준 / 부심: 장준모 · 강동호 / 대기심: 김동인 / 경기감독관: 김수현

인천 1 1 전반 1 / 0 후반 1 **2 서울**

퇴장	경고	파울	ST(유)	교체	선수명	배번	위치	위치	배번	선수명	교체	ST(유)	파울	경고	퇴장
0	0	0	0		조수혁	1	GK	GK	31	유상훈		0	0	0	0
0	0	1	0		이윤표	16	DF	DF	3	정인환		0	0	0	0
0	0	1	0		조병국	29	DF	DF	5	오스마르		0	0	0	0
0	0	0	1		김대중	15	DF	DF	26	김남춘		0	1	1	0
0	0	0	0		김용환	3	MF	MF	7	김치우		0	3	0	0
0	0	2	1(1)		박대한	25	MF	MF	21	심상민		0	1	0	0
0	0	0	0	24	김태수	5	MF	MF	15	김원식	2	0	0	0	0
0	0	1	0	88	김도혁	7	MF	MF	22	박용우		0	0	0	0
0	1	4	1		윤상호	14	MF	FW	9	데얀		3(2)	3	0	0
0	0	1	1		진성욱	11	FW	FW	10	박주영	6	3(1)	1	0	0
0	0	3	7(4)		케빈	10	FW	FW	14	조찬호	19	0	0	0	0
0	0	0	0		김다솔	41			1	유현		0	0	0	0
0	0	0	0		김경민	4			4	김동우		0	0	0	0
0	0	0	0		이중권	6			2	다카하기	전23	0	1	0	0
0	0	0	0		김세훈	23	대기	대기	6	주세종	후39	0	0	0	0
0	0	1	0	후16	박세직	24			17	윤일록		0	0	0	0
0	0	0	0		이진욱	27			19	윤주태	후23	0	0	1	0
0	0	0	1(1)	후37	벨코스키	88			23	심우연		0	0	0	0
0	1	14	12(6)			0			0			6(3)	10	2	0

● 전반 8분 진성욱 GAL EL ~ 케빈 PA 정면 내 R-ST-G (득점: 케빈, 도움: 진성욱) 오른쪽

● 전반 26분 김태수 자기 측 GAR H 자책골 (득점: 김태수) 오른쪽
● 후반 9분 다카하기 MFR ~ 박주영 PAR R-ST-G (득점: 박주영, 도움: 다카하기) 오른쪽

7월 17일 19 : 00 흐림 수원 월드컵 12,086명
주심: 이동준 / 부심: 박상준 · 방기열 / 대기심: 박진호 / 경기감독관: 김형남

수원 1   0 전반 1 / 1 후반 1   **2 성남**

퇴장	경고	파울	ST(유)	교체	선수명	배번	위치	위치	배번	선수명	교체	ST(유)	파울	경고	퇴장
0	0	0	0		양형모	21	GK	GK	21	김근배		0	0	0	0
0	0	1	0	8	신세계	30	DF	DF	17	박태민		0	0	0	0
0	0	2	0		구자룡	15	DF	DF	4	김태윤		0	0	0	0
0	0	0	0		이정수	40	DF	DF	5	임채민		1	0	0	0
0	0	1	3(1)		곽광선	34	DF	DF	3	이후권	6	0	2	1	0
0	0	0	0		이종성	16	MF	MF	14	정선호		0	0	0	0
0	1	3	3(2)		이상호	7	MF	MF	32	연제운		0	1	1	0
0	0	1	4(2)		산토스	10	MF	MF	30	조재철		1(1)	0	0	0
0	0	0	2	22	고승범	24	MF	MF	26	피투		4(1)	2	0	0
0	0	0	1	26	고차원	12	MF	MF	19	박용지	24	0	1	0	0
0	0	1	3(1)		조나탄	70	FW	FW	18	김현	10	1(1)	2	0	0
0	0	0	0		노동건	1			31	김동준		0	0	0	0
0	0	0	0		연제민	6			6	이태희	후37	0	1	0	0
0	0	0	2(1)	후27	조원희	8			24	장석원	후32	0	0	0	0
0	0	0	0		박현범	5	대기	대기	16	안상현		0	0	0	0
0	0	0	3(1)	후0	권창훈	22			7	황진성		0	0	0	0
0	0	0	1(1)	후0	염기훈	26			13	김동희		0	0	0	0
0	0	0	0		조동건	9			10	황의조	후11	1(1)	0	0	0
0	1	9	22(9)			0			0			8(4)	9	2	0

● 후반 26분 염기훈 MFL FK ↷ 산토스 GA 정면 R-ST-G (득점: 산토스, 도움: 염기훈) 가운데

● 전반 33분 정선호 자기 측 AK 정면 ~ 김현 자기 측 MF 정면 R-ST-G (득점: 김현, 도움: 정선호) 가운데 [거리 67.4m]

● 후반 28분 황의조 PAR → 조재철 GAR 내 L-ST-G (득점: 조재철, 도움: 황의조) 왼쪽

7월 17일 19 : 00 맑음 포항 스틸야드 7,274명
주심: 김성호 / 부심: 이정민 · 양재용 / 대기심: 서동진 / 경기감독관: 전기록

포항 0   0 전반 0 / 0 후반 2   **2 상주**

퇴장	경고	파울	ST(유)	교체	선수명	배번	위치	위치	배번	선수명	교체	ST(유)	파울	경고	퇴장
0	0	0	0		신화용	1	GK	GK	1	양동원		0	0	0	0
0	1	2	0		배슬기	24	DF	DF	2	이용		0	2	1	0
0	1	2	1		김광석	3	DF	DF	6	박진포		0	0	0	0
0	1	2	0		김준수	6	DF	DF	25	김오규		0	1	0	0
0	0	1	0		강상우	17	MF	DF	28	윤준성		0	1	0	0
0	0	1	0	8	박선용	2	MF	MF	8	김성환		0	4	0	0
0	0	0	2		조수철	26	MF	FW	11	임상협	26	2(1)	0	0	0
0	1	1	1	14	무랄라	5	MF	FW	12	박준태		3(1)	2	0	0
0	0	0	4(2)		심동운	11	FW	MF	16	김성준	14	0	2	0	0
0	0	0	0	10	이광혁	12	FW	MF	37	신진호		1	0	0	0
0	0	1	5		양동현	18	FW	FW	9	박기동	27	4(1)	1	0	0
0	0	0	0		김진영	21			41	제종현		0	0	0	0
0	0	0	0		김원일	13			14	최현태	후28	0	1	0	0
0	0	0	0		우찬양	35			18	최종환		0	0	0	0
0	0	0	0		박준희	4	대기	대기	24	정준연		0	0	0	0
0	0	0	0	후25	오창현	14			26	신영준	후39	0	1	0	0
0	0	0	0	후36	라자르	8			27	조영철	후19	0	3	0	0
0	0	0	0	후0	룰리나	10			36	박수창		0	0	0	0
0	4	10	13(2)			0			0			10(3)	18	1	0

● 후반 9분 박기동 PAL 내 EL ~ 박준태 GA 정면 내 R-ST-G (득점: 박준태, 도움: 박기동) 가운데

● 후반 25분 신진호 HL 정면 ~ 임상협 PA 정면 L-ST-G (득점: 임상협, 도움: 신진호) 왼쪽

7월 20일 19 : 00 맑음 상주 시민 3,392명
주심: 김대용 / 부심: 윤광열 · 박인선 / 대기심: 박병진 / 경기감독관: 하재훈

상주 0   0 전반 1 / 0 후반 0   **1 수원**

퇴장	경고	파울	ST(유)	교체	선수명	배번	위치	위치	배번	선수명	교체	ST(유)	파울	경고	퇴장
0	0	0	0		양동원	1	GK	GK	21	양형모		0	0	0	0
0	0	1	0		이용	2	DF	DF	8	조원희		0	1	0	0
0	0	0	2		박진포	6	DF	DF	29	곽희주		0	2	0	0
0	0	1	3(2)		김오규	25	DF	DF	15	구자룡		0	2	0	0
0	0	0	0		윤준성	28	DF	DF	77	장호익		0	4	0	0
0	0	0	0		김성환	8	MF	MF	16	이종성		1	2	1	0
0	0	0	0	26	임상협	11	MF	MF	5	박현범		0	2	0	0
0	0	2	2		박준태	12	MF	MF	9	조동건	12	0	0	0	0
0	0	1	0	16	최현태	14	MF	MF	10	산토스	24	2(1)	1	0	0
0	0	2	4(3)		신진호	37	MF	MF	26	염기훈		2(1)	1	0	0
0	0	0	0	27	박기동	9	FW	FW	70	조나탄	13	3(1)	3	0	0
0	0	0	0		오승훈	31			1	노동건		0	0	0	0
0	0	0	0		이웅희	3			40	이정수		0	0	0	0
0	0	1	0	후0	김성준	16			34	곽광선		0	0	0	0
0	0	0	0		최종환	18	대기	대기	4	이용래		0	0	0	0
0	0	1	0	후18	신영준	26			12	고차원	전19	1	2	0	0
0	0	0	1	후25	조영철	27			24	고승범	후26	0	0	0	0
0	0	0	0		박수창	36			13	김건희	후40	0	1	0	0
0	0	9	12(5)			0			0			9(3)	21	1	0

● 전반 2분 산토스 GAR ~ 조나탄 GAR R-ST-G (득점: 조나탄, 도움: 산토스) 왼쪽

7월 20일 19 : 00 맑음 광주 월드컵 2,111명
주심: 김우성 / 부심: 이정민 · 박상준 / 대기심: 박필준 / 경기감독관: 전인석

광주 0   0 전반 0 / 0 후반 0   **0 전남**

퇴장	경고	파울	ST(유)	교체	선수명	배번	위치	위치	배번	선수명	교체	ST(유)	파울	경고	퇴장
0	0	0	0		최봉진	1	GK	GK	21	이호승		0	0	0	0
0	0	0	0		정동윤	18	DF	DF	5	고태원		0	1	0	0
0	0	0	0		김영빈	3	DF	DF	17	이지남		1	1	1	0
0	0	0	0		정호정	2	DF	DF	28	토미		2(2)	3	0	0
0	0	2	0	12	이으뜸	8	DF	MF	19	이지민	13	1(1)	0	0	0
0	1	5	0		김정현	20	MF	MF	8	유고비치		1	0	0	0
0	0	0	0		여름	7	MF	MF	14	김영욱		1	2	0	0
0	0	2	0		김민혁	23	MF	MF	2	최효진		0	2	0	0
0	0	1	2		송승민	16	FW	MF	16	한찬희	11	1(1)	0	0	0
0	0	2	2(1)	11	주현우	13	FW	FW	9	조석재	10	0	1	0	0
0	1	2	2(1)		정조국	9	FW	FW	23	허용준		1(1)	2	1	0
0	0	0	0		윤보상	21			27	한유성		0	0	0	0
0	0	0	0		오도현	6			10	자일	후13	1	1	0	0
0	0	0	0		파비오	10			11	안용우	후21	1	0	0	0
0	0	1	0	후24	조성준	11	대기	대기	13	현영민	후28	0	0	0	0
0	0	0	0	후0	이민기	12			18	배천석		0	0	0	0
0	0	0	0		조용태	22			24	김경재		0	0	0	0
0	0	0	0		홍준호	25			25	한지원		0	0	0	0
0	2	15	6(2)			0			0			10(5)	13	2	0

7월 20일 19 : 30 맑음 울산 문수 6,642명
주심: 김성호 / 부심: 노수용 · 방기열 / 대기심: 김희곤 / 경기감독관: 전기록

울산 1 | 0 전반 0 / 1 후반 3 | **3 인천**

퇴장	경고	파울	ST(유)	교체	선수명	배번	위치	위치	배번	선수명	교체	ST(유)	파울	경고	퇴장
0	0	0	0		정산	21	GK	GK	1	조수혁		0	0	0	0
0	0	3	0		정동호	2	DF	DF	16	이윤표		0	4	0	0
0	0	1	0	22	이재성	15	DF	DF	29	조병국		0	0	0	0
0	0	0	0		강민수	75	DF	DF	20	요니치		0	1	0	0
0	0	0	1(1)		이기제	33	DF	MF	3	김용환		2(2)	2	0	0
0	0	1	1(1)		마스다	6	MF	MF	25	박대한		0	0	1	0
0	0	1	2		김건웅	16	MF	MF	5	김태수		0	0	0	0
0	0	1	1(1)		김태환	11	MF	MF	7	김도혁		1	1	0	0
0	0	1	3(2)	44	한상운	20	MF	MF	24	박세직	19	3(3)	1	0	0
0	0	0	2	18	김승준	19	MF	FW	88	벨코스키	9	3(3)	1	0	0
0	0	2	2		멘디	10	FW	FW	10	케빈	11	3(3)	0	0	0
0	0	0	0		장대희	31			41	김다솔		0	0	0	0
0	0	0	0		이명재	13			15	김대중		0	0	0	0
0	0	0	0	후28	김치곤	22			6	이중권		0	0	0	0
0	0	0	0		하성민	8	대기	대기	4	김경민		0	0	0	0
0	0	0	4(3)	후12	코바	44			19	송시우	후24	0	3	0	0
0	0	0	0		김인성	7			9	송제헌	후38	1	1	0	0
0	0	1	1(1)	후24	이정협	18			11	진성욱	후35	0	1	0	0
0	0	11	17(9)			0			0			13(11)	15	1	0

- 후반 42분 이기제 PAR FK ↷ 이정협 GA 정면 H-ST-G (득점: 이정협, 도움: 이기제) 가운데

- 후반 5분 김도혁 PAL ↷ 케빈 GAR 내 R-ST-G (득점: 케빈, 도움: 김도혁) 오른쪽
- 후반 11분 케빈 MFL ~ 박세직 MF 정면 L-ST-G (득점: 박세직, 도움: 케빈) 오른쪽
- 후반 19분 벨코스키 GA 정면 ~ 케빈 PK지점 L-ST-G (득점: 케빈, 도움: 벨코스키) 오른쪽

7월 20일 19 : 30 흐림 서울 월드컵 18,814명
주심: 고형진 / 부심: 노태식 · 곽승순 / 대기심: 정동식 / 경기감독관: 김용세

서울 2 | 1 전반 1 / 1 후반 2 | **3 전북**

퇴장	경고	파울	ST(유)	교체	선수명	배번	위치	위치	배번	선수명	교체	ST(유)	파울	경고	퇴장
0	0	0	0		유상훈	31	GK	GK	1	권순태		0	0	0	0
0	0	1	0	17	김동우	4	DF	DF	19	박원재	6	0	1	0	0
0	0	1	2(1)		오스마르	5	DF	DF	16	조성환		0	0	0	0
0	0	0	0		김남춘	26	DF	DF	5	이호		1(1)	1	0	0
0	0	0	1(1)		김치우	7	MF	DF	3	김형일		0	1	0	0
0	0	2	1		고광민	27	MF	DF	25	최철순		1(1)	4	0	0
0	0	1	1	29	다카하기	2	MF	MF	17	이재성		1(1)	0	0	0
0	1	6	0		주세종	6	MF	MF	13	김보경		1(1)	1	0	0
0	0	0	4(2)		데얀	9	FW	MF	10	레오나르도	99	0	0	0	0
0	0	2	2(2)		박주영	10	FW	MF	11	로페즈		4(3)	2	0	0
0	0	0	0	23	조찬호	14	FW	FW	9	이종호	18	1	3	1	0
0	0	0	0		유현	1			21	홍정남		0	0	0	0
0	0	0	0		정인환	3			30	김영찬		0	0	0	0
0	0	0	0		황현수	24			6	최재수	후38	0	1	0	0
0	0	2	0	후29	이상협	29	대기	대기	2	이우혁		0	0	0	0
0	0	0	0		심제혁	16			34	장윤호		0	0	0	0
0	0	0	1	후17	윤일록	17			18	고무열	후43	0	0	0	0
0	0	0	0	후35	심우연	23			99	김신욱	후21	0	2	0	0
0	1	15	12(6)			0			0			9(7)	16	1	0

- 전반 8분 데얀 PAL R-ST-G (득점: 데얀) 오른쪽
- 후반 49분 오스마르 PK지점 L-ST-G (득점: 오스마르) 가운데

- 전반 4분 김보경 PAR 내 R-ST-G (득점: 김보경) 왼쪽
- 후반 14분 최철순 PAR 내 ~ 로페즈 GAR R-ST-G (득점: 로페즈, 도움: 최철순) 왼쪽
- 후반 39분 김보경 HL 정면 ~ 로페즈 PA 정면 내 R-ST-G (득점: 로페즈, 도움: 김보경) 가운데

7월 20일 19 : 30 흐림 수원 종합 1,711명
주심: 김종혁 / 부심: 김성일 · 강동호 / 대기심: 이동준 / 경기감독관: 김형남

수원FC 1 | 0 전반 0 / 1 후반 0 | **0 포항**

퇴장	경고	파울	ST(유)	교체	선수명	배번	위치	위치	배번	선수명	교체	ST(유)	파울	경고	퇴장
0	0	0	0		이창근	40	GK	GK	21	김진영		0	0	0	0
0	1	1	0		블라단	5	DF	DF	2	박선용		0	2	0	0
0	0	1	1		이준호	14	DF	DF	13	김원일		1(1)	3	1	0
1	0	1	0		레이어	24	DF	DF	3	김광석		0	0	1	0
0	1	2	1	10	황재훈	3	DF	DF	35	우찬양		0	2	0	0
0	0	0	0		김종국	6	MF	MF	9	황지수	5	0	2	1	0
0	1	2	1		이광진	8	MF	MF	26	조수철		1(1)	0	0	0
0	0	0	1	90	이재안	17	MF	MF	10	룰리냐	30	3	3	0	0
0	1	3	3(3)		권용현	31	FW	MF	11	심동운	18	3	1	0	0
0	0	0	2(1)	38	김부관	77	FW	MF	17	강상우		0	3	0	0
0	0	0	3(1)		정민우	18	FW	FW	8	라자르		1(1)	1	0	0
0	0	0	0		박형순	23			1	신화용		0	0	0	0
0	0	0	0		임하람	4			6	김준수		0	0	0	0
0	1	0	0	후31	김근환	38			22	알리		0	0	0	0
0	0	0	0		이창무	29	대기	대기	12	이광혁		0	0	0	0
0	0	1	0	후17	임창균	90			5	무랄라	후15	2	0	0	0
0	0	1	0	후22	김한원	10			30	정원진	후26	1(1)	2	0	0
0	0	0	0		정기운	33			18	양동현	후0	3	1	0	0
1	5	12	12(5)			0			0			15(4)	20	3	0

- 후반 36분 임창균 PAR H → 권용현 PA 정면 내 L-ST-G (득점: 권용현, 도움: 임창균) 오른쪽

7월 20일 19 : 30 맑음 탄천 종합 5,031명
주심: 김동진 / 부심: 장준모 · 김영하 / 대기심: 송민석 / 경기감독관: 김수현

성남 0 | 0 전반 0 / 0 후반 0 | **0 제주**

퇴장	경고	파울	ST(유)	교체	선수명	배번	위치	위치	배번	선수명	교체	ST(유)	파울	경고	퇴장
0	0	0	0		김근배	21	GK	GK	21	김경민		0	0	0	0
0	0	0	0		장학영	33	DF	DF	20	이광선		0	0	0	0
0	0	0	0		김태윤	4	DF	DF	4	오반석		0	2	0	0
0	0	1	1		임채민	5	DF	DF	15	백동규		1(1)	3	1	0
0	0	0	1		이태희	6	DF	MF	13	정운		0	1	0	0
0	0	1	1		정선호	14	MF	MF	7	권순형		2	1	0	0
0	0	0	0		연제운	32	MF	MF	17	안현범		0	2	0	0
0	0	1	0		조재철	30	MF	MF	22	이근호	24	2	0	0	0
0	0	2	1(1)	3	김두현	8	MF	MF	37	송진형		0	0	0	0
0	0	2	0	13	박용지	19	MF	FW	9	완델손	11	2	1	0	0
0	0	2	4(1)		황의조	10	FW	FW	89	헤난	10	3(2)	2	0	0
0	0	0	0		박준혁	41			23	전수현		0	0	0	0
0	1	1	1	후42	이후권	3			18	배재우		0	0	0	0
0	0	0	0		장석원	24			19	이우진		0	0	0	0
0	0	0	0		이종원	22	대기	대기	6	김선우		0	0	0	0
0	0	0	0		피투	26			24	문상윤	후48	0	0	0	0
0	0	0	0		황진성	7			10	마르셀로	후14	4(4)	0	0	0
0	0	0	0	후17	김동희	13			11	김호남	후26	0	0	0	0
0	1	10	9(2)			0			0			14(7)	12	1	0

7월 23일 19 : 00 맑음 포항 스틸야드 5,619명
주심: 정동식 / 부심: 윤광열 · 곽승순 / 대기심: 김우성 / 경기감독관: 김진의

포항 3 2 전반 0 / 1 후반 1 **1 인천**

퇴장	경고	파울	ST(유)	교체	선수명	배번	위치	위치	배번	선수명	교체	ST(유)	파울	경고	퇴장
0	0	0	0		신화용	1	GK	GK	1	조수혁		0	1	0	0
0	0	2	0		김준수	6	DF	DF	3	김용환		0	1	0	0
0	0	1	0		김광석	3	DF	DF	16	이윤표		0	1	0	0
0	1	2	0		배슬기	24	DF	DF	29	조병국		0	1	0	0
0	0	2	0		강상우	17	MF	DF	20	요니치		1	0	0	0
0	1	2	0		알리	22	MF	DF	25	박대한		1	0	0	0
0	0	0	1	5	조수철	26	MF	MF	5	김태수	11	0	0	0	0
0	0	0	0	2	황지수	9	MF	MF	7	김도혁	19	1(1)	0	0	0
0	0	1	2(2)		심동운	11	FW	MF	24	박세직		2	1	0	0
0	0	0	4(2)	8	룰리냐	10	FW	FW	88	벨코스키	15	1	0	0	0
0	0	2	6(5)		양동현	18	FW	FW	10	케빈		3(2)	1	0	0
0	0	0	0		김진영	21	대기	대기	41	김다솔		0	0	0	0
0	0	0	0		박준희	4			15	김대중	후27	0	0	0	0
0	0	0	0	후37	박선용	2			6	이중권		0	0	0	0
0	0	0	0		김동현	29			4	김경민		0	0	0	0
0	0	0	1	후5	무랄랴	5			19	송시우	후0	0	2	0	0
0	0	0	0		오창현	14			37	박종진		0	0	0	0
0	0	0	0	후29	라자르	8			11	진성욱	후11	0	2	0	0
0	2	12	14(9)			0			0			9(3)	10	0	0

- 전반 23분 룰리냐 PK-R-G (득점: 룰리냐) 왼쪽
- 전반 43분 양동현 PK 우측지점 L-ST-G (득점: 양동현) 왼쪽
- 후반 34분 라자르 MFL ~ 양동현 GAL 내 R-ST-G (득점: 양동현, 도움: 라자르) 왼쪽
- 후반 32분 김용환 MFL ↷ 케빈 PAR 내 R-ST-G (득점: 케빈, 도움: 김용환) 왼쪽

7월 23일 19 : 00 맑음 상주 시민 1,192명
주심: 송민석 / 부심: 장준모 · 김성일 / 대기심: 김동진 / 경기감독관: 김일호

상주 0 0 전반 1 / 0 후반 3 **4 광주**

퇴장	경고	파울	ST(유)	교체	선수명	배번	위치	위치	배번	선수명	교체	ST(유)	파울	경고	퇴장
0	0	0	0		양동원	1	GK	GK	1	최봉진		0	0	0	0
0	0	0	0		이웅희	3	DF	DF	18	정동윤		0	1	0	0
0	2	2	0		김오규	25	DF	DF	3	김영빈	6	0	0	0	0
0	0	1	0	24	윤준성	28	DF	DF	2	정호정		0	0	0	0
0	0	1	2		박진포	6	MF	DF	12	이민기		0	1	0	0
0	0	1	0	12	김성환	8	MF	MF	20	김정현	9	1	3	1	0
0	0	0	0		김성준	16	MF	MF	7	여름		1	3	0	0
0	1	2	0		최종환	18	MF	MF	23	김민혁		1(1)	2	0	0
0	0	1	2		신진호	37	MF	FW	16	송승민		2(2)	2	0	0
0	0	0	0		임상협	11	FW	FW	22	조용태	13	0	3	0	0
0	0	1	1	7	조영철	27	FW	FW	10	파비오		2(1)	1	0	0
0	0	0	0		제종현	41	대기	대기	21	윤보상		0	0	0	0
0	0	0	0		김대열	4			6	오도현	후34	1(1)	0	0	0
0	0	0	1	후0	황일수	7			8	이으뜸		0	0	0	0
0	0	0	0	후0	박준태	12			9	정조국	후17	2(2)	1	0	0
0	0	1	0	후11	정준연	24			13	주현우	후0	2(1)	1	0	0
0	0	0	0		조지훈	32			25	홍준호		0	0	0	0
0	0	0	0		박수창	36			33	와다		0	0	0	0
0	3	10	6			0			0			12(8)	18	1	0

- 전반 4분 조용태 PAR ↷ 송승민 GA 정면 H-ST-G (득점: 송승민, 도움: 조용태) 왼쪽
- 후반 9분 주현우 GAL L-ST-G (득점: 주현우) 오른쪽
- 후반 21분 정호정 자기 측 HLL ↷ 정조국 GA 정면 L-ST-G (득점: 정조국, 도움: 정호정) 오른쪽
- 후반 40분 파비오 C, KR ↷ 오도현 GAR R-ST-G (득점: 오도현, 도움: 파비오) 오른쪽

7월 23일 19 : 00 맑음 광양 전용 3,863명
주심: 고형진 / 부심: 노태식 · 김계용 / 대기심: 김성호 / 경기감독관: 김수현

전남 3 2 전반 0 / 1 후반 0 **0 수원**

퇴장	경고	파울	ST(유)	교체	선수명	배번	위치	위치	배번	선수명	교체	ST(유)	파울	경고	퇴장
0	0	0	0		이호승	21	GK	GK	21	양형모		0	0	0	0
0	0	0	0		고태원	5	DF	DF	77	장호익		1	1	0	0
0	1	1	1	24	이지남	17	DF	DF	15	구자룡		1	0	0	0
0	0	0	0		토미	28	DF	DF	40	이정수		0	1	0	0
0	1	2	0	19	현영민	13	MF	DF	34	곽광선		1(1)	1	1	0
0	0	0	1		유고비치	8	MF	MF	16	이종성	4	1	1	0	0
0	0	2	0		김영욱	14	MF	MF	5	박현범		0	0	0	0
0	0	1	1		최효진	2	MF	MF	26	염기훈		0	1	0	0
0	0	2	2(1)	25	자일	10	FW	MF	10	산토스	13	2(1)	0	0	0
0	1	2	2(1)		배천석	18	FW	MF	24	고승범	14	1	2	0	0
0	0	0	1(1)		안용우	11	FW	FW	70	조나탄		4	2	1	0
0	0	0	0		한유성	27	대기	대기	1	노동건		0	0	0	0
0	0	0	0		방대종	15			29	곽희주		0	0	0	0
0	0	0	0		한찬희	16			8	조원희		0	0	0	0
0	1	0	0	후13	이지민	19			4	이용래	후0	0	1	0	0
0	0	0	0		허용준	23			20	백지훈		0	0	0	0
0	0	0	0	후43	김경재	24			14	카스텔렌	후13	2	0	0	0
0	0	0	0	후46	한지원	25			13	김건희	후24	2	0	0	0
0	4	10	8(3)			0			0			15(2)	10	2	0

- 전반 10분 배천석 GAL L-ST-G (득점: 배천석) 오른쪽
- 전반 44분 유고비치 PAR ~ 자일 GAL L-ST-G (득점: 자일, 도움: 유고비치) 오른쪽
- 후반 14분 배천석 GAR 내 가슴패스 안용우 PK 우측지점 L-ST-G (득점: 안용우, 도움: 배천석) 오른쪽

7월 24일 19 : 00 맑음 전주 월드컵 21,437명
주심: 우상일 / 부심: 박상준 · 강동호 / 대기심: 김종혁 / 경기감독관: 강창구

전북 2 0 전반 0 / 2 후반 1 **1 울산**

퇴장	경고	파울	ST(유)	교체	선수명	배번	위치	위치	배번	선수명	교체	ST(유)	파울	경고	퇴장
0	0	0	0		권순태	1	GK	GK	31	장대희		0	0	0	0
0	0	3	0	18	최재수	6	DF	DF	2	정동호	7	0	0	0	0
0	0	1	0		조성환	16	DF	DF	75	강민수		0	2	1	0
0	0	1	0		김형일	3	DF	DF	22	김치곤	5	0	1	0	0
0	2	2	0		최철순	25	DF	DF	33	이기제		0	2	0	0
0	0	1	0		이호	5	MF	MF	8	하성민		0	3	0	0
0	0	0	3		이재성	17	MF	MF	6	마스다		0	0	0	0
0	0	0	2		김보경	13	MF	MF	11	김태환		1(1)	0	0	0
0	0	0	4(2)	19	레오나르도	10	MF	MF	20	한상운		1	0	1	0
0	0	3	7(5)		로페즈	11	MF	MF	44	코바		3(2)	0	0	0
0	0	1	4(2)		김신욱	99	FW	FW	10	멘디		1	2	0	0
0	0	0	0		홍정남	21	대기	대기	41	정현철		0	0	0	0
0	0	0	0		김영찬	30			13	이명재		0	0	0	0
0	0	0	0	후28	박원재	19			5	이창용	후26	0	0	0	0
0	0	0	0		이우혁	2			16	김건웅		0	0	0	0
0	0	0	0		이한도	33			19	김승준	후34	0	0	0	0
0	0	0	0	후28	고무열	18			7	김인성	후 17/19	1(1)	0	0	0
0	0	0	0		장윤호	34			18	이정협		0	0	0	0
0	2	12	20(9)			0			0			7(4)	10	2	0

- 후반 31분 박원재 MF 정면 ~ 로페즈 AKL R-ST-G (득점: 로페즈, 도움: 박원재) 오른쪽
- 후반 33분 이재성 PAR ↷ 김신욱 GA 정면 R-ST-G (득점: 김신욱, 도움: 이재성) 오른쪽
- 후반 20분 멘디 HLR → 김인성 GAR EL R-ST-G (득점: 김인성, 도움: 멘디) 왼쪽

7월 24일 19:00 맑음 제주 월드컵 7,408명
주심: 이동준 / 부심: 이정민 · 박인선 / 대기심: 김희곤 / 경기감독관: 김용세

제주 3 1 전반 1 / 2 후반 1 **2 서울**

퇴장	경고	파울	ST(유)	교체	선수명	배번	위치	위치	배번	선수명	교체	ST(유)	파울	경고	퇴장
0	1	0	0		김경민	21	GK	GK	31	유상훈		0	0	0	0
0	0	1	0		오반석	4	DF	DF	5	오스마르		1	0	1	0
0	0	0	1(1)		권한진	5	DF	DF	7	김치우		0	2	1	0
0	0	1	0	20	백동규	15	DF	DF	26	김남춘		0	1	0	0
0	0	1	0	13	김상원	3	MF	DF	27	고광민		0	0	0	0
0	0	0	1		권순형	7	MF	MF	6	주세종		4(2)	1	0	0
0	0	0	1		안현범	17	MF	MF	14	조찬호	16	1	0	0	0
0	0	1	1		이근호	22	MF	MF	17	윤일록	23	2(2)	0	0	0
0	0	1	5(3)		송진형	37	MF	MF	35	임민혁		3	2	2	0
0	0	0	0	11	완델손	9	FW	FW	9	데얀		2(1)	0	0	0
0	0	1	3(2)		마르셀로	10	FW	FW	10	박주영	2	2(1)	0	0	0
0	0	0	0		전수현	23	대기	대기	1	유현		0	0	0	0
0	0	1	0	후37	정운	13			3	정인환		0	0	0	0
0	0	0	0	후21	이광선	20			24	황현수		0	0	0	0
0	0	0	0		곽해성	26			2	다카하기	후27	0	0	0	0
0	0	0	0		김선우	6			16	심제혁	후21	0	0	0	0
0	0	0	0		문상윤	24			23	심우연	후41	0	0	0	0
0	0	2	0	후8	김호남	11			34	김정환		0	0	0	0
0	1	9	12(6)			0			0			15(6)	6	4	0

- 전반 6분 완델손 PK 좌측지점 ~ 송진형 PA 정면 내 R-ST-G (득점: 송진형, 도움: 완델손) 왼쪽
- 후반 28분 이근호 GAR 내 H ↷ 송진형 GAL H-ST-G (득점: 송진형, 도움: 이근호) 왼쪽
- 후반 35분 권순형 C, KR ↷ 권한진 GA 정면 H-ST-G (득점: 권한진, 도움: 권순형) 왼쪽

- 전반 43분 조찬호 MFR ↷ 윤일록 PK 우측지점 R-ST-G(득점: 윤일록, 도움: 조찬호) 오른쪽
- 후반 1분 박주영 GAR 내 R-ST-G (득점: 박주영) 오른쪽

7월 24일 19:00 흐림 탄천 종합 11,127명
주심: 박필준 / 부심: 노수용 · 방기열 / 대기심: 매호영 / 경기감독관: 김정식

성남 1 0 전반 0 / 1 후반 2 **2 수원FC**

퇴장	경고	파울	ST(유)	교체	선수명	배번	위치	위치	배번	선수명	교체	ST(유)	파울	경고	퇴장
0	0	0	0		김근배	21	GK	GK	40	이창근		0	0	0	0
0	0	2	0		장학영	33	DF	DF	4	임하람		0	1	0	0
0	0	0	0		김태윤	4	DF	DF	5	블라단		0	3	0	0
0	0	1	0		임채민	5	DF	DF	14	이준호		2(1)	2	0	0
0	0	0	0		이태희	6	DF	DF	3	황재훈		1(1)	0	0	0
0	0	1	1		이종원	22	MF	MF	38	김근환		0	0	0	0
0	0	1	1	14	연제운	32	MF	MF	6	김종국	90	2(2)	0	0	0
0	0	2	4(1)		피투	26	MF	MF	17	이재안		2(1)	0	0	0
0	0	0	1	7	김두현	8	MF	FW	31	권용현	16	1(1)	3	1	0
0	0	1	2	18	조재철	30	MF	FW	77	김부관	10	2(1)	0	0	0
0	0	0	4(3)		황의조	10	FW	FW	18	정민우		1	2	0	0
0	0	0	0		박준혁	41	대기	대기	21	이인수		0	0	0	0
0	0	0	0		이후권	3			16	김혁진	후35	0	0	0	0
0	0	0	0		장석원	24			22	권혁진		0	0	0	0
0	0	0	2(1)	후34	정선호	14			26	여인언		0	0	0	0
0	0	0	1(1)	후27	황진성	7			90	임창균	후0	1(1)	2	1	0
0	0	0	0		성봉재	27			10	김한원	후24	0	0	0	0
0	0	0	0	후22	김현	18			33	정기운		0	0	0	0
0	0	8	16(6)			0			0			12(8)	13	2	0

- 후반 35분 이태희 PAR 내 EL ↷ 황진성 GAR H-ST-G (득점: 황진성, 도움: 이태희) 가운데

- 후반 18분 권용현 PK-R-G (득점: 권용현) 오른쪽
- 후반 23분 권용현 GAR ~ 임창균 PA 정면 내 R-ST-G (득점: 임창균, 도움: 권용현) 왼쪽

7월 24일 19:00 흐림 탄천 종합 11,127명
주심: 박필준 / 부심: 노수용 · 방기열 / 대기심: 매호영 / 경기감독관: 김정식

성남 1 0 전반 0 / 1 후반 2 **2 수원FC**

퇴장	경고	파울	ST(유)	교체	선수명	배번	위치	위치	배번	선수명	교체	ST(유)	파울	경고	퇴장
0	0	0	0		김근배	21	GK	GK	40	이창근		0	0	0	0
0	0	2	0		장학영	33	DF	DF	4	임하람		0	1	0	0
0	0	0	0		김태윤	4	DF	DF	5	블라단		0	3	0	0
0	0	1	0		임채민	5	DF	DF	14	이준호		2(1)	2	0	0
0	0	0	0		이태희	6	DF	DF	3	황재훈		1(1)	0	0	0
0	0	1	1		이종원	22	MF	MF	38	김근환		0	0	0	0
0	0	1	1	14	연제운	32	MF	MF	6	김종국	90	2(2)	0	0	0
0	0	2	4(1)		피투	26	MF	MF	17	이재안		2(1)	0	0	0
0	0	0	1	7	김두현	8	MF	FW	31	권용현	16	1(1)	3	1	0
0	0	1	2	18	조재철	30	MF	FW	77	김부관	10	2(1)	0	0	0
0	0	0	4(3)		황의조	10	FW	FW	18	정민우		1	2	0	0
0	0	0	0		박준혁	41	대기	대기	21	이인수		0	0	0	0
0	0	0	0		이후권	3			16	김혁진	후35	0	0	0	0
0	0	0	0		장석원	24			22	권혁진		0	0	0	0
0	0	0	2(1)	후34	정선호	14			26	여인언		0	0	0	0
0	0	0	1(1)	후27	황진성	7			90	임창균	후0	1(1)	2	1	0
0	0	0	0		성봉재	27			10	김한원	후24	0	0	0	0
0	0	0	0	후22	김현	18			33	정기운		0	0	0	0
0	0	8	16(6)			0			0			12(8)	13	2	0

- 후반 35분 이태희 PAR 내 EL ↷ 황진성 GAR H-ST-G (득점: 황진성, 도움: 이태희) 가운데

- 후반 18분 권용현 PK-R-G (득점: 권용현) 오른쪽
- 후반 23분 권용현 GAR ~ 임창균 PA 정면 내 R-ST-G (득점: 임창균, 도움: 권용현) 왼쪽

7월 30일 19:00 맑음 울산 문수 4,505명
주심: 김동진 / 부심: 윤광열 · 곽승순 / 대기심: 송민석 / 경기감독관: 전인석

울산 0 0 전반 1 / 0 후반 1 **2 전남**

퇴장	경고	파울	ST(유)	교체	선수명	배번	위치	위치	배번	선수명	교체	ST(유)	파울	경고	퇴장
0	0	0	0		장대희	31	GK	GK	21	이호승		0	0	1	0
0	0	2	0		정동호	2	DF	DF	5	고태원		0	2	1	0
0	0	1	0		이재성	15	DF	DF	15	방대종		0	2	0	0
0	0	0	0		강민수	75	DF	DF	28	토미		0	0	0	0
0	1	1	2(1)		이기제	33	DF	MF	13	현영민	20	1(1)	3	1	0
0	1	1	1		김건웅	16	MF	MF	8	유고비치		1(1)	0	0	0
0	0	0	4(1)		마스다	6	MF	MF	14	김영욱		1(1)	0	0	0
0	0	3	0	29	김태환	11	MF	MF	2	최효진		0	0	0	0
0	0	1	3(2)	14	이정협	18	MF	FW	7	마우링요	25	3(1)	4	0	0
0	0	0	0	44	김승준	19	MF	FW	10	자일	23	2(2)	0	1	0
0	0	0	2(1)		멘디	10	FW	FW	11	안용우		2(2)	0	0	0
0	0	0	0		정산	21	대기	대기	27	한유성		0	0	0	0
0	0	0	0		이명재	13			9	조석재		0	0	0	0
0	0	0	0	후36	셀리오	29			16	한찬희		0	0	0	0
0	0	0	0		이창용	5			18	배천석		0	0	0	0
0	0	0	0		하성민	8			20	양준아	후49	0	0	0	0
0	1	1	0	후33	서명원	14			23	허용준	후31	1(1)	0	0	0
0	0	0	2	후23	코바	44			25	한지원	후40	0	0	0	0
0	3	10	14(5)			0			0			11(9)	11	4	0

- 전반 31분 최효진 PAR ~ 자일 AK 정면 R-ST-G (득점: 자일, 도움: 최효진) 왼쪽
- 후반 41분 이호승 자기 측 MF 정면 FK ↷ 허용준 GAL R-ST-G (득점: 허용준, 도움: 이호승) 오른쪽

7월 30일 19 : 00 맑음 수원 종합 2,360명
주심: 김우성 / 부심: 이정민 · 김계용 / 대기심: 이동준 / 경기감독관: 김정식

수원FC 0 　 0 전반 1 / 0 후반 1 　 **2 상주**

퇴장	경고	파울	ST(유)	교체	선수명	배번	위치	위치	배번	선수명	교체	ST(유)	파울	경고	퇴장
0	0	0	0		이창근	40	GK	GK	31	오승훈		0	0	1	0
0	0	2	0		임하람	4	DF	DF	3	이웅희		1(1)	2	0	0
0	1	2	1		블라단	5	DF	DF	6	박진포		0	1	0	0
0	1	1	0		이준호	14	DF	DF	29	김성주		0	0	0	0
0	0	1	0		김민제	19	DF	DF	38	유준수		0	1	0	0
0	0	0	1	85	이광진	8	MF	MF	10	이승기	36	0	1	1	0
0	0	2	2		임창균	90	MF	MF	12	박준태	35	2(1)	1	0	0
0	0	0	2(1)		이재안	17	MF	MF	16	김성준		1(1)	0	0	0
0	0	0	2(1)	15	김부관	77	FW	MF	37	신진호		4(2)	4	0	0
0	0	4	4(2)		김병오	7	FW	MF	7	황일수	11	1	0	0	0
0	0	0	1	38	정민우	18	FW	FW	9	박기동		1(1)	0	0	0
0	0	0	0		박형순	23			41	제종현		0	0	0	0
0	0	0	1(1)	후35	김근환	38			11	임상협	후14	1(1)	1	0	0
0	0	0	0		김종국	6			24	정준연		0	0	0	0
0	0	0	0		김혁진	16	대기	대기	27	조영철		0	0	0	0
0	0	0	0		김한원	10			30	황순민		0	0	0	0
0	0	0	1(1)	후20	브루스	15			35	박희성	후36	0	1	0	0
0	0	0	1	후0	서동현	85			36	박수창	후25	1(1)	2	1	0
0	2	12	16(6)			0			0			12(8)	14	3	0

●전반 42분 김성준 PK-R-G (득점: 김성준) 가운데
●후반 40분 박기동 PAL 내 R-ST-G (득점: 박기동) 오른쪽

7월 31일 18 : 00 맑음 인천 전용 3,986명
주심: 김종혁 / 부심: 노태식 · 강동호 / 대기심: 임정수 / 경기감독관: 전기록

인천 2 　 1 전반 1 / 1 후반 1 　 **2 성남**

퇴장	경고	파울	ST(유)	교체	선수명	배번	위치	위치	배번	선수명	교체	ST(유)	파울	경고	퇴장
0	0	0	0		조수혁	1	GK	GK	21	김근배		0	0	0	0
0	0	1	0		이윤표	16	DF	DF	3	이후권	33	0	0	0	0
0	0	0	0		조병국	29	DF	DF	4	김태윤		1(1)	0	0	0
0	0	0	0		요니치	20	DF	DF	5	임채민		0	0	0	0
0	0	1	0		김용환	3	MF	DF	6	이태희		0	1	1	0
0	0	0	0		박대한	25	MF	MF	14	정선호	8	1	0	0	0
0	0	0	0	19	김태수	5	MF	MF	32	연제운		0	2	1	0
0	0	3	5(4)	11	김도혁	7	MF	MF	26	피투		1	0	0	0
0	0	1	0	24	윤상호	14	MF	MF	7	황진성		2(1)	1	0	0
0	0	1	3		벨코스키	88	FW	MF	27	성봉재	11	2(2)	0	0	0
0	1	1	3(2)		케빈	10	FW	FW	10	황의조		4(2)	0	0	0
0	0	0	0		김다솔	41			41	박준혁		0	0	0	0
0	0	0	0		김대중	15			33	장학영	후37	0	0	0	0
0	0	0	0		박종진	37			24	장석원		0	0	0	0
0	0	0	0	후34	송시우	19	대기	대기	16	안상현		0	0	0	0
0	0	0	0	후26	박세직	24			8	김두현	후0	3(2)	1	1	0
0	0	0	0		송제헌	9			19	박용지		0	0	0	0
0	0	0	2(1)	후41	진성욱	11			11	실빙요	후29	1	0	0	0
0	1	8	13(7)			0			0			15(8)	5	3	0

●전반 21분 김용환 MFL ~ 김도혁 PAL L-ST-G (득점: 김도혁, 도움: 김용환) 오른쪽
●후반 11분 케빈 PK 좌측지점 R-ST-G (득점: 케빈) 가운데

●전반 39분 황진성 PAL 내 ↷ 성봉재 PA 정면 내 R-ST-G (득점: 성봉재, 도움: 황진성) 왼쪽
●후반 25분 피투 MFL ~ 김두현 MFR R-ST-G (득점: 김두현, 도움: 피투) 가운데

7월 31일 19 : 00 맑음 서울 월드컵 17,140명
주심: 김성호 / 부심: 김성일 · 박상준 / 대기심: 고형진 / 경기감독관: 하재훈

서울 2 　 1 전반 0 / 1 후반 0 　 **0 포항**

퇴장	경고	파울	ST(유)	교체	선수명	배번	위치	위치	배번	선수명	교체	ST(유)	파울	경고	퇴장
0	0	0	0		유상훈	31	GK	GK	1	신화용		0	0	0	0
0	0	0	2(1)		오스마르	5	DF	DF	6	김준수		0	2	0	0
0	0	0	0		김치우	7	DF	DF	3	김광석		0	1	0	0
0	0	1	1		김남춘	26	DF	DF	24	배슬기		0	3	0	0
0	1	1	0	14	이규로	88	DF	MF	17	강상우		0	2	2	0
0	0	0	1	35	다카하기	2	MF	MF	22	알리		0	0	0	0
0	1	1	2		주세종	6	MF	MF	9	황지수	5	1(1)	1	0	0
0	0	1	1		윤일록	17	MF	MF	2	박선용		0	1	0	0
0	0	2	0		고광민	27	MF	FW	11	심동운	14	0	0	1	0
0	0	2	5(4)		데얀	9	FW	FW	18	양동현		1	1	0	0
0	1	3	2(1)	23	박주영	10	FW	FW	10	룰리냐	8	0	4	0	0
0	0	0	0		유현	1			21	김진영		0	0	0	0
0	0	0	0		정인환	3			13	김원일		0	0	0	0
0	0	0	0		이상협	29			35	우찬양		0	0	0	0
0	0	0	0	후37	임민혁	35	대기	대기	4	박준희		0	0	0	0
0	0	0	1	후0	조찬호	14			14	오창현	후25	1	0	0	0
0	0	1	0	후42	심우연	23			5	무랄랴	후13	0	1	0	0
0	0	0	0		김정환	34			8	라자르	후13	1	0	0	0
0	3	12	15(6)			0			0			4(1)	16	3	0

●전반 17분 오스마르 GA 정면 내 L-ST-G (득점: 오스마르) 가운데
●후반 31분 박주영 GAL 내 ~ 데얀 GA 정면 내 L-ST-G (득점: 데얀, 도움: 박주영) 가운데

7월 31일 19 : 00 맑음 수원 월드컵 8,517명
주심: 우상일 / 부심: 장준모 · 방기열 / 대기심: 정동식 / 경기감독관: 강창구

수원 5 　 3 전반 1 / 2 후반 2 　 **3 제주**

퇴장	경고	파울	ST(유)	교체	선수명	배번	위치	위치	배번	선수명	교체	ST(유)	파울	경고	퇴장
0	0	0	0		양형모	21	GK	GK	21	김경민		0	0	0	0
0	0	1	0		장호익	77	DF	DF	13	정운		1(1)	0	0	0
0	0	0	0		구자룡	15	DF	DF	20	이광선		1(1)	0	0	0
0	0	0	0	40	곽희주	29	DF	DF	4	오반석		1(1)	2	0	0
0	0	4	0		신세계	30	DF	DF	3	김상원		1	1	0	0
0	0	0	0		이용래	4	MF	MF	7	권순형		1	2	0	0
0	0	2	1(1)		이종성	16	MF	MF	37	송진형		5(3)	1	0	0
0	0	0	1		염기훈	26	MF	MF	10	마르셀로		3(1)	0	0	0
0	0	2	1(1)	18	산토스	10	MF	MF	17	안현범	9	0	0	0	0
0	0	1	2(1)		이상호	7	MF	MF	11	김호남	24	2(1)	1	0	0
0	1	1	2(2)	8	김건희	13	FW	FW	22	이근호	5	1(1)	0	0	0
0	0	0	0		이상욱	31			23	전수현		0	0	0	0
0	0	0	1(1)	후42	조원희	8			5	권한진	후34	0	2	1	0
0	0	1	1(1)	후22	이정수	40			15	백동규		0	0	0	0
0	0	0	0		백지훈	20	대기	대기	26	곽해성		0	0	0	0
0	0	0	0		박현범	5			9	완델손	후11	1(1)	2	0	0
0	0	0	0		카스텔렌	14			24	문상윤	후0	4(3)	1	0	0
0	0	0	0	후35	김종민	18			16	정영총		0	0	0	0
0	1	12	9(7)			0			0			21(13)	12	1	0

●전반 3분 염기훈 MFL TL FK ↷ 산토스 GAR H-ST-G (득점: 산토스, 도움: 염기훈) 왼쪽
●전반 13분 산토스 MF 정면 ~ 김건희 PAL 내 L-ST-G (득점: 김건희, 도움: 산토스) 왼쪽
●전반 20분 염기훈 C, KL ↷ 이상호 GA 정면 H-ST-G (득점: 이상호, 도움: 염기훈) 왼쪽
●후반 26분 염기훈 PAL FK ↷ 이정수 GAL 내 H-ST-G (득점: 이정수, 도움: 염기훈) 오른쪽
●후반 49분 이상호 PAL ~ 조원희 GAL L-ST-G (득점: 조원희, 도움: 이상호) 오른쪽

●전반 44분 안현범 PA 정면 내 ~ 김호남 GAL L-ST-G (득점: 김호남, 도움: 안현범) 왼쪽
●후반 15분 권순형 C, KL ↷ 오반석 GA 정면 H-ST-G (득점: 오반석, 도움: 권순형) 가운데
●후반 36분 문상윤 GAL L-ST-G (득점: 문상윤) 오른쪽

8월 10일 19 : 00 맑음 상주 시민 1,598명
주심: 박필준 / 부심: 장준모·박인선 / 대기심: 고형진 / 경기감독관: 강창구

상주 1 0 전반 1 / 1 후반 1 **2 서울**

퇴장	경고	파울	ST(유)	교체	선수명	배번	위치	위치	배번	선수명	교체	ST(유)	파울	경고	퇴장
0	0	0	0		오 승 훈	31	GK	GK	31	유 상 훈		0	0	0	0
0	0	0	1(1)		이 웅 희	3	DF	DF	5	오스마르		1	2	0	0
0	0	2	0		박 진 포	6	DF	DF	7	김 치 우		0	0	0	0
0	0	1	1	2	김 성 주	29	DF	DF	26	김 남 춘		0	2	0	0
0	0	1	0		유 준 수	38	DF	DF	27	고 광 민		0	2	0	0
0	0	1	0	35	이 승 기	10	MF	MF	6	주 세 종		0	3	0	0
0	0	1	3(2)		박 준 태	12	MF	MF	10	박 주 영	88	2(1)	1	0	0
0	0	3	0		김 성 준	16	MF	MF	17	윤 일 록		0	3	0	0
0	0	4	1		신 진 호	37	MF	MF	25	이 석 현		1	0	0	0
0	0	0	1	11	황 일 수	7	MF	FW	9	데 얀	23	5(4)	1	0	0
0	0	0	3(1)		박 기 동	9	FW	FW	11	아드리아노	14	0	0	0	0
0	0	0	0		제 종 현	41			1	유 현		0	0	0	0
0	0	0	0	후29	이 용	2			3	정 인 환		0	0	0	0
0	0	0	0		김 성 환	8			88	이 규 로	후45	0	0	0	0
0	0	1	0	후0	임 상 협	11	대기	대기	29	이 상 협		0	0	0	0
0	0	0	0		김 오 규	25			14	조 찬 호	후16	0	1	0	0
0	0	0	0	후11	박 희 성	35			23	심 우 연	후39	0	0	0	0
0	0	0	0		박 수 창	36			34	김 정 환		0	0	0	0
0	0	14	10(4)			0			0			9(5)	15	0	0

- 후반 50분 임상협 GA 정면 내 ~ 이웅희 GA 정면 내 R-ST-G (득점: 이웅희, 도움: 임상협) 오른쪽
- 전반 12분 아드리아노 AK 정면 ~ 데얀 PAR R-ST-G (득점: 데얀, 도움: 아드리아노) 왼쪽
- 후반 7분 윤일록 GAL ↷ 박주영 GAR 내 H-ST-G (득점: 박주영, 도움: 윤일록) 오른쪽

8월 10일 19 : 00 맑음 광주 월드컵 1,863명
주심: 이동준 / 부심: 김성일·곽승순 / 대기심: 김성호 / 경기감독관: 전기록

광주 1 1 전반 1 / 0 후반 0 **1 인천**

퇴장	경고	파울	ST(유)	교체	선수명	배번	위치	위치	배번	선수명	교체	ST(유)	파울	경고	퇴장
0	0	0	0		최 봉 진	1	GK	GK	1	조 수 혁		0	0	0	0
0	0	3	0		정 동 윤	18	DF	DF	3	김 용 환		1	1	1	0
0	0	1	0		김 영 빈	3	DF	DF	16	이 윤 표		0	1	0	0
0	0	1	0		정 호 정	2	DF	DF	29	조 병 국		0	0	0	0
0	1	2	0		이 민 기	12	DF	DF	20	요 니 치		0	1	0	0
0	0	0	0		본 즈	34	MF	DF	25	박 대 한		0	3	0	0
0	0	1	0	10	김 정 현	20	MF	MF	5	김 태 수		0	0	0	0
0	0	1	1(1)		김 민 혁	23	MF	MF	7	김 도 혁		1(1)	1	1	0
0	0	0	0	16	조 용 태	22	MF	MF	14	윤 상 호	19	0	0	0	0
0	0	0	1		주 현 우	13	MF	FW	88	벨코스키	9	1	0	0	0
0	0	0	3(1)	24	정 조 국	9	FW	FW	11	진 성 욱	13	1	0	0	0
0	0	0	0		윤 보 상	21			21	이 태 희		0	0	0	0
0	0	0	0		오 도 현	6			15	김 대 중		0	0	0	0
0	0	0	0		이 으 뜸	8			37	박 종 진		0	0	0	0
0	0	0	1	후19	파 비 오	10	대기	대기	4	김 경 민		0	0	0	0
0	0	1	0	후11	송 승 민	16			19	송 시 우	후12	1	0	0	0
0	0	0	0		이 종 민	17			13	이 현 성	후23	0	3	0	0
0	0	0	0	후35	조 주 영	24			9	송 제 헌	후34	0	0	0	0
0	1	10	6(2)			0			0			5(1)	10	2	0

- 전반 9분 김민혁 PA 정면 ~ 정조국 GAR R-ST-G (득점: 정조국, 도움: 김민혁) 왼쪽
- 전반 6분 김도혁 GA 정면 내 L-ST-G (득점: 김도혁) 오른쪽

8월 10일 19 : 00 맑음 전주 월드컵 21,071명
주심: 김동진 / 부심: 노태식·강동호 / 대기심: 우상일 / 경기감독관: 김형남

전북 2 1 전반 0 / 1 후반 1 **1 수원FC**

퇴장	경고	파울	ST(유)	교체	선수명	배번	위치	위치	배번	선수명	교체	ST(유)	파울	경고	퇴장
0	0	0	0		권 순 태	1	GK	GK	40	이 창 근		0	0	0	0
0	0	2	0	18	박 원 재	19	DF	DF	4	임 하 람		1	2	0	0
0	1	2	0		임 종 은	15	DF	DF	24	레 이 어		0	2	0	0
0	0	0	1(1)		조 성 환	16	DF	MF	3	황 재 훈		0	0	0	0
0	0	1	2(2)		최 철 순	25	DF	MF	6	김 종 국		0	1	0	0
0	0	1	2(1)		이 재 성	17	MF	MF	31	권 용 현		1(1)	2	0	0
0	1	0	1(1)		김 보 경	13	MF	MF	90	임 창 균		1(1)	2	0	0
0	0	2	5(2)		레오나르도	10	MF	FW	7	김 병 오	16	2(2)	4	0	0
0	0	0	0		한 교 원	7	MF	FW	10	김 한 원		0	4	1	0
0	0	0	2(1)	20	이 종 호	9	FW	FW	17	이 재 안	15	0	0	0	0
0	0	3	4(4)	99	에 두	81	FW	FW	85	서 동 현	38	3(2)	0	0	0
0	0	0	0		홍 정 남	21			21	이 인 수		0	0	0	0
0	0	0	0		김 영 찬	30			2	유 지 노		0	0	0	0
0	0	0	0		이 우 혁	2			38	김 근 환	후34	0	0	0	0
0	0	0	0		서 상 민	22	대기	대기	16	김 혁 진	후44	0	0	0	0
0	0	1	2(1)	후7	고 무 열	18			77	김 부 관		0	0	0	0
0	1	1	0	후30	김 신 욱	99			15	브 루 스	후11	2	1	0	0
0	0	0	5(3)	후7	이 동 국	20			18	정 민 우		0	0	0	0
0	3	13	24(16)			0			0			10(6)	18	1	0

- 전반 10분 김보경 C, KR ↷ 조성환 GAR H-ST-G (득점: 조성환, 도움: 김보경) 왼쪽
- 후반 36분 최철순 AK 정면 R-ST-G (득점: 최철순) 오른쪽
- 후반 24분 권용현 AKR → 김병오 GAL L-ST-G (득점: 김병오, 도움: 권용현) 오른쪽

8월 10일 19 : 30 맑음 탄천 종합 5,863명
주심: 정동식 / 부심: 이정민·방기열 / 대기심: 박병진 / 경기감독관: 김일호

성남 2 1 전반 0 / 1 후반 0 **0 전남**

퇴장	경고	파울	ST(유)	교체	선수명	배번	위치	위치	배번	선수명	교체	ST(유)	파울	경고	퇴장
0	0	0	0		김 근 배	21	GK	GK	21	이 호 승		0	0	0	0
0	0	3	1(1)		장 학 영	33	DF	DF	5	고 태 원		0	1	0	0
0	0	0	0		김 태 윤	4	DF	DF	15	방 대 종	20	0	0	0	0
0	0	0	1(1)		임 채 민	5	DF	DF	28	토 미		0	1	0	0
0	0	1	0		이 후 권	3	DF	MF	19	이 지 민		1(1)	1	0	0
0	0	0	1	6	정 선 호	14	MF	MF	8	유고비치		0	1	1	0
0	0	2	1(1)		연 제 운	32	MF	MF	14	김 영 욱		2(1)	1	0	0
0	0	0	4(2)		피 투	26	MF	MF	2	최 효 진		1(1)	2	1	0
0	1	2	3(3)	7	김 두 현	8	MF	FW	7	마우링요	23	4(1)	1	0	0
0	0	0	1(1)	15	실 빙 요	11	MF	FW	10	자 일		10(5)	1	0	0
0	1	3	3(2)		황 의 조	10	FW	FW	11	안 용 우	18	3(2)	1	0	0
0	0	0	0		박 준 혁	41			27	한 유 성		0	0	0	0
0	0	0	0	후46	이 태 희	6			4	홍 진 기		0	0	0	0
0	0	0	0		장 석 원	24			16	한 찬 희		0	0	0	0
0	0	0	0	후38	최 호 정	15	대기	대기	18	배 천 석	후25	2	0	0	0
0	0	0	1(1)	후34	황 진 성	7			20	양 준 아	후0	1	0	0	0
0	0	0	0		박 용 지	19			23	허 용 준	후25	1(1)	0	0	0
0	0	0	0		김 현	18			25	한 지 원		0	0	0	0
0	2	11	16(12)			0			0			25(12)	10	2	0

- 전반 46분 피투 AKR ~ 황의조 GAR R-ST-G (득점: 황의조, 도움: 피투) 왼쪽
- 후반 17분 피투 MF 정면 ~ 실빙요 AKL R-ST-G (득점: 실빙요, 도움: 피투) 오른쪽

8월 10일 19 : 30 맑음 수원 월드컵 6,246명
주심: 김희곤 / 부심: 박상준·김계용 / 대기심: 송민석 / 경기감독관: 김진의

수원 0 0 전반 0 / 0 후반 0 **0 울산**

퇴장	경고	파울	ST(유)	교체	선수명	배번	위치	위치	배번	선수명	교체	ST(유)	파울	경고	퇴장
0	0	0	0		양형모	21	GK	GK	21	정산		0	0	0	0
0	1	2	0		장호익	77	DF	DF	2	정동호		0	0	0	0
0	0	0	0		구자룡	15	DF	DF	15	이재성		0	2	1	0
0	1	1	0		이정수	40	DF	DF	75	강민수		0	1	0	0
0	0	2	0		조원희	8	DF	DF	29	셀리오		2(1)	2	0	0
0	0	1	1	5	이용래	4	MF	MF	8	하성민	16	0	1	0	0
0	0	1	1(1)		이종성	16	MF	MF	17	정재용		0	1	0	0
0	0	0	3(2)		염기훈	26	MF	MF	11	김태환		1	2	1	0
0	0	1	2(2)	14	산토스	10	MF	MF	20	한상운	14	2	1	0	0
0	0	1	0	24	이상호	7	MF	MF	44	코바	19	1(1)	0	0	0
0	0	2	2(1)		김종민	18	FW	FW	10	멘디		3(2)	1	0	0
0	0	0	0		노동건	1			31	장대희		0	0	0	0
0	0	0	0		홍철	33			33	이기제		0	0	0	0
0	0	0	0		곽희주	29			5	이창용		0	0	0	0
0	0	0	0		백지훈	20	대기	대기	16	김건웅	후20	0	1	0	0
0	0	0	0	후38	박현범	5			14	서명원	후41	0	0	0	0
0	0	0	0	후38	고승범	24			19	김승준	후38	0	0	0	0
0	1	2	3(2)	후11	카스텔렌	14			9	박성호		0	0	0	0
0	3	13	12(8)			0			0			9(4)	12	2	0

8월 10일 20 : 00 맑음 제주 월드컵 2,397명
주심: 김종혁 / 부심: 노수용·윤광열 / 대기심: 김대용 / 경기감독관: 김수현

제주 3 1 전반 0 / 2 후반 0 **0 포항**

퇴장	경고	파울	ST(유)	교체	선수명	배번	위치	위치	배번	선수명	교체	ST(유)	파울	경고	퇴장
0	0	0	0		김호준	1	GK	GK	1	신화용		0	0	0	0
0	0	0	0		정운	13	DF	DF	2	박선용		0	1	0	0
0	0	4	1		이광선	20	DF	DF	24	배슬기		0	0	0	0
0	0	0	2(2)		권한진	5	DF	DF	3	김광석		0	2	0	0
0	0	0	2(1)		곽해성	26	DF	DF	22	알리		1	0	0	0
0	0	0	0		권순형	7	MF	MF	9	황지수		0	0	0	0
0	0	1	2(1)		송진형	37	MF	MF	5	무랄랴		2(1)	0	0	0
0	0	1	3		완델손	9	MF	MF	14	오창현	29	0	2	0	0
0	0	0	2	77	안현범	17	MF	MF	11	심동운		4	0	0	0
0	0	0	1	19	이근호	22	MF	MF	10	룰리냐	20	1	1	0	0
0	0	0	2(2)	24	마르셀로	10	FW	FW	8	라자르	30	0	1	0	0
0	0	0	0		전수현	23			21	김진영		0	0	0	0
0	0	0	0		김상원	3			6	김준수		0	0	0	0
0	0	0	0		배재우	18			35	우찬양		0	0	0	0
0	0	0	0	후40	이우진	19	대기	대기	30	정원진	후15	0	0	0	0
0	0	0	1(1)	후16	문상윤	24			29	김동현	후9	1(1)	1	0	0
0	0	1	1	후28	김재성	77			4	박준희		0	0	0	0
0	0	0	0		김호남	11			20	최호주	후37	0	0	0	0
0	0	7	17(7)			0			0			9(2)	8	0	0

- 전반 44분 완델손 PAR EL ~ 권한진 GA 정면 R-ST-G (득점: 권한진, 도움: 완델손) 오른쪽
- 후반 31분 김재성 PAR ↷ 권한진 GAL 내 H-ST-G (득점: 권한진, 도움: 김재성) 왼쪽
- 후반 47분 문상윤 MFR ~ 곽해성 PAR 내 R-ST-G (득점: 곽해성, 도움: 문상윤) 오른쪽

8월 13일 19 : 00 맑음 광양 전용 2,697명
주심: 송민석 / 부심: 노태식·강동호 / 대기심: 박필준 / 경기감독관: 김정식

전남 2 1 전반 1 / 1 후반 0 **1 인천**

퇴장	경고	파울	ST(유)	교체	선수명	배번	위치	위치	배번	선수명	교체	ST(유)	파울	경고	퇴장
0	0	0	0		이호승	21	GK	GK	1	조수혁		0	0	0	0
0	1	3	0		고태원	5	DF	MF	25	박대한		0	1	0	0
0	0	3	2(1)		양준아	20	DF	DF	16	이윤표		1	1	0	0
0	0	2	0		토미	28	DF	DF	29	조병국	15	0	1	1	0
0	0	2	0		현영민	13	MF	DF	20	요니치		0	1	0	0
0	0	0	0	23	한찬희	16	MF	MF	37	박종진	27	2(1)	1	1	0
0	1	3	2(2)		김영욱	14	MF	MF	5	김태수		0	0	0	0
0	0	0	1		최효진	2	MF	MF	7	김도혁		2(2)	2	0	0
0	0	0	3(2)	25	자일	10	FW	MF	14	윤상호		1	0	0	0
0	1	0	1		배천석	18	FW	FW	88	벨코스키	19	2(1)	0	0	0
0	0	0	2(2)	7	안용우	11	FW	FW	11	진성욱		3(3)	5	1	0
0	0	0	0		한유성	27			21	이태희		0	0	0	0
0	0	0	0		홍진기	4			15	김대중	후25	0	0	0	0
0	0	0	3	후11	마우링요	7			27	이진욱	후33	0	0	0	0
0	0	0	0		이지민	19	대기	대기	4	김경민		0	0	0	0
0	0	0	2(1)	후14	허용준	23			19	송시우	후25	1(1)	1	0	0
0	0	0	0		김경재	24			13	이현성		0	0	0	0
0	0	0	0	후49	한지원	25			9	송제헌		0	0	0	0
0	3	13	16(8)			0			0			12(8)	13	3	0

- 전반 9분 고태원 GAR → 자일 PK지점 R-ST-G (득점: 자일, 도움: 고태원) 오른쪽
- 후반 48분 배천석 GAL H → 허용준 GA 정면 R-ST-G (득점: 허용준, 도움: 배천석) 오른쪽
- 전반 17분 벨코스키 PK지점 오버헤드킥 R-ST-G (득점: 벨코스키) 왼쪽

8월 13일 19 : 00 맑음 상주 시민 1,412명
주심: 우상일 / 부심: 노수용·김계용 / 대기심: 이동준 / 경기감독관: 김용세

상주 2 0 전반 1 / 2 후반 1 **2 성남**

퇴장	경고	파울	ST(유)	교체	선수명	배번	위치	위치	배번	선수명	교체	ST(유)	파울	경고	퇴장
0	0	0	0		양동원	1	GK	GK	21	김근배		0	0	0	0
0	0	3	1		이용	2	DF	DF	33	장학영		1	1	1	0
0	0	1	0		이웅희	3	DF	DF	4	김태윤		0	1	1	0
0	0	1	2		김오규	25	DF	DF	5	임채민		0	1	1	0
0	1	4	2(1)		이재명	33	DF	DF	3	이후권		0	1	0	0
0	0	0	1(1)		임상협	11	MF	MF	14	정선호	18	1(1)	1	0	0
0	0	3	1		김성환	8	MF	MF	32	연제운		0	1	0	0
0	0	0	0	12	김성준	16	MF	MF	26	피투		0	1	1	0
0	0	1	4(2)		신진호	37	MF	MF	7	황진성	15	1(1)	3	0	0
0	0	1	2	9	박수창	36	MF	MF	11	실빙요	19	5	2	0	0
0	0	3	4(4)	27	박희성	35	FW	FW	10	황의조		4(2)	3	0	0
0	0	0	0		윤평국	21			41	박준혁		0	0	0	0
0	0	0	1(1)	후26	박기동	9			6	이태희		0	0	0	0
0	0	0	0		이승기	10			24	장석원		0	0	0	0
0	0	0	1	후0	박준태	12	대기	대기	15	최호정	후26	0	2	1	0
0	0	0	0		최종환	18			30	조재철		0	0	0	0
0	0	0	0	후33	조영철	27			19	박용지	후21	0	0	0	0
0	0	0	0		유준수	38			18	김현	후45	0	0	0	0
0	1	17	19(9)			0			0			12(4)	17	5	0

- 후반 16분 임상협 PAL EL ↷ 박희성 GAR 내 H-ST-G (득점: 박희성, 도움: 임상협) 오른쪽
- 후반 43분 신진호 MF 정면 ~ 박기동 PA 정면 내 L-ST-G (득점: 박기동, 도움: 신진호) 오른쪽
- 전반 33분 피투 AK 정면 ~ 황의조 GA 정면 R-ST-G (득점: 황의조, 도움: 피투) 왼쪽
- 후반 23분 정선호 GA 정면 L-ST-G (득점: 정선호) 가운데

8월 13일1 9 : 00 서울 월드컵 36,309명
주심: 김종혁 / 부심: 윤광열 · 이정민 / 대기심: 매호영 / 경기감독관: 김형남

서울 1 1 전반 0 / 0 후반 0 **0 수원**

퇴장	경고	파울	ST(유)	교체	선수명	배번	위치	위치	배번	선수명	교체	ST(유)	파울	경고	퇴장
0	1	0	0		유상훈	31	GK	GK	21	양형모		0	0	0	0
0	0	0	0		오스마르	5	DF	DF	77	장호익		1(1)	3	1	0
0	0	0	0		김치우	7	DF	DF	15	구자룡		0	2	0	0
0	0	0	0		김남춘	26	DF	DF	29	곽희주	6	0	2	1	0
0	0	1	0		고광민	27	DF	DF	8	조원희		2	1	0	0
0	0	1	0		주세종	6	MF	MF	4	이용래		1	1	0	0
0	0	0	1(1)	11	조찬호	14	MF	MF	16	이종성		4(1)	0	0	0
0	0	2	2(2)		윤일록	17	MF	MF	26	염기훈		1(1)	0	0	0
0	0	0	1		이석현	25	MF	MF	7	이상호		2	1	0	0
0	0	1	3(1)	88	데 안	9	FW	MF	14	카스텔렌	10	0	0	0	0
0	0	1	2	2	박주영	10	FW	FW	13	김건희	18	2(1)	3	0	0
0	0	0	0		유 현	1			1	노동건		0	0	0	0
0	0	0	0		곽태휘	55			6	연제민	전36	0	0	0	0
0	0	0	0	후32	이규로	88			30	신세계		0	0	0	0
0	0	1	0	후25	다카하기	2	대기	대기	20	백지훈		0	0	0	0
0	0	0	1	후11	아드리아노	11			24	고승범		0	0	0	0
0	0	0	0		심우연	23			10	산토스	전29	2(2)	0	0	0
0	0	0	0		김정환	34			18	김종민	후19	1(1)	0	0	0
0	1	7	10(4)			0			0			16(7)	13	2	0

●전반 26분 데안 AK 정면 ~ 윤일록 PA 정면 R-ST-G (득점: 윤일록, 도움: 데안) 오른쪽

8월 14일 19 : 00 맑음 제주 월드컵 3,428명
주심: 고형진 / 부심: 박상준 · 방기열 / 대기심: 김동진 / 경기감독관: 김일호

제주 1 1 전반 1 / 0 후반 1 **2 광주**

퇴장	경고	파울	ST(유)	교체	선수명	배번	위치	위치	배번	선수명	교체	ST(유)	파울	경고	퇴장
0	0	0	0		김호준	1	GK	GK	21	윤보상		0	0	0	0
0	0	0	0		정 운	13	DF	DF	18	정동윤		0	4	0	0
0	0	0	1(1)		이광선	20	DF	DF	3	김영빈		0	0	0	0
0	0	0	1		권한진	5	DF	DF	2	정호정		0	1	1	0
0	0	0	1		곽해성	26	DF	DF	8	이으뜸		1	1	0	0
0	1	1	0		권순형	7	MF	MF	34	본 즈		0	1	0	0
0	0	1	1		송진형	37	MF	MF	7	여 름		0	1	0	0
0	0	2	2	3	완델손	9	MF	MF	10	파비오	23	3(2)	0	0	0
0	0	0	3(1)	10	김호남	11	MF	FW	22	조용태	11	0	0	0	0
0	0	1	4(2)		문상윤	24	MF	FW	16	송승민		2(2)	2	0	0
0	0	0	1	17	이근호	22	FW	FW	9	정조국	6	1(1)	0	0	0
0	0	0	0		전수현	23			1	최봉진		0	0	0	0
0	0	1	0	후40	김상원	3			6	오도현	후31	1(1)	0	0	0
0	0	0	0		배재우	18			11	조성준	후0	3(2)	2	1	0
0	0	0	0		이우진	19	대기	대기	12	이민기		0	0	0	0
0	0	0	0		김재성	77			17	이종민		0	0	0	0
0	0	0	0	후24	안현범	17			20	김정현		0	0	0	0
0	0	0	1	후8	마르셀로	10			23	김민혁	후24	0	0	0	0
0	1	6	15(4)			0			0			11(8)	12	2	0

●전반 34분 곽해성 MFR ↷ 이광선 PK지점 H-ST-G (득점: 이광선, 도움: 곽해성) 오른쪽

●전반 17분 정조국 PAR ~ 파비오 GAR R-ST-G (득점: 파비오, 도움: 정조국) 왼쪽
●후반 48분 조성준 PAL 내 ↷ 오도현 GAR H-ST-G (득점: 오도현, 도움: 조성준) 오른쪽

8월 14일 19 : 00 맑음 포항 스틸야드 12,228명
주심: 김우성 / 부심: 장준모 · 곽승순 / 대기심: 김희곤 / 경기감독관: 전기록

포항 0 0 전반 0 / 0 후반 0 **0 전북**

퇴장	경고	파울	ST(유)	교체	선수명	배번	위치	위치	배번	선수명	교체	ST(유)	파울	경고	퇴장
0	0	1	0		김진영	21	GK	GK	1	권순태		0	0	0	0
0	0	1	0	8	알 리	22	DF	DF	25	최철순		1	1	1	0
0	0	0	0		김광석	3	DF	DF	16	조성환		0	1	1	0
0	0	4	0		배슬기	24	DF	DF	3	김형일		0	1	0	0
0	1	1	0	10	김준수	6	DF	DF	7	한교원		0	1	1	0
0	0	0	0		황지수	9	MF	MF	5	이 호	15	0	1	1	0
0	1	1	2		무랄랴	5	MF	MF	17	이재성		1	2	1	0
0	0	3	1		박선용	2	MF	MF	11	로페즈		3(1)	1	1	0
0	0	1	3(1)	14	심동운	11	FW	MF	10	레오나르도		3	1	1	0
0	0	4	0		강상우	17	FW	FW	81	에 두	18	2(2)	2	0	0
0	1	3	5(3)		양동현	18	FW	FW	20	이동국	99	1(1)	0	0	0
0	0	0	0		신화용	1			21	홍정남		0	0	0	0
0	0	0	0		우찬양	35			15	임종은	후43	0	0	0	0
0	0	0	0		박준희	4			19	박원재		0	0	0	0
0	0	0	0		김동현	29	대기	대기	34	장윤호		0	0	0	0
0	0	1	1	후15	룰리냐	10			18	고무열	후14	0	0	0	0
0	0	0	0	후47	오창현	14			22	서상민		0	0	0	0
0	0	0	1	후0	라자르	8			99	김신욱	후7	1(1)	0	0	0
0	3	20	13(4)			0			0			12(5)	11	7	0

8월 14일 19 : 00 맑음 수원 종합 2,833명
주심: 김성호 / 부심: 김성일 · 박인선 / 대기심: 정동식 / 경기감독관: 전인석

수원FC 1 0 전반 1 / 1 후반 1 **2 울산**

퇴장	경고	파울	ST(유)	교체	선수명	배번	위치	위치	배번	선수명	교체	ST(유)	파울	경고	퇴장
0	0	0	0		이창근	40	GK	GK	21	정 산		0	0	0	0
0	1	3	1		블라단	5	DF	DF	2	정동호		1(1)	2	0	0
0	0	0	2(1)		이준호	14	DF	DF	15	이재성		0	1	0	0
0	0	1	1		레이어	24	DF	DF	29	셀리오		0	2	2	0
0	0	0	0	10	권혁진	22	DF	DF	33	이기제		2(1)	0	1	0
0	0	2	3		김종국	6	MF	MF	17	정재용		0	0	0	0
0	0	1	1		권용현	31	MF	MF	6	마스다		1(1)	2	0	0
0	0	1	4(2)		김병오	7	MF	MF	11	김태환		1(1)	0	0	0
0	0	1	1(1)	38	이재안	17	MF	MF	20	한상운	75	0	1	0	0
0	0	1	4	11	브루스	15	FW	MF	44	코 바	5	4(3)	1	0	0
0	0	3	3(2)		서동현	85	FW	FW	10	멘 디	18	0	4	0	0
0	0	0	0		이인수	21			31	장대희		0	0	0	0
0	0	0	0		임하람	4			75	강민수	전46	0	1	0	0
0	0	0	0	후35	김근환	38			5	이창용	후25	0	0	0	0
0	0	1	3(2)	후14	이승현	11	대기	대기	8	하성민		0	0	0	0
0	0	0	0		김철호	44			14	서명원		0	0	0	0
0	0	0	0	후16	김한원	10			19	김승준		0	0	0	0
0	0	0	0		정민우	18			18	이정협	후35	0	1	0	0
0	1	14	23(8)			0			0			9(7)	15	3	0

●후반 19분 이재안 MFR ↷ 서동현 GAR R-ST-G (득점: 서동현, 도움: 이재안) 오른쪽

●전반 24분 코바 PK-R-G (득점: 코바) 오른쪽
●후반 14분 정동호 PAR 내 ~ 코바 PA 정면 내 L-ST-G (득점: 코바, 도움: 정동호) 왼쪽

8월 17일 19:00 흐림 광양 전용 3,582명
주심: 우상일 / 부심: 박상준·방기열 / 대기심: 김우성 / 경기감독관: 전기록

전남 1　0 전반 2 / 1 후반 2　**4 서울**

퇴장	경고	파울	ST(유)	교체	선수명	배번	위치	위치	배번	선수명	교체	ST(유)	파울	경고	퇴장
0	0	0	0		이호승	21	GK	GK	31	유상훈		0	0	0	0
0	0	0	0		양준아	20	DF	DF	5	오스마르		0	1	0	0
0	0	0	0		이지남	17	DF	DF	7	김치우		0	0	0	0
0	0	0	0		토미	28	DF	DF	55	곽태휘		0	3	2	0
0	1	1	0		현영민	13	MF	DF	88	이규로	14	0	3	0	0
0	0	1	3		유고비치	8	MF	MF	2	다카하기		0	4	0	0
0	0	2	3(1)	16	김영욱	14	MF	MF	17	윤일록	19	3(3)	0	0	0
0	0	0	2(1)		최효진	2	MF	MF	25	이석현		0	2	1	0
0	0	0	1(1)	7	조석재	9	FW	MF	27	고광민		1	3	0	0
0	0	0	4(3)		자일	10	FW	FW	9	데얀		4(3)	2	1	0
0	0	1	2(1)	19	허용준	23	FW	FW	10	박주영	6	1(1)	3	0	0
0	0	0	0		한유성	27			1	유현		0	0	0	0
0	0	0	0		홍진기	4			26	김남춘		0	0	0	0
0	0	1	0	전35	마우링요	7			6	주세종	후32	0	2	0	0
0	0	0	0	후34	한찬희	16	대기	대기	14	조찬호	후4	2	0	0	0
0	0	1	0	후26	이지민	19			19	윤주태	후41	0	0	0	0
0	0	0	0		김경재	24			23	심우연		0	0	0	0
0	0	0	0		한지원	25			34	김정환		0	0	0	0
0	1	7	15(7)			0			0			11(7)	23	4	0

- 후반 52분 자일 PK-R-G (득점: 자일) 오른쪽

- 전반 26분 김치우 PAL 내 ↷ 데얀 GA 정면 H-ST-G (득점: 데얀, 도움: 김치우) 왼쪽
- 전반 31분 , 박주영 PK-R-G (득점: 박주영) 오른쪽
- 후반 9분 윤일록 PAL ~ 데얀 PAL 내 L-ST-G (득점: 데얀, 도움: 윤일록) 왼쪽
- 후반 13분 윤일록 PAL R-ST-G (득점: 윤일록) 오른쪽

8월 17일 19:30 흐림 수원 종합 1,829명
주심: 이동준 / 부심: 노태식·곽승순 / 대기심: 박병진 / 경기감독관: 김수현

수원FC 5　3 전반 1 / 2 후반 2　**3 제주**

퇴장	경고	파울	ST(유)	교체	선수명	배번	위치	위치	배번	선수명	교체	ST(유)	파울	경고	퇴장
0	0	0	0		이창근	40	GK	GK	1	김호준		0	1	1	0
0	0	2	1(1)		유지노	2	DF	DF	3	김상원		1(1)	3	2	0
0	0	1	0		임하람	4	DF	DF	20	이광선		0	3	0	0
0	0	1	2(2)		블라단	5	DF	DF	4	오반석	5	0	1	0	0
0	0	2	1(1)		이준호	14	DF	DF	26	곽해성		1	0	0	0
0	0	1	4(3)	18	가빌란	20	MF	MF	37	송진형		0	0	0	0
0	0	0	0	11	김철호	44	MF	MF	77	김재성	7	0	1	1	0
0	0	1	1(1)	6	이재안	17	MF	MF	24	문상윤	9	1(1)	0	0	0
0	0	2	3(3)		김부관	77	FW	MF	22	이근호		4(3)	1	0	0
0	1	3	1		김병오	7	FW	MF	17	안현범		3(3)	0	0	0
0	0	3	7(4)		브루스	15	FW	FW	10	마르셀로		1(1)	1	0	0
0	0	0	0		이인수	21			23	전수현		0	0	0	0
0	0	0	0		레이어	24			5	권한진	후26	0	0	0	0
0	0	0	0		김근환	38			18	배재우		0	0	0	0
0	0	0	0		황재훈	3	대기	대기	7	권순형	후15	0	0	0	0
0	0	0	1(1)	후19	김종국	6			9	완델손	후0	0	1	0	0
0	0	0	1(1)	후30	이승현	11			16	정영총		0	0	0	0
0	0	0	0	후27	정민우	18			89	헤난		0	0	0	0
0	1	16	22(17)			0			0			11(9)	12	4	0

- 전반 17분 가빌란 PK 우측지점 L-ST-G (득점: 가빌란) 오른쪽
- 전반 19분 블라단 GA 정면 내 R-ST-G (득점: 블라단) 가운데
- 전반 43분 브루스 PAL 내 ~ 가빌란 PK 좌측지점 L-ST-G (득점: 가빌란, 도움: 브루스) 오른쪽
- 후반 29분 김병오 PA 정면 내 ~ 김부관 PAR 내 L-ST-G (득점: 김부관, 도움: 김병오) 왼쪽
- 후반 33분 김종국 PAR ~ 이승현 PA 정면 내 R-ST-G (득점: 이승현, 도움: 김종국) 왼쪽

- 전반 47분 문상윤 C, KR ↷ 이근호 GA 정면 H-ST-G (득점: 이근호, 도움: 문상윤) 오른쪽
- 후반 7분 안현범 PAL 내 R-ST-G (득점: 안현범) 오른쪽
- 후반 10분 마르셀로 PK-R-G (득점: 마르셀로) 왼쪽

8월 17일 19:30 맑음 울산 문수 3,074명
주심: 김종혁 / 부심: 이정민·강동호 / 대기심: 고형진 / 경기감독관: 하재훈

울산 2　1 전반 0 / 1 후반 3　**3 상주**

퇴장	경고	파울	ST(유)	교체	선수명	배번	위치	위치	배번	선수명	교체	ST(유)	파울	경고	퇴장
0	0	0	0		정산	21	GK	GK	31	오승훈		0	0	0	0
0	0	0	0		정동호	2	DF	DF	2	이용		1	0	0	0
0	0	0	0		이재성	15	DF	DF	3	이웅희		0	0	0	0
0	0	1	0		강민수	75	DF	DF	25	김오규		0	2	0	0
0	0	1	0		이기제	33	DF	DF	39	박준강		0	1	0	0
0	0	3	0	17	김건웅	16	MF	MF	11	임상협	38	2(1)	1	0	0
0	0	0	1(1)		하성민	8	MF	MF	8	김성환		2(2)	1	0	0
0	0	2	1(1)		김태환	11	MF	MF	27	조영철	12	2	1	0	0
0	0	0	0	18	한상운	20	MF	MF	37	신진호		1(1)	0	0	0
0	0	0	1(1)	19	코바	44	MF	FW	9	박기동	10	4(4)	0	0	0
0	0	0	4(2)		멘디	10	FW	FW	35	박희성		4(4)	1	0	0
0	0	0	0		장대희	31			1	양동원		0	0	0	0
0	0	0	0		이창용	5			36	박수창		0	0	0	0
0	0	0	0		마스다	6			10	이승기	후15	0	0	0	0
0	0	2	0	후35	정재용	17	대기	대기	12	박준태	후10	0	0	0	0
0	0	0	0		서명원	14			16	김성준		0	0	0	0
0	0	1	1(1)	후26	김승준	19			30	황순민		0	0	0	0
0	0	0	0	후26	이정협	18			38	유준수	후37	0	0	0	0
0	0	10	8(6)			0			0			16(12)	7	0	0

- 전반 40분 이기제 PAL EL ↷ 멘디 GA 정면 내 H-ST-G (득점: 멘디, 도움: 이기제) 가운데
- 후반 48분 김태환 PAR EL ↷ 김승준 GAL H-ST-G (득점: 김승준, 도움: 김태환) 왼쪽

- 후반 20분 박희성 AKR R-ST-G (득점: 박희성) 왼쪽
- 후반 24분 신진호 MFL ↷ 임상협 PK지점 H-ST-G (득점: 임상협, 도움: 신진호) 가운데
- 후반 41분 김성환 PK-R-G (득점: 김성환) 오른쪽

8월 17일1 9:30 탄천 종합 3,735명
주심: 박필준 / 부심: 장준모·윤광열 / 대기심: 김성호 / 경기감독관: 강창구

성남 0　0 전반 0 / 0 후반 1　**1 광주**

퇴장	경고	파울	ST(유)	교체	선수명	배번	위치	위치	배번	선수명	교체	ST(유)	파울	경고	퇴장
0	0	0	0		박준혁	41	GK	GK	21	윤보상		0	0	0	0
0	0	1	0		이후권	3	DF	DF	17	이종민	18	0	1	0	0
0	0	0	0		김태윤	4	DF	DF	3	김영빈		0	0	0	0
0	1	1	0	15	장석원	24	DF	DF	2	정호정		0	0	0	0
0	0	1	0		이태희	6	DF	DF	8	이으뜸		0	0	0	0
0	0	0	1	13	김두현	8	MF	MF	34	본즈		2(1)	1	0	0
0	1	3	0		연제운	32	MF	MF	7	여름		4(2)	2	0	0
0	0	0	4(3)		피투	26	MF	MF	23	김민혁		1	2	0	0
0	0	0	0	18	황진성	7	MF	FW	13	주현우	12	1	4	0	0
0	0	1	2(1)		실빙요	11	MF	FW	16	송승민		2	3	0	0
0	0	1	0		황의조	10	FW	FW	24	조주영	6	1(1)	1	0	0
0	0	0	0		김근배	21			1	최봉진		0	0	0	0
0	0	0	0		이종원	22			6	오도현	후29	0	1	0	0
0	0	0	0	후31	최호정	15			9	정조국		0	0	0	0
0	0	0	0		안상현	16	대기	대기	10	파비오		0	0	0	0
0	0	0	0		정선호	14			12	이민기	후16	0	0	0	0
0	0	0	0	후14	김동희	13			18	정동윤	후32	0	0	1	0
0	1	1	1	후27	김현	18			22	조용태		0	0	0	0
0	3	9	8(4)			0			0			11(4)	15	1	0

- 후반 8분 박준혁 자기 측 GAL 내 R 자책골 (득점: 박준혁) 왼쪽

8월 17일 19 : 30 맑음 수원 월드컵 5,147명
주심: 김동진 / 부심: 노수용·박인선 / 대기심: 송민석 / 경기감독관: 김정식

수원 1 1 전반 0 / 0 후반 1 **1 포항**

퇴장	경고	파울	ST(유)	교체	선수명	배번	위치	위치	배번	선수명	교체	ST(유)	파울	경고	퇴장
0	0	0	0		양 형 모	21	GK	GK	21	김 진 영		0	0	0	0
0	0	0	0	33	신 세 계	30	DF	DF	22	알 리		0	2	0	0
0	1	4	0		구 자 룡	15	DF	DF	24	배 슬 기		0	0	0	0
0	0	0	2(1)		이 정 수	40	DF	DF	3	김 광 석		1(1)	0	0	0
0	0	0	0		장 호 익	77	DF	DF	17	강 상 우		0	2	1	0
0	0	3	1		이 종 성	16	MF	MF	9	황 지 수	29	0	1	0	0
0	0	0	0		이 상 호	7	MF	MF	2	박 선 용		1(1)	3	0	0
0	0	1	2(1)		산 토 스	10	MF	MF	5	무 랄 랴		3(2)	0	0	0
0	0	0	1	20	이 용 래	4	MF	MF	14	오 창 현	20	1	0	0	0
0	0	2	2		염 기 훈	26	MF	MF	10	룰 리 냐	30	1	2	0	0
0	0	1	2(1)	13	김 종 민	18	FW	FW	8	라 자 르		2(2)	3	1	0
0	0	0	0		노 동 건	1			1	신 화 용		0	0	0	0
0	0	0	0		연 제 민	6			35	우 찬 양		0	0	0	0
0	0	0	0	후33	홍 철	33			4	박 준 희		0	0	0	0
0	0	1	1(1)	후22	백 지 훈	20	대기	대기	30	정 원 진	후26	0	1	1	0
0	0	0	0		조 원 희	8			29	김 동 현	후40	0	0	0	0
0	0	0	0		고 차 원	12			34	김 종 석		0	0	0	0
0	0	0	4(3)	후27	김 건 희	13			20	최 호 주	후28	0	0	0	0
0	1	12	15(7)			0			0			9(6)	14	3	0

● 전반 32분 염기훈 MFL FK ↷ 이정수 GA 정면 H-ST-G (득점: 이정수, 도움: 염기훈) 오른쪽

● 후반 3분 라자르 PAL 내 L-ST-G (득점: 라자르) 가운데

8월 17일 20 : 00 맑음 인천 전용 4,350명
주심: 정동식 / 부심: 김성일·김계용 / 대기심: 임정수 / 경기감독관: 김진의

인천 1 1 전반 0 / 0 후반 3 **3 전북**

퇴장	경고	파울	ST(유)	교체	선수명	배번	위치	위치	배번	선수명	교체	ST(유)	파울	경고	퇴장
0	0	0	0		조 수 혁	1	GK	GK	41	황 병 근		0	0	0	0
0	0	0	0		김 대 중	15	DF	DF	6	최 재 수	30	0	0	0	0
0	0	1	0		이 윤 표	16	DF	DF	15	임 종 은		0	0	0	0
0	0	0	0		요 니 치	20	DF	DF	3	김 형 일		1	1	1	0
0	0	0	0		김 용 환	3	MF	DF	7	한 교 원		0	2	1	0
0	1	2	0		박 대 한	25	MF	MF	34	장 윤 호		0	2	0	0
0	0	0	0	27	김 태 수	5	MF	MF	13	김 보 경		0	2	0	0
0	0	0	3(1)		김 도 혁	7	MF	MF	18	고 무 열	10	1(1)	1	0	0
0	0	1	0	14	김 동 석	8	MF	MF	11	로 페 즈		4(4)	1	1	0
0	1	2	2(1)	19	진 성 욱	11	FW	MF	9	이 종 호		3(2)	3	1	0
0	0	0	2(1)		벨코스키	88	FW	FW	81	에 두	99	2(1)	1	1	0
0	0	0	0		이 태 희	21			21	홍 정 남		0	0	0	0
0	0	0	0		김 경 민	4			30	김 영 찬	후39	0	0	0	0
0	0	0	0		박 종 진	37			19	박 원 재		0	0	0	0
0	0	0	0	후33	윤 상 호	14	대기	대기	33	이 한 도		0	0	0	0
0	0	0	0	후38	송 시 우	19			10	레오나르도	후9	4(3)	0	0	0
0	0	0	0		이 현 성	13			22	서 상 민		0	0	0	0
0	0	1	0	후39	이 진 욱	27			99	김 신 욱	후16	1(1)	0	0	0
0	2	7	7(3)			0			0			16(12)	13	5	0

● 전반 36분 박대한 MFR ↷ 벨코스키 PK 좌측 지점 R-ST-G (득점: 벨코스키, 도움: 박대한) 오른쪽

● 후반 2분 이종호 GAL 내 L-ST-G (득점: 이종호) 왼쪽

● 후반 32분 장윤호 PAL ~ 김신욱 PA 정면 내 R-ST-G (득점: 김신욱, 도움: 장윤호) 오른쪽

● 후반 45분 김신욱 PA 정면 ~ 로페즈 PAR 내 R-ST-G (득점: 로페즈, 도움: 김신욱) 왼쪽

8월 03일 19 : 30 흐림 탄천 종합 5,779명
주심: 송민석 / 부심: 윤광열·김계용 / 대기심: 김동진 / 경기감독관: 김진의

성남 1 1 전반 0 / 0 후반 2 **2 서울**

퇴장	경고	파울	ST(유)	교체	선수명	배번	위치	위치	배번	선수명	교체	ST(유)	파울	경고	퇴장
0	0	0	0		김 근 배	21	GK	GK	1	유 현		0	0	0	0
0	0	1	0		장 학 영	33	DF	DF	5	오스마르		1	1	0	0
0	0	2	0		김 태 윤	4	DF	DF	7	김 치 우		0	1	0	0
0	1	4	1		임 채 민	5	DF	DF	26	김 남 춘		0	2	0	0
0	0	2	0		이 태 희	6	DF	DF	88	이 규 로	11	1(1)	1	1	0
0	0	0	0		이 종 원	22	MF	MF	2	다카하기	25	0	1	1	0
0	0	0	1(1)		김 두 현	8	MF	MF	6	주 세 종		2	1	0	0
0	0	2	0	18	박 용 지	19	MF	MF	17	윤 일 록		1(1)	2	0	0
0	0	1	0	16	황 진 성	7	MF	MF	27	고 광 민		3(2)	3	0	0
0	0	0	1(1)	24	실 빙 요	11	MF	FW	9	데 얀	29	5(3)	2	0	0
0	0	1	1		황 의 조	10	FW	FW	10	박 주 영		1(1)	0	0	0
0	0	0	0		박 준 혁	41			31	유 상 훈		0	0	0	0
0	0	0	0		이 후 권	3			3	정 인 환		0	0	0	0
0	0	1	0	후0	장 석 원	24			25	이 석 현	후4	0	1	0	0
0	0	1	0	후17	안 상 현	16	대기	대기	29	이 상 협	후42	0	0	0	0
0	0	0	0		피 투	26			11	아드리아노	후0	2(2)	2	0	0
0	0	0	0		조 재 철	30			23	심 우 연		0	0	0	0
0	0	0	0	후36	김 현	18			34	김 정 환		0	0	0	0
0	1	15	4(2)			0			0			16(10)	17	2	0

● 전반 15분 황진성 MF 정면 ~ 실빙요 AK 정면 R-ST-G (득점: 실빙요, 도움: 황진성) 왼쪽

● 후반 28분 윤일록 PAL 내 ~ 데얀 GAL R-ST-G (득점: 데얀, 도움: 윤일록) 오른쪽

● 후반 35분 김치우 MF 정면 H ↷ 데얀 GA 정면 R-ST-G (득점: 데얀, 도움: 김치우) 왼쪽

8월 20일 19 : 00 맑음 수원 월드컵 9,017명
주심: 고형진 / 부심: 노태식·곽승순 / 대기심: 박필준 / 경기감독관: 김일호

수원 1 1 전반 1 / 0 후반 0 **1 전남**

퇴장	경고	파울	ST(유)	교체	선수명	배번	위치	위치	배번	선수명	교체	ST(유)	파울	경고	퇴장
0	0	0	0		양 형 모	21	GK	GK	21	이 호 승		0	0	0	0
0	0	2	1		신 세 계	30	DF	DF	5	고 태 원		0	1	0	0
0	0	0	1(1)		연 제 민	6	DF	DF	17	이 지 남		0	0	0	0
0	1	1	2(1)		이 정 수	40	DF	DF	28	토 미		0	0	1	0
0	0	1	0		홍 철	33	DF	MF	19	이 지 민		1	0	0	0
0	1	6	1		조 원 희	8	MF	MF	14	김 영 욱	20	0	0	0	0
0	0	0	1	26	백 지 훈	20	MF	MF	8	유고비치		2(2)	0	0	0
0	0	2	2		이 용 래	4	MF	MF	2	최 효 진		0	1	0	0
0	0	1	2	7	고 차 원	12	MF	FW	10	자 일	7	2	1	0	0
0	0	2	5	10	김 종 민	18	FW	FW	18	배 천 석		1	1	0	0
0	0	2	5(2)		김 건 희	13	FW	FW	11	안 용 우		1(1)	1	0	0
0	0	0	0		노 동 건	1			27	한 유 성		0	0	0	0
0	0	0	0		곽 광 선	34			4	홍 진 기		0	0	0	0
0	0	0	0		장 호 익	77			7	마우링요	후 0/23	0	2	0	0
0	0	0	0	후39	이 상 호	7	대기	대기	13	현 영 민		0	0	0	0
0	0	0	0		박 현 범	5			20	양 준 아	전17	1	1	0	0
0	0	0	0	후15	염 기 훈	26			23	허 용 준	후37	1	0	0	0
0	0	0	0	후15	산 토 스	10			24	김 경 재		0	0	0	0
0	2	17	20(4)			0			0			9(3)	8	1	0

● 전반 43분 김종민 GA 정면 → 연제민 PK지점 L-ST-G (득점: 연제민, 도움: 김종민) 오른쪽

● 전반 41분 자일 HLL → 안용우 GAL L-ST-G (득점: 안용우, 도움: 자일) 가운데

8월 20일 19 : 00 맑음 포항 스틸야드 5,231명
주심: 김성호 / 부심: 방기열 · 박상준 / 대기심: 이동준 / 경기감독관: 김형남

포항 1 　 0 전반 0 / 1 후반 0 　 **0 상주**

퇴장	경고	파울	ST(유)	교체	선수명	배번	위치	위치	배번	선수명	교체	ST(유)	파울	경고	퇴장
0	0	0	0		김진영	21	GK	GK	1	양동원		0	0	0	0
0	1	2	0	10	알리	22	DF	DF	2	이용		1(1)	2	1	0
0	0	3	0		김광석	3	DF	DF	3	이웅희		0	2	1	0
0	0	1	0		배슬기	24	DF	DF	25	김오규		1(1)	0	0	0
0	0	1	2(1)		강상우	17	DF	DF	39	박준강		0	1	1	0
0	0	0	0	4	황지수	9	MF	MF	10	이승기		0	1	0	0
0	0	2	1(1)		무랄랴	5	MF	MF	12	박준태	8	1(1)	0	0	0
0	0	0	1		박선용	2	MF	MF	16	김성준		0	1	0	0
0	0	1	0	29	오창현	14	FW	MF	36	박수창	11	2(2)	1	0	0
0	0	1	2(2)		라자르	8	FW	FW	9	박기동		2(2)	1	0	0
0	0	2	3(2)		양동현	18	FW	FW	35	박희성	37	0	0	0	0
0	0	0	0		신화용	1			31	오승훈		0	0	0	0
0	0	0	0		우찬양	35			8	김성환	후28	0	0	0	0
0	0	0	0		이재원	15			11	임상협	후5	0	1	0	0
0	0	1	0	후10	김동현	29	대기	대기	37	신진호	후0	1(1)	1	0	0
0	1	2	0	후0	룰리냐	10			27	조영철		0	0	0	0
0	1	1	0	후30	박준희	4			30	황순민		0	0	0	0
0	0	0	0		최호주	20			38	유준수		0	0	0	0
0	3	17	9(6)			0			0			8(8)	11	3	0

● 후반 46분 룰리냐 AKL ~ 강상우 GAL L-ST-G (득점: 강상우, 도움: 룰리냐) 오른쪽

8월 03일 19 : 00 흐림 전주 월드컵 15,236명
주심: 고형진 / 부심: 김성일 · 이정민 / 대기심: 이동준 / 경기감독관: 강창구

전북 1 　 0 전반 0 / 1 후반 1 　 **1 울산**

퇴장	경고	파울	ST(유)	교체	선수명	배번	위치	위치	배번	선수명	교체	ST(유)	파울	경고	퇴장
0	0	0	0		권순태	1	GK	GK	21	정산		0	0	0	0
0	0	2	0	20	박원재	19	DF	DF	2	정동호		0	3	0	0
0	0	0	0		임종은	15	DF	DF	15	이재성		1	0	0	0
0	1	0	0		조성환	16	DF	DF	29	셀리오		2	4	1	0
0	0	2	0		최철순	25	DF	DF	33	이기제		0	2	0	0
0	0	2	0	30	이호	5	MF	MF	8	하성민		0	3	0	0
0	1	2	1		이재성	17	MF	MF	6	마스다		1	1	1	0
0	0	1	0		김보경	13	MF	MF	11	김태환		1(1)	1	0	0
0	0	0	3(2)		레오나르도	10	MF	MF	18	이정협	5	1	3	1	0
0	1	2	4(2)		로페즈	11	MF	MF	44	코바	14	0	1	0	0
0	0	2	3(1)	9	김신욱	99	FW	FW	10	멘디		2(1)	3	1	0
0	0	0	0		홍정남	21			31	장대희		0	0	0	0
0	0	0	0	후19	김영찬	30			13	이명재		0	0	0	0
0	0	0	0		이주용	32			75	강민수		0	0	0	0
0	0	0	0		이우혁	2	대기	대기	5	이창용	후35	0	1	0	0
0	0	0	0		고무열	18			17	정재용		0	0	0	0
0	0	0	0	후26	이종호	9			14	서명원	후30	1(1)	1	0	0
0	0	1	3(2)	후13	이동국	20			19	김승준		0	0	0	0
0	3	14	14(7)			0			0			9(3)	23	4	0

● 후반 45분 김보경 MFR ↷ 이동국 GA 정면 R-ST-G (득점: 이동국, 도움: 김보경) 왼쪽

● 후반 48분 정산 자기 측 MFR ↷ 멘디 GA 정면 L-ST-G (득점: 멘디, 도움: 정산) 오른쪽

8월 21일 18 : 00 맑음 인천 전용 4,512명
주심: 김우성 / 부심: 장준모 · 박인선 / 대기심: 김종혁 / 경기감독관: 한병화

인천 0 　 0 전반 1 / 0 후반 0 　 **1 제주**

퇴장	경고	파울	ST(유)	교체	선수명	배번	위치	위치	배번	선수명	교체	ST(유)	파울	경고	퇴장
0	0	0	0		조수혁	1	GK	GK	1	김호준		0	0	1	0
0	0	1	0		김대중	15	DF	DF	20	이광선		0	2	0	0
0	0	2	0		이윤표	16	DF	DF	5	권한진		1	1	0	0
0	0	0	0		조병국	29	DF	DF	15	백동규		0	0	0	0
0	0	2	1		김용환	3	MF	MF	13	정운		0	1	0	0
0	0	0	0		박대한	25	MF	MF	7	권순형		0	1	0	0
0	0	0	0	5	김도혁	7	MF	MF	37	송진형		1	0	0	0
0	1	2	2		김동석	8	MF	MF	17	안현범		0	3	0	0
0	0	2	2	19	윤상호	14	MF	MF	22	이근호	16	1(1)	1	0	0
0	1	2	3		케빈	10	FW	FW	9	완델손	11	2(2)	1	0	0
0	0	0	0	11	벨코스키	88	FW	FW	10	마르셀로		4	2	0	0
0	0	0	0		이태희	21			23	전수현		0	0	0	0
0	0	0	0		요니치	20			18	배재우		0	0	0	0
0	0	0	0		박종진	37			26	곽해성		0	0	0	0
0	0	0	0	후0	김태수	5	대기	대기	16	정영총	전 35/24	0	0	0	0
0	0	0	0	후26	송시우	19			24	문상윤	후42	0	0	0	0
0	0	0	0		송제헌	9			11	김호남	후26	0	0	0	0
0	0	1	0	후9	진성욱	11			89	헤난		0	0	0	0
0	2	12	8			0			0			9(3)	12	1	0

● 전반 41분 권순형 HL 정면 ↷ 완델손 PK 우측지점 R-ST-G (득점: 완델손, 도움: 권순형) 가운데

8월 21일 19 : 00 맑음 광주 월드컵 2,521명
주심: 송민석 / 부심: 노수용 · 강동호 / 대기심: 정동식 / 경기감독관: 전인석

광주 0 　 0 전반 0 / 0 후반 0 　 **0 수원FC**

퇴장	경고	파울	ST(유)	교체	선수명	배번	위치	위치	배번	선수명	교체	ST(유)	파울	경고	퇴장
0	0	0	0		윤보상	21	GK	GK	40	이창근		0	0	0	0
0	0	2	1(1)	5	이종민	17	DF	DF	4	임하람		0	2	0	0
0	0	0	0		김영빈	3	DF	DF	5	블라단		0	0	0	0
0	0	0	0	6	정호정	2	DF	DF	14	이준호		0	0	0	0
0	0	0	0		이으뜸	8	DF	DF	3	황재훈		0	0	0	0
0	0	0	0		본즈	34	MF	MF	20	가빌란	6	1	0	0	0
0	0	1	0		여름	7	MF	MF	44	김철호		0	3	0	0
0	0	4	0		김민혁	23	MF	MF	17	이재안		1	0	0	0
0	0	2	0	12	조성준	11	FW	FW	31	권용현	11	0	0	0	0
0	0	2	0		송승민	16	FW	FW	7	김병오		1	3	1	0
0	0	0	6(2)		정조국	9	FW	FW	85	서동현	15	2	0	0	0
0	0	0	0		최봉진	1			21	이인수		0	0	0	0
0	0	1	0	후14	박동진	5			2	유지노		0	0	0	0
0	0	0	1(1)	후4	오도현	6			38	김근환		0	0	0	0
0	0	0	0		파비오	10	대기	대기	6	김종국	후14	0	1	0	0
0	0	0	0	후33	이민기	12			11	이승현	후34	0	1	0	0
0	0	0	0		조용태	22			77	김부관		0	0	0	0
0	0	0	0		이찬동	40			15	브루스	후19	1(1)	0	0	0
0	0	12	8(4)			0			0			6(1)	10	1	0

8월 27일 19 : 00 맑음 제주 월드컵 5,128명
주심: 김성호 / 부심: 이정민 · 방기열 / 대기심: 송민석 / 경기감독관: 김형남

제주 1 | 0 전반 0 / 1 후반 0 | **0 성남**

퇴장	경고	파울	ST(유)	교체	선수명	배번	위치	위치	배번	선수명	교체	ST(유)	파울	경고	퇴장
0	0	0	0		김호준	1	GK	GK	41	박준혁		0	0	0	0
0	0	1	1		이광선	20	DF	DF	33	장학영		0	2	0	0
0	1	1	0		권한진	5	DF	DF	4	김태윤		0	1	1	0
0	0	2	2		백동규	15	DF	DF	24	장석원		0	1	0	0
0	0	0	0	18	정운	13	MF	MF	15	최호정		0	0	0	0
0	0	0	1	14	권순형	7	MF	DF	6	이태희		0	1	0	0
0	0	0	4(2)		송진형	37	MF	MF	32	연제운	14	0	0	0	0
0	0	1	2(1)		안현범	17	MF	MF	26	피투		2	0	0	0
0	0	0	1		이근호	22	MF	MF	8	김두현	7	1	0	0	0
0	0	3	2(1)		완델손	9	FW	MF	11	실빙요		4	2	0	0
0	1	2	2	89	마르셀로	10	FW	FW	10	황의조		1	0	0	0
0	0	0	0		전수현	23			21	김근배		0	0	0	0
0	0	0	0	후47	배재우	18			3	이후권		0	0	0	0
0	0	0	0	후19	이창민	14			22	이종원		0	0	0	0
0	0	0	0		문상윤	24	대기	대기	14	정선호	후27	0	1	0	0
0	0	0	0		좌준협	28			7	황진성	후18	0	1	0	0
0	0	0	0		김호남	11			13	김동희		0	0	0	0
0	0	1	1	후27	헤난	89			27	성봉재		0	0	0	0
0	2	11	16(4)			0			0			8	9	1	0

●후반 45분 송진형 HL 정면 ~ 안현범 GAR R-ST-G (득점: 안현범, 도움: 송진형) 왼쪽

8월 27일 19 : 00 맑음 울산 문수 20,239명
주심: 이동준 / 부심: 곽승순 · 박인선 / 대기심: 박진호 / 경기감독관: 김용세

울산 1 | 1 전반 0 / 0 후반 1 | **1 광주**

퇴장	경고	파울	ST(유)	교체	선수명	배번	위치	위치	배번	선수명	교체	ST(유)	파울	경고	퇴장
0	0	0	0		정산	21	GK	GK	21	윤보상		0	0	0	0
0	1	0	0		정동호	2	DF	DF	17	이종민	9	0	0	0	0
0	0	0	0		이재성	15	DF	DF	3	김영빈		0	0	0	0
0	0	2	0	5	정승현	3	DF	DF	5	박동진		0	0	0	0
0	0	0	0		이기제	33	DF	DF	8	이으뜸		1	1	0	0
0	0	2	0		마스다	6	MF	MF	6	오도현		0	0	0	0
0	0	1	0		정재용	17	MF	MF	34	본즈		1	1	0	0
0	0	1	1(1)		김태환	11	MF	MF	7	여름	22	3(1)	1	0	0
0	0	2	1(1)	16	한상운	20	MF	MF	23	김민혁		1(1)	1	0	0
0	0	1	4(3)	29	코바	44	MF	FW	16	송승민		3(1)	0	0	0
0	1	1	3(1)		멘디	10	FW	FW	10	파비오	11	0	1	0	0
0	0	0	0		장대희	31			1	최봉진		0	0	0	0
0	0	0	2(1)	후17	셀리오	29			2	정호정		0	0	0	0
0	0	0	0	후27	이창용	5			9	정조국	후18	2(2)	0	0	0
0	0	0	1	후31	김건웅	16	대기	대기	11	조성준	후9	1(1)	0	0	0
0	0	0	0		서명원	14			12	이민기		0	0	0	0
0	0	0	0		김승준	19			18	정동윤		0	0	0	0
0	0	0	0		이정협	18			22	조용태	후42	0	1	0	0
0	2	10	12(7)			0			0			12(6)	6	0	0

●전반 43분 김태환 PAR R-ST-G (득점: 김태환) 왼쪽

●후반 46분 김민혁 MF 정면 ~ 정조국 PA 정면 내 R-ST-G (득점: 정조국, 도움: 김민혁) 가운데

8월 27일 19 : 00 흐림 수원 종합 4,213명
주심: 박필준 / 부심: 노태식 · 박상준 / 대기심: 고형진 / 경기감독관: 김일호

수원FC 2 | 1 전반 0 / 1 후반 0 | **0 인천**

퇴장	경고	파울	ST(유)	교체	선수명	배번	위치	위치	배번	선수명	교체	ST(유)	파울	경고	퇴장
0	0	0	0		이창근	40	GK	GK	1	조수혁		0	1	1	0
0	0	0	0	38	임하람	4	DF	MF	3	김용환		0	0	0	0
0	0	1	0		블라단	5	DF	DF	16	이윤표		0	6	1	0
0	0	1	0		이준호	14	DF	DF	20	요니치		1(1)	1	0	0
0	0	0	0		김민제	19	DF	DF	29	조병국		0	1	1	0
0	0	1	2(1)	6	가빌란	20	MF	DF	37	박종진	15	0	1	0	0
0	0	3	1		권용현	31	MF	MF	7	김도혁		1(1)	1	0	0
0	0	4	1		김철호	44	MF	MF	8	김동석		1	0	0	0
0	0	0	4(1)	11	김부관	77	MF	FW	9	송제헌	25	2(1)	2	0	0
0	0	2	7(4)		브루스	15	FW	FW	10	케빈	11	3(2)	2	1	0
0	0	0	0		이재안	17	FW	FW	88	벨코스키		5(3)	0	0	0
0	0	0	0		이인수	21			21	이태희		0	0	0	0
0	0	0	0		유지노	2			15	김대중	후34	0	0	0	0
0	0	0	0	후14	김근환	38			25	박대한	후7	0	0	0	0
0	0	0	1(1)	후18	김종국	6	대기	대기	5	김태수		0	0	0	0
0	0	1	0	후25	이승현	11			14	윤상호		0	0	0	0
0	0	0	0		김병오	7			19	송시우		0	0	0	0
0	0	0	0		서동현	85			11	진성욱	후22	0	0	0	0
0	0	13	16(7)			0			0			13(8)	15	4	0

●전반 39분 브루스 PK-R-G (득점: 브루스) 가운데
●후반 33분 브루스 GAL L-ST-G (득점: 브루스) 오른쪽

8월 28일 19 : 00 흐리고 비 상주 시민 2,139명
주심: 우상일 / 부심: 장준모 · 김계용 / 대기심: 김우성 / 경기감독관: 전기록

상주 1 | 1 전반 1 / 0 후반 0 | **1 수원**

퇴장	경고	파울	ST(유)	교체	선수명	배번	위치	위치	배번	선수명	교체	ST(유)	파울	경고	퇴장
0	0	0	0		오승훈	31	GK	GK	1	노동건		0	0	0	0
0	0	0	1		이웅희	3	DF	DF	77	장호익		0	1	0	0
0	1	3	1		김오규	25	DF	DF	6	연제민		0	3	0	0
0	0	0	0		유준수	38	DF	DF	15	구자룡		1	0	0	0
0	0	1	0		박준강	39	DF	DF	33	홍철		1	2	0	0
0	0	1	0	16	김성환	8	MF	MF	16	이종성		0	3	1	0
0	1	1	3(2)		임상협	11	MF	MF	4	이용래		0	2	1	0
0	0	0	2(1)		박준태	12	MF	MF	7	이상호		1	0	0	0
0	0	1	2	36	조영철	27	MF	MF	10	산토스	9	5(1)	1	0	0
0	0	4	3(2)		신진호	37	MF	MF	26	염기훈	22	2	0	0	0
0	0	2	3	35	박기동	9	FW	FW	70	조나탄	18	2	2	0	0
0	0	0	0		제종현	41			21	양형모		0	0	0	0
0	0	0	0		이경렬	5			34	곽광선		0	0	0	0
0	0	0	0		이승기	10			8	조원희		0	0	0	0
0	0	1	0	후0	김성준	16	대기	대기	5	박현범		0	0	0	0
0	0	0	0		정준연	24			22	권창훈	후16	1(1)	0	0	0
0	0	1	1	후35	박희성	35			18	김종민	후28	1	2	0	0
0	0	0	0	후18	박수창	36			9	조동건	후36	1	0	0	0
0	2	15	16(5)			0			0			15(2)	16	2	0

●전반 40분 박기동 PA 정면 ~ 박준태 GA 정면 R-ST-G (득점: 박준태, 도움: 박기동) 왼쪽

●전반 38분 조나탄 AKL ~ 산토스 GAL R-ST-G (득점: 산토스, 도움: 조나탄) 오른쪽

8월 28일 19:00 흐림 광양 전용 3,965명
주심: 정동식 / 부심: 윤광열·김성일 / 대기심: 김동인 / 경기감독관: 전인석

전남 2 0 전반 0 / 2 후반 1 **1 포항**

퇴장	경고	파울	ST(유)	교체	선수명	배번	위치	위치	배번	선수명	교체	ST(유)	파울	경고	퇴장
0	0	0	0		이호승	21	GK	GK	21	김진영		0	0	0	0
0	0	2	0		고태원	5	DF	DF	17	강상우		0	2	1	0
0	0	1	0	16	양준아	20	DF	DF	24	배슬기		0	0	0	0
0	0	0	1		토미	28	DF	DF	3	김광석		0	1	0	0
0	0	0	1(1)	4	현영민	13	MF	DF	2	박선용		0	1	0	0
0	0	1	1(1)		유고비치	8	MF	MF	4	박준희	29	1	0	1	0
0	0	1	1		김영욱	14	MF	MF	9	황지수		0	2	0	0
0	1	2	1(1)		최효진	2	MF	MF	5	무랄라		3(1)	2	0	0
0	0	1	6(3)		자일	10	FW	MF	7	문창진		2(1)	0	0	0
0	0	1	4(1)	23	마우링요	7	FW	MF	11	심동운		3(1)	0	0	0
0	0	0	0		안용우	11	FW	FW	18	양동현	8	0	2	0	0
0	0	0	0		한유성	27			1	신화용		0	0	0	0
0	0	0	0		이슬찬	3			6	김준수		0	0	0	0
0	0	0	0	후16	홍진기	4			13	김원일		0	0	0	0
0	0	0	0	후30	한찬희	16	대기	대기	10	룰리나	후45	0	0	0	0
0	0	0	0		이지민	19			29	김동현	후16/10	0	2	1	0
0	0	0	2(1)	후16	허용준	23			8	라자르	후38	0	1	0	0
0	0	0	0		한지원	25			20	최호주		0	0	0	0
0	1	9	17(8)			0			0			9(3)	13	3	0

- 후반 32분 토미 MFR ↷ 허용준 GA 정면 H-ST-G (득점: 허용준, 도움: 토미) 왼쪽
- 후반 47분 한찬희 PA 정면 ~ 자일 PK지점 R-ST-G (득점: 자일, 도움: 한찬희) 오른쪽
- 후반 11분 문창진 PAR EL ~ 심동운 GAL 내 R-ST-G (득점: 심동운, 도움: 문창진) 왼쪽

8월 28일 19:00 흐림 서울 월드컵 24,508명
주심: 김종혁 / 부심: 노수용·강동호 / 대기심: 박병진 / 경기감독관: 한병화

서울 1 0 전반 2 / 1 후반 1 **3 전북**

퇴장	경고	파울	ST(유)	교체	선수명	배번	위치	위치	배번	선수명	교체	ST(유)	파울	경고	퇴장
0	0	0	0		유상훈	31	GK	GK	1	권순태		0	0	0	0
0	1	1	2		오스마르	5	DF	DF	19	박원재		1(1)	3	0	0
0	0	0	0	19	김치우	7	DF	DF	3	김형일		0	2	0	0
0	0	0	0		고광민	27	DF	DF	16	조성환		0	2	0	0
0	0	0	1		곽태휘	55	DF	DF	25	최철순		0	1	0	0
0	0	2	2(1)		다카하기	2	MF	MF	34	장윤호		2(1)	0	0	0
0	0	0	2	23	윤일록	17	MF	MF	13	김보경	15	0	0	0	0
0	0	1	4(1)		이석현	25	MF	MF	17	이재성		2	1	0	0
0	0	0	0	13	김정환	34	MF	MF	11	로페즈	9	0	3	0	0
0	0	0	5(2)		박주영	10	FW	MF	10	레오나르도		4(4)	0	0	0
0	0	2	4(4)		아드리아노	11	FW	FW	99	김신욱	81	1	1	0	0
0	0	0	0		유현	1			41	황병근		0	0	0	0
0	0	0	0		정인환	3			15	임종은	후28	0	1	0	0
0	0	0	0		박용우	22			30	김영찬		0	0	0	0
0	0	0	0	전33	고요한	13	대기	대기	7	한교원		0	0	0	0
0	0	0	0		조찬호	14			9	이종호	후44	1(1)	1	0	0
0	0	2	0	후23	윤주태	19			20	이동국		0	0	0	0
0	0	0	0	후36	심우연	23			81	에두	후39	1	0	0	0
0	1	8	20(8)			0			0			12(7)	15	0	0

- 후반 52분 아드리아노 PK-R-G (득점: 아드리아노) 왼쪽
- 전반 3분 장윤호 AKR L-ST-G (득점: 장윤호) 오른쪽
- 전반 26분 이재성 자기 측 HLR ↷ 레오나르도 PAR 내 R-ST-G (득점: 레오나르도, 도움: 이재성) 가운데
- 후반 13분 최철순 GAR ↷ 레오나르도 GAL R-ST-G (득점: 레오나르도, 도움: 최철순) 오른쪽

9월 10일 18:00 흐림 인천 전용 12,587명
주심: 정동식 / 부심: 장준모·곽승순 / 대기심: 성덕효 / 경기감독관: 김정식

인천 1 1 전반 0 / 0 후반 0 **0 서울**

퇴장	경고	파울	ST(유)	교체	선수명	배번	위치	위치	배번	선수명	교체	ST(유)	파울	경고	퇴장
0	0	0	0		조수혁	1	GK	GK	31	유상훈		0	0	0	0
0	0	0	0		박대한	25	DF	DF	5	오스마르		2(1)	0	0	0
0	0	1	1(1)		요니치	20	DF	DF	7	김치우	25	0	0	0	0
0	0	0	1(1)	15	조병국	29	DF	DF	27	고광민		0	2	1	0
0	0	0	1(1)	17	박종진	37	DF	DF	55	곽태휘		0	1	1	0
0	0	0	0	4	배승진	44	MF	MF	2	다카하기	23	1	0	0	0
0	0	3	1		김용환	3	MF	MF	6	주세종		1	0	0	0
0	1	1	0		김도혁	7	MF	MF	13	고요한		1(1)	2	0	0
0	0	3	1		윤상호	14	MF	MF	16	심제혁	17	0	0	0	0
0	0	3	0		진성욱	11	MF	FW	9	데얀		2(2)	0	0	0
0	0	3	2(2)		케빈	10	FW	FW	10	박주영		1	3	0	0
0	0	0	0		이태희	21			1	유현		0	0	0	0
0	0	1	0	후15	김대중	15			3	정인환		0	0	0	0
0	0	0	0	후19	권완규	17			25	이석현	후17	0	0	0	0
0	1	1	0	후36	김경민	4	대기	대기	35	임민혁		0	0	0	0
0	0	0	0		김태수	5			17	윤일록	전36	1(1)	1	0	0
0	0	0	0		김대경	36			19	윤주태		0	0	0	0
0	0	0	0		벨코스키	88			23	심우연	후40	0	1	0	0
0	2	16	7(5)			0			0			9(5)	10	2	0

- 전반 30분 진성욱 PAL 내 ~ 조병국 GA 정면 내 R-ST-G (득점: 조병국, 도움: 진성욱) 가운데

9월 10일1 5:00 전주 월드컵 16,850명
주심: 고형진 / 부심: 이정민·윤광열 / 대기심: 박필준 / 경기감독관: 전기록

전북 2 1 전반 0 / 1 후반 2 **2 전남**

퇴장	경고	파울	ST(유)	교체	선수명	배번	위치	위치	배번	선수명	교체	ST(유)	파울	경고	퇴장
0	0	0	0		황병근	41	GK	GK	21	이호승		0	0	0	0
0	1	3	0		최재수	6	DF	DF	5	고태원		0	3	0	0
0	0	0	0		조성환	16	DF	DF	17	이지남		0	0	0	0
0	0	1	1		김형일	3	DF	DF	28	토미		0	0	0	0
0	0	1	0		최철순	25	DF	MF	13	현영민	16	0	1	0	0
0	0	2	0		신형민	4	MF	MF	8	유고비치		2(1)	0	0	0
0	0	0	2(1)		정혁	8	MF	MF	14	김영욱		0	0	0	0
0	0	0	3(1)		레오나르도	10	MF	MF	2	최효진		2	2	0	0
0	1	2	1	18	로페즈	11	MF	FW	10	자일		3(2)	0	1	0
0	0	4	0	20	이종호	9	MF	FW	7	마우링요	23	1	2	0	0
0	0	3	1	99	에두	81	FW	FW	11	안용우	3	2(1)	1	0	0
0	0	0	0		권순태	1			27	한유성		0	0	0	0
0	0	0	0		임종은	15			3	이슬찬	후34	0	0	0	0
0	0	0	0		장윤호	34			16	한찬희	후25	2(1)	0	0	0
0	1	1	2	후30	고무열	18	대기	대기	18	배천석		0	0	0	0
0	0	0	0		한교원	7			19	이지민		0	0	0	0
0	0	0	3(3)	후16	이동국	20			23	허용준	후25	0	0	0	0
0	0	0	0	후16	김신욱	99			24	김경재		0	0	0	0
0	3	17	13(5)			0			0			12(5)	9	1	0

- 전반 37분 레오나르도 PK-R-G (득점: 레오나르도) 왼쪽
- 후반 29분 로페즈 MFR TL ↷ 이동국 PK지점 R-ST-G (득점: 이동국, 도움: 로페즈) 왼쪽
- 후반 32분 최효진 PAR ~ 유고비치 GAR R-ST-G (득점: 유고비치, 도움: 최효진) 오른쪽
- 후반 36분 허용준 AKR ~ 한찬희 PAR 내 L-ST-G (득점: 한찬희, 도움: 허용준) 오른쪽

9월 10일 19 : 00 흐리고 비 포항 스틸야드 8,954명
주심: 김우성 / 부심: 노수용·강동호 / 대기심: 김종혁 / 경기감독관: 김수현

포항 2 2 전반 1 / 0 후반 2 **3 수원FC**

퇴장	경고	파울	ST(유)	교체	선수명	배번	위치	위치	배번	선수명	교체	ST(유)	파울	경고	퇴장
0	0	0	0		신화용	1	GK	GK	40	이창근		0	0	0	0
0	0	2	0		신광훈	46	DF	DF	5	블라단	38	0	1	0	0
0	1	0	0		김광석	3	DF	DF	14	이준호		0	2	0	0
0	0	2	0		배슬기	24	DF	DF	19	김민제		0	3	0	0
0	0	1	0		강상우	17	DF	DF	24	레이어		0	0	0	0
0	0	3	0	2	황지수	9	MF	MF	20	가빌란	11	2(2)	1	0	0
0	0	1	1		무랄라	5	MF	MF	44	김철호		1	3	0	0
0	0	1	2(2)		룰리냐	10	MF	MF	17	이재안		0	1	0	0
0	0	0	5(2)	20	심동운	11	MF	FW	31	권용현		2(2)	0	0	0
0	0	0	1	8	문창진	7	MF	FW	77	김부관		0	0	1	0
0	0	0	3(3)		양동현	18	FW	FW	15	브루스	85	0	2	1	0
0	0	0	0		김진영	21			21	이인수		0	0	0	0
0	0	0	0		우찬양	35			38	김근환	전24	0	0	0	0
0	0	0	0		김준수	6			3	황재훈		0	0	0	0
0	0	0	0		김원일	13	대기	대기	6	김종국		0	0	0	0
0	0	1	0	후27	박선용	2			8	이광진		0	0	0	0
0	0	0	0	후42	최호주	20			11	이승현	후28	0	0	1	0
0	0	0	1(1)	후32	라자르	8			85	서동현	후16	0	1	0	0
0	1	11	13(8)			0			0			5(4)	14	3	0

●전반 4분 양동현 GAL L-ST-G (득점: 양동현) 왼쪽
●전반 34분 문창진 GAL H ↷ 양동현 GA 정면 H-ST-G (득점: 양동현, 도움: 문창진) 오른쪽
●전반 7분 가빌란 MFR L-ST-G (득점: 가빌란) 왼쪽
●후반 23분 김부관 PAR → 권용현 GAR 몸 맞고 골(득점: 권용현, 도움: 김부관) 오른쪽
●후반 41분 신광훈 자기 측 PK지점 H 자책골 (득점: 신광훈) 가운데

9월 10일 18 : 00 맑음 탄천 종합 7,140명
주심: 이동준 / 부심: 박상준·박인선 / 대기심: 송민석 / 경기감독관: 김용세

성남 1 0 전반 1 / 1 후반 1 **2 수원**

퇴장	경고	파울	ST(유)	교체	선수명	배번	위치	위치	배번	선수명	교체	ST(유)	파울	경고	퇴장
0	0	0	0		김근배	21	GK	GK	1	노동건		0	0	0	0
0	1	2	1		장학영	33	DF	DF	6	연제민	34	0	0	0	0
0	0	0	0		김태윤	4	DF	DF	40	이정수		0	0	0	0
0	0	0	0		임채민	5	DF	DF	15	구자룡		0	1	0	0
0	0	0	1(1)		이태희	6	DF	MF	30	신세계		1	2	0	0
0	0	3	1(1)		정선호	14	MF	MF	16	이종성		1	2	0	0
0	0	0	1	19	이종원	22	MF	MF	4	이용래	8	1	0	0	0
0	0	1	1	7	김동희	13	MF	MF	33	홍철		0	0	0	0
0	1	1	2(1)		피투	26	MF	FW	10	산토스		4(2)	1	0	0
0	0	1	2(1)		실빙요	11	MF	FW	7	이상호		0	1	0	0
0	0	1	1(1)	10	김현	18	FW	FW	70	조나탄	9	5(3)	0	1	0
0	0	0	0		박준혁	41			21	양형모		0	0	0	0
0	0	0	0		이후권	3			34	곽광선	후31	1	0	0	0
0	0	0	0		장석원	24			8	조원희	후28	0	0	0	0
0	0	0	0		연제운	32	대기	대기	77	장호익		0	0	0	0
0	0	0	0	후28	박용지	19			20	백지훈		0	0	0	0
0	0	0	0	후17	황진성	7			18	김종민		0	0	0	0
0	0	0	1(1)	후0	황의조	10			9	조동건	후38	0	0	0	0
0	2	9	11(6)			0			0			13(5)	7	1	0

●후반 33분 피투 AKR ↷ 이태희 GA 정면 R-ST-G (득점: 이태희, 도움: 피투) 가운데
●전반 37분 이상호 AK 정면 ~ 산토스 GAL R-ST-G (득점: 산토스, 도움: 이상호) 오른쪽
●후반 13분 홍철 PAL ↷ 조나탄 GAR 내 R-ST-G (득점: 조나탄, 도움: 홍철) 오른쪽

9월 11일 18 : 00 흐림 제주 월드컵 3,893명
주심: 우상일 / 부심: 손재선·김계용 / 대기심: 김희곤 / 경기감독관: 한병화

제주 1 1 전반 0 / 0 후반 1 **1 울산**

퇴장	경고	파울	ST(유)	교체	선수명	배번	위치	위치	배번	선수명	교체	ST(유)	파울	경고	퇴장
0	0	0	0		김호준	1	GK	GK	1	김용대		0	0	0	0
0	0	2	0		이광선	20	DF	DF	2	정동호		0	1	0	0
0	0	1	0		권한진	5	DF	DF	15	이재성		1	1	0	0
0	0	1	0		백동규	15	DF	DF	29	셀리오		0	1	1	0
0	0	1	1		정운	13	MF	DF	33	이기제		1	3	0	0
0	0	1	2	14	권순형	7	MF	MF	6	마스다		0	2	1	0
0	0	0	0		송진형	37	MF	MF	17	정재용	16	2	1	1	0
0	0	3	1		안현범	17	MF	MF	11	김태환		2	1	0	0
0	0	3	1		이근호	22	MF	MF	19	김승준	14	1	0	0	0
0	0	2	3(2)	11	완델손	9	FW	MF	44	코바		2	0	0	0
0	0	0	4(2)	24	마르셀로	10	FW	FW	18	이정협	10	1	0	0	0
0	0	0	0		전수현	23			21	정산		0	0	0	0
0	0	0	0		이우진	19			3	정승현		0	0	0	0
0	0	0	0		곽해성	26			75	강민수		0	0	0	0
0	0	0	0	후40	이창민	14	대기	대기	13	이명재		0	0	0	0
0	0	0	0	후47	문상윤	24			16	김건웅	후39	1	1	0	0
0	0	0	0		김재성	77			14	서명원	후22	1	0	0	0
0	0	0	0	후30	김호남	11			10	멘디	후0	3(1)	0	0	0
0	0	14	12(4)			0			0			15(1)	11	3	0

●전반 46분 마르셀로 PK-R-G (득점: 마르셀로) 오른쪽
●후반 39분 정동호 PAR ~ 멘디 GA 정면 내 R-ST-G (득점: 멘디, 도움: 정동호) 오른쪽

9월 11일 18 : 00 흐림 광주 월드컵 2,768명
주심: 김동진 / 부심: 김성일·방기열 / 대기심: 김성호 / 경기감독관: 하재훈

광주 1 1 전반 0 / 0 후반 0 **0 상주**

퇴장	경고	파울	ST(유)	교체	선수명	배번	위치	위치	배번	선수명	교체	ST(유)	파울	경고	퇴장
0	0	0	0		윤보상	21	GK	GK	31	오승훈		0	0	0	0
0	0	1	0	5	이종민	17	DF	DF	3	이웅희		1	1	0	0
0	0	2	0		김영빈	3	DF	DF	5	이경렬		0	0	0	0
0	0	1	0		정호정	2	DF	DF	39	박준강		1	1	0	0
0	0	0	0		이으뜸	8	DF	DF	40	윤영선		0	1	1	0
0	0	5	0		본즈	34	MF	MF	16	김성준		0	1	1	0
0	0	0	1		여름	7	MF	MF	26	신영준	36	2(1)	0	0	0
0	0	2	0		김민혁	23	MF	MF	27	조영철	38	1	1	0	0
0	0	5	3(1)		송승민	16	FW	MF	32	조지훈	30	0	1	0	0
0	1	1	1	11	조용태	22	FW	MF	37	신진호		1	3	1	0
0	0	1	1(1)	6	조주영	24	FW	FW	35	박희성		4(3)	2	0	0
0	0	0	0		최봉진	1			41	제종현		0	0	0	0
0	0	0	0	후22	박동진	5			17	윤동민		0	0	0	0
0	0	0	0	후27	오도현	6			24	정준연		0	0	0	0
0	1	3	0	후15	조성준	11	대기	대기	29	김성주		0	0	0	0
0	0	0	0		주현우	13			30	황순민	후0	1	0	0	0
0	0	0	0		정동윤	18			36	박수창	후10	0	1	0	0
0	0	0	0		와다	33			38	유준수	후25	0	0	0	0
0	2	21	6(2)			0			0			11(4)	12	3	0

●전반 41분 김민혁 PA 정면 H ↷ 조주영 PK 좌측지점 L-ST-G (득점: 조주영, 도움: 김민혁) 오른쪽

9월 18일 18 : 00 흐림 인천 전용 4,563명
주심: 송민석 / 부심: 노수용 · 박인선 / 대기심: 김우성 / 경기감독관: 김일호

인천 0   0 전반 0 / 0 후반 0   **0 상주**

퇴장	경고	파울	ST(유)	교체	선수명	배번	위치	위치	배번	선수명	교체	ST(유)	파울	경고	퇴장
0	0	0	0		조수혁	1	GK	GK	41	제종현		0	0	0	0
0	0	3	0		박대한	25	DF	DF	25	김오규	5	0	0	0	0
0	1	1	0		요니치	20	DF	DF	29	김성주		0	1	0	0
0	0	0	0		조병국	29	DF	DF	38	유준수		0	2	0	0
0	0	0	0		박종진	37	DF	DF	39	박준강		0	1	0	0
0	0	4	1		배승진	44	MF	MF	26	신영준	23	1(1)	1	0	0
0	0	2	0	88	김용환	3	MF	MF	27	조영철	17	0	1	0	0
0	0	3	0	36	이현성	13	MF	MF	32	조지훈		1(1)	0	1	0
0	1	3	0	17	윤상호	14	MF	MF	36	박수창		0	1	0	0
0	0	3	1		진성욱	11	MF	MF	37	신진호		0	3	0	0
0	0	1	4(1)		케빈	10	FW	FW	35	박희성		0	2	0	0
0	0	0	0		이태희	21			31	오승훈		0	0	0	0
0	0	0	0		김대중	15			3	이웅희		0	0	0	0
0	0	0	0	후44	권완규	17			5	이경렬	전25	0	1	1	0
0	0	0	0		김경민	4	대기	대기	17	윤동민	후47	0	0	0	0
0	0	0	0		김태수	5			23	임성택	후21	1	0	0	0
0	0	0	1	후24	김대경	36			24	정준연		0	0	0	0
0	0	0	0	후17	벨코스키	88			30	황순민		0	0	0	0
0	2	20	7(1)			0			0			3(2)	13	2	0

9월 17일 18 : 00 맑음 탄천 종합 4,828명
주심: 박필준 / 부심: 손재선 · 김계용 / 대기심: 고형진 / 경기감독관: 김수현

성남 2   0 전반 1 / 2 후반 0   **1 수원FC**

퇴장	경고	파울	ST(유)	교체	선수명	배번	위치	위치	배번	선수명	교체	ST(유)	파울	경고	퇴장
0	0	0	0		김근배	21	GK	GK	40	이창근		0	0	0	0
0	0	0	0	3	장학영	33	DF	DF	14	이준호		0	2	0	0
0	0	0	0		김태윤	4	DF	DF	19	김민제		0	2	1	0
0	0	0	0		임채민	5	DF	DF	24	레이어		0	3	0	0
0	0	3	0		이태희	6	DF	DF	38	김근환		1(1)	1	0	0
0	0	2	1		이종원	22	MF	MF	20	가빌란	90	2	2	0	0
0	0	2	1(1)		조재철	30	MF	MF	44	김철호	4	0	0	0	0
0	0	1	2	13	실빙요	11	MF	MF	17	이재안	6	1	1	0	0
0	0	0	3(2)	24	황의조	10	MF	FW	11	이승현		2(1)	5	0	0
0	0	3	2(1)		박용지	19	MF	FW	31	권용현		2(2)	3	0	0
0	0	3	3(2)		김현	18	FW	FW	85	서동현		0	1	0	0
0	0	0	0		김동준	31			21	이인수		0	0	0	0
0	0	2	1	후10	이후권	3			4	임하람	후37	0	0	0	0
0	0	0	0	후37	장석원	24			3	황재훈		0	0	0	0
0	0	0	0		안상현	16	대기	대기	6	김종국	후18	0	0	0	0
0	0	0	0		정선호	14			77	김부관		0	0	0	0
0	0	0	0		황진성	7			90	임창균	후18	2	1	0	0
0	0	0	0	전37	김동희	13			18	정민우		0	0	0	0
0	0	16	13(6)			0			0			10(4)	21	1	0

- 후반 1분 박용지 MFR ↷ 김현 PK 우측지점 R-ST-G (득점: 김현, 도움: 박용지) 오른쪽
- 후반 30분 김현 GAR L-ST-G (득점: 김현) 가운데
- 전반 25분 가빌란 AK 정면 ~ 권용현 AK 정면 L-ST-G (득점: 권용현, 도움: 가빌란) 가운데

9월 17일 19 : 00 비 광양 전용 1,245명
주심: 정동식 / 부심: 박상준 · 곽승순 / 대기심: 매호영 / 경기감독관: 강창구

전남 2   0 전반 0 / 2 후반 0   **0 광주**

퇴장	경고	파울	ST(유)	교체	선수명	배번	위치	위치	배번	선수명	교체	ST(유)	파울	경고	퇴장
0	0	0	0		이호승	21	GK	GK	21	윤보상		0	0	0	0
0	0	0	0	16	고태원	5	DF	DF	5	박동진		0	0	0	0
0	0	2	1(1)		토미	28	DF	DF	3	김영빈		0	2	1	0
0	0	0	0		이지남	17	DF	DF	2	정호정		0	1	0	0
0	0	1	0		현영민	13	MF	DF	8	이으뜸	18	0	2	0	0
0	0	2	1		유고비치	8	MF	MF	34	본즈		0	1	0	0
0	0	0	1		김영욱	14	MF	MF	7	여름		0	1	0	0
0	0	1	0		최효진	2	MF	MF	23	김민혁		0	2	0	0
0	0	1	0	23	이지민	19	FW	FW	11	조성준	6	2	0	0	0
0	0	0	2(2)	25	자일	10	FW	FW	16	송승민		2(1)	1	0	0
0	0	2	3(1)		안용우	11	FW	FW	24	조주영	13	1	1	1	0
0	0	0	0		한유성	27			1	최봉진		0	0	0	0
0	0	0	0		홍진기	4			6	오도현	후26	0	1	0	0
0	1	0	3	전18	한찬희	16			13	주현우	후12	0	1	0	0
0	0	0	0		배천석	18	대기	대기	17	이종민		0	0	0	0
0	0	1	0	후21	허용준	23			18	정동윤	후38	0	0	0	0
0	0	0	0		김경재	24			22	조용태		0	0	0	0
0	0	0	0	후45	한지원	25			33	와다		0	0	0	0
0	1	10	11(4)			0			0			5(1)	13	2	0

- 후반 29분 자일 PK-R-G (득점: 자일) 왼쪽
- 후반 44분 안용우 GAR R-ST-G (득점: 안용우) 오른쪽

9월 18일 18 : 00 흐림 울산 문수 7,541명
주심: 김성호 / 부심: 김성일 · 이정민 / 대기심: 김동진 / 경기감독관: 하재훈

울산 1   0 전반 0 / 1 후반 0   **0 포항**

퇴장	경고	파울	ST(유)	교체	선수명	배번	위치	위치	배번	선수명	교체	ST(유)	파울	경고	퇴장
0	0	0	0		김용대	1	GK	GK	21	김진영		0	0	0	0
0	1	2	1		정동호	2	DF	DF	17	강상우		0	2	1	0
0	0	0	0		이재성	15	DF	DF	24	배슬기		0	0	0	0
0	0	0	0		셀리오	29	DF	DF	13	김원일		1(1)	1	1	0
0	0	1	0		이기제	33	DF	DF	46	신광훈		0	0	0	0
0	1	2	0		정재용	17	MF	MF	9	황지수	2	0	0	0	0
0	1	2	1(1)		마스다	6	MF	MF	5	무랄랴		0	0	0	0
0	0	0	2(1)	75	김태환	11	MF	MF	10	룰리냐	6	0	1	1	0
0	0	1	3(2)	14	한상운	20	MF	MF	7	문창진		4(1)	0	0	0
0	1	1	2(2)	44	김승준	19	MF	MF	11	심동운	20	2(1)	0	0	0
0	0	3	4(2)		멘디	10	FW	FW	18	양동현		2(1)	1	0	0
0	0	0	0		정산	21			1	신화용		0	0	0	0
0	0	0	0		이명재	13			6	김준수	후0	0	0	0	0
0	0	0	0	후48	강민수	75			4	박준희		0	0	0	0
0	0	0	0		이창용	5	대기	대기	2	박선용	후10	0	1	0	1
0	0	0	1(1)	후20	코바	44			29	김동현		0	0	0	0
0	0	1	2	후25	서명원	14			8	라자르		0	0	0	0
0	0	0	0		이정협	18			20	최호주	후31	0	0	0	0
0	4	13	16(9)			0			0			9(4)	6	3	1

- 후반 33분 코바 PAL 내 EL ~ 멘디 GAL 내 R-ST-G (득점: 멘디, 도움: 코바) 오른쪽

9월 18일 18 : 00 비 전주 월드컵 12,328명
주심: 이동준 / 부심: 장준모 · 강동호 / 대기심: 우상일 / 경기감독관: 김정식

전북 1 (0 전반 1 / 1 후반 0) **1 수원**

퇴장	경고	파울	ST(유)	교체	선수명	배번	위치	위치	배번	선수명	교체	ST(유)	파울	경고	퇴장
0	0	0	0		권순태	1	GK	GK	1	노동건		0	0	0	0
0	0	4	0		박원재	19	DF	DF	6	연제민		0	1	0	0
0	2	2	0		조성환	16	DF	DF	34	곽광선		0	2	0	0
0	1	3	0		김형일	3	DF	DF	15	구자룡		0	2	0	0
0	0	1	0		최철순	25	DF	MF	33	홍 철		0	0	0	0
0	1	2	0	4	장윤호	34	MF	MF	16	이종성		0	2	2	0
0	0	0	1		이재성	17	MF	MF	4	이용래	5	0	1	0	0
0	0	0	0		김보경	13	MF	MF	30	신세계		1	0	0	0
0	0	0	0	99	한교원	7	MF	FW	10	산토스	22	2(1)	0	0	0
0	0	0	1(1)		레오나르도	10	MF	FW	7	이상호	9	0	2	0	0
0	0	0	1(1)	20	에 두	81	FW	FW	70	조나탄		6(2)	1	1	0
0	0	0	0		황병근	41			21	양형모		0	0	0	0
0	0	0	0		임종은	15			39	민상기		0	0	0	0
0	0	0	2(1)	후11	신형민	4			77	장호익		0	0	0	0
0	0	0	0		정 혁	8	대기	대기	5	박현범	후45	0	0	0	0
0	0	0	0		이종호	9			22	권창훈	후30	0	0	0	0
0	0	1	0	후0	김신욱	99			8	조원희		0	0	0	0
0	0	0	4(3)	후21	이동국	20			9	조동건	후39	2(1)	0	0	0
0	4	13	9(6)			0			0			11(4)	11	3	0

- 후반 27분 레오나르도 PA 정면 FK R-ST-G (득점: 레오나르도) 오른쪽
- 전반 44분 조나탄 PAR 내 R-ST-G (득점: 조나탄) 왼쪽

9월 18일 16 : 00 맑음 서울 월드컵 15,516명
주심: 김종혁 / 부심: 윤광열 · 방기열 / 대기심: 박병진 / 경기감독관: 김진의

서울 0 (0 전반 0 / 0 후반 0) **0 제주**

퇴장	경고	파울	ST(유)	교체	선수명	배번	위치	위치	배번	선수명	교체	ST(유)	파울	경고	퇴장
0	0	0	0		유 현	1	GK	GK	1	김호준		0	0	0	0
0	0	0	0	9	곽태휘	55	DF	DF	20	이광선		1(1)	0	0	0
0	0	0	0		오스마르	5	DF	DF	5	권한진		0	0	0	0
0	0	0	0		김남춘	26	DF	DF	15	백동규		0	0	0	0
0	0	0	0		고요한	13	MF	MF	13	정 운		0	0	0	0
0	0	0	0		고광민	27	MF	MF	7	권순형	77	0	1	0	0
0	0	2	2(1)		주세종	6	MF	MF	14	이창민		2(2)	0	0	0
0	0	0	0	25	다카하기	2	MF	MF	17	안현범	26	0	0	0	0
0	0	3	0	17	임민혁	35	MF	MF	24	문상윤	9	0	0	0	0
0	0	0	3(2)		아드리아노	11	FW	FW	10	마르셀로		1	0	0	0
0	0	0	5(3)		윤주태	19	FW	FW	22	이근호		1	1	0	0
0	0	0	0		김철호	41			23	전수현		0	0	0	0
0	0	0	0		김치우	7			19	이우진		0	0	0	0
0	0	1	0	후24	이석현	25			26	곽해성	후27	0	0	0	0
0	0	1	0	후16	윤일록	17	대기	대기	77	김재성	후46	0	0	0	0
0	0	0	3(2)	후0	데 얀	9			9	완델손	후0	1(1)	0	0	0
0	0	0	0		박주영	10			11	김호남		0	0	0	0
0	0	0	0		심우연	23			16	정영총		0	0	0	0
0	0	7	13(8)			0			0			6(4)	2	0	0

9월 21일 19 : 00 맑음 광양 전용 8,743명
주심: 김희곤 / 부심: 윤광열 · 김영하 / 대기심: 임정수 / 경기감독관: 김일호

전남 1 (0 전반 0 / 1 후반 0) **0 상주**

퇴장	경고	파울	ST(유)	교체	선수명	배번	위치	위치	배번	선수명	교체	ST(유)	파울	경고	퇴장
0	0	0	0		이호승	21	GK	GK	41	제종현		0	0	0	0
0	0	0	0		김경재	24	DF	DF	3	이웅희		0	3	0	0
0	0	0	0		이지남	17	DF	DF	5	이경렬		1(1)	1	0	0
0	0	0	1		토 미	28	DF	DF	40	윤영선		0	0	0	0
0	0	0	0		현영민	13	MF	MF	16	김성준		1	1	0	0
0	0	1	2		유고비치	8	MF	MF	24	정준연		1	2	1	0
0	1	4	1		김영욱	14	MF	MF	33	이재명	29	0	0	0	0
0	0	1	1(1)		최효진	2	MF	MF	37	신진호	32	0	2	1	0
0	0	2	2	89	자 일	10	FW	FW	27	조영철		2(1)	1	0	0
0	0	0	0	16	박기동	88	FW	FW	36	박수창	23	0	2	0	0
0	0	1	1(1)	23	안용우	11	FW	FW	38	유준수		1(1)	0	0	0
0	0	0	0		한유성	27			31	오승훈		0	0	0	0
0	0	0	0		홍진기	4			23	임성택	후21	0	0	0	0
0	1	1	0	후25	한찬희	16			26	신영준		0	0	0	0
0	0	0	0		배천석	18	대기	대기	29	김성주	전37	0	1	0	0
0	0	1	0	후17	허용준	23			32	조지훈	후4	1(1)	0	0	0
0	0	0	0		한지원	25			34	김창훈		0	0	0	0
0	0	0	0	후49	박준태	89			35	박희성		0	0	0	0
0	2	11	8(2)			0			0			7(4)	13	2	0

- 후반 37분 자일 PAL ↷ 최효진 GA 정면 H-ST-G (득점: 최효진, 도움: 자일) 오른쪽

9월 21일 19 : 00 흐림 광주 월드컵 9,261명
주심: 송민석 / 부심: 김성일 · 김계용 / 대기심: 박필준 / 경기감독관: 김수현

광주 1 (0 전반 1 / 1 후반 0) **1 수원**

퇴장	경고	파울	ST(유)	교체	선수명	배번	위치	위치	배번	선수명	교체	ST(유)	파울	경고	퇴장
0	0	0	0		윤보상	21	GK	GK	1	노동건		0	0	0	0
0	0	0	2(1)	6	이종민	17	DF	DF	6	연제민		1	3	1	0
0	0	0	1		박동진	5	DF	DF	34	곽광선		0	2	0	0
0	0	1	0		정호정	2	DF	DF	15	구자룡		0	1	0	0
0	1	3	0		이으뜸	8	DF	MF	33	홍 철		0	2	0	0
0	0	1	1(1)		본 즈	34	MF	MF	8	조원희	18	1(1)	0	0	0
0	0	1	2(1)		여 름	7	MF	MF	20	백지훈	4	0	1	0	0
0	0	1	1(1)		김민혁	23	MF	MF	77	장호익	10	0	3	0	0
0	1	2	0	11	주현우	13	FW	FW	7	이상호		2(1)	2	0	0
0	0	1	2(1)		송승민	16	FW	FW	22	권창훈		1(1)	2	0	0
0	0	0	1	40	조주영	24	FW	FW	9	조동건		0	3	0	0
0	0	0	0		최봉진	1			21	양형모		0	0	0	0
0	0	0	0	후35	오도현	6			30	신세계		0	0	0	0
0	0	0	0	전41	조성준	11			39	민상기		0	0	0	0
0	0	0	0		정동윤	18	대기	대기	4	이용래	후23	0	0	0	0
0	0	0	0		조용태	22			5	박현범		0	0	0	0
0	0	0	0		와 다	33			10	산토스	후31	0	0	0	0
0	1	1	1	후39	이찬동	40			18	김종민	후22	1(1)	0	0	0
0	3	11	11(5)			0			0			6(4)	19	1	0

- 후반 17분 이으뜸 MFR FK ↷ 김민혁 GA 정면 H-ST-G (득점: 김민혁, 도움: 이으뜸) 오른쪽
- 전반 1분 홍철 GAR ~ 이상호 PAR 내 R-ST-G (득점: 이상호, 도움: 홍철) 왼쪽

9월 21일 19:30 맑음 수원 종합 3,441명
주심: 김성호 / 부심: 노수용·강동호 / 대기심: 매호영 / 경기감독관: 김용세

수원FC 0 | 0 전반 0 / 0 후반 1 | **1 서울**

퇴장	경고	파울	ST(유)	교체	선수명	배번	위치	위치	배번	선수명	교체	ST(유)	파울	경고	퇴장
0	0	0	0		이창근	40	GK	GK	1	유현		0	0	0	0
0	0	2	0		임하람	4	DF	DF	5	오스마르		1(1)	0	0	0
0	0	0	0		이준호	14	DF	DF	22	박용우		0	2	0	0
0	0	1	0		김민제	19	DF	DF	26	김남춘		0	2	0	0
0	0	0	1		레이어	24	DF	MF	13	고요한		2	1	0	0
0	0	1	0		김종국	6	MF	MF	27	고광민		0	0	0	0
0	1	3	1		이광진	8	MF	MF	15	김원식	7	2(1)	5	0	0
0	0	0	0	31	이재안	17	MF	MF	6	주세종		2	3	0	0
0	0	1	2(1)		이승현	11	FW	MF	25	이석현		1(1)	0	0	0
0	0	1	1(1)	90	김부관	77	FW	FW	11	아드리아노	19	4(3)	2	0	0
0	1	1	2	18	서동현	85	FW	FW	10	박주영	9	0	1	0	0
0	0	0	0		이인수	21			31	유상훈		0	0	0	0
0	0	0	0		김근환	38			7	김치우	후25	0	0	0	0
0	0	0	0		가빌란	20			3	정인환		0	0	0	0
0	0	0	1	후0	권용현	31	대기	대기	35	임민혁		0	0	0	0
0	0	0	2(1)	후22	임창균	90			19	윤주태	후29	2(2)	0	0	0
0	0	0	0		김한원	10			17	윤일록		0	0	0	0
0	0	0	0	후25	정민우	18			9	데얀	후0	3(1)	1	0	0
0	2	10	10(3)			0			0			17(9)	17	0	0

●후반 47분 고요한 GAR EL ~ 윤주태 GAL 내 EL R-ST-G (득점: 윤주태, 도움: 고요한) 오른쪽

9월 21일 19:30 흐리고 비 울산 문수 12,012명
주심: 김종혁 / 부심: 장준모·양재용 / 대기심: 이동준 / 경기감독관: 전기록

울산 2 | 0 전반 1 / 2 후반 0 | **1 성남**

퇴장	경고	파울	ST(유)	교체	선수명	배번	위치	위치	배번	선수명	교체	ST(유)	파울	경고	퇴장
0	0	0	0		김용대	1	GK	GK	41	박준혁		0	0	0	0
0	0	0	1(1)		이용	99	DF	DF	3	이후권		0	3	0	0
0	0	0	1(1)		이재성	15	DF	DF	4	김태윤		0	0	0	0
0	0	2	2(1)		셀리오	29	DF	DF	5	임채민		0	0	0	0
0	0	2	1		정동호	2	DF	DF	6	이태희		0	0	1	0
0	0	1	1(1)	44	하성민	8	MF	MF	22	이종원		1(1)	1	0	0
0	0	2	2(1)		김성환	88	MF	MF	16	안상현		0	1	0	0
0	0	0	1		김태환	11	MF	MF	26	피투	7	2(1)	1	0	0
0	0	0	4(1)	14	한상운	20	MF	MF	10	황의조		6(5)	1	0	0
0	0	0	1	18	김승준	19	MF	MF	19	박용지	24	0	1	1	0
0	0	0	3(1)		멘디	10	FW	FW	18	김현	13	3(3)	1	0	0
0	0	0	0		정산	21			31	김동준		0	0	0	0
0	0	0	0		강민수	75			33	장학영		0	0	0	0
0	0	0	0		이기제	33			24	장석원	후25	0	0	0	0
0	0	0	0		마스다	6	대기	대기	30	조재철		0	0	0	0
0	0	0	1(1)	후45	서명원	14			7	황진성	후12	3(3)	0	0	0
0	0	1	0	후15	코바	44			13	김동희	후41	0	0	0	0
0	0	0	1(1)	후24	이정협	18			11	실빙요		0	0	0	0
0	0	8	19(9)			0			0			15(13)	9	2	0

●후반 33분 이용 PAR ↷ 셀리오 GA 정면 H-ST-G (득점: 셀리오, 도움: 이용) 왼쪽
●후반 47분 코바 PAL → 이정협 GA 정면 내 R-ST-G (득점: 이정협, 도움: 코바) 가운데

●전반 8분 박용지 PAR ~ 황의조 GAR 내 R-ST-G (득점: 황의조, 도움: 박용지) 오른쪽

9월 21일 19:30 맑음 포항 스틸야드 3,711명
주심: 고형진 / 부심: 노태식·방기열 / 대기심: 박병진 / 경기감독관: 하재훈

포항 0 | 0 전반 0 / 0 후반 1 | **1 인천**

퇴장	경고	파울	ST(유)	교체	선수명	배번	위치	위치	배번	선수명	교체	ST(유)	파울	경고	퇴장
0	0	0	0		김진영	21	GK	GK	1	조수혁		0	0	0	0
0	0	0	0		신광훈	46	DF	DF	16	이윤표		0	0	1	0
0	0	2	0		김원일	13	DF	DF	17	권완규		0	2	0	0
0	1	2	1		김광석	3	DF	DF	20	요니치		0	2	1	0
0	0	1	0		김준수	6	DF	DF	30	최종환	25	0	0	0	0
0	0	3	0		박준희	4	MF	MF	4	김경민		0	1	0	0
0	0	1	3(1)		무랄랴	5	MF	MF	5	김태수	19	0	2	0	0
0	0	2	0		문창진	7	MF	MF	7	김도혁		2	1	0	0
0	0	0	0	9	심동운	11	FW	MF	24	박세직		1(1)	0	0	0
0	1	1	0	18	정원진	30	FW	MF	36	김대경	10	1(1)	1	0	0
0	0	0	1	10	라자르	8	FW	FW	11	진성욱		0	1	0	0
0	0	0	0		신화용	1			21	이태희		0	0	0	0
0	0	0	0		배슬기	24			15	김대중		0	0	0	0
0	0	0	0		김동현	29			25	박대한	후21	0	0	0	0
0	0	0	0	후31	황지수	9	대기	대기	14	윤상호		0	0	0	0
0	0	0	0	후20	룰리나	10			19	송시우	후15	0	0	0	0
0	0	0	0		오창현	14			37	박종진		0	0	0	0
0	1	1	3(1)	후0	양동현	18			10	케빈	후7	1(1)	2	0	0
0	3	13	8(2)			0			0			5(3)	12	2	0

●후반 47분 박세직 PK-L-G (득점: 박세직) 왼쪽

9월 21일 20:00 맑음 제주 월드컵 4,236명
주심: 정동식 / 부심: 이정민·곽승순 / 대기심: 박진호 / 경기감독관: 김정식

제주 2 | 1 전반 1 / 1 후반 1 | **2 전북**

퇴장	경고	파울	ST(유)	교체	선수명	배번	위치	위치	배번	선수명	교체	ST(유)	파울	경고	퇴장
0	0	0	0		김호준	1	GK	GK	1	권순태		0	0	0	0
0	0	0	2(1)		이광선	20	DF	DF	32	이주용		2	3	0	0
0	0	0	0		권한진	5	DF	DF	15	임종은		0	1	0	0
0	0	3	0		백동규	15	DF	DF	23	최규백		0	2	1	0
0	0	0	0		정운	13	MF	DF	27	김창수		0	0	0	0
0	0	2	0		김재성	77	MF	MF	88	이승기	10	1	2	0	0
0	0	2	3(1)		이창민	14	MF	MF	8	정혁		1	3	1	0
0	0	0	1	18	안현범	17	MF	MF	4	신형민		1	1	0	0
0	0	2	1	10	문상윤	24	MF	MF	22	서상민	11	1	1	0	0
0	0	1	2(1)		완델손	9	FW	FW	9	이종호	30	1	1	0	0
0	0	1	1	11	이근호	22	FW	FW	99	김신욱		3(2)	1	0	0
0	0	0	0		김경민	21			21	홍정남		0	0	0	0
0	0	0	0	후38	배재우	18			30	김영찬	후18	0	0	0	0
0	0	0	0		이우진	19			33	이한도		0	0	0	0
0	0	0	0		권순형	7	대기	대기	18	고무열		0	0	0	0
0	0	0	1	후12	마르셀로	10			7	한교원		0	0	0	0
0	0	1	0	후27	김호남	11			10	레오나르도	후26	0	1	0	0
0	0	0	0		헤난	89			11	로페즈	후11	1	0	0	0
0	0	12	11(3)			0			0			11(2)	16	2	0

●전반 25분 완델손 PK-L-G (득점: 완델손) 왼쪽
●후반 40분 이광선 GAR R-ST-G (득점: 이광선) 오른쪽

●전반 10분 정혁 PAR EL ↷ 김신욱 GA 정면 H-ST-G (득점: 김신욱, 도움: 정혁) 가운데
●후반 8분 이승기 PA 정면 ↷ 김신욱 GAL R-ST-G (득점: 김신욱, 도움: 이승기) 오른쪽

9월 24일 19 : 00 맑음 포항 스틸야드 8,227명
주심: 박필준 / 부심: 장준모 · 강동호 / 대기심: 정동식 / 경기감독관: 김용세

포항 1 0 전반 0 / 1 후반 0 **0 광주**

퇴장	경고	파울	ST(유)	교체	선수명	배번	위치	위치	배번	선수명	교체	ST(유)	파울	경고	퇴장
0	0	0	0		김 진 영	21	GK	GK	21	윤 보 상		0	0	0	0
0	0	1	2		강 상 우	17	DF	DF	5	박 동 진		0	1	1	0
0	0	3	0		배 슬 기	24	DF	DF	3	김 영 빈		0	1	0	0
0	0	1	0		김 광 석	3	DF	DF	2	정 호 정		0	0	0	0
0	0	0	0		알 리	22	DF	DF	8	이 으 뜸		1	1	1	0
0	0	0	0	5	박 준 희	4	MF	MF	34	본 즈		1(1)	2	0	0
0	0	5	0		신 광 훈	46	MF	MF	17	이 종 민	40	1(1)	0	0	0
0	0	0	2(1)	8	오 창 현	14	MF	MF	7	여 름	24	0	1	0	0
0	0	0	2(1)	20	심 동 운	11	MF	MF	33	와 다	11	2	0	0	0
0	0	0	0		문 창 진	7	MF	FW	23	김 민 혁		2(1)	0	0	0
0	1	0	0		양 동 현	18	FW	FW	16	송 승 민		4(2)	2	0	0
0	0	0	0		신 화 용	1			1	최 봉 진		0	0	0	0
0	0	0	0		김 준 수	6			6	오 도 현		0	0	0	0
0	0	0	0	전16	무 랄 라	5			11	조 성 준	후16	1	2	0	0
0	0	0	0		황 지 수	9	대기	대기	18	정 동 윤		0	0	0	0
0	0	0	0		김 종 석	34			22	조 용 태		0	0	0	0
0	0	0	4(4)	후9	라 자 르	8			24	조 주 영	후38	0	0	0	0
0	0	0	0	후38	최 호 주	20			40	이 찬 동	후27	0	1	0	0
0	1	10	10(6)			0			0			12(5)	11	2	0

● 후반 16분 양동현 MF 정면 ~ 라자르 PAR 내 L-ST-G (득점: 라자르, 도움: 양동현) 왼쪽

9월 24일 18 : 00 맑음 전주 월드컵 16,885명
주심: 김우성 / 부심: 노수용 · 김계용 / 대기심: 박병진 / 경기감독관: 하재훈

전북 1 1 전반 0 / 0 후반 0 **0 성남**

퇴장	경고	파울	ST(유)	교체	선수명	배번	위치	위치	배번	선수명	교체	ST(유)	파울	경고	퇴장
0	0	0	0		황 병 근	41	GK	GK	31	김 동 준		0	0	0	0
0	0	2	0		최 철 순	25	DF	DF	33	장 학 영		0	3	0	0
0	0	0	0		임 종 은	15	DF	DF	4	김 태 윤		0	0	0	0
0	1	2	0		김 형 일	3	DF	DF	5	임 채 민		0	2	1	0
0	0	3	0		박 원 재	19	DF	DF	87	박 진 포		0	0	0	0
0	1	3	1		신 형 민	4	MF	MF	22	이 종 원		1	1	0	1
0	0	2	2(1)		이 재 성	17	MF	MF	16	안 상 현		0	5	0	0
0	0	1	1	88	김 보 경	13	MF	MF	11	실 빙 요	18	0	1	0	0
0	0	2	0	81	레오나르도	10	MF	MF	26	피 투	30	0	0	0	0
0	0	4	4(4)		로 페 즈	11	MF	MF	19	박 용 지	13	1(1)	2	1	0
0	0	3	6(5)	99	이 동 국	20	FW	FW	10	황 의 조		1	0	0	0
0	0	0	0		권 순 태	1			41	박 준 혁		0	0	0	0
0	0	0	0		김 영 찬	30			3	이 후 권		0	0	0	0
0	0	0	0		김 창 수	27			24	장 석 원		0	0	0	0
0	0	0	0		장 윤 호	34	대기	대기	30	조 재 철	후0	1(1)	1	0	0
0	0	0	0	후31	이 승 기	88			7	황 진 성		0	0	0	0
0	0	1	1(1)	후28	김 신 욱	99			13	김 동 희	후22	0	0	0	0
0	0	0	1(1)	후28	에 두	81			18	김 현	후0	0	2	0	0
0	2	23	16(12)			0			0			4(2)	17	2	1

● 전반 7분 로페즈 AKL R-ST-G (득점: 로페즈) 오른쪽

9월 03일 19 : 00 흐림 서울 월드컵 13,843명
주심: 고형진 / 부심: 노태식 · 윤광열 / 대기심: 김동진 / 경기감독관: 한병화

서울 2 0 전반 0 / 2 후반 2 **2 울산**

퇴장	경고	파울	ST(유)	교체	선수명	배번	위치	위치	배번	선수명	교체	ST(유)	파울	경고	퇴장
0	0	0	0		유 상 훈	31	GK	GK	21	정 산		0	0	0	0
0	0	0	0		오스마르	5	DF	DF	2	정 동 호		0	1	0	0
0	0	1	0		김 치 우	7	DF	DF	15	이 재 성		0	0	0	0
0	0	2	1(1)		고 광 민	27	DF	DF	3	정 승 현		0	2	0	0
0	0	1	0		곽 태 휘	55	DF	DF	33	이 기 제		0	0	0	0
0	0	2	3(2)		박 주 영	10	MF	MF	8	하 성 민		0	4	0	1
0	0	1	0	14	윤 일 록	17	MF	MF	6	마 스 다		2(2)	3	0	0
0	0	1	1	6	박 용 우	22	MF	MF	11	김 태 환	19	1(1)	2	0	0
0	0	1	1		이 석 현	25	MF	MF	20	한 상 운		2(1)	1	1	0
0	0	1	3(1)		데 얀	9	FW	MF	44	코 바	14	2(2)	1	0	0
0	0	0	2(1)	13	아드리아노	11	FW	FW	18	이 정 협	17	1	3	1	0
0	0	0	0		유 현	1			31	장 대 희		0	0	0	0
0	0	0	0		김 남 춘	26			29	셀 리 오		0	0	0	0
0	0	2	0	후0	주 세 종	6			75	강 민 수		0	0	0	0
0	0	2	0	후17	고 요 한	13	대기	대기	5	이 창 용		0	0	0	0
0	0	0	0	후45	조 찬 호	14			17	정 재 용	후44	1	0	0	0
0	0	0	0		심 제 혁	16			14	서 명 원	후46	0	0	0	0
0	0	0	0		윤 주 태	19			19	김 승 준	후33	1(1)	1	0	0
0	0	14	11(5)			0			0			10(7)	18	2	1

● 후반 4분 고광민 GA 정면 L-ST-G (득점: 고광민) 오른쪽
● 후반 6분 윤일록 AK 정면 ~ 아드리아노 GAR R-ST-G (득점: 아드리아노, 도움: 윤일록) 왼쪽
● 후반 12분 마스다 GA 정면 내 ~ 코바 GAL R-ST-G (득점: 코바, 도움: 마스다) 왼쪽
● 후반 49분 정재용 MF 정면 ~ 김승준 GA 정면 R-ST-G (득점: 김승준, 도움: 정재용) 왼쪽

9월 24일 15 : 00 맑음 인천 전용 8,641명
주심: 김성호 / 부심: 윤광열 · 곽승순 / 대기심: 김종혁 / 경기감독관: 김일호

인천 2 0 전반 0 / 2 후반 2 **2 수원**

퇴장	경고	파울	ST(유)	교체	선수명	배번	위치	위치	배번	선수명	교체	ST(유)	파울	경고	퇴장
0	0	0	0		조 수 혁	1	GK	GK	1	노 동 건		0	0	0	0
0	1	1	0		김 대 중	15	DF	DF	39	민 상 기	3	0	2	0	0
0	1	2	1		권 완 규	17	DF	DF	34	곽 광 선		0	0	0	0
0	0	0	0	37	조 병 국	29	DF	DF	15	구 자 룡		0	2	0	0
0	0	0	1		최 종 환	30	DF	MF	33	홍 철	7	3(2)	2	0	0
0	0	1	2		김 도 혁	7	MF	MF	16	이 종 성		1	1	1	0
0	0	1	0	11	윤 상 호	14	MF	MF	4	이 용 래		0	1	0	0
0	0	2	2(1)	3	송 시 우	19	MF	MF	30	신 세 계		0	2	1	0
0	0	0	0		박 세 직	24	MF	FW	10	산 토 스	26	1(1)	0	0	0
0	1	3	0		배 승 진	44	MF	FW	22	권 창 훈		0	2	0	0
0	0	1	3(1)		케 빈	10	FW	FW	70	조 나 탄		7(5)	2	0	0
0	0	0	0		이 태 희	21			41	김 선 우		0	0	0	0
0	0	0	0		김 경 민	4			3	양 상 민	후27	0	0	0	0
0	0	0	0		박 대 한	25			7	이 상 호	후43	0	0	0	0
0	0	0	0		김 대 경	36	대기	대기	5	박 현 범		0	0	0	0
0	0	0	0	후38	박 종 진	37			14	카스텔렌		0	0	0	0
0	1	1	1(1)	후23	김 용 환	3			26	염 기 훈	후24	1(1)	1	0	0
0	0	0	1(1)	후23	진 성 욱	11			18	김 종 민		0	0	0	0
0	4	12	11(4)			0			0			13(9)	15	2	0

● 후반 41분 진성욱 MFL ~ 김용환 GAL L-ST-G (득점: 김용환, 도움: 진성욱) 가운데
● 후반 48분 케빈 MFLH ↷ 진성욱 GAL L-ST-G (득점: 진성욱, 도움: 케빈) 왼쪽
● 후반 19분 이종성 AK 정면 ~ 조나탄 AK 정면 R-ST-G (득점: 조나탄, 도움: 이종성) 왼쪽
● 후반 35분 조나탄 PAL 내 EL ~ 염기훈 GAL L-ST-G (득점: 염기훈, 도움: 조나탄) 오른쪽

9월 25일 16:00 흐림 상주 시민 1,392명
주심: 고형진 / 부심: 박상준·방기열 / 대기심: 이동준 / 경기감독관: 김수현

상주 1 0 전반 3 / 1 후반 2 **5 제주**

퇴장	경고	파울	ST(유)	교체	선수명	배번	위치	위치	배번	선수명	교체	ST(유)	파울	경고	퇴장
0	0	0	0		오승훈	31	GK	GK	1	김호준		0	0	0	0
0	0	1	0		이웅희	3	DF	DF	20	이광선		1	2	0	0
0	0	0	0	39	이경렬	5	DF	DF	5	권한진		1(1)	1	0	0
0	1	2	0		윤영선	40	DF	DF	15	백동규		0	4	0	0
0	0	1	2(1)		김성준	16	MF	MF	13	정운		0	0	0	0
0	0	2	0	27	황순민	30	MF	MF	7	권순형		1(1)	0	0	0
0	0	0	0	29	조지훈	32	MF	MF	14	이창민		2	0	0	0
0	0	0	0		이재명	33	MF	MF	17	안현범		0	0	0	0
0	0	0	4(3)		박수창	36	MF	MF	22	이근호	77	0	0	0	0
0	0	0	4(1)		신영준	26	FW	FW	9	완델손	11	3(1)	2	0	0
0	0	0	2		박희성	35	FW	FW	10	마르셀로	89	3(2)	0	0	0
0	0	0	0		제종현	41			23	전수현		0	0	0	0
0	0	0	0		윤동민	17			18	배재우		0	0	0	0
0	0	0	0		권진영	22			19	이우진		0	0	0	0
0	0	1	3(3)	후0	조영철	27	대기	대기	24	문상윤		0	0	0	0
0	0	0	0	후0	김성주	29			77	김재성	후27	1	1	0	0
0	0	0	0		유준수	38			11	김호남	후14	3(1)	0	0	0
0	1	2	1	전30	박준강	39			89	헤난	후42	0	0	0	0
0	2	9	16(8)			0			0			15(6)	10	0	0

- 후반 11분 조영철 GAL H-ST-G (득점: 조영철) 오른쪽

- 전반 29분 안현범 MFL ~ 완델손 GAL L-ST-G (득점: 완델손, 도움: 안현범) 오른쪽
- 전반 37분 완델손 PAL ~ 마르셀로 GA 정면 R-ST-G (득점: 마르셀로, 도움: 완델손) 왼쪽
- 전반 45분 권한진 GA 정면 H → 마르셀로 GAR L-ST-G (득점: 마르셀로, 도움: 권한진) 왼쪽
- 후반 23분 권순형 C, KR ↷ 권한진 GAL H-ST-G (득점: 권한진, 도움: 권순형) 오른쪽
- 후반 47분 이창민 MFR ~ 김호남 AK 내 R-ST-G (득점: 김호남, 도움: 이창민) 왼쪽

9월 25일 16:00 맑음 수원 종합 3,364명
주심: 김동진 / 부심: 노태식·박인선 / 대기심: 송민석 / 경기감독관: 한병화

수원FC 0 0 전반 0 / 0 후반 0 **0 전남**

퇴장	경고	파울	ST(유)	교체	선수명	배번	위치	위치	배번	선수명	교체	ST(유)	파울	경고	퇴장
0	0	0	0		이창근	40	GK	GK	21	이호승		0	0	0	0
0	0	0	0		임하람	4	DF	DF	4	홍진기	19	0	0	0	0
0	0	0	4		이준호	14	DF	DF	28	토미		0	0	0	0
0	1	2	1		레이어	24	DF	DF	17	이지남		0	0	0	0
0	0	0	1(1)		황재훈	3	DF	MF	13	현영민		0	1	0	0
0	0	1	2(1)		이광진	8	MF	MF	8	유고비치		1(1)	2	0	0
0	0	2	0	6	가빌란	20	MF	MF	16	한찬희		2(1)	0	0	0
0	0	1	1(1)	16	임창균	90	MF	MF	2	최효진		0	4	1	0
0	0	1	1(1)		권용현	31	FW	FW	10	자일		4(2)	1	0	0
0	0	1	4(2)		김부관	77	FW	FW	88	박기동	23	0	1	0	0
0	0	2	2(1)	11	정민우	18	FW	FW	11	안용우	89	2	2	0	0
0	0	0	0		이인수	21			27	한유성		0	0	0	0
0	0	0	0		김민제	19			18	배천석		0	0	0	0
0	0	0	0		김근환	38			19	이지민	후32	1(1)	0	0	0
0	0	0	0	후24	김종국	6	대기	대기	23	허용준	후12	0	1	0	0
0	0	1	1	후20	이승현	11			24	김경재		0	0	0	0
0	0	0	0	후33	김혁진	16			25	한지원		0	0	0	0
0	0	0	0		정기운	33			89	박준태	후0	0	3	0	0
0	1	11	17(7)			0			0			10(5)	15	1	0

10월 02일 14:00 흐리고 비 수원 월드컵 6,718명
주심: 우상일 / 부심: 장준모·김계용 / 대기심: 김희곤 / 경기감독관: 김용세

수원 4 3 전반 2 / 1 후반 3 **5 수원FC**

퇴장	경고	파울	ST(유)	교체	선수명	배번	위치	위치	배번	선수명	교체	ST(유)	파울	경고	퇴장
0	0	0	0		노동건	1	GK	GK	40	이창근		0	0	0	0
0	0	0	0		홍철	33	DF	DF	4	임하람		0	1	0	0
0	0	1	0		이정수	40	DF	DF	14	이준호		0	2	1	0
0	1	1	1	34	연제민	6	DF	DF	19	김민제		1(1)	2	0	0
0	0	3	1		신세계	30	DF	DF	10	김한원		3(3)	0	0	0
0	0	0	0		이용래	4	MF	MF	6	김종국		2(1)	0	0	0
0	0	3	2		권창훈	22	MF	MF	8	이광진		1	0	0	0
0	0	1	1(1)	14	염기훈	26	MF	MF	90	임창균	17	2(1)	1	1	0
0	0	1	2(1)	18	산토스	10	MF	FW	11	이승현	15	4(3)	1	0	0
0	0	2	5(2)		이상호	7	MF	FW	31	권용현		4(2)	1	0	0
0	0	2	3(2)		조나탄	70	FW	FW	77	김부관	7	2	0	0	0
0	0	0	0		김선우	41			21	이인수		0	0	0	0
0	0	1	0	후37	곽광선	34			27	김성현		0	0	0	0
0	0	0	0		조원희	8			20	가빌란		0	0	0	0
0	0	0	0		박현범	5	대기	대기	22	권혁진		0	0	0	0
0	0	0	1	후30	카스텔렌	14			7	김병오	후19	2(1)	0	0	0
0	0	0	0		고차원	12			15	브루스	후19	3(3)	2	0	0
0	0	1	2(1)	후32	김종민	18			17	이재안	후37	0	0	0	0
0	1	16	18(7)			0			0			24(15)	10	2	0

- 전반 10분 조나탄 PAL 내 R-ST-G (득점: 조나탄) 오른쪽
- 전반 13분 조나탄 GA 정면 내 L-ST-G (득점: 조나탄) 가운데
- 전반 45분 임하람 자기 측 GA 정면 자책골 (득점: 임하람) 오른쪽
- 후반 46분 권창훈 MF 정면 ~ 김종민 PA 정면 내 L-ST-G (득점: 김종민, 도움: 권창훈) 오른쪽

- 전반 4분 권용현 PAR 내 R-ST-G (득점: 권용현) 오른쪽
- 전반 35분 이승현 GA 정면 R-ST-G (득점: 이승현) 가운데
- 후반 22분 김종국 MFL ↷ 브루스 GA 정면 H-ST-G (득점: 브루스, 도움: 김종국) 오른쪽
- 후반 33분 김병오 AK 정면 ~ 김민제 GAL L-ST-G (득점: 김민제, 도움: 김병오) 오른쪽
- 후반 51분 김병오 GA 정면 R-ST-G (득점: 김병오) 오른쪽

10월 02일 14:00 맑음 상주 시민 2,633명
주심: 김종혁 / 부심: 손재선·강동호 / 대기심: 박필준 / 경기감독관: 김형남

상주 1 1 전반 1 / 0 후반 0 **1 전북**

퇴장	경고	파울	ST(유)	교체	선수명	배번	위치	위치	배번	선수명	교체	ST(유)	파울	경고	퇴장
0	1	0	0		오승훈	31	GK	GK	1	권순태		0	0	0	0
0	0	0	0		정준연	24	DF	DF	25	최철순		0	3	0	0
0	0	0	0		김성주	29	DF	DF	15	임종은		1	1	0	0
0	0	0	0		유준수	38	DF	DF	4	신형민		0	1	0	0
0	0	1	1		윤영선	40	DF	DF	32	이주용		0	1	0	0
0	0	2	0		김성준	16	MF	MF	34	장윤호	88	0	0	0	0
0	0	0	2(2)	32	윤동민	17	MF	MF	17	이재성		1	2	0	0
0	1	2	0	23	권진영	22	MF	MF	13	김보경		1	1	0	0
0	0	1	0		박수창	36	MF	MF	10	레오나르도		4(1)	1	0	0
0	0	1	2(1)		조영철	27	FW	MF	11	로페즈	20	2	1	0	0
0	1	0	2(1)		박희성	35	FW	FW	99	김신욱	81	3(1)	1	0	0
0	0	0	0		제종현	41			21	홍정남		0	0	0	0
0	0	0	0		이웅희	3			30	김영찬		0	0	0	0
0	0	0	0	후20/30	임성택	23			8	정혁		0	0	0	0
0	0	1	0	후32	황순민	30	대기	대기	88	이승기	후27	1(1)	0	0	0
0	0	0	0	후24	조지훈	32			9	이종호		0	0	0	0
0	0	0	0		이재명	33			81	에두	후19	1(1)	1	1	0
0	0	0	0		김창훈	34			20	이동국	후12	0	0	0	0
0	3	8	7(4)			0			0			14(4)	13	1	0

- 전반 21분 김성주 PAL ↷ 윤동민 GAR R-ST-G (득점: 윤동민, 도움: 김성주) 오른쪽

- 전반 31분 레오나르도 C, KL ↷ 김신욱 GAL 내 H-ST-G (득점: 김신욱, 도움: 레오나르도) 왼쪽

10월 02일 14 : 00 맑음 울산 문수 4,851명
주심: 정동식 / 부심: 노태식 · 박상준 / 대기심: 김동진 / 경기감독관: 김정식

울산 2 | 1 전반 1 / 1 후반 2 | **3 인천**

퇴장	경고	파울	ST(유)	교체	선수명	배번	위치	위치	배번	선수명	교체	ST(유)	파울	경고	퇴장
0	0	0	0		김용대	1	GK	GK	1	조수혁		0	0	0	0
0	0	0	0		정동호	2	DF	DF	16	이윤표		0	0	0	0
0	0	2	1		이재성	15	DF	DF	17	권완규		1(1)	1	0	0
0	0	0	0		셀리오	29	DF	DF	20	요니치		0	0	0	0
0	0	0	0		이기제	33	DF	DF	30	최종환		1	0	0	0
0	1	1	2		김성환	88	MF	MF	7	김도혁		1(1)	1	1	0
0	0	1	1		마스다	6	MF	MF	11	진성욱		1(1)	4	0	0
0	0	0	0	14	김태환	11	MF	MF	14	윤상호	13	1(1)	1	0	0
0	0	2	1(1)	44	한상운	20	MF	MF	24	박세직	19	2	0	0	0
0	0	1	1(1)	18	김승준	19	MF	MF	44	배승진	4	0	1	0	0
0	0	1	3(2)		멘디	10	FW	FW	10	케빈		5(3)	2	0	0
0	0	0	0		정산	21	대기	대기	21	이태희		0	0	0	0
0	0	0	0		정승현	3			29	조병국		0	0	0	0
0	0	0	0		이명재	13			4	김경민	후8	0	2	0	0
0	0	0	0		정재용	17			13	이현성	후41	0	0	0	0
0	0	0	0	후35	서명원	14			19	송시우	후15	1(1)	0	0	0
0	0	0	1(1)	후0	코바	44			36	김대경		0	0	0	0
0	0	0	0	후17	이정협	18			37	박종진		0	0	0	0
0	1	8	10(5)			0			0			13(8)	12	1	0

- 전반 20분 한상운 PK 우측지점 ~ 김승준 PK지점 R-ST-G (득점: 김승준, 도움: 한상운) 왼쪽
- 후반 12분 코바 PAL ↷ 멘디 GAR H-ST-G (득점: 멘디, 도움: 코바) 왼쪽

- 전반 3분 김용대 자기 측 GAL 내 자책골 (득점:김용대) 가운데
- 후반 5분 권완규 GAL L-ST-G (득점: 권완규) 가운데
- 후반 20분 송시우 GA 정면 L-ST-G (득점: 송시우) 오른쪽

10월 02일 14 : 00 비 탄천 종합 3,201명
주심: 송민석 / 부심: 이정민 · 방기열 / 대기심: 고형진 / 경기감독관: 강창구

성남 1 | 1 전반 1 / 0 후반 3 | **4 포항**

퇴장	경고	파울	ST(유)	교체	선수명	배번	위치	위치	배번	선수명	교체	ST(유)	파울	경고	퇴장
0	0	0	0		김동준	31	GK	GK	21	김진영		0	0	0	0
0	1	3	1(1)		박진포	87	DF	DF	6	김준수	14	0	3	0	0
0	0	0	0		김태윤	4	DF	DF	24	배슬기		0	1	0	0
0	0	2	0		임채민	5	DF	DF	3	김광석		0	0	0	0
0	1	1	0		이후권	3	DF	DF	46	신광훈		0	1	0	0
0	0	1	0		안상현	16	MF	MF	9	황지수		0	3	0	0
0	0	1	0	14	조재철	30	MF	MF	5	무랄라		4(1)	0	0	0
0	0	0	3(2)	11	피투	26	MF	MF	7	문창진		2(2)	0	1	0
0	0	0	3(1)		황의조	10	MF	FW	17	강상우	13	1(1)	3	0	0
0	0	2	2(1)	17	김동희	13	MF	FW	11	심동운	8	2(2)	0	0	0
0	0	4	1(1)		김현	18	FW	FW	18	양동현		1(1)	1	0	0
0	0	0	0		박준혁	41	대기	대기	1	신화용		0	0	0	0
0	0	0	0		이태희	6			2	박선용		0	0	0	0
0	0	0	0		장석원	24			13	김원일	후48	0	0	0	0
0	0	0	1(1)	후15	정선호	14			10	룰리나		0	0	0	0
0	0	0	3(2)	후15	실빙요	11			34	김종석		0	0	0	0
0	0	0	0		황진성	7			8	라자르	후0	4(2)	2	0	0
0	0	0	0	후21	이창훈	17			14	오창현	후33	2(1)	0	0	0
0	2	14	14(9)			0			0			16(10)	14	1	0

- 전반 36분 피투 C. KR L-ST-G (득점: 피투) 왼쪽

- 전반 23분 심동운 PK-R-G (득점: 심동운) 왼쪽
- 후반 12분 문창진 MFR ~ 무랄라 MFR R-ST-G (득점: 무랄라, 도움: 문창진) 오른쪽
- 후반 43분 오창현 PAL 내 ~ 문창진 PA 정면 L-ST-G (득점: 문창진, 도움: 오창현) 왼쪽
- 후반 47분 라자르 PA 정면 ~ 오창현 PAL 내 L-ST-G (득점: 오창현, 도움: 라자르) 오른쪽

10월 02일 14 : 00 흐림 광주 월드컵 3,118명
주심: 이동준 / 부심: 노수용 · 박인선 / 대기심: 김우성 / 경기감독관: 김일호

광주 1 | 1 전반 1 / 0 후반 1 | **2 서울**

퇴장	경고	파울	ST(유)	교체	선수명	배번	위치	위치	배번	선수명	교체	ST(유)	파울	경고	퇴장
0	1	0	0		윤보상	21	GK	GK	1	유현		0	0	0	0
0	1	1	2(1)		이종민	17	DF	DF	22	박용우	10	0	0	0	0
0	0	0	0		박동진	5	DF	DF	3	정인환		0	2	1	0
0	0	1	0		김영빈	3	DF	DF	55	곽태휘	17	0	1	0	0
0	0	0	1(1)	18	이으뜸	8	DF	MF	7	김치우		0	1	0	0
0	0	1	2(1)	25	본즈	34	MF	MF	88	이규로		1(1)	4	0	0
0	0	0	1(1)		여름	7	MF	MF	5	오스마르		0	1	0	0
0	0	4	0		김민혁	23	MF	MF	6	주세종		2(1)	0	0	0
0	0	1	2	2	조용태	22	FW	MF	2	다카하기		2	1	0	0
0	0	0	0		송승민	16	FW	FW	11	아드리아노	19	0	2	0	0
0	0	0	1(1)		조주영	24	FW	FW	9	데얀		1(1)	0	1	0
0	0	0	0		최봉진	1	대기	대기	41	김철호		0	0	0	0
0	0	0	0	후27	정호정	2			27	고광민		0	0	0	0
0	0	0	0		오도현	6			13	고요한		0	0	0	0
0	1	1	0	전40	정동윤	18			17	윤일록	후9	1(1)	0	0	0
0	0	0	1	후42	홍준호	25			19	윤주태	후30	1	0	0	0
0	0	0	0		김상욱	32			10	박주영	후9	0	0	0	0
0	0	0	0		이찬동	40			23	심우연		0	0	0	0
0	3	9	10(5)			0			0			8(4)	12	2	0

- 전반 47분 여름 PK-R-G (득점: 여름) 오른쪽

- 전반 10분 주세종 AK 정면중거리슛 R-ST-G (득점: 주세종) 왼쪽
- 후반 47분 윤주태 PK 우측지점 ~ 윤일록 PA 정면 R-ST-G (득점: 윤일록, 도움: 윤주태) 오른쪽

10월 02일 14 : 00 흐림 순천 팔마 3,574명
주심: 김성호 / 부심: 윤광열 · 곽승순 / 대기심: 박병진 / 경기감독관: 한병화

전남 0 | 0 전반 0 / 0 후반 2 | **2 제주**

퇴장	경고	파울	ST(유)	교체	선수명	배번	위치	위치	배번	선수명	교체	ST(유)	파울	경고	퇴장
0	0	0	0		이호승	21	GK	GK	1	김호준		0	0	0	0
0	0	0	0		홍진기	4	DF	DF	20	이광선	4	1	4	0	0
0	0	0	0		이지남	17	DF	DF	5	권한진		0	1	0	0
0	0	1	0		토미	28	DF	DF	15	백동규		0	1	0	0
0	0	0	0		현영민	13	MF	MF	13	정운		0	3	0	0
0	0	0	1(1)		유고비치	8	MF	MF	7	권순형	77	2	0	0	0
0	1	3	1		김영욱	14	MF	MF	14	이창민		2(1)	2	0	0
0	0	1	0	16	이지민	19	MF	MF	17	안현범		1	3	0	0
0	0	0	1	23	박준태	89	MF	MF	22	이근호	11	1	1	0	0
0	0	0	2(1)		자일	10	FW	FW	9	완델손		3(2)	2	0	0
0	0	4	1	11	박기동	88	FW	FW	10	마르셀로		4(2)	0	0	0
0	0	0	0		한유성	27	대기	대기	21	김경민		0	0	0	0
0	0	0	1	후37	안용우	11			4	오반석	후43	0	1	0	0
0	0	0	0	후33	한찬희	16			18	배재우		0	0	0	0
0	0	0	0		배천석	18			19	이우진		0	0	0	0
0	0	0	2	후17	허용준	23			77	김재성	후29	0	1	0	0
0	0	0	0		김경재	24			11	김호남	후16	1(1)	0	0	0
0	0	0	0		한지원	25			89	헤난		0	0	0	0
0	1	9	9(2)			0			0			15(6)	19	0	0

- 후반 32분 백동규 HL 정면 ~ 이창민 MF 정면 R-ST-G (득점: 이창민, 도움: 백동규) 오른쪽
- 후반 34분 이창민 GAL ↷ 완델손 GA 정면 내 발리슛 L-ST-G (득점: 완델손, 도움: 이창민) 왼쪽

10월 15일 15:00 맑음 전주 월드컵 14,193명
주심: 고형진 / 부심: 노태식·김성일 / 대기심: 우상일 / 경기감독관: 전기록

전북 2 1 전반 0 / 1 후반 3 **3 제주**

퇴장	경고	파울	ST(유)	교체	선수명	배번	위치	위치	배번	선수명	교체	ST(유)	파울	경고	퇴장
0	0	0	0		권순태	1	GK	GK	1	김호준		0	0	0	0
0	1	2	0		임종은	15	DF	DF	20	이광선		1	3	0	0
0	0	0	3(2)		신형민	4	DF	DF	5	권한진		0	2	0	0
0	0	1	0		최철순	25	DF	DF	4	오반석		0	2	0	0
0	0	2	2		박원재	19	MF	MF	13	정운		2(1)	3	0	0
0	0	0	1(1)		김창수	27	MF	MF	7	권순형	77	0	0	0	0
0	1	0	2	99	장윤호	34	MF	MF	14	이창민		1	0	0	0
0	0	1	3		정혁	8	MF	MF	26	곽해성		0	2	0	0
0	0	0	0	17	이종호	9	MF	MF	22	이근호		2(1)	2	0	0
0	0	0	1	11	에두	81	FW	FW	10	마르셀로	11	4(1)	2	1	0
0	0	0	4(3)		이동국	20	FW	FW	17	안현범	18	3(2)	0	0	0
0	0	0	0		홍정남	21			23	전수현		0	0	0	0
0	0	0	0		김영찬	30			15	백동규		0	0	0	0
0	0	0	0		이주용	32			18	배재우	후46	0	0	0	0
0	0	1	1(1)	후9	이재성	17	대기	대기	24	문상윤		0	0	0	0
0	0	0	0		이승기	88			77	김재성	후41	0	0	0	0
0	1	2	1	후9	로페즈	11			11	김호남	후26	1(1)	0	0	0
0	0	1	1	후19	김신욱	99			89	헤난		0	0	0	0
0	3	10	19(7)			0			0			14(6)	16	1	0

- 전반 43분 에두 GAL H ↷ 이동국 GA 정면 L-ST-G (득점: 이동국, 도움: 에두) 가운데
- 후반 37분 이재성 PA 정면 내 ~ 신형민 AK 정면 R-ST-G (득점: 신형민, 도움: 이재성) 왼쪽
- 후반 5분 안현범 GAL 내 H ↷ 마르셀로 GA 정면 내 L-ST-G (득점: 마르셀로, 도움: 안현범) 가운데
- 후반 30분 이창민 MF 정면 ~ 안현범 PAR 내 R-ST-G (득점: 안현범, 도움: 이창민) 왼쪽
- 후반 39분 이광선 GA 정면 내 ~ 김호남 GA 정면 L-ST-G (득점: 김호남, 도움: 이광선) 오른쪽

10월 15일 15:00 맑음 서울 월드컵 10,482명
주심: 김성호 / 부심: 장준모·곽승순 / 대기심: 정동식 / 경기감독관: 김형남

서울 2 1 전반 0 / 1 후반 0 **0 울산**

퇴장	경고	파울	ST(유)	교체	선수명	배번	위치	위치	배번	선수명	교체	ST(유)	파울	경고	퇴장
0	0	0	0		유현	1	GK	GK	21	정산		0	1	1	0
0	0	1	0		곽태휘	55	DF	DF	2	정동호		0	1	0	0
0	0	2	0		김남춘	26	DF	DF	15	이재성		0	0	0	0
0	0	0	0		이규로	88	DF	DF	3	정승현		1	0	1	0
0	1	3	0		김치우	7	DF	DF	29	셀리오	33	0	0	0	0
0	0	2	0		오스마르	5	MF	MF	88	김성환		1	2	1	0
0	0	2	1(1)		고요한	13	MF	MF	8	하성민		1	4	1	0
0	0	1	1(1)	2	주세종	6	MF	MF	19	김승준	14	2(1)	0	0	0
0	0	0	3(2)	9	아드리아노	11	FW	MF	18	이정협		1(1)	1	0	0
0	0	2	3(1)		박주영	10	FW	MF	44	코바	7	4(2)	0	0	0
0	0	0	3(1)	27	윤일록	17	FW	FW	10	멘디		3(2)	0	0	0
0	0	0	0		유상훈	31			31	장대희		0	0	0	0
0	0	2	0	후23	고광민	27			33	이기제	후23	0	0	0	0
0	0	0	0		이석현	25			75	강민수		0	0	0	0
0	0	0	0	후25	다카하기	2	대기	대기	17	정재용		0	0	0	0
0	0	0	1	후39	데얀	9			14	서명원	후19	0	1	1	0
0	0	0	0		윤주태	19			7	김인성	후19	1(1)	2	0	0
0	0	0	0		심우연	23			20	한상운		0	0	0	0
0	1	15	12(6)			0			0			14(7)	12	5	0

- 전반 23분 아드리아노 MF 정면 ~ 주세종 GAL L-ST-G (득점: 주세종, 도움: 아드리아노) 왼쪽
- 후반 16분 아드리아노 PK-R-G (득점: 아드리아노) 오른쪽

10월 16일 15:00 비 상주 시민 923명
주심: 김우성 / 부심: 이정민·송봉근 / 대기심: 송민석 / 경기감독관: 김진의

상주 0 0 전반 0 / 0 후반 1 **1 전남**

퇴장	경고	파울	ST(유)	교체	선수명	배번	위치	위치	배번	선수명	교체	ST(유)	파울	경고	퇴장
0	0	0	0		오승훈	31	GK	GK	21	이호승		0	0	0	0
0	0	4	0		정준연	24	DF	DF	24	김경재		0	0	0	0
0	0	0	0		김성주	29	DF	DF	17	이지남		1	1	0	0
0	0	0	2(1)		유준수	38	DF	DF	28	토미		1	0	0	0
0	1	1	0		윤영선	40	DF	MF	13	현영민		1	1	0	0
0	0	0	0		김성준	16	MF	MF	8	유고비치		2(2)	4	1	0
0	0	1	0	36	권진영	22	MF	MF	14	김영욱	86	1	0	0	0
0	0	1	4(2)	37	신영준	26	MF	MF	2	최효진		3	0	0	0
0	0	1	3(2)		조영철	27	MF	FW	10	자일	88	2(1)	1	0	0
0	0	1	1		윤동민	17	FW	FW	18	배천석		0	1	0	0
0	0	1	1	32	박희성	35	FW	FW	11	안용우	23	0	1	0	0
0	0	0	0		제종현	41			29	김교빈		0	0	0	0
0	0	0	0		이웅희	3			15	방대종		0	0	0	0
0	0	0	0		황순민	30			19	이지민		0	0	0	0
0	0	0	1(1)	후21	조지훈	32	대기	대기	23	허용준	후15	2(1)	0	0	0
0	0	0	1(1)	후11	박수창	36			25	한지원		0	0	0	0
0	0	0	0	후5	신진호	37			86	송창호	후43	0	0	0	0
0	0	0	0		박준강	39			88	박기동	후34	0	0	0	0
0	1	10	13(7)			0			0			13(4)	9	1	0

- 후반 1분 자일 PAL ↷ 유고비치 GAL H-ST-G (득점: 유고비치, 도움: 자일) 오른쪽

10월 15일 15:00 맑음 포항 스틸야드 4,125명
주심: 김동진 / 부심: 노수용·강동호 / 대기심: 김영수 / 경기감독관: 김용세

포항 2 1 전반 1 / 1 후반 1 **2 수원**

퇴장	경고	파울	ST(유)	교체	선수명	배번	위치	위치	배번	선수명	교체	ST(유)	파울	경고	퇴장
0	0	0	0		김진영	21	GK	GK	1	노동건		0	0	0	0
0	0	0	0	22	김준수	6	DF	DF	40	이정수		0	0	0	0
0	0	1	1(1)		배슬기	24	DF	DF	34	곽광선		0	1	0	0
0	0	0	0		김광석	3	DF	DF	15	구자룡		0	1	0	0
0	0	4	0		신광훈	46	DF	DF	77	장호익		0	3	0	0
0	0	0	0	2	황지수	9	MF	DF	8	조원희		1	3	0	0
0	0	0	1		무랄랴	5	MF	MF	16	이종성		0	2	1	0
0	0	0	0	8	문창진	7	MF	MF	22	권창훈	33	1(1)	0	0	0
0	0	2	1		강상우	17	MF	FW	10	산토스	18	1	2	1	0
0	0	0	1		심동운	11	MF	FW	7	이상호	26	0	3	0	0
0	0	1	1		양동현	18	FW	FW	70	조나탄		4(2)	1	0	0
0	0	0	0		신화용	1			21	양형모		0	0	0	0
0	0	3	0	전18	박선용	2			6	연제민		0	0	0	0
0	0	0	0		김원일	13			33	홍철	후43	0	0	0	0
0	0	0	1(1)	후29	알리	22	대기	대기	26	염기훈	후31	0	0	0	0
0	0	0	0		조수철	26			18	김종민	후17	0	1	0	0
0	0	0	0	후0	라자르	8			24	고승범		0	0	0	0
0	0	0	0		오창현	14			9	조동건		0	0	0	0
0	0	11	6(2)			0			0			7(3)	17	2	0

- 전반 17분 문창진 C, KR ↷ 배슬기 GAL L-ST-G (득점: 배슬기, 도움: 문창진) 오른쪽
- 후반 32분 알리 PK 좌측지점 R-ST-G (득점: 알리) 오른쪽
- 전반 45분 권창훈 MFL ~ 조나탄 PA 정면 내 R-ST-G (득점: 조나탄, 도움: 권창훈) 가운데
- 후반 24분 조나탄 PAL 내 R-ST-G (득점: 조나탄) 오른쪽

10월 16일 15:00 비 탄천 종합 3,440명
주심: 김종혁 / 부심: 김계용·김지욱 / 대기심: 박진호 / 경기감독관: 한병화

성남 0 (0 전반 0 / 0 후반 0) **0 인천**

퇴장	경고	파울	ST(유)	교체	선수명	배번	위치	위치	배번	선수명	교체	ST(유)	파울	경고	퇴장
0	0	0	0		김동준	31	GK	GK	1	조수혁		0	0	0	0
0	0	0	0	6	박진포	87	DF	DF	17	권완규	25	1	1	0	0
0	0	1	1		임채민	5	DF	DF	20	요니치		0	0	0	0
0	0	0	0	32	장석원	24	DF	DF	29	조병국		0	0	0	0
0	0	1	0		최호정	15	DF	DF	30	최종환		2(1)	1	0	0
0	0	6	0		안상현	16	MF	MF	4	김경민		0	1	0	0
0	0	0	5		황의조	10	MF	MF	7	김도혁		1	0	0	0
0	0	1	1	26	김두현	8	MF	MF	11	진성욱	3	0	3	0	0
0	1	1	0		조재철	30	MF	MF	14	윤상호		0	2	1	0
0	0	0	3(2)		박용지	19	MF	MF	24	박세직	19	1	2	1	0
0	0	2	2(1)		김현	18	FW	FW	10	케빈		3(2)	3	0	0
0	0	0	0		김근배	21			21	이태희		0	0	0	0
0	0	0	1	전23	이태희	6			16	이윤표		0	0	0	0
0	0	1	0	전44	연제운	32			25	박대한	후37	0	0	0	0
0	0	0	0		정선호	14	대기	대기	3	김용환	후34	0	0	0	0
0	0	0	2	후34	피투	26			19	송시우	후0	0	1	0	0
0	0	0	0		김동희	13			44	배승진		0	0	0	0
0	0	0	0		실빙요	11			37	박종진		0	0	0	0
0	1	13	15(3)			0			0			8(3)	14	2	0

10월 16일 15:00 흐리고 비 수원 종합 3,034명
주심: 박필준 / 부심: 윤광열·방기열 / 대기심: 임정수 / 경기감독관: 전인석

수원FC 1 (0 전반 1 / 1 후반 1) **2 광주**

퇴장	경고	파울	ST(유)	교체	선수명	배번	위치	위치	배번	선수명	교체	ST(유)	파울	경고	퇴장
0	0	0	0		이창근	40	GK	GK	21	윤보상		0	0	0	0
0	1	0	1(1)		블라단	5	DF	DF	17	이종민	5	0	0	0	0
0	0	2	2		이준호	14	DF	DF	2	정호정		0	1	0	0
0	0	1	1(1)		김민제	19	DF	DF	3	김영빈		0	3	1	0
0	1	1	0		레이어	24	DF	DF	18	정동윤		0	1	1	0
0	0	0	1(1)		이광진	8	MF	MF	40	이찬동		0	2	1	0
0	0	1	1(1)	7	가빌란	20	MF	MF	7	여름		0	2	0	0
0	0	0	1(1)		임창균	90	MF	MF	23	김민혁		2(1)	4	2	0
0	0	2	2(1)		이승현	11	FW	FW	12	이민기	11	0	3	0	0
0	0	3	0	38	권용현	31	FW	FW	16	송승민		0	1	0	0
0	0	0	0	15	김부관	77	FW	FW	9	정조국	6	6(4)	1	0	0
0	0	0	0		이인수	21			1	최봉진		0	0	0	0
0	0	0	0		임하람	4			5	박동진	후44	0	0	0	0
0	0	1	1	후35	김근환	38			6	오도현	후35	0	0	0	0
0	0	0	0		황재훈	3	대기	대기	11	조성준	전33	0	0	0	0
0	0	0	0		김종국	6			20	김정현		0	0	0	0
0	0	0	1	후0	김병오	7			22	조용태		0	0	0	0
0	0	0	1(1)	후0	브루스	15			25	홍준호		0	0	0	0
0	2	11	12(7)			0			0			8(5)	18	5	0

- 후반 33분 이승현 GA 정면 L-ST-G (득점: 이승현) 가운데

- 전반 4분 정조국 PK-R-G (득점: 정조국) 오른쪽
- 후반 19분 송승민 PAR 내 ~ 정조국 AK 내 L-ST-G (득점: 정조국, 도움: 송승민) 오른쪽

10월 22일 15:20 맑음 서울 월드컵 11,565명
주심: 박필준 / 부심: 노태식·방기열 / 대기심: 김대용 / 경기감독관: 김진의

서울 2 (1 전반 1 / 1 후반 1) **2 상주**

퇴장	경고	파울	ST(유)	교체	선수명	배번	위치	위치	배번	선수명	교체	ST(유)	파울	경고	퇴장
0	0	0	0		유현	1	GK	GK	31	오승훈		0	1	0	0
0	0	2	0	17	곽태휘	55	DF	DF	3	이웅희		0	0	1	0
0	0	0	0		김남춘	26	DF	DF	33	이재명	29	0	0	1	0
0	0	1	0	25	이규로	88	DF	DF	39	박준강		0	1	0	0
0	0	2	0		고광민	27	DF	DF	40	윤영선		0	2	1	0
0	0	4	2(1)		오스마르	5	MF	MF	16	김성준		2(1)	1	0	0
0	0	1	1(1)		고요한	13	MF	MF	27	조영철	22	1	2	0	0
0	0	1	2		주세종	6	MF	MF	37	신진호		3(2)	1	0	0
0	0	3	3(3)		아드리아노	11	FW	MF	38	유준수		1(1)	0	0	0
0	0	0	4(3)		박주영	10	FW	FW	26	신영준	35	1(1)	0	0	0
0	0	0	1(1)	2	데얀	9	FW	FW	36	박수창		1	0	0	0
0	0	0	0		유상훈	31			41	제종현		0	0	0	0
0	0	0	0		정인환	3			5	이경렬		0	0	0	0
0	0	0	0		최현태	61			17	윤동민		0	0	0	0
0	0	0	1	후31	다카하기	2	대기	대기	22	권진영	전39	0	0	0	0
0	0	0	1(1)	후0	윤일록	17			29	김성주	후0	0	0	0	0
0	0	0	0	후24	이석현	25			32	조지훈		0	0	0	0
0	0	0	0		심우연	23			35	박희성	후16	0	1	0	0
0	0	14	15(10)			0			0			9(5)	9	3	0

- 전반 8분 김남춘 자기 측 AK 정면 ↷ 아드리아노 AKR R-ST-G (득점: 아드리아노, 도움: 김남춘) 가운데
- 후반 27분 아드리아노 PK-R-G (득점: 아드리아노) 오른쪽

- 전반 21분 김성준 PK-R-G (득점: 김성준) 왼쪽
- 후반 16분 신진호 C, KR ↷ 유준수 GAL R-ST-G (득점: 유준수, 도움: 신진호) 오른쪽

10월 22일 15:00 맑음 울산 문수 5,250명
주심: 김우성 / 부심: 노수용·김계용 / 대기심: 김영수 / 경기감독관: 강창구

울산 0 (0 전반 0 / 0 후반 0) **0 전북**

퇴장	경고	파울	ST(유)	교체	선수명	배번	위치	위치	배번	선수명	교체	ST(유)	파울	경고	퇴장
0	0	0	0		김용대	1	GK	GK	1	권순태		0	0	0	0
0	0	5	0		정동호	2	DF	DF	27	김창수		0	1	0	0
0	0	0	1	22	이재성	15	DF	DF	15	임종은		0	2	0	0
0	0	0	0		정승현	3	DF	DF	30	김영찬		0	0	0	0
0	0	2	0		이기제	33	DF	DF	25	최철순		0	2	1	0
0	0	2	1(1)		마스다	6	MF	MF	8	정혁		5(3)	4	0	0
0	0	1	2(1)		김성환	88	MF	MF	4	신형민		0	1	1	0
0	0	2	2(2)		김태환	11	MF	MF	18	고무열		2(1)	1	0	0
0	0	1	0		한상운	20	MF	MF	88	이승기	99	0	1	0	0
0	0	0	1	7	코바	44	MF	MF	7	한교원	11	2	0	0	0
0	0	1	1	10	이정협	18	FW	FW	81	에두	20	1(1)	2	0	0
0	0	0	0		정산	21			21	홍정남		0	0	0	0
0	0	0	0	후38	김치곤	22			32	이주용		0	0	0	0
0	0	0	0		하성민	8			33	이한도		0	0	0	0
0	0	0	0		김승준	19	대기	대기	11	로페즈	후4	1	2	1	0
0	0	0	0		서명원	14			9	이종호		0	0	0	0
0	0	2	1(1)	후19	김인성	7			99	김신욱	후0	0	0	0	0
0	0	0	0	후38	멘디	10			20	이동국	후19	2(1)	0	0	0
0	0	16	9(5)			0			0			13(6)	16	3	0

10월 23일 15:00 맑음 제주 월드컵 3,543명
주심: 송민석 / 부심: 윤광열·김지욱 / 대기심: 서동진 / 경기감독관: 김정식

제주 5 2 전반 0 / 3 후반 3 **3 전남**

퇴장	경고	파울	ST(유)	교체	선수명	배번	위치	위치	배번	선수명	교체	ST(유)	파울	경고	퇴장
0	0	0	0		김호준	1	GK	GK	21	이호승	27	0	0	0	0
0	0	1	1(1)	15	이광선	20	DF	DF	24	김경재	23	0	1	0	0
0	0	0	0		권한진	5	DF	DF	17	이지남		0	2	1	0
0	0	0	0		오반석	4	DF	DF	28	토미		0	0	0	0
0	0	3	0		정운	13	MF	MF	25	한지원		1	2	1	0
0	0	2	4(1)	77	권순형	7	MF	MF	11	안용우		1	1	1	0
0	0	0	5(3)		이창민	14	MF	MF	8	유고비치		0	0	2	0
0	0	0	1(1)		곽해성	26	MF	MF	14	김영욱		1(1)	1	0	0
0	0	1	1		이근호	22	MF	MF	2	최효진		1(1)	1	1	0
0	0	1	3(2)	11	마르셀로	10	FW	FW	18	배천석	10	0	0	0	0
0	0	2	5(3)		안현범	17	FW	FW	88	박기동		3(3)	1	0	0
0	0	0	0		김경민	21			27	한유성	후29	0	0	0	0
0	0	0	0	후35	백동규	15			10	자일	후7	4(3)	0	0	0
0	0	0	0		배재우	18			13	현영민		0	0	0	0
0	0	0	0		문상윤	24	대기	대기	15	방대종		0	0	0	0
0	0	0	0	후31	김재성	77			22	전우영		0	0	0	0
0	0	0	1	후21	김호남	11			23	허용준	전42	0	0	0	0
0	0	0	0		헤난	89			86	송창호		0	0	0	0
0	0	10	21(11)			0			0			11(8)	9	6	0

- 전반 25분 이근호 PAL 내 ~ 권순형 PA 정면 R-ST-G (득점: 권순형, 도움: 이근호) 왼쪽
- 전반 37분 안현범 PK지점 R-ST-G (득점: 안현범) 오른쪽
- 후반 9분 이근호 GAR ~ 이창민 PK지점 R-ST-G (득점: 이창민, 도움: 이근호) 왼쪽
- 후반 21분 곽해성 PAR 내 R-ST-G (득점: 곽해성) 왼쪽
- 후반 24분 김호남 PAR 내 EL ↷ 안현범 GAR H-ST-G (득점: 안현범, 도움: 김호남) 왼쪽
- 후반 13분 자일 AK 정면 ~ 최효진 PAR R-ST-G (득점: 최효진, 도움: 자일) 왼쪽
- 후반 13분 최효진 PAR 내 ~ 자일 PK지점 R-ST-G (득점: 자일, 도움: 최효진) 오른쪽
- 후반 44분 자일 AK 정면 R-ST-G (득점: 자일) 오른쪽

10월 22일 15:00 맑음 수원 월드컵 5,013명
주심: 고형진 / 부심: 장준모·김영하 / 대기심: 최대우 / 경기감독관: 전기록

수원 2 1 전반 0 / 1 후반 0 **0 성남**

퇴장	경고	파울	ST(유)	교체	선수명	배번	위치	위치	배번	선수명	교체	ST(유)	파울	경고	퇴장
0	0	0	0		노동건	1	GK	GK	31	김동준		0	0	0	0
0	0	1	1		구자룡	15	DF	DF	3	이후권		0	0	0	0
0	0	0	0		이정수	40	DF	DF	5	임채민		1(1)	0	0	0
0	0	0	0	3	곽광선	34	DF	DF	32	연제운		0	1	0	0
0	0	0	1(1)		장호익	77	MF	DF	15	최호정		0	3	0	0
0	0	2	1		조원희	8	MF	MF	16	안상현		1(1)	4	0	0
0	0	3	0		이종성	16	MF	MF	22	이종원	30	1(1)	1	0	0
0	0	3	0		홍철	33	MF	MF	8	김두현	11	0	0	0	0
0	0	3	1		이상호	7	FW	MF	19	박용지	13	2(1)	0	0	0
0	0	1	4(2)	12	권창훈	22	FW	MF	10	황의조		1	0	0	0
0	0	2	6(3)	9	조나탄	70	FW	FW	18	김현		1	3	0	0
0	0	0	0		양형모	21			21	김근배		0	0	0	0
0	0	0	0		연제민	6			6	이태희		0	0	0	0
0	0	0	0	후28	양상민	3			4	김태윤		0	0	0	0
0	0	0	0		백지훈	20	대기	대기	30	조재철	후0	0	2	0	0
0	0	0	0		산토스	10			26	피투		0	0	0	0
0	0	0	1(1)	후43	고차원	12			13	김동희	후21	1	0	0	0
0	0	0	1(1)	후36	조동건	9			11	실빙요	후10	1	1	0	0
0	0	15	16(8)			0			0			9(4)	15	0	0

- 전반 24분 권창훈 MFR ~ 조나탄 PAR 내 R-ST-G (득점: 조나탄, 도움: 권창훈) 왼쪽
- 후반 28분 권창훈 AK 내 FK L-ST-G (득점: 권창훈) 왼쪽

10월 23일 15:00 흐림 포항 스틸야드 5,164명
주심: 정동식 / 부심: 이정민·곽승순 / 대기심: 박영록 / 경기감독관: 김수현

포항 0 0 전반 0 / 0 후반 1 **1 수원FC**

퇴장	경고	파울	ST(유)	교체	선수명	배번	위치	위치	배번	선수명	교체	ST(유)	파울	경고	퇴장
0	0	0	0		김진영	21	GK	GK	40	이창근		0	0	0	0
0	0	2	0		김준수	6	DF	DF	5	블라단		0	0	0	0
0	0	1	0		김원일	13	DF	DF	14	이준호		0	2	1	0
0	0	2	1		김광석	3	DF	DF	19	김민제		0	1	0	0
0	0	1	0		강상우	17	DF	DF	24	레이어		0	0	0	0
0	0	2	4(1)		조수철	26	MF	MF	8	이광진		3(1)	2	0	0
0	0	0	4		무랄라	5	MF	MF	20	가빌란		2(1)	2	0	0
0	0	1	4(1)	12	문창진	7	MF	MF	90	임창균	6	1	0	0	0
0	0	3	0		라자르	8	MF	FW	11	이승현	77	1(1)	0	0	0
0	0	2	1	10	심동운	11	MF	FW	7	김병오	31	2(1)	4	0	0
0	0	1	1(1)		양동현	18	FW	FW	15	브루스		2(1)	3	0	0
0	0	0	0		신화용	1			21	이인수		0	0	0	0
0	0	0	0		박선주	27			4	임하람		0	0	0	0
0	0	0	0		배슬기	24			38	김근환		0	0	0	0
0	0	0	0		알리	22	대기	대기	6	김종국	후41	0	0	0	0
0	0	2	0	후36	룰리냐	10			31	권용현	후25	0	1	0	0
0	0	0	0	후26	이광혁	12			77	김부관	후25	0	1	0	0
0	0	0	0		오창현	14			10	김한원		0	0	0	0
0	0	17	15(3)			0			0			11(5)	16	1	0

- 후반 40분 브루스 PK-R-G (득점: 브루스) 가운데

10월 23일 15:00 비 인천 전용 4,487명
주심: 우상일 / 부심: 김성일·강동호 / 대기심: 매호영 / 경기감독관: 한병화

인천 2 0 전반 0 / 2 후반 0 **0 광주**

퇴장	경고	파울	ST(유)	교체	선수명	배번	위치	위치	배번	선수명	교체	ST(유)	파울	경고	퇴장
0	0	0	0		조수혁	1	GK	GK	21	윤보상		0	0	0	0
0	0	1	0		권완규	17	DF	DF	17	이종민		1	2	0	0
0	0	0	0		요니치	20	DF	DF	2	정호정		0	1	0	0
0	0	1	0		박대한	25	DF	DF	3	김영빈	5	0	1	0	0
0	0	3	0		조병국	29	DF	DF	18	정동윤		2(1)	1	0	0
0	1	3	2(2)		김용환	3	MF	MF	40	이찬동		1	3	0	0
0	0	3	0		김도혁	7	MF	MF	7	여름	25	2(2)	4	1	0
0	0	3	1(1)	36	진성욱	11	MF	MF	34	본즈		1	4	1	0
0	0	2	5(2)	4	송시우	19	MF	FW	22	조용태	11	4(3)	1	0	0
0	0	1	1	16	쯔엉	60	MF	FW	16	송승민		2	1	0	0
0	0	6	3(2)		케빈	10	FW	FW	9	정조국		2	1	0	0
0	0	0	0		이태희	21			1	최봉진		0	0	0	0
0	0	1	0	후21	이윤표	16			5	박동진	전19	0	0	0	0
0	0	0	0		최종환	30			6	오도현		0	0	0	0
0	0	0	0	후33	김경민	4	대기	대기	11	조성준	후32	0	1	0	0
0	0	0	0		김태수	5			13	주현우		0	0	0	0
0	0	0	0		이현성	13			25	홍준호	후18	0	2	0	0
0	0	0	0	후42	김대경	36			33	와다		0	0	0	0
0	1	24	12(7)			0			0			15(6)	22	2	0

- 후반 6분 김용환 GAL 내 R-ST-G (득점: 김용환) 왼쪽
- 후반 13분 케빈 GAR → 진성욱 GA 정면 H-ST-G (득점: 진성욱, 도움: 케빈) 왼쪽

10월 29일 15:00 흐림 순천 팔마 4,253명
주심: 김동진 / 부심: 손재선 · 이정민 / 대기심: 박진호 / 경기감독관: 강창구

전남 0 0 전반 1 / 0 후반 4 **5 전북**

퇴장	경고	파울	ST(유)	교체	선수명	배번	위치	위치	배번	선수명	교체	ST(유)	파울	경고	퇴장
0	0	0	0		한유성	27	GK	GK	1	권순태		0	0	0	0
0	0	1	0		방대종	15	DF	DF	19	박원재		1	4	0	0
0	0	0	2		김경재	24	DF	DF	15	임종은		0	0	0	0
0	0	2	0		토미	28	DF	DF	30	김영찬		0	0	0	0
0	0	1	0		현영민	13	DF	DF	25	최철순		0	2	0	0
0	0	0	0	19	송창호	86	MF	MF	4	신형민		0	1	0	0
0	1	6	0		김영욱	14	MF	MF	17	이재성	23	0	0	0	0
0	0	0	1		최효진	2	DF	MF	13	김보경		1	1	0	0
0	0	1	2(1)		자일	10	FW	FW	18	고무열	10	2(2)	1	0	0
0	0	1	0	16	배천석	18	FW	FW	11	로페즈		5(3)	3	0	0
0	0	0	3(1)	23	안용우	11	FW	FW	9	이종호	99	1	4	1	0
0	0	0	0		김교빈	29			21	홍정남		0	0	0	0
0	0	0	0	후6	한찬희	16			23	최규백	후43	0	0	0	0
0	0	0	0	후23	이지민	19			27	김창수		0	0	0	0
0	0	0	0		전우영	22	대기	대기	10	레오나르도	후15	3	0	0	0
0	0	0	1	후6	허용준	23			99	김신욱	후15	1(1)	1	0	0
0	0	0	0		한지원	25			20	이동국		0	0	0	0
0	0	0	0		오영준	26			81	에두		0	0	0	0
0	1	12	9(2)			0			0			14(6)	17	1	0

- 전반 45분 김보경 AK 정면 ~ 고무열 GAL R-ST-G (득점: 고무열, 도움: 김보경) 오른쪽
- 후반 7분 이재성 자기 측 HL 정면 ~ 로페즈 PK지점 R-ST-G (득점: 로페즈, 도움: 이재성) 오른쪽
- 후반 20분 레오나르도 PAR ↷ 김신욱 GAR 내 H-ST-G (득점: 김신욱, 도움: 레오나르도) 오른쪽
- 후반 22분 레오나르도 PAL 내 ~ 로페즈 GA 정면 내 R-ST-G (득점: 로페즈, 도움: 레오나르도) 가운데
- 후반 47분 레오나르도 자기 측 MF 정면 ↷ 로페즈 GAR R-ST-G (득점: 로페즈, 도움: 레오나르도) 오른쪽

10월 30일 15:00 맑음 상주 시민 2,175명
주심: 고형진 / 부심: 윤광열 · 강동호 / 대기심: 최대우 / 경기감독관: 강창구

상주 1 1 전반 2 / 0 후반 0 **2 울산**

퇴장	경고	파울	ST(유)	교체	선수명	배번	위치	위치	배번	선수명	교체	ST(유)	파울	경고	퇴장
0	0	0	0		오승훈	31	GK	GK	1	김용대		0	0	0	0
0	1	2	0		이경렬	5	DF	DF	2	정동호		0	0	0	0
0	0	0	0		이재명	33	DF	DF	15	이재성		0	0	0	0
0	1	2	0		박준강	39	DF	DF	3	정승현		0	1	1	0
0	0	0	0	24	유준수	38	DF	DF	33	이기제		1(1)	3	0	0
0	0	0	2(1)		김성준	16	MF	MF	88	김성환		0	1	0	0
0	0	1	0	30	권진영	22	MF	MF	8	하성민	75	1(1)	1	0	0
0	0	0	1		신진호	37	MF	MF	11	김태환		0	1	0	0
0	0	0	0	32	윤동민	17	MF	MF	20	한상운	7	1	1	0	0
0	0	3	6(3)		박희성	35	FW	MF	19	김승준		2(1)	0	0	0
0	0	1	2		박수창	36	FW	FW	18	이정협	17	2	1	0	0
0	0	0	0		제종현	41			21	정산		0	0	0	0
0	0	0	0	후0	정준연	24			75	강민수	후40	0	0	0	0
0	0	0	0		신영준	26			17	정재용	후23	0	0	0	0
0	0	0	0		김성주	29	대기	대기	44	코바		0	0	0	0
0	0	0	0	후12	황순민	30			14	서명원		0	0	0	0
0	0	0	3(1)	후0	조지훈	32			7	김인성	후35	0	0	0	0
0	0	0	0		김창훈	34			10	멘디		0	0	0	0
0	2	9	14(5)			0			0			7(3)	9	1	0

- 전반 33분 신진호 PAL ↷ 박희성 GA 정면 H-ST-G (득점: 박희성, 도움: 신진호) 오른쪽

- 전반 29분 김태환 GAR ~ 하성민 GAR R-ST-G (득점: 하성민, 도움: 김태환) 왼쪽
- 전반 42분 한상운 GAL ~ 김승준 GA 정면 R-ST-G (득점: 김승준, 도움: 한상운) 오른쪽

10월 30일 15:00 맑음 제주 월드컵 11,553명
주심: 김종혁 / 부심: 장준모 · 곽승순 / 대기심: 김영수 / 경기감독관: 김진의

제주 0 0 전반 1 / 0 후반 1 **2 서울**

퇴장	경고	파울	ST(유)	교체	선수명	배번	위치	위치	배번	선수명	교체	ST(유)	파울	경고	퇴장
0	0	0	0		김호준	1	GK	GK	1	유현		0	0	0	0
0	0	1	1		이광선	20	DF	DF	55	곽태휘		1	1	0	0
0	0	0	0		권한진	5	DF	DF	26	김남춘		0	1	0	0
0	0	0	0		오반석	4	DF	DF	13	고요한		0	0	0	0
0	0	0	0		정운	13	MF	DF	7	김치우	27	1(1)	0	0	0
0	0	2	3(1)	24	권순형	7	MF	MF	5	오스마르		0	1	0	0
0	0	0	3		이창민	14	MF	MF	6	주세종	25	2(1)	0	0	0
0	0	0	0	11	곽해성	26	MF	MF	2	다카하기		0	0	0	0
0	0	2	1		이근호	22	MF	FW	11	아드리아노		3(2)	1	0	0
0	0	1	4	9	마르셀로	10	FW	FW	17	윤일록		2(1)	2	0	0
0	0	0	1		안현범	17	FW	FW	10	박주영		0	2	0	0
0	0	0	0		전수현	23			31	유상훈		0	0	0	0
0	0	0	0		백동규	15			27	고광민	후35	0	0	0	0
0	0	0	0		배재우	18			25	이석현	후44	0	0	0	0
0	0	0	0	후44	문상윤	24	대기	대기	61	최현태		0	0	0	0
0	0	0	0		김재성	77			9	데얀		0	0	0	0
0	0	0	1	후29	완델손	9			37	윤승원		0	0	0	0
0	0	6	14(1)			0			0			9(5)	8	0	0

- 전반 34분 오스마르 자기 측 MF 정면 ↷ 아드리아노 AK 정면 R-ST-G (득점: 아드리아노, 도움: 오스마르) 왼쪽
- 후반 26분 윤일록 GAL L-ST-G (득점: 윤일록) 오른쪽

10월 29일 15:00 맑음 광주 월드컵 1,146명
주심: 김성호 / 부심: 노수용 · 방기열 / 대기심: 김동인 / 경기감독관: 김용세

광주 0 0 전반 0 / 0 후반 0 **0 성남**

퇴장	경고	파울	ST(유)	교체	선수명	배번	위치	위치	배번	선수명	교체	ST(유)	파울	경고	퇴장
0	0	0	0		윤보상	21	GK	GK	31	김동준		0	0	0	0
0	0	0	0		박동진	5	DF	DF	15	최호정		2(2)	1	0	0
0	0	0	0		정호정	2	DF	DF	32	연제운		0	0	0	0
0	0	2	0		홍준호	25	DF	DF	4	김태윤		0	0	0	0
0	0	2	1(1)		정동윤	18	DF	DF	6	이태희		0	1	0	0
0	0	2	1		본즈	34	MF	MF	30	조재철		1	1	0	0
0	1	2	0	40	여름	7	MF	MF	16	안상현	8	0	1	1	0
0	1	3	1	6	김민혁	23	MF	MF	27	성봉재		2	4	1	0
0	0	1	0	13	조성준	11	FW	MF	7	황진성	18	1(1)	3	0	0
0	0	1	1		송승민	16	FW	MF	19	박용지	26	2	0	0	0
0	0	1	3(1)		정조국	9	FW	FW	10	황의조		2(1)	0	0	0
0	0	0	0		최봉진	1			21	김근배		0	0	0	0
0	0	0	0	후46	오도현	6			33	장학영		0	0	0	0
0	0	1	0	후15	주현우	13			14	정선호		0	0	0	0
0	0	0	0		이종민	17	대기	대기	26	피투	후16	0	1	0	0
0	0	0	0		조용태	22			8	김두현	전20	1	1	0	0
0	0	0	0		와다	33			13	김동희		0	0	0	0
0	0	0	0	후38	이찬동	40			18	김현	후29	0	1	0	0
0	2	15	7(2)			0			0			11(4)	14	2	0

10월 29일 15 : 00 흐림 인천 전용 4,851명
주심: 이동준 / 부심: 박상준·김지욱 / 대기심: 임정수 / 경기감독관: 김일호

인천 3 2 전반 1 / 1 후반 1 **2 포항**

퇴장	경고	파울	ST(유)	교체	선수명	배번	위치	위치	배번	선수명	교체	ST(유)	파울	경고	퇴장
0	0	0	0		조수혁	1	GK	GK	21	김진영		0	0	0	0
0	1	0	0		이윤표	16	DF	DF	6	김준수	8	0	0	0	0
0	0	3	1(1)		권완규	17	DF	DF	24	배슬기		1	1	0	0
0	0	1	0		요니치	20	DF	DF	3	김광석		0	1	0	0
0	1	2	0		박대한	25	DF	DF	46	신광훈		0	4	2	0
0	1	1	1(1)		김용환	3	MF	MF	26	조수철		0	1	0	0
0	1	2	1		김도혁	7	MF	MF	9	황지수	5	0	2	1	0
0	0	2	0	19	윤상호	14	MF	MF	10	룰리냐	13	1(1)	1	0	0
0	0	0	1(1)	11	김대경	36	MF	MF	17	강상우		2(1)	2	0	0
0	0	1	0	4	쯔엉	60	MF	MF	11	심동운		0	0	0	0
0	0	2	7(3)		케빈	10	FW	FW	18	양동현		2(1)	1	1	0
0	0	0	0		이태희	21			1	신화용		0	0	0	0
0	0	0	0		조병국	29			22	알리		0	0	0	0
0	0	0	0		최종환	30			13	김원일	후35	0	1	0	0
0	0	0	0	후27	김경민	4	대기	대기	7	문창진		0	0	0	0
0	0	0	0	후22	송시우	19			5	무랄랴	후14	1(1)	0	0	0
0	0	0	0		박세직	24			8	라자르	후0	2(2)	0	0	0
0	0	1	0	후7	진성욱	11			14	오창현		0	0	0	0
0	4	15	11(6)			0			0			9(6)	14	4	0

- ●전반 9분 박대한 자기 측 HLL FK ↷ 김대경 GA 정면 H-ST-G (득점: 김대경, 도움: 박대한) 가운데
- ●전반 41분 김대경 AKR ~ 케빈 MF 정면 R-ST-G (득점: 케빈, 도움: 김대경) 오른쪽
- ●후반 51분 권완규 GA 정면 내 R-ST-G (득점: 권완규) 가운데
- ●전반 17분 룰리냐 AKR FK R-ST-G (득점: 룰리냐) 왼쪽
- ●후반 18분 라자르 PAR 내 L-ST-G (득점: 라자르) 오른쪽

10월 30일 16 : 00 맑음 수원 종합 9,607명
주심: 송민석 / 부심: 김계용·김성일 / 대기심: 서동진 / 경기감독관: 김형남

수원FC 2 1 전반 1 / 1 후반 2 **3 수원**

퇴장	경고	파울	ST(유)	교체	선수명	배번	위치	위치	배번	선수명	교체	ST(유)	파울	경고	퇴장
0	1	1	0		이창근	40	GK	GK	1	노동건		0	0	0	0
0	1	1	0		블라단	5	DF	DF	15	구자룡		0	0	0	0
0	0	0	2		이준호	14	DF	DF	40	이정수		2(1)	2	1	0
0	0	2	1(1)		김민제	19	DF	DF	34	곽광선		0	0	0	0
0	0	0	1		레이어	24	DF	MF	77	장호익		1(1)	2	0	0
0	0	2	1(1)	38	김종국	6	MF	MF	8	조원희		0	2	1	0
0	1	4	1		이광진	8	MF	MF	16	이종성		1	1	0	0
0	0	1	2(1)	11	권용현	31	FW	MF	33	홍철	3	0	0	0	0
0	0	0	0	7	김부관	77	FW	FW	7	이상호	26	3(1)	0	0	0
0	0	4	2		임창균	90	MF	FW	22	권창훈		6(2)	2	0	0
0	0	1	2(2)		브루스	15	FW	FW	70	조나탄	9	3(1)	1	1	0
0	0	0	0		이인수	21			21	양형모		0	0	0	0
0	0	0	0	후42	김근환	38			6	연제민		0	0	0	0
0	0	0	0		황재훈	3			3	양상민	후29	0	0	0	0
0	0	0	0	후30	이승현	11	대기	대기	20	백지훈		0	0	0	0
0	0	0	0		가빌란	20			10	산토스		0	0	0	0
0	0	0	0	후17	김병오	7			26	염기훈	후9	3(2)	0	0	0
0	0	0	0		김한원	10			9	조동건	후34	2(1)	0	0	0
0	3	16	12(5)			0			0			21(9)	10	3	0

- ●전반 32분 브루스 PK-R-G (득점: 브루스) 오른쪽
- ●후반 24분 김종국 GA 정면 R-ST-G (득점: 김종국) 가운데
- ●전반 17분 홍철 C, KL ↷ 이상호 GAL 내 H-ST-G (득점: 이상호, 도움: 홍철) 가운데
- ●후반 22분 염기훈 GAR FK ↷ 이정수 GAL 내 H-ST-G (득점: 이정수, 도움: 염기훈) 왼쪽
- ●후반 26분 권창훈 PA 정면 ~ 조나탄 PA 정면 내 L-ST-G (득점: 조나탄, 도움: 권창훈) 가운데

11월 02일 19 : 30 흐림 서울 월드컵 5,011명
주심: 우상일 / 부심: 김계용·박인선 / 대기심: 임정수 / 경기감독관: 한병화

서울 2 2 전반 0 / 0 후반 1 **1 전남**

퇴장	경고	파울	ST(유)	교체	선수명	배번	위치	위치	배번	선수명	교체	ST(유)	파울	경고	퇴장
0	0	0	0		유현	1	GK	GK	29	김교빈		0	0	0	0
0	0	0	0		곽태휘	55	DF	DF	15	방대종		1	1	0	0
0	0	1	0		김남춘	26	DF	DF	17	이지남		1	1	1	0
0	1	2	0		고요한	13	DF	DF	28	토미		1	0	0	0
0	0	2	0		고광민	27	DF	MF	13	현영민		0	5	0	0
0	0	1	1(1)	5	박용우	22	MF	MF	8	유고비치		2(2)	0	0	0
0	0	0	0		다카하기	2	MF	MF	14	김영욱		1(1)	3	0	0
0	0	0	0	25	주세종	6	MF	MF	2	최효진		2(1)	1	0	0
0	0	1	2(1)	9	아드리아노	11	FW	FW	23	허용준	3	0	1	0	0
0	0	4	2(1)		박주영	10	FW	FW	10	자일		4(1)	0	0	0
0	0	4	3(2)		윤일록	17	FW	FW	11	안용우	16	0	1	0	0
0	0	0	0		유상훈	31			27	한유성		0	0	0	0
0	0	0	0		정인환	3			3	이슬찬	후45	0	0	0	0
0	0	0	0		김치우	7			16	한찬희	후37	1	0	0	0
0	0	0	0	후29	오스마르	5	대기	대기	18	배천석		0	0	0	0
0	0	1	1	전44	이석현	25			24	김경재		0	0	0	0
0	0	0	0	후37	데얀	9			25	한지원		0	0	0	0
0	0	0	0		윤승원	37			86	송창호		0	0	0	0
0	1	16	9(5)			0			0			13(5)	13	1	0

- ●전반 10분 박용우 MF 정면 R-ST-G(득점: 박용우) 오른쪽
- ●전반 28분 윤일록GAR R-ST-G(득점: 윤일록,) 왼쪽
- ●후반 22분 허용준 AK 정면 유고비치 GA 정면 L-ST-G (득점: 유고비치, 도움: 허용준) 왼쪽

11월 02일 19 : 30 맑음 울산 문수 9,292명
주심: 김동진 / 부심: 김성일·방기열 / 대기심: 김대용 / 경기감독관: 김진의

울산 0 0 전반 0 / 0 후반 0 **0 제주**

퇴장	경고	파울	ST(유)	교체	선수명	배번	위치	위치	배번	선수명	교체	ST(유)	파울	경고	퇴장
0	0	0	0		김용대	1	GK	GK	1	김호준		0	0	0	0
0	1	1	0		정동호	2	DF	DF	20	이광선		1(1)	3	0	0
0	1	3	0		이재성	15	DF	DF	4	오반석		2	0	0	0
0	0	1	0		강민수	75	DF	DF	15	백동규		1(1)	0	0	0
0	0	1	0	34	이기제	33	DF	MF	13	정운		0	1	0	0
0	1	4	1(1)		김성환	88	MF	MF	7	권순형		1	0	0	0
0	0	0	1		마스다	6	MF	MF	14	이창민		2(1)	0	0	0
0	0	3	2(1)		정재용	17	MF	MF	18	배재우	11	2	0	0	0
0	0	0	2(1)	44	김인성	7	MF	MF	22	이근호	5	0	2	0	0
0	1	3	1	11	서명원	14	MF	FW	10	마르셀로		5(5)	1	0	0
0	0	2	0		멘디	10	FW	FW	17	안현범		0	2	1	0
0	0	0	0		정산	21			21	김경민		0	0	0	0
0	0	0	1	후42	김영삼	34			3	김상원		0	0	0	0
0	0	0	0		정승현	3			5	권한진	후44	0	0	0	0
0	0	0	0		하성민	8	대기	대기	26	곽해성		0	0	0	0
0	0	3	0	후13	김태환	11			24	문상윤		0	0	0	0
0	0	0	0	후23	코바	44			77	김재성		0	0	0	0
0	0	0	0		이정협	18			11	김호남	후20	1(1)	0	0	0
0	4	21	8(3)			0			0			15(9)	9	1	0

11월 02일 19:00 맑음 전주 월드컵 8,503명

주심: 김종혁 / 부심: 노수용·박상준 / 대기심: 박병진 / 경기감독관: 김정식

전북 4 1 전반 0 / 3 후반 1 **1 상주**

퇴장	경고	파울	ST(유)	교체	선수명	배번	위치	위치	배번	선수명	교체	ST(유)	파울	경고	퇴장
0	0	0	0		권순태	1	GK	GK	31	오승훈		0	0	0	0
0	0	0	0		박원재	19	DF	DF	3	이웅희	24	0	0	0	0
0	0	1	0		임종은	15	DF	DF	5	이경렬		1(1)	0	0	0
0	0	1	0		조성환	16	DF	DF	28	윤준성		0	3	0	0
0	0	2	0		김창수	27	DF	DF	29	김성주		1	0	0	0
0	0	1	1		신형민	4	MF	MF	16	김성준		2	0	0	0
0	0	3	0		김보경	13	MF	MF	17	윤동민		1	1	0	0
0	0	0	1(1)	18	레오나르도	10	MF	MF	27	조영철		2(2)	0	0	0
0	0	2	2(2)		이재성	17	MF	MF	26	신영준	22	2(1)	0	0	0
0	0	0	1(1)	11	김신욱	99	MF	MF	37	신진호		1	2	0	0
0	0	0	6(3)	81	이동국	20	FW	FW	35	박희성		2(2)	1	0	0
0	0	0	0		홍정남	21			41	제종현		0	0	0	0
0	0	0	0		최철순	25			22	권진영	후13	0	1	0	0
0	0	0	0		정혁	8			24	정준연	후21/30	0	0	0	0
0	0	1	2(2)	후19	고무열	18	대기	대기	30	황순민	후33	0	0	0	0
0	0	1	1(1)	후12	로페즈	11			32	조지훈		0	0	0	0
0	0	0	0		이종호	9			33	이재명		0	0	0	0
0	0	0	1(1)	후36	에두	81			34	김창훈		0	0	0	0
0	0	12	15(11)			0			0			12(6)	8	0	0

- 전반 45분 김신욱 GA 정면 H ↷ 이동국 GAR R-ST-G (득점: 이동국, 도움: 김신욱) 오른쪽
- 후반 19분 이재성 GAL L-ST-G (득점: 이재성) 왼쪽
- 후반 25분 이동국 PK-R-G (득점: 이동국) 왼쪽
- 후반 45분 이재성 PAR 내 ~ 에두 PA 정면 내 L-ST-G (득점: 에두, 도움: 이재성) 오른쪽

- 후반 4분 이경렬 GAL 내 L-ST-G (득점: 이경렬) 가운데

11월 02일 19:00 맑음 광주 월드컵 2,014명

주심: 송민석 / 부심: 장준모·윤광열 / 대기심: 김동인 / 경기감독관: 김수현

광주 1 0 전반 0 / 1 후반 1 **1 포항**

퇴장	경고	파울	ST(유)	교체	선수명	배번	위치	위치	배번	선수명	교체	ST(유)	파울	경고	퇴장
0	0	0	0		윤보상	21	GK	GK	1	신화용		0	0	0	0
0	0	2	2		박동진	5	DF	DF	6	김준수	8	0	1	1	0
0	0	0	0		정호정	2	DF	DF	24	배슬기		0	1	0	0
0	0	1	0		홍준호	25	DF	DF	3	김광석		0	1	0	0
0	0	0	0		정동윤	18	DF	DF	22	알리		0	1	0	0
0	0	1	0	33	본즈	34	MF	MF	26	조수철	5	0	0	0	0
0	1	3	0	17	이찬동	40	MF	MF	9	황지수		0	2	1	0
0	0	0	2(2)		김민혁	23	MF	MF	10	룰리냐		0	4	0	0
0	0	1	0	11	조용태	22	FW	MF	17	강상우		0	2	0	0
0	0	1	2(2)		송승민	16	FW	MF	11	심동운		1	0	0	0
0	0	0	3(2)		정조국	9	FW	FW	20	최호주	7	0	3	0	0
0	0	0	0		최봉진	1			21	김진영		0	0	0	0
0	0	0	0		오도현	6			2	박선용		0	0	0	0
0	0	0	0		여름	7			13	김원일		0	0	0	1
0	0	2	0	후17	조성준	11	대기	대기	7	문창진	후26	1(1)	0	0	0
0	0	0	0	후39	이종민	17			8	라자르	후0	0	0	0	0
0	0	0	0		김정현	20			5	무랄랴	후15	0	0	0	0
0	0	0	0	후46	와다	33			14	오창현		0	0	0	0
0	1	11	9(6)			0			0			2(1)	15	2	1

- 후반 49분 송승민 PAL EL ↷ 정조국 GA 정면 H-ST-G (득점: 정조국, 도움: 송승민) 가운데

- 후반 36분 문창진 GA 정면 R-ST-G (득점: 문창진) 오른쪽

11월 02일 19:30 흐리고 비 수원 월드컵 4,042명

주심: 김성호 / 부심: 손재선·곽승순 / 대기심: 김영수 / 경기감독관: 김일호

수원 3 1 전반 0 / 2 후반 2 **2 인천**

퇴장	경고	파울	ST(유)	교체	선수명	배번	위치	위치	배번	선수명	교체	ST(유)	파울	경고	퇴장
0	1	0	0		양형모	21	GK	GK	1	조수혁		0	0	0	0
0	0	2	1(1)		구자룡	15	DF	DF	16	이윤표	13	0	2	0	0
0	1	2	1(1)		이정수	40	DF	DF	17	권완규		0	5	0	0
0	0	0	1		곽광선	34	DF	DF	20	요니치		0	1	0	0
0	0	1	0		장호익	77	MF	DF	29	조병국		0	2	0	0
0	0	0	0	26	이용래	4	MF	DF	36	김대경		0	0	0	0
0	1	4	0		이종성	16	MF	MF	7	김도혁		1(1)	2	0	0
0	0	0	0	3	홍철	33	MF	MF	11	진성욱		5(3)	1	1	0
0	0	0	1(1)		이상호	7	FW	MF	14	윤상호	60	0	1	0	0
0	0	0	3(3)		권창훈	22	FW	MF	19	송시우	24	0	2	0	0
0	0	2	0	9	조나탄	70	FW	FW	10	케빈		3	4	1	0
0	0	0	0		노동건	1			21	이태희		0	0	0	0
0	0	0	0		연제민	6			4	김경민		0	0	0	0
0	0	0	0	후42	양상민	3			30	최종환		0	0	0	0
0	0	0	0		백지훈	20	대기	대기	13	이현성	후33	0	0	0	0
0	0	0	0		산토스	10			24	박세직	후11	0	0	0	0
0	0	0	4(3)	전30	염기훈	26			60	쯔엉	전36	0	0	0	0
0	0	0	3(2)	후0	조동건	9			37	박종진		0	0	0	0
0	3	11	14(11)			0			0			9(4)	20	2	0

- 전반 5분 요니치 자기 측 PA 정면 내 R 자책골 (득점: 요니치) 오른쪽
- 후반 4분 염기훈 PAL ↷ 권창훈 GAL 내 L-ST-G (득점: 권창훈, 도움: 염기훈) 가운데
- 후반 14분 조동건 AK 내 R-ST-G (득점: 조동건) 왼쪽

- 후반 1분 케빈 AK 정면 H ↷ 진성욱 GA 정면 H-ST-G (득점: 진성욱, 도움: 케빈) 가운데
- 후반 40분 김도혁 C, KR ↷ 진성욱 GAR 내 H-ST-G (득점: 진성욱, 도움: 김도혁) 오른쪽

11월 02일 19:30 맑음 탄천 종합 2,968명

주심: 이동준 / 부심: 이정민·강동호 / 대기심: 박영록 / 경기감독관: 김형남

성남 1 0 전반 1 / 1 후반 1 **2 수원FC**

퇴장	경고	파울	ST(유)	교체	선수명	배번	위치	위치	배번	선수명	교체	ST(유)	파울	경고	퇴장
0	0	0	0		김동준	31	GK	GK	40	이창근		0	0	0	0
0	0	1	0		장학영	33	DF	DF	4	임하람		0	1	0	0
0	0	0	0		연제운	32	DF	DF	14	이준호		0	2	1	0
0	0	0	0		김태윤	4	DF	DF	24	레이어		0	0	1	0
0	0	0	1(1)		이태희	6	DF	DF	3	황재훈		1	3	0	0
0	0	0	3(1)		이종원	22	MF	MF	6	김종국		3(2)	1	0	0
0	0	1	0		조재철	30	MF	MF	8	이광진		1(1)	0	0	0
0	0	0	0	19	실빙요	11	MF	MF	20	가빌란	90	2	0	0	0
0	0	0	3(1)	8	황의조	10	MF	FW	31	권용현		0	1	0	0
0	0	2	0	13	피투	26	MF	FW	7	김병오	11	1(1)	1	0	0
0	0	3	6		김현	18	FW	FW	15	브루스	85	4(1)	5	1	0
0	0	0	0		김근배	21			21	이인수		0	0	0	0
0	0	0	0		최호정	15			38	김근환		0	0	0	0
0	0	0	0		이용	2			11	이승현	후25	0	1	0	0
0	0	2	3(2)	후18	김두현	8	대기	대기	44	김철호		0	0	0	0
0	0	0	0		황진성	7			90	임창균	후20	1(1)	0	0	0
1	0	2	3(2)	후0	김동희	13			10	김한원		0	0	0	0
0	1	0	0	후0	박용지	19			85	서동현	후49	0	0	0	0
1	1	11	19(7)			0			0			13(6)	15	3	0

- 후반 40분 김두현 PK-R-G (득점: 김두현) 오른쪽

- 전반 25분 김종국 AKL FK R-ST-G (득점: 김종국) 오른쪽
- 후반 37분 연제운자책골 (득점: 연제운)

11월 06일 15:00 맑음 전주 월드컵 33,706명
주심: 고형진 / 부심: 김성일·강동호·김대용,박병진 / 대기심: 박진호 / 경기감독관: 한병화

전북 0 — 0 전반 0 / 0 후반 1 — **1 서울**

퇴장	경고	파울	ST(유)	교체	선수명	배번	위치	위치	배번	선수명	교체	ST(유)	파울	경고	퇴장
0	0	0	0		권순태	1	GK	GK	1	유현		0	0	0	0
0	0	0	1		박원재	19	DF	DF	55	곽태휘		0	3	0	0
0	0	0	0	18	조성환	16	DF	DF	26	김남춘		0	0	0	0
0	0	1	2		김형일	3	DF	DF	13	고요한	7	0	0	0	0
0	0	2	0		최철순	25	DF	DF	27	고광민		0	2	0	0
0	0	1	0		신형민	4	MF	MF	5	오스마르		0	4	1	0
0	0	2	2(1)		이재성	17	MF	MF	2	다카하기		1(1)	2	0	0
0	0	1	2		김보경	13	MF	MF	6	주세종		0	4	0	0
0	0	0	1(1)	20	레오나르도	10	MF	FW	9	데얀	11	1(1)	6	0	0
0	1	1	2(1)		로페즈	11	MF	FW	37	윤승원	10	1	1	1	0
0	0	1	2		김신욱	99	FW	FW	17	윤일록		1	3	0	0
0	0	0	0		황병근	41			41	김철호		0	0	0	0
0	0	0	0		임종은	15			3	정인환		0	0	0	0
0	0	0	0		김창수	27			7	김치우	후0	0	2	0	0
0	0	0	0		장윤호	34	대기	대기	25	이석현		0	0	0	0
0	0	0	0	후36	고무열	18			14	조찬호		0	0	0	0
0	0	0	0	후18	이동국	20			10	박주영	전36	2(1)	2	1	0
0	0	0	0		에두	81			11	아드리아노	후46	0	0	0	0
0	1	9	12(3)			0			0			6(3)	29	3	0

● 후반 13분 윤일록 MF 정면 ~ 박주영 PAR 내 R-ST-G (득점: 박주영, 도움: 윤일록) 왼쪽

11월 06일 15:00 맑음 순천 팔마 3,483명
주심: 정동식 / 부심: 이정민·김지욱 / 대기심: 서동진 / 경기감독관: 김진의

전남 1 — 0 전반 1 / 1 후반 0 — **1 울산**

퇴장	경고	파울	ST(유)	교체	선수명	배번	위치	위치	배번	선수명	교체	ST(유)	파울	경고	퇴장
0	0	0	0		한유성	27	GK	GK	21	정산		0	0	0	0
0	0	0	0		현영민	13	DF	DF	11	김태환		1	2	0	0
0	0	0	1(1)		이지남	17	DF	DF	75	강민수		0	1	0	0
0	0	0	1		토미	28	DF	DF	3	정승현		0	4	1	0
0	0	1	1		최효진	2	DF	DF	33	이기제		1	1	1	0
0	0	1	1(1)		유고비치	8	MF	MF	8	하성민		0	1	0	0
0	0	1	5(1)		김영욱	14	MF	MF	17	정재용	6	0	2	1	0
0	0	1	1	86	허용준	23	MF	MF	19	김승준		1(1)	0	0	0
0	0	0	0	89	한찬희	16	MF	MF	20	한상운		0	0	0	0
0	0	0	2(2)	3	안용우	11	MF	MF	44	코바	7	3(2)	0	0	0
0	0	0	7(5)		자일	10	FW	FW	18	이정협	22	1	1	0	0
0	0	0	0		김교빈	29			31	장대희		0	0	0	0
0	0	0	0	후21	이슬찬	3			34	김영삼		0	0	0	0
0	0	0	0		배천석	18			22	김치곤	후31	0	0	0	0
0	0	0	0		김경재	24	대기	대기	23	장순혁		0	0	0	0
0	0	0	0		한지원	25			6	마스다	후35	0	2	0	0
0	0	0	1	후32	송창호	86			7	김인성	후14	0	1	0	0
0	0	0	0	후29	박준태	89			10	멘디		0	0	0	0
0	0	4	20(10)			0			0			7(3)	15	3	0

● 후반 34분 토미 PK지점 H ~ 자일 GA 정면 내 R-ST-G (득점: 자일, 도움: 토미) 가운데

● 전반 22분 최효진 자기 측 GAL 내 H 자책골 (득점: 최효진) 왼쪽

11월 06일 15:00 맑음 제주 월드컵 15,341명
주심: 이동준 / 부심: 김계용·지승민 / 대기심: 박영록 / 경기감독관: 전기록

제주 3 — 2 전반 0 / 1 후반 0 — **0 상주**

퇴장	경고	파울	ST(유)	교체	선수명	배번	위치	위치	배번	선수명	교체	ST(유)	파울	경고	퇴장
0	0	0	0		전수현	23	GK	GK	31	오승훈		0	0	0	0
0	0	1	0		오반석	4	DF	DF	3	이웅희		0	0	0	0
0	0	1	1(1)	5	이우진	19	DF	DF	5	이경렬		0	0	0	0
0	0	3	0		백동규	15	DF	DF	29	김성주	26	1	0	0	0
0	0	2	0		김상원	3	MF	DF	39	박준강		0	2	0	0
0	0	0	1(1)		권순형	7	MF	MF	16	김성준		0	0	0	0
0	1	2	0	6	좌준협	28	MF	MF	17	윤동민	23	0	0	0	0
0	0	0	1(1)		안현범	17	MF	MF	22	권진영	36	0	0	0	0
0	0	0	1	22	문상윤	24	MF	MF	33	이재명		0	2	0	0
0	0	0	6(2)		마르셀로	10	FW	MF	37	신진호		0	1	0	0
0	0	0	4(1)		김호남	11	FW	FW	35	박희성		1	1	0	0
0	0	0	0		김호준	1			41	제종현		0	0	0	0
0	0	0	0	후17	권한진	5			23	임성택	후15	1(1)	0	0	0
0	0	0	0		정운	13			26	신영준	전32	2	1	0	0
0	0	0	0		배재우	18	대기	대기	28	윤준성		0	0	0	0
0	0	1	0	후17	김선우	6			32	조지훈		0	0	0	0
0	0	0	0		이창민	14			34	김창훈		0	0	0	0
0	0	1	0	후0	이근호	22			36	박수창	전31	1	0	0	0
0	1	11	14(6)			0			0			6(1)	7	0	0

● 전반 14분 권순형 C, KL ↷ 이우진 GAR 내 R-ST-G (득점: 이우진, 도움: 권순형) 오른쪽
● 전반 24분 권순형 MFR FK ~ 안현범 GAR R-ST-G (득점: 안현범, 도움: 권순형) 오른쪽
● 후반 29분 마르셀로 PAR 내 ~ 김호남 GAR 내 R-ST-G (득점: 김호남, 도움: 마르셀로) 오른쪽

11월 05일 15:00 흐림 인천 전용 7,680명
주심: 김동진 / 부심: 장준모·방기열·서동진,김동인 / 대기심: 최대우 / 경기감독관: 김용세

인천 1 — 0 전반 0 / 1 후반 0 — **0 수원FC**

퇴장	경고	파울	ST(유)	교체	선수명	배번	위치	위치	배번	선수명	교체	ST(유)	파울	경고	퇴장
0	1	0	0		이태희	21	GK	GK	40	이창근		0	0	0	0
0	0	2	0		권완규	17	DF	DF	4	임하람		0	2	0	0
0	0	2	0		요니치	20	DF	DF	5	블라단		3(1)	1	0	0
0	0	1	0		박대한	25	DF	DF	19	김민제		0	2	0	0
0	1	0	1(1)		조병국	29	DF	DF	3	황재훈		2(2)	2	1	0
0	0	0	3(2)	30	김용환	3	MF	MF	6	김종국		3(1)	1	1	0
0	0	3	2		김경민	4	MF	MF	8	이광진		0	2	0	0
0	0	0	2(2)		김도혁	7	MF	MF	20	가빌란	85	1	0	0	0
0	0	3	1(1)		박세직	24	MF	FW	11	이승현	7	0	0	0	0
0	0	0	2(2)	37	김대경	36	MF	FW	31	권용현		0	3	0	0
0	0	3	2(1)	15	벨코스키	88	FW	FW	15	브루스	10	6(6)	0	1	0
0	0	0	0		조수혁	1			21	이인수		0	0	0	0
0	0	0	0	후16	김대중	15			24	레이어		0	0	0	0
0	0	0	0		이윤표	16			77	김부관		0	0	0	0
0	0	1	0	후47	최종환	30	대기	대기	90	임창균		0	0	0	0
0	0	0	0		이현성	13			7	김병오	후15	2	0	0	0
0	0	0	0		쯔엉	60			10	김한원	후39	1(1)	0	0	0
0	0	1	0	후22	박종진	37			85	서동현	후0	1(1)	1	0	0
0	2	16	13(9)			0			0			19(12)	14	3	0

● 후반 30분 권완규 PAR 내 ~ 김용환 GA 정면 내 L-ST-G (득점: 김용환, 도움: 권완규) 가운데

11월 05일 15:00 맑음 포항 스틸야드 4,738명
주심: 박필준 / 부심: 노수용·곽승순·성덕효,이영운 / 대기심: 임정수 / 경기감독관: 김정식

포항 1 　 1 전반 0 / 0 후반 0 　 **0 성남**

퇴장	경고	파울	ST(유)	교체	선수명	배번	위치	위치	배번	선수명	교체	ST(유)	파울	경고	퇴장
0	0	0	0		신 화 용	1	GK	GK	31	김 동 준		0	0	0	0
0	1	2	0		신 광 훈	46	DF	DF	33	장 학 영		0	3	0	0
0	0	1	0		배 슬 기	24	DF	DF	32	연 제 운		0	0	0	0
0	0	0	0		김 광 석	3	DF	DF	4	김 태 윤		0	1	1	0
0	0	1	0		알 리	22	DF	DF	6	이 태 희	30	0	2	1	0
0	1	1	0	10	조 수 철	26	MF	MF	15	최 호 정		0	1	0	0
0	0	2	1(1)		무 랄 라	5	MF	MF	22	이 종 원		0	3	1	1
0	0	2	0	8	문 창 진	7	MF	MF	19	박 용 지	11	1	0	0	0
0	0	3	1(1)		강 상 우	17	MF	MF	8	김 두 현		2(1)	0	0	0
0	0	0	0	20	심 동 운	11	MF	MF	17	이 창 훈		0	3	1	0
0	0	1	3(1)		양 동 현	18	FW	FW	27	성 봉 재	18	0	1	0	0
0	0	0	0		김 진 영	21			21	김 근 배		0	0	0	0
0	0	0	0		박 선 용	2			3	이 후 권		0	0	0	0
0	0	0	0		김 준 수	6			2	이 용		0	0	0	0
0	0	2	1(1)	후9	룰 리 냐	10	대기	대기	14	정 선 호		0	0	0	0
0	0	0	1(1)	후9	라 자 르	8			30	조 재 철	후18	1	0	0	0
0	0	0	0		오 창 현	14			11	실 빙 요	후26	0	0	0	0
0	0	0	0	후48	최 호 주	20			18	김 현	후18	0	0	1	0
0	2	15	7(5)			0			0			4(1)	14	5	1

● 전반 27분 조수철 PAL 내 ↷ 양동현 PK 우측지점 R-ST-G (득점: 양동현, 도움: 조수철) 왼쪽

11월 05일 15:00 흐림 수원 월드컵 4,953명
주심: 우상일 / 부심: 노태식·박인선 / 대기심: 박진호 / 경기감독관: 전인석

수원 1 　 1 전반 0 / 0 후반 1 　 **1 광주**

퇴장	경고	파울	ST(유)	교체	선수명	배번	위치	위치	배번	선수명	교체	ST(유)	파울	경고	퇴장
0	0	0	0		양 형 모	21	GK	GK	1	최 봉 진		0	1	0	1
0	1	1	0		구 자 룡	15	DF	DF	5	박 동 진		0	2	0	0
0	0	1	2		양 상 민	3	DF	DF	2	정 호 정		1	0	0	0
0	0	2	0		연 제 민	6	DF	DF	25	홍 준 호		1	1	1	0
0	0	0	0		조 원 희	8	MF	DF	18	정 동 윤		0	1	0	0
0	0	3	0	22	고 승 범	24	MF	MF	34	본 즈	11	0	2	0	0
0	0	1	0		이 종 성	16	MF	MF	33	와 다		1	0	0	0
0	0	0	2(1)		신 세 계	30	MF	MF	23	김 민 혁		0	1	0	0
0	0	0	3		염 기 훈	26	FW	FW	22	조 용 태	9	1(1)	0	0	0
0	0	1	1(1)	14	산 토 스	10	FW	FW	16	송 승 민		0	3	0	0
0	0	0	2(1)	13	조 동 건	9	FW	FW	32	김 상 욱	31	4(2)	0	0	0
0	0	0	0		노 동 건	1			31	황 인 재	후10	0	0	0	0
0	0	0	0		곽 광 선	34			6	오 도 현		0	0	0	0
0	0	0	0		장 호 익	77			7	여 름		0	0	0	0
0	0	1	0	후35	권 창 훈	22	대기	대기	11	조 성 준	후18	0	1	0	0
0	0	0	0		오 장 은	66			17	이 종 민		0	0	0	0
0	0	0	0	후27	카스텔렌	14			20	김 정 현		0	0	0	0
0	1	2	1	후21	김 건 희	13			9	정 조 국	전43	1(1)	0	0	0
0	2	12	11(3)			0			0			9(4)	12	1	1

● 전반 27분 염기훈 PAL ~ 산토스 GAL L-ST-G (득점: 산토스, 도움: 염기훈) 오른쪽

● 후반 28분 정조국 PK-R-G (득점: 정조국) 왼쪽

현대오일뱅크 K리그 챌린지 2016 대회요강

제1조 (목적)_ 본 대회요강은 (사)한국프로축구연맹(이하 '연맹')이 K LEAGUE CHALLENGE(이하 'K리그 챌린지')를 효율적으로 운영하기 위하여 대회 및 경기 운영에 관한 사항을 규정함을 목적으로 한다.

제2조 (용어의 정의)_ 본 대회요강에서 '대회'라 함은 정규 라운드(44R)를 말하며, '클럽'이라 함은 연맹의 회원단체인 축구단을, '팀'이라 함은 해당 클럽의 팀을, '홈 클럽'이라 함은 홈경기를 개최하는 클럽을 지칭한다.

제3조 (명칭)_ 본 대회명은 '현대오일뱅크 K리그 챌린지 2016'으로 한다.

제4조 (주최, 주관)_ 본 대회는 연맹이 주최(대회를 총괄하여 책임지는 자)하고, 홈 클럽이 주관(주최자의 위임을 받아 대회를 운영하는 자)한다. 홈 클럽의 주관권은 제3자에게 양도할 수 없다.

제5조 (참가 클럽)_ 본 대회 참가 클럽(팀)은 총 11팀(부산아이파크, 대전시티즌, 대구FC, 서울 이랜드 FC, 부천FC, FC안양, 강원FC, 고양자이크로FC, 경남FC, 안산무궁화FC, 충주험멜)이다.

제6조 (일정 및 대회방식)_ 본 대회는 2016.03.26(토) ~ 2016.11.06(일) 개최하며, 경기일정(대진)은 미리 정한 경기일정표에 의한다.

구분		일정	방식	Round	팀수	경기수	장소
정규 라운드		3.26(토)~10.30(일)	4Round robin	44R	11팀	220경기 (팀당 40)	홈 클럽 경기장
플레이오프	준PO, PO	11.02(수)~11.06(일)	토너먼트	2R	3팀(정규라운드순위 2~4위)	2경기	
계						222경기 (팀당 40~42경기)	

※ AFC 챔피언스리그 참가팀(클래식)의 결승 진출 여부에 따라 경기일정 변경 가능성 있음.

제7조(대회방식)_

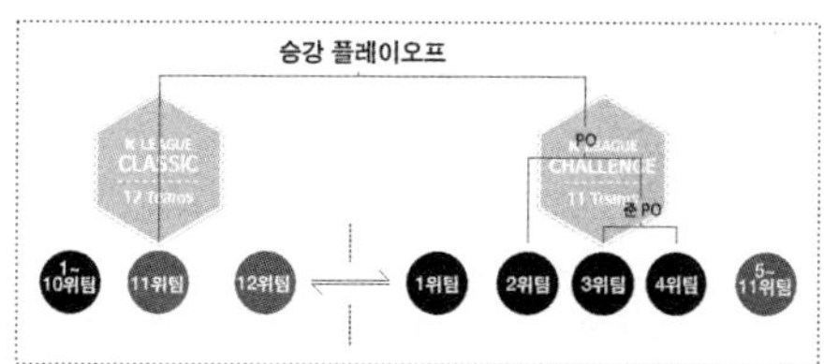

구분	대진	경기방식	경기장	다음 라운드 진출
챌린지 준PO	정규라운드 3위 vs 4위	90분 단판경기	3위팀 홈	승리팀(무승부 시, 3위팀이 진출)
챌린지 PO	정규라운드 2위 vs 챌린지 준PO 통과팀	90분 단판경기	2위팀 홈	승리팀(무승부 시, 2위팀이 진출)

1. 11팀이 4Round robin(44라운드) 방식으로 정규 라운드 진행한다.
2. 정규 라운드(1~44R) 성적을 기준으로 1위팀은 K리그 클래식 자동승격, 2위부터 4위까지는 챌린지 플레이 오프를 실시하여 승자가 K리그 클래식 11위팀과 승강 플레이오프를 치른다. 정규 라운드 순위 결정은 제25조에 의한다.
3. 챌린지 플레이오프 방식(준PO, PO)은 정규라운드 3위와 4위가 준PO(단판경기)를 실시하고 90분 경기 무승부 시 정규리그 3위팀이 플레이오프에 진출한다. 플레이오프에 진출한 팀은 정규 라운드 2위와 PO(단판경기)를 실시하고 90분 경기 무승부 시 정규리그 2위팀이 승강 플레이오프에 진출한다.
4. 챌린지 플레이오프(준PO, PO) 홈경기 개최는 정규 라운드 상위팀의 홈경기장에서 개최한다. 최종 순위 결정은 제25조에 의한다.

제8조 (경기장)_

1. 모든 클럽은 최상의 상태에서 홈경기를 실시할 수 있도록 경기장을 유지·관리할 책임이 있다.

2. 본 대회는 원칙적으로 축구전용경기장에서 개최되어야 한다.
3. 경기장은 법령이 정하는 시설 안전 기준을 충족하여야 한다.
4. 홈 클럽은 경기장을 방문하는 관람객을 위해 관중상해보험에 가입해야 하며, 보험증권을 연맹에 경기 개최 전에 제출하여야 한다. 홈 클럽이 기타 경기장에서 K리그 경기를 개최하고자 할 경우에도 마찬가지다.
5. 각 클럽은 경기장 시설(물)에 대해 연맹의 승인을 득하여야 한다.
6. 경기장은 연맹의 경기장 시설 기준을 준수하여야 하며, 다음의 각 호의 조건을 충족하여야 한다.
   1) 그라운드는 천연잔디구장으로 길이 105m, 너비 68m를 권고한다
   2) 공식경기의 잔디 길이는 2~2.5cm로 유지되어야 하며, 전체에 걸쳐 동일한 길이어야 한다.
   3) 그라운드 외측 주변에는 원칙적으로 축구전용경기장의 경우는 5m 이상, 육상경기겸용경기장의 경우 1.5m 이상의 잔디 부분이 확보되어야 한다.
   4) 골포스트 및 바는 흰색의 둥근 모양(직경12cm)의 철제 관으로 제작되고, 원칙적으로 고정식이어야 한다. 또한 볼의 반발력에 영향을 줄 수 있는 비철제 보강재 사용을 금한다.
   5) 골네트는 원칙적으로 흰색(연맹의 승인을 득한 경우는 제외) 이어야 하며, 골네트는 골대 후방에 폴을 세워 안전한 방법으로 부착하여야 한다. 폴은 골대와 구별되는 어두운 색상이어야 한다.
   6) 코너 깃발은 연맹이 지정한 것을 사용하여야 한다.
   7) 각종 라인은 국제축구연맹(이하 "FIFA") 또는 아시아축구연맹(이하 "AFC")이 정한 규격에 따라야 하며, 라인 폭은 12cm로 선명하고 명료하게 그려야 한다.(원칙적으로 페인트 방식으로 한다)
7. 필드(그라운드 및 그 주변 부분)에는 경기 운영에 영향을 주거나 선수에게 위험의 우려가 있는 것을 방치 또는 설치해서는 안 된다.
8. 공식경기에서 그라운드에 물을 뿌리는 경우, 경기장 전체에 걸쳐 균등하게 해야 한다. 단, 그라운드 사전 훈련(하프타임 제외) 및 경기 진행 중에는 그라운드에 물을 뿌릴 수 없다.
9. 경기장 관중석은 좌석수 10,000석 이상을 충족하여야 한다. 이에 미달할 경우, 연맹의 사전 승인을 득하여야 한다.
10. 홈 클럽은 상대 클럽(이하 원정 클럽)을 응원하는 관중을 위해 경기개최 일주일 전까지 원정 클럽이 요청한 적정 수의 좌석을 원정팀과 협의하여 결정한다. 또한, 원정 클럽 관중을 위한 전용출입문, 화장실, 매점 시설 등을 독립적으로 사용할 수 있도록 마련하여야 한다.
11. 경기장은 다음 항목의 부대시설을 갖추도록 권고한다.
   1) 운영 본부실
   2) 양 팀 선수대기실(냉·난방 및 냉·온수 가능)
   3) 심판대기실(냉·난방 및 냉·온수 가능)
   4) 실내 워밍업 지역 5) 경기감독관석 및 매치코디네이터석
   6) 경기기록석 7) 의무실
   8) 도핑검사실(냉·난방 및 냉·온수 가능)
   9) 통제실, 경찰 대기실, 소방 대기실
   10) 실내 기자회견장 11) 기자실 및 사진기자실
   12) 중계방송사룸(TV중계스태프용)
   13) VIP룸 14) 기자석
   15) 장내방송 시스템 및 장내방송실
   16) TV중계 및 라디오 중계용 방송 부스
   17) 동영상 표출이 가능한 대형 전광판
   18) 출전선수명단 게시판
   19) 태극기, 대회기, 연맹기, 양 클럽 깃발을 게재할 수 있는 게양대
   20) 입장권 판매소 21) 종합 안내소 22) 관중을 위한 응급실
   23) 화장실 24) 식음료 및 축구 관련 상품 판매소
   25) TV카메라 설치 공간 26) TV중계차 주차장 공간
   27) 케이블 시설 공간 28) 전송용기자재 등 설치 공간
   29) 믹스드 존(Mixed Zone) 30) 기타 연맹이 정하는 시설, 장비

제9조 (조명장치)

1. 경기장에는 그라운드 평균 1,200lux 이상 조도를 가진 조명 장치를 설치하여 조명의 밝음을 균일하게 유지하여야 한다. 또한 정전에 대비하여 1,000lux 이상의 조도를 갖춘 비상조명 장치를 구비하여야 한다.
2. 홈 클럽은 경기장 조명 장치의 이상 유·무를 사전에 확인하여 장애를 미연에 방지하는 한편, 고장 시 신속하게 수리할 수 있도록 모든 조치와 최선의 노력을 다하여야 한다.

제10조 (벤치)

1. 팀 벤치는 원칙적으로 다음 요건을 충족하여야 한다.
   1) FIFA가 정한 규격의 기술지역(테크니컬에어리어) 내에 설치하여야 한다.
   2) 벤치 터치라인으로부터 5m 이상 떨어지는 한편 그 끝이 하프라인으로부터 8m 떨어지는 위치에 설치하여야 한다.
   3) 투명한 재질의 지붕을 갖추고 있어야 하며, 최소 20인 이상 앉을 수 있는 좌석이 준비되어야 한다(다만, 관중의 시야를 방해해서는 안 된다).
2. 홈 팀 벤치는 본부석에서 그라운드를 향해 좌측에 설치하여야 한다.
3. 홈, 원정 팀 벤치에는 팀명을 표기한 안내물을 부착하여야 한다.
4. 제4의 심판(대기심판) 벤치를 준비하여야 하며, 다음 요건을 충족하여야 한다.
   1) 벤치 터치라인으로부터 5m 이상 떨어지는 그라운드 중앙에 설치하여야 한다. 단, 방송사의 요청 시에는 카메라 위치에 방해가 되지 않는 위치에 설치하여야 한다.
   2) 투명한 재질의 지붕을 갖추고 있어야 한다(다만, 관중의 시야를 방해해서는 안 된다).
   3) 대기심판 벤치 내에는 최소 3인 이상 앉을 수 있는 좌석과 테이블이 준비되어야 한다.

제11조 (의료시설) 홈 클럽은 선수단, 관계자, 관중 등을 위해 경기개시 90분 전부터 경기종료 후 모든 관중 및 관계자가 퇴장할 때까지 의료진(의사, 간호사, 1급 응급구조사)과 특수구급차를 반드시 대기시켜야 한다. 이를 위반할 경우, 본 대회요강 제35조 3항에 의한다.

제12조 (경기장에서의 고지)

1. 홈 클럽은 경기장에서 다음의 각 항목 사항을 전광판 및 장내 아나운서(멘트)를 통해 고지하여야 한다.
   1) 공식 대회명칭(반드시 지정된 방식 및 형태에 맞게 전광판 노출)
   2) 선수, 심판 및 경기감독관 소개
   3) 대회방식 및 경기방식
   4) K리그 선수 입장곡(K리그 앤섬 'Here is the Glory' BGM)
   5) 선수 및 심판 교체
   6) 득점자 및 득점시간(득점 직후에)
   7) 추가시간(전·후반 전광판 고지 및 장내아나운서 멘트 동시 실시)
   8) 다른 공식경기의 중간 결과 및 최종 결과
   9) 관중 수(후반전 15~30분 발표)
   10) 상기1~10호 이외 연맹이 지정하는 사항
   11) 경기 중, 경기정보 전광판 표출(양팀 출전선수명단, 경고, 퇴장, 득점)
2. 홈 클럽은 경기 전·후 및 하프타임에 다음의 각 항목 사항을 실시하는 것이 가능하다.
   1) 다음 경기예정 및 안내 2) 연맹의 사전 승인을 얻은 광고 선전
   3) 음악방송 4) 팀 또는 선수에 관한 정보 안내
   5) 상기 1~4호 이외 연맹의 승인을 얻은 사항

제13조 (홈 경기장에서의 경기개최) 각 클럽은 홈경기의 과반 이상을 홈 경기장에서 실시하여야 한다. 다만, 이사회의 승인을 얻은 경우는 제외된다.

제14조 (경기장 점검)

1. 홈 클럽이 기타 경기장에서 경기를 개최하고자 할 경우 해당 경기개최 30일 전까지 연맹에 시설 점검을 요청하여 경기장 실사를 받아야 하며, 이때 제출하여야 하는 서류는 다음과 같다.
   1) 경기장 시설 현황 2) 홈경기 안전계획서
2. 연맹의 보완 지시가 있을 경우 이에 대한 이행 결과를 경기개최 15일 전까지 서면 보고하여야 한다.
3. 연맹은 서면보고접수 후 재점검을 통해 문제점 보완이 미흡하다고 판단될 경우 경기 개최를 불허한다. 이 경우 홈 클럽은 연고지역 내에서 「법령」, 「K리그 경기장 시설기준」에 부합하는 타 경기장(대체구장)을 선정하여 상기 1항, 2항의 절차에 따라 연맹의 승인을 받아야 한다.
4. 홈 클럽이 원하는 경기장에서 경기개최가 불가능하다고 판단될 경우, 본 대회요강 제17조 2항에 따른다(연맹 경기규정 30조 2항).
5. 상기 3항을 이행하지 않는 클럽은 본 대회요강 제19조 1항에 따른다(연맹 경

기규정 32조 1항).

제15조 (악천후의 경우 대비조치)_

1. 홈 클럽은 강설 또는 강우 등 악천후의 경우에도 홈경기를 개최할 수가 있도록 최선의 노력을 다하여야 한다.
2. 악천후로 인하여 경기개최가 불가능하다고 판단될 경우, 경기감독관은 경기개최 3시간 전까지 경기개최 중지를 결정하여야 한다.

제16조 (경기중지 결정)_

1. 경기 전 또는 경기 중 중대한 불상사 등으로 경기를 계속하기 어려운 사태가 발생하였을 경우, 주심은 경기감독관에게 경기중지를 요청할 수 있으며, 경기감독관은 동 요청에 의거하여 홈 클럽 및 원정 클럽 관계자의 의견을 참고한 후 경기중지를 결정할 수 있다.
2. 상기 1항의 경우 또는 관중의 난동 등으로 경기장의 질서 유지가 어려운 경우, 경기감독관은 주심의 경기중지 요청이 없더라도 경기중지를 결정할 수 있다.
3. 경기감독관은 경기중지 결정을 내린 후, 지체 없이 그 사유를 연맹에 보고하여야 한다.

제17조 (재경기)_

1. 경기가 악천후, 천재지변 등 불가항력에 의하여 경기개최 불능 또는 중지(중단)되었을 경우, 재경기는 원칙적으로 익일 동일 경기장에서 개최한다. 단, 연기된 경기가 불가피한 사유로 다시 연기될 경우 개최일시 및 장소는 연맹이 정하여 추후 공시한다.
2. 경기장 준비부족, 시설미비 등 점검 미비에 따른 홈 클럽의 귀책사유로 인하여 경기개최 불능 또는 중지(중단)되었을 경우, 재경기는 원정 클럽의 홈 경기장에서 개최한다.
3. 재경기 방식에 대해서는 다음 각 호에 의한다.
   1) 이전 경기에서 양 클럽의 득실차가 없을 때는 90분간 재경기를 실시한다.
   2) 이전 경기에서 양 클럽의 득실차가 있을 때는 중지 시점에서부터 잔여 시간만의 재경기를 실시한다.
4. 재경기 시, 앞 항 1호의 경우 이전 경기에서 발생된 경고, 퇴장 기록만이 인정되며 선수교체는 팀당 최대 3명까지 가능하다. 앞 항 2호의 경우 이전 경기에서 발생된 모든 기록이 인정되며 선수교체는 이전 경기를 포함하여 3명까지 할 수 있다.
5. 재경기 시 이전 경기에서 발생된 경고 및 퇴장은 유효하며, 경고 및 퇴장에 대한 처벌(징계)은 경기순서대로 연계 적용한다.

제18조 (귀책사유가 있는 클럽의 비용 보상)_

1. 홈 클럽의 귀책사유에 의해 경기개최 불능 또는 중지(중단)되었을 경우, 홈 클럽은 원정 클럽에 교통비 및 숙식비를 보상하여야 한다.
2. 원정 클럽의 귀책사유에 의해 경기개최 불능 또는 중지(중단)되었을 경우, 원정 클럽은 홈 클럽에 발생한 경기준비 비용 및 입장권 환불 수수료, 교통비 및 숙식비를 보상하여야 한다.
3. 상기 1항, 2항과 관련하여 천재지변 등 불가항력에 의한 경우는 제외한다.

제19조 (패배로 간주되는 경우)_

1. 공식경기 개최거부 또는 속행 거부 등(경기장 질서문란, 관중의 난동 포함) 어느 한 클럽의 귀책사유로 인하여 공식경기가 개최불능 또는 중지(중단)되었을 경우, 그 귀책사유가 있는 클럽이 0 : 3 패배한 것으로 간주한다.
2. 공식경기에 무자격선수가 출장한 것이 경기 중 또는 경기 후 발각되어 경기종료 후 48시간 이내에 상대 클럽으로부터 이의가 제기된 경우, 무자격선수가 출장한 클럽이 0 : 3 패배한 것으로 간주한다. 다만, 경기 중 무자격선수가 출장한 것이 발각되었을 경우, 해당 선수를 퇴장시키고 경기는 속행한다.
3. 상기 1항, 2항에 따라 어느 한 클럽의 0 : 3 패배를 결정한 경우에도 양 클럽 선수의 개인기록(출장, 경고, 퇴장, 득점, 도움 등)은 그대로 인정한다.
4. 상기 2항의 무자격 선수는 K리그 미등록 선수, 경고누적 또는 퇴장으로 인하여 출전이 정지된 선수, 상벌위원회 징계, 외국인 출전제한 규정을 위반한 선수 등 그 시점에서 경기출전 자격이 없는 모든 선수를 의미한다.

제20조 (대회 중 잔여경기 포기)_ 대회 중 잔여 경기를 포기하는 경우, 다음 각 항에 의한다.

1. 대회 전체 경기수의 3분의 2 이상을 수행하였을 경우, 지난 경기 결과를 그대로 인정하고, 잔여 경기는 포기한 클럽이 0 : 3 패배한 것으로 간주한다.
2. 대회 전체 경기 수의 3분의 2 이상을 수행하지 못했을 경우, 포기한 클럽과의 경기 결과를 모두 무효 처리한다.

제21조 (경기결과 보고)_ 모든 경기결과의 보고는 경기감독관 보고서, 심판 보고서, 경기기록지에 의한다.

제22조 (경기규칙)_ 본 대회의 경기는 FIFA 및 KFA의 경기규칙에 따라 실시되며, 특별한 사항이 발생 시에는 연맹이 결정한다.

제23조 (경기시간 준수)_

1. 본 대회는 90분(전·후반 각 45분) 경기를 실시한다.
2. 모든 클럽은 미리 정해진 경기시작 시간(킥오프 타임)과 경기 중 휴식시간(하프타임)을 반드시 준수하여야 한다. 하프타임 휴식은 15분을 초과할 수 없으며, 양 팀 출전선수는 후반전 출전을 위해 후반전 개시 3분 전(하프타임 12분)까지 심판진과 함께 대기 장소에 집결하여야 한다.
3. 경기시작 시간과 하프타임 시간을 준수하지 않아 경기가 지연될 경우, 귀책사유가 있는 해당 클럽에 제재금(100만 원 이상)을 부과할 수 있다. 동일 클럽이 위반 행위를 반복할 경우, 직전에 부과한 제재금의 2배를 부과할 수 있다. 단, 1회 부과할 수 있는 최대 제재금은 400만 원 이내로 한다.

제24조 (승점)_ 본 대회의 승점은 승자 3점, 무승부 1점, 패자 0점을 부여한다.

제25조 (순위결정)_

1. 정규 라운드(1~44R) 순위는 승점 → 다득점 → 득실차 → 다승 → 승자승 → 벌점 → 추첨 순서로 결정한다.
2. 최종순위 결정 방식은 다음과 같다.
   1) 최종순위는 정규라운드(1~44R) 성적에 따라 결정한다. 단, 정규 라운드 2위~4위 팀은 챌린지 플레이오프 결과에 따라 최종순위를 결정한다.
   2) 챌린지 플레이오프 승리(승강 플레이오프 진출) 팀을 2위로 한다.
   3) 챌린지 플레이오프에서 패한(승강 플레이오프 진출 실패) 팀을 4위로 한다.
3. 벌점에 대한 기준은 다음과 같다.
   1) 경고 및 퇴장 관련 벌점
      ① 경고 1점 ② 경고 2회 퇴장 2점
      ③ 직접 퇴장 3점 ④ 경고 1회 후 퇴장 4점
   2) 상벌위원회 징계 관련 벌점
      ① 제재금 100만 원당 3점 ② 출전정지 1경기당 3점
   3) 코칭스태프 및 팀 스태프 퇴장, 클럽(임직원 포함)에 부과된 징계는 팀 벌점에 포함한다.
4. 개인기록 순위결정
   1) 개인기록순위 결정은 본 대회(1~44R) 성적으로 결정한다.
   2) 득점(Goal) 개인기록순위 결정의 우선 순서는 다음과 같다.
      ① 최다득점선수 ② 출전경기가 적은 선수 ③ 출전시간이 적은 선수
   3) 도움(Assist) 개인기록순위 결정의 우선 순서는 다음과 같다.
      ① 최다도움선수 ② 출전경기가 적은 선수 ③ 출전시간이 적은 선수

제26조 (시상)_ 본 대회의 단체상 및 개인상 시상내역은 다음과 같다.

구분		시상내역	비고
단체상	우승	상금 100,000,000원 + 트로피	
개인상	최다득점선수	상금 3,000,000원 + 상패	대회 개인기록
	최다도움선수	상금 1,500,000원 + 상패	대회 개인기록

제27조 (출전자격)_

1. K리그 선수규정 4조에 의거하여 선수 등록을 완료한 선수만이 공식경기에 출전할 자격을 갖는다.
2. K리그 선수규정 5조에 의거하여 연맹에 등록을 완료한 코칭스태프 및 팀 스태프 중 출전선수명단에 등재된 자만이 공식경기 중, 벤치에 착석할 수 있으며, 경기 중 기술지역에서의 선수지도행위는 1명만이 할 수 있다(통역 1명 대동 가능).
3. 제재 중인 지도자(코칭스태프, 팀 스태프 포함)는 다음 항목을 준수하여야 한다.
   1) 출전정지제재 중이거나 경기 중 퇴장 조치된 지도자는 공식경기에서 관중석, 선수대기실을 제외한 지역에 대해 출입이 제한되며, 그라운드에서 사전 훈련 및 경기 중 어떠한 지도(지시) 행위도 불가하다.
   2) 징계 중인 지도자(원정팀 포함)가 경기를 관전하고자 할 경우, 홈 클럽은 본부석 쪽에 좌석을 제공하여야 하며, 해당 지도자의 안전을 위한 조치를 취해야 한다.
   3) 상기 제1호를 위반할 경우, 연맹 상벌규정 제12조 제2항에 해당하는 제재를 부과할 수있다.

제28조 (출전선수명단 제출의무)_

1. 공식경기에 참가하는 홈 클럽과 원정 클럽은 경기개시 90분 전까지 경기감독관에게 출전선수명단을 제출하여 승인을 받아야 하며, 출전선수 스타팅 포메이션(Starting Formation)을 별지로함께제출하여야 한다.
2. 출전선수명단에는 출전 선수, 코칭스태프 및 팀 스태프 명단, 유니폼 색상이 포함되어야 하며, 제출된 인원만이 해당 공식경기 출전과 팀 벤치 착석 및 기술지역 출입, 선수 지도를 할 수 있다. 단, 출전선수명단에 등재할 수 있는 코칭스태프 및 팀 스태프의 수는 최대 8명(주치의, 통역 제외)까지로 한다.
3. 본 대회의 출전선수명단은 18명을 원칙으로 하며, 다음의 사항을 반드시 준수하여야 한다.
   1) 골키퍼(GK)는 반드시 국내 선수이어야 하며, 후보 골키퍼(GK)는 반드시 1명이 포함되어야 한다.
   2) 외국인선수의 경우, 출전선수명단에 3명까지 등록할 수 있으며 3명까지 경기 출전이 가능하다. 단, AFC 가맹국 국적의 외국인선수는 1명에 한하여 추가 등록과 출전이 가능하다.
   3) 22세 이하(1994.01.01이후 출생자) 국내선수는 출전선수명단에 최소 2명 이상 포함(등록)되어야 한다. 만일, 22세 이하 국내선수가 출전선수명단에 포함되어 있지 않을 경우, 해당 인원만큼 출전선수명단에서 제외한다(즉, 22세 이하 국내선수가 1명 포함될 경우 출전선수명단은 17명으로 하며, 전혀 포함되지 않을 경우, 출전선수명단은 16명으로 한다).
   4) 출전선수명단에 포함된 22세 이하 선수 1명은 반드시 의무선발출전을 해야 한다. 만일, 22세 이하 선수가 의무선발출전을 하지 않을 경우, 선수교체 가능 인원은 2명으로 제한한다(29조 2항 참조).
   5) 단, 군/경팀은 위 3항, 4항에 적용받지 않으며, 군/경팀과 경기 시 그 상대팀도 위 3항,4항에 한시적으로 적용받지 않는다.
   6) 클럽에 등록된 22세 이하 국내선수 1명 이상이 KFA 각급 대표팀 선수로 소집(소집일~해산일)될 경우, 해당 클럽에 한해 소집 기간 동안 개최되는 경기에 의무선발출전 규정(상기 4호)을 적용하지 않으며, 차출된 선수의 수(인원)만큼 엔트리 등록 규정도 적용하지 않는다.

U22선수 각급대표 소집	출전선수 명단(엔트리) U22선수 포함 인원	출전선수 명단(엔트리) 등록가능 인원	U22선수 의무선발 출전	선수교체 가능인원	비고
0명	0명	16명	0명	2명	
	1명	17명	1명	3명	U22선수 의무 선발 출전을 하지 않을 경우, 선수교체 가능인원 2명으로 제한
	2명 이상	18명	1명	3명	
1명	0명	17명	0명	3명	
	1명 이상	18명	0명	3명	
2명 이상	0명	18명	0명	3명	

5. 순연 경기 및 재경기(90분 재경기에 한함)의 출전선수명단은 다시 제출하여야 한다.

제29조 (선수교체)_

1. 본 대회의 선수 교체는 경기감독관이 승인한 출전선수명단에 의해 후보선수 명단 내에서만 가능하다.
2. 선수 교체는 90분 경기에서 3명까지 가능하다. 단, 본 대회요강 제28조 4항-4)호에 의거, 22세 이하 국내선수가 선발출전하지 않을 경우 해당 클럽은 2명까지 선수교체가 가능하다. 이를 위반할 경우 제19조 2항~4항에 따른다.
3. 출전선수명단 승인(경기감독관 서명) 후, 선발출전선수 11명 중 경기출전이 불가한 선수가 발생할 경우, 전반전 킥오프 전까지 경기감독관의 승인 하에 출전선수명단의 교체 대상선수 7명에 한하여, 교체할 수 있으며, 교체된 선수는 후보선수명단으로 포함되나 해당 경기에 출전할 수 없다.
   1) 상기 3항의 경우, 선수교체 인원으로 적용되지 않으며, 3명의 선수교체 가능 인원 수는 유효하다.
   2) 선발출전선수 11명 중 23세이하 (1993.01.01이후 출생자) 의무선발출전선수가 출전이 불가하여 후보 선수명단 내의 23세이하 선수와 교체될 경우 선수교체 가능인원은 3명으로 유지된다. 단, 23세이하가 아닌 선수와 교체될 경우 제28조 3-4)항에 의하여 선수교체 가능인원은 2명으로 제한한다.
   3) 출전선수명단 내 교체 대상선수 7명 중 경기출전이 불가한 선수가 발생하더라도 해당 선수는 명단 외 선수와 교체할 수 없다.

제30조 (출전정지)_

1. 본 대회에서 경고누적에 의한 출전정지 및 퇴장(경고 2회 퇴장, 직접 퇴장, 경고 1회 후 직접 퇴장)에 의한 출전정지는 본 대회(챌린지 플레이오프 포함) 종료까지 연계 적용한다.
2. 경고누적에 의한 출전정지는 경고누적 3회 때마다 다음 1경기가 출전정지된다.
3. 1경기 경고 2회 퇴장에 의한 출전정지는 다음 1경기가 출전 정지되며, 제재금은 오십만 원(500,000원)이 부과된다. 이 경고는 누적에 산입되지 않는다.
4. 직접 퇴장에 의한 출전정지는 다음 2경기가 출전 정지되며, 제재금은 칠십만 원(700,000원)이 부과 된다.
5. 경고 1회 후 직접 퇴장에 의한 출전정지는 다음 2경기가 출전 정지되며, 제재금은 일백만 원(1,000,000원)이 부과된다. 경고 1회는 유효하며, 누적에 산입된다.
6. 제재금은 출전 가능경기 1일 전까지 반드시 해당자 명의로 납부하여야 한다. 이를 위반할 경우, 경기 출전이 불가하다. 출전 가능경기가 남아 있지 않을 경우, 본 대회 종료 15일 이내에 납부하여야 한다.
7. 상벌위원회 징계로 인한 출전정지는 시즌 및 대회에 관계없이 연계 적용한다.

제31조 (유니폼)_

1. 본 대회는 반드시 연맹이 승인한 유니폼을 착용해야 한다.
2. 선수 번호(배번은 1번~99번에 한정하며, 배번 1번은 GK에 한함)는 출전선수명단에 기재된 선수 번호와 일치하여야 하며, 배번의 식별이 가능하도록 명확하게 표시되어 있어야 한다.
3. 팀의 주장은 주장인 것을 명확하게 표시하는 완장(Armband)을 착용하여야 한다.
4. 공식경기에 참가하는 모든 클럽은 제1유니폼과 제2유니폼을 필히 지참함을 원칙으로 하며, 경기 전 연맹 및 상대 클럽과 유니폼 착용 색상과 관련하여 사전 조율하여야 한다. 이를 따르지 않을 경우, 위반한 클럽에 제재금 500만 원을 부과할 수 있다.
5. 동절기 방한용 내피 상의 또는 하의(타이즈)를 착용하고자 할 때는 유니폼(상·하의) 색상과 동일한 색상을 착용하여야 한다. 이를 위반할 경우 경기출전이 불가하다.
6. 스타킹과 발목밴드(테이핑)는 동일 색상(계열)이어야 한다. 이를 위반할 경우 경기출전이 불가하다.

제32조 (사용구)_ 본 대회의 공식 사용구는 아디다스 '에레조타 OMB(adidas Errejota OMB)'로 한다.

제33조 (인터뷰 실시)_

1. 홈 클럽은 공동취재구역인 믹스드 존(Mixed Zone)과 공식기자회견장을 반드시 마련하고, 양 클럽 홍보담당자는 경기 전 인터뷰, 경기 후 플래시인터뷰, 공식기자회견, 믹스드 존 인터뷰가 원활히 이뤄질 수 있도록 협조하여야 한다.
2. 양 클럽 선수단은 경기장에 도착하여 라커룸으로 이동 시 믹스드 존에서 미디어(취재기자에 한함)의 인터뷰에 응하여야 한다.
3. 양 클럽 선수단은 경기개시 90분~70분 전까지 홈 클럽이 지정한 장소(라커 앞, 경기장 출입 통로, 그라운드 주변, 믹스드 존 등)에서 인터뷰에 응하여야 하며, 양 클럽 홍보담당자는 미디어(취재기자에 한함)가 요청하는 선수가 인터뷰에 응할 수 있도록 협조한다.
4. 양 클럽 감독은 경기개시 60분~20분 전까지 미디어(취재기자에 한함)와 약식 인터뷰를 실시하여야 한다.
5. 홈 클럽은 경기종료 직후 중계방송사가 요청하는 감독 또는 선수에 대해 그라운드에서 플래시 인터뷰를 우선 실시하여야 하며, 양 클럽 홍보담당자는 인터뷰 대상자를 경기 종료 전 확인하여 경기종료 직후 인계한다.
6. 홈 클럽은 경기종료 후 15분 이내에 홈 클럽 홍보담당자의 진행하에 양 클럽 감독과 미디어가 요청하는 선수가 순차적으로 참석하는 공식기자회견을 개최하여야 하며, 양 클럽 홍보담당자는 감독 및 미디어 요청선수가 공식기자회견에 참석할 수 있도록 협조한다.
7. 공식기자회견은 원정 - 홈 클럽 순서로 진행하며, 선수의 순서는 양 클럽 홍보담당자가 협의하여 정한다.
8. 미디어 부재로 공식기자회견을 개최하지 않은 경우, 홈 클럽 홍보담당자는 양 클럽 감독의 코멘트를 경기 종료 1시간 이내에 각 언론사에 배포한다.
9. 제재 중인 지도자(코칭스태프 및 팀 스태프 포함)도 경기 전, 후 인터뷰와 공식 기자회견 등에 참석해야 한다.

10. 양 클럽 선수단은 공식기자회견이 종료된 이후에 선수단 라커룸을 출발하여 믹스트 존 인터뷰에 응하여야 한다(홈팀 필수 / 원정팀 권고).
11. 모든 기자회견은 연맹이 지정한 인터뷰 배경막(백드롭)을 배경으로 실시하여야 한다.
12. 인터뷰를 실시하지 않거나 공식기자회견에 참석하지 않을 경우, 해당 클럽과 선수, 감독에게 제재금(50만 원 이상)을 부과할 수 있다.
13. 인터뷰에서는 경기의 판정이나 심판과 관련하여 일체의 부정적인 언급이나 표현을 할 수 없으며, 위반 시 다음의 각 호에 의한다.
1) 각 클럽 소속 선수, 코칭스태프, 팀 스태프, 임직원 등 모든 관계자에게 적용되며, 위반할 시 상벌규정 유형별 징계기준 제2조 가, 항 혹은 나, 항을 적용하여 제재를 부과한다.
2) 공식 인터뷰뿐만 아니라 대중에게 공개될 수 있는 어떠한 경로를 통한 언급이나 표현에도 적용된다.
14. 그 밖의 사항은 '2016 K리그 미디어 가이드라인'을 따른다.

제34조 (중계방송협조)_
1. 본 대회의 경기 중계방송시 카메라나 중계석 위치 확보, 방송 인터뷰를 위해 모든 클럽은 중계 방송사와 연맹의 요청에 최대한 협조한다.
2. 사전에 지정된 경기시간은 방송사의 요청에 따라 변경될 수 있다.

제35조 (경기장 안전과 질서유지)_
1. 홈 클럽은 경기개시 180분 전부터 경기종료 후 모든 관중 및 관계자가 퇴장할 때까지 선수, 팀 스태프, 심판을 비롯한 전 관계자와 관중의 안전 및 질서 유지에 대한 의무와 책임이 있다.
2. 홈 클럽은 상기 1항의 의무 실시를 위해 최선의 노력을 다해야 하며, 경기장 안전 및 질서를 어지럽히는 관중에 대해 그 입장을 제한하고 강제 퇴장시키는 등의 적정한 조치를 취할 수 있다.
3. 연맹, 홈 또는 원정 클럽, 선수, 코칭스태프 및 팀 스태프, 관계자를 비방하는 사안이나, 경기진행 및 안전에 지장을 줄 수 있는 모든 사안에 대해서는 경기감독관의 지시에 의해 관련 클럽은 즉각 이를 시정 조치하여야 한다. 만일, 경기감독관의 지시에도 불구하고 시정 조치되지 않을 경우 상벌규정 유형별 징계기준 제5조 마, 항에 의거, 해당 클럽에 제재를 부과할 수 있다.
4. 관중의 소요, 난동으로 인해 경기 진행에 문제가 발생하거나, 선수, 심판, 코칭스태프 및 팀 스태프를 비롯한 관중의 안전과 경기장 질서 유지에 문제가 발생할 경우에는 관련 클럽이 사유를 불문하고 그에 대한 일체의 책임을 부담한다.

제36조 (홈 경기 관리 책임자 선정 및 경기장 안전요강)_ 모든 클럽은 경기장 안전 및 원활한 진행을 위해 홈경기 관리책임자 및 홈경기 안전책임자를 선정하여 연맹에 보고하여야 하며, 아래의 경기장 안전요강을 숙지하여 실행하고 관중에게 사전 공지 또는 고지하여야 한다. 또한 홈경기 관리책임자 및 홈경기 안전책임자는 경기감독관 및 매치코디네이터의 업무 및 지시 사항에 대해 최대한 협조하여야 한다.
1. 반입금지물: 경기장에 입장하려는 사람 또는 입장한 사람은 홈경기 관리책임자 및 홈경기 안전책임자가 특별히 필요 사항에 의해 허락했을 경우를 제외하고 다음 각 호에 명시된 것을 가지고 입장할 수 없다.
1) 경기장 관리자에 의해 반입을 금지하고 있는 것.
2) 정치적, 사상적, 종교적인 주의 또는 주장 또는 관념을 표시하거나 또는 연상시키고 혹은 대회의 운영에 지장을 미칠 우려가 있는 게시판, 간판, 현수막, 플래카드, 문서, 도면, 인쇄물 등.
3) 연맹의 승인을 득하지 않은 특정의 회사 또는 영리기업의 광고를 목적으로 하여 특정의 회사명, 제품명 등을 표시한 것(특정 회사, 제품 등을 연상시키는 것 포함).
4) 그 외 경기운영 또는 진행을 방해하여 타인에게 불편을 주거나 또는 위험하게 하거나 혹은 그러한 우려가 있거나 또는 운영담당·보안담당, 경비종사원이 위험성을 인정하는 것.
2. 금지행위: 경기장에 입장하려는 사람 또는 입장한 사람은 홈경기 관리책임자 및 홈경기 안전책임자가 특별히 필요 사항에 의해 허락했을 경우를 제외하고는 다음 각 호에 명시되는 행위를 해서는 안 된다.
1) 경기장 관리자에 의해 금지되고 있는 행위.
2) 정당한 입장권 또는 통행증을 소지하지 않고 입장하는 것.
3) 항의 집회, 데모 등 대회의 원활한 운영을 저해할 우려가 있는 행위.
4) 알코올, 약물 그 외 물질을 소유 및 복용한 상태로 경기장에 입장하는 행위 또는 경기장에 이러한 물질을 방치해 두어 이것들의 영향에 의해 경기운영 또는 타인의 행위 등을 저해하는 행위(알코올 등의 영향에 의해 정상적인 행위를 할 수 없는 우려가 있는 상태일 경우 입장 불가).
5) 해당 경기장(시설) 및 관련 장소에서 권유, 연설, 집회, 포교 등의 행위.
6) 정해진 장소 외에서 차량을 운전하거나 주차하는 것.
7) 상행위, 기부금 모집, 광고물의 게시 등의 행위.
8) 정해진 장소 외에 쓰레기 및 오물을 폐기하는 것.
9) 연맹의 승인 없이 영리목적으로 경기장면, 식전행사, 관객 등을 사진 또는 비디오로 촬영하는 것.
10) 연맹의 승인 없이 대회의 음성, 영상의 전부 또는 일부를 인터넷 및 미디어를 통해 전달하는 것.
11) 경기운영 또는 진행을 방해하여 타인에게 폐를 끼치거나 또는 위험을 미치거나 혹은 그러한 우려가 있으면서 경비종사원이 위험성을 인정한 행위.
3. 경기장 관련: 경기장에 입장하려는 사람 또는 입장한 사람은 다음의 각 호에 명시하는 사항을 준수하여야 한다.
1) 입장권, 신분증, 통행증 등의 제시가 요구되었을 때는 이것을 제시해야 함
2) 안전 확보를 위해 수화물, 소지품 등의 검사가 요구되었을 때는 이것에 따라야 함
3) 사건·사고가 발생하거나 또는 발생 우려가 예상되는 경우, 경비 종사원 또는 치안 당국의 지시, 안내, 유도 등에 따라 행동할 것
4. 입장거부 또는 퇴장명령
1) 홈경기 관리책임자 및 홈경기 안전책임자는 상기 3-1호, 2호, 3호의 경기장 안전요강을 위반한 사람의 입장을 거부하여 경기장으로부터의 퇴장을 명할 수 있으며, 상기 3항에 의거하여 반입금지물 몰수 등 필요한 조치를 취할 수 있다.
2) 홈경기 관리책임자 및 홈경기 안전책임자는 상기 4-1호에 해당하는 사람 중에서 특히 고의, 상습으로 확인된 사람에 대해서는 이후 개최되는 연맹 주최의 공식경기에 입장을 거부할 수 있다.
3) 홈경기 관리책임자 및 홈경기 안전책임자에 의해 입장이 거부되거나 경기장에서 퇴장을 받았던 사람은 입장권 구입 대금의 환불을 요구할 수 없다.
5. 권한의 위임: 홈경기 관리책임자는 특정 시설에 대해 그 권한을 타인에게 위임할 수 있다.
6. 안전 가이드라인 준수: 모든 클럽은 연맹이 정한 'K리그 안전가이드라인'을 준수하여야 한다.

제37조 (기타 유의사항)_ 각 클럽은 아래의 사항을 숙지하고 준수하여야 한다.
1. 모든 취재 및 방송중계 활동을 위한 미디어 관련 입장자는 2016년도 미디어 가이드라인에 따라 입장하여야 하며 이를 준수하여야 한다.
2. 경기에 참가하는 선수단(코칭스태프, 팀 스태프 포함)은 경기시작 100분 전에 경기장에 도착하여야 한다.
3. 오픈경기는 본 경기 개최 1시간(60분) 전까지 반드시 종료되어야 하며, 연맹의 사전 승인을 받아야 한다.
4. 선수는 신체보호를 위해 반드시 정강이 보호대를 착용하고 경기에 임해야 한다.
5. 경기 중 클럽의 임원, 코칭스태프, 팀 스태프, 선수는 경기장 내에서 흡연을 할 수 없으며, 이를 위반할 경우 퇴장 조치한다.
6. 시상식에는 연맹이 지정한 클럽(팀)과 수상 후보자가 반드시 참석하여야 한다.
7. 체육진흥투표권(스포츠토토 등) 발매 이상 징후 대응경보 발생 시, 경기시작 90분 전 대응 미팅에 관계자(경기감독관, 매치코디네이터, 양 클럽 관계자 및 감독) 등이 참석하여야 한다.
8. 팀 벤치에서 무선통신기(휴대전화 포함) 시스템의 사용은 원칙적으로 불가하다.

제38조 (부칙)_ 본 대회요강에 명시되지 않은 사항은 K리그 규정, FIFA 규정, K리그 이사회 결정에 의거하여 시행한다.

3월 26일 14:00 맑음 대전 월드컵 18,082명
주심: 매호영 / 부심: 양재용·김지욱 / 대기심: 김영수 / 경기감독관: 전인석

대전 0 0 전반 2 / 0 후반 0 **2 대구**

퇴장	경고	파울	ST(유)	교체	선수명	배번	위치	위치	배번	선수명	교체	ST(유)	파울	경고	퇴장
0	0	0	0		이범수	25	GK	GK	21	조현우		0	0	0	0
0	0	3	1		완델손	77	DF	DF	16	김동진		0	1	0	0
0	1	3	1		김형진	3	DF	DF	20	황재원		1(1)	1	0	0
0	1	1	1		장클로드	13	DF	DF	4	박태홍		0	1	0	0
0	0	2	1	12	우현	4	DF	MF	3	정우재		0	3	0	0
0	1	2	0		김병석	5	MF	MF	6	이재권	8	1	1	0	0
0	0	0	0		이동수	16	MF	MF	29	류재문		0	1	0	0
0	1	2	0	10	구스타보	99	MF	MF	19	박세진		4(2)	0	0	0
0	0	2	3(1)		김선민	8	FW	MF	11	세징야	14	2	4	0	0
0	0	2	1(1)		서동현	9	FW	FW	9	파울로	17	1(1)	2	0	0
0	0	1	0	11	진대성	17	FW	FW	10	에델		2(1)	3	1	0
0	0	0	0		박주원	1			1	이양종		0	0	0	0
0	0	0	0	후14	박재우	12			2	오광진		0	0	0	0
0	0	0	0		장준영	20			13	조영훈		0	0	0	0
0	0	0	0		강윤성	27	대기	대기	8	데이비드	후30	0	0	0	0
0	0	0	1	후10	유승완	11			14	신창무	후45	0	0	0	0
0	0	0	0		박대훈	19			17	노병준	후38	0	0	0	0
0	0	0	0	후19	김동찬	10			7	최정한		0	0	0	0
0	4	18	9(2)			0			0			11(5)	17	1	0

●전반 10분 이재권 MFL TL ↷ 에델 PAR 내 R-ST-G (득점: 에델, 도움: 이재권) 왼쪽
●전반 27분 이재권 MFR FK ↷ 파울로 GAL H-ST-G (득점: 파울로, 도움: 이재권) 오른쪽

3월 26일 14:00 비 부산 아시아드 2,323명
주심: 박진호 / 부심: 곽승순·이상민 / 대기심: 성덕효 / 경기감독관: 김진의

부산 1 0 전반 2 / 1 후반 1 **3 안산**

퇴장	경고	파울	ST(유)	교체	선수명	배번	위치	위치	배번	선수명	교체	ST(유)	파울	경고	퇴장
0	0	0	0		이창근	1	GK	GK	1	이진형		0	0	1	0
0	1	2	3(2)		이원영	3	DF	DF	2	정다훤		0	2	0	0
0	1	2	1(1)		사무엘	4	DF	DF	15	최보경		0	2	0	0
0	1	2	1(1)		차영환	5	DF	DF	6	조성진		0	2	0	0
0	0	0	0	18	유지훈	33	MF	DF	22	김준엽		0	2	0	0
0	1	0	1		이규성	22	MF	MF	4	신형민		0	0	0	0
0	0	0	0	14	이청웅	17	MF	MF	8	정혁		1(1)	0	0	0
0	0	1	0		김대호	26	MF	MF	7	한지호	25	3(2)	2	1	0
0	0	1	1	13	다이고	99	MF	MF	19	주현재	10	1(1)	1	0	0
0	0	4	3(1)		홍동현	8	FW	MF	18	공민현	11	1(1)	0	0	0
0	0	0	1(1)		고경민	19	FW	FW	16	임선영		1(1)	4	0	0
0	0	0	0		구상민	21			34	손정현		0	0	0	0
0	0	0	0		이동일	29			5	안재준		0	0	0	0
0	0	0	0		이영재	89			3	박희철		0	0	0	0
0	0	0	0	후13	김진규	13	대기	대기	25	최진수	후41	0	0	0	0
0	0	0	0	후26	정석화	14			12	하정헌		0	0	0	0
0	0	0	0		최승인	10			10	이현승	후0	0	0	0	0
0	0	2	1	후0	스토야노비치	18			11	황지웅	후35	0	0	0	0
0	4	14	12(6)			0			0			7(6)	15	2	0

●후반 46분 차영환 PA 정면 FK R-ST-G (득점: 차영환) 오른쪽

●전반 13분 한지호 PK 우측지점 R-ST-G (득점: 한지호) 오른쪽
●전반 39분 주현재 PAR 내 R-ST-G (득점: 주현재) 가운데
●후반 35분 임선영 AKL L-ST-G (득점: 임선영) 가운데

3월 26일 14:00 흐림 창원 축구센터 4,330명
주심: 임정수 / 부심: 이영운·차상욱 / 대기심: 김동인 / 경기감독관: 강창구

경남 1 1 전반 0 / 0 후반 0 **0 강원**

퇴장	경고	파울	ST(유)	교체	선수명	배번	위치	위치	배번	선수명	교체	ST(유)	파울	경고	퇴장
0	0	0	0		이기현	21	GK	GK	18	함석민		0	0	0	0
0	0	0	0		이원재	5	DF	DF	77	백종환		1	4	2	0
0	0	0	2		박지수	23	DF	DF	33	이한샘		0	1	1	0
0	0	1	0		김정빈	22	DF	DF	40	김원균		0	3	1	0
0	1	2	0		장은규	37	DF	DF	22	정승용	16	0	3	0	0
0	1	6	0	4	박태웅	6	MF	MF	11	서보민		2	2	0	0
0	0	2	0		이관표	36	MF	MF	4	오승범		1(1)	1	0	0
0	0	1	1		임창균	19	MF	MF	8	허범산		1	1	0	0
0	0	1	1(1)	11	안성남	8	MF	MF	99	장혁진	24	1(1)	0	0	0
0	0	1	4(2)	24	송수영	16	MF	FW	17	심영성	10	0	1	0	0
0	0	2	0		크리스찬	9	FW	FW	23	마테우스		3(3)	4	0	0
0	0	0	0		이준희	1			30	안지현		0	0	0	0
0	0	0	0	후45	이반	4			19	길영태		0	0	0	0
0	0	0	0		전상훈	12			13	김윤호		0	0	0	0
0	0	1	0	후45	정현철	24	대기	대기	16	한석종	후28	0	0	0	0
0	0	0	0	후22	김슬기	11			24	고민성	후18	3	1	0	0
0	0	0	0		이상협	10			10	최진호	후18	0	0	0	0
0	0	0	0		김형필	99			32	방찬준		0	0	0	0
0	2	17	8(3)			0			0			12(5)	21	4	0

●전반 41분 임창균 PA 정면 내 H ~ 송수영 GAR R-ST-G (득점: 송수영, 도움: 임창균) 가운데

3월 27일 14:00 맑음 고양 종합 746명
주심: 최대우 / 부심: 김계용·박균용 / 대기심: 서동진 / 경기감독관: 전기록

고양 0 0 전반 0 / 0 후반 0 **0 안양**

퇴장	경고	파울	ST(유)	교체	선수명	배번	위치	위치	배번	선수명	교체	ST(유)	파울	경고	퇴장
0	0	0	0		강진웅	1	GK	GK	87	김선규		0	0	0	0
0	0	1	0		이상돈	12	DF	DF	3	안세희		0	4	0	0
0	0	1	0		박태형	16	DF	DF	15	김태호		1	1	0	0
0	0	1	0		권영호	18	DF	DF	14	안성빈		0	2	0	0
0	0	0	0		우혜성	30	DF	DF	90	구대영		0	0	0	0
0	0	1	0		박정훈	11	MF	MF	6	정재용		0	1	1	0
0	0	2	1(1)	77	윤영준	14	MF	MF	7	김민균		0	0	0	0
0	0	1	0	33	이도성	17	MF	MF	8	서용덕	17	3	1	0	0
0	0	1	3(1)		오기재	20	MF	MF	27	정재희	16	0	1	0	0
0	0	2	1	5	김상준	9	FW	MF	77	오르시니		3(1)	1	0	0
0	0	1	1		이예찬	23	FW	FW	11	자이로	9	3(1)	3	0	0
0	0	0	0		임홍현	31			21	최필수		0	0	0	0
0	0	1	1	후29	지구민	33			5	유종현		0	0	0	0
0	0	0	0		박승우	13			4	이상우		0	0	0	0
0	1	2	1	후19	인준연	5	대기	대기	16	안진범	후17	0	0	0	0
0	0	0	0		손세범	15			17	박승일	후41	0	0	0	0
0	0	0	0		남하늘	10			23	김영도		0	0	0	0
0	0	0	1	후8	빅토르	77			9	김영후	후17	2(1)	2	0	0
0	1	14	9(2)			0			0			12(3)	16	1	0

3월 27일 14 : 00 맑음 잠실 2,467명
주심: 박필준 / 부심: 손재선 · 장종필 / 대기심: 박영록 / 경기감독관: 김수현

서울E 0 　 0 전반 0 / 0 후반 0 　 **0 충주**

퇴장	경고	파울	ST(유)	교체	선수명	배번	위치	위치	배번	선수명	교체	ST(유)	파울	경고	퇴장
0	0	0	0		김 영 광	1	GK	GK	26	이 영 창		0	0	0	0
0	0	2	0		이 재 훈	3	DF	DF	22	김 한 빈		0	0	0	0
0	0	0	0	22	이 규 로	88	DF	DF	5	배 효 성		1	0	0	0
0	0	1	1(1)		칼라일 미첼	5	DF	DF	50	황 수 남		0	1	0	0
0	0	1	0		김 동 진	63	DF	DF	13	엄 진 태		0	1	0	0
0	0	2	1(1)		김 동 철	6	MF	MF	8	오 규 빈		1	2	1	0
0	1	2	1		김 재 성	7	MF	MF	24	김 용 태	6	1(1)	1	0	0
0	0	1	0		김 창 욱	26	MF	MF	14	김 정 훈		2(1)	0	0	0
0	0	1	1		주 민 규	18	FW	MF	19	장 백 규	20	1(1)	2	0	0
0	1	1	0	2	벨 루 소	10	FW	MF	10	김 도 형		3(2)	0	0	0
0	0	2	3(1)		타라바이	11	FW	FW	18	박 지 민	11	2(1)	3	0	0
0	0	0	0		이 상 기	21			1	권 태 안		0	0	0	0
0	0	0	0	후26	김 민 제	2			29	정 우 인		0	0	0	0
0	0	0	0		김 태 은	15			2	노 연 빈		0	0	0	0
0	0	0	0	후42	전 민 광	22	대기	대기	6	까스띠쇼	후25	0	1	0	0
0	0	0	0		김 지 훈	36			11	이 한 음	후33	1	0	0	0
0	0	0	0		안 태 현	17			9	김 신		0	0	0	0
0	0	0	0		김 현 규	24			20	김 용 진	후40	0	1	0	0
0	2	13	7(3)			0			0			12(6)	12	1	0

4월 02일 14 : 00 맑음 잠실 1,283명
주심: 김대용 / 부심: 이영운 · 차상욱 / 대기심: 최대우 / 경기감독관: 김용세

서울E 2 　 1 전반 0 / 1 후반 0 　 **0 대전**

퇴장	경고	파울	ST(유)	교체	선수명	배번	위치	위치	배번	선수명	교체	ST(유)	파울	경고	퇴장
0	0	0	0		김 영 광	1	GK	GK	1	박 주 원		0	0	0	0
0	0	1	0		이 재 훈	3	DF	DF	2	김 태 봉		0	2	0	0
0	0	1	1		이 규 로	88	DF	DF	20	장 준 영		0	2	0	0
0	0	1	0		칼라일 미첼	5	DF	DF	13	장클로드		1	2	1	0
0	1	0	0		김 동 진	63	DF	DF	12	박 재 우		0	0	0	0
0	1	1	0		김 동 철	6	MF	MF	5	김 병 석	15	1	1	0	0
0	0	0	0		김 재 성	7	MF	MF	16	이 동 수	19	1	3	0	0
0	0	2	1		김 창 욱	26	MF	MF	8	김 선 민		4(1)	2	0	0
0	0	1	0	2	주 민 규	18	FW	FW	10	김 동 찬	11	2(1)	3	0	0
0	0	0	0	17	벨 루 소	10	FW	FW	77	완 델 손		4(2)	2	0	0
0	0	0	3(2)		타라바이	11	FW	FW	99	구스타보		1(1)	2	0	0
0	0	0	0		이 상 기	21			31	김 지 철		0	0	0	0
0	0	0	0	후24	김 민 제	2			3	김 형 진		0	0	0	0
0	0	2	0	후17	안 태 현	17			15	강 영 제	후0	0	0	0	0
0	0	0	0		전 민 광	22	대기	대기	27	강 윤 성		0	0	0	0
0	0	0	0		김 지 훈	36			11	유 승 완	후15	0	0	0	0
0	0	0	0		조 우 진	14			19	박 대 훈	후27	0	1	0	0
0	0	0	0		김 현 규	24			7	한 의 권		0	0	0	0
0	2	9	5(2)			0			0			14(5)	20	1	0

● 전반 26분 주민규 MF 정면 ~ 타라바이 PAR 내 L-ST-G (득점: 타라바이, 도움: 주민규) 왼쪽
● 후반 44분 타라바이 PK-R-G (득점: 타라바이) 왼쪽

4월 02일 14 : 00 맑음 강릉 종합 2,016명
주심: 김희곤 / 부심: 장종필 · 박균용 / 대기심: 서동진 / 경기감독관: 김형남

강원 0 　 0 전반 0 / 0 후반 1 　 **1 부산**

퇴장	경고	파울	ST(유)	교체	선수명	배번	위치	위치	배번	선수명	교체	ST(유)	파울	경고	퇴장
0	0	0	0		함 석 민	18	GK	GK	21	구 상 민		0	0	0	0
0	0	1	0	24	김 윤 호	13	DF	DF	4	사 무 엘		1	1	0	0
0	0	1	0		이 한 샘	33	DF	DF	3	이 원 영		1	0	0	0
0	0	2	1(1)		안 현 식	6	DF	DF	5	차 영 환		0	0	0	0
0	0	1	0		정 승 용	22	DF	MF	26	김 대 호		0	3	0	0
0	0	2	1		한 석 종	16	MF	MF	17	이 청 웅		0	0	0	0
0	0	0	0		오 승 범	4	MF	MF	89	이 영 재		1(1)	0	0	0
0	0	2	1(1)	14	허 범 산	8	MF	MF	22	이 규 성		1	2	1	0
0	0	0	1	17	서 보 민	11	FW	FW	94	포 프	7	3(1)	2	1	0
0	0	0	2(1)		장 혁 진	99	FW	FW	19	고 경 민	14	0	2	0	0
0	0	0	1(1)		최 진 호	10	FW	FW	10	최 승 인	8	0	0	0	0
0	0	0	0		안 지 현	30			1	이 창 근		0	0	0	0
0	0	0	0		김 원 균	40			33	유 지 훈		0	0	0	0
0	0	0	0		최 우 재	3			13	김 진 규		0	0	0	0
0	0	0	0	후18	손 설 민	14	대기	대기	14	정 석 화	후15	0	0	0	0
0	0	0	1	후22	고 민 성	24			99	다 이 고		0	0	0	0
0	0	0	2(2)	후18	심 영 성	17			7	전 현 철	후31	0	0	0	0
0	0	0	0		방 찬 준	32			8	홍 동 현	후0	0	1	0	0
0	0	9	10(6)			0			0			7(2)	11	2	0

● 후반 5분 고경민 PAR ~ 이영재 AK 정면 L-ST-G (득점: 이영재, 도움: 고경민) 왼쪽

4월 02일1 5 : 00 안양 종합 9,145명
주심: 성덕효 / 부심: 손재선 · 이상민 / 대기심: 박진호 / 경기감독관: 김일호

안양 1 　 0 전반 0 / 1 후반 0 　 **0 경남**

퇴장	경고	파울	ST(유)	교체	선수명	배번	위치	위치	배번	선수명	교체	ST(유)	파울	경고	퇴장
0	0	0	0		김 선 규	87	GK	GK	21	이 기 현		0	0	0	0
0	0	1	0	3	유 종 현	5	DF	DF	5	이 원 재		0	0	0	0
0	0	1	0		김 태 호	15	DF	DF	23	박 지 수		1	0	0	0
0	0	2	0		안 성 빈	14	DF	DF	22	김 정 빈		0	2	0	0
0	0	1	0		구 대 영	90	DF	DF	37	장 은 규		0	1	0	0
0	0	3	3(3)		정 재 용	6	MF	MF	6	박 태 웅	27	0	4	0	0
0	0	0	3(1)		김 민 균	7	MF	MF	24	정 현 철	4	0	0	0	0
0	0	1	2(1)		서 용 덕	8	MF	MF	19	임 창 균		2(1)	1	0	0
0	1	1	0		안 진 범	16	MF	MF	16	송 수 영		0	1	0	0
0	0	2	2(1)	17	오르시니	77	FW	FW	99	김 형 필	10	1(1)	1	1	0
0	1	3	3(3)		자 이 로	11	FW	FW	9	크리스찬		0	0	0	0
0	0	0	0		최 필 수	21			1	이 준 희		0	0	0	0
0	0	0	0	후7	안 세 희	3			4	이 반	후20	0	0	0	0
0	0	0	0		이 상 우	4			27	박 주 성	후23	0	0	0	0
0	0	0	0	후35	박 승 일	17	대기	대기	36	이 관 표		0	0	0	0
0	0	0	0		김 영 도	23			11	김 슬 기		0	0	0	0
0	0	0	0		정 재 희	27			10	이 상 협	후8	2	0	0	0
0	0	0	0		김 영 후	9			18	김 영 욱		0	0	0	0
0	2	15	13(9)			0			0			6(2)	10	1	0

● 후반 21분 자이로 AK 정면 ~ 정재용 PA 정면 중거리슛 R-ST-G (득점: 정재용, 도움: 자이로) 오른쪽

4월 03일 13:30 흐림 충주 종합 3,118명
주심: 김영수 / 부심: 김지욱·송봉근 / 대기심: 임정수 / 경기감독관: 한병화

충주 0 | 0 전반 0 / 0 후반 1 | **1 부천**

퇴장	경고	파울	ST(유)	교체	선수명	배번	위치	위치	배번	선수명	교체	ST(유)	파울	경고	퇴장
0	0	0	0		이영창	26	GK	GK	1	류원우		0	0	0	0
0	0	1	2		김한빈	22	DF	DF	4	한희훈		0	0	0	0
0	1	2	1		배효성	5	DF	DF	6	강지용		0	1	1	0
0	0	3	0		정우인	29	DF	DF	14	이학민		0	1	0	0
0	0	1	0		엄진태	13	DF	DF	66	이후권		1	1	0	0
0	0	0	1		오규빈	8	MF	MF	7	문기한		2(1)	0	0	0
0	0	1	4(3)		김용태	24	MF	MF	8	송원재		0	1	0	0
0	0	0	0	23	김정훈	14	MF	MF	20	김륜도	77	1	0	0	0
0	1	0	2(1)	9	장백규	19	MF	FW	10	바그닝요		2(1)	10	1	0
0	0	0	1	11	김도형	10	MF	FW	9	루키안		0	1	0	0
0	0	1	1		박지민	18	FW	FW	16	진창수	11	1(1)	2	0	0
0	0	0	0		권태안	1			25	한상진		0	0	0	0
0	0	0	0		김상필	31			5	임동혁		0	0	0	0
0	0	3	0	후12	이태영	23			15	조범석		0	0	0	0
0	0	0	0		최유상	99	대기	대기	18	전기성		0	0	0	0
0	1	1	0	후37	이한음	11			77	김영남	후7	1	2	0	0
0	0	0	1	후18	김 신	9			11	에벨톤	후27	2(1)	0	0	0
0	0	0	0		김용진	20			23	황신영		0	0	0	0
0	3	13	13(4)			0			0			10(4)	19	2	0

● 후반 29분 문기한 MFR FK ↷ 에벨톤 GAL 내 H-ST-G (득점: 에벨톤, 도움: 문기한) 왼쪽

4월 03일 15:00 비 안산 와스타디움 4,072명
주심: 박영록 / 부심: 양재용·김영하 / 대기심: 김동인 / 경기감독관: 전인석

안산 1 | 1 전반 0 / 0 후반 0 | **0 고양**

퇴장	경고	파울	ST(유)	교체	선수명	배번	위치	위치	배번	선수명	교체	ST(유)	파울	경고	퇴장
0	0	0	0		이진형	1	GK	GK	1	강진웅		0	0	0	0
0	0	2	0		정다훤	2	DF	DF	12	이상돈		0	0	0	0
0	0	1	2(1)		최보경	15	DF	DF	16	박태형		0	2	0	0
0	0	2	0		조성진	6	DF	DF	33	지구민		1	1	0	0
0	0	1	0		김준엽	22	DF	DF	30	우혜성		0	1	0	0
0	0	2	0		신형민	4	MF	DF	20	오기재		0	0	0	0
0	0	1	2(1)	12	정 혁	8	MF	MF	11	박정훈	15	0	0	1	0
0	0	4	2		한지호	7	MF	MF	23	이예찬		2(1)	2	0	0
0	0	4	0		이현승	10	MF	MF	22	김필호	9	2(1)	0	0	0
0	0	0	0	19	공민현	18	MF	MF	5	인준연		0	4	0	0
0	0	0	4(1)		임선영	16	FW	FW	77	빅토르	10	0	3	0	0
0	0	0	0		손정현	34			21	이승규		0	0	0	0
0	0	0	0		황지웅	11			15	손세범	후0	3(3)	2	0	0
0	0	0	1(1)	후 20/25	하정헌	12			27	김종원		0	0	0	0
0	0	0	0	후33	주현재	19	대기	대기	4	김지훈		0	0	0	0
0	0	0	0		최영준	26			6	허재원		0	0	0	0
0	0	0	0	후40	최진수	25			10	남하늘	후25	2(2)	2	0	0
0	0	0	0		안재준	5			9	김상준	후0	0	2	0	0
0	0	17	11(4)			0			0			10(7)	19	1	0

● 전반 32분 한지호 PAL ↷ 최보경 GAL 내 L-ST-G (득점: 최보경, 도움: 한지호) 왼쪽

4월 09일 14:00 맑음 대전 월드컵 3,158명
주심: 최대우 / 부심: 노태식·김지욱 / 대기심: 박필준 / 경기감독관: 김정식

대전 0 | 0 전반 1 / 0 후반 0 | **1 안산**

퇴장	경고	파울	ST(유)	교체	선수명	배번	위치	위치	배번	선수명	교체	ST(유)	파울	경고	퇴장
0	0	0	0		이범수	25	GK	GK	1	이진형		0	0	0	0
0	0	1	0		김형진	3	DF	DF	2	정다훤		0	0	0	0
0	0	1	0		장준영	20	DF	DF	15	최보경		1	0	0	0
0	0	0	1		장클로드	13	DF	DF	6	조성진		0	1	1	0
0	0	0	0	27	박재우	12	DF	DF	22	김준엽		0	2	0	0
0	0	1	0		김병석	5	MF	MF	4	신형민		2	0	0	0
0	0	1	1		이동수	16	MF	MF	8	정 혁	17	2	3	1	0
0	0	0	2		김선민	8	MF	MF	7	한지호		2(2)	2	0	0
0	0	1	0	10	유승완	11	FW	MF	10	이현승		2(1)	1	0	0
0	0	1	2	17	완델손	77	FW	MF	18	공민현	11	2(2)	3	0	0
0	0	2	0		한의권	7	FW	FW	16	임선영	19	3	1	0	0
0	0	0	0		박주원	1			34	손정현		0	0	0	0
0	0	0	0		실 바	50			19	주현재	후10	1	1	0	0
0	0	0	0		강영제	15			21	신광훈		0	0	0	0
0	0	0	1(1)	전30	강윤성	27	대기	대기	5	안재준		0	0	0	0
0	0	3	0	후0	진대성	17			11	황지웅	후31	2(1)	1	0	0
0	0	0	1	후20	김동찬	10			17	강승조	후44	0	0	0	0
0	0	0	0		구스타보	99			25	최진수		0	0	0	0
0	0	11	8(1)			0			0			17(6)	15	2	0

● 전반 9분 이현승 PAR 내 EL → 한지호 GAR 내 기타 H-ST-G (득점: 한지호, 도움: 이현승) 오른쪽

4월 09일 15:00 맑음 충주 종합 790명
주심: 김동인 / 부심: 이영운·차상욱 / 대기심: 김대용 / 경기감독관: 김수현

충주 1 | 0 전반 1 / 1 후반 1 | **2 강원**

퇴장	경고	파울	ST(유)	교체	선수명	배번	위치	위치	배번	선수명	교체	ST(유)	파울	경고	퇴장
0	0	0	0		이영창	26	GK	GK	18	함석민		0	0	0	0
0	0	0	0		김한빈	22	DF	DF	77	백종환		0	1	0	0
0	1	3	0		배효성	5	DF	DF	33	이한샘		0	1	0	0
0	1	2	0		황수남	50	DF	DF	6	안현식		0	1	0	0
0	0	1	1	11	엄진태	13	MF	MF	22	정승용		1(1)	1	0	0
0	0	1	0		오규빈	8	MF	MF	16	한석종		1	1	0	0
0	0	1	1(1)		김용태	24	MF	MF	4	오승범		0	3	0	0
0	0	0	0	14	이태영	23	MF	MF	8	허범산	17	1(1)	1	1	0
0	0	0	1(1)		김 신	9	FW	MF	11	서보민		2	0	0	0
0	0	1	0	19	김도형	10	FW	FW	10	최진호	99	1	0	0	0
0	0	1	2(1)		최유상	99	FW	FW	23	마테우스	13	4(3)	2	0	0
0	0	0	0		권태안	1			1	송유걸		0	0	0	0
0	0	0	0		김상필	31			40	김원균		0	0	0	0
0	0	1	1	후0	김정훈	14			13	김윤호	후38	0	0	0	0
0	0	0	1(1)	후18	장백규	19	대기	대기	26	박요한		0	0	0	0
0	0	0	0		박지민	18			99	장혁진	후11	1(1)	1	0	0
0	0	0	0	후34	이한음	11			17	심영성	후31	1(1)	0	0	0
0	0	0	0		김용진	20			32	방찬준		0	0	0	0
0	2	11	7(4)			0			0			12(7)	12	1	0

● 후반 35분 최유상 MFR ~ 장백규 AKR L-ST-G (득점: 장백규, 도움: 최유상) 오른쪽

● 전반 40분 마테우스 GA 정면 내 R-ST-G (득점: 마테우스) 오른쪽

● 후반 33분 정승용 MFL ~ 심영성 PAL L-ST-G (득점: 심영성, 도움: 정승용) 오른쪽

4월 09일 16 : 00 흐림 부천 종합 10,982명
주심: 매호영 / 부심: 김영하 · 박균용 / 대기심: 박영록 / 경기감독관: 강창구

부천 0 — 0 전반 1 / 0 후반 0 — **1 서울E**

퇴장	경고	파울	ST(유)	교체	선수명	배번	위치	위치	배번	선수명	교체	ST(유)	파울	경고	퇴장
0	1	0	0		류원우	1	GK	GK	1	김영광		0	0	0	0
0	0	0	1		한희훈	4	DF	DF	3	이재훈		0	0	0	0
0	0	4	0		강지용	6	DF	DF	88	이규로		0	3	1	0
0	0	1	2(1)		이학민	14	DF	DF	5	칼라일 미첼		1(1)	1	1	0
0	0	1	1(1)		이후권	66	DF	DF	63	김동진		0	0	1	0
0	0	1	2		문기한	7	MF	MF	6	김동철		0	5	0	0
0	0	1	1		송원재	8	MF	MF	7	김재성		0	0	0	0
0	0	0	0	11	김영남	77	MF	MF	26	김창욱	22	0	1	0	0
0	0	2	2(1)		바그닝요	10	FW	FW	18	주민규		4(1)	1	0	0
0	0	2	1(1)	9	진창수	16	FW	FW	10	벨루소	2	3(1)	0	1	0
0	1	1	2(1)		김륜도	20	FW	FW	11	타라바이		2(1)	2	1	0
0	0	0	0		최철원	30			21	이상기		0	0	0	0
0	0	0	0		임동혁	5			2	김민제	후35	0	0	0	0
0	0	0	0		조범석	15			15	김태은		0	0	0	0
0	0	3	5(2)	전32	루키안	9	대기	대기	22	전민광	후16	0	0	0	0
0	0	0	0	후11	에벨톤	11			36	김지훈		0	0	0	0
0	0	0	0		황신영	23			17	안태현		0	0	0	0
0	0	0	0		신현준	29			24	김현규		0	0	0	0
0	2	16	17(7)			0			0			10(4)	13	5	0

● 전반 24분 김영남 자기 측 GA 정면 내 H 자책골 (득점: 김영남)

4월 10일 14 : 00 맑음 대구 스타디움 23,015명
주심: 서동진 / 부심: 송봉근 · 장종필 / 대기심: 김영수 / 경기감독관: 김일호

대구 0 — 0 전반 0 / 0 후반 0 — **0 경남**

퇴장	경고	파울	ST(유)	교체	선수명	배번	위치	위치	배번	선수명	교체	ST(유)	파울	경고	퇴장
0	0	0	0		조현우	21	GK	GK	1	이준희		0	0	0	0
0	1	2	0		김동진	16	DF	DF	5	이원재		0	1	0	0
0	0	1	0		황재원	20	DF	DF	23	박지수		0	2	0	0
0	0	2	0		박태홍	4	DF	DF	22	김정빈		0	2	1	0
0	0	1	1		정우재	3	MF	DF	27	박주성		0	1	1	0
0	0	0	0	8	이재권	6	MF	MF	37	장은규		2(1)	3	1	0
0	0	2	1(1)	7	류재문	29	MF	MF	8	안성남	16	1	0	0	0
0	0	1	0		박세진	19	MF	MF	11	김슬기	89	2(1)	0	0	0
0	0	1	4(2)		세징야	11	MF	MF	80	진경선		0	1	0	0
0	0	1	3(2)		파울로	9	FW	FW	19	임창균		4(2)	1	0	0
0	0	0	0	17	에델	10	FW	FW	99	김형필	9	1	0	0	0
0	0	0	0		이양종	1			21	이기현		0	0	0	0
0	0	0	0		홍정운	5			4	이반		0	0	0	0
0	0	0	0		조영훈	13			16	송수영	후12	0	1	0	0
0	0	1	2(2)	후20	데이비드	8	대기	대기	36	이관표		0	0	0	0
0	0	0	0		신창무	14			89	정성민	후40	0	0	0	0
0	0	0	0	후48	노병준	17			10	이상협		0	0	0	0
0	0	0	0	후44	최정한	7			9	크리스찬	후12	2	0	0	0
0	1	12	11(7)			0			0			12(4)	12	3	0

4월 10일 14 : 00 흐림 고양 종합 897명
주심: 임정수 / 부심: 손재선 · 이상민 / 대기심: 성덕효 / 경기감독관: 강창구

고양 0 — 0 전반 0 / 0 후반 1 — **1 부산**

퇴장	경고	파울	ST(유)	교체	선수명	배번	위치	위치	배번	선수명	교체	ST(유)	파울	경고	퇴장
0	0	0	0		강진웅	1	GK	GK	21	구상민		0	0	0	0
0	0	0	0		이상돈	12	DF	DF	3	이원영		1	0	0	0
0	1	0	1		박태형	16	DF	DF	4	사무엘	14	0	2	0	0
0	0	2	1		권영호	18	DF	DF	5	차영환		0	0	0	0
0	1	2	0		우혜성	30	DF	MF	33	유지훈	7	1(1)	0	0	0
0	0	3	0		오기재	20	MF	MF	26	김대호		0	0	0	0
0	0	0	1	10	박정훈	11	MF	MF	17	이청웅		0	4	0	0
0	0	1	2		이예찬	23	MF	MF	89	이영재		4(1)	1	0	0
0	1	5	3(2)	22	김상준	9	MF	MF	99	다이고	19	0	1	0	0
0	0	3	5(1)		인준연	5	MF	FW	94	포프		3(2)	1	0	0
0	0	1	0	7	빅토르	77	FW	FW	18	스토야노비치		2(1)	4	0	0
0	0	0	0		임홍현	31			1	이창근		0	0	0	0
0	0	0	0		손세범	15			7	전현철	후28	0	0	0	0
0	0	0	0		김지훈	4			14	정석화	후6	1(1)	0	0	0
0	0	0	0	후33	김필호	22	대기	대기	22	이규성		0	0	0	0
0	0	0	0		허재원	6			8	홍동현		0	0	0	0
0	0	0	0	후26	남하늘	10			19	고경민	전37	1(1)	0	0	0
0	1	1	1	후12	데파울라	7			30	이정진		0	0	0	0
0	4	18	14(3)			0			0			13(7)	13	0	0

● 후반 22분 정석화 GAL EL → 고경민 GAL R-ST-G (득점: 고경민, 도움: 정석화) 가운데

4월 13일 14 : 00 맑음 고양 종합 384명
주심: 박진호 / 부심: 김지욱 · 차상욱 / 대기심: 김연승 / 경기감독관: 한병화

고양 1 — 1 전반 1 / 0 후반 2 — **3 대구**

퇴장	경고	파울	ST(유)	교체	선수명	배번	위치	위치	배번	선수명	교체	ST(유)	파울	경고	퇴장
0	0	0	0		강진웅	1	GK	GK	21	조현우		0	0	0	0
0	0	1	0		이상돈	12	DF	DF	16	김동진		0	2	0	0
0	1	2	0		박태형	16	DF	DF	20	황재원		2	1	1	0
0	0	3	0		권영호	18	DF	DF	4	박태홍		0	0	0	0
0	0	3	0		우혜성	30	DF	MF	3	정우재		0	2	0	0
0	1	3	0		오기재	20	MF	MF	6	이재권		1(1)	2	0	0
0	0	2	2		인준연	5	MF	MF	29	류재문		1(1)	0	0	0
0	0	2	0	10	데파울라	7	MF	MF	19	박세진		0	3	1	0
0	0	1	0	15	이예찬	23	MF	MF	11	세징야	14	2(1)	1	0	0
0	0	2	0		김필호	22	MF	FW	9	파울로	15	2(2)	1	0	0
0	0	1	2(2)	6	김상준	9	FW	FW	10	에델	7	3(2)	3	0	0
0	0	0	0		이승규	21			1	이양종		0	0	0	0
0	0	0	1	후24	손세범	15			5	홍정운		0	0	0	0
0	0	0	0		김지훈	4			8	데이비드		0	0	0	0
0	0	0	0		지구민	33	대기	대기	14	신창무	후46	0	0	0	0
0	0	0	0		김종원	27			15	한재웅	후42	0	0	0	0
0	0	0	1	후24	허재원	6			17	노병준		0	0	0	0
0	0	0	0	후39	남하늘	10			7	최정한	후37	0	1	0	0
0	2	20	6(2)			0			0			11(7)	16	2	0

● 전반 12분 김상준 PA 정면 내 R-ST-G (득점: 김상준) 왼쪽

● 전반 29분 파울로 PA 정면 내 L-ST-G (득점: 파울로) 오른쪽
● 후반 17분 정우재 GAL 내 ↷ 이재권 GA 정면 내 H-ST-G (득점: 이재권, 도움: 정우재) 왼쪽
● 후반 22분 세징야 MF 정면 ~ 에델 PAR 내 R-ST-G (득점: 에델, 도움: 세징야) 왼쪽

4월 13일 14:00 맑음 강릉 종합 708명
주심: 김영수 / 부심: 지승민·안광진 / 대기심: 최광호 / 경기감독관: 강창구

강원 2 1 전반 0 / 1 후반 0 **0 안산**

퇴장	경고	파울	ST(유)	교체	선수명	배번	위치	위치	배번	선수명	교체	ST(유)	파울	경고	퇴장
0	0	0	0		송유걸	1	GK	GK	1	이진형		0	0	0	0
0	0	0	0		백종환	77	DF	DF	2	정다훤		1	0	0	0
0	0	3	0		이한샘	33	DF	DF	15	최보경		0	1	1	0
0	0	1	0		안현식	6	DF	DF	6	조성진		0	0	0	0
0	0	2	1		정승용	22	DF	DF	21	신광훈		0	1	0	0
0	0	0	0		한석종	16	MF	MF	4	신형민		0	0	0	0
0	0	0	0		오승범	4	MF	MF	17	강승조	8	1(1)	0	0	0
0	1	3	0	13	허범산	8	MF	MF	7	한지호		0	3	1	0
0	0	1	0	99	서보민	11	FW	MF	19	주현재	23	0	0	0	0
0	1	4	2(2)	17	최진호	10	FW	MF	10	이현승		2(1)	3	0	0
0	0	4	1(1)		마테우스	23	FW	FW	18	공민현	11	0	2	1	0
0	0	0	0		함석민	18			34	손정현		0	0	0	0
0	0	0	0		최우재	3			8	정혁	후0	1(1)	0	0	0
0	0	1	0	후31	김윤호	13			23	남준재	후0	1	0	0	0
0	0	0	0		김원균	40	대기	대기	5	안재준		0	0	0	0
0	0	1	0	전12	장혁진	99			11	황지웅	후34	0	0	0	0
0	0	0	1(1)	후28	심영성	17			20	안영규		0	0	0	0
0	0	0	0		방찬준	32			22	김준엽		0	0	0	0
0	2	20	5(4)			0			0			6(3)	10	3	0

- 전반 42분 최진호 GAL 내 H-ST-G (득점: 최진호) 왼쪽
- 후반 43분 백종환 GAR EL ↷ 심영성 GA 정면 내 H-ST-G (득점: 심영성, 도움: 백종환) 오른쪽

4월 13일 14:00 비 창원 축구센터 658명
주심: 박영록 / 부심: 손재선·박균용 / 대기심: 김덕철 / 경기감독관: 김용세

경남 2 1 전반 0 / 1 후반 1 **1 충주**

퇴장	경고	파울	ST(유)	교체	선수명	배번	위치	위치	배번	선수명	교체	ST(유)	파울	경고	퇴장
0	0	0	0		이준희	1	GK	GK	26	이영창		0	0	0	0
0	0	2	0		이원재	5	DF	DF	22	김한빈		0	0	0	0
0	0	0	2(1)		박지수	23	DF	DF	5	배효성		0	0	0	0
0	1	2	0		박주성	27	DF	DF	29	정우인		1(1)	3	1	0
0	0	1	0		김정빈	22	MF	DF	2	노연빈		1(1)	5	0	0
0	0	2	1		장은규	37	MF	MF	8	오규빈		0	0	0	0
0	0	0	1	36	진경선	80	MF	MF	7	최승호		0	0	0	0
0	0	1	1	8	송수영	16	FW	FW	99	최유상		3(2)	1	0	0
0	0	1	1		김슬기	11	FW	FW	19	장백규	14	1(1)	2	0	0
0	0	1	1(1)	19	김영욱	18	FW	FW	11	이한음	9	0	1	0	0
0	0	0	3(2)		크리스찬	9	FW	FW	18	박지민	20	0	1	0	0
0	0	0	0		이기현	21			1	권태안		0	0	0	0
0	0	0	0		이반	4			31	김상필		0	0	0	0
0	0	0	0		송주한	30			25	옹동균		0	0	0	0
0	0	0	1(1)	후38	이관표	36	대기	대기	14	김정훈	후25	0	0	0	0
0	0	0	1(1)	후0	안성남	8			24	김용태		0	0	0	0
0	0	1	2(1)	후0	임창균	19			9	김신	후8	3(2)	0	0	0
0	0	0	0		김형필	99			20	김용진	후35	0	0	0	0
0	1	11	14(7)			0			0			9(7)	13	1	0

- 전반 19분 김영욱 MFR TL → 크리스찬 PAR 내 기타 L-ST-G (득점: 크리스찬, 도움: 김영욱) 오른쪽
- 후반 39분 안성남 MFL ~ 이관표 PA 정면 기타 L-ST-G (득점: 이관표, 도움: 안성남) 왼쪽
- 후반 35분 김신 AK 정면 FK R-ST-G (득점: 김신) 오른쪽

4월 13일 15:00 맑음 부천 종합 1,076명
주심: 김대용 / 부심: 양재용·이상민 / 대기심: 김동인 / 경기감독관: 김진의

부천 1 0 전반 0 / 1 후반 1 **1 안양**

퇴장	경고	파울	ST(유)	교체	선수명	배번	위치	위치	배번	선수명	교체	ST(유)	파울	경고	퇴장
0	0	0	0		류원우	1	GK	GK	87	김선규		0	0	0	0
0	1	2	0		한희훈	4	DF	DF	3	안세희		0	3	2	0
0	0	3	1(1)		강지용	6	DF	DF	15	김태호		0	1	0	0
0	0	1	0		이학민	14	DF	DF	14	안성빈		0	1	1	0
0	0	1	0	22	이후권	66	DF	DF	90	구대영		0	0	0	0
0	0	2	1(1)		문기한	7	MF	MF	7	김민균	17	1	1	0	0
0	0	4	3		바그닝요	10	MF	MF	8	서용덕		0	2	0	0
0	0	0	0		조범석	15	MF	MF	24	최영훈		1(1)	2	0	0
0	0	1	0	8	김영남	77	MF	MF	27	정재희	33	0	1	0	0
0	0	1	6(3)		루키안	9	FW	MF	77	오르시니		3(2)	3	1	0
0	0	1	2(2)		김륜도	20	FW	FW	11	자이로	9	2(1)	0	0	0
0	0	0	0		최철원	30			21	최필수		0	0	0	0
0	0	0	0		임동혁	5			4	이상우		0	0	0	0
0	0	0	0	후14	유대현	22			33	이재억	후7	0	0	0	0
0	0	1	0	후4	송원재	8	대기	대기	16	안진범		0	0	0	0
0	0	0	0		전기성	18			17	박승일	후20	0	1	0	0
0	0	0	0		에벨톤	11			23	김영도		0	0	0	0
0	0	0	0		황신영	23			9	김영후	후0	1(1)	2	0	0
0	1	17	13(7)			0			0			8(5)	17	4	0

- 후반 7분 루키안 PK-R-G (득점: 루키안) 오른쪽
- 후반 8분 안성빈 자기 측 센터서클 ~ 오르시니 AKR R-ST-G (득점: 오르시니, 도움: 안성빈) 왼쪽

4월 13일 16:00 비 부산 아시아드 1,632명
주심: 성덕효 / 부심: 이영운·장종필 / 대기심: 서동진 / 경기감독관: 전인석

부산 1 0 전반 0 / 1 후반 2 **2 서울E**

퇴장	경고	파울	ST(유)	교체	선수명	배번	위치	위치	배번	선수명	교체	ST(유)	파울	경고	퇴장
0	0	0	0		구상민	21	GK	GK	1	김영광		0	0	0	0
0	0	1	2		김대호	26	DF	DF	3	이재훈		0	2	0	0
0	0	1	0		차영환	5	DF	DF	15	김태은		0	1	0	0
0	0	1	2(1)		이원영	3	DF	DF	5	칼라일 미첼		0	0	0	0
0	0	0	4(3)		포프	94	MF	DF	63	김동진		0	2	1	0
0	0	1	1	14	이청웅	17	MF	MF	6	김동철		0	0	0	0
0	1	1	0		이규성	22	MF	MF	7	김재성		1	1	0	0
0	0	0	0		유지훈	33	MF	MF	26	김창욱		2(1)	0	0	0
0	0	0	2(1)		이영재	89	MF	FW	17	안태현	18	0	1	0	0
0	0	3	0	18	홍동현	8	FW	FW	10	벨루소	2	3(3)	4	0	0
0	0	0	1	19	이정진	30	FW	FW	11	타라바이		0	4	1	0
0	0	0	0		이창근	1			21	이상기		0	0	0	0
0	0	0	0		김종혁	6			2	김민제	후35	0	0	0	0
0	0	0	0		전현철	7			8	윤성열		0	0	0	0
0	0	0	0		김진규	13	대기	대기	22	전민광		0	0	0	0
0	0	0	1(1)	후17	정석화	14			36	김지훈		0	0	0	0
0	0	0	2(1)	전41	스토야노비치	18			18	주민규	후11	0	1	0	0
0	0	0	2(2)	후6	고경민	19			24	김현규		0	0	0	0
0	1	8	17(9)			0			0			6(4)	16	2	0

- 후반 41분 고경민 PK-R-G (득점: 고경민) 왼쪽
- 후반 3분 안태현 PAL ~ 벨루소 PAL R-ST-G (득점: 벨루소, 도움: 안태현) 왼쪽
- 후반 12분 타라바이 PAR 내 → 벨루소 PK 좌측지점 R-ST-G (득점: 벨루소, 도움: 타라바이) 왼쪽

4월 16일 14 : 00 흐림 강릉 종합 665명
주심: 최대우 / 부심: 김영하 · 장종필 / 대기심: 김동인 / 경기감독관: 김정식

강원 4 1 전반 0 / 3 후반 0 **0 고양**

퇴장	경고	파울	ST(유)	교체	선수명	배번	위치	위치	배번	선수명	교체	ST(유)	파울	경고	퇴장
0	0	0	0		송유걸	1	GK	GK	1	강진웅		0	0	0	0
0	0	1	1		백종환	77	DF	DF	12	이상돈		0	0	0	0
0	1	2	0		이한샘	33	DF	DF	16	박태형		0	0	0	0
0	0	0	0		안현식	6	DF	DF	18	권영호		0	1	0	0
0	0	3	1		정승용	22	DF	DF	30	우혜성		0	1	0	0
0	0	0	1(1)		한석종	16	MF	MF	20	오기재		0	4	0	0
0	0	1	2(1)		오승범	4	MF	MF	5	인준연	17	1(1)	1	0	0
0	0	2	1	27	허범산	8	MF	MF	6	허재원		0	2	0	0
0	1	2	1(1)		장혁진	99	FW	MF	23	이예찬		2	1	0	0
0	0	0	0	17	최진호	10	FW	FW	9	김상준	14	0	2	0	0
0	0	2	1(1)	26	방찬준	32	FW	FW	10	남하늘	22	0	1	1	0
0	0	0	0		함석민	18			21	이승규		0	0	0	0
0	0	0	0		김원균	40			4	김지훈		0	0	0	0
0	0	0	0		김윤호	13			27	김종원		0	0	0	0
0	0	0	0		고민성	24	대기	대기	33	지구민		0	0	0	0
0	0	0	0	후43	박요한	26			22	김필호	후0	1(1)	0	0	0
0	0	0	0	후35	정찬일	27			14	윤영준	후18	0	1	0	0
0	0	1	2(2)	후17	심영성	17			17	이도성	후29	0	1	1	0
0	2	14	10(6)			0			0			4(2)	15	2	0

● 전반 37분 오승범 PAR 내 EL → 방찬준 GAR 내 R-ST-G (득점: 방찬준, 도움: 오승범) 왼쪽
● 후반 24분 장혁진 MF 정면 ~ 심영성 GAR R-ST-G (득점: 심영성, 도움: 장혁진) 오른쪽
● 후반 35분 이한샘 자기 측 MFR ↷ 장혁진 GA 정면 R-ST-G (득점: 장혁진, 도움: 이한샘) 오른쪽
● 후반 49분 장혁진 MFL ↷ 심영성 PAL 내 R-ST-G (득점: 심영성, 도움: 장혁진) 왼쪽

4월 16일 15 : 00 흐리고 비 안산 와스타디움 303명
주심: 서동진 / 부심: 양재용 · 송봉근 / 대기심: 박진호 / 경기감독관: 강창구

안산 2 2 전반 1 / 0 후반 0 **1 충주**

퇴장	경고	파울	ST(유)	교체	선수명	배번	위치	위치	배번	선수명	교체	ST(유)	파울	경고	퇴장
0	0	0	0		이진형	1	GK	GK	26	이영창		0	0	0	0
0	0	0	0		정다훤	2	DF	DF	22	김한빈		1	0	0	0
0	0	1	2(1)		최보경	15	DF	DF	5	배효성		1	0	0	0
0	0	0	0		조성진	6	DF	DF	29	정우인		0	0	0	0
0	0	0	0		신광훈	21	DF	DF	2	노연빈		1(1)	0	0	0
0	1	0	1(1)		신형민	4	MF	MF	8	오규빈	14	0	1	0	0
0	0	3	0		정 혁	8	MF	MF	7	최승호		0	1	0	0
0	0	0	2(1)		한지호	7	MF	MF	24	김용태		1	1	0	0
0	0	1	2	23	이현승	10	MF	MF	99	최유상	9	1(1)	0	0	0
0	1	0	0	17	주현재	19	MF	MF	10	김도형		1(1)	1	0	0
0	0	1	2(2)	22	공민현	18	FW	FW	18	박지민	19	2(2)	1	0	0
0	0	0	0		손정현	34			1	권태안		0	0	0	0
0	0	0	0		최영준	26			31	김상필		0	0	0	0
0	0	0	0		안영규	20			14	김정훈	후16	0	2	1	0
0	0	1	0	후38	김준엽	22	대기	대기	19	장백규	후31	0	0	0	0
0	0	0	0	후29	강승조	17			9	김 신	후12	0	0	0	0
0	0	1	2(1)	후9	남준재	23			50	황수남		0	0	0	0
0	0	0	0		안재준	5			13	엄진태		0	0	0	0
0	2	8	11(6)			0			0			8(5)	7	1	0

● 전반 10분 주현재 PAL 내 ~ 공민현 PK 좌측지점 R-ST-G (득점: 공민현, 도움: 주현재) 왼쪽
● 전반 14분 한지호 AK 정면 L-ST-G (득점: 한지호) 왼쪽
● 전반 20분 박지민 GAR 내 R-ST-G (득점: 박지민) 오른쪽

4월 17일 14 : 00 맑음 부천 종합 808명
주심: 임정수 / 부심: 손재선 · 김지욱 / 대기심: 성덕효 / 경기감독관: 김형남

부천 3 1 전반 1 / 2 후반 0 **1 대전**

퇴장	경고	파울	ST(유)	교체	선수명	배번	위치	위치	배번	선수명	교체	ST(유)	파울	경고	퇴장
0	0	0	0		류원우	1	GK	GK	25	이범수		0	0	0	0
0	1	0	1(1)		한희훈	4	DF	DF	3	김형진		0	4	0	0
0	1	1	0		강지용	6	DF	DF	2	김태봉	26	0	0	0	0
0	0	0	1		이학민	14	DF	DF	13	장클로드		0	1	1	0
0	0	1	0		유대현	22	DF	DF	27	강윤성		0	0	0	0
0	0	3	0	20	문기한	7	MF	MF	5	김병석		0	0	0	0
0	0	0	2		송원재	8	MF	MF	6	황인범		0	3	1	0
0	0	4	3(1)		바그닝요	10	MF	MF	8	김선민	15	0	2	0	0
0	0	1	2	15	김영남	77	MF	FW	10	김동찬		3(1)	2	1	0
0	0	1	2(2)		진창수	16	MF	FW	77	완델손	99	1(1)	1	0	0
0	0	3	2(1)		루키안	9	FW	FW	7	한의권		0	4	0	0
0	0	0	0		한상진	25			1	박주원		0	0	0	0
0	0	0	0		임동혁	5			4	우 현		0	0	0	0
0	0	0	0		서명식	13			15	강영제	후19	1	1	0	0
0	0	0	0	후40	조범석	15	대기	대기	16	이동수		0	0	0	0
0	0	0	0		에벨톤	11			26	김동곤	후37	0	1	0	0
0	0	0	0	후33	김륜도	20			11	유승완		0	0	0	0
0	0	0	0		황신영	23			99	구스타보	후12	0	0	0	0
0	2	14	13(5)			0			0			5(2)	19	3	0

● 전반 28분 문기한 PAR FK ↷ 한희훈 GAL 내 H-ST-G (득점: 한희훈, 도움: 문기한) 오른쪽
● 후반 5분 진창수 AKL ~ 바그닝요 PA 정면 내 R-ST-G (득점: 바그닝요, 도움: 진창수) 오른쪽
● 후반 21분 바그닝요 PAR 내 ~ 루키안 GAR R-ST-G (득점: 루키안, 도움: 바그닝요) 왼쪽
● 전반 6분 김동찬 PAR 내 L-ST-G (득점: 김동찬) 왼쪽

4월 18일 19 : 30 흐림 대구 스타디움 839명
주심: 김희곤 / 부심: 이영운 · 박균용 / 대기심: 박영록 / 경기감독관: 하재훈

대구 1 1 전반 0 / 0 후반 1 **1 안양**

퇴장	경고	파울	ST(유)	교체	선수명	배번	위치	위치	배번	선수명	교체	ST(유)	파울	경고	퇴장
0	1	0	0		조현우	21	GK	GK	87	김선규		0	0	0	0
0	0	0	0		김동진	16	DF	DF	15	김태호		0	2	1	0
0	0	1	0		황재원	20	DF	DF	33	이재억		0	0	0	0
0	0	2	1		박태홍	4	DF	DF	14	안성빈	4	0	2	0	0
0	0	0	0		정우재	3	MF	DF	90	구대영		0	0	0	0
0	0	0	1		이재권	6	MF	MF	8	서용덕		2	0	0	0
0	1	1	0		류재문	29	MF	MF	16	안진범		0	2	0	0
0	0	0	2		박세진	19	MF	MF	23	김영도	7	1(1)	0	0	0
0	0	3	3(1)	17	세징야	11	MF	MF	24	최영훈	11	0	2	0	0
0	0	4	3(1)		파울로	9	FW	MF	77	오르시니		2(1)	0	0	0
0	0	1	3(1)		에 델	10	FW	FW	9	김영후		4(3)	1	0	0
0	0	0	0		이양종	1			21	최필수		0	0	0	0
0	0	0	0		홍정운	5			4	이상우	후35	0	0	0	0
0	0	0	0		데이비드	8			26	이태현		0	0	0	0
0	0	0	0		신창무	14	대기	대기	7	김민균	후11	1	1	0	0
0	0	0	0		한재웅	15			17	박승일		0	0	0	0
0	0	1	0	후40	노병준	17			27	정재희		0	0	0	0
0	0	0	0		최정한	7			11	자이로	후19	0	3	0	0
0	2	13	13(3)			0			0			10(5)	13	1	0

● 전반 10분 파울로 AK 정면 R-ST-G (득점: 파울로) 오른쪽
● 후반 41분 김민균 MFL ~ 김영후 PAL 내 R-ST-G (득점: 김영후, 도움: 김민균) 오른쪽

4월 18일 20:00 맑음 부산 아시아드 862명
주심: 매호영 / 부심: 지승민·차상욱 / 대기심: 김대용 / 경기감독관: 김진의

부산 1 | 0 전반 1 / 1 후반 0 | **1 경남**

퇴장	경고	파울	ST(유)	교체	선수명	배번	위치	위치	배번	선수명	교체	ST(유)	파울	경고	퇴장
0	0	0	0		이 창 근	1	GK	GK	21	이 기 현		0	0	0	0
0	0	1	0		김 대 호	26	DF	DF	5	이 원 재		1(1)	3	0	0
0	0	0	1		차 영 환	5	DF	DF	23	박 지 수	27	0	0	0	0
0	1	2	1		이 원 영	3	DF	DF	22	김 정 빈		0	0	0	0
0	0	3	1	33	구 현 준	27	DF	DF	37	장 은 규		0	2	0	0
0	0	2	1		이 청 웅	17	MF	MF	36	이 관 표		2(2)	1	0	0
0	0	2	1		다 이 고	99	MF	MF	16	송 수 영	11	1	1	1	0
0	0	0	5(1)		이 영 재	89	MF	MF	8	안 성 남		1(1)	0	0	0
0	0	1	0	14	전 현 철	7	MF	MF	80	진 경 선		0	0	0	0
0	0	0	5(2)	19	포 프	94	MF	FW	19	임 창 균		1(1)	0	0	0
0	0	3	0		스토야노비치	18	FW	FW	9	크리스찬	99	1(1)	0	0	0
0	0	0	0		김 형 근	31			1	이 준 희		0	0	0	0
0	0	0	0		박 병 현	20			4	이 반		0	0	0	0
0	0	0	1	후33	유 지 훈	33			27	박 주 성	후20	0	0	0	0
0	0	0	0		김 진 규	13	대기	대기	24	정 현 철		0	0	0	0
0	0	1	1	후9	정 석 화	14			11	김 슬 기	후7	0	2	0	0
0	0	0	0		김 지 민	15			18	김 영 욱		0	0	0	0
0	0	0	0	후31	고 경 민	19			99	김 형 필	후13	3(1)	1	0	0
0	1	15	17(3)			0			0			10(7)	10	1	0

- 후반 14분 정석화 PAL 내 ~ 포프 GA 정면 내 L-ST-G (득점: 포프, 도움: 정석화) 오른쪽
- 전반 37분 이관표 PA 정면 내 H ↷ 이원재 GA 정면 L-ST-G (득점: 이원재, 도움: 이관표) 왼쪽

4월 23일 15:00 맑음 충주 종합 766명
주심: 성덕효 / 부심: 이영운·김지욱 / 대기심: 박진호 / 경기감독관: 전인석

충주 1 | 0 전반 0 / 1 후반 0 | **0 안양**

퇴장	경고	파울	ST(유)	교체	선수명	배번	위치	위치	배번	선수명	교체	ST(유)	파울	경고	퇴장
0	0	0	0		이 영 창	26	GK	GK	87	김 선 규		0	0	0	0
0	1	0	0		김 한 빈	22	DF	DF	3	안 세 희		0	0	0	0
0	0	0	0		배 효 성	5	DF	DF	15	김 태 호		0	0	0	0
0	0	0	0		정 우 인	29	DF	DF	4	이 상 우		0	1	0	0
0	0	1	0	11	엄 진 태	13	MF	DF	90	구 대 영		0	1	1	0
0	1	1	0		오 규 빈	8	MF	MF	16	안 진 범		2	0	1	0
0	0	0	0		김 용 태	24	MF	MF	7	김 민 균		4(1)	0	0	0
0	0	1	0		최 승 호	7	MF	MF	8	서 용 덕		1	2	0	0
0	0	0	2(2)	31	김 신	9	FW	MF	23	김 영 도	27	2	0	0	0
0	0	0	3(3)		김 도 형	10	FW	MF	77	오르시니	9	1(1)	2	0	0
0	0	0	0	99	박 지 민	18	FW	FW	11	자 이 로	24	3(1)	3	0	0
0	0	0	0		권 태 안	1			21	최 필 수		0	0	0	0
0	0	0	0	후36	김 상 필	31			33	이 재 억		0	0	0	0
0	0	0	0		김 정 훈	14			10	이 슬 기		0	0	0	0
0	0	0	0		장 백 규	19	대기	대기	26	이 태 현		0	0	0	0
0	0	1	1	전20	최 유 상	99			24	최 영 훈	후22	0	3	0	0
0	0	0	0	후24	이 한 음	11			27	정 재 희	후11	1	0	0	0
0	0	0	0		김 용 진	20			9	김 영 후	후15	2(1)	0	0	0
0	2	4	6(5)			0			0			16(4)	12	2	0

- 후반 14분 김용태 GAR EL ~ 김신 GAR R-ST-G (득점: 김신, 도움: 김용태) 왼쪽

4월 23일 16:00 맑음 부천 종합 892명
주심: 김영수 / 부심: 장종필·지승민 / 대기심: 매호영 / 경기감독관: 전기록

부천 0 | 0 전반 0 / 0 후반 0 | **0 대구**

퇴장	경고	파울	ST(유)	교체	선수명	배번	위치	위치	배번	선수명	교체	ST(유)	파울	경고	퇴장
0	0	0	0		류 원 우	1	GK	GK	21	조 현 우		0	0	0	0
0	0	0	1		한 희 훈	4	DF	DF	16	김 동 진		0	0	0	0
0	0	0	1		강 지 용	6	DF	DF	20	황 재 원		1	1	1	0
0	0	1	0		이 학 민	14	DF	DF	4	박 태 홍		2	1	0	0
0	0	0	0		유 대 현	22	DF	MF	3	정 우 재		1	1	1	0
0	0	0	0	20	문 기 한	7	MF	MF	6	이 재 권	14	0	1	0	0
0	0	1	0		송 원 재	8	MF	MF	29	류 재 문		1	0	0	0
0	0	0	0	15	김 영 남	77	MF	MF	19	박 세 진		0	0	0	0
0	1	5	0		바그닝요	10	FW	MF	11	세 징 야	8	1(1)	4	1	0
0	1	3	3		루 키 안	9	FW	FW	9	파 울 로		1(1)	1	0	0
0	0	2	1(1)		진 창 수	16	FW	FW	10	에 델	7	2(1)	3	0	0
0	0	0	0		한 상 진	25			1	이 양 종		0	0	0	0
0	0	0	0		임 동 혁	5			5	홍 정 운		0	0	0	0
0	0	0	0		서 명 식	13			8	데이비드	후42	0	0	0	0
0	0	0	0	후41	조 범 석	15	대기	대기	14	신 창 무	후17	0	0	0	0
0	0	0	0		에 벨 톤	11			15	한 재 웅		0	0	0	0
0	0	1	0	후29	김 륜 도	20			17	노 병 준		0	0	0	0
0	0	0	0		황 신 영	23			7	최 정 한	후39	0	0	0	0
0	2	13	6(1)			0			0			9(3)	12	3	0

4월 23일 16:00 맑음 잠실 1,452명
주심: 김대용 / 부심: 이정민·박인선 / 대기심: 김희곤 / 경기감독관: 김정식

서울E 1 | 1 전반 1 / 0 후반 0 | **1 고양**

퇴장	경고	파울	ST(유)	교체	선수명	배번	위치	위치	배번	선수명	교체	ST(유)	파울	경고	퇴장
0	0	0	0		김 영 광	1	GK	GK	1	강 진 웅		0	0	0	0
0	1	2	0		이 재 훈	3	DF	DF	12	이 상 돈		0	2	0	0
0	0	4	0		김 태 은	15	DF	DF	16	박 태 형		0	0	0	0
0	0	0	1		전 민 광	22	DF	DF	18	권 영 호		1	1	0	0
0	0	1	0		칼라일 미첼	5	DF	DF	30	우 혜 성		0	4	1	0
0	0	3	2(2)		김 동 철	6	MF	MF	20	오 기 재		0	4	1	0
0	0	0	0	14	김 재 성	7	MF	MF	6	허 재 원		1	1	0	0
0	0	1	0	17	윤 성 열	8	MF	MF	23	이 예 찬		2	1	0	0
0	0	1	2(2)		주 민 규	18	FW	MF	9	김 상 준		1(1)	0	0	0
0	1	2	2		벨 루 소	10	FW	MF	77	빅 토 르	5	3(2)	4	1	0
0	0	0	1		타라바이	11	FW	FW	7	데파울라	14	8(2)	3	0	0
0	0	0	0		이 상 기	21			31	임 홍 현		0	0	0	0
0	0	0	0		김 민 제	2			4	김 지 훈		0	0	0	0
0	0	0	0		양 기 훈	20			27	김 종 원		0	0	0	0
0	0	0	0		신 일 수	16	대기	대기	22	김 필 호		0	0	0	0
0	0	0	0		김 지 훈	36			5	인 준 연	후40	0	2	0	0
0	0	0	0	후35	조 우 진	14			14	윤 영 준	후32	1	0	0	0
0	0	0	0	후19	안 태 현	17			10	남 하 늘		0	0	0	0
0	2	14	8(4)			0			0			17(5)	22	3	0

- 전반 5분 김동철 PAL CK ~ 주민규 GAL R-ST-G (득점: 주민규, 도움: 김동철) 왼쪽
- 전반 19분 김상준 PK 우측지점 L-ST-G (득점: 김상준) 오른쪽

4월 24일 14 : 00 맑음 대전 월드컵 1,310명
주심: 박영록 / 부심: 김영하 · 박균용 / 대기심: 서동진 / 경기감독관: 김형남

대전 2 1 전반 0 / 1 후반 1 **1 부산**

퇴장	경고	파울	ST(유)	교체	선수명	배번	위치	위치	배번	선수명	교체	ST(유)	파울	경고	퇴장
0	0	1	0		박주원	1	GK	GK	1	이창근		0	0	0	0
0	0	4	0	27	김형진	3	DF	DF	27	구현준		3	0	0	0
0	1	3	1		실바	50	DF	DF	5	차영환		0	0	0	0
0	1	1	1		이동수	16	DF	DF	3	이원영		1	1	0	0
0	0	1	0	26	우현	4	DF	DF	26	김대호		0	1	1	0
0	0	0	0		김병석	5	MF	MF	22	이규성		0	1	0	0
0	0	0	3		황인범	6	MF	MF	89	이영재		2	0	0	0
0	0	1	0		조예찬	23	MF	MF	99	다이고	18	0	0	0	0
0	0	0	6(4)		김동찬	10	FW	MF	19	고경민	15	2(1)	1	0	0
0	0	0	1	11	박대훈	19	FW	MF	94	포프		3(2)	1	0	0
0	0	0	3		진대성	17	FW	FW	10	최승인	14	0	0	0	0
0	0	0	0		이범수	25			31	김형근		0	0	0	0
0	1	3	0	후0	강윤성	27			20	박병현		0	0	0	0
0	0	0	0		강영제	15			33	유지훈		0	0	0	0
0	0	0	0		오창현	22	대기	대기	17	이청웅		0	0	0	0
0	0	0	0	후25	김동곤	26			14	정석화	후0	2(1)	0	0	0
0	0	0	3(2)	후20	유승완	11			15	김지민	후38	0	1	0	0
0	0	0	0		완델손	77			18	스토아노비치	전45	2(1)	1	0	0
0	3	14	18(6)			0			0			15(5)	7	1	0

● 전반 40분 이동수 자기 측 HLL TL → 김동찬 PAL 내 R-ST-G (득점: 김동찬, 도움: 이동수) 오른쪽
● 후반 33분 황인범 MF 정면 ~ 유승완 AK 내 R-ST-G (득점: 유승완, 도움: 황인범) 왼쪽
● 후반 16분 구현준 PAL TL ↷ 포프 GAR H-ST-G (득점: 포프, 도움: 구현준) 오른쪽

4월 24일 15 : 00 맑음 안산 와스타디움 802명
주심: 김동인 / 부심: 손재선 · 이상민 / 대기심: 최대우 / 경기감독관: 김진의

안산 5 1 전반 0 / 4 후반 0 **0 경남**

퇴장	경고	파울	ST(유)	교체	선수명	배번	위치	위치	배번	선수명	교체	ST(유)	파울	경고	퇴장
0	0	0	0		이진형	1	GK	GK	1	이준희		0	1	0	0
0	1	1	1(1)		정다훤	2	DF	DF	4	이반		0	0	0	0
0	1	2	0	5	최보경	15	DF	DF	23	박지수		0	0	0	0
0	0	0	0		조성진	6	DF	DF	22	김정빈	15	0	2	0	0
0	0	0	0		신광훈	21	DF	DF	37	장은규		0	2	0	0
0	0	0	0	26	신형민	4	MF	MF	36	이관표		1	2	1	0
0	0	2	5(1)		정혁	8	MF	MF	24	정현철	16	0	3	0	0
0	0	2	1(1)		한지호	7	MF	MF	80	진경선		1(1)	2	0	0
0	0	1	2(2)		이현승	10	MF	MF	19	임창균		4(2)	1	0	0
0	0	1	0	23	주현재	19	MF	FW	99	김형필	11	1(1)	1	0	0
0	0	0	3(3)		공민현	18	FW	FW	9	크리스찬		3(3)	1	1	0
0	0	0	0		손정현	34			21	이기현		0	0	0	0
0	0	0	0	후41	최영준	26			5	이원재		0	0	0	0
0	0	0	0		안영규	20			27	박주성		0	0	0	0
0	0	0	0		김준엽	22	대기	대기	15	우주성	후26	0	0	0	0
0	0	0	0		강승조	17			11	김슬기	후11	0	1	0	0
0	0	0	1(1)	후28	남준재	23			16	송수영	후11	0	1	0	0
0	0	0	0	후26	안재준	5			18	김영욱		0	0	0	0
0	2	9	13(9)			0			0			10(7)	17	2	0

● 전반 36분 신광훈 PAR EL ↷ 이현승 GA 정면 R-ST-G (득점: 이현승, 도움: 신광훈) 오른쪽
● 후반 13분 정혁 GA 정면 내 R-ST-G (득점: 정혁) 가운데
● 후반 20분 정다훤 GAR R-ST-G (득점: 정다훤) 왼쪽
● 후반 24분 최보경 자기 측 PAL ↷ 공민현 GAL L-ST-G (득점: 공민현, 도움: 최보경) 오른쪽
● 후반 42분 한지호 MF 정면 ~ 남준재 AK 내 R-ST-G (득점: 남준재, 도움: 한지호) 오른쪽

4월 30일 14 : 00 맑음 창원 축구센터 904명
주심: 김희곤 / 부심: 송봉근 · 이영운 / 대기심: 박영록 / 경기감독관: 김일호

경남 0 0 전반 0 / 0 후반 2 **2 부천**

퇴장	경고	파울	ST(유)	교체	선수명	배번	위치	위치	배번	선수명	교체	ST(유)	파울	경고	퇴장
0	0	0	0		이기현	21	GK	GK	1	류원우		0	0	0	0
0	1	2	0		이원재	5	DF	DF	4	한희훈		0	0	0	0
0	0	0	1		박지수	23	DF	DF	6	강지용		0	3	0	0
0	0	1	0		우주성	15	DF	DF	14	이학민		1	0	0	0
0	0	2	1	22	박주성	27	DF	DF	22	유대현		0	0	0	0
0	0	2	0		장은규	37	MF	MF	7	문기한	20	3(1)	0	0	0
0	0	0	1	8	송수영	16	MF	MF	8	송원재	15	0	1	0	0
0	0	1	0	11	김영욱	18	MF	MF	10	바그닝요		0	3	0	0
0	1	1	0		진경선	80	MF	MF	77	김영남		0	1	1	0
0	1	2	1		임창균	19	FW	FW	9	루키안		3(2)	2	0	0
0	0	0	0		김형필	99	FW	FW	23	황신영	16	0	0	0	0
0	0	0	0		이준희	1			25	한상진		0	0	0	0
0	0	0	0		이반	4			5	임동혁		0	0	0	0
0	0	0	1(1)	후14	김정빈	22			13	서명식		0	0	0	0
0	0	0	0		전상훈	12	대기	대기	15	조범석	후42	0	0	0	0
0	0	2	1	후23	안성남	8			24	한성규		0	0	0	0
0	0	0	0		정현철	24			16	진창수	전24	0	0	0	0
0	0	1	0	후14	김슬기	11			20	김륜도	후30	0	0	0	0
0	3	14	6(1)			0			0			7(3)	10	1	0

● 후반 6분 루키안 PK-R-G (득점: 루키안) 왼쪽
● 후반 8분 김영남 AKR ~ 문기한 GAR 기타 R-ST-G (득점: 문기한, 도움: 김영남) 왼쪽

4월 30일 15 : 00 맑음 안양 종합 1,736명
주심: 서동진 / 부심: 양재용 · 지승민 / 대기심: 김동인 / 경기감독관: 김수현

안양 0 0 전반 1 / 0 후반 1 **2 강원**

퇴장	경고	파울	ST(유)	교체	선수명	배번	위치	위치	배번	선수명	교체	ST(유)	파울	경고	퇴장
0	0	0	0		김선규	87	GK	GK	1	송유걸		0	0	0	0
0	1	2	0		안세희	3	DF	DF	77	백종환		0	1	1	0
0	0	2	0		김태호	15	DF	DF	33	이한샘		0	0	0	0
0	1	1	0		이상우	4	DF	DF	6	안현식		0	0	0	0
0	0	0	0	2	구대영	90	DF	DF	22	정승용		0	1	0	0
0	1	3	2(1)		정재용	6	MF	MF	16	한석종		0	1	0	0
0	0	0	2(2)		김민균	7	MF	MF	4	오승범		0	0	0	0
0	1	1	0	16	서용덕	8	MF	MF	8	허범산		1(1)	2	1	0
0	0	0	1(1)	17	정재희	27	MF	FW	11	서보민	10	3(1)	0	0	0
0	0	3	1		오르시니	77	MF	FW	99	장혁진	13	0	2	0	0
0	1	6	4(3)		자이로	11	FW	FW	32	방찬준	17	1(1)	0	0	0
0	0	0	0		최필수	21			18	함석민		0	0	0	0
0	0	0	0		이재억	33			13	김윤호	후42	0	1	0	0
0	0	0	0	후23	채광훈	2			40	김원균		0	0	0	0
0	0	0	0	후31	안진범	16	대기	대기	24	고민성		0	0	0	0
0	0	0	0		최영훈	24			17	심영성	후0	0	2	0	0
0	0	0	0		김영도	23			9	파체코		0	0	0	0
0	0	1	1(1)	후15	박승일	17			10	최진호	후33	1(1)	0	0	0
0	5	19	11(8)			0			0			6(4)	10	2	0

● 전반 48분 방찬준 GAR 내 R-ST-G (득점: 방찬준) 오른쪽
● 후반 43분 심영성 AKL ~ 최진호 AKL R-ST-G (득점: 최진호, 도움: 심영성) 오른쪽

4월 30일 15 : 00 맑음 안산 와스타디움 644명
주심: 매호영 / 부심: 김영하 · 김지욱 / 대기심: 성덕효 / 경기감독관: 하재훈

안산 1 0 전반 0 / 1 후반 0 **0 서울E**

퇴장	경고	파울	ST(유)	교체	선수명	배번	위치	위치	배번	선수명	교체	ST(유)	파울	경고	퇴장
0	0	0	0		이 진 형	1	GK	GK	1	김 영 광		0	0	0	0
0	1	1	2(1)		정 다 훤	2	DF	DF	3	이 재 훈		0	3	0	0
0	1	2	1(1)		안 재 준	5	DF	DF	88	이 규 로	15	0	0	0	0
0	0	2	0		조 성 진	6	DF	DF	5	칼라일 미첼		1	1	0	0
0	0	2	1(1)		신 광 훈	21	DF	DF	22	전 민 광		1	1	0	0
0	0	2	1		신 형 민	4	MF	MF	6	김 동 철		0	1	0	0
0	1	0	0	22	정 혁	8	MF	MF	7	김 재 성		0	0	0	0
0	0	0	2(1)	20	한 지 호	7	MF	MF	8	윤 성 열		0	0	0	0
0	1	0	0		이 현 승	10	MF	FW	18	주 민 규	14	3(1)	0	0	0
0	0	2	0	18	주 현 재	19	MF	FW	2	김 민 제	17	0	1	0	0
0	0	1	1		남 준 재	23	FW	FW	11	타라바이		2(1)	2	0	0
0	0	0	0		손 정 현	34			21	이 상 기		0	0	0	0
0	0	2	1(1)	후7	공 민 현	18			15	김 태 은	후0	0	0	1	0
0	0	0	0	후44	안 영 규	20			20	양 기 훈		0	0	0	0
0	0	0	0		강 승 조	17	대기	대기	16	신 일 수		0	0	0	0
0	0	0	0		최 영 준	26			26	김 창 욱		0	0	0	0
0	0	0	0	후29	김 준 엽	22			14	조 우 진	후36	1(1)	1	1	0
0	0	0	0		최 진 수	25			17	안 태 현	후13	2(1)	0	0	0
0	4	14	9(5)			0			0			10(4)	10	2	0

● 후반 6분 정다훤 PA 정면 내 R-ST-G (득점: 정다훤) 왼쪽

5월 01일 14 : 00 맑음 고양 종합 275명
주심: 임정수 / 부심: 장종필 · 차상욱 / 대기심: 김영수 / 경기감독관: 김용세

고양 0 0 전반 1 / 0 후반 0 **1 대전**

퇴장	경고	파울	ST(유)	교체	선수명	배번	위치	위치	배번	선수명	교체	ST(유)	파울	경고	퇴장
0	0	0	0		강 진 웅	1	GK	GK	1	박 주 원		0	0	0	0
0	0	0	1(1)		이 상 돈	12	DF	DF	3	김 형 진		0	2	1	0
0	0	1	0		박 태 형	16	DF	DF	50	실 바		0	2	0	0
0	0	0	0		권 영 호	18	DF	DF	16	이 동 수		0	0	0	0
0	0	2	0		우 혜 성	30	DF	DF	13	장클로드		0	2	0	0
0	0	1	1(1)		오 기 재	20	MF	MF	5	김 병 석		2(1)	1	0	0
0	0	0	0		허 재 원	6	MF	MF	6	황 인 범	27	0	1	0	0
0	0	1	1		이 예 찬	23	MF	MF	23	조 예 찬		1	3	1	0
0	0	2	0	33	김 상 준	9	MF	FW	10	김 동 찬	11	4(3)	0	0	0
0	0	2	0	5	남 하 늘	10	FW	FW	19	박 대 훈		2	3	0	0
0	0	0	0	14	데파울라	7	FW	FW	17	진 대 성	77	0	0	0	0
0	0	0	0		이 승 규	21			25	이 범 수		0	0	0	0
0	0	0	0		김 지 훈	4			27	강 윤 성	후38	0	0	0	0
0	0	0	0		김 종 원	27			15	강 영 제		0	0	0	0
0	0	3	0	후40	지 구 민	33	대기	대기	4	우 현		0	0	0	0
0	1	3	1(1)	후19	인 준 연	5			30	남 윤 재		0	0	0	0
0	0	0	0		김 필 호	22			11	유 승 완	후26	0	0	0	0
0	0	0	0	전47	윤 영 준	14			77	완 델 손	후0	0	2	0	0
0	1	15	4(3)			0			0			9(4)	16	2	0

● 전반 39분 진대성 GAL ~ 김동찬 GAR 내 R-ST-G (득점: 김동찬, 도움: 진대성) 오른쪽

5월 01일 14 : 00 맑음 대구 스타디움 3,912명
주심: 최대우 / 부심: 손재선 · 이상민 / 대기심: 김우성 / 경기감독관: 전기록

대구 2 0 전반 1 / 2 후반 0 **1 충주**

퇴장	경고	파울	ST(유)	교체	선수명	배번	위치	위치	배번	선수명	교체	ST(유)	파울	경고	퇴장
0	0	0	0		조 현 우	21	GK	GK	26	이 영 창		0	0	0	0
0	0	0	0	20	정 우 재	3	DF	DF	22	김 한 빈		0	0	0	0
0	0	0	0		김 동 진	16	DF	DF	5	배 효 성		0	1	0	0
0	1	3	1(1)		박 태 홍	4	DF	DF	29	정 우 인		0	0	1	0
0	0	1	0		박 세 진	19	DF	DF	13	엄 진 태		0	1	0	0
0	1	1	0		신 창 무	14	MF	MF	8	오 규 빈		0	2	0	0
0	0	1	0	8	이 재 권	6	MF	MF	23	이 태 영	21	2(1)	2	0	0
0	0	2	2(2)		에 델	10	MF	FW	24	김 용 태		1	1	0	0
0	1	4	6(3)		세 징 야	11	MF	FW	9	김 신	14	0	0	0	0
0	0	0	0	7	한 재 웅	15	MF	FW	10	김 도 형		2(1)	1	0	0
0	0	0	6(4)		파 울 로	9	FW	FW	18	박 지 민	99	3(1)	3	0	0
0	0	0	0		이 양 종	1			1	권 태 안		0	0	0	0
0	1	2	0	전27	황 재 원	20			31	김 상 필		0	0	0	0
0	0	0	0		홍 정 운	5			14	김 정 훈	전34	1	5	0	0
0	0	0	0		조 영 훈	13	대기	대기	99	최 유 상	후28	0	1	0	0
0	0	0	0		감 한 솔	22			21	이 유 준	후26	0	0	0	0
0	0	1	0	후42	데이비드	8			33	김 태 환		0	0	0	0
0	0	0	1	후0	최 정 한	7			20	김 용 진		0	0	0	0
0	4	15	16(10)			0			0			9(3)	17	1	0

● 후반 23분 세징야 GAL R-ST-G (득점: 세징야) 오른쪽
● 후반 43분 데이비드 MFL TL FK ↷ 박태홍 GA 정면 H-ST-G (득점: 박태홍, 도움: 데이비드) 오른쪽

● 전반 14분 이태영 PAL ↷ 김도형 AKL R-ST-G (득점: 김도형, 도움: 이태영) 왼쪽

5월 05일 14 : 00 맑음 원주 741명
주심: 김영수 / 부심: 이영운 · 이상민 / 대기심: 임정수 / 경기감독관: 전인석

강원 2 0 전반 1 / 2 후반 0 **1 서울E**

퇴장	경고	파울	ST(유)	교체	선수명	배번	위치	위치	배번	선수명	교체	ST(유)	파울	경고	퇴장
0	0	0	0		송 유 걸	1	GK	GK	1	김 영 광		0	0	1	0
0	0	0	0		백 종 환	77	DF	DF	3	이 재 훈		0	2	1	0
0	0	0	0		이 한 샘	33	DF	DF	88	이 규 로		1(1)	4	1	0
0	0	0	0		안 현 식	6	DF	DF	20	양 기 훈		0	2	0	0
0	0	1	1(1)		정 승 용	22	DF	DF	5	칼라일 미첼		0	1	2	0
0	0	2	2	10	한 석 종	16	MF	MF	6	김 동 철		0	5	1	0
0	0	2	2		오 승 범	4	MF	MF	22	전 민 광		0	0	0	0
0	0	0	2(2)	17	고 민 성	24	MF	MF	26	김 창 욱	14	2	2	0	0
0	0	0	4(1)	32	서 보 민	11	FW	FW	17	안 태 현		0	0	0	0
0	0	2	1		장 혁 진	99	FW	FW	10	벨 루 소		0	1	0	0
0	0	2	2(1)		마테우스	23	FW	FW	11	타라바이	2	2(1)	3	0	0
0	0	0	0		함 석 민	18			21	이 상 기		0	0	0	0
0	0	0	0		김 원 균	40			15	김 태 은		0	0	0	0
0	0	0	0		김 윤 호	13			2	김 민 제	후16	0	0	0	0
0	0	0	2(1)	후9	최 진 호	10	대기	대기	16	신 일 수		0	0	0	0
0	0	0	0		파 체 코	9			14	조 우 진	후39	1(1)	0	0	0
0	0	0	4(1)	후22	방 찬 준	32			7	김 재 성		0	0	0	0
0	0	0	3(1)	후0	심 영 성	17			24	김 현 규		0	0	0	0
0	0	9	23(8)			0			0			6(3)	20	6	0

● 후반 29분 방찬준 GA 정면 L-ST-G (득점: 방찬준) 가운데
● 후반 35분 심영성 PA 정면 ~ 최진호 GAR R-ST-G (득점: 최진호, 도움: 심영성) 왼쪽

● 전반 21분 벨루소 GAR → 타라바이 GAL 내 R-ST-G (득점: 타라바이, 도움: 벨루소) 왼쪽

5월 05일 14 : 00 맑음 부천 종합 3,102명
주심: 박영록 / 부심: 양재용 · 차상욱 / 대기심: 박진호 / 경기감독관: 김정식

부천 3   2 전반 1 / 1 후반 0   **1 안산**

퇴장	경고	파울	ST(유)	교체	선수명	배번	위치	위치	배번	선수명	교체	ST(유)	파울	경고	퇴장
0	0	0	0		류 원 우	1	GK	GK	1	이 진 형		0	0	1	0
0	0	0	1		한 희 훈	4	DF	DF	2	정 다 훤		1	2	1	0
0	1	0	0	13	강 지 용	6	DF	DF	5	안 재 준		0	1	0	0
0	0	1	0		이 학 민	14	DF	DF	6	조 성 진		0	0	0	0
0	0	1	0		유 대 현	22	DF	DF	21	신 광 훈		0	0	0	0
0	0	0	1(1)	15	문 기 한	7	MF	MF	4	신 형 민		1	3	2	0
0	0	1	1(1)		송 원 재	8	MF	MF	8	정 혁	22	1	0	1	0
0	0	2	6(3)		바그닝요	10	FW	MF	7	한 지 호		1(1)	1	0	0
0	0	2	3(2)		김 영 남	77	MF	MF	19	주 현 재	18	0	1	1	0
0	1	2	1		루 키 안	9	FW	MF	10	이 현 승		3(2)	1	0	0
0	0	0	1(1)	16	김 륜 도	20	FW	FW	23	남 준 재	17	0	1	0	0
0	0	0	0		한 상 진	25			34	손 정 현		0	0	0	0
0	0	0	0		임 동 혁	5			18	공 민 현	후0	2	1	0	0
0	0	0	0	후44	서 명 식	13			17	강 승 조	후14	0	0	0	0
0	0	0	0	후21	조 범 석	15	대기	대기	20	안 영 규		0	0	0	0
0	0	0	0		전 기 성	18			22	김 준 엽	후9	1(1)	0	0	0
0	0	0	0		한 성 규	24			25	최 진 수		0	0	0	0
0	0	0	1(1)	후21	진 창 수	16			27	박 요 한		0	0	0	0
0	2	9	15(9)			0			0			10(4)	11	6	0

- 전반 16분 문기한 PAL FK ↷ 바그닝요 GAL H-ST-G (득점: 바그닝요, 도움: 문기한) 오른쪽
- 전반 42분 루키안 GAR 내 ↷ 바그닝요 GA 정면 내오버헤드킥 R-ST-G (득점: 바그닝요, 도움: 루키안) 가운데
- 후반 32분 진창수 GAR R-ST-G (득점: 진창수) 왼쪽
- 전반 6분 정다훤 PAL EL ↷ 이현승 GA 정면 내 R-ST-G (득점: 이현승, 도움: 정다훤) 가운데

5월 05일 14 : 00 맑음 안양 종합 1,801명
주심: 김대용 / 부심: 손재선 · 김지욱 / 대기심: 최대우 / 경기감독관: 강창구

안양 2   1 전반 2 / 1 후반 0   **2 대전**

퇴장	경고	파울	ST(유)	교체	선수명	배번	위치	위치	배번	선수명	교체	ST(유)	파울	경고	퇴장
0	0	0	0		최 필 수	21	GK	GK	1	박 주 원		0	0	0	0
0	0	1	0		안 세 희	3	DF	DF	3	김 형 진		0	6	1	0
0	0	0	3		김 태 호	15	DF	DF	50	실 바		0	2	0	0
0	0	2	0		이 상 우	4	DF	DF	16	이 동 수		0	3	0	0
0	0	1	0		구 대 영	90	DF	DF	13	장클로드		0	1	1	0
0	0	1	0	27	정 재 용	6	MF	MF	5	김 병 석		0	1	0	0
0	0	0	1(1)	11	김 민 균	7	MF	MF	6	황 인 범		4(3)	0	0	0
0	1	4	1	24	서 용 덕	8	MF	MF	23	조 예 찬		2	1	0	0
0	0	1	0		안 진 범	16	MF	FW	10	김 동 찬	30	2(1)	2	0	0
0	0	0	4(2)		박 승 일	17	MF	FW	19	박 대 훈	11	1(1)	3	0	0
0	0	1	2(1)		김 영 도	23	FW	FW	77	완 델 손	9	1	2	0	0
0	0	0	0		김 선 규	87			25	이 범 수		0	0	0	0
0	0	0	0		이 재 억	33			27	강 윤 성		0	0	0	0
0	0	0	0		채 광 훈	2			15	강 영 제		0	0	0	0
0	0	0	0		이 슬 기	10	대기	대기	4	우 현		0	0	0	0
0	0	0	0	후48	최 영 훈	24			30	남 윤 재	후21	0	1	0	0
0	0	0	2(1)	후7	정 재 희	27			11	유 승 완	후17	0	1	1	0
0	0	0	3(1)	후32	자 이 로	11			9	서 동 현	후35	0	0	0	0
0	1	11	16(6)			0			0			10(5)	23	3	0

- 전반 28분 김민균 GAL ~ 김영도 GA 정면 내 L-ST-G (득점: 김영도, 도움: 김민균) 왼쪽
- 후반 16분 박주원 자기 측 GA 정면 내 자책골 (득점: 박주원) 가운데
- 전반 25분 김동찬 PK-R-G (득점: 김동찬) 왼쪽
- 전반 36분 황인범 GAR R-ST-G (득점: 황인범) 왼쪽

5월 05일 15 : 00 맑음 대구 스타디움 3,470명
주심: 김동인 / 부심: 장종필 · 지승민 / 대기심: 서동진 / 경기감독관: 김진의

대구 1   0 전반 0 / 1 후반 0   **0 부산**

퇴장	경고	파울	ST(유)	교체	선수명	배번	위치	위치	배번	선수명	교체	ST(유)	파울	경고	퇴장
0	0	0	0		조 현 우	21	GK	GK	21	구 상 민		0	0	0	0
0	0	1	0		정 우 재	3	DF	DF	5	차 영 환		1(1)	0	0	0
0	0	3	0		김 동 진	16	DF	DF	3	이 원 영		1	0	1	0
0	0	0	0		박 태 홍	4	DF	DF	20	박 병 현	6	0	0	0	0
0	0	3	0		박 세 진	19	DF	MF	33	유 지 훈		0	0	0	0
0	1	1	1		신 창 무	14	MF	MF	22	이 규 성		1	1	0	0
0	1	2	1(1)	13	데이비드	8	MF	MF	17	이 청 웅	19	1	2	0	0
0	0	2	2(2)		세 징 야	11	FW	MF	26	김 대 호	89	0	0	0	0
0	1	0	3(2)		에 델	10	FW	FW	14	정 석 화		2(2)	0	0	0
0	0	1	0	6	한 재 웅	15	FW	FW	18	스토아노비치		3(3)	4	0	0
0	0	1	2	7	파 울 로	9	FW	FW	94	포 프		0	1	0	0
0	0	0	0		이 양 종	1			1	이 창 근		0	0	0	0
0	0	0	0	후48	조 영 훈	13			6	김 종 혁	전13	0	3	1	0
0	0	0	0		홍 정 운	5			89	이 영 재	후22	1	0	0	0
0	0	0	0		감 한 솔	22	대기	대기	19	고 경 민	후29	1(1)	0	0	0
0	0	0	0		홍 승 현	34			28	김 종 민		0	0	0	0
0	0	0	0	후34	이 재 권	6			30	이 정 진		0	0	0	0
0	0	0	1(1)	후30	최 정 한	7			10	최 승 인		0	0	0	0
0	3	14	10(6)			0			0			11(7)	11	2	0

- 후반 8분 박세진 PAR 내 ~ 세징야 PA 정면 내 L-ST-G (득점: 세징야, 도움: 박세진) 왼쪽

5월 05일 15 : 00 맑음 충주 종합 892명
주심: 김희곤 / 부심: 김영하 · 박균용 / 대기심: 매호영 / 경기감독관: 전기록

충주 2   1 전반 0 / 1 후반 3   **3 고양**

퇴장	경고	파울	ST(유)	교체	선수명	배번	위치	위치	배번	선수명	교체	ST(유)	파울	경고	퇴장
0	0	0	0		이 영 창	26	GK	GK	1	강 진 웅		0	0	0	0
0	1	1	0		김 한 빈	22	DF	DF	12	이 상 돈		0	0	0	0
0	1	3	0		배 효 성	5	DF	DF	16	박 태 형		0	1	0	0
0	0	1	0		황 수 남	50	DF	DF	18	권 영 호		1	3	0	0
0	1	0	0	23	김 태 환	33	DF	DF	30	우 혜 성		0	1	0	0
0	0	2	1(1)		오 규 빈	8	MF	DF	33	지 구 민	22	0	0	0	0
0	1	1	1(1)		엄 진 태	13	MF	MF	5	인 준 연	4	3(2)	3	0	0
0	0	1	2(1)	14	장 백 규	19	MF	MF	20	오 기 재		0	2	1	0
0	0	1	3(1)		김 도 형	10	MF	FW	14	윤 영 준		3(2)	1	0	0
0	0	3	0	9	김 용 진	20	FW	FW	23	이 예 찬		0	1	0	0
0	0	1	2(1)		박 지 민	18	MF	FW	7	데파울라	11	2(1)	0	0	0
0	0	0	0		권 태 안	1			21	이 승 규		0	0	0	0
0	0	0	0		김 상 필	31			4	김 지 훈	후29	0	0	0	0
0	0	0	0		노 연 빈	2			27	김 종 원		0	0	0	0
0	0	1	0	후13	이 태 영	23	대기	대기	17	이 도 성		0	0	0	0
0	0	0	0	후37	김 정 훈	14			22	김 필 호	전31	1	1	1	0
0	0	0	0		최 유 상	99			10	남 하 늘		0	0	0	0
0	0	0	3(2)	후22	김 신	9			11	박 정 훈	후35	1(1)	0	0	0
0	4	15	12(7)			0			0			11(6)	13	2	0

- 전반 22분 김한빈 PAL ↷ 박지민 GA 정면 H-ST-G (득점: 박지민, 도움: 김한빈) 오른쪽
- 후반 31분 이태영 PA 정면 ~ 김신 PAL R-ST-G (득점: 김신, 도움: 이태영) 오른쪽
- 후반 7분 이예찬 PAL ↷ 윤영준 GAR L-ST-G (득점: 윤영준, 도움: 이예찬) 왼쪽
- 후반 13분 김필호 HLR ~ 데파울라 GAR L-ST-G (득점: 데파울라, 도움: 김필호) 왼쪽
- 후반 49분 박정훈 PK-R-G (득점: 박정훈) 가운데

5월 08일 14:00 맑음 고양 종합 422명
주심: 서동진 / 부심: 이영운·이상민 / 대기심: 박진호 / 경기감독관: 하재훈

고양 0 (0 전반 0 / 0 후반 0) **0 부천**

퇴장	경고	파울	ST(유)	교체	선수명	배번	위치	위치	배번	선수명	교체	ST(유)	파울	경고	퇴장
0	0	0	0		강진웅	1	GK	GK	1	류원우		0	0	0	0
0	0	1	0		이상돈	12	DF	DF	4	한희훈		0	1	0	0
0	0	1	0		박태형	16	DF	DF	13	서명식		0	1	0	0
0	1	1	0		권영호	18	DF	DF	14	이학민		0	1	0	0
0	1	2	0		우혜성	30	DF	DF	22	유대현		0	0	0	0
0	1	1	3		인준연	5	MF	MF	7	문기한	20	2(1)	0	0	0
0	1	3	1	17	허재원	6	MF	MF	8	송원재		1	0	0	0
0	0	1	1(1)	11	윤영준	14	MF	MF	77	김영남		0	2	1	0
0	0	0	0		이예찬	23	MF	FW	10	바그닝요		6(2)	0	0	0
0	1	2	0		김필호	22	FW	FW	9	루키안		2(1)	4	0	0
0	0	3	5	10	데파울라	7	FW	FW	23	황신영	16	0	0	0	0
0	0	0	0		이승규	21			25	한상진		0	0	0	0
0	0	0	0		김지훈	4			5	임동혁		0	0	0	0
0	0	0	0		지구민	33			33	정준현		0	0	0	0
0	1	0	0	후32	이도성	17	대기	대기	15	조범석		0	0	0	0
0	0	0	0		김종원	27			24	한성규	후39	0	0	0	0
0	0	0	0	후43	남하늘	10			16	진창수	후0/24	2	0	0	0
0	0	0	1(1)	후16	박정훈	11			20	김륜도	후9	0	0	0	0
0	6	15	11(2)			0			0			13(4)	9	1	0

5월 08일 14:00 맑음 대전 월드컵 1,860명
주심: 성덕효 / 부심: 장종필·차상욱 / 대기심: 김동인 / 경기감독관: 김진의

대전 0 (0 전반 0 / 0 후반 1) **1 강원**

퇴장	경고	파울	ST(유)	교체	선수명	배번	위치	위치	배번	선수명	교체	ST(유)	파울	경고	퇴장
0	0	0	0		박주원	1	GK	GK	1	송유걸		0	0	0	0
0	0	2	0	8	우현	4	DF	DF	77	백종환		0	1	0	0
0	0	1	0		실바	50	DF	DF	33	이한샘		0	0	0	0
0	1	4	0		이동수	16	DF	DF	6	안현식		1	2	1	0
0	1	1	1(1)		장클로드	13	DF	DF	22	정승용		0	0	0	0
0	1	1	0		김병석	5	MF	MF	8	허범산	10	0	2	1	0
0	0	1	2(1)		황인범	6	MF	MF	4	오승범		1	0	0	0
0	0	0	0	11	조예찬	23	MF	MF	24	고민성	16	1	0	0	0
0	1	0	4(2)		서동현	9	FW	FW	11	서보민		4(1)	0	0	0
0	0	0	0	27	박대훈	19	FW	FW	99	장혁진		1	1	0	0
0	0	3	5(1)		완델손	77	FW	FW	23	마테우스	17	1(1)	0	0	0
0	0	0	0		이범수	25			18	함석민		0	0	0	0
0	0	1	0	전42	강윤성	27			40	김원균		0	0	0	0
0	0	0	0		강영제	15			13	김윤호		0	0	0	0
0	0	0	0		김동곤	26	대기	대기	16	한석종	후0	1	0	0	0
0	0	1	0	후29	김선민	8			10	최진호	후20	1(1)	1	0	0
0	0	0	0		오창현	22			32	방찬준		0	0	0	0
0	0	0	1	후14	유승완	11			17	심영성	후0	0	1	0	0
0	4	15	13(5)			0			0			11(3)	8	2	0

●후반 35분 최진호 AK 내 R-ST-G (득점: 최진호) 오른쪽

5월 08일 14:00 맑음 거제 공설 1,799명
주심: 최대우 / 부심: 손재선·지승민 / 대기심: 박영록 / 경기감독관: 전인석

경남 0 (0 전반 0 / 0 후반 1) **1 서울E**

퇴장	경고	파울	ST(유)	교체	선수명	배번	위치	위치	배번	선수명	교체	ST(유)	파울	경고	퇴장
0	0	0	0		이준희	1	GK	GK	1	김영광		0	0	0	0
0	0	0	0		박주성	27	DF	DF	3	이재훈		0	0	0	0
0	0	0	1		박지수	23	DF	DF	88	이규로		0	0	0	0
0	1	1	0		김정빈	22	DF	DF	22	전민광		0	1	0	0
0	0	0	0		장은규	37	DF	DF	63	김동진		0	1	0	0
0	0	1	0		이관표	36	MF	MF	6	김동철		1	4	1	0
0	0	2	1	80	이반	4	MF	MF	16	신일수	17	1(1)	2	1	0
0	0	0	2(1)	99	송수영	16	MF	MF	8	윤성열		0	0	0	0
0	0	1	0		임창균	19	MF	FW	7	김재성		0	4	0	0
0	0	1	2	7	안성남	8	MF	FW	10	벨루소	24	4(2)	1	0	0
0	0	2	2(1)		크리스찬	9	FW	FW	11	타라바이		2	2	0	0
0	0	0	0		이기현	21			21	이상기		0	0	0	0
0	0	0	0		이원재	5			15	김태은		0	0	0	0
0	0	0	0		우주성	15			20	양기훈		0	0	0	0
0	0	1	1	후25	배기종	7	대기	대기	2	김민제		0	0	0	0
0	0	0	2(2)	후0	진경선	80			14	조우진		0	0	0	0
0	0	0	0		김슬기	11			17	안태현	후18	1(1)	0	0	0
0	0	0	0	후35	김형필	99			24	김현규	후29	0	0	0	0
0	1	9	11(4)			0			0			9(4)	15	2	0

●후반 48분 윤성열 MFR ↷ 안태현 GAR 기타 R-ST-G (득점: 안태현, 도움: 윤성열) 가운데

5월 08일 15:00 맑음 안산 와스타디움 1,975명
주심: 김희곤 / 부심: 송봉근·김지욱 / 대기심: 김영수 / 경기감독관: 전기록

안산 0 (0 전반 0 / 0 후반 2) **2 대구**

퇴장	경고	파울	ST(유)	교체	선수명	배번	위치	위치	배번	선수명	교체	ST(유)	파울	경고	퇴장
0	0	0	0		손정현	34	GK	GK	21	조현우		0	0	1	0
0	0	0	0		안재준	5	DF	DF	3	정우재		1	0	0	0
0	0	2	0		조성진	6	DF	DF	16	김동진		0	0	0	0
0	0	2	1		안영규	20	DF	DF	4	박태홍		0	0	0	0
0	0	0	0	10	박희철	3	MF	DF	19	박세진		0	2	0	0
0	0	1	0	21	강승조	17	MF	MF	14	신창무		0	1	0	0
0	0	2	0		최진수	25	MF	MF	6	이재권		0	3	0	0
0	0	0	0		김준엽	22	MF	MF	11	세징야	8	4(2)	2	1	0
0	0	5	1(1)		공민현	18	MF	MF	10	에델	7	2(1)	0	0	0
0	0	3	2		주현재	19	MF	MF	15	한재웅		1(1)	0	0	0
0	0	3	0	7	한홍규	30	FW	FW	9	파울로	22	4(2)	2	0	0
0	0	0	0		이진형	1			1	이양종		0	0	0	0
0	0	1	0	후9	한지호	7			20	황재원		0	0	0	0
0	0	1	0	후9	이현승	10			5	홍정운		0	0	0	0
0	0	0	0	후22	신광훈	21	대기	대기	13	조영훈		0	0	0	0
0	0	0	0		김성현	29			22	감한솔	후38	0	0	0	0
0	0	0	0		황지웅	11			8	데이비드	후43	0	0	0	0
0	0	0	0		박요한	27			7	최정한	후25	0	1	0	0
0	0	20	4(1)			0			0			12(6)	11	2	0

●후반 2분 에델 PA 정면 내 R-ST-G (득점: 에델) 오른쪽
●후반 7분 파울로 PA 정면 내 R-ST-G (득점: 파울로) 가운데

5월 08일 13 : 30 맑음 부산 아시아드 1,534명
주심: 매호영 / 부심: 김영하·박균용 / 대기심: 임정수 / 경기감독관: 김용세

부산 3 2 전반 1 / 1 후반 0 **1 안양**

퇴장	경고	파울	ST(유)	교체	선수명	배번	위치	위치	배번	선수명	교체	ST(유)	파울	경고	퇴장
0	0	0	0		구상민	21	GK	GK	21	최필수		0	0	0	0
0	0	2	1(1)		용재현	88	DF	DF	20	가솔현		0	0	0	0
0	0	3	0		김종혁	6	DF	DF	15	김태호		1	5	0	0
0	0	1	0		차영환	5	DF	DF	2	채광훈		0	1	0	0
0	0	2	0		유지훈	33	DF	DF	90	구대영		0	2	1	0
0	0	0	0	22	다이고	99	MF	MF	6	정재용		1	1	0	0
0	0	2	1(1)	28	김진규	13	MF	MF	7	김민균	10	1(1)	0	0	0
0	0	1	2(1)		홍동현	8	MF	MF	27	정재희		0	0	0	0
0	1	0	5(4)		포프	94	MF	MF	16	안진범	8	0	0	0	0
0	0	0	0	30	정석화	14	MF	MF	17	박승일		1(1)	1	0	0
0	1	6	1(1)		스토야노비치	18	FW	FW	23	김영도	11	1(1)	2	0	0
0	0	0	0		김형근	31			87	김선규		0	0	0	0
0	0	0	0		사무엘	4			33	이재억		0	0	0	0
0	0	0	0		전현철	7			4	이상우		0	0	0	0
0	0	0	0	후4	이규성	22	대기	대기	10	이슬기	후33	0	0	1	0
0	0	0	0		이영재	89			26	이태현		0	0	0	0
0	0	0	0	후19	김종민	28			8	서용덕	후29	0	1	0	0
0	1	3	0	후9	이정진	30			11	자이로	후9	2(1)	1	0	0
0	3	20	10(8)			0			0			7(4)	14	2	0

- 전반 6분 포프 MFR ↷ 용재현 AKR L-ST-G (득점: 용재현, 도움: 포프) 오른쪽
- 전반 20분 포프 GAR 내 EL ~ 스토야노비치 GA 정면 내 R-ST-G (득점: 스토야노비치, 도움: 포프) 왼쪽
- 후반 40분 스토야노비치 PAL 내 EL ↷ 포프 GAR 내 H-ST-G (득점: 포프, 도움: 스토야노비치) 오른쪽
- 전반 8분 김민균 MFL ~ 김영도 PA 정면 내 R-ST-G (득점: 김영도, 도움: 김민균) 가운데

5월 14일 14 : 00 맑음 대전 월드컵 1,681명
주심: 임정수 / 부심: 이영운·박균용 / 대기심: 김희곤 / 경기감독관: 김용세

대전 3 2 전반 0 / 1 후반 1 **1 경남**

퇴장	경고	파울	ST(유)	교체	선수명	배번	위치	위치	배번	선수명	교체	ST(유)	파울	경고	퇴장
0	0	0	0		박주원	1	GK	GK	21	이기현		0	0	0	0
0	0	3	0		오창현	22	DF	DF	27	박주성	15	0	1	0	0
0	0	4	0		실바	50	DF	DF	23	박지수		0	4	0	0
0	0	1	0		이동수	16	DF	DF	22	김정빈		1	1	1	0
0	0	0	0		장클로드	13	DF	DF	37	장은규		1	2	0	0
0	0	3	1		김병석	5	MF	MF	36	이관표		1(1)	0	1	0
0	0	1	1	27	황인범	6	MF	MF	80	진경선	6	1(1)	0	0	0
0	0	1	2(1)	15	조예찬	23	MF	MF	11	김슬기		0	1	0	0
0	0	1	6(4)	11	김동찬	10	FW	MF	19	임창균		2(1)	0	0	0
0	0	1	0		박대훈	19	FW	MF	8	안성남	7	2	0	0	0
0	1	1	2(1)		완델손	77	FW	FW	9	크리스찬		4(2)	0	0	0
0	0	0	0		이범수	25			1	이준희		0	0	0	0
0	0	2	0	후8	강윤성	27			4	이반		0	0	0	0
0	0	0	0	후33	강영제	15			15	우주성	전14	0	0	0	0
0	0	0	0		우현	4	대기	대기	12	전상훈		0	0	0	0
0	0	0	0		김형진	3			6	박태웅	후23	0	0	0	0
0	0	0	0		서동현	9			7	배기종	후0	0	0	0	0
0	0	0	0	후36	유승완	11			99	김형필		0	0	0	0
0	1	18	12(6)			0			0			12(5)	9	2	0

- 전반 1분 완델손 PAR FK L-ST-G (득점: 완델손) 왼쪽
- 전반 9분 조예찬 GA 정면 L-ST-G (득점: 조예찬) 왼쪽
- 후반 14분 완델손 PAL TL ~ 김동찬 PAL R-ST-G (득점: 김동찬, 도움: 완델손) 오른쪽
- 후반 23분 배기종 PAR EL ~ 크리스찬 GAL 내 L-ST-G (득점: 크리스찬, 도움: 배기종) 왼쪽

5월 14일 15 : 00 맑음 안산 와스타디움 3,532명
주심: 김영수 / 부심: 장종필·차상욱 / 대기심: 성덕효 / 경기감독관: 김일호

안산 2 0 전반 0 / 2 후반 1 **1 안양**

퇴장	경고	파울	ST(유)	교체	선수명	배번	위치	위치	배번	선수명	교체	ST(유)	파울	경고	퇴장
0	0	0	0		이진형	1	GK	GK	21	최필수		0	0	0	0
0	0	0	0	23	정다훤	2	DF	DF	33	이재억	7	0	1	0	0
0	0	1	2(2)		조성진	6	DF	DF	15	김태호		0	1	1	0
0	0	0	0		안영규	20	DF	DF	20	가솔현		2(1)	2	1	0
0	0	2	0		신광훈	21	DF	DF	90	구대영		0	1	0	0
0	0	1	2		정혁	8	MF	DF	4	이상우		1(1)	0	0	0
0	0	2	1		신형민	4	MF	MF	6	정재용		0	4	0	0
0	0	1	4(3)		이현승	10	MF	MF	8	서용덕		1(1)	0	0	0
0	0	1	3(2)		한지호	7	FW	MF	16	안진범		0	2	0	0
0	1	2	1	30	주현재	19	FW	MF	17	박승일	27	0	1	0	0
0	0	0	0	22	공민현	18	FW	FW	11	자이로	77	0	3	1	0
0	0	0	0		손정현	34			87	김선규		0	0	0	0
0	0	0	0		안재준	5			3	안세희		0	0	0	0
0	1	1	0	후5	남준재	23			24	최영훈		0	0	0	0
0	0	0	1	후28	김준엽	22	대기	대기	7	김민균	후18	1	2	0	0
0	0	0	0	후39	한홍규	30			77	오르시니	후15	0	0	0	0
0	0	0	0		최진수	25			27	정재희	후0	0	0	0	0
0	0	0	0		김성현	29			23	김영도		0	0	0	0
0	2	11	14(7)			0			0			5(3)	17	3	0

- 후반 12분 한지호 AK 정면 FK R-ST-G (득점: 한지호) 왼쪽
- 후반 15분 한지호 PA 정면 ~ 이현승 PK 좌측지점 R-ST-G (득점: 이현승, 도움: 한지호) 오른쪽
- 후반 2분 이상우 AKL FK R-ST-G (득점: 이상우) 오른쪽

5월 15일 16 : 00 흐리고 비 부산 아시아드 1,826명
주심: 박영록 / 부심: 손재선·이상민 / 대기심: 최대우 / 경기감독관: 한병화

부산 2 0 전반 0 / 2 후반 1 **1 충주**

퇴장	경고	파울	ST(유)	교체	선수명	배번	위치	위치	배번	선수명	교체	ST(유)	파울	경고	퇴장
0	0	0	0		구상민	21	GK	GK	26	이영창		0	0	0	0
0	0	0	0		김대호	26	DF	DF	22	김한빈		0	0	0	0
0	0	1	1(1)		김종혁	6	DF	DF	31	김상필		0	4	1	0
0	0	1	0		이원영	3	DF	DF	50	황수남		0	0	0	0
0	1	3	0		구현준	27	DF	DF	13	엄진태		1(1)	1	1	0
0	0	2	1		용재현	88	MF	MF	8	오규빈		0	2	0	0
0	0	3	1	10	포프	94	MF	MF	7	최승호		0	1	0	0
0	0	0	1		이영재	89	MF	MF	19	장백규	29	1(1)	1	0	0
0	0	0	0	8	이규성	22	MF	MF	10	김도형		2(2)	1	0	0
0	0	1	2(2)	28	정석화	14	MF	MF	99	최유상	11	0	3	0	0
0	0	1	4(3)		스토야노비치	18	FW	FW	18	박지민	9	1	1	0	0
0	0	0	0		김형근	31			1	권태안		0	0	0	0
0	0	0	0		김재현	23			29	정우인	후34	1	0	0	0
0	0	0	0		장현우	25			2	노연빈		0	0	0	0
0	1	4	1(1)	전41	홍동현	8	대기	대기	38	신동일		0	0	0	0
0	0	1	0	후22	김종민	28			14	김정훈		0	0	0	0
0	0	0	0		고경민	19			11	이한음	후19	2(2)	0	0	0
0	0	0	0	후37	최승인	10			9	김신	후19	2(2)	1	0	0
0	2	17	11(7)			0			0			10(8)	15	2	0

- 후반 9분 정석화 GAR 내 R-ST-G (득점: 정석화) 오른쪽
- 후반 45분 스토야노비치 PK-R-G (득점: 스토야노비치) 가운데
- 후반 38분 김상필 MF 정면 ~ 이한음 MFR R-ST-G (득점: 이한음, 도움: 김상필) 왼쪽

5월 16일 19:30 맑음 부천 종합 809명
주심: 김동인 / 부심: 지승민·김지욱 / 대기심: 매호영 / 경기감독관: 하재훈

부천 3 2 전반 1 / 1 후반 0 **1 강원**

퇴장	경고	파울	ST(유)	교체	선수명	배번	위치	위치	배번	선수명	교체	ST(유)	파울	경고	퇴장
0	0	0	0		류원우	1	GK	GK	1	송유걸		0	0	1	0
0	0	0	0		한희훈	4	DF	DF	77	백종환		1	1	0	0
0	0	4	0		강지용	6	DF	DF	33	이한샘		0	2	0	0
0	0	0	0		이학민	14	DF	DF	6	안현식		0	0	0	0
0	0	3	0		유대현	22	DF	DF	22	정승용		0	2	1	0
0	1	2	2(2)	16	문기한	7	MF	MF	8	허범산		1(1)	1	0	0
0	1	0	0		조범석	15	MF	MF	4	오승범		0	2	0	0
0	0	1	1	8	김영남	77	MF	MF	24	고민성	17	1	1	0	0
0	0	8	4(3)		바그닝요	10	FW	FW	11	서보민	16	1	1	1	0
0	0	2	2(1)		루키안	9	FW	FW	99	장혁진		1	0	0	0
0	0	2	2(1)		김륜도	20	FW	FW	23	마테우스	10	2(1)	2	0	0
0	0	0	0		한상진	25			30	안지현		0	0	0	0
0	0	0	0		임동혁	5			40	김원균		0	0	0	0
0	0	0	0		서명식	13			13	김윤호		0	0	0	0
0	0	0	0		정준현	33	대기	대기	16	한석종	후13	0	3	1	0
0	0	0	0	후16	송원재	8			17	심영성	후0	1(1)	1	0	0
0	0	0	0		한성규	24			10	최진호	후0	1	1	0	0
0	0	0	0	후20	진창수	16			9	파체코		0	0	0	0
0	2	22	11(7)			0			0			9(3)	17	4	0

- 전반 9분 루키안 PA 정면 내 ~ 문기한 AK 정면 R-ST-G (득점: 문기한, 도움: 루키안) 왼쪽
- 전반 40분 조범석 PAR ↷ 바그닝요 GAL H-ST-G (득점: 바그닝요, 도움: 조범석) 왼쪽
- 후반 33분 루키안 GAL H-ST-G (득점: 루키안) 왼쪽
- 전반 41분 백종환 자기 측 센터서클 → 마테우스 GAL 내 L-ST-G (득점: 마테우스, 도움: 백종환) 왼쪽

5월 16일 20:00 맑음 잠실 1,482명
주심: 김대용 / 부심: 양재용·김영하 / 대기심: 박진호 / 경기감독관: 김형남

서울E 1 0 전반 0 / 1 후반 1 **1 대구**

퇴장	경고	파울	ST(유)	교체	선수명	배번	위치	위치	배번	선수명	교체	ST(유)	파울	경고	퇴장
0	0	0	0		김영광	1	GK	GK	21	조현우		0	0	0	0
0	1	4	0		이재훈	3	DF	DF	3	정우재		1	3	0	0
0	0	3	0		김태은	15	DF	DF	16	김동진		0	2	0	0
0	0	1	0		칼라일 미첼	5	DF	DF	4	박태홍		0	0	0	0
0	0	0	0		김동진	63	DF	DF	19	박세진	22	0	2	0	0
0	0	1	0		윤성열	8	MF	MF	14	신창무		0	3	0	0
0	0	1	2(1)	17	신일수	16	MF	MF	6	이재권		0	1	0	0
0	0	4	1		전민광	22	MF	MF	7	최정한		5(1)	0	0	0
0	0	1	1		김재성	7	FW	MF	10	에델	25	3(3)	2	0	0
0	0	2	1(1)		타라바이	11	FW	MF	15	한재웅	8	0	0	0	0
0	0	0	1	10	조향기	19	FW	FW	9	파울로		1(1)	1	0	0
0	0	0	0		이상기	21			1	이양종		0	0	0	0
0	0	0	0		양기훈	20			20	황재원		0	0	0	0
0	0	0	0		김창욱	26			5	홍정운		0	0	0	0
0	0	0	0		김민제	2	대기	대기	13	조영훈		0	0	0	0
0	0	0	0	후32	벨루소	10			22	감한솔	후1	1(1)	0	0	0
0	1	0	0	후25	안태현	17			8	데이비드	후13	0	0	0	0
0	0	0	0		김현규	24			25	김현수	후46	0	0	0	0
0	2	17	6(2)			0			0			11(6)	14	0	0

- 후반 3분 윤성열 AKR H ↷ 타라바이 GA 정면오버헤드킥 R-ST-G (득점: 타라바이, 도움: 윤성열) 오른쪽
- 후반 20분 감한솔 PAR TL ↷ 파울로 GAR H-ST-G (득점: 파울로, 도움: 감한솔) 왼쪽

5월 21일 15:00 맑음 충주 종합 873명
주심: 박병진 / 부심: 양재용·지승민 / 대기심: 김영수 / 경기감독관: 강창구

충주 1 0 전반 0 / 1 후반 1 **1 대전**

퇴장	경고	파울	ST(유)	교체	선수명	배번	위치	위치	배번	선수명	교체	ST(유)	파울	경고	퇴장
0	0	0	0		이영창	26	GK	GK	25	이범수		0	0	0	0
0	0	2	0		김한빈	22	DF	DF	22	오창현		0	1	0	0
0	0	1	0		김상필	31	DF	DF	50	실바		1	3	1	0
0	0	1	0		정우인	29	DF	DF	16	이동수		0	2	1	0
0	0	1	0		엄진태	13	DF	DF	13	장클로드		0	1	0	0
0	0	1	0		오규빈	8	MF	MF	5	김병석	4	0	2	0	0
0	0	0	1		최승호	7	MF	MF	6	황인범		1(1)	1	0	0
0	0	0	0	9	장백규	19	MF	MF	23	조예찬		2	4	0	0
0	0	0	3(1)		김도형	10	MF	FW	10	김동찬	9	4(2)	0	0	0
0	0	2	0	14	최유상	99	MF	FW	19	박대훈	99	0	1	0	0
0	1	1	1	11	박지민	18	FW	FW	77	완델손		5(2)	0	0	0
0	0	0	0		권태안	1			31	김지철		0	0	0	0
0	0	0	0		송성범	4			27	강윤성		0	0	0	0
0	0	0	0		김태환	33			15	강영제		0	0	0	0
0	0	0	0		이유준	21	대기	대기	4	우현	후39	0	0	0	0
0	0	0	1(1)	후27	김정훈	14			99	구스타보	후28	1	0	0	0
0	0	0	2	후12	이한음	11			9	서동현	후30	0	0	0	0
0	0	0	2(2)	후12	김신	9			11	유승완		0	0	0	0
0	1	9	10(4)			0			0			14(5)	15	2	0

- 후반 13분 김도형 PAR ↷ 김신 GAL 내 R-ST-G (득점: 김신, 도움: 김도형) 왼쪽
- 후반 8분 김동찬 PK-R-G (득점: 김동찬) 오른쪽

5월 21일 19:00 맑음 부천 종합 1,506명
주심: 김종혁 / 부심: 이영운·박균용 / 대기심: 김대용 / 경기감독관: 김수현

부천 1 0 전반 0 / 1 후반 1 **1 부산**

퇴장	경고	파울	ST(유)	교체	선수명	배번	위치	위치	배번	선수명	교체	ST(유)	파울	경고	퇴장
0	0	0	0		류원우	1	GK	GK	31	김형근		0	0	0	0
0	0	0	0		한희훈	4	DF	DF	27	구현준		0	3	1	0
0	0	0	0		강지용	6	DF	DF	3	이원영		4(1)	1	0	0
0	1	1	0		이학민	14	DF	DF	6	김종혁		1	0	0	0
0	1	1	1(1)		유대현	22	DF	DF	30	이정진	14	0	0	0	0
0	0	2	1	16	문기한	7	MF	MF	28	김종민	10	2(2)	0	0	0
0	0	5	4(1)		바그닝요	10	MF	MF	89	이영재		1	1	0	0
0	0	0	1(1)	8	조범석	15	MF	MF	88	용재현		0	1	1	0
0	0	1	2(1)		김영남	77	MF	MF	94	포프	26	3(1)	2	0	0
0	0	0	4(2)		루키안	9	FW	FW	8	홍동현		1(1)	1	0	0
0	1	3	0		김륜도	20	FW	FW	18	스토야노비치		6(4)	0	0	0
0	0	0	0		한상진	25			21	구상민		0	0	0	0
0	0	0	0		임동혁	5			23	김재현		0	0	0	0
0	0	0	0		서명식	13			33	유지훈		0	0	0	0
0	0	0	0		정준현	33	대기	대기	26	김대호	후36	1	0	0	0
0	0	0	0	후29	송원재	8			14	정석화	후20	0	1	0	0
0	0	0	0		한성규	24			19	고경민		0	0	0	0
0	0	0	1(1)	후11	진창수	16			10	최승인	후45	1	0	0	0
0	3	13	14(7)			0			0			20(9)	10	2	0

- 후반 0분 문기한 C, KR ↷ 바그닝요 GAR H-ST-G (득점: 바그닝요, 도움: 문기한) 왼쪽
- 후반 38분 이영재 C, KR ↷ 이원영 GA 정면 내 H-ST-G (득점: 이원영, 도움: 이영재) 왼쪽

5월 21일 19:00 안양 종합 1,275명

주심: 서동진 / 부심: 손재선 · 김지욱 / 대기심: 김동인 / 경기감독관: 김정식

안양 2 1 전반 0 / 1 후반 1 **1 서울E**

퇴장	경고	파울	ST(유)	교체	선수명	배번	위치	위치	배번	선수명	교체	ST(유)	파울	경고	퇴장
0	0	0	0		최필수	21	GK	GK	1	김영광		0	0	0	0
0	0	0	0		안성빈	14	DF	DF	6	김동철		0	1	0	0
0	0	3	0		김태호	15	DF	DF	15	김태은		0	0	0	0
0	0	1	1		가솔현	20	DF	DF	5	칼라일 미첼		0	1	0	0
0	1	0	1		구대영	90	DF	DF	63	김동진		0	1	0	0
0	1	3	0		최영훈	24	MF	MF	8	윤성열		0	0	0	0
0	0	1	3(2)		정재용	6	MF	MF	16	신일수	7	1	1	0	0
0	0	2	2(1)	3	김민균	7	MF	MF	22	전민광	17	1	1	0	0
0	0	1	1(1)		안진범	16	MF	FW	10	벨루소		4(2)	3	0	0
0	0	0	1	8	정재희	27	FW	FW	11	타라바이		3(1)	1	0	0
0	0	1	0	17	김영도	23	FW	FW	19	조향기		2	1	0	0
0	0	0	0		남지훈	25			21	이상기		0	0	0	0
0	0	0	0	후34	안세희	3			20	양기훈		0	0	0	0
0	0	0	0		이상우	4			26	김창욱		0	0	0	0
0	0	0	0	후23	서용덕	8	대기	대기	2	김민제		0	0	0	0
0	0	1	0	후27	박승일	17			7	김재성	후0	0	1	1	0
0	0	0	0		김대한	18			17	안태현	후13	0	0	1	0
0	0	0	0		백재우	13			24	김현규		0	0	0	0
0	2	13	9(4)			0			0			11(3)	11	2	0

- 전반 30분 정재용 PAL FK R-ST-G (득점: 정재용) 오른쪽
- 후반 9분 안성빈 PAL ~ 김민균 GAL R-ST-G (득점: 김민균, 도움: 안성빈) 왼쪽
- 후반 16분 벨루소 GAL L-ST-G (득점: 벨루소) 왼쪽

5월 22일 14:00 맑음 대구 스타디움 1,070명

주심: 최대우 / 부심: 장종필 · 차상욱 / 대기심: 임정수 / 경기감독관: 전인석

대구 0 0 전반 0 / 0 후반 0 **0 강원**

퇴장	경고	파울	ST(유)	교체	선수명	배번	위치	위치	배번	선수명	교체	ST(유)	파울	경고	퇴장
0	0	0	0		조현우	21	GK	GK	1	송유걸		0	0	0	0
0	1	1	1(1)		정우재	3	DF	DF	77	백종환		0	1	0	0
0	0	2	0		김동진	16	DF	DF	33	이한샘		1	0	0	0
0	0	2	0		박태홍	4	DF	DF	6	안현식		0	2	0	0
0	0	1	0		감한솔	22	DF	DF	22	정승용		1(1)	0	0	0
0	0	4	1	7	한재웅	15	DF	MF	16	한석종		0	1	1	0
0	1	3	0		신창무	14	MF	MF	4	오승범		1	0	0	0
0	1	6	2(1)		이재권	6	MF	MF	24	고민성	17	2(1)	2	0	0
0	1	2	2(1)	20	에델	10	MF	FW	10	최진호	11	1(1)	2	0	0
0	0	0	5(5)		세징야	11	MF	FW	99	장혁진	8	2(1)	0	0	0
0	2	2	1(1)		파울로	9	FW	FW	23	마테우스		3(1)	4	0	0
0	0	0	0		이양종	1			18	함석민		0	0	0	0
0	0	0	0	후43	황재원	20			40	김원균		0	0	0	0
0	0	0	0		홍정운	5			13	김윤호		0	0	0	0
0	0	0	0		조영훈	13	대기	대기	8	허범산	후17	0	0	1	0
0	0	0	0		데이비드	8			17	심영성	후10	0	2	0	0
0	0	0	0		김대원	37			11	서보민	후33	0	0	0	0
0	0	0	1	후21	최정한	7			9	파체코		0	0	0	0
0	6	23	13(9)			0			0			11(5)	14	2	0

5월 22일 19:00 맑음 창원 축구센터 667명

주심: 매호영 / 부심: 송봉근 · 이상민 / 대기심: 박진호 / 경기감독관: 김진의

경남 2 2 전반 1 / 0 후반 0 **1 고양**

퇴장	경고	파울	ST(유)	교체	선수명	배번	위치	위치	배번	선수명	교체	ST(유)	파울	경고	퇴장
0	0	0	0		이준희	1	GK	GK	1	강진웅		0	0	0	0
0	0	1	0		이반	4	DF	DF	12	이상돈		0	0	0	0
0	0	0	0		박지수	23	DF	DF	16	박태형		0	1	0	0
0	0	2	0		진경선	80	DF	DF	18	권영호		0	0	0	0
0	1	2	2		우주성	15	DF	DF	15	손세범		0	2	1	0
0	0	0	0		장은규	37	MF	MF	6	허재원	17	0	1	0	0
0	1	3	0	24	박태웅	6	MF	MF	14	윤영준		2(1)	1	1	0
0	0	1	1	7	김슬기	11	MF	MF	20	오기재		0	2	0	0
0	0	0	2(1)		안성남	8	MF	MF	23	이예찬		0	2	0	0
0	0	1	3(1)	18	임창균	19	FW	FW	22	김필호	9	0	2	1	0
0	0	2	4(2)		크리스찬	9	FW	FW	7	데파울라	24	1(1)	1	0	0
0	0	0	0		하강진	29			21	이승규		0	0	0	0
0	0	0	0		박주성	27			4	김지훈		0	0	0	0
0	0	0	0		전상훈	12			13	박승우		0	0	0	0
0	0	1	1(1)	후17	배기종	7	대기	대기	17	이도성	후36	0	0	0	0
0	0	0	0	후43	정현철	24			27	김종원		0	0	0	0
0	0	0	0		이호석	17			24	김유성	후17	0	1	0	0
0	0	0	0	후36	김영욱	18			9	김상준	후25	0	0	0	0
0	2	13	13(5)			0			0			3(2)	13	3	0

- 전반 11분 안성남 PK 좌측지점 R-ST-G (득점: 안성남) 왼쪽
- 전반 41분 크리스찬 PK-R-G (득점: 크리스찬) 가운데
- 전반 27분 윤영준 GAR L-ST-G (득점: 윤영준) 왼쪽

5월 25일 19:00 맑음 충주 종합 600명

주심: 송민석 / 부심: 손재선 · 차상욱 / 대기심: 최대우 / 경기감독관: 김정식

충주 1 1 전반 1 / 0 후반 2 **3 경남**

퇴장	경고	파울	ST(유)	교체	선수명	배번	위치	위치	배번	선수명	교체	ST(유)	파울	경고	퇴장
0	0	0	0		이영창	26	GK	GK	1	이준희		0	0	0	0
0	0	0	0		김한빈	22	DF	DF	4	이반		0	1	0	0
0	0	2	1		김상필	31	DF	DF	23	박지수		0	3	0	0
0	0	0	0		정우인	29	DF	DF	80	진경선	27	1	0	0	0
0	0	2	0		엄진태	13	DF	DF	15	우주성		2	1	1	0
0	0	1	0		오규빈	8	MF	MF	37	장은규		0	5	1	0
0	2	3	1		최승호	7	MF	MF	6	박태웅	24	1	1	0	0
0	0	3	0	11	박지민	18	MF	MF	11	김슬기	7	1	1	0	0
0	0	3	3(2)	19	김신	9	FW	MF	8	안성남		2(1)	0	0	0
0	0	1	2(1)		김정훈	14	FW	FW	19	임창균		2	1	0	0
0	0	1	1	10	최유상	99	FW	FW	9	크리스찬		2(2)	1	0	0
0	0	0	0		권태안	1			29	하강진		0	0	0	0
0	0	0	0		송성범	4			27	박주성	후39	0	1	0	0
0	0	0	0		김태환	33			12	전상훈		0	0	0	0
0	0	0	0		이유준	21	대기	대기	7	배기종	후0	2(2)	4	0	0
0	0	0	0	후18	김도형	10			24	정현철	후24	0	0	0	0
0	0	0	0	후30	이한음	11			17	이호석		0	0	0	0
0	0	1	0	후33	장백규	19			18	김영욱		0	0	0	0
0	2	17	8(3)			0			0			13(5)	19	2	0

- 전반 43분 김신 AK 정면 FK R-ST-G (득점: 김신) 왼쪽
- 전반 25분 우주성 PAR EL ~ 크리스찬 GA 정면 내 R-ST-G (득점: 크리스찬, 도움: 우주성) 가운데
- 후반 13분 크리스찬 GAL H ↷ 배기종 GAR 내 H-ST-G (득점: 배기종, 도움: 크리스찬) 오른쪽
- 후반 47분 임창균 GAL EL ↷ 배기종 GAR R-ST-G (득점: 배기종, 도움: 임창균) 왼쪽

5월 25일 19:00 흐림 고양 종합 368명
주심: 김영수 / 부심: 양재용·박균용 / 대기심: 김희곤 / 경기감독관: 김형남

고양 0 (0 전반 0 / 0 후반 1) **1 강원**

퇴장	경고	파울	ST(유)	교체	선수명	배번	위치	위치	배번	선수명	교체	ST(유)	파울	경고	퇴장
0	0	0	0		강진웅	1	GK	GK	18	함석민		0	0	0	0
0	1	2	0		우혜성	30	DF	DF	77	백종환		0	1	0	0
0	0	0	0		박태형	16	DF	DF	33	이한샘		0	1	0	0
0	0	0	0		권영호	18	DF	DF	6	안현식		1(1)	3	0	0
0	0	1	0	12	박승우	13	DF	DF	22	정승용		1(1)	1	0	0
0	0	3	0		인준연	5	MF	MF	16	한석종		1	1	0	0
0	1	1	0	9	윤영준	14	MF	MF	4	오승범		0	1	0	0
0	0	3	2(1)		오기재	20	MF	MF	8	허범산	17	1(1)	4	1	0
0	0	1	2(2)		이예찬	23	MF	FW	9	파체코	10	2(2)	1	1	0
0	1	1	1(1)	6	김유성	24	FW	FW	99	장혁진		2(2)	2	1	0
0	0	0	2(1)		데파울라	7	FW	FW	23	마테우스	11	1(1)	3	1	0
0	0	0	0		이승규	21	대기	대기	1	송유걸		0	0	0	0
0	0	0	0		김지훈	4			40	김원균		0	0	0	0
0	0	1	0	후24	이상돈	12			13	김윤호		0	0	0	0
0	0	0	0		이도성	17			26	박요한		0	0	0	0
0	0	0	0	후22	허재원	6			17	심영성	후20	0	0	0	0
0	0	4	0	후14	김상준	9			11	서보민	후24	1(1)	0	0	0
0	3	17	7(5)			0			0			10(9)	18	4	0

●후반 30분 안현식 GA 정면 R-ST-G(득점: 안현식) 왼쪽

5월 25일 19:30 맑음 대전 월드컵 1,303명
주심: 임정수 / 부심: 이영운·장종필 / 대기심: 매호영 / 경기감독관: 김일호

대전 2 (1 전반 0 / 1 후반 1) **1 서울E**

퇴장	경고	파울	ST(유)	교체	선수명	배번	위치	위치	배번	선수명	교체	ST(유)	파울	경고	퇴장
0	1	1	0		이범수	25	GK	GK	1	김영광		0	0	0	0
0	2	1	0		오창현	22	DF	DF	3	이재훈		0	4	0	0
0	0	0	0		실바	50	DF	DF	15	김태은	24	0	2	1	0
0	0	1	0	27	김형진	3	DF	DF	5	칼라일 미첼		2(2)	2	0	0
0	0	0	1		장클로드	13	DF	DF	63	김동진		0	1	0	0
0	0	1	0		김병석	5	MF	MF	6	김동철		1	1	0	0
0	0	0	2		황인범	6	MF	MF	8	윤성열		1	0	0	0
0	0	0	3(2)		조예찬	23	MF	MF	7	김재성		2(1)	0	0	0
0	0	2	3(2)	11	김동찬	10	FW	FW	10	벨루소	19	1	1	0	0
0	0	0	1(1)	4	박대훈	19	FW	FW	11	타라바이		6(3)	1	0	0
0	0	3	0		완델손	77	FW	FW	17	안태현		1	1	0	0
0	0	0	0		김지철	31	대기	대기	21	이상기		0	0	0	0
0	0	0	0	후0	강윤성	27			36	김지훈		0	0	0	0
0	0	0	0		강영제	15			22	전민광		0	0	0	0
0	1	0	1(1)	후23	우현	4			2	김민제		0	0	0	0
0	0	0	0		김선민	8			26	김창욱		0	0	0	0
0	0	0	0		서동현	9			19	조향기	후16	2(1)	1	0	0
0	0	0	1	후43	유승완	11			24	김현규	후31	0	1	0	0
0	4	9	12(6)			0			0			16(7)	15	1	0

●전반 2분 황인범 HLL ~ 박대훈 AKL L-ST-G (득점: 박대훈, 도움: 황인범) 왼쪽
●후반 32분 김동찬 PK-R-G (득점: 김동찬) 왼쪽

●후반 49분 김현규 MFL ↷ 칼라일미첼 GA 정면 H-ST-G (득점: 칼라일미첼, 도움: 김현규) 왼쪽

5월 25일 19:30 맑음 안산 와스타디움 612명
주심: 김동인 / 부심: 이정민·지승민 / 대기심: 서동진 / 경기감독관: 김용세

안산 1 (1 전반 1 / 0 후반 0) **1 부산**

퇴장	경고	파울	ST(유)	교체	선수명	배번	위치	위치	배번	선수명	교체	ST(유)	파울	경고	퇴장
0	0	0	0		이진형	1	GK	GK	31	김형근		0	0	0	0
0	1	1	3(2)		정다훤	2	DF	DF	27	구현준		0	1	0	0
0	0	0	1(1)		조성진	6	DF	DF	3	이원영		1(1)	0	0	0
0	0	2	0		안영규	20	DF	DF	6	김종혁		0	1	1	0
0	0	1	0		신광훈	21	DF	DF	30	이정진	33	0	1	0	0
0	0	3	2	11	정혁	8	MF	MF	28	김종민	14	0	1	0	0
0	0	4	2		신형민	4	MF	MF	89	이영재		0	1	0	0
0	0	1	1(1)		이현승	10	MF	MF	88	용재현		0	2	2	0
0	0	1	2		한지호	7	FW	MF	94	포프		1	0	0	0
0	0	1	1	30	남준재	23	FW	FW	8	홍동현		0	2	1	0
0	0	2	4(3)		공민현	18	FW	FW	10	최승인	18	0	1	0	0
0	0	0	0		손정현	34	대기	대기	21	구상민		0	0	0	0
0	0	0	0	전35/14	한홍규	30			23	김재현		0	0	0	0
0	0	0	0	후38	황지웅	11			33	유지훈	후32	1	1	0	0
0	0	0	0		최진수	25			13	김진규		0	0	0	0
0	0	0	0		강승조	17			14	정석화	후12	0	0	0	0
0	0	0	0		안재준	5			19	고경민		0	0	0	0
0	0	0	3(1)	후13	김은선	14			18	스토야노비치	전47	0	2	0	0
0	1	16	19(8)			0			0			3(1)	13	4	0

●전반 7분 남준재 PAL ↷ 공민현 GA 정면 H-ST-G (득점: 공민현, 도움: 남준재) 왼쪽

●전반 25분 이영재 MF 정면 FK ↷ 이원영 GA 정면 H-ST-G (득점: 이원영, 도움: 이영재) 왼쪽

5월 25일 20:00 맑음 안양 종합 824명
주심: 정동식 / 부심: 송봉근·이상민 / 대기심: 박진호 / 경기감독관: 하재훈

안양 3 (1 전반 1 / 2 후반 1) **2 대구**

퇴장	경고	파울	ST(유)	교체	선수명	배번	위치	위치	배번	선수명	교체	ST(유)	파울	경고	퇴장
0	1	0	0		최필수	21	GK	GK	21	조현우		0	0	0	0
0	0	2	1(1)		안성빈	14	DF	DF	3	정우재		0	2	1	0
0	0	0	0		김태호	15	DF	DF	20	황재원		1	0	0	0
0	0	3	0		가솔현	20	DF	DF	4	박태홍		0	0	0	0
0	0	1	1(1)		이상우	4	DF	DF	22	감한솔	5	1(1)	2	0	0
0	1	4	0		최영훈	24	MF	MF	8	데이비드	36	2	0	0	0
0	1	3	2(2)		정재용	6	MF	MF	6	이재권		0	0	1	0
0	0	1	2(1)	3	김민균	7	MF	MF	37	김대원	25	1(1)	0	0	0
0	0	2	2(2)	8	안진범	16	MF	MF	11	세징야		7(2)	1	0	0
0	0	0	4(1)		정재희	27	FW	MF	15	한재웅		1	2	1	0
0	1	0	1(1)	11	김영도	23	FW	FW	7	최정한		2(1)	1	0	0
0	0	0	0		남지훈	25	대기	대기	1	이양종		0	0	0	0
0	0	0	0	후45	안세희	3			13	조영훈		0	0	0	0
0	0	0	0		이재억	33			5	홍정운	후44	0	0	0	0
0	0	0	1(1)	후16	서용덕	8			36	박한빈	후46	0	0	0	0
0	0	0	0		박승일	17			34	홍승현		0	0	0	0
0	0	0	0		김대한	18			23	신희재		0	0	0	0
0	0	0	0	후22	자이로	11			25	김현수	후13	0	1	1	0
0	4	16	14(10)			0			0			15(5)	9	4	0

●전반 30분 안진범 GA 정면 ~ 김민균 GAL L-ST-G (득점: 김민균, 도움: 안진범) 오른쪽
●후반 7분 안진범 GAL ~ 정재용 AKL R-ST-G (득점: 정재용, 도움: 안진범) 왼쪽
●후반 42분 자이로 MFL ~ 정재용 MF 정면 R-ST-G (득점: 정재용, 도움: 자이로) 오른쪽

●전반 45분 최정한 PAR ~ 세징야 GAR R-ST-G (득점: 세징야, 도움: 최정한) 왼쪽
●후반 5분 최정한 GAL ~ 김대원 GAR R-ST-G (득점: 김대원, 도움: 최정한) 오른쪽

5월 28일 16 : 00 맑음 부산 아시아드 1,809명
주심: 최대우 / 부심: 손재선 · 박균용 / 대기심: 정동식 / 경기감독관: 전기록

부산 0 　 0 전반 0 / 0 후반 0 　 **0 대전**

퇴장	경고	파울	ST(유)	교체	선수명	배번	위치	위치	배번	선수명	교체	ST(유)	파울	경고	퇴장
0	0	0	0		구 상 민	21	GK	GK	25	이 범 수		0	0	0	0
0	0	2	0	27	유 지 훈	33	DF	DF	27	강 윤 성	4	0	2	1	0
0	0	1	0		이 원 영	3	DF	DF	50	실 바	29	0	1	1	0
0	0	0	0		김 종 혁	6	DF	DF	16	이 동 수		0	0	0	0
0	1	3	0		이 정 진	30	DF	DF	13	장클로드		1	1	1	0
0	0	0	0		차 영 환	5	MF	MF	5	김 병 석		0	2	0	0
0	0	0	3(1)		정 석 화	14	MF	MF	6	황 인 범		0	0	1	0
0	0	0	0		이 영 재	89	MF	MF	23	조 예 찬		0	3	1	0
0	0	2	4		홍 동 현	8	MF	FW	10	김 동 찬		5(3)	0	0	0
0	0	2	2	7	포 프	94	MF	FW	19	박 대 훈	11	0	2	0	0
0	1	2	1(1)	28	스토야노비치	18	FW	FW	77	완 델 손		1(1)	1	0	0
0	0	0	0		김 형 근	31			31	김 지 철		0	0	0	0
0	0	0	0		김 재 현	23			29	김 해 식	후26	0	0	0	0
0	0	0	0	후12	구 현 준	27			15	강 영 제		0	0	0	0
0	0	0	0	후29	전 현 철	7	대기	대기	4	우 현	후41	0	1	1	0
0	0	0	0		이 규 성	22			8	김 선 민		0	0	0	0
0	0	0	0	후21	김 종 민	28			9	서 동 현		0	0	0	0
0	0	0	0		고 경 민	19			11	유 승 완	후15	0	0	0	0
0	2	12	10(2)			0			0			7(4)	13	6	0

5월 28일 19 : 00 맑음 부천 종합 1,632명
주심: 김희곤 / 부심: 송봉근 · 양재용 / 대기심: 박진호 / 경기감독관: 김용세

부천 0 　 0 전반 0 / 0 후반 1 　 **1 충주**

퇴장	경고	파울	ST(유)	교체	선수명	배번	위치	위치	배번	선수명	교체	ST(유)	파울	경고	퇴장
0	0	0	0		류 원 우	1	GK	GK	26	이 영 창		0	0	0	0
0	0	0	0		한 희 훈	4	DF	DF	22	김 한 빈		0	0	0	0
0	0	2	1		강 지 용	6	DF	DF	29	정 우 인		0	3	0	0
0	0	2	6(4)		이 학 민	14	DF	DF	31	김 상 필		0	2	0	0
0	1	3	0		유 대 현	22	DF	DF	13	엄 진 태		0	2	1	0
0	0	2	0	24	문 기 한	7	MF	MF	8	오 규 빈		0	0	0	0
0	0	0	0		조 범 석	15	MF	MF	14	김 정 훈	4	0	0	0	0
0	0	2	1		김 영 남	77	MF	MF	9	김 신	11	1(1)	0	0	0
0	1	5	2(1)		바그닝요	10	FW	MF	10	김 도 형		1(1)	0	0	0
0	0	1	3(1)		루 키 안	9	FW	MF	18	박 지 민		1(1)	2	0	0
0	0	0	1(1)	20	진 창 수	16	FW	FW	99	최 유 상	38	0	1	0	0
0	0	0	0		한 상 진	25			1	권 태 안		0	0	0	0
0	0	0	0		임 동 혁	5			4	송 성 범	후42	0	0	0	0
0	0	0	0		서 명 식	13			33	김 태 환		0	0	0	0
0	0	0	0		송 원 재	8	대기	대기	21	이 유 준		0	0	0	0
0	0	0	1(1)	후25	한 성 규	24			11	이 한 음	후29	1	1	0	0
0	0	0	0	후15	김 륜 도	20			38	신 동 일	후33	1	0	0	0
0	0	0	0		황 신 영	23			19	장 백 규		0	0	0	0
0	2	17	15(8)			0			0			5(3)	11	1	0

●후반 22분 김신 MFL → 박지민 PAL 내 R-ST-G (득점: 박지민, 도움: 김신) 가운데

5월 29일 14 : 00 맑음 대구 스타디움 1,245명
주심: 서동진 / 부심: 김지욱 · 지승민 / 대기심: 임정수 / 경기감독관: 김수현

대구 2 　 1 전반 1 / 1 후반 1 　 **2 고양**

퇴장	경고	파울	ST(유)	교체	선수명	배번	위치	위치	배번	선수명	교체	ST(유)	파울	경고	퇴장
0	0	0	0		조 현 우	21	GK	GK	1	강 진 웅		0	0	1	0
0	0	1	0		감 한 솔	22	DF	DF	30	우 혜 성		1	1	0	0
0	0	0	2		황 재 원	20	DF	DF	4	김 지 훈		0	3	0	0
0	0	1	0		박 태 홍	4	DF	DF	18	권 영 호		0	1	1	0
0	0	1	2(2)		박 세 진	19	DF	DF	13	박 승 우	12	0	1	0	0
0	1	2	0		신 창 무	14	MF	MF	5	인 준 연		1(1)	1	0	0
0	0	1	1(1)		이 재 권	6	MF	MF	9	김 상 준	14	0	2	1	0
0	0	0	2	37	최 정 한	7	MF	MF	20	오 기 재		1(1)	1	1	0
0	0	4	6(5)		세 징 야	11	MF	MF	23	이 예 찬		1	2	0	0
0	0	2	1(1)	17	에 델	10	MF	FW	24	김 유 성	17	1(1)	3	0	0
0	0	1	6(5)		파 울 로	9	FW	FW	7	데파울라		4(4)	3	0	0
0	0	0	0		이 양 종	1			31	임 홍 현		0	0	0	0
0	0	0	0		홍 정 운	5			16	박 태 형		0	0	0	0
0	0	0	0		한 재 웅	15			12	이 상 돈	전38	0	3	0	0
0	0	0	0		박 한 빈	36	대기	대기	17	이 도 성	후30	0	0	0	0
0	0	0	0		데이비드	8			6	허 재 원		0	0	0	0
0	0	0	0	후40	김 대 원	37			14	윤 영 준	후19	0	0	0	0
0	0	0	0	후24	노 병 준	17			22	김 필 호		0	0	0	0
0	1	13	20(14)			0			0			9(7)	21	4	0

●전반 7분 박세진 GAR R-ST-G (득점: 박세진) 오른쪽
●후반 28분 세징야 PAL ↷ 파울로 GAR R-ST-G (득점: 파울로, 도움: 세징야) 오른쪽
●전반 25분 데파울라 PK-L-G (득점: 데파울라) 왼쪽
●후반 35분 데파울라 AK 정면 R-ST-G (득점: 데파울라) 왼쪽

5월 29일 14 : 00 흐림 원주 611명
주심: 매호영 / 부심: 김영하 · 장종필 / 대기심: 김동인 / 경기감독관: 김형남

강원 4 　 2 전반 0 / 2 후반 1 　 **1 안양**

퇴장	경고	파울	ST(유)	교체	선수명	배번	위치	위치	배번	선수명	교체	ST(유)	파울	경고	퇴장
0	0	0	0		송 유 걸	1	GK	GK	21	최 필 수		0	1	1	0
0	0	0	0	13	백 종 환	77	DF	DF	2	채 광 훈		0	1	0	0
0	0	2	0		이 한 샘	33	DF	DF	3	안 세 희		0	1	1	0
0	0	0	1		안 현 식	6	DF	DF	33	이 재 억		0	2	0	0
0	0	0	2(1)		정 승 용	22	DF	DF	4	이 상 우		0	0	0	0
0	0	0	0		한 석 종	16	MF	MF	10	이 슬 기	24	0	2	0	0
0	0	1	3(1)		오 승 범	4	MF	MF	8	서 용 덕		0	2	1	0
0	0	1	1	10	고 민 성	24	MF	MF	26	이 태 현		0	3	0	0
0	0	2	2		서 보 민	11	FW	MF	17	박 승 일	7	1(1)	1	0	0
0	0	2	1(1)		장 혁 진	99	FW	MF	18	김 대 한	27	0	2	0	0
0	1	1	1(1)	17	마테우스	23	FW	FW	11	자 이 로		0	3	1	0
0	0	0	0		함 석 민	18			25	남 지 훈		0	0	0	0
0	0	0	0		김 원 균	40			15	김 태 호		0	0	0	0
0	0	0	0		최 우 재	3			24	최 영 훈	전34	0	2	1	0
0	0	0	1(1)	후0	김 윤 호	13	대기	대기	7	김 민 균	후28	2(2)	1	0	0
0	0	0	0		박 요 한	26			27	정 재 희	후10	1	0	0	0
0	0	0	1(1)	후16	심 영 성	17			23	김 영 도		0	0	0	0
0	0	0	2(2)	후11	최 진 호	10			13	백 재 우		0	0	0	0
0	1	9	15(8)			0			0			4(3)	21	5	0

●전반 39분 서보민 PAR 내 EL ~ 마테우스 GAR R-ST-G (득점: 마테우스, 도움: 서보민) 왼쪽
●전반 41분 정승용 MFR FK L-ST-G (득점: 정승용) 오른쪽
●후반 14분 최진호 PK-R-G (득점: 최진호) 왼쪽
●후반 39분 오승범 PK-R-G (득점: 오승범) 오른쪽
●후반 41분 김민균 PAR중거리슛 R-ST-G (득점: 김민균) 왼쪽

5월 29일 14:00 맑음 창원 축구센터 711명
주심: 김대용 / 부심: 이영운 · 이상민 / 대기심: 김영수 / 경기감독관: 한병화

경남 0 | 0 전반 0 / 0 후반 1 | **1 안산**

퇴장	경고	파울	ST(유)	교체	선수명	배번	위치	위치	배번	선수명	교체	ST(유)	파울	경고	퇴장
0	0	0	0		이 준 희	1	GK	GK	1	이 진 형		0	0	0	0
0	1	1	0		이 반	4	DF	DF	2	정 다 훤		0	1	1	0
0	0	2	0		박 지 수	23	DF	DF	15	최 보 경		0	1	0	0
0	0	1	2		김 정 빈	22	DF	DF	6	조 성 진		0	1	0	0
0	0	0	0		우 주 성	15	DF	DF	21	신 광 훈		0	1	0	0
0	0	1	1	13	진 경 선	80	MF	MF	4	신 형 민		0	3	0	0
0	0	1	1(1)	19	박 태 웅	6	MF	MF	17	강 승 조	10	0	0	0	0
0	0	1	1	11	이 호 석	17	MF	MF	25	최 진 수	14	2(1)	1	0	0
0	0	0	1(1)		안 성 남	8	MF	MF	19	주 현 재		2	0	0	0
0	0	0	1		정 현 철	24	MF	MF	22	김 준 엽	7	0	0	0	0
0	0	3	2		크리스찬	9	FW	FW	18	공 민 현		2(2)	0	0	0
0	0	0	0		하 강 진	29			34	손 정 현		0	0	0	0
0	0	0	0		박 주 성	27			8	정 혁		0	0	0	0
0	0	0	0		전 상 훈	12			7	한 지 호	후0	0	1	0	0
0	0	1	0	후10	신 학 영	13	대기	대기	14	김 은 선	후26	0	2	0	0
0	0	0	1(1)	후23	김 슬 기	11			10	이 현 승	후0	1	0	0	0
0	0	0	2	후10	임 창 균	19			20	안 영 규		0	0	0	0
0	0	0	0		김 영 욱	18			11	황 지 웅		0	0	0	0
0	1	11	12(3)			0			0			7(3)	11	1	0

● 후반 6분 공민현 GAR 내 R-ST-G (득점: 공민현) 오른쪽

6월 01일 19:00 맑음 춘천 송암 518명
주심: 정동식 / 부심: 양재용 · 이영운 / 대기심: 송민석 / 경기감독관: 하재훈

강원 1 | 1 전반 0 / 0 후반 0 | **0 대전**

퇴장	경고	파울	ST(유)	교체	선수명	배번	위치	위치	배번	선수명	교체	ST(유)	파울	경고	퇴장
0	0	0	0		송 유 걸	1	GK	GK	25	이 범 수		0	0	0	0
0	0	2	0		백 종 환	77	DF	DF	4	우 현		0	4	1	0
0	0	1	1(1)		이 한 샘	33	DF	DF	20	장 준 영		0	1	0	0
0	0	2	0		안 현 식	6	DF	DF	16	이 동 수		0	2	0	0
0	0	1	2(2)		정 승 용	22	DF	DF	22	오 창 현		2	5	0	0
0	1	2	1		한 석 종	16	MF	MF	5	김 병 석		0	2	1	0
0	0	0	1(1)		오 승 범	4	MF	MF	6	황 인 범		1(1)	0	0	0
0	0	0	0	8	고 민 성	24	MF	MF	27	강 윤 성	23	1	0	0	0
0	0	0	1	13	서 보 민	11	FW	FW	10	김 동 찬		3(2)	2	0	0
0	0	0	1(1)		장 혁 진	99	FW	FW	8	김 선 민	19	0	0	0	0
0	0	1	0	17	마테우스	23	FW	FW	9	서 동 현	77	1	0	0	0
0	0	0	0		안 지 현	30			31	김 지 철		0	0	0	0
0	0	0	0		김 원 균	40			29	김 해 식		0	0	0	0
0	0	0	0		최 우 재	3			15	강 영 제		0	0	0	0
0	0	0	0	후47	김 윤 호	13	대기	대기	99	구스타보		0	0	0	0
0	0	0	0		박 요 한	26			77	완 델 손	후0	0	0	0	0
0	0	1	1	후6	허 범 산	8			23	조 예 찬	후36	0	1	0	0
0	1	1	0	후16	심 영 성	17			19	박 대 훈	후17	0	0	0	0
0	2	11	8(5)			0			0			8(3)	17	2	0

● 전반 35분 고민성 PA 정면 ~ 정승용 PAL 내 L-ST-G (득점: 정승용, 도움: 고민성) 오른쪽

6월 01일 19:00 맑음 고양 종합 197명
주심: 김영수 / 부심: 김영하 · 손재선 / 대기심: 이동준 / 경기감독관: 김진의

고양 2 | 1 전반 1 / 1 후반 3 | **4 충주**

퇴장	경고	파울	ST(유)	교체	선수명	배번	위치	위치	배번	선수명	교체	ST(유)	파울	경고	퇴장
0	0	0	0		강 진 웅	1	GK	GK	26	이 영 창		0	0	0	0
0	1	2	1		우 혜 성	30	DF	DF	22	김 한 빈		0	0	0	0
0	0	0	0		박 태 형	16	DF	DF	29	정 우 인	50	0	1	0	0
0	0	1	0	4	권 영 호	18	DF	DF	31	김 상 필		0	1	0	0
0	0	2	0		이 상 돈	12	DF	DF	33	김 태 환		0	2	0	0
0	0	0	0	5	허 재 원	6	MF	MF	8	오 규 빈		3(2)	1	0	0
0	0	0	0		오 기 재	20	MF	MF	7	최 승 호		1	0	0	0
0	0	1	1(1)		이 도 성	17	MF	MF	23	이 태 영	99	1(1)	0	0	0
0	0	0	0		이 예 찬	23	MF	MF	9	김 신		3(2)	2	0	0
0	0	2	2(1)		김 유 성	24	FW	MF	10	김 도 형		0	1	0	0
0	0	1	3(3)	9	데파울라	7	FW	FW	18	박 지 민	19	0	0	0	0
0	0	0	0		임 홍 현	31			1	권 태 안		0	0	0	0
0	0	1	0	후0	김 지 훈	4			38	신 동 일		0	0	0	0
0	0	0	0		김 종 원	27			50	황 수 남	후34	0	1	0	0
0	0	0	0	후29	김 상 준	9	대기	대기	14	김 정 훈		0	0	0	0
0	1	1	0	후14	인 준 연	5			11	이 한 음		0	0	0	0
0	0	0	0		윤 영 준	14			99	최 유 상	후19	2(2)	1	1	0
0	0	0	0		남 하 늘	10			19	장 백 규	후44	0	0	0	0
0	2	11	7(5)			0			0			10(7)	10	1	0

● 전반 16분 오기재 MF 정면 ~ 데파울라 GAL L-ST-G (득점: 데파울라, 도움: 오기재) 오른쪽
● 후반 15분 인준연 PAL TL ⌒ 데파울라 GAR 내 L-ST-G (득점: 데파울라, 도움: 인준연) 왼쪽

● 전반 28분 박지민 GAR ~ 이태영 GA 정면 R-ST-G (득점: 이태영, 도움: 박지민) 가운데
● 후반 1분 이태영 PAR 내 ~ 오규빈 AK 정면 L-ST-G (득점: 오규빈, 도움: 이태영) 오른쪽
● 후반 23분 김도형 PAR 내 → 최유상 GAL 내 L-ST-G (득점: 최유상, 도움: 김도형) 왼쪽
● 후반 43분 김신 PA 정면 내 R-ST-G (득점: 김신) 왼쪽

6월 01일 19:30 맑음 안산 와스타디움 512명
주심: 매호영 / 부심: 김지욱 · 장종필 / 대기심: 박영록 / 경기감독관: 김수현

안산 0 | 0 전반 0 / 0 후반 0 | **0 부천**

퇴장	경고	파울	ST(유)	교체	선수명	배번	위치	위치	배번	선수명	교체	ST(유)	파울	경고	퇴장
0	0	0	0		이 진 형	1	GK	GK	1	류 원 우		0	0	1	0
0	0	1	1(1)		정 다 훤	2	DF	DF	4	한 희 훈		1	0	0	0
0	1	1	0		최 보 경	15	DF	DF	6	강 지 용		0	1	0	0
0	0	2	1(1)		조 성 진	6	DF	DF	14	이 학 민		0	0	1	0
0	0	2	0		신 광 훈	21	DF	DF	22	유 대 현		0	0	0	0
0	0	3	2(2)		정 혁	8	MF	MF	7	문 기 한	21	0	0	0	0
0	0	1	0	25	신 형 민	4	MF	MF	8	송 원 재		1	0	0	0
0	0	2	1(1)		이 현 승	10	MF	MF	77	김 영 남		1	1	0	0
0	0	1	1	30	한 지 호	7	FW	FW	15	조 범 석	29	0	1	0	0
0	0	1	1(1)	19	황 지 웅	11	FW	FW	9	루 키 안		1	2	1	0
0	0	1	3(1)		공 민 현	18	FW	FW	20	김 륜 도	5	1	1	0	0
0	0	0	0		손 정 현	34			30	최 철 원		0	0	0	0
0	0	0	0		안 재 준	5			5	임 동 혁	후48	0	0	0	0
0	0	0	0		안 영 규	20			13	서 명 식		0	0	0	0
0	0	0	0		김 준 엽	22	대기	대기	18	전 기 성		0	0	0	0
0	0	0	0	후25	최 진 수	25			21	김 대 광	후39	0	0	0	0
0	1	2	0	후43	한 홍 규	30			23	황 신 영		0	0	0	0
0	0	0	1	후26	주 현 재	19			29	신 현 준	후30	0	0	0	0
0	2	17	11(7)			0			0			5	6	3	0

Section 7 2016 경기기록부

6월 01일 20 : 00 맑음 안양 종합 874명
주심: 임정수 / 부심: 지승민 · 박인선 / 대기심: 김희곤 / 경기감독관: 김일호

안양 1   1 전반 0 / 0 후반 0   **0 부산**

퇴장	경고	파울	ST(유)	교체	선수명	배번	위치	위치	배번	선수명	교체	ST(유)	파울	경고	퇴장
0	0	0	0		최필수	21	GK	GK	21	구상민		0	0	0	0
0	1	0	0		안세희	3	DF	DF	27	구현준		1	2	2	0
0	0	1	0		김태호	15	DF	DF	3	이원영		4(3)	1	0	0
0	1	2	3		안성빈	14	DF	DF	6	김종혁		0	0	0	0
0	0	1	0		이상우	4	DF	DF	88	용재현		0	2	0	0
0	1	3	0		정재용	6	MF	MF	5	차영환		0	1	0	0
0	1	2	0		가솔현	20	MF	MF	14	정석화		0	1	0	0
0	0	1	4(3)		정재희	27	MF	MF	13	김진규	18	3(1)	1	0	0
0	0	0	0	9	김민균	7	MF	MF	22	이규성	89	1(1)	0	0	0
0	0	2	0	26	안진범	16	FW	MF	94	포프	28	2(2)	0	0	0
0	0	5	2	2	김영도	23	FW	FW	8	홍동현		2	1	0	0
0	0	0	0		남지훈	25			31	김형근		0	0	0	0
0	0	0	0		이재억	33			30	이정진		0	0	0	0
0	1	1	1	후42	채광훈	2			34	서홍민		0	0	0	0
0	1	1	0	후36	이태현	26	대기	대기	89	이영재	후28	0	1	0	0
0	0	0	0		박승일	17			77	최광희		0	0	0	0
0	0	0	0		자이로	11			28	김종민	후21	0	0	0	0
0	0	0	0	후19	김영후	9			18	스토야노비치	후8	2	2	0	0
0	6	19	10(3)			0			0			15(7)	12	2	0

● 전반 20분 이상우 PAL CK ↷ 정재희 GAR H-ST-G (득점: 정재희, 도움: 이상우) 오른쪽

6월 01일 20 : 00 맑음 잠실 1,047명
주심: 김동인 / 부심: 김성일 · 박균용 / 대기심: 박진호 / 경기감독관: 한병화

서울E 2   0 전반 1 / 2 후반 0   **1 경남**

퇴장	경고	파울	ST(유)	교체	선수명	배번	위치	위치	배번	선수명	교체	ST(유)	파울	경고	퇴장
0	0	0	0		김영광	1	GK	GK	29	하강진		0	1	0	0
0	0	4	0		김동진	63	DF	DF	4	이반		0	1	0	0
0	0	2	0	26	김태은	15	DF	DF	23	박지수		0	0	0	0
0	0	0	0		칼라일 미첼	5	DF	DF	22	김정빈	80	0	0	0	0
0	1	4	0		김동철	6	DF	DF	15	우주성		1	0	0	0
0	0	1	2(2)		김준태	4	MF	MF	24	정현철		0	0	0	0
0	0	1	0		윤성열	8	MF	MF	37	장은규		0	2	1	0
0	0	0	0	19	전민광	22	MF	MF	17	이호석	13	1(1)	0	0	0
0	0	1	1	10	김현규	24	FW	MF	11	김슬기	8	1	0	0	0
0	0	1	3(2)		타라바이	11	FW	FW	19	임창균		4(4)	0	0	0
0	0	1	1(1)		안태현	17	FW	FW	9	크리스찬		1	2	0	0
0	0	0	0		이상기	21			1	이준희		0	0	0	0
0	0	0	0		김민제	2			12	전상훈		0	0	0	0
0	0	0	0		이재훈	3			6	박태웅		0	0	0	0
0	0	3	3(1)	후7	벨루소	10	대기	대기	13	신학영	후31	0	1	0	0
0	0	1	2(1)	후28	김창욱	26			8	안성남	후13	0	0	0	0
0	0	0	0		신일수	16			80	진경선	후0	0	1	0	0
0	0	0	1(1)	후38	조향기	19			99	김형필		0	0	0	0
0	1	19	13(8)			0			0			8(5)	8	1	0

● 후반 11분 윤성열 MFR ↷ 타라바이 GA 정면 H-ST-G (득점: 타라바이, 도움: 윤성열) 왼쪽
● 후반 47분 김창욱 MFL ~ 벨루소 GAL R-ST-G (득점: 벨루소, 도움: 김창욱) 오른쪽

● 전반 22분 임창균 MFL ~ 이호석 PK지점 R-ST-G (득점: 이호석, 도움: 임창균) 왼쪽

6월 04일 19 : 00 흐림 안양 종합 1,403명
주심: 최대우 / 부심: 김영하 · 박균용 / 대기심: 김동인 / 경기감독관: 강창구

안양 0   0 전반 0 / 0 후반 1   **1 부천**

퇴장	경고	파울	ST(유)	교체	선수명	배번	위치	위치	배번	선수명	교체	ST(유)	파울	경고	퇴장
0	0	0	0		최필수	21	GK	GK	1	류원우	30	0	0	0	0
0	0	2	0		김태호	15	DF	DF	4	한희훈		0	0	0	0
0	0	0	1		이재억	33	DF	DF	6	강지용		0	1	0	0
0	0	0	0		가솔현	20	DF	DF	14	이학민		0	0	0	0
0	0	1	0		안성빈	14	DF	DF	22	유대현		0	1	0	0
0	0	2	0		최영훈	24	MF	MF	7	문기한	15	2(2)	1	0	0
0	0	1	3(2)		정재용	6	MF	MF	8	송원재		0	2	1	0
0	1	1	1		서용덕	8	MF	MF	77	김영남		0	1	1	0
0	0	1	0	27	박승일	17	MF	FW	10	바그닝요		2(1)	3	0	0
0	0	3	1(1)	7	안진범	16	FW	FW	20	김륜도		2(1)	1	0	0
0	0	3	0	9	김영도	23	FW	FW	23	황신영	16	1(1)	2	1	0
0	0	0	0		남지훈	25			30	최철원	후42	0	0	0	0
0	0	0	0		이상우	4			5	임동혁		0	0	0	0
0	0	0	0		채광훈	2			13	서명식		0	0	0	0
0	0	0	1	후23	김민균	7	대기	대기	15	조범석	후10	0	0	0	0
0	0	1	0	후19	정재희	27			21	김대광		0	0	0	0
0	0	0	1	후16	김영후	9			16	진창수	후0	3(2)	4	0	0
0	0	0	0		자이로	11			29	신현준		0	0	0	0
0	1	15	8(3)			0			0			10(7)	16	3	0

● 후반 17분 김륜도 PAL ~ 진창수 PAL R-ST-G (득점: 진창수, 도움: 김륜도) 오른쪽

6월 04일 19 : 00 흐림 충주 종합 824명
주심: 매호영 / 부심: 양재용 · 지승민 / 대기심: 박진호 / 경기감독관: 김일호

충주 0   0 전반 1 / 0 후반 0   **1 대구**

퇴장	경고	파울	ST(유)	교체	선수명	배번	위치	위치	배번	선수명	교체	ST(유)	파울	경고	퇴장
0	0	0	0		이영창	26	GK	GK	21	조현우		0	0	0	0
0	0	2	0		김한빈	22	DF	DF	3	정우재		1	2	0	0
0	0	0	0		김상필	31	DF	DF	20	황재원		0	1	0	0
0	0	1	0		정우인	29	DF	DF	4	박태홍		2(1)	1	1	0
0	1	1	0		엄진태	13	DF	DF	19	박세진		0	2	0	0
0	1	0	0		오규빈	8	MF	MF	6	이재권		0	3	0	0
0	0	0	2(1)	38	최승호	7	MF	MF	14	신창무		1(1)	5	1	0
0	0	0	1	11	이태영	23	MF	MF	8	데이비드	7	3	2	0	0
0	0	1	3(1)		김신	9	FW	MF	11	세징야		2	1	0	0
0	0	0	1		김도형	10	FW	FW	10	에델	5	1(1)	1	0	0
0	0	6	0	18	최유상	99	FW	FW	9	파울로	17	1(1)	2	1	0
0	0	0	0		권태안	1			1	이양종		0	0	0	0
0	0	0	0		황수남	50			5	홍정운	후44	0	1	0	0
0	0	0	0		옹동균	25			22	감한솔		0	0	0	0
0	0	2	1(1)	후0	신동일	38	대기	대기	36	박한빈		0	0	0	0
0	0	0	0		김정훈	14			15	한재웅		0	0	0	0
0	0	1	0	후26	이한음	11			7	최정한	후20	3	1	0	0
0	0	0	0	후31	박지민	18			17	노병준	후34	0	0	0	0
0	2	14	8(3)			0			0			14(4)	22	3	0

● 전반 38분 파울로 AK 내 ~ 에델 GA 정면 R-ST-G (득점: 에델, 도움: 파울로) 왼쪽

6월 04일 19 : 00 흐림 대전 월드컵 1,558명
주심: 박영록 / 부심: 김지욱 · 장종필 / 대기심: 임정수 / 경기감독관: 김정식

대전 0 | 0 전반 0 / 0 후반 0 | **0 고양**

퇴장	경고	파울	ST(유)	교체	선수명	배번	위치	위치	배번	선수명	교체	ST(유)	파울	경고	퇴장
0	0	0	0		이범수	25	GK	GK	1	강진웅		0	0	0	0
0	1	2	1		장클로드	13	DF	DF	30	우혜성		1	3	1	0
0	0	1	2(1)		실바	50	DF	DF	16	박태형		0	0	0	0
0	0	1	1		이동수	16	DF	DF	18	권영호		1	1	0	0
0	0	1	0		오창현	22	DF	DF	12	이상돈		0	0	0	0
0	0	0	0	27	강영제	15	MF	MF	5	인준연		3	0	0	0
0	0	0	2		황인범	6	MF	MF	20	오기재		2	1	0	0
0	0	3	1	11	조예찬	23	MF	MF	14	윤영준		2(1)	0	0	0
0	0	1	9(1)		김동찬	10	FW	MF	23	이예찬	77	0	0	0	0
0	0	0	4(3)		완델손	77	FW	FW	24	김유성	11	2	3	0	0
0	0	1	1(1)	9	박대훈	19	FW	FW	9	김상준	17	3(2)	0	0	0
0	0	0	0		김지철	31			31	임홍현		0	0	0	0
0	1	1	0	후18	강윤성	27			4	김지훈		0	0	0	0
0	0	0	0		장준영	20			13	박승우		0	0	0	0
0	0	0	0		구스타보	99	대기	대기	17	이도성	후15	0	0	0	0
0	0	0	0		김선민	8			6	허재원		0	0	0	0
0	0	0	0	후15	유승완	11			11	박정훈	후29	0	0	0	0
0	0	1	0	후33	서동현	9			77	빅토르	후38	0	0	0	0
0	2	12	21(6)			0			0			14(3)	8	1	0

6월 05일 19 : 00 맑음 창원 축구센터 657명
주심: 정동식 / 부심: 손재선 · 이영운 / 대기심: 김종혁 / 경기감독관: 전기록

경남 3 | 1 전반 1 / 2 후반 1 | **2 부산**

퇴장	경고	파울	ST(유)	교체	선수명	배번	위치	위치	배번	선수명	교체	ST(유)	파울	경고	퇴장
0	0	0	0		하강진	29	GK	GK	31	김형근		0	0	0	0
0	0	2	0		이반	4	DF	DF	33	유지훈		0	2	0	0
0	1	2	1(1)		박지수	23	DF	DF	3	이원영		2	0	0	0
0	0	3	1(1)		김정빈	22	DF	DF	6	김종혁		0	1	0	0
0	0	0	0		우주성	15	DF	DF	5	차영환		1(1)	0	0	0
0	1	1	0		정현철	24	MF	MF	14	정석화		1(1)	2	1	0
0	1	5	0	80	장은규	37	MF	MF	89	이영재	22	1	0	0	0
0	0	0	1(1)	7	이호석	17	MF	MF	88	용재현		0	2	0	0
0	0	0	0		안성남	8	MF	MF	94	포프	28	2(1)	2	1	0
0	0	1	0	99	임창균	19	FW	FW	10	최승인	8	4(1)	0	0	0
0	0	0	0		크리스찬	9	FW	FW	18	스토야노비치		0	4	1	0
0	0	0	0		이준희	1			21	구상민		0	0	0	0
0	0	0	0	후30	진경선	80			23	김재현		0	0	0	0
0	0	0	0		박태웅	6			30	이정진		0	0	0	0
0	0	0	0	후17	배기종	7	대기	대기	22	이규성	후48	0	0	0	0
0	0	0	0		송수영	16			28	김종민	후36	0	0	0	0
0	0	0	0		김영욱	18			77	최광희		0	0	0	0
0	0	1	2(2)	후0	김형필	99			8	홍동현	후25	0	1	0	0
0	3	15	5(5)			0			0			11(4)	14	3	0

- 전반 3분 크리스찬 AK 정면 ~ 이호석 AK 내 L-ST-G (득점: 이호석, 도움: 크리스찬) 왼쪽
- 후반 41분 김형필 PK지점 R-ST-G (득점: 김형필) 왼쪽
- 후반 46분 안성남 C, KL ↷ 김형필 GAL H-ST-G (득점: 김형필, 도움: 안성남) 오른쪽
- 전반 34분 정석화 PAR 내 → 포프 GAL 내 ELH-ST-G (득점: 포프, 도움: 정석화) 왼쪽
- 후반 14분 최승인 PK-R-G (득점: 최승인) 왼쪽

6월 05일 19 : 00 맑음 안산 와스타디움 769명
주심: 김희곤 / 부심: 김계용 · 차상욱 / 대기심: 김영수 / 경기감독관: 김형남

안산 2 | 1 전반 0 / 1 후반 0 | **0 서울E**

퇴장	경고	파울	ST(유)	교체	선수명	배번	위치	위치	배번	선수명	교체	ST(유)	파울	경고	퇴장
0	0	0	0		이진형	1	GK	GK	1	김영광		0	0	0	0
0	0	1	0		정다훤	2	DF	DF	63	김동진	2	0	1	1	0
0	0	1	0		신형민	4	DF	DF	15	김태은		0	2	1	0
0	0	3	0		안영규	20	DF	DF	5	칼라일 미첼		0	0	0	0
0	0	3	0		신광훈	21	DF	DF	6	김동철		2	3	1	0
0	0	0	2(2)		정혁	8	MF	MF	4	김준태		1(1)	1	1	0
0	0	1	0		김은선	14	MF	MF	8	윤성열		1	0	0	0
0	0	3	1(1)		이현승	10	MF	MF	22	전민광	26	2(1)	1	0	0
0	0	0	4	5	한지호	7	FW	FW	24	김현규	10	0	1	0	0
0	0	2	1	22	주현재	19	FW	FW	11	타라바이		4(3)	1	1	0
0	0	0	2(2)	11	공민현	18	FW	FW	17	안태현		0	0	0	0
0	0	0	0		손정현	34			31	김현성		0	0	0	0
0	0	0	0	후38	안재준	5			3	이재훈		0	0	0	0
0	0	0	0		강승조	17			2	김민제	후26	0	0	0	0
0	0	1	0	후22	김준엽	22	대기	대기	26	김창욱	후20	1	0	0	0
0	0	0	0		최진수	25			16	신일수		0	0	0	0
0	0	0	2(2)	후5	황지웅	11			10	벨루소	후8	0	1	0	0
0	0	0	0		최영준	26			19	조향기		0	0	0	0
0	0	15	12(7)			0			0			11(5)	11	5	0

- 전반 28분 정다훤 PAL ↷ 공민현 GA 정면 내 H-ST-G (득점: 공민현, 도움: 정다훤) 가운데
- 후반 50분 김준엽 PAR 내 ~ 황지웅 PK 우측 지점 R-ST-G (득점: 황지웅, 도움: 김준엽) 오른쪽

6월 08일 19 : 00 맑음 고양 종합 331명
주심: 최대우 / 부심: 김영하 · 양재용 / 대기심: 박진호 / 경기감독관: 강창구

고양 0 | 0 전반 0 / 0 후반 0 | **0 안산**

퇴장	경고	파울	ST(유)	교체	선수명	배번	위치	위치	배번	선수명	교체	ST(유)	파울	경고	퇴장
0	0	0	0		강진웅	1	GK	GK	1	이진형		0	0	0	0
0	0	0	0		박승우	13	DF	DF	2	정다훤		1(1)	0	0	0
0	0	2	0		박태형	16	DF	DF	15	최보경		1(1)	2	0	0
0	0	1	0		권영호	18	DF	DF	4	신형민		1	0	0	0
0	0	0	0		김지훈	4	DF	DF	21	신광훈		0	1	0	0
0	0	0	1(1)		인준연	5	MF	MF	14	김은선	16	2	0	0	0
0	0	0	2(1)		오기재	20	MF	MF	8	정혁		2(2)	0	0	0
0	0	3	0	11	윤영준	14	MF	MF	7	한지호	11	0	1	0	0
0	0	0	0		이예찬	23	MF	MF	19	주현재	22	0	1	0	0
0	0	1	1(1)	17	김유성	24	FW	MF	10	이현승		2(2)	2	0	0
0	0	0	1	77	김상준	9	FW	FW	18	공민현		2(2)	3	0	0
0	0	0	0		임홍현	31			34	손정현		0	0	0	0
0	0	0	0		김종원	27			5	안재준		0	0	0	0
0	0	0	0		조성채	3			20	안영규		0	0	0	0
0	0	1	0	후25	이도성	17	대기	대기	16	임선영	후30	1(1)	0	0	0
0	0	0	0		허재원	6			17	강승조		0	0	0	0
0	0	0	0	후35	박정훈	11			11	황지웅	후10	1	0	0	0
0	0	1	2(2)	후17	빅토르	77			22	김준엽	후30	0	0	0	0
0	0	9	7(5)			0			0			13(9)	10	0	0

6월 08일 19:00 맑음 춘천 송암 530명
주심: 김희곤 / 부심: 송봉근·박균용 / 대기심: 김동인 / 경기감독관: 김수현

강원 0   0 전반 0 / 0 후반 0   **0 경남**

퇴장	경고	파울	ST(유)	교체	선수명	배번	위치	위치	배번	선수명	교체	ST(유)	파울	경고	퇴장
0	0	0	0		송유걸	1	GK	GK	29	하강진		0	0	0	0
0	0	3	1(1)		백종환	77	DF	DF	4	이반		0	1	1	0
0	0	1	0		이한샘	33	DF	DF	23	박지수		0	4	0	0
0	0	0	0		안현식	6	DF	DF	22	김정빈		0	0	0	0
0	0	3	1(1)		정승용	22	DF	DF	15	우주성		0	1	0	0
0	0	0	0	40	허범산	8	MF	MF	24	정현철	6	0	1	0	0
0	0	0	1		오승범	4	MF	MF	37	장은규		1	6	0	0
0	0	2	1	17	고민성	24	MF	MF	17	이호석	7	0	3	0	0
0	0	1	0	32	서보민	11	FW	MF	8	안성남		0	0	0	0
0	0	1	1		장혁진	99	FW	FW	99	김형필	19	0	1	0	0
0	0	0	1		마테우스	23	FW	FW	9	크리스찬		4(1)	1	0	0
0	0	0	0		함석민	18			1	이준희		0	0	0	0
0	0	1	0	후39	김원균	40			80	진경선		0	0	0	0
0	0	0	0		김윤호	13			28	박현우		0	0	0	0
0	0	0	0		정찬일	27	대기	대기	7	배기종	후12	1(1)	0	0	0
0	0	0	0		박요한	26			16	송수영		0	0	0	0
0	0	0	0	후17	방찬준	32			6	박태웅	후39	0	2	0	0
0	0	0	1(1)	후0	심영성	17			19	임창균	후12	1(1)	1	0	0
0	0	12	7(3)			0			0			7(3)	21	1	0

6월 08일 19:00 맑음 충주 종합 897명
주심: 김대용 / 부심: 이영운·장종필 / 대기심: 박영록 / 경기감독관: 하재훈

충주 3   3 전반 1 / 0 후반 0   **1 서울E**

퇴장	경고	파울	ST(유)	교체	선수명	배번	위치	위치	배번	선수명	교체	ST(유)	파울	경고	퇴장
0	1	1	0		이영창	26	GK	GK	1	김영광		0	0	0	0
0	0	2	0		김한빈	22	DF	DF	3	이재훈	10	0	0	0	0
0	0	1	0		김상필	31	DF	DF	30	구대엽		2	1	0	0
0	1	3	1		정우인	29	DF	DF	5	칼라일 미첼		2(1)	0	0	0
0	0	0	0	14	황수남	50	DF	DF	6	김동철		1	0	0	0
0	0	1	1		엄진태	13	MF	MF	8	윤성열		3(2)	0	0	0
0	0	2	1		최승호	7	MF	MF	16	신일수	4	0	0	0	0
0	0	0	1		이태영	23	MF	MF	26	김창욱	17	3(1)	0	0	0
0	0	2	8(5)	20	김신	9	FW	FW	2	김민제		0	3	0	0
0	0	2	3(1)		장백규	19	FW	FW	19	조향기		3(2)	3	0	0
0	1	1	1	10	박지민	18	FW	FW	14	조우진		1	3	1	0
0	0	0	0		권태안	1			31	김현성		0	0	0	0
0	0	0	0		옹동균	25			20	양기훈		0	0	0	0
0	0	0	0	후46	김정훈	14			22	전민광		0	0	0	0
0	0	0	0		이한음	11	대기	대기	4	김준태	후4	2	2	1	0
0	0	1	0	후36	김용진	20			24	김현규		0	0	0	0
0	0	1	0	후23	김도형	10			10	벨루소	후4	3	0	0	0
0	0	0	0		이유준	21			17	안태현	후30	0	0	0	0
0	3	17	16(6)			0			0			20(6)	12	2	0

● 전반 8분 김신 PK-R-G (득점: 김신) 오른쪽
● 전반 18분 윤성열 자기 측 GAR 내 자책골 (득점: 윤성열) 왼쪽
● 전반 40분 이태영 MFR ~ 장백규 PAR 내 L-ST-G (득점: 장백규, 도움: 이태영) 왼쪽
● 전반 1분 윤성열 PK-R-G (득점: 윤성열) 오른쪽

6월 08일 19:30 맑음 대구 스타디움 369명
주심: 임정수 / 부심: 김지욱·차상욱 / 대기심: 성덕효 / 경기감독관: 김정식

대구 1   1 전반 1 / 0 후반 0   **1 부천**

퇴장	경고	파울	ST(유)	교체	선수명	배번	위치	위치	배번	선수명	교체	ST(유)	파울	경고	퇴장
0	0	0	0		조현우	21	GK	GK	1	류원우		0	0	0	0
0	0	0	0		정우재	3	DF	DF	4	한희훈		0	2	0	0
0	0	0	0		김동진	16	DF	DF	6	강지용		0	1	0	0
0	0	0	2(1)		박태홍	4	DF	DF	14	이학민		1(1)	3	1	0
0	0	1	0		박세진	19	DF	DF	22	유대현		0	2	0	0
0	0	2	0		신창무	14	MF	MF	7	문기한	16	0	0	0	0
0	0	1	2		이재권	6	MF	MF	8	송원재		1	1	0	0
0	0	2	0	17	한재웅	15	MF	MF	10	바그닝요		2(1)	6	1	0
0	1	3	3(2)		세징야	11	MF	MF	15	조범석		1(1)	2	0	0
0	0	2	2	7	에델	10	FW	FW	9	루키안		2	3	1	0
0	2	3	1(1)		파울로	9	FW	FW	23	황신영	20	1	0	0	0
0	0	0	0		이양종	1			30	최철원		0	0	0	0
0	0	0	0		황재원	20			5	임동혁		0	0	0	0
0	0	0	0		감한솔	22			13	서명식		0	0	0	0
0	0	0	0		박한빈	36	대기	대기	45	지병주		0	0	0	0
0	0	0	0		데이비드	8			21	김대광	후31	1	1	0	0
0	0	0	0	후37	최정한	7			16	진창수	후14	1(1)	1	0	0
0	0	0	1(1)	후11	노병준	17			20	김륜도	전 18/21	0	1	0	0
0	3	14	11(5)			0			0			10(4)	23	3	0

● 전반 7분 파울로 MFL FK R-ST-G (득점: 파울로) 왼쪽
● 전반 36분 바그닝요 AK 정면 ~ 이학민 GAR R-ST-G (득점: 이학민, 도움: 바그닝요) 오른쪽

6월 08일 19:30 맑음 대전 월드컵 1,005명
주심: 김영수 / 부심: 손재선·이상민 / 대기심: 서동진 / 경기감독관: 전기록

대전 1   0 전반 0 / 1 후반 1   **1 안양**

퇴장	경고	파울	ST(유)	교체	선수명	배번	위치	위치	배번	선수명	교체	ST(유)	파울	경고	퇴장
0	0	0	0		이범수	25	GK	GK	21	최필수		0	0	0	0
0	0	0	1		장클로드	13	DF	DF	3	안세희		2	0	0	0
0	0	0	1		실바	50	DF	DF	15	김태호		0	1	0	0
0	0	0	0		이동수	16	DF	DF	14	안성빈		0	0	0	0
0	0	0	1		오창현	22	DF	DF	4	이상우		0	2	2	0
0	0	2	0	19	김병석	5	MF	MF	7	김민균		0	3	0	0
0	0	1	2		황인범	6	MF	MF	6	정재용	16	0	0	0	0
0	0	3	2(2)		김선민	8	MF	MF	24	최영훈		0	3	0	0
0	0	1	4(1)		김동찬	10	FW	MF	23	김영도	20	0	3	0	0
0	0	1	0	11	구스타보	99	FW	FW	17	박승일		3(2)	3	0	0
0	1	0	7(3)		완델손	77	FW	FW	11	자이로	27	0	2	0	0
0	0	0	0		박주원	1			25	남지훈		0	0	0	0
0	0	0	0		우현	4			20	가솔현	후9	0	0	0	0
0	0	0	0	후38	김해식	29			33	이재억		0	0	0	0
0	0	0	0		조예찬	23	대기	대기	16	안진범	후25	2(1)	0	0	0
0	0	0	0	후41	박대훈	19			8	서용덕		0	0	0	0
0	0	0	0	후 12/29	유승완	11			27	정재희	후9	2(1)	0	0	0
0	0	0	0		서동현	9			9	김영후		0	0	0	0
0	1	8	18(6)			0			0			9(4)	17	2	0

● 후반 2분 김선민 AK 내 L-ST-G (득점: 김선민) 오른쪽
● 후반 37분 안진범 MFR ~ 정재희 GAR 기타 L-ST-G (득점: 정재희, 도움: 안진범) 왼쪽

6월 11일 16 : 00 맑음 대구 스타디움 683명
주심: 김동인 / 부심: 김영하 · 양재용 / 대기심: 김영수 / 경기감독관: 강창구

대구 0 0 전반 0 / 0 후반 0 **0 서울E**

퇴장	경고	파울	ST(유)	교체	선수명	배번	위치	위치	배번	선수명	교체	ST(유)	파울	경고	퇴장
0	0	0	0		조현우	21	GK	GK	1	김영광		0	0	0	0
0	0	0	0		정우재	3	DF	DF	15	김태은		1	1	0	0
0	0	2	0		박태홍	4	DF	DF	2	김민제		1	0	0	0
0	0	0	0		박세진	19	DF	DF	5	칼라일 미첼		0	6	1	0
0	0	1	2(1)		김동진	16	MF	DF	63	김동진		0	0	0	0
0	0	0	3(1)	7	데이비드	8	MF	MF	8	윤성열		4(2)	1	0	0
0	0	0	1		신창무	14	MF	MF	6	김동철		0	2	0	0
0	0	1	2		이재권	6	MF	MF	4	김준태		0	2	0	0
0	0	1	7(4)		세징야	11	FW	FW	17	안태현	19	1	0	0	0
0	0	2	1(1)		에델	10	FW	FW	11	타라바이		0	3	0	0
0	0	1	5(3)	20	노병준	17	FW	FW	14	조우진	10	2(1)	1	1	0
0	0	0	0		이양종	1			31	김현성		0	0	0	0
0	0	1	2(2)	후17	황재원	20			16	신일수		0	0	0	0
0	0	0	0		조영훈	13			26	김창욱		0	0	0	0
0	0	0	0		감한솔	22	대기	대기	36	김지훈		0	0	0	0
0	0	0	0		박한빈	36			47	김재연		0	0	0	0
0	0	0	0		한재웅	15			10	벨루소	후22	2(1)	1	1	0
0	0	0	1(1)	후8	최정한	7			19	조향기	후46	0	0	0	0
0	0	9	24(13)			0			0			11(4)	17	3	0

6월 11일 17 : 00 맑음 양산 종합 3,408명
주심: 성덕효 / 부심: 장종필 · 차상욱 / 대기심: 최대우 / 경기감독관: 김형남

경남 4 3 전반 2 / 1 후반 2 **4 대전**

퇴장	경고	파울	ST(유)	교체	선수명	배번	위치	위치	배번	선수명	교체	ST(유)	파울	경고	퇴장
0	0	0	0		하강진	29	GK	GK	25	이범수		0	0	0	0
0	0	2	0		이반	4	DF	DF	13	장클로드		1(1)	1	1	0
0	0	0	0		우주성	15	DF	DF	50	실바		0	1	0	0
0	0	2	1		김정빈	22	DF	DF	16	이동수	23	0	2	0	0
0	0	0	1(1)		진경선	80	DF	DF	22	오창현		0	0	0	0
0	0	0	0	37	정현철	24	MF	MF	5	김병석		0	1	0	0
0	0	2	0		신학영	13	MF	MF	6	황인범	27	1	0	0	0
0	0	1	2(1)	99	이호석	17	MF	MF	8	김선민		2(1)	2	1	0
0	0	1	2(1)	7	안성남	8	MF	FW	10	김동찬		4(1)	1	0	0
0	0	1	1		송수영	16	MF	FW	99	구스타보	19	0	2	0	0
0	1	1	5(4)		크리스찬	9	FW	FW	77	완델손		5(5)	1	0	0
0	0	0	0		이준희	1			1	박주원		0	0	0	0
0	0	0	0		전상훈	12			4	우현		0	0	0	0
0	0	0	0		박태웅	6			29	김해식		0	0	0	0
0	0	1	2	후10	배기종	7	대기	대기	23	조예찬	후42	0	0	0	0
0	0	2	0	후6	장은규	37			19	박대훈	전30	0	2	0	0
0	0	0	0		김영욱	18			9	서동현		0	0	0	0
0	0	1	0	후27	김형필	99			27	강윤성	후30	1	0	0	0
0	1	14	14(7)			0			0			14(8)	13	2	0

- ●전반 13분 이호석 PA 정면 내 L-ST-G (득점: 이호석) 왼쪽
- ●전반 20분 우주성 PAL 내 → 안성남 GA 정면 내 R-ST-G (득점: 안성남, 도움: 우주성) 왼쪽
- ●전반 27분 이호석 AK 정면 ~ 크리스찬 GAR R-ST-G (득점: 크리스찬, 도움: 이호석) 오른쪽
- ●후반 31분 크리스찬 PA 정면 R-ST-G (득점: 크리스찬) 가운데
- ●전반 32분 이동수 GAL ~ 김선민 GAR L-ST-G (득점: 김선민, 도움: 이동수) 가운데
- ●전반 39분 황인범 AKL ↷ 장클로드 GAR H-ST-G (득점: 장클로드, 도움: 황인범) 오른쪽
- ●후반 16분 박대훈 PAL 내 ~ 완델손 GAR L-ST-G (득점: 완델손, 도움: 박대훈) 왼쪽
- ●후반 19분 김동찬 AKL ~ 완델손 GAL L-ST-G (득점: 완델손, 도움: 김동찬) 오른쪽

6월 12일 19 : 00 흐림 부산 아시아드 1,196명
주심: 매호영 / 부심: 지승민 · 이상민 / 대기심: 김대용 / 경기감독관: 전기록

부산 0 0 전반 0 / 0 후반 0 **0 강원**

퇴장	경고	파울	ST(유)	교체	선수명	배번	위치	위치	배번	선수명	교체	ST(유)	파울	경고	퇴장
0	0	0	0		구상민	21	GK	GK	1	송유걸		0	0	0	0
0	0	1	0		구현준	27	DF	DF	77	백종환		1(1)	2	0	0
0	0	1	0		이원영	3	DF	DF	33	이한샘		0	3	1	0
0	1	2	1(1)		김종혁	6	DF	DF	6	안현식		0	1	0	0
0	1	2	1		이정진	30	DF	DF	22	정승용		0	2	0	0
0	0	1	0		용재현	88	MF	MF	8	허범산	32	0	4	0	0
0	1	2	1(1)	26	유지훈	33	MF	MF	4	오승범		1	1	0	0
0	0	1	1		이규성	22	MF	MF	16	한석종		0	0	0	0
0	0	2	1(1)		이영재	89	MF	FW	11	서보민		3(2)	0	0	0
0	0	1	1(1)	14	최광희	77	MF	FW	99	장혁진		1(1)	0	0	0
0	0	2	1	7	최승인	10	FW	FW	23	마테우스	17	1	0	0	0
0	0	0	0		이창근	1			18	함석민		0	0	0	0
0	0	0	0		김재현	23			40	김원균		0	0	0	0
0	0	1	0	후26	김대호	26			13	김윤호		0	0	0	0
0	0	0	0		홍동현	8	대기	대기	27	정찬일		0	0	0	0
0	0	0	1	후11	정석화	14			24	고민성		0	0	0	0
0	0	0	0		김종민	28			32	방찬준	후31	1(1)	0	0	0
0	0	0	0	후16	전현철	7			17	심영성	후20	2(1)	0	0	0
0	3	16	8(4)			0			0			10(6)	13	1	0

6월 13일 19 : 30 맑음 부천 종합 865명
주심: 서동진 / 부심: 송봉근 · 이영운 / 대기심: 김희곤 / 경기감독관: 전인석

부천 1 0 전반 0 / 1 후반 0 **0 고양**

퇴장	경고	파울	ST(유)	교체	선수명	배번	위치	위치	배번	선수명	교체	ST(유)	파울	경고	퇴장
0	0	0	0		류원우	1	GK	GK	1	강진웅		0	0	0	0
0	0	0	0		한희훈	4	DF	DF	13	박승우		0	2	1	0
0	0	1	0		강지용	6	DF	DF	16	박태형		0	2	0	0
0	1	3	0		유대현	22	DF	DF	18	권영호		0	3	0	0
0	0	2	0		지병주	45	DF	DF	30	우혜성		0	1	1	0
0	0	5	5(3)		바그닝요	10	MF	MF	5	인준연		1	1	1	0
0	0	0	1		조범석	15	MF	MF	20	오기재		1(1)	0	0	0
0	0	3	2(1)		김영남	77	MF	MF	14	윤영준		0	3	0	0
0	0	0	1(1)	7	황신영	23	MF	MF	24	김유성	11	0	0	0	0
0	0	1	2(1)	8	루키안	9	FW	FW	22	김필호	77	0	0	0	0
0	0	2	0	16	김륜도	20	FW	FW	9	김상준	12	1	2	0	0
0	0	0	0		최철원	30			31	임홍현		0	0	0	0
0	0	0	0		임동혁	5			4	김지훈		0	0	0	0
0	0	0	0		서명식	13			12	이상돈	후23	0	0	0	0
0	1	3	2(2)	전33	문기한	7	대기	대기	17	이도성		0	0	0	0
0	0	0	0	후41	송원재	8			6	허재원		0	0	0	0
0	1	1	0	후0	진창수	16			11	박정훈	전17	1	3	0	0
0	0	0	0		신현준	29			77	빅토르	후9	4(3)	4	1	0
0	3	21	13(8)			0			0			8(4)	21	4	0

- ●후반 9초 바그닝요 MFR R-ST-G (득점: 바그닝요) 가운데

6월 13일 20:00 흐림 안양 종합 862명
주심: 박영록 / 부심: 김지욱 · 박균용 / 대기심: 임정수 / 경기감독관: 하재훈

안양 2 1 전반 1 / 1 후반 0 **1 충주**

퇴장	경고	파울	ST(유)	교체	선수명	배번	위치	위치	배번	선수명	교체	ST(유)	파울	경고	퇴장
0	0	0	0		최필수	21	GK	GK	26	이영창		0	0	0	0
0	0	3	1(1)		안세희	3	DF	DF	22	김한빈		0	2	0	0
0	0	0	0		가솔현	20	DF	DF	31	김상필		0	0	1	0
0	0	1	0		안성빈	14	DF	DF	50	황수남		0	0	0	0
0	0	1	0	33	김태호	15	DF	DF	13	엄진태		0	1	0	0
0	0	0	2(2)	9	김민균	7	MF	MF	8	오규빈		0	3	1	0
0	0	4	0		안진범	16	MF	MF	7	최승호	24	0	1	0	0
0	1	6	0		최영훈	24	MF	MF	14	김정훈	11	0	0	0	0
0	0	2	0		서용덕	8	MF	FW	9	김신		3(2)	2	0	0
0	1	4	4(3)		박승일	17	FW	FW	19	장백규	20	1(1)	1	0	0
0	0	1	5(3)	6	정재희	27	FW	FW	99	최유상		3(3)	0	0	0
0	0	0	0		김선규	87			1	권태안		0	0	0	0
0	0	0	0	전31	이재억	33			25	옹동균		0	0	0	0
0	0	0	0		채광훈	2			3	정인탁		0	0	0	0
0	0	0	0		이태현	26	대기	대기	11	이한음	후29	1	0	0	0
0	0	0	1	후42	정재용	6			20	김용진	후37	0	1	0	0
0	0	0	0		김영도	23			10	김도형		0	0	0	0
0	0	0	0	후27	김영후	9			24	김용태	후20	1(1)	0	0	0
0	2	22	13(9)			0			0			9(7)	11	2	0

- 전반 20분 안성빈 PAR 내 ↷ 김민균 PK 좌측지점 L-ST-G (득점: 김민균, 도움: 안성빈) 왼쪽
- 후반 7분 박승일 MF 정면 L-ST-G (득점: 박승일) 오른쪽
- 전반 45분 김신 MFR ↷ 최유상 GA 정면 H-ST-G (득점: 최유상, 도움: 김신) 왼쪽

6월 18일 19:00 흐림 부산 아시아드 1,335명
주심: 임정수 / 부심: 김영하 · 장종필 / 대기심: 박영록 / 경기감독관: 김일호

부산 0 0 전반 0 / 0 후반 2 **2 부천**

퇴장	경고	파울	ST(유)	교체	선수명	배번	위치	위치	배번	선수명	교체	ST(유)	파울	경고	퇴장
0	0	1	0		구상민	21	GK	GK	1	류원우		0	0	0	0
0	0	0	1		구현준	27	DF	DF	4	한희훈		1(1)	0	0	0
0	0	0	0		이원영	3	DF	DF	6	강지용		0	2	0	0
0	0	0	0		용재현	88	DF	DF	14	이학민		1	1	0	0
0	0	2	0		최광희	77	DF	DF	45	지병주		0	2	0	0
0	0	2	1(1)		차영환	5	MF	MF	20	김륜도	7	0	0	0	0
0	0	2	0	14	유지훈	33	MF	MF	10	바그닝요		1	2	0	0
0	0	1	0		김진규	13	MF	MF	15	조범석		0	2	0	0
0	0	2	0		이규성	22	MF	MF	77	김영남		0	0	0	0
0	0	3	0	18	포프	94	MF	FW	9	루키안	5	3	1	0	0
0	0	2	0	89	최승인	10	FW	FW	23	황신영	16	1	0	0	0
0	0	0	0		김형근	31			30	최철원		0	0	0	0
0	0	0	0		김재현	23			5	임동혁	후39	0	0	0	0
0	0	0	1	후12	정석화	14			13	서명식		0	0	0	0
0	0	0	1(1)	후19	이영재	89	대기	대기	8	송원재		0	0	0	0
0	0	0	0		홍동현	8			16	진창수	후0	2(1)	2	0	0
0	0	0	0		김종민	28			17	김신철		0	0	0	0
0	0	1	1	후34	스토야노비치	18			7	문기한	후0	1	0	0	0
0	0	16	5(2)			0			0			10(2)	12	0	0

- 후반 8분 문기한 PAR 내 ~ 한희훈 PK 우측지점 R-ST-G (득점: 한희훈, 도움: 문기한) 왼쪽
- 후반 46분 바그닝요 MFR TL ~ 진창수 AKL R-ST-G (득점: 진창수, 도움: 바그닝요) 왼쪽

6월 18일 19:00 맑음 진주 종합 4,610명
주심: 김대용 / 부심: 손재선 · 박균용 / 대기심: 박진호 / 경기감독관: 김용세

경남 2 1 전반 0 / 1 후반 1 **1 대구**

퇴장	경고	파울	ST(유)	교체	선수명	배번	위치	위치	배번	선수명	교체	ST(유)	파울	경고	퇴장
0	1	0	0		이준희	1	GK	GK	21	조현우		0	0	0	0
0	0	2	0		이반	4	DF	DF	3	정우재		2(1)	2	1	0
0	0	2	1		우주성	15	DF	DF	16	김동진		1(1)	0	0	0
0	0	1	0	22	전상훈	12	DF	DF	4	박태홍		1(1)	1	0	0
0	1	0	0		박지수	23	DF	DF	19	박세진		1	2	0	0
0	0	1	0	24	장은규	37	MF	MF	6	이재권		0	0	0	0
0	0	2	0		신학영	13	MF	MF	14	신창무	8	0	0	0	0
0	0	0	0	7	안성남	8	MF	MF	7	최정한	36	0	1	0	0
0	0	1	2(1)		송수영	16	MF	MF	11	세징야		2(1)	3	1	0
0	1	2	1(1)		이호석	17	FW	MF	10	에델	20	2(1)	4	0	0
0	0	1	1(1)		크리스찬	9	FW	FW	9	파울로		3(2)	2	0	0
0	0	0	0		이기현	21			1	이양종		0	0	0	0
0	0	1	1(1)	후5	김정빈	22			20	황재원	후37	0	0	0	0
0	0	0	1(1)	후21	정현철	24			2	오광진		0	0	0	0
0	0	0	2	후28	배기종	7	대기	대기	22	감한솔		0	0	0	0
0	0	0	0		임창균	19			36	박한빈	후31	0	0	0	0
0	0	0	0		진경선	80			15	한재웅		0	0	0	0
0	0	0	0		김형필	99			8	데이비드	후18	1	0	0	0
0	3	13	9(5)			0			0			13(7)	15	2	0

- 전반 33분 이호석 MF 정면 ~ 송수영 AKR R-ST-G (득점: 송수영, 도움: 이호석) 왼쪽
- 후반 43분 배기종 PAL 내 EL ~ 정현철 GA 정면 내 R-ST-G (득점: 정현철, 도움: 배기종) 가운데
- 후반 20분 파울로 GA 정면 내 ~ 정우재 GA 정면 R-ST-G (득점: 정우재, 도움: 파울로) 가운데

6월 18일 19:00 맑음 대전 월드컵 2,004명
주심: 김희곤 / 부심: 양재용 · 이영운 / 대기심: 김동인 / 경기감독관: 강창구

대전 3 2 전반 0 / 1 후반 1 **1 충주**

퇴장	경고	파울	ST(유)	교체	선수명	배번	위치	위치	배번	선수명	교체	ST(유)	파울	경고	퇴장
0	0	0	0		박주원	1	GK	GK	26	이영창		0	0	0	0
0	0	1	1		장클로드	13	DF	DF	22	김한빈		0	1	0	0
0	0	1	1		실바	50	DF	DF	31	김상필		0	0	0	0
0	0	0	1(1)		김형진	3	DF	DF	29	정우인		0	2	1	0
0	0	0	0		오창현	22	DF	DF	50	황수남	10	0	0	0	0
0	0	0	0		이동수	16	MF	MF	8	오규빈		0	2	1	0
0	0	1	2	5	황인범	6	MF	MF	24	김용태	11	0	0	0	0
0	1	0	1		김선민	8	MF	MF	13	엄진태		1	1	0	0
0	0	3	1	9	김동찬	10	FW	FW	9	김신		1(1)	1	0	0
0	0	3	1(1)	17	구스타보	99	FW	FW	23	이태영	19	1	0	0	0
0	0	0	4(1)		완델손	77	FW	FW	18	박지민		0	1	0	0
0	0	0	0		이범수	25			1	권태안		0	0	0	0
0	0	0	0		우현	4			19	장백규	후19	0	0	0	0
0	0	0	0	후47	김병석	5			3	정인탁		0	0	0	0
0	0	0	0		조예찬	23	대기	대기	11	이한음	후30	0	0	0	0
0	0	0	0	후33	진대성	17			7	최승호		0	0	0	0
0	0	2	3(1)	후28	서동현	9			10	김도형	후0	2(2)	1	0	0
0	0	0	0		강윤성	27			99	최유상		0	0	0	0
0	1	11	15(4)			0			0			5(3)	9	2	0

- 전반 15분 김선민 PAL 내 ↷ 완델손 PK 좌측지점 H-ST-G (득점: 완델손, 도움: 김선민) 왼쪽
- 전반 32분 완델손 MFR ~ 구스타보 AKR L-ST-G (득점: 구스타보, 도움: 완델손) 오른쪽
- 후반 31분 구스타보 MFL ~ 서동현 PAL 내 R- ST-G (득점: 서동현, 도움: 구스타보) 오른쪽
- 후반 41분 김도형 PAR 내 ~ 김신 AK 내 R-ST-G (득점: 김신, 도움: 김도형) 오른쪽

6월 19일 18 : 00 맑음 잠실 1,138명
주심: 최대우 / 부심: 지승민 · 이상민 / 대기심: 서동진 / 경기감독관: 하재훈

서울E 0 0 전반 0 / 0 후반 0 **0 안양**

퇴장	경고	파울	ST(유)	교체	선수명	배번	위치	위치	배번	선수명	교체	ST(유)	파울	경고	퇴장
0	0	0	0		김 영 광	1	GK	GK	21	최 필 수		0	0	0	0
0	0	1	0		김 태 은	15	DF	DF	3	안 세 희		0	1	0	0
0	0	0	0	10	이 규 로	88	DF	DF	20	가 솔 현		0	1	0	0
0	0	0	0		김 동 철	6	DF	DF	14	안 성 빈		0	0	0	0
0	0	1	1(1)		김 동 진	63	DF	DF	4	이 상 우		1	1	0	0
0	0	1	3(1)	19	주 민 규	18	MF	MF	7	김 민 균	9	1(1)	2	0	0
0	0	2	2		김 재 성	7	MF	MF	6	정 재 용		6(4)	3	0	0
0	0	1	1(1)		김 준 태	4	MF	MF	24	최 영 훈		1(1)	2	0	0
0	0	0	0		안 태 현	17	FW	MF	17	박 승 일	8	2(1)	0	0	0
0	1	2	6(4)		타라바이	11	FW	FW	16	안 진 범		0	2	0	0
0	0	2	2(1)		김 민 제	2	FW	FW	27	정 재 희	23	3	0	0	0
0	0	0	0		김 현 성	31	대기	대기	87	김 선 규		0	0	0	0
0	0	0	0		칼라일 미첼	5			2	채 광 훈		0	0	0	0
0	0	0	0		윤 성 열	8			33	이 재 억		0	0	0	0
0	0	0	0		김 지 훈	36			26	이 태 현		0	0	0	0
0	0	0	0		김 현 규	24			8	서 용 덕	후25	0	1	0	0
0	0	0	0	후13	벨 루 소	10			23	김 영 도	후37	1(1)	1	1	0
0	0	0	1	후32	조 향 기	19			9	김 영 후	후16	0	1	0	0
0	1	10	16(8)			0			0			15(8)	15	1	0

6월 19일 19 : 00 맑음 안산 와스타디움 773명
주심: 김영수 / 부심: 김지욱 · 차상욱 / 대기심: 성덕효 / 경기감독관: 한병화

안산 3 0 전반 0 / 3 후반 1 **1 강원**

퇴장	경고	파울	ST(유)	교체	선수명	배번	위치	위치	배번	선수명	교체	ST(유)	파울	경고	퇴장
0	0	0	0		이 진 형	1	GK	GK	1	송 유 걸		0	0	0	0
0	0	1	0		정 다 훤	2	DF	DF	77	백 종 환		0	1	0	0
0	0	0	2(1)		최 보 경	15	DF	DF	40	김 원 균		1(1)	3	1	0
0	0	1	0		안 영 규	20	DF	DF	6	안 현 식		1	3	0	1
0	1	3	1		신 광 훈	21	DF	DF	22	정 승 용		0	1	0	0
0	1	4	1	8	신 형 민	4	MF	MF	16	한 석 종		0	1	1	0
0	1	2	0		김 은 선	14	MF	MF	8	허 범 산	17	0	2	0	0
0	0	2	2(1)		이 현 승	10	MF	MF	4	오 승 범		0	2	1	0
0	0	3	2(1)		김 준 엽	22	FW	FW	11	서 보 민	32	2(2)	0	0	0
0	0	2	2(1)	7	주 현 재	19	FW	FW	23	마테우스		1(1)	4	1	0
0	1	1	1(1)	11	공 민 현	18	FW	FW	99	장 혁 진	24	1	0	0	0
0	0	0	0		손 정 현	34	대기	대기	18	함 석 민		0	0	0	0
0	0	0	0		최 영 준	26			13	김 윤 호		0	0	0	0
0	0	0	0	후47	황 지 웅	11			19	길 영 태		0	0	0	0
0	0	0	0		최 진 수	25			24	고 민 성	후35	0	0	0	0
0	0	0	0	후25	정 혁	8			27	정 찬 일		0	0	0	0
0	0	0	1	후23	한 지 호	7			17	심 영 성	후19	3(3)	0	0	0
0	0	0	0		안 재 준	5			32	방 찬 준	후19	2(1)	0	0	0
0	4	19	12(5)			0			0			11(8)	17	4	1

- ●후반 5분 이현승 PAR 내 ~ 공민현 PAR 내 R-ST-G (득점: 공민현, 도움: 이현승) 가운데
- ●후반 12분 최보경 PAR FK L-ST-G (득점: 최보경) 왼쪽
- ●후반 39분 이현승 PAL FK ↷ 김준엽 GAR 내 R-ST-G (득점: 김준엽, 도움: 이현승) 오른쪽
- ●후반 2분 정승용 PAL ↷ 마테우스 GAL R-ST-G (득점: 마테우스, 도움: 정승용) 가운데

6월 25일 18 : 00 흐림 잠실 1,154명
주심: 성덕효 / 부심: 송봉근 · 박균용 / 대기심: 김대용 / 경기감독관: 전인석

서울E 1 0 전반 0 / 1 후반 0 **0 부산**

퇴장	경고	파울	ST(유)	교체	선수명	배번	위치	위치	배번	선수명	교체	ST(유)	파울	경고	퇴장
0	0	0	0		김 영 광	1	GK	GK	21	구 상 민		0	0	0	0
0	0	0	0		윤 성 열	8	DF	DF	6	김 종 혁		0	3	1	0
0	0	0	1(1)		이 규 로	88	DF	DF	23	김 재 현		0	0	0	0
0	0	1	0		김 동 철	6	DF	DF	36	박 경 록		0	0	0	0
0	0	2	0		김 동 진	63	DF	MF	33	유 지 훈		0	2	0	0
0	0	1	3(2)	16	김 창 욱	26	MF	MF	89	이 영 재	8	1	1	1	0
0	1	2	3(1)		김 재 성	7	MF	MF	88	용 재 현		0	1	0	0
0	0	0	2		김 준 태	4	MF	MF	14	정 석 화		0	2	0	0
0	0	0	0		안 태 현	17	FW	MF	13	김 진 규	7	0	1	0	0
0	0	5	0		타라바이	11	FW	FW	3	이 원 영		1	0	0	0
0	0	2	2(2)	10	최 오 백	23	FW	FW	94	포 프	30	5(3)	4	0	0
0	0	0	0		김 현 성	31	대기	대기	31	김 형 근		0	0	0	0
0	0	0	0		김 태 은	15			27	구 현 준		0	0	0	0
0	0	0	0		양 기 훈	20			22	이 규 성		0	0	0	0
0	0	1	0	후31	신 일 수	16			30	이 정 진	후34	1	0	0	0
0	0	0	0		김 현 규	24			8	홍 동 현	후24	1	0	0	0
0	0	0	1	후24	벨 루 소	10			7	전 현 철	후8	1	0	0	0
0	0	0	0		조 향 기	19			18	스토야노비치		0	0	0	0
0	1	14	12(6)			0			0			10(3)	14	2	0

- ●후반 43분 신일수 PAR ↷ 이규로 PAR 내 H-ST-G (득점: 이규로, 도움: 신일수) 왼쪽

6월 25일 19 : 00 맑음 안양 종합 1,438명
주심: 매호영 / 부심: 이영운 · 장종필 / 대기심: 김영수 / 경기감독관: 김수현

안양 1 0 전반 0 / 1 후반 1 **1 고양**

퇴장	경고	파울	ST(유)	교체	선수명	배번	위치	위치	배번	선수명	교체	ST(유)	파울	경고	퇴장
0	0	0	0		최 필 수	21	GK	GK	1	강 진 웅		0	0	0	0
0	1	1	1(1)		안 세 희	3	DF	DF	12	이 상 돈		0	0	0	0
0	0	1	0		가 솔 현	20	DF	DF	4	김 지 훈		0	2	0	0
0	0	3	1(1)		안 성 빈	14	DF	DF	18	권 영 호		0	1	0	0
0	0	2	0		채 광 훈	2	DF	DF	30	우 혜 성		0	1	0	0
0	0	2	7(5)	5	김 민 균	7	MF	MF	17	이 도 성	22	0	1	0	0
0	1	4	4(2)		정 재 용	6	MF	MF	20	오 기 재		0	0	0	0
0	0	0	0		최 영 훈	24	MF	MF	14	윤 영 준	5	0	2	0	0
0	0	1	0		서 용 덕	8	MF	MF	23	이 예 찬		0	1	0	0
0	0	0	3(1)	17	정 재 희	27	FW	FW	11	박 정 훈	24	0	1	1	0
0	0	3	3(2)	23	김 영 후	9	FW	FW	77	빅 토 르		3(1)	8	1	0
0	0	0	0		김 선 규	87	대기	대기	21	이 승 규		0	0	0	0
0	0	0	0	후44	유 종 현	5			13	박 승 우		0	0	0	0
0	0	0	0		이 재 억	33			5	인 준 연	후0	0	2	1	0
0	0	0	0		박 한 준	30			22	김 필 호	후29	0	0	0	0
0	0	0	0	후37	박 승 일	17			6	허 재 원		0	0	0	0
0	0	0	0		안 진 범	16			10	남 하 늘		0	0	0	0
0	0	0	0	후31	김 영 도	23			24	김 유 성	후23	1	0	0	0
0	2	17	19(12)			0			0			4(1)	19	3	0

- ●후반 7분 서용덕 C, KL ↷ 김영후 GA 정면 내 H-ST-G (득점: 김영후, 도움: 서용덕) 가운데
- ●후반 8분 김지훈 자기 측 MFR ↷ 빅토르 GAR 내 L-ST-G (득점: 빅토르, 도움: 김지훈) 오른쪽

6월 25일 19:00 맑음 부천 종합 1,619명
주심: 김동인 / 부심: 지승민 · 차상욱 / 대기심: 서동진 / 경기감독관: 전기록

부천 1 1 전반 0 / 0 후반 0 **0 경남**

퇴장	경고	파울	ST(유)	교체	선수명	배번	위치	위치	배번	선수명	교체	ST(유)	파울	경고	퇴장
0	0	0	0		류 원 우	1	GK	GK	1	이 준 희		0	0	0	0
0	0	0	0		한 희 훈	4	DF	DF	4	이 반		0	0	0	0
0	0	1	0		강 지 용	6	DF	DF	15	우 주 성		2(1)	2	0	0
0	0	1	2		이 학 민	14	DF	DF	22	김 정 빈		1	1	0	0
0	0	1	0		유 대 현	22	DF	DF	23	박 지 수		0	2	1	0
0	0	6	4(4)		바그닝요	10	MF	MF	37	장 은 규		0	1	0	0
0	0	2	0		조 범 석	15	MF	MF	13	신 학 영		1	2	1	0
0	0	1	2		김 영 남	77	MF	MF	17	이 호 석	7	0	1	0	0
0	0	1	1	16	황 신 영	23	MF	MF	16	송 수 영	8	2(1)	0	0	0
0	0	1	2	8	문 기 한	7	FW	FW	19	임 창 균	99	2(2)	0	0	0
0	1	1	4(2)	5	루 키 안	9	FW	FW	9	크리스찬		1	1	0	0
0	0	0	0		최 철 원	30			21	이 기 현		0	0	0	0
0	0	1	0	후36	임 동 혁	5			36	이 관 표		0	0	0	0
0	0	0	0		지 병 주	45			24	정 현 철		0	0	0	0
0	0	1	0	후23	송 원 재	8	대기	대기	7	배 기 종	후6	0	0	0	0
0	0	3	0	전39	진 창 수	16			8	안 성 남	후16	0	0	0	0
0	0	0	0		김 륜 도	20			80	진 경 선		0	0	0	0
0	0	0	0		신 현 준	29			99	김 형 필	후29	1	0	0	0
0	1	20	15(6)			0			0			10(4)	10	2	0

● 전반 11분 강지용 GAR H ↷ 루키안 GA 정면 R-ST-G (득점: 루키안, 도움: 강지용) 왼쪽

6월 26일 16:00 맑음 춘천 송암 3,042명
주심: 박영록 / 부심: 양재용 · 이상민 / 대기심: 김희곤 / 경기감독관: 김용세

강원 1 1 전반 1 / 0 후반 1 **2 대구**

퇴장	경고	파울	ST(유)	교체	선수명	배번	위치	위치	배번	선수명	교체	ST(유)	파울	경고	퇴장
0	0	0	0		송 유 걸	1	GK	GK	21	조 현 우		0	0	0	0
0	0	1	0		백 종 환	77	DF	DF	3	정 우 재		1(1)	1	0	0
0	0	1	2		이 한 샘	33	DF	DF	16	김 동 진		0	1	0	0
0	0	2	1		김 원 균	40	DF	DF	4	박 태 홍		1	1	0	0
0	0	3	1(1)		정 승 용	22	DF	DF	19	박 세 진		2(1)	1	0	0
0	1	3	1		한 석 종	16	MF	MF	14	신 창 무	8	0	2	0	0
0	1	3	1(1)	27	허 범 산	8	MF	MF	6	이 재 권		0	2	0	0
0	0	3	0	14	오 승 범	400	MF	MF	10	에 델	7	1(1)	1	0	0
0	0	2	4(2)		서 보 민	11	FW	MF	11	세 징 야		2(1)	2	1	0
0	0	0	0	17	방 찬 준	32	FW	MF	15	한 재 웅	2	0	1	0	0
0	0	1	1		장 혁 진	99	FW	FW	9	파 울 로		6(2)	2	0	0
0	0	0	0		함 석 민	18			1	이 양 종		0	0	0	0
0	0	0	0		김 윤 호	13			13	조 영 훈		0	0	0	0
0	0	0	0		길 영 태	19			2	오 광 진	후15	0	1	0	0
0	0	0	0		고 민 성	24	대기	대기	22	감 한 솔		0	0	0	0
0	0	0	0	후31	정 찬 일	27			36	박 한 빈		0	0	0	0
0	0	0	0	후18	손 설 민	14			8	데이비드	후38	0	0	0	0
0	0	0	0	후10	심 영 성	17			7	최 정 한	후33	0	0	0	0
0	2	19	11(4)			0			0			13(6)	15	1	0

● 전반 17분 허범산 PA 정면 내 R-ST-G (득점: 허범산) 오른쪽

● 전반 13분 파울로 GA 정면 내 L-ST-G (득점: 파울로) 가운데
● 후반 48분 정우재 AK 정면 R-ST-G (득점: 정우재) 왼쪽

6월 26일 19:00 맑음 충주 종합 1,071명
주심: 박진호 / 부심: 손재선 · 김영하 / 대기심: 서동진 / 경기감독관: 김정식

충주 1 1 전반 0 / 0 후반 2 **2 안산**

퇴장	경고	파울	ST(유)	교체	선수명	배번	위치	위치	배번	선수명	교체	ST(유)	파울	경고	퇴장
0	0	0	0		이 영 창	26	GK	GK	1	이 진 형		0	0	0	0
0	0	0	0		김 한 빈	22	DF	DF	2	정 다 훤		0	3	0	0
0	0	0	1		김 상 필	31	DF	DF	15	최 보 경		0	0	0	0
0	0	0	0		정 우 인	29	DF	DF	20	안 영 규		0	0	0	0
0	0	0	0		엄 진 태	13	DF	DF	22	김 준 엽		1(1)	0	0	0
0	0	3	0		김 용 태	24	MF	MF	14	김 은 선	8	1	2	0	0
0	0	1	0		최 승 호	7	MF	MF	26	최 영 준	13	1(1)	1	0	0
0	0	0	0	18	최 유 상	99	MF	MF	10	이 현 승		1(1)	1	0	0
0	0	0	0	11	김 신	9	FW	MF	7	한 지 호		4(1)	2	0	0
0	0	0	2(1)		김 도 형	10	FW	MF	19	주 현 재	11	0	1	0	0
0	0	0	0	4	장 백 규	19	FW	FW	18	공 민 현		1	3	0	0
0	0	0	0		홍 상 준	41			34	손 정 현		0	0	0	0
0	0	0	0	후40	송 성 범	4			8	정 혁	후24	4(2)	0	0	0
0	0	0	1	후0	이 한 음	11			25	최 진 수		0	0	0	0
0	0	0	0		김 충 현	27	대기	대기	11	황 지 웅	전22	4(3)	2	0	0
0	0	0	0		김 정 훈	14			3	박 희 철		0	0	0	0
0	0	0	0		이 태 영	23			13	배 승 진	후42	0	0	0	0
0	0	0	0	후31	박 지 민	18			27	박 요 한		0	0	0	0
0	0	4	4(1)			0			0			17(9)	15	0	0

● 전반 15분 김도형 GAR R-ST-G (득점: 김도형) 가운데

● 후반 2분 최보경 PK지점 ~ 황지웅 PAR 내 R-ST-G (득점: 황지웅, 도움: 최보경) 가운데
● 후반 34분 김준엽 PAR ↷ 이현승 PA 정면 내 H-ST-G (득점: 이현승, 도움: 김준엽) 왼쪽

6월 29일 19:00 흐림 창원 축구센터 421명
주심: 김영수 / 부심: 손재선 · 박균용 / 대기심: 성덕효 / 경기감독관: 하재훈

경남 2 0 전반 0 / 2 후반 0 **0 안양**

퇴장	경고	파울	ST(유)	교체	선수명	배번	위치	위치	배번	선수명	교체	ST(유)	파울	경고	퇴장
0	0	0	0		이 준 희	1	GK	GK	87	김 선 규		0	0	0	0
0	0	1	0		이 반	4	DF	DF	3	안 세 희		0	0	0	0
0	1	1	1(1)		우 주 성	15	DF	DF	5	유 종 현		0	1	0	0
0	0	0	0		김 정 빈	22	DF	DF	4	이 상 우		1	0	0	0
0	0	1	0		장 은 규	37	DF	DF	14	안 성 빈		1	0	0	0
0	0	1	0		정 현 철	24	MF	MF	20	가 솔 현		0	3	0	0
0	0	1	1	80	신 학 영	13	MF	MF	6	정 재 용	9	0	3	0	0
0	1	1	3(3)	19	안 성 남	8	MF	MF	16	안 진 범	8	0	0	0	0
0	0	1	2(1)	16	배 기 종	7	MF	MF	7	김 민 균		2	0	0	0
0	0	2	4(4)		이 호 석	17	MF	FW	17	박 승 일		1	1	0	0
0	0	2	3(1)		크리스찬	9	FW	FW	23	김 영 도	27	1(1)	2	0	0
0	0	0	0		이 기 현	21			25	남 지 훈		0	0	0	0
0	0	0	0		박 주 성	27			2	채 광 훈		0	0	0	0
0	0	0	0		이 관 표	36			33	이 재 억		0	0	0	0
0	0	0	1	후29	송 수 영	16	대기	대기	13	백 재 우		0	0	0	0
0	0	0	0	후37	임 창 균	19			8	서 용 덕	후20	0	0	0	0
0	0	0	0	후46	진 경 선	80			27	정 재 희	후15	0	0	0	0
0	0	0	0		김 영 욱	18			9	김 영 후	후0	1	0	0	0
0	2	11	15(10)			0			0			7(1)	10	0	0

● 후반 8분 크리스찬 PAL 내 ~ 배기종 GAR R-ST-G (득점: 배기종, 도움: 크리스찬) 오른쪽
● 후반 38분 송수영 C, KR ↷ 이호석 GA 정면 H-ST-G (득점: 이호석, 도움: 송수영) 왼쪽

6월 29일 19:30 흐림 대구 스타디움 513명
주심: 박병진 / 부심: 지승민 · 차상욱 / 대기심: 김동인 / 경기감독관: 김용세

대구 1 | 0 전반 1 / 1 후반 1 | **2 안산**

퇴장	경고	파울	ST(유)	교체	선수명	배번	위치	위치	배번	선수명	교체	ST(유)	파울	경고	퇴장
0	0	0	0		조현우	21	GK	GK	1	이진형		0	0	0	0
0	0	0	0		정우재	3	DF	DF	2	정다훤		0	2	0	0
0	1	2	0		김동진	16	DF	DF	15	최보경		0	0	0	0
0	0	4	2(2)		박태홍	4	DF	DF	20	안영규	10	0	1	1	0
0	1	3	0		박세진	19	DF	DF	21	신광훈		0	1	0	0
0	0	1	0		이재권	6	MF	MF	4	신형민		0	1	0	0
0	0	1	0	37	신창무	14	MF	MF	26	최영준		0	1	0	0
0	0	0	2(1)	7	데이비드	8	MF	MF	8	정혁	7	3	0	0	0
0	0	2	3(2)		에델	10	FW	FW	22	김준엽		0	3	0	0
0	0	2	0	2	한재웅	15	FW	FW	19	주현재		1(1)	1	0	0
0	0	0	6(4)		파울로	9	FW	FW	18	공민현	11	2(1)	5	0	0
0	0	0	0		이양종	1			34	손정현		0	0	0	0
0	0	0	0		황재원	20			13	배승진		0	0	0	0
0	0	0	1(1)	후0	오광진	2			3	박희철		0	0	0	0
0	0	0	0		감한솔	22	대기	대기	25	최진수		0	0	0	0
0	0	0	0		박한빈	36			10	이현승	전32	1(1)	4	0	0
0	0	0	1(1)	후31	김대원	37			7	한지호	후0	0	1	0	0
0	0	0	1	후9	최정한	7			11	황지웅	후33	0	1	0	0
0	2	15	16(11)			0			0			7(3)	21	1	0

- 후반 43분 정우재 PAL ~ 파울로 GAR L-ST-G (득점: 파울로, 도움: 정우재) 가운데
- 전반 9분 정혁 MFR ~ 공민현 AK 내 R-ST-G (득점: 공민현, 도움: 정혁) 왼쪽
- 후반 7분 주현재 GAL 내 R-ST-G (득점: 주현재) 왼쪽

6월 29일 19:30 맑음 대전 월드컵 955명
주심: 김대용 / 부심: 양재용 · 김지욱 / 대기심: 박영록 / 경기감독관: 한병화

대전 2 | 0 전반 0 / 2 후반 0 | **0 부천**

퇴장	경고	파울	ST(유)	교체	선수명	배번	위치	위치	배번	선수명	교체	ST(유)	파울	경고	퇴장
0	1	0	0		박주원	1	GK	GK	1	류원우		0	0	0	0
0	1	3	0		장클로드	13	DF	DF	4	한희훈		0	0	0	0
0	0	1	0		실바	50	DF	DF	6	강지용		0	3	1	0
0	0	2	0		이동수	16	DF	DF	14	이학민		0	2	1	0
0	0	0	0		오창현	22	DF	DF	22	유대현		0	2	0	0
1	0	1	0		김병석	5	MF	MF	8	송원재	29	1	2	0	0
0	1	1	1(1)	23	황인범	6	MF	MF	10	바그닝요		1(1)	3	0	1
0	0	1	1(1)		김선민	8	MF	MF	77	김영남		2	3	1	0
0	0	0	3(2)	3	김동찬	10	FW	FW	9	루키안		2	1	0	0
0	0	2	1(1)	17	구스타보	99	FW	FW	20	김륜도	7	0	0	0	0
0	1	3	1		완델손	77	FW	FW	23	황신영	16	2	0	0	0
0	0	0	0		이범수	25			30	최철원		0	0	0	0
0	0	0	0		우현	4			5	임동혁		0	0	0	0
0	0	0	0	후42	김형진	3			45	지병주		0	0	0	0
0	0	0	0	후33	조예찬	23	대기	대기	7	문기한	후0	2	0	0	0
0	0	0	0	후34	진대성	17			18	전기성		0	0	0	0
0	0	0	0		서동현	9			16	진창수	전30	0	2	0	0
0	0	0	0		남윤재	30			29	신현준	후20	0	1	0	0
1	4	14	7(5)			0			0			10(1)	19	3	1

- 후반 15분 구스타보 MFL TL → 김동찬 GAL H-ST-G (득점: 김동찬, 도움: 구스타보) 오른쪽
- 후반 29분 구스타보 PAL 내 L-ST-G (득점: 구스타보) 왼쪽

6월 29일 20:00 흐림 부산 아시아드 508명
주심: 서동진 / 부심: 김영하 · 이상민 / 대기심: 최광호 / 경기감독관: 김형남

부산 2 | 1 전반 0 / 1 후반 0 | **0 고양**

퇴장	경고	파울	ST(유)	교체	선수명	배번	위치	위치	배번	선수명	교체	ST(유)	파울	경고	퇴장
0	0	0	0		김형근	31	GK	GK	1	강진웅		0	0	0	0
0	0	0	5(1)		구현준	27	DF	DF	12	이상돈	13	0	1	0	0
0	0	0	1		차영환	5	DF	DF	4	김지훈		0	3	1	0
0	1	2	0		김종혁	6	DF	DF	18	권영호		0	3	0	1
0	0	2	0		용재현	88	DF	DF	30	우혜성		1	0	0	0
0	0	0	2	7	이규성	22	MF	MF	17	이도성	22	0	0	0	0
0	0	1	1(1)	17	이정근	37	MF	MF	20	오기재		0	0	0	0
0	0	0	1		정석화	14	MF	MF	14	윤영준		1	2	0	0
0	0	0	2(1)		홍동현	8	MF	MF	23	이예찬		0	1	1	0
0	0	1	5(2)	19	포프	94	MF	FW	11	박정훈	10	1	0	0	0
0	0	1	2		최승인	10	FW	FW	24	김유성		0	5	0	0
0	0	0	0		구상민	21			21	이승규		0	0	0	0
0	0	0	0		김재현	23			13	박승우	후31	0	0	0	0
0	0	0	0		유지훈	33			26	김민수		0	0	0	0
0	1	4	0	후21	이청웅	17	대기	대기	27	김종원		0	0	0	0
0	0	0	0		김종민	28			6	허재원		0	0	0	0
0	0	0	0	후32	전현철	7			10	남하늘	후18	0	1	0	0
0	0	0	1(1)	후12	고경민	19			22	김필호	후12	1	2	0	0
0	2	11	20(6)			0			0			4	18	2	1

- 전반 22분 최승인 PAR ~ 홍동현 AKR L-ST-G (득점: 홍동현, 도움: 최승인) 왼쪽
- 후반 5분 김종혁 GAR 내 H ↷ 포프 GA 정면 내 몸 맞고 골 (득점: 포프, 도움: 김종혁) 왼쪽

6월 29일 20:00 흐림 잠실 949명
주심: 박진호 / 부심: 이영운 · 장종필 / 대기심: 김덕철 / 경기감독관: 김일호

서울E 1 | 1 전반 0 / 0 후반 1 | **1 강원**

퇴장	경고	파울	ST(유)	교체	선수명	배번	위치	위치	배번	선수명	교체	ST(유)	파울	경고	퇴장
0	0	0	0		김영광	1	GK	GK	1	송유걸		0	0	0	0
0	0	0	0		윤성열	8	DF	DF	77	백종환		0	1	0	0
0	0	1	1(1)	15	이규로	88	DF	DF	33	이한샘		1(1)	2	1	0
0	0	0	0		김동철	6	DF	DF	40	김원균		0	3	0	0
0	1	3	0		김동진	63	DF	DF	22	정승용		1(1)	1	0	0
0	0	2	1		신일수	16	MF	MF	16	한석종		3	1	0	0
0	0	1	1		김준태	4	MF	MF	8	허범산	27	0	0	0	0
0	0	0	0		타라바이	11	MF	MF	24	고민성	17	1(1)	1	0	0
0	0	1	0	23	안태현	17	FW	FW	11	서보민	14	2	0	0	0
0	0	2	3(3)		벨루소	10	FW	FW	23	마테우스		2(1)	2	0	0
0	0	0	2	19	주민규	18	FW	FW	99	장혁진		3(2)	0	0	0
0	0	0	0		김현성	31			18	함석민		0	0	0	0
0	0	1	0	후23	김태은	15			13	김윤호		0	0	0	0
0	0	0	0		전민광	22			19	길영태		0	0	0	0
0	0	0	0		김창욱	26	대기	대기	14	손설민	후21	0	0	1	0
0	0	0	1(1)	후11	최오백	23			27	정찬일	후21	0	0	0	0
0	0	0	0		김현규	24			32	방찬준		0	0	0	0
0	0	0	0	후26	조향기	19			17	심영성	후0	1(1)	1	0	0
0	1	11	9(5)			0			0			14(7)	12	2	0

- 전반 45분 김준태 MF 정면 FK ~ 이규로 MFR R-ST-G (득점: 이규로, 도움: 김준태) 오른쪽
- 후반 26분 손설민 MFL FK ↷ 이한샘 GAR H-ST-G (득점: 이한샘, 도움: 손설민) 오른쪽

7월 02일 19:00 맑음 고양 종합 332명
주심: 박영록 / 부심: 지승민 · 차상욱 / 대기심: 김희곤 / 경기감독관: 김수현

고양 1 　 1 전반 1 / 0 후반 1 　 **2 경남**

퇴장	경고	파울	ST(유)	교체	선수명	배번	위치	위치	배번	선수명	교체	ST(유)	파울	경고	퇴장
0	0	0	0		강진웅	1	GK	GK	1	이준희		0	0	0	0
0	0	0	0	13	이상돈	12	DF	DF	4	이반		0	0	0	0
0	0	0	0	6	김지훈	4	DF	DF	23	박지수		0	2	0	0
0	0	1	0		박태형	16	DF	DF	22	김정빈		0	1	0	0
0	0	1	0		우혜성	30	DF	DF	37	장은규		1	1	0	0
0	1	4	0		이도성	17	MF	MF	24	정현철		1(1)	2	0	0
0	0	3	0		오기재	20	MF	MF	36	이관표	13	0	0	0	0
0	0	2	0		윤영준	14	MF	MF	16	송수영	8	2(1)	0	0	0
0	0	2	8(5)		이예찬	23	MF	MF	7	배기종	19	1(1)	0	0	0
0	0	0	2(2)	11	빅토르	77	FW	FW	17	이호석		0	0	0	0
0	0	3	1		김유성	24	FW	FW	9	크리스찬		1(1)	1	0	0
0	0	0	0		이승규	21			21	이기현		0	0	0	0
0	0	0	0	후34	박승우	13			27	박주성		0	0	0	0
0	0	0	0		김민수	26			13	신학영	후0	0	0	1	0
0	0	0	1	후14	박정훈	11	대기	대기	8	안성남	후0	0	0	0	0
0	0	0	0	후0	허재원	6			19	임창균	후34	0	0	0	0
0	0	0	0		남하늘	10			80	진경선		0	0	0	0
0	0	0	0		김필호	22			18	김영욱		0	0	0	0
0	1	16	12(7)			0			0			6(4)	7	1	0

- 전반 40분 이예찬 GA 정면 R-ST-G (득점: 이예찬) 가운데
- 전반 33분 이호석 MF 정면 ~ 송수영 PAL 내 R-ST-G (득점: 송수영, 도움: 이호석) 오른쪽
- 후반 13분 이호석 GAL 내 H → 정현철 GA 정면 내 R-ST-G (득점: 정현철, 도움: 이호석) 오른쪽

7월 02일 19:00 비 부산 아시아드 546명
주심: 최대우 / 부심: 손재선 · 장종필 / 대기심: 박진호 / 경기감독관: 전인석

부산 1 　 0 전반 1 / 1 후반 3 　 **4 대구**

퇴장	경고	파울	ST(유)	교체	선수명	배번	위치	위치	배번	선수명	교체	ST(유)	파울	경고	퇴장
0	0	0	0		김형근	31	GK	GK	21	조현우		0	0	0	0
0	0	1	0		구현준	27	DF	DF	16	김동진		0	1	0	0
0	1	2	1		차영환	5	DF	DF	20	황재원	13	0	0	0	0
0	0	0	0		김종혁	6	DF	DF	4	박태홍		0	3	1	0
0	0	2	0		용재현	88	DF	MF	3	정우재		0	1	0	0
0	0	0	0	89	이규성	22	MF	MF	14	신창무		0	4	1	0
0	0	3	1		이정근	37	MF	MF	6	이재권		2(1)	2	0	0
0	0	0	1	94	유지훈	33	MF	MF	19	박세진		2(1)	0	0	0
0	0	2	3(1)		홍동현	8	MF	MF	11	세징야		3(2)	2	1	0
0	0	0	2(1)	3	정석화	14	MF	FW	10	에델	17	1	0	0	0
0	0	3	1(1)		최승인	10	FW	FW	9	파울로		4(2)	2	0	0
0	0	0	0		구상민	21			1	이양종		0	0	0	0
0	0	1	1	후30	이원영	3			13	조영훈	후27/2	0	0	0	0
0	0	0	0		김진규	13			2	오광진	후45	0	0	0	0
0	0	0	0	후23	이영재	89	대기	대기	36	박한빈		0	0	0	0
0	0	0	0		김종민	28			37	김대원		0	0	0	0
0	0	0	0		고경민	19			17	노병준	후35	0	1	0	0
0	0	1	2(2)	후9	포프	94			7	최정한		0	0	0	0
0	1	15	12(5)			0			0			12(6)	16	3	0

- 후반 22분 정석화 PA 정면 → 포프 GAR L-ST-G (득점: 포프, 도움: 정석화) 왼쪽
- 전반 43분 박세진 GAR R-ST-G (득점: 박세진) 오른쪽
- 후반 11분 파울로 PAL 내 ~ 세징야 AK 정면 R-ST-G (득점: 세징야, 도움: 파울로) 왼쪽
- 후반 28분 세징야 GAL EL ~ 이재권 PA 정면 내 R-ST-G (득점: 이재권, 도움: 세징야) 왼쪽
- 후반 51분 파울로 PK-R-G (득점: 파울로) 왼쪽

7월 03일 19:00 맑음 잠실 1,348명
주심: 매호영 / 부심: 김영하 · 이상민 / 대기심: 서동진 / 경기감독관: 김진의

서울E 2 　 2 전반 0 / 0 후반 1 　 **1 부천**

퇴장	경고	파울	ST(유)	교체	선수명	배번	위치	위치	배번	선수명	교체	ST(유)	파울	경고	퇴장
0	1	0	0		김영광	1	GK	GK	1	류원우		0	0	0	0
0	0	0	2		윤성열	8	DF	DF	4	한희훈		2(1)	0	0	0
0	1	1	0		이규로	88	DF	DF	6	강지용		1(1)	2	1	0
0	0	2	0		김동철	6	DF	DF	14	이학민		0	3	1	0
0	1	4	0		김동진	63	DF	DF	45	지병주		1(1)	4	2	0
0	0	2	1(1)		신일수	16	MF	MF	15	조범석		0	0	0	0
0	0	2	0		김준태	4	MF	MF	77	김영남		2	4	1	0
0	0	1	2		김재성	7	MF	MF	16	진창수		2(1)	2	0	0
0	2	3	2(2)		안태현	17	FW	MF	20	김륜도	7	0	0	0	0
0	1	2	1(1)	5	타라바이	11	FW	MF	28	이효균	5	0	1	0	0
0	0	2	6(2)		주민규	18	FW	FW	9	루키안		2(2)	2	0	0
0	0	0	0		김현성	31			30	최철원		0	0	0	0
0	0	0	0	후47	칼라일 미첼	5			5	임동혁	후30	0	2	0	0
0	0	0	0		전민광	22			13	서명식		0	0	0	0
0	0	0	0		김창욱	26	대기	대기	7	문기한	후0	2(2)	2	0	0
0	0	0	0		김재연	47			8	송원재		0	0	0	0
0	0	0	0		김현규	24			23	황신영		0	0	0	0
0	0	0	0		벨루소	10			29	신현준		0	0	0	0
0	6	19	14(6)			0			0			12(8)	22	5	0

- 전반 27분 타라바이 GAR 내 R-ST-G (득점: 타라바이) 왼쪽
- 전반 44분 안태현 GAR R-ST-G (득점: 안태현) 왼쪽
- 후반 23분 지병주 GAL L-ST-G (득점: 지병주) 오른쪽

7월 04일 19:00 비 강릉 종합 619명
주심: 김동인 / 부심: 송봉근 · 양재용 / 대기심: 김영수 / 경기감독관: 전기록

강원 2 　 1 전반 0 / 1 후반 0 　 **0 충주**

퇴장	경고	파울	ST(유)	교체	선수명	배번	위치	위치	배번	선수명	교체	ST(유)	파울	경고	퇴장
0	0	0	0		함석민	18	GK	GK	26	이영창		0	0	0	0
0	0	2	1(1)		이한샘	33	DF	DF	22	김한빈		0	2	0	0
0	0	0	0		안현식	6	DF	DF	31	김상필		0	1	0	0
0	0	1	1(1)		김원균	40	DF	DF	50	황수남		0	0	0	0
0	0	2	1(1)		백종환	77	MF	DF	13	엄진태		0	3	1	0
0	1	5	2(2)		정승용	22	MF	MF	24	김용태		0	1	0	0
0	0	2	4(1)		세르징요	88	MF	MF	7	최승호	36	1	1	0	0
0	0	1	3(1)		한석종	16	MF	MF	10	김도형	11	0	1	1	0
0	0	2	0	11	허범산	8	MF	FW	99	최유상		0	4	0	0
0	0	1	0	17	마테우스	23	FW	FW	19	장백규		2(1)	1	0	0
0	0	1	2(1)	13	장혁진	99	FW	FW	18	박지민	20	1(1)	1	0	0
0	0	0	0		송유걸	1			1	권태안		0	0	0	0
0	0	0	0	후41	김윤호	13			11	이한음	후16	1(1)	0	0	0
0	0	0	0		정찬일	27			3	정인탁		0	0	0	0
0	0	0	0		손설민	14	대기	대기	36	양세운	후39	0	1	0	0
0	0	0	0		방찬준	32			23	이태영		0	0	0	0
0	0	0	1	후14	심영성	17			14	김정훈		0	0	0	0
0	0	0	1(1)	후31	서보민	11			20	김용진	후30	1(1)	1	0	0
0	1	17	16(9)			0			0			6(4)	17	2	0

- 전반 42분 장혁진 C, KL ↷ 김원균 GAL 내 H-ST-G (득점: 김원균, 도움: 장혁진) 오른쪽
- 후반 2분 한석종 PK-R-G (득점: 한석종) 왼쪽

7월 04일 19:30 비 안산 와스타디움 202명
주심: 성덕효 / 부심: 이영운·박균용 / 대기심: 김희곤 / 경기감독관: 김수현

안산 2 | 1 전반 0 / 1 후반 1 | **1 대전**

퇴장	경고	파울	ST(유)	교체	선수명	배번	위치	위치	배번	선수명	교체	ST(유)	파울	경고	퇴장
0	0	0	0		이진형	1	GK	GK	1	박주원		0	0	0	0
0	0	1	0		정다훤	2	DF	DF	4	우현		0	0	0	0
0	0	1	2(1)		최보경	15	DF	DF	50	실바		0	2	0	0
0	0	0	0	8	안영규	20	DF	DF	3	김형진	29	0	0	0	0
0	0	0	0		김준엽	22	DF	DF	22	오창현		0	1	0	0
0	0	0	1		신형민	4	MF	MF	16	이동수		0	0	0	0
0	0	1	1(1)		김은선	14	MF	MF	23	조예찬	15	1(1)	1	0	0
0	0	1	1(1)		이현승	10	MF	MF	8	김선민		0	2	0	0
0	0	0	4(3)		한지호	7	FW	FW	10	김동찬		6(3)	0	0	0
0	0	0	1(1)	24	주현재	19	FW	FW	9	서동현		0	0	0	0
0	0	0	1	11	공민현	18	FW	FW	17	진대성	7	0	1	0	0
0	0	0	0		손정현	34			25	이범수		0	0	0	0
0	0	0	0		배승진	13			20	장준영		0	0	0	0
0	0	0	0		최영준	26			12	박재우		0	0	0	0
0	0	0	0		최진수	25	대기	대기	15	강영제	후26	1	0	0	0
0	0	1	0	후26	송창호	24			7	한의권	후35	1(1)	0	0	0
0	0	0	2(1)	후8	정혁	8			29	김해식	후0	0	0	0	0
0	0	0	2(1)	후11	황지웅	11			30	남윤재		0	0	0	0
0	0	5	15(9)			0			0			9(5)	7	0	0

- 전반 21분 이현승 MF 정면 ~ 한지호 PA 정면 내 R-ST-G (득점: 한지호, 도움: 이현승) 가운데
- 후반 44분 김준엽 PAR 내 ~ 이현승 GA 정면 R-ST-G (득점: 이현승, 도움: 김준엽) 오른쪽
- 후반 12초 우현 자기 측 MF 정면 ↷ 김동찬 PA 정면 내 R-ST-G (득점: 김동찬, 도움: 우현) 오른쪽

7월 09일 19:00 맑음 대구 스타디움 1,014명
주심: 서동진 / 부심: 양재용·김영하 / 대기심: 매호영 / 경기감독관: 김수현

대구 2 | 0 전반 0 / 2 후반 1 | **1 대전**

퇴장	경고	파울	ST(유)	교체	선수명	배번	위치	위치	배번	선수명	교체	ST(유)	파울	경고	퇴장
0	0	0	0		조현우	21	GK	GK	25	이범수		0	0	0	0
0	0	0	0		김동진	16	DF	DF	13	장클로드		0	1	0	0
0	0	0	0		황재원	20	DF	DF	29	김해식		0	1	1	0
0	0	1	2	17	홍정운	5	DF	DF	50	실바		0	2	2	0
0	0	0	2(1)		정우재	3	MF	DF	22	오창현		0	1	0	0
0	0	1	2(2)	7	박한빈	36	MF	MF	16	이동수		1	0	0	0
0	0	2	2(2)		이재권	6	MF	MF	6	황인범		0	0	0	0
0	1	2	0		박세진	19	MF	MF	8	김선민		1	2	0	0
0	0	2	4(1)	15	세징야	11	MF	FW	10	김동찬	11	0	1	0	0
0	0	2	3(2)		에델	10	FW	FW	77	완델손		5(2)	1	0	0
0	0	2	5(2)		파울로	9	FW	FW	17	진대성	4	0	1	0	0
0	0	0	0		이양종	1			31	김지철		0	0	0	0
0	0	0	0		조영훈	13			4	우현	후22	0	0	0	0
0	0	0	0		신희재	23			3	김형진		0	0	0	0
0	0	0	0		감한솔	22	대기	대기	15	강영제		0	0	0	0
0	0	0	0	후47	한재웅	15			23	조예찬		0	0	0	0
0	0	0	1(1)	후29	노병준	17			9	서동현		0	0	0	0
0	0	0	0	후42	최정한	7			11	유승완	후43	0	0	0	0
0	1	12	21(11)			0			0			7(2)	10	3	0

- 후반 6분 박세진 C, KR ↷ 세징야 GA 정면 H-ST-G (득점: 세징야, 도움: 박세진) 오른쪽
- 후반 45분 정우재 MFL R-ST-G (득점: 정우재) 왼쪽
- 후반 4분 김동찬 GAL ~ 완델손 GAR L-ST-G (득점: 완델손, 도움: 김동찬) 가운데

7월 09일 19:00 맑음 안양 종합 4,793명
주심: 박진호 / 부심: 김지욱·이상민 / 대기심: 최대우 / 경기감독관: 김용세

안양 1 | 0 전반 0 / 1 후반 0 | **0 안산**

퇴장	경고	파울	ST(유)	교체	선수명	배번	위치	위치	배번	선수명	교체	ST(유)	파울	경고	퇴장
0	0	0	0		김선규	87	GK	GK	1	이진형		0	0	0	0
0	0	0	0		안세희	3	DF	DF	2	정다훤		0	0	0	0
0	0	0	1		이재억	33	DF	DF	15	최보경		1	1	1	0
0	0	1	0		안성빈	14	DF	DF	4	신형민		0	2	0	0
0	0	1	1		구대영	90	DF	DF	22	김준엽		0	0	0	0
0	0	0	6(2)	20	김민균	7	MF	MF	24	송창호	25	1(1)	1	0	0
0	1	4	0		정재용	6	MF	MF	26	최영준	27	1	1	0	0
0	1	6	1		최영훈	24	MF	MF	7	한지호		0	3	1	0
0	0	1	1(1)		정재희	27	MF	MF	11	황지웅	33	2(1)	1	0	0
0	0	2	2	17	김효기	70	FW	MF	10	이현승		0	1	0	0
0	0	1	2	8	김영후	9	FW	FW	19	주현재		0	3	0	0
0	0	0	0		최필수	21			34	손정현		0	0	0	0
0	0	0	0		이상우	4			20	안영규		0	0	0	0
0	0	0	0	후44	가솔현	20			27	박요한	후39	0	0	0	0
0	0	0	0		유종현	5	대기	대기	30	한홍규		0	0	0	0
0	0	0	1(1)	후17	서용덕	8			25	최진수	후31	1	1	0	0
0	0	0	0		안진범	16			13	배승진		0	0	0	0
0	0	0	0	후47	박승일	17			33	정성민	후8	1(1)	0	0	0
0	2	16	15(4)			0			0			7(3)	14	2	0

- 후반 38분 서용덕 PAL ↷ 김민균 GA 정면 R-ST-G (득점: 김민균, 도움: 서용덕) 오른쪽

7월 09일 19:00 맑음 고양 종합 632명
주심: 김영수 / 부심: 손재선·송봉근 / 대기심: 성덕효 / 경기감독관: 강창구

고양 0 | 0 전반 1 / 0 후반 2 | **3 서울E**

퇴장	경고	파울	ST(유)	교체	선수명	배번	위치	위치	배번	선수명	교체	ST(유)	파울	경고	퇴장
0	0	0	0		강진웅	1	GK	GK	1	김영광		0	0	0	0
0	0	0	0	12	박승우	13	DF	DF	8	윤성열	22	1(1)	2	0	0
0	1	1	0		오기재	20	DF	DF	15	김태은		0	2	0	0
0	0	0	0		박태형	16	DF	DF	6	김동철		0	0	0	0
0	0	0	0		우혜성	30	DF	DF	5	칼라일 미첼		1	2	0	0
0	0	3	1		허재원	6	MF	MF	16	신일수		1(1)	2	0	0
0	1	1	0		김필호	22	MF	MF	4	김준태		1(1)	0	0	0
0	0	1	1(1)		박정훈	11	MF	MF	7	김재성	47	1(1)	0	0	0
0	0	0	0	26	이예찬	23	MF	FW	23	최오백		1(1)	1	1	0
0	1	4	3(2)	10	빅토르	77	FW	FW	11	타라바이	14	3(3)	0	0	0
0	0	2	3(2)		김유성	24	FW	FW	18	주민규		3(3)	3	0	0
0	0	0	0		임홍현	31			21	이상기		0	0	0	0
0	0	0	0		손세범	15			22	전민광	후44	0	0	0	0
0	0	0	0	후29	이상돈	12			36	김지훈		0	0	0	0
0	0	0	0		김종원	27	대기	대기	19	조향기		0	0	0	0
0	0	1	0	후23	김민수	26			47	김재연	후43	0	1	0	0
0	0	0	0		윤영준	14			14	조우진	후39	0	0	0	0
0	0	0	1(1)	후27	남하늘	10			10	벨루소		0	0	0	0
0	3	13	9(6)			0			0			12(11)	13	1	0

- 전반 42분 김재성 AKL ~ 주민규 AK 내 L-ST-G (득점: 주민규, 도움: 김재성) 왼쪽
- 후반 5분 김재성 GA 정면 R-ST-G (득점: 김재성) 왼쪽
- 후반 37분 윤성열 PAL EL ~ 타라바이 GAL R-ST-G (득점: 타라바이, 도움: 윤성열) 왼쪽

7월 10일 19:00 흐림 부천 종합 2,116명
주심: 박병진 / 부심: 이영운·차상욱 / 대기심: 박영록 / 경기감독관: 한병화

부천 0 (0 전반 0 / 0 후반 1) **1 강원**

퇴장	경고	파울	ST(유)	교체	선수명	배번	위치	위치	배번	선수명	교체	ST(유)	파울	경고	퇴장
0	0	0	0		류원우	1	GK	GK	18	함석민		0	0	0	0
0	0	0	1		한희훈	4	DF	DF	77	백종환		0	2	0	0
0	0	2	1		강지용	6	DF	DF	33	이한샘		0	2	1	0
0	0	1	1		이학민	14	DF	DF	6	안현식		1(1)	1	0	0
0	0	0	0		유대현	22	DF	DF	22	정승용		0	1	0	0
0	0	3	0	28	문기한	7	MF	MF	16	한석종	7	0	0	0	0
0	0	1	1		조범석	15	MF	MF	88	세르징요		4(1)	4	1	0
0	0	2	2		김영남	77	MF	MF	4	오승범		0	2	0	0
0	0	1	1	29	에드손	11	MF	FW	8	허범산		2(2)	4	1	0
0	0	3	0		진창수	16	MF	FW	23	마테우스	40	1(1)	2	0	0
0	0	1	3(2)		루키안	9	FW	FW	99	장혁진	17	2	1	0	0
0	0	0	0		최철원	30			1	송유걸		0	0	0	0
0	0	0	0		임동혁	5			40	김원균	후34	0	0	0	0
0	0	0	0		서명식	13			13	김윤호		0	0	0	0
0	0	0	0		송원재	8	대기	대기	24	고민성		0	0	0	0
0	0	0	0		황신영	23			11	서보민		0	0	0	0
0	0	0	0	후6	이효균	28			7	박희도	후22	0	2	1	0
0	0	0	0	후34	신현준	29			17	심영성	후12	0	0	0	0
0	0	14	10(2)			0			0			10(5)	21	4	0

- 후반 30분 마테우스 GA 정면 R-ST-G (득점: 마테우스) 왼쪽

7월 10일 19:00 맑음 충주 종합 1,170명
주심: 임정수 / 부심: 지승민·박균용 / 대기심: 김희곤 / 경기감독관: 김형남

충주 0 (0 전반 2 / 0 후반 2) **4 부산**

퇴장	경고	파울	ST(유)	교체	선수명	배번	위치	위치	배번	선수명	교체	ST(유)	파울	경고	퇴장
0	0	0	0		이영창	26	GK	GK	21	구상민		0	0	0	0
0	0	0	0		김한빈	22	DF	DF	77	최광희	30	0	0	0	0
0	0	0	0		김상필	31	DF	DF	6	김종혁		0	1	1	0
0	0	0	0		황수남	50	DF	DF	23	김재현		1(1)	0	0	0
0	0	0	1		엄진태	13	DF	DF	88	용재현		0	2	0	0
0	0	1	0		정우인	29	MF	MF	22	이규성		1(1)	1	0	0
0	0	0	1	19	최승호	7	MF	MF	93	닐손주니어		1	2	0	0
0	1	3	0	20	김용태	24	MF	MF	94	포프		6(4)	2	0	0
0	0	1	2(2)		최유상	99	FW	MF	19	고경민		2(1)	2	0	0
0	1	3	2(1)	14	김신	9	FW	MF	28	김종민	14	1	0	0	0
0	0	0	2(1)		박지민	18	FW	FW	10	최승인	27	1(1)	4	1	0
0	0	0	0		권태안	1			31	김형근		0	0	0	0
0	0	0	0		이한음	11			5	차영환		0	0	0	0
0	0	0	0		오규빈	8			27	구현준	후36	1(1)	0	0	0
0	0	1	1(1)	후17	김정훈	14	대기	대기	37	이정근		0	0	0	0
0	0	0	1	후17	장백규	19			13	김진규		0	0	0	0
0	0	0	0		곽성환	28			14	정석화	후25	1(1)	0	0	0
0	0	0	0	후37	김용진	20			30	이정진	후18	1(1)	0	0	0
0	2	9	10(5)			0			0			16(11)	14	2	0

- 전반 35분 고경민 GAR 내 H ↷ 포프 GAL 내 H-ST-G (득점: 포프, 도움: 고경민) 가운데
- 전반 41분 이규성 HL 정면 ~ 최승인 GAR R-ST-G (득점: 최승인, 도움: 이규성) 오른쪽
- 후반 36분 고경민 AKR ~ 이정진 GA 정면 R-ST-G (득점: 이정진, 도움: 고경민) 오른쪽
- 후반 43분 포프 PAR 내 R-ST-G (득점: 포프) 오른쪽

7월 16일 19:00 흐리고 비 대전 월드컵 1,802명
주심: 매호영 / 부심: 손재선·차상욱 / 대기심: 임정수 / 경기감독관: 김일호

대전 2 (1 전반 1 / 1 후반 0) **1 부산**

퇴장	경고	파울	ST(유)	교체	선수명	배번	위치	위치	배번	선수명	교체	ST(유)	파울	경고	퇴장
0	0	0	0		이범수	25	GK	GK	21	구상민		0	0	0	0
0	0	2	1		장클로드	13	DF	DF	88	용재현		1	2	0	0
0	0	0	0		김해식	29	DF	DF	5	차영환		1(1)	0	0	0
0	0	0	0		이동수	16	DF	DF	23	김재현		0	0	0	0
0	0	2	1		오창현	22	DF	DF	30	이정진		0	3	0	0
0	0	1	0		김병석	5	MF	MF	93	닐손주니어		0	3	2	0
0	0	0	2(1)		황인범	6	MF	MF	22	이규성	37	0	2	0	0
0	0	1	2		김선민	8	MF	MF	14	정석화		1(1)	0	0	0
0	0	0	1		김동찬	10	FW	MF	19	고경민	13	3(1)	1	0	0
0	0	2	3(1)	27	유승완	11	FW	MF	94	포프		2	2	0	0
0	1	2	1(1)	7	진대성	17	FW	FW	10	최승인	7	2(2)	0	0	0
0	0	0	0		김지철	31			31	김형근		0	0	0	0
0	0	0	0		우현	4			36	박경록		0	0	0	0
0	0	0	0		김동곤	26			25	장현우		0	0	0	0
0	0	0	0		강영제	15	대기	대기	37	이정근	후35	0	0	0	0
0	0	0	0	후28	강윤성	27			13	김진규	후33	0	1	0	0
0	0	0	0		서동현	9			89	이영재		0	0	0	0
0	1	0	0	후42	한의권	7			7	전현철	후21	2	0	0	0
0	2	10	11(3)			0			0			12(5)	14	2	0

- 전반 34분 유승완 PAR ~ 황인범 AK 정면 L-ST-G (득점: 황인범, 도움: 유승완) 오른쪽
- 후반 16분 황인범 AKL ~ 유승완 PAL R-ST-G (득점: 유승완, 도움: 황인범) 오른쪽
- 전반 45분 이규성 MFR TL ~ 정석화 AK 정면 L-ST-G (득점: 정석화, 도움: 이규성) 왼쪽

7월 16일 19:00 흐리고 비 안양 종합 1,080명
주심: 김희곤 / 부심: 송봉근·박균용 / 대기심: 서동진 / 경기감독관: 김정식

안양 2 (1 전반 1 / 1 후반 1) **2 부천**

퇴장	경고	파울	ST(유)	교체	선수명	배번	위치	위치	배번	선수명	교체	ST(유)	파울	경고	퇴장
0	0	0	0		김선규	87	GK	GK	1	류원우		0	0	0	0
0	0	0	1(1)		안세희	3	DF	DF	4	한희훈		1	0	0	0
0	0	2	0		이재억	33	DF	DF	6	강지용		0	1	1	0
0	0	2	2(1)		안성빈	14	DF	DF	22	유대현		0	1	1	0
0	0	0	0		구대영	90	DF	DF	14	이학민		1(1)	0	0	0
0	0	0	1	17	김민균	7	MF	MF	8	송원재	28	0	1	0	0
0	0	0	0	8	안진범	16	MF	MF	15	조범석		0	1	0	0
0	0	4	0		최영훈	24	MF	MF	77	김영남		4(2)	2	2	0
0	0	0	0	5	정재희	27	MF	FW	9	루키안		2(1)	2	1	0
0	1	2	2(1)		김효기	70	FW	FW	10	바그닝요		1	5	2	0
0	0	1	3(2)		김영후	9	FW	FW	11	에드손	16	0	0	0	0
0	0	0	0		최필수	21			30	최철원		0	0	0	0
0	0	0	0		이상우	4			13	서명식		0	0	0	0
0	0	0	0		김진환	55			45	지병주		0	0	0	0
0	0	0	0	후44	유종현	5	대기	대기	7	문기한		0	0	0	0
0	0	1	2	후0	서용덕	8			16	진창수	전19	3(1)	1	0	0
0	0	0	0		김영도	23			23	황신영		0	0	0	0
0	1	2	0	후22	박승일	17			28	이효균	후9	0	0	0	0
0	2	14	11(5)			0			0			12(5)	14	7	0

- 전반 13분 정재희 PAR H → 김영후 GAR L-ST-G (득점: 김영후, 도움: 정재희) 가운데
- 후반 48분 김효기 PK-R-G (득점: 김효기) 왼쪽
- 전반 1분 김영남 AK 정면 L-ST-G (득점: 김영남) 오른쪽
- 후반 42분 진창수 PAR 내 ~ 루키안 GAR R-ST-G (득점: 루키안, 도움: 진창수) 왼쪽

7월 17일 19:00 흐림 충주 종합 1,038명
주심: 최대우 / 부심: 김영하·김지욱 / 대기심: 김대용 / 경기감독관: 한병화

충주 0 0 전반 0 / 0 후반 0 **0 고양**

퇴장	경고	파울	ST(유)	교체	선수명	배번	위치	위치	배번	선수명	교체	ST(유)	파울	경고	퇴장
0	0	0	0		이영창	26	GK	GK	1	강진웅		0	0	0	0
0	0	0	0		김한빈	22	DF	DF	13	박승우		1	0	0	0
0	1	1	0		김상필	31	DF	DF	20	오기재		0	0	0	0
0	0	1	0		황수남	50	DF	DF	16	박태형		0	1	0	0
0	0	1	1	11	엄진태	13	DF	DF	12	이상돈	30	2	1	0	0
0	0	2	1	29	이태영	23	MF	MF	6	허재원		0	0	0	0
0	0	0	0		최승호	7	MF	MF	17	이도성		1	1	0	0
0	0	1	1		김용태	24	MF	MF	11	박정훈	77	2	2	0	0
0	1	3	2		김도형	10	FW	MF	14	윤영준	26	1	3	0	0
0	0	1	3(2)	19	김신	9	FW	FW	24	김유성		0	4	0	0
0	0	0	0		박지민	18	FW	FW	23	이예찬		2(1)	0	0	0
0	0	0	0		권태안	1			31	임홍현		0	0	0	0
0	0	0	0	후28	정우인	29			15	손세범		0	0	0	0
0	0	0	0		최유상	99			30	우혜성	후13	0	1	0	0
0	0	0	0		오규빈	8	대기	대기	22	김필호		0	0	0	0
0	0	0	0	후35	이한음	11			26	김민수	후32	0	0	0	0
0	0	0	0		김정훈	14			77	빅토르	후23	1	2	0	0
0	0	2	2(2)	후11	장백규	19			10	남하늘		0	0	0	0
0	2	12	10(4)			0			0			10(1)	15	0	0

7월 18일 19:00 맑음 창원 축구센터 774명
주심: 성덕효 / 부심: 지승민·이상민 / 대기심: 김영수 / 경기감독관: 전인석

경남 2 1 전반 0 / 1 후반 0 **0 강원**

퇴장	경고	파울	ST(유)	교체	선수명	배번	위치	위치	배번	선수명	교체	ST(유)	파울	경고	퇴장
0	0	0	0		이준희	1	GK	GK	18	함석민		0	0	0	0
0	0	1	0		이반	4	DF	DF	77	백종환		0	1	0	0
0	0	0	0		우주성	15	DF	DF	33	이한샘		2	1	1	0
0	0	0	0		김정빈	22	DF	DF	6	안현식		0	0	0	0
0	1	1	0		박지수	23	DF	DF	22	정승용		0	0	0	0
0	0	0	1(1)		정현철	24	MF	MF	16	한석종	84	0	0	0	0
0	0	3	0	80	장은규	37	MF	MF	17	심영성	14	0	1	0	0
0	1	0	1(1)	8	송수영	16	MF	MF	4	오승범		1(1)	2	0	0
0	0	2	1(1)	13	배기종	7	MF	FW	8	허범산		2	1	0	0
0	0	3	1		이호석	17	FW	FW	23	마테우스		2(1)	3	1	0
0	0	3	4		크리스찬	9	FW	FW	11	서보민	7	1	2	0	0
0	0	0	0		하강진	29			1	송유걸		0	0	0	0
0	0	0	0		남광현	14			40	김원균		0	0	0	0
0	0	0	0		이관표	36			13	김윤호		0	0	0	0
0	0	0	1(1)	후25	안성남	8	대기	대기	24	고민성		0	0	0	0
0	0	0	0	후31	신학영	13			14	손설민	후24	1	0	0	0
0	0	0	0	후40	진경선	80			7	박희도	후9	0	1	0	0
0	0	0	0		마르코비치	77			84	마라냥	후9	1	1	0	0
0	2	13	9(4)			0			0			10(2)	13	2	0

- 전반 46분 배기종 PAR ~ 송수영 PA 정면 R-ST-G (득점: 송수영, 도움: 배기종) 오른쪽
- 후반 7분 이반 PA 정면 ~ 배기종 PAR R-ST-G (득점: 배기종, 도움: 이반) 왼쪽

7월 18일 20:00 맑음 잠실 2,504명
주심: 박영록 / 부심: 이영운·장종필 / 대기심: 김동인 / 경기감독관: 김용세

서울E 0 0 전반 0 / 0 후반 0 **0 안산**

퇴장	경고	파울	ST(유)	교체	선수명	배번	위치	위치	배번	선수명	교체	ST(유)	파울	경고	퇴장
0	0	0	0		김영광	1	GK	GK	1	이진형		0	0	0	0
0	0	0	0		윤성열	8	DF	DF	2	정다훤		1	2	1	0
0	0	2	0		이규로	88	DF	DF	15	최보경		1	0	0	0
0	0	0	0		김동진	63	DF	DF	4	신형민		0	1	0	0
0	0	3	1(1)		칼라일 미첼	5	DF	DF	35	김대호		0	3	0	0
0	1	0	0		신일수	16	MF	MF	13	배승진	25	3	1	0	0
0	0	4	0		김준태	4	MF	MF	29	김재웅		2(1)	2	0	0
0	0	2	2		김재성	7	MF	MF	10	이현승		4(3)	0	0	0
0	0	1	1(1)	23	안태현	17	FW	FW	11	황지웅		3(1)	1	0	0
0	0	0	0		타라바이	11	FW	FW	19	주현재	9	0	0	0	0
0	0	3	0	19	주민규	18	FW	FW	33	정성민	30	0	0	0	0
0	0	0	0		이상기	21			34	손정현		0	0	0	0
0	0	0	0		김동철	6			9	김동섭	후20	0	1	0	0
0	0	0	0		김태은	15			25	최진수	후47	0	0	0	0
0	0	0	0		전민광	22	대기	대기	26	최영준		0	0	0	0
0	0	0	0	후40	최오백	23			32	하인호		0	0	0	0
0	0	0	0		조우진	14			27	박요한		0	0	0	0
0	0	0	0	후44	조향기	19			30	한홍규	후37	1	1	0	0
0	1	15	4(2)			0			0			15(5)	12	1	0

7월 23일 19:00 흐림 잠실 1,059명
주심: 박병진 / 부심: 지승민·박균용 / 대기심: 김대용 / 경기감독관: 전기록

서울E 1 1 전반 1 / 0 후반 0 **1 대전**

퇴장	경고	파울	ST(유)	교체	선수명	배번	위치	위치	배번	선수명	교체	ST(유)	파울	경고	퇴장
0	0	0	0		김영광	1	GK	GK	1	박주원		0	0	0	0
0	0	2	1		김태은	15	DF	DF	13	장클로드		0	2	0	0
0	0	1	1(1)		김동진	63	DF	DF	29	김해식		0	1	0	0
0	0	0	0		김동철	6	DF	DF	16	이동수		0	2	0	0
0	0	0	1(1)		칼라일 미첼	5	DF	DF	22	오창현		0	1	0	0
0	1	3	1	4	신일수	16	MF	MF	5	김병석		0	1	0	0
0	1	3	0		김재성	7	MF	MF	6	황인범	27	1(1)	2	0	0
0	0	0	5(2)	10	최오백	23	MF	MF	8	김선민		0	1	0	0
0	0	0	0		안태현	17	MF	FW	10	김동찬		1(1)	0	0	0
0	0	2	1		서정진	9	FW	FW	11	유승완	23	0	1	0	0
0	0	2	2(1)	11	주민규	18	FW	FW	17	진대성	7	1(1)	1	0	0
0	0	0	0		이상기	21			31	김지철		0	0	0	0
0	0	0	0		김지훈	36			4	우현		0	0	0	0
0	0	0	0		고경준	55			3	김형진		0	0	0	0
0	0	1	0	후25	김준태	4	대기	대기	15	강영제		0	0	0	0
0	0	0	0		김창욱	26			27	강윤성	후12	0	1	0	0
0	0	1	1(1)	후14	유창현	10			23	조예찬	후36	0	1	0	0
0	0	0	2(1)	후36	타라바이	11			7	한의권	후21	1	1	0	0
0	2	15	15(7)			0			0			4(3)	15	0	0

- 전반 46분 김동철 GA 정면 ↷ 칼라일미첼 PK지점 R-ST-G (득점: 칼라일미첼, 도움: 김동철) 왼쪽
- 전반 24분 김선민 MFR ~ 황인범 MF 정면 L-ST-G (득점: 황인범, 도움: 김선민) 왼쪽

7월 23일 19 : 00 흐림 안산 와스타디움 711명
주심: 서동진 / 부심: 손재선 · 이상민 / 대기심: 성덕효 / 경기감독관: 전인석

안산 1 0 전반 0 / 1 후반 1 **1 충주**

퇴장	경고	파울	ST(유)	교체	선수명	배번	위치	위치	배번	선수명	교체	ST(유)	파울	경고	퇴장
0	0	0	0		이진형	1	GK	GK	26	이영창		0	0	0	0
0	0	0	0		김준엽	22	DF	DF	22	김한빈		0	1	0	0
0	0	2	0		최보경	15	DF	DF	3	정인탁		0	2	0	0
0	0	0	0		신형민	4	DF	DF	50	황수남		0	0	0	0
0	0	2	0		김대호	35	DF	DF	24	김용태		0	0	0	0
0	0	1	1(1)	19	정 혁	8	MF	MF	8	오규빈		0	1	0	0
0	0	2	1	33	김재웅	29	MF	MF	7	최승호	6	0	3	0	0
0	0	0	4(2)		이현승	10	MF	MF	19	장백규		2	0	0	0
0	0	0	3(1)		한지호	7	FW	MF	11	이한음	10	1	0	0	0
0	0	3	0	11	공민현	18	FW	FW	99	최유상		1	4	0	0
0	0	1	3(1)		김동섭	9	FW	FW	28	곽성환	18	1(1)	1	0	0
0	0	0	0		손정현	34			1	권태안		0	0	0	0
0	0	1	0	후16	황지웅	11			20	김용진		0	0	0	0
0	0	0	0		최영준	26			6	쿠아쿠	전33	0	0	0	0
0	0	1	2(1)	후0	정성민	33	대기	대기	14	김정훈		0	0	0	0
0	0	0	0		박요한	27			10	김도형	후19	2(2)	0	0	0
0	0	0	0		배승진	13			18	박지민	후23	1(1)	0	0	0
0	0	1	0	후30	주현재	19			13	엄진태		0	0	0	0
0	0	14	14(6)			0			0			8(4)	12	0	0

● 후반 18분 정혁 PAL 내 ↷ 정성민 GAR H-ST-G (득점: 정성민, 도움: 정혁) 왼쪽

● 후반 40분 김용태 MFR ↷ 박지민 PAR 내 L-ST-G (득점: 박지민, 도움: 김용태) 오른쪽

7월 23일 19 : 00 맑음 대구 스타디움 913명
주심: 임정수 / 부심: 김영하 · 김지욱 / 대기심: 김영수 / 경기감독관: 김형남

대구 1 1 전반 1 / 0 후반 0 **1 안양**

퇴장	경고	파울	ST(유)	교체	선수명	배번	위치	위치	배번	선수명	교체	ST(유)	파울	경고	퇴장
0	0	0	0		조현우	21	GK	GK	87	김선규		0	0	0	0
0	0	1	0		김동진	16	DF	DF	55	김진환		0	1	0	0
0	0	1	0		박태홍	4	DF	DF	3	안세희		0	0	0	0
0	0	1	0		홍정운	5	DF	DF	14	안성빈		1	3	0	0
0	1	2	1(1)		정우재	3	MF	DF	90	구대영	4	0	1	1	0
0	1	3	1(1)		신창무	14	MF	MF	20	가솔현		0	3	1	0
0	0	0	2(2)		이재권	6	MF	MF	8	서용덕		3(1)	4	0	0
0	0	0	0	88	한재웅	15	MF	MF	27	정재희		0	0	0	0
0	1	1	5(2)		세징야	11	MF	MF	17	박승일	6	0	1	0	0
0	0	1	3	17	에 델	10	FW	FW	7	김민균		4(2)	2	0	0
0	0	3	6(3)	7	파울로	9	FW	FW	9	김영후	16	0	1	0	0
0	0	0	0		이양종	1			21	최필수		0	0	0	0
0	0	0	0		조영훈	13			4	이상우	후37	0	0	0	0
0	0	0	0		감한솔	22			33	이재억		0	0	0	0
0	0	0	0		박한빈	36	대기	대기	5	유종현		0	0	0	0
0	0	0	0	후35	노병준	17			6	유수현	후11	0	3	0	0
0	0	0	0	후42	최정한	7			23	김영도		0	0	0	0
0	0	0	2(1)	후0	알렉스	88			16	안진범	후32	0	0	0	0
0	3	13	20(10)			0			0			8(3)	19	2	0

● 전반 23분 이재권 AK 정면 ~ 신창무 PA 정면 L-ST-G (득점: 신창무, 도움: 이재권) 왼쪽

● 전반 25분 안성빈 PAR EL ↷ 김민균 GAR 내 H-ST-G (득점: 김민균, 도움: 안성빈) 가운데

7월 24일 19 : 00 맑음 부산 아시아드 3,075명
주심: 김동인 / 부심: 장종필 · 송봉근 / 대기심: 최대우 / 경기감독관: 하재훈

부산 2 0 전반 0 / 2 후반 3 **3 경남**

퇴장	경고	파울	ST(유)	교체	선수명	배번	위치	위치	배번	선수명	교체	ST(유)	파울	경고	퇴장
0	0	0	0		구상민	21	GK	GK	1	이준희		0	0	0	0
0	0	1	1(1)		용재현	88	DF	DF	4	이 반		0	4	0	0
0	0	1	0		김재현	23	DF	DF	15	우주성		0	1	0	0
0	1	2	0		김종혁	6	DF	DF	22	김정빈		0	0	0	0
0	0	2	0		장현우	25	DF	DF	23	박지수		0	0	0	0
0	1	1	1(1)	86	이정근	37	MF	MF	24	정현철		0	0	0	0
0	0	3	1		이규성	22	MF	MF	36	이관표	37	0	2	1	0
0	0	3	1(1)		장현수	79	MF	FW	17	이호석		0	1	0	0
0	0	1	5(4)		포 프	94	MF	MF	8	안성남	16	1(1)	0	0	0
0	0	0	2	5	정석화	14	MF	MF	7	배기종		3	2	0	0
0	0	0	3(2)	19	최승인	10	FW	FW	9	크리스찬	77	0	3	0	0
0	0	0	0		김형근	31			29	하강진		0	0	0	0
0	0	0	0	후40	차영환	5			14	남광현		0	0	0	0
0	0	0	0		김대호	26			37	장은규	후0	2(2)	0	0	0
0	0	0	0		이정진	30	대기	대기	16	송수영	후22	3(3)	0	0	0
0	0	1	0	전43	김영신	86			13	신학영		0	0	0	0
0	0	1	1(1)	후19	고경민	19			80	진경선		0	0	0	0
0	0	0	0		전현철	7			77	마르코비치	후28	0	1	0	0
0	2	16	15(10)			0			0			9(6)	14	1	0

● 후반 18분 정석화 PA 정면 ↷ 포프 GAL EL L-ST-G (득점: 포프, 도움: 정석화) 왼쪽

● 후반 29분 정석화 MFR ~ 장현수 PAR 내 R-ST-G (득점: 장현수, 도움: 정석화) 왼쪽

● 후반 35분 이호석 PAL 내 ~ 송수영 GAL L-ST-G (득점: 송수영, 도움: 이호석) 왼쪽

● 후반 44분 송수영 PAR 내 L-ST-G (득점: 송수영) 왼쪽

● 후반 50분 송수영 C, KL ~ 장은규 AK 내 L-ST-G (득점: 장은규, 도움: 송수영) 오른쪽

7월 24일 20 : 00 흐림 강릉 종합 1,448명
주심: 박진호 / 부심: 양재용 · 차상욱 / 대기심: 박영록 / 경기감독관: 한병화

강원 0 0 전반 0 / 0 후반 0 **0 고양**

퇴장	경고	파울	ST(유)	교체	선수명	배번	위치	위치	배번	선수명	교체	ST(유)	파울	경고	퇴장
0	0	0	0		함석민	18	GK	GK	1	강진웅		0	1	0	0
0	0	0	2		백종환	77	DF	DF	13	박승우		0	0	0	0
0	1	2	0		김원균	40	DF	DF	20	오기재		1(1)	0	0	0
0	0	0	2		안현식	6	DF	DF	16	박태형		0	0	0	0
0	0	0	0		정승용	22	DF	DF	12	이상돈		1(1)	1	0	0
0	0	1	0		오승범	4	MF	MF	6	허재원		1(1)	0	0	0
0	0	0	4(3)	32	루이스	9	MF	MF	17	이도성	4	1	3	1	0
0	0	0	4(2)		세르징요	88	MF	MF	77	빅토르	26	1	4	0	0
0	0	0	0	17	허범산	8	FW	MF	14	윤영준	11	0	2	1	0
0	0	0	3(1)		마테우스	23	FW	FW	24	김유성		1(1)	1	0	0
0	0	0	3	7	마라냥	84	FW	FW	23	이예찬		2	0	0	0
0	0	0	0		송유걸	1			21	이승규		0	0	0	0
0	0	0	0		길영태	19			15	손세범		0	0	0	0
0	0	0	0		서보민	11			4	김지훈	후39	0	0	0	0
0	0	0	0		한석종	16	대기	대기	19	윤석희		0	0	0	0
0	0	0	0	후21	박희도	7			26	김민수	후25	1(1)	1	1	0
0	0	0	0	후35	심영성	17			11	박정훈	후33	0	0	0	0
0	0	1	2	후35	방찬준	32			10	남하늘		0	0	0	0
0	1	4	20(6)			0			0			9(5)	13	3	0

7월 27일 19:00 맑음 창원 축구센터 744명
주심: 박영록 / 부심: 지승민 · 박균용 / 대기심: 임정수 / 경기감독관: 김수현

경남 2 　 1 전반 0 / 1 후반 0 　 **0 충주**

퇴장	경고	파울	ST(유)	교체	선수명	배번	위치	위치	배번	선수명	교체	ST(유)	파울	경고	퇴장
0	0	0	0		이준희	1	GK	GK	26	이영창		0	0	0	0
0	0	0	0		장은규	37	DF	DF	22	김한빈		0	0	0	0
0	0	0	0		우주성	15	DF	DF	31	김상필		0	1	0	0
0	0	1	0		김정빈	22	DF	DF	50	황수남		0	2	0	0
0	0	0	0	14	박지수	23	DF	DF	24	김용태		0	0	0	0
0	0	1	0		정현철	24	MF	MF	8	오규빈		1	0	0	0
0	0	0	2(1)		신학영	13	MF	MF	6	쿠아쿠		0	1	0	0
0	0	1	2		송수영	16	MF	MF	18	박지민	10	0	1	0	0
0	0	1	1	7	안성남	8	MF	FW	99	최유상	9	0	0	0	0
0	0	0	1	80	이호석	17	FW	FW	19	장백규		0	1	0	0
0	0	3	2(2)		크리스찬	9	FW	FW	28	곽성환	77	0	0	0	0
0	0	0	0		하강진	29			41	홍상준		0	0	0	0
0	0	1	0	후44	남광현	14			13	엄진태		0	0	0	0
0	0	0	0		이원재	5			3	정인탁		0	0	0	0
0	0	0	0		박주성	27	대기	대기	21	이유준		0	0	0	0
0	0	0	1(1)	후11	배기종	7			10	김도형	후29	0	0	0	0
0	0	0	1(1)	후33	진경선	80			9	김신	전30	1(1)	0	0	0
0	0	0	0		마르코비치	77			77	하파엘	후10	4(3)	1	0	0
0	0	8	10(5)			0			0			6(4)	7	0	0

- 전반 11분 송수영 GAR H → 크리스찬 GAL 내 H-ST-G (득점: 크리스찬, 도움: 송수영) 왼쪽
- 후반 43분 진경선 GAR R-ST-G (득점: 진경선) 가운데

7월 27일 19:00 흐림 고양 종합 193명
주심: 성덕효 / 부심: 이영운 · 이상민 / 대기심: 김대용 / 경기감독관: 김정식

고양 0 　 0 전반 1 / 0 후반 0 　 **1 부산**

퇴장	경고	파울	ST(유)	교체	선수명	배번	위치	위치	배번	선수명	교체	ST(유)	파울	경고	퇴장
0	0	0	0		강진웅	1	GK	GK	21	구상민		0	0	0	0
0	0	0	0		박승우	13	DF	DF	27	구현준		0	2	0	0
0	1	2	0		오기재	20	DF	DF	23	김재현		0	0	0	0
0	1	2	1(1)		박태형	16	DF	DF	6	김종혁		0	1	0	0
0	0	0	0		이상돈	12	DF	DF	77	최광희	30	0	1	0	0
0	0	0	1		허재원	6	MF	MF	93	닐손주니어		1(1)	1	0	0
0	0	0	0	5	이도성	17	MF	MF	22	이규성		1	1	0	0
0	0	0	0		이예찬	23	MF	MF	79	장현수	86	0	1	0	0
0	0	0	2(1)		박정훈	11	MF	MF	19	고경민	8	2(2)	3	0	0
0	0	1	1(1)	10	김유성	24	FW	MF	14	정석화		0	0	1	0
0	0	1	1	26	빅토르	77	FW	FW	94	포프		4(1)	0	0	0
0	0	0	0		이승규	21			31	김형근		0	0	0	0
0	0	0	0		손세범	15			36	박경록		0	0	0	0
0	0	0	0		김지훈	4			26	김대호		0	0	0	0
0	0	0	0		윤석희	19	대기	대기	30	이정진	후38	0	1	1	0
0	0	2	3(1)	후0	김민수	26			86	김영신	후18	0	0	0	0
0	0	2	0	후32	인준연	5			8	홍동현	후44	1	0	0	0
0	1	1	1(1)	후25	남하늘	10			10	최승인		0	0	0	0
0	3	11	10(5)			0			0			9(4)	11	2	0

- 전반 4분 장현수 C, KR ↷ 닐손주니어 GA 정면 H-ST-G (득점: 닐손주니어, 도움: 장현수) 오른쪽

7월 27일 19:30 흐림 부천 종합 1,055명
주심: 매호영 / 부심: 김영하 · 차상욱 / 대기심: 김영수 / 경기감독관: 김일호

부천 0 　 0 전반 1 / 0 후반 1 　 **2 안산**

퇴장	경고	파울	ST(유)	교체	선수명	배번	위치	위치	배번	선수명	교체	ST(유)	파울	경고	퇴장
0	0	0	0		류원우	1	GK	GK	1	이진형		0	0	0	0
0	0	3	2(2)		한희훈	4	DF	DF	22	김준엽		0	1	0	0
0	0	0	0		임동혁	5	DF	DF	35	김대호		0	0	0	0
0	0	1	1		이학민	14	DF	DF	4	신형민		0	2	0	0
0	0	2	1		지병주	45	DF	DF	2	정다훤	11	0	3	0	0
0	0	0	1(1)	22	문기한	7	MF	MF	13	배승진		1(1)	0	0	0
0	0	1	0		송원재	8	MF	MF	7	한지호		0	1	0	0
0	0	1	1		조범석	15	MF	MF	10	이현승		3(2)	3	0	0
0	0	1	1(1)	16	에드손	11	MF	FW	33	정성민	30	4(2)	2	0	0
0	0	0	1	28	신현준	29	MF	FW	18	공민현		0	3	1	0
0	0	1	1(1)		김륜도	20	FW	FW	9	김동섭	19	2(1)	0	0	0
0	0	0	0		최철원	30			34	손정현		0	0	0	0
0	0	0	0		서명식	13			19	주현재	후0	0	1	0	0
0	0	0	0	후9	유대현	22			26	최영준		0	0	0	0
0	0	0	0		전기성	18	대기	대기	11	황지웅	후34	1(1)	0	0	0
0	0	0	0		김대광	21			12	하정헌		0	0	0	0
0	0	1	1	후0	진창수	16			27	박요한		0	0	0	0
0	0	1	1(1)	후0	이효균	28			30	한홍규	후45	0	1	0	0
0	0	12	11(6)			0			0			11(7)	17	1	0

- 전반 10분 정다훤 PAL 내 ↷ 배승진 PA 정면 내 R-ST-G (득점: 배승진, 도움: 정다훤) 왼쪽
- 후반 21분 이현승 GAL R-ST-G (득점: 이현승) 오른쪽

7월 27일 20:00 맑음 잠실 901명
주심: 김희곤 / 부심: 손재선 · 송봉근 / 대기심: 김동인 / 경기감독관: 강창구

서울E 0 　 0 전반 1 / 0 후반 1 　 **2 대구**

퇴장	경고	파울	ST(유)	교체	선수명	배번	위치	위치	배번	선수명	교체	ST(유)	파울	경고	퇴장
0	0	0	0		김영광	1	GK	GK	21	조현우		0	0	0	0
0	0	0	1		김동진	63	DF	DF	16	김동진		0	0	0	0
0	0	0	0		김동철	6	DF	DF	4	박태홍		1(1)	3	0	0
0	0	1	2(2)		전민광	22	DF	DF	5	홍정운		0	3	0	0
0	0	2	0		김창욱	26	DF	MF	3	정우재		0	2	0	0
0	0	1	1	5	고경준	55	MF	MF	14	신창무		2	2	0	0
0	0	2	1		김재성	7	MF	MF	6	이재권	7	0	2	0	0
0	0	0	0		서정진	9	MF	MF	19	박세진		0	2	0	0
0	0	2	1(1)		타라바이	11	MF	MF	11	세징야	88	3	3	1	0
0	1	2	1	77	유창현	10	FW	FW	10	에델		0	1	0	0
0	0	0	2		주민규	18	FW	FW	9	파울로	17	4(2)	1	0	0
0	0	0	0		이상기	21			1	이양종		0	0	0	0
0	0	0	0	후4	칼라일 미첼	5			13	조영훈		0	0	0	0
0	0	0	0		김태은	15			2	오광진		0	0	0	0
0	0	0	0		김준태	4	대기	대기	36	박한빈		0	0	0	0
0	0	0	0	후30	유제호	77			17	노병준	후41	0	0	0	0
0	0	0	0		안태현	17			7	최정한	후48	0	0	0	0
0	1	10	9(3)			0			0			10(3)	19	1	0

- 전반 40분 파울로 PA 정면 내 R-ST-G (득점: 파울로) 가운데
- 후반 3분 에델 PAR TL ~ 파울로 GAR R-ST-G (득점: 파울로, 도움: 에델) 오른쪽

7월 27일 20:00 흐림 안양 종합 1,413명
주심: 최대우 / 부심: 양재용 · 장종필 / 대기심: 서동진 / 경기감독관: 김진의

안양 1 (1 전반 0 / 0 후반 0) **0 대전**

퇴장	경고	파울	ST(유)	교체	선수명	배번	위치	위치	배번	선수명	교체	ST(유)	파울	경고	퇴장
0	1	0	0	21	김선규	87	GK	GK	25	이범수		0	0	0	0
0	0	0	0		안세희	3	DF	DF	13	장클로드		0	1	0	0
0	1	1	0		김진환	55	DF	DF	29	김해식		0	3	1	0
0	0	0	0		안성빈	14	DF	DF	20	장준영		1	2	0	0
0	0	0	0		이상우	4	DF	DF	22	오창현		3(1)	3	0	0
0	0	1	1(1)	24	유수현	6	MF	MF	5	김병석		1(1)	0	0	0
0	0	1	0		안진범	16	MF	MF	6	황인범		1(1)	0	0	0
0	0	2	4(1)		서용덕	8	MF	MF	8	김선민	99	1	1	0	0
0	0	2	2(2)		김민균	7	MF	FW	10	김동찬	7	0	2	0	0
0	0	1	0	17	김영도	23	FW	FW	11	유승완		3(1)	0	0	0
0	0	1	1		정재희	27	FW	FW	17	진대성	27	2(1)	1	0	0
0	0	0	0	후41	최필수	21			1	박주원		0	0	0	0
0	0	0	0		유종현	5			26	김동곤		0	0	0	0
0	0	0	0		이재억	33			27	강윤성	후16	0	1	0	0
0	0	3	0	후27	최영훈	24	대기	대기	15	강영제		0	0	0	0
0	0	0	0		김대한	18			99	구스타보	후30	1	0	0	0
0	0	0	2(2)	후18	박승일	17			23	조예찬		0	0	0	0
0	0	0	0		김영후	9			7	한의권	후22	1(1)	1	0	0
0	2	12	10(6)			0			0			14(6)	15	1	0

- 전반 44분 이상우 PAL ↷ 김민균 GAR H-ST-G (득점: 김민균, 도움: 이상우) 왼쪽

7월 30일 19:00 맑음 고양 종합 448명
주심: 박병진 / 부심: 송봉근 · 차상욱 / 대기심: 김희곤 / 경기감독관: 김일호

고양 0 (0 전반 0 / 0 후반 1) **1 안양**

퇴장	경고	파울	ST(유)	교체	선수명	배번	위치	위치	배번	선수명	교체	ST(유)	파울	경고	퇴장
0	0	0	0		강진웅	1	GK	GK	87	김선규		0	0	0	0
0	0	0	0		박승우	13	DF	DF	3	안세희		0	1	0	0
0	0	0	0		김지훈	4	DF	DF	55	김진환		0	1	0	0
0	0	2	0		권영호	18	DF	DF	14	안성빈		0	1	0	0
0	1	0	2		이상돈	12	DF	DF	4	이상우		1(1)	3	0	0
0	0	0	0		허재원	6	MF	MF	6	유수현	24	0	0	0	0
0	0	3	0	22	이도성	17	MF	MF	16	안진범	17	0	4	0	0
0	0	2	1(1)	7	이예찬	23	MF	MF	8	서용덕		2(2)	0	0	0
0	0	0	1(1)		박정훈	11	MF	MF	7	김민균		0	3	0	0
0	0	1	0	77	김민수	26	FW	FW	27	정재희		1(1)	1	1	0
0	0	2	3(3)		김유성	24	FW	FW	9	김영후	28	3(1)	0	0	0
0	0	0	0		이승규	21			21	최필수		0	0	0	0
0	0	0	0		손세범	15			5	유종현		0	0	0	0
0	0	1	0	후28	데파울라	7			20	가솔현		0	0	0	0
0	0	0	0		인준연	5	대기	대기	24	최영훈	후34	1	1	0	0
0	0	2	2(1)	후0	빅토르	77			17	박승일	후16	1	1	0	0
0	0	0	0		윤영준	14			28	브루닝요	후24	2	0	0	0
0	0	0	0	후32	김필호	22			23	김영도		0	0	0	0
0	1	13	9(6)			0			0			11(5)	16	1	0

- 후반 3분 김영후 PA 정면 내 ~ 서용덕 PA 정면 L-ST-G (득점: 서용덕, 도움: 김영후) 왼쪽

7월 30일 19:00 맑음 강릉 종합 1,172명
주심: 서동진 / 부심: 김영하 · 장종필 / 대기심: 성덕효 / 경기감독관: 김용세

강원 1 (1 전반 0 / 0 후반 0) **0 서울E**

퇴장	경고	파울	ST(유)	교체	선수명	배번	위치	위치	배번	선수명	교체	ST(유)	파울	경고	퇴장
0	1	0	0		함석민	18	GK	GK	1	김영광		0	0	0	0
0	1	1	0		백종환	77	DF	DF	63	김동진		0	1	1	0
0	0	2	0		이한샘	33	DF	DF	6	김동철		0	3	0	0
0	0	0	0		안현식	6	DF	DF	5	칼라일 미첼		1	5	2	0
0	0	1	0		정승용	22	DF	DF	15	김태은		0	1	1	0
0	0	1	0		오승범	4	MF	MF	16	신일수	19	1	4	0	0
0	0	0	6(4)		루이스	9	MF	MF	22	전민광		0	0	1	0
0	0	2	0	7	세르징요	88	MF	MF	17	안태현	10	1	1	0	0
0	0	0	1(1)	84	허범산	8	FW	MF	23	최오백	11	0	1	0	0
0	0	0	3(1)	16	마테우스	23	FW	FW	9	서정진		0	4	0	0
0	0	2	2(2)		장혁진	99	FW	FW	18	주민규		2	1	0	0
0	0	0	0		송유걸	1			21	이상기		0	0	0	0
0	0	0	0		길영태	19			55	고경준		0	0	0	0
0	0	1	0	후0	마라냥	84			36	김지훈		0	0	0	0
0	0	0	0	후29	한석종	16	대기	대기	26	김창욱		0	0	0	0
0	0	0	0	후34	박희도	7			19	조향기	후41	0	0	0	0
0	0	0	0		심영성	17			11	타라바이	후10	1(1)	1	0	0
0	0	0	0		방찬준	32			10	유창현	후18	0	1	0	0
0	2	10	12(8)			0			0			6(1)	23	5	0

- 전반 46분 루이스 AK 정면 ~ 허범산 PA 정면 R-ST-G (득점: 허범산, 도움: 루이스) 가운데

7월 31일 19:00 맑음 안산 와스타디움 619명
주심: 박진호 / 부심: 지승민 · 이상민 / 대기심: 최대우 / 경기감독관: 한병화

안산 4 (3 전반 0 / 1 후반 1) **1 대구**

퇴장	경고	파울	ST(유)	교체	선수명	배번	위치	위치	배번	선수명	교체	ST(유)	파울	경고	퇴장
0	0	0	0		이진형	1	GK	GK	21	조현우		0	0	0	0
0	1	0	0	14	김준엽	22	DF	DF	16	김동진	33	0	0	0	0
0	0	2	0		김대호	35	DF	DF	4	박태홍		1	3	1	0
0	0	0	0		신형민	4	DF	DF	5	홍정운		1	1	0	0
0	0	0	1(1)		배승진	13	DF	MF	3	정우재		0	0	0	0
0	1	1	0	9	김재웅	29	MF	MF	14	신창무		0	3	0	0
0	0	1	2(1)		정혁	8	MF	MF	36	박한빈	88	0	2	0	0
0	0	2	0		이현승	10	MF	MF	6	이재권	7	1(1)	1	0	0
0	0	3	0	11	주현재	19	FW	MF	19	박세진		0	1	0	0
0	0	2	4(4)		한지호	7	FW	FW	10	에델		3(3)	2	0	0
0	0	1	4(4)		정성민	33	FW	FW	9	파울로		5(3)	0	0	0
0	0	0	0		손정현	34			1	이양종		0	0	0	0
0	0	0	0		최진수	25			13	조영훈		0	0	0	0
0	0	0	0	후35	김은선	14			2	오광진		0	0	0	0
0	0	0	0		하정헌	12	대기	대기	33	우상호	후28	0	0	0	0
0	0	1	0	후31	황지웅	11			17	노병준		0	0	0	0
0	0	0	0	후40	김동섭	9			7	최정한	후14	1(1)	0	0	0
0	0	0	0		한홍규	30			88	알렉스	전39	2(2)	0	0	0
0	2	13	11(10)			0			0			14(10)	13	1	0

- 전반 24분 정혁 PK 좌측지점 R-ST-G (득점: 정혁) 왼쪽
- 전반 44분 이현승 PAL 내 ↷ 정성민 GAR 내 H-ST-G (득점: 정성민, 도움: 이현승) 오른쪽
- 전반 46분 이현승 PAL 내 ↷ 정성민 GAR 내 H-ST-G (득점: 정성민, 도움: 이현승) 가운데
- 후반 8분 정성민 PK-R-G (득점: 정성민) 왼쪽
- 후반 32분 박세진 PAR EL ↷ 최정한 GA 정면 H-ST-G (득점: 최정한, 도움: 박세진) 왼쪽

8월 01일 19:00 맑음 충주 종합 1,085명
주심: 김동인 / 부심: 양재용·김지욱 / 대기심: 성덕효 / 경기감독관: 김진의

충주 0 　 0 전반 0 / 0 후반 1 　 **1 부천**

퇴장	경고	파울	ST(유)	교체	선수명	배번	위치	위치	배번	선수명	교체	ST(유)	파울	경고	퇴장
0	0	0	0		이영창	26	GK	GK	1	류원우		0	0	0	0
0	0	1	0		김한빈	22	DF	DF	4	한희훈		0	0	0	0
0	0	2	0		김상필	31	DF	DF	6	강지용		1(1)	0	0	0
0	1	2	0		마우콘	68	DF	DF	14	이학민		2(1)	0	0	0
0	0	0	0		김용태	24	DF	DF	87	김진현		0	3	1	0
0	0	2	0	29	최승호	7	MF	MF	10	바그닝요		1(1)	2	0	0
0	1	2	0		쿠아쿠	6	MF	MF	15	조범석	5	0	0	0	0
0	0	0	0		하파엘	77	MF	MF	77	김영남		2(1)	1	0	0
0	0	1	2(1)		김신	9	FW	MF	16	진창수		1(1)	6	1	0
0	0	1	0	14	장백규	19	FW	MF	28	이효균	7	0	1	0	0
0	0	1	0	10	박지민	18	FW	FW	9	루키안		1	1	0	0
0	0	0	0		홍상준	41			30	최철원		0	0	0	0
0	0	0	0	후41	정우인	29			5	임동혁	후38	0	0	0	0
0	0	0	0		황수남	50			13	서명식		0	0	0	0
0	0	0	0		엄진태	13	대기	대기	7	문기한	후6	3(2)	0	0	0
0	0	0	0	후30	김정훈	14			8	송원재		0	0	0	0
0	0	0	0	후12	김도형	10			17	김신철		0	0	0	0
0	0	0	0		곽성환	28			27	이윤환		0	0	0	0
0	2	12	2(1)			0			0			11(7)	14	2	0

- 후반 34분 루키안 GAL 내 H ↷ 이학민 GA 정면 L-ST-G (득점: 이학민, 도움: 루키안) 가운데

8월 01일 19:30 맑음 대전 월드컵 1,301명
주심: 김영수 / 부심: 손재선·이영운 / 대기심: 매호영 / 경기감독관: 김수현

대전 3 　 1 전반 0 / 2 후반 1 　 **1 경남**

퇴장	경고	파울	ST(유)	교체	선수명	배번	위치	위치	배번	선수명	교체	ST(유)	파울	경고	퇴장
0	0	0	0		박주원	1	GK	GK	29	하강진		0	0	0	0
0	1	1	1	3	장클로드	13	DF	DF	14	남광현	5	0	0	0	0
0	0	1	0		김해식	29	DF	DF	15	우주성		0	2	0	0
0	0	3	0		장준영	20	DF	DF	22	김정빈		1(1)	0	0	0
0	0	1	1(1)		오창현	22	DF	DF	24	정현철		1	0	0	0
0	0	0	0		김병석	5	MF	MF	37	장은규		1	2	0	0
0	0	3	3(1)		황인범	6	MF	MF	13	신학영		0	1	0	0
0	0	1	2(1)		김선민	8	MF	MF	77	마르코비치	17	1	1	0	0
0	0	1	4(2)		김동찬	10	FW	MF	16	송수영		3(1)	0	0	0
0	0	3	2(2)	27	구스타보	99	FW	MF	7	배기종	8	0	2	0	0
0	0	2	2(2)	23	진대성	17	FW	FW	9	크리스찬		4(3)	2	0	0
0	0	0	0		이범수	25			99	권정혁		0	0	0	0
0	0	0	0	후40	김형진	3			27	박주성		0	0	0	0
0	0	1	0	후34	강윤성	27			5	이원재	후0	0	1	0	0
0	0	0	0		강영제	15	대기	대기	41	오상헌		0	0	0	0
0	0	0	0		유승완	11			8	안성남	후17	1(1)	0	0	0
0	0	0	1	후42	조예찬	23			80	진경선		0	0	0	0
0	0	0	0		한의권	7			17	이호석	후0	1(1)	3	0	0
0	1	17	16(9)			0			0			13(7)	14	0	0

- 전반 38분 진대성 PAL 내 L-ST-G (득점: 진대성) 왼쪽
- 후반 5분 진대성 자기 측 HLL TL ↷ 구스타보 PA 정면 내 L-ST-G (득점: 구스타보, 도움: 진대성) 가운데
- 후반 15분 김동찬 GAL 내 R-ST-G (득점: 김동찬) 왼쪽
- 후반 48분 크리스찬 PK-R-G (득점: 크리스찬) 오른쪽

8월 10일 19:00 맑음 충주 종합 714명
주심: 임정수 / 부심: 지승민·장종필 / 대기심: 윤창수 / 경기감독관: 김용세

충주 1 　 0 전반 2 / 1 후반 0 　 **2 대전**

퇴장	경고	파울	ST(유)	교체	선수명	배번	위치	위치	배번	선수명	교체	ST(유)	파울	경고	퇴장
0	0	0	0		이영창	26	GK	GK	1	박주원		0	0	0	0
0	0	1	0		김한빈	22	DF	DF	13	장클로드	16	0	0	0	0
0	0	0	1		김상필	31	DF	DF	29	김해식		2(1)	0	0	0
0	0	0	1		마우콘	68	DF	DF	20	장준영		0	3	0	0
0	0	1	0		김용태	24	DF	DF	22	오창현		0	3	0	0
0	0	2	1		최승호	7	MF	MF	5	김병석		0	0	0	0
0	0	1	2		쿠아쿠	6	MF	MF	6	황인범		1(1)	1	0	0
0	0	1	3(1)	29	하파엘	77	MF	MF	8	김선민		0	0	0	0
0	0	0	6(3)		김신	9	FW	FW	10	김동찬		4(3)	0	0	0
0	0	1	1	19	김정훈	14	FW	FW	99	구스타보	23	1(1)	4	1	0
0	0	1	1(1)	10	박지민	18	FW	FW	17	진대성	27	3(3)	2	0	0
0	0	0	0		권태안	1			25	이범수		0	0	0	0
0	0	0	0	후37	정우인	29			4	우현		0	0	0	0
0	0	0	0		엄진태	13			27	강윤성	후7	0	3	0	0
0	0	0	0		오규빈	8	대기	대기	19	박대훈		0	0	0	0
0	0	0	1	후33	장백규	19			11	유승완		0	0	0	0
0	0	1	1	후25	김도형	10			23	조예찬	후38	0	0	0	0
0	0	0	0		곽성환	28			16	이동수	후19	0	1	0	0
0	0	9	18(5)			0			0			11(9)	17	1	0

- 후반 32분 김신 PK-R-G (득점: 김신) 오른쪽
- 전반 14분 김동찬 MF 정면 ~ 김해식 GAL R-ST-G (득점: 김해식, 도움: 김동찬) 가운데
- 전반 44분 구스타보 MF 정면 ↷ 김동찬 PAR 내 R-ST-G (득점: 김동찬, 도움: 구스타보) 가운데

8월 10일 19:30 맑음 대구 스타디움 595명
주심: 성덕효 / 부심: 송봉근·차상욱 / 대기심: 김동인 / 경기감독관: 하재훈

대구 1 　 0 전반 1 / 1 후반 1 　 **2 경남**

퇴장	경고	파울	ST(유)	교체	선수명	배번	위치	위치	배번	선수명	교체	ST(유)	파울	경고	퇴장
0	0	0	0		조현우	21	GK	GK	29	하강진		0	0	0	0
0	0	1	0		김동진	16	DF	DF	12	전상훈		0	0	0	0
0	0	2	1		박태홍	4	DF	DF	15	우주성		0	0	0	0
0	0	2	0		홍정운	5	DF	DF	22	김정빈		0	3	0	0
0	0	0	0	88	정우재	3	MF	DF	5	이원재		0	1	0	0
0	0	1	1	14	이재권	6	MF	MF	13	신학영		0	3	0	0
0	0	4	0		우상호	33	MF	MF	80	진경선	37	0	0	0	0
0	0	1	0		박세진	19	MF	MF	16	송수영	11	4(1)	1	0	0
0	0	2	2(1)		세징야	11	MF	MF	8	안성남	17	1(1)	0	0	0
0	0	0	1	7	에델	10	FW	FW	24	정현철		2	3	1	0
0	0	2	8(4)		파울로	9	FW	FW	9	크리스찬		1(1)	1	0	0
0	0	0	0		이양종	1			99	권정혁		0	0	0	0
0	0	0	0		조영훈	13			2	김성현		0	0	0	0
0	0	0	0		오광진	2			32	이상현		0	0	0	0
0	1	1	0	후39	신창무	14	대기	대기	11	김슬기	후42	0	0	0	0
0	0	0	0		노병준	17			37	장은규	후20	0	0	0	0
0	0	0	0	후30	최정한	7			77	마르코비치		0	0	0	0
0	0	0	1(1)	후0	알렉스	88			17	이호석	후12	2	1	0	0
0	1	16	14(6)			0			0			10(3)	13	1	0

- 후반 19분 파울로 GA 정면 R-ST-G (득점: 파울로) 왼쪽
- 전반 42분 정현철 GAL H ↷ 크리스찬 GA 정면 내 R-ST-G (득점: 크리스찬, 도움: 정현철) 왼쪽
- 후반 35분 신학영 MF 정면 ~ 송수영 PAR 내 L-ST-G (득점: 송수영, 도움: 신학영) 왼쪽

8월 10일 19:30 맑음 안산 와스타디움 911명
주심: 박영록 / 부심: 김영하 · 양재용 / 대기심: 서동진 / 경기감독관: 전인석

안산 2   1 전반 1 / 1 후반 1   **2 안양**

퇴장	경고	파울	ST(유)	교체	선수명	배번	위치	위치	배번	선수명	교체	ST(유)	파울	경고	퇴장
0	0	0	0		이진형	1	GK	GK	87	김선규		0	0	0	0
0	0	2	2(1)		정다훤	2	DF	DF	4	이상우		1(1)	0	0	0
0	1	2	1(1)		김대호	35	DF	DF	3	안세희	33	0	1	0	0
0	0	1	0		신형민	4	DF	DF	55	김진환		0	0	0	0
0	1	3	0		안재준	5	DF	DF	14	안성빈		0	2	0	0
0	0	2	2	29	배승진	13	MF	MF	20	가솔현	28	0	1	0	0
0	1	0	0	14	정혁	8	MF	MF	6	유수현		2(1)	0	0	0
0	0	0	0	9	이현승	10	MF	MF	8	서용덕		0	1	0	0
0	1	1	0		공민현	18	FW	MF	27	정재희		1(1)	2	0	0
0	0	4	3(3)		한지호	7	FW	FW	7	김민균	9	0	1	0	0
0	0	1	3(2)		정성민	33	FW	FW	70	김효기		3(2)	4	0	0
0	0	0	0		손정현	34			21	최필수		0	0	0	0
0	0	0	0		안영규	20			90	구대영		0	0	0	0
0	0	1	0	후21	김동섭	9			33	이재억	후30	0	0	0	0
0	0	0	0		주현재	19	대기	대기	16	안진범		0	0	0	0
0	0	1	0	후12	김은선	14			17	박승일		0	0	0	0
0	0	0	0		임선영	16			28	브루닝요	후19	1(1)	2	0	0
0	0	0	1	후33	김재웅	29			9	김영후	후33	0	0	0	0
0	4	18	12(7)			0			0			8(6)	14	0	0

- 전반 45분 한지호 PAR ↷ 정성민 PK 우측 지점 R-ST-G (득점: 정성민, 도움: 한지호) 오른쪽
- 후반 27분 한지호 PAL 내 L-ST-G (득점: 한지호) 왼쪽
- 전반 24분 서용덕 PAL 내 ↷ 유수현 GA 정면 H-ST-G (득점: 유수현, 도움: 서용덕) 가운데
- 후반 44분 서용덕 PA 정면 ~ 김효기 AKL R-ST-G (득점: 김효기, 도움: 서용덕) 왼쪽

8월 10일 19:30 맑음 부천 종합 713명
주심: 최대우 / 부심: 손재선 · 박균용 / 대기심: 박진호 / 경기감독관: 한병화

부천 0   0 전반 0 / 0 후반 2   **2 서울E**

퇴장	경고	파울	ST(유)	교체	선수명	배번	위치	위치	배번	선수명	교체	ST(유)	파울	경고	퇴장
0	0	0	0		류원우	1	GK	GK	1	김영광		0	0	1	0
0	0	0	0		한희훈	4	DF	DF	27	김봉래		1	0	0	0
0	0	3	0		강지용	6	DF	DF	6	김동철		0	3	0	0
0	1	3	0	5	이학민	14	DF	DF	63	김동진		1	1	0	0
0	0	0	0		김진현	87	DF	DF	15	김태은	4	0	2	0	0
0	0	2	0	28	문기한	7	MF	MF	16	신일수		2(1)	2	0	0
0	1	4	4(2)		바그닝요	10	MF	MF	22	전민광		1	0	0	0
0	0	0	0		조범석	15	MF	MF	17	안태현	11	0	0	0	0
0	0	2	3(1)		김영남	77	MF	FW	9	서정진		0	1	0	0
0	0	1	1(1)		루키안	9	FW	FW	77	유제호	25	2(2)	1	0	0
0	0	3	0		진창수	16	FW	FW	18	주민규		6(5)	0	0	0
0	0	0	0		최철원	30			21	이상기		0	0	0	0
0	0	0	0	후33	임동혁	5			36	김지훈		0	0	0	0
0	0	0	0		배준렬	32			4	김준태	후45	0	1	0	0
0	0	0	0		지병주	45	대기	대기	26	김창욱		0	0	0	0
0	0	0	0		송원재	8			25	김현솔	후30	0	1	0	0
0	0	0	0		김신철	17			11	타라바이	후16	1(1)	0	0	0
0	0	0	2(1)	후6	이효균	28			19	조향기		0	0	0	0
0	2	18	10(5)			0			0			14(9)	12	1	0

- 후반 4분 주민규 GA 정면 내 R-ST-G (득점: 주민규) 오른쪽
- 후반 29분 서정진 GAR ~ 주민규 GA 정면 R-ST-G (득점: 주민규, 도움: 서정진) 오른쪽

8월 10일 20:00 맑음 강릉 종합 1,113명
주심: 매호영 / 부심: 이영운 · 이상민 / 대기심: 김연승 / 경기감독관: 김정식

강원 1   1 전반 0 / 0 후반 2   **2 부산**

퇴장	경고	파울	ST(유)	교체	선수명	배번	위치	위치	배번	선수명	교체	ST(유)	파울	경고	퇴장
0	0	0	0		함석민	18	GK	GK	21	구상민		0	0	1	0
0	0	1	0		백종환	77	DF	DF	36	박경록		1(1)	0	0	0
0	1	2	0		이한샘	33	DF	DF	93	닐손주니어		2(1)	2	0	0
0	1	1	0		안현식	6	DF	DF	5	차영환		1	1	0	0
0	0	1	1		정승용	22	DF	MF	27	구현준		0	0	0	0
0	0	0	0		오승범	4	MF	MF	37	이정근	86	0	3	1	0
0	0	1	4(2)		루이스	9	MF	MF	22	이규성	19	3	2	1	0
0	0	1	1		세르징요	88	MF	MF	88	용재현		0	1	0	0
0	0	2	1	17	허범산	8	FW	FW	8	홍동현		6(2)	2	0	0
0	0	0	1(1)	7	마테우스	23	FW	FW	94	포프		4(3)	4	1	0
0	0	1	3(1)	84	장혁진	99	FW	FW	14	정석화	30	0	1	0	0
0	0	0	0		송유걸	1			31	김형근		0	0	0	0
0	0	0	0		길영태	19			26	김대호		0	0	0	0
0	0	0	0		한석종	16			89	이영재		0	0	0	0
0	0	0	0		고민성	24	대기	대기	86	김영신	후20	0	1	0	0
0	0	1	0	후19	박희도	7			28	김종민		0	0	0	0
0	1	1	0	후32	심영성	17			30	이정진	후48	0	0	0	0
0	0	0	3(2)	후12	마라낭	84			19	고경민	후33	0	1	0	0
0	3	12	14(6)			0			0			17(7)	18	4	0

- 전반 18분 루이스 PK-R-G (득점: 루이스) 오른쪽
- 후반 10분 포프 GAL 내 EL R-ST-G (득점: 포프) 왼쪽
- 후반 18분 이규성 PA 정면 ~ 홍동현 AK 내 R-ST-G (득점: 홍동현, 도움: 이규성) 왼쪽

8월 13일 19:00 맑음 고양 종합 182명
주심: 서동진 / 부심: 김영하 · 이상민 / 대기심: 임정수 / 경기감독관: 하재훈

고양 0   0 전반 1 / 0 후반 0   **1 대구**

퇴장	경고	파울	ST(유)	교체	선수명	배번	위치	위치	배번	선수명	교체	ST(유)	파울	경고	퇴장
0	0	0	0		강진웅	1	GK	GK	21	조현우		0	0	0	0
0	0	1	0		이상돈	12	DF	DF	2	오광진		0	1	0	0
0	0	1	0		박승우	13	DF	DF	16	김동진		0	0	0	0
0	0	2	0		권영호	18	DF	DF	4	박태홍		1(1)	3	0	0
0	0	0	0	22	오기재	20	DF	DF	19	박세진		0	2	0	0
0	1	1	0		박태형	16	MF	MF	33	우상호		1(1)	1	0	0
0	1	4	0		이도성	17	MF	MF	6	이재권		0	1	0	0
0	0	5	0		김유성	24	MF	MF	88	알렉스	8	3(2)	1	0	0
0	0	1	0	11	윤영준	14	MF	MF	11	세징야		1(1)	3	1	0
0	0	0	1	77	이예찬	23	MF	MF	10	에델	14	2(2)	0	0	0
0	0	2	4(2)		데파울라	7	FW	FW	9	파울로	5	3	3	1	0
0	0	0	0		임홍현	31			1	이양종		0	0	0	0
0	0	0	0		김지훈	4			13	조영훈		0	0	0	0
0	0	0	0		손세범	15			5	홍정운	후42	0	0	0	0
0	0	0	1(1)	전26	김필호	22	대기	대기	22	감한솔		0	0	0	0
0	1	1	0	후13	빅토르	77			14	신창무	후9	1	1	0	0
0	0	0	0		김상준	9			8	배신영	후37	0	0	0	0
0	0	0	0	후21	박정훈	11			7	최정한		0	0	0	0
0	3	18	6(3)			0			0			12(7)	16	2	0

- 전반 8분 우상호 AK 내 R-ST-G (득점: 우상호) 오른쪽

8월 13일 19 : 00 맑음 부산 아시아드 1,281명
주심: 박병진 / 부심: 손재선 · 차상욱 / 대기심: 성덕효 / 경기감독관: 김수현

부산 4 0 전반 0 / 4 후반 0 **0 안산**

퇴장	경고	파울	ST(유)	교체	선수명	배번	위치	위치	배번	선수명	교체	ST(유)	파울	경고	퇴장
0	0	0	0		구 상 민	21	GK	GK	34	손 정 현		0	0	0	0
0	0	0	1		차 영 환	5	DF	DF	35	김 대 호	7	1	2	0	0
0	0	3	0		닐손주니어	93	DF	DF	20	안 영 규		0	0	0	0
0	0	1	0		김 재 현	23	DF	DF	4	신 형 민		1	1	1	0
0	0	0	0		용 재 현	88	MF	DF	2	정 다 훤		0	0	0	0
0	0	0	0		이 정 근	37	MF	MF	25	최 진 수		0	0	0	0
0	0	0	1(1)	86	이 규 성	22	MF	MF	14	김 은 선		0	2	0	0
0	0	2	0		최 광 희	77	MF	MF	16	임 선 영	8	0	0	0	0
0	0	2	1(1)	19	포 프	94	FW	MF	19	주 현 재		0	1	0	0
0	0	3	2		홍 동 현	8	FW	MF	12	하 정 헌	33	0	2	0	0
0	1	0	0	28	정 석 화	14	FW	FW	9	김 동 섭		0	1	0	0
0	0	0	0		김 형 근	31			1	이 진 형		0	0	0	0
0	0	0	0		구 현 준	27			5	안 재 준		0	0	0	0
0	0	0	0	후25	김 영 신	86			13	배 승 진		0	0	0	0
0	0	0	0	후40	김 종 민	28	대기	대기	8	정 혁	후26	0	0	0	0
0	0	0	0		이 정 진	30			7	한 지 호	후0	0	0	0	0
0	0	0	3(3)	후31	고 경 민	19			29	김 재 웅		0	0	0	0
0	0	0	0		스토야노비치	18			33	정 성 민	후12	1	1	0	0
0	1	11	8(5)			0			0			3	10	1	0

- 후반 4분 김재현 GA 정면 H → 포프 GAL 내 L-ST-G (득점: 포프, 도움: 김재현) 왼쪽
- 후반 35분 고경민 PK-R-G (득점: 고경민) 왼쪽
- 후반 42분 김종민 PAL ~ 고경민 PK 우측지점 R-ST-G (득점: 고경민, 도움: 김종민) 가운데
- 후반 45분 김영신 MF 정면 ~ 고경민 GAL L-ST-G (득점: 고경민, 도움: 김영신) 가운데

8월 13일 19 : 00 맑음 창원 축구센터 430명
주심: 김대용 / 부심: 지승민 · 장종필 / 대기심: 박영록 / 경기감독관: 강창구

경남 0 0 전반 0 / 0 후반 1 **1 부천**

퇴장	경고	파울	ST(유)	교체	선수명	배번	위치	위치	배번	선수명	교체	ST(유)	파울	경고	퇴장
0	0	0	0		하 강 진	29	GK	GK	1	류 원 우		0	0	0	0
0	0	3	0		박 지 수	23	DF	DF	4	한 희 훈		1	1	0	0
0	0	0	1		우 주 성	15	DF	DF	6	강 지 용		0	2	0	0
0	0	1	0		김 정 빈	22	DF	DF	45	지 병 주		1	4	1	0
0	0	1	0	13	이 원 재	5	DF	DF	87	김 진 현		0	1	0	0
0	0	1	2(1)		장 은 규	37	MF	MF	32	배 준 렬	9	0	2	1	0
0	0	1	0	17	진 경 선	80	MF	MF	7	문 기 한		1	2	1	0
0	0	0	3		송 수 영	16	MF	MF	8	송 원 재	15	0	0	0	0
0	0	1	1	11	안 성 남	8	MF	MF	10	바그닝요		2(1)	6	0	0
0	0	0	1(1)		정 현 철	24	FW	MF	77	김 영 남		1	1	1	0
0	0	3	0		크리스찬	9	FW	FW	28	이 효 균	16	0	1	0	0
0	0	0	0		권 정 혁	99			30	최 철 원		0	0	0	0
0	0	0	0		전 상 훈	12			5	임 동 혁		0	0	0	0
0	0	0	0		이 준 희	55			22	유 대 현		0	0	0	0
0	0	0	0	후30	김 슬 기	11	대기	대기	15	조 범 석	후27	0	0	0	0
0	0	1	0	후38	신 학 영	13			18	전 기 성		0	0	0	0
0	0	0	0		이 관 표	36			9	루 키 안	후0	2(2)	1	0	0
0	0	1	1	후0	이 호 석	17			16	진 창 수	후0	0	2	0	0
0	0	13	9(2)			0			0			8(3)	23	4	0

- 후반 36분 루키안 AK 정면 R-ST-G (득점: 루키안) 왼쪽

8월 14일 19 : 00 맑음 대전 월드컵 1,538명
주심: 박진호 / 부심: 김지욱 · 박균용 / 대기심: 최대우 / 경기감독관: 김진의

대전 1 1 전반 0 / 0 후반 0 **0 강원**

퇴장	경고	파울	ST(유)	교체	선수명	배번	위치	위치	배번	선수명	교체	ST(유)	파울	경고	퇴장
0	0	0	0		박 주 원	1	GK	GK	1	송 유 걸		0	0	0	0
0	0	1	0	16	장클로드	13	DF	DF	77	백 종 환		1	3	1	0
0	0	0	1		김 해 식	29	DF	DF	33	이 한 샘		0	0	0	0
0	0	2	0		장 준 영	20	DF	DF	6	안 현 식		0	0	0	0
0	0	2	1		오 창 현	22	DF	DF	22	정 승 용		0	0	0	0
0	0	1	0		김 병 석	5	MF	MF	4	오 승 범		0	1	0	0
0	0	1	1(1)	23	황 인 범	6	MF	MF	9	루 이 스		4(1)	1	0	0
0	0	0	0		김 선 민	8	MF	MF	88	세르징요	84	2	4	1	0
0	0	2	3(2)		김 동 찬	10	FW	FW	8	허 범 산		1	2	0	0
0	0	4	0		구스타보	99	FW	FW	32	방 찬 준	23	1(1)	0	0	0
0	0	0	1(1)	27	진 대 성	17	FW	FW	11	서 보 민	99	3(1)	0	0	0
0	0	0	0		이 범 수	25			18	함 석 민		0	0	0	0
0	0	0	0		우 현	4			19	길 영 태		0	0	0	0
0	0	1	0	후28	강 윤 성	27			16	한 석 종		0	0	0	0
0	0	0	0		박 대 훈	19	대기	대기	99	장 혁 진	후28	2(1)	0	0	0
0	0	0	0		유 승 완	11			7	박 희 도		0	0	0	0
0	1	2	1	후10	조 예 찬	23			23	마테우스	후0	1	0	0	0
0	0	0	0	후34	이 동 수	16			84	마 라 냥	후0	4(4)	0	0	0
0	1	16	8(4)			0			0			19(8)	11	2	0

- 전반 15분 김동찬 GAL ~ 황인범 GAL L-ST-G (득점: 황인범, 도움: 김동찬) 왼쪽

8월 14일 19 : 00 맑음 안양 종합 1,444명
주심: 김동인 / 부심: 이영운 · 송봉근 / 대기심: 김영수 / 경기감독관: 한병화

안양 3 1 전반 0 / 2 후반 1 **1 서울E**

퇴장	경고	파울	ST(유)	교체	선수명	배번	위치	위치	배번	선수명	교체	ST(유)	파울	경고	퇴장
0	0	0	0		김 선 규	87	GK	GK	21	이 상 기		0	0	0	0
0	0	0	0		안 세 희	3	DF	DF	63	김 동 진		0	2	1	0
0	0	0	0		김 진 환	55	DF	DF	6	김 동 철	11	0	2	0	0
0	0	2	1(1)		안 성 빈	14	DF	DF	5	칼라일 미첼		1	1	1	0
0	0	1	0		구 대 영	90	DF	DF	15	김 태 은		0	1	1	0
0	0	4	2(1)		최 영 훈	24	MF	MF	16	신 일 수	4	1	5	1	0
0	0	2	0	16	유 수 현	6	MF	MF	22	전 민 광		0	2	0	0
0	0	1	4(2)		김 민 균	7	MF	MF	27	김 봉 래		2(2)	2	0	0
0	0	0	3(3)	28	서 용 덕	8	MF	MF	77	유 제 호	25	1(1)	0	0	0
0	0	0	2(1)		정 재 희	27	FW	FW	9	서 정 진		0	1	0	0
0	0	2	0	33	김 효 기	70	FW	FW	18	주 민 규		2(1)	0	0	0
0	0	0	0		최 필 수	21			31	김 현 성		0	0	0	0
0	0	0	0		이 상 우	4			36	김 지 훈		0	0	0	0
0	0	1	0	후41	이 재 억	33			4	김 준 태	후23	0	0	0	0
0	0	1	0	후30	안 진 범	16	대기	대기	23	최 오 백		0	0	0	0
0	0	0	0		김 대 한	18			25	김 현 솔	후33	2(2)	1	0	0
0	1	1	3(3)	후11	브루닝요	28			11	타라바이	후23	0	2	0	0
0	0	0	0		김 영 후	9			19	조 향 기		0	0	0	0
0	1	15	15(11)			0			0			9(6)	19	4	0

- 전반 22분 서용덕 AKL R-ST-G (득점: 서용덕) 왼쪽
- 후반 12분 유수현 MFR → 정재희 GAR R-ST-G (득점: 정재희, 도움: 유수현) 왼쪽
- 후반 17분 김민균 PA 정면 R-ST-G (득점: 김민균) 왼쪽
- 후반 4분 김동진 C, KR ↷ 주민규 GA 정면 H-ST-G (득점: 주민규, 도움: 김동진) 오른쪽

8월 17일 19:30 흐림 대구 스타디움 436명
주심: 김영수 / 부심: 지승민 · 차상욱 / 대기심: 김동인 / 경기감독관: 전인석

대구 1 — 1 전반 0 / 0 후반 3 — **3 강원**

퇴장	경고	파울	ST(유)	교체	선수명	배번	위치	위치	배번	선수명	교체	ST(유)	파울	경고	퇴장
0	0	0	0		조현우	21	GK	GK	18	함석민		0	0	0	0
0	1	2	0	14	정우재	3	DF	DF	4	오승범		0	2	1	0
0	1	2	0		박태홍	4	DF	DF	33	이한샘		0	0	0	0
0	1	2	0	10	홍정운	5	DF	DF	6	안현식		0	0	0	0
0	0	1	0		박세진	19	DF	DF	22	정승용		1(1)	1	0	0
0	0	2	0		김동진	16	MF	MF	16	한석종		0	0	0	0
0	0	1	0		이재권	6	MF	MF	8	허범산	9	1	4	0	0
0	0	2	0		우상호	33	MF	MF	88	세르징요		0	4	1	0
0	0	4	0		세징야	11	MF	FW	7	박희도	84	0	1	0	0
0	0	1	2(1)		알렉스	88	FW	FW	23	마테우스	11	3(2)	1	0	0
0	1	3	3(1)	37	파울로	9	FW	FW	99	장혁진		1(1)	1	0	0
0	0	0	0		이양종	1			30	안지현		0	0	0	0
0	0	0	0		조영훈	13			19	길영태		0	0	0	0
0	0	0	0		오광진	2			3	최우재		0	0	0	0
0	0	1	1	후34	신창무	14	대기	대기	11	서보민	후34	0	0	0	0
0	0	0	0	후27	김대원	37			17	심영성		0	0	0	0
0	0	1	2(1)	후9	에델	10			9	루이스	후15	0	3	0	0
0	0	0	0		최정한	7			84	마라냥	후15	1(1)	0	0	0
0	4	22	8(3)			0			0			7(5)	17	2	0

● 전반 10분 박세진 MFR ~ 알렉스 GAR R-ST-G (득점: 알렉스, 도움: 박세진) 오른쪽

● 후반 36초 장혁진 GAL EL L-ST-G (득점: 장혁진) 왼쪽

● 후반 23분 세르징요 MF 정면 ~ 정승용 AKL R-ST-G (득점: 정승용, 도움: 세르징요) 오른쪽

● 후반 49분 루이스 GAR ~ 마라냥 GA 정면 R-ST-G (득점: 마라냥, 도움: 루이스) 가운데

8월 17일 19:30 맑음 부천 종합 821명
주심: 성덕호 / 부심: 양재용 · 이상민 / 대기심: 서동진 / 경기감독관: 김형남

부천 2 — 0 전반 0 / 2 후반 0 — **0 대전**

퇴장	경고	파울	ST(유)	교체	선수명	배번	위치	위치	배번	선수명	교체	ST(유)	파울	경고	퇴장
0	0	0	0		류원우	1	GK	GK	1	박주원		0	0	0	0
0	0	0	1		한희훈	4	DF	DF	13	장클로드		0	2	1	0
0	0	2	1		강지용	6	DF	DF	29	김해식		0	0	1	0
0	0	0	0		이학민	14	DF	DF	20	장준영		0	2	1	0
0	0	1	2(1)		김진현	87	DF	DF	22	오창현		1(1)	1	0	0
0	0	0	0	16	배준렬	32	MF	MF	5	김병석		0	1	0	0
0	1	3	0		송원재	8	MF	MF	16	이동수		1	1	0	0
0	0	3	6(4)		바그닝요	10	MF	MF	8	김선민		1	0	0	0
0	1	2	0		조범석	15	MF	FW	10	김동찬	19	2(1)	2	1	0
0	0	0	3(1)	29	루키안	9	FW	FW	99	구스타보	11	0	2	0	0
0	0	0	0	28	김륜도	20	FW	FW	17	진대성	27	0	0	0	0
0	0	0	0		최철원	30			25	이범수		0	0	0	0
0	0	0	0		서명식	13			4	우현		0	0	0	0
0	0	0	0		지병주	45			27	강윤성	후20	0	0	0	0
0	0	0	0		전기성	18	대기	대기	19	박대훈	후27	0	0	0	0
0	0	2	1	후0	진창수	16			11	유승완	후43	0	0	0	0
0	1	1	1(1)	후16	이효균	28			3	김형진		0	0	0	0
0	1	1	1(1)	후31	신현준	29			15	강영제		0	0	0	0
0	4	15	16(8)			0			0			5(2)	11	4	0

● 후반 41분 바그닝요 PK-R-G (득점: 바그닝요) 왼쪽

● 후반 48분 신현준 PAL 내 R-ST-G (득점: 신현준) 오른쪽

8월 17일1 9:30 안산 와스타디움 625명
주심: 매호영 / 부심: 김지욱 · 송봉근 / 대기심: 박영록 / 경기감독관: 한병화

안산 2 — 1 전반 1 / 1 후반 0 — **1 고양**

퇴장	경고	파울	ST(유)	교체	선수명	배번	위치	위치	배번	선수명	교체	ST(유)	파울	경고	퇴장
0	0	0	0		이진형	1	GK	GK	1	강진웅		0	0	0	0
0	0	0	0		박요한	27	DF	DF	12	이상돈		0	2	0	0
0	0	1	0		김대호	35	DF	DF	13	박승우		0	0	0	0
0	1	3	1(1)		배승진	13	DF	DF	18	권영호		0	0	0	0
0	0	0	1(1)		안재준	5	DF	DF	4	김지훈		0	1	0	0
0	0	4	1	14	김재웅	29	MF	MF	16	박태형		0	1	0	0
0	0	1	4(2)		정혁	8	MF	MF	17	이도성		0	1	0	0
0	0	1	1(1)	9	이현승	10	MF	MF	5	인준연	7	2(1)	2	0	0
0	0	1	4(1)		임선영	16	FW	MF	11	박정훈	26	1(1)	1	0	0
0	0	0	1(1)		한지호	7	FW	MF	23	이예찬	77	0	0	0	0
0	0	0	0	12	정성민	33	FW	FW	24	김유성		4(1)	1	0	0
0	0	0	0		손정현	34			31	임홍현		0	0	0	0
0	1	3	3(3)	후22	하정헌	12			15	손세범		0	0	0	0
0	0	0	0	후28	김은선	14			6	허재원		0	0	0	0
0	0	0	0		한홍규	30	대기	대기	7	데파울라	후14	0	0	0	0
0	0	0	0		조성진	6			77	빅토르	후26	0	1	0	0
0	0	0	0		안영규	20			9	김상준		0	0	0	0
0	0	0	1(1)	후34	김동섭	9			26	김민수	후40	0	1	0	0
0	2	14	17(11)			0			0			7(3)	11	0	0

● 전반 27분 한지호 C. KR 배승진 GA 정면 H-ST-G (득점: 배승진, 도움: 한지호) 왼쪽

● 후반 41분 김대호 PAL 내 ~ 김동섭 GAL 내 R-ST-G (득점: 김동섭, 도움: 김대호) 오른쪽

● 전반 33분 이도성 MFR ↷ 인준연 GA 정면 H-ST-G (득점: 인준연, 도움: 이도성) 오른쪽

8월 17일 19:00 맑음 부산 아시아드 715명
주심: 김희곤 / 부심: 김영하 · 이영운 / 대기심: 김대용 / 경기감독관: 김용세

부산 0 — 0 전반 0 / 0 후반 0 — **0 충주**

퇴장	경고	파울	ST(유)	교체	선수명	배번	위치	위치	배번	선수명	교체	ST(유)	파울	경고	퇴장
0	0	0	0		김형근	31	GK	GK	1	권태안		0	0	0	0
0	0	1	1		차영환	5	DF	DF	22	김한빈		1	0	0	0
0	0	1	1		닐손주니어	93	DF	DF	31	김상필		0	1	0	0
0	1	3	2(1)		김재현	23	DF	DF	68	마우콘		1	2	0	0
0	0	0	0		용재현	88	MF	DF	25	옹동균	99	0	1	0	0
0	0	0	1	28	이영재	89	MF	MF	7	최승호		1	1	0	0
0	0	1	0	19	이정근	37	MF	MF	6	쿠아쿠		1	7	1	0
0	0	0	2(1)		최광희	77	MF	MF	14	김정훈		0	2	0	0
0	0	0	3		홍동현	8	FW	FW	19	장백규		3(2)	0	0	0
0	0	0	0	86	스토야노비치	18	FW	FW	18	박지민	10	1(1)	0	0	0
0	0	1	1(1)		포프	94	FW	FW	77	하파엘	9	0	0	0	0
0	0	0	0		구상민	21			26	이영창		0	0	0	0
0	0	0	0		구현준	27			5	배효성		0	0	0	0
0	0	0	0	전39	김영신	86			99	최유상	후16	0	1	0	0
0	0	0	1	후18	김종민	28	대기	대기	8	오규빈		0	0	0	0
0	0	0	0		이정진	30			9	김신	후28	2(1)	0	0	0
0	1	1	0	후28	고경민	19			10	김도형	후44	0	0	0	0
0	0	0	0		김대호	26			29	정우인		0	0	0	0
0	2	8	12(3)			0			0			10(4)	15	1	0

8월 17일 20 : 00 맑음 안양 종합 785명
주심: 최대우 / 부심: 손재선 · 박균용 / 대기심: 조지음 / 경기감독관: 김일호

안양 1   0 전반 2 / 1 후반 0   **2 경남**

퇴장	경고	파울	ST(유)	교체	선수명	배번	위치	위치	배번	선수명	교체	ST(유)	파울	경고	퇴장
0	0	0	0		김선규	87	GK	GK	99	권정혁		0	0	1	0
0	0	0	1(1)		안세희	3	DF	DF	23	박지수		0	3	1	0
0	0	0	0		김진환	55	DF	DF	15	우주성		0	1	0	0
0	0	0	2(1)		안성빈	14	DF	DF	22	김정빈		0	0	0	0
0	0	2	0		구대영	90	DF	DF	37	장은규		0	0	1	0
0	0	6	2(1)		최영훈	24	MF	MF	24	정현철	80	0	1	0	0
0	0	0	0	9	안진범	16	MF	MF	13	신학영		0	0	0	0
0	0	0	2	6	김민균	7	MF	MF	16	송수영		3(1)	2	1	0
0	0	0	4	4	브루닝요	28	MF	MF	8	안성남	11	0	0	0	0
0	0	0	4(2)		정재희	27	FW	FW	17	이호석		4(2)	3	0	0
0	0	4	1(1)		김효기	70	FW	FW	9	크리스찬		2(2)	1	0	0
0	0	0	0		최필수	21			29	하강진		0	0	0	0
0	0	1	0	후22	이상우	4			12	전상훈		0	0	0	0
0	0	0	0		이재억	33			5	이원재		0	0	0	0
0	0	1	1	전33	유수현	6	대기	대기	32	이상현		0	0	0	0
0	0	0	0		김대한	18			80	진경선	후26	0	0	0	0
0	0	0	0		서용덕	8			36	이관표	후41	1	0	0	0
0	0	3	3	전33	김영후	9			11	김슬기	후21/36	0	0	0	0
0	0	17	20(6)			0			0			10(5)	11	4	0

● 후반 19분 안성빈 MFR R-ST-G (득점: 안성빈) 오른쪽

● 전반 2분 이호석 GA 정면 R-ST-G (득점: 이호석) 왼쪽
● 전반 6분 김정빈 PAR TL ↷ 크리스찬 GA 정면 R-ST-G (득점: 크리스찬, 도움: 김정빈) 오른쪽

8월 20일 19 : 00 맑음 충주 종합 802명
주심: 김동인 / 부심: 장종필 · 양재용 / 대기심: 서동진 / 경기감독관: 전기록

충주 0   0 전반 1 / 0 후반 0   **1 안양**

퇴장	경고	파울	ST(유)	교체	선수명	배번	위치	위치	배번	선수명	교체	ST(유)	파울	경고	퇴장
0	0	0	0		권태안	1	GK	GK	87	김선규		0	0	0	0
0	0	0	0		배효성	5	DF	DF	3	안세희		2(1)	0	0	0
0	0	3	1	18	김상필	31	DF	DF	55	김진환		0	2	1	0
0	0	0	0		마우콘	68	DF	DF	20	가솔현		0	1	1	0
0	0	0	1(1)		김한빈	22	MF	DF	14	안성빈		1	0	0	0
0	0	0	0	99	옹동균	25	MF	DF	90	구대영		0	1	0	0
0	0	3	1		최승호	7	MF	MF	7	김민균	17	1(1)	1	0	0
0	0	2	0		쿠아쿠	6	MF	MF	6	유수현	24	1	0	0	0
0	0	1	1(1)	77	김정훈	14	FW	MF	8	서용덕		2(1)	2	0	0
0	0	0	2(2)		김신	9	FW	MF	27	정재희	28	1	0	0	0
0	0	0	2		김도형	10	FW	FW	70	김효기		4(2)	1	0	0
0	0	0	0		이영창	26			21	최필수		0	0	0	0
0	0	0	0		정우인	29			33	이재억		0	0	0	0
0	0	1	0	후27	최유상	99			24	최영훈	후32	0	0	0	0
0	0	0	0		오규빈	8	대기	대기	17	박승일	후26	1(1)	0	0	0
0	0	0	0		장백규	19			23	김영도		0	0	0	0
0	0	0	0	후7	박지민	18			28	브루닝요	후9	1(1)	1	0	0
0	0	1	3(1)	후7	하파엘	77			9	김영후		0	0	0	0
0	0	11	11(5)			0			0			14(7)	9	2	0

● 전반 10분 안성빈 MFR ↷ 김효기 GA 정면 R-ST-G (득점: 김효기, 도움: 안성빈) 왼쪽

8월 20일 18 : 00 맑음 평창 알펜시아 974명
주심: 박병진 / 부심: 이영운 · 김지욱 / 대기심: 김희곤 / 경기감독관: 김정식

강원 0   0 전반 2 / 0 후반 0   **2 부천**

퇴장	경고	파울	ST(유)	교체	선수명	배번	위치	위치	배번	선수명	교체	ST(유)	파울	경고	퇴장
0	0	0	0		함석민	18	GK	GK	1	류원우		0	0	0	0
0	0	1	0		백종환	77	DF	DF	4	한희훈		0	2	1	0
0	1	4	0		이한샘	33	DF	DF	6	강지용		0	1	1	0
0	0	0	1(1)		안현식	6	DF	DF	45	지병주		0	2	0	0
0	0	1	1		정승용	22	DF	DF	87	김진현		0	2	0	0
0	1	5	2(2)	17	허범산	8	MF	MF	15	조범석		0	1	0	0
0	0	1	1(1)		한석종	16	MF	MF	77	김영남		1	0	0	0
0	0	0	0		장혁진	99	MF	MF	7	문기한	8	0	1	0	0
0	0	1	2(1)	84	박희도	7	FW	FW	16	진창수		0	3	0	0
0	1	1	3(1)		마테우스	23	FW	FW	10	바그닝요	29	2(1)	2	1	0
0	0	1	3(1)	9	서보민	11	FW	FW	9	루키안		0	2	0	0
0	0	0	0		안지현	30			30	최철원		0	0	0	0
0	0	0	0		길영태	19			13	서명식		0	0	0	0
0	0	0	0		최우재	3			32	배준렬		0	0	0	0
0	0	0	0		박요한	26	대기	대기	8	송원재	후8	0	1	0	0
0	0	0	0	후26	심영성	17			29	신현준	후44	0	0	0	0
0	0	0	0	후0	루이스	9			28	이효균		0	0	0	0
0	3	15	13(7)			0			0			3(1)	17	3	0

● 전반 6분 문기한 MF 정면 ~ 바그닝요 AK 내 L-ST-G (득점: 바그닝요, 도움: 문기한) 오른쪽
● 전반 44분 안현식 자기 측 GA 정면 H 자책골 (득점: 안현식) 오른쪽

8월 21일 19 : 00 흐림 대구 스타디움 814명
주심: 박영록 / 부심: 손재선 · 송봉근 / 대기심: 매호영 / 경기감독관: 하재훈

대구 0   0 전반 0 / 0 후반 1   **1 부산**

퇴장	경고	파울	ST(유)	교체	선수명	배번	위치	위치	배번	선수명	교체	ST(유)	파울	경고	퇴장
0	0	0	0		이양종	1	GK	GK	21	구상민		0	0	1	0
0	0	2	0		김동진	16	DF	DF	5	차영환		0	2	0	0
0	0	1	1		조영훈	13	DF	DF	93	닐손주니어		0	1	1	0
0	0	5	1		박태홍	4	DF	DF	23	김재현		0	1	0	0
0	0	0	0	37	오광진	2	MF	MF	88	용재현		0	2	0	0
0	0	2	0		우상호	33	MF	MF	37	이정근		0	3	0	0
0	1	1	1		이재권	6	MF	MF	86	김영신	33	0	0	1	0
0	0	0	0	10	배신영	8	MF	MF	77	최광희		0	2	0	0
0	0	0	1		박세진	19	MF	FW	94	포프	28	2(1)	0	0	0
0	0	0	2(2)		세징야	11	FW	FW	8	홍동현	19	1(1)	0	0	0
0	0	0	3(3)		알렉스	88	FW	FW	14	정석화		0	0	0	0
0	0	0	0		송영민	31			31	김형근		0	0	0	0
0	0	0	0		홍정운	5			3	이원영		0	0	0	0
0	0	0	0		감한솔	22			26	김대호		0	0	0	0
0	0	0	0		박한빈	36	대기	대기	33	유지훈	후34	0	0	0	0
0	0	0	3(2)	후28	김대원	37			30	이정진		0	0	0	0
0	0	1	2(1)	후0	에델	10			19	고경민	후15	0	1	0	0
0	0	0	0		최정한	7			28	김종민	후39	0	0	0	0
0	1	12	14(8)			0			0			3(2)	12	3	0

● 후반 3분 김영신 MFR ~ 포프 GAR R-ST-G (득점: 포프, 도움: 김영신) 가운데

8월 22일 19 : 00 흐리고 비 창원 축구센터 674명
주심: 임정수 / 부심: 지승민 · 차상욱 / 대기심: 성덕효 / 경기감독관: 김수현

경남 1 (1 전반 1 / 0 후반 0) **1 서울E**

퇴장	경고	파울	ST(유)	교체	선수명	배번	위치	위치	배번	선수명	교체	ST(유)	파울	경고	퇴장
0	0	0	0		권 정 혁	99	GK	GK	1	김 영 광		0	0	0	0
0	0	1	0	5	박 지 수	23	DF	DF	27	김 봉 래		1	0	0	0
0	0	1	0		우 주 성	15	DF	DF	22	전 민 광		0	1	0	0
0	0	1	1(1)	55	김 정 빈	22	DF	DF	63	김 동 진		0	0	0	0
0	0	1	0		전 상 훈	12	DF	DF	15	김 태 은		0	2	0	0
0	0	1	4(2)		이 관 표	36	MF	MF	16	신 일 수	47	4(1)	1	0	0
0	0	0	0		신 학 영	13	MF	MF	6	김 동 철		1	6	0	0
0	0	0	0	14	김 슬 기	11	MF	MF	23	최 오 백	25	1	1	0	0
0	0	2	1		안 성 남	8	MF	MF	77	유 제 호		2(2)	1	0	0
0	0	0	1		정 현 철	24	FW	FW	9	서 정 진	11	0	0	0	0
0	0	1	1		크리스찬	9	FW	FW	18	주 민 규		3(1)	1	0	0
0	0	0	0		하 강 진	29			21	이 상 기		0	0	0	0
0	0	0	0	후27	이 원 재	5			36	김 지 훈		0	0	0	0
0	0	1	0	후0	이 준 희	55			4	김 준 태		0	0	0	0
0	0	1	0	후19	남 광 현	14	대기	대기	47	김 재 연	후32	0	1	0	0
0	0	0	0		오 상 헌	41			25	김 현 솔	후37	0	0	0	0
0	0	0	0		진 경 선	80			11	타라바이	후43	0	0	0	0
0	0	0	0		마르코비치	77			17	안 태 현		0	0	0	0
0	0	10	8(3)			0			0			12(4)	14	0	0

- 전반 30분 정현철 PA 정면 내 ~ 이관표 AK 정면 L-ST-G (득점: 이관표, 도움: 정현철) 왼쪽
- 전반 41분 김봉래 PAL ↷ 주민규 PA 정면 내 R-ST-G (득점: 주민규, 도움: 김봉래) 오른쪽

8월 22일 19 : 00 맑음 고양 종합 197명
주심: 김대용 / 부심: 김영하 · 박균용 / 대기심: 김영수 / 경기감독관: 김용세

고양 1 (0 전반 1 / 1 후반 1) **2 대전**

퇴장	경고	파울	ST(유)	교체	선수명	배번	위치	위치	배번	선수명	교체	ST(유)	파울	경고	퇴장
0	0	0	0		강 진 웅	1	GK	GK	1	박 주 원		0	0	0	0
0	0	1	1		이 상 돈	12	DF	DF	13	장클로드	4	0	1	0	0
0	0	0	1		박 승 우	13	DF	DF	16	이 동 수		0	2	0	0
0	0	0	0		박 태 형	16	DF	DF	20	장 준 영		0	2	1	0
0	0	0	2		권 영 호	18	DF	DF	22	오 창 현		0	2	2	0
0	0	2	0		허 재 원	6	MF	MF	5	김 병 석		0	1	0	0
0	0	1	0		이 도 성	17	MF	MF	6	황 인 범		2(1)	0	0	0
0	0	1	5(3)		인 준 연	5	MF	MF	8	김 선 민		0	1	0	0
0	0	1	1(1)	9	박 정 훈	11	MF	FW	10	김 동 찬	3	5(3)	0	0	0
0	0	2	3(2)	26	이 예 찬	23	MF	FW	99	구스타보	23	0	3	0	0
0	0	0	1(1)	77	김 유 성	24	FW	FW	17	진 대 성		1(1)	1	0	0
0	0	0	0		이 승 규	21			25	이 범 수		0	0	0	0
0	0	0	0		손 세 범	15			4	우 현	후5	0	1	0	0
0	0	0	0		김 필 호	22			27	강 윤 성		0	0	0	0
0	1	2	1	후26	김 민 수	26	대기	대기	19	박 대 훈		0	0	0	0
0	0	1	0	후29	빅 토 르	77			11	유 승 완		0	0	0	0
0	0	0	1	후17	김 상 준	9			3	김 형 진	후29	0	0	0	0
0	0	0	0		남 하 늘	10			23	조 예 찬	후20	0	0	0	0
0	1	11	16(7)			0			0			8(5)	14	3	0

- 후반 31분 이상돈 MFR ↷ 인준연 GAR H-ST-G (득점: 인준연, 도움: 이상돈) 왼쪽
- 전반 31분 진대성 MFR ~ 김동찬 PA 정면 내 L-ST-G (득점: 김동찬, 도움: 진대성) 왼쪽
- 후반 7분 김동찬 PAL L-ST-G (득점: 김동찬) 왼쪽

8월 27일1 9 : 00 잠실 1,517명
주심: 서동진 / 부심: 장종필 · 이상민 / 대기심: 박병진 / 경기감독관: 김수현

서울E 1 (1 전반 1 / 0 후반 0) **1 고양**

퇴장	경고	파울	ST(유)	교체	선수명	배번	위치	위치	배번	선수명	교체	ST(유)	파울	경고	퇴장
0	0	0	0		김 영 광	1	GK	GK	1	강 진 웅		0	0	0	0
0	0	1	0		심 상 민	2	DF	DF	12	이 상 돈		0	0	0	0
0	0	0	0		전 민 광	22	DF	DF	13	박 승 우		0	1	0	0
0	1	1	0		김 동 진	63	DF	DF	16	박 태 형		0	1	0	0
0	1	6	0	27	김 태 은	15	DF	DF	18	권 영 호		1(1)	0	0	0
0	0	1	0		신 일 수	16	MF	MF	6	허 재 원		0	3	0	0
0	0	0	0		김 재 연	47	MF	MF	17	이 도 성	77	0	2	0	0
0	0	0	3(2)		최 오 백	23	MF	MF	5	인 준 연	9	0	1	0	0
0	0	1	0	17	유 제 호	77	MF	MF	11	박 정 훈		2(1)	2	0	0
0	0	0	1(1)	11	서 정 진	9	FW	MF	23	이 예 찬	26	0	2	0	0
0	2	4	2(2)		주 민 규	18	FW	FW	24	김 유 성		3(3)	3	1	0
0	0	0	0		이 상 기	21			31	임 홍 현		0	0	0	0
0	0	0	0		김 동 철	6			15	손 세 범		0	0	0	0
0	0	0	0		김 준 태	4			25	김 성 수		0	0	0	0
0	0	0	1	후35	김 봉 래	27	대기	대기	26	김 민 수	후32	0	1	0	0
0	0	0	1	후26	타라바이	11			14	윤 영 준		0	0	0	0
0	0	1	1	전33	안 태 현	17			9	김 상 준	후0	0	0	0	0
0	4	15	9(5)			0			0			6(5)	16	1	0

- 전반 29분 서정진 PAR 내 ~ 최오백 PAR L-ST-G (득점: 최오백, 도움: 서정진) 왼쪽
- 전반 20분 박승우 PAL EL ↷ 김유성 GAR H-ST-G (득점: 김유성, 도움: 박승우) 오른쪽

8월 27일 19 : 00 흐림 충주 종합 741명
주심: 매호영 / 부심: 송봉근 · 박균용 / 대기심: 김우성 / 경기감독관: 김정식

충주 2 (0 전반 1 / 2 후반 1) **2 강원**

퇴장	경고	파울	ST(유)	교체	선수명	배번	위치	위치	배번	선수명	교체	ST(유)	파울	경고	퇴장
0	0	0	0		권 태 안	1	GK	GK	18	함 석 민		0	0	0	0
0	1	2	0		최 유 상	99	DF	DF	77	백 종 환		0	1	0	0
0	0	1	0		김 상 필	31	DF	DF	33	이 한 샘		2(1)	0	0	0
0	0	1	0		마 우 콘	68	DF	DF	6	안 현 식		0	0	0	0
0	0	0	0		김 한 빈	22	DF	DF	22	정 승 용		2	0	0	0
0	0	1	1(1)		김 용 태	24	MF	MF	16	한 석 종		1	1	0	0
0	0	1	0	18	최 승 호	7	MF	MF	4	오 승 범		0	2	0	0
0	0	0	1		쿠 아 쿠	6	MF	MF	88	세르징요	9	1	0	0	0
0	0	1	0		김 신	9	MF	FW	7	박 희 도	84	0	1	0	0
0	0	0	2(1)	19	하 파 엘	77	FW	FW	23	마테우스	11	4(3)	4	0	0
0	0	3	1	14	김 도 형	10	FW	FW	99	장 혁 진		2	0	0	0
0	0	0	0		이 영 창	26			30	안 지 현		0	0	0	0
0	0	0	0		배 효 성	5			19	길 영 태		0	0	0	0
0	0	0	0		옹 동 균	25			3	최 우 재		0	0	0	0
0	0	0	0		오 규 빈	8	대기	대기	11	서 보 민	후44	0	0	0	0
0	0	1	2(1)	후26	장 백 규	19			17	심 영 성		0	0	0	0
0	0	1	2(2)	전43	박 지 민	18			9	루 이 스	후34	0	0	0	0
0	0	0	1	후19	김 정 훈	14			84	마 라 냥	후24	1(1)	0	0	0
0	1	12	10(5)			0			0			13(5)	9	0	0

- 후반 40분 김용태 MFR ↷ 박지민 GA 정면 H-ST-G (득점: 박지민, 도움: 김용태) 가운데
- 후반 43분 장백규 GA 정면 L-ST-G (득점: 장백규) 왼쪽
- 전반 42분 장혁진 C, KL ↷ 이한샘 GAL 내 H-ST-G (득점: 이한샘, 도움: 장혁진) 오른쪽
- 후반 4분 한석종 MFL ~ 마테우스 AK 정면 R-ST-G (득점: 마테우스, 도움: 한석종) 왼쪽

8월 28일 19:00 흐림 대전 월드컵 1,405명
주심: 김희곤 / 부심: 손재선·양재용 / 대기심: 박영록 / 경기감독관: 하재훈

대전 5 — 4 전반 0 / 1 후반 0 — **0 안산**

퇴장	경고	파울	ST(유)	교체	선수명	배번	위치	위치	배번	선수명	교체	ST(유)	파울	경고	퇴장
0	0	0	0		박주원	1	GK	GK	1	이진형		0	0	0	0
0	0	1	1		장클로드	13	DF	DF	2	정다훤		1(1)	4	1	1
0	0	0	0		이동수	16	DF	DF	5	안재준		0	2	0	0
0	0	1	0		장준영	20	DF	DF	4	신형민		0	0	0	0
0	0	4	0	2	김해식	29	DF	DF	21	신광훈	14	0	0	0	0
0	0	0	0		김병석	5	MF	MF	8	정혁		5(2)	0	0	0
0	0	1	4(2)		황인범	6	MF	MF	13	배승진		2	1	0	0
0	0	0	3(3)		김선민	8	MF	MF	7	한지호		3(1)	0	0	0
0	0	1	5(4)	19	김동찬	10	FW	MF	16	임선영	9	3	2	0	0
0	0	3	3(3)		구스타보	99	FW	MF	10	이현승		0	0	0	0
0	0	0	3(1)	27	진대성	17	FW	FW	33	정성민	18	1(1)	1	0	0
0	0	0	0		이범수	25			34	손정현		0	0	0	0
0	0	0	0		우현	4			6	조성진		0	0	0	0
0	0	1	0	전37	강윤성	27			14	김은선	후9	0	0	0	0
0	0	0	1(1)	후35	박대훈	19	대기	대기	9	김동섭	후39	0	0	0	0
0	0	0	0		유승완	11			18	공민현	후0	1	0	0	0
0	0	0	0		김형진	3			12	하정헌		0	0	0	0
0	0	0	0	후41	김태봉	2			29	김재웅		0	0	0	0
0	0	12	20(14)			0			0			16(5)	10	1	1

- 전반 4분 김선민 MF 정면 ~ 김동찬 AK 정면 R-ST-G (득점: 김동찬, 도움: 김선민) 오른쪽
- 전반 12분 구스타보 GAL L-ST-G (득점: 구스타보) 왼쪽
- 전반 24분 황인범 AKL L-ST-G (득점: 황인범) 오른쪽
- 전반 32분 김동찬 AKL ↷ 진대성 PAR 내 H-ST-G (득점: 진대성, 도움: 김동찬) 왼쪽
- 후반 15분 김동찬 PAR → 구스타보 GA 정면 L-ST-G (득점: 구스타보, 도움: 김동찬) 왼쪽

8월 29일 19:30 흐림 부천 종합 1,108명
주심: 김영수 / 부심: 지승민·차상욱 / 대기심: 임정수 / 경기감독관: 김진의

부천 2 — 2 전반 0 / 0 후반 3 — **3 대구**

퇴장	경고	파울	ST(유)	교체	선수명	배번	위치	위치	배번	선수명	교체	ST(유)	파울	경고	퇴장
0	0	0	0		류원우	1	GK	GK	21	조현우		0	0	0	0
0	1	1	1(1)		강지용	6	DF	DF	16	김동진		0	1	0	0
0	0	1	1(1)		서명식	13	DF	DF	20	황재원		1	1	1	0
1	0	1	0		지병주	45	DF	DF	4	박태홍		2(1)	4	1	0
0	0	1	0		김진현	87	DF	MF	3	정우재		0	2	0	0
0	0	4	0	20	문기한	7	MF	MF	33	우상호	8	0	4	0	0
0	0	1	1		송원재	8	MF	MF	11	세징야		3(2)	2	0	0
0	0	0	0		조범석	15	MF	MF	19	박세진		0	1	0	0
0	0	4	1(1)		김영남	77	MF	MF	37	김대원	10	0	1	0	0
0	0	2	0	28	진창수	16	MF	FW	88	알렉스		4(3)	1	0	0
0	1	1	3(3)		루키안	9	FW	FW	9	파울로	7	1	1	0	0
0	0	0	0		최철원	30			1	이양종		0	0	0	0
0	0	0	0		유대현	22			13	조영훈		0	0	0	0
0	0	0	0		배준렬	32			15	한재웅		0	0	0	0
0	0	0	0		전기성	18	대기	대기	36	박한빈		0	0	0	0
0	0	0	0	후28	김륜도	20			8	배신영	후0	2	2	0	0
0	0	1	1	후21	이효균	28			10	에델	전38	4(1)	2	0	1
0	0	0	0		신현준	29			7	최정한	후25	0	0	0	0
1	2	17	8(6)			0			0			17(7)	22	2	1

- 전반 20분 루키안 PK-R-G (득점: 루키안) 왼쪽
- 전반 45분 루키안 GA 정면 R-ST-G (득점: 루키안) 왼쪽
- 후반 27분 세징야 MFR R-ST-G (득점: 세징야) 왼쪽
- 후반 44분 황재원 PAL 내 H ↷ 알렉스 GA 정면 R-ST-G (득점: 알렉스, 도움: 황재원) 오른쪽
- 후반 46분 세징야 PAR 내 ~ 알렉스 GA 정면 내 R-ST-G (득점: 알렉스, 도움: 세징야) 왼쪽

8월 29일 19:00 맑음 부산 아시아드 984명
주심: 성덕효 / 부심: 이영운·김지욱 / 대기심: 김대용 / 경기감독관: 강창구

부산 2 — 0 전반 0 / 2 후반 0 — **0 안양**

퇴장	경고	파울	ST(유)	교체	선수명	배번	위치	위치	배번	선수명	교체	ST(유)	파울	경고	퇴장
0	0	0	0		구상민	21	GK	GK	87	김선규		0	0	0	0
0	0	0	0		차영환	5	DF	DF	14	안성빈		2(1)	2	1	0
0	0	3	0		닐손주니어	93	DF	DF	55	김진환		0	1	0	0
0	0	2	1		김재현	23	DF	DF	33	이재억		0	0	0	0
0	1	2	1(1)		용재현	88	MF	DF	90	구대영		0	2	1	0
0	0	3	0	3	이정근	37	MF	MF	20	가솔현	17	2	1	1	0
0	0	0	0	86	이규성	22	MF	MF	7	김민균	23	1	4	1	0
0	0	0	1(1)		최광희	77	MF	MF	6	유수현		2	1	0	0
0	0	2	4(3)	19	포프	94	FW	MF	8	서용덕		0	4	0	0
0	0	2	4(1)		홍동현	8	FW	FW	27	정재희	28	0	0	0	0
0	0	0	2(2)		정석화	14	FW	FW	70	김효기		0	1	0	0
0	0	0	0		김형근	31			21	최필수		0	0	0	0
0	0	0	0	후41	이원영	3			2	채광훈		0	0	0	0
0	0	0	0		이정진	30			24	최영훈		0	0	0	0
0	0	0	0	후20	김영신	86	대기	대기	17	박승일	후34	0	0	0	0
0	0	0	0		장현수	79			16	안진범		0	0	0	0
0	0	0	1(1)	후36	고경민	19			28	브루닝요	후22	0	1	0	0
0	0	0	0		김종민	28			23	김영도	후43	0	0	0	0
0	1	14	14(9)			0			0			7(1)	17	4	0

- 후반 40분 김영신 MF 정면 ↷ 고경민 GA 정면 L-ST-G (득점: 고경민, 도움: 김영신) 왼쪽
- 후반 43분 고경민 AK 정면 ~ 정석화 GAR R-ST-G (득점: 정석화, 도움: 고경민) 왼쪽

9월 03일 18:00 맑음 고양 종합 419명
주심: 박영록 / 부심: 양재용·송봉근 / 대기심: 매호영 / 경기감독관: 전인석

고양 0 — 0 전반 1 / 0 후반 2 — **3 부천**

퇴장	경고	파울	ST(유)	교체	선수명	배번	위치	위치	배번	선수명	교체	ST(유)	파울	경고	퇴장
0	0	0	0		강진웅	1	GK	GK	1	류원우		0	0	0	0
0	0	0	0		이상돈	12	DF	DF	4	한희훈		0	0	0	0
0	0	0	0		박승우	13	DF	DF	6	강지용		1(1)	0	0	0
0	0	0	0		박태형	16	DF	DF	14	이학민		0	1	0	0
0	0	0	0		권영호	18	DF	DF	87	김진현		1(1)	2	0	0
0	1	1	2(1)	22	인준연	5	MF	MF	7	문기한		2(2)	2	0	0
0	0	1	0	9	박정훈	11	MF	MF	10	바그닝요	8	0	0	0	0
0	1	3	0		손세범	15	MF	MF	15	조범석		1(1)	0	0	0
0	0	1	1		이도성	17	MF	MF	77	김영남		2(1)	3	0	0
0	0	1	1(1)	7	이예찬	23	MF	MF	16	진창수		0	3	0	0
0	0	1	0		김유성	24	FW	FW	9	루키안		4(1)	2	0	0
0	0	0	0		이승규	21			30	최철원		0	0	0	0
0	0	0	0		김지훈	4			13	서명식		0	0	0	0
0	0	1	2	후14	김상준	9			22	유대현		0	0	0	0
0	0	0	1(1)	후23	김필호	22	대기	대기	32	배준렬		0	0	0	0
0	0	0	0		김민수	26			8	송원재	전 21/29	1	0	0	0
0	0	0	5(4)	후26	데파울라	7			20	김륜도		0	0	0	0
0	0	0	0		빅토르	77			29	신현준	후34	0	1	1	0
0	2	9	12(7)			0			0			12(7)	14	1	0

- 전반 10분 진창수 PA 정면 내 H ↷ 문기한 GAR R-ST-G (득점: 문기한, 도움: 진창수) 왼쪽
- 후반 13분 조범석 GAR R-ST-G (득점: 조범석) 오른쪽
- 후반 15분 문기한 C, KL ↷ 강지용 GAL H-ST-G (득점: 강지용, 도움: 문기한) 오른쪽

9월 03일 15 : 00 맑음 안산 와스타디움 928명
주심: 박진호 / 부심: 이영운 · 장종필 / 대기심: 김영수 / 경기감독관: 김일호

안산 2 0 전반 0 / 2 후반 0 **0 경남**

퇴장	경고	파울	ST(유)	교체	선수명	배번	위치	위치	배번	선수명	교체	ST(유)	파울	경고	퇴장
0	0	0	0		손 정 현	34	GK	GK	99	권 정 혁		0	0	0	0
0	0	1	0		김 준 엽	22	DF	DF	23	박 지 수		1	2	0	0
0	0	3	0		조 성 진	6	DF	DF	15	우 주 성		2	0	0	0
0	0	3	0		안 영 규	20	DF	DF	22	김 정 빈		0	2	0	0
0	0	1	0		하 인 호	32	DF	DF	55	이 준 희	12	0	3	1	0
0	0	2	1		송 창 호	24	MF	MF	24	정 현 철		0	3	0	0
0	0	1	0	29	최 영 준	26	MF	MF	37	장 은 규	13	0	0	0	0
0	0	2	0		이 현 승	10	MF	MF	16	송 수 영		0	0	0	0
0	0	1	5(3)		한 지 호	7	FW	MF	8	안 성 남	36	0	0	0	0
0	0	2	1(1)	11	공 민 현	18	FW	FW	17	이 호 석		2	1	0	0
0	0	2	2(1)	33	김 동 섭	9	FW	FW	9	크리스찬		2(1)	0	0	0
0	0	0	0		김 대 호	31			29	하 강 진		0	0	0	0
0	0	0	0	후37	김 재 웅	29			5	이 원 재		0	0	0	0
0	0	0	0		최 진 수	25			12	전 상 훈	후40	0	0	0	0
0	0	0	0		주 현 재	19	대기	대기	13	신 학 영	후22	1(1)	1	0	0
0	0	0	0	후47	황 지 웅	11			36	이 관 표	후22	0	0	0	0
0	0	0	0		하 정 헌	12			80	진 경 선		0	0	0	0
0	0	0	1	후29	정 성 민	33			11	김 슬 기		0	0	0	0
0	0	18	10(5)			0			0			8(2)	12	1	0

● 후반 16분 최영준 MFL ~ 한지호 AKL R-ST-G (득점: 한지호, 도움: 최영준) 오른쪽
● 후반 48분 한지호 PK-R-G (득점: 한지호) 왼쪽

9월 03일 19 : 00 맑음 안양 종합 1,651명
주심: 임정수 / 부심: 김영하 · 차상욱 / 대기심: 서동진 / 경기감독관: 김형남

안양 0 0 전반 0 / 0 후반 0 **0 강원**

퇴장	경고	파울	ST(유)	교체	선수명	배번	위치	위치	배번	선수명	교체	ST(유)	파울	경고	퇴장
0	0	0	0		김 선 규	87	GK	GK	18	함 석 민		0	0	0	0
0	0	2	1		안 세 희	3	DF	DF	77	백 종 환		0	0	0	0
0	0	3	0		김 진 환	55	DF	DF	6	안 현 식		0	4	1	0
0	0	0	0		구 대 영	90	DF	DF	33	이 한 샘		0	2	1	0
0	0	1	2(2)		채 광 훈	2	DF	DF	22	정 승 용		1	1	0	0
0	0	2	0		유 수 현	6	MF	MF	16	한 석 종		1	1	0	0
0	1	1	2		서 용 덕	8	MF	MF	4	오 승 범		0	1	0	0
0	0	2	0		브루닝요	28	MF	MF	88	세르징요		0	2	0	0
0	0	1	5(4)		김 민 균	7	MF	FW	7	박 희 도	99	0	1	0	0
0	0	1	1(1)		김 효 기	70	FW	FW	23	마테우스		2	1	1	0
0	0	0	0	17	김 대 한	18	FW	FW	8	허 범 산	11	1	0	1	0
0	0	0	0		최 필 수	21			30	안 지 현		0	0	0	0
0	0	0	0		이 상 우	4			19	길 영 태		0	0	0	0
0	0	0	0		이 재 억	33			99	장 혁 진	후0	0	0	0	0
0	0	0	0		최 영 훈	24	대기	대기	11	서 보 민	후30	0	1	0	0
0	0	0	1	후19	박 승 일	17			17	심 영 성		0	0	0	0
0	0	0	0		김 영 도	23			9	루 이 스		0	0	0	0
0	0	0	0		김 동 기	19			84	마 라 냥		0	0	0	0
0	1	13	12(7)			0			0			5	14	4	0

9월 04일 18 : 00 흐림 부산 아시아드 751명
주심: 김동인 / 부심: 손재선 · 박균용 / 대기심: 김희곤 / 경기감독관: 한병화

부산 1 0 전반 0 / 1 후반 1 **1 서울E**

퇴장	경고	파울	ST(유)	교체	선수명	배번	위치	위치	배번	선수명	교체	ST(유)	파울	경고	퇴장
0	0	0	0		구 상 민	21	GK	GK	1	김 영 광		0	0	0	0
0	0	0	2		차 영 환	5	DF	DF	2	심 상 민		0	0	0	0
0	0	0	1		닐손주니어	93	DF	DF	22	전 민 광		0	1	0	0
0	0	1	0		김 재 현	23	DF	DF	6	김 동 철		0	2	0	0
0	1	0	0		용 재 현	88	MF	DF	27	김 봉 래	17	0	2	0	0
0	0	2	1(1)		이 정 근	37	MF	MF	4	김 준 태		2	2	0	0
0	0	3	0	86	이 규 성	22	MF	MF	16	신 일 수		3	0	0	0
0	0	0	0		최 광 희	77	MF	MF	23	최 오 백		3(2)	1	1	0
0	0	3	0	19	포 프	94	FW	MF	77	유 제 호	10	1	3	0	0
0	0	1	1(1)	79	홍 동 현	8	FW	FW	9	서 정 진		0	1	0	0
0	0	0	3(2)		정 석 화	14	FW	FW	11	타라바이	25	2(2)	0	0	0
0	0	0	0		김 형 근	31			21	이 상 기		0	0	0	0
0	0	0	0		이 원 영	3			47	김 재 연		0	0	0	0
0	0	0	0		이 정 진	30			36	김 지 훈		0	0	0	0
0	0	1	0	후19	김 영 신	86	대기	대기	25	김 현 솔	후22	1(1)	4	1	0
0	0	0	1(1)	후4	장 현 수	79			17	안 태 현	후6	1	1	0	0
0	0	1	2(2)	전41	고 경 민	19			10	유 창 현	후34	0	0	0	0
0	0	0	0		김 종 민	28			19	조 향 기		0	0	0	0
0	1	12	11(7)			0			0			13(5)	17	2	0

● 후반 12분 최광희 PAR EL ↷ 장현수 GA 정면 내 H-ST-G (득점: 장현수, 도움: 최광희) 왼쪽
● 후반 43분 최오백 AKR L-ST-G (득점: 최오백) 오른쪽

9월 03일 16 : 00 비 대구 스타디움 431명
주심: 김대용 / 부심: 김지욱 · 이상민 / 대기심: 성덕효 / 경기감독관: 김진의

대구 1 1 전반 0 / 0 후반 0 **0 충주**

퇴장	경고	파울	ST(유)	교체	선수명	배번	위치	위치	배번	선수명	교체	ST(유)	파울	경고	퇴장
0	0	0	0		조 현 우	21	GK	GK	41	홍 상 준		0	0	0	0
0	0	1	0		김 동 진	16	DF	DF	22	김 한 빈		0	0	0	0
0	0	1	0		황 재 원	20	DF	DF	31	김 상 필		0	0	1	0
0	0	0	0		홍 정 운	5	DF	DF	68	마 우 콘		0	0	1	0
0	0	2	1		정 우 재	3	MF	MF	24	김 용 태	29	0	1	0	0
0	0	4	3		우 상 호	33	MF	MF	18	박 지 민		1	1	0	0
0	0	2	2(1)	14	이 재 권	6	MF	MF	6	쿠 아 쿠		0	4	1	0
0	0	1	1(1)		박 세 진	19	MF	MF	14	김 정 훈	9	1(1)	2	0	0
0	0	2	0	13	최 정 한	7	FW	MF	10	김 도 형		0	0	0	0
0	1	3	6(2)		세 징 야	11	FW	FW	99	최 유 상		0	2	1	0
0	0	1	7(2)	15	알 렉 스	88	FW	FW	77	하 파 엘	5	1	1	0	0
0	0	0	0		이 양 종	1			1	권 태 안		0	0	0	0
0	0	0	0	후47	조 영 훈	13			5	배 효 성	후34	0	0	0	0
0	0	0	0	후48	한 재 웅	15			13	엄 진 태		0	0	0	0
0	0	0	0		박 한 빈	36	대기	대기	8	오 규 빈		0	0	0	0
0	0	0	0		배 신 영	8			9	김 신	후14	1	0	0	0
0	0	0	0	후34	신 창 무	14			29	정 우 인	후26	0	1	0	0
0	0	0	0		파 울 로	9			28	곽 성 환		0	0	0	0
0	1	17	20(6)			0			0			4(1)	12	4	0

● 전반 40분 정우재 PAL 내 ↷ 세징야 PAR 내 L-ST-G (득점: 세징야, 도움: 정우재) 오른쪽

9월 07일 19 : 00 흐림 평창 알펜시아 783명
주심: 김우성 / 부심: 김지욱 · 이상민 / 대기심: 매호영 / 경기감독관: 김수현

강원 1 　 0 전반 0 / 1 후반 0 　 **0 안산**

퇴장	경고	파울	ST(유)	교체	선수명	배번	위치	위치	배번	선수명	교체	ST(유)	파울	경고	퇴장
0	0	0	0		함 석 민	18	GK	GK	34	손 정 현		0	0	0	0
0	1	1	0		백 종 환	77	DF	DF	22	김 준 엽		1	0	0	0
0	0	1	1		최 우 재	3	DF	DF	6	조 성 진		0	2	0	0
0	0	1	0		길 영 태	19	DF	DF	20	안 영 규		0	2	1	0
0	0	1	0		정 승 용	22	DF	DF	32	하 인 호	11	1	2	0	0
0	0	2	2		한 석 종	16	MF	MF	26	최 영 준	29	0	3	0	0
0	1	1	0		세르징요	88	MF	MF	24	송 창 호		2	0	0	0
0	0	0	0		오 승 범	4	MF	MF	7	한 지 호		2(1)	0	0	0
0	0	0	0	11	허 범 산	8	FW	MF	10	이 현 승	33	0	1	1	0
0	0	1	0	10	심 영 성	17	FW	MF	18	공 민 현		1	1	1	0
0	0	1	2(2)	99	루 이 스	9	FW	FW	9	김 동 섭		0	1	0	0
0	0	0	0		안 지 현	30			31	김 대 호		0	0	0	0
0	0	0	0		최 영 광	44			33	정 성 민	후28	2	0	0	0
0	0	0	0		박 희 도	7			29	김 재 웅	후8	0	0	0	0
0	1	2	1	후21	최 진 호	10	대기	대기	30	한 홍 규		0	0	0	0
0	0	0	0	후37	서 보 민	11			11	황 지 웅	후40	0	0	0	0
0	0	0	0	후31	장 혁 진	99			19	주 현 재		0	0	0	0
0	0	0	0		마 라 냥	84			27	박 요 한		0	0	0	0
0	3	11	6(2)			0			0			9(1)	12	3	0

● 후반 4분 루이스 PAR 내 R-ST-G (득점: 루이스) 오른쪽

9월 07일 19 : 00 흐림 창원 축구센터 365명
주심: 김희곤 / 부심: 손재선 · 박균용 / 대기심: 서동진 / 경기감독관: 전기록

경남 7 　 5 전반 0 / 2 후반 0 　 **0 고양**

퇴장	경고	파울	ST(유)	교체	선수명	배번	위치	위치	배번	선수명	교체	ST(유)	파울	경고	퇴장
0	0	0	0		권 정 혁	99	GK	GK	1	강 진 웅		0	0	0	0
0	0	0	0		박 지 수	23	DF	DF	4	김 지 훈	16	0	0	0	0
0	0	0	0		우 주 성	15	DF	DF	12	이 상 돈		0	0	0	0
0	0	0	0		이 원 재	5	DF	DF	15	손 세 범		1(1)	1	0	0
0	0	1	0		장 은 규	37	DF	DF	18	권 영 호		0	1	0	0
0	0	0	0	13	정 현 철	24	MF	MF	5	인 준 연		0	2	0	1
0	0	1	0		이 관 표	36	MF	MF	11	박 정 훈		0	1	0	0
0	1	0	2(1)		송 수 영	16	MF	MF	17	이 도 성	6	0	1	0	0
0	0	0	1(1)	80	안 성 남	8	MF	MF	23	이 예 찬	7	0	1	1	0
0	0	0	3(2)	11	이 호 석	17	FW	MF	24	김 유 성		2(1)	4	1	0
0	0	0	6(5)		크리스찬	9	FW	FW	9	김 상 준		3(1)	0	0	0
0	0	0	0		하 강 진	29			31	임 홍 현		0	0	0	0
0	0	0	0		김 정 빈	22			16	박 태 형	전30	0	0	0	0
0	0	0	0		전 상 훈	12			6	허 재 원	전30	0	1	0	0
0	0	0	0		이 준 희	55	대기	대기	7	데파울라	후12	3	0	0	0
0	0	0	1	후0	신 학 영	13			22	김 필 호		0	0	0	0
0	0	2	0	후8	진 경 선	80			26	김 민 수		0	0	0	0
0	0	1	0	후20	김 슬 기	11			77	빅 토 르		0	0	0	0
0	1	5	13(9)			0			0			9(3)	12	2	1

● 전반 8분 크리스찬 GAL ~ 이호석 PK 우측지점 L-ST-G (득점: 이호석, 도움: 크리스찬) 오른쪽
● 전반 18분 송수영 PA 정면 내 L-ST-G(득점: 송수영) 왼쪽
● 전반 25분 이호석 MF 정면 ~ 안성남 GAL L-ST-G (득점: 안성남, 도움: 이호석) 오른쪽
● 전반 37분 이호석 AK 내 ~ 크리스찬 PAL 내 R-ST-G (득점: 크리스찬, 도움: 이호석) 오른쪽
● 전반 39분 이호석 AKL ~ 크리스찬 AK 내 R-ST-G (득점: 크리스찬, 도움: 이호석) 왼쪽
● 후반 4분 장은규 PAL ~ 크리스찬 PAL 내 R-ST-G (득점: 크리스찬, 도움: 장은규) 왼쪽
● 후반 9분 이호석 PAL 내 ~ 크리스찬 PK 좌측지점 L-ST-G (득점: 크리스찬, 도움: 이호석) 왼쪽

9월 07일 19 : 30 흐림 대전 월드컵 1,061명
주심: 송민석 / 부심: 김영하 · 양재용 / 대기심: 김영수 / 경기감독관: 강창구

대전 1 　 1 전반 0 / 0 후반 1 　 **1 대구**

퇴장	경고	파울	ST(유)	교체	선수명	배번	위치	위치	배번	선수명	교체	ST(유)	파울	경고	퇴장
0	0	0	0		박 주 원	1	GK	GK	21	조 현 우		0	0	0	0
0	0	1	0		장클로드	13	DF	DF	4	박 태 홍		1	1	0	0
0	0	0	0		이 동 수	16	DF	DF	20	황 재 원		1	0	0	0
0	0	1	0	4	장 준 영	20	DF	DF	5	홍 정 운		0	0	0	0
0	0	1	0	2	김 해 식	29	DF	MF	3	정 우 재	16	0	2	0	0
0	0	1	0		김 병 석	5	MF	MF	33	우 상 호	14	1	1	0	0
0	0	2	2		황 인 범	6	MF	MF	6	이 재 권		0	1	0	0
0	0	3	2		김 선 민	8	MF	MF	19	박 세 진		0	2	1	0
0	0	0	3(3)		김 동 찬	10	FW	FW	7	최 정 한	9	3(1)	2	0	0
0	0	4	1		구스타보	99	FW	FW	11	세 징 야		7(2)	2	0	0
0	0	3	0	27	박 대 훈	19	FW	FW	88	알 렉 스		5(3)	4	1	0
0	0	0	0		이 범 수	25			1	이 양 종		0	0	0	0
0	1	1	0	후22	우 현	4			13	조 영 훈		0	0	0	0
0	0	2	0	후30	강 윤 성	27			16	김 동 진	후30	0	1	0	0
0	0	0	0	후44	김 태 봉	2	대기	대기	15	한 재 웅		0	0	0	0
0	0	0	0		유 승 완	11			36	박 한 빈		0	0	0	0
0	0	0	0		오 창 현	22			14	신 창 무	후44	0	1	1	0
0	0	0	0		변 정 석	14			9	파 울 로	후0	4(3)	0	0	0
0	1	19	8(3)			0			0			22(9)	17	3	0

● 전반 27분 김동찬 PK-R-G (득점: 김동찬) 가운데

● 후반 30분 파울로 PK-R-G (득점: 파울로) 왼쪽

9월 07일 19 : 30 흐림 부천 종합 927명
주심: 김동진 / 부심: 이영운 · 장종필 / 대기심: 성덕효 / 경기감독관: 하재훈

부천 1 　 1 전반 0 / 0 후반 0 　 **0 부산**

퇴장	경고	파울	ST(유)	교체	선수명	배번	위치	위치	배번	선수명	교체	ST(유)	파울	경고	퇴장
0	0	0	0		류 원 우	1	GK	GK	21	구 상 민		0	0	0	0
0	1	1	0		강 지 용	6	DF	DF	5	차 영 환		0	3	0	0
0	0	0	0		한 희 훈	4	DF	DF	23	김 재 현		1	2	0	0
0	1	3	1		이 학 민	14	DF	DF	6	김 종 혁	86	0	1	0	0
0	0	1	0		김 진 현	87	DF	MF	79	장 현 수	3	0	0	0	0
0	0	1	1	10	배 준 렬	32	MF	MF	93	닐손주니어		0	1	0	0
0	0	0	1(1)		조 범 석	15	MF	MF	22	이 규 성	19	2(2)	0	0	0
0	2	1	0		김 영 남	77	MF	MF	77	최 광 희		1(1)	0	1	0
0	0	1	3(1)	20	진 창 수	16	MF	FW	94	포 프		3(2)	1	0	0
0	0	3	1(1)		루 키 안	9	FW	FW	8	홍 동 현		2	1	0	0
0	0	1	1(1)	8	문 기 한	7	FW	FW	14	정 석 화		0	0	0	0
0	0	0	0		최 철 원	30			31	김 형 근		0	0	0	0
0	0	0	0		서 명 식	13			3	이 원 영	후23	0	1	0	0
0	0	0	0		유 대 현	22			30	이 정 진		0	0	0	0
0	0	0	0	후11	송 원 재	8	대기	대기	33	유 지 훈		0	0	0	0
0	0	1	0	전39	바그닝요	10			86	김 영 신	후11	0	0	0	0
0	0	2	1	후29	김 륜 도	20			19	고 경 민	후21	3(2)	0	0	0
0	0	0	0		신 현 준	29			28	김 종 민		0	0	0	0
0	4	15	9(4)			0			0			12(7)	10	1	0

● 전반 7분 진창수 PA 정면 내 L-ST-G (득점: 진창수) 오른쪽

9월 07일 20 : 00 맑음 잠실 508명
주심: 박병진 / 부심: 지승민 · 송봉근 / 대기심: 박진호 / 경기감독관: 김정식

서울E 2 0 전반 0 / 2 후반 0 **0 충주**

퇴장	경고	파울	ST(유)	교체	선수명	배번	위치	위치	배번	선수명	교체	ST(유)	파울	경고	퇴장
0	0	0	0		김영광	1	GK	GK	41	홍상준		0	0	0	0
0	0	1	1		심상민	2	DF	DF	22	김한빈		0	1	0	0
0	0	0	0	6	전민광	22	DF	DF	31	김상필		0	0	0	0
0	0	0	0		김동진	63	DF	DF	68	마우콘		0	3	0	0
0	0	0	0		김봉래	27	DF	DF	13	엄진태	77	0	2	0	0
0	1	3	2(1)		김준태	4	MF	MF	29	정우인	24	0	0	0	0
0	0	1	1		신일수	16	MF	MF	7	최승호		1	0	0	0
0	0	4	2		최오백	23	MF	MF	8	오규빈	14	0	0	0	0
0	0	0	0		서정진	9	MF	MF	9	김신		0	1	0	0
0	0	1	4(4)		주민규	18	FW	FW	19	장백규		1	3	0	0
0	0	0	2(2)	17	타라바이	11	FW	FW	28	곽성환		2(1)	2	0	0
0	0	0	0		이상기	21			1	권태안		0	0	0	0
0	0	0	1(1)	후0	김동철	6			5	배효성		0	0	0	0
0	0	0	0		김지훈	36			50	황수남		0	0	0	0
0	0	0	0		김재연	47	대기	대기	24	김용태	후0	0	0	0	0
0	0	0	3(3)	후14/10	안태현	17			18	박지민		0	0	0	0
0	0	0	0	후43	유창현	10			77	하파엘	후22	1(1)	0	0	0
0	0	0	0		유제호	77			14	김정훈	후26	0	0	0	0
0	1	10	16(11)			0			0			5(2)	12	0	0

- 후반 11분 최오백 AKR ~ 주민규 GAR R-ST-G (득점: 주민규, 도움: 최오백) 왼쪽
- 후반 39분 안태현 GAR 내 R-ST-G (득점: 안태현) 왼쪽

9월 10일 16 : 00 흐림 안산 와스타디움 551명
주심: 박병진 / 부심: 송봉근 · 김영하 / 대기심: 김성호 / 경기감독관: 강창구

안산 2 1 전반 1 / 1 후반 2 **3 부천**

퇴장	경고	파울	ST(유)	교체	선수명	배번	위치	위치	배번	선수명	교체	ST(유)	파울	경고	퇴장
0	0	0	0		손정현	34	GK	GK	1	류원우		0	1	1	0
0	0	2	1(1)		정다훤	2	DF	DF	4	한희훈		0	1	0	0
0	1	2	0		조성진	6	DF	DF	13	서명식		0	0	0	0
0	1	4	0		안영규	20	DF	DF	14	이학민		0	3	1	0
0	0	0	1(1)		송창호	24	DF	DF	87	김진현		1	0	0	0
0	0	3	1		김은선	14	MF	MF	7	문기한	20	1(1)	0	0	0
0	0	0	1	29	이현승	10	MF	MF	8	송원재	22	0	2	0	0
0	0	0	3(1)		공민현	18	MF	MF	15	조범석		0	0	0	0
0	0	0	0	12	남준재	23	FW	MF	10	바그닝요		2(2)	6	0	0
0	0	0	1(1)	33	주현재	19	FW	MF	16	진창수	29	3(1)	3	1	0
0	1	1	4(4)		김동섭	9	FW	FW	9	루키안		1(1)	2	0	0
0	0	0	0		김대호	31			30	최철원		0	0	0	0
0	0	0	0	후19	정성민	33			22	유대현	후18	0	2	0	0
0	0	1	1	후12	김재웅	29			45	지병주		0	0	0	0
0	0	0	0		김준엽	22	대기	대기	18	전기성		0	0	0	0
0	0	0	0		최진수	25			20	김륜도	후34	0	2	0	0
0	0	0	0	후41	하정헌	12			28	이효균		0	0	0	0
0	0	0	0		박요한	27			29	신현준	후46	0	0	0	0
0	3	13	13(8)			0			0			8(5)	22	3	0

- 전반 14분 김동섭 PK-R-G (득점: 김동섭) 왼쪽
- 후반 36분 김동섭 PK-R-G (득점: 김동섭) 오른쪽
- 전반 40분 문기한 PA 정면 FK R-ST-G (득점: 문기한) 왼쪽
- 후반 2분 조범석 MFR ↷ 진창수 PA 정면 내 H-ST-G (득점: 진창수, 도움: 조범석) 왼쪽
- 후반 41분 김륜도 GAL 내 ~ 루키안 GA 정면 L-ST-G (득점: 루키안, 도움: 김륜도) 왼쪽

9월 11일 14 : 00 맑음 부산 아시아드 1,115명
주심: 매호영 / 부심: 김지욱 · 박균용 / 대기심: 박진호 / 경기감독관: 전인석

부산 3 1 전반 0 / 2 후반 0 **0 대전**

퇴장	경고	파울	ST(유)	교체	선수명	배번	위치	위치	배번	선수명	교체	ST(유)	파울	경고	퇴장
0	0	0	0		구상민	21	GK	GK	1	박주원		0	0	0	0
0	0	0	1		차영환	5	DF	DF	13	장클로드		0	3	0	0
0	0	1	2		닐손주니어	93	DF	DF	16	이동수		0	0	0	0
0	0	1	0		김재현	23	DF	DF	20	장준영		0	1	0	0
0	0	1	2		용재현	88	MF	DF	22	오창현		0	0	0	0
0	1	2	0		이정근	37	MF	MF	5	김병석		1(1)	1	0	0
0	1	0	2(1)		홍동현	8	MF	MF	6	황인범		0	2	0	0
0	0	1	2(1)		최광희	77	MF	MF	8	김선민	19	0	1	1	0
0	0	0	2	19	장현수	79	FW	FW	10	김동찬		1(1)	1	0	0
0	0	2	2(1)	86	포프	94	FW	FW	11	유승완	29	0	2	0	0
0	0	1	0	30	정석화	14	FW	FW	2	김태봉	99	0	0	0	0
0	0	0	0		김형근	31			31	김지철		0	0	0	0
0	0	0	0		이원영	3			3	김형진		0	0	0	0
0	0	0	2(1)	후24	이정진	30			27	강윤성		0	0	0	0
0	0	0	0		이영재	89	대기	대기	19	박대훈	후27	0	0	0	0
0	0	0	1(1)	후28	김영신	86			29	김해식	후8	0	0	0	0
0	1	1	0	후12	고경민	19			99	구스타보	후0	1	3	1	0
0	0	0	0		김종민	28			14	변정석		0	0	0	0
0	3	10	16(5)			0			0			3(2)	14	2	0

- 전반 39분 포프 GAR ~ 홍동현 GAL 내 L-ST-G (득점: 홍동현, 도움: 포프) 왼쪽
- 후반 30분 최광희 AK 내 FK R-ST-G (득점: 최광희) 오른쪽
- 후반 43분 홍동현 PAR EL ~ 이정진 GA 정면 내 L-ST-G (득점: 이정진, 도움: 홍동현) 왼쪽

9월 11일 19 : 00 흐림 잠실 863명
주심: 서동진 / 부심: 양재용 · 장종필 / 대기심: 고형진 / 경기감독관: 김진의

서울E 2 0 전반 2 / 2 후반 0 **2 안양**

퇴장	경고	파울	ST(유)	교체	선수명	배번	위치	위치	배번	선수명	교체	ST(유)	파울	경고	퇴장
0	0	0	0		김영광	1	GK	GK	87	김선규		0	0	0	0
0	0	1	0		심상민	2	DF	DF	3	안세희		0	1	0	0
0	0	0	0		전민광	22	DF	DF	55	김진환		0	1	0	0
0	1	3	1(1)		김동진	63	DF	DF	14	안성빈		0	4	0	0
0	0	0	0		김봉래	27	DF	DF	90	구대영		1	0	0	0
0	0	2	0	47	김창욱	26	MF	MF	24	최영훈		0	4	1	0
0	0	2	0	25	신일수	16	MF	MF	6	유수현		0	1	0	0
0	0	1	2(1)		최오백	23	MF	MF	8	서용덕	16	0	0	0	0
0	0	0	2		서정진	9	FW	MF	7	김민균	9	1(1)	1	0	0
0	0	2	3(2)		주민규	18	FW	MF	28	브루닝요		1(1)	6	1	0
0	0	0	1(1)	11	유창현	10	FW	FW	18	김대한	17	2(1)	1	0	0
0	0	0	0		이상기	21			1	이진형		0	0	0	0
0	0	0	0		김동철	6			2	채광훈		0	0	0	0
0	0	0	0		김지훈	36			5	유종현		0	0	0	0
0	0	0	0		김태은	15	대기	대기	16	안진범	후24	2(1)	1	0	0
0	1	2	1	후0	김재연	47			17	박승일	후17	1	1	0	0
0	0	0	0	후36	김현솔	25			23	김영도		0	0	0	0
0	0	1	2(2)	후0	타라바이	11			9	김영후	후33	0	1	0	0
0	2	14	12(7)			0			0			8(4)	22	2	0

- 후반 24분 김동진 GA 정면 R-ST-G (득점: 김동진) 오른쪽
- 후반 46분 김봉래 PAR ↷ 주민규 PK지점 R-ST-G (득점: 주민규, 도움: 김봉래) 오른쪽
- 전반 23초 김민균 MF 정면 ~ 김대한 PK지점 L-ST-G (득점: 김대한, 도움: 김민균) 오른쪽
- 전반 33분 김민균 PK-R-G (득점: 김민균) 왼쪽

9월 12일 19 : 00 맑음 고양 종합 254명
주심: 김영수 / 부심: 지승민 · 차상욱 / 대기심: 성덕효 / 경기감독관: 김일호

고양 0   0 전반 1 / 0 후반 0   **1 강원**

퇴장	경고	파울	ST(유)	교체	선수명	배번	위치	위치	배번	선수명	교체	ST(유)	파울	경고	퇴장
0	0	0	0		임홍현	31	GK	GK	18	함석민		0	0	0	0
0	0	2	1		이상돈	12	DF	DF	77	백종환		1(1)	1	0	0
0	1	1	0		박승우	13	DF	DF	33	이한샘		0	1	1	0
0	0	0	0		박태형	16	DF	DF	6	안현식		0	2	1	0
0	0	0	2(2)	4	권영호	18	DF	DF	22	정승용		1	1	0	0
0	0	2	0		허재원	6	MF	MF	16	한석종		1	1	0	0
0	0	1	3(2)	7	박정훈	11	MF	MF	88	세르징요		0	1	0	0
0	0	2	1		이도성	17	MF	MF	99	장혁진	4	0	3	0	0
0	1	1	2(2)	22	이예찬	23	MF	FW	8	허범산	10	2(2)	2	0	0
0	0	3	0		김상준	9	FW	FW	23	마테우스		2(1)	1	0	0
0	1	2	3(1)		빅토르	77	FW	FW	9	루이스	17	1(1)	0	0	0
0	0	0	0		강진웅	1			30	안지현		0	0	0	0
0	1	2	0	후23	김지훈	4			19	길영태		0	0	0	0
0	0	0	0		손세범	15			3	최우재		0	0	0	0
0	0	0	0		김종원	27	대기	대기	4	오승범	후17	0	0	0	0
0	0	0	1(1)	후29	김필호	22			7	박희도		0	0	0	0
0	0	0	0		김성수	25			10	최진호	후20	0	1	0	0
0	0	0	1(1)	후26	데파울라	7			17	심영성	후31	0	1	0	0
0	4	16	14(9)			0			0			8(5)	15	2	0

● 전반 13분 루이스 PK-R-G (득점: 루이스) 오른쪽

9월 12일 19 : 00 맑음 충주 종합 675명
주심: 김동인 / 부심: 이영운 · 이상민 / 대기심: 임정수 / 경기감독관: 김형남

충주 3   1 전반 1 / 2 후반 1   **2 경남**

퇴장	경고	파울	ST(유)	교체	선수명	배번	위치	위치	배번	선수명	교체	ST(유)	파울	경고	퇴장
0	0	0	0		홍상준	41	GK	GK	99	권정혁		0	0	0	0
0	0	0	0		김한빈	22	DF	DF	37	장은규		0	0	0	0
0	0	0	0		배효성	5	DF	DF	23	박지수		0	2	1	0
0	0	2	0		마우콘	68	DF	DF	5	이원재		0	1	0	0
0	0	2	2(2)		최유상	99	DF	DF	15	우주성		0	0	0	0
0	0	0	0		김상필	31	MF	MF	36	이관표	13	1(1)	1	0	0
0	0	2	1(1)		최승호	7	MF	MF	24	정현철		0	1	0	0
0	1	2	3(1)		쿠아쿠	6	MF	MF	8	안성남	18	2	0	0	0
0	0	0	1	9	김정훈	14	MF	MF	16	송수영		6(2)	1	0	0
0	1	1	1(1)	77	박지민	18	FW	FW	17	이호석	22	1(1)	2	0	0
0	0	0	3	28	김도형	10	FW	FW	9	크리스찬		2(1)	1	0	0
0	0	0	0		이영창	26			29	하강진		0	0	0	0
0	0	0	0		정우인	29			55	이준희		0	0	0	0
0	0	0	0		김용태	24			12	전상훈		0	0	0	0
0	0	0	2(1)	후32	김신	9	대기	대기	22	김정빈	후44	0	0	0	0
0	0	0	0		장백규	19			80	진경선		0	0	0	0
0	0	0	3(3)	후7	하파엘	77			13	신학영	후0	1	0	0	0
0	0	1	0	후39	곽성환	28			18	김영욱	후27	1	0	0	0
0	2	10	16(9)			0			0			14(5)	9	1	0

● 전반 10분 최유상 PA 정면 내 R-ST-G (득점: 최유상) 오른쪽
● 후반 14분 김도형 PAL FK ↷ 쿠아쿠 GA 정면 내 H-ST-G (득점: 쿠아쿠, 도움: 김도형) 왼쪽
● 후반 48분 김신 GA 정면 L-ST-G (득점: 김신) 왼쪽

● 전반 34분 크리스찬 PA 정면 ~ 이호석 GAR R-ST-G (득점: 이호석, 도움: 크리스찬) 왼쪽
● 후반 5분 크리스찬 PA 정면 ~ 송수영 GAL L-ST-G (득점: 송수영, 도움: 크리스찬) 왼쪽

9월 17일 16 : 00 비 창원 축구센터 332명
주심: 성덕효 / 부심: 지승민 · 차상욱 / 대기심: 김동진 / 경기감독관: 전인석

경남 1   0 전반 2 / 1 후반 1   **3 부산**

퇴장	경고	파울	ST(유)	교체	선수명	배번	위치	위치	배번	선수명	교체	ST(유)	파울	경고	퇴장
0	0	0	0		권정혁	99	GK	GK	21	구상민		0	0	0	0
0	0	0	0		김정빈	22	DF	DF	5	차영환		0	0	0	0
0	0	0	0		우주성	15	DF	DF	93	닐손주니어		0	0	0	0
0	0	0	0		이원재	5	DF	DF	23	김재현		1(1)	0	0	0
0	0	0	1(1)	13	장은규	37	DF	MF	88	용재현		0	1	0	0
0	0	0	1		정현철	24	MF	MF	86	김영신	9	0	2	1	0
0	0	1	0	55	이관표	36	MF	MF	22	이규성		2	3	0	0
0	0	0	3(2)		송수영	16	MF	MF	77	최광희		0	1	1	0
0	0	0	0	8	진경선	80	MF	FW	79	장현수	19	2	1	0	0
0	0	1	1(1)		이호석	17	FW	FW	94	포프		5(3)	1	0	0
0	1	3	3		크리스찬	9	FW	FW	14	정석화	28	4(3)	0	0	0
0	0	0	0		하강진	29			31	김형근		0	0	0	0
0	0	0	0		김성현	2			3	이원영		0	0	0	0
0	0	0	0		전상훈	12			33	유지훈		0	0	0	0
0	0	0	0	후10	이준희	55	대기	대기	25	장현우		0	0	0	0
0	0	0	0	후38	신학영	13			28	김종민	후29	0	1	0	1
0	0	0	3(2)	후0	안성남	8			19	고경민	후15	0	0	1	0
0	0	0	0		김영욱	18			9	김현성	후36	1(1)	0	0	0
0	1	5	12(6)			0			0			15(8)	10	3	1

● 후반 38분 김정빈 MFR ↷ 안성남 GAL R-ST-G (득점: 안성남, 도움: 김정빈) 왼쪽

● 전반 10분 최광희 PAR ↷ 포프 PAR 내 R-ST-G (득점: 포프, 도움: 최광희) 오른쪽
● 전반 28분 닐손주니어 GAR H ↷ 포프 GAL 내 L-ST-G (득점: 포프, 도움: 닐손주니어) 가운데
● 후반 7분 포프 PAL 내 ~ 정석화 PK 우측지점 R-ST-G (득점: 정석화, 도움: 포프) 오른쪽

9월 17일 19 : 00 맑음 잠실 841명
주심: 우상일 / 부심: 이영운 · 이상민 / 대기심: 최대우 / 경기감독관: 김형남

서울E 2   1 전반 0 / 1 후반 0   **0 안산**

퇴장	경고	파울	ST(유)	교체	선수명	배번	위치	위치	배번	선수명	교체	ST(유)	파울	경고	퇴장
0	0	0	0		김영광	1	GK	GK	34	손정현		0	0	0	0
0	0	1	1(1)		심상민	2	DF	DF	2	정다훤	33	0	2	0	0
0	0	2	0		전민광	22	DF	DF	6	조성진		0	3	0	1
0	0	0	0		김동진	63	DF	DF	14	김은선		0	2	0	0
0	1	2	0		김태은	15	DF	DF	32	하인호		0	0	1	0
0	0	2	0	47	김동철	6	MF	MF	29	김재웅		0	5	0	0
0	0	8	0		김준태	4	MF	MF	26	최영준	10	0	0	0	0
0	0	0	0	77	최오백	23	MF	MF	18	공민현		0	3	0	0
0	0	2	0		서정진	9	MF	FW	7	한지호		4(2)	3	0	0
0	0	0	2	5	타라바이	11	FW	FW	23	남준재		1	1	0	0
0	0	3	2(1)		주민규	18	FW	FW	9	김동섭	19	0	1	0	0
0	0	0	0		이상기	21			31	김대호		0	0	0	0
0	0	1	0	후40	칼라일 미첼	5			10	이현승	후0	1(1)	1	0	0
0	0	0	0		김봉래	27			19	주현재	후7	0	0	0	0
0	0	0	0		최치원	66	대기	대기	12	하정헌		0	0	0	0
0	0	0	0	후9	김재연	47			11	황지웅		0	0	0	0
0	0	1	0	후21	유제호	77			25	최진수		0	0	0	0
0	0	0	0		유창현	10			33	정성민	후37	0	1	0	0
0	1	22	5(2)			0			0			6(3)	22	1	1

● 전반 41분 타라바이 GAR ~ 주민규 GA 정면 R-ST-G (득점: 주민규, 도움: 타라바이) 왼쪽
● 후반 48분 주민규 PAL 내 ~ 심상민 GA 정면 L-ST-G (득점: 심상민, 도움: 주민규) 왼쪽

9월 18일 19 : 00 흐림 안양 종합 1,207명
주심: 박진호 / 부심: 김영하 · 김지욱 / 대기심: 최대우 / 경기감독관: 한병화

안양 0   0 전반 0 / 0 후반 0   **0 충주**

퇴장	경고	파울	ST(유)	교체	선수명	배번	위치	위치	배번	선수명	교체	ST(유)	파울	경고	퇴장
0	0	0	0		이진형	1	GK	GK	41	홍상준		0	0	0	0
0	0	1	0		안세희	3	DF	DF	31	김상필		0	2	0	0
0	1	0	0		김진환	55	DF	DF	5	배효성		0	3	0	0
0	0	0	0		안성빈	14	DF	DF	68	마우콘		0	2	1	0
0	0	0	0		구대영	90	DF	MF	22	김한빈		0	0	0	0
0	0	2	1(1)		유수현	6	MF	MF	99	최유상		1(1)	1	0	0
0	0	1	1(1)		서용덕	8	MF	MF	7	최승호		1	2	0	0
0	0	1	3(2)	20	김민균	7	MF	MF	6	쿠아쿠		1	1	0	0
0	0	2	3(2)	9	박승일	17	MF	FW	14	김정훈	24	1(1)	0	0	0
0	0	1	1(1)		브루닝요	28	FW	FW	10	김도형	19	2(2)	1	0	0
0	0	0	0	27	김대한	18	FW	FW	9	김신	77	1(1)	1	0	0
0	0	0	0		김선규	87			1	권태안		0	0	0	0
0	0	0	0		채광훈	2			29	정우인		0	0	0	0
0	0	0	0		유종현	5			24	김용태	후26	0	0	0	0
0	0	0	1	후34	가솔현	20	대기	대기	35	정인권		0	0	0	0
0	0	0	0		이태현	26			19	장백규	후40	1	0	0	0
0	0	0	1	후0	정재희	27			77	하파엘	후0	3(1)	4	1	0
0	0	0	1	후24	김영후	9			28	곽성환		0	0	0	0
0	1	8	12(7)			0			0			11(6)	17	2	0

9월 19일 19 : 30 흐림 대전 월드컵 1,023명
주심: 김희곤 / 부심: 손재선 · 곽승순 / 대기심: 서동진 / 경기감독관: 김용세

대전 0   0 전반 0 / 0 후반 0   **0 부천**

퇴장	경고	파울	ST(유)	교체	선수명	배번	위치	위치	배번	선수명	교체	ST(유)	파울	경고	퇴장
0	0	0	0		박주원	1	GK	GK	30	최철원		0	0	0	0
0	0	1	0		장클로드	13	DF	DF	4	한희훈		0	0	0	0
0	0	1	0		김해식	29	DF	DF	6	강지용		1	0	0	0
0	0	1	1		장준영	20	DF	DF	14	이학민		1	1	0	0
0	0	1	0		오창현	22	DF	DF	22	유대현	29	1	0	0	0
0	0	1	1		김병석	5	MF	MF	87	김진현		0	0	0	0
0	1	3	4(1)		황인범	6	MF	MF	7	문기한	8	1(1)	4	0	0
0	0	2	0		이동수	16	MF	MF	10	바그닝요		2	5	0	0
0	0	0	1(1)	14	김동찬	10	FW	MF	15	조범석		2(1)	0	0	0
0	1	4	0	11	강윤성	27	FW	MF	77	김영남		2(1)	1	0	0
0	0	0	0	19	김태봉	2	FW	FW	9	루키안		2(2)	3	0	0
0	0	0	0		이범수	25			25	한상진		0	0	0	0
0	0	0	0		김형진	3			5	임동혁		0	0	0	0
0	0	0	0		우현	4			13	서명식		0	0	0	0
0	0	2	0	후0	박대훈	19	대기	대기	45	지병주		0	0	0	0
0	0	1	0	후30	유승완	11			8	송원재	후15	0	1	1	0
0	0	0	0		김동곤	26			28	이효균		0	0	0	0
0	0	0	0	후41	변정석	14			29	신현준	후18	0	1	0	0
0	2	17	7(2)			0			0			12(5)	16	1	0

9월 19일 19 : 30 흐림 대구 스타디움 514명
주심: 임정수 / 부심: 방기열 · 양재용 / 대기심: 박병진 / 경기감독관: 전기록

대구 1   0 전반 0 / 1 후반 0   **0 고양**

퇴장	경고	파울	ST(유)	교체	선수명	배번	위치	위치	배번	선수명	교체	ST(유)	파울	경고	퇴장
0	0	0	0		조현우	21	GK	GK	31	임홍현		0	0	0	0
0	0	1	0	9	김동진	16	DF	DF	12	이상돈		1	1	0	0
0	0	1	1		황재원	20	DF	DF	13	박승우		0	1	0	0
0	1	1	1		박태홍	4	DF	DF	16	박태형		0	1	0	0
0	0	1	1		정우재	3	MF	DF	18	권영호		0	0	0	0
0	1	1	0		우상호	33	MF	MF	6	허재원		0	1	0	0
0	0	2	1(1)		이재권	6	MF	MF	17	이도성		0	1	0	0
0	0	0	0		박세진	19	MF	MF	11	박정훈	10	0	1	0	0
0	0	1	2	5	세징야	11	FW	MF	22	김필호	25	0	2	0	0
0	0	3	1(1)	17	에델	10	FW	MF	7	데파울라		1	3	0	0
0	0	2	3(2)		알렉스	88	FW	FW	9	김상준	15	0	3	0	0
0	0	0	0		이양종	1			1	강진웅		0	0	0	0
0	0	0	0	후41	홍정운	5			15	손세범	후18	0	0	0	0
0	0	0	0		한재웅	15			4	김지훈		0	0	0	0
0	0	0	0		박한빈	36	대기	대기	27	김종원		0	0	0	0
0	0	0	0		최정한	7			25	김성수	후43	0	1	0	0
0	0	0	0	후20	노병준	17			19	윤석희		0	0	0	0
0	0	0	2(1)	후11	파울로	9			10	남하늘	후43	0	0	0	0
0	2	13	12(5)			0			0			2	15	0	0

● 후반 33분 파울로 GAR R-ST-G (득점: 파울로) 왼쪽

9월 24일 18 : 00 맑음 평창 알펜시아 1,404명
주심: 박진호 / 부심: 장종필 · 김지욱 / 대기심: 김희곤 / 경기감독관: 김진의

강원 1   1 전반 1 / 0 후반 0   **1 대구**

퇴장	경고	파울	ST(유)	교체	선수명	배번	위치	위치	배번	선수명	교체	ST(유)	파울	경고	퇴장
0	0	0	0		함석민	18	GK	GK	21	조현우		0	0	0	0
0	0	4	0		백종환	77	DF	DF	16	김동진		0	1	0	0
0	0	1	0		이한샘	33	DF	DF	20	황재원		0	2	0	0
0	0	2	0		안현식	6	DF	DF	4	박태홍		0	3	1	0
0	0	0	1		정승용	22	DF	MF	3	정우재		0	0	0	0
0	0	2	1(1)		세르징요	88	MF	MF	33	우상호		0	1	0	0
0	0	3	2(1)		루이스	9	MF	MF	6	이재권	36	0	2	0	0
0	0	0	1	16	오승범	4	MF	MF	19	박세진		0	3	2	0
0	0	2	0	10	허범산	8	FW	FW	11	세징야		9(4)	1	0	0
0	0	5	2(2)	17	마테우스	23	FW	FW	10	에델	9	2(2)	0	0	0
0	0	1	3(2)		서보민	11	FW	FW	88	알렉스	17	1	2	0	0
0	0	0	0		안지현	30			1	이양종		0	0	0	0
0	0	0	0		길영태	19			5	홍정운		0	0	0	0
0	1	1	0	후14	한석종	16			15	한재웅		0	0	0	0
0	0	0	0		박희도	7	대기	대기	36	박한빈	후16	1	1	0	0
0	0	1	1	후14	최진호	10			7	최정한		0	0	0	0
0	0	0	1(1)	후35	심영성	17			17	노병준	후38	0	0	0	0
0	0	0	0		마라냥	84			9	파울로	후23	1(1)	0	0	0
0	1	22	12(7)			0			0			14(7)	16	3	0

● 전반 15분 루이스 MFL FK ↷ 마테우스 GA 정면 내 L-ST-G (득점: 마테우스, 도움: 루이스) 오른쪽
● 전반 43분 에델 PK-R-G (득점: 에델) 왼쪽

9월 24일 19:00 맑음 대전 월드컵 4,131명
주심: 김동인 / 부심: 지승민 · 이상민 / 대기심: 송민석 / 경기감독관: 김형남

대전 3 3 전반 0 / 0 후반 2 **2 안양**

퇴장	경고	파울	ST(유)	교체	선수명	배번	위치	위치	배번	선수명	교체	ST(유)	파울	경고	퇴장
0	0	0	0		박주원	1	GK	GK	1	이진형		0	0	0	0
0	0	3	1(1)		장클로드	13	DF	DF	14	안성빈		0	1	1	0
0	1	3	0		김해식	29	DF	DF	33	이재억	9	0	0	0	0
0	0	2	1		장준영	20	DF	DF	3	안세희		2	0	0	0
0	0	0	0		이동수	16	DF	DF	90	구대영		1	0	0	0
0	0	1	2(2)		김병석	5	MF	MF	20	가솔현		0	0	0	0
0	0	2	3		황인범	6	MF	MF	26	이태현	8	0	1	0	0
0	0	0	2(1)		김선민	8	MF	MF	6	유수현	17	1(1)	1	0	0
0	0	0	5(3)		김동찬	10	FW	MF	24	최영훈		1(1)	4	1	0
0	0	1	1	27	구스타보	99	FW	FW	27	정재희		2	1	0	0
0	0	3	2(1)	11	박대훈	19	FW	FW	28	브루닝요		4(1)	1	0	0
0	0	0	0		이범수	25			87	김선규		0	0	0	0
0	0	0	0		김형진	3			2	채광훈		0	0	0	0
0	0	0	0	후46	오창현	22			5	유종현		0	0	0	0
0	0	0	0		강영제	15	대기	대기	8	서용덕	전33	1(1)	2	0	0
0	1	0	1	후29/22	유승완	11			17	박승일	후7	2(2)	0	0	0
0	0	1	3(3)	후0	강윤성	27			9	김영후	전10	4(1)	2	0	0
0	0	0	0		변정석	14			23	김영도		0	0	0	0
0	2	16	21(11)			0			0			18(7)	13	2	0

- 전반 3분 구스타보 GAL EL ↷ 김동찬 GAR 내 H-ST-G (득점: 김동찬, 도움: 구스타보) 오른쪽
- 전반 8분 김병석 GAL 내 EL R-ST-G (득점: 김병석) 왼쪽
- 전반 35분 박대훈 AK 정면 R-ST-G (득점: 박대훈) 왼쪽
- 후반 10분 박승일 AK 내 L-ST-G (득점: 박승일) 왼쪽
- 후반 41분 서용덕 PK-R-G (득점: 서용덕) 가운데

9월 24일 19:00 흐림 부천 종합 2,733명
주심: 매호영 / 부심: 양재용 · 박균용 / 대기심: 임정수 / 경기감독관: 전기록

부천 1 1 전반 0 / 0 후반 2 **2 경남**

퇴장	경고	파울	ST(유)	교체	선수명	배번	위치	위치	배번	선수명	교체	ST(유)	파울	경고	퇴장
0	0	0	0		류원우	1	GK	GK	99	권정혁		0	0	0	0
0	0	1	0		한희훈	4	DF	DF	90	여성해		1(1)	4	0	0
0	0	0	2(2)		강지용	6	DF	DF	15	우주성		0	3	0	0
0	0	3	2(1)		이학민	14	DF	DF	12	전상훈		0	4	0	0
0	0	1	1		김진현	87	DF	DF	23	박지수		0	0	0	0
0	0	0	0	10	배준렬	32	MF	MF	24	정현철		1	2	0	0
0	0	1	1(1)	22	문기한	7	MF	MF	13	신학영		0	1	0	0
0	0	1	1		조범석	15	MF	MF	8	안성남	36	2	0	0	0
0	0	0	0	11	김영남	77	MF	MF	16	송수영		4(1)	1	1	0
0	0	0	2(1)		진창수	16	MF	FW	88	김도엽	14	1(1)	3	1	0
0	0	1	6(4)		루키안	9	FW	FW	17	이호석	4	2(2)	4	1	0
0	0	0	0		최철원	30			29	하강진		0	0	0	0
0	0	0	0		임동혁	5			14	남광현	후13	1(1)	0	0	0
0	0	1	0	후22	유대현	22			4	이반	후49	0	0	1	0
0	0	0	0		지병주	45	대기	대기	22	김정빈		0	0	0	0
0	1	4	1(1)	전28	바그닝요	10			36	이관표	후13	1(1)	1	0	0
0	0	1	0	후32	에드손	11			80	진경선		0	0	0	0
0	0	0	0		이효균	28			18	김영욱		0	0	0	0
0	1	14	16(10)			0			0			13(7)	23	4	0

- 전반 30분 루키안 GAL L-ST-G (득점: 루키안) 가운데
- 후반 26분 정현철 MF 정면 ~ 이호석 AKR R-ST-G (득점: 이호석, 도움: 정현철) 왼쪽
- 후반 30분 송수영 PAL 내 ~ 남광현 AKL R-ST-G (득점: 남광현, 도움: 송수영) 왼쪽

9월 25일 16:00 맑음 고양 종합 162명
주심: 최대우 / 부심: 김영하 · 차상욱 / 대기심: 김종혁 / 경기감독관: 김정식

고양 0 0 전반 3 / 0 후반 1 **4 안산**

퇴장	경고	파울	ST(유)	교체	선수명	배번	위치	위치	배번	선수명	교체	ST(유)	파울	경고	퇴장
0	0	0	0		강진웅	1	GK	GK	34	손정현		0	0	0	0
0	0	0	0		이상돈	12	DF	DF	2	정다훤	22	0	0	0	0
0	0	2	0		박승우	13	DF	DF	20	안영규		0	1	0	0
0	0	0	0		박태형	16	DF	DF	14	김은선		0	0	0	0
0	0	2	0		권영호	18	DF	DF	19	주현재		0	0	0	0
0	0	1	0		허재원	6	MF	MF	29	김재웅		1	2	0	0
0	0	0	1	25	이도성	17	MF	MF	25	최진수	17	2(2)	3	0	0
0	0	1	1	9	이예찬	23	MF	MF	10	이현승		1(1)	1	0	0
0	0	2	1		박정훈	11	MF	FW	7	한지호		3(3)	2	0	0
0	0	0	0	5	빅토르	77	FW	FW	23	남준재		1(1)	1	0	0
0	1	2	5(1)		데파울라	7	FW	FW	9	김동섭	18	1	3	0	0
0	0	0	0		이승규	21			31	김대호		0	0	0	0
0	0	0	0		김종원	27			33	정성민		0	0	0	0
0	0	0	1(1)	후16	김성수	25			18	공민현	후18	1	1	0	0
0	0	0	0		김필호	22	대기	대기	12	하정헌		0	0	0	0
0	0	2	1	후0	김상준	9			17	강승조	후31	0	2	1	0
0	0	3	2	전38	인준연	5			11	황지웅		0	0	0	0
0	0	0	0		남하늘	10			22	김준엽	후9	0	0	0	0
0	1	15	12(2)			0			0			10(7)	16	1	0

- 전반 40초 김동섭 PA 정면 내 ~ 한지호 GAR R-ST-G (득점: 한지호, 도움: 김동섭) 왼쪽
- 전반 26분 최진수 PAR 내 R-ST-G (득점: 최진수) 가운데
- 전반 32분 최진수 AK 정면 FK R-ST-G (득점: 최진수) 왼쪽
- 후반 38분 안영규 MFR ~ 이현승 PK지점 R-ST-G (득점: 이현승, 도움: 안영규) 왼쪽

9월 25일 15:00 맑음 충주 종합 1,054명
주심: 서동진 / 부심: 손재선 · 이영운 / 대기심: 박병진 / 경기감독관: 전인석

충주 0 0 전반 1 / 0 후반 0 **1 부산**

퇴장	경고	파울	ST(유)	교체	선수명	배번	위치	위치	배번	선수명	교체	ST(유)	파울	경고	퇴장
0	0	0	0		홍상준	41	GK	GK	21	구상민		0	0	0	0
0	0	3	1		최유상	99	DF	DF	5	차영환		0	2	0	0
0	1	3	0		배효성	5	DF	DF	93	닐손주니어		0	2	1	0
0	1	1	0	3	황수남	50	DF	DF	23	김재현		0	1	1	0
0	0	0	0		김한빈	22	DF	MF	88	용재현		0	0	0	0
0	0	3	1(1)		장백규	19	MF	MF	86	김영신		1	0	0	0
0	0	1	0		최승호	7	MF	MF	22	이규성	11	0	0	0	0
0	0	1	0		쿠아쿠	6	MF	MF	77	최광희		0	0	0	0
0	0	2	1(1)	10	김정훈	14	MF	FW	79	장현수	8	0	0	0	0
0	0	1	0		김상필	31	FW	FW	94	포프	9	2(1)	2	1	0
0	0	0	1	77	박지민	18	FW	FW	14	정석화		2(1)	0	0	0
0	0	0	0		이영창	26			31	김형근		0	0	0	0
0	0	1	0	후36	정인탁	3			3	이원영		0	0	0	0
0	0	0	0		이태영	23			33	유지훈		0	0	0	0
0	0	0	0		오규빈	8	대기	대기	8	홍동현	전43	2(2)	0	0	0
0	0	0	1(1)	후0	김도형	10			30	이정진		0	0	0	0
0	0	2	0	후13	하파엘	77			11	임상협	후25	1	0	0	0
0	0	0	0		곽성환	28			9	김현성	후38	0	1	0	0
0	2	18	5(3)			0			0			8(4)	8	3	0

- 전반 21분 포프 AKL FK R-ST-G (득점: 포프) 오른쪽

9월 28일 19:00 흐림 고양 종합 148명
주심: 박진호 / 부심: 양재용·이상민 / 대기심: 김영수 / 경기감독관: 하재훈

고양 1 0 전반 0 / 1 후반 0 **0 충주**

퇴장	경고	파울	ST(유)	교체	선수명	배번	위치	위치	배번	선수명	교체	ST(유)	파울	경고	퇴장
0	0	0	0		강진웅	1	GK	GK	41	홍상준		0	0	0	0
0	0	1	0		이상돈	12	DF	DF	31	김상필		1	1	0	0
0	1	1	0		박승우	13	DF	DF	68	마우콘		1	0	0	0
0	0	0	1		박태형	16	DF	DF	50	황수남		0	3	0	0
0	0	1	0		권영호	18	DF	DF	6	쿠아쿠		0	4	0	0
0	0	1	1		허재원	6	MF	MF	99	최유상		1	1	0	0
0	0	0	1	22	이도성	17	MF	MF	22	김한빈		1	0	0	0
0	0	0	0		김성수	25	MF	MF	7	최승호	29	0	0	0	0
0	0	1	0	4	박정훈	11	MF	FW	19	장백규	9	1	1	0	0
0	0	2	2		인준연	5	MF	MF	18	박지민	77	1	1	0	0
0	0	4	2(2)	9	남하늘	10	FW	FW	10	김도형		2	0	0	0
0	0	0	0		임홍현	31			1	권태안		0	0	0	0
0	0	0	0	후32	김지훈	4			29	정우인	후38	0	0	0	0
0	0	0	0		김종원	27			25	옹동균		0	0	0	0
0	0	2	0	후0	김필호	22	대기	대기	8	오규빈		0	0	0	0
0	0	0	0	후17	김상준	9			5	배효성		0	0	0	0
0	0	0	0		윤석희	19			77	하파엘	후15	4(1)	1	0	0
0	0	0	0		데파울라	7			9	김신	후15	0	0	0	0
0	1	13	7(2)			0			0			12(1)	12	0	0

● 후반 8분 박정훈 MFL ~ 남하늘 PA 정면 R-ST-G (득점: 남하늘, 도움: 박정훈) 왼쪽

9월 28일 18:00 비 평창 알펜시아 633명
주심: 김희곤 / 부심: 이영운·김영하 / 대기심: 최대우 / 경기감독관: 강창구

강원 3 1 전반 0 / 2 후반 0 **0 안양**

퇴장	경고	파울	ST(유)	교체	선수명	배번	위치	위치	배번	선수명	교체	ST(유)	파울	경고	퇴장
0	0	0	0		함석민	18	GK	GK	1	이진형		0	0	0	0
0	1	4	1(1)		백종환	77	DF	DF	14	안성빈		1	0	0	0
0	0	1	0		이한샘	33	DF	DF	5	유종현		0	3	0	0
0	0	1	1(1)		안현식	6	DF	DF	55	김진환		0	3	1	0
0	0	2	1		정승용	22	DF	DF	90	구대영		0	0	0	0
0	0	1	4(2)		세르징요	88	MF	MF	24	최영훈		0	4	1	0
0	1	1	1(1)		루이스	9	MF	MF	8	서용덕		1	4	0	0
0	0	1	1(1)	7	오승범	4	MF	MF	6	유수현	28	1	1	1	0
0	0	0	3(3)		서보민	11	FW	MF	7	김민균		1(1)	2	2	0
0	0	2	4	84	마테우스	23	FW	FW	27	정재희	17	2	0	0	0
0	0	3	0	8	장혁진	99	FW	FW	19	김동기	20	0	1	0	0
0	0	0	0		안지현	30			87	김선규		0	0	0	0
0	0	0	0		길영태	19			2	채광훈		0	0	0	0
0	0	1	1(1)	후28	허범산	8			20	가솔현	후30	0	2	0	0
0	0	0	1(1)	후38	박희도	7	대기	대기	16	안진범		0	0	0	0
0	0	0	0		최진호	10			17	박승일	후25	2(1)	1	0	0
0	0	0	0		심영성	17			28	브루닝요	후7	0	0	0	0
0	0	0	1(1)	후42	마라냥	84			18	김대한		0	0	0	0
0	2	17	19(12)			0			0			8(2)	21	5	0

● 전반 29분 세르징요 PK 좌측지점 H → 안현식 GA 정면 내 L-ST-G (득점: 안현식, 도움: 세르징요) 왼쪽
● 후반 36분 서보민 PAR ~ 허범산 MFR L-ST-G (득점: 허범산, 도움: 서보민) 왼쪽
● 후반 52분 서보민 MFL ~ 루이스 AK 내 R-ST-G (득점: 루이스, 도움: 서보민) 오른쪽

9월 28일 19:30 흐림 안산 와스타디움 399명
주심: 김동진 / 부심: 손재선·장종필 / 대기심: 서동진 / 경기감독관: 김진의

안산 1 0 전반 0 / 1 후반 0 **0 대전**

퇴장	경고	파울	ST(유)	교체	선수명	배번	위치	위치	배번	선수명	교체	ST(유)	파울	경고	퇴장
0	0	0	0		손정현	34	GK	GK	1	박주원		0	0	0	0
0	0	2	1		김준엽	22	DF	DF	13	장클로드		1	7	0	0
0	0	2	0		정다훤	2	DF	DF	29	김해식		2(1)	1	0	0
0	1	1	1		김은선	14	DF	DF	20	장준영		0	0	0	0
0	1	2	1		주현재	19	DF	DF	16	이동수		1	2	0	0
0	0	0	0		강승조	17	MF	MF	5	김병석	17	1	1	0	0
0	0	3	3(2)	20	김재웅	29	MF	MF	6	황인범		2(2)	1	0	0
0	0	2	2(1)	7	이현승	10	MF	MF	8	김선민		2(2)	1	0	0
0	0	2	3		공민현	18	FW	FW	10	김동찬		0	1	0	0
0	0	1	3(2)		남준재	23	FW	FW	27	강윤성	23	0	1	0	0
0	0	2	1(1)	30	김동섭	9	FW	FW	19	박대훈	22	1(1)	0	0	0
0	0	0	0		김대호	31			25	이범수		0	0	0	0
0	0	0	0		황지웅	11			3	김형진		0	0	0	0
0	0	0	0		최진수	25			22	오창현	후28	0	0	0	0
0	0	0	0	후40	안영규	20	대기	대기	15	강영제		0	0	0	0
0	0	1	0	후24	한지호	7			11	유승완		0	0	0	0
0	0	0	0		최영준	26			23	조예찬	후28	1(1)	0	0	0
0	0	0	1(1)	후47	한홍규	30			17	진대성	후34	0	0	0	0
0	2	18	16(7)			0			0			11(7)	15	0	0

● 후반 9분 남준재 PAL EL ~ 김재웅 GAL 내 R-ST-G (득점: 김재웅, 도움: 남준재) 오른쪽

9월 28일 20:00 흐림 잠실 1,001명
주심: 김종혁 / 부심: 김지욱·차상욱 / 대기심: 김동인 / 경기감독관: 전인석

서울E 1 0 전반 1 / 1 후반 0 **1 부천**

퇴장	경고	파울	ST(유)	교체	선수명	배번	위치	위치	배번	선수명	교체	ST(유)	파울	경고	퇴장
0	0	0	0		김영광	1	GK	GK	1	류원우		0	0	0	0
0	0	0	1(1)		심상민	2	DF	DF	4	한희훈		0	0	0	0
0	0	0	1(1)		김동철	6	DF	DF	6	강지용		0	1	0	0
0	0	2	1(1)		김동진	63	DF	DF	14	이학민		0	1	0	0
0	0	0	2(2)		김봉래	27	DF	DF	45	지병주		0	2	0	0
0	0	1	0	77	신일수	16	MF	MF	32	배준렬	7	1	3	0	0
0	0	0	1(1)	47	김준태	4	MF	MF	8	송원재	77	0	2	0	0
0	0	0	0	17	최오백	23	MF	MF	10	바그닝요		3(3)	2	0	0
0	0	2	1		서정진	9	MF	MF	15	조범석		2(1)	0	0	0
0	0	0	1(1)		타라바이	11	FW	MF	16	진창수		0	1	0	0
0	0	0	2(1)		주민규	18	FW	FW	9	루키안	5	1	1	0	0
0	0	0	0		이상기	21			30	최철원		0	0	0	0
0	0	0	0		칼라일 미첼	5			5	임동혁	후24	0	0	0	0
0	0	0	0		김태은	15			13	서명식		0	0	0	0
0	0	0	2(1)	후0	김재연	47	대기	대기	7	문기한	후9	1	2	0	0
0	0	0	0		김현규	24			77	김영남	전31	0	1	0	0
0	0	0	1	후35	유제호	77			28	이효균		0	0	0	0
0	0	0	1	후9	안태현	17			29	신현준		0	0	0	0
0	0	5	14(9)			0			0			8(4)	16	0	0

● 후반 35분 타라바이 PAR ↷ 주민규 GA 정면 H-ST-G (득점: 주민규, 도움: 타라바이) 왼쪽

● 전반 44분 바그닝요 GAR 내 R-ST-G (득점: 바그닝요) 오른쪽

9월 28일 19:00 비 부산 구덕 879명
주심: 고형진 / 부심: 지승민·박균용 / 대기심: 임정수 / 경기감독관: 김정식

부산 0 — 0 전반 0 / 0 후반 2 — **2 대구**

퇴장	경고	파울	ST(유)	교체	선수명	배번	위치	위치	배번	선수명	교체	ST(유)	파울	경고	퇴장
0	0	0	0		구상민	21	GK	GK	21	조현우		0	0	0	0
0	1	2	2(1)		차영환	5	DF	DF	4	박태홍		0	2	0	0
0	0	0	1		닐손주니어	93	DF	DF	20	황재원		0	0	0	0
0	0	2	1(1)		김재현	23	DF	DF	5	홍정운		1	2	0	0
0	0	2	0		용재현	88	MF	MF	16	김동진	15	0	2	0	0
0	0	0	0	11	김영신	86	MF	MF	33	우상호		0	3	2	0
0	0	1	0		이규성	22	MF	MF	6	이재권		1(1)	1	1	0
0	0	1	1(1)		최광희	77	MF	MF	3	정우재		0	4	0	0
0	0	1	0	9	포프	94	FW	MF	14	신창무	10	0	2	1	0
0	0	3	2(1)	3	홍동현	8	FW	FW	11	세징야		4(1)	2	0	0
0	0	0	2(1)		정석화	14	FW	FW	88	알렉스	87	2(2)	0	0	0
0	0	0	0		김형근	31			1	이양종		0	0	0	0
0	0	0	0	후41	이원영	3			15	한재웅	후43	0	0	0	0
0	0	0	0		이정진	30			36	박한빈		0	0	0	0
0	0	0	0		장현수	79	대기	대기	87	김대열	후38	0	0	0	0
0	0	0	0		고경민	19			7	최정한		0	0	0	0
0	0	0	0	후12	임상협	11			17	노병준		0	0	0	0
0	1	0	0	후30	김현성	9			10	에델	후0	2(1)	0	0	0
0	2	12	9(5)			0			0			10(5)	18	4	0

- 후반 8분 세징야 MFL FK ↷ 에델 GAL H-ST-G (득점: 에델, 도움: 세징야) 왼쪽
- 후반 32분 세징야 AKR R-ST-G (득점: 세징야) 왼쪽

10월 01일 14:00 흐림 창원 축구센터 419명
주심: 김영수 / 부심: 양재용·이상민 / 대기심: 김희곤 / 경기감독관: 김진의

경남 4 — 3 전반 1 / 1 후반 2 — **3 대전**

퇴장	경고	파울	ST(유)	교체	선수명	배번	위치	위치	배번	선수명	교체	ST(유)	파울	경고	퇴장
0	0	0	0		권정혁	99	GK	GK	1	박주원		0	0	0	0
0	0	1	0		여성해	90	DF	DF	13	장클로드		0	3	0	0
0	0	3	0		우주성	15	DF	DF	29	김해식		0	1	0	0
0	0	0	0		전상훈	12	DF	DF	20	장준영		0	2	0	0
0	0	0	0		박지수	23	DF	DF	16	이동수		2(2)	2	0	0
0	0	0	2(1)	17	정현철	24	MF	MF	5	김병석	11	0	2	0	0
0	0	1	0		신학영	13	MF	MF	6	황인범		1	0	0	0
0	0	5	0	36	장은규	37	MF	MF	8	김선민		2(1)	0	0	0
0	0	0	1(1)	8	송수영	16	MF	FW	10	김동찬		3(2)	0	0	0
0	0	0	5(2)		김도엽	88	FW	FW	17	진대성	27	2(1)	2	0	0
0	0	1	6(2)		크리스찬	9	FW	FW	19	박대훈	23	0	1	0	0
0	0	0	0		하강진	29			25	이범수		0	0	0	0
0	0	0	0		남광현	14			3	김형진		0	0	0	0
0	0	0	0		김정빈	22			22	오창현		0	0	0	0
0	1	1	0	후24	안성남	8	대기	대기	15	강영제		0	0	0	0
0	0	0	1(1)	후33	이관표	36			11	유승완	후39	0	0	0	0
0	0	0	0		진경선	80			23	조예찬	후11	2(2)	1	0	0
0	0	3	2(2)	후16	이호석	17			27	강윤성	후14	0	0	1	0
0	1	15	17(9)			0			0			12(8)	14	1	0

- 전반 5분 송수영 AK 내 ~ 크리스찬 PAR 내 R-ST-G (득점: 크리스찬, 도움: 송수영) 왼쪽
- 전반 27분 김도엽 PK지점 H ↷ 정현철 GAR 내 H-ST-G (득점: 정현철, 도움: 김도엽) 오른쪽
- 전반 42분 김도엽 PAL 내 ~ 크리스찬 PK지점 L-ST-G (득점: 크리스찬, 도움: 김도엽) 왼쪽
- 후반 42분 이호석 GAR R-ST-G (득점: 이호석) 오른쪽
- 전반 28분 장클로드 AK 정면 ~ 김동찬 GAR R-ST-G (득점: 김동찬, 도움: 장클로드) 오른쪽
- 후반 40분 김동찬 AKL FK R-ST-G (득점: 김동찬) 오른쪽
- 후반 45분 김동찬 GAL 내 EL ~ 이동수 GA 정면 내 L-ST-G (득점: 이동수, 도움: 김동찬) 가운데

10월 01일 15:00 흐림 대구 스타디움 994명
주심: 김동인 / 부심: 김영하·김지욱 / 대기심: 박병진 / 경기감독관: 하재훈

대구 2 — 0 전반 1 / 2 후반 1 — **2 안산**

퇴장	경고	파울	ST(유)	교체	선수명	배번	위치	위치	배번	선수명	교체	ST(유)	파울	경고	퇴장
0	0	0	0		조현우	21	GK	GK	34	손정현		0	1	0	1
0	0	3	0		박태홍	4	DF	DF	22	김준엽		2(1)	3	1	0
0	0	1	0		황재원	20	DF	DF	2	정다휜		0	2	1	0
0	0	1	0	19	홍정운	5	DF	DF	14	김은선		2(2)	1	0	0
0	0	0	0		김동진	16	MF	DF	19	주현재	10	0	1	0	0
0	0	3	3(2)		이재권	6	MF	MF	17	강승조		0	4	1	0
0	0	1	0	9	김대열	87	MF	MF	29	김재웅	18	0	2	0	0
0	0	3	5(2)		세징야	11	MF	MF	20	안영규		0	0	0	0
0	0	1	0		정우재	3	MF	MF	7	한지호	31	0	2	0	0
0	1	5	1(1)		에델	10	FW	MF	23	남준재		2(2)	1	1	0
0	1	1	4(2)		알렉스	88	FW	FW	9	김동섭		3(2)	2	0	0
0	0	0	0		이양종	1			31	김대호	후33	0	0	0	0
0	0	0	0	후45	박세진	19			10	이현승	후2	1(1)	0	0	0
0	0	0	0		박한빈	36			18	공민현	후21	0	0	1	0
0	0	0	0		홍승현	34	대기	대기	30	한홍규		0	0	0	0
0	0	0	0		신창무	14			25	최진수		0	0	0	0
0	0	0	0		노병준	17			12	하정헌		0	0	0	0
0	0	1	6(3)	후0	파울로	9			11	황지웅		0	0	0	0
0	2	20	19(10)			0			0			10(8)	19	5	1

- 후반 14초 에델 PAR 내 ~ 파울로 PK지점 R-ST-G (득점: 파울로, 도움: 에델) 왼쪽
- 후반 34분 파울로 PK-R-G (득점: 파울로) 가운데
- 전반 22분 주현재 HLR TL → 김동섭 GAR R-ST-G (득점: 김동섭, 도움: 주현재) 왼쪽
- 후반 6분 한지호 PAR TL ~ 남준재 GA 정면 R-ST-G (득점: 남준재, 도움: 한지호) 오른쪽

10월 01일 16:00 맑음 부천 종합 5,271명
주심: 임정수 / 부심: 방기열·이영운 / 대기심: 최대우 / 경기감독관: 김수현

부천 2 — 1 전반 0 / 1 후반 3 — **3 충주**

퇴장	경고	파울	ST(유)	교체	선수명	배번	위치	위치	배번	선수명	교체	ST(유)	파울	경고	퇴장
0	0	0	0		류원우	1	GK	GK	26	이영창		0	0	0	0
0	0	0	0		한희훈	4	DF	DF	5	배효성		0	0	0	0
0	0	0	1		강지용	6	DF	DF	68	마우콘		0	2	0	0
0	1	0	0		이학민	14	DF	DF	99	최유상		1	1	0	0
0	1	2	1		김진현	87	DF	MF	22	김한빈		1(1)	1	0	0
0	0	0	1	28	문기한	7	MF	MF	6	쿠아쿠		0	2	1	0
0	0	0	1(1)		송원재	8	MF	MF	7	최승호		0	0	0	0
0	1	4	4(3)		바그닝요	10	MF	MF	9	김신	10	1(1)	0	0	0
0	0	2	0	77	조범석	15	MF	MF	14	김정훈	8	3(1)	3	0	0
0	0	4	0		진창수	16	MF	FW	28	곽성환	77	3(1)	2	0	0
0	0	0	2(2)		루키안	9	FW	FW	31	김상필		0	0	0	0
0	0	0	0		최철원	30			1	권태안		0	0	0	0
0	0	0	0		임동혁	5			50	황수남		0	0	0	0
0	0	0	0		서명식	13			25	옹동균		0	0	0	0
0	0	0	0		배준렬	32	대기	대기	8	오규빈	후42	0	0	0	0
0	0	0	2(1)	후7	김영남	77			18	박지민		0	0	0	0
0	0	1	1(1)	후14	이효균	28			77	하파엘	후32	1(1)	0	1	0
0	0	0	0		신현준	29			10	김도형	후32	0	0	0	0
0	3	13	13(8)			0			0			10(5)	11	2	0

- 전반 34분 진창수 PAR ↷ 루키안 GAR R-ST-G (득점: 루키안, 도움: 진창수) 오른쪽
- 후반 27분 송원재 MFR ↷ 루키안 PK지점 H-ST-G (득점: 루키안, 도움: 송원재) 왼쪽
- 후반 1분 김신 PAL ↷ 곽성환 GA 정면 내 H-ST-G (득점: 곽성환, 도움: 김신) 오른쪽
- 후반 7분 김정훈 MF 정면 ~ 김한빈 GAR R-ST-G (득점: 김한빈, 도움: 김정훈) 가운데
- 후반 37분 김한빈 PAR 내 ~ 하파엘 GAR R-ST-G (득점: 하파엘, 도움: 김한빈) 가운데

10월 02일 15:00 비 안양 종합 706명
주심: 매호영 / 부심: 장종필 · 차상욱 / 대기심: 박진호 / 경기감독관: 전인석

안양 0   0 전반 0 / 0 후반 1   **1 부산**

퇴장	경고	파울	ST(유)	교체	선수명	배번	위치	위치	배번	선수명	교체	ST(유)	파울	경고	퇴장
0	1	0	0		이 진 형	1	GK	GK	21	구 상 민		0	0	0	0
0	0	2	0		유 종 현	5	DF	DF	3	이 원 영		0	2	1	0
0	0	3	0		김 진 환	55	DF	DF	93	닐손주니어		2(1)	1	0	0
0	0	0	0	4	안 성 빈	14	DF	DF	23	김 재 현		0	2	0	0
0	0	0	0	3	구 대 영	90	DF	MF	88	용 재 현		0	1	1	0
0	0	3	0		가 솔 현	20	MF	MF	86	김 영 신		0	1	0	0
0	0	3	0		안 진 범	16	MF	MF	37	이 정 근	22	1	1	0	0
0	0	2	0		유 수 현	6	MF	MF	30	이 정 진		1	0	0	0
0	0	2	1		김 대 한	18	MF	FW	79	장 현 수	11	0	1	0	0
0	0	0	1	27	김 동 기	19	FW	FW	94	포 프		3(2)	7	0	0
0	1	2	0		김 영 후	9	FW	FW	14	정 석 화	28	0	0	0	0
0	0	0	0		김 선 규	87			31	김 형 근		0	0	0	0
0	0	0	1(1)	전3	이 상 우	4			20	박 병 현		0	0	0	0
0	0	0	0	후9	안 세 희	3			22	이 규 성	후32	1(1)	0	0	0
0	0	0	0		최 영 훈	24	대기	대기	8	홍 동 현		0	0	0	0
0	0	0	0		서 용 덕	8			28	김 종 민	후41	0	0	0	0
0	0	0	0	후6	정 재 희	27			11	임 상 협	후24	1(1)	0	0	0
0	0	0	0		박 승 일	17			9	김 현 성		0	0	0	0
0	2	17	3(1)			0			0			9(5)	16	2	0

- 후반 3분 포프 PAL 내 L-ST-G (득점: 포프) 왼쪽

10월 02일 16:00 비 잠실 536명
주심: 서동진 / 부심: 지승민 · 박균용 / 대기심: 성덕효 / 경기감독관: 전기록

서울E 1   1 전반 0 / 0 후반 2   **2 강원**

퇴장	경고	파울	ST(유)	교체	선수명	배번	위치	위치	배번	선수명	교체	ST(유)	파울	경고	퇴장
0	0	0	0		김 영 광	1	GK	GK	31	양 동 원		0	0	0	0
0	0	1	0		심 상 민	2	DF	DF	77	백 종 환		0	0	0	0
0	0	1	0	6	전 민 광	22	DF	DF	33	이 한 샘		0	0	0	0
0	0	1	1(1)		김 동 진	63	DF	DF	6	안 현 식		0	4	1	0
0	0	1	0		김 봉 래	27	DF	DF	22	정 승 용		0	1	0	0
0	1	1	1		신 일 수	16	MF	MF	88	세르징요		0	5	0	0
0	0	3	6(3)		김 준 태	4	MF	MF	9	루 이 스	10	3(2)	2	0	0
0	0	1	0	9	최 오 백	23	MF	MF	16	한 석 종		0	1	0	0
0	0	1	1(1)	10	안 태 현	17	MF	FW	11	서 보 민		2(2)	3	1	0
0	0	3	1(1)		타라바이	11	FW	FW	32	방 찬 준	23	0	1	0	0
0	0	3	3(1)		주 민 규	18	FW	FW	99	장 혁 진	8	1	0	0	0
0	0	0	0		이 상 기	21			30	안 지 현		0	0	0	0
0	0	1	0	후14	김 동 철	6			19	길 영 태		0	0	0	0
0	0	0	0		김 태 은	15			8	허 범 산	후0	0	1	0	0
0	0	0	0		김 재 연	47	대기	대기	7	박 희 도		0	0	0	0
0	0	0	0		김 현 규	24			10	최 진 호	후43	1	0	0	0
0	0	1	0	후32	서 정 진	9			17	심 영 성		0	0	0	0
0	0	1	0	후40	유 창 현	10			23	마테우스	후0	4(3)	2	0	0
0	1	19	13(7)			0			0			11(7)	20	2	0

- 전반 39분 김봉래 C. KL ↷ 타라바이 GA 정면 내 H-ST-G (득점: 타라바이, 도움: 김봉래) 오른쪽
- 후반 11분 마테우스 GA 정면 내 R-ST-G (득점: 마테우스) 오른쪽
- 후반 30분 한석종 MFR ~ 서보민 MF 정면 L-ST-G (득점: 서보민, 도움: 한석종) 왼쪽

10월 05일 19:00 흐림 충주 종합 535명
주심: 김희곤 / 부심: 장종필 · 양재용 / 대기심: 성덕효 / 경기감독관: 김일호

충주 0   0 전반 1 / 0 후반 2   **3 대구**

퇴장	경고	파울	ST(유)	교체	선수명	배번	위치	위치	배번	선수명	교체	ST(유)	파울	경고	퇴장
0	0	0	0		권 태 안	1	GK	GK	21	조 현 우		0	0	0	0
0	0	0	0		마 우 콘	68	DF	DF	4	박 태 홍		2	1	0	0
0	0	0	0	77	배 효 성	5	DF	DF	20	황 재 원	2	1(1)	0	0	0
0	0	2	0		황 수 남	50	DF	DF	5	홍 정 운		1	0	0	0
0	0	0	1(1)		김 한 빈	22	DF	MF	16	김 동 진		1	1	0	0
0	0	3	1(1)		최 유 상	99	MF	MF	6	이 재 권		1(1)	0	0	0
0	0	1	0		최 승 호	7	MF	MF	33	우 상 호		0	1	0	0
0	0	4	1	24	쿠 아 쿠	6	MF	MF	3	정 우 재		0	0	0	0
0	0	1	1		김 신	9	MF	MF	11	세 징 야	14	3(3)	0	0	0
0	0	2	0		김 상 필	31	FW	FW	9	파 울 로	10	2(1)	1	0	0
0	0	0	0	14	곽 성 환	28	FW	FW	88	알 렉 스		5(2)	4	0	0
0	0	0	0		이 영 창	26			1	이 양 종		0	0	0	0
0	0	0	0	후28	김 용 태	24			2	오 광 진	후39	0	1	0	0
0	0	0	0		오 규 빈	8			36	박 한 빈		0	0	0	0
0	0	1	1	후11	김 정 훈	14	대기	대기	34	홍 승 현		0	0	0	0
0	0	0	0		김 도 형	10			14	신 창 무	후36	0	0	0	0
0	0	0	4(2)	후11	하 파 엘	77			17	노 병 준		0	0	0	0
0	0	0	0		박 지 민	18			10	에 델	후0	2(2)	1	0	0
0	0	14	9(4)			0			0			18(10)	10	0	0

- 전반 12분 세징야 GAL R-ST-G (득점: 세징야) 왼쪽
- 후반 7분 세징야 C. KL ↷ 황재원 GAR H-ST-G (득점: 황재원, 도움: 세징야) 오른쪽
- 후반 12분 세징야 MFR FK R-ST-G (득점: 세징야) 가운데

10월 05일 19:00 맑음 창원 축구센터 307명
주심: 박필준 / 부심: 지승민 · 박균용 / 대기심: 박진호 / 경기감독관: 김용세

경남 2   0 전반 0 / 2 후반 0   **0 안양**

퇴장	경고	파울	ST(유)	교체	선수명	배번	위치	위치	배번	선수명	교체	ST(유)	파울	경고	퇴장
0	0	0	0		권 정 혁	99	GK	GK	87	김 선 규		0	0	1	0
0	0	0	0		여 성 해	90	DF	DF	2	채 광 훈		0	0	0	0
0	0	1	1		우 주 성	15	DF	DF	5	유 종 현		0	1	1	0
0	0	0	1		전 상 훈	12	DF	DF	55	김 진 환		0	0	0	0
0	1	3	0		박 지 수	23	DF	DF	4	이 상 우		1	2	2	0
0	0	0	2(2)		정 현 철	24	MF	MF	6	유 수 현	24	0	1	0	0
0	0	1	0		이 관 표	36	MF	MF	8	서 용 덕		1	3	0	0
0	0	1	1	37	이 호 석	17	MF	MF	16	안 진 범	70	0	1	0	0
0	0	0	5(2)	8	송 수 영	16	MF	MF	7	김 민 균		2(1)	0	0	0
0	0	0	1	14	김 도 엽	88	FW	FW	27	정 재 희		0	1	0	0
0	1	1	5(2)		크리스찬	9	FW	FW	19	김 동 기	3	0	0	0	0
0	0	0	0		하 강 진	29			21	최 필 수		0	0	0	0
0	0	2	2	전26	남 광 현	14			3	안 세 희	전30	0	2	0	0
0	0	0	0		김 정 빈	22			20	가 솔 현		0	0	0	0
0	0	0	1	후31	안 성 남	8	대기	대기	24	최 영 훈	전45	0	1	0	0
0	0	0	0		신 학 영	13			17	박 승 일		0	0	0	0
0	0	0	0		진 경 선	80			70	김 효 기	후18	1	0	0	0
0	0	2	0	후4	장 은 규	37			18	김 대 한		0	0	0	0
0	2	11	19(6)			0			0			5(1)	12	4	0

- 후반 13분 정현철 GAR H ↷ 크리스찬 GA 정면 H-ST-G (득점: 크리스찬, 도움: 정현철) 왼쪽
- 후반 48분 남광현 MFR ↷ 정현철 GA 정면 H-ST-G (득점: 정현철, 도움: 남광현) 가운데

10월 05일 19 : 00 흐림 강릉 종합 784명
주심: 김성호 / 부심: 김지욱·차상욱 / 대기심: 매호영 / 경기감독관: 강창구

강원 0 | 0 전반 0 / 0 후반 1 | **1 부천**

퇴장	경고	파울	ST(유)	교체	선수명	배번	위치	위치	배번	선수명	교체	ST(유)	파울	경고	퇴장
0	0	0	0		함석민	18	GK	GK	1	류원우		0	0	0	0
0	1	2	0	9	백종환	77	DF	DF	4	한희훈		1(1)	1	0	0
0	1	2	1(1)		이한샘	33	DF	DF	6	강지용		0	1	0	0
0	0	4	1(1)		안현식	6	DF	DF	13	서명식		0	2	0	0
0	1	1	2(1)		정승용	22	DF	DF	45	지병주		0	1	0	0
0	1	3	0		한석종	16	MF	MF	7	문기한		0	4	1	0
0	0	1	0		세르징요	88	MF	MF	10	바그닝요		2(2)	2	0	0
0	0	1	0		오승범	4	MF	MF	77	김영남		0	1	0	0
0	1	2	0	11	허범산	8	FW	MF	16	진창수		1(1)	4	0	0
0	0	0	3(1)		마테우스	23	FW	MF	20	김륜도	8	0	1	0	0
0	0	1	1(1)	7	마라냥	84	FW	FW	9	루키안		3(1)	2	0	0
0	0	0	0		안지현	30			30	최철원		0	0	0	0
0	0	0	0		길영태	19			5	임동혁		0	0	0	0
0	0	2	0	후32	박희도	7			22	유대현		0	0	0	0
0	1	0	4(2)	후7	루이스	9	대기	대기	32	배준렬		0	0	0	0
0	0	0	5(3)	후0	서보민	11			8	송원재	후16	0	4	0	0
0	0	0	0		심영성	17			18	전기성		0	0	0	0
0	0	0	0		장혁진	99			29	신현준		0	0	0	0
0	6	19	17(10)			0			0			7(5)	23	1	0

- 후반 24분 진창수 GAL 내 ~ 루키안 GAR 내 R-ST-G (득점: 루키안, 도움: 진창수) 오른쪽

10월 05일 19 : 30 맑음 대전 월드컵 1,590명
주심: 박병진 / 부심: 이영운·김영하 / 대기심: 최대우 / 경기감독관: 전인석

대전 2 | 1 전반 2 / 1 후반 1 | **3 서울E**

퇴장	경고	파울	ST(유)	교체	선수명	배번	위치	위치	배번	선수명	교체	ST(유)	파울	경고	퇴장
0	0	0	0		박주원	1	GK	GK	1	김영광		0	0	0	0
0	0	1	2(1)		장클로드	13	DF	DF	2	심상민		0	1	0	0
0	0	2	0		김해식	29	DF	DF	5	칼라일 미첼		2(1)	0	0	0
0	0	1	0		장준영	20	DF	DF	63	김동진		1(1)	2	0	0
0	0	1	0		이동수	16	DF	DF	27	김봉래		0	1	0	0
0	0	1	0	22	김병석	5	MF	MF	6	김동철		1	3	1	0
0	0	0	2(1)		황인범	6	MF	MF	4	김준태		2(1)	2	1	0
0	0	0	0	23	김선민	8	MF	MF	24	김현규	17	2(1)	0	0	0
0	0	0	5(5)		김동찬	10	FW	FW	9	서정진		3(2)	0	1	0
0	0	0	1(1)		진대성	17	FW	FW	11	타라바이	10	3(2)	1	0	0
0	0	1	2(2)	19	구스타보	99	FW	FW	18	주민규	47	2	1	0	0
0	0	0	0		이범수	25			21	이상기		0	0	0	0
0	0	0	0		김형진	3			15	김태은		0	0	0	0
0	0	0	0	후11	오창현	22			16	신일수		0	0	0	0
0	0	0	0	후31	박대훈	19	대기	대기	47	김재연	후41	0	0	0	0
0	0	0	0		유승완	11			17	안태현	전27	1	2	0	0
0	0	0	1(1)	후16	조예찬	23			23	최오백		0	0	0	0
0	0	0	0		강윤성	27			10	유창현	후31	0	1	0	0
0	0	7	13(11)			0			0			17(8)	14	3	0

- 전반 46분 김동찬 AKL ↷ 진대성 GAL 내 L-ST-G (득점: 진대성, 도움: 김동찬) 오른쪽
- 후반 20분 진대성 PAR 내 EL ~ 장클로드 GA 정면 R-ST-G (득점: 장클로드, 도움: 진대성) 가운데
- 전반 9분 김동진 C, KR ↷ 칼라일미첼 GA 정면 내 H-ST-G (득점: 칼라일 미첼, 도움: 김동진) 왼쪽
- 전반 22분 서정진 MFL ~ 타라바이 GAL R-ST-G (득점: 타라바이, 도움: 서정진) 오른쪽
- 후반 10분 주민규 PAL 내 ~ 김준태 MFL L-ST-G (득점: 김준태, 도움: 주민규) 오른쪽

10월 05일 19 : 00 맑음 부산 구덕 762명
주심: 송민석 / 부심: 손재선·이상민 / 대기심: 김대용 / 경기감독관: 김형남

부산 2 | 0 전반 0 / 2 후반 0 | **0 고양**

퇴장	경고	파울	ST(유)	교체	선수명	배번	위치	위치	배번	선수명	교체	ST(유)	파울	경고	퇴장
0	0	0	0		구상민	21	GK	GK	21	이승규		0	0	0	0
0	0	1	1		차영환	5	DF	DF	12	이상돈		0	0	0	0
0	0	1	0		닐손주니어	93	DF	DF	4	김지훈		1(1)	0	0	0
0	0	0	0		김재현	23	DF	DF	16	박태형		0	2	1	0
0	0	1	0	29	장현수	79	MF	DF	18	권영호		1	0	0	0
0	0	2	1(1)		이규성	22	MF	MF	6	허재원		0	0	0	0
0	1	4	0	86	이정근	37	MF	MF	25	김성수	14	1(1)	0	0	0
0	1	1	0		용재현	88	MF	MF	23	이예찬		1(1)	1	0	0
0	0	2	0		임상협	11	FW	MF	11	박정훈	22	0	2	1	0
0	0	3	1(1)	94	고경민	19	FW	MF	5	인준연		3	0	0	0
0	1	1	2(1)		정석화	14	FW	FW	10	남하늘	9	1	1	0	0
0	0	0	0		김형근	31			1	강진웅		0	0	0	0
0	0	0	0		이원영	3			27	김종원		0	0	0	0
0	0	0	0	후36	이동일	29			17	이도성		0	0	0	0
0	0	0	0		홍동현	8	대기	대기	22	김필호	후27	1	1	0	0
0	0	0	0	후9	김영신	86			9	김상준	후14	0	0	0	0
0	0	1	1(1)	후6	포프	94			14	윤영준	후31	0	0	0	0
0	0	0	0		김현성	9			19	윤석희		0	0	0	0
0	3	17	6(4)			0			0			9(3)	7	2	0

- 후반 15분 정석화 GAR 가슴패스 포프 GA 정면 R-ST-G (득점: 포프, 도움: 정석화) 오른쪽
- 후반 38분 용재현 PAR ~ 이규성 PA 정면 R-ST-G (득점: 이규성, 도움: 용재현) 오른쪽

10월 08일 14 : 00 맑음 강릉 종합 865명
주심: 박필준 / 부심: 송봉근·박균용 / 대기심: 김영수 / 경기감독관: 전기록

강원 2 | 1 전반 0 / 1 후반 1 | **1 충주**

퇴장	경고	파울	ST(유)	교체	선수명	배번	위치	위치	배번	선수명	교체	ST(유)	파울	경고	퇴장
0	0	0	0		함석민	18	GK	GK	41	홍상준		0	0	0	0
0	1	2	1(1)		김윤호	13	DF	DF	68	마우콘		0	2	1	0
0	0	1	0		이한샘	33	DF	DF	5	배효성	10	3(1)	1	0	0
0	0	0	0		안현식	6	DF	DF	99	최유상		1(1)	2	0	0
0	1	1	0	8	최우재	3	DF	DF	22	김한빈		0	1	0	0
0	1	3	1		한석종	16	MF	MF	24	김용태	7	0	0	0	0
0	0	1	0		루이스	9	MF	MF	14	김정훈		0	2	2	0
0	0	2	1(1)		세르징요	88	MF	MF	6	쿠아쿠		0	0	0	0
0	0	1	3(2)		서보민	11	FW	MF	9	김신		3(3)	1	0	0
0	0	5	1(1)	17	마테우스	23	FW	FW	31	김상필		0	1	0	0
0	0	0	0	10	장혁진	99	FW	FW	28	곽성환	77	2(1)	2	0	0
0	0	0	0		안지현	30			26	이영창		0	0	0	0
0	0	0	0		길영태	19			7	최승호	후3	0	0	0	0
0	0	0	0		오승범	4			8	오규빈		0	0	0	0
0	0	0	0	후35	허범산	8	대기	대기	50	황수남		0	0	0	0
0	0	0	0		박희도	7			10	김도형	후38	1(1)	0	0	0
0	0	0	0	후41	최진호	10			77	하파엘	후32	2(2)	0	0	0
0	0	1	0	후18	심영성	17			18	박지민		0	0	0	0
0	3	17	7(5)			0			0			12(9)	12	3	0

- 전반 31분 장혁진 C, KR ↷ 마테우스 GAR 내 H-ST-G (득점: 마테우스, 도움: 장혁진) 오른쪽
- 후반 48분 서보민 GA 정면 FK R-ST-G (득점: 서보민) 왼쪽
- 후반 40분 하파엘 MF 정면 ~ 김신 AKL R-ST-G (득점: 김신, 도움: 하파엘) 오른쪽

10월 08일 16 : 00 맑음 잠실 1,108명
주심: 고형진 / 부심: 양재용 · 이상민 / 대기심: 김대용 / 경기감독관: 하재훈

서울E 2 1 전반 0 / 1 후반 0 **0 경남**

퇴장	경고	파울	ST(유)	교체	선수명	배번	위치	위치	배번	선수명	교체	ST(유)	파울	경고	퇴장
0	0	0	0		김영광	1	GK	GK	99	권정혁		0	0	0	0
0	0	0	0		심상민	2	DF	DF	90	여성해		0	0	0	0
0	0	0	1		칼라일 미첼	5	DF	DF	15	우주성	14	0	0	0	0
0	0	1	0		김동진	63	DF	DF	12	전상훈		0	2	0	0
0	0	0	1		김봉래	27	DF	DF	23	박지수		2	0	0	0
0	0	1	0	22	신일수	16	MF	MF	24	정현철		1	0	0	0
0	0	1	2		김준태	4	MF	MF	37	장은규		0	2	1	0
0	1	1	1	17	최오백	23	MF	MF	17	이호석		1	2	0	0
0	0	0	0		서정진	9	MF	MF	16	송수영	4	2(1)	0	0	0
0	1	2	3(3)	10	타라바이	11	FW	FW	88	김도엽	13	1	0	0	0
0	0	1	4(2)		주민규	18	FW	FW	9	크리스찬		2	0	0	0
0	0	0	0		이상기	21			29	하강진		0	0	0	0
0	0	0	0		김태은	15			14	남광현	후25	0	2	0	0
0	0	1	0	전37	전민광	22			22	김정빈		0	0	0	0
0	0	0	0		김재연	47	대기	대기	8	안성남		0	0	0	0
0	0	0	0		김현규	24			13	신학영	후0	1(1)	0	0	0
0	0	1	1	후22	안태현	17			4	이반	후29	2(1)	0	0	0
0	0	1	0	후42	유창현	10			36	이관표		0	0	0	0
0	2	10	13(5)			0			0			12(3)	8	1	0

●전반 21분 최오백 GAL ~ 주민규 PAR 내 R-ST-G (득점: 주민규, 도움: 최오백) 오른쪽
●후반 25분 서정진 AK 정면 ~ 주민규 GAR R-ST-G (득점: 주민규, 도움: 서정진) 오른쪽

10월 09일 14 : 00 맑음 대전 월드컵 1,728명
주심: 정동식 / 부심: 지승민 · 장종필 / 대기심: 임정수 / 경기감독관: 한병화

대전 3 2 전반 0 / 1 후반 0 **0 고양**

퇴장	경고	파울	ST(유)	교체	선수명	배번	위치	위치	배번	선수명	교체	ST(유)	파울	경고	퇴장
0	0	0	0		박주원	1	GK	GK	21	이승규		0	0	0	0
0	0	0	0		장클로드	13	DF	DF	12	이상돈		2	1	1	0
0	0	2	0	5	김해식	29	DF	DF	4	김지훈	25	0	1	0	0
0	0	3	1(1)		장준영	20	DF	DF	13	박승우		1	0	0	0
0	0	2	0	22	김형진	3	DF	DF	18	권영호		1	0	0	0
0	1	1	0		이동수	16	MF	MF	16	박태형		2(1)	2	1	0
0	0	1	3(1)		황인범	6	MF	MF	17	이도성		1	0	0	0
0	0	1	3(2)		김선민	8	MF	MF	23	이예찬		3	0	0	0
0	0	0	5(3)		김동찬	10	FW	MF	14	윤영준	7	0	3	0	0
0	0	0	3(1)	19	진대성	17	FW	MF	5	인준연	9	1	0	0	0
0	0	4	1		구스타보	99	FW	FW	10	남하늘		5(1)	2	0	0
0	0	0	0		이범수	25			1	강진웅		0	0	0	0
0	0	0	0	전39	김병석	5			27	김종원		0	0	0	0
0	0	0	0	후40	오창현	22			3	조성채		0	0	0	0
0	0	0	0	후30	박대훈	19	대기	대기	25	김성수	후0	2	3	1	0
0	0	0	0		유승완	11			9	김상준	후12	2(1)	1	0	0
0	0	0	0		조예찬	23			7	데파울라	후38	0	0	0	0
0	0	0	0		강영제	15			19	윤석희		0	0	0	0
0	1	14	16(8)			0			0			20(3)	13	3	0

●전반 12분 구스타보 PAR 내 EL ↷ 장준영 GA 정면 내 H-ST-G (득점: 장준영, 도움: 구스타보) 왼쪽
●전반 29분 진대성 PAR 내 EL ↷ 김선민 GA 정면 H-ST-G (득점: 김선민, 도움: 진대성) 오른쪽
●후반 13분 구스타보 GA 정면 가슴패스 김동찬 GA 정면 R-ST-G (득점: 김동찬, 도움: 구스타보) 왼쪽

10월 10일 19 : 30 맑음 안산 와스타디움 478명
주심: 김성호 / 부심: 이영운 · 차상욱 / 대기심: 매호영 / 경기감독관: 김수현

안산 0 0 전반 0 / 0 후반 2 **2 부산**

퇴장	경고	파울	ST(유)	교체	선수명	배번	위치	위치	배번	선수명	교체	ST(유)	파울	경고	퇴장
0	0	0	0		김대호	31	GK	GK	21	구상민		0	0	0	0
0	0	1	0	19	김준엽	22	DF	DF	5	차영환		0	0	0	0
0	0	1	0		정다훤	2	DF	DF	93	닐손주니어		0	1	0	0
0	1	4	0		조성진	6	DF	DF	23	김재현		0	0	0	0
0	0	1	0		안영규	20	DF	MF	88	용재현		0	2	1	0
0	1	1	0		김은선	14	MF	MF	86	김영신	19	1	1	0	0
0	1	4	1		김재웅	29	MF	MF	22	이규성		0	0	0	0
0	0	3	0	17	이현승	10	MF	MF	77	최광희		1	4	0	0
0	0	2	1(1)		한지호	7	FW	FW	79	장현수	8	1(1)	1	1	0
0	0	1	1(1)	27	남준재	23	FW	FW	94	포프	11	5(2)	2	0	0
0	0	0	1		김동섭	9	FW	FW	14	정석화		1(1)	1	1	0
0	0	0	0		정성민	33			31	김형근		0	0	0	0
0	0	0	0	후13	강승조	17			3	이원영		0	0	0	0
0	0	0	0		최진수	25			29	이동일		0	0	0	0
0	0	0	0		하정헌	12	대기	대기	37	이정근		0	0	0	0
0	1	2	2(1)	후0	주현재	19			8	홍동현	후13	2(1)	2	0	0
0	0	0	0	후27	박요한	27			11	임상협	후41	0	0	0	0
0	0	0	0		한홍규	30			19	고경민	후30	1(1)	0	0	0
0	4	20	6(3)			0			0			12(6)	14	3	0

●후반 32분 정석화 PAL 내 ↷ 고경민 GAR 내 H-ST-G (득점: 고경민, 도움: 정석화) 오른쪽
●후반 39분 정석화 AK 내 ~ 홍동현 PAL 내 L-ST-G (득점: 홍동현, 도움: 정석화) 오른쪽

10월 10일 20 : 00 맑음 안양 종합 521명
주심: 송민석 / 부심: 손재선 · 김지욱 / 대기심: 서동진 / 경기감독관: 김진의

안양 0 0 전반 0 / 0 후반 1 **1 대구**

퇴장	경고	파울	ST(유)	교체	선수명	배번	위치	위치	배번	선수명	교체	ST(유)	파울	경고	퇴장
0	0	0	0		이진형	1	GK	GK	21	조현우		0	0	0	0
0	0	0	1		안세희	3	DF	DF	4	박태홍		0	3	0	0
0	0	0	0		김진환	55	DF	DF	20	황재원		0	1	1	0
0	0	2	1		구대영	90	DF	DF	5	홍정운		0	0	0	0
0	1	0	0		채광훈	2	DF	MF	16	김동진		0	1	0	0
0	0	3	1		서용덕	8	MF	MF	6	이재권		2(1)	0	0	0
0	1	3	0		안진범	16	MF	MF	33	우상호		0	2	1	0
0	0	0	3(1)	27	박승일	17	MF	MF	3	정우재		0	1	0	0
0	1	5	2	7	김대한	18	MF	MF	11	세징야	7	1(1)	4	0	0
0	0	3	1(1)	28	김동기	19	FW	FW	10	에델	14	2(2)	1	0	0
0	0	0	3		김효기	70	FW	FW	88	알렉스		1(1)	2	0	0
0	0	0	0		김선규	87			1	이양종		0	0	0	0
0	0	0	0		유종현	5			2	오광진		0	0	0	0
0	0	0	0		가솔현	20			26	김우석		0	0	0	0
0	0	0	0		이태현	26	대기	대기	34	홍승현		0	0	0	0
0	0	0	0	후27	브루닝요	28			14	신창무	후42	0	1	0	0
0	0	0	0	후33	정재희	27			17	노병준		0	0	0	0
0	0	0	1(1)	후13	김민균	7			7	최정한	후47	0	0	0	0
0	3	16	13(3)			0			0			6(5)	16	2	0

●후반 7분 알렉스 GA 정면 내 L-ST-G (득점: 알렉스) 가운데

10월 15일 14:00 맑음 대구 스타디움 1,146명
주심: 김대용 / 부심: 장종필 · 송봉근 / 대기심: 박진호 / 경기감독관: 김정식

대구 0 0 전반 0 / 0 후반 1 **1 서울E**

퇴장	경고	파울	ST(유)	교체	선수명	배번	위치	위치	배번	선수명	교체	ST(유)	파울	경고	퇴장
0	0	0	0		조현우	21	GK	GK	1	김영광		0	0	0	0
0	0	1	2		박태홍	4	DF	DF	2	심상민		0	0	0	0
0	0	0	0		황재원	20	DF	DF	5	칼라일 미첼		0	1	1	0
0	0	1	0		홍정운	5	DF	DF	63	김동진		0	1	0	0
0	0	1	0		김동진	16	MF	DF	27	김봉래		0	2	0	0
0	0	2	1(1)		이재권	6	MF	MF	6	김동철		0	5	0	0
0	0	1	0	14	우상호	33	MF	MF	4	김준태		2(1)	1	0	0
0	1	1	0		정우재	3	MF	MF	24	김현규	17	1	0	0	0
0	1	2	3(1)		세징야	11	MF	MF	9	서정진	14	1(1)	2	0	0
0	0	1	1	9	에델	10	FW	FW	22	전민광		0	3	0	0
0	0	0	2	17	알렉스	88	FW	FW	18	주민규		4(2)	3	0	0
0	0	0	0		이양종	1			31	김현성		0	0	0	0
0	0	0	0		오광진	2			15	김태은		0	0	0	0
0	0	0	0		김우석	26			16	신일수		0	0	0	0
0	0	0	0		홍승현	34	대기	대기	47	김재연		0	0	0	0
0	0	0	0	후9	신창무	14			14	조우진	후48	0	0	0	0
0	0	1	0	후42	노병준	17			17	안태현	전 41/25	0	0	0	0
0	0	2	0	후32	파울로	9			25	김현솔	후36	0	2	1	0
0	2	13	9(2)			0			0			8(4)	20	2	0

●후반 45분 서정진 PAL ↷ 주민규 GAL H-ST-G (득점: 주민규, 도움: 서정진) 오른쪽

10월 15일 16:00 맑음 부천 종합 1,518명
주심: 박병진 / 부심: 김영하 · 이상민 / 대기심: 임정수 / 경기감독관: 전인석

부천 1 0 전반 0 / 1 후반 0 **0 안양**

퇴장	경고	파울	ST(유)	교체	선수명	배번	위치	위치	배번	선수명	교체	ST(유)	파울	경고	퇴장
0	0	0	0		류원우	1	GK	GK	1	이진형		0	0	0	0
0	0	0	0		한희훈	4	DF	DF	55	김진환		0	3	0	0
0	1	1	0		강지용	6	DF	DF	5	유종현		1	4	1	0
0	0	0	0		이학민	14	DF	DF	90	구대영		0	0	0	0
0	0	1	1		지병주	45	DF	DF	28	브루닝요		0	2	0	0
0	0	1	2(1)	20	문기한	7	MF	MF	3	안세희		1	0	0	0
0	0	6	0		바그닝요	10	MF	MF	7	김민균	23	1	1	1	0
0	0	0	0		조범석	15	MF	MF	8	서용덕	26	0	0	0	0
0	0	3	2		김영남	77	MF	MF	70	김효기		3(2)	2	0	0
0	0	3	1	29	진창수	16	MF	FW	19	김동기	17	2(2)	1	0	0
0	0	4	2(2)		루키안	9	FW	FW	27	정재희		2(1)	0	0	0
0	0	0	0		최철원	30			87	김선규		0	0	0	0
0	0	0	0		임동혁	5			33	이재억		0	0	0	0
0	0	0	0		서명식	13			2	채광훈		0	0	0	0
0	0	0	0		배준렬	32	대기	대기	26	이태현	전24	1(1)	1	0	0
0	0	0	0		송원재	8			18	김대한		0	0	0	0
0	0	1	0	후14	김륜도	20			23	김영도	후32	0	0	0	0
0	0	1	0	후36	신현준	29			17	박승일	후25	0	0	0	0
0	1	21	8(3)			0			0			11(6)	14	2	0

●후반 36분 이학민 PAR ~ 루키안 GAR R-ST-G (득점: 루키안, 도움: 이학민) 가운데

10월 15일 15:00 맑음 충주 종합 388명
주심: 최대우 / 부심: 지승민 · 양재용 / 대기심: 성덕효 / 경기감독관: 김수현

충주 8 5 전반 0 / 3 후반 1 **1 안산**

퇴장	경고	파울	ST(유)	교체	선수명	배번	위치	위치	배번	선수명	교체	ST(유)	파울	경고	퇴장
0	1	1	0		홍상준	41	GK	GK	31	김대호		0	0	0	0
0	0	2	0		황수남	50	DF	DF	22	김준엽		0	3	1	0
0	0	1	0		배효성	5	DF	DF	2	정다훤		0	0	0	0
0	0	4	0		최유상	99	DF	DF	20	안영규		0	0	0	0
0	0	0	0		김한빈	22	DF	DF	27	박요한		1	0	0	0
0	0	0	0	7	김용태	24	MF	MF	29	김재웅	33	2(1)	4	1	0
0	0	1	3(1)		김도형	10	MF	MF	25	최진수	23	0	0	0	0
0	1	4	1(1)	13	쿠아쿠	6	MF	MF	17	강승조		1(1)	0	0	0
0	0	0	3(2)	28	김신	9	MF	MF	7	한지호		3(1)	2	0	0
0	0	0	1		김상필	31	FW	MF	18	공민현		2(1)	1	1	0
0	0	1	6(6)		하파엘	77	FW	FW	30	한홍규	10	0	1	0	0
0	0	0	0		권태안	1			15	최보경		0	0	0	0
0	0	0	0	후25	최승호	7			33	정성민	후39	0	0	0	0
0	0	1	0	후35	엄진태	13			12	하정헌		0	0	0	0
0	0	0	0		김용진	20	대기	대기	11	황지웅		0	0	0	0
0	0	0	0		장백규	19			28	이준호		0	0	0	0
0	0	0	0	후38	곽성환	28			10	이현승	후0	1(1)	1	0	0
0	0	0	0		박지민	18			23	남준재	후0	1	0	0	0
0	2	15	14(10)			0			0			11(5)	12	3	0

●전반 29초 하파엘 PAR 내 ~ 김도형 GAR 내 R-ST-G (득점: 김도형, 도움: 하파엘) 오른쪽
●전반 21분 하파엘 GAR R-ST-G (득점: 하파엘) 가운데
●전반 26분 김용태 HL 정면 ↷ 김신 AK 내 R-ST-G (득점: 김신, 도움: 김용태) 가운데
●전반 37분 김신 PAL ↷ 하파엘 GA 정면 H-ST-G (득점: 하파엘, 도움: 김신) 오른쪽
●전반 40분 김도형 MF 정면 ↷ 김신 PAL 내 R-ST-G (득점: 김신, 도움: 김도형) 오른쪽
●후반 19분 하파엘 PA 정면 내 R-ST-G (득점: 하파엘) 왼쪽
●후반 24분 김신 C, KL ↷ 쿠아쿠 GA 정면 H-ST-G (득점: 쿠아쿠, 도움: 김신) 왼쪽
●후반 39분 하파엘 PA 정면 내 R-ST-G (득점: 하파엘) 오른쪽
●후반 13분 강승조 PK-R-G (득점: 강승조) 왼쪽

10월 15일 13:00 맑음 강릉 종합 841명
주심: 김희곤 / 부심: 이영운 · 차상욱 / 대기심: 박영록 / 경기감독관: 김일호

강원 1 0 전반 0 / 1 후반 2 **2 대전**

퇴장	경고	파울	ST(유)	교체	선수명	배번	위치	위치	배번	선수명	교체	ST(유)	파울	경고	퇴장
0	1	0	0		함석민	18	GK	GK	1	박주원		0	0	0	0
0	0	2	0		김윤호	13	DF	DF	13	장클로드		0	3	0	0
0	0	2	0		이한샘	33	DF	DF	26	김동곤	15	0	2	0	0
0	0	0	0		안현식	6	DF	DF	20	장준영		0	2	1	0
0	1	1	0		정승용	22	DF	DF	3	김형진		0	4	1	0
0	0	3	2(2)	7	허범산	8	MF	MF	16	이동수		0	1	0	0
0	0	0	4(4)		루이스	9	MF	MF	6	황인범		1(1)	0	0	0
0	0	1	0		오승범	4	MF	MF	8	김선민	23	0	1	0	0
0	0	0	2(1)		서보민	11	FW	FW	10	김동찬		5(3)	0	0	0
0	0	2	4(1)	16	마테우스	23	FW	FW	17	진대성	19	2(2)	1	0	0
0	0	0	0	10	장혁진	99	FW	FW	99	구스타보		2(1)	0	0	0
0	0	0	0		안지현	30			25	이범수		0	0	0	0
0	0	0	0		길영태	19			88	고민혁		0	0	0	0
0	0	1	0	후21	한석종	16			22	오창현		0	0	0	0
0	0	0	0	후36	박희도	7	대기	대기	19	박대훈	후15	1(1)	0	0	0
0	0	0	2(1)	후11	최진호	10			11	유승완		0	0	0	0
0	0	0	0		심영성	17			23	조예찬	후3	0	1	1	0
0	0	0	0		마라냥	84			15	강영제	후31	0	0	0	0
0	2	12	14(9)			0			0			11(8)	15	3	0

●후반 22분 루이스 PA 정면 내 L-ST-G (득점: 루이스) 왼쪽
●후반 46분 구스타보 AK 내 L-ST-G (득점: 구스타보) 왼쪽
●후반 47분 박대훈 PA 정면 내 L-ST-G (득점: 박대훈) 왼쪽

10월 16일 14 : 00 흐리고 비 고양 종합 124명
주심: 매호영 / 부심: 손재선 · 박균용 / 대기심: 김영수 / 경기감독관: 강창구

고양 2 (2 전반 3 / 0 후반 0) **3 경남**

퇴장	경고	파울	ST(유)	교체	선수명	배번	위치	위치	배번	선수명	교체	ST(유)	파울	경고	퇴장
0	0	0	0		이승규	21	GK	GK	29	하강진		0	0	1	0
0	0	0	0		이상돈	12	DF	DF	90	여성해		0	0	0	0
0	0	2	0		김지훈	4	DF	DF	15	우주성		1	0	0	0
0	0	0	1		박승우	13	DF	DF	22	김정빈		1	2	0	0
0	0	3	0		권영호	18	DF	DF	23	박지수		1(1)	0	0	0
0	0	0	3(2)	25	윤영준	14	MF	MF	24	정현철		3(2)	1	0	0
0	0	1	1		이도성	17	MF	MF	37	장은규		0	3	1	0
0	0	3	3		이예찬	23	MF	MF	17	이호석		2(2)	1	0	0
0	0	1	5(3)		인준연	5	MF	MF	8	안성남	16	2(2)	0	0	0
0	0	0	1(1)	7	박정훈	11	MF	FW	88	김도엽	14	3(1)	2	0	0
0	0	1	2(1)	77	남하늘	10	FW	FW	9	크리스찬	13	4(4)	2	0	0
0	0	0	0		임홍현	31			99	권정혁		0	0	0	0
0	0	0	0		손세범	15			14	남광현	후32	0	1	1	0
0	0	0	0		허재원	6			12	전상훈		0	0	0	0
0	0	0	1	후32	김성수	25	대기	대기	16	송수영	후0	0	0	0	0
0	0	0	0		김상준	9			13	신학영	후44	0	0	0	0
0	0	1	2	후31	빅토르	77			4	이반		0	0	0	0
0	0	0	0	후27	데파울라	7			36	이관표		0	0	0	0
0	0	12	19(7)			0			0			17(12)	12	3	0

- ●전반 26분 이도성 PAL ↷ 남하늘 GA 정면 H-ST-G (득점: 남하늘, 도움: 이도성) 왼쪽
- ●전반 31분 이도성 MFR ~ 박정훈 GA 정면 R-ST-G (득점: 박정훈, 도움: 이도성) 왼쪽

- ●전반 1분 크리스찬 GA 정면 내 R-ST-G (득점: 크리스찬) 가운데
- ●전반 14분 김도엽 C, KL 크리스찬 GA 정면 내 H-ST-G (득점: 크리스찬, 도움: 김도엽) 왼쪽
- ●전반 24분 이호석 C, KR 박지수 GA 정면 R-ST-G (득점: 박지수, 도움: 이호석) 가운데

10월 19일 19 : 00 맑음 창원 축구센터 773명
주심: 박진호 / 부심: 장종필 · 차상욱 / 대기심: 김대용 / 경기감독관: 김형남

경남 1 (0 전반 1 / 1 후반 1) **2 안산**

퇴장	경고	파울	ST(유)	교체	선수명	배번	위치	위치	배번	선수명	교체	ST(유)	파울	경고	퇴장
0	0	0	0		권정혁	99	GK	GK	31	김대호		0	0	0	0
0	0	2	1		여성해	90	DF	DF	14	김은선		0	3	0	0
0	0	0	0		우주성	15	DF	DF	15	최보경		0	0	0	0
0	0	1	0		김정빈	22	DF	DF	33	정성민		0	2	0	0
0	0	1	1		박지수	23	DF	MF	11	황지웅		0	1	1	0
0	0	1	1		최영준	26	MF	MF	17	강승조		0	2	0	0
0	0	1	0		장은규	37	MF	MF	27	박요한		0	1	0	0
0	0	1	1	4	이호석	17	MF	MF	7	한지호		2	3	0	0
0	0	0	1	24	안성남	8	MF	MF	25	최진수	19	3(2)	0	0	0
0	0	3	1	88	송수영	16	FW	FW	10	이현승	23	3(1)	1	0	0
0	0	2	0		크리스찬	9	FW	FW	18	공민현	12	0	2	0	0
0	0	0	0		하강진	29			36	황도연		0	0	0	0
0	0	0	0		전상훈	12			23	남준재	후30	0	0	0	0
0	0	0	0	후38	이반	4			19	주현재	후37	0	1	1	0
0	0	1	0	후16	김도엽	88	대기	대기	28	이준호		0	0	0	0
0	0	0	0		신학영	13			30	한홍규		0	0	0	0
0	0	0	4(2)	후16	정현철	24			12	하정헌	후21	0	2	1	0
0	0	13	10(2)			0			0			8(3)	18	3	0

- ●후반 17분 정현철 GA 정면 내 기타 H-ST-G (득점: 정현철) 왼쪽 [거리 3.0m]

- ●전반 39분 공민현 PAL ~ 이현승 GA 정면 내 기타 R-ST-G (득점: 이현승, 도움: 공민현) 가운데 [거리 5.0m]
- ●후반 34분 하정헌 PAL 내 ~ 최진수 PK지점 기타 R-ST-G (득점: 최진수, 도움: 하정헌) 가운데 [거리 11.0m]

10월 19일 19 : 00 맑음 충주 종합 798명
주심: 김희곤 / 부심: 김영하 · 김지욱 / 대기심: 김영수 / 경기감독관: 하재훈

충주 0 (0 전반 1 / 0 후반 0) **1 서울E**

퇴장	경고	파울	ST(유)	교체	선수명	배번	위치	위치	배번	선수명	교체	ST(유)	파울	경고	퇴장
0	0	0	0		이영창	26	GK	GK	1	김영광		0	0	0	0
0	0	3	0		황수남	50	DF	DF	2	심상민		0	0	0	0
0	0	0	1(1)		배효성	5	DF	DF	5	칼라일 미첼		2(1)	0	0	0
0	0	0	2(2)	23	엄진태	13	DF	DF	63	김동진		0	0	0	0
0	0	0	0		김한빈	22	DF	DF	15	김태은		0	4	0	0
0	0	1	0		김용태	24	MF	MF	16	신일수	25	0	3	1	0
0	1	3	1		김도형	10	MF	MF	4	김준태		1	1	0	0
0	1	4	1		최승호	7	MF	MF	23	최오백	17	2(1)	1	0	0
0	0	2	2	28	김정훈	14	MF	MF	9	서정진		3	1	0	0
0	0	0	0		김상필	31	FW	FW	11	타라바이	22	1(1)	3	0	0
0	0	2	0	77	홍준기	15	FW	FW	18	주민규		0	0	0	0
0	0	0	0		권태안	1			31	김현성		0	0	0	0
0	0	0	0		정인탁	3			22	전만광	후24	0	1	0	0
0	0	0	0		오규빈	8			26	김창욱		0	0	0	0
0	0	0	1	후31	이태영	23	대기	대기	47	김재연		0	0	0	0
0	0	0	0		장백규	19			24	김현규		0	0	0	0
0	0	0	0	후25	곽성환	28			17	안태현	후41	0	0	0	0
0	0	1	2	전27	하파엘	77			25	김현솔	후36	0	1	0	0
0	2	16	10(3)			0			0			9(3)	15	1	0

- ●전반 26분 최오백 PAR 내 ~ 타라바이 GAR R-ST-G (득점: 타라바이, 도움: 최오백) 오른쪽

10월 19일 19 : 30 맑음 대구 스타디움 860명
주심: 김종혁 / 부심: 손재선 · 박균용 / 대기심: 박영록 / 경기감독관: 전인석

대구 0 (0 전반 0 / 0 후반 0) **0 부천**

퇴장	경고	파울	ST(유)	교체	선수명	배번	위치	위치	배번	선수명	교체	ST(유)	파울	경고	퇴장
0	0	0	0		조현우	21	GK	GK	1	류원우		0	0	0	0
0	0	2	1(1)		박태홍	4	DF	DF	4	한희훈		0	3	0	0
0	0	1	0		황재원	20	DF	DF	6	강지용		0	0	0	0
0	0	4	0		홍정운	5	DF	DF	14	이학민		0	2	0	0
0	1	3	0		김동진	16	MF	DF	45	지병주		0	1	0	0
0	0	0	1(1)		이재권	6	MF	MF	7	문기한	20	0	0	0	0
0	0	1	0		우상호	33	MF	MF	10	바그닝요		1	2	0	0
0	0	0	1(1)		정우재	3	MF	MF	15	조범석		0	1	0	0
0	0	0	1	7	신창무	14	FW	MF	77	김영남		2	1	0	0
0	0	1	2(1)		에델	10	FW	MF	16	진창수	29	1	4	0	0
0	0	1	1		알렉스	88	FW	FW	9	루키안		2	1	0	0
0	0	0	0		이양종	1			30	최철원		0	0	0	0
0	0	0	0		오광진	2			5	임동혁		0	0	0	0
0	0	0	0		한재웅	15			32	배준렬		0	0	0	0
0	0	0	0		홍승현	34	대기	대기	87	김진현		0	0	0	0
0	0	0	0		김대원	37			8	송원재		0	0	0	0
0	0	0	0		노병준	17			20	김륜도	후8	0	2	0	0
0	0	0	0	후44	최정한	7			29	신현준	후37	0	1	0	0
0	1	13	7(4)			0			0			6	18	0	0

10월 19일 19 : 00 맑음 부산 구덕 1,462명
주심: 김동진 / 부심: 송봉근 · 이상민 / 대기심: 매호영 / 경기감독관: 김용세

부산 2 0 전반 1 / 2 후반 0 **1 강원**

퇴장	경고	파울	ST(유)	교체	선수명	배번	위치	위치	배번	선수명	교체	ST(유)	파울	경고	퇴장
0	0	0	0		구 상 민	21	GK	GK	18	함 석 민		0	0	1	0
0	0	1	1(1)		차 영 환	5	DF	DF	13	김 윤 호		0	4	1	0
0	0	1	2		닐손주니어	93	DF	DF	33	이 한 샘		0	2	0	0
0	0	0	0	3	김 재 현	23	DF	DF	6	안 현 식		0	2	1	0
0	0	2	1(1)		장 현 수	79	MF	DF	22	정 승 용		3(2)	1	0	0
0	0	0	2(1)		김 영 신	86	MF	MF	16	한 석 종		1	1	0	0
0	0	0	1		이 규 성	22	MF	MF	9	루 이 스		1(1)	1	0	0
0	0	1	1		최 광 희	77	MF	MF	4	오 승 범		0	2	1	0
0	0	0	0	8	임 상 협	11	FW	FW	11	서 보 민	19	1(1)	0	0	0
0	0	0	1(1)	94	고 경 민	19	FW	FW	23	마테우스	17	1(1)	3	0	0
0	0	0	1		정 석 화	14	FW	FW	99	장 혁 진	8	0	0	0	0
0	0	0	0		김 형 근	31			30	안 지 현		0	0	0	0
0	0	0	0	후23	이 원 영	3			19	길 영 태	후31	0	0	0	0
0	0	0	0		이 동 일	29			3	최 우 재		0	0	0	0
0	0	3	4(2)	전40	홍 동 현	8	대기	대기	8	허 범 산	후23	1	2	1	0
0	0	0	0		이 정 근	37			10	최 진 호		0	0	0	0
0	1	2	1(1)	후10	포 프	94			17	심 영 성	후38	0	1	0	0
0	0	0	0		김 지 민	15			84	마 라 냥		0	0	0	0
0	1	10	15(7)			0			0			8(5)	19	5	0

- 후반 30분 홍동현 PAL TL 드로잉 ↷ 포프 PK 우측지점 L-ST-G (득점: 포프, 도움: 홍동현) 오른쪽
- 후반 44분 이원영 GAL 내 EL ~ 홍동현 PK 좌측지점 L-ST-G (득점: 홍동현, 도움: 이원영) 왼쪽

- 전반 19분 한석종 자기 측 MFR TL ~ 마테우스 PAR 내 R-ST-G (득점: 마테우스, 도움: 한석종) 오른쪽

10월 19일 20 : 00 흐림 안양 종합 579명
주심: 임정수 / 부심: 지승민 · 양재용 / 대기심: 성덕효 / 경기감독관: 김일호

안양 3 0 전반 1 / 3 후반 1 **2 고양**

퇴장	경고	파울	ST(유)	교체	선수명	배번	위치	위치	배번	선수명	교체	ST(유)	파울	경고	퇴장
0	0	0	0		이 진 형	1	GK	GK	31	임 홍 현		0	0	0	0
0	0	1	0		안 세 희	3	DF	DF	12	이 상 돈		0	0	0	0
0	2	4	1		김 진 환	55	DF	DF	13	박 승 우		0	0	1	0
0	0	1	1(1)		구 대 영	90	DF	DF	16	박 태 형		1(1)	0	0	0
0	0	1	1	4	채 광 훈	2	DF	DF	18	권 영 호		0	0	0	0
0	0	1	0		최 영 훈	24	MF	MF	5	인 준 연		1(1)	0	1	0
0	0	0	7(5)		김 민 균	7	MF	MF	11	박 정 훈	7	2	2	1	0
0	0	1	0	23	안 진 범	16	MF	MF	17	이 도 성	25	2(1)	1	0	0
0	0	0	3(2)		브루닝요	28	MF	MF	23	이 예 찬		2(2)	2	0	0
0	0	1	1(1)	27	김 대 한	18	FW	MF	6	허 재 원		1(1)	1	1	0
0	0	0	3(2)		김 효 기	70	FW	FW	10	남 하 늘	77	0	2	1	0
0	0	0	0		김 선 규	87			21	이 승 규		0	0	0	0
0	0	1	0	후30	이 상 우	4			4	김 지 훈		0	0	0	0
0	0	0	0		유 종 현	5			15	손 세 범		0	0	0	0
0	0	0	0		이 태 현	26	대기	대기	14	윤 영 준		0	0	0	0
0	0	0	2(2)	후8	김 영 도	23			25	김 성 수	후23	0	2	0	0
0	0	0	1(1)	후25	정 재 희	27			7	데파울라	후46	0	0	0	0
0	0	0	0		김 동 기	19			77	빅 토 르	후10	2(2)	3	1	0
0	2	11	20(14)			0			0			11(8)	13	6	0

- 후반 8분 최영훈 PA 정면 ~ 김민균 AK 내 중거리슛 R-ST-G (득점: 김민균, 도움: 최영훈) 오른쪽
- 후반 43분 이상우 PAL ↷ 김영도 GA 정면 기타 H-ST-G (득점: 김영도, 도움: 이상우) 왼쪽
- 후반 44분 김효기 AKL L-ST-G (득점: 김효기) 가운데

- 전반 35분 이도성 PA 정면 기타 L-ST-G (득점: 이도성) 오른쪽
- 후반 16분 빅토르 PA 정면 R-ST-G (득점: 빅토르) 왼쪽

10월 22일 14 : 00 맑음 고양 종합 343명
주심: 김종혁 / 부심: 손재선 · 차상욱 / 대기심: 박진호 / 경기감독관: 김용세

고양 0 0 전반 1 / 0 후반 1 **2 서울E**

퇴장	경고	파울	ST(유)	교체	선수명	배번	위치	위치	배번	선수명	교체	ST(유)	파울	경고	퇴장
0	0	0	0		임 홍 현	31	GK	GK	1	김 영 광		0	0	0	0
0	0	2	0		김 종 원	27	DF	DF	2	심 상 민		1(1)	0	0	0
0	1	0	0		박 태 형	16	DF	DF	5	칼라일 미첼	47	1	0	1	0
0	0	0	0		박 승 우	13	DF	DF	63	김 동 진		0	1	0	0
0	0	0	0		권 영 호	18	DF	DF	15	김 태 은		1(1)	1	0	0
0	0	0	0	14	허 재 원	6	MF	MF	6	김 동 철		1(1)	1	0	0
0	1	4	1(1)		이 도 성	17	MF	MF	4	김 준 태		4(3)	2	0	0
0	0	3	3		데파울라	7	MF	MF	24	김 현 규	23	0	0	0	0
0	0	3	2		박 정 훈	11	MF	MF	9	서 정 진	14	1(1)	0	0	0
0	0	0	0	9	이 예 찬	23	MF	FW	11	타라바이		1(1)	1	0	0
0	0	1	1(1)	5	빅 토 르	77	FW	FW	18	주 민 규		4(1)	0	0	0
0	0	0	0		이 승 규	21			31	김 현 성		0	0	0	0
0	0	0	0		조 성 채	3			22	전 민 광		0	0	0	0
0	0	0	1	후0	인 준 연	5			36	김 지 훈		0	0	0	0
0	0	0	0		김 성 수	25	대기	대기	47	김 재 연	후26	0	1	0	0
0	0	0	0		김 필 호	22			14	조 우 진	후43	0	0	0	0
0	0	0	1	후29	김 상 준	9			23	최 오 백	전26	1	0	0	0
0	0	1	0	후19	윤 영 준	14			25	김 현 솔		0	0	0	0
0	2	14	9(2)			0			0			15(9)	7	1	0

- 전반 33분 최오백 PA 정면 H ↷ 타라바이 PK 우측지점 오버헤드킥 R-ST-G (득점: 타라바이, 도움: 최오백) 오른쪽
- 후반 30분 김동진 C, KR ↷ 김동철 GA 정면 H-ST-G (득점: 김동철, 도움: 김동진) 왼쪽

10월 22일 15 : 00 맑음 안산 와스타디움 675명
주심: 박병진 / 부심: 김성일 · 박균용 / 대기심: 성덕효 / 경기감독관: 김형남

안산 0 0 전반 2 / 0 후반 2 **4 강원**

퇴장	경고	파울	ST(유)	교체	선수명	배번	위치	위치	배번	선수명	교체	ST(유)	파울	경고	퇴장
0	0	0	0		김 대 호	31	GK	GK	31	양 동 원		0	0	0	0
0	0	2	0		김 은 선	14	DF	DF	3	최 우 재		0	0	0	0
0	0	0	2(1)		최 보 경	15	DF	DF	33	이 한 샘		0	0	0	0
0	0	2	0		정 성 민	33	DF	DF	19	길 영 태		0	5	0	0
0	0	0	4		황 지 웅	11	MF	MF	13	김 윤 호		1	4	1	0
0	0	3	5(4)		강 승 조	17	MF	MF	11	서 보 민	84	2(1)	1	0	0
0	0	1	0		김 준 엽	22	MF	MF	16	한 석 종		0	4	1	0
0	1	1	1(1)		한 지 호	7	MF	MF	99	장 혁 진	26	0	3	0	0
0	0	0	0	29	최 진 수	25	MF	MF	22	정 승 용		2	3	0	0
0	1	3	1(1)	23	공 민 현	18	FW	FW	23	마테우스	10	2(1)	2	1	0
0	1	1	1(1)	30	이 현 승	10	FW	FW	9	루 이 스		2(2)	4	0	0
0	0	0	0		황 도 연	36			30	안 지 현		0	0	0	0
0	0	1	2(1)	전36	김 채 웅	29			44	최 영 광		0	0	0	0
0	0	0	0		하 정 헌	12			26	박 요 한	후45	0	0	0	0
0	0	0	0	후13	남 준 재	23	대기	대기	7	박 희 도		0	0	0	0
0	1	1	0	후32	한 홍 규	30			10	최 진 호	후26	2(2)	0	0	0
0	0	0	0		이 준 호	28			17	심 영 성		0	0	0	0
0	0	0	0		박 요 한	27			84	마 라 냥	후31	0	1	0	0
0	4	15	16(9)			0			0			11(6)	27	3	0

- 전반 33초 마테우스 PAR ~ 서보민 GAR R-ST-G (득점: 서보민, 도움: 마테우스) 왼쪽
- 전반 2분 마테우스 PA 정면 내 R-ST-G (득점: 마테우스) 왼쪽
- 후반 33분 최진호 GA 정면 R-ST-G (득점: 최진호) 오른쪽
- 후반 42분 루이스 GAR EL R-ST-G (득점: 루이스) 오른쪽

10월 23일 13 : 30 맑음 부산 구덕 6,075명
주심: 김성호 / 부심: 장종필 · 지승민 / 대기심: 김동인 / 경기감독관: 하재훈

부산 2 0 전반 0 / 2 후반 1 **1 부천**

퇴장	경고	파울	ST(유)	교체	선수명	배번	위치	위치	배번	선수명	교체	ST(유)	파울	경고	퇴장
0	0	0	0		구상민	21	GK	GK	1	류원우		0	0	0	0
0	0	2	0		차영환	5	DF	DF	4	한희훈		0	2	0	0
0	0	1	0		닐손주니어	93	DF	DF	6	강지용		0	2	1	0
0	0	1	1(1)		김재현	23	DF	DF	13	서명식	7	0	2	0	0
0	1	1	0		용재현	88	MF	DF	14	이학민		1	1	0	0
0	0	1	0	19	김영신	86	MF	DF	87	김진현		0	1	0	0
0	0	0	1	30	이규성	22	MF	MF	10	바그닝요		0	2	0	0
0	0	1	1		최광희	77	MF	MF	15	조범석		1(1)	0	0	0
0	0	1	0	11	장현수	79	FW	MF	77	김영남		1	2	0	0
0	0	1	3(2)		홍동현	8	FW	FW	9	루키안		0	3	0	0
0	0	1	0		정석화	14	FW	FW	20	김륜도	16	0	2	0	0
0	0	0	0		김형근	31			30	최철원		0	0	0	0
0	0	0	0		이원영	3			5	임동혁		0	0	0	0
0	0	1	0	후36	이정진	30			32	배준렬		0	0	0	0
0	0	0	0		이정근	37	대기	대기	45	지병주		0	0	0	0
0	0	2	1(1)	전36	임상협	11			7	문기한	후23	0	0	0	0
0	0	0	0	후13	고경민	19			16	진창수	후3	2(2)	3	0	0
0	0	0	0		최승인	10			29	신현준		0	0	0	0
0	1	13	7(4)			0			0			5(3)	20	1	0

● 후반 19분 최광희 C, KR ↷ 김재현 GA 정면 H-ST-G (득점: 김재현, 도움: 최광희) 왼쪽
● 후반 43분 정석화 PAL ↷ 임상협 PA 정면 내 L-ST-G (득점: 임상협, 도움: 정석화) 왼쪽

● 후반 30분 이학민 PAR ~ 진창수 GAR R-ST-G (득점: 진창수, 도움: 이학민) 가운데

10월 23일 14 : 00 흐림 창원 축구센터 1,028명
주심: 김희곤 / 부심: 이영운 · 송봉근 / 대기심: 임정수 / 경기감독관: 김일호

경남 1 0 전반 0 / 1 후반 2 **2 대구**

퇴장	경고	파울	ST(유)	교체	선수명	배번	위치	위치	배번	선수명	교체	ST(유)	파울	경고	퇴장
0	0	0	0		권정혁	99	GK	GK	21	조현우		0	0	0	0
0	0	3	0		여성해	90	DF	DF	4	박태홍		0	0	0	0
0	0	2	1		우주성	15	DF	DF	20	황재원		1(1)	0	0	0
1	0	1	0		장은규	37	DF	DF	5	홍정운		0	1	0	0
0	1	1	0		이반	4	DF	MF	2	오광진	15	0	1	0	0
0	0	1	0		최영준	26	MF	MF	6	이재권	33	0	3	0	0
0	0	2	1(1)	36	신학영	13	MF	MF	11	세징야		4(2)	5	0	0
0	1	1	0		이호석	17	MF	MF	3	정우재		0	1	0	0
0	0	1	0	23	안성남	8	MF	FW	88	알렉스		3(2)	0	0	0
0	0	0	1	24	김도엽	88	FW	FW	10	에델		1	2	0	0
0	0	2	2		크리스찬	9	FW	FW	9	파울로	14	2(1)	0	0	0
0	0	0	0		하강진	29			1	이양종		0	0	0	0
0	0	0	0		전상훈	12			26	김우석		0	0	0	0
0	0	2	1	후24	박지수	23			15	한재웅	후34	0	0	1	0
0	0	0	0		김정빈	22	대기	대기	14	신창무	후12	0	1	0	0
0	0	0	0		남광현	14			33	우상호	후9	1	0	0	0
0	1	1	1(1)	후8	정현철	24			37	김대원		0	0	0	0
0	0	0	1	후29	이관표	36			7	최정한		0	0	0	0
1	3	17	8(2)			0			0			12(6)	14	1	0

● 후반 6분 김도엽 AK 정면 ~ 신학영 AK 정면 L-ST-G (득점: 신학영, 도움: 김도엽) 왼쪽

● 후반 1분 세징야 C, KR ↷ 황재원 GAL H-ST-G (득점: 황재원, 도움: 세징야) 왼쪽
● 후반 28분 세징야 MFL TL ↷ 알렉스 PK지점 H-ST-G (득점: 알렉스, 도움: 세징야) 오른쪽

10월 23일 14 : 00 흐림 대전 월드컵 2,302명
주심: 김동진 / 부심: 양재용 · 이상민 / 대기심: 성덕효 / 경기감독관: 전인석

대전 2 1 전반 1 / 1 후반 1 **2 충주**

퇴장	경고	파울	ST(유)	교체	선수명	배번	위치	위치	배번	선수명	교체	ST(유)	파울	경고	퇴장
0	0	0	0		박주원	1	GK	GK	1	권태안		0	0	0	0
0	0	2	0		장클로드	13	DF	DF	50	황수남		0	2	0	0
0	0	1	0	27	김동곤	26	DF	DF	5	배효성		0	0	0	0
0	0	2	0		오창현	22	DF	DF	99	최유상		0	3	1	0
0	0	2	0		김형진	3	DF	DF	22	김한빈		0	2	0	0
0	0	1	0		이동수	16	MF	MF	24	김용태	8	0	2	0	0
0	0	1	1		황인범	6	MF	MF	9	김신		3(2)	1	1	0
0	1	2	3(2)		김선민	8	MF	MF	7	최승호		0	0	1	0
0	0	0	6(4)		김동찬	10	FW	MF	14	김정훈	19	2(2)	2	0	0
0	0	2	1(1)		진대성	17	FW	MF	6	쿠아쿠		0	1	0	0
0	0	0	0	19	구스타보	99	FW	FW	31	김상필	18	3(1)	1	0	0
0	0	0	0		이범수	25			26	이영창		0	0	0	0
0	0	1	0	전27	강윤성	27			29	정우인		0	0	0	0
0	0	0	0		오혁진	35			8	오규빈	후25	0	0	0	0
0	0	0	0	전 22/23	박대훈	19	대기	대기	13	엄진태		0	0	0	0
0	0	0	0		유승완	11			19	장백규	후25	2(1)	0	0	0
0	0	0	2	전35	조예찬	23			28	곽성환		0	0	0	0
0	0	0	0		강영제	15			18	박지민	후32	1	0	0	0
0	1	14	13(7)			0			0			11(6)	14	3	0

● 전반 3분 김동찬 PK-R-G (득점: 김동찬) 가운데
● 후반 45분 황인범 AK 내 ~ 김선민 GAR R-ST-G (득점: 김선민, 도움: 황인범) 왼쪽

● 전반 1분 김신 PAL 내 ~ 김상필 GAR 내 R-ST-G (득점: 김상필, 도움: 김신) 오른쪽
● 후반 40분 장백규 PAR 내 L-ST-G (득점: 장백규) 왼쪽

10월 30일 14 : 00 맑음 강릉 종합 1,803명
주심: 우상일 / 부심: 지승민 · 차상욱 / 대기심: 김동인 / 경기감독관: 전인석

강원 1 0 전반 0 / 1 후반 1 **1 경남**

퇴장	경고	파울	ST(유)	교체	선수명	배번	위치	위치	배번	선수명	교체	ST(유)	파울	경고	퇴장
0	0	0	0		함석민	18	GK	GK	99	권정혁		0	1	0	0
0	0	3	1(1)		최우재	3	DF	DF	90	여성해		0	2	0	0
0	0	1	2(1)		이한샘	33	DF	DF	15	우주성		0	2	1	0
0	1	3	0		길영태	19	DF	DF	23	박지수		1(1)	1	0	0
0	0	2	0		정승용	22	DF	DF	4	이반	12	1(1)	3	1	0
0	0	0	0		오승범	4	MF	MF	26	최영준	13	1(1)	2	0	0
0	0	1	6(5)		루이스	9	MF	MF	36	이관표		1	0	0	0
0	0	2	3(3)		세르징요	88	MF	MF	16	송수영	22	0	0	0	0
0	0	0	4(3)	10	서보민	11	FW	MF	8	안성남		0	2	0	0
0	0	1	3(2)	17	마테우스	23	FW	FW	88	김도엽		2(1)	0	0	0
0	0	0	1	84	장혁진	99	FW	FW	9	크리스찬		4(2)	3	0	0
0	0	0	0		양동원	31			29	하강진		0	0	0	0
0	0	0	0		최영광	44			12	전상훈	후45	0	0	0	0
0	0	0	0		박요한	26			80	진경선		0	0	0	0
0	0	0	0		허범산	8	대기	대기	22	김정빈	후25	0	1	0	0
0	0	0	0	후21	최진호	10			14	남광현		0	0	0	0
0	0	0	0	후36	심영성	17			77	마르코비치		0	0	0	0
0	0	2	1	후9	마라냥	84			13	신학영	후36	0	0	0	0
0	1	15	21(15)			0			0			10(6)	17	2	0

● 후반 10분 루이스 PK-R-G (득점: 루이스) 왼쪽

● 후반 13분 송수영 PAR EL → 김도엽 GAR R-ST-G (득점: 김도엽, 도움: 송수영) 오른쪽

10월 30일 14 : 00 대구 스타디움 11,413명
주심: 박병진 / 부심: 이정민 · 장종필 / 대기심: 박진호 / 경기감독관: 김수현

대구 1 — 0 전반 0 / 1 후반 0 — **0 대전**

퇴장	경고	파울	ST(유)	교체	선수명	배번	위치	위치	배번	선수명	교체	ST(유)	파울	경고	퇴장
0	0	0	0		조현우	21	GK	GK	1	박주원		0	0	0	0
0	1	1	0		김동진	16	DF	DF	13	장클로드		0	4	1	0
0	0	0	1(1)		박태홍	4	DF	DF	20	장준영		0	1	1	0
0	0	0	0		황재원	20	DF	DF	16	이동수		0	2	0	0
0	0	0	1		정우재	3	DF	DF	3	김형진	88	0	0	0	0
0	0	1	0		홍정운	5	MF	MF	23	조예찬	17	0	1	0	0
0	0	2	0	9	이재권	6	MF	MF	6	황인범		0	1	0	0
0	0	2	1(1)		우상호	33	MF	MF	15	강영제	22	1	2	1	0
0	0	1	7(3)	36	세징야	11	FW	FW	10	김동찬		3	2	0	0
0	0	0	2(1)	88	신창무	14	FW	FW	11	유승완		0	3	0	0
0	0	0	3(1)		에델	10	FW	FW	27	강윤성		0	1	0	0
0	0	0	0		이양종	1			25	이범수		0	0	0	0
0	0	0	0		오광진	2			22	오창현	후47	0	0	0	0
0	0	0	0		한재웅	15			35	오혁진		0	0	0	0
0	0	0	0	후43	박한빈	36	대기	대기	8	김선민		0	0	0	0
0	0	0	0		최정한	7			17	진대성	후31	0	1	0	0
0	0	0	3(2)	후0	알렉스	88			88	고민혁	후8	0	0	0	0
0	0	0	3(2)	후26	파울로	9			34	임준식		0	0	0	0
0	1	7	21(11)			0			0			4	18	3	0

- 후반 34분 파울로 AK 정면 ~ 세징야 MF 정면 R-ST-G (득점: 세징야, 도움: 파울로) 왼쪽

10월 30일 14 : 00 맑음 잠실 3,060명
주심: 김대용 / 부심: 이영운 · 박균용 / 대기심: 임정수 / 경기감독관: 한병화

서울E 2 — 0 전반 0 / 2 후반 0 — **0 부산**

퇴장	경고	파울	ST(유)	교체	선수명	배번	위치	위치	배번	선수명	교체	ST(유)	파울	경고	퇴장
0	0	0	0		김영광	1	GK	GK	21	구상민		0	0	0	0
0	0	0	0		심상민	2	DF	DF	5	차영환		1(1)	2	0	0
0	2	2	0		칼라일 미첼	5	DF	DF	93	닐손주니어		0	1	0	0
0	0	1	0		김동진	63	DF	DF	23	김재현		0	1	0	0
0	1	4	0		김태은	15	DF	MF	88	용재현		1(1)	0	0	0
0	1	5	1		김동철	6	MF	MF	86	김영신	3	0	0	0	0
0	0	2	1		김준태	4	MF	MF	22	이규성	79	1	1	0	0
0	0	1	0	23	김현규	24	MF	MF	77	최광희		1	0	0	0
0	0	3	0		서정진	9	MF	FW	11	임상협	8	0	0	0	0
0	0	2	1(1)	22	타라바이	11	FW	FW	94	포프		3(2)	2	0	0
0	0	2	3(2)		주민규	18	FW	FW	14	정석화		1(1)	1	0	0
0	0	0	0		김현성	31			31	김형근		0	0	0	0
0	0	0	0	후36	전민광	22			3	이원영	후31	2(1)	0	0	0
0	0	0	0		신일수	16			30	이정진		0	0	0	0
0	0	0	0		김재연	47	대기	대기	79	장현수	후17	0	0	0	0
0	0	1	0	후42	안태현	17			8	홍동현	후10	1	2	0	0
0	1	1	1(1)	전 23/17	최오백	23			19	고경민		0	0	0	0
0	0	0	0		김현솔	25			10	최승인		0	0	0	0
0	5	24	7(4)			0			0			11(6)	10	0	0

- 후반 8분 김준태 MF 정면 ↷ 타라바이 GAL 내 R-ST-G (득점: 타라바이, 도움: 김준태) 왼쪽
- 후반 31분 주민규 GAL 내 H-ST-G (득점: 주민규) 왼쪽

10월 30일 14 : 00 맑음 부천 종합 2,066명
주심: 김희곤 / 부심: 박상준 · 양재용 / 대기심: 성덕효 / 경기감독관: 김정식

부천 4 — 0 전반 0 / 4 후반 1 — **1 고양**

퇴장	경고	파울	ST(유)	교체	선수명	배번	위치	위치	배번	선수명	교체	ST(유)	파울	경고	퇴장
0	0	0	0		류원우	1	GK	GK	1	강진웅		0	0	0	0
0	1	0	1		한희훈	4	DF	DF	27	김종원		0	0	0	0
0	0	0	0		강지용	6	DF	DF	12	이상돈		0	1	0	0
0	0	0	0		이학민	14	DF	DF	13	박승우		0	2	2	0
0	1	1	0	45	김진현	87	DF	DF	18	권영호		0	1	0	0
0	1	4	0		송원재	8	MF	MF	6	허재원	25	0	3	0	0
0	0	0	1(1)		바그닝요	10	MF	MF	5	인준연		3(1)	1	1	0
0	0	0	1		조범석	15	MF	MF	14	윤영준		0	2	1	0
0	0	1	1	28	김영남	77	MF	FW	11	박정훈	9	1(1)	1	1	0
0	0	0	3(2)		진창수	16	MF	FW	23	이예찬		0	0	0	0
0	0	1	2(1)		루키안	9	FW	FW	10	남하늘	33	0	1	0	0
0	0	0	0		최철원	30			21	이승규		0	0	0	0
0	0	0	0		임동혁	5			33	지구민	후26	0	0	0	0
0	0	0	0		유대현	22			25	김성수	후12	2	0	0	0
0	0	0	0		배준렬	32	대기	대기	26	김민수		0	0	0	0
0	1	1	1	후18	지병주	45			22	김필호		0	0	0	0
0	0	4	2(2)	후4	이효균	28			9	김상준	후32	0	0	0	0
0	0	0	0		신현준	29			7	데파울라		0	0	0	0
0	4	12	12(6)			0			0			6(2)	12	5	0

- 후반 4분 진창수 PAL ~ 이효균 GAL L-ST-G (득점: 이효균, 도움: 진창수) 가운데
- 후반 29분 지구민 자기 측 GAR 내 R 자책골 (득점: 지구민) 왼쪽
- 후반 31분 루키안 GAR EL ↷ 진창수 GA 정면 H-ST-G (득점: 진창수, 도움: 루키안) 오른쪽
- 후반 41분 이효균 PK 우측지점 R-ST-G (득점: 이효균) 오른쪽
- 후반 15분 박정훈 PK-R-G (득점: 박정훈) 왼쪽

10월 30일 14 : 00 맑음 안양 종합 2,992명
주심: 매호영 / 부심: 방기열 · 이상민 / 대기심: 박영록 / 경기감독관: 김용세

안양 2 — 2 전반 1 / 0 후반 2 — **3 안산**

퇴장	경고	파울	ST(유)	교체	선수명	배번	위치	위치	배번	선수명	교체	ST(유)	파울	경고	퇴장
0	0	0	0		김선규	87	GK	GK	31	김대호		0	0	0	0
0	0	2	0		안세희	3	DF	DF	14	김은선		0	2	0	0
0	1	2	1		유종현	5	DF	DF	15	최보경		1	0	0	0
0	0	1	0		구대영	90	DF	DF	19	주현재		0	1	0	0
0	0	0	1(1)		이상우	4	DF	DF	22	김준엽		0	3	0	0
0	1	7	0		최영훈	24	MF	MF	17	강승조		1(1)	0	0	0
0	0	1	3(2)		김민균	7	MF	MF	29	김재웅		2(1)	4	1	0
0	0	1	1	19	김영도	23	MF	MF	7	한지호		1(1)	2	0	0
0	0	2	0	30	브루닝요	28	MF	MF	12	하정헌	23	0	3	1	0
0	0	0	2(2)	27	김대한	18	FW	MF	11	황지웅		3(1)	4	0	0
0	0	1	1		김효기	70	FW	FW	18	공민현	33	2(2)	1	0	0
0	0	0	0		이진형	1			28	이준호		0	0	0	0
0	0	0	0		이재억	33			33	정성민	후37	0	0	0	0
0	0	0	0		가솔현	20			36	황도연		0	0	0	0
0	0	0	0	후31	박한준	30	대기	대기	30	한홍규		0	0	0	0
0	0	0	0		안진범	16			23	남준재	후0	0	1	0	0
0	0	2	0	후9	정재희	27			25	최진수		0	0	0	0
0	0	0	0	후9	김동기	19			27	박요한		0	0	0	0
0	2	19	9(5)			0			0			10(6)	21	2	0

- 전반 18분 김민균 GA 정면 L-ST-G (득점: 김민균) 오른쪽
- 전반 20분 김대한 GA 정면 R-ST-G (득점: 김대한) 가운데
- 전반 26분 김재웅 AKR R-ST-G (득점: 김재웅) 오른쪽
- 후반 2분 강승조 AK 정면 FK R-ST-G (득점: 강승조) 오른쪽
- 후반 5분 한지호 PAR L-ST-G (득점: 한지호) 왼쪽

11월 02일 19 : 00 맑음 강릉 종합 925명
주심: 고형진 / 부심: 김지욱 · 이상민 · 김희곤,매호영 / 대기심: 박진호 / 경기감독관: 전인석

강원 1 0 전반 0 / 1 후반 0 **0 부산**

퇴장	경고	파울	ST(유)	교체	선수명	배번	위치	위치	배번	선수명	교체	ST(유)	파울	경고	퇴장
0	0	0	0		함 석 민	18	GK	GK	21	구 상 민		0	0	0	0
0	0	1	0	3	김 윤 호	13	DF	DF	5	차 영 환		0	0	0	0
0	0	2	0		이 한 샘	33	DF	DF	93	닐손주니어		0	0	0	0
0	0	2	1(1)		길 영 태	19	DF	DF	23	김 재 현		1	4	0	0
0	0	2	2		정 승 용	22	DF	MF	88	용 재 현		0	2	1	0
0	0	1	0		오 승 범	4	MF	MF	86	김 영 신	3	0	2	1	0
0	1	0	0		한 석 종	16	MF	MF	22	이 규 성	19	0	2	0	0
0	0	2	0		세르징요	88	MF	MF	77	최 광 희		1(1)	0	0	0
0	1	1	2(1)	11	허 범 산	8	FW	FW	8	홍 동 현		3(1)	1	1	0
0	1	1	4(2)		마테우스	23	FW	FW	10	최 승 인	94	0	2	0	0
0	0	1	2(1)	7	루 이 스	9	FW	FW	14	정 석 화		1(1)	2	0	0
0	0	0	0		안 지 현	30			31	김 형 근		0	0	0	0
0	0	0	0	후24	최 우 재	3			3	이 원 영	후36	1(1)	1	0	0
0	0	0	0	후46	박 희 도	7			30	이 정 진		0	0	0	0
0	0	0	0	후34	서 보 민	11	대기	대기	79	장 현 수		0	0	0	0
0	0	0	0		최 진 호	10			11	임 상 협		0	0	0	0
0	0	0	0		심 영 성	17			19	고 경 민	후19	0	0	0	0
0	0	0	0		마 라 냥	84			94	포 프	전41	2(2)	2	0	0
0	3	13	11(5)			0			0			9(6)	18	3	0

● 후반 44분 루이스 AK 정면 ~ 마테우스 PAR 내 R-ST-G (득점: 마테우스, 도움: 루이스) 오른쪽

11월 05일 14 : 00 맑음 부천 종합 3,121명
주심: 매호영 / 부심: 양재용 · 장종필 · 김대용,박병진 / 대기심: 김영수 / 경기감독관: 강창구

부천 1 0 전반 1 / 1 후반 1 **2 강원**

퇴장	경고	파울	ST(유)	교체	선수명	배번	위치	위치	배번	선수명	교체	ST(유)	파울	경고	퇴장
0	0	0	0		류 원 우	1	GK	GK	18	함 석 민		0	0	0	0
0	0	2	1(1)		한 희 훈	4	DF	DF	33	이 한 샘		0	5	1	0
0	0	1	0		강 지 용	6	DF	DF	88	세르징요		2(1)	2	0	0
0	0	2	2		이 학 민	14	DF	DF	19	길 영 태		0	1	2	0
0	1	4	1(1)		지 병 주	45	DF	MF	22	정 승 용		3(2)	0	0	0
0	0	1	2(2)		문 기 한	7	MF	MF	16	한 석 종	84	0	1	0	0
1	0	2	1(1)		바그닝요	10	MF	MF	4	오 승 범		2(2)	2	0	0
0	0	0	1		조 범 석	15	MF	MF	8	허 범 산	99	1	1	0	0
0	0	3	1	8	김 영 남	77	MF	MF	13	김 윤 호	11	1	1	1	0
0	0	0	0	22	진 창 수	16	MF	FW	23	마테우스		2	3	0	0
0	0	6	1(1)		루 키 안	9	FW	FW	9	루 이 스		1(1)	1	0	0
0	0	0	0		최 철 원	30			30	안 지 현		0	0	0	0
0	0	0	0		임 동 혁	5			3	최 우 재		0	0	0	0
0	0	2	1	전20	유 대 현	22			7	박 희 도		0	0	0	0
0	0	0	0		배 준 렬	32	대기	대기	11	서 보 민	후30	2(1)	0	0	0
0	0	0	0	후41	송 원 재	8			10	최 진 호		0	0	0	0
0	0	0	0		이 효 균	28			99	장 혁 진	후20	0	0	0	0
0	0	0	0		신 현 준	29			84	마 라 냥	후20	2(2)	0	0	0
1	1	23	11(6)			0			0			16(9)	17	4	0

● 후반 5분 문기한 MFL FK ↷ 한희훈 GA 정면 H-ST-G (득점: 한희훈, 도움: 문기한) 오른쪽

● 전반 17분 허범산 MFR ↷ 정승용 GAL 내 L-ST-G (득점: 정승용, 도움: 허범산) 가운데

● 후반 48분 마라냥 GA 정면 R-ST-G (득점: 마라냥) 왼쪽

현대오일뱅크 K리그 승강 플레이오프 2016 대회요강

제1조 (목적)_ 본 대회요강은 K LEAGUE CLASSIC 11위 클럽(이하: 클래식 클럽)과 K LEAGUE CHALLENGE 플레이오프 승자 클럽(이하: 챌린지 클럽) 간의 승강 플레이오프를 효율적으로 운영하기 위하여 대회 및 경기 운영에 관한 사항을 규정함을 목적으로 한다.

제2조 (용어의 정의)_ 본 대회요강에서 '클럽'이라 함은 연맹의 회원단체인 축구단을, '홈 클럽'이라 함은 홈경기를 개최하는 클럽을 지칭한다.

제3조 (명칭)_ 본 대회명은 '현대오일뱅크 K리그 승강 플레이오프 2016'로 한다.

제4조 (주최, 주관)_ 본 대회는 연맹이 주최(대회를 총괄하여 책임지는 자)하고, 홈 클럽이 주관(주최자의 위임을 받아 대회를 운영하는 자)한다. 연맹은 경기의 주관권을 각 홈구단 클럽에 위탁하며 홈 클럽의 주관권은 제3자에게 양도할 수 없다.

제5조 (승강 플레이오프)_ 클래식 클럽과 챌린지 클럽은 승강 플레이오프를 실시하여 그 승자가 2017년 클래식 리그에 참가하고 패자는 2017년 챌린지 리그에 참가한다.

제6조 (일정)_ 본 대회는 2016.11.17(목), 11.20(일) 양일간 개최하며, 경기일정(대진)은 아래 경기일정표에 의한다.

구분		경기일	경기시간	대진	장소
승강 플레이오프	1차전	11.17(목)	19:00	강원 vs 성남	강릉종합운동장
	2차전	11.20(일)	15:00	성남 vs 강원	탄천종합운동장

※본 대회 경기일정은 조정될 수 있음.

제7조 (경기 개시 시간)_ 경기 시간은 사전에 연맹이 지정한 경기시간에 의한다.

제8조 (대회방식)

1. 본 대회 방식은 클래식 클럽과 챌린지 클럽 간 Home & Away 방식에 의해 2경기가 실시되며, 1차전 홈 경기는 챌린지 클럽 홈에서 개최한다.
2. 승강 플레이오프는 1차전, 2차전 각 90분(전/후반 45분) 경기를 개최한다.
3. 1, 2차전이 종료된 시점에서 승리수가 많은 팀을 승자로 한다.
4. 1, 2차전이 종료된 시점에서 승리수가 같은 경우에는 다음 순서에 의해 승자를 결정한다.
   1) 1, 2차전 90분 경기 합산 득실차.
   2) 합산 득실차가 동일한 경우, 원정다득점 우선원칙 적용.
   3) 합산 득실차와 원정경기 득점 수 가 동일할 경우, 연장전(전/후반 15분) 개최(연장전은 원정 다득점 우선 원칙 미적용).
   4) 연장전 무승부 시, 승부차기로 승리팀 최종 결정(PK방식 각 클럽 5명씩 정하여 차고, 정해진 5명 내에서 승패가 결정되지 않을 경우, 6명 이후는 1명씩 승패가 결정될 때까지 진행함).

제9조 (경기장)_

1. 모든 클럽은 최상의 상태에서 홈경기를 실시할 수 있도록 경기장을 유지 · 관리할 책임이 있다.
2. 본 대회는 원칙적으로 축구전용경기장에서 개최되어야 한다.
3. 경기장은 법령이 정하는 시설 안전 기준을 충족하여야 한다.
4. 홈 클럽은 경기장을 방문하는 관람객을 위해 관중상해보험에 가입해야 하며, 보험증권을 연맹에 경기 개최 전에 제출하여야 한다. 홈 클럽이 기타 경기장에서 K리그 경기를 개최하고자 할 경우에도 마찬가지다.
5. 각 클럽은 경기장 시설(물)에 대해 연맹의 승인을 득하여야 한다.
6. 경기장은 연맹의 경기장 시설 기준을 준수하여야 하며, 다음 각 호의 조건을 충족하여야 한다.
   1) 그라운드는 천연잔디구장으로 길이 105m, 너비 68m를 권고한다.
   2) 공식경기의 잔디 길이는 2~2.5cm로 유지되어야 하며, 전체에 걸쳐 동일한 길이어야 한다.
   3) 그라운드 외측 주변에는 원칙적으로 축구전용경기장의 경우는 5m 이상, 육상경기겸용경기장의 경우 1.5m 이상의 잔디 부분이 확보되어야 한다. (따라서 육상경기겸용경기장의 경우는 가로 108m 이상, 세로 71m 이상의 잔디 부분 확보)
   4) 골포스트 및 바는 흰색의 둥근 모양(직경12cm)의 철제 관으로 제작되고, 원칙적으로 고정식이어야 한다. 또한 볼의 반발력에 영향을 줄 수 있는 비철제 보강재 사용을 금한다.

5) 코너 깃발은 연맹이 지정한 것을 사용하여야 한다.

6) 각종 라인은 국제축구연맹(이하 'FIFA') 또는 아시아축구연맹(이하 'AFC')이 정한 규격에 따라야 하며, 라인 폭은 12cm로 선명하고 명료하게 그려야 한다(원칙적으로 페인트 방식으로 한다).

7. 필드(그라운드 및 그 주변 부분)에는 경기 운영에 영향을 주거나 선수에게 위험의 우려가 있는 것을 방치 또는 설치해서는 안 된다.

8. 그라운드에 물을 뿌리는 경우, 경기장 전체에 걸쳐 균등하게 해야 한다. 단, 그라운드 사전 훈련(하프타임 제외) 및 경기 진행 중에는 그라운드에 물을 뿌릴 수 없다.

9. 경기장 관중석은 클래식 구단의 경우, 좌석수 10,000석 이상, 챌린지 구단의 경우 좌석수 7,000명 이상을 충족하여야 한다. 이에 미달할 경우, 연맹의 사전 승인을 득하여야 한다.

10. 홈 클럽은 상대 클럽(이하 원정 클럽)을 응원하는 관중을 위해 대진 확정일로부터 경기 전일까지 원정 클럽이 요청한 적정 수의 좌석을 원정팀과 협의하여 결정한다. 또한, 원정 클럽 관중을 위한 전용출입문, 화장실, 매점 시설 등을 독립적으로 사용할 수 있도록 마련하여야 한다.

11. 경기장은 다음 항목의 부대시설을 갖추도록 권고한다.

1) 운영 본부실
2) 양 팀 선수대기실(냉·난방 및 냉·온수 가능)
3) 심판대기실(냉·난방 및 냉·온수 가능)
4) 실내 워밍업 지역
5) 경기감독관석 및 매치코디네이터석
6) 경기기록석
7) 의무실
8) 도핑검사실(냉·난방 및 냉·온수 가능)
9) 통제실, 경찰 대기실, 소방 대기실
10) 실내 기자회견장
11) 기자실 및 사진기자실 12) 중계방송사룸(TV중계스태프용)
13) VIP룸
14) 기자석
15) 장내방송 시스템 및 장내방송실
16) TV중계 및 라디오 중계용 방송 부스
17) 동영상 표출이 가능한 대형 전광판
18) 출전선수명단 게시판
19) 태극기, 대회기, 연맹기, 양 클럽 깃발을 게재할 수 있는 게양대
20) 입장권 판매소
21) 종합 안내소
22) 관중을 위한 응급실
23) 화장실
24) 식음료 및 축구 관련 상품 판매소
25) TV카메라 설치 공간
26) TV중계차 주차장 공간
27) 케이블 시설 공간
28) 전송용기자재 등 설치 공간
29) 믹스드 존(Mixed Zone) 30) 기타 연맹이 정하는 시설, 장비

제10조 (조명장치)_

1. 경기장에는 그라운드 어떠한 장소에도 평균 1,200lux 이상 조도를 가진 조명장치를 설치하여 조명의 밝음을 균일하게 유지하여야 한다. 또한 정전에 대비하여 1,000lux 이상의 조도를 갖춘 비상조명 장치를 구비하여야 한다.

2. 홈 클럽은 경기장 조명 장치의 이상 유·무를 사전에 확인하여 장애를 미연에 방지하는 한편, 고장 시 신속하게 수리할 수 있도록 모든 조치와 최선의 노력을 다하여야 한다.

제11조 (벤치)_

1. 팀 벤치는 원칙적으로 다음의 요건을 충족하여야 한다.

1) FIFA가 정한 규격의 기술지역(테크니컬에어리어) 내에 설치하여야 한다.

2) 벤치 터치라인으로부터 5m 이상 떨어지는 한편 그 끝이 하프라인으로부터 8m 떨어지는 위치에 설치하여야 한다.

3) 투명한 재질의 지붕을 갖추고 있어야 하며, 최소 20인 이상 앉을 수 있는 좌석이 준비되어야 한다(다만, 관중의 시야를 방해해서는 안 된다).

2. 홈 팀 벤치는 본부석에서 그라운드를 향해 좌측에 설치하여야 한다.

3. 홈, 원정 팀 벤치에는 팀명을 표기한 안내물을 부착하여야 한다.

4. 제4의 심판(대기심판) 벤치를 준비하여야 하며, 다음 요건을 충족하여야 한다.

1) 벤치 터치라인으로부터 5m 이상 떨어지는 그라운드 중앙에 설치하여야 한다. 단, 방송사의 요청 시에는 카메라 위치에 방해가 되지 않는 위치에 설치하여야 한다.

2) 투명한 재질의 지붕을 갖추고 있어야 한다(다만, 관중의 시야를 방해해서는 안 된다).

3) 대기심판 벤치 내에는 최소 3인 이상 앉을 수 있는 좌석과 테이블이 준비되어야 한다.

제12조 (의료시설)_ 홈 클럽은 선수단, 관계자, 관중 등을 위해 경기개시 90분 전부터 경기종료 후 모든 관중 및 관계자가 퇴장할 때까지 의료진(의사, 간호사, 1급 응급구조사)과 특수구급차를 반드시 대기시켜야 한다. 이를 위반할 경우, 본 대회요강 제29조 3항에 의한다.

제13조 (경기장에서의 고지)_

1. 홈 클럽은 경기장에서 다음의 각 항목 사항을 전광판 및 장내 아나운서(멘트)를 통해 고지하여야 한다.

1) 공식 대회명칭(반드시 지정된 방식 및 형태에 맞게 전광판 노출)
2) 선수, 심판 및 경기감독관 소개
3) 대회방식 및 경기방식
4) K리그 선수 입장곡(K리그 앤섬 'Here is the Glory' BGM)
5) 선수 및 심판 교체
6) 득점자 및 득점시간(득점 직후에)
7) 추가시간(전,후반 전광판 고지 및 장내아나운서 멘트 동시 실시)
8) 다른 공식경기의 중간 결과 및 최종 결과
9) 관중 수(후반전 15~30분 발표)
10) 앞항 이외 연맹이 지정하는 사항
11) 경기 중, 경기정보 전광판 표출(양팀 출전선수명단, 경고, 퇴장, 득점)

2. 홈 클럽은 경기 전·후 및 하프타임에 다음의 각 항목 사항을 실시하는 것이 가능하다.

1) 다음 경기예정 및 안내
2) 연맹의 사전 승인을 얻은 광고 선전
3) 음악방송
4) 팀 또는 선수에 관한 정보 안내
5) 앞항 이외 연맹의 승인을 얻은 사항

제14조 (악천후의 경우 대비조치)_

1. 홈 클럽은 강설 또는 강우 등 악천후의 경우에도 홈경기를 개최할 수가 있도록 최선의 노력을 다하여야 한다.

2. 악천후로 인하여 경기개최가 불가능하다고 판단될 경우, 경기감독관은 경기개최 3시간 전까지 경기개최 중지를 결정하여야 한다.

제15조 (경기중지 결정)_

1. 경기 전 또는 경기 중 중대한 불상사 등으로 경기를 계속하기 어려운 사태가 발생하였을 경우, 주심은 경기감독관에게 경기 중지를 요청할 수 있으며, 경기감독관은 동 요청에 의거하여 홈 클럽 및 원정 클럽 관계자의 의견을 참고한 후 경기 중지를 결정할 수 있다.

2. 앞항의 경우 또는 관중의 난동 등으로 경기장의 질서 유지가 어려운 경우, 경기감독관은 주심의 경기중지 요청이 없더라도 경기 중지를 결정할 수 있다.

3. 경기감독관은 경기중지 결정을 내린 후, 지체 없이 그 사유를 연맹에 보고하여야 한다.

제16조 (재경기)_

1. 공식경기가 악천후, 천재지변 등 불가항력에 의하여 경기개최 불능 또는 중지(중단)되었을 경우, 재경기는 원칙적으로 익일 동일 경기장에서 개최한다. 단, 연기된 경기가 불가피한 사유로 다시 연기될 경우 개최일시 및 장소는 해당팀

과 협의 후, 연맹이 정하여 추후 공시한다.

2. 경기장 준비부족, 시설미비 등 점검 미비에 따른 홈 클럽의 귀책사유로 인하여 경기개최 불능 또는 중지(중단)되었을 경우, 재경기는 원정 클럽의 홈 경기장에서 개최한다.

3. 재경기 방식에 대해서는 다음의 각 호에 의한다.
   1) 이전 경기에서 양 클럽의 득실차가 없을 때는 90분간 재경기를 실시한다.
   2) 이전 경기에서 양 클럽의 득실차가 있을 때는 중지 시점에서부터 잔여 시간만의 재경기를 실시한다.

4. 재경기 시, 앞 항 1호의 경우 이전 경기에서 발생된 경고, 퇴장 기록만이 인정되며 선수교체는 팀당 최대 3명까지 가능하다. 앞 항 2호의 경우 이전 경기에서 발생된 모든 기록이 인정되며 선수교체는 이전 경기를 포함하여 3명까지 할 수 있다.

5. 재경기 시, 이전 경기에서 발생된 경고 및 퇴장은 유효하며, 경고 및 퇴장에 대한 처벌(징계)은 경기순서대로 연계 적용한다.

6. 심판은 교체 배정할 수 있다.

제17조 (귀책사유가 있는 클럽의 비용 보상)_

1. 홈 클럽의 귀책사유에 의해 공식경기가 개최불능 또는 중지(중단)되었을 경우, 홈 클럽은 원정 클럽에 교통비 및 숙식비를 보상하여야 한다.
2. 원정 클럽의 귀책사유에 의해 공식경기가 개최불능 또는 중지(중단)되었을 경우, 원정 클럽은 홈 클럽에 발생한 경기준비 비용 및 입장권 환불 수수료, 교통비 및 숙식비를 보상하여야 한다.
3. 상기 1항, 2항과 관련하여 천재지변 등 불가항력에 의한 경우는 제외한다.

제18조 (패배로 간주되는 경우)_

1. 공식경기 개최거부 또는 속행 거부 등(경기장 질서문란, 관중의 난동 포함) 어느 한 클럽의 귀책사유로 인하여 공식경기가 개최불능 또는 중지(중단)되었을 경우, 그 귀책사유가 있는 클럽이 0:3 패배한 것으로 간주한다.
2. 공식경기에 무자격선수가 출장한 것이 경기 중 또는 경기 후 발각되어 경기종료 후 48시간 이내에 상대 클럽으로부터 이의가 제기된 경우, 무자격선수가 출장한 클럽이 0 : 3 패배한 것으로 간주한다. 다만, 경기 중 무자격선수가 출장한 것이 발각되었을 경우, 해당 선수를 퇴장시키고 경기는 속행한다.
3. 상기 1항, 2항에 따라 어느 한 클럽의 0:3 패배를 결정한 경우에도 양 클럽 선수의 개인기록(출장, 경고, 퇴장, 득점, 도움 등)은 그대로 인정한다.
4. 상기 2항의 무자격 선수는 K리그 미등록 선수, 경고누적 또는 퇴장으로 인하여 출전이 정지된 선수, 상벌위원회 징계, 외국인 출전제한 규정을 위반한 선수 등 그 시점에서 경기출전 자격이 없는 모든 선수를 의미한다.

제19조 (경기규칙)_ 본 대회의 경기는 FIFA 및 KFA의 경기규칙에 따라 실시되며, 특별한 사항이 발생 시에는 연맹이 결정한다.

제20조 (경기시간 준수)_

1. 본 대회는 90분(전·후반 각 45분) 경기를 실시한다.
2. 모든 클럽은 미리 정해진 경기시작시간(킥오프 타임)과 경기 중 휴식시간(하프타임)을 반드시 준수하여야 한다. 하프타임 휴식은 15분을 초과할 수 없으며, 양 팀 출전선수는 후반전 출전을 위해 후반전 개시 3분 전(하프타임 12분)까지 심판진과 함께 대기 장소에 집결하여야 한다.
3. 경기시작시간과 하프타임 시간을 준수하지 않아 경기가 지연될 경우, 귀책사유가 있는 해당 클럽에 제재금(100만 원 이상)을 부과할 수 있다. 동일 클럽이 위반 행위를 반복할 경우, 직전에 부과한 제재금의 2배를 부과할 수 있다. 단, 1회 부과할 수 있는 최대 제재금은 400만원 이내로 한다.

제21조 (출전자격)_

1. K리그 선수규정 4조에 의거하여 선수 등록을 완료한 선수만이 공식경기에 출전할 자격을 갖는다.
2. K리그 선수규정 5조에 의거하여 연맹에 등록을 완료한 코칭스태프 및 팀 스태프 중 출전선수명단에 등재된 자만이 공식경기 중, 벤치에 착석할 수 있으며, 경기 중 기술지역에서의 선수지도행위는 1명만이 할 수 있다(통역 1명 대동 가능).
3. 제재 중인 지도자(코칭스태프, 팀 스태프 포함)는 다음 항목을 준수하여야 한다.
   1) 출전정지제재 중이거나 경기 중 퇴장 조치된 지도자는 공식경기에서 관중석, 선수대기실을 제외한 지역에 대해 출입이 제한되며, 그라운드에서 사전 훈련 및 경기 중 어떠한 지도(지시) 행위도 불가하다.
   2) 징계 중인 지도자(원정팀 포함)가 경기를 관전하고자 할 경우, 홈 클럽은 본부석 쪽에 좌석을 제공하여야 하며, 해당 지도자의 안전을 위한 조치를 취해야 한다.
   3) 상기 제1호를 위반할 경우, 연맹 상벌규정 제12조 제2항에 해당하는 제재를 부과할 수 있다.

제22조 (출전선수명단 제출의무)_

1. 공식경기에 참가하는 홈 클럽과 원정 클럽은 경기개시 90분 전까지 경기감독관에게 출전선수명단을 제출하여 승인을 받아야 하며, 출전선수 스타팅 포메이션(Starting Formation)을 별지로 함께 제출하여야 한다.
2. 출전선수명단에는 출전 선수, 코칭스태프 및 팀 스태프 명단, 유니폼 색상이 포함되어야 하며, 제출된 인 원만이 해당 공식경기 출전과 팀 벤치 착석 및 기술지역 출입, 선수 지도를 할 수 있다. 단, 출전선수명단에 등재할 수 있는 코칭스태프 및 팀 스태프의 수는 최대 8명(주치의, 통역 제외)까지로 한다.
3. 출전선수명단 승인 후에는 선수명단 변경을 할 수 없다. 다만, 경기 개시 전에 선발 출전선수 중 부상 등의 불가피한 사유로 경기출전이 불가능한 선수가 발생한 경우에 그 선발 선수를 후보 선수와 교체할 수 있다.
4. 본 대회의 출전선수명단은 18명을 원칙으로 하며, 다음의 사항을 반드시 준수하여야 한다.
   1) 골키퍼(GK)는 반드시 국내 선수이어야 하며, 후보 골키퍼(GK)는 반드시 1명이 포함되어야 한다.
   2) 외국인선수의 경우, 출전선수명단에 3명까지 등록할 수 있으며 3명까지 경기 출장이 가능하다. 단, AFC 가맹국 국적의 외국인선수는 1명에 한하여 추가 등록과 출전이 가능하다.
   3) K리그 클래식 대회요강 제28조 4항 3~6호(23세 이하 국내선수 출전선수명단 포함 및 의무선발출전) 및 K리그 챌린지 대회요강 제28조 4항 3~6호(22세 이하 국내선수 출전선수명단 포함 및 의무선발출전)는 미적용한다.
5. 순연 경기 및 재경기(90분 재경기에 한함)의 출전선수명단은 다시 제출하여야 한다.

제23조 (선수교체)_

1. 본 대회의 선수 교체는 경기감독관이 승인한 출전선수명단에 의해 후보선수 명단 내에서만 가능하다.
2. 선수 교체는 90분 경기에서 3명까지 가능하다. 연장전은 최대 2명을 교체할 수 있다.
3. 승부차기는 선수 교체가 허용되지 않는다. 단, 연장전에 허용된 최대수(2명)의 교체를 다 하지 못한 팀이 승부차기를 행할 때, 골키퍼(GK)가 부상을 이유로 임무를 계속할 수 없다면 교체 할 수 있다.
4. 출전선수명단 승인(경기감독관 서명) 후, 선발출전선수 11명 중 경기출전이 불가한 선수가 발생할 경우, 전반전 킥오프 전까지 경기감독관의 승인 하에 출전선수명단의 교체 대상선수 7명에 한하여, 교체할 수 있으며, 교체된 선수는 후보선수명단으로 포함되나 해당 경기에 출전할 수 없다.
   1) 상기 4항의 경우, 선수교체 인원으로 적용되지 않으며, 3명의 선수교체 가능 인원 수는 유효하다.
   2) 출전선수명단 내 교체 대상선수 7명 중 경기출전이 불가한 선수가 발생하더라도 해당 선수는 명단 외 선수와 교체할 수 없다.

제24조 (출전정지)_

1. K리그 클래식 및 챌린지에서 받은 경고, 퇴장에 의한 출전정지는 연계 적용하지 않는다.
2. 승강 플레이오프 1차전에서 받은 퇴장(경고 2회 퇴장 포함)은 다음 경기(승강 PO 2차전)에 출전정지가 적용된다.
3. 1경기 경고 2회 퇴장에 의한 출전정지는 다음 경기(승강PO 2차전) 출전 정지되며, 제재금은 일백만 원(1,000,000원)이 부과된다.
4. 직접 퇴장에 의한 출전정지는 다음 경기(승강PO 2차전)에 적용되며, 제재금은 일백이십만 원(1,200,000원)이 부과된다.
5. 경고 1회 후 직접 퇴장에 의한 출전정지는 다음 경기(승강PO 2차전)에 적용되

며, 제재금은 일백오십만 원(1,500,000원)이 부과된다.

6. 제재금은 본 대회 종료 15일 이내에 납부하여야 한다.

7. 대한축구협회 및 한국프로축구연맹 상벌위원회에서 받은 출전정지 징계는 연계 적용한다.

제25조 (유니폼)_

1. 본 대회는 반드시 연맹이 승인한 유니폼을 착용해야 한다.
2. 선수 번호(배번은 1번~99번으로 한정하며, 배번 1번은 GK에 한함)는 출전선수명단에 기재된 선수 번호와 일치하여야 하며, 배번의 식별이 가능하도록 명확하게 표시되어 있어야 한다.
3. 팀의 주장은 주장인 것을 명확하게 표시하는 완장(Armband)을 착용 하여야 한다.
4. 공식경기에 참가하는 모든 클럽은 제1유니폼과 제2유니폼을 필히 지참함을 원칙으로 하며, 경기 전 연맹 및 상대 클럽과 유니폼 착용 색상과 관련하여 사전 조율하여야 한다. 이를 따르지 않을 경우, 위반한 클럽에 제재금 500만원을 부과할 수 있다.
5. 동절기 방한용 내피 상의 또는 하의(타이즈)를 착용하고자 할 때는 유니폼(상·하의) 색상과 동일한 색상을 착용하여야 한다.이를 위반할 경우 공식경기 출전이 불가하다.
6. 스타킹과 발목밴드(테이핑)는 동일 색상(계열)이어야 한다. 이를 위반할 경우 공식경기 출전이 불가하다.

제26조 (사용구)_ 본 대회의 공식 사용구는 아디다스 '에레조타 OMB(adidas Errejota OMB)'로 한다.

제27조 (인터뷰 실시)_

1. 홈 클럽은 공동취재구역인 믹스드 존(Mixed Zone)과 공식 기자회견장을 반드시 마련하고, 양 클럽 홍보담당자는 경기 전 인터뷰, 경기 후 플래시 인터뷰, 공식 기자회견, 믹스드 존 인터뷰가 원활히 이뤄질 수 있도록 협조하여야 한다.
2. 양 클럽 선수단은 경기장에 도착하여 라커룸으로 이동시 믹스드 존에서 미디어(취재기자에 한함)의 인터뷰에 응하여야 한다.
3. 양 클럽 선수단은 경기개시 90분~70분 전까지 홈 클럽이 지정한 장소(라커 앞, 경기장 출입 통로, 그라운드 주변, 믹스드 존 등)에서 인터뷰에 응하여야 하며, 양 클럽 홍보담당자는 미디어(취재기자에 한함)가 요청하는 선수가 인터뷰에 응할 수 있도록 협조한다.
4. 양 클럽 감독은 경기개시 60분~20분 전까지 미디어(취재기자에 한함)와 약식 인터뷰를 실시하여야 한다.
5. 홈 클럽은 경기종료 직후 중계방송사가 요청하는 감독 또는 선수에 대해 그라운드에서 플래시 인터뷰를 우선 실시하여야 하며, 양 클럽 홍보담당자는 인터뷰 대상자를 경기 종료 전 확인하여 경기종료 직후 인계한다.
6. 홈 클럽은 경기종료 후 15분 이내에 홈 클럽 홍보담당자의 진행 하에 양 클럽 감독과 미디어가 요청하는 선수가 순차적으로 참석하는 공식기자회견을 개최하여야 하며, 양 클럽 홍보담당자는 감독 및 미디어 요청선수가 공식기자회견에 참석할 수 있도록 협조한다.
7. 공식기자회견은 원정 - 홈 클럽 순으로 진행하며, 선수의 순서는 양 클럽 홍보담당자가 협의하여 정한다.
8. 미디어 부재로 공식기자회견을 개최하지 않은 경우, 홈 클럽 홍보담당자는 양 클럽 감독의 코멘트를 경기 종료 1시간 이내에 각 언론사에 배포한다.
9. 제재 중인 지도자(코칭스태프 및 팀 스태프 포함)도 경기 전,후 인터뷰와 공식기자회견 등에 참석해야 한다.
10. 양 클럽 선수단은 공식기자회견이 종료된 이후에 선수단 라커룸을 출발하여 믹스트 존 인터뷰에 응하여야 한다(홈팀 필수 / 원정팀 권고).
11. 모든 기자회견은 연맹이 지정한 인터뷰 배경막(백드롭)을 배경으로 실시하여야 한다.
12. 인터뷰를 실시하지 않거나 공식기자회견에 참석하지 않을 경우, 해당 클럽과 선수, 감독에게 제재금(50만 원 이상)을 부과 할 수 있다.
13. 인터뷰에서는 경기의 판정이나 심판과 관련하여 일체의 부정적인 언급이나 표현을 할 수 없으며, 위반 시 다음의 각 호에 의한다.
    1) 각 클럽 소속 선수, 코칭스태프, 팀 스태프, 임직원 등 모든 관계자에게 적용되며, 위반할 시 상벌규정 유형별 징계기준 제2조 가, 항 혹은 나, 항을 적용하여 제재를 부과한다.
    2) 공식 인터뷰뿐만 아니라 대중에게 공개될 수 있는 어떠한 경로를 통한 언급이나 표현에도 적용된다.
14. 그 밖의 사항은 '2016 K리그 미디어 가이드라인'을 따른다.

제28조 (중계방송협조)_

1. 시합의 TV방송권 및 라디오 방송권은 K리그에 귀속된다.
2. 본 대회의 경기 중계방송 시 카메라나 중계석 위치 확보, 방송 인터뷰를 위해 모든 클럽은 중계 방송사와 연맹의 요청에 최대한 협조한다.
3. 사전에 지정된 경기시간은 방송사의 요청에 따라 변경될 수 있다.

제29조 (경기장 안전과 질서유지)_

1. 홈 클럽은 경기개시 180분 전부터 경기종료 후 모든 관중 및 관계자가 퇴장할 때까지 선수, 팀 스태프, 심판을 비롯한 전 관계자와 관중의 안전 및 질서 유지에 대한 의무와 책임이 있다.
2. 홈 클럽은 앞항의 의무 실시를 위해 최선의 노력을 다해야 하며, 경기장 안전 및 질서를 어지럽히는 관중에 대해 그 입장을 제한하고 강제 퇴장시키는 등의 적정한 조치를 취할 수 있다.
3. 연맹, 홈 또는 원정 클럽, 선수, 코칭스태프 및 팀 스태프, 관계자를 비방하는 사안이나, 경기진행 및 안전에 지장을 줄 수 있는 모든 사안에 대해서는 경기감독관의 지시에 의해 관련 클럽은 즉각 이를 시정 조치하여야 한다. 만일, 경기감독관의 지시에도 불구하고 시정 조치되지 않을 경우 상벌규정 유형별 징계기준 제5조 마, 항에 의거, 해당 클럽에 제재를 부과할 수 있다.
4. 관중의 소요, 난동으로 인하여 경기 진행에 문제가 발생하거나, 선수, 심판, 코칭스태프 및 팀 스태프를 비롯한 관중의 안전과 경기장 질서 유지에 문제가 발생할 경우에는 관련 클럽이 사유를 불문하고 그에 대한 일체의 책임을 부담한다.

제30조 (홈경기 관리책임자, 홈경기 안전책임자 선정 및 경기장 안전요강)_ 모든 클럽은 경기장 안전 및 원활한 진행을 위해 홈경기 관리책임자 및 홈경기 안전책임자를 선정하여 연맹에 보고하여야 하며, 아래의 경기장 안전요강을 숙지하여 실행하고 관중에게 사전 공지 또는 고지하여야 한다. 또한 홈경기 관리책임자 및 홈경기 안전책임자는 경기감독관 및 매치코디네이터의 업무 및 지시 사항에 대해 최대한 협조하여야 한다.

1. 반입금지물: 경기장에 입장하려는 사람 또는 입장한 사람은 홈경기 관리책임자 및 홈경기 안전책임자가 특별히 필요 사항에 의해 허락했을 경우를 제외하고 다음의 각 호에 명시된 것을 가지고 입장할 수 없다.
    1) 경기장 관리자에 의해 반입을 금지하고 있는 것
    2) 정치적, 사상적, 종교적인 주의 또는 주장 또는 관념을 표시하거나 또는 연상시키고 혹은 대회의 운영에 지장을 미칠 우려가 있는 게시판, 간판, 현수막, 플래카드, 문서, 도면, 인쇄물 등
    3) 연맹의 승인을 득하지 않은 특정의 회사 또는 영리기업의 광고를 목적으로 하여 특정의 회사명, 제품명 등을 표시한 것 (특정 회사, 제품 등을 연상시키는 것 포함)
    4) 그 외 경기운영 또는 진행을 방해하여 타인에게 불편을 주거나 또는 위험하게 하거나 혹은 그러한 우려가 있거나 또는 운영담당·보안담당, 경비종사원이 위험성을 인정하는 것
2. 금지행위: 경기장에 입장하려는 사람 또는 입장한 사람은 홈경기 관리책임자 및 홈경기 안전책임자가 특별히 필요사항에 의해 허락했을 경우를 제외하고는 다음의 각 호에 명시되는 행위를 해서는 안 된다.
    1) 경기장 관리자에 의해 금지되고 있는 행위
    2) 정당한 입장권 또는 통행증을 소지하지 않고 입장하는 것
    3) 항의 집회, 데모 등 대회의 원활한 운영을 저해할 우려가 있는 행위
    4) 알코올, 약물 그 외 물질을 소유 및 복용한 상태로 경기장에 입장하는 행위 또는 경기장에 이러한 물질을 방치해 두어 이것들의 영향에 의해 경기운영 또는 타인의 행위 등을 저해하는 행위 (알코올 등의 영향에 의해 정상적인 행위를 할 수 없는 우려가 있는 상태일 경우 입장 불가)
    5) 해당 경기장(시설) 및 관련 장소에서 권유, 연설, 집회, 포교 등의 행위

6) 정해진 장소 외에서 차량을 운전하거나 주차하는 것
7) 상행위, 기부금 모집, 광고물의 게시 등의 행위
8) 정해진 장소 외에 쓰레기 및 오물을 폐기하는 것
9) 연맹의 승인 없이 영리목적으로 경기장면, 식전행사, 관객 등을 사진 또는 비디오로 촬영하는 것
10) 연맹의 승인 없이 대회의 음성, 영상의 전부 또는 일부를 인터넷 및 미디어를 통해 전달하는 것
11) 경기운영 또는 진행을 방해하여 타인에게 폐를 끼치거나 또는 위험을 미치거나 혹은 그러한 우려가 있으면서 경비종사원이 위험성을 인정한 행위

3. 경기장 관련: 경기장에 입장하려는 사람 또는 입장한 사람은 다음의 각 호에 명시하는 사항에 준수하여야 한다.
1) 입장권, 신분증, 통행증 등의 제시가 요구되었을 때는 이것을 제시해야 함
2) 안전 확보를 위해 수화물, 소지품 등의 검사가 요구되었을 때는 이것에 따라야 함
3) 사건 · 사고가 발생하거나 또는 발생 우려가 예상되는 경우, 경비 종사원 또는 치안 당국의 지시, 안내, 유도 등에 따라 행동할 것

4. 입장거부 또는 퇴장명령
1) 홈경기 관리책임자 및 홈경기 안전책임자는 상기 1항, 2항, 3항의 경기장 안전요강을 위반한 사람의 입장을 거부하여 경기장으로부터의 퇴장을 명할 수 있으며, 상기 1항에 의거하여 반입금지물 몰수 등 필요한 조치를 취할 수 있다.
2) 홈경기 관리책임자 및 홈경기 안전책임자는 전항에 해당하는 사람 중에서 특히 고의, 상습으로 확인된 사람에 대해서는 이후 개최되는 연맹 주최의 공식경기에 입장을 거부할 수 있다.
3) 홈경기 관리책임자 및 홈경기 안전책임자에 의해 입장이 거부되거나 경기장에서 퇴장을 받았던 사람은 입장권 구입 대금의 환불을 요구할 수 없다.

5. 권한의 위임: 홈경기 관리책임자는 특정 시설에 대해 그 권한을 타인에게 위임할 수 있다.

6. 안전 가이드라인 준수: 모든 클럽은 연맹이 정한 「K리그 안전가이드라인」을 준수하여야 한다.

제31조 (기타 유의사항)_ 각 클럽은 아래의 사항을 숙지하고 준수하여야 한다.

1. 모든 취재 및 방송중계 활동을 위한 미디어 관련 입장자는 2016년도 미디어 가이드라인을 준수하여야 한다.
2. 모든 취재 및 방송중계 활동을 위한 미디어 관련 입장자는 2016년도 미디어 가이드라인에 따라 입장하여야 하며 이를 준수하여야 한다.
3. 경기에 참가하는 선수단(코칭스태프, 팀 스태프 포함)은 경기시작 100분 전에 경기장에 도착하여야 한다.
4. 오픈경기는 본 경기 개최 1시간(60분)전까지 반드시 종료되어야 하며, 연맹에 사전 승인을 받아야 한다.
5. 선수는 신체보호를 위해 반드시 정강이 보호대를 착용하고 경기에 임해야 한다.
6. 경기 중 클럽의 임원, 코칭스태프, 팀 스태프, 선수는 경기장 내에서 흡연을 할 수 없으며, 이를 위반할 경우 퇴장 조치한다.
7. 체육진흥투표권(스포츠토토 등) 발매 이상 징후 대응경보 발생 시, 경기시작 90분 전 대응 미팅에 관계자(경기감독관, 매치코디네이터, 양 클럽 관계자 및 감독) 등이 참석하여야 한다.
8. 팀 벤치에서 무선통신기(휴대전화 포함) 시스템의 사용은 원칙적으로 불가하다.

제32조 (부칙)_ 본 대회요강에 명시되지 않은 사항은 K리그 규정, FIFA규정, K리그 이사회 결정에 의거하여 시행한다.

현대오일뱅크 K리그 승강 플레이오프 2016 경기기록부

11월 17일 19:00 맑음 강릉 종합 3,039명
주심: 김희곤 / 부심: 장준모 · 이정민 · 우상일 · 이동준 / 대기심: 송민석 / 경기감독관: 김용세

강원 0 　 0 전반 0 / 0 후반 0 　 **성남 0**

퇴장	경고	파울	ST(유)	교체	선수명	배번	위치	위치	배번	선수명	교체	ST(유)	파울	경고	퇴장
0	0	0	0		함석민	18	GK	GK	31	김동준		0	0	0	0
0	0	1	0		안현식	6	DF	DF	33	장학영		0	0	0	0
0	0	5	1		세르징요	88	DF	DF	4	김태윤		0	1	0	0
0	1	1	0		이한샘	33	DF	DF	5	임채민		3(1)	2	1	0
0	0	4	1		정승용	22	MF	DF	15	최호정		1	2	0	0
0	1	3	0		오승범	4	MF	MF	8	김두현	16	1	2	0	0
0	0	1	4		서보민	11	MF	MF	14	정선호		1	0	0	0
0	1	2	0	99	허범산	8	MF	MF	7	황진성		0	6	1	0
0	0	1	0	7	한석종	16	MF	MF	19	박용지	13	0	1	0	0
0	0	1	0		루이스	9	FW	MF	26	피투	18	1	0	0	0
0	0	4	2(2)	84	마테우스	23	FW	FW	17	이창훈		0	2	0	0
0	0	0	0		송유걸	1			21	김근배		0	0	0	0
0	0	0	0		길영태	19			6	이태희		0	0	0	0
0	0	1	0	후41	박희도	7			2	이용		0	0	0	0
0	0	0	0		김윤호	13	대기	대기	16	안상현	후17	0	0	0	0
0	0	0	0		심영성	17			11	실빙요		0	0	0	0
0	0	0	1(1)	후31	장혁진	99			13	김동희	후28	0	0	0	0
0	0	0	0	후30	마라낭	84			18	김현	후21	0	3	0	0
0	3	24	9(3)			0			0			7(1)	19	2	0

11월 20일 15:00 맑음 탄천 종합 6,548명
주심: 김성호 / 부심: 윤광열 · 박상준 · 우상일 · 김종혁 / 대기심: 김우성 / 경기감독관: 김형남

성남 1 　 0 전반 1 / 1 후반 0 　 **강원 1**

퇴장	경고	파울	ST(유)	교체	선수명	배번	위치	위치	배번	선수명	교체	ST(유)	파울	경고	퇴장
0	0	0	0		김근배	21	GK	GK	18	함석민		0	0	0	0
0	1	1	0		장학영	33	DF	DF	33	이한샘		1(1)	4	1	0
0	0	0	1		김태윤	4	DF	DF	88	세르징요		0	0	1	0
0	1	2	0		임채민	5	DF	DF	6	안현식		0	1	0	0
0	0	1	0		박진포	87	DF	MF	22	정승용		0	1	0	0
0	0	1	0	13	박용지	19	MF	MF	16	한석종		2(2)	3	0	0
0	2	5	0		안상현	16	MF	MF	4	오승범		0	1	0	0
0	0	1	1(1)	8	조재철	30	MF	MF	8	허범산	99	1	2	0	0
0	1	2	1(1)	7	정선호	14	MF	MF	11	서보민	13	0	0	0	0
0	0	1	2(1)		황의조	10	MF	FW	23	마테우스	19	2(1)	3	0	0
0	1	2	2(1)		김현	18	FW	FW	9	루이스		4(1)	2	1	0
0	0	0	0		김동준	31			1	송유걸		0	0	0	0
0	0	0	0		이태희	6			19	길영태	후48	0	0	0	0
0	0	0	0		연제운	32			13	김윤호	후46	0	0	0	0
0	0	0	3	후0	김두현	8	대기	대기	10	최진호		0	0	0	0
0	0	0	1(1)	후6	황진성	7			17	심영성		0	0	0	0
0	0	0	0	후20	김동희	13			99	장혁진	후15	1(1)	0	0	0
0	0	0	0		실빙요	11			84	마라낭		0	0	0	0
0	6	16	11(5)			0			0			11(6)	17	3	0

● 후반 32분 황진성 AKL FK L-ST-G (득점: 황진성) 왼쪽

● 전반 42분 허범산 MFL ↷ 한석종 PK 우측지점 R-ST-G (득점: 한석종, 도움: 허범산) 왼쪽

제1조 (목적)_ 본 대회요강은 (사)한국프로축구연맹(이하 '연맹')이 '현대오일뱅크 R리그 2016'을 효율적으로 운영하기 위하여 대회 및 경기 운영에 관한 사항을 규정함을 목적으로 한다.

제2조 (용어의 정의)_ 본 대회요강에서 '대회'라 함은 조별리그(A조, B조)를 말하며, '클럽'이라 함은 연맹의 회원단체인 축구단을, '팀'이라 함은 해당 클럽의 팀을, '홈 클럽'이라 함은 홈경기를 개최하는 클럽을 지칭한다.

제3조 (명칭)_ 본 대회명은 '현대오일뱅크 R리그 2016'이라 한다.

제4조 (주최, 주관)_ 본 대회는 연맹이 주최(대회를 총괄하여 책임지는 자)하고, 홈 클럽이 주관(주최자의 위임을 받아 대회를 운영하는 자)한다. 홈 클럽의 주관권은 제3자에게 양도할 수 없다.

제5조 (참가 클럽)_ 본 대회 참가 클럽(팀)은 총 14팀(전북, 수원, 서울, 성남, 울산, 인천, 부산, 대전, 대구, 서울E, 부천, 고양, 안산, 충주)이다.

제6조 (대회방식)_

1. 각 클럽(팀)의 연고 지역을 기초로 2개 권역으로 구분하여 A조, B조로 편성 후 조별리그로 대회를 치른다.
2. A조는 8팀이 2Round Robin(14라운드) 방식으로 대회를 치른다.
3. B조는 6팀이 3Round Robin(15라운드) 방식으로 대회를 치른다.
4. 각 조 정규 라운드 성적을 기준으로 최종순위를 정한다.
5. 최종 순위 결정은 본 대회요강 제24조에 의한다.

제7조 (일정)_

1. 본 대회는 2016.03.29(화) ~ 2016.10.11(화) 개최하며, 경기일정(대진)은 미리 정한 경기일정표에 의한다.

구분	팀수	조편성		일정	방식	라운드	경기수	장소
A조	8팀	클래식	수원, 서울, 성남, 인천	03.29(화) ~ 10.11(화)	2Round Robin	14R	56경기 (팀당14경기)	홈 클럽 경기장
		챌린지	서울E, 부천, 고양, 안산					
B조	6팀	클래식	전북, 울산		3Round Robin	15R	45경기 (팀당15경기)	
		챌린지	부산, 대전, 대구, 충주					
							총 101경기	

2. 경기개최 시간은 홈팀이 희망하는 시간을 우선적으로 고려하나, 혹서기(6~8월)는 17:00 이후 개최를 원칙으로 한다.

제8조 (일정의 변경)_ 경기일정표에 지정된 경기일시 또는 장소의 변경은 아래와 같은 절차에 의한다.

1. 홈 클럽은 원정 클럽의 동의하에 경기일정을 변경할 수 있다.
2. 홈 클럽은 변경사유가 명기된 공문과 원정팀의 동의서를 첨부하여 해당 경기 7일 전까지 연맹에 제출해야 한다.
3. 연맹은 신청을 접수한 후, 이를 심의하여 지체 없이 변경 승인 여부를 양 클럽에 통보하여야 한다.
4. 연맹은 모든 경기일정 변경에 대한 최종적인 결정권을 가진다.

제9조 (경기규칙)_ 본 대회의 경기는 국제축구연맹(FIFA)의 경기규칙에 따라 실시되며, 특별한 사항이 발생 시에는 연맹이 결정한다.

제10조 (경기장)_

1. 모든 클럽은 최상의 상태에서 홈경기를 실시할 수 있도록 경기장을 유지·관리할 책임이 있다.
2. 본 대회는 원칙적으로 천연잔디구장에서 개최되어야 하나 연맹 승인 시, 인조잔디구장에서 개최도 가능하다.
3. 홈 클럽은 경기시작 최소 60분 전부터 경기종료 시까지 경기장을 전용할 수 있도록 해야 한다.
4. 경기 시설 기준은 다음의 각 호의 조건을 충족하여야 한다.
   1) 그라운드의 크기는 FIFA가 정하는 국제규격(길이 100~110m, 너비 64~75m)에 의한다.
   2) 그라운드 외측 주변에는 원칙적으로 1.5m 이상의 잔디 부분이 확보되어야 한다.
   3) 골포스트 및 바는 흰색의 둥근 모양(직경12cm)의 철제 관으로 제작되고, 원칙적으로 고정식이어야 한다. 또한 볼의 반발력에 영향을 줄 수 있는 비철제 보강재 사용을 금한다.
   4) 골네트는 원칙적으로 흰색(연맹의 승인을 득한 경우는 제외)이어야 하며, 골네트는 골대 후방에 폴을 세워 안전한 방법으로 부착하여야 한다. 폴은 골대와 구별되는 어두운 색상이어야 한다.
   5) 각종 라인은 국제축구연맹(이하 'FIFA') 또는 아시아축구연맹(이하 'AFC')이 정한 규격에 따라야 하며, 라인 폭은 12cm로 선명하고 명료하게 그려야 한다(원칙적으로 페인트 방식으로 한다).
5. 필드(그라운드 및 그 주변 부분)에는 경기 운영에 영향을 주거나 선수에게 위험의 우려가 있는 것을 방치 또는 설치해서는 안 된다.
6. 필드 내에는 어떠한 로고나 문구가 있어서는 안 되며, 이는 골대, 골네트, 코너기에도 해당된다.
7. 경기시작 전, 경기감독관 및 심판에 의해 문제가 확인될 경우(그라운드 마킹, 헤진 그물, 관개시설 노출 등) 홈 클럽은 이를 즉시 개선해야 할 책임을 가진다.
8. 공식경기에서 그라운드에 물을 뿌리는 경우, 경기장 전체에 걸쳐 균등하게 해야 한다. 단, 그라운드 사전훈련(하프타임 제외) 및 경기 진행 중에는 그라운드에 물을 뿌릴 수 없다.
9. 양 팀은 경기감독관이 사전에 지정한 위치에서 경기 중 교체대기선수의 워밍업을 실시해야 한다.
10. 경기장은 다음 항목의 부대시설 및 물품을 갖추도록 권고한다.
    1) 운영 본부실(복사·팩스 사용 가능)
    2) 양 팀 선수대기실(냉·난방 및 냉·온수 가능)
    3) 심판대기실(냉·난방 및 냉·온수 가능)
    4) 경기감독관석 5) 의료진석
    6) 화장실 7) 전광판 (또는 스코어보드)
    8) 양팀 버스, 심판진 및 관계자 차량, 미디어용 주차공간
    9) 기타 홈경기 진행에 필요한 물품 (볼펌프, 선수교체판, 스트레처 2개, 보조요원 및 지원인력 조끼 등)

제11조 (벤치)_

1. 팀 벤치는 원칙적으로 다음의 요건을 충족하여야 한다.
   1) FIFA가 정한 규격의 기술지역(테크니컬에어리어) 내에 설치하여야 한다.
   2) 벤치는 터치라인으로부터 5m 이상 떨어지는 한편 그 끝이 하프라인으로부터 8m 떨어지는 위치에 설치 하여야 한다.
   3) 최소 16명 이상 앉을 수 있는 좌석이 준비되어야 한다.
   4) 날씨로부터 양팀 선수단을 보호할 수 있도록 지붕으로 덮여 있어야 한다.
   5) 홈 클럽은 양 팀의 벤치가 동일하게 준비 및 설치될 수 있도록 해야한다.
2. 홈 팀 벤치는 본부석에서 그라운드를 향해 좌측에 설치하여야 한다.
3. 홈, 원정 팀 벤치에는 팀명을 표기한 안내물을 부착하여야 한다.
4. 제4의 심판(대기심판) 벤치를 준비하여야 하며, 다음 요건을 충족하여야 한다.
   1) 벤치 터치라인으로부터 5m 이상 떨어지는 그라운드 중앙에 설치하여야 한다.
   2) 최소 2인 이상 앉을 수 있는 좌석과 테이블이 준비되어야 한다.
   3) 날씨로부터 관계자를 보호할 수 있도록 지붕으로 덮여 있어야 한다.
   4) 홈 클럽은 경기 중 심판이 사용할 수 있도록 선수교체판을 제공해야 한다.

제12조 (의료)_

1. 홈 클럽은 선수단, 관계자, 관중 등을 위해 경기개시 60분 전부터 경기종료 후 모든 팀, 관중 및 관계자가 퇴장할 때까지 구급차 1대와 의료진 2명(의료진 중 1명은 반드시 의사 또는 1급 응급구조사) 이상을 반드시 대기시켜야 한다. 이를 위반할 경우, 본 대회요강 제33조 4항에 의한다.
2. 양 팀 벤치에는 의사 또는 연맹이 인정하는 자격을 갖춘 선수트레이너(AT) 1명 이상이 벤치에 착석해야 하며, 자동제세동기를 소지해야 한다.

3. 홈 클럽은 스트레처 2개와 스트레처 요원 최소 4명 이상을 준비해야 한다.
4. 홈 클럽은 응급상황 발생 시 신속한 조치가 이루어질 수 있도록 사전 절차 및 계획을 마련하고, 경기 전 의료진과의 연락수단을 포함해 이를 점검해야 한다.

제13조 (홈경기 운영책임자)_ 홈 클럽은 경기장 내 행사, 그라운드 및 벤치의 관리와 홈경기 운영 전반에 대한 책임을 갖는 홈경기 운영책임자를 지정해야 한다. 해당 직책 인원의 책임은 다음을 포함한다.

1. 골대, 골네트, 코너기, 시합구, 벤치, 대기심석 등을 포함한 그라운드 장비와 라인마킹에 대한 올바른 설치
2. 경기 전, 중, 후 경기감독관 및 심판진의 요청사항 또는 필요한 도움 제공
3. 홈경기 세부 시간계획 수립 및 준수 협조
4. 볼보이, 스트레처 요원 교육 및 관리 책임
5. 만일 경기 전, 중, 후 별도의 행사가 있을 경우, 연맹에 이를 사전 승인받아야 한다.

제14조 (경기장에서의 고지)_

1. 홈 클럽은 경기장에서 전광판 또는 스코어보드 등을 통해 아래 항목을 고지하여야 한다.
   1) 팀명 2) 경기 스코어
2. 홈 클럽은 경기장 또는 주변에서 긴급상황 발생 시, 이를 신속히 안내할 수 있어야 한다.

제15조 (악천후의 경우 대비조치)_

1. 홈 클럽은 강설 또는 강우 등 악천후의 경우에도 홈경기를 개최할 수가 있도록 최선의 노력을 해야 한다.
2. 악천후로 인하여 경기개최가 불가능하다고 판단될 경우, 경기감독관은 경기개최 2시간 전까지 경기개최 중지를 결정하여야 한다.

제16조 (경기중지 결정)_

1. 경기 전 또는 경기 중 중대한 불상사 등으로 경기를 계속하기 어려운 사태가 발생하였을 경우, 주심은 경기감독관에게 경기 중지를 요청할 수 있으며, 경기감독관은 동 요청에 의거하여 홈 클럽 및 원정 클럽 관계자의 의견을 참고한 후 경기 중지를 결정할 수 있다.
2. 상기 1항의 경우 또는 관중의 난동 등으로 경기장의 질서 유지가 어려운 경우, 경기감독관은 주심의 경기중지 요청이 없더라도 경기 중지를 결정할 수 있다.
3. 경기감독관은 경기중지 결정을 내린 후, 지체 없이 그 사유를 연맹에 보고하여야 한다.

제17조 (재경기)_

1. 공식경기가 악천후, 천재지변 등 불가항력에 의하여 경기개최 불능 또는 중지(중단)되었을 경우, 재경기는 원칙적으로 익일 동일 경기장에서 개최한다. 단, 연기된 경기가 불가피한 사유로 다시 연기될 경우 개최일시 및 장소는 해당팀과 협의 후, 연맹이 정하여 추후 공시한다.
2. 경기장 준비부족, 시설미비 등 점검미비에 따른 홈 클럽의 귀책사유로 인하여 경기 개최 불능 또는 중지(중단)되었을 경우, 재경기는 원정 클럽의 홈 경기장에서 개최한다.
3. 재경기 방식에 대해서는 다음의 각 호에 의한다.
   1) 이전 경기에서 양 클럽의 득실차가 없을 때는 90분간 재경기를 실시한다.
   2) 이전 경기에서 양 클럽의 득실차가 있을 때는 중지 시점에서부터 잔여 시간만의 재경기를 실시한다.
4. 재경기 시, 상기 3항 1)호의 경우 이전 경기에서 발생된 경고, 퇴장 기록만이 인정되며 선수교체는 팀당 최대 3명까지 가능하다. 상기 3항 2)호의 경우 이전 경기에서 발생된 모든 기록이 인정되며 선수교체는 이전 경기를 포함하여 3명까지 할 수 있다.
5. 재경기 시, 이전 경기에서 발생된 경고 및 퇴장은 유효하며, 경고 및 퇴장에 대한 처벌(징계)은 경기순서대로 연계 적용한다.

제18조 (귀책사유가 있는 클럽의 비용 보상)_

1. 홈 클럽의 귀책사유에 의해 공식경기가 개최불능 또는 중지(중단)되었을 경우, 홈 클럽은 원정 클럽에 교통비 및 숙식비를 보상하여야 한다.
2. 원정 클럽의 귀책사유에 의해 공식경기가 개최불능 또는 중지(중단)되었을 경우, 원정 클럽은 홈 클럽에 발생한 경기준비 비용, 교통비 및 숙식비를 보상하여야 한다.
3. 상기 1항, 2항과 관련하여 천재지변 등 불가항력에 의한 경우는 제외한다.

제19조 (패배로 간주되는 경우)_

1. 공식경기 개최거부 또는 속행 거부 등(경기장 질서문란, 관중의 난동 포함) 어느 한 클럽의 귀책사유로 인하여 공식경기가 개최불능 또는 중지(중단)되었을 경우, 그 귀책사유가 있는 클럽이 0 : 3 패배한 것으로 간주한다.
2. 경기 중 무자격선수가 출장한 것이 발각되었을 경우, 해당 선수를 퇴장시키고 경기를 속행한다. 만일, 공식경기에 무자격선수가 출장한 것이 경기 후 발각되어 경기종료 후 48시간 이내에 상대 클럽으로부터 이의가 제기된 경우, 무자격선수가 출장한 클럽이 0 : 3 패배한 것으로 간주한다.
3. 상기 1항, 2항에 따라 어느 한 클럽의 0 : 3 패배를 결정한 경우에도 양 클럽 선수의 개인기록(출장, 경고, 퇴장, 득점, 도움 등)은 그대로 인정한다.
4. 상기 2항의 무자격 선수는 본 대회요강 제26조 1항, 2항에 적용되지 않는 선수, 제27조 3항 위반 선수, 경고누적 또는 퇴장으로 인하여 출전이 정지된 선수, 상벌위원회 징계, 외국인 출전제한 규정을 위반한 선수 등 그 시점에서 경기출전 자격이 없는 모든 선수를 의미 한다.

제20조 (대회참가 포기)_

1. 대회일정이 공시 된 이후, 참가 클럽은 대회 불참 또는 경기 출전을 포기할 수 없다.
2. 대회일정이 공시된 이후, 대회참가를 포기하기 위해서는 참가 클럽은 이에 대한 소명자료를 연맹에 제출한 후 이사회의 승인을 받아야 한다.
3. 상기 제2항을 위반할 경우, 연맹 상벌규정 제12조에 해당하는 제재를 부과할 수 있다.
4. 참가 클럽이 대회 중 잔여 경기를 포기하는 경우, 다음의 각 항에 의한다.
   1) 대회 전체 경기 수의 3분의 2 이상을 수행하지 못했을 경우, 포기한 클럽과의 경기 결과를 모두 무효 처리한다.
   2) 대회 전체 경기 수의 3분의 2 이상을 수행하였을 경우, 지난 경기 결과를 그대로 인정하고, 잔여 경기는 포기한 클럽이 0:3 패배한 것으로 간주한다.

제21조 (경기결과 보고)_ 모든 공식경기의 경기결과 보고는 경기감독관 보고서, 심판 보고서에 의한다.

제22조 (경기시간 준수)_

1. 본 대회는 90분(전·후반 각 45분) 경기를 실시한다.
2. 각 팀은 미리 정해진 경기시작시간(킥오프 타임)과 경기 중 휴식시간(하프타임)을 반드시 준수하여야 한다. 하프타임 휴식은 15분을 초과할 수 없다.

제23조 (승점)_ 본 대회의 승점은 승자 3점, 무승부 1점, 패자 0점을 부여한다.

제24조 (순위결정)_

1. 조별리그 순위는 승점 → 다득점 → 득실차 → 다승 → 승자승 → 벌점 → 추첨 순서로 결정한다.
2. 벌점에 대한 기준은 다음과 같다.
   1) 경고 및 퇴장 관련 벌점
      ① 경고: 1점 ② 경고 2회 퇴장: 2점 ③ 직접 퇴장: 3점
      ④ 경고 1회 후 퇴장: 4점
   2) 상벌위원회 징계 관련 벌점
      ① 제재금 100만 원당: 3점 ② 출전정지 1경기당: 3점
   3) 코칭스태프 및 팀 스태프 퇴장, 클럽(임직원 포함)에 부과된 징계는 팀 벌점에 포함한다.
3. 개인기록 순위결정
   1) 개인기록순위 결정은 조별리그 성적으로 결정한다.
   2) 득점(Goal) 개인기록순위 결정의 우선 순서는 다음과 같다.
      ① 최다득점선수 ② 출전경기가 적은 선수
      ③ 출전시간이 적은 선수
   3) 도움(Assist) 개인기록순위 결정의 우선 순서는 다음과 같다.
      ① 최다도움선수 ② 출전경기가 적은 선수
      ③ 출전시간이 적은 선수

제25조 (시상)_ 본 대회 결과에 대한 별도의 시상은 진행하지 않는다.

제26조 (출전자격)_

1. 연맹 '선수규정 4조'에 의거하여 선수 등록을 완료한 선수만이 공식경기에 출전할 자격을 갖는다. 단, 아래 조건에 해당되는 선수는 예외로 출전자격을 인정한다.
   1) 연맹 '유소년 클럽 시스템 운영 세칙' 제2조(유소년 클럽 구성)에 해당하는 산하 유소년 클럽 등록 선수 또는,
   2) 연맹 '유소년 클럽 시스템 운영 세칙' 제5조(우선지명)를 적용받는 선수 또는,
   3) 대한축구협회 등록된 23세 이하(1993.01.01 이후 출생자) 선수 중 참가팀 등록 요청 후 연맹이 승인한 테스트 선수
   4) 상기 1)호, 2)호에 해당하는 선수는 연맹에 사전 등록을 완료해야 하며, 우선지명 선수는 등록 시 현 소속팀의 참가동의서를 첨부해야 한다.
2. 각 팀은 테스트 선수를 경기에 출전시키기 위해서는 연맹에 해당 경기 3일 전까지 등록을 완료해야 한다.
   1) 테스트 선수 등록에 필요한 서류는 구단 공문(선수명, 생년월일, 포지션, 배번, 현 소속팀 또는 최종소속팀, 출전경기 등 명기), 선수의 현 소속팀 참가동의서 또는 소속팀이 없을 경우 최종소속팀으로부터 해당 선수의 계약이 종료되었음을 증빙하는 확인서(계약종료 확인서, 최종계약서 등)를 제출해야 한다.
   2) 각 팀은 매경기 최대 2명의 테스트 선수를 등록 및 출전시킬 수 있다.
   3) 대한축구협회에 등록되어 있지 않거나 외국인선수는 테스트 선수로 등록이 불가하다.
   4) 각 팀은 테스트 선수의 대회참가에 따른 공상치료에 대한 책임을 가진다.
   5) 경기 당일 테스트 선수는 신분증을 지참해야 하며, 경기감독관 확인 후 경기 출전이 가능하다.
3. 연맹 '선수규정 5조'에 의거하여 연맹에 등록을 완료한 코칭스태프 및 팀 스태프 중 출전선수명단에 등재된 자만이 공식경기 중, 벤치에 착석할 수 있으며, 경기 중 기술지역에서의 선수지도행위는 1명만이 할 수 있다(통역 1명 대동 가능).
4. 제재 중인 지도자(코칭스태프, 팀 스태프 포함)는 다음 항목을 준수하여야 한다.
   1) 출전정지 제재 중이거나 경기 중 퇴장 조치된 지도자는 공식경기에서 관중석, 선수대기실을 제외한 지역에 대해 출입이 제한되며, 그라운드에서 사전 훈련 및 경기 중 어떠한 지도(지시) 행위도 불가하다.
   2) 징계 중인 지도자(원정팀 포함)가 경기를 관전하고자 할 경우, 경기 중 팀과 의사소통이 가능한 곳에 앉아서는 안 된다. 해당 지도자는 별도의 격리된 공간이나 경기감독관에 의해 사전에 지정된 좌석에 착석해야 한다.
   3) 상기 1)호를 위반할 경우, 연맹 '상벌규정' 제12조 제2항에 해당하는 제재를 부과할 수 있다.

제27조 (출전선수명단 제출의무)_

1. 공식경기에 참가하는 홈팀과 원정팀은 경기개시 90분 전까지 경기감독관에게 출전선수명단을 제출하여 승인을 받아야 한다.
   1) 양 팀은 출전선수명단을 최소 3장이상 출력하여 경기감독관에게 제출해야 하며, 경기감독관은 승인 후 심판진과 상대팀에 이를 전달한다.
2. 출전선수명단에는 출전 선수, 코칭스태프 및 팀 스태프 명단, 유니폼 색상이 포함되어야 하며, 제출된 인원만이 해당 공식경기 출전과 팀 벤치 착석 및 기술지역 출입, 선수 지도를 할 수 있다. 단, 출전선수명단에 등재할 수 있는 코칭스태프 및 팀 스태프의 수는 최대 8명(주치의, 통역 제외)까지로 한다.
3. 본 대회의 출전선수명단은 18명을 원칙으로 하며, 다음 사항을 반드시 준수하여야 한다.
   1) 23세 이하(1993.01.01이후 출생자) 국내선수 출전을 원칙으로 한다.
   2) 상기 1)호에 적용되지 않는 선수는 경기당 최대 5명까지 명단에 포함할 수 있다.
   3) 서울 이랜드, 안산은 예외적으로 상기 1), 2)호의 적용을 받지 않는다.
   4) 골키퍼(GK)는 반드시 국내 선수이어야 하며, 후보 골키퍼(GK)는 반드시 1명이 포함되어야 한다.
   5) 외국인선수의 경우, 출전선수명단에 3명까지 등록할 수 있으며 3명까지 경기 출전이 가능하다. 단, AFC 가맹국 국적의 외국인선수는 1명에 한하여 추가 등록과 출전이 가능하다.

구분		출전인원	비고
K리그 등록선수	23세 이하 국내선수	무제한	
	23세 초과 국내선수, 외국인선수	최대 5명	서울E, 안산 미적용
해당클럽 유스 또는 우선지명 선수		무제한	
테스트선수	KFA 등록 23세 이하 국내선수	최대 2명	

4. 순연 경기 및 재경기(90분 재경기에 한함)의 출전선수명단은 다시 제출하여야 한다.

제28조 (선수교체)_

1. 본 대회의 선수 교체는 경기감독관이 승인한 출전선수명단에 의해 후보선수 명단 내에서만 가능하다.
2. 선수 교체는 90분 경기에서 7명까지 가능하다.
3. 출전선수명단 승인(경기감독관 서명) 후, 선발출전선수 11명 중 경기출전이 불가한 선수가 발생할 경우, 전반전 킥오프 전까지 경기감독관의 승인하에 교체 대상선수 7명에 한하여 교체할 수 있으며, 교체된 선수는 해당 경기에 출전할 수 없다. 단, 골키퍼는 예외로 한다.

제29조 (출전정지)_

1. 본 대회에서 경고누적에 의한 출전정지 및 퇴장에 의한 출전정지는 본 대회 종료까지 연계 적용한다.
2. 경고누적에 의한 출전정지는 경고누적 3회 때마다 다음 1경기가 출전 정지된다.
3. 1경기 경고2회 퇴장에 의한 출전정지는 다음 1경기가 출전 정지된다, 이 경고는 누적에 산입되지 않는다.
4. 직접 퇴장에 의한 출전정지는 다음 2경기가 출전 정지된다.
5. 경고 1회 후 직접 퇴장에 의한 출전정지는 다음 2경기가 출전 정지된다. 경고 1회는 유효하며, 누적에 산입된다.
6. 본 대회의 출전정지 선수는 워밍업, 경기출전 및 벤치 착석이 불가하다.
7. 본 대회에서 받은 경고, 퇴장 및 출전정지는 다음 R리그 경기에서만 적용되며, K리그와 상호 연계되지 않는다.
8. 상벌위원회 징계로 인한 출전정지는 별도의 통지가 없을 경우, 시즌 및 대회에 관계없이 연계 적용한다.

제30조 (유니폼)_

1. 본 대회는 반드시 연맹이 승인하고 지정한 유니폼을 착용해야 한다.
2. 선수 번호(배번은 1번~99번으로 한정하며, 배번 1번은 GK에 한함)는 출전선수명단에 기재된 선수 번호와 일치하여야 하며, 배번의 식별이 가능하도록 명확하게 표시되어 있어야 한다.
3. 팀의 주장은 주장인 것을 명확하게 표시하는 완장(Armband)을 착용하여야 한다.
4. 공식경기에 참가하는 모든 클럽은 제1유니폼과 제2유니폼을 필히 지참함을 원칙으로 하며, 경기 전 아래 지침에 따라 양 클럽은 유니폼 착용 색상을 사전에 조율하여야 한다.

> ① 홈팀은 제1유니폼을 착용할 우선권을 가진다.
> ② 원정팀은 홈팀의 유니폼 색상과 겹치지 않을 경우, 제1유니폼을 착용할 수 있다.
> ③ 원정팀은 제1유니폼의 색상이 홈팀과 겹칠 경우, 제2유니폼을 착용해야 한다.
> ④ 홈팀의 제1유니폼 색상과 원정팀의 제1, 2유니폼 색상이 모두 겹칠 경우, 양 팀은 제1, 2유니폼을 혼합해서 착용해야 한다.

5. 동절기 방한용 내피 상의 또는 하의(타이즈)를 착용하고자 할 때는 유니폼(상·하의) 색상과 동일한 색상을 착용하여야 한다. 이를 위반할 경우 공식경기출전이 불가하다.
6. 스타킹과 발목밴드(테이핑)는 동일 색상(계열)이어야 한다. 이를 위반할 경우 공식경기출전이 불가하다.

제31조 (사용구)_

1. 본 대회의 공식 사용구는 아디다스 '에레조타 OMB(adidas Errejota OMB)'와

'커넥스트 15 OMB (adidas Conext 15 OMB)'로 한다.

2. 홈 클럽은 매 경기 3개의 공식 사용구를 준비하고, 경기 전 심판으로부터 검사를 받아야 한다.
3. 홈 클럽은 12세 이상의 볼키즈를 최소 6명 이상 준비시켜야 하며, 볼키즈의 위치는 양 골대 뒤편 각 1명과 양 터치라인에 각 2명씩 위치하는 것을 기본으로 한다.

제32조 (미디어)_
1. 홈 클럽은 필요 시 미디어의 경기장 출입에 협조하고, 적절한 좌석 및 주차공간을 제공할 책임이 있다.
2. 홈 클럽은 미디어 요청사항에 대해 중립적이고 공정하게 대응할 수 있는 담당자를 대기시켜야 한다.
3. 경기 관련 기사뿐만 아니라 지도자 및 선수 인터뷰, 영상촬영은 승인된 언론사 및 개인에 한해 허용된다.
4. 각 팀은 경기 진행에 지장이 없는 범위 내에서 미디어의 취재활동에 최대한 협조해야 한다.

제33조 (경기장 안전과 질서유지)_
1. 홈 클럽은 경기개시 120분 전부터 경기종료 후 모든 관중 및 관계자가 퇴장할 때까지 선수, 팀 스태프, 심판을 비롯한 전 관계자와 관중의 안전 및 질서 유지에 대한 의무와 책임이 있다.
2. 홈 클럽은 매경기 응급(비상)상황 발생 시 대응절차 및 인원 대피 계획을 사전에 수립해야 하며, 요청 시 연맹에 제출해야 한다.
3. 홈 클럽은 상기 1항의 의무 실시를 위해 최선의 노력을 다해야 하며, 경기장 안전 및 질서를 어지럽히는 관중에 대해 그 입장을 제한하고 강제 퇴장시키는 등의 적정한 조치를 취할 수 있다.
4. 연맹, 홈 또는 원정 클럽, 선수, 코칭스태프 및 팀 스태프, 관계자를 비방하는 사안이나, 경기진행 및 안전에 지장을 줄 수 있는 모든 사안에 대해서는 경기감독관의 지시에 의해 관련 클럽은 즉각 이를 시정 조치하여야 한다. 만일, 경기감독관의 지시에도 불구하고 시정 조치되지 않을 경우 상벌규정 유형별 징계기준 제5조 마, 항에 의거, 해당 클럽에 제재를 부과할 수 있다.
5. 관중의 소요, 난동으로 인해 경기 진행에 문제가 발생하거나, 선수, 심판, 코칭스태프 및 팀 스태프를 비롯한 관중의 안전과 경기장 질서 유지에 문제가 발생할 경우에는 관련 클럽이 사유를 불문하고 그에 대한 일체의 책임을 부담한다.
6. 홈 클럽은 사전 승인을 받았거나 적절한 자격을 갖춘 인원을 제외한 인원의 그라운드 및 주변 출입을 통제해야 한다.

제34조 (기타 유의사항)_ 각 클럽은 아래의 사항을 숙지하고 준수하여야 한다.
1. 경기에 참가하는 팀(코칭스태프, 팀 스태프 포함)은 경기시작 100분 전에 경기장에 도착하여야 한다.
   1) 원정팀은 경기개최지로의 이동정보를 사전에 숙지할 책임이 있으며, 상황에 따른 추가 이동시간이 필요한지 확인해야 한다.
   2) 만일, 팀의 도착 지연으로 킥오프가 지연될 경우, 연맹은 귀책사유가 있는 클럽에 재제를 부과할 수 있다.
2. 경기 중 클럽의 임원, 코칭스태프, 팀 스태프, 선수는 경기장 내에서 흡연을 할 수 없으며, 이를 위반할 경우 퇴장 조치한다.
3. 팀 벤치에서 무선통신기(휴대전화 포함) 시스템의 사용은 원칙적으로 불가하다.

제35조 (부칙)_ 본 대회요강에 명시되지 않은 사항은 K리그 규정, FIFA규정, K리그 이사회 결정에 의거하여 시행한다.

현대오일뱅크 R리그 2016 경기일정표 및 결과

경기일자	경기시간	홈팀	경기결과	원정팀	경기장소
2016.03.29(화)	15:00	성남	2:0	고양	성남종합
2016.03.29(화)	14:00	인천	0:1	부천	승기구장
2016.03.29(화)	15:00	수원	1:2	안산무	수원클럽하우스
2016.03.29(화)	15:00	서울	0:1	서울E	챔피언스
2016.03.29(화)	15:00	전북	1:1	대전	전주W보조
2016.03.29(화)	14:00	울산	2:3	부산	강동구장
2016.03.31(목)	15:00	충주	0:2	대구	충주종합
2016.04.05(화)	14:00	부산	1:2	대구	강서공원
2016.04.05(화)	14:00	울산	0:0	전북	강동구장
2016.04.05(화)	15:00	서울E	1:0	부천	청평
2016.04.05(화)	15:00	성남	1:4	안산무	성남종합
2016.04.05(화)	15:00	고양	0:2	인천	고양종합B
2016.04.07(목)	15:00	수원	0:1	서울	수원W보조
2016.04.07(목)	15:00	충주	1:0	대전	충주종합
2016.04.19(화)	14:00	부산	1:0	충주	강서공원
2016.04.19(화)	15:00	대전	1:1	울산	덕암
2016.04.19(화)	15:00	대구	4:0	전북	대구S보조
2016.04.19(화)	14:00	인천	1:1	서울E	승기구장
2016.04.19(화)	15:00	고양	0:2	수원	고양종합B
2016.04.19(화)	16:00	부천	2:0	성남	부천종합
2016.04.21(목)	15:00	서울	1:0	안산무	챔피언스
2016.04.26(화)	14:00	인천	0:0	성남	승기구장
2016.04.26(화)	15:00	서울	4:1	부천	챔피언스
2016.04.26(화)	14:00	울산	1:1	충주	강동구장
2016.04.26(화)	15:00	전북	4:1	부산	전주W보조
2016.04.26(화)	15:00	대전	0:1	대구	덕암

경기일자	경기시간	홈팀	경기결과	원정팀	경기장소
2016.05.17(화)	14:00	부산	2:0	대전	강서공원
2016.05.17(화)	15:00	대구	2:2	울산	대구시민
2016.05.17(화)	15:00	서울E	0:1	고양	청평
2016.05.17(화)	15:00	성남	0:0	서울	성남종합
2016.05.17(화)	15:00	수원	1:0	인천	수원클럽하우스
2016.05.19(목)	15:00	충주	3:1	전북	충주종합
2016.05.24(화)	14:00	부산	2:1	울산	강서공원
2016.05.24(화)	15:00	대구	0:1	충주	대구S보조
2016.05.24(화)	16:00	부천	0:1	수원	부천종합
2016.05.24(화)	14:00	인천	3:0	안산무	승기구장
2016.05.24(화)	15:00	성남	1:0	서울E	성남종합
2016.05.26(목)	15:00	서울	1:0	고양	챔피언스
2016.06.07(화)	17:00	수원	3:2	성남	수원W보조
2016.06.07(화)	17:00	서울	1:3	인천	챔피언스
2016.06.07(화)	17:00	부천	3:1	고양	부천종합
2016.06.07(화)	16:00	전북	1:2	대구	전주W보조
2016.06.07(화)	16:00	울산	6:1	대전	강동구장
2016.06.09(목)	17:00	충주	1:1	부산	충주종합
2016.06.13(월)	16:00	서울E	1:1	수원	청평
2016.06.14(화)	17:00	안산무	1:2	부천	안산와보조
2016.06.14(화)	17:00	대전	0:0	전북	덕암
2016.06.21(화)	17:00	전북	0:2	울산	전주W보조
2016.06.21(화)	17:00	대구	1:2	부산	대구S보조
2016.06.21(화)	17:00	성남	1:1	인천	성남종합
2016.06.21(화)	17:00	부천	0:1	서울E	부천종합
2016.06.23(목)	17:00	서울	1:1	수원	서울W보조

경기일자	경기시간	대진			경기장소
2016.06.28(화)	17:00	대전	2:0	충주	덕암
2016.07.05(화)	17:00	대구	2:0	대전	대구S보조
2016.07.05(화)	17:00	부천	3:1	서울	부천종합
2016.07.05(화)	17:00	안산무	1:1	성남	안산와보조
2016.07.05(화)	17:00	수원	1:0	서울E	수원W보조
2016.07.05(화)	17:00	인천	1:1	고양	승기구장
2016.07.05(화)	17:00	부산	7:0	전북	강서공원
2016.07.12(화)	17:00	전북	1:1	충주	전주W보조
2016.07.12(화)	17:00	대전	1:1	부산	덕암
2016.07.12(화)	16:00	울산	1:2	대구	강동구장
2016.07.12(화)	17:00	성남	1:1	부천	성남종합
2016.07.12(화)	17:00	서울E	4:2	인천	청평
2016.07.12(화)	17:00	안산무	0:4	수원	안산와보조
2016.07.14(목)	17:00	서울	2:1	고양	챔피언스
2016.08.02(화)	17:00	안산무	2:2	고양	안산와보조
2016.08.23(화)	17:00	안산무	1:0	고양	안산와보조
2016.08.25(목)	17:00	울산	1:1	충주	강동구장
2016.08.30(화)	17:00	대전	1:2	울산	덕암
2016.08.30(화)	17:00	대구	7:2	전북	대구S보조
2016.08.30(화)	17:00	서울E	0:2	서울	청평
2016.08.30(화)	17:00	부천	1:1	안산무	부천종합
2016.09.01(목)	16:00	충주	0:4	부산	충주종합
2016.09.02(금)	16:00	인천	4:0	수원	승기구장
2016.09.06(화)	17:00	수원	6:1	고양	수원W보조
2016.09.06(화)	16:00	서울E	2:0	성남	청평
2016.09.06(화)	15:00	안산무	1:11	서울	안산와보조
2016.09.06(화)	16:00	부천	1:0	인천	부천종합보조
2016.09.06(화)	16:00	부산	2:2	울산	아시아드보조
2016.09.06(화)	16:00	전북	0:0	대전	전주W보조
2016.09.08(목)	16:00	충주	2:2	대구	충주종합
2016.09.13(화)	16:00	안산무	3:4	서울E	시낭운동장
2016.09.22(목)	17:00	고양	1:2	성남	고양종합B
2016.09.27(화)	14:00	충주	0:3	울산	충주종합
2016.09.27(화)	14:00	인천	0:1	서울	승기구장
2016.09.27(화)	15:00	서울E	4:0	안산무	청평
2016.09.27(화)	15:00	성남	2:4	수원	성남종합
2016.09.27(화)	15:00	대구	8:0	대전	대구S보조
2016.09.29(목)	15:00	전북	2:4	부산	전주W보조
2016.09.29(목)	15:00	고양	0:2	부천	고양종합B
2016.10.04(화)	14:00	울산	4:1	대구	강동구장
2016.10.04(화)	15:00	대전	0:2	부산	덕암
2016.10.06(목)	15:00	충주	1:5	전북	충주종합
2016.10.11(화)	14:00	부산	0:2	대구	강서공원
2016.10.11(화)	14:00	대전	2:2	충주	덕암
2016.10.11(화)	14:00	서울	6:1	성남	챔피언스
2016.10.11(화)	14:00	수원	2:1	부천	수원W보조
2016.10.11(화)	14:00	고양	0:4	서울E	고양종합B
2016.10.20(목)	14:00	전북	0:4	울산	전주W보조
2016.10.25(화)	14:00	인천	4:4	안산무	승기구장

현대오일뱅크 R리그 2016 팀 순위

A조

순위	팀명	경기수	승점	승	무	패	득점	실점	득실차
1	서울	14	29	9	2	3	32	12	20
2	수원	14	29	9	2	3	27	15	12
3	서울E	14	26	8	2	4	23	12	11
4	부천	14	23	7	2	5	18	14	4
5	인천	14	17	4	5	5	21	16	5
6	성남	14	14	3	5	6	14	25	-11
7	안산	14	13	3	4	7	20	39	-19
8	고양	14	5	1	2	11	8	30	-22

B조

순위	팀명	경기수	승점	승	무	패	득점	실점	득실차
1	대구	15	32	10	2	3	38	16	22
2	부산	15	30	9	3	3	33	18	15
3	울산	15	24	6	6	3	32	17	15
4	충주	15	15	3	6	6	14	26	-12
5	전북	15	11	2	5	8	17	37	-20
6	대전	15	9	1	6	8	9	29	-20

현대오일뱅크 R리그 2016 득점 순위

순위	선수명	팀명	득점	경기수	교체수	경기당 득점
1	한홍규	안산무	9	10	6	0.90
2	이윤환	부천	8	11	7	0.73
3	김대원	대구	8	13	4	0.62
4	정승원	대구	7	15	8	0.47
5	전현철	부산	6	10	4	0.60
6	정치인	대구	6	11	9	0.55
7	조향기	서울E	6	11	8	0.55
8	김종우	수원	6	13	6	0.46
9	스토야노비치	부산	5	4	2	1.25
10	홍정률	인천	5	8	3	0.63
11	남하늘	고양	5	11	2	0.45

현대오일뱅크 R리그 2016 도움 순위

순위	선수명	팀명	도움	경기수	교체수	경기당 도움
1	김대원	대구	5	13	4	0.38
2	이동일	부산	5	14	4	0.36
3	최정한	대구	4	7	6	0.57
4	김진규	부산	4	9	5	0.44
5	홍승현	대구	4	14	8	0.29
6	김현규	서울E	4	14	6	0.29

제1조 (대회명)_ 본 대회는 '2016 아디다스 K리그 주니어'라 한다.

제2조 (주최, 주관, 후원)_ 본 대회는 사단법인 대한축구협회(이하 '협회')와 사단법인 한국프로축구연맹(이하 '연맹')이 공동 주최하며, 주관은 해당 팀 프로구단(이하 '구단')이며, 아디다스 코리아에서 후원한다.

제3조 (대회조직위원회 구성)_ 본 대회의 원활한 운영을 위해 주최 측은 대회운영본부(이하 '운영본부')를 별도로 구성한다.

제4조 (대회기간, 일자, 장소, 대회방식)_

1. 대회기간: 3월 12일 ~ 11월 05일 (고등부 후기리그 왕중왕전 개최 유무 및 방식 미정으로 추후 일정 변경 가능성 있음)
2. 대회일자: 토요일 개최를 원칙으로 하며, 경기시간은 14시 기준으로 하며 5월 일부 경기(10~11R) 및 9월(15~17R)에는 16시, 8월(12~14R)에는 17시 기준으로 운영한다. 또한, 대회의 공정성을 위하여 전/후기 각 마지막 라운드의 모든 경기는 반드시 동일한 (지정된) 일자와 시간에 실시해야 한다.
3. 대회장소: FIFA 경기규칙에 준하는 경기장으로 구단 연고지역 내에서 개최하는 것을 원칙으로 한다. 천연 잔디 구장 개최를 원칙으로 하되, 사전 운영본부의 승인을 득할 경우 인조 잔디구장의 개최도 가능하다.
4. 경우에 따라 일정 및 장소는 변경될 수 있으며, 팀 사정으로 인한 일정 변경 시 양 구단의 합의 후 반드시 경기 3일 전(경기시간 기준 72시간)까지 운영본부의 승인을 얻어야 한다.
5. 대회방식: 조별 전/후기 리그 2Round robin[총 220경기(팀당 20경기)]

참가팀		참가팀명 (학교명)
23개팀	A조 12팀	인천(인천대건고), 수원(매탄고), 서울(오산고), 제주(제주유나이티드 U-18), 강원(강릉제일고), 안양(안양공고), 성남(풍생고), 고양(고양 자이크로FC U-18), 수원FC(수원FC U-18), 부천(부천FC1995 U-18), 안산(안산무궁화프로축구단 U-18), 서울E(서울이랜드FC U-18)
	B조 11팀	광주(금호고), 전남(광양제철고), 포항(포항제철고), 울산(현대고), 상주(용문고), 부산(개성고), 경남(진주고), 대전(충남기계공고), 전북(전주영생고), 대구(현풍고), 충주(충주상고)

제5조 (참가팀, 선수, 지도자의 자격)_

1. 본 대회의 참가자격은 2016년도 협회에 등록을 필한 U-18 클럽팀(고교팀 포함)과 선수, 임원, 지도자에 한한다. 단, 지도자의 경우 협회 지도자 자격증 2급 이상을 취득한 자에 한해 참가가 가능하다.
2. 징계 중인 지도자 및 임원은 리그 참가 신청이 가능하나, 경기 중 벤치 착석과 선수 지도(지도자의 경우)는 징계해제 이후부터 할 수 있다.
3. 징계 중인 선수의 경우 대회기간 중징계가 해제되는 선수에 한해 참가를 신청할 수 있다. 단, 벤치 착석 및 경기 출전은 징계해제 이후부터 할 수 있다.
4. 지도자와 임원은 시기에 상관없이 등록 승인을 받은 후 참가신청을 할 수 있다.
5. 지도자 및 임원은 중복으로 참가신청을 할 수 없다(팀 단장의 중복 신청만 허용한다).

제6조 (선수의 등록 및 리그 참가신청)_

1. 정기 등록은 매년 1월부터 3월 중 협회가 지정하는 기간에 실시한다.
2. 추가 등록은 5월과 7월에 실시한다(토, 일요일, 법정 공휴일, 근로자의 날 제외).
3. 선수는 협회가 지정한 정기 등록 기간(1~3월 중) 및 5, 7월에 추가 등록한 후 리그 참가신청을 하여야 한다.
4. 등록기간 중 등록 승인을 받았으나 리그 참가신청을 하지 못한 선수는 매월 초(4월부터 10월 이내, 기준 협회 근무일 3일간) 내에 리그 참가신청이 가능하다.
5. 선수의 리그 출전은 리그 참가신청 승인을 받은 날로부터 2일 이후부터 경기에 출전할 수 있다.
6. 선수는 팀당 18명 이상 리그 참가신청을 하여야 한다.
7. 리그 참가신청 시 유니폼 번호는 1번부터 99번까지 가능하며 중복되지 않아야 한다. 선수는 리그 참가신청 이후 유니폼 번호를 변경할 수 없다. 단, 선수의 이적이나 탈퇴로 인해 유니폼 번호가 결번될 경우 추가로 리그 참가신청을 하는 선수는 비어 있는 번호를 사용할 수 있다.

제7조 (선수 활동의 개시)_

1. 이적 선수는 동일 시·도 내의 팀으로 이적할 경우에는 최종 출전일을 기준으로 3개월 이후, 타 시·도의 팀으로 이적할 경우에는 최종 출전일을 기준으로 6개월 이후에 경기 출전이 가능하다. 타 시·도 이적 후 출전 제한 기간 내에 동일 시·도의 팀으로 이적할 경우에는 최종 출전일을 기준으로 6개월을 경과해야 한다.
2. 유급 선수는 등록 당해 연도에 한하여 유급 연도의 최종 경기일 이후부터 출전이 가능하다. 연령초과 선수는 경기 당일 출전선수 명단(18명 이내)에 최대 팀당 2명까지만 표기 및 출전할 수 있다.
3. 해체된 팀의 선수는 참가 승인을 받은 날로부터 2일 이후부터 경기에 출전할 수 있다. 해체된 팀의 선수가 다른 팀으로 이적할 경우, 시기에 상관없이 등록 승인을 받은 후 대회 참가신청이 가능하며, 참가 승인을 받은 날로부터 2일 이후부터 경기에 출전할 수 있다.
4. 해외의 학교 또는 팀으로 그 소속을 옮긴 선수가 귀국하여 원래의 국내 소속팀으로 복귀할 경우, 시기에 상관없이 국제이적 절차를 거쳐 등록 승인을 받은 후 리그 참가신청이 가능하며, 참가 승인을 받은 날로부터 2일 이후 경기에 출전할 수 있다.
5. 외국인 선수는 대한축구협회 등록규정에 의거하여 선수등록 후 리그 참가신청이 가능하다.
6. 신규 등록(최초 등록) 선수는 리그 참가 승인일로부터 2일 이후에 경기에 출전할 수 있다.
7. 위 1항에서 6항까지의 규정은 본 대회에만 해당되며, 방학 중 전국 대회를 포함한 다른 대회의 이적 선수 출전 규정은 해당 대회의 규정에 따른다.

제8조 (경기규칙)_ 본 대회는 FIFA(국제축구연맹, 이하'FIFA') 경기규칙에 준하여 실시하며, 특별한 사항은 운영본부가 결정한다.

제9조 (경기시간)_

1. 본 대회의 경기시간은 전·후반 각 45분으로 하고, 필요 시 전·후반 각 15분의 연장전을 실시하며, 하프타임 휴식시간은 '10분 전후'로 하되15분을 초과하지 않으며, 원활한 경기 진행을 위해 운영본부의 통제에 따라야 한다.

제10조 (공식 사용구)_ 본 대회의 공식 사용구는 '낫소(투지 프리미엄)'로 한다.

제11조 (순위결정 및 왕중왕전 진출)_

1. 본 대회 승점은 승 3점, 무 1점, 패 0점으로 한다.
2. 본 대회 순위결정은 리그 최종성적을 기준으로 승점을 우선으로 하되, 승점이 같은 경우 골득실차 → 다득점 → 승자승(승점 → 골 득실차 순서로 비교) → 페어플레이점수 → 추첨 순서로 정한다. 단, 3개팀 이상 다득점까지 동률일 경우 승자승을 적용하지 않고 페어플레이점수 → 추첨 순서로 순위를 결정한다.
3. 전/후기 리그 각각 승점을 부여한다(전기리그 승점이 후기리그에 연계되지 않음).
4. 순위결정에 의해 A조 1~4위, B조 1~4위팀(총 8팀)이 전기리그 왕중왕전에 자동 진출한다. '후기리그 왕중왕전' 개최 유무 및 방식, 왕중왕전 진출팀 수 등은 추후 별도 공지한다.

제12조 (선수의 출전 및 교체)_

1. 본 대회의 경기에 참가하는 팀은 출전 선수 명단을 해당 팀에서 대한축구협회 인터넷 등록 사이트(joinkfa.com)로 접속하여 출력 후, 경기 개시 60분 전까지 출전 선수 18명(선발 출전 11명과 교체 대상 7명)의 명단과 KFA 선수 등록증을 해당 리그운영 경기감독관에게 제출해야 함을 원칙으로 한다.
   1) 선발 출전선수 11명은 KFA 선수 등록증을 소지하고 장비 검사를 받아야 한다.
   2) 경기 중 교체 선수는 본인의 KFA 선수 등록증을 직접 감독관 또는 대기심판에게 제출하여 교체 승인을 받은 후 교체하여야 한다.
   3) KFA 등록증을 제출하지 않은 선수는 해당 경기에 출전할 수 없다.
2. 선수교체는 팀당 7명 이내로 하되, 경기 개시 전에 제출된 교체 대상 선수(7명)

에 한한다.

3. 팀이 출전선수 명단을 제출한 후 선발 출전 선수를 교체하고자 할 경우,
   1) 기제출된 출전선수 11명과 교체 대상 선수 7명 간에만 허용한다.
   2) 선발출전 선수를 교체하고자 할 경우, 위 12조 1항에 제출된 교체 대상 선수 7명 중 경기 개시 전까지 '리그운영감독관 승인하에' 교체할 수 있다.
   3) 이 경우 선수 교체로 간주하지 않는다.
   4) 경기 개시 전 선발 출전 선수와 교체 선수가 바뀐 것을 주심에게 알리지 않았을 경우에는 FIFA 경기규칙서 '규칙3 – 위반과 처벌' 규정에 따른다.
4. 다음과 같은 조건의 선수가 경기에 출전하였을 경우에는 즉시 퇴장조치한 후 (교체 불가) 경기는 계속 진행하며, 해당 팀의 지도자에 대해서는 리그징계위원회에 회부한다.
   1) 참가 신청서 명단에는 있으나 출전 선수 명단에 없는 선수
   2) 이적 후 출전 정지 기간 미경과 선수
   3) 징계기간 미경과 선수
   4) 유급선수의 경우 유급 직전연도 리그 출전일이 미경과한 선수

제13조 (벤치 착석 대상)_

1. 경기 중 벤치에 앉을 수 있는 사람은 리그 참가 신청 명단에 기재된 지도자 및 선수, 임원(축구부장, 트레이너, 의무, 행정 등)에 의한다.
2. 임원의 경우 벤치 착석은 가능하나 지도는 불가하다.
3. 지도자, 임원은 반드시 자격증 또는 KFA 등록증을 패용하고 팀 벤치에 착석하여야 한다.
4. 징계 중인 지도자, 임원, 선수는 징계 해제 이후부터 벤치에 착석할 수 있다.
5. 경기 중 팀 벤치에서의 전자통신기기를 사용한 의사소통은 불가하다.

제14조 (경기 운영)_

1. 홈 팀은 다음과 같은 경기 시설, 품품, 인력을 준비해야 할 의무가 있다.
   1) 시설: 경기장라인, 코너깃대 및 코너깃발, 팀 벤치, 본부석/의무석(의자, 책상, 텐트), 스코어보드(팀명, 점수판), 의료인석 대기석, 선수/심판 대기실, 골대/골망, 화장실, 팀 연습장(워밍업 공간), 주차시설
   2) 물품: 시합구, 볼펌프, 들것, 교체판, 스태프 조끼, 리그 현수막, 벤치팀명 부착물, 구급차, 구급 물품(의료백), 각종 대기실 부착물
   3) 인력: 경기운영 보조요원, 안전/시설담당, 의료진, 볼보이, 들것요원
   4) 기타: 지정 병원
2. 홈 팀은 경기 중 또는 경기 전·후에 선수, 코칭스태프, 심판을 비롯한 전 관계자와 관중의 안전 및 질서 유지에 대한 의무와 책임이 있다.

제15조 (응급치료비 보조)_

1. 경기 중 발생한 부상선수에 대한 치료비는 팀 명의의 공문으로 중앙조직위원회로 신청한다.
2. 최초 부상일로부터 발생시 20일 이내에 신청하여야 하며, 기한 내 신청하지 않은 팀 또는 단체는 지원 대상에서 제외된다.
3. 경기 당일 발생한 응급치료비에 한하여 200,000원까지만 지원한다.
4. 제출서류: 1) 해당 팀 소속 구단 명의 공문 1부
   2) 해당선수가 출전한 경기의 리그운영감독관 보고서 사본 1부
   ※리그운영감독관 보고서에 있는 부상선수 발생 보고서에 기재된 선수에 한하여 치료비 지급
   3) 진료영수증 원본
   4) 해당선수 소속 구단 계좌사본(지도자 명의의 계좌 사본 제출은 불가하고 학부모 계좌 사본 제출 시 가족관계증명서 제출)

제16조 (재경기 실시)_

1. 불가항력적인 사유(필드 상황, 날씨, 정전에 의한 조명 문제 등)로 인해 경기중단 또는 진행이 불가능하게 된 경기를 '순연경기'라 하고, 순연된 경기의 개최를 '재경기'라 한다.
2. 재경기는 중앙 조직위원회 또는 운영본부가 결정하는 일시, 장소에서 실시한다.
3. 득점차가 있을 때는 중단 시점에서부터 잔여 시간만의 재경기를 갖는다.
   1) 출전선수 및 교체대상 선수의 명단은 순연경기 중단 시점과 동일하여야 한다.
   2) 선수교체는 순연경기를 포함하여 팀당 7명 이내로 한다.
   3) 순연경기에서 발생된 모든 기록(득점, 도움, 경고, 퇴장 등)은 유효하다.
4. 득점차가 없을 때는 전·후반 경기를 새로 시작한다.
   1) 출전선수 및 교체대상 선수의 명단은 순연경기와 동일하지 않아도 된다.
   2) 선수교체는 순연경기와 관계없이 팀당 7명 이내로 한다.
   3) 경기기록은 순연경기에서 발생된 경고, 퇴장 기록만 인정한다.
5. 경고(2회 누적 포함), 퇴장, 징계 등 출전정기 대상자는 경기번호의 변동에 관계없이 가장 가까운 일정의 경기 순서대로 연계 적용한다.
6. 심판은 교체 배정될 수 있다.

제17조 (경고)_

1. 경기 중 경고 2회로 퇴장당한 선수는 다음 1경기에 출전하지 못한다.
2. 경기 중 1회 경고를 받은 선수가 경고 없이 바로 퇴장을 당할 경우, 다음 1경기에 출전하지 못하며, 당초에 받은 경고는 그대로 누적된다.
3. 경고를 1회 받은 선수가 다른 경기에서 경고 2회로 퇴장당했을 경우, 퇴장 당시 받은 경고 2회는 경고 누적 횟수에서 제외된다.
4. 본 대회에서 서로 다른 경기에서 각 1회씩 2회 누적하여 경고를 받은 선수는 다음 1경기에 출전할 수 없다.
5. 4항에서 말하는 다음 경기라 함은 경기번호의 변동에 관계없이 가장 가까운 일정의 경기를 말한다.
6. 본 대회에서 받은 경고는 왕중왕전에 연계되지 않는다.
7. 선수가 본 리그 기간 중 이적하더라도 이미 받은 경고는 새로 이적한 팀에서 연계 적용된다.
8. 전기리그에서 받은 경고는 후기리그로 연계되지 않는다.
9. 경고 누적으로 인한 출전정지 대상 경기가 몰수 또는 실격 처리된 경우, 출전 정지 이행으로 간주한다.

제18조 (퇴장)_

1. 경기 도중 퇴장 당한 선수, 지도자, 임원은 다음 1경기에 출전하지 못한다.
2. 퇴장 사유의 경중에 따라 중앙 조직위원회는 잔여 경기의 출전금지 횟수를 결정할 수 있다.
3. 본 대회에서 당한 퇴장은 왕중왕전에 연계 적용된다.
4. 경기 도중 선수들을 터치라인 근처로 불러 모아 경기를 중단시키는 지도자 또는 임원은 즉시 퇴장 조치하고, 리그 징계 위원회에 회부 한다.
5. 주심의 허락 없이 경기장에 무단 입장하거나, 시설 및 기물 파괴, 폭력 조장 및 선동, 오물투척 등 질서 위반행위를 한 지도자와 임원은 즉시 퇴장 조치하고 리그 징계 위원회에 회부한다.
6. 경기 도중 퇴장당한 선수가 본 리그 기간 중 이적하더라도 본 리그에서는 퇴장의 효력이 그대로 연계 적용된다.
7. 위 항에서 말하는 다음 경기라 함은 경기번호의 변동에 관계없이 가장 가까운 일정의 경기를 말한다.
8. 전기리그에서 받은 퇴장은 후기리그로 연계되지 않는다.
9. 퇴장으로 인한 출전정지 대상 경기가 몰수 또는 실격 처리된 경우, 출전정지 이행으로 간주한다.

제19조 (몰수)_

1. 몰수라 함은 경기 결과에 관계없이 해당 경기에 대한 팀의 자격 상실을 말한다.
2. 다음 경우에 해당하는 팀은 몰수 처리한다.
   1) 팀이 일정표상의 경기 개시 시각 15분 전까지 경기장에 도착하지 않을 경우. 단, 천재지변 등 불가피한 사유는 제외한다.
   2) 등록은 하였으나 리그 참가신청서 명단에 없는 선수가 출전했을 경우.
   3) 경기 당일 첫 번째 경기를 갖는 팀의 경우 일정표 상에 명시된 경기 개시 시간 15분 전까지 KFA 등록증 소지자가 7명 미만일 경우 해당경기를 몰수 처리한다.
   4) 경기 당일 첫 번째 경기 이후 경기를 갖는 팀의 경우 앞 경기 종료 15분 전까지 KFA 등록증 소지자가 7명 미만일 경우 해당경기를 몰수 처리한다.
   5) 경기 도중 심판 판정 또는 기타 사유로 팀이 경기를 지연하거나 집단으로 경기장을 이탈한 뒤 감독관 등으로부터 경기 재개 통보를 받은 후 3분 이내에 경기에 임하지 않을 경우.

6) 위 '마'의 경기 지연 또는 경기장 이탈 행위를 한 팀이 3분 이내에 경기에 임했으나 경기 재개 후 재차 경기를 지연하거나 집단으로 경기장을 이탈한 뒤, 감독관 등으로부터 경기 재개 통보를 받은 후 주어진 3분 중에서 잔여 시간 내에 경기를 재개하지 않을 경우
7) 등록하지 않은 선수가 경기에 출전한 경우
8) 다른 선수의 KFA 등록증을 제출 후 경기에 참가시킨 경우
9) 그 외의 경기 참가 자격 위반 행위나 경기 포기 행위를 할 경우
3. 해당 경기 몰수 팀에 대해서는 패 처리하며, 상대팀에게는 스코어 3 : 0 승리로 처리한다. 또한 본 대회에서는 승점 3점을 준다. 단, 세 골 차 이상으로 승리했거나 이기고 있었을 경우에는 해당 스코어를 그대로 인정한다.
4. 몰수 처리 경기라 하더라도 득점, 경고, 퇴장 등 양 팀 선수 개인의 경기 기록은 인정한다.

제20조 (실격)_
1. 실격이라 함은 본 대회 모든 경기에 대한 팀의 자격 상실을 말한다.
2. 다음 경우에 해당하는 팀은 실격으로 처리한다.
1) 참가 신청 후 본 대회 전체 일정에 대한 불참 의사를 밝힌 경우
2) 본 대회의 잔여 경기를 더 이상 치를 수 없는 상황이 발생한 경우
3) 본 대회에서 몰수를 2회 당한 경우
3. 대회 전체경기 수의 1/2 이상을 수행하지 않았을 때, 실격팀이 발생한 경우에는 실격팀과의 잔여 경기를 허용하지 않으며 대회에서 얻은 승점 및 스코어를 모두 무효 처리한다. 단, 대회 전체경기 수의 1/2 이후에 실격팀이 발생한 경우에는 이전 경기결과를 인정하고, 잔여경기는 3 : 0으로 처리한다.
4. 실격 팀과의 경기라 하더라도 출전, 득점, 경고, 퇴장 등 양 팀 선수 개인의 경기 기록은 인정한다.

제21조 (징계 회부 사항)_
1. 징계기간 미경과 선수가 출전하였을 경우.
2. 징계 중인 지도자가 팀 벤치 또는 공개된 장소에서 지도 행위를 했을 경우.
3. 경기 중 지도자 또는 임원이 벤치 이외의 장소에서 팀을 지도했을 경우.
4. 경기 중 앰프를 사용한 응원을 했을 경우.
5. 몰수 또는 실격 행위를 했을 경우.
6. 등록 또는 리그 참가 신청과 관련한 문제로 인해 징계 심의가 필요한 경우.
7. 근거 없이 경기 진행에 지장을 주는 항의를 하였다고 판단될 경우.
8. 기타 대회 중 발생한 경기장 질서문란 행위 및 경기 중 또는 경기 후에라도 심각한 반칙행위나 불법행위가 적발되어 징계 심의가 필요하다고 인정되는 경우.
9. 유급선수가 유급 직전 년도에 최종 출전한 경기일이 경과하지 않은 상태에서 출전하였을 경우.
10. 경기 중 폭언, 폭설(욕설), 인격모독, 성희롱 행위를 한 지도자, 임원, 선수의 경우
11. 이적 후 출전 정지기간 미경과 선수가 출전하였을 경우.
12. 3명 이상의 연령초과선수를 출전시킨 경우(조기입학으로 인하여 유급한 자는 제외)
13. KFA 등록증을 패용하지 않은 지도자, 선수, 임원이 팀 벤치에 착석하거나 지도행위를 할 수 없는 사람이 지도행위를 한 경우

제22조 (시상)_ 본 대회의 시상 내역은 다음과 같으며, 전/후기 리그 조별 각각 시상한다.
1. 단체상: 우승, 준우승, 페어플레이팀상
※ 그린카드상은 KFA 기준에 따라 KFA 시상식을 통해 별도 시상.
2. 개인상: 최우수선수상, 득점상, 수비상, GK상, 지도자상(감독, 코치)
3. 득점상의 경우 다득점 선수 - 출전경기수가 적은선수 - 출전시간이 적은 선수 순으로 한다.
4. 득점상의 경우 3명 이상일 때는 시상을 취소한다.
5. 대회 중 퇴장조치 이상의 징계를 받은 선수 및 지도자는 경중에 따라 시상에서 제외될 수 있다.
6. 본 대회 및 왕중왕전에서 실격 이상의 팀징계를 받을 경우 모든 시상 및 포상에 대한 지급대상에서 제외될 수 있으며, 또한 환수조치할 수 있다.
7. 특별한 사유가 발생할 경우 시상 내역이 변경될 수 있으며, 시상에 관련한 사항은 운영본부 결정에 의한다.

제23조 (도핑)_
1. 도핑방지규정은 선수의 건강보호와 공정한 경기운영을 위함이며, 협회에 등록된 선수 및 임원은 한국도핑방지위원회[www.kada-ad.or.kr]의 규정을 숙지하고 준수할 의무가 있다.
2. 본 대회 기간 중 한국도핑방지위원회(이하 'KADA')에서 불특정 지목되어진 선수는 KADA에서 시행하는 도핑검사 절차를 반드시 준수해야 한다.
3. 본 대회 전 또는 기간 중 치료를 위해 금지약물을 복용할 경우, KADA의 지침에 따라 해당 선수는 치료 목적 사용면책(이하'TUE') 신청서를 작성/제출해야 한다.
4. 협회 등록 소속 선수 및 관계자(감독, 코치, 트레이너, 팀의무, 기타임원 등 모든 관계자)는 항상 도핑을 방지할 의무가 있으며, 본 규정에 따라 KADA의 도핑검사 절차에 어떠한 방식으로도 관여할 수 없다.
5. 도핑검사 후 금지물질이 검출된 경우 KADA의 제재 조치를 따라야 한다.

제24조 (기타)_
1. 참가신청서 제출 시 주 유니폼과 보조유니폼을 구분 제출하여야 하며, 경기 출전 시 각 팀은 주 유니폼과 보조 유니폼을 필히 지참해야 한다. 양팀 주 유니폼의 색상이 동일할 때는 원정팀이 보조 유니폼(스타킹 포함)을 착용한다. 이럴 경우에도 색상 구분이 명확하지 않을 경우 홈팀이 보조 유니폼을 착용한다.
2. 경기에 출전하는 선수의 상하 유니폼 번호는 반드시 참가신청서에 기재된 것과 동일하여야 한다. 동일하지 않을 경우 해당 선수는 참가 신청서에 기재된 번호가 새겨진 유니폼으로 갈아입고 출전해야 한다. 이를 위반하는 선수는 해당 경기에 출전할 수 없다. 단, 유니폼의 선수 배번은 명확히 식별할 수 있도록 제작한다.
3. 경기에 출전하는 모든 선수들(선발 11명 외 교체선수 포함)은 KFA 등록증을 지참하여 경기 출전 전 리그감독관에게 확인 및 제출해야 한다. KFA 등록증을 지참하지 않았을 시, 해당 선수는 경기에 출전하지 못한다. 교체 선수는 본인의 KFA 등록증을 지참 후 감독관에게 직접 제출하여 교체 승인 후 교체되어야 한다.
4. 출전선수는 신체 보호를 위해 반드시 정강이 보호대(Shin Guard)를 착용하고 경기에 임해야 한다.
5. 기능성 의류를 입고 출전할 때는, 상 · 하 유니폼과 각각 동일한 색상을 입어야 한다.
6. 경기에 출전하는 팀의 주장 선수는 완장을 차고 경기에 출전하여야 한다.
7. 지도자는 신분확인을 위해 지도자 자격증(2급 이상)을 반드시 소지해야 한다.
8. 대회에 참가하는 모든 선수는 참가팀에서 반드시 의료적으로 신체에 이상이 없는 선수(심장 질환 및 호흡기 질환 등 의료학적 이상이 없는 선수)를 출전시켜야 하며, 문제가 발생할 경우 해당 팀에서 모든 책임을 감수하여야 한다.
9. 참가팀은 의무적으로 선수보호를 위한 보험에 가입하여야 하며, 기타 안전대책을 강구하여 반드시 시행해야 한다. 소속 선수들의 안전을 위해 경기 참가 전에 건강상태 등을 점검하여야 한다.
10. 경기와 관련한 제소는 육하원칙에 의해 팀 대표자 명의로 공문을 작성하여 경기 종료 후 48시간 이내에 하여야 하며, 경기 중 제소는 허용하지 않으며, 심판 판정에 대한 제소는 대상에서 제외한다.
11. 리그에 참가하는 팀은 반드시 리그운영규정을 확인하고 숙지해야 할 의무가 있다. 미확인(숙지)에 따른 불이익은 해당팀이 감수하여야 한다.
12. 대회운영은 협회 국내대회승인 및 운영규정에 의거하여 실시한다.

제25조 (마케팅 권리)_
1. 본 대회 마케팅과 관련된 모든 권리는 운영본부에 있으며, 미승인된 마케팅의 활동은 금지한다.
2.참가팀은 운영본부의 상업적 권리 사용에 대해 적극 협조하여야 한다.

제26조 (부칙)_
1. 본 대회규정에 명시되지 않은 사항은 운영본부의 결정 및 전국 초중고 축구리그 운영 규정에 의한다.
2.대회 중 징계사항은 대회운영본부의 확인 후, 초중고 리그 징계위원회의 결정에 의한다.

2016 아디다스 K리그 주니어 경기일정표 및 결과

전기리그

경기일자	경기시간	홈팀	경기결과	원정팀	경기장소
2016.03.12(토)	16:00	인천	2:0	안양	송도LNG
2016.03.12(토)	14:00	강원	2:0	안산무	강릉제일고
2016.03.12(토)	14:00	부천	1:5	서울	부천체육관
2016.03.12(토)	17:00	고양	1:4	수원	지영구장
2016.03.12(토)	14:00	수원FC	0:2	성남	수원W보조
2016.03.12(토)	14:00	서울E	0:5	제주	하남종합운동장
2016.03.12(토)	14:00	울산	1:2	포항	강동구장
2016.03.12(토)	14:00	대전	0:1	전북	충남기계공고
2016.03.12(토)	14:00	광주	2:1	전남	금호고
2016.03.12(토)	12:00	부산	0:1	상주	개성고
2016.03.12(토)	14:00	대구	4:3	경남	현풍고
2016.03.19(토)	14:00	성남	4:0	인천	성남1종합
2016.03.19(토)	14:00	서울	2:2	수원FC	오산고
2016.03.19(토)	14:00	수원	2:0	제주	수원W보조
2016.03.19(토)	14:00	강원	3:1	안양	강릉제일고
2016.03.19(토)	14:00	고양	3:2	안산무	중산구장
2016.03.19(토)	14:00	서울E	1:2	부천	하남종합운동장
2016.03.19(토)	14:00	부산	0:2	울산	개성고
2016.03.19(토)	14:00	상주	1:1	충주	상주국민
2016.03.19(토)	14:00	대전	2:2	대구	충남기계공고
2016.03.19(토)	14:00	경남	0:2	광주	진주공설
2016.03.19(토)	14:00	포항	3:1	전남	포철고
2016.03.26(토)	14:00	강원	2:1	서울E	강릉제일고
2016.03.26(토)	14:00	제주	2:2	서울	걸매B구장
2016.03.26(토)	14:00	인천	0:0	안산무	송도LNG
2016.03.26(토)	14:00	안양	0:2	수원	자유공원
2016.03.26(토)	14:00	부천	0:1	성남	부천체육관
2016.03.26(토)	14:00	수원FC	5:0	고양	여기산공원
2016.03.26(토)	14:00	전북	0:0	광주	전주W보조
2016.03.26(토)	14:00	전남	0:0	부산	송죽구장
2016.03.26(토)	14:00	상주	2:1	대구	상주국민
2016.03.26(토)	14:00	울산	2:0	대전	강동구장
2016.03.26(토)	14:00	충주	2:1	경남	충주상고
2016.04.01(금)	16:00	포항	0:1	상주	포철고
2016.04.02(토)	14:00	성남	2:1	제주	성남1종합
2016.04.02(토)	14:00	인천	5:0	서울E	인천아시아드보조
2016.04.02(토)	11:00	수원	0:2	서울	수원W보조
2016.04.02(토)	14:00	안양	0:0	수원FC	자유공원
2016.04.02(토)	14:00	고양	0:2	강원	중산구장
2016.04.02(토)	14:00	대구	2:0	전북	현풍고
2016.04.02(토)	14:00	광주	2:0	대전	금호고
2016.04.02(토)	14:00	경남	2:4	울산	진주공설
2016.04.09(토)	14:00	성남	1:0	수원	성남1종합
2016.04.09(토)	14:00	서울	3:1	안양	오산고
2016.04.09(토)	14:00	제주	3:2	강원	걸매B구장
2016.04.09(토)	14:00	고양	0:0	부천	지영구장
2016.04.09(토)	14:00	수원FC	0:1	인천	수원종합(인조)
2016.04.09(토)	14:00	서울E	1:0	안산무	하남종합운동장
2016.04.09(토)	14:00	전북	1:1	경남	전주W보조
2016.04.09(토)	14:00	전남	4:1	대구	송죽구장
2016.04.09(토)	14:00	대전	2:3	포항	충남기계공고
2016.04.09(토)	14:00	울산	5:2	충주	울산종합보조
2016.04.09(토)	14:00	부산	1:2	광주	개성고
2016.04.16(토)	15:00	서울	2:0	서울E	오산고
2016.04.16(토)	14:00	인천	2:0	부천	송도LNG
2016.04.16(토)	14:00	강원	1:4	수원	강릉제일고
2016.04.16(토)	14:00	안산무	0:2	안양	와스타디움보조
2016.04.16(토)	14:00	고양	0:2	성남	중산구장
2016.04.16(토)	14:00	수원FC	1:1	제주	수원종합(인조)
2016.04.16(토)	14:00	상주	2:2	광주	상주국민
2016.04.16(토)	14:00	충주	0:1	전북	충주상고
2016.04.16(토)	14:00	전남	3:1	대전	송죽구장
2016.04.16(토)	14:00	경남	0:0	부산	진주공설
2016.04.16(토)	14:00	포항	6:1	대구	포철고
2016.04.23(토)	14:00	성남	2:0	안산무	성남1종합
2016.04.23(토)	14:00	수원	3:1	서울E	수원W보조
2016.04.23(토)	14:00	강원	1:0	서울	강릉제일고
2016.04.23(토)	14:00	제주	1:2	인천	걸매B구장
2016.04.23(토)	14:00	안양	2:0	고양	자유공원
2016.04.23(토)	11:00	부천	1:4	수원FC	김포종합운동장
2016.04.23(토)	14:00	전북	0:2	상주	전주W보조
2016.04.23(토)	14:00	경남	0:0	대전	창원축구센터인조
2016.04.23(토)	14:00	대구	5:1	충주	현풍고
2016.04.23(토)	14:00	광주	0:5	울산	금호고
2016.04.23(토)	14:00	부산	2:1	포항	개성고
2016.04.29(금)	15:00	부천	3:3	수원	부천체육관
2016.04.30(토)	14:00	수원FC	3:1	안산무	수원종합(인조)
2016.04.30(토)	14:00	서울E	2:0	고양	하남종합운동장
2016.04.30(토)	14:00	광주	4:2	대구	금호고
2016.04.30(토)	14:00	울산	3:0	전북	함월구민운동장
2016.04.30(토)	14:00	충주	0:2	포항	충주상고
2016.04.30(토)	14:00	상주	0:2	전남	상주국민
2016.04.30(토)	14:00	대전	0:1	부산	충남기계공고
2016.04.30(토)	14:00	성남	4:1	강원	성남1종합
2016.04.30(토)	14:00	서울	2:1	인천	오산고
2016.04.30(토)	14:00	제주	3:0	안양	걸매B구장
2016.05.05(목)	14:00	충주	1:1	전남	충주상고
2016.05.07(토)	14:00	서울	3:0	고양	챔피언스파크
2016.05.07(토)	16:00	수원	2:0	수원FC	수원W보조
2016.05.07(토)	14:00	안산무	1:2	부천	와스타디움보조
2016.05.14(토)	16:00	인천	1:1	수원	송도LNG
2016.05.14(토)	14:00	강원	2:1	부천	강릉제일고
2016.05.14(토)	14:00	안산무	1:3	서울	와스타디움보조
2016.05.14(토)	14:00	안양	0:2	성남	자유공원
2016.05.14(토)	14:00	고양	2:4	제주	중산구장
2016.05.14(토)	11:00	수원FC	3:1	서울E	수원W보조
2016.05.14(토)	14:00	포항	2:0	경남	포철고
2016.05.14(토)	14:00	대전	1:1	상주	충남기계공고

경기일자	경기시간	홈팀	경기결과	원정팀	경기장소
2016.05.14(토)	14:00	전남	1:0	전북	송죽구장
2016.05.14(토)	14:00	대구	0:4	울산	현풍고
2016.05.14(토)	14:00	부산	4:0	충주	개성고
2016.05.21(토)	15:00	제주	4:1	안산무	걸매B구장
2016.05.21(토)	11:00	부천	0:0	안양	안산 시낭운동장
2016.05.21(토)	16:00	성남	6:1	서울E	탄천종합운동장
2016.05.21(토)	16:00	대구	2:1	부산	현풍고
2016.05.21(토)	14:00	울산	6:2	상주	함월구민운동장
2016.05.21(토)	16:00	광주	4:1	충주	금호고
2016.05.21(토)	16:00	경남	0:2	전남	진주공설
2016.05.21(토)	16:00	전북	1:2	포항	전주W보조
2016.05.21(토)	16:00	인천	1:0	강원	송도LNG
2016.05.28(토)	16:00	성남	1:2	서울	성남1종합
2016.05.28(토)	16:00	수원	4:0	안산무	수원클럽하우스
2016.05.28(토)	16:00	강원	2:1	수원FC	강릉제일고
2016.05.28(토)	16:00	제주	2:0	부천	걸매B구장
2016.05.28(토)	16:00	안양	2:1	서울E	자유공원
2016.05.28(토)	16:00	고양	1:1	인천	중산구장
2016.05.28(토)	16:00	전북	2:2	부산	전주W보조
2016.05.28(토)	16:00	포항	1:1	광주	포철고
2016.05.28(토)	16:00	전남	1:4	울산	송죽구장
2016.05.28(토)	16:00	상주	2:0	경남	상주국민
2016.05.28(토)	16:00	충주	0:3	대전	충주상고

후기리그

경기일자	경기시간	홈팀	경기결과	원정팀	경기장
2016.08.15(월)	17:00	인천	1:1	성남	송도LNG
2016.08.15(월)	17:00	안산무	2:3	고양	와스타디움보조
2016.08.15(월)	17:00	안양	2:3	강원	석수체육공원
2016.08.15(월)	17:00	수원FC	2:1	부천	수원종합(인조)
2016.08.15(월)	17:00	서울E	0:4	수원	목동 주경기장
2016.08.15(월)	17:00	충주	1:2	상주	탄금대 체육공원
2016.08.15(월)	17:00	대구	1:3	포항	현풍고
2016.08.15(월)	17:00	경남	2:1	전북	진주공설
2016.08.15(월)	17:00	대전	2:3	전남	충남기계공고
2016.08.15(월)	17:00	울산	2:1	광주	방어진체육공원
2016.08.20(토)	17:00	성남	2:0	고양	성남1종합
2016.08.20(토)	17:00	서울	4:0	강원	오산고
2016.08.20(토)	17:00	수원	0:0	안양	수원W보조
2016.08.20(토)	16:00	제주	2:0	서울E	걸매B구장
2016.08.20(토)	17:00	안산무	2:3	수원FC	와스타디움보조
2016.08.20(토)	17:00	부천	3:4	인천	부천체육관
2016.08.20(토)	17:00	전북	0:2	울산	전주W보조
2016.08.20(토)	17:00	경남	3:1	대구	진주공설
2016.08.20(토)	17:00	전남	4:4	충주	송죽구장
2016.08.20(토)	17:00	부산	5:1	대전	개성고
2016.08.20(토)	17:00	광주	1:2	상주	금호고
2016.08.27(토)	17:00	인천	2:2	제주	송도LNG
2016.08.27(토)	17:00	수원	2:0	부천	수원W보조
2016.08.27(토)	17:00	강원	1:1	성남	강릉제일고
2016.08.27(토)	17:00	안양	3:0	안산무	석수체육공원

경기일자	경기시간	홈팀	경기결과	원정팀	경기장
2016.08.27(토)	17:00	고양	0:1	수원FC	중산구장
2016.08.27(토)	17:00	서울E	0:0	서울	목동 주경기장
2016.08.27(토)	17:00	광주	1:3	전북	금호고
2016.08.27(토)	17:00	부산	2:0	경남	개성고
2016.08.27(토)	17:00	상주	3:2	대전	상주국민
2016.08.27(토)	16:00	울산	3:2	대구	함월구민운동장
2016.08.27(토)	17:00	포항	2:0	충주	포철고
2016.09.03(토)	16:00	성남	1:0	안양	성남1종합
2016.09.03(토)	16:00	안산무	0:9	인천	와스타디움보조
2016.09.03(토)	16:00	강원	4:0	고양	강릉제일고
2016.09.03(토)	16:00	제주	2:3	수원	걸매B구장
2016.09.03(토)	16:00	수원FC	2:1	서울	수원W보조
2016.09.03(토)	16:00	대전	0:1	광주	충남기계공고
2016.09.03(토)	16:00	경남	0:3	포항	진주공설
2016.09.03(토)	16:00	상주	1:0	전북	상주국민
2016.09.03(토)	16:00	충주	0:2	부산	수안보체육공원
2016.09.03(토)	16:00	대구	6:3	전남	현풍고
2016.09.10(토)	16:00	서울	0:1	수원	오산고
2016.09.10(토)	16:00	안산무	0:4	성남	와스타디움보조
2016.09.10(토)	16:00	안양	3:1	제주	석수체육공원
2016.09.10(토)	16:00	부천	7:1	고양	부천체육관
2016.09.10(토)	16:00	수원FC	3:2	강원	수원종합(인조)
2016.09.10(토)	16:00	서울E	0:2	인천	목동 주경기장
2016.09.10(토)	16:00	대구	2:2	대전	현풍고
2016.09.10(토)	16:00	광주	0:3	부산	금호고
2016.09.10(토)	16:00	전남	1:0	상주	송죽구장
2016.09.10(토)	16:00	포항	3:4	울산	포철고
2016.09.10(토)	16:00	전북	2:1	충주	전주W보조
2016.09.24(토)	16:00	인천	2:1	수원FC	승기구장(천연)
2016.09.24(토)	16:00	수원	1:0	강원	수원클럽하우스
2016.09.24(토)	16:00	제주	1:1	성남	제주클럽하우스
2016.09.24(토)	16:00	안양	2:3	서울	석수체육공원
2016.09.24(토)	16:00	부천	2:2	안산무	부천체육관
2016.09.24(토)	14:00	고양	2:0	서울E	운정체육공원
2016.09.24(토)	16:00	전남	0:0	광주	송죽구장
2016.09.24(토)	16:00	대전	4:3	충주	충남기계공고
2016.09.24(토)	16:00	울산	3:0	경남	방어진체육공원
2016.09.24(토)	16:00	부산	1:0	전북	개성고
2016.09.24(토)	16:00	상주	0:2	포항	상주국민
2016.10.01(토)	14:00	성남	2:1	부천	성남1종합
2016.10.01(토)	14:00	서울	13:1	안산무	오산고
2016.10.01(토)	14:00	강원	0:0	인천	강릉제일고
2016.10.01(토)	14:00	제주	2:1	고양	걸매B구장
2016.10.01(토)	14:00	수원FC	1:3	수원	수원종합(인조)
2016.10.01(토)	14:00	서울E	1:9	안양	목동 주경기장
2016.10.01(토)	14:00	충주	0:1	대구	충주상고
2016.10.01(토)	14:00	경남	2:2	상주	진주공설
2016.10.01(토)	14:00	전북	0:1	전남	전주W보조
2016.10.01(토)	14:00	포항	4:3	대전	포철고
2016.10.08(토)	14:00	서울	1:1	제주	오산고
2016.10.08(토)	14:00	부천	4:1	서울E	부천체육관
2016.10.15(토)	14:00	수원	0:1	인천	수원클럽하우스

경기일자	경기시간	홈팀	경기결과	원정팀	경기장
2016.10.16(일)	14:00	강원	5:4	제주	강릉제일고
2016.10.16(일)	14:00	안산무	0:5	서울E	와스타디움보조
2016.10.16(일)	14:00	안양	1:2	부천	석수체육공원
2016.10.16(일)	14:00	고양	0:4	서울	중산구장
2016.10.16(일)	14:00	포항	4:1	전북	포철고
2016.10.16(일)	14:00	대구	4:1	상주	현풍고
2016.10.16(일)	14:00	부산	4:2	전남	개성고
2016.10.16(일)	14:00	대전	2:6	울산	충남기계공고
2016.10.16(일)	14:00	광주	0:1	경남	금호고
2016.10.16(일)	14:00	성남	2:1	수원FC	성남1종합
2016.10.22(토)	14:00	안산무	0:6	제주	와스타디움보조
2016.10.22(토)	14:00	부천	4:2	강원	부천체육관
2016.10.22(토)	14:00	고양	2:0	안양	중산구장
2016.10.22(토)	14:00	인천	1:1	서울	송도LNG
2016.10.22(토)	14:00	대구	7:3	광주	현풍고
2016.10.22(토)	14:00	상주	0:1	부산	상주국민
2016.10.22(토)	14:00	충주	0:6	울산	충주상고
2016.10.22(토)	14:00	전남	0:1	포항	송죽구장
2016.10.22(토)	14:00	대전	1:1	경남	충남기계공고
2016.10.23(일)	14:00	수원	3:2	성남	수원W보조
2016.10.23(일)	15:00	서울E	1:3	수원FC	하남종합운동장
2016.10.26(수)	18:00	울산	2:1	부산	간절곶스포츠파크
2016.10.29(토)	14:00	서울	2:2	성남	오산고
2016.10.29(토)	14:00	인천	2:0	고양	승기구장(천연)
2016.10.29(토)	15:00	안산무	0:8	수원	성호운동장
2016.10.29(토)	14:00	부천	1:3	제주	부천체육관
2016.10.29(토)	14:00	수원FC	2:2	안양	수원종합(인조)
2016.10.29(토)	14:00	서울E	1:1	강원	목동 주경기장
2016.10.29(토)	14:00	경남	4:0	충주	진주공설
2016.10.29(토)	14:00	울산	1:0	전남	함월구민운동장
2016.10.29(토)	14:00	전북	1:1	대전	전주W보조
2016.10.29(토)	14:00	부산	5:2	대구	개성고
2016.10.29(토)	14:00	광주	1:0	포항	금호고
2016.11.05(토)	14:00	서울E	1:2	성남	성남1종합
2016.11.05(토)	14:00	서울	5:3	부천	오산고
2016.11.05(토)	14:00	수원	2:0	고양	수원W보조
2016.11.05(토)	14:00	안산무	0:7	강원	와스타디움보조
2016.11.05(토)	14:00	제주	1:2	수원FC	걸매A구장
2016.11.05(토)	14:00	안양	2:2	인천	석수체육공원
2016.11.05(토)	14:00	충주	4:3	광주	충주상고
2016.11.05(토)	14:00	상주	0:2	울산	상주국민
2016.11.05(토)	14:00	포항	4:1	부산	포철고
2016.11.05(토)	14:00	전남	3:0	경남	송죽구장
2016.11.05(토)	14:00	전북	4:4	대구	전주완산체육공원

2016 아디다스 K리그 주니어 팀 순위

A조

순위	팀명	경기수	승점	승	무	패	득점	실점	득실차
1	수원	11	28	9	1	1	27	6	21
2	인천	11	23	6	5	0	26	10	16
3	성남	11	22	6	4	1	20	11	9
4	수원FC	11	22	7	1	3	21	17	4
5	서울	11	19	5	4	2	34	13	21
6	제주	11	15	4	3	4	25	19	6
7	강원	11	15	4	3	4	25	20	5
8	부천	11	13	4	1	6	28	25	3
9	안양	11	12	3	3	5	24	17	7
10	고양	11	9	3	0	8	9	26	-17
11	서울E	11	5	1	2	8	10	29	-19
12	안산무	11	1	0	1	10	7	63	-56

B조

순위	팀명	경기수	승점	승	무	패	득점	실점	득실차
1	울산	10	30	10	0	0	31	9	22
2	포항	10	24	8	0	2	26	11	15
3	부산	10	24	8	0	2	25	11	14
4	대구	10	14	4	2	4	30	27	3
5	전남	10	14	4	2	4	17	18	-1
6	경남	10	14	4	2	4	13	16	-3
7	상주	10	13	4	1	5	11	16	-5
8	전북	10	8	2	2	6	12	18	-6
9	광주	10	7	2	1	7	11	22	-11
10	대전	10	6	1	3	6	18	29	-11
11	충주	10	4	1	1	8	13	30	-17

2016 아디다스 K리그 주니어 득점 순위

순위	선수명	팀명	득점	경기수	교체수	경기당 득점
1	손석용	대구	23	18	1	1.28
2	김동규	부천	20	22	1	0.91
3	박준하	강원	18	19	8	0.95
4	김보섭	인천	14	22	2	0.64
5	이상헌	울산	13	12	9	1.08
6	전세진	수원	12	12	11	1.00
7	오후성	대구	12	20	7	0.60
8	설영우	울산	11	18	8	0.61
9	정명원	수원FC	11	22	5	0.50
10	김정민	광주	10	11	0	0.91
11	조상현	서울	10	12	7	0.83
12	박준용	상주	10	15	6	0.67

2016 아디다스 K리그 주니어 도움 순위

순위	선수명	팀명	도움	경기수	교체수	경기당 도움
1	양유민	서울	11	21	15	0.52
2	김규형	울산	9	20	16	0.45
3	허 익	서울	8	17	11	0.47
4	심동휘	대구	8	18	4	0.44
5	김세윤	대전	7	18	1	0.39
6	박준하	강원	7	19	8	0.37
7	김진야	인천	6	15	6	0.40
8	김승호	안양	6	17	3	0.35
9	장진우	수원FC	6	18	3	0.33
10	이형경	울산	6	20	19	0.30
11	정우영	인천	6	21	5	0.29

AFC 챔피언스리그 2016

그룹 E	경기	승	무	패	득	실	득실	승점
전북 현대 모터스 (KOR)	6	3	1	2	13	9	4	10
FC TOKYO (JPN)	6	3	1	2	8	8	0	10
JIANGSU FC (CHN)	6	2	3	1	10	7	3	9
BECAMEX BINH DUONG (VIE)	6	1	1	4	6	13	-7	4

그룹 F	경기	승	무	패	득	실	득실	승점
FC서울 (KOR)	6	4	1	1	17	5	12	13
SHANDONG LUNENG FC (CHN)	6	3	2	1	7	5	2	11
SANFRECCE HIROSHIMA (JPN)	6	3	0	3	9	8	1	9
BURIRAM UNITED (THA)	6	0	1	5	1	16	-15	1

그룹 G	경기	승	무	패	득	실	득실	승점
SHANGHAI SIPG (CHN)	6	4	0	2	10	8	2	12
MELBOURNE VICTORY (AUS)	6	2	3	1	7	7	0	9
수원 삼성 블루윙즈 (KOR)	6	2	3	1	7	4	3	9
GAMBA OSAKA (JPN)	6	0	2	4	4	9	-5	2

그룹 H	경기	승	무	패	득	실	득실	승점
SYDNEY FC (AUS)	6	3	1	2	4	4	0	10
URAWA RED DIAMONDS (JPN)	6	2	3	1	6	4	2	9
GUANGZHOU EVERGREANDE(CHN)	6	2	2	2	6	5	1	8
포항 스틸러스 (KOR)	6	1	2	3	2	5	-3	5

■ 16강(1차전)	MELBOURNE VICTORY (AUS)	1 : 1	전북 현대 모터스 (KOR)
2016.05.17	BESART BERISHA 5'	득점자	레오나르도 14'
AAMI PARK, Melbourne, Austrailia		관중: 11,542명	

• 16강(1차전)	URAWA RED DIAMONDS (JPN)	1 : 0	FC서울 (KOR)
2016.05.18	UGAJIN TOMOYA 72'	득점자	
Saitama Stadium, Saitama, Japan		관중: 21,182명	

• 16강(2차전)	전북 현대 모터스 (KOR)	2 : 1	MELBOURNE VICTORY (AUS)
2016.05.24	레오나르도 18', 71'	득점자	BESART BERISHA 84'
전주월드컵경기장, 한국		관중: 12,811명	

• 16강(2차전)	FC서울 (KOR)	3 : 2(승부차기 7: 6)	URAWA RED DIAMONDS (JPN)
2016.05.24	데얀72' 아드리아노94' 고요한116'	득점자	LEE TADANARI 112', 115'
서울월드컵경기장, 한국		관중: 14,173명	

• 8강(1차전)	SHANGHAI SIPG (CHN)	0 : 0	전북 현대 모터스 (KOR)
2016.08.23		득점자	
Shanghai Stadium, Shanghai CHINA PR		관중: 33,378명	

• 8강(1차전)	FC 서울 (KOR)	3 : 1	SHANDONG LUNENG FC (CHN)
2016.08.24	데얀19' 박주영31' 아드리아노69'	득점자	Montillo 35'
서울월드컵경기장, 한국		관중: 16,044명	

• 8강(2차전)	전북 현대 모터스 (KOR)	5 : 0	SHANGHAI SIPG (CHN)
2016.09.13	레오나르도52',83'(P) 이동국84',88'	득점자	Shi Ke(OG) 58'
전주월드컵경기장, 한국		관중: 27,351명	

• 8강(2차전)	SHANDONG LUNENG FC (CHN)	1 : 1	FC서울 (KOR)
2016.09.14	Montillo 60'	득점자	윤주태 83'
Jinan Olympic Stadium, Jinan, China PR		관중: 20,187명	

• 4강(1차전)	전북 현대 모터스 (KOR)	4 : 1	FC 서울 (KOR)
2016.09.28	레오나르도22'(P),40" 로페즈26' 김신욱84'	득점자	주세종 46'
전주월드컵경기장, 한국		관중: 23,481명	

• **4강(2차전)**	FC 서울 (KOR)	2 : 1	전북 현대 모터스 (KOR)
2016.10.19	아드리아노38' 고광민90+2'	득점자	로페즈 59'
서울월드컵경기장, 한국		관중: 14,677명	

• 결승(1차전)	전북 현대 모터스 (KOR)	2 : 1	Al Ain)UAE)
2016.11.19	레오나르도 70', 77'		ASPRILLA 63
전주월드컵경기장, 한국		관중: 36,158명	

• **결승(2차전)**	Al Ain)UAE)	1 : 1	전북 현대 모터스 (KOR)
	이명주 34'		한교원 30'
		관중: 23,239명	

2016년 A매치 경기

*경기 시간: 현지시간 기준

● 2018 FIFA 러시아 월드컵[예선] 2016년 03월 24일(목) 20시 00분 ● 장소 : 대한민국 안산 와스타디움

한국 1 : 0 레바논

	한국		레바논	
감독_ 울리 슈틸리케(독일)	21. 김진현	선수	23. KAHLIL Mehdi	감독_ 미오드라그 라두로비치
	5. 곽태휘		5. EL JOUNAIDI Mootaz	
	4. 김기희		18. ISMAIL Walid	
	3. 김진수		4. MANSOUR Nour	
	20. 장현수		3. MOHAMAD Youssef	
	13. 구자철(후34분 남태희)		19. OUMARI Joan	
	16. 기성용		17. TAHAN Mohamad	
	7. 이재성(후37분 석현준)		10. ATWI Abbas(후28분 ANTAR Roda)	
	17. 이청용		15. HAIDAR Adnan	
	12. 한국영		7. MAATOUK Hassan(후44분 HONEINI Ghazi)	
	11. 황의조(후25분 이정협)		13. SAAD Hassan Ali(후35분 ALEHELWE Hilal)	

● 친선경기 2016년 03월 27일(일) 17시 30분 ● 장소 : 태국 방콕 수파찰라사이경기장

한국 1 : 0 태국

	한국		태국	
감독_ 울리 슈틸리케(독일)	23. 김승규	선수	20. Sinthaweechai	감독_ 키아티삭 세나무엉
이정협 (전4분)	19. 김영권(후1분 김기희)		13. Narubadin	
	2. 김창수		16. Parkit Chuthong	
	6. 박주호		17. Tanaboon	
	15. 홍정호(후1분 곽태휘)		3. Theerathon(후26분 Nurul)	
	22. 고명진		7. Jakkaphan	
	16. 기성용(후21분 한국영)		4. Kroe krit(후1분 Chenrop)	
	10. 남태희		11. Mongkol(후7분 Peerapat)	
	8. 정우영(후21분 주세종)		12. Prakit(후1분 Chanathip)	
	9. 석현준(후41분 황의조)		8. Sanarawat	
	18. 이정협(후26분 이청용)		9. Adisak	

● 2018 FIFA 러시아 월드컵[예선] 2016년 03월 29일(화) 00시 00분 ● 장소 : 대한민국 대구월드컵경기장

한국 3 : 0 쿠웨이트

	한국		쿠웨이트	
		선수		
몰수승				

● 친선경기 2016년 06월 01일(수) 16시 30분 ● 장소 : 오스트리아 잘츠부르크 레드불아레나

한국 1 : 6 스페인

	한국		스페인	
감독_ 울리 슈틸리케(독일)	21. 김진현	선수	1. I.Casillas(후29분 Sergio Kiko)	감독_ Del Bosque Vincente
주세종(후38분)	4. 김기희(후16분 곽태휘)		6. A.Iniesta (후1분 Thiago)	Silva(전30분)
	3. 윤석영(후35분 임창우)		2. Azpilicueta (후1분 Sergio Busquets)	Fabregas(전32분)
	20. 장현수(후25분 이용)		4. Bartra	Nolito(전38분,후8분)
	15. 홍정호		12. Bellerin	Morata(후5분,후44분)
	6. 기성용		16. Bruno	
	10. 남태희		10. Fabregas (후1분 Pedro)	
	7. 손흥민(후16분 이재성)		7. Morata	
	11. 지동원		22. Nolito	
	14. 한국영(후16분 주세종)		3. Pique (후14분 Aduriz)	
	18. 황의조(후1분 석현준)		21. Silva	

● 친선경기 2016년 06월 05일(일) 15시 00분 ● 장소 : 체코 프라하 에덴아레나

한국 2 : 1 체코

	한국		체코	
감독_ 울리 슈틸리케(독일)	1. 정성룡	선수	1. Petr Cech	감독_ VRBA Pavel
윤빛가람(전27분)	5. 곽태휘		15. David Pavelka [FP](후1분 Jaroslav Plasil)	Marek Suchy(후1분)
석현준(전40분)	4. 김기희		18. Josef Sural [FP](후1분 Tomas Koubek)	
	2. 이용		19. Ladislav Krejci [FP](후23분 Daniel Pudil)	
	20. 장현수		3. Michal Kadlec [FP](후1분 Marek Suchy)	
	7. 손흥민(후44분 임창우)		2. Pavel Kaderabek [FP](후1분 Limbersky)	
	13. 윤빛가람(후17분 한국영)		4. Sealassie Gebre [FP]	
	8. 정우영(후37분 홍정호)		7. Tomas Necid [FP](후33분 Milan Skoda)	
	12. 주세종(후17분 이재성)		10. Tomas Rosicky [FP]	
	11. 지동원(후44분 기성용)		6. Tomas Sivok [FP]	
	9. 석현준(후42분 황의조)		22. Vladmir Darida [FP]	

• 2018 FIFA 러시아 월드컵[예선] 2016년 09월 01일(목) 20시 00분 • 장소 : 대한민국 서울월드컵경기장

한국 3 : 2 중국

		선수		
감독_ 울리 슈틸리케(독일)	1. 정성룡		1. ZENG Cheng	감독_ 가오홍보
	4. 김기희		6. FENG Xiaoting	
이청용(후18분)	3. 오재석		4. LI Xuepeng	ZHENGZhi(전10분자책)
구자철(후21분)	20. 장현수		2. REN Hang	YUHai(후29분)
	15. 홍정호		5. ZHANG Linpeng(후25분 ZHAO Mingjian)	HAOJunmin(후32분)
	13. 구자철(후34분 황희찬)		16. HUANG Bowen	
	16. 기성용		14. SUN Ke(후33분 GAO Lin)	
	7. 손흥민(후44분 정우영)		15. WU Xi(후1분 HAO Junmin)	
	17. 이청용(후38분 이재성)		21. YU Hai	
	10. 지동원		10. ZHENG Zhi	
	14. 한국영		7. WU Lei	

• 2018 FIFA 러시아 월드컵[예선] 2016년 09월 06일(화) 20시 00분 • 장소 : 말레이시아 세렘반 파로이 스타디움

한국 0 : 0 시리아

		선수		
감독_ 울리 슈틸리케(독일)	18. 김승규		1. ALMEH	감독_ AYMAN ALHKEEM
	19. 김영권		2. A.AL SALIH	
	3. 오재석		4. J.ALBAOUR	
	2. 이용		15. A.AL SHBBLI	
	20. 장현수		10. A.ALHOUSAIN(후33분 JENIAT)	
	13. 구자철(후30분 권창훈)		3. AJJAN	
	16. 기성용		9. ALMAWAS	
	12. 이재성(후22분 황희찬)		20. ALMBAYED(후44분 MIDANI)	
	17. 이청용		18. ALMEDANI	
	10. 지동원		13. KALFA(후42분 OMARI)	
	14. 한국영		19. R.MUHTADI	

• 2018 FIFA 러시아 월드컵[예선] 2016년 10월 06일(목) 20시 00분 • 장소 : 대한민국 수원월드컵경기장

한국 3 : 2 카타르

		선수		
감독_ 울리 슈틸리케(독일)	23. 김승규		22. SAAD AL SHEEB	감독_ JORGE FOSSATI
	4. 김기희		3. ABDELKARIM HASSAN(후19분 IBRAHIM MAJED)	
기성용(전11분)	20. 장현수		19. AHMED YASSER ABDELRAHMAN	HASANALHAYDOS (전16분)
지동원(후10분)	15. 홍정호		6. MOHAMMED KASOLA (후35분 AKRAM HASSAN AFIF)	SEBASTIANSORIA (전45분)
손흥민(후12분)	6. 홍철		15. PEDRO CORREIA	
	13. 구자철(후25분 곽태휘)		9. AHMED MOHAMED ELSAYED (후19분 KARIM BOUDIAF)	
	16. 기성용		16. BOUALEM KHOUKHI	
	7. 손흥민(후44분 김보경)		18. LUIZ JUNIOR	
	19. 정우영		7. RODRIGO BARBOSA TABA	
	11. 지동원		10. HASAN AL HAYDOS	
	9. 석현준(후1분 김신욱)		23. SEBASTIAN SORIA	

• 2018 FIFA 러시아 월드컵[예선] 2016년 10월 11일(화) 18시 15분 • 장소 : 이란 테헤란 아자디 스타디움

한국 0 : 1 이란

		선수		
감독_ 울리 슈틸리케(독일)	23. 김승규		12. Ali BEIRANVAND	감독_ Carlos QUEIRÓS
	5. 곽태휘		4. Jalal HOSSEINI	
	4. 김기희		5. Milad MOHAMMADI	SardarAZMOUN (전25분)
	3. 오재석		8. Morteza POURALIGANJI	
	20. 장현수		23. Ramin REZAIAN	
	16. 기성용		3. Ehsan HAJI SAFI	
	8. 김보경(후32분 구자철)		6. Saeid EZATOLAHI	
	7. 손흥민		18. Alireza JAHAN BAKHSH(후37분 Mehdi TAREMI)	
	17. 이청용(후22분 김신욱)		21. Ashkan DEJAGAH	
	11. 지동원		20. Sardar AZMOUN(후40분 Andranik TEYMOURIAN)	
	14. 한국영(후1분 홍철)		11. Vahid AMIRI	

• 친선경기 2016년 11월 11일(금) 20시 00분 • 장소 : 대한민국 천안종합운동장

한국 2 : 0 캐나다				
감독_ 울리 슈틸리케(독일)	1. 권순태	선수	1. Simon Thomas(후1분 Jayson Leutwiler)	감독_ Michael Findlay
김보경(전10분) 이정협(전25분)	4. 김기희(후1분 홍정호)		2. Fraser Aird	
	22. 김창수(후29분 최철순)		20. Karl Ouimette(후17분 Carl Haworth)	
	6. 박주호(후1분 윤석영)		3. Manjrekar James(후1분 Steven Vitoria)	
	20. 장현수		11. Maxim Tissot(후39분 Jamar Dixon)	
	8. 김보경		15. Adam Straith	
	10. 남태희(후21분 황희찬)		5. David Edgar(후1분 Dejan Jakovic)	
	19. 정우영		17. Marcel de Jong	
	11. 지동원(후1분 구자철)		14. Samuel Piette(후26분 Charlie Trafford)	
	14. 한국영		9. Marcus Haber	
	18. 이정협(후35분 김신욱)		8. Marcos Bustos	

• 2018 FIFA 러시아 월드컵[예선] 2016년 11월 15일(화) 20시 00분 • 장소 : 대한민국 서울월드컵경기장

한국 2 : 1 우즈베키스탄				
감독_ 울리 슈틸리케(독일)	23. 김승규	선수	21. Aleksandr LOBANOV	감독_ Samvel BABAYAN
남태희(후22분) 구자철(후40분)	4. 김기희		5. Anzur ISMAILOV	Marat BIKMAEV (전25분)
	22. 김창수		13. Davronbek KHASHIMOV	
	6. 박주호		2. Egor KRIMETS	
	20. 장현수		19. Vitaliy DENISOV	
	13. 구자철		11. Igor SERGEEV	
	16. 기성용		4. Marat BIKMAEV	
	10. 남태희		9. Odil AKHMEDOV	
	7. 손흥민		18. Shukurov OTABEK	
	11. 지동원		17. Vadim AFONIN	
	18. 이정협		23. Shomurodov ELDOR	

2016년 U-23 경기

*경기 시간: 현지시간 기준

• 친선경기 2016년 01월 04일(월) 18시 20분 • 장소 : UAE 두바이 알샤뱝 경기장

한국 2 : 0 UAE				
감독_ 신태용(한국)	23. 구성윤(후1분 이창근)	선수	22. MOHAMED BUSANDA(후32분 HASSAN HUSSAIN)	
이영재(후15분) 황희찬(후42분)	18. 박동진(후1분 이슬찬)		23. ABDALLA GHANIM	
	22. 송주훈(후37분 연제민)		13. AHMED ALMEHRZI	
	4. 심상민(후1분 구현준)		21. SAEED AL MENHALI(후34분 HUSSAIN JUMA)	
	25. 정승현		25. SALEM ALSHARJI(후23분 AHMED GHEILANI)	
	20. 황기욱(후1분 박용우)		15. ABDULLA ALNAQBI(후29분 MOHAMED MASOUD)	
	3. 이영재(후16분 권창훈)		26. ABDULLA KAZIM(후35분 SAIF AL MEQBALI)	
	13. 강상우(후1분 류승우)		4. AHMED ALI(후23분 SALIM HASSAN)	
	7. 김승준(후16분 문창진)		9. YOUSIF MUBARAK(후29분 SAIF AHMED)	
	11. 유인수(후1분 이창민)		12. MOHAMED SALMAN(후29분 KHALFAN ALREZZI)	
	16. 진성욱(후16분 황희찬)		19. SULTAN SAIF(후23분 SULTAN SAIF)	

• 친선경기 2016년 01월 07일(목) 18시 20분 • 장소 : UAE 두바이 알샤뱝 경기장

한국 0 : 0 사우디아라비아				
감독_ 신태용(한국)	1. 김동준	선수	1. ABDULLAH AL ARRAF	
	24. 송주훈		3. ABDULLAH MADU	
	6. 심상민		13. ALI ALZUBAIDI	
	17. 연제민		16. MOHAMMED ALNAKHLI	
	7. 이슬찬		5. TALAL ABSI	
	4. 김승준(후1분 권창훈)		26. ALI HAZAZI	
	3. 문창진		10. FHAD ALMUWALLAD(후1분 SALDO MIJAMAN)	
	20. 박용우		29. MOHAMED KANNO	
	13. 이창민		8. MUSTAFA ALBASSAS(후37분 MAJED ALNAJRANI)	
	25. 김현(후37분 이영재)		7. ABDULMAJEED ALSULAYHIM (후1분 ABDULWAHAB JAFAR)	
	19. 진성욱(후1분 황희찬)		30. MOHAMMED ALSAIARI (후39분 ABDULRAHMAN ALGHAMDI)	

• AFC U-23 챔피언십[본선] 2016년 01월 13일(수) 19시 30분 • 장소 : 카타르 도하 수하임 빈 하마드 스타디움

한국 2 : 1 우즈베키스탄

	한국		우즈베키스탄	
감독_ 신태용(한국)	1. 김동준	선수	12. ABDUMAVLON ABDULJALILOV	
	4. 송주훈		4. BOLTABOEV JAMSHID	
문창진(전23분(P), 후3분)	2. 심상민		2. KOMILOV AKRAMJON	KHAMDAMOV DOSTONBEK(후12분)
	5. 연제민		6. MAKSIMILIAN FOMIN	
	3. 이슬찬		10. JAMSHID ISKANDEROV (후10분 SARDOR RAKHMANOV)	
	10. 류승우		19. SHUKUROV OTABEK	
	7. 문창진(후33분 이영재)		8. SOKHIBOV JAVOKHIR	
	6. 박용우		7. VLADIMIR KOZAK	
	8. 이창민(후43분 김현)		11. IGOR SERGEEV	
	18. 진성욱(후15분 권창훈)		17. KHAMDAMOV DOSTONBEK (후37분 GAFUROV HUSNIDDIN)	
	20. 황희찬		23. SHOMURODOV ELDOR (후23분 MASHARIPOV JALOLIDDIN)	

• AFC U-23 챔피언십[본선] 2016년 01월 16일(토) 16시 30분 • 장소 : 카타르 도하 수하임 빈 하마드 스타디움

한국 5 : 0 예멘

	한국		예멘	
감독_ 신태용(한국)	1. 김동준	선수	23. SALEM AL-HARSH	
	2. 심상민		13. ALA ADDIN MAHDI	
권창훈(전14, 31, 41분)	5. 연제민		3. ALAWI FADAAQ	
류승우(후27분)	3. 이슬찬		2. FAISAL BA HURMUZ	
김승준(후31분)	15. 정승현		19. MOHAMMED ALI BOQSHAN	
	22. 권창훈		18. AHMED ABDULLAH AHMED ALOS	
	10. 류승우(후33분 이영재)		12. AHMED ALI AL-HIFI(전34분 BASHEER AL-MANIFI)	
	6. 박용우		14. AMMAR HAMSAN	
	8. 이창민(후1분 문창진)		7. WALEED MOHD AL-HUBAISHI (후16분 MOHAMMED AL-SARORI)	
	11. 김승준		11. ABDULWASEA AL-MATARI (후38분 YASER AL-GABR)	
	20. 황희찬(후26분 김현)		21. AHMED AL-SARORI	

• AFC U-23 챔피언십[본선] 2016년 01월 19일(화) 19시 30분 • 장소 : 카타르 도하 그랜드 하마드 스타디움

한국 1 : 1 이라크

	한국		이라크	
감독_ 신태용(한국)	23. 구성윤	선수	1. NOUREDDIN ATEYAH	
	4. 송주훈		16. AHMAD HISHAM MOHAMMAD (후26분 SALEH IBRAHIM)	
문창진(전23분)	2. 심상민		4. AMER ABUHUDIEAB	
	5. 연제민		23. EHSAN MANEL HADDAD	
	3. 이슬찬		21. FERAS SHILBAYA	
	22. 권창훈(후44분 황기욱)		3. MOHANNAD ALSOULIMAN	
	10. 류승우(후30분 김승준)		6. OMAR AHMAD ALMANASRAH	
	7. 문창진		20. BAHA FAISAL MOHAMMAD (후35분 LAITH ALBASHTAWI)	
	6. 박용우		7. FADI MAHMOUD AWAD	
	8. 이창민		8. MAHMOUD ALMARDI (후42분 YAZAN MOHAMMAD)	
	20. 황희찬(후11분 김현)		17. RAJAEI AYED FADEL HASAN	

• AFC U-23 챔피언십[4강] 2016년 01월 26일(화) 19시 30분 • 장소 : 카타르 도하 자심 빈 하마드 스타디움

한국 3 : 1 카타르

	한국		카타르	
감독_ 신태용(한국)	1. 김동준	선수	22. MUHANNAD NAIM	
	4. 송주훈		3. ABDELKARIM HASSAN	
류승우(후3분)	2. 심상민		6. AHMED YASSER ABDELRAHMAN	AHMEDALAAELDIN(후34분)
권창훈(후44분)	5. 연제민		2. MUSAAB KHIDIR MOHAMED	
문창진(후50분)	3. 이슬찬		16. TAMEEM MOHAMMED ALMUHAZA	
	16. 황기욱(후15분 문창진)		4. AHMAD MOEIN DOOZANDEH	
	22. 권창훈		8. ALI ASADALLA THAIMN	
	10. 류승우(후35분 황희찬)		18. ASSIM OMER MADIBO	
	6. 박용우		7. AHMED ALAAELDIN	
	8. 이창민		10. AKRAM HASSAN AFIF	
	9. 김현(후44분 정승현)		19. ALMOEZ ALI	

• AFC U-23 챔피언십[결승] 2016년 01월 30일(토) 17시 45분 • 장소 : 카타르 압둘라 알 칼리파 스타디움

한국 2 : 3 일본

감독_	1. 김동준	선수	1. MASATOSHI KUSHIBIKI	
신태용(한국)	4. 송주훈		4. IWANAMI TAKUYA	
권창훈(전20분)	2. 심상민		12. MUROYA SEI	TAKUMAASANO
진성욱(후2분)	5. 연제민(후37분 정승현)		6. RYOSUKE YAMANAKA	(후21,36분)
	3. 이슬찬		5. UEDA NAOMICHI	SHINYAYAJIMA
	22. 권창훈		3. ENDO WATARU	(후23분)
	10. 류승우		10. NAKAJIMA SHOYA	
	7. 문창진		8. RYOTA OHSHIMA(후15분 TAKUMA ASANO)	
	6. 박용우		21. SHINYA YAJIMA(후29분 TOYOKAWA YUTA)	
	8. 이창민(후32분 김승준)		20. ONAIWU ADO(후1분 RIKI HARAKAWA)	
	18. 진성욱(후32분 김현)		11. YUYA KUBO	

• 친선경기 2016년 03월 25일(금) 20시 00분 • 장소 : 대한민국 이천종합운동장

한국 2 : 0 알제리

감독_	1. 김동준	선수	1. Abdelkader SALHI	
신태용(한국)	23. 김민재(후22분 정승현)		15. Houari FERHANI	
권창훈(전3분)	4. 송주훈		19. Houcine BENAYADA	
문창진(전30분)	2. 심상민(후14분 구현준)		2. Mohamed Red HALAIMIA	
	3. 이슬찬		17. Redouane CHERIFI	
	22. 권창훈		6. Mohamed BENKHAMASSA(후1분 Elyes SEDDIKI)	
	7. 문창진(후22분 최경록)		12. Raouf BENGUIT	
	6. 박용우(후38분 황기욱)		20. Zakaria DRAOUI	
	16. 이찬동(후14분 이창민)		24. Hichem NEKACHE(후1분 Bentahar MEZIANE)	
	17. 정원진(후1분 박정빈)		13. Mohamed ABID	
	15. 박인혁(후22분 진성욱)		7. Zineddine FERHAT	

• 친선경기 2016년 03월 28일(월) 20시 00분 • 장소 : 대한민국 고양종합운동장

한국 3 : 0 알제리

감독_	21. 구성윤	선수	16. Farid CHAAL	
신태용(한국)	23. 김민재(후35분 정승현)		15. Houari FERHANI	
이창민(전22분)	4. 송주훈		8. Mokhtar BELKHEITER(후1분 Mohamed BENKHAMASSA)	
문창진(후14,30분	2. 심상민(후1분 박동진)		17. Redouane CHERIFI(후1분 Khalil SMAHI)	
(P))	3. 이슬찬(후1분 구현준)		5. Ryad KENICHE	
	22. 권창훈(후1분 문창진)		21. Amir SAYOUD(후35분 Zakaria DRAOUI)	
	10. 류승우(후25분 박정빈)		22. Elyes SEDDIKI(후35분 Hichem NEKACHE)	
	6. 박용우		12. Raouf BENGUIT	
	16. 이찬동(후25분 최경록)		10. Bentahar MEZIANE	
	8. 이창민(후25분 박인혁)		(후25분 Abdelhakim AMOKRANE)	
	9. 김현(후25분 진성욱)		11. Mohamed BENKABLIA(후1분 Houcine BENAYADA)	
			9. Oussama DARFALOU	

• 4개국 올림픽 국가대표 축구대회 2016년 06월 02일(목) 20시 00분 • 장소 : 대한민국 수원월드컵경기장

한국 1 : 0 나이지리아

감독_	21. 구성윤	선수	21. Daniel Emmanuel Shinkut	감독_ Samson Slasia
신태용(한국)	4. 송주훈		3. Amuzie Stanley	
최규백(후41분)	2. 심상민(후20분 서영재)		15. Erimuya Saturday Keigo	
	3. 이슬찬(후37분 박동진)		5. Obanor Erhun	
	15. 최규백		2. Sincere Muenfuh Seth	
	11. 김승준(후20분 최경록)		14. Azubuike Okechukwu Godson	
	10. 류승우(후30분 박인혁)		10. Muhammed Usman	
	7. 문창진		18. Awoniyi Taiwo Michael(후31분 Abrulrahman Taiwo)	
	6. 박용우(후37분 김민태)		17. Dimgba Sopuruchi Augustine	
	8. 이창민(후1분 이찬동)		(후22분 Udo Ndifreke Effiong)	
	20. 황희찬		8. Ekpai Ubong Moses(전38분 Oduwa Nathan Kolade,	
			후31분 Tiongoli Tonbara)	
			13. Godwin Saviour Amude	
			(후22분 Julius Emiloju Junior)	

• 4개국 올림픽 국가대표 축구대회 2016년 06월 04일(토) 13시 30분 • 장소 : 대한민국 고양종합운동장

한국 2 : 2 온두라스

감독_ 신태용(한국)	1. 김동준	선수	18. Harold Fonseca	감독_ Jorge Luis Pinto
	13. 박동진		5. Allans Vargas	
김현(전35분(P))	12. 서영재1(후1분 심상민)		2. Jeffri Flores(후33분 Getsel Montes)	AntonyLozano
박인혁(후48분)	4. 송주훈		7. Jose Barralaga(후25분 Kevin Alvarez)	(전22,42분)
	23. 홍준호(후23분 정승현)		3. Marcelo Pereira	
	14. 김민태(후23분 문창진)		13. Allan Banegas(후17분 Bryan Acosta)	
	19. 박정빈(후1분 류승우)		14. Elder Torres	
	16. 이찬동(후23분 박용우)		21. Jhow Benavidez(후25분 Deiby Flores)	
	17. 최경록		17. Alberth Elis(후17분 Kevin Lopez)	
	9. 김현(후23분 황희찬)		9. Antony Lozano(후33분 Darwin Espinal)	
	18. 박인혁		12. Rommel Quioto	

• 4개국 올림픽 국가대표 축구대회 2016년 06월 06일(목) 20시 00분 • 장소 : 대한민국 부천종합운동장

한국 1 : 1 덴마크

감독_ 신태용(한국)	21. 구성윤	선수	1. Jeppe Højbjerg	감독_ 닐스 프레드릭슨
	13. 박동진		2. Frederik Holst	
문창진(전40분)	2. 심상민		12. Joachim Andersen	
	5. 정승현		4. Jores Okore(후21분 Kasper Larsen)	
	15. 최규백		14. Kristian Pedersen(후1분 Patrick Da Silva)	
	10. 류승우(후37분 박인혁)		6. Jens Jønsson(후37분 Nicolani Poulsen)	
	7. 문창진		15. Kasper Nielsen(전27분 Nicolai Brock-Madsen)	
	6. 박용우		8. Lasse Vigen(후21분 Martin Vingaard)	
	16. 이찬동(후37분 김민태)		7. Andrew Hjulsager	
	9. 김현(후1분 황희찬)		11. Frederik Børsting(후21분 Emil Larsen)	
	11. 김승준(후1분 최경록)		10. Robert Skov(후26분 Emiliano Marcondes)	

• 친선경기 2016년 07월 29일(금) 20시 00분 • 장소 : 브라질 상파울루 파카엠부

한국 3 : 2 스웨덴

감독_ 신태용(한국)	1. 김동준(후1분 구성윤)	선수	1. Andreas Linde	감독_ Hakan Ericson
	2. 심상민(후37분 김민태)		2. Adam Lundqvist	
문창진(전37,	3. 이슬찬(후37분 박동진)		3. Alexander Milosevic	KenSema(전25분)
40분)	6. 장현수		4. Joakm Nilsson(후36분 Sebastian Starke Hedlund)	Jacob Une Larsson
류승우(후8분)	15. 정승현		5. Pa Konate	(후10분)
	5. 최규백		6. Abdulrahman Khalilli(전42분 Jacob Une Larsson)	
	16. 권창훈(후37분 이창민)		11. Astrit Ajdarevic	
	10. 류승우		17. Ken Sema	
	8. 문창진		9. Robin Quaison	
	14. 박용우		7. Simon Tibbling	
	11. 황희찬(후42분 석현준)		10. Muamer Tankovic(후41분 Adnan Maric)	

• 2016 리우 올림픽[본선] 2016년 08월 04일(목) 20시 00분 • 장소 : 브라질 사우바도르 폰테 노바 아레나

한국 8 : 0 피지

감독_ 신태용(한국)	18. 구성윤	선수	1. TAMANISAU Simione	감독_ 프랭크 파리나
	2. 심상민		3. BARAVILALA Filipe(후22분 KHEM Anish)	(Frank FARINA)
류승우(전32,	3. 이슬찬		4. DRELOA Jale	
후18, 48분)	6. 장현수		2. NAIDU Praneel	
권창훈(후17,	15. 정승현		11. SINGH Alvin	
18분)	5. 최규백		7. CHAND Nickel	
손흥민(후27분(P))	16. 권창훈(후25분 손흥민)		5. TUIVUNA Tony	
석현준(후32,	10. 류승우		12. WARANAIVALU Ratu(후34분 NAKALEVU Ratu)	
45분)	8. 문창진		8. HUGHES Setareki(후22분 WAQA Saula)	
	17. 이창민(후35분 김민태)		9. KRISHNA Roy	
	11. 황희찬(후24분 석현준)		13. VEREVOU Losefo	

• 2016 리우 올림픽[본선] 2016년 08월 07일(일) 16시 00분 • 장소 : 브라질 사우바도르 폰테 노바 아레나

한국 3 : 3 독일

한국		선수		독일
감독_ 신태용(한국)	1. 김동준		1. HORN Timo	감독_ 호르스트 흐루베슈
황희찬(전25분)	2. 심상민		4. GINTER Matthias	GNABRY Serge (전33, 후47분)
손흥민(후12분)	3. 이슬찬		3. KLOSTERMANN Lukas	SELKE Davie(후55분)
석현준(후42분)	6. 장현수		5. SUELE Niklas	
	15. 정승현		8. BENDER Lars	
	5. 최규백(후1분 이찬동)		6. BENDER Sven	
	16. 권창훈(후37분 류승우)		11. BRANDT Julian	
	8. 문창진(후30분 석현준)		17. GNABRY Serge	
	14. 박용우		7. MEYER Maximilian	
	7. 손흥민		2. TOLJAN Jeremy	
	11. 황희찬		9. SELKE Davie(후38분 PETERSEN Nils)	

• 2016 리우 올림픽[본선] 2016년 08월 10일(수) 16시 00분 • 장소 : 브라질 브라질리아 마네 가린샤 스타디움

한국 1 : 0 멕시코

한국		선수		멕시코
감독_ 신태용(한국)	18. 구성윤		1. TALAVERA Alfredo	감독_ 라울 구티에레스
권창훈(후32분)	2. 심상민		14. AGUIRRE Erick	
	3. 이슬찬		4. MONTES Cesar	
	6. 장현수		13. SALCEDO Carlos	
	15. 정승현		6. TORRES Jorge(후35분 FIERRO Carlos)	
	16. 권창훈(후44분 김민태)		17. GONZALEZ Arturo(후6분 LOZANO Hirving)	
	10. 류승우(후26분 석현준)		15. GUTIERREZ Erick	
	14. 박용우		5. PEREZ Michael	
	17. 이창민(후10분 이찬동)		11. BUENO Marco(후24분 LOPEZ Raul)	
	7. 손흥민		16. CISNEROS Carlos	
	11. 황희찬		18. TORRES Erick	

• 2016 리우 올림픽[8강] 2016년 08월 13일(토) 19시 00분 • 장소 : 브라질 벨루오리존치 미네이랑 경기장

한국 0 : 1 온두라스

한국		선수		온두라스
감독_ 신태용(한국)	18. 구성윤		1. LOPEZ Luis	감독_ PINTO Jorge Luis
	2. 심상민		4. ALVAREZ Kevin	ELIS Alberth(후14분)
	3. 이슬찬		16. GARCIA Brayan	
	6. 장현수		8. PALACIOS Johnny	
	15. 정승현		3. PEREIRA Marcelo	
	16. 권창훈		5. VARGAS Allans	
	10. 류승우(후42분 최규백)		6. ACOSTA Bryan(후34분 PAZ Jhonathan)	
	8. 문창진(후23분 석현준)		15. BANEGAS Allan(후20분 ESPINAL Marcelo)	
	14. 박용우		17. ELIS Alberth(후44분 BENAVIDEZ Jhow)	
	7. 손흥민		9. LOZANO Antony	
	11. 황희찬		12. QUIOTO Romell	

3라운드

•2016년4월23일(토) • 장소 : 울산종합운동장

	울산 현대미포조선	0 : 1	강원FC	
	1. 황성민 5. 박한수 4. 송주호 23. 오윤석 3. 이인재 10. 유연승 (後44분 박경익) 41. 정경호 (後35분 강태욱) 8. 정현식 (연후1분 김진혁) 11. 김정주 9. 한건용 19. 홍현진 (後15분 곽성찬)	선수	1. 송유걸 19. 길영태 (後44분 이한샘) 40. 김원균 77. 백종환 (後44분 김윤호) 4. 오승범 99. 장혁진 22. 정승용 16. 한석종 8. 허범산 (연전6분 최진호) 23. 마테우스 9. 파체코 (後16분 심영성)	마테우스 (연후9분)

•2016년4월27일(수) • 장소 : 김해운동장

	김해시청	2 : 3	FC안양	
이건우(後12분) 정성훈(後41분)	1. 양진웅 12. 정화림 13. 김기만 27. 김병훈 (전38분 이건우) 7. 김용한 22. 이경식 (後40분 김록휘) 6. 장주영 10. 천지웅 (後8분 정성훈) 8. 최정용 4. 황재현 9. 김제환	선수	21. 최필수 90. 구대영 3. 안세희 33. 이재억 2. 채광훈 16. 안진범 (後44분 가솔현) 26. 이태현 (後14분 최영훈) 6. 정재용 27. 정재희 23. 김영도 (後28분 백재우) 9. 김영후	김영후(전18분) 백재우(後29분) 정재용(後44분)

•2016년4월27일(수) • 장소 : 안산와스타디움

	안산 무궁화	3 : 0	강원 상지대	
최영준(後36분) 공민현(後40분) 황지웅(後44분)	34. 손정현 22. 김준엽 3. 박희철 20. 안영규 5. 안재준 17. 강승조 (後31분 박요한) 26. 최영준 25. 최진수 (後44분 이준호) 23. 남준재 30. 한홍규 (전34분 공민현) 11. 황지웅	선수	21. 심재훈 3. 김진도 5. 심민섭 70. 이영규 15. 최예성 (後42분 정종혁) 6. 김희수 (後30분 하용주) 7. 노경우 45. 석현종 20. 이호인 8. 임희재 10. 조재완 (後1분 장명재)	

•2016년4월27일(수) • 장소 : 대전월드컵경기장

	대전 시티즌	3 : 0	서울 연세대	
완델손 (전1, 後11분) 박대훈(전34분)	1. 박주원 50. 실바 77. 완델손 13. 장클로드 15. 강영제 (後8분 김병석) 3. 김형진 16. 이동수 23. 조예찬 6. 황인범 (後26분 강윤성) 19. 박대훈 (後44분 남윤재) 11. 유승완	선수	1. 전종혁 24. 김민호 12. 서준영 (後1분 신찬우) 6. 황기욱 14. 강상민 (後17분 전주현) 18. 조평원 20. 최준기 15. 한승규 13. 두현석 19. 유정완 (後33분 이세윤) 22. 이근호	

•2016년4월27일(수) • 장소 : 화성종합경기타운

	화성FC	0 : 2	서울 이랜드	
	23. 정민교 3. 강민 27. 김성훈 (後13분 김기수) 30. 노행석 15. 이용준 6. 이재영 5. 김창희 (後39분 오주현) 16. 노영균 (연후2분 김종수) 2. 조영진 18. 주익성 (後17분 정대선) 28. 김영남	선수	1. 김영광 30. 구대엽 6. 김동철 15. 김태은 20. 양기훈 22. 전민광 26. 김창욱 (後42분 타라바이) 17. 안태현 8. 윤성열 (연전6분 김재성) 10. 벨루소 (연전11분 김민제) 14. 조우진 (後25분 주민규)	타라바이 (연전15분) 안태현 (연후15분)

•2016년4월27일(수) • 장소 : 대구스타디움

	대구FC	2 : 1	충주 험멜	
최정한(전19분) 세징야(後35분)	21. 조현우 19. 박세진 4. 박태홍 3. 정우재 16. 김동진 8. 데이비드 14. 신창무 11. 세징야 (後40분 이재권) 7. 최정한 9. 파울로 (後30분 에델) 15. 한재웅 (後45분 홍정운)	선수	1. 권태안 31. 김상필 33. 김태환1 (後36분 엄진태) 2. 노연빈 50. 황수남 14. 김정훈 21. 이유준 23. 이태영 20. 김용진 11. 이한음 (전21분 김신) 99. 최유상 (後18분 박지민)	이태영(後45분)

•2016년4월27일(수) • 장소 : 창원축구센터 주경기장

	경남FC	1 : 2	부산 아이파크	
진경선 (전28분, 자책) 김형필(後21분)	1. 이준희 27. 박주성 23. 박지수 15. 우주성 22. 김정빈1 (後1분 전상훈) 19. 임창균 37. 장은규 80. 진경선 11. 김슬기 (後18분 김영욱) 99. 김형필 16. 송수영	선수	31. 김형근 26. 김대호 20. 박병현 4. 사무엘 33. 유지훈 3. 이원영 17. 이청웅 19. 고경민 (後7분 이규성) 89. 이영재 (後22분 정석화) 18. 스토야노비치 94. 포프	이청웅(後29분)

•2016년4월27일(수) • 장소 : 부천종합운동장

	부천FC	3 : 1	강원 한라대	
김대광(後28분) 한성규(연전7분) 황신영 (연전12분)	88. 권정혁 13. 서명식 (後15분 김대광) 5. 임동혁 55. 정홍연 45. 지병주 66. 이후권 (後28분 김신철) 18. 전기성 15. 조범석 29. 신현준 (後1분 한성규) 11. 에벨톤 (연전1분 유준영) 23. 황신영	선수	18. 김태진 8. 강찬우 20. 김민기 2. 안정무 (後29분 유기환) 4. 이동엽 3. 이로운 7. 김영주 (연전12분 최동현) 6. 손준효 (後9분 함대웅) 11. 안동수 14. 윤지환 9. 정현우 (後39분 김영훈)	안동수(後23분)

•2016년4월27일(수) •장소 : 고양종합운동장

	고양 자이크로 0 : 1 강릉시청			
	1. 강진웅 4. 김지훈 16. 박태형 30. 우혜성 12. 이상돈 20. 오기재 6. 허재원 9. 김상준 7. 데파울라 (후29분 김필호) 77. 빅토르 (후1분 윤영준) 23. 이예찬	선수	1. 박청효 24. 김연수 5. 박성용 17. 손현우 18. 이봉준 13. 권수현 16. 김학찬 14. 양동협 (후31분 김정세) 27. 주광선 (후26분 김석현) 23. 김찬영 39. 정동철 (후39분 배해민)	김학찬 (전18분)

32강전

•2016년5월11일(수) •장소 : 한밭종합운동장

	코레일 0 : 2 울산 현대			
	1. 정의도 17. 김태호 5. 이주호 26. 강인준 15. 민훈기 4. 박경민 12. 이근원 19. 최동일 24. 김동욱 (후31분 이재일) 38. 김준 (후14분 곽철호) 11. 김태오 (후14분 이승환)	선수	1. 김용대 13. 이명재 15. 이재성 2. 정동호 3. 정승현 16. 김건웅 29. 서정진 25. 설태수 (후43분 마스다) 5. 이창용 24. 김민규 (후43분 박성호) 7. 김인성 (후36분 김태환)	이창용(전6분) 이재성(후38분)

•2016년5월11일(수) •장소 : 포항스틸야드

	포항 스틸러스 0 : 2 부천FC			
	1. 신화용 3. 김광석 6. 김준수 2. 박선용 27. 박선주 (후18분 이남규) 4. 박준희 (후34분 김동현) 24. 배슬기 17. 강상우 18. 양동현 12. 이광혁 20. 최호주 (후1분 심동운)	선수	1. 류원우 6. 강지용 (후1분 임동혁) 22. 유대현 14. 이학민 4. 한희훈 21. 김대광 (후25분 루키안) 7. 문기한 10. 바그닝요 15. 조범석 (후40분 이후권) 16. 진창수 20. 김륜도	김륜도(후14분) 바그닝요 (후26분)

•2016년5월11일(수) •장소 : 수원월드컵경기장

	수원 삼성 1 : 0 경주 한국수력원자력			
곽광선(전15분)	21. 양형모 34. 곽광선 29. 곽희주 39. 민상기 77. 장호익 24. 고승범 12. 고차원 17. 김종우 (후36분 산토스) 20. 백지훈 19. 장현수 (후18분 염기훈) (후42분 이고르)	선수	1. 황한준 17. 김규태 77. 고병욱 8. 김서준 (후12분 조주영) 4. 안일주 30. 김민수 (후42분 서형승) 19. 김본광 22. 김창대 18. 박정민 (후1분 조준재) 9. 최용우 23. 한상학	

•2016년5월11일(수) •장소 : 서울월드컵경기장

	FC서울 4 : 2 대구FC			
아드리아노 (후29, 32, 연전8, 연후15분)	1. 유현 26. 김남춘 21. 심상민 (후11분 아드리아노) 27. 고광민 (연후15분 심제혁) 15. 김원식 2. 다카하기 5. 오스마르 6. 주세종 13. 고요한 9. 데얀 (후25분 심우연) 10. 박주영 (연후1 박용우)	선수	21. 조현우 19. 박세진 4. 박태홍 3. 정우재 20. 황재원 16. 김동진 14. 신창무 (연후2 한재웅) 6. 이재권 (후42분 데이비드) 11. 세징야 7. 최정한 (후34분 에델) 9. 파울로 (후33분 조영훈)	세징야 (전39,후8분)

•2016년5월11일(수) •장소 : 서귀포월드컵경기장

	제주 유나이티드 1 (3 PSO 5) 1 광주FC			
오반석(전38분)	1. 김호준 2. 김수범 (후11분 권한진) 15. 백동규 4. 오반석 13. 정운 24. 문상윤 37. 송진형 17. 안현범 (연후4분 김상원) 14. 이창민 11. 김호남 (후34분 이근호) 10. 마르셀로 (후21분 이광선)	선수	21. 윤보상 12. 이민기 18. 정동윤 2. 정호정 25. 홍준호 20. 김정현 33. 와다 (연전5분 박선홍) 22. 조용태 (후31분 오도현) 13. 주현우 (후35분 김성현) 27. 김진수 (후22분 여름) 24. 조주영	와다(후3분)

•2016년5월11일(수) •장소 : 대전월드컵경기장

	대전 시티즌 1 (3 PSO 1) 1 수원FC			
완델손(후42분)	1. 박주원 50. 실바 22. 오창현 13. 장클로드 15. 강영제 (후37분 김병석) 27. 강윤성 (연전10분 조예찬) 8. 김선민 (후12분 완델손) 16. 이동수 99. 구스타보 (후29분 서동현) 19. 박대훈 11. 유승완	선수	23. 박형순 5. 블라단 4. 임하람 22. 권혁진 77. 김부관 (후32분 이재안) 6. 김종국 (후32분 레이어) 8. 이광진 (연전14분 유수현) 3. 황재훈 28. 윤태수 (후5분 김혁진) 9. 이승렬 18. 정민우	이승렬(후12분)

•2016년5월11일(수) •장소 : 탄천종합운동장

	성남FC 1 : 0 경북 영남대			
박용지(후45분)	21. 김근배 2. 곽해성 17. 박태민 5. 임채민 24. 장석원 14. 정선호 30. 조재철 15. 최호정 (후36분 연제운) 13. 김동희 (후25분 피투) 19. 박용지 23. 유창현 (후25분 황의조)	선수	1. 김태훈 13. 이상한 5. 임진우 4. 차태주 7. 김윤수 6. 김현태 (후6분 이순민) 12. 전상오 (후42분 맹성웅) 25. 전석훈 8. 김경준 (후19분 이중서) 11. 이상기 9. 주한성	

•2016년5월11일(수) • 장소 : 부산아시아드경기장

부산 아이파크 3 : 0 부산 교통공사

이원영(전40분) 고경민(후4분) 이영재(후24분)	31. 김형근 24. 고재성 (후6분 김종민) 27. 구현준 26. 김대호 6. 김종혁 (후26분 김재현) 88. 용재현 3. 이원영 19. 고경민 22. 이규성 89. 이영재 7. 전현철 (후17분 포프)	선수	1. 김정인 2. 김관식 (후15분 김동훈) 3. 박동훈 19. 조재용 4. 권지민 7. 이용승 5. 이재광 (전15분 이현민) 8. 박승민 9. 신명재 (후1분 이승민) 23. 신영웅 10. 정승재	

•2016년5월11일(수) • 장소 : 안양종합운동장

FC안양 1 : 4 전북 현대

안세희(전40분)	87. 김선규 20. 가솔현 (후26분 김민균) 90. 구대영 3. 안세희 4. 이상우 33. 이재억 16. 안진범 (후17분 박승일) 6. 정재용 27. 정재희 24. 최영훈 11. 자이로 (후35분 김영도)	선수	1. 권순태 30. 김영찬 19. 박원재 23. 최규백 26. 최동근 8. 루이스 22. 서상민 (후32분 장윤호) 2. 이우혁 18. 고무열 (전41분 레오나르도) 11. 로페즈 (후23분 한교원) 9. 이종호	서상민(전24분) 최동근(후15분) 레오나르도(후31분) 이종호(후35분)

•2016년5월11일(수) • 장소 : 상주시민축구단

상주 상무 1 : 2 충남 단국대

조영철(후44분)	31. 오승훈 34. 김창훈 33. 이재명 24. 정준연 29. 김성주 (후1분 박준태) 36. 박수창 32. 조지훈 (후19분 윤동민) 18. 최종환 14. 최현태 (후1분 김대열) 30. 황순민 27. 조영철	선수	1. 박형민 6. 김명진 (후1분 나상호) 4. 문지환 20. 손기련 (후43분 황민웅) 14. 김진우 7. 신선진 15. 채현기 17. 최병석 5. 최준혁 19. 김현성 (후19분 국태정) 27. 이기운	김진우(전32분) 나상호(후29분)

•2016년5월11일(수) • 장소 : 잠실종합운동장

서울이랜드 2 (1 PSO 3) 2 경기 성균관대

타라바이(후20, 연후1분)	1. 김영광 30. 구대엽 6. 김동철 2. 김민제 15. 김태은 (연전1분 벨루소) 20. 양기훈 5. 칼라일 미첼 47. 김재연 (후30분 김재성) 26. 김창욱 (후15분 타라바이) 17. 안태현 14. 조우진1 (연전7분 전민광)	선수	1. 최영은 33. 김민수 (연후13분 최재영) 25. 오인표 9. 위현욱 (후44분 이태강) 19. 이동현 30. 이진현 28. 김민덕 14. 박진수 (연전7분 이상준) 29. 인석환 (연전7분 전진수) 8. 정준규 4. 홍현성	이진현(후13분) 전진수(연후5 분)

•2016년5월11일(수) • 장소 : 인천축구전용축구장

인천 유나이티드 1 : 0 청주 CITY FC

김동석(후4분)	31. 김교빈 3. 김용환 25. 박대한 20. 요니치 16. 이윤표 7. 김도혁 8. 김동석1 (후30분 이중권) 13. 이현성 (후18분 박종진) 19. 송시우 9. 송제헌 (후1분 진성욱) 10. 케빈	선수	23. 한상혁 6. 송민규 3. 이정환 20. 최준묵 22. 김세진 10. 김준영 21. 신연수 25. 정해승 (후30분 고대서) 14. 주찬희 (후8분 이윤의) 9. 김규민 19. 임진욱 (후41분 임진욱)	

•2016년5월11일(수) • 장소 : 광양축구전용구장

전남 드래곤즈 4 : 0 강원FC

정석민(전4분) 오르샤(전13, 후27분) 유고비치(전22분)	1. 김민식 5. 고태원 3. 이슬찬 (후1분 허용준) 17. 이지남 2. 최효진 13. 현영민 20. 양준아 8. 유고비치 6. 정석민1 (후22분 김영욱) 10. 스테보 (후37분 조석재) 7. 오르샤	선수	18. 함석민 19. 길영태 40. 김원균 44. 최영광 3. 최우재 13. 김윤호 (후1분 고민성) 26. 박요한 16. 한석종 32. 방찬준 (전40분 정찬일) 10. 최진호 (후23분 이남수) 9. 파체코	

•2016년5월11일(수) • 장소 : 안산와스타디움

안산 무궁화 3 : 2 충북 건국대

김성현(후7분) 최보경(후40, 연후10분)	34. 손정현 22. 김준엽 27. 박요한 3. 박희철 5. 안재준 17. 강승조 15. 최보경 25. 최진수 32. 박세환 (전39분 김성현) 30. 한홍규1 (후10분 이준호, 후30분 김은선) 11. 황지웅	선수	21. 이승원 4. 김상근 5. 최정원 8. 문희준 (후26분 정솔빈) 6. 양서재 (후9분 원기종) 11. 양재경 (후14분 김재철) 10. 임대준 14. 최병길 7. 김운 19. 전민석 28. 허준호 (연전1분 박인서)	허준호(후26분) 김운(후44분)

16강전

•2016년6월22일(수) • 장소 : 수원월드컵경기장

수원 삼성 1 : 0 부산 아이파크

산토스(전30분)	21. 양형모 34. 곽광선 15. 구자룡 39. 민상기 (후1분 곽희주) 77. 장호익 28. 문준호 (후19분 염기훈) 5. 박현범 10. 산토스 7. 이상호 4. 이용래 (후1분 고승범) 9. 조동건	선수	21. 구상민 23. 김재현 (후37분 이원영) 6. 김종혁 88. 용재현 33. 유지훈 (후21분 구현준) 5. 차영환 13. 김진규 14. 정석화 18. 스토야노비치 94. 포프 8. 홍동현 (후29분 김종민)	

•2016년6월22일(수) • 장소 : 광양축구전용구장

전남 드래곤즈 4 : 2 용인시청

스테보(전6, 10분) 정석민(후14분) 조석재(후21분)	21. 이호승 (후40분 한유성) 5. 고태원 3. 이슬찬 17. 이지남 19. 이지민 12. 김평래 (후44분 한찬희) 8. 유고비치 (후26분 방대종) 6. 정석민 10. 스테보 9. 조석재 23. 허용준	선수	12. 황교충 23. 김승환 2. 박진옥 6. 최지훈 8. 김평진 33. 남승우 (후44분 여인혁) 21. 이민수 7. 김태욱 (후1분 강종국) 18. 선승우 (후14분 조원태) 13. 추평강 10. 황철환	선승우(전28분) 조원태(후45분)

•2016년6월22일(수) • 장소 : 전주월드컵경기장

전북 현대 3 : 1 충남단국대

이종호(후16, 연후6분) 김신욱 (연후10분)	21. 홍정남 30. 김영찬 19. 박원재 23. 최규백 (후23분 이호) 26. 최동근 (연후8분 이주용) 22. 서상민 (후31분 한교원) 34. 장윤호 18. 고무열 (후16분 레오나르도) 99. 김신욱 11. 로페즈 9. 이종호	선수	1. 박형민 12. 국태정 4. 문지환 7. 신선진 (연전14분 김기범) 15. 채현기 17. 최병석 (후27분 황민웅) 5. 최준혁 19. 김현성 (후35분 김혁중) 10. 나상호 27. 이기운 (후18분 김진우) 9. 조성욱	이기운(후10분)

•2016년6월22일(수) • 장소 : 서울월드컵경기장

FC서울 2 : 1 안산 무궁화

윤주태(전30, 후10분)	31. 유상훈 7. 김치우 3. 정인환 27. 고광민 15. 김원식 2. 다카하기 5. 오스마르 29. 이상협 13. 고요한 (후13분 윤일록) 10. 박주영 (후42분 조찬호) 19. 윤주태 (후24분 아드리아노)	선수	1. 이진형 22. 김준엽 21. 신광훈 4. 신형민 (후42분 최진수) 2. 정다훤 14. 김은선 10. 이현승 (후17분 주현재) 8. 정혁 (후17분 황지웅) 15. 최보경 18. 공민현 7. 한지호	황지웅(후31분)

•2016년6월22일(수) • 장소 : 인천축구전용축구장

인천 유나이티드 3 : 2 대전 시티즌

김대중(전26분) 케빈(후24분) 김도혁 (연전9분)	1. 조수혁 15. 김대중 3. 김용환 20. 요니치 16. 이윤표 7. 김도혁 14. 윤상호 (후21분 김태수) 36. 김대경 24. 박세직 (후30분 권완규) 37. 박종진 (후15분 케빈) 11. 진성욱 (연전8분 벨코스키)	선수	1. 박주원 50. 실바 22. 오창현 77. 완델손 13. 장클로드 8. 김선민 3. 김형진 16. 이동수 6. 황인범 (연후1분 조예찬) 99. 구스타보 (후11분 서동현) 10. 김동찬 (후11분 진대성)	서동현(후28분) 완델손(후45분)

•2016년6월22일(수) • 장소 : 부천종합운동장

부천FC 3 : 1 경주 시민축구단

전기성(전6분) 김륜도(후22분) 신현준(후39분)	1. 류원우 13. 서명식 (후12분 정홍연) 22. 유대현 5. 임동혁 45. 지병주 21. 김대광 (후4분 신현준) 8. 송원재 18. 전기성 16. 진창수 20. 김륜도 23. 황신영 (후1분 김신철)	선수	21. 정규진 26. 이성우 23. 김대호 10. 박동희 5. 박지훈 6. 우승욱 11. 정우현 13. 홍성희 20. 강우열 17. 이헌주 (후26분 황정현) 8. 주슬기	박동희(전30분)

•2016년6월22일(수) • 장소 : 울산문수축구경기장

울산 현대 1 : 0 광주FC

이창용(후30분)	21. 정산 33. 이기제 15. 이재성 2. 정동호 3. 정승현 16. 김건웅 5. 이창용 8. 하성민 19. 김승준 (전32분 코바) 7. 김인성 (후44분 강민수) 9. 박성호 (후24분 이정협)	선수	31. 황인재 14. 김진환 5. 박동진 4. 웰링톤 12. 이민기 20. 김정현 33. 와다 (후11분 박선홍) 22. 조용태 (후32분 파비오) 27. 김진수 30. 심광욱 (후38분 홍준호) 24. 조주영	

•2016년6월22일(수) • 장소 : 탄천종합운동장

성남FC 2 : 0 경기 성균관대

조재철(후24분) 성봉재(후34분)	21. 김근배 2. 곽해성 17. 박태민 32. 연제운 5. 임채민 24. 장석원 14. 정선호 30. 조재철 (후42분 안상현) 19. 박용지 (후24분 황의조) 27. 성봉재 23. 유창현 (후24분 김두현)	선수	1. 최영은 9. 위현욱 7. 이대호1 (후24분 김민수) 19. 이동현 10. 이상준 (후30분 김태훈) 30. 이진현 28. 김민덕 14. 박진수 (후26분 이태강) 29. 인석환 8. 정준규 4. 홍현성	

8강전

•2016년7월13일(수) • 장소 : 서울월드컵경기장

FC서울 0 (4 PSO 3) 0 전남 드래곤즈

	31. 유상훈 4. 김동우 7. 김치우 27. 고광민 15. 김원식 2. 다카하기 (연전10분 이상협) 22. 박용우 (후38분 윤일록) 5. 오스마르 14. 조찬호 (후17분 데얀) 11. 아드리아노 (후44분 박주영) 19. 윤주태	선수	21. 이호승 (연후14분 한유성) 24. 김경재 15. 방대종 17. 이지남 19. 이지민 2. 최효진 (연전1분 안용우) 8. 유고비치 25. 한지원 18. 배천석 9. 조석재 (후40분 이슬찬) 23. 허용준 (후35분 자일)	

•2016년7월13일(수) •장소 : 전주월드컵경기장

전북 현대 2 : 3 부천FC

김신욱(전25분) 레오나르도(후45분)	1. 권순태 30. 김영찬 (후30분 이종호) 32. 이주용 15. 임종은 26. 최동근 8. 루이스 (후7분 레오나르도) 17. 이재성 34. 장윤호 18. 고무열 (후7분 김보경) 99. 김신욱 11. 로페즈	선수	1. 류원우 13. 서명식 (후38분 유대현) 14. 이학민 5. 임동혁 45. 지병주 4. 한희훈 77. 김영남 10. 바그닝요 8. 송원재 16. 진창수 (후1분 에드손) 28. 이효균 (후1분 루키안)	이효균(전37분) 이학민(후21분) 바그닝요(후45분)

•2016년7월13일(수) •장소 : 수원월드컵경기장

수원 삼성 1 (4 PSO 3) 1 성남FC

고차원(전24분)	21. 양형모 29. 곽희주 15. 구자룡 77. 장호익 (연전12분 신세계) 8. 조원희 12. 고차원 (후1분 이정수) 22. 권창훈 10. 산토스 (후13분 고승범) 26. 염기훈 16. 이종성 70. 조나탄 (후13분 박현범)	선수	31. 김동준 4. 김태윤 6. 이태희 5. 임채민 33. 장학영 8. 김두현 (연전1분 정선호) 16. 안상현 (후15분 김현) 22. 이종원 19. 박용지 (후1분 피투) 11. 티아고 (전24분 장석원) 10. 황의조	피투(후39분)

•2016년7월13일(수) •장소 : 울산문수축구경기장

울산 현대 4 : 1 인천 유나이티드

김건웅(전15분) 멘디(전37, 후21분) 김태환(후7분)	21. 정산 75. 강민수 11. 김태환 (후20분 하성민) 33. 이기제 15. 이재성 2. 정동호 (후34분 이창용) 16. 김건웅 6. 마스다 20. 한상운 19. 김승준 (후14분 김인성) 10. 멘디	선수	1. 조수혁 15. 김대중 3. 김용환 20. 요니치 16. 이윤표 7. 김도혁 14. 윤상호 24. 박세직 37. 박종진 (후1분 진성욱) 88. 벨코스키 (후27분 송시우) 6. 이중권 (후39분 박대한)	김대중(후14분)

4강전

•2016년10월26일(수) •장소 : 서울월드컵경기장

FC서울 1 : 0 부천FC

데얀(전7분)	1. 유현 26. 김남춘 3. 정인환 27. 고광민 2. 다카하기 (후28분 박주영) 5. 오스마르 (후44분 최현태) 8. 이석현 6. 주세종 13. 고요한 9. 데얀 (후33분 아드리아노) 17. 윤일록	선수	1. 류원우 6. 강지용 13. 서명식 (전35분 문기한) 14. 이학민 4. 한희훈 87. 김진현 10. 바그닝요 8. 송원재 (전42분 김영남) 15. 조범석 9. 루키안 11. 에드손 (후1분 신현준)	

•2016년10월26일(수) •장소 : 울산문수축구경기장

울산 현대 1 : 3 수원 삼성

코바(전39분)	1. 김용대 11. 김태환 33. 이기제 15. 이재성 2. 정동호 3. 정승현 88. 김성환 6. 마스다 44. 코바 20. 한상운 (후42분 서명원) 10. 멘디 (후30분 이정협)	선수	1. 노동건 34. 곽광선 6. 연제민 (후27분 조동건) 40. 이정수 77. 장호익 8. 조원희 33. 홍철 22. 권창훈 20. 백지훈 (후8분 염기훈) 7. 이상호 (후16분 산토스) 70. 조나탄	조나탄 (후36분,45분) 권창훈(후45분)

결승전

•2016년11월27일(일) •장소 : 수원월드컵경기장

수원 삼성 2 : 1 FC서울

조나탄(전15분) 염기훈(후13분)	21. 양형모 15. 구자룡 3. 양상민 40. 이정수 77. 장호익 33. 홍철 22. 권창훈 (후44분 고승범) 26. 염기훈 7. 이상호 (후25분 조원희) 16. 이종성 70. 조나탄 (후32분 조동건)	선수	1. 유현 55. 곽태휘 26. 김남춘 7. 김치우 27. 고광민 5. 오스마르 25. 이석현 14. 조찬호 (후23분 이규로) 6. 주세종 (후20분 아드리아노) 9. 데얀 (후44분 심우연) 17. 윤일록	주세종(후5분)

•2016년12월03일(토) •장소 : 서울월드컵경기장

FC서울 2 (9 PSO 10) 1 수원 삼성

아드리아노 (후30분) 윤승원(후45분)	31. 유상훈 55. 곽태휘 26. 김남춘 (후19분 이석현) 7. 김치우 (후13분 주세종) 27. 고광민 2. 다카하기 5. 오스마르 13. 고요한 10. 박주영 (연전9분 조찬호) 11. 아드리아노 17. 윤일록 (후44분 윤승원)	선수	21. 양형모 15. 구자룡 3. 양상민 40. 이정수 77. 장호익 33. 홍철 22. 권창훈 (후21분 곽광선) 26. 염기훈 7. 이상호 (후34분 조원희) 16. 이종성 (연후3분 산토스) 70. 조나탄 (후44분 조동건)	조나탄(후10분)

Section 8

시 즌 별 기 타 기 록

역대 시즌별 팀 순위

연도	구분	대회명		1위	2위	3위	4위	5위	6위	7위
1983	정규리그	83 수퍼리그		할렐루야 6승 8무 2패	대우 6승 7무 3패	유공 5승 7무 4패	포항제철 6승 4무 6패	국민행 3승 2무 11패		
1984	정규리그	84 축구대제전 수퍼리그	전기	유공 9승 2무 3패	대우 9승 2무 3패	현대 6승 6무 2패	할렐루야 5승 4무 5패	럭키금성 5승 3무 6패	포항제철 3승 5무 6패	한일은행 3승 4무 7패
			후기	대우 8승 4무 2패	현대 7승 4무 3패	포항제철 7승 2무 5패	할렐루야 5승 5무 4패	유공 4승 7무 3패	한일은행 2승 7무 5패	럭키금성 3승 3무 8패
			챔피언결정전	대우 1승 1무	유공 1무 1패					
1985	정규리그	85 축구대제전 수퍼리그		럭키금성 10승 7무 4패	포항제철 9승 7무 5패	대우 9승 7무 5패	현대 10승 4무 7패	유공 7승 5무 9패	상무 6승 7무 8패	한일은행 3승 10무 8패
1986	정규리그	86 축구대제전	춘계	포항제철 3승 6무 1패	럭키금성 3승 5무 2패	유공 4승 2무 4패	대우 4승 2무 4패	한일은행 3승 3무 4패	현대 2승 4무 4패	
			추계	럭키금성 7승 2무 1패	현대 5승 4무 1패	대우 6승 4패	유공 3승 3무 4패	포항제철 2승 2무 6패	한일은행 1승 1무 8패	
			챔피언결정전	포항제철 1승 1무	럭키금성 1무 1패					
	리그컵	86 프로축구 선수권대회		현대 10승 3무 3패	대우 7승 2무 7패	유공 4승 7무 5패	포항제철 6승 1무 9패	럭키금성 4승 5무 7패		
1987	정규리그	87 한국프로축구대회		대우 16승 14무 2패	포항제철 16승 8무 8패	유공 9승 9무 14패	현대 7승 12무 13패	럭키금성 7승 7무 18패		
1988	정규리그	88 한국프로축구대회		포항제철 9승 9무 6패	현대 10승 5무 9패	유공 8승 8무 8패	럭키금성 6승 11무 7패	대우 8승 5무 11패		
1989	정규리그	89 한국프로축구대회		유공 17승 15무 8패	럭키금성 15승 17무 8패	대우 14승 14무 12패	포항제철 13승 14무 13패	일화 6승 21무 13패	현대 7승 15무 18패	
1990	정규리그	90 한국프로축구대회		럭키금성 14승 11무 5패	대우 12승 11무 7패	포항제철 9승 10무 11패	유공 8승 12무 10패	현대 6승 14무 10패	일화 7승 10무 13패	
1991	정규리그	91 한국프로축구대회		대우 17승 18무 5패	현대 13승 16무 11패	포항제철 12승 15무 13패	유공 10승 17무 13패	일화 13승 11무 16패	LG 9승 15무 16패	
1992	정규리그	92 한국프로축구대회		포항제철 13승 9무 8패	일화 10승 14무 6패	현대 13승 6무 11패	LG 8승 13무 9패	대우 7승 14무 9패	유공 7승 8무 15패	
	리그컵	92 아디다스컵		일화 7승 3패	LG 5승 5패	포항제철 5승 5패	유공 6승 4패	현대 4승 6패	대우 3승 7패	
1993	정규리그	93 한국프로축구대회		일화 13승 11무 6패	LG 10승 11무 9패	현대 10승 10무 10패	포항제철 8승 14무 8패	유공 7승 13무 10패	대우 5승 15무 10패	
	리그컵	93 아디다스컵		포항제철 4승 1패	현대 4승 1패	대우 3승 2패	LG 2승 3패	일화 2승 3패	유공 5패	
1994	정규리그	94 하이트배 코리안리그		일화 15승 9무 6패	유공 14승 9무 7패	포항제철 13승 11무 6패	현대 11승 13무 6패	LG 12승 7무 11패	대우 7승 6무 17패	전북버팔로 3승 5무 22패
	리그컵	94 아디다스컵		유공 3승 2무 1패	LG 3승 2무 1패	대우 2승 3무 1패	일화 2승 2무 2패	현대 1승 3무 2패	전북버팔로 2승 4패	포항제철 1승 2무 3패
1995	정규리그	95 하이트배 코리안리그	전기	일화 10승 3무 1패	현대 7승 5무 2패	포항 7승 5무 2패	대우 5승 3무 6패	유공 4승 4무 6패	전남 4승 2무 8패	전북 4승 10패
			후기	포항 8승 5무 1패	유공 5승 5무 4패	현대 4승 7무 3패	전북 5승 4무 5패	전남 4승 5무 5패	LG 3승 6무 5패	일화 3승 6무 5패
			참피온	일화 1승 2무	포항 2무 1패					
	리그컵	95 아디다스컵		현대 5승 2무	일화 3승 4무	대우 2승 3무 2패	전북 2승 2무 3패	유공 2승 2무 3패	LG 1승 3무 3패	포항 1승 3무 3패
1996	정규리그	96 라피도컵 프로축구대회	전기	울산 11승 3무 2패	포항 10승 5무 1패	수원 9승 3무 4패	부천SK 5승 5무 6패	전북 5승 4무 7패	전남 5승 3무 8패	부산 4승 3무 9패
			후기	수원 9승 6무 1패	부천SK 8승 4무 4패	포항 7승 5무 4패	부산 5승 6무 5패	천안 6승 3무 7패	전남 4승 6무 6패	전북 5승 3무 8패
			참피온	울산 1승 1패	수원 1승 1패					
	리그컵	96 아디다스컵		부천SK 5승 2무 1패	포항 3승 3무 2패	부산 3승 3무 2패	울산 3승 2무 3패	천안 3승 2무 3패	수원 3승 2무 3패	전북 2승 3무 3패
1997	정규리그	97 라피도컵 프로축구대회		부산 11승 4무 3패	전남 10승 6무 2패	울산 8승 6무 4패	포항 8승 6무 4패	수원 7승 7무 4패	전북 6승 8무 4패	대전 3승 7무 8패
	리그컵	97 아디다스컵		부산 4승 4무 1패	전남 3승 5무 1패	울산 3승 5무 1패	천안 3승 5무 1패	부천SK 3승 4무 2패	수원 2승 5무 2패	포항 2승 4무 3패
		97 프로스펙스컵	A조	포항 4승 4무	전남 4승 4무	안양LG 2승 4무 2패	울산 2승 2무 4패	전북 2무 6패		
			B조	부산 5승 2무 1패	수원 5승 1무 2패	부천SK 3승 3무 2패	천안 3승 1무 4패	대전 1무 7패		
			4강전	부산 2승 1무	포항 1승 4무 1패	전남 1패	수원 1패			

8위	9위	10위	11위	12위	13위	14위	15위	16위
국민은행 1승 4무 9패								
국민은행 2승 4무 8패								
할렐루야 3승 7무 11패								
LG 2승 4무 8패								
대우 4승 2무 8패								
전남 1승 3무 3패								
안양LG 4승 3무 9패	**천안** 2승 5무 9패							
안양LG 4승 5무 7패	**울산** 5승 11패							
안양LG 2승 3무 3패	**전남** 1승 2무 5패							
천안 2승 7무 9패	**안양LG** 1승 8무 9패	**부천SK** 2승 5무 11패						
대전 1승 4무 4패	**전북** 1승 4무 4패	**안양LG** 6무 3패						

연도	구분	대회명		1위	2위	3위	4위	5위	6위	7위
1998	정규리그	98 현대컵 K-리그	일반	**수원** 12승 6패	**울산** 11승 7패	**포항** 10승 8패	**전남** 9승 9패	**부산** 10승 8패	**전북** 9승 9패	**부천SK** 9승 9패
			PO	**수원** 1승 1무	**울산** 1승 1무 2패	**포항** 2승 1패	**전남** 1패			
	리그컵	98 필립모리스 코리아컵		**부산** 8승 1패	**부천SK** 6승 3패	**안양LG** 5승 4패	**수원** 5승 4패	**천안** 5승 4패	**대전** 3승 6패	**전북** 3승 6패
		98 아디다스 코리아컵	A조	**울산** 5승 3패	**안양LG** 4승 4패	**수원** 6승 2패	**대전** 3승 5패	**부산** 2승 6패		
			B조	**부천SK** 6승 2패	**포항** 4승 4패	**전남** 3승 5패	**전북** 4승 4패	**천안** 3승 5패		
			4강전	**울산** 2승 1무	**부천SK** 1승 1무 1패	**포항** 1패	**안양LG** 1패			
1999	정규리그	99 바이코리아컵 K-리그	일반	**수원** 21승 6패	**부천SK** 18승 9패	**전남** 17승 10패	**부산** 14승 13패	**포항** 12승 15패	**울산** 12승 15패	**전북** 12승 15패
			PO	**수원** 2승	**부산** 3승 2패	**부천SK** 2패	**전남** 1패			
	리그컵	99 아디다스컵		**수원** 3승	**안양LG** 3승 1패	**전남** 1승 1패	**포항** 2승 1패	**울산** 1패	**천안** 1패 [공동6위]	**대전** 1패 [공동6위]
		99 대한화재컵	A조	**수원** 5승 3패	**부산** 5승 3패	**부천SK** 4승 4패	**대전** 3승 5패	**포항** 3승 5패		
			B조	**울산** 5승 3패	**천안** 5승 3패	**전북** 4승 4패	**안양LG** 4승 4패	**전남** 2승 6패		
			4강전	**수원** 2승 1무	**부산** 1승 1무 1패	**천안** 1무[공동3위]	**울산** 1무[공동3위]			
2000	정규리그	2000 삼성 디지털 K-리그	일반	**안양LG** 19승 8패	**성남일화** 18승 9패	**전북** 15승 12패	**부천SK** 16승 11패	**수원** 14승 13패	**부산** 11승 16패	**전남** 12승 15패
			PO	**안양LG** 2승	**부천SK** 2승 3패	**성남일화** 1승 1패	**전북** 1패			
	리그컵	2000 아디다스컵		**수원** 3승	**성남일화** 2승 1패	**전남** 1승 1패	**안양LG** 1승 1패	**대전** 1패	**울산** 1승 1패	**부산** 1승 1패
		2000 대한화재컵	A조	**부천SK** 6승 2패	**포항** 4승 4패	**전북** 3승 5패	**수원** 4승 4패	**안양LG** 3승 5패		
			B조	**전남** 6승 2패	**성남일화** 4승 4패	**울산** 5승 3패	**부산** 3승 5패	**대전** 2승 6패		
			4강전	**부천SK** 2승	**전남** 1승 1패	**포항** 1패	**성남일화** 1패			
2001	정규리그	2001 포스코 K-리그		**성남일화** 11승 12무 4패	**안양LG** 11승 10무 6패	**수원** 12승 5무 10패	**부산** 10승 11무 6패	**포항** 10승 8무 9패	**울산** 10승 6무 11패	**부천SK** 7승 14무 6패
	리그컵	아디다스컵 2001	A조	**수원** 5승 3패	**성남일화** 5승 3패	**포항** 4승 4패	**안양LG** 3승 5패	**전남** 3승 5패		
			B조	**부산** 6승 2패	**전북** 5승 3패	**대전** 4승 4패	**울산** 3승 5패	**부천SK** 2승 6패		
			4강전	**수원** 2승 1무	**부산** 1승 1무 1패	**성남일화** 1무	**전북** 1패			
2002	정규리그	2002 삼성 파브 K-리그		**성남일화** 14승 7무 6패	**울산** 13승 8무 6패	**수원** 12승 9무 6패	**안양LG** 11승 7무 9패	**전남** 9승 10무 8패	**포항** 9승 9무 9패	**전북** 8승 11무 8패
	리그컵	아디다스컵 2002	A조	**수원** 4승 4패	**성남일화** 5승 3패	**부천SK** 4승 4패	**전북** 4승 4패	**포항** 3승 5패		
			B조	**안양LG** 7승 1패	**울산** 5승 3패	**전남** 3승 5패	**대전** 3승 5패	**부산** 2승 6패		
			4강전	**성남일화** 2승 1무	**울산** 1승 1무 1패	**수원** 1패	**안양LG** 1패			
2003	정규리그	삼성 하우젠 K-리그 2003		**성남일화** 27승 10무 7패	**울산** 20승 13무 11패	**수원** 19승 15무 10패	**전남** 17승 20무 7패	**전북** 18승 15무 11패	**대전** 18승 11무 15패	**포항** 17승 13무 14패
2004	정규리그	삼성 하우젠 K-리그 2004	전기	**포항** 6승 5무 1패	**전북** 5승 5무 2패	**울산** 5승 5무 2패	**수원** 5승 3무 4패	**서울** 3승 7무 2패	**전남** 3승 6무 3패	**광주상무** 3승 6무 3패
			후기	**수원** 7승 2무 3패	**전남** 6승 4무 2패	**울산** 6승 3무 3패	**인천** 4승 5무 3패	**서울** 4승 5무 3패	**부산** 4승 4무 4패	**대구** 4승 4무 4패
			PO	**수원** 2승 1무	**포항** 1승 1무 1패	**울산** 1패	**전남** 1패			
	리그컵	삼성 하우젠컵 2004		**성남일화** 6승 4무 2패	**대전** 5승 5무 2패	**수원** 4승 7무 1패	**전북** 5승 4무 3패	**울산** 4승 5무 3패	**전남** 5승 1무 6패	**포항** 4승 3무 5패
2005	정규리그	삼성 하우젠 K-리그 2005	전기	**부산** 7승 4무 1패	**인천** 7승 3무 2패	**울산** 7승 1무 4패	**포항** 6승 3무 3패	**서울** 5승 4무 3패	**성남일화** 4승 4무 4패	**부천SK** 4승 4무 4패
			후기	**성남일화** 8승 3무 1패	**부천SK** 8승 2무 2패	**울산** 6승 3무 3패	**대구** 6승 3무 3패	**인천** 6승 3무 3패	**포항** 5승 4무 3패	**대전** 4승 4무 4패
			PO	**울산** 2승 1패	**인천** 2승 1패	**성남일화** 1패	**부산** 1패			
	리그컵	삼성 하우젠컵 2005		**수원** 7승 4무 1패	**울산** 6승 5무 1패	**포항** 4승 8무	**부천SK** 5승 3무 4패	**서울** 5승 2무 5패	**인천** 4승 3무 5패	**대구** 4승 3무 5패

8위	9위	10위	11위	12위	13위	14위	15위	16위
	대전 6승 12패	**천안** 5승 13패						
울산 3승 6패	**포항** 4승 5패	**전남** 3승 6패						
대전 9승 18패	**안양LG** 10승 17패	**천안** 10승 17패						
부천SK 1패	**전북** 1패	**부산** 1패						
대전 10승 17패	**포항** 12승 15패	**울산** 8승 19패						
포항 1패	**부천SK** 1패[공동9위]	**전북** 1패[공동9위]						
전남 6승 10무 11패	**전북** 5승 10무 12패	**대전** 5승 10무 12패						
부천SK 8승 8무 11패	**부산** 6승 8무 13패	**대전** 1승 11무 15패						
안양LG 14승 14무 16패	**부산** 13승 10무 21패	**광주상무** 13승 7무 24패	**대구** 7승 16무 21패	**부천SK** 3승 12무 29패				
성남일화 4승 3무 5패	**부산** 2승 8무 2패	**대구** 3승 3무 6패	**대전** 2승 6무 4패	**부천SK** 1승 8무 3패	**인천** 2승 3무 7패			
광주상무 3승 5무 4패	**성남일화** 3승 5무 4패	**부천SK** 3승 5무 4패	**대전** 4승 2무 6패	**전북** 3승 3무 6패	**포항** 2승 3무 7패			
대구 2승 9무 1패	**인천** 3승 6무 3패	**광주상무** 4승 2무 6패	**부천SK** 2승 6무 4패	**서울** 2승 4무 6패	**부산** 2승 4무 6패			
대전 2승 8무 2패	**수원** 3승 5무 4패	**전남** 3승 5무 4패	**전북** 2승 3무 7패	**대구** 2승 3무 7패	**광주상무** 1승 3무 8패			
수원 3승 5무 4패	**서울** 3승 4무 5패	**전남** 4승 1무 7패	**광주상무** 3승 2무 7패	**전북** 2승 3무 7패	**부산** 3무 9패			
성남일화 3승 5무 4패	**전남** 3승 5무 4패	**대전** 3승 4무 5패	**광주상무** 3승 3무 6패	**전북** 2승 5무 5패	**부산** 2승 4무 6패			

연도	구분	대회명		1위	2위	3위	4위	5위	6위	7위
2006	정규리그	삼성 하우젠 K-리그 2006	전기	**성남일화** 10승 2무 1패	**포항** 6승 4무 3패	**대전** 4승 7무 2패	**서울** 3승 7무 3패	**전남** 2승 10무 1패	**부산** 4승 4무 5패	**전북** 3승 7무 3패
			후기	**수원** 8승 3무 2패	**포항** 7승 4무 2패	**서울** 6승 5무 2패	**대구** 6승 3무 4패	**울산** 5승 5무 3패	**인천** 5승 4무 4패	**전남** 5승 3무 5패
			PO	**성남일화** 3승	**수원** 1승 2패	**포항** 1패	**서울** 1패			
	리그컵	삼성 하우젠컵 2006		**서울** 8승 3무 2패	**성남일화** 6승 4무 3패	**경남** 7승 1무 5패	**대전** 5승 6무 2패	**울산** 6승 3무 4패	**전북** 6승 2무 5패	**전남** 6승 2무 5패
2007	정규리그	삼성 하우젠 K-리그 2007	일반	**성남일화** 16승 7무 3패	**수원** 15승 6무 5패	**울산** 12승 9무 5패	**경남** 13승 5무 8패	**포항** 11승 6무 9패	**대전** 10승 7무 9패	**서울** 8승 13무 5패
			PO	**포항** 5승	**성남일화** 2패	**수원** 1패	**울산** 1승 1패	**경남** 1패	**대전** 1패	
	리그컵	삼성 하우젠컵 2007	A조	**울산** 5승 4무 1패	**인천** 6승 1무 3패	**대구** 4승 1무 5패	**전북** 3승 3무 4패	**포항** 2승 5무 3패	**제주** 2승 2무 6패	
			B조	**서울** 6승 3무 1패	**수원** 5승 2무 3패	**광주상무** 3승 3무 4패	**부산** 2승 5무 3패	**대전** 2승 5무 3패	**경남** 1승 4무 5패	
			PO	**울산** 2승	**서울** 1승 1패	**수원** 1승 1패	**인천** 1승 1패	**전남** 1패	**성남일화** 1패	
2008	정규리그	삼성 하우젠 K-리그 2008	일반	**수원** 17승 3무 6패	**서울** 15승 9무 2패	**성남일화** 15승 6무 5패	**울산** 14승 7무 5패	**포항** 13승 5무 8패	**전북** 11승 4무 11패	**인천** 9승 9무 8패
			PO	**수원** 1승 1무	**서울** 1승 1무 1패	**울산** 2승 1패	**전북** 1승 1패	**성남일화** 1패	**포항** 1패	
	리그컵	삼성 하우젠컵 2008	A조	**수원** 6승 3무 1패	**부산** 5승 1무 4패	**서울** 4승 2무 4패	**경남** 3승 4무 3패	**제주** 2승 3무 5패	**인천** 2승 3무 5패	
			B조	**전북** 5승 4무 1패	**성남일화** 6승 1무 3패	**울산** 4승 4무 2패	**대전** 4승 2무 4패	**대구** 3승 2무 5패	**광주상무** 3무 7패	
			PO	**수원** 2승	**전남** 2승 1패	**포항** 1승 1패	**전북** 1패	**성남일화** 1패	**부산** 1패	
2009	정규리그	2009 K-리그	일반	**전북** 17승 6무 5패	**포항** 14승 11무 3패	**서울** 16승 5무 7패	**성남일화** 13승 6무 9패	**인천** 11승 10무 7패	**전남** 11승 9무 8패	**경남** 10승 10무 8패
			챔피언십	**전북** 1승 1무	**성남일화** 3승 1무 1패	**포항** 1패	**전남** 1승 1패	**서울** 1패	**인천** 1패	
	리그컵	피스컵 코리아 2009	A조	**성남일화** 3승 2무	**인천** 2승 2무 1패	**대구** 2승 1무 2패	**전남** 2승 1무 2패	**대전** 2승 3패	**강원** 1승 4패	
			B조	**제주** 3승 1무	**부산** 2승 2무	**전북** 1승 1무 2패	**경남** 1승 1무 2패	**광주상무** 1무 3패		
			PO	**포항** 4승 1무 1패	**부산** 3승 1무 2패	**울산** 2승 2패[공동3위]	**서울** 2승 1무 1패[공동3위]	**성남일화** 1승 1패[공동5위]	**인천** 1무 1패[공동5위]	**제주** 2패[공동5위]
2010	정규리그	쏘나타 K리그 2010	일반	**서울** 20승 2무 6패	**제주** 17승 8무 3패	**전북** 15승 6무 7패	**울산** 15승 5무 8패	**성남일화** 13승 9무 6패	**경남** 13승 9무 6패	**수원** 12승5무11패
			챔피언십	**서울** 1승 1무	**제주** 1승 1무 1패	**전북** 2승 1패	**성남일화** 1승 1패	**울산** 1패	**경남** 1패	
	리그컵	포스코컵 2010	A조	**전북** 3승 1무	**경남** 3승 1패	**수원** 2승 2패	**전남** 1승 1무 2패	**강원** 4패		
			B조	**서울** 2승 2무	**제주** 2승 1무 1패	**울산** 1승 2무 1패	**성남일화** 3무 1패	**광주상무** 2무 2패		
			C조	**부산** 3승 1패	**대구** 2승 2패	**포항** 1승 2무 1패	**인천** 1승 1무 2패	**대전** 1승 1무 2패		
			본선토너먼트	**서울** 3승	**전북** 2승 1패	**경남** 1승 1패[공동3위]	**수원** 1승 1패[공동3위]	**부산** 1패 [공동5위]	**대구** 1패 [공동5위]	**제주** 1패 [공동5위]
2011	정규리그	현대오일뱅크 K리그 2011	일반	**전북** 18승 9무 3패	**포항** 17승 8무 5패	**서울** 16승 7무 7패	**수원** 17승 4무 9패	**부산** 13승 7무 10패	**울산** 13승 7무 10패	**전남** 11승 10무 9패
			챔피언십	**전북** 2승	**울산** 2승 2패	**포항** 1패	**수원** 1승 1패	**서울** 1패	**부산** 1패	
	리그컵	러시앤캐시컵 2011	A조	**포항** 4승 1패	**경남** 3승 1무 1패	**성남일화** 2승 2무 1패	**인천** 1승 2무 2패	**대구** 1승 2무 2패	**대전** 1무 4패	
			B조	**부산** 4승 1패	**울산** 4승 1패	**전남** 3승 1무 1패	**강원** 1승 1무 3패	**상주** 1승 무 4패	**광주** 1승 4패	
			본선토너먼트	**울산** 3승	**부산** 2승	**경남** 1승 1패 [공동3위]	**수원** 1패 [공동3위]	**제주** 1패 [공동5위]	**포항** 1패 [공동5위]	**서울** 1패 [공동5위]
2012	정규리그	현대오일뱅크 K리그 2012	일반	**서울** 19승 7무 4패	**전북** 17승 8무 5패	**수원** 15승 8무 7패	**울산** 15승 8무 7패	**포항** 15승 5무 10패	**부산** 12승 10무 8패	**제주** 11승 10무 9패
			그룹A	**서울** 10승 2무 2패	**포항** 8승 3무 3패	**전북** 5승 5무 4패	**제주** 5승 5무 4패	**수원** 5승 5무 4패	**울산** 3승 6무 5패	**경남** 2승 4무 8패
			그룹B							
			최종	**서울** 29승 9무 6패	**전북** 22승 13무 9패	**포항** 23승 8무 13패	**수원** 20승 13무 11패	**울산** 18승 14무 12패	**제주** 16승 15무 13패	**부산** 13승 14무 17패

8위	9위	10위	11위	12위	13위	14위	15위	16위
수원 3승 7무 3패	**울산** 3승 6무 4패	**인천** 2승 8무 3패	**대구** 2승 7무 4패	**광주상무** 2승 7무 4패	**경남** 3승 4무 6패	**제주** 1승 6무 6패		
부산 5승 3무 5패	**성남일화** 4승 5무 4패	**제주** 4승 4무 5패	**경남** 4승 1무 8패	**대전** 3승 3무 7패	**전북** 2승 4무 7패	**광주상무** 3승 1무 9패		
제주 6승 2무 5패	**포항** 6승 1무 6패	**부산** 4승 2무 7패	**광주상무** 4승 2무 7패	**수원** 2승 6무 5패	**대구** 2승 6무 5패	**인천** 1승 4무 8패		
전북 9승 9무 8패	**인천** 8승 9무 9패	**전남** 7승 9무 10패	**제주** 8승 6무 12패	**대구** 6승 6무 14패	**부산** 4승 8무 14패	**광주상무** 2승 6무 18패		
경남 10승 5무 11패	**전남** 8승 5무 13패	**제주** 7승 7무 12패	**대구** 8승 2무 16패	**부산** 5승 7무 14패	**대전** 3승 12무 11패	**광주상무** 3승 7무 16패		
울산 9승 9무 10패	**대전** 8승 9무 11패	**수원** 8승 8무 12패	**광주상무** 9승 3무 16패	**부산** 7승 8무 13패	**강원** 7승 7무 14패	**제주** 7승 7무 14패	**대구** 5승 8무 15패	
수원 2패[공동5위]								
부산 8승9무11패	**포항** 8승9무11패	**전남** 8승8무12패	**인천** 8승7무13패	**강원** 8승6무14패	**대전** 5승7무16패	**광주상무** 3승10무15패	**대구** 5승4무19패	
울산 1패 [공동5위]								
경남 12승 6무 12패	**제주** 10승 10무 10패	**성남일화** 9승 8무 13패	**광주** 9승 8무 13패	**대구** 8승 9무 13패	**인천** 6승 14무 10패	**상주** 7승 8무 15패	**대전** 6승 9무 15패	**강원** 3승 6무 21패
전북 1패 [공동5위]								
경남 12승 4무 14패	**인천** 10승 10무 10패	**대구** 10승 9무 11패	**성남일화** 10승 7무 13패	**전남** 7승 8무 15패	**대전** 7승 7무 16패	**광주** 6승 9무 15패	**상주** 7승 6무 17패	**강원** 7승 4무 19패
부산 1승 4무 9패								
	인천 7승 6무 1패	**강원** 7승 3무 4패	**전남** 6승 6무 2패	**대구** 6승 4무 4패	**대전** 6승 4무 4패	**광주** 4승 6무 4패	**성남일화** 4승 3무 7패	**상주** 14패
경남 14승 8무 22패	**인천** 17승 16무 11패	**대구** 16승 13무 15패	**전남** 13승 14무 17패	**성남일화** 14승 10무 20패	**대전** 13승 11무 20패	**강원** 14승 7무 23패	**광주** 10승 15무 19패	**상주** 7승 6무 31패

연도	구분	대회명		1위	2위	3위	4위	5위	6위	7위
2013	클래식/정규리그	현대오일뱅크 K리그 클래식 2013	일반	**포항** 14승 7무 5패	**울산** 14승 6무 6패	**전북** 14승 6무 6패	**서울** 13승 7무 6패	**수원** 12승 5무 9패	**인천** 11승 8무 7패	**부산** 11승 8무 7패
			그룹A	**포항** 7승 4무 1패	**울산** 8승 1무 3패	**서울** 4승 4무 4패	**전북** 4승 3무 5패	**수원** 3승 3무 6패	**부산** 3승 3무 6패	**인천** 1승 6무 5패
			그룹B							
			최종	**포항** 21승 11무 6패	**울산** 22승 7무 9패	**전북** 18승 9무 11패	**서울** 17승 11무 10패	**수원** 15승 8무 15패	**부산** 14승 10무 14패	**인천** 12승 14무 12패
	챌린지/정규리그	현대오일뱅크 K리그 챌린지 2013		**상주** 23승 8무 4패	**경찰** 20승 4무 11패	**광주** 16승 5무 14패	**수원FC** 13승 8무 14패	**안양** 12승 9무 14패	**고양** 10승 11무 14패	**부천** 8승 9무 18패
	승강 PO	현대오일뱅크 K리그 승강 플레이오프 2013		**상주** 1승 1패	**강원** 1승 1패					
2014	클래식/정규리그	현대오일뱅크 K리그 클래식 2014	일반	**전북** 20승 8무 5패	**수원** 16승 10무 7패	**포항** 16승 7무 10패	**서울** 13승 11무 9패	**제주** 13승 11무 9패	**울산** 13승 8무 12패	**전남** 13승 6무 14패
			그룹A	**전북** 4승 1무 0패	**수원** 3승 0무 1패	**서울** 2승 2무 1패	**제주** 1승 1무 3패	**포항** 0승 3무 2패	**울산** 0승 3무 2패	
			그룹B							**부산** 3승 1무 1패
			최종	**전북** 24승 9무 5패	**수원** 19승 10무 9패	**서울** 15승 13무 10패	**포항** 16승 10무 12패	**제주** 14승 12무 12패	**울산** 14승 9무 15패	**전남** 13승 11무 14패
	챌린지/정규리그	현대오일뱅크 K리그 챌린지 2014	일반	**대전** 20승 10무 6패	**안산경찰청** 16승 11무 9패	**강원** 16승 6무 14패	**광주** 13승 12무 11패	**안양** 15승 6무 15패	**수원FC** 12승 12무 12패	**대구** 13승 8무 15패
			PO		**광주** 2승	**안산경찰청** 1패	**강원** 1패			
			최종	**대전** 20승 10무 6패	**광주** 15승 12무 11패	**안산경찰청** 16승 11무 10패	**강원** 16승 6무 15패	**안양** 15승 6무 15패	**수원FC** 12승 12무 12패	**대구** 13승 8무 15패
	승강 PO	현대오일뱅크 K리그 승강 플레이오프 2014		**광주** 1승 1무	**경남** 1무 1패					
2015	클래식/정규리그	현대오일뱅크 K리그 클래식 2015	일반	**전북** 21승 5무 7패	**수원** 17승 9무 7패	**포항** 15승 11무 7패	**성남** 14승 12무 7패	**서울** 15승 9무 9패	**제주** 13승 7무 13패	**인천** 12승 9무 12패
			그룹A	**포항** 3승 1무 1패	**서울** 2승 2무 1패	**수원** 2승 1무 2패	**성남** 1승 3무 1패	**전북** 1승 2무 2패	**제주** 1승 1무 3패	
			그룹B							**울산** 4승 1무 0패
			최종	**전북** 22승 7무 9패	**수원** 19승 10무 9패	**포항** 18승 12무 8패	**서울** 17승 11무 10패	**성남** 15승 15무 8패	**제주** 14승 8무 16패	**울산** 13승 14무 11패
	챌린지/정규리그	현대오일뱅크 K리그 챌린지 2015	일반	**상주** 20승 7무 13패	**대구** 18승 13무 9패	**수원FC** 18승 11무 11패	**서울E** 16승 13무 11패	**부천** 15승 10무 15패	**안양** 13승 15무 12패	**강원** 13승 12무 15패
			PO		**수원FC** 1승 1무 0패	**대구** 0승 0무 1패	**서울E** 0승 1무 1패			
			최종	**상주** 20승 7무 13패	**수원FC** 19승 12무 11패	**대구** 18승 13무 10패	**서울E** 16승 14무 11패	**부천** 15승 10무 15패	**안양** 13승 15무 12패	**강원** 13승 12무 15패
	승강 PO	현대오일뱅크 K리그 승강 플레이오프 2015		**수원FC** 2승 0무 0패	**부산** 0승 0무 2패					
2016	클래식/정규리그	현대오일뱅크 K리그 클래식 2016	일반	**전북** 18승 15무 0패	**서울** 17승 6무 10패	**제주** 14승 7무 12패	**울산** 13승 9무 11패	**전남** 11승 10무 12패	**상주** 12승 6무 15패	**성남** 11승 8무 14패
			그룹A	**서울** 4승 1무 0패	**제주** 3승 1무 1패	**전북** 2승 1무 2패	**울산** 1승 3무 1패	**전남** 1승 1무 3패	**상주** 0승 1무 4패	
			그룹B							**수원** 3승 2무 0패
			최종	**서울** 21승 7무 10패	**전북** 20승 16무 2패	**제주** 17승 8무 13패	**울산** 14승 12무 12패	**전남** 12승 11무 15패	**상주** 12승 7무 19패	**수원** 10승 18무 10패
	챌린지/정규리그	현대오일뱅크 K리그 챌린지 2016	일반	**안산무궁화** 21승 7무 12패	**대구** 19승 13무 8패	**부천** 19승 10무 11패	**강원** 19승 9무 12패	**부산** 19승 7무 14패	**서울E** 17승 13무 10패	**대전** 15승 10무 15패
			PO			**강원** 2승	**부천** 1패	**부산** 1패		
			최종	**안산무궁화** 21승 7무 12패	**대구** 19승 13무 8패	**강원** 21승 9무 12패	**부천** 19승 10무 12패	**부산** 19승 7무 15패	**서울E** 17승 13무 10패	**대전** 15승 10무 15패
	승강 PO	현대오일뱅크 K리그 승강 플레이오프 2016		**강원** 2무	**성남** 2무					

8위	9위	10위	11위	12위	13위	14위	15위	16위
성남 11승 7무 8패	제주 10승 9무 7패	전남 6승 11무 9패	경남 4승 10무 12패	대구 4승 8무 14패	강원 2승 9무 15패	대전 2승 8무 16패		
강원 6승 3무 3패	성남 6승 2무 4패	제주 6승 1무 5패	대전 5승 3무 4패	경남 4승 3무 5패	대구 2승 6무 4패	전남 3승 2무 7패		
성남 17승 9무 12패	제주 16승 10무 12패	전남 9승 13무 16패	경남 8승 13무 17패	강원 8승 12무 18패	대구 6승 14무 18패	대전 7승 11무 20패		
충주 7승 8무 20패								
인천 8승 6무 14패	부산 7승 12무 14패	성남 7승 10무 16패	경남 6승 13무 14패	상주 6승 11무 16패				
성남 2승 3무 0패	전남 1승 3무 1패	상주 1승 2ㅜ 2패	경남 1승 2무 2패	인천 0승 3무 2패				
부산 10승 13무 15	성남 9승 13무 16패	인천 8승 16무 14패	경남 7승 15무 16패	상주 7승 13무 18패				
고양 11승 14무 11패	충주 6승 16무 14패	부천 6승 9무 21패						
고양 11승 14무 11패	충주 6승 16무 14패	부천 6승 9무 21패						
인천 13승 12무 13패	전남 12승 13무 13패	광주 10승 12무 16패	부산 5승 11무 22패	대전 4승 7무 27패				
광주 2승 1무 2패	전남 2승 1무 2패	인천 1승 3무 1패	대전 2승 0무 3패	부산 0승 2무 3패				
인천 13승 12무 13패	전남 12승 13무 13패	광주 10승 12무 16패	부산 5승 11무 22패	대전 4승 7무 27패				
고양 11승 14무 11패	충주 6승 16무 14패	부천 6승 9무 21패						
고양 13승 10무 17패	경남 10승 13무 17패	안산경찰청 9승 15무 16패	충주 10승 11무 19패					
포항 11승 8무 14패	광주 10승 11무 12패	수원 7승 16무 10패	인천 8승 11무 14패	수원FC 8승 9무 16패				
인천 3승 1무 1패	수원FC 2승 0무 3패	광주 1승 3무 1패	포항 1승 2무 2패	성남 0승 2무 3패				
광주 11승 14무 13패	포항 12승 10무 16패	인천 11승 12무 15패	성남 11승 10무 17패	수원FC 10승 9무 19패				
경남 18승 6무 16패	안양 11승 13무 16패	충주 7승 8무 25패	고양 2승 10무 28패					
경남 18승 6무 16패	안양 11승 13무 16패	충주 7승 8무 25패	고양 2승 10무 28패					

역대 대회방식 변천사

연도	정규리그			리그컵	
	대회명	방식	경기수(참가팀)	대회명(방식)	경기수(참가팀)
1983	83 수퍼리그	단일리그	40경기 (5팀)	-	-
1984	84 축구대제전 수퍼리그	전후기리그, 챔피언결정전	114경기 (8팀)	-	-
1985	85 축구대제전 수퍼리그	단일리그	84경기 (8팀)	-	-
1986	86 축구대제전	춘계리그, 추계리그, 챔피언결정전	62경기 (6팀)	86 프로축구선수권대회	40경기 (5팀)
1987	87 한국프로축구대회	단일리그	80경기 (5팀)	-	-
1988	88 한국프로축구대회	단일리그	60경기 (5팀)	-	-
1989	89 한국프로축구대회	단일리그	120경기 (6팀)	-	-
1990	90 한국프로축구대회	단일리그	90경기 (6팀)	-	-
1991	91 한국프로축구대회	단일리그	120경기 (6팀)	-	-
1992	92 한국프로축구대회	단일리그	92경기 (6팀)	92 아디다스컵(신설)	30경기 (6팀)
1993	93 한국프로축구대회	단일리그	90경기 (6팀)	93 아디다스컵	15경기 (6팀)
1994	94 하이트배 코리안리그	단일리그	105경기 (7팀)	94 아디다스컵	21경기 (7팀)
1995	95 하이트배 코리안리그	전후기리그, 챔피언결정전	115경기 (8팀)	95 아디다스컵	28경기 (8팀)
1996	96 라피도컵 프로축구대회	전후기리그, 챔피언결정전	146경기 (9팀)	96 아디다스컵	36경기 (9팀)
1997	97 라피도컵 프로축구대회	단일리그	90경기(10팀)	97 아디다스컵	45경기(10팀)
				97 프로스펙스컵(조별리그)	44경기(10팀)
1998	98 현대컵 K-리그	단일리그, 4강결승 (준플레이오프, 플레이오프, 챔피언결정전 등 5경기)	95경기(10팀)	98 필립모리스코리아컵	45경기(10팀)
				98 아디다스코리아컵(조별리그)	44경기(10팀)
1999	99 바이코리아컵 K-리그	단일리그, 4강결승 (준플레이오프, 플레이오프, 챔피언결정전 등 5경기)	140경기(10팀)	99 대한화재컵(조별리그)	44경기(10팀)
				99 아디다스컵(토너먼트)	9경기(10팀)
2000	2000 삼성 디지털 K-리그	단일리그, 4강결승 (준플레이오프, 플레이오프, 챔피언결정전 등 5경기)	140경기(10팀)	2000 대한화재컵(조별리그)	43경기(10팀)
				2000 아디다스컵(토너먼트)	9경기(10팀)
2001	2001 포스코 K-리그	단일리그(3라운드)	135경기(10팀)	아디다스컵 2001(조별리그)	44경기(10팀)
2002	2002 삼성 파브 K-리그	단일리그(3라운드)	135경기(10팀)	아디다스컵 2002(조별리그)	44경기(10팀)
2003	삼성 하우젠 K-리그 2003	단일리그(4라운드)	264경기(12팀)	-	-
2004	삼성 하우젠 K-리그 2004	전후기리그, 4강결승(전기우승 - 통합차상위전, 후기우승 - 통합최상위전, 챔피언결정전)	160경기(13팀)	삼성 하우젠컵 2004	78경기(13팀)
2005	삼성 하우젠 K-리그 2005	전후기리그, 4강결승(전기우승 - 통합차상위전, 후기우승 - 통합최상위전, 챔피언결정전)	160경기(13팀)	삼성 하우젠컵 2005	78경기(13팀)
2006	삼성 하우젠 K-리그 2006	전후기리그, 4강결승(전기우승 - 통합차상위전, 후기우승 - 통합최상위전, 챔피언결정전)	186경기(14팀)	삼성 하우젠컵 2006	91경기(14팀)
2007	삼성 하우젠 K-리그 2007	6강플레이오프, 준플레이오프, 플레이오프, 챔피언결정전	188경기(14팀)	삼성 하우젠컵 2007(조별리그)	65경기(14팀)
2008	삼성 하우젠 K-리그 2008	6강플레이오프, 준플레이오프, 플레이오프, 챔피언결정전	188경기(14팀)	삼성 하우젠컵 2008(조별리그)	65경기(14팀)
2009	2009 K-리그	6강플레이오프, 준플레이오프, 플레이오프, 챔피언결정전	216경기(15팀)	피스컵 코리아2009(조별리그)	39경기(15팀)
2010	쏘나타 K리그 2010	6강플레이오프, 준플레이오프, 플레이오프, 챔피언결정전	216경기(15팀)	포스코컵 2010(조별리그)	37경기(15팀)
2011	현대오일뱅크 K리그 2011	6강플레이오프, 준플레이오프, 플레이오프, 챔피언결정전	246경기(16팀)	러시앤캐시컵 2011(조별리그)	37경기(16팀)
2012	현대오일뱅크 K리그 2012	단일리그 / 상하위 스플릿리그(그룹A, 그룹B)	352경기(16팀)	-	-
2013	현대오일뱅크 K리그 클래식 2013	1부리그 단일리그 / 상하위 스플릿리그(그룹A, 그룹B)	266경기(14팀)	-	-
	현대오일뱅크 K리그 챌린지 2013	2부리그 단일리그	140경기 (8팀)		
	현대오일뱅크 K리그 승강 플레이오프 2013	승강 플레이오프	2경기 (2팀)		
2014	현대오일뱅크 K리그 클래식 2014	1부리그 단일리그 / 상하위 스플릿리그(그룹A, 그룹B)	228경기(12팀)	-	-

연도	정규리그				리그컵	
	대회명	방식		경기수(참가팀)	대회명(방식)	경기수(참가팀)
	현대오일뱅크 K리그 챌린지 2014	2부리그 단일리그		182경기(10팀)	-	-
	현대오일뱅크 K리그 승강 플레이오프 2014	승강 플레이오프		2경기 (2팀)		
2015	현대오일뱅크 K리그 클래식 2015	1부리그 단일리그 / 상하위 스플릿리그(그룹A, 그룹B)		228경기(12팀)	-	-
	현대오일뱅크 K리그 챌린지 2015	2부리그 단일리그		222경기(11팀)		
	현대오일뱅크 K리그 승강 플레이오프 2015	승강 플레이오프		2경기 (2팀)		
2016	현대오일뱅크 K리그 클래식 2016	1부리그 단일리그 / 상하위 스플릿리그(그룹A, 그룹B)	팀 순위 산정방식 변경: 승점 - 득실 - 다득점… → 승점 - 다득점 - 득실…	228경기(12팀)	-	-
	현대오일뱅크 K리그 챌린지 2016	2부리그 단일리그		222경기(11팀)		
	현대오일뱅크 K리그 승강 플레이오프 2016	승강 플레이오프		2경기 (2팀)		

역대 승점제도 변천사

연도	대회	승점현황
1983	수퍼리그	90분승 2점, 무승부 1점
1984	축구대제전 수퍼리그	90분승 3점, 득점무승부 2점, 무득점무승부 1점
1985	축구대제전 수퍼리그	90분승 2점, 무승부 1점
1986	축구대제전	
	프로축구선수권대회	
1987	한국프로축구대회	
1988	한국프로축구대회	
1989	한국프로축구대회	
1990	한국프로축구대회	
1991	한국프로축구대회	
1992	한국프로축구대회	
	아디다스컵	90분승 3점, 무승부 시 승부차기 (승 1.5점, 패 1점), 연장전 없음
1993	한국프로축구대회	90분승 4점, 무승부 시 승부차기 (승 2점, 패 1점), 연장전 없음
	아디다스컵	90분승 2점, 무승부 시 승부차기 승 2점
1994	하이트배 코리안리그	90분승 3점, 무승부 1점
	아디다스컵	
1995	하이트배 코리안리그	
	아디다스컵	
1996	라피도컵 프로축구대회	
	아디다스컵	
1997	라피도컵 프로축구대회	
	아디다스컵	
	프로스펙스컵(조별리그)	
1998	현대컵 K-리그	90분승 3점, 연장승 2점, 승부차기 승 1점
	필립모리스코리아컵	
	아디다스코리아컵(조별리그)	
1999	바이코리아컵 K-리그	
	대한화재컵(조별리그)	
	아디다스컵(토너먼트)	

연도	대회	승점현황
2000	삼성 디지털 K-리그	90분승 3점, 연장승 2점, 승부차기 승 1점
	대한화재컵(조별리그)	
	아디다스컵(토너먼트)	
2001	포스코 K-리그	90분승 3점, 무승부 1점
	아디다스컵(조별리그)	90분승 3점, 연장승 2점, 승부차기 승 1점
2002	삼성 파브 K-리그	90분승 3점, 무승부 1점
	아디다스컵(조별리그)	90분승 3점, 연장승 2점, 승부차기 승 1점
2003	삼성 하우젠 K-리그	90분승 3점, 무승부 1점
2004	삼성 하우젠 K-리그	
	삼성 하우젠컵	
2005	삼성 하우젠 K-리그	
	삼성 하우젠컵	
2006	삼성 하우젠 K-리그	
	삼성 하우젠컵	
2007	삼성 하우젠 K-리그	
	삼성 하우젠컵(조별리그)	
2008	삼성 하우젠 K-리그	
	삼성 하우젠컵(조별리그)	
2009	K-리그	
	피스컵 코리아(조별리그)	
2010	쏘나타 K리그	
	포스코컵(조별리그)	
2011	현대오일뱅크 K리그	
	러시앤캐시컵(조별리그)	
2012	현대오일뱅크 K리그	
2013	현대오일뱅크 K리그 클래식	
	현대오일뱅크 K리그 챌린지	
2014	현대오일뱅크 K리그 클래식	
	현대오일뱅크 K리그 챌린지	
2015	현대오일뱅크 K리그 클래식	
	현대오일뱅크 K리그 챌린지	
2016	현대오일뱅크 K리그 클래식	
	현대오일뱅크 K리그 챌린지	

신인선수선발 제도 변천사

연도	방식
1983~1987	자유선발
1988~2001	드래프트
2002~2005	자유선발
2006~2012	드래프트
2013~2015	드래프트 +자유선발
2016~	자유선발

외국인 선수 보유 및 출전한도 변천사

연도	등록인원	출전인원	비고
1983~1993	2	2	
1994	3	2	출전인원은 2명으로 하되 대표선수 차출에 비례하여 3명 이상 차출 시 3명 출전가능
1995	3	3	
1996~2000	5	3	1996년부터 외국인 GK 출전제한(1996년 전 경기 출전, 1997년 2/3 출전, 1998년 1/3 출전 가능), 1999년부터 외국인 GK 영입금지
2001~2002	7	3	월드컵 지원으로 인한 대표선수 차출로 한시적 운영
2003~2004	5	3	
2005	4	3	
2006~2008	3	3	
2009~	3+1	3+1	아시아 쿼터(1명) 시행

역대 관중 기록 _ K리그 BC(1983~2012년)

연도	경기수(경기일)	총관중수	평균 관중수	우승팀	비고
1983	40 (20)	419,478	20,974	할렐루야	
1984	114 (58)	536,801	9,255	대우	챔피언결정전 포함
1985	84 (42)	226,486	5,393	럭키금성	
1986	102 (53)	179,752	3,392	포항제철	챔피언결정전 포함
1987	78	341,330	4,376	대우	총 80경기 중 부산 기권승 2경기 제외
1988	60	360,650	6,011	포항제철	
1989	120	778,000	6,483	유공	
1990	90	527,850	5,865	럭키금성	
1991	121	1,480,127	12,232	대우	올스타전 포함
1992	123	1,353,573	11,005	포항제철	챔피언결정전, 올스타전 포함
1993	105	851,190	8,107	일화	
1994	126	893,217	7,089	일화	
1995	144	1,516,514	10,531	일화	챔피언결정전, 올스타전 포함
1996	182	1,911,347	10,502	울산 현대	챔피언결정전 포함
1997	180	1,218,836	6,771	부산 대우	올스타전포함
1998	185	2,179,288	11,780	수원 삼성	플레이오프, 올스타전 포함
1999	195(191)	2,752,953	14,413	수원 삼성	수퍼컵, 올스타전, 플레이오프 포함
2000	194(190)	1,909,839	10,052	안양 LG	수퍼컵, 올스타전, 플레이오프 포함
2001	181	2,306,861	12,745	성남 일화	수퍼컵, 올스타전 포함
2002	181	2,651,901	14,651	성남 일화	수퍼컵, 올스타전 포함
2003	265	2,448,868	9,241	성남 일화	올스타전 포함
2004	240	2,429,422	10,123	수원 삼성	수퍼컵, 올스타전 포함
2005	240	2,873,351	11,972	울산 현대	수퍼컵, 올스타전 포함
2006	279	2,455,484	8,801	성남 일화	수퍼컵, 올스타전 포함
2007	254	2,746,749	10,814	포항 스틸러스	
2008	253	2,945,400	11,642	수원 삼성	
2009	256	2,811,561	10,983	전북 현대	올스타전 포함
2010	254	2,735,904	10,771	FC서울	올스타전 포함
2011	283	3,030,586	10,709	전북 현대	
2012	352(338)	2,419,143	7,157	FC서울	올스타전 포함, 인천 무관중 경기 제외, 상주 기권경기 제외
합계		51,292,461			

- 1999, 2000 아디다스컵 5경기 기준
- 1일 2경기 또는 3경기 시 1경기로 평균처리

역대 관중 기록 _ K리그 클래식

연도	경기수	총관중수	평균 관중수	우승팀
2013	266	2,036,413	7,656	포항 스틸러스
2014	228	1,808,220	7,931	전북 현대
2015	228	1,760,243	7,720	전북 현대
2016	228	1,794,855	7,872	FC서울
합계		7,399,731		

역대 관중 기록 _ K리그 챌린지

연도	경기수	총관중수	평균 관중수	우승팀
2013	140	235,846	1,685	상주 상무
2014	182	221,799	1,219	대전 시티즌
2015	222	356,474	1,606	상주 상무
2016	222	335,384	1,511	안산 무궁화
합계		1,149,503		

역대 관중 기록 _ K리그 승강 플레이오프

연도	경기수	총관중수	평균 관중수	승격팀	비고
2013	2	10,550	5,275	상주 상무	클래식 13위팀 vs 챌린지 1위팀
2014	2	4,636	2,318	광주FC	클래식 11위팀 vs 챌린지 2~4위 플레이오프 진출팀
2015	2	8,482	4,241	수원FC	
2016	2	9,587	4,794	강원 FC	클래식 11위팀 vs 챌린지 3~5위 플레이오프 진출팀
합계		33,255			

역대 시즌별 개인상 수상자

구분	감독상	MVP	득점상	도움상	감투상	모범상	베스트 11				심판상	우수 GK상	수비상	신인 선수상	특별상
							GK	DF	MF	FW					
1983	함흥철 (할렐)	박성화 (할렐)	박윤기 (유공)	박창선 (할렐)	이강조 (유공)	이춘석 (대우)	조병득 (할렐)	박성화(할렐) 김철수(포철) 장외룡(대우) 이강조(유공)	조광래(대우) 박창선(할렐)	박윤기(유공) 이길용(포철) 이춘석(대우) 김용세(유공)		조병득 (할렐)			* **인기상**: 조광래(대우) * **응원상**: 국민은행
1984	장운수 (대우)	박창선 (대우)	백종철 (현대)	렌스베 르겐 (현대)	정용환 (대우)	조영증 (럭금)	오연교 (유공)	정용환(대우) 박경훈(포철) 박성화(할렐) 정종수(유공)	박창선(대우) 허정무(현대) 조영증(럭금)	최순호(포철) 이태호(대우) 백종철(현대)	나윤식	오연교 (유공)			
1985	박세학 (럭금)	한문배 (럭금)	피아퐁 (럭금)	피아퐁 (럭금)	김용세 (유공)	최강희 (현대)	김현태 (럭금)	장외룡(대우) 한문배(럭금) 최강희(현대) 김철수(포철)	박상인(할렐) 이흥실(포철) 박항서(럭금)	김용세(유공) 피아퐁(럭금) 강득수(럭금)	최길수	김현태 (럭금)		이흥실 (포철)	
1986	최은택 (포철)	이흥실 (포철) 최강희 (현대)	정해원 (대우) 함현기 (현대)	강득수 (럭금) 전영수 (현대)	민진홍 (유공)	박성화 (포철)	김현태 (럭금)	조영증(럭금) 김평석(현대) 최강희(현대) 박노봉(대우)	조민국(럭금) 이흥실(포철) 윤성효(한일)	김용세(유공) 정해원(대우) 함현기(현대)	심건택	김현태 (럭금) 호성호 (현대)		함현기 (현대)	정해원(대우)
1987	이차만 (대우)	정해원 (대우)	최상국 (포철)	최상국 (포철)	최기봉 (유공)	박노봉 (대우)	김풍주 (대우)	최기봉(유공) 정용환(대우) 박경훈(포철) 구상범(럭금)	김삼수(현대) 노수진(유공) 이흥실(포철)	최상국(포철) 정해원(대우) 김주성(대우)	박경인	조병득 (포철)		김주성 (대우)	
1988	이회택 (포철)	박경훈 (포철)	이기근 (포철)	김종부 (포철)	최진한 (럭금) 손형선 (대우)	최강희 (현대)	오연교 (현대)	최강희(현대) 최태진(대우) 손형선(대우) 강태식(포철)	최진한(럭금) 김상호(포철) 황보관(유공)	이기근(포철) 함현기(현대) 신동철(유공)	이도하	오연교 (현대)		황보관 (유공)	
1989	김정남 (유공)	노수진 (유공)	조긍연 (포철)	이흥실 (포철)	조긍연 (포철)	강재순 (현대)	차상광 (럭금)	임종헌(일화) 조윤환(유공) 최윤겸(유공) 이영익(럭금)	이흥실(포철) 조덕제(대우) 강재순(현대)	윤상철(럭금) 조긍연(포철) 노수진(유공)		차상광 (럭금)		고정운 (일화)	
1990	고재욱 (럭금)	최진한 (럭금)	윤상철 (럭금)	최대식 (럭금)	최태진 (럭금)	이태호 (대우)	유대순 (유공)	최영준(럭금) 이재희(대우) 최태진(럭금) 임종헌(일화)	최진한(럭금) 이흥실(포철) 최대식(럭금)	윤상철(럭금) 이태호(대우) 송주석(현대)	길기철	유대순 (유공)		송주석 (현대)	
1991	비츠케이 (대우)	정용환 (대우)	이기근 (포철)	김준현 (유공)	최진한 (유공)	정용환 (대우)	김풍주 (대우)	정용환(대우) 박현용(대우) 테 드 (유공)	김현석(현대) 이영진(LG) 김주성(대우) 최강희(현대) 이상윤(일화)	이기근(포철) 고정운(일화)	이상용		박현용 (대우)	조우석 (일화)	

구분	감독상	MVP	득점상	도움상	감투상	모범상	베스트 11 GK	베스트 11 DF	베스트 11 MF	베스트 11 FW	심판상		우수 GK상	수비상	신인 선수상	특별상
1992	이회택 (포철)	홍명보 (포철)	임근재 (LG)	신동철 (유공)	박창현 (포철)	이태호 (대우)	사리체 프(일화)	홍명보(포철) 이종화(일화) 박정배(LG)	신홍기(현대) 김현석(현대) 신태용(일화) 박태하(포철) 신동철(유공)	박창현(포철) 임근재(LG)	노병일			사리체프 (일화)	신태용 (일화)	
1993	박종환 (일화)	이상윤 (일화)	차상해 (포철)	윤상철 (LG)	윤상철 (LG)	최영일 (현대)	사리체 프(일화)	최영일(현대) 이종화(일화) 유동관(포철)	김판근(대우) 신태용(일화) 김동해(LG) 이상윤(일화) 김봉길(유공)	차상해(포철) 윤상철(LG)	김광택			이종화 (일화)	정광석 (대우)	
1994	박종환 (일화)	고정운 (일화)	윤상철 (LG)	고정운 (일화)	이광종 (유공)	정종수 (현대)	사리체 프(일화)	안익수(일화) 유상철(현대) 홍명보(포철) 허기태(유공)	신태용(일화) 고정운(일화) 황보관(유공)	윤상철(LG) 라 데 (포철) 김경래(버팔로)	박해용			사리체프 (일화)	최용수 (LG)	
1995	박종환 (일화)	신태용 (일화)	노상래 (전남)	아미르 (대우)			사리체 프(일화)	최영일(현대) 홍명보(포항) 허기태(유공)	신태용(일화) 고정운(일화) 김현석(현대) 김판근(LG) 아미르(대우)	황선홍(포항) 노상래(전남)	김진옥				노상래 (전남)	
1996	고재욱 (울산)	김현석 (울산)	신태용 (천안)	라 데 (포항)			김병지 (울산)	윤성효(수원) 김주성(부산) 허기태(부천SK)	신태용(천안) 바데아(수원) 홍명보(포항) 하석주(부산) 김현석(울산)	라데(포항) 세르게이 (부천SK)	최우수 주심상 김용대	최우수 부심상 김회성			박건하 (수원)	
1997	이차만 (부산)	김주성 (부산)	김현석 (울산)	데니스 (수원)			신범철 (부산)	김주성(부산) 마시엘(전남) 안익수(포항)	김현석(울산) 신진원(대전) 김인완(전남) 이진행(수원) 정재권(부산)	마니치(부산) 스카첸코(전남)	이재성	곽경만			신진원 (대전)	
1998	김호 (수원)	고종수 (수원)	유상철 (울산)	정정수 (울산)			김병지 (울산)	안익수(포항) 마시엘(전남) 이임생(부천SK)	고종수(수원) 유상철(울산) 백승철(포항) 안정환(부산) 정정수(울산)	사샤(수원) 김현석(울산)	한병화	김회성			이동국 (포항)	김병지 (울산)
1999	김호 (수원)	안정환 (부산)	사샤 (수원)	변재섭 (전북)			이운재 (수원)	신홍기(수원) 김주성(부산) 마시엘(전남) 강철(부천SK)	서정원(수원) 고종수(수원) 데니스(수원) 고정운(포항)	안정환(부산) 사샤(수원)	한병화	김용대			이성재 (부천SK)	이용발 (부천SK)
2000	조광래 (안양LG)	최용수 (안양LG)	김도훈 (전북)	안드레 (안양LG)			신의손 (안양LG)	강철(부천SK) 이임생(부천SK) 김현수(성남일) 마시엘(전남)	안드레(안양LG) 신태용(성남) 전경준(부천SK) 데니스(수원)	최용수(안양LG) 김도훈(전북)	이상용	곽경만			양현정 (전북)	이용발 (부천SK) 조성환 (부천SK)
2001	차경복 (성남)	신태용 (성남)	산드로 (수원)	우르모 브(부산)			신의손 (안양LG)	우르모브(부산) 김현수(성남일) 김용희(성남일) 이영표(안양LG)	신태용(성남일) 서정원(수원) 송종국(부산) 남기일(부천SK)	우성용(부산) 산드로(수원)	김진옥	김계수			송종국 (부산)	신의손 (안양LG) 이용발 (부천SK)
2002	차경복 (성남일)	김대의 (성남일)	에드밀 손(전북)	이천수 (울산)			이운재 (수원)	김현수(성남일) 김태영(전남) 최진철(전북) 홍명보(포항)	신태용(성남일) 이천수(울산) 안드레(안양LG) 서정원(수원)	김대의(성남일) 유상철(울산)	권종철	원창호			이천수 (울산)	김기동 (부천SK) 이용발(전북)
2003	차경복 (성남일)	김도훈 (성남일)	김도훈 (성남일)	에드밀 손(전북)			서동명 (울산)	최진철(전북) 김태영(전남) 김현수(성남일) 산토스(포항)	이관우(대전) 이성남(성남일) 신태용(성남일) 김남일(전남)	김도훈(성남일) 마그노(전북)	권종철	김선진			정조국 (안양LG)	
2004	차범근 (수원)	나드손 (수원)	모 따 (전남)	홍순학 (대구)			이운재 (수원)	산토스(포항) 유경렬(울산) 무 사 (수원) 곽희주(수원)	김동진(서울) 따바레즈(포항) 김두현(수원) 김대의(수원)	나드손(수원) 모 따 (전남)	이상용	원창호			문민귀 (포항)	김병지 (포항) 조준호 (부천SK) 신태용 (성남일)
2005	장외룡 (인천)	이천수 (울산)	마차도 (울산)	히칼도 (서울)			김병지 (포항)	조용형(부천SK) 김영철(성남일) 임중용(인천) 유경렬(울산)	이천수(울산) 김두현(성남일) 이 호 (울산) 조원희(수원)	박주영(서울) 마차도(울산)	이영철	원창호			박주영 (서울)	조준호 (부천SK) 김병지 (포항)
2006	김학범 (성남일)	김두현 (성남일)	우성용 (성남일)	슈 바 (대전)			박호진 (수원)	마 토 (수원) 김영철(성남일) 장학영(성남일) 최진철(전북)	김두현(성남일) 이관우(수원) 백지훈(수원) 뽀 뽀 (부산)	우성용(성남일) 김은중(서울)	이영철	안상기			염기훈 (전북)	김병지 (서울) 최은성 (대전) 이정래 (경남)

구분		감독상	MVP	득점상	도움상	베스트 11				최우수 주심상	최우수 부심상	신인선수상	특별상	판타스틱 플레이어상
						GK	DF	MF	FW					
2007		파리아스(포항)	따바레즈(포항)	까보레(경남)	따바레즈(포항)	김병지(서울)	마 토 (수원) 황재원(포항) 장학영(성남일) 아 디 (서울)	따바레즈(포항) 이관우(수원) 김기동(포항) 김두현(성남일)	까보레(경남) 이근호(대구)	이상용	강창구	하태균(수원)	김병지(서울) 김영철(성남일) 김용대(성남일) 장학영(성남일) 염동균(전남)	
2008		차범근(수원)	이운재(수원)	두 두(성남일)	브라질리아(울산)	이운재(수원)	아 디 (서울) 마 토 (수원) 박동혁(울산) 최효진(포항)	기성용(서울) 이청용(서울) 조원희(수원) 김형범(전북)	에두(수원) 이근호(대구)	고금복	손재선	이승렬(서울)	백민철(대구)	
2009		최강희(전북)	이동국(전북)	이동국(전북)	루이스(전북)	신화용(포항)	김형일(포항) 황재원(포항) 최효진(포항) 김상식(전북)	최태욱(전북) 기성용(서울) 에닝요(전북) 김정우(성남일)	이동국(전북) 데닐손(포항)	최광보	원창호	김영후(강원)	김영광(울산) 김병지(경남)	이동국(전북)
2010		박경훈(제주)	김은중(제주)	유병수(인천)	구자철(제주)	김용대(서울)	최효진(서울) 아 디 (서울) 사샤(성남일) 홍정호(제주)	구자철(제주) 에닝요(전북) 몰리나(성남일) 윤빛가람(경남)	김은중(제주) 데얀(서울)	최명용	정해상	윤빛가람(경남)	김용대(서울) 김병지(경남) 백민철(대구)	구자철(제주)
2011		최강희(전북)	이동국(전북)	데 얀(서울)	이동국(전북)	김영광(울산)	박원재(전북) 곽태휘(울산) 조성환(전북) 최철순(전북)	염기훈(수원) 윤빛가람(경남) 하대성(서울) 에닝요(전북)	이동국(전북) 데 얀 (서울)	최광보	김정식	이승기(광주)		이동국(전북)
2012		최용수(서울)	데 얀(서울)	데 얀(서울)	몰리나(서울)	김용대(서울)	아 디 (서울) 곽태휘(울산) 정인환(인천) 김창수(부산)	몰리나(서울) 황진성(포항) 하대성(서울) 이근호(울산)	데 얀 (서울) 이동국(전북)	최명용	김용수	이명주(포항)	김병지(경남) 김용대(서울)	데얀(서울)
2013	클래식	황선홍(포항)	김신욱(울산)	데 얀(서울)	몰리나(서울)	김승규(울산)	아 디 (서울) 김치곤(울산) 김원일(포항) 이 용 (울산)	고무열(포항) 이명주(포항) 하대성(서울) 레오나르도(전북)	데얀(서울) 김신욱(울산)	유선호	손재선	영플레이어상 고무열(포항)	권정혁(인천)	김신욱(울산)
	챌린지	박항서(상주)	이근호(상주)	이근호(상주)	염기훈(경찰/수원)*	김호준(상주/제주)*	최철순(상주) 김형일(상주/포항)* 이재성(상주) 오범석(경찰)	염기훈(경찰/수원)* 이호(상주) 최진수(안양) 김영후(경찰/강원)*	이근호(상주) 알렉스(고양)					
2014	클래식	최강희(전북)	이동국(전북)	산토스(수원)	이승기(전북)	권순태(전북)	홍 철 (수원) 김주영(서울) 윌킨슨(전북) 차두리(서울)	임상협(부산) 고명진(서울) 이승기(전북) 한교원(전북)	이동국(전북) 산토스(수원)	최명용	노태식	김승대(포항)	김병지(전남)	이동국(전북)
	챌린지	조진호(대전)	아드리아노(대전)	아드리아노(대전)	최진호(강원)	박주원(대전)	이재권(안산경) 허재원(대구) 윤원일(대전) 임창우(대전)	김호남(광주) 이용래(안산경) 최진수(안양) 최진호(강원)	아드리아노(대전) 알렉스(강원)					
2015	클래식	최강희(전북)	이동국(전북)	김신욱(울산)	염기훈(수원)	권순태(전북)	홍 철 (수원) 요니치(인천) 김기희(전북) 차두리(서울)	염기훈(수원) 이재성(전북) 권창훈(수원) 송진형(제주)	이동국(전북) 아드리아노(서울)			이재성(전북)	신화용(포항) 오스마르(서울)	이동국(전북)
	챌린지	조덕제(수원FC)	조나탄(대구)	조나탄(대구)	김재성(서울E)	조현우(대구)	박진포(상주) 신형민(안산경) 강민수(상주) 이용(상주)	고경민(안양) 이승기(상주) 조원희(서울E) 김재성(서울E)	조나탄(대구) 주민규(서울E)					
2016	클래식	황선홍(서울)	정조국(광주)	정조국(광주)	염기훈(수원)	권순태(전북)	고광민(서울) 오스마르(서울) 요니치(인천) 정운(제주)	로페즈(전북) 레오나르도(전북) 이재성(전북) 권창훈(수원)	정조국(광주) 아드리아노(서울)			안현범(제주)		레오나르도(전북)
	챌린지	손현준(대구)	김동찬(대전)	김동찬(대전)	이호석(경남)	조현우(대구)	정승용(강원) 황재원(대구) 이한샘(강원) 정우재(대구)	세징야(대구) 이현승(안산무) 황인범(대전) 바그닝요(부천)	김동찬(대전) 포 프 (부산)				김한빈(충주)	

* 시즌 중 전역.

K LEAGUE ANNUAL REPORT 2017

2017 K리그 연감 : 1983~2016

엮은이 | (사) 한국프로축구연맹
펴낸이 | 김종수
펴낸곳 | 한울엠플러스(주)

초판 1쇄 인쇄 | 2017년 2월 20일
초판 1쇄 발행 | 2017년 2월 28일

주소 | 10881 경기도 파주시 광인사길 153 한울시소빌딩 3층
전화 | 031-955-0655
팩스 | 031-955-0656
홈페이지 | www.hanulmplus.kr
등록번호 | 제406-2015-000143호

Printed in Korea.
ISBN 978-89-460-6304-4 03690
* 책값은 겉표지에 표시되어 있습니다.